제25판

조 세 법

임승순 · 김용택 저

박영사

2025년도 개정판 머리말

이 책이 1999년도에 처음 출간된 이래 해를 거듭하여 이제 25판에 이르게 되었다.

매년 되풀이 되지만 책의 개정작업은, 조세에 관한 법령의 개정 내용, 새로 나온 판례와 논문들, 저자가 실무를 처리하면서 다룬 조세법의 주요 쟁점들에 관한 내용 등을 보완하고 기존의 내용 중 중요도가 떨어진 일부 내용들을 정리하는 과정으로 이루어진다.

법령의 개정과 관련하여 금년에는 예년에 비해 조세법령의 개정사항이 적었다. 가장 주목할 내용이 입법이 된 후 계속 시행이 유예되어 온 금융투자소득세제가 아예 폐지된 것이다. 개정 판에서는 관련 규정의 입법 및 폐지의 경과를 소개하는 한편 책의 곳곳에 언급된 관련 내용은 모두 정리하였다.

작년 1년간 선고된 조세에 관한 대법원 판례도 많은 편은 아니었다. 그 중 당초신고에 대한 증액처분의 경정청구기한이 도과한 경우 불복방법에 관한 대법원 2024. 6. 27. 선고 2021두39997 판결과 경영지배관계에 따른 특수관계인의 범위에 관한 대법원 2024. 7. 25. 선고 2022두63386 판결이 주목할 만하다.

논문은 주로 조세법에 관한 대표적 학술지인 조세법 연구(세법학회)에 2024년도에 새로 발표된 내용들을 소개하였다.

가장 손을 많이 본 부분은 조세법의 주요 쟁점들에 관한 저자의 생각과 고민을 담은 부분이다. 해당 부분은, 문언해석의 범위와 실질과세 및 조세회피행위부인에 관한 내용, 경정청구거부처분 취소소송을 중심으로 한 조세소송의 소송물과 입증책임에 관한 내용, 소득처분에 관한 내용, 부가가치세법상 매입세액공제 및 마일리지 관련 논의와 상속세및증여세법상 재산의 평가 및 시가에 관한 내용 등이 주를 이루고 있다. 이들은 조세법을 규율하는 핵심적인 사항임에도 불구하고 관련 규정의 입법 및 해석과 관련하여 아직도 해결되어야 할 여러 쟁점들이 남아 있다. 특히 경정청구와 소송물에 관한 부분은 납세의무자의 권리에 직결되는 중요한 사항임에도 법리적으로 잘 정리되지 못한 채 납세의무자에게 많은 어려움을 주고 있는 실정이다. 개정판에서는 경정청구 부분의 체제를 다시 정비하고 기존 판례와 학설의 문제점을 분석하였으며 나름대로의 개선방향을 제시하고자 하였다.

예년보다 개정작업을 서둘러 작업기간이 길었음에도 탈고를 하고 나니 좀 더 나아갈 수 있었으리라는 아쉬움이 남는다.

진리를 향한 여정에 지름길은 없으며 사물의 본질에 관한 비판적 시각이 학문의 발전을 낳는다는 믿음을 되새기면서 또 다른 미래를 기약해 본다.

끝으로 어렵고 긴 여정에 항상 함께 해주는 박영사 관계자 여러분들께 깊은 감사의 마음을 전한다.

2025. 2.

저 자 씀

본 QR코드를 스캔하시면 '조세법(2025년도판)'의 판례색인을 확인하실 수 있습니다.

본 QR코드를 스캔하시면 '조세법(2025년도판)'에 수록된 도표를 확인하실 수 있습니다.

머 리 말

저자는 1992년 대법원재판연구관으로 재직할 당시 조세사건의 공동연구관으로서 조세사건에 본격적으로 접할 기회를 갖게 되었고 그 후 1995년부터 1998년까지 사법연수원 교수로 재직하면서 조세법강의를 할 기회를 다시 갖게 되어 조세법분야를 연구할 소중한 기회를 제공받았다.

그것은 본인에게 커다란 은총이었고 오늘 출간되는 이 책자는 바로 그러한 은총의 산물이다.

사법연수원에 근무할 당시 강의용으로 만든 교재들과 그간 틈틈이 써온 논문들이 이 책자의 모태가 되었다.

실무가로서 책을 쓴다는 것이 매우 힘들고 또 조심스러운 일이라는 것을 항상 느껴오던 터라 이 책을 발간하는 데에는 오랜 망설임과 커다란 용기가 필요하였음을 고백하지 않을 수 없다. 능력 없고 게으른 사람이 감히 일을 시작할 것을 결심할 수 있었던 데에는 특히 가재환 사법연수원장님으로부터 가르침받은 도전하는 정신이 중요한 계기가 되었다. 또한 함께 사법연수원에서 조세법을 강의하며 교재를 정리하고 연구한 전수안, 구욱서, 이형하 부장님들의 뒷받침과 가르침이 큰 힘이 되었다.

이 자리를 빌려 평소 존경해마지 않던 이 분들에게 깊은 감사의 마음을 전하고 싶다.

이 책은 판례의 내용이 책의 주요부분을 차지하고 있다.

판례에 대한 높은 관심은 근래에 들어 더욱 현저해진 현상이라고 할 수 있는데 조세법 분야에 관한 기왕의 판례는 조세법의 거의 전 분야를 망라하고 있어서 이를 잘 정리하는 것만으로도 세법해석의 길잡이가 될 수 있을 정도이다.

특히 어려웠던 작업은 수시로 개정되는 방대한 법령 조문들을 일일이 추적하여 그 의미를 확인하는 일이었다. 그와 같은 조문의 개정내용을 면밀히 살핀다는 것이 꼭 필요한 것이기는 하지만 세법을 연구하는 사람들에게 보다 중요한 것은 조문의 밑바탕에 흐르는 조세법의 정신일 것이다. 이 책에서는 그러한 부분에 대하여 가능한 한 많은 지면을 할애하고자 하였다.

책을 쓰면서 특히 유의한 것은 문장을 구성함에 있어서 긴장감 있고 간명한 표현을 잃지 않는 일이었다. 법률서적으로서 名文이라는 말을 듣는다는 것은 허황된 꿈일 것이고 실무가로서 부끄럽지 않은 글을 썼다는 평을 들을 수 있었으면 하는 것이 바램의 전부이다.

끝으로 연수원 수료 후 소중한 휴식시간을 쪼개어 조문교정을 보아 준 전대규 예비판사, 초지일관 성실한 자세로 여러 가지 뒷받침을 아끼지 않은 박영사 관계자 여러분들에게도 심심한 감사의 마음을 전한다. 이 분들의 헌신적인 도움이 없었더라면 이 책의 출간은 불가능하였을 것이다.

1999. 7.

저 자 씀

차 례

제 I 부 총 론

제 1 편 조세법서설

제 1 장 조세의 개념

제 2 장 조세법의 기본구조

제 3 장 조세법의 법원(法源)과 효력

제 4 장 조세법의 기본원리

제 5 장 조세법의 해석과 적용

제 6 장 납세자의 권리보호

제 2 편 조세실체법

제 1 장 총 설

제 2 장 과세요건론

제 3 장 조세채무의 성립

제 4 장 조세채무의 승계

제 5 장 조세채무의 소멸

제 6 장 가 산 세

제 7 장 납세자의 채권(환급청구권)

제 3 편 조세절차법

제 1 장 총 설

제 2 장 조세확정절차

제 3 장 조세징수절차(1) — 납부와 징수

제 4 장 조세징수절차(2) — 강제징수

제 4 편 조세쟁송법

제 2 장 조세불복절차

제 5 편 조세형사법

제 2 장 조 세 벌

제Ⅱ부 각 론

제 1 편 소득세법

제 1 장 총 설

제 2 장 납세의무자·과세기간·납세지

제 3 장 소득의 구분

제 4 장 과세표준과 세액의 계산

제 5 장　과세표준과 세액의 신고·납부 및 결정·경정

제 6 장 원천징수

제 7 장 거주자의 양도소득에 대한 납세의무

제 2 편 법인세법

제 1 장 총 설

제 2 장 납세의무자·사업연도·납세지

제 3 장 사업연도 소득계산의 구조

제 9 장 연결납세방식에 의한 과세특례

제10장 동업기업에 대한 과세특례

제11장 법인의 기업구조재편에 대한 과세

제 3 편 상속세 및 증여세법

제 1 장 상 속 세

제 2 장 증 여 세

제 3 장 상속(증여)재산의 평가

제 4 편 부가가치세법

제 1 장 총 설

제 2 장 과세거래

제 3 장 영세율과 면세

제 4 장 과세표준과 세액의 계산

제 5 장 거래징수와 세금계산서

제 6 장 신고·납부 및 경정·징수

제 7 장　간이과세

제 5 편　지방세법

제 1 장　지방세 총설

제 2 장 취 득 세

제 3 장 등록면허세

제 4 장 지방소득세·지방소비세

제 5 장 재산세·주민세

제 6 장 종합부동산세(국세)

제 6 편 국제조세

제 1 장 국제조세 총론

제 2 장 비거주자 및 외국법인에 대한 소득세·법인세

□ 法令 등 略稱

국세기본법 … 기본법
국세기본법시행령 … 기본령
국세징수법 … 징수법
국세징수법시행령 … 징수령
국제조세조정에 관한 법률 … 국조법
국제조세조정에 관한 법률시행령 … 국조령
농어촌특별세법 … 농특법
법인세법 … 법법
법인세법시행령 … 법령
부가가치세법 … 부가세법
부가가치세법시행령 … 부가세령
상속세 및 증여세법 … 상증세법
상속세 및 증여세법시행령 … 상증세령
소득세법 … 소법
소득세법시행령 … 소령
조세특례제한법 … 조특법
조세특례제한법시행령 … 조특령
조세범처벌법 … 조처법
종합부동산세법 … 종부세법
지방세법 … 지법
지방세법시행령 … 지령
지방세기본법 … 지기법
지방세기본법시행령 … 지기령
지방세특례제한법 … 지특법
지방세특례제한법시행령 … 지특령
민사소송법 … 민소법
민사집행법 … 민집법
행정소송법 … 행소법
행정심판법 … 행심법
부동산 가격공시에 관한 법률 … 부동산가격공시법
감정평가 및 감정평가사에 관한 법률 … 감정평가법
부동산 실권리자명의 등기에 관한 법률 … 부동산실명법
자본시장과 금융투자업에 관한 법률 … 자본시장법
채무자 회생 및 파산에 관한 법률 … 채무자 회생법
독점규제 및 공정거래에 관한 법률 … 공정거래법
동산채권등 담보에 관한 법률 … 동산담보법
* 시행규칙 → 법명약칭+칙(예: 소칙)
기본통칙 → 법명약칭+통(예: 기본통)

* 제Ⅱ부 각론, 각 편 개별세법에서의 법, 영 규칙, 통칙은 해당 개별세법의 법, 시행령, 시행규칙, 기본통칙을 지칭함.

* 대법원 2004. 2. 8. 선고 2003두1234 판결 … 판 2004. 2. 8, 2003두1234
대법원 전원합의체 판결: 판 2004. 2. 8, 2003두1234(전)
서울고등법원 2018. 6. 25. 선고 2017누1234 판결 … 서울고판 2018. 6. 25, 2017누1234
서울행정법원 2019. 1. 5. 선고 2017구합12345 … 서울행판 2019. 1. 5, 2017구합12345
헌법재판소 1999. 3. 6. 선고 98헌바51 결정 … 헌 99. 3. 6, 98헌바51

일본 최고재판소 2018. 2. 1. 선고 20016두1234 판결 … 일최판 2018. 2. 1, 2016두1234.

일본 최고재판소 昭和 31년 2월 1일 판결 … 일최판 소화 31. 2. 1.

대법원판례해설(법원행정처) … 판례해설

조세법연구, 한국세법학회 편 … 조세법연구

특별법연구, 특별소송실무연구회 편 … 특별법연구

조세판례백선, 한국세법학회 편 … 판례백선

조세법의 쟁점 Ⅲ, 법무법인 태평양(경인문화사) … 조세법의 쟁점 Ⅲ

조세판례연구 Ⅵ 율촌 조세판례연구회(조세일보) … 조세판례연구 Ⅵ

조세실무연구 9 김·장 법률사무소 … 조세실무연구 9

조세실무연구 Ⅰ(법무법인 화우) … 조세실무연구 Ⅰ(화우)

일본 조세판례백선(유비각, 별책 Jurist) 제 6 판 … 일본 판례백선

□ 主要參考文獻

최명근, 세법학총론(1997), 세경사.

이창희, 세법강의(2024), 박영사.

한만수, 조세법강의(2023), 박영사.

오　윤, 세법원론(2016), 리걸플러스.

이동식, 일반조세법(2021) 준커뮤니케이션즈.

이준봉, 조세법총론(2019) 삼일인포마인.

최성근, 조세법(2023), 박영사

구욱서, 사법과 세법(2010), 유로.

강석규, 조세법쟁론(2023), 삼일인포마인.

김완석 외 3인, 주석 국세기본법(2023), 삼일인포마인

김준선 외 4인, 간추린 핵심세법(2014), 삼일인포마인.

소순무 외 5인, 조세소송(2024), 조세통람.

윤병각, 조세법상 경정청구(2021), 박영사.

최선집, 논점조세법(2015, 개정3판), 교보출판 퍼플.

김완석·정지선, 소득세법론(2014), 광교이택스.

김완석·황남석, 법인세법론(2024), 광교이택스.

이준봉, 법인세법 강의(2022), 삼일인포마인.

이창희, 법인세와 회계(2000), 박영사.

김완일·고경희 상속, 증여세 실무편람(2015), 이텍스코리아.

황종대·강　인·신종기, 부가가치세 실무(2015), 삼일인포마인.

김의효, 지방세실무(2019), 한국지방세연구회.

이우진, 부동산 세제실무(2006), 삼일인포마인.

이창희, 국제조세법(2015), 박영사.

오　윤, 국제조세법론(2016), 삼일인포마인.

김영수, 미국세법(2009), 세학사.

이정미 외 2인, 미국세법의 이해(2011), 삼일회계법인.

임승순, 조세법 판례백선(2024), 박영사.

조세법연구 (I) - (30-3), 한국세법학회 편, 세경사.

특별법연구 1권 - 19권, 대법원특별소송실무연구회 편.

조세판례백선 1, 2, 3, 한국세법학회 편, 박영사.

대법원판례해설(84호-88호), 법원도서관.

조세법총론, 소득세법, 법인세법, 상속세및증여세법, 사법연수원 교재.

조세실무연구 1~14. 김·장 법률사무소.

조세법의 쟁점 Ⅰ~Ⅴ, 법무법인 태평양, 경인문화사.

조세판례연구 Ⅰ~Ⅵ, 법무법인 율촌, 조세일보.

조세실무연구 Ⅰ, Ⅱ, 법무법인 화우.

백제흠, 세법의 논점 1, 2(2016, 2021), 박영사.

增井良啓, 안좌진 번역, 조세법입문(2021), 박영사.

황남석, 독일상속세 및 증여세법-해제 및 번역(2019), 북랩.

Brian J. Arnold, 문준필 외 5인 역, 국제조세입문(2021), 정독.

Eleonor Kristoffersson & Pernilla Rendahl, 윤지현 등 15인 역, 유럽부가가치세법 (2021), 박영사.

국제조세연구(2020), Young IFA Network Korea.

畠山武道·渡辺 充, 신판 조세법(2000년판), 현대법률학강좌 8, 青林書院.

金子宏, 조세법(제22판, 2017), 弘文堂.

金子宏 編, 조세법의 기본문제(2007), 有斐閣.

北野弘久, 현대세법강의(4訂版, 2005), 법률문화사.

北野弘久, 세법학원론(2007), 青林書院.

北野弘久 외 2人, 쟁점 상속세법(1995), 勁草書房.

岸田貞夫 외 3人, 현대세법의 기초지식(2005).

水野忠恒, 조세법(2005), 法律學大系.

水野忠恒, 대계 조세법(2015), 중앙경제사.

松澤智 외 1人, 재판실무대계 조세쟁송법, 青林書院.

占部裕典, 조세법과 행정법의 교착(2015), 慈学社.

岡村忠生(編著), 조세회피연구의 전개와 과제(2015), ミネルウ〃ァ 書房.

佐藤孝一, 국세통칙의 법해석과 실무(2003), 大藏財務協會.

일본 조세판례백선(제 3 판), 별책 쥬리스트 No. 120(1992)

일본 조세판례백선(제 6 판), 별책 쥬리스트 NO. 228(2016)

Smith, Harmelink, Hasselback, CCH Federal Taxation(2008).

Camilla E. Watson, Tax Procedure And Tax Fraud(2006, Thomson West).

The Tax Disputes And Litigation Review(2013, Law Business Research).

Tipke·Lang, Steuerrecht(24. aufl.), Otto Schmidt, 2021.

제 I 부

총　　론

제 1 편 조세법서설

제 1 장

조세의 개념

제 1 절 조세의 의의와 기능

1. 조세의 의의

조세법은 조세(세금)를 규율대상으로 하므로 먼저 조세란 무엇인가를 살펴볼 필요가 있다. 이에 대하여는 형식적 측면과 기능적·형태적 측면, 그리고 실질적 측면에서 각각 대답이 가능하다. 우선 형식적으로 본다면, 세금은 국회가 법률의 형식을 통하여 세금이라는 이름으로 입법하여 시행하는 것을 말한다. 우리 국세기본법 제 2 조 제 1 호에서는, 「"국세"란 국가가 부과하는 조세 중 다음 각 목의 것을 말한다」고 하여 소득세부터 농어촌특별세까지 12개의 세목을 정하고 있고, 지방세기본법 제 2 조 제 3 호에서는 「"지방세"란 특별시세, 광역시세, 특별자치시세, 도세, 특별자치도세 또는 시군세, 구세(자치구의 구세를 말한다)를 말한다」고 규정하고 있는데, 이는 조세를 이와 같은 형식적인 측면에서 정의한 것이다.

다음 조세의 특성을 기능적·형태적 측면에서 가린다면, 조세는 「**1. 국가 또는 지방자치단체가, 2. 국민에 대한 각종의 공공서비스를 제공하기 위한 자금을 조달할 목적으로, 3. 특별급부에 대한 반대급부 없이, 4. 법률에 규정된 과세요건에 해당하는 모든 자에 대하여, 5. 일반적 기준에 의하여 부과하는, 6. 금전급부**」라고 정의할 수 있다.[1] 이와 같은 기준에 따라 볼 때, 조세는 징수목적의 공익성에서 형사상·행정상 제재인 벌금·과료·과징금 등과, 징수수단의 강제성에서 국가의 재산수입이나 사업수입 등 경제활동에 기한 수입 등과, 직접적인 보상관계의 유무에서 각종 수수료·사용료·특허료 등과, 그리고 징수대상의 일반성에서 부담금 등과 각각 구별된다. 이러한 기준에 적합하다면 명칭이 어떻든 실질적인 조세로서 조세법에

1) 독일 조세기본법(Abgabenordung) 제 3 조 제 1 항은 이와 같은 취지의 조세개념 규정을 두고 있다.

관한 원리가 적용되어야 한다. 이와 관련하여 판례는, 납부고지일 후 개발부담금을 저당권 등으로 담보된 채권에 우선하여 징수할 수 있도록 한 '개발이익환수에 관한 법률'(2008. 3. 28. 전부개정된 것) 제22조 제 2 항이 담보권자의 재산권을 침해하여 위헌인지 여부가 문제된 사안에서, 개발부담금은 실질적으로는 조세의 성격을 가지는 금전급부로서 고도의 공공성과 공익성을 가져 징수의 확보를 보장할 필요가 있다는 이유로 위 규정을 합헌으로 판정한 반면(헌 2016. 6. 30. 2013헌바191 등),[1] 압류선착수주의를 규정한 지방세법 제34조(현행 지방세기본법 73조)가 구 산업재해보상보험법(2003. 12. 31. 개정 전의 것) 제76조(현행 고용산재보험료징수법 30조)에서 규정한 산업재해보상 보험료와 지방세 상호간에도 준용되는지 여부에 관하여, 산업재해보상 보험료와 조세는 그 성격이 다르다는 점을 들어 이를 부정하였다(판 2008. 10. 23, 2008다47732).[2] 다만 조세와 국가에 대한 다른 경제적 부담의 구별은 상대적이고 대체적이며 복지국가의 이념을 내세우는 현대 국가에서 그러한 경향은 더욱 현저해지고 있다. 따라서 이들 차이를 강조하는 것보다는 국가가 처한 여러 가지 상황을 고려하여 부담 전체를 포괄하는 합리적 기준을 설정하는 한편 그 기능적 차이 및 전체적인 균형을 감안한 다양한 수단을 적절하게 사용할 것이 요망된다. 예컨대 지구환경의 보호 및 개선과 관련하여 국민에게 일정한 부담을 설정하고자 할 때, 국가가 유도적, 제재적 조세의 형태를 취할 것인지 아니면 부담금의 형태를 취할 것인지는 기본적으로 정책상의 문제이다.[3]

---

1) 위 결정의 반대의견은, 개발부담금은 투기방지와 토지의 효율적 이용 및 개발이익에 관한 사회적 갈등을 조정하기 위해 정책적 측면에서 도입된 유도적·조정적 성격을 갖는 특별부담금으로서 거래상대방이 그 존재를 예측하기 어렵고 징수를 확보해야 할 절실한 공익적 요청이 있다고 판단되지도 않으므로 해당 조항이 헌법상 과잉금지원칙을 위반하여 담보권자의 재산권을 침해하는 위헌의 규정에 해당한다고 보았다.

2) 일본 최고재판소는 조례에서 정한 국민건강보험료 산정방법의 적법성과 관련하여 국민건강보험료가 조세와 성격이 동일한지가 문제된 사안에서, 국민건강보험료가 가입과 징수가 강제되어 있지만 보험급부와 대가성이 있다는 이유 등을 들어 이를 부정하였다(일최판 평성 18. 3. 1. 그 평석은 일본 판례백선 제 2 면). 미국 연방대법원의 조세와 금전벌의 구별을 중심으로 한 조세개념의 논의에 관하여는, 류지민, "조세 개념의 한계에 대한 소고, — 미국 연방대법원 NFIB v. Sebelius의 조세·금전벌 구별 쟁점을 중심으로 —", 조세법연구 23-2, 7면. 미국에서 금전벌 제정 입법은 주(州) 권한에 속하나, 실질이 조세에 해당하면 제정권한이 연방의회 권한에 속하므로 양자의 구별이 중요한 의미를 갖는다. 그 구별기준으로는 1) 강제성의 정도와 2) 주요목적 등이 제시된다.

3) 이와 관련하여 최근의 코로나 19나 러시아-우크라이나 전쟁 등으로 인한 국제 원유가격의 상승 등 사전에 예측하기 어려운 외부적 요인들로 인하여 특정 산업 영역의 기업들이 얻은 이른바 '횡재'에 대하여 세계 각국에서 이를 회수하기 위한 다양한 방법들이 제기되고 있다. 이는 구체적으로 조세의 형태를 취하는 경우와 부담금 형태를 취하는 경우로 대별되고, 전자의 경우에도 이를 법인세 등 소득과세 방식을 취하는 경우와 소비세 과세방식을 취하는 경우로 나뉘어 있다. 관련 논의는, 김재경·정훈, "초과이익과 횡재의 본질에 따른 과세체계", 조세법연구 29-2, 345면.

조세는 보통 일반재원에 충당되나 교육세 등 목적세와 같이 처음부터 일정한 지출에 충당하기 위하여 징수되는 경우도 적지 않다. 그러나 이들 조세도 능력에 따라서 일반적으로 부과된다는 점에서 조세의 성질을 잃은 것은 아니다.

조세는 금전급부임을 원칙으로 한다. 예외적으로 물납이 허용되나(상증세법 73조; 지법 117조 등), 이 경우에도 납부되는 재산의 사용가치가 아닌 금전가치에 착안한다는 점에서 재산의 사용가치에 착안하여 행하여지는 공용징수와 구별된다.

한편 조세가 위와 같은 기능적, 형태적 특성을 갖추었어도 당연히 헌법적 정당성을 갖는다고는 볼 수 없다. 이와 같은 헌법적 정당성의 밑바탕에는 국가는 세금을 누구로부터 걷어야 하는가 하는 물음이 깔려 있다. 세금은 개인의 재산권을 침해하는 것이기 때문에 원칙적으로 개인이 경제적 이익 내지 효용을 향유한다는 것이 전제되어야 한다. 세금의 분류와 관련하여 소득세, 재산세, 소비세, 유통세 등의 분류가 행해지는데, 이는 각 단계에서 국민 각자가 갖는 경제적 이익이나 효용의 향유에 대한 조세부담을 나누어 감당하는 역할을 한다. 이와 같은 담세력을 어떻게 측정, 평가할 것인가는 국가의 이념이나 정책에 따라 달라질 수 있지만 담세력이 전혀 없는 곳에 과세하는 것은 헌법적 정당성을 벗어난다고 보아야 한다.

일반적으로 국가가 일정한 정책목표를 달성하거나 납세자 행위를 일정한 방향으로 유도하기 위해 부과하는 조세를 '정책적·유도적 조세'라고 하여 국가의 재원조달을 주된 목적으로 하는 '국고적 조세'와 구분하고 있다. 정책적·유도적 조세는 전통적으로 조세의 헌법적 한계를 가늠하는 기준이 된 응능부담의 원칙과 조세중립성 원칙이 제대로 기능하기 어렵다는 특징을 갖는다.[1] 또한 조세가 제재적 기능을 갖는다면 자의의 금지 등 제재에 관한 헌법적 심사기준을 적용할 필요성도 있게 된다.

이와 관련하여 세수목적 없이 전적으로 사람 행동의 규제수단으로 조세를 사용할 수 있는가에 관한 논의가 있다. 다수의 학설은 행동의 규제를 주목표로, 세수를 부차적 목표로 하는 세금은 합헌이지만, 세수목표 없이 어떤 행동을 없애버릴 의도만을 담고 있는 이른바 압살적 조세(Erdrosselungssteuer)는 위헌이라고 본다.[2] 세금은 고유의 목적과 원리를 지니고 부과에서부터 징수에 이르기까지 별도의 규율체계 및 법리에 따라 집행되는 특수한 영역이므로 이를 규율하는 조세법은 그와 같은 목적과 체계에 적합한 헌법적 원리를 갖추어야 할 것이다.

---

1) 관련 논의는, 이동식, "조세의 유도적 기능의 허용과 한계", 조세법연구 19-3, 7면 이하. 우리나라의 유도적, 정책적 조세의 예에 관하여는 이 책 18면 참조.

2) 이동식, "조세법과 헌법", (준커뮤니케이션즈, 2012), 89면 참조. 이에 반해 압살적 조세가 당연히 위헌은 아니라는 견해로, 이창희, 세법강의(박영사, 2024) 61면.

2. 조세의 기능

조세의 기능은 일차적으로, 국가 재정수요를 충당하기 위한 자금의 조달에 있지만 국가 경제정책적 기능이나 부의 재분배 등 사회정책적 기능을 수행하는데 있어서도 조세는 효과적인 수단으로 기능한다. 아래에서 차례대로 살펴본다.

가. 국가 재정수요를 위한 자금의 조달

국가나 지방자치단체는 국민에게 각종 공공서비스를 제공하는 것을 그 임무로 하여 존재하는데, 이와 같은 임무수행을 위해서는 막대한 자금을 필요로 한다.

조세는 그러한 자금 조달을 목적으로 하여 직접적인 반대급부 없이 강제적으로 개인의 손에서 국가의 손으로 이전되는 부를 가리킨다.

현대국가에서 국가가 국민에게 제공하는 공공서비스는 크게 두 가지로 나누어 볼 수 있다. 그 하나는 국방·치안·재판·행정·최소한의 생활기반요건 등과 같이 자유주의 정치·경제이론 분야에서 국가의 고유 임무로 분류되어 온 서비스로서 이들 서비스는 사적 교환경제 방식에 의해서 제공하기 어렵기 때문에 국가의 손에 맡겨져 있다. 다른 하나는 공교육이라든가 공영주택의 건설 등과 같이 원래 수요·공급의 원칙에 따라서 시장경제기구에 의해서도 제공할 수가 있으나 그 공익성과 규모 등을 감안하여 국가가 행하는 공공서비스이다.

현대의 모든 국가에서는 정도의 차이는 있으나 두 번째 형태의 서비스가 양적·질적으로 현저하게 증가하고 있고 그에 따른 경비의 수요 또한 팽창일로에 있다. 그와 같이 팽창하는 경비를 조달하기 위하여 좋든 싫든 간에 국민의 세 부담은 증대하는 추세에 있고, 그에 대응하여 조세의 중요성도 점점 커지고 있다.

나. 경제정책적 기능

자본주의 경제는 실업, 인플레이션, 불황 등 경제의 여러 가지 불안정한 국면을 끊임없이 드러내고 있는 한편 오늘날 국민소득에 대한 국가의 재정규모 비율이 높아진 결과 국가는 경기의 변동을 조절하는 것이 필요하고 또한 상당한 정도 가능하게 되었다. 즉, 경기의 후퇴기에는 세 부담을 경감시키고 정부지출을 늘려 민간의 가처분소득을 증가시킴으로써 투자와 소비를 자극하고, 거꾸로 경기의 과열기에는 세 부담을 증가시키거나 감세규모를 축소시키고 정부지출을 삭감하여 민간의 가처분소득을 감소시킴으로써 투자와 소비를 억제하는 것이다.

특히 오늘날 조세제도는 그 누진적 구조로 인하여 감세나 증세와 같은 적극적 조치를 취하지 않고도 어느 정도 경기를 자동적으로 조정하는 기능 — 소위 경기자동조정기능(built-in stabilizer, automatic stabilization) — 을 갖는다. 즉, 경기의 후퇴기에는 국민소득이 감소하지만 누진세율 아래에서는 소득이 감소하는데 따라 평균세율도 저하하기 때문에 국민의 가처분소득(disposable income)의 감소비율은 국민소득의 감소비율보다 적게 되고 경기의 과열기에는 반대의 현상이 초래된다.

특정 산업에 대한 조세의 감면조치 등을 통해 산업을 보호·육성하고 각종 유흥·오락시설 등 사치성 소비행위에 대해 고율의 소비세를 부과하여 소비억제정책을 실시하는 것 또한 조세가 경제정책적 기능과 밀접하게 연결되어 있음을 나타내 주는 예이다. 나아가 조세제도는 토지정책·공해대책·노동정책 등 개별 정책목적을 위하여 사용되는 경우도 적지 않다.

조세의 감면과 관련하여 조세특례제한법이 별도로 제정·시행되고 있으며, 조세특례의 남용을 방지하기 위해 조세지출의 연장, 폐지 및 신설 시 조세지출 성과에 대한 평가를 의무화하도록 하고 있다(조특법 142조).

다. 사회정책적 기능

우리 헌법은 자유 민주주의 경제 질서와 함께(헌법 23조 1항, 119조 1항), 배분적 정의에 기초한 복지국가 이념을 천명하고 있다(헌법 119조 2항). 이러한 복지국가 이념을 실현하기 위하여, 조세는 사회의 자원을 민간부분과 공공부분의 적재적소에 배분하고 그 왜곡을 시정하며 자본의 집중에 따른 개인 사이의 소득격차를 해소하는 데 기여한다. 구체적으로는 소득세라든가 상속세에 관한 누진세율구조의 채택과 각종 인적 공제제도의 설정이 이와 밀접하게 관련되어 있으며, 저소득층에 대한 보조금 지급이나 공공주택과 같은 공공재의 공급, 고가의 재화에 대한 고율의 소비세 부과 등도 소득분배의 불균형을 해소하는 기능을 하고 있다.

다른 한편 조세는 가격기능에 직, 간접적으로 개입하여 사회후생에 영향을 미친다. 시장에서 가격이 사회후생을 제대로 반영하지 못하는 현상을 '시장의 실패(market failure)'라고 부르는데 이와 같은 시장의 실패를 보완하기 위해 정부는 조세를 통해 시장에 개입한다. 예컨대 자동차 주행에 따른 환경 악화 등 사회적 비용이 자동차 값이나 기름 값에 제대로 반영되지 않는 경우 유류에 대한 개별소비세 도입을 통해 이를 시정하며, 거꾸로 공익법인 활동에 따른 사회적 편익의 증대를 보상하기 위해 공익법인에 대해 기부금 세액공제 등의 혜택을 부여한다.

제 2 절 조세의 종류

1. 국세와 지방세

과세권의 주체를 기준으로 한 분류이다. 관세를 포함한 각종 내국세는 전자에, 취득세 · 재산세 · 등록면허세 · 레저세 · 자동차세 · 주민세 · 지방소득세 · 지방소비세 · 담배소비세 등과 지역자원시설세 · 지방교육세 등은 후자에 속한다.

2. 관세와 다른 내국세

내국세 중 외국으로부터의 수입화물에 부과되는 관세에 대하여는 관세법에서 별도로 규율하고 있다. 관세 중에서 주로 세수를 목적으로 하는 것을 재정관세, 국내산업의 보호를 목적으로 하는 것을 보호관세라고 한다. 다른 내국세는 원칙적으로 국세청과 관할 세무서에 의해 부과 · 징수되는데 반하여 관세는 별도의 행정조직인 관세청과 세관에 의해 부과 · 징수된다. 관세에 관하여는 관세법이 자족적으로 운용되므로 국세기본법, 국세징수법 등은 적용이 배제된다. 또한 관세는 국제적 성격이 강하여 세율 등이 국제조약에 의하여 정해지거나 제한되는 경우가 많다.

3. 직접세와 간접세

조세의 전가(shifting)가 예정된 것이냐의 여부, 즉, 법률상의 납세의무자와 경제상의 담세자가 일치하는가의 여부에 따른 분류이다. 양자가 일치하는 경우를 직접세(direct tax), 일치하지 않는 경우를 간접세(indirect tax)라고 부른다. 각종 조세 중 소비세를 제외한 나머지 조세는 전자에, 소비세(부가가치세, 개별소비세 등)는 후자에 속한다. 다만 근래에는 전가의 유무는 조세의 종류뿐 아니라 경제적 여러 조건에 의하여 좌우되기 때문에 이를 구별의 기준으로 삼는 것은 정확하지 않으며 오히려 소득이나 재산 등과 같이 담세력을 직접 표시하는 것을 대상으로 과하여지는 조세를 직접세, 소비나 거래 등과 같이 담세력을 간접적으로 추정시키는 사실을 대상으로 과하여지는 조세를 간접세로 분류하여야 한다는 견해도 유력하다.[1)]

---

1) 金子 宏, 조세법 제22판(2017), 13면.

조세부담에 있어서 직접세가 일반적으로 누진적 세율구조를 취하는 데 반하여 간접세는 단일세율을 취하여 소득의 크기에 대해 역진적이기 때문에 이 분류는 소득재분배 정도를 측정하는데 유용하다.

간접세는 기본적으로 국가재정의 충당이라는 재정조세의 기능을 갖지만 소비의 크기를 조절하는 유도적 조세의 기능도 함께 갖는다. 이에 따라 양 기능의 역학관계를 어떻게 고려하여 적정한 세율을 정할 것인지가 입법의 주된 관심대상이다. 간접세의 과세원칙에서는 효율성의 목표와 형평성의 목표가 곧잘 충돌한다. 예컨대 생필품은 수요가 비탄력적이므로 효율성 측면에서는 높게 과세하여야 하지만 이는 저소득층 중과세로 이어져 형평성에 반하는 결과를 낳게 된다.[1]

한편 시장의 조건과 관련하여, '직접세의 간접세화'와 '간접세의 직접세화' 현상이 논의된다. 전자는 현실적으로 기업의 법인세가 거래과정을 통해 타에 전가되는 현상을, 후자는 소비세 등 간접세가 거래과정에서 전가되지 않은 채 기업의 부담으로 남게 되는 현상을 각 가리킨다.

4. 보통세와 목적세

조세수입이 일반경비에 충당될 것을 목적으로 부과되는 조세가 보통세(ordinary tax)이고, 처음부터 특정 경비에 충당할 것을 목적으로 부과되는 조세가 목적세(earmarked tax)이다. 목적세는 당초부터 특정사업의 재원을 확보한다는 입법목적이 특정되어 있다는 점에서 보통세와 다르다. 목적세는 특정 정책목적을 수행하는데 유용한 수단이 될 수 있지만 남용되면 재정의 통일적 운용을 곤란하게 하고 재정의 경직화를 초래할 우려가 있게 된다. 현행 국세 중에는 교육세, 농어촌특별세가, 지방세 중에는 지역자원시설세·지방교육세 등이 목적세에 속한다.

5. 소득세·재산세·소비세·유통세

담세력을 표상하는 과세물건을 기준으로 한 분류이다. 이 분류는 조세를 과세물건별로 유형화하기 때문에 과세요건을 체계적으로 살펴보는 데 유익하다. 기본적으로 담세력의 원천은 소득을 표창하는 부의 증가에 있다고 볼 때, 소득세 이외의 나머지 조세들은 소득과세의 불완전성을 보완하는 보충적 조세의 성격을 갖는다.

---

1) 관련 논의는, 김유찬, 박 훈, "적정간접세율 구조에 대한 소고", 조세법연구 19-3, 131면.

우리나라의 경우 소득세(income tax)로는 개인소득세·법인세·지방소득세 등이, 재산세(property tax)로는 종합부동산세·재산세·자동차세 등이 있다. 소비세(consumption tax)는 직접소비세와 간접소비세로 나뉘는데 현재 직접 소비세는 없고, 간접소비세로 개별소비세·주세, 부가가치세 등이 있다. 과세대상과 관련하여 개별소비세, 조세는 특별소비세, 부가가치세는 일반소비세에 속한다.

유통세(transfer tax)로는 지방세인 취득세·등록면허세와 국세인 인지세·증권거래세 등이 있다.

양도소득세는 통상 소득세의 일종으로 분류되나, '재산'의 보유에 따른 자본이득(capital gain)을 과세대상으로 삼는다는 점에서 재산세적 측면도 포함하고 있다. 상속·증여세도 순자산증가라는 차원에서 넓은 의미의 소득과세에 해당된다.

6. 종가세와 종량세

과세표준이 금액으로 표시되느냐, 물량으로 표시되느냐의 기준에 따른 분류이다. 종가세(advalorem tax)는 과세표준이 금액으로 표시되는 조세로서 대부분의 조세가 여기에 속한다. 종량세(unit tax)는 과세표준이 용량·건수·인원 등 물량으로 표시되는 조세로서 우리나라 주세의 주정(kl), 개별소비세의 과세장소에 관한 것 중 골프장·카지노·투전기 설치장소(인원과 횟수) 등에 대한 조세, 그리고 지방세 중 담배소비세가 종량세에 속한다. 종량세에 적용되는 세율은 금액인 것이 특징이다.

7. 비례세와 누진세

이는 적용되는 세율의 성질을 기준으로 한 분류이다. 비례세(flat rate tax)는 과세표준의 크기와는 관계없이 일정률의 같은 세율이 적용되는 조세이다. 우리나라의 부가가치세·개별소비세·주세 등이 여기에 속한다.

누진세(progressive rate tax)는 과세표준 금액이 증가함에 따라 적용되는 세율도 점차 높아지는 조세이다. 누진세는 납세의무자의 개인적 사정이 고려되는 조세에 많으며 소득의 재분배 기능을 수행하게 된다. 우리나라의 소득세·상속세·증여세·법인세 등 대부분의 직접세가 여기에 속한다.

제 3 절 조세의 근거

조세의 근거에 관하여는 크게 두 가지의 사고가 존재한다. 하나는 조세를 시민이 국가로부터 받는 이익의 대가라고 보는 사고로서 이익설 또는 대가설이라고 부른다. 이 견해에 의하면 세 부담은 모든 사람이 국가로부터 받는 이익의 정도에 대응하여 배분되어야 하고 이는 논리적으로 비례세율로 연결된다. 이익설은 일반적으로 산업자본주의 시대의 자유주의 사상을 반영한 이데올로기로서 이해되어 왔으나 오늘날에는 납세자가 정책결정의 주체가 되어 조세제도의 내용 내지는 정책결정과정을 주도, 감시하여야 한다는 현대적 주권재민사상의 이론적 근거를 제공한다는 측면에서 의미가 새로이 조명되고 있다.

이에 대하여 의무설 혹은 희생설이라고 불리는 다른 견해는 국가는 그 임무를 달성하기 위하여 당연히 과세권을 가지고, 국민은 그에 상응한 납세의무를 부담한다고 설명한다. 이 설은 당초 국가는 개인의 의사를 초월한다고 하는 권위주의적 국가사상과 결부되어 주창되었으나(독일의 국법학자나 국민경제학자의 경우), 현대에는 배분적 정의에 입각한 복지국가적 가치관에 터 잡아 주장되고 있다.

우리나라를 포함하여 오늘날 각국의 조세제도 내지 조세정책들을 살펴보면, 기본적으로 과세의 대상과 관련하여서는 담세력을 기초로 하는 이익설적 고려가, 과세의 크기와 관련하여서는 복지국가의 이념에 입각한 의무설적 고려가 바탕에 깔려 있다고 볼 수 있다.

제 2 장
조세법의 기본구조

제 1 절 조세법의 의의와 범위

1. 의 의

조세에 관한 법을 통틀어 조세법(tax law, law of taxation)이라고 부른다면 그 체계적·이론적 연구를 목적으로 하는 독립된 학문분야를 조세법학(science of tax law)이라고 부르게 될 것이다.

조세법학은 재정학, 조세정책학, 조세회계학 등과 함께 조세에 관한 학문분야의 하나이다. 오늘날 조세법이 다른 법과 독립된 법체계를 형성하고 있고 이를 연구하는 세법학 역시 독립된 학문으로서 존립의의가 인정된다는 것은 보편적으로 받아들여지고 있다. 그러나 조세법이 법률학의 한 분야로서 연구와 교육의 대상이 된 것은 일반적으로 제 1 차 세계대전 이후의 일로서 그 역사는 비교적 짧다. 이는 재정학이 오랜 역사를 가지고 일찍부터 발달하여 온 것과 대비된다.

조세법 연구의 방법으로는 해석원리나 이론의 해명과 형성을 목적으로 하는 법해석학적·실용법학적 방법과 조세법 입법으로부터 해석·적용에 이르기까지의 과정을 사회학적으로 접근하여 그 현상을 객관적으로 구명하는 것을 목적으로 하는 사회학적 방법이 있으나 현실은 이 두 가지 방법이 함께 사용되는 경우가 많다.

2. 조세법률관계의 성질

조세법은 국가 또는 지방자치단체와 납세의무자인 국민 사이의 조세에 관한 법률관계를 규율하는 법률이다. 조세법학은 조세법률관계의 체계적·이론적 연구를 목적으로 하는 법 분야로서 조세법률관계의 성질을 제대로 이해하는 것은 조세법 전체를 체계적으로 고찰하기 위한 시발점이 된다. 조세법률관계의 성질에 관하여는 그것이 권력관계인가, 아니면 채무관계인가를 둘러싼 다툼이 있다.

조세권력관계설은 조세법률관계를 과세권자의 일방적 재정하명인 부과처분에 의하여 납세의무가 형성되고 납세자가 그 의무를 불이행할 경우에는 과세권자가 이를 강제로 집행하며 의무를 위반한 경우 조세벌을 과하는 재정권력으로 보는 견해이다. Otto Mayer 이래의 전통적인 학설이다.

조세채무관계설은 조세법률관계를 조세채권자로서의 행정주체와 조세채무자로서의 국민이 대등한 관계에서 법에 복종하는 공법상의 채권채무관계로 보는 견해이다. 1919년에 독일 조세통칙법 제81조가 「조세채무는 법률이 정한 과세요건이 충족되는 때에 성립한다. 조세채무의 확정을 위해 세액 확정이 필요하다고 하여 그 성립이 연기되는 것은 아니다」라고 규정하여 납세의무 성립에 행정행위의 개입을 배제한 것을 계기로 Albert Hensel에 의해 체계화되었다.

조세채무관계설은 조세법률관계에 있어서 실체법관계를 전면으로 끌어냈을 뿐 아니라 조세채무를 '공법상의 채무'에 조명을 맞추고 과세요건이라는 개념을 조세채무의 성립에 연결시켜 이론적 체계화를 시도하였다는 점에서 조세법에 새로운 위치와 체계를 부여한 것으로 평가된다. 즉, 조세실체법을 중심으로 한 법률적 접근은 해석법학으로서의 세법학 발전에 이론적 기초를 제시하고 세법학을 전통적 행정법학으로부터 독립시킬 수 있는 가능성의 계기를 마련한 것이다.

다만 현행 실정조세법상 조세법률관계를 일률적으로 권력관계라든가 채무관계로만 파악하는 것은 무리가 있다. 예컨대 질문조사권이나 강제징수권 등은 이를 권력관계로 파악하지 않는 한 정확하게 설명하기 곤란하다. 특히 조세법률관계의 권력관계적 구조를 간과하고 대등한 채무관계로만 이를 파악하는 것은 조세법률관계에 현실적으로 존재하는 권력관계적 구조 아래에서 납세자의 권리를 소홀히 취급하게 만들 우려가 있다. 예컨대 세무조사의 영역에서 과세관청의 권한과 그에 상응한 납세자의 지위를 정확하게 인식하고 그 절차를 적정한 법적 통제 아래에 두는 것은 현실적으로 매우 중요한 과제이다. 이러한 의미에서 조세법률관계를 실체법관계와 절차법관계로 구분하여 후자는 과세권자의 우월적 지위를 인식하여 그 절차적 통제를 강화하되, 전자는 법 규정에 따라 일정한 법적 효과가 발생한다는 특색을 고려하여 그 기본적 구조를 채권·채무관계로 보는 것이 옳을 것이다.[1)]

1) 최명근, 세법학총론(1997), 295면; 田中二郎, 조세법, 142면; 金子 宏, 앞의 책, 28면. 기본적으로는 권력관계로, 제한적으로 채무관계로 보는 견해로는, 한만수, 조세법강의(2023), 10면.

조세법률관계의 특색으로는, 1) 조세채무는 당사자의 합의를 기초로 하는 사법상 채무와 달리 그 내용이 법에 규정되어 있는 점, 2) 현행법상 그 법률관계는 공법상 법률관계로서 행정소송법의 적용을 받는 점, 3) 조세의 공공성, 공익성으로 인하여 세액의 확정과 징수가 공평·확실하고 신속하게 행하여져야 하는 점, 4) 조세채권자인 국가의 손에 사법에서는 인정되지 않는 질문검사권·자력집행권 등과 같은 여러 특권이 유보되어 있다는 점 등을 들 수 있다. 조세채권자에게 어떠한 특권을 어디까지 인정할 것인가는 조세법률관계의 본질적 요소는 아니고 입법정책상 문제이기는 하나 어느 나라든 정도의 차이가 있을 뿐 조세의 징수를 확보하고, 납세자 상호간의 공평을 유지하기 위하여 이와 같은 특권을 인정하고 있다.

3. 체계와 범위

조세법의 체계는 대상적으로는 실정조세법 전체를 망라하고, 내용적으로는 조세법률관계의 각 부분을 유기적으로 연관시켜 체계적 이해를 가능하게 하는 것이어야 한다. 이러한 점을 감안하여, 이 책에서는 조세법 전체를 총론과 각론 2부로 나누고 총론 부분은 이를 다시 조세법서설과 조세실체법, 조세절차법, 조세쟁송법, 조세형사법 등 5개 편으로, 각론 부분은 소득세법, 법인세법, 상속세 및 증여세법, 부가가치세법, 지방세 관련법, 국제조세 등 6개 편으로 나누어 설명하였다.

총론의 조세법서설에서는 조세법률관계의 해석·적용에 관한 기본적 법리들을, 조세실체법에서는 개별세법의 기초를 이루는 조세법률관계의 당사자, 조세채무의 내용과 성립·승계·소멸 등을, 조세절차법에서는 조세채무의 확정과 조세의 징수절차에 관하여 각각 다루고 각론은 개별세법의 내용들을 다루었다. 조세법서설 중 조세쟁송법과 조세형사법은 조세법 해석·적용에 관한 일반적인 법리와는 내용상 독립된 성격을 갖고 있어 별도의 분류도 가능할 것이나 권리구제와 제재라는 측면에서 총론의 다른 부분과 밀접하게 연결되어 있으므로 편의상 함께 분류하였다.

4. 조세법의 특색

조세법규는 다수의 법률과 이를 기초로 한 시행령, 시행규칙 등이 있어 그 종류가 매우 광범위한데, 공통적으로, 1. 성문성(成文性), 2. 강행성, 3. 복잡성·기술성 4. 외관성·형식성의 특색을 갖는 것으로 설명된다.

제 2 절 조세법의 위치

1. 총 설

조세법질서도 전체 국법 질서 속에 존재하는 부분 질서이므로 다른 법 분야와 밀접하게 관련되어 있다. 조세법과 다른 법의 관계를 고찰하는 것은 조세법에 대한 체계적 이해를 위해 꼭 필요한 과정이다.

우선 모든 조세법규는 조세법률주의와 조세공평주의라는 두 가지 큰 축을 기초로 하여 입법과 법규의 해석에 있어서 헌법에 합치될 것을 요구한다. 다음 전통적으로 세법은 행정법의 일부로 취급되어 왔을 정도로 일반 행정법과 밀접히 연결되어 있는 한편, 조세법률관계를 권리·의무관계로 파악하는 한 세법 해석의 밑바탕에는 민법의 법리와 기초이론이 자리 잡을 수밖에 없다. 나아가 국가 간 경제교류가 필수불가결한 요소로 된 현대사회에서 국제조세법이 주요한 법원(法源)으로 자리 잡고 있으며 국제법은 그 기본원리를 제공하고 있다. 그 밖에 상법, 민사소송법 등도 실체와 절차, 그리고 쟁송적 측면에서 세법과 유기적으로 연관되어 있고, 조세포탈죄를 기본으로 하는 조세형법 분야는 대부분 형법의 법리와 해석원리가 그 바탕이 되고 있다.

한편 학문으로서의 세법학은 재정학과 회계학 등 인접과학으로부터 이론적 기초를 제공받는다. 재정학은 여러 가지 분석방법을 이용하여 조세의 본질, 역할, 경제적 기능 등을 탐구하여 그 학문적 성과를 세법에 반영시키고 있고 회계학은 과세소득 산정에 관한 원리와 기술을 제공하는 원천이 되고 있다.

이와 같이 오늘날 조세법규와 이를 연구하는 세법학은 인근의 여러 법 및 인접 과학과 밀접하게 관련하면서 발전을 거듭해 오고 있다.

아래에서 헌법 및 사법과 조세법의 관계에 관하여 좀 더 자세히 살펴본다.

2. 헌법과 세법

가. 총 론

우리 헌법의 기본원리로는 보통, 가. 민주주의 나. 법치주의 다. 복지국가 라. 자본주의 경제질서 마. 조세국가를 드는 것이 보통이다.

이 중 조세국가란 조세를 국고수입의 근간(根幹)으로 하는 국가를 말한다. 조세국가 아래에서 국가의 과세권은 사유재산제도 및 이에 터 잡은 사인의 자유로운 경제활동을 기반으로 하나 동시에 경제적 부담을 가함으로써 사인의 재산 및 경제적 자유를 필연적으로 제한하게 된다. 따라서 자유시장 경제질서에 기초한 자유주의 국가는 국가의 과세권과 사인의 재산 및 자유의 제한 사이의 조정을 위하여 국민의 동의에 과세권을 엄격히 기속시키는 법치주의를 확립함으로써 그 목적을 실현하고, 이를 통하여 조세국가에 합법적 정통성을 부여하고 있다. 조세법의 기본원리로서 많이 논의되는 조세법률주의는 법치주의의 원리가 조세법 분야에서 구현된 것으로 평가할 수 있다.

우리 헌법에서 규정하고 있는 조세와 관련된 개별적 기본권으로는, 일반적 행동의 자유(제10조), 평등권(제11조), 거주이전의 자유(제14조), 직업선택의 자유(제15조),[1] 사생활과 비밀의 자유(제17조), 종교의 자유(제20조), 재산권 보호(제23조), 인간다운 생활을 할 권리(제34조), 혼인과 가족생활의 자유(제36조 제 1 항) 등 광범위한 조항에 걸쳐 있다. 이 중 실무상 중요하고 또한 자주 문제가 되는 것은 제11조의 평등권과 제23조의 재산권 보호에 관한 규정이므로 이에 관하여 항을 바꾸어 살펴보기로 한다.

나. 평등권과 조세

조세법에서 평등권은 일반적으로 응능과세(應能課稅) 원칙의 모습으로 나타난다. 이는 납세자의 담세력에 따른 세금부담, 즉 경제적 능력이 동일하면 동일한 세금을, 경제적 능력이 다르면 그 능력에 따른 세금을 각각 부담해야 한다는 원칙을 말한다. 전자는 수평적 공평, 후자는 수직적 공평에 관한 것이다. 일반적으로 조세법령의 위헌여부는 차별이 합리적인지 여부와 관련하여 수평적 공평의 관점에서 제기되며, 수직적 공평의 문제는 원칙적으로 입법재량에 해당하고 헌법적 판단의 대상은 아니라고 설명된다. 다만 세율이 누진세율 한도를 넘어 재산권을 박탈할 정도에 이르러 사유재산제도의 본질적 내용을 침해하거나, 단순 비례세율을 벗어나 역진세율을 취하여 복지국가 이념에 반하는 경우에는 헌법위반의 문제가 발생한다.

평등의 문제는 일반적으로 국가나 지방자치단체의 재정수요 충족을 위한 조세의 경우에 문제되고, 제재적·정책적 조세의 경우 위헌성 판단은 비례의 원칙(과잉

1) 이와 관련하여 위법소득에 대한 과세나 오로지 특정 영업을 규제하기 위한 목적의 과세의 적법성 등이 문제된다. 관련 논의는, 이동식, 일반조세법(준커뮤니케이션즈, 2021), 41면 참조.

금지의 원칙)에 의한 심사문제로 흡수되는 것으로 설명된다. 비례의 원칙 또는 과잉금지의 원칙이란 국민의 기본권을 제한하는 법이 헌법에 합치하기 위해서는 목적의 정당성, 수단의 적합성, 침해의 최소성, 법익의 균형성 등 4가지 요건을 모두 갖춰야 한다는 헌법상의 원칙을 말한다.[1]

우리 세법에서 제재적·정책적 조세로서 문제되는 것 중 중요한 두 가지는 명의신탁재산을 증여로 의제하는 상증세법 제45조의2와 세금계산서 부실기재와 관련하여 매입세액을 불공제하는 부가가치세법 제39조 제 1 항 제 2 호인데 헌법재판소는 양자 모두 합헌으로 판단하고 있다.[2] 흔히 문제되는 실질과세의 원칙은 독립된 헌법 원리로 보기 어렵고 조세공평주의의 한 단면으로 이해된다.

다. 사유재산권 보호와 조세

헌법 제23조의 재산권 보호는, 일반적으로 개별적 기본권으로서의 사유재산권 보호와 제도보장으로서의 사유재산제도 보장을 포함하는 개념이다.[3] 재산권 보호와 관련하여서는, 조세가 재산권의 본질적 내용을 침해할 수 없다는 원칙과 비례의 원칙에 의한 심사가 중요한 판단기준이 된다. 이중과세금지 원칙은 독립적 헌법 원리로 보지 않는 것이 학설 및 판례의 견해이다.[4]

3. 사법과 세법

가. 총 설

조세는 사법상의 경제적 거래를 기초로 생산되는 재화나 용역에 담세력을 인정하여 부과되므로 이를 규율하는 세법은 일반적으로 이와 같은 경제적 거래를 규율하는 사법의 법률관계에 기초하게 된다. 예컨대 사법상 거래가 무효라면 그 거래를 대상으로 하는 조세의 부과는 허용될 수 없다. 다른 한편 조세는 국민 모두가 부담하는 공적 부담으로서 고유의 목적과 기능을 가지므로 조세법률관계는 사법상 법률관계와 다른 특성도 지니게 된다. 사법의 기본원리인 계약자유의 원칙과 소유권 보장 등의 내용은 세법의 해석과 적용에 있어서도 원칙적으로 타당하지만 다른 한편

1) 관련 논의는, 이동식, "조세법과 헌법", 127면. 류지민, 앞의 논문 51면 등.
2) 전자에 관하여 헌 2004. 11. 25, 2002헌바66 외 다수, 후자에 관하여 헌 2002. 8. 29. 2000헌바50, 2013. 5. 30, 2012헌바195 등. 그 밖에 비례의 원칙에 위배된다는 이유로 납세자의 자료협력 의무와 관련된 가산세 규정이 헌법에 위반된다고 판단한 사례로 헌 2006. 6. 29, 2002헌바80.
3) 이동식, 앞의 책 165면.
4) 헌 2009. 3. 26, 2006헌바102. 이동식, 위 책 178면.

조세공평주의에 기초한 실질과세의 원칙은 이를 제한하는 원리로 기능한다. 나아가 거래당사자는 가능한 한 조세를 적게 내려 하고 경우에 따라서는 사법상 거래형태를 조세회피 수단으로 남용하므로 현실에서는 여러 가지 사유로 세법의 적용과 해석이 사법의 법률관계로부터 이탈하여 양자 사이에 괴리가 생기게 된다. 이러한 문제들을 해결하기 위해 사법으로부터 세법의 독자성을 어느 정도까지 인정할 것인가가 조세법 전체를 관통하는 중요한 과제가 되어 있다. 아울러 조세법은 집행절차와 쟁송절차 등 절차면에 있어서도 사법과는 여러 가지 다른 구조 및 특성을 갖고 있다. 아래에서 실체면과 절차면으로 나누어 양자의 관계에 관하여 살펴본다.

나. 실체면에 있어서 사법과 세법의 관계

이는 결국 사법과 세법의 괴리를 실체법상 어떻게 규율한 것인가의 문제인데 구체적으로, (1) 차용개념의 해석, (2) 부당행위계산부인 규정의 해석 및 적용기준 (3) 실질과세 원칙의 적용범위 등이 주로 문제된다. 그 내용들에 관하여는 각 해당 부분에서 자세히 살펴보기로 한다.

세법과의 관련에서 민법 및 상법 규정이 일반적으로 세법에 준용되는가의 문제가 있다. 세법은 민법상 각종 제도와 관련하여 많은 부분에 별도 규정을 두고 있고 이러한 개별규정들은 대개 별도의 준용규정을 두고 있다. 구체적인 예로 국세기본법 제 4 조(기간의 계산), 제25조의2(연대납세의무에 관한 민법의 준용), 제27조(국세징수권의 소멸시효), 제54조(국세환급금의 소멸시효) 등을 들 수 있고 절차법인 민사소송법 역시 행정소송법 제 8 조를 통하여 조세소송절차에 준용된다.

문제는 준용규정이 없는 경우인데, 조세법률주의 관점에서 원칙적으로 준용을 부정하여야 할 것이다. 예컨대 과세권자가 민법에 따라 국세채권을 자동채권으로 하여 체납자의 국가에 대한 사법상 채권(예: 소송비용 환급청구권)과 상계할 수 있는지에 관하여, 세법상 충당대상은 국세환급청구권으로 제한된 반면 상계의 시적 범위는 민법보다 확장되어 있는데(기본법 51조 1항 내지 3항), 국세기본법이나 해당 충당규정에서 별도의 준용규정을 두지 않고 있으므로, 민법상 상계는 허용되지 않고 과세관청은 채권을 압류 및 추심하는 방법으로 조세를 징수하여야 할 것이다.[1)]

1) 같은 취지, 이중교, "국세환급금채권의 선충당권에 관한 연구", 조세법연구 19-1, 109면. 지방세징수법은 상계 금지에 관한 명문의 규정이 있다(같은 법 21조). 일본 판례는 조세징수절차상 사법의 유추적용과 관련하여, 위조등기에 기해 공매가 진행된 경우 부동산 소유자가 등기 위조사실을 승인하였다면 가장행위에 관한 일본민법 제94조 제 2 항을 유추적용하여 경매의 매수인을 위 조항의 제 3 자에 해당한다고 보았다. 일최판 소화 62. 1. 20. 평석은 일본 판례백선 26면.

한편 사법상 법률관계에 다툼이 생겨 쟁송절차로 나아가게 되면, 소득이나 비용의 실현시기 내지 귀속시기에 변동이 생기게 되고, 과세대상에 대한 평가도 달라지며[1], 민사상 판결이 확정되어 과세의 기초가 된 납세자의 기존의 사법상 법률관계에 변동이 생기게 되면 국세기본법상 통상적 경정청구 이외에 후발적 경정청구 사유가 되는 등(법 45조의2 2항 1호 참조), 사법상 쟁송절차가 실체적 조세법률관계에 미치는 영향도 적지 않다.

다. 절차면에 있어서 사법과 세법의 차이

절차면에 있어서 사법과 세법은 많은 유사점을 갖는 동시에 여러 가지 차이점을 갖는다. 그 차이점의 중심에는 납세의무 확정의 개념이 자리 잡고 있다. 그 핵심적인 내용은 사법상 채권은 사법기관의 공적 확인을 통한 집행권원의 확보가 필수적이고 이는 독립된 소송절차를 통해서 이루어지므로 민법에서는 의사표시의 효력을 중심으로 한 채권의 성립만이 문제되는데 반해, 조세채권은 별도의 집행권원 없이 자력집행이 가능하고 그와 같은 자력집행의 전제로서 '성립' 이외에 '확정'의 개념을 필요로 한다는데 있다. '조세채권의 확정'은 과세관청의 입장에서는 이를 기점으로 집행에 나아갈 수 있는 한편, 납세의무자의 입장에서는 과세처분의 효력을 다투기 위해 쟁송절차로 나아갈 수 있는 계기가 되므로 어느 쪽에서든 '확정'의 개념은 조세절차법의 중심을 이루게 된다.

납세의무는 원칙적으로 납세자의 납세신고나 과세관청의 부과처분에 의하여 일차적으로 확정된다. 이와 같이 일차적으로 확정된 납세의무의 효력을 납세자가 다투기 위해서는, 부과처분에 대해서는 원칙적으로 처분의 취소나 무효확인을 구하여야 하는 반면, 납세신고에 대하여는 먼저 경정청구를 하고 청구가 거부되면 그 거부처분의 취소를 구하는 형태로 그 시정을 구하게 된다.[2] 어느 경우나 조세쟁송은 행정처분의 효력을 다투는 항고소송의 형태를 띠게 되고, 이 점에서 대등한 당사자 사이에서 집행권원을 얻기 위한 사법상 소송절차와 대비된다.

조세쟁송이 과세관청의 위법한 과세권 행사에 대한 견제수단 내지 구제수단이라면 그 반대쪽에 납세자의 위법한 조세포탈행위를 규율하기 위한 조세제재법이 자리 잡고 있다.

---

1) 그 내용은 이 책 467면 및 996면 참조.
2) 예외적으로 부과처분을 경정청구 대상으로 삼는 현행 규정 및 그 법리상 문제점에 관하여는 이 책 217면 참조.

사법과 세법의 각 체계의 개요를 도표로 살펴보면 아래와 같다.

사법의 체계

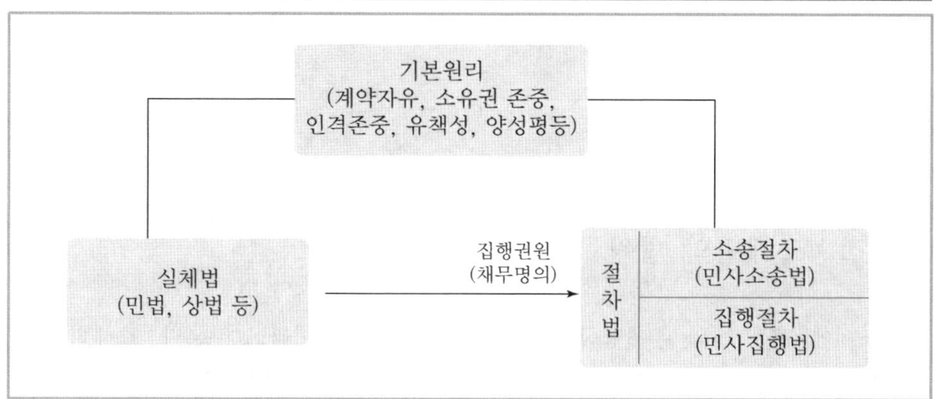

세법의 체계

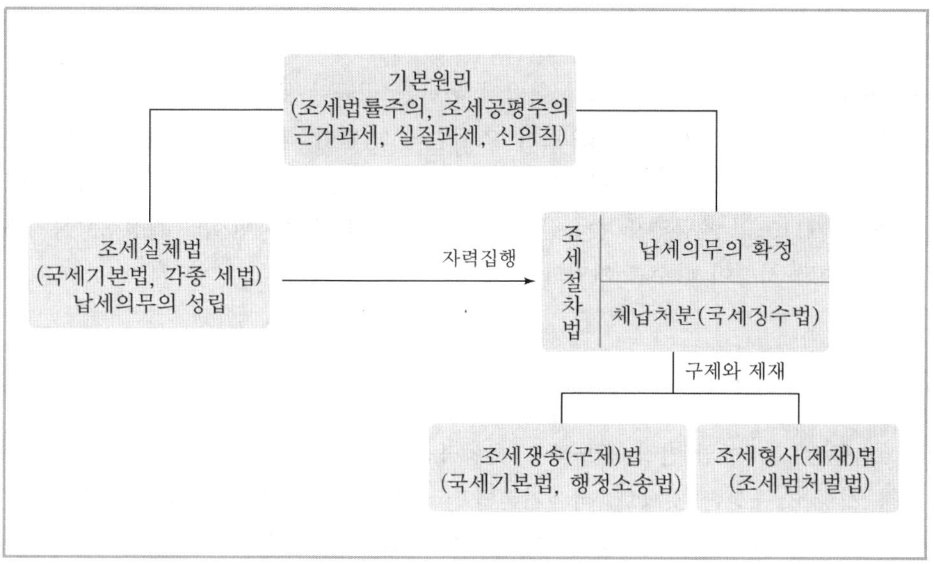

제 3 장

조세법의 법원(法源)과 효력

제 1 절 조세법의 법원

조세에 관한 법의 존재형식을 조세법의 법원(法源)이라고 부른다. 조세법의 법원에는 헌법·법률·명령·조례·규칙과 같은 국내법원과 국제법원인 조약이 있다. 통칙은 법원은 아니나 실무상 중요한 기능을 수행하기 때문에 함께 살펴본다.

1. 헌 법

헌법은 나라의 최고법규로서 헌법에 위반된 법규나 행정청의 행위는 무효이다. 따라서 헌법은 최고의 상위법으로서 조세법의 법원이 되는데, 그 중 납세의무에 관한 제38조와 조세법률주의를 규정한 제59조가 직접적으로 조세법의 내용을 이루고 헌법 제11조의 평등권도 중요한 지도원리가 된다. 헌법재판소의 결정 중에는 조세에 관련된 사항이 다수를 차지하고 있다.

2. 법 률

법률은 조세법의 가장 중요하고 핵심적인 법원이다. 국세에 관하여 일반적·공통적 사항을 규정한 것으로, 국세기본법, 국세징수법, 조세범처벌법, 조세범처벌절차법, 조세특례제한법 등이 있다. 이 중 국세기본법은 납세의무의 성립, 승계, 소멸 등 조세실체법에 관한 기본사항과, 납세의무의 확정 등 조세절차법에 관한 사항 및 조세소송 이전 단계의 조세쟁송관계 등을 다루고 있다. 국세기본법은 원칙적으로 다른 세법에 우선 적용되나, 세법에 별도의 규정이 있는 경우 그 법에서 정하는 바에 따른다(기본법 3조 1항). 다만 관세법과 「수출용 원재료에 대한 관세 등 환급에 관한 특례법」에서 세관장이 부과·징수하는 국세에 관하여 국세기본법에 대한 특례규정을 두고 있는 경우에는 위 각 법에서 정하는 바에 따른다(동 2항).

국세징수법은 국세의 징수를 위한 절차적인 사항들을 규정하고 있으며, 조세특례제한법은 조세의 감면과 특례 및 그 규제에 관한 사항을 규정하고 있다.

조세법의 법원을 이루는 개별세법으로는, 우선 국세에 관하여는, 소득세법, 법인세법, 상속세 및 증여세법, 종합부동산세법, 부가가치세법, 개별소비세법, 교통·에너지·환경세법, 주세법, 인지세법, 증권거래세법, 교육세법, 농어촌특별세법과 관세에 관한 관세법 및 「수출용원재료에 대한 관세 등 환급에 관한 특례법」이 있다.

개별세법에서는 개별 국세의 과세요건과 그 확정절차 등 각 국세에 특수한 문제들에 관하여 규정하고 있다. 개별 국세마다 별도의 법률을 제정하는 것이 우리나라의 입법원칙이다.[1] 다만 상속세및증여세법은 상속세와 증여세 2개 세목을 규율한다. 관세에 관하여는 관세법이 자족적으로 제정되어 있어 국세기본법·국세징수법 혹은 조세특례제한법의 규정은 원칙적으로 그 적용이 배제된다(법 3조 2항).

한편 지방세에 관하여는 지방세에 관한 기본적이고 공통적인 사항과 납세자의 권리·의무 및 권리구제에 관한 사항 등을 규정한 지방세기본법과 지방세의 부과·징수에 필요한 사항을 규정한 지방세징수법, 지방세 각 세목의 과세요건 및 부과·징수에 관한 사항을 규정한 지방세법 및 국세에 대한 조세특례제한법에 대응하여 지방세특례제한법이 각 마련되어 있다.

우리 헌법이 취하고 있는 조세법률주의 아래에서 관습법은 납세의무는 물론 과세절차나 징수절차 등 어느 사항에 관하여도 법원(法源)이 될 수 없다.

우리나라의 현행 조세와 조세법 체계는 다음 면 도표와 같다.

3. 조약 및 국제법규

헌법에 의하여 체결·공포된 조약과 일반적으로 승인된 국제법규는 헌법 제 6 조 제 1 항에 의하여 국내법과 같은 효력을 가지므로 법률과 마찬가지로 조세법의 법원이 된다. 조약은 법률의 특별법의 성격을 가지므로 '특별법 우선의 원칙'에 따라 법률에 우선하여 적용된다. 따라서 법률이 개정되더라도 조약과 배치되면 그 범위 내에서 개정 법률은 효력을 가질 수 없다.

---

1) 이는 독일·일본의 입법방식에 따른 것이다. 이에 대하여 미국에서는 연방의 모든 내국세가 내국세입법전(Internal Revenue Code of 1986)이라고 불리는 단일의 법전으로 규정되어 있다.

우리나라 조세와 조세법 체계 2025. 1. 1. 현재

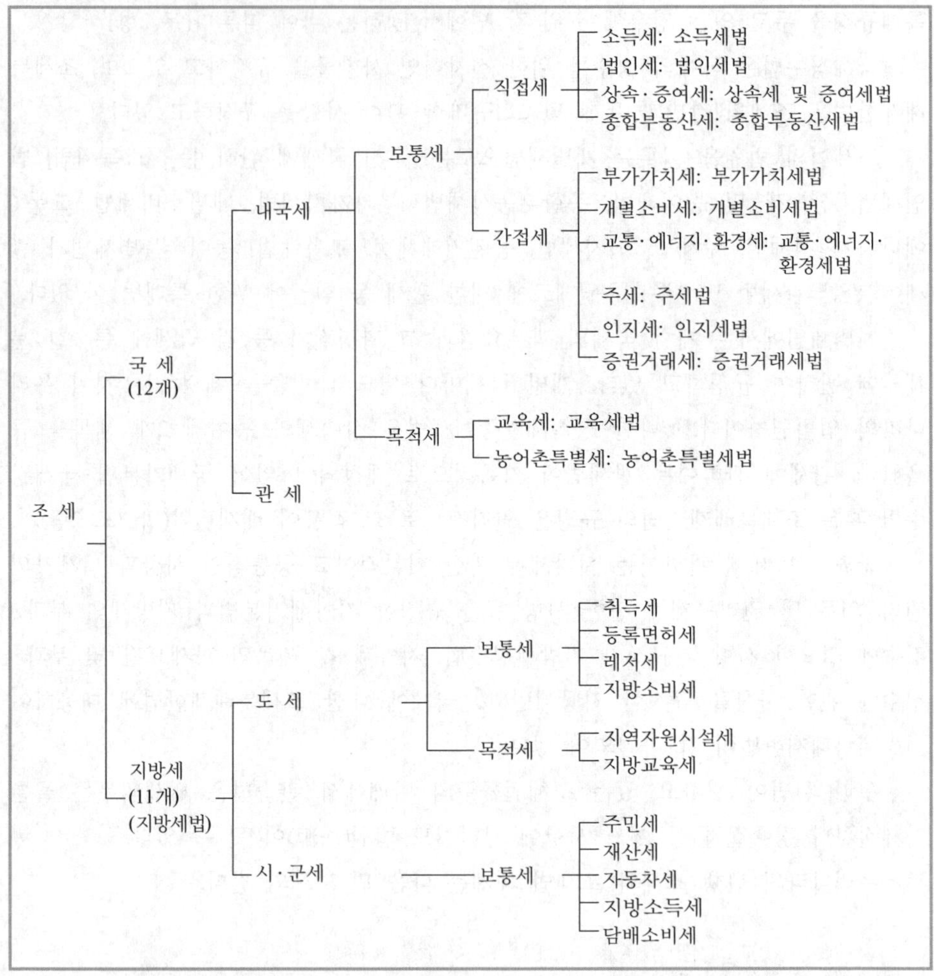

※ 교통·에너지·환경세법은 2009. 1. 30. 법률 제9346호로 폐지되었으나 법 시행일이 2028. 1. 1. 로서 한시적으로 효력을 유지하고 있음.

※ 특별자치도세와 특별자치시세는 위 지방세 세목 11개 전부를 대상으로 함(지방세기본법 8조 5항 참조). 특별시세, 광역시세는 지방세 총설 부분「지방세의 체계」참조.

4. 명 령

각 세법마다 대통령령인 시행령과 부령인 시행규칙이 있다. 명령에는 법률이나 시행령 규정을 시행하기 위한 것과 법률의 특별한 위임에 기하여 과세요건 등에

관한 법령의 규정을 보충하기 위한 것이 있다. 전자를 집행명령, 후자를 위임명령이라고 부른다. 전문적·기술적 내용들을 다루는 세법의 특성상 시행령이나 시행규칙의 역할은 다른 분야에 있어서보다 현저히 중요하다.

5. 조례·규칙

지방자치단체는 지방세의 세목·과세객체·과세표준·세율 기타 부과징수에 관하여 필요한 사항을 정함에 있어서는 지방세기본법 또는 지방세 관계법에서 정하는 범위에서 조례로서 하여야 하며(지기법 5조 1항), 지방자치단체의 장은 조례의 시행에 따른 절차 기타 그 시행에 관하여 필요한 사항을 규칙으로 정할 수 있다(동 2항). 이와 같이 조례와 그 시행규칙도 조세법의 법원이 된다. 다만 조례는 법률보다 효력이 뒤지므로(헌법 117조 1항 참조), 그 내용이 법률이나 법률의 위임에 따른 시행령에 위반되는 경우 조례는 효력이 없다.

6. 조세통칙

조세법률관계를 규율하는 세법은 전문성, 기술성 및 복잡성을 지니므로 상급행정청은 조세행정의 통일을 위해 세법의 해석·적용의 기준을 마련하여 발령하고 있는데, 여기에는 각 개별세법에서 과세관청의 해석 및 적용 기준을 축조적으로 제시한 기본통칙과 개별적 사항에 관한 조세법의 해석과 운용지침을 주기 위하여 예규, 통첩, 지시 등의 이름으로 발령되는 개별통칙이 있다. 조세통칙은 과세관청 내부에서 사실상의 구속력을 지니고 현실적으로 세무행정의 대부분이 조세통칙에 의해 이루어지고 있으며, 이는 세계적으로 공통된 현상이다.

조세통칙이 올바른 법령의 해석과 집행기준을 제시한다면 세무행정의 적정성과 국민의 예측가능성 및 권리보호를 위해 필요한 사항임이 분명하다. 그러나 조세통칙은 법규적 효력이 없으므로 조세법의 법원(法源)이 될 수는 없다(판 92. 12. 22, 92누7580). 다만 법원(法院)은 세법의 합리적인 해석을 위하여 이를 참고로 할 수 있을 뿐이다. 한편 기본통칙의 효력과 별도로 법령의 집행과 관련하여, 과세관청이 특별한 사정이 없음에도 특정 납세자에 대하여만 기본통칙에 따르지 않고 불이익한 과세처분을 행한 경우 당해 처분은 내용의 적정성 여부를 떠나 원칙적으로 공평과세의 원칙에 반하는 위법한 처분으로 볼 것이다.

제 2 절 조세법의 효력

조세법의 효력과 그 범위는 지역적 한계, 인적 한계, 시간적 한계의 3가지의 각도에서 이를 고찰해 볼 수 있다.

1. 지역적 한계

조세법은 그것을 제정하는 주체의 권한이 미치는 전 지역에 효력을 가지고 또 그 지역에 한하여 효력을 가진다. 따라서 법률·명령은 우리나라 전 국토에 효력을 가지고, 조례·규칙은 당해 지방자치단체의 구역 내에서만 효력을 갖는다. 이에 대한 예외로 외국 또는 국제기관이 공적인 목적을 위하여 관리하는 시설, 구역이 있는데 여기에는 우리 조세법의 효력이 미치지 않는다.

2. 인적 한계

조세법은 그 효력이 미치는 지역 내에 있는 모든 사람에 대하여 국적에 관계없이 또한 자연인인지 법인인지 구별 없이 적용된다. 개별세법에서는 거주자 또는 내국법인이라는 개념을 사용하여 국내에 주소나 거소를 둔 자에 대하여 일반적인 납세의무를 인정하고 있다(소법 2조; 상증세법 3조의2 및 4조의2; 법법 3조 등). 외교관이나 국제기관의 직원 등 치외법권이 인정되는 자에게는 우리나라 조세법 적용이 배제된다.

3. 시간적 한계

조세법령도 일반법령의 경우와 같이 공포의 절차를 거치며 공포하는 법령에 특별한 규정이 없는 한 공포한 날로부터 20일을 경과함으로써 효력이 생긴다(법령 등 공포에 관한 법률 13조). 그러나 실제로는 부칙이 정하는 바에 의하여 공포일부터 시행되는 경우가 많다. 명령에 관하여는 일반적인 규정은 없고 각 명령이 정하는 바에 의한다. 조세법의 시간적 한계와 관련하여 특별히 문제되는 것은 소급입법에 관한 사항이다. 그 자세한 내용에 관하여는 이 책 36면 이하 참조.

제 4 장

조세법의 기본원리

제 1 절 총 설

조세법을 공부하다 보면 조세법을 해석·적용함에 있어 기초적으로 알아야 할 여러 가지 원칙이나 개념들이 나온다.

먼저 조세법 전체를 지배하는 두 가지 기본원리로 조세법률주의와 조세공평주의를 들 수 있다. 전자가 과세의 요건과 내용을 창출하여 과세권의 실정법적 근거를 마련하여 주는 한편 그 한계를 설정하는 형식적 원리로서 기능하는 데 반하여, 후자는 그 내용의 타당성을 근거지우는 실질적 원리로서 기능한다. 과세요건의 설정은 법률의 규정에 의해서만 가능하고 또한 그 내용은 모든 납세자에게 공평하게 세 부담을 분담시키는 내용이어야 한다. 조세공평주의는 조세입법의 지도원리가 되나 법규의 해석·적용에 있어서도 합목적적 해석의 기초가 된다.

신의성실의 원칙은 일반적인 법 원리가 조세법 영역에도 나타난 것으로서 형식적으로는 조세법률주의를 제한하는 것처럼 보이나 내용적으로는 조세법률주의의 형식적 경직성을 보완하는 역할을 한다. 신의성실의 원칙은 특수한 상황 아래에서 개별적·구체적으로 문제된다는 점에서 공평과세와는 직접 관련이 없고 전체 법체계에서 독립적인 지위를 차지하고 있다.

실질과세의 원칙은 과세요건과 납세의무자를 외관이 아닌 경제적 실질에 따라 인정하고 담세력에 따라 과세한다는 원칙으로서 입법의 지도원리인 조세공평주의가 조세법규의 해석·적용의 측면에서 모습을 나타낸 것으로 이해할 수 있다.

이 책에서는 조세법률주의나 조세공평주의는 세법의 지도원리로서 일차적으로 입법의 영역에서 문제가 된다는 점에서 먼저 살펴보고, 주로 조세법의 해석·적용의 측면에서 문제가 되는 신의성실의 원칙과 실질과세의 원칙은 조세법의 해석과 적용을 설명하는 부분에서 다른 원리 등과 함께 설명한다.

제 2 절 조세법률주의

1. 의 의

조세법률주의란 법률의 근거 없이 국가는 조세를 부과·징수할 수 없고, 국민은 조세의 납부를 요구받지 아니한다는 원칙을 의미한다. 우리 헌법 제59조도 「조세의 종목과 세율은 법률로서 정한다」고 규정하여 조세법률주의를 천명하고 있다. 여기에서의 법률이 합헌적 법률을 의미하는 것임은 두말할 나위도 없다. 조세법률주의는 과세요건뿐 아니라 납부·징수 등의 절차에 관하여도 동일하게 적용된다.

조세법률주의는 역사적으로 인민이 절대권력자인 국왕의 권력에 맞서서 개인의 재산권을 보호하고자 했던 투쟁의 산물이다. 일찍이 1215년 영국의 마그나 카르타(Magna Carta)에서 국왕의 권한에 대한 귀족단체의 제약원리로부터 출발하여 영국, 프랑스 등 서구사회에서 의회제도를 통한 시민주권의 이념을 실현하기 위한 항쟁의 역사와 그 발전을 함께 했으며 이 점에서 죄형법정주의와 쌍생아적 지위에 있다고 말하여진다. 다만 보호의 객체가 전자는 개인의 재산권인데 반하여 후자는 개인의 신체의 자유라는 점이 다르다.

재산권보장은 근대 시민운동을 통하여 신성불가침한 천부적 권리로 확립되어 계약자유의 사상과 더불어 근대 자본주의의 기초가 되었다. 그러나 이에 기초를 둔 경제적 자유방임은 독점자본주의를 거치면서 구조적 폐단을 드러내게 되었고, 오늘날의 국민주권주의 국가에 있어서는 치자(治者)와 피치자(被治者)의 동질성을 정치의 기본원리로 삼게 됨에 따라 재산권은 더 이상 신성불가침한 권리가 아니고 공공의 복리와 필요를 위하여 제한할 수 있는 권리 또는 제도보장으로 인식되게 되었다.

이에 따라 현대에서 조세법률주의의 존재의의도 국가권력의 제한 쪽보다는 오히려 국민의 재산권을 보호하기 위해 법적 안정성과 납세자의 예측가능성을 보장하는 쪽으로 초점이 맞추어져 있다. 오늘날 조세문제는 대부분의 경제거래에서 고려하여야 할 가장 중요한 요소이며, 합리적 경제인이라면 그 의사결정 가운데에 조세 문제를 포함시키지 않을 수 없다. 따라서 그와 같은 국민 개개인의 의사결정의 기준으로서 과세권 발생요건이 사전에 법률에 명확하게 규정되어 있을 것이 요구되며, 조세법률주의는 그 역사적 연혁을 떠나 오늘날 복잡한 경제사회에서 각종 경제적 거래 및 사실에 미치는 조세효과에 관하여 법적 안정성과 예측가능성을 보장한다는 시대적 의미를 지니고 있다.[1] 조세법률주의를 헌법상의 독립된 기본원리로 볼 수 있는지에 관하여 논란이 있으나,[2] 어쨌든 조세법률주의는 법치주의가 조세법률관계에서 특별한 영역을 형성한 것으로서 일반 행정법규에 있어서의 법치주의와는 기능과 역할을 일정 부분 달리하는 것으로 이해된다. 이는 그 성립과 발전의 연혁에 비추어서도 그러하지만 조세법률관계는 일반 행정법관계와 달리 채권·채무관계로서의 실체를 지니고 납세자의 예측가능성과 법적 안정성이 보다 중요시되기 때문이다. 소급과세금지의 원칙이나 비과세관행을 비롯한 신의성실의 원칙 등의 적용 여부가 일반 행정법관계에서보다 현저하게 나타나는 점도 같은 차원에서 이해할 수 있다. 통상 법치주의는 형식적 법치주의와 실질적 법치주의로 나누어 설명하는데, 근래에는 법규의 구체적 내용이 헌법에 적합하여야 한다는 뜻의 실질적 법치주의를 의미하는 용어로 많이 사용되고 있다.

2. 내　　용

조세법률주의는 과세의 요건을 법률로 정하여야 한다는 의미의 '과세요건법정주의'를 기본으로 하고 그러한 측면에서 일차적으로 입법의 지도원리이다. 과세요건법정주의를 보완하는 파생원리로는 과세요건명확주의와 소급과세금지의 원칙을 들 수 있는데 법적 안정성과 예측가능성을 기본이념으로 하는 조세법률주의의 특성상 납세자가 과세요건에 해당하는 행위를 할 당시 그 행위규범이 될 조세법규가 명확하게 마련되어 있어야 한다는 요구는 필수적이고 따라서 이 두 가지 내용은 과세요건법정주의에 내포되어 있는 당연한 원리라고 볼 수 있다.

통상 조세법률주의의 파생원리로서 과세요건법정주의, 과세요건명확주의, 소급과세금지의 원칙, 엄격해석의 원칙, 합법성의 원칙 등 다섯 가지를 드나 이들의 관계는 병렬적인 것이 아니며 과세요건법정주의 이외의 나머지 내용들은 과세요건법정주의의 내용을 보완하거나 이를 법규의 해석이나 집행의 측면에서 파악한 원리로 이해된다. 이 중 엄격해석의 원칙은 법규의 해석과 적용의 편에서 다른 법 원리와 함께 살펴보고 나머지 내용들을 이곳에서 살펴보기로 한다.

1) 조세법률주의의 권리보장적 기능에 관하여는 이회창, "조세법률주의 — 그 권리보장적 기능과 관련하여—", 조세사건에 관한 제문제, 재판자료 60집(법원행정처), 7면.

2) 조세법률주의는 법치주의의 일부일 뿐 헌법상의 독립된 기본원리로 보기 어렵다는 견해로, 이창희, 앞의 책, 23면.

가. 과세요건법정주의

과세요건법정주의(Prinzip der Gesetz-oder Tatbestandmäßigkeit der Besteuerung)란 조세의 종목과 세율은 물론 그 밖의 과세요건(납세의무자·과세물건·과세표준·과세기간 등)과 조세의 부과·징수절차를 상위법규인 헌법에 위배되지 않는 유효한 법률로서 정하여야 한다는 원칙을 말한다. 조세의 감면 등에 관한 사항도 감면요건에 해당하는 한 실체적, 절차적인 내용이 모두 여기에 포함된다.[1)]

과세권의 행사는 국민의 재산권에 대한 국가권력의 침해이므로 조세법률주의는 납세의무의 내용 및 한계가 법률로서 명백히 규정될 것을 요구한다. 나아가 헌법 제59조의 조세법률주의는 과세요건을 정한 법률의 목적과 내용이 기본권 보장의 헌법이념에 부합되어야 한다는 실질적 법치주의를 의미하므로 해당 법률은 기본권 보장의 헌법이념과 이를 뒷받침하는 헌법상의 모든 원칙에 합치되지 않으면 안 된다(헌 92. 2. 25, 90헌가69, 91헌가5, 90헌바3).

과세요건법정주의의 요청상 법률의 근거 없이 명령, 규칙에서 새로운 과세요건을 설정할 수 없음은 물론(법률의 유보), 법률의 규정에 위반된 명령, 규칙은 효력을 가질 수 없게 된다(법률의 우위).

과세요건법정주의는 죄형법정주의와 이념이나 내용 면에서 공통점을 지니고 있으나 그 현실적 상황은 동일하지 않다. 왜냐하면 현대 자본주의의 고도화와 그에 상응한 복지국가관의 정착은 경제현상을 복잡하게 만들고 적극적이고 다양한 국가기능을 요구하게 되었으며 이로 인하여 행정기능의 양적 확대와 질적 변환이 초래되는 한편 행정의 내용이 전문성과 기술성을 띄고 적기성(的期性)이 중요하게 되었는데, 입법부인 국회는 이에 대응하는데 여러 가지 제약을 지니고 있어 조세분야에서 하위법규에의 위임입법이 가속화되고 있기 때문이다.

판례는, 위임의 모법 위배 여부를 판단하는 기준으로서, 하위 법령의 내용이 입법자가 형식적 법률로 규율하여야 하는 본질적 사항으로서 의회유보의 원칙이 지켜져야 할 영역인지 여부, 당해 법률 규정의 입법 목적과 규정 내용, 규정의 체계, 다른 규정과의 관계 등을 종합적으로 고려하여야 하고, 위임 규정 자체의 의미 내용이 명확함에도 그 문언적 의미의 한계를 벗어났는지, 하위 법령의 내용이 모법으로부터 위임된 내용의 대강을 예측할 수 있는 범위 내에 속한 것인지, 수권 규정에서 사용

1) 조세감경과 관련된 절차적 요건이 법이 아닌 시행령에 규정된 경우 이를 무효로 본 일본 판례로, 동경고판 평성 7. 11. 28. 평석은 일본 판례백선 12면.

하고 있는 용어의 의미를 넘어 범위를 확장하거나 축소하여 새로운 입법을 한 것으로 평가할 수 있는지 등을 구체적으로 따져 보아야 한다고 판단하였다.[1)]

세법상 위임입법이 이루어지는 경우에도 조세법률주의의 기본이념은 구체적이고 명확한 범위와 기준을 정하여 하는 개별적·구체적 위임만을 허용하고 포괄적 백지위임은 허용하지 않는다.[2)] 특히 조세법규는 국민의 재산권을 직접적으로 제한하거나 침해하는 것을 내용으로 하므로 일반적인 급부행정 법규보다 위임의 요건과 범위가 엄격하고 제한적으로 규정될 필요가 있다.

이와 같은 위임입법 한계의 법리는 헌법의 근본원리인 권력분립주의와 의회주의 내지 법치주의에 바탕을 둔 것이기 때문에 하위 명령에서 규정한 내용이 정당한지 여부와는 직접 관계가 없다. 즉, 하위 명령에서 규정한 내용이 헌법에 위반될 경우 그 명령은 위헌이 되지만, 반대로 하위 명령의 내용이 합헌적이라고 하여 수권법률의 합헌성까지를 의미하게 되지는 않는다(헌 95. 11. 30, 94헌바14).

다만 실제로 어느 법령이 포괄위임에 해당하는가를 가리는 것은 용이한 일이 아니다. 현행 세법을 살펴보면, 모법에는 개념이나 기본원칙만을 설정하고 구체적 내용은 시행령에 위임하면서 위임의 구체적인 기준을 제시하지 않는 경우가 많다. 또한 모법에서 원칙에 대한 예외규정을 설정하면서 특별한 기준을 설정함이 없이 형식적 위임규정에 의해 그 내용을 시행령에 위임하는 경우도 적지 않다. 이와 같은 경우 모법의 개념이 지나치게 포괄적이어서 입법취지 등을 고려하더라도 내재적 한계를 설정할 수 없다면 이는 과세요건법정주의에 반하는 위헌, 무효의 규정이 될 것이다. 특히 근래 조세입법에서 과세대상을 정하면서 법상 당연히 예외가 인정되어야 함에도 아무런 예외조항을 설정하지 않는다든지 법과 시행령에서 비과

1) 판 2015. 8. 20, 2012두23808(전): 과세관청의 법무법인에 대한 조정반 지정 거부처분의 근거규정이 된 구 법인세법 시행규칙(2014. 3. 14. 개정 전의 것) 제50조의3 및 구 소득세법 시행규칙(2013. 2. 23. 개정 전의 것) 제65조의3이 모법인 법인세법 제60조 제1항, 제2항 제2호와 소득세법 제70조 제1항, 제4항 제3호의 위임범위를 벗어나 무효라고 보면서, 조세의 신고의무 이행에 필요한 기본적인 사항과 신고의무불이행 시 납세의무자가 입게 될 불이익 등은 납세의무를 구성하는 기본적·본질적 내용으로서 법률로 정해야 한다고 판단한 사안. 그 후 2015. 12. 15. 개정된 구 법인세법 제60조 제9항 제3호와 구 소득세법 제70조 제6항 제3호 및 그 시행령 규정은 여전히 법무법인을 조정반 지정대상에서 제외하였는데 이에 대하여 헌법재판소는 해당 규정이 세무사자격 보유 변호사인 청구인의 직업선택의 자유를 침해한다는 이유로 헌법불합치결정을 하였고(헌 2018. 4. 26, 2016헌마 116), 대법원은 해당 시행령 규정인 법인세법 제97조의3 제1항과 소득세법시행령 제131조의3 제1항이 모법의 위임범위를 벗어나 무효라고 판단하였다{판 2021. 9. 9, 2019두53464(전)}.

2) 독일 헌법 제80조 제1항은, 「위임입법에 있어서는 위임되는 권한의 내용, 목적 및 정도(Inhalt, Zweck und Ausmaß)가 법률에 규정되어야 한다」고 규정하고 있다.

세의 예외사항을 제한적 형태로 규정함으로써 입법취지 등에 비추어 합리적으로 판단하면 마땅히 구제받아야 할 사안들이 구제영역 밖으로 밀려나는 상황이 빈번하게 발생하고 있다. 구체적으로 종합부동산세법은 납세의무자가 다주택을 소유한 경우 예외 없이 과세대상으로 규정하고 있는데(같은 법 제 9 조 제 1 항), 입법취지에 비추어 개별사안에서 과세가 부당한 경우가 발생할 수 있고{예컨대 법령에 따라 의무적으로 일정기간 재고자산(상품)으로 부동산을 보유하여야 하는 부동산 건설업자 등의 경우 등}, 법인세법 제55조의2 제 1 항 제 3 호는 '비사업용 토지'를 양도한 경우 법인세를 중과하도록 하고, 같은 조 제 2 항 제 4 호 다목에서는 '토지의 이용상황, 관계 법률의 의무이행 여부 및 수입금액 등을 고려하여 법인의 업무와 직접 관련이 있다고 인정할 만한 상당한 이유가 있는 토지로서 대통령령으로 정하는 것'이라는 형태로 예외를 규정한 다음 막상 대통령령에서는 그 대상을 한정적으로 열거하거나 법원이 관련 규정을 열거적 규정으로 해석함으로써 그 범위 내에 속하지 않는 경우 실질적으로 법인의 주된 업무에 사용됨에도 비사업용토지로 취급되는 경우가 발생한다. 이와 같은 불완전한 입법으로 국민의 기본권이 침해되고 실질적 법치주의가 훼손되는 일이 없도록 조세법규의 입법과정은 물론 해석·적용의 단계에서 법원의 적극적인 자세와 노력이 필요하다고 생각된다.

모법의 개념을 입법취지 및 우리의 경험칙 등과 대비하여 합리적으로 추론할 때 그 내재적 한계를 가늠할 수 있다면 세법의 전문성, 기술성에 비추어 법의 형식적 모습만을 두고 당해 조항을 포괄위임이라고 쉽게 단정할 일은 아니다. 이와 같이 모법의 내재적 한계를 인정할 수 있는 경우 시행령에서 그 한계를 벗어나는 내용을 규정한다면 당해 규정이 모법의 위임취지를 벗어난 무효의 규정이 된다(헌 2001. 9. 27, 2001헌바11). 예컨대 구지방세법(1998. 12. 31. 개정 전의 것) 제112조 제 2 항(현행 제13조 제 5 항)은 '대통령령으로 정하는 별장, …, 법인의 비업무용 토지'를 취득한 경우 일반세율의 5배로 중과하도록 규정하고 있었는데, 여기의 '비업무용 토지'와 관련하여 법에서 위임범위를 명시하지 않았더라도 용어 자체의 의미에 비추어 보면 내재적 위임의 범위나 한계를 인정할 수 있으므로 위 규정이 포괄위임에 해당된다고 볼 수 없다(판 97. 12. 9, 96누8284). 같은 취지에서 판례는 모법인 지방세법에서 취득세 신고·납부기한을 '등기 또는 등록을 하기 전'까지로 규정하고 별도의 위임규정을 두지 않았는데 시행령에서 이를 '등기 또는 등록 신청서를 등기·등록관서에 접수하는 날'까지로 규정하더라도 이는 모법의 취지를 구체화한 것이어서 유효하다고 판단하였다(판 2020. 10. 15, 2017두47403).

동일한 사항에 관해 헌법재판소와 대법원 판단이 다른 경우도 있다. 예컨대 헌법재판소는 취득세 중과대상을 '대통령령으로 정하는 고급주택' 또는 '대통령령으로 정하는 고급오락장'으로 규정하여 대통령령에 포괄위임한 구지방세법(1994. 12. 22. 개정 전의 것) 제112조 제 2 항 전단 및 후단, 제112조의2 제 1 항은 헌법상 조세법률주의와 포괄위임입법 금지원칙에 위배되어 위헌이라고 판정한 반면(헌 99. 3. 25, 98헌가11 등), 대법원은 동일한 형태의 구소득세법(1998. 12. 28. 개정 전의 것) 제89조 제 3 호(1세대 1주택 비과세) 소정의 비과세 제외요건에 관해 위 규정의 위임에 의해 대통령령에 규정될 비과세에서 제외되는 고급주택의 범위에 관한 사항은 주택이나 부지의 면적, 시설, 가액 등에 관한 사항임을 쉽게 예측할 수 있어 조세법률주의에 반하지 않는다고 판정하였다(판 2001. 9. 28, 2000두10465).

형식적 포괄위임 규정의 효력도 문제된다. 구체적으로 양도차익산정을 위한 양도가액 및 취득가액의 결정에 관해 구소득세법(1982. 12. 21. 개정된 후 1990. 12. 31. 개정 전의 것) 제23조 제 4 항 및 제45조 제 1 항 제 1 호는 이를 자산의 양도 및 취득 당시의 기준시가에 의하되, 그 밖의 경우에는 자산의 실지거래가액에 의하도록 규정하고 있었고 그 위임 아래 구소득세법 시행령 제170조 제 4 항 제 2 호는 투기거래 등 실지거래가액에 의할 수 있는 구체적인 경우를 규정하고 있었다. 이 위임조항의 헌법적 효력과 관련하여, 헌법재판소는 위 조항들은 납세의무자가 기준시가에 의한 양도차익의 산정으로 인해 실지거래가액에 의한 경우보다 불이익을 받지 않도록 보완하기 위한 규정으로서 실지거래가액에 의한 세액이 기준시가에 의한 세액을 초과하지 않는 범위 내에서 실지거래가액에 의해 양도차익을 산정할 경우를 대통령령으로 정하도록 위임한 취지로 보아야 한다는 이유로 한정합헌으로 판단하였음에 반해{헌 95. 11. 30, 94헌바40, 95헌바13(병합)}, 대법원은 입법의 연혁 및 취지 등에 비추어 해당 규정의 내재적 위임의 범위나 한계를 가늠할 수 있다는 이유로 이를 유효로 판단하였다(판 96. 4. 9, 95누11405).

판례는 양도소득세 부당행위계산 부인의 경우 시가 산정에 관하여 소득세법 시행령 제167조 제 5 항이 명시적인 법규의 위임 없이 상증세법상 평가규정을 준용하도록 한 것이 모법에 위배되지 않고 그 내용 역시 헌법상 재산권을 침해하였다거나 평등의 원칙에 반한다고 볼 수 없어 유효하다고 판단하는 한편,[1] 법률이 다른 법 규정을 과세대상으로 인용한 경우 해당 규정의 위임규정을 인용한 법률의 시행령 위임 근거규정으로 삼을 수 있다고 보고(판 2012. 10. 11, 2010두20164), 구 법

1) 판 2020. 6. 18, 2016두43411(전). 이에 관한 자세한 내용은 이 책 553면 참조.

인세법(2018. 12. 24. 개정 전의 것) 제15조 제 1 항이 "익금은 자본 또는 출자의 납입 및 이 법에서 규정하는 것은 제외하고 해당 법인의 순자산을 증가시키는 거래로 인하여 발생하는 이익 또는 수입의 금액으로 한다."고 규정하고, 같은 조 제 3 항은 "제 1 항에 따른 수익의 범위와 구분 등에 관하여 필요한 사항은 대통령령으로 정한다."라고 규정하고 있는데, 그 위임을 받은 구 법인세법 시행령(2019. 2. 12. 개정 전의 것) 제11조 제 9 호의2 가목이 익금의 증가를 수반하지 않는 "제 2 조 제 5 항의 특수관계가 소멸되는 날까지 회수하지 아니한 가지급금등"을 익금에 포함시킨 것이 모법의 위임범위를 벗어나지 않아 유효라고 보았다(판 2021. 7. 29, 2020두39655).

이와 같이 판례는 조세법령 위임의 한계와 관련하여 비교적 유연한 태도를 보이고 있다. 이는 현대 사회의 복잡한 경제구조에 비추어 불가피한 측면이 있으나 법적 안정성과 납세자의 예측가능성이라는 조세법률주의의 기본적인 요청과 조화를 이루는 적절한 기준과 한계의 설정이 요구된다.[1])

과세요건법정주의의 요구에 따라, 사법상의 계약에 의하여 국가가 개인에게 조세채무를 부담시키거나 이를 보증하게 하여 일반채권의 행사방법으로 조세채권의 종국적 만족을 실현하는 것은 허용될 수 없고(판 76. 10. 26, 76다1216), 부관에 의하여 납세의무를 부담시키는 것도 허용되지 않는다(판 89. 2. 14, 88누1653).

다만 법률의 집행에 관한 사항은 법률의 위임 없이 행정부 규칙으로 정할 수 있다. 지방자치단체의 조례로서 지방세 면제대상범위를 축소하는 것은 조세법률주의에 위배되지 않으며(판 89. 9. 29, 88누11957), 특정 지방세에 관해 구지방세법 제 7 조 및 제 9 조(현행 지방세특례제한법 4조)에 의한 불균일과세 또는 과세면제를 할 것인지 여부는 각 지방자치단체의 자치권에 속한다(판 96. 1. 26, 95누13050).

조약에서 과세요건에 관한 규정을 두는 것은 조약의 체결이 국회의 승인을 얻도록 되어 있으므로(헌법 60조) 과세요건법정주의에 위배된다고 볼 수 없다.

나. 과세요건명확주의

과세요건명확주의(Prinzip der Tatbestandbestimmtheit)는 과세요건과 부과·징수절차를 규정한 법률 또는 그 위임에 따른 명령, 규칙은 그 내용이 일의적(一義的)이고 명확하여야 하며 함부로 불확정개념이나 개괄조항을 사용하여서는 안 된다는 원칙이다. 과세관청의 자의를 배제하고 법적 안정성과 국민의 예측가능성을 보장하

1) 과세요건 법정주의 및 명확주의와 포괄위임의 한계 등에 관한 자세한 논의는, 이동식, "형식적 조세법률주의의 재조명", 조세법연구 16-1, 294면 이하 참조.

기 위해서는 과세요건이 명확하게 규정될 것이 요구되며 그렇지 않을 경우 조세법률주의는 형해화될 수밖에 없다. 다만 세법의 규율대상인 경제현상은 천차만별이고 끊임없이 변화하므로 모든 사항을 구체적이고 개별적으로 명확하게 규정한다는 것은 입법기술상 기대하기 어렵고 그에 따라 일반적·추상적 개념이나 개괄조항이 세법에 들어오는 것을 완전히 막는다는 것은 사실상 불가능하다. 또한 법의 집행 단계에서 구체적 사정을 고려하여 세 부담의 공평을 도모하기 위해서는 일정한 한도 내에서 불확정개념을 사용하는 것이 필요하기도 하다.

일반적으로 불확정개념에는 두 가지 종류가 있다. 하나는 그 내용이 지나치게 일반적이고 불명확하여 해석으로 의미를 명확하게 하는 것이 곤란하여 공권력의 자의나 남용을 초래할 우려가 있는 경우이다. 예컨대 '공익상 필요가 있는 때', '경기대책상 필요가 있는 때' 등과 같이 종국목적 혹은 가치개념을 내용으로 하는 경우이다. 조세법규가 이와 같은 불확정개념을 사용한 경우 그 규정은 과세요건명확주의에 반하여 무효라고 볼 것이다. 다른 하나는 중간목적 혹은 경험개념을 내용으로 하는 불확정개념으로서 이것은 얼핏 불명확하게 보여도 법의 취지·목적에 비추어 의미를 명확하게 할 수 있는 경우이다. 구체적으로 어느 경우가 여기에 해당하는가는 궁극적으로 법 해석의 문제로서 법원의 심사 대상이 된다. 결국 그 필요성과 합리성이 인정되고 합리적 판단에 의해 법률이 정한 의미와 내용을 객관적으로 인식할 수 있어 법적 안정성과 예측가능성을 크게 저해하지 않는다면 이러한 불확정개념이 사용되는 것은 과세요건명확주의에 반하지 않는다고 보아야 한다.

법인세법 제52조 제 1 항은, 부당행위계산 부인의 요건으로서, '조세의 부담을 부당히 감소시킨 것으로 인정되는 경우'를 규정하고 있는데 이중 방점 부분은 일반적·추상적 개념에 해당하나 법규의 취지와 목적에 비추어 경험적·논리적 추론과정을 거치면 규정의 개념이나 의미의 외연을 한정지을 수 있다. 따라서 위 규정은 과세요건법정주의에 위배된다고 보기 어려우며, 다만 시행령에서 구체적으로 규정하는 내용이 모법의 위임범위를 벗어난다면 해당 시행령 규정이 무효로 된다. 이에 반해 모법의 규정만으로 구체적인 내용을 특정하기 어렵다면 그에 상응한 구체적 기준이 하위법령에서 보충되지 않는 한 과세요건명확주의의 요구를 충족하기 어렵게 된다.

과세요건명확주의는 과세요건법정주의의 실질적인 내용을 보완하는 원리로서 입법을 규율하는 원리이고 이를 법령의 해석·적용의 측면에서 뒷받침하는 것이 뒤에서 설명하는 엄격해석의 원칙이다. 양자는 입법과 해석의 양 측면에서 조세법률

주의의 구현을 보장하는 중요한 기능을 수행하고 있다.[1)]

과세요건명확주의의 기본개념을 도표로 설명하면 다음과 같다.

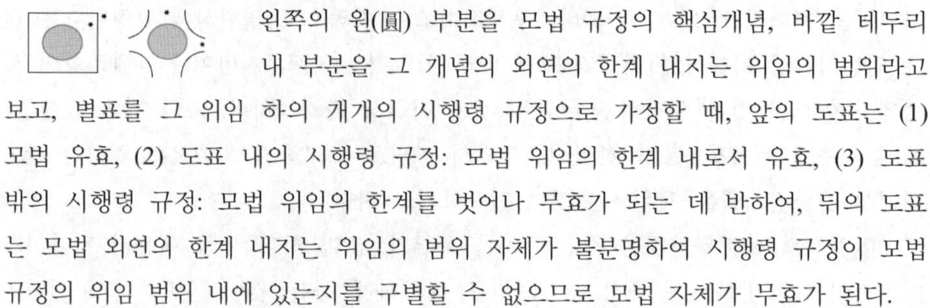

왼쪽의 원(圓) 부분을 모법 규정의 핵심개념, 바깥 테두리 내 부분을 그 개념의 외연의 한계 내지는 위임의 범위라고 보고, 별표를 그 위임 하의 개개의 시행령 규정으로 가정할 때, 앞의 도표는 (1) 모법 유효, (2) 도표 내의 시행령 규정: 모법 위임의 한계 내로서 유효, (3) 도표 밖의 시행령 규정: 모법 위임의 한계를 벗어나 무효가 되는 데 반하여, 뒤의 도표는 모법 외연의 한계 내지는 위임의 범위 자체가 불분명하여 시행령 규정이 모법 규정의 위임 범위 내에 있는지를 구별할 수 없으므로 모법 자체가 무효가 된다.

다. 조세법령 불소급의 원칙

(1) 서론 — 원칙적 금지와 예외적 허용

우리 헌법 제13조 제 2 항은, 「모든 국민은 소급입법에 의하여 재산권을 박탈당하지 아니한다」고 규정하고 있고, 국세기본법 제18조 제 2 항은 「국세를 납부할 의무(세법에 징수의무자가 따로 규정되어 있는 경우에는 이를 징수하여 납부할 의무)가 성립한 소득수익·재산·행위 또는 거래에 대해서는 그 성립 후의 새로운 세법에 따라 소급하여 과세하지 아니한다」고 규정하고 있다. 그 밖에 조세법률주의의 원칙을 천명한 헌법 제59조도 조세법령 불소급 원칙의 실정법적 근거가 된다.

조세법령 불소급원칙의 이론적 근거는 실질적 법치국가이념에 입각한 법적 안정성 내지는 납세의무자의 신뢰보호에 있다고 설명하는 것이 일반적이다(판 93. 5. 11, 92누14984). 따라서 국민의 기득권을 침해하지 않고 법적 안정성 내지 납세의무자의 신뢰보호에 위배되지 않는 일정한 경우 예외가 인정된다. 그 예외사유로 판례는, ① 과세요건을 실현하는 행위 당시의 납세의무자의 신뢰가 합리적 근거를 결여하여 보호할 가치가 없는 경우, ② 보다 중한 조세공평의 원칙을 실현하기 위하여 불가피한 경우, ③ 공공복리를 위해 절실한 필요가 있는 경우, ④ 조세의무 경감에 있어 과세공평에 어긋나지 않는 경우 등을 들고 있다(판 83. 4. 26, 81누423).

조세법령 불소급의 원칙은 납세자의 유·불리를 떠나 그 적용이 있다. 특별히 문제되는 것은 경과법령의 적용 예에 관한 부칙규정의 해석이다.

1) 세법상 추상적 개념으로 서로 다른 사실관계를 일반화·포괄화하여 동일하게 다루는 것의 문제점에 관하여는, 박종수, "세법상 유형화·포괄화의 정당성과 한계", 조세법연구 10-2, 128면.

부칙규정의 적용에서 우선 문제되는 것은 과세요건과 관련된 납세자의 원인행위 시점과 납세의무 성립시기가 달라지는 경우이다. 소득실현의 원인행위시점과 소득실현 시점이 달라지는 경우에도 비슷한 문제가 발생한다. 이 경우 원인행위 당시 납세자의 신뢰를 어디까지 보호할 필요가 있는가가 문제된다.

조세법령이 납세자에게 유리하게 개정된 경우 납세의무 성립 당시의 개정규정을 적용하면 되므로 별 문제가 없다. 조세법령이 납세자에게 불리하게 개정된 경우에도 법이 납세의무자의 신뢰보호를 위해 경과규정을 두어 원인행위 당시의 법령을 적용하도록 하는 것은 가능하다. 문제는 조세법령이 납세자에게 불리하게 개정되면서 경과규정을 두지 않은 경우이다. 이 경우에는 원칙적으로 납세의무 성립 당시 시행되는 개정 법령을 적용하며(판 2009. 9. 10, 2008두9324), 규정형식은 통상 「이 법 시행 당시 종전의 규정에 의하여 부과하였거나 부과할 … 세에 관하여는 종전의 규정에 따른다」는 형태를 취한다.

이와 관련하여 판례는 구법인세법상 특별부가세 비과세대상이다가 법령 개정으로 50/100 감면규정으로 바뀌면서 부칙에 일정 요건을 충족한 경우 종전 규정에 의한다는 규정('비과세 경과규정')을 두었는데 그 후 법인세법 규정이 조감법으로 옮겨 가면서 과세대상으로 바뀌고 부칙에서 "이 법 시행 당시 종전의 법인세법 규정에 의하여 부과하였거나 부과할 특별부가세에 관하여는 종전의 규정에 의한다."는 경과규정(감면 경과규정)을 둔 경우, 종전 '비과세 경과규정'에 별도의 규정이 없는 한 납세자가 종전 '비과세 경과규정'으로 인하여 기득권에 갈음하는 신뢰를 가졌다고 보기 어렵다는 이유로 종전 비과세규정의 적용을 배제하였다(판 2001. 5. 29, 98두13713; 2023. 12. 7, 2020두42668). 결과적으로 조감법 부칙 감면 경과규정의 '종전의 법인세법 규정'에 그 법의 부칙규정(비과세 경과규정)은 포함되지 않는다고 본 것이다. 판례는 또한, 종전에는 법인세분 지방소득세 산정을 법인세액의 10/100으로 하던 것을 지방세법 개정으로 법인세 과세표준에 단계별로 별도 세율을 곱하여 지방소득세를 산정하도록 하면서 개정법(2019. 12. 31. 개정 전의 구 지방세법 제103조의19 내지 21) 부칙에, 「이 법 시행 당시 종전의 규정에 따라 부과 또는 감면하였거나 부과 또는 감면하여야 할 지방세에 대하여는 종전의 규정에 따른다」는 경과규정을 두는 한편 종전의 조특법에 규정된 여러 세액공제 규정 중 지방세 관련 부분이 지방세특례제한법으로 옮겨 가면서 조특법상 '연구·인력 개발비 세액공제 규정'이 지방세 재원 확충 등을 이유로 제외되고, 그에 따라 종전 규정 시행당시 연구·인력 개발비를 지출한 법인에 대하여 법이 당초 보장한 기간 동안 법인

지방소득세 세액공제 혜택을 부여할 것인지가 문제된 사안에서, 같은 취지로 이를 부정하였다(판 2023. 11. 30, 2020두50393; 2023. 11. 30, 2020두41696).

그러나 뒤 사안의 경우 납세자는 종전의 규정에 따라 법이 정한 기간 동안의 세액공제 혜택을 신뢰하여 연구·인력 개발비를 지출함으로써 같은 기간 동안 이월세액공제를 받을 법적 지위를 국가로부터 보장받은 것으로 보아야 하고, 과세관청의 언동을 신뢰한 납세자를 보호하는 판례상 확립된 신의칙에 관한 법리 등을 기초로 판단할 때 판결의 타당성에 의문이 있다. 다만 최근 판례는 이전공공기관이 취득, 보유한 부동산에 대해 일정기간 취득세 감면을 받는 도중 법 개정으로 최소납부세제(감면율 85%)의 적용대상이 된 경우 종전 감면규정에 따른 감면의 혜택이 사라지지 않는다고 보았다(판 2024. 2. 8, 2023두59155).

이와 달리 부칙에서 개정규정을 규정 시행 당시 납세의무가 성립하거나 과세요건이 종결된 부분까지 소급적용하는 것은 원칙적으로 무효이다. 예컨대 지방자치단체가 원자력발전을 지역개발세 과세대상으로 하고 부과대상지역을 해당 도내 전 지역으로 하는 조례를 신설하면서 부과시기를 「지방세법 시행 후 발전하는 분부터 적용한다」고 한 경우, 위 부칙은 지역개발세 부과요건 규정을 그 시행시기 이전에 이미 종결한 과세요건사실에 소급적용하도록 한 것으로서 무효이다.[1]

이와 관련하여 상증세법 제45조의2 제 4 항은, 「같은 조 제 1 항의 명의신탁 규정을 적용할 때 주주명부 또는 사원명부가 작성되지 아니한 경우에는 법인세법 제109조 제 1 항 및 제119조에 따라 납세지 관할세무서장에게 제출한 주주등에 관한 서류 및 주식등변동상황명세서에 의하여 명의개서 여부를 판정한다. 이 경우 …」라고 규정하고 있다. 이 부분은 2003. 12. 30. 신설되어 2004. 1. 1.부터 시행되고 그 부칙 제10조는 해당규정을 「법령에 따른 주주 등에 관한 서류 및 주식등변동명세서를 제출하는 분부터 적용한다」고 규정하고 있는데, 판례는 위 개정규정 시행 이전에 명의신탁 약정의 체결이나 주식 인도가 있었다면 규정 시행 이후에 주식등변동명세서가 제출된 경우라도 개정규정을 적용할 수 있다고 보았다.[2] 또한 판례는 과세표준의 산정방식에 관하여 무효로 판정된 종전규정을 보완한 개정규정의 소급적용 여부에 관하여, 개정규정이 종전규정보다 납세의무자에게 유리한 경우 개정규

1) 판 2011. 9. 2, 2008두17363(전). 판결에 대한 평석은, 김석환, “지방세법과 조례의 효력 우선순위 및 소급과세의 예외적 허용에 관한 고찰”, 조세법연구 18-3, 471면.

2) 판 2018. 6. 28, 2018두36172. 소급과세금지 원칙에 어긋난다는 이유로 판례에 반대하는 견해로 유철형, 조세법연구, 24-3, 313면. 판례는 위 경우 증여의제일을 주식등변동상황명세서 등의 제출일로 보았다. 판 2017. 5. 11, 2017두32395. 관련 논의는 이 책 943면 참조.

정의 소급적용을 긍정하였다(판 2008. 2. 1, 2004두1834). 위 사안들의 경우 법원이 입법의 공백을 합리적 해석을 통해 보완한 경우인데 납세의무자의 법적 안정성에 대한 신뢰가 현저히 침해되는 경우로 보기 어려우므로 판례의 태도에 찬성한다.[1)]

법령이 일부 개정된 경우 부칙규정은 원칙적으로 효력을 상실하지 않으나(판 2014. 4. 30, 2011두18229), 법령이 전면개정된 경우 원칙적으로 종전 법률 부칙의 경과규정도 실효된다(판 2004. 6. 24, 2002두10780; 2002. 7. 26, 2001두11168).

다만 판례는, 전면개정의 경우에도 종전 경과규정의 입법 경위와 취지, 개정 전후 법령의 전반적 체계나 내용 등에 비추어 신법 효력발생 후에도 종전 경과규정을 계속 적용하는 것이 입법자 의사에 부합하고, 그 결과가 납세자에게 예측할 수 없는 부담을 지우는 것이 아니라면 별도 규정이 없더라도 종전 경과규정이 실효되지 않고 계속 적용된다고 해석하여 일정한 범위 내의 예외를 인정하고 있다.[2)]

판례는 감면신청기한의 단축 등과 같은 절차상 문제에 관하여는 일반적으로 이를 소급과세금지의 적용대상에서 제외시키고 있으나(판 89. 11. 28, 88누8937; 84. 5. 22, 80누586 등), 이 경우에도 현실적으로 납세자의 권리행사에 과도한 장애를 초래한다면 소급과세 금지 원칙의 적용이 있다고 봄이 타당하다. 개별공시지가가 지가산정에 잘못이 있어 경정 공고된 경우 당초의 개별공시지가는 그 효력을 상실하고 새로운 개별공시지가가 그 공시기준일에 소급하여 효력을 발생하므로 경정된 개별공시지가를 적용한 과세처분은 소급과세에 해당되지 않는다(판 99. 10. 26, 98두2669).

(2) 진정소급효와 부진정소급효

진정소급이란 법률의 시행 전에 완결된 사실에 대하여 새로 제정된 신법을 적용하는 경우를 말하고, 부진정소급이란 신법의 시행 이전부터 계속되고 있는 사실 내지 법률관계에 대하여 신법을 적용하는 경우를 일컫는 것이 보통이나 그 개념이나 한계가 반드시 명확한 것은 아니다. 이 구분은 독일의 판례이론에서 발전하였는데 근래에 이르러 학자들에 의해 여러 각도에서 비판이 제기되고 있다. 우선 문제되는 것은 독일 학설에서 논의된 소위 '계속적 사실상태'에 해당하는 경우

---

1) 관련 논의는, 최성근, "조세정책의 입법적 기초의 한계", 조세법연구 27-1, 101면 참조.

2) 대표적 사안으로, 구조감법 제56조의2의 부칙규정 해석과 관련된 판 2008. 11. 27, 2006두19419를 들 수 있다. 다만 헌법재판소는 반대취지이다{헌 2012. 9. 4, 2009헌바35, 2009헌바82(병합)}. 관련 논의는, 이철송, "폐지된 세법규정이 해석을 통해 유지될 수 있는가?" 조세법연구 18-3, 673면; 서보국, "허용되지 않는 형평과세판결과 헌법상 요구되는 형평면제판결", 조세법연구 19-2, 57면. 안경봉, "폐지된 세법규정의 효력", 같은 책 85면 등. 그 밖에 세법 부칙규정에 관한 일반적인 설명은 최진수, "조세법상 부칙 해석에 관한 몇 가지 검토", 특별법연구 제7권, 506면.

로서, 예컨대 음식점 영업허가를 받은 자가 영업의 계속이나 허가의 효력 상실과 관련하여 새로운 법의 지배를 받고, 재산세나 양도소득세에 관하여 새로운 과세대상을 설정하거나 세율의 인상 또는 과세표준 산정방법을 변경하는 경우 법령 개정 전에 재산을 취득하여 개정 후 양도한 자에게 신 법령을 적용하는 것은 소급과세에 해당하지 않는다. 이 경우 납세자가 취득 당시 법령이 계속 유지될 것이라는 기대를 가졌더라도 이는 법적으로 보호되는 신뢰라고 보기 어렵다. 헌법재판소도 같은 입장이다(헌 2008. 9. 25, 2007헌바74. 헌 95. 3. 23, 93헌바18·31 및 2002. 2. 28, 99헌바4 등).

부진정소급효와 관련하여 법인세와 같은 기간과세에서 과세기간 도중 법령이 개정된 경우 그 경과된 기간까지 개정법령의 소급적용을 허용할 것인가가 문제된다. 판례는 부진정소급효의 개념 자체는 부정하지 않으면서도 일반적으로 과거에 시작된 구성요건 사항에 대한 신뢰는 더 보호되어야 하므로 장래에 관한 입법의 경우보다 신뢰보호 원칙에 대한 심사가 더 강화되어야 한다고 보았다.[1] 특별히 문제가 되는 경우는 과세기간 도중에 종전 법령에 의해 일정한 조세특전이 부여되었다가 그 후 납세의무 성립 이전에 법령이 개정되어 특전이 폐지된 경우이다. 그와 같은 특전이 납세자의 재정적 출연을 수반하는 특정한 행위를 유도한 경우 과세기간이 완성되지 않아 납세의무가 성립하기 이전이라도 행위 당시의 납세자의 정당한 신뢰는 보호되어야 할 것이다.

(3) 양도소득세와 소급과세

양도소득세는 취득과 양도라는 두 개의 행위를 과세표준 산정의 기초로 삼는 점에서 소급과세와 관련하여 몇 가지 문제를 발생시킨다. 유형별로는, ① 특정물건(예: 골동품)에 대해 양도소득세를 비과세하다가 법령 개정으로 과세대상으로 삼는 경우, ② 세율이나 과세표준 산정방법을 납세자에게 변경하는 경우, ③ 비과세요건을 강화하거나 감면범위를 축소하는 경우, ④ 과세요건의 강화를 일반적인 납세의무자가 아닌 과거의 특정한 행위를 대상으로 포착하는 경우 등을 들 수 있다.

이 중 ①, ②는 앞에서 본 '계속적 사실상태'의 전형적인 경우이다. ③의 경우 개정 이후 이루어진 양도에 대하여 개정법상 비과세요건을 적용하더라도 그것만으로 소급과세에 해당한다고 단정할 수 없으나 같은 시기에 취득하여 이미 양도

1) 헌 95. 10. 26, 94헌바12. 평석은, 김완석, "부진정 소급과세의 위헌성", 판례백선, 16면. 이에 반해 법인세를 본세로 하는 농어촌특별세가 신설되면서 그 시행시기가 법인의 과세기간 개시일로 소급적용된 사안에서 해당 부칙규정이 헌법상 신뢰보호원칙에 위반되지 않는다고 한 것으로 헌 98. 11. 26, 97헌바58.

한 자와의 형평 및 납세자의 예측가능성을 보호하기 위해 개정법령 부칙에 경과규정을 두는 것이 바람직하다. 마지막으로 ④의 경우는 완결된 특정 행위를 문제 삼는다는 점에서 원칙적으로 소급과세에 해당한다는 것이 판례의 태도이다(판 93. 5. 11, 92누14984).

라. 합법성의 원칙

합법성의 원칙(Legalitätsprinzip)이란 조세법은 강행규정이므로 과세요건이 충족되면 납세의무가 발생하고 과세관청은 법률이 정한 그대로 조세를 부과·징수하여야 하며, 법령에 따라서만 조세를 감면하여야 한다는 원칙을 말한다. 합법성의 원칙은 흔히 조세법률관계에 있어서 신의성실의 원칙이나 신뢰보호의 원칙 등의 반대 논리로 제시된다. 즉, 위와 같은 원칙들은 합법성의 원칙을 희생하여서라도 납세자의 신뢰를 보호함이 정의에 부합하는 것으로 인정되는 특별한 사정이 있을 경우에 한하여 적용되는 예외적인 법 원칙이다(판 2013. 12. 26, 2011두5940 등).

합법성의 원칙은 조세법률주의가 절차법적 측면에서 발현된 것으로서, 조세법의 집행과정에서 개재될 수 있는 자의나 부정을 배제하고 세 부담의 공평을 유지하기 위한 것이다. 따라서 법률에 근거하지 않고 조세의 감면이나 징수유예를 행할 수 없음은 물론 납세의무의 내용이나 징수의 시기, 방법 등에 관하여 과세관청과 납세의무자 사이에 화해 등의 약정을 하는 것도 허용되지 않는다.

제 3 절 조세공평주의

1. 의 의

개개의 국민은 각종의 조세법률관계에 있어서 평등하게 취급되어야 하고, 또한 조세 부담은 국민들 사이에 담세력에 따라서 공평하게 배분되지 않으면 안 된다. 이와 같은 원칙을 조세공평주의 또는 조세평등주의라고 한다.

조세공평주의는 조세의 부담이 공평하게 국민들 사이에 배분되도록 세법을 제정하고(입법상의 조세공평), 세법의 해석·적용 및 집행 역시 납세의무자인 국민 모두에 대하여 평등하게 이루어져야 한다(세법의 해석·적용 및 집행상의 공평)는 요청을 포함한다.

조세공평주의는 때때로 조세법률주의와 충돌하며 이 경우 어느 쪽을 우선시킬 것인가가 조세법의 중요한 현안의 하나로 되어 있다.

조세공평주의는 헌법질서의 근본이 되고 있는 평등의 원칙 내지 불평등취급금지의 원칙(헌법 11조 1항)에 그 근거를 둔다. 평등은 그 개념이 시대와 국가에 따라 상이할 수 있지만 통상 불합리한 차별의 금지를 의미하며 그 실질적 내용은 현대 자본주의 경제체제 아래에서는 특별히 배분적 정의의 모습으로 나타난다.

헌법상 합리적 차별과 불합리한 차별의 기준으로는 보통 자의금지원칙과 비례원칙을 든다. 헌법재판소는 차별취급이 헌법적으로 정당화될 수 있는지 여부를 심사함에 있어서 독일연방헌법재판소와 마찬가지로, 그러한 차별취급으로 인하여 관련 기본권에 중대한 제한을 초래하는 경우와 그렇지 않은 경우로 나누어 전자의 경우에는 자의금지원칙과 비례의 원칙 모두를 심사기준으로 삼는 반면(엄격한 심사), 후자의 경우에는 자의금지원칙만을 심사기준으로 삼는다(완화된 심사).[1)]

공평과세의 기준으로는 담세력을 든다. 담세력은 소득, 소비, 재산 등을 기준으로 판정하며 그 밖의 다른 요인은 담세력 판정의 기준이 되지 못한다.

담세력이 동일한 자 상호간에 평균적 정의가 충족되어야 함은 당연하나(수평적 공평), 자본주의의 구조적 모순으로 인해 초래된 개인의 빈부 차를 극복하여 사회정의를 실현할 책무를 지고 있는 현대 복지국가에서 국민들의 경제적 부담에 대한 배분적 평등의 실현(수직적 공평)은 보다 중요하고 실질적인 가치로 대두되고 있다.

수평적 공평은 국가가 과세권을 행사함에 있어서 담세력이 동일한 납세자를 동일하게 취급할 것을 요구하는데 반하여 수직적 공평은 세 부담이 담세력에 맞추어 적정하게 배분될 것을 요구한다.

헌법상의 '법 앞의 평등'은 기계적 평등이 아닌 배분적 평등을 의미하고 이는 조세법률관계에 있어서 응능부담의 원칙으로 나타나므로 어느 조세입법이 응능부담의 원칙에 현저히 반하는 경우 그 법률은 위헌무효라고 보아야 한다.[2)]

조세입법의 이념으로는 크게 효율과 공평을 든다. 효율의 중심개념에 조세중립성이 위치하는데 이는 조세가 효율적 시장에서 이루어지는 자원배분에 대하여 중립적이어야 한다는 것을 말한다. 조세의 부담이 민간부문의 경제적 의사결정에 영향을 주어 세금 이상의 부담을 초래하는 경우 이러한 초과부담은 사람들의 행동을

---

1) 헌 99. 12. 23, 98헌바33 등. 관련 내용은, 이동식, "조세법과 헌법", 112면 참조.
2) 北野弘久, 세법학원론(제 6 판), 143면 이하, 그 밖에 관련문제들은, 김웅희, "조세법의 응능과세원칙에 대한 쟁점연구", 조세법연구 18-3, 51면 이하 참조.

최적의 상황에서 이탈시키므로 이를 영(零)이 되게 하여 시장에 대한 조세의 간섭을 최소화해야 한다는 것이다. 예컨대 임차권이 설정된 부동산의 평가방법을 그렇지 않은 부동산과 달리하여 보다 무겁게 과세하는 경우 임대차 설정이라는 경제행위가 조세의 초과부담을 발생시켜 납세자로 하여금 임대차 설정을 기피하게 만드는 요인을 제공한다. 이는 곧 동일한 담세력을 지닌 납세자를 과세상 차별하는 것이 되어 수평적 공평에 위배된다. 공평과 효율의 요구는 때때로 충돌하는데 이 경우 원칙적으로 공평을 우선시하여야 한다는 것이 일반적 견해이다.[1)]

2. 적용범위

조세공평주의는 조세법규의 입법과 해석·적용 및 집행의 모든 영역에서 중요한 원리로 작용한다.

일차적으로 조세공평주의는 입법의 기본원리가 된다. 헌법 제11조 제1항은, 「모든 국민은 법 앞에 평등하고, 누구든지 성별·종교 또는 사회적 신분에 의하여 정치적·경제적·사회적·문화적 생활의 모든 영역에 있어서 차별을 받지 아니한다」고 규정하고 있다. 이는 불합리한 차별을 금지하는 취지로 이해되는데 조세입법도 불합리한 차별을 내용으로 하는 경우 무효가 된다.

공평과세와 관련하여서는 소득세의 누진세율제도와 각종 조세특별조치가 문제된다. 먼저 누진세율제도는 우리 헌법상 복지국가 이념을 실현하기 위한 유효적절한 수단으로서 사유재산제도의 근본이념을 훼손할 정도로 과도하여 비례의 원칙에 위배된다고 볼 수 없는 한 합리적 차별을 구성한다고 보는 것이 정설이다.

각종의 조세특별조치는 국가가 의도하는 일정한 정책적 목적의 실현을 위해 특정 요건에 해당하는 경우 세 부담을 감경 또는 가중하는 조치를 말한다. 감경을 내용으로 하는 것을 '조세우대조치', 가중을 내용으로 하는 것을 '조세중과조치'라고 하는데 공평과세와 관련하여 특히 문제가 되는 것은 조세우대조치이다.

조세우대조치는 납세자의 경제활동을 일정한 방향으로 유도하기 위한 것을 목적으로 하기 때문에 '조세유인조치'라고도 부르며 그 대부분은 조세특례제한법에 규정되어 있다.

헌법 제11조 제1항은 특정한 자에 대한 불이익뿐 아니라 특정한 자에게 합리

1) 金子 宏, 앞의 책 82면. 조세입법 이념으로서의 공평과 효율 및 조세중립성에 관한 자세한 논의는, 이창희, 앞의 책 38면 참조.

적인 이유 없이 이익을 부여하는 것도 금지하는 취지로 이해되는데, 조세우대조치가 그러한 금지에 반하여 위헌이라고 해석하여야 할 것인가가 문제된다.

조세우대조치는 담세력이 동일함에도 세 부담 측면에서 특별한 이익을 부여하는 것이기 때문에 공평의 요청에 반하는 측면이 있다. 예컨대 주식 양도차익에 대하여 비과세하는 것은 담세력 차이 때문이 아니기 때문에 공평의 관점에서 위헌적 요소가 있다. 그 판단은 결국 개별적 조세우대조치마다 구체적인 정책목적과의 이익형량에 따라 판단하여야 한다. 그러한 판단에서 고려하여야 할 주된 관점은, (i) 그 조치의 정책목적이 합리적인가, (ii) 목적을 달성하기 위하여 해당 조치가 유효한가, (iii) 그 조치에 의하여 공평부담이 어느 정도로 침해되는가 등이 될 것이다.[1]

특별히 담세력에 상응한 공평과세의 요청은 조세법규의 해석·적용과 관련하여 실질과세의 원칙으로 구체화되고 있다. 국세기본법 제14조 제 3 항에서 규정하는 조세회피행위에 대한 규제나 개별세법에서 구체화 된 부당행위계산부인 제도 역시 그 기초에는 정상적인 거래행위를 선택한 사람과의 형평이 자리잡고 있다.

우리 세법상 공평과세의 관점에서 문제 되는 조문을 하나 살펴본다. 상증세법 제66조는, 저당권 등 담보권이 설정된 재산은 당해 재산이 담보하는 채권액 등을 기준으로 평가한 가액과 제60조에 따라 평가한 가액 중 큰 금액을 그 재산의 가액으로 하도록 규정하고 있는데, 위 규정은 동일한 경제적 지위에 있는 납세자 사이의 수평적 공평을 침해하는 문제점을 안고 있다. 소유 재산에 담보권을 설정하는 행위는 담세력과는 직접 관련이 없는 경제행위인데 그러한 사정으로 동일한 재산의 평가와 관련하여 그렇지 않은 납세자에 비하여 더 중한 세 부담을 감수하도록 하는 것은 헌법이 금지한 불합리한 차별에 해당하기 때문이다.

공평과세는 적정과세의 상위개념이며, 특정 납세자에 대한 재산의 평가방법이 내용상 적정하더라도 다른 납세자와의 과세형평에 어긋난다면 그 자체로 공평과세의 원칙에 어긋나 허용되기 어렵다.[2]

외국 사례를 보면, 일본은 특정 토지에 대해서만 기본통달에서 규정한 내용에 반하여 인근의 동일한 조건의 토지에 비해 높게 평가하는 것은 그 평가액이 시가의 범위 내에 있어도 평등취급원칙에 반하여 위법하다는 판례가 확립되어 있고,[3]

---

1) 金子 宏, 앞의 책, 89면.

2) 같은 취지, 최명근, 상속과세론(1990), 262면. 이는 조세중립성의 요구에도 위배된다. 관련 내용은 이 책 43면 참조. 다만 헌법재판소는 위 규정을 합헌으로 보았다(헌 2006. 6. 29, 2005헌바39).

3) 宇都宮地判 소화 30. 11. 24. 靜岡地判 소화 34. 6. 16. 동경지판 평성 4. 7. 20. 등. Jurist No.228, 일본 판례백선 제 6 집, 157면 참조.

독일의 경우 독일헌법재판소는 평가기준시점의 경과와 함께 특정한 규정에 따른 평가액이 거래가액의 10% 수준에 그치게 된 독일 가치평가법상 평가규정을 다른 종류의 과세대상과의 형평위배를 이유로 위헌으로 판정한 바 있다.[1]

평등취급원칙 또는 불평등취급금지의 원칙은 법 집행 단계에서도 타당하다. 예컨대 국세징수법상 납부기한 등의 연장(징수법 13조)과 같이 납세자의 이익이 되는 과세관청의 권한 행사가 문제되는 경우 동일한 상황에 있는 두 사람 중 어느 한 사람에 대해서만 이를 허용하는 것은 조세공평의 원칙에 어긋나 허용될 수 없다.[2]

1) 재산세에 관한 결정: Beschluss des Zweiten Senats vom 22, Juni 1995-2 BvR 37/91, BStBI. II 1995, 655. 상속세에 관한 결정: Beschluss des Zweiten Senats vom 22, Juni 1995-2 BvR 552/91, BStBI. II 1995, 671. 관련 논의는 임승순·김용택, "상속세및증여세법상 부동산평가방법의 문제점", 조세법연구 27-2, 244면.

2) 일본 하급심판례 중 전국의 대다수 세관이 저율 품목으로 관세를 부과하여 왔는데, 어느 한 곳 세관만이 고율의 품목으로 관세를 부과한 사안에서 그 해석이 정당하더라도 조세공평주의에 반하여 처분이 위법하다고 한 것: 大板高判 소화 44. 9. 30. 이에 대해 입법의 단계와 달리 집행의 단계에서는 이 경우 조세법률주의를 우선 시켜 합법성 원칙에 따라 앞의 관세를 취소하고 세액을 추징하여야 할 것이라는 견해도 있다. 관련 내용은, 일본 판례백선 21면.

제5장 조세법의 해석과 적용

제1절 총　　설

구체적인 사실에 법을 적용하기 위해서는 법의 의미내용을 명확히 하여야 한다. 이 작용을 '법의 해석'이라고 한다. 한편 조세법규에 관한 해석작용을 통하여 그 적용범위가 정하여진 과세요건을 놓고 납세자의 구체적인 행위나 사실이 거기에 해당하는가를 가리는 것이 '세법의 적용'의 문제이다.

앞에서 제시한 도표에 따라 설명하면, 왼쪽 네모 칸 가운데 원형 부분이 법

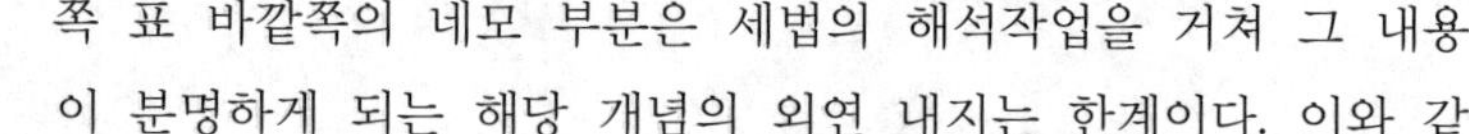

규의 해석작업을 거치지 않아도 개념이 분명한 부분이라면 왼쪽 표 바깥쪽의 네모 부분은 세법의 해석작업을 거쳐 그 내용이 분명하게 되는 해당 개념의 외연 내지는 한계이다. 이와 같이 규정개념의 외연을 정하는 것이 법규의 해석이라면 구체적인 행위나 사실이 그 범위에 포함되는가를 가리는 것이 법규의 적용이 될 것이다. 오른쪽 표 그림은 규정개념의 범위가 명확하지 않아 법규 적용이 불가능함을 보여준다.

조세법규 해석과 관련하여서는 법규의 문언을 얼마나 엄격하게 해석할 것인가, 목적론적 해석은 허용되는 것인가, 그 방향이나 한계는 어디인가, 세법규정에 사용된 사법상의 개념을 어떻게 취급할 것인가 등이 문제 된다. 그 밖에 신의성실의 원칙과 기업회계존중의 원칙도 조세법규 해석·적용의 중요한 기준이다.

한편 조세법규의 해석·적용과 관련하여 납세자의 조세회피행위에 대한 규제를 둘러싸고 담세력 내지 경제적 실질에 따른 과세를 어디까지 허용할 것인가가 중요한 현안이 되고 있다. 이와 같은 조세회피행위 부인의 문제는 관련 규정을 어떻게 해석하고 과세의 기초가 된 사실을 어떻게 법규에 적용할 것인가 하는 조세법규의 해석과 적용의 양 측면에 모두 관련된 매우 어렵고도 중요한 문제이다.

제 2 절 조세법의 해석

1. 조세법 해석의 방법

가. 엄격해석의 원칙과 합목적적 해석의 필요성

조세법은 국민에게 경제적 부담을 지우는 납세의무에 관하여 과세요건을 설정하는 침해규범이므로 법적 안정성이 강하게 요청되고, 따라서 그 내용은 원칙적으로 납세자의 입장에서 볼 때 다툼의 여지가 없도록 명확하게 규정될 것이 요구된다(과세요건명확주의). 그러나 실제 입법에 있어서 모든 규정이 그처럼 만들어질 수는 없으므로 법규의 명확한 의미를 가리는 해석과정이 필요하게 된다. 이와 같은 조세법규의 해석에 있어서 문언에 따라 엄격하게 해석하여야 하고 법의 흠결을 유추해석으로 메우거나 행정편의적인 확장해석을 하는 것은 허용되지 않는다는 원칙이 있는데, 이를 '엄격해석의 원칙'이라고 하며 조세법률주의의 파생원칙으로 이해되어 왔다.

이에 따라 조세법령은 과세요건은 물론 비과세나 감면요건을 막론하고 법문대로 엄격하게 해석하고 유추나 확장해석 또는 축소해석은 허용되지 않으며(판 94. 2. 22, 92누18603), 명령, 규칙 등과 같은 행정입법으로 법규 내용을 유추·확장하는 해석기준을 마련하는 것도 허용되지 않음이 원칙이다(판 83. 12. 27, 83누213 등).[1)]

다만 이와 같이 엄격해석의 원칙을 취하더라도 조세법률주의가 지향하는 법적 안정성과 예측가능성을 해치지 않는 범위 내에서 입법의 취지와 목적 및 사회통념에 따른 목적론적 해석이나 법 체계적 해석을 하는 것은 불가피하다. 특히 세법상 개념의 정당한 의미를 체계적으로 탐색하는 과정이 유추해석 및 확장해석이라는 이름으로 함부로 제한되어서는 안 된다. 우리 국세기본법 제18조 제 1 항이, 「세법을 해석·적용할 때에는 과세의 형평과 합목적성에 비추어 납세자의 재산권이 부당하게 침해

1) 학설 중에는 조세법규의 문언해석을 민주주의적 측면과 자유주의적 측면에서 고찰하여, 전자에 관하여는 조세의 룰을 결정할 권한은 입법부에 있으므로 과세관청이나 법원이 규정의 문언을 벗어나는 해석을 하는 것은 입법부의 권한을 침해하는 것이 된다는 점을, 후자에 관하여는 조세법규의 문언에 따른 해석을 통하여 납세자의 예측가능성 및 그에 다른 경제활동의 자유를 보장할 필요가 있다는 점을 각각 제시하는 견해가 있다. 增井良啓 조세법입문 61면(안좌진 번역, 박영사). 한편 합헌적 법률이더라도 적용결과가 현저히 형평에 어긋나는 경우 헌법 제107조 제 2 항을 근거로 문언의 축소해석을 통해 과세처분을 위법하다고 판단하는 것(소위 형평면제판결)이 허용되어야 한다는 견해로, 서보국, "허용되지 않는 형평과세판결과 헌법상 요구되는 형평면제판결", 조세법연구 19-2, 57면. 다만 이에 관한 판례는 보이지 않는다.

되지 않도록 하여야 한다」고 규정한 것도 이와 같은 취지에서 세법 규정의 합목적적 해석을 통한 납세자의 재산권 보호를 천명한 것으로 볼 수 있다.[1]

앞에서 본 바와 같이 조세법규가 사용하는 용어는 크게 확정개념과 불확정개념으로 나눌 수 있는데 대체로 구체적 개념은 전자에, 추상적 개념은 후자에 속한다. 전자에 관하여는 원칙적으로 문언의 객관적인 의미에 기초하여 해석하여야 한다는 점에서 그 해석방법은 법규의 불비(不備) 등 예외적인 경우를 제외하고는 특별히 문제될 것이 없다. 따라서 조세법규 해석의 어려움은 결국 세법이 사용하고 있는 추상적 개념의 해석문제로 귀착된다.

추상적 개념의 경우 문언의 개념은 상대적이고, 세법은 규율대상 자체가 수시로 변하고 다양한 경제현상인 한편 여러 가지 경제정책적 목적 및 사회보장적 기능을 수행하므로 해석상 모호하고 의심스러운 상황이 발생하는 것을 피할 수 없다. 종래 이와 같이 세법규정이 모호하여 해석상 의심이 있는 경우에 그 해석방향에 관하여는 「국고에 유리하게 해석하여야 한다」(in dubio pro fisco)는 주장과 「납세자에게 유리하게 해석하여야 한다」(in dubio contra fiscum)는 상반된 주장이 제기되어 왔으나, 규정의 의미를 명확하게 하는 법의 해석작용에 관하여 그 내용이 불분명하고 의심스럽다는 이유를 들어 해석을 중지하고 어느 방향으로 결론을 짓는 것은 허용될 수 없다. 만일 조세법상 허용되는 해석방법을 통해 법적 의미를 파악할 수 없는 규정이 있다면 그 규정은 과세요건명확주의에 반하여 무효라고 볼 것이다.

세법해석의 어려움이 존재하는 또 다른 부분은 입법의 불비로 인한 부분이다. 우선 입법의 불비 중 편집·표현상의 실수 등 명백한 입법상의 오류가 인정되는 경우 입법취지에 맞추어 이를 바로 잡는 것은 당연히 허용된다. 문제는 입법취지에 비추어 보면 합목적적 추론이 가능하지만 입법자가 간과하여 규정에 명확히 포함시키지 않은 부분이다. 이 공백을 어떻게 처리할 것인가는 결국 법적 안정성과 구체적 타당성의 이익교량의 문제로 귀착된다.

---

1) 행정자치부장관의 지침에 따라 전국의 다른 모든 지방자치단체장들은 상업용 부동산에 대하여 재산세와 종합토지세 면제조례를 제정하였는데 특정 지방자치단체만 면제조례를 제정하지 않은 조치가 국세기본법 제18조 제 1 항 등에 위반하여 위법하다고 판단한 것: 판 2016. 12. 29, 2010두3138. 이를 판례가 위 조항을 효력규정으로 판단한 것으로 이해하는 견해도 있으나(곽태훈, 조세법연구 25-1, 7면), 이를 효력규정으로 보지 않더라도 특정 과세처분이 공평과세에 어긋나는 것이 명백하면 그 처분은 헌법에 반하는 처분으로서 납세자는 법원에 위헌을 이유로 과세처분의 취소를 구할 수 있을 것이다. 유사한 사안에서 같은 취지로 판단한 일본 하급심 판례에 관하여는 이 책 45면 각주 2) 참조. 그 밖에 세법상 유추해석과 관련된 논의는, 이재호, "세법상 유추의 가부에 관하여" 조세법연구 17-1, 121면. 조세법규 해석과 관련하여 납세자의 권익과 편의를 도모하기 위해 국세예규심사위원회를 설치·운영하고 있다(기본법 18조의2).

판례는, 저당권이 설정된 재산을 당해 재산이 담보하는 채권액 등을 기준으로 평가하도록 한 구상속세법(1990. 12. 31. 개정 전의 것) 제 9 조 제 4 항(현행 법 66조)이, 수증지분이 아닌 제 3 자 지분에 담보권이 설정된 경우 적용이 없다고 보는가 하면(판 93. 3. 23, 92누12070), 임대차가 설정된 재산에 관하여 임료를 기준으로 평가하도록 한 구상속세법시행령(1996. 12. 30. 개정 전의 것) 제 5 조의2 제 6 호(현행 법 61조 5항 및 영 50조 7항)와 관련하여 토지와 건물에 대한 임료 총액은 알 수 있으나 임료 구분이 되어 있지 않은 경우 토지와 건물의 기준시가에 비례하여 안분하는 방식으로 할 수 있다고 판단하고 있다(판 97. 3. 14, 96누3517). 전자는 엄격해석의 원칙을, 후자는 합목적적 해석의 경우를 보여 주는 예이다.

최근 사회 변화속도가 점점 더 빨라짐에 따라 특별히 개정이 빈번한 세법분야에서 입법이 사회의 변화를 미처 수용하지 못하는 경우가 많이 발생한다. 복잡다기(複雜多岐)한 현대사회에서 이와 같은 입법의 기능과 역할 등을 고려할 때 법률규정의 문언해석만을 강조하는 것은 바람직하지 않다.

특정 조문의 문언이 같은 법률 내의 다른 관련 법규들의 내용과 배치되거나 모순되고 그와 같은 내용으로 입법하여야 할 아무런 입법 목적을 인정할 수 없으며 규정 문언을 그대로 적용하는 것이 내용상 불합리한 경우, 해당 규정을 문언에 따라 기계적으로 해석·적용하여서는 안 될 것이다. 입법자가 이러한 상황을 의도할 리 없었다는 점에서 이와 같은 경우는 필경 입법의 소홀이나 부주의에서 기인된 것이므로 법관은 이를 입법취지 및 다른 관련 법규와의 체계에 맞추어 합리적이고 합목적적으로 해석할 필요가 있다.[1]

법 규정의 문언에 불구하고 법인지방소득세에 대한 외국납부세액 공제규정의 적용을 긍정한다거나(판 2018. 10. 25, 2018두50000), 동일인 명의로 반복된 명의신탁에 관하여 명의신탁 증여의제규정의 적용을 제한한 판결(판 2017. 2. 21, 2011두10232; 2018. 3. 29, 2012두27787; 2019. 1. 31, 2016두30644 등) 등은 이러한 취지에 입각한 것으로 여겨진다.[2]

1) 오늘날 법 해석 방법론에 관한 일반적인 논의 또한 법규의 체계적인 해석 내지 합목적적 해석의 중요성과 그에 따른 법관의 역할을 강조하는 데에 놓여 있다. Ernst A. Kramer, Juristische Methodenlehre(법학방법론), 최준규 옮김, 박영사(2022), 66면 참조.

2) 각 판결에 대한 비판적 평석으로, 이 창, "법인지방소득세에 대한 외국납부세액공제 적용 가부", 조세법연구 25-1, 135면, 유철형, "동일인 명의로 반복된 명의신탁의 증여세 과세에 관한 연구", 조세법연구 25-1, 93면 등. 이에 반하여 구조특법 시행령 부칙의 "개정법률 시행 당시 종전의 규정에 따라 소기업에 해당되었던 기업이 개정 법률 시행 이후 개정규정에 따른 소기업에 해당하지 아니하게 된 경우 개정규정에 불구하고 2019. 1. 1.이 속하는 과세연도까지 소기업으로 본다"는 규정의 해석과 관련하여 그 시행일인 2016 과세연도에 종전 규정에 따른 소기업에 해당하지

다만 비과세나 감면규정과 같은 특혜규정의 경우 공평의 측면에서 보아 꼭 필요한 경우 입법취지를 감안한 합목적적 축소해석의 필요성 또한 존재한다.[1]

법규의 엄격해석이 반드시 납세자에게 불리한 것만은 아니다. 대도시 내 법인설립에 따른 등록세 중과규정을 회피하기 위해 폐업을 하여 사업실적이 없는 법인의 주식 전부를 매수한 후 상호 등을 변경한 행위가 등록세 중과를 회피하기 위한 것이라도 세법상 효력을 부인하는 구체적 규정이 없는 이상 등록세 중과요건인 '법인의 설립'에 해당한다고 보아 등록세를 중과할 수 없다고 한 것(판 2009. 4. 9, 2007두26629), 법인세법상 비업무용 부동산 예외사유인 구 법인세법시행규칙(1990. 4. 4. 개정 전의 것) 제18조 제 3 항 제 2 호 ㈎목 소정의 나대지상 건축물이 적법한 건축물만을 의미하는 것은 아니라고 한 것(판 93. 11. 26, 93누13469), 감면규정 적용과 관련하여 '개인과의 유상거래'를 원인으로 취득·등기하는 주택에 대해 취득세, 등록세 경감을 규정한 구지방세법(2006. 9. 1. 개정 전의 것) 제273조의2(현행 지방세특례제한법 40조의 2)의 '개인과의 유상거래'에 경매로 인하여 취득·등기하는 주택은 포함되지 않는다고 본 것(판 2008. 2. 15, 2007두4438) 등은 법규의 엄격해석이 납세자에게 유리하게 작용한 경우이다.

나. 조세실체법과 조세절차법

일반적으로 조세실체법은 조세법률주의와 실체적 진실주의가 강하게 지배하는 반면 조세절차법은 조세의 징수와 위법한 징수의 배제를 둘러싸고 과세관청과 납세자 사이의 형평 및 실체적 진실발견과 절차적 제약의 조화 등의 요청이 중시된다. 특별히 강제징수 절차와 관련하여서는 자력집행권에 기초한 권력적 요소가 강하게 대두된다. 이러한 차이가 관련법규의 해석에서도 차이를 가져오게 된다.

않는 기업은 부칙 규정의 적용대상이 아니라고 본 것으로 판 2020. 7. 29, 2019두56333. 판결에 대한 비판적 평석으로, 서보국, "조세법상 법관의 법형성과 그 한계", 조세법연구 28-1, 323면. 한편 조세심판원은 "지식산업센터의 설립승인을 받은 자"가 취득하는 부동산에 대해서 취득세를 경감한다고 규정하고 있는 지방세특례제한법(2014. 1. 1. 법률 제12175호로 개정되기 전의 것) 규정을 해석함에 있어서, 입법취지나 다른 관련규정과의 체계적인 해석상 "토지 취득 후 설립승인을 받아 착공을 하려는 자"도 위 감면 대상에 포함된다고 판단한 바 있는데(조심 2015. 9. 3.자 2014지764) 이는 전형적인 합목적적 해석의 예로 이해된다. 이에 반하여 유사한 사안에서 문언해석을 고수한 판결로 판 2024. 8. 19, 2024두41687(서울고판 2024. 4. 24, 2023누46410에 대한 심리불속행 판결임).

1) 같은 취지, 金子 宏, 앞의 책, 132면. 이에 반하여 조세감면규정의 축소해석은 조세법규의 입법취지나 목적을 법 규범화하는 것으로서 조세법률주의 원칙에 반한다는 견해도 있다. 岡村忠生 編著, "조세회피연구의 전개와 과제",(미네르바 書房, 2015) 13면.

다. 차용개념과 고유개념

일반적으로 조세법이 사용하는 개념에는 두 종류가 있다고 설명한다.

하나는 이미 다른 법 분야에서 사용하고 있는 개념을 세법에서 사용하는 경우로서 이를 '차용개념'이라고 부른다. '보증'이나 '담보'와 같은 용어 등이 그것이다. 이들은 일반적인 용례로도 사용되나 법률상 사용되는 경우 고유의 법률용어가 된다. 다른 하나는 다른 법 분야에서는 사용되지 않고 조세법이 독자적으로 사용하는 개념으로서 이를 '고유개념'이라고 부른다. 예컨대 '소득'은 회계적인 의미를 담은 세법 고유의 개념으로서 그 범위 등은 사법과 무관하게 세법 독자적인 입장에서 결정된다. '이자'나 '배당'과 같은 용어 역시 민법이나 상법 또는 이자제한법과 같은 특별법에서 자주 사용되지만 원래 경제학상 개념이 사법에 사용된 경우로서 순수한 법률용어로 보기 어렵다. 이와 같이 사법에서 사용되더라도 순수한 법률용어가 아닌 경우에는 본래의 의미에 있어서 차용개념의 문제는 발생하지 않는다. 예컨대 세법상 이자소득의 과세대상인지 여부가 문제되는 경우에 '이자' 개념의 해석은 차용개념의 문제라기보다 소득세법이 이자소득의 과세대상으로 열거한 항목에 해당하는가에 관한 법률해석의 문제이다.

이와 같이 사법에서 사용되는 법률용어 중에도 의사적 요소가 개입되지 않는 단순한 사건(예: 상속)이나 해당 개념이 사법과 세법의 입법목적 차이와 무관한 경우 사법의 개념이 세법에서도 그대로 통용되고 세법상 이를 목적론적으로 해석할 이유는 존재하지 않는다. 또한 사법상 사용되는 법률용어에 관하여 세법에서 명시적으로 개념을 수정하거나 보충규정을 두고 있다면 그에 기초하여 세법규정을 해석함은 당연하다. 예컨대 상증세법 제 2 조 제 4 호는 상속세 납부의무를 지는 '상속인'의 범위에 상속을 포기한 자를 포함시키고 있고, '증여'에 관하여도 세법 고유의 포괄주의에 입각한 별도의 규정을 두고 있다. 소득세법이 규정하는 '양도'(소법 88조 1항 참조)나 지방세법상 '취득'(지법 6조 1호 참조)의 개념 등도 사법상의 개념과는 거리가 있다.

문제가 되는 것은 차용개념에 관하여 세법 자체에 별도의 개념규정이 없을 때 이를 개념을 빌려 준 분야에서 정립된 뜻으로 읽을 것인가 아니면 입법취지 등을 고려하여 조세법 고유의 의미내용을 부여할 것인가 하는 점이다. 이에 관하여는 견해의 대립이 있으며,[1] 판례는 비교적 엄격하게 사법상 개념에 입각하여 해석하여야 한다는 입장을 유지하고 있다. 예컨대 상증세법이 증여세 포괄주의를 취하기

1) 각 견해에 관한 자세한 설명은 박 민, 앞 논문, 23면.

이전에 판례는 토지의 무상대여가 민법상 사용대차에 해당되기 때문에 세법상 증여에 해당되지 않는다고 판단한 바 있다(판 96. 2. 27, 95누13197).[1)]

차용개념을 사법상 개념으로 이해하여야 한다는 견해의 주된 논거는, 세법의 규율대상인 조세는 경제생활에서 창출된 재화나 용역을 기반으로 그 담세력에 기초하여 부과하므로 세법에서 특별히 다른 규정을 두고 있지 않는 한 그 의미 그대로 해석하여야 한다는 데 있다.[2)] 그러나 세법이 사법상 개념을 사용하는 경우에도 객관적으로 그 의미가 사법상의 법률용어를 지칭한 것으로 볼 경우가 아닌 이상 세법의 체계와 입법취지에 맞추어 합목적적으로 해석하는 것이 올바른 해석방법이며, 그것이 당사자의 예측가능성과 법적 안정성을 보호하는 방법이다.

법률행위에 관한 사법의 규정은 당사자 사이의 계약의 해석 등을 둘러싼 분쟁의 해결 도구로 기능하는데 반하여, 세법 규정은 조세법적 행위나 사건에 관하여 과세하기 위한 도구로 작동한다. 이와 같이 기능과 목적이 서로 다르므로 양자의 영역은 상당 부분 중첩되나 정확하게 일치하지는 않는다. 사법상 법 형식과 실질이 일치하지 않는 경우 법적 실질을 찾아 과세하는 것은 사실인정 영역에 속하고, 이 영역을 넘어 법적 실질과 경제적 실질이 다른 경우 세법이 이를 어떻게 해결할 것인가는 실질과세 원칙의 일반적인 적용영역에 속하는 문제이다. 이렇게 보면 조세법규의 해석·적용에 있어서 차용개념이 작동하는 영역은 다분히 제한적이다.[3)]

2. 신의성실의 원칙

가. 의 의

국세기본법 제15조는 「**납세자가 그 의무를 이행할 때에는 신의에 따라 성실하게 하여야 한다. 세무공무원이 그 직무를 수행할 때에도 또한 같다**」고 규정하여 세법상 신의성실의 원칙에 관한 일반규정을 두고 있다.

신의성실의 원칙은 상대방의 합리적인 기대나 신뢰를 배반할 수 없다는 법 원칙으로서 신뢰보호의 원칙, 금반언의 법리 등으로도 불리며 본래 사법(私法)의 영역에서 발전하였다.[4)] 그러나 이는 법의 근본이념인 정의와 형평의 원리를 바탕으

1) 관련 논의는 이 책 898면 참조.
2) 金子 宏, 앞의 책, 119면.
3) 관련 논의는 임승순, "세법상 '차용개념'의 해석방법", 조세실무연구 2(법무법인 화우) 5면 및 이 책 897면.
4) 민법 제 2 조 제 1 항은, 「권리의 행사와 의무의 이행은 신의에 좇아 성실히 하여야 한다」고 규정하여 신의성실의 원칙이 민법의 지배원리임을 선언하고 있다. 약칭인 '신의칙'으로 많이 사용된다.

로 한 것이어서 공법관계에 있어서도 그 적용을 부정할 이유가 없다. 특히 조세채권·채무관계는 사법상의 채권·채무관계와 유사하고, 전문성·기술성을 특질로 하는 조세법규의 해석·적용과 관련하여 과세관청의 언동을 신뢰한 납세자를 보호할 필요성이 크기 때문에 신의칙의 적용가능성은 그만큼 증대되어 있다.

일찍이 독일에서는 신뢰보호의 원칙이 과세관청의 확약(Zusage)과 실권(Verwirkung)에 관한 법리를 파생시켰다. 이는 과세관청의 확약은 장래의 법적 상태에 대한 구속력 있는 선언으로서 납세자는 이를 신뢰하고 세법상 행위 내지는 사실관계를 형성하므로 그 신뢰는 보호되어야 하고 확약에 기초한 납세자의 행동이 있으면 설사 그 내용이 위법하더라도 확약된 바에 따라야 한다는 원칙이다. 이는 우리 판례법상 신의칙 적용요건에 관한 법리의 기초가 되었고, 영미법에서도 동일한 원리인 금반언의 원칙(estoppel)이 판례법의 중요한 내용을 이루고 있다.

원칙적으로 과세요건이 충족되어 납세의무가 발생하면 과세관청은 법률이 정한대로 조세를 부과·징수하여야 하고, 조세의 감면도 적용을 배제하는 구체적 규정이 없는 한 과세관청에 재량이 부여되어 있지 않다(합법성의 원칙). 그러나 모든 경우에 이와 같은 원칙을 관철하면 구체적 타당성에 부합하지 않는 경우가 발생한다. 조세법규는 내용이나 체계가 전문적·기술적이고 복잡하여 과세관청이 그 해석·집행과 관련하여 납세자에게 일정한 내용의 세무지도 등을 한 경우 납세자로서는 이를 신뢰할 수밖에 없는 경우가 대부분이다. 이와 같이 조세법규의 집행과정에서 납세자가 과세관청의 언동을 신뢰하고 새로운 법률관계를 형성한 경우에 과세관청이 그것이 잘못되었다고 하여 뒤늦게 종전의 언동을 번복하는 것은 정의와 형평에 반하고 이미 형성된 법률관계를 뒤엎는다는 점에서 오히려 법적 안정성을 해치게 된다. 이처럼 납세자의 신뢰를 보호할 가치가 있는 일정한 경우에 기존의 법률관계를 그대로 존중하여 납세자의 신뢰를 보호하자는 것이 바로 조세법률관계에 있어서의 신의성실의 원칙이다. 다만 조세법률주의의 요청은 원칙적으로 조세에 관한 법률관계를 법률로써 명확하게 규정할 것을 요구한다는 점에서 그 적용은 신중하게 이루어져야 한다. 이러한 점에서, 신의칙의 적용은 합법성의 원칙을 희생해서라도 신뢰를 보호할 필요가 있다고 인정되는 예외적인 경우에 한해 그 적용이 있다고 볼 것이다. '합법성의 원칙'이 끝나는 곳에서 '신의칙'의 적용이 시작된다고 말할 수 있다.

신의칙에 반하는 과세처분의 효력에 대하여 법의 근본이념에 반하는 위법한 처분이므로 무효라는 견해도 있으나, 그 한계가 불분명한 경우가 많으므로 특별한 사정이 없는 한 취소 대상으로 보아야 할 것이다.

나. 과세관청에 대한 신의칙의 적용

(1) 적용요건

학설·판례에 의하여 일반적으로 시인되는, 과세관청에 대한 신의칙 적용의 요건은, (ⅰ) 과세관청이 납세자에게 공적인 견해표명을 하였을 것, (ⅱ) 납세자가 그 견해표명이 정당하다고 신뢰함에 있어 귀책사유가 없을 것, (ⅲ) 납세자가 신뢰에 기한 어떤 행위를 하였을 것, (ⅳ) 과세관청이 위 견해표명에 반하는 처분을 하여 납세자의 이익이 침해되었을 것 등이다(판 88. 9. 13, 86누101 등).

(ⅰ)의 요건과 관련하여, 공적 견해의 표명은 원칙적으로 책임 있는 지위에 있는 세무공무원에 의하여 이루어져야 한다. 행정조직상의 형식적인 권한분장에 구애될 것은 아니고, 조직체계상 담당자의 지위와 임무, 당해 언동을 하게 된 구체적인 경위 및 그에 대한 납세자의 신뢰가능성 등을 기초로 실질적으로 판단한다.

지방세부과권자인 군수의 상급기관인 보건사회부장관이 지방세 비과세 시책을 발표한 것은 여기에 해당하나(판 96. 1. 23, 95누13746), 시장이 토지거래계약허가를 하거나(판 97. 7. 11, 97누553), 지방해운항만청장이 지역개발세 감면에 관해 견해를 표명한 경우(판 97. 11. 28, 96누11495) 등은 여기에 해당하지 않는다.

공적 견해의 표명은 일반 납세자에 대한 것이든 특정 납세자에 대한 것이든 불문하고, 과세요건 규정의 해석·적용은 물론 과세요건 사실인정에 관한 것도 포함된다. 기본통칙이나 예규뿐 아니라 과세관청의 개별사안에 대한 질의회신 등도 원칙적으로 그 대상이다. 다만 과세관청의 의사표시가 조세법령 자체에 관한 것이거나(판 89. 11. 28, 88누8937), 납세자의 추상적인 질의에 대한 일반론적 견해표명인 경우(판 93. 7. 27, 90누10384)는 공적 견해에 해당되지 않는다. 과세관청이 납세자의 신고를 이의 없이 시인한 것만으로는 공적 견해표명이 있었다고 볼 수 없다.

(ⅱ)의 요건과 관련하여 애당초 납세자 측에서 과세관청의 잘못된 조치에 대한 요인을 제공한 경우 이 원칙은 적용이 없다. 따라서, ① 세무서장이 허위로 작성·제출된 자경확인서에 의해 8년 이상 자경 농지의 양도로 오인하여 비과세결정을 하였다가 그 후 실지조사로 비자경 농지의 양도임을 확인하여 당초 결정을 번복하고 양도소득세 과세처분을 한 경우(판 91. 10. 22, 90누9360), ② 감면혜택을 받을 수 없는 자가 허위로 조세감면신청을 하여 이를 믿은 과세관청이 감면결정을 하였다가 취소하고 과세처분을 한 경우(판 88. 3. 8, 87누745) 등은 신의성실의 원칙이 적용되지 않는다. 또한 세법상 근거 없는 비과세 통지라든가 감가상각 내용연수를 잘

못 지도한 경우와 같이 명백히 세법에 어긋난 견해표시 역시 납세자가 이를 신뢰함에 잘못이 없다고 볼 수 없다.

(iii)의 요건과 관련하여 납세자가 과세관청의 공적 견해를 신뢰하여 특정 행위를 하여야 하며, 공적 견해표명이 있었더라도 납세자가 그에 기초하여 행위를 하지 않으면 신의칙은 적용되지 않는다. 부가가치세나 관세와 같은 경우에는 통상적으로 비과세나 면세여부가 납세자의 거래징수나 물품의 수입여부에 관한 판단에 직결되므로 공적 견해의 표명과 납세자의 행위 사이에 인과관계를 쉽게 인정할 수 있으나 다른 조세의 경우에는 개별적, 구체적 판단이 필요하다.[1)]

(ⅳ)의 요건과 관련하여, 신의칙은 후술하는 비과세관행과 마찬가지로 과세관청이 종전 견해에 반하여 소급적으로 처분하는 것을 금지할 뿐이고, 계속되는 사실상태를 대상으로 과거의 공적 견해를 장래에 향하여 시정하는 것까지 금지하는 것은 아니다. 따라서 고급오락장에 해당하는지 여부를 사실상 현황이 아닌 허가내용에 따라 판단하여야 한다는 공적 견해가 과거에 있었더라도 그 내용이 잘못되었다고 판단하고 이를 시정하여 사실상 현황을 기초로 행한 재산세 중과처분은 신의칙이나 소급과세금지원칙에 위반되지 않는다(판 92. 12. 22, 92누7580).

또한 과세관청은 신고내용에 탈루나 오류가 있는 때에는 이를 경정할 수 있으므로(소법 80조 2항 등), 과세관청이 비과세결정이나 감면결정을 하였다가 이를 번복하고 다시 과세처분을 하거나, 종합토지세 부과와 관련하여 과세대상 토지의 종전 소유자에게 별도합산과세를 하였다가 그 토지의 매수인에게 종합합산과세를 하더라도 이를 신의칙에 반한다고 할 수 없다(판 2009. 10. 29, 2007두7741).

특정 납세자에 대해 공적 견해가 잘못 표시되어 신의칙이 적용되더라도, 동일상황에 있는 다른 납세자가 평등원칙을 근거로 같은 취급을 요구할 수는 없다.

(2) 판례의 검토

㈎ 신의칙의 적용을 부정한 사례

① 주택매매에 앞서 과세관청의 민원상담직원으로부터 세금이 부과되지 않을 것으로 들었고, 매매 후에도 과세관청이 양도소득세를 비과세처리하였으나 약 5년 후 과세처분을 한 경우(판 93. 2. 23, 92누12919), ② 과세관청이 착오로 실제 체납액보다 적게 교부청구를 하였더라도 경매 양수인에 대해 전 소유자 체납세액을 한정

1) 양자의 인과관계를 긍정한 것으로 협회건물의 신축과 취득세에 관한 판 2008. 6. 12, 2008두1115(원심인 서울고판 2007. 12. 11, 2007누12509은 원고가 취득세 부과 여부와 상관없이 건물을 신축하였을 것이라고 보아 해당 요건을 충족하지 못한다고 판단하였다). 부정한 것으로 특수관계인이 인수를 포기한 비상장주식을 인수한 행위와 법인세 과세에 관한 판 95. 7. 29, 94누3629.

하는 공적 견해를 표명한 것이 아니라고 한 것(판 94. 9. 13, 94누1944), ③ 세무서장이 면세사업자등록증을 교부하고 7년간 부가가치세 면세사업자 세무신고 안내를 한 후 부가가치세 예정신고 및 확정신고를 받은 것이 부가가치세 비과세에 관한 공적 견해를 표명한 것으로 볼 수 없다고 한 것(판 2000. 2. 11, 98두2119), ④ 세무서장이 납세의무자에게 '강제징수유예 내역'란을 공란으로 한 납세증명서를 발급하여, 납세의무자가 이를 이용하여 금융기관으로부터 담보부 대출을 받은 후 경매절차에서 체납세액에 대한 교부청구를 한 경우(판 2006. 5. 26, 2003다18401) 등.

㈏ 신의칙 위배로 인정한 사례

① 재무부가 이익준비금 자본전입으로 외국투자자가 받는 무상주에 대한 조세감면은 신규감면방식이 아닌 원출자분감면방식에 의한다고 해석하여 이에 따라 감면처리를 했으며 연초 발간된 외국인 투자기업에 대한 납세안내 책자를 통해 위 감면방식을 따를 것을 권장한 경우(판 85. 4. 23, 84누593),[1] ② 골절치료기구 수입판매업자인 원고가 골절치료기구를 부가가치세 과세대상으로 알고 세금계산서를 발행하고 신고·납부하여 왔는데, 세무서 직원이 부가가치세 면제대상으로 세무지도를 하여 원고가 이를 믿고 부가가치세를 징수하지 않은 경우(판 90. 10. 10, 88누5280), ③ 국세청장이 교육훈련용역 제공이 사업경영상담업에 해당한다는 회신을 동종의 인근사업자에게 함에 따라 원고가 사업양수시 이를 신뢰하여 면세사업자 등록을 마치고 부가가치세를 거래징수하거나 신고납부하지 않은 경우(판 94. 3. 22, 93누22517), ④ 취득세 등이 면제되는 구지방세법 제288조 제 2 항에 정한 '기술진흥단체'인지 여부에 관한 질의에 대해 관계장관이 비과세의견으로 회신한 경우(판 2008. 6. 12, 2008두1115) 등.

다. 납세자에 대한 신의칙의 적용

조세법률관계를 국가와 납세자 사이의 채권·채무관계로 보는 이상 정의와 형평의 관념에 바탕을 둔 신의칙은 납세자에 대하여도 그 적용이 있다. 다만 과세관청은 납세자에 대한 우월적 지위에서 실지조사권 등을 가지고, 과세처분의 적법성에 대한 입증책임을 부담할 뿐 아니라 납세자의 신의칙 위반 행위가 있는 경우 조세감면 혜택의 박탈, 가산세 부과, 조세범처벌 등 다른 강제수단이 부여되어 있으므로 그 적용범위는 과세관청에 비해 제한적으로 인정되어야 한다.

---

1) 이 경우 외국인 투자기업 중 다른 2개 법인이 과세관청의 공적 견해표명과 다른 주장을 내세워 소송에서 다툰 결과 상이한 판결이 선고되었더라도 일반인은 그 판결내용을 쉽사리 접할 수 없으므로 과세관청의 견해표명을 신뢰한데 대하여 귀책사유가 있다고 할 수 없다(판 87. 1. 20, 86누151).

납세자에 대한 신의칙의 적용 여부는 주로 납세자가 허위로 세무신고를 함에 따라 과세관청이 그 신고내용을 믿고 신고한 내용대로 과세처분을 한 경우에 문제가 된다. 판례는 납세의무자에게 신의칙을 적용하기 위한 기준으로, (i) 객관적으로 모순되는 행태가 존재할 것, (ii) 그 행태가 납세의무자의 심한 배신행위에 기인할 것, (iii) 그에 기해 야기된 과세관청의 신뢰가 보호받을 가치가 있을 것 등의 요건을 제시하고 있다(판 99. 11. 26, 98두17968).[1]

판례 역시 납세자에 대한 신의칙 적용범위를 좁게 보고 있으며 문제가 된 사안에서 대부분 그 적용을 부정하고 있다.

구체적인 사례로는, ① 종합소득세 신고납부 후 과세관청이 수입누락을 이유로 소득세를 부과하자 그 취소소송에서 실질적 공동사업자가 아니라고 주장한 경우(판 97. 6. 13, 97누4968), ② 법인이 회계처리 편의를 위해 실제 매매거래가 있은 것처럼 법인세신고를 하였다가 과세관청이 양도가액을 부인하자 쟁송단계에서 명의신탁을 주장한 경우(판 93. 6. 8, 92누12483), ③ 법인이 스스로 분식회계임을 주장하며 신고세액을 다투는 경우(판 2006. 1. 26, 2005두6300), ④ 상속세신고 시 피상속인 주소를 허위로 기재한 납세의무자가 상속세부과처분 후 관할위반을 다투는 경우(위 98두17968), ⑤ 매매거래 당사자가 토지거래허가를 회피하기 위해 등기원인사실을 매매가 아닌 증여로 하여 이전등기를 마친 후 증여세가 부과되자, 등기를 원상회복하지 않은 상태에서 거래의 실체가 매매임을 내세워 증여사실을 다투는 경우{판 97. 3. 20, 95누18383(전)}, ⑥ 피합병법인의 이월결손금 승계를 위해 피합병법인이 대손충당금을 설정하지 않고 합병 후 합병법인이 대손충당금을 설정하여 합병법인의 손금으로 인식한 경우(판 2015. 1. 15, 2012두4111) 등을 들 수 있다.

반면에 수는 적지만 납세자에 대해 신의칙 적용을 긍정한 판례로, ① 농지의 명의수탁자가 자경의사가 있는 것처럼 소재지관서의 증명을 받아 소유권이전등기를 마치고 소유자로 행세하는 한편 증여세 부과를 면하기 위해 자경의사가 없었음을 들어 농지개혁법(현행 농지법)에 저촉됨을 이유로 등기의 무효를 주장한 경우(판 90. 7. 24, 89누8224), ② 회사 대주주가 회사에 대한 강제집행을 면하기 위해 처남에게 회사소유 부동산을 명의신탁한 후 처남이 이를 다시 회사에 임대한 것처럼 가장하여 수년

1) 미국에서는 과세관청이 납세자의 견해표명이나 신고를 믿고 부과권을 행사하지 못한 상태에서 부과제척기간이 도과되고 그 후 납세자가 견해를 바꾸어 조세상 이익을 얻으려 하는 경우 금반언 법리를 적용하여 이를 부정하는 판례가 형성되어 있다고 한다. 우리 법상으로도 이와 같은 경우 동일한 결론을 도출할 수 있을 것이다. 관련 논의는 김석환·이창희, “납세자의 금반언과 부과제척기간”, 조세법연구 26-3, 21면.

간 부가가치세 신고 및 매입세액공제를 받아오다가 임대업 폐업신고를 하게 되어 폐업 시 잔존재화 자가공급 의제규정에 따라 처남에게 부가가치세가 부과되자 위 임대차계약이 통정허위표시로 무효라고 주장한 경우(판 2009. 4. 23, 2006두14865) 등이 있다.

판례는 금지금 부정거래 사안과 관련하여, 수출업자의 금지금 매입은 부가가치세 과세대상인 재화의 공급에 해당하므로, 그 과정에서 교부받은 세금계산서는 사실과 다른 세금계산서에 해당하지 않지만(판 2008. 12. 11, 2008두9737), 수출업자가 영세율 거래에 관하여 그 전 단계 거래과정에 폭탄업체의 부정거래가 있었음을 알았거나 고의에 가까운 정도로 주의의무를 현저히 위반하여 이를 알지 못한 경우라면 매입세액의 공제·환급을 구하는 것은 신의칙에 반해 허용되지 않는다고 보았다.[1)]

소득세법 제97조 제 7 항은 부동산 등의 양도차익을 실지거래가액으로 산정함에 있어서 양도인이 취득 당시 법령이 정하는 방법으로 거래가액을 확인한 사실이 있으면 그 확인가액을 취득가액으로 보도록 규정하고 있는데, 이는 납세자 측의 신의칙 위배 내지는 금반언에 따른 실권효의 법리를 입법으로 구체화한 것이다.

라. 비과세관행에 의한 소급과세금지

(1) 의 의

국세기본법 제18조 제 3 항은, 「세법의 해석이나 국세행정의 관행이 일반적으로 납세자에게 받아들여진 후에는 그 해석이나 관행에 의한 행위 또는 계산은 정당한 것으로 보며 새로운 해석이나 관행에 의하여 소급하여 과세되지 아니한다」고 규정하고 있다.

이를 '비과세관행'이라고 하며 소급과세금지원칙의 특수한 형태로 이해된다. 원래 신의칙의 적용은 구체적 사안에 대한 개별적 판단이 필요하나, 비과세관행이라는 객관적 상황을 설정하고 그에 대한 납세자의 신뢰를 입법을 통해 일반적으로 보호하고자 한 것이다. 신의칙 규정은 과세관청의 언동이 일반성을 가진 경우에도 특정 납세자와의 관계에서 개별적으로 판단되나 비과세관행은 불특정 납세자를 대상으로 하고, 또한 신의칙 규정은 납세자에게도 적용되나 비과세관행 규정은 과세관청만을 대상으로 한다는 점에서 차이가 있다(판 93. 5. 25, 91누9893).

비과세관행에 관한 규정은 신의칙 규정의 파생원칙으로 이해되므로 신의칙과 마찬가지로 합법성 원칙을 희생해서라도 납세자의 신뢰를 보호하는 것이 정의에

1) 판 2011. 1. 20, 2009두13474(전). 관련 논문으로 김규림 · 이재강, "조세법률주의와 신의성실 원칙의 적용에 관한 연구", 조세법연구 19-2, 197면.

부합하는 특별한 경우에 한해 적용된다고 보아야 한다.[1] 또한 이는 납세자 신뢰보호를 위해 과세권 행사에 제한을 가하기 위한 규정이고 위법한 과세처분을 구제하기 위한 규정이 아니다. 따라서 예컨대 과세관청이 세액산출근거를 기재하지 않은 납부고지서에 의해 지방세 납부고지를 하는 과세행정을 되풀이해 왔더라도 위법한 과세처분이 적법하게 되지는 않는다(판 84. 6. 12, 83누664).

(2) 적용요건

세법의 해석이나 국세행정의 관행이 일반적으로 납세자에게 받아들여진다 함은 비록 잘못된 해석이나 관행이라도 불특정 일반 납세자에게 그 해석이나 관행이 정당한 것으로 이의 없이 받아들여지고 그 해석 또는 관행을 신뢰하는 것이 무리가 아니라고 인정될 정도에 이른 것을 말한다(판 93. 5. 25, 91누9893; 기본통 18-0…1). 구체적으로 판례는 비과세관행의 요건으로, (i) 상당한 기간에 걸쳐 과세를 하지 아니한 객관적 사실이 존재하고, (ii) 이와 같은 공적 견해나 의사가 명시적 또는 묵시적으로 표시되어야 한다는 점을 들고 있다.

따라서 단순히 세법의 해석기준에 관한 공적 견해의 표명이 있거나 특정 납세자에 대해서만 반복적으로 비과세 처리되어 왔어도 이를 비과세관행이라고 할 수 없다. 이와 관련하여 장기간 비과세가 과세관청이 과세할 수 있음을 알면서 과세하지 않은 경우이어야 하는 것인가가 문제된다. 판례는 엇갈리나,[2] 해당 조항이 '세법의 해석이나 국세행정 관행이 일반적으로 납세자에게 받아들여진 것'을 요건으로 하고, 규정 취지도 장기간 비과세상태에 관한 납세자의 신뢰보호에 있다는 점에서 과세관청의 '과세요건 사실의 인식'은 비과세관행의 성립요건이 아니라고 본다.[3] 다만 비과세상태가 상당기간 계속되어도 단순한 과세누락만으로는 비과세관행의 성립을 인정하기 어려우므로(판 89. 2. 14, 88누3), 과세누락과의 구별은 필요하고 이 점에서 공익상 필요 등 특별한 사정의 존재는 중요한 판단요소로 볼 것이다. 그와 같은 사정으로는 수출확대, 법인의 재무구조 강화, 투기억제 등과 같은 여러 경제정책상 목적 등을 들 수 있다.[4]

1) 관련 논의는, 김근재, "세법상 비과세관행에 관한 소고", 특별법연구 제15권, 194면.

2) 이를 명시한 사례로, 판 93. 7. 27, 90누10384; 96. 1. 26, 95누15575; 98. 8. 21, 97누13115 등. 비과세관행의 성립요건을 정면으로 판시한 대부분의 판결들이 앞의 두 요건 외에 이 요건을 포함시키고 있다. 반면에 이를 별도로 문제삼지 않은 것으로 판 86. 3. 25, 85누561; 85. 10. 22, 85누548; 2010. 9. 9, 2009두12303; 2011. 5. 13, 2008두18250 등.

3) 같은 취지, 김근재, 앞 논문 169면 이하.

4) 판 80. 6. 10, 80누6(전). 보세운송 면허세에 관한 지방세법시행령이 1973. 10. 1. 제정되어 1977. 9. 20. 폐지 시까지 전혀 부과되지 않은 사안. 다수의견은 비과세관행의 성립을 인정한 반면, 소수의견은 과세누락으로 보았다. 평석은, 김이수, "소급과세금지원칙의 적용요건", 판례백선, 23면.

과세관청의 예규나 질의회신, 기본통칙 등에 규정되어 있다는 점만으로는 여기에 해당한다고 볼 수 없다(판 87. 5. 26, 86누96).

판례는, ① 주택매매에 앞서 과세담당직원이 양도소득세가 부과되지 않을 것이라고 말하고, 매매 후 비과세처리하였다가 5년 후 과세처분을 한 경우(판 93. 2. 23, 92누12919), ② 회사가 차입금을 자회사에 대여하면서, 차입 시에는 통상의 법정변제충당 방식에 의하고, 자회사와 사이에는 원금에 먼저 충당해 온 회계처리를 과세관청이 장기간 문제 삼지 않은 경우(판 92. 10. 13, 92누114), ③ 원고가 수년간 부가가치세 면세를 전제로 세금계산서를 교부, 제출해 왔음에도 과세관청이 문제 삼지 않은 경우(판 91. 5. 28, 90누8947) 등의 사안에서 과세관청이 비과세대상이라는 견해를 표명한 경우로 볼 수 없다고 한 반면, ① 반대취지 판결에 불구하고 예규 및 기본통칙 등을 통해 특정 거래가 영세율 적용대상이라는 공적 견해를 십 수 년간 반복 표시하여 온 경우(판 2010. 4. 15, 2007두19294), ② 사업소세 도입 이래 20년 이상 병원에 대해 사업소세를 부과하지 않은 경우(판 2009. 12. 24, 2008두15350), ③ 앞의 2009두12303, 2008두18250 사안 등에서 비과세관행 성립을 긍정하였다.

일단 성립한 비과세관행이 더 이상 유효하지 않기 위해서는 종전의 비과세관행을 시정하여 앞으로 당해 과세물건에 대하여 과세하겠다는 과세관청의 확정적 의사가 표시되고, 그로 인하여 납세자가 더 이상 종전의 비과세관행을 신뢰하는 것이 무리라고 여겨질 정도에 이르러야 한다(위 2008두18250 판결). 공적 견해의 표명이 있었다는 점은 납세자가 주장·입증하여야 한다(판 92. 3. 31, 91누9824).

3. 기업회계의 존중

가. 의 의

국세기본법 제20조는, 「세무공무원이 국세의 과세표준을 조사·결정할 때에는 해당 납세의무자가 계속하여 적용하고 있는 기업회계의 기준 또는 관행으로서 일반적으로 공정·타당하다고 인정되는 것은 존중하여야 한다. 다만 세법에 특별한 규정이 있는 것은 그러하지 아니하다」고 규정하고 있다.

회계는 시행목적에 따라 기업회계와 세무회계로 나누어진다. 기업회계는 이해관계자의 경제적 의사결정에 도움을 주기 위해 유용한 회계정보를 제공함에 목적이 있는 반면, 세무회계는 정확한 과세소득을 산정함에 목적이 있다. 이와 같이 목적은 다르지만 기업에 대한 과세는 결국 경제적 성과를 대상으로 삼아야 하고, 기업회계와 세무회계 모두 기업의 실체에 관한 올바른 판단이 전제되어야 하므로 공정성과 객관성이 보장되는 한 세무회계는 기업회계를 토대로 하여야 하고 세법상 필요한 범위 내에서 최소한도의 조정만을 행할 것이 요구된다. 이를 보통 '기업회계 존중의 원칙'이라고 부르며 국세기본법의 위 규정은 이와 같은 원칙을 확인한 것이다. 법인세법 제43조에서는 기업회계 존중에 관한 별도의 규정을 두고 있다.

나. 일반적으로 공정·타당하다고 인정되는 기업회계관행

이는 회계의 내용면에서 기업실체를 진실하게 반영하여야 한다는 요청과, 그와 같은 관행이 일반적으로 인정된 것이어야 한다는 보편성의 요청을 합한 것이다.

다. 기업회계와 세무회계

(1) 의 의

법인세법상의 소득·익금·손금은 각각 기업회계상의 당기순이익·수익·비용의 개념에 대응하나, 내용이 일치하지는 않는다. 기업회계는 재무제표 이용자가 기업실체에 관하여 올바른 판단을 할 수 있도록 재무상의 자료를 일반적으로 인정된 회계원칙에 따라 처리하고 이에 관련되는 정보를 정확하게 파악하여 적정한 보고를 하는 것을 목적으로 하나, 세무회계는 국가의 재정조달을 위하여 세법의 규정에 따라 법인의 과세소득과 세액을 공평하고 정확하게 산출함을 목적으로 하고 있기 때문이다.

기업회계와 세무회계의 차이의 발생원인을 분류하면, ① 행정상의 요청에 의한 차이, ② 경제정책적 요청에 의한 차이, ③ 사회정책적 요청에 의한 차이, ④ 조세정책적 요청에 의한 차이로 나누어 볼 수 있다. 때로는 위 각 요청이 경합하여 하나의 세법상의 특수규정이 수 개의 정책적 요청을 만족시키기도 한다.

법인세법은 각 사업연도의 소득계산에 필요한 사항을 완결적으로 규정하지 않고 기업회계상의 당기순이익 계산을 기초로 하여 그와 다른 특칙을 규정하는 형식을 취함으로써 대부분의 사항을 기업회계에 의존하고 있다. 즉, 각 사업연도 소득금액을 계산함에 있어서 기업회계상의 당기순이익을 기초로 세법 규정에 따른 조정사항, 즉, 익금산입·손금불산입·손금산입·익금불산입 사항을 가감하는 계산방식을 취한다. 이와 같이 과세기간 말의 결산기에 이르러 적정한 과세소득을 산정하기 위하여 기업회계와 세무회계와의 차이를 조정하는 것을 '세무조정'이라고 한다.

세무조정은 크게 결산조정과 신고조정으로 나눌 수 있다.

결산조정이란 세법의 규정대로 기업의 결산서에 반영한 경우에만 이를 인정하는 것을 말하며 감가상각비, 대손충당금, 각종 준비금 등이 그 예이다. 이는 엄격한 의미에서는 결산절차에 관한 사항이지 세무조정이라고 보기 어렵다.

신고조정이란 기업회계상 수익·비용에 해당되지 않는 세법상 익금이나 손금사항을 결산서상 기간손익계산에 반영하지 않고 세무조정계산서상으로만 조정하는 것을 말한다. 신고조정은 다시 세무조정계산서상 직접 조정이 가능한 단순신고 조정사항과 법인이 이익잉여금처분에 의하여 준비금을 적립한 경우에만 세무조정계산서상 조정할 수 있는 잉여금처분에 의한 신고조정사항으로 구분된다.

(2) 기업회계의 적용범위

위에서 본 바와 같이 세무조정을 통하여 기업회계의 적용내용에 여러 가지 세법적 조정을 하게 되는데, 이는 곧 세법적 조정이 요구되지 않는 한 기업회계의 결과를 존중하여 과세소득을 산정하라는 것을 의미한다. 법인세법상 익금과 손금은 기업회계기준상의 수익 또는 비용에 해당하므로 그에 관한 규정은 상당 부분 기업회계기준의 대응 규정을 그대로 가져 온 것이 많다. 따라서 법인세 과세소득을 산정함에 있어서 익금과 손금의 구분이나 그 금액의 계산에 관하여 모호하거나 애매한 점이 있을 경우에는 기업회계기준이나 회계 관행을 준용하거나 존중하여 해석을 보충하는 것이 당연하며 법인세법 제43조는 이 점을 명확히 하고 있다. 납세자가 기업회계기준이나 관행에 따라 과세소득을 계산한 경우 과세관청이 세법에 명확한 근거규정이 없는 상태에서 그 효력을 부인할 수 없음은 물론, 세법에 규정이 없는 항목에 대해 과세관청이 기업회계기준을 내세워 납세자의 회계처리를 부인하는 것 역시 허용되지 않는다고 볼 것이다.[1]

현재 주권상장법인 및 금융회사에 대해서 국제회계기준위원회(International Accounting Standard Committe; IASC)가 제정한 국제회계기준(International Financial Reporting Standard; IFRS)의 적용이 의무화되어 있어 국제회계기준을 적용하는 회사들과 금융회사 이외의 비상장법인 중 종전의 일반회계기준을 적용하는 회사들로 기업회계체계가 이원화되어 있다. 국제회계기준이 적용되는 기업의 경우 연결재무제표를 작성하여야 하고 기업회계와 세무회계의 기간적 차이가 일반회계기준을 적용하는 경우보다 벌어지는 등 기업의 손익계산과 자본에 미치는 영향이 크게 나타나며 그에 따라 법인세법은 이를 조정하기 위한 여러 규정을 마련해두고 있다.[2]

1) 같은 취지, 김재승, "자산의 취득원가 결정 및 자본적 지출과 관련된 세법 규정의 문제점과 그 개선방안", 조세법연구 24-3, 161면.

2) 관련 논의는, 이영한, "국제회계기준도입이 세법적용에 미치는 영향에 관한 연구", 조세법연구 13-3, 189면 이하 참조.

제 3 절 조세법의 적용

1. 총 설

납세자의 구체적 행위나 사실이 과세요건을 충족하는가를 가리는 데 있어서 그 법적 실질과 형식이 일치하고 행위자의 의사가 객관적으로 명확하다면 조세법규의 적용에 있어 아무런 어려움이 없을 것이다. 그러나 과세요건 사실을 확정함에 있어서 납세자의 행위의 외형과 진정한 행위 의사가 항상 일치한다고 보기는 어려우므로 이를 확인하는 작업이 필요하다. 조세법에 있어서도 요건사실의 인정에 필요한 사실관계의 외관(형식)과 실체(실질)가 일치하지 않는 경우 원칙적으로 실체에 따라서 판단하지 않으면 안 된다. 다만 이와 같이 실체에 따라 판단한다고 하여 진실로 존재하는 법률관계로부터 이탈하여 경제적 성과나 목적만을 좇아 과세요건의 존부를 판단하는 것을 허용한다는 것은 물론 아니다.

조세법은 침해규범이기 때문에 형사법상 범죄구성요건 사실의 인정에 관하여 「의심스러울 때는 피고인의 이익으로」라는 명제가 타당한 것과 마찬가지로 과세요건사실의 인정에 관하여 「의심스러울 때는 납세자의 이익으로」라는 명제가 원칙적으로 타당하다. 즉 과세요건사실의 주장 및 그 궁극적 입증책임은 과세관청에 있으므로 과세요건사실의 존재 자체가 불분명한 경우 과세는 가능하지 않게 된다. 아래에서 조세법의 적용과 관련하여 국세기본법 제14조를 중심으로 실질과세의 원칙과 가장행위 및 조세회피행위 부인에 대하여 차례로 살펴본다.

2. 조세법 적용에 있어서의 실질주의: 실질과세의 원칙

가. 일반론

일반적으로 실질과세의 원칙은 독일에서의 경제적 관찰방법(wirschaftliche Betrachtungsweise)에 기초를 둔 경제적 실질설을 가리키는 것으로 이해되어 왔다.[1] 이와 같은 실질과세의 원칙은 원래 입법의 지도 원리인 공평과세의 원칙이 세법의

1) 구독일 조세조정법(1976. 12. 31. 폐지) 제 1 조 제 2 항은, 「조세법률의 해석에 있어서는, 국민의사, 조세법률의 목적 내지 경제적 의의, 아울러 여러 관계의 발전을 고려하지 않으면 안 된다」고 규정하였는데, 위 조항이 독일에서의 경제적 관찰방법 내지 경제적 실질설의 발전에 중요한 역할을 하였다.

해석·적용 영역의 실천원리로 등장한 것이다. 세법의 해석·적용과 관련하여 이와 같은 실질과세 원칙의 역할에 관하여는 크게 이를 좀 더 적극적으로 이해하는 견해와 소극적으로 이해하는 견해로 나뉜다.

전자의 입장에서는 조세부담의 공평을 실현하기 위해서는 거래 등을 경제적 관점에서 파악하여 경제적 효과에 기초한 과세를 행하여야 한다고 주장한다. 계약자유의 원칙만을 강조하여 납세자가 행하는 사법상의 거래형식을 과세요건에 그대로 적용한다면 조세부담의 공평이라는 목적은 도저히 실현될 수 없다는 것이다. 이에 의하면, 조세회피행위는 실질과세원칙에 관한 '일반조항'으로 규율될 수 있고, 조세회피행위에 관한 개별규정은 당연한 원칙을 확인한 규정이 된다. 뒤에서 보는 영미법계 학설·판례의 주류적 견해이며 우리나라의 경우도 국세기본법 제14조 제 3 항의 신설을 계기로 학설의 다수가 이를 지지하고 있다.[1)]

이에 반해 이를 소극적으로 이해하는 견해는, 세법도 헌법을 정점으로 하는 법질서의 일부이고, 과세관계 역시 사법상 거래관계를 전제로 하는 이상 당사자가 선택한 사법상 형식을 존중하고 그 기초 위에서 형성되어야 한다고 주장한다. 사법상 거래 형식을 무시하고 경제적 관점에서 상정한 법 형식에 의해 과세하는 것은 납세자의 법적 안정성 내지 예측가능성을 해치게 되어 부당하다는 것이다. 이 견해에 의하면, 어느 행위가 조세회피행위에 해당한다고 보아 이를 부인하기 위해서는 그것을 위한 개별적, 구체적 규정이 필요하게 된다. 일본 학설·판례의 주류적 견해이다.[2)] 엄격하게 이 견해에 입각한다면, 실질과세의 원칙은 적어도 해석상의 원리로는 조세법률주의에 흡수되어 별도의 존재의의를 잃게 될 것이다.

이와 같은 논의는, 이른바 차용개념의 해석, 세법규정의 합목적적 해석의 한계,

1) 최성근, "단계거래원칙이 실질과세원칙에서 차지하는 지위와 부당한 단계거래의 판단기준", 조세법연구 14-2, 177면. 한만수, 앞의 책 41면은 일정한 요건 아래 경제적 실질에 따른 과세를 허용하되 조세법률주의의 테두리를 강조하는 절충설적 태도를 취하며, 이창희, 앞의 책 126면은 법적 안정성이 실질과세를 부인하는 전면적 논거가 되기에는 부족하다고 보면서, 이는 결국 행정청과 법관에게 어느 정도의 재량을 줄 것인가의 문제라고 한다.

2) 金子 宏, 앞의 책 126면 이하, 北野弘久, 현대세법강의(四訂版), 24-30면. 그 밖에 실질과세의 원칙에 관한 논문들로는, 윤병각, "실질과세원칙과 조세회피행위의 부인", 경사 이회창선생 화갑기념 논문집 법과 정의, 353면; 안경봉, "세법에 있어서 형식과 실질", 특별법연구 8권, 447면; 안경봉·오 윤, "한국의 조세회피방지규정과 일반적 조세회피방지규정 도입방안", 조세법연구 14-1, 241면; 박 훈·이상신, "세법상 법인격부인의 법리와 실질과세의 원칙의 관계", 조세법연구 14-2, 396면; 임승순·정종화, "조세회피행위의 부인과 사실인정에 의한 부인", 조세법연구 18-3, 704면; 정승영, "실질과세의 원칙과 실질판단에 대한 고찰", 조세법연구 19-1, 9면; 송동진·정병욱, "실질과세원칙과 거래의 재구성", 위 같은 책, 53면; 최성근, "실질과세원칙에 관한 법리와 규정에 대한 분석 및 평가", 조세법연구 19-2, 119면; 정승영, "세법상의 가장행위에 대한 고찰", 위 같은 책, 153면; 이동식, "조세회피행위 방지를 위한 일반규정의 도입논의", 조세법연구 24-1, 7면 등.

각종 개별세법의 부당행위계산부인의 적용범위 등의 문제와 광범위하게 관련되어 있으며, 그 기초에는 근본적으로 조세법률관계 영역에 있어서 법적 형식과 경제적 실질의 괴리 현상을 어떻게 이해하고 대처할 것인가의 문제가 가로놓여 있다.

실질과세의 원칙은 납세자의 조세회피행위와 직접 관련이 없는 영역과 납세자의 조세회피행위에 대응하는 영역으로 나눌 수 있다. 우리 법상 근거규정은 국세기본법 제14조인데, 이 중 제 1, 2 항은 위 영역 전반에 관계되는 데 반해 제 3 항은 특별히 조세회피행위에 대한 대응규정으로 볼 수 있다. 조세회피행위 부인은 납세자에게 불리한 방향으로 작용하나 그 이외는 특별히 납세자의 유, 불리를 가리지 않고 적용된다. 지방세기본법 제17조 및 국조법 제 3 조도 동일한 내용을 규정하고 있다.[1)]

이곳에서는 국세기본법 제14조 제 1, 2 항에 관하여 살펴보고, 제 3 항은 조세회피행위 부인에 관한 부분에서 살펴본다.

나. 국세기본법 제14조 제 1, 2 항

국세기본법은 「**과세의 대상이 되는 소득·수익·재산·행위 또는 거래의 귀속이 명의일 뿐이고 사실상 귀속되는 자가 따로 있을 때에는 사실상 귀속되는 자를 납세의무자로 하여 세법을 적용한다**」(법 14조 1항)고 하여 '귀속에 관한 실질주의'를 규정하고 있고, 또한 「**세법 중 과세표준의 계산에 관한 규정은 소득·수익·재산·행위 또는 거래의 명칭이나 형식과 관계없이 그 실질내용에 따라 적용한다**」(동 2항)고 하여 '거래내용에 관한 실질주의'를 규정하고 있다.

예컨대 영업허가명의가 다른 사람으로 되어 있어도 실제로 영업을 한 자가 (법적) 소득의 귀속자이고(판 89. 9. 29, 89도1356), 당사자가 매매계약을 체결하고 증여로 등기하더라도 매매로서의 법적 실질은 변하지 않는다. 또한 실질이 임대차계약에 의한 임료인 이상 그 명칭이나 법적 형식이 사용료이든 관리비이든 모두 임대소득에 해당하며, 종업원에 대한 대여금을 법인 장부에 급여로 계상해도 그 비용을 인건비로 처리할 수 없음은 당연하다. 이처럼 실질주의의 적용은 일차적으로 과세요건에 해당하는지 여부를 가리는 사실인정 내지 의사표시 해석의 영역에서 작동한다. 한편 소득의 귀속이나 거래의 태양에 관한 실질을 파악함에 있어서 그 대상이 조세회피행위 그 중에서도 특별히 우회거래나 다단계거래, 법인 형태를 남용한 경우 등과 같이 복합적 형태의 조세회피행위인 경우 거래의 배후에 있는 경

1) 판례는 2006. 5. 24. 국조법에 위 규정이 마련되기 이전에도 국세기본법 제14조가 국제거래에도 동일하게 적용된다고 해석하였다. 판 2018. 12. 13, 2018두128 등.

제적 실질을 파악하는 것이 필요하며 이를 기초로 구체적으로 어느 범위에서 세법상 거래를 재구성할 것인지가 세법의 중요한 현안이다.

종래 위 규정의 의의와 관련하여 법적 실질설과 경제적 실질설의 대립이 있었으나 법적 실질설이란 결국 당사자의 진정한 의사(법적 실질)가 무엇인가를 가리는 의사해석 내지 사실인정 영역의 문제인데 반하여 당사자가 취한 법적 형식과 법적 실질(당사자의 효과의사)은 괴리가 없으나 그 내용이 경제적 실질과 일치하지 않아 과세목적상 허용하기 어려운 경우 비로소 경제적 실질에 따른 과세문제가 나오므로 양자는 서로 대립하는 것이 아니라 단계적으로 작동한다고 보아야 한다.

법적 실질을 가리는 것은 거래의 효력 내지 법적 귀속에 관한 사법적 판단의 문제인데 반하여 경제적 실질을 따지는 것은 소득의 귀속에 관한 세법적 판단의 문제이다. 전자가 후술하는 사법상 가장행위 여부의 문제로 연결되는데 반하여 후자는 세법상 조세회피행위부인의 대상이 되는지 여부의 문제로 연결된다. 한편 실질과세원칙의 적용모습은 세목별로 다르게 나타날 수 있는데 소득의 귀속이 주로 문제되는 것은 소득과세에 관하여서이다. 부가가치세에 관하여도 실질과세원칙은 기본적으로 타당하나 부가가치세의 본질상 거래의 실질귀속이 문제되고 이는 계약관계에 따라 판단되어야 하는 특성을 갖는다.[1)]

다. 가장행위

(1) 총 설

당사자가 취한 거래형식이 부인되는 경우는 조세회피행위의 부인에 의하는 경우 이외에 사실인정에 의한 부인의 경우가 있다. 넓은 의미에 있어서 사실인정에 의한 부인은 단순히 법적 형식과 실질이 다른 모든 경우를 포함하는 것으로 이해되나 고유의 의미에 있어서 사실인정에 의한 부인은 이중 납세자의 법률행위가 법적 형식과 당사자의 진정한 효과의사가 불일치하여 사법상 가장행위에 해당함을 이유로 행위 내지는 거래의 효력을 부인하는 것을 의미한다.

납세자는 흔히 세금을 적게 부담하기 위해 여러 형태의 행위를 취하는데, 이는 절세행위, 조세회피행위, 조세포탈행위 및 가장행위로 구분할 수 있다.

가장행위는 밖으로 표시된 행위 자체가 당해 납세자의 진의에 기하지 않은 경우로서 민법 제108조 소정의 통정허위표시가 그 대표적인 예이다. 이는 사법상 무효이므로 세법상으로도 아무런 의미를 갖지 않으며, 이 점에서 사법상 유효한 행

1) 관련 논의는 이 책 1012면 참조.

위를 대상으로 하는 조세회피행위의 부인과 성격을 달리한다. 조세회피행위 부인이 법적 형식 내지 실질과 경제적 실질이 불일치할 때 경제적 실질에 따라 과세하는 도구개념이라면 사법상 가장행위는 거래 당사자의 의사표시와 관련하여 법적 형식과 법적 실질이 불일치하는 현상을 의미한다.

어느 행위가 사법상 가장행위인지 여부를 가리는 것은 세법상으로도 중요하다. 왜냐하면 이는 진정한 법적 실체를 규명하는 사실인정의 문제로 포섭되어 조세회피행위에 관한 일반적인 논의로 나아갈 필요가 없기 때문이다.[1)]

당사자가 취한 거래형식을 부인하고 경제적 실질에 따라 재구성하는 것은 특히 우리와 같은 성문법 체계에서는 납세자의 예측가능성과 법적 안정성을 침해할 가능성이 높고 따라서 사전에 적정한 법적 기준을 세우는 것이 바람직하다. 이 경우 선결문제는 납세자의 조세회피행위에 관하여 진정한 의사표시의 내용 내지는 법적 실체를 찾아내는 일이다. 예로써 부당행위계산부인 규정의 적용대상인 '저가양도'의 경우를 살펴본다. 부당행위계산부인의 규제 대상은 다양하지만 그 공통 요소는 '숨은 이익분여'이고, 이는 사법상 '증여'와 밀접하게 관련되어 있다. 당사자의 의사해석을 기초로 저가양도의 법적 실체를 규명한다면 사법상 그 대부분은 매매와 증여의 혼합계약으로 재구성할 수 있다. 예컨대 시가 1억 원짜리 부동산을 1천만 원에 양도한 경우 여기에는 경제적으로뿐 아니라 법률적으로도 1천만 원에 해당하는 부분의 매매계약과 9천만 원 상당의 숨은 증여약정이 함께 존재한다. 이 중 증여부분에 대한 매매는 사법상 가장행위에 해당한다. 그렇다고 세법이 규율하는 저가양도의 모든 경우가 사법상 증여에 해당되는 것은 아니다. 부당행위계산부인 규정은 특수관계인 사이에 이익이 분여되는 것을 규제하는 것으로서 그 적용요건과 해석기준이 사법의 증여와 동일할 수만은 없기 때문이다. 결국 저가양도의 경우 사법상 증여의 실질을 가려내는 사실인정의 영역과 사법상 증여개념으로 포섭되지 않는 세법 고유의 부당행위계산 적용 부분이 혼합되어 있다고 볼 수 있다.

(2) 판례의 동향

우선 판례상 세법에서 사법상 가장행위가 문제된 사례에 관하여 본다.

구소득세법(1989. 8. 1. 개정 전의 것) 제23조 제 1 항 제 1 호, 제45조 제 1 항 제 1 호, 그 시행령 제170조 제 4 항 제 1 호 등은, 토지나 건물을 양도한 경우 양도차익을 산정하기 위한 양도가액이나 취득가액을 원칙적으로 양도나 취득 당시의 기준시가에 의하고, 투기거래 등 예외적 경우에만 실지거래가액에 의하도록 하면서 그

1) 中里 實, "조세법에 있어서의 사실인정과 조세회피부인", 조세법의 기본문제(有斐閣, 2007), 121-149면.

예외의 하나로 법인과의 거래를 규정하고 있었다. 이에 따라 납세자는 실지거래가액에 의한 과세를 피하고자 실제로는 자산을 법인에게 양도하면서 개인에게 양도한 것처럼 중간에 개인과의 거래를 개재시키는 경우가 흔히 있었다. 이 경우 중간단계 거래를 무시하고 법인과 직접 거래한 것으로 보아 과세할 수 있는지가 문제되었는데, 판례는 이 문제를 조세회피행위 부인이 아닌 계약당사자 확정문제, 즉 가장행위인지 여부에 관한 사실인정의 문제로 보아 사안에 따라 상반된 결론을 내린 바 있다.[1] 판례는 매도인과 계약 명의인인 개인과의 거래가 사법상 가장행위로 인정되면 은닉된 '법인과의 거래'에 대하여 과세할 수 있다고 보았다. 다른 한편 판례는 甲과 乙이 서로 토지를 교환하고 각자 교환취득한 토지를 다시 丙은행에 양도한 경우, 그와 같은 교환거래가 과중한 양도소득세 부담을 회피하기 위한 것이더라도 교환행위 자체가 유효한 이상 실질과세 원칙을 내세워 이를 무시할 수 없다고 보았다(판 91. 5. 14, 90누3027). 다만 이들 판례들은 2007. 12. 31. 국세기본법 제14조 제 3 항이 신설되기 이전의 사례들이다. 조세회피를 목적으로 한 우회거래나 다단계거래의 세법상 효력을 부인하는 위 규정이 신설됨으로서 앞의 사례들은 모두 위 규정의 사정거리(射程距離) 범위 내에 들어온 것으로 여겨진다. 우회나 다단계 거래의 중간에 낀 거래가 오로지 조세를 회피할 목적으로 이루어진 경우 이를 사법상 가장행위로 보기 어렵더라도 국세기본법 제14조 제 3 항에 따라 세법상 그 효력을 부인하여 법률관계를 재구성할 수 있을 것이다.

위 규정 신설 이후 판례는, 甲 회사 주주들이며 남매 사이인 乙과 丙 및 丙의 배우자가 각자 소유 중인 甲 회사 주식을 乙은 丙 부부의 직계비속들에게, 丙 부부는 乙의 직계비속들에게 교차증여하자, 과세관청이 각자가 자신의 직계비속들에게 직접 증여한 것으로 보아 乙과 丙 부부의 직계비속들에게 증여세 부과처분을 한 사안에서, (증여행위의 사법상 효력을 부인하지 않은 상태에서) 구 상증세법(2013. 1. 1. 개정 전의 것) 제 2 조 제 4 항에 따라 실질에 맞게 재구성하여 과세할 수 있다고 보고(판 2017. 2. 15, 2015두46963), 국제거래에 관한 조세조약의 적용과 관련하여, 조세감면지역에 소재한 100% 자회사 사이의 주식양도거래에 따른 양도소득을 감면이 적용되지 않는 지역에 소재한 모회사에 귀속시킬 수 있는지가 문제된 사안에서, 납세의무자가 자신의 지배·관리 아래에 있는 양도인과 양수인을 거래당사자로

---

1) 외관인 개인과의 거래를 무시하고 '법인과의 거래'에 해당된다고 한 것으로, 판 91. 8. 9, 91누1882; 91. 12. 13, 91누7170 등. 반면 외관인 개인과의 거래가 가장행위가 아니어서 '법인과의 거래'로 볼 수 없다고 한 것으로는 판 91. 3. 27, 90누7371; 91. 8. 13, 91누2120 등.

내세워 양도거래를 한 경우 양수인 쪽에 아무런 조세회피 목적이 없다면 양도계약의 사법상 효과를 양수인에게 귀속시키는 것까지 부인할 것은 아니므로, 실질과세 원칙에 따라 양도인과 양수인 간 거래를 제외하고 납세의무자와 양수인 간에 직접 양도가 이루어진 것으로 보아 과세할 수 있다고 판단하였다(판 2015. 7. 23, 2013두21373). 이들 사안에서 증여나 양도계약을 사법상 가장행위로 보기 어렵다고 하더라도 국세기본법 제14조 제 3 항에서 규정한 실질과세 원칙에 따라 경제적 이익이나 소득의 귀속 여부를 가려 과세하는 것은 가능하다고 볼 것이다.[1)]

최근 사법상 계약형태를 남용하는 것뿐 아니라 파생상품과 같은 금융기법을 이용하여 당사자가 의도한 경제적 효과는 물론 사실상 법률관계를 전혀 다른 형태로 변경시키는 사례가 많이 출현하고 있다.[2)] 세법은 지속적으로 이러한 형태의 거래를 과세대상으로 포착하는 입법적 보완조치를 취하는 한편 실무상 실질과세 원칙의 적용범위도 점차 넓혀 가는 추세이나, 그와 별도로 이와 같은 행위들을 어디까지 사법상 가장행위로 볼 것인지 여부에 대한 선행적 검토도 필요하다.

나아가 세법의 적용과 관련하여 사법상 가장행위의 존부 등 사실관계를 파악함에 있어서 거래가 복합적 의사표시로 이루어진 경우 거래 전체 가운데 과세요건에 해당하는 부분을 떼어 내어 그 부분 의사표시가 진정한 것인지 여부를 가리는 것도 당사자의 의사표시 해석방법으로 허용되지 않을 이유가 없다.

한편 우리 소득세법 제101조 제 2 항은, 양도소득세를 감소시키기 위해 양도거래 중간에 특수관계인에 대한 증여행위를 개재시킨 경우 증여행위의 효력을 부인하면서, 다만 양도소득이 해당 수증자에게 실질적으로 귀속된 경우에는 예외로 하고 있는데, 이는 특수한 형태의 증여행위를 가장행위로 추정한 것이다.

라. 소득의 실질귀속에 관한 몇 가지 문제들

(1) 신탁재산에 귀속되는 소득

신탁재산에 귀속되는 소득의 귀속자를 수익자로 규정한 소득세법 제 2 조의3 제 1 항과 법인세법 제 5 조 제 1 항, 수탁재산에서 발생하는 소득을 내용별로 소득구분

1) 그 밖에 현행 국세기본법 제14조 제 3 항과 유사한 내용을 규정한 구상증세법(2013. 1. 1. 개정 전의 것) 제 2 조 제 4 항의 해석, 적용과 관련하여 납세의무자가 여러 단계의 거래를 거친 후의 결과만으로 위 조항에 따라 증여세 과세대상으로 삼을 수 없다고 판단한 것으로 판 2019. 7. 25, 2018두33449. 그 평석은 백제흠, 세법의 논점 2, 257면.

2) 예컨대 주식양도소득세 과세대상인 대주주 지위를 회피하기 위해 주식소비대차계약의 형태를 통해 주식의 소유명의를 일시 이전한 경우에 관한 판 2010. 4. 29, 2007두11092나 이자소득세를 회피하기 위해 스왑(swap)계약을 이용한 판 2011. 4. 28, 2010두 3961 등.

하도록 한 소득세법 제 4 조 제 2 항, 법인의 신탁재산에 귀속되는 수입과 지출을 법인에 귀속되는 수입과 지출로 보지 않도록 한 법인세법 제 5 조 제 4 항 등은, 신탁재산 관련거래의 경제적 효과가 바로 수익자에게 귀속되는 것으로 보고 수탁회사를 도관으로 이해한다는 점에서(신탁도관설), 귀속에 관한 실질주의의 특칙을 규정한 것으로 이해된다. 그 밖에 신탁과세에 관한 일반적인 논의는 이 책 599면 참조.

(2) 법인의 실질과 소득의 귀속

조세법의 해석·적용과 관련하여 법인의 존재가 많이 문제되는 것은 기본적으로 법인은 설립이 자유롭고 주식을 통하여 소유·지배된다는 특성을 가지고 있어 법인 형태를 이용하여 절세를 도모하거나 이를 남용하여 조세를 회피할 소지가 크기 때문이다. 후자의 조세회피문제에 관하여는 뒤에서 다시 보기로 하고, 여기에서는 법인의 실질과 소득의 귀속과의 관계에 관하여 살펴보기로 한다.

현재 우리나라 실정을 보면, 그 실체가 개인기업과 다르지 않은 법인이 매우 많다. 이런 경우 법인격을 부인하고 법률상 법인에게 귀속되는 소득을 구성원의 소득으로 보아 과세할 수 있는가? 이에 관하여는 사업을 어떤 형태로 영위할 것인가는 기본적으로 납세자가 선택할 문제이고 이에 대해 세법은 중립적이라고 보아야 하므로 단순히 실체만을 문제 삼아 법인 형태로 영위되는 사업에서 발생한 소득을 구성원 개인의 소득으로 과세하는 것은 온당하지 않다. 법인이란 결국 구성원들이 소득을 창출하기 위해 만든 도구이므로 독립된 경제적 단위로 활동하는 한 반드시 일정한 인적·물적 요소를 갖추어야 하는 것은 아니다. 이에 따라 1인 주주가 개인기업처럼 운영하는 법인(소위 1인 회사)은 물론 제한된 목적을 위해 설립되어 별다른 인적·물적 요소를 갖추지 않은 특수목적법인도 법인으로 취급된다. 법인세법상 유동화전문회사(법 51조의2 참조)도 실질은 투자기구에 불과하다. 나아가 법인 소득의 창출 여부는 조세법적 관점에서 파악될 뿐 행정상 규제목적과도 직접 관련이 없다. 이와 관련하여 판례는 구 변리사법상 법인 형태로 변리사 업무를 수행할 수 있는 법적 근거가 없는 상황에서 변리사들이 법인을 설립하여 업무를 수행하고 그에 따른 소득을 법인에 귀속시킨 후 법인세를 신고·납부한 것에 대하여 이를 법인 구성원 개인의 소득으로 본 과세관청의 경정처분을 적법하다고 보았으나(판 2003. 9. 5, 2001두7855), 그 타당성은 의문이다. 다만 법인이 거래 주체인 외관을 띠고 있어도 사법상 진실한 거래 주체가 구성원 본인이거나, 실질과세 원칙에 입각하여 조세목적으로 설립된 중간 법인에 대해 거래 내지 소득의 귀속을 인정하기 어려운 일정한 경우에는 예외적으로 배후의 법인이나 개인을 귀속주체로 보아 과세하는 것이 가능할 것이다. 역외거래에서 조세피난처에서 발생한 소득을 배후의 지배주주에게 귀속되는 것으로 본 사례[1]는 그 예의 하나이다.

(3) 명의신탁

소득의 귀속과 관련하여 명의신탁한 목적물의 양도로 인한 소득이 신탁자와 수탁자 중 누구에게 귀속될 것인가가 문제된다.

부동산실명법(1995. 3. 30. 법률 제4944호) 시행 이전 판례는 명의신탁 부동산에 관하여 신탁자가 자신의 의사로 부동산을 양도하는 경우 양도소득세 납세의무자는 명의신탁자이고(판 97. 10. 10, 96누6387 및 기본통 14-0 …6), 이는 명의수탁자가 자신에게 부과된 증여세를 납부하거나(판 93. 9. 24, 93누517), 명의신탁자에 대한 부과처분에 앞서 명의수탁자에게 잘못 부과된 양도소득세부과처분이 제소기간 도과로 확정되었어도 마찬가지라고 보았다(판 95. 11. 10, 95누4551).[2] 이는 각자 특정매수한 부분이 상호명의신탁 관계에 있는 구분소유적 공유관계에서도 동일하다(판 87. 10. 10, 87누554). 다만 수탁자가 신탁자 승낙 없이 수탁재산을 양도하고 그 소득이 신탁자에게 환원되지 않았다면 양도주체는 수탁자이다(판 99. 11. 26, 98두7084). 이 경우 신탁자가 소송에서 양도대가를 회수해도 양도소득을 환원한 것으로 볼 수 없다(판 2014. 9. 4, 2012두10710). 신탁자가 납세의무자인 경우 명의수탁자 명의로 한 자산양도차익예정신고는 효력이 없다(위 96누6387 판결).

양도소득 과세와 관련한 이와 같은 실질귀속자 과세의 법리는 1995년 부동산실명법 시행으로 부동산명의신탁 약정이 무효로 된 이후에도 달라지지 않고 있다.

1인 주주가 조세회피목적으로 해외에 설립한 명목회사(SPC)가 취득, 보유하는 주식을 실질과세의 원칙을 적용하여 1인주주의 소유로 보거나 혹은 SPC에 명의신탁한 주식으로 볼 수 있는가에 관하여 판례는, 소득의 귀속문제와는 별도로 명의신탁 합의의 존재를 인정하기 어렵다는 이유로 이를 부정하고 있다.[3]

양도소득세 1세대 2주택 비과세요건과 관련하여 주택보유자를 명의신탁자와 명의수탁자 중 누구로 볼 것인가의 문제는 이 책 572면, 부동산 명의신탁과 취득세 과세의 문제는 이 책 1118면을 각 참조할 것. 이들도 넓게는 법 형식과 경제적 실질 중 어느 쪽을 중시할 것인가의 문제이다.

1) 판 2015. 11. 26, 2014두335 등. 우리 판례는 사법의 영역에서 법인격 부인론의 적용을 제한적 범위 내에서 긍정한다; 판 2008. 9. 11, 2007다90982 등.

2) 이 경우 명의수탁자에 대한 양도소득세부과처분이 당연무효는 아니다. 판 97. 11. 28, 97누13627.

3) 판 2012. 1. 19, 2008두8499; 2018. 10. 25, 2013두13655; 2018. 12. 13, 2018두128 등. 관련 논의는, 이상우 · 김정현, "실질과세원칙 적용의 한계와 명의신탁 증여의제 증여세(해외 SPC 사례를 중심으로)", 조세실무연구 11, 76면 이하.

판례는 경매절차에 따른 소유권이전으로 인한 소득의 귀속과 관련하여서도 목적물의 소유관계를 떠나 경매로 인한 경제적 이익의 실질적인 귀속자를 납세의무자로 보고 있다(판 95. 1. 12, 94누1234; 2010. 11. 25, 2009두19564 등).

마. 경제적 거래 이외의 경우에 관한 실질과세 원칙의 적용

실질과세의 원칙은 대체로 경제적 거래. 그 중에서도 비정상적인 거래를 규율대상으로 하나 그 밖에도 실질과세 원칙의 적용여부가 문제되는 경우가 있다. 아래에서 몇 가지 경우를 살펴본다.

(1) 소유권의 행사와 실질과세

예컨대 자경농지 양도와 관련하여 동일 과세기간 내 비과세한도 초과를 피하기 위해 1필지 토지를 수필지로 분할하여 과세기간을 달리 하여 일부씩 양도한 경우 실질과세의 원칙을 적용하여 이를 부인하고 동일 과세기간에 토지 전부를 양도한 것으로 보아 과세할 수 있을 것인가? 이 경우 토지 양도의 내용이나 방식은 원칙적으로 납세자의 자유 선택사항이고 토지의 분필도 배타적 소유권 행사의 범위 내에 있으므로 설사 그것이 과세목적을 위해 이루어졌더라도 거래 상대방과의 담합행위 등으로 인하여 분할매도를 가장거래로 평가할 수 있는 등의 특별한 사정이 없는 한 함부로 이를 부인할 수 없다고 볼 것이다. 실질과세 원칙의 적용대상은 납세자의 '행위' 또는 '거래'인데(기본법 14조 3항 참조), 그 대상이 납세자의 소유권 행사와 관련된 단독행위인 경우 그 적용범위는 상대적으로 좁아질 수밖에 없다. 과세형평상 이와 같은 분할양도 행위를 규율할 필요가 있다면 입법으로 해결하여야 할 것이다.

(2) 가족법상 행위와 실질과세

가족관계의 존부가 과세나 비과세요건의 일부를 이루는 경우가 종종 있다. 판례는 혼인신고에 관하여는 '실질적 의사설'에 입각하여 혼인의 의사가 없는 가장혼인을 무효로 보나(판 1980. 1. 29, 79므62,63), 이혼신고에 관하여는 '형식적 의사설'을 취하여 가장이혼도 법상 효력을 인정한다(판 1993. 6. 11, 93므171). 이와 같이 사법상 유효한 신분법적 행위에 관하여 세법상 실질과세원칙의 적용여부가 문제되는데, 판례는 양도소득세 비과세요건인 1세대 1주택 해당여부가 문제된 사건에서 거주자가 주택 양도 당시 이혼하여 법률상 배우자가 없다면, 그 이혼을 무효로 볼 수 없는 한 종전 배우자와 따로 1세대를 구성한다고 보았다(판 2017. 9. 7, 2016두35083).

법률혼과 사실혼 차이가 혼인신고라는 형식적 요건에 의해 구별된다고 볼 때 당사자가 법률혼을 해소한 이상 그것이 세금문제에서 비롯되었더라도 이를 부인하기는 어렵다. 다만 과세요건을 면하거나 비과세요건의 적용을 받은 후 곧바로 다시 혼인신고를 하는 등 법률혼 해소의 의사 자체의 진정성을 인정하기 어렵다면 예외를 인정할 수 있다.[1] 이는 결국 당사자의 의사해석을 중심으로 한 사실인정의 문제이다.

(3) 기 타

판례는 기업이 종업원 수를 조감법 소정의 중소기업 규모로 줄이기 위해 관계회사에 종업원을 대규모로 전출한 후 다시 해당 종업원을 그대로 공급받은 경우 동법 소정의 중소기업에 해당하지 않는다고 판단하였다(판 97. 5. 7, 96누2330). 원칙적으로 판결의 취지에 동의하나 이 경우도 근본적으로는 당사자의 종업업 전출인사의 진정성에 관한 사실인정의 문제에 해당한다. 만일 당사자가 진정한 의사로 위와 같은 인력 구조조정을 실시하였다면 설사 그것이 조세목적에서 비롯되었다고 하더라도 이를 부인할 수 없을 것이기 때문이다. 다만 여러 가지 객관적 상황에 비추어 이와 같은 일련의 전출 및 인력공급 조치를 조세회피행위로 추정하는 것은 가능하고 그 경우 납세자가 구조조정의 진정성을 반증할 필요가 있게 된다.

3. 조세회피행위에 대한 규제

가. 총 설

'조세회피행위'란 납세자가 합리적인 거래형식에 의하지 않고 우회행위, 다단계적 행위 그 밖의 비정상적인 거래형식을 취함으로써 통상적인 행위형식에 의한 경우와 같은 경제적 목적을 달성하면서도 조세의 부담을 부당히 감소시키는 행위를 의미한다. 규제목적적인 관점에서 보면, 탈세와 절세의 중간 영역에 속한다.

납세자의 조세회피행위를 어떻게 규제할 것인가의 문제는 세법학에 부여된 중요한 과제이자 조세실무에서 가장 빈번하게 맞닥뜨리는 실천적 현안이다. 특별히 현대사회에서 전자통신의 비약적 발달과 복잡해진 금융거래 등 거래의 실질을 쉽게 파악하기 어려워진 납세환경은 조세회피행위에 대한 규제를 더욱 어렵게 만드는 요소가 되고 있다. 조세회피행위에 대한 규제는 역외거래에서도 조세피난처를 이용한 조세조약의 남용 등과 관련하여 빈번히 문제된다.

1) 이와 관련하여, 구 소득세법(2010. 12. 27. 개정 전의 것) 제97조 제 4 항은 거주자가 배우자로부터 자산을 증여받은 후 5년 내에 양도한 경우 배우자가 직접 양도한 것으로 의제하고 있는데, 배우자로부터 부동산을 증여받은 자가 오로지 해당 규정을 적용받지 않기 위한 목적으로 협의이혼을 하고 사실혼 관계를 유지하면서 부동산을 양도한 경우 세법상 혼인관계가 유지되는 것으로 재구성할 수 있을 것인지의 사례에서 이를 적극적으로 이해한 견해로, 송동진·전병욱, "실질과세원칙과 거래의 재구성 — 국세기본법 제14조의 해석론을 중심으로 —", 조세법연구 19-1, 53면.

조세회피행위에는, (1) 이익이 어느 한 당사자로부터 다른 당사자 쪽으로 분여되는 경우와, (2) 다른 당사자 쪽으로 이익이 분여되지 않은 채 납세자 본인의 조세를 회피하는 경우가 있다.

(1)의 경우는 이익을 분여하는 쪽에서는 소득세나 법인세의 부당행위계산부인과 기부금 규정의 적용이 문제되고 이익을 받는 쪽에서는 분여 받은 이익에 대한 증여세 과세가 문제된다. 어느 쪽이든 대부분 법이 구체적인 규정을 두고 있으므로 결국 해당 규정을 둘러싼 법규의 해석 및 적용이 주로 문제가 된다.

(2)의 경우는 법규의 해석 측면에서는 해당 규정을 얼마나 합목적적으로 해석할 것인가의 문제이고, 규정의 적용 측면에서는 당사자가 취한 우회나 다단계 행위의 세법상 효력과 관련하여 실질과세 원칙의 적용범위 내지는 한계가 문제된다.

우회행위나 다단계행위의 경우 그와 같은 우회나 다단계행위가 개입되지 않았더라면 일정한 과세요건이 완성되어 당사자가 세금을 납부하게 되는 결과가 발생하여야 한다. 그와 같은 조세부담을 우회행위나 다단계행위를 통하여 회피하는 것을 세법상 허용할 것인가가 실질과세 원칙의 가장 핵심적인 쟁점의 하나이다.

사법상 가장행위는 거래의 법률적 효력이 부인되므로 우회나 다단계행위의 전부 또는 일부가 사법상 가장행위로 인정되는 경우에는 세법상으로도 실질과세 원칙의 적용을 기다릴 것 없이 효력이 부정된다. 사법상 가장행위는 당사자가 취한 법적 형식과 법적 실질이 다른 경우 법적 실질 내지 당사자의 진정한 효과의사를 찾아내는 사실인정의 영역에 속하는 문제인데 반해, 조세회피행위부인은 법적 실질과 경제적 실질의 괴리가 있을 경우 일정한 요건 아래 경제적 실질에 따라 과세하기 위한 도구개념이라는 점에서 양자는 구분되나 그 경계는 매우 불확실하다.

사법상 법률관계의 형식과 법적 실질, 그리고 법적 실질의 바탕에 있는 경제적 실질의 관계를 실질과세 원칙의 적용과 조세회피행위의 부인의 관점에서 사항별로 살펴보면 다음의 네 가지 영역으로 나눌 수 있다.

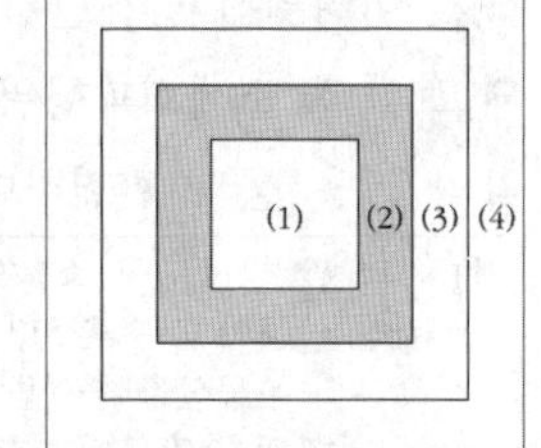

(1) 사법적 형식과 실질이 불일치하는 영역(예: 증여를 매매로 가장한 경우) — 사법상 가장행위로서 무효이며 세법상으로도 무효임(법적 실질인 증여로 과세. 증여의 실질을 확인하는 사실인정 작업이 필요함. 옆의 도표 (1) 부분)

(2) 사법적 실질과 경제적 실질이 일치하지 않는 영역 중 거래형성의 남용으로 인하여 조세회피부인의 대상이 되는 영역 — 구체적 부인규정 및 세법상 가장행위의 적용영역(도표 (2)의 음영부분)

(3) 사법적 실질과 경제적 실질이 일치하지 않으나 조세회피부인의 대상에서 제외되는 영역 — **실질과세원칙 적용의 한계**, 과세 외 영역(앞의 도표 (3) 부분)

(4) 사법적 형식과 사법적 실질이 일치하는 영역 — 정상적 거래로서 **본래의 거래형식에 따라 과세**(도표 (4) 부분)

이 중 (1)에 관한 내용은 앞에서 보았고, 아래에서는 (2)의 조세회피행위 부인에 관하여 그 전형적 형태인 부당행위계산부인 제도를 살펴보고, 이어서 종래 조세회피행위부인의 일반적 기준으로 적용되어 온 실질과세의 원칙에 관하여 국세기본법 제14조 제 3 항을 중심으로 살펴본다. 현실적으로 가장 중요하고도 어려운 문제는 (2) 영역과 (3) 영역을 어떻게 구분할 지에 관한 것이다.

나. 조세회피행위 부인과 부당행위계산 부인

납세자가 행하는 조세회피행위는 여러 형태가 있으나 이를 크게, (i) 특수관계인 사이에서 숨은 형태로 이익을 분여하는 경우와, (ii) 그 나머지 경우로 나눌 수 있다. 이 중 전자는 부당행위계산부인에 관한 것으로 우리 법은 각 개별세법에서 이를 규제하고 있다(법법 52조; 법령 88조; 소법 41조, 101조; 소령 98조, 167조 3·4항; 부가세법 29조 4항 등).

부당행위계산부인의 경우 법은 행위태양을 구체적으로 유형화하는 한편 같은 유형을 포괄하는 보충적 규정을 두고 있어 대부분 사안이 규정의 해석문제로 귀착되고 판례에 의해 대체로 그 기준이 정립되어 있다. 종전에 판례상 많이 문제된 부분은 법인이나 법인의 발행주식을 이용하여 주주 사이에 부를 무상이전하는 경우였는데 대부분의 영역이 입법(法令 88조 1항 8호 및 8호의2 참조)으로 정리되었다. 좀 더 어려운 문제는 부당행위계산부인과 직접 관련이 없는 조세회피행위의 규제문제이다.

다. 조세회피행위 부인에 관한 외국에서의 논의

현재 독일을 비롯한 서구 유럽의 대부분 나라들과 미국, 캐나다, 오스트레일리아, 뉴질랜드, 이스라엘 등 여러 국가들이 조세회피행위를 부인하기 위한 일반규정을 두고 있다. 아래에서 독일과 미국의 규정을 중심으로 살펴본다.

(1) 독 일 　독일 연방조세기본법 제42조는, 「법 형성가능성의 남용에 의해 납세의무를 회피할 수 없다. 남용이 있는 경우에는 경제적 사실에 적합한 법적 형성의 경우와 동일하게 과세하여야 한다」고 하여 조세회피방지에 관한 일반규정을 두고 있다.

위 규정의 구체적 적용과 관련하여 판례는, 1) 납세자가 선택한 행위·계산에 의해 세 부담이 경감되고, 2) 그 행위·계산이 그것이 추구하는 경제적 목적에 부합하지 않으며, 3) 경제적 또는 그 밖의 다른 상당한 이유로 정당화되지 않을 것 등의 요건을 요구하고 있다. 조세회피의 의도는 필요하다는 것이 다수설이다.[1)]

독일은 일반적 조세회피규정 이외에 구체적인 행위계산부인 규정도 두고 있는데, 법은 여기에 해당하지 않더라도 일반적 조세회피규정이 적용됨을 명시하고 있다(같은 법 42조 2항).

(2) 미 국 미국 법원은 조세회피행위에 대한 규제를 위해 실질과세(subtance-over-form), 사업목적(business purpose), 경제적 실질(economic substance), 가장거래(sham transaction), 단계거래(step transaction) 등과 같은 다양한 보통법 이론들을 적용하여 왔다. 구체적으로, ① 납세자가 해당 거래형식을 택한 의도가 세금감면을 넘어 다른 중요한 사업목적에 기초하였는지 여부, ② 거래를 전후하여 세금감면 이외에 납세자의 경제적 지위에 의미 있는 변화가 존재하는지 여부, ③ 해당 거래나 행위가 사업 수행의 일부인지 여부, ④ 해당 거래나 행위로 인한 경제적 위험부담이 있는지 여부, ⑤ 해당 거래나 행위로부터 이익을 창출하는지 여부 등을 기준으로 거래 및 행위의 세법적 효력을 판단하여 왔다.[2)]

이 중 단계거래원칙은 단계별 과세가 전체 거래에 대한 부적절한 과세로 이어지는 경우를 대상으로 주로 재산의 양도나 기업조직 재편에 대한 과세와 관련하여 적용되어 온 데 반해, 사업목적원칙은 특정거래가 조세부담의 감소 이외에 어떠한 사업상 목적에 의해 선택되었느냐 하는 것을 중요한 판단기준으로 삼는다. 단계거래원칙은 과거 미국 내국세입청(IRS)이 조세회피행위의 주된 부인수단으로 사용하였으나, 최근에는 경제적 실질원칙이나 사업목적원칙이 더 잘 이용된다고 한다.[3)]

이와 같이 판례를 중심으로 형성되어 온 논의들은 2010년 미국연방세법 제7701조(o)의 일반적 조세회피규정으로 나타나게 되었다. 같은 조 제1항은, 「경제적 실질주의가 관련된 어떠한 거래의 경우라도, 아래의 경우에 한하여 해당거래는 경제적 실질을 가지는 것으로 취급된다. (a) 거래가 납세자의 경제적 지위를(연방소득세 효과를 제외하고) 의미 있는 형태로 변경할 것 (b) 납세자가 해당 거래를 행하기 위한(연방소득세 효과를 제외하고) 실질적인 목적을 가질 것」이라고 규정하고 있다.

---

1) 안경봉·오 윤, 앞 논문, 264면 참조.

2) 이동식, "미국 세법상 실질과세원칙의 의미와 역할", 공법연구 93집 4호, 한국공법학회(2011), 331-334면.

3) 최성근, 앞 논문, 167면.

(3) 일　　본　일본은 우리 국세기본법 제14조 제 3 항과 같은 조세회피행위에 관한 일반적 규정은 두지 않고 있으며, 다만 소득의 실질귀속과 관련하여 일본 소득세법 제12조에, 「**자산 또는 사업으로부터 발생하는 수익이 법률상 귀속된다고 보여 지는 자가 단지 명의인으로서 수익을 향유하지 않고 그 이외의 자가 수익을 향유하는 경우 그 수익은 향유하는 자에게 귀속되는 것으로 하여 이 법률의 규정을 적용한다**」고 규정하고,[1] 우리의 부당행위계산부인 제도와 유사한 제도로 법인세법 제132조 제 1 항에 '동족회사의 행위계산부인' 규정을 두고 있다.

일본 소득세법 제12조에 관하여 법적 형식에 불구하고 법적 실질에 따른 과세원칙을 규정한 것이라고 보는 법적 실질설과 경제적 실질에 따른 과세원칙을 규정한 것이라고 보는 경제적 실질설의 대립이 있다. 대체로 일본의 학설과 판례는 조세법률주의를 강조하여 경제적 실질에 따른 과세나 조세회피행위의 부인을 위해서는 법의 구체적인 규정이 필요하고 차용개념의 해석에 관하여도 사법상 개념에 따라야 한다는 입장이 지배적이다.[2]

라. 국세기본법 제14조 제 3 항에 대한 해석

(1) 총　　설

국세기본법 제14조 제 3 항은, 「**간접적인 방법이나 둘 이상의 행위 또는 거래를 거치는 방법에 의하여 이 법 또는 세법의 혜택을 부당하게 받기 위한 것으로 인정되는 경우에는 그 경제적 실질에 따라 당사자가 직접 거래한 것으로 보거나 연속된 하나의 행위 또는 거래로 보아 이 법 또는 세법을 적용한다**」고 규정하고 있다. 또한 국제조세에 관한 법률관계를 규율하는 국제조세조정에 관한 법률 제 3 조 제 3 항도 동일한 취지의 규정을 두고 있다.

위 규정의 적용대상은 (ⅰ) 제 3 자 등을 통한 간접적인 방법(우회거래)과 (ⅱ) 둘 이상의 행위 또는 거래를 거치는 방법(다단계거래)에 의한 조세회피행위이고, 적용요건은 (ⅰ) 세법의 혜택을 부당하게 받기 위한 거래일 것과 (ⅱ) 법적 형식과 다른 경제적 실질이 존재하는 것이며, 적용효과는, (중간의 거래형식을 무시하고) 당사자가 직접 거래한 것으로 보거나 연속된 하나의 행위 또는 거래로 보아 법 규정을 적용하는 것이다. 문제는 어느 경우에 세법의 혜택을 부당하게 받기 위한 거래로 인정할 수 있고 또 법적 형식과 다른 경제적 실질이 존재한다고 볼 수 있는가에 관한 것이다.

---

1) 일본 법인세법(11조)과 지방세법(24조의 2의2 등)에도 같은 취지의 규정이 있다.
2) 金子 宏, 앞의 책 112면, 119면, 162면, 北野弘久, 세법학원론(6판), 121면 이하 등.

(2) 규정의 해석

위 규정이 확인적 규정인가 아니면 창설적 규정인가가 문제된다. 이에 관하여는 일련의 복합적인 거래가 과세요건을 충족하는가를 가리는 것은 세법의 정당한 해석·적용을 위한 과정으로서 납세자가 조세를 회피하기 위해 선택한 중간 거래는 과세목적상 독자적 의미를 갖는다고 보기 어려우므로 이를 확인한 규정으로 볼 수 있을 것이다. 중간의 거래는 최종 경제적 목적에 도달하기 위한 수단이나 단계로서만 의미를 지닐 뿐 세법상 독립된 존재의의가 인정되지 않는다는 점에서 일종의 '세법상 가장행위'를 규정한 것으로 볼 수 있다.

사법상 법률관계와 달리 조세법률관계는 항상 사적 자치와 과세권 보호라는 공공의 이익이 충돌하며 사적 자치의 한계가 어디까지인가라는 근본적 문제를 제기한다. 조세는 사법상 거래나 행위를 기초로 그 경제적 성과를 대상으로 삼아 부과되기 때문에 거래의 안정과 납세자의 예측가능성을 도모하기 위해 가능한 사적 자치 및 그에 기초한 납세자의 거래형성의 자유를 존중하여야 한다. 그러나 다른 사업목적이 전혀 없는 조세회피행위까지 사적 자치의 이름으로 허용한다면 국가의 정당한 과세권이 침해됨은 물론 그러한 비정상적인 방법을 취하지 않은 납세자와의 공평이 어긋난다. 따라서 사적 자치를 일부 양보하더라도 과세권을 보호할 필요가 있는 일정한 경우에 세법적 측면에서 납세자가 취한 행위효과를 부인할 필요가 있고, 해당 영역이 곧 세법상 가장행위의 성립범위를 이루게 된다. '세법상 가장행위'는 곧 조세회피행위가 세법상 부인되는 특정한 영역을 구분하기 위한 개념으로 이해할 수 있다. 다만 법은 그 적용요건으로 '부당성'이나 '경제적 실질'과 같은 추상적 기준만을 제시하고 있어 납세자가 그 내용을 예측하기 어려우므로 보다 구체적인 기준을 설정할 필요가 있다.

사법상 가장행위와 세법상 가장행위, 실질과세의 원칙과 조세회피행위의 부인의 관계를 각각 표로서 비교하면 다음과 같다.

	사법상 가장행위	세법상 가장행위
대상	의사표시(법률행위)	과세요건 행위
요건	법적 형식과 효과의사의 불일치 법적 형식 ≠ 법적 실질	비정상적 경제행위(아래 (3)항 참조) 법적 형식 및 실질 ≠ 경제적 실질
효과	사법상 법률행위(거래)의 효력 부인 (사법 및 세법상 모두 무효)	세법상 법률행위(거래)의 효력 부인 (사법상 유효, 세법상 무효)

실질과세의 원칙

적용대상	조세법률관계 일반	납세자의 조세회피행위
해석원리	조세공평주의, 경제적 실질(담세력)에 따른 과세	
해석기준	합목적적 해석	
근거규정	국세기본법 제14조 제 1, 2 항	국세기본법 제14조 제 1, 2, 3 항
적용방향	납세자의 유, 불리를 불문	납세자에게 불리 (대상행위의 효력 부인)

조세회피행위의 부인

적용구분	이익을 분여하는 경우	이익을 분여하지 않는 경우
적용영역	부당행위계산부인 및 기부금(분여하는 쪽), 증여세 과세(분여받는 쪽)	(1) 단순한 조세회피행위 (2) 우회, 다단계 행위
근거규정	국세기본법 제14조 제 1, 2 항, 소득세법 제41조, 법인세법 제52조, 상증세법상 증여에 관한 제 규정 구체적인 규정이 존재함	(1)의 경우: 국세기본법 14조 1, 2항 (2)의 경우: 국세기본법 14조 3항 구체적인 규정 없음
쟁점	구체적 규정에 포함된 차용개념이나 추상적 중간개념의 해석 및 법 적용 문제(납세자의 조세회피방지를 위한 규정의 합목적적 해석)	단순한 조세회피의 경우: 좌동 우회, 다단계행위의 경우: 법규의 해석, 적용에 관한 구체적 기준이 없으므로 그 기준의 정립이 필요함.

(3) 국세기본법 제14조 제 3 항의 구체적 적용요건 = 우회거래 및 다단계거래에 있어서 '세법상 가장행위'의 성립범위

(가) 구체적 판단기준

앞에서 본 '세법상 가장행위'의 내용을 좀 더 구체적으로 분석하여 보면, 그 적용요건으로 다음의 세 가지를 들 수 있다.

(i) 중간의 거래를 거치는 것에 조세회피목적 이외에 다른 사업목적이 없을 것
(ii) 중간의 거래는 거래의 최종목적을 위한 수단으로서만 이용되었을 것
(iii) 중간의 거래와 관련하여 거래 당사자가 아무런 경제적 위험부담이나 지위변동의 가능성이 없을 것

(i)항은 주관적 요건, (ii)항과 (iii)항은 객관적 요건으로 볼 수 있고, 내용상 (iii)항이 입증되면 (ii)항이, (ii)항이 입증되면 (i)항이 원칙적으로 추정된다.

판례 또한 국세기본법 제14조 제 3 항을 적용하여 거래의 실질에 따라 과세하기 위해서는, 1) 납세의무자가 선택한 행위 또는 거래의 형식이나 과정이 조세회피의 목적을 이루기 위한 수단에 불과하여 그 실질이 직접 거래를 하거나 연속된 하나의 행위 또는 거래를 한 것과 동일하게 평가될 수 있어야 하고, 2) 이는 당사자가 그와 같은 형식을 취한 목적, 제 3 자를 개입시키거나 단계별 과정을 거친 경위, 그와 같은 방식을 취한 데에 조세 부담의 경감 외에 사업상의 필요 등 다른 합리적 이유가 있는지 여부, 각각의 행위 또는 거래 사이의 시간적 간격 및 3) 그와 같은 형식을 취한 데 따른 손실과 위험부담의 가능성 등 제반 사정을 종합하여 판단하여야 한다고 보았다(판 2022. 8. 25, 2017두41313).

다른 한편 판례는, 위와 같은 판단의 전제로 납세의무자는 경제활동을 할 때 동일한 경제적 목적을 달성하기 위하여 여러 가지의 법률관계 중 하나를 선택할 수 있고, 과세관청으로서는 특별한 사정이 없는 한 당사자들이 선택한 법률관계를 존중하여야 한다고 일관되게 판시하고 있다.[1]

관건은 양자의 경계선이 어디인가를 찾는 것인데 결국 위와 같은 판단기준을 종합적으로 고려하여 구체적인 사안에 따라 개별적으로 판단할 수밖에 없다. 이는 조세법의 중요한 쟁점이므로 판례를 중심으로 좀 더 자세히 살펴보기로 한다.

㈏ 국세기본법 제14조 제 3 항의 적용을 긍정한 사안

대법원 2022. 8. 25. 신고, 2017두41313 판결은, 분할 전 갑 회사가 부동산 양도로 받은 계약금과 중도금을 갑 회사 일부를 인적분할한 회사에 이전한 후, 갑 회사가 관련 유동부채를 포함한 분할 전 갑 회사 부채 전부를 보유한 상태에서, 분할 후 갑 회사 주주들이 을 회사(원고 회사) 주식을 전부 인수한 후 갑 회사를 을 회사에 흡수합병하였는데, 그 후 을 회사가 부동산 매매잔금을 익금산입하고 합병 당시 시가로 평가한 양도 당시 장부가액을 손금산입하여 법인세를 신고·납부하자, 과세관청이 을 회사가 분할과 합병을 통해 부동산 장부가액을 높이는 등의 방법으로 부동산 양도에 따른 법인세를 부당하게 회피하였다고 보아 이를 분할 전 갑 회사의 장부가액으로 평가하여 과세한 사안에 대한 것인데, 이에 대하여 법원은 갑 회사 주주들이 위 부동산의 양도에 따라 갑 회사가 부담할 법인세를 줄이는 방안을 찾던 중 갑 회사와 사업목적이 다른 을 회사를 인수하여 분할과 합병절차

1) 판 2001. 8. 21, 2000두963; 2018. 7. 24, 2015두46239. 2019. 4. 11, 2017두57899 등.

를 통해 법인세를 대폭 줄인 것으로, 위 분할과 합병에 법인세 회피의 목적 외 사업상의 필요 등 다른 합리적인 이유가 있다고 보기 어렵고, 여기에 위 부동산의 양도와 이러한 분할과 합병의 시간적 간격 등 제반 사정까지 더하면 구 국세기본법 제14조 제3항을 적용하여 위 각 거래를 그 경제적 실질에 따라 재구성할 수 있다고 보아 과세처분을 적법하다고 판단하였다.

위 사안에서 분할 및 합병이라는 구조조정 행위를 통하여 납세자가 조세를 회피한 과정을 살펴보면, 원래 대상 부동산의 자본이득이 합병을 통하여 실현되면 이에 대하여 피합병법인에 합병평가치익에 대한 과세가 이루어져야 하는데, 갑 회사와 을 회사는 법인세법상 합병평가차익을 합병차익[1])의 범위 내에서만 합병법인의 익금에 산입하도록 되어 있음을 이용하여, 부동산을 합병을 통하여 을 회사에 이전하면서 부동산 양도대가로 받은 계약금과 중도금은 미리 분할신설회사에 이전하여 갑 회사가 보유한 순자산가액을 낮추는 방법으로 합병차익을 줄이는 한편 을 회사는 부동산을 시가로 평가증하여 취득가액을 높이는 방법으로 자본이득에 관한 과세를 회피한 것이다.

이는 앞서 본 교차증여에 관한 사안이나(판 2017. 2. 15, 선고 2015두46963), 아래에서 보는 대법원 2012. 1. 19. 선고, 2008두8499 전원합의체 판결('로담코' 판결) 등과 함께 국세기본법 제14조 제3항의 적용 범위를 넓혀가는 판례의 태도를 반영한 사례로 볼 수 있다.

위 2017두41313 판결과 2008두8499 판결의 사안은 모두 통제가 가능한 법인의 분할, 합병이나 자회사의 설립 등 단체법상 행위를 조세목적으로 이용한 경우이고, 교차증여에 관한 사안은 타인에 대한 증여를 자신의 자녀에 대한 우회적 증여수단으로 삼은 경우인데 어느 경우나 납세의무자 본인이 시장의 위험에 별로 노출됨이 없이 전체의 거래과정을 통제할 수 있다는 공통점을 지닌다.

㈐ 적용을 부정한 사안

판례가 국세기본법 제14조 제 3 항의 적용을 부정한 사안으로는, ① 갑 회사와 캐나다 소재 을 법인이 합작투자계약을 체결하여 내국법인인 병 회사를 설립한 후, 갑 회사가 네트워크 사업부문 전부를 병 회사에 현물출자 방식으로 양도하고 그 대가로 병 회사 주식 등을 지급받는 한편 갑 회사와 을 법인이 우선주 약정을 체결하여 병 회사가 갑 회사에 우선주를 지급하였는데 그 후 병 회사가 우선주를 감

1) 합병차익은, 기본적으로 피합병법인으로부터 승계한 자산의 가액이 합병으로 인한 합병법인의 자본증가액을 초과하는 금액이다(법법 17조 1항 5호).

자하면서 갑 회사에 감자대금을 지급하고 갑 회사가 이에 관하여 법인세법상 수입배당금 익금불산입 규정을 적용하여 법인세를 신고하자 관할세무서장이 우선주 감자대금의 실질을 네트워크 사업양도대금으로 보아 갑 회사에 법인세를 경정·고지한 사안에서, 위 감자대금은 수입배당금에 해당하여 익금불산입 대상이라고 한 것,[1] ② 갑 주식회사가 신주인수권부사채를 발행하자 을 주식회사가 같은 날 위 사채를 전부 취득하여 병 유한회사에 양도하였는데, 병 회사가 같은 날 신주인수권을 분리하여 갑 회사의 대주주인 정에게 매도하였고, 이후 정이 신주인수권을 행사하여 갑 회사의 주식으로 전환하여 이익을 취한 사안에서, 을 회사와 병 회사가 50인 이상의 개인투자자를 상대로 매도의 청약을 하거나 매수의 청약을 권유할 목적으로 위 사채 또는 신주인수권을 취득하였다고 볼 수 없으므로 구 상속세 및 증여세법 제40조 제 1 항 제 2 호 (나)목에 따라 증여세를 부과할 수 없고, 나아가 제반 사정에 비추어 같은 법 제40조 제 1 항 제 3 호를 증여세 과세근거로 삼을 수도 없다고 한 것(판 2019. 4. 11, 2017두52030), ③ 갑 주식회사의 최대주주이자 대표이사인 을이 갑 회사가 다른 회사에 발행한 전환사채를 약정에 따른 조기상환권을 행사하여 양수한 후 전환권을 행사하여 수령한 우선주를 보통주로 전환·취득하자, 과세관청이 을이 보통주 중 을의 소유주식비율을 초과하여 인수·취득한 부분에 대하여 당시 주가와 전환가액의 차액 상당을 증여받았다는 이유로 증여세 부과처분을 한 사안에서, 전환사채의 발행부터 을의 조기상환권 및 전환권 행사에 따른 갑 회사 신주취득까지 시간적 간격이 있는 일련의 행위들이 별다른 사업상 목적이 없이 증여세를 부당하게 회피하거나 감소시키기 위하여 비정상적으로 이루어진 행위로서 실질이 을에게 소유주식비율을 초과하여 신주를 저가로 인수하도록 하여 시가와 전환가액의 차액 상당을 증여한 것과 동일한 연속된 하나의 행위 또는 거래라고 단정하기 어려우므로, 구 상증세법(2010. 1. 1. 개정 전의 것) 제 2 조 제 4 항을 적용하여 증여세를 과세할 수 없다고 한 것(판 2017. 1. 25, 2015두3270), ④ 갑 주식회사가 발행한 외화표시 전환사채를 을 외국회사가 인수한 후 전환권 행사기간이 도래하기 전에 갑 회사와 을 회사는, 을 회사가 전환사채를 당시의 기준환율에 따라 평가하여 현물출자하고 갑 회사의 주식을 교부받기로 하는 현물출자 계약을 체결하였는데, 갑 회사가 현물출자 계약과 관련하여 부채로 계상된 전환사채가 소멸하고 자본항목인 자본금 및 주식발행초과금이 증가하는 것으로 회계처리를 하였다가 그 후 전환사채의 현물출자가액과 장부가액의 차액을 법인세 관련 손금에 산입

1) 판 2023. 11. 30, 2020두37857. 판결에 대한 평석은, 김범준, 조세법 연구 30-1, 36면.

하여야 한다는 이유로 경정청구를 한 사안에서, 갑 회사는 을 회사로부터 전환사채를 현물출자받은 것으로 보아야 하므로 위 차액 전부가 세법상 손금으로 인정될 수 있다고 한 것(판 2018. 7. 24, 2015두46239), ⑤ 다국적 회사의 사례로서, 네덜란드 소재 다국적 항공운송기업인 티엔티(TNT) 그룹 내 국내 계열사인 원고가 금융기관 대출 및 상환, 티엔티 그룹 계열사인 네덜란드 법인 티엔티 파이낸스에 대한 채무 상환, 유상증자 등의 거래를 하던 중, 원고의 모회사인 네덜란드 법인 티엔티 익스프레스 월드와이드('이 사건 모회사')가 원고가 발행한 유상증자 주식을 전부 인수한 사안에서, 이 사건 모회사와 티엔티 파이낸스는 독자적인 실체를 가지고 고유한 목적사업을 수행하는 그룹 내 중간지주회사 내지는 금융회사로서, 세법상 그 실체나 형식을 부인하기 어렵고, 원고는 항공운송사업을 영위하면서 발생한 티엔티 파이낸스 등에 대한 사업상 채무를 부담한 상태에서 유상증자로 조달한 자금으로 재무구조를 개선한 것으로서 별도의 동기 내지 목적이 있으며, 이 사건 모회사는 위 사업상 채무의 채권자가 아니어서 채권의 출자전환이 불가능하며 이 사건 거래로 인하여 어떠한 손해가 발생하였다고 보기 어려운 사정 등을 종합하면, 이 사건 거래에 관한 개별 행위들의 독자적인 성격을 무시한 채 그 경제적 실질을 채무의 출자전환행위로 보기 어렵다고 한 것(판 2017. 12. 22, 2017두57516), ⑥ 은행과 고객이 엔화정기예금과 선물환거래를 함께 가입하는 '엔화스왑예금계약'을 체결하여 고객은 자신 소유의 원화를 엔화로 바꾸어 은행에 예치하고(만기에 엔화예금 이자는 거의 없음), 예금계약 체결일에 미리 엔/원 선물환율과 현물환율의 차이를 일정한 방식으로 산정한 스왑포인트(swap point)에 따른 확정비율을 정하여 선물환계약을 체결함으로써 만기에 그 비율에 따른 금원을 고객이 은행으로부터 원금과 함께 확정적으로 지급받은 경우에 관하여 이를 구소득세법(2006. 12. 30. 개정 전의 것) 제16조 제 1 항 제 3 호, 제 9 호, 제13호(현행 제 8 호, 제12호)에서 정한 이자소득세 과세대상에 해당하지 않는다고 판단한 것(판 2011. 4. 28, 2010두3961) 등이 있다.

㈑ 판결의 분석 및 정리

일반적으로 별도 법인의 설립을 이용한 조세회피행위는 다른 제3자와의 법률행위가 중간에 개입하는 경우에 비해 상대적으로 통제가 용이하고 그에 따라 시장의 위험부담도 적다는 점에서 다른 사업목적이 인정되지 않는 한 조세회피행위 부인 규정이 적용될 가능성이 높다. 이에 반하여 다른 제3자, 특히 특수관계가 없는 제3자와의 법률행위가 중간에 개입하는 경우에는 그것이 가장행위가 아닌 한 그만큼 거래 내지 시장의 위험이 증가하고 이에 따라 세법에서도 해당 법률행위를 사적자치의 영역으로 존중할 소지가 커진다고 볼 수 있다. 위 각 판례의 사례들은 양쪽 모두 이와 같은 기준에 대체로 부합하며,[1] 토지의 분할매도에 관한 위 마. (1)의 사례 역시 좋은 본보기로 생각된다.

이와 관련하여 발행법인에 대한 주식의 양도를 주식의 소각으로 보아 의제배당소득으로 과세하는 경우 환급금액(양도가액)과 주식 양도인의 당초의 취득가액과의 차액이 과세표준이 되는데 이를 배우자에게 증여한 후에 그 배우자가 환급받으면 배우자의 수증가액이 배우자의 취득가액이 되어 의제배당소득이 발생하지 않는 한편 배우자에 대한 증여는 과세가액에서 6억 원까지 배우자 공제됨에 따라 의제배당소득에 대한 과세를 피하기 위하여 배우자에게 증여 후 법인에 양도(소각)할 경우 이러한 거래의 효력을 세법상 어떻게 취급할 것인가가 문제된다.

이 경우 비록 위와 같은 일련의 과정이 주로 조세목적으로 이루어졌다고 하더라도 납세자가 선택한 중간의 증여행위의 법적 실체 및 경제적 실질을 부인할 수 없는 이상 세법상으로도 실질과세의 원칙을 적용하여 중간 단계의 배우자에 대한 증여행위를 부인하기는 어렵다고 생각된다.[2] 위에서 본 세 가지 적용요건 중 (ⅰ)의 요건은 충족하지만 (ⅱ), (ⅲ)의 요건은 충족한다고 보기 어렵기 때문이다. 이는 결국 입법으로 보완할 내용으로 여겨진다.[3]

(4) 조세조약의 남용과 실질과세 원칙의 적용

국제조세조정에 관한 법률 제 3 조 제 3 항은 역외거래와 관련하여 국세기본법 제14조 제 3 항과 동일한 내용을 규정하고 있는데, 위에서 본 세법상 가장행위의 판단기준은 역외거래에서 조세조약을 남용하여 조세를 회피하는 사안에 관하여도 동일하게 적용된다고 볼 것이다.

이와 관련된 대표적 사안으로 대법원 2012. 1. 19. 선고, 2008두8499 전원합의체 판결('로담코' 판결)을 들 수 있다. 내용은, 甲 외국법인이 100% 지분을 소유한 乙 외국법인과 丙 외국법인이 각각 조세회피지역에 소재하여, 쟁점부동산을 보유한 丁 내국법인의 지분 50%씩을 취득한 것에 대하여, 과세관청이 모법인인 甲을 丁의 과

1) 다만 엔화스왑예금에 관한 ⑥의 2010두3961 판결의 사안은, 그 경제적 실질이 이자에 해당하고 거래 당사자의 행위내용이나 과정 또한 위에서 본 요건을 모두 충족하므로 타당성에 의문이 있다. 해당 판결에 대한 평석은, 정운오·전병욱, "엔화스왑예금 과세사건 판결의 분석", 조세법연구 16-3, 122면, 오윤, "소득세법의 주요쟁점에 관한 판례의 동향", 조세법연구 22-3, 77면.

2) 같은 취지: 수원지판 2023. 4. 26, 2022구합70965.

3) 이와 같은 배우자 증여공제를 이용하는 거래는 부동산에 관하여도 동일하게 발생할 수 있는데 소득세법은 이 경우 배우자가 증여에 의하여 부동산을 취득한 시기를 양도소득 과세에 관한 취득시기로 보는 별도의 규정을 두고 있다(소법 101조 2항). 이 규정을 다른 유사한 사안에서도 그대로 적용이 가능한 확인적 규정으로 이해하기는 어려울 것이다.

점주주로 보고 甲에 대해 간주취득세 부과처분을 한 사안에서, 乙과 丙의 주소 및 전화번호가 같고, 대표이사 이외 다른 직원이 없으며, 지분 매수시나 재매도시 동일인이 대리인으로 계약하고, 丁의 사원총회에 乙, 丙으로부터 위임을 받은 대리인이 출석하였으며, 매입대금을 甲이 제공한 사실 등을 들어 과세처분이 적법하다고 판단한 경우이다. 사안의 핵심은 결국 乙, 丙과 丁 사이의 거래의 효력을 세법상 부인할 수 있는지 여부인데, 앞에서 본 기준에 의할 때, (i) 乙, 丙이 오로지 조세목적에서 설립되고 다른 사업목적이 없는지, (ii) 乙, 丙이 丁의 주식을 취득한 것이 오로지 甲이 그 주식을 지배하기 위한 것인지, (iii) 乙, 丙이 주식 취득과 관련하여 아무런 경제적 위험도 부담하지 않는지 여부 등이 검토되어야 할 것이다.[1)]

(5) 기 타

(가) 공부상 소유명의의 존중

일련의 거래에 공부상 명의개재가 개입된 경우 판례는 상대적으로 실질과세 원칙의 적용을 제한적으로 본다. 구체적으로, 회사의 명의와 자금으로 취득한 주택을 지배주주가 상당기간 독점적, 배타적으로 사용하고, 주택의 취득과정에도 주도적으로 관여한 경우 이를 업무무관가지급금이 아니라 지배주주가 회사로부터 자금을 차용하여 주택을 취득한 것으로 보았고(판 2017. 12. 28, 2017두56827). 자동차시설대여회사가 지방의 지점을 사용본거지로 하여 자동차등록을 마치고, 각 지점의 관할 과세관청에 리스차량에 관한 취득세를 신고·납부함에 따라 본점 관할 과세관청과 지점 관할 과세관청 사이에 관할권 소재가 다투어진 사안에서 자동차등록원부의 효력을 존중하여 납세자의 취득세 신고·납부를 적법하다고 보았다(판 2017. 11. 9, 2016두40139).

(나) 단일한 거래를 복수의 거래로 재구성할 수 있는지

통상의 조세회피행위 부인의 경우와 반대로 단일한 거래를 조세회피부인을 이유로 복수의 거래로 재구성할 수 있는지도 문제된다. 예컨대 법인이 그 대표이사 딸인 A에게 금전을 무상으로 지급한 경우 과세관청이 이를 법인의 A에 대한 증여

1) 대상판결의 반대의견은 해당 과세처분이 조세법률주의 및 근거법령의 입법취지에 반한다는 이유로 위법하다고 판단하였다. 한편 다수의견의 보충의견은 판례상 처음으로 세법상 가장행위의 개념에 관하여 언급하고 있다. 대상판결에 대한 평석은 윤지현, 조세법연구 22-3, 13면. 그 후 선고된 같은 취지의 판결로, 판 2012. 4. 26, 2010두11948(라살레펀드 사건); 2012. 10. 25. 2010두25466(위니아만도 사건); 2013. 7. 11, 2011두7311(해태제과 사건); 2013. 9. 26, 2011두12917(코마프유동화전문회사 사건); 2017. 12. 18, 2017두59253(론스타펀드 사건) 등. 이에 반해 동일한 구도에서 소득의 실질귀속을 인정한 사안으로 판 2014. 7. 10, 2012두16466(까르프 사건). 그 밖에 조세피난처에 기지회사(Base Company)를 두고 법인의 형식만을 이용한 역외거래에 관하여 과세를 긍정한 사례로 판 2018. 11. 9, 2014도9026이 있고, 다국적회사의 국제금융거래와 관련하여 단계적 거래의 효력을 인정한 사안으로 위 2017두57516 판결 등이 있다.

가 아니라 법인이 대표이사에게 지급할 상여를 A에게 지급한 것으로 보아, 법인의 대표이사에 대한 상여와 대표이사의 딸에 대한 증여의 두 단계로 재구성하여 과세할 수 있는가? 이에 관하여는 과세요건을 새로 창출하는 것으로서 세법규정의 정당한 해석 내지 적용의 범위를 넘어서는 것으로 보아 소극적으로 이해하여야 할 것이다.[1)]

마. 세법상 특수관계인의 개념과 범위

국세기본법상 "특수관계인"이란 본인과, 가. 혈족·인척 등 대통령령으로 정하는 친족관계, 나. 임원·사용인 등 대통령령으로 정하는 경제적 연관관계, 다. 주주·출자자 등 대통령령으로 정하는 경영지배관계의 어느 하나에 해당하는 관계에 있는 자를 말한다. 이 경우 이 법 및 세법을 적용할 때 본인도 그 특수관계인의 특수관계인으로 본다(기본법 2조 20호).

조문의 후단부분은 종래 논란이 되어 오던 특수관계 여부의 판단을 일방관계설과 쌍방관계설 중 후자로 정리한 것이다.

세법상 특수관계는 크게, (1) 친족관계, (2) 경제적 연관관계 및 (3) 경영지배관계로 성립한다. 다만 법인세법은 특성상 친족관계가 성립할 수 없으므로 그 나머지 관계를 기준으로 특수관계인을 결정한 후, 특수관계인의 친족을 특수관계인에 포함시키는 방식으로 친족과 관련된 특수관계를 규정하고 있다(법법 2조 12호, 법령 2조 8항 1호 내지 3호). 그 내용은 국세기본법과 동일하다(법령 43조 8항 1호 가목).

'친족 관계에 의한 특수관계'의 경우, 2023. 2. 28. 국세기본법 시행령 개정으로 기존의 특수관계인에서 혈족 및 인척의 범위를 좁히는 한편(4촌 이내의 혈족, 3촌 이내의 인척), 새로 민법에 따라 인지한 혼인외 출생자의 생부나 생모(본인의 금전이나 그 밖의 재산으로 생계를 유지하는 사람 또는 생계를 함께하는 사람으로 한정)를 추가하였다(기본령 1조의2 1항).

다른 법은 대체로 국세기본법과 동일하게 규정하고 있으나, 상증세법은 국세기본법상 친족 외에도 "직계비속의 배우자의 2촌 이내의 혈족과 그 배우자"를 친족관계에 포함시키고 있어 친족관계의 범위가 확장되어 있다(상증세령 2조의2 1항 1호 참조). 반면, 지방세기본법은 2023. 2. 28. 국세기본법 시행령 개정 전의 친족관계와 동일하게 규정하고 있다(지기령 2조 1항).

---

1) 같은 취지. 판 2014. 1. 23, 2013두20318(서울고판 2013. 8. 23, 2012누27260의 심리불속행 판결); 관련 논의는, 황남석, "단계거래원칙의 역적용에 관한 고찰", 조세법연구 27-3, 9면.

'경제적 연관관계에 의한 특수관계'도 개별 세법과 국세기본법 규정이 유사하다. 다만 국세기본법은 경제적 연관관계에 의한 특수관계인 범위를, (i) 본인의 임원과 사용인, (ii) 본인의 재산으로 생계를 유지하는 자 및 (iii) 위 (i), (ii)에 해당하는 자와 생계를 같이 하는 친족으로 규정한 반면, 법인세법은 위 (i) 내지 (iii) 외에도 비소액주주의 직원과 비소액주주의 재산으로 생계를 유지하는 자 및 그들과 생계를 함께하는 친족을 특수관계인에 포함시키고 있어 국세기본법보다 범위가 더 넓다.

상증세법은 본인의 사용인(임원을 포함, 상증세령 2조의2 2항 참조) 외에 출자에 의해 지배하고 있는 법인의 사용인을 특수관계인에 포함시키고 있다는 점에서 국세기본법보다 범위가 넓지만, 본인과 '생계를 함께하는 친족'은 특수관계인에서 제외한다는 점에서 국세기본법에 비해 범위가 좁은 측면도 있다.

실무상 문제가 많이 되는 '경영지배관계에 의한 특수관계'는 본인이 직접 또는 본인의 특수관계인과 함께 타인의 지분을 일정 비율 이상 보유하거나 타인의 경영에 대해 영향력을 행사하는 경우, 또는 반대로 타인이 직접 또는 타인의 특수관계인과 함께 본인의 지분을 일정 비율 이상 보유하거나 본인의 경영에 대해 영향력을 행사하는 경우에 성립되며, 개별 세법과 국세기본법 규정 간에 차이가 있다.

국세기본법은 공정거래법상 같은 기업집단에 속하는 계열회사 관계에 있는 법인과 그 소속 임원을 제외하고는, 경영지배관계에 의한 특수관계가 성립하기 위하여 지배적인 영향력을 행사할 것을 요구하며, 출자관계에 의해 지배적인 영향력을 가진 것으로 인정되려면 영리법인에 대하여 30% 이상의 지분을 보유하여야 한다(기본령 1조의2 4항 1호 가목), 반면, 법인세법은 비소액주주(발행주식총수의 1% 이상을 소유한 주주) 및 그 친족을 특수관계인에 포함시키고 있어(법령 2조 8항 2호, 50조 2항), 국세기본법보다 그 범위를 넓게 설정하고 있다.

상증세법은 법인 경영에 대하여 사실상 영향력을 행사하고 있다고 인정되는 자(그의 친족 포함)를 특수관계인에 포함시킨 점은 법인세법과 유사하나(상증세령 2조의2 1항 3호 나목), 특수관계인과 합해 법인에 대하여 30% 이상 지분을 보유하지 않는 한 출자관계만을 이유로 주주(그의 친족 포함)를 특수관계인에 포함시키지 않는 점은 국세기본법과 유사하다(상증세령 2조의2 1항 6호). 이외에도 2차 출자의 경우 30%가 아닌 50%를 특수관계 여부의 판단기준으로 삼는 점이 국세기본법 및 법인세법과 다르고(상증세령 2조의2 1항 7호), 비영리법인을 납세의무자로 하는 특성상 특수관계인의 범위에 다양한 형태의 비영리법인을 포함시키고 있는 점이 특색이다. 아울러 사실상 영향력을 행사하고 있는 기업집단 소속 임원(법인세법시행령 제40조 제 1 항에 따른 임원을 말한다)의 경우, 퇴직 후 3년(공시대상기업집단 소속인 경우 5년)간 특수관계인에 포함시키고 있다(상증세령 2조의2 1항 3호 가목).

소득세법상 특수관계인은 경영지배관계 대상에서 법인을 제외한 것 이외에는 세 가지 사항 모두 국세기본법과 내용이 같다(소령 98조 1항).

판례는 소득세법상 특수관계인의 범위와 관련하여, 본인과 상대방간 특수관계인을 통한 간접적인 관계만 있는 경우, 본인이 상대방에 대해 경영상 지배적 영향력을 행사할 수 있음이 입증되는 경우에 한하여, 본인과 상대방 사이에 경영지배관계에 따른 특수관계가 성립한다고 보았다(판 2024. 7. 25, 2022두63386). 이는 제 3 자를 통한 간접적 경영지배관계의 특수관계 인정여부와 관련하여, 본인이 아닌 친족관계자가 주주로서 해당 법인의 발행주식총수의 30% 이상을 직접 출자한 경우, 친족관계자의 법인 경영에 대한 지배적 영향력을 인정할 수 있으나, 그 사실만으로 본인이 친족관계자를 통해 그 법인의 경영에 지배적 영향력을 행사한다고 단정하기 어렵다고 판단한 사례이다. 법인세법상 특수관계인 범위와 관련하여서도 유사한 취지의 판결이 있다.[1)]

지방세기본법상 경영지배관계에 의한 특수관계인의 범위는 종전에는 국세기본법과 일부 내용이 다르게 규정되어 법인의 과점주주에 대한 취득세 부과 등과 관련하여 기업집단 지배주주의 통일적인 의사결정에도 불구하고 간주취득에 따른 취득세 납세의무에서 벗어나는 경우가 있었으나 2023. 3. 14. 시행령 개정을 통하여 국세와 통일적으로 규정함으로써 이를 방지하고자 하였다. 그 자세한 내용은 이 책 1124면 참조.

부가가치세법상 특수관계인은 소득세법과 법인세법 규정을 준용한다(부가세법 12조 2항, 부가세령 26조 1항).

국조법은 친족관계나 경제적 연관관계를 제외하고 경영지배관계에 의해서만 특수관계를 판단한다. 국조법상 특수관계는 출자관계, 재화·용역의 거래관계, 자금의 대여 등에 의해서 성립하나, 어느 경우든 전체 출자규모 또는 거래 규모를 기준으로 50% 이상이 되어야만 한다(국조령 2조 1항).

관세법은 특정인이 구매자 및 판매자 모두에 대해 5% 이상 지분을 보유한 경우 이외에는, 지배의 관점에서 경영지배관계에 의한 특수관계 성립 여부를 판단하나, 지배 요건에 관하여는 별도 규정을 두고 있지 않다(관세법 시행령 23조 1항).

이상 설명한 내용 중 주요사항을 표로서 살펴보면 다음 면과 같다.

---

1) 판 2024. 10. 8, 2024두46255. 서울고판 2024. 5. 29, 2022누1284에 대한 심리불속행 판결임

국세기본법상 특수관계인

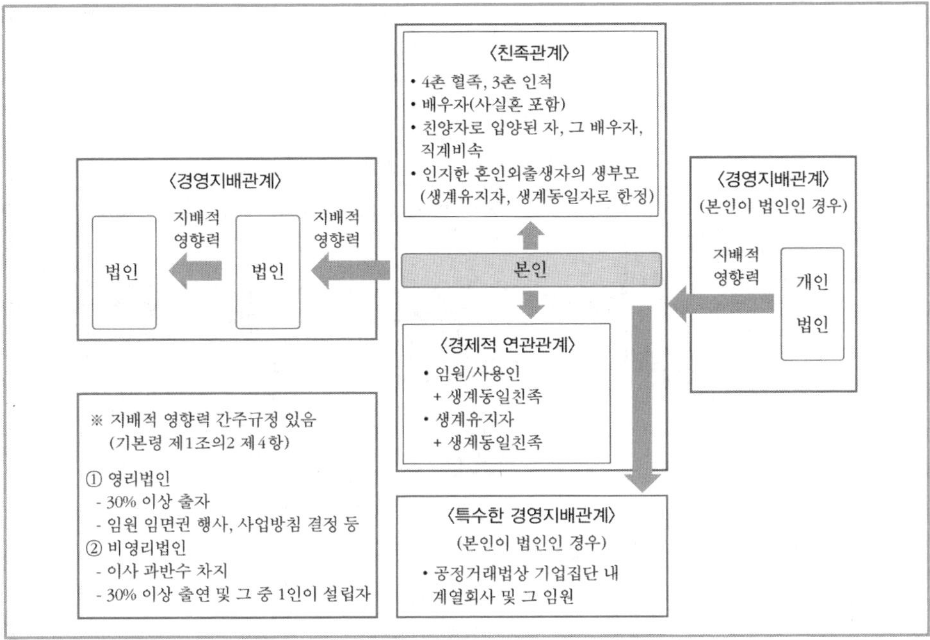

법인세법상 특수관계인

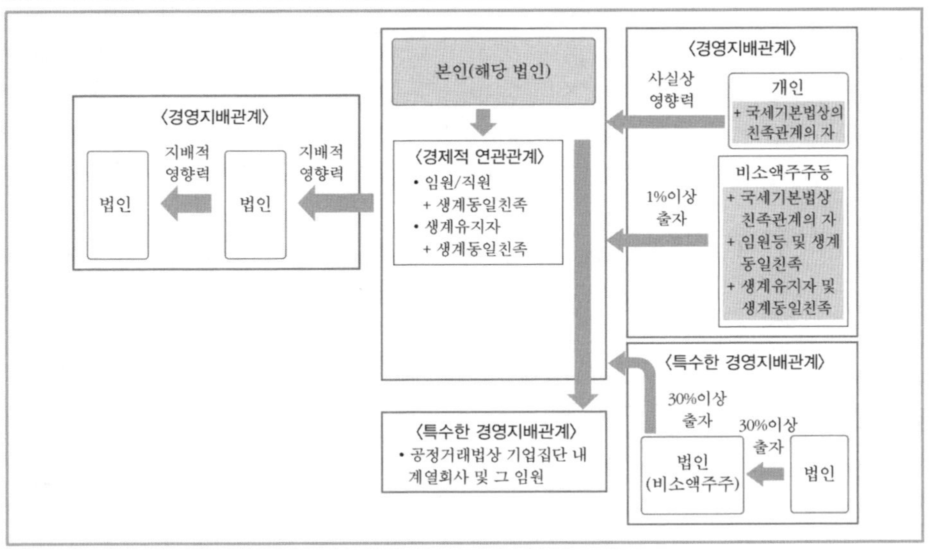

상증세법상 특수관계인

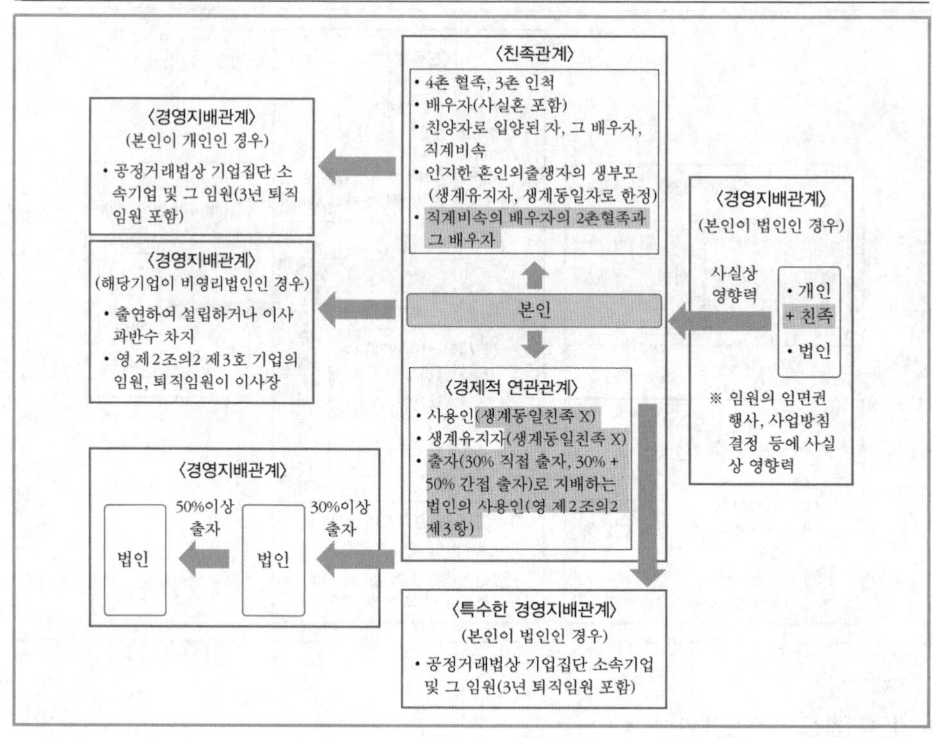
〈친족관계〉
• 4촌 혈족, 3촌 인척
• 배우자(사실혼 포함)
• 친양자로 입양된 자, 그 배우자, 직계비속
• 인지한 혼인외출생자의 생부모 (생계유지자, 생계동일자로 한정)
• 직계비속의 배우자의 2촌혈족과 그 배우자
〈경영지배관계〉
(본인이 개인인 경우)
• 공정거래법상 기업집단 소속기업 및 그 임원(3년 퇴직임원 포함)
〈경영지배관계〉
(해당기업이 비영리법인인 경우)
• 출연하여 설립하거나 이사 과반수 차지
• 영 제2조의2 제3호 기업의 임원, 퇴직임원이 이사장
본인
〈경영지배관계〉
(본인이 법인인 경우)
사실상 영향력
• 개인
+ 친족
• 법인
※ 임원의 임면권 행사, 사업방침 결정 등에 사실상 영향력
〈경제적 연관관계〉
• 사용인(생계동일친족 X)
• 생계유지자(생계동일친족 X)
• 출자(30% 직접 출자, 30% + 50% 간접 출자)로 지배하는 법인의 사용인(영 제2조의2 제3항)
〈경영지배관계〉
50%이상 출자
30%이상 출자
법인
법인
〈특수한 경영지배관계〉
(본인이 법인인 경우)
• 공정거래법상 기업집단 소속기업 및 그 임원(3년 퇴직임원 포함)

제 6 장

납세자의 권리보호

제 1 절 총　　설

납세의무는 주권자인 국민의 자발적인 동의를 기초로 공동의 이익을 위하여 설정된 의무이므로 과세권자가 과세권을 행사함에 있어서는 실체법상으로는 물론 절차법상으로도 납세자의 정당한 권리를 최대한 보장하지 않으면 안 된다.

우리 세법은 과세표준과 세액을 납세자가 스스로 신고하여 확정하는 신고납세방식을 근간으로 하고 있으나 신고납세방식이 제대로 기능하기 위해서는 국민의 성실한 납세의식과 이를 담보, 검증하기 위한 과세관청의 적정한 과세자료 수집방안의 확보가 필수적이다. 이러한 취지에서 과세권자에게 실지조사권을 비롯한 여러 가지 권한이 부여되어 있는데, 그와 같은 권한이 남용될 경우 정상적인 경영활동이 마비되는 등 납세자가 겪게 되는 현실적인 고통은 이루 말할 수 없이 크다. 이와 같은 현상이 민주사회의 정상적인 모습이 아님은 두말할 것도 없는데, 과세권의 남용에 대한 항쟁의 역사를 통해 민주주의 이념을 확립한 선진 서구국가들은 이 점에 각별히 유의하여 납세자의 권리를 보장하기 위한 여러 가지 법적 장치를 마련하고 있다. 미국의 납세자 권리헌장(Omnibus Taxpayer Bill of Rights), 영국의 납세자 헌장(Taxpayer's Charter), 프랑스의 세무조사에 관한 헌장(Charte Contribuable Verifie), 독일의 조세기본법(Abgabenordnung=AO)상의 세무조사 및 그 밖의 납세자보호를 위한 여러 조항, 그 밖에 캐나다, 오스트레일리아, 뉴질랜드 등의 납세자 권리헌장 등이 바로 그것이다. 우리도 이들에 발맞추어 납세자 권리헌장에 상응하는 규정을 국세기본법(같은 법 7장의2)과 지방세기본법(같은 법 6장)에 두고 있다.[1)]

아래에서 과세자료의 확보를 위한 납세환경의 정비 및 세무조사와 관련된 여러 규정들과 납세자의 권리보호를 위한 그 밖의 제도들에 관하여 차례로 살펴본다.

1) 관련 논의는, 이수윤·변혜정, "조세법상 납세자권리에 관한 연구", 조세법연구 26-3, 185면.

제 2 절 납세환경의 정비

1. 총 설

신고납세제도의 정착과 과세자료의 적정한 확보를 위해서는 납세환경의 지속적인 정비와 개선이 필수적이다. 여기에서 '납세환경'은 조세와 관련된 각종 제도나 규정 이외에도 국민의 조세제도 전반에 관한 정보 내지 지식의 확충과 이를 기초로 한 납세의식 및 세무직원의 준법의식 등을 모두 포함하는 넓은 개념이다. 우리 세법은 신고납세주의의 근간 아래 과세권이 적정하고도 민주적으로 행사될 수 있도록 근거과세의 원칙을 천명하는 한편 이를 뒷받침하기 위해 납세자에게 각종 장부 및 증거서류의 작성·비치·보관의무를 비롯한 여러 가지 협력의무를 지우고 있다. 이들 제도들이 원활하게 작동할 수 있도록 납세환경을 어떻게 정비·개선할 것인가가 향후 우리나라 과세행정의 주된 과제의 하나이다.

2. 근거과세의 원칙

국세기본법 제16조 제 1 항은 「**납세의무자가 세법에 따라 장부를 갖추어 기록하고 있는 경우에는 해당 국세 과세표준의 조사와 결정은 그 장부와 이와 관계되는 증거자료에 의하여야 한다**」, 그 제 2 항은 「**제 1 항에 따라 국세를 조사·결정할 때 장부의 기록 내용이 사실과 다르거나 장부의 기록에 누락된 것이 있을 때에는 그 부분에 대해서만 정부가 조사한 사실에 따라 결정할 수 있고, 이 경우에는 정부가 조사한 사실과 결정의 근거를 결정서에 적어야 한다**」고 규정하고 있다. 또한 개별세법에서도 납세의무자의 과세표준 등 신고가 없거나 신고내용에 오류·탈루가 있어 이를 결정·경정할 때에는 장부 또는 증빙서류에 의하도록 규정하고 있다(법법 66조 3항 본문; 소법 80조 3항 본문; 부가세법 57조 2항 본문).

과세자료 수집을 납세자가 비치한 장부 및 증빙자료를 근간으로 하도록 한 위 각 규정은 과세관청의 자의에 의한 과세를 방지하여 납세의무자의 권리를 보장함과 동시에 납세의무자에게 불복청구의 편의를 주기 위한 것으로서 우리 세법의 기본원리인 근거과세 원칙의 핵심적인 내용을 이룬다. 다만 과세관청이 과세요건사실의 인정에 필요한 직접적인 자료를 입수하기 어려운 경우 자료가 없다고 하여 과세를 포기하는 것은 조세공평주의에 반하여 타당하지 않기 때문에 세법은 이와 같은 경우 각종 간접자료를 사용한 추계과세를 예외적으로 인정하고 있다(법법 66조 3항 단서; 소법 80조 3항 단서; 부가세법 57조 2항 본문 단서). 추계과세는 현실적으로 불가피한 측면이 있지만 이를 과세의 정상적인 모습으로 보기는 어려우므로 납세환경의 정비와 함께 적용범위를 최소화하고 방법과 요건을 엄격하게 규정하여 납세자의 권리가 침해되는 일이 없도록 하여야 할 것이다.

3. 과세자료의 수집

가. 장부 및 증빙서류

국세기본법 제85조 제 1 항은, 「세법에 따라 과세자료를 제출할 의무가 있는 자는 과세자료를 성실하게 작성하여 정해진 기한까지 소관 세무서장에게 제출하여야 한다. 다만 국세정보통신망을 이용하여 제출하는 경우에는 지방국세청장이나 국세청장에게 제출할 수 있다」고 규정하여 납세자 등의 과세자료 제출에 관한 일반적인 의무를 규정하고 있고, 그 제 2 항은 과세와 관계되는 자료 또는 통계를 수집하거나 작성한 기관의 국세청장에 대한 통보의무를 규정하는 한편 같은 법 제85조의2는 과세관청의 지급명세서 자료의 이용에 대하여 규정하고 있다. 또한 같은 법 제85조의3에서는 납세자의 거래에 관한 장부 및 증거서류의 작성·비치 및 보존의무에 관하여 규정하고 있으며, 소득세법과 법인세법에서도 동일한 취지의 규정을 두고 있다(소법 160조, 160조의2, 법법 112조, 116조).

이와 같이 납세자가 작성·비치·보관하는 장부 및 증빙서류는 납세자의 납세신고 및 과세관청의 과세처분에 있어서 가장 중요한 과세자료가 된다.

나. 과세자료의 제출 및 관리에 관한 법률 등

「과세자료의 제출 및 관리에 관한 법률」은 공공기관 등이 보유하는 자료로서 국세의 부과와 납세의 관리에 필요한 자료를 세무관서에 의무적으로 제출하도록 하는 한편, 이를 통해 수집된 과세자료를 효율적으로 관리·활용함에 있어서 필요한 사항을 규정하고 있다. 이 법에 따라 세무관서에 과세자료를 제출하여야 하는 기관은 국가기관·지방자치단체·금융회사 등·정부투자기관·정부출연기관 등이고 (법 4조), 제출하여야 하는 과세자료는 인가·허가에 관한 자료, 영업·생산·판매실적에 관한 자료 등으로서 국세의 부과와 납세의 관리에 직접적으로 필요한 자료에 한하며(법 5조), 국세청장은 명백한 조세탈루혐의를 확인하기 위해 필요한 경우로서 금융거래정보를 확인하는 외에 달리 방법이 없다고 인정되는 경우 금융기관의 장에게 조세탈루 혐의자의 금융거래정보 제출을 요구할 수 있고, 요구를 받은 금융기관의 장은 지체 없이 요구받은 자료를 제출하여야 한다(법 6조 1·2항).

한편 「특정 금융거래 정보의 보고 및 이용에 관한 법률」에서는, 금융회사 등으로부터 제공받은 외국환거래 등 금융거래를 이용한 자금세탁행위 등에 관한 정보를 정리·분석하는 업무를 수행하기 위하여 금융위원회 소속으로 금융정보분석원을 두고(법 3조), 금융정보분석원장은 조세탈루혐의 확인을 위한 조사업무, 관세 범칙사건 조사, 조세체납자에 대한 징수업무 등에 필요하다고 인정되는 경우 그 정리·분석한 정보를 국세청장이나 관세청장 등에 제공하도록 하고 있다(법 10조).

다. 그 밖의 과세자료(확인서 등)

일반적으로 과세자료가 되는 것은 세금계산서, 납세자가 비치·기장한 장부 등 거래의 증빙자료이지만 그 밖에 다른 자료도 과세자료가 될 수 있다. 이 중 중요한 것이 수사과정에서 작성된 확인서나 진술서이다. 수사과정에서 작성된 자료들은 당사자나 관계인의 자유로운 의사에 의해 작성되고 그 내용 또한 과세자료로서 합리적이어서 진실성이 있다고 인정되는 경우에 한하여 과세자료로 삼을 수 있다(판 91. 12. 10, 91누4997). 따라서 수사기관이나 과세관청이 형사처벌이나 세무사찰을 암시하는 등 강력한 유도를 함으로써 작성자가 그의 자유로운 의사에 반해 서명날인한 각서나 확인서 등을 근거로 한 과세처분이나(판 89. 5. 23, 88누681), 세무공무원이 수사기관에서 통보하여 온 메모지나 잡기장 등 진부확인이나 실지조사를 하지 않은 수사자료를 근거로 삼아 한 과세처분(판 87. 12. 8, 85누680), 수사과정이나 세무조사과정에서 아무런 자료의 뒷받침 없이 총 포탈세액 또는 누락소득 집계액을 기재한 납세의무자나 그 사용인 명의의 확인서만을 기초로 한 과세처분(판 92. 11. 13, 92누1438), 매출누락사실을 자인하였으나 매출사실의 구체적 내용이 없어 신빙성이 인정되지 않는 확인서에 기초한 과세처분(판 2003. 6. 24, 2001두7770) 등은 모두 근거과세의 원칙에 위배되는 위법한 처분이 된다. 그러나 실지세무조사를 하는 과정에서 납세의무자의 장부 등을 기초로 가공손비나 누락익금 등이 있다는 내용으로 작성·제출된 확인서라면 그 증거가치를 쉽게 배척할 수 없고(위 92누1438 판결), 관련 형사재판 판결에서 조세포탈사실을 인정한 경우 그 판결은 특별한 사정이 없는 한 유력한 과세자료가 된다(판 90. 5. 22, 89누4994).

4. 세법상 전자문서의 작성 및 보관

정보통신기술의 급속한 발달과 광범위한 활용은 조세행정부분에도 새로운 조세정책의 변화를 요구하고 있다. 국세청에서는 이 요청에 부응하고 납세자를 위한 전자세정을 구현하기 위하여 국세통합전산망(Tax Integrated System, ‘TIS’)과 연계하여 홈텍스서비스 시스템(Home Tax System, ‘HTS’)을 구축하는 한편, 전자세금계산서 제도를 도입하고 세금과 관련된 장부 등 지출증빙서류에 대해 전자적 처리 및 보관을 할 수 있도록 정하고 있다. 구체적으로 국세기본법 제85조의3 제 1, 2 항은, 납세자의 거래에 관한 장부 및 증거서류 작성·보존의무에 관하여 규정하면서, 그 제 3 항에서 납세자의 전산조직을 이용한 장부와 증거서류의 작성권한 및 그 처리과정의 보존의무에 관하여 규정하는 한편 그 제 4 항 및 시행령 제65조의7 제 3 항에서는 전자화문서의 변환과 보관의 특례 및 그 예외에 관하여 규정하고 있다.[1)]

‘전자문서’란 정보처리시스템에 의하여 전자적 형태로 작성, 송신·수신 또는 저장된 정보를 말하고(전자문서 및 전자거래기본법 2조 1호), ‘전자화문서’란 종이문서 그 밖에 전자적 형태로 작성되지 않은 문서를 정보처리시스템이 처리할 수 있는 형태로 변환한 문서를 말한다(같은 법 5조 2항).

제 3 절 세무조사

1. 총 설

신고납세주의를 근간으로 하는 우리 세법 절차에서 납세자의 성실한 신고가 뒷받침되는 한 과세관청의 과세자료 수집은 불필요할 것이다. 그러나 납세자가 언제나 성실하게 납세신고를 한다고만은 볼 수 없으므로 아무리 민주화된 사회에서도 납세자의 신고내용의 정확성 여부를 검증하기 위한 과세자료 수집절차는 적정한 과세권 행사를 위해 불가피하게 요구된다. 또한 부과과세방식의 조세에 있어서 과세표준과 세액을 확정하기 위해서도 과세관청의 과세자료 수집절차는 필요하다.

이와 같은 과세관청의 과세자료 수집절차에 납세자가 언제나 충분하게 협력한다고는 볼 수 없기 때문에 세무공무원에게 질문검사권, 즉, 과세요건 사실에 관하

1) 관련 논의는, 윤현석, “세법상 전자화문서 보관의 활성화 방안”, 조세법연구 19-2, 513면.

여 납세의무자 또는 관계인에게 필요한 질문을 하고, 관계서류, 장부 그 밖의 물건을 검사할 수 있는 권한을 부여할 것이 요구된다.

가장 넓은 의미의 세무조사는, (1) 과세처분을 위한 개별세법상의 질문·조사(통상의 세무조사), (2) 조세범칙조사, (3) 강제징수의 집행을 위한 질문·검사(징수법 36조) 등을 모두 포함하나, 중복조사의 금지 등 국세기본법상 여러 원칙 등이 적용되는 것은 (1)과 (2)이며, 통상 사용되는 의미의 세무조사는 (1)을 지칭한다.

통상의 세무조사와 관련하여, 우리 세법은 질문검사권을 개별세법에서 규정하고 있다(소법 170조; 법법 122조; 부가세법 74조; 상증세법 84조; 징수법 36조 등).

이들 규정들이 상대방의 의사에 반하여 사업장 등에 들어가거나 각종 물건을 검사하는 등의 강제조사를 인정하는 것은 아니나, 정당한 사유 없이 질문·검사를 거부하는 등의 경우 대통령령으로 정하는 바에 따라 과태료의 제재를 받도록 되어 있어(기본법 88조 참조) 간접강제를 수반하고 있다.[1] 이러한 의미에서 질문·검사는 공권력의 행사를 내용으로 하는 사실행위이다. 세무공무원이 이러한 질문검사권을 행사하여 과세요건을 충족하는 사실의 조사·확인 및 과세에 필요한 직접·간접의 자료를 수집하는 일련의 행위를 통상 '세무조사'라고 한다. 국세기본법 제 2 조 제 21호에서 '국세의 과세표준과 세액을 결정 또는 경정하기 위하여 질문을 하거나 해당 장부·서류 또는 그 밖의 물건을 검사·조사하거나 그 제출을 명하는 활동'을 '세무조사'로 지칭한 것도 이와 같은 취지이다.

적정과세를 위한 과세관청의 질문검사권 행사와 그에 따르는 납세자의 인권침해의 소지를 어떻게 조정할 것인가는 현실적으로 납세자가 힘들게 직면하는 매우 중요한 문제이다. 개괄적으로 고찰하면 납세자의 기본적 인권이나 재산권을 침해하는 질문검사권의 행사는 허용되지 않는다고 말할 수 있으나 구체적인 경우에 그 한계는 반드시 명확하지만은 않다.

국세기본법[2] 제 7 장의2 및 지방세기본법 제 6 장은 '납세자의 권리'라는 제목 아래 납세자 권리헌장을 교부받을 권리 등 세무공무원의 질문검사권에 대응한 납세자의 여러 권리를 규정하고 있다. 관련 규정만 놓고 보면 우리 법 체계는 상당한 완결성을 지니고 있다. 그 주요한 내용은, ① 국세청장의 납세자 권리헌장의 제정·고시, 교부와 요지 낭독 및 조사내용과 권리구제절차의 설명 의무(법 81조의2 1

1) 입법 예에 따라서는 납세자가 세무공무원의 적법한 조사 및 검사를 방해하는 경우 공무집행방해죄와 별도로 세무공무원 방해죄로 처벌하는 경우도 있으나(미국, 영국, 일본 등) 우리는 그렇지 않다. 관련 논의는 임재혁, "조세범죄 성립요건의 비교법적 고찰", 조세법연구 29-1, 453면.

2) 이하 이 책 제 3 편 제 2 장까지 '법'은 국세기본법의 약칭이다.

내지 3항), ② 동일한 세목·동일한 과세기간에 대하여 중복조사를 받지 않을 권리(법 81조의4 2항), ③ 세무조사(조세범처벌절차법에 따른 조세범칙조사 포함)에 있어서 변호사 등의 조력을 받을 권리(법 81조의5), ④ 납세자의 성실성 추정과 세무조사 개시요건(법 81조의3, 81조의6), ⑤ 세무조사의 사전통지를 받을 권리와 세무조사 개시의 연기를 신청할 권리(법 81조의7), ⑥ 세무조사의 결과를 통지받을 권리(법 81조의12) 등이다.

현재 실무상 주로 문제가 되는 내용들은, i) 중복조사 금지 등 세무조사의 요건 및 절차규정의 적용과 관련하여, 어디까지가 세무조사의 범위에 포함되는가, ii) 위와 같은 법정요건 및 절차 규정위배의 효과는 어떠한가, iii) 해당 세무조사절차에 근거한 과세처분을 취소할만한 '중대한 위법사유'는 무엇인가, iv) 세무조사결정 자체를 쟁송대상으로 삼을 수 있는가 등이다.

이러한 사항들에 대하여 우리 판례는 납세자 보호를 위하여 관련규정들을 적극적으로 해석하고 있다. 특히 판례는 '세무조사권 남용금지'에 관한 국세기본법 제81조의4 제 1 항의 효력에 관하여 이를 단순한 선언적 규정을 넘어선 효력규정으로 이해하고 있다(판 2016. 12. 15, 2016두47659).

아래에서 먼저 외국의 입법 및 실무 예를 간략하게 살펴보고 규정 및 관련 판례의 내용들을 검토해 보기로 한다.[1]

2. 세무조사에 관한 외국의 입법 및 실무 예

(1) 미 국

미국 세무조사의 유형으로는 서면조사(correspondence examination), 사무실 조사(office audit), 현장조사(field audit)가 있다. 이 가운데 현장조사가 우리 법상 포괄적 세무조사에 해당하며, 국세청 직원이 조사대상자의 사무실 등에서 장부 및 서류를 조사하게 된다. 이 경우 IRM(Internal Revenue Manual)이 정하는 조사기준을 준수하여야 한다.

1) 세무조사와 관련된 전반적인 판례의 동향은, 이중교, "법원판결을 통해 본 세무조사의 절차적 통제", 조세법연구 23-2. 109면. 세무조사절차의 개선방안에 관한 논의는, 정진오·정지선 "공평과세를 위한 세무조사제도 개선방안", 조세법연구 15-1, 46면. 김웅희, "세무조사의 민영화 또는 민간위탁에 대한 법적 검토", 조세법연구 VIX-3, 403면. 관세법상 관세조사와의 비교·검토는 주성준, 조세법의 쟁점 Ⅲ(법무법인 태평양), 318면. 중복세무조사 제한과 관련된 외국의 입법 예에 관하여는 손준성·박 훈, "중복세무조사 허용사유 중 국세기본법 제81조의4 제 2 항 제 1 호의 개정방안", 조세법연구 27-1, 295면.

미국 연방내국세입법(IRC) 제7605조(b)는, '납세의무자에 대한 세무조사의 제한'이라는 제목 아래 "어떤 납세의무자에 대해서도 불필요한 세무조사를 하여서는 아니된다. 납세의무자의 회계장부에 대한 조사는 납세의무자의 요구가 있거나, 세무관서장이 조사 후에 서면으로 추가 조사의 필요성을 통지한 경우가 아니면 각 과세연도마다 1회의 조사에 그쳐야 한다"고 규정하고 있다.

원칙적으로 1과세연도에 1회에 한하여 회계장부를 검사함이 원칙이나, 1. 기망적 은폐 또는 이와 유사한 경우(fraud concealment or the like), 2. 중대한 행정적 누락(a serious administrative omission) 3. 명백한 실체적 오류(clearly defined substantial error) 등의 사유가 있으면 예외가 허용된다{IRC 제7605조 9(b)}.

조세사건에 관하여 종국적 합의가 이루어지면 합의된 사항에 관하여는 원칙적으로 과세관청이나 조세채무자 모두 다시 거론할 수 없다. 다만 1. 사기(fraud), 2. 불법행위(malfeasance), 3. 구체적 사실에 관한 허위 진술(misrepresentation of a material fact) 등의 사유가 있는 경우에는 예외이다{IRC 제7605조 (b)}.

(2) 독 일

독일의 세무조사는 통상 개별적 조사절차(Einzelermittlungsverfahren), 외부조사(Außprüfung), 조세범칙조사(Steuerfahrung)로 나누어진다.

외부조사의 경우 개별적 조사절차보다 조사범위가 더 포괄적이고 조사의 강도도 훨씬 높으며, 세무공무원이 납세자 사업장에 직접 가서 조사를 진행하기 때문에 '사업장 조사(Betriebsprüfung)'라고 부르기도 한다. 독일의 조세기본법 제173조에서는 "외부조사를 거쳤던 과세결정에 대해서는 원칙적으로 재조사를 할 수 없고, 조세포탈 또는 중과실에 의한 조세탈루가 있는 경우에만 재조사가 가능하다"고 규정하여 중복조사 금지원칙을 천명하고 있으며, 같은 법 제204조는 외부세무조사에 관하여 구속적 확약을 인정하고 있다. 이는 과세자료의 확보시점이 부과경정의 제한 여부를 판단하는 중요한 근거가 된다는 점을 확인한 것이다. 이와 관련하여 중요한 규정으로 외부세무조사에 의하여 조세결정이 이루어진 경우 납세자의 고의나 중과실에 의한 조세포탈이 있는 경우에만 부과경정이 가능하도록 한 같은 법 제173조 제 2 항을 들 수 있다. 그 기본사상은, 과세관청은 세무조사에서 포괄적 조사를 실행할 기회를 가졌기 때문에 그에 관련된 중요한 사실을 모두 알고 있다고 추정한다는 것이다.[1)]

세무조사의 각종 절차에 관하여는 조세기본법 제 4 장(제193조 내지 207조)에서 규정하고 있다.

---

1) 윤병각, 조세법상 경정청구, 박영사(2021), 469면.

(3) 일 본

일본 국세통칙법은 각 개별세목별로 구체적인 세무조사의 요건과 범위 및 절차에 관하여 규정하고 있다. 세무조사 개시요건으로는 '필요가 있는 때'라는 포괄적 규정만을 두고 있다(일본 국세통칙법 제74조의2 내지 74조의6).[1]

질문검사권은 조세의 공평·확실한 부과징수를 위해 필요한 자료의 취득·수집을 목적으로 하고 범칙조사를 목적으로 하는 것이 아니므로,[2] 형사 적법절차에 관한 일본 헌법 제35조 내지 제38조는 적용이 없다고 해석된다.[3]

질문검사권이 과세처분 이외의 다른 처분에 필요한 자료를 위해서도 행사될 수 있는가에 관하여, 판례는 후자의 견해를 취한다.[4]

법은 조사종료 시 엄격한 통지규정을 두고 있으며(같은 법 74조의11 1항 내지 3항), 그 이후에는 세무공무원은 '새로이 얻은 정보에 비추어 비위가 있다고 인정되는 때'에 한하여 당해 납세의무자에 대하여 질문검사 등을 행할 수 있다(같은 조 6항).

국세공무원이 과세처분취소소송이나 과세처분 위법을 이유로 한 국가배상청구소송을 수행하는 과정에서 그 소송을 위한 증거수집 목적으로 질문검사권을 행사할 수 있는가에 관하여 판례는 이를 적극적으로 해석하고 있다.[5] 그러나 이에 대하여는 학설의 반론이 있다.[6]

1) 세무직원은 합리적 재량에 기초하여 필요하다고 인정되면 납세의무자의 종업원에 대하여도 질문할 수 있고, 치과의사의 비밀준수의무에 관계된 진료카드는 사업에 관한 장부서류나 그 밖의 물건에 해당하므로 제시된 진료카드를 검사하는 것은 적법하다고 한 것. 일최판 평성 2. 7. 19. 세무자료 180호, 300면, 평석은, 佐藤孝一, 「國稅通則の 法解釋と實務」(財團法人 大藏財務協會), 483면.

2) 일본 국세통칙법 제74조의8 등. 범칙조사를 위하여 질문검사권을 행사하는 것은 허용되지 않는다고 한 판례로서 일최결 평성 16. 1. 20. 형집 58권 1호 26면.

3) 일최판 소화 47. 11. 22. 형집 26권 9호 554면, 소화 58. 7. 14. 월보 30권 1호 151면. 학설은 이와 같이 이해하는 경우 헌법 제38조의 취지가 손상되는 것을 방지하기 위해서, 1. 질문검사에 의해 얻어진 자료는 관계자의 형사책임추급을 위해 이용되어서는 안 되고, 형사절차상 증거능력도 갖지 않으며(다만 판례는 반대 취지이다. 일최결 평성 16. 1. 20. 평석은 일본 판례백선 234면). 2. 세무직원이 질문검사 과정에서 납세의무자의 조세범칙사실을 인지한 경우, 조세직원의 비밀준수의무가 공무원의 고발의무에 우선한다고 해석하는 방지조치가 필요하다고 설명한다. 金子 宏, 앞의 책 906면 참조.

4) 일최결 소화 48. 7. 10. 형집 27권 7호 1205면. 일본 소득세법상 질문검사권은 경정·결정 이외에 예정납세액의 감액, 청색신고의 승인 등의 처분을 위한 조사를 위해서도 행사될 수 있다고 판단한 사안.

5) 과세처분취소소송에 관하여 廣島高判 소화 63. 5. 30. 行裁例集 39권 5,6호 415면. 국가배상청구소송에 관하여 최판 평성 10. 1. 22. 稅資 230호 65면.

6) 金子 宏, 앞의 책 907면. 그 밖에 일본 세무조사절차와 관련된 자세한 설명은, 占部裕典, '조세법과 행정법의 교착(慈學社, 2015) 3면 이하 참조.

3. 세무조사의 요건

가. 총 설

세무조사가 적법하기 위해서는 조사대상의 선정과 조사의 상대방, 조사의 범위와 조사기간, 납세자에 대한 통지절차 등 조사의 개시부터 종결에 이르기까지 일련의 과정과 절차들이 모두 법에 어긋남이 없어야 한다. 법은 세무조사를 실시하기 위한 적극적인 요건과 소극적인 요건(재조사의 제한 등), 그리고 세무조사의 계속수행과 관련된 여러 가지 요건들을 엄격하게 설정하여 두고 있다.

나. 세무조사의 관할

세무조사는 납세지 관할 세무서장 또는 지방국세청장이 수행한다. 다만 납세자의 주된 사업장 등이 납세지와 관할을 달리하거나 납세지 관할 세무서장 또는 지방국세청장이 세무조사를 수행하는 것이 부적절한 경우 등 대통령령으로 정하는 사유에 해당하는 경우에는 국세청장(같은 지방국세청 소관 세무서 관할 조정의 경우에는 지방국세청장)이 그 관할을 조정할 수 있다(법 81조의6 1항).

다. 조사대상의 선정

국세기본법상 조사대상의 선정방식에는, (1) 정기선정조사, (2) 수시조사, (3) 부과처분을 위한 실지조사 등 세 가지가 있다. 그 밖에 조세범처벌절차법은 조세범칙조사의 기준에 관하여 규정하고 있다(동법 7조 1항, 동 시행령 6조 1항).

(1) 정기선정조사(법 81조의6 2항)

세무공무원은 다음 각 호의 어느 하나에 해당하는 경우에 정기적으로 신고의 적정성을 검증하기 위하여 대상을 선정(정기선정)하여 세무조사를 할 수 있다. 이 경우 세무공무원은 객관적 기준에 따라 공정하게 그 대상을 선정하여야 한다.

1. 국세청장이 납세자의 신고 내용에 대하여 과세자료, 세무정보 및 「주식회사의 외부감사에 관한 법률」에 따른 감사의견, 외부감사 실시내용 등 회계성실도 자료 등을 고려하여 정기적으로 성실도를 분석한 결과 불성실 혐의가 있다고 인정하는 경우

2. 최근 4과세기간 이상 같은 세목의 세무조사를 받지 아니한 납세자에 대하여 업종, 규모 등을 고려하여 대통령령으로 정하는 바에 따라 신고 내용이 적정한지를 검증할 필요가 있는 경우

3. 무작위추출방식으로 표본조사를 하려는 경우

(2) 수시조사(동 3항)

세무공무원은 제 2 항에 따른 정기선정에 의한 조사 외에 다음 각 호의 어느 하나에 해당하는 경우에는 세무조사를 할 수 있다.

1. 납세자가 세법에서 정하는 신고, 성실신고확인서의 제출, 세금계산서 또는 계산서의 작성·교부·제출, 지급명세서의 작성·제출 등의 납세협력의무를 이행하지 않은 경우

2. 무자료거래, 위장·가공거래 등 거래 내용이 사실과 다른 혐의가 있는 경우

3. 납세자에 대한 구체적인 탈세 제보가 있는 경우 4. 신고 내용에 탈루나 오류의 혐의를 인정할 만한 명백한 자료가 있는 경우 5. 납세자가 세무공무원에게 직무와 관련하여 금품을 제공하거나 금품제공을 알선한 경우

(3) 부과처분을 위한 실지조사(동 4항)

세무공무원은 과세관청의 조사결정에 의하여 과세표준과 세액이 확정되는 세목의 경우 과세표준과 세액을 결정하기 위하여 세무조사를 할 수 있다. 이러한 부과과세방식의 세목의 경우 제 3 항 각 호에서 정한 세무조사대상 선정사유가 존재하지 않더라도 제 4 항에 의하여 세무조사대상으로 선정하는 것이 가능하나, 그 상대방은 상증세법 제84조에서와 같이 개별세법에서 정한 질문·조사권 행사의 상대방에는 해당하여야 한다.[1)]

(4) 세무조사의 예외

세무공무원은, 1. 업종별 수입금액이 대통령령으로 정하는 금액 이하이고, 2. 장부기록 등이 대통령령으로 정하는 요건을 충족하는 사업자에 대하여는 제 2 항의 규정에 따른 세무조사를 실시하지 아니할 수 있다. 다만 객관적인 증거자료에 의하여 과소신고한 것이 명백한 경우에는 그러하지 아니하다(동 5 항).

라. 조사(질문·검사)의 내용과 범위

먼저 조사(질문·검사)의 상대방은 크게 본인에 대한 조사와 거래 상대방 등 관계인에 대한 조사로 나눌 수 있다.

본인 등에 대한 조사는 납세의무가 확정된 납세의무자·체납자·납세관리인 외에 질문검사 당시를 기준으로 세무공무원의 합리적 판단에 의하여 납세의무가 있는 자에 해당한다고 추인되는 자를 포함한다. 거래의 상대방 등에 대한 조사의 예로서는,

1) 판 2024. 3. 12, 2021두32088. 원고들이 주식을 명의신탁받아 증여세 납세의무가 성립하였다고 합리적으로 추정하기 어려워 원고들이 상증세법 제84조 제 1 호에 따른 질문·조사권 행사의 상대방에 해당한다고 볼 수 없고, 같은 조의 다른 호에서 정한 조사대상에도 해당하지 않음을 이유로 원고들을 상대로 한 세무조사 및 그에 기초한 증여세 부과처분이 위법하다고 본 사안.

원천징수의무자와 지급조서제출의무자, 토지 등 매매계약서 작성자, 체납자인 법인의 주주 또는 사원 등에 대한 조사를 들 수 있다.

금융실명법 제 4 조에 따른 '금융거래정보 제공요구'는 그 상대방이 납세의무자나 관계인이 아니라 '금융회사 등'이므로 국세기본법 등에 의한 세무조사에 해당하지 않는다(판 2017. 10. 26, 2017두42255).

질문할 내용에는 과세요건 사실에 관계되거나 압류할 재산의 소재·수량을 아는 데 필요한 일체의 사항이 포함된다.

검사의 대상은 장부·서류 기타 물건이다. 이러한 장부·서류 기타 물건은 과세요건사실의 확인이나 압류물의 소재·수량을 아는 데 필요한 것에 한한다. 그러나 그 관련성은 간접적인 사항까지를 널리 포함한다고 볼 것이다.

조사의 범위에 관하여 세무공무원은 구체적인 세금탈루 혐의가 여러 과세기간 또는 다른 세목까지 관련되는 것으로 확인되는 경우 등 대통령령으로 정하는 경우를 제외하고는 조사진행 중 세무조사의 범위를 확대할 수 없고(법 81조의9 1항), 범위를 확대하는 경우 그 사유와 범위를 납세자에게 문서로 통지하여야 한다(2항).

구체적으로, 1. 다른 과세기간·세목 또는 항목에 대한 구체적인 세금탈루 증거자료가 확인되어 다른 과세기간·세목 또는 항목에 대한 조사가 필요한 경우와 2. 명백한 세금탈루 혐의 또는 세법 적용의 착오 등이 있는 조사대상 과세기간의 특정 항목이 다른 과세기간에도 있어 동일하거나 유사한 세금탈루 혐의 또는 세법 적용 착오 등이 있을 것으로 의심되어 다른 과세기간의 그 항목에 대한 조사가 필요한 경우 이외에는 당초 통지한 조사범위를 확대하지 못한다(영 63조의10).

국세기본법에 관련 규정이 마련된 이후에는 개별 세법이 정한 질문·조사권도 그 요건과 한계 내에서만 허용되며(판 2014. 6. 26, 2012두911), 세무조사 범위 확대통지를 결여한 채 이루어진 과세처분 또한 위법하다(판 2023. 11. 9, 2020두51181).

마. 조사절차에 대한 사전통지 등

세무공무원은 세무조사를 하는 경우에는 조사를 받을 납세자(납세자가 제82조에 따라 납세관리인을 정하여 관할 세무서장에게 신고한 경우에는 납세관리인)에게 조사를 시작하기 20일[법 제65조 제 1 항 제 3 호 단서(제66조 제 6 항과 제80조의2에서 준용하는 경우 포함) 또는 제81조의15 제 5 항 제 2 호 단서에 따른 재조사 결정으로 재조사를 하는 경우에는 7일] 전에 조사대상 세목, 조사기간 및 조사 사유, 그 밖에 대통령령으로 정하는 사항을 통지("사전통지")하고(법 81조의7 1항. 다만 사전에 통지하면 증거인멸 등으로 조사 목적을 달성할 수 없다고 인정되는 경우는 예외임), 납세자가 세무조사 연기신청을 하는 경우 세무조사 개시 전까지 그 가부를 결정하여 통지하여야 한다(동 2·3항). 관할 세무관서의 장은, 1. 제 2 항에 따른 연기 사유가 소멸하거나, 2. 조세채권을 확보하기 위하여 조사를 긴급히 개시할 필요가 있다고 인정되는 경우에는 제 3 항에 따라 연기한 기간이 만료되기 전에 조사를 개시할 수 있다(동 4항). 관할 세무관서의 장은 제 4 항 제 1 호의 사유로 조사를 개시하려는 경우에는 조사를 개시하기 5일 전까지 조사를 받을 납세자에게 연기 사유가 소멸한 사실과 조사기간을 통지하여야 한다(동 5항).

세무공무원은 제 1 항 단서에 따라 사전통지를 하지 아니하고 조사를 개시하거나 제 4 항 제 2 호의 사유로 조사를 개시할 때 다음 각 호의 구분에 따른 사항이 포함된 세무조사통지서를 세무조사를 받을 납세자에게 교부하여야 한다. 다만, 폐업 등 대통령령으로 정하는 경우에는 그러하지 아니하다(동 6항).

1. 제 1 항 단서에 따라 사전통지를 하지 아니하고 조사를 개시하는 경우: 사전통지 사항, 사전통지를 하지 아니한 사유, 그 밖에 세무조사의 개시와 관련된 사항으로서 대통령령으로 정하는 사항 2. 제 4 항 제 2 호의 사유로 조사를 개시하는 경우: 조사를 긴급히 개시하여야 하는 사유

위와 같은 사전통지에 관한 규정은 강행규정이므로 이를 위반한 세무조사 절차 및 그에 기초한 과세처분은 위법하게 된다.[1)]

납세자는 변호사, 공인회계사, 세무사로 하여금 세무조사(조세범처벌절차법에 따른 범칙조사 포함)에 참여하게 하거나 의견을 진술하게 할 수 있다(법 81조의5).

바. 세무조사기간

세무공무원은 조사대상 세목·업종·규모, 조사 난이도 등을 고려하여 세무조사 기간이 최소한이 되도록 하여야 한다. 다만 다음 각 호의 어느 하나에 해당하는 경우에는 세무조사 기간을 연장할 수 있다(법 81조의8 1항).

1. 납세자가 장부·서류 등을 은닉하거나 제출을 지연하거나 거부하는 등 조사를 기피하는 행위가 명백한 경우 2. 거래처 조사, 거래처 현지확인 또는 금융거래 현지확인이 필요한 경우 3. 세금탈루 혐의가 포착되거나 조사 과정에서 조세범처벌절차법에 따

1) 위 규정이 강행규정임을 전제로 납세자가 상속세 회피목적으로 주식 명의신탁을 하였다가 제 3 자에게 매도하면서 매수예약을 하였고, 당사자들이 허위진술을 유도하는 등 증거인멸이 우려되는 상황이므로 위 세무조사결과에 따른 사전통지 없는 부과처분이 위법하지 않다고 본 것: 판 2023. 11. 2, 2021두46742.

른 조세범칙조사를 개시하는 경우 4. 천재지변이나 노동쟁의로 조사가 중단되는 경우 5. 제81조의16 제 2 항에 따른 납세자보호관 또는 담당관이 세금탈루혐의와 관련하여 추가적인 사실 확인이 필요하다고 인정하는 경우 6. 세무조사 대상자가 세금탈루혐의에 대한 해명 등을 위하여 세무조사 기간의 연장을 신청한 경우로서 납세자보호관등이 이를 인정하는 경우

위 각호의 연장사유는 열거적·제한적인 것으로 보아야 한다.

제 1 항에 따른 세무조사기간은 조사대상 과세기간 중 연간수입금액 또는 양도가액이 가장 큰 과세기간의 연간 수입금액 또는 양도가액이 100억 원 미만인 경우에는 20일 이내로 한다(동 2항).

법은 그 밖에 세무조사 연장승인에 관한 절차 및 적용의 예외(3항), 세무조사의 중지와 재개(4·6항)[1] 및 위 사항들에 대한 납세자 통지절차(7항), 세무공무원의 조사기간 단축노력 및 조사종결에 관한 사항(8항) 등에 관하여 규정하고 있다.

사. 재조사의 제한

(1) 규정 내용

세무공무원은, 1. 조세탈루의 혐의를 인정할 만한 명백한 자료가 있는 경우, 2. 거래상대방에 대한 조사가 필요한 경우, 3. 2개 이상 사업연도와 관련하여 잘못이 있는 경우, 4. 제65조 제 1 항 제 3 호 단서(66조 6 항과 80조의2에서 준용하는 경우 포함) 또는 제81조의15 제 5 항 제 2 호 단서의 재조사결정에 따라 조사하는 경우(결정서 주문에 기재된 범위의 조사에 한정), 5. 납세자가 세무공무원에게 직무와 관련하여 금품을 제공하거나 금품제공을 알선한 경우, 6. 제81조의11 제 3 항에 따른 부분조사를 실시한 후 해당 조사에 포함되지 않은 부분에 대하여 조사하는 경우, 7. 그 밖에 제 1 호부터 6 호까지와 유사한 경우로서 대통령령으로 정하는 경우를 제외하고는 같은 세목 및 같은 과세기간에 대하여 재조사를 할 수 없다(법 81조의4 2항).

위 '대통령령으로 정하는 경우'란 다음 각 호의 경우를 말한다(기본령 63조의2).

1. 부동산투기, 매점매석, 무자료거래 등 경제질서 교란 등을 통한 세금탈루 혐의가 있는 자에 대하여 일제조사를 하는 경우 2. 과세관청 외의 기관[2]이 직무상 목적을 위해 작성하거나 취득해 과세관청에 제공한 자료의 처리를 위해 조사하는 경우 3. 국세

---

1) 조사중지기간의 조사라는 절차상 하자에 터잡아 과세처분을 취소한 사안으로 판 2023. 6. 1, 2023두33870(수원고판 2023. 1. 13, 2021누13113에 대한 심리불속행 판결임).

2) 2019. 2. 12. 개정 전 규정과 관련하여 같은 취지를 설시한 것으로, 판 2015. 5. 28, 2014두43257; 2018. 6. 19, 2016두1240.

환급금의 결정을 위한 확인조사를 하는 경우 4. 조세범처벌절차법 제 2 조 제 1 호에 따른 조세범칙행위의 혐의를 인정할 만한 명백한 자료가 있는 경우. 다만 해당 자료에 대하여 조세범처벌절차법 제 5 조 제 1 항 제 1 호에 따라 조세범칙조사심의위원회가 조세범칙조사의 실시에 관한 심의를 한 결과 조세범칙행위의 혐의가 없다고 의결한 경우에는 조세범칙행위의 혐의를 인정할 만한 명백한 자료로 인정하지 아니한다.

(2) 의 의

위 규정은, 같은 세목 및 과세기간에 대한 중복 세무조사는 납세자의 영업의 자유나 법적 안정성을 심각하게 침해하고 세무조사권 남용으로 이어질 우려가 있으므로 원칙적으로 이를 금지한다는 '세무조사 최소한의 원칙' 및 '중복조사 금지 원칙'을 천명한 것이다. 위 규정은 세무공무원을 구체적으로 기속하며 이에 위배된 세무조사를 통하여 이루어진 과세처분은 위법하게 된다.[1)]

중복세무조사의 금지는, 납세자의 쟁송절차상 권리보장 내지 과세관청의 경정권한의 제한 측면에서도 중요한 의미를 갖는다. 쟁송절차와 관련하여 과세관청의 과세자료 확보절차, 특히 세무조사절차에 관하여 일정한 제약을 설정하는 것은 납세자의 실질적인 권리보장을 위해 꼭 필요하다. 중복세무조사 금지에 관하여 일정한 기준이 설정되면, 과세관청이 쟁송 중 동일한 과세단위 안에서 기초적 사실관계가 다른 사항에 관하여 재처분을 하거나 처분사유를 변경하는 것이 크게 제한될 것이다. 구체적으로 쟁송절차 진행 중 기존 부과처분을 유지할 목적으로 같은 과세기간 내 같은 세목의 다른 항목에 관하여 중복세무조사를 하는 것은 허용되지 않는다고 보아야 한다. 이는 우리 법상 중복조사 사유에 해당되지 않기 때문이다.

(3) 구체적 적용

㈎ 중복조사 금지 대상인 세무조사에 해당하는지 여부

법이 금지하는 중복세무조사인지 여부를 가리기 위해서는 먼저 과세관청의 과세를 위한 특정한 조사활동이 국세기본법이 규정하는 '세무조사'에 해당되는지를 가려야 한다. 이에 관한 국세기본법 제 2 조 제 21 호의 규정을 분석하면, ⅰ) **조세의 과세표준과 세액을 결정 또는 경정하기 위해,** ⅱ) **납세의무자나 그 관계인에 대하여,** ⅲ) **질문을 하거나 그들이 보유하고 있는 장부 또는 서류 등을 검사·조사 또는 그 제출을 명하는 것**으로 구분할 수 있다. 개별세법상 질문·조사에 관한 사항들(소법 170조, 법법 122조, 상증세법 84조, 부가법 74조 등)도 그 내용이 대체로 동일하다.

1) 지방세와 관세에 관해서도 같은 취지의 규정이 있다(지기법 80조, 관세법 111조). 국세기본법상 중복조사금지에 관한 기존 판례 법리를 관세조사에도 적용한 사례로 판 2020. 2. 13, 2015두745. 이에 대한 평석은, 박영웅, "2020년 부가가치세법 및 관세법 판례회고", 조세법연구 27-1, 85면.

이와 관련하여 국세청 훈령인 조사사무처리규정 제 3 조는 세무조사에 의하지 아니하고 현장확인계획에 따라 현장출장하여 사실관계를 확인하는 행위를 '현장확인'으로 규정하면서 같은 규정 제12조 제 1 항 단서에서 이와 같은 현장확인은 중복조사금지의 대상에 해당하지 않는다고 규정하고 있다.

구체적으로, 세무공무원의 조사행위가 사업장의 현황 확인, 기장(記帳)이나 특정 매출사실의 확인, 행정민원서류 발급을 통한 확인, 납세자가 임의로 제출한 자료의 수령 등과 같이 단순한 사실관계의 확인이나 통상적으로 이에 수반되는 간단한 질문조사에 그치는 것이어서 납세자로서도 손쉽게 응답할 수 있거나 납세자의 영업의 자유 등에 큰 영향이 없는 경우에는 원칙적으로 재조사가 금지되는 '세무조사'로 보기 어렵지만, 조사행위가 실질적으로 과세표준과 세액을 결정·경정하기 위한 것으로서 납세자 등의 사무실·사업장·공장 또는 주소지 등에서 납세자 등을 직접 접촉하여 상당한 시일에 걸쳐 질문하거나 일정 기간 동안 장부·서류·물건 등을 검사·조사하는 경우에는 특별한 사정이 없는 한 위 규정상 재조사가 금지되는 '세무조사'로 보아야 한다(판 2017. 3. 16, 2014두8360; 2017. 12. 13, 2015두3805).

㈏ 중복조사금지의 예외사유

법 제81조의4 제 2 항은 중복조사금지의 예외사유에 관하여 규정하고 있는데 이 중 주로 문제가 되는 것은 제 1 호의 '조세탈루의 혐의를 인정할 만한 명백한 자료가 있는 경우'이다.[1] 이 예외사유는, 조세의 탈루사실이 확인될 상당한 정도의 개연성이 객관성과 합리성이 뒷받침되는 자료에 의하여 인정되는 경우로 엄격히 제한되고, 객관성과 합리성이 뒷받침되지 않는 한 탈세제보가 구체적이라는 사정만으로는 여기에 해당하지 않으며,[2] 단순히 종전(1차) 세무조사에서 획득한 자료만에 의하여 조세탈루의 혐의가 있다는 이유로 재조사를 하는 것은 허용되지 않는다(판 2011. 1. 27, 2010두6083). 그러나 당초 경정처분의 오류만을 경정하는 것은 허용되며(위 2010두6083 판결), 1차 세무조사가 아니라, 동종의 행위를 한 제 3 자에 대한 세무조사 과정에서 획득한 자료를 토대로 1차 세무조사 대상자에 대하여 2차 세무조사를 실시한 경우 그 자료가 객관성과 합리성이 있다면 예외적으로 중복세무조사가 허용된다(판 2012. 11. 29, 2010두19294). 또한 당초조사와 재조사의 과세기간이 동일하더라도 세목이 다르면 중복조사에 해당되지 않으며(판 2006. 5. 25, 2004두11718),

1) 이 조항의 개정필요성 및 개정방향을 논한 것으로, 손준성·박 훈, 앞의 논문 289면.
2) 판 2010. 12. 23, 2008두10461. 이에 반하여 위와 같은 재조사 제한의 예외사유에 해당된다고 본 사안으로, 판 2012. 11. 29, 2010두19294.

납세자의 사업장 소재지 관할 세무서장이 실시한 부가가치세 경정조사와 주소지 관할 세무서장이 실시한 개인제세 전반에 관한 특별세무조사도 중복조사에 해당되지 않는다(판 2006. 5. 25, 2004두11718).

종전 판례는 세무공무원이 어느 세목의 특정 과세기간에 대하여 모든 항목에 대해 조사를 한 경우는 물론 그 과세기간의 특정 항목만 조사한 경우에도 다시 같은 세목의 같은 과세기간에 대해 세무조사를 하는 것은 원칙적으로 여기의 재조사에 해당하되 다만 당초 세무조사 당시 모든 항목에 걸쳐 조사하는 것이 무리였다는 등의 특별한 사정이 있으면 당초 조사한 항목을 제외한 나머지 항목에 대해 다시 세무조사를 하는 것은 중복조사에 해당하지 않는다고 보았다(판 2015. 9. 10, 2013두6206; 2015. 2. 26, 2014두12062 등). 그런데 그 후 2017. 12. 19. 개정시 법 제81조의4 제 2 항에 제 6 호를 신설하여 '제81조의11 제 3 항에 따른 부분조사를 실시한 후 해당 조사에 포함되지 아니한 부분에 대하여 조사하는 경우'를 규정함으로써 판례가 설정한 제한을 해제하되 다만 법 제81조의11 제 4 항을 신설하여 이러한 부분조사는 같은 세목 및 같은 과세기간에 대하여 2회를 초과 실시할 수 없도록 하였다.

구 국세기본법(2013. 1. 1. 개정 전의 것) 제81조의4 제 2 항 제 3 호에서 정한 재조사 허용사유인 '2개 이상의 사업연도와 관련하여 잘못이 있는 경우'란 하나의 원인으로 인해 2개 이상 사업연도에 걸쳐 과세표준 및 세액 산정에 관한 오류 또는 누락이 발생한 경우를 의미하고 다른 사업연도에 발견된 것과 같은 잘못이 해당 사업연도에도 되풀이되는 경우는 여기에 해당하지 않는다. 그러나 하나의 행위가 자체로 완결적이지 않더라도 그로 인해 과세표준 및 세액 산정에 관한 오류나 누락의 원인이 되는 원칙이 결정되고, 그 이후 2개 이상 사업연도에 걸쳐 내용이 구체화되는 후속조치가 이루어질 때에는 여기에 해당한다. 그와 같은 재조사 사유는 재조사 개시 당시 구비되어야 하므로, 과세관청이 그 사유를 뒷받침할 만한 구체적 자료에 의해 재조사를 개시하여야만 한다.[1)]

조세심판원의 재조사결정에서 이미 판단이 이루어진 내용과 기본적 사실관계가 다른 새로운 사항에 관하여 재조사한다든지,[2)] 기존 과세처분에 대한 쟁송 도중 해당 세액을 유지하기 위해 기초적 사실관계가 다른 사항에 관하여 하는 재조사도 원칙적으로 허용되지 않는다고 볼 것이다.

1) 판 2017. 4. 27, 2014두6562; 2020. 4. 9, 2017두50492(원고가 인천시와 체결한 폐석회처리공사 협약에 따라 2007 사업연도에 폐석회처리공사 비용을 손금 처리한 것을 과세관청이 구체적인 자료를 확보해 재조사한 사안).

2) 같은 취지, 곽상민, "재조사결정, 그리고 그 후속처분에 대한 통제", 조세법연구 22-2, 111면.

아. 장부 등의 보관 금지

세무공무원은 세무조사(조세범 처벌절차법에 따른 조세범칙조사를 포함한다)의 목적으로 납세자의 장부 또는 서류 등을 세무관서에 임의로 보관할 수 없다(법 81조의10 1, 2항, 다만 납세자의 동의가 있는 경우 일정한 요건 아래에서 예외가 인정됨). 법은 위와 같은 장부 등의 보관절차(동 3항), 반환의무 및 반환절차(동 4 내지 6항) 등에 관하여도 규정을 두고 있다.

자. 통합조사의 원칙

세무조사는 납세자의 사업과 관련하여 세법에 따라 신고·납부의무가 있는 세목을 통합하여 실시하는 것을 원칙으로 하나(법 81조의11 1항), 다음 각 호의 어느 하나에 해당하는 경우에는 특정한 세목만을 조사할 수 있다(동 2항).

1. 세목의 특성, 납세자의 신고유형, 사업규모 또는 세금탈루 혐의 등을 고려하여 특정 세목만을 조사할 필요가 있는 경우 2. 조세채권의 확보 등을 위하여 특정 세목만을 긴급히 조사할 필요가 있는 경우 3. 그 밖에 세무조사의 효율성 및 납세자의 편의 등을 고려하여 특정 세목만을 조사할 필요가 있는 경우로서 대통령령으로 정하는 경우

1, 2항에 불구하고 다음 각 호의 어느 하나에 해당하는 경우에는 해당 호 사항에 대한 확인을 위해 필요한 부분에 한정한 조사("부분조사")를 실시할 수 있다(동 3항).

1. 제45조의2 제 3 항, 소득세법 제156조의2 제 5 항 및 제156조의6 제 5 항, 법인세법 제98조의4 제 5 항 및 제98조의6 제 5 항에 따른 경정 등의 청구에 대한 처리 또는 제51조 제 1 항에 따른 국세환급금의 결정을 위하여 확인이 필요한 경우 2. 제65조 제 1 항 제 3 호 단서(제66조 제 6 항 및 제80조의2에서 준용하는 경우 포함) 또는 제81조의15 제 5 항 제 2 호 단서에 따른 재조사 결정에 따라 사실관계의 확인 등이 필요한 경우 3. 거래상대방에 대한 세무조사 중에 거래 일부의 확인이 필요한 경우 4. 납세자에 대한 구체적인 탈세 제보가 있는 경우로서 해당 탈세 혐의에 대한 확인이 필요한 경우 5. 명의위장, 차명계좌의 이용을 통하여 세금을 탈루한 혐의에 대한 확인이 필요한 경우 6. 그 밖에 세무조사의 효율성 및 납세자의 편의 등을 고려하여 특정 사업장, 특정 항목 또는 특정 거래에 대한 확인이 필요한 경우로서대통령령으로 정하는 경우

이 중 3호부터 6호까지의 사유로 인한 부분조사는 같은 세목 및 같은 과세기간에 대해 2회를 초과하여 실시할 수 없다(동 4항).

차. 세무조사의 결과통지

세무공무원이 세무조사를 마친 경우 조사를 마친 날부터 20일(11조 1항 각 호에 해당하는 경우에는 40일) 이내에, 1. 세무조사 내용, 2. 결정 또는 경정할 과세표준, 세액 및 산출근거, 3. 그 밖에 대통령령으로 정하는 사항이 포함된 조사결과를 납세자에게 설명하고, 이를 서면으로 통지하여야 한다(법 81조의12 1항. 납세관리인을 정하지 아니하고 국내에 주소 또는 거소를 두지 아니한 경우 등에 관한 예외 있음).

위 규정에 불구하고, 1. 국조법 및 조세조약에 따른 국외자료의 수집·제출 또는 상호합의절차 개시에 따라 외국 과세기관과의 협의가 진행 중이거나, 2. 해당 세무조사와 관련하여 세법의 해석 또는 사실관계 확정을 위하여 기획재정부장관 또는 국세청장에 대한 질의 절차가 진행 중인 경우 등으로 인해 법정 기간 내에 세무공무원이 조사결과를 통지할 수 없는 부분이 있는 경우에는 납세자가 동의하는 경우에 한정하여 통지에 관한 일정한 예외가 인정된다(동 2항).

사유가 종료되면 20일(제11조 제1항 각 호의 어느 하나에 해당하는 경우에는 40일) 이내에 해당 부분에 대한 조사결과를 납세자에게 설명하고, 이를 서면으로 통지하여야 한다(동 3항).

위 제2항에 따라 조사결과 통지가 나뉘는 경우 각각의 통지가 독자적인 과세전 적부심사 대상이 된다고 보아야 할 것이다. 조사결과 통지절차에 관한 규정 또한 강행규정으로 이해된다.[1]

카. 세무조사절차의 위법

세무조사절차에 위법이 있는 경우 효력에 관하여는, 전체적으로 납세자의 권익보호의 측면에서 절차위배의 위법성을 강조하는 견해[2]와 반대로 과세행정의 공익성과 안정성을 보다 강조하는 견해[3]로 나눌 수 있다.

1) 다만 위 규정이 정비되기 이전 조사사무처리규정에서 정한 조사결과 통지기한을 위배한 것이 해당 과세처분 취소사유에 해당하지 않는다고 본 것으로 판 2023. 11. 9, 2020두51181.

2) 北野弘久, "납세자의 기본적인권과 질문검사권", 세법학의 기본문제, 307면; 金子 宏, 앞의 책, 705면; 한만수, 앞의 책, 198면. 특히 절차적 보장을 중시하는 영미법계통에서 세무조사에 관하여 절차위배의 점을 중시하는 경향이 강하다. 미국 연방세법상 질문검사권의 특질은 납세자가 납세관청과 대등한 지위에 있고 질문검사권 행사에 관하여 사법적 억제의 절차가 제도화되어 있다는 두 가지 점에 있다고 한다. 北野, 앞의 책 199면, "아메리카 세무행정에 있어서의 세무조사권."

3) 松澤 智, "세무조사를 둘러 싼 쟁송", 재판실무대계, 105면.

판례는 '중대한 위법사유'가 있는 경우 그 절차에 기초한 과세처분은 위법하다고 보며, 여기에 해당되는 것으로, 세무조사 대상자 선정사유의 부존재,[1] 중복조사금지 원칙 위반(판 2006. 6. 2, 2004두12070, 2011. 5. 26, 2008두1146 등), 세무조사권의 남용(판 2016. 12. 15, 2016두47659), 과세예고통지절차 누락(판 2016. 4. 15, 2015두52326), 과세전적부심사 청구나 그에 대한 결정이 있기 전 또는 청구기간 도과 전에 한 과세처분이나 소득금액변동통지(판 2016. 12. 27, 2016두49228; 2020. 10. 29, 2017두51174) 등을 들고 있다. 이 중 세무조사권 남용금지에 관한 2016두47659 판결은 국세기본법 제81조의4 제 1 항의 법규적 효력을 인정함으로써 세무조사 절차의 위법성 판단에 관한 새로운 기준을 제시한 것으로 평가된다. 판결은 국세기본법 제81조의4 제 1 항의 세무조사 적법 요건을, 1) 객관적 필요성, 2) 최소성, 3) 권한 남용의 금지 등 세 가지로 정리한 후, 이는 법치국가원리를 조세법 영역에서 관철하기 위한 것으로서 구체적인 법규적 효력을 가지며, 따라서 세무조사가 과세자료의 수집이나 신고내용의 정확성 검증이라는 본연의 목적이 아니라 부정한 목적을 위해 행해진 것이라면 이는 중대한 위법사유가 있고 이러한 세무조사에 의해 수집된 과세자료를 기초로 한 과세처분 역시 위법하다고 판단하였다.[2]

이에 반해, 납세자권리헌장의 미교부, 조사사무처리규정에 따른 세무조사기간의 제한, 세무조사기간의 연장절차, 납세자권리헌장의 교부절차, 사전통지 생략 안내절차 등의 위반은 과세처분 취소사유가 되지 않는다(판 2009. 4. 23, 2009두2580).

이와 관련하여 법 제81조의4 제 2 항에 따라 금지되는 재조사에 기한 과세처분이 그로 얻은 과세자료를 과세처분 근거로 삼지 않은 경우에도 여전히 위법한지 여부가 문제된다. 이에 대해 판례는 조사절차와 조사결과 사이의 연관관계를 요구하지 않음으로써 납세자 권리보호에 적극적인 자세를 취하였다(판 2017. 12. 13, 2016두55421). 다만 세무조사과정에 절차적 위법이 있어도 그와 무관하게 당초 부과처분의 오류를 경정한 경우 해당 과세처분을 취소할 수 없다(판 2011. 1. 27, 2010두6083).[3]

---

1) 판 2014. 6. 26, 2012두911. 판결에 대한 평석은, 백제흠, 조세실무연구 9, 147면.

2) 사안은 세무공무원 갑이 을과 토지소유 관련 분쟁관계에 있던 병의 부탁을 받고 을을 압박하여 분쟁 토지 소유권을 반환시키기 위한 방편으로 세무조사를 행하고, 세무조사 담당부서가 을에게 증여세 포탈 혐의가 없다고 결론 내렸음에도 합리적 이유 없이 을이 경영하는 회사에 대한 포괄적인 법인세 통합조사로 조사범위를 확대한 경우에 관한 것이다. 평석은, 이용우, 2016년 국세기본법 판례회고, 조세법연구 23-1, 149면. 그 밖에 과세자료가 과세관청의 강요로 작성되고, 합리적이고 타당한 근거 없이 작성되었다는 이유로 과세처분을 무효로 본 사안으로, 판 85. 11. 12, 84누250. 그 평석은, 임승순, "과세처분의 무효원인", 법과 정의(이회창 대법관 화갑기념논문집), 416면.

3) 일본 판례 중에는, 개인의 존엄을 해하는 것과 같은 중대한 위법한 조사가 행하여진 경우 그에 의하여 얻어진 자료는 증거로 할 수 없다고 판시한 것(일최판 소화 53. 9. 7), 세무조사 절차가 공

판례는 세무조사결정을 항고소송의 대상으로 본다(판 2011. 3. 10, 2009두23617). 따라서 세무조사절차에 위법사유가 있는 경우 납세자는 세무조사결정 자체의 취소를 구할 수도 있고, 그 세무조사에 기초한 과세처분의 위법을 다툴 수도 있다. 다만 납세자가 세무조사결정의 취소를 소구하여 패소확정된 경우 그 후 과세처분에 대한 쟁송절차에서 동일한 위법사유를 다시 다툴 수는 없을 것이다. 세무조사절차의 성격상 세무조사결정 자체의 위법성을 다투는 경우 세무조사결정의 효력에 대한 집행정지가 함께 이루어져야 실효적인 권리구제수단이 될 수 있다.

타. 통상의 세무조사와 조세범칙조사의 관계

'조세범칙조사'란 세무공무원이 조세범칙행위 등을 확정하기 위하여 조세범칙사건에 대하여 행하는 조사활동을 말한다(조세범처벌절차법 2조 3호). 조세범처벌법상 대표적인 조세범칙행위는 조세포탈죄이다(조처법 8조).

통상의 세무조사에서 조세범칙조사로의 전환은 중복조사금지 원칙의 예외사유인 '조세탈루의 혐의를 인정할 만한 명백한 자료가 있는 경우'(법 81조의4 2항 1호)에만 가능하다. 세무조사절차에서 수집된 자료라도 조세형사사건의 증거자료가 되나 오로지 조세범칙사건 수사 목적으로 질문·조사 절차를 개시·진행하는 것은 허용될 수 없다.[1] 그 밖에 조세범칙조사에 관한 사항은 이 책 389면 참조.

제4절 납세자의 권리보호를 위한 그 밖의 제도

1. 과세 전 적부심사

과세 전 적부심사는 세무조사 결과에 따른 과세처분을 하기 전에 과세할 내용을 미리 납세자에게 통지하여 그 내용에 이의가 있는 납세자로 하여금 과세의 적법심사를 청구할 수 있도록 하는 절차로서 과세처분 이전의 단계에서 납세자 권리구제의 실효성을 제고하기 위하여 마련된 제도이다.

적부심사를 청구할 수 있는 자는, 국세기본법 제81조의12에 따른 세무조사결

서양속에 반하거나 사회통념상 상당한 한도를 초과하여 남용되는 등 중대한 위법을 수반하는 경우나 아무런 조사 없이 경정처분을 한 것으로 평가를 받는 경우 등에 한하여 그 조사에 기초한 과세처분에 취소원인이 있다고 판시한 것(동경고판 평성 3. 6. 6) 등이 보인다.

1) 일본에서의 관련 논의는 이 책 99면 참조.

과에 대한 서면통지나 법 제81조의15 제 1 항 각호에 따른 '과세예고통지'를 받은 자이다. 청구기한은 위 통지를 받은 날부터 30일 이내이며, 해당 세무서장 또는 지방국세청장에 대하여 하되, '대통령령으로 정하는 사항'에 대하여는 국세청장에게 청구할 수 있다(법 81조의15 2항).

'과세예고통지'란, 세무서장 또는 지방국세청장이, 1. 세무서 또는 지방국세청에 대한 지방국세청장 또는 국세청장의 업무감사 결과(현지 시정조치 포함)에 따라 세무서장 또는 지방국세청장이 과세하는 경우, 2. 세무조사에서 확인된 것으로 조사대상자 외의 자에 대한 과세자료 및 현지 확인조사에 따라 세무서장 또는 지방국세청장이 과세하는 경우, 3. 납부고지하려는 세액이 100만원 이상인 경우[1](감사원법 제33조에 따른 시정요구에 따라 세무서장 또는 지방국세청장이 과세처분하는 경우에 관한 예외 있음)에 미리 납세자에게 그 내용을 서면으로 통지하는 것을 말한다(법 81조의15 1항).

2항의 '대통령령으로 정하는 사항'은 다음 각 호의 것을 말한다(영 63조의 15).

1. 법령과 관련하여 국세청장의 유권해석을 변경하여야 하거나 새로운 해석이 필요한 것 2. 국세청장의 훈령·예규·고시 등과 관련하여 새로운 해석이 필요한 것 3. 세무서 또는 지방국세청에 대한 국세청장의 업무감사 결과(현지 시정조치 포함)에 따라 세무서장 또는 지방국세청장이 하는 과세예고 통지에 관한 것 4. 위 각호에 해당하지 않는 사항 중 과세전적부심사 청구금액이 5억 원 이상인 것 5. 감사원법 제33조에 따른 시정요구에 따라 세무서장 또는 지방국세청장이 과세처분하는 경우로서 시정 요구 전에 과세처분 대상자가 감사원 지적사항에 대한 소명안내를 받지 못한 것

다음 각 호의 어느 하나에 해당하는 경우에는 제 2 항을 적용하지 아니한다(법 81조의15 3항).

1. 국세징수법 제 9 조에 규정된 납부기한 전 징수의 사유가 있거나 세법에서 규정하는 수시부과의 사유가 있는 경우 2. 조세범 처벌법 위반으로 고발 또는 통고처분하는 경우. 다만, 고발 또는 통고처분과 관련 없는 세목 또는 세액에 대해서는 그러하지 아니하다.[2] 3. 세무조사 결과 통지 및 과세예고통지를 하는 날부터 국세부과 제척기간의 만료일까지의 기간이 3개월 이하인 경우 4. 그 밖에 대통령령으로 정하는 경우[3]

---

1) 여기의 '납부고지'에 소득금액변동통지는 포함되지 않으므로 소득금액변동통지 기재세액이 100만원 이상이더라도 과세예고통지 대상이 아니다(판 2021. 4. 29, 2020두52689).

2) 2023. 12. 31. 단서 규정 신설 전 같은 취지로 판단한 것으로 판 2023. 12. 7, 2022두45968.

3) 국조법에 따라 조세조약을 체결한 상대국이 상호합의절차의 개시를 요청한 경우(1호)와 법 제65조 제 1 항 제 3 호 단서(법 제66조 제 6 항 및 제80조의2에서 준용하는 경우 포함) 및 제81조의15 제 5 항 제 2 호 단서에 따른 재조사결정에 따라 조사를 하는 경우(2호)(동 시행령 63조의15 3항).

과세관청이 과세예고 통지를 하지 않아 납세자에게 과세 전 적부심사 기회를 부여하지 않은 과세처분,[1] 과세예고 통지 후 과세 전 적부심사 청구나 그에 대한 결정이 있기 전에 한 과세처분(판 2016. 12. 27, 2016두49228), 세무조사결과통지 이후 법이 정한 예외사유가 인정되지 않음에도 과세전적부심사청구 기한을 제공하지 않고 한 과세처분이나 소득금액변동통지 처분[2] 등은 모두 납세자의 중대한 절차적 권리를 침해하는 것으로서 무효이다. 다만 청구 시에는 '납부기한 전 징수의 사유'가 없더라도 과세 전 적부심사 결정이 있기 전에 납부기한 전 징수사유가 발생한 경우 과세처분을 할 수 있다(판 2012. 10. 11, 2010두19713).

과세 전 적부심사 청구를 받은 세무서장, 지방국세청장 또는 국세청장은 각각 국세심사위원회의 심사를 거쳐 결정을 하고 그 결과를 청구를 받은 날부터 30일 이내에 청구인에게 통지하여야 한다(법 81조의15 4항).

결정에는 채택하지 아니하는 결정, 전부 채택하는 결정, 일부 채택하는 결정, 재조사결정, 심사하지 아니하는 결정 등이 있다(동 5항).

그 밖에 관계서류의 열람 및 의견진술권(법 58조), 대리인에 관한 규정(법 59조), 심사청구기간의 계산(법 62조 2항), 청구서의 보정(법 63조) 등의 규정은 과세 전 적부심사에 준용된다(법 81조의15 6항).

2. 납세자보호담당관 및 납세자 보호위원회

납세자의 권리보호를 위하여 국세청에 납세자 권리보호업무를 총괄하는 납세자보호관을 두고, 세무서 및 지방국세청에 납세자 권리보호업무를 수행하는 담당관을 각각 1인을 두며(법 81조의16 2항), 국세청장은 제 2 항에 따른 납세자보호관을 개방형직위로 운영하고 납세자보호관 및 담당관이 업무를 수행할 때에 독립성이 보장될 수 있도록 하여야 한다. 이 경우 세무공무원, 세무공무원으로 퇴직한 지 3년이 지나지 아니한 사람을 제외하고 공개모집한다(동 3항). 그 구체적인 운영에 관한 사항은 시행령에 위임되어 있다(동 5항).

한편 납세자 보호를 위해 세무서, 지방국세청 및 국세청에 납세자보호위원회를 둔다(법 81조의18 1항). 세무서와 지방국세청 납세자보호위원회는 세무조사와 관련

1) 판 2016. 4. 15, 선고 2015두52326. 이는 감사원 감사결과에 따른 경우에도 마찬가지이다.
2) 판 2023. 11. 2, 2021두37748; 2023. 11. 9, 2020두51181. 이에 반하여 법이 정한 예외사유에 해당된다고 본 사안으로 판 2023. 11. 2, 2021두46742.

된 각종 사항을 심의한다. 그 구체적인 내용은 법 제81조의18 제 2 항 참조.

국세청 납세자보호위원회는, 1. 세무서 납세자보호위원회 또는 지방국세청 납세자보호위원회의 심의를 거친 일부 사항에 대한 세무서장 또는 지방국세청장의 결정에 대한 납세자의 취소 또는 변경 요청과, 2. 그 밖에 납세자의 권리보호를 위한 국세행정의 제도 및 절차 개선 등으로서 납세자보호위원회 위원장 또는 납세자보호관이 심의가 필요하다고 인정하는 사항을 심의한다(법 81조의18 3항).

그 밖에 법은 납세자보호위원회의 구성 및 운영(법 81조의18 4항 내지 11항), 위원회에 대한 납세자의 심의요청 및 결과 통지(법 81조의19) 등에 관한 규정을 두고 있다.

3. 세무공무원 비밀유지 및 정보제공의무

세무공무원은 납세자가 세법이 정한 납세의무를 이행하기 위해 제출한 자료나 국세의 부과·징수를 목적으로 업무상 취득한 자료 등(과세정보)을 타인에게 제공·누설하거나 목적 외 용도로 사용하여서는 안 되며(법 81조의13 1항. 단서에 따른 1호 내지 9호의 예외사유 있음), 납세자 본인의 권리 행사에 필요한 정보를 납세자(세무사 등 납세자로부터 세무업무를 위임받은 자 포함)가 요구하는 경우 신속하게 정보를 제공하여야 한다(법 81조의14 1항).

4. 포상금 지급

국세청장은, 조세를 탈루한 자에 대한 탈루세액 또는 부당하게 환급·공제받은 세액을 산정하는 데 중요한 자료를 제공한 자(1호) 등 법정 사유에 해당하는 자에게 20억 원(제 1 호에 해당하는 자에게는 40억 원, 제 2 호에 해당하는 자에게는 30억 원)의 범위에서 포상금을 지급할 수 있다(법 84조의2 1항 1호 내지 7호).

탈세 제보가 세금 탈루 사실이나 액수 확인에 중요한 단초가 됐다면 탈루한 세금이 자진 신고·납부되더라도 포상금을 지급해야 한다(서울행판 2018. 6. 21, 2017구합52429). 탈세제보에 대한 조사거부 통보는 행정처분으로 보기 어렵다.[1)]

---

1) 판 2019. 10. 31, 2019두46190(서울고판 2019. 6. 12, 2018누72378에 대한 심리불속행 판결임).

제 2 편 조세실체법

제1장 총　설

제1절 조세실체법의 의의

1. 총　설

조세법은 납세자와 과세권자 사이의 조세에 관련된 현상 내지는 관계를 법률관계, 즉 권리와 의무의 관점에서 파악하여 이를 규율하는 법이다. 이와 같이 조세법이 규율대상으로 삼는 조세법률관계 가운데 특별히 조세채무의 성립과 변경 및 소멸에 관한 법률관계는 금전급부를 내용으로 하는 조세채무를 둘러싸고 납세자와 과세권자 사이에 사법상의 채권·채무관계와 유사한 법률관계가 형성된다는 점에서 독자적인 법리가 적용·지배하게 되며, 이 영역을 특별히 조세실체법이라고 부른다. 조세실체법은 조세채무의 확정 및 징수절차를 내용으로 하는 조세절차법과 함께 조세법의 중심내용을 이루고 있다.

2. 납세의무의 특색

현행 조세법은 조세채무 대신에 납세의무라는 용어를 사용하고 있다. 납세의무는 금전채무라는 점에서 사법상 금전채무와 공통의 성질을 갖지만 동시에 다른 특색도 지닌다. 그 다른 특색은, 첫째 사법상 채무의 내용은 통상 양 당사자의 합의에 의해 정하여지는 데 반하여 납세의무의 내용은 언제나 법률의 규정에 의해 정해지는 법정채무라는 점, 둘째 조세법은 강행성을 갖기 때문에 당사자의 의사에 의해 납세의무의 내용이나 이행방법을 좌우하는 것은 허용되지 않는다는 점, 셋째 현행제도 아래서 조세채무관계는 공법상 법률관계이기 때문에 그에 관한 다툼은 행정소송법에 의하여 행정법원에서 처리된다는 점 등이다.

위와 같이 납세의무는 사법상 채무와 다른 특색을 지니나, 법령상 별도의 정함이 있다든가 별도의 해석을 하여야 할 합리적인 이유가 있는 경우를 제외하고는 사법상 금전채무에 관한 여러 규정이 적용 혹은 준용된다.

3. 조세채권자의 권리

조세채권자로서의 국가 또는 지방자치단체의 권리는 부과권(확정권)과 징수권으로 대별된다. 부과과세방식 조세는 부과처분에 의하여 납세의무의 구체적인 내용이 확정되지만 신고납세방식 조세는 일차적으로 납세자 신고에 의해 납세의무 내용이 확정되고 부과처분은 이차적인 확정방식이 된다.

'징수권'은 확정된 납세의무의 이행을 구하고, 징수를 실행하는 권리이다. 납세의무가 임의로 이행되지 않는 경우 조세채권은 강제징수에 의하여 사법상의 일반채권에 우선하여 강제적으로 실현된다.

과세요건을 충족하여 납세의무가 성립된 상태의 조세채권(채무)을 추상적 조세채권(채무)이라고 한다면, 신고나 부과처분에 의하여 확정된 상태의 조세채권(채무)을 구체적 조세채권이라고 부를 수 있다. 조세채권(채무)은 확정절차를 통하여 특별한 집행절차 개입 없이 곧바로 징수적격을 갖게 되고 이와 같은 징수적격은 조세채권의 중요한 특징인 자력집행권 발동의 기초가 된다. 조세채권이 자력집행권을 지닌다는 특성은 집행가능 시점을 확인할 수 있는 '세액의 확정'이라는 개념을 별도로 필요로 한다는 점에서 세법의 전체 체계에서 매우 중요한 역할을 한다.

제 2 절 조세법상의 여러 의무

조세법은 본래의 납세의무 이외에 각종의 의무를 납세의무자 또는 제 3 자에게 부과하고 있다. 이들 의무는 모두 조세의 공익성을 감안하여 그 징수를 확보하기 위한 것으로서 납세의무에 대하여 목적종속적인 관계에 있다. 그 대부분은 조세절차법상의 것으로서, (1) 징수납부의무와 같은 급부의무, (2) 납세신고와 같은 작위의무, (3) 무면허주류제조 금지와 같은 부작위의무, (4) 세무조사를 수인할 의무와 같은 수인의무 등으로 구분할 수 있다.

제 2 장
과세요건론

제 1 절 총　설

과세요건(Steuertatbestand)이란 납세의무의 성립요건, 즉, 그 요건이 충족됨으로써 납세의무의 성립이라고 하는 법률효과를 발생시키는 법률요건을 말한다. 법률의 규정에 따라 당연히 성립, 충족한다는 점에서 사법상의 채권채무관계가 당사자의 의사표시에 의하여 성립하는 것과 대비된다.

과세요건의 구체적인 내용을 어떻게 정하는가는 입법정책상의 문제이지만 각 조세에 공통된 과세요건으로서는, 납세의무자·과세물건·과세물건의 귀속·과세표준·세율의 5가지를 들 수 있다.

이 중 과세물건의 귀속과 관련하여서는, 상속세나 취득세와 같이 기간과세가 아닌 조세는 과세물건인 행위가 완성되거나 어느 사실이 발생하였을 때 과세물건이 귀속되어 납세의무가 성립하나 소득세나 법인세와 같은 기간과세에 있어서는 단순히 소득이 개인이나 법인에게 발생하였다고 하여 곧바로 납세의무가 성립하는 것이 아니고 그 과세기간이 종료하여야 비로소 납세의무가 성립한다. 따라서 위와 같은 기간과세에 있어서는 과세물건의 귀속과 관련하여 귀속연도의 결정이 중요한 과세요건을 이루게 된다. 예컨대 법인세나 소득세에 있어서는 소득이 언제 발생하였는가, 부가가치세에 있어서는 언제 재화나 용역의 공급이 있었는가 하는 점이 특정한 과세연도에 과세요건이 충족되었는지 여부를 결정하는 요소가 된다.

제 2 절 납세의무자

1. 총 설

가. 의 의

납세의무자란 납세의무의 주체, 즉, 조세실체법상의 권리의무관계에 있어서 조세채무를 부담하는 자를 뜻하며 조세채무자라고도 한다. 일반적으로 과세물건이 특정인과 결합될 때 그 특정인이 납세의무자가 되는데 그 요건은 세법에 미리 정해져 있다. 따라서 납세의무자란 결국 세법에 따라 조세를 납부할 의무가 있는 자를 말한다(기본법 2조 9호). 세법은 납세자를 납세의무자와 세법에 따라 국세를 징수하여 납부할 의무를 지는 자를 포함하는 의미로 사용하고 있다(같은 조 10호). 후술하는 바와 같이 사법상의 권리능력자와 반드시 일치하지는 않는다.

납세의무자는 고유의 납세의무자 외에 연대납세의무자·제 2 차 납세의무자·물적납세의무자·보증인을 포함한다. 다만 담세자 즉 경제적으로 조세를 부담하는 자와는 다른 개념이다. 많은 경우 양자는 일치하나 소비세·주세 등 간접소비세의 경우는 징세의 편의를 위해 처음부터 법이 예정한 담세자와 다른 자(사업자·제조자 등)가 납세의무자로 정하여져 있다. 이와 같이 법률상 납세의무자에게 부과된 조세가 담세자의 경제적 부담으로 전환되는 현상을 '조세의 전가'라고 한다.

원천징수의무와 같이 납세의무자로부터 조세를 징수·납부하는 의무를 부담하는 자는 본래의 납세의무자는 아니나 양자는 공통점이 많기 때문에 법은 이들을 합하여 납세자로 규정하고(기본법 2조 10호; 지기법 2조 1항 12호) 공통 규정을 둔 경우가 많다. 세법상 징수의무자로는 소득세법 제127조, 법인세법 제73조의 각 원천징수의무자와 지방세법상 특별징수의무자(지법 103조의13, 103조의29 등)가 있다.

납세의무자 반대편 당사자로서 과세권자(조세채권자)가 있다. 조세를 부과할 권한은 국가 또는 지방자치단체에 귀속되므로 국가 또는 지방자치단체가 과세권자가 된다. 그 기관으로서 부과·징수권을 행사하는 지위에 있는 자를 세무공무원이라고 한다. 국세에 관한 세무공무원으로는 국세청장, 지방국세청장, 세무서장 또는 그 소속 공무원과 세법에 따라 국세(관세를 제외한다)에 관한 사무를 세관장이 관장하는 경우의 세관장 또는 그 소속 공무원이 있으며(기본법 2조 17호), 지방세 세무공무원으로 지방자치단체 장과 그 위임을 받은 공무원이 있다(지기법 2조 1항 10호).

나. 종　　류

개별세법에서 자신의 행위, 소득 등으로 인하여 납세의무를 지는 자로 규정된 자이다. ① 소득세는 국내에 주소를 두거나 183일 이상 거소를 둔 개인(거주자), 거주자가 아닌 자로서 국내 원천소득이 있는 개인과 국세기본법 제13조 제 1 항에 따른 법인 아닌 단체 중 같은 조 제 4 항에 따른 법인으로 보는 단체 외의 법인 아닌 단체(소법 2조 1항 및 3항), ② 법인세는 내국법인과 국내원천소득이 있는 외국법인(법법 3조 1항) ③ 부가가치세는 사업자 및 재화를 수입하는 자(부가세법 3조), ④ 상속세는 상속인 또는 유증(사인증여 포함)을 받는 자(상증세법 3조의2), ⑤ 증여세는 타인의 증여에 의하여 재산을 취득하는 자(상증세법 4조의2 1항), ⑥ 지방세는 각 세목별로 법에서 납세의무자로 정해진 자 등이다.

다. 인적 과세제외

본래는 납세의무자로 되어야 할 자가 인적 특수성으로 인하여 입법정책상 비과세되는 것을 인적 과세제외라고 부른다. 인적 과세제외의 예로서 대표적인 것은 외교관·국제기관의 직원 혹은 그들의 가족에 대한 면세특권이다. 이들은 국제관습법에 기초하여 국내법의 규정에 불구하고 소득세·주민세·재산세·관세 등에 관하여 비과세 취급을 받고 있다. 이들 외에도 어떠한 공익상의 이유로부터 개별조세법에 인적 과세제외의 규정을 두고 있는 경우가 많다. 예컨대 국가 또는 지방자치단체 및 지방자치단체조합에 대하여는 법인세가 과세되지 아니한다(법법 3조 2항).

2. 연대납세의무자

가. 의　　의

복수의 자가 연대하여 하나의 납세의무를 부담하는 경우에 그들을 연대납세의무자라고 하고 그 납세의무를 연대납세의무라고 부른다. 국세로는, ① 공유자 또는 공동사업자가 공유물·공동사업 또는 공동사업에 속하는 재산과 관계되는 조세(기본법 25조 1항),[1] ② 연결법인의 법인세 연대납세의무(법법 3조 3항), ③ 공동상속인의 연대납세의무(상증세법 3조의2 3항), ④ 증여자의 수증자에 대한 연대납세의무(상증세법 4조의2 6항), ⑤ 문서의 공동작성자가 그 작성한 문서에 대하여 부담하는

1) 위 조항은 헌법상의 평등권이나 재산권보장의 원리에 위배되지 않는다(판 99. 7. 13, 99두2222).

인지세(인지세법 1조 2항) 등이 있고, 지방세로는 공유자·공동사용자·공동사업자의 공유물(공동주택 제외)·공동사용물·공동사업 또는 이로 인하여 생긴 재산에 대한 지방자치단체의 징수금(지기법 44조 1항)이 있다.

이 중 공동상속인의 연대납세의무와 증여자의 연대납세의무는 통상의 연대납세의무와 다른 특징을 지닌다. 그 자세한 내용은 이 책 858면과 893면 각 참조.

국세기본법[1]은, 1. 법인이 분할 또는 분할합병 후 분할되는 법인("분할법인")이 존속하는 경우에는, ① 분할법인, ② 분할 또는 분할합병으로 설립되는 법인("분할신설법인"), ③ 분할법인의 일부가 다른 법인과 합병하는 경우 그 합병의 상대방인 다른 법인("분할합병의 상대방 법인")이, 2. 법인이 분할 또는 분할합병 후 소멸하는 경우에는, ① 분할신설법인과 ② 분할합병의 상대방 법인이, 각각 분할법인에 부과되거나 분할법인이 납부하여야 할 국세 및 강제징수비에 대하여 분할로 승계된 재산가액을 한도로 연대납부의무를 지고(법 25조 2·3항), 법인이 채무자회생법 제215조에 따라 신 회사를 설립하는 경우에는 법인에 부과되거나 납세의무가 성립한 국세 등에 관해 신회사가 연대납부의무를 진다고 규정하고 있다(동 4항). 이는 분할 전후 법인의 경제적 동일성이 유지된다는 점을 감안한 것인데 그 발생시점을 달리 한다는 것 이외에 법률적 성격은 다른 연대납세의무와 다를 것이 없다.

나. 법률관계

연대납세의무에 관하여는 민법의 연대채무에 관한 제413조 내지 제416조, 제419조, 제421조, 제423조 및 제425조 내지 제427조가 준용된다(법 25조의2).

조세채권자는 연대납세의무자 1인 또는 전원에 대하여 납부를 구할 수 있고(민법 414조), 연대납세의무자 1인에 대한 이행청구는 다른 연대납세의무자에게도 효력이 미친다(민법 416조). 다만 연대납세의무자 사이의 연대관계는 확정된 조세채무의 이행에 관한 것이지 조세채무의 확정에 관한 것은 아니므로 각자의 납세의무는 개별적으로 확정절차를 거쳐야 한다(법 8조 2항 단서). 따라서 어느 연대납세의무자에게 납세의무 확정을 위한 납부고지를 하지 않으면 그에 대한 연대납세의무는 구체적으로 확정되지 않는다(판 98. 9. 4, 96다31697).[2] 연대납세의무자인 공유자 또는 공동사업자에게 공동사업 등에 관계된 국세 전부에 대해 납부고지를 할 수 있으나 그 하자는 다른 연대납세의무자에게 미치지 않으며(판 99. 7. 13, 99두2222), 판결의 효력

1) 이하 이 편에서 국세기본법을 '법'으로 약칭한다.
2) 일본 판례도 같은 취지이다 일최판 평성 1. 7. 14. 평석은 일본 판례백선 48면.

도 미치지 않는다. 따라서 어느 연대납세의무자에 대한 과세처분에 대하여 다른 연대납세의무자는 과세처분 취소를 구할 당사자 적격이 없다(판 88. 5. 10, 88누11). 어느 연대납세의무자가 조세를 납부하면 다른 자의 납세의무도 그 한도에서 소멸하며 조세를 납부한 자는 다른 자에 대해 구상권을 갖는다. 연대납세의무자로부터 과오납된 조세에 대한 환급은 납부한 자에게 하고, 복수의 연대납세의무자가 납부한 세액의 환급은 납부금액에 따라 안분한다(기본통 51-0…5).

3. 제 2 차 납세의무자

가. 의 의

제 2 차 납세의무자는 납세자가 납세의무를 이행할 수 없는 경우 납세자를 갈음하여 납세의무를 지는 자를 말한다(법 2조 11호; 지기법 2조 1항 13호).

조세를 체납한 자의 재산에 대하여 강제징수를 하여도 징수하여야 할 조세에 부족이 있다고 인정되는 경우 본래의 납세자를 대신하여 그 납세자와 인적, 물적으로 일정한 관계에 있는 제 3 자에 대하여 원래의 납세자로부터 징수할 수 없는 액을 한도로 보충적으로 납세의무를 부담하게 하는 것이다(판 82. 12. 14, 82다192).

사법상 연대채무나 보증채무, 물적 담보 등에 관한 사항들은 세법에서도 내용이 크게 다르지 않지만 제 2 차 납세의무는 세법 독자적인 제도이다. 우리 세법은 조세회피행위에 관한 일반적, 구체적 규정을 여러 곳에 두고 있는데 제 2 차 납세의무 제도 역시 조세를 징수하는 단계에서의 조세회피행위 부인과 무관하지 않다.

국세기본법상 제 2 차 납세의무는 크게 법인과 주주 사이의 관계에서 성립하는 경우와 사업양도의 경우에 성립하는 경우가 있는데, 전자가 사법상 인정되는 주주유한 책임에 대하여 세법상 예외를 인정하여 납세의무를 주주단계에서 법인단계로 혹은 법인단계에서 주주단계로 확대하는 것인데 반하여, 후자는 사업의 양도가 조세징수 회피수단으로 남용되는 것을 방지하기 위하여 사업양수인에게 사업양도인으로부터 징수하지 못한 해당 사업과 관련된 세금에 관한 보충적 납세의무를 부담시키는 제도이다. 어느 경우나 사법상 확립되어 있는 주주유한책임의 법리나 계약자유의 원칙 내지 자기책임의 원칙에 대한 예외를 인정하는 것이어서 이를 엄격하게 해석, 적용할 필요성이 있다.

제 2 차 납세의무제도는 조세의 징수확보 측면에서 실효성 있는 제도이나, 납세의무자의 입장에서는 타인이 체납한 조세에 대하여 불시에 납부책임을 지게 되어 사법상의 거래안전을 해칠 우려가 큰 제도이다. 종전 우리 법 규정이 외국에 비해 그 적용범위가 지나치게 넓다는 비판이 많았는데 현재 점진적으로 그 적용범위를 축소해가는 입법 추세에 있다.[1)]

나. 태 양

현행 세법상 제 2 차 납세의무로는, ① 청산인 등의 제 2 차 납세의무(법 38조; 지기법 45조), ② 출자자의 제 2 차 납세의무(법 39조; 지기법 46조), ③ 법인의 제 2 차 납세의무(법 40조; 지기법 47조), ④ 사업양수인의 제 2 차 납세의무(법 41조; 지기법 48조), ⑤ 신탁관련 수익자의 부가가치세 제 2 차 납세의무(부가세법 3조의2 1항), 법인과세 신탁재산에서 수익자의 제 2 차 납세의무(법법 75조의11) 등이 있다.

(1) 청산인 등의 제 2 차 납세의무

「법인이 해산하여 청산하는 경우에 그 법인에게 부과되거나 그 법인이 납부할 국세 및 강제징수비를 납부하지 아니하고 해산에 의한 잔여재산을 분배하거나 인도하였을 때에 그 법인에 대하여 강제징수를 하여도 징수할 금액에 미치지 못하는 경우에는 청산인 또는 잔여재산을 분배받거나 인도받은 자는 그 부족한 금액에 대하여 제 2 차 납세의무를 진다」(법 38조 1항).

위 2차 납세의무는, 1. 청산인은 분배하거나 인도한 재산의 가액, 2. 잔여재산을 분배받거나 인도받은 자는 각자 받은 재산의 가액을 각 한도로 한다(동 2항).[2)]

주식회사는 존립기간의 만료·그 밖의 정관으로 정한 사유의 발생·합병·파산·법원의 명령 또는 판결과 주주총회의 결의에 의하여 해산하게 된다(상법 517조, 227조 1·4호 내지 6호). 다만 이 중 합병으로 인한 해산의 경우에는 합병 후 존속법인 또는 설립법인이 소멸법인이 납부할 국세 등을 승계하기 때문에(법 23조), 제 2 차 납세의무에 관한 규정은 그 적용이 없다. 법인이 해산한 경우란 그 해산사유가 발생한 때를 말하고, 해산등기의 유무는 가리지 않는다(기본통 38-0…2).

(2) 출자자의 제 2 차 납세의무

「법인(대통령령으로 정하는 증권시장에 주권이 상장된 법인은 제외한다)의 재산으로 그 법인에 부과되거나 그 법인이 납부할 국세 및 강제징수비에 충당하여도 부족한 경우에는 그 국세의 납세의무 성립일 현재 다음 각 호의 어느 하나에 해당하

---

1) 관련 논의는 안창남, "제 2 차 납세의무제도의 위헌요소", 조세법연구 10-1, 53면 참조.

2) 그 밖에 청산인은 법인이 해산한 경우 원천징수를 하여야 할 소득세나 법인세를 징수하지 않았거나 징수한 세금을 납부하지 않고 잔여재산을 분배한 때에는 분배를 받은 자와 연대하여 이를 납부할 책임이 있다. 소법 157조 1항; 법법 73조 8항; 법령 116조 1항 참조.

는 자("출자자")는 그 부족한 금액에 대하여 제 2 차 납세의무를 진다. 다만 제 2 호에 따른 과점주주 또는 제3호에 따른 과점조합원의 경우에는 그 부족한 금액을 그 법인의 발행주식 총수(의결권이 없는 주식은 제외한다) 또는 출자총액으로 나눈 금액에 해당 과점주주 또는 과점조합원이 실질적으로 권리를 행사하는 주식 수(의결권이 없는 주식은 제외한다) 또는 출자액을 곱하여 산출한 금액을 한도로 한다」(법 39조).

1. 무한책임사원: 다음 각 목의 어느 하나에 해당하는 사원

가. 합명회사의 사원 **나.** 합자회사의 무한책임사원

2. 과점주주: 주주 또는 다음 각 목의 어느 하나에 해당하는 사원 1명과 그의 특수관계인 중 대통령령으로 정하는 자로서 그들의 소유주식 합계 또는 출자액 합계가 해당 법인의 발행주식 총수 또는 출자총액의 100분의 50을 초과하면서 그 법인의 경영에 대하여 지배적인 영향력을 행사하는 자들

가. 합자회사의 유한책임사원 **나.** 유한책임회사의 사원 **다.** 유한회사의 사원

3. 「농어업경영체 육성 및 지원에 관한 법률」 제16조에 따른 영농조합법인 또는 영어조합법인의 조합원 1명과 그의 특수관계인 중 대통령령으로 정하는 자로서 그들의 출자액의 합계가 해당 조합의 출자총액의 100분의 50을 초과하는 자들(이하 "과점조합원"이라 한다. 단서 생략).

양도계약에 따라 명의개서를 마친 경우 그 후 계약이 해제되거나 취소되더라도 과점주주에 해당하지 않는다(판 2012. 12. 26, 2011두9287). 과점주주의 주식이 신탁된 경우 수탁자가 과점주주로서 제 2 차 납세의무를 부담한다.[1] 과점주주의 판정은 실질에 의하나 과세관청은 일단 주주명부나 주식이동상황명세서, 법인등기부 등과 같은 자료를 제출하면 되고 그와 같은 장부나 공부상 명의에 불구하고 주주명의의 도용 등 형식상 주주에 불과하다는 사실은 그 책임을 면하고자 하는 당사자가 주장·입증하여야 한다(판 2004. 7. 9, 2003두1615). 특수관계가 甲, 乙 사이와 乙, 丙 사이에 존재하고 甲, 丙 사이에는 존재하지 않아도 甲, 乙, 丙이 과점주주가 될 수 있다(판 80. 10. 14, 79누447). 제 2 차 납세의무의 성립요건인 해당 법인의 과점주주 여부는 해당 법인의 납세의무 성립일을 기준으로 판단하며(판 2017. 7. 18, 2016두41781), 원천징수납부의무에 대한 제 2 차 납세의무를 부담하는 과점주주 결정시기는 원천징수납부의무 성립시기인 소득금액변동통지 시이다(판 82. 5. 11, 80누223).

판례는, 법인이 사업양수인으로서 사업양도인에게 부과된 당해 사업에 관한 국세·가산금에 대해 제 2 차 납세의무를 진 경우 양도인에게 부과된 국세·가산금도 법인의 과점주주가 제 2 차 납세의무를 지는 "그 법인에게 부과되거나 그 법인이

1) 판 2019. 8. 29, 2019두41515. 서울고판 2019. 4. 17, 2018누49361의 심리불속행판결임.

납부할 국세·가산금"에 포함된다고 본 반면(판 1993. 5. 11, 92누10210), 법인이 다른 법인의 과점주주(1차 과점주주)로서 제 2 차 납세의무를 부담한 경우 그 법인의 과점주주(제 2 차 과점주주)는 다시 그에 대해 제 2 차 납세의무를 부담하지 않는다고 보았다(판 2019. 5. 16, 2018두36110). 과점주주의 2차 납세의무는 법인의 영업활동과 무관하게 발생한 조세채무로서 법에 의하여 납세의무가 확대된 것이므로 제도의 취지상 이를 제한적으로 해석한 판결의 태도는 타당하다.[1)]

(3) 법인의 제 2 차 납세의무

「국세(둘 이상의 국세의 경우에는 납부기한이 뒤에 오는 국세)의 납부기간 만료일 현재 출자자의 재산(그 법인의 발행주식 또는 출자지분은 제외한다)으로 그 출자자가 납부할 국세 및 강제징수비에 충당하여도 부족한 경우에는 그 법인은 다음 각 호의 어느 하나에 해당하는 경우에만 그 부족한 금액에 대하여 제 2 차 납세의무를 진다」(법 40조 1항).

1. 정부가 출자자의 소유주식 또는 출자지분을 재공매하거나 수의계약으로 매각하려 하여도 매수희망자가 없는 경우 2. 그 법인이 외국법인인 경우로서 출자자의 소유주식 또는 출자지분이 외국에 있는 재산에 해당하여 국세징수법에 따른 압류 등 강제징수가 제한되는 경우(2022. 12. 31. 신설). 3. 법률 또는 그 법인의 정관에 의하여 출자자의 소유주식 또는 출자지분의 양도가 제한된 경우(국세징수법 제66조 제 5 항에 따라 공매할 수 없는 경우는 제외한다)[2)]

「제 1 항에 따른 법인의 제 2 차 납세의무는 다음 계산식에 따라 계산한 금액을 한도로 한다」(동 2항).

1) 대상판결은 판시이유로 규정의 체계 및 문언을 들었으나 사업양수인의 제 2 차 납세의무에 관한 규정도 그와 다르지 않은 반면, 사업양도의 경우 양도인이 사업양도를 조세징수 회피 수단으로 남용하는 것에 대하여 양수인도 일정한 역할을 수행하는 경우가 많고, 과점주주(사업양수인) 입장에서 제 2 차 납세의무의 발생을 어느 정도 예견할 수 있는 반면, 법인의 제 2 차 납세의무에 따른 조세는 법인격 남용 내지 주주유한책임 법리에 대한 남용으로 보기 어려운 측면이 있고, 그 성립범위 등에 관하여 납세자의 예측가능성도 적다는 차이점이 있어 대상판결이 종전 사업양수인에 관한 판례를 변경한 것인지, 아니면 양자를 구별하여 판시한 것인지는 분명하지 않다. 그 밖에 관련 논의는, 김태희·이건훈, "국세기본법상 출자자의 제 2 차 납세의무의 범위", 조세법연구 24-2, 7면. 허시원, "2019년 국세기본법 판례회고", 조세법연구 26-1, 427면. 윤지현, "과점주주의 존재를 요건으로 하는 두 가지의 제 2 차 납세의무에 관한 대법원 판결들의 해석방법론 비판", 조세법연구 27-1, 147면.

2) 판례는 제 3 호의 적용요건에 관해, 이는 해당 정관 규정의 내용과 객관적 의미를 합리적으로 해석하고, 민법·상법 그 밖의 실체법에 따라 그 법적 효력 등을 결정하여 판단하여야 하며, 이때 출자자의 주식 등이 외국법인이 발행한 경우에는 특별한 사정이 없는 한 준거법에 해당하는 외국법이 그 본국에서 현실로 해석·적용되고 있는 의미·내용대로 해석·적용하는 것이 원칙이며, 소송과정에서 그 내용의 확인이 불가능한 경우에만 일반적인 법해석 기준에 따라 법의 의미·내용을 확정할 수 있다고 보았다. 판 2024. 9. 12, 2021두51881.

한도액 = (A − B) × (C/D)
A: 법인의 자산총액 B: 법인의 부채총액
C: 출자자의 소유주식 금액 또는 출자액 D: 발행주식 총액 또는 출자총액

회사가 과세관청의 주권발행·인도요구에 불응하거나(판 95. 9. 26, 95누8591), 국세 체납자 소유 주식이 외국법인 발행 주식이라 압류 등 강제집행이 어렵다는 사유(판 2020. 9. 24, 2016두38112) 등은 여기의 양도제한에 해당하지 않는다.

(4) 사업양수인의 제 2 차 납세의무

「**사업이 양도·양수된 경우에 양도일 이전에 양도인의 납세의무가 확정된 그 사업에 관한 국세 및 강제징수비를 양도인의 재산으로 충당하여도 부족할 때에는 대통령령으로 정하는 사업의 양수인은 그 부족한 금액에 대하여 양수한 재산의 가액을 한도로 제 2 차 납세의무를 진다**」(법 41조 1항).

'사업의 양수인'이란 사업장별로 그 사업에 관한 모든 권리(미수금에 관한 것을 제외)와 모든 의무(미지급금에 관한 것을 제외)를 포괄적으로 승계한 자로서 1. 양도인과 특수관계인인 자, 2. 양도인의 조세회피를 목적으로 사업을 양수한 자를 말한다(기본령 22조).[1)]

현행 규정상 논의의 초점은 결국 제 2 호의 조세회피목적에 관한 해석에 있는데 제도의 취지상 사해행위취소에 관한 기존의 해석이 일응의 기준이 될 것이다. 부당행위계산부인 규정과는 제도의 취지를 달리하므로 중복적용이 가능하다.

둘 이상의 사업장 중 하나의 사업장을 양수한 자의 제 2 차 납세의무는 양수하는 사업장에 관계되는 국세 등에 한정되고, 둘 이상의 사업장에 공통되는 국세 등이 있으면 양수한 사업장에 배분되는 금액만이 포함된다(기본령 23조).

'양도일 이전에 양도인의 납세의무가 확정된 그 사업에 관한 국세'에는 그 사업에 관한 소득세 및 법인세(판 86. 3. 11, 85누152. 국기통 41-0…3), 예정신고한 부가가치세 등이 모두 포함된다. 관련 논의는 이 책 202면 참조.

1) 2019. 2. 12. 시행령 개정 시 사업양수인 범위를 조세회피방지 관점에서 재구성하여 대폭 축소하였다. 일본은 사업양수인의 2차 납세의무 성립범위를 사업양수인이 친족 등 특수관계인이고 양수인이 동일한 장소에서 동일, 또는 유사한 사업을 영위하며, 양도가 체납조세의 법정납기한보다 1년 이내에 있었던 경우로 제한한 반면(일본국세징수법 38조), 체납조세의 법정납기한 1년 이내에 체납자가 행한 재산의 무상양도, 저가양도, 채무의 변제 등에 관하여 현존이익 범위 내에서 수익자의 2차 납세의무를 인정하는 규정을 두고 있다(동 39조). 그 밖에 미국, 독일의 법제에 관한 설명은, 한병기, "사업양수인의 제 2 차 납세의무의 과세요건인 '사업양수'에 관한 연구", 조세법연구 26-1, 41면.

사업의 양도·양수란 그 사업에 관한 미수금 채권과 미지급금 채무를 제외한 모든 권리와 의무를 포괄적으로 승계하는 것을 말한다. 포괄적 승계란 양수인이 양도인으로부터 그의 모든 사업시설뿐만 아니라 상호·영업권·무체재산권 및 그 사업에 관한 채권·채무 등 일체의 인적·물적 권리와 의무를 양수함으로써 양도인과 동일시되는 정도의 법률상의 지위를 승계하는 것을 말한다(판 89. 12. 12, 89누6327 및 국기통 41-0…1). 사업의 양수인은 자연인 또는 법인을 불문한다.

미수금과 미지급금은 외상매출금이나 외상매입금 등 일반적 상거래 이외에서 발생한 것을 의미한다. 따라서 건설업면허 등과 같이 사업장을 구성하는 일부 시설 또는 권리를 개별적으로 양수한 경우(판 86. 11. 11, 85누893)나 건설업면허와 공사에 관련된 채무의 일부 및 공사에 대한 하자담보책임만을 인수한 경우(판 87. 2. 24, 86누605) 등은 여기의 사업의 양수도라고 할 수 없다. 그러나 스텐레스 제조업에 관하여 물적 설비와 공장건물, 사업상 채무 중 일부를 인수하면서 신규채용방식으로 근로자들의 고용관계를 승계한 경우는 사업의 양도에 해당하며(판 90. 8. 28, 90누1892), 사업의 양도·양수에 있어 매매 등의 양도계약이 그 대상 목적에 따라 별도로 이루어졌다고 하더라도 결과적으로 그 사업장의 전부에 관하여 행하여졌다면 사업의 양도에 해당한다(판 80. 9. 24, 79누432).[1)]

양수인이 양도인의 상호를 계속 사용하는 것은 사업의 동일성을 판단함에 있어 필수적 요건이 아니다.

법 제41조 제 1 항의 '양수한 재산의 가액'은, 1. 사업의 양수인이 양도인에게 지급하였거나 지급하여야 할 금액이 있는 경우에는 그 금액, 2. 제 1 호에 따른 금액이 없거나 불분명한 경우에는 양수한 자산 및 부채를 상증세법 제60조부터 제66조까지 규정을 준용하여 평가한 후 그 자산총액에서 부채총액을 뺀 가액으로 하고(기본령 23조 2항), 제 2 항에 불구하고 같은 항 제 1 호에 따른 금액과 시가의 차액이 3억 원 이상이거나 시가의 100분의 30에 상당하는 금액 이상인 경우에는 같은 항 제 1 호의 금액과 제 2 호의 금액 중 큰 금액으로 한다(동 3항).

제 1 호의 금액은 소극재산(부채)을 공제한 순자산가액을 의미한다는 것이 판례의 입장이다.[2)]

---

1) 보험업의 경우 보험계약상의 계약자 지위이전만으로 사업양도의 요건을 충족하는 것으로 볼 가능성이 있다는 견해로, 한병기, 앞의 논문 65면.

2) 판 2009. 1. 30, 2006두1166. 이에 반해 조세채권의 담보력 유지라는 법 취지를 살리기 위해서 적극재산만을 의미하는 것으로 보아야 한다는 견해로, 신호영, "사업양수인 제 2 차 납세의무 제도의 개선방안에 관한 연구", 조세법연구 21-1, 25면 이하.

다. 제 2 차 납세의무의 성립과 확정(부과와 징수)

제 2 차 납세의무가 발생하기 위해서는 주된 납세의무자의 조세 체납이 있고, 그에 대하여 강제징수를 집행하여도 징수할 금액에 부족이 있어야 한다. 제 2 차 납세의무 성립시기에 관하여 법은 별도로 규정하지 않고 있는데 판례는 주된 납세의무의 체납사실 및 무자력을 요건으로 성립한다고 본다(판 82. 8. 24, 81누80). 법문상 제 2 차 납세의무 성립시기는 '주된 납세의무의 납부기한' 경과 이후이므로, 주된 납세의무자에 대한 과세처분 이전에 한 제 2 차 납세의무자에 대한 납부고지는 위법하다(판 2010. 5. 9, 2010두13234). 다만 그 후 주된 납세의무자에 대한 과세처분이 효력을 발생하면 하자는 치유된다(판 98. 10. 27, 98두4535). 제 2 차 납세의무자에 대한 부과제척기간도 주된 납세의무와 별도로 진행된다(판 2012. 5. 9, 2010두13234).

주된 납세의무에 대해 징수유예가 있는 경우에도 징수유예는 납부기한 자체를 연장하는 것이 아니므로 제 2 차 납세의무 성립에 지장이 없다.

관할 세무서장은 납세자의 체납액을 제 2 차 납세의무자로부터 징수하는 경우 징수하려는 체납액의 과세기간, 세목, 세액, 산출 근거, 납부하여야 할 기한(납부고지를 하는 날부터 30일 이내의 범위로 정한다), 납부장소, 제 2 차 납세의무자로부터 징수할 금액, 그 산출 근거, 그 밖에 필요한 사항을 적은 납부고지서를 제 2 차 납세의무자에게 발급하여야 한다(징수법 7조 1항 1호). 이와 같은 절차는 지방세에 있어서도 동일하다(지방세징수법 15조). 제 2 차 납세의무는 이와 같이 제 2 차 납세의무자에 대한 납부고지에 의하여 확정된다(판 90. 4. 13, 89누1414).[1] 납부기한 전징수나 징수유예 등에 관한 국세징수법 규정은 별도 규정이 없어도 제 2 차 납세의무에 준용된다(징수통 7-0…6). 제 2 차 납세의무자는 각자가 법인의 체납세액 전부에 관하여 납세의무를 부담하고 상호간에 분별의 이익이 없다(판 96. 12. 6, 95누14770).

라. 본래의 납세의무와의 관계

(1) 부 종 성

제 2 차 납세의무는 본래의 납세의무를 전제로 성립하고 본래의 납세의무에 관하여 생긴 사유는 제 2 차 납세의무에도 효력이 있다. 따라서 본래의 납세의무가 무효이거나 취소되면 제 2 차 납세의무도 무효로 되고 본래의 납세의무 내용에 변경이 생기면 제 2 차 납세의무 내용도 변경되며, 본래의 납세의무가 소멸하면 제 2

1) 관련 논의는 이 책 244면 참조.

차 납세의무도 소멸한다. 이러한 성질을 사법상 보증채무에 비유하여 '제 2 차 납세의무의 부종성'이라고 한다. 그러나 변제의 경우를 제외하고 제 2 차 납세의무에 관하여 생긴 사유(결손처분, 시효중단 등)는 본래의 납세의무에 영향을 미치지 않는다. 본래의 납세의무에 관한 징수유예 기간 중에는 제 2 차 납세의무에 대한 절차를 개시하거나 속행할 수 없다(징수통 7-0…1. 환가유예만 있는 경우 제외).

(2) 보 충 성

제 2 차 납세의무는 본래의 납세의무자에 대하여 강제징수를 집행하여도 징수하여야 할 세액이 부족하다고 인정될 경우에 한하여 그 부족액을 한도로 하여 인정된다. 이를 '제 2 차 납세의무의 보충성'이라고 한다.

징수할 금액의 부족액은 본래의 납세의무자의 재산에 대하여 현실적으로 강제징수를 한 결과 발생한 징수부족액뿐 아니라 강제징수를 하더라도 객관적으로 징수부족액이 생길 것으로 인정되면 된다(판 96. 2. 23, 95누14756; 징수통 7-0…4). 그 판정은 제 2 차 납세의무자의 납세의무 성립시기에 불구하고 납부고지서 발부 시를 기준으로 할 수밖에 없을 것이다(기본통 38-0…5).[1] 다만 제도의 취지상 제 2 차 납세의무자의 재산의 환가는 원칙적으로 본래의 납세의무자의 재산을 환가한 후에 하여야 할 것이다(징수통 66-0…3). 제 2 차 납세의무자에 대한 고지처분 후에 본래의 납세의무자가 자력을 회복하여도 당초 한 고지처분의 효력에는 영향이 없다.

(3) 제 2 차 납세의무자의 권리구제방법

제 2 차 납세의무자는 본래의 납세의무자에 대한 부과처분이 위법함을 이유로 제 2 차 납세의무자에 대한 고지처분의 효력을 다툴 수 있다(판 2009. 1. 15, 2006두14926). 즉, 제 2 차 납세의무자는 본래의 납세의무자에 대한 부과처분의 효력을 다툴 수도 있고(법 55조 2항 1호 참조), 자신에 대한 납부고지취소소송에서 본래의 납세의무의 위법을 다툴 수도 있다.[2] 이 경우 주된 납세의무자가 제기한 전소의 기판력은 제 2 차 납세의무자가 제기한 후소에 미치지 않는다(위 2006두14926 판결). 다만 제 2 차 납세의무자가 본래의 납세의무자에 대한 부과처분 소송에서 패소확정된 후 자신에 대한 제 2 차 납세의무 부과고지취소소송에서 다시 본래의 납세의무의 위법을 다투는 것은 기판력에 배치되어 허용되지 않는다. 제 2 차 납세의무자 지정처분은 항고소송의 대상이 되지 않는다(판 95. 9. 15, 95누6632).

1) 일본의 학설, 판례도 같은 취지이다. 金子 宏, 앞의 책, 154면. 동경고판 소화 52. 4. 20.
2) 명시적 규정이 없는 일본에서도 판례는 동일하게 판단하고 있다. 일최판 평성 18. 1. 19. 평석은 일본 판례백선 50면. 이 경우 불복기간의 기산도 제 2 차 납세의무자 자신에 대한 납부고지서 송달일을 기준으로 삼아야 할 것이다.

4. 물적납세의무자

가. 총　설

물적납세의무는 본래의 납세자가 납부하여야 할 국세 등에 대하여 제 3 자가 특정한 재산으로 납부책임을 지는 제도이다. 납부책임의 인적 범위가 확장되어 있으나 그 책임의 범위는 특정재산 내지 특정범위의 재산으로 한정되어 있다.

우리 법상 물적납세의무에는, ① 양도담보권자의 물적납세의무(법 42조 1항), ② 명의수탁자의 증여세 물적납세의무(상증세법 4조의2 9항), ③ 신탁관련 수탁자의 물적납세의무(부가세법 3조의2 2항), ④ 신탁관련 수탁자의 부가가치세, 재산세, 종합부동산세에 관한 물적납세의무(부가세법 3조의2 2항, 지법 119조의2, 종부세법 7조의2, 12조의2) 등이 있다.

지방세와 관련하여서는 양도담보권자와 종중재산의 명의수탁자에 대하여 물적납세의무를 부담시키는 규정을 두고 있다(지기법 75조).

국세에 관한 물적납세의무 중 양도담보권자의 물적납세의무와 명의수탁자의 물적납세의무는 특정재산에 관하여 성립하는데 반해, 수탁자의 물적납세의무는 신탁설정일 이후의 수탁재산 일반을 대상으로 성립한다. 어느 경우나 본래의 납세의무자의 무자력이 요건이다. 물적납세의무의 이행을 지연하더라도 납부지연가산세는 부과되지 않는다(법 47조의4 참조).

물적납세의무와 관련하여 중요한 문제는 대상 재산에 설정된 담보권과 물적납세의무의 우열을 가리는 일이다.

조문의 구조상 양도담보권자의 물적납세의무의 경우 물적납세의무자와 담보권자가 동일한 반면 나머지 경우는 양자가 다르다는 특징을 갖는다. 다른 한편 명의수탁자의 물적납세의무는 물적납세의무를 부담하는 조세가 당해 재산에 부과된 증여세로서 '당해세'의 우선적 효력에 의해(법 35조 3항 참조) 법정기일에 관계없이 다른 담보물권 등에 우선하는데 반해 다른 물적납세의무는 물적납세의무자에 대한 납부고지서 발송일과 담보권 설정일 선후에 따라 우선적 효력이 결정된다는 점이 다르다(법 35조 2항 5호 및 7호).

여기에서는 양도담보권자의 물적납세의무에 관하여 살펴보고 나머지 경우는 각각 해당 부분에서 살펴보기로 한다.

나. 양도담보권자의 물적납세의무

(1) 요 건

양도담보권자의 물적납세의무는, ① 본래의 납세자(양도담보권설정자·채무자)가 국세 등을 체납하고, ② 그 납세자의 다른 재산에 대하여 강제징수를 집행하여도 징수할 금액에 미치지 못하는 경우에, ③ 그 국세의 법정기일 후에 설정된 납세자의 양도담보재산으로서 그 부족액을 징수하는 제도를 말한다(법 42조 1항).

㈎ 양도담보권설정자의 체납

㈏ 양도담보재산의 존재

양도담보재산이란 납세자가 계약에 의해 재산을 양도한 때 실질적으로 양도인에 대한 채권담보 목적이 된 재산을 말한다(법 42조 3항, 부동산실명법 3조 2항). 협의의 양도담보와 환매약정을 수반한 매도담보를 포함한다(기본통 42-0…1).

㈐ 국세의 법정기일 후 설정

양도담보권자에게 물적납세의무를 지우기 위해서는 그 양도담보권이 납세자의 체납국세의 법정기일 후에 담보의 목적으로 소유권이전등기 되어야 한다(법 42조 1항 단서). 이는 저당권·질권·전세권이 국세의 법정기일 전에 설정된 경우 피담보채권을 국세보다 우선시킨 것과 같은 취지이다(법 35조 1항 3호 참조).

국세기본법 제35조 제 1 항 제 3 호는 저당권 등의 담보물권과 국세의 우선순위를 결정하는 기준으로서 '법정기일'을 정하고 있고, 같은 조 제 2 항 제 5 호는 양도담보재산에서 국세를 징수하는 경우의 법정기일을 국세징수법 제7조에 따른 납부고지서 발송일로 규정하고 있다. 그 규정취지는 양도담보재산에서 양도담보권설정자의 체납국세를 징수할 경우 그 재산에 설정된 다른 담보물권과 체납국세의 우선순위를 양도담보권자에 대한 납부고지서 발송일을 기준으로 한다는 뜻이다.

담보목적의 소유권이전등기가 국세의 법정기일 당일에 되어도 양도담보권자는 물적납세의무를 부담하나, 양도담보설정자가 사망한 이후에는 납세의무를 부담하지 않는다(판 85. 2. 26, 84누226).

양도담보권자에게 국세징수법 제 7 조 제 1 항에 따른 납부고지가 있은 후 해당 재산의 양도에 의하여 담보된 채권이 채무불이행 등 변제 이외의 이유로 소멸된 경우(양도담보재산의 환매, 재매매의 예약, 그 밖에 이와 유사한 계약을 체결한 경우에 기한의 경과 등 그 계약의 이행 외의 이유로 계약의 효력이 상실되었을 때를 포함한다)에도 양도담보재산으로서 존속하는 것으로 본다(법 42조 2항).

이는 납세자(양도담보권설정자)가 양도에 의하여 담보된 채무를 불이행하여 해당 재산이 양도담보권자에게 확정적으로 귀속되고 그에 따라 양도담보권자와의 관계에서 양도담보권이 소멸하더라도 그 담보권 소멸의 효력을 조세채권자인 국가에게 대항할 수 없다는 취지이다. 이와 반대로 양도담보권설정자가 체납조세의 납부고지를 받기 전에 양도담보채권자가 양도담보권을 실행하여 담보권이 소멸되면 양도담보권자의 물적납세의무도 소멸한다(판 90. 4. 24, 89누2615; 기본통 42-0…5).

㈑ 다른 재산에 대한 강제징수를 집행하였으나 부족액이 발생할 것

부족액 판정에 관한 설명은 이 책 128면의 제 2 차 납세의무자에 대한 경우 참조.

(2) 효 과

관할 세무서장은 납세자의 체납액을, 1. 제 2 차 납세의무자, 2. 보증인, 3. 국세법 및 세법에 따라 물적납세의무를 부담하는 자로부터 징수하는 경우 징수하려는 체납액의 과세기간, 세목, 세액, 산출 근거, 납부하여야 할 기한(납부고지를 하는 날부터 30일 이내의 범위로 정한다), 납부장소, 제 2 차 납세의무자등으로부터 징수할 금액, 그 산출 근거, 그 밖에 필요한 사항을 적은 납부고지서를 제 2 차 납세의무자 등에게 발급하여야 한다(징수법 7조 1항).

납부책임을 이행한 양도담보권자는 본래의 납세의무자에 대하여 구상권을 행사할 수 있다(판 81. 7. 28, 80다1579).

5. 납세보증인

가. 의 의

조세의 징수를 확보하기 위한 세법상의 담보제도인 납세담보에는 특정 재산에 의한 담보인 물적 담보와 보증인의 보증에 의한 인적 담보가 있다(징수법 18조).

보증인은 납세자의 국세 및 강제징수비의 납부를 보증한 자로서(법 2조 12호), 납세자의 조세채무가 이행되지 않는 경우 납세자를 대신하여 이행책임을 부담한다.

나. 요 건

납세의무자가 납세보증을 포함한 납세담보를 제공할 수 있는 경우로는, ① 납부기한 등의 연장(징수법 15조), ② 압류·매각의 유예(징수법 105조 3항), ③ 상속세 등의 연부연납(상증세법 71조), ④ 국세확정 전 압류의 해제요구(징수법 31조 4항 1호), ⑤ 수입면허 전 보세구역에서의 과세물품 반출(개별소비세법 10조 4항), ⑥ 유

흥주점 등 과세유흥장소 경영자에 대한 납세보전(동 5항), ⑦ 주류제조업자에 대한 납세보전(주세법 21조) 등이 있다. 이 중 ① 내지 ③은 조세징수를 완화하는 경우의 담보이고, ④ 내지 ⑦은 징수확보를 위한 보전담보이다.

납세보증은 조세법의 규정에 따라 조세채권자와 납세보증인이 체결하는 납세보증계약에 의하여 성립하는 공법상의 채무이다. 사법상 보증계약에 의한 납세보증은 과세관청에 대한 관계에서 무효이다(판 2005. 8. 25, 2004다58277).

납세보증은 은행법 제 2 조 제 1 항 제 2 호에 따른 은행 등 대통령령으로 정하는 자의 납세보증서를 세무서장에게 제출하는 방법에 의하여 행하는 요식행위이다(징수법 18조 4호, 20조 2항).[1)]

납세보증의 성립 당시 주된 납세의무는 반드시 성립·확정되어 있을 필요는 없다. 국세확정 전 압류의 해제요구 시나 주류제조업자에 대한 납세보전 등에 있어서의 납세보증은 주된 납세의무가 성립·확정되기 전의 납세보증의 예이다.

주된 납세자의 체납액을 보증인으로부터 징수하는 경우 법정 양식에 따른 납부고지서를 제 2 차 납세의무자등에게 발급하여야 한다(징수법 7조 1항 2호).

다. 효 과

납세보증채무는 납세보증계약에 의해 채무의 내용이 성립·확정되고 특별한 절차 없이 과세관청의 자력집행권이 인정된다.

법은 납세보증인에 대한 납부고지서 발급에 관한 절차적 규정만을 두고 있으나(징수법 7조 1항 2호), 납세보증도 본질은 민법상 보증계약과 다를 바 없으므로 원칙적으로 민법상 보증계약의 법리가 적용된다. 따라서 주된 납세의무자의 재산에 관해 강제징수를 집행하더라도 부족한 경우에만 납세보증인에 대한 강제징수가 가능하며,[2)] 그 주장·입증책임은 과세관청에 있다. 또한 주된 채무에 대한 부종성이 인정되므로 주된 납세의무가 무효이거나 취소되면 납세보증채무도 무효로 되고, 주된 채무가 시효소멸하면 납세보증채무도 소멸한다.

납세보증인에 대한 권리구제방법은 제 2 차 납세의무자에 대한 경우와 같다.

---

1) 과세관청이 부가가치세 등 조세체납을 이유로 갑 회사 소유 부동산을 압류하였는데, 을 회사와을 회사의 설립 자본금을 출자한 병이 갑 회사를 인수하기로 하여 갑 회사와 부동산 매매계약 및 영업양수도계약을 체결하면서 병이 과세관청에 '갑 회사가 체납세액을 완납하지 아니할 때에는 병의 책임으로 체납세액을 납부할 것을 보증한다'는 취지의 납세보증서를 제출하였고, 이에 과세관청이 납세보증서를 담보로 강제징수를 유예하고 부동산 압류를 해제한 경우 위 납세보증은 세법에 근거하여 적법하게 제공받은 납세담보라고 한 사례; 판 2020. 9. 3, 2020두36687.

2) 일본은 법에 같은 취지의 규정을 두고 있다(일본 국세징수법 52조 4항).

제 3 절 과세물건

1. 의 의

과세물건(Steuerobjekt)이란 과세의 대상이 되는 물건·행위 또는 사실을 의미한다. 납세의무가 성립하기 위한 물적 기초를 이루며 과세의 객체 또는 대상이라고도 한다. 입법자는 담세력이 있는 물건·행위 또는 사실을 과세의 대상으로 삼게 되는데 각 세목별로 과세물건의 구체적 내용은 개별조세법에서 정하고 있다.

2. 종 류

과세물건은 크게 소득·소비·재산으로 나눌 수 있다.

소득(income)을 과세물건으로 하는 조세는 경제가치의 유량(flow)에 과세하는 세목이다. 국세인 소득세(다만 양도소득세는 제외) 및 법인세와 지방세인 지방소득세, 지방소비세 등이 여기에 속한다. 소득과세는 응능부담에 적합할 뿐 아니라 누진세율 구조를 통하여 소득재분배의 기능도 수행한다. 다만 세제가 복잡하고 과세물건에 따라서는 세원의 포착이 쉽지 않으며 과도한 소득과세는 국민의 경제적 창의와 활동을 위축시키게 된다는 점이 단점으로 지적된다.

소비(expenditure)를 과세물건으로 하는 조세는 소비를 위한 지출에 과세하는 세목으로서, 국세인 부가가치세·개별소비세·주세 및 관세와 지방세인 담배소비세·레저세 등이 여기에 해당된다. 소비과세는 세원포착이 비교적 용이하고 징세절차가 간단하며 납세자에게 주는 조세의 중압감이 적을 뿐 아니라 저축을 우대하는 결과가 되어 자본형성에 유리한 장점이 있다. 그러나 저소득계층의 조세부담이 상대적으로 무거워지는 역진세 기능을 갖게 되어 공평을 저해하는 단점이 있다.

재산(property)을 과세물건으로 하는 조세는 경제가치의 저량(stock)에 과세하는 세목이다. 재산의 보유단계에서 과세하는 종합부동산세와 재산세·자동차세 등이 대표적인 것이나, 재산의 유통단계에서 과세하는 양도소득세·상속 및 증여세·증권거래세·인지세와 지방세인 취득세·등록면허세 등도 넓은 의미에서는 재산을 과세물건으로 하는 조세에 속한다고 볼 수 있다. 재산과세는 세원이 고정되고 안정적이며 응능부담의 원칙에 적합하기 때문에 소득과세를 보완하여 수직적 공평에 기여할 수 있는 장점이 있다. 그러나 조세중압감이 무거워 부담이 조금만 과중해도 조세저항을 유발하기 쉽다는 점이 단점으로 지적된다.

담세력을 기준으로 볼 때, 소득과 재산 쪽에 과세하는 것이 소비 쪽에 과세하는 것보다 부의 재분배에 효율적이다. 여기에 납세자의 수나 세수의 규모, 조세부과에 대한 납세자의 인식 등을 모두 고려하면 소득과세를 중심으로 전체적인 세제를 구축하는 것이 조세입법의 두 가지 이념인 공평과 효율의 요구에 가장 적합한 것으로 인식되고 있다.

3. 물적 과세제외

일반적으로 과세의 대상이 되는 물건·행위 또는 사실 중 특정의 것을 법령상 과세의 대상으로부터 제외하는 것을 물적 과세제외라고 한다. 각 개별세법에 규정되어 있는 비과세소득이나 비과세재산 등이 그 예이다. 물적 과세제외는 처음부터 납세의무 자체가 성립하지 않는다는 점에서 일단 성립한 납세의무를 법률의 규정에 의하여 사후에 해제시키는 조세의 면제와 구별된다.

4. 과세물건의 귀속

납세의무는 과세물건이 어느 자에게 귀속됨으로써 성립하고 과세물건이 귀속된 자가 납세의무자가 된다. 이 과세물건과 납세의무자와의 결합을 과세물건의 귀속(attribution)이라고 한다. 과세물건이 누구에게 귀속되는가는 과세요건의 중요한 내용 중의 하나이다. 각 세목별로 보면, 법인세는 소득을 얻은 법인, 소득세는 소득을 얻은 개인, 부가가치세는 부가가치를 창출·지배하는 사업자, 상속세는 상속재산을 취득하는 상속인·수유자·사인증여의 수증자, 증여세는 증여계약에 의하여 재산을 취득하는 수증인, 개별소비세는 과세물건의 판매자, 제조·반출자, 수입자, 과세장소의 경영수입을 얻는 자가 각 납세의무자가 되고, 취득세는 과세대상 재산의 소유권을 취득하는 자, 등록면허세는 등기·등록·면허 등을 신청하는 자, 재산세는 과세대상 재산의 소유자, 지방소득세는 소득을 얻은 자(소득분), 종업원에게 급여를 지급하는 자(종업원분)가 각 납세의무자가 된다. 우리 국세기본법 제14조 제 1 항은, '과세물건의 귀속에 관한 실질주의'를 천명하고 있다.

제 4 절 과세표준

과세물건인 물건·행위 또는 사실로부터 세액을 산출하기 위해서는 그 물건·행위 또는 사실을 일정한 가치척도, 즉, 금액·가액·용량·건수 등으로 나타낼 필요가 있는데 이들 금액·가액·수량 등을 과세표준이라고 한다. 과세물건을 금액화·수량화한 것으로서 여기에 세율을 적용하면 세액이 산출된다. 소득세나 법인세를 예로 들면 과세물건은 소득이고, 과세표준은 소득금액이 된다. 과세물건에 대한 과세표준은 과세단위를 기준으로 산정한다. 과세단위란 인적 요소인 납세의무자와 물적 요소인 시간, 장소, 원천 등을 기준으로 구분되는 조세채무의 단위를 가리킨다. 기간과세의 경우 각 과세기간 별로 과세단위가 달라진다. 부가가치세는 사업장별로 과세단위가 구분되고, 소득세는 종합소득과 양도소득, 퇴직소득이 별개의 과세단위를 이룬다. 과세단위는 불복절차에 있어서 쟁송의 단위(소송물)가 된다.

과세표준 산정의 어려움은 세목별로 다르다. 등록면허세나 인지세 등은 과세표준이 외견상 명백하기 때문에 납세의무 확정을 위한 특별한 절차가 필요하지 않은 반면 소득세나 법인세의 경우는 과세표준 산정이 복잡하여 그 확정절차를 둘러싸고 납세자와 조세채권자 사이에 분쟁이 발생하기 쉽다. 상속세·증여세·종합부동산세·재산세 등은 과세물건에 대한 적정한 평가가 과세를 위한 선결과제가 된다.

제 5 절 세 율

세율(tax rate)이란 세액산출을 위해 과세표준에 곱하여야 할 율을 말하며 그 크기는 과세표준에 대한 세액의 비율에 해당한다. 각 국가의 세율은 해당 국가의 자본축적 정도, 소득분배의 정도, 재정수요의 크기, 경기변동에 미치는 영향 등 여러 가지 정치적·사회적·재정적 요소에 의해 결정된다.

세율은 금액을 기준으로 비례세율(flat rate)과 누진세율(progressive rate)로 구분된다. 전자는 과세표준의 크기에 관계없이 과세표준에 대한 일정한 비율이 세율이 되고(부가가치세 등), 후자는 과세표준 금액이 증가함에 따라 세율이 누진적으로 커지게 된다(소득세·상속세 등). 누진세율은 다시 과세표준이 커지는 데 따라서 그 전체에 대하여 고율을 적용하는 단순누진세율과 과세표준을 다수의 단계로 구분하여 상위단계로 나아감에 따라 순차로 고율을 적용하는 초과누진세율로 구분된다. 초과누진세율에서의 과세표준 구분의 각 단계를 과세단계, 각 단계에 적용되는 세율을 단계세율 혹은 한계세율(marginal rate)이라고 부른다.

초과누진세율은 담세력에 따른 세 부담 배분의 요청에 가장 적합하기 때문에 여러 국가에서 소득세·상속세 등에 관하여 채용되고 있다. 초과누진세율이 적용되는 조세에서 전체 과세표준을 전체 세액으로 나눈 비율을 평균세율(average rate), 각종의 조세특별조치가 없는 경우의 과세표준에 대한 세 부담 비율을 실효세율(effective rate)이라고 각 부른다. 실효세율은 조세특별조치에 의하여 소득세, 법인세 등의 부담이 어느 정도 감경되는가를 예측하기 위한 용도로 사용된다.

지방세에 관하여는 표준세율·일정세율 혹은 제한세율이라고 하는 개념이 사용된다. 표준세율은 지방자치단체가 지방세를 부과할 경우에 통상 적용하는 세율로서 재정상 이유 등의 특별한 사유가 있는 경우 이에 따르지 아니할 수 있다(지기법 2조 1항 6호). 일정세율은 지방세법이 정한 세율에 의하지 않는 경우의 세율을 말하고, 제한세율은 지방세법이 정한 세율 이하의 세율을 말한다. 지방세법은 세율에 관해 일반적으로 표준세율과 제한세율을 함께 사용한다. 탄력세율은 개별세법에서 세율의 조정권을 행정부에 위임한 경우 법률이 정하는 바에 의해 행정부가 조정하는 세율을 말한다(관세법 71조; 개별소비세법 1조 7항; 증권거래세법 8조 2항 등).

제3장
조세채무의 성립

제1절 총 설

조세법률관계는 민사법 관계나 다른 행정법 관계와 비교하여 여러 가지 특성을 갖는다. 그 가운데 중요한 것으로 민사법 관계와 비교하여서는 조세채권은 자력집행권을 갖는다는 점을, 행정법 관계와 비교하여서는 금전 채권채무관계라는 점을 각각 들 수 있다.

조세법률관계가 채권채무관계의 특성을 갖는다는 점에서 조세채무가 언제 성립하는가 하는 관점이 중요하게 대두되며, 또한 조세채권이 일반 사법상 채권과 달리 자력집행권을 갖는다는 점에서 과세관청이 그와 같은 자력집행권을 언제부터 행사할 수 있는가 하는 관점이 또한 중요하게 대두된다. 전자가 조세채무 성립의 문제라면 후자는 원칙적으로 조세채무 확정시부터 과세관청이 자력집행권을 행사할 수 있다는 점에서 조세채무 확정의 문제와 긴밀하게 연결된다.

조세채무는 각 세법에서 정하는 과세요건이 충족되면 성립한다(법 21조 1항). 이는 특정시기에 특정사실 또는 상태가 존재하여 과세대상(물건 또는 행위)이 납세의무자에게 귀속됨으로써 세법이 정하는 바에 따라 과세표준의 산정 및 세율의 적용이 가능하게 되는 때이다(기본통 21-0…1). 법 제21조는 조세채무 대신에 납세의무라는 표현을 쓰고 있다.

조세채무 즉 납세의무가 성립하면 그 다음 단계인 조세채무의 확정을 위해 신고납세방식 조세에 있어서는 납세자의 신고가, 부과과세방식 조세에 있어서는 과세관청의 부과처분이 각각 뒤따른다. 법률적 상태로 보면, 납세의무 성립은 '신고적격(납세자)'과 '부과적격(과세관청)'을 갖춘 단계로 이해할 수 있다.

신고나 부과절차를 거쳐 조세채무의 과세표준과 세액이 구체적으로 확정되면 국가는 납세자에 대하여 조세를 징수할 수 있는 상태에 이르고, 납세자는 신고나 부과처분의 위법성을 다툴 수 있게 된다. 앞의 납세의무 성립단계와 비교하여 이를 각각 '집행(징수)적격(과세관청)'과 '쟁송적격(납세자)'으로 부를 수 있을 것이다.

통상 성립단계의 조세채무를 추상적 조세채무, 확정단계의 조세채무를 구체적 조세채무라고 부른다.

납세의무의 성립시기는 납세의무 성립과 동시에 내용이 확정되는 조세의 확정시기(법 22조 4항), 출자자 등의 제 2 차 납세의무요건으로서 과점주주의 판정기준시기(법 39조 2호) 등의 기준이 된다. 법령불소급 원칙을 규정한 국세법 제18조 제 2 항도 적용기준 시점을 납세의무의 성립시점으로 정하고 있다. 또한 법에 명시하지는 않았으나 납세의무의 승계에 관한 규정(법 23조, 24조)과 확정 전 보전압류에 관한 규정(징수법 31조 2항) 등의 적용을 위해서도 납세의무 성립이 필요하다는데 이론이 없다.

납세의무 성립시기는 원칙적으로 과세요건의 기초가 된 사실이나 행위의 완성 시점과 때를 같이 하나 기간과세의 경우에는 별도로 과세기간이 종료되어야 한다. 그 성립시기는 세목별로 국세는 국세기본법에서, 지방세는 지방세기본법에서 각각 규정하고 있다(법 21조 2, 3항 및 지기법 34조).

과세요건이 충족된 것만으로는 아직 납세의무가 추상적으로 성립한 상태에 불과하고 국가가 이에 대하여 징수절차에 나아가기 위해서는 납세의무가 자동적으로 확정되는 일부 조세를 제외하고는 채무의 내용을 확정하는 절차를 별도로 밟아야 한다. 이 확정절차가 바로 납세의무자의 신고행위 또는 과세관청의 부과처분인데, 이에 관하여는 조세절차법 부분에서 살펴보기로 한다.

조세채권의 성립과 확정 및 집행과정을 사법상의 채권의 성립 및 실현절차와 비교하여 보면 다음 표와 같다.

	조세채권	사법상의 채권
성립과정	법률의 규정	계약
집행과정	확정절차(신고·부과)	쟁송절차 → 집행권원
	자력집행(한국자산관리공사)	강제경매(집행법원)
채권의 효력	우선적 효력	채권자평등

제 2 절 조세채무의 성립시기

1. 법령의 규정

(1) 국세(법 21조 2항)

1. 소득세·법인세: 과세기간이 끝나는 때, 다만 청산소득에 대한 법인세는 그 법인이 해산을 하는 때

2. 상속세: 상속이 개시되는 때

3. 증여세: 증여에 의하여 재산을 취득하는 때

4. 부가가치세: 과세기간이 끝나는 때. 다만 수입재화의 경우에는 세관장에게 수입신고를 하는 때

5. 개별소비세, 주세, 교통·에너지·환경세: 과세물품을 제조장으로부터 반출하거나 판매장에서 판매하는 때 또는 과세장소에 입장하거나 과세유흥장소에서 유흥음식행위를 하는 때 또는 과세영업장소에서 영업행위를 하는 때. 다만 수입물품의 경우에는 세관장에게 수입신고를 하는 때

6. 인지세: 과세문서를 작성한 때

7. 증권거래세: 해당 매매거래가 확정되는 때

8. 교육세: 국세에 부과될 경우는 국세의 납세의무가 성립하는 때, 금융·보험업자의 수익금액에 부과될 경우에는 과세기간이 끝나는 때

9. 농어촌특별세: 농어촌특별세법 제 2 조 제 2 항에 따른 본세의 납세의무가 성립하는 때

10. 종합부동산세: 과세기준일

11. 가산세: 다음 각 목의 구분에 따른 시기. 다만 나목과 다목의 경우 제39조를 적용할 때에는 이 법 및 세법에 따른 납부기한("법정납부기한")이 경과하는 때로 한다.

가. 제47조의2에 따른 무신고가산세, 제47조의3에 따른 과소신고·초과환급신고가산세: 법정신고기한이 경과하는 때 **나**. 제47조의4 제 1 항 제 1 호 및 제 2 호에 따른 납부지연가산세, 제47조의5 제 1 항 제 2 호에 따른 원천징수 등 납부지연가산세: 법정납부기한 경과 후 1일마다 그 날이 경과하는 때

다. 제47조의4 제 1 항 제 3 호에 따른 납부지연가산세: 납부고지서에 따른 납부기한이 경과하는 때 **라**. 제47조의5 제 1 항 제 1 호에 따른 원천징수 등 납부지연가산세: 법정납부기한이 경과하는 때

마. 그 밖의 가산세: 가산할 국세의 납세의무가 성립하는 때

다음 각 호의 경우는 성립시기가 별도로 규정되어 있다(법 21조 3항).

1. 원천징수하는 소득세·법인세: 소득금액 또는 수입금액을 지급하는 때

2. 납세조합이 징수하는 소득세 또는 예정신고하는 소득세: 과세표준이 되는 금액이 발생한 달의 말일

3. 중간예납하는 소득세·법인세 또는 예정신고기간·예정부과기간에 대한 부가가치세: 중간예납기간 또는 예정신고기간·예정부과기간이 끝나는 때

4. 수시부과에 의하여 징수하는 국세: 수시부과할 사유가 발생한 때

(2) 지방세(지기법 34조 1항)

1. 취득세: 취득세 과세물건을 취득하는 때

2. 등록면허세: 등록에 대한 것은 재산권 등 그 밖의 권리를 등기 또는 등록하는 때, 면허에 대한 것은 각종의 면허를 받는 때와 납기가 있는 달의 1일

3. 레저세: 승자투표권, 승마투표권 등을 발매하는 때

4. 담배소비세: 담배를 제조장이나 보세구역으로부터 반출하거나 국내에 반입하는 때

5. 지방소비세: 국세기본법에 따른 부가가치세의 납세의무가 성립하는 때

6. 주민세: 개인분 및 사업소분은 과세기준일, 종업원분은 급여를 지급하는 때

7. 지방소득세: 그 과세표준이 되는 소득에 대하여 소득세·법인세의 납세의무가 성립하는 때

8. 재산세: 과세기준일

9. 자동차세: 자동차 소유에 대한 자동차세는 납기가 있는 달의 1일, 자동차주행에 대한 자동차세는 그 과세표준이 되는 교통·에너지·환경세의 납세의무가 성립하는 때

10. 지역자원시설세: 발전용수를 수력발전(양수발전 제외)에 사용하는 때, 지하수를 채수하는 때, 지하자원을 채광하는 때, 컨테이너를 입·출항하는 때, 원자력발전·화력발전을 하는 때(특정 부동산은 과세기준일)

11. 지방교육세: 그 과세표준이 되는 세목의 납세의무가 성립하는 때

12. 가산세: 다음 각 목의 구분에 따른 시기. 다만 나목부터 마목까지의 규정에 따른 경우 제46조를 적용할 때에는 이 법 및 지방세관계법에 따른 납부기한(이하 "법정납부기한"이라 한다)이 경과하는 때로 한다.

가. 제53조에 따른 무신고가산세 및 제54조에 따른 과소신고·초과환급신고가산세: 법정신고기한이 경과하는 때 **나**. 제55조 제 1 항 제 1 호에 따른 납부지연가산세 및 제56조 제 1 항 제 2 호에 따른 특별징수 납부지연가산세: 법정납부기한 경과 후 1일마다 그 날이 경과하는 때 **다**. 제55조 제 1 항 제 2 호에 따른 납부지연가산세: 환급받은 날 경과 후 1일마다 그 날이 경과하는 때 **라**. 제55조 제 1 항 제 3 호에 따른 납부지연가산세 및 제56조 제 1 항 제 2 호의2에 따른 특별징수 납부지연가산세: 납세고지서에 따른 납부기한이 경과하는 때 **마**. 제55조 제 1 항 제 4 호에 따른 납부지연가산세 및 제56조

제 1 항 제 3 호에 따른 특별징수 납부지연가산세: 납세고지서에 따른 납부기한 경과 후 1개월마다 그 날이 경과하는 때 **바**. 제56조 제 1 항 제 1 호에 따른 특별징수 납부지연가산세: 법정납부기한이 경과하는 때 **사**. 그 밖의 가산세: 가산세를 가산할 사유가 발생하는 때. 다만 가산세를 가산할 사유가 발생하는 때를 특정할 수 없거나 가산할 지방세의 납세의무가 성립하기 전에 가산세를 가산할 사유가 발생하는 경우에는 가산할 지방세의 납세의무가 성립하는 때로 한다.

다음 각 호의 경우는 별도의 규정을 두고 있다(지기법 34조 2항).

1. 특별징수하는 지방소득세: 과세표준이 되는 소득에 대하여 소득세·법인세를 원천징수하는 때

2. 수시부과에 의하여 징수하는 지방세: 수시부과할 사유가 발생하는 때

3. 법인세법 제67조에 따라 처분되는 상여에 대한 주민세 종업원분: 법인세 과세표준을 결정 또는 경정하는 경우에는 소득세법 제131조 제 2 항 제 1 호에 따른 소득금액변동통지서를 받은 날, 법인세 과세표준을 신고하는 경우에는 신고일 또는 수정신고일

2. 개별적 고찰

(1) 원천징수하는 소득세·법인세

이는 원천징수의무자와 원천납세의무자 모두를 대상으로 한 것으로 이해된다. 원천징수의무자는 원천납세의무자와 독립하여 국가에 대하여 원천징수세액의 징수 및 납부의무를 부담하고, 원천납세의무자는 국가에 대하여 원천징수하는 조세의 본래의 납세의무를 부담한다.[1)]

소득처분에 따른 법인의 원천징수의무는 법인이 과세관청으로부터 그에 관한 소득금액변동통지를 받은 날에 소득을 지급한 것으로 보므로(소법 131조 2항; 135조 4항, 145조의2; 소령 192조 등), 그 때 성립 및 확정된다.[2)]

(2) 예정신고·중간예납하는 조세

예정신고하는 소득세란 부동산매매업으로 인한 사업소득세 및 양도소득세를 말한다. 이는 양도일이 속하는 달의 말일(주식양도의 경우 양도일이 속하는 분기의 말일)부터 2월 이내에 예정신고·납부하도록 되어 있다(소법 69조 1항, 105조 1항).

소득세나 법인세는 각 소득별로 과세기간중의 소득금액을 합산하여 과세표준

1) 관련 내용은 이 책 515면 이하 참조.
2) 이 경우 원천납세의무자의 원천납세의무 성립시기에 관하여는 별도의 논의가 필요하다. 관련 내용은 이 책 762면 참조.

을 산정하며 각 소득에 대한 과세기간은 원칙적으로 1월 1일부터 12월 31일까지이다(소법 5조 1항; 법법 6조 5항). 다만 종합소득세는 매년 1월 1일부터 6월 30일까지를 중간예납기간으로 하여 중간예납세액을 예납적으로 결정·징수하고(소법 65조 1항), 법인세는 당해 사업연도개시일부터 6월간을 중간예납기간으로 하여 중간예납세액을 자진납부한다(법법 63조 1항).

예정신고나 중간예납의 경우에도 법의 규정에 따라 부과 및 징수절차가 가능하므로(소법 69조; 소령 129조 3항; 소법 65조 9항; 법법 63조 1항, 71조 2항), 성립 및 확정시기를 별도로 규정한 것이다.

부가가치세의 경우 1. 1.부터 6. 30.까지(제 1 기) 및 7. 1.부터 12. 31.까지(제 2 기)를 과세기간으로 규정하고 있는데(부가세법 5조 1항), 그 외에 1. 1.부터 3. 31.까지 및 7. 1.부터 9. 30.까지를 예정신고기간으로 규정하고 있다(부가세법 48조 1항).

(3) 수시부과에 의하여 징수하는 국세

수시부과사유 발생으로 인한 법인세 특별부가세 납세의무 성립시기는 수시부과사유 발생 시이나(판 92. 7. 10, 91누8234), 수시부과 당시에 부과처분의 대상이 되는 자산의 양도행위가 완성되는 등 소득이 발생하였어야 한다(판 92. 7. 24, 92누848).

(4) 기 타

대도시 내의 법인의 지점설치에 따른 부동산등기에 대하여 중과하는 등록세(구법 관련)의 과세요건은 대도시 내에서의 부동산등기 및 그 이후 지점설치의 두 가지이고, 그 납세의무는 지점설치 시에 비로소 성립한다(판 97. 10. 14, 97누9253). 그 밖에 제 2 차 납세의무의 성립시기는 이 책 134면, 토지거래허가와 관련된 양도소득세 납세의무 성립시기는 이 책 535면 각 참조.

제 4 장 조세채무의 승계

제 1 절 총 설

납세의무는 경제적 급부를 내용으로 하며 원칙적으로 금전채무로서 성질상 대체적 급부에 속하기 때문에 승계가 가능한 채무이다. 반면 조세는 경제적 부담능력을 기준으로 부과된다는 점에서 납세의무자의 개별성이 강조되므로 무작정 납세의무의 승계를 인정하는 것은 적당하지 않다. 현행법은 이와 같은 두 가지 측면을 고려하여 포괄승계, 즉, 법인의 합병(법 23조), 상속(법 24조) 등과 같은 권리의무의 포괄승계와 채무자회생법에 의한 회생계약에 따른 경우에만 납세의무의 승계를 인정하고 있다. 따라서 그 이외 사인 간의 계약 등에 의한 납세의무의 승계는 인정되지 않는다.

이곳에서는 조세채무의 포괄승계에 관하여 살펴보고, 회생계약에 따른 납세의무 승계는 제 3 편 제 4 장 제 4 절 2. 다. 회생절차에서의 조세채권 부분에서 살펴본다.

제 2 절 법정승계사유

1. 법인의 합병으로 인한 승계

「법인이 합병한 경우 합병 후 존속하는 법인 또는 합병으로 설립된 법인은 합병으로 소멸된 법인에 부과되거나 그 법인이 납부할 국세 및 강제징수비를 납부할 의무를 진다」(법 23조).

사법상으로도 합병으로 법인의 권리의무는 포괄적으로 승계되나(상법 235조), 국세기본법은 이를 조세채무의 승계의 관점에서 별도로 규정하고 있다.

법인이 합병 또는 분할로 인하여 소멸한 경우 피합병법인 등이 납부하지 아니한 각 사업연도의 소득에 대한 법인세 또는 청산소득에 대한 법인세(법령 85조의 2), 또는 피합병법인 등이 법 제73조 및 제73조의2에 따라 원천징수하여야 할 법인세(소득세)를 징수하지 아니하였거나 징수한 법인세(소득세)를 납부하지 아니한 것(법령 116조 2항; 소법 157조 2항)에 대하여는 합병법인 등이 납부할 책임을 지는데 이와 같은 개별세법의 규정들도 같은 취지를 규정한 것이다. 그 밖에 합병존속·신설법인의 소멸법인에 대한 폐업사실 신고의무를 규정한 부가가치세법 시행령 제13조 제 4 항, 합병으로 인한 강제징수의 속행 및 승계에 관한 국세징수법 제27조, 합병으로 인한 영업승계 신고규정에 관한 개별소비세법 제21조 제 5 항 등도 합병의 포괄승계에 관한 법리에 입각한 규정들이다.

조세채무의 승계범위를 정한 '부과되거나' '납부할' 국세에는 조세채무가 성립하였으나 내용이 확정되지 않은 것과 성립 및 내용이 확정된 것을 모두 포함한다(기본통 23-0…2). 본래의 납세의무 이외에 제 2 차 납세의무와 보충적 납세의무 및 징수납부의무도 포함되나, 이미 납부·징수가 이루어진 국세 등은 여기에 해당하지 않으며 이는 그 징수가 충당의 방법으로 이루어졌어도 마찬가지이다.[1)]

합병으로 인하여 소멸하는 법인이 납기연장·징수유예 등을 신청했거나 납세담보를 제공한 경우 또는 납기연장·징수유예·강제징수유예 등의 결정·승인을 받은 경우 합병 후 존속·신설법인이 그 지위를 승계한다(기본통 23-0…3). 등록세 중과와 관련된 법률상의 지위도 마찬가지이다(판 2013. 12. 26, 2011두5940).

납세의무의 승계자는 승계한 납세의무에 관하여 신고의무, 지급조서 제출의무, 세금계산서 제출의무, 질문·검사 수인의무 등 피승계자가 부담하여야 할 각종의 협력의무를 이어받게 되고, 또 경정·결정 등 각종 처분의 상대방이 된다.

2. 상속으로 인한 승계

「상속이 개시된 때에 그 상속인(민법 1000조, 1001조, 1003조 및 1004조에 따른 상속인을 말하고, 상속세 및 증여세법 2조 5호에 따른 수유자를 포함한다) 또는 … 상속재산관리인은 피상속인에게 부과되거나 그 피상속인이 납부할 국세 및 강제징수비를 상속으로 받은 재산의 한도에서 납부할 의무를 진다」(법 24조 1항).

이는 상속의 포괄승계에 관한 법리에 따른 규정이다.

상속으로 받은 재산가액의 산정은 상속으로 인하여 얻은 자산총액에서 상속한

1) 판 2011. 3. 24, 2008두10904. 상속에 관한 사안이지만 합병의 경우에도 마찬가지로 이해된다.

부채총액과 그 '상속으로 인하여' 부과되거나 납부할 상속세를 공제한 가액이다(기본령 11조 1항). 여기서 '상속으로 받은 재산'에는 피상속인이 상속개시 전에 증여한 재산은 포함되지 않는다(조심 2018중4997, 2020. 12. 4.). 자산과 부채 가액의 평가는 상증세법 규정을 준용한다(동 2항).

상속을 포기한 자는 여기의 상속인에 포함되지 않으며(판 2013. 5. 23, 2013두1041), 상증세법 제 8 조가 상속재산으로 보도록 한 보험금은 상속재산이 아니라 상속인의 고유재산이므로, 여기의 '상속으로 받은 재산'에 포함되지 않는다(위 2013두1041판결). 다만 법 제24조 제 1 항에 따른 납세의무 승계를 피하면서 재산을 상속받기 위하여 피상속인이 상속인을 수익자로 하는 보험계약을 체결하고 피상속인의 사망으로 상속인이 상증세법 제 8 조에 따른 보험금을 받은 경우에는 다음 각 호의 구분에 따른 금액을 상속인이 상속받은 재산으로 보아 제 1 항을 적용한다(법 24조 2항).

1. 민법 제1019조 제 1 항에 따라 상속을 한정승인 또는 포기한 상속인이 보험금을 받은 경우: 상속인이 받은 보험금 전액

2. 피상속인이 국세 또는 강제징수비를 체납한 상태에서 해당 보험의 보험료를 납입한 경우로서 상속인(민법 제1019조 제 1 항에 따라 상속을 한정승인 또는 포기한 상속인은 제외한다)이 보험금을 받은 경우: 상속인이 받은 보험금 × (피상속인이 최초로 보험료를 납입한 날부터 마지막으로 보험료를 납입한 날까지의 기간 중 국세를 체납한 일수) / (피상속인이 최초로 보험료를 납입한 날부터 마지막으로 보험료를 납입한 날까지의 일수)

시행령 제11조 제 1 항에 따라 상속재산 가액을 산정함에 있어서도 위와 같이 상속재산으로 보는 보험금 및 그 보험금을 받은 자가 납부할 상속세를 포함하여 계산한다(기본령 11조 3항).

승계되는 조세채무의 범위는 합병의 경우와 동일하다. 피상속인이 부담할 제 2 차 납세의무의 경우 제 2 차 납세의무가 법이 정한 요건사실의 발생에 의하여 당연히 성립된다고 보는 이상 그 승계를 위하여 피상속인의 생전(상속개시 전)에 납부고지가 있어야 하는 것은 아니라고 해석된다(기본통 24-0…1). 피상속인의 소득세법상 결손금은 법에 별도의 규정이 없는 이상 승계되지 않는다.[1]

공동상속의 경우 각 상속인은 피상속인에게 부과되거나 그 피상속인이 납부할 국세 및 강제징수비를 민법 제1009조, 제1010조, 제1012조 및 제1013조에 따른 상속분(다음 각 호의 어느 하나에 해당하는 경우에는 대통령령으로 정하는 비율로 한다)

---

1) 같은 취지: 박종수, "납세의무의 승계와 소득세법상의 결손금", 조세법연구 12-1, 135면.

에 따라 나누어 계산한 국세 및 강제징수비를 상속으로 받은 재산의 한도에서 연대하여 납부할 의무를 진다. 이 경우 각 상속인은 그들 중에서 피상속인의 국세 및 강제징수비를 납부할 대표자를 정하여 대통령령으로 정하는 바에 따라 관할세무서장에게 신고하여야 한다(동 3항).

1. 상속인 중 수유자가 있는 경우 2. 상속인 중 민법 제1019조 제 1 항에 따라 상속을 포기한 사람이 있는 경우 3. 상속인 중 민법 제1112조에 따른 유류분을 받은 사람이 있는 경우 4. 상속으로 받은 재산에 보험금이 포함되어 있는 경우

위 "대통령령으로 정하는 비율"이란 각각의 상속인(법 제24조 제 1 항에 따른 수유자와 같은 조 제 2 항에 따른 상속포기자 및 유류분 수령자를 포함한다)이 시행령 제11조 제 1 항에 따라 계산한 상속으로 받은 재산의 가액을 각각의 상속인이 상속으로 받은 재산 가액의 합계액으로 나누어 계산한 비율을 말한다(기본령 11조 4항).

위 규정은 한정승인의 경우에도 적용된다(판 2012. 9. 13, 2010두13630).

피상속인에 대한 납세의무 발생 전 상속이 개시되고 그에 대한 상속의 한정승인이 이루어진 경우 승계된 상속재산에 대해 상속인에게 발생한 조세채무는 상속채무가 아니므로 상속인이 납부의무를 부담한다.[1)]

상속이 개시되었는데 상속인의 존재가 불분명하면 과세관청은 상속인에게 하여야 할 납부의 고지, 독촉 그 밖에 필요한 사항을 상속재산관리인에게 하고(동 4항), 상속재산관리인도 없으면 상속개시지 관할법원에 상속재산관리인의 선임을 청구한다(동 5항), 피상속인에게 한 처분 또는 절차는 제 1 항에 따라 상속으로 인한 납세의무를 승계하는 상속인이나 상속재산관리인에 대해서도 효력이 있다(동 6항).

소득세법은 거주자가 과세기간 중에 사망함으로써 상속이 개시된 경우 피상속인의 소득금액에 대하여 상속인이 납세의무를 지도록 규정하고 있다(소법 2조의2 2항). 이는 거주자가 사망한 경우 피상속인 사망과 동시에 피상속인의 소득금액에 대하여 상속인의 납세의무가 성립한다고 본 것으로서 피상속인의 납세의무가 상속인에게 승계되는 것과 개념상 구별된다. 다만 이 경우 피상속인 소득금액에 대한 소득세는 상속인의 소득금액에 대한 소득세와 구분, 계산하므로(소법 44조), 납세의무자가 달라지는 이외에 세액의 산정 등에 있어서 납세의무의 승계의 경우와 차이는 없다.

그 밖에 상속으로 인한 강제징수의 승계(징수법 27조 2항), 영업승계의 신고(개별소비세법 21조 4항) 등의 규정은 법인의 합병의 경우와 다르지 않다.

1) 같은 취지, 서울고판 2019. 5. 15, 2018누63916. 부동산 지분을 상속받은 후 해당 부동산이 경락되어 매각대금이 채권자들에게 전부 배당된 경우 상속인에게 상속채무의 소멸이라는 경제적 이익이 발생하였으므로 해당 양도소득이 상속인에게 귀속되었다고 본 사안.

제 5 장
조세채무의 소멸

제 1 절 총　　설

국세기본법 제26조는 조세채무, 즉, 납세의무의 소멸사유를 규정하고 있다. 이에 의하면, 조세채무는 납부·충당되거나 부과가 취소된 때(1호), 국세를 부과할 수 있는 기간 내에 국세가 부과되지 아니하고 그 기간이 끝난 때(2호), 국세징수권의 소멸시효가 완성된 때(3호)에 소멸한다. 지방세기본법 제37조나 관세법 제20조도 동일한 내용을 규정하고 있다.

법률의 규정에 따라 성립한 납세의무는 여러 가지 원인으로 소멸한다. 납세의무는 국가 또는 지방자치단체에 대한 공법상의 채무이기 때문에 사법상의 채무가 변제에 의하여 소멸하는 것과 마찬가지로 통상은 납부에 의하여 소멸한다. 그리고 사법상의 채무가 시효로 소멸하는 것과 같이 납세의무도 소멸시효의 완성에 의하여 소멸한다. 또한 사법관계에 있어서 채무자가 임의로 채무를 이행하지 않는 경우에 강제집행이 행하여지는 것과 마찬가지로 납세의무가 임의로 이행되지 않는 경우에는 납세의무자의 재산에 대하여 강제징수를 행하여 이를 환가·충당함으로써 조세채권의 강제적 만족을 도모하게 된다. 이와 같이 납세의무는 사법상의 채무와 유사 또는 공통의 원인에 의하여 소멸하지만 다른 한편 사법상 채무 소멸원인의 하나인 상계는 납세의무에 관하여는 해석상 또는 규정상 금지되어 있다(지방세징수법 21조). 납세의무에 특수한 소멸원인으로 환부금의 충당이 있는데 이는 과세권자의 일방적 조치에 의하여 법이 정한 요건에 따라 이루어진다는 점에서 사법상 상계와는 성질이 다르다.

제척기간은 과세관청의 확정권한에 대한 기간적 제한에 해당하나 그 반사적 효과로서 납세자는 해당 조세채무를 납부할 의무를 면하므로 국세기본법은 그 효과의 측면에 착안하여 이를 납세의무의 소멸사유로 규정하였다.

종전에 세법은 결손처분을 납세의무의 소멸사유의 하나로 규정하였으나, 현행 국세기본법은 결손처분을 납세의무의 소멸사유로 규정하고 있지 않다. 따라서 결손처분이 있는 경우에도 소멸시효가 완성하는 때에 납세의무가 소멸한다.

이상과 같이 납세의무의 소멸원인으로는 납부·충당·제척기간의 만료와 소멸시효의 완성·강제징수에 의한 만족 등이 있으나 이곳에서는 제척기간의 만료와 소멸시효의 완성에 관하여서만 살펴보고 다른 소멸원인에 관하여는 각각 관계되는 곳에서 살펴보기로 한다.

제 2 절 부과권의 제척기간

1. 의 의

국세기본법 제26조의2는 국세부과권의 제척기간에 대하여 규정하고 있는데, 각 세목별로 위 조항에 규정된 기간이 끝난 날 이후에는 국세를 부과할 수 없다.

제척기간은 법률관계를 신속히 확정짓기 위하여 일정한 권리에 관하여 법률이 정한 존속기간이다. 정해진 기간 안에 행사하지 않으면 해당 권리가 소멸된다는 점에서 소멸시효와 제도의 취지를 같이 하나 제척기간은 기간의 정지나 중단이 없고 소송에서 그 이익을 원용할 필요가 없다는 점이 소멸시효와 다르다.

조세법상의 법률관계 역시 언제까지나 불확정한 상태로 놓는 것은 바람직하지 않으므로 부과권에 관하여 제척기간을 설정하고 그 기간 내에 과세처분이 없으면 조세채무 자체가 소멸하도록 한 것이다. 다만 민법상의 제척기간은 그 기간 내에 소로서 권리를 행사하여야 하나 부과권의 제척기간은 그러한 제한이 없다.

거주자 사이에 국외에서 이루어지는 역외거래와 판결 등에서 국내원천소득의 실질귀속자가 확인되는 경우 등에 관하여는 과세기반의 일실을 방지하기 위하여 부과제척기간을 확대하는 규정을 별도로 두고 있다.

2. 제척기간의 유형

제척기간은 각 세목별로 그 기간이 다르게 규정되어 있는데, 그 성질상 통상의 제척기간과 특별한 제척기간으로 나누어 볼 수 있다(법 26조의2).

가. 통상의 제척기간

(1) 일 반 론

일반적으로 해당 국세를 부과할 수 있는 날부터 5년간(역외거래의 경우 7년간)이다(1항).[1] 그러나 납세자가 법정신고기한까지 과세표준신고서를 제출하지 아니한 경우에는 해당 국세를 부과할 수 있는 날부터 7년간(역외거래의 경우 10년간)(2항 1호),[2] 납세자가 대통령령으로 정하는 사기나 그 밖의 부정한 행위('부정행위')로 국세를 포탈하거나 환급·공제받은 경우와 부정행위로 포탈하거나 환급·공제받은 국세가 법인세인 경우 이와 관련하여 법인세법 제67조에 따라 처분된 금액에 대한 소득세 또는 법인세(2항 2호)[3] 및 납세자가 부정행위로, 가. 소득세법 제81조의10 제 1 항 제 4 호, 나. 법인세법 제75조의8 제 1 항 제 4 호, 다. 부가가치세법 제60조 제 2 항 제 2 호·제 3 항 및 제 4 항에 따른 가산세 부과대상이 되는 경우 해당 가산세(2항 3호)는 각 부과할 수 있는 날부터 10년간(2호의 경우 역외거래에서 발생한 부정행위로 국세를 포탈하거나 환급·공제받은 경우에는 15년간)이다.

'역외거래'란 국조법 제 2 조 제 1 항 제 1 호에 따른 국제거래 및 거래 당사자 양쪽이 거주자(내국법인과 외국법인의 국내사업장을 포함한다)인 거래로서 국외에 있는 자산의 매매·임대차, 국외에서 제공하는 용역과 관련된 거래를 말한다.

제 1 항 및 제 2 항 제 1 호의 기간이 끝난 날이 속하는 과세기간 이후의 과세기간에 소득세법 제45조 제 3 항, 법인세법 제13조 제 1 항 제 1 호, 제76조의13 제 1 항 제 1 호 또는 제91조 제 1 항 제 1 호에 따른 이월결손금, 조특법 제144조 제 1 항에 따라 이월된 세액공제액을 공제하는 경우 해당 이월결손금등이 발생한 과세기간의 소득세 또는 법인세는 제 1 항 및 제 2 항 제 1 호에도 불구하고 이월결손금등을 공제한 과세기간의 법정신고기한으로부터 1년이다(3항). 이는 법인세법상 이월결손금 공제기간이 5년에서 10년으로 연장됨에 따른 보완조치이다.

이자소득과 다른 수익사업소득이 있는 비영리법인이 자산의 양도소득을 누락

1) 국세부과의 제척기간 기산일인 '국세를 부과할 수 있는 날'에서 '예정신고기한의 다음 날'을 제외한 구 국세기본법 시행령(2007. 2. 28. 개정 전의 것) 제12조의3 제 1 항 제 1 호 후문은 모법의 위임 범위와 한계를 벗어나거나 헌법상 평등의 원칙, 재산권보장의 원칙 또는 과잉금지의 원칙에 위배된다고 볼 수 없다. 판 2020. 6. 11, 2017두40235.

2) 예정신고를 한 자는 해당 소득에 대한 확정신고를 하지 아니할 수 있고 이는 예정신고를 한 양도소득 외에 동일한 과세연도에 귀속되는 양도소득이 더 있더라도 마찬가지이므로 이 경우 부과제척기간은 7년이 아닌 5년이라고 본 것: 판 2021. 11. 25, 2020두51518.

3) 이 규정의 의의에 관하여는 이 책 762면 참조.

한 채 이자소득만 있는 비영리법인의 신고용 서식으로 법인세 신고를 한 경우에도 이를 무신고로 볼 수 없다.[1] 판례는 법인세법상 중소기업인 甲 회사가 2006 사업연도 결손금 소급공제에 의한 환급을 신청하여 2005 사업연도 법인세액을 한도로 계산한 금액을 환급받았는데, 이후 甲 회사에 대한 파산선고로 선임된 파산관재인이 2005 사업연도 법인세 과세표준과 세액에 영향을 미치는 법원의 화해권고결정이 확정되었음을 이유로 후발적 경정청구를 하여 해당 세액을 환급받자, 관할 세무서장이 결손금 소급공제 환급세액 계산의 기초가 된 2005 사업연도 법인세액이 달라져 과다환급되었다는 이유로, 구 법인세법 제72조 제 5 항에 따라 환급세액과 그 이자 상당액을 2006 사업연도 법인세로 경정·고지한 사안에서, 위 처분은 2006 사업연도 법인세의 부과 및 징수처분에 해당하고 그에 관한 부과제척기간이 경과하여 위법하다고 보았다(판 2022. 11. 17, 2019두51512).

상속세·증여세의 경우 이를 부과할 수 있는 날부터 10년간이나, 부정행위로 상속·증여세를 포탈하거나 환급·공제받은 경우와 상증세법 제67조 및 제68조의 규정에 의해 신고서를 제출하지 않은 경우 및 그 신고서를 제출하였다 하더라도 허위신고 또는 누락신고를 한 경우(거짓신고 또는 누락신고 부분만 해당됨)에는 15년간이다(4항 전문). 상속세, 증여세가 실제로 문제되는 경우란 무신고나 허위신고의 경우이므로 실제로는 15년인 셈이다. 부담부증여에 해당하여 소득세법 제88조 제 1 호 후단에 따라 소득세를 과세하는 경우 제척기간도 위와 동일하다(4항 후문).

(2) 사기나 그 밖의 부정한 행위

㈎ 법의 규정 및 연혁

'사기나 그 밖의 부정한 행위'란 조세범처벌법 제 3 조 제 6 항에 해당하는 행위를 말한다(법 26조의2 2항 2호, 영 12조의2 1항). 그 입법취지는 과세요건사실의 발견을 곤란하게 하거나 허위 사실을 작출하는 등의 부정한 행위가 있는 경우 과세관청으로서는 탈루신고임을 발견하기가 쉽지 않아 부과권을 행사하기 어려우므로 부과제척기간을 10년으로 연장하는 데에 있다(판 2013. 12. 12, 2013두7667).

'사기나 그 밖의 부정한 행위'('부정행위')는 장기부과제척기간('장기제척기간') 이외에도 부당무신고나 과소신고가산세('부당가산세') 및 조세포탈법의 구성요건을 구성하고 있어 각 요건의 관계가 문제된다. 우선 입법의 연혁을 살펴보면, 부당가산세의 경우는 구국세기본법 제47조의2(2011. 12. 31. 개정 전의 것) 제 2 항에서 그

1) 판 2023. 4. 27, 2023두32587(서울고판 2022. 12. 16, 2022누49467에 대한 심리불속행 판결임). 종전 행정해석(2010. 5. 29. 법인-0072)은 반대입장이었다.

요건을 "부당한 방법(납세자가 국세의 과세표준 또는 세액 계산의 기초가 되는 사실의 전부 또는 일부를 은폐하거나 가장하는 것에 기초하여 국세의 과세표준 또는 세액의 신고의무를 위반하는 것으로서 '대통령령이 정하는 방법'을 말한다)"으로 규정하고, 동 시행령 제27조에서는, "법 제47조의2 제 2 항 각 호 외의 부분에서 "대통령령으로 정하는 방법"이란 다음 각 호의 어느 하나에 해당하는 방법을 말한다"고 한 후 제 1 호부터 제 5 호까지 개별 행위유형을 예시하고 제 6 호에서 '그 밖에 국세를 포탈하거나 환급·공제받기 위한 사기, 그 밖의 부정한 행위'를 규정하고 있었고, 장기제척기간에 관하여는 같은 법 제26조의2 제 1 항 제 1 호에서 그 요건을 '납세자가 사기나 그 밖의 부정한 행위로 국세를 포탈하거나 환급·공제받은 경우에는 그 국세를 부과할 수 있는 날부터 10년간'이라고 규정한 이외에 '사기나 그 밖의 부정한 행위'의 의의나 유형에 관하여는 별도의 규정을 두지 않았다. 그러다가 위 2011. 12. 31. 개정으로 국세기본법 제26조의2 제 1 항 제 1 호의 '사기나 부정한 행위'가 '대통령령으로 정하는 사기나 그 밖의 부정한 행위'로 바뀌고 시행령 제12조의2 제 1 항에서는 이를 '조세범 처벌법 제 3 조 제 6 항 각 호의 어느 하나에 해당하는 행위'로 규정하였다. 그리고 부당가산세에 관하여는 국세기본법 제47조의2 제 1 항 제 1 호에서 위 규정의 "부정행위" 개념을 그대로 인용하여 양자를 통일적으로 규정하였다. 그 후 2019. 2. 12. 시행령 개정을 통하여 장기제척기간의 '사기나 그 밖의 부정한 행위'를 아예 '조세범 처벌법 제 3 조 제 6 항에 해당하는 행위'로 규정하고 부당가산세에서도 종전과 동일하게 해당 개념을 그대로 인용하였다.

한편 형사상 조세포탈죄에 관하여는, 당초 "사기 기타 부정한 행위로써 조세를 포탈하거나 조세의 환급·공제를 받은 자는 다음 각 호에 의하여 처벌한다. 다만, 주세포탈의 미수범은 처벌한다."고만 규정하였다가 이후 2010. 1. 1. 법률 제9919호로 전부 개정된 조세범 처벌법은 제 3 조(조세포탈 등) 제 6 항에서 "사기나 그 밖의 부정한 행위"란 "다음 각 호의 어느 하나에 해당하는 행위로서 조세의 부과와 징수를 불가능하게 하거나 현저히 곤란하게 하는 적극적 행위를 말한다."라고 하여 제 1 호(이중장부의 작성 등 장부의 거짓 기장) 내지 제 7 호(그 밖에 위계에 의한 행위 또는 부정한 행위)에서 구체적인 행위태양을 규정하였다.

전체적으로 구법과 비교하여 현행 법령은 부당가산세와 장기제척기간을 규정 형식상 통합하는 한편 부당가산세 요건을 조세포탈죄의 구성요건으로 연결시켜 세 경우를 좀 더 유기적으로 연결하고 있다. 이와 같이 규정 체계는 좀더 분명해 졌으나 그 내용의 타당성에 관하여는 또 다른 숙제를 남기고 있다.

(나) 판례의 입장

판례는 장기제척기간이나 부당과소신고 가산세 규정의 형태가 조세포탈범의 구성요건과 형태상 구별이 있던 종전 법 규정의 해석과 관련하여서도 대체로 장기 제척기간의 부정행위 요건을 조세범처벌법이나 부당무신고가산세의 요건과 동일한 수준으로 보아 왔다. 이러한 판례의 태도가 규정형태가 동일하게 된 현행 법 규정의 해석과 관련하여 바뀔 가능성은 높지 않아 보인다. 그러나 형사범인 조세포탈범과 부당무신고가산세 및 장기제척기간은 서로 입법취지 및 기능을 달리하므로 이들을 완전히 동일하게 취급할 수 있는 지 의문이다.

판례가 제시한 구체적인 기준을 보면, 다른 행위의 수반 없이 단순히 세법상 신고를 하지 않거나 허위신고를 하는 것은 부정행위에 해당하지 않지만, 과세대상의 미신고나 과소신고와 아울러 수입이나 매출 등을 고의로 장부에 기재하지 않는 행위 등 적극적 은닉의도가 나타나는 사정이 더해진 경우 이에 해당하고(판 2015. 9. 15, 2014두2522), 단순히 명의위장 사실만으로는 여기에 해당하지 않고, 여기에 누진세율 회피, 수입의 분산, 감면특례의 적용, 무자력자의 명의사용 등과 같은 조세회피의 목적과 허위 매매계약서 작성과 대금의 허위지급, 허위 양도소득세 신고, 허위의 등기·등록, 허위 회계장부 작성·비치 등과 같은 적극적 행위가 부가되어야 사기나 부정한 행위에 해당한다(판 2018. 12. 13, 2018두128 및 위 2013두7667 판결).

판례는 명의신탁한 비상장법인 주식을 양도하고 명의자들 명의로 양도소득세를 신고하였는데, 과세관청이 주식 배당금이 실질적으로 명의신탁자에게 귀속되고, 양도가액이 과소신고되었다는 이유로 명의신탁자에게 종합소득세 및 양도소득세 부과처분을 한 사안에서, 甲의 주식 명의신탁 행위와 이에 뒤따르는 부수행위를 조세포탈의 목적에서 비롯된 부정한 적극적인 행위로 볼 수 없다는 이유로 부과제척기간을 5년으로 보았다(판 2018. 3. 29, 2017두69991).

이에 반하여, 조세탈루 목적의 부동산명의신탁(판 2017. 8. 24, 2014두6838), 부당행위계산 적용을 피하기 위해 특수관계 없는 자 명의로 거래한 행위(판 2013. 12. 12, 2013두7667), 주권상장법인의 대주주가 대주주 아닌 자의 계좌로 거래하면서 양도소득세를 신고, 납부하지 않은 행위(판 2015. 9. 10, 2014도12619) 등은 위 규정상 부정행위에 해당한다. 양자의 차이는 결국 조세포탈 범의(犯意)의 경중(輕重)에 있는데 2017두69991 판결의 경우 이미 존재하는 명의신탁 상태를 이용하였다는 점에서 일종의 자기부죄금지(自己負罪禁止) 내지 불가벌적 사후행위 법리가 반영된 것으로 이해된다.

법인세법상 부당행위계산 부인으로 인한 세무조정금액 등 세무회계와 기업회계 차이로 생긴 금액은 특별한 사정이 없는 한 부정행위로 얻은 소득금액으로 볼 수 없으나(판 2010. 9. 30, 2008두12160), 세무조정금액이 발생하지 않도록 부인대상이 아닌 자의 명의로 거래하고, 이를 서류 조작 등을 통해 적극적으로 은폐한 경우 여기의 부정행위에 해당하고(위 2013두7667 판결), 부동산을 전매한 자가 미등기전매 이익을 얻고자 매도인과 최종 매수인 사이에 직접 매매계약을 체결한 것처럼 허위 매매계약서를 작성하는 데에 가담하고, 소유권이전등기도 매도인으로부터 최종 매수인 앞으로 마치도록 하는 한편 자신 명의로 양도소득세 예정신고나 확정신고를 하지 않은 채 신고기한을 넘긴 경우 부정행위에 해당한다(판 2013. 10. 11, 2013두10519).

관세법 제21조의 '부정한 방법'은 사회통념상 사위·부정으로 인정되는 모든 행위를 말하며 적극적 행위(작위)뿐 아니라 소극적 행위(부작위)도 포함한다(판 2000. 2. 8, 99도3190 등).

㈐ 규정의 적용요건 및 범위

장기제척기간 규정이 적용되기 위해서는 부정행위에 관한 납세자의 인식이 필요하나,[1] 납세의무자의 행위영역이 확장되어 그로 인한 경제적 이익을 얻게 되는 세무대리인이나 이행보조자 등의 행위는 원칙적으로 본인의 행위와 동일하게 평가할 수 있다(판 2015. 9. 10, 2010두1385). 이 경우 대리인의 부정행위에 관하여 납세자 본인의 인식은 필요하지 않으나,[2] 선임감독에 관한 주의의무를 다하는 등 본인의 귀책사유를 묻기 어렵다면 예외로 볼 것이다. 이와 관련하여 최근 판례는, 법인의 대표자가 아닌 사용인 등의 부정행위를 납세자가 쉽게 인식하거나 예상할 수 없었던 경우, 사용인 등의 배임적 부정한 행위로 인한 과소신고에 대하여 납세자에게 부당가산세의 제재를 가할 수는 없으나, 사용인 등의 배임적 부정행위가 장기제척기간의 요건인 '부정한 행위'에는 포함된다고 보았다.[3] 이는 본인의 행위영역의 확장을 종전 납세의무자의 대리인이나 이행보조자 등에서 사용자 관계로까지 확대하는 한편 부당가산세와 장기제척기간의 적용요건을 구분한 것이다.

1) 소득처분에 관한 판 2010. 1. 28, 2007두20959; 2010. 12. 23, 2008두10522 등. 부가가치세 매입세액의 환급에 관한 판 2014. 2. 27, 2013두19516, 2010. 1. 14, 2008도8868 등.

2) 판 2011. 9. 29, 2009두15104(관세). 관련논의는, 정지선·박준영, "조세법상 부정행위로 인한 부과제척기간 연장규정의 해석 및 적용기준에 관한 연구", 조세법연구, 21-2, 7면. 우리 규정과 유사한 일본국세통칙법 제70조 제 5 항과 관련하여 일최판 평성 17. 1. 17.도 세무신고를 위임받은 세무사의 부정행위에 관하여 규정의 적용을 긍정하였다. 그 평석은 일본판례백선 215면.

3) 판 2021. 2. 18, 2017두38959(전). 이 판결에는 양쪽 모두 적용대상이 아니라는 소수의견이 있다. 다수의견이 부과제척기간 제도의 취지를 중시하였다면 소수의견은 법 규정 체계를 중시하였다고 볼 수 있다.

장기제척기간 규정이 적용되기 위해서는 본인의 포탈세액이 있어야 한다(판 2009. 12. 24, 2007두16974). 다만 가산세는 본세와 별도로 판정한다(법 26조의2 2항 3호 참조). 판례는 규정의 적용을 위해서는 조세포탈의 결과발생에 대한 인식도 필요하므로 납세자가 사실과 다른 세금계약서를 교부받아 매입세액의 공제 또는 환급을 받더라도 자신의 행위에 대한 인식에 더하여 세금계산서를 발급한 자가 해당 매출세액을 포탈하여 결과적으로 국가의 조세수입이 감소될 것이라는 점에 대한 인식까지 필요하다고 보았다.[1] 이는 조세포탈죄나 부당가산세에 관한 판례와 궤를 같이 하는 것이다. 포탈세액은 특정되어야 하며, 그 적용범위는 면탈세액에 한정된다(위 2005두1688 판결). 기본적으로 그 범위는 납세의무의 범위와 같다(판 2002. 2. 8, 99도5191).

과세단위의 일부에 부정행위가 있는 경우 장기제척기간의 적용범위를 어디까지로 볼 것인지가 문제된다. 예컨대 1년 중의 일부 기간만 차명계좌를 이용한 경우 해당기간 세액으로 한정할 것인지, 아니면 과세단위 1년을 기준으로 할 것인지의 문제이다. 세액산정의 어려움과 증액처분에 관하여 판례가 취하는 흡수설과의 관계 등을 고려할 때, 무한정설이 타당하다고 볼 것이다.[2]

법정신고기간 내에 과세표준신고서를 제출한 납세자가 부정행위를 하였더라도 그로 인하여 국세를 포탈하거나 환급·공제받지 않은 경우에는 제 1 호가 적용되고, 이는 당해 납세자가 다른 납세자의 조세포탈 등에 가담하였더라도 자신의 포탈세액이 없는 이상 마찬가지이다. 그 판단은 본세를 기준으로 한다.[3]

제 2 차 납세의무자에 대한 부과제척기간은 원칙적으로 이를 부과할 수 있는 날인 제 2 차 납세의무 성립일로부터 5년간이다(판 2012. 5. 9, 2010두13234).

상속·증여세의 경우 장기의 제척기간을 둔 것은, 납세자가 피상속인 사망신고를 해태하거나 피상속인 사망에 따른 상속, 증여등기를 하지 않은 채 부과제척기간을 넘기는 것을 막기 위한 것이다. 그와 같은 입법취지와 공평과세 이념에 비추

1) 판 2014. 2. 27, 2013두19516; 2022. 5. 26, 2022두32825 등. 이와 관련하여 판 2021. 12. 30, 2017두72256은 사실과 다른 세금계산서임을 알면서 매입세액을 공제받았으나 거래상대방이 매출세액에 대한 부가가치세를 전부 납부하고 경정청구기간 도과 등으로 매출세액의 환급가능성이 사라진 사안에서, 부가가치세 매입세액 불공제와 법인세 장기부과제척기간 및 부정과소신고가산세 부과와 관련하여서는 규정의 적용을 긍정하면서 부가가치세 장기부과제척기간 및 부정과소신고가산세 부과와 관련하여서는 규정의 적용을 부정하였다. 이 판결에 대한 평석은, 조필제, "2021년 소비세제 판례회고", 조세법연구 28-1, 173면.

2) 같은 취지, 이용우 "국세의 부과제척기간에 관한 연구", 조세법연구 20-2 59면. 차명계좌의 조세포탈과 관련된 판 94. 6. 28, 94도759나, 동일한 내용의 일본 국세통칙법 제70조 제 5 항의 해석과 관련된 일최판 평성 18. 4. 25. 평성 16. 行 ヒ 제86호 등도 같은 취지이다.

3) 판 2010. 12. 24, 2007두16974. 그 해설은, 홍용건, 대법원판례해설 2009(하), 157면.

어 위 조항을 위헌으로 볼 수 없다(판 2002. 3. 29, 2001두9431). 다만 위와 같이 상속·증여세 부과제척기간이 연장되는 사유는 엄격하게 해석하여야 한다.[1)]

나. 특수한 제척기간

(1) 규정 내용

일정한 사실이 후발적으로 발생한 경우에 관하여는 특수한 제척기간이 정하여져 있어 통상의 제척기간의 경과 후에도 경정·결정을 할 수 있다.

그 내용은, 우선 납세자가 부정행위로 상속세·증여세(상증세법 제45의2에 따른 명의신탁과 관련한 국세 포함)를 포탈하는 경우로서, 제 3 자의 명의로 되어 있는 피상속인 또는 증여자의 재산을 상속인이나 수증자가 취득한 경우 등과 같이 과세관청이 과세자료를 포착하기 어려운 일정한 경우(다만 상속인이나 증여자 및 수증자가 사망한 경우와 포탈세액 산출의 기준이 되는 재산가액이 50억 원 이하인 경우는 제외함)에는 제 4 항에도 불구하고 해당 재산의 상속 또는 증여가 있음을 안 날부터 1년 이내에 상속세 및 증여세를 부과할 수 있다(동 5항 1호 내지 8호).

다음, 제 1 항부터 제 5 항까지의 규정에도 불구하고 지방국세청장 또는 세무서장은 다음 각 호의 구분에 따른 기간이 지나기 전까지 경정이나 그 밖에 필요한 처분을 할 수 있다(법 26조의2 6항).

1. 제 7 장에 따른 이의신청, 심사청구, 심판청구, 감사원법에 따른 심사청구 또는 행정소송법에 따른 소송에 대한 결정이나 판결이 확정된 경우: 결정 또는 판결이 확정된 날부터 1년 **1의2.** 제 1 호의 결정이나 판결이 확정됨에 따라 그 결정 또는 판결의 대상이 된 과세표준 또는 세액과 연동된 다른 세목(같은 과세기간으로 한정한다)이나 연동된 다른 과세기간(같은 세목으로 한정한다)의 과세표준 또는 세액의 조정이 필요한 경우: 제 1 호의 결정 또는 판결이 확정된 날부터 1년 **1의3.** 형사소송법에 따른 소송에 대한 판결이 확정되어 소득세법 제21조 제 1 항 제23호 또는 제24호의 소득이 발생한 것으로 확인된 경우: 판결이 확정된 날부터 1년

2. 조세조약에 부합하지 아니하는 과세의 원인이 되는 조치가 있는 경우 그 조치가 있음을 안 날부터 3년 이내(조세조약에서 따로 규정하는 경우에는 그에 따른다)에 그 조세조약의 규정에 따른 상호합의가 신청된 것으로서 그에 대하여 상호합의가 이루어진 경우: 상호합의 절차의 종료일부터 1년. 3호 내지 7호: 생략.

---

1) 판 2006. 2. 9, 2005두1688. 구 국세기본법 시행령 제12조의2 각 호에서 부과제척기간의 연장사유로 규정한 허위신고 또는 신고누락의 유형을 제한적, 열거적 규정으로 해석하여, 적법한 상속인이 아닌 자를 상속인에 포함하여 신고를 하였다는 사정은 여기에 해당되지 않는다고 본 사안.

「제 1 항부터 제 5 항까지의 규정에도 불구하고 제 6 항 제 1 호의 결정 또는 판결에 의하여 다음 각 호의 어느 하나에 해당하게 된 경우에는 당초의 부과처분을 취소하고 그 결정 또는 판결이 확정된 날부터 1년 이내에 다음 각 호의 구분에 따른 자에게 경정이나 그 밖에 필요한 처분을 할 수 있다」(법 26조의2 7항).

1. 명의대여 사실이 확인된 경우: 실제로 사업을 경영한 자

2. 과세의 대상이 되는 재산의 귀속이 명의일 뿐이고 사실상 귀속되는 자가 따로 있다는 사실이 확인된 경우: 재산의 사실상 귀속자

3. 소득세법 제119조 및 법인세법 제93조에 따른 국내원천소득의 실질귀속자가 확인된 경우: 국내원천소득의 실질귀속자 또는 소득세법 제156조 및 법인세법 제98조에 따른 원천징수의무자

조세조약에 따라 상호합의 절차가 진행 중인 경우에는 국제조세조정에 관한 법률 제51조에서 정하는 바에 따른다(동 8항).

(2) 규정 취지

특례제척기간의 취지는, 상속·증여세의 경우는 납세자의 조세회피심리가 강하고 세원포착이 어려운 특성을 반영한 것이고, 나머지 경우는 쟁송절차 진행 등과 관련하여 제척기간 도과로 과세권이 부당하게 일실되는 것을 방지하기 위한 것이다. 원칙적으로 조세소송 판결이 대상이나 소득세법상 기타소득인 뇌물, 알선수재 및 배임수재로 인한 소득의 발생이 형사확정판결로 확인되는 경우도 포함된다(법 26조의2 6항 1의3). 이는 세원포착이 어려운 일부 불법소득이 형사판결을 통해 뒤늦게 확인되는 경우 과세 필요성에 따른 것이다.

통상의 제척기간만이 인정된다면 과세처분이 쟁송절차에서 위법하다고 하여 취소되었으나 동일한 사실관계에 기초하여 쟁송취지에 따른 재처분이 필요한 경우에도 제척기간이 경과되어 재처분을 할 수 없는 사태가 발생한다. 원래 제척기간 제도는 납세자의 신뢰보호와 과세자료의 일실 등을 고려한 것인데 동일한 사실관계에 관하여 이미 과세처분이 있는 경우 이와 같은 고려는 불필요하므로 판결 확정 후 일정한 기간 내에 재처분을 허용하여 과세권을 보호할 필요가 있다. 이와 같은 재처분을 허용하지 않으면, 과세관청은 동일한 사실관계를 기초로 복수의 과세처분을 하거나, 심판기관에 의한 공권적 확인에 앞서 기왕의 과세처분을 취소하고 재처분을 하여야 하는데 이러한 모습은 어느 경우나 정상적인 과세권의 행사로 보기 어렵다. 위 규정은 이와 같은 과세권 행사의 공백을 막기 위한 것이다. 특례제척기간 제도가 현행 쟁점주의적 소송구조와 제척기간의 이념을 조화시키는 역할

을 하고 있다는 설명[1])도 같은 취지이다.

이 중, 법 제26조의2 제 6 항 제 4 호와 5호는 어느 한 쪽의 과세표준·세액의 조정이 다른 과세기간의 과세표준 및 세액에 영향을 미치거나 과세의 근거가 된 거래나 행위가 공권적 확인을 통해 다른 것으로 확정된 경우 과세권 일실을 막기 위한 규정이다. 전자는 동일한 사유로 납세의무자에게 경정청구권이 인정되는 것(법 45조의2 2항 4호)에 대응한 것으로서 납세의무자의 경정청구권이 중복과세를 피하기 위한 것이라면, 특례제척기간은 이중비과세에 따른 과세 누락을 방지하기 위한 것이다. 후자 역시 납세의무자에게 경정청구권이 인정되는 것에 대응한 것이다.

실질귀속의 변경 확인에 따른 재처분을 규정한 제 7 항 제 3 호의 경우 2022. 12. 31. 신설되었는데, 이를 징수처분으로 이해하는 판례의 입장을 따르는 한 부과권의 특례제척기간이 아니라 징수권 소멸시효 쪽에서 규정함이 옳을 것이다.[2])

(3) 외국의 상황

㈎ 독 일 독일 조세기본법 제174조 제 4 항은, 「어느 특정한 사실관계에 대한 잘못된 판단에 기초하여 어떤 부과처분이 행하여지고 그 부과처분이 구제절차나 조세채무자의 경정청구에 기하여 과세관청에 의하여 조세채무자에게 유리하게 폐지되거나 변경되면, 사후적으로 새로운 부과처분을 발령하거나 다른 부과처분을 변경하는 방법으로 그 특정한 사실관계로부터 정당한 조세적 추론이 도출될 수 있다. 그 부과처분이 법원에 의하여 폐지되거나 변경되는 경우에도 위와 같다. 그 하자 있는 부과처분이 폐지되거나 변경된 후로부터 1년 이내에 조세적 추론이 도출되면 제척기간 도과여부는 문제되지 않는다」고 규정하고 있다.[3])

이 규정의 취지는 과세처분에 대한 쟁송절차를 통해 조세채무자가 쟁송 전보다 불리한 지위에 놓일 수 있으며, 이는 쟁송을 주도한 조세채무자가 당초 예견하였거나 예견할 수 있었던 것이어서 받아들여야 한다는 것을 의미하는 것으로 이해된다. 독일은 명시적으로 인적 과세단위나 시간적 과세단위를 달리하더라도 재처분을 할 수 있다고 규정하고 있고 독일의 판례는 대상이 되는 사실관계가 동일하면 세목이 달라도 위 규정이 적용되는 것으로 보고 있다.[4])

---

1) 윤지현, "이른바 '특례제척기간'을 통한 과세관청의 '재처분'은 어느 범위에서 허용되는가?", 조세법연구 15-3, 30면.

2) 관련 논의는, 이 책 163면 참조.

3) 부과과세방식을 채택하고 있는 독일은 부과제척기간이라는 용어 대신에 과세관청의 부과기간뿐 아니라 납세자의 경정청구기간도 포함하여 '확정기간'이라는 용어를 사용하고 있다.

4) 한병기, "선행조세판결 등을 이유로 이른바 '다른 세목'에 대해서 특례제척기간을 적용할 수 있는지에 관한 연구", 조세법연구 30-2, 108면.

(나) 미 국 미국 내국세법은 원칙적으로 과세관청이나 납세자 모두 세금을 신고한 후 3년 동안만 추가로 세금을 부과할 수 있거나 세금의 환급을 구할 수 있도록 규정하고 있다.

다만 이에 대한 예외로, ① 회계처리방법을 변경하는 경우, ② 시효가 아직 완성되지 않은 사업연도의 세금을 조정하는 경우, ③ 기간완화규정 (The mitigation of S/L. Statutory Mitigation Provisions)이 적용되는 경우 추가적인 조정을 할 수 있다. 이 중 중요한 것이 기간완화규정으로서 그 요건은, ① 세액을 과다납부하거나 과소납부하는 등의 모순되는 지위가 존재할 것, ② 이를 교정하는 행위가 오류발생시점에 금지되지 않았을 것, ③ (납세자의 인적 단위가 달라지는 경우) 해당 납세자와 특수관계가 존재할 것 등이다(미국 내국세입법 §9. 2 제1311조 내지 제1314조).

기간완화규정은 기본적으로 소득세에 대하여 적용되나 근로소득세에 관하여는 적용이 없다. 우리 세법과 대비하여 보면, 과세관청의 재부과는 특례제척기간과, 납세자의 환급청구는 후발적 경정청구사유와 각각 연결된다.[1)]

(다) 일 본 일본 국세통칙법 제71조(국세의 경정, 결정 등의 기간제한 특례) 제 1 항은, 「경정결정 등으로 다음 각 호에 해당하는 것은 당해 각 호에 드는 기간만료일이 제70조의 규정에 의한 경정결정 등을 할 수 있는 기간만료일 후에 도래하는 경우, 제70조의 규정에 불구하고 당해 각 호에서 규정한 기간 내에 이를 할 수 있다」고 하여 그 제 1 호로서, '경정결정 등에 대한 불복신청 또는 소송에 대한 재결, 결정 또는 판결에 의한 원처분의 변동 또는 경정청구에 기한 결정에 수반하여 과세표준 등 세액 등의 변동을 생기게 하는 국세(당해 재결 등 또는 경정에 관계되는 국세 세목에 속하는 것에 한한다)로서 당해 재결 등 또는 경정을 받은 자에게 관계되는 것에 대한 경정결정 등'에 관하여 '당해 재결 등 또는 경정이 있은 날부터 6월간'으로 규정하고 있다. 위 괄호부분에 관하여 일본의 학설, 판례는 일치하여 재결 등에 의하여 어떤 연도의 세액이 변동하면 그와 관련된 '다른 연도의 동일 세목'에 변동이 발생하는 경우를 의미하는 것으로 이해한다.[2)]

(4) 특례제척기간의 적용 범위

특례제척기간의 적용범위와 관련하여, 과세권자는 심사 등의 결정·판결에 따른 경정결정이나 그에 부수되는 처분만을 할 수 있고, 그 판결 등에 따르지 않은 새로운 결정이나 증액경정은 할 수 없다(판 2004. 6. 10, 2003두1752). '판결 등에 따

---

1) 관련 논의는, 이 책 226면 및 한병기 위 논문 102면 참조.

2) 한병기, 위 논문 99면.

른 결정'은, 판결 등에서 부과처분이 위법하다고 판시된 이유와 새로운 부과처분의 이유가 동일한 사실관계에 기초하고 있어 서로 양립이 불가능한 경우를 말한다.

구체적으로, 판례가 재처분이 가능하다고 본 것으로는, ① 부동산임대소득으로 과세하였다가 이자소득으로 재처분한 경우(판 2002. 7. 23, 2000두6237), ② 납부고지 위법과 같은 절차적 위법을 보완하여 재처분한 경우(판 96. 5. 10, 93누4885; 92. 5. 26, 91누5242), ③ 과세가액 평가의 잘못을 이유로 부과처분이 취소된 후 해당 위법사유를 보완하여 재처분을 한 경우(판 92. 9. 25, 92누794), ④ 실지거래가액에 의한 양도세부과처분이 취소된 후 기준시가에 의해 다시 양도소득세를 부과한 경우(판 99. 11. 26, 98두19841), ⑤ 무상양도가 아니라는 이유로 증여세부과처분이 취소된 후 저가양도를 이유로 재처분을 한 경우(판 2002. 5. 31, 2000두4408) 등이 있다.

판례는 익금산입시기가 잘못되었다는 이유로 판결에 의해 종전 처분이 취소된 경우 과세관청이 그 취지에 따라 해당 익금을 부과제척기간이 지난 다른 사업연도 익금에 산입하여 재처분을 하는 것은 여기에 해당되지 않는다고 보았으나(판 2012. 10. 11, 2012두6636; 2004. 1. 27, 2002두11011), 그 후 반대방향으로 입법이 되었다.[1]

나아가 특례제척기간이 동일한 과세단위 내의 재처분에만 적용되는 것인지가 문제된다. 예컨대 종합소득세를 양도소득세로 재처분하거나 외국단체에 대해 국내 법인이 아닌 것으로 보아 소득세를 부과하였다가 국내법인으로 보아 법인세를 부과하는 경우와 같이 소득발생의 기초사실이 같고 당초처분과 재처분의 처분사유 양립이 불가능함에도 소득 구분이나 세목이 다르다는 이유로 특례제척기간 적용을 부정할 것인지의 문제이다. 이에 관하여 종래 판례의 입장은 적용에 부정적이었으나,[2] 2021. 12. 21. 법 개정으로 판결 등의 대상인 세목의 과세표준·세액과 연동된 '다른 세목'의 과세표준·세액에 대해서도 재처분의 특례제척기간이 적용되도록 대상을 확대하였다가 다시 2022. 12. 31. 법 개정 시에는 위 조항의 '다른 세목'을 같은 과세기간에 한정되는 것으로 제한하였다(법 26조의2 6항 1의2). 특례제척기간의 취지 및 외국의 입법례 등에 비추어 타당한 입법으로 여겨진다.

증여세 과세대상 일부가 부담부채무로서 증여세 과세가액에서 공제되어야 한

1) 관련 논의는, 강석훈, 대법원판례해설 제50호, 264면. 안경봉, "행정쟁송의 결정 또는 판결에 따른 경정결정 기타 필요한 처분의 제척기간", 특별법연구 8권, 730면; 윤지현, 앞 논문 45면 등.

2) 판 2020. 8. 20, 2017두30757(갑 법인의 100% 과점주주인 을이 갑 법인의 주식을 양도한 거래를 갑 법인의 양도거래로 구성하여 갑 법인에게 법인세를 부과하고 을을 제 2 차 납세의무자로 지정하여 납부고지를 하였다가 위 양도주체가 을이라는 이유로 소송에서 패소하자 특례제척기간을 적용하여 다시 을에게 양도소득세를 부과한 사안). 그 밖에 세목이 달라지는 경우 처분사유 변경을 허가하지 않은 사안으로서 판 2014. 9. 4, 2014두3068.

다는 심판결정 후 부담부채무 부분에 대하여 다시 양도소득세를 부과한 경우 납세의무자를 달리하므로 특례제척기간 적용대상이 아니다(판 2005. 3. 24, 2003두9473).

납부고지 절차의 위법과 같이 절차적인 사항의 경우, 쟁송절차 내에서 추완은 원칙적으로 불가능하지만 특례제척기간에 따른 재처분은 가능하다. 실체적 사유의 경우 과세의 기초가 된 기본적 사실관계의 동일성이라는 측면에서 처분의 추가·변경범위와 특례제척기간의 적용범위는 같다고 보아야 할 것이다. 실체적 사유 변경의 경우 앞 판결 이유에서 가능한 재처분 내용이 명시되지 않았더라도 전체 내용상 취지를 확인할 수 있다면 적용이 가능할 것이다. 다만 법원이 재처분 당부를 판단함에 있어서 앞 판결 내용에 기속된다고 보기는 어렵다.

기초사실관계가 동일해도 해당 과세처분 상대방이 아닌 제 3 자에 대하여는 원칙적으로 위 규정을 적용할 수 없다.[1] 청구기각이나 소 각하 판결은 여기의 '판결'에 해당되지 않으며(판 2005. 2. 25, 2004두11459), 법원의 조정권고에 따라 과세관청이 과세처분을 직권으로 취소하고 원고가 소를 취하한 경우도 특례제척기간 적용대상으로 볼 수 없다.[2] 판결의 취지에 따른 것인 한 반드시 납세자에게 유리한 경정결정만이 허용되는 것은 아니나,[3] 당초보다 세액을 증액하는 재처분의 증액부분은 효력을 인정할 수 없다(판 2010. 8. 19, 2007두21877).

다. 지방세와 관세

지방세는 사기 그 밖의 부정한 행위로 지방세를 포탈하거나 환부 또는 경감받은 경우 10년, 납세자가 법정신고기한 내에 소득세, 법인세 또는 부가가치세 과세표준신고서를 제출하지 않아 해당 지방소득세 소득분 또는 지방소비세를 부과할 수 없는 경우 7년, 상속 또는 증여(부담부 증여 포함)를 원인으로 취득하는 경우와 부동산실명법 제 2 조 제 1 호에 따른 명의신탁약정으로 실권리자가 사실상 취득하는 경우로서 법정신고기한까지 과세표준신고서를 제출하지 않은 경우 10년, 그 밖의 경우 5년이다(지기법 38조).

관세는 부과할 수 있는 날로부터 5년, 사기 그 밖의 부정한 방법으로 관세를 포탈하거나 환급을 받은 경우 10년이다(관세법 21조 1항).

1) 위 2003두9473 판결 및 판 2010. 6. 24, 2007두16493(공동상속인 중 1인에 대한 상속세부과처분이 취소된 후 다른 공동상속인에 대해 다시 부과처분을 한 사안); 2004. 6. 10, 2003두1752(증여가 아니라는 이유로 증여세 부과처분이 취소된 후 양도인에 대하여 다시 양도소득세를 부과한 사안).
2) 같은 취지. 서울고판 2024. 1. 17, 2023누35786(피고의 상고포기로 확정됨).
3) 판 96. 5. 10, 93누4885(납세고지의 위법을 이유로 과세처분이 취소되어 재처분하는 경우).

3. 기 산 일

법 제26조의2 제 9 항에 따른 '국세를 부과할 수 있는 날'은 다음 각 호의 날로 한다(기본령 12조의3 1항).

1. 과세표준과 세액을 신고하는 국세(종합부동산세법 제16조 제 3 항에 따라 신고하는 종합부동산세는 제외한다)의 경우 해당 국세의 과세표준과 세액에 대한 신고기한 또는 신고서 제출기한의 다음 날. 이 경우 중간예납·예정신고기한과 수정신고기한은 과세표준신고기한에 포함되지 아니한다.

2. 종합부동산세 및 인지세의 경우 해당 국세의 납세의무가 성립한 날

다음 각 호의 날은 제 1 항에도 불구하고 국세를 부과할 수 있는 날로 한다(기본령 12조의3 2항).

1. 원천징수의무자 또는 납세조합에 대하여 부과하는 국세의 경우 해당 원천징수세액 또는 납세조합징수세액의 법정 납부기한의 다음 날 2. 과세표준신고기한 또는 제 1 호에 따른 법정 납부기한이 연장되는 경우 그 연장된 기한의 다음 날 3. 공제, 면제, 비과세 또는 낮은 세율의 적용 등에 따른 세액(소득공제를 받은 경우에는 공제받은 소득금액에 상당하는 세액을 말하고, 낮은 세율을 적용받은 경우에는 일반세율과의 차이에 상당하는 세액을 말한다)을 의무불이행 등의 사유로 징수하는 경우 해당 공제세액등을 징수할 수 있는 사유가 발생한 날

제 1 항 제 1 호의 '과세표준과 세액을 신고하는 국세'에는 부과과세방식의 조세에서 납세의무자에게 과세표준과 세액의 신고의무를 지우고 있는 조세도 포함된다. 제 2 차 납세의무자에 대한 부과제척기간의 기산일은 주된 납세의무의 납부기한이 경과한 날 이후로서 제 2 차 납세의무가 성립한 날(주된 납세의무자의 체납 등 요건사실의 발생)이다(판 2012. 5. 9, 2010두13234; 2008. 10. 23, 2006두11750).

토지거래허가구역 내 토지를 허가 전에 양도하고 대금을 청산한 경우 확정신고기한은 허가일이 속하는 과세기간 다음 연도 5. 31.이므로(소법 110조 1항 괄호) 그 다음 날인 6. 1.이 제척기간 기산일이다. 공급가액이 감소하여 수정세금계산서를 교부받은 경우 부가가치세 부과제척기간 기산일은 수정세금계산서 교부일이 속하는 과세기간의 과세표준신고기한 다음 날이다(판 2011. 7. 28, 2009두19884). 임대주택용 토지에 대한 지방세 사후감면요건을 충족하지 못해 과세된 경우 부과제척기간 기산일은 당해 토지 취득일로부터 2년이 경과한 날에서 신고납부기한인 30일이 경과한 다음 날이다(판 2010. 6. 24, 2010두4094).

위 제 2 항 제 3 호는, 납세의무자가 일정한 의무를 이행할 것을 조건으로 세액공제 등의 혜택을 받은 후 당초의 의무를 이행하지 않아 과세관청이 공제세액 등을 추징하는 경우나 이에 준하는 경우에 적용된다(판 2022. 11. 17, 2019두51512).

한편 위 조항은 원천징수세액에 관하여 부과제척기간 기산일을 '법정 납부기한의 다음 날'로 규정한 한편, 법 제27조 제 4 항 제 1 호는 납부고지한 원천징수세액에 대하여 국세징수권을 행사할 수 있는 때를 '그 고지에 따른 납부기한의 다음 날'로 규정하고 있으나, 원천징수하는 국세는 소득금액을 지급하는 때에 자동적으로 성립 및 확정하고(법 22조 4항 2호), 원천징수의무자에 대한 납부고지는 징수고지의 성격을 가지므로(판 2016. 12. 1, 2014두8650 등) 이를 전제하는 한 제척기간에 관한 위 규정은 이를 '국가가 징수고지권을 행사할 수 있는 기간'으로 이해할 수밖에 없다.[1] 입법론으로는 독일과 같이 원천징수의무를 불이행한 원천징수의무자의 원천징수·납부의무 확정방식을 과세관청의 결정고지방식에 의하는 편이 합리적이다.[2]

판례는, 원천납세의무자에 대한 부과제척기간 도과하면 원천징수의무자의 시효가 남아 있어도 원천징수의무자에 대한 과세는 불가능하다고 보나(판 2010. 1. 28, 2007두20959; 2010. 4. 29, 2007두11382 등), 원천징수의무자의 납세의무 성립시기 및 확정시기와 시효에 관하여 별도 규정이 있고, 국가는 원칙적으로 원천징수의무자에 대하여만 징수권을 행사하며, 징수의무자가 납세의무자로부터 세액을 징수하지 않아도 국가에 대해 납세의무를 부담한다는 점에서 반론의 여지가 있다.

4. 제척기간 경과의 효과

제척기간이 경과하면, 과세권자는 새로운 결정이나 증액 및 감액경정 등 어떠한 처분도 할 수 없다(판 2004. 6. 10, 2003두1752). 부과제척기간 경과로 부과권이 소멸하기 때문이다. 다만 납세의무자는 부과제척기간 경과 이후에도 후발적 경정청구를 할 수 있다(판 2006. 1. 26, 2005두7006). 제척기간 경과 후 과세처분은 당연무효이나(판 2018. 12. 13, 2018두128), 당초처분이 제척기간 경과 전에 있었다면 증액부분만이 무효로 된다(판 95. 5. 23, 94누15189). 제척기간은 중단이나 정지가 없고 그 만료여부는 법원의 직권조사사항이다(판 89. 12. 12, 89누2035).

1) 징수권 기산일에 관한 위 규정은 국가가 징수고지를 하면 징수시효가 중단되고 그 때부터 시효기간이 새로 기산되므로 사실상 무용한 규정이다.
2) 그 내용은 이 책 513면 참조. 관련 논의는, 차규현, "원천징수제도의 입법적 개선방안 연구", 조세법연구 23-2, 63면.

제 3 절 징수권의 소멸시효

1. 의 의

소멸시효제도는 일정한 사실상태가 장기간에 걸쳐 계속되는 경우 그것이 진실한 권리관계에 합치하는가의 여부를 묻지 않고 사실상태를 그대로 권리관계로 인정하는 제도이다. 국가의 조세징수권 역시 시효의 대상이 된다.

국세의 징수를 목적으로 하는 국가의 권리(국세징수권)는 그 권리를 행사할 수 있는 때부터, 1. 5억 원 이상인 경우에는 10년간, 2. 나머지 조세의 경우에는 5년간 각 행사하지 아니하면 소멸시효가 완성된다(법 27조 1항). 이 경우 가산세는 제외하고 계산한다(같은 항 후단).

지방세징수권 소멸시효 기간은, 1. 5천만 원 이상인 경우 10년, 나머지 조세의 경우는 5년이다(지기법 39조 1항).

2. 기 산 일

제 1 항에 따른 국세징수권을 행사할 수 있는 때는 다음 각 호의 날을 말한다(법 27조 3항).

1. 과세표준과 세액의 신고에 의하여 납세의무가 확정되는 국세의 경우 신고한 세액에 대해서는 그 법정 신고납부기한의 다음 날

2. 과세표준과 세액을 정부가 결정·경정 또는 수시부과결정하는 경우 납부고지한 세액에 대하여는 그 고지에 따른 납부기한의 다음 날

제 3 항에도 불구하고 다음 각 호의 날은 제 1 항에 따른 국세징수권을 행사할 수 있는 때로 본다(법 27조 4항).

1. 원천징수의무자 또는 납세조합으로부터 징수하는 국세의 경우 납부고지한 원천징수세액 또는 납세조합징수세액에 대하여는 그 고지에 따른 납부기한의 다음 날

2. 인지세의 경우 납부고지한 인지세액에 대해서는 고지에 따른 납부기한의 다음 날

3. 제 3 항 제 1 호의 법정신고납부기한이 연장되는 경우 그 연장된 기한의 다음 날

제 3 항 제 1 호는 신고납세방식의 조세에서 과세표준과 세액을 신고하였으나 납부하지 않은 경우에 적용된다. 기준일을 확정시점인 신고 시가 아닌 법정신고납

부기한으로 정한 것은 납부기한 일에 신고한 납세자와의 형평을 고려한 것이다.[1)]

지방세에 관하여는 지방세기본법 시행령 제19조에서, 관세에 관하여는 관세법 시행령 제 7 조 제 1 항에서 각각 동일한 취지의 규정을 두고 있다.

3. 시효의 중단

가. 총 설

조세채권의 소멸시효 중단에 관하여도 성질에 반하지 않는 한 민법 규정이 준용된다. 세법이 공통적으로 규정한 중단사유는 납부고지·독촉·교부청구·압류 등이고(법 28조 1항; 관세법 23조 1항; 지기법 40조 1항), 관세법은 그 외에 경정처분·통고처분 등 별도의 사유를 규정하고 있다(관세법 23조 1항).

납세의무자가 과세전 적부심사를 청구함에 따라 적부심의 심리가 진행 중인 사유는 국세징수권 소멸시효의 중단사유가 되지 않는다(판 2016. 12. 1, 2014두8650).

시효가 중단되면 그 중단사유 종료시점부터 새로이 시효가 진행된다.

나. 시효중단 사유

(1) 납부고지 이는 납세의무가 확정된 조세에 관하여 이행을 최고하는 징수고지를 가리킨다. 구체적으로 신고납부방식 조세에서 납세의무자가 신고 후 세액을 납부하지 않아 과세관청이 미납세액을 고지하는 경우와 원천징수 조세에 관하여 원천징수의무자에게 납부고지하는 경우 등이다.

납부의 고지는 사법상 이행의 최고에 대응하나 6개월 이내에 소 제기가 뒤따라야 하는 제한은 없다. 시효중단의 효력은 고지부분 및 액수에만 미치며(판 85. 2. 13, 84누649), 납부고지에 의한 시효중단의 효력은 과세처분이 취소되어도 사라지지 않는다(판 86. 7. 8, 85누686).

(2) 독 촉 독촉은 독촉장에 의한다(징수법 10조). 납부고지와 마찬가지로 소의 제기가 뒤따라야 하는 것은 아니다. 시효의 중단은 최초의 독촉에 한하여 인정되고 그 이후 재독촉은 시효중단의 효력이 없다(판 99. 7. 13, 97누119).

---

1) 다만 입법론상 제 3 항 제 2 호는 국가가 부과권을 행사하여 납세의무가 확정되면 언제든지 징수권을 행사할 수 있으므로 징수권의 기산일을 '부과고지에 의해 납세의무가 확정된 때'로 규정함이 옳고, 제 4 항 제 2 호의 인지세의 경우에도 과세문서 작성 시에 납세의무가 확정되어 법정 납부기한이 지나면 국가는 언제든지 징수권을 행사할 수 있으므로 시효의 기산일을 '위 법정 납부기한의 다음 날'로 규정함이 옳다.

(3) 교부청구 교부청구에 의한 시효중단의 효력은 교부청구서 또는 참가압류서를 집행기관에 접수한 때에 생긴다(징수법 59조).

교부청구로 시효가 중단된 경우 관련된 강제환가절차가 취소되어도 시효중단의 효력은 사라지지 않는다.

(4) 압 류 압류는 집행에 착수함으로써 시효중단의 효력이 생기고, 그 효력은 압류에 따른 강제징수가 종료하거나 해제될 때까지 계속된다(징수통 35-0…6 참조). 세무공무원이 제 3 자의 장소를 수색하였으나 집행불능이 된 때에는 체납자에게 통지하여야 시효중단 효력이 있다(법 27조 2항, 민법 176조).

국세징수법 제57조 제 1 항 제 5 호 및 제 6 호의 사유로 압류를 즉시 해제하는 경우, 지방세징수법 제40조, 제63조 제 1 항 제 2 호, 제 3 호 또는 같은 조 제 2 항 제 5 호의 사유로 압류를 해제하는 경우는 시효중단사유에 해당하지 않는다(법 28조 1항 4호; 지기법 40조 1항 4호).

(5) 민법상 시효중단사유의 준용여부 국세기본법은 소멸시효 중단사유에 관하여 민법 준용을 배제하는 규정을 두지 않고 있으므로 조세채권에 관하여도 민법의 소멸시효중단사유를 적용할 수 있다(판 2020. 3. 2, 2017두41771).

민법상 시효중단사유에는 청구·승인·압류·가압류·가처분 등이 있으나, 국세징수법에 강제징수 및 보전압류에 관한 규정이 있으므로 청구와 승인 정도가 준용될 수 있을 것이다. 징수유예의 신청·세금의 일부납부·물납 또는 분할납부의 신청·기한 후 과세표준신고나 수정신고·납세연기신청서나 납세서약서의 제출 등이 승인에 해당된다.

국가에 대한 위법한 공매처분에 따른 손해배상청구 소송에서 손해배상채권과 조세채무의 상계를 주장한 경우 승인에 의해 조세채무 시효가 중단되고, 그 효과는 상계 주장을 철회해도 소멸되지 않는다. 압류조서에 기명날인한 것만으로는 승인에 해당하지 않으며, 시효완성 후 세금을 납부해도 시효이익을 포기한 것으로 볼 수 없다(판 88. 1. 19, 87다카70).

'청구'의 경우 납세의무자가 무자력이거나 소재불명이어서 자력집행권을 행사할 수 없는 경우 그 시효중단을 위한 재판상 청구(조세채권 존재 확인의 소)는 예외적으로 소의 이익이 있다(위 2017두41771 판결).[1]

1) 판례에 반대하는 견해로, 이주헌, "국세징수권의 소멸시효중단사유로서 재판상 청구의 인정여부", 조세법연구 27-1, 249면.

4. 시효의 정지 등

「제27조에 따른 소멸시효는 다음 각 호의 어느 하나에 해당하는 기간에는 진행되지 아니한다」(법 28조 3항).

1. 세법에 따른 분납기간 2. 세법에 따른 납부고지의 유예, 지정납부기한·독촉장에서 정하는 기한의 연장, 징수 유예기간 3. 세법에 따른 압류·매각의 유예기간 4. 세법에 따른 연부연납기간 5. 세무공무원이 국세징수법 제25조에 따른 사해행위취소소송이나 민법 제404조에 따른 채권자대위 소송을 제기하여 그 소송이 진행 중인 기간 6. 체납자가 국외에 6개월 이상 계속 체류하는 경우 해당 국외 체류 기간

사해행위취소소송이나 채권자 대위 소송의 제기로 인한 시효정지의 효력은 소송이 각하·기각 또는 취하된 경우에는 효력이 없다(동 4항).

시효완성 후에 이루어진 징수처분은 당연무효이다(판 88. 3. 22, 87누1018).

제 6 장

가 산 세

제 1 절 가산세의 내용

1. 가산세의 의의

조세법은 원활한 조세행정과 조세의 공평부담을 실현하기 위하여 납세자에게 본래적 의미의 납세의무 이외에 과세표준 신고의무, 성실납부의무, 원천징수의무, 과세자료 제출의무 등과 같은 여러 가지 협력의무를 부과하고 있다.

조세법은 이와 같은 협력의무의 이행을 촉진하고 그 위반을 방지하기 위한 여러 가지 제도적 장치를 마련하고 있다. 그 중 하나가 성실한 의무이행을 유도하기 위하여 세제상 혜택을 부여하는 것이고(예: 상증세법 69조의 상속세 신고세액 공제), 다른 하나는 조세법상 설정된 여러 가지 의무 위반에 대한 제재이다. 가산세 제도는 바로 후자의 예라고 할 수 있다.

가산세란 국세기본법 및 세법에서 규정하는 의무의 성실한 이행을 확보하기 위하여 세법에 따라 산출한 세액에 가산하여 징수하는 금액을 말한다(법 2조 4호).

국세기본법 제47조는 「정부는 세법에서 규정한 의무를 위반한 자에게 이 법 또는 세법에서 정하는 바에 따라 가산세를 부과할 수 있다(1항). 가산세는 해당 의무가 규정된 세법의 해당 국세의 세목으로 한다. 다만 해당 국세를 감면하는 경우에는 가산세는 그 감면하는 국세에 포함시키지 아니하는 것으로 한다(2항). 가산세는 납부할 세액에 가산하거나 환급받을 세액에서 공제한다(3항)」고 규정하여 가산세가 조세의 한 종목으로서 과징되는 것임을 밝히고 있다.

우리 세법상 가산세는 국세기본법에서 그 기본적인 내용을 통일적으로 규정하고 있다. 우리 법의 체계는 기본적으로 세법상의 의무위반의 정도에 따라 가산세를 차등하여 부과하되 정당한 사유가 있는 경우 가산세를 부과하지 않는다.

지방세에 관한 가산세는 지방세기본법 제 2 조 제 1 항 제23호에서 그 개념에 관한 정의규정을, 제52조, 제57조에서 가산세부과 및 감면에 관한 일반적 규정을 두는 한편, 지방세법의 각 개별세목에서 가산세를 따로 규정하고 있다.

입법 예에 따라서는 악의의 경우와 그렇지 않은 경우를, 그리고 법인과 개인에 따라 각각 가산세율을 달리 정하는 경우가 있으나, 우리 법은 일반적인 의무해태와 부당한 의무해태를 구분하는 이외 다른 구분은 하지 않고 있다. 또한 현재 부정한 행위를 구성요건으로 하는 부당가산세의 내용이 입법목적을 달리하는 조세포탈죄나 장기제척기간의 구성요건과 동일하게 규정되고 원칙적으로 같은 내용으로 해석되고 있는 점도 문제점으로 지적되고 있다.[1)]

실무상 가산세가 문제되는 사항은 대략 세 가지이다. 하나는 가산세의 성립요건을 비롯한 가산세에 관한 일반적인 논의이고, 또 하나는 어느 경우에 '사기 기타 부정한 행위'를 기준으로 하는 부당가산세가 부과되는가에 관한 것이며, 또 다른 하나는 반대로 어느 경우에 가산세가 감경되는가, 특히 가산세 감면사유인 '정당한 사유'의 기준을 어떻게 정할 것인가에 관한 것이다. 이중 두 번째와 세 번째 이슈는 납세자가 어떠한 이유로 세금을 제때에 신고, 납부하지 못하였는가를 가산세 제도의 취지에 비추어 개별적, 구체적으로 판단하는 문제로서 궁극적으로는 법원이 그 기준선을 어떻게 정할 것인가에 관한 가치판단의 문제이다. 첫 번째 이슈인 가산세 성립요건과 관련하여서는 절차를 제대로 지키지 못하였지만 납세의무자가 납부할 세액이 납부된 경우 가산세를 부과할 수 있는가 하는 점이 주로 문제가 된다. 예컨대 증여대상 물건은 제대로 신고하였는데 증여자를 제대로 신고하지 않은 것이 법에 따른 증여세 신고에 해당하는가와 같은 문제이다.

2. 가산세의 성질

가. 법적 성질

가산세의 법적 성질에 관하여는 행정(질서)벌인 과태료라는 견해, 행정상의 제재라는 견해, 행정질서벌과 별개의 조세행정상의 특별과벌이라는 견해 등이 있다.

1) 관련 논의는, 이 책 153면 참조. 그 밖에 외국의 입법 예 등 학설상 논의는, 구진열, "가산세에 있어 부정행위의 판단 기준에 관한 연구", 조세법연구 27-3, 77면. 한상국 외 2인, "주요국의 가산세 제도", 한국조세연구원, 세법연구 06-02. 정진오, "세법상 가산세제도의 합리적 개선방안", 조세법연구 17-1, 230면; 정지선·최천규, "가산세제도의 문제점과 개선방안에 관한 연구", 조세법연구 19-1, 53면 등.

가산세와 행정질서벌은 모두 국가의 일반통치권에 근거하여 의무위반에 대한 제재를 통해 행정법규의 실효성를 확보하고 의무자에게 심리적 압박을 가해 의무이행를 확보하려는 점에서 공통되며, 다만 그 제재의 형식만을 달리할 뿐이다. 결국, 가산세는 행정질서벌의 성격을 띠고 있으나, 징수절차상의 편의를 위해 세법이 정하는 국세의 세목으로 세법에 의하여 산출한 본세의 세액에 가산하여 함께 징수하는 행정상 제재의 일종이라고 봄이 상당하다(판 95. 11. 7, 95누92 등).

한편 2019년 개정법에서 가산금이 종전의 납부불성실가산세와 통합하여 납부지연가산세로 통합됨에 따라 납부지연가산세 중 종전의 가산금에 해당하는 부분은 종전 가산금과 같은 지연손해금 내지 지연이자의 성격을 갖게 되었다.

가산세는 조세벌과 법적 성질을 달리하므로 양자를 병과하더라도 헌법 제13조 제 1 항 후단에서 보장하는 이중처벌금지의 원칙에 위배되지 않는다.

나. 가산세의 부과·징수

가산세는 독립된 세목이 아니라 개별세법에 의하여 산출한 소득세, 법인세 등 본세에 가산세를 가산한 금액을 전체 세액으로서 징수한다. 즉, 가산세는 납부할 세액에 가산하거나 환급받을 세액에서 공제한다(기본법 47조 3항).

그러나 가산세는 본세와 별개의 조세로서 가산세 납세의무는 가산할 본세의 납세의무가 성립하는 때에 성립하고(법 21조 2항 11호), 그 과세표준과 세액을 정부가 결정하는 때에 확정된다(법 22조 1항, 2항).

가산세는 거래금액·산출세액·외형금액·미납금액 등을 기준으로 산정된다. 따라서 과세표준이 부수(負數)로서 산출세액이 없는 경우에도 가산세만이 부과·징수될 수 있으며, 본세가 감면되는 경우에도 법률에 특별한 규정이 있는 경우를 제외하고는 가산세는 감면되지 아니한다(법 47조 2항 단서; 조특법 3조 2항).

과세관청이 납세자가 신고한 세액에 납부불성실가산세를 더하여 납부고지를 한 경우 이는 신고에 의하여 확정된 조세채무의 이행을 명하는 징수처분과 가산세의 부과처분 및 징수처분이 혼합된 처분이 된다(판 2014. 4. 24, 2013두27128).

다. 가산세에 대한 불복

본세와 가산세는 별개의 부과처분이므로 본세에 대한 불복은 가산세까지 포함하지 않고 가산세는 독립된 불복대상이 되며, 본세와 독립하여 가산세 부과처분 그 자체만의 취소를 구하는 경우 별도의 전심절차를 거쳐야 한다.

가산세가 본세가 유효하게 확정될 것을 전제로 하는 경우(예: 과소신고가산세), 본세가 소송 등에 의하여 취소되었다면 그에 수반하는 가산세 부과처분도 당연히 효력을 상실한다고 볼 것이다.[1)]

본세의 납세의무가 성립하지 않으면 납부불성실가산세를 부과·징수할 수 없고 이는 불복기간 등의 경과로 본세를 다툴 수 없게 된 경우에도 마찬가지이다(위 2013두27128 판결). 본세가 사후 면제된 경우 가산세에도 면제의 효력이 미치므로 본세와 함께 환급대상이 된다(판 2018. 11. 29, 2015두56120).

3. 가산세의 종류

가. 가산세의 종류 및 내용

우리 세법은 가산세에 관하여, 국세기본법에 총론적인 내용을 규정하고 세목별로 구체적인 사항의 의무위반에 대한 가산세는 개별세법에서 별도로 규정하고 있다. 국세기본법에 규정한 내용은, 무신고가산세(법 47조의2), 과소신고가산세, 초과환급신고가산세(법 47조의3), 납부지연가산세(법 47조의4), 원천징수 등 납부지연가산세(법 47조의5) 등이다. 아래에서 각각의 내용에 관하여 살펴본다.

(1) 무신고가산세 무신고가산세는 납세의무자가 법정신고기한까지 세법에 따른 국세의 과세표준 신고(예정신고 및 중간신고를 포함하며, 교육세법 제9조에 따른 신고 중 금융·보험업자가 아닌 자의 신고, 농어촌특별세법 및 종합부동산세법에 따른 신고는 제외한다)를 하지 않은 경우에 부과하며 그 세액은 부정행위가 없는 경우 그 신고로 납부하여야 할 세액(이 법 및 세법에 따른 가산세와 세법에 따라 가산하여 납부하여야 할 이자 상당 가산액이 있는 경우 그 금액은 제외함. 이하 "무신고납부세액")의 100분의 20, 부정행위가 있는 경우 무신고납부세액의 100분의 40(역외거래에서 발생한 부정행위가 있는 경우에는 100분의 60)에 상당하는 금액이다(법 47조의2 1항).

'무신고납부세액'을 기준으로 하므로, 세액공제액, 감면세액, 기납부세액 등은 가산세 과세표준에서 제외된다.

이 밖에 법은 부가가치세법 제69조에 따라 납부의무가 면제되는 경우, 제45조 제3항 단서에 따른 대손세액에 상당하는 부분, 예정신고와 중간신고에 관해 가산세가 부과되는 부분에 대한 확정신고에 관해서는 각 가산세의 적용제외에 관하여 규정하고 있다(동 3항 내지 5항).

---

1) 같은 취지, 한만수, 앞의 책, 152면.

납세신고나 당초처분에 대한 경정처분의 경우 처분사유나 형태를 달리하더라도 전후 기초사실이 동일하면 신고 및 납부불성실가산세를 부과할 수 없다고 볼 것이다. 여기의 가산세 부과범위는 원칙적으로 처분사유의 변경 범위와 같다고 보아야 한다. 그렇게 보지 않으면 동일한 과세대상에 관하여 과세관청이 처분사유의 변경과 별도의 과세처분 중 어느 쪽을 선택하는지에 따라 납세자의 이해관계가 달라져 과세관청의 자의를 허용할 위험이 있기 때문이다. 이 점에서 실질주주인 명의신탁자로부터 주식을 증여받고 명의수탁자로부터 증여받은 것처럼 증여세를 신고·납부한 경우 무신고로 볼 수 없다고 본 판례의 태도는 타당하다.[1] 처분사유 변경이 허용되는 동일성의 범위 내에서 새로운 경정처분을 하더라도 당초처분이 위법하게 되는 것은 아니라고 한 판례(판 93. 12. 21, 93누14059)도 같은 취지이다.

판례는 병원에서 근로자로 근무하였음에도 자신이 병원을 운영하여 사업소득을 얻은 것처럼 종합소득 신고·납부를 한 사안에서 신고 및 납부불성실가산세 부과처분을 당연무효로 보았다(판 2019. 5. 16, 2018두34848). 그러나 이 사안은 신고의 주체를 기준으로 납세의무자를 허위로 신고하고, 사업장을 기준으로 보더라도 과세대상(과세물건)인 소득의 발생형태를 허위로 신고한 것이어서 가산세 부과대상이 된다고 볼 것이다.[2] 기본적으로 적법한 과세신고가 되기 위해서는 과세요건인 납세의무자와 과세대상에 관한 기초적 사실관계가 제대로 신고되어야 할 것이다.[3]

법인이 A자산 대신 B자산을 장부에 계상함에 따라 A자산을 익금에 산입하는 세무조정이 이루어진 경우, 그에 대응하는 B자산 관련 손금은 과소신고금액에서 공제되어야 한다(판 2015. 1. 29, 2012두7110). 납세자의 신고·납부의무가 인정되지 않는 경우에는 무신고가산세나 그에 따른 납부불성실가산세를 부과할 수 없다.[4]

---

1) 판 2019. 7. 25, 2017두65159; 2019. 7. 11, 2017두68417(명의신탁이 재차 이루어지는 과정에서 새로운 명의수탁자가 종전 명의수탁자를 증여자로 신고한 사안). 뒤의 판결에 대한 평석은 허 원, “2019년 상속세및증여세법 판례회고”, 조세법연구 26-1, 563면. 증여세 과세에서 증여자가 누구인가는 처분의 동일성을 좌우하는 사유가 아니다. 판 97. 2. 11, 96누3272.

2) 판결에 대한 평석은, 허시원, 2019년 국세기본법 판례회고, 조세법연구26-1, 438면.

3) 관련 판결로, 납세자가 부동산을 양도하고 양도가액 중 일부를 무상양도로 보아 증여세를 신고·납부하였는데 과세관청이 해당 부동산 양도가액을 시가로 평가하여 전체를 유상양도로 보아 양도소득세를 과세한 사안에서 증여세액을 양도소득세 기납부세액으로 공제할 수 없다고 본 것으로, 판 2019. 12. 24, 2019두51710, 원심 서울고판 2019. 8. 22, 2019누33370.

4) 甲재단법인이 주식을 출연 받은 시점에 성실공익법인 요건을 모두 갖추어 증여세를 신고·납부하지 않았으나, 이후 출연자 등이 법인 이사로 재직하여 이사 현원의 1/5을 초과함에 따라 성실공익법인에 해당하지 않게 되자, 관할 세무서장이 甲법인에 증여세와 무신고가산세 및 납부불성실가산세를 부과한 사안에서, 甲법인이 사후에 증여세 부과대상에 해당하더라도, 그에 대한 신고·납부의무가 있다고 볼 수 없으므로, 무신고가산세 및 납부불성실가산세 부과처분이 위법하다고 한 사례; 판 2021. 3. 11, 2020두55329(대구고판 2020. 10. 23, 2019누4760의 심리불속행 판결임).

(2) 과소신고·초과환급신고가산세 과소신고·초과환급신고가산세는 납세의무자가 법정신고기한까지 세법에 따른 국세의 과세표준 신고(예정신고 및 중간신고를 포함하며, 교육세법 제9조에 따른 신고 중 금융·보험업자가 아닌 자의 신고, 농어촌특별세법에 따른 신고는 제외한다)를 한 경우로서 납부할 세액을 신고하여야 할 세액보다 적게 신고하거나 환급받을 세액을 신고하여야 할 금액보다 많이 신고한 경우에 부과한다. 그 세액은, 부정행위가 없는 경우에는 과소신고나 초과환급분에 해당하는 세액의 100분의 10, 부정행위가 있는 경우에는 같은 세액의 100분의 40(역외거래에서 발생한 부정행위의 경우 100분의 60)에 상당하는 금액이다(법 47조의3 제1항).

아래 각 경우에 대해서는 과소신고하거나 초과신고한 부분에 대해 해당 가산세의 규정을 적용하지 아니한다(동4항 내지 6항).

1. 상속세·증여세와 관련하여, 신고 당시 소유권에 대한 소송 등의 사유로 상속재산이나 증여재산으로 확정되지 않았던 경우, 각종 공제의 적용에 착오가 있었던 경우, 납세자의 신고한 것과 다르게 상증세법 제60조 제2·3항 및 제66조에 따라 재산을 평가하여 과세표준을 결정한 경우(부정행위로 상속세 및 증여세의 과세표준을 과소신고한 경우 제외), 법인세 과세표준 및 세액의 결정·경정으로 상증세법 제45조의3부터 제45조의5까지의 규정에 따른 증여의제이익이 변경되는 경우(부정행위로 법인세의 과세표준 및 세액을 결정·경정하는 경우 제외), 2. 상증세법 제60조 제2·3항 및 제66조에 따라 평가한 가액으로 소득세법 제88조 제1호 각목 외의 부분 후단에 따른 부담부증여 시 양도로 보는 부분에 대한 양도소득세 과세표준을 결정·경정한 경우(부정행위로 양도소득세의 과세표준을 과소신고한 경우 제외)(1의2호), 3. 부가가치세법 제45조 제3항 단서에 따른 대손세액에 상당하는 부분, 부가가치세 예정신고와 중간신고에 관해 가산세가 부과되는 부분에 대한 확정신고, 4. 법인세 과세표준 및 세액의 결정·경정으로 소득세법 제88조 제2호에 따른 주식 등의 취득가액이 감소된 경우, 5. 조세특례제한법 제24조에 따라 세액공제를 받은 후 대통령령으로 정하는 부득이한 사유로 해당 세액공제 요건을 충족하지 못하게 된 경우(4호)

(3) 납부지연가산세 납세의무자(연대납세의무자, 납세자를 갈음하여 납부할 의무가 생긴 제2차 납세의무자 및 보증인을 포함한다)가 법정납부기한까지 국세(인지세법 제8조 제1항에 따른 인지세는 제외한다)의 납부(중간예납·예정신고납부·중간신고납부를 포함한다)를 하지 아니하거나 납부하여야 할 세액보다 적게 납부("과소납부")하거나 환급받아야 할 세액보다 많이 환급("초과환급")받은 경우에는 다음 각 호의 금액을 합한 금액을 가산세로 한다(법 47조의4 1항). 제1호 내지 3호: 생략.

물적납세의무자는 납부지연 가산세 부과대상에서 제외되어 있다.

법인세법 제66조에 따라 법인세 과세표준 및 세액의 결정·경정으로 상증세법 제45조의3부터 제45조의5에 따른 증여의제이익이 변경(부정행위로 인하여 법인세의 과세표준 및 세액을 결정·경정하는 경우 제외)되거나 소득세법 제88조 제2호에 따른 주식등의 취득가액이 감소된 경우(4호 및 5호), 상증세법 제67조 또는 제68조에 따라 상속세 또는 증여세를 신고한 자가 같은 법 제70조에 따라 법정신고기한까지 상속세 또는 증여세를 납부한 경우로서 법정신고기한 이후 대통령령으로 정하는 방법에 따라 상속재산 또는 증여재산을 평가하여 과세표준과 세액을 결정·경정한 경우(6호), 소득세법 제88조 제1호 각목 외의 부분 후단에 따른 부담부증여 시 양도로 보는 부분에 대하여 같은 법 제105조 또는 제110조에 따라 양도소득세 과세표준을 신고한 자가 같은 법 제106조 또는 제111조에 따라 법정신고기한까지 양도소득세를 납부한 경우로서 법정신고기한 이후 대통령령으로 정하는 방법에 따라 부담부증여 재산을 평가하여 양도소득세의 과세표준과 세액을 결정·경정한 경우(7호. 2023. 12월 신설) 등의 사유가 있는 경우에는 위 규정을 적용하지 아니한다(동 3항 1호 내지 6호). 인지세 미납에 따른 가산세에 관하여는 별도 규정이 있다(동 9항).

납부기한 연장이나 납부고지 유예 시 납부지연가산세가 면제된다(징수령 13조).

(4) 원천징수 등 납부지연가산세 국세를 징수하여 납부할 의무를 지는 자가 징수하여야 할 세액(제2항 제2호의 경우에는 징수한 세액)을 법정납부기한까지 납부하지 않거나 과소납부한 경우에는 납부하지 아니한 세액 또는 과소납부분 세액의 100분의 50(제1호의 금액과 제2호 중 법정납부기한 다음 날부터 납부고지일까지 기간에 해당하는 금액을 합한 금액은 100분의 10)에 상당하는 금액을 한도로 하여 다음 각 호의 금액을 합한 금액을 가산세로 한다(법 47조의5 1항). 제1, 2호: 생략.

제1항을 적용할 때 납부고지서에 따른 납부기한의 다음 날부터 납부일까지의 기간(국세징수법 제13조에 따라 지정납부기한과 독촉장에서 정하는 기한을 연장한 경우에는 그 연장기간은 제외한다)이 5년을 초과하는 경우에는 그 기간은 5년으로 한다(동 4항). 제2항, 3항, 5항, 6항: 생략.

우리 법은, 일반적인 의무해태의 경우와 부당하게 의무를 해태한 경우를 구분하여 후자에 대하여 중과세하고 있는데, 이와 같은 구분은 외국의 입법 예에 있어서도 일반적으로 인정된다. 다만 납세자의 주관적 요건과 관련하여 의무해태가 납세자의 부주의로 인한 경우와 고의로 인한 경우를 구분하지 않고 있는 것은 입법론상 재고의 여지가 있다.

나. 가중요건인 '부정행위'의 내용

부정행위로 무신고, 과소신고, 초과환급신고를 한 경우 가중된 세율이 적용된다. '부정행위'란 조세포탈을 위해 과세요건사실의 발견을 곤란하게 하거나 허위의 사실을 작출하는 등의 적극적 행위를 하는 것을 의미하며, 적극적 은닉의도가 나타나는 사정이 덧붙여지지 않은 채 단순히 세법상 신고를 하지 않거나 허위 신고를 함에 그치는 것은 여기에 해당하지 않는다(판 2017. 4. 13, 2015두44158). 단순히 조세포탈이라는 결과반가치를 넘어 행위반가치를 요구하고 단순한 조세포탈결과의 인식을 넘어 구체적 행위가 적극적 은닉의도를 수반하여 이루어지는 정도에 이르러야 한다는 취지이다. 국가에게 세무조사권 등 세금을 부과, 징수하기 위한 여러 권한을 부여하는 것에 대응하여 국민에게는 일정한 범위의 협조의무를 부과하지만 그와 같은 협조의무를 이행하지 않더라도 법이 규정한 일반 가산세 등의 불이익을 넘어서 형사처벌이나 중과세 등의 조치를 취하지는 않겠다는 취지이다. 그에 따라 여기에 해당하기 위해서는 납세자에게 부정한 행위 및 그러한 행위를 통해 국가의 조세수입이 감소될 것이라는 점에 대한 인식이 있어야 한다.[1)]

주식의 명의신탁행위로 양도소득세가 과세되지 못하고 종합소득세액에서 차이가 나더라도, 그것이 누진세율의 회피 등과 같은 조세포탈의 목적에서 비롯된 것이 아닌 경우(판 2017. 4. 13, 2015두44158; 2020. 12. 10, 2019두58896), 명의신탁자가 명의수탁자 명의로 취득한 토지를 타에 양도하고 명의수탁자 명의로 양도소득세 기한후 신고나 수정신고를 하거나(판 2020. 12. 10, 2019두58896), 주식을 명의신탁하면서 주식이 매매된 것과 같은 외관을 형성하여 그에 따른 계약서나 계좌거래내역 등을 토대로 과세관청에 신고하는 것(판 2021. 7. 8, 2017두69977)과 같이 명의신탁에 통상 뒤따르는 부수행위가 수반된 경우 등은 여기에 해당되지 않는다. 형벌처럼 부정행위에 대한 윤리적 비난이 목적이 아니므로 반드시 행위자만을 대상으로 하지는 않으나, 제 3 자의 행위는 납세자 본인의 행위와 동일시할 수 있어야 한다. 세무사에게 납세신고 위임 후 세무사의 부정행위를 인식하였거나 쉽게 인식할 수 있었음에도 그 시정이나 과소신고 방지조치를 강구하지 않은 경우,[2)] 법인 대표이사

1) 판 2015. 1. 15, 2014두11618. 판결에 대한 평석은, 백제흠, 조세실무연구 10, 117면. 장기부과제척기관에 관한 판 2014. 2. 27, 2013두19516도 같은 취지이다. 일본도 우리와 유사한 중가산세 규정을 두고 있는데 요건은 '세액의 기초가 되는 사실의 전부 또는 일부를 은폐하거나 가장하는 것'이다. 이에 관하여 일본의 학설 역시 고의를 포함하는 개념으로 이해하고 있다. 金子 宏, 앞의 책, 829면 참조.

2) 같은 취지의 것으로, 일최판 평성 18. 4. 25. 평석은 일본 판례백선 188면.

가 사용인에게 세금관련 업무를 위임하고 필요한 감독의무를 다하지 못한 경우 등이 여기에 포함될 것이다. 다만 명의신탁 증여의제의 경우 부정행위 여부의 판단은 명의신탁자가 아닌 명의수탁자를 기준으로 한다(판 2022. 9. 15, 2018두37755).

법인세에 관하여 종전 사업연도에 익금에 과다산입한 금액을 공제하는 방법으로 과세표준을 과소신고하였을 뿐 적극적 행위를 한 바 없는 경우(위 2013두12362 판결), 납세자가 과실로 거짓 증명을 수취하여 과세표준을 과소신고한 경우(판 2015. 1. 15, 2014두11618), 조세절감 목적으로 거주지를 해외로 이전하였으나, 실제로 거주지를 이전할 의사가 있었고, 국내 자산을 처분한 행위 등이 허위라고 볼 수 없는 경우(판 2016. 2. 18, 2015두1243), 앞에서 본 증여자를 달리하여 증여세를 신고·납부한 경우(위 2017두65159 판결) 등은 여기에 해당하지 않는다.

제 2 절 가산세의 감면

1. 총 설

우리 국세기본법은 '정당한 사유'를 기본요건으로 하는 가산세 면제에 관한 일반적인 규정과 개별적인 감면규정들을 두고 있다.

먼저, 부과의 원인이 되는 사유가, 1. 법 제 6 조에 따른 기한 연장 사유에 해당하는 경우, 2. 납세자가 의무를 이행하지 아니한 데에 정당한 사유가 있는 경우, 3. 그 밖에 제 1 호 및 제 2 호와 유사한 경우로서 대통령령으로 정하는 경우에는 해당 가산세를 부과하지 아니한다(법 48조 1항).

3호의 "대통령령으로 정하는 경우"는, 국세기본법 시행령 제10조에 따른 세법해석에 관한 질의·회신 등에 따라 신고·납부하였으나 이후 다른 과세처분을 하는 경우 등 국세기본법 시행령 제28조 제 1 항 제 1 호 내지 제 3 호에서 규정하고 있다.

과세표준신고서를 법정신고기한까지 제출한 자가 법정신고기한이 지난 후 법 제45조에 따라 수정신고한 경우와 제45조의3에 따라 기한 후 신고를 한 경우 1개월 이내부터 2년 이내까지 일정한 기한 별로 10/100에서 90/100까지 감면한다(법 48조 2항 1호 및 2호). 이 규정은, 1. 세무공무원이 조사에 착수한 것을 알고 과세표준수정신고서 또는 기한후과세표준신고서를 제출한 경우와 2. 관할세무서장으로부터 과세자료 해명 통지를 받고 과세표준수정신고서를 제출한 경우에는 적용되지 않는다(위 각호 괄호 및 영 29조). 그 밖에 법은, 세법에 따른 제출, 신고, 가입, 등록, 개설 기한 후 1월 이내에 해당 세법에 따른 제출 의무 이행 등 일정한 경우에 가산세액의 50/100에 상당하는 금액의 감면규정을 두고 있다(동 3호).

2. '정당한 사유'에 관한 판례의 기준

가. 총 설

'정당한 사유'란, 일반적으로 그 의무의 이행을 당사자에게 기대하는 것이 무리라고 할 만한 사정이 있을 때, 즉, 책임을 물을 만한 기대가능성이 없는 경우를 의미하나, 구체적으로는 가산세 제도의 취지를 중심으로 제반사정을 고려하여 이익형량적 각도에서 개별적 판단이 필요하다.[1] 납세자의 고의·과실은 요건이 아니다(판 93. 6. 8, 93누6744). 업무를 위임한 세무사 등과 같이 본인이 아닌 제3자의 잘못으로 무신고나 과소신고가 된 경우 그 자체만으로 정당한 사유로 보기는 어렵다.[2]

정당한 사유에 관한 요건은 신고불성실가산세뿐 아니라 납부지연가산세에도 적용되며 기준도 원칙적으로 동일하다.[3] 가산세를 면할 정당한 사유가 있는지는 특별한 사정이 없는 한 개별 세법에 따른 신고·납부기한을 기준으로 판단한다.[4]

나. 판례가 '정당한 사유'에 해당한다고 본 사안

① 과세관청의 공적 견해 표명에 의해 자신에게 납세의무가 없다고 믿은 경우(판 95. 11. 14, 95누10181), ② 장학기금으로 출연하라는 망인의 유언의 취지에 반하여 상속세를 신고·납부할 것을 기대하기 어려운 경우(판 2005. 11. 25, 2004두930), ③ 선의·무과실로 위장사업자로부터 세금계산서를 교부받아 부가가치세 신고를 한 경우(판 89. 10. 24, 89누2134), ④ 주택건설촉진법(현행 주택법) 개정으로 복권발행용역이 정부의 대행용역으로 바뀌었음에도 부가가치세 면세용역으로 믿은 경우(판 2005. 1. 27, 2003두13632),[5] ⑤ 상속재산 평가방법이 잘못되거나(판 2016. 4. 2, 2015두

---

1) 관련 논의는, 백제흠, "가산세 면제의 정당한 사유와 세법의 해석", 특별법연구 8권, 570면.
2) 같은 취지, 일최판 평성 18. 4. 20. 그 평석은 일본 판례백선 6판, 190면.
3) 다만 실무상 납부불성실 가산세를 좀 더 엄격하게 보려는 경향도 없지 않다(조심 2013서0114, 2013. 4. 11. 등). 관련 논의는, 곽태훈, "2015년 국세기본법 판례회고", 조세법연구 22-1, 222면.
4) 판 2022. 1. 14, 2017두41108. 따라서 납부불성실 가산세의 경우 납부기한 이후에 정당한 사유가 소멸하더라도 가산세를 부과할 수 없다.
5) 법령의 부지는 원칙적으로 가산세 면제사유가 될 수 없다는 점에서 이 판례의 타당성에는 의문이 있다. 같은 견해로, 김두형, "2005년도 부가가치세법 판례회고", 조세법연구 12-1, 432면.

59259), 2개 감정기관의 평균 감정가액으로 토지의 증여세를 신고·납부한 경우(판 2015. 3. 12, 2014두44205), ⑥ 신탁자가 토지의 지목 변경으로 인한 취득세를 신고하고 관할관청도 신탁자에게 취득세를 결정·고지하였는데, 그 후 수탁회사가 납세의무자라는 대법원판결이 선고되어 과세관청이 다시 수탁회사 앞으로 취득세를 부과한 경우(판 2016. 10. 27, 2016두44711), ⑦ 변호사가 다수의 법인파산사건에 대한 파산관재 업무를 수행하고 지급받은 보수를 줄곧 기타소득으로 신고하였는데, 과세관청이 사업소득으로 보아 부과처분을 한 경우(판 2017. 7. 11, 2017두36885), ⑧ 종업원들의 위조된 입장권 판매를 통한 매출누락사실을 업주가 모른 채 소득세 등을 신고하였다가 뒤늦게 이를 알게 된 경우(위 2017두41108 판결) 등.

다. '정당한 사유'에 해당하지 않는다고 본 사안

① 세무공무원의 잘못된 설명을 듣고 의무를 해태한 경우(판 97. 8. 22, 96누15404), ② 대법원 판례와 다른 국세심판소 결정취지를 믿고 신고·납부의무를 해태한 경우(판 99. 8. 20, 99두3515), ③ 총괄납부신청을 한 법인이 전산착오로 A사업장 소득으로 신고하여야 할 소득을 같은 주소지 내 B사업장 소득으로 신고한 경우(판 2011. 4. 8, 2010두16622), ④ 상속인들이 양도소득세부과처분 취소소송을 진행하면서 그 환급금청구권을 상속재산으로 신고하지 않은 경우(판 2006. 8. 24, 2004두3625), ⑤ 감정평가법인의 부실한 감정평가에 따라 부가가치세를 과소신고·납부한 경우(판 2001. 1. 30, 99두7876), ⑥ 세법 개정내용을 잘못 이해하여 종전 세율에 따라 관세를 납부한 경우(판 2011. 10. 13, 2009두22072), ⑦ 정유회사가 거래 상대방의 유류 부정유출행위를 모른 채 유출된 유류에 대하여 교통세를 환급받은 경우(판 2011. 10. 27, 2009두3682), ⑧ 확인의무를 게을리 하여 재화나 용역의 공급이 없다는 점을 모른 채 세금계산서를 수수한 경우(판 2016. 11. 10, 2016두31920), ⑨ 정리법원이나 과세관청 소속 공무원들이 다른 견해를 표명하였으나 직권 촉탁등기에 해당하지 않아 등록세 과세대상임이 명백한 경우(판 2010. 4. 29, 2009두17179) 등.

3. 가산세의 한도

법은 개별세법의 일부 가산세에 대하여 해당 의무를 고의적으로 위반하지 않는 경우 의무위반의 종류별로 각각 5천만 원(중소기업기본법에 따른 중소기업이 아닌 기업은 1억 원)의 부과한도를 설정하여 두고 있다(법 49조. 기본령 29조의2).

제 7 장
납세자의 채권(환급청구권)

제 1 절 총 설

납세의무자가 국세 및 강제징수비로서 납부한 금액 중 잘못 납부하거나 초과하여 납부한 금액이 있거나, 세법에 따라 환급하여야 할 환급세액이 있을 때 국가는 이를 반환할 의무를 지게 되는데 그 반환할 금액을 국세환급금이라고 한다(법 51조). 통상의 경우와 달리 납세자가 국가나 지방자치단체에 대하여 채권자가 되는 경우이다. 지방세기본법에서도 과오납된 지방자치단체의 징수금에 관한 환급규정을 두고 있다(지기법 60조). 과오납금이나 환급세액은 어느 것이나 실체법상 국가 또는 지방자치단체가 보유하여야 할 정당한 이유가 없는 공법상의 부당이득에 해당한다. 그러므로 이에 관하여는 부당이득반환청구권에 관한 법리가 기본적으로 타당하고, 조세법에 별도의 정함이 있다든가 혹은 다른 해석을 할 합리적인 이유가 없는 한 민법의 부당이득에 관한 규정이나 그 법리가 적용된다.

지방세기본법은 지방세의 환급에 관하여 규정하고 있는데(지기법 60조 내지 64조) 그 내용은 국세와 다르지 않다. 아래에서 국세를 중심으로 살펴보기로 한다.

제 2 절 국세의 환급

1. 국세환급금의 발생원인

가. 과오납금

'초과납부금액' 즉 과납금은 신고·경정·결정 등 조세채무의 내용을 확정하는 행위가 그 자체로 무효는 아니지만 불복에 의한 결정·판결이나 과세관청의 취소결정(감액결정 포함) 등에 의해 그 효력이 소멸함으로써 감소된 세액이다. 절차적으로 볼 때 납부 또는 징수의 시점에는 유효한 공법상 행위나 행정처분을 근거로 함에 따라 법률상 원인이 있었으나 후에 이를 흠결하게 된 경우이다.

이에 대하여 '잘못 납부한 금액' 즉 오납금은 무효인 신고·경정·결정 등에 기초하여 납부·징수된 조세, 세액의 확정 전에 납부·징수된 조세, 확정된 세액을 초과하여 납부·징수된 조세 등과 같이 실체법적으로나 절차법적으로 납부 또는 징수의 시점부터 법률상의 원인을 흠결한 세액이다.

과납금은 유효한 확정처분에 기초하여 납부·징수된 세액이기 때문에 그 기초가 된 행정처분이 취소되지 않는 한 납세자는 부당이득으로서 그 환급을 구할 수 없으며, 환급을 구하기 위해서는 먼저 그 기초를 이루는 경정·결정 등의 취소를 구하여야 하나, 오납금은 최초부터 법률상 원인을 흠결한 이득이므로 원칙적으로 납세자는 부당이득으로서만 그 환급을 구할 수 있다.

한편 납세의무는 금전채무로서 내용상 가분이기 때문에 과세처분의 일부무효 또는 일부취소의 법리가 타당하다. 과세처분이 행하여진 후 과세물건의 전부 또는 일부가 없어지거나 그 과세의 기초가 된 법률관계가 취소 또는 해제되어 소급적으로 소멸하는 경우와 같이 과세요건에 후발적 변동이 발생한 경우에, 국세기본법이나 개별세법상의 절차(법 45조의2 2항; 상증세법 79조 등)에 의하는 것 이외에 민사상의 부당이득반환 법리에 기하여 납부세액의 환급을 구하는 것이 가능한가가 문제되는데, 국세기본법상의 경정청구제도가 신설된 현행법의 해석으로는 이를 부정함이 옳을 것이다. 다만 납세의무의 성립과 동시에 세액이 확정되는 조세(예: 인지세, 원천징수하는 소득세·법인세 등)의 경우에는 확정절차가 공정력을 수반하여 이루어진 것이 아니기 때문에 그 납부 또는 징수가 실체법상 이유를 흠결한 경우에는 원칙적으로 납부 시부터 오납금으로서 환급청구권이 발생한다.[1] 원천징수의무자에 대한 환급에 관하여는 별도의 규정이 있다(법 51조 5항).

법은 착오납부, 이중납부에 관한 간편한 환급절차(법 51조 1항 후단) 및 물납재산의 환급에 관하여도 별도의 규정을 두고 있다(법 51조의2).

나. 환급세액

환급세액의 발생은 각 세법에 정한 환급요건의 충족 여부에 따른다. 각 개별세법상 환급세액이 인정되는 경우로는, ① 예정신고납부세액이 확정신고납부세액을

1) 같은 취지: 金子 宏, 앞의 책, 704면.

초과하는 경우(소법 85조 4항, 117조; 법법 71조 4항 등), ② 소득세법상 원천징수세액의 환급과 같이 예납적 원천징수세액이 확정신고납부세액을 초과하는 경우(소법 137조 2항), ③ 중소기업의 결손금소급공제에 따른 환급과 같이 소득통산에 의한 조정이 있는 경우(소법 85조의2; 법법 72조), ④ 부가가치세 매입세액이 매출세액을 초과하는 경우와 같이 세액산출의 구조상 납부세액이 부수(負數)를 이루는 경우(부가세법 37조 2항), ⑤ 과세요건이 법정사유로 사후적으로 소멸하는 경우(주세법 18조 1항), ⑥ 주세 등을 과세표준으로 하는 세목에서 주세의 환급에 따라 환급되는 경우(교육세법 12조 2항; 농특법 12조 등), ⑦ 주로 정책적인 이유에서 인정되는 감면으로 인한 경우(조특법 107조, 111조의2, 113조 2항, 114조 4항, 115조 2항 등) 등이다.

이들 환급세액에는 당연히 환급되어야 할 것으로 규정된 경우와 납세자의 환급신청이 있어야 환급되는 경우가 있다. 예컨대 소득세의 확정신고서에 원천징수세액 가운데 확정신고액에서 공제되지 않은 금액의 기재가 있는 경우 그 금액에 상당하는 소득세는 당연히 환급된다(소법 85조 4항). 이 경우 환급청구권은 확정신고서의 제출과 동시에 성립한다. 이에 반해 결손금소급공제에 따른 환급을 구하기 위해서는 법정된 신고기한 내에 법령이 정한 바에 따라 납세지관할세무서장에게 신청하여야 하고(소법 85조의2 2항; 법법 72조 2항), 그 신청이 있는 경우 납세지 관할세무서장은 지체 없이 환급세액을 결정하여 국세기본법 제51조 및 제52조의 규정에 의하여 환급하여야 한다(소법 85조의2 3항; 법법 72조 3항). 이 경우의 환급청구권은 납세자의 신청에 기해 관할세무서장이 실체적 요건 및 절차적 요건의 충족 여부를 판단하여 환급세액을 결정함으로써 비로소 확정되므로 그 환급세액은 과오납의 성질을 가지는 것이라고 볼 수 없다(판 2000. 10. 27, 2000다25590).

부가가치세 매입세액이 매출세액을 초과하여 발생하는 환급청구권은 신고 또는 경정결정에 의하여 비로소 발생한다. 과세관청이 납세자의 환급청구를 거부하거나 추가납부를 고지하는 경우 이는 증액처분의 성격을 지니므로 납세고지 방식을 갖추어야 할 것이다. 이 경우 쟁송대상에 관한 논의는 아래 5. 참조.

법은 환급청구권자에게 다른 체납세액이 있는 경우 환급할 세액을 체납세액에 먼저 충당하도록 규정하고 있다(법 51조 2항).

이는 민법상 상계의 특수한 형태로서 체납세액의 효과적인 징수를 위해 특별한 환급방안을 마련한 것이다.

2. 청구권자

국세환급금의 청구권자는 과오납한 납세자와 세법에 의하여 환급받을 납세자이다. 연대납세의무자나 제 2 차 납세의무자 등 보충적 납세의무자가 세금을 납부한 후 환급사유가 발생하면 실제로 세금을 납부한 자에게 환급한다(기본통 51-0…2, 3). 원천징수의무자가 과오납한 원천징수세액 역시 원칙적으로 원천징수의무자에게 환급한다. 그러나 납세보증인이 납부한 국세 등에 대하여는 주된 납세자에게 환급 또는 충당한다(기본통 51-0…4). 상속·법인합병 등 포괄승계가 있은 경우 상속인 또는 합병 후 존속법인·신설법인이 환급권자가 된다(기본통 51-0…6, 7). 신탁법상의 신탁약정에 기하여 신탁회사가 신탁재산을 개발·관리함에 있어 위탁자 명의로 매입용 세금계산서를 발급받은 경우 환급청구권자는 위탁자이다(판 2003. 4. 25, 2000다33034). 국세환급청구권의 양도에 관하여는 아래 7항 참조.

소득이 사실상 귀속되는 자(실질귀속자)가 따로 있어 명의대여자에 대한 과세를 취소하고 실질귀속자를 납세의무자로 하여 과세하는 경우 실질귀속자가 납부한 것으로 확인된 금액은 실질귀속자의 기납부세액으로 먼저 공제하고 남은 금액을 실질귀속자에게 환급한다(법 51조 11항).

3. 물납재산의 환급

납세자가 각 세법의 규정에 따라 상속세를 물납한 후 그 부과의 전부 또는 일부를 취소하거나 감액하는 경정결정에 의하여 환급하는 경우에는 해당 물납재산으로 환급하여야 한다(법 51조의2 제 1 항). 제 1 항에도 불구하고 그 물납재산이 매각되었거나 다른 용도로 사용되고 있는 경우 등 대통령령으로 정하는 경우에는 제51조에 따라 금전으로 환급하여야 한다(동 2항). 물납재산 자체를 환급하는 경우에는 제52조는 적용이 배제된다(동 1항 후단).

시행령 제43조의2에서는 물납재산의 환급순서, 물납수납 시부터 환급 시까지의 관리비용의 부담주체 등 물납재산 환급에 관한 세부적인 사항을 규정하고 있다.

물납은 상속세에 적용되며 상증세법은 이에 관하여 별도의 규정을 두고 있다(상증세법 73조). 상증세법 시행령 제75조에서 말하는 '물납에 충당할 부동산 및 유가증권의 수납가액'이라 함은 과세표준계산의 기초가 된 당해 물납재산의 가액 즉, 과세가액을 의미하므로, 그 과세가액이 과세관청의 경정에 의해 변경됨으로써 증액이나 감액경정처분이 이루어진 때에는 특별한 사정이 없는 한 수납가액도 그 과세가액에 따라 변경된다(판 2009. 11. 26, 2007두4018).

4. 환급가산금

가. 총 설

세무서장은 국세환급금을 제51조에 따라 충당하거나 지급할 때에는 법이 정한 기산일부터 충당하는 날 또는 지급결정을 하는 날까지의 기간과 금융기관의 예금이자율 등을 참작하여 대통령령으로 정하는 이율에 따라 계산한 금액(국세환급가산금)을 국세환급금에 가산하여야 한다(법 52조 1항).

위 이율은 시중은행의 1년 만기 정기예금 평균 수신금리를 고려하여 기획재정부령으로 정하는 이자율(기본이자율)을 말한다(기본령 43조의3 제 2 항). 취소판결 등 확정 후 납부세액 환급이 지연됨에 따른 가중이율이 규정되어 있다(같은 항 단서).

제51조 제 8 항에 따라 국세에 충당하는 경우 국세환급가산금은 지급결정을 한 날까지 가산한다(동 2항). 제 1 항 및 제 2 항에도 불구하고 다음 각 호 중 하나에 해당하는 사유 없이 대통령령이 정하는 고충민원의 처리를 위하여 국세환급금을 충당하거나 지급하는 경우에는 제 1 항 및 제 2 항을 적용하지 아니한다(동 3항).

1. 제45조의2에 따른 경정 등의 청구 2. 제 7 장에 따른 이의신청, 심사청구, 심판청구, 감사원법에 따른 심사청구, 행정소송법에 따른 소송에 대한 결정 또는 판결

환급가산금에 관한 규정은 지방세기본법도 대동소이하다(같은 법 62조).

환급가산금은 부당이득에 대한 법정이자의 성질을 갖는다. 따라서 국가가 세액을 환급하는 경우 환급세액이 납부세액을 초과하면, 민법의 변제충당 법리에 따라 환급가산금에 먼저 충당한다(판 2002. 1. 11, 2001다60767). 환급가산금 규정은 부당이득 반환범위에 관한 민법 제748조의 특칙으로서 납세자는 자신의 선택에 따라 법정이자의 성질을 갖는 환급가산금청구권과 이행지체로 인한 지연손해금청구권 중 하나를 행사할 수 있다(판 2009. 9. 10, 2009다11808). 양도소득세로 세금을 신고·납부하였는데 과세관청이 사업소득으로 보고 종합소득세를 부과하는 경우에, 국가는 납부세액을 보유할 법적 근거가 있으므로 해당 세액을 정당한 총결정세액에서 공제함에 있어서 환급가산금 이자를 포함시킬 필요가 없다(판 99. 9. 21, 97누17674).

국세환급가산금은 납세자가 세액을 금전으로 납부하였다가 환급받는 경우에만 적용되고, 물납재산을 반환받는 경우에는 적용이 없다(법 51조의2 제 1 항 후단).

나. 환급가산금의 기산일

국세환급금가산금 기산일은 다음 각 호의 구분에 따른 날의 다음 날로 한다(법 52조 1항, 기본령 43조의3 1항).

1. 착오납부, 이중납부 또는 납부 후 그 납부의 기초가 된 신고 또는 부과를 경정하거나 취소함에 따라 발생한 국세환급금: 국세 납부일. 다만 그 국세가 2회 이상 분할납부된 것인 경우에는 그 마지막 납부일로 하되, 국세환급금이 마지막에 납부된 금액을 초과하는 경우에는 그 금액이 될 때까지 납부일의 순서로 소급하여 계산한 국세의 각 납부일로 하며, 세법에 따른 중간예납액 또는 원천징수에 의한 납부액은 해당 세목의 법정신고기한 만료일에 납부된 것으로 본다.
2. 적법하게 납부된 국세의 감면으로 발생한 국세환급금: 감면 결정일
3. 적법하게 납부된 후 법률 개정으로 발생한 국세환급금: 개정 법률의 시행일
4. 소득세법·법인세법·부가가치세법·개별소비세법·주세법·「교통·에너지·환경세법」 또는 조세특례제한법에 따른 환급세액의 신고, 환급신청, 경정 또는 결정으로 인하여 환급하는 경우: 신고를 한 날(신고한 날이 법정신고기일 전인 경우에는 해당 법정신고기일) 또는 신청을 한 날부터 30일이 지난 날(세법에서 환급기한을 정하고 있는 경우에는 그 환급기한의 다음 날). 다만 환급세액을 법정신고기한까지 신고하지 않음에 따른 결정으로 인하여 발생한 환급세액을 환급할 때에는 해당 결정일부터 30일이 지난 날로 한다.

1호가 부과경정뿐 아니라 신고경정에도 적용되므로 규정 체계상 4호는 납부세액의 환급이 아니라 개별세법 규정에 따른 세무서장의 환급결정에 의해 환급하는 경우를 가리키는 것으로 이해된다. 예컨대 사업자의 부가가치세 매입세액이 매출세액을 초과하여 환급을 구함에 따라 환급이 이루어지는 경우는 4호에 해당하고, 신고나 경정에 따라 세금이 납부되었다가 취소되어 환급이 이루어지는 경우는 1호에 해당한다. 동일한 과세기간 및 세목의 국세에 대해 당초신고나 부과에 따른 납부 이후 증액처분 및 그에 따른 납부가 이루어진 경우 위 제1호 단서의 '분할납부'에 해당하지 않으므로 그 환급가산금 기산일은 위 제1호 본문에 따른 각 국세 납부일 다음날이다(판 2020. 3. 12, 2018다264161).

제1호 단서 후단의 '세법에 따른 중간예납액 또는 원천징수에 의한 납부액'은 납세자의 경정청구 없이 국가가 스스로 환급하는 경우에 관한 것이다. 다만 오납액으로 환급하는 경우 기산일은 납부일이 되어야 할 것이다. 제4호의 30일의 유예기간은 과세관청의 환급여부결정을 위한 숙려기간을 고려한 것이다(부가세법 59조 등 참조).

5. 환급을 위한 쟁송절차

납세자의 환급신청에 대하여 과세관청이 응답을 하지 않거나 거부하는 회신을 하더라도 항고소송의 대상이 되는 행정처분이 있다고 볼 수 없고, 그 환급세액은 민사상 부당이득법리에 기하여 반환받아야 한다는 것이 판례의 일관된 견해이다(판 97. 10. 10, 97다26432 등). 그러나 단순한 과오납의 경우라면 모르되, 그렇지 않은 경우에는 경정청구제도의 구비와 부담금 납부 후 무효확인소송을 인정한 2007두6342 전원합의체 판결에 따라 위 견해는 더 이상 유지되기 어렵게 되었다.

구체적으로, 납세의무자가 과오납 이외에 환급을 요구하는 경우로는, 1) 부과처분이나 납세신고가 취소된 경우, 2) 위와 같은 공적인 행위가 당연무효인 경우, 3) 상속세나 증여세와 같은 신고 후 부과과세방식 조세에서 과다신고 납부 후 과세관청이 별도의 부과처분을 하지 않고 있는 경우 등을 들 수 있다.[1)]

이 중 1)의 경우 과세관청의 환급거부 행위는 기속력에 반하는 위법한 행위이므로 특별한 사정이 없는 한 상정하기 어렵고, 2)의 경우는 결국 세금을 납부한 경우 무효확인소송을 인정할 것인가의 논의로 수렴되는데 우리 판례는 이를 긍정한 바 있다. 만일 납세의무자가 세금을 납부한 상태에서 그 기초가 된 행정행위(납세자의 신고나 과세관청의 과세처분)의 당연무효를 주장하면서 환급거부처분의 취소를 소구한다면 법원은 청구취지를 행정행위의 당연무효나 경정거부처분취소소송으로 변경하도록 석명권을 행사하여야 할 것이다. 세액을 납부한 상태에서의 납세의무자의 경정청구는 납부세액을 돌려달라는 요청에 다름 아니기 때문이다. 3)의 경우 납세의무자는 국세기본법 제45조의2 제 1 항에 따라 과세관청을 상대로 결정청구를 하는 것이 가능하다. 과세관청이 납세의무자의 청구에 따라 부과결정을 하면 그 처분에 대하여 다투고, 이를 거부하면 결정거부처분취소소송을 제기하게 되는데 이 경우 결정거부처분도 실질이 환급거부처분이다. 현실적으로도 위법한 행정작용에 대한 불복을 굳이 전문법원인 행정법원의 행정소송절차가 아닌 민사소송절차에 의하라고 하는 것은 합리적이라고 보기 어렵다.

결손금소급공제에 의한 환급의 경우 환급결정에 대해 직접 항고소송의 제기가 가능하다(판 2000. 10. 27, 2000다25590). 납세자의 부가가치세 확정신고에 대하여 과세관청이 환급세액 감액경정을 하거나, 납세자의 감액경정청구에 대해 세무서장이

1) 그 밖에 부가가치세 환급청구가 있으나, 이는 일종의 (−) 확정신고로서 특별한 성격을 가지므로 여기 논의에서는 제외한다.

경정을 거부한 경우 경정결정이나 거부처분에 대한 취소소송이 가능하며 이 경우 국가를 상대로 민사소송으로 환급세액의 반환을 구할 수는 없다(판 96. 9. 6, 95다4063). 부가가치세(−) 세액 신고의 성격에 관하여는 위 1항 참조.

판례는 확정된 부가가치세액 환급청구를 민사소송이 아닌 행정소송법 제 3 조 제 2 호의 당사자소송에 의하여야 한다고 보았다.[1]

6. 환급청구권의 소멸시효

납세자의 국세환급금과 국세환급가산금에 관한 권리는 행사할 수 있는 때부터 5년간 행사하지 아니하면 소멸시효가 완성된다(법 54조 1항). 관세법에도 동일한 취지의 규정이 있다(관세법 22조 2항).

납세자가 과오납금에 대한 부당이득반환청구소송을 제기하기에 앞서 과오납 원인이 된 과세처분에 대한 취소소송이나 무효확인소송을 제기한 경우, 그 취소소송 등의 제기는 부당이득반환청구권에 대한 소멸시효 중단사유인 재판상 청구에 해당한다(법 54조 2항 후단).[2] 그러나 체납세액 충당의 기초가 된 공매처분취소소송의 제기는 그 충당세액 환급청구권의 시효를 중단시키는 재판상 청구에 해당하지 않고(판 2010. 9. 30, 2010다49540), 관세과오납금의 환급청구권의 소멸시효는 동종의 관세부과처분의 취소를 구하는 소송의 제기에 의해 중단되지 않는다(판 2004. 4. 27, 2003두10763). 법은 소멸시효에 관련된 그 밖의 사항에 관해 이 법 또는 세법에 특별한 규정이 있는 것을 제외하고는 민법에 따르도록 규정하고 있다(법 54조 2항 전단). 세무서장이 납세자에게 하는 환급청구권의 안내·통지 등은 민법 제168조에 따른 시효중단의 효력이 없다(동 3항).

7. 국세환급금의 충당

충당은 납세자가 납부할 조세와 과세관청의 환급금이 대립하는 경우 그 대등액을 동시에 소멸시키는 것을 말한다. 민법상 상계제도와 유사하나 민법상 상계는

1) 판 2013. 3. 21, 2011다95564(전). 관련 논의는 김영순, “환급청구권”, 조세판례백선 3(한국세법학회) 107면.

2) 위 규정 신설 이전 동일한 법리를 판시한 것으로, 판 92. 3. 31, 91다32053(전). 그 해설은, 임승순, “조세소송과 환급청구권의 시효중단”, 법과 정의, 496면 이하. 독일 민법 제202조에서도, 「어느 청구권이 행정재판소 또는 행정관청에서 실행할 것인 경우에도 일반 민사상의 청구권에 관한 시효중단 규정을 준용한다」고 규정하고 있다.

당사자 일방의 상대방에 대한 의사표시에 의하나, 국세환급금의 충당은 과세관청이 법정된 요건과 방식에 따라 일방적으로 행하는 점에서 차이가 있다.

세무서장은 국세환급금으로 결정한 금액을, 납부고지에 의하여 납부하는 국세(1호), 체납된 국세 및 강제징수비(2호), 세법에 따라 자진납부하는 국세(3호)에 충당하여야 한다(법 51조 2항 본문). 다만 납부고지에 의하여 납부하는 국세(징수법 9조의 규정에 따른 납부기한 전징수사유에 해당하는 경우 제외)와 세법에 의하여 자진납부하는 국세에의 충당은 납세자가 동의하는 경우에만 한다(같은 항 단서).

전자를 직권충당, 후자를 합의충당으로 볼 수 있는데, 어느 경우든 그 뜻을 기재한 문서로 당해 납세자에게 통지하여야 한다(기본령 31조).

직권충당의 경우 체납된 국세 및 강제징수비와 국세환급금은 체납국세의 법정납부기한과 대통령령으로 정하는 국세환급금 발생일 중 늦은 때로 소급하여 대등액에 관하여 소멸한 것으로 본다(법 51조 3항). 따라서 위 소급시점 이후에 한 환급청구권 가압류나 압류 등은 충당시점에 관계없이 충당의 효력에 대항할 수 없다.

세무서장은 국세환급청구권에 대한 양도요구가 있는 경우 양도인 또는 양수인이 납부할 국세 및 강제징수비가 있으면 거기에 충당하고 남은 금액에 대해서는 양도 요구에 지체 없이 따라야 한다(법 53조 2항).

이는 환급청구권의 양도시점이나 통지시점과 관계없이 환급청구권에 대한 과세관청의 선충당 권한을 인정한 것이다.

납세자로부터 적법한 양도요구를 받았음에도 과세관청이 지체 없이 충당을 하지 않은 경우 환급금 채권은 확정적으로 양수인에게 귀속되고, 그 후 세무서장이 양도인 체납국세에 충당하더라도 효력이 없다(판 2003. 9. 26, 2002다31834).

국세환급금 충당 후 남은 금액은 국세환급금 결정일로부터 30일 이내에 납세자에게 지급하여야 하므로, 과세관청의 선충당권은 국세환급금채권의 양도요구를 받은 때 또는 국세환급금채권이 발생한 때로부터 늦어도 30일 이내에 행사되어야 할 것이다.[1] 양수인에 대한 국세도 충당대상에 포함된다(법 53조 2항).

납세자가 세법에 따라 환급받을 환급세액이 있으면 그 세액을 제 2 항 제 1 호 및 제 3 호의 국세에 충당할 것을 청구할 수 있고. 이 경우 충당된 세액의 충당청구를 한 날에 해당 국세를 납부한 것으로 본다(동 4항. 지정충당).

원천징수의무자가 원천징수 납부한 세액에서 환급받을 세액이 있는 경우 그 환급액은 당해 원천징수의무자가 원천징수 납부하여야 할 세액에 충당하고 잔여금

1) 같은 취지, 이중교, "국세환급금채권의 선충당권에 관한 연구", 조세법연구 19-1, 101면.

을 환급한다. 다만 당해 원천징수의무자가 그 환급액을 즉시 환급해 줄 것을 요구하거나 원천징수 납부할 세액이 없는 경우에는 즉시 환급한다(동 5항).

국세환급금 채권 이외에 납세자의 국가에 대한 다른 공법상 채권은 충당대상이 될 수 없고, 그 공법상 채권을 자동채권으로 하는 납세자의 상계나 수동채권으로 하는 과세관청의 상계도 불가능하다. 관련 논의는 이 책 19면 참조.

국세환급금을 충당한 후 남은 금액은 국세환급금의 결정을 한 날부터 30일 내에 대통령령으로 정하는 바에 따라 납세자에게 지급한다(동 6항). 국세환급금 결정이 취소되는 경우 국세환급금의 환수는 세무서장이 국세징수법의 고지·독촉 및 강제징수의 규정을 준용하여 행한다(동 9항).

판례는 결손금 소급공제에 의하여 법인세를 환급받은 법인이 후에 결손금 소급공제 대상 법인이 아닌 것으로 밝혀진 경우 세무서장은 착오환급한 환급세액을 위 규정에 따라 강제징수 할 수 있을 뿐 민사소송의 방법으로 부당이득반환을 구할 수는 없다고 보았다(판 2016. 2. 18, 2013다206610).

명의대여자에 대한 과세를 취소하고 실질귀속자를 납세의무자로 하여 과세하는 경우 명의대여자 대신 실질귀속자가 납부한 것으로 확인된 금액은 실질귀속자의 기납부세액으로 먼저 공제하고 남은 금액을 실질귀속자에게 환급한다(동 11항).

충당은 쟁송적격이 없다는 것이 판례의 태도이다(판 94. 12. 2, 92누14250).

제 3 편 조세절차법

제 1 장	총　설
제 2 장	조세확정절차
제 3 장	조세징수절차(1)—납부와 징수
제 4 장	조세징수절차(2)—강제징수

제1장
총 설

제1절 조세절차법의 의의

조세의 확정 내지 징수를 위한 절차를 조세절차라고 하고 조세절차에 관한 법을 조세절차법이라고 부른다. 개별세법에서 규정한 과세요건이 충족됨으로써 납세의무가 성립하나 자동확정되는 일부 조세를 제외하고는 이 상태에서 그 내용이 구체적으로 확정되지는 않는다. 납세자의 조세채무가 과세관청이 집행할 수 있는 구체적인 채무가 되기 위해서는 그 내용, 즉, 과세표준과 세액이 확정되지 않으면 안 된다. 이 과세표준 및 세액의 확정절차를 '조세확정절차'라고 부른다.

다른 한편 납세의무는 통상은 납세의무자의 납부에 의하여 소멸하지만 납세의무자의 자발적인 납부가 없는 경우에는 조세채권자인 국가 또는 지방자치단체는 납세자의 책임재산을 압류, 매각하여 체납세액에 충당함으로써 조세채권의 강제적 만족을 얻게 된다. 이를 강제징수라고 부르며, 이 일련의 절차, 즉, 조세의 납부 내지 징수절차를 '조세징수절차'라고 부른다.

국세에 관한 조세절차법의 주요한 법원(法源)으로는 국세기본법과 국세징수법이 있다. 조세확정절차에 관하여는 국세기본법이, 조세징수절차에 관하여는 국세징수법이 각각 기본법의 역할을 한다. 그 밖에 개별세법에도 개별 국세의 확정과 징수에 관하여 여러 가지 중요한 규정을 두고 있는 경우가 많다. 지방세의 확정과 징수에 관하여는 지방세기본법과 지방세징수법에서 규정하고 있다.

제 2 절 기간과 기한

조세법률관계에서는 신고와 부과 등 납세의무의 확정 및 조세의 징수절차와 관련하여 납세자 및 과세관청의 행위가 일정한 기간 내에 이루어져야 하는 경우가 많다. 또한 기간의 계산과 기한의 설정은 조세불복과 관련하여 납세자의 권리구제 측면에서도 중요하다. 국세기본법은 기간의 계산에 관하여 민법에 따르도록 하면서 (법 4조), 법 제 5 조 내지 제 7 조에서 기한에 관한 몇 가지 특례를 두고 있다.[1)]

천재지변이나 그 밖에 대통령령으로 정하는 사유로 이 법 또는 세법에서 규정하는 신고, 신청, 청구, 그 밖에 서류의 제출, 통지를 정해진 기한까지 할 수 없다고 인정하는 경우나 납세자가 기한 연장을 신청한 경우에는 관할 세무서장은 대통령령으로 정하는 바에 따라 그 기한을 연장할 수 있다(법 6조, 기본령 2조).

제 3 절 서류의 송달

1. 의 의

납세의 고지·독촉·강제징수 등 조세의 부과 및 징수처분, 이의신청·심사 및 심판청구에 대한 결정의 통지 그 밖의 세법에 의한 각종 명령은 존재의 확실성과 내용의 정확성을 기하기 위해 서류에 의하여 행한다. 서류의 송달이란 세법에 의한 행정처분의 내용을 상대방과 이해관계인에게 알리기 위해 처분내용을 기록한 서류를 법이 정한 절차에 따라서 송부·전달하는 관계 행정기관의 행위를 말한다.

세법상 서류의 송달은 국가와 납세의무자 사이의 조세채권채무관계 등의 형성에 중대한 영향을 미치는 행위이고 국가와 납세자 사이의 조세채권채무관계는 이를 중심으로 전개된다. 세법상 서류의 송달은 국세기본법 등 세법에 의하여 규율되며, 민사소송법 규정은 준용되지 않는다. 다만 조세소송에 관련된 서류의 송달은 행정소송법 제 8 조 제 2 항에 의하여 민사소송법상 송달에 관한 규정이 준용된다.

---

1) 1세대 1주택 비과세 적용을 위한 기간의 산정에 있어서 기간의 말일이 휴무토요일인 경우 법정기한의 특례가 적용된다고 본 사안: 판 2011. 6. 24, 2010두2081. 그 밖에 납세자가 기한 마지막 날에 등록신청을 하고 그 이후 수리되어 등록된 경우 지방세특례제한법 제31조 제 1 항의 감면요건을 충족한 것으로 본 심판결정으로 조심2020지2040, 2021. 7. 12.

2. 송달의 요건

송달은 법에 규정된 송달장소에서 송달을 받을 자격이 있는 자에게 하여야 한다. 즉, 장소적 요건과 인적 요건이 모두 충족되어야 하고 그 어느 하나라도 결여되면 원칙적으로 부적법한 송달이 된다.

가. 장소적 요건

송달은 해당 서류에 수신인으로 되어 있는 자, 즉, 명의인의 주소, 거소, 영업소 또는 사무소에서 한다. 정보통신망을 이용한 전자송달의 경우에는 명의인의 전자우편주소(국세정보통신망에 저장하는 경우에는 명의인의 사용자확인기호를 이용하여 접근할 수 있는 곳)가 송달장소가 된다(법 8조 1항). 다만 송달을 받아야 할 자가 송달받기를 거부하지 아니하면 다른 장소에서도 교부할 수 있다(동 10조 3항).

교도소·구치소 또는 유치장에 체포·구속 또는 유치된 자에게 할 송달은 해당 교도소장·구치소장 또는 국가경찰관서의 장에게 한다(법 8조 5항). 송달을 받아야 할 자가 제한능력자이면 법정대리인의 주소 또는 영업소에(기본통 8-0-4), 파산선고를 받은 때에는 파산관재인의 주소 또는 영업소(기본통 8-0-5)에 각 송달한다. 상속이 개시된 경우 상속재산관리인이 있을 때에는 관리인의 주소 또는 영업소에 송달하고, 납세관리인이 있을 때에는 납부의 고지와 독촉에 관한 서류는 그 납세관리인의 주소 또는 영업소에 송달한다(법 8조 3·4항, 82조 1항 내지 3항).

나. 인적 요건

서류의 수령은 명의인이 하는 것이 원칙이나, 다른 사람에게 수령권한을 위임할 수도 있다. 수임인의 지위나 자격을 묻지 않으며 수령권한의 위임은 묵시적으로도 가능하다. 권한의 위임 여부가 주로 문제되는 것은, 주민등록지와 실제 거주하는 곳이 다른데 주민등록지로 송달된 경우와 아파트와 같은 집합건물에서 경비원에게 송달된 경우이다. 판례는 아파트출입구에 세대별 우편함이 설치되어 있어 집배원이 아파트 경비원에게 주면 아파트 경비원이 거주자에게 전달하여 왔고 아파트 주민들이 이에 관해 이의를 제기하지 않은 경우 송달수령권한의 위임을 인정하고(판 98. 5. 15, 98두3679), 법인의 대표자를 만나지 못한 때에는 사무원이나 고용인으로서 사물을 변식할 지능이 있는 자에게 법인에 대한 송달을 할 수 있다고 보는 등(판 92. 2. 11, 91누5877) 수령권한의 위임을 비교적 넓게 인정하고 있다.

연대납세의무자에게 서류를 송달할 때에는 그 대표자를 명의인으로 하며, 대표자가 없을 때에는 연대납세의무자 중 국세를 징수하기에 유리한 자를 명의인으로 한다. 다만, 납부의 고지와 독촉에 관한 서류는 연대납세의무자 모두에게 각각 송달하여야 한다(법 8조 2항).

3. 송달방법

세법상 서류의 송달방법에는 교부송달과 우편송달, 전자송달(법 10조), 공시송달(법 11조)이 있고, 교부송달 및 우편송달의 경우에는 보충송달과 유치송달 규정이 적용된다(법 10조 4항).

보충송달과 관련하여, '동거인'은 동일 장소 내에서 공동생활을 할 것이 요구되므로 납세의무자 주소지에 동거하는 처남댁에게 납부고지서를 교부한 경우(판 86. 9. 9, 85누1003), 동호수가 인접한 아파트에서 생계를 같이하며 거주하는 가족(판 92. 9. 14, 92누2363) 등은 동거인에 해당하나, 혼인하여 별도 주소지에서 생활하면서 일시 송달명의인 주소지를 방문한 송달명의인의 아들은 동거인이라고 할 수 없다(판 92. 10. 13, 92누725).[1] '유치송달을 받을 자'에는 송달을 받을 본인, 수령권한을 위임받은 대리인 외에 사용인, 종업원 및 동거인이 포함된다.

유치송달의 경우 수송달자가 수령을 거부하여야 하므로 납세자가 부과처분 제척기간이 임박하자 납부고지서 수령을 회피하기 위해 고지서 수령 약속을 어기고 일부러 집을 비워 둔 경우라도 유치송달의 요건을 갖추었다고 볼 수 없다(판 97. 5. 23, 96누5094).

우편송달에는 통상우편송달과 등기우편송달이 있는데, 납부의 고지·독촉·강제징수 또는 세법에 따른 정부의 명령과 관계되는 서류의 송달을 우편으로 할 때에는 등기우편으로 하여야 한다(법 10조 2항. 중간예납세액의 납부고지서 등에 관한 예외사유 있음). 등기우편으로 송달해야 하는 양도소득세 납부고지서를 수령인에게 직접 전달하지 않고 우편함에 넣어두는 방식으로 송달을 하더라도 납부고지의 효력은 인정되지 않는다(서울고판 2020. 9. 18, 2019누56588).

전자송달은 대통령령으로 정하는 바에 따라 서류를 송달받아야 할 자가 신청한 경우에만 한다. 다만, 납부고지서가 송달되기 전에 대통령령으로 정하는 바에

1) 판결에 대한 평석은, 임승순, "일시방문 중인 세대를 달리하는 아들에 대한 납세고지서송달의 효력", 법조 42권 1호(436호) 참조.

따라 납세자가 국세기본법 또는 세법에서 정하는 바에 따라 세액을 자진납부한 경우 납부한 세액에 대해서는 자진납부한 시점에 전자송달을 신청한 것으로 본다(법 10조 8항). 납세자가 3회 연속하여 전자송달(국세정보통신망에 송달된 경우에 한정한다)된 서류를 열람하지 아니하는 경우에는 대통령령으로 정하는 바에 따라 전자송달의 신청을 철회한 것으로 본다. 다만, 납세자가 전자송달된 납부고지서 또는 독촉장에 따른 세액을 그 납부기한까지 전액 납부한 경우에는 그러하지 아니하다(동 9항. 2022. 12. 31. 신설). 제 8 항에도 불구하고 국세정보통신망의 장애로 전자송달을 할 수 없는 경우나 그 밖에 대통령령으로 정하는 사유가 있는 경우에는 교부 또는 우편의 방법으로 송달할 수 있다(동 10항).

세법상 송달의 효력이 자주 문제되는 경우는 공시송달의 경우이다.

공시송달이란 서류를 송달받아야 할 자에게 교부나 우편에 의한 정상적인 방법으로 송달할 수 없는 일정한 사유가 있는 경우 서류의 요지를 공고함으로써 서류가 송달된 것과 같은 효과를 발생시키는 제도이다.

국세기본법 제11조 제 1 항은 공시송달 사유로서, 주소 또는 영업소가 국외에 있고 송달하기 곤란한 경우(1호), 주소 또는 영업소가 분명하지 아니한 경우(2호), 제10조 제 4 항에서 규정한 자가 송달할 장소에 없는 경우로서 등기우편으로 송달하였으나 수취인 부재로 반송되는 경우 등 대통령령으로 정하는 경우(3호) 등을 규정하고 있다. 시행령 제 7 조의2 제 1 · 2 호는 그와 같은 사유가 있는 한 주민등록부나 법인등기부 또는 그 밖의 방법으로 주소 또는 영업소를 더 이상 확인하지 않고도 공시송달이 가능하도록 규정하고 있다. 그러나 판례는, 국세기본법상 공시송달 제도의 취지 등에 비추어 위 규정에서 말하는 '수취인의 부재'는 납세의무자가 기존의 송달장소로부터 장기간 이탈한 경우로서 과세권 행사에 장애가 있는 경우로 한정하여 해석함이 상당하다고 보았다(판 2015. 10. 29, 2015두43599).[1]

그 밖에 관세법과 지방세기본법은 각각 송달에 관하여 별도의 규정을 두고 있는데 그 내용은 국세기본법의 경우와 크게 다르지 않다(관세법 11조. 지기법 제 5 절 제28조 내지 제33조 참조). 지방세기본법상 별도 규정이 있는 것을 제외한 나머지 사항에 관하여는 국세기본법 규정이 준용된다(지기법 153조).

1) 납부통지서를 공시송달하기 전에 담당공무원이 청구인과 전화통화하거나 직접 출장한 사실을 입증할 만한 증빙자료를 제출하지 아니하였다는 사유로 공시송달이 위법하다고 판단한 심판결정례로, 조심2021중2740, 2021. 7. 30. 조심2017중4178, 2017. 12. 14.

4. 송달의 효력발생

송달할 서류는 송달받아야 할 자에게 도달한 때부터 효력이 발생한다(법 12조 1항). 전자송달의 경우 송달받을 자가 지정한 전자우편주소에 입력된 때(국세정보통신망 또는 국가관세종합정보망에 저장하는 경우에는 저장된 때)에 그 송달을 받아야 할 자에게 도달된 것으로 본다(같은 항 단서). 이 규정은 전자송달의 적절성과 효율성을 구현하기 위한 것으로 합헌이다(헌 2017. 10. 26, 2016헌가 19).

납세고지서 발송 사실이 인정되는 경우에도 수취인이나 그 가족이 주민등록지에 실제로 거주하고 있지 않으면서 전입신고만을 해 두고, 그 밖에 주민등록지 거주자에게 송달수령 권한을 위임하였다고 보기 어려운 사정이 인정된다면, 등기우편으로 발송된 납세고지서가 반송된 사실이 인정되지 아니한다고 하여 납세의무자에게 송달된 것으로 볼 수는 없다(판 98. 2. 13, 97누8977).

납부고지서 송달의 효력이 발생하지 않으면 그 과세처분은 무효이다(판 95. 8. 22, 95누3909).

제 2 장

조세확정절차

제 1 절 총　　설

1. 조세채무 확정의 의의

국세기본법 제22조 제 1 항은, 「국세는 해당 세법의 절차에 따라 그 세액이 확정된다」고 규정하고 있다. 조세채무의 확정은 조세의 납부 또는 징수를 위하여 세법이 정하는 바에 따라 납부할 세액을 납세의무자 또는 세무관청의 일정한 행위나 절차를 거쳐서 구체적으로 확정하는 것으로서(기본통 22-0…1), 그 실질은 객관적으로 존재하는 해당 과세물건의 과세표준과 세액의 정확한 크기를 찾아내는 것이다. 여기서 과세물건의 과세표준과 세액의 크기를 찾아낸다는 의미는 단순히 수치를 계산하는 것에 그치지 않고 해당 과세요건이 성립 내지 충족되었는지 여부를 공적으로 확인하는 과정을 포함한다. 예컨대 제 2 차 납세의무는 제 2 차 납세의무자에 대한 납부통지에 의하여 확정되는데 이 경우 납부통지는 주된 납세의무자의 조세체납과 무자력이라는 제 2 차 납세의무의 요건사실이 충족되었음을 과세관청이 공적으로 확인하는 의미를 지닌다.

조세채무의 성립이 조세실체법상의 개념이라면 조세채무의 확정은 조세절차법상의 개념에 속한다. 조세채권은 확정절차를 통하여 곧바로 징수절차에로 나아가게 되는데 자력집행권을 갖는 조세채권의 특성상 사법상 집행권원의 획득절차에 갈음하는 조세채무의 확정절차는 매우 중요한 의미를 갖는다.

조세채무가 성립된 상태에서의 조세채무를 추상적 조세채무, 확정된 상태에서의 조세채무를 구체적 조세채무라고 부른다. 납세의무자 쪽에서 보면, 전자는 신고확정의무가, 후자는 납부의무가 뒤따르며, 과세관청의 입장에서는, 전자는 부과할 수 있는 상태(부과적격), 후자는 징수할 수 있는 상태(징수적격)로 파악할 수 있다.

개념상 전자는 부과권의 제척기간, 후자는 징수권의 시효기간과 각각 연결된다.

조세징수처분은 유효한 조세확정행위를 전제하기 때문에 조세확정행위가 무효이면 그에 기초한 체납(징수)처분도 무효가 되고(판 93. 7. 27, 92누15449), 부과처분이 취소되면 그에 기초한 체납(징수)처분도 소급적으로 효력을 잃게 된다. 그러나 부과처분과 징수처분은 목적을 달리하기 때문에 하자가 당연무효가 아닌 한 부과처분의 위법성은 징수처분에 승계되지 않고 부과처분에 존재하는 하자를 이유로 징수처분의 취소를 구하는 것은 허용되지 않는다(판 89. 7. 11, 88누12110).

납세의무가 확정된 조세채권은 조세채권 집행을 위한 일종의 보호막이 형성된 상태이다. 납세의무자가 '확정'이라는 보호막을 깨뜨리고 조세채권의 집행을 막기 위해서는 수정신고나, 경정청구 또는 조세쟁송절차에 의하여야 한다.[1] 거꾸로 납세자가 권리구제수단을 강구하기 위해서는 조세채무가 확정되어야 한다는 점에서 납세의무의 확정은 납세자 권리구제의 시발점이기도 하다.

2. 세액의 확정방식

납세의무자가 납부할 세액의 확정방식과 그에 대한 납세자의 불복수단 체계를 어떻게 구성할 것인가 하는 것은 기본적으로 입법정책에 속한다. 독립된 행정법체계를 갖추고 있는 독일의 경우 부과과세방식을 취하는 데 반하여 공법과 사법체계를 준별하지 않는 미국은 신고납세방식을 취하고 있다.[2] 우리나라와 일본은 독립된 행정법체계를 갖추고 있으면서도 신고납세를 기반으로 하는 특징을 갖는다.

우리 법상 납부할 세액(조세채무)의 확정방식은 세목에 따라 신고납세방식, 부과과세방식, 자동확정방식으로 분류할 수 있다. 이 중 자동확정방식의 경우 납부하여야 할 세액은 납세의무의 성립과 동시에 특별한 절차를 거치지 않고 법규가 정한

1) 세법상 '확정'은 통상 '성립'의 다음 단계로서 집행적격을 취득한 상태를 의미하지만, 경우에 따라서는 불가쟁력이 발생한 상태를 의미하는 개념으로도 사용된다. 예컨대 기본법 제22조의3의 '확정'을 학설의 다수는 후자의 의미로 이해하고 있다. 이 책에서는 용어의 혼동을 피하기 위해 후자의 의미로는 '확정력'을, 전자의 의미로는 '확정효'라는 개념을 각 사용하기로 한다.

2) 독일 조세기본법 제155조는 조세확정(Steuerfestsetzung)이라는 제목 아래 제 1 항에서, 「조세는 달리 규정되어 있지 않는 한 과세관청의 조세결정(Steuerbescheid)에 의하여 확정된다」고 규정하고 있다. 이처럼 독일은 부과과세방식을 취하지만 납세의무자의 납세신고에 대하여도 조세기본법 제164조에서 규정하는 사후심사유보부 세액확정과 같은 효력을 부여하고 있다(같은 법 168조 1문). 사후심사유보부 세액확정(Steuerfestsetzung unter Vorbehalt der Nachprüfung)의 경우 사후심사유보가 유효하게 존속하는 한 세액의 확정은 폐기되거나 변경될 수 있으며, 조세채무자는 언제든지 그 세액의 확정의 폐기나 변경을 신청할 수 있다. 예납세액의 확정은 항상 사후심사유보부 세액확정이다(같은 법 164조 1항, 2항). 미국의 제도에 관하여는 이 책 213면 참조.

바에 따라 확정되므로(법 22조 4항) 그 이후에는 징수의 문제만 남게 된다. 이에 반하여 신고납세방식과 부과과세방식의 경우에는 조세채무 확정을 위한 절차로 신고, 수정신고, 부과처분, 경정처분의 모든 단계 또는 일부 단계를 거치게 된다.

과세요건의 충족으로 납세의무가 성립되고 확정절차를 거쳐 조세채권이 만족을 얻기까지의 과정을 도표로 표시하면 다음 면과 같다.

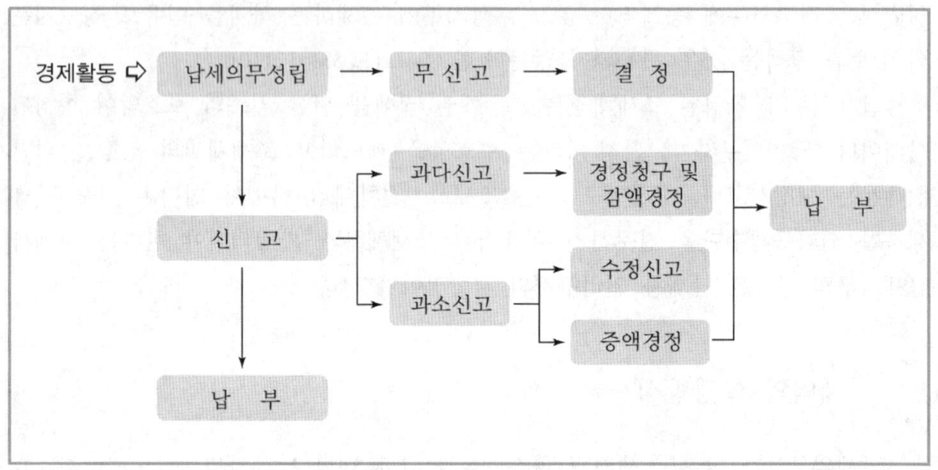

3. 세액의 확정시기

국세기본법 제22조 제 1 항은, 「국세는 이 법 및 세법에서 정하는 절차에 따라 확정된다」, 같은 조 제 2 항은, 「다음 각 호의 국세는 납세의무자가 과세표준과 세액을 정부에 신고했을 때에 확정된다. 다만 납세의무자가 과세표준과 세액의 신고를 하지 아니하거나 신고한 과세표준과 세액이 세법에서 정하는 바와 맞지 아니한 경우에는 정부가 과세표준과 세액을 결정하거나 경정하는 때에 그 결정 또는 경정에 의하여 세액이 확정된다」고 하여 그 각호로서, 소득세, 법인세 등 9개의 세목을 규정하고 있다.[1] 나아가 같은 조 제 3 항은, 「제 2 항 각 호 외의 국세는 해당 국세의 과세표준과 세액을 정부가 결정하는 때에 확정된다」고 규정하는 한편, 같은 조 제 4 항 제 1 호 내지 제 5 호에서 그 이외 '납세의무가 성립하는 때에 특별한 절차 없이 세액이 확정되는 조세'에 관하여 규정하고 있다.

1) 소법 70조, 80조; 법법 60조, 66조(신고납세방식); 상증세법 67조, 68조, 76조(부과과세방식) 등.

4. 납세의무 확정의 대외적 공시기능

납세의무의 확정은 과세관청의 집행과 납세의무자의 불복수단을 제공하는 외에 조세채권의 대외적 공시기능의 역할도 수행한다. 이는 납세의무의 확정시점이 대외적으로 조세채권을 알리는 시점이 되기 때문이다. 그 내용을 요약하면, 담보물권이나 양도담보권과 우열을 가리는 기준시점인 국세우선권의 법정기일이 원칙적으로 납세의무 확정시(신고납세방식의 경우 납세자의 신고일, 부과고지방식의 경우에는 납부고지의 발송일)이고(법 35조 2항, 42조 1항), 국세징수권 소멸시효의 기산일(법 27조 3항), 조세범죄의 기수시기(조처법 3조 5항 1호), 사업양수인이 제 2 차 납세의무를 부담하는 기준시점(법 41조) 등이 모두 납세의무 확정개념을 중심으로 정해져 있다.

제 2 절 확정의 방식

1. 신고납세방식

신고납세방식은 원칙적으로 납세의무자가 과세표준과 세액을 신고함으로써 조세채무를 확정짓는 방식이다. 다만 신고가 없거나 정당하지 않은 경우 과세관청의 결정·경정에 의하여 세액이 확정된다. 미국, 일본 등 대부분의 국가에서 채택하고 있고 우리나라도 주요 세목에 관하여 이 방식을 채택하고 있다. 이는 과세물건의 파악은 납세의무자가 가장 정확히 알고 있다는 전제 아래 납세의무자에게 일차적인 과세표준과 세액의 측정 작업을 맡기는 제도로서 민주적 납세방식에 적합하고 조세의 능률적 징수의 요청에도 부합한다. 다만 그 궁극적 성패는 납세의무자의 납세의식을 비롯한 납세환경의 정비 여하에 달려 있다.

현행 세법상 이 방식을 채택한 세목은 종합소득세(소법 70조), 양도소득세(소법 110조), 법인세(법법 60조), 부가가치세(부가세법 49조), 개별소비세(개별소비세법 9조), 주세(주세법 9조), 증권거래세(증권거래세법 10조), 교육세(교육세법 9조), 교통·에너지·환경세(동법 7조), 취득세(지법 18조, 20조), 등록면허세(지법 30조, 35조), 관세(관세법 38조) 등이며 종합부동산세는 선택적 신고납세방식이다(종부세법 16조 3항, 이상, 법 22조 2항 1호 내지 9호). 예정신고납부하는 조세의 경우 예정신고에 의하여 법이 정한 범위에서 조세채무가 확정된다.

신고납세방식의 경우에도 납세의무자의 신고가 없거나 신고내용에 오류나 탈루가 있는 경우 정부가 결정·경정하므로(법 22조 2항 본문 단서), 정부의 조사확정권이 완전히 배제된 것은 아니며 제 2 차적·보충적으로 기능하게 된다.

2. 부과과세방식

이는 과세관청의 부과처분에 의하여 조세채무를 확정하는 방식으로서 과세관청이 과세표준과 세액을 결정하여 고지하는 때에 조세채무가 확정된다(법 22조 3항).

현행 세법상 이 방식을 채택한 세목으로는 상속세, 증여세(이상 상증세법 76조)와 재산세(지법 116조)가 있고, 종합부동산세는 납세의무자의 신고가 없는 경우에만 이 방식이 적용된다(종부세법 16조 1항). 상속세나 증여세의 경우 납세의무자의 과세표준 및 세액의 신고는 과세관청의 조사결정을 위한 협력의무에 불과하다. 통상 이를 '신고 후 부과과세방식의 조세'라고 부른다. 입법론으로는 부동산과 금융자산에 대한 실명제 실시 및 전산망 확보 등 달라진 납세환경의 변화를 반영하여 우리도 대부분의 다른 나라처럼 상속세와 증여세를 신고납세방식으로 전환하는 것을 적극 검토할 필요가 있다.

가산세(제47조의4에 따른 납부지연가산세 제외)의 경우 본세의 확정방식에 관계없이 과세관청의 가산세 부과처분에 의해 납세의무가 확정된다.

3. 자동확정방식

조세채무의 확정을 위해 특별한 절차 없이 조세채무가 성립과 동시에 확정되는 방식이다. 인지세, 원천징수하는 소득세·법인세, 납세조합이 징수하는 소득세, 중간예납하는 법인세(정부가 조사· 결정하는 경우는 제외한다), 국세기본법 제47조의4에 따른 납부지연가산세 및 제47조의5에 따른 원천징수납부 등 불성실가산세(납부고지서에 따른 납부기한 후의 가산세로 한정한다)(이상, 법 22조 4항 1호 내지 5호), 특별징수하는 지방소득세(지기법 35조 2항) 등이 여기에 해당한다.

제 3 절 확정의 단계

1. 총 설

앞에서 본 바와 같이 신고납세방식의 조세의 경우에는 납세의무 확정을 위한 단계로 신고와 수정신고, 경정청구, 경정처분의 전부 또는 일부 단계를 거치게 되고, 부과과세방식의 조세의 경우에는 납세의무 확정의 전 단계로 신고와 납세의무 확정 단계로 부과처분 및 경정(결정)청구와 경정(결정)처분의 전부 또는 일부를 거치게 된다. 이 중 실무상 가장 많이 문제되고 법리적으로도 논의할 쟁점이 많은 부분이 경정청구 제도이다. 이 곳에서는 경정청구 이외의 나머지 사항들에 대하여 살펴보고 경정청구는 그 중요성에 맞추어 별도의 절에서 따로 살펴보기로 한다.

2. 납세신고

가. 의 의

납세신고란 세법의 규정에 따라 납세의무자가 과세표준과 세액을 산정하여 과세관청에 그 내역을 제출하는 것이다.

납세의무자의 납세신고행위는 조세채권채무관계를 발생시키는 법률요건으로서 납세자 자신이 확정한 조세채무의 내용을 과세관청에 통지하는 사인의 공법행위로 보는 견해(통지행위설)가 일반적이다. 이는 부과과세방식 조세에 있어서 조세부과의 법적 성질을 준법률행위적 행정행위(관념의 통지)로 이해하는 것과 취지를 같이 한다. 이에 의하면 민법상 법률행위에 관한 규정 중 착오, 표현대리, 비진의표시 등에 관한 규정은 원칙적으로 적용이 배제된다. 이는 아래의 수정신고에 있어서도 동일하다.[1)]

신고납세방식의 조세에 있어서 개별세법은 '법정신고기한'을 규정하고 있다(법 2조 16호). 종전에 법은 법정신고기한 내에 과세표준신고서를 제출한 자에 한하여 과소신고나 과다신고를 수정하기 위한 수정신고나 경정청구가 가능하도록 규정하였으나, 2020년 개정법에서 기한 후 신고에 대하여도 수정신고나 경정청구가 가능하도록 변경하였다(법 45조 1항, 45조의2 1항).

---

1) 관련 논의는, 강성태 외 2인, "조세부담 착오에 따른 과세문제", 조세법연구 16-1, 115면.

납세신고는 요식행위로서 소정의 신고서에 의한다. 국세기본법은 전자신고에 관한 규정을 별도로 두고 있다. '전자신고'란 과세표준신고서 등 세법에 의한 신고 관련서류를 국세청장이 정하여 고시하는 국세정보통신망을 이용하여 신고하는 것을 말하며(법 2조 19호), 해당 신고서 등이 국세청장에게 전송된 때에 신고된 것으로 본다(법 5조의2 2항).

나. 예정신고하는 조세의 확정절차

부동산양도업자가 얻은 토지 등 매매차익이나 양도소득세 납세의무자가 얻은 양도소득에 대하여는 예정신고납부를 하여야 한다(소법 69조, 105조, 106조).

예정신고하는 소득세의 납세의무는 과세표준이 되는 금액이 발생한 달의 말일에 성립하고(법 21조 3항 2호) 그 때로부터 2개월 이내에 그 과세표준과 세액을 납세의무자가 신고함으로써 확정된다(법 22조 2항). 예정신고를 하지 않거나 예정신고기간까지 예정신고납부세액을 납부하지 않은 경우 과세관청은 과세표준 확정신고기간 전이라도 과세표준과 세액을 결정·통지하거나 미납세액을 징수할 수 있다(소법 69조; 소령 129조 3항; 소법 65조 10항). 다만 양도소득과세표준 예정신고를 한 자는 원칙적으로 확정신고를 하지 않을 수 있다(소법 110조 4항).

부가가치세의 경우에도 예정신고 후 세액을 납부하지 않으면 국세징수의 예에 의하여 징수하며, 예정신고를 하지 않거나 예정신고에 누락이나 오류가 있으면 정부가 예정신고기간에 대한 과세표준과 세액을 결정·경정하여 국세징수의 예에 의하여 징수한다(부가세법 58조). 예정신고를 한 과세표준과 세액에 대해서는 별도로 확정신고를 하지 않는다(부가세법 49조 1항 단서). 실무상 확정신고기한(7. 25. 또는 1. 25.) 도래 전인 6월과 12월경에 과세관청이 예정신고기간에 대한 과세표준과 세액을 결정·경정함에 따라 현실적으로 과세기간이 4개인 것처럼 운용되고 있다.

예정신고하는 소득세나 부가가치세의 경우에도 그에 기초하여 징수가 가능하므로 그 범위 내에서 확정효를 갖는다. 그러나 납세의무자가 예정신고를 한 후 그와 다른 내용으로 확정신고를 하면 예정신고는 확정신고에 흡수되어 효력을 상실하므로,[1] 확정신고가 경정에 의해서만 확정효를 상실하는 것과 구조를 달리한다. 다만 판례는 양도소득세 납세의무자가 양도소득과세표준 예정신고를 하였으나 세액을 미납하여 예정신고 납부세액공제를 적용받지 못한 상태에서 과세표준과 산출

1) 판 2008. 5. 29, 2006두1609. 이 경우 예정신고에 기초하여 행한 증액처분 역시 효력을 상실한다. 판 2021. 12. 30, 2017두73297.

세액, 결정세액 등은 예정신고와 동일하게 하고 자진납부세액만을 달리하여 확정신고 및 납부를 한 사안에서 예정신고는 확정신고에 흡수·소멸하는 것이 아니라 독립적으로 존속하므로 예정신고를 기초로 한 징수처분 역시 효력이 소멸하지 않는다고 보았다(판 2011. 9. 29, 2009두22850).

예정신고납부 불이행의 경우 가산세가 부과된다(법 47조의2, 47조의3, 47조의4). 그러나 예정신고기간이 경과되어도 조세범처벌법의 기수시기에 이른 것으로 볼 수 없고(조처법 3조 5항 2호), 부과권 제척기간이나 징수권 소멸시효 역시 확정신고를 기준으로 산정된다(법 26조의2, 27조 1항).

예정신고하는 조세에 관하여 조세우선권을 인정할 것인가가 문제된다. 이와 관련하여 국세기본법 제35조 제 2 항 제 1 호는 신고납세방식 조세에 대하여 신고일을 조세의 법정기일로 보면서, 여기의 조세에 중간예납하는 법인세와 예정신고납부하는 부가가치세 및 소득세(소득세법 제105조에 따라 신고하는 경우로 한정한다)를 포함시키고 있다(같은 호 괄호). 사업소득과 관련된 토지 등 매매차익예정신고는 제외되어 있는데, 이는 일반 양도소득 예정신고와 달리 확정신고의무가 부과되어 있는 점과 다른 소득과의 형평을 고려한 것으로 이해된다. 중간예납하는 소득세는 부과방식으로 징수하므로 대상에서 제외되어 있다(소법 65조 1항). 한편 사업양수인의 제 2 차 납세의무에 관한 국세기본법 제41조 제 1 항은, 예정신고하는 조세의 포함 여부를 명시하고 있지 않은데, 판례는 사업양도일 이전에 당해 사업에 관하여 예정신고가 이루어진 부가가치세도 여기에 포함된다고 보았다(판 2011. 12. 8, 2010두3428). 예정신고하는 조세와 국세기본법상 경정청구의 관계는 이 책 220면 참조.

다. 세액의 감면과 확정

납세자가 감면신청과 함께 세액을 신고한 경우 신고에 따라 확정되는 세액은 감면 후 세액으로 볼 것이다. 감면은 세액의 징수단계가 아닌 세액확정의 전 단계에서 이루어지는 실체적 행위이기 때문이다. 따라서 면제의 경우 확정세액은 '0'원이 된다. 이는 국세기본법 제45조에서 규정하는 수정신고에서의 '세액'이나 경정청구에 관한 국세기본법 제45조의2의 과세표준과 세액의 해석에 있어서도 동일하다. 만일 여기의 '세액'을 감면 반영 전 산출세액으로 본다면 감면적용 대상에 해당함에도 감면신청을 하지 않는 경우까지 세액을 제대로 신고한 것이 되어 경정청구가 불가능하다는 불합리한 결론에 이른다. 다만 납세자가 면제신청을 하는 경우에도 과세표준과 세액의 신고의무는 있으며, 면제처분을 취소하고 세액을 추징하는 처분은 신고에 따라 확정된 세액(0원)을 증액시키는 부과처분의 성격을 갖게 된다. 세액면제가 규정된 경우 그 자체로 면제대상이 되며, 별도로 과세관청의 면제처분이나 납세의무자의 면제신청이 필요한 것은 아니다(판 2014. 2. 13, 2013두18582).

라. 기한 내 신고와 기한 후 신고

(1) 관련 규정

법정신고기한까지 과세표준신고서를 제출하지 아니한 자로서 납부할 세액(가산세 포함)이 있는 자는 납부고지가 있기 전까지 기한 후 과세표준신고서를 제출할 수 있다(법 45조의3 1항). 이를 '기한 후 신고'라고 한다.

제 1 항에 따라 기한후과세표준신고서를 제출한 자로서 세법에 따라 납부하여야 할 세액이 있는 자는 그 세액을 납부하여야 하며(동 2 항), 제 1 항에 따라 기한후과세표준신고서를 제출하거나 제45조 제 1 항에 따라 기한후과세표준신고서를 제출한 자가 과세표준수정신고서를 제출한 경우 관할 세무서장은 세법에 따라 신고일부터 3개월 이내에 해당 국세의 과세표준과 세액을 결정 또는 경정하여 신고인에게 통지하여야 한다. 다만 그 과세표준과 세액을 조사할 때 조사 등에 장기간이 걸리는 등 부득이한 사유로 신고일부터 3개월 이내에 결정 또는 경정할 수 없는 경우에는 그 사유를 신고인에게 통지하여야 한다(동 3 항).

기한 내 과세표준신고서를 제출하지 않은 자에 대하여는 무신고 가산세가 부과되며(법 47조의2), 법정신고기한 지난 후 신고를 한 경우에는 1개월 이내부터 3개월 및 6개월 이내까지 각 단계별로 100분의 50부터 100분의 20까지 감경비율이 정해져 있다(법 48조 2항 2호).

(2) 기한 후 신고와 확정의 효력

종래 기한 후 신고는 납세의무 확정의 효력이 없으므로 기한 후 신고를 하더라도 수정신고나 경정청구를 할 수 있는 것은 아니며 단지 무신고가산세 감면의 부담을 덜 뿐이었다. 그런데 2019. 12. 31. 법 개정을 통해 기한 후 신고를 한 자에 대하여도 수정신고나 경정청구를 할 수 있도록 함에 따라, 기한 후 신고에 대하여 국세기본법 제22조나 제22조의2, 제22조의3에서 말하는 세액의 확정효력이 있는지가 문제된다. 이에 관하여 법은 기한 후 신고의 경우 과세관청의 과세표준과 세액의 결정 및 통지에 관한 법 제45조의3을 존치하는 한편 법 제22조의2 제 1 항에서 기한 후 신고에 따른 수정신고에 대하여는 과세표준과 세액을 확정하는 효력을 인정하지 않았다. 그러나 이와 같은 입법의 태도는 의문이다.

세액의 확정은 납세자에 대하여는 쟁송적격을, 과세관청에 대하여는 집행적격을 부여하는 계기가 되는데 어느 쪽이나 기한 후 신고라고 하여 그 효력을 부정할 이유가 없다. 세액의 수정이나 경정은 확정된 세액의 증감을 초래하는 형성적 행위로서 세액의 확정을 당연한 전제로 한다. 현실적으로도 과세관청이 기한 후 신고를 한 납세자의 경정청구를 거부할 경우 납세자는 거부처분에 대하여 다툴 수 있다. 과세관청 입장에서도 과세관청이 과세권을 발동하기에 앞서 납세자가 기한 후 신고를 하였다면 내용상 오류가 없다고 인정되는 한 세액 확정을 위한 납부고지절차를 거칠 필요 없이 징수절차로 나아가면 된다.[1] 현재와 같이 기한 후 신고에 세액확정 효력을 인정하지 않으면, 기한 내 신고의 경우 증액경정이나 수정신고가 있어도 과세관청이 행한 기존 압류의 효력이 존속되고 쟁송절차에서 납세자가 취소할 수 있는 세액의 범위가 제한되는 반면 기한 후 신고의 경우 그러한 제한을 받지 않아 기한 후 신고가 오히려 유리한 취급을 받게 된다. 다른 한편 기한 후 신고에 확정효를 인정하더라도 세액 확정이 문제가 되는 국세우선권에 관한 법정기일(법 35조 2항)이나 국세징수권 소멸시효 기산일(법 27조 3항), 조세범죄의 기수시기(조처법 3조 5항 1호) 등에 관하여 그 적용범위가 달라질 일은 없다.[2]

마. 수정신고

(1) 의　　의

과세표준신고서를 법정신고기한까지 제출한 자(소득세법 73조 1항 1호부터 7호까지의 어느 하나에 해당하는 자를 포함한다) 및 제45조의3 제 1 항에 따른 기한후과세표준신고서를 제출한 자는 다음 각 호의 어느 하나에 해당할 때에는 관할 세무서장이 각 세법에 따라 해당 국세의 과세표준과 세액을 결정 또는 경정하여 통지하기 전으로서 제26조의2 제 1 항부터 제 4 항까지의 규정에 따른 기간이 끝나기 전까지 과세표준수정신고서를 제출할 수 있다(법 45조 1항).

1. 과세표준신고서 또는 기한후과세표준신고서에 기재된 과세표준 및 세액이 세법에 따라 신고하여야 할 과세표준 및 세액에 미치지 못할 때

2. 과세표준신고서 또는 기한후과세표준신고서에 기재된 결손금액 또는 환급세액이 세법에 따라 신고하여야 할 결손금액이나 환급세액을 초과할 때

---

1) 현재의 과세실무도 기한 후 신고를 처리하는 담당공무원이 신고내용이 적정하면 신고시인결정의 형식으로 내부종결처리하고 납세의무자에게 별도의 통지를 하지 않고 있다.

2) 일본의 경우 기한 후 신고를 한 자도 수정신고나 경정청구를 할 수 있는데(일본 국세통칙법 18조 1항, 19조, 23조 1항), 우리와 달리 세액의 확정효를 제한하는 규정은 두지 않고 있다.

3. 제 1 호 및 제 2 호 외에 원천징수의무자의 정산 과정에서의 누락, 세무조정 과정에서의 누락 등 대통령령으로 정하는 사유로 불완전한 신고를 하였을 때(제45조의2에 따라 경정 등의 청구를 할 수 있는 경우는 제외한다)

현행법상 수정신고는 세액의 증액을 구하는 경우만을 대상으로 하고, 세액의 감액은 경정청구제도에 의한다. 수정신고는 부과과세방식을 취하든 신고납세방식을 취하든 모두 필요한 제도이다. 신고납세방식의 조세에서는 납세의무자 스스로 조세채무를 확정짓기 위하여 필요하고, 부과과세방식의 조세에서는 제대로 된 부과처분을 받기 위해 필요하다. 수정신고에 의해 납세의무자는 과소신고 가산세의 감경혜택을 받고 과세관청은 세무행정의 불필요한 비용과 노고를 절감할 수 있다. 관세법은 수정신고에 관한 별도의 규정을 두고 있다(관세법 38조의2 내지 3).

(2) 요　　건

수정신고는 법 제45조 제 1 항 제 1 호 내지 제 3 호의 사유가 있는 경우에 할 수 있다. 수정신고를 할 수 있는 자는 신고납세방식과 부과과세방식 모두 과세표준신고서를 제출한 납세의무자 및 과세표준 확정신고의무가 면제된 소득세법 제73조 제 1 항 제 1 호부터 제 7 호까지에 해당하는 자이다. 기한 후 신고를 한 자도 수정신고를 할 수 있다. 상속인이나 합병법인 등과 포괄승계인이 포괄승계 전에 이루어진 신고에 대한 수정신고를 할 수 있음은 물론이다.

수정신고는 부과과세방식의 조세에서는 과세관청이 과세표준 및 세액을 '결정'하기 전까지, 신고납세방식의 조세에서는 '경정결정'하여 이를 납세의무자에게 통지하기 전까지 할 수 있다. 다만 국세부과권 제척기간이 도과되지 않아야 한다. '통지하기 전'이란 납세의무자에게 도달되기 전을 말한다.

(3) 효　　과

법 제22조 제 2 항 각 호에 따른 국세의 수정신고(과세표준신고서를 법정신고기한까지 제출한 자의 수정신고로 한정한다)는 당초의 신고에 따라 확정된 과세표준과 세액을 증액하여 확정하는 효력을 가진다(법 22조의2 1항).

법 제22조의3 제 1 항은, 「세법에 따라 당초 확정된 세액을 증가시키는 경정은 당초 확정된 세액에 관한 이 법 또는 세법에서 규정하는 권리·의무관계에 영향을 미치지 아니한다」고 규정하고 있고 위 규정의 의의에 관하여 흡수설과 병존설의 대립 등 여러 논란이 있는데, 법은 위 조항에서 수정신고의 대상이 당초신고를 포함한 전체 신고세액임을 명시하여 수정신고에 따라 당초신고는 효력을 상실함을 분명히 하고 있다.

법 제22조 제 2 항 각 호에 따른 국세란 납세자의 (당초)신고에 따라 납세의무가 확정되는 신고납세방식의 조세를 말한다. 부과과세방식 조세의 경우 과세표준신고나 수정신고는 조세채무를 확정하는 효력이 없어 그에 대한 수정신고 역시 과세처분에 앞서 적법한 과세처분을 받기 위한 협력의무의 이행에 불과하다.

기한 후 신고에 따른 수정신고에는 조세채무 확정의 효력이 배제되어 있다.

제 1 항에 따른 국세의 수정신고는 당초 신고에 따라 확정된 세액에 관한 이 법 또는 세법에서 규정하는 권리·의무관계에 영향을 미치지 아니한다(동 제 2 항).

수정신고의 경우 2년 이내 에서 각 기간별로 100분의 10 내지 90에 해당하는 과소신고가산세 및 초과환급신고가산세 감면 혜택이 있다(법 48조 2항 1호).

3. 조세부과처분(결정·경정)

조세부과처분(과세처분)은 국가 또는 지방자치단체가 조세라는 공법상의 금전급부채무, 즉, 납세의무를 확정하는 행정처분을 말한다. 이는 이미 과세단위별로 객관적·추상적으로 성립하여 있는 납세의무의 내용, 즉 과세표준과 세액을 구체적으로 수치화하여 확정하는 절차로서 준법률행위적 행정행위에 속한다.

과세처분은 부과과세방식 조세의 과세표준과 세액을 확정하거나, 신고납세방식 조세에서 납세의무자가 신고하지 않거나 신고 내용에 오류·탈루 등이 있을 때 행한다. 세법은 최초의 과세처분을 '결정'으로, 당초 과세처분이나 납세자의 신고의 오류를 바로잡기 위하여 행하는 결정을 '경정'으로 구분하고 있다. 경정은 세무서장이 독자적으로 행하는 경우와 납세자의 경정청구에 기하여 행하는 경우가 있다. 세액을 증가시키는 경정을 '증액경정', 감소시키는 경정을 '감액경정'이라고 부르며, 경정 후 과세관청이 재차 과세표준과 세액을 변경하는 처분을 '재경정'이라고 부른다. 재경정은 부과제척기간 이내인 한 몇 번이라도 할 수 있다.[1] 과세관청이 납세자가 신고한 부가가치세 환급세액을 감액시키는 결정도 증액경정처분(증액처분)[2]에 해당한다.

과세처분 개념에 납부고지가 포함되는가에 대하여 긍정설과 부정설이 대립하고 있다. 전자는 납부고지를 과세처분의 대외적 성립요건으로 보고, 후자는 효력발생요건으로 보는데 현실적으로 논의의 실익은 크지 않다.

1) 입법 예에 따라서는 경정의 횟수를 제한하기도 한다(예: 미국에서의 1회 조사의 원칙).
2) 이하 이 책에서는 원칙적으로 '증액처분'이라 한다.

제 4 절 경정청구

1. 의 의

세액의 확정을 위한 과세관청의 부과처분이나 납세의무자의 신고가 언제나 정확한 것은 아니므로 이를 시정하기 위한 제도적 장치가 필요하다. 과세관청은 납세자의 신고나 과세관청의 부과처분에 오류·탈루가 있는 경우 부과제척기간 도과 전까지 언제든지 횟수에 제한을 받지 않고 과세처분과 세액의 증액 및 감액 경정처분을 할 수 있다. 이와 같은 과세관청의 경정권한에 대응하여 납세의무자가 스스로 자신이 한 신고행위의 잘못을 수정할 수 있는 제도가 바로 경정청구제도이다.

종전에 신고납세방식 조세에 있어서 신고납부를 잘못하였을 때 구제방법으로는 수정신고제도(1994. 12. 22. 개정 전 구국세기본법 45조)가 있었으나 이는 신고기한이 지나치게 짧아 구제 범위가 매우 좁았고, 그 범위 밖에서는 신고행위가 당연무효의 경우에만 무효확인의 소나 부당이득반환 법리에 따른 민사상 구제가 허용되는 것으로 해석·운용되어 왔다. 이와 같은 구조는 납세자의 구제에 매우 불충분하였으므로 1994. 12. 22. 개정된 국세기본법은 같은 법 제45조의2로 경정청구제도를 마련하였고 그 후 수 차례 개정을 통해 경정청구기한과 청구대상을 늘임으로써 납세자의 권리구제 범위를 확대하여 왔다.

경정청구권에 관한 규정 신설 전 국세기본법 제45조는 세액의 증액 및 감액신고를 모두 포함하였으나 위 규정 신설과 함께 종전 제45조는 세액의 증액신고만을 규율하고 감액신고는 법 제45조의2의 경정청구 대상이 되었다.

경정청구는 과세표준신고서에 기재된 과세표준과 세액 등에 잘못이 있는 경우에 하는 경정의 청구(1항)와 후발적 사정으로 과세표준과 세액 등의 계산의 기초에 변동이 생겼음을 이유로 하는 경정의 청구(2항)가 있다. 전자를 '감액경정청구' 또는 '통상적 경정청구', 후자를 '후발적 사유에 의한 경정청구'라고 부른다.

경정청구제도는 과세관청의 자기시정을 통한 납세자 권리구제 수단으로서 사법기관에 의한 권리구제수단인 조세쟁송절차와 함께 조세법률관계에 있어서 납세자 권리구제 확보를 위한 중요한 두 축으로 기능한다. 나아가, 경정청구가 거부되면 그 거부처분이 사법적 쟁송절차의 수단이 된다는 점에서 사법적 권리구제절차로 통하는 연결고리로서의 역할을 한다.

경정청구제도는 국가가 납세자에게 베푸는 시혜가 아니라 과세관청의 경정권한에 대응하여 납세자에게 부여된 필수적이고 본질적인 권리구제 수단이므로 납세자의 권리행사가 충분히 보장되도록 설계되어야 한다. 다만 기존의 권리구제수단이나 납세의무 확정의 법리 등과 잘 조화될 수 있어야 함은 물론이다.

경정청구와 다른 구제수단(예: 민사상 부당이득반환청구)의 관계와 관련하여 신고행위가 무효가 아닌 한 과다신고에 대한 구제는 원칙적으로 경정청구절차를 통해서만 가능하다고 본다.[1] 신고행위가 무효인 경우 구제수단에 관하여는 이 책 216면 참조. 부과처분에 관하여 후발적 경정청구 사유가 발생한 경우 경정청구에 의하지 않고 부과처분의 취소를 구하는 것도 가능하다(판 2002. 9. 27, 2001두5989).

통상적 경정청구가 주로 신고납세방식 조세에서 당초신고한 세액의 잘못을 바로잡는 기능을 하는 데 반해 후발적 경정청구의 경우 모든 조세에서 후발적으로 담세력에 영향을 미치는 사유가 발생한 경우 이를 시정하는 역할을 담당한다. 양자는 위법한 처분의 시정이라는 점에서 취지를 같이 하나 위법의 태양이나 시정방법을 달리하고 그에 따라 법률적인 쟁점도 다르게 나타난다. 전자가 주로 당초신고와 증액처분이 교차하는 경우 불복기간에 관한 문제가 쟁점이 되는 데 반하여 후자는 후발적 경정청구사유가 어느 범위까지 미치는지가 주로 문제된다.

국세기본법상 경정청구에 관한 규정은 소득세법이나 법인세법상 원천징수절차에 관하여 이를 준용한다(법 45조의2 5항). 지방세기본법도 국세기본법과 동일한 내용의 경정청구 규정을 두고 있다.[2]

2. 세액의 확정·경정과 조세불복절차

가. 의 의

앞에서 살펴본 바와 같이, 우리 법상 세액의 확정절차는 과세관청의 부과처분이나 납세의무자의 납세신고 등에 의하여 개시된다. 세액의 확정은 납세의무자에 대하여는 쟁송적격을 부여함으로써 권리구제의 시발점이 되고, 과세관청에 대하여는 별도의 집행권원 없이 자력집행할 수 있는 집행적격(자력집행력)을 부여함으로써 조세공권력 실현의 계기를 제공한다.

---

1) 원칙적으로 신고납세주의를 채택한 일본에서도 일반적으로 동일하게 해석한다. 金子 宏, 앞의 책 741면은 이를 '항고소송의 배타성'에 빗대어 '경정청구의 원칙적 배타성'이라고 표현하고 있다.
2) 관련 논의는 이 책 1113면 참조. 그 밖에 경정청구제도 전반에 관한 각국의 입법과 실무 예, 대법원 판례의 내용 및 분석 등은, 윤병각, 조세법상 경정청구, 박영사(2021) 참고.

한편 동일한 과세단위 내에서 세액은 과세관청의 경정처분에 의하여 수시로 증감된다. 세액을 증감시키는 경정은 행정처분의 형태로 이루어지므로 결국 하나의 과세단위를 놓고 여러 개의 행정(부과)처분이 복수로 존재하게 된다. 이와 같은 '형태상 복수의 처분'과 '내용상 동일한 과세단위'라는 양면을 어떻게 조화시킬 것인지가 조세절차법과 조세쟁송법을 관통하는 어렵고도 중요한 과제이다. 이는 곧 조세쟁송절차에서 공법상 조세법률관계의 안정과 납세자의 절차적 권리보장 및 실체적 진실을 기반으로 하는 적정과세 내지 공평과세의 이념을 어떻게 조화시킬 것인가의 문제이다. 이 곳에서는 개요를 살펴보고 자세한 내용은 조세쟁송법 부분에서 다루기로 한다.

나. 세액의 확정·경정과 쟁송절차의 관계

(1) 실체적 진실(정당세액)의 추구: 적정과세 및 납세자의 권리구제

당초신고나 당초처분에 의하여 잠정적으로 확정된 세액이 정당한 세액과 불일치하는 경우 그 시정방법이 강구되지 않으면 안 된다. 이는 과세권자인 국가의 입장에서는 과세권의 적정한 행사를 위해, 납세의무자인 국민의 입장에서는 정당한 권리구제를 위해 각각 필수적으로 요구되는 사항이다. 그 시정방법은 신고의 경우 신고세액의 경정, 결정·경정의 경우에는 해당 부과처분 취소의 형태로 각각 이루어진다.

먼저 신고세액 경정의 경우, 감액경정을 위해서는 경정청구제도가(법 45조의2), 증액경정을 위해서는 수정신고제도(법 45조)가 각각 마련되어 있다. 감액경정청구의 경우 과세관청이 납세자의 청구를 거부하면 납세의무자는 거부처분취소 쟁송을 제기하여 시정을 구하게 된다.

다음 결정·경정에 대한 부과처분 취소의 경우에는 처분에 대한 이의신청을 거치거나 곧바로 조세쟁송으로 나아간다. 부과처분에 대한 이의신청은 관할 과세관청의 재도(再度)를 구한다는 점에서 신고세액에 대한 경정청구와 기능을 같이 한다.

(2) 실체적 진실발견에 대한 절차적 제약: 법적 안정성 및 절차적 권리보장

위와 같은 실체적 진실발견 내지 정당세액의 추구에 대하여 권리행사 기한이라는 제약이 존재한다. 이는 법적 안정성과 납세자의 절차적 권리보장이라는 또 다른 법익을 보호하기 위한 것이다. 구체적으로 통상적 경정청구는 법정신고기한으로부터 5년 내에, 후발적 경정청구는 '사유발생을 안 날'로부터 3개월 내에(법 45조의2 1항, 2항), 세액의 증액을 위한 수정신고는 과세관청의 부과결정 이전으로 부과권 제척기간 내에 각각 행사하여야 한다(법 45조 1항).

과세관청의 결정·경정은 증액처분과 감액처분 모두 부과제척기간 내에 행사하여야 하고(법 26조의2), 납세의무자가 처분에 불복하기 위해서는 이의신청 및 조세쟁송 단계별로 처분 또는 결정을 받은 날로부터 90일 이내에 불복하여야 한다(법 61조, 66조 6항, 68조). 위와 같은 권리행사 기간이 지나면 법상 부여된 권리를 더 이상 행사할 수 없는 '불가쟁력'이 발생한다. 이상의 설명을 도표로 살펴보면 아래와 같다.

실체적 진실(정당세액)의 추구 → 적정과세 vs 납세자의 권리구제

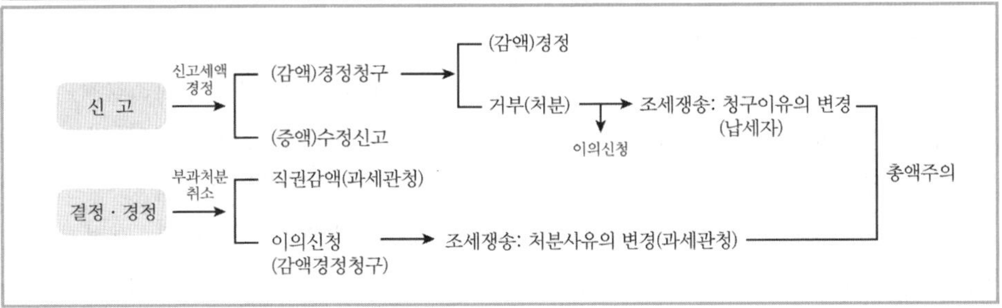

실체적 진실발견에 대한 절차적 제약 → 법적 안정성 vs 납세자의 절차적 권리보장

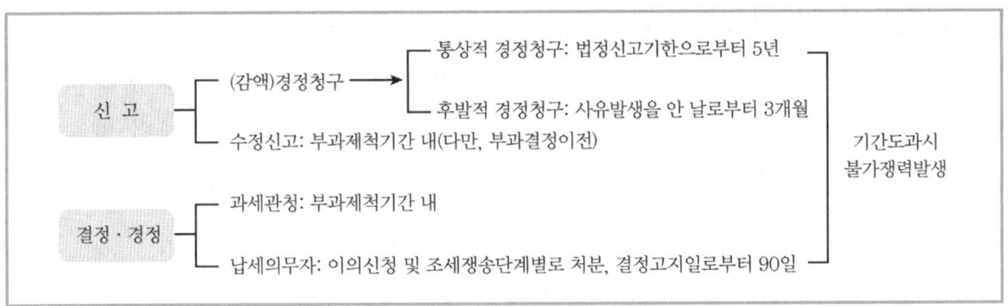

3. 각국의 경정제도

가. 독 일

독일은 조세기본법(Abgabenordnung, AO) 제172조부터 제176조까지 경정에 관한 일반규정을 두고, 그 경정조항에 해당되는 경우에만 경정할 수 있도록 규정한 다음 이와 별도로 보충적, 포괄적 경정규정인 제177조를 두고 있다.

법 제172조는 '일반적인 조세결정의 취소 및 변경'을, 제173조는 '새로운 사실 및 증거의 발견에 기초한 조세결정의 폐기 또는 변경'을 각 규정하고 있다. 제174조는 '모순되는 세액확정으로 인한 경정'에 관한 것으로서 구체적으로, (1) 하나의 사실에 관하여 중복 과세된 경우, (2) 하나의 사실에 관하여 복수의 납세자에게 과세된 경우, (3) 동일한 납세자에게 수개의 과세기간에 걸쳐 중복 과세된 경우, (4) 하나의 납세의무에 관하여 복수의 과세관청이 과세한 경우 등을 각 규율하며, 제175조는 그 밖의 '후발적 사정변경에 의한 경정'에 관하여 규정하고 있다.

법 제172조부터 제176조까지가 구체적인 사항을 대상으로 하는 데 반하여, 법 제177조는 일정한 요건 아래 전체적인 위법사유를 심사하는 구조이다. 법 제172조부터 제176조까지를 주된 경정조항(적극적 경정조항), 제177조를 비독립적(소극적) 상계조항(passive saldierungstatbestand)이라고 부른다. 이 중 경정의 제한에 관한 법 제173조가 세무조사절차 및 쟁송절차와 관련하여 중요한 의미를 갖는다.[1)]

독일은 당초처분 이후 새로운 사실이나 증거가 발견된 경우에만 경정처분을 행할 수 있다. 특히 과세관청이 외부세무조사를 거쳐 조세결정을 한 경우 납세의무자에게 고의나 중과실에 의한 조세포탈이 있는 경우에 한해 경정권한을 행사할 수 있다. 과세관청이 어떠한 사정에서든 과세가 가능함에도 유보하였다가 뒤늦게 다시 과세하는 것은 원칙적으로 허용하지 않음으로써 과세관청의 자의에 의한 과세권행사를 제한하고 있다. 납세의무자 쪽도 제소기간 도과 이후라도 중과실이 없는 한 새로운 사실이나 증거가 사후에 발견되면 감액경정청구를 할 수 있다.

실체적 오류의 수정에 관한 법 제177조[2)]의 내용은 우리 국세기본법 제22조의 3 및 그에 관한 판례의 해석과 일맥상통한다. 관련 내용은 이 책 333면 참조.

1) 법 제173조(새로운 사실 및 증거의 발견에 기초한 조세결정의 폐기 또는 변경)
① 다음과 같은 경우 조세결정은 폐기되거나 변경되어야 한다.
1. 세액을 증가시키는 사실이나 증거가 사후에 발견된 경우
2. 세액을 감액시키는 사실이나 증거가 사후에 발견되고 그 사후적 발견에 조세채무자에게 중과실이 없는 경우. 이 경우 세액을 감액시키는 사실이나 증거가 제 1 호에 관한 사실이나 증거와 직접적 또는 간접적 관계에 있다면 그 책임은 고려되지 아니한다.
② 외부세무조사에 의하여 조세결정이 이루어진 경우라면 고의에 의한 조세포탈 또는 중과실에 의한 조세포탈이 존재하는 경우에 한하여, 제 1 항과 달리 그 조세결정은 폐기되거나 변경될 수 있다.

2) 법 제177조(실체적 오류의 수정)
① 조세채무자에게 불리하게 조세결정을 폐기 또는 변경하는 경우 그 변경이 미치는 세액범위 내에서는, 실체적 오류가 조세결정의 폐기 또는 변경에 직접적 원인이 되지 않았다 하더라도, 그 실체적 오류는 조세채무자에게 유리하든 불리하든 수정되어야 한다(②항은 조세채무자에게 유리하게 조세결정을 폐기 또는 변경하는 경우로서 내용은 ①항과 동일함). ③ 실체적 오류란 확정된 세액이 법률에 의하여 성립한 세액과 다르게 하는 모든 사실적, 법률적 오류를 말한다.

신고납세방식 조세에서 신고의 효력에 관해서는, 「**조세신고는 사후심사유보부 조세확정**[1]**과 동일한 효력이 있다**」(조세기본법 168조 1문)고 규정하여 쟁송적격을 인정하고 있다. 사후심사유보부 조세확정을 다투는 데에는 원칙적으로 제소기간의 제한을 받지 않는다.

나. 미 국

독립된 행정행위 개념이나 행정법 체계를 가지고 있지 않은 미국의 경우에도 세액을 징수하기 위해서는 징수기관이 징수할 구체적인 세액의 확정을 필요로 한다. 이를 'Assessment'라고 하며 징수할 세액을 공적으로 확정한다는 의미에서 우리 법상의 '확정' 개념과 유사한 기능을 갖는다.

'세액의 확정'은 납세자의 납세신고(tax return; self assessment) 또는 과세관청의 과소신고세액 통지(deficiency notice)를 거쳐 그 불복기간의 도과 혹은 불복쟁송절차의 확정을 통해 이루어진다(IRC §6211. §6502). 납세자의 납세신고로부터 세액의 확정 및 집행절차가 개시되고 신고납세를 기본으로 한다는 점에서 우리 법 체계와 유사한 면이 있으나, 과소신고세액을 통지할 때에 곧바로 세액이 확정되거나 집행절차로 연결되지 않는 점이 우리와 다르다.

미국의 조세불복절차는 기본적으로 사법상 구제절차에 의하고 있으며 그에 따라 세액의 확정(assessment) 후에 이를 수정하는 경정('Reassessment')이 있는 경우에도 양자 사이의 관계에 관한 복잡한 논의가 있지는 않다. 세액확정기간은 원칙적으로 과세표준신고서가 접수된 이후 3년이며, 조세채무자의 환급청구 역시 과세표준신고서를 접수한 날부터 3년, 또는 세금을 사실상 완납한 날부터 2년 중 늦게 도래하는 기간 내에 행사되어야 한다(IRC 제6501조). 이는 행정절차상 청구로서 세금을 납부한 관청에 청구하여야 한다. 청구 후 6월까지 세무관청이 아무런 응답을 하지 않거나 환급거부결정을 한 경우에는 환급소송을 제기할 수 있다. 환급소송은 환급거부결정통지를 수령한 후 2년 이내에 제기되어야 한다.[2]

세액의 확정기간과 환급청구기간을 합하여 기간제한규정(The statutes of Limitation, S/L)이라고 한다. 기간제한규정의 엄격성을 완화하기 위하여 법규 및 판례상 일정한 예외가 인정된다. 내국세입법 §9. 2 제1311조 내지 제1314조에 규정된 기간완화규정(The mitigation of S/L. Statutory Mitigation Provisions)과 판례상 형성된 형평법상 보상

---

1) 사후심사유보부 조세확정의 효력에 관하여는 이 책 197면 참조.
2) 이상 CAMILLA E. WATSON, Tax Procedure And Tax Fraud, 113면 이하 참조.

의 원칙(Equitable Recoupment)이 바로 그것이다.[1] 이 중 기간완화 규정이 우리 법상 후발적 사정으로 인한 경정청구와 유사한 내용을 담고 있다. 이 규정은 기본적으로 세액의 모순확정을 해결하기 위한 것으로서 납세자나 정부가 모순되는 항목의 상계충당을 위해 이미 쟁송기간이 경과한 과세연도에 관한 사항을 다시 내세울 수 있도록 한 것이다.

다. 일 본

일본은 국세통칙법에서 경정청구에 관하여 규정하고 있으며 구조도 대체로 우리와 유사하다. 기한 내 신고뿐 아니라 기한 후 신고의 경우에도 통상적 경정청구를 인정한다(일본 국세통칙법 23조 1항 1호).

통상적 경정청구에 관하여는 세액의 증액처분이 있는 경우 관련 규정[2]이 우리와 일부 다르고 후발적 경정청구와 관련하여서는 기간이 '사유발생일 다음 날로부터 2개월'인 점과 유권해석 변경이 사유에 포함된 점 등이 다르다(일본 국세통칙법 23조 2항, 동 시행령 6조). 또한 통상의 경정청구기간 내에는 원칙적으로 후발적 경정청구를 할 수 없도록 규정하고 있다.

판례 중에는 허위의 유산분할을 가장하여 납세신고를 한 후 상속인들 사이의 판결로 허위의 유산분할이 밝혀진 경우 통상의 경정청구 및 후발적 경정청구가 인정되지 않는다고 한 것, 타인의 시효취득을 인정한 판결이 후발적 경정청구사유가 되지 않는다고 본 것[3]등이 눈에 띈다. 일본의 경우 사항에 따라 청구사유를 넓게 인정하는 부분도 있으나 전체적으로 우리보다 요건이 엄격한 것으로 여겨진다.

---

1) 관련 규정의 구체적인 내용은, 윤병각, 앞의 책 372면 참조. 미국에서 형평법상 보상의 원칙에 관한 법리를 제시한 Lewis v. Reynold. S.CT. 1932.의 내용은 다음과 같다. 상속재단 관리인인 원고는 1921. 2. 18. 변호사비용 20,750달러 및 주상속세 16,870달러를 공제항목으로 하여 소득세를 신고납부하였고, 과세관청은 이 중 변호사 비용을 제외한 나머지 공제항목이 부당하다며 1925. 11. 24. 부족세액 7,297.16달러를 추가고지하였다. 원고는 1926. 3. 21. 이를 납부한 후 같은 해 7. 27. 납부한 세액의 환급청구를 하면서 추가고지를 위한 기간(당시 5년)이 도과되었다고 주장하였다. 과세관청은 원고의 주장을 인정하면서 다른 한편 공제항목인 변호사비용이 이미 상속세 공제한도액을 초과하므로 여전히 환급청구가 부당하다고 반박하였다. 법원은, "비록 추가고지가 위법하더라도 해당 연도에 과납이 없다면 조세채무자는 환급청구권을 취득할 수 없다"고 판단하였다. 즉, 과세관청은 추가로 파악된 변호사비용에 대하여 다시 고지를 할 수는 없지만 주상속세와 상계하여 원고의 환급청구권의 발생을 저지할 수 있다는 것이다(Statutory Offset)(이상 윤병각 앞의 책, 241면에서 인용함).
2) 관련 내용은 이 책 219면 참조.
3) 앞의 것, 일최판 평성 15. 4. 25. 뒤의 것, 大阪高判 평성 14. 7. 25. 평석은 각각 일본 판례백선 203면 및 205면 참조.

4. 감액경정청구(통상적 경정청구)

가. 법의 규정

「과세표준신고서를 법정신고기한까지 제출한 자 및 제45조의3 제 1 항에 따른 기한후과세표준신고서를 제출한 자는 다음 각 호의 어느 하나에 해당할 때에는 최초신고 및 수정신고한 국세의 과세표준 및 세액의 결정 또는 경정을 법정신고기한이 지난 후 5년 이내에 관할 세무서장에게 청구할 수 있다. 다만 결정 또는 경정으로 인하여 증가된 과세표준 및 세액에 대하여는 해당 처분이 있음을 안 날(처분의 통지를 받은 때에는 그 받은 날)부터 3개월 이내(법정신고기한이 지난 후 5년 이내로 한정한다)에 경정을 청구할 수 있다」(법 45조의2 1항).

1. 과세표준신고서 또는 기한후과세표준신고서에 기재된 과세표준 및 세액(각 세법에 따라 결정 또는 경정이 있는 경우에는 해당 결정 또는 경정 후의 과세표준 및 세액을 말한다)이 세법에 따라 신고하여야 할 과세표준 및 세액을 초과할 때

2. 과세표준신고서 또는 기한후과세표준신고서에 기재된 결손금액, 세액공제액 또는 환급세액(각 세법에 따라 결정 또는 경정이 있는 경우에는 해당 결정 또는 경정 후의 결손금액, 세액공제액 또는 환급세액을 말한다)이 세법에 따라 신고하여야 할 결손금액, 세액공제액 또는 환급세액에 미치지 못할 때

나. 청구권자

통상의 감액경정청구는 법정신고기한까지 과세표준신고서를 제출한 자 및 제45조의3 제 1 항에 따른 기한후 과세표준신고서를 제출한 납세자가 청구할 수 있다.[1)]

종전 판례는 종합부동산세법 제 8 조 제 3 항에서 정한 법정신고기한까지 합산배제신고서를 제출한 납세의무자도 통상의 경정청구를 할 수 있다고 보았는데(판 2018. 6. 15, 2017두73068), 2023년 개정법에서 아예 부과처분에 의해 종합부동산세가 확정된 경우에도 경정청구대상으로 삼았다. 이 규정의 문제점에 관하여는 뒤에서 다시 살펴본다.

조세환급청구권의 전부채권자나 납세의무자의 금전채권자가 직접 또는 납세의무자를 대위하여 청구권을 행사할 수는 없다(판 2014. 12. 11, 2012두27183).

1) 기한 후 신고에 관하여는 이 책 204면, 원천징수에 대한 경정청구에 관하여는 이 책 519면 각 참조.

다. 청구대상

(1) 일 반 론

법은 '결정 또는 경정'을 청구할 수 있다고 규정하고 있는데, 이 중 '결정'은 부과과세방식의 조세, '경정'은 신고납세방식의 조세를 각각 대상으로 한 것으로 이해된다.1) 청구를 신고납세방식의 조세에 한정한다는 제한을 두고 있지 않고 법은 부과과세방식의 조세에 관하여도 납세의무자의 협력의무로 신고기한을 규정하고 있기 때문이다(상증세법 67조, 68조).

부과과세방식 조세의 경우, 납세자가 세금을 납부하지 않은 경우라면 과세처분을 기다려 쟁송대상으로 삼을 수도 있지만, 과세처분 후에는 취소소송 등을 제기해도 효력이 정지되지 않아 강제징수로 이어지므로 사전에 신고오류를 시정할 필요가 있고, 세금을 납부한 경우에도 과세관청이 과세처분을 하지 않는 경우 오류를 시정하는 수단이 될 수 있다. 위 조항에서 '결정을 청구할 수 있다'고 한 것은 이러한 소송형태를 규정한 것으로 이해된다. 과세관청이 납세자의 결정청구를 거부한 경우 납세의무자가 제기하는 거부처분취소소송은 그 실질이 납세의무 확정을 위한 과세처분의 부존재확인 청구에 다름 아니다. 법문상 적법한 신고를 전제로 하므로 부과과세방식 중에도 신고의무가 부과되어 있는 조세(신고 후 부과과세방식 조세)에 관하여만 적용이 있다.2)

제 2 호에 따른 신고된 결손금액이나 환급세액의 증액경정청구를 세무서장이 거부한 경우 그 거부처분취소소송을 제기할 수 있음은 물론이다(판 2009. 7. 9, 2007두1781). 다만 법인세법상 결손금소급공제에 의한 환급은 경정청구대상이 아니다(판 2003. 7. 25, 2001두10721).

신고행위가 무효임을 이유로 하는 경우 경정청구가 가능함은 물론이나 세금을 납부하였다면 민사상 부당이득반환청구 역시 가능하다.3) 이 경우 납부세액의 환급은 공법상의 청구권에 관한 5년의 시효기간이 적용되나 경정청구는 국세기본법이 정한 기간의 제한 없이 가능하다고 볼 것이다.

---

1) 같은 취지: 최명근, 앞의 책, 333면. 윤병각, 앞의 책, 638면. 법은 신고납세방식 조세에서 납세의무자가 신고를 하지 않은 경우 과세관청이 '결정'을, 신고를 하였는데 신고내용에 탈루나 오류가 있는 경우 과세관청이 '경정'을 한다고 규정하여(소법 80조, 법법 66조), 양자를 구분하고 있다.

2) 다만 이와 같은 형태의 결정청구를 제도의 취지가 다른 경정청구와 함께 규정하는 것이 입법상 적절한지는 의문이다. 일본 조세통칙법 제23조 제 1 항 제 1 호는 경정청구만을 대상으로 하고 있다.

3) 같은 취지 윤병각, 앞의 책 406면, 강석규, 조세법쟁론(삼일인포마인, 2023), 319면.

(2) 신고 후 부과과세방식 조세에 관한 문제

'신고 후 부과과세방식 조세'의 경우, 1) 납세의무자가 과세관청에 대해 결정을 청구하는 것을 넘어 신고한 세액의 감액을 요구할 수 있는지, 2) 나아가 납세의무자의 신고에 대해 과세관청의 부과처분이 있거나 그 부과처분에 대해 재증액처분이 있는 경우 납세의무자의 불복수단 및 불복기한은 어떻게 되는지 등이 문제된다. 판례가 이를 정면으로 판시한 것은 없으나 상속세에 관하여 1), 2)의 경우 모두 이를 긍정하는 전제에서 판단한 것이 있고(판 2004. 8. 16, 2002두9261; 2014. 6. 26, 2012두12822), 현재 실무상으로도 많이 활용되고 있는 실정이다.

일반적으로 신고납세방식 조세에서 신고세액에 대한 경정청구는 납세의무를 특정한 세액으로 감액하여 달라는 것이므로 거부처분이 내려질 경우 그에 대한 소송상 불복의 실질은 의무이행소송이다. 만약 위 규정의 '결정청구'를 특정세액으로의 감액결정을 청구할 수 있는 것으로 본다면 그 실질은 경정청구와 동일하고 현행 판례나 과세실무도 이러한 관점에서 접근하고 있는 것으로 이해된다. 그러나 문언상 단순히 '결정을 청구할 수 있다'고 되어 있는 규정을 특정 세액으로의 감액결정을 청구할 수 있다고 볼 수 있는지 의문일뿐더러 부과과세방식 조세에 관하여는 부과처분 취소라는 별도의 불복절차가 있음에도 납세자가 이를 놓아두고 의무이행소송의 형태로 특정세액으로의 감액결정을 청구하고 그 거부처분에 대하여 다투도록 하는 것이 법리상 허용될 수 있는지에 관한 근본적인 문제가 있다.

상속세나 증여세는 납세자에게 신고의무가 부과되어 있기는 하나 법문상 명확하게 부과과세방식 조세로 규정되어 있어 과세관청의 과세표준과 세액의 부과결정에 의하여 납세의무가 확정되며 납세자의 신고행위는 이와 같은 과세관청의 세액확정행위(부과처분)에 대한 협력의무의 이행에 불과하다.[1] 그런데 그 신고행위에 대하여 경정청구를 허용하는 것은 세액의 확정권한이 없는 납세자에게 아직 확정되지 않은 세액을 일정한 세액(납세자가 당초 신고한 세액에서 감액된 세액)으로 변경, 확정지을 수 있는 권한을 인정하는 것이어서 법리상 이중(二重)의 모순을 드러낸다. 세액의 감액경정청구권을 인정한다는 것은 실체법상 사유가 정당하면 과세관청이 청구한 내용에 따라야 한다는 점에서 그 주체를 납세자로 보아야 하는데 본래 확정 권한도 가지지 않은 납세자가 단순히 협력의무인 신고행위를 했다고 하여 어떻게 확정되지 않은 세액의 감액청구권을 가질 수 있는 것인지 납득하기 어렵다.

---

1) 이에 따라 상속세나 증여세 신고에 대하여 일반적인 신고납세방식의 조세에서는 인정되지 않는 신고세액공제가 인정된다(상증세법 제69조 제 1 항, 제 2 항).

이 점은 과세관청의 상속세나 증여세 부과결정이 있는 경우 더욱 모순이 현저해진다. 상속세나 증여세에 대한 결정청구권을 단순히 과세관청의 부과결정을 청구할 수 있다는 취지로 이해하면 이미 과세관청의 부과결정이 있었던 이상 이 단계에서 이미 납세자의 결정청구권은 소멸한다. 이와 달리 위 결정청구를 특정세액으로의 감액(경정)청구로 이해하면 이 경우에는 과세관청의 부과결정이 있고 (납세자의 신고가 아니라) 그 부과결정에 의하여 과세표준과 세액이 일차적으로 확정되었으므로 당연히 그 부과결정의 취소를 구하여야 하지 세액확정의 효력도 없는 당초의 납세자의 신고세액을 특정세액으로 감액해 달라고 청구할 수는 없는 노릇이다.

본래 과세관청의 부과처분이 있는 경우 그에 대한 불복은 부과처분 자체의 취소나 무효확인을 구하는 항고소송의 형태를 취하여야 한다(행소법 3조 1호). 국세기본법은 이 경우 과세관청에 대한 이의신청 내지 감사원이나 조세심판원과 같은 심판기관의 판단을 불복 전심절차로서 규정하고 있다(법 55조 내지 81조 참조). 납세자가 전심절차에 불복하는 경우 여전히 당초처분을 불복대상으로 삼아 부과처분 취소소송을 제기하여야 하고, 과세관청이나 심판기관들의 결정이나 재결 등은 불복의 대상이 되지 않는다(법 55조 1항 단서, 5항, 6항). 그런데 증액처분에 대한 경정청구를 인정하는 경우 법의 근거 없이 위 규정에 대한 예외를 허용하는 것이 된다. 왜냐하면 부과처분에 대한 경정청구는 그 부과처분의 전부 또는 일부를 취소하여 달라는 이의신청에 다름 아닌데 그에 대한 거부처분에 대하여 경정청구를 인정하게 되면 결국 납세자의 이의신청(경정청구)에 대한 과세관청의 기각결정(거부처분)을 불복 대상으로 삼도록 허용하는 결과가 되기 때문이다. 이처럼 부과처분에 대하여 납세자의 경정청구를 인정하는 것은 항고소송의 법리 및 제소기간 및 쟁송대상에 관한 국세기본법의 명문의 규정에 정면으로 반한다. 상증세법은 상속세와 증여세에 관하여 별도의 경정청구권 특례조항을 두고 있고(법 79조 1항, 2항, 동 시행령 81조 2항, 3항), 그 사유는 국세기본법상 통상적 경정청구 및 후발적 경정청구에 관한 사항 전반에 걸치고 있어 위 규정 역시 입법자가 상속세나 증여세를 국세기본법상 통상적 경정청구 대상으로 보지 않았다는 점을 뒷받침한다.

(3) 법 제45조의2 제 1 항 단서 및 제 1 호 괄호부분에 관한 문제

법 제45조의2 제 1 항 단서는, '결정 또는 경정으로 인하여 증가된 과세표준 및 세액에 대하여는 해당 처분이 있음을 안 날(처분의 통지를 받은 때에는 그 받은 날)부터 90일 이내(법정신고기한이 지난 후 5년 이내로 한정한다)에 경정을 청구할 수 있다'고 규정하고, 같은 항 제 1 호 괄호는 경정청구대상에 관하여 '각 세법에 따라 결정 또는 경정이 있는 경우에는 해당 결정 또는 경정 후의 과세표준 및 세액을 말한다'고 규정하고 있다. 앞에서 본 바와 같이 부과처분에 대하여 경정청구를 인정하는 것은 법리상 난점이 있는데 흡수설에 의하는 경우 납세신고에 대하여 증액처분이 있으면 신고가 증액처분에 흡수되므로 결국 부과처분인 증액처분을 경정청구 대상으로 삼게 되는 문제점이 있고, 병존설에 의하는 경우 증액처분 부분에 대하여 동일한 법리상 문제점이 있을 뿐 아니라 사실상 규정의 실효성도 없게 된다.

결론적으로 당초신고와 이에 대한 증액처분은 서로 불복방법과 불복기간을 달리하므로 무리하게 양자를 하나의 불복방법으로 통일하는 것보다는 각각의 성격에 맞추어 납세자의 당초신고는 경정청구 대상으로 삼고, 과세관청의 증액처분은 부과처분취소소송 대상으로 삼는 것이 적절하다. 어차피 증액처분 취소와 증액처분을 대상으로 한 (감액)경정청구 거부처분 취소는 제소를 위한 불변기간도 동일하므로 부과처분에 대하여 무리하게 다른 법 규정과 배치되는 거부처분 취소소송의 형태를 취할 이유가 없다.[1)]

라. 청구사유

감액경정청구를 할 수 있는 경우는, ① 과세표준신고서 또는 기한후 과세표준신고서에 기재된 과세표준 및 세액(각 세법에 따라 결정 또는 경정이 있는 경우에는 해당 결정 또는 경정 후의 과세표준 및 세액)이 세법에 따라 신고하여야 할 과세표준 및 세액을 초과할 때(법 45조의2 1항 1호)와, ② 과세표준신고서 또는 기한후과세표준신고서에 기재된 결손금액·환급세액의 미달 등의 경우, 즉, 위 각 과세표준신고서에 기재된 결손금액 또는 환급세액(각 세법에 따라 결정 또는 경정이 있는 경우에는 해당 결정 또는 경정 후의 결손금액 또는 환급세액)이 세법에 따라 신고하여야 할 결손금액 또는 환급세액에 미치지 못할 때(동 1항 2호)이다.

1) 일본 조세통칙법 제23조 제1항의 경우 우리 국세기본법 제45조의2 제1항 괄호부분과 동일한 규정을 두고 있으나, 불복기간에 관한 같은 항 단서 규정은 두고 있지 않다. 이와 관련하여 일본의 판례는, 당초신고에 오류가 있는 것이 경정청구의 요건이므로 당초신고에 경정사유가 없으면 증액부분에 대한 경정청구는 청구의 이익이 없다고 판단한 바 있다[최고재 (三小) 평성 2년 行ツ 제42호, 평성 3. 3. 19. 판결]. 입법취지와 관련하여, 이 규정은 소화 45년 일본 국세통칙법 개정시 경정청구기간을 종전의 2개월로부터 1년으로 연장하면서, 경정청구기간 내에 과세관청의 증액처분이 있고 그 경정이 신고의 오류와 무관하게 이루어진 경우 그 불복기간을 도과하여도 경정청구기간 내에 감액경정청구가 가능하도록 하기 위하여 마련된 것으로 설명되고 있다{일본 소화 45년 개정세법 해설 150면. 佐藤孝一 "최신 판례에 의한 국세통칙의 법해석과 실무"(재단법인 大藏財務協會(平成 15년) 128면에서 인용함). 일본 외에 독일이나 미국 등에서도 과세처분에 대하여 이원적 불복수단을 인정하는 입법례는 찾기 어렵다. 그 밖에 관련 논의는, 임승순, "세액의 확정·경정과 조세쟁송(Ⅰ)", 조세법연구 23-1, 340면 이하 및 이 책 217면 참조.

위 규정에서의 '과대신고된 사유'는 세법의 규정에 어긋나는 일체의 사유를 말한다. 법문상 기한 후 신고나 수정신고를 한 경우에도 그 기한은 당초 신고를 한 경우와 마찬가지로 법정신고기한으로부터 5년으로 볼 것이다.

조세특례제한법상 면제사유에 해당한다는 이유로 세액을 면제받았으나 납세자가 비과세 대상임을 주장하는 경우, 신고세액 자체는 0원으로서 감액대상이 아니나 납세자로서는 추징 등과 관련하여 비과세 대상임을 확인받을 법적인 이익이 있고, 법문상 반드시 과세표준과 납부할 세액을 동시에 감액청구하도록 요구하고 있지도 않으므로 경정청구 사유에 해당된다고 본다. 면제 후 과세관청이 추징사유가 있다고 과세예고통지를 하여 납세의무자가 세액을 자진신고납부한 경우(지법 20조 3항 참조)도 여기의 경정청구대상에 포함된다고 볼 것이다.

양도계약이 해제되거나 계약 후 대금이 감액된 경우 후발적 경정청구사유가 됨과 동시에 통상적 경정청구사유도 된다고 보는 것이 판례의 태도이다(판 2018. 6. 15, 2015두36003). 예정신고의 경우도 문언상 적용대상에서 배제되지 않고 있으나, 확정신고 시 예정신고의 오류를 수정할 수 있으므로 현실적 필요성은 크지 않다.

마. 청구기간

청구기한은 법정신고기한이 지난 후 5년까지이다. 다만 결정 또는 경정으로 인해 증가된 과세표준 및 세액에 대하여는 해당 처분이 있음을 안 날(처분의 통지를 받은 때에는 그 받은 날)부터 90일 이내(법정신고기한이 지난 후 5년 이내에 한정한다)에 경정을 청구할 수 있다(법 45조의2 1항 단서).[1]

경정청구기간의 기산일인 법정신고기한은 원칙적으로 확정신고기한이다.[2]

다만 종합소득 과세표준 확정신고기한 경과 후 소득처분에 의해 소득금액에 변동이 발생하여 소득세법시행령 제134조 제 1 항에 따라 과세표준 및 세액을 추가신고·자진납부한 경우 경정청구기간 기산일은 위 조항에서 정한 추가신고자진납부 기한 다음 날이다(판 2011. 11. 24, 2009두20274). 연말정산 후 상여처분된 금액에 대하여 소득금액변동통지를 받은 법인이 납부기한 내에 다시 연말정산을 거쳐 소득세를 원천징수납부하고 지급조서를 제출한 경우, 경정청구기간 기산일은 소득금액변동통지에 따른 소득세 납부기한 다음날이다(판 2011. 11. 24, 2009두23587).

1) 신고 후 증액처분이 있는 경우 위 규정에 따른 불복대상, 불복기간 및 증액처분 취소소송과의 관계 등에 관한 자세한 설명은 이 책 334면 이하 참조.

2) 양도소득세 확정신고기한 전에 예정신고에 대해 경정청구를 한 것은 부적법하므로 이에 대해 과세관청의 회신이 있더라도 불복대상으로 볼 수 없다고 한 것. 조심 2022중7275, 2023. 1. 11.

부과제척기간 경과 후에도 경정청구가 가능하며(위 2009두20274 판결), 경정청구 거부처분에 대한 제소기간 경과로 불가쟁력이 발생하였더라도 소극적 처분인 거부처분의 성격상 법정 청구기한 내인 한 재차 경정청구가 가능하다고 볼 것이다.[1] 관세법은 별도의 경정청구 규정을 두고 있다(관세법 38조의3 2항).

바. 종합부동산세에 관한 특례규정

종합부동산세법 제7조 및 제12조에 따른 납세의무자로서 종합부동산세를 부과·고지받은 자의 경우에는 국세기본법 제45조의2 제 1 항부터 제 4 항까지의 규정을 준용한다(법 45조의2 6항. 후단 생략).

이는 종합부동산세의 경우 납세의무 확정을 위해 신고납세방식과 부과과세방식을 병용하고 있어(종부세법 16조의 1항, 3항), 종합부동산세를 부과고지 받은 납세자와 신고납부하는 납세자 사이의 형평을 고려하여 2022. 12. 31. 신설된 규정이다. 다만 부과처분에 대하여 경정청구권을 인정하는 것은 앞에서 본 바와 같이 이론상 난점이 있고, 동일한 부과처분을 두고 부과처분 취소와 경정청구라는 이원적 쟁송수단이 동시에 마련됨에 따른 쟁송절차법상 어려움 또한 피할 수 없는 상황이다.[2]

5. 후발적 사유에 의한 경정청구

가. 법의 규정

「과세표준신고서를 법정신고기한까지 제출한 자 또는 국세의 과세표준 및 세액의 결정을 받은 자는 다음 각 호의 어느 하나에 해당하는 사유가 발생하였을 때에는 제 1 항에서 규정하는 기간에도 불구하고 그 사유가 발생한 것을 안 날부터 3개월 이내에 결정 또는 경정을 청구할 수 있다」(법 45조의2 2항).

1. 최초의 신고·결정 또는 경정에서 과세표준 및 세액의 계산 근거가 된 거래 또는 행위 등이 그에 관한 제 7 장에 따른 심사청구, 심판청구, 감사원법에 따른 심사청구에 대한 결정이나 소송에 대한 판결(판결과 같은 효력을 가지는 화해나 그 밖의 행위를 포함한다)에 의하여 다른 것으로 확정되었을 때

1) 같은 취지, 서울고판 2013. 6. 5, 2012누39775. 이는 일반 행정처분에 관하여는 확립된 법리인데 (판 92. 12. 8, 92누7542 등), 조세법률관계에 관한 거부처분의 경우에도 달리 볼 이유가 없다.

2) 종합부동산세 부과처분이 위법하여 납세자 구제가 문제되는 경우는 대부분 해당 법령이 어렵고 복잡하여 그에 관한 법원의 해석이 뒤늦게 확인된 경우이고 이러한 경우 납세자의 제소기간을 부과처분 시로부터 90일로 제한하는 것은 부당한 측면이 있다. 이러한 경우에는 부과처분의 무효 이론을 통하여 납세자의 구제를 도모하는 것이 바람직하다. 관련 논의는 이 책 357면 참조.

2. 소득이나 그 밖의 과세물건의 귀속을 제 3 자에게로 변경시키는 결정 또는 경정이 있을 때 3. 조세조약에 따른 상호합의가 최초의 신고·결정 또는 경정의 내용과 다르게 이루어졌을 때 4. 결정 또는 경정으로 인하여 그 결정 또는 경정의 대상이 된 과세표준 및 세액과 연동된 다른 세목(같은 과세기간으로 한정한다)이나 연동된 다른 과세기간(같은 세목으로 한정한다)의 과세표준 또는 세액이 세법에 따라 신고하여야 할 과세표준 또는 세액을 초과할 때 5. 제 1 호부터 제 4 호까지와 유사한 사유로서 대통령령으로 정하는 사유가 해당 국세의 법정신고기한이 지난 후에 발생하였을 때

「법 제45조의2 제 2 항 제 5 호에서 "대통령령으로 정하는 사유"란 다음 각 호의 어느 하나에 해당하는 경우를 말한다」(동 시행령 25조의2).

1. 최초의 신고·결정 또는 경정을 할 때 과세표준 및 세액의 계산 근거가 된 거래 또는 행위 등의 효력과 관계되는 관청의 허가나 그 밖의 처분이 취소된 경우

2. 최초의 신고·결정 또는 경정을 할 때 과세표준 및 세액의 계산 근거가 된 거래 또는 행위 등의 효력과 관계되는 계약이 해제권의 행사에 의하여 해제되거나 해당 계약의 성립 후 발생한 부득이한 사유로 해제되거나 취소된 경우

3. 최초의 신고·결정 또는 경정을 할 때 장부 및 증거서류의 압수, 그 밖의 부득이한 사유로 과세표준 및 세액을 계산할 수 없었으나 그 후 해당 사유가 소멸한 경우

4. 제 1 호부터 제 3 호까지의 규정과 유사한 사유에 해당하는 경우

나. 청구권자

후발적 경정청구는 과세표준신고서를 법정신고기한까지 제출한 자 또는 국세의 과세표준 및 세액의 결정을 받은 자가 제기할 수 있다. 신고납세방식 조세나 부과과세방식 조세 어느 경우에나 그 적용이 있다.

다. 청구사유

(1) 일 반 론

국세기본법 제45조의2 제 2 항의 후발적 사유로 인한 경정청구("후발적 경정청구")는 공통적으로 법정신고기한 이후에 납세자의 담세력에 영향을 미치는 사정이 발생하였음을 사유로 한다.

조세법률관계는 조세채무가 성립된 후에는 원칙적으로 소급하여 변경시킬 수 없다. 그러나 담세력 자체의 소급적 소멸 또는 그러한 사실에 관한 소급적 공적 확인이 있는 일정한 경우에 이러한 불가변경성은 예외를 인정할 필요가 있고, 이를 규정한 것이 후발적 경정청구 제도이다. 특별히 조세법률관계는 그 당사자가

납세의무자와 과세권자인 국가 또는 지방자치단체로서 제 3 자에게 미치는 영향이 적으므로 납세자에게 후발적 경정청구에 관한 권리를 인정하여도 기존의 법률관계를 불안정하게 만들 요인은 상대적으로 적다. 근본적으로 통상적 경정청구와 후발적 경정청구는 모두 확정된 조세채무의 변경을 통하여 적정한 과세를 도모한다는 점에서 제도의 취지를 같이 하고, 다만 후발적 경정청구의 경우 구체적 타당성에 맞추어 불복기간을 연장시켜 주기 위한 데에 초점이 있다.[1] 입법 예에 따라서는 통상적 경정청구가 가능한 경우 후발적 경정청구를 제한하는 경우도 있으나(위 나.의 (3)항 참조), 우리 법은 특별한 제한을 두지 않고 있다.

후발적 경정청구는, 1) 과세의 기초를 이루는 법률관계가 실체적으로 변동하거나, 2) 판결이나 행정행위를 통해 과세의 기초가 된 법률관계나 사실상태가 절차상 다른 내용으로 확인된 경우 및 3) 세액의 모순확정이 있는 경우를 대상으로 한다.

(2) 과세의 기초를 이루는 법률관계가 실체적, 후발적으로 변동된 경우

이는 과세의 기초를 이루는 법률관계가 당초 납세의무 확정시점 이후에 실체적으로 변동된 경우이다. 원래의 과세요건 사실이 계약의 해제나 면허의 취소와 같은 실체적 사정의 발생으로 인하여 변동된 경우이다. 아래 ㈐의 경우와 대비되는 것은 과세요건을 실체적으로 변동시키는 '+α'라는 사정이 존재한다는 점이다.

법 제45조의2 제 2 항 제 2 호와 제 4 호의 경우 과세관청의 결정이나 경정이 법률관계 자체를 변경시키는 형성력(대세효)이 있으므로 여기에 해당된다고 본다. 같은 취지에서 과세처분을 취소하거나 감액하는 과세관청의 결정이나 판결이 다른 과세요건이나 과세처분의 기초를 이루어 감액요소가 되는 경우 위 제 2 항 제 5 호 및 시행령 제25조의2 제 1 호에 해당하여 여기에 포함될 것이다. 판결을 통해 과세처분이 취소되는 경우 형태상 아래 ㈐에 해당된다고 볼 여지도 있으나 내용상 이쪽으로 분류함이 상당하다. 관련 논의는 아래 (마)의 3) 참조.

(3) 판결 등 절차적 사유를 이유로 과세의 기초사실에 변동이 생기는 경우

이 경우는 기존의 실체적 법률관계가 변한 것은 아니나('+α 사정'의 부존재) 과세요건에 해당하는 거래나 행위에 관하여 과세 당시와 다른 '공권적 확인'이 발생한 경우이다. 그와 같은 공권적 확인의 법적 효력(기판력 등)에 따라 해당 법률관계에 관한 납세자의 법적 지위 및 현실적인 담세력이 변동하므로 이를 후발적 사유로 규정한 것이다(판 2011. 7. 28, 2009두22379). 절차적 효력 자체가 경정청구 사유를 구성하므로 그 내용이 실체적 진실에 부합하는지 여부는 원칙적으로 문제되지 않으며, 법원이 당

---

1) 관련 논의는, 김두형, "일반 경정청구와 후발적 경정청구의 관계", 조세법연구 26-3, 113면.

부를 심리할 필요도 없다. 이 점에서 통상적 경정청구 사유가 일반적으로 실체적 진실에 대한 개연성에 터잡고 있는 점과 대비된다. 법 제45조의2 제 2 항 제 1 호와 제 3 호에서 규정한 법원의 판결과 조세조약에 따른 상호합의 등이 여기에 해당한다.

여기의 판결은, 과세의 기초가 된 기존의 법률관계를 공권적으로 다르게 확인하는 경우를 의미하므로 원칙적으로 민사판결을 의미한다. 사법상 법률관계를 확정하는 효력은 민사판결에 고유한 효력이기 때문이다(민소법 216조 1항 참조). 다만 민사판결이라도 공유물 분할판결과 같은 장래에 향한 형성판결은 과세요건 완결 후 새로운 사정변경에 해당하므로 포함되지 않으며, 기판력을 지니지 못하는 경우 여기에 해당하지 않는다. 사법상 법률관계의 공권적 확인과 무관한 형사판결은 여기에 해당되지 않는다고 본다. 판례도 같은 취지이다(판 2020. 1. 9, 2018두61888).[1)]

후발적 경정청구사유에 해당된다는 것은 해당 사유의 존재 자체가 신고나 과세처분의 위법사유라는 것을 의미하는데 여기의 확정판결에 형사판결이 포함된다면 납세신고나 부과처분의 위법성을 다투는 후속 쟁송절차에서 해당 재판부가 형사재판에서 인정한 사실적, 법률적 판단에 법적으로 기속되어 형사판결의 기속력이 실정법 규정에 반하여 다른 행정조세사건으로 확대되는 결과에 이르게 된다.[2)] 납세자의 권리구제 측면에서도 조세형사사건의 피고인이 무혐의나 무죄를 주장하는 경우 통상적 경정청구 등 조세구제수단을 함께 취하는데 별다른 어려움이 없다.

예컨대, 과세관청이 납세자 A가 B에게 특정 재화를 공급하였다고 보아 부가가치세를 과세하고(조세사건), 세금계산서 발급의무 위반을 이유로 형사고발조치를 취함에 따라 A에 대하여 형사절차가 진행되는 한편(형사사건), 납세자 A와 B사이에 위 공급계약이 해제되었는지 여부에 관하여 다툼이 생겨 민사소송절차로 매매대금 청구소송이 진행되는 경우를 상정하여 본다. 이 경우 조세사건과 형사사건 및 민사사건은 각별로 진행되고 어느 한 사건의 재판부가 한 판결의 효력(기속력)은 원칙적으로 다른 사건 재판부에 미치지 않는다. 다만 이 경우 조세법률관계는 민사법률관계를 기초로 하므로 민사사건에서 계약해제 사실이 판결에 의해 확정되면 조세법률관계도 그에 따라서 변동될 수밖에 없다. 이는 민사판결 재판부의 다른 재판부에 대한 기속력에 의한 것이 아니라 당사자 사이에 위와 같은 판결의 효력

1) 같은 취지, 윤병각, 앞의 책 778면. 일본의 학설 및 판례도 같은 취지이다. 金子 宏, 앞의 책 744면, 일최판 1987. 5. 17. 반대의 견해로는, 소순무·윤지현, 앞의 책, 266면. 강석규, 앞의 책, 354면, 유철형, “후발적 경정청구사유인 ‘판결’의 범위에 관한 연구”, 조세법연구 26-3, 147면.

2) 오히려 판례는 과세처분이 판결 등에 의해 취소된 경우 조세포탈죄를 유죄로 인정한 형사확정판결의 재심사유가 된다는 입장이므로(판 2015. 10. 29, 2013도14716), 납세자는 형사절차에서 유죄로 확정되어도 후속 행정재판에서 과세처분 취소판결을 받아 형사판결의 결론을 뒤집을 수 있다.

을 다시 다툴 수 없게 된 효력(기판력)에 따른 것이다. 그런데 위 '판결'에 형사판결이 포함된다고 보면 거꾸로 형사사건이 먼저 진행되고 그 사건에서 계약해제를 이유로 납세자가 무죄로 확정되었는데 그 후 민사사건에서 반대로 결론이 나서 당사자 사이의 사법상 법률관계가 공급계약이 존재하는 것으로 확정된 경우 조세사건에서는 그와 같은 사법상 법률관계를 반영하지 못한 채 후발적 경정청구 사유를 이유로 형사판결 결론에 따라 과세처분을 취소할 수밖에 없게 된다. 납세자로서는 애당초 형사소송절차와 별도로 조세소송절차에서 납세신고나 과세처분 자체의 위법성을 다투어야 할 것이다.

행정판결도 원칙적으로 여기에 해당된다고 보기 어렵다.[1] 예컨대 부동산 명의신탁을 이유로 한 과징금부과처분 취소소송에서 명의신탁 사실이 인정되지 않는다는 이유로 승소확정판결을 받은 경우 그것이 동일하게 명의신탁 사실이 문제된 다른 조세소송의 후발적 경정청구사유가 된다고 볼 수 없다. 앞에서 본 형사판결의 예에 따라 사례를 구성하여 보면, 명의신탁을 이유로 한 과징금 행정처분과 명의신탁자에 대한 양도소득세 부과처분이 존재하고 그와 별도로 당사자 사이에 명의신탁 존부에 관한 민사상 다툼이 있다고 할 때, 법리상 조세사건 재판부는 명의신탁 존부에 관한 민사판결의 결론을 따라야 하지만 행정사건에 관한 재판부의 결론은 반드시 따라야 하는 것이 아니다. 기본적으로 토지거래허가나 면허의 취소와 같은 '+α 사정'이 후발적 경정청구사유를 구성하는 경우(영 25조의2 1호 참조) 납세의무자가 쟁송으로 해당 행정처분의 효력을 다투었으나 패소하여 '+α 사정'이 법적으로 확정되더라도 '+α 사정' 자체가 후발적 경정청구사유가 되는 것이지, 그에 관한 납세자 패소판결이 후발적 경정청구사유가 되는 것은 아니다.

이와 관련하여 2022. 12. 31. 개정된 법 제45조의2 제 2 항 제 1 호에 '판결' 이외에 '심사청구, 심판청구, 감사원법에 따른 심사청구에 대한 결정'을 포함시킨 것은 입법상 중대한 문제가 있다. 이 규정은 행정판결이 위 '판결'에 포함되는 것을 당연한 전제로 하는데, 현실적으로 이를 후발적 경정청구 사유로 인정할 경우 납세자는 쟁점이 공통된 수개의 과세처분 중 하나에 대하여만 쟁송을 하고 청구가 인용되면 이를 다른 사건의 후발적 경정청구사유로 주장할 수 있게 되어 불복기간과 기판력 등 쟁송제도 전반에 관한 근본적인 혼란을 초래할 위험성이 있다.[2]

---

1) 같은 취지, 윤병각, 앞의 책 783면. 강석규, 앞의 책 356면도 형사판결의 경우와는 달리 행정판결이나 조세판결은 개정 전 쟁점조항상의 '판결'에 포함되지 않는다고 보고 있다.
2) 이창희, 앞의 책 277면은 종전 규정의 해석상 형사판결은 포함되지 않는다고 보아야 하나 개정법에 행정심판이 들어간 이상 행정판결이나 형사판결도 포함된다고 볼 수밖에 없다고 한다.

(4) 세액의 모순확정이 발생하는 경우(이중과세)

후발적 경정청구 사유 중 별도로 고려할 내용이 세액의 모순확정이 있는 경우이다. 우리 법이 후발적 경정청구 사유로 규정한 네 가지 사유 중 두 가지 사유가 여기에 해당한다(법 45조의2 2항 2호 및 4호).

세액의 모순확정은, 1) 납세의무자(인적 귀속)의 중복, 2) 기간과세에서 기간귀속의 중복, 3) 세목의 중복, 4) 과세권자의 중복 등 네 가지 경우에 발생한다.

어느 경우나 이중과세의 문제가 발생하는데, 우리 법은 이 중 1)과 2)에 대하여 후발적 경정청구 사유로 규정하고 있다.[1] 3)의 경우 동일한 과세대상에 관하여 별도의 세목으로 중복과세한 경우 선행처분이나 후행처분 중 하나는 당연무효가 될 것이다. 4)의 과세권자 중복은 동일한 과세대상에 관하여 서로 다른 과세권자에 의해 복수의 세액의 확정이 있는 경우인데 이 경우 각각 신고 내지 부과처분의 적법성을 따져야 하되, 어느 한 쪽 불복절차가 납세자에게 불리하게 확정되어 판결의 형성력이 발생하면 이는 다른 쪽 확정행위의 후발적 경정청구사유(시행령 25조의2 5호)가 될 것이다.[2]

(5) 법 제45조의2 제 2 항 각 호에 대한 구체적 검토

㈎ 제 1 호: 저작권 양도에 대하여 종합소득세가 부과된 후 판결에 의해 양도계약이 무효로 된 경우(판 2006. 1. 26, 2005두7006), 가집행선고부 승소판결에 기해 배당금을 수령한 후 상소심에서 판결이 취소된 경우(판 2011. 6. 24, 2008두20871) 등.

법령에 대한 법원의 해석이 신고나 부과 당시와 달라졌다는 사유는 여기에 포함되지 않는다(판 2014. 11. 27, 2012두28254). 기본통칙이나 예규가 납세자 이익으로 변경된 경우 여기에 해당하지 않으나 이 경우 기존 예규 등을 믿고 세금을 납부한 납세자의 신뢰 보호를 위하여 별도의 경정청구사유로 규정함이 상당하다.[3]

자백 또는 공시송달에 의한 민사판결도 기판력을 가지는 한 여기에 포함된다. 담합판결도 기판력은 있으나 민사절차상 재심 또는 상소사유가 되므로(통설), 과세관청은 이를 소송절차에서 증명하여 효력을 부인할 수 있다.[4] 판결 결과에 경제적 이해관계가 있을 뿐 기판력이 미치지 않는 제 3 자의 경우 통상적 경정청구사유를 주장할 수 있음은 별론으로 본 호는 적용이 없다(판 2013. 5. 9, 2012두28001).

1) 독일은 위 네 가지 세액의 모순확정의 경우와 다른 후발적 경정사유를 구분하여 불복기간 등을 별도로 규정하고 있다(독일 조세기본법 제174조 제 1 항 내지 제 3 항).
2) 과세권자 중복이 문제된 실제 사안으로 판 2017. 11. 9, 2016두40139. 내용은 이 책 1128면 참조.
3) 일본은 과세관청의 법령해석 등 유권해석이 변경된 경우를 후발적 경정청구사유로 규정하고 있다(일본 국세통칙법 시행령 6조 5항).
4) 같은 취지 강석규, 앞의 책 348면, 金子 宏, 앞의 책 744면 등.

(나) 제 2 호 내지 제 4 호: 제 3 호의 상호합의절차가 종결된 경우 과세관청은 상호합의 결과에 따라 부과·경정 그 밖의 필요한 조치를 취하여야 하지만(국조법 47조 4항), 별도로 경정청구사유로 규정한 것이다. 상호합의 결과는 상호합의 대상국 외에 소재하는 특수관계인과의 거래에 대하여도 적용된다(국조법 48조 2항, 국조령 90조 1항 2호). 제 2 호의 납세의무자 중복은 위 (라)항 참조.

제 4 호와 관련하여, 종전의 판례는 반대 견해를 취하였는데(판 2008. 7. 24, 2006두10023), 2022. 12. 31. 개정 시 반대로 입법이 되었다.

법인이 특정 사업연도에 분식결산으로 법인세를 과다신고하였다가 이를 상쇄하기 위해 차기 사업연도 이후 법인세를 과소신고하였으나 과세관청이 증액경정한 경우는 이에 해당하지 않는다(판 2013. 7. 11, 2011두16971).

(다) 제 5 호: 이에 관하여 시행령 제25조의2는 제 1 호 내지 4 호에서 구체적인 사유를, 제 5 호에서 위 규정에 준하는 사유를 각 경정청구 사유로 규정하고 있다.

이 중 제 1 호의 '당초 과세표준 및 세액의 계산근거가 된 거래 또는 행위 등의 효력과 관계되는 관청의 허가나 그 밖의 처분이 취소된 경우'에 관한 전형적인 경우로는 면허세 대상인 면허가 취소되거나 양도소득세에서 토지거래허가가 취소된 경우 등을 들 수 있다. 해당 처분의 취소가 판결에 기한 경우에도 동일함은 앞에서 본 바와 같다. 다만 과세관청의 결정이나 판결에 의해 특정 과세처분이 취소되고 그 내용이 다른 과세처분의 과세요건사실을 변경시켜 감액요소를 이루는 경우는 여기에 해당한다. 예컨대 비상장주식 평가산식의 요소를 구성하는 법인세액이 다른 판결이나 심판결정에 의하여 변경된 경우 과세가액의 기초를 이루는 법인세액 자체가 다른 판결이나 결정의 효력에 기해 변동되므로 이는 후발적 경정청구사유에 해당한다.

시행령 제 2 호의 '계약이 해제권의 행사에 의하여 해제된 경우'에 합의해제는 포함되지 않고, '계약의 성립 후 발생한 부득이한 사유로 인하여 해제되거나 취소된 경우'란 사정변경에 의하여 계약내용에 구속력을 인정하는 것이 부당한 경우를 의미하며, 합의해제를 포함하는 것으로 해석된다. 경정청구제도 신설 이전 판례는 양도소득세와 부가가치세에 관하여 계약 해제의 경우 해제의 원인과 시점을 묻지 않고 부과처분 취소사유로 보고,[1] 증여세에 관하여는 상증세법에 수증재산의 합의반환에 관한 규정이 신설되기 이전 법정해제는 처분의 취소사유로 보되 합의해제에 관하여는 판례와 학설의 견해가 나뉘었다. 이에 반하여 취득세에 관하여는 유통세라는 이유로

---

1) 법정해제에 관하여 판 85. 3. 12, 83누243, 약정해제에 관하여 판 86. 7. 8, 85누709, 계약이행시점에 관한 판 90. 7. 13, 90누1991, 부과처분 시점에 관한 판 92. 12. 22, 92누9944 등.

어느 경우이든 해제의 효력이 과세처분에 영향을 미치지 않는다고 보았다. 경정청구 제도 신설 후에도 판례는 대체로 종전 태도를 유지하여 왔는데 다만 증여세에 관하여는 1997. 1. 1.에 상증세법에 수증재산의 합의반환에 관한 규정(구 상증세법 31조 4항, 현행 4조 4항)이 신설됨에 따라 그 규정에 따라 증여계약 해제의 효력을 판단하여 왔다. 취득세 역시 미등기(등록) 상태에서 60일 이내에 계약 해제된 사실이 화해조서·인낙조서·공정증서 등으로 입증되는 경우 취득으로 보지 않도록 되어 있어(地令 20조 1항 및 2항 2호 참조), 원칙적으로 이 조문에 따라야 할 것이다.[1)]

소득세나 법인세에 관하여 사업상 정당한 사유로 매매대금이나 용역대금을 감액한 경우도 여기에 해당 된다(판 2013. 12. 26, 2011두1245). 매매대금 감액인지 여부는 형식이나 명칭이 아닌 실질에 따라 판단하여야 한다. 매매목적물의 하자를 이유로 수령한 대금의 범위 내에서 금원을 반환하는 경우 그 명칭이 손해배상이라 하더라도 매매대금의 반환 내지 감액으로서 후발적 경정청구 사유로 볼 것이다.

이 경우 세액을 경정할 귀속연도는 손익의 당초 귀속연도이다. 다만 법에서 계약해제로 인해 실현되지 못한 소득금액을 해제일이 속하는 사업연도 소득금액에 대한 차감사유로 규정하고 있거나(법령 69조 3항 참조), 경상적, 반복적으로 발생하는 상품판매계약 등의 해제에 대해 납세자가 기업회계기준이나 관행에 따라 해제일이 속한 사업연도 소득금액을 차감하는 방식으로 법인세를 신고하여 왔다는 등의 사정이 있다면 그에 따른다.[2)] 후발적 경정청구를 제한하는 규정은 규정의 시행 전에 이루어진 과세에 대하여는 적용될 수 없다(판 2017. 9. 21, 2016두60201).

시행령 제 3 호는 당초 신고나 결정·경정 시 자료의 압수 등으로 인해 과세자료로 사용할 수 없었으나, 후에 제한이 해제된 경우이다. 다만 과세자료의 문제는 제소기간 등 별도의 관점에서 통일적으로 규율할 필요가 있다.[3)]

시행령 제 4 호의 '유사한 사유'로는, 위법소득에 대한 과세가 무효로 되거나

1) 판례는 위 규정 신설 후의 사안에서 취득세 신고·납부 후 매매대금이 감액된 경우 통상의 경정청구나 후발적 경정청구 사유에 모두 해당하지 않는다고 보았는데(판 2018. 9. 13, 2015두57345. 다만 조정에 의해 대금이 감액된 경우 후발적 경정청구사유가 된다고 본 것으로 판 2014. 11. 27, 2014두39272). 이는 위 규정에 해당하지 않는 경우를 대상으로 한 판시로 이해된다.

2) 판 2014. 3. 13, 2012두10611(아파트 및 상가건물 신축·분양 후 작업진행률과 분양률에 따라 법인세를 신고·납부하였다가 분양계약 일부가 수분양자의 분양계약조건 미이행 등으로 해제된 경우에 관한 사안). 이에 반하여 한국철도공사가 용산역세권 국제업무지구 개발사업에 참가하여 사업진행을 위해 토지를 취득하였다가 사업이 제대로 진행되지 못하여 토지매매계약이 해제된 사안에서 특별한 사정의 존재를 인정할 수 없다고 본 사안으로 판 2020. 1. 30, 2016두59188. 이에 대한 평석은, 박진호, "2020년 국세기본법 및 소득세법 판례회고", 조세법연구 27-2, 15면.

3) 독일의 경우 과세자료 문제를 불변기간 완화의 관점에서 다루고 있다(조세기본법 제173조 참조).

{판 2011. 7. 21, 2010두23644(전)}, 몰수, 추징이 이루어진 경우{판 2015. 7. 16, (전)},[1] 상속개시 당시에는 주채무자의 변제자력 상태가 확실하지 않아 피상속인의 연대보증채무액을 상속재산가액에서 공제하지 못했으나 그 후 주채무자가 변제불능에 빠져 상속인들이 구상권을 행사할 수 없고 채권자가 상속인들을 상대로 연대보증채무 이행소송을 제기하여 승소확정 판결을 받은 경우(판 2010. 12. 9, 2008두10133), 배당결의에 따라 종합소득세를 신고, 납부하였다가 회사의 회생절차개시로 배당금을 수령하지 못한 경우(판 2014. 1. 29, 2013두18810) 등이 있다. 일반적으로 소득과세 및 상속과세와 관련하여 납세의무 성립 후 발생한 사정으로 인하여 담세력이 소멸한 경우 후발적 경정청구사유가 된다. 유산분할협의에 요소의 착오가 있어 재합의를 한 경우도 여기에 해당된다고 볼 것이다.[2] 이에 반하여 법인의 실질적 경영자와 공모하여 법인의 자금을 횡령한 경우 과세관청이 횡령금 상당액이 사외유출되었다고 보아 소득처분을 하여 그 귀속자에게 소득세 납세의무가 성립한 이상 그 후 형사재판에서 해당 횡령금 상당액이 피해법인에 반환되었더라도 특별한 사정이 없는 한 여기의 후발적 경정청구사유에 해당하지 않는다(판 2024. 6. 17, 2021두35346).

판례는 주식 명의신탁에 따른 증여세 과세 후 소송절차에서 명의신탁이 사해행위임을 이유로 명의가 명의신탁자 앞으로 회복되더라도 원상회복 효력은 채권자와 수익자 사이에만 미치므로 해당 사유는 채무자에 대한 증여세 과세의 후발적 경정청구사유에 해당하지 않고(판 2012. 8. 23, 2012두8151; 2020. 11. 26, 2014두46485), 물상보증인이 담보로 제공한 부동산이 경매로 매각되어 물상보증인에게 매각대금의 피담보채무 충당에 따른 양도소득이 발생한 후 채무자 파산 등으로 물상보증인의 채무자에 대한 구상권 행사가 불가능하게 되더라도 여기의 후발적 경정청구사유에 해당하지 않는다고 보았다(판 2021. 4. 8, 2020두53699). 이 중 전자의 경우 민법상 사해행위취소의 상대적 효력에 관한 법리가 세법에서도 타당하다고 보기 어렵고, 채무자는 아무런 경제적 이익도 얻지 못한 상태에서 증여세만을 납부하는 셈이므로 타당성에 의문이 있다.[3] 후자의 경우 담세력 측면에서는 전자와 유사하나 경매나 공매에 의한 소유권 이전을 양도소득세 과세대상으로 삼는 한 자산의 소유자에게 그 양도차익에 대하여 양도소득세를 과세하는 것은 법리상 불가피하다.[4]

1) 판결에 대한 평석은, 백제흠, 세법의 논점 2, 63면.
2) 같은 취지, 金子 宏, 앞의 책 745면.
3) 관련 논의는, 윤지현, "채권자 취소권과 후발적 경정청구", 조세법연구 22-2, 61면.
4) 관련 논의는, 윤지현, "담보물의 환가와 물상보증인의 양도소득", 조세법연구 29-2, 169면. 한병기, "부동산 임의경매로 인한 물상보증인의 양도소득세 납세의무와 구상금 채권의 사후적 회수불능으로 인한 후발적 경정청구", 조세법연구 28-3, 71면.

납세의무 성립 후 담세력이 소멸한 경우 다른 입법적 구제조치로는, 소득세법에서 개인사업자의 구상채권에 대해 대손을 인정하고(소령 55조 1항 16호 및 2항), 상증세법의 경우 상속개시 후 일정기간 내에 상속재산이 멸실·훼손되는 경우 재해손실공제(법 23조 1항, 시행령 20조 1항)를, 일정한 사유로 상속재산 가액이 현저히 하락되는 경우 상속세 경정청구권에 관한 특례규정(법 79조 1항, 시행령 81조 2항, 3항)을 둔 예를 찾아볼 수 있다.

라. 청구절차 및 효과

결정·경정의 청구는 청구기한까지 청구의 이유 그 밖에 소정 사항을 기재한 경정청구서를 세무서장에게 제출하여서 행한다(법 45조의2 1·2항; 영 25조의3). 세무서장은 청구를 받은 날부터 2개월 이내에 과세표준 및 세액을 결정·경정하거나 결정·경정하여야 할 이유가 없다는 뜻을 청구인에게 통지하여야 한다. 다만 청구인이 2개월 이내에 아무런 통지(제4항에 따른 통지를 제외한다)를 받지 못한 경우 통지를 받기 전이라도 2개월이 되는 날의 다음 날부터 제7장에 따른 이의신청, 심사청구, 심판청구 또는 감사원법에 따른 심사청구를 할 수 있다(법 45조의2 3항).

제1항과 제2항에 따라 청구를 받은 세무서장은 제3항 본문에 따른 기간 내에 과세표준 및 세액의 결정 또는 경정이 곤란한 경우에는 청구를 한 자에게 관련 진행상황 및 제3항 단서에 따라 제7장에 따른 이의신청, 심사청구, 심판청구 또는 감사원법에 따른 심사청구를 할 수 있다는 사실을 통지하여야 한다(동 4항).

법 규정상 '국세의 과세표준 및 세액의 결정을 받은 자'도 경정청구를 할 수 있도록 되어 있는데 이는 부과처분에 대한 불가쟁력의 해제 내지 돌파를 규정한 것으로 이해된다. 부과처분에 대한 경정은 곧 부과처분의 취소에 다름 아니므로 이 경우 소송의 형태는 굳이 경정거부처분 취소가 아니라 (앞서 본 항고소송에서의 원처분주의에 입각하여) 곧바로 부과처분 취소의 형태로 가는 것이 타당하다.

기간 경과 후 경정청구에 대한 거부통지는 항고소송 대상인 거부처분으로 볼 수 없고(판 2017. 8. 23, 2017두38812), 과세관청이 청구를 받아들여 세액을 경정하더라도 오류나 누락이 있으면 다시 바로잡을 수 있다(판 2015. 12. 23, 2013두22475).

경정청구에 따른 처분 및 경정청구 대상인 과세표준 또는 세액과 연동된 다른 과세기간의 과세표준이나 세액의 조정이 필요한 경우 경정청구 후 2개월이라는 특례제척기간이 마련되어 있다(법 26조의2 6항 3호, 4호).

제 3 장
조세징수절차(1) — 납부와 징수

제 1 절 총　　설

각 개별세법이 정하는 과세요건의 충족으로 추상적으로 성립된 조세채무는 그 성립과 함께 자동으로 확정되는 일부 조세를 제외하고는 납세자의 신고행위 또는 과세관청의 과세처분에 의하여 구체적으로 확정된다. 확정된 조세채무는 납세자의 임의의 이행행위인 납부가 있으면 소멸하나 납부가 없으면 과세관청이 자력집행권을 기초로 조세채권의 실현을 위한 강제징수절차에 들어가게 된다.

조세채권을 실현하기 위한 모든 행위를 광의의 징수처분이라고 한다. 통상 납부고지와 독촉을 협의의 징수처분이라고 하여 강제 환가절차인 강제징수와 구분하는데 협의의 징수처분과 강제징수 이외에 징수확보를 위한 납부기한 전 징수와 확정 전 보전압류 및 징수완화조치인 납부기한의 연장과 징수유예 등이 모두 광의의 징수절차에 포함된다. 또한 조세의 징수방법 중에는 원천징수제도와 같이 납세의무자 이외의 제 3 자에게 조세를 징수시켜 납부시키는 제도가 마련되어 있고 효율적인 징수절차를 위하여 납세의 담보와 채권자취소권 등의 제도도 마련되어 있다.

우리 법은 광의의 징수절차 중 강제징수에 관한 사항은 국세징수법에서, 나머지 사항 중 실체에 관련된 국세의 우선권, 제 2 차 납세의무, 물적납세의무 등은 국세기본법에서, 절차에 관련된 징수의 고지, 독촉, 징수의 보전과 유예 등은 국세징수법에서 각각 규정하고 있다. 이곳에서는 조세징수절차를 먼저 강제징수의 전 단계로서 조세채권의 임의적 실현절차인 납부 및 납부징수제도와 납부고지와 독촉, 징수보전 및 징수완화제도 등에 관하여 살펴보고 이어서 조세채권의 강제적 실현절차인 강제징수절차를 그 기본이 되는 조세의 우선적 효력과 함께 살펴보기로 한다.

제 2 절 조세의 납부

1. 의 의

납부는 조세채무를 변제하는 행위이다. 납세의무는 통상 납부로 소멸한다. 조세의 납부는 신고와 동시에 하는 것이 원칙이다(자진신고납부). 납세자가 세법이 정하는 바에 따라 세무서장에게 신고·납부하는 경우에는 국세의 과세기간, 세목, 세액 등을 적은 납부서로 납부하여야 한다(국세징수법 5조).[1)]

자진신고납부와 부과고지에 의한 납부는 경정결정이 없는 한 세액의 정산을 끝내므로 통상 이를 '확정납부'라고 부르는 데 반하여 중간예납·원천납부·부과과세방식 세목의 자진신고납부는 후에 조세채무를 확정하는 세액정산과정이 남아 있기 때문에 이를 '예정납부'라고 부른다.

2. 납부의 주체와 방법

가. 납부의 주체

조세의 납부는 본래의 납세의무자에 의한 경우, 제 2 차 납세의무자에 의한 경우, 징수납부의무자에 의한 경우 등으로 나눌 수 있다.

제 2 차 납세의무자 등이 납세자를 대신하여 조세를 납부하거나 납세자의 동의를 얻은 제 3 자가 조세를 납부한 경우 명문의 규정은 없으나 그 조세를 담보하기 위해 설정된 저당권에 관해 과세권자를 대위할 수 있다고 보아야 할 것이다.[2)]

나. 납부의 방법

세액의 납부방법에는, 1. 현금, 2. 「증권에 의한 세입납부에 관한 법률」에 따른 증권, 3. 대통령령으로 정하는 바에 따라 지정된 국세납부대행기관("국세납부대행기관")을 통해 처리되는 신용카드, 직불카드, 통신과금서비스 및 이와 유사한 것으로서 대통령령으로 정하는 것 등이 있다(법 12조 1항).

2호와 관련하여, 같은 법 제 1 조는, 「조세와 그 밖의 국고의 세입은 인지 또는

1) 이하 이 편 제 3 장과 제 4 장에서 국세징수법을 '법'이라고만 한다.
2) 일본 국세통칙법 제41조 제 2 항에서는 같은 취지의 규정을 두고 있다.

우표로 납부하여야 할 경우를 제외하고는 대통령령으로 정하는 바에 따라 증권으로 납부할 수 있다」고 규정하고 있다. 3호의 경우 국세납부대행기관의 승인일을 납부일로 본다(동 2항).

3. 납부기한

조세를 납부하여야 할 기한을 '납부기한'이라고 하며 이는 법정납부기한과 지정납부기한으로 나뉜다. 전자는 국세의 종목과 세율을 정하고 있는 법률, 국세기본법, 조세특례제한법 및 국제조세조정에 관한 법률에서 정한 기한을 말하며, 후자는 납세지 관할 세무서장이 납부고지에 의하여 지정한 기한을 말한다(법 2조 1항 1호). 전자에는 각 세법에 규정된 자진납부기한, 중간예납기한, 원천징수분의 납부기한, 징수기한 등이 포함된다.

세법의 중심개념인 '납세의무의 확정시기'란 결국 사법상 채무의 이행기 내지 변제기를 의미하는데 그와 같은 조세채무의 이행기를 법이 미리 정해 둔 것이 법정납부기한이고, 그 절차를 이행하지 않은 납세의무자에 대하여 과세관청이 직접 납세의무를 확정하면서 다시 지정하는 납부기한이 지정납부기한이다.

신고납세방식의 조세에서 수정신고를 할 경우 수정신고는 조세채무 확정의 효력이 있고 부족액을 수정신고서의 제출과 동시에 추가로 납부하여야 하므로(기본법 46조), 그 수정신고일이 법정납부기한이 된다.

납부기한까지 조세를 납부하지 아니하면 고율의 납부지연가산세가 부과되고 징세관서는 강제집행을 위한 독촉절차를 밟게 된다. 그 밖에 납부기한은 조세징수권의 소멸시효기산일, 법인세 납부지연가산세의 일변계산상 기산일, 조세포탈범 기수시기 등과 관련하여서도 중요한 의미가 있다.

4. 납부의 장소

조세의 납부장소를 납세지라고 하며, 납세의무자는 납세지의 소관세무서장에게 조세의 신고·납부 등을 행한다. 납세지는 개인의 경우는 원칙적으로 주소지이고 주소지가 없는 경우는 거소지이다(소법 6조). 내국법인의 납세지는 본점 또는 주된 사무소의 소재지이고, 외국법인의 납세지는 사무소 등의 소재지이다(법법 9조). 납세지가 부적당한 경우에는 납세지를 지정하게 된다(소법 6조 3항; 법법 10조 등).

제 3 절 납부의 간접적 강제

1. 총 설

납세자가 납세의무를 이행하지 않는 경우 직접적인 이행강제수단으로서 강제징수절차가 마련되어 있으나, 세법은 이러한 방법 이외에 체납자에게 사실상의 불이익을 주어 납세의무의 이행을 강제하는 수단들을 마련하고 있다. 납세증명제도와 관허사업 제한 및 체납자에 대한 출국금지요구 제도 등이 그것이다. 이는 체납자에게 심리적 압박을 주어 납세의무의 이행을 간접적으로 확보하려는 조세행정상 제재로서 경우에 따라서는 강제징수보다 실효성 있는 조세채권 실현수단이 될 수 있다. 다만 이들 규정들은 성질상 납세자에 대한 기본적 인권의 침해요소가 강하므로 관련규정을 해석함에 있어서 납세자의 정당한 권익이 침해되지 않도록 유의하여야 할 것이다. 2019년 개정되기 이전 가산금이나 이를 통합한 현행 납부지연 가산세도 넓은 의미에서 같은 취지의 제도로 볼 수 있다.

2. 납세증명서의 제출

납세자는, 1. 국가, 지방자치단체 또는 대통령령으로 정하는 정부관리기관으로부터 대금의 지급을 받을 경우(체납액이 없다는 사실의 증명이 필요하지 아니한 경우로서 대통령령으로 정하는 경우는 제외), 2. 출입국관리법 제31조에 따른 외국인등록 또는「재외동포의 출입국과 법적 지위에 관한 법률」제 6 조에 따른 국내거소신고를 한 외국인이 체류기간 연장허가 등 대통령령으로 정하는 체류 관련 허가 등을 법무부장관에게 신청하는 경우, 3. 내국인이 해외이주 목적으로 해외이주법 제 6 조에 따라 재외동포청장에게 해외이주신고를 하는 경우, 각 대통령령으로 정하는 바에 의하여 납세증명서를 제출하여야 하고(법 107조 1항. 1호의 경우 대통령령으로 정하는 예외사유 있음), 지방세 납세의무자 또는 특별징수의무자는 위 각 경우 및 신탁법에 따른 신탁을 원인으로 부동산 소유권을 수탁자에게 이전하기 위해 등기관서의 장에게 등기를 신청할 경우(부동산 소유자에게 부과되었거나 납세의무가 성립된 해당 부동산에 대한 취득세, 재산세, 지방교육세 및 지역자원시설세의 납세증명서로 한정함) 지방세 납세증명서를 제출하여야 한다(지방세징수법 5조 1항).

납세증명서 제출을 요구하는 취지는, 조세징수의 원활을 기하고 아울러 그 체납을 방지하고자 함에 있다.

납세증명서는 발급일 현재 체납액이 없다는 사실을 증명하는 것으로서 '체납액'은 체납된 국세와 강제징수비를 포함하고(법 2조 4호), 납세자 본인의 체납액 외에 연대납세의무, 제 2 차 납세의무 및 납세보증인의 의무에 의하여 부담하는 체납액을 포함한다(징수통 107-0…3; 기본법 2조 10호 참조). 독촉장에서 정하는 기한의 연장에 관계된 금액이나 압류·매각의 유예액 등은 여기에서 제외된다(법 107조 2항). 납세지 관할세무서장은 납세자로부터 납세증명서의 발급신청을 받은 경우 그 사실을 확인한 후 즉시 납세증명서를 발급하여야 한다(법 108조).

법 제107조 제 1 호의 '대금을 지급받을 자'는 계약자 이외의 제 3 자가 될 수도 있다. 그것이 채권양도에 의한 경우 양도인과 양수인 쌍방의 증명서를, 법원의 전부명령에 의한 경우 압류채권자의 증명서를, 「하도급거래공정화에 관한 법률」 제14조 제 1 항에 따라 건설공사 하도급대금을 직접 지급받는 경우에는 수급사업자의 납세증명서를 각각 제출하여야 한다(시행령 90조). 양수인도 양도인의 증명서를 발급신청할 수 있다. 납세증명은 판결로 체납사실이 없다는 것이 확정되는 방법으로도 가능하다(판 73. 10. 23, 73다158).

3. 사업에 관한 허가 등의 제한

관할 세무서장은 납세자가 허가·인가·면허 및 등록 등("허가등")을 받은 사업과 관련된 소득세, 법인세 및 부가가치세를 체납한 경우 해당 사업의 주무관청에 그 납세자에 대하여 허가등의 갱신과 그 허가등의 근거 법률에 따른 신규 허가등을 하지 아니할 것을 요구할 수 있다. 다만, 재난, 질병 또는 사업의 현저한 손실, 그 밖에 대통령령으로 정하는 사유가 있는 경우에는 그러하지 아니하다(법 112조 1항). 관할 세무서장은 허가등을 받아 사업을 경영하는 자가 해당 사업과 관련된 소득세, 법인세 및 부가가치세를 3회 이상 체납하고 그 체납된 금액의 합계액이 500만 원 이상인 경우 해당 주무관청에 사업의 정지 또는 허가등의 취소를 요구할 수 있다. 다만, 재난, 질병 또는 사업의 현저한 손실, 그 밖에 대통령령으로 정하는 사유가 있는 경우에는 그러하지 아니하다(동 2항).

해당 주무관청은 제 1 항 또는 제 2 항에 따른 관할 세무서장의 요구가 있는 경우 정당한 사유가 없으면 요구에 따라야 하며, 그 조치 결과를 즉시 관할 세무서장에게 알려야 한다(동 4항).

체납국세에는 제 2 차 납세의무, 연대납세의무, 납세보증인 의무 등에 기인한 체납액이 포함된다. 위 규정 소정의 3회의 체납횟수는 납부고지서 1통을 1회로 보아 계산한다(영 102조 1항). 위와 같은 3회 체납의 요건은 사업의 정지 또는 허가 등의 취소 요구시점에도 계속되어야 한다(판 91. 9. 10, 90누8831; 통칙 112-0…2 후단).

세무서장의 취소요구에 따라 주무관청이 사업의 취소처분을 하였을 때 그 취소처분 취소소송에서 주무관청인 피고는 세무서장의 취소요구가 있었다는 점만 입증하면 되고, 취소처분이 위법하다는 점은 이를 주장하는 납세의무자가 입증하여야 한다(판 92. 10. 13, 92누8071). 세무서장이 위 조항에 따라 사업의 취소를 요구한 경우라도 그 취소 여부는 주무관청의 재량에 속한다(판 85. 2. 26, 84누615).

지방세 체납에 따른 관허사업의 제한에 관해서는 지방세징수법 제 7 조 참조.

4. 체납자에 대한 출국금지요청

국세청장은 정당한 사유 없이 5천만 원 이상으로서 대통령령으로 정하는 금액 이상의 국세를 체납한 자 중 대통령령으로 정하는 자에 대하여 법무부장관에게 출입국관리법 제 4 조 제 3 항에 따라 출국금지를 요청하여야 하고(법 113조 1항), 법무부장관이 제 1 항에 따라 출국금지를 한 경우에는 국세청장에게 그 결과를 정보통신망 등을 통하여 통보하여야 한다(동 2항).

“대통령령으로 정하는 금액”은 5천만원[1])이며, “대통령령으로 정하는 자”란 배우자나 직계존비속이 국외로 이주한 경우 등의 요건에 해당하는 사람으로서 관할 세무서장이 압류·공매, 담보 제공, 보증인의 납세보증서 등으로 조세채권을 확보할 수 없고, 강제징수를 회피할 우려가 있다고 인정되는 사람이다(영 103조 1항, 2항).

거주자에 대한 출국금지는 헌법상 거주이전의 자유에 대한 중대한 제한이므로 조세징수의 공익성을 감안하더라도 그 기준은 엄격하게 해석·적용되어야 한다.

구체적으로 조세 체납의 경위, 체납자의 연령과 직업, 경제적 활동과 수입 및 재산상태, 조세 납부 실적 및 조세 징수처분의 집행과정, 종전에 출국했던 이력과 목적·기간·소요 자금의 정도, 가족관계 및 가족의 생활정도·재산상태 등을 두루 고려하여, 출국금지로써 달성하려는 공익목적과 그로 인한 기본권 제한에 따라 당사자가 받게 될 불이익을 비교형량하여 합리적인 재량권의 범위 내에서 출국금지 여부를

1) 지방세의 경우는 3천만 원 이상이다(지방세징수법 8조).

결정해야 한다(판 2013. 12. 26, 2012두18363). 당사자가 재산을 해외로 도피할 우려가 있는지 여부 등을 확인하지 않은 채 단순히 일정 금액 이상의 조세를 미납하고 그 미납에 정당한 사유가 없다는 사유만으로 바로 출국금지 처분을 하는 것은 헌법상의 기본권 보장 원리 및 과잉금지의 원칙에 비추어 허용되지 않는다고 볼 것이다.

5. 고액·상습체납자에 대한 명단공개 및 감치 신청 등

국세청장은 국세기본법 제81조의13에 따른 비밀유지의무에도 불구하고 체납발생일부터 1년이 경과한 국세의 합계액이 2억 원 이상인 경우 체납자의 인적사항, 체납액 등을 공개할 수 있다. 다만 체납된 국세가 이의신청·심사청구 등 불복청구 중에 있거나 그 밖에 대통령령으로 정하는 사유가 있는 경우에는 공개할 수 없다(법 114조 1항). 제 1 항에 따른 명단 공개 대상자의 선정 절차, 명단 공개 방법, 그 밖에 명단 공개와 관련하여 필요한 사항은 기본법 제85조의5 제 2 항부터 제 6 항까지의 규정을 준용한다(동 2항).

법원은 검사의 청구에 따라 체납자가 다음 각 호의 사유에 모두 해당하는 경우 결정으로 30일의 범위에서 체납된 국세가 납부될 때까지 그 체납자를 감치에 처할 수 있다(법 115조 1항).

1. 국세를 3회 이상 체납하고 있고, 체납발생일부터 각 1년이 경과하였으며, 체납된 국세의 합계액이 2억 원 이상인 경우 2. 체납된 국세의 납부능력이 있음에도 불구하고 정당한 사유 없이 체납한 경우 3. 국세기본법 제85조의5 제 2 항에 따른 국세정보위원회의 의결에 따라 해당 체납자에 대한 감치 필요성이 인정되는 경우

국세청장은 체납자에게 위 각 사유가 있는 경우 관할 지방검찰청 또는 지청의 검사에게 체납자의 감치를 신청할 수 있다(동 2항). 이 경우 감치 신청 전에 체납자에게 대통령령으로 정하는 바에 따라 소명자료를 제출하거나 의견을 진술할 수 있는 기회를 주어야 한다(동 3항). 제 4 항 내지 제 8 항: 생략.[1)]

그 밖에 법은 임대차계약 시 미납세액 등의 열람(법 109조, 지방세징수법 6조), 관할세무서장의 신용정보회사 등에 대한 체납자료 제공(법 110조, 지방세징수법 9조)과 체납자의 재산조회 및 강제징수를 위한 지급명세서 등의 사용(법 111조)에 관하여도 별도의 규정을 두고 있다.

1) 지방세 체납자 명단공개는 체납 발생일부터 1년이 지난 지방세(정리보류액 포함)가 1천만 원 이상인 체납자가 대상이며(지방세징수법 11조), 지방세 체납에 따른 감치는 체납액 합계가 5천만 원 이상인 체납자에 대해 할 수 있다(동 11조의4).

제 4 절 조세의 징수

1. 총 설

납세의무가 확정된 조세채무에 관하여 납세자의 임의의 이행이 없는 경우 그 납세의무의 이행을 구하는 일련의 절차를 '조세의 징수'라고 한다. 납세의무가 확정되면 조세채무는 징수적격 내지 집행적격을 가지는데, 법은 그 집행에 앞서 일정한 납부기한을 정하여 납세자의 임의의 이행을 최고하는 절차를 마련하고 있다. 그 방식은 납부고지서에 의한 납부고지(징수고지)에 의한다.

조세의 징수는 세법이 정한 방법과 절차에 따라야 하므로 조세채권을 자동채권으로 하고 국가의 납세의무자에 대한 다른 일반채무를 수동채권으로 하여 상계하는 것은 허용되지 않는다고 본다.[1] 국세기본법은 체납세액의 충당에 관한 규정 이외에 별도 규정을 두고 있지 않으나, 지방세징수법 제21조는 명시적으로 상계금지 규정을 두고 있다. 납세의무자가 국가에 대한 일반채권을 자동채권으로 하여 조세채무와 상계하는 것도 당연히 금지된다.

광의의 조세징수절차 중 강제징수에 관하여는 다음 장에서 보고 여기에서는 납부의 고지와 독촉에 관해서 살펴본다.

2. 납부의 고지

가. 관계법령

국세징수법 제 6 조 제 1 항은, 「관할 세무서장은 납세자로부터 국세를 징수하려는 경우 국세의 과세기간·세목·세액·산출근거·납부하여야 할 기한(납부고지를 하는 날부터 30일 이내의 범위로 정한다) 및 납부장소를 적은 납부고지서를 납세자에게 발급하여야 한다. 다만 국세기본법 제47조의4에 따른 납부지연가산세 및 같은 법 제47조의5에 따른 원천징수납부 등 불성실가산세 중 지정납부기한이 지난 후의 가산세를 징수하는 경우에는 납부고지서를 발급하지 아니할 수 있다.」고 규정하고, 동 제 2 항은, 「납세지 관할 세무서장은 납세자가 체납액 중 국세만을 완납

1) 같은 취지, 이중교, "국세환급금채권의 선충당권에 관한 연구", 조세법연구 19-1. 109면. 대법원 1988. 6. 14.선고 87다카 3222판결도 같은 취지로 이해된다.

하여 강제징수비를 징수하려는 경우 강제징수비의 징수에 관계되는 국세의 과세기간·세목 및 강제징수비의 산출근거, 납부하여야 할 기한(강제징수비 고지를 하는 날부터 30일 이내로 정한다)·납부장소를 적은 강제징수비고지서를 납세자에게 발급하여야 한다」고 규정하고 있다.

지방세에 관하여도 동일한 규정이 있으며(지방세징수법 12조 1항, 동 시행령 20조 1, 2호), 별도로 납부고지서 정의에 관한 규정을 두고 있다(지기법 2조 1항 15호).

관세에 관하여는 구두에 의한 납부고지의 예외가 인정된다(관세법시행령 36조).

납부고지서는 징수결정 즉시 발부하여야 한다. 다만, 제14조에 따라 납부고지를 유예한 경우 유예기간이 끝난 날의 다음 날에 발급한다(법 8조).

나. 납부고지의 성격

납부의 고지는 일차적으로 이미 성립한 조세채무의 내용을 확정하여 이를 납세의무자에게 통지하는 절차로서 개별세법에서 「과세관청이 과세표준과 세액을 결정 또는 경정한 때에는 납부고지서에 의하여 이를 통지하여야 한다」라고 규정한 것[1]은 바로 이와 같은 납세의무 확정에 관한 부과고지 절차를 규정한 것이다.

우리 세법상 납부의 고지에 관한 절차는 국세징수법에 위치하고 있고, 조문의 제목도 '징수의 고지'로 되어 있으나 부과고지와 징수고지를 하나의 납부고지서에 의하도록 하고 있어 현행법상 납부고지서에 의한 납부고지는 양자의 성질을 동시에 갖는다{판 93. 12. 21, 93누10316(전)}.

양도소득세가 부과과세방식으로 있던 구소득세법 아래에서 과세관청이 양도소득세 산출세액이 자진납부세액과 동일하여 고지세액이 없다는 내용의 결정통지를 한 경우 이는 부과처분으로서 이 경우 납세고지는 부과고지의 성격만을 갖는다(판 84. 3. 27, 82누383; 97. 4. 11, 96누19352).

반대로 신고납세방식의 조세에서 납세의무자가 과세표준과 세액의 신고만 하고 신고한 세액을 납부하지 않아 정부가 해당 세액을 징수하고자 할 경우 또는 납세의무가 성립과 동시에 자동적으로 확정되는 원천징수소득세의 원천징수의무자에게 납부고지를 하는 경우의 납부고지는 이미 납세의무가 확정된 조세의 징수를 위한 징수고지의 성격만을 지니게 된다. 다만 이 경우에도 납부지연가산세 또는 원천징수 납부지연가산세가 함께 부과고지 되면, 이는 독립된 세목인 가산세의 확정이라는 성격을 갖는다.

---

1) 법법 70조; 법령 109조; 소법 83조; 소령 149조; 상증세법 77조; 부가세법 58조 등.

징수고지의 성격만을 지니는 납부고지의 경우 징수할 세액과 납부기한, 미납부시 가산세 등의 기재 이외에 세액의 산출근거까지 기재할 필요는 없을 것이다.[1] 따라서 아래의 납세고지서 하자에 관한 논의는 납세고지서의 부과고지로서의 기능과 관련된 것으로 볼 수 있다.

납부고지서에 관한 규정들은 단순한 훈시규정이 아니라 처분청으로 하여금 자의를 배제하고 신중하고 합리적인 처분을 하게 하여 조세행정의 공평을 기함과 동시에 납세의무자에게 과세처분의 내용을 상세하게 알려 불복 여부의 결정 및 그 불복신청에 편의를 주기 위한 취지에서 나온 강행규정이다(판 97. 8. 22, 96누14272). 따라서 납부고지서 기재에 하자가 있을 경우 처분은 위법하게 되고, 이는 무용한 과세처분을 되풀이함으로써 경제적·시간적·정신적 낭비만을 초래한다는 등의 이유로 정당화될 수 있는 것이 아니다(판 85. 12. 10, 84누243 등). 같은 세목에 관하여 여러 종류의 가산세가 부과되는 경우 종류별로 별개 과세처분이므로 신고불성실가산세와 납부불성실가산세를 구분하지 않은 채 합계액만을 본세액과 별도로 기재한 경우 그 가산세 부과처분은 위법하다.[2]

다. 납부고지서의 기재사항

(1) 일반적인 경우

납부고지서의 기재사항은 과세기간·세목·세액·세액의 산출근거와 납부기한·납부장소를 명시한 납부에 관한 사항으로 나눌 수 있다. 앞부분 세액의 산출근거까지는 납세의무를 확정하는 부과고지, 그 뒷부분은 그와 같이 확정된 납세의무의 이행을 최고하는 징수고지에 관한 사항으로 분류할 수 있다.

세액은 과세대상, 과세표준 및 세율의 3가지 요소로 산출되므로 납부고지서에 과세표준과 세액의 계산명세가 기재되어 있지 않거나 계산명세서를 첨부하지 않은 납부고지는 위법하다(판 99. 11. 26, 98두10738). 하나의 납부고지서에 의해 복수의 과세처분을 하는 경우 과세처분별로 세액과 산출근거 등을 구분 기재하여야 한다(판 2002. 11. 13, 2001두1543). 다만 법인세, 소득세 등과 같은 기간과세의 경우 과세표준 산출과정이 복잡하여 이를 상세히 기재하기 곤란하므로 과세기간별로 납부고지서에 귀속연도와 그 귀속연도의 과세표준, 세액의 산출근거 등을 명시하면 되고 과

1) 다만 원천징수의무자에 대한 납부고지는 징수고지에 해당하지만 원천납세의무와 관련된 세액의 산출근거 등을 명기할 필요가 있는데 이는 원천징수의무가 원천납세의무와 독립된 납세의무로서 납부고지의 실질이 부과고지와 유사하기 때문이다. 관련 논의는 이 책 513면 참조.

2) 판 2012. 10. 18, 2010두12347(전). 국세징수법 시행규칙 [별지 제 2 호 서식] 참조.

세대상 물건 등 세액산출의 실질적 근거와 경위까지 기재할 필요는 없다(판 2011. 9. 29, 2009두22850). 결국 각 조세별로 세목의 성격, 납부고지의 취지, 조세행정의 수준 및 징수비용 등을 고려하여 개별적·구체적으로 기준을 결정할 수밖에 없다.

법인세법 제70조와 그 시행령 제109조는 납부고지에 과세표준과 세액의 계산명세서를 첨부하도록 하고 있고, 특히 법인의 사업수입금액을 추계결정할 경우 수입금액을 계산명세서에 기재하도록 하고 있다. 이 경우 수입금액은 세액의 산출근거로서 반드시 기재하여야 하나 익금과 손금 등 세액산출의 구체적 근거나 경위, 근거법령까지 기재하여야 하는 것은 아니다(판 2004. 1. 27, 2001두11014). 납부고지서 세율이 잘못 기재되어도 고지서에 기재된 문언 등에 비추어 오기임을 쉽게 알 수 있고 납부고지서에 기재된 다른 문언과 종합하여 정당한 세율에 따른 세액의 산출근거를 쉽게 알 수 있다면 그에 기한 징수처분은 적법하다(판 2019. 7. 4, 2017두38645). 납부고지서 서식 중 법정기재사항 이외의 사항은 흠결이 있더라도 위법하다고 할 수 없으며,[1] 당초처분 이후의 경정처분이나 납부기한 연장고지 등의 경우 필요한 범위 내의 추가사항만을 고지하여도 위법하다고 할 수 없다.[2]

감액경정통지서에 과세표준과 세율 및 세액 등이 기재되어 있으면 적법하나(판 2005. 1. 13, 2003두14116), 납부고지서 부과내역란에 과세표준액 이외에 세율이 기재되어 있지 않고, 세액도 취득세액과 가산세액을 구분하지 않은 채 합계액만을 기재한 경우(판 97. 8. 22, 96누14272), 납세의무자의 주민등록번호를 잘못 기재한 경우와 같이 객관적으로 납세의무자의 동일성을 식별할 수 없는 경우(판 93. 4. 27, 92누14083) 등은 적법한 부과고지로 볼 수 없다. 또한 소득의 귀속자나 소득의 귀속자별 소득금액을 특정하지 않은 채 원천징수의무자에게 한 소득금액변동통지도 위법하다(판 2013. 9. 26, 2011두12917). 다만 구 법인세법 시행령 제109조 제 1 항 후문에서 납부고지서에 부기하여야 한다고 정한 '납세지 관할 지방국세청장이 조사·결정하였다는 뜻'은 납부고지서의 필요적 기재사항으로 볼 수 없고(판 2020. 10. 29, 2017두51174), 부가가치세 등을 징수·고지하면서 납부고지서의 '성명(법인명)란'에 납세의무자의 사업장인 학교의 명칭과 함께 납세의무자의 대표자 성명을 함께 기재하였다면 처분을 위법하게 할 정도의 하자는 아니다(판 2010. 1. 28, 2007두6632).

지방세의 경우 지방세기본법 제 2 조 제 1 항 제15호의 납부고지서에 관한 정의 규정도 납부고지서에 관한 나머지 규정과 일체가 되어 강행규정을 이루므로 위 각

1) 기납부세액 등의 기재가 누락된 경우: 판 87. 4. 28, 85누419.
2) 경정처분(판 89. 10. 27, 88누2830; 98. 2. 27, 97누18479), 납부기한의 연장(판 86. 9. 23, 86누55).

규정이 요구하는 사항 중 일부를 누락시킨 경우 부과처분은 위법하게 된다(판 95. 2. 28, 94누5052). 구체적으로 납세의무자의 주소·성명·세액·납기·납부장소의 기재를 포함하여 세액산출의 근거를 기재하여야 한다.

위 규정은 부과근거 법률 및 해당 지방자치단체의 조례까지 기재하도록 하고 있으나, 성격상 총괄적 기재방식이 허용된다고 볼 것이다. 특히 지방세의 경우 과세대상 물건이나 행위가 복수인 경우가 많아 세액산출근거를 어디까지 기재할 것인가가 문제된다. 이와 관련하여 지방세징수법 시행령 제20조 제 2 호 단서는 세액의 산출근거를 생략할 수 있도록 하고 있는데, 판례는 납세의무자의 열람권 등이 인정되는 점 등을 근거로 위 규정을 유효로 보았다(판 2006. 6. 2, 2006두644).

납부고지서 기재사항의 하자가 중대하고 명백한 경우, 예컨대 납세의무자 표시가 전혀 없거나 납부고지서 기재 자체에 의해 객관적으로 납세의무자의 동일성을 식별할 수 없는 경우(판 93. 4. 27, 92누14083), 납부고지서의 필요적 기재사항 전부를 누락한 경우, 과세관청의 관인이 없는 납부고지서 등은 무효이다. 그 밖의 하자는 대부분 세액산출근거가 누락된 경우이고, 이는 취소사유에 불과하다.[1]

납부고지 방식을 포함하여 적법한 과세처분이 있었다는 점에 대한 입증책임은 원칙적으로 과세관청에 있다. 그러나 납부고지서 기재사항의 하자와 관련하여서는 입증자료가 납세의무자의 영역에 있기 때문에 일차적으로 납세의무자가 주장·입증책임을 부담한다(판 92. 6. 9, 91누11933, 2001. 6. 1, 99다1260).

(2) 연대납세의무자에 대한 납부고지

세법상 연대납세의무에 관한 규정으로는 공유물·공동사업자에 대한 연대납세의무(기본법 25조), 증여자의 연대납부의무(상증세법 4조의2 6항), 공동상속인의 연대납세의무(상증세법 3조의2 3항) 등이 있다. 이 중 국세기본법상의 연대납세의무는 원칙적으로 세액 전부를 전원이 연대 납부할 의무가 있으므로(기본법 25조의2 참조), 그 납부고지도 연대납세의무자에게 각별로 하여야 한다(기본법 8조 2항).

증여자의 수증자에 대한 증여세 연대납부의무(상증세법 4조의2 6항 제1·2호)는 원칙적으로 일정한 사유가 있을 때 발생하는 2차적인 납세의무로서, 연대납세의무 부담근거를 함께 통지하는 이외에(상증세법 4조의2 7항), 나머지 사항은 동일하다.

우리 법상 공동상속인은 전체 상속재산을 과세표준으로 한 상속세액에 관하여 각자 상속재산 점유비율에 따른 고유의 납세의무를 부담하면서(상증세법 3조의2 1항), 다른 한편 전체 상속세액에 관해 각자가 받았거나 받을 재산을 한도로 연대납

1) 관련 논의는, 오진환, "납세고지서의 기재사항과 송달", 재판자료 제60집(법원행정처), 157면.

부의무를 부담하는(동 3항) 이중적 구조를 취하고 있다. 이에 따라 세무서장등은 법 제76조에 따라 결정한 과세표준과 세액을 그 산출근거를 명시하여 상속인·수유자 또는 수증자에게 통지하여야 하고, 이 경우 상속인이나 수유자가 2명 이상이면 그 상속인이나 수유자 모두에게 통지하여야 한다(상증세법 77조; 영 79조).

공동상속인에 대한 상속세 납부고지서에는 납세의무자 각자의 상속분에 따른 각자의 부과세액을 구분, 특정함과 아울러 산출근거를 기재하여야 한다(판 97. 3. 25, 96누4749). 다만 상속인별 개별세액의 구분·특정은 연대납세의무자별 고지세액 명세서로 갈음할 수 있으며 이 경우 납부고지서에 기재된 총 세액은 연대납세의무가 있는 징수세액이고, 각자 납부할 세액은 고지세액 명세서로 개별 고지된 것으로 보게 된다{판 93. 12. 21, 93누10316(전)}. 이는 공동상속인의 연대납세의무가 공동상속인 각자에 대한 과세처분에 의해 고유의 납세의무가 성립·확정되는 것을 전제로 한 연대납부책임으로서 상속인 각자의 납세의무가 확정됨에 따라 별도의 확정절차 없이 당연히 발생('자동확정')하므로 고유의 납세의무가 확정된 이상 고유의 납세의무자에 대한 이행청구 없이도 다른 연대납세의무자에 대한 전부의 이행청구가 가능하다고 보는 것이다.[1] 국세기본법은 세법상 연대납세의무에 관하여 민법의 규정을 준용하도록 하고 있고(법 25조의2), 공동상속인의 연대납세의무는 공동상속인이라는 신분관계에 의하여 당연히 발생하고 그 내용도 다른 상속인의 고유의 납세의무와 동일하여 별도의 세액 확정절차가 필요하지 않다는 점에서 판례의 입장은 타당하다고 생각된다.[2] 이 경우 공동상속인은 자신의 상속분에 대한 고유의 납세의무 이외에 다른 공동상속인에 대한 납부고지에 대하여도 제 3 자로서 쟁송적격을 갖는다(판 2001. 11. 17, 98두9530).

공동상속의 경우 납세고지 및 쟁송적격과 관련하여 발생하는 복잡한 문제는, 공동상속인은 상속재산의 분할 등 일단의 상속재산에 관하여 긴밀한 공통의 이해관계를 가지는 한편 상증세법은 상속세과세가액 산정에 있어서 유산세제를 취하고 있어 전체 상속재산에 관하여 하나의 과세권 및 징수권이 발동되는 반면 공동상속인은 각자 고유의 상속분에 상당하는 부분에 대하여만 담세력 및 그에 따른 본래의 납세의무를 부담하게 되는 복합적 구조에서 기인하는 것이다.

1) 일본의 판례도 같은 취지이다. 일최판 소화 55. 7. 1. 평석은 일본 판례백선 145면.
2) 이와 관련하여 납부고지 및 쟁송절차와 관련된 절차적 법률관계를 간명하게 처리할 수 있다는 점 등을 이유로, 공동상속인의 다른 공동상속인에 대한 연대납세의무도 고유의 납세의무와 마찬가지로 해당 공동상속인에 대한 부과고지에 의해 확정된다고 보자는 견해로, 윤지현, "공동상속인들이 부담하는 상속세 연대납세의무의 절차법적 쟁점들 검토", 조세법연구 26-3, 593면.

과세관청이 공동상속인에게 징수고지를 하면서 연대납부의무 한도를 명시하지 않은 경우, 연대납부의무 한도가 없는 징수고지를 한 것으로 보며, 공동상속인은 상속재산 중 받았거나 받을 재산을 한도로 연대납부의무를 부담하므로 이를 초과하는 고지세액을 다툴 수 있다(판 2016. 1. 28, 2014두3471). 다만 납세의무를 확정하는 부과고지와 달리 징수세액의 초과고지는 그 초과분의 범위 내에서는 효력이 발생하지 않는다는 의미에서 무효이고 납세자는 어느 단계에서든지 그 위법을 다툴 수 있다고 보아야 한다. 현재는 실무상 납부고지서에 "고지된 징수세액은 각 상속인별로 해당 상속인의 상속받은 재산 범위 내로 제한된다."는 안내 문구를 기재하여 공동상속인 모두에게 송달하고 있다.

(3) 제 2 차 납세의무자 등에 대한 납부고지

「관할 세무서장은 주된 납세자의 체납액을 다음 각 호의 어느 하나에 해당하는 자("제 2 차 납세의무자등")로부터 징수하는 경우 징수하려는 체납액의 과세기간·세목·세액·산출 근거, 납부하여야 할 기한, 납부장소, 제 2 차 납세의무자등으로부터 징수할 금액, 그 산출 근거, 그 밖에 필요한 사항을 적은 납부고지서를 제 2 차 납세의무자등에게 발급하여야 한다」(법 7조 1항).

1. 제 2 차 납세의무자 2. 보증인

3. 국세기본법 및 세법에 따라 물적납세의무를 부담하는 자

제 2 차 납세의무는 주된 납세의무를 전제로 하므로, 위 납부고지서에는 주된 납세의무자에 대한 납부고지의 내용을 기재하여야 한다(규칙 6조).

제 1 항을 적용할 때 주된 납세자에게 그 사실을 통지하여야 하고, 물적납세의무자로부터 주된 납세자의 체납액을 징수하는 경우 물적납세의무자의 주소 또는 거소 관할 세무서장에게도 그 사실을 통지하여야 한다(동 2항).

제 1 항 각 호의 채무들은 법이 정한 요건이 충족되어야 성립하며 성립된 납세의무는 위 납부고지를 통하여 확정된다(판 90. 4. 13, 89누1414 참조). 납부고지서에 제 2 차 납세의무자등으로부터 징수할 금액 및 그 산출 근거의 기재를 요구하는 것은 그것이 세액을 확정짓는 부과고지로서의 기능을 갖기 때문이며, 이 점에서 앞서 본 연대납세의무가 별도의 확정절차를 요하지 않는다는 점과 대비된다.

주된 납세의무자에 대하여 과세처분을 할 때 그 납부고지서에 세액산출근거를 명시하지 않았더라도 제 2 차 납세의무자에 대한 납부고지를 할 때에 그 과세표준과 세액을 정확하게 기재하면 제 2 차 납세의무자에 대한 부과처분은 적법하다(판 85. 3. 26, 83누689 참조). 양자는 별개의 과세처분이기 때문이다.

라. 납부고지서 하자의 치유

행정처분 하자의 치유는, 행정처분이 성립 당시 하자가 있더라도 사후에 요건이 보완되거나 처분의 내용이 실현되는 등으로 인하여 취소의 필요성이 없어진 경우 하자에 불구하고 처분의 효력을 인정하는 제도이다. 이는 국민의 권리와 이익을 침해하지 않는 합목적적인 범위 내에서 인정된다(판 92. 5. 8, 91누13274 등). 다만 무효사유에 대하여는 하자의 치유가 인정되지 않는다{판 84. 2. 28, 81누275(전)}.

납부고지서 기재사항의 하자에 대한 보완이나 치유에 관하여도 행정행위 하자의 치유에 관한 일반론이 타당하나 그에 더하여 납세의무자의 불복 여부의 결정 및 불복신청에 지장이 없어야 한다. 과세관청이 과세처분에 앞서 납세자에게 보낸 세무조사결과통지 등에 납부고지서의 필요적 기재사항이 제대로 기재되어 있어 처분에 대한 불복 여부의 결정 등에 지장을 받지 않았음이 명백한 경우 납부고지서의 하자는 보완되거나 치유될 수 있다(판 2020. 10. 29, 2017두51174).

납부고지는 원칙적으로 납부고지서라는 서면에 의하여 이루어지므로, 하자의 보정도 납부고지서와 일체를 이룰 수 있는 정도의 정형적인 서면이어야 한다(판 2015. 10. 15, 2015두36652). 단순히 납세의무자가 과세처분의 내용을 알고 있었다거나(판 97. 5. 23, 96누5094), 과세관청이 사전에 납세의무자 측에 구두로 내용을 알려주었다는 사정만으로는 하자의 치유가 인정되지 않는다(판 91. 3. 27, 90누3409).

판례가 하자치유에 적합한 서면으로 인정한 것으로는, 과세예고통지서(판 2001. 3. 27, 99두8039), 과세안내서{판 95. 7. 11, 94누9696(전)}, 부담금예정통지서 및 부담금산출내역통지서(판 95. 2. 14, 94누14216) 등이 있다. 이에 반하여 소송절차 계속 중에 세액산출근거를 밝히는 보정통지를 한 경우(판 91. 3. 27, 90누3409), 국세환급금충당통지서(판 83. 12. 27, 82누484), 과세관청의 내부 추징조서(판 95. 9. 26, 95누665) 등은 하자치유에 적합한 서면으로 인정되지 않는다.

납세의무자가 전심절차에서 하자의 존재를 주장하지 않거나 세액을 납부하였다는 사정은 하자 치유사유가 될 수 없다(판 85. 4. 9, 84누431).

하자의 치유는 늦어도 과세처분에 대한 불복여부 결정과 불복신청에 지장이 없는 상당한 기간 내에 이루어져야 한다. 과세처분취소소송 계속 중이나 취소판결 후에 하자를 보정하여도 치유되지 않는다(판 88. 2. 9, 83누404).

3. 독 촉

납세자가 납부기한까지 조세를 완납하지 않는 경우에 강제징수에 앞서 그 이행을 최고하는 행위를 독촉이라고 한다.

관할 세무서장은 납세자가 국세를 지정납부기한까지 완납하지 아니한 경우 지정납부기한이 지난 후 10일 이내에 체납된 국세에 대한 독촉장을 발급하여야 한다. 다만, 제 9 조에 따라 국세를 납부기한 전에 징수하거나 체납된 국세가 일정한 금액 미만인 경우 등 대통령령으로 정하는 경우에는 독촉장을 발급하지 아니할 수 있다(법 10조 1항). 독촉장은 독촉을 하는 날부터 20일 이내의 범위에서 기한을 정하여 발급한다(동 2항).

독촉은 납세의무 소멸시효의 중단사유이다(기본법 28조 1항; 지기법 40조 1항 2호). 사법상 최고와 달리 6개월 내에 제소가 뒤따라야 하는 것도 아니다. 다만 최초의 독촉에 한하여 소멸시효 중단사유가 되고 쟁송적격을 갖는다(판 99. 7. 13, 97누119. 90. 5. 8, 90누1168). 독촉의 위법성은 강제징수에 승계되나 독촉절차 없이 한 압류처분은 취소사유에 해당하고 당연무효사유는 아니며(판 87. 9. 22, 87누383), 독촉절차의 흠결이 있어도 매수인이 매각결정에 따른 매각대금을 납부한 이후에는 특별한 사정이 없는 한 해당 공매처분을 취소할 수 없다(판 2006. 5. 12, 2004두14717).

법은 한국자산관리공사에 대한 체납액 징수의 위탁(법 11조),[1] 고액·상습체납자의 수입물품에 대한 강제징수의 위탁(법 30조)에 관하여도 별도 규정을 두고 있다.

4. 징수납부(원천징수 등)

징수납부는 납세의무자 이외의 제 3 자로 하여금 조세를 징수시켜 이를 과세권자인 국가 또는 지방자치단체에 납부시키는 조세징수방법을 말한다. 징수납부는 납세의무자로부터 직접 조세를 징수하는 것이 곤란하다든가 능률적이고 확실하게 조세를 징수할 필요가 있는 경우 등에 조세의 징수확보를 위하여 채용된 방법이다. 소득세의 원천징수(소법 127조 이하), 법인세의 원천징수(법법 73조), 지방세 중 주민세의 특별징수(지기법 2조 1항 20호; 지법 103조의13) 등이 여기에 속한다.

조세를 징수하여 납부할 의무를 징수납부의무라고 한다. 징수납부의무는 납세의무자로부터 조세를 징수할 의무(작위의무)와 징수한 조세를 납부할 의무(급부

1) 관련 논의는, 최천규·정지선, "체납징수의 민간위탁에 관한 연구", 조세법연구 18-2, 229면.

의무)가 결합한 의무이다. 법은 납세의무자와 징수납부의무자를 합하여 '납세자'라고 부르고(기본법 2조 10호), 많은 경우 양자를 공통으로 취급한다. 징수납부의무도 실제 징수여부와 관계없이 급부의무를 부담하고 불이행시 강제징수 대상이 되며 가산세까지 부담한다는 점에서 사실상 본래의 납세의무와 다를 것이 없다.

5. 징수의 보전

가. 납부기한 전 징수

(1) 요 건

관할 세무서장은 납세자에게 다음 각 호의 어느 하나에 해당하는 사유가 있는 경우 납부기한 전이라도 이미 납세의무가 확정된 국세를 징수할 수 있다(법 9조 1항).

1. 국세, 지방세 또는 공과금의 체납으로 강제징수 또는 체납처분이 시작된 경우 2. 민사집행법에 따른 강제집행·담보권 실행 등을 위한 경매 또는 「채무자 회생 및 파산에 관한 법률」에 따른 파산선고를 받은 경우 3. 어음법 및 수표법에 따른 어음교환소에서 거래정지처분을 받은 경우 4. 법인이 해산한 경우 5. 국세를 포탈하려는 행위가 있다고 인정되는 경우 6. 납세관리인을 정하지 않고 국내에 주소 또는 거소를 두지 아니하게 된 경우

납부기한 전 징수는 세액이 확정된 조세에 대하여 납세자의 자력상실 등 일정한 사정이 발생한 경우 조세의 징수확보를 목적으로 납부기한의 이익을 상실시켜 독촉절차 없이 곧바로 이행을 청구하고 강제징수에 나아갈 수 있도록 한 제도이다. 납세의무가 확정된 조세를 대상으로 한다는 점에서 미확정 조세를 대상으로 하는 확정 전 보전압류(법 31조 2항; 지방세징수법 33조 2항)와 다르다.[1)]

대상자에는 본래의 납세의무자는 물론 연대납세의무자, 제 2 차 납세의무자, 납세보증인, 원천징수의무자와 특별징수의무자가 모두 포함된다. 여기의 '납기'는 개별세법에 정하여진 납부기한 또는 세무서장이 지정하는 납부기한을 말한다.

지방세징수법에도 동일한 내용의 규정이 있다(같은 법 22조, 32조 1항 단서).

(2) 절 차

관할 세무서장은 제 1 항에 따라 납부기한 전에 국세를 징수하려는 경우 당초의 납부기한보다 단축된 기한을 정하여 납세자에게 납부고지를 하여야 한다(법 9조 2항).

---

1) 일본도 우리나라 납부기한 전 징수와 유사한 조상청구(繰上請求)제도 및 우리나라의 확정 전 보전압류제도와 유사한 조상보전차압(繰上保全差押)제도를 두고 있다(일본 국세통칙법 38조).

나. 확정 전 보전압류

(1) 요 건

납세지 관할 세무서장은 납세자에게 제 9 조 제 1 항 각 호의 어느 하나에 해당하는 사유가 있어 국세가 확정된 후에는 그 국세를 징수할 수 없다고 인정되는 경우 납세자 등의 재산을 압류한다(법 31조 2항).

이를 '확정 전 보전압류'라고 하며, 민사집행법상 가압류에 비교할 수 있다.

확정 전 보전압류의 피보전 조세는 원칙적으로 납세의무가 성립되어야 하나,[1] 소득세나 법인세와 같은 기간과세의 경우 과세기간이 종료되지 않아도 수시부과사유 발생을 사유로 확정 전 보전압류가 가능할 것이다. 주된 납세의무자에 대한 확정절차나 제 2 차 납세의무자 지정통지를 하지 않은 상태에서도 제 2 차 납세의무자의 재산에 대하여 보전압류를 할 수 있다(판 89. 2. 28, 87다카684).

납세지 관할 세무서장은 제 1 항 제 3 호에 따라 압류를 한 후 압류에 의하여 징수하려는 국세를 확정한 경우 압류한 재산이, 1. 금전, 2. 납부기한 내 추심할 수 있는 예금 또는 유가증권으로서 납세자의 신청이 있는 경우에는 확정된 국세를 징수한 것으로 할 수 있다(동 5항).

(2) 절 차

납세지 관할 세무서장은 제 1 항 제 3 호에 따라 재산을 압류하는 경우 국세로 확정되리라고 추정되는 금액을 한도로 하여 미리 지방국세청장의 승인을 받고, 압류 후 납세자에게 서면으로 그 압류사실을 통지하여야 한다(동 3항).

압류통지서에는 납세자의 주소 또는 거소와 성명, 압류에 관계되는 국세의 과세기간·세목과 세액, 압류재산의 종류·수량·품질과 소재지, 압류연월일, 조서작성연월일, 압류의 사유 및 압류해제 요건을 기재한다(규칙 25조).

(3) 해 제

제 1 항 제 3 호에 따라 재산을 압류한 납세지 관할 세무서장은 다음 각 호의 어느 하나에 해당하는 경우 압류를 즉시 해제하여야 한다(동 4항).

1. 납세자가 납세담보를 제공하고 압류 해제를 요구한 경우
2. 압류를 한 날부터 3개월(국세 확정을 위하여 실시한 세무조사가 국세기본법 제81조의8 제 4 항에 따라 중지된 경우에 그 중지 기간은 빼고 계산한다)이 지날 때까지 압류에 의하여 징수하려는 국세를 확정하지 아니한 경우

---

1) 같은 취지: 최명근, 앞의 책, 441면.

'압류를 한 날로부터 3개월이 지날 때까지 압류에 의하여 징수하려는 국세를 확정하지 않은 경우'라 함은 그 3개월이 만료되는 날까지 해당 국세의 부과처분이 납세자에게 통지되지 않은 경우를 말한다. 3개월의 국세 확정기간이 경과하면 납세자나 그 재산의 양수인은 과세관청에 압류해제를 신청할 수 있고, 과세관청이 이를 거부하면 그 거부처분의 취소를 구할 수 있다(판 89. 12. 12, 89누4024). 이 경우 압류가 당연무효로 되는 것은 아니다.

6. 납부기한의 연장(징수의 유예)

가. 의 의

종래에는 법정납부기한의 연장과 지정납부기한의 연장(징수유예)을 구분하여 전자는 국세기본법에서, 후자는 국세징수법에서 각각 규율하였으나 2021년 국세징수법 전면개정을 통해 양자를 통합하여 '납부기한의 연장'이라는 제목으로 국세징수법에서 규정하였다. 전자는 납세의무가 확정되기 전 단계에서 법정납부기한을 연장하여 주기 위하여 적용되며, 후자는 납부고지에 따라 납세의무가 확정된 이후의 단계에서 징수를 유예해 주기 위하여 적용된다.

그 밖에 법은 강제징수에 착수한 이후 압류 및 매각절차를 유예하는 제도를 두고 있으며(법 105조), 개별세법에서 납세를 완화하는 제도로 연부연납(상증세법 71조; 자재법 19조 1항)과 분할납부(소법 77조; 법법 64조 2항) 제도가 있다.

나. 재난 등으로 인한 납부기한 등의 연장

(1) 요건 및 절차

납세지 관할 세무서장은 납세자가 다음 각 호의 어느 하나에 해당하는 사유로 국세를 납부기한 또는 독촉장에서 정하는 기한("납부기한등")까지 납부할 수 없다고 인정되는 경우 대통령령으로 정하는 바에 따라 납부기한등을 연장(세액을 분할하여 납부하도록 하는 것을 포함한다)할 수 있다(법 13조 1항).

1. 납세자가 재난 또는 도난으로 재산에 심한 손실을 입은 경우 2. 납세자가 영위하는 사업에 현저한 손실이 발생하거나, 부도 또는 도산의 우려가 있는 경우 3. 납세자 또는 그 동거가족의 질병이나 중상해로 6개월 이상의 치료가 필요한 경우 또는 사망하여 상중(喪中)인 경우 4. 그 밖에 납세자가 국세를 납부기한등까지 납부하기 어렵다고 인정되는 경우로서 대통령령으로 정하는 경우

납세자도 위와 같은 납부기한 연장신청이 가능하며(동 2항), 그 신청을 받은 납세지 관할 세무서장은 납부기한등의 만료일까지 대통령령으로 정하는 바에 따라 납세자에게 승인 여부를 통지하여야 한다(동 4항).

납세자가 납부기한등의 만료일 10일 전까지 제 2 항에 따른 신청을 하였으나 납세지 관할 세무서장이 신청일부터 10일 이내에 승인 여부를 통지하지 않은 경우 신청일부터 10일이 되는 날에 제 2 항에 따른 신청을 승인한 것으로 본다(동 5항).

(2) 납부고지의 유예

관할 세무서장은 납세자가 제13조 제 1 항 각 호의 어느 하나에 해당하는 사유로 국세를 납부할 수 없다고 인정되는 경우 대통령령으로 정하는 바에 따라 납부고지를 유예(세액을 분할하여 납부고지하는 것 포함)할 수 있다(법 14조 1항).

납세자는 제13조 제 1 항 각 호의 사유로 납부고지의 유예를 받으려는 경우 대통령령으로 정하는 바에 따라 관할 세무서장에게 신청할 수 있다(동 2항). 관할 세무서장은 제 1 항에 따라 납부고지를 유예하는 경우 대통령령으로 정하는 바에 따라 즉시 납세자에게 그 사실을 통지하여야 한다(동 3항).

법은 관할 세무서장의 승인여부 통지 및 승인간주에 관하여도 별도의 규정을 두고 있다(동 4항, 5항).

납부고지 유예 시 기본법 제47조의4에 따른 납부지연가산세 등은 부과하지 않으며(징수령 13조), 징수유예기간 동안은 국세징수권 소멸시효가 진행되지 않는다(기본법 28조 3항 2호).

징수유예기간 중에도 납세증명서를 발급받을 수 있다.

(3) 납부기한등 연장의 취소

관할 세무서장은 제13조에 따른 납부기한등의 연장 또는 제14조에 따른 납부고지의 유예를 한 후 해당 납세자가 다음 각 호의 어느 하나의 사유에 해당하게 된 경우 그 납부기한등의 연장 또는 납부고지의 유예를 취소하고 연장 또는 유예와 관계되는 국세를 한꺼번에 징수할 수 있다(법 16조 1항).

1. 국세를 분할납부하여야 하는 각 기한까지 분할납부하여야 할 금액을 납부하지 아니한 경우 2. 제21조 제 2 항에 따른 관할 세무서장의 납세담보물의 추가 제공 또는 보증인의 변경 요구에 따르지 아니한 경우 3. 재산 상황의 변동 등 대통령령으로 정하는 사유로 납부기한등의 연장 또는 납부고지의 유예를 할 필요가 없다고 인정되는 경우 4. 제 9 조 제 1 항 각 호의 어느 하나에 해당하는 사유가 있어 그 연장 또는 유예한 기한까지 연장 또는 유예와 관계되는 국세의 전액을 징수할 수 없다고 인정되는 경우

관할 세무서장은 제 1 항에 따라 납부기한등의 연장 또는 납부고지의 유예를 취소한 경우 납세자에게 그 사실을 통지하여야 한다(동 2항).

관할 세무서장은 제 1 항 제 1 호, 제 2 호 또는 제 4 호에 따라 지정납부기한 또는 독촉장에서 정한 기한("지정납부기한등")의 연장을 취소한 경우 그 국세에 대하여 다시 제13조 제 1 항에 따라 지정납부기한등의 연장을 할 수 없다(동 3항).

납부기한 등의 연장을 취소하게 되면, 고지를 유예한 국세에 대하여 다시 납세를 고지하고, 고지 후 납부기한 도래 전에 유예한 국세에 대하여는 독촉장(납부최고서)을 발부하며, 이미 독촉한 체납액에 대하여는 강제징수(압류)를 개시하게 된다. 또한 징수유예 시 제공된 납세담보는 그것이 물적 담보이면 환가처분 등의 절차를 개시하고, 인적 담보이면 보증인에 대한 징수절차를 개시하게 된다(법 16조; 22조). 그 밖에 징수유예로 인하여 정지되었던 국세징수권의 소멸시효가 다시 진행한다.

다. 송달 지연으로 인한 지정납부기한 등의 연장

납부고지서 또는 독촉장의 송달이 지연되어, 1. 도달한 날에 이미 지정납부기한등이 지난 경우와 2. 도달한 날부터 14일 이내에 지정납부기한등이 도래하는 경우에는 도달한 날부터 14일이 지난 날을 지정납부기한등으로 한다(법 17조 1항).

제 9 조 제 2 항에 따라 납부기한 전에 납부고지를 하는 경우에는 제 1 항에도 불구하고 다음 각 호의 구분에 따른 날을 납부하여야 할 기한으로 한다(동 2항).

1. 단축된 기한 전에 도달한 경우: 단축된 기한
2. 단축된 기한이 지난 후에 도달한 경우: 도달한 날

7. 납세의 담보

가. 의 의

납세의 담보는 세법에 의해 납세의무자에게 담보제공의무가 부과된 경우 세법이 정한 절차에 따라 과세관청의 요구에 의하여 제공되는 공법상의 담보이다. 물적 담보와 인적 담보로 대별되며, 전자가 납세자나 제 3 자의 특정 재산에 의하여 조세의 우선징수순위를 확보하는 것을 내용으로 하는데 반하여, 후자는 보증인의 일반재산에까지 조세의 징수권을 확장하는 것을 내용으로 한다. 납세담보는 요건과 절차가 법에 정해져 있다(법 18조 내지 23조).

납세담보를 제공하는 경우는 주로 조세채무의 이행이 유예되거나 이행기한이

연장된 경우이다. 구체적인 내용은 법 제15조(납부기한 등 연장 등에 관한 담보), 제105조(압류·매각의 유예), 제31조 제 4 항 제 1 호(확정 전 보전압류의 해제), 상증세법 제71조(연부연납), 주세법 제21조(주세의 담보 및 보증), 개별소비세법 제10조(납부) 참조.

나. 납세담보의 종류·평가·절차 및 집행

인적 납세담보는 은행 등 대통령령으로 정하는 자의 납세보증서에 의한 납세담보를 말한다(징수법 18조 4호, 20조 2항). 그 자세한 내용은 이 책 132면 참조.

물적 납세담보는 납세자 또는 제 3 자가 제공하는 특정 재산의 교환가치에 의하여 조세채권을 확보하는 제도이다. 그 특정 재산은, ① 금전, ② 자본시장법 제 4 조 제 3 항에 따른 국채증권 등 대통령령으로 정하는 유가증권, ③ 납세보증보험증권(보험기간이 대통령령으로 정하는 기간 이상인 것으로 한정), ④ 은행법에 따른 은행 등 대통령령으로 정하는 자의 납세보증서, ⑤ 토지, ⑥ 보험(보험기간이 대통령령으로 정하는 기간 이상인 것으로 한정)에 든 등기 또는 등록된 건물·공장재단·광업재단·선박·항공기나 건설기계 등이다(법 18조 1항 1호 내지 6호).

납세담보를 제공하는 경우에는 담보할 국세의 100분의 120(금전, 납세보증보험증권 또는 은행법 제 2 조 제 1 항 제 2 호에 따른 은행의 납세보증서로 제공하는 경우에는 100분의 110) 이상의 가액에 상당하는 담보를 제공하여야 한다. 다만, 국세가 확정되지 아니한 경우에는 국세청장이 정하는 가액에 상당하는 담보를 제공하여야 한다(법 18조 2항. 2021. 12. 21. 신설).

그 평가는 유가증권은 시가, 납세보증보험증권은 보험금액, 납세보증서는 보증금액으로 평가하며(법 19조), 그 밖의 자산은 시행령 제19조에서 정하고 있다.

납세담보의 제공방법 및 변경에 관하여는 법 제20조, 제21조 참조.

납세담보로 금전을 제공한 경우 그 금전으로 담보한 국세 및 강제징수비를 납부할 수 있다(법 22조 1항). 납세담보를 제공받은 국세 및 강제징수비가 기간 내에 납부되지 아니하면 그 담보로써 국세 등을 징수한다(동 2항). 관할 세무서장은 납세담보를 제공받은 국세 및 강제징수비가 납부되면 지체 없이 담보 해제 절차를 밟아야 한다(법 23조).

제 5 절 소송절차에 의한 조세채권의 보전

1. 사해행위취소

가. 의 의

납세자가 체납 상태이거나 체납이 임박한 상태에서 조세채권의 강제징수를 면하기 위해 자신의 책임재산을 빼돌리게 되면 조세채권을 제대로 집행할 수 없게 되므로 그와 같은 납세자의 사해행위를 규제할 필요성이 있다. 특히 조세채권은 공공성, 공익성이 강한 반면 납세자는 조세를 회피하려는 의식이 강하고 사전에 과세관청에 의한 책임재산의 확보도 대부분 이루어지지 않기 때문에 사해행위 취소권 행사의 필요성은 일반 민사채권의 경우보다도 더 증대되어 있다.

이러한 사정을 감안하여 세법은 사해행위취소와 관련하여 두 가지 특별규정을 마련하고 있다. 우선 국세기본법 제35조 제 6 항은, 「세무서장은 납세자가 제 3 자와 짜고 거짓으로 재산에, 1. 제 1 항 제 3 호 가목에 따른 전세권·질권 또는 저당권의 설정계약, 2. 제 1 항 제 3 호 나목에 따른 임대차계약, 3. 제 1 항 제 3 호 다목에 따른 가등기설정계약, 4. 제42조 제 3 항에 따른 양도담보 설정계약을 하고 그 등기 또는 등록을 하거나, 주택임대차보호법 제 3 조의2 제 2 항 또는 상가건물 임대차보호법 제 5 조 제 2 항에 따른 대항요건과 확정일자를 갖춘 임대차 계약을 체결함으로써 그 재산의 매각금액으로 국세를 징수하기가 곤란하다고 인정할 때에는 그 행위의 취소를 법원에 청구할 수 있다. 이 경우 납세자가 국세의 법정기일 전 1년 내에 특수관계인 중 대통령령으로 정하는 자와 전세권·질권 또는 저당권 설정계약, 임대차계약, 가등기 설정계약 또는 양도담보 설정계약을 한 경우에는 짜고 한 거짓계약으로 추정한다」고 규정하고 있고, 지방세기본법 제71조 제 4 항도 동일한 취지의 규정을 두고 있다.

위 규정들은 민법 제406조의 채권자취소권에 관한 규정 및 이를 준용한 국세징수법 제25조의 특칙으로서 조세에 우선하는 허위담보권 설정행위만을 규제대상으로 삼고 있다. 다른 요건은 민법 규정과 특별히 다를 게 없으나, 규정 후단의 추정규정은 민법 규정에 대한 절차적 특칙에 해당한다. 채권자 취소권의 행사를 소송절차를 통해서만 할 수 있는 것은 민사상 사해행위 취소소송과 다르지 않다.

다른 한편 국세징수법 제25조는 ‘사해행위의 취소 및 원상회복’이라는 제목 아래「관할 세무서장은 강제징수를 집행할 때 납세자가 강제징수를 피하기 위하여 한 재산의 처분 그 밖에 재산권에 관한 법률행위(신탁법에 따른 사해신탁을 포함한다)에 대하여 민법 제406조 및 제407조 및 신탁법 제 8 조를 준용하여 사해행위의 취소 및 원상회복을 법원에 청구할 수 있다」고 규정하고 있다. 이는 취소권 행사요건이나 절차는 민법 및 신탁법의 규정을 준용하나, 다만 권한행사 주체가 국가가 아닌 세무공무원인 점이 특색이다.

납세의무자가 조세채권자인 국가나 지방자치단체를 해롭게 함을 알면서 신탁을 설정하는 사해신탁의 경우 국가나 지방자치단체는 납세의무자가 행한 법률행위를 취소하고 이탈된 재산을 본래의 책임재산으로 원상회복할 수 있다. 상속 전이나 그 직후에 과세권자의 압류에 앞서 상속과세를 피하기 위하여 상속재산에 신탁을 설정하는 것은 사해행위로서 취소의 대상이 될 것이다.

나. 피보전채권(조세채권)의 성립시기

국가의 조세채권도 금전채권의 일종이므로 사해행위 적용요건인 피보전채권의 성립시기도 기본적으로 사법상 채권과 동일하다. 특히 소득세나 법인세와 같은 기간과세의 경우 과세기간 도중 체납이 예상되는 상태에서 사해행위가 많이 발생한다는 점에서 피보전채권의 성립시기를 엄격하게 납세의무 성립시기에 맞추게 되면 규제의 실효성을 잃게 된다. 따라서 행위 당시 조세채권 발생의 기초가 존재하고 가까운 장래에 조세채권이 발생할 개연성이 높은 상태에서 납세자의 조세회피행위가 있는 경우 원칙적으로 국가의 채권자취소권 행사가 허용된다(판 2001. 3. 23, 2000다37821, 2007. 6. 29, 2006다66753등). 사해행위 이후 사실심 변론종결 시까지 발생한 가산금도 피보전채권 범위에 포함된다(위 2006다66753 판결).

다. 채무자의 사해의사

조세채권을 피보전채권으로 한 사해행위취소에 있어서도 채무자의 사해의사를 필요로 하며, 그 내용도 사법상의 채권과 동일하다. 즉, 그 '사해의사'는 '채무자의 재산처분 행위에 의하여 책임재산이 감소되어 채권의 공동담보에 부족이 생기거나 이미 부족 상태에 있는 공동담보가 한층 더 부족하게 됨으로써 채권자의 채권을 완전하게 만족시킬 수 없게 된다는 사실을 인식하는 것'을 의미하고, 그러한 인식은 일반 채권자에 대한 관계에서 있으면 충분하며 특정 채권자를 해한다는 인식이 있어야 하는 것은 아니다(판 2004. 7. 9, 2004다12004 등).

채무자의 사해의사는 원칙적으로 사해행위 당시의 사정을 기준으로 판단한다(판 2000. 12. 8, 99다31940 등).

라. 제척기간

국세징수법 제25조가 규정하는 사해행위 취소의 소는 민법규정을 준용하므로 민법의 제척기간은 조세채권에도 적용이 있다. 여기의 제척기간의 기산점인 채권자가 '취소원인을 안 날'이란 채권자가 채권자취소권의 요건을 안 날, 즉 채무자가 채권자를 해함을 알면서 사해행위를 하였다는 사실을 알게 된 날을 의미하므로, 조세채권자인 국가의 입장에서 단순히 납세의무자가 책임재산의 처분행위를 하였다는 사실뿐 아니라 그와 같은 처분행위로 인하여 채권의 공동담보에 부족이 생기거나 이미 부족한 공동담보가 한층 더 부족하게 되어 조세채권을 완전하게 만족시킬 수 없게 되고 나아가 납세의무자에게 사해의 의사가 있었다는 사실까지 알 것을 필요로 한다(판 2003. 7. 11, 2003다19435; 2003. 12. 12, 2003다30616 등).

국가 내지 과세관청의 사해의 인식 여부와 관련하여, 체납된 조세의 부과 담당부서와 결손처분 담당부서 등이 다른 경우 누구를 기준으로 사해의사 인식여부를 판단할 것인지가 문제되는데 판례는 특별한 사정이 없는 한 조세채권의 추심 및 보전 등에 관한 업무를 담당하는 세무공무원의 인식을 기준으로 판단하여야 한다고 보았다(판 2017. 6. 15, 2016다200347).

2. 채권자대위권

세법은 채권자대위권에 관한 규정을 두고 있지 않으나, 납세의무자가 무자력한 상태임에도 제 3 자에 대한 재산상 채권을 행사하지 않는 경우 국가는 납세의무자의 일반재산을 보전하기 위해 납세의무자를 대위하여 그 권리를 행사할 수 있다고 볼 것이다. 채권자 대위소송의 제기를 시효정지사유로 규정한 국세기본법 제28조 제 3 항은 이를 전제한 규정으로 이해된다.

제 4 장

조세징수절차(2) — 강제징수

제 1 절 총 설

1. 강제징수[1)]의 의의

납세자가 지정납부기한까지 조세를 완납하지 않는 것을 조세의 체납이라고 하고,[2)] 체납한 납세자를 체납자라고 한다(법 2조 2호 및 3호). 조세가 체납되면 국가 또는 지방자치단체는 강제징수권에 기초하여 체납자에게 납부를 최고하고 독촉을 행하는데 그래도 조세가 완납되지 않으면 납세자 재산으로부터 조세채권의 강제적 만족을 도모하게 된다. 이와 같이 납세자 재산으로부터 조세채권의 강제적 실현을 도모하는 일련의 절차를 '강제징수'라고 한다(법 24조).

조세의 체납은 사법상의 채무불이행에 다름 아니다. 사법상 채권은 그 존부 내지는 범위에 관하여 원칙적으로 법원의 사법적 판단을 거쳐 집행기관에 강제이행을 구하게 되나 조세채권은 확정권한과 강제적 실현을 도모하는 권한 등이 모두 조세채권자인 국가 또는 지방자치단체에 부여되어 있다. 이는 조세의 공공성을 감안하여 확실하고 능률적인 징수를 도모하기 위한 것으로서 조세의 우선권과 아울러 집행단계에 있어서 조세채권의 중요한 특징을 이룬다.

국세의 강제징수에 관한 일반법으로 국세징수법이 있다.

강제징수는 협의의 강제징수와 교부청구 및 참가압류로 나누어진다. 전자는 국가 또는 지방자치단체가 스스로 납세자의 재산을 압류하여 조세채권의 만족을 도모하는 절차이고, 재산의 압류, 압류재산의 매각, 매각대금의 충당이라고 하는

1) 종전에 사용하던 '체납처분' 용어를 2021년 개정법에서 강제징수로 바꾸었다.

2) 다만 국세(가산세는 제외한다)의 지정납부기한 후에 납세의무가 성립·확정되는 국세기본법 제47조의4에 따른 납부지연가산세 및 제47조의5에 따른 원천징수납부 등 불성실가산세의 경우 납세의무가 확정된 후 즉시 납부하지 않는 것을 말한다(법 2조 2호 단서).

일련의 절차로 이루어진다. 교부청구는 현재 진행 중인 강제환가절차의 집행기관에 환가대금의 교부를 요구하여 그에 의해 조세채권의 만족을 도모하는 절차로서 민사집행절차에 있어서의 배당요구에 해당하며, 참가압류는 징세관서가 압류하고자 하는 납세자의 재산이 이미 다른 기관에 의해 압류되어 있을 때 교부청구에 갈음하여 그 다른 기관의 압류에 참가하는 절차이다.

현행법상 국세체납절차와 민사집행절차는 별개 절차로서 상호 조정규정이 없어 한 쪽 절차가 다른 쪽 절차에 영향을 미치지 않으므로 어느 한 쪽 절차에 참가한 채권자가 다른 절차에서 채권의 만족을 얻기 위해서는 그 절차에 참여할 수밖에 없다. 재판상의 가압류 또는 가처분 재산이 강제징수 대상인 경우에도 강제징수를 함에 지장이 없다(법 26조).

체납자의 재산에 대하여 강제징수를 개시한 후, 1. 체납자가 사망하였거나 2. 체납자인 법인이 합병에 의해 소멸된 경우 및 3. 체납자가 파산선고를 받기 전 이미 압류한 재산이 있을 경우에도 그 재산에 대한 강제징수는 계속 진행하며(법 27조 1항), 체납자 사망 후 체납자 명의의 재산에 대하여 한 압류는 그 재산을 상속한 상속인에 대하여 한 것으로 본다(동 2항).

2. 국세징수법의 위치

국세 전반에 관하여 징수절차를 규율하는 국세징수법은 제 1 장 총칙, 제 2 장 신고납부, 납부고지 등, 제 3 장 강제징수, 제 4 장 보칙으로 구성되어 있다. 국세징수법은 지방세징수법이나 지방세관계법에 특별히 정한 경우를 제외하고는 지방세징수에도 준용되고(지방세징수법 107조), 각종 공과금에 대하여도 「국세징수의 예에 의한다」거나 「국세징수법 중 강제징수의 규정을 준용한다」의 형태로 징수 기본법으로 기능하고 있다.

다른 법령에서 위와 같은 규정을 두고 있는 경우 국세징수법의 각 규정, 즉, 제 3 장의 강제징수에 관한 규정을 비롯하여 징수순위에 관한 제 3 조, 독촉절차에 관한 제10조 등이 준용되나, 실체법 규정인 국세기본법의 국세우선권에 관한 규정은 일률적으로 준용된다고 볼 수 없다(판 90. 3. 9, 89다카17898).

국세징수법에서 규정한 사항 중 국세기본법이나 다른 세법에 특별한 규정이 있는 것에 관하여는 그 법률에서 정하는 바에 따른다(법 4조).

제 2 절 조세채권의 우선

1. 의 의

조세는 국가 또는 지방자치단체가 존립하기 위한 재정적 기초를 이루는 것이므로 가장 능률적인 방법으로 그 징수가 확보되어야 한다.

조세의 징수를 확보하기 위하여 어떠한 제도를 마련할 것인가는 기본적으로 입법정책의 문제로서 나라에 따라 내용이 조금씩 다르지만 일반적으로 각국은 조세의 공익성에 기초하여 조세채권자인 국가 또는 지방자치단체에게 사법상의 일반 채권자에게는 통상 인정되지 않는 특별한 우월적 지위를 부여하고 있다.

우리 법상 그에 관한 내용으로는 크게 절차법상 조세채권의 자력집행권과 실체법상 조세의 우선권을 들 수 있다. 조세의 우선권은 실체법적인 것이나 조세채권의 강제적 실현절차의 기본을 이룬다는 점에서 이곳에서 설명하기로 한다.

국세기본법은 제 4 장 제 1 절에서 제35조(국세의 우선), 제36조(압류에 의한 우선), 제37조(담보 있는 국세의 우선)에 걸쳐 국세의 우선권에 관하여 규정하고 있고, 지방세기본법 역시 제 5 장에서 동일한 내용을 규정하고 있으며 관세법도 관세의 우선권에 대한 별도의 규정을 두고 있다(같은 법 3조).

조세채권은 납세자의 총재산을 목적물로 하여 법률상 당연히 발생하며, 등기나 등록 등의 공시방법 없이 원칙적으로 다른 모든 채권에 우선한다. 조세의 우선권은 우선변제를 받을 수 있다는 점에서 질권이나 저당권과 같은 담보물권의 우선변제권과 유사하지만, 공시방법 없이 납세자의 총재산에 대하여 인정된다는 점에서 담보물권과 다르다. 또 그 우선권이 법률에 따라 성립한다는 점에서 상법상 선박우선특권과 유사하나, 선박우선특권은 특수한 채권자를 보호하기 위하여 한정된 목적물에 대하여만 인정된다는 점에서 양자는 차이가 있다.

다만 조세의 우선권은 권리의 강제실현절차에서 문제될 뿐 납세자의 임의의 변제순서까지 강제하지는 않는다. 즉, 조세의 우선권은 조세의 우선징수권을 뜻한다. 또한 조세채권이 모든 경우에 다른 공과금과 채권에 우선한다는 뜻은 아니고, 납세자의 재산이 강제집행, 경매, 강제징수 등의 절차에서 강제환가되어 다른 채권과 조세채권이 경합하는 경우 성립시기 전후에 관계없이 조세채권이 공과금 그 밖의 다른 채권에 우선하여 변제받는다는 뜻이다(판 96. 10. 15, 96다17424).

조세우선권의 근거로는, ① 조세의 공익성, ② 조세의 공시성, ③ 조세의 무대가성·무선택성, ④ 조세의 우선공제성, ⑤ 조세담보의 특이성 등을 들 수 있다. 이 중 조세의 무대가성·무선택성이란 조세채권은 채무자의 임의의 이행가능성이 희박하고, 법률에 따라 당연히 성립하므로 채무자 선정이나 채권의 범위, 담보권 설정 등에서 선택의 자유가 없어 조세의 우선권에 의해 보완할 필요가 있다는 특성을, 조세의 우선공제성은 소득이 발생하면 그 소득 중에 세금에 충당될 부분이 포함되어 있다는 특성을, 조세담보의 특이성은 이론상 조세채권을 위하여도 조세채권 성립 시에 납세자 재산에 담보권이 설정될 수 있었다는 특성을 각 가리킨다.

조세우선권에 관한 외국의 입법 예를 보면, 미국과 일본은 우리나라와 유사한 조세우선권 제도를 두고 있는데 반하여 독일은 별도의 제도를 두지 않은 채 민사강제집행법에 우리나라 당해세 우선제도와 유사한 규정을 두고 있다.[1)]

2. 조세우선권의 내용

국세와 지방세 및 강제징수비는 납세자의 모든 재산에 대한 강제집행절차에서 다른 공과금이나 그 밖의 채권에 우선하여 징수한다(기본법 35조 1항; 지기법 71조 1항). 아래에서 그 내용에 대하여 살펴본다.

(i) 국세기본법 제35조 제 1 항의 '국세'는 내국세를 말한다(기본법 2조 1호). 지방세기본법 제71조 제 1 항은 지방세 우선의 대상을 '지방자치단체의 징수금'으로 규정하고 있는데 이는 지방세와 가산금 및 강제징수비를 말한다(지기법 2조 1항 22호). 여기의 '지방세'는 특별시세, 광역시세, 특별자치도세, 도세, 특별자치시세 또는 시·군세, 구세를 말한다(같은 항 3호). 가산세를 제외한 국세가 가산세에 우선하며, 강제징수비는 모든 조세에 우선하여 징수된다(징수법 3조; 관세법 26조 1항).

(ii) '공과금'은 국세징수법상 강제징수의 예에 따라 징수할 수 있는 채권 중 국세·임시수입부가세 및 지방세와 이에 관계되는 강제징수비를 제외한 것이다(기본법 2조 8호). 국가 또는 공공단체에 대한 공적 부담금을 의미하므로 국가 또는 공공단체가 사법상 거래주체로서 가지는 채권이나 물건, 노무의 형태로 징수되는 현품, 부역 등은 여기에 해당되지 않는다. 위 규정의 '그 밖의 채권'도 사법상 금전채권을 말하고 특정물 급부를 목적으로 하는 채권은 이에 해당되지 않는다.

1) 관련 논의는, 정승영, "조세우선권 제도의 비교법적 검토와 국내 제도 개선 방향에 대한 고찰", 조세법연구 29-2, 9면 이하.

(iii) '납세자'에는 본래의 납세의무자 이외에 연대납세의무자, 제 2 차 납세의무자, 납세보증인, 원천징수의무자 및 특별징수의무자가 포함된다. 조세우선권은 조세채권이 구체적으로 확정되어야 인정되므로, 예컨대 제 2 차 납세의무자에게 국세징수법 제 7 조에 따른 납부고지를 하여 제 2 차 납세의무를 구체적으로 확정시키지 않으면 그에 대한 조세우선권은 인정되지 않는다(판 90. 12. 26, 89다카24872). 동일한 납세의무자 소유의 여러 부동산에 대하여 조세우선변제권이 행사된 경우 공동저당권에 관한 민법 제368조가 유추적용된다(판 2006. 5. 26, 2003다18401).

조세의 우선권은 납세자의 재산에 대하여 배당에서 우선순위를 인정한 것일 뿐 배타적 권리나 독점적 지위를 설정한 것은 아니다. 따라서 국세징수법에 의하여 납세자의 채권을 압류한 경우에도 체납자에 대신하여 추심권을 취득하는 것에 불과하므로 이 경우 제 3 채무자는 압류명령이 송달된 이후에도 그 이전에 상계적상에 있었던 채무자에 대한 반대채권(자동채권)을 가지고 상계로써 압류채권자에게 대항할 수 있다(판 85. 4. 9, 82다카449).

(ⅳ) 회생절차 및 파산절차에서의 조세의 우선권은 이 책 288면 이하 참조.

3. 조세우선권의 제한(예외)

조세의 우선권과 관련하여 실제로 중요한 것은 조세우선권 제한의 문제이다.

(1) 강제징수비

지방세나 공과금의 체납처분 또는 강제징수를 할 때 그 체납처분 또는 강제징수 금액 중에서 국세 및 강제징수비를 징수하는 경우의 그 지방세나 공과금의 체납처분비 또는 강제징수비는 국세 및 강제징수비보다 우선하여 징수하고(기본법 35조 1항 1호), 국세 또는 공과금의 강제징수 시 그 강제징수금액 중에서 지방단치단체의 징수금을 징수하는 경우 국세 또는 공과금의 강제징수비는 지방세징수금보다 우선하여 징수한다(지기법 71조 1항 1호).

강제징수비란 국세징수법 중 강제징수 규정에 따른 재산의 압류, 보관, 운반과 매각에 든 비용(매각대행 수수료 포함)을 말한다(기본법 2조 6호). 공과금은 조세보다 후순위지만 공과금의 강제징수비는 조세에 우선한다. 연부연납의 경우 부대세인 이자세액에도 본세와 함께 조세우선권이 인정된다(판 2001. 11. 27, 99다22311).

(2) 공익비용

강제집행·경매 또는 파산절차에 따라 재산을 매각할 때 매각금액 중에서 국세 및 강제징수비를 징수하는 경우 그 강제집행, 경매 또는 파산절차에 든 비용은 모든 채권자들을 위하여 지출된 공익비용이므로 공익비용우선의 원칙에 따라 최우선적으로 징수한다(기본법 35조 1항 2호; 지기법 71조 1항 2호).

(3) 소액임차보증금채권

주택임대차보호법 제 8 조 또는 상가건물임대차보호법 제14조가 적용되는 임대차관계에 있는 주택 또는 건물을 매각할 때 매각금액 중에서 국세나 지방세를 징수하는 경우 임대차에 관한 보증금 중 일정금액으로서 위 각 규정에 따라 임차인이 우선하여 변제받을 수 있는 금액에 관한 채권은 국세나 지방세보다 우선하여 징수된다(기본법 35조 1항 4호; 지기법 71조 1항 4호).

(1)의 강제징수비와 (2)의 공익비용은, 공익비용우선의 원칙에 따라 소액임차보증금채권에 우선한다.

(4) 임금 등 채권

국세기본법 제35조 제 1 항 제 5 호는, 「사용자의 재산을 매각하거나 추심할 때 그 매각금액 또는 추심금액 중에서 국세를 징수하는 경우에 근로기준법 제38조 또는 근로자퇴직급여보장법 제12조에 따라 국세에 우선하여 변제되는 임금·퇴직금·재해보상금 그 밖에 근로관계로 인한 채권은 조세에 우선한다」고 규정하고 있고, 지방세기본법 제71조 제 1 항 제 5 호도 같은 취지의 규정을 두고 있다.

한편 근로기준법 제38조 제 1 항은 「임금·재해보상금 그 밖에 근로관계로 인한 채권은 사용자의 총 재산에 대하여 질권·저당권 또는 동산담보법에 따른 담보권에 따라 담보된 채권 외에는 조세·공과금 및 다른 채권에 우선하여 변제되어야 한다. 다만 질권·저당권 또는 동산담보법에 따른 담보권에 우선하는 조세·공과금에 대하여는 그러하지 아니하다」, 제 2 항은, 「최종 3월분의 임금과 재해보상금은 사용자의 총재산에 대하여 질권·저당권 또는 동산담보법에 의하여 담보된 채권, 조세·공과금 및 다른 채권에 우선하여 변제되어야 한다」고 각 규정하고 있다.

제 2 항의 '최종 3월분의 임금과 재해보상금'은 모든 조세에 우선하며, 국세기본법 제35조 제 1 항 제 3 호나 지방세기본법 제71조 제 1 항 제 3 호에서와 같이 당해세 제외에 대한 예외규정을 두고 있지도 않으므로 '당해세'에 대하여도 우선한다.

위 규정을 종합하면, 압류재산에 관하여 조세 등에 우선하는 저당권 등이 설정되어 있는 경우에는, ① 최종 3월분의 임금 등 채권, ② 당해세, ③ 저당권 등의 피담보채권, ④ 근로기준법 제38조 제 1 항 소정의 임금 등 채권, ⑤ 조세 등 채권의 순서로 우선순위가 정해지고, 조세 등 채권보다 후순위저당권 등이 설정되어 있는 경우에는, ① 최종 3월분의 임금 등 채권, ② 당해세를 포함한 조세 등 채권, ③ 저당권 등 피담보채권, ④ 근로기준법 제38조 제 1 항 소정의 임금 등 채권의 순서로 우선순위가 정해진다. 소액임차보증금채권은 ①과 동순위이다. 임금우선변제권의 대상이 되는 사용주의 재산에 법인의 대표자나 합자회사 무한책임사원 등의 재산은 포함되지 않는다(판 96. 2. 9, 95다719).

(5) 전세권 등의 피담보채권과 대항요건을 갖춘 임대차보증금

㈎ 일 반 론 국세기본법 제35조 제 1 항 제 3 호는, 「법정기일 전에 가. 전세권·질권 또는 저당권, 나. 주택임대차보호법 제 3 조의2 제 2 항 또는 상가건물임대차보호법 제 5 조 제 2 항에 따른 대항요건과 확정일자를 갖춘 임차권, 다. 납세의무자를 등기의무자로 하고 채무불이행을 정지조건으로 하는 대물변제의 예약에 따라 채권 담보의 목적으로 가등기(가등록 포함)를 마친 가등기 담보권이 설정된 재산이 국세의 강제징수 또는 경매절차 등을 통하여 매각(제 3 호의2에 해당하는 재산의 매각은 제외한다)되어 그 매각금액에서 국세를 징수하는 경우 그 권리에 의하여 담보된 채권 또는 임대차보증금 반환채권은 그 국세보다 우선한다. 이 경우 다음 각 목에 해당하는 권리가 설정된 사실은 대통령령으로 정하는 방법으로 증명한다」고 규정하고 있다. 위 '법정기일'은 다음 각 호와 같다(같은 조 2항).

1. 과세표준과 세액의 신고에 따라 납세의무가 확정되는 국세[중간예납하는 법인세와 예정신고납부하는 부가가치세 및 소득세(소득세법 제105조에 따라 신고하는 경우로 한정한다)를 포함한다]의 경우 신고한 해당 세액: 그 신고일

2. 과세표준과 세액을 정부가 결정·경정 또는 수시부과 결정을 하는 경우 고지한 해당 세액(제47조의4에 따른 납부지연가산세 중 납부고지서에 따른 납부기한 후의 납부지연가산세와 제47조의5에 따른 원천징수 등 납부지연가산세 중 납부고지서에 따른 납부기한 후의 원천징수납부 등 불성실가산세를 포함한다): 그 납부고지서의 발송일

3. 인지세와 원천징수의무자나 납세조합으로부터 징수하는 소득세·법인세 및 농어촌특별세: 그 납세의무의 확정일

4. 제 2 차 납세의무자(보증인을 포함한다)의 재산에서 징수하는 국세: 국세징수법 제 7 조에 따른 납부고지서의 발송일 5. 제42조에 따른 양도담보재산에서 징수하는 국세: 국세징수법 제 7 조에 따른 납부고지서의 발송일

6. 국세징수법 제31조 제 2 항에 따라 납세자의 재산을 압류한 경우에 그 압류와 관련하여 확정된 국세: 그 압류등기일 또는 등록일

7. 부가가치세법 제 3 조의2에 따라 신탁재산에서 징수하는 부가가치세등: 같은 법 제52조의2 제 1 항에 따른 납부고지서의 발송일

8. 종합부동산세법 제 7 조의2 및 제12조의2에 따라 신탁재산에서 징수하는 종합부동산세등: 같은 법 제16조의2 제 1 항에 따른 납부고지서의 발송일

위 규정취지는 공시를 수반하는 담보물권과 법정 대항요건을 갖춘 주택 및 상가건물의 임차권과 관련하여 거래의 안전을 위한 요청과 조세채권의 실현이라는 공익적 요청을 적절하게 조화시키려는 데 있다. 담보권자가 조세채권의 존부 및 범위를 객관적으로 확인할 수 있고 과세관청이 임의로 변경할 수 없는 시기를 기준으로 삼고 있다는 점에서 담보물권의 본질적 내용을 침해하는 위헌의 규정이라고 볼 수 없다(헌 2001. 7. 19, 2000헌바68).

1호 괄호부분의 의미에 관하여는 이 책 202면 참조.

2호 및 4호, 5호에서 기준일을 발송일로 한 것은 납부고지서 등의 발송일과 그 송달일 사이에 조세를 잠탈하기 위한 담보권 설정 등의 처분행위가 개재하는 것을 막기 위해 객관적으로 확인되는 가장 빠른 시점을 설정한 것으로 이해된다.

가산세는 자체의 법정기일인 가산세 납부고지서 발송일을 기준으로 한다(판 2001. 4. 24, 2001다10076). 상속세 등에 대한 연부연납은 단순히 분할납부 및 기한유예의 이익을 주는 징수처분이므로 그로 인해 위 법정기일 자체가 변경되는 일은 없다(판 2001. 11. 27, 99다22311). 법 제 9 조 소정의 납부기한 전징수는 납기만을 앞당기고 우선권과는 관계가 없으므로 조세채권과 저당권 등 담보물권의 피담보채권과의 우선관계는 당초의 납부고지서 발송일을 기준으로 하여야 한다. 담보물권이 설정된 부동산에 관해 설정일 이전 법정기일이 도래한 조세채권과 그 이후 법정기일이 도래한 조세채권에 기한 압류가 모두 이루어진 경우 각 조세채권과 담보물권 사이의 우선순위는 압류시점이 아닌 법정기일과 담보물권 설정일의 선후에 의해 결정된다(판 2005. 11. 24, 2005두9088). 즉 압류선착수주의는 조세채권 사이의 우선순위를 정하는 것일 뿐 담보물권과의 우선순위와는 무관하다. 따라서 위 경우, ① 법정기일이 근저당권설정일보다 앞선 조세채권, ② 근저당권, ③ 법정기일이 근저당권설정일보다 늦은 압류한 조세채권의 순서로 배당된다.

조세에 우선하는 피담보채권은 법정기일 전에 전세권·질권 또는 저당권이 등기·등록된 사실이나 주택임대차보호법 제 3 조의2 제 2 항 또는 상가건물 임대차보호법 제 5 조 제 2 항에 따른 대항요건과 확정일자를 갖춘 사실이 대통령령으로 정하는 바에 의해 증명되어야 하는데, 그 증명방법은, ① 부동산등기부등본, ② 공증인의 증명, ③ 질권에 대한 증명으로 세무서장이 인정하는 것, ④ 공부 또는 금융기관의 장부상의 증명으로 세무서장이 인정하는 것에 한한다(기본령 18조 2항).

위 규정의 실효성을 담보하기 위하여 주택임대차보호법상 주거용 건물이나 상가건물 임대차보호법상 상가건물을 임차하여 사용하려는 자에 대하여 임대차계약 전에 건물 소유자의 동의를 받아 그 자가 납부하지 않은 국세의 열람을 관할 세무서장에게 신청할 수 있는 제도가 마련되어 있다(법 109조).

제 3 호 각 목의 어느 하나에 해당하는 권리("전세권등")가 설정된 재산이 양도, 상속 또는 증여된 후 해당 재산이 국세의 강제징수 또는 경매 절차 등을 통하여 매각되어 그 매각금액에서 국세를 징수하는 경우 해당 재산에 설정된 전세권등에 의하여 담보된 채권 또는 임대차보증금반환채권은 국세에 우선하되, 다만 해당 재산의 직전 보유자가 전세권등의 설정 당시 체납하고 있었던 국세 등을 고려하여 대통령령으로 정하는 방법에 따라 계산한 금액의 범위에서는 국세(제 2 항에 따른 법정기일이 전세권등의 설정일보다 빠른 국세로 한정한다)를 우선하여 징수한다(법 35조 1항 3의2호. 2022. 12. 31. 신설).

(나) 당해세의 우선 조세와 담보물권의 피담보채권 사이의 우열은 원칙적으로 담보물권이 조세의 법정기일 전에 설정된 것인지의 여부에 의하나, 해당 재산에 대하여 부과된 상속세, 증여세 및 종합부동산세(당해세)에 관하여는 일정한 예외가 인정된다. 즉, 법 제35조 제 1 항 제 3 호에도 불구하고 해당 재산에 대하여 부과된 위 각 조세는 같은 호에 따른 채권 또는 임대차보증금반환채권보다 우선하며, 제 1 항 제 3 호의2에도 불구하고 해당 재산에 대하여 부과된 종합부동산세는 같은 호에 따른 채권 또는 임대차보증금반환채권보다 우선한다(기본법 35조 3항).

위와 같은 당해세 우선의 원칙은 담보물권 목적물 자체를 과세대상으로 하는 조세는 담보물권에 대한 우선권을 인정해도 담보취득자의 예측가능성을 크게 저해하지 않는다는 데 그 취지가 있으나, 거래의 안전을 해칠 우려가 크므로 성립범위를 제한적으로 해석하여야 한다.[1)]

지방세의 경우 재산세·자동차세(자동차 소유부분에 한함)·지역자원시설세(소방분에 한함) 및 지방교육세(재산세와 자동차세 부가부분에 한함) 등이 여기에 해당한다(지기법 71조 5항). 부동산 매수 후 수증자 명의로 등기한 것에 대하여 부과된 증여세(판 99. 8. 20, 99다6135), 부동산에 대하여 근저당권설정 이전에 이루어진 증여를 원인으로 하여 부과된 증여세(판 2001. 1. 30, 2000다47972) 등은 당해세에 해당하나, 저가양도 증여의제에 관한 증여세(판 2002. 6. 14, 2000다49534), 경매거래를 과세대상

1) 당해세에 관한 규정은 헌법에 위반되지 않는다. 헌 2001. 2. 22, 99헌바44. 그 밖에 당해세와 관련된 논의는, 노미리, "당해세의 문제", 조세법연구 29-2, 79면 이하 참조.

으로 한 부가가치세(판 84. 3. 27, 82다카500), 명의신탁된 부동산에 부과된 상속세(판 2003. 1. 10, 2001다44376), 재산의 취득자금을 증여로 추정하여 부과한 증여세(판 96. 3. 12, 95다47831),[1]등은 당해세에 해당하지 않는다.

제 3 항에도 불구하고 주택임대차보호법 제 3 조의2 제 2 항에 따라 대항요건과 확정일자를 갖춘 임차권에 의해 담보된 임대차보증금반환채권 또는 같은 법 제 2 조에 따른 주거용 건물에 설정된 전세권에 의해 담보된 채권("임대차보증금반환채권등")은 해당 임차권 또는 전세권이 설정된 재산이 국세의 강제징수 또는 경매 절차 등을 통해 매각되어 그 매각금액에서 국세를 징수하는 경우 그 확정일자 또는 설정일보다 법정기일이 늦은 해당 재산에 대하여 부과된 상속세, 증여세 및 종합부동산세의 우선징수 순서에 대신하여 변제될 수 있다. 이 경우 대신 변제되는 금액은 우선징수할 수 있었던 해당 재산에 대하여 부과된 위 각 조세 징수액에 한정하며, 임대차보증금반환채권등보다 우선변제되는 저당권 등의 변제액과 제 3 항에 따라 해당 재산에 대하여 부과된 위 각 조세를 우선징수하는 경우에 배분받을 수 있었던 임대차보증금반환채권등의 변제액에는 영향을 미치지 아니한다(법 35조 7항).[2]

(다) 담보재산이 양도된 경우 담보재산이 양도된 경우 피담보채권과 조세채권의 우선순위에 관하여 명문의 규정이 없으나 다음과 같이 해결함이 상당하다.

우선 담보재산이 양도된 경우 양수인에 대한 조세는 그 법정기일이나 체납일자에 관계없이, 그리고 양도인의 체납유무, 체납일자, 담보물권과의 우열에 관계없이 항상 담보물권에 의하여 담보된 채권에 우선할 수 없다. 명문의 규정 없이 양도인에 대한 조세의 우선순위가 양수인에게 승계된다고 해석할 수 없기 때문이다. 이 점은 당해세와의 관계에 있어서도 마찬가지이며 양도인, 양수인 및 저당권자 3자의 합의로 저당권설정계약상 양도인이 가지는 계약상 채무자 및 설정자로서의 지위를 양수인이 승계하기로 한 경우에도 달리 볼 것이 아니다.[3] 다음, 양도인에 대한 조세채권이 피담보채권에 우선한 상태에서 담보재산이 제 3 자에게 양도된 후 양도인에 대하여 강제징수를 할 경우 양도재산에 대한 집행 역시 불가능하다. 국세의 우선권이 납세자의 처분권까지 제한하는 것은 아니기 때문이다(판 98. 8. 21, 98다24396). 과세관청으로서는 사해행위 여부를 살펴 해결할 수밖에 없다.

1) 판결에 대한 평석으로, 유철형, "증여세와 담보물권의 우선순위", 조세법연구 5, 304면.
2) 이 규정 역시 2022. 12. 31. 신설된 조항으로서 전세사기 피해 방지 등 주택임차인 보호를 위하여 주택임차보증금에 대해 당해세 우선원칙의 예외를 인정한 것이다.
3) 판 2005. 3. 10, 2004다51153. 일본 국세징수법 제17조는 명문으로 같은 취지를 규정하고 있다. 관련 논의는, 이창균, "담보물권과 조세의 우선권과의 관계", 사법논집 제 6 집, 614면.

(6) 가등기담보재산의 압류와 조세우선권

국세기본법 제35조 제 4 항은, 「법정기일 후에 제 1 항 제 3 호 다목의 가등기를 마친 사실이 대통령령으로 정하는 바에 따라 증명되는 재산을 매각하여 그 매각금액에서 국세를 징수하는 경우 그 재산을 압류한 날 이후에 그 가등기에 따른 본등기가 이루어지더라도 그 국세는 그 가등기에 의해 담보된 채권보다 우선한다」 고 규정하고 있고, 지방세기본법 제71조 제 2 항도 동일하게 규정하고 있다. 즉, 조세채권이 담보가등기 피담보채권보다 우선하려면, (1) 조세의 법정기일이 담보가등기 일자보다 앞서고, (2) 본등기 이전에 강제징수 압류가 이루어져야 한다.

조세의 법정기일이 담보가등기 일자보다 앞선 상태에서 강제징수에 의한 압류 전에 담보가등기에 기한 본등기가 된 경우 본등기 권리자는 특별한 사정이 없는 한 조세채권과의 관계에서 양도담보권자의 지위에 선다. 관련 논의는 이 책 131면 이하 참조. 가등기권리자에 대한 조세우선권은 소유권이전등기청구권 보전을 위한 가등기에는 적용되지 않는다.

4. 조세상호간의 우선

(1) 총　설

현행 세법은 조세 상호간의 우열에 관하여 아무런 규정을 두고 있지 않다. 따라서 국세와 지방세를 포함한 모든 조세채권은 원칙적으로 그 징수순위가 동일하다. 이에 대한 예외로는 '압류선착수주의'와 '담보부 조세의 우선' 원칙이 있다.

(2) 압류선착수주의(압류우선주의)

국세기본법 제36조는, 「국세 강제징수에 따라 납세자의 재산을 압류한 경우에 다른 국세 및 강제징수비 또는 지방세의 교부청구(국세징수법 제61조 또는 지방세징수법 제67조에 따라 참가압류를 한 경우를 포함한다)가 있으면 압류와 관계되는 국세 및 강제징수비는 교부청구된 다른 국세 및 강제징수비 또는 지방세보다 우선하여 징수하고(1항), 지방세 강제징수에 의하여 납세자의 재산을 압류한 경우에 국세 및 강제징수비의 교부청구가 있으면 교부청구된 국세와 강제징수비는 압류에 관계되는 지방세의 다음 순위로 징수한다」(2항)고 규정하고 있고, 지방세기본법 제73조 제 1 · 2 항도 같은 취지로 규정하고 있다.

위 규정은 국세 상호간, 국세와 지방세 상호간 및 지방세 상호간에는 먼저 압류한 조세가 교부청구한 조세보다 우선한다는 압류선착수주의를 규정한 것으로서 민사집행법상 채권평등주의의 예외를 인정한 것이다. 압류선착수 기관이 후속 환가절차를 지체하는 것을 막기 위해 참가압류한 과세관청이 선행 압류기관에 대하여 매각처분을 최고할 수 있는 제도를 두고 있다(법 62조 5항).

공과금에 대하여는 강제징수비만 우선징수될 뿐 압류선착수주의의 적용이 없다.

교부청구에는 국세징수법 제59조의 교부청구 이외에 같은 법 제61조의 참가압류가 포함된다. 교부청구한 조세 사이의 우선순위는 법에 별도의 규정을 두지 않고 있으므로 동순위로 보아야 할 것이다. 입법 예에 따라서는 먼저 교부요구를 한 조세가 후에 교부요구한 조세에 우선하도록 하는 '교부요구 선착수주의'를 채택한 경우도 있다(일본 국세징수법 129조 1항 2호 참조).

압류선착수주의 원칙은 당해세에는 적용되지 않는다(판 2007. 5. 10, 2007두2197). 여기의 '압류에 관계되는 국세'에는 국세징수법 제46조에 의하여 압류의 효력이 미치는 국세를 포함하며, 동일 징수권자의 압류 또는 교부청구에 관계되는 국세가 여럿 있고 배분금액이 국세 총액에 부족한 경우 세무서장이 어느 국세에 먼저 충당하더라도 위법하지 않고, 이는 민사집행법상 강제집행절차에서 세무서장이 교부청구를 한 결과 배당금이 당해 배당절차에서 교부청구된 여러 국세 총액에 부족한 경우나, 매각결정 취소로 계약보증금이 압류에 관계된 여러 국세에 충당되는 경우에도 마찬가지이다(판 2007. 12. 14, 2005다11848).

압류선착수주의를 규정한 국세기본법 제36조 및 지방세기본법 제73조는 조세 상호간에 적용되는 것으로서, 산재보험료 등 공과금을 조세 체납처분에 의해 징수하더라도 공과금과 조세 상호간에는 압류선착수주의가 준용되지 않는다(판 2008. 10. 23, 2008다47732).

(3) 담보부 조세의 우선

국세기본법 제37조는, 「**납세담보물을 매각하였을 때에는 제36조에도 불구하고 그 국세 및 강제징수비는 매각대금 중에서 다른 국세 및 강제징수비와 지방세에 우선하여 징수한다**」고 규정하고 있고, 지방세기본법 제74조도 동일한 취지의 규정을 두고 있다. 따라서 담보 있는 조세와 담보 없는 조세 간에는 담보 있는 조세가, 담보 있는 조세 사이에는 담보설정이 빠른 조세가 우선징수된다. 납세담보물에 대하여 다른 조세에 기한 선압류가 있더라도 이에 우선한다. 이는 납세담보물이 납세의무자 소유가 아닌 경우에도 마찬가지이다(판 2015. 4. 23, 2013다204959).

(4) 지방세 상호간의 특칙

지방세기본법은 압류선착수에 의한 우선 및 담보 있는 지방세의 우선에 관한 규정에 대한 특칙을 두고 있다. 즉, 위 규정에 불구하고, 시·군에 징수위임된 도세는 시·군세에 항상 우선한다(지방세징수법 4조 2항). 이는 도세의 징수를 위임받은 시·군이 징수할 도세와 시·군세가 경합하는 경우 자신의 지방세를 징수하기 위하여 상급 지방자치단체의 지방세 징수를 미루는 것을 방지하기 위한 것이다.

(5) 관세의 우선권

관세를 납부하여야 할 물품, 즉 수입물품에 대한 강제환가대금에 관하여는 관세가 최우선적으로 징수된다(관세법 3조 1항). 그러나 강제징수 대상이 해당 관세를 납부하여야 할 물품이 아닌 재산인 경우 우선순위는 국세와 동순위이다(동 2항).

제 3 절 강제징수절차

1. 총 설

법은 제 3 장 강제징수의 제 1 절 통칙에서 강제징수절차의 일반적 사항에 관하여 몇 가지 규정을 두고 있다. 아래에서 해당 조문들을 중심으로 내용을 살펴본다.

관할 세무서장(체납기간 및 체납금액을 고려하여 대통령령으로 정하는 체납자의 경우에는 지방국세청장을 포함한다)은 납세자가 제10조에 따른 독촉 또는 제 9 조 제 2 항에 따른 납부기한 전 징수의 고지를 받고 지정된 기한까지 국세 또는 체납액을 완납하지 아니한 경우 재산의 압류(교부청구·참가압류를 포함한다), 압류재산의 매각·추심 및 청산의 절차에 따라 강제징수를 한다(법 24조).

그 절차는 재산의 압류 — 압류재산의 매각 — 청산의 순서로 이루어진다.

법은 책임재산 보전과 관련하여 사해행위 취소 및 원상회복에 관한 규정(법 25조)과 가압류·가처분 재산에 대한 강제징수(법 26조), 체납자의 사망이나 합병으로 인한 소멸의 경우, 체납자 파산선고의 경우에는 파산선고를 받기 전 이미 압류한 재산이 있을 경우에 관한 강제징수의 속행(법 27조) 등에 관한 규정을 두고 있다.

압류 재산에 대하여 소유권을 주장하고 반환을 청구하려는 제 3 자는 재산의 매각 5일 전까지 소유자로 확인할 만한 증거서류를 관할 세무서장에게 제출하여야 한다(법 28조 1항). 이 경우 관할 세무서장은 재산에 대한 강제징수를 정지하고(동 2항), 제 3 자의 소유권 주장 및 반환 청구가 정당하다고 인정되는 경우 즉시 압류를 해제하며, 부당하다고 인정되면 즉시 그 뜻을 제 3 자에게 통지하여야 한다(동 3항). 통지를 받은 제 3 자가 통지받은 날부터 15일 이내에 그 재산에 대하여 체납자를 상대로 소유권에 관한 소송을 제기한 사실을 증명하지 않으면 즉시 강제징수를 속행하며(동 4항), 제 3 자가 체납자를 상대로 소유권에 관한 소송을 제기하여 승소 판결을 받고 그 사실을 증명한 경우 압류를 즉시 해제하여야 한다(동 5항).[1)]

2. 압 류

가. 요 건

관할 세무서장은, 1. 납세자가 제10조에 따른 독촉을 받고 독촉장에서 정한 기한까지 국세를 완납하지 아니한 경우와 2. 납세자가 제 9 조 제 2 항에 따라 납부고지를 받고 단축된 기한까지 국세를 완납하지 아니한 경우 납세자의 재산을 압류한다(법 31조 1항).

관할 세무서장은 납세자에게 제 9 조 제 1 항 각 호의 어느 하나에 해당하는 사유가 있어 국세가 확정된 후 그 국세를 징수할 수 없다고 인정할 때에는 국세로 확정되리라고 추정되는 금액의 한도에서 납세자의 재산을 압류할 수 있다(동 2항).

관할 세무서장은 제 2 항에 따라 재산을 압류하려는 경우 미리 지방국세청장의 승인을 받아야 하고, 압류 후에는 납세자에게 문서로 그 압류 사실을 통지하여야 한다(동 3항). 관할 세무서장은 제 2 항에 따라 재산을 압류한 경우 다음 각 호의 어느 하나에 해당하면 즉시 압류를 해제하여야 한다(동 4항).

1. 납세자가 납세담보를 제공하고 압류 해제를 요구한 경우
2. 압류를 한 날부터 3개월(국세 확정을 위하여 실시한 세무조사가 국세기본법 제 81조의8 제 4 항에 따라 중지된 경우에 그 중지 기간은 빼고 계산한다)이 지날 때까지 압류에 따라 징수하려는 국세를 확정하지 아니한 경우

관할 세무서장은 제 2 항에 따라 압류를 한 후 압류에 따라 징수하려는 국세를 확정한 경우 압류한 재산이 다음 각 호의 어느 하나에 해당하고 납세자의 신청이 있으면 압류한 재산의 한도에서 확정된 국세를 징수한 것으로 볼 수 있다(동 5항).

1. 금전 2. 납부기한 내 추심 가능한 예금 또는 유가증권

나. 압류대상재산

압류의 대상이 되는 재산은, (1) 체납자의 소유에 속하고, (2) 금전적 가치 및

---

1) 납세자 아닌 타인의 재산에 대한 압류는 무효이다. 판 96. 10. 15, 96다17424. 그 해설은, 임승순, “체납자 아닌 제 3 자 소유물건에 대한 압류처분의 효력”, 판례월보 제276호.

양도성을 가지며, (3) 압류금지재산이 아닐 것 등을 요건으로 한다.

관할 세무서장은 국세를 징수하기 위하여 필요한 재산 외의 재산을 압류할 수 없다. 다만 불가분물 등 부득이한 경우는 예외이다(법 32조).

이를 '초과압류금지의 원칙'이라고 하며 민사집행법상 원칙을 세법에서도 채용한 것이다. 다만 채권에 관하여는 일정한 조건 아래 초과압류가 허용된다(법 53조). 초과압류금지에 위배된 압류는 위법하나 당연무효는 아니다(판 86. 11. 11, 86누479).

관할 세무서장은 압류재산을 선택하는 경우 강제징수에 지장이 없는 범위에서 전세권·질권·저당권 등 체납자의 재산과 관련하여 제 3 자가 가진 권리를 침해하지 않도록 하여야 한다(법 33조). 법령에 의하여 압류가 금지된 재산은 압류할 수 없다(법 41조, 42조 참조).

신탁재산은 법률상 수탁자의 소유이므로 신탁자에 대한 국세의 우선권이 미치지 않으며 그 성립 및 확정시기에 관계없이 신탁자에 대한 조세채권으로 신탁재산을 압류할 수 없다. 신탁법 제22조 제 1 항은, 신탁재산에 대하여는 강제집행이나 강제징수 등을 할 수 없되, 다만 신탁 전의 원인으로 발생한 권리 또는 신탁사무의 처리상 발생한 권리에 대하여는 예외를 인정하는데, 위탁자를 채무자로 하는 채권은 여기에 해당하지 않으며(판 2012. 4. 12, 2010두4612), 이는 신탁부동산을 과세대상으로 하는 재산세 채권의 경우에도 마찬가지이다(판 2012. 7. 12, 2010다67593).

체납자의 재산 중 어떠한 재산을 압류할 것인가는 징수직원의 재량에 속한다.

다. 압류절차

체납자의 재산을 압류할 때에는 처분금지에 관한 내용 등 법이 규정한 일정한 사항을 기재한 압류조서를 작성하고, 압류재산이 동산 또는 유가증권, 채권 및 그 밖의 재산권인 경우에는 압류조서 등본을 체납자에게 교부하여야 한다(법 34조). 국세징수법은 압류절차상 세무공무원의 수색·질문·검사 등의 권한(35조, 36조)과 권한의 행사절차(37조 내지 39조)에 관하여 별도 규정을 두고 있다.

라. 압류의 효력

(1) 일반적 효력

세무공무원이 재산을 압류한 경우 체납자는 압류한 재산에 관하여 양도, 제한물권의 설정, 채권의 영수, 그 밖의 처분을 할 수 없으며(법 43조 1항), 세무공무원이 채권 또는 그 밖의 재산권을 압류한 경우 해당 채권의 채무자 및 그 밖의 재산권의 채무자 또는 이에 준하는 자는 체납자에 대한 지급을 할 수 없다(동 2항).

자본시장법에 따라 한국예탁결제원 등에 예탁된 유가증권, 「주식·사채 등의 전자등록에 관한 법률」에 따라 전자등록계좌부에 전자등록된 주식 등의 경우 한국예탁결제원이나 전자등록기관 등에 압류의 뜻을 통지하는 방식으로 압류하고(법 56조의2 1항, 56조의3 1항), 압류 통지서가 송달되면 체납자에 대한 계좌대체와 증권반환 또는 전자등록말소를 할 수 없도록 규정하고 있다(법 43조 3항).

강제징수압류가 된 부동산에 대해 경매절차 개시 전에 민사유치권을 취득한 유치권자는 경매절차 매수인에게 대항할 수 있다{판 2014. 3. 20, 2009다60336(전)}.

그 밖에 압류는 국세징수권의 소멸시효의 진행을 중단시키고(기본법 28조 1항 4호), 압류에 관계되는 국세 및 강제징수비는 매각대금에서 참가압류 또는 교부청구한 다른 국세 등과 지방세에 우선하여 징수한다(기본법 36조 1항, 압류선착수주의).

압류의 효력은 압류재산으로부터 생기는 천연과실과 법정과실에도 미친다. 다만 천연과실 중 성숙한 것은 토지 또는 입목(立木)과 분리하여 동산으로 볼 수 있다(법 44조 1항). 체납자 또는 제 3 자가 압류재산을 사용·수익하는 경우에 그 재산의 매각으로 인하여 권리를 이전할 때까지 수취된 천연과실에 대하여는 압류의 효력이 미치지 않는다(동 2항).

(2) 개별적 효력

㈎ **부동산등의 압류**: 부동산, 공장재단, 광업재단, 선박, 항공기, 자동차 또는 건설기계("부동산등") 등의 압류는 압류조서를 첨부하여 압류등기를 관할 등기소에 촉탁하는 절차에 의한다. 그 자세한 내용은 법 제45조 참조.

부동산등에 대한 압류의 효력은 압류등기 또는 압류등록이 완료된 때에 발생하고(법 46조 1항), 그 압류는 해당 압류재산 소유권이 이전되기 전에 국세기본법 제35조 제 2 항에 따른 법정기일이 도래한 국세의 체납액에 대하여도 효력이 미친다(동 2항). 지방세에 관해서도 동일한 취지의 규정이 있다(지방세징수법 57조).

이는 조세채권의 확보와 거래질서의 보호라는 상반된 이익의 조정을 위해 양도인의 체납세액에 압류의 효력이 미치는 시한을 양수인이 객관적으로 양도인의 체납세액을 파악할 수 있는 시점으로 정한 것이다.

이 중 부동산 압류에 관한 특칙 규정은, 부동산에 관하여 한 번 압류를 마친 경우 압류등기를 반복적으로 이행할 필요가 없다는 것일 뿐 확장된 압류의 효력발생 시점이 최초 압류시점으로 소급한다는 취지는 아니다. 따라서 압류등기 후 같은 부동산에 관하여 저당권이 설정된 경우 저당권과 압류 이후 새로 발생한 조세채권과의 우선순위는 저당권 설정등기일과 조세채권의 법정기일의 선후에 따라 결정된다[1] 판례는 위 규정에 따른 압류는 압류 당시의 체납액이 납부되더라도 실효되지 않는다고 보았다(판 2012. 7. 26, 2010다50625; 89. 5. 9, 88다카17174).

위와 같이 별도의 규정을 두고 있지 않은 채권 등 다른 재산에 대한 압류의 경우에는 민사법상 일반원칙에 따라 압류의 원인이 된 조세채무(체납세금)에 대해서만 압류의 효력이 미친다.

관할 세무서장이 전세권, 질권, 저당권 및 그 밖에 부동산 위의 권리자로서 그 권리를 증명한 사람("저당권자등")이 있는 재산을 압류한 경우 그 사실을 저당권자등에게 통지하여야 한다(법 40조 1항). 국세에 대하여 우선권을 가진 채권자가 제 1항의 통지를 받고 그 권리를 행사하려는 경우 통지를 받은 날부터 10일 이내에 그 사실을 납세지 관할 세무서장에게 신고하여야 한다(동 2항).

㈏ **동산 또는 유가증권의 압류**: 동산 또는 유가증권의 압류는 세무공무원이 점유함으로써 하고, 압류의 효력은 세무공무원이 점유한 때에 발생한다(법 48조 1항). 체납자 소유의 동산 또는 유가증권을 제 3 자가 점유하고 있는 경우 세무공무원이 이를 압류하기 위해서는 먼저 제 3 자에게 서면으로 해당 동산 또는 유가증권의 인도를 요구하여야 하고(동 2항), 인도를 요구받은 제 3 자가 해당 동산 또는 유가증권을 인도하지 않는 경우 제35조 제 2 항에 따라 제 3 자의 주거등에 대한 수색을 통해 이를 압류할 수 있다(동 3항).

세무공무원은 체납자와 그 배우자의 공유재산으로서 체납자가 단독 점유하거나 배우자와 공동점유하고 있는 동산 또는 유가증권을 제 1 항에 따라 압류할 수 있다(동 4항). 압류동산의 사용수익에 관하여는 법 제49조 참조.

㈐ **금전의 압류 및 유가증권에 관한 채권의 추심**: 관할 세무서장이 금전을 압류한 경우에는 그 금전 액수만큼 체납자의 압류에 관계되는 체납액을 징수한 것으로 본다(법 50조 1항). 관할 세무서장은 유가증권을 압류한 경우 그 유가증권에 따라 행사할 수 있는 금전의 급부를 목적으로 한 채권을 추심할 수 있다. 이 경우 관할

1) 판 2012. 5. 10, 2011다44160; 2005. 11. 14, 2005두9088; 2023. 10. 12, 2018다294162(조세채권에 기하여 조세채무자 A회사 소유 부동산에 대한 압류가 이루어진 후 근저당권자의 신청으로 당해 부동산에 대한 경매절차가 개시되고 그 후 A회사가 파산하였으며 그 이후 계속된 경매절차에서 국가가 압류 이후 발생한 체납액을 포함한 금액에 대하여 교부청구를 한 사안에서, 채무자회생법 제349조의 취지, 국세징수법 제47조 제 2 항(현행 제46조 제 2 항)의 부동산압류의 효력 확장의 의미와 한계, 파산절차의 목적 등을 고려하면 별제권 행사에 따른 부동산 경매절차에서 채무자 회생법 제349조 제 1 항에 따라 조세채권자에게 직접 배당하는 조세채권은 압류 당시의 체납액에 한정된다고 본 것).

세무서장이 채권을 추심하였을 때에는 추심한 채권의 한도에서 체납자의 압류와 관계되는 체납액을 징수한 것으로 본다(동 2항).

㈑ **채권의 압류**: 관할 세무서장은 채권을 압류하려는 경우 그 뜻을 제 3 채무자에게 통지하여야 하며(법 51조 1항), 채권을 압류한 경우 그 사실을 체납자에게 통지하여야 한다(동 2항). 채권압류의 효력은 압류통지서가 제 3 채무자에게 송달된 때 발생하며(법 52조 1항), 관할세무서장이 제 1 항의 통지를 한 때에는 체납액을 한도로 하여 체납자인 채권자를 대위한다(동 2항).

관할 세무서장은 제 2 항에 따라 채권자를 대위하는 경우 압류 후 1년 이내에 제 3 채무자에 대한 이행의 촉구와 채무 이행의 소송을 제기하여야 하고, 다만 체납된 국세와 관련하여 심판청구 등 불복절차가 계속 중이거나 그 밖에 이에 준하는 사유로 법률상·사실상 추심이 불가능한 경우에는 그러하지 아니하며(동 3항), 제 3 항 단서의 사유가 해소되어 추심이 가능해진 때에는 지체 없이 제 3 채무자에 대한 이행의 촉구와 채무 이행의 소송을 제기하여야 한다(동 4항).

관할세무서장이 채권을 압류하는 경우 체납액을 한도로 하여야 한다. 다만 압류하려는 채권에 국세보다 우선하는 질권이 설정되어 있어 압류에 관계된 국세의 징수가 확실하지 않은 경우 등 필요하다고 인정되는 경우 채권 전액을 압류할 수 있다(법 53조). 이는 초과압류금지 원칙의 예외를 인정한 것이다. 압류할 채권이 조건부채권이라도 조건성취 전에 압류할 수 있다(영 41조).

국세강제징수에 의한 채권압류 후 피압류채권에 대하여 근로기준법상 우선변제권이 있는 임금채권에 기해 가압류집행이 된 경우에도, 제 3 채무자는 강제징수에 의한 압류채권자(국가)의 추심청구를 거절할 수 없다(판 99. 5. 14, 99다3686). 그러나 압류통지 이전에 이미 전부된 임차보증금반환채권에 대한 압류처분은 무효이다(판 90. 4. 10, 89다카25936). 국세확정 전 보전압류로서 채권을 압류한 경우 국세확정 후 다시 채권압류를 하지 않더라도 그 국세가 확정된 시기에 곧바로 피압류채권에 대한 추심권을 취득한다(판 94. 6. 24, 94다2886).

채권압류에 의해 보전되는 국세의 범위는 압류의 원인이 된 체납국세로서 채무자에게 통지된 당해 국세에 한정되나(판 92. 11. 10, 92누831), 당해 피보전국세의 미납으로 인해 발생하는 가산금이나 중가산금도 추심권 행사의 범위에 포함된다(판 2005. 3. 10, 2004다64494). 국내은행 해외지점에 예치된 예금 반환채권을 대상으로 한 압류처분은 국세징수법상 압류의 대상이 될 수 없는 재산에 대한 것으로서 무효이다(판 2013. 11. 27, 2013다205198).

강제징수에 의한 채권압류는 일반채권에 기한 압류경합(민집법 235조)과 달리 특정된 부분에만 효력이 미치고, 그 후 다른 채권에 기한 압류가 있고 압류금액 합계가 피압류채권 총액을 초과해도 피압류채권 전액으로 확장되지 않는다(판 91. 10. 11, 91다12233). 예컨대 과세관청이 임차인의 체납국세 5백만 원에 기해 천만 원의 임차보증금반환채권을 압류한 후, 제 3 자가 대여금채권에 기해 보증금반환채권 전액에 대한 압류 및 전부명령을 받은 경우, 체납국세에 기한 압류는 압류부분에만 미치므로 제 3 자의 압류 및 전부명령은 나머지 5백만 원 부분에 대해 효력이 있다. 강제징수에 의한 채권압류는 세무서장이 체납자에 대신하여 추심권을 취득하는 것이고 제 3 채무자의 상계권까지 제한하는 것은 아니다. 상계 가능범위는, 압류의 효력발생 당시 자동채권과 수동채권이 상계적상에 있거나 자동채권인 반대채권이 압류 당시 변제기에 달하지 않은 경우 피압류채권인 수동채권의 변제기와 동시 또는 그보다 먼저 변제기에 도달해야 한다(판 87. 7. 7, 86다카2762. 변제기 기준설).

급료, 임금, 봉급, 세비, 퇴직연금 및 그 밖에 이와 유사한 채권에 대한 압류의 효력은 체납액을 한도로 하여 압류 후에 발생할 채권에 미친다(법 54조).

이는 체납세액(피보전채권)의 한도에서 피압류채권의 범위가 압류 후 채권에로 확장된다는 의미이다.

㈒ **그 밖의 재산권의 압류**: 권리의 변동에 등기·등록이 필요한 경우 압류의 등기·등록을 관할 등기소에 촉탁하고, 권리의 변동에 등기·등록이 필요하지 아니한 그 밖의 재산권을 압류하려는 경우 그 뜻을 제 3 채무자가 있는 경우에는 그 제 3 채무자에게, 제 3 채무자가 없는 경우에는 체납자에게 각 통지해야 한다(법 55조 1항, 2항). 이 경우 관할세무서장은 채권압류에 관한 제52조 제 3 항 및 제 4 항을 준용하여 압류 후 1년 이내에 제 3 채무자에 대한 이행의 촉구와 채무이행의 소송을 제기하거나 제64조에 따라 압류 후 1년 이내에 매각을 위한 절차에 착수해야 한다(동 5항).

관할 세무서장은 제 2 항에 따라 「가상자산 이용자 보호 등에 관한 법률」 제 2 조 제 1 호에 따른 가상자산을 압류하려는 경우 체납자(같은 법 제 2 조 제 2 호에 따른 가상자산사업자 등 제 3 자가 체납자의 가상자산을 보관하고 있을 때에는 그 제 3 자)에게 대통령령으로 정하는 바에 따라 해당 가상자산의 이전을 문서로 요구할 수 있고, 요구받은 체납자 또는 그 제 3 자는 이에 따라야 한다(동 3항).

관할 세무서장은 제 1 항 및 제 2 항 제 1 호에 따라 압류를 한 경우 및 제 3 항에 따라 체납자의 가상자산을 보관하고 있는 제 3 자에게 해당 가상자산의 이전을 요구한 경우 그 사실을 체납자에게 통지하여야 한다(동 4항). 관할 세무서장이 그 밖의 재산권을 압류한 경우 제52조 제 3 항 및 제 4 항을 준용하거나 제64조에 따라 매각·추심에 착수한다(동 5항). 지방세에 관해서도 유사한 규정이 도입되었다(지방세징수법 61조, 71조).

자본시장법에 따라 한국예탁결제원 등에 예탁된 유가증권, 「주식·사채 등의 전자등록에 관한 법률」에 따라 전자등록계좌부에 전자등록된 주식 등의 경우 한국예탁결제원이나 전자등록기관 등에 압류의 뜻을 통지하는 방식으로 압류하고, 그 사실을 체납자에게 통지하여야 한다(법 56조의2, 56조의3. 2023. 12월 신설).

마. 압류의 해제

(1) 의 의

강학상 압류의 해제는 압류처분의 효력을 장래에 향하여 상실시키는 처분이다. 압류의 효력이 장래에 향해서 소멸하고 해제할 때까지 이루어진 처분의 효과(예: 시효의 중단, 과실의 수취 등)에는 영향을 미치지 않는다는 점에서 압류의 효력을 소급적으로 소멸시키는 압류의 취소나 특별한 행정행위 없이 압류의 효력이 상실되는 압류의 실효(예: 목적물의 멸실 등)와 구별된다. 다만 현행 법상 압류의 해제사유로 규정된 법 제57조 제 1 항 각 호의 사유 중 제 1 호 내지 제 3 호의 사유는 압류의 원인이 된 조세채권이 이미 만족을 얻었거나 부과처분 취소로 소멸되어 압류의 기초가 상실된 경우이므로 압류처분은 등기나 등록 명의에 불구하고 효력을 상실한다고 볼 것이다. 납세자 이외에 압류대상 재산의 양수인 등 압류해제에 대하여 법률상 이익을 갖는 자도 압류해제를 신청할 수 있고, 과세관청이 압류해제 신청을 거부하는 경우 그 거부처분의 취소를 구할 수 있다(판 96. 12. 20, 95누15193).

(2) 요 건

관할 세무서장은 다음 각 호의 어느 하나에 해당하는 경우 압류를 즉시 해제하여야 한다(법 57조 1항).

1. 압류와 관계되는 체납액의 전부가 납부 또는 충당(국세환급금 그 밖에 관할 세무서장이 세법상 납세자에게 지급할 의무가 있는 금전을 체납액과 대등액에서 소멸시키는 것을 말한다)된 경우, 2. 국세 부과의 전부를 취소한 경우, 3. 여러 재산을 한꺼번에 공매하는 경우로서 일부 재산의 공매대금으로 체납액 전부를 징수한 경우, 4. 총재산의 추산가액이 강제징수비(압류에 관계되는 국세에 우선하는 국세기본법 제35조 제 1 항 제 3 호에 따른 채권 금액이 있는 경우 이를 포함한다)를 만족시키고 남을 여지가

없어 강제징수를 종료할 필요가 있는 경우. 다만 제59조에 따른 교부청구 또는 제61조에 따른 참가압류가 있는 경우로서 교부청구 또는 참가압류와 관계된 체납액을 기준으로 할 경우 남을 여지가 있는 경우는 제외한다. 5. 제41조에 따른 압류금지재산을 압류한 경우, 6. 제 3 자의 재산을 압류한 경우, 7. 그 밖에 제 1 호부터 제 4 호까지의 사유에 준하는 사유로 압류할 필요가 없게 된 경우

이는 필요적 해제사유로서 2항의 임의적 해제사유와 구별된다. 7호는 법률의 개정 등으로 체납액이 면제된 경우, 강제징수절차의 근거법령에 대해 위헌결정이 있는 경우(판 2002. 7. 12, 2002두3317), 압류해제신청 당시 대상 압류토지를 공매하더라도 체납처분비에 충당하고 잔여가 생길 여지가 없는 경우(판 1996. 6. 11, 95누5189) 등을 가리킨다. 과세관청의 압류등기 이전에 소유권이전청구권 보전의 가등기가 되고 그 후 본등기가 이루어진 경우, 가등기가 매매예약에 기한 순위보전의 가등기라면 그 이후에 된 압류등기는 효력을 상실하여 말소되어야 하므로 압류해제 사유에 관한 구국세징수법(2020. 12. 29. 전부 개정 전의 것) 제53조 제 1 항 제 2 호는 적용의 여지가 없는 반면, 그 가등기가 채무담보를 위한 가등기라면 그 후 본등기가 되더라도 압류등기는 여전히 유효하다(위 95누15193 판결).

제 1 항 제 4 호 본문에 따른 압류해제의 경우 제106조에 따른 국세체납정리위원회의 심의를 거쳐야 한다(동 3항).

관할 세무서장은 다음 각 호의 어느 하나에 해당하는 경우 압류재산의 전부 또는 일부에 대하여 압류를 해제할 수 있다(법 57조 2항).

1. 압류 후 재산가격이 변동하여 체납액 전액을 현저히 초과한 경우 2. 압류와 관계되는 체납액의 일부가 납부 또는 충당된 경우 3. 국세 부과의 일부를 취소한 경우 4. 체납자가 압류할 수 있는 다른 재산을 제공하여 그 재산을 압류한 경우

(3) 절　차

관할 세무서장은 재산의 압류를 해제하는 경우 그 사실을 그 재산의 압류 통지를 한 체납자, 제 3 채무자 및 저당권자등에게 통지하여야 한다(법 58조 1항).

압류를 해제한 경우 압류의 등기 또는 등록을 한 것에 대하여는 압류 해제 조서를 첨부하여 압류 말소의 등기 또는 등록을 관할 등기소 등에 촉탁하여야 한다(동 2항).

제 3 자에게 보관하게 한 압류재산의 압류해제 절차는 같은 조 3항 및 4항, 관할관청이 보관 중인 재산의 반환절차는 같은 조 제 5 항 각 참조.

3. 교부청구와 참가압류

가. 교부청구

(1) 개 념

체납자의 재산에 대하여 이미 다른 징세기관의 공매절차 또는 그 외의 강제환가절차가 개시되어 있는 경우에 그 집행기관에 대하여 환가대금에서 체납액과 법 제31조 제2항에 따라 납세자의 재산을 압류할 수 있는 국세에 상당하는 금액의 배당을 구하는 행위를 교부청구라고 한다(법 59조).

교부청구는 이미 압류된 재산에 대한 중복압류를 피하기 위해 인정된 제도로서 교부청구된 조세에 대하여도 조세의 우선권이 인정된다. 교부청구는 국가기관이 다른 국가기관에 대해 행하는 변제의 청구로서의 성격을 가지며 채권자나 채무자 등 다른 이해관계인의 법률상 지위에 영향을 미치나 이해관계인은 교부청구에 따른 배분의 효과를 별도의 절차에서 다투면 되므로 그 자체는 행정처분성을 갖지 않는 것으로 이해된다.[1)]

(2) 요 건

납세지 관할세무서장은 다음 각 호에 해당하는 경우 해당 납세지 관할세무서장, 지방자치단체의 장, 공공기관의 장, 지방공사 또는 지방공단의 장, 집행법원, 집행공무원, 강제관리인, 파산관재인 또는 청산인에 대하여 다음 각 호에 따른 절차의 배당·배분 요구의 종기까지 체납액(제13조에 따라 지정납부기한이 연장된 국세 포함)의 교부를 청구하여야 한다(법 59조).

1. 국세, 지방세 또는 공과금의 체납으로 체납자에 대한 강제징수 또는 체납처분이 시작된 경우 2. 체납자에 대하여 민사집행법에 따른 강제집행 및 담보권 실행 등을 위한 경매가 시작되거나 체납자가 채무자회생법에 따른 파산선고를 받은 경우 3. 체납자인 법인이 해산한 경우

일반 채권자의 이익을 보호한다는 사유는 교부청구 제한사유가 되지 못한다(판 2001. 11. 27, 99다22311). 교부청구는 강제집행절차에서의 배당요구와 같은 성질을 가지므로 교부청구하는 조세는 납부기한이 도래하여야 한다(판 92. 12. 11, 92다35431). 납부기한 전징수의 요건을 갖춘 경우 교부청구가 가능하나, 확정 전 보전압류의 경우 확정 전에는 교부청구를 할 수 없다고 볼 것이다.

1) 같은 취지: 金子 宏, 앞의 책 831면; 일최판 소화 59. 3. 29.

(3) 시기 및 절차

교부청구의 시기는 배당요구 시기와 같다. 강제징수의 경우에는 세무서장이 경매공고 시 공고한 날(법 72조 1항 7호), 민사집행법상 강제집행의 경우에는 집행법원이 첫 매각기일 이전에 정한 배당요구의 종기까지 각 교부청구를 할 수 있다(민집법 84조 1항).

위 기일 이후 교부청구된 세액은 다른 채권에 우선하여도 배당받을 수 없다(판 2001. 11. 27, 99다22311). 강제징수절차에 따라 압류등기가 마쳐진 경우에는 교부청구 효력이 있는 것으로 보아 경락기일까지 체납세액에 관한 증빙서류가 제출되면 이에 의하여 배당하고 서류제출이 없으면 압류등기촉탁서에 의한 체납세액을 기준으로 배당한다(판 97. 2. 14, 96다51585). 교부청구에 앞서 독촉이나 납부최고 등의 절차는 불필요하다.

(4) 효 력

교부청구는 배당요구의 효력이 있으므로 교부청구를 하면 배분금을 수령할 법적 지위를 취득한다. 교부청구나 참가압류를 하지 않은 이상 배당요구 효과는 없고, 그런 조치를 취하지 않아 경매법원이 후순위 채권자들에게 경락대금을 배당하더라도 국가에 대한 관계에서 부당이득이 되지 않는다(판 96. 12. 20, 95다28304). 교부청구는 소멸시효 진행을 중단시키는 효력이 있다(기본법 28조 1항).

교부청구는 납부·충당·국세부과의 취소 그 밖의 사유로 교부를 청구한 국세의 납세의무가 소멸된 경우에는 이를 해제하여야 한다(법 60조 1항). 제 1 항에 따른 교부청구의 해제는 교부청구를 받은 기관에 그 뜻을 통지함으로써 한다(동 2항).

강제집행절차에서 다른 배당채권자가 세무서장에 대하여 교부청구의 해제를 구할 수 있는가가 문제되나 명문의 규정이 없는 이상 부정하여야 할 것이다.[1]

위와 같은 교부청구의 한계를 보완하기 위한 제도가 아래의 참가압류제도이다.

나. 참가압류

(1) 개 념

세무서장은 압류하려는 재산이 이미 다른 기관에 압류되어 있는 경우 제56조에 따른 교부청구를 대신하여 참가압류 통지서를 그 재산을 이미 압류한 기관("선행압류기관")에 송달함으로써 그 압류에 참가할 수 있다(법 61조 1항).

1) 일본 국세징수법 제85조는 그와 같은 해제신청권을 명문으로 규정하고 있다.

이를 참가압류라고 한다. 체납자 재산이 이미 다른 기관에 의하여 압류되어 있으면 중복압류가 금지되므로 징세관서는 집행기관에 대하여 교부청구를 해야 하는데 교부청구는 선행 집행절차가 해제되거나 취소되면 효력을 상실하므로 이를 보완하기 위한 제도가 참가압류이다. 참가압류는 선행압류가 해제되거나 취소되면 압류로 전환된다.

(2) 요건 및 절차

참가압류도 압류의 요건을 갖추어야 한다. 따라서 납부기한 전징수나 확정 전 보전압류와 같은 예외적 징수사유가 있는 경우를 제외하고는 독촉 또는 납부최고의 절차를 밟고 납세자가 납부기한까지 체납세액을 납부하지 않아야 한다. 다만 독촉절차가 빠져도 참가압류가 무효로 되는 것은 아니다(판 92. 3. 10, 91누6030).

사전 독촉절차가 필요하므로 징수유예된 국세에 대하여는 교부청구는 가능해도 참가압류는 할 수 없다. 참가압류는 다른 기관에서 압류한 재산을 대상으로 하므로, 파산이나 청산절차의 경우에는 참가압류를 할 수 없다.

세무서장은 제 1 항에 따라 참가압류를 한 경우 그 사실을 체납자와 그 재산에 대하여 권리를 가진 제 3 자에게 통지하여야 한다(법 61조 2항). 세무서장은 제 1 항에 따라 참가압류하려는 재산이 권리의 변동에 등기 또는 등록이 필요한 것일 때에는 참가압류의 등기 또는 등록을 관계 관서에 촉탁하여야 한다(동 3항).

(3) 효 력

법 제61조에 따라 참가압류를 한 후에 선행압류기관이 그 재산에 대한 압류를 해제한 경우 그 참가압류는 다음 각 호의 구분에 따른 시기로 소급하여 압류의 효력을 갖는다(법 62조 1항).

1. 권리의 변동에 등기 또는 등록이 필요한 재산: 참가압류의 등기 또는 등록이 완료된 때 2. 권리의 변동에 등기 또는 등록이 필요하지 아니한 재산: 참가압류 통지서가 선행압류기관에 송달된 때

둘 이상의 참가압류가 있는 경우에 관하여는 가장 먼저 된 참가압류를 기준으로 하도록 하는 별도 규정이 있다(동 2항 참조).

참가압류는 선행압류가 해제·취소되지 아니하고 압류재산이 공매된 경우 교부청구의 효과, 즉, 배당요구의 효력이 있으므로 이미 압류한 기관은 압류재산을 환가처분한 매각대금에 관하여 교부청구와 동순위로 참가압류한 징세관서에 배분하여야 한다(법 96조 1항 2호).

압류에 참가한 세무서장은 기압류기관이 압류재산을 장기간 매각하지 않는 경

우 이에 대한 매각처분을 기압류기관에 최고할 수 있고(법 62조 5항), 그 최고를 받은 앞선 압류기관이 최고 받은 날부터 3개월 이내에 법이 정한 행위를 하지 않으면 매각처분을 최고한 세무서장이 해당 압류재산을 매각할 수 있다(동 6항).

참가압류는 소멸시효 진행을 중단시킨다(기본법 28조 1항).

참가압류 해제에 관하여는 일반 압류해제에 관한 규정이 준용된다(법 63조).

4. 압류재산의 매각

가. 총　　설

납세자에 대한 조세채권이 확정되면 납세자 소유의 재산에 대하여 압류한 후 이를 매각하게 된다. 압류재산의 매각은 징세기관이 압류한 체납자의 재산을 금전으로 바꾸고 그 소유권을 체납자의 의사에 반하여 강제적으로 이전시키는 행정처분이다. 조세채권의 종국적 목적을 실현하는 단계로서 자력집행권의 가장 핵심적인 내용을 이룬다. 압류된 재산 중 금전 또는 압류채권을 추심한 금전 등 통화는 환가가 필요 없으므로 매각재산에서 제외된다. 압류채권을 대위행사하여 받은 급부가 물건인 경우에도 매각의 대상이 된다(법 66조 1항).

압류재산의 매각은 체납자의 재산권을 상실시키는 침익적 처분이므로 법은 체납자 등에 대한 매각사실의 통지 등(법 66조 3항), 그 방법과 절차를 엄격히 정하고 있다. 매각의 방법에는 공매와 수의계약(법 65조 1항), 상장주식과 가상자산 등을 대상으로 한 관할 세무서장에 의한 해당 시장 등에서의 직접 매각방식(법 66조 2항) 등이 있다.

압류재산은 압류에 관계된 국세가 확정되기 전까지는 매각할 수 없으며(법 66조 4항), 심판청구등이 계속 중인 국세의 체납으로 압류한 재산은 그 신청 또는 청구에 대한 결정이나 소에 대한 판결이 확정되기 전에는 공매할 수 없다. 다만, 그 재산이 제67조 제 2 호에 해당하는 경우에는 그러하지 아니하다(동 5항). 이는 확정 전 보전압류(법 31조 2항)에 있어서도 마찬가지이다.

대상재산이 여럿인 경우 각각 공매하여야 한다. 다만 세무서장이 자산의 위치·형태·이용관계 등을 고려하여 일괄공매하는 것이 알맞다고 인정하는 경우에는 직권 또는 이해관계인의 신청에 따라 일괄하여 공매할 수 있다(시행령 52조).

제 2 차 납세의무자·물적납세의무자·납세보증인의 조세채무는 법문상이나 해석상 본래의 납세의무자의 재산으로 조세채무액을 충당하고도 부족한 경우일 것이 요구되므로 이들 재산을 압류한 경우 원칙적으로 주된 납세의무자의 재산을 매각한 후에 이들 압류재산을 매각하여야 할 것이다(통칙 61-0…5).

법은 적정할 매각절차를 보장하기 위하여 매수인의 제한과 공매참가의 제한 규정 등을 두고 있다. 구체적인 내용은 법 제80조 및 제81조 참조.

나. 공 매

(1) 의 의

국세징수법상 공매는 매수의 기회를 일반에게 공개하여 강제적으로 환가하는 처분으로서 강제징수절차의 한 단계를 이루며 경쟁입찰 또는 경매(정보통신망을 이용한 것 포함)에 의한다(법 65조 2항). 입찰은 문서로, 경매는 구술로 청약자 중에서 최고가 신청인을 정하는 방법이다. 개정 국세징수법은 공매절차를 공매의 준비와 공매의 실시로 나누어 규정하고 있다.

공매는 한국자산관리공사에 대행하게 할 수 있으며, 이 경우 공매는 세무서장이 한 것으로 본다(법 103조 1항). 다만 처분의 법률적 주체는 한국자산관리공사이므로 공매처분취소의 소의 상대방은 한국자산관리공사가 된다.

법은 전문매각기관의 매각대행 등에 관한 별도의 규정을 두고 있고(법 104조), 한국자산관리공사에 대한 세무서장의 공매의 대행 및 공매대행의 해제 등과 관련하여서도 여러 절차적 규정을 두고 있다(영 66조 내지 73조).

(2) 공매의 준비

㈎ 총 설 공매의 준비는, 1) 공매예정가격의 결정(법 68조), 2) 공매재산에 대한 현황조사(법 69조), 3) 공매보증금의 납입(법 71조), 4) 공매공고(법 72조), 5) 공매공고에 대한 등기·등록의 촉탁(법 74조), 6) 체납자 및 이해관계인에 대한 공매통지(법 75조), 7) 미등기·등록 채권자 등의 배분요구(법 76조), 8) 공매재산명세서의 작성 및 비치(법 77조) 등의 순서로 이루어진다.

법은 국세에 우선하는 제한물권 등의 인수(법 78조)와 공유자·배우자의 우선매수권(법 79조)에 관한 특칙을 두고 있다.

㈏ 공매의 공고 세무서장은 공매 시, 1. 매수대금의 납부기한, 2. 공매재산의 명칭, 소재, 수량, 품질, 매각예정가격, 그 밖의 중요한 사항, 3. 입찰 또는 경매의 장소와 일시(기간입찰의 경우에는 그 입찰기간)등 법정 사항을 공고하여야 한다(법 72조 1항). 이 경우 동일재산에 대한 수회의 공매에 관한 사항을 한꺼번에 공고할 수 있다(동 2항). 공고기간은 10일이며(법 73조) 이는 불변기간이다(판 74. 2. 26,

73누186). 체납자에게 공매대행사실의 통지나 공매예고통지가 없었다고 하더라도 공매처분이 위법하게 되는 것은 아니다(판 2013. 6. 28, 2011두18304). 공매통지를 결여한 공매처분은 위법하나, 무효는 아니며(판 74. 5. 28, 74누96), 공매통지서에 결손처분액을 체납세액으로 기재하더라도 공매처분이 위법하게 되는 것은 아니다(판 2008. 3. 13, 2006두7706). 판례는 공매통지의 쟁송적격을 부정하나(판 2011. 3. 24, 2010두25527) 당사자의 신속한 권리구제 차원에서 타당성은 의문이다.[1)]

㈐ 미등기·미등록 채권자의 배분요구 등 법 제74조에 따른 공매공고의 등기 또는 등록 전까지 등기나 등록되지 아니한 다음 각 호의 채권을 가진 자가 제96조 제 1 항에 따라 배분을 받으려면 배분요구의 종기까지 세무서장에게 배분을 요구하여야 한다(법 76조 1 항).

1. 압류재산과 관계되는 체납액 2. 교부청구와 관계되는 체납액·지방세 또는 공과금 3. 압류재산에 설정된 전세권·질권·저당권 또는 가등기담보권에 의하여 담보된 채권 4. 주택임대차보호법 또는 상가건물 임대차보호법에 따라 우선변제권이 있는 임차보증금 반환채권 5. 근로기준법 또는 근로자퇴직급여 보장법에 따라 우선변제권이 있는 임금, 퇴직금, 재해보상금 및 그 밖에 근로관계로 인한 채권 6. 압류재산과 관계되는 가압류채권 7. 집행문이 있는 판결 정본에 의한 채권

매각으로 소멸되지 않는 전세권을 가진 자가 배분을 받으려는 경우 배분요구의 종기까지 배분을 요구하여야 한다(동 2항). 제 1 항 및 제 2 항에 따른 배분요구에 따라 매수인이 인수하여야 할 부담이 달라지는 경우 배분요구를 한 자는 배분요구의 종기가 지난 뒤에는 이를 철회할 수 없다(동 3항). 체납자의 배우자는 공매재산이 제48조 제 4 항에 따라 압류한 부부 공유의 동산 또는 유가증권인 경우 공유지분에 따른 매각대금의 지급을 배분요구의 종기까지 관할 세무서장에게 요구할 수 있다(동 4항). 관할 세무서장은 공매공고의 등기 또는 등록 전에 등기 또는 등록된 제 1 항 각 호의 채권을 가진 자에게 채권의 유무, 그 원인 및 액수(원금, 이자, 비용, 그 밖의 부대채권 포함)를 배분요구의 종기까지 관할 세무서장에게 신고하도록 촉구하여야 한다(동 5항). 해당 신고가 없는 경우 등기사항증명서 등 공매 집행기록에 있는 증명자료에 따라 해당 채권신고대상채권자의 채권액을 계산한다. 이 경우 해당 채권신고대상채권자는 채권액을 추가할 수 없다(동 6항).

(3) 공매의 실시

㈎ 총 설 공매의 실시는, 입찰서 제출과 개찰(법 82조), 매각결정 및 대

1) 같은 취지, 권은민, “공매결정·통지의 처분성 및 소송상 문제점”, 행정판례연구 5집 226면.

금납부기한의 통지(84조) 순으로 이루어진다. 법은 최고가 매수신청인에 대한 매각결정이 취소되는 경우에 대비한 차순위 매수신청(83조)과 매수인이 매수대금을 납부하지 않은 경우 등의 매각결정의 취소(86조) 및 매각결정 취소 시 등의 재공매(87조), 공매의 취소 및 정지(88조) 등에 관한 규정을 두고 있다.

(나) **매각결정 및 대금납부** 관할 세무서장은 다음 각 호의 사유가 없으면 매각결정기일에 제82조에 따른 최고가 매수신청인을 매수인으로 정하여 매각결정을 하여야 한다(법 84조 1항). 각 호: 생략

관할 세무서장은 최고가 매수신청인이 공매재산의 매수인이 되기 위하여 다른 법령에 따라 갖추어야 하는 자격을 갖추지 못한 경우에는 매각결정기일을 1회에 한정하여 당초 매각결정기일부터 10일 이내의 범위에서 연기할 수 있고(동 2항. 2023. 12월 신설), 매각결정의 효력은 매각결정기일에 매각결정을 한 때에 발생한다(동 3항). 관할 세무서장은 매각결정을 한 경우 매수인에게 대금납부기한을 정하여 매각결정 통지서를 발급하여야 한다. 다만, 권리 이전에 등기 또는 등록이 필요 없는 재산의 매수대금을 즉시 납부시킬 경우에는 구두로 통지할 수 있다(동 4항). 제4항의 대금납부기한은 매각결정을 한 날부터 7일 이내로 한다(동 5항. 예외적 기간 연장에 관한 단서조항 있음).

공매재산에 대해 저당권 등의 권리를 가진 매수신청인은 매각결정기일 전까지 관할 세무서장에게 자신에게 배분될 채권액을 제외한 금액을 매수대금으로 납부('차액납부')하겠다는 신청을 할 수 있고, 관할 세무서장은 신청인이 배분순위에 비추어 실제로 배분받을 금액이 없는 등 차액납부가 불가능하다고 인정되는 경우 차액납부를 허용하지 아니할 수 있다(법 84조의2. 2023. 12. 31. 신설).

관할 세무서장은 매수인이 매수대금을 지정된 대금납부기한까지 납부하지 아니한 경우 다시 대금납부기한을 지정하여 납부를 촉구하여야 한다(법 85조).

매각결정에 따라 체납자와 최고청약자간에 매매계약이 성립하고 최고청약자는 대금납부의무를 지게 된다. 매각결정은 행정처분의 일종으로 쟁송의 대상이 된다.

매수인은 매수대금을 납부한 때에 매각재산을 취득하며(법 91조 1항), 세무서장이 매수대금을 수령한 때에는 그 한도 안에서 체납자로부터 체납액을 징수한 것으로 본다(동 2항).

공매재산에 설정된 질권, 저당권, 가등기담보권은 매각으로 모두 소멸된다(법 92조 1항). 종래 해석상 인정되던 것을 개정법에서 민사집행법과 동일하게 '소멸주의'를 명시적으로 규정하였다. 지상권·지역권·전세권 및 등기된 임차권으로서 제1

항에 의해 소멸하는 담보물권, 압류채권·가압류채권에 대항할 수 없는 권리도 마찬가지로 매각으로 소멸된다(동 2항).

제 2 항의 경우 외의 지상권·지역권·전세권 및 등기된 임차권은 매수인이 인수한다. 다만 제76조 제 2 항에 따라 전세권자가 배분요구를 한 전세권은 매각으로 소멸된다(동 3항). 매수인은 유치권자에게 그 유치권으로 담보하는 채권을 변제할 책임이 있다(동 4항).

담보책임에 관한 민법 규정도 압류재산의 매각에 유추적용된다(통칙 93-0…5). 관할 세무서장은 매각재산에 대해 체납자가 권리이전 절차를 밟지 않는 경우 대통령령으로 정하는 바에 따라 체납자를 대신하여 절차를 밟는다(법 93조). 민사집행법상 인도명령(민집법 136조)은 적용이 없으므로 부동산 점유자가 인도를 거부하면 인도청구의 소를 제기하여야 한다. 매각결정 취소 및 재공매에 관하여는 법 제86·87조 참조.

㈐ 공매의 취소 및 정지

법이 규정한 공매취소 사유는, 1. 해당 재산의 압류를 해제한 경우와 2. 그 밖에 공매를 진행하기 곤란한 경우로서 대통령령으로 정하는 경우이고(법 88조 1항), 공매정지 사유는, 1. 법 제105조에 따라 압류 또는 매각을 유예한 경우, 2. 국세기본법 제57조 또는 행정소송법 제23조에 따라 강제징수에 대한 집행정지의 결정이 있는 경우, 3. 그 밖에 공매를 정지하여야 할 필요가 있는 경우로서 대통령령으로 정하는 경우 등이다(동 2항).

다. 수의계약

법은 수의계약사유(법 67조) 및 그 절차 등에 관하여 규정하고 있다(영 54조). 실무상은 거의 행하여지지 않는다.

5. 청　산

가. 총　설

압류재산의 매각대금 등 강제징수절차로 획득한 금전에 대하여 조세 그 밖의 채권에의 배분금액을 확정시키는 일련의 절차를 배분이라고 한다.

배분은 과세관청이 주체가 되며 조세채권의 만족을 목표로 하지만, 넓은 의미로는 공매대금의 조세채권에의 충당과 배분(협의의 의미) 및 잔여금전의 체납자에의 지급 등의 절차를 모두 포함한다.

배분대상은, ① 압류한 금전, ② 채권·유가증권·그 밖의 재산권의 압류로 인하여 체납자 또는 제 3 채무자로부터 받은 금전, ③ 압류재산의 매각대금 및 그 매각대금의 예치이자, ④ 교부청구에 따라 받은 금전이다(법 94조). 배분기일의 지정에 관하여는 법 제95조 참조.

나. 배분절차

(1) 배분순위에 따른 배분의 실시

제94조 제 2 호 및 제 3 호의 금전은 다음 각 호의 체납액과 채권에 배분한다. 이 경우, 제76조 제 1 항 및 제 2 항에 따라 배분요구의 종기까지 배분요구를 하여야 하는 채권의 경우에는 배분요구를 한 채권에 대해서만 배분한다(법 96조 1항).

1. 압류재산과 관계되는 체납액 2. 교부청구를 받은 체납액·지방세 또는 공과금 3. 압류재산과 관계되는 전세권·질권·저당권 또는 가등기담보권에 의하여 담보된 채권 4. 주택임대차보호법 또는 상가건물 임대차보호법에 따라 우선변제권이 있는 임차보증금 반환채권 5. 근로기준법 또는 근로자퇴직급여 보장법에 따라 우선변제권이 있는 임금, 퇴직금, 재해보상금 및 그 밖에 근로관계로 인한 채권 6. 압류재산과 관계되는 가압류채권 7. 집행문이 있는 판결정본에 의한 채권

제94조 제 1 호 및 제 4 호의 금전은 각각 그 압류 또는 교부청구와 관계되는 체납액에 배분하며(법 96조 2항), 제 1 항과 제 2 항에 따라 금전을 배분하고 남은 금액이 있는 경우 체납자에게 지급한다(동 3항).

매각대금이 제 1 항 각 호 체납액과 채권 총액보다 적은 경우 민법이나 그 밖의 법령에 따라 배분 순위와 금액을 정하며(동 4항), 제 1 항, 제 2 항 및 제 4 항에 따른 배분을 할 때 국세에 우선하는 채권이 있음에도 배분순위 착오나 부당한 교부청구 그 밖에 이에 준하는 사유로 체납액에 먼저 배분한 경우 배분금액을 국세에 우선하는 채권자에게 국세 환급의 예에 따라 지급한다(동 5항). 국가, 지방자치단체 재산에 관한 권리의 매각대금 배분에 관하여는 별도 규정이 있다(법 97조).

교부청구는 매각대금이 완납되어 압류재산이 매수인에게 이전되기 전까지 확정된 채권에 관해서만 가능하고, 그 이후 성립·확정된 조세채권은 배분대상에 포함되지 않는다(판 2016. 11. 24, 2014두4085). 압류에 관계되는 국세가 여럿이고 공매대금 중 배분금액이 국세 총액에 부족한 경우 체납자의 변제이익을 해하지 않는 한 법정변제충당 순서에 따라야 하는 등의 법상 제한이 있는 것은 아니다(판 2002. 3. 15, 99다35447). 법 제96조 제 1 항의 '압류에 관계되는 국세'에는 매각대금 등의 배분일

현재 납부기한이 도래하지 않은 것은 해당되지 않는다(판 92. 2. 14, 91누1462).

압류에 관계되는 국세는 배분절차에 관계없이 금전을 추심한 날 또는 매각대금을 수령한 날에 소멸한다. 판례는 충당은 징세관서의 내부절차에 불과하다는 이유로 쟁송적격을 부정하고 있다(판 94. 12. 2, 92누14250).

공탁의무가 있는 배분금원은 특정되었으므로, 질권자가 민법 제342조 단서에 의한 압류를 하지 않더라도 물상대위권의 효력이 미친다(판 87. 5. 26, 86다카1058). 납세의무자 소유의 수개의 부동산 중 일부가 먼저 경매되어 과세관청이 조세를 우선변제받은 결과 경매부동산의 저당권자가 동시배당의 경우에 비해 불이익을 받은 경우 민법 제368조 제 2 항 후문을 유추적용하여 저당권자는 조세채권자를 대위할 수 있다. 다만 그 대상은, 당해 조세우선권에 한하고 다른 조세채권이나 별개 부동산에 대한 조세저당권까지 대위할 수는 없다(판 2001. 11. 27, 99다22311).

(2) 배분계산서 작성 및 이의, 배분의 실시

관할세무서장은 제96조에 따라 금전을 배분하는 경우 배분계산서 원안을 작성하고, 이를 배분기일 7일 전까지 갖추어 두어야 한다(법 98조 1항). 제 2, 3 항: 생략.

배분기일에 출석한 체납자등은 배분기일이 끝나기 전까지 자기의 채권과 관계되는 범위에서 제98조 제 1 항에 따른 배분계산서 원안에 기재된 다른 채권자의 채권 또는 채권의 순위에 대하여 이의제기를 할 수 있다(법 99조 1항).

제 1 항에도 불구하고 체납자는 배분기일에 출석하지 않은 경우에도 배분계산서 원안이 갖추어진 이후부터 배분기일이 끝나기 전까지 서면으로 이의제기를 할 수 있다(동 2항). 관할 세무서장은 각 호의 구분에 따라 배분계산서를 확정하여 배분을 실시하고, 확정되지 않은 부분에 대해서는 배분을 유보한다(동 3항. 1호 및 2호 생략)

배분기일에 출석하지 않은 채권자는 배분계산서와 같이 배분을 실시하는 데에 동의한 것으로 보고, 다른 체납자등이 제기한 이의에 관계된 경우 그 이의제기에 동의하지 않은 것으로 본다(동 4항).

(3) 배분금전의 예탁 및 예탁금에 대한 배분의 실시

관할 세무서장은 '채권에 정지조건 또는 불확정기한이 붙어 있는 경우' 등 법 소정의 사유가 있는 경우 그 채권에 관계되는 배분금전을 한국은행법에 따른 한국은행(국고대리점을 포함한다)에 예탁하여야 한다(법 101조 1항 1호 내지 4호).

배분계산서 작성에 관한 심판청구등의 결정·판결이 확정되는 등 예탁의 사유가 소멸한 경우에는 예탁금을 당초 배분받을 체납자등에게 지급하거나 배분계산서 원안을 변경하여 예탁금에 대한 추가 배분을 실시하여야 한다(법 102조 1항).

6. 강제징수의 완화

국세징수법상 강제징수 완화에 관한 내용은 압류와 매각의 유예를 중심으로 규정되어 있다. 해당 내용은 다음과 같다.

관할 세무서장은 체납자가 다음 각 호의 어느 하나에 해당하는 경우 체납자의 신청 또는 직권으로 그 체납액에 대하여 강제징수에 따른 재산의 압류 또는 압류재산의 매각을 대통령령으로 정하는 바에 따라 유예할 수 있다(법 105조 1항).

1. 국세청장이 성실납세자로 인정하는 기준에 해당하는 경우 2. 재산의 압류나 압류재산의 매각을 유예함으로써 체납자가 사업을 정상적으로 운영할 수 있게 되어 체납액의 징수가 가능하게 될 것이라고 관할 세무서장이 인정하는 경우

관할 세무서장은 제 1 항에 따라 유예를 하는 경우 필요하다고 인정하면 이미 압류한 재산의 압류를 해제할 수 있다(동 2항).

위 각 경우 납세담보의 제공을 요구할 수 있다(동 3항).

강제징수의 유예기간은 강제징수 유예일로부터 1년 내이다(영 77조 1 항).

유예기간 중에는 국세징수권 소멸시효기간의 진행이 정지된다(기본법 28조 3항). 납부기한 연장 또는 납부고지 유예 시 납부지연가산세 면제규정이 있으나(영 13조), 압류·매각의 유예에 관해서는 따로 따로 규정이 없다. 유예사유가 인정되면 세무서장은 직권으로 강제징수 유예 및 압류해제를 할 수 있다(판 2020. 9. 3, 2020두36687).

제 4 절 강제징수와 다른 절차와의 관계

1. 민사집행과의 관계

국가의 조세채권과 민사채권이 동일한 채무자를 상대로 그 권리를 실현하려고 할 때 양 절차는 서로 경합하므로 이를 조정할 필요가 있다. 그런데 우리 법은 양자를 조정하는 별도의 입법이나 규정을 마련하고 있지 않다.[1] 이에 따라 판례는 아무런 조건 없이 양자의 절차상 경합을 인정한다. 따라서 강제징수가 진행 중인 목적물에 관하여 민사집행법상 경매절차를 개시할 수 있음은 물론 경매절차 진행 중인 목적물에 대하여 교부청구에 의하지 않고 별도의 공매절차를 개시, 진행하는

1) 일본은 「체납처분과 강제집행 등의 절차의 조정에 관한 법률」을 두어 양자를 조정하고 있다.

것도 가능하며 어느 절차에서든 먼저 경락을 받은 자가 유효하게 소유권을 취득한다. 또한 민사집행절차에서 국세가 배당받는 것이나 체납절차에서 민사채권이 배당받는 것(법 96조 1항 3호 내지 7호 참조)도 어느 쪽이든 가능하다.

강제징수에 따라 압류된 채권에 대해 민사집행법에 따라 압류 및 추심명령을 할 수 있고, 민사집행절차에서 압류 및 추심명령을 받은 채권자는 제 3 채무자를 상대로 추심의 소를 제기할 수 있다. 제 3 채무자는 압류 및 추심명령에 선행하는 강제징수에 의한 압류가 있다는 사정을 내세워 민사집행절차에서 압류 및 추심명령을 받은 채권자의 추심청구를 거절할 수 없으며, 민사집행절차에 따른 압류채권자 역시 채권의 우선변제효력을 내세워 강제징수에 의한 압류채권자의 추심청구를 거절할 수 없다. 제 3 채무자는 강제징수에 따른 압류채권자와 민사집행절차에서 압류 및 추심명령을 받은 채권자 중 어느 쪽에든 채무를 변제하고 채무 소멸을 주장할 수 있으며, 민사집행법 제248조 제 1 항에 따른 집행공탁으로 책임을 면할 수 있다. 제 3 채무자의 공탁은 강제징수압류와 민사상 가압류가 경합하는 경우에도 그 선후에 관계없이 가능하다고 볼 것이다.

강제징수와 보전처분의 관계에 관하여, 국세징수법 제26조는 체납자의 재산에 대하여 가압류 또는 가처분이 있어도 강제징수에 의한 압류나 그 후의 절차를 속행할 수 있음을 규정하고 있다. 강제징수에 의한 압류와 가압류가 경합된 경우 가압류 효력이 바로 소멸되는 것이 아니라, 강제징수에 의한 공매가 있을 때까지 효력이 지속되고 공매처분이 종결됨으로써 소멸한다(판 89. 1. 31, 88다카42).

가처분보다 강제징수가 선행된 경우 강제징수는 가처분 집행에 의해 영향을 받지 않는 반면, 가처분이 강제징수보다 선행된 경우에는 가처분이 강제징수에 우선한다{대법원 93. 2. 19.결정 92마903(전)}.

2. 도산절차와의 관계

가. 총 설

도산절차상 조세채권의 취급은 채권자의 만족을 추구하면서 기업의 해체청산 또는 재건갱생을 도모한다는 도산법 목적과 조세채권의 공익성, 과세의 형평 및 중립성 유지라는 조세법 이념을 어떻게 조화시킬 것인지의 문제이다. 그 구체적인 내용은 「채무자 회생 및 파산에 관한 법률」에서 규율하고 있다.

도산절차에서는 조세채권도 권리행사가 제한되고 변제순위의 재편성이 이루어지나 제한의 정도는 파산절차와 회생절차가 다르다. 파산절차에서는 조세채권의 우선적 지위가 유지되나 회생절차에서는 그렇지 않다. 이는 파산절차의 경우에는 그 절차를 끝으로 더 이상 조세채권을 추급할 수 없는 반면 회생절차의 경우에는 채무자의 사업을 회생시키는 것이 우선이므로 그 과정에 조세채권이 장애가 되지 않도록 배려한 것이다.[1]

나. 파산절차에서의 조세채권

(1) 재단채권에 해당하는 조세채권

국세징수법이나 지방세징수법에 의하여 징수할 수 있는 청구권(국세징수의 예에 의하여 징수할 수 있는 청구권으로서 징수우선순위가 일반 파산채권보다 우선하는 것을 포함하며, 제446조의 규정에 따른 후순위채권을 제외함)으로서 파산선고 이전의 원인으로 인한 것 전부와 파산선고 이후의 원인으로 인한 것 중 파산재단에 관하여 생긴 청구권은 재단채권에 해당하여(채무자회생법 473조 2호), 파산절차에 의하지 아니하고 다른 파산채권에 우선하여 수시로 변제받을 수 있다(같은 법 475조, 476조).

'파산선고 이전의 원인으로 인한 조세채권'이란 파산선고 이전에 성립한 조세채권을 말한다. 법인이 사업연도 중간에 파산선고를 받은 경우 파산등기일을 사업연도 종료일로 보므로(법법 8조 1항), 해당 사업연도의 파산회사에 대한 법인세채권과 청산소득에 대한 법인세채권은 모두 재단채권에 해당한다.

'파산선고 후의 원인으로 인한 것 중 파산재단에 관하여 생긴 조세채권'이란 파산재단에 속한 자산의 소유 및 그 처분사실에 터 잡아 과세되거나 그 자산으로부터의 수익에 대하여 과세되는 조세를 의미한다.[2]

본래의 납세의무자의 파산으로 제 2 차 납세의무자가 된 자가 납세의무를 이행함으로써 취득한 구상금채권은 부당이득으로 인하여 파산재단에 생긴 청구권으로써 구파산법(현행 채무자회생법 473조 5호) 제38조 제 5 호 소정의 재단채권에 해당한다(판 2005. 8. 19, 2003다36904).

파산선고 전 원인으로 인한 국세나 지방세에 기해 파산선고 후에 발생한 가산금·중가산금에 대하여는 채무자회생법 제473조 제 2 호가 우선 적용되고, 법 제446조 제 1 항 제 2 호의 후순위파산채권에 해당하므로 제473조 제 2 호 괄호 안 규정에 따라 재단채권에서 제외된다(판 2017. 11. 29, 2015다216444).

---

1) 도산절차에서의 조세우선권에 관한 일반적인 논의는, 이중교, 조세법연구 15-1, 123면 이하 참조.
2) 최완주, "파산절차와 조세관계", 파산법상의 제문제(법원도서관 재판자료 82집), 409면.

(2) 강제징수와 파산절차

채무자회생법 제349조 제 1 항은, 「파산선고 전에 파산재단에 속하는 재산에 대하여 국세징수법 또는 지방세징수법에 의하여 징수할 수 있는 청구권(국세징수의 예에 의하여 징수할 수 있는 청구권으로서 징수우선순위가 일반 파산채권보다 우선하는 것 포함)에 기한 강제징수를 한 때에는 파산선고는 처분의 속행을 방해하지 아니한다」고 규정하고 있고, 제 2 항은, 「파산선고 후에 파산재단에 속하는 재산에 대하여는 위 청구권에 기한 강제징수를 할 수 없다」고 규정하고 있다. 여기의 '강제징수를 한 때'란 압류 효력이 발생한 경우를 의미하며 파산선고 전에 강제징수를 한 조세채권은 강제징수절차 환가대금에서 우선변제를 받게 된다(같은 법 475조, 476조).

파산선고 전에 강제징수를 하였으나 압류재산 가액이 징수금액에 부족하거나 부족하다고 인정되는 때에는 재단채권으로서 파산관재인에게 부족액에 대해 교부청구를 하게 되며(동 시행령 48조 1호), 납세담보물 제공자가 파산선고를 받은 경우에 강제징수에 의하여 그 담보물을 공매하고자 할 때에는 채무자회생법 제447조에 따른 절차를 밟은 후 별제권 행사로 부족하거나 부족하다고 인정되는 금액에 대하여 교부청구를 하여야 한다(동 2호). 다만 파산관재인이 그 재산을 매각하고자 할 때에는 징수할 금액에 대하여 교부청구를 하여야 한다(동호 단서).

파산선고 전에 참가압류를 한 조세채권은 채무자회생법 제348조 제 1 항에 따라 해당 강제집행이 파산선고로 효력을 잃어도 참가압류통지서 송달이나 참가압류 등기·등록이 된 때에 소급하여 압류의 효력이 생기므로(징수법 62조 1항), '파산선고 전에 강제징수를 한 경우'에 해당한다. 파산선고 후에는 교부청구만 허용된다.

다. 회생절차에서의 조세채권

(1) 일 반 론

회생절차가 진행되면 통상 채무자 회사에 대하여 채무의 출자전환이 이루어진다. 이 경우 그 주식 등의 시가를 초과하여 발행된 금액은 채무면제익으로 익금에 산입된다(법법 17조 1항 1호 단서, 법령 11조 6호). '출자전환에 따른 채무면제이익'은 출자전환 시점의 이월결손금뿐 아니라 향후에 발생하는 결손금에서도 공제할 수 있다(법법 17조 2항, 법령 15조 1항 1호).

회생기업의 채무면제익은 법인이 당초 신고한 과세표준에 포함되어 있지 않더라도 채무자회생법에 따라 법원이 확인한 회생기업의 결손금에서 공제할 수 있다(법법 18조 6호, 법령 16조 1항 2호).

회생계획인가 결정 또는 법원의 면책결정에 따라 회수불능으로 확정된 채권은 법인세법상 대손처리와 부가가치세법상 대손세액공제를 받을 수 있다(법령 19조의2 1항 5호, 부가령 87조 1항).

회생계획인가 결정에 따라 매출채권이 출자전환된 경우, 주식의 시가와 매출채권 장부가액의 차액에 대한 대손처리는 허용되지 않으나(법령 72조 2항 4호의2 단서),[1] 부가가치세법상 대손세액공제는 허용된다(부가세법 시행령 87조 1항).[2]

회생절차 진행 중 대표이사가 사임한 경우 그에 대한 가지급금 및 미수이자는 상여처분하고 해당금액을 원천징수하나, 지배주주 변경 후 회생절차 개시 전 발생한 사유로 인해 인수 후 법인의 대표자 등에 대해 이루어진 상여처분된 소득에 대하여는 원천징수의 예외를 인정하는 특례규정이 있다(소법 155조의4 1항).

회생절차 개시 전 회사의 주주가 회생절차 개시 후에도 당연히 법인의 출자자로서 제 2 차 납세의무를 부담하는 것은 아니나(판 94. 5. 24, 92누11138), 회생회사가 주된 납세의무자인 법인의 납세의무 성립일을 기준으로 해당 법인의 과점주주이면 그 지위는 회생계획에 따라 신설회사에 승계될 수 있다(판 2017. 7. 18, 2016두41781).

(2) 회생채권과 공익채권

회생절차개시 전의 원인으로 생긴 조세채권은 일반채권과 마찬가지로 회생채권이 된다(채무자회생법 118조 1호).

'회생절차개시 전의 원인으로 생긴 조세채권'이란 회생개시결정 전 성립된 조세채권을 말한다(판 94. 3. 25, 93누14417).[3] 판례는 대표자상여 소득처분에 있어서 소득금액변동통지서가 정리절차개시 후 도달한 경우 여기에 해당되지 않는다고 보나(판 2010. 1. 28, 2007두20959), 법이 소득금액변동통지서를 받은 날을 소득지급일로 보는 것(소법 131조 2항 1호 등)은 절차적 의제일 뿐 그로써 소득 발생 기초가 회생절차 개시 전에 발생하였다는 사실까지 바뀌는 것은 아니므로 그 타당성은 의문이다.[4]

회생절차개시 후 원인으로 생긴 것으로서 회사사업 운영과 재산관리 및 처분비용에 해당하는 조세채권과 회생채권 중 원천징수하는 조세, 부가가치세, 개별소

1) 이에 따라 그 차액은 주식처분시점에 손금산입된다. 다만 채권자가 금융기관이면 주식의 취득가액은 시가가 되므로 채무의 출자전환 시점에 채무면제익을 손금산입할 수 있다(조특법 44조 4항). 관련 논의는, 이중교, "기업회생에 대한 조세제도 합리화 방안", 조세법연구 24-3, 149면.
2) 판례 및 입법의 경과에 관하여는 이 책 1076면 참조.
3) 관련 논의는, 최성근, "조세채권의 정리채권 성립시기 및 신고기한", 조세법연구 10-1, 131면.
4) 같은 취지, 이중교, 위 논문 140면.

비세, 주세와 특별징수의무자가 징수, 납부하여야 할 지방세로서 납부기한 미경과·미도래분 등은 공익채권이다(같은 법 179조 1항 2호 및 9호). 다만 대표자에 대한 인정상여에 따른 원천징수 조세는 실제로 원천징수된 것에 한한다(위 9호 가목 단서).

채무자회생법 제179조 제1항 제9호 '납부기한'은 지정납부기한이 아니라 개별세법상 법정납부기한이다.[1] 다만 납부기한 전 징수사유가 있는 경우 고지납부기한을 의미한다.[2] 가산세는 본세에 따라 회생채권, 공익채권 여부가 달라진다.

(3) 강제징수와 회생절차

회생절차 개시신청이 있는 경우 법원은 일반 채권과 마찬가지로 조세채권에 기한 체납체분, 조세채무담보의 목적으로 제공된 물건의 처분 등 권리실현절차에 대한 중지를 명할 수 있다(채무자회생법 44조 1항 5호). 그 기간 중에는 시효는 진행하지 않는다(동 2항). 회생절차 내 회생채권의 신고와 관련하여 조세채권은 지체 없이 신고하여야 한다(같은 법 156조 1항). '지체 없이'란 법정신고기간에 관계없이 회생계획안 심리를 위한 관계인집회가 끝나기 전 또는 채무자회생법 제240조에 의하여 서면결의에 부친다는 결정이 있기 전까지를 의미한다.[3] 회사정리 개시결정 전에 정리채권으로 신고하지 않은 채 정리계획인가결정이 된 경우 더 이상 부과권을 행사할 수 없으며 행사하더라도 당연무효이다(판 2007. 9. 6, 2005다43883).

회생절차개시결정이 있는 때에는, 징수순위가 일반 회생채권보다 우선하지 않은 조세채권에 기한 강제징수는 허용되지 않으며, 이미 진행 중인 강제징수는 중지된다(같은 법 58조 1항 3호 및 2항 3호). 일반 회생채권보다 우선하는 조세채권에 기한 강제징수와 조세채무담보를 위하여 제공된 물건의 처분 역시 법이 규정한 기간 동안 할 수 없으며, 이미 행한 처분은 중지된다(같은 법 58조 3항). 이와 같이 처분을 할 수 없거나 처분이 중지된 기간 중에는 시효는 진행하지 않는다(동 4항).

회생절차에서 징수관서의 의견조회 및 동의절차에 관하여는 위 법 140조 2항 및 3항 참조.[4] 다만 그 절차가 결여되어도 회생계획이 확정되면 효력을 다툴 수 없다(판 2005. 6. 10, 2005다15482). 징수유예나 강제징수에 의한 재산의 환가유예 기간 중 시효는 진행하지 않으며(동 5항), 청구권을 가진 자는 지체 없이 그 액 및 원인과 담보권 내용을 법원에 신고하여야 한다(같은 법 156조 1항).

1) 판 2012. 3. 22, 2010두27523(전). 이 판결에는 소수의견이 있다.
2) 최완주, "정리절차와 조세", 재판자료 제86집, 550면.
3) 서울회생법원 재판실무연구회, 회생사건실무(상)(제5판), 박영사(2019), 538면.
4) 동의절차 조항을 의견청취 조항으로 바꾸어야 한다는 견해로 이중교, 앞 논문(257면 각주 1), 152면. 관련 논의는, 최성근, "도산법상 회생절차에서의 조세채권관련제도", 조세법연구 15-2, 61면.

제 4 편 조세쟁송법

제1장 총 설

조세에 관한 법적인 분쟁, 즉 조세법률관계에 관한 쟁송을 조세쟁송이라고 부르고 조세쟁송에 관한 법을 조세쟁송법이라고 부른다. 조세법률주의는 조세의 확정과 징수가 법률에 따라서 행하여질 것을 요구하지만 현실의 모습은 반드시 그렇지는 않으며 위법하게 행하여지는 경우가 적지 않다. 이와 같이 위법한 조세의 확정 또는 징수가 행하여지는 경우에 납세자가 이를 다투는 권리보호 절차가 보장되어 있지 않으면 조세법 이념인 조세법률주의는 형해화될 것이다. 이와 같은 납세자 권리보호의 관점에서 조세쟁송은 앞에서 본 납세자의 경정청구제도와 함께 극히 중요한 의미를 지니며 공정하고 효율적인 조세쟁송제도의 확립은 조세법률주의의 불가결한 요소가 된다.

조세쟁송은 행정청에 대한 불복신청과 사법부에 대한 소송으로 이루어지는데 전자를 조세불복절차라고 부르고 후자를 조세소송이라고 부른다.

종전에는 조세쟁송의 여러 유형 중 위법한 과세처분의 취소 내지 무효확인을 구하는 쟁송이 대종을 이루었으나 납세자의 경정청구제도가 확립된 근래에 이르러서는 경정거부처분 취소소송이 납세자의 주요한 권리구제수단으로 자리잡은 상황이다. 이 책에서도 이들 조세쟁송을 주된 검토의 대상으로 삼기로 한다.

조세소송은 절차상 행정소송의 일부에 해당하기 때문에 일부 조세법에 특유한 법 원리를 제외하고는 행정소송법 규정이 그대로 적용된다.

제 2 장

조세불복절차

제 1 절 조세불복절차 개관

1. 총 설

국세기본법은 같은 법 또는 세법에 의한 처분으로서 위법 또는 부당한 처분을 받거나 필요한 처분을 받지 못함으로써 권리 또는 이익의 침해를 받은 자가 사법적 구제를 구하기에 앞서 행정청에 대하여 시정을 요구할 수 있도록 국세에 관한 행정불복절차를 별도로 규정하고 있다(기본법 55조 이하).

소송전 분쟁해결절차인 국세에 관한 행정불복절차(조세불복절차)는 위법한 처분뿐 아니라 부당한 처분도 심사대상으로 하는 것이 특징이다. 여기의 '부당성'의 판단기준에 관하여는 헌법 제10조(인간의 존엄과 가치)와 제11조(법 앞의 평등), 과세의 형평과 합목적성을 제시한 국세기본법 제18조 등이 제기된다.[1] 다만 현실적으로 위법하지 않음에도 부당한 과세처분이라는 이유로 과세처분이 취소된 사례는 희소하다.

조세쟁송은 규율하는 법률이 전문성·기술성을 지니고 내용도 복잡하기 때문에 이를 잘 이해하기 위해서는 그에 상응하는 전문적·기술적 지식을 필요로 하며, 또한 대량적·반복적으로 발생한다는 특성을 지니고 있다. 이러한 조세구제의 문제를 모두 곧바로 사법심에서 해결하려면 재판업무에 상당한 부담을 초래할 우려가 크다. 그리하여 오늘날 대다수 국가는 조세쟁송에 있어서는 행정집행기관에 자기반성 기회를 부여하여 자율적 행정통제기능을 보장함과 동시에 사법심의 전심절차로서 행정기관에 의한 불복심사제도를 두고 있다. 즉, 전문성과 기술성을 갖춘 독립된 행정심판기관으로 하여금 조세에 관한 분쟁을 일차로 심사하게 하여 양적으로나 질적인 측면에

1) 김상진·신호영, "조세분쟁해결절차에서 부당성 심사 연구", 조세법연구 30-1, 119면.

서 사법부의 부담을 덜어 주는 기능을 하는 것이다(이를 'filtering 효과'라고 한다).

이에 따라 국세기본법 제55조에 규정된 위법한 처분에 대하여는 행정심판법의 적용이 배제되고(법 56조 1항), 이에 대한 행정소송은 행정소송법 제18조 제1항 본문, 제2항 및 제3항의 규정에 불구하고 원칙적으로 국세기본법에 의한 심사청구 또는 심판청구와 그에 대한 결정을 거치지 아니하면 제기할 수 없다(동 2항 본문).

여기의 국세에 관한 쟁송에는 국세의 종목과 세율을 정하고 있는 각종 세법과 국세기본법, 국세징수법, 조세특례제한법, 「국제조세조정에 관한 법률」, 조세범처벌법 및 조세범처벌절차법에 의한 처분 등을 모두 포함한다. 다만 국세기본법에 의한 조세행정심판절차는 행정심판법에 의한 일반 행정심판절차와의 관계에서 특별심판절차의 성격을 지니므로 국세기본법에 특별한 규정이 없으면 행정심판법의 규정에 따라야 한다. 이는 감사원 심사청구절차에 있어서도 마찬가지이다.

한편 지방세기본법 및 관세법에서도 지방세와 관세에 관한 쟁송에 관하여 별도의 불복절차를 마련하여 두고(지기법 89조 내지 100조 및 관세법 119조 내지 132조), 행정심판법 및 행정소송법 중 관계조항의 적용을 배제하고 있다.

전심절차 이후 행정소송은 행정소송법 제20조의 규정에 불구하고 심사청구 또는 심판청구에 대한 결정의 통지를 받은 날로부터 90일 이내에 제기하여야 하되, 결정기간 내에 결정통지를 받지 못한 경우에는 결정통지를 받기 전이라도 결정기간이 경과한 날부터 행정소송을 제기할 수 있다(법 56조 3항). 여기에서 '행정소송을 제기할 수 있다'는 것은 제소뿐 아니라 법원의 판결을 받을 수 있다는 취지이다.

2. 조세불복절차의 구조

가. 국세 및 관세

현행법상 국세에 대한 쟁송은 필요적 전치주의를 채택하면서 국세청장에 대한 심사청구나 조세심판원에 대한 심판청구 중 택일하여 구제를 신청할 수 있도록 하고 있다(기본법 55조 1·2항, 56조 2항). 납세자는 그에 앞서 처분청이나 지방국세청장에게 이의신청을 할 수 있다(55조 3항).

법 제65조 제1항 제3호 단서(제80조의2에서 준용하는 경우 포함)의 재조사 결정에 따른 처분청의 후속처분에 대하여는 행정소송을 곧바로 제기하거나(56조 2항), 해당 결정을 내린 재결청을 상대로 다시 심사청구 또는 심판청구를 제기할 수 있다(55조 5항 단서). 다만 이의신청은 제기할 수 없으며(동 6항), 재조사결정 자체에 대한 불복도 허용되지 않는다(55조 5항).

동일한 처분에 대하여 심사청구와 심판청구를 중복하여 제기할 수 없고, 중복제기한 경우 먼저 제기한 심사청구 또는 심판청구(동시 제기한 경우 심판청구)만을 적법한 것으로 본다(동 9항). 현행법의 국세에 관한 사전불복절차는 원칙적 1심급, 선택적 2심급이고 이는 관세법에 의한 처분에 있어서도 동일하다(관세법 119조 내지 132조).

나. 지 방 세

지방세기본법은 지방세 불복절차에 관하여 국세와 마찬가지로 필요적 전치주의를 채택하고 있다. 즉, 지방세기본법 제89조 제 1 항은, 「이 법 또는 지방세관계법에 따른 처분으로서 위법·부당한 처분을 받았거나 필요한 처분을 받지 못하여 권리 또는 이익을 침해당한 자는 이 장에 따른 이의신청 또는 심판청구를 할 수 있다」고 규정하는 한편 제98조 제 1 항은, 「이 법 또는 지방세관계법에 따른 이의신청의 대상이 되는 처분에 관한 사항에 관하여는 행정심판법을 적용하지 아니한다(단서 생략)」 동 제 2 항은, 「심판청구의 대상이 되는 처분에 관한 사항에 관하여는 국세기본법 제56조 제 1 항을 준용한다」 동 제 3 항은, 「제89조에 규정된 위법한 처분에 대한 행정소송은 행정소송법 제18조 제 1 항 본문, 같은 조 제 2 항 및 제 3 항에도 불구하고 이 법에 따른 심판청구와 그에 대한 결정을 거치지 아니하면 제기할 수 없다. 다만, 심판청구에 대한 재조사 결정(제100조에 따라 심판청구에 관하여 준용하는 국세기본법 제65조 제 1 항 제 3 호 단서에 따른 재조사 결정을 말한다)에 따른 처분청의 처분에 대한 행정소송은 그러하지 아니하다」고 규정하고 있다.

다. 감사원 심사청구

감사원 감사를 받는 자의 직무에 관한 처분 그 밖에 감사원규칙으로 정하는 행위에 관하여 이해관계 있는 자는 감사원에 심사청구를 할 수 있고(감사원법 43조 1항), 국세행정기관과 지방행정기관은 감사원 감사를 받는 자에 해당하므로 조세의 부과·징수는 감사원법에 의한 심사청구 대상이다. 감사원 심사청구절차를 거치면 행정심판을 이행한 효력이 부여되며(기본법 56조 5항, 55조 5항; 관세법 119조 3항), 이는 단심급이다.

3. 조세불복기간

국세에 관한 불복청구기간은 원칙적으로 처분이 있은 것을 안 날(처분의 통지를 받은 때에는 그 받은 날)로부터 90일이다(법 61조 1항, 66조 6항, 68조 1항).

이의신청을 거친 후 심사청구나 심판청구를 하려면 이의신청에 대한 결정의 통지를 받은 날부터 90일 이내에 제기하여야 한다(법 61조 2항, 68조 2항).

심사청구 또는 심판청구에 대한 제65조 제 1 항 제 3 호 단서(제81조에서 준용하는 경우 포함)의 재조사결정에 따른 처분청의 처분에 대하여는, 처분청의 처분결과 통지를 받은 날(직접 행정소송을 제기하는 경우), 또는 심사 또는 심판청구에 대한 결정의 통지를 받은 날(심사 또는 심판청구를 거친 경우)로부터 90일이다. 이는 불변기간이다(법 56조 6항).

'처분이 있은 것을 안 날'이란, 당사자가 통지·공고 그 밖의 방법에 의하여 해당 처분이 있었다는 사실을 현실적으로 안 날을 의미한다. 제 2 차 납세의무자나 물적납세의무자 등이 주된 납세의무자에 대한 과세처분을 다투는 경우(기본법 55조 2항 참조) 이들에 대한 납부고지서 송달일을 기준으로 볼 것이다.

기간계산에 있어 초일은 산입되지 않는다(법 4조; 민법 157조). 불복기간을 고지하지 않은 경우에 관한 행정심판법 제27조 제 6 항·제 3 항 본문 규정은 과세처분에 적용이 없다(판 2001. 11. 13, 2000두536).

이의신청인, 심사청구인 또는 심판청구인은 국세청장 또는 조세심판원장이 운영하는 정보통신망을 이용하여 이의신청서, 심사청구서 또는 심판청구서를 제출할 수 있으며(법 60조의2 1항), 이에 따라 이의신청서, 심사청구서 또는 심판청구서를 제출하는 경우에는 국세청장 또는 조세심판원장에게 이의신청서, 심사청구서 또는 심판청구서가 전송된 때에 이 법에 따라 제출된 것으로 본다(동 2항).

처분청 또는 재결청은, 이의신청에 대하여는 60일 이내(법 66조 7항 단서), 심사청구나 심판청구에 대하여는 90일 이내(법 65조 2항, 80조의2)에 각 청구에 대한 결정의 통지를 하여야 한다.

납세자가 결정기간 내에 결정의 통지를 받지 못한 경우에는 결정의 통지를 받기 전이라도 결정기간이 경과한 날(재조사결정에 따른 처분청의 처분에 대하여는 처분기간이 지난 날)부터 심사청구나 심판청구, 행정소송을 제기할 수 있다(법 61조 2항 단서, 68조 2항, 56조 3·4항). 이 경우에도 재결서정본을 송달받을 때까지는 제소기간이 진행되지 아니한다. 기한 내에 우편 제출한 청구서가 청구기간을 지나 도달하여도 기간만료일에 적법한 청구가 있었던 것으로 본다(법 61조 3항, 66조 6항, 80조의2).

천재·지변 등과 같은 불가항력이 있어 기한연장을 받은 경우에는 그 사유 소멸일로부터 14일 이내에 위 각 청구를 할 수 있다(법 61조 4항, 66조 6항, 80조의2).

관세법상 불복청구(동법 119조 내지 132조)나 지방세에 대한 불복청구(지기법 89조 내지 100조)도 내용이 같다. 감사원법상 심사청구의 경우, 청구원인 행위를 안 날부터 90일, 행위가 있은 날부터 180일 이내에 청구를 하여야 한다(동법 44조, 46조의2).

국세(관세)불복절차

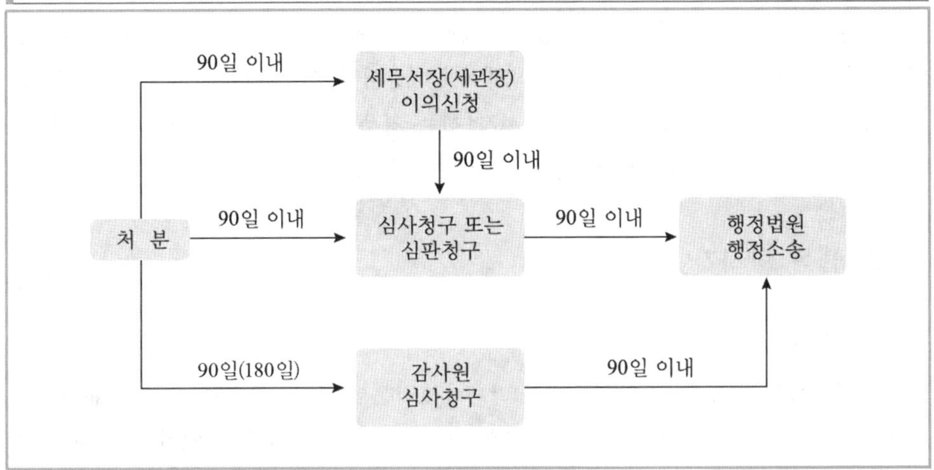

* 이의신청서, 심사청구서, 심판청구서는 기간 내에 발송하면 되나(법 61조 3항, 66조 6항, 80조의2; 관세법 121조 3항, 131조, 132조 4항), 소장은 법정기간 내에 법원에 접수되어야 한다.

제 2 절 국세불복절차통칙

1. 불복의 대상

가. 원칙 — 개괄주의

조세에 관련된 일체의 쟁송은 소극적 처분에 대한 불복을 포함하여 그것이 권리보호적격을 가지는 한 국세불복심사의 대상이 된다(법 55조 1항).

나. 예 외

다음 처분은 국세기본법상 불복 대상에서 제외된다(법 55조 1항 단서, 5항, 6항).

1. 조세범처벌절차법에 따른 통고처분 2. 감사원 심사청구를 한 처분이나 그 심사청구에 대한 처분 3. 이 법 및 세법에 따른 과태료 부과처분 4. 이의신청·심사청구

또는 심판청구에 대한 처분

1호나 2호는 조세범처벌절차법이나 감사원법에 별도의 불복절차가 마련되어 있으므로 국세기본법의 적용대상에서 제외한 것이다.

이의·심사·심판의 청구에 대하여 처분청 또는 재결청이 내린 처분{제65조 제1항 제3호 단서(제80조의2에서 준용하는 경우 포함)의 재조사결정에 따른 처분청의 후속처분은 제외}에 대하여는 상급심에 불복하여 원처분의 당부를 다툴 수 있을 뿐 그 결정에 대한 별도의 불복은 허용되지 않는다. 다만 이의신청에 대한 처분{제65조 제1항 제3호 단서(제66조 제6항에서 준용하는 경우만 해당)의 재조사결정에 따른 처분청의 후속처분 포함}에 대하여는 심사청구 또는 심판청구를 제기할 수 있다.

2. 불복 당사자

가. 청구인 적격

국세불복을 청구할 수 있는 자는, 1. 국세기본법 또는 세법에 따른 처분으로서 위법 또는 부당한 처분을 받거나 필요한 처분을 받지 못함으로 인하여 권리나 이익을 침해당한 자이거나(기본법 55조 1항), 2. 국세기본법 또는 세법에 따른 처분에 의하여 권리나 이익을 침해당하게 될 이해관계인으로서 다음 각 호의 어느 하나에 해당하는 자이다(동 2항).

1. 제2차 납세의무자로서 납부고지를 받은 자 2. 제42조에 따라 물적납세의무를 지는 자로서 납부고지를 받은 자 **2의2.** 부가가치세법 제3조의2에 따라 물적납세의무를 지는 자로서 같은 법 제52조의2 제1항에 따른 납부고지서를 받은 자 **2의3.** 종합부동산세법 제7조의2 및 제12조의2에 따라 물적납세의무를 지는 자로서 같은 법 제16조의2에 따른 납부고지서를 받은 자 3. 보증인 4. 그 밖에 대통령령이 정하는 자

행정처분의 상대방이 아닌 제3자도 행정처분에 의해 권리 또는 법률상 이익을 침해받은 경우 독립하여 불복청구를 할 수 있다는 것은 행정법상 일반적으로 인정되는 법리인데 국세기본법은 특별히 위 각 호의 자에 대하여 명시적으로 당사자 적격을 인정한 것이다. 이는 소송절차에 있어서도 마찬가지이다.

나. 대 리 인

불복청구인은 변호사, 세무사 또는 세무사법 제20조의2 제1항에 따라 등록한 공인회계사를 대리인으로 선임할 수 있으며(기본법 59조 1항), 신청 또는 청구의 대

상이 제78조 제1항 단서에 따른 소액인 경우에는 그 배우자, 4촌 이내의 혈족 또는 그 배우자의 4촌 이내의 혈족을 대리인으로 선임할 수 있다(동 2항).

대리인은 불복청구에 관한 모든 행위를 할 수 있으나, 신청 또는 청구의 취하는 특별한 위임을 받은 경우에 한한다(동 4항).

과세전적부심사 절차를 포함하여 불복절차단계에서의 국선대리인 제도에 관하여는 법 제59조의2 참조.

3. 불복청구의 집행에 대한 효력

과세처분에 대해 이의신청·심사청구·심판청구 등이 제기되어도 원칙적으로 불복대상이 된 처분의 집행에는 영향을 미치지 아니한다(기본법 57조 1항 본문; 지기법 99조 1항 본문). 다만 해당 재결청이 처분의 집행 또는 절차의 속행 때문에 이의신청인, 심사청구인 또는 심판청구인에게 중대한 손해가 생기는 것을 예방할 필요성이 긴급하다고 인정할 때에는 처분의 집행 또는 절차 속행의 전부 또는 일부의 정지를 결정할 수 있다(기본법 57조 1항 단서).[1]

재결청은 집행정지 또는 집행정지의 취소에 관하여 심리·결정하면 지체 없이 당사자에게 통지하여야 한다(동조 2항).

소송절차 중의 처분의 집행정지에 관하여는 이 책 353면 참조.

4. 심 리

불복청구에 대한 심리는 요건심리와 본안심리로 나누어진다.

요건심리란 불복청구인의 적격, 불복청구의 방식, 불복사항, 불복기간의 준수 등 청구의 형식적 요건에 대해 심리하는 것을 말한다. 직권으로 이루어지며 본안심리 전뿐 아니라 본안심리 중에도 가능하다. 심리결과 보정이 가능하면 보정을 요구하고, 보정이 불가능하거나 보정요구에 대해 보정이 없으면 청구를 각하한다.

본안심리는 불복청구서, 원처분청이 제출한 의견서, 불복청구인 또는 본인이 제출한 증거서류, 원처분청이 제출한 필요서류, 심리청이 직권으로 수집한 자료 등에 의하여 직권심리주의 방식에 의하여 비공개로 진행된다.

1) 조세불복단계에서의 집행정지제도의 현황과 문제점 및 개선방안에 관한 자료로, 김시철, "조세심판전치주의와 가구제(假救濟)에 대한 헌법적 검토— 연혁적 검토 및 헌법상 재판청구권과의 관계등을 중심으로—", 조세법연구 27-3 및 28-1 참조.

불복청구인이나 처분청(처분청의 경우 심판청구에 한정한다)은 그 신청 또는 청구에 관계되는 서류를 열람할 수 있으며 대통령령으로 정하는 바에 따라 해당 재결청에 의견을 진술할 수 있다(기본법 58조; 기본령 46조, 47조).

심리의 방식은 엄격한 당사자주의나 변론주의에서 벗어나 보다 자유로운 직권주의 방식에 의하고 있으며 심리의 범위도 불복청구인의 청구내용에 구속되지 않는다. 당사자도 이의신청에서 주장하지 않은 사유도 심사나 심판청구에서 주장할 수 있다. 이는 심판청구와 소송의 관계에 있어서도 마찬가지이다.

불복청구에 대한 심리는 소송절차와 같은 엄격한 절차적 통제는 배제되어 있는 반면 청구인용의 경우 최종적 효력을 가지므로 그 영향력은 판결에 못지않다. 불복절차가 준사법적 기능이 퇴색하지 않도록 지속적인 제도정비가 요구된다.[1)]

5. 결 정

가. 결정의 구분

결정(재결)은 불복청구에 대한 재결청의 최종판단으로 각하·기각 및 인용으로 구분된다. 인용에는 취소와 경정 및 필요한 처분의 결정이 있다(기본법 65조 1항).

각하란 청구요건이 불비하여 청구의 당부에 대한 심리판단 없이 청구를 배척하는 결정이다. 제소기간 도과나 당사자적격이 없는 경우 등이 대표적인 예이다.

기각은 불복청구에 대한 본안심리 결과 원 처분이 정당하여 청구가 이유 없다고 인정되는 경우에 원 처분을 유지하는 결정이다.

취소와 경정결정은 처분에 위법한 사유가 있어 불복청구가 전부 또는 일부 이유 있다고 인정되는 경우 처분의 전부 또는 일부를 취소하거나 경정(변경)하는 결정을 말한다. 인용재결의 형식은 통상 쟁점사항의 시정 및 과세표준과 세액의 경정을 지시하는 형태이다(예: "쟁점 양도차익을 실지거래가액이 아닌 기준시가에 의해 다시 산정하여 과세표준과 세액을 경정하라"). 판결주문의 단순성과 거리가 있으나 어쨌든 그 내용은 당사자가 불복여부 및 범위를 결정하는 데 부족함이 없도록 명확하여야 한다.

재결청은 취소·경정 이외에 처분청으로 하여금 불복청구인의 권리구제에 필요한 처분을 하도록 명하는 결정을 할 수 있다. 다만 취소·경정 또는 필요한 처분을 하기 위하여 사실관계 확인 등 추가적으로 조사가 필요한 경우에는 처분청으로 하

1) 관련 논의는, 한상국·박 훈, "조세구제제도의 개선방안에 관한 연구", 한국조세연구원(2005); 김범준, "조세심판제도의 실무적 개선방안과 입법론", 조세법연구 15-1, 159면 및 김시철, 앞의 논문.

여금 이를 재조사하여 그 결과에 따라 취소·경정하거나 필요한 처분을 하도록 하는 재조사 결정을 할 수 있다(법 65조 1항 3호 단서).

재조사결정에 해당하는지 여부는 문구에 불구하고 해당 결정에서 경정기준을 제시하였는지 여부에 따른다(판 2016. 9. 28, 2016두39382).

청구인은 심사 또는 심판청구에 대하여 그 결정이 있을 때까지 서면으로 청구를 취하할 수 있다(법 56조 1항; 행심법 42조).

나. 결정의 범위

(1) 불고불리(기본법 65조의3 1항, 79조 1항)

불고불리란 심사나 심판청구에 대한 결정을 함에 있어서 청구를 한 처분만을 대상으로 하고 그 이외 처분에 대하여는 취소 또는 변경하거나 새로운 결정을 하지 못한다는 것을 말한다. 소송물은 처분을 기초로 구분되므로 심사나 심판청구를 한 처분 이외의 처분에 대하여 심사나 심판기관이 결정할 수 없음은 당연하다.

(2) 불이익변경금지(기본법 65조의3 2항, 79조 2항)

국세청장 또는 조세심판관회의나 조세심판관합동회의는 심사나 심판청구에 대한 결정을 함에 있어서 그 청구를 한 처분보다 청구인에게 불이익한 결정을 하지 못한다. 청구인에게 불이익한지 여부는 주문에 의해 결정한다. 과세표준이나 세액의 증가(판 2004. 12. 9, 2003두278), 이월결손금이나 환급세액의 감소 등이 여기에 해당된다. 이 경우 당초 처분액수를 초과하는 부분은 무효가 된다.

조세심판원의 재조사결정에도 불이익변경금지 원칙이 적용된다.[1)] 소득금액 추계조사결정에 대한 불복청구를 인용한 재결에 따라 당초처분을 취소하고 실지조사하여 다시 결정한 과세표준이 당초 과세표준보다 많은 경우 불이익변경금지 원칙에 반한다(판 2016. 9. 28, 2016두39382). 과세관청이 결정 이유에서 밝혀진 내용에 따라 탈루나 오류가 있는 과세표준이나 세액을 경정하는 것은 불이익변경금지 원칙에 반하지 않는다(판 2007. 11. 16, 2005두10675).

심사청구에 대하여는 국세심사사무처리규정 제 3 조에서 준용규정을 두고 있다.

다. 결정의 효력

결정은 그 통지가 불복청구인에게 도달함으로써 효력이 발생한다. 인용의 경우

1) 재조사결정을 심사 및 심판청구에 따른 결정유형 중 하나로 명시한 2016. 12. 20. 법 개정 전 같은 취지의 판결로 판 2016. 9. 28, 2016두39382.

에는 처분청에 대하여, 각하 또는 기각의 경우에는 청구인에 대하여 각 재결의 내용을 실현시키는 효력을 갖는다. 이 밖에 결정은, (1) 불가쟁력, (2) 불가변력, (3) 기속력, (4) 형성력 등의 효력을 갖는다.

이 중 불가쟁력은, 결정에 대하여 다음 심급에의 불복청구나 제소를 청구기간 내에 하지 않으면 결정이 형식적으로 확정되는 효력(형식적 확정력)을, 불가변력은 재결청 자신이 결정의 효력을 취소하거나 변경할 수 없게 되는 효력을 말한다.

결정은 불복청구인 및 관계인과 관계행정청을 기속한다. 법은 심판청구 및 심사청구에 관해 규정하고 있으나(기본법 65조, 80조, 80조의2), 이의신청 결정에도 기속력은 인정된다(판 2014. 7. 24, 2011두14227). 과세전 적부심사 결정에는 법상 기속력은 인정되지 않으나(판 2010. 5. 13, 2010두2555), 실무상은 결정내용이 명백히 위법·부당하고 납세자가 그 결과에 적극적으로 기여한 경우가 아닌 한 결정을 존중하는 형태로 운영되고 있다(심사양도 2013-0036, 2013. 6. 20).

결정기관이 상급행정관청인 경우 감독·훈령권에 기해 하급관청을 기속한다. 처분청은 재결청의 결정취지에 따라 즉시 필요한 처분을 하여야 하며, 동일한 처분을 되풀이하거나 결정내용에 어긋나는 처분을 할 수 없다.

재조사결정에도 기속력은 인정된다. 구체적으로 심판청구 등에 대한 결정의 한 유형으로 실무상 행해지는 재조사 결정은 재결청의 결정에서 지적된 사항에 관하여 처분청의 재조사결과를 기다려 그에 따른 후속처분의 내용을 심판청구 등에 대한 결정의 일부분으로 삼겠다는 의사가 내포된 변형결정에 해당하므로{판 2010. 6. 25, 2007두12514(전)}, 처분청이 재조사결정에도 불구하고 재조사 자체를 하지 않은 경우나 재조사결정 취지에 따른 실질적 조사를 하지 않은 경우, 재조사결정이 정한 조사방법을 따르지 않거나 재조사결정에서 확정한 요건사실에 대한 판단과 다른 판단을 하여 당초처분을 유지한 경우(판 2017. 5. 11, 2015두37549) 등은 모두 기속력에 위배된다.

조세심판원이 자산의 취득가액에 관하여 재조사결정을 하였는데, 과세관청이 재조사결과 자산의 취득 당시 시가가 불분명하고, 시가로 볼 수 있는 감정가액 등도 존재하지 않자 상증세법상 보충적 평가방법을 적용하여 자산의 취득가액을 산정하였고 그 결과가 당초처분보다 납세자에게 불리하자 불이익변경금지 원칙에 따라 당초처분을 유지한 경우 기속력에 반하지 않는다(판 2024. 7. 25, 2022두60745).[1)]

기속력은 결정주문과 그 전제가 된 요건사실에만 미치고 결정이유나 간접사실에는 미치지 않는다. 청구인도 심사나 심판청구에 대한 재결이 있으면 이에 대해

1) 관련 논의는, 곽상민, "재조사결정, 그리고 그 후속처분에 대한 통제", 조세법연구 22-2, 118면.

다시 심사나 심판을 청구할 수 없다(법 56조 1항; 행심법 51조).[1)]

원 처분을 취소·변경하는 결정이 있으면 결정 자체의 효력에 의해 원 처분은 당연히 취소·변경되는데 이를 형성력이라고 한다. 관련 논의는 이 책 366면 참조.

6. 불복방법의 통지(교시제도)

불복청구의 재결청은 결정서에 그 결정서를 받은 날로부터 90일 내에, 이의신청인은 심사청구 또는 심판청구를, 심사청구인 및 심판청구인은 행정소송을 제기할 수 있다는 내용을 적어야 하고(법 60조 1항), 해당 불복청구에 대한 결정기간이 경과하여도 그 결정을 하지 못하였을 때에는 지체 없이 각 당사자에게 위 각 청구 또는 소송의 제기를 결정의 통지를 받기 전이라도 그 결정기간이 경과한 날로부터 할 수 있다는 내용을 서면으로 통지하여야 한다(법 60조 2항). 이와 같은 '교시제도'는 조세쟁송절차상 제소기간의 진행에 있어서 필수적으로 요구되는 절차이다.

불복방법을 통지함에 있어서 불복기관을 잘못 통지한 경우에 그 통지된 기관에 불복청구를 한 때에는 정당한 기관에 당해 이의신청, 심사청구 또는 심판청구를 한 것으로 보며, 불복청구서를 통지의 잘못으로 받은 기관은 정당한 기관에 지체 없이 이송하고 그 뜻을 당해 불복청구인에게 통지하여야 한다(영 49조).

제 3 절 이의신청

이의신청은 해당 처분을 하거나 하였어야 할 세무서장에게 하거나 해당 세무서장을 거쳐 관할 지방국세청장에게 하여야 한다(법 66조 1항). 다만 1. 지방국세청장의 조사에 따라 과세처분을 한 경우와 2. 세무서장에게 제81조의15에 따른 과세전 적부심사를 청구한 경우에는 관할 지방국세청장에게 한다. 이 경우 세무서장에게 한 이의신청은 관할 지방국세청장에게 한 것으로 본다(동항 단서).

이의신청은, 1. 국세청의 감사결과로서의 시정지시에 따른 처분, 2. 세법에 따라 국세청장이 하여야 할 처분에 대하여는 제기하지 못한다(법 55조 3항; 영 44조의2).

납세자가 이의신청에 대한 결정에 불복하는 경우 결정의 통지를 받은 날부터 90일 이내(다만 제66조 제 7 항에 따른 결정기간 내에 결정의 통지를 받지 못한 경우

1) 그밖에 기속력에 관한 판례의 동향 등 관련 논의는 이 책 360면 참조.

그 결정기간이 지난 날부터, 이의신청에 대한 재조사 결정이 있은 후 제66조 제 6 항에 따라 준용되는 제65조 제 5 항 전단에 따른 처분기간 내에 처분 결과의 통지를 받지 못한 경우 그 처분기간이 지난 날부터 각 90일 이내에 심사청구를 할 수 있다)에 심사나 심판청구를 거쳐야 한다(법 61조 2항; 68조 2항). 제 6 조에 따른 사유로 제 1 항의 기간 내에 심사청구를 할 수 없을 경우에 관한 구제조항이 있다(법 61조 4항).

이의신청인지 여부는 실질에 의하여 판단한다(판 97. 11. 28, 97누13627).

과세관청이 이의신청절차에서 납세자 주장을 받아들여 처분을 직권으로 취소한 경우, 그것이 납세자의 사기나 기타 부정한 방법에 의해 취소되었다는 등의 특별한 사정이 없는 한 동일한 처분을 다시 할 수 없다(판 2017. 3. 9, 2016두56790).

이의신청에 대한 심의 및 의결은 국세심사위원회에서 행하며(법 66조의2), 그 결정은 이의신청을 받은 날로부터 30일(이의신청인이 세무서장 등의 의견서에 대하여 소정기간 내에 항변하는 경우에는 60일)이내에 하여야 한다(법 66조 7항).

그 밖의 이의신청에 대한 결정의 구분(65조 1항)이나 결정의 통지(동 3항) 등 절차에 관한 대부분의 사항은 심사청구에 관한 규정을 준용한다(법 66조 6항).

제 4 절 심사청구

1. 청구절차

심사청구는 요식행위로서 심사청구서로 하며, 관계증거서류나 증거물이 있는 때에는 이를 첨부하여 소관세무서장을 거쳐 국세청장에게 하여야 한다(법 62조 1항; 영 50조 1항). 심사청구서가 소관세무서장 이외의 세무서장·지방국세청장·국세청장에게 제출된 때에는 당해 심사청구서를 소관세무서장에게 지체없이 송부하고 그 뜻을 당해 청구인에게 통지하여야 한다(영 50조 2항). 심사청구서를 제출받은 세무서장은 이를 받은 날로부터 7일 이내에 청구서에 처분의 근거·이유, 처분의 이유가 된 사실 등이 구체적으로 기재된 의견서(일정한 경우 지방국세청장의 의견서)를 첨부하여 국세청장에게 송부하여야 한다(법 62조 3항). 의견서가 제출되면 국세청장은 지체 없이 이를 심사청구인에게 송부하여야 한다(동 4항).

법은 국세청장의 보정요구와 심사청구인의 보정절차에 대하여 규정하고 있다(법 63조 1·2항). 보정기간은 심사청구기간에 산입하지 아니한다(동 3항).

심사청구인은 항변을 위해 국세청장에게 증거서류나 증거물을 제출할 수 있다(법 63조의2 1항, 2항). 국세청장은 증거서류가 제출되면 증거서류의 부본을 지체 없이 해당 세무서장 및 지방국세청장에게 송부하여야 한다(동 3항).

2. 결 정

심사청구에 대한 결정은 국세심사위원회의 의결에 따라 국세청장이 하되 심사청구기간이 경과된 후에 제기된 심사청구 등 일정한 사유에 해당하는 경우 국세심사위원회의 의결절차를 생략할 수 있다(법 64조 1항; 영 53조 14항). 국세청장은 제 1 항에 따른 국세심사위원회 의결이 중요 사실관계의 누락, 명백한 법령해석의 오류, 국세행정에 중대한 영향이 있다고 판단하는 경우 구체적인 사유를 적시하여 서면으로 국세심사위원회로 하여금 다시 심리할 것을 요청할 수 있다(동 2항).

결정은 각하·기각·인용으로 구분하여 결정하고 청구를 인용하는 때에는 취소·경정 또는 필요한 처분의 결정을 하여야 한다(법 65조 1항).

결정은 청구를 받은 날로부터 90일 이내에 하여야 하며, 보정기간은 결정기간에 산입하지 아니한다(동 2·4항). 결정을 한 때에는 결정기간 내에 그 이유를 기재한 결정서에 의하여 청구인에게 통지하여야 한다(동 3항).

제 1 항 제 3 호 단서에 따른 재조사 결정이 있는 경우 처분청은 재조사 결정일로부터 60일 이내에 결정서 주문에 기재된 범위에 한정하여 조사하고, 그 결과에 따라 취소·경정하거나 필요한 처분을 하여야 한다. 이 경우 처분청은 제81조의7 및 제81조의8에 따라 조사를 연기하거나 조사기간을 연장하거나 조사를 중지할 수 있다(동 5항). 처분청은 제 1 항 제 3 호 단서 및 제 5 항 전단에도 불구하고 재조사 결과 심사청구인의 주장과 재조사 과정에서 확인한 사실관계가 다른 경우 등 대통령령으로 정하는 경우에는 해당 심사청구의 대상이 된 당초의 처분을 취소·경정하지 아니할 수 있다(동 6항).

국세청장은 제65조에 따른 결정을 할 때 심사청구를 한 처분 외의 처분에 대해서는 그 처분의 전부 또는 일부를 취소 또는 변경하거나 새로운 처분의 결정을 하지 못하며(법 65조의3 1항), 심사청구를 한 처분보다 청구인에게 불리한 결정을 하지 못한다(동 2항).

이 규정들은 불고불리 및 불이익변경금지 원칙을 명시한 것이다.

제 5 절 심판청구

1. 청구절차

심판청구를 하려는 자는 대통령령으로 정하는 바에 따라 불복의 사유 등이 기재된 심판청구서를 그 처분을 하였거나 하였어야 할 세무서장이나 조세심판원장에게 제출하여야 한다. 이 경우 심판청구서를 받은 세무서장은 이를 지체 없이 조세심판원장에게 송부하여야 한다(법 69조 1항).

법 제68조에 따른 심판청구기간을 계산할 때에는 심판청구서가 제 1 항 전단에 따른 세무서장 외의 세무서장, 지방국세청장 또는 국세청장, 중앙행정심판위원회, 감사원장, 지방자치단체의 장('접수기관 등')에게 제출된 경우에도 심판청구를 한 것으로 본다. 이 경우 심판청구서를 받은 접수기관 등은 이를 지체 없이 조세심판원장에게 송부하여야 한다(동 2항).

2. 심판청구에 대한 심리

심판청구에 대한 결정을 위하여 국무총리 소속으로 조세심판원을 둔다(법 67조 1항). 조세심판원은 그 권한에 속하는 사무를 독립적으로 수행한다(동 2항). 조세심판원의 원장과 심판관은 그 자격과 임기, 중임 또는 연임 및 신분보장 등에 관하여 엄격한 통제규정을 두고 있다(법 67조 3~8항; 영 55조의2 등). 조세심판관 회의의 구성과 심의 및 의결절차에 관하여는 법 제72조 내지 제78조 참조.

조세심판원장이 심판청구를 받은 때에는 조세심판관회의가 그 심리를 거쳐 이를 결정한다. 다만 금액이 소액인 경우 등 일정한 경우에는 주심 조세심판관 단독으로 심리·결정할 수 있다(법 78조 1항; 영 62조). 심판의 편의와 신속 등 능률을 기하기 위해 필요한 경우 담당조세심판관은 수 개의 심판사항을 병합하거나, 병합된 심판사항을 수 개의 심판사항으로 분리할 수 있다.

심리방식은 쟁점주의적 운영을 기본으로 하며, 당사자의 주장, 입증 등 심리절차는 전체적으로 사법절차에 비해 엄격한 절차적 통제로부터 벗어나 있다(법 76조 1·2항 참조). 조세심판관은 심판청구에 관한 조사 및 심리의 결과와 과세의 형평을 참작하여 자유심증으로 사실을 판단한다(법 77조).

동일한 쟁점에 관하여 심판원의 종전 결정이 없거나 세법의 해석·적용을 변경하는 경우 등 일정한 경우에는 조세심판관합동회의에서 심리·결정한다(법 78조 2항; 영 62조의2 2항). 결정의 효력 및 범위에 관하여는 제 4 절 심사청구 참조.

심판결정은 문서로써 하고 결정서에는 주문과 이유 및 심리에 참석한 조세심판관의 성명을 기재한다(법 78조 5항). 불고불리 및 불이익변경금지의 원칙의 적용이 있음은 심사청구에 있어서와 동일하다(법 79조). 심판결정은 관계 행정청을 기속하며(법 80조 1항), 심판청구에 대한 결정이 있으면 해당 행정청은 결정의 취지에 따라 즉시 필요한 처분을 하여야 한다(동 2항).

결정기간은 원칙적으로 심판청구를 받은 날부터 90일 내이다(법 80조의2, 65조 2항). 그 밖에 청구기간(법 61조 3·4항), 보정요구(동 63조), 결정의 종류(동 65조 1항), 결정의 통지(동 65조 3항), 보정기간의 결정기간 불산입(동 65조 4항) 등의 규정은 심사청구에 관한 규정이 준용된다(동 80조의2).

국세청장, 지방국세청장, 세무서장은 제 7 장에 따른 심판청구를 거쳐 행정소송법에 따른 항고소송이 제기된 사건에 대하여 그 내용이나 결과 등 대통령령으로 정하는 사항을 반기마다 그 다음 달 15일까지 조세심판원장에게 알려야 한다(동 81조. 2022. 12. 31. 신설).

제 3 장 조세소송

제 1 절 총　설

1. 개　관

조세소송은 조세법률관계에 관한 쟁송을 법원이 심리·판단하는 재판절차를 말한다. 세무소송이라고도 부른다.

조세소송에는 행정소송법상의 객관적 소송인 민중소송과 기관소송도 포함되나, 통상은 주관적 소송으로서의 항고소송과 당사자소송을 가리킨다.

항고소송은 행정청의 위법한 처분 등의 효력을 다투는 소송이다. 항고소송에는 취소소송과 무효등확인소송, 부작위법확인소송 등 세 가지가 있으나(행소법 4조) 그 중 취소소송이 주종을 이룬다. 취소소송과 무효확인소송의 구별과 관련하여, 종래의 통설은 행정처분의 공정력 유무를 들었으나 최근에는 행정법관계의 안정성 확보 및 권리구제의 편의를 위하여 취소소송절차가 마련되어 있는 이상 다른 방법에 의한 권리구제는 원칙적으로 허용되어서 안된다는 제도적 제약으로 이해하는 것이 보통이다. 이를 '취소소송의 배타성' 혹은 '취소소송의 배타적 관할'이라고 부른다. 무효등확인소송으로는 과세처분 무효확인소송과 부존재확인소송이 있다.

행정소송법은 항고소송의 형태로 행정처분의 거부에 대한 거부처분 취소소송(법 4조 1호), 부작위에 대한 부작위위법확인소송을 인정하고 있는데 이는 행정청에 대하여 일정한 행정처분을 하여 줄 것을 요청하는 의무이행소송의 실질을 갖는다.[1)]

국세기본법은 납세자의 과다신고세액에 대한 감액경정청구제도를 인정하고 있는

1) 행정심판법에는 의무이행심판이 쟁송의 한 형태로 규정되어 있으나(법 5조 3호), 행정소송법에는 별도의 규정이 없다. 행정소송법상 전면적인 의무이행소송을 인정할 수 있는가에 관하여 학설은 긍정설과 부정설이 있는데, 판례는 부정설을 취하고 있다(판 89. 9. 12, 87누868). 의무이행소송의 정식 도입은 행정소송법 개정에 관한 중요 논의사항 중 하나이다.

데(법 45조의2) 과세관청이 납세자의 경정청구를 거부하였을 때 제기하는 거부처분취소소송 역시 의무이행소송의 성격을 갖는다고 볼 수 있다.

행정소송법 제 3 조 제 2 호에 규정된 당사자소송에 해당하는 조세소송으로는 부가가치세 환급청구소송{판 2013. 3. 21, 2011다95564(전)}과 국가 등 과세주체가 조세채권의 소멸시효 중단을 위하여 납세의무자를 상대로 제기하는 조세채권 존재 확인의 소(판 2020. 3. 2, 2017두41771)가 있다. 과오납금 반환청구소송이나 과세처분 무효를 이유로 한 납부세액 반환청구소송도 당사자 소송의 성격을 지니나 판례는 일관되게 이를 민사소송으로 취급하고 있다. 그 밖에 과세처분 위법과 관련된 소송으로 쟁점소송(행소법 11조)과 국가배상청구소송이 있는데 이들은 순수한 민사소송에 해당한다.

대등한 당사자 사이의 권리관계에 관한 분쟁을 대상으로 하는 민사소송은 양 당사자 사이의 공평이 소송의 중요한 이념으로 자리 잡고 있으나 조세소송은 적정과세의 실현과 납세자의 절차적 권리보장이라는 서로 다른 이익의 조화가 중요하다.

과세처분은 일반 행정처분에 비하여 대량·반복적으로 이루어지고, 내용면에서도 전문성·기술성·복잡성 등을 지니며, 무효확인소송은 물론 취소소송의 경우에도 그 실질은 조세채무 존부확인소송의 성격을 갖는다.

조세소송은, (1) 조세의 공공성에 기초한 적정과세의 실현이라는 공익적 요청이 강하고, (2) 과세관청은 언제든지 (증액)경정처분이 가능하여 소송대상 자체가 유동적인 반면, (3) 증거와의 거리에서 납세자가 과세관청보다 상대적으로 우월한 지위에 있고, (4) 법원의 심리의 범위와 관련하여 이념적으로는 총액주의를 기초로 하나 현실적으로는 쟁점주의적으로 운영될 수밖에 없는 특성을 지닌다.

구체적으로 조세소송에서 논의되는 주요내용은 다음과 같다.

1) '심리의 대상'과 관련하여 당초처분 후 증액처분이 있는 경우 당초처분은 증액처분에 흡수· 소멸되고 증액처분만이 존재하는가(흡수설) 아니면 양자가 병존하는가(병존설)가 논쟁의 대상이다. 이는 당초신고와 증액처분의 관계에서 더 문제가 된다.

2) '심리의 범위'와 관련하여 민사소송은 피고의 방어권 행사 및 기판력과의 관계가 중요하나, 조세소송은 과세단위를 기준으로 정당한 세액의 규명이 이념적 목표인 반면(총액주의), 현실적으로는 쟁점위주로 심리될 수밖에 없는 특성을 지니고(쟁점주의), 그에 따라 과세관청의 처분사유 변경의 범위 내지 한계가 중요하다.

3) '판결의 효력'과 관련하여 납세자에 대한 과세처분취소소송의 확정판결은 민사판결과 동일하게 반복금지 및 모순금지를 내용으로 하는 기판력을 갖는 반면 경정거부처분취소소송의 경우 납세자 패소판결이 확정되어도 경정청구기간 내인 한 다른

사유를 이유로 한 재차의 경정청구가 금지되는 것은 아니다. 과세관청에 대하여는 확정판결 후 재처분이 가능한지, 가능하다면 그 범위가 어디까지인가가 문제된다. 전체적으로 조세소송의 소송물 이론은 기판력을 중심으로 하는 민사소송과는 구조와 특성이 사뭇 다르므로 이 점을 제대로 이해하는 것이 필수적이다.

조세소송에서는 전치절차와 관련된 행정소송법의 일부 조항(행소법 18조 1항 본문, 2·3항 및 20조 2·3항)의 적용이 배제되나(기본법 56조 2·3항; 관세법 119조 6항, 120조 2항), 조세소송도 기본적으로 일반 행정소송과 다를 바가 없으므로 국세기본법, 관세법, 지방세법 등 조세법규에 특별한 규정이 있는 경우를 제외하고는 일반법인 행정소송법과 민사소송법이 적용 또는 준용된다(행소법 8조 1·2항 참조).

2. 각국의 조세쟁송제도

가. 독 일

독일은 조세소송을 규율하는 독립된 조세소송법(Finanzgerichtsordnung, FGO)이 제정되어 있다. 조세소송은 연방과 각 주(州)에 관하여 통일적 조세재판권을 가진 조세법원(Finanzgericht, FG)과 그 상소심을 관할하는 연방최고법원인 연방조세법원(Bundesfinanzgerichshof, BFH) 등 2심제이다. 행정불복 전치주의가 채용되어 있고, 불복절차는 이의신청 단심제이다.

이의신청의 재결기관은 해당 세무행정행위를 한 처분청이며, 불복기간은 과세처분의 통지를 받은 날, 또는 납세신고를 한 날부터 1개월이다. 이의신청에 대한 심리는 원칙적으로 서면주의에 의하고 비공개로 진행된다.

조세소송의 종류로는, 취소소송, 의무이행소송, 기타 이행소송 및 확인소송 등 네 가지가 있으며(FGO 40조, 41조), 형성소송이나 급부소송을 제기할 수 있는 경우 확인소송을 제기할 수 없다. 특수한 형태의 소송으로 재심소송이 있다(FGO 134조).

독일은 부과과세방식을 원칙으로 하는데, 조세부과결정의 경정은 원칙적으로 '새로운 사실이나 증거를 발견한 경우'로 제한되고, 이는 조세쟁송절차 및 조세소송 판결의 효력 등과 밀접하게 관련되어 있다. 관련 내용은 이 책 358면 참조.

나. 일 본

일본 조세소송의 전체적인 구조는 필요적 전치주의를 비롯하여 우리와 비슷하다. 다만 우리와 달리 일본은 행정소송에서 의무이행소송을 허용하고 있다. 일본

행정사건소송법은 의무이행소송의 형태로, 제 3 조 제 6 항 제 1 호에서 '행정청이 일정한 처분을 하여야 함에도 이를 하지 아니하는 경우(비신청형)를, 같은 항 제 2 호에서 '행정청에 대하여 일정한 처분 또는 재결을 구하는 취지의 법령에 기초한 신청 또는 심사청구가 행하여진 경우, 당해 행정청이 그 처분 또는 재결을 하여야 함에도 이를 행하지 아니하는 경우(신청형)'를 각각 규정하고 있다.

이 중 비신청형 의무이행소송은 손해의 중대성 및 보충성을 요건으로 하는데(같은 법 제37조의2 1항), 신고납세방식 조세에서 확정신고나 수정신고를 한 후 경정청구기간이 도과된 경우 비신청형 의무이행소송을 허용할지 여부가 논의되고 있다.[1)]

다. 미 국

조세와 관련된 미국의 사법상 구제절차는 행정처분이나 행정소송절차를 별도로 두지 않고 일반 법원에서 일반적인 소송절차에 따라 진행된다. 미국의 조세사건은, 1) 연방조세법원, 2) 연방지방법원, 3) 미국연방청구법원 등 세 곳에서 관장한다. 이 중 연방조세법원은 조세전문법원으로서 전문 법관이 포진하여 상대적으로 복잡하고 전문적인 이슈를 다루며 제소를 위해 세금을 미리 납부할 필요가 없다. 법원의 선택은 배심제도가 작동하는지, 세금을 미리 납부해야 하는지, 법관의 전문성, 각 법정의 선결정례 등을 종합적으로 고려하여 판단하여야 한다.

미국의 조세불복제도는 IRS(Internal Revenue Service)의 세무조사절차에 대한 불복을 위해 IRS 내에 설치된 심사청(The IRS Office of Appeals)에 대한 행정상 불복절차와 그 이후의 사법절차로 나누어진다. 납세자의 신고세액이 부족하다고 판단되면 IRS 조사관은 부족세액의 납부를 명하는 예비통지를 발하는데, 이에 대하여 납세자는 30일 내에 심사국에 재조사를 청구할 수 있다. 30일 내에 재조사를 청구하지 않고 통지세액도 납부하지 않으면 법정통지(90일 통지)를 보내게 된다. 이의가 있는 납세자는 통지를 받고 90일 내에 연방조세법원(The US Tax Court)에 제소하여 탈루세액의 재결정(경정)을 청구하여야 한다. 이 경우 세액을 납부할 필요가 없다.

납세자가 세액을 납부한 경우 연방지방법원(The federal district court) 또는 연방청구법원(The US court of Federal Claims)에 제소하여 위법하게 부과된 세액의 반환을 청구할 수 있다. 조세행정 불복절차 단계에서는 납세자와의 협의 내지는 화해절차나 조정(ADL) 제도가 많이 이용된다.[2)]

1) 자세한 내용은 윤병각, 앞의 책 71면 참조.
2) CAMILLA E.WATSON, "Tax Procedure And Tax Fraud"(3rd Edition, THOMSON WEST) 242면.

제 2 절 재판관할

조세소송도 행정소송의 일종이므로 행정소송의 재판관할 규정이 적용된다. 행정소송법은 항고소송 중 취소소송의 재판관할에 관하여 규정하고(행소법 9조), 이를 무효 등 확인소송과 부작위위법확인소송에 준용하고 있다(행소법 38조 1·2항).

현행 행정소송법상 조세소송을 포함한 행정소송은 민사소송과 동일하게 3심제를 취하고, 법원조직법상 피고인 행정청 소재지 관할 행정법원이 제 1 심이 된다(행소법 38조 1항, 9조 1항, 13조; 법원조직법 40조의4, 28조 1호, 14조 1호). 다만 1. 중앙행정기관, 중앙행정기관의 부속기관과 합의제행정기관 또는 그 장, 2. 국가의 사무를 위임 또는 위탁받은 공공단체 또는 그 장을 피고로 하여 취소소송을 제기하는 경우에는 대법원소재지 관할 행정법원에 제기할 수 있다(행소법 9조 2항). 행정법원이 설치되지 않은 지역에서의 행정사건의 관할은 행정법원이 설치될 때까지 지방법원본원 및 춘천지방법원 강릉지원이 관할한다(법원조직법 부칙 2조).

당사자소송의 재판관할에 관하여도 취소소송에 관한 규정이 준용되므로 국가 또는 지방자치단체가 피고인 경우 소관 행정청 소재지 관할 행정법원이, 그 밖의 권리주체가 피고인 경우 그 소재지 관할 행정법원이 각 1심이 된다(행소법 40조, 9조).

제 3 절 당사자 및 대리인

1. 당사자능력

조세소송의 당사자능력은 행정소송법이나 국세기본법 그 밖의 세법 등에 특별한 규정이 있는 외에는 법원조직법과 민사소송법 및 민사집행법 관련 규정이 준용된다(행소법 8조 2항). 따라서 권리능력이 있는 자는 조세소송의 당사자능력이 있다.

법인격이 없는 단체(사단·재단 그 밖의 단체)라도 국세기본법 제13조 제 1 항이나 소득세법 제 2 조 제 3 항에서와 같이 권리능력이 인정되면 그 범위 내에서 소송법상 당사자능력이 있다. 그 예로는, 종중(판 84. 5. 22, 83누497), 산림계(판 86. 9. 23, 85누573), 한국자동차부품사업 중앙연합회(판 86. 12. 23, 85누963) 등을 들 수 있다. 외국법인의 국내지점은 당사자능력이 없다(판 1989. 8. 8, 88누9978).

2. 대 리 인

민사소송법상 소송대리인에 관한 규정이 준용된다(행소법 8조 2항; 민소법 87조 내지 97조). 다만 국세와 지방세에 관한 항고소송은 과세관청의 장이 소속 직원이나 상급행정청 직원을 지정하여 행정소송을 수행하게 하거나 변호사를 소송대리인으로 선임할 수 있다(국가를 당사자로 하는 소송에 관한 법률 5조). 지방자치단체가 당사자인 경우는 특례규정이 없으므로 변호사에 의한 소송대리만이 가능하다.

제 4 절 소송요건

1. 총 설

조세소송을 적법하게 제기하기 위해서는 다른 행정소송에 있어서와 마찬가지로, ① 해당 처분이 항고소송의 대상으로서의 적격성(처분성)이 있어야 하고, ② 해당 소송에 있어서의 권리 또는 법률상 이익을 구할 자격(원고적격)이 있는 자가 해당 행정청(피고적격)을 상대로 제기하여야 하며, ③ 법원이 본안판결을 할 정도의 구체적 이익(소의 이익)이 있어야 하고, ④ 취소소송에 있어서는 소정의 전심절차를 밟고 제소기간을 준수하여 제기하여야 한다.

2. 처 분 성

가. 의 의

행정소송법은 항고소송인 취소소송이나 무효확인소송의 대상을 "처분 등"으로(행소법 3조 1호), '처분'을 '행정청의 구체적 사실에 관한 법 집행으로서의 공권력의 행사 또는 그 거부와 그 밖에 이에 준하는 행정작용 및 행정심판에 대한 재결'(행소법 2조 1항 1호)로 각 규정하고 있다.

판례는 조세쟁송에서 처분성을 비교적 엄격하게 본다. 그러나 조세법률관계는 단순한 권력하명관계가 아니라 납세의무자와 과세당국 사이의 금전채권채무관계로서 조세쟁송은 실질적으로 조세채무부존재 확인소송으로서의 특질을 갖는다. 이와 같은 조세법률관계 및 조세쟁송의 본질에 비추어 조세쟁송절차에서 엄격하게 처분성을 요구할 이유는 별로 없다. 납세의무자의 조세채무의 부존재나 조세환급채권의 존재를 공적으로 확인할 필요가 있다면 그 다툼은 전문법원인 행정법원 관할로 함이 바람직하다. 조세행정사건은 전심절차가 허용되고, 인지대 등 소송비용도 상대적으로 저렴하며, 전문법관에 의하여 심리되는 등 일반 민사소송절차보다 납세자에게 유리한 측면이 있다. 또한 전문법원에 의한 판단의 전문성과 통일성도 유지할 수 있다. 행정소송법은 국가가 행하는 모든 행정작용을 원칙적인 쟁송대상으로 삼는데 이는 조세 영역에서도 다를 바가 없다. 객관적으로 처분의 형태를 취하고 납세자가 이를 다투는 것이 권리구제를 위해 필요하다면 폭 넓게 쟁송적격을 인정하여야 할 것이다(기본법 55조 참조). 아래에서 판례의 구체적 동향에 관하여 살펴본다.

나. 구체적 적용

처분성을 부정한 사례로는, 청원이나 질의에 대한 회신(판 84. 5. 22, 83누485), 세무서장의 익금가산결정(판 85. 7. 23, 85누335)이나 법인세 과세소득결정(판 86. 1. 21, 82누236), 제 2 차 납세의무자 지정통지(판 95. 9. 15, 95누6632), 원천징수의무자의 원천징수행위(판 90. 3. 23, 89누4789), 과세관청의 원천징수금 수납행위(판 84. 2. 14, 82누177), 신고납세방식 조세의 수납행위(판 90. 3. 27, 88누4591), 부과과세방식 조세의 과세표준 확정신고 확인·수리행위(판 98. 2. 27, 97누18479), 국세환급금결정이나 환급거부결정 {판 89. 6. 15, 88누6436(전)}, 물납환부거부결정(판 2009. 11. 26, 2007두4018), 경정청구권이 인정되지 않는 경정청구에 대한 거부회신(판 2006. 5. 11, 2004두7993), 국세환급금의 충당(판 2005. 6. 10, 2005다15482), 조세범처벌절차법에 의한 통고처분(판 62. 1. 31, 4294행상101), 탈세제보 조사거부 통지(판 2019. 10. 31, 2019두46190), 소득세법시행령 제192조 제 1 항 단서에 따른 소득의 귀속자에 대한 소득금액변동통지(2015. 3. 26, 2013두9267) 등. 신고납부방식 조세의 경우에도 부과징수방식 조세와 마찬가지로 그 근거법령에 기본권침해의 직접성이 인정되지 않는다는 것이 판례의 태도이다.[1)]

이에 반하여, 개별토지가격결정(판 93. 1. 15, 92누12047)과 표준지공시지가결정(판 94. 3. 8, 93누10828), 담보권자의 매각대금배분신청 거부처분(판 97. 12. 22, 92누7580), 납세의무자의 기한 후 양도소득세 과세표준신고에 대한 과세관청의 신고시인결정 통지(판 2014. 10. 27, 2013두6633), 구 국세기본법(2019. 12. 31. 개정 전의 것)상 납세의무자의 기한후 신고에 대한 과세관청의 신고시인결정(판 2020. 2. 27, 2016두60898), 결손

1) 헌 2001. 1. 18, 2000헌마80; 2020. 9. 24, 2017헌마498. 관련 논의는, 김규림, “신고납세방식 조세에 관한 법령과 헌법재판소법 제68조 제 1 항 헌법소원”, 조세법연구 26-3, 63면.

금 증액경정처분(판 2009. 7. 9, 2007두1781)이나 결손금감액경정 청구에 대한 거부처분(판 2020. 7. 9, 2017두63788)[1] 등은 모두 쟁송적격이 인정된다.

부가가치세 매입세액이 매출세액을 초과하여 발생하는 환급청구권은 신고 또는 경정결정에 의하여 발생하는데 과세관청이 납세자의 (−) 신고에 대하여 환급을 거부하거나 추가 납부할 세액을 고지하는 경우 전체 세액에 대한 증액경정이 있게 되어(예컨대 납세자가 매출세액 30, 매입세액 40으로 신고하였는데 과세관청이 매입세액을 20으로 보아 10의 납부고지를 한 경우 20의 증액경정이 있게 된다) 이를 다투려면 증액경정처분취소 또는 감액경정거부처분 취소소송을 구하여야 한다.[2]

판례는 대체로 표준지공시지가결정에 대하여는 직접 불복절차를 밟아야 하고 조세소송에서 곧바로 표준지공시지가결정의 위법성을 다툴 수 없으나(판 2022. 5. 13, 2018두50147; 97. 9. 26, 96누7649 등), 개별공시지가결정에 대해서는 조세소송에서 직접 위법성을 다툴 수 있다고 보나(판 94. 1. 25, 93누8542; 96. 6. 25, 93누17935 등), 구체적 사안에 따라 예외도 인정하고 있다.[3] 전체적으로 판례는 조세소송에서 공시지가결정의 불복가능 여부를 해당 납세자별로 예측가능성, 불복의 기대가능성 등을 종합적으로 고려하여 판단하고 있는 것으로 이해된다.

일반적, 추상적 법령은 원칙적으로 항고소송의 대상이 되지 않는다.[4]

다. 소득금액변동통지의 쟁송적격

판례는 소득처분에 따르는 소득금액변동통지의 처분성을 인정한다.[5] 원천징수

---

1) 이는 법인세법이 2009. 12. 31. 개정되면서, '2010. 1. 1. 이후 과세표준을 신고하거나 결정·경정한 결손금'만 이월공제가 가능하도록 바뀐 후의 판결인데{구 법인세법 제13조 제 1 호 후문(현행 같은 호 나목)} 그 이전 판례(판 2002. 11. 26, 2001두2652)는 반대로 해석하였다. 종전 판결에 대한 평석은, 우도훈, 조세판례백선 3(한국세법학회), 339면.

2) 판 2001. 10. 26, 2000두7510. 이 경우 전체 세액의 증감을 대상으로 하지 않고 매입세액 자체만의 감액경정청구도 인정되어야 한다는 견해로, 박민준, "납부할 세액을 감소시키는 별도의 '세액'에 대한 경정의 처분성 및 관련된 문제들 — 부가가치세법상 매입세액공제 및 법인세법 이월결손금을 중심으로 —", 조세법연구 30-2, 139면. 위 논문에서는 판 2005. 11. 10, 2004두9197이 이와 같은 입장을 취한 것으로 설명하고 있다.

3) 양도소득세 취소소송에서 선행처분인 개별공시지가결정의 위법성을 다툴 수 없다고 본 사안으로 판 98. 3. 13, 96누6059. 표준지 소유자가 아닌 인근 토지 소유자가 제기한 수용보상금소송에서 표준지공시지가결정의 위법성을 다툴 수 있다고 본 사안으로 판 2008. 8. 21, 2007두13845.

4) 판 2022. 12. 1, 2019두48905. 일본산 공기압 전송용 밸브에 대하여 5년간 적용할 덤핑방지관세율을 규정하는 '일본산 공기압 전송용 밸브에 대한 덤핑방지관세의 부과에 관한 규칙'이 항고소송의 대상이 될 수 없어 그 취소를 구하는 소는 부적법하다고 한 사례.

5) 이는 판 2006. 4. 20, 2002두1878(전)로 판례가 변경된 데 따른 것이다. 이 판결에 대하여는 많은 평석이 있다. 대표적인 것으로 이의영, 조세법연구 12-2, 129면. 윤지현, 조세법연구 22-3, 31면.

하는 소득세, 법인세의 경우 소득의 지급 시에 납세의무가 성립·확정되고, 소득처분에 있어서는 소득의 지급자에 대한 소득금액 변동통지시에 소득을 지급한 것으로 의제되는데(법법 67조; 법령 106조 1항 1호; 소법 131조 2항; 소령 192조), 이와 같이 실체적 납세의무의 변동을 가져오는 소득금액변동통지에 처분성을 인정하지 않으면, 원천징수의무자로서는 그에 대해 이의가 있어도 곧바로 불복하지 못하고 세금을 납부한 후 부당이득반환청구를 하거나 아니면 체납의 불이익을 감내하고 후속 납부고지 처분을 기다려 불복할 수밖에 없게 된다. 이는 원천징수의무자에게 지나치게 불이익하므로 소득금액변동통지 단계에서 불복할 수 있도록 한 것이다. 다만 판례는 원천징수의무자인 법인에 대한 소득금액변동통지가 부과고지의 효력을 갖는 납세고지와 유사한 부분이 있으나 이를 법률상 납세고지와 동일시 할 수는 없다고 보았다(판 2021. 4. 29, 2020두52689). 한편 판례는 원천징수의무자인 법인에 대한 소득금액변동통지와 달리 원천납세의무자인 소득 귀속자에 대한 소득금액변동통지는 항고소송 대상인 행정처분으로 볼 수 없고(판 2014. 7. 24, 2011두14227), 법인에 대한 소득금액변동통지에 대해 소득의 귀속자는 취소를 구할 법률상 이익이 없다고 본다(판 2013. 4. 26, 2012두27954). 그러나 소득의 귀속자에게 소득금액변동통지가 없거나 그것이 적법하지 않은 경우 소득의 귀속자는 과세처분취소소송 등에서 이를 다툴 수 있다.[1)]

이처럼 판례는 소득금액변동통지의 실체적 효력에 입각하여 처분성을 인정하지만 소득의 지급행위 자체는 단순한 사실행위로써 형태상 쟁송대상이 될 수 없다. 이와 같은 모순된 상황은 국세기본법이 원천징수의무자의 원천징수의무를 소득의 지급 시에 자동적으로 성립, 확정된다고 규정한 데서 비롯된 것으로 이해된다. 이처럼 납세의무 확정을 자동확정방식으로 규정함에 따라 원천납세의무자의 원천납세의무가 없다고 믿고 원천징수세액을 징수하지 못한 원천징수의무자는 이를 다툴 기회도 갖지 못한 채 곧바로 징수절차를 맞게 되고, 이와 같은 불합리한 구도가 소득처분에 따른 원천징수절차로까지 연결된 것이다. 현행 법 체계와 달리 소득의 지급 시에는 원천납세의무자의 원천납세의무만 자동적으로 성립·확정되고, 원천징수의무자의 원천징수·납부의무는 성립시기만 소득의 지급 시(소득처분의 경우 소득처분변동통지 시)가 될 뿐 확정시기는 그와 별도로 원천징수의무자의 신고나 과세관청의 납세고지라는 별도의 확정절차에 의해 확정되는 구조라면, 단순히 소득의 지급사실이나

1) 판 2015. 1. 29, 2013두4118. 위 규정에 따른 소득금액변동통지를 납세지 관할권이 없는 세무서장이나 지방국세청장이 한 사안. 관련논의는 이 책 767면.

지급시기만을 의제하는 소득금액변동통지에 쟁송적격이 부여될 이유가 없다. 소득의 원천에서 곧바로 세액을 징수할 필요가 있는 원천납세의무자의 원천납세의무와 달리 국가가 별도의 징수절차를 밟는 원천징수의무자의 원천징수의무는 이를 자동확정방식으로 규정할 필요가 없음은 물론 그와 같은 자동확정방식은 필연적으로 납세자의 쟁송절차상 권리를 침해하는 결과로 이어진다. 이와 같은 논의는 소득처분에 관련된 부분뿐 아니라 원천징수 일반에 관하여도 그대로 타당하다. 결론적으로 원천징수의무자의 쟁송절차상 권리를 제대로 보장하기 위해서는 현재와 같이 소득금액변동통지에 쟁송적격을 인정하는 해석론적 접근이 아니라 원천징수의무의 확정방식에 대한 근본적인 입법의 정비가 필요하다고 생각된다.

3. 원고적격

조세소송에서의 원고적격은 주로 처분의 직접 상대방이 아닌 제 3 자가 처분의 위법을 다툴 수 있는가의 관점에서 문제되는데, 판례는 기본적으로 '법률상 보호되는 이익'을 기준으로 삼으며, 여기의 법률상 보호되는 이익은 처분의 근거 법규 및 관련 법규에 의하여 보호되는 개별적·직접적·구체적 이익을 말한다고 보고 있다(판 2016. 11. 25, 2014두5316). 판례는 그 기준을 비교적 엄격하게 본다.

즉, 연대납세의무자 1인이 다른 연대납세의무자에 대한 부과처분의 취소를 구하는 소송(판 88. 5. 10, 88누11), 증여자가 수증자에 대한 증여세 과세처분의 취소를 구하는 소송(판 90. 4. 24, 89누4277), 강제징수로 인한 압류등기 후의 부동산 양수인이나 압류부동산에 대한 가등기담보권자, 저당권자가 압류처분이나 공매처분의 취소나 무효를 구하는 소송,[1] 원천납세의무자가 원천징수의무자에 대한 납부고지처분의 위법을 다투는 소송(판 94. 9. 9, 93누22234), 소득처분에 따른 소득의 귀속자가 제기한 법인에 대한 소득금액변동통지의 취소소송(판 2015. 3. 26, 2013두9267) 등에 관하여 모두 당사자적격이 없다고 보고 있다. 다만 판례는 공동상속인은 다른 공동상속인에 대한 과세처분의 취소를 구할 당사자적격이 있고(판 2001. 11. 27, 98두9530), 강제징수로 압류한 동산의 점유자는 점유권에 기해 압류처분의 취소나 무효확인을 구할 당사자적격이 있으며(판 2006. 4. 13, 2005두15151), 압류대상 재산의 양수인 등 압류해제에 대하여 법률상 이익을 갖는 자도 압류해제를 신청하고, 과세

1) 판 90. 10. 16, 89누5706; 90. 6. 26, 89누4918(이상 양수인); 89. 10. 10, 89누2080(가등기권자); 85. 5. 14, 83누700(저당권자).

관청이 이를 거부하는 경우 그 거부처분의 취소를 구할 수 있다(판 96. 12. 20, 95누15193)고 보았다. 사업이 양도된 후 분양계약이 해제됨에 따라 당초 분양계약에 따라 사업양도인이 예정환급받은 부가가치세 환급세액을 과세관청이 감액경정하는 경우 처분의 상대방은 사업양수인이다(판 2020. 9. 3, 2017두49157).

이 중 연대납세의무의 경우, 연대납세의무자는 자신에 대한 부과처분 불복절차에서 연대납세의무뿐 아니라 본래의 납세의무를 다툴 수 있으나, 국세기본법 제55조 제 2 항에서 제 2 차 납세의무자나 납세보증인 등에게 본래의 납세의무자에 대한 부과처분에 대해 쟁송적격을 인정한 것과의 균형 측면에서 의문이 없지 않다. 이는 연대납부책임을 부담하는 증여자가 수증자에 대한 증여세부과처분의 위법성을 다투는 경우에도 마찬가지이다.

나아가 압류처분에 관련된 판례들은 압류처분이나 공매처분 집행으로 인해 그들의 물권적 지위가 직접 침해를 받는다는 점에서 이를 소극적으로 이해한 판례의 태도에 찬성하기 어렵다. 이는 판례가 압류해제와 관련하여 압류대상 양수인 등 법률상 이해관계 있는 자의 쟁송적격을 인정한 것(위 95누15193 판결)과 대비된다.[1]

한편 판례는 원천징수의무자에 대한 징수고지처분은 원천납세의무 존부 및 범위에 관하여 아무런 영향을 미치지 않으므로 원천납세의무자는 직접 그 효력을 다툴 수 없다고 보고 있다(판 94. 9. 9, 93누22234). 이는 원천징수의무자에 대한 소득금액변동통지에 대하여도 마찬가지이다(판 2015. 3. 26, 2013두9267). 그러나 우리 법상 원천징수의무자에 대한 납부고지나 소득금액변동통지의 효력이 문제되는 것은 대부분 원천납세의무의 존부 및 범위에 관한 것으로서 원천징수의무자가 자신에 대한 납부고지 등에 대한 불복절차에서 원천납세의무의 존부나 범위를 다투어 그에 관한 사법적 판단이 이루어지고 그에 따라 그 결과가 사실상 원천납세의무자를 구속하게 된다는 점에서 반론의 여지가 없지 않다.

제 3 자에 의한 쟁송절차에서 대상처분이 취소되면 행정판결의 형성력에 의해 처분의 효력은 절대적으로 소멸하나, 청구가 기각되면 해당 판결의 기판력은 처분의 당사자에게는 미치지 않게 될 것이다.

---

1) 판례에 따르면 체납액 변제시점이 압류 등기 이전인지(압류 무효사유), 이후인지(압류 해제사유)에 따라 그 이후 압류대상 재산을 양수한 자의 당사자 적격에 차이가 있게 된다. 무효의 압류등기에 관하여 민사소송절차에 따른 대위말소청구가 허용되는 것과 별도로 행정처분인 압류처분에 관하여 제 3 자의 당사자적격 법리에 따라 취소적격을 인정함이 타당하다. 자세한 논의는, 임승순, “체납처분으로 인한 압류등기 이후에 부동산을 취득한 자가 체납처분의 효력을 다툴 당사자적격이 있는지 여부”, 인권과 정의 제222호(95. 2), 91면.

4. 소의 이익

조세소송에서 소의 이익은 처분의 쟁송적격과 당사자적격을 아우르는 개념이다. 이와 관련하여 많이 논의되는 사항은, (1) 무효확인소송의 소의 이익 (2) 세금의 납부와 무효확인소송의 관계 (3) 과세관청의 작위나 부작위 위법 확인을 구하는 소의 이익 (4) 절차적 위법과 소의 이익 (5) 경정처분과 소의 이익 (6) 소득금액변동통지에 관한 사항 등이다. 아래에서 차례로 살펴본다.

(1) 무효확인소송 등의 소의 이익

행정처분의 위법을 다투는 항고소송은 처분 등의 취소나 무효확인, 부작위위법확인을 구할 법률상 이익이 있는 자가 제기할 수 있다(행소법 12조, 35조, 36조).

무효인 행정행위는 누구든지 언제, 어디서나 무효를 주장할 수 있으므로 곧바로 권리관계에 관한 이행소송이나 취소소송 등을 제기하는 것이 보다 직접적인 구제방법이지만 당연무효의 행정처분이라도 현실적으로 집행될 위험성이 있으므로 사전구제수단을 인정할 필요성이 있고, 취소소송은 전치주의와 제소기간 등의 절차적 제약이 있으므로 이러한 제약을 넘어 구제의 필요성이 있는 일정한 경우에 별도의 소송형태를 인정할 필요성이 있다. 이러한 점에서 무효확인소송은 소의 이익을 부정할 수 없으며 이에 따라 현행 행정소송법은 이를 항고소송의 한 형태로 규정하고 있다.

조세채권자인 국가 쪽에서도 징수권 소멸시효의 중단을 위한 재판상 청구는 예외적으로 소의 이익이 있고, 이를 위한 조세채권존재확인의 소는 공법상 당사자소송에 해당한다(판 2020. 3. 2, 2017두41771). 행정처분의 무효 확인을 구하는 소에는 특단의 사정이 없는 한 취소를 구하는 취지도 포함되어 있다고 보아야 하므로, 제소기간 내에 소가 제기되어 해당 행정처분의 취소를 구할 수 있는 경우라면 무효사유가 증명되지 아니하더라도 법원은 취소사유에 해당하는 위법이 있는지를 함께 심리하여야 한다(판 2023. 6. 29, 2020두46073).[1]

(2) 세금 등의 납부와 무효(부존재)확인소송

세금이나 부담금 등을 납부한 자가 과세처분이나 행정처분의 무효 또는 부존재확인소송을 제기할 이익이 있는가에 관하여, 종전 판례는 일관되게 납부한 금원의 반환을 민사소송으로 구하면 된다고 보았다.[2] 그러나, 행정소송은 위법한 행정

---

1) 관련 논의는 이 책 364면 참조.

2) 과세처분 무효확인소송에 관하여 판 76. 2. 10, 74누159(전), 부존재확인소송에 관하여 판 82. 3. 23, 80누476(전); 압류 및 공매처분에 대한 무효확인소송으로 판 2006. 5. 12, 2004 두14717 등.

행위의 시정을 구하는 것으로서 대등한 주체 사이의 사법상 생활관계에 관한 분쟁을 심판대상으로 하는 민사소송과는 목적, 취지 및 기능 등을 달리하고, 행정소송법 제38조 제1항은 처분 등을 취소하는 확정판결의 기속력을 규정하고 있으며, 행정청의 재처분의무에 관한 행정소송법 제30조를 무효확인소송에도 준용하고 있는 점 등에 비추어 세금을 납부한 상태에서의 처분의 무효확인도 소의 이익을 긍정함이 타당하며 판례도 같은 취지이다{판 2008. 3. 20. 선고 2007두6342(전)}.

판례는 과세처분의 무효를 이유로 이미 납부한 세금의 반환을 구하는 소송을 일관되게 민사상 부당이득 반환소송으로 취급하여 오고 있는데(판 91. 2. 6, 90프2 등), 확정된 부가가치세액 환급청구를 민사소송이 아닌 당사자소송으로 보는 것{판 2013. 3. 21, 2011다95564(전)}과 마찬가지로 행정소송법상 당사자소송으로 분쟁을 해결하도록 함이 바람직하다. 분쟁대상이 조세법률관계일 뿐 아니라 민사소송에 비하여 비용이 저렴하고 전문성 있는 재판부의 판단을 받을 수 있는 이점이 있기 때문이다.

(3) 처분청의 작위·부작위 위법확인을 구하는 항고소송의 소의 이익

판례는 조세소송에서 처분청의 작위 또는 부작위 위법확인을 구하는 소송의 소의 이익을 부정하여 왔다. 예를 들어 국세기본법 제51조나 제52조의 국세환급금 및 환급가산금 결정이나 환급거부결정이 항고소송의 대상인 처분에 해당되지 않는다고 보았다.[1] 그러나 항고소송은 법률상 이익이 있으면 제기할 수 있고(행소법 12조 등), 통상 여기의 '법률상 이익'은 '법적으로 보호되는 이익'으로 이해되므로, 조세소송에서도 판결의 기속력에 의해 과세관청이 일정한 작위의무를 부담함으로써 납세자에게 실질적인 쟁송의 이익이 인정된다면 폭넓게 이를 인정할 필요가 있다. 권력적 사실행위에 해당하는 세무조사결정에 대하여 쟁송적격을 인정한 판례의 태도는 이러한 점에서 타당하나, 환급거부처분의 쟁송적격을 부정한 판례의 태도는 찬성하기 어렵다.[2]

(4) 절차적 위법과 소의 이익

조세행정처분이 내용상 적법하더라도 그 절차적 위법을 다툴 이익이 인정되며 이는 동일한 절차를 반복하게 되더라도 마찬가지이다. 법이 과세처분 등을 함에 있어서 일정한 절차를 요구하는 이유는 절차적 보장의 측면에서 과세관청의 판단이 신중하고 합리적으로 행하여질 것을 담보하기 위한 것이기 때문이다. 판례는

1) 판 1989. 6. 15, 88누6436(전). 원천징수세액 초과납부(판 2010. 2. 25, 2007두18284), 물납환급거부(판 2009. 11. 26, 2007두4018) 등의 경우도 동일하게 처분적격을 부정하였다.
2) 같은 취지: 소순무, 판례백선, 109면. 위 88누6436(전) 판결의 소수의견도 같은 취지이다.

납부고지의 절차적 위법을 이유로 과세처분의 취소를 소구하는 사안에서 이와 같은 법리를 확인하고 있다(판 85. 12. 10, 84누243 등).

5. 피고적격

취소소송·무효 등 확인소송 및 부작위위법확인소송은 다른 법률에 특별한 규정이 없는 한 해당 처분 등을 행한 행정청을 피고로 하여 제기한다(행소법 13조 1항 본문, 38조 1·2항). 조세소송의 경우 내국세는 부과처분을 한 세무서장이, 관세는 세관장이, 지방세는 해당 처분을 한 시장·구청장 또는 군수가 피고로 된다.

시장·구청장·군수가 도세·특별시세·광역시세를 부과징수하는 경우{지기법 6조, 67조(현행 지방세징수법 17조)} 등 권한위임이 있는 경우에는 처분을 한 수임행정청이 피고로 된다{판 72. 5. 9, 71누152(전)}. 내부위임의 경우에도 마찬가지이나(판 89. 11. 14, 89누4765), 내부위임 사안에서 수임관청이 위임관청의 이름으로 권한을 행사한 경우 위임관청이 처분청이므로 피고가 된다(판 91. 10. 8, 91누520). 한국자산관리공사의 공매대행의 경우 공사가 피고가 되고(판 89. 10. 13, 89누1933), 과세처분과 그에 기한 압류처분을 행한 행정청이 다른 경우 각 처분청이 피고가 된다(판 87. 3. 24, 86누581). 조세에 관한 당사자소송은 권리주체인 국가 또는 지방자치단체가 피고로 된다(행소법 39조). 한편 피고의 경정에 관한 행정소송법의 규정들도 조세소송에서 동일하게 적용된다(행소법 14조 1항, 38조 1·2항, 44조).

6. 전심절차 및 제소기간

가. 총 설

조세와 관련된 위법한 처분이나 부작위에 대한 행정소송은 행정소송법 제20조의 규정에 불구하고 심사청구 또는 심판청구에 대한 결정의 통지를 받은 날부터 90일 이내에 제기하여야 한다(기본법 56조 3항 본문; 관세법 120조 3항 본문).

조세소송에서 일반 행정소송과 달리 필요적 전치주의를 규정한 이유는, ① 조세에 관한 처분은 대량적·반복적으로 이루어지고, ② 쟁점이 사실인정에 관한 것이 많아 전심절차에서 비교적 용이하게 해결되며, ③ 조세법규의 해석은 전문적·기술적 성격을 가진 것이 많아 전심단계에서 논점을 정리하여 법원의 심리부담을 덜 수 있다는 점 등이다. 다만 이러한 논거들에 대한 비판적 견해도 상존하고 있다.

나. 필요적 전치의 예외

(1) 무효확인소송 등

전치요건은 항고소송 중 과세처분취소소송과 부작위위법확인소송에만 적용되고 무효 등 확인소송과 당사자소송에는 적용이 없다(행소법 38조 1항, 44조 1항).

과세처분의 무효는 누구나, 언제, 어디에서든지 주장할 수 있어 전심절차를 거칠 필요가 없고 제소기간 제한도 없다. 실제적으로 무효확인소송은 제소기간이 도과된 경우 불복수단으로 기능한다. 형태가 취소소송인 한 처분의 하자가 당연무효임을 내세우더라도 전심절차 및 제소기간의 제한을 받는다(판 93. 3. 12, 92누11039).

(2) 결정기간 내 결정통지를 받지 못한 경우

납세자가 국세기본법 제65조 제 2 항 또는 제80조의2에 따른 결정기간 내에 결정의 통지를 받지 못한 경우에는 결정의 통지를 받기 전이라도 그 결정기간이 지난 날부터 행정소송을 제기할 수 있다(기본법 56조 3항 단서, 지기법 98조 4항, 관세법 120조 3항 단서).

'행정소송을 제기할 수 있다'는 의미는 판결을 받을 수 있다는 의미이다. 결정기간 전에 제소된 경우 변론종결 시를 기준으로 결정기간이 도과되면 전치절차를 거친 것이 된다. 이 규정은 납세자의 권리구제가 지연되는 것을 막기 위한 것이다.

이의신청에 대한 결정기간 내에 결정의 통지를 받지 못하더라도 그 다음 단계의 전치절차를 거치지 않고 행정소송을 제기할 수는 없다(판 97. 11. 28, 97누13627). 감사원의 심사청구에 관하여는 위 규정이 적용되지 않는다(판 92. 3. 10, 91누7439).

(3) 전치주의의 완화

조세소송에서 필요적 전치주의 예외와 관련하여 판례는 행정청으로 하여금 기본적 사실관계와 법률문제에 대하여 다시 판단할 수 있는 기회를 부여하였고 납세의무자로 하여금 다시 전심절차를 거치게 하는 것이 가혹하다고 보이는 등 정당한 사유가 있으면 전심절차를 거치지 않고 제소할 수 있다는 법리를 확립하고 있다(판 97. 4. 8, 96누2200). 그러한 사유로는, ① 2개 이상 같은 목적의 행정처분이 단계적으로 이루어진 경우, ② 조세소송 계속 중 과세처분이 변경되었는데 위법사유가 공통된 경우, ③ 동일한 행정처분에 의해 수인이 동일한 의무를 부담하는 경우, ④ 형식상 수개의 과세처분이 있으나 하나의 과세원인에 기초한 경우 등이 있다.

①의 예로는, 동일한 계약관계에서 발생한 2년간 이자에 대한 원천징수의무 불이행을 이유로 한 2개의 가산세부과처분이 세목과 납세의무자 및 원고주장 위법사유

가 동일한 경우(판 91. 7. 26, 91누117), ②의 예로는 증액처분이 당초처분과 위법사유가 공통된 경우(판 92. 8. 14, 91누13229), 조세심판원이 납세의무자의 청구를 기각한 결정 취지에 따라 과세관청이 증액처분을 한 경우(판 2011. 1. 27, 2009두13436) 등을 들 수 있다. 납세의무자는 경정처분에 대하여 따로 전심절차를 거칠 필요 없이 청구취지를 변경하여 경정처분 취소를 구할 수 있고, 이 경우 행정소송법 제22조 제 2 항의 제소기간 제한을 받지 않는다(판 2012. 11. 29, 2010두7796).

경정처분과 당초처분의 기초적 사실관계가 다른 경우에도 별도로 전심절차를 거칠 필요는 없을 것이다. 일본과 같이 명문의 규정[1]을 두거나, 독일처럼 납세자도 전심절차를 거칠 수 없게 하는 것도 입법적으로 고려할만 하다.[2] 감액경정처분은 당초처분의 일부 취소이므로 별도로 전심절차를 논의할 여지가 없다.

③의 예로는, 공동상속에서 대표상속인이 전심절차를 거친 경우(판 93. 5. 27, 93누3387), ④의 예로는, 당초의 종합소득세부과처분 취소소송 중 그 처분을 취소하고 귀속연도만 달리하여 동일한 종합소득세를 부과한 경우(판 97. 4. 8, 96누2200)가 있다.

과세처분 전에 과세관청으로부터 과세 전 조사내용통지 및 재산압류통지를 받고 그에 따른 부과처분을 예견하여 이의신청을 하고 그 후 부과처분이 있었는데, 이의신청이 기각됨에 따라 그에 대한 심사 및 심판청구를 거쳐 제소한 경우 위 부과처분에 대하여도 이의신청을 거친 것으로 보아야 한다(판 91. 4. 23, 90누9155).

이에 반하여, 전심절차는 과세처분마다 거쳐야 하므로, ① 심사 및 심판청구절차에서 가산세 위법을 다투다가 소송절차에서 본세를 포함한 부과처분 전부를 다투는 경우(판 82. 12. 14, 82누315), ② 부동산 명의신탁을 이유로 명의자에게 증여세 부과처분을 하였다가 명의신탁자에게 연대납세의무에 따른 증여세 부과처분과 부동산 양도에 따른 양도소득세부과처분을 한 경우(판 92. 9. 8, 92누4383), ③ 제 2 차 납세의무자 납부고지처분이 무효라는 이유로 새로운 과세처분을 한 경우(판 96. 9. 10, 95누13739), ④ 동일한 법인소득에 근거를 둔 법인세부과처분과 소득처분에 따른 인정상여 귀속자에 대한 종합소득세부과처분(판 2006. 12. 7, 2005두4106), ⑤ 원천납세의무자가 제기한 원천징수처분 취소소송과 원천납세의무자에 대한 종합소득세부과처분 취소소송(판 2009. 5. 28, 2007두25817), ⑥ 본래의 납세의무자에 대한 부과처분과 제 2 차 납세의무자에 대한 부과처분(판 2014. 12. 11, 2012두20618) 등은 각 처분마다 별개의 전심절차를 거쳐야 한다. 종래 판례는 소득금액변동통지에 대해 불복한 경우

1) 일본 국세통칙법 제115조 제 1 항 제 2 호.
2) 독일 조세기본법 제365조 제 3 항 제 1 문, 조세소송법 제68조 제 1 문.

후속 징수처분에 대하여 전심절차를 거치지 않아도 된다고 보았으나{판 93. 1. 19, 92누8293(전)}, 현재와 같이 소득금액변동통지에 대하여 처분성을 인정하면 후속 징수처분에 대하여 별도로 전심절차를 거쳐야 할 것이다.

다. 제소기간

(1) 법률의 규정

조세에 관한 처분은 국세기본법과 지방세기본법에서 제소기간에 관한 별도의 규정을 두고 있어 행정소송법 제20조는 그 적용이 배제된다.

그 내용을 살펴보면, 먼저 국세에 관한 과세처분의 경우, ① 국세기본법상의 심사청구 또는 심판청구를 거친 경우, 법 65조 제 1 항 제 3 호 단서(제80조의2에서 준용하는 경우 포함)의 재조사 결정("재조사결정")에 따른 처분청의 처분 이외의 경우에는 그 심사청구 또는 심판청구에 대한 결정의 통지를 받은 날부터 90일 이내(다만 법 56조 3항. 법 65조 2항 또는 80조의2에 따른 결정기간에 결정통지를 받지 못한 경우에는 그 결정기간이 지난 날부터 제소할 수 있음), 위 재조사결정에 따른 처분청의 처분에 관하여는, 1) 심사청구나 심판청구를 거치지 않은 경우에는 처분청의 처분결과 통지를 받은 날부터 90일 이내(위 괄호 단서와 동일한 내용의 예외 있음), 2) 심사청구나 심판청구를 거친 경우에는 그 결정 통지를 받은 날부터 90일 이내(위 괄호 단서와 동일한 내용의 예외 있음)에 각 제소하여야 하고(법 56조 1항 내지 6항), ② 관세법상의 심사청구 또는 심판청구를 거친 경우에는 위 국세기본법상의 심사청구 또는 심판청구를 거친 경우와 동일하며(관세법 120조 1항 내지 6항), ③ 감사원법 제43조의 규정에 따른 심사청구를 거친 경우에는 그 심사청구에 대한 결정의 통지를 받은 날로부터 90일 내에 제기하여야 한다(감사원법 46조의2).

지방세의 경우 처분일로부터 90일 내에 직접 행정소송을 제기하거나(행소법 20조 1항 본문), 이의신청이나 심판청구에 대한 결정의 통지를 받은 날, 또는 감사원법에 의한 심사결정 통지를 받은 날로부터 각 90일 내에 행정소송을 제기하여야 한다(지기법 98조 4항).

제소기간은 불변기간으로서 제소기간이 도과되면 원칙적으로 납세의무자는 더 이상 사법구제절차에 따른 불복을 구할 수 없다. 이를 '불가쟁력'이라고 부른다.

(2) 적용범위

무효 등 확인소송에는 제소기간의 제한이 없고 당사자소송의 경우에도 법령에 특별한 규정이 없는 한 제소기간의 제한이 없다(행소법 41조 참조). 다만 주위적 청구가 무효확인소송이라도 예비적 청구가 취소소송이면 제소요건을 갖추어야 한다(판 94. 4. 29, 93누12626). 취소소송을 당사자소송으로 변경한 경우 당초의 취소소송이 적법한 기간 내에 제기되었다면 당사자소송의 제소기간을 준수한 것으로 본다(판 92. 12. 24, 92누3335). 이 경우 처음부터 당사자소송을 제기한 것으로 보아야 하기 때문이다(행소법 21조 4항, 14조 4항).

(3) 보정기간

국세청장이나 조세심판원장은 심사 또는 심판청구의 내용이나 절차에 관하여 보정요구를 할 수 있고, 보정요구를 한 경우 이 기간은 결정기간에 산입하지 아니한다(기본법 80조의2, 65조 4항, 63조 1항). 보정은 횟수에 관계없이 할 수 있으며(판 80. 7. 22, 80누153), 상대방에게 도달하여야 효력이 발생한다(판 82. 11. 23, 82누385).

7. 소송요건의 심리

행정소송의 대상인 처분의 존부나 당사자적격, 소의 이익, 전심절차의 이행이나 제소기간의 준수 여부 등은 모두 소송요건으로서 법원의 직권조사사항이고 자백의 대상이 될 수 없다(판 93. 7. 27, 92누15499, 89. 1. 31, 86누726 등).

제소기간의 준수 여부는 법률심인 상고심에서도 판단할 수 있다(판 78. 11. 28, 78누362). 법원은 전심절차의 이행 여부에 대하여 당사자에게 석명을 구하고 소명을 촉구하여야 하지만(판 96. 5. 31, 96누1146), 납세자의 소명이 없는 경우 법원이 직권으로 사실과 증거를 탐지하여야 하는 것은 아니다(판 84. 11. 27, 84누462).

소송요건을 갖추지 못한 소는 부적법하여 본안 판단에 앞서 판결로써 각하된다. 판단의 기준시점은 전심절차 및 제소기간 준수 여부는 소제기 시(행소법 18조 1항 단서, 기본법 56조 2항 및 지기법 98조 3항 참조)이고, 나머지 요건은 변론종결 시(판 79. 11. 13, 79누242)이다. 다만 전심절차의 준수 여부는 사실심 변론종결 시까지 추완이 가능하므로(판 87. 4. 28, 86누29), 법원은 전심절차가 흠결된 경우 보완을 촉구하고 절차의 이행을 기다린 다음 판결하여야 할 것이다.

전심절차 도과의 흠결은 관할 심판기관이 본안 재결을 하였어도 치유되지 않는다(판 91. 6. 25, 90누8091). 반대로 적법한 불복신청을 관할 심판기관이 부적법한 것으로 오인하여 각하하더라도 전치요건은 충족된다. 이는 각하사유가 보정된 경우에도 동일하다. 예컨대 과세처분에 대한 이의신청절차에서 납세자가 보정요구에 따르지 않아 각하되었더라도 심사청구절차에서 보정하면 적법하게 된다(판 86. 9. 9, 85누528).

제 5 절 조세소송의 심리

1. 총 설

조세법률관계 내지 그에 관한 다툼을 다루는 조세쟁송절차의 가장 큰 특징은 일반 행정소송절차에 비하여 정당한 세액 내지 실체적 진실규명에 대한 요청이 강하다는 것이다. 납세의무자가 납부할 정당한 세액을 산출·확정하기 위한 납세의무자의 신고 및 과세관청의 부과처분에서 비롯하여 잘못된 신고 및 부과처분의 오류를 바로잡는 납세의무자의 경정청구 및 과세관청의 경정처분, 그리고 그 이후 단계인 조세쟁송절차에 이르기까지 납세의무자나 과세관청 쌍방 모두의 중심과제 및 조세쟁송의 목표는 납세의무자가 납부하여야 할 정당한 세액의 규명에 있다.

다른 한편 일반 행정처분은 많은 사람의 이해관계에 영향을 미치기 때문에 효력을 빨리 확정시킬 필요성이 큰 반면 조세법률관계는 원칙적으로 납세의무자 본인에 대하여만 영향을 미치고, 내용도 기본적으로 국가에 납부할 세액의 유무 및 크기를 따지는 것이어서 시간의 흐름과 별다른 관계가 없다. 이는 곧 조세법률관계를 채권·채무관계로, 조세소송의 실질을 채무부존재확인소송으로 파악하는 견해로 연결되며, 우리 조세쟁송제도가 소송물 이론과 관련하여 채택하고 있는 총액주의로 연결된다.

조세법률관계도 기본적으로 공법관계의 일종이고, 부과처분이나 경정청구 어느 쪽이든 그에 대한 쟁송의 형태는 항고소송의 형태를 취한다. 양쪽 모두 권리행사기간의 제약이 있는 점은 일반 행정법 관계와 공통되나, 다른 한편 정당한 세액 규명을 위한 실체적 진실주의의 요구는 제소단계에서부터 판결 및 그 이후 단계에 이르기까지 일반 행정법 관계와는 여러 가지 다른 모습을 나타내게 된다.

2. 심판의 대상(소송물)

가. 총 설

일반적으로 민사소송에서 소송물은 소송에서 해결하여야 할 분쟁의 내용 또는 소구(訴求)된 실체법상의 권리나 법률관계에 대한 주장을 의미한다. 행정소송에서도 소송물의 기본적 개념은 이와 다르지 않으나 그 구체적 범위는 소송의 목적인 처분의 성질, 피처분자의 실체법상의 권리 및 소송경제, 분쟁의 일회적 해결의 이념, 공법상 다른 구제수단의 유무 등을 종합적으로 검토하여 판단할 문제이다.

동일한 행정처분에 대한 소송물은 원칙적으로 1개이다. 일반 행정처분은 처분의 주체, 상대방, 일시, 처분의 주문 등을 처분의 동일성을 정하는 요소로 보는 한편 처분사유가 처분의 동일성 요소로 되는지에 관하여 적극설, 소극설, 근거법령만이 동일성 요소라는 설, 처분 시에 사유를 명시한 경우에만 동일성 요소라는 설 등이 있고 이 중 소극설이 통설이다.[1] 결국 일반 행정처분은 원칙적으로 처분의 주체나 상대방과 함께 처분의 일시가 달라지면 별개의 소송물이 된다고 볼 수 있다.

조세소송의 소송물에 관한 논의는 일반 행정소송보다 좀 더 복잡한 양상을 띤다. 이는 무엇보다 과세처분은 일반 행정처분과 달리 과세단위를 기준으로 정당한 과세표준과 세액을 찾아 수시로 감액 및 증액처분이 이루어지기 때문이다. 특별히 과세처분은 '과세금액'이라는 수치가 중요하고, 그에 따라 불복과정에서 주로 다투어지는 것도 '세액의 크기'라는 점에서 다른 행정처분과 다른 특징을 갖는다.

조세소송에서 이른바 '한판주의'라고 빗대어 일컬어지는 '총액주의'나 '흡수설'의 논리가 지배적인 이유도 과세처분의 이러한 특징에서 비롯된 것으로 이해된다.

다른 한편 소송물이란 결국 분쟁을 효율적으로 수행하기 위한 수단이다. 실체법상 법률관계를 대상으로 하나 그 범위를 어디까지로 정할 것인지는 여러 가지 이익을 형량하여 정할 정책적인 문제라고 보아야 한다.

조세소송 소송물의 범위를 정함에 있어 고려할 대상으로는 '과세단위'와 '과세처분' 두 가지가 있다. 가장 바람직한 것은 하나의 과세단위의 조세채무를 하나의 과세처분으로 확정하는 것이지만, 과세관청이 언제든지 손쉽게 조세법률관계의 실체를 파악할 수 있는 것은 아니므로 적정과세의 실현을 위해 경정권한을 행사하는 것은 불가피하다. 결국 하나의 과세단위를 확정하기 위하여 수개의 과세처분이 존재하거나 신고와 과세처분이 병행되는 경우가 발생하는 것을 피할 수 없다. 즉 하나의 과세단위를 확정하기 위한 '확정행위'가 분할되는 셈이다. 이 경우 조세소송의 소송물을 과세단위를 기본으로 정할 것인지(흡수설) 아니면 개개의 확정행위(당초처분과 경정처분, 당초신고와 경정처분)를 기본으로 정할 것인지(병존설)가 조세소송의 소송물에 관하여 해결하여야 할 매우 어렵고도 중요한 과제이다.[2]

---

1) 김태우, "취소소송에 있어서 처분사유의 추가·변경,"「특별법연구」 제 5 권(법문사, 1997), 60면.
2) 민사소송의 경우에도 구소송물이론과 신소송물이론의 대립이 있고, 구소송물이론에 의하는 경우 기본적 사실관계가 동일하더라도 소송물이 분화될 수 있다. 예컨대 교통사고를 원인으로 하는 손해배상청구의 경우 적극적 손해, 소극적 손해, 위자료 등 3개의 소송물로 구성된다고 본다. 판 2021. 9. 30, 2021다241311; 2017. 10. 12, 2017다231119 등.

나. 조세소송 심판의 대상

(1) 당초처분과 경정처분

신고납세방식의 조세에서 납세의무자가 과세표준신고를 하지 않거나 부과과세방식의 조세에서 과세관청이 처음으로 과세표준 및 세액을 확정하여 고지하는 것을 '결정' 또는 '당초결정'이라고 하고, 과세표준신고나 당초결정에 오류·탈루가 있어 이를 바로 잡아 다시 결정하는 것을 '경정결정'이라고 한다.

과세처분은 납세의무자에게 통지함으로써 효력이 발생하므로 과세관청 내부에서만 과세표준과 세액을 결정·경정한 단계와 구별한다는 의미에서 통상 '당초처분'과 '경정처분'이라고 부른다. 경정처분에는 과세표준 및 세액을 증가시키는 증액경정처분(증액처분)[1]과 감소시키는 감액경정처분(감액처분)이 있다.

과세관청은 과세처분에 오류·탈루가 있는 경우 부과권 제척기간 범위 내에서 횟수에 제한 없이 종전 처분을 시정하기 위한 처분을 할 수 있고, 이는 이중과세나 형평과세 내지 신의성실의 원칙에 위배되지 않는다(판 92. 7. 28, 91누10732).

경정처분은 당초처분의 취소 또는 철회와 구별된다. 전자는 당초처분을 그대로 둔 채 그 효력을 소멸시키는 새로운 과세처분을 하는 것이고, 후자는 당초처분을 소급적으로 또는 장래에 향하여 소멸시키는 것이다.

(2) 흡수설과 병존설

㈎ 의 의 당초처분과 증액처분의 관계에 대하여 종래 여러 가지 견해가 제기 되었으나, 현재 실무상 가장 유력한 두 견해는, ① 당초처분은 증액처분에 흡수되어 소멸하고 증액처분의 효력은 다시 조사·결정한 과세표준 및 세액 전체에 미친다고 보는 흡수설[2]과, ② 양자는 서로 독립하여 별개로 존재하고 증액처분은 그 처분에 의해 추가로 확정된 과세표준 및 세액 부분에만 효력이 미친다는 병존설 두 가지이다. 양자 중 어느 견해를 취하는가에 따라 쟁송대상이 달라지고, 그에 따라 전반적인 심리의 양상도 달라진다. 구체적으로, 병존설을 취하는 경우 소제기 전 납세자는 당초처분(신고)을 제외한 증액부분만 다투려면 그 부분만을 청구의 대상으로 삼고 양쪽을 모두 다투려면 청구를 병합하게 된다. 소송 진행 중에는 청구의 추가적 병합절차를 밟게 된다. 이에 반해 흡수설의 경우 소송물은 당초처분(신고)이 흡수된 증액처분이며, 단지 그 불복 범위만이 문제된다. 소송도중 증액처분

---

1) 아래에서는 특별한 사정이 없는 한 '증액처분'으로 표시한다.
2) '흡수소멸설'이라고도 부르는데 이 책에서는 '흡수설'로 부르기로 한다.

이 있으면 당초처분은 원칙적으로 증액처분에 흡수·소멸하므로, 별소의 제기 또는 청구의 교환적 변경을 통해 청구취지를 변경하여야 한다.

흡수설은 심리의 복잡화 및 저촉을 피할 수 있다는 실무적 장점 이외에 과세단위별로 하나의 세금을 납부한다는 납세자의 인식 및 소송물에 관한 총액주의와 부합한다는 점이 장점이다. 그러나 쟁송 대상인 행정처분은 결국 처분의 형태와 처분권자의 의사를 중심으로 그 단위를 구성할 수밖에 없는데 증액처분의 경우 고지세액 및 세액의 산출근거를 증액분만을 고지하는 납세고지의 실태와 조세쟁송이 현실적으로 쟁송절차에서 드러난 쟁점 중심으로 운용되고, 소송의 진행과 관계없이 언제든지 새로운 과세자료에 기초한 과세관청의 증액처분이 가능하며 판결확정 후 과세관청의 재처분 또한 금지되지 않는 점 등 여러 측면에서 흡수설로는 설명이 어려운 경우가 발생한다. 특히 과세처분 취소와 행위주체와 불복방법 및 기간을 달리하는 경정청구제도가 신설됨에 따라 종전의 논의는 상당부분 양상을 달리할 수밖에 없게 되었다.

(나) 판례의 태도 판례는 증액경정처분에 대하여는 원칙적으로 흡수설을 취하고, 감액경정처분은 당초처분의 일부취소로 보고 있다.

(ⅰ) 판례의 입장에 따르면, 증액처분은 당초처분의 과세표준과 세액을 포함하여 전체 과세표준과 세액을 다시 결정하는 것이므로 증액처분이 쟁송대상이고, 당초처분은 증액처분에 흡수·소멸함에 따라 당초처분의 취소를 구하는 소는 소의 이익이 없게 된다(판 2013. 8. 22, 2013두7353). 이와 같은 구조는 경정처분과 재경정처분의 관계에 있어서도 마찬가지이다(판 92. 5. 26, 91누9596). 예컨대 과세관청인 피고가 2016. 8. 11. 원고에게 4억 원의 상속세 부과처분을 하였다가, 같은 해 9. 16. 1억 원을 추가고지한 경우 쟁송의 대상은 2016. 9. 16.자 처분이다. 이 경우 부과세액 전부의 취소를 구하려면 청구취지를 "피고가 2016. 9. 16. 원고에 대하여 한 상속세 금 5억 원의 부과처분을 취소한다"로 적고, 증액부분만의 취소를 구하려면 "피고가 2016. 9. 16. 원고에 대하여 한 상속세 금 1억 원의 부과처분을 취소한다"로 적는다. 2016. 8. 11.자 부과처분의 취소를 구하는 소는 부적법하다.[1)]

납세의무자는 증액처분에 대한 소송절차에서 당초처분 세액까지 취소를 구할 수 있으며 취소사유 역시 제한이 없다(판 99. 5. 28, 97누16329). 전심절차의 경유 여부도

1) 증액처분 취소소송 중 재경정이 있는 경우 흡수설에 따르면 앞의 처분은 뒤의 처분에 흡수되어 소멸하므로 청구취지 변경절차를 밟아야 할 것이다. 그러나 쟁송이 상고심에 계류 중이어서 청구취지 변경이 불가능하다면 기존의 소의 이익은 소멸하지 않는다고 본다. 일본은 경정처분 취소소송 중 재경정이 있는 경우 일반적으로 기존 소의 이익이 소멸하는가에 관하여 판례는 긍정하나(최판 소화 32. 9. 19.), 학설은 반대하고 있다. 金子 宏, 앞의 책, 884면.

증액처분을 기준으로 판단한다. 당초처분과 증액처분은 소송법상 동일한 소송물로 관념되며, 내용상 '취소를 구할 수 있는 세액의 무제한'과 '주장할 수 있는 공격방어방법의 무제한'이라는 두 가지 특징을 지니게 된다.[1]

판례의 입장에 따르면 신고납세방식 조세에서 신고와 경정 사이에서도 흡수설이 타당하다. 즉, 납세신고에 대해 증액경정을 한 경우, 신고부분을 포함하여 전체 과세표준과 세액을 다시 결정하는 것이므로 납세자는 증액처분 취소소송에서 신고에 의해 확정된 과세표준과 세액도 다툴 수 있고, 이는 과세관청이 증액처분을 취소하거나(판 91. 7. 26, 90누8244) 증액경정 이후에 증액분 이상의 감액경정처분을 한 경우(판 2012. 3. 29, 2011두4855)에도 마찬가지이다. 다만 증액처분이 제척기간도과 후 이루어져 무효라면 당초처분의 위법을 다툴 수 없다(판 2004. 2. 13, 2002두9971).

흡수설은 기본적으로 동일한 과세단위 내에서만 타당하다. 예컨대 원천징수의무자에 대해 납세의무 단위를 달리하여 순차 이루어진 징수처분은 별개의 처분으로서 당초 처분은 후행처분에 흡수되지 않는다(판 2013. 7. 11, 2011두7311).

(ii) 감액경정처분은 당초처분의 일부를 취소하는 것에 불과하여 그에 의하여 감소된 세액부분에 관해서만 법적 효과가 미친다. 즉, 감액경정처분은 당초처분과 별개 독립된 것이 아니고 단순히 당초처분을 변경하는 처분이다(판 91. 9. 13, 91누391 등). 따라서 항고소송의 대상이 되는 것은 당초처분 중 경정결정에 의하여 취소되지 않고 남아 있는 부분, 즉, 감액된 당초처분이고, 전심절차나 제소기간 준수 여부도 당초처분을 기준으로 판단하며 당초처분 중 감액부분은 소의 이익이 없게 된다. 예컨대 2016. 9. 1. 종합소득세 1,000만 원을 부과하였다가 2017. 3. 1. 500만 원으로 감액경정 고지한 경우 나머지 부분의 취소를 구하는 청구취지는 "피고가 2016. 9. 1. 원고에게 한 종합소득세 금 500만 원의 부과처분을 취소한다"가 된다.

(3) 입법에 의한 흡수설의 수정

㈎ 국세기본법 제22조의3

1) 규정내용　국세기본법 제22조의3은, 「세법에 따라 당초 확정된 세액을 증가시키는 경정은 당초 확정된 세액에 관한 이 법 또는 세법에서 규정하는 권리·의무관계에 영향을 미치지 아니한다」(1항), 「세법에 따라 당초 확정된 세액을 감소시키는 경정은 그 경정으로 감소되는 세액 외의 세액에 관한 이 법 또는 세법에서 규정하는 권리·의무관계에 영향을 미치지 아니한다」(2항)고 규정하고 있다.

---

1) 윤지현, "증액경정처분과 감액경정처분을 차례로 받은 납세자가 증액경정처분 취소소송에서 취소를 구할 수 있는 범위에 관한 고찰", 조세법연구 18-1, 207면에서 인용.

먼저 위 규정상 '확정'의 의미를 어떻게 이해할 것인지가 문제된다. 현재 위 '확정'의 개념을 제소기간 도과 후의 '불가쟁력'을 의미한다고 보는 견해가 다수이며, 판례도 같은 입장으로 여겨진다. 이는 위 규정의 입법취지가 당초처분에 대한 불복기간이 지난 상태에서 증액처분을 통하여 당초처분을 다시 다투는 것을 규제하기 위한 것이었다는 점과 증액처분의 효력이 주로 당초신고나 당초처분과의 관계에서 쟁송법상 소송물 개념과 관련하여 문제되어 왔기 때문일 것이다. 그러나 관련 조문의 체계나 문언상 여기의 '확정' 개념을 불가쟁력으로 제한하여 이해할 필요는 없다. 해당 조문은 과세표준과 세액의 확정에 관한 국세기본법 제22조 바로 밑에 위치하고 문언상으로도 그것이 불가쟁력만을 의미한다고 보기는 어렵다. 오히려 위 규정의 "당초 확정된 세액에 관한 이 법 또는 세법에서 규정하는 권리·의무관계" 부분을 "국세기본법상 절차에 따라 확정된 세액에 관한 실체법적, 절차법적 권리·의무 관계"로 이해하는 편이 자연스럽다. 예컨대 당초신고나 당초처분이 2015. 1. 1.에 있고, 그에 따른 확정세액이 50억 원이며 그에 대한 증액경정이 2017. 1. 1. 30억 원 있었다고 할 경우, 당초 확정된 세액 50억 원에 대하여 발생한 실체법적 법률관계, 예컨대 조세의 우선적 효력이나 사업양수인의 제 2 차 납세의무, 해당 세액에 대한 압류처분 등의 효력 등이 그대로 유지되고, 나아가 절차법적으로도 해당 세액에 대해 납세자가 불복하지 않아 불가쟁력이 발생하였다면 그와 같이 납세자가 더 이상 세액을 다툴 수 없는 상태 역시 당초 확정된 세액에 관한 권리·의무 관계에 해당된다고 볼 수 있다.

2) 쟁점의 정리 당초처분(당초신고)과 증액처분의 관계에서 문제가 되는 내용은 크게, ① 증액처분이 있는 경우 당초의 신고나 처분에 기초를 둔 징수처분(납부·징수유예·강제징수 등)의 효력이 어떻게 되고, 증액처분이 취소된 경우 기왕의 신고행위의 효력은 어떻게 되는가 하는 등의 실체법적 문제와 ② 증액처분이 있는 경우 소송절차상 심리의 대상이나 범위가 어떻게 되는가 하는 쟁송법적 문제로 나눌 수 있다. 이 중 전자에 관하여 위 규정의 신설 이전 판례는 종전 처분에 대한 실체법적 효력, 예컨대 가산금 징수처분의 효력이 증액처분에 흡수되어 효력을 상실하는 것으로 이해하였으나(판 99. 5. 11, 97누13139), 위 규정의 신설로 종전처분과 관련하여 발생한 실체법적 효과는 증액처분에 불구하고 계속 효력을 지니는 것으로 정리되었다.

다음, 후자의 쟁송법적 문제와 관련하여서는 당초처분(신고)에 대해 불가쟁력이 발생한 후 증액처분이 있는 경우 당사자가 경정으로 증액된 부분을 넘어 당초처분(신고)의 위법성 및 세액을 다툴 수 있는가, 즉 이 경우에도 흡수설의 두 가지 특징인 '취소를 구할 수 있는 세액의 무제한'과 '주장할 수 있는 공격방어방법의

무제한'의 원칙이 타당한 것인지가 문제된다. 이에 관하여 판례는 당초처분(신고)에 대한 불복기간 경과 여부에 관계없이 증액처분만이 심리대상이고, 납세의무자는 그 소송에서 당초처분(신고)에 대한 위법사유도 주장할 수 있되, 다만 불복기간 경과로 확정된 신고세액이나 결정세액에 대하여는 불복이 제한된다고 보았다{판 2009. 5. 14, 2006두17390; 2011. 4. 14, 2008두22280; 2013. 4. 18, 2010두11733(전)}. 국세기본법 제22조의3 규정이 신설된 이후에도 여전히 흡수설의 기조를 유지한 것이다.

그러나 당초처분과 증액처분의 관계는 제쳐두더라도 당초신고와 증액처분은 행위주체나 불복방법, 불복기간 등이 모두 다르고 특히 증액처분에 대한 불복기간(90일)이 당초신고에 대한 불복기간(5년)보다 훨씬 단기이므로 당초신고가 증액처분에 흡수·소멸한다고 보는 것은 여러 가지 측면에서 무리가 있다.

국세기본법 제22조의3 제 1 항과 관련하여 판례가 취한 결론, 즉 당초처분에 관하여 불가쟁력이 발생한 경우에도 당초처분의 위법사유를 증액처분에 대한 불복절차에서 다툴 수 있다고 하는 점은, 미국이나 독일 등 외국에서도 조세쟁송절차에서 적정과세의 이념이나 형평의 원리에 입각하여 법규나 판례를 통해 일반적으로 인정되는 법리이다.[1] 다만 입법취지나 규정문언 등에 비추어 볼 때 위 국세기본법 규정이 판례의 입장과 같이 흡수설에 입각한 것인지에 관하여는 의문이 있다. 이 점에 관하여는 아래 ㈏항에서 다시 살펴본다.

㈏ 국세기본법 제45조의2 제 1 항 단서

국세기본법 제45조의2 제 1 항 단서는 납세신고 후 증액경정이 있는 경우 증액경정부분은 해당 처분이 있음을 안 날(처분의 통지를 받은 때에는 그 받은 날)부터 90일(법정신고기한이 지난 후 5년 이내로 한정) 이내에 경정을 청구하도록 하고 있다. 예컨대 당초신고된 100억 원에 대해 10억 원이 증액된 경우 쟁송의 일회적 해결을 도모하기 위해 함께 경정청구 및 경정거부처분취소소송 대상으로 삼을 수 있게 한 것이다. 형태상으로 경정부분이 신고부분에 거꾸로 흡수되는 모양새이다.

1) 독일의 경우 앞에서 본 조세기본법 제177조와 세액의 모순확정에 관한 조세기본법 제174조 등이, 미국은 판례를 통해 형성된 변상의 원칙(Equitable Recoupment)과 내국세입법상 기간제한 완화규정(IRC §1311~§1314) 등이 이러한 기능을 수행한다. 이는 기본적으로 세액의 증감을 위해 쟁송마당을 제공한 측은 그에 따라 (본래는 허용되지 않았던) 세액에 관한 상계의 불이익을 감안하여야 한다는 정신을 기본으로 한다(자세한 내용은 이 책 212면 이하 참조). 일본은 국세통칙법 제29조에서 우리와 유사하게 「세액을 증가(감소)시키는 경정은 그 경정에 의하여 증가(감소)된 세액에 관계된 부분 이외의 국세에 관한 납세의무에 영향을 미치지 아니한다」고 규정하고 있는데, 이를 병존설을 취한 것으로 이해하는 견해와 흡수설의 예외를 규정한 것으로 이해하는 견해의 대립이 있다. 일본 최고재판소(소화 32. 9. 19. 및 소화 42. 9. 19.)는 위 규정 이후에도 여전히 흡수설의 입장을 취하고 있다. 그 밖에 관련 논의는, 윤지현, 조세법연구 22-3, 24면 등.

판례가 취하는 흡수설에 따르는 이상 신고납세방식 조세에서 신고 후 증액처분이 있는 경우 신고는 증액처분에 흡수되고 증액처분에 대한 쟁송에서 당초신고의 위법사유까지 다툴 수 있으므로 증액처분에 대한 불복만을 인정하는 것이 원칙적인 방법이다. 그런데 부과고지의 경우 처분사유와 근거가 명확히 제시되는 반면 납세신고는 납세자 스스로 잘못을 발견하기가 쉽지 않다. 이에 따라 법은 전자의 경우 불복기간을 90일로 제한한 반면 후자의 경우 5년의 불복기간을 허용하고 있다. 이와 같은 상황에서 납세의무자가 증액처분을 다투지 않았다고 하여 당초신고 부분까지 불가쟁력이 발생한다면, 납세신고에 대해 장기 불복기간을 설정한 취지가 몰각된다. 이에 따라 위 규정 신설 이전에도 판례는 증액처분에 대한 불복기한이 도과되어도 당초신고에 대한 경정청구기간 내에는 당초신고부분에 대한 불복이 가능한 것으로 해석하였고(판 2014. 6. 26, 2012두12822), 이를 입법이 받아들인 것이다. 이에 따라 현재는 납세의무자가 증액처분 취소소송에서 당초신고의 위법성을 다투어도 되고, 당초신고에 대한 경정거부처분 취소소송에서 신고의 위법성을 다툴 수도 있어{판 2013. 4. 18, 2010두11733(전)} 어느 한쪽 쟁송방법의 배타적 적용은 인정되지 않고 있다.

위 규정에 의할 때, 예컨대 납세자가 10억 원의 세액을 신고한 것에 대하여 과세관청이 1억 원을 증액하고 납세자가 신고세액과 증액분 합계 11억 원의 취소를 구하고자 할 경우 납세자는 11억 원 전체에 대한 경정청구를 하여 과세관청이 거부하면 거부처분취소소송 형태로 구제를 도모할 수 있고, 법원도 11억 원에 대한 거부처분 취소판결을 할 수 있다. 이 경우 증액분 1억 원에 대한 판단은 형식은 거부처분 취소이지만 실질은 부과처분 취소이고, 판결의 기속력도 부과처분 취소판결과 동일하게 보아야 할 것이다. 이와 달리 납세자가 신고세액 10억 원에 대한 경정거부처분취소소송과 1억 원의 증액처분 취소소송을 병합하는 형태의 소송도 가능하며, 당초신고에 대한 감액경정거부처분 취소소송 도중 증액처분이 있다면 그 절차 내에서 증액처분 취소로 청구취지를 바꾸는 것도 가능할 것이다.

한편 위 조항 단서는 증액처분 경정청구기간을 '처분이 있음을 안 날'로부터 90일로 설정하면서 괄호 부분에서 '법정신고기한이 지난 후 5년 이내로 한정한다'고 규정하고 있다. 위 규정의 해석과 관련하여 최근 주목할만한 판결이 선고되었다. 즉, 신고 후 증액처분이 있는 경우 5년의 경정청구기한 내에 납세자는 신고부분에 대한 감액경정청구에 대한 거부처분 취소소송에서 당초 신고에 대한 과다신고사유뿐 아니라 과세관청의 증액경정사유도 함께 주장하여 다툴 수 있으나, 증액처분에 대한 불복기간(90일)이 경과한 경우 위 조항 단서에 따라 '경정으로 인하여 증가된 과세표준 및 세액'에 관하여는 취소를 구할 수 없고, 당초 신고한 과세표준 및 세액을 한도로 하여서만 취소를 구할 수 있다고 본 것이다(판 2024. 6. 27, 2021두39997). 대상판결은 그 논거로, 과세표준신고서를 법정신고기한 내에 제출한 납세자가 그 후 이루어진 과세관청의 결정이나 경정으로 인한 처분에 대하여 소정의 불복기간 내에 다투지 아니하였더라도 5년의 경정청구기간 내에서는 경정청구권을 행사하는 데에 아무런 영향이 없고(판 2014. 6. 26, 2012두12822), 통상의 과세처분 취소소송에서와 마찬가지로 감액경정청구에 대한 거부처분 취소소송 역시 심판의 대상은 과세표준 및 세액의 객관적인 존부이고 개개의 위법사유는 공격방어방법에 불과한 점(판 2020. 6. 25, 2017두58991 참조), 납세자로 하여금 과세관청의 증액경정사유에 대하여는 취소소송으로써, 과다신고사유에 대하여는 경정청구로써 각각 다투게 하는 것은 납세자의 권익보호나 소송경제에 부합하지 않는 점{판 2013. 4. 18, 2010두11733(전)} 등을 들었다. 대상판결은 증액경정청구 자체에 대한 불복기간을 연장한 것이라기보다 납세신고에 대한 증액경정처분이 있는 경우 신고에 대한 경정거부처분 취소소송에서 90일의 불복기간이 도과한 증액경정처분의 위법사유를 함께 주장하여 당초신고세액의 감액을 구할 수 있다는 취지로 이해된다. 이와 같은 접근은 결론적으로 미국이나 독일 등에서 조세쟁송절차상 적정과세 및 형평의 이념에 입각하여 인정되는 상계 내지 공제의 법리와 동일한 결과를 낳는다. 그 기본구조는 당초처분과 증액처분에 대한 관계에서와 마찬가지로 신고에 대한 증액처분이 있는 경우 신고나 증액처분 중 어느 한쪽의 불복기간이 도과하였어도 다른 쪽 불복기간이 남아 있는 한 그에 대한 불복절차를 통해 해당 세액 범위 내에서 다른 쪽 위법사유를 주장할 수 있도록 하는 것이다.

우리도 현재와 같이 신고에 대한 경정청구와 부과처분 취소라는 이원적 불복수단을 유지하는 한 국세기본법 제22조의3이나 제45조의2의 규정을 독일이나 미국과 같이 상계나 공제의 관점에서 보완입법하거나 관련 규정을 그와 같은 방향으로 해석하는 것이 법리적으로 낫다고 생각된다. 예컨대 신고세액이 20억 원이고 증액처분 세액이 5억 원인데 신고세액에 대한 경정청구기간이 도과한 경우 증액처분에 대한 불복기간이 남아 있는 한 5억 원 범위 내에서 신고세액에 대한 위법사유를 주장하여 증액처분을 다툴 수 있고,[1] 반대로 증액처분에 대한 불복기간이 도과하였어도 신고세액에 대한 불복기간이 남아 있는 한 증액처분에 대한 위법사유를 주

1) 판례는 당초처분과 증액처분의 관계에서 흡수설을 유지함을 전제로 국세기본법 제22조의3 제1항의 규정을 동일하게 해석하였다. 판 2013. 4. 18, 2010두11733(전); 2014. 6. 26, 2012두12822 등.

장하여 그에 해당하는 신고세액의 감액을 주장할 수 있다. 이는 적정과세의 이념과 과세관청과 납세자 양쪽 모두 스스로 쟁송의 마당을 제공한 이상 그에 따른 불이익을 감수하여야 한다는 형평의 이념에 터 잡은 것이므로 소송물 개념과 무관하게 허용될 수 있다고 본다. 위에서 본 예는 과세관청이 증액처분을 통해 납세자에게 쟁송 마당을 제공한 경우에 관한 것이지만 반대로 납세자 측이 당초처분에 대한 취소소송을 제기하여 쟁송마당을 펼쳤다면 과세관청은 그 소송절차에서 이미 부과제척기간이 도과하여 별도의 증액경정처분이 불가능하더라도 납세자가 구하는 취소세액에 상응한 증액경정사유를 주장하여 상계를 주장하는 것은 형평의 관점에서 허용된다고 보는 것이다.[1])

다만 근본적으로 증액부분을 경정청구 대상으로 삼은 위 규정은 흡수설과 병존설 어느 쪽으로도 설명하기 어려운 문제점이 있다. 예로서, 납세자가 취득세 10억 원에 대해 50% 감면규정에 따라 5억 원을 신고·납부하였다가 취득의 기초가 된 계약이 취소되었다고 주장하여 경정청구를 하였는데 과세관청이 계약취소를 인정하지 않고 오히려 위 사안이 감면대상이 아니라고 보아 5억 원의 증액처분을 한 경우 납세자가 5억 원 신고세액과 5억 원 증액처분 모두를 다투고자 하는 경우 불복방법을 어떻게 취하여야 할까? 그 답으로 다음 5가지를 생각해 볼 수 있다.

1) 10억 원의 부과처분 취소소송 제기(흡수설에 의하는 경우)

2) 10억 원에 대한 경정청구 후 경정거부처분 취소소송 제기(법 제45조의2 제1항 단서. 이 경우 당초신고분 5억 원에 대하여는 중복하여 경정청구를 제기하게 된다)

3) 추가 고지된 5억 원에 대하여 경정청구를 하여 거부처분이 있게 되면 당초신고분 5억 원에 대한 경정거부처분과 함께 거부처분 취소소송 제기(이 경우 거부처분 일자가 달라져 청구취지를 두 개로 나누어 적어야 한다)

4) 추가 고지된 5억 원에 대하여는 별도의 경정청구 없이 당초의 경정거부처분 일자에 10억 원의 경정거부처분이 있다고 보아 취소소송 제기(이 경우 5억 원에 대하여는 경정청구 및 거부처분이 없음에도 거부처분 쟁송대상으로 삼게 된다)

5) 당초 신고분 5억 원에 대한 경정거부처분 취소소송 + 추가고지분 5억 원에 대한 부과처분 취소소송 제기(병존설에 의하는 경우)

이 중 (증액)부과처분을 경정청구 대상으로 삼지 않는 1)과 5)의 경우는 이론상 별 문제가 없으나, 2), 3), 4)의 경우는 모두 문제점이 발생한다. 이는 근본적으로 법리상 경정청구 대상이 될 수 없는 부과처분을 청구대상으로 삼았기 때문이다.

---

1) 관련 논의는 이 책 211면 이하 참조.

(4) 흡수설의 한계와 전망

앞서의 논의는 경정청구제도가 마련된 이후에는 더 이상 신고행위와 경정처분 사이에 흡수설의 논리를 고수할 수 없게 되었음을 나타낸다.

구체적으로 당초처분 후에 증액처분이 있는 경우 납세자의 쟁송의사에 따라 경우의 수를 나누어 본다.

1) 납세자가 당초처분에 대하여는 불복기간 내 다투지 않았고 다툴 의사도 없으며 증액부분만 다투고자 하는 경우

2) 납세자가 당초처분에 대하여 일부 이의가 있었으나 다투지 않은 채 불복기간을 지난 후 증액처분이 있어서 이제는 양쪽을 모두 다투고자 하는 경우

3) 납세자가 당초처분에 대하여 이미 다투고 있는 도중에 증액처분이 있는데 납세자는 증액부분에 대하여는 다툴 의사가 없는 경우

4) 3)의 경우에 납세자가 당초처분과 증액처분을 모두 다투고자 하는 경우

먼저 흡수설에 의하게 되면 다음과 같은 진행이 될 것이다.

1)의 경우, 납세자는 당초처분 부분을 포함하여 전체 세액을 나타내는 증액처분을 소송대상으로 삼으면서 이 중 당초 고지세액을 뺀 나머지 증액분만을 구분하여 취소를 구하게 된다.

2)의 경우 본래 흡수설에 의하는 한 당초처분에 대해 불복기간 도과로 다툴 수 없었음에도 증액처분을 기화로 전체 세액에 대하여 다시 다툴 수 있게 되나, 국세기본법 제22조의3 제 1 항 및 그에 관한 판례의 해석에 따라 당초처분 세액 자체는 다투지 못하고 당초처분에 존재한 위법사유만을 다시 주장할 수 있게 된다.

3)의 경우 납세자는 증액부분을 다툴 의사가 없어도 진행 중인 당초처분에 대한 취소소송절차에서 청구취지를 변경하여 증액처분이 표창하는 전체 세액 중 당초처분에 해당하는 부분의 취소를 구한다는 내용으로 청구취지를 변경하여야 하며, 4)의 경우 청구취지를 당초처분에 대한 취소청구에서 증액처분 취소청구로 변경하여야 한다.

이에 대하여 병존설을 취하는 경우에는 다음과 같은 진행이 예상된다.

1)의 경우 납세자는 증액부분만 취소를 구하면 된다.

2)의 경우 이미 당초처분에 대한 불가쟁력이 발생하였으므로 증액처분이 있더라도 당초처분으로 부과된 세액에 대하여 다시 다툴 수 없는데 이 점은 국세기본법 제22조의3 제 1 항에 의하여 이미 명문화된 상태이다. 다만 판례에 따르면, 당초신고에 존재한 위법사유를 증액처분에 대한 불복사유로 다시 주장하는 것이 가능한데 병존설을 취하는 경우에도 과세관청이 어차피 당초처분에 따른 세액을 증액하여 다시 소

송마당을 제공한 이상 형평의 관념에 입각한 상계이론 등 별도의 이론에 의하여 그와 같은 결론을 도출하는 것은 충분히 가능하다.[1]

3)의 경우 납세자는 청구취지 변경절차를 거치지 않아도 되고, 제소기간 등을 다시 신경 쓸 필요가 없으며, 4)의 경우 청구병합의 형태로 양 처분을 다투면 된다.

양쪽을 비교하여 보면 전체적으로 흡수설보다 병존설을 취하는 쪽이 납세자에게 간편하고 이해하기 쉬우며 전체적으로 논리가 일관됨을 알 수 있다.

현실적으로 흡수설은 다음과 같은 많은 문제점 및 예외가 인정된다.

1) 증액처분의 경우 과세실무는 납세고지서상 필수적으로 기재하여야 하는 세액과 산출근거를 당초처분을 포함한 전체 세액이 아닌 증액분만을 기재한다.[2]

2) 당초신고와 증액처분의 관계에서 흡수설은 불복기간 등을 논리적으로 설명하기 어려우며, 특히 음(陰)의 신고의 경정청구를 설명할 방법이 없다.

3) 흡수설은 국세기본법 제22조의3 제 1 항과 그 내용이 저촉된다.

4) 기초적 사실관계를 달리하는 경우 처분사유의 변경을 불허하는 판례[3]의 입장은 흡수설의 기초인 총액주의와 잘 조화되지 않는다.

5) 판례는 확정판결이 있는 경우 그 소송절차에서 다루어지지 않았던 사실관계를 기초로 하는 재처분이 가능하고, 이 경우 당초처분은 재처분에 흡수되지 않고 병존한다고 판단하고 있다(판 2004. 12. 9, 2003두4034).

기본적으로 실체법상 행정처분의 개수는 처분권자의 의사와 처분의 객관적 형태에 의하여 구분된다. 흡수설은 이와 같은 실체법적 사정을 무시하고 당초처분이나 당초신고가 증액처분에 흡수·소멸된다고 의제하는데. 그 주된 근거는 과세처분은 하나의 과세단위 안에서는 단일하게 존재하여야 한다는 데 있다. 그러나 쟁송법적 개념인 소송물과 실체법상 개념인 과세단위를 논리필연적으로 연결시켜야 할 이유는 없다. 당초처분의 경우에는 과세의 본질상 부분과세가 허용되지 않는다고 보아야 하지만 증액처분은 당초처분과 달리 증액분만을 고지하는 것이 과세현실이고 그것이 과세권의 본질에 어긋난다고 볼 이유도 없다.

하나의 과세단위라는 관념은 집행단계에서 고려해도 충분하다. 앞에서 살펴본 흡수설의 예외를 인정하여야 하는 많은 경우가 병존설에 의하면 쉽게 설명이 된다. 어

---

1) 관련 논의는, 이 책 337면 참조.

2) 실무상 납부고지서에 의한 납부고지를 함에 있어 결정세액에서 자진납부세액을 공제한 나머지 세액만을 고지하는데, 다만 판례는 이 경우에도 흡수설에 따라 부과처분은 결정세액 총액에 대하여 이루어진 것으로 보아야 한다고 하였다(판 99. 12. 10, 99다44526).

3) 이 책 342면 참조.

는 개념이 유용하기 위해서는 그 개념에 따라 구체적 현상들이 일정한 형태로 분류되어야 한다. 많은 예외가 인정된다는 것은 해당 개념이 이미 일정한 내용을 담는 그릇의 역할을 하지 못한다는 반증이다.

다. 조세소송 심판의 범위

(1) 총액주의와 쟁점주의

사인(私人)간의 분쟁을 다루는 민사소송에서는 원고가 권리의 강제적 실현을 위해 청구취지와 청구원인을 특정하여 소송을 제기하며 그와 같이 특정된 심리 단위가 소송물이 된다. 이에 반하여 행정소송에서는 처분청이 먼저 행정처분을 행하고 당사자가 그 처분의 위법성을 다투는 이른바 항고소송의 형태를 취한다. 이는 행정처분이 공정력을 지님에 따라 처분청이 처분을 집행하기 위해서 법원의 힘을 빌릴 필요가 없고 오히려 당사자가 처분의 집행을 막기 위해 처분의 위법성을 다투어야 하기 때문이다. 이 경우 소송 및 심리의 대상이 되는 행정처분은 처분일자와 내용 및 처분사유에 의하여 소송물로서 특정된다.

민사소송에서 청구원인의 추가·변경이 허용되는 것과 마찬가지로 행정소송인 조세소송에서도 과세관청의 과세처분 사유의 추가·변경이 허용된다. 민사소송에서 청구원인의 추가·변경이 소송물 범위 내에서 가능한 것과 마찬가지로 조세소송에서도 과세처분 사유의 추가·변경은 원칙적으로 소송물의 범위 내에서 가능하다. 결국 쟁송단계에서 과세처분 사유의 추가·변경은 일단 과세처분 취소소송의 소송물이 무엇인가의 논의로 귀속되고, 이는 심리의 대상과 범위를 어떻게 볼 것인가의 문제로 연결된다. 이 중 심리의 대상과 관련하여서는 흡수설과 병존설, 심리의 범위와 관련하여서는 총액주의와 쟁점주의의 대립이 있다.

총액주의는 과세처분에 의해 확정된 세액이 조세실체법에 의해 객관적으로 존재하는 세액을 초과하는지 여부가 심판의 대상 및 범위가 된다는 주장이다. 이에 의하면, 과세처분에 대해 일부 불복청구가 있는 경우에도 처분의 대상이 된 세액 전부에 대해 실체적 세액을 기준으로 심판하고, 과세관청은 처분 당시의 처분사유와 다른 사유를 내세워 과세처분을 유지할 수 있다. 이는 행정처분 취소소송의 소송물을 위법성 일반으로 보는 견해 및 과세처분 취소소송의 본질을 채무부존재 확인소송으로 파악하는 견해와 이론적 기초를 같이한다.

이에 반하여 쟁점주의는 심판의 대상 및 범위를 과세관청의 처분이유와 관계되는 세액의 정당성 내지 적법성 여부로 한정하는 견해로서 과세관청이 처분 시

인정한 처분사유의 당부를 심판의 대상으로 하고, 그 인정이유나 근거가 다르면 별개 처분으로서 소송물이 동일하지 않은 것으로 이해한다. 이에 의하면, 과세처분에 대해 불복청구가 있는 경우 불복청구부분 이유에 한정하여 조사·심판의 대상으로 삼게 되며, 과세관청이 다른 처분사유를 주장하려면 별도의 처분을 하여야 한다. 통설 및 판례는 총액주의의 입장이다. 총액주의에 따라 과세관청은 진행 중인 소송의 사실심 변론종결 시까지 원칙적으로 정당한 과세표준과 세액을 뒷받침하는 주장과 자료를 제출할 수 있고(판 2004. 5. 14, 2003두12615), 처분사유의 추가·변경도 넓게 허용되며, 경정거부처분에 관하여도 과세관청은 당초 거부사유 이외에 다른 거부사유를 소송에서 새로 주장할 수 있다(판 2008. 12. 24, 2006두13497).

일반적으로 총액주의는 흡수설과 쟁점주의는 병존설과 부합한다고 설명되나 병존설의 경우에도 각 처분의 심리범위는 이론상 총액주의에 기반을 두므로 병존설이 쟁점주의와 논리필연적으로 연결되는 것은 아니다.

한편 총액주의라도 소송절차에서 정당한 소득금액이나 세액이 곧바로 심리의 목적이 된다는 뜻은 아니고 단지 심리의 범위가 납세자가 부담할 정당한 세액이 과세관청의 인정세액을 상회하는가의 관점에서 과세처분의 위법성 일반에 미친다는 것에 불과하다. 현실적으로 법원은 쟁점별로 처분의 위법사유를 심리하는 것 이외에 처분의 위법성 전반에 관하여 심리하지 않고 있는 한편 판결 전은 물론 판결 후에 있어서도 동일한 과세대상에 관하여 과세관청의 재처분을 광범위하게 허용하고 있다. 사실상 쟁점주의로 소송절차를 운영하고 있는 것이다. 이와 같은 법원의 조세소송 운영 실태는 조세소송의 처분사유 변경이나 판결의 효력에 관한 논의에 많은 영향을 미치게 된다.

(2) 처분사유의 추가·변경

(가) 총 설

조세소송 소송물과 관련하여 현실적으로 중요한 것은 소송절차에서 처분사유의 추가·변경의 범위 내지는 한계를 어떻게 설정하는가 하는 일이다. 처분사유의 추가·변경이 동일한 과세단위 내에서 이루어진다는 점은 별다른 의문이 없다. 문제는 과세처분도 일반 행정처분과 같이 처분사유의 추가·변경이 사실관계의 기초가 동일한 경우에만 허용된다고 볼 것인지 여부이다. 과세관청이 동일한 과세목적을 위해 경정의 방법을 취하는 경우와 처분사유 변경의 방법을 취하는 경우 절차법상으로나 실체법상 납세의무자에게 미치는 영향은 사뭇 다르고 따라서 처분사유의 변경을 얼마나 넓게 인정할 것인지가 납세의무자에게는 중요한 현안이 된다.

이에 관하여 우리 판례의 입장은 과세의 기초가 된 기본적 사실관계가 동일하지 않은 경우 처분사유의 변경이 허용되지 않는다고 보고 있고,[1] 학설의 다수도 같은 견해를 취하고 있다.[2]

근본적으로 처분사유 변경의 범위는 과세관청의 새로운 사실관계 주장이나 과세자료 제출의 허용범위 및 판결의 효력 문제와 밀접하게 관련되어 있다. 현재 중복세무조사에 관한 규정이 쟁송 중에 과세관청이 새로운 과세자료를 확보하여 쟁송자료로 삼는 데에 상당한 제한을 가하고 있으나 기왕에 확보된 과세자료의 사용제한에 관한 논의는 별로 이루어지지 않고 있고, 기초적 사실관계가 다르면 과세자료의 수집절차가 적법한 이상 쟁송 중은 물론 판결확정 후 재처분도 널리 허용되고 있다. 이에 따라 처분사유 변경을 불허하더라도 납세자의 입장에서 본질적 구제수단이 되기 어렵고 총액주의나 쟁송의 일회적 해결의 이념에도 배치되는 점이 있는 것이 사실이다. 다른 한편 처분사유 변경을 제한하는 경우 심급의 이익이나 가산세 혹은 소송비용의 부담 등과 관련하여 실익이 있을 수 있고 처분사유 변경은 책문권 대상이므로 그 선택을 납세자에게 맡기는 것이 납세자의 소송절차상의 이익 내지 방어권 보호 차원에서 바람직한 측면도 있다.

판례와 같이 처분사유 변경에 기본적 사실관계의 동일성을 요구하는 경우 그 한계의 설정도 어려운 문제이다. 구체적으로 증여와 명의신탁 증여의제처럼 과세요건이나 근거규정을 달리하는 경우 판례는 처분사유의 변경을 긍정하나(판 2012. 5. 24, 2010두7277), 양자는 과세의 취지나 성격을 달리하므로 논란의 여지가 있다.[3] 또한

---

1) 판 2016. 12. 15, 2016두50495(원심인 서울고판 2016. 8. 24, 2016누32208에 대한 심리불속행 판결임). 이는 법인세 부과처분취소소송 사건에서 과세관청이 당초에는 원고의 부당행위계산부인에 따른 익금누락을 주장하다가 소송이 진행되던 도중 원고가 보험차익금을 익금에서 누락시켰음을 이유로 처분사유를 추가한 사안이다. 그 밖에 이유에서 기초적 사실관계의 동일성을 언급한 판례는 여럿 있다. 구체적인 내용은 아래 (나)항 참조.

2) 구욱서, "과세처분취소소송의 판결확정과 재처분의 가부", 인권과 정의, 제283호(대한변호사협회, 2000), 87면. 金子 宏, 앞의 책, 798면. 김의석, "민사소송법적 관점에서 본 '조세소송 계속 중 과세처분사유의 변경'과 '판결 후 과세처분'", 조세법연구 20-2, 123면. 처분사유의 변경에 기본적 사실관계의 동일성을 요구하되, 특례제척기간에서 '판결에 따른 처분'을 절차적 위법을 이유로 과세처분이 취소된 것으로 한정하자는 견해로, 정재희, "당사자 간 공평의 관점에서 바라본 조세소송 소송물의 구조", 조세법연구 26-3, 287면. 일본도 대체로 같은 입장이다. 일본 판례 중 청색신고에 대한 법인세 경정처분취소소송에서, 과세관청이 취득가액 고가산정을 양도가액 저가산정으로 처분사유를 변경한 것이 적법하다고 본 것으로, 일최판 소화 56. 7. 14. 평석은 일본 판례백선 226면. 일본에서는 제척기간 경과 후의 이유의 추가교체가 특별히 논란의 대상이 되고 있다. 관련 논의는, 占部裕典, '조세법과 행정법의 交錯', 408면.

3) 이 사안은, 과세관청이 당초 갑이 을로부터 주식 취득자금을 증여받았다고 보아 증여세를 과세하였다가 소송도중 갑은 주식의 명의수탁자이므로 증여의제 규정에 따라 증여세 부과대상이라는 사유를 예비적으로 추가한 경우이다. 판례는 분쟁의 일회적 해결의 요청을 중시한 것으로 여겨지

상속과세에서 과세대상 재산이 달라지는 경우 '상속'을 공통분자로 한다고 하여 기본적 사실관계가 동일하다고 볼 수 있는지 의문이다. 이 경우 기존의 상속재산과 새로 발견된 상속재산은 서로 다른 물건이고 다른 과세의 계기가 되기 때문이다.

부과제척기간이 도과한 상태에서 과세관청이 처분사유를 변경할 수 있는가에 관하여 판례는 사실관계의 동일성이 유지되는 범위 내에서 이를 긍정하고 있다.[1)]

㈏ 판례의 태도

① 양도소득세 부과처분에서 양도 상대방의 변경이나(판 95. 5. 24, 92누9265), '1세대 1주택' 비과세사유를 변경하는 경우(판 2002. 10. 11, 2001두1994), ② 증여세에서 증여자를 달리하거나(판 97. 2. 11, 96누3272), 상속세에서 생전재산 처분대금에 관한 상속세과세가액 산입 근거규정을 바꾸는 경우(판 2002. 1. 25, 2000두956), ③ 저가양도로 손금부인하였다가 고가매입으로 바꾸는 경우(판 92. 9. 22, 91누13205), ④ 부동산 저가양도에 관하여 시가로 과세처분 하였다가 실지양도가액으로 변경한 경우(판 2001. 8. 24, 2000두4873), ⑤ 甲이 특수관계인 乙로부터 비상장주식을 저가양수하였다고 보아 과세처분 하였다가 위 주식이 甲의 부(父)인 丙이 乙에게 명의신탁한 것이고 甲이 丙으로부터 주식을 저가양수하였다고 변경한 경우(판 2011. 1. 27, 2009두1617), ⑥ 증여세 부과처분 사유를 취득자금 증여추정 규정에서 명의신탁 증여의제 규정으로 변경한 경우(판 2012. 5. 24, 2010두7277), ⑦ 이자소득에서 종합소득 과세대상인 부동산임대소득이나 사업소득으로 변경한 경우(판 2002. 3. 12, 2000두2181) 등에 관하여 모두 처분사유의 동일성이 있어서 변경이 가능하다고 보았다. 나아가 판례는, ⑧ 대표이사에 대한 소득처분 근거가 된 소득세법시행령이 모법에 대한 위헌결정으로 효력을 상실해도 과세관청은 쟁송 도중 대표이사에게 소득이 현실적으로 귀속된 사실 및 소득의 종류를 주장·입증하여 과세처분을 유지할 수 있고,[2)]

나 주식 취득자금에 대한 증여세 과세는 금전증여를 대상으로 하는데 반하여 명의신탁 증여의제 과세는 주식의 명의신탁을 대상으로 하는 것으로서, 전자는 '금전+증여행위'로 구성되고, 후자는 '주식+ 명의신탁 행위'로 구성되어 과세물건을 서로 달리한다는 점에서 판례의 타당성에 의문이 있다.

1) 판 2002. 3. 12, 2000두2181. 독일의 경우 기존 부과세액을 유지하는 범위 내에서는 과세관청에 광범위한 상계권한이 부여되어 있는 한편(독일 조세기본법 제177조 참조), 새로운 사실이나 과세자료가 발견된 경우 과세관청의 경정권한이 일정한 범위로 제한되고 납세의무자 입장에서도 중대한 과실이 없는 한 새로운 사실이나 과세자료에 기초하여 불가쟁력이 발생한 과세처분의 위법성을 다툴 수 있다(독일 조세기본법 제173조 참조). 미국의 경우 과세단위나 당사자 관련성을 넘어서 과세관청에게 기존 부과세액을 유지하기 위한 광범위한 상계권한이 부여되어 있다. 관련 내용은 CAMILLA E.WATSON, 앞의 책 281면 이하 및 이 책 211면 이하 참조.

2) 판 97. 12. 26, 97누4456; 2023. 6. 29, 2020두46073. 앞의 판결에 대한 평석은, 곽태철, 인권과 정의 제257호(98. 1), 77면.

⑨ 원천징수하는 법인세 징수처분 취소소송에서 수급자를 변경하더라도 처분사유 변경이 허용되나(판 2013. 7. 11, 2011두7311), 원천징수세목이 다르면 처분사유 변경이 허용되지 않으며(판 2014. 9. 4, 2014두 3068). ⑩ 과세처분의 본질상 처분사유를 예비적으로 하는 과세처분은 허용되지 않지만, 쟁송절차에서 처분사유의 예비적·추가적 변경은 허용된다고 보았다(위 2009두1617 판결 및 2010두7277 판결).[1)]

(다) 조세쟁송절차에서 '세목'이나 '소득구분'에 관한 법률적 주장의 변경

현재 조세쟁송이 과세단위를 대상으로 하여, 즉, 과세단위를 소송물로 삼아 전개되고 있음은 주지의 사실이다. 이는 납세신고나 부과처분이 모두 과세단위를 기준으로 하여 이루어진다는 점에서 실체법상 개념과 원칙적으로 일치한다. 문제는 세목이나 소득구분이 다르지만 실체법상으로 동일한 과세대상 내지 사실관계에 해당하고 과세관청이 쟁송절차에서 그에 대한 법률적 오류만을 수정하는 경우이다.

판례는 세목이나 소득구분이 달라지면 과세단위가 달라지고, 과세단위가 다르면 소송물이 달라진다는 태도를 견지하고 있다. 예컨대 분리과세되는 양도소득과 종합과세되는 사업소득 사이에서는 과세단위를 달리하여 처분의 추가·변경이 허용되지 않는다고 본다(판 2001. 4. 24, 99두5412). 그러나 처분사유 변경의 허용범위는 기본적으로 납세의무자의 방어권을 실질적으로 침해하는지 여부에 따라 판단되어야 하므로 세목이나 소득구분이 달라도 과세의 기초사실이 동일한 경우 처분사유의 변경을 허용하여야 할 것이다. 현실적으로 동일하게 사업성 유무를 문제 삼아 이자소득에서 사업소득으로 세목을 변경하는 경우와 양도소득에서 사업소득으로 세목을 변경하는 경우를 쟁송절차상 차별할 이유는 별로 없다.

판례는 원천납세의무자가 달라지나 원천납세의무 세목이 동일한 경우 처분사유의 변경을 허용하면서(판 2013. 7. 11, 2011두7311), 원천납세의무 세목이 달라지는 경우 이를 불허한다(판 2014. 9. 4, 2014두3068). 그러나 두 사안 모두 외국투자단체의 국내주식 양도소득에 대한 원천징수를 둘러싸고 원천납세의무자가 단체인가 아니면 구성원인가가 문제된 것으로서 동일한 거래관계 및 지급사실에 기초한 점에서 후자의 경우에도 처분사유 변경을 허용하여야 할 것이다. 같은 취지에서 과세 기초사실이 동일하면서 단체에 대한 법률적 평가만을 달리하는 경우(예컨대 소득세법 2조 3항 단서의 1거주자인 단체인지, 국세기본법 13조의 법인으로 취급되는 단체인지가 문제되는 경우), 세목에 불구하고 처분사유 변경을 허용하여야 할 것이다.

1) 그 밖에 처분사유의 추가·변경이 기본적 사실관계의 동일성이 없음을 이유로 과세처분을 취소한 사례로 대법원 2016. 12. 15. 선고 2016두50495 판결. 그 내용은 이 책 342면 각주 1) 참조.

(3) 법원의 심판범위

과세처분 취소소송에서 법원의 잠재적 심판범위는 과세단위 전체에 미치나 현실적으로 법원이 전체적인 정당세액을 찾아내지는 않는다. 법원은 심리대상이 된 쟁점사항이 위법하다고 판단되고 그에 따른 세액을 산출할 수 있으면 해당 부분을 취소하고 해당세액을 산출하면 된다(판 2008. 12. 24, 2006두13497 등). 소송 당사자들이 제출한 자료에 의하여 해당세액을 산출할 수 없는 경우에는 과세처분 전부를 취소할 수밖에 없다(판 95. 4. 28, 94누13527, 97. 11. 14, 96누8307 등).

(4) 감액경정거부처분 취소소송의 소송물 및 심판범위에 관한 논의

감액경정거부처분 취소소송은 외형상 항고소송이나 실질은 의무이행소송에 해당한다. 납세자 승소 시 과세관청은 판결의 효력에 의해 납세자가 원하는 내용으로 신고세액을 감액하여야 하기 때문이다. 이 점에서 감액경정거부처분 취소소송과 부과처분 취소소송은 근본적으로 불복의 성격과 방법을 달리한다.

거부처분의 특성상 경정거부처분 후 제소기간(90일) 경과로 불가쟁력이 발생하여도 동일한 사유를 이유로 다시 경정청구를 할 수 있지만 납세자 패소판결 확정 후 동일한 사유를 이유로 다시 경정청구를 하는 것은 판결의 기판력에 반해 불가능하다.

한편 경정거부처분 취소소송의 소송물은 정당한 세액의 객관적 존부로서, 납세자는 쟁송절차에서 당초 경정청구사유 이외에 경정청구를 이유 있게 하는 다른 사유를 주장할 수 있고 과세관청 역시 기초적 사실관계가 동일한 범위 내에서 그와 같은 조세채무가 존재한다는 사유 일반을 모두 주장할 수 있다는 것이 판례의 입장이다(판 2008. 12. 24, 2006두13497; 2022. 2. 10, 2019두50946).

이는 총액주의 입장에서 경정거부처분 취소소송의 소송물도 통상의 과세처분 취소소송과 마찬가지로 그 실질을 조세채무 부존재확인소송으로 본 것이다. 그러나 경정거부처분 취소소송에서 과세관청의 처분사유 변경은 과세처분 취소소송의 경우와 다를 바 없지만 납세자의 경정청구사유 변경은 과세관청이 당사자의 경정청구 사유를 대상으로 청구의 당부를 판단할 수밖에 없다는 점에서 다른 이해도 충분히 가능하다. 경정청구에 대하여 거부처분이 있기 전까지 납세자가 청구사유를 추가·변경하는 것은 가능하지만 일단 경정청구에 대한 거부처분이 있게 되면 별도의 감액사유가 있다고 하여 이미 행한 거부처분의 정당성이 소멸한다고 보기 어렵기 때문이다. 이와 같은 판단은 동일한 과세대상에 관하여 납세자가 당초 제기한 경정청구가 제소기간 도과로 불가쟁력이 발생하거나 혹은 납세자 패소판결이 확정되어 불가변력이 발생한 이후에도 경정청구기한이 남아 있는 한 다시 다른 사유를

이유로 경정청구를 할 수 있다고 보는 통상적인 입장[1]에도 부합한다. 이 경우 소송물이 동일하다고 본다면 위와 같은 결론은 상정하기 어려울 것이다. 판례는 감액경정청구를 받은 과세관청이 과세표준신고서에 기재된 과세표준 및 세액의 객관적 정당성을 조사·확인할 의무가 있다고 보나(위 2006두13497 판결), 감액경정거부처분 취소소송에서 감액사유에 대한 주장 및 일차적인 입증책임은 납세자에게 있다고 보아야 하므로 그 전제 역시 납득하기 어렵다.

판례는 또한 납세자가 경정거부처분 취소소송을 제기한 후 증액처분이 이루어지더라도 당초신고는 증액처분에 흡수·소멸하지 않지만 납세자가 거부처분 취소소송을 제기한 후 증액처분이 이루어져 그 증액처분에 대하여도 취소소송을 제기한 경우 거부처분 취소소송은 소의 이익을 상실한다고 보았다(판 2005. 10. 14, 선고 2004두8972). 그러나 당초신고에 대한 경정거부처분 취소소송이 제기된 상태에서 증액처분이 있어도 당초 신고는 증액처분에 흡수·소멸되지 않는다는 판단과 (당초신고가 증액경정에 흡수·소멸하지 않은 채 유효하게 존속하고 있음에도) 증액처분에 신고세액이 포함되어 함께 취소소송 대상이 될 수 있다는 판단이 논리적으로 양립할 수 있는지 의문이다.

과세관청이 납세자의 당초신고를 경정하면서, 사유별로 감액 및 증액하였으나 전체적으로 감액처분을 한 경우 납세자가 증액부분을 다툴 수 있는가에 관하여 종전 판례는 이를 부정하였다.[2] 그러나 이는 감액경정 속에 증액경정이 숨어 있는 형태로서 감액경정이 수반되었다고 하여 증액부분에 대한 납세자의 권리구제이익이 사라질 이유가 없으므로 반대로 이해함이 상당하다.[3] 예컨대 2020. 1. 1.자 100만 원의 당초신고가 있는데, 과세관청이 같은 해 7. 1.자로 30만 원의 증액사유와 50만 원의 감액사유를 반영하여 전체 세액을 80만 원으로 감액한 경우 단순히 당초신고를 감액한 것이 아니므로 납세자는 증액된 30만 원의 취소를 구할 수 있어야 할 것이다. 위 예에서 증액경정과 감액정정이 순차로 이루어진 경우 어느 것이 먼저이든 납세자는 증액부분을 다툴 수 있는데 양자가 동시에 이루어졌다고 하여 결론이 달라질 이유는 없다. 마찬가지로 납세자의 감액경정청구에 대해 과세관청이 청구사유를 배척하면서 다른 사유로 직권으로 감액처분한 경우에도 납세자는 감액범위에 관계없이 경정거부처분 취소소송을 제기할 이익이 있다고 볼 것이다.

---

1) 윤병각, 앞의 책 159면.
2) 판 2012. 4. 13, 2009두5510. 과세관청이 법인의 소득처분 상대방에 대한 소득처분을 경정하면서 증액과 감액을 동시에 한 결과 전체로서 소득처분금액이 감소된 경우에 관한 사안.
3) 同旨, 일본 金子 宏, 앞의 책 1039면. 동경고판 소화 59년 7월 19일(行裁例集 35권 7호 948면). 이는 앞의 경정거부처분 취소소송의 소송물을 어떻게 보는가의 문제와도 밀접한 관련이 있다.

판례는 당초처분에 대한 제소기간 도과 후 증액처분이 있고 납세자가 이를 다투던 중 과세관청이 소송절차에서 납세자 주장을 받아들여 해당 부분을 직권취소한 후 다시 법원이 증액처분사유가 위법하다고 판단하는 경우 직권취소에 불구하고 증액된 세액 전부의 취소를 명할 수 있다고 보았다(판 2011. 4. 14, 2010두9808).[1)]

라. 과세처분 무효확인소송의 소송물

과세처분 무효확인소송의 소송물은 권리 또는 법률관계의 존부확인으로서 청구취지만으로 소송물의 동일성이 특정된다. 당사자가 무효사유로 내세운 개개의 주장은 공격방어방법에 불과하고 소송구조상 과세관청의 처분사유 변경은 특별히 문제되지 않는다. 납세자 입장에서도 사실심 변론종결 당시를 기준으로 그 때까지 제출하지 않은 공격방어방법은 그 뒤 동일한 소송에서 다시 주장할 수 없고(판 92. 2. 25, 91누6108), 과세처분의 무효확인청구 기각판결 확정 후 사실심 변론종결 이전 사유를 들어 다시 부과처분의 무효를 주장하며 압류처분의 무효를 다툴 수 없다(판 88. 6. 28, 87누1009). 과세처분에 무효사유가 있는데 취소소송을 제기한 경우 취소판결이 가능하며, 취소소송 기각판결의 기판력은 무효확인소송에도 미친다.

과세처분 부존재확인소송의 소송물은 과세처분에 따른 조세채무의 부존재확인이다(판 82. 3. 23, 80누476). 주문기재례는, "피고가 (언제) 원고에 대하여 한 ○○○세 부과처분은 무효임(존재하지 아니함)을 확인한다"의 형식을 취한다.

마. 국가배상소송과의 관계

과세처분이나 징수처분의 위법을 이유로 처분의 취소를 구함이 없이 처분을 한 담당공무원이나 감독기관인 국가를 상대로 불법행위를 원인으로 국가배상소송을 제기할 수 있는가가 문제된다. 이는 곧 국가배상소송에서 과세처분이나 징수처분의 위법성 판단이 선결문제가 된 경우 법원이 처분의 위법성을 판단할 수 있는가의 문제이다. 양자는 처분의 위법성의 판단기준, 분쟁의 해결방식 및 법리를 달리하므로 이를 긍정하여야 할 것이다. 우리 학설[2)] 및 판례[3)]도 같은 취지이다.

---

1) 이에 대하여 과세관청의 직권취소가 쟁송절차와 관련이 있는지 여부에 따라 구분하여 판단하여야 한다는 견해로, 윤지현, 앞 논문(조세법연구 18-1), 198면.
2) 김완석, "위법과세처분에 대한 행정상의 손해배상청구", 한국조세연구 제 8 권(1992), 279면. 소순무·윤지현, 조세소송(조세통람사, 2024), 598면. 이에 관한 판례와 학설의 보다 자세한 내용은, 이동식, "조세법영역에서 국가배상소송과 취소쟁송의 관계", 조세법연구 6, 351면.
3) 판 91. 1. 25, 87다카2569. 일본 판결도 같은 취지이다. 일최판 평성 5. 3. 11; 평성 22. 6. 3. 뒤의 판결에 대한 평석은 일본 판례백선 제 6 판, 228면.

3. 변론주의와 직권탐지주의

가. 행정소송법 제26조

조세소송도 행정소송의 일종이므로 행정소송법 규정이 적용된다.

행정소송법 제26조는, 「법원은 필요하다고 인정할 때에는 직권으로 증거조사를 할 수 있고, 당사자가 주장하지 아니한 사실에 대하여도 판단할 수 있다」고 규정하고 있는데, 이는 변론주의를 근간으로 하면서 행정소송의 특수성에 비추어 필요한 경우에 한해 직권으로 증거조사를 하거나 당사자가 주장하지 않은 사실에 관해 판단할 수 있다는 취지이다(판 75. 5. 27, 74누233). 다만 법원은 기록상 현출된 사항에 관해서만 직권으로 심리·조사하고 이를 기초로 판단할 수 있다(판 88. 4. 27, 87누1182 등).

구체적으로 법원은 시효중단 사유(판 87. 1. 20, 86누346)나 신의칙 적용에 관한 사항(판 99. 5. 25, 99두1052)을 직권으로 심리·판단할 수 있고, 필요한 석명권을 행사하지 않은 채 피고의 지정이 잘못되었다는 이유로 소를 각하하는 것은 위법하다(판 2004. 7. 8, 2002두7852). 양도소득세 과세요건인 위자료 및 자녀양육비 지급사실에 관한 주장·입증책임은 과세관청에 있으나 과세관청이 그 액수까지 주장·입증할 필요는 없고 해당 자료를 법원에 제출하면 된다(판 2002. 6. 14, 2001두4573).

행정소송에도 민사소송법 제203조 소정의 당사자처분권주의가 준용되므로 당사자의 주장범위를 넘어 심판하는 것은 허용되지 않는다.

나. 자백법칙의 적용 여부

민사사송법상 자백법칙은 행정소송에도 적용된다는 것이 학설 및 판례의 입장이다. 이에 따라 증여사실의 존부(판 91. 11. 12, 91누3932), 증여재산가액(판 90. 11. 9, 90누6187), 추계사유의 존부(판 83. 6. 14, 82누471), 주식양도 당시 회사의 자산총액 시가(판 91. 5. 28, 90누1854), 수입누락금액의 범위(판 84. 3. 13, 82누259), 필요경비의 발생사실(판 94. 8. 26, 94누2411)과 그 금액(판 91. 1. 29, 90누5054) 등은 모두 재판상 자백의 대상이 된다.

다만 과세처분일이나 심판결정서 송달일 등은 직권조사사항이므로 법원은 당사자의 주장에 불구하고 정확한 날짜를 심리하여야 한다(판 95. 12. 26, 95누14220 등).

4. 입증책임

가. 총 설

과세처분취소소송에서 과세요건에 관한 입증책임은 과세관청에 있다. 일반적으로 민사법상 입증책임은 입증불능에 따른 불이익을 대립되는 당사자 쌍방 중 누구에게 귀속시킬 것인가의 관점에서 논의되고 이 점은 기본적으로 조세소송에서도 다를 바가 없다. 예컨대 소득의 귀속을 추정하는 규정이 있더라도 추정이 깨져 해당 사실의 존부가 불분명해지면 과세처분은 불가능하고, 어느 사업연도 소득에 대한 법인세 과세처분의 적법성이 다투어지는 경우 과세관청은 과세소득의 존재 및 그 소득이 당해 사업연도에 귀속된다는 사실을 증명하여야 하고, 소득이 어느 사업연도에 속한 것인지 확정하기 곤란하다는 이유로 과세관청이 이를 조사·확인한 대상 사업연도에 귀속시킬 수는 없다(판 2020. 4. 9, 2018두57490). 이 경우 실액과세가 입증되지 않았다고 하여 과세가 불가능한 것은 아니고 추계과세나 시가에 의한 과세가액의 산정 등 법이 정한 보충적 방법으로 과세할 수 있는데 그와 같은 보충적 과세요건 또한 과세관청이 입증하여야 한다.

다만 조세소송에서 입증책임은 최종적인 입증불능의 불이익을 납세자와 과세관청 중 누가 부담할 것인가의 문제보다는 주로 쟁송의 각 단계에서 입증의 필요를 누가 부담하는가가 중요하다.

조세소송에서 입증의 필요나 정도 문제가 중요한 것은, 납세자는 가능하면 세금을 적게 내려고 하는데 반해 과세자료는 대부분 납세자의 지배영역 내에 있어 구체적 상황에 따라 입증책임을 수정할 필요가 있기 때문이다. 이와 같은 입증책임의 수정은 법에 규정하기도 하고(상증세법 15조, 45조 등), 입증의 각 단계에서 구체적 타당성에 맞추어 이루어지기도 한다. 과세관청이 처분의 적법성을 합리적으로 수긍할 수 있을 정도로 입증한 경우 이에 반하는 주장과 입증책임을 납세자에게 돌린다거나('일응의 입증'), 필요경비나 손금과 같은 소극적 사유에 대해 부존재를 추정함으로써 과세관청의 입증의 정도를 완화하는 것 등이 그 예이다. 특별히 과세관청이 과세자료를 확보하기 어려운 비거주자나 외국법인의 경정청구에 관하여 과세관청의 입증책임을 경감하는 방안이 많이 논의되고 있다.[1)]

---

1) 관련 논의는, 노미리, "비거주자·외국법인의 경정거부취소소송에서의 입증책임에 관한 연구", 조세법연구 30-2, 177면.

조세소송의 입증책임은 특별히 신고세액의 감액경정을 구하는 경정거부처분 취소소송에서 문제된다. 경정거부처분 취소소송에서 경정청구사유에 대한 주장책임은 납세자에게 있다고 보아야 하는데,[1] 그 대상이 적극적인 과세요건 사실에 해당하는 경우(예: 신고된 익금의 존재를 부인하는 경우), 입증불능 시 불이익의 귀속을 따지는 궁극적인 입증책임은 과세관청에 있다고 보아야 하지만 소송의 첫 단계에서 납세자는 신고세액이 그릇되었다는 점에 관한 일응의 입증을 할 필요가 있다. 이 경우 납세신고는 납세자가 일단 시인한 세액으로서 제도적 특성상 진실의 개연성이 상당 부분 보장되어 있다고 볼 수 있기 때문이다.[2]

상속세나 증여세와 같은 부과과세방식의 조세는 과세관청의 결정·경정으로 납세의무가 확정되므로 과세요건사실에 대한 입증책임은 과세관청이 부담한다. 이는 신고세액에 대한 증액처분의 경우에도 마찬가지이다.

과세처분의 무효확인소송에서 무효사유에 관한 입증책임은 납세자에게 있다. 판례가 취하는 중대명백설에 의하는 경우 납세자가 (이미 제소기간을 넘어 과세처분에 형식적 확정력이 발생한 상태에서) 과세처분의 취소를 넘어 무효확인을 구하는 경우 납세자는 과세처분이 위법하다는 점을 넘어 위법사유가 중대하고 명백하다는 점까지를 입증할 필요가 있다. 이는 당사자 사이의 이익의 형량이나 납세자가 쟁송절차를 취할 기대가능성 등 무효의 판단기준을 달리 두는 경우에도 마찬가지이다. 이 경우에도 과세의 기초적 사실관계에 관하여 일차적인 입증책임은 과세관청에 있지만 그와 같은 사실관계가 증명되지 않더라도(예컨대 법인의 익금을 구성하는 매매계약이나 용역계약의 존재 및 범위가 입증불명이 되어 과세요건 사실 자체가 증명되지 않더라도) 그 자체로 과세처분의 효력이 소멸하는 것이 아니라 그와 같은 위법사유가 중대하고 명백하여 무효사유에 해당한다는 점까지 입증되지 않으면 과세처분은 여전히 효력을 유지하므로 결국 전체적으로 과세처분의 무효사유에 관한 입증책임(즉 과세처분에 무효로 볼만한 위법사유가 존재한다는 사실)을 납세자가 부담한다고 보아야 한다.

---

1) 관련 논의는 이 책 345면 참조.

2) 민사소송절차에서 '자백한 사실'은 다툼이 없는 사실로 취급되는데(민소법 제188조), 납세신고는 이와 같은 효력을 갖지는 못하지만 진실의 개연성 측면에서는 유사한 기능을 갖는다고 볼 수 있다. 납세자의 납세신고를 집행의 첫 단계로 삼는 미국의 경우 입법적으로 납세자입증책임 원칙을 채택하고 있고(미국 조세법원규칙 42조), 미연방대법원도 납세자의 입증책임부담이 common-law상 법리에 부합한다고 판시하고 있다{Arthur v. Unkart, 96 U.S. 118, 112(1987)}. 그 근거로는, 납세자의 과다납부주장이 이례적 사실에 속하고, 조세의 공공성 및 증거수집비용의 최소화 등이 제시된다. 최선집, "조세소송에서의 입증책임론의 입법론적 검토(I)", 월간조세 제118호, 23-24면.

납세자가 당초 처분사유에 관하여 무효를 주장하였는데 과세관청이 쟁송도중 처분사유를 변경한 경우 그 변경된 사유에 기한 과세처분의 적법성은 과세관청이 입증하여야 한다.[1] 과세처분의 처분사유가 변경된 경우 납세자는 변경된 사유에 기한 과세처분에 관하여 제소기간을 도과한 바 없으므로 해당 과세처분이 위법하다는 점만 주장하면 되고 그 적법성에 대한 입증책임은 여전히 과세관청에 있다고 보아야 하기 때문이다.

증명책임과 달리 과세요건사실이 위법하다는 점에 대한 주장책임은 처분의 취소나 무효확인을 구하는 어느 경우에나 원고에게 있다(판 2010. 5. 13, 2009두3460).

나. 구체적 적용

(1) 필요경비 등

과세표준과 수입 및 필요경비는 과세요건을 구성하므로 그에 대한 궁극적인 입증책임은 과세관청에 있으나(판 84. 7. 24, 84누8), 납세자가 과세관청이 부인한 비용을 다투면서 그 내용을 구체적으로 지적하지 않거나 스스로 신고한 내용을 다투거나 신고비용에 관한 일부 세금계산서가 허위인 경우, 필요경비 존재와 금액에 대한 입증책임은 납세자에게 있다(판 97. 9. 26, 96누8192).

납세의무자가 입증하지 않는 필요경비는 통상 용인되는 것이 아닌 한 부존재로 추정되고(판 88. 5. 24, 86누121), 실지조사에서 익금누락액이 발견된 경우 납세자에게 필요경비의 입증책임이 있으며 이 경우 손금만을 추계조사할 수 없다(판 2003. 3. 11, 2001두4399 등). 이에 반하여 통상 용인되는 경비는 과세관청에 부존재 입증책임이 있고(판 92. 7. 28, 91누10909), 납세의무자가 신고한 비용의 용도와 지급 상대방이 허위란 점에 대해 과세관청의 증명이 없다면 비용을 함부로 부인할 수 없다(판 2015. 6. 23, 2012두7776). 일방 배우자 명의의 예금이 인출되어 다른 쪽 배우자 명의 계좌로 입금되었다고 하여 해당 예금이 증여되었다고 추정할 수 없다(판 2015. 9. 10, 2015두41937). 납세자 금융계좌 입금액이 매출에 해당한다는 것은 경험칙상 추정사실이나 간접사실로 증명할 수 있다(판 2017. 6. 29, 2016두1035).

상속재산가액에 대한 입증책임은 과세관청에 있지만(판 86. 7. 22, 85누501), 공제할 피상속인 채무에 대한 주장·입증책임은 납세자 측에 있다(판 2004. 9. 23, 2003두9886).

1) 판 2023. 6. 29, 2020두46073(과세관청이 원고 사업체의 수입이 누구에게 속하는지 명확하지 않다는 이유로 원고의 소득으로 간주해 종합소득세를 부과하였는데 이후 헌법재판소가 관련 법 조항(개정 전 법인세법 제32조 제 5 항)을 위헌으로 결정함에 따라 원고가 부과처분 무효확인소송을 제기하자 피고가 해당 수입이 실제로 원고에게 귀속됐다고 주장하며 처분 사유를 변경한 사안).

(2) 귀속명의와 실질이 다른 경우

거래 등의 귀속명의자와 실질 귀속주체가 다른 경우 과세처분을 받은 귀속명의자는 소득의 실질귀속을 주장·입증할 필요가 있고, 그 정도는 법관으로 하여금 과세요건의 충족에 대해 상당한 의문을 가지게 할 정도에 이르러야 한다(판 2019. 10. 17, 2015구55844). 등기부나 등록부 등과 같은 공부상 명의자와 실질귀속자가 다른 경우 외관을 초래한 명의자는 자신이 소득의 실질귀속자가 아니라는 점을 입증할 필요가 있다. 과점주주의 제 2 차 납세의무의 경우 과세관청이 주주명부 등 과점주주로 볼 수 있는 자료를 제출하면 제 2 차 납세의무자의 책임을 면하고자 하는 자가 그 실질관계를 입증하여야 한다(판 95. 12. 22, 95누13203).

(3) 납부고지와 세금 납부에 관한 사항

납부고지 방식을 포함하여 적법한 과세처분이 있었다는 점에 대한 입증책임은 원칙적으로 과세관청에 있다. 그러나 납부고지서 기재사항의 하자와 관련하여서는 그 입증자료가 납세의무자 영역에 있기 때문에 일차적으로 납세의무자가 그 주장·입증책임을 부담한다(판 92. 6. 9, 91누11933, 2001. 6. 1, 99다1260).

(4) 기 타

판례가 사실상 추정 등을 통해 납세자에게 입증책임을 귀속시킨 예로는, 건물 임차보증금이 건물 및 부지의 시가보다 높다는 사실(판 85. 2. 8, 84누679), 국토이용관리법(현행 국토의 계획 및 이용에 관한 법률)에 따라 토지거래가액신고를 한 당사자가 거래가액을 실제 합의 내용과 다르게 기재할 수밖에 없었다는 사정(판 92. 5. 8, 91누10701) 등이 있다. 이혼 시 위자료와 재산분할, 자녀양육비 등의 액수를 구체적으로 특정하지 않은 채 자산을 양도한 경우 과세관청은 위자료 및 자녀양육비 액수까지 주장·입증할 필요는 없고, 액수를 정할 수 있는 자료를 제출하는 것으로 충분하다.[1]

다. 증거제출의 시기

조세소송에서 시기에 늦은 공격방어방법에 관한 실권효 법리(민소법 149조 참조)의 적용여부가 납세자의 증거제출 시기와 관련하여 논의되는데 우리 세제의 기본인 신고납세주의가 납세자의 성실한 과세자료 제출을 근간으로 한다는 점과 과세자료의 편중 등을 고려할 때 적극적으로 이해하여야 할 것이다.[2] 예컨대 추

1) 판 2002. 6. 14, 2001두4573. 판결에 대한 평석은, 소순무, "이혼시 배우자에게 이전한 자산 중 위자료 부분에 대한 양도소득세와 입증의 문제", 조세법연구 8-2, 473면.

2) 일본 국세통칙법 제116조는 이를 명문으로 규정하고 있다.

계과세의 적법성을 다투는 사안에서 소송의 마지막 단계에서 장부를 제시하며 실액과세를 주장하는 것은 원칙적으로 허용되기 어렵다. 이와 같은 실권효의 법리는 원칙적으로 과세관청에 대하여도 적용이 있다고 볼 것이다.

5. 집행정지

과세처분취소소송이나 무효확인소송의 제기는 과세처분의 효력이나 그 집행 또는 절차의 속행에 영향을 주지 아니한다(행소법 23조 1항; 집행부정지의 원칙). 다만 같은 법에 규정된 집행정지제도(동 2항)는 조세소송에도 당연히 그 적용이 있다.

조세소송에서도 집행정지 요건인 '회복하기 어려운 손해를 예방하기 위하여 긴급한 필요가 있다고 인정할 때'의 적용범위가 문제된다.

과세처분취소소송이 압류나 공매절차의 집행정지를 위한 본안이 되는가에 관하여 학설과 실무 모두 이를 긍정하고, 법도 심판청구 등이 계속 중인 경우 강제징수로 압류한 재산의 매각에 착수할 수 없도록 하고 있다(징수법 64조 1항 단서).

과세처분의 효력 자체를 정지할 수 있는가에 관하여 판례는 성격이 동일한 과징금 부과처분에 관해 기업의 자금사정이나 경영전반에 미치는 파급효과가 중대하다는 이유로 효력정지를 허용한 것이 있고(大決 2001. 10. 10, 2001무29), 하급심에서도 인용한 사례가 보인다(서울행정법원 2012. 6. 5.자 2012아1889 결정). 다만 단순히 납부한 세액을 조기에 환급받을 필요가 있다는 사유는 여기에 해당하지 않는다(大決 99. 8. 23, 99무15). 민사집행법상 가처분에 관한 규정은 과세처분에 적용이 없다.

6. 사정판결

행정소송절차에서 원고의 청구가 이유 있더라도 처분 등을 취소하는 것이 현저히 공공복리에 적합하지 아니하다고 인정하는 때에는 법원은 원고의 청구를 기각할 수 있다(행소법 28조). 이와 같은 사정판결은 원칙적으로 조세소송에도 적용이 있으나(판 93. 9. 28, 93누9132), 판례는 국가 재정수요의 충족이나 공공복리(판 67. 11. 21, 67누76), 무용한 과세처분을 되풀이 한다는 사정(판 85. 5. 28, 84누289) 등의 사유만으로는 사정판결을 할 수 없다고 판단하여 적용요건을 엄격하게 해석하고 있다.

제 6 절 과세처분의 무효와 취소

1. 총 설

일반적으로 행정처분은 주체·내용·절차·형식 등이 법이 정한 요건을 구비하지 못하면 위법하게 되고, 공익목적에 적합하지 않으면 부당한 처분이 되어 완전한 효력을 보유하지 못한다. 이와 같은 행정처분의 하자가 처분의 효력에 미치는 영향에 대하여 통설 및 판례는 하자를 취소원인과 무효원인으로 구별하여, 전자는 처분에 의하여 공정력이 생기고 권한 있는 행정기관이나 사법기관에 의해 취소될 때까지 효력을 가지므로 그 위법성 판단은 행정소송인 취소소송의 배타적 영역에 속하며 전심절차와 제소기간의 제약을 받는 반면 후자는 처음부터 법률효과를 발생하지 않으므로 시기에 관계없이 민사소송의 선결문제로서 효력을 다툴 수 있을 뿐 아니라 행정소송절차 내에 있어서도 제소기간이나 필요적 전치주의 등 절차적 제한을 받지 않는 것으로 이해한다.

이에 따라 현실적으로 무효와 취소사유의 구별기준이 중요한 문제로 대두되는데, 종래의 다수설은 행정행위의 하자 중 중대하고 명백한 하자를 무효사유로 보고 그 이외의 하자는 취소사유에 해당한다는 중대명백설(단순히 명백설이라고도 한다)을 지지하여 왔다. 이에 관한 상세한 설명은 일반 행정법에 미루고 여기에서는 판례를 중심으로 양자의 구별에 관하여 살펴본다.[1)]

2. 판례상 과세처분 하자의 구분

가. 일반적 기준

종전 판례는 일관하여 중대명백설을 취해 왔다. 즉, 과세처분이 당연무효라고 하기 위해서는 하자가 중요한 법규에 위반되고 객관적으로 명백하여야 하며, 하자가 중대하고도 명백한 것인가의 여부는 당해 과세처분의 근거가 된 법규의 목적, 의미, 기능 등을 목적론적으로 고찰함과 동시에 사안의 구체적 특수성에 관하여도 합리적으로 고찰함을 요하고(판 95. 1. 24, 94다47797 등), 과세대상인지 여부가 사실관계를 정확히 조사하여야 밝혀질 수 있는 경우라면 하자가 중대하더라도 외관상 명백하다

1) 납세의무 확정의 또 다른 단계인 납세신고의 효력에 관하여는 이 책 201면 이하 참조.

고 할 수 없어 과세처분을 당연무효라고 할 수 없다(판 98. 6. 26, 96누12634 등).

다만 판례는 전체적으로 하자의 중대성에 좀 더 무게를 두면서 일부 사안에서는 이익형량적 관점에 입각하여 판단하는 경향을 보여 주며, 학설로서도 무효사유 요건으로서 하자의 명백성은 요구하지 않고 중대성만을 요구하는 견해도 유력하게 제기되어 있다.

나. 무효사유

(i) **과세처분의 주체**: 권한 없는 행정기관이 한 과세처분은 원칙적으로 무효이나 판례는 비교적 넓게 예외를 인정한다. 구체적으로 법상 권한 없는 출장소장이 한 관세부과처분에 대하여 법령의 내용이나 결정서 서식, 과세관행 등에 비추어 하자가 명백하다고 볼 수 없어 무효가 아니라고 한 것(판 2004. 11. 26, 2003두2403), 관할권 없는 과세관청의 소득세 부과·징수처분이 납세자가 주민등록을 빈번히 이전·말소한 경위, 세무서장이 주소를 확인한 과정과 납세지 확정에 관한 법규에 비추어 하자가 명백하다고 볼 수 없어 무효가 아니라고 한 것(판 2001. 6. 1, 99다1260) 등이 있다.

(ii) **과세처분의 대상 및 객체**: 과세권이 미치지 않는 치외법권자에 대한 과세처분이나 법령에 규정되지 않은 자나 공부상 납세의무자 아닌 자에 대한 과세처분, 예컨대 비과세법인에 대한 과세처분(판 75. 11. 25, 74다1623), 학교법인의 교육시설인 학교에 대한 과세처분(판 71. 10. 25, 71누129), 일시급수 신청인인 회사의 주주에게 한 일시급수사용료 부과처분(판 83. 4. 26, 82누540), 등기부상 토지소유자 아닌 자에 대한 종합토지세부과처분(판 99. 10. 12, 98두13140), 납세의무자 아닌 자에 대한 강제징수처분(판 86. 7. 8, 86누61), 체납자 아닌 제 3 자 소유물건에 대한 압류처분(판 93. 4. 27, 92누12117), 명의도용으로 소유권이전등록 된 차량에 대한 자동차세 부과처분(판 2022. 5. 13, 2022두33590). 법상 근거가 없는 추징처분(판 2002. 9. 24, 2001다52735) 등. 판례는 재건축조합 조합원들이 법원의 가처분결정에 따라 재건축한 공동주택에 입주하고 소유권보존등기를 마치자, 구청장이 공동주택의 사용승인 이후부터 소유권보존등기 시까지 조합을 공동주택의 사실상 소유자라고 보아 조합에 재산세 부과처분을 한 것을 당연무효로 보았다(판 2016. 12. 29, 2014두2980).

그러나 납세의무자 아닌 자를 대상으로 하더라도 그 사유가 법령해석이 애매하거나 외형상 권리관계가 명백하지 않은데 기인한 경우 취소사유에 해당한다. 예컨대 명의수탁자에 대한 양도소득세 부과처분(판 99. 8. 20, 99다20179), 자산의 유상취득에 대하여 부과한 증여세부과처분(판 74. 11. 26, 74누76)이나 피상속인이 사망 전에 부동산을 처분한 것을 상속받은 것으로 오인하고 한 상속세부과처분(판 77. 6. 7, 76누195) 등은 무효로 볼 수 없다.[1] 결국 납세의무자가 아니라는 사유는 중대한 하자이나 무효로 되기 위해서는 별도로 명백성 요건을 갖추어야 한다.

(iii) **과세처분의 내용**: 과세의 근거자료가 외형상 상태성을 결여하는 등 객관적으로 성립이나 내용의 진정성을 인정할 수 없는 경우(판 85. 11. 12, 84누250),[2] 과세처분 취소판결 확정 후의 경정처분(판 89. 5. 9, 88다카16096), 소멸시효완성 후의 과세처분(판 88. 3. 22, 87누1018), 부과제척기간 경과 후의 과세처분이나 신고, 납부행위(판 2020. 8. 13, 2019다300361), 관할권 없는 세무서장에게 양도소득세를 신고·납부하였는데, 관할 세무서장이 동일한 양도소득세를 다시 납부고지한 경우 이에 기한 징수고지 및 공매처분(판 2001. 6. 1, 99다1260) 등은 무효이다.

과세처분의 근거규정에 대하여 위헌결정이 내려진 경우 당해 과세처분에 대하여 쟁송절차를 거치지 않았더라도 조세채권의 집행을 위한 후속 강제징수는 허용되지 않는다는 것이 판례의 입장이다{판 2012. 2. 16, (전)}. 판례는 병원장으로 일하는 고용의사가 자신의 이름으로 사업소득세를 신고·납부하였는데, 과세관청이 근로소득으로 경정하면서 무신고가산세와 납부불성실가산세를 부과한 사안에서 가산세 부과처분을 당연무효로 보았다(판 2019. 5. 16, 2018두34848).[3]

(iv) **과세처분의 절차 및 형식**: 과세예고 통지 후 과세전적부심사 청구나 그에 대한 결정이 있기 전에 한 과세처분(판 2020. 10. 29, 2017두51174), 납부고지서를 부적법한 송달장소로 송달한 경우(판 90. 4. 13, 89누1414) 등. 후자의 경우 납부고지서 송달 자체가 없다면 과세처분은 부존재한다(판 91. 9. 10, 91다16952 등).

다. 취소사유

과세대상의 오인, 조사방법의 오류 또는 세액산출의 잘못이 있는 경우(판 98. 6. 26, 96누12634), 과세근거규정에 해석상 다툼이 있는 경우{판 2018. 7. 19, 2017다242409(전)}, 토지관할을 위배한 과세처분(판 2001. 6. 1, 99다1260), 납부고지서에 필요적 기재사항의 일부가 누락된 경우(판 86. 10. 14, 85누689) 등. 무효인 명령, 규칙에 근거한 과세처분의 경우, 판례는 대체로 실체적 요건에 관한 것은 무효사유로,

---

1) 일본판례 중 소득의 귀속을 잘못 판단한 양도소득세 부과처분을 중대, 명백설이 아닌 이익형량적 측면에서 판단하여 무효로 본 사안으로 일최판 소화 48. 4. 26. 평석은 일본 판례백선 207면.

2) 평석은, 임승순, 앞 논문 416면.

3) 이 판결의 타당성에 관한 논의는, 이 책 172면 참조.

절차적 요건에 관한 것은 취소사유로 보는 듯하다.[1] 이에 반해 위헌법률에 근거한 과세처분은 취소사유로 본다(판 95. 3. 3, 92다55770).[2]

3. 판례에 대한 검토

과세처분 하자의 구분에 관하여는 기본적으로 하자의 중대성에 무게를 두되 불복방법이나 기간의 제한을 받지 않는 무효사유와 그렇지 않은 취소사유의 구분 취지 등을 고려한 이익형량적 접근이 필요하다. 특히 법규의 해석과 관련하여 일정한 납세자군(群)에 대하여 동일한 과세처분이 이루어진 상황에서 해당 과세처분이 법규의 입법상이나 해석상 오류에 기인한 경우 납세자가 그와 같은 하자를 불복기간 내에 쉽게 발견하기 어려웠다면 이는 무효사유로 봄이 상당하다.

과세처분을 비롯한 행정처분 불복기간 제도의 기본 취지가 공법관계의 안정에 있다고 하더라도 그 기간이 납세자의 불복절차 준비에 지장이 없어야 한다는 것은 쟁송제도의 존재로부터 오는 근본적 요청이다. 통상인의 기준에서 볼 때 납세자가 불복기간을 지킬 기대가능성이 없거나 극히 적었다면 기간을 못 지킨 책임을 납세자에게 지우는 것은 공평하지 않으며 과세처분은 일반 행정처분과 달리 제 3 자의 이해관계가 문제되는 경우도 드물다는 점에서 이익형량적 차원에서도 타당하지 않다.

이 점에서 종합부동산세액에서 공제되는 재산세액 산정범위를 정한 시행령 규정의 내용을 과세관청이 잘못 해석한 경우 그에 기초한 과세처분을 유효로 본 대법원 2018. 7. 19. 선고 2017다242409 전원합의체 판결의 결론에 아쉬움이 있다.[3]

앞에서 본 무효인 시행령이나 시행규칙에 기초한 과세처분이나 위헌 법률에 근거한 과세처분의 경우에도 동일한 문제점이 있다.

---

1) 무효사유로 본 것: 판 69. 2. 18, 68다2431; 72. 1. 31, 71다2516; 취소사유로 본 것: 판 84. 8. 21, 84다카354; 93. 7. 13, 91다42166 등. 한편 조례 제정권 범위를 벗어난 조례를 무효로 본 것으로 판 95. 7. 11, 94누4615(전) 및 판 95. 8. 22, 94누5694(전).

2) 판례는 위헌법률에 근거한 세금미납자에 대한 강제징수를 무효로 보므로 세금미납자와 납부자 사이의 형평이 문제된다. 관련 논의는, 나현, “위헌(위법)인 법률, 명령, 규칙(조례)에 근거한 행정행위의 효력”, 사법연구자료 제23집, 410면. 최 원, “조세 등 부과근거법령에 대한 위헌결정의 소급효”, 조세법연구 15-3, 363면 등.

3) 판결의 반대의견은 주된 논거로 과세처분 하자의 책임을 납세자에게 돌리는 것은 부당하다는 점을 들고 있는데 이 역시 같은 취지로 여겨진다. 관련 논의는, 임승순, 조세법 판례백선(박영사, 2024) 255면. “과세처분의 무효원인”, 법과 정의, 435면. 황남석, “구지방세법상 신고납부행위의 무효·취소 구별기준에 관한 고찰”, 조세법연구 22-1, 151면. 이 논점과 종합부동산세 부과처분에 대하여 경정청구를 인정한 규정의 관련성에 관하여는 이 책 221면 참조.

제 7 절 조세소송 판결의 효력

1. 총 설

앞에서 본 바와 같이 조세소송은 과세관청이 부과제척기간 범위 내에서 언제든지 증액처분을 할 수 있다는 점에서 여러 가지 특성을 갖는다.

특별히 '심리의 범위'와 관련하여 과세관청의 재처분과의 관계에서 분쟁의 일회적 해결의 요청이 중시되며 과세단위를 기준으로 정당한 세액의 규명이 중요하다(총액주의). 다만 총액주의라 하더라도 현실적으로 법원은 납세자나 과세관청이 주장하지 않은 위법사유나 처분사유를 일일이 심리·판단하지는 않는다. 이러한 상황 아래에서, 특정 과세물건(과세단위)에 관하여 쟁송절차가 종결된 후 동일한 과세물건을 대상으로 과세관청의 새로운 처분이 어디까지 허용되는가가 조세쟁송 분야의 어려운 쟁점의 하나이다. 구체적으로, 쟁송절차에서 과세처분이 취소된 경우 판결의 취지에 따른 재처분이 어느 범위에서 가능한지와, 소송의 승패를 떠나 판결 확정 후 기존의 소송절차에서 심리·판단되지 않은 사항에 관하여 과세관청이 새로운 요건사실에 터 잡아 재처분을 하는 것이 어느 범위에서 가능한지 등이 문제된다. 또한 후자와 관련하여 새로운 처분이 가능하다면, 기왕에 판결로 확정된 부분과의 관계는 어떠한지 등도 문제가 된다.

2. 외국의 상황

가. 독 일

독일 조세소송법 제110조 제 1 항은, 「판결은, 분쟁의 대상(소송물)이 결정되어 있는 한, 1. 당사자와 그 권리승계인 2. 제48조 1항 1호의 경우와 같이 소 제기권이 없는 단체 구성원들 3. 제60a조의 경우와 같이 신청을 하지 않았거나 기한을 도과하여 신청을 한 사람들을 기속하고, 과세관청에 대한 판결은 그 과세관청이 속한 공공기관에도 효력이 있다」고 규정하고, 같은 조 제 2 항은, 「판결에서 달리 명시되지 않는 한, 추가 과세처분과 같은 처분의 변경, 철회, 취소에 관한 조세 또는 다른 세법의 규정은 영향을 받지 않는다」고 규정하고 있다.

독일 조세기본법 제172조 내지 제177조에서는 조세부과결정의 경정에 관하여,

제174조 제 4 항에서는 판결 확정 후 재처분이 가능한 경우에 관하여 각각 규정하고 있다. 독일은 원칙적으로 소송 후 새로운 사실관계나 증거가 확인된 경우에만 경정이 가능하며 당초 부과결정에 대한 확정판결의 효력은 이와 같은 경정제도와 충돌하지 않는다. 다만 소송 계속 중 과세 가능한 사실관계를 알게 되는 경우 이러한 사실에 근거하여 경정처분을 하거나 처분사유의 하나로서 주장할 수 있을 뿐 판결 확정 후 재처분은 불가능하다. 이와 같이 일정한 요건 아래 확정판결의 취지에 따른 재처분이 허용되고, 과세의 기초를 달리하는 사실관계를 판결 확정 후 알게 된 경우 판결 확정 후 재처분도 원칙적으로 허용되는 것으로 이해된다.

나. 프 랑 스

프랑스에서는 ‘청구원인이 동일한 경우’에 기판력이 미치므로 처분사유를 달리하는 재처분은 일반적으로 가능하다. 프랑스 조세절차법 제170조는, ‘부과처분의 누락이나 부족분이 법원의 소송절차에서 밝혀진 경우’ 부과제척기간 만료 여부에 불구하고, 판결 선고 다음 해까지 해당 소송을 바로잡을 수 있도록 규정하고 있는데 이에 대한 반대해석으로 과세관청이 심리 개시 전 새로운 처분근거에 관하여 이미 알고 있었던 경우 규정의 적용을 받을 수 없는 것으로 설명된다.[1)]

다. 미 국

행정소송 체계를 별도로 갖추고 있지 않은 미국에서는 우리 민사소송절차와 유사하게 납세의무자에 대하여 기판력과 금반언(Res Judicata and Collateral Estoppel)의 법리가 적용된다. 이는 과세권의 적정한 행사를 위한 것이다.[2)]

미국의 조세사건은, 1) 연방조세법원, 2) 연방지방법원, 3) 미국연방청구법원 등 세 곳에서 관장한다. 이 중 1) 연방조세법원은 조세전문법원으로서 상대적으로 복잡하고 전문적인 이슈를 다룬다.

국세청담당자가 납세자에게 조세부족액 통지를 하면 세금을 미납한 채 불복하려는 납세자는 통지를 받은 날로부터 90일 이내에 연방조세법원에 소송을 제기하여야 한다. 세금을 납부한 경우에는 연방지방법원과 미국연방청구법원에 납부세액의 환급소송을 제기한다.

쟁송절차와 관련된 기판력과 금반언 원리의 목적은 이들 법원들의 사법적 판단

1) 관련 논의는, 정재희, 앞의 논문, 272면 참조.
2) CAMILLA E. WATSON, 앞의 책, 제14장(Choice of Forum in Civil Tax Litigation) 부분 참조.

에 최종적 효력을 부여하고 반복소송을 금지시키는 데 있다. 납세자가 연방조세법원에 조사결정 취소소송을 제기하면 다른 법원에 환급청구를 할 수 없으며, 최종적인 사법적 판단이 있었던 쟁점에 관하여 다시 소송을 제기할 수 없다.

세금사건에서는 세무담당공무원, 국가, 지방관할관 등이 동일한 당사자로 취급되며{연방 내국세입법(IRC) 7422(C)}, 각 과세연도가 독립적인 과세책임과 청구원인을 이룬다. 기판력은 전 소송에서 문제된 과세연도의 과세책임에 관하여 납세자의 재소를 금지시킨다. 납세자가 조세법원에서 특정연도 소득세 과소신고 납부세액에 관하여 소송을 하면, 같은 과세연도 세액에 관하여 환급소송을 제기할 수 없다. 이는 환급소송의 이슈가 조세소송 절차에서 제기되지 않았더라도 마찬가지이다. 조세소송에서 금반언 법리는 기판력 법리보다 훨씬 넓게 적용되며 당사자 관련성(Mutuality of parties)을 넘어서도 주장된다.

라. 일 본

일본의 조세쟁송제도는 전체적으로 우리와 비슷하다. 경정청구제도와 판결의 기속력에 관한 예외 규정으로 작용하는 부과제척기간에 관한 특례규정 역시 기본적인 구조나 내용이 우리와 크게 다르지 않으며 심리의 대상에 관한 흡수설과 병존설에 관한 논의나 심리의 범위에 관한 총액주의와 쟁점주의에 관한 논의 역시 전체적인 양상은 우리와 크게 다르지 않다. 쟁송절차 중의 처분사유의 변경이나 확정판결 후의 재처분에 관한 논의도 기본적 사실관계의 동일성을 기준으로 삼아야 한다는 점에 관하여 대체로 학설이 일치하고 있는 것으로 보인다.

3. 기속력(구속력)

가. 의 의

행정소송법 제30조 제 1 항은, 「**처분 등을 취소하는 확정판결은 그 사건에 관하여 당사자인 행정청과 그 밖의 관계행정청을 기속한다**」고 규정하고 있다.

이는 해당 행정청은 물론 그 밖의 관계행정청이 판결의 판단내용을 존중·수인하고 그 취지에 따라 행동하도록 구속하는 효력을 규정한 것으로서, 취소소송뿐만 아니라 그 밖의 항고소송, 당사자소송, 민중소송 및 기관소송에 준용된다(행소법 38조 1·2항, 44조 1항, 46조 1항). 조세소송도 행정소송의 일종이므로 조세부과처분 등을 취소하는 확정판결에도 당연히 기속력이 인정된다.

민사소송법상 기속력은 판결을 한 법원에 대한 구속력을 의미하는데, 행정쟁송에서 기속력은 이보다 넓게 처분 행정청에 대한 구속력을 포함하는 뜻으로 사용된다. 이는 행정쟁송 특히 조세쟁송에서는 제도적으로 재결이나 판결이 확정된 후에도 과세관청이 동일한 과세대상에 관하여 재처분을 하는 것이 가능하기 때문에 과세처분 취소판결이 확정된 경우 재처분의 한계를 명백히 할 필요가 있기 때문이다.

기속력의 성질에 관하여, 통설 및 판례는 판결의 실효성을 보장하기 위해 실정법상 특별히 인정된 효력으로서(특수효력설), 행정청에 대하여 소극적으로는 동일한 재처분을 금지하고, 적극적으로는 판결의 취지에 따라 처분의 위법상태를 제거할 실체법상 의무를 지우는 것으로 이해한다.[1] 기속력에 위반한 처분은 당연무효이다(판 90. 12. 11, 90누3560).

나. 범 위

(1) 주관적 범위

행정소송 취소판결은 당사자인 행정청과 그 밖의 관계행정청을 기속한다. '관계행정청'은 피고인 행정청과 동일한 사무계통에 속하는 상하관계에 있는 행정청에 한하지 않고, 취소된 행정처분을 기초로 하여 이와 관련된 처분 또는 부수행위를 할 수 있는 행정청을 모두 포함한다. 따라서 과세처분 취소판결이 확정되면 당해 과세처분의 위법 여부 및 부과금액이 다른 민·형사사건의 선결문제로 된 경우 해당 사건을 재판하는 법원도 이에 어긋나는 판단을 할 수 없다(위 81도1450 판결).

(2) 객관적 범위

납세자 승소로 부과처분이 취소된 경우 판결의 당사자로서 그 효력을 받은 과세관청 입장에서 판결의 취지에 반하는 재처분을 할 수 없음은 행정판결에 공통적으로 인정되는 기속력의 취지상 분명하다(행소법 30조 1항 참조).

과세의 기초가 된 기본적 사실관계가 동일하면 특정 쟁점이 전의 소송절차에서 심리·판단되지 않았더라도 과세처분 취소판결이 확정된 후 과세관청이 동일한 과세물건에 관하여 해당 사유를 이유로 재처분을 하는 것도 기속력에 반한다. 이는 특히 세액의 감면이나 비과세 요건에 관하여 문제가 된다.

---

1) 박균성, 행정법론(상)(박영사, 2023) 1543면. 판 82. 3. 23, 81도1450. 이렇게 이해하면 기판력과 기속력을 구별할 구체적인 실익은 없게 된다. 이에 반하여 동일처분의 반복금지효는 소송법적 효력인 기판력의 효과이고, 기속력은 실체법적 효력으로서 과세관청의 판결에 따른 적극적 처분 의무 등을 내용으로 한다는 견해로, 윤병각, 앞의 책 146면. 그 밖에 기판력과 기속력의 관계에 대한 여러 학설의 논의에 관하여는, 정재희, 앞의 논문 245면 이하.

구체적으로, ① 甲이 부동산을 양도하여 과세관청이 그 양도소득에 대해 법인세 및 방위세를 부과하였으나 소송절차에서 법인세가 비과세소득에 해당한다는 이유로 모두 취소되자, 과세관청이 동일한 사건에 대하여 방위세는 방위세법에 의해 별도의 과세대상이라는 이유로 다시 부과처분을 한 것(판 1989. 2. 28, 88누6177), ② 과세관청이 甲의 재촌자경(在村自耕) 사실을 인정할 증거가 부족하다는 이유로 감면신청을 받아들이지 않은 채 양도소득세를 부과하였다가, 甲이 이의신청을 하자 이를 받아들여 처분을 직권취소하였는데 그 후 해당 토지가 대규모 개발사업지역에 소재하여 양도소득세 감면대상이 아니라는 이유로 다시 과세처분을 한 것(판 2010. 9. 30, 2009두1020; 2010. 6. 24, 2007두18161), ③ 甲이 창업벤처중소기업이라는 이유로 세액감면을 신청하였으나 과세관청이 신청을 받아들이지 않고 과세처분을 하였다가 甲이 불복하여 조세심판원에서 甲의 주장이 받아들여져 과세처분이 취소되었는데 그 후 서울지방국세청 감사에서 甲이 창업중소기업에 대한 세액감면기한이 만료되어 감면대상에 해당하지 않는다고 지적되자 그 취지에 따라 재처분을 한 것(판 2019. 1. 31, 2017두75873) 등은 모두 기속력에 반하는 위법한 처분이다.

다만 판결의 취지에 따라 과세관청이 재처분을 하는 것은 기속력에 반하지 않는다. 우리 국세기본법은 이를 특수한 제척기간의 일종으로 규정하고, 그 기간을 '판결 확정 후 1년'으로 정하고 있다(기본법 26조의2 6항 1호).

판례는, 특수관계인 사이의 주식의 포괄적 교환에 관하여 과세관청이 자본거래를 통한 증여규정인 구상증세법(2010. 1. 1. 개정 전의 것) 제42조 제 1 항 제 3 호를 적용하여 과세하였는데, 조세심판원에서 해당 사안이 손익거래에 해당하는 주식의 저가양도에 해당한다고 보아 부과처분을 취소함에 따라 과세관청이 저가양도에 관한 같은 법 제35조를 적용하여 재처분을 하자 납세의무자가 이에 불복하여 다시 쟁송절차가 진행되던 중, 다른 동종 사건에서 주식의 포괄적 교환에 관하여 당초 과세관청이 적용한 같은 법 제42조 제 1 항 제 3 호를 적용하여야 한다는 대법원 판결이 선고되자, 과세관청이 진행 중인 소송절차에서 해당 조항을 처분 근거규정으로 추가한 사안에서, 그와 같은 처분사유의 추가변경은 앞선 심판결정의 기속력에 위배되어 허용될 수 없다고 보았다.[1)]

1) 판 2016. 10. 27, 2016두42999. 과세관청으로서는 최종심인 대법원이 앞선 판례의 입장에 따라 과세처분을 취소하면 그 취소판결의 취지에 따라 다시 재처분을 할 수밖에 없을 것이다.

4. 기 판 력

가. 의 의

확정된 종국판결의 청구에 대한 판결내용은, 당사자와 법원을 규율하는 새로운 규준(規準)으로서의 구속력을 가지며, 당사자는 소송으로 그에 반하여 되풀이하여 다투는 것이 허용되지 않고(반복금지효), 법원도 다시 재심사하여 그와 모순·저촉되는 판단을 할 수 없다(모순금지효). 이러한 확정판결의 구속력을 기판력 또는 실체적 확정력이라고 한다.[1)]

민사소송법 제216조 제 1 항은, "확정판결은 주문에 포함된 것에 한하여 기판력을 가진다."고 규정하고, 같은 법 제218조 제 1 항은, "확정판결은 당사자, 변론을 종결한 뒤의 승계인(변론없이 한 판결의 경우에는 판결을 선고한 뒤의 승계인) 또는 그를 위하여 청구의 목적물을 소지한 사람에 대하여 효력이 미친다."고 규정하고 있다. 기판력의 기준시점은 사실심 변론종결 시이며 기준시점 당시의 권리관계에 관하여 기판력이 미친다. 따라서 그 이전에 존재한 사유(공격방어방법)는 그 이후 소송절차에서 새로이 주장할 수 없다(기판력의 시적범위 및 차단효).

행정소송법 제 8 조 제 2 항에서는「이 법에 특별한 규정이 없는 사항에 대하여는 민사소송법을 준용한다」고 하고 있으므로 행정소송의 일종인 조세소송에 있어서도 민사소송절차와 같이 기판력이 인정됨은 분명하다.

나. 범 위

(1) 주관적 범위

당사자 및 당사자와 동일시할 수 있는 그 승계인이다. 다만 취소소송의 피고는 행정청(과세관청)이므로 행정청을 피고로 하는 취소소송에 있어서의 판결의 기판력은 당해 처분의 효력이 귀속하는 국가 또는 지방자치단체에 미친다. 따라서 세무서장을 피고로 하는 과세처분취소소송에서 패소확정된 자가 국가를 피고로 하여 과세처분의 무효를 이유로 과오납금반환청구소송을 제기한 경우 앞선 취소소송의 기판력은 뒤의 과오납금반환청구소송에 미친다.

(2) 객관적 범위

납세자 측의 재소(再訴)금지 측면과 관련하여, 취소소송의 소송물은 행정처분

---

1) 이시윤, 신민사소송법(박영사, 2023), 627면 참조.

의 위법성 일반이므로 과세처분 취소소송 판결이 확정되면 처분의 적법성 여부에 대하여 기판력이 미친다. 이에 따라 과세처분 취소소송에서 청구기각된 확정판결의 기판력은 그 과세처분의 무효확인을 구하는 후소에 미친다(판 96. 6. 25, 95누1880).

이에 반해 과세처분 무효확인소송에서 무효사유로 내세운 개개의 주장은 공격방어방법에 불과하므로 사실심 변론종결시를 기준으로 그때까지 제출하지 않은 경우 그 뒤 동일한 소송을 제기하여 다시 주장할 수 없다(판 92. 2. 25, 91누6108).

한편 최초의 경정거부처분 취소소송이 종결된 후 종결사유나 소송의 승패와 관계없이 납세자가 별도의 위법사유에 기해 다시 경정청구를 하는 것은 가능한 것으로 이해된다. 판례는 총액주의 입장에서 납세자가 소송절차에서 당초와 다른 사유로 청구취지나 이유를 변경하는 것도 가능하다고 보고 있으나 그렇다고 하여 그와 같은 사정이 재경정청구를 방해할 사유는 되지 못한다고 볼 것이다.[1]

납세자가 증액처분 취소소송이나 경정거부처분 취소소송을 제기하여 패소하였는데 다시 당초신고 부분에 대한 경정거부처분 취소소송을 제기하여 동일한 쟁점을 다툴 수 있는지 여부도 문제되는데, 과세처분 취소와 경정청구는 불복수단과 불복기한 및 소송물을 달리한다고 보아야 하므로 어느 한쪽 판결이 확정되더라도 다른 쪽의 불복기간이 남아 있는 한 제소가 가능하다고 볼 것이다.[2]

다음 과세관청의 입장에서 당초처분을 취소하는 판결이 확정된 후 동일한 내용의 과세처분을 다시 하는 것은 기판력 내지 기속력에 반하여 당연히 허용되지 않는다. 그러나 동일한 과세단위를 대상으로 하더라도 당초처분의 과세사유와 기본적 사실관계가 다른 내용의 과세처분을 판결확정 후 다시 하는 것은 원칙적으로 허용된다는 것이 판례[3] 및 학설[4]의 일반적 견해이다.

---

1) 같은 취지, 윤병각, 앞의 책 159면. 관련 논의는, 이 책 345면.

2) 불가쟁력과 관련하여 같은 취지의 판례로, 판 2005. 10. 14, 2004두8972; 87. 1. 20, 83누571. 관련 쟁점으로 증액부분에 대한 불가쟁력 도과 후 해당부분의 위법성을 당초신고의 감액경정거부처분 취소소송에서 당초신고세액을 다투기 위해 주장할 수 있는 지 여부에 관하여는 이 책 335면 참조.

3) 판 2004. 12. 9, 2003두4034. "당초처분에 대한 취소소송에서 청구기각판결이 확정된 후 과세관청이 납세자의 탈루소득이나 재산누락을 발견하였음을 이유로 당초처분에서 인정된 과세표준과 세액을 포함하여 전체의 과세표준과 세액을 새로이 결정한 다음 당초처분 세액을 공제한 나머지를 추가로 고지하였을 경우, 추가된 재처분 외에 다시 당초처분 부분의 취소를 구하는 것은 확정판결의 기판력에 저촉되어 허용될 수 없고, 당초 처분이 재처분에 흡수·소멸된다고 할 수도 없다."

4) 구욱서, "과세처분취소소송의 확정판결과 재처분의 가부", 인권과 정의(99. 2); 성열우, "과세처분 취소소송에서의 기판력과 재처분", 특별법연구 제 7 권 565면. 이와 같은 판례 입장이 쟁점주의적 사고방식에 기인한 것으로서 과세관청의 업무부담이나 법원의 심리부담 등 현실적인 관점에서 판례 입장을 지지한다는 견해로는, 윤지현, "과세처분을 취소하는 확정판결이 있은 후 과세관청의 '재처분'이 가능한 범위", 조세법연구 15-2, 65면.

앞에서 조세소송 특성의 하나로 '조세징수의 공공성'을 들었는데 이러한 특성이 현저하게 나타나는 측면이 위와 같이 과세처분 취소판결이 확정된 후 판결에서 다루어지지 않았던 다른 사실관계(예: 탈루소득)를 기초로 과세관청의 재처분이 가능하다고 보는 점이다. 이는 외국의 입법 예에서도 일반적으로 인정된다. 세무조사절차와의 관계에서 별도의 고려가 필요하지만 원론적으로 과세관청이 미처 사실관계를 파악하지 못해 과세하지 못했던 부분에 대해 납세자가 쟁송절차를 거쳤다는 이유만으로 납세의무를 면한다는 것은 과세의 형평이나 조세징수의 공공성 측면에서 쉽게 허용하기 어렵다. 이는 현재 조세쟁송이 쟁점위주로 운영되는 실무와도 무관하지 않은데 어쨌든 하나의 과세단위를 소송물로 파악하는 한 조세소송의 소송물과 기판력은 효력 범위가 일치하지 않게 된다.

다만 이러한 점 때문에 조세소송과 민사소송에서 판결의 효력의 본질적인 내용이 달라진다고 보기는 어렵다. 이는 결국 조세소송에서 소송물의 동일성을 어떻게 볼 것인가의 문제이며 동일한 소송물에 관한 판결의 효력은 조세소송에서도 민사소송과 달라질 이유가 없기 때문이다.

판결확정 후 재처분의 효력은 추가된 과세표준과 세액 부분에만 미치므로 그 부분만이 취소소송 대상이다(위 2003두4034판결). 이 경우 원고가 전체 세액의 취소를 다시 구하면 그 중 종전에 인용된 부분은 소의 이익이 없으므로 각하하고 종전에 기각된 부분은 기판력 위반을 이유로 기각하여야 할 것이다.

전 소송에서 청구가 기각된 후 증액처분이 이루어져 새로운 쟁송마당이 펼쳐진 경우 납세자는 적정과세 및 조세소송의 형평의 법리에 기초하여 종전 처분에서 다루어지지 않은 위법사유를 다시 주장하여 증액부분을 다툴 수 있다고 본다.[1)]

이처럼 일차적으로 판결이 확정된 후에도 납세자 입장에서 경정청구 및 그 거부처분에 대한 불복이 다시 허용되고 과세관청 입장에서도 종전과 다른 과세사유를 근거로 한 재처분을 허용할 수 있는 이유는 그것이 종전과는 다른 별도의 행정처분을 통하여 이루어지기 때문으로 볼 수밖에 없다. 그리고 조세소송 판결의 효력범위와 관련하여, 적어도 현재와 같이 쟁송절차에서 총액주의 이념이 제대로 구현되지 못하는 상황에서는, 별도의 행정처분을 매개로 이루어지는 다툼은 동일한 과세단위를 대상으로 하더라도 소송물을 달리 보아야 전체적으로 조세소송의 소송물에 관한 보다 일관된 논리를 펼칠 수 있을 것으로 생각된다. 이와 같은 접근은 당초처분(당초신고)과 증액처분의 관계에서 흡수설보다는 병존설 쪽에 가까운 것이다.

---

1) 같은 취지 윤병각, 앞의 책 158면. 관련 논의는 이 책 337면 및 345면 참조.

5. 형 성 력

판결의 형성력은 취소판결의 취지에 따라 기존의 법률관계 또는 법률상태가 변동하는 것을 말한다. 취소판결이 확정되면 판결의 형성력에 의해 별도의 절차를 요하지 아니하고 당연히 취소의 효과가 발생한다(판 91. 10. 11, 90누5443).

행정소송법 제29조 제1항은, 「**처분 등을 취소하는 확정판결은 제3자에 대하여도 그 효력이 있다**」고 규정하여 취소판결의 대세효(제3자효)를 인정하고 이를 무효 등 확인소송과 부존재확인소송에 준용하고 있다(행소법 38조 1·2항).

확인판결은 형성판결과 달리 특별한 규정이 없는 한 판결의 효력이 제3자에게 미치지 않으나 행정처분의 무효확인판결은 취소판결과 같이 그 효력이 소송 당사자는 물론 제3자에게도 미치므로 명문으로 대세효를 인정한 것이다.

제 5 편 조세형사법

제 1 장

총 설

행정법규나 이에 근거한 행정행위에 대하여 행정법상 의무를 지는 자가 그 의무를 불이행하거나 위반한 경우 행정목적의 실현·확보를 위한 수단으로 크게 의무불이행자에 대한 행정상 의무이행강제와 형사처벌을 비롯한 넓은 의미의 행정상 제재라는 두 가지 수단이 마련되어 있다. 조세법규도 일반 행정법규와 마찬가지로 과세권의 적정한 행사 등 조세행정의 원활과 조세의 공평부담, 조세채권의 실현 등을 위하여 각종 행정상 제재를 설정하고 있다.

국세징수법 제107조 및 지방세징수법 제 5조의 납세증명서 제출, 국세징수법 제112조 및 지방세징수법 제 7 조의 관허사업의 제한과 국세징수법 제 110조의 체납자료의 제공, 제113조의 체납자에 대한 출국금지요청, 국세기본법 제 5 장 제 3 절과 각 개별세법의 가산세 제도, 조세범처벌법, 지방세기본법 제 8 장과 「특정범죄 가중처벌 등에 관한 법률」 제 8 조(조세포탈범의 가중처벌) 및 관세법 제11장에 의한 조세형벌, 조세범처벌법과 지방세기본법 제108조 및 관세법 제277조의 규정에 따른 조세질서벌(과태료) 등이 바로 그것이다.

이와 같은 세법상의 여러 가지 제재제도를 조세의 공평부담과 조세행정의 원활을 도모한다고 하는 목적의 공통점에 착안하여 조세제재라는 제목으로 함께 고찰하는 방법이 있을 수 있으나, 이 책에서는 그 법적인 성격에 따라 나누어, 조세의 부과절차와 동일한 방법으로 부과되는 가산세는 조세실체법에서, 강제징수와 그에 관련된 제재수단, 예컨대 관허사업의 제한과 납세증명서 제출제도 등은 조세절차법 중 조세징수절차에서 각각 다루고, 이곳에서는 조세범처벌법을 중심으로 조세벌에 관하여 살펴보기로 한다.

제 2 장
조 세 벌

제 1 절 의　　의

국가는 조세채권의 확보를 위하여 조세포탈행위와 납세의무자 등 관계자들의 각 개별세법상의 각종 의무위반행위를 범죄로 규정하여 이에 대하여 형사적 제재를 가하고 있다. 이와 같이 조세의 부과·징수 및 납부에 관한 범죄를 조세범이라고 하고, 조세범에 대하여 제재로서 과하여지는 벌을 조세벌이라고 총칭한다.

조세벌은 직접적으로는 과거에 행하여진 조세법상의 의무위반에 대하여 제재를 과함으로써 조세법규의 실효성을 보장하는 것을 목적으로 하고, 간접적으로는 납세의무자 등 그 밖의 조세법상의 의무자에게 심리적 압박을 가하여 그 의무의 이행을 확보하는 것을 목적으로 한다. 조세벌도 형사처벌의 일종이기 때문에 이를 과하기 위해서는 반드시 법률의 근거를 필요로 하며, 조세범에 대하여도 일반 형사범과 같이 죄형법정주의 원칙이 그대로 타당하다.

현행 세법상 조세벌에 관한 일반적인 법률은 내국세에 관하여 실체법으로 조세범처벌법과 그 특별법인 「특정범죄 가중처벌 등에 관한 법률」이 있고, 절차법으로 조세범처벌절차법이 있으며, 지방세에 관하여는 지방세기본법 제102조가 위 각 법률을 준용하고 있고, 관세에 관하여는 관세법 제11장 [벌칙]에서 실체법상 규정을 두고, 제12장 [조사와 처분]에서 절차법상 규정을 두고 있다.

조세범도 형사범의 일종임은 분명하나, 조세법규의 실효성을 담보하고 간접적으로 의무이행을 확보하기 위하여 그 수단으로서 조세벌을 과하는 것이므로 그러한 의미에서 행정범적인 특색을 가진다. 구체적으로 보면, 조세범은, ① 자연인을 대상으로 하는 이외에 법인이 세법상의 의무위반을 범한 경우 그 법인을 함께 처벌하고, ② 현실의 행위자 이외의 조세법상의 의무자도 그 책임을 지는 점 등에서 일반 형사범과는 다른 특성을 지닌다.

제 2 절 조세범의 처벌

1. 총 설

조세범처벌법의 보호법익은 국가 또는 지방자치단체의 부과·징수권의 적정한 행사이다. 우리 법상 조세범은 크게 조세의 부과·징수권을 직접 침해하여 조세수입의 감소를 초래하는 행위인 탈세범과 직접적으로 조세수입의 감소를 초래하지는 않지만 조세행정 질서를 확보하기 위한 각종의 명령·금지규정에 위반하여 부과·징수권의 적정한 행사를 침해할 위험이 있는 조세위해범(조세질서범)으로 나눌 수 있다. 어느 쪽이든 원칙적으로 조세형벌을 부과하지만, 전자는 무겁게 후자는 가볍게 처벌하는 것이 보통이다.

탈세범은 다시 포탈범(협의의 탈세범), 간접적 탈세범, 불징수·불납부범, 강제징수면탈범, 결손금과대계상범 등으로 나눌 수 있다. 조세범처벌절차에 관한 특별법으로 조세범처벌절차법이 마련되어 있다. 입법 예에 따라 단순 무신고나 허위신고에 대하여도 낮은 수준의 형사처벌 대상으로 삼는 경우가 있으나(미국, 영국, 일본 등) 우리나라는 처벌대상으로 삼지 않고 있다.

2. 조세범의 태양 및 요건

가. 포 탈 범

(1) 규정 내용

포탈범이란 「**사기 그 밖의 부정한 행위로써 조세를 포탈하거나 조세의 환급·공제를 받는 행위**」를 말한다(조세범처벌법 3조 1항).

각종의 조세범 중에서 가장 무거운 형벌로 제재되는 것으로, 통상의 경우 2년 이하의 징역 또는 포탈세액이나 환급·공제받은 세액의 2배 이하에 상당하는 벌금에, 포탈세액 등이 3억 원 이상이고 그 포탈세액 등이 신고·납부하여야 할 세액(납세의무자의 신고에 따라 정부가 부과·징수하는 조세의 경우에는 결정·고지하여야 할 세액)의 30/100 이상인 경우(1호) 및 포탈세액 등이 5억 원 이상인 경우(2호)에는 3년 이하의 징역 또는 포탈세액 등의 3배 이하에 상당하는 벌금에 처한다.

규정취지상 여기의 '환급'이란 세법에 따른 환급세액의 환급만을 의미하고 과오납금의 환급은 포함하지 않는다고 보아야 할 것이다.[1)]

조세포탈범에 대하여는 정상에 따라 징역형과 벌금형을 병과할 수 있으며(조세범처벌법 3조 2항), 죄를 범한 후 포탈세액 등에 대하여 국세기본법 제45조에 따라 법정신고기한이 지난 후 2년 이내에 수정신고를 하거나 같은 법 제45조의3에 따라 법정신고기한이 지난 후 6개월 이내에 기한 후 신고를 한 때에는 형을 감경할 수 있다(동 3항). 상습범은 형의 1/2을 가중하며(동 4항), 미수범은 처벌하지 않는다.

한편 「특정범죄 가중처벌 등에 관한 법률」은 포탈세액이 연간 10억 원 이상인 경우 가중처벌(벌금형의 필요적 병과)을 규정하고 있고(같은 법 8조 1항, 2항), 관세법 위반범에 관하여도 별도의 가중처벌규정을 두고 있다(같은 법 270조).

(2) 범죄주체

조세범처벌법 제3조 제1항은 포탈범에 대하여 「**조세를 포탈하거나 조세의 환급·공제를 받은 자**」로 규정하고 있고, 같은 법 제18조는 조세포탈범이 소속한 법인 또는 개인에 대한 양벌규정을 두고 있다.

포탈범은 범죄행위자만을 대상으로 하는 신분범으로서(판 2002. 2. 8, 99도5191), 행위자가 아닌 법인 또는 개인은 양벌규정에 의하여 처벌한다. 다만 제3자도 공범이나(판 98. 5. 8, 97도2429), 간접정범은 가능하다(판 2003. 6. 27, 2002도6088).

특가법은 양벌규정이 없으므로 법인의 대표자, 사용인 등이 특가법에 따라 가중처벌되더라도 법인은 조세범처벌법 제18조(양벌규정)에 따라 처벌된다.

(3) 실행행위

㈎ **법의 규정** 법 제3조 제6항에서는 제1항의 범죄구성요건인 "사기나 그 밖의 부정한 행위"를 「**다음 각 호의 어느 하나에 해당하는 행위로서 조세의 부과와 징수를 불가능하게 하거나 현저히 곤란하게 하는 적극적 행위를 말한다**」고 정의하고 있다.

1. 이중장부의 작성 등 장부의 거짓 기장 2. 거짓 증빙 또는 거짓 문서의 작성 및 수취 3. 장부와 기록의 파기 4. 재산의 은닉, 소득·수익·행위·거래의 조작 또는 은폐 5. 고의적으로 장부를 작성하지 아니하거나 비치하지 아니하는 행위 또는 계산서, 세금계산서 또는 계산서합계표, 세금계산서합계표의 조작 6. 조세특례제한법 제5조의2 1호에 따른 전사적 기업자원 관리설비의 조작 또는 전자세금계산서의 조작 7. 그 밖에 위계에 의한 행위 또는 부정한 행위

1) 같은 취지, 김정현, "조세범처벌법 제3조가 규정한 환급의 의미", 조세실무연구 10, 77면.

우리 법상 조세포탈범은, “사기나 그 밖의 부정한 행위” 내지 그 구체적 태양인 행위로서 “조세의 부과와 징수를 불가능하게 하거나 현저히 곤란하게 하는 적극적 행위”가 구성요건이므로 단순 무신고나 과소신고 행위는 물론 일정한 행위유형을 수반하더라도 규정이 내포한 객관적, 주관적 구성요소를 수반하지 않는 한 형사처벌 대상에서 제외된다. 아래에서 관련된 외국의 입법 예를 먼저 살펴본다.

㈏ 조세포탈범 처벌에 관한 외국의 입법 예[1)]

1) 미 국 미국은 고의로 세금을 납부하지 않는 경우 경범죄(misdemeanor)로 취급하여 25,000불 이하의 벌금이나 1년 이하의 징역에 처하는 한편(IRC 7203조), 보다 중한 고의로 탈세를 하는 경우에는 중범죄(felony)로 취급하여 100,000불 이하의 벌금이나 5년 이하의 징역 또는 그 병과형에 처하도록 하고 있다(IRC 7202조).

중범죄의 구성요소는, (1) 고의(willfulness), (2) 포탈세액의 존재(the existence of a tax deficiency), 탈세 또는 탈세시도를 구성하는 적극적인 행위(an affirmative act constituting an evasion or attempted evasion of the tax)로 요약된다.

미국 조세포탈죄의 실행행위는 “조세면탈을 위한 시도(an attempt to evade a tax)”이며 이는 조세면탈의 의도로써 과세관청을 오인하게 하거나 과세관청에 대하여 은닉 효과를 만들어내는 모든 행위를 지칭한다. 우리나라의 포탈범과 비교하면 객관적 행위태양 보다는 동기를 나타내는 주관적 요소가 보다 중시된다.[2)]

2) 독 일 독일 조세통칙법(Abgabenordnung, AO) 제370조 제 1 항은, “1. 조세상 중요한 사실에 대해 재정관청이나 다른 행정관청에 잘못되거나 불완전한 신고를 하거나, 2. 조세상 중요한 사실에 대한 보고의무 등을 불이행하여 재정관청이 해당사실을 인지하지 못하게 하거나, 3. 의무를 위반하여 과세표징이나 조세징수인장을 사용하지 않은 방법으로 세금을 감소시키거나 자신이나 다른 사람을 위하여 부당하게 조세의 환급을 청구하는 자”에 대하여 최고 5년의 자유형이나 벌금형에 처하도록 하고, 제 2 항은 미수범 처벌에 관하여 규정하는 한편, 제 3 항은 “대규모로 세금을 감소하거나 부당하게 조세상 환급을 청구하는 경우”를 비롯한 중대한 유형의 범죄에 관하여 6개월 이상 10년 이하의 자유형으로 가중처벌하고 있다. 잘못된 신고를 추후 보완한 경우에 관한 감면규정이 있다(AO 371조).

1) 아래 내용은, CAMILLA E. WATSON, Tax Procedure And Tax Fraud, 제18장 FEDERAL TAX CRIME과 안경봉·이동식, “조세형사범 사건의 실질과세원칙”, 조세법연구 18-3, 108면, 이준봉, “조세포탈죄의 고의에 관한 연구”, 조세법연구 25-3, 190면, 구진열, “조세포탈범에 있어 부정행위의 판단기준에 관한 연구 —미국, 일본의 제도와 비교를 중심으로—” 조세법연구 28-2, 315면, 임재혁, “조세범죄 성립요건의 비교법적 고찰”, 조세법연구 29-1, 453면 등을 참고하였다.

2) 구진열, 위 논문 355면 참조.

3) 일　본　조세범 처벌규정을 개별 세법의 "벌칙"장에서 따로 규정하고 그 절차만을 「국세범칙단속법」에서 규율한다.

'사위 기타 부정한 행위'를 구성요건으로 하는 조세포탈범의 해석기준에 관한 판례의 전체적인 해석방향은 은닉의 방법이나 정도보다는 조세포탈의 의도를 중시하는 쪽으로 가고 있는 것으로 설명된다.[1) 최고재판소 판결로는 "법상 '사위 기타 부정한 행위'란 조세포탈의 의도를 가지고 그 수단으로서 조세의 부과징수를 불가능하게 하거나 현저히 곤란하게 하는 위계 그 밖의 공작을 행하는 것을 말한다"고 하여 단순무신고는 이에 해당되지 않는다는 법리를 최초로 확인한 것(소화 42. 11. 8. 판결)과 가명, 차명구좌에 매상금 일부를 입금보관하여 세무당국에 의한 소득의 파악을 곤란하게 한 행위에 대해, 그것이 조세포탈 의사에 기한 것으로 인정되는 이상 조세포탈죄를 구성한다고 하여 허위무신고에 의한 포탈범 성립을 긍정한 것{평성 6(1994). 9. 13. 판결}이 유명하다.[2) 양형은 5년 이하의 징역 또는 5백만 엔 이하의 벌금형으로 처벌하는데 우리와 달리 단순무신고 행위에 대하여도 정당한 이유가 없으면 1년 이하의 징역 또는 20만 엔 이하의 벌금형에 처하도록 하고 있다.

㈐ **부정행위의 개념**　우리 법상 조세포탈범이 성립하기 위해서는, (1) 법 제3조 제6항 각 호에 제시된 행위유형을 통해, (2) 조세의 부과와 징수를 불가능하게 하거나 현저히 곤란하게 하는 적극적 행위를 할 것이 요구된다.[3)

특별히 조세의 부과·징수권의 행사 가능성은 납세환경의 변화와 떼어서 논할 수 없다. 부동산전산망이나 금융전산망이 완비되고 전자회계작성의 보편화 및 전자세금계산서 제도의 정착, 특정 금융거래정보의 보고 및 이용 등에 관한 법규(기본법 85조의3, 기본령 65조의7, 전자기록의 보전방법 등에 관한 고시 2023-8호 등)의 시행 등으로 인해 과세관청이 납세의무자의 신고내용의 적정성을 검증할 수 있는 정보시스템이 정비되어 납세자의 협력의무 위반이 과세행정에 미치는 영향이 현저히 줄어든 납세환경의 변화를 고려하여 관련 규정을 해석하여야 할 것이다.[4) 다만 조

1) 구진열, 앞의 논문 363면.

2) 각 판결에 대한 평석은 일본 판례백선 230면, 231면 참조.

3) 현행 조세포탈죄의 구성요건은 부과권 장기제척기간이나 부당무신고 가산세의 구성요건과 동일하고 판례 역시 종전부터 그 내용을 동일하게 해석해 오고 있다 이에 관한 문제점 및 조문의 연혁에 관하여는 이 책 151면 참조.

4) 안경봉, "납세환경의 변화와 조세범처벌법상 사기 그 밖의 부정한 행위의 판단기준", 조세법연구 21-1, 344면. 판 2006. 6. 29, 2004도817도 같은 취지이다. 최근 많이 문제 되는 가상자산을 이용한 조세회피 내지 조세포탈에 관한 논의는, 정승영, "가상자산의 이용과 조세포탈에서의 적극적 은닉에 대한 대응방안 고찰 —암호자산(Crypto-asset)과 가명성 강화 수단 이용을 중심으로—", 조세법연구 28-2, 203면.

세포탈범은 미수범을 처벌하지 않고 과세관청에 의해 적발되어야 처벌이 가능하므로 규정상 '불가능'의 의미를 물리적 의미로 이해하기는 어렵고 결국 현실적인 적용기준은 '현저히 곤란하게 하는 것'인지 여부가 될 것이다.

㈑ **범죄구성요건으로서의 '부정행위'의 의의** 부과과세방식 조세에서의 포탈범의 구조는 「세무공무원을 기망하거나 이에 유사한 부정한 행위를 함으로써 세무공무원을 오신시켜 진실보다 적은 세액을 부과결정하게 하고, 이로 인하여 세액을 면한다」는 것이 되고,[1] 신고납세방식 조세에서의 포탈범 구조는 「납세의무자가 신고·납부기한 경과 후에 있을지도 모르는 세무공무원 조사에 대비하여 사전에 소득은닉행위를 하고 무신고 또는 과소신고에 이른다」는 것이 된다.

신고납세방식의 조세에서 '부정행위'는 사전의 소득은닉행위와 허위신고 또는 사전의 소득은닉행위와 허위무신고라는 행위형태가 결합되는데, 사전의 소득은닉행위가 별도의 구성요건인가와 관련하여 포괄설과 제한설의 대립이 있다. 포괄설은 사전의 소득은닉행위를 별도의 범죄구성요건으로 보는 데 반하여, 제한설은 허위신고는 신고만이 부정행위가 되고 사전의 소득은닉행위는 대내적 준비행위에 지나지 않는 반면 허위무신고는 사전의 소득은닉행위가 부정행위를 이루고 허위무신고는 실행행위인 부정행위에 포함되지 않는다고 본다. 이와 같은 논의는 단순 과소신고 내지 미신고와 조세포탈의 구별기준, 조세포탈범을 구성하는 인과관계 및 고의의 범위 등과 관련하여 차이를 낳는다. 판례와 학설은 대체로 포괄설의 입장인 것으로 여겨진다.[2] 이에 의하면, 사전의 소득은닉행위에 관하여도 단순한 세수감소 인식을 넘어 그러한 행위를 조세포탈을 위해 행한다는 적극적 의사가 필요하게 된다.

판례는 명의를 위장하여 소득을 얻더라도 조세포탈과 관련이 없는 행위이면 명의위장 사실만으로 '사기 기타 부정한 행위'에 해당한다고 할 수 없으나, 명의위장이 누진세율 회피, 수입의 분산, 감면특례의 적용, 세금 납부의무가 없는 무자력자의 명의사용 등과 같이 조세회피 목적에서 비롯되고 여기에 허위 매매계약서 작성과 대금의 허위지급, 허위의 양도소득세 신고, 허위의 등기·등록, 허위의 회계장부 작성·비치 등과 같은 적극적 행위까지 부가된다면 '사기 기타 부정한 행위'에 해당한다고 보았다(판 2020. 8. 20, 2019다301623).[3]

---

1) 신고 후 부과과세방식인 증여세는 납세의무자가 조세포탈 수단으로서 미신고·과소 신고의 전(후)단계에 '적극적인 소득은닉행위'를 하는 경우 '사기 기타 부정한 행위'에 해당된다. 판 99. 4. 9, 98도667.

2) 한만수, 앞의 책 1224면, 안대희, 조세형사법, 도서출판 평안(2015), 335면.

3) 같은 취지의 판결로 판 83. 9. 13, 83도1231; 85. 9. 24, 85도80; 99. 4. 9, 98도66; 2017. 4. 13, 2015두44158 등이 있다.

구체적으로 판례는, 명의신탁행위가 계열분리 및 기업공개를 위한 필요에서 이루어지고, 그 후 주식공시의무위반에 대한 제재나 기업경영에 미칠 부정적 영향을 염려하여 명의신탁상태를 유지한 경우(판 2017. 4. 13, 2015두44158), 대주주가 경영권 확보를 위해 회사임직원 등에게 일부 주식을 명의신탁한 경우(판 2018. 4. 12, 2016도1403) 등의 사안에서 조세포탈범의 성립을 부정하였다. 다만 우리 판례는 조세포탈죄가 목적범은 아니라고 하고 있고(판 2006. 6. 29, 2004도817), 사안에 따라 고의를 포함한 구성요건의 성립범위를 좀 더 넓게 본 경우도 있어서[1] 입장이 반드시 명확한 것만은 아니다.[2]

전체적으로 우리 판례는 피고인의 조세포탈죄의 고의, 즉 주관적 요소보다는 은닉행위의 객관적 태양에 더 초점을 맞추고 있는 것으로 여겨진다. 그러나 사전은닉행위 역시 구성요건적 행위이기는 하나 조세포탈죄가 고의의 형사범인 이상 그 행위는 결국 조세포탈죄 범의를 인정할 수 있는 정황증거로서의 역할을 한다고 보아야 한다. 조세포탈죄는 결국 과세관청(국가)을 기망하여 조세를 포탈하는 범죄이고 이는 사기죄의 구성요건과 그 형태가 매우 유사하다. 사기죄에 있어서 외부로 나타난 행위들은 결국 사기죄의 고의 내지 범의를 인정하기 위한 정황증거에 해당된다고 볼 때, 조세포탈죄의 경우에도 사전은닉행위는 조세포탈의 고의라는 주관적 요소와의 연관관계에 중점이 있다고 보아야 하고 초점은 조세포탈의 고의에 관한 증명에 모아져야 할 것이다. 우리 판례가 조세포탈죄의 성립요소로 '적극적 은닉의도'를 요구하는 것도 이러한 취지로 이해된다.

판례는 차명행위 자체만으로는 원칙적으로 조세포탈죄의 구성요건을 충족하지 못한다고 보았지만 차명행위도 그것이 무신고나 허위과소신고와 결합될 경우 충분한 은닉효과가 발생한다는 점에서 일률적인 판단에는 무리가 있다.

조세포탈의 고의에 관한 입증과 관련하여, 통상적으로 납세자가 자신의 사전은닉행위가 조세포탈 이외의 다른 목적을 위하여 이루어졌다는 점을 입증하지 못한다면 납세자의 조세포탈의 고의는 추정된다고 본다. 그러나 납세자가 위와 같은 사전은닉행위가 조세포탈 이외의 다른 목적을 가지고 이루어졌다는 점을 뚜렷하게 입증하면, 그와 같은 행위가 조세포탈의 고의도 함께 수반하여 이루어졌다는 점을 다시 과세관청이 입증하여야 하고 그 입증은 보다 명확한 증거에 입각하여야 할 것이다. 위

1) 뒤에서 보는 판 99. 4. 9, 98도667 및 376면 각주 1 참조.
2) 관련 논의는, 김천수, "'조세포탈의 목적'의 인정에 관한 고찰 — 사기 기타 부정한 행위의 적극적 은닉의도를 중심으로(3) —", 조세법연구 25-3, 7면.

에서 본 주식의 명의신탁이 회사의 경영권 방어를 위하여 이루어진 경우 조세포탈죄의 성립을 부정한 일련의 판례는 이러한 차원에서 수긍할 수 있다. 앞서 본 미국이나 일본에서의 논의 역시 객관적인 행위 태양보다는 납세자가 과세관청을 기망하여 조세를 포탈할 의도를 가지고 있었는지 여부에 관한 주관적 요소를 중시하는 한편 납세자의 범의에 대하여는 과세관청의 입증을 보다 엄격하게 요구하는 쪽으로 입법 및 해석이 이루어지고 있다.

조세포탈범에 해당하는지 여부는 궁극적으로 기수시점인 신고 당시를 기준으로 허위신고 내지는 무신고의 위법성에 대한 평가로 귀착되므로 사전소득은닉행위로부터 허위신고에 이르기까지 전체과정을 종합적으로 고려하여 구성요건 해당성 여부를 판단하여야 한다. 무엇보다도 조세포탈범은 중한 형사범에 해당하는 이상 범죄의 성립 여부에 관한 납세자의 예측가능성을 제고(提高)하는 방향으로 분명한 기준을 정립해 나가는 것이 중요하다.

(마) 부정행위의 유형

1) 부정행위에 해당되는 사례

가) 장부의 허위기장 등 　장부의 허위기장, 허위내용의 납세신고서 제출, 이중장부 또는 비밀장부의 비치, 거래 일부에 대한 기장 또는 신고누락 등이 여기에 해당된다. 구체적으로는, ① 회사 대표자가 회사자금을 횡령한 후 경비의 지출을 과다하게 장부에 기장하고 이를 토대로 법인세 등을 납부한 경우(판 92. 3. 10, 92도147), ② 수입금액을 숨기기 위해 허위장부를 작성하여 사업장에 비치하고 여러 은행에 200여 개의 가명계좌를 만들어 수입금액을 분산 입금시키면서 1개월 미만의 짧은 기간 동안만 계좌를 사용하고 이를 폐지시킨 뒤 다른 가명계좌를 만들어 사용하는 등의 행위를 반복한 경우(판 94. 6. 28, 94도759), ③ 영업실적에 따른 일계표 등을 감추어 외형수입액을 적게 신고하거나 허위의 장부에 맞추어 매출외형을 줄인 경우(판 84. 4. 24, 83도892; 85. 7. 23, 85도1003; 89. 9. 26, 89도283), ④ 외상으로 판매한 재화가 반품되기 전에 과세표준확정신고를 하면서 일부 매출분에 대해 세금계산서를 발부하지 않고 장부에 기장도 하지 않은 채 외상판매분을 포함한 실제 매출액보다 과소신고한 경우(판 83. 1. 18, 81도2686), ⑤ 무자료로 금을 구입하여 판매한 후 자료상으로부터 허위의 세금계산서를 구입하여 매입세액을 공제받은 경우(판 2005. 9. 30, 2005도4736), ⑥ 비밀장부(이중장부)를 비치한 경우(판 86. 12. 23, 86도156), ⑥ 현직 대통령의 아들인 피고인이 공소외인들로부터 활동비·이자 명목으로 거액의 금원을 교부받고 다른 사람 명의의 차명계좌를 이용하여 '자금세탁'을 하거나 전전 유통된 헌 수표를

교부받아 사용하는 등의 방법으로 위 금원에 대한 자금흐름을 은닉한 경우(판 99. 4. 9, 98도667)[1] 등

나) 업태위장 등 ① 가스소매업자가 판매사업을 하는 것을 감추고 실수요자가 직접 공급받는 것으로 가장하여 가스도매업체로 하여금 실수요자 앞으로 세금계산서를 발급하게 한 경우(판 83. 2. 22, 82도1919), ② 양도소득세를 면탈할 목적으로 매수인과 공모하여 매수인이 그 지상에 아파트를 건축하면서 매도인 명의로 사업자등록을 하고 건축허가를 받아 매도인이 마치 자기 토지 위에 아파트를 건축하여 직접 분양하는 것처럼 꾸민 경우(판 83. 11. 8, 83도2365), ③ 부가가치세 일반과세자가 과세특례자인 타인 명의로 사업자등록을 마치고 실지로는 자신의 사업을 경영하여 과세특례자로서의 세액만을 납부한 경우(판 84. 1. 31, 83도3085) 등.

다) 기타 거래형태 위장 등 ① 증여받은 부동산을 매수한 것처럼 매매를 원인으로 소유권이전등기를 하고 증여세를 신고하지 않은 경우(판 84. 6. 26, 81도2388), ② 상속인이 분할상속하였음에도 상속포기신고를 하거나 협의분할한 재산을 마치 상속개시 전에 자신이 매수하여 피상속인에게 명의신탁한 것처럼 가장하여 다른 공동상속인을 상대로 의제자백에 의한 소유권이전등기의 승소판결을 받아 이전등기를 한 경우(판 83. 6. 28, 82도2421), ③ 토지를 미등기전매한 자가 중간매매를 숨기고 자기 앞의 매도인으로부터 자기 뒤 매수인 앞으로 직접 소유권이전등기를 마치게 하고 양도소득 신고를 하지 않은 경우(판 92. 9. 14, 91도2439), ④ 피상속인이 매수하여 대금을 모두 지급한 토지를 상속받은 후 법정신고기한 내에 상속세신고를 하지 않은 채 타인에게 미등기전매하고 등기명의인인 전소유자로부터 매수인 앞으로 소유권이전등기를 마친 경우(판 92. 4. 24, 91도1609), ⑤ 외국영화를 수입하면서 수출회사와 공모하여 사용료대금을 실제보다 낮게 기재한 허위계약서 등을 이용하여 수입 및 통관절차를 밟아 수출회사의 국내원천소득에 대한 원천징수 법인세를 포탈한 경우(판 98. 5. 8, 97도2429), ⑥ 제약사가 병·의원, 약국 등에 지급한 리베이트를 시장조사비, 복리후생비, 소모품비 등으로 분산계상한 후, 그 비용에 관한 허위의 경비청구서 및 간이영수증·현금영수증·상품권영수증 등 허위의 증빙서류를 첨부하여 법인세를 과소신고한 경우(판 2015. 1. 29, 2011도13730) 등.

---

1) 대상판결은 피고인의 행위가 과세관청의 자금출처조사 및 세금부과를 회피할 의도로 이루어졌다고 인정하였으나 피고인은 문제가 된 대상금원을 정치자금 명목으로 교부받았는데 불법 정치자금으로 이를 공개하지 못할 사정이 있었고, 이와 같이 불법 정치자금을 받은 것을 증여세 포탈죄로 의율한 전례가 없으며, 그에 관한 당시의 일반적인 사회통념이나 피고인의 사회적 지위 등에 비추어 실제로 피고인의 증여세 포탈에 관한 범의가 충분히 입증되었는지에 관하여는 의문이 있다.

판례는 부가가치세 포탈행위와 관련하여, 과세표준을 제대로 신고하는 등으로 조세의 확정에는 아무런 지장을 초래하지 않지만 조세포탈죄 기수시기에 조세의 징수를 불가능하게 하거나 현저히 곤란하게 하고 그것이 조세의 징수를 면하는 것을 목적으로 하는 부정행위로 인하여 생긴 결과인 경우 실질에 있어서 과세표준을 신고하지 않은 것과 다를 바 없는 것으로 평가된다면 조세포탈죄가 성립한다고 보았다{판 2007. 2. 15, 2005도9546(전)}.

2) 부정행위에 해당되지 않는 사례 ① 법인이 이전부터 보유하던 부외자산을 특정 사업연도에 회계장부에 계상하면서 마치 그 해에 매수하는 것처럼 회계처리하는 방법으로 금원을 인출하여 법인의 비자금 관리계좌에 입금함으로써 현금자산을 밖으로 유출하였으나 결과적으로 법인의 당해 사업연도 소득에 영향을 미치지 않은 경우(판 2005. 1. 14, 2002두5411), ② 신문사 전무이사가 특수관계인에 대한 대여사실을 감추기 위해 매 사업연도 말에 대여금을 변제받은 것처럼 분개전표를 작성하고 결산장부를 정리한 경우(판 2006. 6. 29, 2004도817), ③ 변호사의 사건 수입명세서에 수입이 누락된 채 신고되고, 사건진행부에 일부 사건의 수임료가 기재되어 있지 않은 경우(판 2007. 6. 28, 2002도3600), ④ 회사의 부가가치세를 신고하면서 매입처별세금계산서합계표를 허위로 기재하여 제출하거나 회사의 법인세 과세표준과 세액을 신고하지 않은 경우(판 2011. 4. 28, 2011도527), ⑤ 조세피난처에 외국법인을 설립하여 운영하면서 법인 매출액 일부를 조세피난처에 설립한 법인 명의의 계좌에 수수료 명목으로 송금하거나(판 2018. 11. 9, 2014도9026), 조세피난처에 설립된 법인 명의로 거래하였으나 조세회피를 위해 적극적으로 거래를 은닉한 사정이 입증되지 않은 경우(판 2013. 11. 28, 2012도10513), ⑥ 단순히 차명계좌를 보유, 관리함으로써 차명상태를 유지하거나(판 2009. 5. 29, 2008도9436; 2008. 6. 12, 2008도2300), 명의수탁자 변경 등 차명상태의 소극적 변경행위에 그친 경우(판 2006. 6. 29, 2004도817), 차명주식의 보유 중 실명전환 없이 주식을 매도한 행위(판 2011. 6. 30, 2010도10968) 등.

(바) 기수시기 포탈범은 "부정한 행위로써 조세를 포탈하거나 조세의 환급·공제를 받은 자"를 처벌하는 범죄로서 조세수입의 감소를 가져오는 것이 필요한 결과범이고, 주세포탈의 경우를 제외하고는 미수범을 처벌하지 않는다. 따라서 사기 기타 부정한 행위로써 특정 사업연도의 법인세 등을 포탈하였다고 하기 위해서는 원칙적으로 당해 사업연도의 익금을 누락 혹은 과소계상하거나 손금을 가공계상 혹은 과다계상함으로써 그 사업연도의 소득금액을 줄이고 그에 따른 무신고 또는 과소신고 행위가 있어야 한다(판 2005. 1. 14, 2002도5411).

현실적으로 '납부할 세액'을 감소시켜야 하므로 당해 연도에 결손이 나면 당해 연도의 조세포탈죄는 성립하지 않고 해당 세액이 이월되어 다음 연도의 납부할 세액을 감소시킬 때 '조세의 공제를 받은 행위'로서 기수에 이르게 된다.

조세포탈의 결과의 발생시기, 즉, 기수시기를 언제로 볼 것인가에 관하여 조세채무의 확정단계로 보는 확정시설과 신고납부기한 또는 과세관청이 지정한 납부기한으로 보는 납기설이 대립되고 있으나 우리 법은 후자를 택하고 있다.

즉, 조세범처벌법 제 3 조 제 5 항은, 「납세의무자의 신고에 의하여 정부가 부과·징수하는 조세는 해당 세목의 과세표준을 정부가 결정하거나 조사결정한 후 그 납부기한이 지난 때. 다만 납세의무자가 조세를 포탈할 목적으로 세법에 따른 과세표준을 신고하지 아니함으로써 해당 세목의 과세표준을 정부가 결정하거나 조사결정할 수 없는 경우에는 해당 세목의 신고기한이 경과한 때(1호), 전호의 규정에 해당하지 아니하는 조세는 신고·납부기한이 경과한 때(2호)」로 정하고 있다.

제 1 호는 부과과세방식에 관한 것으로서, 원칙적으로 납기설(1호 본문)을 취하고, 예외적으로 무신고의 경우에 신고기한 경과설(1호 단서)을 취하고 있다.

제 2 호는 신고납세방식에 관한 것으로서 여기의 신고·납부기한은 납부고지에 의하여 지정된 납부기한이 아니라 과세표준의 신고와 함께 자진납부해야 하는 기한을 말한다. 이와 같은 기준에 따르면, 부과과세방식 조세에 있어서 조세포탈행위의 기수시기는 원칙적으로 해당 세목의 과세표준에 대해 정부가 결정을 한 후 그 납부기한이 경과한 때가 된다.

상속세 연부연납 허가가 있다고 하더라도 납부기한 자체를 변경하는 것이 아니므로, 상속세부과처분 납부기한이 경과함으로써 조세포탈행위는 기수에 이르게 된다(판 94. 8. 9, 93도3041). 납부기한 후에 포탈세액을 일부 납부하거나(판 88. 2. 9, 84도1102), 납부기한 경과 후 (증액)수정신고를 하거나 포탈세액을 추가 납부하더라도(판 88. 11. 8, 87도1059) 조세포탈죄 성립에 영향이 없다.

부가가치세의 경우 제 9 조의3 제 2 호(현행 3조 5항 2호)에 의하여 신고납부기한이 경과한 때 조세포탈행위의 기수가 된다. 폐업의 경우 부가가치세 포탈행위는 폐업일이 속한 달의 다음 달 25일까지의 신고·납부기한이 경과함으로써 기수가 된다(부가세법 49조 1항 괄호 단서, 위 2005도9546 판결).

㈓ **포탈세액의 산정** 　포탈세액은 형사처벌에서 양형, 특히 벌금형을 정하는 기준이 되기 때문에 구체적으로 특정되어야 한다. 포탈세액은 세법상의 납세의무액수와 그 범위를 같이 한다(판 2002. 2. 8, 99도5191 등).

세법상 납세의무는 과세단위별로 성립하므로 포탈세액도 과세단위별로 산정된다. 과세단위란 인적 요소인 납세의무자와 물적 요소인, 시간, 장소, 원천 등을 기준으로 구분되는 조세채무의 단위를 가리킨다. 특별히 기간과세에 있어서 과세단위는 기간으로 구분된다. 장소는 소득세에서는 거주자와 비거주자, 법인세에서는 국내와 국외로 구분되며, 부가가치세에 있어서는 사업장을 기준으로 과세단위를 산정한다. 원천과 관련하여 소득세의 경우 종합소득, 양도소득, 퇴직소득 등 구분된 소득별로 별개의 조세채무가 성립한다.

기간과세에 있어서 연간 소득 중 일부만 차명계좌를 이용한 경우와 같이 과세단위 일부에 부정행위가 있는 경우 적용범위에 관하여 한정설과 무한정설의 대립이 있는데, 판례는 무한정설을 취하고 있다(판 1994. 6. 28, 94도759).[1] 가산세는 과소신고 포탈세액에 포함되지 않는다(판 2002. 7. 26, 2001도5459).

실체적 진실주의가 지배하는 형사절차의 특성상 추계방법에 의한 포탈세액의 인정은 허용되지 않으며, 하나의 과세기간 중 일부기간의 포탈세액은 증거에 의해 인정되고 나머지 기간은 객관적인 증거가 없는 경우 미입증부분을 입증부분으로 유추하거나 안분하여 포탈세액을 추산하는 것도 허용되지 않는다.

판례는, "포탈세액의 계산기초가 되는 수입 또는 지출의 각개 항목에 해당하는 사실 하나하나까지 확실한 증거를 필요로 한다고는 할 수 없고, 그 방법이 일반적으로 용인될 수 있는 객관적·합리적인 것이고 결과가 고도의 개연성과 확실성을 가진 것이라면 추계계산도 가능하다"고 하고 있으나(판 85. 7. 23, 85도1003; 2005. 5. 12, 2004도7141), 이는 간접증거에 의한 사실상의 추정을 의미하는 것으로서 세법상의 추계과세와는 취지를 달리한다. 납세의무자인 피고인은 공소제기된 포탈세액에 대하여 실액에 관한 과세자료를 제출하여 다툴 수 있고, 그와 같은 실액에 관한 과세자료가 객관적인 증거가치에서 우위에 있는 경우 법원이 이에 의하여 포탈세액을 확정할 수 있음은 물론이다. 결국 그 기준은 '합리적 의심을 배제할 수 있는 정도의 객관적인 증거'라는 일반 형사절차법상의 원칙으로 수렴된다고 볼 것이다.

매출누락의 경우 부가가치세 포탈세액은 누락된 매출 전액에 대한 매출세액이며 매입세액상당액을 공제한 금액이 아니다(판 88. 3. 8, 85도1518). 다만 사업자가 가공의 매출세금계산서와 함께 가공의 매입세금계산서를 기초로 부가가치세 과세

1) 동일한 쟁점이 문제되는 국세부과권의 장기제척기간 적용과 관련하여 판례의 태도에 찬성하는 견해로, 이용우, "국세기본법 제26조의2 1항 1호에 따른 국세의 부과제척기간에 관한 연구", 조세법연구 20-2, 95면. 일본 최고재판소도 일본 국세통칙법 제70조 제5항의 해석과 관련하여 무한정설을 취하고 있다. 2006(평성 18) 4. 25, 평성 16년 行 ヒ 제86호.

표준과 납부세액 또는 환급세액을 신고한 경우 공제되는 매입세액이 가공이더라도 가공의 매출세액을 초과하는 부분에 한하여 그 가공거래와 관련된 부가가치세 포탈이나 부정 환급·공제행위가 성립한다(판 2009. 12. 24, 2007두16974).

조세포탈행위가 있은 경우 신고세액이나 추계 또는 실지조사결정에 의한 부과세액을 완납하더라도 세액산출의 기초가 된 소득금액을 초과하는 소득금액이 발각된 경우(판 78. 12. 26, 78도2448), 국세청에서 작성한 「현금수입업종 지역별 시설등급별 1일 수입금액 산정표」에 따른 기준을 초과하여 부가가치세 과세표준과 납부세액을 신고·납부하였으나 실제 수입금액을 누락신고한 경우(판 94. 6. 28, 94도759) 등에는 그 초과금액 또는 누락금액 상당 세액에 대하여 포탈죄가 성립한다.

공동사업자의 일부가 다른 동업자로부터 경영권을 위임받아 사업을 영위한 경우 납세의무자로서 포탈한 세액과 구 조세범처벌법 제3조(현행 제18조)의 행위자로서 포탈한 세액을 합산하여 구성요건 해당성 여부를 따진다(판 2005. 5. 12, 2004도7141).

(4) 고 의

조세포탈범은 고의범이므로 구성요건의 요소인, 1) 소득의 존재, 2) 사기나 그 밖의 부정한 행위에 해당하는 사실의 인식, 3) 포탈결과의 발생에 대한 인식이 모두 필요하다(판 2006. 6. 29, 2004도817).

형사범인 조세포탈범의 경우 고의의 확장은 불가능한 대신 법인의 대표자, 법인 또는 개인의 대리인, 사용인, 기타의 종업원 등으로 범죄주체가 확장되고 원칙적으로 법인도 양벌죄의 적용대상이다(조처법 18조).

납세자가 구성요건에 해당하는 행위 당시 조세채무(납세의무)가 없다고 믿은 경우 고의가 없는 것인지 아니면 법률의 착오 문제로 다루어야 하는지에 관하여 다툼이 있다. 조세채무의 성립사실을 구성요건으로 하는 조세포탈죄의 특수성과 일반적으로 조세채무 성립에 대한 인식이 없는 경우 조세포탈결과 발생을 의욕하였다고 보기 어렵다는 측면에서 원칙적으로 이를 고의의 문제로 다루어야 할 것으로 생각된다.[1)]

소득의 존재에 대한 인식이 일부에 한정되어 있을 경우 포탈범이 그 인식된 부분에 대하여만 성립하는지(인식부분설), 소득총액에 대하여 성립하는지(총세액설) 논의가 있으나, 고의범의 본질에 비추어 인식부분설이 타당하다. 다만 개개의 수익과 손비까지 인식할 필요는 없으며 포탈결과에 대한 개괄적 인식으로 충분하다.[2)]

1) 같은 취지, 최 완, "조세판례변경과 형사처벌의 문제", 조세법연구 27-2, 77면.

2) 같은 취지, 한만수, 앞의 책, 1228면. 납세자가 인식한 부분과 기본적 사실관계가 동일한 범위 내에서 성립한다는 견해로, 이준봉, 조세법총론(삼일인포마인, 2019), 1009면.

2)의 '부정행위의 인식'에는 납세의무 존재에 대한 인식이 포함된다. 예를 들어 다른 사람의 사업에 대하여 자기 명의로 사업자등록을 하는 것만으로는 어떤 조세가 어떻게 포탈되는지 구체적으로 인식하는 것이 아니므로 조세포탈의 공범을 구성하지 않는다(판 83. 11. 8, 83도510).

조세포탈범은 전통적 의미의 목적범에는 해당하지 않는다(위 2004도 817판결). 판례가 적극적 은닉의도라고 표현한 '조세회피의 의도나 목적'은 구성요건적 행위 자체에 내재하는 주관적 위법성 요소인데 반하여 목적범에서의 목적은 구성요건적 행위와 별도로 요구되는 초과주관적 위법요소라는 점에서 양자는 구별된다.[1)]

3)의 포탈결과발생에 대한 인식과 관련하여, '합병에 따른 상장 등 이익'에 관한 증여세 포탈죄가 성립하기 위해서는 법상 구성요건 행위를 할 당시 자신의 행위로 인하여 증여세가 포탈된다는 사실을 인식할 것이 필요하고(판 2011. 6. 30, 2010도10968), 공동사업자가 다른 공동사업자들 명의로 사업을 신고하고 자신의 종합소득세 과세표준 확정신고를 하면서 자신의 소득금액을 누락시켜 세액을 납부하였더라도 해당 세액을 납부하였다면 그 납부세액에 관하여 조세포탈의 고의는 인정되지 않는다(판 94. 6. 28, 94도759). 자신 명의로 사업자등록을 하였지만 실제로는 그의 친형이 자금을 대고 영업을 하며 매출액을 과소신고하여 조세를 포탈한 경우 조세포탈 목적이 있다고 볼 수 없다(판 83. 11. 8, 83도510). 그러나 회사의 이사 등이 비용을 허위계상하거나 과다계상하는 방법으로 공금을 정식경리에서 제외한 뒤 이를 손금 처리한 경우 그 금액들이 전부 회사의 업무상 용도에 사용되었더라도 손비항목에 해당하는 구체적 용도와 손금용인한도액 내 금액임을 입증하지 못하면 조세포탈죄를 면할 수 없다(판 89. 10. 10, 87도966). 판례는 금지금 변칙거래와 관련하여, 폭탄업체 폐업이 징수를 불가능하게 할 의도로 이루어진 것이므로 조세포탈죄가 성립하지만, 마지막 거래단계의 수출업체는 폭탄업체와 공범으로 처벌되는 것은 별론으로 수출업체 자신의 환급신청행위는 징수를 불가능하게 할 의도와 관계가 없으므로 조세포탈죄가 성립하지 않는다고 보았다(판 2008. 1. 10, 2007도8369).

소득처분에 있어서 납세자의 소득세 포탈고의와 관련하여, 판례는 횡령금에 대하여 향후 소득처분까지 예상하여 인정상여에 따른 소득세를 포탈하기 위한 것으로 보기 어렵다고 판단하였다(판 2005. 6. 10, 2005도1828). 이는 소득처분 전까지 납세자에게 납세의무가 발생하지 않는다는 점을 감안한 것으로 여겨지나, 행위시점과 납세의무 발생시점이 다르다고 하여 범죄의 고의를 부정하는 것은 이해하기 어렵다.

---

1) 관련 논의는 이 책 374면 참조.

(5) 죄수(罪數) 등

조세포탈죄의 죄수는 위반사실의 구성요건 충족 횟수를 기준으로 하여 정한다.

조세포탈범과 세금계산서 관련범은 구성요건과 보호법익이 다르고 조세포탈범의 경우 포탈결과 발생이 요구되므로, 예컨대 부가가치세 신고와 세금계산서 합계표가 동시에 제출되더라도 각각 별개의 범죄로서 실체적 경합범이 된다. 수차례 무거래 세금계산서 교부행위를 행한 경우 판례는 각 세금계산서마다 죄가 성립한다고 본다(판 2010. 1. 14, 2008도8688 등).[1] 1개의 세금계산서 합계표에 수개의 위법한 내용이 담겨 있어도 1개의 합계표 제출의무 위반죄만 성립하고, 동일한 거래에서 세금계산서 수수에 관한 위법행위를 하고, 그 합계표를 과세관청에 제출한 경우 두 행위는 법조경합 관계로서 1죄만이 성립한다. 전자세금계산서의 경우 세금계산서합계표 제출의무가 없으므로 세금계산서 수수에 관한 범죄만 성립한다.[2]

매출처별세금계산서합계표에 기재된 각 매출처에의 공급가액에 해당하는 실물거래가 존재하지 않거나 일부 실물거래가 존재하더라도 전체적으로 공급가액을 부풀려 허위로 기재한 합계표를 정부에 제출한 경우 그 가공 혹은 허위의 공급가액 부분 전체에 관하여 허위기재를 내용으로 하는 구 조세범처벌법 제11조의2 제4항 제3호(현행 10조 3항 3호) 위반죄 하나만 성립한다(판 2010. 5. 13, 2010도336).[3]

법인세 포탈죄는 사업연도마다 성립하고 범죄사실 일부에 대한 공소제기 및 고발의 효력은 일죄 전부에 미친다(판 2009. 7. 23, 2009도3282 등). 특가법 제8조는 연간 포탈세액이 일정액 이상이라는 사유를 구성요건으로 하므로, 각 세목의 과세기간과 상관없이 연도별 포탈세액에 대하여 일죄가 성립한다(판 2001. 3. 13, 2000도4880). 같은 법리는 세금계산서 관련범죄나(판 2011. 9. 29, 2009도3355 등) 부가가치세 포탈행위가 과세기간을 달리하여 이루어진 경우에도 동일하다(위 2005도9546판결). 부가가치세의 경우, 세금계산서, 계산서, 세금계산서합계표, 계산서합계표의 모든 공급가액을 합산하여 특가법 제8조의2의 해당여부를 가려야 한다. 다만 단일하고 계속된 범의 아래 동일한 범행방법으로 허위 세금계산서 수수행위 등을 행한 경우 기간 내 모든 공급가액을 합산하여 일죄로 본다(판 2015. 6. 23, 2015도2207). 사문서위조 및 위조사문서행사죄는 조세포탈죄와 별개 범죄이며(판 89. 8. 8, 88도2209),

---

1) 이에 대하여 과세기간별로 포괄하여 일죄로 보아야 한다는 견해로, 김태희, "조세범처벌법상 세금계산서 관련범과 죄수", 조세법연구 22-2, 442면.

2) 김태희, 위 논문 461면, 안창남·양수영, "세금계산서에 따른 조세범죄에 관한 연구", 조세법연구 22-2, 497면.

3) 관련 논의는, 안창남·양수영, 위 논문, 493면.

회사 대표자가 회사자금 횡령 후 경비를 장부에 과다계상하여 법인세 등을 포탈한 경우 조세포탈행위는 횡령과 다른 법익침해 행위로서 횡령의 불가벌적 사후행위로 볼 수 없다(판 92. 3. 10, 92도147). 확정판결 기판력이 미치는 범위는 그 사건 범죄사실과 죄명을 기준으로 하므로, 전의 확정판결에서 조세범처벌법 제10조 제3항 각 호 위반죄로 처단된 경우, 확정된 사건의 범죄사실이 뒤에 공소가 제기된 사건과 종합하여 특가법 제8조의2 제1항 위반의 포괄일죄에 해당하더라도, 앞의 확정판결을 포괄일죄 일부에 대한 확정판결로 보아 그 기판력이 사실심판결 선고 전의 특가법 위반 범죄사실에 미친다고 볼 수 없다(위 2015도2207 판결).

(6) 납세의무와 조세포탈죄의 관계

조세포탈죄가 성립하기 위해서는 조세채권이 성립되어 있어야 한다(판 2005. 6. 10, 2003도5631). 납세자의 조세회피행위를 부인하여 납세의무 성립을 인정하고 그 기초 위에서 조세포탈범의 성립을 인정하는 것도 가능하다.[1]

납세의무자가 부정행위를 할 당시에는 판례가 조세채무의 성립을 부정하였는데 그 후 동일한 사실관계 아래에서 조세채무가 성립하는 것으로 판례가 변경된 경우 조세포탈죄 성립여부를 따지기 위해서는 납세의무자의 행위 당시 비과세관행의 성립여부 및 고의 조각 여부를 구체적으로 판단하여야 할 것이다.[2]

과세처분이 판결 등에 의해 취소된 경우 과세처분은 소급하여 효력을 잃으므로, 형사절차에서 조세포탈죄가 유죄로 확정되었어도 후속 행정판결 등은 형사소송법 제420조 제5호의 '무죄 내지 원심판결이 인정한 죄보다 경한 죄를 인정할 명백한 증거'에 해당하여 재심사유가 된다는 것이 판례 입장이다.[3] 그러나 조세포탈죄의 전제가 된 납세의무의 존부와 관련하여 형사재판부가 조세재판부의 판단에 법적으로 기속된다고 볼 수 없고, 과세처분 취소처분이나 행정판결이 위 조문상 '증거'라고 보기도 어렵다는 점에서 판례의 타당성에는 의문이 있다. 판례 입장을 따르는 한 위법소득이 반환되거나 몰수, 추징되어 후발적 경정청구를 통해 과세처분이 취소된 경우에도 포탈세액이 존재하지 않는다는 점에서 형사재심사유가 된다

1) 판 2002. 4. 9, 99도2165; 2012. 2. 23, 2007도9143; 2011. 7. 21, 2010두23644(전) 등. 관련 논의는, 안경봉·이동식, "조세형사범 사건과 실질과세원칙", 조세법연구 18-3, 97면.

2) 같은 취지. 최완, 앞의 논문 47면. 대법원 2012. 2. 23. 선고 2007도9143판결은, 납세자가 토지거래허가 구역 내 토지를 양도하면서 토지거래허가를 잠탈하기 위해 양도를 증여로 등기한 경우 행위 당시에는 판례가 이를 양도에 해당하지 않는다고 보아 양도소득세 납세의무 성립을 부정하였다가 형사재판 시에는 납세의무가 성립하는 것으로 견해를 변경한 사안에서, 행위 당시를 기준으로 판단하여 납세의무 성립자체를 부정한 원심을 파기한 바 있으나, 이는 원심에서 비과세관행의 성립여부나 납세자의 고의 조각 여부에 관하여 구체적으로 심리하지 않았던 사안이다.

3) 판 2015. 10. 29, 2013도14716(조세심판원의 재조사결정에 따라 부과처분이 취소된 사안).

고 볼 여지가 있는데, 이 경우 행위 당시 위법성에는 아무 변화가 없다는 점에서 그렇게 볼 수 있는지 의문이다.[1] 조세형사판결과 조세판결의 관계에 관하여는 형벌 이념이나 조세포탈죄 취지 등을 비롯하여 여러 각도에서 좀 더 심도 있는 검토 및 양쪽 절차의 충돌방지를 위한 제도적 입법조치가 필요하다고 생각된다.

법인자금 사외유출에 따른 소득처분(인정상여)과 관련하여 소득의 귀속자에 대한 소득세 포탈범의 성립여부가 문제된다. 판례는 이를 부정적으로 보나(판 2005. 6. 10, 2005두1828; 2007. 9. 6, 2007도299 등) 타당성은 의문이다.[2]

나. 간접적 탈세범

법이 규정한 구성요건적 행위를 함으로써 탈세에 이르는 일정한 행위유형에 관하여 법은 탈세범으로 가중처벌한다. 면세유 부정유통(법 4조), 면세유류 구입카드 등의 부정발급(법 4조의2), 가짜석유제품의 제조 또는 판매(법 5조), 무면허 주류의 제조 및 판매(법 6조) 등. 주류판매업 정지처분기간에 한 주류판매행위(판 95. 6. 30, 95도571), 면허받은 판매장소 외 장소에서 한 주류판매행위(판 75. 12. 23, 75도2553) 등은 무면허 주류판매행위에 해당된다.

다. 조세위해범(조세질서범)

(1) 총 설

법은 강제징수 면탈죄(법 7조), 장부의 소각·파기(법 8조), 성실신고 방해 행위(법 9조),[3] 세금계산서 발급의무 위반(법 10조), 명의대여행위(법 11조), 납세증명표지의 불법사용(법 12조), 원천징수의무자의 처벌(법 13조), 거짓으로 기재한 근로소득 원천징수영수증의 발급(법 14조), 해외금융계좌정보의 비밀유지 의무 등의 위반(법 15조), 해외금융계좌 신고의무 불이행(법 16조)을 규제대상으로 삼고 있다. 이들은 조세위해범 내지 조세질서범으로 불리는 것으로서 조세의 부과·징수권 행사 내지 그 실현을 침해할 위험성에 가벌성을 두고 있어 조세수입의 감소라는 결과 발생은 필요하지 않다. 이 중 세금계산서 관련 범죄에 관하여 살펴본다.

---

1) 이 경우 재심사유로 보기 어렵다는 견해로, 김종근, "위법소득에 관한 조세포탈의 처벌을 둘러싼 쟁점 고찰", 조세법연구 23-2, 261면. 미국은 우리와 반대로 형사절차에서 확정된 사실을 납세자가 후속 조세소송절차에서 다투는 것을 허용하지 않는다. Tax procedure and fraud. Camilla E. watson(3rd edition). 160면 참조.

2) 같은 취지, 김종근, 위 논문 234면.

3) 조세범처벌법 제 9 조 제 1 항의 '납세의무를 대리하여 세무신고를 하는 자'에는 세무사 자격이 없는 사람도 포함된다(판 2019. 11. 14, 2019도9269).

(2) 세금계산서 관련 범죄

조세범처벌법 제10조 제 1 항은 세금계산서 미발급과 거짓기재 세금계산서 발급, 같은 조 제 2 항은 세금계산서 미수취와 거짓기재 세금계산서 수취, 같은 조 제 3 항은 실물거래 없는 세금계산서 수수에 관하여 각 처벌대상으로 규정하고 있다.

납세자가 잘못된 세금계산서를 수수한 경우 가산세를 부과하거나 관련 매입세액을 불공제하는 등 불이익을 가하는데 더하여 조세질서범으로 처벌하는 것이다.

세금계산서 발급의무가 있는 한 사업자등록은 적용요건이 아니다.[1]

부가가치세법상 매입세액 공제가 인정된다면 범죄가 성립하지 않는다고 보는 것이 일반적이다.[2] 제 3 자 명의로 사업체를 운영하여 재화 등을 공급하는 사람이 제 3 자 명의로 세금계산서를 발행하고 매출처별 세금계산서 합계표를 기재·제출하였으나, 실제로 세금계산서에 기재된 대로 재화 등을 공급하였다면 공급자나 거래상대방 모두 위 조항 위반에 해당하지 않는다(판 2015. 2. 26, 2014도14990).[3] 세금계산서를 일단 발급한 이상 그 후 수정세금계산서 발급사유가 없음에도 그 공급가액에 음(−)의 표시를 한 수정세금계서를 발급하더라도 세금계산서 미발급죄에 해당하지 않는다(판 2022. 9. 29, 2019도18942). 동일 거래에 대한 허위 세금계산서 발급·수취행위와 허위 매출·매입처별 세금계산서합계표 제출행위는 별개로서 각 행위에 따른 결과인 '공급가액' 역시 별도로 산정하며, 이는 특가법 제 8 조의2에 따른 가중처벌 기준인 '공급가액 등의 합계액'을 산정할 때도 마찬가지이다.[4]

그러나 세금계산서합계표를 제출할 필요가 없는 전자세금계산서 발급분에 관하여 세금계산서합계표를 제출하더라도 부가가치세법상 세금계산서합계표를 제출한 것으로 보기 어려우므로 그 부분 거래가 허위라도 조세범처벌법 제10조 제 3 항 제 3 호의 '부가가치세법에 따른 매출·매입처별 세금계산서합계표를 거짓으로 기재하여 정부에 제출한 행위'에 해당한다고 볼 수 없다.[5] 재화나 용역을 공급한 '사업자'는 사업자등록 여부와 상관없이 세금계산서를 작성, 발급하여야 하므로 미등록사업자로부터 재화 또는 용역을 공급받으면서 세금계산서를 발급받지 않은 경우 세금계산서 미수취죄가 성립한다(판 2019. 7. 24, 2018도16168).

1) 판 2019. 6. 27, 2018도14148. 부가가치세를 포탈할 목적으로 타인 명의로 사업자등록을 마친 다음 허위 신용카드매출전표 등을 발급한 후 수개월 만에 사업자등록을 폐지한 경우
2) 안대희, 앞의 책 154면. 고성춘, 조세형사법, 삼일인포마인(2013), 274면.
3) 판결에 대한 평석은, 박지원, 조세실무연구 9, 315면.
4) 이에 대하여는 이중처벌의 논란이 있으나 헌법재판소(헌 2015. 12. 23, 2015헌바249등)나 대법원(판 2017. 12. 28, 2017도11628; 2017. 9. 7, 2017도10054 등)은 이를 합헌으로 보고 있다.
5) 위 2017도11628판결. 그 평석은, 오광석, 조세실무연구 11, 266면.

매입처별세금계산서합계표에 기재된 매입처의 공급가액에 해당하는 실물거래가 존재하지 않거나 일부 존재하더라도 전체적으로 공급가액을 부풀려 허위로 기재한 합계표를 정부에 제출한 경우에는 그 가공 혹은 허위의 공급가액 부분 전체에 관하여 위 허위기재를 내용으로 하는 구 조세범 처벌법(2018. 12. 31. 개정 전의 것) 제10조 제 3 항 제 3 호에 해당하고, 이 경우에 통정하여 일부 실물거래가 존재하나 전체적으로 공급가액을 부풀려 거짓으로 기재한 매입처별세금계산서합계표를 정부에 제출한 부분에 대하여는 구 조세범 처벌법 제10조 제 2 항 제 2 호가 별도로 성립하며, 양자는 상상적 경합범의 관계에 있다(판 2021. 2. 4, 2019도10999).

(3) 특정범죄 가중처벌 등에 관한 법률 제 8 조의2

이는 대규모 자료상 등에 대한 가중처벌의 필요성이 제기됨에 따라 2005. 12. 29. 법률 제7767호로 신설된 조항으로서, ① 영리를 목적으로, ② 조세범처벌법 제10조 제 3 항 및 제 4 항 전단의 죄(가공세금계산서의 수수, 알선·중개)를 범한 사람이 작성한, ③ 세금계산서 등에 기재된 공급가액 등의 합계액이 30억 원 이상인 경우를 그 적용대상으로 한다.

법 제16조는 소추에 관한 특례를 규정하면서 제 8 조의2를 적용대상에서 제외하고 있어 그 위반행위에 대하여는 일반 조세포탈범과 마찬가지로 국세청장 등의 고발이 있어야만 공소를 제기할 수 있다(판 2012. 11. 15, 2012도10677). 한편 특가법은 양벌규정을 두고 있지 않으므로 법인의 대표자, 사용인 등이 특가법 제 8 조의2에 따라 가중처벌되더라도 법인은 조세범처벌법 제18조(양벌규정)에 따라 처벌된다.

위 규정의 “영리를 목적으로”의 해석과 관련하여, 판례는 가공세금계산서 수수와 직접적으로 결부된 이익뿐 아니라 이를 통해 간접적인 경제적 이익을 취할 목적이 있었던 경우도 포함된다고 보았다.[1] 그러나 허위세금계산서 발급행위를 처벌하는 입법취지는, 세금계산서의 거래증빙으로서의 중요성을 감안하여 거래질서를 확립하기 위한 데에 있다고 볼 때, 이러한 입법취지를 넘어서 가중처벌할 필요성이 없는 한 일반적 처벌규정인 조세범처벌법 규정에 따르는 것이 맞을 것이다. 예컨대 문제가 된 세금계산서를 수단으로 하여 조세포탈에 이른 경우 그 거래를 통해 경제적 이득이 발생하는 것은 법이 당연히 예상한 경우이므로 이러한 경우까지 여기의 영리목적에 해당한다고 보기는 어려울 것이다.[2]

1) 판 2014. 9. 26, 2014도6479. 헌법재판소도 같은 취지이다. 헌 2017. 7. 27, 2017헌바226.
2) 같은 취지. 조윤희, 곽태훈, “특정범죄 가중처벌 등에 관한 법률 제 8 조의2 범죄 구성요건에 관한 비판적 고찰”, 조세법연구 23-3, 106면 이하.

③의 공급가액 합계액은 세금계산서합계표에 기재된 공급가액 총액을 기준으로 하되 실물거래 부분은 공제한다(판 2015. 5. 13, 2010도336).

매출세금계산서와 매입세금계산서가 함께 있는 경우 공급가액을 합산하며(판 2011. 1. 27, 2010도12758), 계산서, 세금계산서, 세금계산서합계표 등 여러 서류가 있는 경우 중복되지 않는 한 공급가액을 합산하여 30억 원이 넘는지를 판단한다.[1)]

조세범처벌법 제10조 제 3 항의 각 위반행위는 하나의 법률조항 위반행위로서 해당 문서에 기재된 공급가액 합산 금액이 법정 금액에 해당하면 그 행위들은 포괄하여 위 조항 위반의 1죄를 구성한다(판 2015. 6. 23, 2015도2207). 문언상 계산서합계표상 매출·매입 금액은 '공급가액 합계액' 산정에서 제외된다고 볼 것이다.

3. 조세범처벌절차

조세범처벌법에 규정된 범칙행위에 대하여는 국세청장, 지방국세청장, 세무서장의 고발이 없으면 검사는 공소를 제기할 수 없다(법 21조). "범칙행위"란 조세범처벌법 제 3 조부터 제16조까지의 규정에 따른 죄를 범한 행위를 말한다(조세범처벌절차법 2조 1호). 다만, 특가법 제16조는 제 8 조에 따라 가중처벌되는 조세포탈죄에 대해서는 고발 없이도 공소를 제기할 수 있도록 특례를 규정하고 있다. 가공거래 세금계산서에 관해 특가법 제 8 조의2가 적용되는 경우에는 이러한 특례가 적용되지 않음은 앞서 보았다.

지방국세청장 또는 세무서장은 탈루세액의 규모, 탈루수법, 범칙혐의의 정황 등을 고려하여 세법질서의 확립을 위해 조세범으로 처벌할 필요가 있는 경우 또는 연간 포탈혐의금액 등이 대통령령으로 정하는 기준금액 이상인 경우 해당 범칙사건에 대하여 조세범칙조사를 실시하여야 하며(같은 법 7조 1항), 조세범처벌법 제 3 조에 해당하는 범칙사건에 대하여는 제 5 조의 조세범칙조사심의위원회의 심의를 거쳐야 한다(동 2항. 단서 있음). 조세범칙조사사무의 공정하고 효율적인 처리를 위하여 각 지방국세청에 조세범칙조사심의위원회를 둔다(같은 법 5조 1항).

조세범칙조사 결과에 대한 처분은 통고처분, 고발 및 무혐의로 구분하며(같은 법 13조 1항), 지방국세청장 또는 세무서장은 제 7 조 제 2 항에 따라 실시한 조세범칙조사를 마친 후에는 조세범칙조사심의위원회 심의를 거쳐 조세범칙처분을 하여

---

1) 판 2011. 9. 29, 2009도3355. 위와 같은 해석을 전제로 위 조항이 헌법에 위배되지 않는다고 한 것. 헌 2017. 7. 27, 2017헌바226.

야 한다(법 14조 1항. 단서 있음). 그 밖에 법은 벌금형 경합가중 제한의 적용 예외(법 20조) 및 조세범처벌법 위반죄의 공소시효에 관한 규정을 두고 있다(법 22조).[1)]

판례는 세무공무원이 범칙조사 시 범칙혐의자에 대하여 작성한 심문조서의 형사소송절차상 증거능력에 관하여 조세범칙조사의 법적 성질이 행정절차에 해당한다는 이유 등을 들어 이를 검사·사법경찰관 등 수사기관이 작성한 조서에 관한 형사소송법 제312조가 아니라 피고인 또는 피고인이 아닌 자가 작성한 진술서나 그 진술을 기재한 서류로서 형사소송법 제313조에 따라 증거능력이 인정된다고 보았다. 나아가 위 조항이 규정하는 진술이 '특히 신빙할 수 있는 상태'를 판단함에 있어서는 조세범처벌절차법 및 이에 근거한 시행령·시행규칙·훈령(조사사무처리규정) 등의 조세범칙조사 관련 법령에서 명시한 진술거부권 등 고지, 변호사 등의 조력을 받을 권리 보장, 열람·이의제기 및 의견진술권 등 심문조서의 작성에 관한 절차규정의 본질적인 내용의 침해·위반 등도 고려되어야 한다고 보았다.[2)]

1) 법인이 양벌규정에 따라 조세범 처벌법 위반으로 기소된 경우 형법상 벌금경합 제한가중의 적용예외를 규정한 조세범 처벌법 제20조는 적용이 없다고 본 사례: 서울고판 2021. 5. 20, 2020노63.

2) 판 2022. 12. 15, 2022도8824. 관련 논의는, 김태희, "조세범칙조사시 세무공무원이 작성한 심문조서의 증거능력", 조세법연구 25-3, 403면. 안재혁·이종명, 조세실무연구 14, 503면.

제Ⅱ부

각　　론

제 1 편 소득세법

제 1 장 총 설

제 1 절 소득세의 의의와 특성

1. 소득세의 의의 및 역사

소득세(income tax)는 개인의 소득에 대하여 부과하는 조세로서 법인에 대한 소득세인 법인세와 대비된다. 소득세는 개인의 담세력을 직접적으로 표창하는 소득을 과세물건으로 하여 누진세율과 인적 공제제도를 적용하여 과세하기 때문에 응능부담의 원칙을 실현하기에 가장 적합한 세목으로 이해되고 있다.

소득세의 역사는 비교적 새로우며 1799년 영국에서 나폴레옹 전쟁의 전비마련을 위해 처음 채용된 이래 세계 각국에 보급된 것은 20세기에 들어와서이다.

소득세가 처음 탄생할 당시 일반 군중들은 소득세에 대하여 우호적이지 않았다. 소득세를 과세하기 위해서는 국가가 개인의 삶을 뒤져서 누가 얼마를 버는가를 전부 파악하여야 하고, 이는 곧 개인의 사생활 내지는 자유의 침해로 인식되었기 때문이다. 이러한 점에서 소득세 발전의 역사는 공평과 자유라는 두 가지 이념의 긴장과 대립의 역사라고 말하여진다. 소득세의 역사는 민주주의 발전의 역사이며, 오늘날과 같은 전체 국민들을 대상으로 한 소득세가 발전, 정립된 것은 결국 공평의 요구가 자유의 항변을 극복해 온 과정인 것이다.

이러한 소득세 발전의 배경에는 20세기에 들어와서 기존의 자유주의 경제체제의 모순이 노출되면서 새롭게 노동문제라든가 빈곤문제 등이 대두되고 그에 따라 세계 각국이 사회정책 등을 실시할 필요성에 봉착되어 그 경비팽창에 따른 새로운 세원을 탐구하지 않으면 안 되게 된 시대적 상황이 가로 놓여 있다. 그 이전의 주요 세원인 관세, 소비세, 재산세 등은 노동자나 농민 등과 같은 저소득층에 불리한 역진세로서 세제상의 불평등을 시정할 필요가 있었는데 그와 같은 필요에 부응하여 자본주의의 융성과 함께 출현한 산업자본가나 금융자본가의 소득을 대상으로 삼은 것이 바로 소득세였다. 소득세는 이와 같이 가진 자의 부를 규제하고 사회적 부의 재분배를 도모한다고 하는 사회정책적 동기를 가지고 등장하였으나, 제 2 차 세계대전 이후 여러 가지 과정과 경험을 거치면서 소득세의 경기조정적인 역할이 중시되고 그 작동구조도 점점 정교하게 되었다. 그 과정에서 납세자의 수도 증대하여 현재는 일부 저소득자를 제외하고는 대부분의 사람들이 소득세제 안에 포함되어 대중과세로 불릴 상황에 이르렀다.

세수기여도 측면에서도 소득세는 각국의 세제에서 중추적 지위를 차지하고 있다. 2023년도 우리나라의 총 국세수입 약 335.6조 원 중 소득세(원천징수분 포함)는 약 115.8조 원으로서 전체 국세 세수액의 약 34.5% 가량을 차지하여 법인소득에 대한 법인세 및 소비세인 부가가치세와 함께 세수의 중심이 되고 있다. 납세의무자도 근로소득자를 포함한 원천납세의무자를 합하여 2천만 명을 넘은지 오래이다.

소득세는 조세체계상 국세(내국세), 직접세, 보통세, 인세, 종가세로 분류되며, 원천징수되는 소득세를 제외하면, 일차적으로 납세자의 신고에 의해 조세채무가 확정되는 신고납세방식의 조세이다.

소득세는 기간과세에 속하며, 특정 과세연도의 개인의 모든 소득을 합산하여 과세하는 종합소득과세(global taxation)와 소득의 원천에 따라 구분하여 과세하는 분류소득과세(schedular taxation)의 두 가지 방식으로 대별된다. 각 납세의무자의 담세력은 소득을 모두 합산하여 평가하는 것이 타당하므로 종합소득과세방식이 이상적이나, 현행 소득세법은 종합소득과세를 기본으로 하면서 양도소득과 퇴직소득에 대하여는 소득의 특성을 고려하여 다른 종합소득과 별도로 분류하여 과세하고 있다.

2. 소득세의 특성

소득세는 인적 공제제도와 누진세율구조를 통하여 소득재분배의 기능을 수행한다. 나아가 소득세는 위와 같은 인적 공제제도와 초과누진세율구조로 인하여 조세의 소득탄력성이 크게 나타나 경기가 과열될 때에는 세수를 올려 사경제부분에서 통화를 흡수함으로써 경기의 억제효과를 가지고, 경기가 침체할 때에는 세수를 감소시켜 경기의 촉진효과를 갖는 이른바 내재적 경기조절기능(built-in stabilizer)을 지닌다. 특히 원천징수제도와 예납제도는 소득 발생시점과 세액 납부시점과의 시차를 단축시킴으로써 경기조절기능을 강화하는 요인으로 작용한다.

소득세는 또한 그 대중적 성격으로 인하여 시장가격기구에 큰 충격을 주지 않으면서 많은 세수를 조달할 수 있는 조세이다. 반면에 과세물건을 파악하기가 용이하지 않고 인적 공제 등 세무행정이 복잡하며 그에 따라 탈세 내지는 조세회피 행위가 이루어질 소지가 크다. 또한 직접세로서의 납세자에 대한 심리적 중압감과 경제성장에 대한 저해효과 등도 문제점으로 지적된다. 특히 소득세의 집행과 관련하여 최근 금융거래의 발달로 인한 금융상품의 다양화, 대량화 및 신탁과 특정목적회사, 투자법인 등 각종 투자수단의 발달, 컴퓨터 발달에 수반한 전자상거래의 급속한 발전 등으로 인하여 소득의 포착과 소득 성격의 구분 및 집행의 어려움은 점점 더 커지고 있는 실정이다.

아울러 소득세는 근래에 이르러 세가지 측면에서 도전을 받고 있다. 하나는 기초이념에 있어서 소득의 포괄성에 대한 소비세의 입장으로부터의 비판이고, 다른 하나는 모든 과세대상에 대하여 단일세율을 주장하는 평률세율에 관한 주장이며, 또 다른 하나는 최적과세론의 입장으로부터 근로소득과 자본소득의 구분을 중심으로 하는 분류소득세제 혹은 이원적 소득세제로의 전환을 주장하는 견해이다. 이와 같은 논의들을 적절하게 수렴하고 아울러 소득의 파악체제를 효과적으로 정비·강화해 나가는 것이 앞으로 소득세제가 풀어야 할 과제라 할 것이다.

제 2 절 소득의 개념

1. 총 설

소득세는 개인의 소득을 과세대상으로 삼으므로 먼저 소득의 개념을 정확하게 이해할 필요가 있다. 본래 소득의 개념은 법적이 아닌 경제적인 개념으로서 각국 세법상 소득에 관한 개념도 재정학적·경제학적 개념으로서의 소득을 배경으로 그 입법화가 도모되어 왔다. 소득개념이 탄생하는 데에는 소득세라는 새로운 세제가 도입되고 회사라는 새로운 산업조직이 등장한 것이 중요한 계기가 되었다. 이 제도들은 일정기간 별로 각 경제주체의 단위가 얼마만큼의 소득을 발생시켰는가를 계산할 필요를 낳았기 때문이다. 이렇게 태어난 소득개념은 복식부기라는 회계기술과 합쳐져 소득의 계산 내지 손익의 귀속시기에 관한 일정한 회계관행을 형성하게 되었다.

경제적 의미에 있어서 소득이란 결국 사람이 재화나 용역을 소비하는 것에 의해 얻어지는 만족을 의미한다. J. R Hicks는, '소득'을 "사람이 일주일간 소비하고 여전히 주초(週初)와 동일하게 부유한 상태를 기대할 수 있는 최대치"로 정의하고 있다.[1] 그러나 이들 효용이나 만족은 일정한 거래단위로 환산하기가 불가능하므로 소득과세 대상으로서의 소득은 결국 이들 효용이나 만족을 얻을 수 있는 거래수단인 금전적 단위가치로 환산되지 않으면 안 된다.

경제적 의미의 소득은 실현된 화폐가치만이 아닌 자본손익을 포함한다. Haig-Simons의 소득 정의에 따르면, 소득은 산정기간 시점과 종점 사이의 경제력의 순증가를 화폐가치로 평가한 것으로서, (ⅰ) 소비한 권리의 시장가격과 (ⅱ) 위 두 시점 사이의 보유 자산가치 변동액의 합계이다.

소득(Y) = 소비한 권리의 시장가격(C) + 산정기간 시점과 종점 사이의 보유자산 가치 변동액(ΔA)

이론상 자산의 양도나 처분이 없어도, 즉 소득의 실현유무와 상관없이 소득을 인식할 수 있다. 다만 정확하고 객관적인 소득을 측정하기 위해서는 모든 재화나 용역의 가격을 파악할 수 있는 완전한 시장의 존재가 필요한데 현실적으로 그러한 시장은 존재하지 않으므로 과세소득을 측정하는데 있어서 순수한 의미의 경제적 소득개념은 충분하지 않은 것으로 설명되고 있다.

이에 반해 회계적 의미의 소득은 일정한 기간 동안의 수익을 측정하는데 초점을 둔다. 즉, 소득이란 수입에서 그 수입을 얻는 과정에서 발생한 비용을 공제한 부분이다. 회계적 의미의 소득은 화폐가치의 실현에 초점을 두므로 자본이득을 인식하지 않고 객관적으로 측정이 가능할 것을 전제로 한다.

마지막으로 법적 의미의 소득은 과세를 위한 소득개념으로서, 법에서 과세대상으로 규정한 것을 말한다. 세법은 어떠한 항목이 과세대상으로서의 소득에 해당하는가만 규정할 뿐 소득의 개념에 관하여 정의하고 있지 않다. 따라서 그 소득 개념은 상대적으로 불명확하며 구체적인 판례를 통해 보다 명확하게 될 수밖에 없다.

소득의 개념과 관련하여 과세소득의 원천 내지는 미실현소득에 대한 과세여부 등을 중심으로 시대의 흐름을 따라서 다양한 논의가 전개되어 왔는데, 아래에서 항을 바꾸어 살펴본다.

---

1) "Value and Capital", Oxford: Clarendon Press, 1946; Smith 외 2인, CCH Federal Taxation(2008), 4015.

2. 소득의 개념에 관한 학설

가. 소득원천설(제한적 소득개념)

소득원천설(Quellentheorie)은 소득을 「재화생산의 계속적 원천으로부터의 수익으로서 일정기간 내에 납세자에 유입된 재화의 총량」으로 정의한다. 즉, 안정적 소득원천과 소득 발생태양에 있어서의 순환성·반복성을 소득의 조건으로 본다. 이에 따라 자본소득(capital gain)이나 일시소득은 소득개념에서 제외된다. 이 학설은 F. Neumann, B. Fuisting 등에 의해 주창되어 19세기 말부터 20세기 초에 걸쳐 유럽제국의 전통적 사고였으며 현재 영국의 입법이 이와 같은 사고에 기초하여 설계되어 있다.

나. 순자산증가설(포괄적 소득개념)

순자산증가설(Reinvermogenszugangstheorie)은 소득을 「일정기간 내에 있어서 납세자의 순자산의 증가」로 파악하는 견해로서 Schantz, Haig, Simons 등이 그 주창자이다. 이에 의하면 납세자의 순자산의 증가를 이루는 모든 이득이 소득이 되며 그 이득의 발생원인은 묻지 않는다. 자본이득이나 일시적 소득, 상속이나 증여 등과 같은 은혜적·우발적 이득뿐 아니라 보유자산의 가치상승(미실현소득), 자기보유자산의 이용 등으로부터 얻어지는 경제적 가치(귀속소득) 등도 모두 포함된다.

역사적으로 볼 때, 소득의 원천 내지 과세대상과 관련하여서는 소득원천설로부터 순자산증가설로 추이가 이동하고 있다. 이는 순자산증가설이 소득원천설보다 이론적으로 우월할 뿐 아니라 각국에 있어서 재정수요 팽창에 의한 세 부담의 가중에 기인한다. 현재 각국의 소득세제는 정도의 차이는 있으나 모두 포괄적 소득개념(Comprehensive Income Tax; CIT)의 바탕 위에 구축되어 있으며, 단지 실행가능성이나 공익 또는 국가정책상 필요 등을 고려하여 각기 인정하고 있는 과세제외 종목의 다과(多寡)에 차이를 보일 뿐이다.

다. 시장소득설

소득을 「시장에 있어서 경제적 활동에 의하여 가득한 이득」으로 파악하는 견해로서 Wihellem Rosher에 의하여 최초로 제안된 이래 Kirhof, Lang 등에 의하여 지지되어 왔다. 포괄적 소득개념의 경우 소득의 범위를 너무 넓게 보아 실행가능성 측면에서 난점이 있기 때문에 이를 '시장을 통하여 가득된 이득'으로 그 범위를 제한하려는 것이다. 이 견해에 의하면 미실현소득이나 귀속소득, 상속이나 증여 혹은 유실물 습득이라든가 국가로부터의 보조급부 등은 소득의 개념에서 제외된다.

라. 소비형 소득개념

이는 각자의 수입 중에서 효용 혹은 만족의 원천인 재화나 인적 역무의 구입에 충당된 부분만을 소득으로 관념하고, 축적된 부분은 소득의 범위로부터 제외하는 견해로서 앞의 세 가지가 취득형 소득개념에 기초하고 있는 것과 대비된다.

이 견해는 Irving Fisher, Nicholas Kaldo 등에 의하여 제창된 후 1970년대 후반부터 유력해져 많은 경제학자들의 연구의 대상이 되고 있다. 이 견해는 납세자 사이의 공평을 유지하고 투자와 저축을 장려하여 자본형성을 촉진시키며, 인플레이션에 영향을 받지 않고 중립성을 확보하는 세제를 창설할 가능성을 제공한다는 점 등이 장점으로 설명되고 있다. 그러나 다른 한편, 소득을 소비로 구성하는 것은 언어의 통상적인 개념에 반하고, 축적된 부의 부분을 과세의 대상에서 제외하는 것은 부의 편차를 증대시키며, 현실적으로 집행이 어렵다는 점 등이 난점으로 지적되고 있고 이에 따라 세계 각국에서 현실적인 제도로서 직접 채용되지는 않고 있다.

소비형 과세개념은 소득형 과세개념보다 조세의 중립성이나 효율 측면에서 장점이 있으나 조세입법의 또 다른 이념인 공평의 측면, 특히 수직적 공평과 관련하여서는 해답을 주지 못하며, 이 점이 집행상의 문제와 함께 세계 각국에서 현재와 같은 직접세로서의 누진적 소득세제를 채택하고 있는 이유로 설명된다.[1)]

마. 평률세론

평률세(平率稅, flat tax)는 모든 비과세 및 공제 등을 폐지 또는 축소하고 단일세율로 과세하자는 입장으로서 에스토니아국에서 최초로 도입하였다. 평률세는 기존의 누진과세가 갖고 있는 세제의 복잡성을 해결하여 이해하기 쉽고 단순한 세제를 유지하고 조세의 공평성, 중립성의 측면에서도 장점이 있는 제도로 설명되나 납세자 사이의 수직적 공평을 저해할 수 있다는 것이 단점으로 지적된다.

바. 이원적 소득세론

이원적 소득세론(Dual Income Taxatation; DIT)은 자본소득과 근로소득의 이질성

1) 자세한 내용은 이창희, 앞의 책, 339면 이하 참조.

을 인정하는 전제에서 근로소득은 종합 누진과세하고, 자본소득은 비례세로 저율과세하자는 견해이다. 이 이론은 자본의 국제적 이동이 활발해짐에 따라 국가 간 조세의 중립성을 확보하기 위하여 1990년도 초부터 북구 스칸디나비아 3국과 네덜란드 등 북유럽국가들을 중심으로 도입되었다. 그 배경에는 자본이 국제적으로 개방되어 있는 상황에서 자본소득에 누진세율을 적용할 경우 자본이 저세율 국가로 이탈하게 된다는 현실적 고려가 자리 잡고 있다. 즉, 소득의 본질이나 소득세의 이념보다는 과세현실적 측면을 강조한 정책적 접근의 중요성을 강조하는 견해이다. 우리나라에서도 일부 학자들에 의하여 그 도입이 주장되고 있으며, 현재 일정한 기준 이하의 금융소득에 대하여 종합소득세율의 최고한계세율보다 낮은 세율로 분리과세하고 있는 것은 위와 같은 이원적 소득세론의 정신이 일부 반영된 것이다.[1)]

3. 세계 각국의 소득세제

가. 소득세제의 발전과정

세계 각국의 소득세제 발전과정을 간략히 살펴보면, 영국은 1799년 최초로 소득세를 입안하였다가 전쟁이 끝나고 폐지한 후 1803년 애딩턴 수상시절 다시 입안하였는데 그 특징은 소득을 원천별로 분류하여 자산의 양도차익이나 수증 등은 과세대상에서 제외하였다는 점이다. 이 세제는 1816년에 폐지되었다가 1842년에 이르러 한시세로 다시 부활한 후 여러 차례 연장되다가 상시화, 누진화되었다.

독일은 1812년 애딩턴 소득세를 받아들인 후 1851년 부과과세방식으로의 개정을 거쳐 1891년 분류과세와 신고납세를 채용하는 근대적 세제로 전환하였다. 내용적으로는 소득원천설적 입장에서 점진적으로 과세범위 및 누진율을 확대하여 왔다.

미국의 소득세제 역시 1861년 남북전쟁 때 전비마련을 위해 처음 생겨난 후 1871년 폐지되었다가 1894년 민주주의적 사고에 터 잡아 부활하여 관세를 대체하게 되었다. 미국은 모든 소득에 대하여 과세하는 순자산증가설의 입장이었는데 연방대법원의 위헌판결을 거쳐 1909년 법인소득세가 탄생하고 곧이어 1913년 새로운 소득세제가 탄생하였다. 미국의 소득세제는 기본적으로 Haig-Simon의 순자산증가설에 입각하고 있고, 이는 1940년 Brunn 판결을 통하여 확인되었다.[2)]

1) 관련 논의는, 오 윤·문성훈, "금융자산거래 과세제도 개선방안", 조세법연구 21-1, 99면.
2) 미국소득세제 발전의 역사에 관하여는, 김석환, "미국 소득세제의 기원에 대한 소고", 조세법연구 15-2, 198면.

나. 각국의 소득세제

먼저 미국 내국세법(Internal Revenue Code)은 제61조(a)에서 「총소득은 원천에 관계없이 다음에 게기하는 모든 항목을 포함한 모든 소득을 의미한다[…, gross income means all income from whatever source derived, including(but not limited to) the following items:]」라고 하여 포괄적 소득개념을 설정하고 동 조항에서 열거하고 있는 15개 유형의 소득이 예시적인 것임을 분명히 하고 있다.

일본 역시 모든 소득을 과세대상으로 삼는 포괄적 소득세제에 입각하여 양도소득, 산림소득, 일시소득 등 10가지 소득 유형을 설계하고 있다. 일시적·우발적 이득도 일반적으로 과세대상으로 삼는 한편 잡소득을 별도로 두어 나머지 소득에 포함되지 않는 소득을 잡소득으로 과세하고 있다(일본 소득세법 35조). 실무상으로는 일시소득과 잡소득의 구분이 자주 문제 된다.

영국과 독일은 과세대상인 소득을 법에서 열거하는 방식을 채택하고 있다. 영국의 경우에는 사업소득, 이자소득, 배당소득, 근로소득, 부동산소득 등과 함께 소득의 성격을 갖는 연차의 이익(annual profits or gains)으로서 다른 유형에 해당하지 않는 소득을 소득의 종류에 포함시키고 있다. 독일은 농림업소득, 사업소득, 독립적 근로소득, 비독립적 근로소득, 자본자산소득, 임대소득, 기타소득 등 7가지 유형으로 소득을 구분하여 규정하고 있다.[1)]

다. 근대적 소득세제의 요소

근대적 의미의 소득세제는 Haig-Simons의 소득개념, 즉, 1) 어디에서 무엇을 해서 벌었든 간에 부가 늘어난 만큼 세금을 내야 한다는 소득개념을 기초로, 2) 직접세 방식에 의해, 3) 누진세율을 적용하여 과세한다는 세 가지 요소로 이루어져 있다. Haig-Simons 이론의 요체는 자본소득은 경제학적 의미의 이윤이 없더라도 자본의 기회비용 그 자체를 소득으로 파악하는 데 있다. 즉, 돈의 시간가치를 무시한 채 일정 시점에서 곧바로 납세의무자가 얼마나 부자가 되었는가를 따지는 것이다. 예컨대 적정이자율이 연 5%라고 가정할 경우 금년도 100만 원의 가치는 내년도 같은 시점의 105만 원의 가치와 같지만(즉, 1년 후 105만 원의 현재가치는 100만 원이지만), 이자의 지급시기에 5만 원을 다시 소득으로 보아 과세한다. 이는 곧 어느 사람이 2020. 1. 1. 현재 1년 후 105만 원을 지급받을 수 있는 채권(債券)을 취득한

1) 관련 논의는, 김완석·정지선, 소득세법론(2014년), 59면.

경우 1년 후 105만 원의 소득에 대해서가 아니라, 당장 그 현가인 100만 원에 대하여 과세하고, 1년 후 늘어난 자본이득 5만 원에 대하여 다시 과세하는 방식이다.[1] 이 경우 채권의 보유자가 1년간 채권을 환가하여 소비할 수 없게 됨에 따라 받게 되는 경제적 불이익과 5만 원의 이자소득은 경제적으로 동등하게 평가할 수 있음에도 납세자는 5만원 이 과세소득이 아니라고 항변할 수 없다.

이와 같은 소득세제가 정당화되는 논거는 공평의 이념에 있다. 다만 소득세제가 추구하는 수직적 공평 내지 부의 재분배 요구에는 한계가 있다. 극단적 재분배 요구는 골고루 못 사는 사회로 이끌어가기 마련이다. 특별히 금융이동이 자유로운 현대 국제사회에서 금융소득에 대한 과세는 자본의 해외 유출을 초래한다. 다른 한편 공평은 혼인의 자유, 사생활의 자유, 직업선택의 자유 등과도 여러 장면에서 충돌한다. 이와 같은 점들이 결국 소득세 과세권의 내재적 한계를 이루게 된다.

4. 우리 세법의 규정

우리 세법상 소득의 개념에 관한 구체적인 규정은 없다. 법인세법 제14조, 제15조, 제19조에서 규정하는 각 사업연도 소득계산 규정과 익금 및 손금의 규정은 순자산증가설에 입각한 것으로 설명되는데 반해, 소득세법 체계는 소득을 종류에 따라 구분하여 과세대상으로 규정하고 있기 때문에 원천설적 구도에 기초한 것으로 이해될 뿐이다. 다만 이와 같은 소득세법 체계도 각종 소득의 담세력을 구분할 필요에서 기인한 것일 뿐 본래 의미의 소득원천설에 입각한 것으로 보기는 어렵다.

소득원천설과 순자산증가설의 차이 가운데 중요한 의미를 지니는 것은 자본이득(capital gain)에 대한 과세 여부인데 소득세법은 자본이득인 양도소득을 과세소득으로 삼을 뿐 아니라 '기타소득'에 열거된 대부분은 일시소득의 성격을 띠고 있다. 특히 소득의 성격이 문제되는 이자소득과 배당소득, 연금소득, 사업소득, 기타소득, 퇴직소득 등에 관하여 각 소득별로 유사한 소득을 포함시키는 보충적 규정을 두고 있어(법 16조 1항 12호, 17조 1항 9호, 19조 1항 21호, 20조의3 1항 3호, 21조 1항 19호 라목, 22조 1항 3호 등), 실제로는 거의 모든 소득을 과세대상으로 삼고 있다.

소득세법은 소득을 그 원천 혹은 성질에 따라서 9종류로 분류하고 있다. 각 소득은 그 성질이나 발생 태양에 따라 담세력이 다르므로 공평부담의 관점에서 과세방법을 달리 정한 것이다.

---

1) 이창희, 앞의 책, 346면 참조.

소득은 근로성 소득(급여, 퇴직소득 등), 자산성 소득(이자, 배당, 양도소득 등), 자산근로결합소득(사업소득)의 3종류로 대별할 수 있는데 이 중 자산성 소득이 상대적으로 담세력이 크며, 이와 같은 담세력 차이가 근로소득공제 등 과세방법의 차이를 가져온다. 또한 소득원천의 국제적 유동성도 과세방법에 영향을 미치게 된다.

법에 규정되지 않은 소득은 소득세 과세대상에서 제외된다. 예컨대 자산의 평가차익은 실현되지 않은 가치증가익으로서 소득세법이 과세대상으로 열거한 소득에 해당하지 않으므로 과세대상소득이 아니다(판 88. 12. 13, 86누331).

5. 소득의 개념과 관련된 문제들

가. 미실현소득

세계 각국의 소득세법은 일반적으로 처분되기 전의 자산가치 증가분, 즉, 미실현소득을 과세대상으로 삼지 않고 있다. 그러나 실현된 소득이라야 소득이라는 주장은 근대적 소득세제의 기초가 된 Haig-Simons의 소득개념과 양립하지 않는다. 그럼에도 세계 각국의 입법이 미실현소득에 대한 과세를 유예하는 이유는, 자산에 대한 평가가 어렵고 납세자가 납부세액을 마련하기 어렵다는 과세행정상 이유 때문이다. 이처럼 미실현소득에 대한 과세 여부는 원칙적으로 헌법상 문제는 아니며 입법사항이라는 것이 정설이고 우리 판례의 입장이다(판 95. 11. 10, 92누18122. 헌 94. 7. 29, 92헌바49·52). 소득의 실현시점은 모든 소득에서 문제되지만 특별히 주식배당과 자본의 회임기간이 긴 부동산 양도소득에서 문제된다(만일 모든 미실현소득이 과세된다면 이론상 양도소득은 존재하지 않게 된다). 미실현 자본이득이 처분 시까지 과세가 이연됨에 따라 소득자는 미실현소득에 대한 소득세액을 정부로부터 무상으로 대여 받는 이익을 보게 된다.

일반적으로 실현주의의 모순점으로는, 1) 확정소득과 미확정소득 사이에 투자의 형태별로 실효세율이 달라 자원의 분배를 왜곡하고, 2) 자산의 동결효과를 낳아 투자를 왜곡하며, 3) 세금납부 시점을 납세의무자 마음대로 정할 수 있게 하고, 4) 납세의무자로 하여금 세금을 줄이기 위한 불필요한 거래를 하게 하여 사회적 낭비를 낳는다는 점이 지적되고 있다. 미실현소득을 과세에서 제외하는 것은 현실적으로 불가피한 면이 있으나 위와 같이 이론적으로는 소득의 본질 및 공평과세의 원리에 위배되며 사회경제적으로도 여러 가지 문제점을 낳고 있는 것으로 설명된다.

나. 위법소득

(1) 위법소득의 의의

위법소득에 대한 과세 문제를 논할 때의 위법소득은 일반적으로 횡령, 수뢰 등 형사상 처벌되는 행위나 민사상 무효 또는 취소할 수 있는 행위로 인한 소득 및 법률상 요구되는 허가 등을 받지 않고 영업을 하여 얻은 소득 등을 포괄하는 개념으로 사용된다. 우리 세법은 위법소득에 대하여 별도의 규정을 두지 않고 있어 그 과세 여부는 학설과 판례의 태도에 맡겨져 있다.

(2) 위법소득에 대한 과세

(가) 학설의 대립 위법소득에 대한 과세문제에 대하여, 이를 부정하는 견해와 긍정하는 견해가 대립되어 있다.

부정설은, ① 위법행위에 대하여 과세하면 법상 그 위법을 시인하게 되므로 법질서에 혼란이 생긴다는 점, ② 위법행위는 많은 경우 범죄로서 처벌되고, 목적물은 몰수 또는 추징되어 상환 또는 반환이 강제되는데 이와 같은 자에게 또다시 과세한다면 이중의 불이익을 준다는 점을 그 논거로 하고 있다.

이에 대하여 긍정설은, ① 소득이 환원될 것이라는 이유로 과세하지 않는 것은 비현실적이며 환원되면 그 때 조정을 하면 된다는 점, ② 세법은 현실적인 소득에 착안하여 과세하는 것일 뿐 위법행위 자체를 시인하는 것은 아니라는 점, ③ 조세는 형사벌이나 행정벌과는 그 성격이 다르다는 점, ④ 위법소득에 대하여 과세하지 않는다면 세법상 위법소득자를 적법소득자보다 더 우대하는 셈이 되어 조세정의나 조세공평에 반한다는 점을 그 논거로 제시하고 있다.

(나) 외국의 현황 독일의 조세기본법 제41조는, 「**법률행위가 무효이더라도 납세자가 그 행위의 경제적 효과를 발생·성립시키는 한 이에 대하여 과세하며(1항), 가장행위는 과세에 영향을 미치지 아니하고 가장행위의 숨은 행위가 있을 경우에는 그 숨은 행위에 대하여 과세한다(2항)**」고 규정하고 있다. 이에 반하여 미국의 연방내국세입법이나 일본의 세법은 이에 관한 별도의 규정을 두지 않고 있다.

미국에서는 당초 판례가, 횡령으로 인한 소득은 과세소득이 아니라고 판시하였다가(Commissioner v. Wilkox 1946), 1961년의 James v. United States 사건에서 반환의무에 관한 명시적 또는 묵시적인 합의가 없고, 그 금액의 처분에 관하여 아무런 제한이 없는 한 적법 여부를 묻지 아니하고 모두 과세소득을 이룬다고 판시한 이래 위법소득에 대한 소득세 과세가 일반화되어 있다. 미국에서는 처분에 제한을 받지 않은 상태에서 어떤 금액을 받으면 그에 관한 권리에 관한 다툼이 있다고 하더라도 소득이 발생한 것으로 보는 청구권이론(claim of right)이 확립되어 있는데, 이와 같은 청구권이론이 위법소득에 대한 과세를 긍정하는데 중요한 논거를 제시한 것으로 설명된다.

일본에서도 소득세법 기본통달에서 위법소득이 과세대상임을 규정하고 있고, 판례 역시 일반적으로 위법소득에 대한 과세를 긍정한다.[1)]

㈐ **우리 판례의 입장** 우리 판례 역시 위법소득에 대한 과세를 긍정한다.

즉, 회사 임원이 회사소유 부동산을 매각하여 처분대금을 횡령한 경우(판 83. 10. 25, 81누136)와 같이 소득이 불법으로 이루어진 경우나, 자신이 이사로 재직한 재단법인에 돈을 대여하고 이자를 수령한 것이 법인과 이사 사이의 이익상반행위로서 무효인 경우(판 85. 5. 28, 83누123)와 같이 법률행위의 효력이 문제된 사안에서 모두 과세를 긍정하였다.

불법소득이나 사법상 무효의 법률행위에 기한 소득은 법적 반환채무를 수반하는 소득이나 소득을 점유하는 자가 배타적으로 지배·관리하면서 경제적 이익을 향유하는 경우 이를 과세대상으로 삼는 것은 가능하고 과세 형평상 필요하기도 하다. 다만 위법소득의 점유가 일시적이어서 곧바로 반환될 개연성이 큰 경우까지 소득이 발생하였다고 볼 수는 없다. 판례는 위법소득의 발생시기를 이득자가 현실적으로 이득을 지배·관리하는 때로 보고 있는데{판 2015. 7. 16, 2014두5514(全)}, 이는 소득의 발생시기에 관하여 '관리기준설'을 취한 것으로 이해된다.

위법소득에 대한 과세를 긍정하더라도 이를 과세대상으로 삼기 위해서는 세법상 그 수입이 과세소득을 구성하여야 한다. 특히 소득세법은 과세소득을 열거하고 있어 거기에 해당하지 않으면 과세가 불가능하다. 예컨대 뇌물(소법 21조 1항 23호)이나 알선수재 등에 의하여 받는 금품(동 24호) 등은 우리 소득세법상 기타소득에 해당하나 횡령으로 인한 이익은 소득으로 규정하고 있지 않으므로, 회사 임원이 회사재산을 횡령한 경우 인정상여로 인정되지 않는 한 소득과세는 불가능하다.[2)]

---

1) 이자제한법 초과 이자와 관련하여 일본 판례도 우리와 같이 이미 지급받은 이자는 위법소득으로 보아 과세를 긍정하고, 장래 지급받을 이자채권은 이를 무효로 보고 있다. 일최판 소화 46. 11. 9. 평석은 일본 판례백선 62면. 그 밖에 위법소득에 관한 외국의 입법 예와 판례의 흐름에 관하여는, 한만수, "위법소득의 과세에 관한 연구", 조세법연구 10-2, 7면 이하.

2) 같은 취지, 안경봉, "법인의 실질적 경영자의 횡령금에 대한 소득세 과세", 「법학논총」 제30집 제2호(한양대학교 법학연구소, 2013), 70면 이하. 다만 판례는 법인의 실질적 경영자 등이 그 지위를 이용하여 법인의 수익을 사외에 유출시켜 자신에게 귀속시킨 금원 가운데 법인의 사업을 위하여 사용된 것이 분명하지 아니한 것은 특별한 사정이 없는 한 상여 내지 임시적 급여로서 근로소득에 해당한다고 보았다. 판 2004. 4. 9, 2002두9254.

(3) 위법소득의 반환에 따른 과세문제

위법소득에 대하여 과세가 이루어진 후 소득이 반환되어 경제적 이익이 상실된 경우 과세상 처리가 문제된다. 이에 관하여, 판례는 뇌물을 받아 소득세 과세처분을 받은 후 뇌물 또는 그에 상당하는 경제적 이익을 몰수·추징당한 경우 당초부터 내재되어 있던 반환의무나 경제적 이익의 상실가능성이 현실화된 것이므로 국세기본법상 후발적 경정청구사유가 된다고 보아 유출된 연도의 소득을 경정하여야 한다고 보았다.[1] 이와 같은 결론은 만일 반환된 소득을 해당 연도의 소득에 반영하게 되면 계속적으로 발생하지 않는 종류의 소득에 대해서는 조정대상이 없어 이를 반영할 수 없는 현실적 문제점을 감안한 것으로 여겨진다.

외국의 입법 예[2]를 보면, 미국은 행위자가 절도 등에 의해 얻은 금품을 반환하거나 손해를 배상하면 반환하는 연도의 소득에서 반환 금액을 공제하는 것을 허용하고 있고(미국내국세입법 §165(a), 165(c)(2)), 처분에 제한을 받지 않은 상태에서 어떤 금액을 받으면 권리에 관한 다툼이 있더라도 소득이 발생한 것으로 보되(청구권이론, claim of right), 이를 반환하면 반환한 연도의 소득세에 반영할 수 있도록 하고 있다(같은 법 §1341). 독일은 위법소득을 반환하는 경우 손실에 대한 취급의 예를 따를 뿐 별도의 규정을 두지 않고 있어 당초 얻은 연도의 소득을 줄일 법적 근거는 없는 것으로 설명된다. 일본은 소득세법에 소득으로 산입한 연도의 과세표준과 세액을 경정한다는 규정을 두고 있다(일본소득세법 152조, 동 시행령 274조).

다. 귀속소득

귀속소득(imputed income)이란 자경 토지나 거주 가옥 등과 같이 자신이 직접 자산을 소유함에 따라 향유할 수 있는 서비스나 경제적 이익을 말한다. 귀속임료(토지나 주택을 소유하는 것에 의하여 얻는 서비스나 이익), 귀속사용권(자기소유의 자동차, 가구를 사용하는 것에 의하여 얻는 이익), 귀속수익(자기가 수확·제조·생산한 재고자산의 소비로부터 얻어지는 이익), 귀속임금(자기 또는 가족 등의 노동으로부터 얻어지는 이익) 등이 여기에 해당한다. 이론적으로는 귀속소득도 과세소득에 해당하나, 이익의 범위가 불명확하고, 평가가 어려우며, 징세비가 많이 드는 문제점이 있어 현재 세계 각국은 일부 재산세로 보완하는 이외에 이를 과세대상으로 삼지 않는다.

---

1) 판 2015. 7. 16, 2014두5514(全). 판례의 입장에 반대하는 견해로, 신호영, “위법소득 반환에 대한 소득세법상 취급에 대한 연구”, 조세법연구 22-1, 43면.

2) 신호영, 위 논문 47면 참조.

라. 부(負)의 소득세

부의 소득세('소극소득세'라고도 한다)는 과세최저한에 미달하는 저소득층을 대상으로 기준소득 미달금액에 세율을 곱하여 산정한 부의 소득세액을 환급하는 제도를 말한다. 이는 정부가 국민에게 지급의무를 지는 일정액(특정인의 실제소득액과 기준소득액 또는 기준생계비 보장액과의 차액에 일정한 세율을 곱하여 산정한 금액)의 조세채무로 구성된다. 부의 소득세는 1960년대 이후에 프리드만(M. Friedman) 등에 의해 소득이전 프로그램의 하나로 주장된 것으로 개인소득세제와 공적 부조제도를 통합한 것으로 볼 수 있다.

소극소득세는 구빈(救貧)에 초점을 맞추고 현금의 지급이 따르기 때문에 빈곤층에 요긴한 보조가 될 수 있고 보편적 적용이 가능하여 여러 사회적 입법을 대체할 수 있을 뿐 아니라 이에 따르는 사회비용도 객관화할 수 있는 장점이 있다. 그러나 실제로 이를 집행하기 위해서는 막대한 재원이 소요되고, 이를 효율적으로 집행하기 위해서는 포괄적 소득개념을 정립해야 하며, 소득보장액, 한계세율 및 분기점소득의 크기를 결정하여야 하는 등 정책결정과정에 여러 가지 기술적인 어려움이 뒤따른다. 우리나라에서는 저소득 근로자의 근로를 장려하고 소득을 지원하기 위하여 채택하고 있는 근로장려세제(Earned Income Tax Credit; EITC)(조특법 100조의2 내지 100조의13)와 자녀장려세제(Child Tax Credit; CTC)가 여기에 해당한다.

우리나라의 장려세제 제도는 2006년 조세특례제한법에 도입되어 2009년 처음 장려금이 지급된 이래 2023년 현재 당초보다 지급가구는 8배(470만 가구), 지급금액은 11배(51,604억 원)가량 증가하는 빠른 성장 속도를 보이고 있고, 합리적 개선방안에 논의도 계속 진행 중이다.[1)]

제 3 절 소득과세의 논점 및 과세원칙

모든 과세는, (1) 누구에게 (2) 어떠한 담세력을 대상으로 (3) 어떻게 과세할 것인가가 법에 정해져야 하고, 그 내용이 개별 세목의 과세요건을 구성한다. 소득과세 역시, (1) 누구에게 (2) 어떠한 소득에 대하여 (3) 언제, 어떻게 과세할 것인가의 논의의 주요대상이다.

1) 2024 국세행정포럼 13면 참조.

먼저 (1)의 문제로는 과세단위가 문제되는데, 우리 소득세법은 개별과세의 원칙과 예외적으로 공동사업에 대한 가족단위 합산과세방식을 채택하고 있다.

(2)의 과세대상이 되는 소득의 범위 및 (3)의 과세방법과 관련하여서는 원칙적으로 담세력이 있는 모든 소득을 소득의 원천에 따라 8가지로 구분하여 이 중 양도소득과 퇴직소득은 별도로 분류과세하고, 나머지 이자, 배당, 사업, 근로, 연금, 기타소득은 원칙적으로 합산하여 초과누진세율의 방식으로 종합과세한다.

마지막으로 언제 과세할 것인가의 문제는, 소득세가 기간과세이고 원칙적으로 실현된 소득에 대하여 과세한다는 특성상 결국 소득이 어느 과세연도에 실현 내지는 확정되었다고 볼 것인가의 문제이다.

소득세 과세원칙으로는 크게, 1. 응능부담의 원칙 2. 기간과세의 원칙 3. 혼인과 가족생활의 보호원칙 등 3가지를 들 수 있고, 이 중 응능부담의 원칙은 다시, 가. 종합과세의 원칙, 나. 순소득과세의 원칙, 다. 최저생활보장의 원칙, 라. 누진과세의 원칙, 마. 실질과세의 원칙 등으로 세분할 수 있다. 각 논점들에 관하여는 별도의 장(章)에서 자세히 살펴보기로 한다.

제 2 장

납세의무자 · 과세기간 · 납세지

제 1 절 납세의무자

1. 거주자와 비거주자의 납세의무

가. 개 인

(1) 의 의

소득세법상의 납세의무자는 '개인'이며, 개인은 ① 거주자, ② 비거주자로서 국내원천소득이 있는 개인으로 나누어진다(법 2조 1항).

'거주자'는 국내에 주소를 두거나 183일 이상 거소를 둔 개인을, '비거주자'는 거주자가 아닌 개인을 각 가리킨다(법 1조의2 1항 1·2호).

거주자에 대하여는 법에서 규정하는 국내외의 모든 소득에 대하여 과세한다. 다만 해당 과세기간 종료일 10년 전부터 국내에 주소나 거소를 둔 기간의 합계가 5년 이하인 외국인 거주자에 대하여는 과세대상 소득 중 국외에서 발생한 소득의 경우 국내에서 지급되거나 국내로 송금된 소득에 대해서만 과세한다(법 3조 1항). 비거주자에 대하여는 제119조에 따른 국내원천소득에 대해서만 과세한다(동 2항).

(2) 주소와 거소

주소는 국내에서 생계를 같이하는 가족 및 국내에 소재하는 자산의 유무 등 생활관계의 객관적 사실에 따라 판정한다(영 2조 1항).

계속하여 183일 이상 국내에 거주할 것을 통상 필요로 하는 직업을 가진 때(1호)와 국내에 생계를 같이하는 가족이 있고, 그 직업 및 자산상태에 비추어 계속하여 183일 이상 국내에 거주할 것으로 인정되는 때(2호)에는 국내에 주소를 가진 것으로 보고(영 2조 3항), 국외에 거주 또는 근무하는 자가 외국국적을 가졌거나 외국법령에 의하여 그 외국의 영주권을 얻은 자로서 국내에 생계를 같이하는 가족이 없고 그 직업 및 자산상태에 비추어 다시 입국하여 주로 국내에 거주하리라고 인정되지 아니하는 때에는 국내에 주소가 없는 것으로 본다(동 4항).

판례는 위 시행령 제 2 조 제 3 항에서 규정하는, '국내에 생계를 같이하는 가족'이나 '직업 및 자산상태에 비추어 계속하여 183일 이상 국내에 거주할 것으로 인정되는 때'의 요건은 과세요건 명확주의에 위배되지 않는다고 보았다(판 2014. 11. 27, 2013두16876). 그러나 구체적인 경우에 어느 지표를 우선 적용하고 각 지표 사이의 관계는 어떠한 것인지에 관한 구체적인 기준을 제시하지 않고 있어 해석상 많은 어려움을 주고 있다. 거주자 여부에 관한 판단은 조세조약에 따른 이중거주자 판단과 관련하여서도 문제가 되는데 그 내용은 이 책 1195면 참조.

거소는 주소지 외의 장소 중 상당기간에 걸쳐 거주하는 장소로서 주소와 같이 밀접한 일반적 생활관계가 형성되지 아니한 장소를 말한다(영 2조 2항).

외국을 항행하는 선박 또는 항공기의 승무원의 경우 그 승무원과 생계를 같이 하는 가족이 거주하는 장소 또는 그 승무원이 근무기간 외의 기간 중 통상 체재하는 장소가 국내인지 국외인지 여부에 따라 주소지를 판정한다(영 2조 5항).

국내에 거소를 둔 기간의 계산은 시행령 제 4 조 제 1 항 내지 제 4 항 참조.

나. 법인 아닌 단체

「국세기본법 제13조 제 1 항에 따른 법인 아닌 단체 중 같은 조 제 4 항에 따른 법인으로 보는 단체("법인으로 보는 단체") 외의 법인 아닌 단체는 국내에 주사무소 또는 사업의 실질적 관리장소를 둔 경우에는 1거주자로, 그 밖의 경우에는 1비거주자로 보아 이 법을 적용한다. 다만 다음 각 호의 어느 하나에 해당하는 경우에는 소득구분에 따라 해당 단체의 각 구성원별로 이 법 또는 법인세법에 따라 소득에 대한 소득세 또는 법인세[해당 구성원이 법인세법에 따른 법인(법인으로 보는 단체를 포함한다)인 경우로 한정한다]를 납부할 의무를 진다」(법 2조 3항).

1. 구성원 간 이익의 분배비율이 정하여져 있고 해당 구성원별로 이익의 분배비율이 확인되는 경우 2. 구성원 간 이익의 분배비율이 정하여져 있지 아니하나 사실상 구성원별로 이익이 분배되는 것으로 확인되는 경우

이는 비법인 단체들도 사회적 구성단위로 활동하는 경우 납세의무능력을 부여할 필요가 있기 때문이다. 그 예로는 종중 재단(판 84. 5. 22, 83누497), 학교동창회, 직장공제조합, 미등기 주택조합, 공동주택자치관리기구, 미인가 신용협동조합, 새마

을공동사업장 등의 지역공동사업체, 공제조합 등이 있다. 도시재개발법(현행 도시및주거환경정비법)이나 주택건설촉진법(현행 주택법)의 재개발조합이나 재건축조합은 국세기본법상 법인으로 보는 단체에 해당한다(판 2005. 6. 10, 2003두2656).

「제 2 조 제 3 항에도 불구하고 해당 단체의 전체 구성원 중 일부 구성원의 분배비율만 확인되거나 일부 구성원에게만 이익이 분배되는 것으로 확인되는 경우에는 다음 각 호의 구분에 따라 소득세 또는 법인세를 납부할 의무를 진다」(동 4항).

1. 확인되는 부분: 해당 구성원별로 소득세 또는 법인세에 대한 납세의무 부담
2. 확인되지 아니하는 부분: 해당 단체를 1거주자 또는 1비거주자로 보아 소득세에 대한 납세의무 부담

「제 3 항 및 제 4 항에도 불구하고 법인으로 보는 단체 외의 법인 아닌 단체에 해당하는 국외투자기구(투자권유를 하여 모은 금전 등을 가지고 재산적 가치가 있는 투자대상자산을 취득, 처분하거나 그 밖의 방법으로 운용하고 그 결과를 투자자에게 배분하여 귀속시키는 투자행위를 하는 기구로서 국외에서 설립된 기구를 말한다)를 제119조의2 제 1 항 제 2 호에 따라 국내원천소득의 실질귀속자로 보는 경우 그 국외투자기구는 1비거주자로서 소득세를 납부할 의무를 진다」(동 5항).

제 5 항은 외국자본의 국내투자와 관련하여 단체에 대한 과세방법이 나라마다 일정하지 않고, 외국투자단체를 독립된 과세단위로 보지 않을 경우 배후투자자를 파악하기 어려운 점 등 투자소득에 관한 원천징수절차의 어려움을 감안하여 마련된 규정이다. 그 자세한 내용에 관하여는 이 책 1214면 참조.

우리 세법상 단체에 대한 과세방법의 개요를 표로 보면 다음과 같다.

우리 세법상 단체에 대한 과세방법

<table>
<tr><th colspan="4">구 분</th><th>구분기준</th><th>납세의무자</th><th>과세세목</th></tr>
<tr><td rowspan="4">단체</td><td colspan="3">법 인</td><td>법인격</td><td>단 체</td><td>법인세</td></tr>
<tr><td rowspan="3">비법인단체</td><td colspan="2">의제법인</td><td>국세기본법 제13조</td><td>단 체</td><td>법인세</td></tr>
<tr><td rowspan="2">의제법인 외 단체</td><td>의제거주자</td><td>소득세법 제 2 조 제 3 항 본문</td><td>단 체</td><td>소득세(법인세)</td></tr>
<tr><td>공동사업자</td><td>소득세법 제 2 조 제 3 항 단서</td><td>구성원</td><td>소득세(법인세)</td></tr>
</table>

2. 원천징수하는 소득세의 납부의무

거주자와 비거주자, 국내에 본점이나 주사무소 또는 사업의 실질적 관리장소를 둔 법인(내국법인)과 외국에 본점 또는 주사무소를 둔 법인(외국법인)의 국내지점 또는 국내영업소, 그 밖에 소득세법에서 정하는 원천징수의무자는 소득세법에 의하여 원천징수한 소득세의 납부의무를 부담한다(법 2조 2항, 1조의2 3·4호).

이는 원천징수의무자의 납세의무를 규정한 것인데, 이와 별도로 법 제 2 조의2 제 4 항은, 완납적 원천징수의 대상이 되는 분리과세소득(분리과세이자소득, 분리과세배당소득, 분리과세연금소득, 분리과세기타소득 및 일용근로자의 급여)이 있는 자는 그 원천징수되는 소득에 대하여 소득세 납세의무를 부담한다고 규정하고 있다. 이는 완납적 원천징수의 경우에도 당해 소득이 귀속되는 자가 실체법상 납세의무를 지고 있음을 확인한 것이다.

3. 납세의무 범위의 특례

가. 공동사업자

법 제43조에 따라 공동사업에 관한 소득금액을 계산하는 경우에는 해당 공동사업자별로 납세의무를 진다(법 2조의2 1항 본문, 43조 2항).

이 규정은 국세기본법 제25조 제 1 항(공유물 및 공동사업 등에 관한 연대납세의무)의 특례규정으로서 소득세에 있어서 개인과세주의 원칙을 확인한 것이다.

법 제43조 제 3 항에 따른 주된 공동사업자("주된 공동사업자")에게 합산과세되는 경우 그 합산과세되는 소득금액에 대해서는 주된 공동사업자의 특수관계인은 같은 조 제 2 항에 따른 손익분배비율에 해당하는 그의 소득금액을 한도로 주된 공동사업자와 연대하여 납세의무를 진다(법 2조의2 1항 단서).

이 규정은 부동산임대소득·사업소득이 발생하는 사업에 관하여 가족조합 형태를 이용하여 소득을 분산하는 것을 방지하기 위한 것이다.

나. 피상속인의 소득금액에 대한 납세의무

거주자가 과세기간 중에 사망함으로써 상속이 개시된 경우에 피상속인의 소득금액에 대해서 과세하는 경우에는 그 상속인이 납세의무를 진다(법 2조의2 2항).

기간과세인 소득세는 1월 1일부터 12월 31일까지 1년분의 소득에 대하여 과세하고(법 5조 1항) 그 과세기간이 종료하는 때에 납세의무가 성립한다(기본법 21조 2항 1호). 거주자가 사망한 경우에는 1월 1일부터 사망한 날까지의 소득금액에 대하여 소득세를 과세한다(법 5조 2항). 이 경우 피상속인의 소득금액에 대한 소득세는 상속인의 소득금액에 대한 소득세와 구분 계산한다(법 44조 1항). 다만 연금계좌의 가입자가 사망하였으나 그 배우자가 연금외 수령 없이 해당 연금계좌를 상속으로 승계하는 경우에는 제 1 항에도 불구하고 해당 연금계좌에 있는 피상속인의 소득금액을 상속인 소득금액으로 보아 소득세를 계산한다(법 44조 2항).

다. 양도소득 특례규정에 대한 연대납세의무

법 제101조 제 2 항에서는 양도소득세를 부당하게 감소시키기 위하여 특수관계인에게 자산을 증여한 후 그 자산을 증여받은 자가 그 증여일로부터 5년 이내에 다시 이를 타인에게 양도한 경우에는 증여자가 그 자산을 직접 양도한 것으로 보도록 규정하고 있는데, 이 경우 당해 양도소득에 대하여는 증여자와 증여받은 자가 연대하여 납세의무를 부담한다(법 2조의2 3항).

라. 공유재산의 양도소득세에 대한 납세의무

공동으로 소유한 자산에 대한 양도소득금액을 계산하는 경우에는 해당 자산을 공동으로 소유하는 각 거주자가 납세의무를 진다(법 2조의2 5항).

이는 국세기본법 제25조 제 1 항에서 규정한 공유물에 대한 공유자의 연대납세의무와 실질적으로 동일한 내용을 규정한 것이다.

4. 특수한 기구 및 단체에 대한 과세

가. 신탁소득에 대한 과세

신탁재산에 귀속되는 소득은 그 신탁의 이익을 받을 수익자(수익자가 사망하는 경우에는 상속인)에게 당해 소득이 귀속되는 것으로 보되(법 2조의3 1항), 위탁자가 신탁재산을 실질적으로 통제하는 등 대통령령으로 정하는 요건을 충족하는 신탁의 경우에는 그 신탁재산에 귀속되는 소득은 위탁자에게 귀속되는 것으로 본다(동 2 항).

제 2 항의 "대통령령으로 정하는 요건을 충족하는 신탁"이란 1. 위탁자가 신탁을 해지할 수 있는 권리, 수익자를 지정하거나 변경할 수 있는 권리, 신탁 종료 후 잔여재산을 귀속 받을 권리를 보유하는 등 신탁재산을 실질적으로 지배·통제할

것, 2. 신탁재산 원본을 받을 권리에 대한 수익자는 위탁자로, 수익을 받을 권리에 대한 수익자는 그 배우자 또는 같은 주소 또는 거소에서 생계를 같이 하는 직계존비속(배우자의 직계존비속 포함)으로 설정했을 것이라는 요건 중 어느 하나에 해당하는 신탁을 말하며, 수익자의 특정 여부 또는 존재 여부는 신탁재산과 관련되는 수입 및 지출이 있는 때의 상황에 따른다(영 4조의2 2항, 4항).

법 제4조 제 1 항에 따른 소득을 구분할 때, 다음 각 호의 신탁을 제외한 신탁의 이익은 신탁법 제 2 조에 따라 수탁자에게 이전되거나 그 밖에 처분된 재산권에서 발생하는 소득의 내용별로 구분한다(법 4조 2항).

1. 법인세법 제 5 조 제 2 항에 따라 신탁재산에 귀속되는 소득에 대하여 그 신탁의 수탁자가 법인세를 납부하는 신탁 2. 자본시장법 제 9 조 제18항 제 1 호에 따른 투자신탁(제17조 제 1 항 제 5 호에 따른 집합투자기구로 한정) 3. 자본시장법 제251조 제 1 항에 따른 집합투자업겸영보험회사의 특별계정 4. 제17조 제 1 항 제 5 호의3에 따른 수익증권이 발행된 신탁

자본시장법상 수익자가 신탁형 집합투자기구로부터 지급받은 이익이 일정한 요건을 충족하지 못할 경우 일반신탁과 동일하게 취급하나 법정 요건을 충족하면 그 원천에 불구하고 수익자에게 이익이 분배되는 시점에 배당소득으로 과세한다(소법 17조 1항 5호, 155조의3; 소령 26조의2, 46조 7호, 191조 4호). 법인세법 제 5 조 제 2 항에 따라 내국법인으로 보는 신탁재산(법인과세 신탁재산)으로부터 받는 배당금 또는 분배금도 배당소득으로 과세한다(소법 17조 1항 2의2호). 집합신탁의 경우 소득의 발생단계에서는 원칙적으로 수탁자와 수익자 어느 쪽에도 과세하지 않고 수익자에게 분배 시 과세하도록 함으로써 과세 유예를 허용하고 있다. 수익자가 특정되지 않는 공익신탁은 비과세이다(법 12조 1호).

신탁 수익권을 양도하는 경우 양도소득세 과세대상이 된다(법 94조 1항 6호).

위 각 규정은 우리 법이 기본적으로 신탁도관설의 입장을 취하고 있음을 보여준다. 그 내용은 법인세에 있어서도 기본적으로 동일하다. 그 밖에 신탁과세에 관한 자세한 내용은 이 책 599면 참조.

나. 조합에 대한 과세

민법상 조합은 2인 이상이 상호출자하여 공동사업을 경영하는 것을 말한다(민법 703조 1항). 소득세법상 조합원은 공동사업자, 조합은 공동사업장에 해당한다. 법은 공동사업장을 한 단위로 삼아 소득금액을 계산하면서 납세의무는 거주자별로

지우고 있다(법 43조 1·2항). 경영에 관여 없이 출자만 하는 출자공동사업자가 있는 경우도 공동사업 범위에 포함되므로(법 43조 1항, 영 100조 1항), 무한책임조합원과 유한책임조합원으로 구성된 합자조합(상법 86조의2 내지 9)이나 당사자 일방이 상대방 영업을 위해 출자하고 상대방은 영업 이익을 분배할 것을 약정함으로써 성립하는 익명조합(상법 78조 내지 86조)도 조합에 대한 소득과세 법리가 원칙적으로 타당하다. 개인투자조합의 경우도 마찬가지이다(사전-2020-재산-0524, 2020. 7. 31.)

소득세법은 위 공동사업과 관련하여 출자공동사업자가 손익분배비율에 따라 분배 받는 금액을 배당소득으로 규정하고 있다(법 17조 1항 8호). 다만 조합원의 경우에도 출자가 아니라 종사자(피용자)의 지위에서 조합에 근로를 제공하고 대가를 받는 경우 그 소득은 근로소득을 구성한다.

우리 법은 조합을 도관으로 보아 조합을 통해 얻는 소득을 조합원에게 직접 과세하는 형태를 취하고 있다. 다만 법은 동업기업 조세특례제도를 두어 조합체로 공동사업을 영위하는 경우에도 공동사업장 과세방식과 동업기업에 대한 과세방식 중 하나를 선택할 수 있도록 하고 있다(조특법 100조의16).

법인격 유무와 법인세 부과가 반드시 일치하는 것은 아니다. 예컨대 독일은 합명회사와 합자회사와 같은 인적회사가 법인격을 가지고 있지만 법인세 과세대상이 아닌 조합으로 과세한다. 이에 비해 일본이나 우리나라는 인적회사도 법인세 과세대상으로 하고 있어 조합으로 과세하는 대상의 범위가 좁다.

익명조합의 영업자가 법인인 경우 영업자가 익명조합원에게 분배하는 소득에 관하여 행정해석은 이를 손금으로 인정하고 이자소득으로 보고 있으나(법인-110, 2011. 2. 15), 이는 성질상 이익처분에 의한 배당소득으로 볼 것이다.

조합재산은 전체 조합원의 합유이므로 조합원이 세액을 체납한 경우 해당 조합원의 합유지분을 압류할 수 있을 뿐 조합재산을 압류할 수는 없으며, 그 압류처분은 제 3자 소유 재산을 압류한 것으로서 당연무효이다(판 2001. 2. 23, 2000다68924).

다. 자산유동화기구에 대한 과세

자산유동화란 자산보유자가 보유하던 자산을 제 3 자에게 매각 등의 방식으로 이전한 다음, 제 3 자로 하여금 그 자산이나 자산에 따른 현금 흐름을 기초로 유동화증권(Asset Backed Security: ABS)을 발행하게 하여, 그 유동화증권을 매수하는 투자자로부터 자금을 조달하는 금융기법을 말한다(자산유동화법 2조 참조).

자산유동화거래에서는 자산보유자와 분리된 특수목적회사(유동화기구)가 자산

양수의 주체로 활동한다. 특수목적회사는 유동화증권의 발행 등을 통해 투자자로부터 자금을 조달하여 자산보유자에게 공급하고, 유동화자산의 관리·운용 및 처분 등을 통해 유동화증권의 상환이나 지급에 관한 업무를 담당한다. 유동화자산의 투자자는 자산의 신용만을 기초로 한 증권에 투자하므로 자산보유자는 자금을 용이하게 조달하고, 투자자도 자산보유자의 파산 등으로부터 독립된 유동화자산을 투자금 회수에 대한 담보로 삼게 되어 자산보유자의 신용위험으로부터 보호를 받는다.

유동화기구는 위와 같은 목적을 수행하기 위한 명목상의 기구로서 최소한의 조직으로 한정된 업무만을 수행 한다(자산유동화법 제 3 장 참조).

유동화기구는 신탁, 조합(익명조합 포함) 또는 법인의 형식을 취할 수 있는데 통상은 신탁주식회사 또는 유한회사 등의 형태를 가진다. 법은 유동화전문회사에 대해 지급배당금 손금산입 특례(법법 51조의2 1항)를 규정하는 것 이외에 별도의 규정을 두지 않고 있다. 따라서 유동화기구 및 유동화기구의 투자자들에 대해서는 각각의 형태에 따라 신탁과세방식, 조합과세방식 및 법인과세방식이 각 적용된다.

5. 소득세의 과세단위

가. 총 설

소득세 과세단위(tax unit)는 소득세 과세대상이 되는 인적단위, 즉, 소득세액 산출에 있어서 세율 적용의 대상인 과세표준 귀속자의 구성단위를 가리킨다. 이는 과세표준 산정의 단위가 되는 과세단위와는 다른 의미이다.

소득세 과세단위의 종류에는 각 개인을 별개의 독립된 과세단위로 하는 개인단위주의, 부부를 단위로 하는 부부단위주의 및 가족(세대)을 단위로 하는 가족(세대)단위주의 등 3가지 유형이 있고, 이 중 부부단위주의나 가족단위주의는 다시 단순합산주의와 합산분할주의로 나뉘며 분할의 방법에 따라 다시 균등분할과 불균등분할로 나누어진다. 아울러 이와 같은 여러 방식 중 복수의 방식을 입법상 채택하는 경우 다시 세율을 단일로 하는 경우와 복수로 하는 경우로 나누어진다.

소득세는 대부분 초과누진세율에 의해 과세하기 때문에 과세단위를 어떻게 정하는가는 소득세 크기에 직접적 영향을 미치고, 아울러 과세의 공평성, 효율성, 부부재산제, 세무행정의 복잡성 등과도 밀접한 관련을 갖게 된다. 이와 같이 소득세 과세단위는 과세베이스 및 세율과 함께 소득세의 기본적인 골격을 형성하고 있다.

나. 각국의 입법 예

소득세 과세단위에 관하여, 미국은 개인단위과세와 합산분할과세방식(2분2승제)을 함께 채택하여 개인단위과세를 선택하는 기혼자, 합산분할과세를 선택하는 기혼자, 독신자, 독신세대주 등 4종의 납세의무자에 대하여 각각 다른 세율로 과세하고, 독일은 부부의 경우 개인단위의 분리과세와 합산분할과세방식(2분2승제) 중 선택하도록 하는 선택적 2분2승제(2分2乘制)를 채택하고 있다. 2분2승제란 부부의 소득을 합산한 후(바로 누진세율을 적용하지 않고) 이것을 다시 2로 나누어 그 금액에 세율을 적용해서 세액을 계산하고 그 산출세액에 다시 2를 곱하여 납부세액을 산정하는 방식이다. 이에 반해 일본은 순수한 개인단위방식을 채택하고 있다.[1] 우리나라는 개인과세주의를 원칙으로 하면서 예외적으로 가족이 경영하는 공동사업소득에 대해 일정한 요건 아래 가족합산과세주의를 채택하고 있다.[2]

제 2 절 과세기간

과세기간이라 함은 세법에 정해진 국세의 과세표준 계산의 기초가 되는 기간을 말한다(기본법 2조 13호).

소득세는 과세의 편의 또는 기술상의 필요에 따라 기간과세의 원칙을 채택하고 인위적으로 나눈 기간을 단위로 하여 세액을 산정하도록 하고 있다. 즉, 소득세는 1월 1일부터 12월 31일까지의 1년분의 소득금액에 대하여 부과한다(법 5조 1항).

과세기간 중도에 취업 또는 퇴직하거나 사업을 개시 또는 폐업함으로써 소득

---

1) 각국의 입법 예에 관한 보다 자세한 설명은, 김완석·정지선, 앞의 책, 67면 및 이동식, 조세법과 헌법, 208면 참조.

2) 헌법재판소가 자산소득에 관한 구소득세법의 부부합산과세 규정(헌 2002. 8. 29, 2001헌바82)과 종합부동산세 관련 구종합부동산세법의 부부자산 합산규정을 각각 위헌으로 판정함에 따라{헌 2008. 11. 13, 2006헌바112, 2007헌바71·88·94, 2008헌바3·62, 2008헌가12(병합)}, 현행 소득세법 및 종합부동산세법의 관련 규정은 이와 같은 헌법재판소 결정취지를 반영하고 있다. 일찍이 독일 연방헌법재판소도 부부소득을 단순합산하는 규정이 혼인과 가족의 보호를 규정하는 독일기본법 제 6 조에 반한다고 판단한 바 있다(1957. 1. 17. BGBI 1957 I, S. 186). 다만 혼인한 부부에 관하여 일률적으로 부부합산과세를 배제하는 입법방향에 관하여는 실질적인 경제공동체임에도 누진과세를 회피하기 위해 인위적으로 부동산이나 예금자산을 분산하여 과세형평을 침해할 소지가 있다는 문제점이 지적되고 있다. 미국이나 독일이 채택하고 있는 이분이승제는 그에 대한 적절한 대안으로 평가된다. 관련 논의는, 이동식, "소득세와 종합부동산세의 부부합산과세제도 도입방안", 조세법연구 26-3, 311면. 임승순, 조세법 판례백선 277면 참조.

발생기간이 1년에 미달하더라도 과세기간은 동일하다. 다만 거주자가 과세기간 중 사망하거나 주소 또는 거소를 국외로 이전함으로 인하여 비거주자가 되는 경우에는 1월 1일부터 사망 또는 출국한 날까지 소득금액에 대하여 소득세를 과세한다(법 5조 2·3항).

이처럼 소득세를 인위적으로 획정한 기간을 단위로 하여 산정함에 따라 소득산정에 자의적이고 불합리한 요소가 개재됨을 부정하기 어렵다. 이와 같은 불합리한 요소를 시정 또는 완화하기 위하여 결손금의 소급공제나 이월공제의 허용 등과 같은 장치가 마련되어 있다.

제3절 납 세 지

소득세의 납세지라 함은 납세의무자가 소득세에 관한 신고·신청 또는 납세 등의 행위를 하는 경우와 과세관청이 납세의무자에 대한 소득세의 결정 및 징수 등의 처분을 하는 경우에 관할관청을 결정하는 기준이 되는 장소를 말한다. 과세지 또는 과세관할이라고 부르기도 한다(법 11조).

거주자에 대한 소득세 납세지는 거주자의 주소지이고, 주소지가 없는 경우에는 거소지이다(법 6조 1항). 주소지가 둘 이상이면 주민등록법에 의하여 등록된 곳이, 거소지가 둘 이상이면 생활관계가 보다 밀접한 곳이 납세지가 된다(영 5조 1항 1호).

거주자가 취학·질병의 요양·근무상 또는 사업상의 형편 등으로 본래의 주소지 또는 거소지를 일시 퇴거한 경우에는 사실상의 주소지 또는 거소지에 불구하고 본래의 주소지 또는 거소지를 납세지로 본다(규칙 3조).

비거주자에 대한 소득세의 납세지는 제120조에 따른 국내사업장 소재지이다. 국내사업장이 둘 이상 있는 경우에는 주된 국내사업장의 소재지로 하고, 국내사업장이 없는 경우에는 국내원천소득이 발생하는 장소로 한다(법 6조 2항).

소득세법은 상속의 경우(법 8조 1항), 비거주자가 납세관리인을 둔 경우(동 2항), 국내에 주소가 없는 공무원과 내국법인의 국외사업장 또는 해외현지법인 등에 파견된 임직원의 경우(동 5항 및 영 5조 6항), 원천징수(법 7조 1항) 등에 관하여 납세지에 관한 특례규정을 두고 있다.

제3장

소득의 구분

제1절 총 설

소득세법은 소득세의 과세대상이 되는 소득을 소득의 발생원천에 따라 이자소득·배당소득·사업소득·근로소득·연금소득·기타소득·퇴직소득과 양도소득의 8종으로 구별하고 있다. 이 중 퇴직소득과 양도소득을 제외한 나머지 6가지 유형의 소득을 합산한 것이 종합소득이다(법 4조 1항). 따라서 소득은 종합소득과 종합소득이 아닌 위 세 가지 소득으로 구분된다.

종합소득은 합산하여 누진세율(법 55조 1항)을 적용하고, 종합소득 이외의 소득은 소득별로 별도의 과세표준 및 세율체계를 적용한다. 종합소득 사이에도 소득금액의 산정방법이 서로 다르다. 이자소득과 배당소득은 총수입금액이 소득금액이 되며, 사업소득과 기타소득은 총수입금액에서 필요경비를 뺀 금액이, 근로소득과 연금소득은 총 급여액 또는 총연금액에서 근로소득공제 또는 연금소득공제를 한 금액이 각각 소득금액이 된다. 배당소득은 배당세액공제가 적용된다. 따라서 종합소득에 속하는 소득 사이에서도 소득구분이 실익이 있게 되며, 모든 소득은 법이 정한 기준에 따라 어느 하나의 소득으로 특정하여야 한다.

주로 과세요건을 이루는 행위가 사업적으로 행하여졌는가를 두고, 이자소득과 사업소득, 사업소득과 양도소득, 사업소득과 근로소득 사이의 충돌이 문제되며, 그 밖에 근로소득과 퇴직소득, 이자소득과 기타소득 사이에 있어서도 구별이 쉽지 않은 경우가 많다. 종합소득 가운데서도 일부 이자소득·배당소득·연금소득·사업소득(주택임대소득)·기타소득금액은 종합소득과세표준과 분리과세된다(법 14조 3항).

퇴직소득과 양도소득은 일반적으로 시간의 흐름에 따라 축적되었다가 일시에 집중적으로 실현되기 때문에 종합소득에 합산할 경우 누진세율의 적용으로 조세

부담이 과중하게 된다. 소득세법이 이들 소득의 과세표준을 종합소득으로부터 분류하여 별도로 과세하도록 하고 있는 것은 이러한 소득의 특성을 감안한 것이다.

비거주자에 대하여는 국내원천소득에 대하여 국내사업장의 소재 여부 등에 따라 종합과세하거나 분리과세를 하게 된다(법 4조 3항, 121조 1항).

우리 소득세법상의 과세소득을 도해하면 다음과 같다.

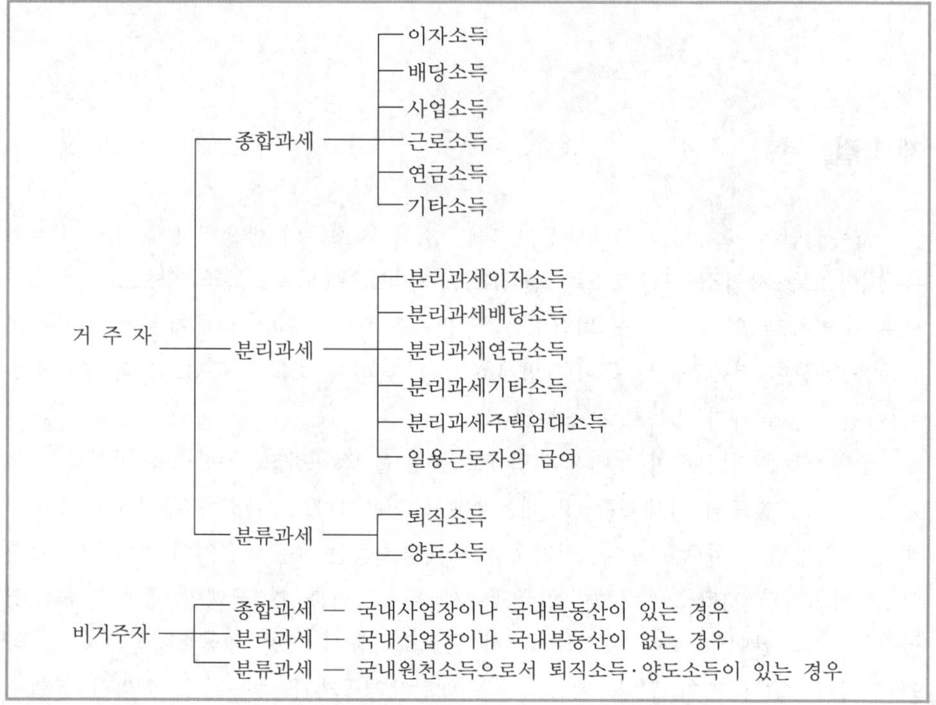

아래에서 먼저 금융자본소득에 대하여 살펴보고, 이어서 종합소득을 구성하는 각 소득 및 분류과세소득인 퇴직소득과 양도소득에 관하여 차례로 살펴본다. 이 중 양도소득은 현행 법이 이를 독립하여 규정하고 있고 규정체계도 복잡하므로 이를 다른 소득과 구별하여 별도의 장(章)에서 설명한다.

제 2 절 금융소득에 대한 과세

1. 총 설

우리나라는 외환위기 이후 자본시장이 급성장하여 금융시장으로 많은 자금이 유입됨에 따라 금융자본으로부터 발생하는 이자나 배당소득 등의 비중이 매우 높아지게 되었다. 금융자본소득은 그 형태가 복잡하고 계속 새로운 상품이 개발되고 있어 그에 대한 과세방식은 현재 선진 각국이 모두 고민하는 과제이다.

자본소득 특히 금융자본소득을 근로소득과 동일하게 과세할 것인가, 아니면 구별할 것인가, 구별한다면 어느 쪽을 더 중하게 과세할 것인가에 관하여는 많은 논의가 있다. 금융소득에 대한 과세는 미래 소비에 대한 과세이고 저축 및 투자를 저해하므로 이에 대한 무거운 과세는 바람직하지 않다는 견해가 있는가 하면, 금융소득은 일종의 불로소득으로서 근로소득에 비하여 상대적으로 담세력이 크고 부의 재분배를 위해서도 상대적으로 무거운 과세가 필요하다는 견해도 있다.

같은 자본소득 중에서도 부동산소득과 금융소득은 차이점이 많다. 우선 금융소득은 발생기간마다 과세되는데 반하여 비금융자산에 내재된 미실현소득에 대해서는 해당 자산이 처분 등을 통해 실현될 때까지 과세가 유예되어 양자 간에 과세상 불균형이 발생한다. 이러한 불균형은 자산의 보유기간 중 가치가 감소된 경우에 더욱 현저해진다. 예를 들어 2개년에 걸쳐 첫 해에 50의 이득이 발생하고 둘째 해에 50의 손실이 발생한 경우 자산 보유자의 전체 자산 가치는 변동이 없는데 금융소득의 경우에는 별도 규정이 없는 한 첫 해 발생한 이득 50에 대하여 과세가 되고 둘째 해의 손실은 보전 받지 못한다. 이는 실현주의의 모순이 기간과세의 한계와 결합하여 발생하는 문제이다. 한편 금융소득은 유동성이 강하고 그에 따라 자산의 이동이 손쉽게 이루어지는 특성이 있다. 이는 특히 금융자산의 국제적 이동과 관련하여 문제되는데 금융소득에 대한 과세가 저과세국으로의 부의 유출을 초래하는 현실적 문제 때문에 대부분의 국가는 금융소득을 상대적으로 낮은 세율로 분리과세하고 있는 실정이다. 우리나라도 일정 규모 이하의 금융소득을 종합소득에서 분리하여 저율로 과세하고 있다. 다만 종합소득 합산과세의 기준을 점차 낮추어 가는 등 과세의 강도를 높여가는 추세이다.

2. 금융소득과세의 현황 및 문제점

가. 총 설

일반적으로 현금이나 소유지분에 대한 증서 및 거래당사자에게 금융자산과 금융부채를 동시에 발생시키는 계약을 총칭하여 '금융상품'이라고 하며, 현금 또는 다른 금융자산을 수취하거나 유리한 조건으로 금융자산을 교환할 수 있는 계약상의 권리를 '금융자산', 현금 또는 다른 금융자산을 지급하거나 불리한 조건으로 금융자산을 교환하여야 하는 계약상의 의무를 '금융부채'라고 한다.

이와 같은 금융자산 내지는 금융상품을 둘러싼 거래는 대부분 증권을 매개로 하여 발생한다. 자본시장법은 '증권'에 대하여 '내국인 또는 외국인이 발행한 금융투자상품으로서 투자자가 취득과 동시에 지급한 금전 등 외에 어떠한 명목으로든지 추가로 지급의무를 부담하지 아니하는 것을 말한다'고 정의하고, 이를, 가. 채무증권, 나. 지분증권, 다. 수익증권, 라. 투자계약증권, 마. 파생결합증권, 바. 증권예탁증권으로 구분하고 있다(같은 법 4조 1·2항).

증권을 매개로 한 금융상품 거래에 관한 세금으로는 증권거래세와 양도소득세가 있다. 거래세보다는 소득과세가 담세력에 상응한 과세라는 점에서 앞으로 외국의 사례와 같이 양자를 소득과세 쪽으로 일원화하는 것이 바람직하다.[1)]

아래에서는 우리나라 금융소득과세의 현황 및 문제점과 아울러 최근에 자주 문제가 되는 파생금융상품 거래와 관련된 문제점을 현행법을 중심으로 살펴본다.

나. 증권별 과세현황 및 문제점

(1) 채무증권

채무증권이란 발행자에 대하여 특정의 금전지급청구권을 표창하는 증권으로서, 국채, 지방채, 사채 등 각종 채권(債券)과 기업어음(CP) 등이 여기에 속한다. 채무증권으로부터 발생하는 소득은 '이자소득'으로 분류된다.

(2) 지분증권

지분증권이란 특정 회사에 대한 출자지분을 표창한 증권을 말한다. 주권, 신주인수권, 법률에 의해 직접 설립된 법인이 발행한 출자증권 등이 여기에 속한다. 지분증권으로부터의 소득은 '배당소득'과 '양도소득'으로 구분된다.

---

1) 금융자본소득에 관한 세계 각국의 입법 예에 관하여는 오 윤·문성훈, 위 논문 86면.

(3) 수익증권

자본시장법은 수익증권을, 「일반신탁업자가 발행한 수익증권, 투자신탁을 설정한 집합투자업자가 발행한 수익증권 및 이와 유사한 것으로서 신탁의 수익권이 표시된 것을 말한다」고 규정하고 있다(같은 법 4조 5항).

일반신탁의 수익증권은 발생이익을 발생한 소득 내용별로 구분하나, 투자신탁의 수익증권은 이를 배당소득으로 본다(소법 17조 1항 5호).

(4) 파생결합증권

파생결합증권이란, 「기초 자산의 가격·이자율·지표·단위 또는 이를 기초로 하는 지수 등의 변동과 연계하여 미리 정하여진 방법에 따라 지급금액 또는 회수금액이 결정되는 권리가 표시된 것을 말한다」(자본시장법 4조 7항).

파생결합증권은 증권과 파생금융상품이 결합한 것으로서 파생결합증권과 파생결합사채로부터의 이익은 원칙적으로 배당소득으로 과세된다(법 17조 1항 5의2호, 소령 26조의3 1항). 파생결합증권 종류로는 주식연계증권(Equity Linked Security; ELS)과 파생상품연계증권(Derivatives Linked Securities; DLS)이 있다.

파생결합증권의 분배금은 이자와 배당, 자본소득적인 성격을 두루 갖는데 세법은 일부 예외를 제외하고 현재까지 배당소득으로 과세하고 있다. 파생결합증권 이외의 파생상품으로부터 발생한 소득은 2025. 1. 1. 현재 원칙적으로 비과세이다.

금융소득에 대한 과세현황 2025. 1. 1. 현재

	보유 시	양도 또는 환매 시
채무증권 (채권)	분배금 이자소득 과세 가격상승분 비과세	양도/환매차익 비과세. 단, 보유기간 이자에 대해 이자소득과세
지분증권 (주식)	분배금 배당소득 과세 가격상승분(평가차익) 비과세	양도/환매차익 양도소득 과세 단, 상장주식을 대주주가 아닌 자가 장내에서 양도하는 경우는 비과세
수익증권 (펀드)	분배금 배당소득 과세 가격상승분(평가차익) 비과세	양도/환매차익 배당소득 과세 상장주식 매매 및 평가차익은 비과세
파생결합 증권	분배금 배당소득 과세 가격상승분(평가차익) 비과세	양도/환매차익 배당소득 과세 상장주식 매매 및 평가차익은 비과세
파생상품	분배금 발생 않음 가격상승분(평가차익) 비과세	양도/환매차익 비과세 주가지수 관련 파생상품, 해외장내 파생상품은 과세

다. 파생상품에 대한 과세

(1) 총 설

금융상품 중 선물(futures), 선도(forward), 옵션(option), 스왑(swap) 등과 같이 해당 상품의 가치가 그 밑에 깔린 어떤 다른 금융상품의 가치나 경제지수(환율, 이자율, 상품가격, 주식가격 등)의 변동으로부터 파생되어 나오는 금융상품을 '파생상품'(derivatives)이라고 한다(법령 88조 1항 7호의2, 규칙 42조의4).

파생상품 거래는 당사자들이 설정한 미래 변수의 변화에 따른 손익과 관련하여 거래에 참여하는 그룹 전체를 기준으로 각 참여자의 순손익의 합계가 영이 되는 제로 썸(zero sum) 게임을 기본속성으로 한다.

기업회계는 파생상품의 요건으로서, (ⅰ) 기초변수(이자율, 금융상품가격, 일반상품가격, 환율, 가격 또는 비율의 지수, 신용등급이나 신용등급 또는 기타변수)에 따라 가치가 변동할 것(다만 비금융변수의 경우 계약의 당사자에게 특정되지 않아야 함), (ⅱ) 최초 계약 시 순투자금액을 필요로 하지 않거나 시장가격변동에 유사한 영향을 받는 다른 유형의 거래보다 적은 순투자금액을 필요로 할 것, (ⅲ) 미래에 결제될 것 등 세 가지를 들고 있다(국제기준 1109 부록 A; 일반기준 6-36).

선물과 표준화된 옵션은 거래소에서 거래되고, 스왑은 은행 사이에서, 선도는 기업과 은행 사이 또는 기업과 기업 사이에서 거래된다.

파생상품 거래는 규모가 크고 증가속도도 빠르며, 발생손익의 크기가 대규모이다. 또한 거래기법이 복잡다기하고 대부분 국제거래의 형태를 취한다.

파생상품에 대한 과세에서 주로 문제되는 부분은, 파생상품 거래로 인한 이익을 손익으로 인식할 수 있는지, 손익으로 인식할 경우 귀속시기와 평가방법, 손익통산 여부 및 소득의 종류 등이다. 또한 파생상품의 종류가 다양하고 손익조작 등 조세회피행위가 발생할 여지가 많으며, 국제거래가 많은 특성상 소득 원천의 결정 문제, 특히 외국법인 국내지점과 외국법인간 거래에서 발생하는 이전가격문제 등 국제조세 측면에서도 여러 문제가 발생한다.[1)]

(2) 파생상품의 종류

㈎ 선물 · 선도 선물(Futures) 또는 선도(Forward)라고 함은, 기초자산이나 기초자산의 가격 · 이자율 · 지표 · 단위 또는 이를 기초로 하는 지수 등에 의해 산출된

1) 이상신 · 오준석, "기본파생상품 과세에 관한 연구", 조세법연구 11-2, 203면. 그 밖에 이성우, "파생금융상품거래에 관한 과세문제", 조세법연구 3; 홍종철, "파생상품 거래에 대한 과세방안", 국세법무월보(2000. 2); 오 윤, "복합파생상품거래에 대한 과세", 조세법연구 11-2; 정영민, "미국세법상 파생금융거래에 대한 기본과세제도", 조세법연구 11-2 등 많은 관련논문들이 발표되어 있다.

재산(금전 포함)을 장래의 특정 시점에 미리 정한 가격에 인도·인수할 것을 약정하는 계약을 말한다(자본시장법 5조 1항 1호).

법인세법 시행규칙 제37조의2는 평가대상 자산의 하나로서 '통화선도'를 '원화와 외국통화 또는 서로 다른 외국통화의 매매계약을 체결함에 있어 장래의 약정기일에 약정환율에 따라 인수·인도하는 거래'라고 정의하고 있다. 이 중 선도는 거래 당사자가 1 : 1로 체결하는 비표준화된 사적인 계약이라는 점에서 조직화된 시장에서 표준화된 방식으로 거래되는 선물거래와 다르다. 현재 거래소에서 거래되는 대표적인 선물금융상품은 KOSPI 200지수의 선물거래이다. 이러한 선물금융상품 거래의 원래 목적은 현물을 매수·매도함과 동시에 선물을 매도·매수함으로써 현물 가격이 오르거나 떨어질 때의 위험을 회피(hedging)하려는 데 있다. 그러나 거래의 특성상 선물만 가지고 거래할 경우 엄청난 거래 손익이 발생할 수 있다.

㈏ 옵 션 옵션(Option)이란 당사자 어느 한 쪽의 의사표시에 의하여 기초자산이나 기초자산의 가격·이자율·지표·단위 또는 이를 기초로 하는 지수 등에 의하여 산출된 재산(금전 포함)을 수수하는 거래를 성립시킬 수 있는 권리를 부여하는 계약을 말한다(자본시장법 5조 1항 2호).

장래 목적물을 매수할 계약상 권리를 콜 옵션(call option), 매도할 계약상 권리를 풋 옵션(put option)이라고 한다. 그 종류로는 통화옵션과 이자율옵션 등이 있다.

㈐ 스 왑 스왑(Swap)이란 장래의 특정일이나 일정기간 동안 미리 정한 가격으로 기초자산이나 기초자산의 가격·이자율·지표·단위 또는 이를 기초로 하는 지수 등에 의하여 산출된 재산(금전 포함)을 교환할 것을 약정하는 계약이다(자본시장법 5조 1항 3호). 법인세법 시행규칙 제37조의2 제 2 호에서는 통화스왑에 대하여, '약정된 시기에 약정된 환율로 서로 다른 표시통화간의 채권채무를 상호 교환하기로 하는 거래'라고 정의하고 있다.

판례는 스왑거래를, "외국환거래에 있어서 미래의 이자율 또는 환율변동에서 오는 위험을 회피하기 위하여 채권이나 채무를 서로 교환하는 거래"로 정의한 바 있으나, 학설은 이러한 정의는 스왑거래의 일정유형에 한정된 것으로 보고, 스왑거래의 개념적 요소로서, ① 현금흐름의 ② 정기적인 ③ 교환을 들고 있다.[1)]

대표적인 스왑거래인 이자율 스왑거래(interest rate swap)는, 스왑거래의 당사자들이 일정한 금액의 원금을 상정하고 일방은 원금금액에 대하여 고정이자율을 상대방에게 지급할 의무를 부담하고, 상대방은 일방에게 변동이자율을 지급할 의무를 부담

1) 김재광, "스왑거래와 세법상 문제점", 조세법연구 8-1, 34면.

함으로써 현금흐름(일방은 고정이자율, 타방은 변동이자율에 상당하는 이자)을 정기적으로 교환하는 구조를 취한다. 통화스왑(currency swap)도 이와 비슷한 구조이다. 그 밖에 하나 이상의 주식 또는 주가지수 가격에 기초하여 교환될 현금흐름을 측정하는 지분증권스왑(equity swap)이나 선물과 스왑이 혼합된 형태의 스왑선물(forward swap), 옵션과 스왑이 혼합된 형태의 스왑옵션(swaption)거래 등도 행하여진다.

(3) 파생상품에 대한 기업회계기준 및 세법상 처리

기업회계는 파생상품의 회계처리에 관해, 해당 계약에 따라 발생된 권리와 의무를 자산·부채로 계상하되 공정가액으로 평가한 금액을 재무상태표 가액으로 하고(국제기준 1109-4.1.4; 일반기준 6-39), 파생상품에서 발생한 손익은 발생시점에서 당기손익으로 인식하되, 위험회피 목적의 경우 위험회피활동을 반영하기 위한 회계처리를 할 수 있도록 규정하고 있다(국제기준 1109-5.7.1; 일반기준 6-39).

파생상품의 과세문제에 대하여 기업회계를 따르는 경우 이해관계자에 대한 적정한 공시를 도모할 수 있고, 파생상품 손익의 회계기간별 조작을 방지하는 등의 장점이 있으나, 장외거래의 경우 평가가 임의적이고 미실현이익에 대해 과세한다는 난점이 따른다. 이에 반해 소득세법이나 법인세법의 권리의무확정주의 원칙에 따르게 되면, 평가의 임의성에 따른 소득조작을 방지하고 실현된 이득에만 과세할 수 있는 장점이 있으나, 과세이연을 통한 조세회피의 소지가 있고 기업회계와의 불일치에 따른 복잡한 세무조정을 필요로 한다는 단점이 따르게 된다.[1)]

구체적으로 파생상품에 대한 과세문제와 관련하여서는 파생상품으로부터 발생한 이익의 소득구분과 과세시기를 어떻게 확정할 것인가가 주로 문제된다.

소득세법은 몇 번의 법령 개정을 통해 현재는 사실상 주가지수 관련 모든 장내 및 장외 파생상품을 양도소득세 과세대상으로 삼고 있으며(법 94조 1항 5호, 영 159조의2 1항 1호 내지 6호), 이자나 배당소득을 발생시키는 거래 또는 행위와 파생상품이 결합된 경우 해당 파생상품의 거래 또는 행위로부터의 이익을 이자소득이나 배당소득으로 과세하도록 하고 있다(법 16조 1항 13호, 17조 1항 10호).[2)]

1) 파생금융상품 발전을 선도하는 미국은 내국세입법(IRC)에 몇 가지 기준을 두고 있다. 그 요지는 (ⅰ) 선물증권거래나 옵션 매각·교환에서 발생하는 손익은 기초자산 처분손익으로, 옵션거래 종결이나 옵션기간 만료로 옵션발행자에게 발생하는 손익은 1년 미만의 기간 동안 보유한 자본자산의 처분에서 발생한 손익으로 각각 취급하고(§1234), (ⅱ) 파생상품거래업자가 소유하는 파생상품과 위험회피거래에 수반되는 권리·의무는 원칙적으로 자본이득을 창출하는 자본자산으로 보지 않으며{§1221(a)(6),(7)}, (ⅲ) 선물계약, 외환계약, 비지분형 옵션계약 등과 같은 특정유형의 파생금융상품을 매년 시가에 의해 평가하도록 하여 손익을 실현하는 것 등이다(§1256).

2) 관련 논의는, 김재광, 앞 논문 49면. 손영철, "파생상품 이익의 소득구분과 수입시기에 관한 연구", 조세법연구 21-2, 52면 이하.

국내사업장이 없는 외국법인이 자본시장법에 따른 장내파생상품과 장외파생상품으로서 같은 법 시행령 제186조의2에 따른 위험회피목적 거래를 통하여 취득한 소득은 국내원천소득으로 보지 아니한다(법령 132조 9항).

3. 금융소득에 대한 종합과세와 분리과세

거주자의 금융소득 중, 법 제129조 제2항의 세율에 따라 원천징수하는 이자소득 및 배당소득과 제16조 제1항 제10호에 따른 직장공제회 초과반환금(3호), 법인으로 보는 단체 외의 단체 중 수익을 구성원에게 배분하지 않는 단체로서 단체명을 표기하여 금융거래를 하는 단체가 금융회사 등으로부터 받는 이자소득 및 배당소득(4호), 조특법에 의하여 분리과세되는 소득(5호), 위 각 호 외의 이자소득과 배당소득의 합계액이 2천만 원 이하이면서 법 제127조에 따라 원천징수된 소득(6호) 등은 분리과세되고, 나머지 금융소득은 종합과세된다(법 14조 3항 3호 내지 6호).

분리과세되는 금융소득은 상대적으로 저율의 세율에 의하여 완납적으로 원천징수된다. 세율은 통상적으로 14%, 비영업대금의 이익은 25%(다만 온라인투자연계금융업 및 이용자 보호에 관한 법률에 따라 금융위원회에 등록한 온라인투자연계금융업자를 통하여 지급받는 이자소득은 14%)이다(법 129조 1항 1·2호).

이와 같이 일정 기준 이하의 금융소득을 완납적 원천징수의 대상으로 삼은 것은 이자소득 발생의 대량성 및 금융상품의 다양성을 감안한 것이다. 비슷한 유형을 이자소득으로 함께 분류하여 같은 세율로서 원천징수의 대상으로 삼은 것이다.

한편 금융소득이 종합과세되는 경우 그 산출세액에 관하여는 종합소득세율과 비교하여 높은 세율을 적용하는 방식을 채택하고 있다(법 62조 참조). 이는 현행 소득세율구조가 누진율구조로 되어 있어 종합과세기준금액을 초과하는 금액이 소액인 경우에는 납세자가 원천징수세율보다 낮은 최저세율(6%)을 적용받아 금융소득종합과세 시의 세액이 오히려 원천분리과세 세액보다 적어지기 때문이다.

4. 금융투자소득에 대한 과세의 입법 및 폐지

그동안 우리 금융세제는 신종금융상품의 출현 등 변화된 금융환경에도 불구하고 복잡한 과세체계로 인해 금융투자의 어려움을 야기하는 한편 과세규정 미비로 인해 과세불공평이 초래되고 금융소득간 손익통산도 불가능하는 등의 점에 관하여 많은 문제 제기가 있었다. 이에 2020. 12. 29. 개정된 소득세법에서 금융투자소득을 신설하여 자본시장법상 모든 금융투자상품으로부터 발생하는 소득에 대한 과세체계를 갖추는 입법이 이루어진바 있다(위 개정법 4조 1항 1호, 2의2호, 87조의2 이하).

그 주요내용은 원본손실 가능성이 있는 자본시장법상 금융투자상품(증권, 파생상품)으로부터 발생하는 모든 소득을 금융투자소득으로 구성하고, 이를 종합소득, 퇴직소득, 양도소득(부동산)과 분류과세하며, 주식거래에 따른 소득을 금융투자소득에 포함하여 상장이나 대주주 여부를 불문하고 전면적으로 과세하되 국내 상장주식의 경우 5천만 원까지 비과세하고, 금융투자소득 간 손익통산 및 5년 간 이월공제 적용을 허용한다는 것 등이었다. 이에 따르면 종전에 양도소득으로 과세되던 주식 등과 파생결합상품 양도소득은 대부분 금융투자소득으로 통합, 규정되고 과세범위도 대폭 넓어진 반면, 이자소득, 배당소득 및 양도소득의 과세대상 및 범위는 그에 상응하여 축소되게 된다. 다만 금융시장 혼란을 방지하기 위해 여러 번의 부칙 개정을 통하여 시행 시기가 연기되어 오다가 최종적으로 2025. 1. 1. 시행될 예정이었다.

그러나 최종 시행에 앞서 정치권과 시장에서 시행에 대한 반대 목소리가 끊이지 않다가, 주식시장이 불안정한 상황에서 자본시장 발전 및 국내 투자자 보호를 위한다는 취지에서 2024년 말 법 개정으로 최종적으로 입법이 폐지되기에 이르렀다.

금융투자소득세제의 폐지가 단기간으로 자본시장의 활성화에 일부 긍정적인 효과를 초래할 것으로 보이나 다른 한편 소득 있는 곳에 과세한다는 소득과세의 기본원칙과 과세의 형평 및 자본소득 과세에 대한 국제적인 흐름에 반한다는 지적과 함께 세수의 부족을 초래할 것이라는 등의 부정적 평가와 전망도 만만치 않은 실정이다.

제 3 절 이자소득

1. 총 설

가. 개 념

사법상 이자란 금전을 대여하여 원본의 금액과 대여기간에 비례하여 받는 돈 또는 그 대체물을 의미하지만 경제적 실질에서의 이자란 결국 돈의 시간가치를 가리킨다. 예금·할부금·수수료·공제금·체당금·소개료 기타 그 명목을 불문하나(판

89. 10. 24, 89누2554), 경제적 실질에서의 이자가 모두 소득세 과세대상은 아니다.

이자소득에는, 국가나 지방자치단체가 발행한 채권 또는 증권의 이자와 할인액(1호), 내국법인이 발행한 채권 또는 증권의 이자와 할인액(2호), 국내에서 받는 예금(적금·부금·예탁금과 우편대체 포함)의 이자(3호), 상호저축은행법에 따른 신용계 또는 신용부금으로 인한 이익(4호), 외국법인의 국내지점 또는 국내영업소에서 발행한 채권이나 증권의 이자와 할인액(5호), 외국법인이 발행한 채권 또는 증권의 이자와 할인액(6호), 국외에서 받는 예금의 이자(7호), 대통령령으로 정하는 채권 또는 증권의 환매조건부매매차익(8호), 대통령령으로 정하는 저축성보험의 보험차익(9호. 단서에 따른 예외 있음), 대통령령으로 정하는 직장공제회 초과반환금(10호), 비영업대금의 이익(11호), 위 각 호의 소득과 유사한 소득으로서 금전의 사용에 따른 대가의 성격이 있는 것(12호), 제 1 호부터 제12호까지의 규정 중 어느 하나에 해당하는 소득을 발생시키는 거래 또는 행위와 자본시장법 제 5 조에 따른 파생상품이 대통령령으로 정하는 바에 따라 결합된 경우 해당 파생상품의 거래 또는 행위로부터의 이익(13호; 2025. 1. 1. 시행) 등이 포함된다(법 16조 1항).

'비영업대금의 이익'이란 금전 대여를 사업목적으로 하지 않는 자가 일시적·우발적으로 금전을 대여함에 따라 지급받는 이자 또는 수수료 등을 말한다(영 26조 3항). 그 나머지 대부분은 금융기관의 금융상품 이자에 해당한다. 제12호는 소득구분에 관해 유형별 포괄주의를 채택한 것인데 시행령 제26조 제 4 항은 '채권을 대여하고 받은 이자 상당액'을 그 하나로 규정하고 있다. 판례는 위 규정 신설 후 직장공제회 초과반환금 중 회원의 퇴직·탈퇴 전에 지급되는 목돈급여와 종합복지급여 부가금이 이자소득에 해당한다고 보았다(판 2010. 2. 25, 2007두18284).

제13호는 금융회사 등이 소득세 과세대상인 이자·배당소득을 발생시키는 상품과 소득세 비과세대상인 파생상품을 결합시켜 만든 복합 금융상품에서 발생한 이익을 이자·배당소득으로 과세하여 조세회피를 방지하기 위한 것이다.[1])

위 각 항목에 해당하는 이상 사업에 부수하여 행하여져도 이자소득이 된다.

1) 이 규정 신설 전 사안으로, 은행과 고객이 엔화정기예금과 선물환거래를 함께 가입하는 '엔화스왑예금계약'을 체결하여 고객은 자신 소유의 원화를 엔화로 바꾸어 은행에 예치하고(만기에 엔화예금 이자는 거의 없음), 예금계약 체결일에 미리 엔/원 선물환율과 현물환율의 차이를 일정한 방식으로 산정한 스왑포인트(swap point)에 따른 확정비율을 정하여 선물환계약을 체결함으로써 만기에 그 비율에 따른 금원을 고객이 은행으로부터 원금과 함께 지급받은 경우 이를 구 소득세법(2006. 12. 30. 개정 전의 것) 제16조 제 1 항 제 3 호, 제 9 호, 제13호(현행 제 8 호, 제12호)에서 정한 이자소득세 과세대상에 해당하지 않는다고 판단한 것으로 판 2011. 4. 28, 2010두3961. 판결에 대한 평석은, 정운오·전병욱, "엔화스왑예금 과세사건 판결의 분석", 조세법연구 16-3, 122면, 오 윤, "소득세법의 주요쟁점에 관한 판례의 동향", 조세법연구 22-3, 77면 등.

이자소득은 필요경비를 인정하지 않을 뿐 아니라 분리과세되는 이자소득은 완납적 원천징수의 대상이 되므로 그 대상과 범위를 명확하게 한정지을 필요가 있다. 이자소득인지 여부가 문제되는 경우는, 크게 당사자가 거래 형태를 남용하는 경우와 그렇지 않은 경우로 구분할 수 있는데 어느 경우든 거래형식에 불구하고 실질이 세법이 정한 이자소득 개념에 포함되는지 여부에 따라 판단하여야 할 것이다. 판례도, 채권자가 경매절차에서 담보부동산을 경락으로 취득한 경우 경락취득으로 인한 이득은 취득한 부동산 시가가 원리금을 초과하더라도 이자소득으로 볼 수 없다고 본 반면(판 91. 11. 26, 91누3420), 국내에 고정사업장이 없는 두 외국법인 사이에 거래조건 등이 모두 정해진 상태에서 국내 법인이 중계무역 형태로 개입하여 한쪽으로부터 대금을 지급받고 다른 한쪽에는 매입대금에 일정 비율의 금원을 추가하여 지급한 경우, 이는 형식상 중계무역의 외관을 한 자금차입거래에 불과하므로 내국법인이 외국법인에 지급한 이자는 국내사업장이 없는 외국법인의 국내원천 이자소득으로서 법인세 원천징수 대상이라고 보는 등(판 2011. 5. 26, 2008두9959), 이자소득에 해당하는지 여부를 기본적으로 거래의 실질에 따라 판단하고 있다.

나. 다른 소득과의 구분

이자소득과 다른 소득의 구분이 특히 문제되는 경우는 다음과 같다.

(1) 사업용 자산인 예금의 이자 등

사업을 영위하는 거주자 또는 부동산임대소득이 있는 거주자가 그 사업자금 또는 임대보증금의 일부를 은행에 예입하거나 타인에게 대여하고 받는 이자수입은 법 제16조의 해석상 사업소득이 아닌 이자소득으로 보아야 한다.

(2) 손해배상금에 대한 법정이자 이 장 제 8 절 기타소득에 대한 부분 참조.

(3) 장기할부조건부 판매에 있어서의 이자상당액

물품을 장기할부조건으로 판매함에 있어서 장기할부조건에 대한 반대급부로서 현금거래 또는 통상의 대금결제방법에 의한 거래의 경우보다 추가로 지급받은 금액이나, 계약을 체결하는 과정에서 이자상당액을 가산하여 매도가액을 확정하고 할부방법에 따라 이자를 포함한 가액을 매도대금으로 지급받은 경우에 있어서의 그 이자상당액 등은 비영업대금의 이익에 해당하지 않으며, 당해 물품의 매도가액에 포함되어 사업소득 등을 구성하게 된다(판 91. 7. 26, 91누117).

(4) 대금업(貸金業)을 영위하는 자의 이자

원본에서 발생하는 이자도 당해 금전의 대여가 사업상 행하여지면 이자소득이 아닌 사업소득을 구성한다. 이자가 사업소득에 해당되려면, 금전 대여가 영리를 목적으로 하여 불특정다수인을 상대로 계속적·반복적으로 이루어져야 한다. 그에 관한 판단은, 금전대여 행위의 규모·상대방의 범위·거래의 횟수·거래기간의 장단·이자액의 크기·자금의 조달방법·담보권설정의 유무·금전대여를 위한 물적 시설 및 인적 조직의 상황·광고선전의 상황 등의 제반사정을 고려하여 행한다(판 87. 12. 22, 87누784).

2. 이자소득금액의 계산

이자소득금액은 해당 과세기간의 총수입금액이다(법 16조 2항).

수입에 대응하는 비용을 인정하고 있지 않다는 점에서, 이자소득에 대한 과세는 다음에서 보는 배당소득과 함께 자기자본의 투자를 전제로 하고 있다. 예컨대 차입금을 제 3 자에게 빌려 준 경우에도 차입금 이자를 대여금 이자소득에 대한 비용으로서 공제할 수 없다. 이처럼 이자소득에 대해 비용을 인정하지 않는 것은 통상 돈을 빌려 예금을 하는 것은 생각할 수 없다는 점과 원천징수와의 관계에서 가능한 한 절차가 단순한 것이 바람직하다는 등의 이유에서이나, 이에 대하여는 순소득과세의 원칙에 위배되고 사업소득인 대금업(貸金業)과의 형평이 어긋난다는 지적이 있다. 다만 헌법재판소는 이자소득에 관하여 비용을 인정하지 않는 것을 합헌으로 판단하고 있다(헌 2001. 12. 20, 2000헌바54).

제 4 절 배당소득

1. 총 설

상법상 배당이란 출자자(주주 또는 사원)가 법인으로부터 그 투자비율에 따라 받는 이익을 말한다. 그러나 소득세법상 배당소득은 당해 연도에 발생한 다음 각 호의 소득을 모두 포함한다(법 17조 1항).[1]

1. 내국법인으로부터 받는 이익이나 잉여금의 배당 또는 분배금 2. 법인으로 보는 단체로부터 받는 배당금 또는 분배금 2의2. 법인세법 제 5 조 제 2 항에 따른 법인과세

1) 관련 논의는, 임준호, "법인세법상 소득처분과 소득세법상 배당소득의 개념", 특별법연구 7권, 569면. 장재형, "배당, 분배, 배분의 개념체계와 과세제도에 관한 연구", 조세법연구 21-3, 161면 등.

신탁재산으로부터 받는 배당금 또는 분배금 3. 의제배당 4. 법인세법에 따라 배당으로 처분된 금액(인정배당) 5. 국내 또는 국외에서 받는 대통령령으로 정하는 집합투자기구로부터의 이익 5의2. 국내 또는 국외에서 받는 대통령령으로 정하는 파생결합증권 또는 파생결합사채로부터의 이익 5의3. 금전이 아닌 재산의 신탁계약에 의한 수익권이 표시된 수익증권으로서 대통령령으로 정하는 수익증권으로부터의 이익 5의4. 「자본시장과 금융투자업에 관한 법률」 제 4 조 제 6 항에 따른 투자계약증권으로서 대통령령으로 정하는 투자계약증권으로부터의 이익 6. 외국법인으로부터 받는 이익이나 잉여금의 배당 또는 분배금 7. 국제조세조정에 관한 법률 제27조에 따라 배당받은 것으로 간주된 금액 8. 제43조에 따른 공동사업에서 발생한 소득금액 중 같은 조 제 1 항에 따른 출자공동사업자의 손익분배비율에 해당하는 금액 9. 제 1 호, 제 2 호, 제 2 호의2 및 제 3 호부터 제 5 호까지, 제 5 호의2부터 제 5 호의4까지, 제 6 호 및 제 7 호까지의 규정에 따른 소득과 유사한 소득으로서 수익분배의 성격이 있는 것 10. 제 1 호, 제 2 호, 제 2 호의2 및 제 3 호부터 제 5 호까지, 제 5 호의2부터 제 5 호의4까지 및 제 6 호부터 제 9 호까지의 규정 중 어느 하나에 해당하는 소득을 발생시키는 거래 또는 행위와 파생상품이 대통령령으로 정하는 바에 따라 결합된 경우 해당 파생상품의 거래 또는 행위로부터의 이익

제 1 호의 배당에는 현금배당과 신주를 발행하여 교부하는 형태의 주식배당 및 현물배당(상법 462조의4 1항)이 모두 포함된다. 이익배당이 의결된 후에는 주주가 배당청구권을 포기하더라도 과세소득을 구성한다. 현물배당은 기업회계상 공정가치로 평가된다(일반기업회계기준 제15장 문단 15, 16의2). 판례는 출자자가 사외유출된 법인의 소득을 확정적으로 자신에게 귀속시켰다면 특별한 사정이 없는 한 주주총회의 결의 여부, 배당가능이익의 존부, 출자비율에 따른 것인지 여부 등과 관계없이 출자자에 대한 배당소득에 해당하는 것으로 추인할 수 있다는 입장이다.[1)]

제 2 호의 법인으로 보는 단체란 국세기본법 제13조 제 1 항 및 제 2 항에 의하여 법인으로 보는 법인격 없는 사단·재단을 가리킨다.

제 3 호와 아래 제 5 호에 관하여는 항을 바꾸어 설명한다.

제 4 호는 법인이 법인세 신고를 하지 않거나 또는 신고에 오류·탈루가 있어 과세관청이 과세표준과 세액을 결정 또는 경정함에 있어 익금가산한 금액이 출자자(출자자인 법인 제외)에게 귀속되었다고 인정되는 경우 출자자에 대하여 배당으로 처리(소득처분)하는 것을 말한다(법법 67조 및 법령 106조 1항 1호 가목). 이를 통상 '인정배당'이라 부른다. 그 자세한 내용은 이 책 756면 참조.

---

1) 사외유출된 소득의 귀속과 관련하여 판 2004. 7. 9, 2003두1059, 1066, 위 제 6 호의 배당에 해당하는지 여부와 관련하여 판 2018. 11. 9, 2014도9026. 그 타당성에 관한 논의는 이 책 763면 참조.

제 5 호의2의 "파생결합증권 또는 파생결합사채로부터의 이익"에 관한 구체적인 사항으로, 시행령 제26조의3에서는, 1. 파생결합증권[1])으로부터 발생한 이익(다만, 당사자 일방의 의사표시에 따라 증권시장 또는 이와 유사한 시장으로서 외국에 있는 시장에서 매매거래되는 특정 주권의 가격이나 주가지수 수치의 변동과 연계하여 미리 정해진 방법에 따라 주권의 매매나 금전을 수수하는 거래를 성립시킬 수 있는 권리를 표시하는 증권 또는 증서로부터 발생한 이익은 제외). 2. 상장지수증권[2])을 계좌 간 이체, 계좌의 명의변경, 상장지수증권의 실물양도의 방법으로 거래하여 발생한 이익(다만, 증권시장에서 거래되는 주식의 가격만을 기반으로 하는 지수의 변화를 그대로 추적하는 것을 목적으로 하는 상장지수증권을 계좌 간 이체, 계좌의 명의변경 및 상장지수증권의 실물양도의 방법으로 거래하여 발생한 이익은 제외). 3. 상법 제469조 제 2 항 제 3 호에 따른 사채로부터 발생한 이익을 규정하고 있다(동 1항). 다만, 주식을 대여하고 해당 주식의 차입자로부터 지급받는 해당 주식에서 발생하는 배당에 상당하는 금액은 법 제17조 제 1 항 제 9 호에 따른 배당소득으로 본다(동 4항).

제 5 호의3의 "수익증권[3])으로부터의 이익"과 제 5 호의4의 "투자계약증권[4])으로부터의 이익"은 그 수익 구조가 유사한 집합투자기구로부터의 이익과 동일하게 배당소득으로 과세한다.[5])

제 6 호에 따른 배당에 대해서는 배당세액공제가 적용되지 않는다(법 17조 3항). 법인세법은 내국법인이 외국법인 등으로부터 수령한 배당에 대해 외국납부세액공제를 통해 이중과세를 조정하고 있으나(법법 57조 4항 내지 5항), 소득세법은 이와 같은 규정을 두고 있지 않다. 다만 소득세법은 거주자가 외국법인으로부터 받는 배당소득과 관련하여, 그 외국법인에 대하여 해당 외국법인의 출자자인 거주자가 직접 납세의무를 부담하는 등의 법정 요건을 갖춘 예외적인 경우에 한해 일정부분 외국납부세액 공제를 허용하고 있다(법 57조 4항).

제 7 호는 피지배외국법인세제에 따른 간주배당을 가리킨다.

제 8 호에 따른 배당은 분리과세 적용대상에서 배제되고(법 14조 3항 6호 괄호),

---

1) 자본시장법 제 4 조 제 7 항.
2) 자본시장법 제 4 조 제10항에 따른 기초자산의 가격·이자율·지표·단위 또는 이를 기초로 하는 지수 등의 변동과 연계하여 미리 정해진 방법에 따라 이익을 얻거나 손실을 회피하기 위한 계약상의 권리를 나타내는 것으로서 증권시장에 상장되어 거래되는 증권 또는 증서(영 23조 4항 1호 나목).
3) 자본시장법 제 4 조 제 5 항.
4) 자본시장법 제 4 조 제 6 항. 관련 논의는, 정훈·김재경, "토큰 증권으로 발행되는 투자계약증권의 과세방안", 조세법연구 29-1, 391면.
5) 파생상품, 파생결합증권 등으로부터의 이익은 일종의 분배금으로서 배당소득으로 과세되나, 해당 증권 등의 양도로 인한 소득은 양도소득으로 과세된다(법 94조 1항 5호).

종합과세 시 세액계산특례 적용이 배제되며(법 62조), 부당행위계산부인 규정이 적용되는 등(법 41조 1항), 과세방법에서 사업소득과 유사하게 취급되는 반면, 비영업대금이익과 동일하게 25%의 원천징수세율이 적용된다(법 129조 1항 2호 가목).

제 9 호는 부분적 포괄주의에 입각한 보충적 규정이다.

판례는, 고객이 은행에 원화를 입금하면 은행은 고시된 국제 금 시세 및 환율기준 거래가격으로 환산한 금을 그램(g) 단위로 기재한 통장을 고객에게 교부하는 '골드뱅킹'의 경우, 고객이 얻는 수익이 운용결과와 직접 인과관계가 없어 위 제 5 호의 '집합투자기구로부터의 이익'과 유사한 소득으로서의 '수익분배의 성격'이 없으므로 제 9 호의 과세대상에 해당되지 않는다고 보았다(판 2016. 10. 27, 2015두1212).[1] 조합원이 조합체에서 탈퇴하면서 지분계산으로 일부 조합재산을 받는 경우 그 수입은 사업소득 또는 양도소득을 구성한다(판 2015. 12. 23, 2012두8977).

2. 집합투자기구로부터의 이익

자본시장법상, "집합투자"란 '2인 이상에게 투자권유를 하여 모은 금전 등을 투자자로부터 일상적인 운용지시를 받지 않고 재산적 가치가 있는 투자대상을 취득·처분 그 밖의 방법으로 운용하고 그 결과를 투자자에게 배분하는 것'을 말한다(같은 법 6조 5항).

"집합투자기구(Collective Investment Vehicle)"는 이러한 '집합투자를 수행하기 위한 기구'로서 흔히 '펀드'라고 부른다. "집합투자증권"은 '집합투자기구에 자기자금을 투자하고 대가로 취득한 증권으로서 집합투자기구에 대한 수익권(투자신탁) 또는 출자지분(투자신탁 이외의 집합투자기구)이 표시된 것'을 말한다.

소득세법 제17조 제 1 항 제 5 호는 투자자에 대한 소득의 분배 시 배당소득으로 보아 과세하는 적격집합투자기구에 관해 규정하고 있다. 투자자에 대한 수익배분 단계에서 과세한다는 점에서 집합투자기구의 실체성을 인정한 셈이다. 그 요건은, 1. 자본시장법에 따른 집합투자기구(같은 법 251조에 따른 보험회사의 특별계정은 제외하되, 금전의 신탁으로서 원본을 보전하는 것 포함)로서, 2. 해당 집합투자기구의 설정일부터 매년 1회 이상 결산·분배하고(다만 적용의 예외요건 있음), 3. 금전으로 위탁받아 금전으로 환급할 것(금전 외의 자산으로 위탁받아 환급하는 경우로서 당해 위탁가액과 환급가액이 모두 금전으로 표시된 것 포함) 등이다(영 26조의2 1항).

---

1) 판결에 대한 평석은, 백제흠, 세법의 논점 2, 150면.

국외에서 설정된 집합투자기구는 제 1 항 각 호의 요건을 갖추지 아니하는 경우에도 제 1 항에 따른 집합투자기구로 본다(동 2항).

적격집합투자기구로부터의 이익에는 집합투자기구가 직접 또는 자본시장법 제 9 조 제21항에 따른 집합투자증권에 투자하여 취득한 증권(제26조의3 1항 2호에 따른 상장지수증권에 투자한 경우에는 그 상장지수증권의 지수를 구성하는 기초자산에 해당하는 증권)으로서 상장유가증권이나 벤처기업의 주식 또는 출자지분 및 상장유가증권을 대상으로 하는 장내파생상품의 거래나 평가로 인하여 발생한 손익은 포함하지 않는다(동 4항). 다만 비거주자와 외국법인에 대하여는 일정한 예외가 인정된다(같은 항 단서). 이와 같은 과세 제외 부분 때문에 개인투자자의 경우 과세대상인 투자수익은 펀드의 기준가격 상승분보다 낮게 평가되는 것이 일반적이다.

집합투자기구가 위 요건을 갖추지 못한 경우 그 법적 형식이 어떠한가에 따라 과세방식이 달라진다. 그 종류로, 신탁형, 회사형, 조합형 세 가지를 상정할 수 있는데, 이 중 신탁형의 경우 투자신탁으로부터의 분배금을 신탁의 이익으로 보도록 하여(동 3항 1호) 신탁의 내용을 중시하는데 반하여, 회사형의 경우 이를 배당으로 보아 분배 시 과세함으로써 단체로서의 법적 형식을 중시하고 있다(동 3항 2호).

투자회사의 경우 적격요건을 충족하지 않으면 법인세가 부과되고, 상장주식 비과세의 혜택이 배제된다. 다만 투자회사가 배당가능이익의 90% 이상을 분배하면 과세소득 금액 계산 시 분배액을 모두 공제받는다(법법 51조의2).

자본시장법 제 9 조 제21항에 따른 집합투자증권 및 같은 법 제279조 제 1 항에 따른 외국 집합투자증권을 계좌간 이체, 계좌의 명의변경, 집합투자증권의 실물양도의 방법으로 거래하여 발생한 이익은 집합투자기구로부터의 이익에 해당한다(소령 26조의2 5항) 상장주식이나 일정한 요건을 갖춘 특수 집합투자기구의 집합투자증권의 양도 등에 대하여는 과세가 제외되며(위 제 5 항 본문 괄호), 일정한 사모투자신탁의 수익금에 대하여도 배당으로 보지 아니하는 특칙이 있다(동 8항).

집합투자증권의 보유 및 양도로 인한 소득은 투자수익과 자본이익(capital gain)이 혼재되어 있으나 구분이 어려워 법은 일률적으로 배당소득으로 본다.[1] 소득의 귀속시기는 상대방으로부터 대가를 받는 때이다(영 46조 7호 참조). 일부 과세에서 제외된 것들은 양도소득세로 과세하기 때문이다. 기본적으로, 집합투자기구에 대한 과세는 투자기구 사이의 경제적 실질보다 법적 형태를 중시하고 있는 것으로 볼 수 있다.

1) 관련 논의는, 문성훈, “집합투자증권 양도 시 소득세 과세의 문제점 및 개선방안에 관한 연구”, 조세법연구 15-1, 263면.

3. 의제배당

가. 의의 및 형태

본래의 의미의 배당은 아니나 법이 배당으로 보고 과세하는 것에 의제배당이 있다. 의제배당은 법인의 잉여금이 배당 이외의 다른 형태로 출자자에게 이전된다고 보고 배당으로 의제하는 것이다. 우리나라에서 의제배당에 대하여 과세하는 취지는 상장법인의 주식양도차익에 대하여 원칙적으로 과세하지 않고 있는 점과 배당가능이익을 이익준비금이나 법정적립금으로 적립한 후 자본에 전입함으로써 과세를 회피할 가능성이 있다는 점 등을 고려한 것이다.[1] 법 제17조 제 2 항 각 호에서는 그 내용들을 다음과 같이 규정하고 있다.

1호: 투자의 회수

주식의 소각이나 자본의 감소로 인하여 주주가 취득하는 금전 그 밖의 재산의 가액 또는 퇴사·탈퇴나 출자의 감소로 인하여 사원이나 출자자가 취득하는 금전 그 밖의 재산의 가액이 주주·사원이나 출자자가 당해 주식 또는 출자지분을 취득하기 위하여 사용한 금액을 초과하는 금액.

이는 광의의 지분의 상실 또는 감소로 인하여 받은 환급금이 그 목적이 된 지분의 취득가액을 초과하는 금액이다. 이와 같이 주식의 소각을 통해 주주에게 소득이 발생하는 경우 법인에는 감자차손이 발생한다. 거꾸로 법인에 감자차익이 발생하게 되어 이를 자본에 전입하면서 주주에게 무상주가 교부되는 경우 의제배당 과세문제에 관하여는 아래 제 2 호의 설명 참조.

주식의 소각이 주주총회의 이익소각 결의에 따라 이루어져 자본의 감소를 수반하지 않는 경우에도 위 조항에 따라 그 취득가액은 공제되어야 한다.[2]

판례는 주주가 회사에 발행주식을 양도하는 경우 자산거래인 주식 양도에 해당하는지 또는 자본거래인 주식소각에 해당하는지는 당사자의 의사와 계약체결 경위, 대금 결정방법, 거래의 경과 등 거래의 전체과정을 실질적으로 파악하여 판단하여야 한다고 본다.[3]

---

1) 의제배당에 대한 우리 입법의 태도에 대하여 학설은 대체로 비판적이다. 일본, 미국, 독일 등에서는 과세대상으로 삼지 않고 있다. 자세한 내용은, 이준규·김진수, "무상주식에 대한 의제배당과 세제도의 고찰", 조세법연구 11-1, 199면. 김종근·박 훈, 앞 논문, 208면.
2) 판 2017. 2. 23, 2016두56998. 판결에 대한 평석은 조성권, 조세실무연구 9, 186면 이하.
3) 판 2019. 6. 27, 2016두49525. 관련 논의는 이 책 617면 참조.

2호: 잉여금의 자본전입

법인의 잉여금의 전부 또는 일부를 자본 또는 출자에 전입함으로써 취득하는 주식 또는 출자지분의 가액. 다만 다음 각 목의 어느 하나에 해당하는 금액을 자본에 전입하는 경우는 제외한다.

가. 상법 제459조 제 1 항에 따른 자본준비금으로서 대통령령으로 정하는 것

나. 자산재평가법에 따른 재평가적립금(같은 법 13조 1항 1호에 따른 토지의 재평가차액에 상당하는 금액은 제외한다)

총자산에서 총부채를 뺀 자기자본이 자본금을 초과하는 경우 그 초과금을 잉여금이라고 한다. 기업이 경영성적이 좋아 당해 회계연도에 이익이 생기면 주주에게 배당하거나 임원상여금으로 지급하는데 회사는 그 자본의 1/2에 달할 때까지 매 결산기 금전 이익배당액의 1/10 이상을 이익준비금으로 적립하고(상법 458조), 그 밖에 분배하고 남은 금원 등도 각종 적립금 형태로 회사에 유보된다. 이와 같은 이익준비금과 적립금을 합한 금액이 이익잉여금이다. 한편 회사는 액면초과발행금, 감자차익금, 합병차익금 및 그 밖의 자본거래에서 발생한 잉여금(자본잉여금)을 상법이 정한 회계기준에 따라 자본준비금으로 적립하여야 한다(상법 459조 1항, 동 시행령 18조, 15조).

잉여금을 자본에 전입하면 법인의 자본금은 증가하나 법인의 실제 재산에는 변동이 없고, 주주 입장에서도 주식 수는 늘어나나 보유한 총주식 가치가 증가하는 것은 아니고 주주들 사이의 주식소유비율이 달라지는 것도 아니다. 이러한 점 때문에 잉여금의 자본전입에 따른 무상주 교부에 관하여는 근본적으로 과세소득에 해당하는지에 관한 논의가 있고, 미국, 독일, 일본 등 대부분 국가에서는 이를 과세소득 범위에서 제외하고 있다.[1)]

우리나라에서는 주권상장법인의 주식양도차익에 대하여 원칙적으로 소득세를 과세하지 않고 있는 점과 배당가능이익을 준비금으로 적립한 후 자본금에 전입함으로써 과세를 회피할 수 있는 점 들을 고려하여 잉여금의 자본전입에 따른 무상주 취득에 대하여 이를 배당으로 의제하여 과세하고 있는 실정이다.

위 가목에서 배당으로 의제하지 않는 사항으로 규정하고 있는 '상법 제459조 제 1 항에 따른 자본준비금으로서 대통령령으로 정하는 것'이란 법인세법 제17조 제 1 항 각 호에 해당하는 금액을 말한다. 다만 법인세법 시행령 제12조 제 1 항 각 호의 어느 하나에 해당하는 금액은 제외한다(소령 27조 4항).

법인세법 제17조 제 1 항 각 호는 다음과 같다.

1) 자세한 논의는, 김완석·황남석, 앞의 책 233면 참조.

1. 주식발행액면초과액(무액면주식의 경우에는 발행가액 중 자본금으로 계상한 금액을 초과하는 금액). 다만 채무의 출자전환으로 주식 등을 발행하는 경우에는 그 주식 등의 법인세법 52조 2항에 따른 시가를 초과하여 발행된 금액은 제외한다. 2. 주식의 포괄적 교환차익 3. 주식의 포괄적 이전차익 4. 감자차익 5. 합병차익 6. 분할차익

이들은 자본거래에 의하여 형성된 자본준비금으로서 법인의 익금에 산입된 바 없으므로 이를 자본에 전입하더라도 주주에 대한 배당으로 의제하지 않는다.

시행령 제27조 제 4 항 단서에 따른 법인세법 시행령 제12조 제 1 항은, 소득세법 제17조 제 2 항 제 2 호 가목에도 불구하고 의제배당으로 과세되는 사항을 다음 각 호의 내용으로 규정하고 있다.

1. 법인세법 제17조 제 1 항 제 1 호 단서에 따른 초과금액

2. 자기주식 또는 자기출자지분을 소각하여 생긴 이익(소각 당시 법 52조 2항에 따른 시가가 취득가액을 초과하지 않는 경우로서 소각일부터 2년이 지난 후 자본에 전입하는 금액은 제외한다). 3. 법인세법 제44조 제 2 항에 따른 적격합병의 경우 합병차익에 달할 때까지 같은 호 각목의 합계액 4. 법인세법 제46조 제 2 항에 따른 적격분할의 경우 분할차익에 달할 때까지 같은 호 각목의 합계액 5. 상법 제345조 제 1 항에 따른 주식의 상환에 관한 종류주식의 법인세법 제17조 제 1 항 제 1 호 본문에 따른 초과금액 중 이익잉여금으로 상환된 금액

이 중 제 1 호의 법인세법 제17조 제 1 항 제 1 호 단서에 따른 초과금액, 즉 채무의 출자전환으로 발행하는 주식 등 발행가액의 시가초과금액은 법인의 입장에서 채무면제익에 해당하므로 과세대상으로 삼은 것이다. 다만 당해 주식 등 시가가 액면가액 이상이고 발행가액 이하인 경우(발행가액 > 시가 > 액면가액), 시가에서 액면가액을 차감한 금액은 주식발행초과금으로 보므로(법법 17조 1항 1호), 그 범위 내에서 자본전입 시 의제배당에서 제외한다.

제 2 호의 자기주식소각익을 자본전입하는 경우 주주에 대한 무상주 교부는 원칙적으로 의제배당 과세에서 제외되나, 시가가 취득가액을 초과하거나 소각일부터 2년 이내에 자본전입하는 경우 예외를 인정한다.[1)] 이는 자기주식을 처분하여 이익을 실현하는 경우와의 형평을 고려한 것이다.

1) 예컨대 액면가액 5만 원인 자기주식 1,000주를 2만 원에 취득하여 소각함에 있어 소각 당시 주식의 시가가 4만 원이면 소각이익 3천만 원{(5만 원−2만 원) × 1,000}을 자본전입하여 무상주를 교부하는 경우 그 금액만큼 의제배당으로 과세된다. 이 경우 순차적인 회계처리는 다음과 같다.

	(차)		(대)	
1.	자기주식	20,000,000원	현 금	20,000,000원
2.	자 본 금	50,000,000원	자기주식	20,000,000원
			감자차익	30,000,000원
3.	감자차익	30,000,000원	자 본 금	30,000,000원

소각익을 소각일로부터 2년 이내에 자본전입한 경우 과세하는 것은 자기주식의 취득과 소각을 회사의 지배구조 변동 수단으로 사용하는 것을 막겠다는 취지이다. 어느 경우이든 법인의 배당가능이익은 늘어나지 않으므로 배당으로 과세하는 금액과 법인의 배당가능이익 사이에 불일치가 일어난다.

제 3 호와 제 4 호는, 합병이나 분할(이하, '합병')을 통해 증가하는 합병법인의 자본 중 주식의 액면가로 계산된 자본금 증가액을 제외한 나머지 부분("합병차익")에 피합병법인의 이익잉여금이 포함된 경우 그 전체가 합병당시 주식발행초과금액으로 처리되어 과세되지 않았으므로 합병법인이 합병차익을 자본에 전입할 때 의제배당으로 과세됨을 규정한 것이다. 그 자세한 설명은 이 책 808면 참조.

제 5 호는 상환주식의 발행으로 법인 내에 유보되어 있는 주식발행액면초과액 중에서 이익잉여금으로 상환된 금액은 형식적으로는 자본잉여금에 해당하나 실질적으로는 이익잉여금의 성격을 가지고 있어 이를 자본에 전입하는 경우 사실상 이익잉여금을 주식배당하는 것과 동일한 효과가 있으므로 해당 금액을 자본전입 시 과세되는 잉여금의 범위에 포함시킨 것이다(2024. 2. 29. 신설).

법 제17조 제 2 항 제 2 호 나.목에서, 자산재평가법에 따른 재평가적립금 중 일정한 토지의 재평가차액을 의제배당에서 제외한 이유는 해당 재평가차액이 익금산입되기 때문이다(같은 법 33조 1항, 13조 1항 1호).

이상의 설명을 표로 살펴보면 아래와 같다.

<table>
<tr><th colspan="4">잉여금(자본전입 재원)의 구분</th><th>의제배당</th></tr>
<tr><td rowspan="11">자본잉여금</td><td rowspan="3">주식발행액면초과액</td><td colspan="2">채무의 출자전환시 채무면제이익</td><td>○</td></tr>
<tr><td colspan="2">상환주식 이익잉여금</td><td>○</td></tr>
<tr><td colspan="2">그 밖의 주식발행액면초과액</td><td>×</td></tr>
<tr><td colspan="3">주식의 포괄적 교환차익·이전차익</td><td>×</td></tr>
<tr><td rowspan="3">감자차익</td><td colspan="2">일반적인 감자차익</td><td>×</td></tr>
<tr><td rowspan="2">자기주식소각익</td><td>시가>취득가 또는 2년 내 전입</td><td>○</td></tr>
<tr><td>그 이외의 경우</td><td>×</td></tr>
<tr><td colspan="3">합병차익·분할차익</td><td>×
(적격합병·분할시 자산조정계정 상당액은 예외)</td></tr>
<tr><td rowspan="2">재평가적립금</td><td colspan="2">익금산입된 토지 재평가차액</td><td>○</td></tr>
<tr><td colspan="2">그 밖의 재평가적립금</td><td>×</td></tr>
<tr><td colspan="3">기타자본잉여금</td><td>○</td></tr>
<tr><td>이익잉여금</td><td colspan="3">법정적립금, 임의적립금, 미처분이익잉여금</td><td>○</td></tr>
</table>

한편 시행령 제27조 제 2 항은 법 제17조 제 2 항 제 2 호 단서 규정에 의하여 주식 등을 취득하는 경우(자본잉여금의 자본전입에 따른 무상주 취득의 경우) 신·구 주식 등의 1주 또는 1좌당 장부가액을 다음 산식에 의해 조정하도록 하고 있다.

$$1주\ 또는\ 1좌당\ 장부가액 = \frac{구주식\ 1주\ 또는\ 1좌당\ 장부가액}{1 + 구주식\ 1주\ 또는\ 1좌당\ 신주\ 등\ 배정수}$$

위 산식은 무상주를 전체주식수에 산입하면서 그 주식의 취득가액을 영(0)으로 보아 전체주식의 취득가액(장부가액) 합계를 무상주를 받기 전과 동일하게 유지하고 있다. 이는 무상주 발행의 본질이 구 주식의 분할에 해당하므로 구 주식의 취득가액을 무상주 배정비율에 따라 구 주식과 무상주에 배분하는 방식으로 조정한 것이다. 나중에 보유주식이 양도되어 양도차익을 산정하거나 합병 또는 주식의 소각 등으로 의제배당액을 산정할 때 공제항목인 취득가액이 위 산식에 따른 조정가액이 되어 그 때에 주주에 대한 과세가 일부씩 이루어지게 된다.[1)]

의제배당 소득도 원칙적으로 배당세액공제의 대상이나 법인세가 비과세되는 잉여금을 재원으로 하는 의제배당 금액은 공제대상에서 제외된다(법 17조 3항 1호).

3호: 법인의 해산

해산한 법인(법인으로 보는 단체를 포함한다)의 주주·사원·출자자 또는 구성원이 그 법인의 해산으로 인한 잔여재산의 분배로서 취득하는 금전 그 밖의 재산의 가액이 해당 주식 및 출자지분 또는 자본을 취득하기 위하여 사용된 금액을 초과하는 금액. 다만 내국법인이 조직변경하는 경우로서 가. 상법에 따라 조직변경하는 경우, 나. 특별법에 따라 설립된 법인이 해당 특별법의 개정 또는 폐지에 따라 상법에 따른 회사로 조직변경하는 경우, 다. 그 밖의 법률에 따라 내국법인이 조직변경하는 경우로서 대통령령으로 정하는 경우에는 그러하지 아니하다.

이 경우는 법인의 유보이익이 잔여재산 분배를 통해 출자자에게 이전되므로 배당으로 의제한다. 경제적 측면에서, 1호의 초과환급이 회사자본의 일부감소라고 한다면 본 호는 회사자본의 전부감소라고 볼 수 있다. 단서의 경우는 조직변경 전후로 사실상 동일한 법인이 계속 존속하는 것으로 보아 의제배당 과세를 유예한 것이다.

위 다.목에서 '대통령령으로 정하는 경우'란 법인세법 시행령 제121조(법인의 조직변경의 범위) 각 호의 어느 하나에 해당하는 경우를 말한다(영 27조의2).

---

1) 판 92. 3. 13, 91누9916. 이 판결에 대한 평석은, 구욱서, "자산재평가적립금의 자본전입에 의한 무상주의 의제배당에서의 취급", 사법행정 제384호(92. 12), 71면; 이인철, 판례백선, 197면.

4호: 법인의 합병

합병으로 소멸한 법인의 주주·사원 또는 출자자가 합병 후 존속하는 법인 또는 합병으로 설립된 법인으로부터 그 합병으로 취득하는 주식 또는 출자지분의 가액과 금전 또는 그 밖의 재산가액의 합계액이 그 합병으로 소멸한 법인의 주식 또는 출자지분을 취득하기 위하여 사용한 금액을 초과하는 금액.

합병·분할의 경우 법적으로 법인의 동일성이 유지된다고 볼 수 있으나, 세법은 정책적으로 특별히 이 단계에서 소득의 발생을 인식하여 과세한다. 그러나 아래 나. 항에서 보는 바와 과세의 범위는 제한적이다.

5호: 무상주의 재배정

법인이 자기주식 또는 자기출자지분을 보유한 상태에서 제 2 호 각 목의 규정에 따른 자본전입을 함에 따라 그 법인 외의 주주 등의 지분비율이 증가한 경우 증가한 지분비율에 상당하는 주식 등의 가액.

이 경우 법인의 배당가능이익에는 변동이 없어 주주에 대하여 배당으로 과세하는 금액과 법인의 배당가능이익 사이에 불일치가 발생한다(법 17조 3항 3호).

6호: 법인의 분할

법인이 분할하는 경우 분할되는 법인 또는 소멸한 분할합병의 상대방 법인의 주주가 분할로 설립되는 법인 또는 분할합병의 상대방 법인으로부터 분할로 취득하는 주식의 가액과 금전 그 밖의 재산가액의 합계액이 그 분할법인 또는 소멸한 분할합병의 상대방 법인의 주식(분할법인이 존속하는 경우에는 소각 등에 의하여 감소된 주식에 한정한다)을 취득하기 위하여 사용한 금액을 초과하는 금액.

나. 의제배당액의 계산

위 각 호에 따른 의제배당액은, 각 호의 사유로 인하여 주주 등이 취득하는 주식, 금전 그 밖의 재산의 가액으로부터 당해 취득의 기초가 된 주식 등을 취득하기 위하여 소요된 금액을 공제하여 산정한다.

각 호의 의제배당액을 산정함에 있어서 금전 외의 재산의 가액은, 1. 취득한 재산이 주식 등의 경우에는 주식의 종류별로 다음 가 내지 라목에 의하고, 2. 취득한 재산이 주식 등이 아닌 경우에는 그 재산의 취득 당시의 시가에 의한다(법 17조 5항; 영 27조 1항).

가. 법 제17조 제 2 항 제 2 호와 제 5 호의 의제배당의 경우에는 주식의 액면가액 또는 출자가액

나. 법 제17조 제 2 항 제 4 호와 제 6 호의 합병·분할로 인한 의제배당 중 각각 법인세법 제44조 제 2 항 제 1 호 및 제 2 호 전단과 같은 법 제46조 제 2 항 제 1 호 및 제 2 호 전단의 요건을 갖추거나 같은 법 제44조 제 3 항에 해당하는 경우에는 합병으로 소멸한 법인, 분할법인 또는 소멸한 분할합병의 상대방법인의 주식 등을 취득하기 위하여 소요된 금액(다만 합병 또는 분할로 금전이나 그 밖의 재산을 받은 경우로서 합병 또는 분할로 취득한 주식 등의 시가가 피합병법인 등의 주식 등의 취득가액보다 작은 경우에는 시가)

다. 상법 제462조의2의 규정에 의한 주식배당의 경우에는 발행금액

라. 가목부터 다목까지의 규정에 해당하지 아니하는 경우에는 취득당시의 시가

> 의제배당액 = 주주 등이 취득하는 주식, 금전 그 밖의 재산의 가액 − 당해 취득의 기초가 된 주식 등을 취득하기 위하여 소요된 금액

아래에서 각 항목별로 살펴본다.

(1) 주주 등이 취득하는 주식, 금전 그 밖의 재산의 가액

본래 자본거래에 해당하는 신주식의 발행 및 주주에 대한 발행주식의 무상교부를 주주에게 실현된 소득으로 보아 과세대상으로 삼을 것인지 여부나 과세의 범위를 어떻게 정할 것인가는 기본적으로 입법정책의 문제이다. 소득세법의 위 규정이나 법인세법(법령 14조 1항 1호 참조)은 이를 과세대상으로 인식하면서 다만 실현된 배당소득의 크기는 원칙적으로 취득한 주식의 시가가 아니라 그 액면가액 내지 발행금액(나목의 적격합병 및 적격분할의 경우에는 장부가액)으로 인식한다.

주식배당의 경우 액면가액을 배당소득으로 파악하는 것은 회사의 배당가능이익과 관련이 있다. 즉, 상법 제462조의2 제 2 항은 주식배당을 주식의 권면액으로 하도록 하여 주식배당으로 주식의 액면액만큼 자본금을 증가시키고 이익잉여금을 줄이는 소위 액면가액법을 채택하고 있는데,[1] 배당소득의 크기 역시 주식의 액면가액 한도에서 파악하여야만 주식배당으로 인하여 줄어드는 회사의 배당가능이익과 일치하고, 배당세액공제 등에 있어서 불일치가 발생하지 않게 된다.

시행령 제27조 제 1 항 제 1 호 가목 및 나목의 경우 무액면주식의 가액은 법인의 자본금에 전입한 금액을 자본금 전입에 따라 신규로 발행한 주식 수로 나누어

---

1) 이는 배당되는 주식의 시가만큼 이익잉여금을 줄이고 주식의 액면금액만큼 자본금을 늘리며 둘 사이의 차액만큼 주식발행액면초과액을 늘리는 시가법과 대비된다.

계산한 금액으로 한다(영 27조 6항).

4호와 관련하여, 법인세법 제44조 제 2 항 제 1 호 및 2호(주식보유 관련 부분 제외) 또는 법 제46조 제 2 항 제 1 호 및 제 2 호(주식보유 관련부분 제외)의 요건을 모두 갖추거나 같은 법 제44조 제 3 항에 해당하는 합병('적격합병')의 경우 주주가 취득하는 합병교부주식은 소멸주식(피합병법인 발행 주식)의 장부가액으로 평가하고(법령 14조 1항 1호 나목 본문), 예외적으로 합병교부주식 외 금전 그 밖의 재산을 함께 받은 경우로서 해당 주식 등의 시가가 피합병법인 주식 등의 취득가액보다 작은 경우에는 시가로 평가하도록 규정하여(위 나목 본문 괄호), 결과적으로 의제배당 과세문제는 일어나지 않도록 하였다. 이 점은 6호의 분할의 경우에도 같다.

위와 같은 적격합병 외의 합병에 따라 취득하는 합병신주의 가액은 취득 당시의 시가로 평가한다. 다만 의제배당소득에 대한 특례규정은 적격합병의 요건 중 사업영위요건과 합병대가요건만을 충족하면 적용되므로 다른 요건을 위반하여 비적격합병에 해당한 경우에도 의제배당소득에 따른 과세는 이루어지지 않는다.

(2) 당해 취득의 기초가 된 주식 등을 취득하기 위하여 소요된 금액

법 제17조 제 2 항 제 1 호·제 3 호·제 4 호 및 제 6 호를 적용할 때, **주식 또는 출자지분을 취득하기 위하여 소요된 금액이 불명한 경우에는 그 주식 또는 출자지분의 액면가액(무액면주식의 경우에는 해당 주식의 취득일 당시 해당 주식을 발행하는 법인의 자본금을 발행주식총수로 나누어 계산한 금액) 또는 출자금액을 그 주식 또는 출자지분의 취득에 사용한 금액으로 본다**(법 17조 4항).

잉여금의 자본전입(2호)이나 무상주의 재배정(5호)의 경우 무상으로 주식을 교부받거나 지분비율이 증가하므로 교부받은 주식의 평가액이 곧 의제배당액이 된다.

법 제17조 제 2 항 제 1 호에 의한 자본의 감소 또는 주식의 소각(출자의 감소 또는 출자지분의 소각 포함)에 의한 의제배당 총수입금액을 계산함에 있어서 의제배당일로부터 역산하여 2년 이내에 자본준비금 자본전입에 따라 취득한 주식 등으로서 법 제17조 제 2 항 제 2 호 단서 규정에 의하여 의제배당으로 보지 아니하는 것(단기소각주식 등)이 있는 경우에는 단기소각주식 등이 먼저 감소 또는 소각된 것으로 보며, 당해 단기소각주식 등의 취득가액은 없는 것으로 본다. 다만 주식발행액면초과액의 자본전입에 따라 발행된 주식은 적용대상에서 제외 된다(영 27조 3항).

위 규정취지는 의제배당에 해당하지 않는 무상주 감자에 따른 의제배당액 계산 시 소멸주식의 취득가액이 시행령 제27조 제 2 항과 같이 계산되어 결과적으로 상당한 과세이연의 효과가 발생하는데, 단기소각주식의 경우에는 양도소득과의 형평 및 자본충실에 반하는 측면을 고려하여 위와 같은 감자나 주식의 소각 단계에서 곧바로 취득가액을 영(0)으로 취급하여 과세하겠다는 것이다. 다만 주식발행초과금의 자본전입에 따른 무상주의 경우 자본금과 동일한 납입자본을 재원으로 한다는 점에서 법적 실질이 주식분할과 동일하므로 이에 대한 예외를 인정하고 있다.

단기소각주식 등의 취득 후 의제배당 이전에 주식 등의 일부를 양도하는 경우의 대상주식의 특정 및 제 1 호에 따른 주식 소각 후의 장부가액의 수정에 관하여도 법은 별도의 규정을 두고 있다(위 같은 항 참조).

이와 같이 우리 법은 주주의 의제배당액을 계산함에 있어서 납입자본금이 아닌 당해 주식의 취득가액을 공제하는데, 배당소득으로 과세하면서 납입자본금이 아닌 취득가액을 공제하는 것은 입법론상 의문이라는 지적이 많다. 이 점은 해산이나 청산 시의 의제배당액 계산에 있어서도 동일하게 문제된다.[1]

해산이나 청산 시 주주의 소득에 대한 외국의 입법 예를 보면, 배당으로 과세하는 방식(우리나라, 일본, 독일 등)과 주식양도차익으로 과세하는 방식(미국, 영국)으로 대별할 수 있는데, 전자의 경우 잔여재산분배액에서 자기자본액을 차감하는데 반해, 후자는 잔여재산분배액에서 주식의 취득가액을 차감하는 방식을 취하는 것이 일반적이다.[2]

4. 배당소득금액의 계산

이자소득의 경우와 마찬가지로 배당소득금액의 계산에 있어서도 비용의 공제가 인정되지 않기 때문에 배당소득금액은 당해 과세연도 총배당수입금액과 일치한다. 배당소득은 이자소득과 함께 금융소득을 구성하여 원칙적으로 연간 2천만 원을 기준으로 종합과세와 분리과세로 구분된다. 그 구체적인 내용은 이자소득의 경우와 다르지 않다. 다만 배당소득은 배당세액 공제가 적용되는 점이 이자소득과 다르다. 2천만 원 기준액을 산정하는 배당소득에는 배당세액공제를 함에 있어서 Gross-up하는 금액은 포함하지 아니한다(법 14조 4항).

---

1) 판례는 해당 규정이 주식의 보유기간 중 가치증가분을 구분하지 않고 배당소득으로 과세하는 것은 입법정책의 문제로서 헌법에 위배되지 않는다고 보았다. 판 2010. 10. 28, 2008두19628.

2) 관련 논의는, 마영민, "기업의 해산과 세법", 조세법연구 11-2, 101면 이하.

제 5 절 사업소득

1. 총 설

사업소득이란 일정한 사업에서 발생한 소득을 가리킨다. 개인이 사업주체인 점에서 법인소득과 구분되나 사업에서 발생한 소득을 대상으로 한다는 점에서 소득의 파악을 위한 손익산정의 기본적인 태양은 법인세의 경우와 다르지 않다.

사업소득은 자산과 근로가 결합하여 소득을 창출한다는 점에서 순수한 자산성 소득(이자소득, 배당소득 등)이나 근로성 소득(근로소득, 퇴직소득 등)과 다른 특징을 지닌다. 법은 사업소득의 개념을 두지 않은 채 그 유형만을 열거하고 있으나, 제19조 제 1 항 제21호에서, 「**제 1 호부터 제20호까지의 규정에 따른 소득과 유사한 소득으로서 '영리를 목적으로 자기의 계산과 책임 하에 계속적·반복적으로 행하는 활동을 통하여 얻는 소득**」을 사업소득의 하나로 분류하여 그 기본적 속성으로 영리목적성, 독립성 및 계속반복성을 제시하고 있다. 이 중 계속반복성의 특징은 일반적으로 일시성 또는 일회성을 특질로 하는 이자소득, 기타소득, 일시재산소득 및 양도소득과의 중요한 구별기준이 된다.

2017년 말 소득세법을 개정하면서 복식부기의무자인 개인사업자가 유형자산을 양도하는 경우에 발생하는 양도손익을 과세소득에 포함시켰으나(법 19조 1항 20호), 후속조치로 필요한 양도자산 상각시부인 규정은 아직 마련되지 않은 상태이다.[1]

소득세법은 사업의 종류를 농업(작물재배업 중 곡물 및 기타 식량작물 재배업은 제외)·임업·어업·광업·제조업·건설업·부동산업 등 21가지로 구분하고(법 19조 1항 1호 내지 21호), 이들 각 업종을 시행령에서 다시 세분하고 있다(영 31조 이하). 그 밖의 사업의 범위는 한국표준산업분류에 의한다(법 19조 3항).[2]

같은 사업소득 내에서도 어떤 업종의 사업소득이냐에 따라 세액이 달라진다. 특히 추계조사결정에 있어서는 업종에 따라 기준경비율이 다르게 되므로 세액에 큰 영향을 미치게 된다.

---

1) 관련 논의는, 황규영, "양도자산 상각시부인 규정에 대한 소고", 조세법연구 26-3, 293면.

2) 각종 조세 관련 법령에서 업종의 분류를 한국표준산업분류에 의하도록 한 것은 적법하다. 헌 2006. 12. 28, 2005헌바59 및 판 2013. 2. 28, 2010두29192 참조.

2. 다른 소득과의 구분

사업소득은 다른 이자소득, 배당소득, 근로소득 등과 합산과세 하는데 반하여 양도소득은 분류과세 하므로 양자는 그 세액산정방식이 전혀 다르다. 또한 종합과세되는 소득 내에 있어서도 소득의 유형에 따라 필요경비나 소득공제 등 소득금액의 산출내역이 달라지기 때문에 소득의 종류를 명확히 구분할 필요가 있다.

일반적으로 사업소득은 필요경비 공제가 인정되므로 세액산정에서 납세자에게 유리한 측면이 있으나 사업자로 분류되면 부가가치세 납세의무가 인정되므로 불리하게 작용되는 측면도 있다. 또한 원래 과세대상이 아닌 것이 사업으로 행함에 따라 사업소득으로 과세되는 경우도 있다.

지역권·지상권의 설정·대여소득의 경우, 「공익사업을 위한 토지 등의 취득 및 보상에 관한 법률」 제 4 조에 따른 공익사업과 관련된 지역권·지상권의 설정·대여소득은 기타소득, 그 밖의 지역권·지상권의 설정·대여소득은 사업소득으로 과세한다(법 19조 1항 12호 및 21조 1항 9호).

「전자상거래 등에서의 소비자보호에 관한 법률」에 따라 통신판매중개를 하는 자를 통하여 물품 또는 장소를 대여하고 대통령령으로 정하는 규모 이하의 사용료로서 받은 소득도 사업소득에 해당하나, 이를 기타소득으로 원천징수하거나 과세표준확정신고를 한 경우에는 기타소득으로 본다(법 19조 1항 각호 외 부분 단서).

법인 및 개인이 투자기관으로서 금융재산이나 비금융재산(부동산)에 투자함으로써 발생하는 소득도 사업성이 있으면 사업소득에 해당된다.

실무상 사업소득과 다른 소득과의 구분이 많이 문제되는 것들에 관하여 본다.

(1) 주거용 건물의 개발 및 공급업

주거용 건물의 개발 및 공급업은 사업소득 중 건설업으로 분류된다(법 19조 1항 6호; 영 122조 1항 단서, 143조 4항 2호 나목). 이에 따라 주택과 다른 목적의 건물을 함께 신축하여 판매하면 주택부분은 건설업으로, 나머지 부분은 부동산매매업으로 분류되어 사업소득을 산정하게 된다. 판례는 여기의 주택은 본래부터 주거용으로 사용될 목적으로 신축된 것을 말하고, 오피스텔과 같이 공부상 용도를 업무시설 등으로 하여 신축된 경우에는 설령 그것이 사후에 주거용으로 사용되더라도 여기의 주택에 해당되지 않는다고 보았다(판 2010. 7. 22, 2008두21768). 위 조항의 적용을 위해 주택과 다른 목적의 건물이 하나의 단위로 매매되거나 기능면에서 주종관계가 구분되어야 하는 것은 아니다(판 98. 3. 13, 97누20748).

(2) 부동산매매업

사업으로서 행하는 부동산 거래에서 발생하는 소득은 사업소득임에 반하여 양도소득은 단순히 보유하고 있던 특정자산을 양도함으로써 얻는 소득이다. 판례는 양자의 기준을 부동산 거래가 수익을 목적으로 하고 매매의 규모·횟수·태양 등에 비추어 사업활동으로 볼 수 있을 정도의 계속성·반복성이 있는지 여부 등을 기준으로 판단하여야 한다고 보고 있다(판 95. 9. 15, 94누16021 등). 그 판단은 양도인이 보유하는 부동산 전반에 걸쳐 당해 양도시기의 전후를 통한 모든 사정을 참작하여야 한다(판 95. 11. 7, 94누14025). 이와 같은 기준은 토지수용 등에 의한 협의취득의 경우에도 마찬가지이다(판 95. 11. 7, 94누14025).

부가가치세법 시행규칙 제 2 조 제 2 항은 부동산매매업으로 볼 수 있는 경우에 관한 예시적 규정이며(판 96. 2. 23, 95누10969), 매매계약상 매수인 지위를 양도하는 경우도 한국표준산업분류상 부동산공급업에 포함된다(판 2013. 2. 28, 2010두29192)

구체적인 거래태양별로 보면, ① 양도인이 특정자산의 양도 이전부터 수회에 걸쳐 동종의 자산양도행위를 계속적으로 반복하여 왔거나 그 자산의 양도가액이 다액이며 자산매매의 상대방이 불특정다수의 고객인 경우, ② 자산의 소유목적, 보유상황 및 처분이유 등이 자산 자체에 대한 투자목적으로서가 아니고 단기간의 매매차익의 획득을 위한 것이며 자산보유기간이 단기간인 경우, ③ 양도인이 자산의 양도를 위하여 사무대행 장소를 별도로 마련하거나 자산양도업무에 종사하는 직원 및 특별대리인이나 중개인을 고용하거나 위촉하고 자산양도를 위한 상업적 광고를 행한 경우, ④ 자산의 양도로부터 획득한 양도차익의 발생 원인이 우연한 외부 경제적 사정에 의한 것이 아니라 양도인의 자산에 대한 개량, 조성행위에 기인한 경우 등은 이를 부동산매매업으로 보아야 할 것이다.[1)]

(3) 과세대상에 따른 양도소득과의 구분

토지나 건물과 같은 사업용 유형자산의 양도로 인한 소득은 사업소득이 아닌 양도소득 과세대상이다. 임목이 임지와 함께 양도된 경우 임목의 양도로 발생하는 소득이 사업소득이면 나머지 소득은 양도소득에 해당한다(판 2013. 9. 13, 2011두6493). 사업자가 사업장이 수용 또는 양도됨으로 인해 사업시행자로부터 지급받는 보상금은 양도소득세 과세대상 자산에 대한 대가이면 양도소득, 그 이외 자산의 손실보상이나 영업보상 등이면 사업소득으로 보아야 한다(판 2008. 1. 31, 2006두9535).

1) 판례가 사업성을 인정한 사안: 판 93. 2. 23, 92누14526; 91. 11. 26, 91누4058 등. 사업성을 부정한 사안: 판 90. 2. 13, 89누7160; 판 84. 9. 11, 83누66 등.

(4) 이자소득 및 기타소득과의 구분

당국의 인가나 사업자등록이 없어도 규모와 횟수가 상당하고 사채시장을 통해 이자나 수수료를 받았거나, 몇 개 회사를 상대로 수십 회에 걸쳐 금전을 대여하고 이자를 수익한 경우(판 87. 5. 26, 86누96), 연기자 겸 광고모델인 탤런트의 활동이 수익을 올릴 목적으로 이루어지고 사회통념상 독립적인 사업활동으로 볼 수 있을 정도의 계속성과 반복성을 갖춘 경우 전속계약금으로 지급받은 금원(판 2001. 4. 24, 2000두5203), 변호사가 다수의 파산관재업무를 수행하고 지급받은 보수(판 2017. 7. 11, 2017두36885) 등은 이자소득이나 기타소득이 아닌 사업소득에 해당한다.

3. 사업소득금액의 계산

사업소득금액은 당해 연도의 총수입금액(법 24조 이하)에서 이에 소요된 필요경비(법 27조 이하)를 공제한 금액이다(법 19조 2항).

소득세법은 각 소득별로, 총수입금액의 계산(제24조), 총수입금액계산의 특례(제25조), 총수입금액불산입(제26조)에 관하여 규정하는 한편, 필요경비에 관하여는 사업소득(제27조부터 제35조까지)과 기타소득(제37조)에서 규정하고 있다.

사업소득의 총수입금액과 필요경비는 법인의 소득금액 계산에 있어 익금과 손금에 대응하는 개념이다. 다만 개인사업자의 경우 자본금 개념이 없고, 소득금액의 계산방법에서 순자산증가설에 입각한 법인소득과 일부 차이를 보일 뿐이다.

사업소득의 총수입금액은 당해 연도에 수입하였거나 수입할 금액의 합계액에 의하며(법 24조 1항), 그 수입이 금전 이외의 것인 경우에는 그 거래 당시의 가액에 의하여 수입금액을 계산한다(동 2항).

'수입할 금액'이란 당해 과세기간 내에 수입할 권리가 확정되어 수입실현 가능성이 있는 금액을 가리키며 법인세법과 마찬가지로 권리확정주의를 표방한 것이다.

사업자가 제 3 자를 통해 간접적으로 받는 수입금액이 사업과 관련된 것이면 소득세법 시행령 제51조 제 3 항 제 2 호에 정한 '거래상대방으로부터 받는 장려금 기타 이와 유사한 성질의 금액'으로서 사업소득의 총수입금액에 포함된다.[1)]

연간 2천만 원 이하의 주택임대소득은 분리과세한다(법 12조 2호 나목, 14조 3항 7호). 비과세사업소득은 법 제12조 제 2 호 참조.

---

1) 약국을 운영하면서 의약품 도매상으로부터 의약품을 구매하고 지급받은 마일리지나 캐시백 포인트가 여기에 해당한다고 본 사안: 판 2016. 12. 29, 2014두205.

제 6 절 근로소득

1. 총 설

근로소득은 근로자 등이 비독립적 지위에서 근로를 제공하고 받은 대가를 가리킨다. 근로제공의 법률관계는 고용계약이 일반적이나 회사의 이사·감사와 같이 위임계약에 준하는 경우 또는 공무원과 같이 공법상 근무관계인 경우도 있다. 어느 경우든 정도의 차이는 있으나 사용자에 대한 종속성을 특질로 한다.[1)]

근로소득은, 첫째 근로의 제공이 자기의 계산에 기초를 두고 있지 않은 비독립적 용역이라는 점에서 자기의 계산에 기초를 두고 근로를 제공하여 대가를 받는 사업소득(용역업의 소득)과 구별되고, 둘째 근로의 제공에 대한 대가 및 이와 밀접한 관련을 가진 급여라는 점에서 그렇지 않은 기타소득과 구별되며, 셋째 원칙적으로 근로제공의 법률관계(고용)의 존속을 전제로 한 급여라는 점에서 그 법률관계의 종료, 즉, 퇴직 시에 지급받는 급여인 퇴직소득과 구별된다.

근로소득은 세원에서 원천징수되어 탈세가 불가능하고 정책적으로도 낮은 세율로 분리과세되는 금융소득에 비해 과세상 홀대받은 측면이 있는 반면 세 부담 형평성을 완화하기 위해 매년 면세점과 소득공제액을 인상하여 면세자수가 지나치게 많아지는 부작용을 낳고 있기도 하다. 그 밖에 과세구조가 복잡하고 비과세근로소득에 관한 구분이 불명확하다는 점도 근로소득과세의 문제점으로 지적된다.

2. 근로소득의 범위 및 종류

(1) 근로소득의 범위

근로소득은 해당 과세기간에 발생한 다음 각 호의 소득으로 한다(법 20조 1항).

1호: 근로를 제공함으로써 받는 봉급·급료·보수·세비·임금·상여·수당과 이와 유사한 성질의 급여

㈎ 총 설 노무를 제공하고 그 대가로 받는 것이라면 봉급·급료·보수·세비·상여·수당 등 어떠한 명칭 또는 형태로 받는 것이든 모두 근로소득을 구성

1) 소득세법상 근로자의 개념에 대한 자세한 논의는, 이동식, 조세법연구 8-3, 72면.

한다. 봉급 등을 계산하는 기간단위의 장단이나 봉급 등의 지급에 있어서의 주기성(週期性)의 유무, 봉급 등의 지급수단이나 형태 등을 묻지 아니하며, 직접적인 근로의 대가 이외에 근로를 전제로 그와 밀접히 관련되어 근로조건의 내용을 이루고 있는 급여[1] 및 변형급여(fringe benefits)를 포함한다.

법에서 정하는 봉급 등과 유사한 성질의 급여로는 기밀비·학자금·가족수당·급식수당 등이 있다(영 38조 참조). 임직원 기밀비나 업무추진비(판 2005. 4. 15, 2003두4089)도 근로소득에 포함된다. 다만 경조금 중 사회통념상 타당하다고 인정되는 범위 내 금액은 이를 지급받은 자의 소득으로 보지 않는다(규칙 10조, 24조).

㈏ **변형급여** 변형급여(fringe benefits)란 근로자에 대한 자산의 증여, 자산의 저가양도와 고가매입, 채권의 포기 또는 면제, 금전이나 그 밖의 자산 및 용역의 무상 또는 저렴한 이율·요율, 임대료에 의한 대부 또는 제공, 근로자가 부담할 비용의 부담 등과 같은 경제적 이익을 포괄하는 개념으로서 대부분 근로소득의 범위 안에 포함된다. 이에 대하여는 평가상 어려움이 있고 근로자에 대한 복리후생 측면에서 비과세 폭이 넓어지는 등 세 부담 공평을 저해하는 요인이 있으므로 적절한 과세기준의 정립이 필요하다.

판례는 선택적 복지제도를 시행하면서 단체협약, 취업규칙 등에 근거하여 근로자들에게 계속적·정기적으로 배정한 복지포인트는 근로기준법에서 정한 임금 및 통상임금에 해당하지 않는다고 보았다{판 2019. 8. 22, 2016다48785(전)}.[2]

㈐ **주식매수선택권** 주식매수선택권(Stock option)이란 회사가 자사의 임직원에 대하여 회사의 설립경영과 기술혁신 등에 기여한 역무에 대한 보상으로 부여하는 권리로서 사전에 약정한 바에 따라 일정한 행사기간(exercise period) 내에 일정한 행사가격(exercise price)으로 일정한 분량의 자기 회사 신주를 인수하거나 주식을 매입할 수 있는 권리를 말한다(상법 340조의2 1항).

법은 임직원 등이 주식매수선택권을 당해 법인 등에서 근무하는 기간 중 행사함으로써 얻은 이익은 근로소득(영 38조 1항 17호), 퇴직 후 또는 고용관계 없이

1) 판 2018. 9. 13, 2017두56575: 회사의 이사로서 사전약정에 기하여 직무실적에 따른 성공보수금을 쟁송절차를 통하여 지급받은 경우. 판 2017. 9. 12. 선고 2014두7992: 외국법인 국내 자회사에서 회계팀장으로 근무하면서 외국 모회사가 자회사 주식을 매각하는 업무를 보조하여 모회사로부터 매각에 따른 성공보수를 받은 경우. 이 판결에 대한 평석은, 이은총, 조세실무연구 9, 217면.

2) 이 판결 이후 복지포인트의 배정이 근로의 대가에 해당하지 않고, 근로조건'의 내용을 이루어 '지급'되는 것으로 볼 수도 없다는 이유로 소득세법상 근로소득에 해당하지 않는다고 본 것으로 대전고판 2023. 10. 26, 2022누13617. 관련 논의는, 김경하, "복지포인트 관련 세제 개선방안 연구", 조세법연구 29-1, 113면 이하 참조.

주식매수선택권을 부여받아 이를 행사함으로써 얻는 이익은 기타소득(법 21조 1항 22호)으로 각 규정하고 있다.[1)]

법인의 임원 또는 종업원이 해당 법인으로부터 부여받은 주식매수선택권을 행사하여 신주를 인수함으로써 얻은 소득의 산정방법에 관하여 신주인수권 행사이익에 관한 구 소득세법시행령(2019. 2. 12. 개정 전의 것) 제51조 제 5 항 제 4 호, 제 6 항은 적용이 없고, 그 행사이익은 위 시행령 제38조 제 1 항 제17호에 따라 행사일 당시 회사 주식의 시가와 주식매수선택권 행사가액의 차액으로 계산하여야 한다.[2)]

주식매수선택권을 행사함으로써 얻은 이익에 대해 조특법 제16조의2에 따라 비과세 특례를 적용받은 후 해당 주식매수선택권을 행사하여 취득한 주식이 소각되는 경우, 주식매수선택권 행사 당시의 시가를 주식의 취득가액으로 본다.[3)]

주식매수선택권은 이를 제공하는 법인 쪽에도 일정한 조세문제를 발생시킨다. 그 내용은 법인세법시행령 제19조 제19호, 제88조 제 1 항 제 3 호 단서, 제 6 호 ㈎목, 제 8 의2호 단서 등 참조.

2호: 법인의 주주총회, 사원총회 또는 이에 준하는 의결기관의 결의에 따라 상여로 받는 소득

3호: 법인세법에 따라 상여로 처분된 금액

㈎ 소득처분에 의해 상여로 처분된 금액 　　법인세법상 법인이 과세표준을 신고하거나 결정·경정함에 있어서 익금에 산입한 금액이 임원 또는 사용인에게 귀속된 경우 그 임원 등에 대한 상여로, 익금산입액이 사외유출되었으나 귀속이 불분명한 경우 대표자에게 귀속된 것으로 보아 대표자에 대한 상여로 각 처분한다(법법 67조; 법령 106조).

추계방법에 의하여 결정·경정된 과세표준과 법인의 재무상태표상의 당기순이익과의 차액(법인세상당액을 공제하지 아니한 금액)도 대표자에 대한 상여로 처분한다(법령 106조 2항).

1) 미국 내국세입법(IRC)에서는 스톡옵션(Stock option)을 적격스톡옵션(Incentive stock option)과 비적격스톡옵션(Non qualified stock option)으로 나누어 전자는 스톡옵션 처분 시에 과세하고, 후자는 옵션부여시점에 즉시 확인가능한 공정가치가 있으면 옵션부여시점의 종업원의 일반과세소득으로 과세하고, 그와 같은 공정가치를 가지고 있지 않으면 옵션의 행사시점 또는 처분시점에 내국세입법 §83(a)와 (b)의 규정에 따라 일반과세소득으로 과세하도록 규정하고 있다.

2) 판 2021. 6. 10, 2020두55954. 그 평석은 김동훈, "2021년 소득세제, 국제조세 판례회고", 조세법연구 28-3, 29면.

3) 사전-2023-법규소득-0481, 2023.09.21. 관련 논의는 이 책 654면 참조.

이와 같이 상여로 처분한 금액은 그 임원 등의 근로소득으로 하며(법 20조 1항 3호), 이를 '인정상여'라고 한다.

소득을 지급하는 법인 측에서는 통상의 상여 중 정관 등에 의하여 결정된 급여지급기준을 초과하여 지급하는 것과 인정상여는 손금에 산입되지 않는다.

㈏ 채권자가 불분명한 사채이자 법인세법은 채권자가 불분명한 사채이자를 손금불산입하되(법법 28조 1항 1·2호), 이에 대한 원천징수세액 상당 금액은 기타사외유출로, 이 중 원천징수세액을 공제한 나머지 금액은 대표자에 대한 상여로 처분하도록 하고 있다(법령 106조 1항 3호 라목 및 1항 1호).

㈐ 임원퇴직금한도초과액 이는 그 실질이 퇴직금에 해당하더라도 법인세법상 '퇴직소득'이 아닌 '상여'로 소득처분되기 때문에 근로소득으로 취급된다.

4호: 퇴직함으로써 받는 소득으로서 퇴직소득에 속하지 아니하는 소득

5호: 종업원등 또는 대학의 교직원이 지급받는 직무발명보상금(퇴직 전에 받는 것으로 한정한다)

6호: 사업자나 법인이 생산·공급하는 재화 또는 용역을 그 사업자나 법인(「독점규제 및 공정거래에 관한 법률」에 따른 계열회사를 포함한다)의 사업장에 종사하는 임원등에게 대통령령으로 정하는 바에 따라 시가보다 낮은 가격으로 제공하거나 구입할 수 있도록 지원함으로써 해당 임원등이 얻는 이익

(2) 근로소득의 종류

근로소득은 일반급여와 일용근로자의 급여로 구분된다(법 47조 2항).

일용근로자란 근로를 제공한 날이나 시간에 따라 근로대가를 계산하거나(일급·시간급) 근로를 제공한 날 또는 시간의 근로성과에 따라 급여를 계산하여(성과급) 지급받는 자로서 일정한 고용주에게 3월 이상 계속하여 고용되어 있지 않는 자를 말한다(영 20조). 일용근로자의 급여액은 6/100의 세율로 분리과세된다(법 14조 3항 2호, 129조 1항 4호).

3. 근로소득금액의 계산

근로소득금액은 법 제20조 제1항 각 호의 소득의 금액의 합계액(비과세 소득 제외)에서 제47조에 따른 근로소득공제를 적용한 금액으로 한다(법 20조 2항).

실액공제를 허용하지 않고 법이 정한 일정한 금액을 필요경비로 공제한다(법 47조). 이는 최저생계비 내지는 필요경비공제의 기능을 한다.

비과세근로소득에 관하여는 법 제12조 제 3 호 참조.[1)]

제 7 절　연금소득

1. 총　　설

우리나라는 이미 2018년 기준으로 전체 인구 중 65세 이상 고령자 비율이 14%에 이르는 고령화 사회에 진입하였다. 이와 같은 사회의 고령화 현상은 결국 노인 1인당 생산가능 인구수가 적어진다는 것을 의미하고 그에 따라 노인부양에 대한 경제적 부담이 가중될 것으로 예상되므로 사회구성원의 안정적 노후생활의 대비 및 그에 대한 제도적 지원은 매우 절실한 문제로 다가서 있다.

근로자의 노후자금 마련을 위한 제도로는 퇴직금 제도와 연금제도를 들 수 있는데 퇴직금 제도는 근본적으로 근로자의 수급권이 보장되지 않고, 퇴직시점에 일시적으로 지급되기 때문에 근로자의 안정적 노후보장이라는 측면에서는 한계를 가지고 있다. 이러한 점들을 고려하여 정부는 중간단계의 조치로서 1998년도에 퇴직보험제도 및 2000년도에 퇴직신탁제도를 각각 도입하였다가 최종적으로 2005년 12월 1일부터 퇴직연금제도를 도입하여 시행 중이다.

연금제도는, 1. 연금기금 등의 불입, 2. 연금기금의 운용, 3. 연금의 급부라는 세 단계로 이루어진다. 과세방안으로는, 연금의 불입 및 운용단계에서 과세하고 급부단계에서는 비과세하는 유형(TTE형)과 연금의 불입 및 운용단계에서 비과세하고 급부단계에서 과세하는 유형(EET형)이 있는데, 우리 법은 후자 쪽을 채택하고 있다.

연금소득은, 당해 연도에 발생한, 1. 공적연금관련법(국민연금법, 공무원연금법, 군인연금법, 사립학교교직원연금법, 별정우체국법 또는 「국민연금과 직역연금의 연계에

---

1) 현행 비과세근로소득 규정의 문제점에 관하여는, 황규영·홍창목, "근로소득의 비과세규정 개선에 관한 연구", 조세법연구 16-2, 198면. 2024년 말 개정법은 비과세대상에, 기존의 6세 이하 자녀 보육 관련 급여(월 20만 원 이내) 외에, 근로자 본인이나 그 배우자의 출산과 관련하여 자녀의 출생일 이후 2년 이내에 사용자로부터 최대 두 차례에 걸쳐 지급받는 급여 전액을 추가하는 한편, 임원 또는 종업원에 지원하는 재화나 용역에 대한 할인금액을 신설하였다{법 12조 3호 머목 1), 처목}.

관한 법률」 12조)에 따라 받는 각종 연금, 2. 연금저축의 명칭으로 설정하는 대통령령으로 정하는 계좌('연금저축계좌') 또는 퇴직연금을 지급받기 위하여 설정하는 대통령령으로 정하는 계좌('퇴직연금계좌')에서 대통령령으로 정하는 연금형태로 인출하는, 가. 제146조 제 2 항에 따라 원천징수되지 않은 퇴직소득, 나. 제59조의3에 따라 세액공제를 받은 연금계좌 납입액, 다. 연금계좌 운용실적에 따라 증가된 금액, 라. 그 밖에 연금계좌에 이체 또는 입금되어 해당 금액에 대한 소득세가 이연된 소득으로서 대통령령으로 정하는 소득. 3. 제 2 호에 따른 소득과 유사하고 연금형태로 받는 것으로서 대통령령으로 정하는 소득을 말한다(법 20조의3 1항).

이 중 중요한 것이 2호 중 근로자퇴직급여보장법에 따른 퇴직연금인데, 이는 ① 사외적립이 강제되고, ② 퇴직 후 과세가 이연되며, ③ 노후에 연금으로 수령이 가능하고, ④ 중간정산이 엄격하게 제한되는 한편 ⑤ DB형(확정급여형; Defined Benefit pension) 이외에 DC형(확정기여형; Defined Contribution pension)도 인정된다.

공적연금을 연금으로 수령하면 연금소득에 해당되나 일시금으로 수령하면 퇴직소득으로 과세된다. 개인연금저축에 따른 연금은 연금소득으로 과세되나 개인연금저축을 불입계약기간 만료 전에 해지하거나 불입계약기간 만료 후에 연금 외의 형태로 지급받는 경우에는 기타소득으로 과세된다(법 21조 1항 21호).

2. 연금소득금액의 계산

연금소득금액은 법 제20조의3 제 1 항 각 호 소득의 합계액(2항에 따라 연금소득에서 제외되는 소득과 비과세소득을 제외한다)에서 제47조의2에 따른 연금소득공제를 적용한 금액으로 한다(법 20조의3 3항; 영 40조, 40조의2).

연금소득은 종합소득에 합산과세되며, 공적연금소득 지급자는 지급액에 기본세율을, 그 외 연금소득은 소정 세율을 적용한 세액을 원천징수하여야 한다(법 129조 1항 5호, 동 항 5호의2, 143조의2).

공적연금 이외의 총 연금액이 연 1,500만 원 이하인 경우 분리과세를 선택할 수 있으며, 이 경우 원천징수로 과세가 종결된다(법 14조 3항 9호). 연금소득에 대하여는 연금보험료 공제가 인정된다(법 51조의3).

연금소득의 수입시기는 시행령 제50조 제 5 항 참조.

제 8 절 기타소득

1. 총 설

기타소득은 소득세법에서 규정한 이자소득, 양도소득 등 8개의 소득 이외의 소득으로서 법 제21조에서 기타소득으로 열거하고 있는 소득이다(법 21조 1항).

기타소득은 대체로 일시적·우발적으로 발생한 소득들로서 소득발생 시 20% 세율로 예납적으로 원천징수되고 종합소득에 합산하여 과세된다. 연간 300만 원 이하의 소득은 납세자가 분리과세를 선택할 수 있다. 강연료 등 일정한 기타소득에 대하여는 지급받은 금액의 100분의 60을 필요경비로 인정하여 세 부담을 경감하여 주고 있다.

어떠한 소득이 소득세법상 기타소득과 다른 소득에 동시에 해당하게 되면 다른 소득으로 분류되어 과세되며, 열거주의를 취하는 현행 소득세법상 어떠한 소득이 열거된 기타소득에 해당하지 않고 다른 소득에도 해당하지 않으면 과세대상 소득이 아니게 된다.

2. 기타소득의 종류 및 범위

가. 총 설

기타소득의 종류는 법 제21조 제 1 항 제 1 호 내지 제27호에서 열거하고 있다. 여기에는 상금·현상금·포상금·보로금 또는 이에 준하는 금품(1호), 복권·경품권, 그 밖의 추첨권에 당첨되어 받는 금품(2호), 광업권·어업권·양식업권·산업재산권·산업정보, 산업상 비밀, 상표권·영업권(대통령령으로 정하는 점포 임차권 포함), 토사석의 채취허가에 따른 권리, 지하수의 개발·이용권, 그 밖에 이와 유사한 자산이나 권리를 양도하거나 대여하고 그 대가로 받는 금품(7호), 계약의 위약 또는 해약으로 인하여 받는 위약금, 배상금, 부당이득 반환 시 지급받는 이자(10호), 원고료·저작권사용료인 인세·미술·음악 또는 사진에 속하는 창작품에 대하여 받는 대가(15호), 사례금(17호), 강연료, 해설료·심사료, 자문료 등을 고용관계 없이 일시적으로 제공하고 받는 대가(19호), 종교관련 종사자가 종교의식을 집행하는 등 종교관련 종사자로서의 활동과 관련하여 대통령령으로 정하는 종교단체로부터 받은 소득(26호), 해당 과세기간에 「특정 금융거래정보의 보고 및 이용 등에 관한 법률」 제 2 조 제 3 호에 따른 가상자산을 양도하거나 대여함으로써 발생하는 소득('가상자산소득')(27호) 등이 포함된다. 이 중 가상자산소득은 2021년 개정법에서 신설(2025. 1. 1.시행)된 사항인바 이에 관하여는 항목을 바꾸어 살펴본다.

대통령령으로 정하는 서화·골동품의 양도로 발생하는 소득도 기타소득으로 과세하나 사업장을 갖추는 등 대통령령으로 정하는 경우는 예외이다(법 21조 2항).[1)]

제 1 항 제26호에 다른 종교인 소득에 대하여 법 제20조 제 1 항에 따른 근로소득으로 원천징수하거나 과세표준 확정신고를 하면 근로소득으로 본다(법 21조 4항).

제 7 호 중 지식재산권 양도대가나 사용료 소득에 관하여는 연구개발을 장려하기 위한 정책적 고려에서 조특법상 여러 가지 혜택이 있으며(조특법 12조 참조), 국제적으로 적절한 과세특례 기준을 정립하기 위한 논의도 활발하게 진행 중이다.[2)]

기타소득 중 많이 문제되는 것은 제10호의 위약금과 배상금인데 시행령 제41조 제 8 항은 이를 「**재산권에 관한 계약의 위약 또는 해약으로 받는 손해배상(보험금을 지급할 사유가 발생하였음에도 불구하고 보험금 지급이 지체됨에 따라 받는 손해배상금 포함)으로서 그 명목에 불구하고 본래의 계약 내용이 되는 지급 자체에 대한 손해를 넘는 손해에 대해 배상하는 금전 또는 그 밖의 물품의 가액**」으로 정의한다. 그 예로서는, 입주지연에 따른 지체상금, 금전채무불이행에 대한 지연배상금, 매매계약에 있어서의 위약금·해약금, 퇴직금 지급지연 배상금, 부당해고로 인한 손해배상금(다만 신분 및 인격에 대한 손해배상금은 제외), 상행위에서 발생한 크레임에 대한 초과배상금 등을 들 수 있다(소기통 21-0…1 제 4 항 각 호).

금전채무 이행지체로 인한 약정지연손해금(판 97. 3. 28, 95누7406)과 법정지연손해금(판 2006. 1. 12, 2004두3984) 등은 여기에 포함된다. 이는 금전의 사용가치에 대한 보상이라는 측면에서 성질상 이자소득에 대비된다. 민법은 손해배상의 범위와 관련하여 이행이익과 신뢰이익을 규정하고 있는데 위 규정문언상 이행이익 중 본래의 급부를 초과하는 부분과 신뢰이익이 과세대상에 포함될 것이다.[3)]

판례는 국내조선사인 甲 주식회사가 외국선주사인 乙 외국법인과 선박건조계

---

1) 미술품 양도차익 과세의 문제점에 관하여는, 안창남외 2인, "미술품 양도차익과세의 필요성과 과제", 조세법연구 18-1, 119면.

2) 관련 논의는, 정승영, "지식재산소득 관련 조세특례제도상 비용혜택접근법(Nexus Approach)에 관한 소고", 조세법연구 23-3, 127면.

3) 이행이익은 민법 390조, 신뢰이익은 민법 제535조에서 각각 규정하고 있는데, 통상 이행이익은 '채무자가 채무를 이행하였더라면 채권자가 얻었을 이익'을, 신뢰이익은 '당사자가 무효인 법률행위를 유효한 것으로 믿음으로써 발생한 손해'를 가리킨다.

약을 체결하고, 한국수출입은행이 선박건조계약에 따라 甲이 乙로부터 선수금으로 수령한 선박대금 등의 환급채무를 보증하는 계약을 체결하였는데, 그 후 선박건조계약이 해제됨에 따라 한국수출입은행이 乙에게 선수금 및 이자를 지급하자, 과세관청이 선수금이자가 법인세법에 따른 기타소득으로서 외국법인의 국내원천소득에 해당함에도 원천징수를 하지 않았다는 이유로, 한국수출입은행에 해당 사업연도 원천징수 법인세 등 부과처분을 한 사안에서, 위 선수금이자는 선박대금 선지급에 따라 현실적으로 발생한 손해의 합리적 범위 내에 있으므로, 乙이 실제로 발생한 순자산 감소를 회복시키는 손해배상금으로 과세대상이 아니라고 보았다(판 2019. 4. 23, 2017두48482). 그러나 선수금 이자가 객관적으로 본래의 급부를 초과하는 이상 규정문언에 반하여 이를 과세대상에서 제외할 수 있는지는 의문이다.[1)]

재산권에 관한 계약을 요소로 하므로 불법행위로 인한 손해배상금(소기통 21-0…2),[2)] 재산권 이외의 계약상 손해에 대한 배상이나 위자료(소기통 21-0…1 5항) 및 그에 대한 지연손해금(판 2008. 6. 26, 2006다31672)이나 법정이자(판 97. 9. 5, 96누16315), 합자회사 사원의 탈퇴로 발생하는 지분환급금의 지연손해금(판 93. 6. 22, 91누8180)등은 여기에 포함되지 않는다. 다만 실질이 지연손해금에 해당되는 한 명칭이나 형태를 묻지 않는다(판 97. 3. 28, 95누7406 등). 비재산적 이익의 침해로 인한 손해배상이나 위자료는 채권 자체가 과세대상이 아니므로 지연손해금도 과세대상에서 제외한 것이다(위 2006다31672 판결).[3)]

제17호와 관련하여 판례는, ① 회사에서 장기간 근무하던 직원이 회사 최대주주의 형사재판관련 각종 뒷바라지를 하고 지급받은 금원(판 2017. 4. 26, 2017두30214), ② 주류 수입·판매 회사와 판촉행사 업무대행계약을 체결한 회사가 유흥업소 종사자들에게 주류 판매량에 따라 사전 약정에 기해 지급한 프로모션 금액(판 2017. 2. 9, 2016두55247), ③ 노동조합활동 중 해고된 노조원이 신분보장 규정에 따라 노조로부터 받은 금원(2017. 11. 9, 2017두44244),[4)] ④ 부당해고를 이유로 한 중앙노동위원회 구제재심신청 사건에서 '甲은 乙 회사와의 고용관계가 유효하게 종료되었음

1) 관련 논의는, 우지훈·양인준, "과세대상으로서 손해배상금의 판단기준과 입증책임 — 대법원 2019. 4. 23. 선고 2017두48482판결 —", 조세법연구 25-3, 435면.

2) 일본 소득세법 제 9 조 제 1 항 제16호는, "심신에 가하여진 손해 또는 돌발적인 사고에 의해 자산에 가하여진 손해로 인해 취득한 것"을 비과세되는 손해배상금으로 규정하고 있다.

3) 관련 논의는, 우지훈·양인준, "손해배상금의 과세범위", 조세법연구 24-2, 41면.

4) 이 판결에 대하여 해당 금원은 노동조합이 조성한 기금을 통해 공제조합과 같은 역할을 제공한 것이지 역무의 대가로 볼 수 없어 사례금에 해당하지 않는다는 견해로, 김정식, 세무사 제41권 제 2 호(2023), 87면, 양승엽, 월간노동리뷰, 통권 제154호(한국노동연구원 2018), 128면.

을 확인하고, 乙 회사는 甲에게 분쟁조정금으로 월 급여 기준 6개월분(세전 금액)을 지급하되, 양 당사자는 향후 일체의 민·형사 및 행정상 이의를 제기하지 않는다'라는 내용의 화해가 성립하여 그 화해내용에 따라 지급된 화해금(판 2018. 7. 20, 2016다17729), 甲을 포함한 8명의 공유자들의 공유토지에 甲이 나머지 공유자들로부터 건물 신축 등에 관한 일체의 권한을 위임받아 업무시설 집합건물을 완공한 후 공유자 4인과 '자신들이 지분별로 취득한 개발이익 중 30%를 개발이익 분배 시 공로보상금 명목으로 지급한다'는 내용의 합의를 하고 그에 따라 지급받은 금원(서울행판 2020. 7. 17, 2019구합54887) 등을 모두 여기의 사례금으로 보았다.

그러나 해고처분에 반발하여 회사를 상대로 해고무효소송을 낸 근로자가 법원의 화해권고결정을 받아들여 회사로부터 받은 화해금은 특별한 사정이 없는 한 여기에 해당되지 않아 과세대상이 아니다.[1]

나. 가상자산소득

2020. 12. 29. 법 개정 시 가상자산의 양도·대여로 발생하는 소득('가상자산소득')을 과세대상에 포함시켰다. 소득의 구분은 기업회계상 무형자산임을 고려하여 양도소득이 아닌 기타소득으로 규정하였다(법 21조 1항 27호).[2]

"가상자산"이란 경제적 가치를 지닌 것으로서 전자적으로 거래 또는 이전될 수 있는 전자적 증표(그에 관한 일체의 권리를 포함한다)를 말한다(다만, '화폐·재화·용역 등으로 교환될 수 없는 전자적 증표 또는 그 증표에 관한 정보로서 발행인이 사용처와 그 용도를 제한한 것' 등 같은 호 가목 내지 사목의 어느 하나에 해당하는 것은 제외한다)(특정 금융거래정보의 보고 및 이용 등에 관한 법률 제 2 조 제 3 호 참조).

가상자산의 소득금액은 다른 소득과 마찬가지로 총수입금액에서 필요경비를 공제하여 산출한다. 총수입금액은 가상자산을 양도(매매, 임대)하거나 대여하고 받은 대가이며, 필요경비는 실제취득가액과 부대비용을 말한다(법 37조 1항 3호).

법률의 시행에 따른 시장의 충격을 완화하기 위하여 2025. 1. 1. 이전 보유분에 대하여는 2024. 12. 31. 당시 시가와 그 가상자산의 취득가액 중에서 큰 금액를 가상자산 취득가액으로 한다(동조 5항).

---

1) 판 2022. 3. 31, 2018다286390. 참고로 미국세법은 개인적 상해나 신체의 질병으로 인해 받는 배상금만을 비과세대상으로 하며 부당해고에 따른 합의금 등은 원칙적으로 과세대상으로 삼고 있다. 관련 논의는, 김석환, "2022년 국세기본법 및 소득과세 판례회고", 조세법연구 29-1, 27면.

2) 당초 2020년 말 개정법 부칙 제 1 조 제 2 호 및 제 5 조에 의하여 2022. 1. 1.부터 시행하기로 하였다가, 여러 차례의 부칙규정 개정으로 시행시기가 연기되어 2027. 1. 1. 시행 예정이다.

취득가액은 이동평균법과 선입선출법을 적용하여 산출한다(소령 88조 1항). 기간 내 손익을 통산하며(법 24조 1항), 과세기간별로 250만 원 이하 이익은 과세에서 제외된다(법 84조 3호). 20% 세율로 분리과세된다(법 64조의3 2항).

비거주자에 대하여도 비거주자가 가상자산을 양도하거나 대여함으로써 발생하는 소득에 대하여 기타소득으로 과세하며(법 119조 12호 타목, 126조 1항 3호), 가상자산사업자가 가상자산을 양도, 대여, 인출하면서 소득을 지급할 경우 소득을 지급하는 때, ⅰ) 양도가액 10%와 ⅱ) (양도가액 − 취득가액) × 20% 중 적은 금액을 원천징수하여 납부한다. 필요경비가 확인되지 않는 경우에는 지급금액의 10%를 원천징수, 납부한다(법 127조 1항 6호 다목, 156조 1항 8호 나목).

가상자산의 평가에 관하여는 법인세법시행령 제73조, 제77조, 상증세법 제60조, 제65조 제 2 항, 동 시행령 제60조 제 2 항 참조.

가상자산의 압류에 관하여는 국세징수법 제55조 제 3 항 및 지방세징수법 제61조 제 3 항 참조.

3. 기타소득금액의 계산

기타소득금액은 총수입금액에서 필요경비를 공제하여 계산한다(법 21조 3항). 필요경비 산정에 관한 구체적인 내용은 법 제37조 및 시행령 제87조 참조.

기타소득 중 일부 소득은 분리과세하고 그 이외의 소득은 다른 소득과 합산한다. 자세한 내용은 법 제14조 제 3 항 제 8 호 참조.

기타소득은 각 소득별로 과세최저한이 정해져 있다(법 84조).

기타소득의 수입시기에 관하여는 이 책 472면, 비과세기타소득은 법 제12조 제 5 호 각 참조.[1]

---

1) 정부출연기관 연구단체가 지급받은 기술료 중 일부를 발명에 기여한 직원 등에게 지급한 실시보상금은 위 법 조항에서 정한 비과세 기타소득에 해당한다. 판 2015. 4. 23, 2014두15559. 관련 논의는, 정승영, “직무발명보상금의 과세 문제에 관한 연구”, 조세법연구 22-2, 131면. 2023년 말 개정법은 종업원등이 퇴직 후에 받는 직무발명보상금 중 사용자 등과 특수관계에 있는 종업원등이 받는 것은 비과세 대상에서 제외하고, 종교관련종사자 본인이나 그 배우자의 출산 및 6세 이하 자녀의 보육과 관련하여 종교단체로부터 받는 금액에 대해서는 비과세 한도를 20만원으로 상향하였다{법 12조 5호 라목, 아목 4) 참조}.

제 9 절 퇴직소득

1. 총 설

퇴직소득은 근로소득이 있는 자가 근로관계 또는 이와 유사한 관계를 종료함에 따라 그 사용자로부터 받는 일시적 급여이다.

법 제22조 제 1 항은 퇴직소득은 해당 과세기간에 발생한 다음 각 호의 소득으로 한다고 하여, 1. 공적연금 관련법에 따라 받는 일시금, 2. 사용자 부담금을 기초로 하여 현실적인 퇴직을 원인으로 지급받는 소득, 3. 그 밖에 제 1 호 및 제 2 호와 유사한 소득으로서 대통령령으로 정하는 소득을 규정하고 있다. 다만 공적연금관련법에 따라 받는 일시금은 2002. 1. 1. 불입된 기여금이나 사용자부담금 또는 위 일자 이후 근로의 제공을 기초로 지급받은 금액에 한한다(법 22조 2항).

해당 일시금의 구체적인 산정방식에 관하여는 시행령 제42조의2 제 1 항 참조.

퇴직소득은 장기간에 걸쳐서 조성·집적되어 소득이 일시에 실현되는 특색을 지니고 있을 뿐 아니라 퇴직 후의 생활자금이 되는 점을 고려하여 종합소득에서 분리하여 별도로 과세한다. 퇴직소득은, ① 근로관계에 있던 자가, ② 현실적으로 퇴직하는 경우에, ③ 일시에, ④ 후불로 지급된다는 4가지 특성을 지니고 있는데 그와 같은 특성을 고려하여 퇴직소득공제의 허용 및 평균과세장치의 채택(법 55조 2항) 등에 의하여 다른 소득보다 과세상 우대하고 있다.

근로제공의 법률관계가 일단 종료되면 다른 법률관계가 성립되어 동일직장에서 근무하더라도 퇴직으로 인정된다. 회사의 사용인이 임원이 되면 고용계약에서 위임에 준하는 계약으로 전환되어 사용인으로서의 퇴직이 인정된다. 다만 사용인 겸무(兼務) 임원이 되었다면 퇴직한 것이라 할 수 없다.[1)]

퇴직소득은 많은 경우 근로소득과의 구별기준이 문제된다. 퇴직소득이 근로소득보다 과세상 우대받으므로 납세자는 가능한 퇴직소득으로 많이 적립되기를 원하는 반면 명칭이 퇴직금이라도 성질이 상여에 해당하면 근로소득으로 과세되기 때문이다(영 38조 1항 13호). 그 구별기준으로는, 재직 시 근로제공에 따른 후불적 성

---

1) 일본 판례 중 회사가 경영의 어려움을 겪게 되자 노사합의로 근속만기 10년을 정년으로 하여 그 시점에서 퇴직금을 지급하고 그 후 계속 근무하는 경우 재고용의 형태를 취한 사안에서 위 금원을 퇴직소득으로 보지 않은 것으로, 일최판 소화 58. 12. 6. 평석은 일본 판례백선 76면.

격인지 아니면 공로에 대한 보상적·은혜적 급여인지 여부, 급여채무의 이행이 법규 등에 의하여 강제되는지 여부, 급여가 이익처분에 해당하는지 여부 등 다양한 기준이 제시되고 있다. 이들 기준들을 종합적으로 고려하여 판단하여야 할 것이다.

2. 퇴직소득금액의 계산

퇴직소득금액은 원칙적으로 위 각 금액의 합계액이다. 다만 대통령령으로 정하는 임원의 퇴직소득금액에 대하여는 일정한 한도액을 정하여 이를 초과하는 금액은 근로소득으로 보도록 규정하고 있다(법 22조 3항).

총수입금액의 계산은 당해 연도에 수입하였거나 수입할 금액의 합계액이며(법 24조 1항), 퇴직소득금액에서 퇴직소득공제를 한 금액이 퇴직소득과세표준이다(법 14조 6항, 48조). 퇴직소득공제액의 계산에 관하여는 법 제48조 제1항 참조.[1]

퇴직소득에 대한 총수입금액의 수입할 시기는 퇴직한 날로 하는 것이 원칙이나, 국민연금법에 따른 일시금과 퇴직공제금의 경우에는 소득을 지급받는 날로 한다(영 50조 2항).

비과세퇴직소득은 법 제12조 제3호 참조.

1) 희망퇴직자에게 지급하는 특별퇴직금은 장기근속에 대한 공로보상적 성격의 금원이므로 계약직 직원이 정규직으로 전환된 경우 과거 비정규직 근속연수도 포함해 퇴직소득세를 계산해야 한다. 판 2019. 7. 25, 2019두38052(서울고판 2019. 3. 7, 2018누39036에 대한 심리불속행 판결임).

제 4 장

과세표준과 세액의 계산

제 1 절 총 설

소득세 과세표준의 계산과 세액의 산출에 관하여 소득세법은 복잡한 규정을 두고 있으나 기본구조는, 1) 각종 소득금액의 계산 및 종합합산, 2) 결손금의 통산과 이월공제, 3) 종합소득공제의 순으로 종합소득, 양도소득, 퇴직소득의 각 과세표준을 산정하고, 여기에 세율을 곱하여 세액을 산출한 후 세액공제와 세액감면을 행하고 가산세와 기납부세액을 가감하여 고지(환급)세액을 결정한다.

제 2 절 과세표준

1. 총 설

소득세 과세표준은 종합소득, 퇴직소득, 양도소득으로 구분하여 계산한다(법 14조 1항, 92조 1항). 종합소득 중에서도 소득의 성질이나 경제정책상 필요, 과세행정의 편의 등의 이유로 분리과세를 행하는 것이 있다(법 14조 3항 참조).

총수입금액에서 필요경비를 공제하면 소득금액이 산출된다. 필요경비 이외에 총수입금액에서 공제하는 것으로 소득공제가 있다. 소득공제는 크게 필요경비의 성격을 지닌 것과 사회·경제목적을 추구하는 것으로 분류할 수 있는데 각종 근로성 소득에 있어서 소득공제가 전자에 해당한다면 종합소득공제에 속하는 기부금 공제나 의료비 공제는 후자의 성격이 강하다.1)

1) 각종 소득공제의 의의 및 평가에 관하여는, 민태욱, "소득공제의 논리와 평가", 조세법연구 14-3, 59면 이하. 소득세 과세표준과 세액의 계산구조의 개요는 이 장 맨 뒷면에 첨부된 도표 참조.

2. 총수입금액의 계산

가. 총 설

총수입금액이란 소득발생의 원천으로부터 유입되는 대가의 합계액을 말한다. 소득세는 기간과세의 원칙 및 순소득과세의 원칙에 따라 과세기간에 발생한 순소득에 대하여 과세하는데, 순소득, 즉, 소득금액은 총수입금액에서 필요경비를 공제하여 계산하므로 총수입금액은 필요경비와 함께 소득금액 산출요소가 된다.

총수입금액은 당해 연도에 수입하였거나 수입할 금액의 합계액에 의하며(법 24조 1항), 그 수입이 금전 이외의 것인 경우에는 그 거래 당시의 가액에 의하여 수입금액을 계산한다(동 2항). 금전등록기를 설치·사용한 경우에는 위 규정에 불구하고 당해 연도에 수입한 금액에 의할 수 있다(법 162조 1항).

'수입할 금액'이란 당해 과세기간 내에 현금 등으로 영수되지 않았으나 수입할 권리가 확정된 금액을 말한다. 이는 귀속시기에 관한 법 제39조 제1항과 함께 소득세법이 권리확정주의를 취하고 있음을 나타낸다. 판례는 권리확정주의 및 이에 기초한 소득세법 제24조 제1항(현행 제39조 제1항)이 실질적 조세법률주의, 재산권보장의 원칙 및 과잉금지의 원칙에 위반되지 않는다고 보았다(헌 2010. 2. 25, 2009헌바92, 139). 아래에서 가장 정형적 형태인 사업소득의 총수입금액과 필요경비 산정에 관한 규정을 살펴본다.

나. 사업소득의 총수입금액의 산정

사업소득에 대한 총수입금액의 계산은 사업과 관련된 수입금액으로서 해당 사업자에게 귀속되었거나 귀속될 금액의 합계액으로 한다(영 51조 3항 5호). 이에 관하여 시행령은 아래와 같이 몇 가지 특칙을 두고 있다(영 51조 3항 1내지 4의2호).

1. 부동산을 임대하거나 지역권·지상권을 설정 또는 대여하고 받은 선세금(先貰金)에 대한 총수입금액은 그 선세금을 계약기간 월수로 나눈 금액의 각 과세기간 합계액으로 한다. 이 경우 월수 계산은 기획재정부령으로 정하는 바에 따른다. **1의2.** 환입된 물품의 가액과 매출에누리는 해당 과세기간의 총수입금액에 산입하지 아니한다. 다만 거래수량 또는 거래금액에 따라 상대편에게 지급하는 장려금과 그 밖에 이와 유사한 성질의 금액과 대손금은 총수입금액에서 빼지 아니한다. **1의3.** 외상매출금을 결제하는 경우의 매출할인금액은 거래상대방과의 약정에 의한 지급기일(지급기일이 정하여져 있지 아니

한 경우에는 지급한 날)이 속하는 과세기간의 총수입금액 계산에 있어서 이를 차감한다. 2. 거래상대방으로부터 받는 장려금 기타 이와 유사한 성질의 금액은 총수입금액에 이를 산입한다. 3. 관세환급금등 필요경비로 지출된 세액이 환입되었거나 환입될 경우에 그 금액은 총수입금액에 이를 산입한다. 4. 사업과 관련하여 무상으로 받은 자산의 가액과 채무의 면제 또는 소멸로 인하여 발생하는 부채의 감소액은 총수입금액에 이를 산입한다. 다만 법 제26조 제2항의 경우에는 그러하지 아니하다. 4의2. 다음 각 목의 어느 하나에 해당되는 이익, 분배금 또는 보험차익은 그 소득의 성격에도 불구하고 총수입금액에 산입한다. 가 내지 라목: 생략

4호의 '사업과 관련하여 무상으로 받은 자산의 가액'과 관련하여 근로자 해고수당 등에 대한 보상금은 여기에 해당하나, 공유수면 매립에 따른 공유수면 사용권에 대한 보상은 여기에 해당되지 않는다(판 98. 3. 13, 97누1853).

다. 총수입금액계산의 특례

(1) 간주임대료

거주자가 부동산 또는 부동산상의 권리 등을 대여하고 보증금·전세금 또는 이와 유사한 성질의 금액을 받은 경우에는 대통령령으로 정하는 바에 따라 계산한 금액을 사업소득금액을 계산할 때에 총수입금액에 산입한다. 다만 주택{주거의 용도로만 쓰이는 면적이 1호(戶) 또는 1세대당 40제곱미터 이하인 주택으로서 해당 과세기간의 기준시가가 2억원 이하인 주택은 2026. 12. 31.까지는 주택 수에 포함하지 아니한다}을 대여하고 보증금 등을 받은 경우에는, 1. 3주택 이상을 소유하고 해당 주택의 보증금 등의 합계액이 3억 원을 초과하는 경우, 2. 2주택(해당 과세기간의 기준시가가 12억 원 이하인 주택은 주택 수에 포함하지 아니한다)을 소유하고 해당 주택의 보증금등의 합계액이 3억 원 이상의 금액으로서 대통령령으로 정하는 금액을 초과하는 경우 중 어느 하나에 해당하는 경우를 말한다(법 25조 1항; 영 53조 3항 내지 5항).

이를 '간주임대료'라고 한다. 간주임대료를 산정할 때 공제항목인 '임대사업부분에서 발생한 수입이자와 할인료 및 배당금'은 비치·기장한 장부나 증빙서류에 의해 당해 보증금 등으로 취득한 것이 확인되는 금융자산으로부터 발생한 것에 한한다(영 53조 6항). 즉, 추계방법에 의하는 경우 이를 공제하지 않는다.

'수입이자 등'은 법문상 한정적 열거로 해석되므로 신주인수권 처분익이나 유가증권 처분익은 여기에 해당되지 않는다.[1)]

---

1) 이를 예시적 규정으로 보는 견해로는, 구욱서, 앞의 책, 485면.

간주임대료제도는 금전은 그 자체로 수익성을 갖고 있어 합리적으로 평가한 이자 상당액은 결국 임대료에 대응하는 것이라는 사고에 기초하고 있다. 따라서 설사 임대보증금을 투자하여 손실을 입었더라도 위 규정의 적용대상에서 제외될 수 없다(판 95. 6. 30, 94누14810).

(2) 자가소비 등

「거주자가 재고자산 또는 임목을 가사용으로 소비하거나 이를 종업원 또는 타인에게 지급한 경우에도 이를 소비하거나 지급하였을 때의 가액에 해당하는 금액은 그 소비하거나 지급한 날이 속하는 과세기간의 사업소득금액 또는 기타소득금액을 계산할 때 총수입금액에 산입한다」(법 25조 2항).

재고자산 등을 사용인이나 사업자와 특수관계 있는 타인에게 무상으로 지급하는 경우에는 본조와 부당행위계산부인에 의한 총수입금액의 산입규정(법 41조 1항)이 경합하는데 어느 쪽을 적용하더라도 과세효과는 동일하다. 다만 저가양도의 경우에는 부당행위계산부인에 관한 규정만이 적용되어야 할 것이다.

사업용 유형자산은 양도가액(양도소득에 해당하는 경우 제외)을 총수입금액에 포함하고, 양도 당시 장부가액을 필요경비에 산입한다(영 55조 1항 제 7 의2).

라. 총수입금액 불산입(법 26조)

각 과세기간에 수입하였거나 수입할 총수입금액에 해당하는 항목이라 하더라도 그 소득의 성질 등에 비추어 과세가 부적당하다고 인정되는 금액 또는 이중과세가 명백한 이미 과세받은 소득 등은 총수입금액에 산입하지 아니한다. 이를 '총수입금액 불산입'이라고 한다.

법은, 소득세 또는 지방소득세 환급액 및 그 환급액 중 다른 세액에 충당한 금액(1항), 이월결손금 보전에 충당된 자산수증익(일부 제외사항 있음)과 채무면제익(2항), 부가가치세의 매출세액(9항) 등에 관하여 규정하고 있다.

3. 필요경비의 계산

가. 필요경비의 의의

필요경비는 총수입금액을 얻기 위하여 사용하거나 소비한 비용을 말한다. 소득금액의 계산은 총수입금액에서 이에 대응하는 필요경비를 공제하여 계산하므로 필요경비는 소득금액계산의 필수요소이다.

이자소득과 배당소득은 필요경비를 인정하지 않으며 근로소득이나 연금소득, 퇴직소득 등은 필요경비를 인정하지 않는 대신 각 소득별로 소득공제를 인정하고 있다. 따라서 필요경비가 인정되는 것은 사업소득과 기타소득 및 양도소득이다. 여기서는 사업소득의 필요경비에 관하여 살펴본다.

나. 필요경비의 범위

「사업소득을 계산할 때 필요경비에 산입할 금액은 해당 과세기간의 총수입금액에 대응하는 비용으로서 일반적으로 용인되는 통상적인 것의 합계액으로 한다」(법 27조 1항). 사업소득의 각 연도의 총수입금액에 대응하는 필요경비는 다음 각 호의 것으로 한다(영 55조 1항).

1. 사업자가 판매한 상품 또는 제품에 대한 원료의 매입가격(매입에누리 및 매입할인금액은 제외한다)과 그 부대비용. 이 경우 사업용 외의 목적으로 매입한 것을 사업용으로 사용한 것에 대하여는 해당 사업자가 당초에 매입한 때의 매입가액과 그 부대비용으로 한다.

1의2. 판매한 상품 또는 제품의 보관료, 포장비, 운반비, 판매장려금 및 판매수당 등 판매와 관련한 부대비용(판매장려금 및 판매수당의 경우 사전 약정 없이 지급하는 경우를 포함한다)

2. 부동산의 양도 당시의 장부가액(건물건설업과 부동산 개발 및 공급업의 경우에 한한다). 이 경우 사업용 외의 목적으로 취득한 부동산을 사업용으로 사용한 것에 대하여는 해당 사업자가 당초에 취득한 때의 제89조의 규정을 준용하여 계산한 취득가액을 장부가액으로 한다.

시행령 제55조 제1항은, 종업원의 급여(6호), 사업용자산의 수선비, 관리비와 유지비, 임차료(7호), 지급이자(13호), 감가상각비(14호), 자산의 평가차손(15호), 대손금(16호), 판매장려금(17호) 등 1호 내지 28호로서 필요경비 항목을 예시하고 있다.

13호의 지급이자와 관련하여, 사업상 용도로 차용하였어도 현실적으로 사업상 용도로 사용하지 않으면 필요경비로 산입될 수 없으나(판 2001. 11. 13, 99두4082), 사업상 용도로 사용된 것인 한 차입금이 자기자본을 회수하기 위한 경우에도 필요경비에 산입된다(판 2010. 1. 14, 2009두11874).

부동산 임대사업용 유형자산의 매입 등에 소요된 차입금에 대한 지급이자 중 취득일까지 지출된 금액은 자본적 지출로서 원가에 가산하고, 그 이후 지급이자는 당해 연도 필요경비에 산입된다(영 75조 2항, 5항).

해당 지급이자는 당해 연도에 임대수입이 없어도 필요경비에 산입된다(판 2013. 8. 22, 2011두17769).

16호의 대손금에 산입할 수 있는 채권은 수입의 발생에 직접 관련된 것으로서 필요경비로 산입하는 연도에 회수불능 사실이 객관적으로 확정된 채권에 한한다. 따라서 채무자가 사업을 폐지하고 도피하였더라도 재산의 잔존 여부 등을 확정함이 없이는 채권의 전부가 대손금에 해당한다고 할 수 없다(판 97. 11. 28, 96누14418). 대손금의 손금산입 유형을 규정한 법인세법 시행령 제19조의2 제 3 항은 소득세법에도 적용된다(판 2007. 6. 1, 2005두6737).

그 밖에 필요경비에 산입되는 것으로, 대손충당금(법 28조), 퇴직급여충당금(법 29조), 보험차익금에 의하여 대체취득한 유형자산의 취득·개량비용(법 31조), 국고보조금으로 취득한 사업용자산의 취득·개량 비용(법 32조) 등이 있다.

손비의 개념(법법 19조 2항 참조)을 비롯하여 그 내용들은 기본적으로 법인세법과 동일하므로 자세한 설명은 법인세법으로 미룬다.

다. 필요경비 불산입

거주자가 지급하였거나 지급할 비용이지만, 법에서 필요경비에 산입하지 않는 것이 있다. 그 내용은 법 제33조(필요경비 불산입), 제33조의2(업무용승용차 관련 비용 등의 필요경비 불산입 특례), 제34조(기부금의 필요경비 불산입),[1] 제35조(기업업무추진비의 필요경비 불산입)[2] 등에서 규정하고 있는데 대부분 법인세법과 내용이 동일하므로 여기서는 사업소득에 특유한 몇 가지 점만 언급하기로 한다.

먼저 사업용 자산의 합계액이 부채 합계액에 미달하는 경우 미달금액(초과인출금)에 상당하는 부채의 지급이자는 필요경비에 산입하지 않는다(법 33조 1항 5호; 영 61조 1항 2호; 규칙 27조 1항).

개인사업자의 경우 자본금 개념이 없으므로 수익거래와 자본거래가 별도로 구분되지 않으며, 개인사업자의 가계소비 등을 위한 자본의 인출에 대하여는 법인세법과 같은 대표자 가불금 인정이자도 계산되지 않는다.

---

1) 2021년 개정법에서 법정기부금과 지정기부금 용어구분을 폐지하고, 기부금 계산방법의 조문 순서를 조정하는 등 기부금 용어 및 조문체계를 정비하고, 2023년 개정법에서 다시 기부금의 명칭을, 소득금액과 이월결손금의 차액을 한도로 손금을 인정하는 기부금을 '특례기부금'으로, 소득금액과 이월결손금의 차액의 30% 등을 한도로 손금을 인정하는 기부금을 '일반기부금'으로 분류, 정비하였다.

2) 2023년 개정법에서 기존 접대비의 명칭을 기업업무추진비로 변경하였다(2024. 1. 1. 시행).

가계자산과 사업자산의 구분과 관련하여, 개인사업자의 경우도 원칙적으로 법인의 처리방식이 통용되나 그가 동시에 '가계'와 '사업'의 주체가 될 수 있다는 점에서 고유한 문제가 남는다. 즉, 납세의무자 스스로 가계와 사업재산을 뒤섞어 관리·처분하는 경우가 많고 특정지출이 비용의 지출인지 수익의 회수인지 불분명하여 과세소득금액 산출에 어려움이 생긴다. 구체적으로 맞벌이 부부의 경우 비용의 공제 방법이나(법 51조 1항 3호 참조), 업무용과 가사용 양쪽에 사용하는 승용차 유지비용 중 어느 정도를 사업관련 비용으로 인정할 것인가 등이 문제 된다.

4. 총수입금액과 필요경비의 귀속

가. 총 설

'총수입금액의 수입시기'라 함은 총수입금액의 귀속연도를 결정하는 기준이 되는 시기를 가리킨다. 소득세는 기간과세의 원칙에 따라 과세기간 단위로 과세표준을 산정하고 누진세율을 적용하여 소득세를 과세하므로 어떤 총수입금액이 어느 연도에 귀속하느냐에 따라 세율, 이월결손금의 공제기간, 감면기간 등의 적용이 달라져 소득세의 크기가 달라질 뿐 아니라 소득세의 납부시기나 그 밖의 협력의무의 이행시기 등도 다르게 된다. 총수입금액의 수입시기는 총수입금액의 귀속연도를 결정하는 기준이 된다는 점에서 '귀속시기'라고도 한다.

나. 권리의무확정주의

「거주자의 각 과세기간의 총수입금액과 필요경비의 귀속연도는 총수입금액과 필요경비가 확정된 날이 속하는 과세기간으로 한다」(법 39조 1항).

이는 우리 소득세법이 총수입금액과 필요경비의 귀속시기를 권리의무확정주의에 의하도록 규정한 것으로 이해된다.

시행령 제45조 내지 제50조의2에서는 상품·제품 등의 판매손익의 귀속연도를 그 상품 등을 인도한 날이 속하는 연도로 하는 등 소득과 거래의 유형별로 예시규정을 두고 있으나 구체적으로 어느 경우에 권리가 확정되었는가는 개별적으로 고찰하여야 한다. 예컨대 대손이 손금산입되는 부동산 임대소득과 그렇지 않은 양도소득이나 이자소득은 소득의 실현 여부에 대한 판단기준이 다를 수밖에 없다.

판례는, 공사가 완공되고 대금 지급시기가 도래하였으며 일부 대금을 어음으로 지급받은 경우(판 95. 11. 28, 94누11446), 변리사가 외국의뢰인에게 비용과 보수액이 기재된 차변표(Debit Note)를 송부하여 대가의 지급을 약속받은 경우(판 94. 8. 12, 94누4608), 양도인이 강제경매절차를 통해 대금 일부를 회수하고, 양수인 소유의 다른 재산에 대하여도 계속 강제집행을 시도하고 있는 경우(판 2002. 10. 25, 2001두1536) 등에 관하여 소득의 실현이 있다고 보았다. 임대소득에 관하여 약정기일에 약정임대료를 받지 못하여 임대차계약을 해지하였더라도 소득이 실현되지 않았다고 볼 수 없으나(판 2010. 1. 14, 2009두11874), 매매대금채권이 매수인의 도산으로 회수불능이 된 경우 소득의 실현이 있다고 볼 수 없다(판 2002. 10. 11, 2002두1953).

권리의 확정 여부는 특별히 소송 중인 권리에서 문제된다. 판례는 "채권의 존부 및 범위에 관하여 소송상 다툼이 있는 경우 그 경위 및 성질에 비추어 납세자에게 책임 있는 분쟁이 아닌 이상 채권의 확정은 판결 등이 확정된 때"로 보았다.[1] 또한 판례는 수급자가 가집행선고부 승소판결에 의해 지급자로부터 실제로 지연손해금에 상당하는 금전을 수령하였다면 본안판결 확정 전이라도 기타소득이 실현되었고, 이 경우 지급자가 가집행선고부 승소판결에 따라 지연손해금을 실제로 지급하면서 공제한 원천징수세액도 가지급물에 포함된다고 보았다.[2] 이 경우 판결이 항소심에서 취소되어 가지급물이 반환되면 원천징수의무자가 국가에 납부한 원천징수세액은 국가로부터 환급받아야 할 것이다.

손익의 귀속시기와 관련하여 일본이나 미국에서 관리지배기준이나 권리주장의 원칙 등이 주장되는데 그 내용은 이 책 713면 참조.

필요경비에 속하는 비용 중 자산의 원가와 같이 수익에 직접 대응하는 비용은 수익에 대응하는 원가의 범위 문제로 귀착되므로 결국 다른 자산의 원가로 들어가지 않는 간접비용(기간비용)만이 채무확정주의에 따라 귀속연도를 가리게 된다.

다. 소득별 총수입금액의 수입시기

(1) 이자소득

이자소득의 수입시기는 크게 현실적으로 이자를 지급받은 날과 약정에 의한 상환일로 나눌 수 있다(영 45조 1호 내지 11호). 금융기관 등에 대한 무기명채권(동

---

1) 판 93. 6. 22, 91누8180; 2018. 9. 13, 2017두56575 등. 변호사 보수금 지급에 관한 사안으로 2002. 7. 9, 2001두809 등. 관련 논의는, 장인태, 판례백선, 191면.

2) 판 2019. 5. 16, 2015다35270. 그 이전 가집행선고부 1심판결에 기해 경매절차에서 대여원리금의 배당을 받은 경우 이자소득의 권리확정시기를 판결에 따른 배당일로 본 것으로, 판 2011. 6. 24, 2008두20871. 국세기본법에 경정청구제도가 생기기 이전 사안에서 가집행판결에 따른 변제만으로 권리가 확정되지 않았다고 설시한 반대 취지의 것으로, 판 1988. 9. 27, 87누407. 관련논의는 김범준, "가집행선고부 승소판결에 따른 가지급물과 소득의 실현", 조세법연구 26-1, 151면.

2호)과 각종 예금(동 4호) 등의 경우에는 원칙적으로 이자를 현실적으로 지급받은 날이, 기명채권(동 3호)과 비영업대금의 이익(동 9의2호) 등의 경우에는 약정에 의한 상환일이 각 수입시기가 된다. 이자소득이 발생하는 상속재산이 상속되거나 증여되는 경우에는 상속개시일 또는 증여일이 수입시기가 된다(동 11호).

이자소득의 대부분을 차지하는 금융기관 예금의 경우 실제로 이자를 지급받는 날을 수입시기로 보므로 현실적으로 현금주의가 대종(大宗)을 이룬다. 이는 이자소득이 원천징수를 수반하는 데서 기인한다. 다만 비금융기관과 이자수수 약정을 한 경우 소득이 실현되었다고 하기 위해서 반드시 이자가 현실적으로 지급될 필요는 없다. 예컨대 원리금을 초과하는 담보물을 취득하고 금원을 대여하였다면 특별한 사정이 없는 한 이자지급기일 도래와 함께 이자소득이 발생한 것으로 보아야 한다(판 93. 12. 14, 93누4649). 다만 이자지급기일은 구체적으로 특정되어야 한다(판 2009. 3. 12, 2008두6875). 일단 이자소득이 발생한 이상 그 후 채권자가 포기·면제하여도 이미 발생한 이자소득 존부에 영향을 미치지 않는다(판 87. 11. 10, 87누598).

비영업대금 이익에서 이자약정일을 수입시기로 본 것은 통상 그 때에 실현가능성이 높다고 본 것이나 일률적인 적용은 무리가 있다. 일찍이 판례는 채무자의 도산으로 이자채권이 회수불능이 되어 실현가능성이 없게 된 것이 객관적으로 명백한 때에는 소득세를 부과할 수 없으며(판 96. 12. 10, 96누11105), 채권의 일부회수의 경우 회수 당시를 기준으로 나머지 채권의 회수가 불가능하다면 회수금원이 원금에 미달하는 한 이자소득이 발생하였다고 볼 수 없고 이 경우 민법 제479조 제1항의 변제충당 규정은 적용되지 않는다고 판단하였다(판 91. 11. 26, 91누3420). 이와 같은 판례의 취지는 현 시행령 제51조 제 7 항으로 입법에 반영되었다.[1)]

회수불능사유의 발생 여부는 반드시 시행령 사유에 국한되지 않는다(판 2013. 9. 13, 2013두6718). 다만 신고나 결정·경정 당시 이미 회수된 경우 이자소득이 있다고 보아야 하고, 이는 여러 채권이 동일한 채무자에 대한 것이어도 마찬가지이다(판 2014. 5. 29, 2014두35010). 원금 회수불능에 대한 주장·입증책임은 납세자에게 있고(판 93. 12. 14, 93누4649), 인정이자 익금산입에 대하여는 규정의 적용이 없다(판 2009. 12. 10, 2007두15872). 비영업대금 이자를 사업소득과 차별하여 필요경비를 인정하지 않는 것은 헌법에 위배되지 않는다(헌 2001. 12. 20, 2000헌바54).

1) 입법의 변천과정 및 관련 설명은, 구성권, "대여금채권의 회수불능과 비영업대금의 이익에 대한 과세", 조세법 연구 20-2, 167면. 일본은 회수불능사정이 발생한 경우 소득에서 제외하고 과세기간 경과 후에는 후발적 경정청구사유로 규정하고 있다(일본 소득세법 64조, 152조).

시행령 제45조는 이자와 할인액을 모두 이자소득으로 규정하고 있는데 어음할인액의 수입시기는 원칙적으로 약정에 의한 상환일(어음의 지급기일, 다만 기일 전 상환 시에는 그 상환일)이므로(동 1호) 어음을 할인해 준 날 소득의 실현이 있다고 볼 수 없다는 점에서 양자는 구분된다.[1] 이자 수취인이 법인인 경우 확정시기는 개인의 경우와 동일하게 보기 어려운 측면이 있다. 그 내용은 이 책 721면 참조.

(2) 배당소득

무기명 주식의 이익이나 배당은 지급을 받는 날(1호), 잉여금의 처분에 의한 배당은 당해 법인의 잉여금 처분 결의일(2호), 법 제17조 제 1 항 제 8 호에 따른 출자공동사업자의 배당은 과세기간 종료일(3의 2호), 같은 항 제 9 호 및 제10호에 따른 배당 또는 분배금은 그 지급을 받은 날(3의 3호), 법 제17조 제 2 항 제 1·2 호 및 제 5 호의 의제배당은 주식의 소각, 자본의 감소 또는 자본에의 전입을 결정한 날이나 퇴사 또는 탈퇴한 날(4호), 같은 항 제 3·4 호 및 제 6 호의 의제배당은, 각각 잔여재산 가액이 확정된 날, 합병등기, 분할등기 또는 분할합병등기를 한 날(5호), 법인세법에 의해 처분된 배당은 당해 법인의 당해 사업연도 결산확정일(6호), 집합투자기구로부터의 이익은 이익을 지급받은 날(다만 원본에 전입하는 뜻의 특약이 있는 분배금은 그 특약에 따라 원본에 전입되는 날)(7호) 등이다(영 46조).

6호의 인정배당의 경우 결산확정일은, 법인소득이 사외유출된 시점을 기준으로 당해 법인의 당해 사업연도의 결산확정일을 말한다.[2]

판례는 유동화전문회사의 배당결의에 따른 배당소득의 수입시기를 원칙적으로 '당해 법인의 잉여금처분결의일'로 보았다.[3]

(3) 사업소득

사업소득의 총수입금액의 수입시기는, ① 상품·제품 또는 그 밖의 생산품의 경우에는 그 상품 등을 인도한 날, ② 상품 등의 위탁판매의 경우에는 그 위탁품을 판매한 날, ③ 건설·제조 또는 용역의 경우에는 용역의 제공을 완료한 날(목적물을 인도하는 경우에는 목적물을 인도한 날이며, 계약기간이 1년 이상인 경우에 대한 특칙 있음), ④ 어음의 할인(금융업)의 경우에는 그 어음의 만기일(다만 만기 전에 어음을 양도하는 경우에는 어음의 양도일), ⑤ 인적 용역의 제공의 경우에는 용역대

1) 판 90. 7. 10, 89누4048; 2007. 10. 26, 2006두16137. 앞의 판결에 대한 평석은, 신정식, 판례해설 제14호(91. 11), 298면.
2) 이 규정 및 아래 (4)근로소득의 인정상여 관련 규정의 문제점에 관한 논의는, 이 책 763면 참조.
3) 판 2015. 12. 23, 2012두16299. 실제 배당시점을 귀속시기로 보아야 한다는 견해로는, 강성모, "유동화전문회사의 배당결의에 따른 배당소득의 귀속시기에 관한 연구", 조세법연구 18-1, 153면.

가를 지급받기로 한 날 또는 용역의 제공을 완료한 날 중 빠른 날, ⑥ 자산의 임대로 인하여 발생하는 소득은 계약 또는 관습에 따라 정해진 지급일(계약 또는 관습에 따라 지급일이 정해지지 아니한 경우에는 지급을 받은 날) 등이다(영 48조).

건물신축판매업자가 토지에 건물을 신축하여 집기, 비품과 함께 대금을 일괄로 정하여 양도한 경우 토지와 건물을 따로 양도한 경우에도 토지와 건물이 매수인에게 인도되어 매수인이 일괄 사용·수익할 수 있었던 때가 사업소득의 귀속시기이며(판 2009. 4. 23, 2007두337), 국내 수입오퍼상이 해외 수출업자를 위해 물품매도확약서 발행용역을 제공하고 받는 수수료의 수입시기는 현금 수령시기가 아닌 선적일이다(판 98. 6. 9, 97누19144). 양돈업자 소유의 사업장 토지가 공익사업에 제공되어 지급받은 폐업보상금 귀속시기는 폐업시점이 아니라 그 이전에 수입금액이 확정되어 지급받은 날이 속하는 연도이다(판 2013. 5. 24, 2012두29172).

(4) 근로소득

급여의 경우에는 근로를 제공한 날(영 49조 1항 1호), 잉여금처분에 의한 상여의 경우에는 당해 법인의 잉여금처분 결의일(동 2호), 신고나 결정·경정함에 있어서 발생한 그 법인의 임원 등에 대한 상여는 당해 사업연도중의 근로를 제공한 날(동 3호), 법 제22조 제 3 항 계산식 외의 부분 단서에 따른 초과금은 지급받거나 지급받기로 한 날(동 4호) 등이다. 도급계약 등에 의한 급여의 경우에 관하여도 특칙이 있다(영 49조 2항). 이 중 제 3 호는 임원 등에 대해 소득처분(법법 67조, 법령 106조 1항 1호 나목)이 이루어진 경우 소득의 귀속시기에 관한 것이다.

(5) 연금소득

연금소득의 수입시기는 공적연금소득은 연금을 지급받기로 한 날, 법 제20조의3 제 1 항 제 2 호에 따른 연금소득은 연금을 수령한 날, 그 밖의 연금소득은 해당 연금을 지급받은 날로 한다(영 50조 5항).

(6) 기타소득

법 제21조 제 1 항 제 7 호에 따른 광업권 등 양도소득은, 그 대금을 청산한 날, 자산을 인도한 날 또는 사용·수익일 중 빠른 날(대금청산 전에 자산을 인도 또는 사용·수익하였으나 대금이 확정되지 않은 경우에는 대금 지급일)(1호), 법 제21조 제 1 항 제10호에 따른 계약의 위약 또는 해약으로 인하여 받는 위약금과 배상금 중 계약금이 위약금·배상금으로 대체되는 경우의 기타소득은 계약의 위약 또는 해약이 확정된 날(1의2호), 법인세법에 의해 처분된 기타소득에 대하여는 당해 법인의 당해 사업연도의 결산확정일(2호), 법 제21조 제 1 항 제21호에 따른 기타소득은 연금외

수령한 날(3호), 그 밖의 기타소득은 그 지급을 받은 날(4호)로 한다(영 50조 1항).

채권의 존부에 관하여 채권자 승소의 1심 판결 선고 후 항소심 계속 중 지연손해금 일부의 감액약정 아래 상대방 청구를 인낙하였다면, 채권자의 기타소득 총수입금액은 인낙 시 감액분을 공제한 금액이다(판 98. 6. 23, 97누20366). 채권자가 채무변제에 갈음하여 원래 채권의 원리금을 넘는 새로운 채권을 양수함으로써 원래 채권이 소멸한 경우 양수채권에 기하여 원래 채권의 원리금 초과금액을 현실로 추심한 때 기타소득이 발생한다(판 2016. 6. 23, 2012두28339).

(7) 퇴직소득

퇴직소득에 대한 총수입금액의 수입할 시기는 퇴직을 한 날로 한다(영 50조 2항). 다만 법 제22조 제 1 항 제 1 호 중 국민연금법에 따른 일시금과 제42조의2 제 4 항 제 3 호에 따른 퇴직공제금의 경우에는 소득을 지급받는 날로 한다(같은 항 단서).

(8) 동업기업으로부터의 소득

조세특례제한법 제100조의18 제 1 항에 따라 동업기업으로부터 배분받은 소득은 해당 동업기업의 과세연도의 종료일을 수입시기로 하고, 조세특례제한법 제100조의22 제 1 항에 따라 동업기업으로부터 분배받은 자산의 시가 중 분배일의 지분가액을 초과하여 발생하는 소득은 분배일을 수입시기로 한다(영 50조의2).

라. 비용의 귀속: 수익비용대응의 원칙

「**사업소득금액의 계산에 있어서 필요경비에 산입할 금액은 해당 과세기간의 총수입금액에 대응하는 비용으로서 일반적으로 용인되는 통상적인 것의 합계액으로 한다**」(법 27조 1항).

이 규정은 과세기간에 관한 법 제 5 조, 총수입금액과 필요경비 귀속연도에 관한 법 제39조 등과 관련하여 볼 때, 필요경비에 산입할 금액은 실현 내지 확정된 총수입금액과 같은 기간 동안에 발생사실이 확정된 비용 중 총수입금액에 대응하는 비용으로 한다는 '권리의무 확정주의'와 '수익비용대응의 원칙'을 함께 규정한 것으로 이해된다. 기타소득의 경우에도 동일한 취지의 규정이 있다(법 37조 2항).

「**해당 과세기간 전의 총수입금액에 대응하는 비용으로서 해당 과세기간에 확정된 것에 대하여는 해당 과세기간 전에 필요경비로 계상하지 아니한 것에 한하여 해당 과세기간의 필요경비로 한다**」(법 27조 2항, 37조 3항).

이는 예컨대 비용의 발생 내지 지급시기에 관하여 다툼이 생겨 판결절차에서 지급의무가 확정되었다면 당해 비용이 발생 연도 총수입금액에 대응하는 비용이라도 판결이 확정된 과세연도의 필요경비로 귀속된다는 의미이다. 다만 일단 비용이 지출되었다면 다툼이 있는 경우라도 지출된 연도 비용으로 귀속될 것이다.

소득세법 제39조 제 2 항은 거주자가 매입·제작 등으로 취득한 자산의 취득가액에 관하여, 같은 조 제 3 항은 재고자산의 평가방법에 관하여, 같은 조 제 4 항은 재고자산 및 유형자산의 장부가액을 감액할 수 있는 경우를, 같은 조 제 5 항은 위 각 사항과 관련하여 기업회계 존중에 관한 규정을 두고 있다. 그 내용은 법인세법 및 국세기본법의 해당 규정과 동일하므로 구체적인 설명은 각 해당부분 참조.

5. 결손금의 통산과 공제

가. 결손금과 이월결손금의 의의

결손금이란 사업자의 소득별 소득금액을 계산함에 있어서 해당 과세기간에 속하거나 속하게 될 필요경비가 해당 과세기간에 속하거나 속하게 될 총수입금액을 초과하는 경우의 그 초과금액을 말한다(법 45조 1·3항).

이는 기업회계상 결손금, 즉 손익계산서상 당기순손실을 의미하는 것이 아니고, 납세의무자가 신고하거나 납세지 관할세무서장 또는 지방국세청장이 결정·경정한 결손금, 즉 세무계산상 결손금을 말한다. 결손금은 사업자가 장부를 비치·기장하여 실액방법에 의하여 소득금액을 산정하는 경우에 발생한다.

이월결손금이란 다음 과세연도로 이월되는 결손금으로서, 부동산임대업에서 발생한 결손금과 소득세법 제45조 제 1 항에 따라 종합소득과세표준의 계산에 있어서 소득별로 공제하고 남은 결손금을 말한다(법 45조 3항).

소득세는 과세기간 단위로 세액을 산정하나 기간과세의 원칙은 소득 구획에 자의적 요소를 초래한다. 즉, 누진세율구조로 인해 생애소득이 동일해도 소득이 평균적인 납세의무자와 변동이 심한 납세의무자 사이에는 불공평이 초래된다. 따라서 소득금액을 과세기간 단위로 구분하더라도 어떤 과세기간에 발생한 결손금은 그 이전이나 이후 과세기간의 소득금액으로 보전하여 주는 것이 마땅하다. 다만 현실적으로는 입법기술상 결손금 발생 전후의 일정기간 내에서만 공제를 허용한다.

결손금공제에는 이월공제와 소급공제가 있는데 소득세법은 이월공제를 원칙으로 하면서 예외적으로 중소기업에 대한 결손금소급공제제도를 마련해 두고 있다. 아래에서는 주로 사업소득의 결손금 통산과 공제에 관해 살펴본다.

나. 결손금의 통산

사업자가 비치·기장한 장부에 의하여 발생한 결손금은 먼저 해당 사업소득별로 통산한다. 즉, 복수의 사업장을 갖고 있는 납세의무자는 사업소득별로 소득금액과 결손금을 통산하여야 한다(내부적 소득통산). 해당 소득별로 통산한 결손금 중 사업소득에서 생긴 결손금은 다시 다른 종합소득금액과 통산하여야 한다. 이 경우 사업소득에 있어서의 결손금은 근로소득금액, 연금소득금액, 기타소득금액, 이자소득금액, 배당소득금액에서 순차로 공제한다(법 45조 1항)(외부적 소득통산).

외부적 통산 후에도 결손금이 남으면 다음 과세기간 이후로 이월되어 종합소득금액에서 공제된다. 다만 부동산임대업(주거용 건물 임대업은 제외)에서 발생한 결손금은 다른 사업소득과 달리 다른 소득금액과의 통산을 허용하지 않으며 다음 과세기간 이후로 이월되어 부동산임대업에서만 공제된다(법 45조 2항, 3항 2호).

다. 이월결손금의 공제

각 소득별 이월결손금은 해당 이월결손금이 발생한 과세기간 종료일부터 15년 내에 종료하는 과세기간의 소득금액을 계산함에 있어서 해당 소득별로 공제하되 사업소득(부동산임대업 소득 제외)에서 발생한 이월결손금은 사업소득금액·근로소득금액·연금소득금액·기타소득금액·이자소득금액·배당소득금액에서 순차로 공제한다. 다만 국세기본법 제26조의2에 따른 국세부과의 제척기간이 지난 후에 그 제척기간 이전 과세기간의 이월결손금이 확인된 경우 그 이월결손금은 공제하지 아니한다(법 45조 3항). 소득세의 과세표준과 세액을 추계방법에 의하여 확정하는 경우에는 공제기한 내의 이월결손금이 있더라도 이를 공제할 수 없다(동 4항. 천재지변 등의 경우에 관한 예외조항 있음).

법 제45조 제 1 항 및 제 3 항에 의한 결손금 및 이월결손금의 공제에서 제62조에 따른 세액계산을 하는 경우 제14조에 따라 종합과세되는 배당소득 또는 이자소득이 있는 때에는 그 배당소득 또는 이자소득 중 원천징수세율을 적용받는 부분은 결손금 또는 이월결손금의 공제대상에서 제외하며, 기본세율을 적용받는 부분은 납세자가 그 소득금액 범위 안에서 공제 여부 및 공제금액을 결정할 수 있다(동 5항). 결손금 및 이월결손금 공제에서 해당 과세기간에 결손금이 발생하고 이월결손금이 있는 경우 해당 과세기간의 결손금을 먼저 소득금액에서 공제하고(동 6항), 나머지 누적된 이월결손금은 먼저 발생한 과세기간 이월결손금부터 순차로 공제한다.

한편 조특법 제 6 조 제 1 항에 따른 중소기업은 해당 과세기간의 이월결손금(부동산임대업에서 발생한 이월결손금은 제외)을 직전 과세기간의 사업소득에 부과된 종합소득 결정세액을 한도로 환급신청할 수 있는 소급공제제도가 마련되어 있다 (법 85조의2 1항). 소급공제기간은 1년이며 신청이 있어야 환급이 가능하다(동조 2·3 항).

6. 소득금액계산의 특례

가. 총 설

소득세법은 소득금액 계산에 관하여 부당행위계산부인에 관한 규정을 비롯하여 몇 가지 규정을 두고 있다. 이 중 부당행위계산부인 규정은 항을 바꾸어 살펴보고 여기서는 나머지 특례규정에 관하여 살펴본다.

나. 비거주자 등과의 거래에 대한 소득금액의 계산특례

우리나라가 조세의 이중과세 방지를 위하여 체결한 조약의 상대국과 그 조세조약의 상호 합의 규정에 따라 거주자가 국외에 있는 비거주자 또는 외국법인과 거래한 금액에 대하여 권한 있는 당국 간에 합의를 하는 경우에는 그 합의에 따라 납세지 관할세무서장 또는 지방국세청장은 그 거주자의 각 과세기간의 소득금액을 조정하여 계산할 수 있다(법 42조 1항).

소득금액조정의 신청절차 등은 국제조세조정에관한법률 시행령 제21조를 준용한다(동 2항; 영 99조).

다. 공동사업장에 대한 소득금액의 계산특례

(1) 의 의

「사업소득이 발생하는 사업을 공동으로 경영하고 그 손익을 분배하는 공동사업(경영에 참여하지 아니하고 출자만 하는 대통령령으로 정하는 출자공동사업자 포함)의 경우 해당사업을 경영하는 장소(공동사업장)를 1거주자로 보아 공동사업장별로 그 소득금액을 계산한다」(법 43조 1항).

공동사업장에서 발생하는 소득금액은 공동사업장을 하나의 소득금액 산정단위로 의제한다. 예컨대 기업업무추진비 및 기부금 한도액을 공동사업장을 1거주자로 의제하여 해당 공동사업장 단위로 계산한다. 감가상각비 범위액 계산과 시·부인계산도 같다. 이는 소득금액의 거주자별 확정원칙에 대한 예외를 규정한 것이다.

공동사업장에 대한 소득금액이 확정되면 해당 금액을 각 조합원의 지분 또는 손익분배 비율에 의해 각 조합원에게 배분한다. 공동사업장에 관련된 가산세액도 마찬가지이다(법 87조 2항).

공동사업장에서 발생한 결손금은 각 공동사업자별로 분배되어 그들의 다른 소득금액과 통산하여 과세표준을 산정하며, 그 과세기간에 공제하지 못한 결손금은 각자별로 이월되어 다음 과세기간 이후의 소득금액에서 이월결손금으로 공제받게 된다. 이월결손금이 공동사업장 단위로 소득금액에서 공제되거나 이월되는 방식이 아니다.

출자공동사업자란, 1. 공동사업에 성명 또는 상호를 사용하게 하지 않거나 2. 공동사업에서 발생한 채무에 대하여 무한책임을 부담하기로 약정하지 않은 자로서 공동사업의 경영에 참여하지 아니하고 출자만 하는 자를 말한다(영 100조 1항).

(2) 소득금액의 분배

「사업자가 자산을 공유 또는 합유하거나 공동으로 사업을 경영하는 경우에는 그 지분 또는 손익분배의 비율에 의하여 분배되었거나 분배될 소득금액에 따라 각 거주자별로 그 소득금액을 계산한다」(법 43조 2항).

조합원 등이 공동사업장에서 발생한 소득을 분배하지 않고 공동사업장에 유보하기로 의결하더라도 효력이 없고, 공동사업장 단위의 소득금액 중 각자의 지분비율 등에 의해 산정한 소득금액을 분배될 소득금액으로 보아 각자에게 분배·귀속시키게 된다(판 90. 9. 28, 89누7306). 공동사업자의 경우 각자의 지분비율에 따라 소득금액이 분배되므로 그 1인이 해당 공동사업장에 토지를 무상으로 제공하더라도 부당행위계산부인 규정이 적용될 여지는 없다(판 2005. 3. 11, 2004두1261).

거주자 1인과 생계를 같이 하는 그 거주자의 친족이 공동사업자에 포함되어 있는 경우로서 손익분배비율을 허위로 정하는 등 대통령령으로 정하는 사유가 있는 때에는 제2항의 규정에 불구하고 그 특수관계인의 소득금액은 손익분배비율이 큰 공동사업자의 소득금액으로 본다(법 43조 3항; 영 100조 2항 내지 5항).

이는 친족관계를 악용하여 소득을 분산시켜 누진과세를 회피하기 위한 것을 방지하기 위한 것이다.

(3) 조세특례제한법상 동업기업 과세특례규정과의 관계

현행법 아래에서 조합체로서 공동사업을 영위하는 경우 원칙적으로 소득세법상 공동사업장 과세에 관한 규정이 적용되나, 선택에 따라 조특법상 동업기업 세제의 적용을 받을 수도 있다. 과세방식이나 소득의 귀속시기 등 구체적인 적용은 양자에 차이가 없고, 단지 동업기업 세제 쪽에서는 해당기업의 신고의무 및 결산서류 작성의무, 동업자들의 지분가액 산정 및 조정 등에 관해 보다 상세한 규정을 두고 있을 뿐이다. 장래 양자를 하나의 형태로 통일시키는 것이 바람직하다.[1)]

라. 상속의 경우의 소득금액의 구분결정

피상속인의 소득금액에 대하여는 상속인이 소득세 납세의무를 진다(법 2조의2 2항). 이 경우 상속인의 소득금액에 대한 소득세와 구분하여 소득세를 산정하고(법 44조 1항), 상속인은 상속으로 인해 얻은 재산을 한도로 납부의무를 부담한다(상증세법 3조의2 1항). 공동상속의 경우 각자의 상속지분에 따라 안분한 후 각자의 상속재산을 한도로 하여 연대납세의무를 부담한다(기본법 24조 3항).

연금계좌 가입자가 사망하더라도 배우자가 해당 연금계좌를 승계하면 해지로 보지 아니한다. 이 경우 연금계좌에 있는 피상속인 소득금액에 대한 소득세는 제 1 항에 불구하고 상속인의 소득금액에 대한 소득세로 본다(법 44조 2항).

마. 채권(債券) 등에 대한 소득금액의 계산특례(법 46조)

이는 거주자에게 보유기간별로 귀속되는 이자 등 상당액을 해당 거주자의 제16조에 따른 이자소득으로 보아 소득금액을 계산한다는 취지의 특칙이다.

바. 중도해지로 인한 이자소득금액의 계산특례

법 제46조의2 참조.

7. 부당행위계산의 부인

가. 의 의

「배당소득(제17조 제 1 항 제 8 호에 따른 배당소득만 해당한다), 사업소득 또는 기타소득이 있는 거주자의 행위 또는 계산이 그와 특수관계 있는 자와의 거래로 인하여 그 소득에 대한 조세의 부담을 부당하게 감소시킨 것으로 인정되는 경우에는 과세관청은 그 행위 또는 계산과 관계없이 해당 과세기간의 소득금액을 계산할 수 있다」(법 41조).

이를 부당행위계산부인이라고 하며, 조세회피행위를 방지하여 부담의 공평을

1) 관련 논의는, 윤지현, "동업기업 세제 도입에 따른 기업형태별 적절한 과세방안에 관한 연구", 조세법연구 14-2, 38면. 박 훈·이은미, "조세특례제한법상 동업기업 과세특례 제도의 타당성에 관한 연구", 조세법연구 14-1, 57면.

실현하기 위한 제도로서 실질과세원칙을 구체화하여 공평과세를 실현하고자 하는 데에 그 입법취지가 있다(판 97. 2. 14, 95누13296).

우리 법은 조세회피행위 부인을 개별세법에서 규정하고 있는데, 위 규정과 양도소득세의 부당행위계산부인에 관한 소득세법 제101조 제 1 항, 법인의 부당행위계산부인에 관한 법인세법 제52조, 부가가치세법 제29조 제 4 항 제 1 호 등의 규정이 그것이다. 위 규정들은 모두 특수관계인과의 거래와 거래내용의 부당성을 공통요소로 삼고 있다. 판례의 동향 등 자세한 설명은 법인세법으로 미루고 여기에서는 조문 중심으로 간략하게 살펴본다. 양도소득의 부당행위계산부인은 비사업자의 양도소득에 대한 조세회피행위를 규제하기 위한 것으로서 사업소득 등에 관한 것과 내용이 크게 다르지 않은 바, 이 역시 해당 부분에서 살펴본다.

나. 적용요건

(1) 일정한 소득자

법 제17조 제 1 항 제 8 호에 따른 배당소득·사업소득 또는 기타소득이 있는 거주자의 행위·계산이어야 한다. 법 제17조 제 1 항 제 8 호에 따른 배당소득은 출자공동사업자의 손익분배비율에 해당하는 금액으로서 그 실질이 사업소득에 해당한다. 결국 부당행위계산부인은 총수입금액에서 필요경비를 공제하여 소득금액을 산정하는 유형의 소득이 있는 자에 한하여 적용된다. 따라서 이자소득·배당소득·근로소득·연금소득 및 퇴직소득은 해당이 없다.

(2) 행위·계산의 이상성

부당행위계산은 납세의무자가 통상적인 아닌 이상(異常)한 행위 또는 형식을 선택하는 경우에 성립한다. 그 판단은 어떤 행위가 사회통념이나 관습에 비추어 경제적으로 합리성이 있는지의 여부를 기준으로 삼고, 경제적 합리성은 합리적인 경제인이 통상적으로 선택할 거래를 기준으로 삼는다(판 2009. 9. 10, 2009두7462).

부당행위에 해당하는지 여부에 관한 판단기준시점은 거래 당시이며(판 92. 11. 24, 91누6856), 납세의무자의 주관적인 조세회피의사는 적용요건이 아니다(판 92. 11. 24, 91누6856).

(3) 특수관계인과의 거래

특수관계인의 내용은 국세기본법 제 2 조 제20호 참조.

(4) 소득세 부담의 감소

다. 부당행위계산의 유형(영 98조 2항)

1호: 자산의 고가매입과 저가양도

고가매입은 취득가액을 시가에 의한다. 감가상각비나 매출원가, 재고차손 등도 마찬가지이다. 자산의 무상양도는 적용대상이 아니다. 우리 소득세법은 자산의 무상양도를 증여세 과세대상으로만 파악하나, 저가양도의 경우 부당행위계산부인 규정이 적용되면 시가와 양도가액의 차액에 대하여 양수인에 대하여는 증여세가, 양도인에 대하여는 소득세가 각 부과되는 것과 균형이 맞지 않는다. 이 점은 무상양도와 저가양도를 모두 부당행위계산부인 대상으로 규정한 법인세법(법령 88조 1항 3호 참조) 규정과도 차이가 있다. 본호와 2호, 3호, 5호(1호 내지 3호에 준하는 행위에 한한다)는 시가와 거래가액의 차액이 3억원 이상 이거나 시가의 5/100에 상당하는 금액 이상인 경우에 한해 적용된다(영 98조 2항 단서).

양도인에 대하여 고가양도는 거래가액, 저가양도는 시가로 양도가액을 계산한다. 양수인에 대하여는 대응조정을 인정하지 않고 거래가액을 취득가액으로 한다. 다만 저가양도의 경우 증여의제 규정이 적용된 자산을 수증자가 다시 양도한 경우 그 증여재산가액을 취득가액에 가산한다(영 163조 10항 1호).

시가는 법인세법시행령 제89조 제 1 항 및 제 2 항을 준용한다(영 98조 3항).

여러 자산을 포괄적으로 양도한 경우 자산들의 전체 거래가격과 시가를 비교하여 거래 전체로서 저가양도 여부를 판단한다(판 97. 2. 14, 95누13296).

2호: 자산·용역의 무상·저율제공

무상 또는 저율대부 등에 대하여는 정상이율 또는 적정요율에 의하여 산정한 이자·요금·적정임대료 및 그 밖의 대가와의 차액을 총수입금액에 산입한다.

'적정임대료'란 특수관계 없는 자와 정상적인 거래를 하는 경우에 형성되는 가격을 기준으로 하나 실례가 없는 경우에는 토지의 지목·위치·주위환경·이용상황·인지(隣地) 및 유사지역 내의 유사토지에 대한 적정가격과 개별요인 등을 조사, 검토하는 등의 객관적이고 합리적인 방법에 의할 수밖에 없다(판 92. 1. 21, 91누7637).

3호: 자산·용역의 고율이용

이 경우 실제 지급이자와 정상이자와의 차액을 필요경비에 산입하지 아니한다.

4호: 무수익자산의 비용부담

5호: 그 밖에 특수관계인간 거래에 따라 해당 과세기간의 총수입금액 또는 필요경비를 계산할 때 조세의 부담을 부당하게 감소시킨 것으로 인정되는 경우

라. 부인의 효과

(1) 소득금액의 계산

해당 소득자의 행위 또는 계산에 불구하고 납세지 관할세무서장 또는 지방국세청장이 해당 과세기간의 소득금액을 계산한다.

(2) 대응조정의 불인정

거주자간 거래에 관해 행위계산을 부인하는 경우 원칙적으로 대응조정을 허용하지 않는다. 다만 이전가격과세에 따라 야기되는 이중과세 시정을 위해 국외 특수관계 있는 자와의 거래에 관하여 대응조정장치가 마련되어 있으며(법 42조), 양도소득과 관련하여 일정한 경우 양도가액 조정장치를 두고 있다(법 96조 3항).

거래상대방에 대한 과세는 법인세법상으로는 소득처분의 형태로 이루어지나 소득세법에는 그와 같은 제도가 없으므로 별도의 과세근거 규정이 있는가에 따른다. 예컨대 상증세법상의 저가양수 요건을 충족하면 증여세 과세대상이 된다.

(3) 기본행위의 효력의 무영향

부당행위계산부인은 과세소득계산의 변동을 초래할 뿐 사법상 법률행위의 효과를 부인하거나 기존 법률행위의 변경·소멸을 가져오지는 않는다.

마. 부당행위계산부인과 증여세와의 관계

우리 소득세법과 상증세법에 따르면, 자산의 무상양도의 경우를 제외하면, 부당행위계산부인에 따른 증여자에 대한 소득세 과세와 수증자에 대한 증여세 과세는 별개로서 양쪽 모두 과세가 가능하다는 입장이다. 상증세법 제 4 조의2 제 3 항은 '증여재산에 대하여 수증자에게 소득세가 부과되는 경우 증여세를 부과하지 않는다'는 규정을 두고 있으나 이는 수증자에 대한 증여세와 소득세의 이중과세를 방지하기 위한 것일 뿐 위 경우에 관한 규정은 아니다(판 99. 9. 21, 98두11830).

이에 대하여는 하나의 담세력 원천에 대한 이중과세라는 비판이 있으나,[1] 이 경우 소득세 과세는 실현된 자본이득에 관한 것이고, 증여세 과세는 수증이익에 대한 것이므로 담세력 원천이 달라 이중과세로 단정하기는 어렵다.[2]

---

1) 이동식, "소득세법상 부당행위계산부인과 상증세법상 증여의제의 관계", 조세법연구 8-2, 71면.
2) 같은 취지. 한만수, "소득과 수증의 과세상 관계에 관한 고찰", 조세법연구 17-2, 302면. 헌법재판소는 이를 이중과세로 보면서도 입법재량 범위 내에 속한다는 이유로 합헌으로 판단하고 있다. 헌 2006. 6. 29, 2004헌바76.

8. 종합소득공제

종합소득과세표준은 종합소득금액에서 종합소득공제를 하여 산출한다. 종합소득공제는 인적 공제와 물적 공제가 있다.

인적 공제는 최저생계비 공제를 통해 납세의무자의 최저생활을 보장하고 부양가족 상황에 따라 세 부담에 차별을 둠으로써 응능과세를 실현하는 데 취지가 있다. 이에는 기본공제와 추가공제가 있다.

이에 반하여 물적 공제는 납세의무자가 지출한 특정보험료와 주택자금 등을 공제하여 줌으로써 사회보장제도를 세제 면에서 지원하기 위한 것이다. 그 종류로는 소득세법상 특별공제 외에 조세특례제한법상의 소득공제가 있다. 후자에는 조세특례제한법상 우리사주조합에 출연하는 경우에 대한 소득공제(동 88조의4)와 신용카드 등 사용금액에 대한 소득공제(동 126조의2) 등이 있다.

종합소득공제에는 거주자 본인을 포함하여 생계를 같이하는 가족 1인당 연 150만 원을 공제하는 기본공제(법 50조 1항)와 경로우대자와 장애인 등을 위한 추가공제(법 51조), 연금보험료 공제(법 51조의3), 주택담보 노후연금 이자비용 공제(법 51조의4), 특정 보험료, 주택자금 등에 관한 특별소득공제(법 52조 1항 내지 8항) 등이 있다.

제 3 절 세액의 계산

1. 세 액

세액에는 산출세액, 결정세액, 총결정세액, 고지(또는 환급)세액이 있으며 그 관계는 다음과 같다.

과세표준 × 기본세율 = 산출세액

산출세액 − 세액공제 · 감면 = 결정세액

결정세액 + 가산세 = 총결정세액

총결정세액 − 기납부세액 = 고지(환급)세액

2. 세 율

가. 의 의

과세표준과 산출세액과의 관계비율을 세율이라고 하며 과세표준을 B, 산출세액을 T, 세율을 r 이라고 할 때 $T=Br$의 관계가 성립한다.

나. 종 류

(1) 평균세율과 한계세율

평균세율이란 산출세액을 과세표준으로 나누어 산출한 비율을 말하고 한계세율이란 산출세액의 증가분을 과세표준의 증가분으로 나누어 산출한 세율을 말한다. 산식으로 나타내면 다음과 같다.

$$\text{평균세율} = \frac{T}{B} \qquad \text{한계세율} = T\text{의 증가분} / B\text{의 증가분} = \Delta T / \Delta B$$

(2) 비례세율과 차등세율

비례세율이란 과세표준의 증감에 관계없이 세율의 증감변화가 없는 것을 말하고 차등세율이란 과세표준의 증감에 따라 세율이 점차적으로 높아지거나 낮아지는 것을 말한다. 비례세율은 평균세율과 항상 일치한다. 차등세율은 다시 과세표준의 증가에 따라 세율이 높아지는 누진세율과 세율이 낮아지는 역진세율로 나눌 수 있는데 역진세율은 거의 채택되지 않는다. 누진세율 적용방법에는 단순누진법과 초과누진법의 2가지가 있다. 초과누진법은 과세 각 단계 경계선상에 놓인 소득자간 세부담의 불공평을 시정할 수 있어 우리 소득세법도 이 방법을 채택하고 있다.

(3) 표면세율과 실효세율

표면세율은 산출세액을 과세표준으로 나눈 산술적 비율을, 실효세율은 납세자가 실질적으로 부담하는 세액(산출세액에서 세액공제나 세액감면을 하고 남은 결정세액)을 과세표준으로 나눈 비율을 각 의미한다.

다. 우리나라의 세율구조

(1) 종합소득

법은 8구간으로 나누어 각 구간 별로 세율을 달리하는 초과누진세율 구조를 취하고 있다. 구체적으로 과세표준이 1,400만 원 이하일 경우 6/100의 세율부터 순차 누진되면서 1억 5천만 원 초과의 경우 38/100, 3억 원 초과의 경우 40/100, 5억 원 초과의 경우 42/100, 10억 원 초과의 경우 45/100의 최고세율을 적용한다(법 55조 1항). 납세의무자의 가족구성과 세대 내의 지위에 따라 별개의 세율을 정하는 입법 예도 있으나 우리 소득세법은 단일세율체계를 채택하고 있다.

(2) 퇴직소득

다음 각 호의 순서에 따라 계산한 금액으로 한다(동 2항).

1. 해당 과세기간의 퇴직소득과세표준에 제 1 항의 세율을 적용하여 계산한 금액
2. 제 1 호의 금액을 12로 나눈 금액에 근속연수를 곱한 금액

법은 지나친 누진세율을 회피하기 위한 평균과세장치 및 환산급여액이 증가할수록 공제율이 감소하는 차등공제방식을 택하고 있다.

(3) 양도소득

양도소득 과세대상자산에는 누진세율 적용대상자산과 비례세율 적용대상자산의 두 가지가 있다. 그 자세한 내용에 대하여는 이 책 562면 이하 참조.

3. 세액계산의 특례

가. 종합과세·분리과세되는 금융소득

이에 관한 설명은 제 3 장 제 2 절 금융소득에 대한 과세부분 참조.

나. 직장공제회 초과반환금

직장공제회 초과반환금은 그 초과반환금에서 초과반환금의 40%에 상당하는 금액과 납입연수에 따른 일정한 공제액을 차감한 금액에 대하여 평균과세의 방법인 연분연승법(年分年乘法)에 의하여 세액을 산출한다(법 63조).

다. 부동산매매업자 등에 대한 특례

대통령령으로 정하는 부동산매매업을 경영하는 거주자로서 종합소득금액에 제104조 제 1 항 제 1 호(분양권에 한정한다)·제 8 호·제10호 또는 같은 조 제 7 항 각 호의 어느 하나에 해당하는 자산의 매매차익이 있는 자의 종합소득 산출세액은 다음 각 호의 세액 중 많은 것으로 한다(법 64조 1항).

1. 종합소득산출세액

2. 다음 각 목에 따른 세액의 합계액: 가목 및 나목 생략.

위 규정의 '주택'에 해당하는지 여부는 건물공부 기재와 관계없이 실제 용도가 주거에 공하는 건물인가에 의하여 판단한다(판 2010. 7. 22, 2008두21768).

라. 주택임대소득 및 분리과세기타소득 세액에 대한 특례

연간 2천만 원 이하의 주택임대소득에 대해서는 분리과세한다(법 12조 2호 나목, 14조 3항 7호). 위와 같은 분리과세 주택임대소득이 있는 거주자의 종합소득결정세액은, 분리과세 부분을 포함한 종합소득 결정세액 방식과 분리과세 부분을 별도로 산정한 후 나머지 부분의 종합소득결정세액과 합산하는 방식 중 하나를 선택하여 적용하도록 하는 특례가 마련되어 있다(법 64조의2, 영 122조의2).

분리과세기타소득에 대한 세액 계산의 특례에 관하여는 법 제64조의3 참조.

마. 연금소득에 대한 세액 계산의 특례

소득세법 제20조의3 제 1 항 제 2 호 및 제 3 호에 따른 연금소득 중 분리과세연금소득 외의 연금소득이 있는 거주자의 종합소득 결정세액은 다음 각 호의 세액 중 하나를 선택하여 적용한다(법 64조의4).

1. 종합소득 결정세액

2. 다음 각 목의 세액을 더한 금액: 가. 제20조의3 제 1 항 제 2 호 및 제 3 호에 따른 연금소득 중 분리과세연금소득 외의 연금소득에 100분의 15를 곱하여 산출한 금액, 나. 가목 외의 종합소득 결정세액

연금계좌(연금저축계좌, 퇴직연금계좌 및 이와 유사하고 연금 형태로 받는 것)에서 발생하는 연금소득 중 일부 소득의 합계액이 연 1,500만 원을 초과하는 경우 종합과세(법 14조 3항 9호)와 15% 세율의 분리과세를 선택할 수 있도록 한 것이다.

4. 세액공제

가. 총　　설

과세표준에 세율을 곱하면 세액이 산출되나, 일정한 경우 세액에서 소정금액을 공제한다. 이를 세액공제라고 하며 세액공제 후 금액이 실제 납부할 세액이 된다.

세액공제에는 배당세액공제(법 56조)를 비롯하여 기장세액공제(법 56조의2), 전자계산서 발급 전송에 대한 세액공제(법 56조의3), 외국납부세액공제(법 57조, 57조

의2, 129조 4항 내지 8항), 재해손실세액공제(법 58조), 근로소득세액공제(법 59조), 자녀세액공제(법 59조의2), 연금계좌세액공제(법 59조의3), 의료비, 교육비, 보험료, 기부금 등에 대한 특별세액공제(법 59조의4) 등이 있다.

이 중 외국납부세액공제 규정과 관련하여 2023년 개정법에서 거주자가 간접투자회사등(자본시장법상 투자회사 등)으로부터 지급받은 소득에 대해 간접투자회사등이 납부한 외국법인세액이 있는 경우, 이를 종합소득산출세액에서 공제하는 방법 등에 관한 특례규정(법 57조의2) 및 원천징수세액 계산방법에 관한 규정(법 129조 5항 내지 8항)을 신설하였다(2025. 1. 1. 시행). 이 중 원천징수 관련 규정(법 129조 4항 내지 8항)은, 이자소득, 배당소득에 대해 외국에서 납부한 '외국소득세액'만이 아니라, 자본시장법에 따른 투자회사 등, 부동산투자회사법에 따른 기업구조조정 부동산투자회사 및 위탁관리 부동산투자회사, 법인세법 제 5 조 제 2 항에 따라 내국법인으로 보는 신탁재산('간접투자회사등')이 국외원천소득에 대하여 외국에서 납부한 '외국법인세액'이 있는 경우에도 해당 소득을 투자자에게 지급할 때 외국에서 납부한 세액을 뺀 금액을 원천징수하도록 규정하고 있다.

그 밖에 조세특례제한법에 의하여 인정되는 것으로, 고용창출투자세액공제(26조), 전자신고에 대한 세액공제(104조의8) 등이 있다.

나. 배당세액공제

(1) 의 의

「법 제17조 제 1 항 제 1 호, 제 2 호, 제 3 호 및 제 4 호에 따른 배당소득 중 다음 각 호의 어느 하나에 해당하는 배당을 제외한 분(分)과 제 1 항 제 5 호에 따른 배당소득 중 대통령령으로 정하는 배당소득에 대해서는 해당 과세기간의 총수입금액에 그 배당소득의 100분의 10에 해당하는 금액을 더한 금액으로 한다」(법 17조 3항).

1. 법 제17조 제 2 항 제 1 호에 따른 의제배당(법인의 소득에 법인세가 과세되지 아니한 배당으로서 자본의 감소로 인한 경우로 한정한다)

2. 제 2 항 제 2 호 가목에 따른 자기주식 또는 자기출자지분의 소각이익의 자본전입으로 인한 의제배당

3. 제 2 항 제 2 호 나목에 따른 토지의 재평가차액의 자본전입으로 인한 의제배당

4. 제 2 항 제 5 호에 따른 의제배당 5. 조세특례제한법 제132조에 따른 최저한세액이 적용되지 않는 법인세의 비과세·면제·감면 또는 소득공제를 받은 법인 중 대통령령으로 정하는 법인으로부터 받은 배당소득이 있는 경우에는 그 배당소득 금액에 대통령령이 정하는 율을 곱하여 산출한 금액

6. 자산재평가법 제28조 제 2 항을 위반하여 이 조 제 2 항 제 2 호 나목에 따른 재평가적립금을 감액하여 받은 배당 7. 법 제18조 제 8 호 나목 및 다목에 해당하는 자본준비금을 감액하여 받은 배당

예컨대 총수입금액이 100만 원일 경우 배당소득을 110만 원으로 늘려 잡는데 이를 Gross-up이라고 한다. 이와 같이 Gross-up된 소득을 기초로 종합소득세율을 적용하여 세액을 산출한 후 여기에서 Gross-up 이전 배당소득의 10/100에 상당하는 금액을 공제하여 납부세액을 산출하는데 이를 배당세액공제라고 한다(법 56조 1항).

이와 같이 법인단계에서 납부한 세액의 일부를 주주단계 세액에서 공제하는 방식을 법인세 주주귀속방식(Imputation 방식)이라고 한다. 배당소득 가산금액 및 배당세액공제액을 10%로 잡은 것은 낮은 단계 법인세율인 9%를 기준으로 이중과세되는 부분을 산출한 것이다. 예컨대 법인소득 1억 원, 법인세율 9%, 주주에 대한 세율이 35%이고, 법인소득이 주주에게 전액 배당된다고 가정할 때, 법인체가 없다면 주주는 1억 원의 소득에 대하여 3,500만 원의 세금을 내는데 배당세액 공제가 없다고 할 경우 법인단계와 주주단계에서 내는 세금은 각각 9백만 원(1억 원×9/100)과 3,185만 원{(1억 원−9백만 원)×35/100}이 되어 결국 585만 원을 더 내게 된다. 이 금원이 이중과세되었다고 보아 주주단계에서 공제하여 주는 것이다.

의제배당소득도 공제대상이나 1 호 내지 3 호의 의제배당소득은 배당가능이익의 증가를 수반하지 않아 법인세가 과세된 바 없기 때문에 적용을 배제한 것이다. 출자공동사업자나 외국법인으로부터의 배당소득, 특정외국법인 배당가능 유보소득에 대한 배당간주소득 등과 집합투자기구로부터의 이익 등도 공제대상이 아니다.

(2) 요 건

배당세액공제를 받기 위해서는, (ⅰ) 거주자 등의 종합소득금액에 법의 요건을 충족한 배당소득이 포함되어 있어야 하고, (ⅱ) 배당세액공제를 한 세액이 분리과세할 경우의 부담세액을 상회하여야 한다(법 56조).

(ⅰ)의 '배당소득'이란 내국법인으로부터 법인세가 과세된 소득을 재원으로 지급받는 배당소득 중 종합소득과세표준에 포함되는 종합과세기준금액을 초과하는 부분을 말한다(법 56조 1·4항).

분리과세되는 배당소득과 종합과세기준금액 상당의 배당소득에 대하여는 정책적으로 법인세와 소득세의 이중과세조정 절차는 취하지 않고 있다. 종합과세기준금액을 초과하는 금융소득에 이자소득, Gross-up 배당소득, 그 밖의 배당소득 등이 혼재한 경우 합산순서에 관하여는 별도 규정이 있다(영 116조의2).

5. 세액의 감면

법은 정부 간 협약에 의해 국내에 파견된 외국인이 쌍방 또는 일방국의 정부로부터 받은 급여 등 두 가지 소득에 대한 세액감면 규정을 두고 있고(법 59조의5 1항), 조특법에서 창업중소기업이나 중소기업 등에 대한 세액감면(6조, 7조), 수도권외 지역이전 중소기업에 대한 세액감면(63조) 등 다수의 감면규정을 두고 있다. 조특법상 감면은 추계과세나 기한 후 신고의 경우 적용이 배제된다(128조 2항).

비과세소득은 과세표준에서 처음부터 제외되지만 면제소득을 세액에 반영하는 방법은 이와 다르다. 일단 면제소득을 종합소득금액에 합산하여 종합소득공제를 하고, 세율을 적용하여 세액을 산출한 후 이 세액에서 면제소득이 종합소득금액에서 차지하는 비율을 곱하여 얻은 금액을 공제하는 것이다(법 59조의5 1항 본문). 이는 누진세율의 효과를 보존하고자 한 것이다.

$$\{\text{종합소득금액(면제소득포함)}-\text{종합소득공제}\} \times \text{세율} = T$$

$$T \times \frac{\text{면제소득}}{\text{종합소득금액}} = \text{면제세액}$$

이 조항은 다른 법률에 따라 소득세가 감면되는 경우에도 그 법률에 별도의 규정이 없으면 준용된다(동 2항).

면제소득은 납세자의 신청이 있어야만 세액을 면제한다(법 75조).

다만 국내사업장이 없는 비거주자와 국내사업장이 있는 비거주자의 국내원천소득으로서 법 제156조 제 1 항 및 제156조의3부터 6까지 규정에 따라 원천징수되는 소득에 대한 감면소득은 신청이 없어도 면제한다(법 126조 3항, 4항).

6. 세액계산의 순서

거주자의 종합소득·퇴직소득에 대한 소득세는 1. 각 과세표준에 기본세율을 적용하여 산출세액을 계산하고, 2. 각 산출세액에서 제56조부터 제59조의4까지의 세액공제를 적용하여 결정세액을 계산한 후, 3. 제81조 및 제81조의2부터 제81조의14까지와 국세기본법 제47조의2부터 제47조의4에 따라 가산세를 가산하여 종합소득총결정세액·퇴직소득총결정세액을 각각 계산한다(법 15조).

소득세 과세표준과 세액의 계산구조

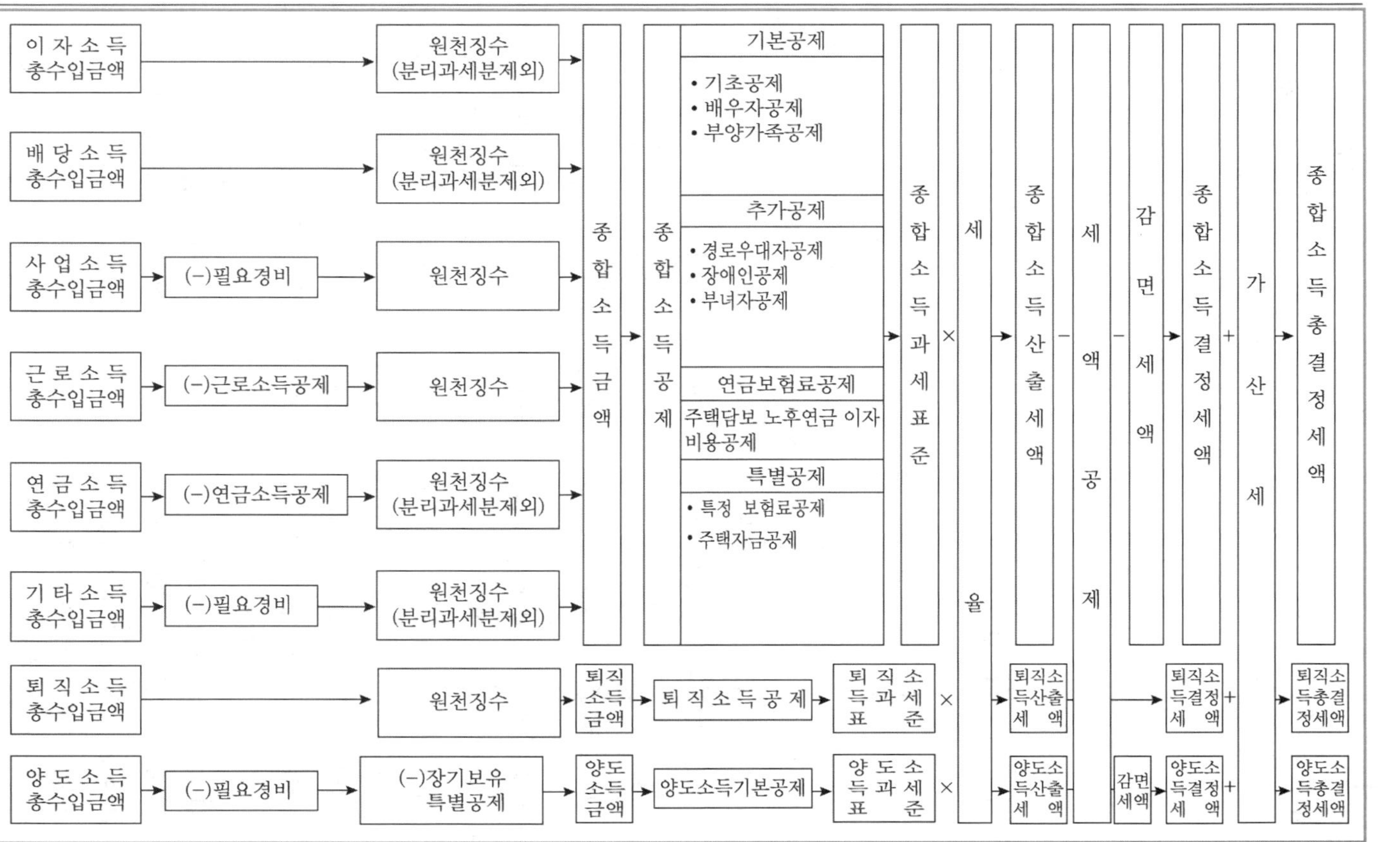

제 5 장

과세표준과 세액의 신고·납부 및 결정·경정

제 1 절 신고와 납부

1. 총 설

소득세는 납세의무자의 신고에 의하여 납세의무가 확정되는 방식의 조세이다(기본법 22조 2항 1호). 과세기간 종료 후 법정기간 내에 하는 과세표준 신고를 확정신고라고 하는데(법 70조), 법은 위와 같은 확정신고 이외에 징세의 편의 등을 위하여 중간예납제도와 예정신고제도 등을 마련하고 있다.

2. 중간예납

거주자의 종합소득에 대한 과세는 과세기간이 경과한 후에 1년간 얻은 소득에 대하여 과세하는 것이 원칙이나, 이와 같이 연간소득세를 일시에 납부하게 하면 정부로서는 세입의 평준화를 기할 수 없고 조세채권의 확보에도 지장이 있게 되며, 납세자로서도 일시에 납세자금을 마련하는데 어려움이 있게 되므로 그 경제적 부담을 분산시킬 필요가 있게 된다. 이와 같은 필요를 위하여 마련된 제도가 바로 중간예납제도이다. 아래에서 보는 예정신고제도나 앞에서 살펴 본 수시부과제도 등도 같은 취지의 징세기술이라고 할 수 있다.

납세지 관할세무서장은 1월 1일부터 6월 30일까지를 중간예납기간으로 하여 납세자가 전년도에 종합소득에 대한 소득세로서 납부하였거나 납부할 세액의 2분의 1에 상당하는 금액(중간예납세액)을 중간예납세액으로 결정하여 11월 30일까지 징수한다(법 65조 1항). 중납예납기간 동안의 소득금액이 일정한 기준에 미달하는 경우를 위하여 중간예납추계액 신고제도가 마련되어 있다(법 65조 3항 내지 11항 참조).

3. 예정신고와 납부

부동산매매업자는 토지 등의 매매차익과 그 세액을, 그리고 자산을 양도한 거주자는 제92조 제 2 항에 따라 계산한 양도소득과세표준을 매매일 또는 양도일이 속하는 달의 말일부터 2개월 이내에 소정서식을 갖추어 납세지 관할세무서장에게 신고 및 납부하여야 한다(법 69조, 105조 및 106조). 이를 각각 '토지 등 매매차익 예정신고 및 납부', '양도소득과세표준 예정신고 및 납부'라 한다. 위 각 예정신고는 차익이 없거나 차손이 발생한 경우에도 하여야 한다(법 69조 1항, 105조 3항).

기한 내에 예정신고 및 납부의무를 이행하지 않으면 가산세가 부과된다. 다만 예정신고와 관련하여 가산세가 부과되면 확정신고에 관한 가산세는 부과되지 않는다(기본법 47조의2 1·2항 및 5항, 47조의4 1항 및 5항).

예정신고 방법은 시행령 제127조 제 1 항, 제169조, 예정신고산출세액 및 자진납부세액 계산은 법 제69조 제 3 항 내지 제 6 항, 제107조 각 참조.

4. 과세표준의 확정신고와 자진납부

해당 과세기간의 종합소득금액, 퇴직소득금액, 양도소득금액이 있는 거주자는 그 종합소득과세표준, 퇴직소득과세표준, 양도소득과세표준을 다음 연도 5월 1일부터 5월 31일까지 소정방식에 따라 납세지 관할세무서장에게 신고하여야 한다(법 70조 1항, 71조 1항, 110조 1항). 이를 과세표준확정신고라고 한다.

해당 과세기간에 분리과세 주택임대소득, 제21조 제 1 항 제27호 및 제127조 제 1 항 제 6 호 나목의 소득이 있는 경우에도 법 제70조 제 1 항을 적용한다(법 70조 2항). 확정신고를 하지 않아도 되는 경우에 관하여는 법 제73조 제 1 항, 제110조 제 4 항 참조. 원천징수의무자가 연말정산에 의하여 소득세를 납부하지 않는 경우에도 확정신고를 하여야 하며(법 73조 4항), 확정신고기한 내에 세액을 자진납부하여야 한다(법 76조, 111조). 과세표준확정신고를 할 때 법정 서류를 첨부하지 않은 경우에는 종합소득과세표준 확정신고를 하지 않은 것으로 본다(법 70조 4항).

일정 기준 이상 사업자의 경우 반드시 세무사 등이 작성한 조정계산서 및 성실신고확인서를 제출하여야 한다(법 70조 6항, 70조의2).[1)]

---

1) 관련 논의는, 김웅희·최숙, "조세법상 외부세무조정제도에 관한 헌법적 검토", 조세법연구 15-2, 385면.

'종합소득 과세표준확정신고 의무가 없었던 자, 세법에 따라 과세표준확정신고를 하지 아니하여도 되는 자 및 과세표준확정신고를 한 자'가 소득세를 추가 납부하여야 하는 경우 해당 법인(제192조 제 1 항 각 호 외의 부분 단서에 따라 거주자가 통지를 받은 경우에는 그 거주자)이 제192조 제 1 항에 따른 소득금액변동통지서를 받은 날(법인세법에 따라 법인이 신고함으로써 소득금액이 변동된 경우에는 그 법인의 법인세 신고기일)이 속하는 달의 다음다음 달 말일까지 추가신고납부한 때에는 법 제70조 또는 제74조의 기한까지 신고납부한 것으로 본다(소령 134조 1항).[1)]

그 밖에 상속 및 출국의 경우 과세표준확정신고의 특례(법 74조 1·4항), 분납(법 77조, 112조; 영 140조, 175조) 등에 관하여는 각 법령의 내용을, 예정신고와 확정신고의 관계에 관하여는 이 책 202면 이하를 각 참조할 것.

제 2 절 결정 및 경정

1. 의 의

조세채무의 크기를 표시하는 세액은 과세표준이 결정된 다음 여기에 세율을 적용하여 산출해 내므로 과세표준의 결정은 세율의 크기와 함께 세액의 크기를 결정하는 요소이다. 소득세의 납세의무는 과세기간의 종료일에 성립하고 원칙적으로 납세의무자의 소득세 과세표준확정신고에 의하여 확정된다. 다만 납세의무자의 과세표준 확정신고가 없는 때에는 해당 거주자의 해당 과세기간 과세표준과 세액을 납세지 관할세무서장 또는 지방국세청장이 결정하고(법 80조 1항), 신고는 하였으나 신고내용에 탈루 또는 오류가 있는 경우 등 법이 정한 사유가 있는 경우에는 과세표준과 세액을 납세지 관할세무서장 또는 지방국세청장이 경정하게 된다(법 80조 2항 1호 내지 5호).

납세지 관할세무서장 또는 지방국세청장은 과세표준과 세액을 결정 또는 경정한 후 그 결정 또는 경정에 오류 또는 탈루가 있는 것이 발견된 때에는 즉시 이를 다시 경정한다(법 80조 4항).

---

1) 이 규정의 의의에 관하여는 이 책 763면 참조.

2. 결정·경정의 방법

가. 총 설

과세는 기장과 증거에 근거하여 객관적으로 이루어져야 한다(근거과세의 원칙). 납세의무자가 장부를 비치·기장하고 있는 때에는 소득세과세표준과 세액의 결정·경정은 비치·기장한 장부 및 이에 관계되는 증빙서류와 같은 직접증거에 의하여야 하고, 기장의 내용이 사실과 다르거나 기장에 누락된 것이 있는 때에 그 부분에 한하여 정부가 조사한 사실에 따라 결정·경정할 수 있다. 이 경우에도 정부는 조사한 사실과 결정의 근거를 결정서에 부기하여야 한다(기본법 16조).

과세표준을 인정하는 방법은 인정 근거로 삼은 증거 또는 자료의 직접성 여부에 따라 실액방법과 추계방법으로 구분할 수 있다. 실액방법이란 장부 및 이에 관계되는 증빙서류와 같은 직접증거를 바탕으로 과세표준을 산정하는 방법이다.

응능부담의 원칙과 근거과세의 원칙은 원칙적으로 실액방법에 따라 과세표준을 산정할 것을 요구하며 실액방법은 신고납세제도의 정착을 그 전제로 한다.

납세의무자가 직접 증거를 갖추고 있지 않거나 제시하는 증거가 허위인 경우에는 간접적인 증거에 바탕을 둔 추계방법에 의할 수밖에 없다. 이는 실액방법에 의한 과세가 불가능할 경우에 한하여 허용되는 예외적인 과세표준 인정방법이다.

나. 실지조사결정

「납세지 관할세무서장 또는 지방국세청장은 해당 과세기간의 과세표준과 세액을 결정 또는 경정하는 경우에는 장부나 그 밖의 증명서류를 근거로 하여야 한다」(법 80조 3항).

실지조사는 실제 수입을 포착하는 방법으로 객관적이라고 할 수 있는 한 방법상의 제한은 없다(판 95. 7. 25, 95누2708). 판례는 과세관청이 세무조사에 의해 밝혀낸 탈루소득에 관해 납세의무자의 금융계좌 입금금액을 조사하는 방법으로 총수입금액을 결정한 것(판 2004. 4. 27, 2003두14284), 분양한 연립주택이 면적이 같고 분양시기도 2개월 사이인 경우 과세관청이 각 층별로 조사된 1세대 분양대금에 분양세대수를 곱한 금액을 총수입금액으로 결정한 것(판 95. 11. 21, 95누10556), 식당의 매출누락액을 납세의무자 작성의 확인서와 매출누락명세서에 기초하여 인정한 것(판 2000. 12. 22, 98두1581) 등을 적법한 실지조사방법으로 인정하고 있다.

다. 추계조사결정

(1) 의 의

추계조사결정이란 소득세 또는 법인세 등을 과세관청이 결정 또는 경정하는 경우에 그 과세표준을 장부나 증빙 그 밖의 직접적인 과세자료에 의하지 아니하고 납세의무자의 재산이나 채무의 증감상태, 수입이나 지출의 현황, 생산량·판매량·그 밖의 거래량, 종업원수 그 밖의 사업의 규모 등의 간접자료에 의하여 과세표준을 결정하는 과세방법을 말한다. 그 과세방법은 동업자권형, 표준소득률 등 통계적·경험적 근거에 의하여 정형화되어 있다.

세법은 납세의무자로 하여금 모든 거래행위나 생산활동에 관한 장부를 비치하게 하고 그 내용을 정확하게 기장하게 함은 물론 법이 요구하는 일정한 형식에 맞추어 증빙을 보관하게 하고 필요한 경우 과세관청에 제출하도록 규정하고 있으나, 모든 납세의무자들이 이를 이행한다고는 볼 수 없다. 이와 같이 납세의무자의 장부나 증빙이 불비·부실한 경우에도 과세를 포기할 수는 없으므로 납세의무자에게 소득이나 기타 경제적 거래가 있다고 볼 객관적 사정이 명백한 경우에는 과세관청은 가능한 한 적당한 자료를 구하여 이를 근거로 삼아 합리적인 추측을 토대로 소득 등을 추계하여 과세하는 방법을 취하게 된다. 이를 추계과세라고 부르며, 그 취지는 공평과세를 기하고 부당한 조세회피를 방지하고자 함에 있다. 다만 그 필요성을 인정한다고 하더라도 위에서 본 근거과세의 원칙, 공평과세의 이념이나 국민의 재산권 보호라는 측면에서 추계과세를 허용하는 범위와 추계를 하는 절차의 양면에서 엄격한 제한과 규제를 가하는 것이 긴요하다. 그렇지 않다면 제도 본래의 목적에 반하고 조세법률주의의 이념은 달성될 수 없을 것이다.

추계조사결정이 과세표준결정의 최후의 선택수단으로서 엄격한 요건 아래에서만 허용되고 합리성에 의하여 밑받침되지 않으면 안 되는 이유가 바로 여기에 있다.

(2) 추계사유

법 제80조 제3항 단서에 의하면, 대통령령으로 정하는 사유로 인하여 장부나 그 밖의 증명서류에 의하여 소득금액을 계산할 수 없는 경우에는 추계조사결정을 할 수 있다. 대통령령으로 정하는 사유란, ① 필요한 장부와 증빙서류가 없거나 한국표준산업분류에 따른 동종업종 사업자의 신고내용 등에 비추어 수입금액 및 주요 경비 등 중요한 부분이 미비 또는 허위인 경우(영 143조 1항 1호), ② 기장내용이 시설규모, 종업원수, 원자재, 상품, 제품시가, 각종 요금 등에 비추어 허위임이 명백한 경우(동 2호), ③ 기장내용이 원자재 사용량, 전력사용량 그 밖의 조업상황에 비추어 허위임이 명백한 경우(동 3호)를 말한다.

판례에 나타난 사안 중 ①에 관련된 것으로는, ⅰ 임대인이 보증금에 의한 수입 내지 소득계산에 필요한 장부와 증빙서류를 구비하지 않고 있거나 구비하고 있더라도 보증금과 임료의 기장이 누락된 경우(판 85. 11. 26, 83누400), ⅱ 필요경비에 산입한 고철매입대금에 관한 각 세금계산서가 허위의 것이고, 매입에 관한 비치서류와 증빙서류 역시 허위의 세금계산서에 맞추어 작성된 경우(판 86. 6. 24, 84누584), ⅲ 기장의 비율이 64%에 불과한 경우(판 86. 9. 9, 86누24) 등을 들 수 있다.

납세자가 비치·기장한 장부나 증빙서류 중 일부 허위로 기재된 부분이 포함되어 있더라도 그 부분을 제외한 나머지 부분은 사실에 부합하는 자료임이 분명하여 이를 근거로 과세표준을 계산할 수 있는 경우에는 실지조사방법에 의하여야지 추계조사방법은 허용되지 아니한다(판 96. 1. 26, 95누6809). 추계는 수입과 비용 모두를 대상으로 하거나 또는 어느 한 쪽만에 대하여도 가능하며, 총수입금액과 과세표준의 산정단계에서 어느 한쪽이라도 실지조사가 가능하면 그 부분은 실지조사에 의하여야 한다(법 80조 3항; 영 143조 2·3항; 법령 105조 2항).

과세관청으로서는 납세의무자가 제시하는 제반서류 등의 부당성을 지적하고 새로운 자료제시를 받아 실지조사를 한 연후에 그렇게 하더라도 과세표준과 세액을 결정할 수 없을 때 비로소 추계조사방법에 따른 결정을 하여야 한다.[1)]

실지조사에 의한 부과처분이 추계과세에 의한 부과처분보다 내용상 불리하다거나 납세자가 추계조사결정을 원한다는 사유만으로는 추계과세 요건이 갖추어진 것으로 볼 수 없다(판 96. 1. 26, 95누6809). 또한 과세관청이 과세처분 당시 장부 등의 미비로 추계과세를 하였더라도 처분에 대한 취소소송절차가 진행되던 도중 장부 그 밖의 증빙서류가 나타났을 때에는 그 장부 등에 의한 실지조사 방법으로 수입금액이나 과세표준을 결정하여야 한다(판 86. 12. 9, 86누516). 따라서 추계사유 판단의 기준 시는 처분 시가 아니라 사실심 변론종결 시이다. 추계과세의 적법 여부는 직권조사사항이 아니다(판 95. 7. 28, 94누12807). 추계과세에 대하여 납세의무자가 필요경비가 과다하다고 다투는 경우 이는 추계의 합리성과 타당성을 다투는 취지로 보아야 한다.

---

1) 판 88. 10. 11, 87누537; 95. 1. 12, 94누10337 등. 앞의 판결에 대한 평석은, 송쌍종, 판례백선, 258면.

(3) 추계방법

㈎ 일반적 분류

추계과세의 일반적인 방법으로는, 1) 순자산증감법, 2) 비율법, 3) 효율법(단위당액법)을 들 수 있다.

1) 순자산증감법 연초와 연말의 순자산의 가액을 조사하여 그 증가액에 생활비를 가산한 가액을 그 해의 소득금액으로 하는 방법이다.

2) 비 율 법 수입금액을 실액으로 파악할 수 있으나 매입금액 등이 불명한 경우나 매입금액 또는 매출원가 등의 실액은 파악되는데 매출금액 등이 불명한 경우 등에 있어서 추계의 기본이 되는 수치를 기초로 하여 동일업종, 동일규모의 다른 납세자와의 차익률, 경비율 등을 사용하여 매출금액, 매출원가, 매출총이익, 필요경비 등을 추계하고 이에 따라 소득금액 등을 추계하는 방법이다.

이 경우에는 매출금액이나 매입금액 등 추계의 기본이 되는 가액이 실액으로 파악될 것이 필요하며 이러한 기본적 실액이 확인되는 경우에는 비교적 근사치의 추계가 얻어질 수 있는 합리적 방법이나 현실적으로 동업자비율을 얼마나 타당하게 구하느냐 하는 어려운 문제를 남기게 된다.

우리 세법이 추계방법으로 규정하고 있는 기준경비율에 의한 소득금액의 추계, 동업자권형방법 등은 기본적으로 이 비율법에 기초한 것이다.

3) 효율법(단위당액법) 판매수량, 원자재소비량, 전력소비량, 수도소비량, 종업원수 등에 기초하여 수입금액이나 소득금액을 추계하는 방법이다. 음식점 등에서는 객석의 수, 소매상에서는 점포면적 등이 추계의 기초가 될 수 있지만, 이 방법은 취급품목, 판매방법, 입지조건, 영업연수, 영업방법 등에 따라 납세자마다 차이가 심하여 조사담당관의 주관에 따라 오차가 크게 발생할 수 있으므로 과학적이고 전문적인 연구에 의하여 그 준칙이 사전에 작성되어 있을 것이 요구된다.

시행령 제144조 제 1 항 제 2 호 내지 제 4 호, 부가가치세법 시행령 제104조 제 1 항 제 2 호 내지 제 4 호는 이 효율법에 기초한 추계방법을 규정하고 있다.

㈏ 소득금액의 추계 시행령 제143조 제 3 항의 규정에 따른 추계방법에 의하여 계산한 소득금액에서 인적 공제와 특별소득공제를 하여 과세표준을 결정하는데(영 143조 2항), 소득금액의 추계방법에는, ① 기준경비율 혹은 단순경비율에 의한 방법, ② 동업자 권형에 의한 방법과 해당 사업자의 직전 과세기간의 소득률 또는 해당 과세기간에 기장된 부분 등의 활용에 의한 방법, ③ 기타 국세청장이 합리적이라고 인정하는 방법 등이 있다(영 143조 3항).

이 중 ①은 수입금액에서 주요경비 및 수입금액에 기준경비율(법 160조에 따른 복식부기의무자는 기준경비율의 2분의 1)을 곱한 비용을 공제하여 소득금액을 산출하거나 기장능력이 부족한 일부 소규모사업자에 대하여 수입금액에 단순경비율을 곱한 금액을 비용으로 산출하는 방법이고(비용의 추계), ②는 기준경비율 또는 단순경비율이 결정되지 아니하였거나, 천재·지변 기타 불가항력으로 장부 그 밖의 증거서류가 멸실된 때에 기장이 가장 정확하다고 인정되는 동일업종의 다른 사업자의 소득금액을 참작하여 그 소득금액을 결정 또는 경정하는 방법이다(수입금액 및 비용의 추계). 후자의 경우 동일업종의 다른 사업자가 없는 경우로서 과세표준확정신고 후에 기장 등이 멸실된 때에는 해당 사업자가 신고한 과세표준확정신고서 및 그 첨부서류에 의하여, 과세표준확정신고 전에 장부 등이 멸실된 때에는 직전 과세기간의 소득률에 의하여 각 소득금액을 결정·경정하게 된다(영 143조 3항 2호).

㈐ 수입금액의 추계 시행령은 수입금액 추계에 관하여도 규정하고 있는데, 수입금액을 장부 그 밖의 증거서류에 의하여 계산할 수 없는 경우 그 수입금액은, ① 기장이 정당하다고 인정되어 기장에 의해 조사결정한 동일업황의 다른 사업자의 수입금액을 참작하여 계산하는 방법, ② 국세청장이 업종별로 조사한 영업효율을 적용하여 계산하는 방법, ③ 국세청장이 업종별로 투입원재료에 대하여 조사한 생산수율을 적용하여 계산한 생산량에 해당 과세기간 중의 매출수량의 시가를 적용하여 계산하는 방법, ④ 국세청장이 사업의 종류별·지역별로 정한 같은 호 각 목의 어느 하나에 해당하는 기준에 따라 계산하는 방법, ⑤ 추계결정·경정 대상 사업자에 대하여 제 2 호 내지 제 4 호의 비율을 산정할 수 있는 경우에는 이를 적용하여 계산하는 방법, ⑥ 주로 최종소비자를 대상으로 거래하는 업종에 대하여는 국세청장이 정하는 입회조사기준에 의하여 계산하는 방법으로 규정하고 있다(영 144조 1항 1호 내지 6호). 또한 법 제21조 제 1 항 제 7 호에 따른 기타소득에 대한 수입금액을 추계에 의해 산정하는 경우에 관하여도 각 재산 종류별로 추계방법을 규정하고 있다(동 2항). 이와 같은 추계방법은 열거적·제한적인 것으로 보아야 한다(판 99. 10. 8, 98두915). 판례는 부가가치세 과세관청이 추계조사하여 통보한 수입금액결정상황표에 따라 소득세법상 총수입금액을 추계한 경우, 소득세법령에서도 총수입금액에 대한 추계방법의 하나로 매출액을 매매총이익률에 의하여 계산하는 추계방법을 들고 있으므로(영 144조 1항 4호 라목), 그 추계조사에 있어 적용한 매매총이익률이 그 업종의 매매이익의 실액에 가까운 액수를 반영할 수 있도록 합리적이고 타당성 있는 근거에 의한 것이라면 허용될 수 있다고 보았다(판 98. 5. 12,

96누5346). 또한 판매시점정보관리시스템에 입력된 내용이 신빙성이 있는 경우 그 내용에 따른 원·부재료비 비율을 적용하여 다른 기간의 매출액을 추계한 것은 적법하다(판 2010. 10. 14, 2008두7687).

㈑ 추계의 정형성 추계방법(2개 이상의 추계방법을 정하는 경우에는 그 적용에 관한 사항 포함)은 국세청장이 해당 과세기간에 대한 과세표준확정신고기간 개시 1개월 전까지 기준경비율심의회의 심의를 거쳐 확정하여야 한다(영 145조 3항).

이와 같이 과세표준의 추계는 미리 확정된 추계방법에 의하여야 하므로 그 추계방법을 잘못 선택하면 위법한 과세처분이 된다.

추계에 근거하여 산출한 자료를 기초로 다시 추계하는 것을 다중추계라고 하는데 판례는 추계에 의하여 결정된 동업자의 과세자료를 기초로 동업자 권형의 방법에 의하여 다시 추계과세함은 허용되지 않는다고 본다(판 80. 11. 11, 79누398).

(4) 기준경비율

기준경비율 제도란 무기장사업자도 기장사업자와 같이 수입금액(매출금액)에서 필요경비를 공제하여 정상적으로 소득금액을 계산하는 제도로서 사업거래상 통상적으로 증빙서류의 교부가 예정되어 있는 인건비 등 주요경비는 증빙서류에 의해서만 비용산입을 인정하고 그 나머지 비용은 정부가 정한 기준경비율에 의해 필요경비를 산정하여 소득금액을 계산하는 방식이다(영 143조 3항 1호).

소득금액 = 수입금액 − 주요경비(매입비용 + 임차료 + 인건비) −
(수입금액 × 기준경비율)

기준경비율과 단순경비율은 국세청장이 규모와 업황에 있어서 평균적인 기업에 대하여 업종과 기업의 특성에 따라 조사한 표준적인 경비비율을 참작하여 기준경비율심의회의 심의를 거쳐 결정하게 된다(영 145조 1항). 기준경비율 등은 행정규칙이지만 근거인 시행령 규정과 결합하여 법규명령으로서의 효력을 갖는다.

단순경비율 적용대상자는 직전 과세기간의 수입금액(결정 또는 경정에 의하여 증가된 수입금액을 포함한다) 합계액을 기준으로 업종별로 하한금액이 정하여져 있다.

사업자가 공제를 위하여 증빙을 갖추어야 할 주요경비는 매입비용(사업용유형자산의 매입비용 제외), 사업용유형자산에 대한 임차료, 종업원의 급여와 임금 및 퇴직급여 등이다. 증빙서류 역시 법정되어 있다(영 143조 5항; 국세청 고시 2021-54호). 판례는 주택신축판매업자가 주택 부지의 매입 시 지출한 취득세, 등록세는 위 매입비용에 포함된다고 보았다(판 2009. 4. 23, 2007두3107).

해당 과세기간에 신규로 사업을 개시한 자와 직전 과세기간 수입금액 합계액이 위 기준에 미달하는 사업자로서 장부를 기장하지 않는 사업자(고용정책 기본법 제29조에 따라 고용노동부장관이 기업의 고용유지에 필요한 비용의 일부를 지원하기 위해 지급하는 금액으로 기획재정부령으로 정하는 것은 제외한다)는 수입금액에 단순경비율을 곱한 금액을 경비로 하여 소득을 산출한다(영 143조 3항 1의2호, 4항).

소득금액 = (수입금액 − 일자리안정자금) × (1 − 단순경비율)

현금영수증가맹점에 가입하여야 하는 자가 가맹점으로 가입하지 아니한 경우 등 일정한 사유가 있는 경우 위 규정의 적용이 배제된다(영 143조 7항). 단순경비율 및 기준경비율에 의한 소득세신고는 추계신고이므로 무기장가산세가 적용된다.

(5) 추계방법의 합리성

(가) 총 설　추계사유가 충족되어 불가피하게 추계과세를 하더라도 그 내용은 실액과세와 근사하다는 최대의 개연성을 갖지 않으면 안 된다. 그러기 위해서는 추계방법이 일반적 합리성과 구체적 타당성을 갖추어야 한다.

(나) 일반적 합리성　일반적 합리성이란, 첫째 추계방법 자체가 객관성을 가져야 하고, 둘째 추계의 기초가 된 사실이 정확해야 한다는 것을 뜻한다. 어떤 기초자료를 근거로 특정의 추계방법을 사용해서 수입금액 또는 소득금액을 결정하는 것이 논리적·산술적으로 타당성을 가져야 한다는 것이다. 따라서 평가대상 임대차건물과 유사한 인근 부동산의 실임대료수입과 비교해 보지도 않고 일부 거주자가 진술한 임대료만을 기준으로 이에 임의로 가감하여 임대료 수입을 추계로 결정한 것(판 81. 12. 22, 81누52), 조사주체나 구체적인 작성경위가 밝혀져 있지 않은 전산정보를 근거로 한 양도차익의 추계(판 86. 7. 22, 86누364), 3일간의 입회조사 수입금을 기초로 한 1일 평균매출액에다가 총 영업일수를 곱하는 방법으로 한 해의 총매출액을 추산한 것(판 86. 9. 9, 86누34) 등은 합리성과 타당성을 결여한 것이 된다.

(다) 구체적 타당성　일단 선정된 추계방법은 특정납세자에게 적용됨에 있어 구체적·개별적 타당성을 가져야 한다. 이는 선택된 추계방법이 그 납세자의 실액을 추산하기에 가장 적당한 방법인가의 문제이다.

우선 세법이 규정하는 수 개의 추계방법 중 문제된 납세자의 실액추산을 위해 가장 최적의 방법을 선택하여야 한다. 소득금액의 계산에 관해서는 확정신고기간 개시 전에 추계방법이 확정되어 있지만, 총수입금액의 추계방법에 관하여는 시행령 제144조 제 1 항에서 동업자권형을 포함하여 대체로 비율법과 효율법에 입각한 4가지의 방법(세분하면 7가지 방법) 중 '가장 적당하다고 인정되는 방법'에 의하도록 규정하고 있으므로 어느 방법을 선택하느냐라는 실제적인 문제가 생긴다.

㈑ 동업자권형에 있어서의 표본선정 동업자권형에 의하여 수입금액 또는 과세표준을 추계할 때에 있어서 적정한 표본(비교자)선정이 문제가 된다.

세법은 '기장이 정당하다고 인정되어 기장에 의하여 조사결정한 동일업황의 다른 사업자'라는 기준 외에 모집단에 관하여 더 구체적인 규정을 두고 있지 않다. 그러나 위 표본은 구체적 유사성과 일반적 보편성을 두루 갖추어야 할 것이므로 일차로 유사성을 기준으로 하되 같은 정도의 유사성 있는 표본을 다수 선출하여 평균치를 냄으로써 나름대로 보편성을 찾아야 할 것이다. 예컨대 추계결정을 받은 동업자를 비교치의 표본으로 선택하였다면 위법한 과세처분이 된다(판 83. 4. 26, 83누37; 85. 5. 28, 84누348; 87. 3. 10, 86누721 등).

(6) 부분추계의 문제

단일한 과세대상의 수입금액이나 비용을 실지과세와 추계과세를 혼합하여 산정하는 것은 허용되지 않는다(판 92. 9. 14, 92누1353). 그러나 소득세법상 총수입금액과 과세표준은 산출근거와 단계를 달리하므로 그 조사방법은 법정사유 중 어느 것에 해당하는가에 따라 각별로 결정하고 양자가 반드시 동일한 방법에 따라야 하는 것은 아니다. 따라서 필요경비를 산출할 수 있는 장부나 증빙서류가 없어서 소득표준율을 적용하여 과세표준을 추계조사 방법으로 결정하는 경우에도 총수입금액을 계산할 수 있는 증빙서류가 있다면 총수입금액은 이를 근거로 실지조사 결정하며(판 98. 7. 10, 97누13894), 수입금액을 추계조사할 경우에도 비치·기장된 장부와 증빙서류를 근거로 소득금액을 계산할 수 있을 때에는 그 장부에 의하여 과세표준과 세액을 조사·결정하여야 한다(비용실사)(영 144조 4항; 판 94. 7. 29, 94누5175).

(7) 추계과세와 입증책임

추계과세처분 취소소송에 있어서의 입증의 대상은 궁극적으로 추계방법의 합리성과 타당성이다. 이를 분석하여 보면, ① 추계방법에 의하여 과세한 것이 정당하다는 것, ② 표준소득률 등 추계의 기초된 사실이 정확하다는 것, ③ 추계방법이 통상의 회계법칙상 오류가 없는 합리적인 것이고 구체적으로 적용되는 사안의 실정에 타당하다는 것 등의 세 가지로 나누어 볼 수 있다.

이 중 ①은 절차적 요건, ②③은 실체적 요건인데 이 모든 요건에 관한 입증책임은 과세관청에 있다(판 88. 3. 8, 87누588; 88. 10. 25, 87누175 등). 그 판단기준시점은 소송의 변론종결 당시이다(판 88. 9. 13, 85누988).

여기에서 입증의 대상이 되는 것은 정당성, 합리성 등 가치개념적인 것이 아니고 추계방법이 합리적이고 타당성이 있다는 점에 관한 기초사실이다.

과세관청이 관계 규정이 정한 방법과 절차에 따라 추계하였다면 구체적인 내용이 현저하게 불합리하여 수입금액의 실액을 반영하기에 적절하지 않다는 점(실액반증)은 이를 다투는 납세자가 증명할 필요가 있다(판 97누10192; 2010. 10. 14, 2008두7687 등). 여기의 실액반증은 단지 반증이 아니라 재항변에 해당한다. 따라서 수입금액이나 경비의 실액 일부가 아니라 그 전부를 주장, 입증할 필요가 있다.[1]

마찬가지로 소득표준율에 의하여 소득을 추계하는 경우 과세관청에 의한 소득표준율 결정이 관계규정이 정한 방법과 절차에 따라 결정되었음이 입증되었다면 그 구체적인 내용이 현저하게 불합리하여 소득실액을 반영하기에 적절하지 않다는 점에 관하여는 이를 다투는 납세의무자가 입증할 필요가 있다(판 97. 9. 9, 96누12054). 이는 추계과세 자체가 일정한 요건 아래 소득의 존재 및 범위를 추정하는 것이므로 그와 같은 특수성을 고려하여 입증책임의 전환을 인정한 것이다.

(8) 위법한 추계와 심리의 범위

과세관청이 소송에서 추계과세의 요건에 관하여 입증하지 못하였다면 특별한 사정이 없는 한 추계과세가 위법하므로 법원은 이를 전부 취소할 수밖에 없다(판 99. 10. 8, 98두915). 다만 우리 판례가 취하는 총액주의의 입장에서 볼 때, 추계의 요건이나 방법이 잘못된 과세처분이라 하더라도 소송과정에서 정당한 소득금액이 입증된 경우에는 법원은 그 초과부분만을 취소하여야 하고 만일 추계세액이 정당세액에 미달하는 경우에는 설사 추계방법이 위법하더라도 그 부과처분을 취소할 수 없다(판 86. 7. 8, 84누551). 다만 이 경우 법원이 적극적으로 실지조사에 의할 경우의 정당한 세액이나 또는 다른 정당한 추계방법을 찾아내어 적법한 세액을 계산할 의무까지 지는 것은 아니다(판 88. 3. 8, 87누588).

3. 수시부과

소득세는 원칙적으로 해당 과세기간 1년분의 소득에 대한 과세표준을 다음 연도 5월 1일부터 5월 31일까지 확정신고를 하고 자진납부하게 되어 있으나, 거주자가, 1. 사업부진 그 밖의 사유로 장기간 휴업 또는 폐업 상태에 있는 때로서 소득세 포탈의 우려가 있다고 인정되는 경우와, 2. 그 밖에 조세를 포탈할 우려가 있다

1) 같은 취지, 일본 동경고판 평성 6. 3. 30. 평석은 일본 판례백선 211면.

고 인정되는 상당한 이유가 있는 경우에는 그 사유가 발생한 때에 수시로 소득세를 부과할 수 있다(법 82조 1항).

수시부과에 의하여 징수하는 소득세 납세의무는 수시부과할 사유가 발생하는 때에 성립하며(기본법 21조 3항 4호), 해당 과세기간의 사업개시일부터 그 사유가 발생한 날까지를 수시부과기간으로 하여 부과한다. 이 경우 제 1 항 각 호의 사유가 제70조 또는 제70조의2에 따른 확정신고기한 이전에 발생한 경우로서 납세자가 직전 과세기간에 대하여 과세표준확정신고를 하지 아니한 경우에는 직전 과세기간을 수시부과기간에 포함한다(법 82조 2항).

제 1 항과 제 2 항에 따라 수시부과한 경우 해당 세액 및 수입금액에 대해서는 국세기본법 제47조의2 및 제47조의3을 적용하지 아니한다(동 3항).

관할세무서장 또는 지방국세청장은 주소·거소 또는 사업장의 이동이 빈번하다고 인정되는 지역의 납세의무가 있는 자에 대해서는 제 1 항과 제 2 항을 준용하여 대통령령으로 정하는 바에 따라 수시부과할 수 있다(동 4항).

수시부과처분은 통상의 납세의무가 성립하기 전에 미리 그 수시부과할 사유가 발생한 때까지의 소득에 대해 부과하는 것으로서 수시부과에 의하여 결정된 과세표준은 과세연도 종료 후의 신고와 결정에 의한 과세표준에 통산되는 것이므로, 수시부과처분이 있었거나 그 수시부과할 사유가 있은 경우라고 하여 납세의무자의 확정신고의무가 면제되는 것은 아니다. 따라서 납세의무자의 폐업신고일을 소득세 부과처분 제척기간의 기산일로 볼 수 없다(판 94. 12. 13, 93누10330).

제 3 절 과세표준과 세액의 통지 및 가산세

납세지 관할세무서장 또는 지방국세청장은 법 제80조에 따라 거주자의 과세표준과 세액을 결정 또는 경정한 때에는 과세표준과 세율·세액 그 밖의 필요한 사항을 해당 거주자 또는 상속인에게 서면으로 통지하여야 한다. 다만 제42조(비거주자 등과의 거래에 대한 소득금액계산의 특례)에 따라 과세표준과 세액의 결정 또는 경정을 한 때에는 지체 없이 통지하여야 한다. 납부할 세액이 없는 경우에도 같다(법 83조; 영 149조 1항). 피상속인의 소득금액에 대한 소득세를 2인 이상의 상속인에게 과세하는 경우에는 과세표준과 세액을 그 지분에 따라 배분하여 상속인별로 각각 통지하여야 한다(영 149조 2항).

국세기본법에 규정된 총론적인 내용의 가산세 이외에 소득세법에서 규정한 가산세로는, 영수증 수취명세서 제출·작성 불성실 가산세(법 81조), 성실신고확인서 제출 불성실가산세(81조의2), 사업장 현황신고 불성실 가산세(81조의3), 공동사업장 등록·신고 불성실 가산세(81조의4), 장부의 기록·보관 불성실 가산세(81조의5), 증명서류 수취 불성실 가산세(81조의6), 기부금영수증 발급·작성·보관 불성실 가산세(81조의7), 사업용계좌 신고·사용 불성실 가산세(81조의8), 신용카드 및 현금영수증 발급 불성실 가산세(81조의9), 계산서 등 제출 불성실 가산세(81조의10), 지급명세서 제출 불성실 가산세(81조의11), 주택임대사업자 미등록 가산세(81조의12), 특정외국법인의 유보소득 계산 명세서 제출 불성실 가산세(81조의13), 업무용승용차 관련 비용 명세서 제출 불성실 가산세(81조의14) 등이 있다.[1] 이 중 장부의 기록·보관 불성실 가산세(81조의5)를 제외한 나머지들은 종합소득세액이 없는 경우에도 가산세를 징수할 수 있다.

제 4 절 세액의 징수와 환급·충당

납세지 관할세무서장은 거주자가 해당 과세기간의 소득세로 납부하여야 할 세액의 전부 또는 일부를 납부하지 아니한 때에는 미납세액을 국세징수의 예에 따라 징수한다. 또한 징수·납부한 거주자의 해당 과세기간 소득세액이 납세지 관할세무서장 또는 지방국세청장이 결정 또는 경정한 소득세액에 미달하는 때에는 그 미달하는 세액을 징수한다. 중간예납세액의 경우나 원천징수의무자가 세액의 전부 또는 일부를 납부하지 아니한 경우에도 또한 같다(법 85조 1항 내지 3항).

납세지 관할세무서장은 중간예납, 토지등매매차익 예정신고납부, 수시부과 및 원천징수한 세액이 종합소득, 퇴직소득의 각 총결정세액의 합계액을 각각 초과하는 때에는 초과세액을 환급하거나 다른 국세·가산금과 체납처분비에 충당하여야 한다(법 85조 4항). 법은 중소기업의 결손금소급공제에 의한 환급에 관하여도 규정하고 있다(법 85조의2). 후자의 환급은 납세자의 신청이 있어야 가능하다. 환급절차는 국세기본법 제51조 내지 제54조 참조.

---

1) 관련 내용은, 이한우, "소득관련 가산세로서 과세자료 제출 등의 의무위반 가산세에 대한 연구", 세무와 회계연구(제11권 제 4 호), 21면 이하.

제 6 장

원천징수

제 1 절 의 의

원천징수(tax withholding)란 소득금액 또는 수입금액을 지급하는 자(원천징수의무자)가 법이 정하는 바에 의해 지급받는 자(원천납세의무자)가 부담할 세액을 정부를 대신하여 징수하는 것을 말한다. 납세의무자가 실체법적으로 부담하고 있는 납세의무의 이행이 원천징수라는 절차를 통하여 실현되는 제도이다. 현행 세법상 소득세와 법인세에 관하여 인정되고 있다(법 127조 이하; 법법 73조, 98조). 원천징수의무자를 지급자, 원천납세의무자를 수급자라고도 한다.

원천징수제도와 구조가 동일한 제도로 지방세법상 지방소득세, 등록세, 주민세 등의 특별징수분, 주행세 및 도축세 등에 대하여 인정되는 특별징수제도가 있다. 특별징수제도는 과세관청이 지방자치단체라는 점만 다를 뿐 징수납부의무자와 납세의무자가 분리되어 있다는 기본적 구조는 원천징수제도와 동일하다. 한편 부가가치세법상의 거래징수제도는 징수를 당하는 상대방이 담세자일뿐 납세의무자가 아니라는 점에서 원천징수제도와 구별된다.

원천징수제도가 채택되는 이유로는, ① 소득의 발생원천에서 원천징수를 하게 되므로 탈세를 방지하고, ② 조세수입의 조기확보와 정부재원의 평준화를 기할 수 있으며, ③ 징세비 절약과 징수사무의 간소화 및 능률화를 기할 수 있고, ④ 납세의무자의 세 부담을 분산시키며, ⑤ 소득의 발생과 조세의 납부 사이의 시차를 단축함으로써 경기의 자동조절기능을 강화한다는 점 등이 제시된다.

이러한 형태의 원천징수제도는 미국, 영국, 프랑스, 독일, 일본 등 선진 외국에서도 대상이나 범위만 다를 뿐 일반적으로 채택되고 있다.[1)]

1) 각국의 입법 예에 대하여는, 임재혁, “현행 원천징수제도의 문제점 및 개선방안”, 조세법연구 30-1, 197면 참조.

원천징수는 완납적 원천징수와 예납적 원천징수로 구분된다. 전자는 원천징수만으로 조세채무가 종국적으로 소멸하는 경우이다. 분리과세되는 일용근로자의 근로소득, 분리과세이자소득, 분리과세배당소득, 이자소득과 배당소득 합계액이 종합과세기준금액 이하인 경우의 이자소득과 배당소득, 분리과세기타소득에 대한 원천징수가 이에 해당한다(법 14조 3항). 후자는 원천징수가 추후의 확정신고납부를 전제로 조세의 예납적 조치로 이루어지는 것이다. 현행법상 원천징수는 원칙적으로 예납적 원천징수이다.

원천징수제도가 헌법상 재산권의 보장(23조), 법 앞의 평등(11조), 과잉금지의 원칙(37조 2항) 등에 위배되는 것이 아닌가 하는 논의가 있으나, 판례는 합헌규정으로 본다.[1] 특히 문제가 되는 것은 원천납세의무자가 과세기간 종료 여부와 관계없이 미리 세액을 징수당하는 것이 다른 소득에 비해 불평등하게 취급당하는 것이 아닌가 하는 점이나, 소득의 종류나 특성을 고려하여 징수방법이나 납세시기를 달리 정하는 것은 입법사항에 속하는 것으로 볼 것이다. 다만 원천징수대상은 제도의 취지에 비추어 과세요건 사실이 단순하고 징수액을 명확히 확정지을 수 있어야 한다. 현행법상 소득처분에 따른 대표자 상여간주 규정이나 추계결정된 과세표준과 법인 대차대조표상 차액에 대한 대표자 상여간주 규정과 같이 소득의 현실 지급이 밝혀지지 않은 경우까지 원천징수대상으로 규정한 것은 지나치게 징수 편의를 위한 규정으로 여겨진다.[2] 원천징수에 관한 규정을 해석함에 있어서는 이러한 원천징수제도의 취지와 구조를 충분히 감안하여 원천징수의무자에게 예기치 못한 불이익을 안기는 일이 없도록 해야 할 것이다. 특별히 국가 간 조약이 적용되는 비거주자에 대한 원천징수에 있어서 소득의 귀속주체 등과 관련하여 사전에 집행기준이 명확히 제시될 필요가 있다. 판례가 외국법인에 국내원천배당소득을 지급하는 자가 소득금액의 지급과정에서 성실하게 조사하여 확보한 자료 등을 통해서도 소득의 실질 귀속자가 따로 있다는 사실을 알 수 없었던 경우 원천징수의무를 부담하지 않는다고 본 것(판 2013. 4. 11, 2011두3159; 2017. 12. 28, 2017두59253 등)도 같은 취지로 이해된다.

---

1) 헌 2009. 2. 26, 2006헌바65; 판 89. 1. 17, 87누551 · 552 등. 관련 논의는, 김완석, "원천징수제도의 위헌 여부에 관한 고찰", 한국조세연구 제11권(1996), 264면 등. 일본 판례도 합헌으로 판단한 바 있고{최판 소화 37. 2. 28, 31(아) 1071호}, 단순한 징수구조를 택하고 있기는 하나 독일의 경우에도 연방헌법재판소가 합헌으로 판단한 바 있다.

2) 이러한 제도는 외국의 입법 예에서는 찾아보기 힘들며 학설의 다수도 이에 비판적이다. 관련 논의는, 최 완, "원천징수와 납세자보호의 필요성에 대한 소고 — 자동확정 논거와 최근 판례에 대한 평석을 중심으로—", 조세법연구 27-3, 35면. 강남규, "원천징수제도의 개선방안", 조세법연구 8-2, 77면. 임재혁, 앞의 논문. 같은 문제점을 지적하고 있는 우리 판례로, 판 2006. 4. 20, 2002두1878(전).

원천징수의무자의 국가에 대한 납세의무는 이론상 국가의 원천납세의무자에 대한 징세권을 원천징수의무자가 대신 행사하는 것을 전제로 하나, 현행법상 현실적으로 원천징수행위가 있었는가에 관계없이 법에 정해진 바에 따라 일정한 세액을 원천징수의무자 본인의 납부의무로서 독립적으로 이행하는 구조로 되어 있다. 현행 법은 원천징수의무자의 납세의무를 자동확정방식으로 규율하고 있는데 이는 현실적인 원천징수의무자의 법적 지위에 비추어 원천징수의무자의 권리구제와 관련하여 어려운 문제를 제기한다. 다른 한편 원천징수의무자를 납세의무 주체로 하던 전통적인 원천징수 체계는 원천납세의무자의 경정청구권을 인정한 국세기본법 제45조의2 제 5 항(2003. 12. 30. 신설)을 계기로 국가와 원천납세의무자 사이의 직접적인 법률관계가 전면에 부각되기에 이르렀다. 이에 관하여는 뒤에서 다시 살펴본다.

제 2 절 원천징수의무자와 원천징수의 대상

1. 원천징수의무자와 원천징수대상 소득의 범위

국내에서 거주자나 비거주자에게 다음 각 호의 어느 하나에 해당하는 소득을 지급하는 자(제 3 호의 소득을 지급하는 자의 경우에는 사업자 등 대통령령으로 정하는 자로 한정한다)**는 이 절의 규정에 따라 그 거주자나 비거주자에 대한 소득세를 원천징수하여야 한다**(법 127조 1항).

1. 이자소득 2. 배당소득

3. 대통령령으로 정하는 사업소득

4. 근로소득. 다만 다음 각 목의 어느 하나에 해당하는 소득은 제외한다.

가. 외국기관 또는 우리나라에 주둔하는 국제연합군(미군은 제외한다)으로부터 받는 근로소득 나. 국외에 있는 비거주자 또는 외국법인(국내지점 또는 국내영업소는 제외한다)으로부터 받는 근로소득. 다만 다음의 어느 하나에 해당하는 소득은 제외한다.

1) 제120조 제 1 항 및 제 2 항에 따른 비거주자의 국내사업장과 법인세법 제94조 제 1 항 및 제 2 항에 따른 외국법인의 국내사업장의 국내원천소득금액을 계산할 때 필요경비 또는 손금으로 계상되는 소득 2) 국외에 있는 외국법인(국내지점 또는 국내영업소는 제외한다)으로부터 받는 근로소득 중 제156조의7에 따라 소득세가 원천징수되는 파견근로자의 소득

5. 연금소득

6. 기타소득. 다만 다음 각 목의 어느 하나에 해당하는 소득은 제외한다.

가. 제 8 호에 따른 소득 나. 제21조 제 1 항 제10호에 따른 위약금·배상금(계약금이 위약금·배상금으로 대체되는 경우만 해당한다) 다. 제21조 제 1 항 제23호 또는 제24호 또는 제27호에 따른 소득(제27호 부분 2027. 1. 1. 시행)

7. 퇴직소득. 다만 제 4 호 각 목의 어느 하나에 해당하는 근로소득이 있는 사람이 퇴직함으로써 받는 소득은 제외한다. 8. 대통령령으로 정하는 봉사료

원천징수대상 소득을 지급하는 자는, 법인 또는 개인을 구분하지 않고, 사업자에 해당하는지 여부 등에 관계없이 특정한 절차를 거치지 않고 당연히 원천징수의무를 부담한다. 다만 일정한 사업소득(의료업 등)은 그 사업소득을 지급하는 자가 사업자 등에 해당하는 경우에 한하여 원천징수의무를 진다(영 184조 1항).

강제집행 방법으로 지급이 이루어지는 경우에도 특별한 사정이 없는 한 지급자에게 원천징수의무가 있으며, 이는 가집행선고부 승소판결에 따른 집행에 관하여도 마찬가지이다.[1] 파산관재인이 자신의 관재사무 수행을 위해 자신이나 이행보조자에게 지급하는 급여는 원천징수 대상이나, 파산자의 종업원에 대한 체불급여나 퇴직금은 그 지급업무를 파산관재인이 수행하더라도 파산자의 집행기관으로서 행하는 것일 뿐 근로관계에 기인한 것이 아니어서 원천징수 대상이 아니다.[2]

판례는 매수인이 외국법인에게 국내에서 계약금을 지급하였다가 매매계약상 채무를 불이행함으로써 약정에 따라 계약금이 몰취된 경우, 매수인에게 위약금에 대한 원천징수의무가 있다고 보았다(판 2019. 7. 4, 2017두38645). 그러나 현실적인 지급을 수반하지 않은 이러한 경우까지 원천징수의무를 부담시키는 것이 타당한지 의문이다.[3]

채권(債券) 등의 이자를 지급받기 전에 당해 채권 등을 법인에게 매도하는 경우 보유기간 이자상당액에 대하여 채권 등의 매수 법인이 원천징수의무자가 되고(법 133조의2 1항; 영 193조의2 1항), 거주자 등이 채권 등(통장 포함)을 금융회사 등의 승낙을 받아 매도하는 경우 해당 금융회사가 원천징수의무를 부담한다(영 102조 10항).

국내사업장이 없는 비거주자 또는 외국법인에게 국내원천소득을 지급하는 경우에는 원천징수대상소득의 범위가 확대된다(법 156조 1항).

---

1) 판 2011. 6. 24, 2008두20871; 2019. 5. 16, 2015다35270. 이 경우 지급자가 가집행선고부 승소판결에 따라 지연손해금을 지급하면서 공제한 원천징수세액도 가지급물에 포함된다. 우리 실무도 동일하며(원천-667, 2012. 12. 3. 법인 46013-1420, 1998. 5. 28; 법인 22601-564, 1992. 3. 10. 등), 일본의 판례 역시 동일하게 보고 있다(일최판 평성 23. 3. 22. 평석은 일본 판례백선 220면 참조.

2) 최완주, "파산절차와 조세관계", 385면. 일최판 평성 23. 1. 14(그 평석은 위 판례백선 222면).

3) 같은 취지, 최 완, 앞의 논문 35면. 거주자에 대하여는 이러한 경우 원천징수의무 대상에서 제외되어 있다(소득세법 제127조 제 1 항 제 6 호 나목 괄호 부분 참조).

2. 원천징수의 대리·위임

가. 규정의 내용

원천징수를 하여야 할 자를 대리·위임받은 자의 행위는 수권·위임의 범위 에서 본인·위임인의 행위로 보아 원천징수 규정을 적용하고(법 127조 2항), 금융기관이 어음, 채무증서, 주식 또는 집합투자증권을 인수·매매·중개 또는 대리하는 경우에는 당해 금융기관과 해당 어음 등을 발행한 자 간에 대리 또는 위임의 관계가 있는 것으로 보아 제 2 항을 적용한다(동 3항). 자본시장법에 따른 신탁업자가 신탁재산을 운용하거나 보관·관리하는 경우 해당 신탁업자와 해당 신탁재산에 귀속되는 소득을 지급하는 자 간에도 같은 규정이 있다(동 4항).

외국법인이 발행한 채권 또는 증권에서 발생하는 제 1 항 제 1 호 및 제 2 호의 소득을 거주자에게 지급하는 경우 국내에서 그 지급을 대리하거나 그 지급권한을 위임 또는 위탁받은 자가 그 소득에 대한 소득세를 원천징수하여야 한다(동 5항). 사업자가 음식·숙박용역이나 서비스용역을 공급하고 대가를 받을 때 제 1 항 제 8 호에 따른 봉사료를 함께 받아 해당 소득자에게 지급하는 경우 사업자가 봉사료에 대한 소득세를 원천징수하여야 한다(동 6항).

나. '법 제127조 제 2 항'의 의미

위 조항에서 규정하는 '원천징수를 하여야 할 자를 대리·위임받은 자의 행위'의 의미가 문제된다. 이 경우 법상 원천징수의무가 본인(위임인)에게 있는가 아니면 대리인(수임인)에게 있는가 하는 점이다. 먼저 단순히 지급만을 대행하는 경우(예: 회사의 경리직원) 법상 소득을 지급할 의무가 있는 자(본인)가 원천징수의무자이고, 반대로 계약관계의 포괄적 이전 등을 통해 원천징수를 할 법적 지위도 함께 이전된다고 보는 것에는 별다른 의문이 없다. 문제는 본래의 원천징수의무자(본인)와 체결한 일정한 계약상 지위에 기해 대리인이 본인을 대신하여 소득을 지급하거나 본인을 위해 소득지급의 원인이 되는 법률행위를 대신하는 경우이다. 예컨대 은행이 고객과 체결한 당좌예금계약에 기해 어음금을 지급하거나 본인으로부터 부동산매매계약 체결을 위임받은 부동산중개업자가 원천징수대상인 매매대금을 대신 지급하는 경우 국가에 대한 관계에서 원천징수의무가 본인으로부터 대리인으로 이전하는가 하는 점이다.

판례는 대리인설을 취하고(판 2014. 7. 24, 2010두21952; 2018. 2. 8, 2017두48550), 학설도 대체로 같은 견해이다.[1] 그러나 공법상 원천징수의무가 사법상 위임행위로 이전된다고 보는 것은 조세법률관계의 본질에 어긋나고, 대리인설을 취하는 경우 원천징수의 기초가 된 법률행위를 무자력자에게 위임하는 방법으로 본인이 쉽게 납세의무를 벗어나 조세회피 요인이 될 수 있는 점 등에 비추어 본인설이 타당하다.[2]

본인설을 취하는 경우 법 제127조 제 2 항은 대리인이 행한 법률효과가 본인에게 귀속된다는 대리행위의 당연한 법리를 규정한 것이 되어, 원천징수의무 자체의 성립여부에 대한 판단은 대리인의 행위를 기초로 판단하되 그 법률적 효과는 본인에게 귀속하여 본인이 최종적으로 원천징수의무를 부담하게 된다. 특정 금융기관의 수임행위를 규정한 제127조 제 3 항이나 제 4 항 역시 확인적 규정으로 이해하면 될 것이다. 실제로 판례는 대리인설을 취하는 전제에서 원천징수의 위임이 묵시적으로 성립할 수 있음을 긍정하면서도 이를 엄격하게 판단하고 있으며,[3] 앞의 사안들 역시 위임관계의 존재를 부인한 것들이다.[4]

제 3 절 원천징수의 시기 및 방법

1. 원 칙

원천징수하는 소득세에 있어서는 그 소득금액 또는 수입금액을 지급하는 때에 원천징수하는 소득세의 납세의무가 성립됨과 동시에 특별한 절차를 거침이 없이 당해 납세의무가 확정된다(기본법 21조 3항 1호, 22조 4항 2호). 이는 원천징수의무자의 납부의무와 원천납세의무자의 납세의무를 함께 규정한 것으로 이해된다.[5]

---

1) 한만수, 앞의 책 428면. 윤지현, “소득지급의 대리 또는 위임과 원천징수의무”, 조세법연구 18-3, 130면. 윤지현 교수는 입법론적으로는 본인설이 타당하나 규정체계 및 입법의 연혁 등에 비추어 현 규정의 해석으로는 대리인설을 취한 것으로 이해할 수밖에 없다고 한다.

2) 원천징수제도를 채택한 미국이나 일본의 경우 지급행위 위임에 기해 원천징수의무가 이전된다는 규정이나 해석을 찾아볼 수 없다. 외국 입법에 관한 설명은 윤지현, 앞의 논문 155면 참조.

3) 관련 판례로 판 2018. 4. 24, 2017두48543(은행이 기업어음 발행기업으로부터 위탁받은 어음금 지급업무를 수행한 것만으로는 구 법인세법 제73조 제 5 항의 ‘금융회사가 내국법인이 발행한 어음 등을 대리하는 경우’에 해당한다고 보기 어렵다고 한 사안), 서울고판 2016. 4. 1, 2015나2027819 (담보신탁의 경우 위 규정의 적용을 부정한 사안).

4) 그 밖에 관련 논의는 최 완, 앞의 논문 65면 이하 참조.

5) 관련 논의는 이 장 제 5 절 3. 참조.

예외적으로 소득금액을 실제로 지급하지 않았지만 지급한 것으로 보아 원천징수하는 경우가 있다(법 131조 1·2항, 135조 1항 내지 3항, 145조의2, 147조 1·2항). 이는 조세징수절차의 편의와 조세채권의 확보를 위한 것이다. 원천징수 방법에 관한 구체적인 내용은 법 제130조 내지 제148조 참조.

2. 연말정산

매년 2월분 근로소득 또는 퇴직자의 퇴직하는 달의 근로소득을 지급하는 때에는 연말정산의 절차를 거쳐 소득세를 원천징수하고(법 137조 1항), 보험가입자의 모집 등 대통령령으로 정하는 일정한 사업소득만이 있는 경우 그 수입금액을 지급하는 원천징수의무자도 연말정산한 소득세를 원천징수한다(법 144조의2 1항).

종합소득에 포함되는 근로소득에 대하여는 다른 종합소득과 합산하기 전에 먼저 매월분 급여액에 대해 간이세액표에 의한 소득세를 원천징수하여 납부하게 하는 한편 연말 또는 퇴직 전에 다시 연간 총급여액에 대한 종합소득과세표준에 기본세율을 적용하여 종합소득산출세액을 계산하고 여기에서 세액공제, 면제세액 및 기납부 원천징수세액을 차감하여 그 차액을 추가로 원천징수하거나 환급하는 절차를 밟게 된다. 이와 같은 일련의 절차를 '근로소득세액의 연말정산'이라고 한다.

연말정산제도는 징세비의 절감과 세무행정의 간소화에 유리한 점이 있으나 수급자가 원천징수단계에서 조세법률관계로부터 제외되어 위법한 원천징수행위에 대한 권리구제방법이 미흡하게 되고, 소득의 지급시기를 앞당기게 되어 다른 소득보다 납세자에게 불리한 측면이 있다는 점 등이 문제점으로 지적된다. 외국의 경우를 보면, 일본과 독일은 우리와 유사한 연말정산제도를 시행하고 있으나 미국은 연말정산제도를 채택하지 않고 있다.

근로소득만 있는 자는 과세표준확정신고 의무가 배제된다(법 73조 1항 1호).

연금소득에도 근로소득에 유사한 연말정산제도가 마련되어 있고(법 143조의4), 선택적 원천징수제도를 채택하고 있는 종교인소득에 대한 연말정산(법 145조의3, 155조의6)과 외국법인 소속 파견근로자의 소득에 대한 원천징수특례(법 156조의7)에 관하여도 별도의 규정을 두고 있다.

제 4 절 원천징수세율

이자소득과 배당소득은 원칙적으로 모두 14/100(법 129조 1항 1호 라목 및 2호 나목), 이자소득 중 비영업대금의 이익, 배당소득 중 법 제17조 제 1 항 제 8 호에 따른 출자공동사업자의 배당소득은 25/100이다(다만 금융위원회에 등록한 온라인투자연계금융업자를 통하여 지급받는 이자소득은 14/100)(1항 1호 나목, 2호 가목). 근로소득금액과 퇴직소득금액 및 제16조 제 1 항 제10호에 규정하는 직장공제회 초과반환금은 기본세율(1항 1호 다목, 4호 및 7호), 원천징수대상 사업소득은 3/100(다만 외국인 직업운동가가 프로스포츠구단과의 계약에 따라 용역을 제공하고 받는 소득은 계약기간과 관계없이 20/100)(3호), 일용근로자의 근로소득은 6/100(4호 단서), 연금소득 중 공적연금소득은 기본세율(5호), 그 외 연금소득은 연금소득자의 나이 또는 연금소득 종류에 따라 3/100 내지 5/100(5호의2), 퇴직소득을 연금수령하는 연금소득은 연금 수령연차가 10년 이하인지 여부에 따라 '연금외수령 원천징수세율'(영 187조의3 2항)의 70/100, 60/100(5호의3), 기타소득은, 가. 복권당첨금 3억 원 초과분은 30/100, 나. 법 제21조 제 1 항 제18호 및 제21호에 따른 소득은 15/100, 그 밖의 기타소득은 20/100(6호), 봉사료수입금액은 5/100(8호)이다. 민사집행법상 법원에 납부한 보증금 및 경락대금 이자, 비실명소득에 대하여는 특칙이 있다(법 129조 2항).

매월분의 근로소득과 공적연금소득에 대한 원천징수세율을 적용할 때에는 제 1 항 제 4 호 및 제 5 호에도 불구하고 대통령령으로 정하는 근로소득 간이세액표 및 연금소득 간이세액표를 적용한다(법 129조 3항).

제 1 항에 따라 원천징수세액을 계산할 때 이자소득과 배당소득에 대해서 외국에서 대통령령으로 정하는 외국소득세액을 납부한 경우에는 제 1 항에 따라 계산한 원천징수세액에서 그 외국소득세액을 뺀 금액을 원천징수세액으로 하고(외국소득세액이 제 1 항에 따라 계산한 원천징수세액을 초과하는 경우 그 초과금액은 없는 것으로 한다)(동 4항), 법 제57조의2 제 1 항 각 호의 요건을 갖춘 배당소득에 대해서는 제 1 호의 금액(간접투자회사등으로부터 지급받은 소득에 제 1 항에 따른 세율을 곱하여 계산한 금액)에서 제 2 호의 금액(간접투자외국법인세액을 세후기준가격을 고려하여 대통령령으로 정하는 바에 따라 계산한 금액. 다만 위 배당소득에 14/100를 곱하여 계산한 금액을 한도로 한다)을 뺀 금액을 원천징수세액으로 한다(동 5 · 6항). 위 제 5 항 제 2 호의 금액이 공제한도금액을 초과하는 경우 특칙에 관하여는 같은 조 제 7 항 참조.

제 5 절 원천징수납부의 법률관계

1. 총 설

원천징수납부에 있어서 법률관계의 당사자로는, 국가와 원천징수의무자, 원천납세의무자 등 3인이 있다. 각각의 법률관계의 개요를 표로 보면 다음과 같다.

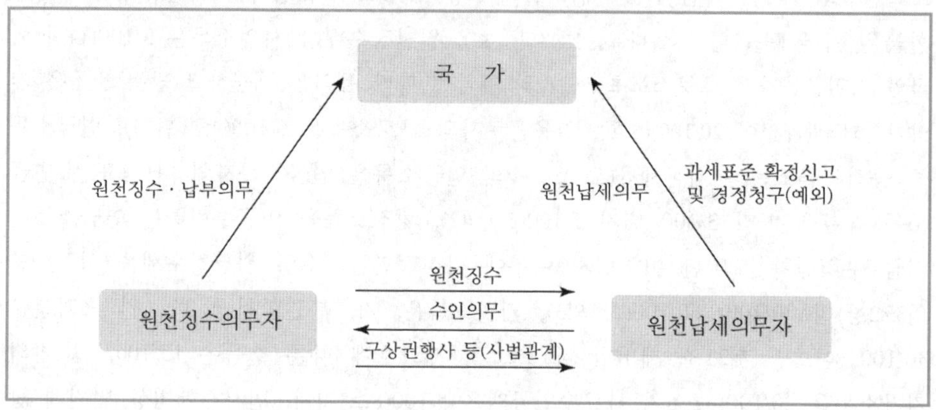

원천징수의 법적 성격에 관하여는 종래 위탁기관징수설, 사무관리설, 법정대리설, 채무인수설 등이 주장되어 왔는데 현재는 원천징수의무자를 중심으로 원천납세의무자에 대한 관계에서는 위탁기관징수설, 과세관청에 대한 관계에서는 병존적 채무인수설로 보는 이원적 견해가 다수설이다.[1)]

원천징수의무자가 원천징수세액을 납부하지 않는 경우는 두 가지이다. 하나는 원천납세의무자로부터 원천징수세액을 징수하였으나 이를 납부하지 않은 경우이고, 다른 하나는 원천징수세액을 아예 징수하지 않거나 못한 경우이다. 둘은 원천징수의무자가 국가에 원천징수세액을 납부하지 않은 결과는 동일하지만 실체적 법률관계는 다르다. 전자는 징수와 동시에 원천납세의무가 소멸한다고 보는 것이 일반적이지만,[2)] 후자는 원천납세의무가 존속한다. 전자의 경우 원천징수의무자가 납부하지 않은 원천징수세액은 국가에 대하여 부당이득을 구성하지만 후자의 경우에는

1) 차규현, "원천징수제도의 입법적 개선방안 연구", 조세법연구 23-2, 63면 이하.
2) 관련 논의는 아래 독일에서의 논의 참조.

그렇지 않다. 후자의 경우 국가는 원천징수의무자에 대하여 실체법상 독립된 납부의무를 창설하는 것이므로 이에 관한 별도의 법적 근거가 필요하다. 이와 관련하여 법인세법 제 3 조 제 4 항은, 「이 법에 따라 법인세를 원천징수하는 자는 해당 법인세를 납부할 의무가 있다」고 규정하고 있으나 소득세법에는 해당 규정이 없으므로 입법의 정비가 필요하다.1)

한편 우리 법은 원천징수하는 조세의 납세의무 성립 및 확정시기를 동일하게 '소득금액을 지급하는 때'로 규정하여(기본법 21조 3항 1호. 22조 4항 2호), 소위 자동확정방식을 택하고 있다. 위 규정이 일차적으로 원천징수의무자를 대상으로 한다는 데에 판례나 학설의 이론이 없는 듯하다. '소득금액을 지급하는 때'라는 법문상 그와 같이 읽히고, 법체계상으로도 원천징수의무자의 원천징수의무가 원천징수세액을 징수하지 않은 경우에도 발생한다면 해당 조세채무의 성립 및 확정에 대한 규정이 별도로 필요하기 때문이다. 다만 현실적 규정을 떠나 입법론상 원천징수의무자의 원천징수세액 징수·납부와 관련하여 자동확정방식이 타당한지에 관하여 근본적인 의문이 있다. 징수세액을 납부하지 않으면 이는 국가에 대하여 부당이득이 되므로 국가가 원천징수의무자에 대하여 곧바로 반환청구를 하면 되고, 아예 징수를 하지 않은 경우는 원천징수의무자가 원천납세의무자의 원천납세의무 존부나 범위를 다투는 경우이므로 국가의 원천징수의무자에 대한 납부고지는 내용상 부과고지의 성격을 갖기 때문이다. 이 경우 원천징수의무자가 자신의 원천징수책임을 벗어나기 위해서는 원천납세의무자의 실체법상 납세의무의 존부 및 범위를 다투어야 한다는 점에서(즉 실체법상 하자의 승계가 인정된다는 점에서) 그 납부고지는 단순한 절차법상 징수고지의 성격을 넘어선다.

다른 제도와 비교하여 살펴보면, 우리 법은 법인의 과점주주 등에게 제 2 차 납세의무를 인정하고 있는데 이러한 제 2 차 납세의무는 납세의무자 본인으로부터 세액을 징수하지 못한 경우에 보충적으로 부과하는 납세의무임에도 그 납세의무 확정을 위해서는 제 2 차 납세의무자 본인에 대한 별도의 납부고지가 필요하다(기본법 22조 1항, 2항). 원천징수의무자의 원천징수의무는 제 2 차 납세의무보다 한층 더 엄격한 징수, 납부책임이고, 원천징수의무가 원천징수세액을 징수하지 않은 경

1) 법 제 2 조 제 2 항은, 「다음 각 호의 어느 하나에 해당하는 자는 이 법에 따라 원천징수한 소득세를 납부할 의무가 있다」고 규정할 뿐 원천징수하지 못한 소득세 납부의무에 관하여는 별도 규정이 없다. 법은 제 2 조의2 제 4 항에서 원천납세의무에 관하여, 법 제85조(법인세법 제71조도 동일하다)에서 과세관청의 징수절차에 관하여, 법 제128조에서 원천징수한 소득세의 납부절차에 관하여 각 규정하고, 국세기본법 제47조의5는 원천징수 불이행에 관한 가산세 규정을 두고 있다.

우는 대부분 원천징수의무자 본인이 납부책임을 진다는 사실을 모르기 때문에 징수를 못한 경우인데 이와 같이 본인이 납부책임을 진다는 사실을 알지도 못하는 상태에서 납세의무가 자동적으로 확정된다는 것은 합리적이라고 보기 어렵다. 원천납세의무자의 책임과 달리 원천징수세액을 징수하지 못한 원천징수의무자의 국가에 대한 납세의무를 조기에 확정지을 필요성도 존재하지 않는다.

현실적으로도 자동확정방식은 경정청구권 행사나 징수권 소멸시효 등과 관련하여 권리구제에 미흡하거나 부당한 결과를 초래한다. 우리 법상 원천징수하는 조세에 관하여도 법리상 자동확정방식과 양립하기 어려운 경정청구권을 인정하고, 소멸시효와 관련하여 이를 부과권 제척기간과 연관시켜 규정한 것 등은 이러한 부당함을 피하기 위한 조치로 이해된다. 이와 관련하여 우리와 같이 원천징수제도를 채택하고 있는 독일의 규정이 많은 시사점을 주므로 아래에서 그에 관하여 살펴보기로 한다.

2. 원천징수제도에 관한 독일 제도의 개관(槪觀)

독일은 납세의무 확정과 관련하여 원칙적으로 부과과세방식을 취하며 자동확정방식은 입법상 채택하지 않고 있다. 독일의 납세의무 확정방식은 우리와 사뭇 다른데 확정방식으로는, 1. 과세관청이 조세결정으로 하는 종국확정, 2. 사후조사 유보부 확정, 3. 임시확정의 세 가지가 있다.[1] 이 중 2.의 '사후조사 유보부 확정'도 취소되기 전까지 확정력을 지니나 납세의무자는 언제든지 조세확정의 취소나 변경을 신청할 수 있다. 일반적으로 조세신고는 여기에 속한다.

독일의 경우 원천징수제도는 근로소득세에 관하여 행하여지는데 소득세의 선납절차로서의 근로자의 근로소득세 납세의무는 근로자에게 근로소득이 지급되는 시점에 성립한다.[2] 이는 우리의 원천징수하는 소득세 납부의무의 성립시기와 같다. 독일의 경우 원천징수의무자의 원천징수세액의 징수로 원천납세의무가 소멸한다는 설이 다수설이고,[3] 원천징수의무자의 근로소득세 납세의무는 원천징수의무자(사용자)의 확정의 효력 있는 조세신고에 의하여 확정된다고 본다. 즉 근로소득세에 관한 확정의 효력 있는 조세신고가 국가의 원천징수의무자에 대한 조세징수 및 집행개시의 전제조건이 된다. 1년을 과세단위로 산정되는 연간 소득세 납세의무는 역

1) 독일 조세기본법 제155조 제 1 항 제 1 문, 제164조 제 1 항 제 1 문, 제165조 제 1 항 제 1 문.
2) 독일 소득세법 제38조 제 2 항 제 2 호.
3) 소수설은 확정의 효력 있는 조세신고에 의하여 소멸한다고 본다.

년(曆年)의 경과로 성립하고 이에 대한 신고는 특별한 확정력을 갖지 않는다.[1)]

근로소득세의 원천징수와 관련하여 사용자는 매 급료지급시마다 근로자의 계산으로 근로소득세를 징수하여야 한다. 사용자는 근로소득세 신고기간 경과 후 늦어도 10일까지는 관할 과세관청에 확정의 효력 있는 조세신고 및 납부를 하여야 한다. 근로소득세 신고기간은 기본적으로 그 다음 달이다. 법률상 근로소득세 납세의무와 연간 조사결정되는 소득세의 납세의무는 성립과 소멸을 달리하는 별개의 의무로 취급된다. 이와 관련된 연말정산제도는 우리와 유사하다.[2)]

독일의 통설 및 판례는, 사용자의 책임채무에 관한 규정은 사용자가 실제로 근로자로부터 세액을 징수하지 못하거나 징수할 수 없는 경우 등에 관한 것이고, 사용자의 근로소득세 신고 및 납부로 청산되는 사용자의 의무는 책임채무가 아니라 법률이 설정하고 있는 사용자의 고유한 납부의무이며 책임채무는 2차적 채무로서 조세신고가 아닌 과세관청의 책임결정으로 확정된다. 이에 따르면 납부의무는 일종의 금전지급의무로서 조세채권자는 납부의무자인 사용자에 대하여 금전지급청구권을 갖는다. 또한 사용자의 납부의무는 법이 정한 독자적 의무로서 근로자의 납세의무에 부종하지 않고 확정기한 역시 근로자의 근로소득세 납세의무 확정기한 만료와 상관없이 독자적으로 진행한다.[3)]

원천징수의무자(사용자)는 확정의 효력 있는 조세신고에 대해 취소·변경을 신청할 수 있고 과세관청이 거부하면 거부처분 또는 경정처분에 대하여 볼복할 수 있다(독일조세기본법 161조 2항 2문). 납세의무자(근로자)도 신고에 대해 취소권을 행사할 수 있고, 그 이후의 책임결정이나 부과결정에 대하여 사용자도 취소를 구할 수 있다. 조세결정의 효력은 법적 구제절차에 착수할 수 있었던 근로자에게 미친다. 책임결정은 근로자에게 효력이 미치지 않으나 근로자가 취소를 구할 수 있다.

3. 우리 법상 원천징수의 법률관계

가. 국가와 원천징수의무자의 관계

원천징수의무자는 국가에 대하여 공법상의 원천징수의무를 부담한다. 원천징수의무는 실체법상 원천납세의무와 별개의 납세의무이다. 원천징수의무는 실제적

1) 최 원, “독일과 한국의 근로소득세 원천징수절차 법적 비교”, 조세법연구 20-3, 42면 이하 참조.
2) 독일 소득세법 제38조 내지 제42조.
3) 최 원, 위 논문 56면 내지 61면 참조.

인 지급행위가 수반되는 경우에도 원천징수의무 불이행에 따른 납부의무의 성격 및 과세근거, 원천징수대상 및 범위의 불명확에서 오는 문제, 원천징수의무가 위임된 경우 납세의무자의 확정문제 등 어려운 문제가 발생한다. 특별히 문제가 되는 것은 원천징수의무자의 원천징수의무 성립 당시 원천납세의무자에 대한 실제의 지급이 수반되지 않는 소득처분의 경우, 특히 소득처분 중에서도 귀속불명 익금액을 대표자에 대한 상여로 의제하는 경우이다(법법 67조; 법령 106조 1항 1호). 법인의 익금누락액을 익금산입하고 그 익금산입액을 인정상여 등으로 소득처분하는 경우 그에 대하여 필연적으로 법인의 원천징수의무가 뒤따르게 된다. 이 경우 인정상여에 따른 소득의 성격과 귀속시기 등이 문제되는 한편 법이 원천징수의무자에 대한 원천징수의무 성립 및 확정시를 법인에 대한 소득금액변동통지 시로 규정함에 따라(법 131조 2항, 135조 4항, 145조의2; 영 192조), 원천납세의무와의 관계에서 또 다른 복잡한 문제를 발생시킨다. 그 자세한 내용은 소득처분에 관한 부분으로 미룬다.

판례는 일관되게 원천징수불이행의 경우 국가가 원천징수의무자에게 하는 고지를 확정된 납세의무의 이행을 구하는 징수고지로 파악하며,[1)] 원천납세의무자는 원천징수의무자에 대한 징수고지처분을 직접 다툴 수 없다고 본다(판 94. 9. 9, 93누22234). 다른 한편 원천징수의무자의 국가에 대한 원천징수세액 납부의무가 실체법상 독립된 조세채무라면, 원천징수의무자가 그 납부고지 결정에 대한 불복절차에서 원천납세의무의 존부와 범위를 비롯한 실체법상 위법사항에 대하여 다툴 수 있어야 하고, 실제로 판례도 같은 취지로 판단하고 있다.[2)] 그러나 이는 법이 원천징수의무자의 원천징수세액 납부의무를 자동확정방식으로 규정하고, 그에 따라 판례가 국가의 원천징수의무자에 대한 세액의 납부고지를 징수고지로 보며, 당연무효가 아닌 한 실체법상 하자가 승계되지 않는다고 보는 판례 및 통설의 입장과 모순된다.

예납적 원천징수에 있어서, 원천징수의무자가 원천징수를 누락하거나 과소징수한 소득이 종합소득과세표준, 퇴직소득과세표준 또는 법인세과세표준을 구성하는 경우 원천납세의무자에게 이를 부과할 수 있다.[3)]

원천징수의무자가 세액을 원천징수한 후 납부하지 않더라도 원천납세의무는 소멸한다고 보아야 한다.[4)]

---

1) 판 84. 3. 13, 83누686; 2013. 7. 11, 2011두7311; 2016. 12. 1, 2014두8650 등.
2) 관련 내용은 앞의 1항 참조.
3) 판 81. 9. 22, 79누347(전) 및 뒤에서 보는 원천징수누락의 경우 원천납세의무자의 확정신고 의무를 규정한 소득세법의 일련의 규정들 참조.
4) 같은 취지, 최 원, "원천징수의무자의 경정청구권에 관한 해석론", 조세법연구 18-1, 65면 등.

종합소득 과세표준 확정신고기한 경과 후 소득처분에 의해 소득금액변동이 발생하여 원천납세의무자가 소득세법시행령 제134조 제 1 항에 따라 종합소득 과세표준 및 세액을 추가신고한 경우 원천납세의무자는 실제로 납부한 세액을 넘어 추가신고한 과세표준과 세액 전부에 대하여 국세기본법 제45조의2 제 1 항 제 1 호에 따른 경정청구권을 행사할 수 있다. 다만 이 경우 원천납세의무자는 자신 명의로 납부된 세액에 관하여만 환급청구권을 가질 뿐 원천징수의무자 명의로 납부된 세액에 관하여는 원천징수의무자가 환급청구권자가 된다(판 2016. 7. 14, 2014두45246).

소득금액변동통지 당시 원천납세의무자가 사망하였다면 원천징수의무도 성립하지 않으나,[1] 원천징수의무자의 원천징수의무 성립 당시 원천납세의무자가 퇴직하였어도 원천징수의무 성립에 지장이 없다(판 95. 10. 12, 95누9365).

나. 국가와 원천납세의무자의 관계

종래 원천납세의무자는 국가에 대해 납세의무를 부담하나(법 2조의2 4항), 그 납부 및 징수와 관련하여 국가와 직접적인 조세법률관계를 갖지 않고 단지 예납적 원천징수에서 원천징수가 누락되고 그것이 원천납세의무자의 종합소득을 구성하는 경우에만 예외가 인정되는 것으로 설명되어 왔다. 그러나 근로소득만 있어 그에 대한 과세표준 확정신고의무가 면제된 거주자의 경우에도 원천징수가 누락된 이상 그에게 종합소득세를 부과할 수 있다고 한 판례(판 2001. 12. 27, 2000두10649)와 근로소득, 연금소득, 퇴직소득, 원천징수 대상이 되는 사업소득이 있는 자에 대하여 원천징수가 누락된 경우 해당 소득에 대하여 원천납세의무자에게 과세표준 확정신고를 하도록 한 소득세법의 일련의 규정들(소법 73조 4항, 76조 3항 4호, 80조 2항, 85조 3항, 155조 등)에 더하여 원천납세의무자의 국가에 대한 직접적인 경정청구권을 인정한 국세기본법 제45조의2 제 5 항의 신설을 계기로 하여 국가와 원천납세의무자의 공법적 법률관계가 전면에 부각되고, 원천납세의무자도 잘못 원천징수된 세액의 시정 내지는 환급과 관련하여 상당한 주도적 권한을 가지게 되었다.[2]

다. 원천징수의무자와 원천납세의무자의 관계

원천납세의무자는 원천징수의무자의 원천세액 공제를 수인하는 이외에 원천징

1) 판 92. 7. 14, 92누4048; 87. 2. 24, 85누775. 관련 논의는, 유철형, “귀속불명 소득의 대표자 인정상여와 원천징수의무자의 구상권의 범위”, 조세법연구 15-2, 130면.
2) 윤병각, 앞의 책 920면은 이러한 현상을 ‘자동확정방식의 보완성’이라고 부르고 있다.

수의무자에 대해 다른 공적 의무를 부담하지 않는다. 원천징수의무자가 원천징수세액을 납부한 후 원천납세의무자에게 구상하는 관계도 민사관계에 불과하다.

잘못 납부된 원천징수세액 환급청구권은 원칙적으로 원천징수의무자에게 있으나 원천납세의무자도 예외적으로 경정청구권을 갖는다. 원천징수의무자가 징수하여야 할 세액을 징수하지 않아 원천납세의무자가 세액을 납부한 후 원천징수의무자가 국가로부터 동일한 세액을 다시 징수당하더라도 원천납세의무자에 대한 구상권은 발생하지 않는다. 이 경우 뒤의 징수처분이 잘못된 것이기 때문에 국가를 상대로 환급청구를 하여야 한다(판 91. 12. 10, 91누4997).

원천징수의무자의 원천납세의무자에 대한 구상권 행사에 대해 원천납세의무자는 원천납세의무의 존부 및 범위에 관하여 다툴 수 있다. 이 경우 원천징수의무자인 법인은 원천징수세액을 납부한 사실 뿐 아니라 원천납세의무자인 대표자의 납세의무가 존재한 사실을 증명할 책임이 있다(판 2016. 6. 9, 2014다82491). 다만 소득처분과 관련하여 원천납세의무자는 소득금액이 자신에게 귀속되지 않았을 뿐 아니라 귀속자가 따로 있음을 밝히지 않는 한 원천징수의무자의 구상권 행사에 대항할 수 없다{판 2008. 9. 18, 2006다49789(전)}. 이는 귀속이 불명한 경우 대표자에게 귀속된 것으로 보도록 입증책임을 전환한 시행령 규정 때문이다.

제 6 절 원천징수세액의 납부와 환급 및 경정청구

1. 원천징수세액의 납부와 환급

원천징수의무자는 원천징수한 소득세 및 법인세법에 따라 결정·경정으로 처분된 상여·배당 및 기타소득에 대한 원천징수분 소득세를 징수일이 속하는 달의 다음 달 10일까지 국세징수법에 의한 납부서와 함께 관할세무서 등에 납부하여야 한다(법 128조; 영 185조).[1]

원천징수의무자가 원천징수하여 납부한 세액에서 환급받을 세액이 있는 경우 환급액은 원천징수의무자가 원천징수하여 납부하여야 할 세액에 충당(다른 세목의 원천징수세액에의 충당은 소득세법에 따른 원천징수이행상황신고서에 그 충당·조정명

1) 법인세법에도 내국법인의 이자소득과 내국법인의 채권 등의 보유기간 이자상당액 대한 각 원천징수와 관련하여 동일한 취지의 규정이 있다(법 73조 및 73조의2 참조).

세를 적어 신고한 경우에 한한다)하고 남은 금액을 환급한다. 환급세액을 원천납세의무자의 다른 신고세액에서 공제할 수는 없다고 해석된다.[1]

원천징수의무자가 환급액을 즉시 환급해 줄 것을 요구하는 경우나 원천징수하여 납부할 세액이 없는 경우에는 즉시 환급한다(기본법 51조 5항). 연말정산시 원천징수세액 환급절차에 관하여는 특칙이 있다(소령 201조; 소칙 93조 1항).

2. 원천징수에 대한 경정청구

국세기본법은 일정한 요건 아래 과다납부한 원천징수세액의 경정청구권을 인정하고 있다(기본법 45조의2 5항). 원천징수의 특수성을 감안하여 행정소송절차에 의한 환급청구의 예외를 인정한 것이다. 그 요건은, 1) 법이 정한 절차에 따라 원천징수세액을 납부하고, 2) 지급명세서를 제출기한까지 제출하는 것이다.

경정청구권이 인정되는 경우는 예납적 원천징수에 있어서 과세표준확정신고가 면제된 경우이다. 예납적 원천징수의 경우 다른 소득이 없으면 지급조서 제출로 신고의무가 면제되므로 납세자의 시정기회가 사실상 상실되는 점을 고려한 것이다. 경정청구권자는 소득세법 제73조 제 1 항 각호, 제119조 제 1 호·제 2 호, 제 4 호부터 제 8 호까지, 제 8 호의2 및 제10호부터 제12호까지의 규정에 해당하는 소득이 있는 자, 법인세법 제93조 제 1 호·제 2 호, 제 4 호부터 제 6 호까지 및 제 8 호부터 제10호까지의 규정에 해당하는 국내 원천소득이 있는 자("원천징수대상자")이다. 여기에는 소득의 실질귀속자도 포함된다(판 2022. 2. 10, 2019두50946).

법문상 분명하지 않으나 입법취지상 원천징수의무자에게도 경정청구권이 인정된다고 볼 것이다.[2]

경정청구사유와 청구기간 등은 일반적인 경정청구에 관한 규정이 준용된다(기본법 45조의2 5항 본문).

이는 비거주자 및 외국법인에게도 적용이 있다. 국내사업장이 없는 비거주자에 대한 조세조약의 적용을 둘러싸고 원천징수의무의 유무 및 범위가 애매한 경우 임시적으로 세액을 확정하여 원천징수할 수 있도록 하는 특례규정을 두고(소법 156조), 그에 관하여 오류가 있는 경우 원천납세의무자인 비거주자로 하여금 경정청구를 통해 국가로부터 직접 환급받도록 한 것이다.

1) 같은 취지; 일최판 평성 4. 2. 18. 평석은 일본 판례백선 218면.
2) 윤병각, 앞의 책 918면. 같은 취지의 판결로 2011. 11. 24, 2009두23587.

원천징수세액을 납부하지 않은 경우 과세관청의 징수고지처분에 대하여 다투고 소득처분의 경우에는 소득금액변동통지에 대하여 다투면 된다.

징수고지처분에 대한 불복절차에서 원천납세의무 존부 및 범위를 다툴 수 없다는 것이 판례의 입장이나,[1] 소득금액변동통지가 수반되지 않는 경우 반대로 이해하여야 할 것이다.[2]

3. 원천징수에 대한 특례

납세조합의 원천징수의 특례(법 149조 내지 153조, 169조; 영 204조 내지 206조, 221조 등), 원천징수의 면제와 배제(법 154조, 155조), 국내사업장이 없는 비거주자에 대한 원천징수 특례(법 156조), 원천징수의 승계(법 157조) 등.

납세조합의 원천징수의무 이행 시 적용되는 '납세조합공제'(소득세액의 5%)와 관련하여, 2024년 말 개정 시 납세조합공제의 일몰기간을 2027년까지로 연장하고 공제율을 세액의 3%로 낮추었다. 다만, 그 공제한도는 연 100만 원(해당 과세기간이 1년 미만이거나 해당 과세기간의 근로제공기간이 1년 미만인 경우에는 100만 원에 해당 과세기간의 월수 또는 근로제공 월수를 곱하고 이를 12로 나누어 산출한 금액)이다(법 150조 1항 내지 4항).

---

1) 판 2012. 1. 26, 2009두14439. 판례에 반대하는 견해로 윤병각, 앞의 책 945면.
2) 소득금액변동통지의 처분성을 인정하지 않던 시절 같은 취지로 판 74. 10. 8, 74다1254 등.

제 7 장
거주자의 양도소득에 대한 납세의무

제 1 절 총 설

1. 양도소득의 개념

양도소득은 재고자산(또는 이에 준하는 재산) 이외의 자산의 양도로 인해 발생하는 양도차익으로 이루어지는 소득이다. 이는 자본이득(capital gain)의 한 형태로서 이와 같은 소득이 과세대상으로 적합한가에 대해서는 논란이 있고 각국의 입법 예도 서로 다르다. 가장 이른 1799년에 근대적 의미의 소득세제를 채택한 영국에서도 1965년에 이르러 비로소 양도소득을 과세대상으로 삼았다. 미국과 일본 역시 과세를 하고 있으나, 네덜란드·뉴질랜드 등은 비과세이며, 독일·프랑스도 개인의 일반재산의 양도에 대하여 원칙적으로 비과세이다. 우리나라에서는 1954. 3. 31. 소득세법에 양도소득세제가 신설되었으나 실효성을 거두지 못한 채 1960. 12. 21. 폐지되었고, 1967. 11. 29. 「부동산투기억제에 관한 특별조치법」이 제정되어 투기지역에 한정적으로 적용되다가 1974. 12.에 현행 소득세법으로 대체된 이래 현행법은 부동산과 주식을 중심으로 특정 자산의 양도차익에 한하여 과세하고 있다.[1)]

2. 양도소득세의 특성

가. 총 설

양도소득세는 자본이득세로서 주로 자본이득의 환수기능을 가지지만 우리나라에서는 단기전매에 의한 투기억제라는 정책목적적 기능이 강조되고 있다.

1) 우리 법상 양도소득세 과세의 전반적인 현황과 문제점에 관하여는, 한만수, “양도소득 과세제도의 현황과 문제”, 조세법연구 9-1, 195면.

현행 양도소득세의 특징으로는, (1) 종합소득과 분리해 과세하는 점, (2) 보유기간 2년을 기준으로 단기보유 양도 시 중과하며 양도차익의 크기에 따른 차등누진세율체계를 취하는 점, (3) 광범위한 비과세·감면제도를 채택하고 있는 점 등을 들 수 있다. 양도소득과세의 본질적인 특징은 실현된 자본이익에 대한 과세로 누적된 소득이 한꺼번에 과세된다는 점에 있다. 그로 인해 양도소득세는 일반소득과세에 비하여 다음과 같은 특성을 가진다.

나. 소득결집효과(bunching of income)

양도소득을 발생기준으로 과세하지 않고 실현기준에 의해 과세하게 되면 수년에 걸쳐 발생한 소득을 실현된 연도의 소득으로 한꺼번에 과세하기 때문에 우연히 자산을 매각하여 이득을 얻게 되는 납세자는 발생기준에 따라 매년의 발생소득에 대해 세율을 적용하여 과세하는 것보다 많은 세액을 부담한다. 이것을 결집효과 또는 다발효과(bunching effect)라고 한다. 결집효과는 자산의 보유기간, 이득의 크기 등에 따라 다르게 나타나는데 주로 자산을 장기간 보유하고 이득에 대해 일반소득과 동일한 누진세율로 과세할 때 발생하게 된다. 이를 완화시키기 위해 법은 장기보유자산의 이득에 대해 일정한 조세특례를 마련하고 있다.

다. 봉쇄효과(lock-in effect)

자본이득을 실현 시에 과세하는 경우 납세의무자는 실현시점을 임의로 선택하여 실현을 가능한 연기함으로써 자산의 유동화를 저해하게 되는데, 이를 봉쇄효과(lock-in effect)라고 한다. 특히 장래의 자본이득에 대한 한계세율이 떨어질 것으로 예상하거나 당해 자산을 한계세율이 낮은 개인에게 이전시킬 수 있을 경우 실현을 계속 연기할 동기를 갖게 되고, 상속이 유리한 세제에서는 아예 생전에 처분하지 않고 계속 보유하다가 상속을 통해 이전할 생각을 갖게 된다.

봉쇄효과는 자산의 동결에 따른 자본재고의 생산성을 감소시키고, 기업과 산업에 대한 새로운 투자의 효율적인 배분을 방해하며, 자산선택(portfolio)에 있어서 자본이득에 대한 과세가 없었을 경우에 선택하였을 내용보다 바람직하지 않은 방법으로 자산을 선택하도록 유도함으로써 가계복지를 감소시키는 부정적 역할을 한다.

라. 인플레이션문제

대부분의 국가는 자본이득을 과세에서 제외하거나 다른 소득보다 가볍게 과세하고 있는데, 그 이유는 자본이득이 대부분 인플레이션에 의하여 발생한다는 특수성 때문이다. 다만 입법으로 인플레이션 효과를 수정하는 경우 그 혜택이 주로 고소득층에 돌아간다는 점 등을 이유로 이를 조정하는 것에 대하여 부정적으로 보는 시각도 있다. 또한 정도의 차이가 있을 뿐 인플레이션에 따른 명목소득에 대한 과세는 다른 소득에 있어서도 일반적으로 나타나는 현상이다.

마. 조세연기(deferral)문제

자본이득이나 손실을 발생 시가 아닌 실현 시에 과세할 경우 소득자는 해당 기간 동안 조세를 납부하지 않음으로써 그 이자상당액의 이익을 얻게 된다. 또한 처분시점을 임의로 선택함으로써 일반소득에서는 불가능한 조세회피가 가능하게 된다. 이와 같은 문제는 상속이나 증여를 통하여 자본이득과세를 회피할 수 있을 때 더욱 심각하게 나타난다. 즉, 증여나 상속을 자본이득에 대한 과세를 실현하는 계기로 보지 않을 경우 자산소유자는 자산을 사망 시나 증여 시까지 계속 보유할 동기를 갖게 되어 자원배분을 왜곡시키고 매년 단위로 세금을 납부하는 다른 소득과의 수평적 불공평을 초래하게 된다.

바. 자본손실공제의 문제

원칙적으로 자본이득을 완전과세하면 그에 대응하여 자본손실도 인정하여야 한다. 특히 가격 변동 폭이 큰 주식의 경우 자본손실 공제의 필요성은 더욱 크게 된다. 그러나 자본손실 공제를 인정하는 경우 다음의 두 가지 문제점이 발생한다. 첫째는 자산 가격이 불안정하게 된다. 자산 가격이 하락하면 투자자들은 자본손실을 실현시켜 다른 소득에서 조세감면을 받기 위해 자산을 매각하므로 가격은 더 떨어지게 된다. 둘째는 자본손실 공제제도를 이용하기 위한 불필요한 거래가 증가하고 자원의 배분이 왜곡된다. 따라서 일정 범위 내에서 자본손실공제를 제한할 필요가 있게 된다. 자본손실에 대한 공제형태는 공제의 대상과 범위, 한도 등에 따라서 여러 가지로 분류된다.

사. 전가효과(shifting of taxation)

양도소득세는 전가(轉嫁)가 가능한 조세이며 그로 인하여 자산가격의 상승효과가 나타나게 된다.

3. 양도소득과세의 대상

현행 우리 소득세법상 양도소득세 과세대상이 되는 자산(법 94조 1항)은, ① 토지와 건물(1호), ② 특정의 '부동산에 관한 권리'(2호), ③ 대주주 상장주식·출자지분과 비상장주식·출자지분(3호), ④ 사업에 사용하는 토지와 건물(1호) 및 특정의 '부동산에 관한 권리'(2호)와 함께 양도하는 영업권, 이용권, 회원권 등 기타자산(4호), ⑤ 대통령령으로 정하는 파생상품(5호), ⑥ 신탁의 이익을 받을 권리(자본시장법 제110조에 따른 수익증권 및 같은 법 제189조에 따른 투자신탁의 수익권 등 대통령령으로 정하는 수익권은 제외하며, 이하 "신탁 수익권"이라 한다)의 양도로 발생하는 소득(6호. 다만, 신탁 수익권의 양도를 통하여 신탁재산에 대한 지배·통제권이 사실상 이전되는 경우는 신탁재산 자체의 양도로 본다) 등이다. 아래에서 차례로 살펴본다.

가. 토지·건물

토지는 「공간정보의 구축 및 관리 등에 관한 법률」에 따라 지적공부에 등록하여야 할 지목에 해당하는 것을 말하며, 건물은 건물에 부속된 시설물과 구축물을 포함한다(법 94조 1항 1호).

소득세법은 건물이나 시설물·구축물의 개념 등에 관하여 별도의 규정을 두지 않고 있으므로 건물은 건축법 제 2 조 제 2 항의 개념 규정에 따르고, 시설물은 지방세법 시행령 제 5 조 및 제 6 조의 규정을 준용하여야 할 것이다.

나. 부동산에 관한 권리

부동산에 관한 권리는, 가. 부동산을 취득할 수 있는 권리(건물이 완성되는 때에 그 건물과 이에 딸린 토지를 취득할 수 있는 권리를 포함한다), 나. 지상권, 다. 전세권과 등기된 부동산임차권을 말한다(법 94조 1항 2호).

'부동산을 취득할 수 있는 권리'란 특정 부동산을 취득할 수 있는 법적 지위를 말한다. 아파트 당첨권, 한국토지개발공사가 발행하는 토지상환채권, 한국토지주택공사가 발행하는 주택상환채권, 부동산 매매계약 체결 후 계약금 등 대가의 일부를 지급한 상태에서 매수인이 당해 부동산에 대하여 갖는 권리 내지 법적 지위(판 97. 6. 13, 95누15070), 주택청약예금증서(판 86. 3. 25, 85누741 등), 아파트분양신청접수증, 철거민 이주단지입주권과 공유수면매립면허권, 재개발조합이나 재건축조합 조합원의 수분양권(판 96. 8. 23, 95누6618; 2007. 6. 15, 2005두5369) 등이 여기에 해당한다.

'부동산을 취득할 수 있는 권리'가 부동산 소유권으로 전환되는 시점은 등기시뿐 아니라 대가적 급부가 사회통념상 거의 전부 이행되었다고 볼 정도에 이른 경우와 같이 사실상 소유권을 취득하는 경우도 포함한다. 그러나 아파트 사용검사필증 교부일을 그 시점으로 볼 수는 없다(판 2011. 9. 8, 2009두6537).

다. 주식등

(1) 법의 규정

다음 각목의 어느 하나에 해당하는 주식 등의 양도로 발생하는 소득(법 94조 1항 3호).

가. 주권상장법인의 주식등으로서 다음의 어느 하나에 해당하는 주식 등

1) 소유주식의 비율·시가총액 등을 고려하여 대통령령으로 정하는 주권상장법인의 대주주가 양도하는 주식 2) 1)에 따른 대주주에 해당하지 아니하는 자가 「자본시장과 금융투자업에 관한 법률」에 따른 증권시장에서의 거래에 의하지 아니하고 양도하는 주식등(다만 상법 360조의2 및 360조의15에 따른 주식의 포괄적 교환·이전 또는 같은 법 360조의5 및 360조의22에 따른 주식의 포괄적 교환·이전에 대한 주식매수청구권 행사로 양도하는 주식 등은 제외한다)

나. 주권비상장법인의 주식등. 다만 소유주식의 비율·시가총액 등을 고려하여 대통령령으로 정하는 주권비상장법인의 대주주에 해당하지 아니하는 자가 「자본시장과 금융투자업에 관한 법률」 제283조에 따라 설립된 한국금융투자협회가 행하는 같은 법 제286조 제 1 항 제 5 호에 따른 장외매매거래에 의하여 양도하는 대통령령으로 정하는 중소기업 및 대통령령으로 정하는 중견기업의 주식등은 제외한다.

다. 외국법인이 발행하였거나 외국에 있는 시장에 상장된 주식등으로서 대통령령으로 정하는 것

'주식등'이란 주식 또는 출자지분을 말하며, 신주인수권과 대통령령으로 정하는 증권예탁증권을 포함한다(법 88조 2호).

'대통령령으로 정하는 증권예탁증권'이란 자본시장법 제 4 조 제 2 항 제 2 호의 지분증권을 예탁받은 자가 그 증권이 발행된 국가 외의 국가에서 발행한 것으로서 그 예탁받은 증권에 관련된 권리가 표시된 것을 말한다(영 152조의2).

'주권상장법인'이란 자본시장법 제 9 조 제15항 제 3 호에 따른 주권상장법인을, '주권비상장법인'이란 주권상장법인이 아닌 법인을 말한다(법 88조 3호 및 4호).

법 제94조 제 1 항 제 3 호 가목 1)에서 규정하는 '대통령령으로 정하는 주권상장법인의 대주주'란 해당 법인의 주식 등의 1/100(코스닥시장상장법인 주식은 2/100,

코넥스시장상장법인 주식은 4/100) 또는 시가 총액이 50억 원 이상의 주식 등을 양도일이 속하는 사업연도의 직전 사업연도 종료일(주식등의 양도일이 속하는 사업연도에 새로 설립된 법인의 경우에는 해당 법인의 설립등기일) 현재 소유한 자를 말하며, 주주 또는 출자자 1인 및 그와 국세기본법시행령 제 1 조의2 제 1 항 및 같은 조 제 3 항 제 1 호에 따른 특수관계인을 포함하여 그 해당 여부를 판단한다(영 157조 4항, 5항).

한편, 비상장주식의 양도는 원칙적으로 양도소득세 과세대상이나 대주주에 해당하지 않는 자가 자본시장법에 따라 설립된 한국금융투자협회가 행하는 장외매매거래(K-OTC)에 의하여 양도하는 중소 · 중견기업 주식은 과세대상에서 제외되어 있다.

법 제94조 제 1 항 제 3 호 나목 단서에서 규정하는 '대통령령으로 정하는 주권비상장법인의 대주주'란 해당 법인의 주식 등의 4/100 또는 시가 총액이 50억 원 이상의 주식 등을 양도일이 속하는 사업연도의 직전 사업연도 종료일 현재 소유한 자를 말하며, 위 주권상장법인의 대주주의 경우와 다르게 주주 1인 등의 범위는 해당 주주 1인 등의 소유주식의 비율합계가 최대인지 여부에 따라 달리 판정한다(영 157조 6항).

합병, 분할에 따라 취득한 신주를 일정한 기한 내에 양도하는 경우 대주주의 범위 판정에 관하여는 별도 규정이 있다(동 8, 9항). 주주가 일정기간 후에 같은 종류, 같은 양의 주식 등을 반환받는 조건으로 주식을 대여하는 경우 주식을 대여한 날부터 반환받은 날까지의 기간 동안 그 주식은 대여자의 주식으로 보고(동 10항), 거주자가 자본시장법에 따른 사모집합투자기구를 통해 법인의 주식 등을 취득하는 경우 그 주식 등은 해당 거주자의 소유로 보아 위 규정을 적용한다(동 11항).

외국의 경우에도 대부분 주식의 양도소득에 대하여 과세하는데, 과세방식은 다른 소득과 합산과세하는 방식(미국, 영국), 다른 소득과 분리하여 신고과세하거나 원천징수하는 방식(일본) 등 일정하지 않다.[1)]

주식 이외의 금융자산은 원칙적으로 이자나 배당소득 과세대상일 뿐 양도소득세 과세대상은 아니다. 다만 신주인수권부 사채의 신주인수권(법 94조 1항 3호)과 집합투자기구 신탁재산에 채무증권이 편입된 경우 증권의 양도차손익은 과세된다. 이와 같이 각 금융자산별로 과세형태가 달라 과세형평에 위배되고 조세회피 유발요인이 된다. 예를 들어 개인이 배당 직전에 법인에게 소유주식을 매도하고 배당 후 다시 매입하면 배당소득을 자본이득의 형태로 바꾸어 절세가 가능하다.

비거주자의 주식 등 양도소득은, 1) 내국법인이 발행한 것과 외국법인이 발행

1) 자세한 논의는, 백제흠, "주요국의 주식양도소득과세제도", 조세법연구 1. 218면.

하여 국내 증권시장에 상장되었거나 외국법인의 국내사업장이 발행한 것으로서 비거주자 및 그와 특수관계에 있는 자가 양도일이 속하는 과세연도와 그 직전 5년 기간 중 계속하여 주식 등을 발행한 법인의 발행주식 총액이나 상장주식 총액의 100분의 25 이상을 보유한 경우(법 119조 11호; 영 179조 11항 1호)와 2) 국내사업장을 가지고 있는 자가 양도한 경우(영 179조 11항 2호) 및 3) 내국법인, 거주자 또는 비거주자나 외국법인의 국내사업장에 양도한 경우(동 3호) 등에 한하여 과세한다.

(2) 증권거래세에 관한 논의

주식 등의 거래에 대해서는 양도소득과세와 별도로 증권거래세가 부과된다. 증권거래세는 주권 등의 매매결제 또는 양도를 할 때 납세의무자가 징수하는 거래징수방식을 택하고 있다(증권거래세법 9조 1항).

기본세율은 양도가액의 0.35%(2022. 12. 31.까지는 0.43%)이지만 증권시장에서 거래되는 주권은 탄력세율이 적용되어 현재 코스피 시장 0%(2023. 12. 31.까지는 0.05%, 2024. 12. 31.까지는 0.03%), 코넥스 시장 0.1%, 코스닥 시장 등에서 거래되는 주식은 0.15%(2023. 12. 31.까지 0.20%, 2024. 12. 31.까지 0.18%)의 세율이 적용된다(증권거래세법 8조 1항. 동 시행령 5조 1호, 2호, 3호).

이와 같이 주식 등의 거래에 대하여 자본이득과세와 별도로 증권거래세를 부과하는 것은 이중과세로서 과도한 입법이고, 또한 주식과 출자지분의 거래만 과세대상으로 삼을 뿐 파생상품 거래를 과세대상에서 제외한 것은 과세 형평성에 위배된다는 등의 논란이 있다. 이러한 논의를 일부 반영하여 2019. 12. 31. 증권거래세법 개정을 통해 전체적으로 세율을 인하하고, 2021년 개정 소득세법에서 금융투자소득의 신설과 함께 향후 해당 규정의 시행에 맞추어 점진적으로 증권거래세율을 인하할 예정이었으나, 2024년 말 소득세법 개정으로 금융투자소득세가 폐지된 상황이다.

외국의 경우 양도소득세와 증권거래세를 동시에 부과하는 입법 예는 찾아보기 어려우나, 유럽연합이나 미국 등에서는 금융거래세 제도의 도입 방안이 다시 논의되는 추세이다.[1)]

라. 기타자산

여기에는 다음의 것들이 포함된다(법 94조 1항 4호).

1) 관련 논의는, 정승영, “금융거래세(Financial Transaction Tax) 관련 쟁점과 증권거래세제의 개편 방안”, 조세법연구 25-1, 115면. 황남석, “증권거래세의 과세근거와 그 함의”, 조세법연구 27-2, 285면.

가. 사업에 사용하는 제 1 호 및 제 2 호의 자산과 함께 양도하는 영업권

나. 특정시설물의 배타적 또는 일반인보다 유리한 조건의 이용권

다. 법인의 자산총액 중 다음의 합계액이 차지하는 비율이 100분의 50 이상인 법인의 과점주주(소유 주식등의 비율을 고려하여 대통령령으로 정하는 주주를 말한다)가 그 법인의 주식등의 100분의 50 이상을 해당 과점주주 외의 자에게 양도하는 경우(과점주주가 다른 과점주주에게 양도한 후 양수한 과점주주가 과점주주 외의 자에게 다시 양도하는 경우로서 대통령령으로 정하는 경우를 포함한다)에 해당 주식등

1) 제 1 호 및 제 2 호에 따른 자산(이하 이 조에서 "부동산등"이라 한다)의 가액

2) 해당 법인이 직접 또는 간접으로 보유한 다른 법인의 주식가액에 그 다른 법인의 부동산등 보유비율을 곱하여 산출한 가액. 이 경우 다른 법인의 범위 및 부동산등 보유비율의 계산방법 등은 대통령령으로 정한다.

라. 대통령령으로 정하는 사업을 하는 법인으로서 자산총액 중 다목 1) 및 2)의 합계액이 차지하는 비율이 100분의 80 이상인 법인의 주식등 마. 생략

이 중 다.목과 라.목은 부동산 보유비율이 높은 기업의 대주주가 보유주식 양도를 통해 기업의 경영권을 양도하는 것을 규제하기 위한 것이다. 부동산 과다보유법인이 부동산 현물출자 등을 통해 규정을 회피하는 것을 방지하기 위해 과세기준이 되는 부동산 비율을 계산할 때 관련된 다른 부동산 과다보유법인의 주식가액을 합산하도록 하고 있다(영 158조 1항 내지 3항).

이곳 기타자산과 다.에 모두 해당되는 경우 이곳 기타자산에 관한 규정이 우선 적용된다(법 94조 2항).

마. 대통령령으로 정하는 파생상품

파생상품, 파생결합증권 등 대통령령으로 정하는 금융투자상품("파생상품등")의 거래 또는 행위로 발생하는 소득(법 제16조 제 1 항 제13호 및 제17조 제 1 항 제10호에 따른 파생상품의 거래 또는 행위로부터의 이익은 제외)이 과세대상이다. 이는 자본시장법 제 5 조 제 2 항 제 1 호부터 제 3 호까지의 규정에 따른 장내파생상품 또는 같은 조 제 3 항에 따른 장외파생상품 중 다음 각 호의 어느 하나에 해당하는 것을 말한다(법 94조 1항 5호, 영 159조의2 1항).

1. 자본시장법 제 5 조 제 2 항 제 1 호에 따른 장내파생상품으로서 증권시장 또는 이와 유사한 시장으로서 외국에 있는 시장을 대표하는 종목을 기준으로 산출된 지수(해당 지수의 변동성을 기준으로 산출된 지수를 포함한다)를 기초자산으로 하는 상품

2. 자본시장법 제 5 조 제 3 항에 따른 파생상품으로서 다음 각 목의 요건을 모두 갖

춘 파생상품(경제적 실질이 동일한 상품을 포함한다)

가. 계약 체결 당시 약정가격과 계약에 따른 약정을 소멸시키는 반대거래 약정가격 간의 차액을 현금으로 결제하고 계약 종료시점을 미리 정하지 않고 거래 일방의 의사표시로 계약이 종료되는 상품일 것

나. 다음의 어느 하나 이상에 해당하는 기초자산의 가격과 연계하는 상품일 것

1) 주식등(외국법인이 발행한 주식을 포함한다) 2) 제26조의2 제 5 항 제 3 호에 따른 상장지수집합투자기구(상장지수집합투자기구와 유사한 것으로서 외국 상장지수집합투자기구를 포함한다)로서 증권시장 또는 이와 유사한 시장으로서 외국에 있는 시장을 대표하는 종목을 기준으로 산출된 지수(해당 지수의 변동성을 기준으로 산출된 지수를 포함한다)를 추적하는 것을 목적으로 하는 집합투자기구의 집합투자증권 3) 제26조의3 제 1 항 제 2 호에 따른 상장지수증권(상장지수증권과 유사한 것으로서 외국 상장지수증권을 포함한다)로서 증권시장 또는 이와 유사한 시장으로서 외국에 있는 시장을 대표하는 종목을 기준으로 산출된 지수(해당 지수의 변동성을 기준으로 산출된 지수를 포함한다)를 추적하는 것을 목적으로 하는 상장지수증권 3. 삭제

4. 당사자 일방의 의사표시에 따라 제 1 호에 따른 지수의 수치의 변동과 연계하여 미리 정하여진 방법에 따라 주권의 매매나 금전을 수수하는 거래를 성립시킬 수 있는 권리를 표시하는 증권 또는 증서 5. 자본시장법 제 5 조 제 2 항 제 2 호에 따른 해외파생상품시장에서 거래되는 파생상품 6. 자본시장법 제 5 조 제 3 항에 따른 장외파생상품으로서 경제적 실질이 제 1 호에 따른 장내파생상품과 동일한 상품

세율은 일반세율의 75/100 범위에서 대통령령이 정하도록 하는 탄력세율로서 현재는 10% 세율이 적용되고, 부동산 등 다른 양도소득과 구분계산하며, 연 1회 확정신고로써 신고납부의무가 종결된다. 법은 양도차익 계산과 세율에 관하여도 별도 규정을 두고 있다(법 104조 6항: 영 161조의2, 167조의9, 225조의2; 규칙 76조의3 등).

바. 신탁에 관한 수익권

신탁에 관한 수익권도 양도소득세 과세대상이다(법 94조 1항 6호. 부칙 17조에 의해 2021. 1. 1. 이후 신탁수익권 양도 분부터 적용).

2020. 12. 29. 법 개정 전에는 수익권이 '부동산을 취득할 수 있는 권리'에 해당하는 경우에만 과세실무상 양도소득세를 과세하였으나(제도 46013-579, 2000. 12. 1; 재산 46014-707, 2000. 6. 12), 위 개정을 통해 전면적으로 과세대상에 포함시켰다. 다만 신탁 수익권 양도를 통해 신탁재산에 대한 지배·통제권이 사실상 이전되는 경우에는 신탁재산의 양도로 본다.

현행 규정에 따르면, 유상으로 설정된 타익신탁에서, 신탁재산에 대한 실질적 통제권이 위탁자에게 있는 경우, 원칙적으로 위탁자와 수익자 사이에는 양도로 보지 않고 신탁 중 발생한 소득에 대해 위탁자가 납세의무를 부담하며, 수익자가 신탁재산 자체가 아닌 제한적 의미의 신탁수익권만을 양도하는 경우 양도인(종전 수익자)에 대해 신탁수익권에 대한 양도소득세를 과세하나, 신탁재산 자체가 양도된 경우에는 실질적 통제권을 보유하던 위탁자에게 신탁재산에 대한 양도소득세를 과세한다. 반면, 실질적 통제권이 수익자에게 이전된 경우, 즉 신탁수익권 설정 또는 양도로 신탁재산에 대한 지배·통제권이 사실상 수익자에게 이전되는 경우에는 신탁재산의 양도로 보고 양도인(위탁자)에게 양도소득세를 과세하고, 신탁 중 발생한 소득에 대해 수익자가 납세의무를 부담한다. 신탁재산에 대한 실질적 통제권을 보유하는 수익자가 제한적 의미의 신탁수익권만을 양도하는 경우에는 수익자에게 신탁수익권에 대한 양도소득세를 과세하고, 신탁수익권 양도로 신탁재산에 대한 지배·통제권이 사실상 이전되는 경우에는 수익자에게 신탁재산 자체에 대한 양도소득세를 과세한다.

4. 양도의 개념

가. 총 설

양도소득세는 토지 등의 양도로 인하여 실현된 소득에 과세한다.

'양도'란 자산에 대한 등기 또는 등록과 관계없이 매도, 교환, 법인에 대한 현물출자 등으로 인하여 그 자산이 유상으로 사실상 이전하는 것을 말한다(법 88조 1호 전문). 이처럼 세법상의 양도는, 1) 유상으로 2) (자산에 대한 지배권리가) 사실상 이전된다는 2가지 요소를 핵심으로 하는 세법 고유의 개념으로서, 양도소득세를 자본이득 청산이 아닌 양도차익에 대한 과세로 파악하고 증여나 상속과 같은 무상양도를 과세대상에서 제외하여 별도의 과세체계로 구성한 것이다.

세법상 자산의 양도는 권리가 사실상 이전되면 되고, 법상 소유권 이전까지 필요하지는 않다. 소득에 대한 지배가능성이 있으면 반대급부인 권리의 이전은 그 후에 이루어지면 된다. 자산의 양도를 과세의 계기로 삼는 것은 그로 인하여 자산의 소유관계가 변동된다는 측면과 함께 자산의 투자위험도가 달라지기 때문이다.

부담부 증여(다만 상증세법 47조 3항 본문에 해당하는 경우 제외)시 증여자의 채무를 수증자가 인수한 경우에는 수증자가 부담하는 채무액에 상당하는 부분은 그 자산이 유상으로 사실상 이전된 것으로 본다(법 88조 1호 후문; 영 151조 3항).

양도소득세 과세대상인 위 '채무의 인수'에는 원칙적으로 중첩적 채무인수도 포함되며, 이후 수증자가 채무 변제를 게을리 하여 증여계약이 해제되면 인수채무액 상당부분도 처음부터 양도가 없었던 것이 된다(판 2016. 11. 10, 2016두45400).

토지나 건물 등의 양도가 사업으로서 행하여지는 경우에는 사업소득(부동산매매업 또는 주택신축판매업)을 구성하게 된다.

우리 법은 양도차익 산정시기를 원칙적으로 대금 청산일로 규정하고 있다(법 98조). 양도차익의 크기는 양도라는 과세요건이 성립된 시기를 기준으로 판단하여야 한다는 점에서 양자의 기준은 동일할 수밖에 없다(판 2002. 4. 12, 2000두6282).

나. 구체적 기준

(1) 양도에 해당되지 않는 사안

가. 도시개발법이나 그 밖의 법률에 따른 환지처분으로 지목 또는 지번이 변경되거나 보류지로 충당되는 경우, 나. 토지의 경계를 변경하기 위하여 「공간정보의 구축 및 관리 등에 관한 법률」 제79조에 따른 토지의 분할 등 대통령령으로 정하는 방법과 절차로 하는 토지 교환의 경우, 다. 위탁자와 수탁자 간 신임관계에 기하여 위탁자의 자산에 신탁이 설정되고 그 신탁재산의 소유권이 수탁자에게 이전된 경우로서 위탁자가 신탁 설정을 해지하거나 신탁의 수익자를 변경할 수 있는 등 신탁재산을 실질적으로 지배하고 소유하는 것으로 볼 수 있는 경우에 관하여는 법이 양도로 보지 않는다는 명시적 규정을 두고 있다(법 88조 1호 가목 내지 다목; 영 152조).

원인무효등기(판 2016. 8. 18, 2014두10981)나 담보사유소멸로 인한 등기의 환원 등은 양도에 해당하지 않고 공유물의 분할도 분할로 인하여 취득하는 특정부분에 지분을 집중시켜 소유형태를 변경하는 것에 불과하므로 양도에 해당하지 않는다(판 87. 9. 8, 87누516; 95. 9. 5, 95누5653). 이는, 여러 개의 공유자산을 일괄 분할하면서 지분비율에 따라 하나하나 분할하는 대신 지분비율과 각 공유물의 가액을 함께 고려하여 그중 한 개 이상씩의 특정공유물 전체에 대한 단독소유권을 취득하는 형태의 경우는 물론(판 95. 9. 5, 95누5653), 구분소유적 공유관계를 해소하기 위해 상호 지분이전등기를 하는 경우에도 같다. 이혼 시 재산분할도 실질이 잠재적 공유지분의 해소이므로 유상양도에 해당하지 않는다.[1)]

---

1) 판 98. 2. 13, 96누14401. 이에 대해 부부 중 어느 한 쪽 특유재산이 재산분할에 의해 다른 쪽에 양도되는 경우 자산의 이전이 존재하고, 분할의무 소멸이라고 하는 경제적 이익이 수반되므로 양도로 보아야 한다는 반론이 있다. 일최판 소화 50. 5. 27. 평석은 일본 판례백선 82면.

처분절차가 종중규약에 위반된 종중재산의 양도약정에 따라 양도대금을 수령한 경우 판례는 양도가 있다고 보지 않았다(판 97. 1. 21, 96누8901).

합자회사에 토지를 현물출자하였다가 퇴사 시 지분환급으로 토지를 반환받아 나온 경우 판례는 양도에 해당하지 않는다고 보나(판 86. 6. 24, 86누111), 출자를 양도로 보는 이상 출자지분의 환급 또한 양도에 해당한다고 보아야 할 것이다.[1]

주식의 소비대차에 관하여 판례는 이를 양도로 보나(판 2006. 9. 28, 2005두2971) 학설의 다수는 이에 반대한다.[2] 동종·동량의 목적물이 반환되는 주식소비대차의 성격 및 양도소득 과세의 취지상 양도에 해당되지 않는다고 보아야 할 것이다. 신탁법상 신탁계약에 따라 위탁자와 수탁자 사이에 목적물 소유권이 이전되거나 반환되는 경우 무상·편무계약인 신탁계약의 특성과 수탁자가 목적물을 처분하는 경우 비로소 담세력이 실현된다는 점에서 이를 양도로 보기 어려울 것이다.[3]

부동산 명의신탁은 크게 이를 부동산 소유자가 곧바로 타인에게 명의를 신탁하는 '양자간 명의신탁'과 부동산을 제 3 자로부터 매수하면서 이를 타인에게 명의신탁하는 '3자간 명의신탁'으로 구분할 수 있고, 후자는 다시 명의신탁자가 매매계약의 당사자로 되는 경우(중간생략형 명의신탁)와 명의수탁자가 매매계약의 당사자로 되는 경우(계약명의신탁)로 나눌 수 있다.

부동산실명법 시행 이전의 부동산 명의신탁이나 명의신탁등기의 환원(판 94. 9. 9, 93누23541), 부동산실명법상 유예기간 내에 실명등기를 하지 않아 명의신탁약정이 무효로 된 경우, 명의신탁자가 명의수탁자를 상대로 구하는 진정명의회복을 원인으로 한 이전등기(판 2002. 9. 6, 2002다35157) 등은 모두 대가를 수반하는 유상양도의 실질을 갖고 있지 않아 양도에 해당되지 않는다.

부동산실명법 시행 이후에는 명의신탁약정이 부동산실명법상 무효로 취급됨에 따라(부동산실명법 제 4 조 제 1 항), 위 각 경우 매수인은 명의신탁자에 대한 관계에서는 물론 대외적으로도 소유권을 취득할 수 없게 되므로 양도가 있지 않게 된다.

예외적으로, 3자간 명의신탁 중 계약명의신탁의 경우 매도인이 선의이면 명의수탁자가 유효하게 소유권을 취득하므로(판 2005. 1. 28, 2002다66922등), 매도인에 대하여 양도소득세가 과세된다. 이 경우 매도인이 악의이면 양도는 무효가 되고, 명의수탁자 명의의 등기는 말소대상이 되며 매도인이 명의신탁자로부터 수령한 양도

1) 같은 취지, 임시규, 앞의 책, 443면.
2) 이창희, 앞의 책, 536면. 구욱서, 앞의 책, 136면 등.
3) 같은 취지, 이준봉, "신탁법상 신탁에 관한 과세상 논점", 법조(2009. 12.), 339면. 행정해석도 양도로 보지 않는다(재산-1963. 2008. 7. 28.).

대금은 명의신탁자에게 반환되어야 한다.[1] 이는 매도인 앞으로 소유명의가 환원되었다가 다시 신탁자 앞으로 등기가 이전된 경우에도 마찬가지이다.

어느 형태의 명의신탁이든 명의수탁자가 목적부동산을 다시 양도한 경우 제3자는 선의, 악의를 불문하고 적법하게 소유권을 취득하므로(부동산실명법 4조 3항). 양도가 있게 된다. 이 경우 양도로 인한 소득이 명의신탁자에게 귀속되었다면 양도소득세 납세의무자는 명의신탁자이다.

피상속인이 토지를 매도하고 중도금까지 지급받은 상태에서 사망한 경우 피상속인의 토지양도에 따른 양도소득세는 과세요건이 완성되지 않아 이를 부과할 수 없다(판 93. 3. 23, 91누4980). 이 경우 피상속인 사망으로 상속인이 해당 토지를 상속한 후 포괄승계한 매매계약에 따라 잔금을 지급받고 소유권을 이전해 주었다면 상속인은 상속세를 부담하는 대신, (양도가액과 취득가액의 평가시점 및 평가방법이 사실상 근접, 동일할 것이므로) 양도소득세는 부담하지 않게 된다.

(2) 양도에 해당되는 사안

협의이혼 시 위자료로서 부동산소유권을 이전해 준 경우 위자료지급채무의 소멸이라는 반대급부가 존재하므로 양도에 해당한다(판 95. 11. 24, 95누4599).

판결에 의하는 경우, 공용수용이나(판 95. 12. 22, 95누13890),[2] 경매, 공매에 의한 소유권이전, 대물변제에 의한 소유권이전등기 등도 양도를 구성함에 지장이 없다. 교환의 경우 그 목적이 토지의 합병을 위한 것이어도 양도에 해당하고(판 97. 5. 7, 96누16704), 이는 서로 경계를 침범하여 점거하는 토지 부분을 같은 면적만큼 분할하여 교환한 경우(판 94. 12. 9, 94누6840)에도 마찬가지이다. 중간생략등기의 경우 중간의 양도에 대하여도 양도소득세가 부과된다. 다만 잔대금 분할지급 조건부로 부동산을 매수한 자로부터 매수인 지위가 승계된 경우는 '부동산을 취득할 수 있는 권리'의 양도에 해당한다(판 97. 6. 13, 95누15070). 조합에 대한 현물출자의 경우 판례는 출자분 전부가 유상양도에 해당한다고 본다(판 2002. 4. 23, 2000두5852 등).[3]

---

1) 만약 당사자들이 원상회복 조치를 취하지 않은 채 기존의 계약 및 등기 상태를 그대로 용인한다면 일단 매도인에게 양도소득세를 과세하고 그 후 매도인에게 목적물이 반환되면 그때는 국세기본법상 후발적 경정청구(기본법 45조의2 2항 5호, 동 시행령 25조의2 4호 참조)에 의하면 될 것이다.

2) 다만 공익사업 시행에 따라 지급되는 토지보상금은 성격이 다양하므로 구체적으로 자산양도의 대가적 성질을 가지는지 여부를 살펴보아야 한다. 자세한 내용은 김두형, "손실보상금의 종류와 과세소득의 구분", 조세법연구, 21-1, 93면 참조.

3) 동업기업 출자의 경우도 동업자의 지분가액을 출자자산 시가만큼 증액조정한다(조특령 100조의21 2항). 사안의 경우 자기지분 이외 부분만 양도된 것으로 보아야 한다는 견해로 한만수, 앞의 책, 332면. 관련 논의는, 문성훈 외 2인, "조합 현물출자에 대한 양도소득세 과세방안", 세무학연구 제31권 제2호(2014. 6.) 109면. 윤병철, "현물출자와 세법상 논점", 조세법연구 11-2, 17면.

조합원이 조합체에서 탈퇴하면서 지분의 계산으로 일부 조합재산을 받는 경우 개별 재산에 관한 합유관계가 종료하므로(민법 274조 1항), 지분의 계산은 세법상 탈퇴한 조합원과 공동사업을 계속하는 다른 조합원들이 조합재산에 분산되어 있던 지분을 상호 교환 또는 매매한 것으로 볼 수 있어 그것이 사업용 재고자산이면 사업소득, 사업에 사용하는 자산으로서 양도소득세 과세대상이면 양도소득이 된다. 이는 탈퇴한 조합원이 다른 조합원들에게 잔존 조합재산에 관한 자신의 지분을 양도하고 일부 조합재산을 받음으로써 얻는 소득의 경우에도 마찬가지이다(판 2015. 12. 23, 2012두8977). 주식 양도인이 투자자인 양수인에게 주식을 양도하면서 투자금 회수 및 투자수익 보장을 약정하였다가 양도 이후 주식 발행법인의 수익 감소 등의 사유가 발생함에 따라 주식을 환매하는 방법으로 투자금 및 투자수익금 지급의무를 이행한 경우 새로운 매매로써 양도에 해당한다(판 2015. 8. 27, 2013두12652).

도시개발법이나 기타 법률에 따른 환지처분으로 지목, 지번이 변경되거나 보류지로 충당되는 경우,[1] 도시개발법에 의한 환지처분 과정에서 권리면적보다 적은 토지가 환지처분되어 청산금을 지급받는 경우 양도에 해당한다.

양도담보와 관련하여, 채무자가 채무의 변제를 담보하기 위해 자산양도 계약을 체결한 경우로서 일정한 요건을 갖춘 계약서 사본을 과세표준확정신고서에 첨부하여 신고한 때에는 양도로 보지 않도록 하는 한편(영 151조 1항), 양도담보 계약체결 후 요건에 위배되거나 채무불이행으로 인해 당해 자산을 변제에 충당한 때에는 채무자가 양도담보재산을 양도한 것으로 본다(동 2항).

변제충당 시 담보권설정자에게 처분익이 발생하므로 취득정산과 처분정산 모두 양도에 해당한다(판 84. 4. 10, 83누699). 이 경우 매매대금에서 채무원리금을 공제한 잔액이 있어도 담보권자에게 소득이 발생하는 것은 아니다(판 86. 7. 22, 85누737).

근저당권의 실행을 위한 경매는 담보권의 환가행위로서 매수인이 목적부동산을 승계취득하므로 소득세법상 '양도'에 해당한다. 이 경우 양도인은 물상보증인으로서 물상보증인의 채무자에 대한 구상권은 매각대금이 채무자가 부담하는 피담보채무 변제에 충당됨으로써 대위변제의 효과에 따라 발생하는 것이지 경매의 대가 내지 반대급부로 취득하는 것이 아니므로 채무자의 무자력으로 물상보증인이 채무자에게 구상권을 사실상 행사할 수 없더라도 그러한 사정은 양도소득의 성립 여부에 영향이 없고, 이는 국세기본법상 후발적 경정청구사유에 해당하지도 않는다(판 2021. 4. 8, 2020두53699).

---

1) 관련 논의는, 양한희, "도시개발사업과 세법", 조세법연구 22-1, 9면 이하 참조.

토지 소유자가 양도소득세 부담을 면하기 위해 토지를 양도하는 대신 그와 맞먹을 정도로 장기간의 지상권을 설정하여 토지의 사용·수익권을 상대방에게 넘겨주고 동시에 변제기를 지상권 종료시기로 정하여 상대방으로부터 당해 토지 시가에 상당한 금액을 대여 받고, 두 계약은 당사자 중 어느 일방이 희망하는 한 갱신하며 그 지료와 이자를 같은 금액으로 상계하기로 한 경우 이에 대해 양도소득세를 과세할 수 있을 것인가? 일본 소득세법은 이를 양도로 본다는 명문의 규정을 두고 있는데(같은 법 33조), 위 사안에서 당사자 쌍방에 계약의 존속을 중단시킬 권한이 전적으로 봉쇄되어 있다면 우리 세법상으로도 양도개념에 포함시킬 여지가 있고 이는 결국 당사자의 의사해석 문제로 돌아간다고 볼 것이다.

다. 토지거래허가와 관련된 문제

토지거래허가구역 내 토지를 허가 없이 매도하고 대금을 수수한 경우 양도가 있다고 볼 것인가에 관하여 판례는 토지거래허가를 배제하거나 잠탈할 목적으로 등기원인을 가장하거나 전매한 경우 등에 한하여 예외적으로 이를 긍정한다{판 2011. 7. 21, 2010두23644(전)}. 그 논거로는 소득세법상 양도가 원인행위가 유효할 것을 요구하고 있지 않다는 점과 조세정의 및 형평을 들고 있다.[1)]

이와 관련하여 소득세법은 토지거래허가 대상 토지 양도 시 거래허가 전 대금을 청산한 경우 양도소득과세표준 예정신고와 확정신고에 관하여 각각 허가일이 속하는 달의 말일부터 2개월과 허가일이 속하는 과세기간의 다음 연도 5. 1.부터 5. 31.까지 신고를 할 수 있도록 하는 예외를 인정하고 있다(법 105조, 110조). 이 규정의 입법취지는, 토지거래허가를 받지 않은 상태에서 대금을 모두 지급받더라도 납세의무 성립 여부가 불분명하여 납세자의 납세신고에 어려움이 있고 과세관청 입장에서도 과세대상을 제대로 파악하지 못한 상태에서 부과권 제척기간이 도과하는 것을 막기 위한 것이다. 법은 이 경우 납세의무 성립시기에 관하여는 별다른 규정을 두지 않고 있다. 즉, 양도시기(대금청산 시, 법 98조 참조)나 납세의무 성립시기(기본법 21조 3항 2호 및 21조 2항 1호 참조)는 다른 경우와 같이 보면서 단지 신고기한만을 유예해 준 것이다.

일반적으로 계약이 무효이거나 취소, 해제되어 소득이 환원되는 경우 이를 위법소득의 관점에서 이해하고 있다. 즉, 일단 양수인이 대금을 지급받아 소득을 지배할 수 있는 상태라면 과세하고, 후에 무효나 취소를 사유로 반환되면 경정청구

---

1) 관련 논의는, 이중교, "토지거래허가에 관한 조세법적 문제", 조세법연구 19-3, 93면. 오 윤, "소득세법의 주요쟁점에 관한 판례의 조명과 동향", 조세법연구 22-3, 99면.

나 부당이득에 의해서 해결하는 것이다. 그런데 토지거래허가의 경우 예외를 인정한 것은 당사자들이 순조롭게 계약을 이행하는 과정에서 토지거래허가 전에 대금이 지급되어도 양수인이 소유권을 바로 이전받는 것은 불가능하고, 설사 목적물의 인도가 이루어지더라도 가까운 장래에 토지거래허가가 뒤따르면 그때 과세하여도 별다른 어려움이 없고, 반대로 토지거래허가를 받는 과정에 어려움이 있다면 그만큼 매매의 실현가능성이 낮아져 원상회복 가능성이 커지므로 어느 경우에나 대금청산 시에 곧바로 과세하는 것이 부적당하다고 본 것이다. 다만 당사자들이 아예 토지거래허가를 받을 것을 예정하지 않은 채 탈법적 방법으로 소유명의를 이전하고자 하는 경우에는 토지거래허가가 없어도 소득이 발생한 것으로 보아 과세를 허용하고, 후에 대금을 반환하면 그 때 경정청구에 의해서 해결함이 상당하다. 앞에서 본 판결도 같은 취지이다.[1] 이와 같은 논리는 토지소유권 이전과 관련하여 문제될 수 있는 다른 세금들, 예컨대 취득세나 부가가치세(토지가 재고자산으로 공급된 경우) 등의 경우에도 동일하고, 제척기간 기산일도 같은 기준에 따라야 할 것이다.

라. 양도계약의 해제

국세기본법상 경정청구제도가 마련되기 이전에 판례는 양도계약이 해제되면 어느 경우든 양도소득세를 부과할 수 없다고 보았다.[2] 이와 같은 태도는 경정청구제도가 마련된 이후에도 크게 바뀌지 않은 것으로 보여 진다. 구체적으로 판례는 분양권 매도대금에 관하여 분쟁이 발생하여 그 분쟁을 해결하기 위하여 분양권 매도대금을 감액한 경우 양도가액을 당초의 약정대금이 아니라 감액된 대금으로 보았고(판 2010. 10. 14, 2010두7970), 주식 양도계약 후 당초 약정된 매매대금을 어떤 사정으로 일부 감액하기로 하였다면, 양도가액은 당초의 약정대금이 아니라 감액된 대금으로 보아야 하고 특별한 사정이 없는 한 이는 (후발적 경정청구사유뿐 아니라) 통상적 경정청구사유가 된다고 보았다(판 2018. 6. 15, 2015두36003). 매매대금의 감액은 법률상 계약의 일부 해제와 동일하게 평가할 수 있으므로 위 판시가 매매대금 감액의 경우 그 사유 여하에 불구하고 경정청구가 허용된다는 취지라면 이론상 타당성에 의문이 있다. 계약의 합의해제는 일종의 새로운 계약이고, 국세기본법 시행령 제25조의2 제 2 호는 '부득이한 사유로 인한 계약의 해제'를 후발적 경정청구사

1) 관련 논의는, 김세진, "유동적 무효상태인 법률관계의 세법상 취급", 조세법연구 5, 273면. 김현석, "토지거래 허가와 과세문제", 조세법연구 10-2, 283면.

2) 법정해제(판 85. 3. 12, 83누243)나 약정해제(판 86. 7. 8, 85누709)는 물론 계약이행시점(판 90. 7. 13, 90누1991)이나 부과처분 시점(판 92. 12. 22, 92누9944) 등을 문제 삼지 않았다.

유로 규정하고 있으므로 양도계약의 합의해제가 납세의무 성립에 영향을 미치는지 여부는, 그것이 부득이한 사유로 인한 것인지 여부에 따라야 할 것이기 때문이다.

다만 양도계약의 해제는 그 명칭이나 형식에 불구하고 계약의 어느 일방 또는 쌍방의 위약과 관련하여 분쟁해결 수단으로 이루어진 경우가 대부분이므로 계약관계가 종료되거나 변경된 경우 그 내용을 살펴보는 것이 필요하다. 또한 법정신고기한 내 합의해제를 허용한 증여세(상증세법 4조 4항)나 법상 취득일로부터 60일 이내에 해제를 허용한 취득세(지방세법시행령 20조 1항 및 2항 2호)와의 균형도 고려해야 한다. 결과적으로 판례는 양도계약 해제에 관하여 경정청구사유로 법에 규정된 '부득이한 사유'를 넓게 이해하고 있는 셈이다.

제2절 양도소득금액의 계산

1. 양도소득과세표준의 계산구조

거주자의 양도소득에 대한 과세표준은 종합소득, 퇴직소득에 대한 과세표준과 구분하여 계산한다(법 92조 1항). 양도소득과세표준은 제94조에 따른 양도소득의 총수입금액("양도가액")에서 제97조에 따른 필요경비를 공제하여 양도차익을 계산하고, 그 양도차익에서 제95조에 따른 장기보유 특별공제액을 공제하여 양도소득금액을 계산하며, 그 양도소득금액에서 제103조에 따른 양도소득 기본공제액을 공제하여 계산한다(동 2항).

양도소득기본공제 금액은 소득별로 연 250만 원이다(법 103조 1항).

2. 양도차익의 계산

가. 양도차익의 계산방식

(1) 총 설

양도차익은 양도가액에서 취득가액 등의 필요경비를 공제하여 계산한다.

그 방식은 크게 실지거래가액에 의하는 방식과 기준시가를 포함하여 매매사례가액·감정가액·환산취득가액 등과 같은 추계방식으로 나눌 수 있는데, 현행법은 모든 자산에 관하여 원칙적으로 실지거래가액 방식에 의하도록 하고 있다(법 96조).

(2) 실지거래방식

실지거래방식에 의한 양도차익은 양도 당시의 실지거래가액에서 자산 취득에 든 실지거래가액(지적재조사에 관한 특별법 제18조에 따른 경계의 확정으로 지적공부상의 면적이 증가되어 같은 법 제20조에 따라 징수한 조정금은 제외한다)과 자본적 지출액 및 양도비를 공제하여 산정한다(법 97조 1항 1호 가목, 2호, 3호).

'취득에 든 실지거래가액'은 다음 각호 금액을 합한 것으로 한다(영 163조 1항).

1. 제89조 제 1 항을 준용하여 계산한 취득원가에 상당하는 가액(제89조 제 2 항 제 1 호에 따른 현재가치할인차금과 부가가치세법 제10조 제 1 항 및 제 6 항에 따라 납부하였거나 납부할 부가가치세를 포함하되 부당행위계산에 의한 시가초과액을 제외한다)

2. 취득에 관한 쟁송이 있는 자산에 대하여 그 소유권등을 확보하기 위하여 직접소요된 소송비용·화해비용등의 금액으로서 그 지출한 연도의 각 소득금액의 계산에 있어서 필요경비에 산입된 것을 제외한 금액

3. 제 1 호를 적용할 때 당사자 약정에 의한 대금지급방법에 따라 취득원가에 이자상당액을 가산하여 거래가액을 확정하는 경우 당해 이자상당액은 취득원가에 포함한다. 다만 당초 약정에 의한 거래가액의 지급기일의 지연으로 인하여 추가로 발생하는 이자상당액은 취득원가에 포함하지 아니한다. 4호 및 5호: 생략

자산의 양도차익은 원칙적으로 실지거래방식에 의하여 산정한다. '실지거래가액'이란 자산의 양도 또는 취득 당시에 양도자와 양수자가 실제로 거래한 가액으로서 해당 자산의 양도 또는 취득과 대가관계에 있는 금전과 그 밖의 재산가액을 말한다(법 88조 5호). 실제로 존재하는 역사적 가액을 기초로 하고 평가를 수반하지 않는다는 점에서 시가나 적정가액 등과 대비된다(판 2015. 10. 15, 2011두24286 참조).

실지거래가액 확인과 관련하여, 양도자가 제출한 매매계약서는 특별한 사정이 없는 한 진정한 것으로 추정되고, 과세관청이 계약상대방으로부터 매매가액 확인을 받을 수 없다든지 양도자가 토지대금 영수증을 제출하지 않았더라도 추정은 번복되지 않는다(판 96. 6. 25, 95누3183). 다만 매매대금액이 기준시가의 58%에 불과한 매매계약서는 실지양도가액을 확인할 수 있는 증빙서류가 되지 못한다(판 97. 6. 27, 96누5810). 전체 임야를 필지별로 구분함이 없이 거래가액을 정한 경우 특정 임야의 실지양도가액은 전체 실지거래가액을 기준시가로 안분한 가액이고(판 97. 4. 25, 96누2309), 집합건물을 하나의 거래단위로 일괄취득 후 이를 2사업연도에 걸쳐 분할양도한 경우 집합건물의 총 취득가액을 취득시기에 가까운 시점을 기준으로 평가한 각층별 감정가액에 비례하여 안분하는 방법으로 분할 양도분의 취득가액을 산정할 수 있다(판

2006. 6. 9, 2004두8194). 그러나 전체대금 중 일부만을 실지거래가액에 의하는 것은 그것이 납세의무자에게 유리하더라도 허용될 수 없다(판 94. 5. 10, 93누23930). 판례는 주식대차약정에 기해 차용한 주식을 상환하는 경우 양도로 보는데 이는 실지거래가액을 파악할 수 없는 경우에 해당한다(판 2006. 9. 28, 2005두2971).

어느 토지를 다른 토지와 등가 교환한 경우는 실지거래가액을 파악할 수 없는 경우에 해당하고, 이 경우 법원이 기준시가에 의한 양도차익이 교환대가로 취득한 토지의 시가감정액을 초과하는지 여부를 심리할 의무는 없다(판 94. 12. 9, 94누6840). 다만 교환대상 목적물에 대한 시가감정을 하여 감정가액 차액에 대한 정산절차를 수반한 경우 실지양도가액을 확인할 수 있는 경우에 해당한다(판 97. 2. 11, 96누860 등). 판례는 상장법인과 비상장법인의 주식의 포괄적 교환에 있어서 비상장법인 주주가 상장법인에 양도한 비상장법인 주식의 실지양도가액을 그 주주가 반대급부로 취득한 상장법인 주식의 증권거래법 시행규칙에 따라 산정한 평가액으로 보았다(판 2011. 2. 10, 2009두19465). 부담부 증여에 있어서 양도로 보는 인수채무액 부분은 양도 당시 실지거래가액을 확인할 수 없는 경우이다(판 2007. 4. 26, 2006두7171).

(3) 추계방식

추계방식이란 실지거래가액을 인정 또는 확인할 수 없는 경우에 매매사례가액·감정가액·환산취득가액 또는 기준시가 등과 같은 간접적인 자료에 의하여 적정한 시가를 찾아 양도차익을 산정하는 보충적인 방식이다.

그 내용은, 1) 자산의 양도차익을 산정함에 있어서 양도가액이나 취득가액은 각각 양도 당시 및 취득 당시의 실지거래가액에 의하되(법 96조 1항, 97조 1항 1호 가목), 2) 양도가액이나 취득가액 중 어느 한 쪽의 실지거래가액을 인정하거나 확인할 수 없는 경우, 양도가액은 법이 정한 바에 따른 양도 당시의 매매사례가액(주권상장법인 및 코스닥상장법인의 주식 등은 예외로 한다)·감정가액(위 주식 등은 예외로 한다)의 순으로 적용하여 산정하고, 취득가액은 취득 당시의 매매사례가액·감정가액 또는 환산취득가액의 순으로 적용하여 산정한다. 3) 양 쪽 모두 실지거래가액을 인정하거나 확인할 수 없는 경우에는 양 쪽 모두 위와 같은 보충적 방법으로 양도차익을 산정하되, 4) 자산의 양도 당시의 매매사례가액 또는 감정가액도 없는 때에는 양 쪽 모두 기준시가에 의하여 양도차익을 산정한다(법 100조 1항, 114조 7항).

취득가액을 보충적 방법 또는 기준시가에 의하는 경우 원칙적으로 필요경비의 개산공제액을 양도가액에서 공제하되, 환산취득가액에 의하는 경우에는 개산공제액과 실제 지출한 자본적 지출액, 양도비 중 큰 금액을 공제한다(법 97조 2항 2호).

(4) 동일기준의 원칙

양도차익을 산정하는 데는 동일기준의 원칙이 적용된다. 즉, 양도차익을 계산할 때 양도가액을 실지거래가액(양도 당시의 매매사례가액과 감정가액을 포함한다)에 의하여 산정할 때에는 취득가액도 실지거래가액(매매사례가액·감정가액 및 환산취득가액을 포함한다)에 의하여 산정하고, 양도가액을 기준시가에 의하여 산정할 때에는 취득가액도 기준시가에 의하여 산정한다(법 100조 1항).

이상의 설명을 도표로 정리하면 아래와 같다.

양도차익의 산정방법

양도가액	취득가액	그 밖의 필요경비
실지거래가액	실지거래가액	자본적 지출액, 양도비
실지거래가액	① 매매사례가액 ② 감정가액 ③ 환산취득가액	개산공제액(③의 경우 '환산취득가액 + 개산공제액'이 '자본적 지출액 + 양도비'보다 적으면, 후자를 필요경비로 할 수 있음)
① 매매사례가액 ② 감정가액	실지거래가액	자본적 지출액, 양도비
① 매매사례가액 ② 감정가액	① 매매사례가액 ② 감정가액 ③ 환산취득가액	개산공제액(③의 경우 '환산취득가액 + 개산공제액'이 '자본적 지출액 + 양도비'보다 적으면, 후자를 필요경비로 할 수 있음)
기준시가	기준시가	개산공제액

나. 양도가액의 계산

(1) 양도가액의 산정기준

자산의 양도가액은 실지거래가액에 따른다(법 96조 1항).

양도가액은 제94조에 따른 양도소득의 총수입금액을 말한다. 소득의 실현이라는 측면에서 양도소득도 다른 소득과 다를른 바 없으므로 위 총수입금액에는 실제로 수입한 금액뿐 아니라 수입할 금액을 포함하는 것으로 이해된다(법 24조 참조).

실지거래가액은 객관적 교환가치를 반영하는 일반적인 시가가 아니라 실지의 거래대금 그 자체 또는 거래 당시 급부의 대가로 실지 약정된 금액을 의미한다.

양도소득의 실현과 관련하여, 양도소득은 사업소득과 달리 대손이 인정되지 않으므로 상대적으로 신고나 과세 당시를 기준으로 소득의 실현가능성을 따져 볼 필요성이 크다. 따라서 매매대금채권 중 회수불능이 객관적으로 명백하게 된 부분은 양도가액에 포함시킬 수 없고(판 2002. 10. 11, 2002두1953), 대리인이 본인을 대리하여 양도대금을 지급받았더라도 본인을 속여 양도대금을 횡령하고, 나아가 본인의 대리인에 대한 횡령금액 상당의 손해배상채권이 대리인의 자산상황, 지급능력 등에 비추어 회수불능이 되어 장래 소득이 실현될 가능성이 전혀 없게 된 것이 객관적으로 명백한 때에는 본인에게 양도소득세를 부과할 수 없다(판 2015. 9. 10, 2010두1385). 그러나 양도대금 청산 전에 소유권이전등기를 넘겨받은 양수인이 고의로 잔대금 지급을 회피하고 있어 양도인이 강제경매를 통하여 일부 금원을 배당받아 잔대금 일부를 회수하고, 양수인 소유의 다른 재산에 대하여도 계속 강제집행을 시도하고 있다면 소득의 실현이 있게 된다(판 2002. 10. 25, 2001두1536).

판례는 물상보증의 경우 양도소득의 귀속자는 물상보증인이고, 물상보증인의 주된 채무자에 대한 구상권은 납부된 경락대금이 주채무자가 부담하고 있는 피담보채무의 변제에 충당됨에 따라 그 대위변제의 효과로서 발생하는 것이지 경매의 대가적 성질에 따른 것이 아니라는 이유로 이에 대한 양도소득 과세를 인정하고 있다(판 91. 4. 23, 90누6101). 이 점은 물상보증인이 경매절차 외에서 부동산을 매도하여 보증채무를 이행한 경우 구상권 행사가 불가능하다고 하여 양도소득이 발생하지 않았다고 볼 수 없는 것과 동일하다. 다만 실질적으로 담세력이 없는 이러한 경우까지 과세대상으로 할 것인가의 여부는 정책적으로 검토를 요하는 문제이다.[1)]

가등기 후에 목적 부동산에 대한 강제경매절차가 개시되어 경락인에게 소유권이 이전되었다가 가등기에 기한 본등기가 마쳐짐으로써 경락인이 소유권을 상실한 경우에도 경락인에 대한 양도의 효력은 소멸하지 않으며(판 95. 6. 16, 94누10290), 주식 양도인이 양수인에게 주식을 양도하면서 투자금 회수 및 투자수익 보장을 약정하였다가 양도 이후 주식 발행법인의 주식가치가 하락하는 등의 사유가 발생함에 따라 당초의 양도대금에 약정된 수익금을 가산한 금액을 매매대금으로 하여 주식을 환매하는 방법으로 투자금 및 투자수익금 지급의무를 이행한 경우 이는 약정된 투자수익금 등의 지급을 위한 별개의 매매에 해당하므로 기존의 주식양도의 효력은 그대로 유지 된다(판 2015. 8. 27, 2013두12652). 주식 매매계약에서 당초 약정된 매매대금을 어떤 사정으로 감액하였다면 양도가액은 당초 약정대금이 아니라 감액된 대금이다.[2)] 수용의 경우 자산의 양도가액을 실지거래가액이나 기준시가로 계산

---

1) 판례에 반대하는 견해로, 구욱서, 앞의 책, 123면. 일본은 보증인의 구상권 행사가 불가능하게 된 경우 해당금액을 양도가액에 포함시키지 않는다는 규정이 있다(일본 소득세법 64조 2항).

하는 이상 그 대가로 보상채권과 같은 금전 외의 것을 수입하더라도 소득세법 제24조 제 2 항을 준용하여 시가로 계산할 것은 아니다(판 2013. 7. 25, 2010두18536).

제 1 항을 적용할 때 거주자가 제94조 제 1 항 각 호의 자산을 양도하는 경우로서 다음 각 호의 어느 하나에 해당하는 경우에는 그 가액을 해당 자산의 양도 당시의 실지거래가액으로 본다(법 96조 3항).

1. 법인세법 제 2 조 제12호에 따른 특수관계인에 해당하는 법인(외국법인을 포함하며 이 항에서 '특수관계법인'이라 한다)에 양도한 경우로서 같은 법 제67조에 따라 해당 거주자의 상여·배당 등으로 처분된 금액이 있는 경우에는 같은 법 제52조에 따른 시가.

2. 특수관계법인 외의 자에게 자산을 시가보다 높은 가격으로 양도한 경우로서 상속세 및 증여세법 제35조에 따라 해당 거주자의 증여재산가액으로 하는 금액이 있는 경우에는 그 양도가액에서 증여재산가액을 뺀 금액.

제 1 호의 규정은, 자산을 특수관계법인에 고가양도한 경우에 관한 것으로서 법은 소득세가 부과되는 경우 증여세가 부과되지 않는다는 원칙에 따라(상증세법 4조의2 3항 참조), 부인대상인 시가초과액에 대하여 양도인에게 양도소득세나 증여세를 부과하지 않고 배당이나 상여 등 소득처분에 따른 소득세를 부과하도록 한 것이다. 이 경우 당사자 사이에 약정된 양도가액으로 양도소득과세가 이루어진 경우에는 약정가액 중 시가초과분(소득처분에 따른 소득과세가 이루어진 부분)에 대한 부분은 감액경정되어야 한다. 예컨대 A가 자신이 대주주로 있는 B법인에 시가 100억 원의 부동산을 150억 원에 양도하였다고 할 경우 원칙적으로 양도가액은 150억 원이지만 시가초과액 50억 원에 대하여 A에 대하여 소득처분(인정상여)이 이루어질 경우 양도가액은 시가인 100억 원으로 조정된다.

제 2 호의 규정은 그 실질이 증여인 시가초과분에 대하여 상증세법의 고가양도 규정에 따라 증여세가 부과되는 경우 이중과세 방지를 위해 이 부분을 제외한 나머지 가액을 양도가액으로 본 것이다. 특수관계인에 대한 고가 및 저가양도의 경우 양도가액 산정기준 및 관련 문제점에 관하여는 이 책 555면 이하 참조.

(2) 양도가액의 범위

양도가액의 범위는 실지거래가액에 의할 경우에 문제된다. 여기에는 명칭 여하에 불구하고 당해 자산의 양도와 대가관계에 있는 금전 그 밖의 물건 등의 가액이 모두 포함된다. 구체적으로, 장기할부조건부 양도에서 통상의 매매가액에 가산된 대금의 분할지급에 따른 이자상당액, 매수인이 부담하기로 하여 실제로 지급된 양

2) 판 2018. 6. 15, 2015두36003. 그 의의에 관하여는 이 책 536면 참조.

도소득세(판 95. 3. 28, 94누8785) 등이 여기에 해당된다. 매매대금 이행지체에 따른 위약금이나 연체이자는 소득세법 제21조 제 1 항 제10호에서 규정하는 기타소득에 해당하므로 양도가액에 포함되지 않는다(판 94. 4. 27, 92누9357; 소기통 21-0-1-4항).

구축물이 토지의 정착물로서 사실상 토지와 일체화되어 분리복구가 불가능하거나 분리하게 되면 경제적 가치가 거의 없어 거래상 독립성을 상실하였다고 평가되는 경우에, 거래 당사자가 당해 구축물을 토지와 함께 양도하면서 구축물 양도대가를 별도로 정했더라도, 특별한 사정이 없는 한 구축물 양도대가는 토지의 양도소득에 포함되어 양도소득세 과세대상이 되며 이는 구축물이 관련 법령에 따라 감가상각자산으로 분류될 수 있는지 여부와 무관하다(판 2015. 10. 29, 2011두23016).

다. 필요경비의 계산

(1) 총 설

양도차익은 양도가액에서 필요경비를 공제하여 산정한다. 취득가액을 실지거래가액에 의하는 경우 필요경비는 취득가액과 자본적 지출액 및 양도비가 되고(법 97조 2항 1호), 취득가액을 실지거래가액 이외의 가액(토지 등의 매매사례가액·감정가액·환산취득가액 또는 기준시가)에 의하는 경우 당해 가액과 취득 당시의 기준시가 등에 일정한 비율을 곱하여 계산한 금액(그 밖의 필요경비의 개산공제액)의 합계액을 원칙적인 필요경비로 한다(법 97조 2항 2호).

(2) 취득가액

㈎ 취득가액의 산정기준

취득가액이란 양도한 자산을 취득하기 위하여 지출하였거나 지출할 대가와 그 부대비용을 말한다. 자산의 취득가액은 자산의 취득에 든 실지거래가액에 의하되 실지거래가액을 확인할 수 없는 경우에는 매매사례가액·감정가액 또는 환산취득가액을 순차적으로 적용한 금액에 의한다(법 97조 1항 1호; 영 163조 12항).

실지거래가액으로 취득가액을 산정하는 경우, 법 제94조 제 1 항 제 1 호 및 제 2 호에 따른 자산을 양도한 거주자가 그 자산의 취득 당시 대통령령으로 정하는 방법으로 실지거래가액을 확인한 사실이 있는 경우에는 이를 그 거주자의 취득 당시의 실지거래가액으로 본다. 다만 해당 자산에 대한 전 소유자의 양도가액이 제114조에 따라 경정된 경우와 전 소유자의 해당 자산에 대한 양도소득세가 비과세되는 경우로서 실지거래가액보다 높은 가액으로 거래한 것으로 확인한 경우에는 그러하지 아니하다(법 97조 7항).

'대통령령으로 정하는 방법'이란 거주자가 부동산 취득시 「부동산 거래신고에 관한 법률」 제 3 조 제 1 항에 따른 부동산의 실제거래가격을 기획재정부령이 정하는 방법에 의해 확인하는 방법(다만 실제거래가격이 전소유자의 부동산양도소득과세표준 예정신고 또는 확정신고시 양도가액과 동일한 경우에 한함)을 말한다(영 163조 11항).

이는 납세자의 공적인 거래가액 확인행위에 금반언 원칙을 도입한 것이다. 양도소득세 비과세 및 감면규정에 관하여도 비슷한 취지의 규정이 있다(법 91조 2항).

㈏ 취득가액의 계산과 범위

취득가액 등 필요경비는 양도차익을 실지거래가액에 의하는가, 추계방식에 의하는가에 따라 산정방식 및 범위를 달리한다. 아래에서 차례대로 살펴보기로 한다.

1) 실지거래가액에 의한 취득가액의 범위

가) 자산의 취득형태에 따른 분류

(ⅰ) 타인으로부터 매입한 자산 매입가액에 취득세, 등록세 그 밖의 부대비용을 가산한 금액(영 89조 2항 1호에 따른 현재가치할인차금과 부가가치세법 10조 1항 및 6항에 따라 납부하였거나 납부할 부가가치세를 포함하되 부당행위계산에 의한 시가초과액은 제외한다)(영 163조 1항 1호 및 89조 1항 1호).

'현재가치할인차금'이란, 사업자가 자산을 장기할부조건으로 매입함으로써 발생한 채무를 기업회계기준에 따라 현재가치로 평가하여 계상한 금액을 말한다.

장기할부조건부로 토지 등을 취득한 경우 당사자 간 약정에 의한 대금의 분할지급조건에 따라 통상적인 토지 등의 대가에 이자상당액을 가산하여 거래가액을 확정한 경우의 당해 이자상당액은 취득원가에 포함한다(영 163조 1항 3호).

토지와 지상 건물을 함께 취득한 후 건물을 철거하여 지상에 건물을 신축하거나 단시일 내에 나대지 상태로 양도하는 경우의 철거된 건물의 취득가액과 철거비용은 새 건물 또는 토지의 취득가액(혹은 개량비 내지 자본적 지출액)에 산입된다(판 92. 10. 27, 92누8781). 아파트 입주권 취득을 위해 무허가건물을 매수한 경우 그 매수비용(판 92. 8. 18, 91누2472), 타인 소유 토지에 대한 사용승낙을 받아 건물부지로 조성한 다음 지상에 건물을 신축한 경우의 건물부지 조성공사비용(판 2010. 2. 11, 2007두15384) 등도 취득가액으로 공제된다. 토지의 취득 후에 설치 또는 취득한 구축물의 양도대가가 토지의 양도소득에 포함되어 양도소득세 과세대상이 되는 경우에 구축물의 설치나 취득에 소요된 비용은 '자본적 지출액'에 해당할 수 있을지언정 토지의 취득가액에는 포함되지 않는다(판 2015. 10. 29, 2011두23016). 자금을 차입하여 부동산을 취득한 경우의 차입금 이자는 성격상 여기의 부대비용에 포함된다

고 보기 어렵다. 이는 아래의 제조, 생산 등에 의해 취득한 자산의 경우에도 마찬가지이다.[1)]

(ii) 자기가 행한 제조·생산 또는 건설 등에 의하여 취득한 자산　　원재료비·노무비·운임·하역비·보험료·수수료·공과금(취득세 및 등록면허세 포함)·설치비 그 밖의 부대비용의 합계액(영 163조 1항 1호 및 89조 1항 2호).

(iii) 상속 및 수증자산　　취득 당시 기획재정부령이 정하는 시가에 취득세·등록면허세 기타 부대비용을 가산한 금액(법 39조 2항; 영 89조 1항 3호, 163조 1항 1호, 162조 1항 5호). 시가는 법인세법시행령 제89조를 준용하여 산정한다(규칙 48조).

이는 우리 법이 양도소득세 과세와 관련하여 상속·증여를 새로운 취득행위로 본다는 것을 의미한다. 그 자세한 내용은 이 책 849면 이하 참조.

상속 또는 증여(법 제88조 제 1 호 각 목 외의 부분 후단에 따른 부담부증여의 채무액에 해당하는 부분도 포함하되, 상증세법 34조부터 39조까지, 39조의2, 39조의3, 40조, 41조의2부터 5까지, 42조, 42조의2 및 3에 따른 증여는 제외한다)받은 자산에 대하여 법 제97조 제 1 항 제 1 호 가목을 적용함에 있어서는 상속개시일 또는 증여일 현재 상증세법 제60조부터 제66조까지에 따라 평가한 가액(같은 법 제76조에 따라 세무서장등이 결정·경정한 가액이 있는 경우 그 결정·경정한 가액을 말한다)을 취득당시의 실지거래가액으로 본다(영 163조 9항).[2)]

상속재산 양도 시 과세관청이 취득가액을 개별공시지가로 평가하였더라도, 해당 과세처분 취소소송 진행 중 납세자가 평가액보다 높은 공신력 있는 감정기관의 소급감정가액을 제출한 경우 감정가액을 상속재산의 취득가액으로 보아야 한다.[3)]

규정상 분명하지 않으나 이 경우에도 시행령 제89조 제 1 항 제 3 호에 따라 취득세·등록면허세 등 취득에 소요된 부대비용을 가산하여야 할 것이다.

(iv) 가업상속공제 적용자산　　상증세법 제18조 제 2 항 제 1 호에 따른 가업상속공제가 적용된 자산의 양도차익을 계산할 때 필요경비는 제97조 제 2 항에 따른다. 다만 취득가액은 다음 각 호의 금액을 합한 금액으로 한다. 각호 생략

1) 같은 취지, 이창희, 앞의 책 557면. 다만 법인세(법령 52조)나 사업소득세(소령 75조), 취득세(地令 18조 1항 1호) 등의 경우에 건설자금 이자를 취득원가에 포함시키고 있는 것과 달리 양도소득의 경우에만 이를 필요경비에 포함시키지 않는 것은 입법론상 의문이 있다. 일본의 경우 양도소득금액 계산에 관한 소득세법 제38조 제 1 항은 '자산의 취득에 소요된 금액'으로 규정하고 있는데, 일본의 판례나 행정해석은 당해 부동산을 취득하기 위해 차입한 차입금 이자 중 당해 부동산의 사용개시일 전까지의 이자비용을 취득가액에 포함시키고 있다(일최판 평성 4. 7. 14. 및 소득세법기본통달 38-8. 판결에 대한 평석은, 일본 판례백선 84면).

2) 이 규정은 모법의 위임범위를 벗어난 무효의 규정으로 볼 수 없다. 판 2007. 10. 26, 2006두1326.

3) 판 2010. 9. 30, 2010두8751. 판결에 대한 평석은, 조성권, 조세실무연구 9, 245면.

(v) 주식매수선택권 주식매수선택권을 행사하여 취득한 주식을 양도하는 때에는 주식매수선택권 행사 당시의 시가를 취득가액으로 한다(영 163조 13항).

다만 조세특례제한법 제16조의4에 따른 '벤처기업 주식매수선택권 행사이익에 대한 과세특례'를 적용함에 있어 같은 조 제 2 항에 따라 양도소득세를 과세하는 경우 주식매수선택권 행사로 취득한 주식의 취득가액은 같은 조 제 3 항에 따라 적격주식매수선택권 행사 당시의 실제 매수가액이 된다.

나) 취득가액의 증감

(i) 부당행위계산에 의한 시가초과액 등 이 책 553면 참조.

(ii) 양도자산에 대한 감가상각비 등 양도자산 보유기간 중에 그 자산에 대한 감가상각비로서 각 과세기간의 사업소득금액을 계산하는 경우 필요경비에 산입하였거나 산입할 금액이 있을 때에는 취득가액에서 공제한다(법 97조 3항).

취득가액에 현재가치할인차금을 포함한 경우로서 양도자산의 보유기간 중 그 현재가치할인차금의 상각액을 각 연도의 사업소득금액의 계산 시 필요경비로 산입하였거나 산입할 금액이 있는 때에는 필요경비의 이중계상을 방지하기 위해 이를 취득가액에서 공제한다(영 163조 1항 1호, 2항).

즉, 취득가액에 관하여 현재가치할인차금을 계상한 경우 대금의 액면가액을 취득원가로 보되, 그 상각액을 사업자가 경비로 처리한 경우 현재가치할인차금을 공제하여 취득가액을 산정하도록 한 것이다. 예컨대 양수인이 5년 후에 1억 원을 지급하기로 하여 토지를 양수한 다음 그 장부가액을 현재가치할인차금을 계상한 6천만 원으로 기장하여도 취득가액을 6천만 원이 아닌 1억 원으로 보되, 상각액 4천만 원을 경비로 처리한 경우에는 6천만 원을 취득가액으로 보는 것이다.

감가상각비 공제는 취득가액을 실지거래가액과 추계방법(매매사례가액·감정가액·환산취득가액·기준시가)에 의하는 경우 모두 인정하는 반면, 현재가치할인차금의 상각액 공제는 취득가액을 실지거래가액에 의하는 때에만 공제한다(법 97조 3항, 영 163조 1항 1호 및 2항).

당초 약정된 거래가액의 지급기일 지연으로 인해 추가 발생하는 이자상당액은 취득원가에 포함되지 않는다(영 163조 1항 3호).

(iii) 소유권 등을 확보하기 위한 소송비용 등 취득에 관한 쟁송이 있는 자산에 대하여 그 소유권 등을 확보하기 위하여 직접 소요된 소송비용, 화해비용 등의 금액으로서 그 지출한 연도의 각 소득금액의 계산에 있어서 필요경비에 산입된 것을 제외한 금액은 취득에 소요된 실지거래가액에 포함된다(영 163조 1항 2호).

자산의 취득 자체에 관하여는 다툼이 없는 상태에서 취득행위와 별도로 성립한 계약의 이행과 관련한 다툼으로 인하여 발생한 자산의 소유권 상실의 위험을 방지하기 위하여 지출한 소송비용이나 화해비용은 여기에 포함되지 않는다(판 2013. 12. 26, 2012두16619).

2) 추계방식에 의한 취득가액의 범위

양도차익 산정에 있어서 취득가액을 실지거래가액 외의 가액에 의하는 경우 원칙적으로 자산의 취득 당시의 기준시가, 매매사례가액, 감정가액 또는 환산취득가액에 자산별로 대통령령으로 정하는 금액을 가산한 금액(개산공제액)을 공제하되, 환산취득가액에 의하는 경우 개산공제액과 법 제97조 제 1 항 제 2 호의 자본적 지출액 및 제 3 호의 양도비 중 큰 금액을 필요경비로 공제한다(법 97조 2항 2호).

각 자산별 공제비율은 시행령 제163조 제 6 항에서 규정하고 있다.

위 시행령 규정은 모법의 위임범위를 벗어난 무효의 규정으로 볼 수 없고, 따라서 실지거래가액을 자산의 양도가액으로 하여 양도차익을 산정하면서 취득가액을 자산 취득 당시의 매매사례 등에 의하는 경우 납세의무자가 법 제97조 제 1 항 제 2 호, 제 4 호(현행 제97조 제 1 항 제 3 호)에서 정한 자본적 지출액이나 양도비 등 비용을 실제로 지출하였더라도 개산공제액 외에 이를 필요경비로 공제할 수 없다(판 2015. 10. 15, 2011두24286).

법 제114조 제 7 항 및 시행령 제176조의2에서는 추계의 구체적인 요건 및 내용과 기준을 규정하고 있다. 해당 규정은 적용순서뿐만 아니라 실지거래가액을 대체할 수 있는 가액의 유형도 제한한 것이므로, 사후에 취득 당시로 소급하여 한 감정평가액은 위 규정이 취득 당시의 실지거래가액을 대체할 수 있도록 정한 감정가액(시행령 176조의2 3항 2호 참조)에 해당하지 않는다(위 2011두24286 판결).

(3) 자본적 지출액

양도자산의 내용연수를 연장시키거나 그 가치를 현실적으로 증가시키는 수선비(1호), 자산 취득 후 쟁송이 있는 경우 권리확보를 위한 소송비용(2호), 「공익사업을 위한 토지 등의 취득 및 보상에 관한 법률」이나 그 밖의 법률에 따라 토지 등이 협의 매수 또는 수용되는 경우로서 그 보상금의 증액과 관련하여 직접 소요된 소송비용 · 화해비용(2의2호), 양도자산의 용도변경 · 개량 또는 이용편의를 위해 지출한 비용(3호), 개발부담금(3의2호), 재건축부담금(3의3호), 하천법 등에 따른 수익자부담금(4호; 규칙 79조 1항) 등으로 그 지출에 관한 법 제160조의2 제 2 항에 따른 증명서류를 수취 · 보관한 경우를 말한다(영 163조 3항 1호 내지 4호).

토지형질변경허가를 받기 위해 토지 일부를 지방자치단체에 증여한 경우 증여부분에 대한 취득가액(판 98. 11. 13, 97누17421), 토지를 매수하여 택지로 분할, 분양하면서 도로를 신설하여 국가 또는 지방자치단체가 공용물로서 일반 공중의 이용에 제공한 경우의 도로의 취득가액(판 82. 9. 14, 82누65) 등도 여기에 해당한다.

(4) 양 도 비

필요경비에 산입되는 양도비에는, 법 제94조 제 1 항 각 호 자산을 양도하기 위해 직접 지출한 비용으로서 그 지출에 관한 법 제160조의2 제 2 항에 따른 증명서류를 수취·보관하거나 실제 지출사실이 금융거래 증명서류에 의해 확인되는 경우, 증권거래세법에 따라 납부한 증권거래세, 양도소득세과세표준 신고서 및 계약서 작성비용, 공증비용, 인지대 및 소개비, 매매계약에 따른 인도의무 이행을 위해 양도자가 지출하는 명도비용, 자본시장법에 따른 위탁매매 및 자산관리계좌 운용투자일임수수료, 농어촌특별세, 토지와 건물을 취득하면서 법규에 따라 매입한 국민주택채권 및 토지개발채권을 만기 전에 금융기관 등에 양도함으로써 발생하는 매각차손 등이 포함된다(영 163조 5항; 규칙 79조 2항).

금융기관 외의 자에게 양도한 경우 동일한 날에 금융기관에 양도함으로써 발생하는 매각차손을 한도로 한다(영 163조 5항 2호 단서).

토지를 양도함에 있어 지상의 무허가건물 매수·철거 비용(판 94. 3. 11, 92누15871), 건물을 매입하면서 지출한 보상금 및 명도비용(판 96. 11. 22, 95누12088) 등은 양도비에 포함되나, 계약을 체결한 후 종전보다 유리한 조건으로 다시 계약을 체결하기 위해 앞의 계약을 해제함에 따라 지급한 위약금은 원칙적으로 포함되지 않는다(판 80. 7. 8, 79누374).

라. 양도차익의 구분계산 및 결손금의 통산

거주자의 양도차익은 (ⅰ) 토지·건물·부동산에 관한 권리 및 기타자산의 양도차익, (ⅱ) 주식등의 양도차익, (ⅲ) 파생상품등의 양도차익, (ⅳ) 신탁수익권 양도에 따른 소득을 각각 구분하여 계산하고 어느 한 쪽에서 발생한 양도차손(결손금)은 다른 한쪽의 양도차익과 통산하지 아니한다(법 102조 1항).

양도가액 또는 취득가액을 실지거래가액에 따라 산정하는 경우로서 토지와 건물 등을 함께 취득하거나 양도한 경우에는 이를 구분하여 기장하되, 토지와 건물 등의 가액 구분이 불분명한 때에는 부가가치세법 시행령 제64조에 따라 안분계산한다(법 100조 2항 및 영 166조 6항).

이 경우 그 토지와 건물 등을 구분 기장한 가액이 같은 항에 따라 안분계산할 가액과 30/100 이상 차이가 있는 경우에는 토지와 건물 등의 가액 구분이 불분명한 때로 보되, 다만 다른 법령에서 정하는 바에 따라 가액을 구분한 경우 등 대통령령으로 정하는 사유에 해당하는 경우는 제외한다(법 100조 3항).

양도소득금액을 구분 계산할 때 양도차손이 발생한 자산이 있는 경우에는 각 호별로 해당 자산 외의 다른 자산에서 발생한 양도소득금액에서 그 양도차손을 공제한다(법 102조 2항). 공제방법은 세율이 같은 자산의 양도소득금액부터 세율이 다른 자산의 양도소득금액 순으로 공제하되, 세율이 다른 자산의 양도소득금액이 2 이상인 경우 각 세율별 양도소득금액의 합계액에서 당해 양도소득금액이 차지하는 비율로 안분하여 공제한다(영 167조의2 1항).

양도차손이 발생한 양도소득금액에 감면소득금액이 포함된 경우의 안분산식에 관하여도 별도의 규정이 있다(동 2항).

파생상품 거래와 관련하여, 해외 파생상품시장에서의 거래로 인한 양도손익도 국내 파생상품시장에서의 거래로 인한 양도손익과 통산할 수 있다(법 118조 2항. 118조의8).

양도소득은 이월결손금의 공제가 허용되지 아니한다. 즉, 양도차손이 발생한 연도에 다른 자산의 양도차익과 통산할 수 있을 뿐이며 통산의 결과가 양도차손인 경우에는 그대로 소멸되고 다음 과세기간으로 이월되지 아니한다.

마. 기준시가

(1) 개념과 법적 성질

'기준시가'라 함은 토지·건물 등과 같은 자산의 양도가액과 취득가액을 계산하기 위한 기준이 되는 가액으로서 국세청장이 결정한 것 또는 결정한 방법에 따라 평가한 것을 말한다. 자산의 양도 당시의 실지거래가액을 인정 또는 확인할 수 없을 뿐만 아니라 매매사례가액 또는 감정가액도 없는 때에는 양도가액 및 취득가액을 기준시가에 의하여 산정한다(법 100조).

기준시가의 유형으로는 부동산가격공시법에 따른 개별공시지가, 납세지 관할세무서장이 평가한 금액 또는 국세청장이 고시한 배율방법에 따라 평가한 가액(토지), 국세청장이 평가·고시한 가액(건물, 오피스텔 및 상업용 건물 등), 법정산식에 따른 가액(부동산에 관한 권리, 주식 등 기타 자산) 등이 있다(법 99조). 그 결정권자는 시장, 군수, 구청장, 납세지 관할세무서장 또는 국세청장 등이다(영 164조, 165조).

기준시가는 양도소득세뿐만 아니라 법인세를 비롯한 각종 조세의 과세표준 산정 기준이 된다. 개별공시지가 산정의 적법성 여부는 불복대상이 되나, 국세청장이 결정하는 배율의 결정과 공동주택 등의 가액결정과 같은 기준시가의 경우 별도의 불복절차가 없으므로 당해 기준시가를 적용하여 행한 과세처분의 쟁송과정에서 그 위법성을 다투어야 한다.

(2) 기준시가의 내용

(가) 토 지 부동산가격공시법에 따른 개별공시지가. 다만 개별공시지가가 없는 토지의 가액은 납세지관할세무서장이 인근유사토지의 개별공시지가를 고려하여 대통령령으로 정하는 방법에 따라 평가한 금액으로 하고, 지가가 급등하는 지역으로서 대통령령으로 정하는 지역의 경우에는 배율방법에 따라 평가한 가액으로 한다(법 99조 1항 1호 가목; 영 164조 1·2항).[1)]

배율방법이라 함은, 양도 및 취득 당시의 개별공시지가에 지역마다 그 지역에 있는 가격사정이 유사한 토지의 매매사례가액을 참작하여 국세청장이 고시한 배율을 곱하여 계산한 금액에 의해 평가하는 방법을 말하고(법 99조 2항; 영 164조 12항), '대통령령으로 정하는 지역'이란 각종 개발사업 등으로 지가가 급등하거나 급등 우려가 있는 지역으로서 국세청장이 지정한 지역을 가리킨다(영 164조 2항).

법은 양도 당시의 기준시가와 취득 당시의 기준시가가 같은 경우, 개별공시지가, 개별주택가격 또는 공동주택가격이 공시 또는 고시되기 전에 취득한 토지 및 주택의 취득 당시의 기준시가, 기준시가가 고시되기 전에 취득한 건물 등의 취득 당시의 기준시가 산정 및 공공사업용이나 공매나 경매절차를 통해 양도되는 부동산 등의 기준시가에 관하여 별도의 규정을 두고 있다(법 99조 3항, 영 164조 3항 내지 9항).

(나) 건 물 신축가격, 구조, 용도, 위치, 신축연도 등을 고려하여 매년 1회 이상 국세청장이 산정·고시하는 가액(법 99조 1항 1호 나목).

(다) 오피스텔 및 상업용 건물 건물에 딸린 토지를 공유로 하고 건물을 구분소유하는 것으로서 건물의 용도·면적 및 구분소유하는 건물의 수 등을 고려하여 대통령령으로 정하는 오피스텔 및 상업용 건물(각 이에 딸린 토지 포함)에 대하여는 건물의 종류, 규모, 거래상황, 위치 등을 고려하여 매년 1회 이상 국세청장이 토지와 건물에 대하여 일괄하여 산정·고시하는 가액(법 99조 1항 1호 다목).

---

1) 표준지 특정이나 토지가격비준표에 의하지 않은 채 개별공시지가가 없는 토지를 평가하고 기준시가를 정하는 것은 위법하다. 판 2014. 4. 10, 2013두25702.

(라) 주 택 부동산가격공시법에 의한 개별주택가격 및 공동주택가격. 다만 공동주택가격의 경우 같은 법 제18조 제 1 항 단서에 따라 국세청장이 결정·고시한 공동주택가격이 있는 때에는 그 가격, 개별주택가격 및 공동주택가격이 없는 주택의 가격은 납세지관할세무서장이 인근 유사주택 개별주택가격 및 공동주택가격을 고려하여 대통령령이 정하는 방법에 따라 평가한 금액(법 99조 1항 1호 라목).

(마) 새로운 기준시가가 고시되기 전에 취득 또는 양도한 자산 등 토지·건물·오피스텔 및 상업용 건물·주택 등에 관하여 새로운 기준시가가 고시되기 전에 취득 또는 양도하는 경우에는 직전의 기준시가에 의하고(영 164조 3항), 토지 및 건물의 보유기간 중 새로운 기준시가가 고시되지 아니함으로써 기준시가와 취득 당시의 기준시가가 동일한 경우에는 별도의 특칙에 의한다(영 164조 8항; 규칙 80조).

(바) 부동산을 취득할 수 있는 권리 양도자산의 종류·규모·거래상황 등을 고려하여 대통령령으로 정하는 방법에 따라 평가한 가액(법 99조 1항 2호 가목).

(사) 지상권·전세권과 등기된 부동산 임차권 권리의 남은 기간·성질·내용·거래상황 등을 감안하여 대통령령이 정하는 방법에 따라 평가한 가액(동 나목).

(아) 주권상장법인의 주식등(대통령령으로 정하는 주권상장법인의 주식등은 대통령령으로 정하는 것만 해당함) 상증세법 제63조 제 1 항 제 1 호 가목을 준용하여 평가한 가액. 이 경우 같은 목 중 '평가기준일 이전·이후 각 2월'은 각각 '양도일·취득일 이전 1개월'로 본다(법 99조 1항 3호).

(자) 비상장주식 등 상증세법 제63조 제 1 항 제 1 호 나목을 준용하여 평가한 가액. 이 경우 평가기준시기 및 평가액은 대통령령으로 정하는 바에 따르되, 장부분실 등으로 취득 당시의 기준시가를 확인할 수 없는 경우에는 액면가액을 취득 당시의 기준시가로 한다(법 99조 1항 4호).

(차) 주식의 신주인수권 양도자산의 종류, 규모, 거래상황 등을 고려하여 대통령령으로 정하는 방법에 따라 평가한 가액(법 99조 1항 5호, 영 165조 7항).

(카) 기타자산 양도자산의 종류, 규모, 거래상황 등을 고려하여 대통령령으로 정하는 방법에 따라 평가한 가액(법 99조 1항 6호, 영 165조 8항).

(타) 파생상품 등 파생상품 등의 종류, 규모, 거래상황 등을 고려하여 대통령령으로 정하는 방법에 따라 평가한 가액(법 99조 1항 7호).

(파) 제94조 제 1 항 제 6 호에 따른 신탁 수익권 각 양도일, 취득일을 기준으로 상증세법 제65조 제 1 항의 신탁이익을 받을 권리에 대한 평가규정을 준용하여 평가한 가액(법 99조 1항 8호, 영 165조 12항).

바. 양도차익 계산에 관한 특례 규정

(1) 파생상품 등에 대한 양도차익 등의 계산

그 개요는, 반대거래를 통한 상계, 환매, 권리행사, 최종거래일의 종료 등의 원인으로 소멸된 계약에 대하여 계약체결 당시 약정가격, 권리행사 결제기준가격, 행사가격, 거래승수 등을 고려하여 산출되는 손익에서 계약을 위해 직접 지출한 비용을 공제한 금액을 합계하는 것이다. 구체적인 내용은 시행령 제161조의2 참조.

(2) 주택재개발사업·주택재건축사업에 관한 특례

「도시 및 주거환경정비법」에 의한 주택재개발사업 또는 주택재건축사업을 시행하는 정비사업조합의 조합원이 당해 조합에 기존건물과 그 부수토지를 제공하고 취득한 입주자로 선정된 지위 및 그 지위에 기하여 취득한 신축주택 및 그 부수토지를 양도하는 경우의 양도차익 산정방식에 관하여는 특칙이 있다(영 166조). 그 개요는 분양권 프리미엄을 부동산양도차익에 합산하는 것이다.

(3) 가업상속 공제 적용 자산의 양도차익 계산 특례

상증세법 제18조의2 제 1 항에 따른 가업상속공제 적용 자산의 양도차익을 계산할 때 양도가액에서 공제할 필요경비는 제97조 제 2 항에 따르되, 취득가액의 산정에 관하여는 가업상속공제 적용률을 감안한 특칙이 있다(법 97조의2 4항).

(4) 그 밖의 특례규정

㈎ 배우자나 직계존비속으로부터의 수증재산에 관한 특례(법 97조의2 1항)

㈏ 고가주택 및 고가조합원입주권에 대한 양도차익 계산특례(법 95조 3항; 영 160조)

㈐ 부담부증여에 대한 양도차익의 계산(영 159조)

㈑ 환지예정지 등에 대한 양도차익의 계산특례(규칙 77조)

사. 부당행위계산부인

(1) 규정의 내용

법 제101조 제 1 항에서는, 양도소득의 부당행위계산부인 규정을 두고 있으나 그 내용은 일반 소득에 관한 부당행위계산부인 규정과 크게 다르지 않다. 구체적으로 특수관계자와의 거래에서 토지 등을 시가를 초과하여 취득하거나 시가에 미달하게 양도함으로써 조세의 부담을 부당히 감소시킨 것으로 인정되는 때에는 그 취득가액 또는 양도가액을 시가에 의하여 계산한다(영 167조 3·4항). 시가 산정은 상증세법 규정에 의하되(동 5항), 거래 상대방 법인에 대해 법인세법상 부당행위계산부인 규정이 적용되지 않는 경우에는 거짓 그 밖의 부정한 방법으로 양도소득세를 감소시킨 것으로 인정되는 경우를 제외하고는 위 규정은 적용되지 않는다(동 6항). 제 5 항에도 불구하고 주권상장법인이 발행한 주식의 시가는 법인세법 시행령 제89조 제 1 항에 따른 시가로 한다(동 7항).[1)]

(2) 규정의 해석

양도소득세 회피와 관련한 부당행위계산부인은 두 가지 점에서 일반 부당행위계산부인과 다른 특색을 지닌다. 그 하나는 '시가'의 의미에 관한 것이고, 다른 하나는 부당행위계산 판정기준 시점에 관한 것이다.

우선 전자의 '시가'와 관련하여 법 제41조의 일반 부당행위계산부인 규정은 법인세법시행령 제89조를 준용하는 데 반해(영 98조 3항), 이곳에서는 원칙적으로 상증세법 규정을 준용하되 상장주식에 대해서는 법인세법에 따라 시가를 산정한다.

시행령 제167조 제 6 항은, 법인세법상 저가양도의 경우 거래가액이 시가와 3억 원 이상 차이가 나거나 시가의 100분의 5 이상인 경우에 한하여 적용한다는 별도의 제한이 있기 때문에 양자의 통일적 운영을 기하기 위해 마련된 규정으로 이해된다. 이와 관련하여 판례는, 위 규정은 특수관계에 있는 개인과 법인 사이의 주식 등 재산의 양도거래에서 '그 대가가 법인세법 시행령 제89조에서 정한 시가에 해당함'을 전제로 하여, 해당 법인의 거래에 대하여 부당행위계산부인에 관한 법인세법 제52조가 적용되지 않는 경우 그 상대방인 개인에 대하여도 양도소득의 부당행위계산부인에 관한 소득세법 제101조 제 1 항을 적용하지 않는다는 것이고, 이를 개인과 법인 사이에 적용되는 시가를 법인세법상 시가로 일치시키려는 규정으로 볼 수는 없다고 하였다.[2)]

---

1) 구 소득세법 시행령(2012. 2. 2. 개정 전의 것) 제167조 제 5 항은 상장주식을 포함하여 구 상증세법(2011. 12. 31. 개정 전의 것)의 시가평가 조항을 준용하도록 하여 상장주식 거래에 대한 부당행위계산부인 대상 여부를 판단함에 있어 법인은 시가를 거래일 현재의 종가를 기준으로 하는 데 반하여 그 법인과 거래하는 개인은 상증세법 규정에 따라 양도일 이전·이후 각 2월간에 공표된 매일의 한국증권거래소 최종시세가액의 평균액으로 시가를 산정하게 되는 문제점이 있던 것을 시행령 개정을 통해 위와 같이 정비한 것이다. 다만 판례는 종전 소득세법 시행령 규정에 관하여 이를 입법정책의 문제로 보는 한편 위와 같은 시가산정 기준에 관한 내용을 모법이 아닌 시행령에서 규정한 것 역시 조세법률주의에 어긋나지 않는다고 보았다{판 2020. 6. 18, 2016두43411(전)}. 이와 관련하여 종전 법인세법 시행령 제89조 제 1 항은 상장주식을 거래소에서 거래하는 경우 예외 없이 거래일 종가를 시가로 보았으나, 2021. 2. 17. 시행령 개정으로 증권시장 밖에서 거래하거나 대량매매 등의 방식으로 장내에서 거래하는 경우에 한하여 거래일 종가를 시가로 하고, 그 이외의 경우는 상증세법상 평가규정에 따르도록 바뀌었다. 위 판례평석은, 임승순, 조세법 판례백선 313면.

2) 판 2021. 5. 7, 2016두63439. 그 평석은 김동훈, "2021년 소득세제, 국제조세 판례회고", 조세법연구 28-3, 21면.

비상장주식에 대한 감정가액은 특별한 사정이 없는 한 여기서 준용하는 상증세법상 시가에 해당하지 않는다(판 2011. 5. 13, 2008두1849).

부당행위판단 기준시점에 관하여 저가양도 등의 경우 부당행위계산에 해당하는지 여부를 결정하는 기준시기는 계약체결일로 보아야 하고, 그것이 양도차익 산정의 기준시기와 차이가 발생하더라도 양자는 제도의 취지를 달리하므로 이를 불합리하다고 할 수 없다(판 2001. 6. 15, 99두1731).

위 규정에 따른 특수관계 여부를 판단할 때, 양자(養子)의 경우에는 양가(養家)뿐 아니라 생가(生家)를 기준으로도 특수관계에 있는지를 판단하여야 한다(판 2017. 12. 22, 2014두44847).

(3) 특수관계인에 대한 증여를 통한 양도소득세 회피의 규제

법 제101조 제 2 항은, "거주자가 양도소득세를 부당하게 감소시키기 위해 특수관계인에게 자산을 증여(97조의2 1항의 규정을 적용받는 배우자 및 직계존비속의 경우는 제외)한 후 그 자산을 증여받은 자가 그 증여일부터 10년[1] 이내에 다시 이를 타인에게 양도한 경우로서, 증여받은 자의 증여세액(상증세법에 따른 산출세액에서 공제·감면세액을 뺀 세액을 말한다)이 증여자가 직접 양도한 경우로 보아 계산한 양도소득세액(이 법에 따른 산출세액에서 공제·감면세액을 뺀 결정세액을 말한다)보다 적은 경우 증여자가 그 자산을 직접 양도한 것으로 보되, 다만 양도소득이 해당 수증자에게 실질적으로 귀속된 경우에는 그러하지 아니하다."고 규정하고 있다.

이는 우리 법이 증여와 같은 무상취득의 경우 새로운 취득으로 보는 것(영 162조 1항 5호 참조)을 악용하여, 장기보유로 상승된 자본이익을 소멸시키기 위해 중간에 가장 증여행위를 끼워 넣어 조세를 회피하는 것을 방지하기 위한 것으로서 일종의 부당행위계산부인의 특칙을 규정한 것이다.[2]

수증자에게 실제로 양도소득이 귀속된 경우 규정이 적용되지 않는데 그와 같은 소득의 실질귀속에 대한 입증책임은 납세자에게 있다.

위 규정이 적용되는 경우 당초 증여받은 자산에 대하여는 상증세법의 규정에 불구하고 증여세를 부과하지 아니한다(법 101조 3항). 이는 이중과세를 방지하기 위한 것이다. 다만 당해 양도소득에 대하여는 증여자와 수증자가 연대납세의무를 부담하는데(법 2조의2 3항), 이는 가장행위에 대한 제재 및 징세편의를 위한 것이다.

---

1) 종래 5년 이었다가 2022. 12. 31. 개정법에서 10년으로 연장하였다. 다만, 위 개정법 시행 전에 증여받은 자산을 시행 이후 양도하는 경우 종전의 규정에 따른다.

2) 관련 논의는, 윤지현, "소득세법 제101조 제 2 항의 해석에 관하여", 조세법연구 14-3, 7면.

특수관계인이란 국세기본법 시행령 제 1 조의2 제 1 항, 제 2 항 및 같은 조 제 3 항 제 1 호의 특수관계인을 말한다(법 101조 5항, 영 98조 1항).

한편 법 제97조의2 제 1 항에서는 거주자가 양도일부터 소급하여 10년(제94조 제 1 항 제 3 호에 따른 자산의 경우에는 1년) 이내에 그 배우자(양도 당시 혼인관계가 소멸된 경우를 포함하되, 사망으로 혼인관계가 소멸된 경우는 제외) 또는 직계존비속으로부터 증여받은 제94조 제 1 항 제 1 호 및 제 3 호에 따른 자산이나 그 밖에 대통령령으로 정하는 자산의 양도차익을 계산할 때 법에 따른 협의매수 또는 수용된 경우 등 외에는 그 취득가액을 각각 그 배우자 또는 직계존비속의 취득 당시 가액으로 하도록 규정하고 있다(자본적지출액 등의 경우도 배우자 또는 직계존비속이 해당 자산에 대해 지출한 금액 포함).

법 제101조 제 2 항이 배우자 및 직계존비속을 제외한 특수관계인에 대한 증여를 가장행위로 추정한 규정인데 반해 위 규정은 배우자나 직계존비속으로부터 증여받은 경우 입법적으로 증여자의 취득가액을 수증가액으로 보도록 의제한다는 점에서 양자는 차이가 있다.

(4) 고가양도, 저가양도의 경우 소득세, 법인세와 증여세의 관계

먼저 특수관계인에 대한 고가양도는 소득세법상 부당행위는 아니며 다만 양도인이 시가차액에 대해 증여세를 부담한다(상증세법 35조). 이 경우 양도차익은 실지양도가액을 기준으로 산정하나 이중과세 방지를 위해, 1) 양수인이 법인이고 법인세법 제67조에 따라 양도인에게 상여·배당 등으로 처분된 금액이 있는 경우 법 제52조에 따른 시가(법 96조 3항 1호), 2) 특수관계인 이외의 자에게 고가양도한 경우로서 상증세법 제35조에 따라 해당 거주자의 증여재산가액으로 하는 금액이 있는 경우 그 양도가액에서 증여재산가액을 뺀 가액(동 2호)을 각 해당 자산의 양도 당시의 실지거래가액으로 본다. 양도인에 대해 실지양도가액(시가초과액)으로 과세하는 경우에도 고가양수한 양수인의 취득가액은 부당행위계산부인 규정의 적용에 따라 시가로 과세된다(영 167조 4항, 163조 1항 1호 괄호).[1)]

1)의 경우 예컨대 비상장법인(A회사) 주주인 갑이 그가 대표이사로 재직하는 B회사에 시가 3억 원의 A회사 주식을 7억 원에 양도한 경우 과세관청은 B회사에 대한 법인세 과세와 관련하여, 갑으로부터 취득한 A회사 주식의 취득가액과 시가와의 차액 4억 원에 대하여 손금불산입하고 이를 갑에 대한 상여로 소득처분하는데, 그와 같은 소득처분에도 불구하고 이 경우 갑의 양도가액을 시가인 3억 원으로 한다는 의

1) 관련 논의는, 김완석, "자산의 고가양도에 대한 과세상의 논점", 조세법연구 8-3, 107면.

미이다. 실제 양도가액과의 차액 4억 원은 소득처분에 따라 갑의 근로소득(상여)으로 과세된다.

다음 특수관계인에 대한 저가양도의 경우 부당행위계산부인 규정이 적용되어 양도인의 양도가액은 시가로 된다(영 167조 4항). 이 경우 양수인이 개인이면 시가와의 차액만큼 증여세가 별도로 과세된다(상증세법 35조 1항). 양수인이 법인인 경우에는 유가증권에 한하여 수증익으로 익금에 산입된다(법법 15조 2항 1호).

증여의제규정이 적용된 자산을 수증자가 제 3 자에게 양도한 경우, 취득가액을 실지거래가액에 의한다면 증여재산가액 또는 그 증·감액을 취득가액에 가감하고(영 163조 10항 1호), 법 제94조 제 1 항 각호의 자산을 법인세법 제 2 조 제12호에 따른 특수관계인(외국법인 포함)으로부터 취득한 경우로서 같은 법 제67조에 따라 거주자의 상여·배당 등으로 처분(소득처분)된 금액이 있는 경우 이중과세 방지차원에서 이를 취득가액에 더하도록 하고 있다(같은 항 2호).

제 1 호와 관련하여 명의신탁 증여의제에 관한 상증세법 제45조의2는 적용대상에서 제외되어 있으나 이중과세 배제의 취지상 포함시키는 것이 타당하다.

3. 자산의 양도시기와 취득시기

가. 양도시기 등의 의의

자산의 양도차익을 산정하기 위해서는 먼저 그 기초가 되는 거래의 각 단계 중 어느 시점을 기준으로 자산의 양도가액 및 취득가액을 산정할 것인가를 정해야 한다. 이는 곧 소득이 어느 시점에 실현되었는가의 문제이다.

이에 관하여 소득세법 제98조는, 「**자산의 양도차익을 계산할 때 그 취득시기 및 양도시기는 대금을 청산한 날이 분명하지 아니한 경우 등 대통령령으로 정하는 경우를 제외하고는 해당 자산의 대금을 청산한 날로 한다**」고 하여 원칙적으로 대금청산일을 기준으로 자산의 양도시기와 취득시기를 판정하도록 하되, 대금청산일이 분명하지 않은 경우의 양도시기와 취득시기의 판정을 시행령에 위임하고 있다.

다만 소득세법 제98조 및 시행령 제162조 제 1 항에서 정하고 있는 양도시기를 양도소득의 귀속시기에 대한 예외 없는 일반원칙으로 단정해서는 안 되고, 양도소득에 대한 관리, 지배와 양도소득의 객관화 정도, 납세자금의 확보시기 등까지 함께 고려하여 양도소득의 실현 가능성이 상당히 높은 정도로 성숙·확정되었는지를 기준으로 귀속시기를 합리적으로 판단해야 한다(판 2012. 5. 9, 2010두22597).

취득 및 양도시기에 관한 규정은 자산의 양도차익 산정뿐 아니라 과세요건의 완성여부나 법령적용의 기준시기도 된다.[1] 즉, 양도라는 '과세요건 행위가 완성(충족)되는 시기=양도소득의 실현시기=과세요건이나 비과세요건의 판정 기준시기'의 등식이 성립된다. 위 기준은 법률행위뿐 아니라 법률의 규정에 의한 물권변동의 경우에도 적용된다(판 2002. 4. 12, 2000두6282).

결국 위 규정은 양도차익뿐 아니라 양도소득의 귀속연도, 장기보유특별공제의 적용 및 공제율 크기, 각종 비과세 및 감면요건의 충족 여부, 세율의 구분, 자산양도차익 예정신고기한의 판단 등 각종 사항의 공통된 판단기준으로 기능하고 있다.

나. 양도시기 등의 판정

(1) 원 칙

자산의 양도차익을 계산할 때 그 취득시기 및 양도시기는 대금을 청산한 날이 분명하지 아니한 경우 등 대통령령으로 정하는 경우를 제외하고는 해당 자산의 대금을 청산한 날로 한다. 이 경우 자산의 대금에는 해당 자산의 양도에 대한 양도소득세 및 양도소득세의 부가세액을 양수자가 부담하기로 약정한 경우에는 해당 양도소득세 및 양도소득세의 부가세액은 제외한다(법 98조; 영 162조 1항).

대금을 청산한 날이란 실제로 대금을 주고받은 날을 말한다. 어음이나 그 밖의 이에 준하는 증서로 받은 경우 결제일이, 대물변제의 경우에는 등기완료일이 대금청산일이다(판 91. 11. 12, 91누8432). 사회통념상 급부가 거의 전부 이행되었다고 볼 경우도 포함된다(판 2014. 6. 12, 2013두2037). 토지거래허가대상인 토지를 양도하고 거래허가에 앞서 대금을 받은 경우의 양도시기에 관하여는 이 책 535면 참조.

주식회사 발기설립의 경우 설립등기시가 양도시기이며(판 2000. 6. 23, 98두7558), 주식회사 청산절차에서 잔여재산 분배로 재산취득을 하는 경우의 취득시기는 분배결의가 있는 날이다(판 95. 5. 9, 94누14827). 지분이전등기와 대금청산이 별도로 이루어진 경우 양도시기는 대금 청산 이전에 등기된 부분은 등기 시, 나머지 부분은 대금청산 시이므로 양도소득세 감면여부도 그 때를 기준으로 판단한다(판 95. 9. 15,

1) 판 91. 5. 28, 90누1584. 판결에 대한 평석은, 이기중, "과세 및 면세요건의 판단기준시기로서의 양도시기", 판례해설 제15호, 543면 참조. 같은 취지를 설시한 것으로 판 2001. 7. 13, 2000두1263. 세법상 과세표준이나 과세가액 산정은 원칙적으로 납세의무 성립시기를 기준으로 함이 상당하나 기간과세인 소득세의 경우 '과세시간의 종료'라는 별도의 요건이 납세의무 성립요건으로 추가됨에 따라 과세요건 행위의 완성시점과 납세의무 성립시기가 분리되고, 과세요건이나 비과세요건 판정의 기준시점은 납세의무 성립시기가 아닌 과세요건 행위의 완성시점이 된다.

95누3527). 재단법인 설립을 위해 출연한 부동산 양도시기는 재단법인이 성립된 때이다.[1] 매도인이 부동산을 양도하면서 3자간 등기명의신탁 약정에 따라 명의수탁자 명의로 소유권이전등기를 마쳐준 다음 매수인인 명의신탁자와 대금을 청산한 경우 양도시기는 매수인이 대금을 청산한 날이고(판 2018. 11. 9, 2015두41630), 경락인의 대금 미납으로 재경매명령이 내려진 상태에서 경락인이 경매법원의 허가를 받아 경락대금 등을 모두 지급함에 따라 경매법원이 재경매명령 취소결정을 하자 이해관계인이 재경매명령 취소결정에 대하여 불복한 경우 소득세법상 부동산의 취득시기는 경락대금 완납일이다(판 2009. 5. 28, 2009두2733). 이혼 시 재산분할 방법으로 부부 일방의 소유명의로 있던 부동산을 상대방에게 이전한 경우 그 양도차익을 산정함에 있어서 취득가액을 정하는 기준시기는 최초의 취득 시이지 재산분할을 원인으로 한 소유권이전 시로 볼 수 없다(판 2003. 11. 14, 2002두6422).

법인세법상 손익 귀속시기가 그대로 자산의 양도시기나 취득시기가 되는 것은 아니다.[2] 주택재건축정비사업조합이 조합원으로부터 현물출자받는 부동산의 취득시기는 원칙적으로 관리처분계획인가일로 볼 것이나 구체적인 사안에 따라 달리 볼 경우도 없지 않다.[3] 입법의 정비가 요망된다.

(2) 예　외(영 162조 1항)

1호: 대금을 청산한 날이 분명하지 아니한 경우

등기부·등록부 또는 명부 등에 기재된 등기·등록접수일 또는 명의개서일.

과세처분 당시 대금청산일이 분명하지 않았어도 그 이후 소송단계에서 대금청산일이 밝혀진 경우에는 대금청산일을 기준으로 하여야 한다(판 90. 9. 25, 89누7641).

교환의 경우 등기 이전이라도 당사자가 교환대상 목적물에 대한 실질적 처분권을 취득한 때에는 대금의 청산이 이루어진 것으로 본다(판 96. 1. 23, 95누7475).

2호: 대금을 청산하기 전에 소유권이전등기 등을 한 경우

등기부·등록부 또는 명부 등에 기재된 등기접수일.

아파트 수분양자가 계약금·중도금을 모두 지급한 후 아파트에 입주하고 입주자 앞으로 소유권이전등기를 마친 후 잔금은 분양회사가 은행으로부터 융자금을 수령하여 충당한 경우에도 아파트 취득일은 소유권이전등기 접수일이다(판 97. 5.

1) 판 2010. 10. 28, 2009두7172. 판결에 대한 평석은, 조성권, 조세실무연구 9, 369면.
2) 판 89. 2. 14, 88누7606; 87. 7. 7, 86누664. 반대취지 심결례로 조심 2020전1335, 2020. 11. 23.
3) 관리처분계획인가일로 본 것: 위 조심 2020전1335. 이에 반해 도시및주거환경정비법 35조 2항에 따른 주택조합설립인가일과 출자한 토지의 신탁등기접수일 중 빠른 날이 취득시기에 해당한다는 행정해석으로 서면-2018-법인-2041, 2018. 9. 13, 기획재정부 재산세제과-571, 2009. 3. 23 등.

16, 95누10150). 공유물분할은 유상양도가 아니므로 공유물분할로 인해 이전받은 공유지분을 양도한 경우 취득시기는 공유물의 최초 취득 시이다(판 98. 3. 10, 98두229).

3호: 장기할부조건부 양도의 경우

소유권이전등기 접수일·인도일 또는 사용수익일 중 빠른 날.

장기할부조건이란 자산을 양도하고 그 대금을 월부·연부 그 밖의 부불방법에 따라 수입하는 것 중 계약금을 제외한 매도대금을 2회 이상으로 분할하고, 양도자산의 소유권이전등기접수일·인도일 또는 사용수익일 중 빠른 날의 다음 날부터 최종 할부금의 지급기일까지의 기간이 1년 이상인 것을 말한다(규칙 78조 3항).

위 규정취지는 양도대금 청산일보다 양수인이 목적물의 사용수익을 개시한 시점에 자산의 사실상의 이전이 이루어진 것으로 보는 것이 합리적이기 때문이다(판 97. 2. 28, 96누16377). 규정상 양도계약 당시에 최종 할부금 지급기일이 자산의 소유권이전등기 접수일·인도일 또는 사용수익일 중 빠른 날의 다음 날부터 최종 할부금 지급기일까지의 기간이 1년 이상인 것이 확정되어야 한다(판 2014. 6. 12, 2013두2037).

4호: 자기가 건설한 건축물

원칙적으로 건축법 22조 2항에 따른 사용승인서 교부일로 하되 사용승인서 교부일 전에 사실상 사용하거나 같은 조 3항 2호에 따른 임시사용승인을 받은 경우에는 그 사실상의 사용일 또는 임시사용승인을 받은 날 중 빠른 날로 하고 건축허가를 받지 아니하고 건축하는 건축물에 있어서는 그 사실상의 사용일로 한다.

5호: 상속 또는 증여에 의하여 취득한 자산

상속의 경우에는 상속이 개시된 날, 즉, 피상속인의 사망일을, 증여의 경우에는 그 증여를 받은 날을 각 취득일로 한다.

6호: 취득시효로 인하여 취득한 부동산 당해 부동산의 점유를 개시한 날.

이는 점유기간 동안의 자본이득에 대하여 과세하기 위한 취지이다.

7호: 관련법에 따라 공익사업을 위하여 수용되는 경우

대금을 청산한 날, 수용 개시일 또는 소유권이전등기접수일 중 빠른 날. 다만 소유권에 관한 소송으로 보상금이 공탁된 경우 소유권 관련 소송 판결 확정일.

토지와 건물에 대하여 수용에 따른 손실보상금이 공탁되었는데 그 후 행정소송을 통해 건물에 대한 손실보상액만 증액된 경우 토지의 양도시기는 당초 보상금 공탁일이고(판 2005. 5. 13, 2004두6914), 택지개발사업지구에 편입된 토지에 관하여 사업시행자 앞으로 소유권이전등기가 이루어진 후 토지소유자의 이의신청에 따라 손실보상액이 증액되어 그 증액된 손실보상금을 사업시행자가 추가로 변제공탁한 경우 토지의 양도시기는 당초의 등기접수일이다(판 94. 10. 25, 94누6154).

8호: 당해 자산의 대금을 청산한 날까지 목적물이 완성 또는 확정되지 아니한 경우

그 목적물이 완성 또는 확정된 날. 이 경우 건설 중인 건물이 완성된 날에 관하여는 제 4 호를 준용한다.

권리 범위가 확정되지 않은 자산도 포함되나(판 2004. 4. 9, 2003두6924), 한국수자원공사로부터 택지조성사업지구 내 토지를 취득하면서 지적확정 후 정산하기로 약정한 경우는 대금청산일이 취득시기가 된다(판 2001. 3. 27, 99두2550).

9호: 도시개발법 또는 그 밖의 법률에 따른 환지처분으로 인하여 취득한 토지

환지 전의 토지의 취득일. 다만 교부받은 토지의 면적이 환지처분에 의한 권리면적보다 증가 또는 감소된 경우에는 그 증가 또는 감소된 면적의 토지에 대한 취득시기 또는 양도시기는 환지처분의 공고가 있은 날의 다음 날.

10호: 시행령 제158조 제 2 항의 특정주식 중 과점주주가 소유하는 부동산과다보유법인의 주식 등

주주 1인과 기타 주주가 주식 등을 양도함으로써 해당 법인의 주식 등의 합계액의 100분의 50 이상이 양도되는 날. 이 경우 양도가액은 그들이 사실상 주식 등을 양도한 날의 양도가액에 의한다.

다. 기 타

법 제98조 및 시행령 제162조 제 1 항을 적용할 때, 양도자산의 취득시기가 분명하지 아니한 경우에는 먼저 취득한 자산을 먼저 양도한 것으로 본다(영 162조 5항). 법이 정한 일정한 시기 이전에 취득한 자산에 대하여는 동 6, 7항 참조.

4. 장기보유특별공제

가. 의 의

우리 법은 자산을 장기보유한 경우 과세상 우대하는데, 그 우대조치 중 하나가 장기보유특별공제제도이다. 이는 부동산의 건전한 소유행태를 유도하고, 또한 양도소득은 장기간 보유함으로써 형성된 소득이 양도시점에 와서 일시에 실현된

것으로서 물가상승에 따른 명목소득의 성격이 강하므로 물가상승분을 공제하여 준다는 취지에서 마련된 세제상 장치이다(판 84. 6. 26, 83누448).

나. 공제대상

토지 및 건물(104조 3항에 따른 미등기양도자산과 같은 조 제 7 항 각 호에 따른 자산은 제외)로서 보유기간이 3년 이상인 것 및 조합원입주권(조합원으로부터의 취득분 제외)에 한한다(법 95조 2항).

멸실 후 신축되거나 공제율이 다른 자산으로 변동되면 보유기간을 통산할 수 없으며, 재건축·재개발 조합원이 상가 연면적이 주택 연면적보다 큰 겸용주택을 제공하고 취득한 조합원입주권에 기해 새 주택을 취득한 경우 종전 겸용주택 상가부분과 새 주택 부분의 보유기간을 각각 계산한다(판 2014. 9. 4, 2012두28025).

1세대 1주택 비과세요건을 갖춘 재건축조합원이 받는 분양권 중 기준금액(9억원. 현행 12억 원)을 초과하여 양도소득세 과세대상인 부분도 장기보유특별공제 대상이고, 이 경우 보유기간은 기존주택 취득일부터 분양권 양도일까지, 면적은 양도 당시 분양주택 면적을 기준으로 산정한다(판 2007. 6. 14, 2006두16854).

법 제95조 제 2 항 표 2에 따른 1세대 1주택에 대한 특례 장기보유특별공제 적용 시 1세대 2주택에서 1주택으로 전환된 경우에도 당초 보유기간을 합산하여 이를 산정할 수 있다고 해석된다.[1] 공제신청은 별도로 필요하지 않다.

다. 공제액의 계산

대통령령으로 정하는 1세대 1주택을 제외한 나머지 대상재산에 대하여는 그 자산의 양도차익에 표 1에 따른 보유기간 3년부터 15년 이상에 이르기까지 순차로 100분의 6부터 100분의 30까지의 공제율을 곱하여 계산한 금액을 공제하고, 대통령령으로 정하는 1세대 1주택(이에 딸린 토지를 포함한다)에 해당하는 자산의 경우에는 그 자산의 양도차익에 표 2에 따른 보유기간별 공제율을 곱하여 계산한 금액과 같은 표에 따른 거주기간별 공제율을 곱하여 계산한 금액을 합산하여 각 공제한다(법 95조 2항).

고가주택(소령 156조 1항 참조)에 대하여는 고가주택의 양도차익 산정에 관한 내용을 반영한 특례규정을 두고 있다(법 95조 3항 및 영 160조 1항 2호).

주택이 아닌 건물을 사실상 주거용으로 사용하거나 공부상의 용도를 주택으로

1) 같은 취지. 서면-2021-부동산-0053, 2021. 2. 18.

변경하는 1세대 1주택에 해당하는 자산에 대한 장기보유특별공제액 산정에 관하여는 별도의 규정이 있다(법 95조 5·6항. 2023. 12. 31. 신설).

5. 양도소득기본공제

양도소득과세표준은 양도소득금액에서 양도소득기본공제를 차감하여 계산한다(법 92조 2항 및 103조).

양도소득기본공제액은 연 250만 원으로 하되, 주식 등의 양도로 인한 소득, 부동산 등의 양도로 인한 소득, 파생상품 거래에 따른 소득, 신탁수익권 양도로 인한 소득을 구분·합산하여 각 소득별로 각 250만 원을 공제한다(법 103조 1항).

법률에 따른 감면소득금액이 있는 경우 공제순서에 관하여는 같은 조 제2항 참조. 과세기간 중에 2회 이상 자산을 양도한 경우 거주자별로 250만 원을 한도로 한다. 신청을 요건으로 하지 않으며 미등기양도자산에 대하여는 적용이 없다.

제 3 절 양도소득에 대한 세액의 계산

1. 세율과 산출세액의 계산

양도소득에 대한 소득세는 종합소득, 퇴직소득(이하 '종합소득 등'이라고 한다)에 대한 소득세와 구분하여 계산한다(법 4조, 15조, 92조 1항).

양도소득에 대한 소득세도 종합소득 등에 대한 소득세와 마찬가지로 세액의 산출과정에 따라 산출세액, 결정세액 및 총결정세액으로 구분된다(법 92조 3항).

양도소득세율은 자산의 종류, 등기 여부 및 보유기간에 따라 초과누진세율과 비례세율로 이루어져 있으며(법 104조 1항), 기본세율은 종합소득세율과 같다(같은 항 1호). 하나의 자산이 둘 이상의 세율에 해당하는 경우 높은 것을 적용한다(같은 항 후문). 한 필지의 토지가 사업용 토지와 비사업용 토지로 구분되는 경우 각각의 부분에 다른 세율을 적용하여야 한다(판 2014. 10. 30, 2012두15371).

다만 분양권은 100분의 60(1호 괄호), 토지·건물 및 부동산에 관한 권리로서 1년 이상 2년 이내 전매하는 경우는 100분의 40[주택(이에 딸린 토지로서 대통령령으로 정하는 토지를 포함한다), 조합원입주권 및 분양권의 경우에는 100분의 60](2호), 1년 이내 전매의 경우는 100분의 50(주택, 조합원 입주권 및 분양권의 경우에는 100분의 70)(3호), 제104조의3에 따른 비사업용 토지 및 제94조 제 1 항 제 4 호 다목 및 라목에 따른 자산 중 위 비사업용 토지의 보유현황을 고려하여 대통령령으로 정하는 자산은 과세표준 단계별로 100분의 16에서 100분의 55까지의 초과누진세율(8호·9호), 미등기양도자산은 100분의 70으로 각 중과하며(10호), 과세대상인 상장주식 및 비상장법인의 주식에 대한 세율은 양도인이 대주주인지 여부, 대상주식의 종류, 보유기간 등에 따라 구분하여 100분의 10에서 100분의 30(11호), 외국법인이 발행하였거나 외국에 있는 시장에 상장된 주식등으로서 대통령령으로 정하는 자산 중, 가. 중소기업의 주식등에 대하여는 100분의 10, 나. 그 밖의 주식등에 대하여는 100분의 20(12호), 파생상품 등은 100분의 20(필요한 경우 100분의 75 범위에서 대통령령으로 정하는 바에 따라 인하할 수 있으며 현재 탄력세율은 100분의 10이다. 법 104조 6항, 영 167조의9 참조)(13호), 신탁수익권은 3억 원 이하는 100분의 20, 3억 원 초과분은 100분의 25이다(14호).

다음 각 호의 어느 하나에 해당하는 부동산을 양도하는 경우 제55조 제 1 항에 따른 세율에 10/100을 더한 세율을 적용한다. 이 경우 해당 부동산 보유기간이 2년 미만인 경우에는 제55조 제 1 항에 따른 세율에 10/100을 더한 세율을 적용하여 계산한 양도소득 산출세액과 제 1 항 제 2 호 또는 제 3 호의 세율을 적용하여 계산한 양도소득 산출세액 중 큰 세액을 양도소득 산출세액으로 한다(법 104조 4항).

1. 2. 삭제(2017. 12. 14).

3. 위 지정지역에 있는 부동산으로서 제104조의3에 따른 비사업용 토지(다만 지정지역의 공고가 있은 날 이전에 토지를 양도하기 위하여 매매계약을 체결하고 계약금을 지급받은 사실이 증빙서류에 의하여 확인되는 경우는 제외).

4. 그 밖에 부동산 가격이 급등하였거나 급등할 우려가 있어 부동산 가격의 안정을 위하여 필요한 경우에 대통령령으로 정하는 부동산

해당 과세기간에 제94조 제 1 항 제 1 호, 제 2 호, 제 4 호에서 규정한 자산을 둘 이상 양도하는 경우 산출세액은 다음 각 호 금액 중 큰 것(이 법 또는 다른 조세에 관한 법률에 따른 양도소득세 감면액이 있는 경우에는 해당 감면세액을 차감한 세액이 더 큰 경우의 산출세액)으로 한다(법 104조 5항. 세액산출에 관한 특례 있음).

1. 해당 과세기간의 양도소득과세표준 합계액에 대하여 제55조 제 1 항에 따른 세율을 적용하여 계산한 양도소득 산출세액 2. 제 1 항부터 제 4 항까지 및 제 7 항의 규정에 따라 계산한 자산별 양도소득 산출세액 합계액(단서조항 있음)

제13호에 따른 세율은 자본시장 육성 등을 위하여 필요한 경우 그 세율의 100분의 75의 범위에서 대통령령으로 정하는 바에 따라 인하할 수 있다(법 104조 6항).

다음 각 호의 어느 하나에 해당하는 주택(이에 딸린 토지를 포함한다)을 양도하는 경우 제55조 제 1 항에 따른 세율에 100분의 20(제 3 호 및 제 4 호의 경우 100분의 30)을 더한 세율을 적용한다. 이 경우 해당 주택 보유기간이 2년 미만인 경우에는 제55조 제 1 항에 따른 세율에 100분의 20(제 3 호 및 제 4 호의 경우 100분의 30)을 더한 세율을 적용하여 계산한 양도소득 산출세액과 제 1 항 제 2 호 또는 제 3 호의 세율을 적용하여 계산한 양도소득 산출세액 중 큰 세액을 양도소득 산출세액으로 한다(법 104조 7항).

1. 주택법 제63조의2 제 1 항 제 1 호에 따른 조정대상지역("조정대상지역")에 있는 주택으로서 대통령령으로 정하는 1세대 2주택에 해당하는 주택 2. 조정대상지역에 있는 주택으로서 1세대가 1주택과 조합원입주권 또는 분양권을 1개 보유한 경우의 해당 주택. 다만, 대통령령으로 정하는 장기임대주택 등은 제외한다. 3. 조정대상지역에 있는 주택으로서 대통령령으로 정하는 1세대 3주택 이상에 해당하는 주택 4. 조정대상지역에 있는 주택으로서 1세대가 주택과 조합원입주권 또는 분양권을 보유한 경우로서 그 수의 합이 3 이상인 경우 해당 주택. 다만, 대통령령으로 정하는 장기임대주택 등은 제외한다.

위 규정을 적용함에 있어서 보유기간 계산은 당해 자산의 취득일부터 양도일까지로 하되, 상속받은 자산이나 법 제97조의2 제 1 항의 규정에 의한 수증자산은 피상속인이나 증여자가 각각 당해 자산을 취득한 날, 법인의 합병·분할(물적분할 제외)에 의하여 새로이 주식 등을 취득한 경우에는 피합병법인 등의 상대방법인이 주식 등을 취득한 날을 각각 당해 자산의 취득일로 본다(동 2항).

법 제104조 제 1 항 제10호의 '미등기양도자산'이란, 토지 및 건물과 부동산에 관한 권리를 취득한 자가 그 자산 취득에 관한 등기를 하지 아니하고 양도하는 것, 즉, 중간생략등기에 의해 양도하는 자산을 말한다. 다만 장기할부조건으로 취득한 자산으로서 그 계약조건에 의하여 양도 당시 그 자산의 취득에 관한 등기가 불가능한 자산(1호)과 법률의 규정 또는 법원의 결정에 의하여 양도 당시 그 자산의 취득에 관한 등기가 불가능한 자산(2호) 등은 제외한다(법 104조 3항, 영 168조 1항 1호 내지 7호).

미등기 상태로 수용 등 강제양도를 한 경우를 포함하나(판 95. 4. 11, 94누8020), 계약금이나 중도금만을 지급한 경우나, 명의신탁자가 이전등기를 마치지 않은 상태에서 양도한 경우 등은 여기의 '미등기양도자산'에 해당하지 않는다(판 2012. 10. 27,

2010두23408). 다만 부동산 매매계약 체결 후 매수인의 지위를 그대로 유지하면서 제 3 자와 다시 그 부동산에 관한 매매계약을 체결한 경우는 여기의 미등기양도자산에 해당한다(판 2013. 10. 11, 2013두10519).

미등기양도자산에 대하여는 양도소득세 비과세 규정의 적용이 배제되고 각종 공제에 관한 규정의 적용에서도 배제되는 경우가 많으며 세율이 고율로 부과되는 등 세제상의 불이익이 매우 크다. 다만 여기에는 등기가 불가능하였거나 그 밖의 부득이한 사정이 인정되는 경우에 관한 예외규정이 마련되어 있다(법 104조 3항 단서; 영 168조).

이 중 시행령 제168조 제 2 호의 「법률에 따라 양도 당시 그 자산의 취득에 관한 등기가 불가능한 자산」이라 함은 자산의 취득자에 대하여 법률상 일반적으로 취득에 관한 등기를 제한 또는 금지함으로 인하여 등기절차 이행이 불가능한 경우를 가리킨다. 위 시행령 규정은 예시적 규정이다(판 2005. 10. 28, 2004두9494).

'비사업용 토지'란, 해당 토지를 소유하는 기간 중 대통령령으로 정하는 기간 동안 법 제104조의3 제 1 항 각 호의 어느 하나에 해당하는 토지를 말한다(법 104조의3 1항). 토지 취득 후 대통령령으로 정하는 부득이한 사유가 있는 경우 비사업용토지로 보지 않는 예외가 있다(동 2항, 영 168조의14).

시행령 제168조의14 제 1 항 제 1 호에서 정한 '법령에 따라 사용이 금지·제한된 토지'의 해당여부는 해당 토지의 본래 용도에 따른 사용이 금지·제한되는지 여부를 원칙적인 기준으로 하되, 토지의 취득 목적과 실제 이용현황 및 본래 용도의 변경가능성 등도 아울러 고려하여 개별적으로 판단한다.[1] 행정청이 건축허가 등을 통제함에 따라 현실적으로 사용이 금지·제한된 토지도 여기에 포함된다(판 2013. 10. 31, 2011두14425).

공부상 등재현황이 '대'인 토지나, 공부상 등재현황이 '전' 또는 '답'이지만 실제 이용현황은 '대' 또는 '잡종지'인 토지에 대해 법령에 따라 건축허가 등의 통제가 이루어지는 경우 토지의 이용현황이 불법 형질변경 등을 통해 변경되었다는 등의 사정이 없는 한 사용제한에 해당된다(판 2016. 7. 14, 2014두7886). 법령상의 제한 등 비사업용 토지의 제외사유에 관하여는 이를 주장하는 납세의무자에게 증명책임이 있다(판 2023. 6. 29, 2023두34637).

1) 판 2023. 6. 29, 2023두34637. 도시지역 안의 농지('전')가 도시개발구역으로 지정되어 건축행위 등이 제한되더라도 그 본래 용도인 경작용 농지로서의 사용까지 금지 또는 제한되는 것은 아니어서 비사업용 토지 제외사유에 해당하지 않는다고 본 사안.

2. 결정세액 및 총결정세액의 계산

양도소득산출세액에서 예정신고납부세액 공제를 하고 감면세액을 공제하여 양도소득결정세액을 산출하게 된다(법 92조 3항 2호).

양도소득금액에 소득세법 또는 그 이외 법률에서 규정하는 감면소득금액이 있는 때에는 다음 산식에 따른 금액에 상당하는 양도소득세를 면제한다(법 90조 1항).

$$\text{면제세액} = \text{양도소득산출세액} \times \frac{\text{감면소득금액}-\text{양도소득기본공제}}{\text{양도소득과세표준}} \times$$

$$\text{소득세법 또는 다른 조세에 관한 법률에서 정한 감면율}$$

조특법상 양도소득세 감면은 법 제95조에 따른 양도소득금액에서 감면대상 양도소득금액을 차감한 후 양도소득 과세표준을 계산하는 방식으로 한다(동 2항).

현행 소득세법에는 양도소득세 감면규정이 없고 조특법에 각종 감면 내지 과세이연에 관한 규정을 두고 있다(조특법 33조, 40조, 46조의3, 60조, 69조 내지 70조의2, 77조, 97조, 99조 등). 법이 신청의 주체 등 감면요건에 관해 규정한 경우 이는 효력요건이다.[1)]

미등기양도자산 등에 관하여는 조특법상 감면규정도 적용이 배제된다(조특법 129조 참조). 법은 일정한 감면적용 한도를 규정하고 있다(동 133조 1항, 2항).

양도소득결정세액에 가산세를 가산하여 총결정세액을 산출한다(법 92조 3항 3호).

제 4 절 양도소득과세표준의 예정신고와 확정신고

1. 예정신고와 납부

양도소득세 과세대상이 되는 자산(법 제94조 제 1 항 제 3 호 다목 및 제 5 호는 제외)을 양도한 거주자는 제92조 제 2 항에 따라 계산한 양도소득과세표준을, 1. 법 제94조 제 1 항 제 1 호, 제 2 호, 제 4 호 및 제 6 호의 자산을 양도한 경우에는 양도일이 속하는 달의 말일부터 2개월{토지거래허가구역 안에 있는 토지를 양도함에 있어서 토지거래계약허가를 받기 전에 대금을 청산한 경우에는 그 허가일(토지거래계약허가

1) 신청의 주체: 판 95. 11. 21, 95누10556, 신청기한: 판 97. 7. 8, 95누9822, 신청방법: 판 95. 12. 12, 94누8440 등.

를 받기 전에 허가구역의 지정이 해제된 경우에는 그 해제일)이 속하는 달의 말일부터 2개월}, 2. 제94조 제 1 항 제 3 호 가목 및 나목에 따른 자산(주식 등)을 양도한 경우에는 양도일이 속하는 반기의 말일부터 2개월, 3. 제88조 제 1 호 각 목 외의 부분 후단에 따른 부담부증여의 채무액에 해당하는 부분으로서 양도로 보는 경우에는 그 양도일이 속하는 달의 말일부터 3개월 이내에 각 납세지 관할세무서장에게 신고하여야 한다(법 105조 1 · 2항). 이를 예정신고라고 한다. 예정신고는 자산양도차익이 없거나 양도차손이 발생한 경우에도 하여야 한다(동 3항).

거주자가 예정신고를 할 때에는 제107조에 따른 산출세액에서 조세특례제한법이나 그 밖의 법률에 따른 감면세액을 뺀 세액을 대통령령으로 정하는 바에 따라 납세지 관할세무서·한국은행 또는 체신관서에 납부하여야 한다(법 106조 1·2항).

예정신고 및 자진납부제도는 조세채권을 조기에 확보함과 아울러 세 부담의 누적을 방지하기 위하여 마련된 제도이다.

예정신고납부 세액은 양도차익에서 장기보유특별공제 및 양도소득기본공제를 한 금액에 제104조 제 1 항의 세율을 적용하여 계산한다(법 107조 1항). 누진세율 적용대상자산에 대한 예정신고를 2회 이상 하는 경우에 관하여는 특칙이 있다(동 2항). 예정신고 대상자가 예정신고를 하지 않거나 신고 내용에 탈루나 오류가 있는 경우 과세관청이 과세표준과 세액을 결정 · 경정한다(법 114조 1항 내지 3항).

사업소득의 경우 납세의무자가 예정신고 및 납부를 이행하더라도 확정신고의무를 부담하나, 양도소득만이 있는 자로서 예정신고를 한 자는 해당 소득에 대한 확정신고의무가 배제된다는 점에서 양자는 차이가 있다(법 110조 4항).

일정한 경우 분납이 인정된다(법 112조).

2. 확정신고와 납부

양도소득세는 다른 종합소득세와 마찬가지로 납세의무자의 신고에 의하여 납세의무가 확정되는 신고납세방식의 조세이다(기본법 22조 2항 1호).

양도소득세 납세의무는 과세기간 종료 시에 성립한다(기본법 21조 1항 1호, 법 5조 1항). 해당 과세기간에 양도소득금액이 있는 거주자는 과세표준을 그 과세기간의 다음 연도 5. 1.부터 5. 31.까지{105조 1항 1호 단서의 경우에는 토지거래계약에 관한 허가일(토지거래계약허가를 받기 전에 허가구역의 지정이 해제된 경우에는 그 해제일)이 속하는 과세기간의 다음 연도 5. 1.부터 5. 31.까지} 대통령령으로 정하는 바에 따라 납세지관할세무서장에게 신고하여야 한다. 과세표준이 없거나 결손금이 있는 때에도 같다(법 110조 1·2항). 이를 양도소득과세표준 확정신고라고 한다.

예정신고를 한 자는 확정신고를 하지 않을 수 있다. 해당 양도소득 외에 동일한 과세연도에 귀속되는 양도소득이 더 있더라도 같다(판 2021. 11. 25, 2020두51518). 다만 해당 과세기간에 누진세율 적용대상 자산에 대한 예정신고를 2회 이상 하는 경우 등으로서 대통령령으로 정하는 경우에는 그러하지 아니하다(동 4항).

거주자 사망과 출국의 경우 신고기한 특례가 있다(법 118조, 74조 1·2·4항).

거주자는 해당 과세기간의 과세표준에 대한 양도소득 산출세액에서 감면세액과 세액공제액을 공제한 금액을 제110조 제 1 항(법 118조에 따라 준용되는 74조 1항 내지 4항 포함)에 따른 확정신고기한까지 대통령령으로 정하는 바에 따라 납세지 관할세무서·한국은행 또는 체신관서에 납부하여야 한다(법 111조 1·2항).

제 5 절 양도소득에 대한 결정·경정

1. 의 의

양도소득세 납세의무는 납세의무자의 확정신고에 의해 구체적으로 확정되나 그와 같은 확정신고가 없거나 신고내용에 탈루 또는 오류가 있는 경우 납세지 관할세무서장 또는 지방국세청장이 양도소득과세표준과 세액을 결정·경정한다(법 114조 1·2항).

과세관청은 결정·경정 후 그 결정 또는 경정에 탈루 또는 오류가 있는 것이 발견된 때에는 즉시 이를 다시 경정한다(법 114조 3항).

2. 결정·경정의 방법

가. 원 칙

납세지 관할세무서장 또는 지방국세청장은 양도소득과세표준과 세액을 결정 또는 경정하는 경우에는 제96조, 제97조 및 제97조의2에 따른 가액에 따라야 한다(법 114조 4항 본문).

법 제94조 제 1 항 제 1 호에 따른 자산의 양도로 양도가액 및 취득가액을 실지거래가액에 따라 양도소득과세표준 예정신고 또는 확정신고를 하여야 할 자(신고의무자)

가 그 신고를 하지 않은 경우로서 양도소득과세표준과 세액 또는 신고의무자의 실지거래가액 소명 여부 등을 고려하여 대통령령으로 정하는 경우에 해당할 때에는 납세지 관할세무서장 또는 지방국세청장은 제 4 항에도 불구하고 부동산등기법 제68조에 따라 등기부에 기재된 거래가액을 실지거래가액으로 추정하여 양도소득과세표준과 세액을 결정할 수 있다. 다만 납세지 관할세무서장 또는 지방국세청장이 등기부 기재가액이 실지거래가액과 차이가 있음을 확인한 경우에는 그러하지 아니하다(동 5항).

여기의 '실지거래가액 소명 여부 등을 고려하여 대통령령으로 정하는 경우'란, 등기부 기재가액을 실지거래가액으로 추정하여 계산한 납부할 양도소득세액이 300만 원 미만인 경우(1호)와 위 양도소득세액이 300만 원 이상인 경우로서 기한 후 신고를 하지 아니할 경우 위 추정가액으로 과세할 것임을 통보받고도 30일 이내에 기한 후 신고를 하지 아니한 경우(2호)를 말한다(영 176조 5항).

나. 추계조사결정

과세표준과 세액을 결정 또는 경정함에 있어서 양도가액 또는 취득가액을 실지거래가액에 의하는 경우로서 대통령령으로 정하는 사유로 장부 그 밖의 증거서류에 의하여 당해 자산의 양도 당시 또는 취득 당시의 실지거래가액을 인정 또는 확인할 수 없는 경우에는 대통령령으로 정하는 바에 따라 양도가액 또는 취득가액을 매매사례가액, 감정가액, 환산취득가액 또는 기준시가 등에 의하여 추계조사하여 결정 또는 경정할 수 있다(법 114조 7항).

이는 양도가액이나 취득가액 어느 한 쪽은 실지거래가액이 확인되는데 다른 한 쪽의 실지거래가액이 자료미비 등으로 확인되지 않는 경우를 말한다.

'대통령령으로 정하는 사유'란, 1. 양도 또는 취득 당시의 실지거래가액의 확인을 위하여 필요한 장부·매매계약서·영수증 그 밖의 증거서류가 없거나 그 중요한 부분이 미비된 경우와, 2. 장부·매매계약서·영수증 그 밖의 증거서류의 내용이 매매사례가액, 감정평가법에 의한 감정평가업자가 평가한 감정가액 등에 비추어 거짓임이 명백한 경우를 말한다(영 176조의2 1항).

다. 환산취득가액 결정방법

법 제114조 제 7 항에서 '대통령령으로 정하는 방법에 따라 환산한 취득가액'이란 다음 각 호의 방법에 의하여 환산한 취득가액을 말한다(영 176조의2 2항).

1. 법 제94조 제 1 항 제 4 호의 규정에 의한 기타자산의 경우에는 다음 산식에

의하여 계산한 가액.

(양도 당시의 실지거래가액, 제 3 항 제 1 호의 매매사례가액 또는 동항 제 2 호의 감정가액) × (취득 당시의 기준시가/양도 당시의 기준시가)

2. 법 제94조 제 1 항 제 1 호 및 제 2 호 가목에 따른 토지·건물 및 부동산을 취득할 수 있는 권리의 경우에는 다음 산식에 의하여 계산한 가액. 이 경우 부동산 가격공시에 관한 법률에 따른 개별주택가격 및 공동주택가격(이들에 부수되는 토지의 가격을 포함한다)이 최초로 공시되기 이전에 취득한 주택과 부수토지를 함께 양도하는 경우에는 다음 계산식 중 취득당시의 기준시가를 제164조 제 7 항에 따라 계산한 가액으로 한다.

(양도 당시의 실지거래가액, 제 3 항 제 1 호의 매매사례가액 또는 동항 제 2 호의 감정가액) × {취득 당시의 기준시가/양도 당시의 기준시가(제164조 제 8 항의 규정에 해당하는 경우에는 동항의 규정에 의한 양도 당시의 기준시가)}

제 6 절 비과세소득

1. 1세대 1주택의 양도

가. 총 설

1세대 1주택을 보유하는 경우로서 대통령령으로 정하는 요건을 충족하는 주택과 1세대가 1주택을 양도하기 전에 다른 주택을 대체취득하거나 상속, 동거봉양, 혼인 등으로 인하여 2주택 이상을 보유하는 경우로서 대통령령으로 정하는 주택(각 주택 및 이에 딸린 토지의 양도 당시 실지거래가액의 합계액이 12억 원을 초과하는 고가주택을 제외한다)과 이에 딸린 토지로서 건물이 정착된 면적에 지역별로 대통령령으로 정하는 배율을 곱하여 산정한 면적 이내의 토지('주택부수토지')의 양도로 인하여 발생하는 소득에 대하여는 소득세를 과세하지 아니한다(법 89조 1항 3호).

하나의 건물이 주택과 주택 외 부분으로 복합되어 있는 경우와 주택에 딸린 토지에 주택 외 건물이 있는 경우 그 전부를 주택으로 본다(영 154조 3항).[1)]

---

1) 이 규정은 양도소득세 비과세대상인 1세대 1주택의 범위, 고가주택의 감면범위, 고가주택 양도차익 계산 시 환산취득가액에 따르는 경우 등에 모두 적용된다(판 2016. 1. 28, 2015두37235).

1세대 1주택의 양도로 인하여 발생하는 소득에 대하여 양도소득세를 비과세하는 취지는 국민의 주거생활의 안정과 거주·이전의 자유를 보장하기 위함에 있다(판 93. 1. 19, 92누12988). 다만 이에 대하여는 과세형평에 위배되고 많은 예외사항의 설정 등으로 규정이 지나치게 복잡하다는 반론이 있다.

나. 비과세요건

'1세대'가 양도일 현재 '국내에 1주택을 보유'하고 있는 경우로서 원칙적으로 해당 주택의 보유기간이 2년(제 8 항 제 2 호에 해당하는 거주자의 주택인 경우는 3년) 이상인 것을 말한다. 다만 취득 당시에 주택법 제63조의2 제 1 항 제 1 호에 따른 조정대상지역('조정대상지역')에 있는 주택의 경우에는 해당 주택의 보유기간이 2년(제 8 항 제 2 호에 해당하는 거주자의 주택인 경우에는 3년) 이상이고 그 보유기간 중 거주기간이 2년 이상이어야 한다는 요건이 추가되어 있다(영 154조 1항).

(1) '1세대'의 의의

'1세대'란 거주자 및 그 배우자(법률상 이혼을 하였으나 생계를 같이 하는 등 사실상 이혼한 것으로 보기 어려운 관계에 있는 사람을 포함한다)가 그들과 같은 주소 또는 거소에서 생계를 같이 하는 자{거주자 및 그 배우자의 직계존비속(그 배우자 포함) 및 형제자매를 말하며, 취학, 질병의 요양, 근무상 또는 사업상의 형편으로 본래의 주소 또는 거소에서 일시 퇴거한 사람을 포함한다}와 함께 구성하는 가족단위를 말한다. 다만 대통령령으로 정하는 경우에는 배우자가 없어도 1세대로 본다(법 88조 6호).

1세대 구성은 원칙적으로 배우자의 존재를 요건으로 하나 배우자와 함께 동거하거나 생계를 같이할 것까지 요구하는 것은 아니다(판 98. 5. 29, 97누19465).

거주자 연령이 30세 이상이거나 배우자의 사망·이혼 등 일정한 요건을 갖추고 독립된 생계를 유지할 수 있는 경우 배우자가 없더라도 1세대로 본다(영 152조의3).

'1세대 1주택'은 세대 기준으로 판단한다. 따라서 세대원 사이에 증여 등을 원인으로 소유자가 바뀌어도 양도 전후를 통해 1세대를 구성하면 된다(판 95. 7. 14, 94누15530). 다만 이혼 시 아내가 남편으로부터 주택을 위자료 명목으로 양도받아 제 3 자에게 양도하는 경우에는 아내를 기준으로 1세대 1주택 해당 여부를 판단한다(판 95. 11. 24, 95누4599). 제 3 자간 등기명의신탁 관계에서 명의신탁자가 명의신탁한 주택은 명의신탁자 소유로 보아 주택수를 산정한다.[1)]

---

1) 판 2016. 10. 27, 2016두43091. 관련 논의는, 이의영, "명의신탁과 다주택중과세율의 적용", 조세판례백선 3(한국세법학회) 167면.

(2) '주택'의 의의

㈎ **일 반 론** '주택'이란 허가 여부나 공부상의 용도구분에 관계없이 세대의 구성원이 독립된 주거생활을 할 수 있는 구조로서 대통령령으로 정하는 구조를 갖추어 사실상 주거용으로 사용하는 건물을 말한다. 이 경우 그 용도가 분명하지 아니하면 공부상의 용도에 따른다(법 88조 7호).

겸용주택이 실질상 공동주택인 경우, 1세대 1주택에의 해당 여부는 각 세대별로 구분하여 판단한다(판 97. 8. 26, 97누3712). 도시 및 주거환경정비법에 의한 재건축으로 철거를 앞둔 아파트도 여기의 주택에 해당한다(판 2009. 11. 26, 2008두11310). 주택의 연 면적 계산에 포함되는 건물의 부대시설이 주택과 다른 목적 건물의 공용 부대시설에 해당하는 경우 그 부대시설은 주택부분과 다른 목적 건물의 면적비율에 따라 안분계산하여 주택 면적에 상응하는 부분은 주택 면적으로 산입하여야 한다(판 97. 4. 25, 96누16254).

'주택에 부수되는 토지'란 양도 주택과 경제적 일체를 이루고 있는 토지로서 사회통념상 주거생활 공간으로 인정되는 토지를 말하며, 1세대 1주택 및 이에 부수되는 토지에 해당하는지 여부는 주택과 대지를 양도한 시점을 기준으로 판단한다(판 95. 8. 22, 95누7383). 이는 거주자 지위에서 1세대 1주택 요건을 갖춘 후 비거주자가 된 경우에도 같다(판 93. 12. 28, 93누11425).

종전 주택을 철거하고 지상에 새로운 건물을 신축한 경우 새로운 건물이 주택이면 일정한 경우 보유기간을 통산하나 주택이 아닌 경우에는 1세대 1주택 규정은 적용될 여지가 없다. 하나의 건물이 주택과 주택 외 부분으로 복합된 겸용주택의 경우와 주택에 딸린 토지에 주택 외 건물이 있는 경우 그 전부를 주택으로 본다. 다만 주택 면적이 주택 외 면적보다 적거나 같은 때에는 주택 외 부분은 주택으로 보지 않는다(영 154조 3항).

이 경우 주택에 딸린 토지는 전체 토지면적에 주택 연면적이 건물 연면적에서 차지하는 비율을 곱하여 계산한다(동 4항).

㈏ **조합원입주권에 관한 특례** 조합원입주권을 1개 보유한 1세대[「도시 및 주거환경정비법」 제74조에 따른 관리처분계획의 인가일 및 빈집 및 소규모주택 정비에 관한 특례법 제29조에 따른 사업시행계획인가일(인가일 전에 기존주택이 철거되는 때에는 기존주택의 철거일) 현재 제 3 호 가목에 해당하는 기존주택을 소유하는 세대]가, 가. 양도일 현재 다른 주택 또는 분양권을 보유하지 않거나, 나. 양도일 현재 1조합원입주권 외에 1주택을 보유한 경우(분양권을 보유하지 아니하는 경우로

한정)로서 해당 1주택을 취득한 날부터 3년 이내에 해당 조합원입주권을 양도할 경우(3년 이내에 양도하지 못하는 경우로서 대통령령으로 정하는 사유에 해당하는 경우 포함) 해당 조합원입주권을 양도하여 발생하는 소득은 1세대 1주택과 같이 비과세 대상이다. 다만 해당 조합원입주권의 양도 당시 실지거래가액이 12억 원을 초과하는 경우에는 양도소득세를 과세한다(법 89조 1항 4호).

"조합원입주권"이란 도시 및 주거환경정비법 제74조에 따른 관리처분계획의 인가 및「빈집 및 소규모주택 정비에 관한 특례법」제29조에 따른 사업시행계획인가로 인하여 취득한 입주자로 선정된 지위를 말한다. 이 경우 도시 및 주거환경정비법에 따른 재건축사업 또는 재개발사업, 위 특례법에 따른 자율주택정비사업, 가로주택정비사업, 소규모재건축사업 또는 소규모재개발사업을 시행하는 정비사업조합의 조합원(같은 법 제22조에 따라 주민합의체를 구성하는 경우에는 같은 법 제2조 제6호의 토지등소유자를 말한다)으로서 취득한 것(그 조합원으로부터 취득한 것을 포함한다)으로 한정하며, 이에 딸린 토지를 포함한다(법 88조 9호).

관리처분계획의 인가일 현재 기존주택이 소득세법시행령 제154조 제1항에서 규정하는 요건을 충족하여야 하고 그 입주권 보유기간을 기존주택 보유기간과 합산하는 장치는 마련하지 않고 있다.

법 제89조 제1항 제4호가 비과세대상으로 규정한 조합원입주권의 범위는 법 제88조 제9호 후단에 열거된「도시 및 주거환경정비법」및「빈집 및 소규모주택 정비에 관한 특례법」에 따른 일부 개발사업으로 한정되고, 다른 정비사업이나 그 외 일반적인 주택건설사업에 의한 분양권은 조문의 적용대상이 아니다.

(3) '국내'에 '1주택' 보유

㈎ **원 칙** 양도의 목적이 된 주택은 당해 1세대가 국내에서 소유하는 유일한 주택이어야 한다. 다만 법이 의무로 규정한 보유기간 동안 계속하여 1주택이어야 하는 것은 아니고 양도 당시에만 1주택이면 된다(판 93. 1. 19, 92누12988). 이는 해외이주 등의 사유로 보유기간의 제한을 받지 않는 경우에도 동일하다(판 2007. 5. 10, 2006두798).

법 제89조 제1항 제3호의 적용에 있어서 2개 이상의 주택을 같은 날에 양도한 경우 양도순서는 당해 거주자의 선택에 따른다(영 154조 9항).

1주택을 판정함에 있어서 다가구주택은 한 가구가 독립하여 거주할 수 있도록 구획된 부분을 각각 하나의 주택으로 취급한다. 다만 해당 다가구주택을 하나의 매매단위로 하여 양도하는 경우 그 전체를 하나의 주택으로 본다(영 155조 15항).

㈏ 예 외 다음에 게기하는 사유와 같이 1세대가 그 세대의 의사와 관계없이 추가로 다른 주택을 취득하게 되거나 부동산 거래의 특성상 일시적으로 2주택이 된 경우에는 일정한 요건 아래 예외적으로 1세대 1주택으로 취급한다.

1) 상속으로 인한 2주택의 경우

상속받은 주택(조합원입주권 또는 분양권을 상속받아 사업시행 완료 후 취득한 신축주택을 포함하며, 피상속인이 상속개시 당시 2 이상의 주택을 소유한 경우에는 법에서 정한 순서에 따른 1개의 주택을 말한다)과 그 밖의 주택('일반주택')을 국내에 각각 1개씩 소유하고 있는 1세대가 일반주택을 양도하는 경우에는 국내에 1개의 주택을 소유하고 있는 것으로 보아 시행령 제154조 제 1 항을 적용한다. 다만 상속인과 피상속인이 상속개시 당시 1세대인 경우에는 1주택을 보유하고 1세대를 구성하는 자가 직계존속(배우자의 직계존속을 포함하며, 세대를 합친 날 현재 직계존속 중 어느 한 사람 또는 모두가 60세 이상으로서 1주택을 보유하고 있는 경우만 해당한다)을 동거봉양하기 위하여 세대를 합침에 따라 2주택을 보유하게 되는 경우로서 합치기 이전부터 보유하고 있었던 주택만 상속받은 주택으로 본다(영 155조 2항).

공동상속주택은 상속지분이 가장 큰 상속인이 소유하는 주택으로 보므로(동 3항), 공동상속주택의 소수지분자의 경우에는 1가구 2주택 자체가 문제되지 않는다.

위 제 3 항은 상속개시 당시 상속인과 피상속인이 별도의 독립한 세대를 구성하고 있음을 전제한 규정으로서, 동거봉양 합가에 관한 위 제155조 제 2 항 단서의 특례규정이 적용되는 경우 등 특별한 사정이 없는 한 상속개시 당시 이미 1세대 2주택 이상이어서 양도소득세 비과세 대상에 해당하지 않는 경우에까지 적용된다고 볼 수 없으므로, 상속개시 당시 피상속인과 1세대를 구성하는 상속인이 공동으로 상속받은 주택은 위 조항의 '공동상속주택'에 해당하지 않는다(판 2023. 12. 21, 2023두53799).

위 2·3항의 경우 상속주택 외의 주택을 양도할 때까지 상속주택을 민법 제1013조에 따라 협의분할하여 등기하지 않은 경우에는 법정상속분에 따라 해당 상속주택을 소유하는 것으로 본다(동 19항. 단서규정 있음).

2) 대체취득을 위한 일시적 2주택의 경우

다음을 요건을 갖추어야 한다(영 155조 1항).

(i) 국내에 1주택을 소유한 1세대가 종전 주택을 취득한 날부터 1년 이상이 지난 후 그 주택의 양도 전에 다른 주택을 취득할 것.

(ⅱ) 신규 주택을 취득한 날로부터 원칙적으로 3년 이내에 종전 주택을 양도할 것

제 1 항을 적용할 때, 수도권 소재 법인 또는 공공기관이 수도권 밖 지역으로 이전하는 경우로서 법인의 임원과 사용인 및 공공기관 종사자가 구성하는 1세대가 취득하는 다른 주택이 해당 공공기관 또는 법인이 이전한 시(특별자치시·광역시 및 제주특별자치도 설치 및 국제자유도시 조성을 위한 특별법 제10조 제 2 항에 따라 설치된 행정시 포함)·군 또는 이와 연접한 시·군 지역에 소재하는 경우에는 "3년"을 "5년"으로 본다. 이 경우 해당 1세대에 대해서는 종전 주택을 취득한 날부터 1년 이상이 지난 후 다른 주택을 취득하는 요건을 적용하지 아니한다(영 155조 16항).

국내에 1주택을 소유한 1세대가 그 주택에 대한 주택재개발사업 또는 주택재건축사업의 시행기간 동안 거주하기 위해 다른 주택(대체주택)을 취득한 경우로서 법이 정한 일정한 거주요건과 이주요건 및 기한 내 양도요건 등을 갖춘 경우 1세대 1주택으로 보아 비과세한다(영 156조의2 5항).

대체주택을 취득하는 과정에서 상속이나 혼인 또는 부모봉양을 위해 세대를 합침으로써 일시적으로 3주택이 된 경우에도 새로운 주택을 취득한 날부터 시행령 제155조 제 1 항에 따른 종전 주택 양도기간 이내에 종전 주택을 양도하는 경우 비과세규정이 적용된다(통칙 89-155…2).[1)]

3) 부모봉양, 혼인 등에 따른 2주택의 경우

1주택을 보유하고 1세대를 구성하는 자가 1주택을 보유하고 있는 60세 이상의 직계존속을 동거봉양하기 위해 세대를 합침으로써 2주택을 보유하게 되는 경우 합친 날부터 10년 이내에 먼저 양도하는 주택은 이를 1세대 1주택으로 보아 제154조 제 1 항의 규정을 적용한다(영 155조 4항. 배우자의 직계존속으로서 60세 이상인 사람 등이 중증질환자 등인 경우에 관하여 적용범위를 확대하는 규정 있음).

1주택을 보유하는 자가 1주택을 보유하는 자와 혼인함으로써 1세대가 2주택을 보유하게 되는 경우 또는 1주택을 보유하고 있는 60세 이상의 직계존속을 동거봉양하는 무주택자가 1주택을 보유하는 자와 혼인함으로써 1세대가 2주택을 보유하게 되는 경우 각각 혼인한 날부터 5년 이내에 먼저 양도하는 주택은 이를 1세대 1주택으로 보아 제154조 제 1 항의 규정을 적용한다(영 155조 5항).

---

1) 판 2014. 2. 27, 2010두27806은 일반주택과 장기임대주택을 소유한 거주자가 다른 주택을 취득함으로써 장기임대주택을 제외하고 2주택을 소유하게 된 경우, 일반주택의 양도를 1세대 3주택 이상에 해당하는 주택의 양도에 해당하지 않는다고 보았다. 이에 반하여 동일한 상황에서 조정대상지역 소재 주택의 대체주택 취득과 관련하여 반대취지로 판단한 심판결정례로 조심2021서2728, 2021. 7. 20.

다른 주택을 취득하기 위한 일시적 2주택자가 혼인하여 4주택을 보유하던 중 그 중 1주택을 양도한 경우는 여기에 해당되지 않는다(판 2010. 1. 14, 2007두26544).

4) 지정문화재 등에 해당하는 주택을 포함한 2주택의 경우(영 155조 6항)

5) 농어촌주택을 포함한 2주택의 경우(영 155조 7항)

적용대상은 수도권 밖 읍·면 지역에 소재하는 농어촌주택으로서, 1. 상속받은 주택(피상속인이 취득 후 5년 이상 거주한 사실이 있는 경우에 한함), 2. 이농인이 취득일 후 5년 이상 거주한 사실이 있는 이농주택, 3. 영농, 영어의 목적으로 취득한 귀농주택(주택을 취득한 날부터 5년 이내에 일반주택을 양도하는 경우에 한정함) 등이다.

귀농으로 인하여 세대전원이 농어촌주택으로 이사하는 경우에는 귀농 후 최초로 양도하는 1개의 일반주택에 한하여 위 규정을 적용한다(영 155조 11항).

이는 1개의 일반주택과 1개의 귀농주택을 보유하여 7 항의 비과세요건이 갖추어진 상태에서 일반주택을 최초로 양도하는 경우이다(판 2005. 12. 23, 2004두10869).

6) 취학, 근무상의 형편, 질병의 요양 등의 사유로 인한 2주택(영 155조 8항)

(4) 2년 이상 보유 및 거주

법은 실수요 목적의 주택 구입을 유도하기 위하여 주택 분양 등이 과열되어 있거나 과열될 우려가 있는 일부 지역에 소재하는 주택의 경우에는 1세대 1주택 양도소득세 비과세의 요건을 적용할 때 2년 이상 보유하는 요건 이외에 2년 이상 실제로 거주하여야 하는 요건을 추가로 요구하고 있다. 다만 무주택자인 거주자가 조정지역의 지정 공고일 이전에 매매계약을 체결하고 계약금을 지급한 사실이 증빙자료에 의하여 확인되는 경우에는 예외적으로 거주요건을 적용하지 않는다.

이 경우에도 1세대가 양도일 현재 국내에 1주택을 보유하고 있는 경우로서 제 1 호부터 3호까지의 어느 하나에 해당하는 경우에는 보유기간 및 거주기간의 제한을 받지 않고 제 5 호에 해당하는 경우에는 거주기간의 제한을 받지 않는다.

각호 생략

'보유'란 소유권을 취득하여 향유하는 상태를 말한다. 주택의 보유기간은 법 제 95조 제 4 항에 따른다(영 154조 5항. 2022. 5. 31. 개정).

2019. 2. 12. 시행령 개정으로 2021년부터 1세대 2주택의 경우 1주택을 처분한 후 곧바로 1세대 1주택이 되는 것이 아니라 2주택 중 한 주택의 양도일로부터 새로이 보유기간과 거주기간 요건을 갖추도록 하였다가(영 154조 5항). 그 후 다주택자가 다른 주택 처분으로 1주택자가 된 경우에도, 1세대 1주택자의 경우와 마찬가

지로 해당 주택의 취득일부터 보유기간을 기산하도록 다시 개정하였다(2022. 5. 31. 개정된 시행령 154조 5항. 부칙 2조 1항에 의하여 2022. 5. 10. 이후 양도분부터 적용).

문언상 분명하지는 않으나 조문체계상 위 규정은 1세대가 1주택과 1개의 분양권을 보유하다가 분양권을 양도한 경우에도 적용이 있다고 볼 것이다(같은 취지. 서면-2021-법령해석재산-1365, 2021. 6. 10).

보유기간중 소실, 무너짐, 노후 등으로 멸실되어 재건축한 주택의 경우 그 멸실된 주택과 재건축한 주택에 대한 거주기간 및 보유기간을, 비거주자가 해당 주택을 3년 이상 계속 보유하고 그 주택에서 거주한 상태로 거주자로 전환된 경우 해당 주택에 대한 거주기간 및 보유기간을, 상속받은 주택으로서 상속인과 피상속인이 상속 개시 당시 동일세대인 경우에는 상속개시 전에 상속인과 피상속인이 동일세대로서 보유한 기간을 각 통산한다(영 154조 8항).

취득일의 결정에 관하여는 시행령 제162조가 적용된다(판 97. 5. 16, 95누10150).

다만 민간임대주택에 관한 특별법에 따른 민간건설임대주택을 취득하여 양도하는 경우와 공공사업용으로 그 사업 시행자에게 양도하는 경우 등으로서 일정한 요건을 갖춘 경우, 해외이주 등(영 154조 1항 1·2호) 및 1년 이상 거주한 주택을 기획재정부령이 정하는 취학, 근무상의 형편, 질병의 요양 그 밖의 부득이한 사유로 양도하는 경우 등에는 보유기간 및 거주기간의 제한을 받지 아니한다(동 3호).

멸실 후 재건축에 따른 신·구주택의 보유기간 통산에는 구주택을 헐고 신주택을 재건축한 경우도 포함되나, 겸용주택인 경우(영 154조 3항 참조)는 해당 규정에 따른다(판 97. 8. 26, 97누4746). 구주택을 헐고 주상복합건물을 신축한 경우 1세대 1주택에 해당한다(94. 4. 29, 93누20764). 위자료 지급을 위해 양도한 경우는 보유기간 제한을 받지 않는 '부득이한 사유'에 해당하지 않는다(판 96. 11. 22, 96누11440).

다. 조합원입주권 및 분양권을 보유하는 세대에 대한 비과세의 배제

「1세대가 주택(주택부수 토지를 포함한다)과 조합원입주권 또는 분양권을 보유하다가 그 주택을 양도하는 경우에는 제 1 항에도 불구하고 같은 항 제 3 호를 적용하지 아니한다. 다만, 「도시 및 주거환경정비법」에 따른 재건축사업 또는 재개발사업, 「빈집 및 소규모주택 정비에 관한 특례법」에 따른 자율주택정비사업, 가로주택정비사업, 소규모재건축사업 또는 소규모재개발사업의 시행기간 중 거주를 위하여 주택을 취득하는 경우나 그 밖의 부득이한 사유로서 대통령령으로 정하는 경우에는 그러하지 아니하다」(89조 2항).

1주택을 소유한 1세대가 그 주택을 양도하기 전에 조합원입주권을 취득함으로써 일시적으로 1주택과 1조합원 입주권을 소유하게 된 경우 일정한 요건 아래 비과세를 적용하며(영 156조의2 3항 괄호부분 및 동조 4항). 조합원입주권도 상속, 부모봉양, 혼인 등으로 인한 경우, 지정문화재 등에 해당하는 주택이나 농어촌주택 등을 포함한 경우 등에 관한 구제조항을 두고 있다(영 156조의2 6항 내지 11항).

2. 기타 비과세 및 비과세의 배제

파산선고에 의한 처분으로 발생하는 소득(법 89조 1항 1호), 농지의 교환 또는 분합으로 발생하는 소득(동 2호; 영 153조 1항) 등은 비과세된다.

미등기양도자산은 양도소득세 비과세 규정 적용대상이 아니다(법 91조 1항). 거래당사자가 매매계약서 거래가액을 실지거래가액과 다르게 적은 경우 해당 자산에 대하여 소득세법이나 그 밖의 법에 따른 양도소득세 비과세나 감면규정 적용 시 허위로 기재된 해당 세액만큼 불이익을 준다(동 2항). 법에서 정한 일정한 부득이한 사유가 있는 경우 미등기양도자산으로 보지 아니한다(영 168조).

제 7 절 국외자산양도에 대한 양도소득세

1. 양도소득의 범위

「거주자(국내에 당해 자산의 양도일까지 계속 5년 이상 주소 또는 거소를 둔 자에 한한다)의 국외에 있는 자산의 양도에 대한 양도소득은 해당 과세기간에 국외에 있는 자산을 양도함으로써 발생하는 다음 각 호의 소득으로 한다. 다만 다음 각 호에 따른 소득이 국외에서 외화를 차입하여 취득한 자산을 양도하여 발생하는 소득으로서 환율변동으로 인하여 외화차입금으로부터 발생하는 환차익을 포함하고 있는 경우에는 해당 환차익을 양도소득의 범위에서 제외한다」(법 118조의2).

1. 토지 또는 건물의 양도로 발생하는 소득

2. 다음 각목의 어느 하나에 해당하는 부동산에 관한 권리의 양도로 발생하는 소득

가. 부동산을 취득할 수 있는 권리(건물이 완성되는 때에 그 건물과 이에 딸린 토지를 취득할 수 있는 권리 포함) 나. 지상권 다. 전세권과 부동산임차권 3. 4. 삭제

5. 그 밖에 제94조 제 1 항 제 4 호에 따른 기타자산 등 대통령령으로 정하는 자산의 양도로 인하여 발생하는 소득

5호의 '대통령령으로 정하는 자산'은 국외 자산으로서 법 94조 1항 4호에 따른 기타자산과 법 118조의2 2호에 따른 부동산에 관한 권리로서 미등기 양도자산을 말한다(영 178조의2).

국외자산 양도에 대하여는 국내자산양도에 관한 규정 중 일부(법 99조, 102조, 112조의2, 165조 등)를 제외하고 대부분 준용된다(법 118조의8).

2. 양도소득금액의 계산

「국외자산의 양도가액은 당해 자산의 양도 당시의 실지거래가액으로 한다. 다만 양도 당시의 실지거래가액을 확인할 수 없는 경우에는 양도자산이 소재하는 국가의 양도 당시의 현황을 반영한 시가에 따르되, 시가를 산정하기 어려운 때에는 그 자산의 종류·규모·거래상황 등을 고려하여 대통령령으로 정한다」(법 118조의3).

법 제118조의3 제 1 항 단서 및 제118조의4 제 1 항 제 1 호 단서에 따라 국외자산의 시가를 산정하는 경우 다음 각 호의 어느 하나에 해당하는 가액이 확인되는 때에는 이를 해당 자산의 시가로 한다(단서 생략)(영 178조의3 1항).

1. 국외자산의 양도에 대한 과세와 관련하여 이루어진 외국정부(지방자치단체를 포함한다)의 평가가액

2. 국외자산의 양도일 또는 취득일 전후 6월 이내에 이루어진 실지거래가액

3. 국외자산의 양도일 또는 취득일 전후 6월 이내에 평가된 감정평가법인 등의 감정가액

4. 국외자산의 양도일 또는 취득일 전후 6월 이내에 수용 등을 통하여 확정된 국외자산의 보상가액

법 제118조의3 제 1 항 단서 및 제118조의4 제 1 항 제 1 호 단서에서 "대통령령으로 정하는 방법"이란 다음 각호의 어느 하나에 따라 평가하는 것을 말한다(동 2항).

1. 부동산 및 부동산에 관한 권리의 경우에는 상증세법 제61조, 제62조, 제64조 및 제65조를 준용하여 국외자산가액을 평가하는 것. 다만, 상증세법 제61조, 제62조, 제64조 및 제65조를 준용하여 국외자산가액을 평가하는 것이 적절하지 아니한 경우에는 「감정평가 및 감정평가사에 관한 법률」에 따른 감정평가법인등이 평가하는 것을 말한다.

2. 유가증권가액의 산정은 상증세법 제63조의 규정에 의한 평가방법을 준용하여 평

가하는 것. 이 경우 동조 제 1 항 제 1 호 가목의 규정중 "평가기준일 이전·이후 각 2월"은 각각 "양도일·취득일 이전 1월"로 본다.

판례는 위 제 1 항 각호의 규정을 예시적 규정으로 보았으나(판 2023. 10. 26, 2020두48215), 시가와 법정평가라는 이원적 평가방법을 규정한 상증세법의 규정 체계와 특히 제 2 항에서 시가를 산정하기 어려운 경우 상증세법에 의한 평가 및 감정평가를 허용하고 있는 점 등에 비추어 판례의 타당성에 의문이 있다.[1)]

양도차익 계산에 있어서 필요경비는, ① 취득가액, ② 대통령령으로 정하는 자본적 지출액, ③ 대통령령으로 정하는 양도비의 합계액으로 한다(법 118조의4).

이 중 취득가액은, 해당 자산의 취득에 든 실지거래가액을 말하되, 실지거래가액을 확인할 수 없는 경우 양도자산이 소재하는 국가의 취득 당시의 현황을 반영한 시가에 따르고, 시가를 산정하기 어려울 때에는 그 자산의 종류, 규모, 거래상황 등을 고려하여 대통령령으로 정하는 방법에 따라 취득가액을 산정한다(같은 조 1항 1호). 국외자산에 대한 양도소득 공제액은 연 250만 원이다(법 118조의7 1항).

3. 양도소득에 대한 세액의 계산

세율은 국내 자산의 경우와 같다(법 118조의5).

국외자산 양도소득에 대해 해당 외국에서 과세를 하는 경우 국내에서 해당 세액을 납부하였거나 납부할 것이 있는 때에는, 1. 국외자산 양도소득세액을 해당 과세기간의 양도소득 산출세액에서 공제하는 방법(일정 산식에 따른 공제한도액 있음)과 2. 국외자산 양도소득세액을 해당 과세기간의 필요경비에 산입하는 방법 중 하나를 선택하여 공제받을 수 있다(법 118조의6).

1) 판례에 찬성하는 평석으로는, 김범준, 조세법연구 30-1, 24면. 관련 논의는 이 책 975면 이하 참조.

제 8 절 거주자의 출국 시 국내주식등에 대한 과세특례[1)]

1. 의 의

거주자가 내국법인 주식이나 비상장 외국법인 주식을 양도하면 양도소득세가 부과되나(법 94조 1항 3호), 미국으로 출국하여 비거주자로 과세상 지위를 변경한 상태에서 양도하면 외국법인 주식에 대한 양도소득은 국내원천소득이 아니므로 소득세를 부과할 수 없고(법 119조 11호 나목), 내국법인의 주식 양도소득 역시 고정시설과 관련되어 있거나 183일 이상 국내에서 체류한 경우가 아니면 소득세가 부과되지 않는다(한미 조세조약 16조 1항). 이러한 법 규정의 차이를 이용한 조세회피 행위에 대처하고자 법은 '거주자의 출국 시 국내주식 등에 대한 과세특례'('국외전출세') 규정을 두고 있다.

미국의 국적이탈세(Expatriation Tax), 일본의 '국외전출시 과세제도' 등 세계 여러 나라도 유사한 제도를 운용 중이다. 구체적 운용방식은 평가가능한 모든 자산에 대하여 과세하는 방식과 주식 등 특정 자산만을 과세 대상으로 하는 방식으로 나뉘며, 캐나다, 호주, 미국 등은 전자의 방식을, 독일, 덴마크, 오스트리아, 네덜란드, 프랑스, 일본, 스페인 등은 후자의 방식을 각 채택하고 있다. 우리나라의 경우 과세대상을 국내주식 등으로 한정하고 있다.

국외전출세는 국제적 조세회피를 막고 자국의 과세권 확보를 위한 적절한 수단으로 평가되고 OECD에서도 도입이 가능하다는 입장을 취하고 있으나,[2)] 근본적으로 미실현소득에 대한 과세이고 거주지를 이전하려는 납세자의 재산권, 평등권, 거주이전의 자유를 침해할 소지가 크다는 점에서 헌법상 정당성을 가질 수 있는지 여부가 문제된다. 이에 대한 대책으로는 세금의 납부 이연, 이주 이후 발생하는 손실에 대한 사후 조정, 이중과세 배제 등이 논의되고 있고 이러한 내용들은 대체로 입법에 반영되어 있다.[3)]

---

1) 종래 법 제118조의9 이하에서 규정하던 것을 2020. 12. 29. 법 개정으로 관련 조문의 위치가 제126조의3 이하로 변경되었다가 그 시행 전인 2024년 말 개정으로 다시 종전 법 제118조의9 이하의 규정이 부활하였다.

2) OECD, BEPS Action Plan 6 부적절한 상황에서 조약혜택의 부여 방지(Preventing the Granting of Treaty Benefits in Inappropriate Circumstances) 최종보고서 Section A §2b) 66.

3) 이에 관한 자세한 논의는, 최정희, 출국세 도입에 대한 헌법적 검토와 입법 형태에 관한 연구, 조세학술논집 제30집 제 3 호 참조.

2. 내 용

출국일 10년 전부터 출국일까지의 기간 중 국내에 주소나 거소를 둔 기간의 합계가 5년 이상이고 출국일이 속하는 연도의 직전 연도 종료일 현재 소유하고 있는 주식등의 비율·시가총액 등을 고려하여 대통령령으로 정하는 대주주(시행령 167조의8 제1항 각 호의 어느 하나에 해당하는 자)에 해당하는 거주자('국외전출자')는 법 제88조 제1호에도 불구하고 출국 당시 소유한 제94조 제1항 제3호 가목 및 나목, 같은 항 제4호 다목 및 라목에 해당하는 주식등('국외전출자 국내주식등')을 출국일에 양도한 것으로 보아 양도소득에 대하여 소득세를 납부할 의무가 있다(법 118조의9, 영 제178조의8).

국외전출자 국내주식등의 양도가액은 출국일 당시의 시가로 하며, 시가를 산정하기 어려울 때에는 주권상장법인의 주식등은 기준시가로, 주권비상장법인의 주식등은 ㈎ 출국일 전후 각 3개월 이내의 매매사례가액과, ㈏ 기준시가를 순차로 적용한 가액에 따라 양도가액을 산정한다(법 118조의10 1항, 영 178조의9).

필요경비의 계산, 양도소득금액과 과세표준의 계산 등은 출국 전 주식 양도의 경우와 동일하며, 다른 종합소득, 퇴직소득 및 양도소득과 구분 계산한다(법 118조의10 2항 내지 5항). 세율은 3억 원 이하는 20%, 초과분은 25%이다(법 118조의11).

이중과세를 방지하기 위해 국외 전출 후 실제 양도가액이 과세된 양도가액보다 낮은 때에는 일정 산식에 따른 금액을 산출세액에서 공제하며('조정공제', 법 118조의12), 외국에서 세금을 납부한 경우 산출세액에서 조정공제액을 공제한 금액을 한도로 외국납부세액공제를 받을 수 있다(법 118조의13 1항). 다만 외국정부가 외국납부세액공제를 허용하거나 국외전출자의 취득가액을 과세된 양도가액으로 조정해 주는 경우는 외국납부세액공제를 적용하지 않는다(동 2항).

국외전출자가 출국 후 비거주자가 된 상태에서 주식등을 양도하여 국내원천소득으로 과세되는 경우 해당 원천징수세액을 조정공제액 공제 금액을 한도로 산출세액에서 공제한다. 이 경우 외국납부세액공제는 적용하지 않는다(법 118조의14).

국외전출세 신고·납부, 경정청구는 법 제118조의15, 납부유예는 법 제118조의16, 납부한 세액의 환급사유 및 절차는 법 제118조의17 각 참조.

국외전출세에 관하여는, 법 제90조(양도소득세액의 감면), 제92조 제3항(양도소득세액 계산의 순서), 제114조(양도소득과세표준과 세액의 결정·경정 및 통지), 제116조(양도소득세의 징수) 및 제117조(양도소득세의 환급) 등이 준용된다(법 118조의18).

제 8 장

근거과세를 실현하기 위한 법적 장치

1. 총　　설

과세는 장부 및 증빙서류에 근거하여 객관성 있게 이루어져야 한다. 이를 근거과세의 원칙이라고 하는데 세법은 이를 효율적으로 담보하기 위한 여러 가지 장치를 소득세법 및 법인세법(112조 내지 121조)에 마련하고 있다. 그 주요한 내용은 납세자로 하여금 세법상의 협력의무를 규정한 것이다. 양 법의 내용은 크게 다르지 않으므로 이를 소득세법의 규정을 중심으로 살펴보면, 1) 장부의 비치·기장의무, 2) 각종 과세자료의 작성·보관·제출의무, 3) 투명한 세원확보를 위한 각종 금융제도상의 협력의무, 4) 그 밖의 과세행정상의 협력의무 등으로 대별할 수 있다. 그 내용을 조문에 따라 요약·정리하면 다음과 같다.

2. 장부의 비치·기장, 각종 서류의 보관의무 등

가. 장부의 비치·기장: 법 제160조 제 1 항; 시행령 제208조
나. 경비 등의 지출증빙 수취 및 보관: 법 제160조의2
다. 기부금영수증 발급명세의 작성·보관의무 등: 법 제160조의3
라. 금융회사 등의 증명서 발급명세의 작성·보관의무 등: 법 제160조의4

3. 그 밖의 협력의무

가. 사업용 계좌의 개설·사용의무 등: 법 제160조의5
나. 비거주 등의 구분기장의무: 법 제161조
다. 금전등록기의 설치·사용: 법 제162조; 시행령 210조

라. 신용카드가맹점 가입·발급의무 등: 법 제162조의2

마. 현금영수증 가맹점 가입·발급의무: 법 제162조의3

바. 계산서의 작성·발급 등: 법 제163조

사. 매입처별세금계산서합계표의 제출: 법 제163조의2

아. 매입자발행계산서의 발행: 법 제163조의3

자. 지급명세서의 제출: 법 제164조

차. 비거주자의 국내원천소득 등에 대한 지급명세서 제출의무 특례: 법 제164조의2

카. 근로소득간이지급명세서의 제출: 법 제164조의3

타. 가상자산 거래내역 등의 제출: 법 제164조의4(2027. 1. 1. 이후 가상자산을 양도·대여하는 분부터 적용)

파. 국외 주식매수선택권등 거래명세서의 제출: 법 제164조의5

4. 기 타

가. 소득공제 및 세액공제 증빙서류의 제출 및 행정지도: 법 제165조

나. 주민등록전산정보자료의 이용: 법 제166조

다. 주민등록표등본 등 제출: 법 제167조

라. 사업자등록 및 고유번호의 부여: 법 제168조

마. 교부금의 지급: 법 제169조

바. 질문·조사: 법 제170조

사. 자문: 법 제171조

아. 매각·등기·등록관계 서류 등의 열람 등: 법 제172조

자. 용역제공자에 관한 과세자료의 제출: 법 제173조

차. 손해보험금 지급자료 제출: 법 제174조

카. 파생상품 또는 주식의 거래내역 등 제출: 법 제174조의2

타. 표본조사 등: 법 제175조

파. 명령사항 위반에 대한 과태료: 법 제177조

제 2 편

법인세법

제1장 총 설

제1절 법인세의 의의

법인세는 법인의 소득에 대하여 과세하는 조세, 즉, 법인소득세를 가리킨다.

법인세는 소득세와 거의 평행하여 발달하여 온 비교적 새로운 조세이며, 특히 최근과 같은 정교한 법인세 체계가 마련된 것은 근래에 이르러서이다. 법인에 대한 소득과세가 행하여진 것은 미국은 1909년, 영국은 1803년, 독일은 1920년, 프랑스는 1917년의 일이나, 독일 이외의 나라들은 소득세 납세의무자로서의 법인을 규정한 것에 불과하고, 프랑스에서는 1949년, 영국에서는 1965년에 이르러 처음으로 소득세로부터 독립된 법인세가 창설되었다. 우리나라는 일제 강점기인 1916년 7월 칙령 제183호로 일본 소득세법의 소득세에 관한 규정을 의용시행한 후 1920년 7월에 제령(制令) 제16호로 조선소득세령를 공포·시행하여 오다가, 1945년 해방이 되고 1948년 대한민국 정부가 수립된 이후인 1949년 11월 7일 법률 제62호로 우리 법인세법을 처음 공포·시행하게 되었다. 제정 법인세법은 1940년 제정된 일본 법인세법과 내용이 거의 일치할 정도로 일본법의 영향을 강하게 받았다. 그 후 1954년과 1961년, 1967년, 1998년 네 차례의 전문개정을 포함하여 수십 차례의 개정과정을 거치면서 우리 경제상황에 맞추어 내용을 정비하여 왔다.[1)]

현행 법인세법은 제1장 총칙, 제2장 내국법인의 각 사업연도의 소득에 대한 법인세, 제2장의3 각 연결사업연도의 소득에 대한 법인세, 제3장 내국법인의 청산소득에 대한 법인세, 제4장 외국법인의 각 사업연도의 소득에 대한 법인세, 제6장 보칙, 제7장 벌칙으로 구성되어 있다.

법인세는 소득을 과세물건으로 하고 있다는 점에서 소득세와 공통되나, 소득세가 납세의무자를 개인으로 하는데 반하여 법인세는 법인인 사단, 재단과 법인격

1) 김완석·황남석, 법인세법론(삼일인포마인, 2024), 64면 참조.

없는 사단, 재단 그 밖의 단체를 납세의무자로 하고, 또한 소득세는 소득을 성격별로 분류하여 각 유형별로 소득공제, 필요경비, 인적 공제 등을 적용하나, 법인세는 그 내용이나 성격에 관계없이 모든 소득이 등가치적으로 법인소득을 구성하고 인적공제도 인정되지 않는다는 특성을 갖는다.

현행 법인세에는, 1. 각 사업연도 소득에 대한 법인세(법 3조, 13조 내지 75조의9, 76조의8 내지 76조의22, 91조 내지 99조), 2. 청산소득에 대한 법인세(법 77조 내지 90조), 3. 법 제55조의2 및 제95조의2에 따른 토지 등 양도소득에 대한 법인세 등 세 종류가 있으며 법인과세 신탁재산의 각 사업연도 소득에 대한 법인세에 관하여는 별도의 과세특례 규정이 마련되어 있다(법 75조의10 내지 18).

각 사업연도 소득에 대한 법인세는 매년 법인의 결산을 기초로 하여 그 사업연도에 발생한 소득을 대상으로 과세된다. 각 사업연도 소득은 당해 사업연도의 익금에서 손금을 공제한 금액으로서 법인의 결산을 기초로 하되 법인세법에 따라 세무조정을 거치게 되므로 법인의 당기순이익과 반드시 일치하지는 않는다.

법인세율은 일반 법인의 경우 비영리법인과 영리법인 구별 없이 4단계로 나누어 각 구간별로 단계적 누진세율이 적용되며 현행 최고세율은 과세표준 3천억 원 이상에 대하여 24%이다(법 55조 1항). 다만 법인은 그 자체에 담세력이 있는 것이 아니므로 법인의 소득에 누진세율을 적용하는 것은 사람들 사이에 부를 재분배하기 위한 효과적인 방법이 아닌 것으로 설명된다.[1] 우리 법의 세율구조도 그 초점이 부의 재분배에 있는 것은 아닌 것으로 이해된다.

청산소득은 법인 해산 시 잔여재산가액에서 자본금과 잉여금을 합한 자기자본 총액을 공제한 금액이다(법 79조 1항). 법인에 내재되어 있던 미실현소득을 청산을 계기로 과세하는 것이다. 세율은 각 사업연도 소득에 대한 세율과 같다(법 83조).

토지·건물 등의 양도차익에 관하여는 일정한 경우 사업연도 법인세와 별도로 계산한 양도소득에 대한 법인세를 납부하여야 한다(법 4조 1항 3호). 비영리내국법인과 외국법인은 제 1 호와 3호에 대하여만 법인세를 과세한다.

우리나라의 2023년도 법인세 징수액은 약 80.4조 원으로서 전체 국세 세수액 약 335.6조 원의 24% 가량을 차지하여 소득세, 부가가치세와 함께 국가 세수의 중심이 되고 있다.

---

1) 안좌진, 앞의 책 244면.

제 2 절 법인세의 논점

1. 법인세의 근거

법인세는 출자자 개개인의 한계적용세율에 관계없이 일률적으로 법인세율을 적용하여 과세한다. 따라서 저소득자인 주주의 경우 본인의 종합소득에 적용되는 한계세율보다 높은 비율의 조세가 법인단계에서 부과되며, 고소득자 주주일수록 법인단계 과세로 인한 불이익이 적게 된다. 이와 같이 법인세는 조세의 수직적 형평에 위배되는 요소를 지닌다. 또한 법인세는 법인단계에서 과세되고 소득이 분배될 때 재차 배당단계에서 과세된다. 따라서 법인을 원천으로 하는 소득은 다른 소득에 비하여 실효세율이 높다. 이와 같이 법인세는 조세의 수평적 형평에 위배되는 요소를 지닌다. 이와 같은 불균형은 자본의 적정분배를 그르치며, 특히 법인의 자기자본에 대한 차별은 타인자본에 의존하게 하는 요인을 세제에 내포하고 있다.

법인세를 타당한 세목이라고 주장하는 견해 중 하나는 조세의 근거에 관한 이론의 하나인 이익설에 그 바탕을 둔다. 그러나 법인이 누리는 특전 중 가장 중요한 것의 하나인 구성원의 유한책임의 특전도 그것이 오히려 법인의 경영성적이 불량하여 채무초과가 되는 경우에 유용하다는 점에서 이를 해답으로 삼기는 어렵고, 법인형태가 대규모 자본조달을 가능하게 한다는 견해도 우선 폐쇄회사에서 타당하지 않고, 법인형태의 이용으로 인한 부분을 현실적으로 파악할 수 없다는 난점이 있다. 이 밖에 법인세 과세의 타당성에 관한 논거로, 대규모 법인에 있어서 주주의 지위는 사채권자에 가깝다는 점, 현실적으로 법인세가 소비자에게 전가된다는 점, 법인세가 폐지되면 조세수입 감소가 예상된다는 점 등이 거론된다.[1] 이와 같은 논의를 모두 수렴하더라도 어쨌든 법인세는 수직적·수평적 형평을 깨뜨릴 뿐 아니라 이론적으로도 방어하기 곤란한 세목임을 부인하기는 어렵다.

이러한 문제들에 접근하는 데 있어 사법상 법인의 본질론에 관한 논의는 적당치 않다. 왜냐하면 법인세 과세의 문제는 일정한 조세수입을 조달하기 위해 경제활동의 어느 단계에서 조세를 부과하는 것이 국민경제적 측면에서 가장 합리적이고 효과적인가 하는 조세법 본래의 관점에서 바라보아야 하기 때문이다. 법인은 오늘날 경제체제 안에서 매우 유용한 부의 형성수단으로서, 법인을 둘러싼 이익집단(경영

1) 김완석·황남석, 앞의 책, 35면.

자, 주주, 직원, 채권자, 일반소비자 등)은 그 곳에서 여러 가지 형태로 다양한 이익을 얻는다. 조세체계 전체의 공평성과 누진성을 유지하기 위해서는 각각의 이익집단이 법인으로부터 어떠한 이익을 얻는가를 정확하게 측정하여 담세력에 따라 과세하지 않으면 안 된다. 따라서 법인의 본질에 관한 논의를 넘어 소득세를 피해 법인 내에 유보된 이윤에 대한 과세,[1] 친족회사나 소규모회사에 대한 과세, 자본이득(capital gain)에 대한 불완전한 과세에 수반하는 불공정의 시정 등의 문제를 동시에 생각하면서 전체적인 시각에서 합리적인 과세체계를 구축하여야 할 것이다.

2. 법인과 주주 사이의 거래에 따른 각종 과세문제

아래에서는 출자부터 출자의 회수에 이르기까지 법인과 주주 사이에 일어나는 여러 가지 거래 내지는 경제적 관계를 과세 측면에서 개괄적으로 살펴본다.

우선 법인세법은 법인을 주주와 별개의 납세의무자로 보아 과세하지만 실질적으로 법인이란 결국 주주의 총 합체를 의미한다. 법인세법이 자본거래, 즉 법인의 자본을 매개로 하는 법인과 주주 사이의 거래를 법인세 과세대상에서 제외하고 있는 것(법 17조 및 20조)은 그 본질을 전체로서의 주주와 일부 주주 사이의 거래로 보기 때문이다. 이 점에서 법인세는 다른 이해관계자(채권자, 종업원 등)를 넘어 주주의 시각에서 법인을 바라본 세목이라고 할 수 있다. 주주의 출자나 출자의 환급은 이러한 자본거래에 해당하므로 법인의 손익에 영향을 미치지 않는다. 또한 주주의 출자는 원칙적으로 주주 개인의 소득을 증가시키지 않으므로 주주에 대해서도 과세대상이 되지 않는다. 그와 같은 출자가 예컨대 부동산의 현물출자와 같이 과세의 계기가 될 수 있지만 이는 출자목적물에 대한 자본이득 실현의 문제일 뿐 출자 그 자체의 문제는 아니다. 이에 비해 출자의 환급은 환급금액이 출자금액을 초과하는 범위 내에서 주주에 대하여 배당소득(의제배당)으로 과세된다(소법 17조 2항 1호). 법인 쪽에서 보면 감자(減資)에 해당하고 주주에게 의제배당이 생기면 법인에는 감자차손(減資差損)이 발생한다. 현물배당이나 주식배당의 경우 평가가 문제되는데 법은 현물배당의 경우에는 시가, 주식배당의 경우에는 액면금액(발행금액) 범위 내에서 소득을 인식하도록 하고 있다(소법 17조 5항, 소령 27조 1항). 청산은

1) 주주에 대한 소득세는 주식을 양도하거나 이익을 배당받기 전까지는 미실현상태에 있어 과세가 유예되므로 법인세는 이러한 과세의 유예 내지 회피를 막기 위한 수단으로 기능한다. 이러한 측면에서 법인세는 '개인소득세의 보완세' 역할을 수행한다.

주주 전체에 대한 자본의 환급이므로 법인에 대하여 청산소득이 과세되는 이외에 주주에 대하여도 동일한 의제배당 문제가 발생한다(소법 17조 2항 3호).

주주가 출자금을 회수하려면 주주의 지위를 제 3 자에게 양도하거나 법인에게 이전(환급)하여야 한다. 그 대가 중 취득가액을 초과하는 부분은 주주에 대한 소득을 구성한다. 전자의 경우 소득세법상 제한적 범위 안에서 양도소득세가 부과되고(소법 94조 1항 3호 가목 및 나목), 후자의 경우에는 의제배당에 따른 배당소득세가 부과된다. 우리 법은 양 쪽에 대한 과세상 취급을 다르게 하고 있는데 그에 따라 조세중립성을 침해하고 납세자에 대하여 조세회피유인을 제공한다는 문제점이 지적되고 있다.

법인이 자기주식을 취득하는 경우는 감자 목적의 경우와 그 밖의 경우가 있다. 이 중 전자가 자본거래에 해당함은 이론이 없으나, 후자에 관하여는 자본거래와 손익거래 중 어느 쪽인가에 관하여 입법론이나 해석론상 논의가 많다.

불균등 증자나 감자 또는 불공정한 합병 등을 통하여 주주인 법인의 이익이 특수관계인인 다른 주주에게 분여되는 경우 부당행위계산부인의 대상이 된다(영 제88조 1항 8호 및 8호의2). 이는 법인체를 매개로 한 부당한 자본거래를 통하여 주주 사이에 이익이 분여되는 것을 규제하기 위한 것이다. 이에 반해 특수관계인인 법인 사이에 불공정한 합병·분할 등으로 양도손익을 감소시킨 경우 역시 부당행위계산부인의 대상이 되는데(영 제88조 1항 3의 2호), 이는 현행법이 합병을 피합병법인이 합병법인에게 자산을 양도하는 손익거래로 인식하고 있기 때문이다.

법인의 사업연도 중 당기순이익이 발생하면 그에 대하여 법인세가 과세되고, 그와 같이 과세된 이익을 주주에게 배당하면 주주에 대하여 배당소득세가 과세된다. 이와 같은 두 단계 과세는 법인소득의 이중과세 문제를 발생시키므로 법은 이를 조정하기 위한 장치를 마련하고 있다. 다만 그 범위는 제한적이다.[1)]

법인이 이익잉여금을 배당하지 않고 자본에 전입하면 우리 법은 그에 기하여 주주에게 교부되는 주식의 액면가액 범위 내에서 배당으로 의제한다. 다만 주식의 액면초과발행금과 같이 법인의 자본거래로 인하여 발생한 자본준비금을 자본에 전입하여 주주에게 무상주를 교부하는 경우에는 의제배당으로 과세하지 않는다.

법인의 사업으로 인하여 결손이 발생하면 그 결손금은 그 이후 15년간 법인의 사업연도의 이익에서 공제되므로 결손금은 일종의 자산으로서의 성격을 갖는다. 주

1) 일반적으로 법인에 대한 법인세와 주주에 대한 소득세를 동시에 부과하는 방식은, ① 사업형태를 개인으로 할 것인가, 법인으로 할 것인가, ② 자금조달을 신주발행에 의할 것인가, 차입에 의할 것인가, ③ 이윤을 주주에게 배당할 것인가, 내부에 유보할 것인가 등과 관련하여 세 부담에 차별을 초래하는 것으로 설명된다. 안좌진, 앞의 책 246면.

주는 유한책임을 부담하므로 설사 자본이 잠식되어 채권자에게 손해가 발생하더라도 이에 대하여 대주주로서 제2차 납세의무를 부담하는 등의 예외적인 경우가 아닌 한 출자금 이외에 주주 개인으로서 책임을 부담하지 않는다.

3. 우리나라의 이중과세 조정제도

내국법인이 지급하는 배당·의제배당 및 인정배당으로서 종합과세대상인 것 중 일부 의제배당을 제외한 나머지 배당소득에 대하여는 실제로 받은 배당금에 배분될 법인세에 해당하는 10/100 상당 금액을 배당소득금액에 가산하고 동시에 해당 금액(귀속법인세)을 배당소득세액에서 공제한다(소법 17조 3항 단서, 56조 1항).

귀속법인세(가산금액) = 배당금 × 법인세율 / (1—법인세율)

이 방식을 법인세 주주귀속방식이라고 부르는데 법인세율을 일률적으로 9%로 잡고 있다는 점에서 이중과세의 조정은 불완전한 형태로 이루어지고 있다.

그 밖에 법인소득에 대한 이중과세 조정방식으로는, 법인단계의 조정방법으로 지급배당금을 손금에 산입하는 방식과 법인세율을 유보소득과 배당소득에 따라서 달리 정하는 방식이 있고, 주주단계의 조정방법으로는 1) 법인세액을 소득세액에서 공제하는 방식, 2) 수입배당금을 주주의 과세소득에 불산입하는 방식, 3) 배당소득을 합산과세한 소득세에서 일정비율의 세액을 공제하는 방식, 4) 개인 및 그 밖의 단체가 얻는 사업소득에 대하여 비례세율에 의하여 포괄사업소득세로서 과세하는 방식 등이 있다.[1] 법인의 수입배당(受入配當)에 대하여는 내국법인이 당해 법인이 출자한 다른 내국법인으로부터 받은 수입배당금에 대하여 출자비율에 따른 일정한 금액을 과세대상에서 제외하고 있다(법 18조의2·3). 그 밖에 도관회사의 형태를 가지는 유동화전문회사와 기업구조조정 부동산투자회사의 경우에는 투자자에 대한 배당금을 법인의 소득금액에서 직접 공제하여 법인세 대상에서 제외하는 방식을 채택하고 있다(법 51조의2). 이와 같이 우리나라의 배당소득에 대한 이중과세의 조정은 기본적으로 (불완전한) 법인세 주주귀속방식을 채택하면서 일부 배당소득공제방식과 지급배당손금산입방식이 가미된 형태를 채택하고 있다.

조세특례제한법에 규정된 동업기업에 대한 과세특례제도 역시 그 기본적인 취지는 인적회사 등의 이중과세 방지를 위한 것이다.

---

1) 자세한 내용은, 박 훈, “부동산투자회사에 있어서 이중과세조정문제”, 조세법연구 9-1, 146면.

제2장
납세의무자·사업연도·납세지

제1절 납세의무자

1. 납세의무자의 구분

가. 법인과 법인격 없는 단체

(1) 법 인

법인이란 자연인이 아니면서 권리능력이 인정된 법적 주체를 말한다. 현행법상 일정한 목적과 조직 아래 결합한 사람의 집단(사단)과 일정한 목적에 바쳐진 재산의 집단(재단)이라는 실체에 대하여 법인격이 부여되는 때에 법인이 된다. 전자를 사단법인, 후자를 재단법인이라고 한다.

법인은 법률의 규정에 의하지 않고서는 성립할 수 없다(민법 31조). 그 근거법률로는 민법 및 상법을 비롯하여 사립학교법, 의료법, 은행법 등이 있으며, 일반적으로 법인설립등기 시에 법인격을 취득한다(민법 33조, 상법 172조 등).

우리 법상 개인이 기업에 출자하는 형태로는 크게, 개인기업, 조합과 익명조합, 동업기업, 법인 등이 있고 이 밖에 신탁도 특수한 출자형태로 볼 수 있다. 이 중 개인기업에 대하여는 소득세가, 법인에 대하여는 법인세가 각 부과되고, 조합, 익명조합, 동업기업, 신탁 등은 그 구성원에 대하여 과세하는 단계에서 도관의 역할을 수행하는 것으로 구분할 수 있다.

(2) 법인격 없는 단체

법인격이 없는 사단·재단 그 밖의 단체 중, ① 주무관청의 허가 또는 인가를 받아 설립되거나 법령에 따라 주무관청에 등록한 사단·재단 그 밖의 단체로서 등기되지 아니한 것과, ② 공익을 목적으로 출연된 기본재산이 있는 재단으로서 등기되지 아니한 것 중 수익을 구성원에게 분배하지 아니하는 것 및 ③ 위 ①② 이외의 단체 중 국세기본법 제13조 제 2 항 각 호의 요건을 갖춘 것으로서 대표자 또는 관리인이 관할세무서장에게 신청하여 승인을 얻은 것은 이를 법인으로 본다(기본법 13조 1·2항).

법인격 없는 단체는 사법상 독립된 권리능력의 주체가 될 수 없으나 구성원들과는 별도로 당해 단체 자신이 사회생활상의 한 단위로 활동하는 등 그 성질, 조직, 태양에 있어서 법인격을 가진 사단이나 재단과 다를 바 없으므로 이들 단체에 조세법률관계의 당사자 지위를 인정한 것이다. 구도시재개발법(현행 도시 및 주거환경 정비법)상의 주택개량재개발조합(판 2005. 5. 27, 2004두7214)이나 구주택건설촉진법(현행 주택법)에 의한 주택조합(판 2005. 6. 10, 2003두2656) 등이 여기에 해당한다. 위 의제법인은 법인세법상 비영리법인으로 취급되며(법 2조 2호의 다목), 외국단체에도 적용이 있다(법 2조 4호 참조).

나. 내국법인과 외국법인

(1) 총 설

법인세의 납세의무자는 내국법인과 외국법인으로 나누어진다. 그 구별기준에 관하여는, 1) 관리지배지주의 2) 본점소재지주의 3) 설립준거법주의가 있다.

이 중 1)은 법인의 업무를 실제로 관리·지배하는 장소를 기준으로 하는 방법이고, 2)는 본점 또는 주사무소 소재지를 기준으로 하는 방법이며, 3)은 법인을 설립함에 있어서 준거한 법률이 어느 나라 법률인가를 기준으로 하는 방법이다.

우리 법인세법은 본점, 주사무소 또는 사업의 실질적 관리장소가 국내에 있는 법인을 내국법인으로, 이를 외국에 둔 법인을 외국법인으로 각 규정하여(법 2조 1호 및 3호), 관리지배지주의와 본점소재지주의를 병용하고 있다. 외국의 경우를 보면, 독일, 캐나다 등은 우리와 같이 관리지배지주의와 본점소재지주의를 병용하고 있고, 일본은 본점소재지주의를, 미국은 설립준거법주의를 각 채택하고 있으며, 영국은 관리지배지주의와 설립준거법주의를 절충한 형태를 취하고 있다.[1]

우리 법상 외국에 본점이나 주사무소를 두더라도 '사업의 실질적 관리장소'가 국내에 있으면 내국법인으로 보는데 법은 그 구체적 기준에 관하여 아무런 규정을 두지 않고 있다. OECD 모델조세협약은 '실질적 관리장소'의 의의에 관하여, '법인의 사업수행에 필요한 중요한 관리와 상업적 결정이 실질적으로 이루어지는 장소'

1) 김완석·황남석, 앞의 책, 83면 참조.

를 의미하고, 그 판단에 있어서는 모든 관련사실과 상황이 검토되어야 하며, 한 법인체에 하나 이상의 관리장소가 있을 수 있지만 실질적 관리장소는 한 곳에만 있을 수 있다고 설명하면서, 구체적 기준으로, 1. 이사회나 이와 동일한 조직의 모임이 통상적으로 개최되는 장소, 2. 최고경영자 및 기타 임원이 통상적으로 활동을 수행하는 장소, 3. 법인의 고위수준의 일상적 관리가 수행되는 장소, 4. 법인의 본사 소재지, 5. 준거법이 적용되는 국가 소재지, 6. 회계기록 보관 장소, 7. 조약상 법인이 한 체약국 거주자이고 상대방 체약국 거주자가 아닌 경우 조약규정의 부적절한 이용을 초래할 위험이 있는지 여부 등을 제시하고 있다(OECD 주석서 4-24.1).

법인세법상 실질적 관리장소의 의의에 관하여는, 법인세법이 취한 본점소재지주의와의 관계를 어떻게 이해할 것인지, 내국법상 개념과 조세조약상 개념을 동일하게 볼 것인지, 그리고 외국법인에 대한 과세제도인 고정사업장세제와 특정외국법인세제와의 관계를 어떻게 볼 것인지 등이 논의된다.[1)]

판례는 '실질적 관리장소'란 법인의 사업 수행에 필요한 중요한 관리 및 상업적 결정이 실제로 이루어지는 장소를 뜻하고, 이는 법인의 장기적인 경영전략, 기본 정책, 기업재무와 투자, 주요 재산의 관리·처분, 핵심적인 소득창출 활동 등을 결정하고 관리하는 것을 말하며, 결정·관리행위의 특성상 어느 정도의 시간적·장소적 지속성을 갖출 것이 요구되므로 실질적 관리장소를 외국에 두고 있던 법인이 이미 국외에서 전체적인 사업활동의 기본적인 계획을 수립·결정하고 국내에서 단기간 사업활동의 세부적인 집행행위만을 수행하였다면 특별한 사정이 없는 한 법인이 실질적 관리장소를 국내로 이전하였다고 쉽사리 단정할 것은 아니라고 판단하였다.[2)]

내국법인은 소득의 원천지가 국내인가 국외인가를 묻지 않고 모든 소득에 대해 납세의무를 지는 반면(법 3조 1항 1호), 외국법인은 국내원천소득에 대해서만 납세의무를 진다(동 2호). 이에 따라 국내법인은 법에 특별한 제외규정이 없는 한 당해 법인의 순자산을 증가시키는 거래로 인하여 발생하는 수익 전부를 익금에 산입하여 과세표준을 산정하는데 반하여(법 13조, 15조), 외국법인은 소득의 원천별로 법이 규정된 소득만을 과세대상으로 하여, 국내에 사업장이 있는 경우에는 국내원천소득 합계액을 과세표준으로 삼고, 국내에 사업장이 없는 경우에는 국내원천소득의 소득별 수입금액을 과세표준으로 삼는다(법 91조, 93조).

---

1) 백제흠, "법인세법상 '실질적 관리장소'의 의미와 판단기준", 세법의 논점 2, 437면.
2) 판 2016. 1. 14, 2014두8896. 판결에 대한 평석은, 백제흠, 위 논문 및 정광진, "법인에 대한 포괄적 과세권의 기초개념으로서 '법인의 실질적 관리장소'에 관한 고찰", 조세실무연구 10, 45면.

(2) 외국법인의 판정기준

㈎ 총 설

외국법인에 대한 과세는 외국의 단체를 어떻게 볼 것인지가 중요한 현안이다.

우리 법상 법인은 법률의 규정에 의함이 아니면 성립하지 못하고(민법 31조), 법인은 그 주된 사무소의 소재지에서 설립등기를 함으로써 성립한다(민법 33조).

법인은 법률의 규정에 좇아 정관으로 정한 목적의 범위 내에서 권리와 의무의 주체가 되며(민법 34조), 법인이 아닌 단체는 실질적으로 독립된 실체를 갖추어도 사법상 권리의무의 주체가 될 수 없다(형식주의). 거꾸로 독립된 실체를 완전히 갖추지 못하여도 법인으로 설립되면 원칙적으로 법적인 자격이 부인되지 않는다.

이에 반해 세법은 독립된 실체가 인정되면 사법상 법인이 아닌 단체에 대하여도 일정한 요건 아래 법인으로 의제하여 법인세를 적용한다(기본법 13조 4항). 아울러 사법상 법인이라도 실질이 동업기업에 해당하는 일정한 경우 구성원에 대한 소득과세 방식의 선택을 허용하고 있다(조특법 100조의16).

법인격과 법인세 과세의 관계는 나라마다 다르다. 독일은 우리나라에서 법인으로 취급되는 합명회사나 합자회사를 조합체로 보아 소득세 과세대상으로 삼고 있고, 미국도 사법상 법인으로 볼 수 있는 S-Corporation에 대하여 파트너십 과세를 허용하고 있다. 이에 따라 외국의 특정단체를 어느 경우에 우리 세법상 법인세 과세대상인 외국법인으로 볼 것인지에 관한 어려운 문제가 대두된다.

㈏ 일반적 분류기준 및 외국의 실태

외국의 법인격 없는 영리단체를 우리 세법상 법인으로 보아 법인세를 과세할 것인지에 관하여는 이를 크게, 1) 사법상 기준에 의하는 방법과 2) 세법상 기준에 의하는 방법으로, 그리고 1)의 경우는 다시, ⅰ) 외국에서 법인격을 가지는지 여부에 의하는 방법과 ⅱ) 국내 단체와의 사법적 유사성에 의하는 방법으로, 2)의 경우는, ⅰ) 외국에서 법인세 납세의무를 부담하는지 여부에 의하는 방법과 ⅱ) 세법상 독자적인 기준에 따라 정하는 방법으로 각각 나누어 설명하고 있다.[1)]

외국의 실태를 보면, 미국은 내국법인에 대하여 당연법인으로 인정되는 사업체는 법인세를 과세하고, 그 밖의 적격실체 사업체는 선택을 허용하되, 선택하지 않을 경우 출자자 모두 유한책임을 지면 법인으로, 무한책임을 지는 출자자가 있으면 파트너십으로 과세하며(Check-the-Box Regulation), 이는 미국 이외 국가의 법률에 의해 설립된 사업체에 대하여도 동일하게 적용된다{Treas. Reg. 301조. 7701-2(b)(8)}.

1) 이재호, "법인세법상 외국단체의 법인판단방법에 대한 고찰", 조세법연구 18-3, 218면.

독일은 외국사업체가 합자회사, 합명회사, 민법상 조합과 유사한 경우는 파트너십으로, 주식회사, 유한회사와 유사하면 법인세 과세대상으로 보고 있고, 과세관청이 외국 사업체에 대하여 독일 사업체와의 비교목록을 제공하고 있다.

우리와 법체계가 유사한 일본의 경우 판례는 미국의 LLC가 일본 사법상 외국법인으로 인정되기 때문에 일본 세법상으로도 외국법인으로 취급해야 한다고 판단하였다.[1] 한편 OECD 모델조세조약에서는 파트너십에 관하여 기본적으로 체약국의 과세기준에 따르도록 하면서 상호주의와 조세회피방지에 입각한 보완규정을 두고 있다(OECD 모델조세조약 제 1 조에 관한 주석서 6.3 문단).

㈐ 현행 규정의 내용

법은 외국법인에 관하여, 「외국에 본점 또는 주사무소를 둔 단체(국내에 사업의 실질적 관리장소를 두지 아니하는 경우만 해당한다)로서 대통령령이 정하는 기준에 해당하는 법인」으로 정의하고(법 2조 3호), 시행령은 그 구체적인 기준으로서, 1. 설립된 국가의 법에 따라 법인격이 부여된 단체, 2. 구성원이 유한책임사원으로만 구성된 단체, 3. 삭제 4. 그 밖에 해당 외국단체와 동종 또는 유사한 국내의 단체가 상법 등 국내의 법률에 따른 법인인 경우의 그 외국단체 등을 외국법인으로 규정하고 있다(영 2조 2항 1호 내지 4호).

㈑ 규정에 대한 분석

위 제 1 호는 외국과의 상호주의 적용과 내국법인과의 형평 차원에서 일차적 대상으로 규정한 것으로서 앞의 분류상 1-ⅰ)의 방법을 취한 것이고, 제 2 호는 우리 사법상 법인인 주식회사와 유한회사가 가지는 기본적 특징으로서 앞의 분류상 어느 경우에도 포섭되나 별도의 유형으로 명시한 것이다. 마지막으로 제 4 호는 종전 판례가 취한 1-ⅱ) 기준에 따른 것으로서[2] 성립배경이나 실태 등이 다른 국내법인과 외국단체 사이의 동종, 유사성에 관한 판단이 관건이다.

㈒ 구체적 적용

미국의 S-Corporation은 미국에서 파트너십으로 취급되지만 우리 법상은 법인으로 과세되고, 합명회사나 합자회사의 경우 독일에서는 법인세 과세대상이 아니나 우리 법상은 법인세가 과세된다. 이와 관련하여 상법은 합자조합 제도를 채택하고 있는데, 합자조합은 조합의 업무집행자로서 조합의 채무에 대하여 무한책임을 지는 조합원과 출자가액을 한도로 하여 유한책임을 지는 조합원이 상호출자하여 공동사업을

1) 일최판 평성 27. 7. 17. 그 평석은 일본 판례백선 227면.
2) 판 2012. 1. 27, 2010두5950; 2013. 7. 11, 2011두4411; 2017. 7. 11, 2015두55134,55141 등.

경영할 것을 약정함으로써 그 효력이 생기고(상법 86조의2), 이는 법인격 없는 조합에 해당된다. 한편 상법은 법인회사의 한 형태로 합자회사를 규정하고 있는데(상법 제3장 268조 내지 287조), 합자회사와 합자조합은 법인격 유무는 달리하지만 유한책임사원 내지 조합원과 무한책임사원 내지 조합원으로 구성되어 있는 점에서 단체로서의 실질은 유사하다. 상법이 합자조합 제도를 채택하기 이전 판례는 미국의 LP(Limited Partnership)가 국내법상 법인인 합자회사와 유사하다는 이유로 이를 외국법인으로 인정하였는데[1] 합자조합 역시 미국의 LP를 기초로 설립된 제도로서 유사한 실질을 지니므로 이제는 종전과 같은 이유로 미국의 LP를 외국법인으로 단정하기는 어려운 상황이다. 이와 같은 논의의 어려움은 근본적으로 우리 민법이 법인의 설립에 관하여 형식주의를 취하고 있다는 점에서 비롯된 것으로 여겨진다.

법은 외국법인에 대한 조세조약의 적용과 관련하여 외국법인이 국외투자기구를 통하여 법 제93조에 따른 국내원천소득을 지급받는 경우 원칙적으로 그 외국법인을 국내원천소득의 실질귀속자로 보되, 국외투자기구가 법이 정한 일정한 요건을 충족하는 경우 국외투자기구를 국내원천소득의 실질귀속자로 보도록 규정하는 한편 각각의 경우에 관한 원천징수절차 및 경정청구에 관한 규정을 마련하고 있다(법 93조의2, 98조의6 및 98조의4). 위 시행령 각호에 따른 외국법인 기준의 적용은 조세조약 적용대상의 판정에는 영향을 미치지 않는다(영 2조 4항).

㈓ 외국법인의 목록고시

국세청장은 제2항 각 호에 따른 외국법인의 유형별 목록을 고시할 수 있다(영 2조 3항). 이는 독일의 제도를 도입한 것인데, 현재까지 해당 고시는 이루어지지 않고 있다. 외국법인의 국내 원천소득은 대부분 내국법인이나 거주자가 원천징수의무를 부담하는데 원천징수의무자에 대하여 어떠한 세목의 세율이 어떻게 적용되는지 기준이 애매한 경우 현실적으로 납세자는 거래관계에 큰 어려움을 느끼게 된다. 이는 원천징수제도의 본질에 비추어서나 적정한 과세권 행사라는 측면에서 바람직하지 않으므로 외국법인의 목록고시와 납세자의 사전질의제도 및 그에 따른 면책 등에 관한 절차적 규정의 정비가 시급하다. 그 밖에 외국법인에 관한 법인세법 규정과 조세조약의 일반적인 적용대상인 '거주자' 및 '법인' 개념의 상충에 따른 이중과세도 문제가 되는데 그 내용에 관하여는 이 책 1195면 참조.

---

1) 판 2012. 1. 27, 2010두5960(론스타 사건); 2012. 10. 25, 2010두25466(CVC아시아 사건); 2013. 7. 11, 2010두20966(뉴브릿지캐피탈 사건) 등. 판결에 대한 자세한 분석은, 오 윤 · 임동원, "Limited Partnership에 대한 소득의 실질귀속", 조세법연구 21-1. 144면.

다. 영리법인과 비영리법인

(1) 의 의

법인은 설립목적에 따라 영리법인과 비영리법인으로 나누어지고, 이 중 비영리법인은 다시 비영리 내국법인과 비영리 외국법인으로 나누어진다. 비영리 내국법인은 민법 제32조에 따라 설립된 법인과 사립학교법 그 밖의 특별법에 의하여 설립된 법인으로서 민법 제32조에 규정된 목적과 유사한 목적을 가진 법인(대통령령으로 정하는 조합법인 등이 아닌 법인으로서 그 주주·사원 또는 출자자에게 이익을 배당할 수 있는 법인을 제외한다) 및 국세기본법 제13조 제4항에 의하여 법인으로 보는 법인격 없는 단체를 총칭한다(법 2조 2호).

'대통령령으로 정하는 조합법인'이란 농업협동조합법, 소비자생활협동조합법, 수산업협동조합법, 산림조합법 등에 의하여 설립된 각 조합과 중앙회, 새마을금고법에 의하여 설립된 금고와 중앙회 등을 말한다(영 2조).

비영리 외국법인은 외국법인 중 외국의 정부·지방자치단체 및 영리를 목적으로 하지 아니하는 법인(법인으로 보는 단체를 포함한다)을 말한다(법 2조 4호).

어느 법인이 영리법인에 해당하는지 여부는 법인의 실제 운영실태를 기준으로 하므로, 설립근거가 특별법이라도 구성원이 법인의 재산에 대해 지분을 갖고 잉여금을 분배받으면 영리법인이다. '영리를 목적으로 하지 아니하는 외국법인' 역시 외국에서의 설립근거 법률이나 설립목적에 관계없이 우리나라에서 행하는 경제활동의 성격, 즉 국내활동의 영리성 유무에 따라 판단한다(판 89. 6. 27, 89누6802). 구 도시재개발법상 재개발조합(판 2005. 5. 27, 2004두7124), 구 주택건설촉진법상 상 주택조합(판 2005. 6. 10, 2003두2656) 등은 모두 법인세법상 비영리 내국법인에 해당한다.

(2) 비영리법인에 대한 과세

비영리법인도 그 본질에 반하지 않는 범위 내에서 수익을 목적으로 하는 사업활동을 할 수가 있다. 이에 관하여 법인세법은 비영리 내국법인의 수익사업 중 법 제4조 제3항 각 호의 수익사업 또는 수입에서 생긴 소득에 한하여 과세대상으로 삼고 있다(법 4조 3항). 비영리 외국법인의 경우에는 국내원천소득 중 수익사업에서 생기는 소득에 대하여 과세한다(법 4조 5항).

비영리법인의 사업은 공익성 측면에서는 비과세가 바람직하나 비영리법인도 수익사업을 영위하여 시장에서 영리법인과 경쟁하는 이상 양자 사이의 세 부담 차이는 거래의 공정을 해치므로 제한적 범위 내에서 과세하는 것이다.

사단법인 한국음악저작권협회가 영위하는 신탁관리업무로 인한 수입(판 96. 6. 14, 95누14435), 중소기업진흥공단이 정부로부터 받은 이차보전(利差補塡) 출연금(판 2005. 9. 9, 2003두12455) 등은 수익사업에서 생긴 소득에 해당되지 아니한다.

국가 · 지방자치단체 또는 지방자치단체조합은 법인세 납세의무가 없으며(법 3조 2항), 비영리법인과 외국법인의 청산소득에 대하여는 법인세가 비과세된다(법 4조 1항 단서, 4항). 그 밖에 조특법에서는 신용협동조합, 단위농협협동조합 등 공익성이 강한 조합법인에 대해 법인세 과세특례규정을 마련하고 있다(동법 72조).

법인의 납세의무

구 분		각 사업연도소득	토지양도소득	청산소득
내국법인	영리법인	국내 · 외 원천의 모든 소득	과세	과세
	비영리법인	국내 · 외 원천소득 중 일정수익사업 소득	과세	제외
외국법인	영리법인	국내원천소득	과세	제외
	비영리법인	국내원천소득 중 일정수익사업 소득	과세	제외
국가 · 지방자치단체		비과세(외국 정부 등은 비영리법인으로 간주)		

2. 신탁에 대한 과세

가. 신탁의 의의

“신탁”이란 신탁을 설정하는 위탁자와 신탁을 인수하는 수탁자간의 신임관계에 기해 위탁자가 수탁자에게 특정 재산(영업이나 지식재산권 일부 포함)을 이전하거나 담보권의 설정 또는 그 밖의 처분을 하고 수탁자로 하여금 수익자의 이익 또는 특정 목적을 위해 그 재산의 관리 · 처분 · 운용 · 개발 · 그 밖에 신탁 목적의 달성을 위해 필요한 행위를 하게 하는 법률관계를 말한다(신탁법 2조).

사법상 신탁의 본질에 대하여는 신탁 수익권의 법적 성질을 중심으로, 채권설, 사원권설, 가치지배권설, 물권설, 신탁재산 법주체성설 등으로 다양하게 견해가 나뉘는데 세법은 이 가운데 가치지배권설의 입장을 지배적으로 반영한 것으로 설명된다.

가치지배권설은 신탁재산에 대한 권리를 기능상 관리권과 가치지배권으로 나누어 관리권은 수탁자가, 가치지배권은 수익자나 위탁자나 나누어 가진다는 견해이다.[1)]

1) 관련 논의는 백제흠, 위 논문 102면 이하 참조.

신탁재산은 법률상 수탁자 소유이나 수탁자의 고유재산과 구별되어 독립된 역할과 기능을 갖는다(신탁법 22조 내지 25조).

신탁은 법인격은 없으나 신탁재산의 독립성으로 인해 그 기능과 역할에서 법인과 자주 비교된다. 신탁법은 사업을 신탁할 수 있는 사업신탁과 수익증권발행신탁 및 한정책임신탁, 유언대용신탁 및 수익자연속신탁 등을 허용하고 있는데 이러한 제도를 결합하면 신탁을 통해 회사제도와 동일한 효과를 달성할 수 있다. 실제로 미국과 일본에서 신탁은 당초에는 상사신탁 위주로 발전하다가 현재는 신탁을 이용한 다양한 거래구조가 출현하여 회사제도와 경쟁관계에 있다. 신탁의 종류는 크게 신탁의 목적에 따라 수익자신탁과 목적신탁으로, 신탁이익의 귀속주체에 따라 자익신탁과 타익신탁 등으로 대별된다.

나. 신탁실체설 vs 신탁도관설

신탁실체설은 신탁을 독립된 과세단위로 보는 견해이다. 신탁을 별도의 납세의무자로 보므로 수익자가 신탁으로부터 받은 신탁이익 분배금은 배당소득이 된다. 이 견해는 신탁재산의 법률상 소유권을 수탁자가 보유하고, 신탁재산에 귀속되는 모든 수입과 지출이 외형상 수탁자에게 귀속된다는 점과 법적 형식에 따르기 때문에 과세처리가 간명하고 법인도 경제적 관점에서는 도관에 불과하다는 점 등을 근거로 든다.

이에 대하여는 기본적으로 현행 법 체계와 부합하지 않고, 실질과세원칙에 위배되며, 신탁소득이 수익자에게 귀속되는 시점에 이중으로 과세될 수 있다는 점 등이 반론으로 제시된다.

신탁도관설은 신탁재산을 수익자에게 신탁수익을 분배하기 위한 수단으로 보아 신탁소득에 대한 과세는 신탁 운용단계에서 발생한 소득의 내용에 따라야 한다는 견해이다. 이는 경제적 실질에 부합하지만 다음과 같은 이론상의 한계가 지적된다. 첫째, 신탁재산에 귀속되는 수입이나 지출이 즉시 수익자에게 분배되지 않고 신탁계약에서 정한 시기에 지급되는 데에 따른 시차를 설명하기 어렵고, 그에 따른 소득의 유보는 조세회피유인을 제공하며, 둘째, 금전신탁의 경우 수탁자가 신탁재산을 운용함에 따라 소득이 발생, 지급되는 측면을 잘 설명하지 못하고, 셋째, 법인과의 과세차별에 대한 논거를 설득력 있게 제시하지 못한다는 점 등이다.[1]

1) 관련 논의는, 한원식, "신탁소득의 납세의무자에 대한 연구", 조세법연구 19-2, 245면. 김종해·김병일, "신탁세제상 수탁자과세의 도입방안에 관한 연구", 조세법연구 21-3. 115면. 백제흠, "신탁법상 신탁의 납세의무자", 조세법연구 26-1, 105면 등.

다. 신탁과세에 관한 외국의 입법례[1)]

(1) 미　　국　미국의 신탁은 독립된 법적 실체로서 보통신탁과 사업신탁(Business Trust) 및 투자신탁(Investment Trust)이 있으며, 연방법으로 신탁 일반에 관한 표준신탁법과 사업신탁에 관한 통일법정신탁법이 제정되어 있다. 미국은 기본적으로 수익자에게 지급되는 소득은 수익자에게, 신탁에 유보되는 소득은 신탁에 각각 과세하는 입장이다. 사업신탁과 투자신탁의 경우 원칙적으로 신탁을 별도의 납세의무자로 보며 신탁재산을 세법상 독립된 과세단위로 취급하여 신탁소득에 대해 소득세를 과세한다. 소득금액을 계산할 때 수익자에게 지급한 금액을 공제하여 이중과세를 조정한다{(IRC §651(a). §661(a); regulation section 301.7701-4)}.

(2) 일　　본　일본은 신탁 수익에 대해 수익이 발생할 때 수익자에 대하여 과세하는 '수익자 등 과세신탁', 수익이 분배될 때 수익자에 대하여 과세하는 '집단투자신탁', 수익이 발생할 때 수탁자에 대하여 과세하는 '법인과세신탁'으로 구분하고 있다(일본 소득세법 13조 1항 및 법인세법 12조 1항).

수익자 등 과세신탁과 집단투자신탁은 신탁을 도관으로 취급하여 신탁의 자산과 부채, 수익과 비용을 모두 수익자에게 귀속되는 것으로 취급한다. 법인과세신탁은 수익자가 존재하지 않거나 신탁이 법인과 동일한 기능을 수행하는 경우 수탁자를 납세의무자로 보아 신탁재산에 대하여 과세한다(일본 법인세법 4조의6 2항). 일본 소비세법은 신탁 종류별로 납세의무자에 관한 별도의 규정을 두고 있다.

라. 우리 법상 신탁에 대한 과세

(1) 개　　요

우리 법상 신탁에 대한 과세와 관련한 문제는 크게, 1. 신탁의 설정 단계, 2. 신탁의 관리·운용 단계, 3. 신탁의 종료단계로 나누어 볼 수 있다.

신탁과세와 관련하여 특별히 문제가 되는 것은 2.의 신탁재산의 관리·운용 단계에서 발생하는 각종 조세문제이다. 이는 다시 1) 신탁재산을 취득·보유하는 단계, 2) 신탁재산의 관리·운용을 위하여 재화나 용역을 거래하는 단계, 3) 신탁재산의 관리·운용을 통해 수익을 발생시키고 이를 수익자나 위탁자에게 배분하는 단계로 나누어 볼 수 있다. 이 중 1)의 단계에서는 취득세와 재산세(종합부동산세)의 납

---

1) 백제흠, 위 논문 108면 이하 참조.

세의무자를 위탁자와 수탁자 중 누구로 볼 것인지가, 2)의 단계에서는 재화나 용역의 공급과 관련하여 발생하는 부가가치세 납세의무자를 누구로 볼 것인지가, 3)의 단계에서는 소득의 발생 및 배분과 관련하여, 언제, 누구에게, 어떠한 소득으로 과세할 것인지가 각각 문제 된다. 아래에서 차례대로 살펴본다.

(2) 신탁소득에 대한 과세

㈎ 소득세법 이 책 413면 참조.

㈏ 법인세법 신탁재산에 귀속되는 소득에 대해 신탁의 이익을 받을 수익자가 신탁재산을 가진 것으로 보고 법을 적용하되(법 5조 1항), 다만 1. 신탁법 제3조 제1항 각 호 외의 부분 단서에 따른 목적 신탁, 2. 신탁법 제78조 제2항에 따른 수익증권발행신탁, 3. 신탁법 제114조 제1항에 따른 유한책임신탁, 4. 그 밖에 제1호부터 제3호까지의 규정에 따른 신탁과 유사한 신탁으로서 대통령령으로 정하는 신탁 중 어느 하나에 해당하는 신탁으로서 대통령령으로 정하는 요건을 충족하는 신탁(자본시장법 제9조 제18항 제1호에 따른 투자신탁 및 소득세법 제17조 제1항 제5호의3에 따른 수익증권이 발행된 신탁은 제외함)의 경우 신탁재산에 귀속되는 소득에 대해 신탁의 수탁자[내국법인 또는 소득세법에 따른 거주자인 경우에 한정함]가 법인세를 납부할 의무가 있고, 이 경우 신탁재산별로 각각을 하나의 내국법인으로 보며(동 2항), 제1항 및 제2항에도 불구하고 위탁자가 신탁재산을 실질적으로 통제하는 등 대통령령으로 정하는 요건을 충족하는 신탁의 경우 신탁재산에 귀속되는 소득에 대해 신탁의 위탁자가 법인세를 납부할 의무가 있다(동 3항).

"대통령령으로 정하는 요건을 충족하는 신탁"이란 1. 위탁자가 신탁을 해지할 수 있는 권리, 수익자를 지정하거나 변경할 수 있는 권리, 신탁 종료 후 잔여재산을 귀속받을 권리를 보유하는 등 신탁재산을 실질적으로 지배·통제할 것, 2. 신탁재산 원본을 받을 권리에 대한 수익자는 위탁자로, 수익을 받을 권리에 대한 수익자는 그 배우자 또는 같은 주소 또는 거소에서 생계를 같이 하는 직계존비속(배우자의 직계존비속 포함)으로 설정하였을 것이라는 요건을 갖춘 신탁을 말한다(영 3조의2 2항).

자본시장법의 적용을 받는 법인의 신탁재산(같은 법 제251조 제1항에 따른 보험회사의 특별계정은 제외한다)에 귀속되는 수입과 지출은 그 법인에 귀속되는 수입과 지출로 보지 않으며(동 4항), 자본시장법상 투자신탁재산에서 발생하는 소득이 신탁재산에 귀속되는 시점에는 어느 누구에게도 소득이 지급된 것으로 보지 않고 나중에 수익자에게 이익이 분배되는 시점에 과세한다(법 73조 3항, 영 111조 6항).

수익자가 특정되지 않는 공익신탁은 비과세이다(법 51조).

법 제 5 조 제 2 항의 법인과세신탁에 관한 규정은 2021년 개정법에서 신설되었다. 이는 우리 사회에서 신탁이 단순히 수익자에게 소득을 전달하는 도관의 역할을 넘어 경제적 실체로 법인과 유사한 활동을 수행할 수 있는 제도적 기반이 어느 정도 마련된 데 따른 입법적 조치이다. 그 개요를 살펴보면, 법인과세 신탁의 경우 법인과세 수탁자는 법인과세 신탁재산에 귀속되는 소득과 그 외의 소득을 구분하여 법인세를 납부할 의무를 부담하며(법 75조의11 1항), 법인과세 신탁재산의 재산으로 법인세 등을 충당하지 못하는 경우 그 신탁의 수익자가 분배받은 재산가액 및 이익을 한도로 제 2 차 납세의무를 부담하는 한편(동 2항), 법인과세 신탁재산의 이익을 수익자에게 분배하는 경우 배당으로 간주하고(동 3항, 소법 17조2의 2항). 이중과세 조정을 위해 배당금액에 대해 법인과세 신탁재산에 소득공제를 적용한다(75조의14 1항). 그 밖에 법인과세신탁에 관한 자세한 내용은 각론 제 2 편 제 8 장 참조.

전체적으로 우리 법은 법인과세신탁과 일부 집합투자기구로부터 분배받는 이익을 제외하면 신탁소득에 대한 과세에 관하여 그 실질을 중시하는 신탁도관설의 입장을 취하고 있다. 이는 기본적으로 우리 소득세법 및 법인세법이 취하고 있는 누진과세 체계를 실현하기 위한 데에 그 취지가 있다.

(3) 소득과세 이외의 신탁관련 과세

신탁도관이론은 소득과세 이외에 상속·증여세(상증세법 9조, 33조 등 참조) 영역에서도 타당하다. 상증세법은 신탁재산을 위탁자 또는 수익자의 재산으로 파악할 뿐 수탁자의 재산으로 취급하지 않는다. 자세한 내용은 이 책 855면 및 909면 참조.

유통세인 취득세(판 2012. 6. 1.4, 2010두2395; 2003. 6. 10, 2001두272)의 경우 신탁의 경제적 측면보다 법적 실체가 강조되어야 하므로 수탁자 과세가 원칙이다. 다만 대도시내 취득세 중과 여부(지법 13조 1, 2항, 동 시행령 27조 3항), 과점주주 간주취득세에서 과점주주 여부(지법 7조 5항)의 판정 등은 위탁자 기준이다.

보유세인 재산세는 원래 수탁자과세였다가(구 지방세법 107조 1항 3호; 판 2014. 11. 17, 2012두26582) 2020. 12. 29. 개정시 위탁자과세로 바뀌고 수탁자의 물적 납세의무와 납부고지 및 징수 특례규정을 마련하였다(지법 107조 2항 5호, 119조의2), 종합부동산세도 상황이 동일하다(종부세법 7조 2항, 7조의2, 12조 2항, 12조의2, 16조의2).

부가가치세는 2020. 12. 22. 개정으로 원칙적으로 수탁자, 예외적으로 위탁자를 납세의무자로 하며(부가세법 3조 2항, 3항), 수탁자 과세의 경우 수익자가 제 2 차 납세의무를 부담하고, 위탁자 과세의 경우 수탁자가 물적납세의무를 부담한다(동 3조의2 1, 2항).

명의와 실질이 분리되는 신탁재산 자체의 처분과 달리, 신탁재산의 관리, 운용을 위하여 재화나 용역을 거래하는 것은 재화나 용역의 공급주체(사업주체)가 수탁자이므로 수탁자 과세가 당연한 것으로 여겨지나, 명문의 규정이 없던 종전 거래 실무상으로는 신탁재산 처분에 관한 경우와 구분하지 않고 납세의무자를 파악하여 세금계산서를 발급해 왔고, 이는 신탁 관련 규정이 정비된 2020년 개정 부가가치세법에서도 마찬가지로 보여 진다. 이상의 내용을 도표로 살펴보면 다음과 같다.

		과세대상	세 목	납세의무자	과세시기
신탁의 설정 및 신탁재산 취득단계		① 일반 타익신탁 ② 유언대용신탁 수익자연속신탁	① 신탁수익권 이전에 대해 증여세·양도소득세·법인세 ② 상속세·법인세 ③ (공통)취득세	①, ② 수익자 ③ (공통)취득세 수탁자	① 피상속인 사망 시 ② 1회 수익금 수령시 피상속인 사망 시 ③ (공통)취득세 재산의 취득 시(원칙적 비과세)
신탁의 운용 단계	신탁재산의 보유	신탁재산의 보유	재산세 종합부동산세	위탁자과세/ 수탁자 물적납세의무	재산의 보유단계
	신탁재산의 운용, 처분	신탁재산 관련 재화 및 용역의 공급, 신탁재산 자체의 처분	부가가치세	원칙: 수탁자과세/수익자 제2차 납세의무 예외: 위탁자과세/수탁자 물적납세의무	재화 및 용역의 공급시기
	운용수익의 귀속·배분	수익의 발생 및 귀속·배분	소득세, 법인세	일반신탁: 수익자 (위탁자) 법인과세신탁: 수탁자과세/수익자 제2차 납세의무	수익귀속 시 (집단투자신탁은 수익자 배당 시)

마. 해외에서 설정된 신탁

국내원천소득이 해외에서 설정된 국내와 유사한 신탁계약에 따라 신탁재산에 귀속되는 경우, 그 수익자가 국내원천소득의 납세의무자가 되므로 해당 소득을 지급하는 자는 이를 파악하여야 하는 어려움이 있다. 이러한 어려움을 덜어주기 위하여 법은, 외국법인이 국외투자기구를 통해 국내원천소득을 지급받는 경우 해당 외국법인을 국내원천소득의 실질귀속자로 보되, 국외투자기구가, 1. 국외투자기구의 거주지국에서 납세의무를 부담하고, 국내원천소득에 대한 소득세 또는 법인세를 부당하게 감소시킬 목적으로 그 투자기구를 설립한 것이 아니거나, 2. 조세조약에서 실질귀속자로 인정되는 것으로 규정된 경우 및 3. 제 1 호 및 제 2 호에 해당하지 않는 국외투자기구가 그 국외투자기구에 투자한 투자자를 입증하지 못하는 경우, 그 국외투자기구를 국내원천소득의 실질귀속자로 보도록 규정하였다(소득세법 2조 3항에 따른 법인으로 보는 단체 외의 법인 아닌 단체인 국외투자기구는 2, 3의 경우로 한정함)(법 93조의2).

3. 원천징수하는 법인세의 납부의무

법인세법에 따라 법인세를 원천징수하는 자는 해당 법인세를 납부할 의무가 있다(법 3조 4항). 이는 법인세 원천징수의무자가 실제로 원천납세의무자로부터 세액을 징수하였는지에 관계없이 독자적인 지위에서 국가에 대해 세액의 납부의무를 진다는 것을 규정한 것이다. 그 의의에 관하여는 이 책 515면 참조.

제 2 절　사업연도

1. 의　　의

법인세법상 사업연도란 법령 또는 법인의 정관에서 정하는 법인의 1회계기간을 말하며, 그 기간은 1년을 초과하지 못한다(법 6조 1항).

법인세법상 사업연도는 법인세 과세소득의 시간적 단위가 되어 과세단위를 구성하는 요소가 되며 사업연도가 달라지면 과세단위도 달라진다.

법령, 정관, 규칙 등에 사업연도 규정이 없는 법인은 따로 사업연도를 정해 법인설립신고 내지 국내사업장 설치신고(외국법인의 경우), 또는 법 제111조에 따른 사업자등록과 함께 납세지 관할세무서장에게 신고하여야 한다(법 6조 2·3항). 신고가 없으면 매년 1월 1일부터 12월 31일까지를 법인의 사업연도로 한다(동 5항).

최초사업연도 개시일은 내국법인의 경우에는 설립등기일, 외국법인의 경우에는 국내사업장을 가지게 된 날 등 시행령 제 4 조 제 1 항에서 규정하고 있다.

이 경우 최초사업연도의 개시일전에 생긴 손익을 사실상 그 법인에 귀속시킨 것이 있는 경우 조세포탈의 우려가 없을 때에는 최초사업연도의 기간이 1년을 초과하지 아니하는 범위내에서 이를 당해 법인의 최초사업연도의 손익에 산입할 수 있다. 이 경우 최초사업연도의 개시일은 당해 법인에 귀속시킨 손익이 최초로 발생한 날로 한다(영 4조 2항).

사업연도를 변경하려는 법인은 직전사업연도 종료일부터 3개월 이내에 대통령령으로 정하는 바에 따라 납세지관할세무서장에게 신고하여야 한다(법 7조 1항). 변경신고를 기한 내에 하지 않은 경우 사업연도는 변경되지 않은 것으로 보되, 법령에 따라 사업연도가 정하여지는 법인의 경우 관련 법령의 개정에 따라 사업연도가 변경된 경우에는 제 1 항에 따른 신고를 하지 않은 경우에도 법령의 개정 내용과 같이 사업연도가 변경된 것으로 본다. 사업연도가 변경된 경우 종전 사업연도 개시일부터 변경된 사업연도 개시일 전일까지 기간은 1사업연도로 한다. 다만 기간이 1개월 미만인 경우 변경된 사업연도에 포함한다(동 3항).

국내사업장이 없는 외국법인에 관하여는 사업연도 신고에 관한 별도의 규정이 있다(법 6조 4항, 8조 7항 참조).

2. 의제사업연도

내국법인이 사업연도 중에 해산(합병 또는 분할에 따른 해산과 제78조 각 호에 따른 조직변경은 제외한다)한 경우에는, 1. 그 사업연도 개시일부터 해산등기일(파산으로 인하여 해산한 경우에는 파산등기일, 법인으로 보는 단체의 경우에는 해산일)까지의 기간과 2. 해산등기일 다음 날부터 그 사업연도 종료일까지의 기간을 각각 1사업연도로 보며(법 8조 1항), 내국법인이 사업연도 중에 합병 또는 분할에 따라 해산한 경우에는 그 사업연도 개시일부터 합병등기일 또는 분할등기일까지의 기간을 그 해산한 법인의 1사업연도로 본다(동 2항).

내국법인이 사업연도 중에 제78조 각 호에 따른 조직변경을 한 경우에는 조직변경 전의 사업연도가 계속되는 것으로 본다(동 3항), 청산중인 내국법인의 사업연도에 관하여도 별도의 규정이 있다(동 4항 참조).

내국법인이 사업연도 중에 연결납세방식을 적용받는 경우에는 그 사업연도 개시일부터 연결사업연도 개시일 전날까지의 기간을 1사업연도로 본다(법 8조 5항).

제 3 절 납 세 지

납세지는 납세자가 세법상 규정하는 각종 의무를 이행하고 환부 등 권리를 행사하는 장소이며, 아울러 과세권자가 법인세 부과징수를 관할하는 장소이다.

내국법인은 등기부상에 기재된 본점이나 주사무소 또는 사업의 실질적 관리장소의 소재지(법 9조 1항), 법인으로 보는 단체는 당해 단체의 사업장 소재지, 다만 주된 소득이 부동산소득인 경우에는 부동산 소재지(같은 항 단서; 영 7조 1항), 외국법인은 국내사업장 소재지, 둘 이상 국내사업장이 있으면 주된 사업장 소재지가 각 납세지이다(법 9조 2·3항).

국내사업장이 없는 외국법인의 국내원천 부동산소득과 국내원천 부동산 등 양도소득은 자산의 소재지가 납세지이다(법 9조 2항 단서). 원천징수한 법인세의 납세지는 대통령령으로 정하는 당해 원천징수의무자의 소재지이다. 다만 법 제98조 및 제98조의3에 따른 원천징수의무자가 국내에 소재지를 가지지 않은 경우에는 대통령령으로 정하는 장소로 한다(법 9조 4항; 영 7조).

관할지방국세청장 또는 국세청장은 납세지가 부적당하다고 인정되는 경우로서 대통령령으로 정하는 경우에는 위 규정에 불구하고 납세지를 지정할 수 있다(법 10조 1항).

제 3 장
사업연도 소득계산의 구조

제 1 절 총 설

1. 소득의 개념(순자산증가설과 소득원천설)

세법상의 소득 개념은 재정학에서의 소득에 관한 논의에 바탕을 둔다. 그 중 순자산증가설은 일정기간 동안의 순자산증가를 소득으로 보는 포괄적 개념에 터 잡고 있는데 반하여 소득원천설은 매년 발생하는 정형적 소득원천에 착안하여 발생 태양의 순환성·반복성을 소득의 요건으로 본다. 전자에 의하면, 자본소득이나 일시소득 등도 소득에 포함시키는데 반하여 후자는 이를 제외시키게 된다. 현재 각국의 소득세제는 대부분 순자산증가설에 입각하고 있다.

우리 법인세법 제14조 제 1 항은, 「내국법인의 각 사업연도의 소득은 그 사업연도에 속하는 익금의 총액에서 그 사업연도에 속하는 손금의 총액을 공제한 금액으로 한다」, 법 제15조 제 1 항은, 「익금은 자본 또는 출자의 납입 및 이 법에서 규정하는 것은 제외하고 해당 법인의 순자산을 증가시키는 거래로 인하여 발생하는 수익의 금액으로 한다」, 법 제19조 제 1 항은, 「손금은 자본 또는 출자의 환급, 잉여금의 처분 및 이 법에서 규정하는 것은 제외하고 해당 법인의 순자산을 감소시키는 거래로 인하여 발생하는 손비의 금액으로 한다」고 각 규정하고 있는데 이와 같이 소득과 익금 및 손금개념을 포괄적으로 정의하고 있는 것은 순자산증가설의 입장에 기초한 것으로 이해된다.

2. 기업이익과 과세소득

가. 기업회계의 기초개념

(1) 자 본

기업회계상 자본은, "기업실체의 자산 총액에서 부채 총액을 뺀 잔여액 또는 순자산이다(일반기업회계기준 재무회계 개념체계 문단 104)." 일반적으로 주주지분과 동의어로 사용되나 타인자본(부채)을 포함하는 의미로 사용되기도 한다. 재무상태표에 표시되는 자본 총액은 회계기준에 의해 자산 및 부채를 인식함에 따라 결정되므로 일반적으로 주식의 시가총액과는 일치하지 않는다(동 문단 106).

(2) 자본거래와 손익거래

기업의 자본은 기업 소유주의 투자와 그에 대한 분배 및 기업이익의 증감에 의하여 변동된다. 이 중 앞의 두 가지 경우에 기업과 소유주 간에 자산의 이전이 발생한다. 기업회계에서는 이와 같이 기업과 그 소유주 사이에 자산의 이전이 발생하는 거래를 '자본거래'라고 한다(동 문단 108-110).[1] 기업이란 결국 복수의 소유주의 총합을 의미하므로 기업과 그 소유주 간의 거래는 기업 내부의 정산을 의미할 뿐 기업의 손익에는 아무런 영향을 미치지 않는다.

한편 기업회계상 손익거래란 기업에 수익과 비용을 발생시키는 거래이다. 따라서 자본거래가 자본변동표에 표시되는데 비해 손익거래는 손익계산서에 표시된다(동 문단 107 내지 110).

손익거래는 자본의 순환과정, 즉 자산의 운용과정으로써 표시되며, 각종 경제가치의 소비 또는 제공, 생산물의 매출에 의한 대가의 수취로서 나타난다. 일반 영업활동 과정에서 발생하는 거래는 모두 손익거래에 해당하며 이는 크게 수익거래와 비용거래로 분류된다.

---

1) 상법 제459조 제 1 항에서도, "회사는 자본거래에서 발생한 잉여금을 대통령령으로 정하는 바에 따라 자본준비금으로 적립하여야 한다"고 규정하고 있다. 한편 한국채택국제회계기준은 직접 자본거래나 손익거래라는 표현을 쓰지 않은 채 '수익'을 자본의 증가를 초래하는 경제적 효익의 증가로서 '지분참여자(equity participants)에 의한 출연과 관련된 것을 제외'한 것으로, '비용'을 자본의 감소를 초래하는 경제적 효익의 감소로서 '지분참여자에 대한 분배와 관련된 것을 제외'한 것으로 각각 정의하고 있다. 국제회계기준「재무보고를 위한 개념체계」 문단 4.68, 4.69. 우리 상법 등이 사용하는 자본거래 및 그에 대비되는 손익거래 개념은 미국의 에스에이치엠(SHM) 회계원칙을 일본기업회계원칙을 통하여 계수한 것으로서 그 존재의의는 적정한 기간손익의 산정과 배당규제에 있는 것으로 설명된다. 황남석, "자본거래와 손익거래: 개념과 한계", 상사법연구 제35권 제 1 호(2016), 226면.

수익거래는 기업이 상품 또는 용역을 외부에 제공하고 그 대가로서 경제가치를 받아들이는 거래이며, 비용거래는 수익을 얻고 또는 기업의 존속을 유지하기 위하여 경제가치를 소비하는 거래이다.

자본거래가 기업 자본(자본금 및 자본잉여금) 증감의 원인이 되는 거래인데 반하여 손익거래는 기업 수익(이익잉여금) 증감의 원인이 되는 거래이다. 어느 거래를 통하여서든 기업의 순자산은 증감하지만 주주의 출자나 출자의 환급에 의한 법인자본의 증감은 그 자체로 법인 자산의 증감을 수반하지만 손익거래에 의한 법인자산의 증감은 손익의 발생을 통하여 이루어진다는 점이 다르다. 이에 따라 자본거래는 직접 재무상태표상 순자산 증감을 가져오지만 손익거래는 일차적으로 포괄손익계산서상 손익증감을 거쳐 결산 시 재무상태표의 순자산 증감에 반영된다.

한편 법인세법상으로는 익금과 손금에 관한 법 제15조 제 1 항과 제19조 제 1 항에 의하면, 자본거래란 기업과 그 출자자 사이에서 일어나는 '자본 또는 출자의 납입과 그 환급'을 의미하며 이는 기본적으로 기업회계의 개념과 다르지 않다. 협의의 자본, 즉 자본금 및 자본잉여금의 증감 및 변화를 일으키는 모든 거래가 여기에 포함된다. 법인세법은 자본 및 출자의 납입, 주식의 액면초과발행이나 할인발행, 주식의 포괄적 교환 및 이전, 감자, 합병, 분할 등을 자본거래로 보아 이들 거래로부터 발생하는 손익과 잉여금의 처분을 손비로 계상한 금액, 건설이자의 배당금 등을 익금불산입 또는 손금불산입 대상으로 규정하고 있는데(제17조 및 제20조), 이 규정들은 당연한 원칙을 확인한 것으로 이해된다.

법인세법이 자본의 납입을 익금에서 제외한 것은 법인세는 법인을 통하여 그 주주 또는 출자자에게 과세하는 세목인데 납입된 자본은 법인세의 과세물건을 발생시키는 원본으로서 법인세법이 과세대상으로 삼는 소득이 아니기 때문이다. 자본의 환급을 손금에서 제외한 것 또한 같은 논리에 입각하고 있다.[1]

연혁적으로 자본거래와 손익거래의 구분이 기업의 적정한 기간손익의 산정과 주주에 대한 배당규제에 있었다고 볼 때, 주주에 대한 구체적인 배당기준이 법에 명시된 오늘 날 양자를 구분하는 실질적 의의는 과세실체로서의 기업의 적정한 기간손익의 산정에 있다고 볼 수 있다.

(2) 부 기

부기(簿記, book keeping)란 회사 재산의 이동과 증감 및 수지(收支)를 계산해서 정리하는 것 또는 그 정리하는 규칙을 말한다. 기업은 매 거래마다 부기의 기본원

1) 김완석·황남석, 앞의 책, 202면 및 290면 참조.

칙에 따라 재산상태의 변화를 장부나 전표의 형태로 정리·집계하여 이를 결산기에 재무상태표와 손익계산서를 작성하는 데 기초자료로 삼는다. 즉, 부기의 목적은 결산기에 필요한 두 가지 중요한 회계자료인 재무상태표(Statement of financial position)와 손익계산서(Income Statement)를 완성하는 데 있다.

재무상태표는 특정 시점의 회사의 자산상태 및 내용(stock)을 밝힌 것으로서 자산과 부채, 자본의 세 항목으로 구분하여 각 계정의 잔고를 좌우 균형을 맞추어 배열한 것이다. 손익계산서는 일정기간 동안 기업에 들어온 것과 나간 것(flow)의 합계로서 그 차액이 당해 연도 기업의 순손익으로 나타난다.

부기는 돈이나 물건의 움직임(어떤 사실의 발생)과 그 결과를 차변(debtor; 장부의 왼쪽)과 대변(creditor; 장부의 오른쪽)으로 나누어 기록한다. 이를 분개(分介)라 하고 이와 같은 방식의 부기를 복식부기라고 하는데 이에 의해 회사의 재산상태를 입체적으로 파악하고 회계상 오류를 점검할 수 있게 된다.

분개의 요령은, 자산의 증가(+), 부채의 감소(−), 자본의 감소(−), 비용의 발생(+) 항목은 왼쪽(차변)에, 자산의 감소(−), 부채의 증가(+), 자본의 증가(+), 수익의 실현(+) 항목은 오른쪽(대변)에 각 기입하며 어느 경우에나 그 반대쪽은 결과에 상당하는 계정과목을 기입한다.

상호대응이 발생하는 항목을 중심으로 이를 표로 나타내면 다음과 같다.

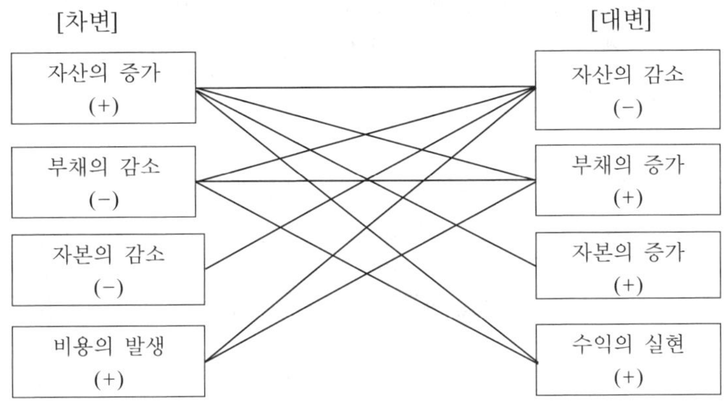

계정과목이란 물건이나 돈이 들어오고 나갈 때 무엇이 어떤 이유로 들어오고 나간 것인가를 분명히 하기 위해 붙인 명패와 같은 것으로서 현금·매출·기업업무추진비(접대비) 등이 그 예이다. 이는 크게 자산, 부채, 자본, 비용, 수익의 5종류 안에 속해 있다. 자산항목의 경우 들어오는 것(자산의 증가)은 차변(왼쪽)에, 나가는 것(자산의 감소)은 대변(오른쪽)에 기입하는데, 야구에서 투수가 오른손으로 던지고 왼손으로 받는 것을 상상하면 기억하기 쉽다. 예컨대 원가가 800원인 상품을 1,000원에 판매하면 자산인 상품이 감소하였으므로 오른쪽(대변)에 상품 800원, 왼쪽(차변)에 상대계정인 비용항목으로 매출원가 800원을 기장하며, 1,000원의 현금매출이 발생한 것에 대하여 왼쪽(차변)에 현금 1,000원을, 오른쪽(대변)에 수익항목인 매출 1,000원을 각각 기장한다.[1] 상품을 외상판매하면 상품자산의 감소부분은 위와 같고 매출채권이 발생한 것에 대하여는 차변에 매출채권 1,000원, 대변에 매출 1,000원으로 기재한다.[2] 뒤에 대금을 회수하면 차변에 현금 1,000원, 대변에 매출채권 1,000원으로 처리한다. 은행에서 사업자금 1억 원을 차용하면 차변에 현금 1억 원, 대변에 부채계정으로 차입금 1억 원을 기재하고, 이를 상환하면 반대로 대변에 현금 1억 원, 차변에 차입금 1억 원을 기재한다.[3] 자본금 납입이나 인출의 경우도 마찬가지이다.[4] 업무수행을 위해 교통비를 지출한 경우 대변에 지출한 돈을, 차변에 비용항목(교통비)을 각각 기재하며, 예금의 이자를 현금으로 받은 경우 차변에 현금을, 대변에 예금이자(수입항목)를 각각 기재한다.[5] 위 예와 같이 분개는 항상 차변과 대변의 금액이 일치하는데 이를 '대차평균의 원리'라고 한다.

기입된 사항은 결산기에 자산·부채·자본 3계정으로 배열하여 재무상태표를 만들고, 수익과 비용의 두 계정을 배열하여 손익계산서를 만들게 된다.

재무상태표는 자산계정은 차변에, 부채계정과 자본계정은 대변에 각 기장하며, 손익계산서는 비용계정은 차변에, 수익계정은 대변에 각 기장한 후 그 차액을 계산하여 손익을 산정한다.

(3) 재무제표

기업은 매 회계연도 말에 이르러 경영성과와 재산상태를 조사하여 이를 대외적으로 공개하고 다음 회계연도 경영분석의 자료로 삼기 위해 결산을 하게 된다.

	(차)	(대)	(차)	(대)
1)	매출원가 800원	상품 800원	현금 1000원	매출 1000원
2)	매출원가 800원	상품 800원	매출채권 1000원	매출 1000원
3)	현금 1억원	차입금 1억원	차입금 1억원	현금 1억원
4)	현금 1억원	자본금 1억원	자본금 1억원	현금 1억원
5)	교통비 10만원	현금 10만원	현금 100만원	예금이자 100만원

결산을 위해 상법상 상인은 회계장부 및 재무상태표 작성의무가, 주식회사는 재무상태표·손익계산서·자본변동표 및 이익잉여금 처분계산서 내지 결손금처리계산서와 그 부속명세서 작성의무가 각 부여되어 있다(상법 29조, 447조). 이들 회계서류들을 통틀어 재무제표(financial statements)라고 부른다.

법인은 복식부기 방식으로 기장하고, 장부와 관계있는 중요 증명서류를 비치·보존하여야 하며(법 112조), 과세표준확정신고시 기업회계기준을 준용하여 작성한 재무상태표(대차대조표) 및 포괄손익계산서와 이익잉여금처분계산서(또는 결손금처리계산서), 세무조정계산서와 부속서류를 제출하여야 한다(법 60조 1·2항; 영 97조).

재무제표의 특수한 형태로 연결재무제표가 있다. 연결재무제표(consolidated financial statement)란 법상 2개 이상인 회사가 경제적 단일체인 경우에 작성되는 것으로, 일정한 기준에 따라 개별회사의 재무제표를 결합하여 작성한다. 연결재무제표는 보통 지배회사와 종속회사의 관계에 있는 회사들을 한데 묶어 경제적 관점에서 단일회사로 보고 지배회사를 중심으로 작성되고 있다.

우리나라는 2011. 1. 1.부터 주권상장법인 및 금융회사에 대하여 한국채택 국제회계기준이 적용되면서 선진외국과 마찬가지로 연결재무제표가 재무보고를 위한 기본적인 재무제표가 되었다. 국제회계기준은 개별 회사의 재무제표 작성 후 연결재무제표 작성을 의무화하고 있으며 기준 제1027호(별도재무제표)는 개별 회사의 재무제표 작성 시 종속회사, 관계회사 등과의 거래를 표시하도록 하고 있다.

나. 기업이익과 과세소득의 산정

기업이익은 복식부기절차에 따른 회계장부를 근거로 작성된 재무제표상의 당기순이익, 즉, 총수익에서 총비용을 공제한 금액이다. 법인세는 이와 같은 기업이익에 세법상 가감조정을 하여 과세대상으로 삼는데 이를 '세무조정'이라고 부른다.

기업이익과 과세소득은 대부분 동일한 회계원리에 따라 계산되므로 법인세법은 이를 일일이 다시 규정하지 않은 채 가감조정되는 경우만을 규정하고 있다. 기업이익에 가산조정하는 것을 '익금산입', 기업비용에 가산조정하는 것을 '손금산입'이라 하며, 기업수익에서 제외하여 감산하는 것을 '익금불산입', 기업비용에서 제외하여 감산하는 것을 '손금불산입'이라고 한다.

각 사업연도 과세소득은 익금총액에서 손금총액을 공제하여 산출한다. 익금총액은 기업의 총수익금에 세법상의 익금산입액과 익금불산입액을 가감, 조정한 금액이고, 손금총액은 기업의 총 손비에 세법상의 손금산입액과 손금불산입액을 가감,

조정한 금액이므로, 이는 곧 기업회계상의 당기순이익에 세법상의 익금가산액을 더하고 손금가산액을 공제하여 산출한 금액이 된다.

> 각 사업연도 과세소득 = 익금총액 ─ 손금총액
> 익금총액 = 기업의 총수익금 + 익금산입액 ─ 익금불산입액
> 손금총액 = 기업의 총 손비 + 손금산입액 ─ 손금불산입액
> 각 사업연도 과세소득 = 기업회계상의 당기순이익 + (익금산입액 + 손금불산입액) ─ (손금산입액 + 익금불산입액) = 기업회계상의 당기순이익 + 익금가산액 ─ 손금가산액

위와 같이 산정된 각 사업연도 과세소득에서 이월결손금과 비과세소득 및 소득공제액을 차감하여 당해 연도의 과세표준을 산정하게 된다.

법이 기업이익에 대해 가감조정하는 내용은, ① 일반적인 경제개념을 수정, 보완하는 것, ② 일반적인 경제개념을 수용하면서 특정 절차를 요구하거나 범위를 제한하는 것, ③ 손익의 인식시기를 달리하는 것 등으로 구분할 수 있다.

①의 예로는 법인의 법인세, 평가손, 벌과금을 손금에 산입하지 못하게 하는 규정 등을, ②의 예로는 재고자산의 평가방법이나 감가상각에 관한 규정 등을 들 수 있다. 통상 전자를 '조정규정', 후자를 '규제규정'이라고 부른다.

다. 총액주의

법 제14조 제 1 항은 과세소득의 계산을 익금 총액에서 손금 총액을 공제하는 총액주의 방식을 따르고 있다. 예컨대 어느 기업이 지급한 이자가 100만원, 수입이자가 50만 원이면 이를 상계하지 않고 수입이자와 지급이자를 각각 계상하는 방식이다. 관련 항목을 상계하여 차액만을 계상하는 순액주의에 대립되는 방식이다.

기업회계기준서상 수익과 비용은 각각 총액으로 보고하는 것을 원칙으로 하되, 예외적으로 상계하여 표시할 수 있다(국제기준 1001-32; 일반기준 2-57).

제2절 익 금

1. 의 의

익금이란, '자본 또는 출자의 납입(자본거래) 및 법인세법에서 규정하는 것을 제외하고 당해 법인의 순자산을 증가시키는 거래로 인하여 발생하는 이익 또는 수입의 금액'을 말한다(법 15조 1항). 구체적 내용은 시행령 제11조에서 정하고 있다.

법인세법은 위 조항에서 익금에서 제외되는 '자본 또는 출자의 납입'에 관하여 별도의 정의규정을 두고 있지 않은데 판례는 이를 상법상 의미와 동일하게 회사 설립 또는 설립 후 신주 발행 시 이루어지는 납입행위(상법 제295조 제1항, 제303조, 제305조 제1항, 제421조 제1항 등)를 가리킨다고 보았다(판 2023. 11. 30, 2019두58445).

익금의 범위에 관한 규정은 예시적 규정으로 보아야 하므로, 법인의 순자산을 증가시키는 거래로부터 발생하는 한 영업상의 수익이거나 영업 외의 수익이거나를 묻지 않고 모두 익금에 해당한다.

이에 따라 상품의 판매, 그 밖의 자산의 양도, 수증 등 기업이 대외적 거래에 의하여 수수(收受)하는 각종 수익뿐 아니라, 타인의 불법행위로 인하여 받은 손해배상금이나 토지수용으로 인한 손실보상금 등도 익금에 해당하고, 그 원인행위가 무효이거나 위법하더라도 법인이 경제적으로 이익을 향유하는 한 익금을 구성함에 지장이 없다.[1] 또한 소득의 성질이 부수수익이냐 기타소득이냐를 가리지 않으므로 가령 그 성질이 소득세법상 기타소득에 해당하더라도 법인의 소득에 포함되며(판 90. 9. 28, 90누2222), 회사가 자기사채를 발행가액 이하로 취득하였을 경우에는 상환하여야 할 채무가 소멸하므로 그 범위에서 순자산증가가 있게 되어 취득가액과 발행가액과의 차액이 소득을 구성한다(판 73. 6. 29, 72누140).

다만 법인세법이 원천징수 등의 필요에 따라 소득세법 규정을 인용하여 소득을 구분한 경우에는 그 소득의 개념은 소득세법의 규정내용에 따라 확정되어야 한다{판 91. 12. 24, 91누384(전)}.

1) 손실보상금(판 73. 6. 29, 72누140), 사법상 무효인 매매계약에 의한 수입(판 95. 11. 10, 95누7758), 상호신용금고의 대표이사가 상호신용금고 명의로 금원을 차입하고서도 부외부채로 관리, 유용한 경우(판 91. 12. 10, 91누5303), 귀금속도매업을 하는 법인이 밀수금괴의 판매로 인하여 얻은 소득(판 94. 12. 27, 94누5823) 등.

2. 익금산입

가. 일반항목(법 15조 1항)

「법 제15조 제 1 항의 규정에 따른 수익은 법 및 이 영에서 달리 정하는 것을 제외하고는 다음 각 호에 규정하는 것으로 한다」(영 11조).

1호: 한국표준산업분류에 의한 각 사업에서 생기는 수입금액

도급금액·판매금액과 보험료액을 포함하되, 기업회계기준에 따른 매출에누리액 및 매출할인금액을 제외한다.[1] 다만 법 제66조 제 3 항 단서에 따라 추계하는 경우의 부동산임대에 의한 전세금 또는 임대보증금에 대한 수입금액은 금융회사의 정기예금이자율을 참작하여 기획재정부령이 정하는 이자율을 적용하여 계산한다.

간주임대료 = 보증금 등의 적수 × 이자율 × 1/365(윤년인 경우 1/366)

2호: 자산의 양도금액

기업이 소유한 개별 자산의 양도대가를 말한다. 기업회계에서 상품이나 제품 이외에 유가증권 등의 투자자산이나 유형자산 및 무형자산(감가상각자산) 등을 양도한 때에 양도가액에서 장부가액 차감액을 자산처분손익으로 하여 영업외손익으로 계상하는 것과 달리, 법인세법은 총액주의에 따라 양도금액이 장부가액에 미달해도 양도금액을 익금산입하고 양도 당시의 장부가액을 손금산입한다.

교환의 경우 자산의 양도금액은 특별한 사정이 없는 한 교환으로 취득하는 자산의 취득 당시 시가이고, 대가의 일부로 현금을 수령한 경우 합산한다. 이 경우 시가 산정의 기준이 되는 자산의 취득시기는 특별한 사정이 없는 한 자산에 대한 실질적인 처분권을 취득한 때이며(판 2011. 7. 28, 2008두5650), 시가의 산정은 상증세법상 평가방법에 따르되 그 증명책임은 과세관청에게 있다(판 2013. 6. 14, 2011두29250).

법인이 특정 사업부문을 양도하고 양수법인의 제 3 자 배정방식의 유상증자에 참여하여 주식을 인수한 다음 그 납입대금을 양도금액과 상계한 경우 당사자 사이에 약정한 주식의 취득가액이 시가가 된다(판 2010. 3. 25, 2007두18017).

---

1) 법인인 임대인이 자신의 토지에 건축물을 신축, 사용하는 임차인으로부터 임대료로 토지이용기간 만료 시 건축물 소유권을 이전받기로 한 경우, 각 사업연도 익금에 산입할 금액은 토지사용기간 만료 시의 건축물의 시가를 전체 토지사용기간 중 해당 사업연도에 속하는 기간의 비율로 안분한 금액이다. 판 2022. 1. 27, 2017두51983(중간이자를 공제하여야 한다고 본 원심판결을 파기한 사안).

법인이 임직원의 자기주식교부형 주식매수선택권 행사에 따라 자기주식을 임직원에게 양도하는 경우 자기주식의 양도가액은 시가가 아닌 당초 약정된 행사가액이다(기획재정부 법인세제과-387, 2021. 8. 26).

개인이 자산을 양도하는 경우 교환자산에 대한 시가감정을 하여 감정가액 차액에 대한 정산절차를 수반하지 않는 한 실지거래가액을 파악할 수 없지만 법인은 교환으로 취득하는 자산의 취득가액을 장부가액으로 기재하므로 거래가액을 파악할 수 없는 경우는 사실상 생각하기 어렵다. 교환에 의해 경영권 프리미엄이 수반되는 대량의 비상장주식을 취득하는 경우에도 그것이 일반적이고 정상적인 방법에 의하여 이루어지고 그 주식의 약정가격이 당시의 객관적인 교환가치를 적정하게 반영하고 있다면 이를 그 주식의 시가로 볼 수 있다(판 2011. 7. 28, 2008두21614).[1]

법인의 타 법인에 대한 현물출자와 관련하여 법은 이를 자산의 양도에 따른 익금대상으로 보는 전제 아래 그 양도차익에 대하여 일정한 요건 아래 과세를 유예하는 규정을 두고 있다(법 47조의2). 그 자세한 내용은 이 책 833면 참조.

2의2호: 자기주식(합병법인이 합병에 따라 피합병법인이 보유하던 합병법인의 주식을 취득하게 된 경우를 포함한다)의 양도금액

(1) 자기주식 처분손익의 성질

법인세법은 자기주식을 취득하여 소각함으로써 생긴 손익은 자본거래로 보아 익금 또는 손금에 산입하지 않으나, 자기주식의 매각손익은 손익거래로 보아 익금 또는 손금에 산입한다. 기업회계기준은 자기주식 처분손익을 감자 및 증자의 한 형태로 이해하여 자본거래로 취급하나(국제기준 1032-33, 일반기준 2-30), 법은 양도성 및 수익성에 착안하여 손익거래로 보는 것이다. 법 제16조 제 1 항 제 2 호 소정의 의제배당으로 보는 잉여금의 자본전입 대상에서 상법 제459조 제 1 항에 따른 자본준비금을 제외시킨 것도 같은 취지이며, 조세회피행위 규제차원에서 자기주식 소각익을 2년 내에 자본에 전입하는 경우 주주가 취득하는 무상주의 가액을 배당으로 본다는 규정도 별도로 두고 있다(법령 12조 1항 2호 괄호).

학설은 자본거래설과 손익거래설이 대립하고 있다. 자본거래설의 논거는, 근본적으로 자기주식처분손익은 주주가 주식의 가치만큼의 재산을 회사에 납입하고 그 가치와 액면의 차액이 회사의 자본준비금이 된다는 점에서 주식할인발행차금 및 주식발행초과금과 다를 바가 없고, 자기주식 소각손익을 자본거래로 보면서 자기주

1) 판례에 대한 해설은 하태흥, 판례해설 2011(하), 197면.

식 처분손익을 과세소득에 포함시킨다면 납세의무자가 자기주식을 소각 또는 매매함으로써 소득을 조작할 수 있다는 점 등을 든다.[1)]

이에 대하여 손익거래설의 논거는, 현행법상 자기주식은 소각목적으로 취득한 것이 아닌 한 상당기간 내에 처분할 것을 전제로 발행회사가 일시적으로 보유하고 있는 주식으로서 다른 유가증권 등 자산의 처분과 다르지 않다는 것이다.[2)]

현실적으로 주식의 시장가치가 반드시 법인의 계속가치나 청산가치와 일치하지 않는다는 점에서 주식매수인이 주주의 지위를 취득한다는 점만으로 해당 양도거래의 수익성 내지 투자대상으로서의 성격을 완전히 부인하기 어렵고, 주식의 소각이나 발행은 일정한 요건 및 절차를 필요로 하여 주식의 취득이나 양도와 거래형태가 다르다는 점에서 입법의 태도는 이해할 수 있다.

합병법인이 피합병법인의 주주에게 합병대가로 기존 자기주식을 교부하는 경우 그로 인하여 합병법인의 자본의 증감을 초래하므로 주식 소각의 일종으로 보아 익금불산입대상으로 볼 것이다(사전-2022-법규법인-0106, 2022. 3. 29.)

한편 자기주식의 거래는 법인이 자기주식을 취득하는 단계, 바꾸어 말하면 주주가 법인에게 자신이 보유하던 해당 법인의 발행주식을 처분하는 단계에서도 문제가 된다. 주주가 법인에게 자신이 보유하던 해당 법인의 발행주식을 처분한 경우 그 처분가액이 주식의 취득가액을 초과한다면 주주에게 과세할 소득이 발생한 것은 분명하고 해당 소득은 소득세법상 양도소득이나 배당소득 중 어느 하나에 해당하게 된다. 우리 소득세법상 비상장주식의 양도차익은 양도소득세 과세대상이지만 상장주식의 양도차익은 원칙적으로 비과세대상이고, 대주주가 양도하는 경우 등 일정한 예외적인 경우에만 양도소득세 과세대상이 되는데(소법 94조 1항 3호 참조) 이는 주식을 발행법인에게 처분하는 경우에도 다를 바가 없다.

다른 한편 주식을 발행법인에게 처분하는 경우 이를 주식의 소각절차의 일환으로 보게 되면 주주가 법인으로부터 지급받은 환급금액에서 해당 주식의 취득가액을 공제한 금액이 의제배당으로 과세된다(소법 17조 2항 1호, 5항). 이처럼 주주가 발행법인에 자기주식을 처분한 경우 이를 배당으로 보면서 납입자본금 아닌 취득가액을 공제하는 것은 모순이고, 이 경우 주주에게 발생한 소득(환급금액이 취득가

1) 한만수, 앞의 책, 473면; 이재호 "자기주식처분이익의 과세문제", 조세법연구 15-1, 341면 등. 현행법 해석과 별도로 입법론상 부당하다고 주장하는 견해로는, 이창희, 앞의 책, 676면. 신기선, "개정상법과 세무문제", 조세법연구 18-1, 382면. 미국, 일본, 독일 등 외국의 입법 예는 대부분 이를 자본거래로 취급하고 있다. 입법 예에 관한 자세한 설명은 이재호, 앞 논문, 373면.

2) 임병용, "자기주식 처분의 과세취급", 조세법연구 2, 431면; 구욱서, 앞의 책, 1167면 등.

액을 초과한 부분)에는 보유기간 동안 발생한 자본이득이 포함되어 있으므로 전체를 배당소득으로 과세하는 것은 부당한 측면이 있으나 입법기술상 양자를 구분하는 것은 극히 어려우므로 입법의 태도는 현실적 측면에서 이해할 수 있다.[1] 판례는 주주가 회사에 발행주식을 양도하는 경우 당사자의 의사와 계약체결 경위, 대금 결정방법, 거래의 경과 등 거래의 전체과정을 실질적으로 파악하여 자본거래인지(배당소득) 손익거래(양도소득)인지를 판단하고 있다.[2] 다만 주식을 처분하는 쪽에서 보면, 주식의 양도가 과세대상이 아닐 경우 해당 주식을 시장에서 처분하면 되므로 양자를 구분하는 것이 현실적으로 실효성이 있는지는 의문이다. 특히 원칙적으로 자기주식취득을 금지한 구 상법과 달리 현행 상법은 회사가 배당가능이익으로 자유롭게 자기주식을 취득하고, 소각에 대하여도 특별한 기간이나 방법상의 제한을 두지 않고 있어(상법 341조 1항, 343조 1항),[3] 종전 판례가 자본거래와 손익거래의 기준으로 삼은 소각 목적의 자기주식 취득과 기타의 자기주식 취득을 구별하기가 더욱 어렵게 되었다.

(2) 자기주식의 취득과 다른 제도와의 비교

세법은 상법상 절차라는 형식적 기준에 따라 배당과 감자로 나누어 다르게 과세하지만(소법 17조 1항 2호 및 같은 항 3호, 같은 조 2항 1호 참조), 주식 수에 비례한 유상감자는 실질적으로 배당과 다를 바가 없다. 상법이 자기주식의 취득을 원칙적으로 자율화하고 이익소각제도를 폐지한 것도 자기주식의 취득이나 이익소각이 실질적으로 배당과 같다는 점을 고려한 것이다. 예컨대 회사가 이익잉여금 100억 원을 주주 천 명에게 현금배당하는 경우와 이익잉여금으로 주주들 전체 보유주식의 50%를 유상소각하는 경우 주주들의 회사자산에 대한 지분율은 동일하지만 전자는 과세소득이 100억 원인데 반하여 후자는 주식 취득가액을 공제한 금액

---

1) 판례 역시 이는 입법정책 문제로서 그로써 조세평등주의를 규정한 헌법 11조에 위배된다거나 재산권 보장에 관한 헌법 23조에 위배된다고 볼 수 없다고 판단하였다(판 2010. 10. 28, 2008두19628). 판결에 대한 평석은, 박성규, 판례해설 2011(하), 130면).

2) 자본거래로 본 사안: 판 92. 11. 24, 92누3786; 2002. 12. 26, 2001두6227; 2013. 5. 9, 2012두27091 및 위 2008두19628 판결 등. 일반적으로 법인이 대주주 출자금을 반환하기 위해 대주주가 보유하는 자기주식을 대량 취득하는 경우 출자금 환급으로 볼 가능성이 높다. 이에 반하여 손익거래로 본 사안으로는 서울고판 1989. 10. 18, 89구499(평석은, 박 민, 판례백선, 203면).

3) 상법상 배당가능이익은 채권자의 책임재산과 회사의 존립을 위한 재산적 기초를 확보하기 위하여 직전 결산기상의 순자산액에서 자본금의 액, 법정준비금 등을 공제한 나머지로서 회사가 당기에 배당할 수 있는 한도를 의미하고 상법 제341조 제 1 항 단서는 자기주식 취득가액의 총액이 배당가능이익을 초과하여서는 안 된다는 것을 의미할 뿐 차입금으로 자기주식을 취득하는 것이 허용되지 않는다는 것을 의미하지는 않는다. 판 2021. 7. 29, 2017두63337. 판결에 대한 평석은, 김동훈, "2021년 소득세제, 국제조세 판례회고", 조세법연구 28-3, 37면.

(전체 주주의 평균취득가액이 60억 원인 경우 이를 공제한 40억 원)이며 이는 배당소득으로서 배당세액공제가 적용된다.

회사가 개인주주로부터 자사주 매입형식으로 주식을 취득하면 양도하는 개인주주에게는 양도소득세가 과세된다. 주주 입장에서는 개인주주가 상장주식을 증권시장에서 팔면 양도소득세가 과세되지 않으므로(소법 94조 1항 3호 가목 및 나목 참조), 유상감자의 경우보다 과세상 유리해 조세회피 유인이 발생한다. 한편 법인주주의 경우에는 주식양도에 따른 소득은 과세되나, 이익배당 및 주식소각에 따른 소득은 배당소득으로 간주되어 배당소득 익금불산입 규정에 따라 일정부분 과세에서 제외된다(법 18조의2, 18조의3).[1)]

회사가 이익잉여금으로 배당을 하는 경우와 유상감자를 하는 경우 및 자사주매입의 경우 상대방인 개인주주에게 미치는 과세상 효과를 비교하면 다음과 같다.

구 분	이익배당(현금)	유상감자(의제배당)	자사주매입
소득금액	분배금액 × 1.1	(소각대가 − 취득가액) × 1.1	(양도대가 − 취득가액)
적용세율	종합소득세율 (6% ~ 45%)	종합소득세율 (6% ~ 45%)	양도소득세율 (10%, 20%, 25%, 30%)
배당세액공제	0	0	×

(3) 합병으로 취득하는 자기주식

합병으로 취득하는 자기주식은 합병법인이 보유하던 피합병법인의 주식(포합주식)에 대하여 합병법인이 합병신주를 교부하는 경우와 합병법인이 피합병법인이 보유하던 합병법인의 주식(협의의 자기주식)을 취득하는 경우의 두 가지가 있다. 종전 판례는, 전자는 처분이익이 법인의 익금을 구성한다고 보았으나 후자는 자본거래로서 그 처분이익은 법 제17조 제 3 호에서 말하는 합병차익에 포함되어 익금산입대상에서 제외된다고 보았다(판 2005. 6. 10, 2004두3755 등 다수). 그런데 그 후 시행령은 판결의 취지에 반해 후자도 자기주식의 양도금액을 '익금'에 해당하는 것으로 규정하였고(영 11조 2의 2호), 판례 또한 피합병법인이 보유하던 합병법인 발행주식을 합병법인이 승계하여 양도하는 경우도 다른 사유로 자기주식을 취득하여 처분하는 경우와 본질적으로 다르지 않다고 판단하여 그 양도차익에 대하여 법인세가 과세되어야 한다고 보아 태도를 변경하였다(판 2022. 6. 30, 2018두54323).

1) 관련 논의는, 이창희, 앞의 책, 677면. 박 훈, "자기주식 거래에 관한 상법 개정과 과세문제", 조세법연구 9-3, 84면. 임재혁, "자기주식 취득 및 처분에 대한 통일적 평가 및 규율의 필요성—조세법과 회사법의 규제 체계 비교를 중심으로—", 조세법연구 28-2, 7면.

3호: 자산의 임대료

임대업을 영업으로 하지 않는 법인이 일시적으로 얻은 수익을 말한다.

4호: 자산의 평가차익

자산의 평가차익은 예외적인 경우(법 18조 1호 단서에 해당하는 경우)에 한하여 익금에 산입한다. 그 자세한 내용은 이 책 632면 이하 참조.

5호: 무상으로 받은 자산의 가액

현금을 수증하였다면 그 금액이, 현금 이외의 자산을 무상으로 받았다면 그 시가가 익금에 산입된다(법 41조 1항 3호; 영 72조 2항 8호).

투자법인으로부터 자산재평가적립금이나 자본잉여금, 이익준비금 등을 자본에 전입함으로써 받은 '무상주 배당액'(판 85. 6. 25, 85누283), 법인이 자산을 명의신탁 받는 것(판 2002. 6. 14, 2000두4095) 등은 여기에 포함되지 않으나, 법인의 특정주주가 상법상 감자절차에 의하지 않고 소유주식을 법인에게 무상으로 기증하거나 특수관계인이 인수 포기한 비상장주식을 회사가 법정평가액보다 저렴하게 인수한 경우의 평가차액(판 95. 7. 28, 94누3629) 등은 여기에 해당된다. 시가에 관하여는 부당행위계산 부인에 관한 시행령 제89조 제1·2항이 준용된다고 볼 것이다.

6호: 채무의 면제 또는 소멸로 인하여 생기는 부채의 감소액

무상으로 받은 자산의 가액이 적극 자산의 증가라면 채무면제익은 소극자산(부채)의 감소이다. 양자 모두 개인의 경우 증여세로 과세되나 법인의 경우 사업연도 소득으로 과세된다. 국제회계기준 및 일반기업회계기준은 자산수증익이나 채무면제익을 모두 기타수익 또는 영업외수익으로 회계처리하며(국제기준 1001-109; 일반기준 2-51), 이로써 이월결손금을 보전하더라도 익금에 산입하지 않는다(법 18조 6호. 무상수증익중 제36조에 따른 국고보조금등은 제외).

정리계획인가 결정을 받은 법인의 채무면제익은 조특법상 과세 이연된다(법 44조). 채무면제익에는 채무의 출자전환 시 주식의 발행가액이 시가를 초과하는 경우 발행가액과 시가와의 차액이 포함되며, 채무자회생법에 따른 회생계획인가, 기업구조조정촉진법에 따른 경영정상화계획 이행을 위한 약정, 금융회사와의 경영정상화계획 이행협약 등에 따른 채무의 출자전환으로 인한 채무면제익으로서 이월결손금 보전에 충당하지 못한 금액의 경우 이를 발생한 사업연도 이후의 각 사업연도에 발생한 결손금 보전에 충당할 수 있다(법 17조 2항; 영 15조 1항).

정리계획인가결정에 따라 채무의 이자율과 변제기가 채무자에게 유리하게 변경된 경우 기업회계상 현재가치할인차금(차변)과 채무면제이익(대변)을 인식하지만 세법상은 채무의 임의평가에 해당하여 익금불산입된다. 그러나 그 후 채무자가 채무의 현재가치할인액을 중도상환하면 채무면제이익이 현실화하여 현재가치할인차금 미상각잔액(장부가액에서 현재가치할인차금의 차감액과 실제 상환액의 차액)만큼 법인의 순자산이 증가하므로 그 가액은 익금산입된다(판 2009. 12. 10, 2007두19683).

7호: 손금에 산입된 금액 중 환입된 금액

과거 회계연도에 손금산입 되었다가 환입된 금액은 그 사업연도에 법인의 순자산을 증가시켰으므로 익금에 산입된다. 손금산입된 대손금이나 충당금 또는 준비금 등이 후에 추심이나 기한도래 등의 사유로 환입된 경우가 여기에 해당한다. 애당초 손금산입되지 않은 각 사업연도 소득으로 이미 과세된 소득(이 법과 다른 법률에 따라 비과세되거나 면제되는 소득을 포함)은 익금불산입 사항이다(법 18조 2호).

8호: 자본거래로 인하여 특수관계인으로부터 분여받은 이익

법인을 매개로 한 법 제88조 제 1 항 제 8 호 각 목의 어느 하나 및 같은 항 제 8 호의 2에 따른 자본거래(합병·증자·감자 등)로 인하여 법인이 특수관계인으로부터 분여받은 이익이 있는 경우 이익을 분여한 측에 대하여 행위계산이 부인되어 시가 차액만큼 소득이 발생한 것으로 보는 한편, 분여 받은 측에 대하여도 동액 상당의 이익을 익금에 산입한다. 이와 관련하여 법인이 신주인수를 통해 받은 이익이나 불균등 무상감자로 인한 지분율 증가이익 등과 같은 자본거래로 인한 이익을 실현된 이익으로 보아 법인의 익금에 산입할 수 있는가가 문제된다. 소득이 미실현된 상태라거나 당사자 사이에 증여의 합의를 인정하기 어렵다는 이유를 들어 소극적으로 이해하는 견해도 있으나,[1] 주식은 특정시점에서 평가가 가능하므로 그 수량 내지는 가치의 증가가 거래를 매개로 이루어지는 경우 이를 과세의 계기로 삼는 것은 입법적으로 가능하다고 볼 것이다. 판례도 같은 취지이다(판 95. 7. 28, 94누3629). 법인이 자산을 저가양수함으로 인한 이익은 특수관계 있는 개인으로부터 유가증권을 저가로 매입한 경우가 아닌 한(법 15조 2항 1호 참조), 여기에 해당되지 않는다. 여기의 특수관계인에는 법인뿐 아니라 개인도 포함된다(판 2024. 6. 13, 2023두39809).

1) 김동수, “불균등무상감자로 인한 지분율증가분이 법인세 과세대상인지 여부”, 조세법연구 1, 320면(아래 92구7728 판결의 평석); 이창희, “증자·감자를 통한 부의 무상이전에 대한 법인세”, 조세법연구 3, 512면(아래 94누3629 판결에 대한 평석); 김완석·황남석, 앞의 책, 217면.

9호: 특수관계가 소멸된 시점의 가지급금 등

법인이 특수관계인과의 거래에서 발생한 가지급금과 미수이자를 특수관계 소멸시점까지 회수하지 못한 경우 가지급금 및 미수이자를 익금산입하고, 특수관계가 유지되면서 이자발생일이 속하는 사업연도 종료일로부터 1년이 되는 날까지 회수하지 못한 경우 이자상당액을 익금산입한다. 익금산입액은 이를 특수관계인에게 처분한 것으로 보아 소득처분하며 법인은 이에 대한 원천징수의무를 부담한다. 다만 채권·채무에 대한 쟁송이 있는 경우 등 미회수에 정당한 사유가 있는 경우에는 예외이다.

위 시행령 규정은 '순자산을 증가시키는 거래로 인하여 발생하는 이익'을 익금으로 보도록 한 모법과의 규정 체계 및 내용의 타당성에 많은 의문이 있다. 다만 판례는 위 규정을 모법에 반하지 않는 것으로 보았다(판 2021. 7. 29, 2020두39655).[1)]

10호: 보험업법에 따른 보험회사가 같은 법 제120조에 따라 적립한 책임준비금의 감소액(할인율의 변동에 따른 책임준비금 평가액의 감소분은 제외한다)으로서 같은 조 제 3 항의 회계처리기준에 따라 수익으로 계상된 금액

10의2호: 주택도시기금법에 따른 주택도시보증공사가 같은 법 시행령 제24조에 따라 적립한 책임준비금의 감소액(할인율의 변동에 따른 책임준비금 평가액의 감소분은 제외한다)으로서 보험감독회계기준에 따라 수익으로 계상된 금액

11호: 그 밖의 수익으로서 그 법인에 귀속되었거나 귀속될 금액

위 1호 내지 10의2호에 열거된 것은 예시적이므로, 그 밖에 이자, 배당, 저작권, 공업소유권 등의 사용 또는 사용할 권리에 대한 대가로 받는 사용료, 국가 또는 지방자치단체로부터 받는 국고보조금 등 일체의 자산증가가 익금에 산입된다.

나. 특수한 익금

(1) 특수관계인으로부터 유가증권을 저가매입함에 따른 이익(법 15조 2항 1호)

법 제52조 제 1 항에 따른 특수관계인인 개인으로부터 유가증권을 시가에 미달하는 가액으로 매입하는 경우 당해 매입가액과 시가와의 차액을 익금에 산입한다.

특수관계 있는 법인에 자산을 저가로 양도하면 양도 법인에 대하여는 부당행위계산 부인되어 시가차액을 익금산입하고, 양수 법인에 대하여는 비영리법인이면 증여

1) 관련 논의는, 임승순, 조세법 판례백선 351면 참조.

세를 과세하고(상증세법 4조 1항 2호, 35조), 영리법인이면 저가인 양수가액이 자산의 취득가액으로 계상되어 추후 감가상각 시나 처분 시 시가차액에 대한 과세가 이루어진다. 그러나 특수관계 있는 개인이 주식 등을 영리법인에게 저가로 양도하면 채권매매차익이나 상장법인의 주식양도차익이 비과세되고(소법 94조 1항 3호), 비상장법인의 주식양도차익에 대하여는 저율(10-20%)로 과세되어 이들 과세방식의 차이를 이용한 조세회피 문제가 발생된다. 예컨대 상장주식을 아들이 대주주로 있는 영리법인에 무상에 가까운 저가로 양도하여 사실상 증여하는 경우 조세부담이 거의 없게 된다. 위 규정은 이를 방지하기 위해 시가차액을 익금 산입함과 동시에 이를 당해 유가증권의 취득가액에 포함시켜 처분시점에 손금산입하도록 한 것이다(영 72조 3항 1호).

유가증권에는 주식·채권·전환사채·양도성 증서 등이 포함되며, 시가는 시장성이 있으면 시장에서 형성된 거래일 현재의 가격, 시장성이 없으면 원칙적으로 상증세법 평가규정에 따라야 할 것이다(영 89조 1·2항 참조).

(2) 법 제57조 제 4 항에 따른 외국법인세액으로서 대통령령으로 정하는 바에 따라 계산하여 같은 조 제 1 항에 따른 세액공제 대상이 되는 금액(법 15조 2항 2호)

이는 국제거래에 있어서 법인세 이중납부를 배제하기 위해 외국에 세액을 납부하기에 앞서 일단 국내 법인의 소득을 구성하였다고 보아 익금산입한 후 외국세액 납부에 따른 세액공제의 수순을 밟도록 한 것이다.

(3) 조특법 제100조의18 제 1 항에 따라 배분받은 소득금액(법 15조 2항 3호)

(4) 연결납세방식의 취소 등에 따라 환입된 소득금액(법 76조의9 2항 1호, 76조의12 2항 1호 및 3호)

다. 의제배당(법 16조)

(1) 총 설

법인세법은 의제배당에 관하여 소득세법과 별도 규정을 두고 있으나 그 대상이 개인주주가 아닌 법인주주라는 점에서 오는 차이를 제외하면 그 체계 및 내용은 다르지 않다. 아래에서 법령을 중심으로 살펴보기로 한다.

(2) 종 류

1) 유상감자 또는 사원탈퇴에 따른 배당액 주식의 소각, 자본의 감소, 사원의 퇴사, 탈퇴 또는 출자의 감소로 인하여 주주 등인 내국법인이 취득하는 금전과 그 밖의 재산가액의 합계액이 주주 등이 당해 주식 또는 출자지분('주식 등')을 취득하기 위하여 사용한 금액을 초과하는 금액(법 16조 1항 1호).

> 의제배당액 = 주주 등이 취득하는 금전과 그 밖의 재산가액의 합계액
> 　　　　　　　— 당해 주식 등의 취득가액

2) 잉여금의 자본전입에 따른 무상주 배당액 법인의 잉여금의 전부 또는 일부를 자본 또는 출자에 전입함으로써 주주 등인 내국법인이 취득하는 주식 등의 가액. 다만 가. 상법 제459조 제 1 항에 따른 자본준비금으로서 대통령령으로 정하는 것, 나. 자산재평가법에 의한 재평가적립금(같은 법 13조 1항 1호에 따른 토지의 재평가차액 상당 금액은 제외)을 자본에 전입하는 경우를 제외한다(법 16조 1항 2호).

가목의 "대통령령으로 정하는 것"이란 법 제17조 제 1 항 각 호[1]에 해당하는 금액을 말하되, 다음 각 호의 어느 하나에 해당하는 금액은 제외한다(영 12조 1항).

1. 법 제17조 제 1 항 제 1 호 단서에 따른 초과금액

2. 자기주식 또는 자기출자지분을 소각하여 생긴 이익(소각 당시 법 제52조 제 2 항에 따른 시가가 취득가액을 초과하지 아니하는 경우로서 소각일부터 2년이 지난 후 자본에 전입하는 금액은 제외한다)

3. 법 제44조 제 2 항에 따른 적격합병(같은 조 제 3 항에 따라 적격합병으로 보는 경우 포함)을 한 경우 다음 각 목의 금액(주식회사 외의 법인인 경우 이를 준용하여 계산한 금액)의 합계액. 이 경우 법 제17조 제 1 항 제 5 호에 따른 금액(합병차익)을 한도로 한다.

가. 합병등기일 현재 합병법인이 승계한 재산의 가액이 그 재산의 피합병법인 장부가액(제85조 제 1 호에 따른 세무조정사항이 있는 경우에는 그 세무조정사항 중 익금불산입액은 더하고 손금불산입액은 뺀 가액으로 한다)을 초과하는 경우 그 초과하는 금액

나. 피합병법인의 기획재정부령으로 정하는 자본잉여금 중 법 제16조 제 1 항 제 2 호 각 목 외의 부분 본문에 따른 잉여금("의제배당대상 자본잉여금")에 상당하는 금액

다. 피합병법인의 이익잉여금에 상당하는 금액

4. 법 제46조 제 2 항에 따른 적격분할을 한 경우 다음 각 목의 금액(주식회사 외의 법인인 경우에는 이를 준용하여 계산한 금액)의 합계액. 이 경우 법 제17조 제1 항 제 6 호에 따른 금액(분할차익)을 한도로 한다.

가. 분할등기일 현재 분할신설법인등(법 제46조 제 1 항 각 호 외의 부분 전단에 따른 분할신설법인등을 말한다)이 승계한 재산의 가액이 그 재산의 분할법인 장부가액을 초과하는 경우 그 초과하는 금액 나. 분할에 따른 분할법인의 자본금 및 기획재정부령으로 정하는 자본잉여금 중 의제배당대상 자본잉여금 외의 잉여금의 감소액이 분할한 사업부문의 분할등기일 현재 순자산 장부가액에 미달하는 경우 그 미달하는 금액. 이 경우 분할법인의

---

1) 법 제17조 제 1 항 각호는, 1. 주식발행액면초과액, 2. 주식의 포괄적 교환차익, 3. 주식의 포괄적 이전차익, 4. 감자차익, 5. 합병차익, 6. 분할차익을 말한다.

분할등기일 현재의 분할 전 이익잉여금과 의제배당대상 자본잉여금에 상당하는 금액의 합계액을 한도로 한다.

5. 상법 제345조 제 1 항에 따른 주식의 상환에 관한 종류주식의 법 제17조 제 1 항 제 1 호 본문에 따른 초과금액 중 이익잉여금으로 상환된 금액

제 3 호 및 제 4 호를 적용할 때 합병차익 또는 분할차익의 일부를 자본 또는 출자에 전입하는 경우에는 각각 해당 호 외의 금액을 먼저 전입하는 것으로 하며(영 12조 2항), 상법 제459조 제 2 항에 따른 준비금의 승계가 있는 경우에도 그 승계가 없는 것으로 보아 이를 계산한다(동 3항).

위 각 호에 관한 사항 중 제1, 2 호는 소득세법의 의제배당 부분으로 미루고, 제3, 4 호에 관한 설명은 아래 합병 시 의제배당 부분에서 함께 살펴본다.

3) 무상주 재배정에 따른 배당의제 법인이 자기주식이나 출자지분을 보유한 상태에서 법 제16조 제 1 항 제 2 호 각목의 규정에 따른 자본전입을 함에 따라 그 법인 외의 주주 등인 내국법인의 지분비율이 증가한 경우 증가한 지분비율에 상당하는 주식등의 가액(법 16조 1항 3호).

4) 해산 시 해산법인의 주주에 대한 배당의제 해산한 법인의 주주 등(법인으로 보는 단체의 구성원을 포함한다)인 내국법인이 법인의 해산으로 인한 잔여재산의 분배로서 취득하는 금전 그 밖의 재산의 가액이 당해 주식 등을 취득하기 위하여 사용한 금액을 초과하는 금액(법 16조 1항 4호).

의제배당액 = 잔여재산의 분배로 받는 금전 그 밖의 재산의 가액 — 당해 주식 등의 취득가액

5) 합병 시 피합병법인의 주주에 대한 배당의제 피합병법인의 주주등인 내국법인이 취득하는 합병대가가 그 피합병법인의 주식등을 취득하기 위하여 사용한 금액을 초과하는 금액(법 16조 1항 5호).

'합병대가'는 합병법인으로부터 합병으로 인하여 취득하는 합병법인(합병등기일 현재 합병법인의 발행주식총수 또는 출자총액을 소유하고 있는 내국법인 포함)의 주식등의 가액과 금전 또는 그 밖의 재산가액의 합계액을 말한다(동 2항 1호).

의제배당액 = 합병교부주식가액과 합병교부금의 합계액 — 당해 주식 등의 취득가액

다만 법 제44조 제 2 항의 요건을 갖춘 합병으로서 합병대가를 모두 주식으로 받은 경우 합병신주의 가액을 피합병법인 주식의 장부가액으로 평가하므로(영 14조 1항 1호 나목) 피합병법인의 주주에 대한 의제배당 문제는 발생하지 않는다.

피합병법인의 주주등인 내국법인이 취득하는 합병대가가 피합병법인의 주식등을 취득하기 위하여 사용한 금액을 초과하는 금액, 즉 합병차익은 원칙적으로 익금에 해당하지 않지만 합병매수차익에 해당하는 부분(법 17조 1항 5호 단서)은 익금에 해당한다. 그러므로 합병매수차익 부분을 제외한 합병차익을 자본전입하여 무상주를 발행하더라도 원칙적으로 의제배당과세 대상이 되지 않는다. 그러나 적격합병에 따라 발생한 합병차익 중 시행령 제12조 제 1 항 제 3 호 각목의 합계액을 자본전입하여 발행하는 무상주는 의제배당으로 과세한다. 이는 합병 이전에 자본금에 전입하였더라면 그로 인한 무상주가 의제배당되었을 것이 합병으로 인하여 합병차익으로 전환됨으로써 의제배당으로 과세할 수 없게 되는 문제점을 방지하기 위한 것이다. 비적격합병의 경우에는 합병 시에 의제배당과세가 이루어지므로 위 규정은 적용이 없다.

분할의 경우에도 기본적인 사항은 합병의 경우와 같고, 다만 자본잉여금을 분할법인에 귀속하는 부분과 분할신설법인에 귀속하는 부분으로 구분할 수 없는 데서 비롯된 일부 규정에서 차이를 보일 뿐이다(영 12조 1항 4호 가목 및 나목 참조).

6) 분할 시 분할법인 등의 주주에 대한 배당의제　**분할법인 또는 소멸한 분할합병의 상대방법인의 주주인 내국법인이 취득하는 분할대가가 그 분할법인 또는 소멸한 분할합병의 상대방법인의 주식**(분할법인이 존속하는 경우에는 소각 등에 의하여 감소된 주식만 해당함)**을 취득하기 위하여 사용한 금액을 초과하는 금액**(법 16조 1항 6호).

'분할대가'는 분할신설법인 또는 분할합병의 상대방 법인으로부터 분할로 인하여 취득하는 주식(분할합병의 경우에는 분할등기일 현재 분할합병의 상대방 법인의 발행주식총수 또는 출자총액을 소유하고 있는 완전모회사의 주식을 포함한다)의 가액과 금전 또는 그 밖의 재산가액의 합계액을 말한다(동 2항 2호).

의제배당액 = 분할교부주식가액과 분할교부금의 합계액 －당해 주식 등의 취득가액

적격분할의 요건을 갖추고 분할대가를 모두 주식으로 받은 경우 의제배당 과세문제가 발생하지 않음은 합병의 경우와 같다.

(3) 취득가액의 평가

법 제16조 제 1 항 제 2 호 단서에 의해 배당의제에 해당하지 않는 경우의 무상주 취득가액은 당해 무상주 배당 시 익금에 산입하지 않았으므로 실질적으로 '0'원이다. 다만 장부상 취득가액은 해당 무상주가 단기소각된 경우에 한해 '0'원으로 처리하고, 그 외의 경우에는 구 주식의 취득가액을 무상주 배정비율에 따라 구 주식과 무상주에 배분하여 산정된 가액으로 조정한다(영 14조 2항).

이에 반하여 같은 항 제 2 호 본문 및 제 3 호에 의해 배당으로 의제되는 무상주 취득가액은 액면가액 또는 출자가액이고(영 14조 1항 1호 가목), 법 제16조 제 2 항 제 1 호 및 제 2 호에 의해 배당으로 의제되는 무상주 취득가액은 법 제44조 제 2 항 제 1 호 및 제 2 호(주식 등의 보유와 관련된 부분 제외) 또는 법 제46조 제 2 항 제 1 호 및 제 2 호(주식 등의 보유와 관련된 부분 제외)의 요건을 모두 갖추거나 법 제44조 제 3 항에 해당하는 경우 종전의 장부가액(동 나목), 상법 제462조의2의 규정에 따른 주식배당의 경우 발행금액(동 다목), 그 밖의 경우에는 취득 당시 법 제52조의 규정에 따른 시가(동 라목. 시행령 88조 1항 8호의 규정에 따른 분여이익이 있는 경우에는 이를 차감한 금액)가 각 취득가액이 된다.

다만 위 가, 나, 다목의 경우 법 제51조의2 제 1 항 제 2 호에서 규정한 자본시장법에 따른 투자회사, 투자목적회사, 투자유한회사 및 투자합자회사(같은 법 9조 19항 1호의 경영참여형 사모집합투자기구는 제외)가 취득하는 주식 등의 취득가액은 영(0)으로 한다(위 각목 단서 및 괄호).

법 제51조의2 제 1 항 제 2 호에서는, 투자회사들이 명목상 회사에 불과한 점을 감안하여 배당가능이익의 90%이상을 배당한 경우 그 금액을 해당 사업연도 소득금액에서 공제하도록 하고 있다.

위 규정상 '배당가능이익'이란 기업회계상 이익을 말한다. 의제배당의 경우 기업회계기준상으로는 법인의 이익에 포함되지 않으므로 투자회사 등에 의제배당 소득이 발생하는 경우 배당가능이익을 구성하지 못해 소득공제의 적용대상이 되지 못하고 투자회사가 법인세를 부담하는 문제가 발생한다. 위 규정은 이를 해결하기 위해 투자회사가 취득하는 무상주 가액을 '0'원으로 평가함으로써 법인세법상 의제배당에 따른 소득을 기업회계와 일치시킨 것이다. 소득세법은 이와 같은 소득공제 규정이나 특례규정을 두지 않고 있다.

그 밖에 의제배당액 계산에 대하여는 이 책 441면 참조.

3. 익금불산입

가. 총 설

기업회계상으로는 법인의 순자산을 증가시키는 수익에 해당되지만, 법인세법상 익금에 산입되지 않는 것이 있다. 법은 이를 자본거래로 인한 것들(법 17조 1항)과 그 밖의 것들(법 18조 내지 18조의3)로 나누어 규정하고 있다. 자본거래 이외의 것들은 정책적 이유나 이중과세 방지를 위한 것들이 그 주요내용을 이룬다.

나. 자본거래로 인한 수익의 익금불산입(법 17조 1항)

1호: 주식발행액면초과액

주식발행액면초과액이란 법인이 액면 이상으로 주식을 발행한 경우 그 액면금액을 초과한 금액을 말한다(법 17조 1항 1호). 무액면주식의 경우에는 발행가액 중 자본금으로 계상한 금액을 초과하는 금액을 말한다(법 17조 1항 1호 괄호).

회사가 경영성적이 양호하여 잉여금을 유보한 경우 통상 주식발행가액을 액면가액 이상으로 하게 되고, 특히 상장법인 유상증자의 경우 시가발행을 하기 때문에 주식발행 액면초과액이 발생한다. 이는 현물출자의 경우 출자받은 재산의 시가가 액면가액을 초과하거나(영 72조 2항 3호 참조), 전환사채의 경우 사채발행가액이 액면가액을 초과하는 경우에도 동일하다.

이와 같은 주식발행액면초과액은 자본거래로부터 발생하는 이익이므로 기업회계나 상법 모두 회사의 자본준비금으로 적립하여 결손금 보전에만 사용할 수 있도록 하고(국제기준 1001-78, 일반기준 15-3 및 상법 제459조 내지 제461조), 법인세법도 이를 출자의 원본으로 보아 과세하지 않는다.

채무의 출자전환으로 주식 등을 발행하는 경우 시가초과금액은 익금에 산입한다(법 17조 1항 1호 단서).[1] 다만 제18조 제6호의 규정을 적용받지 아니한 대통령령이 정하는 금액은 이를 당해 사업연도의 익금에 산입하지 아니하고 그 이후의 각 사업연도에 발생한 결손금의 보전에 충당할 수 있다(같은 조 2항; 영 15조 1항).

일반적으로 채무면제익은 법 제18조 제6호에 따라 기존 결손금 보전에 충당

1) 이는 이 경우 주식의 시가초과발행금액을 채무면제익으로 보기 때문으로 여겨진다. 그러나 채무의 출자전환으로 주식을 발행하여 법인의 채권자가 법인의 주주로 되는 경우 시가 초과발행의 경우라도 채무의 출자전환으로 새로 주주가 된 채권자가 기존주주에게 이익을 분여한 것일 뿐 그로 인하여 법인의 손익에는 영향이 없으므로 위 규정은 입법론상 의문이 있다.

되는 경우 익금불산입된다. 위 규정은 주식발행초과금의 시가초과액은 그것이 시행령에서 정한 특수한 구조조정을 수반하는 경우에는 기존 결손금을 넘어서 출자전환 이후 사업연도 결손금 보전에 충당하더라도 익금 불산입하도록 한 것이다.

2호: 주식의 포괄적 교환차익 3호: 주식의 포괄적 이전차익

2호는 상법 제360조의2에 따른 주식의 포괄적 교환을 하여 제360조의7에 따른 자본금 증가 한도액이 완전모회사의 증가한 자본금을 초과한 경우의 초과액을 말하고, 3호는 상법 제360조의15에 따른 주식의 포괄적 이전을 하여 제360조의18에 따른 자본금 한도액이 설립된 완전모회사 자본금을 초과한 경우의 초과액을 말한다(법 17조 1항 2호 및 3호).

이는 상법상으로도 자본준비금 적립대상에 해당하며(상법 459조 1항). 법인세법도 실질상 자본 내지 출자의 납입으로 보아 익금불산입한다.

4호: 감자차익

자본감소의 경우로서 그 감소액이 주식의 소각, 주금의 반환에 든 금액과 결손의 전보에 충당한 금액을 초과한 경우의 그 초과금액을 말한다(법 17조 1항 4호).

감자차익은 발행주식을 무상소각하거나 액면가액 이하로 매입하여 소각하는 경우 등에 발생한다. 법인의 감자는 그 내용에 따라 실질적 감자와 형식적 감자로 나눌 수 있다. 전자는 회사가 사업 축소를 위해 감자를 실행할 경우 법인의 자기자본과 순자산이 실질적으로 감소하는 경우이며, 후자는 계산상 자본액이 감소하여도 법인의 자기자본이 실질적으로 감소하지 않은 경우, 즉, 무상감자를 말한다.

감자차익은 일반적으로 형식적 감자 시 생긴다. 예컨대 납입자본금 2억 원인 법인이 이월결손금 8천만 원을 보전하기 위해 구주식 2주 당 1주 비율로 무상감자한 경우 감소되는 납입자본금은 1억 원이나 이월결손금은 8천만 원이므로 감자한 자본금으로 이월결손금을 보전하면 2천만 원이 남는데 이 금액이 감자차익이다. 따라서 형식적 감자의 경우 감자 전 실질적 자기자본 1억 2천만 원(납입자본금—이월결손금)이 감자 후 자기자본 1억 2천만 원(납입자본금 + 감자차익)과 동액이 되어 회계상으로는 자본 감소를 가져오지 않는다.[1)]

감자차익은 주식발행 시 자본금으로 처리한 금액 중 자본감소 후에도 자본의 형태로 회사 내에 남은 부분으로서 이는 주주를 상대로 한 자본거래에서 발생한

1) (차) 자본금 100,000,000 (대) 이월결손금 80,000,000
감자차익 20,000,000

잉여금이므로 법인의 순자산을 증가시키지만 익금불산입한다. 감자차익은 기업회계에서도 전액 자본준비금으로 분류하여 자본에의 전입 및 결손보전의 목적으로만 사용할 수 있다. 한편 감자차익과 반대로 법인의 자산감소액보다 많은 금액을 주주 등 출자자에게 환급한 경우 초과금액은 감자차손이 된다. 즉, 유상감자를 하는 경우 환급금이 감자액을 초과하는 경우이다. 이는 형식상 손실의 발생처럼 보이지만 실질적으로는 법인의 이익을 분여한 것이므로 법인세법 제16조 제 1 항 제 1 호는 이를 배당 또는 분배금으로 의제하고 있다.

5호: 합병차익

합병차익이란 상법 제174조에 따른 회사 합병의 경우로서 소멸된 회사로부터 승계한 재산의 가액이 그 회사로부터 승계한 채무액, 그 회사의 주주에게 지급한 금액과 합병 후 존속하는 회사의 자본금증가액 또는 합병으로 인하여 설립된 회사의 자본금을 초과한 경우의 그 초과금액을 말한다. 다만 소멸된 회사로부터 승계한 재산가액이 그 회사로부터 승계한 채무액, 그 회사의 주주에게 지급한 금액과 주식가액을 초과하는 경우로서 이 법에서 익금으로 규정한 금액은 제외한다(법 17조 1항 5호).

합병차익은 합병평가차익, 합병감자차익, 피합병법인의 자본잉여금 및 피합병법인의 이익잉여금으로 구성되어 있다. 이 중 합병감자차익과 피합병법인의 자본잉여금은 피합병법인의 주주에 의한 자본 또는 출자의 납입에 해당하기 때문에, 피합병법인의 이익잉여금은 이월익금에 해당되므로 각각 익금에 불산입한다.

6호: 분할차익

분할차익이란 상법 제530조의2에 따른 분할 또는 분할합병으로 인하여 설립된 회사 또는 존속하는 회사에 출자된 재산의 가액이 출자한 회사로부터 승계한 채무액, 출자한 회사의 주주에게 지급한 금액과 설립된 회사의 자본금 또는 존속하는 회사의 자본금증가액을 초과한 경우의 그 초과금액을 말한다. 다만 분할 또는 분할합병으로 설립된 회사 또는 존속하는 회사에 출자된 재산의 가액이 출자한 회사로부터 승계한 채무액, 출자한 회사의 주주에게 지급한 금액과 주식가액을 초과하는 경우로서 이 법에서 익금으로 규정한 금액은 제외한다(법 17조 1항 6호).

분할차익은 분할평가차익, 분할감자차익, 분할법인의 자본잉여금과 이익잉여금 등으로 구성되어 있다. 이 중 분할감자차익과 분할법인의 자본잉여금은 실질적으로 분할법인의 주주에 의한 자본 또는 출자의 납입과 다를 바 없고, 분할법인의 이익잉여금은 이월익금에 해당하기 때문에 각각 익금불산입한다.

다. 평가이익 등의 익금불산입(법 18조)

1호: 자산의 평가이익

법인이 보유하고 있는 자산을 시가로 평가하여 그 시가가 장부가액을 초과할 때 나타나는 시가와 장부가액과의 차액을 자산의 평가이익이라고 한다.

기업회계는 자산의 평가이익을 인정하나(국제기준 1016-31; 일반기준 10-24), 세법은 자산을 과대하게 감가상각함에 따른 소득금액의 조작을 방지하기 위하여 임의적 평가이익을 익금불산입하고, 법률에 별도의 규정이 있거나 재고자산 등 대통령령으로 정하는 자산의 평가이익만을 수익으로 계상할 수 있도록 하고 있다.

과거의 기업회계는 화폐가치 불변의 원칙에 따라 원칙적으로 물가수준의 변동을 반영하지 않았으나 이를 항구적으로 고집하면 화폐가치가 급격히 하락한 경우에는 과거의 취득원가를 기초로 하여 감가상각비가 과소계상되는 등 기업의 순이익이 과대하게 계상되고 기업이익이 배당 등으로 과다하게 사외유출됨으로써 실질자본의 유지가 어렵게 된다.

자산재평가는 기업회계상 자산의 취득원가주의에 위배되며 기업 간 비교가능한 적정 손익계산을 왜곡할 위험성이 크다는 단점이 있으나, 물가상승기에 기업의 재무구조 개선을 기하고 국제적 정합성을 향상시킬 수 있는 장점이 있다.

국제회계기준 및 일반기업회계기준도 기업의 유형자산 평가방법으로 원가모형 이외에 재평가모형을 선택할 수 있도록 하고 있으나(국제기준 1016-31; 일반기준 10-24). 세법은 원칙적으로 취득원가주의를 채택하여 이를 인정하지 않고 있다.

시행령 제11조 제 4 호는 자산의 평가차익을 수익에 포함시키고 있으나, 법 제18조 제 1 호는 자산의 평가이익을 원칙적으로 익금불산입 대상으로 규정하고, 다만 법 제42조 제 1 항 각 호의 규정에 따른 평가로 인해 발생하는 평가이익만을 익금산입대상으로 규정하고 있다.

법 제42조 제 1 항에 의해 익금산입대상으로 규정된 평가이익은, 보험업법 그 밖의 법률에 의한 유형자산 및 무형자산 등의 평가이익(1호)과 재고자산 등 대통령령으로 정하는 자산 및 부채의 평가이익(2호)이다.

2호: 각 사업연도 소득의 이미 과세된 소득

이는 '이월익금'으로서 당기 이전에 세무상 익금에 산입됨으로써 과세된 소득이 당기에 기업회계상 재차 수익으로 계상된 금액을 말한다. 이를 익금에 산입하면 동일한 소득에 대한 이중과세가 되므로 익금불산입한다. 여기에는 법인세법과 다른 법률에 따른 비과세소득 또는 면제소득이 포함된다(동호 괄호).

3호: 법인세 또는 지방소득세 소득분을 환급받았거나 또는 환급받을 금액을 다른 세액에 충당한 금액

법인의 각 사업연도 소득에 대하여는 법인세 외에 지방소득세가 부과되는데 이들 조세는 당초부터 손금산입되지 않으므로, 그 환급액도 익금산입되지 않는다.

4호: 국세 또는 지방세의 과오납금의 환급금에 대한 이자

이는 기업회계상 이자수입으로서 영업 외 수입에 해당되나 정책적으로 과세대상에서 제외한 것이다. 이자율은 시중은행의 1년 만기 정기예금 평균수신금리를 감안하여 기획재정부령이 정하는 율이다(기본령 43조의3 2항).

5호: 부가가치세의 매출세액

부가가치세는 국가에 납부할 채무액이므로 익금에 산입하지 않는다.

6호: 무상으로 받은 자산의 가액(제36조에 따른 국고보조금등은 제외한다)과 채무의 면제 또는 소멸로 인한 부채의 감소액 중 대통령령으로 정하는 이월결손금의 보전에 충당된 금액

법인의 수증익은 익금으로 과세되나 법인이 수증자산으로 이월결손금을 메우는데 충당한 경우에까지 과세의 대상으로 삼으면 증여한 취지에 반하므로 이 경우 익금불산입대상으로 한 것이다. 과세표준 공제와 달리 15년 이내에 발생한 이월결손금인지 여부는 묻지 않는다.

괄호부분은 손금에 산입된 국고보조금을 익금불산입하게 되면 과세표준에서 이중으로 공제되므로 이를 방지하기 위한 것이다.

7호: 연결자법인 또는 연결모법인으로부터 제76조의19 제 2 항 또는 제 3 항에 따라 지급받았거나 지급받을 금액

연결납세방식을 적용받는 연결법인들에게 귀속되는 각 연결사업연도의 소득금액에 대해서는 연결모법인이 연결자법인을 대표하여 법인세를 납부할 의무를 부담하고, 연결자법인들은 자신에게 귀속되는 각 연결사업연도의 소득금액에 대한 법인세상당액을 연결모법인에게 지급하여야 한다(법 76조의19 2항).

이는 연결모법인이 대납한 법인세액을 상환 받은 것이므로 익금 불산입한다.

8호: 상법 제461조의2에 따라 자본준비금을 감액하여 받는 배당금액(내국법인이 보유한 주식의 장부가액을 한도로 한다). 다만 다음 각 목의 어느 하나에 해당하는 자본준비금을 감액하여 받는 배당금액은 제외한다.

가목 내지 다목: 생략

법인은 자본준비금 및 이익준비금 총액이 자본금의 1.5배를 초과하는 경우 그 초과금액 범위 내에서 자본준비금과 이익준비금을 감액할 수 있다(상법 461조의2).

감액된 금액은 법인의 배당가능이익을 구성하는데 이 중 자본준비금을 재원으로 배당하는 경우 자본의 환급으로 보아 익금불산입한다. 이에 반하여 의제배당을 구성하는 자본준비금(자본잉여금)을 재원으로 한 배당과 적격합병 및 적격분할에서 재평가적립금을 감액하여 이루어진 배당금액은 익금산입한다(위 단서).

라. 수입배당금액의 익금불산입(법 18조의2)

(1) 의 의

법인 소득에 대한 이중과세를 조정하기 위하여 법인세법은 수입배당금액의 익금불산입제도를 마련하고 있다. 이는 소득세법상 배당세액공제제도에 상응하는 것이다.

현행 법상 여기에 해당하는 경우로는 지주회사의 수입배당금액 익금불산입과 기타 법인의 수입배당금액 익금불산입이 있다. 법은 지분율이 100%에 이르지 않는 한 수입배당금액의 30%에서 80%에 상당하는 금액만 익금불산입한다. 이는 모자회사간의 배당과 같이 기업지배적 관계에 있는 동일기업의 내부거래로 여겨지는 경우 이를 과세한다면 사업을 자회사형태로 경영하는 것보다 지점의 설치 등에 의하는 편이 세제상 유리하게 되어 기업의 경영형태의 선택에 대하여 법인세가 비중립적인 효과를 가질 수 있기 때문인데 지분율이 낮은 경우 기업지배 목적보다는 투자목적으로 주식을 보유한다고 보기 때문인 것으로 설명된다.

(2) 법인의 배당소득에 대한 외국의 입법 예

미국은 배당금수취 법인의 과세소득을 산정함에 있어서 수취배당금의 70% 상당액을 공제하되, 법인이 총발행주식의 20% 이상의 주식을 소유하는 다른 법인으로부터 받는 배당금은 배당금의 80% 상당액을 공제한다. 또한 배당일 현재 총발행주식의 80% 이상의 주식을 소유하는 다른 법인으로부터 받는 배당금과 소규모사업투자법에 의한 소규모사업투자회사로부터 받는 배당금은 그 전액을 공제한다(IRC §243(a)). 이를 수취배당금공제(Dividend-Received Deduction)라고 한다.

일본은 원칙적으로 수입배당금액의 50%에 상당하는 금액을 익금불산입하되, 연결법인 및 관계법인 주식 등과 관련이 있는 배당소득에 대하여는 배당금 전액을 익금불산입한다(일본 법인세법 23조).

(3) 우리 법 규정

내국법인(제29조에 따라 고유목적사업준비금을 손금에 산입하는 비영리내국법인은 제외한다)이 해당 법인이 출자한 다른 내국법인("피출자법인")으로부터 받은 이익의 배당금이나 잉여금의 분배금과 제16조에 따라 배당금 또는 분배금으로 보는 금액("수입배당금액") 중 제 1 호의 금액에서 제 2 호의 금액을 뺀 금액은 각 사업연도의 소득금액을 계산할 때 익금에 산입하지 아니한다. 이 경우 그 금액이 0보다 적은 경우에는 없는 것으로 본다(법 18조의2 1항).

1. 피출자법인별로 수입배당금액에 다음 표의 구분에 따른 익금불산입률을 곱한 금액의 합계액(도표 생략)

2. 내국법인이 각 사업연도에 지급한 차입금의 이자가 있는 경우에는 차입금의 이자 중 제 1 호에 따른 익금불산입률 및 피출자법인에 출자한 금액이 내국법인의 자산총액에서 차지하는 비율 등을 고려하여 대통령령으로 정하는 바에 따라 계산한 금액

제 1 항은 다음 각 호의 어느 하나에 해당하는 수입배당금액에 대해서는 적용하지 아니한다(동 2항).

1. 배당기준일 전 3개월 이내에 취득한 주식등을 보유함으로써 발생하는 수입배당금액 2. (삭제. 2022. 12. 31.) 3. 제51조의2 또는 조특법 제104조의31에 따라 지급한 배당에 대하여 소득공제를 적용받는 법인으로부터 받은 수입배당금액 4. 이 법과 조특법에 따라 법인세를 비과세·면제·감면받는 법인(대통령령으로 정하는 법인으로 한정한다)으로부터 받은 수입배당금액 5. 제75조의14에 따라 지급한 배당에 대하여 소득공제를 적용받는 법인과세 신탁재산으로부터 받은 수입배당금액 6. 자산재평가법 제28조 제 2 항을 위반하여 이 법 제16조 제 1 항 제 2 호 나목에 따른 재평가적립금을 감액하여 지급받은 수입배당금액 7. 제18조 제 8 호 나목 및 다목에 해당하는 자본준비금을 감액하여 지급받은 수입배당금액 8. 자본의 감소로 주주등인 내국법인이 취득한 재산가액이 당초 주식등의 취득가액을 초과하는 금액 등 피출자법인의 소득에 법인세가 과세되지 아니한 수입배당금액으로서 대통령령으로 정하는 수입배당금액

법인세법상 수입배당금액의 익금불산입은, 배당금을 지급하는 법인에 대한 출자지분율에 따라 익금불산입율을 정하되 해당 출자에 상응한 차입금 이자를 일정한 산식에 따라 공제하는 구조로서 익금불산입율은 출자지분율이 20% 미만인 경우 30%, 20% 이상 50% 미만인 경우 80%, 그 이상인 경우 100%이다.

익금불산입액 산정 시 차입금 이자를 차감하도록 한 것은 손금산입 비용 중 과세가 제외되는 배당금에 대응한 부분을 제외하기 위한 것이다. 이에 따라 우리 법상 수입배당금을 익금불산입하기 위해서는 기본적으로, 내국법인이 출자한 배당지급법인으로부터 받은 수입배당금액에 그 지분율에 따른 익금불산입율을 곱하여 산출한 금액의 합계액이 배당지급법인에 대한 출자와 관련된 차입금 이자에 일정률을 곱하여 계산한 금액을 초과하여야 한다.

여기의 차입금의 이자는 원칙적으로 시행령 제19조 제 7 호에서 손비의 항목으로 규정한 '차입금 이자'를 의미하며, 금융회사가 환매조건부 채권매도 등의 방식으로 타인으로부터 운영자금을 조달하면서 지출하는 비용은 원칙적으로 여기의 차입금 이자에 해당한다(판 2017. 7. 11, 2015두49115). 익명조합원인 내국법인이 익명조합계약에 따라 영업자인 다른 내국법인으로부터 지급받는 돈은 익금불산입 대상인 '수입배당금액'에 해당하지 않는다(판 2017. 1. 12, 2015두48693).

시행령 제55조에 의해 이미 손금불산입된 금액은 여기의 차입금 및 그 이자에 포함되지 않는다(영 17조의2 2항).

비영리내국법인을 대상에서 제외한 것은 비영리내국법인이 배당받는 금액은 전액 고유목적사업준비금으로 손금산입되는 것을 감안한 것이다.[1]

마. 지주회사의 수입배당금액의 익금불산입(법 18조의3)

내국법인 중 「독점규제 및 공정거래에 관한 법률」에 따른 지주회사, 「금융지주회사법」에 따른 금융지주회사, 「기술의 이전 및 사업화 촉진에 관한 법률」에 따른 공공연구기관 첨단기술지주회사 및 「산업교육진흥 및 산학협력촉진에 관한 법률」에 따른 산학협력기술지주회사가 자회사(해당 지주회사가 출자한 법인으로서 지주회사의 자회사에 대한 출자비율 등을 감안하여 대통령령으로 정하는 요건을 갖춘 내국법인)로부터 받은 수입배당금액 중 제 1 호의 금액에서 제 2 호의 금액을 뺀 금액은 각 사업연도의 소득금액을 계산할 때 익금에 산입하지 아니한다. 이 경우 그 금액이 0보다 적은 경우에는 없는 것으로 본다(법 18조의3 1항).

1. 자회사별로 수입배당금액에 다음 표의 구분에 따른 익금불산입률을 곱한 금액의 합계액 2. 지주회사가 각 사업연도에 지급한 차입금의 이자가 있는 경우에는 차입금의 이자 중 제 1 호에 따른 익금불산입률 및 자회사에 출자한 금액이 지주회사의 자산총액에서 차지하는 비율 등을 고려하여 대통령령으로 정하는 바에 따라 계산한 금액

1) 관련 내용은, 한만수, "수입배당금의 익금불산입제도에 관한 고찰", 조세법연구 8-2, 440면.

법 제18조의3 제 1 항 본문에 따른 지주회사는 사업연도 종료일 현재 각 해당 법률에 따라 지주회사로 신고된 내국법인으로 한다(영 17조의3 1항. 단서조항 있음).

예외는 법 제18조의2 제 2 항의 수입배당금액 익금불산입 규정과 같다(동 2 항).

국내기업의 해외투자를 촉진하기 위하여 해외지주회사에 대하여는 일부 과세특례규정을 두고 있다. 그 내용은 국조법 제28조 및 조특법 제38조의3 참조.[1]

바. 외국자회사 수입배당금액의 익금불산입(법 18조의4)

이 규정은 외국자회사가 외국에서 납부한 법인세액과의 이중과세를 합리적으로 조정하기 위한 규정이다. 아래에서 규정 내용을 간단하게 살펴본다.

「내국법인(제57조의2 제 1 항에 따른 간접투자회사등은 제외)이 해당 법인이 출자한 외국자회사(내국법인이 의결권 있는 발행주식총수 또는 출자총액의 100분의 10(조세특례제한법 제22조에 따른 해외자원개발사업을 하는 외국법인의 경우에는 100분의 5) 이상을 출자하고 있는 외국법인으로서 대통령령으로 정하는 요건을 갖춘 법인을 말한다)로부터 받은 이익의 배당금 또는 잉여금의 분배금과 제16조에 따라 배당금 또는 분배금으로 보는 금액(“수입배당금액”)의 100분의 95에 해당하는 금액은 각 사업연도의 소득금액을 계산할 때 익금에 산입하지 아니한다」(1항).

「내국법인이 해당 법인이 출자한 외국법인(외국자회사는 제외)으로부터 자본준비금을 감액하여 받는 배당으로서 제18조 제 8 호에 따른 익금에 산입되지 아니하는 배당에 준하는 성격의 수입배당금액을 받는 경우 그 금액의 100분의 95에 해당하는 금액은 각 사업연도 소득금액을 계산할 때 익금에 산입하지 아니한다」(2항).

「국제조세조정에 관한 법률 제27조 제 1 항 및 제29조 제 1 항 · 제 2 항에 따라 특정외국법인의 유보소득에 대하여 내국법인이 배당받은 것으로 보는 금액 및 해당 유보소득이 실제 배당된 경우의 수입배당금액에 대해서는 제 1 항을 적용하지 아니한다」(3항). 「제 1 항에도 불구하고 다음 각 호의 어느 하나에 해당하는 금액은 각 사업연도의 소득금액을 계산할 때 익금에 산입한다」(4항).

1호 내지 4호: 생략

---

1) 지주회사 관련 세제에 관한 일반적인 논의는, 최성근, “지주회사제도의 도입과 과세문제”, 조세법연구 3, 390면. 윤현석, “지주회사 관련 세제의 개선방안”, 조세법연구 14-1, 170면 등.

제3절 손 금

1. 의 의

법인세법상 손금이란, '자본 또는 출자의 환급, 잉여금의 처분 및 법인세법에서 손금불산입하도록 정한 것을 제외하고 당해 법인의 순자산을 감소시키는 거래로 인하여 발생하는 손실 또는 비용의 금액'을 말한다(법 19조 1항).

법인세는 순소득과세의 원칙에 따라 소득금액을 과세표준으로 하여 부과하는데, 소득금액은 익금에서 손금을 공제하여 계산하므로 손금은 소득금액을 계산하기 위한 소극적 항목이 된다. 법인세법상의 손금은 기업회계상의 비용과 손실을 세무조정한 세법 고유의 개념이다.[1)]

법인세법은 손실과 비용의 범위에 관하여 「법인세법 및 다른 법률에 달리 정하고 있는 것을 제외하고는 그 법인의 사업과 관련하여 발생하거나 지출된 것으로서 일반적으로 인정되는 통상적인 것이거나 수익과 직접 관련된 것으로 한다」고 규정하여(법 19조 2항), 일반적 기준으로서 '업무관련성'과 '통상성' 및 '수익관련성'을 제시하고 있다. 먼저 문제되는 것은, 규정의 업무관련성 부분(방점부분)이 바로 뒤의 통상성에만 연결되는 것인지, 아니면 그 다음 수익관련성에도 연결되는지 여부이다. 학설은 엇갈리나, 규정의 연혁과 취지 등에 비추어 전자가 옳다고 본다.[2)] 통상 세법상 비용은 매출원가와 같은 직접비용, 일반관리비와 같은 간접비용, 영업외비용 등 세 가지가 있는데, 위 규정의 수익관련성 부분은 직접비용에서만 문제될 것이다.

'통상성'에 관하여 우리 판례는, "납세의무자와 같은 종류의 사업을 영위하는

1) 기업회계상 비용과 손실을 그 발생원천에 따라 분류하면, ① 재고자산 비용(매매업: 상품매출원가, 제조업: 제품제조원가, 건설업: 완성공사원가), ② 유형자산 및 무형자산 비용(감가상각비와 수선비), ③ 판매비와 관리비, ④ 영업 외 비용, ⑤ 법인세 등으로 나눌 수 있다.

2) 같은 취지; 김완석, 황남석, 앞의 책 291면. 후자의 견해로는 한만수, 앞의 책 496면. 후자의 견해를 취할 때 업무관련성 범위를 어떻게 해석할 것인가가 다시 문제된다. 이를 수익관련성 보다 넓은 개념으로 이해하면 별도의 요건으로서의 의미를 잃고, 수익관련성보다 범위가 좁거나 엇갈리는 개념으로 이해하면 수익과 직접 관련성이 있음에도 손비로 인정받지 못하는 부분이 발생한다, 예컨대 법인이 비업무용자산을 처분하여 수익을 얻은 경우 이는 법인의 익금을 구성하는데, 이를 업무관련성이 없는 것으로 이해하게 되면 그 취득자금을 비용으로 인정받지 못하게 된다. 그 밖에 위 각 요건에 관한 자세한 논의는, 김재승, "법인세법 제19조의 해석", 조세법연구 18-2, 51면 이하; 이창희, "손금산입요건으로서의 통상경비", 상사판례연구 V, 441-443면; 김완석, "법인세법상 손금의 해석에 관한 연구", 세무학연구 제19권 제2호 등.

다른 법인도 동일한 상황 아래에서는 지출하였을 것으로 인정되는 비용을 의미하고, 그러한 비용에 해당하는지 여부는 지출의 경위와 목적, 형태, 액수, 효과 등을 종합적으로 고려하여 객관적으로 판단하여야 하는데, 특별한 사정이 없는 한 사회질서를 위반하여 지출된 비용은 여기에서 제외된다"고 보고 있다(판 2009. 11. 12, 2007두12422).[1] 이는 특히 위법비용의 손금성과 관련하여 문제가 된다.

미국의 내국세입법 제162조 (a)항은, '사업연도중 사업을 수행함에 있어서 지급하였거나 발생한 통상적이고 필요한 비용(the ordinary and necessary expenses)', 독일 소득세법은 '사업을 이유로 하는 경비(Einkommensteuergesetz 4 IV)' 등의 기준을 제시하고 있으며, 일본은 일반적으로 공정타당하다고 인정되는 회계처리기준(법인세법 22조 4항) 이외에 법에서 별도의 기준은 제시하지 않고 있다.

법인세법은 국가재정의 확보와 기업의 건전한 발전을 유도하기 위하여 과다한 경비를 부인하는 등 비용을 상당부분 손금으로 인정하지 않으므로 기업회계상의 비용보다 범위가 좁은 면이 있으나, 다른 한편 기업활동에 대한 조세지원 수단으로 기업회계기준에서 비용으로 보지 않는 준비금 등을 손금으로 인정하기도 한다.

법인 설립 전에 지출원인이 발생한 비용이라도 법인의 설립 목적과 설립 후의 영업 내용 등에 비추어 법 제19조 제 2 항 소정의 손비의 요건을 갖춘 경우에는 특별한 사정이 없는 한 그 법인에 귀속되는 손금으로 보아야 한다.[2]

2. 위법비용의 손금성

위법소득을 얻기 위해 지출하거나 위법한 수단을 통해 지출된 비용을 손금 산입할 수 있는지 여부는 결국 일반적 기준인 업무관련성과 통상성 내지 수익관련성의 기준에 따라 판단할 수밖에 없다. 판례 및 대부분의 학설도 위법소득을 위해 지출된 비용이라는 점 자체만으로 손금산입을 부정하지는 않는다. 즉, 판례는 불법폐기물처리업자에게 산업폐기물의 매립을 위탁하면서 지출한 비용(판 98. 5. 8, 96누6158), 외환위기 상황에서 주택은행이 관계법령을 위반하여 고객에게 손실보전금을

1) 이는 담배를 수입·판매하던 회사가 영업부진 때문에 영업을 중지하는 대리점에게 신규시장의 개척과 판매촉진을 위하여 영업지원 인건비 및 차량구입비를 지원한 것을 '판매부대비용'으로 보아 손금에 산입하여야 한다고 본 사안이다. 판결에 대한 해설은, 조윤희, 판례해설 2009(하), 235면. 파이프 시공업체들 사이에 수수된 낙찰 담합사례금이 여기의 '통상적인 비용'이나 '수익과 직접 관련된 비용'에 해당하지 않는다고 본 사안으로 판 2017. 10. 26, 2017두51310. 그 밖에 의약품 리베이트에 관한 논의는 아래 2항 참조.

2) 판 2013. 9. 26, 2011두12917. 이 경우 사업연도 귀속에 관하여는 시행령 4조 2항 참조.

지출하였으나 그 이유가 기존 신탁계약의 대규모 해지 및 인출사태 등을 방지하기 위한 것으로서 다른 시중은행들과 협의를 거쳐 이루어진 경우(판 2009. 6. 23, 2008두7779)[1] 등에 관하여 비용으로의 손금성을 인정하였다. 다만 뇌물이나 탈세경비와 같이 지출이 반사회성이 강하거나 사회질서에 심히 반하는 경우 '통상성'이 없어 손금성이 부인된다고 보고 있고(위 2008두7779 및 2007두12422 판결), 의약품 도매상이 약국 등 개설자에게 의약품 판매촉진 목적으로 '리베이트'를 지급하는 것 역시 사회질서에 현저히 반하여 비용을 손금산입할 수 없다고 보았다.[2] 일반적으로 뇌물관련 비용의 손금해당성을 부인하는 것에 대하여는 각국의 학설, 판례가 일치하고 입법으로 명시한 나라도 많으나,[3] 구체적인 규제법령이 없는 리베이트의 경우 이를 손금부인할 것인지에 대하여는 담세력에 따른 과세 내지 순소득 과세의 원칙에 비추어서나 원래 윤리적 요소를 포함하고 있지 않은 통상성의 개념에 비추어 논란의 여지가 많다.[4]

외국의 상황을 보면, 미국은 미국세법 제162조의 요건을 충족하는 한 엄격하게 정의된 공서(公序)에 반하는 경우가 아니면 손금산입을 부인할 수 없다는 원칙이 확립되어 있고, 독일의 경우도 '과세와 관련하여서는 법령위반을 고려하지 않는다'는 취지의 조세통칙법 제40조에 따라 비용 발생이 법인의 귀책사유에 기인하거나 법령에 위반하더라도 손금으로 인정되는 데에 장애가 되지 않는 것으로 이해하고 있다.

어느 지출이 매출에누리에 해당하면 익금항목인 매출액에서 공제되나 판매장려금으로서 판매부대비용에 해당하면 법상 손금성의 요건을 갖추어야 한다. 이처럼 지출의 성격에 따라 손익의 공제 범위가 달라진다면 이는 불합리하다. 이러한 익금항목과의 균형에 비추어 보더라도 법령을 위배하여 지출된 비용의 경우 통상성에 반한다는 이유로 손금부인하는 것은 제한적으로 인정되어야 할 것이다.[5]

이와 관련하여 회사가 임직원의 업무수행과 관련하여 발생한 소송비용을 임직원을 위하여 지출한 경우 법인세법상 손금으로 인정할 수 있는가의 문제가 있다.

---

1) 판결에 대한 평석은, 백제흠, 세법의 논점, 169면.
2) 판 2015. 1. 15, 2012두7608. 평석은, 조용민, 조세판례백선 3(한국세법학회), 299면.
3) 미국은 내국세입법 제162조(c)(1)에서, 공무원에 대한 뇌물이나 위법사례금 등의 손금불산입을 규정하고 있고, 독일도 뇌물의 손금불산입 규정을 두고 있으며(EStG §4 ⑤ Satz 1 Nr. 10), 일본 역시 '뇌물관련 비용이나 탈세 등의 은폐관련 비용'을 손금부인하고 있다(일본 법인세법 제55조).
4) 학설은 대부분 판례의 입장에 반대하고 있다. 이은총, 조세법연구 22-1, 244면. 김재광, 조세법연구 22-3, 147면. 조세판례연구 iv, 284면. 백제흠, "제약업계 리베이트가 법인세법상 손금에 해당하는지 여부", 세법의 논점 2, 186면.
5) 관련 논의는, 양인준, "법령을 위반하여 지급된 판매지원금의 법인세 과세상 취급 — 익금차감의 측면과 손금산입의 측면의 비교를 중심으로 —", 조세법연구 30-2, 315면.

판례는 원칙적으로 이를 부정하면서 예외적으로, '소송이나 고소의 내용이나 경위, 단체의 업무집행과의 관련성, 소송이나 고소 당시 단체가 처한 상황 등 변호사 비용 지출 당시의 제반 사정에 비추어 단체의 이익을 위하여 소송을 수행하거나 고소에 대응하여야 할 특별한 필요성이 있는 경우'에 한하여 손금산입을 인정하고 있다(판 2006. 10. 26, 2004도6280). 기본적으로 이 문제 역시 법이 정한 손금 요건인 업무관련성과 통상성의 요건의 각도에서 판단할 사항이며, 구체적으로는 쟁송의 타당성, 임직원의 법인 내에서의 지위, 분쟁의 종류, 법인이 구상의무를 부담하는지 여부 등 여러 가지 사정을 종합적으로 고려하여 판단할 사항이다.[1]

3. 손금산입

가. 일반항목

시행령 제19조는 손비의 항목을 예시하고 있다. 그 내용은, 판매한 상품 또는 제품에 대한 원료의 매입가액과 그 부대비용(1호), 판매한 상품 또는 제품의 보관료, 포장비, 운반비, 판매장려금 및 판매수당 등 판매와 관련된 부대비용(1호의2), 양도한 자산의 양도 당시의 장부가액(2호), 인건비(3호), 출산·양육지원금(3의2호), 유형자산의 수선비(4호), 유형자산 및 무형자산에 대한 감가상각비(5호), 특수관계인으로부터 취득한 유형자산 및 무형자산 장부가액의 시가 등 차액에 대한 감가상각비 상당액(5의2호), 자산의 임차료(6호), 차입금이자(7호), 회수할 수 없는 부가가치세 매출세액 미수금(8호), 자산의 평가차손(9호) 등 제 1 호부터 제23의2호까지 구체적 항목을 제시하고 있고, 24호에서 보충적 규정으로, '그 밖의 손비로서 그 법인에 귀속되었거나 귀속될 금액'을 규정하여 앞에 제시된 항목들이 예시적인 것임을 밝히고 있다.

그 밖에 동업기업 과세특례에 따라 법인이 동업기업으로부터 배분받은 결손금과 법이 규정한 일정한 범위의 결손금도 이를 손금으로 본다(법 19조 3항).

아래에서 주요 항목들에 관하여 살펴본다.

1호: 판매한 상품 또는 제품의 원료의 매입가액(기업회계기준에 따른 매입에누리금액 및 매입할인금액을 제외)과 그 부대비용

1) 관련 논의는, 임승순·황남석·김대호, "법인이 임직원을 위해 지출한 법률비용의 손금성", 조세법연구 26-3, 441면.

(1) 의 의

이는 상품 또는 제품의 매출액에 대응하는 것으로서 기업회계에서 말하는 판매업 또는 제조업에서의 매출원가에 해당하는 것이다. 가액이 확정되면 되고 반드시 현실로 지출되어야만 하는 것은 아니다.

법인세법은 매출원가 및 제조원가의 계산방법에 관한 규정을 두지 않고 있으므로 법인이 이들 원가를 기업회계에 의하여 계산한 다음 이를 제조원가 및 판매비와 관리비 등으로 손비를 구분 계상한 경우에는 특별히 세무조정할 필요가 없다.

(2) 기업회계에서의 매출원가의 계산

기업회계에서의 매출원가란 상품·제품 등의 매출액에 대응되는 원가로서 회계연도 중에 판매된 상품이나 제품 등에 대하여 배분된 매입원가 또는 제조원가를 말한다(국제기준 1002-34; 일반기준 2-48). 이는 상품 또는 제품의 기초재고액과 당기상품매입액 또는 당기제품 제조원가의 합계액에서 상품 또는 제품의 기말재고액을 공제하여 산정한다. 여기서 당기상품매입액은 상품의 총매입액에서 매입에누리액과 환출액 및 매입할인액을 차감한 순매입액을 뜻한다.

매출원가는 상품의 판매나 매입과 관계없이 재해·증여·자가소비 등에 의해 재고자산의 기말 실수량에 증감이 생기는 경우와 개별소비세 등 간접세 또는 원재료의 평가손실 등과 같이 기말의 실수량의 증감 없이 매출원가 금액에 증감을 가져오는 경우가 있다. 기업회계에서는 이들을 모두 매출원가에서 차감한다.

(3) 매출에누리 등

외상매출금을 신속히 회수하기 위하여 대금지급기일 전의 지급에 대하여 이자상당액을 할인해 주거나 외상매출금 일부를 면제하여 주는 매출할인(discounts) 또는 매출에누리(sales allowance) 등은 기업회계에서나 법인세법에서 모두 매출액 및 수입금액에서 차감한다(국제기준 1115-51; 일반기준 2-46).

매출환입(sales return)이나 매출(판매)장려금도 기업회계는 매출에서 차감하는데(국제기준 1115-51; 일반기준 2-46), 매출장려금의 경우 세무회계도 사전약정에 따라 매출액에 비례하여 지급하는 경우 판매수익에서 차감하나, 해당 요건을 갖추지 못하면 기업업무추진비로 처리된다. 부가가치세법상 매출에누리는 공급가액에서 공제되나, 매출장려금은 공급가액에 포함된다(부가세법 29조 5항 1호 및 29조 6항).

매출환입의 경우 환입된 금액을 매출가액에서 공제하나 매출연도와 환입연도가 다른 경우 어느 연도 매출가액에서 공제할 것인가가 문제된다. 이와 관련하여 기업회계기준에는 명확한 규정이 없으나, 회계실무는 매출할인 등이 발생하는 경우 통상 매출환입이 발생한 해의 매출에서 차감한다. 소득세법과 법인세법은 상품 등 판매 손익의 귀속시기를 그 상품이 인도된 날이 속하는 사업연도로 규정하는 한편 매출환입에 관하여 소득세법 시행령 제51조 제 3 항 제 1 호의2는 환입된 물품의 가액과 매출에누리를 제외한 해당 연도의 총수입금액을 과세소득 기초가 되는 총수입금액으로 보고 있으나 법인세법은 이에 관한 별도의 규정이 없다. 다만 법인세법 시행령 제11조 제 1 호, 제68조 제 5 항은 매출환입과 유사한 매출에누리 및 매출할인금액의 경우 지급연도가 속하는 사업연도 매출액에서 차감하도록 되어 있다.

기본통칙에서는 아파트 등 분양의 경우 예약매출로 인한 익금이나 손금은 법인세법 시행령 제69조에 따라 진행기준으로 인식하도록 하고 있고(법기통 40-69…1), 그 이후 분양계약이 해제된 경우, 시행령은 그 발생차액을 해약일이 속하는 사업연도 손익에 산입하도록 하고 있다(영 69조 3항).

위 규정과 같이 법인세법 등에서 특정한 사유의 발생으로 인해 실현되지 않은 소득을 그 사유가 발생한 사업연도 소득금액에 대한 차감사유로 규정하고 있거나, 경상적·반복적으로 발생하는 매출에누리나 매출환입과 같은 사유에 대하여 납세의무자가 기업회계 기준이나 관행에 따라 사유가 발생한 사업연도 소득금액을 차감하는 방식으로 법인세를 신고해 왔다는 등의 특별한 사정이 있으면 그러한 사유의 발생은 당초 성립한 납세의무에 영향을 미칠 수 없어 국세기본법상 후발적 경정청구사유에 해당하지 않는다(판 2013. 12. 26, 2011두1245).

1호의2: 판매부대비용

판매한 상품 또는 제품의 보관료, 포장비, 운반비, 판매장려금 및 판매수당 등 판매와 관련된 부대비용(판매장려금 및 판매수당의 경우 사전약정 없이 지급하는 경우를 포함한다)은 손금에 산입한다. 판매한 상품 또는 제품에 대한 부대비용은 기업회계기준에 따라 계상한 금액으로 한다(규칙 10조).

기본통칙은 사전약정에 따라 협회에 지급하는 판매수수료(1호), 판매촉진을 위하여 경품으로 제공하는 제품 또는 상품(6호) 등을 예시하고 있다(법기통 19-19…3).

2호: 양도한 자산의 양도 당시의 장부가액

상품 또는 제품 이외의 자산, 즉, 유형자산을 양도한 때에는 양도 당시의 장부가액을 손금산입한다. 기업회계는 재고자산 이외의 자산을 양도하는 경우 양도가액에서 장부가액을 차감한 순액만을 처분이익 또는 처분손실로 계상하고 있으나(순액법), 법인세법은 양도금액과 그 장부가액을 각각 익금과 손금에 산입한다(총액법).

법인세법은 손금항목인 '장부가액'의 개념에 관하여 별도의 규정을 두지 않고 있으나, 일반적으로 취득가액에 자본적 지출·자산평가증 등을 가산하고 감가상각·평가손실 등을 차감한 가액을 가리키는 것으로 이해된다. 즉, 세무회계에 따라 수정된 장부상 평가액으로서, 유상으로 취득한 자산의 경우 그 취득원가가 기초 장부가액이 되고(영 72조 2항 1·2호; 국제기준 1016-23; 일반기준 10-8), 감가상각대상 자산은 장부상 미상각잔액, 자산재평가의 경우에는 재평가에 의해 수정된 금액, 무상으로 받은 자산의 경우에는 취득당시의 시가(영 72조 2항 8호)가 각각 장부가액이 된다.

3호: 인건비

(1) 의 의

기업의 경영활동을 제조·판매·관리활동으로 나눌 때, 제조활동에서 발생하는 비용은 제조원가가 되고 판매활동에서 발생하는 비용은 판매비가 되며, 그 외의 인사·재무·조사·회계·기획 등 기업 전체의 관리비용은 관리비로 된다. 판매비와 관리비란 상품과 용역의 판매활동 또는 기업의 유지와 관리에서 발생하는 비용으로서 매출원가에 속하지 않는 모든 영업비용을 포함하는 개념이다.

판매비에 속하는 것으로는 기업업무추진비, 광고선전비, 보관비, 포장비, 운반비, 판매수수료, 대손상각비, 잡비 등이 있으며, 관리비에 속하는 것으로는 급여, 퇴직급여, 복리후생비, 여비, 통신비, 수도광열비, 세금과 공과, 지급임차료, 감가상각비, 수선비, 보험료 등이 있다. 시행령 제19조 제 3 호 이하에서 규정하는 손비는 대체로 기업회계상의 판매비와 관리비에 속하는 것들이다.

본호의 인건비는 근로의 대가로 지급되는 비용으로서 봉급, 보수, 급료 및 수당, 상여금, 연금 또는 퇴직금과 이와 유사한 성질의 급여를 모두 포함한다.

인건비 중에도 제품제조를 위한 노무비는 제조원가에 포함되어 제품의 판매시 매출원가로서 손금화되고, 유형자산을 직접 건설하는 경우에 소요된 인건비는 유형자산의 취득가액으로 처리하여 매년 감가상각을 통하여 손금화되며, 판매비와 관리비에 해당하는 인건비만이 당해 사업연도의 손금에 산입된다. 따라서 본호에서 말하는 인건비란 기업회계기준상 판매비와 관리비에 속하는 것만을 말한다.

(2) 직원과 임원

세법상 직원의 인건비에 대하여는 규제 규정이 없으나, 임원에 대하여는 상여금이나 퇴직금 등에 대하여 규제를 가하고 있다.

직원은 통상적으로 법인과의 근로계약에 따라 근로를 제공하고 대가를 받는 종업원을 말하고, 임원은 출자 여부에 따라 출자임원과 비출자임원으로, 근무 여부에 따라 상근임원과 비상근임원으로 각각 구분된다. 상법은 임원의 범위를 주주총회에서 선임된 이사와 감사로서 등기된 임원으로 규정하고 있으나, 법인세법은 법인의 회장·사장·부사장·이사장·대표이사·전무이사·상무이사 등 이사진 구성원 전원과 청산인·합명회사, 합자회사 및 유한회사의 업무집행사원 또는 이사·유한책임회사의 업무집행자·감사 기타 위 직무에 준하는 직무에 종사하는 자를 뜻한다고 하여 보다 포괄적으로 파악하고 있다(영 40조 1항).

'위 각 호에 준하는 직무'라 함은 법률상 유사한 기능을 가지고 총재·행장·조합장·검사인 등 별도의 직명으로 불리는 경우는 물론, 등기부등본상 이사로 등기되지 않은 이사 대우 직위를 가진 자 또는 주주총회가 아닌 이사회결의로써 선임된 자로서 이사에 준하여 회사 경영에 실제로 참여하는 경우 등을 말한다.

(3) 보수(급료와 임금)

근로제공의 대가로 지급되는 일반적인 보수는 직원에 대한 것이든 임원에 대한 것이든 원칙적으로 손금에 산입된다.

법은 인건비의 내용이나 범위를 규정하고 있지 않으나, 기본적으로 소득세법 시행령 제38조에서 규정하는 급여와 급여적 성질의 지출액이 여기에 해당될 것이다. 법인이 종업원의 주택구입자금을 차입하여 종업원에게 대출하고 이자상당액을 종업원에 대한 수당으로 처리한 경우도 여기의 급료와 임금에 해당한다.

근로의 대가 이상으로 지급된 과다급여는 이익의 분여나 기부 등 구체적 사실관계에 따라 인건비 이외의 것으로 부인되어 손금불산입된다. 일반 직원의 경우 사규인 급여규정에서 정한 금액을 초과하면 초과지급액은 손금불산입된다.

임원에 대하여는 정관에서 보수액을 정하지 않으면 주주총회 결의로써 정하도록 되어 있으므로(상법 388조), 정관이나 주주총회에서 정한 한도액을 초과한 금액은 손금불산입된다.

임원 보수의 적정성 여부는, 임원이 수행하는 업무의 성질과 책임의 경중, 동일 회사 내의 직원에 대한 급여 지급상황, 업무수행 시간, 유사한 업무에 대한 다른 기업의 보수수준, 보수액이 기업이익에 좌우되는지 여부, 회사의 보수정책의 일관성 여부, 보수와 기업지분이 상호 관련이 있는지 여부 등을 종합하여 판단한다.

법인이 지배주주인 임원에게 지급한 보수가 법인의 유보이익을 분여하기 위한 경우 손금불산입 된다. 이러한 사정이 상당한 정도 증명되면 보수금 전체가 손금

불산입 대상이고, 그 가운데 직무집행 대가가 포함되어 있다는 점은 납세의무자가 증명하여야 한다.[1)]

출자임원에게 지급한 급여 등 보수는 근로의 대가로서 지급하는 것이므로 손금에 산입된다. 합명회사나 합자회사의 노무출자사원에 대한 보수는 이익처분에 의한 상여로 의제하여 손금불산입 되는데(영 43조 1항 후단), 노무출자사원의 근로제공은 그 자체가 출자이지 근로의 대가인 보수가 아니기 때문이다.

법인의 사업에 상시 종사하지 않은 비상근임원에 대한 인건비는 사업상 필요에 의하여 적절한 보수를 지급하는 한 손금으로 용인된다(영 43조 4항).

(4) 상 여 금

상여금이란 봉급 이외에 노동의 대가로서 법인의 영업실적과 직원의 공로에 따라 부정기적 또는 임시적으로 지급되는 급여를 말한다. 상여는 원칙적으로 법인의 결산 결과 잉여금이 있는 경우 주주총회 결의에 의해 잉여금을 처분하는 형태로 지급되어야 하나, 실제로는 회사의 상여금 지급규정 등에 의해 미리 지급시기와 계산기간이 정해지고 꼭 잉여금 유무와 연계되지 않은 채 지급되고 있어 급료의 추가지급적 성격을 띤다. 따라서 직원에 대한 것이든 임원에 대한 것이든 회사의 상여금지급규정 등에 의해 지급시기와 계산기간이 사전에 정해진 것은 손금 산입되고, 본래 의미의 이익처분에 의한 상여금만이 손금불산입 된다(영 43조 1항).

임원에 대하여는 이익처분에 의한 상여금 외에도 급여지급 규정을 초과하여 지급한 상여금은 손금불산입한다(영 43조 2항). 지배주주인 임원 또는 직원에게 정당한 사유 없이 동일 직위에 있는 다른 임원이나 직원보다 많은 보수를 지급한 경우 그 초과금액은 손금에 산입하지 않는다(동 3항).

상여금 손금산입 시기는 지급의무가 확정되는 날이 속하는 사업연도이다.

법인 상여금 지급규정 등에 지급기간과 지급예정일이 정해진 경우 기일이 도래함으로써 지급의무가 확정되나, 지급기간이 사업연도 말에 걸쳐 있어 미지급 상여금으로 회계처리한 경우 지급예정일이 도래했다고 볼 수 없어 손금산입 대상이 되지 않는다.

임금적 성질을 지닌 상여금의 경우 통상 경과일수에 대한 상여금을 그 사업연도 손금으로 처리할 수 있으나, 이 경우에도 경과일수에 상응하는 상여금 액수가 가분적으로 확정되지 않거나, 그 손금처리가 법인이 취해 온 종래의 회계관행에 어긋나는 1회적인 것이면 그 손금처리는 용인될 수 없다(판 89. 11. 14, 88누6412).

---

1) 판 2017. 9. 21, 2015두60884. 관련 논의는, 김재승, “법인세법상 과다보수 손금부인 관련규정의 개선 및 해석기준”, 조세법연구 19-1, 209면.

법인으로부터 임, 직원이 주식매수선택권을 부여받아 행사한 경우 회사와 임, 직원 사이에 사전에 약정된 가격에 주식을 양도하게 되는데 이 경우 행사가액과 시가와의 차액은 일정한 요건 아래 인건비로서 손금산입된다(영 19조 19호의2).

(5) 퇴 직 금

법인이 임원 또는 직원에게 지급하는 퇴직금은 임원 또는 직원이 현실적으로 퇴직함으로 인하여 지급한 것에 한하여 손금으로 인정된다(영 44조 1항).

퇴직의 범위에 관한 사항은 소득세법과 대동소이하다(동 2항).

직원에 대한 퇴직금은 손금한도액이 없으나 임원에 대한 퇴직금은, 1. 정관에 퇴직금(퇴직위로금 포함)으로서 지급할 금액이 정하여진 경우에는 정관에 정하여진 금액이, 2. 그 외에는 임원이 퇴직하는 날로부터 소급하여 1년 동안에 해당 임원에

게 지급한 총급여액의 10분의 1에 상당하는 금액에 근속연수를 곱한 금액을 초과하여 지급하면 그 초과액은 손금불산입된다(법 26조 1호; 영 44조 4항).

퇴직금 손금산입한도액의 제한이유는, 적정 범위 초과부분은 근로의 대가가 아닌 이익분여에 해당하기 때문이다. 따라서 임원 퇴직규정이 근로의 대가가 아니라 퇴직급여의 형식을 빌려 특정 임원에게 법인 자금을 분여하기 위한 일시적 방편으로 마련된 것이면 손금산입대상에 해당하지 않는다(판 2016. 2. 18, 2015두50153).

퇴직보험료 등의 손금불산입에 관하여는 시행령 제44조의2 참조.

특정연도에 일시에 납입된 확정기여형(Defined Contribution) 퇴직연금부담금의 과다 여부는 납입 시가 아니라 수급자가 퇴직한 날이 속하는 사업연도에 그때까지 법인이 납입한 부담금의 합계액을 기준으로 판단하여야 한다.[1)]

(6) 복리후생비 등

복리후생비란 법인이 전체 임원 또는 직원(파견근로자를 포함)의 복지와 후생 및 사기진작을 위하여 지출하는 각종의 비용을 말한다.

시행령 제45조에서는 직장체육비 · 직장문화비 · 직장회식비 · 우리사주조합 운영비 등 복리후생비로 보는 비용들을 나열하고 있다. 사회통념상 상당한 범위 내의 경조금(법기통 19-19…32), 불우종업원에게 지급하는 생계비 및 학비보조금, 근로자가 제공받는 식사 그 밖의 음식물과 천재 · 지변 그 밖의 재해로 인하여 지급받는 급여 등도 복리후생비에 해당한다. 법인의 주주만을 위해 지출된 비용이나 법인의 외부 이해관계자만을 위한 지출은 복리후생적 성격이 있더라도 법인 업무와 관계없는 경비로서 손금산입되지 않는다. 임, 직원의 업무와 관련하여 발생하는 여비와

1) 판 2019. 10. 18, 2016두48256. 판결에 대한 평석은, 권은민, 조성권, 조세실무연구 11, 233면 참조.

교통비는 당해 법인의 업무수행상 통상 필요하다고 인정되는 금액에 한하여 손금산입되나, 업무와 관련 없이 월정액으로 지급되는 여비, 교통비는 급여에 해당한다.

4호: 유형자산의 수선비

원상회복이나 기능유지를 위해 지출된 비용은 수익적 지출로 보아 지출 사업연도 손금에 산입하고, 내용연수를 연장시키거나 가치를 증대시키는 비용은 자본적 지출로 하여 취득원가에 계상 후 감가상각을 통해 손금산입된다(영 31조 2항, 3항).

5호: 유형자산 및 무형자산에 대한 감가상각비

내국법인이 각 사업연도 결산을 확정할 때 토지를 제외한 건물, 기계 및 장치, 특허권등 대통령령으로 정하는 유형자산 및 무형자산에 대한 감가상각비를 손비로 계상한 경우에는 대통령령으로 정하는 바에 따라 계산한 금액의 범위에서 그 계상한 감가상각비를 해당 사업연도 소득금액을 계산할 때 손금에 산입하고, 그 계상한 금액 중 상각범위액을 초과하는 금액은 손금에 산입하지 아니한다(법 23조 1항).

(1) 감가상각의 의의

건물이나 기계장치 등의 유형자산은 사용하거나 시간경과에 따라 노후화되어 가치가 감소한다. 이러한 가치감소를 법이 정한 계산방법에 따라 일정기간에 걸쳐 합리적으로 추정하여 비용으로 배분하는 회계절차가 감가상각이다. 감가상각비는 기간손익계산에 있어 중요한 요소일 뿐 아니라 특히 사업자산 중 유형자산 비중이 높은 경우 감가상각비의 적정한 계산이 기간손익계산의 요체가 된다.

(2) 감가상각자산의 범위

기업회계기준에서는 기업의 정상 영업주기 내에 실현될 것으로 예상되는 등 일정한 요건을 충족하는 자산을 유동자산으로, 그 밖의 모든 자산을 비유동자산으로 분류한다(국제기준 1001-66; 일반기준 2-20).

유동자산은 당좌자산과 재고자산 등으로, 비유동자산은 투자자산, 유형자산, 무형자산, 기타 비유동자산 등으로 각 구분한다(국제기준 1001-60; 일반기준 2-18).

이 중 비유동자산은 목적물의 성질이 아니라 자산과 소유자의 관계, 즉, 소유자가 사용목적으로 소유하는가 판매목적으로 소유하는가에 따라 구별된다.

비유동자산은 존재형태에 따라 유형자산과 무형자산으로, 감가상각 여부에 따라 상각자산과 비상각자산으로 나뉘며, 처분, 감가상각, 폐기등을 통해 비용화된다.

세법은 유형자산 및 무형자산의 개념에 관하여 규정하고 있지 않으나 감가상각대상 자산의 범위를 유형자산과 무형자산으로 나누어, 전자에는 건물 및 구축물,

차량 및 운반구·공구·기구 및 비품, 선박 및 항공기, 기계 및 장치, 동물 및 식물 그 밖의 이들과 유사한 유형자산 등을, 후자에는 영업권(합병 또는 분할로 인하여 합병법인 등이 계상한 영업권은 제외한다)·디자인권·실용신안권·상표권·특허권·어업권·광업권·댐사용권·개발비·사용수익기부자산가액·주파수이용권 및 공항시설관리권·항만시설관리권 등을 규정하고 있다(영 24조 1항).[1)]

재고자산이나 투자자산은 물론, 토지[2)]·전화가입권·회화 등과 같이 시간의 경과에 따라 가치가 감소되지 않는 자산은 감가상각대상이 아니다(영 24조 3항 3호).

감가상각대상 자산은 자기 소유 자산에 한하므로 임차한 건물은 감가상각을 할 수 없다. 그러나 소유권이 유보되어 있어도 장기할부 또는 연불조건으로 법인이 사실상 취득하여 사용하거나(영 24조 4항 참조), 법인 소유명의로 등기되어 있지 않아도 사실상 법인 소유인 자산은 상각대상이 된다. 리스회사 등의 리스자산 중 기업회계기준에 따른 금융리스의 자산은 리스이용자의 감가상각자산으로, 금융리스 외의 리스자산은 리스회사의 감가상각자산으로 한다(영 24조 5항).

일반기업회계기준도 법인세법과 동일하나, 국제기준 제1116호에서는 리스이용자의 경우 리스자산(단기리스 또는 소액 기초자산리스 제외)을 리스회사의 리스분류에 관계 없이 리스이용자의 감가상각자산(사용권자산)으로 한다(국제기준 1116-31).

감가상각대상 자산은 법인의 사업용으로 실질적으로 제공된 것이어야 한다. 따라서 비업무용 자산이나 건설 중인 자산[3)]은 물론 사용하지 않고 창고 등에 보관하는 자산 등도 감가상각대상이 아니다. 사업용으로 제공된 이상 일시 가동이 중단되어도 상각대상이다(영 24조 3항 1·2호; 규칙 12조 3·4항).

영업권이란 어떤 기업이 특수한 기술과 사회적 신용 및 거래관계 등 영업상의 기능 내지 특성으로 인하여 동종의 사업을 경영하는 다른 기업의 통상수익보다 높은 초과수익을 올릴 수 있는 무형의 재산적 가치를 의미한다(규칙 12조 1항 참조).

(3) 감가상각제도의 특징

세법상 감가상각제도는 본질적으로 기업회계와 다르지 않으나 조세부담의 공평, 계산의 편의성 및 정책적 목적 등으로 인하여 다음과 같은 특징을 띠게 된다.

---

1) 관련 논의는, 김현동, “법인세법상 무형자산에 관한 규정의 문제점과 개선방안에 관한 연구”, 조세법연구 10-2, 7면.

2) 토지의 이용 편의를 위한 진입도로 개설비용은 토지에 대한 자본적 지출에 해당하여 감가상각대상이 될 수 없다(판 2008. 4. 11, 2006두5502; 2022. 1. 27, 2017두51983 등).

3) 공항 건설 시 건설본부 소속 직원들에게 보수규정에서 정한 산식에 따른 금액을 명예퇴직금으로 지급한 경우, 이는 건설공사에 소요된 노무비 또는 기타 부대비용에 해당하여 ‘건설 중인 자산’의 취득가액에 포함되므로, 손금산입의 대상이 아니다(판 2022. 1. 27, 2017두51983).

㈎ 임의상각제도(확정결산주의)

법인세가 면제·감면되는 사업을 영위하는 자를 제외하고는 감가상각을 강제하지 아니한다. 즉, 법인 스스로 확정된 결산(주주총회 등에서 승인을 받은 결산)에 감가상각비를 손금으로 계상한 경우에 한해 필요경비에 산입한다(법 23조 1항, 3항).

감가상각비를 손금으로 계상하는 경우 당해 감가상각자산의 장부가액을 직접 감액하는 방법이나 감가상각누계액으로 계상하는 방법 중 선택하여 계상하여야 하며(영 25조 1항), 감가상각누계액으로 계상하는 경우 개별 자산별로 계상하되, 제33조에 따라 개별자산별로 구분하여 작성된 감가상각비조정명세서를 보관하고 있는 경우 감가상각비 총액을 일괄하여 감가상각누계액으로 계상할 수 있다(동 2항).

일정기간 법인세를 면제 또는 감면받는 법인으로서 법인세를 면제 또는 감면받은 경우 법인이 감가상각비를 계상하지 않았거나 과소계상하였더라도 법인세법상의 상각범위액까지는 상각한 것으로 간주하여 그 후 감가상각 계산 시 취득원가에서 차감하여 상각범위액을 계산하는데 이를 의제상각이라고 한다(영 30조).

법인이 법인세가 감면되는 기간 동안은 감가상각을 계상하지 않다가 기간이 지난 후에 상각비를 계상하게 되면 과대상각이 되어 법인세가 감소되는 결과를 가져오므로, 해당기간에도 감가상각을 한 것으로 의제하는 것이다.

한편, 한국채택국제회계기준은 감가상각방법 및 내용연수를 국제적으로 비교하여 동종기업은 동일한 상각방법 및 내용연수를 사용하도록 하고, 비한정 내용연수 무형자산에 대해서는 감가상각을 인정하지 않아, 같은 국제회계기준을 채택한 일부 기업은 결산상 계상되는 감가상각비가 감소함에 따른 세 부담 증가의 문제가 발생한다. 이에 따라 법은 감가상각과 관련하여 결산조정의 원칙은 유지하되 유형자산과 대통령령으로 정하는 무형자산에 대하여 2013년 이전 취득한 것은 한국채택국제회계기준 도입이전 결산상 감가상각방법 및 내용연수를 적용한 감가상각비를 상각범위액을 한도로 신고조정을 허용하고, 2014년 이후 취득한 것은 세법상 기준내용연수를 한도로 신고조정을 허용하는 특례를 두었다(법 23조 2항).

법인이 감가상각자산 취득금액과 유형자산에 대한 자본적 지출액을 손금으로 계상한 경우 이를 감가상각한 것으로 보아 상각범위액을 계산한다(동 4항). 이를 '즉시상각의 의제'라고 한다.

이는 법인세법 시행령 제24조 제 1 항 각호의 고정자산을 대상으로 한다(판 2022. 7. 28, 2019두58346). 즉시상각의 의제는 감가상각자산이 진부화, 물리적 손상 등에 따라 시장가치가 급격히 하락하여 법인이 기업회계기준에 따라 손상차손을 계상한 경우(법 제42조 제 3 항 제 2 호에 해당하는 경우는 제외)에도 적용된다(영 31조 8항). 관련 행정해석은 전기에 과소계상한 고정자산의 감가상각비를 기업회계기준에 따라 이월이익잉여금을 감소시키는 전기오류수정손으로 계상한 경우(법기통 23-0-4), 회계상 무형자산으로 인식한 개발비를 비용으로 수정한 경우(서면-2109-법인-1507, 2020. 11. 24.) 등도 그 대상으로 보고 있다.

즉시상각한 것으로 보는 취득부대비용 및 자본적 지출액과 법인이 계상한 감가상각비를 합한 금액이 세법상의 상각범위액을 초과하는 금액은 상각부인액으로서 익금산입된다.[1] 제 1 항에 따라 상각범위액을 초과하여 손금에 산입하지 아니한 금액은 그 후 사업연도에 대통령령으로 정하는 방법에 따라 손금산입한다(동 5항).

㈏ 상각방법의 법정화

기업회계는 유형자산 및 무형자산의 상각방법에 대해 정액법, 체감잔액법(정률법), 연수합계법, 생산량비례법 등 합리적인 방법들에 의해 당해 자산이 사용가능한 시점부터 합리적 기간 동안 상각하도록 규정하고 있다(국제기준 1016-62 1038-98; 일반기준 10-40, 11-32).

다만 무형자산 상각과 관련하여 국제회계기준에서는 내용연수가 비한정인 무형자산은 상각을 하지 않도록 규정하고 있고(국제기준 1038-107), 일반기업회계기준은 상각을 허용하되 관계 법령이나 계약에 정해진 경우 외에 상각기간이 20년을 초과하지 못하도록 규정하고 있다(일반기준 11-26).

세법은 자산 종류별로 상각방법을 규정하고 있고 이는 강행규정의 성격을 갖는다. 이에 따라 법인은 세법상 상각방법 중 정부에 신고한 상각방법만을 적용할 수 있고 그 이외 상각방법은 채택할 수 없다. 자산별 상각방법의 구체적인 내용은 시행령 제26조 제 1 항, 제 2 항 참조.

법인은 법상 상각방법 중 하나의 상각방법만을 적용하여야 하며 한번 선택한 방법은 상각방법이 서로 다른 법인이 합병한 때 등에 납세지 관할세무서장의 변경승인을 얻은 경우를 제외하고는 변경할 수 없도록 하여 계속성의 원칙이 준수되도록 하고 있다(영 26조 3항, 27조).

적격합병 등으로 취득한 자산의 상각범위액에 관하여는 특례규정이 마련되어 있다. 구체적인 내용은 시행령 제29조의2 제 2 항 참조.

---

1) 법인이 법인세법 시행령 제24조 제 1 항 제 2 호 바목의 개발비 규정에서 정한 비용을 지출하였더라도 개발비로 계상하지 않은 경우에는 위 규정에 따른 감가상각자산을 취득하였다고 볼 수 없으므로, 이에 대하여 즉시상각의제 규정을 적용하여 감가상각 한도초과액을 손금에 산입하지 않는 것은 허용될 수 없다(판 2022. 7. 28, 2019두58346).

(다) 과도상각의 억제(상각액의 최고한도액 설정)

감가상각비에 대하여는 손금에 산입할 수 있는 최고한도액을 설정하여 그 범위 안의 금액(상각범위액)만을 필요경비에 산입한다(법 23조 1항).

손비로 계상한 감가상각비 중 상각범위액을 초과하여 필요경비에 불산입한 금액을 상각부인액이라고 한다. 기업이 임의로 계상한 감가상각비가 상각범위액에 미달하는 시인부족액에 대해서는 세무조정을 하지 않고, 이후 사업연도의 상각부인액에 충당되지 않는다.

(라) 내용연수의 법정

기업회계에서는 내용연수를 추정하여 감가상각을 할 수 있으나, 세법은 이를 법으로 정해 두고 있다. 유형자산(시험연구용 자산 제외)의 내용연수는 반드시 신고하여야 하며, 신고가 없는 경우 기준내용연수를 적용한다(영 28조 1항 2호).

임의로 내용연수범위를 벗어난 내용연수를 선택하여 신고한 후 적법한 절차를 거쳐 내용연수를 변경하지 않은 경우에도 마찬가지이다(판 2016. 1. 28, 2013두7001).

그 밖에 시행령에서는 내용연수의 단축과 변경, 일정한 내용연수가 지난 자산을 취득한 경우 수정내용연수의 선택 등에 관하여도 규정하고 있다. 그 구체적인 내용은 시행령 제29조 및 제29조의2 참조.

(4) 감가상각비의 계산요소

감가상각비는 자산의 기초가액(취득가액), 내용연수, 상각률 및 잔존가액에 따라 산정하며 이 중 기초가액은 자산의 당초 취득가액에 취득 후 지출한 자본적 지출액과 재평가차액 등을 가산하여 계산한다(영 72조 5항).

(가) 취득가액

1) 법률의 규정 및 개념 　　유형자산 및 무형자산은 취득가액을 기초가액으로 삼아 감가상각 방식에 의해 감소된 가치의 크기를 계상하기 때문에 해당 자산의 취득가액을 결정하는 것은 곧 감가상각의 대상금액을 결정하는 것이 된다.

자산이란 미래의 경제적 이익 내지 용역잠재력으로서 기업의 통제 아래 있는 경제적 자원을 말한다. 기업의 자산으로 인식·확정되기까지 기업이 당해 자산의 취득과 관련하여 지출한 비용은 원칙적으로 모두 해당 자산의 취득원가를 구성한다. 법인이 자산 취득 시까지 지출한 비용은 당해 자산의 가치에 화체, 응집되어 그 자산이 생산활동에 제공되거나 판매 등에 의하여 수익을 창출하는 때에 감가상각비나 취득원가로 단계적 또는 일시적으로 비용화되며, 이와 같은 과정을 통해 기업회계의 기본원칙인 수익·비용 대응의 원칙을 구현하게 된다.

어떠한 화폐적 지출을 유형자산이나 무형자산의 취득가액에 포함시킬 것인지 여부는 그 지출을 감가상각방법에 의해 일정한 기간에 걸쳐 비용으로 계상할 것일지, 아니면 일시에 비용으로 계상할 것인지 하는 문제로 연결되기 때문에 해당 자산의 평가와 기간손익을 적정히 계산하는데 있어 매우 중요한 요소가 된다.

유형자산의 취득원가는 매입과 제조·생산 등 그 취득형태에 따라 조금씩 다르다(영 72조 2항 1호 내지 8호 참조).

법은 위와 같이 취득형태에 따라 취득원가의 내용을 구분하고 있으나, 취득원가의 일반적인 개념에 관한 규정을 별도로 두고 있지는 않다.[1]

2) 원가주의와 시가주의 세법은 과세기간 동안의 소득 내지 순자산증가액을 계산함에 있어서 자산·부채를 원칙적으로 취득원가로 평가하도록 정하고 있으나(역사적 원가주의), 예외적으로 일정한 경우 시가주의를 채택하여 손익의 인식시기를 앞당기고 있다. 자산을 시가에 의하여 평가한다는 것은 그 자산의 가치증가익(자본이득)이 실현되었다고 보아 과세대상으로 삼는 것이다. 예컨대 합병·분할 또는 현물출자에 따라 취득한 자산의 경우 시가(적격합병 및 분할의 경우 장부가액)에 의하여 취득가액을 산정하며(영 72조 2항 제 3 호). 무상취득의 경우도 취득 당시 시가가 취득가액이 된다(같은 항 제 8 호).

일반적으로 자산의 취득가액이 생기는 것은 누군가가 그만큼 세금을 납부하였거나 납부할 과세소득이 생겼기 때문이다. 매입한 부동산의 취득가액은 양도인의 취득가액에 양도인이 보유기간 동안 증가한 자본이득(양도차익)을 더한 금액 곧 양도인의 양도가액이며, 무상취득의 경우는 양도인의 취득가액에 자본이득을 더한 금액(시가)이 취득가액이다. 전자의 경우는 양도인의 양도소득세, 후자의 경우는 양수인의 증여세라는 과세부담이 각 발생한다.

다른 한편 특정한 지출을 자산의 취득원가에 산입한다는 것은 세금을 부담한 반대급부로 당해 지출을 자본화하여 자산의 처분 시나 감가상각 시 비용화 할 수 있다는 것을 의미한다.

취득가액을 역사적 원가가 아닌 시가로 본다는 것은 취득단계에서 취득의 대가와 이익분여액을 구분한다는 취지이며 이와 같은 이익분여액의 부인은 부당행위계산부인 규정이나 기부금 규정 등 별도의 규정에 의하게 된다.

1) 우리 법인세법이 고정자산이나 재고자산 취득원가의 자본화 문제, 자산취득이후 자본적 지출 및 원가배분 문제, 무형고정자산 취득·개발과 관련된 문제 등에 관한 명확한 근거규정이 미비되어 입법적 보완이 필요하다는 견해로, 김재승, "자산의 취득원가 결정 및 자본적 지출과 관련된 세법 규정의 문제점과 그 개선방안", 조세법연구 24-3, 155면.

본래 과세대상이던 것을 조특법 등에서 비과세로 규정한 경우 그 취득가액은 과세된 경우와 동일하게 시가로 산정한다. 그렇지 않고 본래의 취득가액으로 계산하게 되면 법이 부여한 비과세의 효과가 소멸하기 때문이다. 예컨대 주식매수선택권을 행사함으로써 얻은 이익에 대해 조특법 제16조의2에 따라 비과세 특례를 적용받은 후 해당 주식매수선택권을 행사하여 취득한 주식이 소각되는 경우, 주식매수선택권 행사 당시의 시가를 취득가액으로 본다(사전-2023-법규소득-0481, 2023.09.21.).

3) 구체적 형태(영 72조 2항)

1호: 타인으로부터 매입한 자산 타인으로부터 매입한 유형자산의 취득가액은 매입 당시의 매입가액에 취득세(농어촌특별세와 지방교육세 포함), 등록면허세, 그 밖의 부대비용을 가산한 금액이다. 법인이 함께 취득한 토지와 건물 등의 가액이 불분명한 경우 법 제52조 제2항에 따른 시가에 비례하여 안분계산한다.

매입자산의 취득가액을 계산함에 있어서는 다음의 점을 유의하여야 한다.

(i) 고가매입이나 과대평가 등 부당행위계산부인에 의한 시가초과액은 취득가액에 포함되지 않는다(동 4항 3호).

자산을 특수관계인으로부터 고가매입한 경우 고가매입액 부분은 취득가액에 포함되지 않고 특수관계인에 대한 상여 등으로 소득처분한다. 특수관계 없는 자로부터 정당한 사유 없이 정상가액(시가의 100/130)보다 고가매입한 경우 시가차액은 기부금으로 보므로(영 35조), 취득가액에 포함되지 않고 기타 사외유출로 처리된다.

(ii) 유형자산의 건설자금이자는 자본적 지출로서 원본에 가산하며(영 72조 3항 2호), 손금계상한 경우 감가상각한 것으로 보아 시·부인 계산한다(법 23조 4항).

(iii) 자산을 장기할부조건으로 매입함에 따라 이자상당액을 가산하여 매입가액을 정하고 그 지불을 할부방법으로 한 경우 이자상당액은 당해 자산에 대한 자본적 지출로서 취득가액에 합산한다. 다만 현재가치할인차금과 매입가액 확정 후 연불대금 지급 시에 이자상당액을 변동이자율로 재계산하여 증가된 이자상당액은 그렇지 않다(통칙 23-31…1 제7호).

1995. 1. 1. 이후 유형자산을 장기할부조건으로 취득하고 할부미지급금을 현재가치로 할인하여 명목상 할부미지급금과 현재가치와의 차액을 현재가치할인차금으로 계상한 금액(영 72조 4항 1호)과 기획재정부령이 정하는 연지급수입에 있어서 취득가액과 구분하여 지급이자로 계상한 금액(동 2호) 등은 취득가액에 포함하지 않는다.

2호: 자기가 제조·생산·건설한 자산 등 자기가 제조, 생산 또는 건설 등에 의하여 취득한 자산은 그 자산의 건설 등을 위하여 소요된 원재료비, 노무비, 운임,

하역비, 보험료, 수수료, 공과금(취득세 및 등록면허세 포함), 설치비 그 밖의 부대비용의 합계액이다. 이 경우 취득가액에는 유형자산을 사업을 위해 사용하게 될 때까지의 비용이 모두 포함된다. 예를 들어 타인소유의 토지를 임차하여 건축물을 건축하는 경우 공사기간 중에 지급하는 토지임대료는 건물의 취득원가에 산입한다.

3호: 합병·분할 또는 현물출자에 따라 취득한 자산 법 제44조 제 2 항에 따른 합병(적격합병) 및 법 제46조 제 2 항에 따른 분할(적격분할)의 경우 피합병법인 또는 분할법인의 장부가액으로, 그 밖의 경우 해당 자산의 시가로 한다.

3의2호: 물적분할에 따라 분할법인이 취득한 주식 분할한 순자산의 시가.

4호: 현물출자에 따라 출자법인이 취득한 주식 적격현물출자를 한 출자법인(적격현물출자에 있어서 출자법인과 공동으로 출자한 자 포함)이 현물출자로 인하여 피출자법인을 새로 설립하면서 그 대가로 주식 등만 취득하는 현물출자의 경우 현물출자한 순자산의 시가. 그 밖의 현물출자의 경우 해당 주식의 시가.

4의2호: 채무의 출자전환에 따라 취득한 주식 등 취득 당시의 시가. 다만 제15조 제 1 항 각 호의 요건을 갖춘 채무의 출자전환으로 취득한 주식 등은 출자전환된 채권(법 19조의2 2항 각 호의 어느 하나에 해당하는 채권은 제외한다)의 장부가액.

5호: 합병 또는 분할(물적분할 제외)에 따라 취득한 주식 등 종전의 장부가액에 법 제16조 제 1 항 제 5 호 또는 동항 제 6 호의 금액 및 제11조 제 8 호의 금액을 더한 금액에서 법 제16조 제 2 항 제 1 호에 따른 합병대가 또는 같은 항 제 2 호에 따른 분할대가 중 금전이나 그 밖의 재산가액의 합계액을 뺀 금액

5의2호: 단기금융자산 등 매입가액.

5의3호: 상속세및증여세법시행령 제12조에 따른 공익법인 등이 기부받은 자산 특수관계인 외의 자로부터 기부받은 법 제24조 제 3 항 제 1 호에 따른 기부금에 해당하는 자산은 기부한 자의 기부 당시 장부가액(개인이 사업소득과 관련이 없는 자산을 기부한 경우에는 취득 당시의 소득세법시행령 89조에 따른 취득가액). 다만 상증세법에 따라 증여세 과세가액에 산입되지 않은 출연재산이 그 후 과세요인이 발생하여 출연재산에 대하여 증여세 전액이 부과되는 경우에는 기부 당시의 시가.

6호: 「온실가스 배출권의 할당 및 거래에 관한 법률」 제12조에 따라 정부로부터 무상으로 할당받은 배출권: 영(0)원

7호: 「대기관리권역의 대기환경개선에 관한 특별법」 제17조에 따라 정부로부터 무상으로 할당받은 배출허용총량: 영(0)원

8호: 그 밖의 방법으로 취득한 자산 취득 당시의 시가

㈏ 자본적 지출과 수익적 지출

1) 개 념 수익적 지출이란 특정한 화폐적 지출을 그 지출이 있었던 기간의 비용으로 처리하는 것을 말하며, 자본적 지출이란 특정한 화폐적 지출을 자산으로 처리하는 것을 말한다. 수익적 지출을 자본적 지출로 처리하면 사업연도 이익이 과대 계상되는 동시에 유형자산의 가공부분이 생기고, 자본적 지출을 수익적 지출로 처리하면 비용이 과다 계상되고 유형자산이 과소평가된다.

2) 구 분 유형자산의 내용연수를 연장시키거나 가치를 실질적으로 증가시키는 수선비를 자본적 지출, 유형자산의 원상을 회복시키거나 능률유지를 위한 수선비를 수익적 지출이라고 한다. 시행령 제31조 제 2 항은 본래의 용도를 변경하기 위한 개조, 엘리베이터의 설치 등 자본적 지출의 예를 규정하고 있고, 규칙 제17조는 건물 또는 벽의 도장 등 수익적 지출의 예를 제시하고 있다.

기존 건축물을 철거하고 신축하는 경우 철거비용은 수익적 지출에 해당하나(법기통 23-31…2, 5호), 토지를 사용할 목적으로 건축물이 있는 토지를 취득하여 건축물을 철거하거나, 자기소유 토지상에 있는 임차인의 건축물을 취득하여 철거한 경우 철거 건축물의 취득가액과 철거비용은 당해 토지에 대한 자본적 지출이 된다(법기통 23-31…1, 1호).

(5) 감가상각비의 시·부인

㈎ 의 의 세법이 손금으로 인정하는 감가상각비를 상각범위액이라 한다. 법인은 감가상각비를 손금으로 계상한 경우에 한하여 세법상의 상각한도액 내에서 손금으로 용인한다. 상각범위액은 다음의 산식에 의한다(영 26조 2항).

정액법: 취득가액 × 해당 자산의 내용연수에 따른 상각률

정률법: (취득가액 − 이미 상각한 금액) × 해당 자산의 내용연수에 따른 상각률

생산량비례법: 취득가액 × (당해 사업연도 중 채굴량 ÷ 총채굴예정량)

법인이 계상한 감가상각비가 상각범위액을 초과하는 금액을 상각부인액, 반대로 미달하는 금액을 시인부족액이라고 한다.

법인이 계상한 상각액이 상각범위액을 초과하여 상각부인액이 생긴 경우에 그 금액은 손금불산입한다. 그러나 그 후 사업연도에 있어서 법인이 계상한 상각액이 상각범위액에 미달하여 시인부족액이 발생하면 시인부족액을 한도로 하여 손금산입으로 추인한다. 즉, 그 연도의 시인부족액을 한도로 이월되어 온 상각부인액을 손금에 산입하는 것이다. 이 경우 법인이 감가상각비를 계상하지 아니한 경우에도 전기 상각부인액을 당기 상각범위액을 한도로 손금으로 추인한다(영 32조 1항).

당해 연도의 상각계산상 시인부족액이 생긴 경우 당해 법인이 손금으로 계상한 감가상각비는 전액 손금용인되고 시인부족액은 소멸시키며 이를 그 후 사업연도의 상각부인액에 충당하지 못한다(영 32조 2항).

(나) 평가증한 경우의 상각범위액　　법인이 감가상각자산에 대해 감가상각과 평가증을 병행한 경우 법은 먼저 감가상각을 한 후 평가증을 한 것으로 보나(영 32조 4항), 1995. 1. 1. 이후 자산을 평가한 경우 임의평가증은 자산가액으로 인정하지 않으므로(법 42조 1항) 임의평가증의 경우 감가상각과 평가증의 순위문제는 발생하지 않고, 자산재평가법에 의한 재평가의 경우도 재평가일이 각 사업연도 개시일로 되어 있어(같은 법 4조 1항) 사업연도 말에 계상하는 감가상각과 병행될 수 없다.

감가상각자산의 평가증은 기업회계에서는 인정되나 세무회계에서는 인정되지 않는다. 법 제42조 제 1 항 제 1 호에 의한 평가증의 경우(법인의 익금에 산입되는 평가차익) 해당 감가상각자산의 상각부인액은 평가증의 한도까지 익금에 산입된 것으로 보아 이를 손금으로 추인하고 그 한도초과액은 그 후 사업연도에 이월할 상각부인액으로 한다. 이 경우 시인부족액은 소멸하는 것으로 한다(영 32조 3항).

자산의 상각부인액을 익금에 산입하는 것은, 과대상각을 하여 부인된 금액은 이미 손금불산입으로 과세되었기 때문이다. 자산에 대해 평가증을 하면 그만큼 평가차액을 크게 만드는데, 이 평가차익에 과세를 하게 되면 결국 당초의 상각부인액에 대한 이중과세가 되므로 이를 평가차익에서 공제하는 것이다. 예컨대 회사장부상 가액이 1,000만 원인 시부인 계산단위별 자산을 1,500만 원으로 평가증한 경우 평가차익은 500만 원이 되는데, 이 시부인 계산단위별 자산에 대한 상각부인액이 200만 원이 있다면 세무상 평가차익은 300만 원이 된다. 반대로, 시인부족액이 100만 원이 있다면 평가증 500만 원은 전액 평가차익으로 계상하며 시인부족액은 소멸한다.

(다) 양도자산의 상각부인액　　감가상각자산을 양도한 경우 당해 자산의 상각부인액은 양도일이 속하는 사업연도의 손금에 이를 산입한다(영 32조 5항).

5호의2: 자산 장부가액의 시가 등 차액에 대한 감가상각비 상당액

특수관계인으로부터 자산을 양수하면서 기업회계기준에 따라 장부에 계상한 자산가액이 시가에 미달하는 경우 시가와 실제취득가액을 비교하여 그 중 낮은 가액과 장부가액과의 차액에 대하여 시행령 제24조부터 제26조까지, 제26조의2, 제26조의3, 제27조부터 제29조까지, 제29조의2 및 제30조부터 제34조까지의 감가상각에 관한 규정을 준용하여 계산한 감가상각비 상당액은 손금에 산입한다.

기업회계에서는 지배종속회사 사이에 사업양수도가 있는 경우 자산인수가액을 장부가액으로 하고 실제 거래가액과 장부가액과의 차이는 자본잉여금계정으로 조정한다. 이에 반하여 세법은 특수관계인과의 거래 시 취득가액을 시가로 계상하여 감가상각하는데 감가상각비는 결산조정사항이기 때문에(법 23조 참조), 해당법인이 기업회계기준에 따라 양수한 자산 가액을 감가상각하는 경우 시가와의 차액을 비용으로 계상할 수 없게 된다. 위 규정은 그와 같은 차이를 조정하기 위한 것이다.

6호: 자산의 임차료

(1) 일 반 론

여기에는 임대차계약상 임차료로 정해진 것 외에, 자산의 임차와 관련하여 임차인이 부담하게 된 각종 비용이나 부담액이 포함된다. 자산의 임차료와 관련하여 특히 리스료의 취급이 문제되는바, 아래에서 이에 관하여 살펴본다.

(2) 리스(lease)회계

리스란 시설대여회사(leassor, '리스회사')와 대여시설이용자(leassee, '리스이용자') 사이에 계약에 의하여 리스회사가 리스이용자로 하여금 리스회사 소유의 특정재산을 일정기간 동안 사용할 수 있는 권리를 부여하고 그 대가를 정기적으로 임차료로서 주고받는 것을 말한다.

기업회계기준상 리스는 자산 소유에 따른 위험과 보상의 대부분이 이전된 경우에는 금융리스로, 그렇지 않은 경우에는 운용리스로 각각 구분된다(국제기준 1116-62, 일반기준 13-5). 금융리스의 경우, 리스이용자가 리스자산 취득가액 상당액을 리스회사로부터 차입하여 리스자산을 구입한 것으로 보고, 리스자산을 리스이용자 소유로 하여 감가상각한다(국제기준 1116-31, 일반기준 13-15).

반면에, 운용리스는 리스이용자가 리스자산을 리스회사로부터 임차한 것으로 보고, 리스자산을 리스회사 소유로 하여 감가상각한다(국제기준 1116-84, 일반기준 13-29). 다만 국제기준은, 금융리스와 운용리스 모두 리스이용자가 원칙적으로 리스에 대한 사용권을 자산으로, 리스료 현재가치 상당액을 부채로 인식하도록 규정하고 있으므로(국제기준 1116-23, 26), 이를 적용하는 경우 운용리스 시 리스회사 외에 리스이용자도 리스자산을 자신의 소유자산으로 인식하고 감가상각할 수 있다.

한편 법은 리스자산 중 기업회계기준에 따른 금융리스 자산은 리스이용자의 감가상각자산으로, 금융리스 외의 리스자산은 리스회사의 감가상각자산으로 각 규정하면서(영 24조 5항 참조), 리스이용자가 리스로 인하여 수입하거나 지급하는 리스료(리스개설직접원가는 제외)의 익금과 손금의 귀속사업연도를 원칙적으로 기업회계기준에 따르되, 다만 한국채택국제회계기준을 적용하는 법인의 영 제24조 제5항에 따른 금융리스 외의 리스자산에 대한 리스료의 경우에는 리스기간에 걸쳐 정액기준으로 손금에 산입하도록 규정하고 있다(규칙 35조 1항).

7호: 차입금이자

본호와 법 제28조에 의하면, 사업의 자금수요에 충당하기 위해 차입한 금액에 대한 지급이자는 법인의 순자산을 감소시키는 손비로서 원칙적으로 손금산입된다. 그 실질이 이자라면 명목을 불문하며 차주가 부담하기로 한 대주의 이자소득세나 간주이자 등도 지급이자에 포함된다.

재고자산을 장기할부조건으로 취득하는 경우 현재가치할인차금 상각액 및 은행이 신용을 공여하는 연지급수입인 banker's usance 지급이자의 경우 취득가액과 지급이자를 구분·계상한 때에는 당해 연도 비용에 산입하며 취득가액에 포함하지 않는다. 다만 채권자가 불분명한 사채의 이자(법 28조 1항 1호), 수령자가 불분명한 채권·증권의 이자와 할인액 또는 차익으로서 대통령령이 정하는 것(동 2호), 건설자금에 충당한 차입금의 이자(동 3호), 법인이 비업무용자산 및 업무무관 가지급금 등이 있는 경우 그에 상당한 차입금에 대한 지급이자(동 4호)는 손금불산입한다.

8호: 회수할 수 없는 부가가치세 매출세액 미수금(부가가치세법 제45조에 따라 대손세액 공제를 받지 아니한 것에 한정한다)

부가가치세 매출세액은 이를 회수할 수 없는 경우에도 부가가치세법에 따라 대손세액 공제를 받지 않는 한 납부책임을 부담하므로 이를 손비로 인정한 것이다.

9호: 자산의 평가차손

법인이 보유하는 자산의 평가손실은 손금불산입함을 원칙으로 한다(법 22조). 이는 자산의 평가이익을 익금불산입하는 것과 같은 맥락이다.

다만 재고자산의 파손 등에 따른 평가손실(법 42조 3항 1호), 유형자산 중 천재·지변·화재·법령에 의한 수용·채굴예정량의 채진으로 인한 폐광 등으로 인하여 파손 또는 멸실한 것(동 2호; 영 78조 1항), 주권상장법인이 발행한 주식, 중소기업창업투자회사 또는 신기술사업금융업자가 보유하는 창업자 또는 신기술사업자가 발행한 주식 및 주식보유법인과 특수관계가 없는 비상장법인이 발행한 주식으로서 발행법인이 부도가 발생하거나, 회생계획인가 결정을 받거나, 부실징후기업이 된 경우 및 파산한 경우(동 3호; 영 78조 2항) 등의 평가손실은 손금산입한다.

그 밖에 재고자산의 저가법에 의한 평가손실(영 74조 1항)과 유가증권의 경우 투자회사{자본시장법에 따른 투자회사, 투자목적회사, 투자유한회사 및 투자합자회사(사모투자전문회사는 제외)를 말한다}가 집합투자재산을 시가법(다만 환매금지형집합투지기구가 보유한 시장성 없는 자산은 원가법 또는 시가법 중 선택하여 신고한 방법을 말한다)으로 평가함에 따라 발생하는 평가손실과 보험업법에 따른 보험회사 중 특별계정에 속하는 자산의 평가방법을 시가법으로 신고한 보험회사가 특별계정에 속하는 자산을 시가법으로 평가함에 따라 발생하는 평가손실(영 75조 3·4항) 및 기업회계기준에 따른 화폐성 외화자산·부채, 금융회사가 보유하는 통화선도·통화스왑 및 환변동보험, 금융회사 등외의 법인이 화폐성외화자산·부채의 환위험을 회피하기 위하여 보유하는 통화선도(영 76조) 등도 손금산입된다.

10호: 제세공과금 등

제세공과금은 손금에 산입되나 아래와 같은 예외가 있다.

(1) 취득원가에 산입되는 조세·공과금

유형자산을 취득하면서 납부한 취득세, 등록면허세 및 등록면허세분 지방교육세는 당해 유형자산의 취득원가에 합산되어 감가상각 등을 통해 손금화된다. 원자재 매입에 따른 관세·수입분 교육세 등은 재고자산의 매입원가로 되고, 매매목적으로 취득한 토지에 대한 취득세·등록면허세도 마찬가지이다. 다만 매매목적용 토지에 대한 세금이라도 매입을 위한 것이 아닌 것, 예컨대 재산세·종합부동산세 등은 바로 손금에 산입된다.

(2) 법령에서 손금불산입하는 조세(법 21조 1·2호)

㈎ 법인세·법인지방소득세　법인세는 법인의 소득에 대하여 과세하는 것이므로 손금불산입 하며, 여기에는 청산소득에 대한 법인세도 포함된다. 법인세를 과세표준으로 하는 지방소득세 소득분 역시 손금불산입한다.

법인세 손금불산입의 이론적 근거는, 법인세는 법인의 '소득'에서 부담하여야 하고, 법인세를 손금산입할 경우 전 사업연도 법인세를 그 다음 사업연도 소득에서 부담하게 되어 매해 과세소득이 순차로 감소되는 효과가 발생한다는 것이다.

법인이 다른 법인의 과점주주로서 제 2 차 납세의무를 이행한 경우 주된 납세의무자인 법인의 자산부족으로 납부세액에 대한 구상권을 행사할 수 없다면 그 구상채권은 회수할 수 없는 채권으로서 손금에 산입된다(판 87. 9. 8, 85누821).

(나) **의무불이행으로 인한 세액** 법인이 세법이 정하는 바에 따라 부담하는 원천징수의무와 간접세 징수의무를 불이행함에 따라 납부하였거나 납부할 세액은 손금불산입된다. 법인이 대납한 원천세는 납세의무자에게 구상권을 행사할 수 있으므로 손금불산입되며 이는 가지급금 또는 미수금으로 처리된다.

(다) **부가가치세의 매입세액**

부가가치세 매입세액은 매출세액의 공제항목으로서 법인의 순자산 증감과 관계가 없다. 부가가치세는 매출가액이나 매출원가에 포함시키지 않고 정부에 대한 부채계정으로 처리한다.

그러나 다음의 부가가치세 매입세액은 공제되지 않는 경우로서 그 성질에 따라 매입부대비용으로 처리하거나 손금에 산입한다.

① 부가가치세가 면제되는 경우: 이 경우에는 매출세액이 없으므로 재고자산 관련 매입세액은 매입원재료 또는 매입가액에 포함되고, 유형자산의 취득에 관련된 매입세액은 유형자산의 취득원가를 이루어 감가상각을 통해 손금으로 계상된다.

② 개별소비세법 제 1 조 제 2 항 제 3 호에 따른 자동차(비영업용 소형승용차)의 구입과 임차 및 유지에 관한 매입세액(영 22조 1항 1호; 부가세법 39조 1항 5호)

③ 기업업무추진비 등의 지출에 관련된 매입세액(영 22조 1항 2호; 부가세법 39조 1항 6호): 이는 기업업무추진비에 포함시켜 한도액 범위 내에서 손금인정 된다.

④ 영수증을 교부받은 거래분(영 22조 1항 3호; 규칙 11조 1호): 영수증은 '공급받은 자'와 '부가가치세'를 별도로 기재하지 않으므로 일반적으로 매입세액 공제를 받을 수 없고 전체 금액이 비용으로 처리된다. 다만 세액이 구분 가능한 신용카드매출전표 등을 발급받고 법에 규정된 절차를 이행한 경우 매입세액공제가 가능하므로(부가세법 46조 3항), 이 경우에는 매입부대비용으로 처리하여서는 안 된다.

⑤ 부동산 임차인이 부담한 전세금 및 임차보증금에 대한 매입세액(영 22조 1항 3호; 규칙 11조 2호)

(라) **재평가세** 이는 재평가적립금에서 공제되기 때문이다(자산재평가법 34조).

(마) **반출하였으나 판매하지 아니한 제품에 대한 개별소비세 또는 주세의 미납액** (법 21조 2호) 소비세는 소비자에게로의 전가(轉嫁)가 예상되어 있는 조세로서 제품가액에 세액상당액을 계상하지 않은 경우까지도 미판매제품에 대한 미납세액을 손금산입하면 납부하기도 전에 손금처리의 혜택을 주게 되므로 이를 막기 위한 것이다. 다만 제품가격에 세액 상당액을 가산한 경우 그 세액만큼 재고자산 가액에 포함되었으므로 손금산입한다(같은 호 단서).

(바) 농어촌특별세 소득세법 또는 법인세법에 따라 필요경비 또는 손금에 산입되지 않은 본세에 대한 농어촌특별세는 소득세법 또는 법인세법에 따른 소득금액계산에 있어서 필요경비 또는 손금에 산입하지 아니한다(농어촌특별세법 13조).

(3) 손금불산입하는 공과금

법령에 따른 것이 아닌 공과금(법 21조 4호)과 법령에 따른 의무의 불이행 또는 금지제한 등의 위반에 대한 제재로서 부과되는 공과금(동 5호)을 말한다.

19호의2: 근로복지기본법 제39조에 따른 우리사주매수선택권을 부여받은 자에 대하여 약정된 주식매수시기에 우리사주매수선택권 행사에 따라 주식을 시가보다 낮게 발행하는 경우' 그 주식의 실제 매수가액과 시가의 차액[1)]

그러나 법인이 회사 임직원들에게 우리사주 매수선택권을 부여하여 행사차익을 부여한 경우 이익의 분여 주체는 주식발행법인의 구주주이고 법인이 아니므로 이를 주식발행법인의 손비로 인정한 위 시행령 규정의 타당성은 의문이다.[2)]

24호: 그 밖의 손비로서 그 법인에 귀속되었거나 귀속될 금액

이와 관련하여 법인이 지출한 손해배상금의 손비성이 문제된다. 구체적으로 법인의 임원 또는 직원의 법인의 업무수행과 관련하여 타인에게 손해를 끼침으로써 발생한 손해배상금을 법인이 지출한 경우 어느 범위까지 손비성을 인정할 것인가가 문제되는데, 임, 직원의 업무의 내용과 책임의 정도 등 제반사정을 살펴 해당 비용이 손금산입의 요건을 갖추었는가를 살펴보아야 할 것이다.[3)]

판례는 전환사채를 현물출자받아 신주를 발행한 경우 이를 '신주의 발행'이라는 자본거래와 '전환사채의 상환'이라는 손익거래가 혼합된 것으로 보고, 이 중 후자로 인한 손실을 손금에 산입할 수 있다고 보았다(판 2018. 7. 24, 2015두46239).[4)]

---

1) 별도의 설명이 따르지 않는 11호 내지 19호 및 20호 내지 23호는 기재를 생략한다.
2) 규정 신설 전 같은 취지에서 그 행사차액이 법인의 손비에 해당하지 않는다고 본 것으로, 판 2023. 10. 12, 2023두45736. 관련 논의는 이 책 704면 참조. 이와 관련하여 법인으로부터 주식매수선택권을 부여받은 임직원이 부여일로부터 2년 이내에 비자발적인 사유로 퇴직하고 주식매수선택권을 행사한 경우 행사차액을 위 규정에 따라 손금산입할 수 없다고 본 행정해석으로 기획재정부 법인세제과-484, 2023. 9. 12.
3) 금융지주회사인 갑 주식회사의 자회사 은행이, 그 은행의 공동불법행위로 피해자 을이 다른 회사의 경영권을 상실하게 되었다는 이유로 관련 민사사건 판결의 취지에 따라 을에게 손해배상금 및 지연손해금을 지급한 사안에서, 위 손해배상금 등이 자회사 은행의 사업과 관련하여 지출된 비용으로서 일반적으로 인정되는 통상적인 것이므로 손금에 해당한다고 본 사례로, 판 2024. 9. 12, 2021두35308. 그 밖에 관련 논의는, 송개동, "손해배상과 세법", 조세법연구 10-2, 58면. 법인이 임직원을 위해 지출한 법률비용의 손금성에 관하여는 이 책 641면 참조.
4) 판결에 대한 평석은, 조성권, 김동욱, 조세판례연구 10, 245면 이하 참조.

나. 국고보조금 등에 대한 일시상각충당금·압축기장충당금의 손금산입

(1) 의 의

국고보조금·공사부담금 및 보험차익은 법인의 순자산을 증가시키는 수익금액으로서 원칙적으로 법인의 익금을 구성한다. 그러나 사업용 자산의 취득이나 개량을 위한 국고보조금이나 공사부담금 전액에 대하여 일시에 법인세를 과세하게 되면 법인에 과중한 세 부담을 안기게 되어 법인의 사업용 자산의 취득이나 개량을 저해하는 결과를 낳고 이는 보조금 등을 지급한 정책 목적에 위배된다. 보험차익의 경우도 법인이 그 보험금으로 멸실된 유형자산의 복구를 꾀하는 한 실질적 자산가치의 증가를 수반하지 않는 명목적 이익에 불과하다.

이러한 법인의 손익계산상 어려움을 제거하기 위하여 도입된 것이 일시상각충당금과 압축기장충당금 제도이다.

이는 일종의 과세이연제도로서 감가상각대상 자산의 경우에 수년 동안에 걸쳐서 이루어질 감가상각을 충당금을 설정하여 일시에 미리 실현하거나(일시상각충당금), 토지 등 비상각 유형자산에 관하여 일정한 요건 아래 장부가액 감액을 위한 충당금을 설정하여 이를 손금에 산입하고(압축기장충당금), 그 손금산입액을 국고보조금 등과 같은 특수한 형태의 익금과 상계하는 방법을 통해 과세소득이 발생하지 않도록 조정하는 것이다(법 36조 내지 38조; 영 64조 내지 66조 참조).

일시에 손금산입한 일시상각충당금은 당해 자산의 감가상각비와 상계하여야 하므로 결과적으로는 그 자산의 내용연수에 걸쳐서 법인세가 나누어 과세되는 셈이다. 후에 이들 자산을 처분하게 되면 그 처분한 날이 속하는 사업연도에 일시상각충당금의 잔액 또는 압축기장충당금을 익금에 산입한다.

(2) 요건과 절차

국고보조금이란 국가 외의 자가 수행하는 사무 또는 사업에 대하여 국가가 이를 조성하거나 재정상의 원조를 하기 위하여 교부하는 보조금(지방자치단체에 교부하는 것과 그 밖에 법인·단체 또는 개인의 시설자금이나 운영자금으로 교부하는 것만 해당한다)·부담금 그 밖의 상당한 반대급부를 받지 아니하고 교부하는 급부금을 말한다(보조금 관리에 관한 법률 2조).

공사부담금이란 전기·도시가스 또는 액화석유가스·에너지·물 등을 공급하는 사업을 영위하는 법인 등이 그 수요자 또는 당해 시설로부터 편익을 제공받은 자로부터 그 사업에 필요한 공급설비 또는 시설의 건설·설치에 충당할 목적으로 받는 금전 그 밖의 자산의 가액을 말한다.

보험차익은 보험에 가입된 자산의 일부 또는 전부가 소멸됨으로써 보험회사로부터 받은 보험금이 소멸된 자산의 장부가액을 초과하는 금액을 말한다.

이들 금원 중 일정한 사업용 자산을 취득·개량할 목적으로 지급받은 국고보조금과 당해 공사시설을 구성하는 유형자산의 취득에 사용된 공사부담금, 멸실된 유형자산과 동일한 유형자산을 취득하거나 손괴된 유형자산을 개량하기 위해 지출된 보험금 등이 손금산입대상이다. 단순히 운영자금을 지원하기 위한 보조금이나 공장이전보상금 등은 여기에 해당하지 않는다(법기통 36-0…1).

위 각 금원을 지급받은 내국법인은 지급받은 당해 사업연도나 그 다음 사업연도 개시일부터 국고보조금과 공사부담금은 각 1년, 보험금은 2년 이내에 위 용도에 사용하고 장부에 일시상각충당금 또는 압축기장충당금으로 계상하여야 한다. 다만 허가 또는 인가의 지연 등 대통령령으로 정하는 부득이한 사유로 인해 국고보조금 등을 기한 내에 사용하지 못한 경우 해당 사유가 종료된 날이 속하는 사업연도의 종료일을 그 기한으로 본다(법 36조 2항; 영 64조 7항).

이들 충당금은 기업회계기준상의 충당금은 아니므로 법은 신고조정을 허용하고 있다. 즉, 법인이 이들 충당금을 세무조정계산서에 계상하고 법인세 과세표준신고서에 손금으로 산입한 경우에는 이를 손비로 계상한 것으로 본다(영 98조 2항).

해당 규정을 적용받고자 하는 내국법인은 법인세 과세표준의 신고와 함께 해당 자산의 취득명세서를 납세지 관할세무서장에게 제출하여야 한다(법 36조 5항).

위 각 금원 상당액을 손금산입한 내국법인이 손금산입한 금액을 기한 내에 해당 용도에 사용하지 않거나 사용하기 전에 폐업 또는 해산하는 경우에 그 사용하지 않은 금액은 당해 사유가 발생한 날이 속하는 사업연도의 소득금액계산에 있어서 익금에 산입한다(법 36조 3항).

손금으로 계상한 일시상각충당금은 당해 사업용 자산의 감가상각비와 상계하되, 당해 자산을 처분하는 경우에는 상계하고 남은 잔액을 그 처분한 날이 속하는 사업연도에 전액 익금에 산입하고, 압축기장충당금은 당해 사업용 자산을 처분하는 사업연도에 전액 익금에 산입한다(영 64조 4항).

4. 손금불산입

가. 총 설

법 제19조의2 내지 제28조는 손금불산입항목을 열거하고 있는데 각 항목은 그 성질이 동일하지 않다. 그 가운데에는 잉여금의 처분 등과 같이 성질상 손금이 될 수 없는 것이 있고, 대손금이나 벌금 등과 같이 손금성은 있으나 정책적으로 손금불산입하는 것도 있으며, 감가상각비나 기업업무추진비, 지급이자 등과 같이 그 남용 등을 방지하기 위하여 한도에 제한을 가하는 것도 있다. 또한 기부금과 같이 본래 손금성이 없으나 일정범위 내의 공익적 지출에 대하여 손금산입을 허용하는 것도 있다. 아래에서 차례로 살펴보기로 한다.

나. 대손금의 손금불산입(법 19조의2)

「**내국법인이 보유하고 있는 채권 중 채무자의 파산 등 대통령령으로 정하는 사유로 회수할 수 없는 채권의 금액은 대통령령으로 정하는 사업연도의 소득금액을 계산할 때 손금에 산입한다**」(법 19조의2 1항).

법인의 외상매출금과 대여금 등의 채권은 반드시 전액 회수된다고 보장할 수 없는 반면 일반적으로 채권은 채무자의 파산과 같은 예외적인 경우를 제외하고는 그 불량화가 서서히 진행되고 회수가능 기준 또한 모호하다. 그에 따라 시행령은 대손금의 인정에 관하여 엄격한 제한을 두고 있다(영 19조의2 1항 1호 내지 13호).

손금산입이 허용되는 대손금은, ① 상법에 의한 소멸시효가 완성된 외상매출금 및 미수금(1호), ② 채무자회생법에 의한 회생계획인가 또는 법원의 면책결정에 따라 회수불능으로 확정된 채권(5호), ③ 채무자의 파산, 강제집행, 형의 집행, 사업의 폐지, 사망, 실종, 행방불명으로 인하여 회수할 수 없는 채권(8호), ④ 중소기업의 외상매출금 및 미수금으로서 회수기일이 2년 이상 지난 외상매출금등(다만 특수관계인과의 거래로 인하여 발생한 외상매출금등은 제외)(9의2호) 등을 포함한다.

법은 대손금의 손금 인정과 관련하여 국내채권과 해외채권을 특별히 구분하지 않고 있으므로, 내국법인의 해외매출채권의 경우에도 그 대손금 손금인정 여부는 국내채권과 마찬가지로 위 시행령 제19조의2 요건의 충족 여부에 따라 판단한다(법인세과-698, 2009. 6. 11. 등). 다만, 물품의 수출 또는 외국에서의 용역제공으로 발생한 채권으로서 기획재정부령으로 정하는 사유에 해당하여 무역에 관한 법령에 따라 무역보험법 제37조에 따른 한국무역보험공사로부터 회수불능으로 확인된 채권은 별도로 대손을 인정한다(동 7호).

대손금은 위와 같은 요건을 갖춘 사실이 객관적으로 밝혀지면 되고 법원의 강제집행결과 무재산, 행방불명 등을 원인으로 한 강제집행불능조서 등의 구비서류가 갖추어져야만 하는 것은 아니다(판 90. 3. 13, 88누3123).

법은, 1. 대통령령으로 정하는 일정한 경우 이외에 채무보증으로 인해 발생한 구상채권과 2. 특수관계인에게 지급한 업무무관 가지급금(이 경우 특수관계인에 대한 판단은 대여시점을 기준으로 한다)에 대하여는 대손충당금 설정이나 대손처리로 인한 손금산입을 인정하지 않는다(법 19조의2 2항, 34조 2항; 영 19조의2 1항).

대손금은 계상시기와 관계없이 당해 사유가 발생한 날의 사업연도에 손금으로 산입하는 경우(시행령 19조의2 1항 1호 내지 6호의 경우)와 당해 사유가 발생하여 손금으로 계상한 날의 사업연도에 손금으로 계상하는 경우(시행령 7호 내지 13호의 경우)로 구분된다(영 19조의2 3항).

이 중 전자는 신고조정사항, 후자는 결산조정사항에 해당한다. 종전에 판례는 대손금 발생형태를 그에 대응한 청구권이 법적으로 소멸한 경우와, 법적으로는 청구권이 소멸하지 않았으나 자산성 관점에서 회수불가능하다는 회계적 인식을 한 경우로 구분하여 전자는 법인의 회계처리에 불구하고 그 청구권이 소멸된 날이 속하는 사업연도 손금으로 산입되나(판 90. 3. 13, 88누3123), 후자는 채권 자체는 존재하므로 법인이 대손이 발생한 것으로 세무회계상 처리를 하였을 때 당해 사업연도 손금에 산입할 수 있다고 보았다(판 2002. 9. 24, 2001두489). 그러나 시행령 제19조의2 제 1 항 제 6 호는 청구권이 법적으로 소멸한 경우에 해당하지 않아도 신고조정사항으로 규율하는 등 위 분류는 현행 법 체계와 완전히 일치하지는 않는다.

회생계획에서 신주발행 방식의 출자전환으로 기존 회생채권 등의 변제에 갈음하면서 출자전환에 의해 발행된 주식을 무상소각하기로 정했다면, 인가된 회생계획 효력에 따라 새로 발행된 주식은 다른 대가 없이 그대로 소각될 것이므로 위 출자전환의 전제가 된 회생채권 등은 시행령 제19조의2 제 1 항 제 5 호 소정의 '회생계획인가 결정에 따라 회수불능으로 확정된 채권'에 해당한다(판 2018. 6. 28, 2017두68295). 대손처리에 관한 회계상의 잘못을 정정하였다는 사유는 국세기본법상의 경정청구사유에 해당되지 않는다(판 2003. 12. 11, 2002두7227).

발생 당시 회수불능의 채권이라 하더라도 먼저 익금에 산입한 다음 대손처리에 따라 손금에 산입되어 익금에서 공제되게 된다.

법인이 다른 법인과 합병하거나 분할하는 경우로서 제 1 항 제 8 호 내지 제13 호에 해당하는 대손금을 합병등기일 또는 분할등기일이 속하는 사업연도까지 손금으로 계상하지 아니한 경우 그 대손금은 해당 법인의 합병등기일 또는 분할등기일이 속하는 사업연도의 손금으로 한다(영 19조의2 4항).

위 규정은 피합병법인이 손금으로 계상하지 아니한 데에 고의 또는 중대한 과실이 없는 경우에도 적용된다(판 2017. 9. 7, 2017두36588).

내국법인이 기업회계기준에 의한 채권의 재조정에 따라 채권의 장부가액과 현재가치의 차액을 대손금으로 계상한 경우에는 이를 손금에 산입하며, 손금에 산입한 금액은 기업회계기준의 환입방법에 따라 이를 익금에 산입한다(동 5항).

보증보험회사가 보험사고 발생으로 보험금을 지급하고 취득한 구상채권은 이를 취득한 사업연도에 권리가 실현되었다고 보기 어렵고, 구상채권 중 과거 회수율을 기초로 한 회수 예상금액 역시 추정치에 불과하여 해당 사업연도에 그 금액만큼 권리가 실현되었다고 볼 수 없다(판 2011. 9. 29, 2009두11157).

세법상의 대손요건을 충족하여 대손금으로 손금산입하는 경우 대손충당금을 설정하고 있으면 우선 충당금과 먼저 상계하여야 한다. 세법상의 대손요건을 갖추지 못한 대손상각비 등 대손금은 익금산입하여 유보로 처분한다.

손금에 산입한 대손금 중 회수한 금액은 그 회수한 날이 속하는 사업연도의 소득금액을 계산할 때 익금에 산입한다(법 19조의2 3항).

대손금 손급산입을 적용받으려는 내국법인은 대통령령으로 정하는 바에 따라 대손금 명세서를 납세지 관할세무서장에게 제출하여야 한다(동 4항).

다. 자본거래 등으로 인한 손비의 손금불산입(법 20조)

1호: 잉여금의 처분을 손비로 계상한 금액

(1) 잉여금의 의의

자본은 총자산에서 총부채를 공제한 순자산으로서 자본금과 잉여금으로 구분된다. 이 중 자본금은 주주 또는 출자자가 납입한 금원으로서 회계상 자본금계정에 계상된다. 잉여금이란 자기자본, 즉, 순자산이 자본금을 초과한 부분이다.

잉여금은 기업의 경영활동으로 얻어진 당기순이익 중 주주배당금 등 사외유출액을 공제한 후 기업에 유보된 이익준비금이나 임의적립금과 같은 이익잉여금과 주식의 발행, 합병, 감자 등 자본거래에 의해 발생한 자본잉여금으로 구성된다.

기업회계는 자본잉여금을 주식발행초과금과 감자차익 및 그 밖의 자본잉여금 등으로 구분하고 있고(국제기준 1001-78; 일반기준 2-30), 세법에서도 자본잉여금 중 주식발행초과금, 합병차익, 감자차익 및 재평가적립금에 대하여는 이를 과세소득에서 제외하고 있다. 기업회계에서 자본잉여금으로 구분된 것이라도 이와 같이 법이 명시적으로 과세소득에서 제외한 것을 제외한 기타 자본잉여금은 익금에 산입된다. 그 대표적인 것으로 자기주식 처분이익을 들 수 있다.

자본잉여금 중 재평가적립금을 제외한 나머지는 자본준비금으로 적립이 강제되며(상법 459조), 재평가적립금은 자산재평가법 제28조에 의한 재평가세의 납부 등 일정한 목적 이외에는 처분하지 못한다. 그러므로 자본잉여금은 여기에서 말하는 잉여금의 처분대상이 되지 않으며, 설령 처분한다 하더라도 손금산입되지 않는다.

(2) 이익잉여금의 처분

잉여금의 처분 대상이 되는 것은 이익잉여금이다. 이익잉여금의 처분은 주주 또는 출자자에 대한 이익의 배당 또는 분배와 임원에의 상여인바, 이익의 배당 또는 분배는 성질상 손금이 아니고, 임원상여도 잉여금의 처분에 의한 것이면 보수에 해당하지 않는 것으로 보아 손금에 산입하지 않는다.

2호: 주식할인발행차금

상법 제417조에 따라 액면미달의 가액으로 주식을 발행하는 경우 그 미달하는 금액과 신주발행비의 합계액을 말한다. 그 손금불산입 이유는 주식발행액면초과액의 익금불산입 이유와 같다.

라. 제세공과금의 손금불산입(법 21조)

법인세 등 각종 조세(1·2호)와 벌금·과료(통고처분에 의한 벌금 또는 과료상당액 포함)·과태료(과료와 과태금 포함)·가산금·장제징수비(3호) 및 법령에 의하여 의무적으로 납부하는 것이 아닌 공과금(4호), 법령에 의한 의무불이행 또는 금지·제한 등의 위반을 이유로 부과되는 공과금(5호), 연결모법인 또는 연결자법인에 제76조의19 제2항 또는 제3항에 따라 지급하였거나 지급할 금액(6호) 등이 여기에 포함된다. 법인이 범칙행위에 제공한 물건을 몰수당한 경우 몰수품 자체의 원가는 손금이 된다.

그 밖에 자산의 평가손실의 손금불산입(법 22조)에 관하여는 이 책 659면, 감가상각비의 손금불산입(법 23조)에 관하여는 이 책 656면 각 참조.

마. 징벌적 목적의 손해배상금 등의 손금불산입(법 21조의2)

내국법인이 지급한 손해배상금 중 실제 발생한 손해를 초과하여 지급한 금액으로서 대통령령으로 정하는 금액은 손금에 산입하지 아니한다.

법 제21조의2에서 "대통령령으로 정하는 금액"이란 다음 각 호의 어느 하나에 해당하는 금액을 말한다(영 23조 1항).

1. 별표 1 각 호의 어느 하나에 해당하는 법률의 규정에 따라 지급한 손해배상액 중 실제 발생한 손해액을 초과하는 금액 [별표] 1호 내지 25호: 생략

2. 외국의 법령에 따라 지급한 손해배상액 중 실제 발생한 손해액을 초과하여 손해배상금을 지급하는 경우 실제 발생한 손해액을 초과하는 금액

제 1 항을 적용할 때 실제 발생한 손해액이 분명하지 아니한 경우에는 다음 계산식에 따라 계산한 금액을 손금불산입 대상 손해배상금으로 한다(동 2항. 산식 생략).

바. 기부금의 손금불산입(법 24조)

(1) 기부금의 의의

기부금이란 내국법인이 사업과 직접적인 관계가 없이 무상으로 지출하는 금액(대통령령으로 정하는 거래를 통하여 실질적으로 증여한 것으로 인정되는 금액을 포함한다)을 말한다(법 24조 1항).

통상 기부는 공익성을 띤 재산의 출연행위를 뜻하나, 세법상 개념은 그보다 광범위하여 지출의 동기를 묻지 않고 그 범위도 증여계약에 의한 증여뿐 아니라 채무면제, 면책적 채무인수, 제 3 자를 위한 변제, 저가양도, 고가매입 등을 통한 경제적 이익의 제공을 포괄한다. 용역의 기부나,[1] 불균등 무상감자와 같은 자본거래를 통한 이익의 분여는 대상에 포함되지 않는다.

기부는 자산의 무상공여로서 법인의 순자산감소의 원인이나 기업활동과 무관한 지출로서 본래 수익에 대응하는 비용으로 인정될 수 없다. 그러나 법인의 기업활동상 어느 정도의 기부행위는 불가피하고, 또한 사회적으로 유익한 경우가 있기 때문에 세법에서도 일정 범위 내에서 손금산입을 허용하는 것이다.

기부금은 법인의 사업과 무관하게 지출된다는 점에서 기업업무추진비 등 다른 비용과 구별된다. 구체적으로 회사가 공장신축을 위해 공유수면매립면허를 받아 매

1) 관련 논의는, 김갑순 외 2인, "세법상 기부금 출연대상 범위의 확대방안에 관한 연구", 조세법연구 16-1, 75면.

립한 토지 중 일부를 면허조건에 따라 기부채납 형식으로 국가에 기증한 경우의 그 공사비(판 87. 7. 21, 87누108)는 업무수행과 관련성이 있어 기부금에 해당되지 않는 반면, 서울올림픽체육진흥공단이 국무총리행정조정실의 조정에 따라 국민체육진흥광고 수익금 중 일부를 전국자동차 노동조합연맹에 근로자복지장학기금으로 출연한 것은 기부금에 해당한다(판 98. 6. 12, 97누11386).

시행령 제35조는, 「법 제24조 제 1 항에서 "대통령령으로 정하는 거래"란 특수관계인 외의 자에게 정당한 사유 없이 자산을 정상가액보다 낮은 가액으로 양도하거나 특수관계인 외의 자로부터 정상가액보다 높은 가액으로 매입하는 것을 말한다. 이 경우 정상가액은 시가에 시가의 100분의 30을 더하거나 뺀 범위의 가액으로 한다」고 규정하고 있다.[1]

위 저가양도의 경우 상대방이 취득한 자산가액이나 그에 상응한 법인자산의 감소액은 자산의 시가 상당액으로서 법인이 시가와 장부가액과의 차액을 기업경리상 손비로 계상하지 않았다고 하더라도 세법상 일단 차액 상당의 수익이 법인에 실현됨과 동시에 수익을 상대방에게 제공함에 따른 손실이 발생한 것으로 관념하여 그 손실을 기부금으로 보게 된다. 기부금을 금전 이외의 자산으로 제공한 경우에 당해 자산의 가액을 이를 제공한 때의 시가에 의하도록 한 법인세법시행령 제36조 제 1 항 제 3 호는 이를 규정한 것으로서 모법에 위배되지 않는다(판 93. 5. 25, 92누18320).

예를 들어, A 법인이 장부가액 100억 원, 시가 200억 원인 토지를 특수관계 없는 B에게 120억 원에 양도하고 (차) 현금 120억 원 / (대) 토지 100억 원, 유형자산 처분이익 20억 원으로 회계처리한 경우, 세무회계상 양도자산의 가액을 정상가액 140억 원(시가 200억 원의 70% 금액)으로 보아 여기에서 장부가액 100억 원을 공제한 나머지 40억 원을 법인의 유형자산 처분이익으로 익금산입하고, 정상가액과 실제 양도가액의 차액 20억 원을 기부금으로 처리하여 손금부인한다.

(차) 매매대금 140억 원 / (대) 토지 100억 원, 유형자산처분이익 40억 원

(차) 기부금 20억 원(손금부인) / (대) 현금 20억 원

다음 고가매입의 경우 A 법인이 특수관계 없는 B로부터 시가 100억 원인 토지를 150억 원에 취득하여, (차) 토지 150억 원 / (대) 현금 150억 원으로 회계처리한 경우 매입한 자산의 정상가액은 130억 원으로 산정되고, 정상가액과 실제매입가액의 차액 20억 원이 기부금으로 손금부인된다.

(차) 토지 130억 원, 기부금 20억 원(손금유보) / (대) 현금 150억 원

1) 정상가액 산정에 관한 위 규정은 모법에 위배되지 않는다. 판 93. 5. 25, 92누18320.

이 경우 기부금 20억 원만큼 법인 순자산이 감소되었으나 손금부인됨에 따라 매입한 회계연도의 법인의 손익에는 영향을 미치지 않게 되는 반면, 토지의 취득가액을 실제매입가액 150억 원에서 정상가액 130억 원으로 조정함에 따른 자산감소액 20억 원은 손금유보(△)되었다가 후에 토지가 처분되면 해당 금액만큼 늘어난 양도차익 20억 원을 그 회계연도의 익금 및 과세표준에 더 산입하게 된다.[1)]

부당행위계산부인 규정이 '특수관계인과의 거래'라는 요건을 통해 거래를 부인할 수 있는 경우를 객관화·유형화한 것이라면, 기부금 규정은 비특수관계인 사이의 증여를 통한 이익처분의 존재라는 사실인정의 문제로 접근하고 있다. 부당행위계산부인 규정이 '거래사실의 부인'이라는 추상적 도구개념을 사용하는데 반해, 기부금 규정은 '정상가액'이라는 구체적 도구개념을 사용하여 기부(증여)사실을 추정하는 셈이다. 당사자 사이에 특수관계가 있으면 기부금 규정은 적용되지 않으므로 특수관계의 부존재는 기부금 규정 적용을 위한 소극적 요건이다.[2)]

판례는 내국법인이 외국합작투자법인에 투자금을 반환하고, 법인이 보유한 주식 전부를 일괄 양수하여 경영권을 확보하려고 하는 상황에서 대상주식을 정상가액보다 높은 가액으로 매입한 경우(판 1997. 11. 14, 97누195), 비특수관계인으로부터 사업목적상 비상장법인을 인수하기 위하여 그 법인의 주식과 자신 소유의 상장주식을 상증세법상 보충적 평가방법에 따른 산정가액보다 높은 가격으로 교환한 경우(판 2010. 2. 25, 2007두9839), 의약품 판매법인이 약사법 개정으로 인하여 기존 매출의 100분의 90을 차지하는 대학병원에 의약품을 납품할 수 없게 되자 해당 법인의 주식을 영업권을 제외한 순자산가치만을 반영한 금액으로 양도한 경우(판 2016. 8. 24, 2016두39986) 등에 관하여 위 규정 소정의 '정당한 사유'가 있는 것으로 보았다.[3)]

(2) 기부금의 종류

(가) 국가나 지방자치단체 등에 대한 기부금 「내국법인이 각 사업연도에 지출한 기부금 및 제 5 항에 따라 이월된 기부금 중 제 1 호에 따른 특례기부금은 제 2 호에 따라 산출한 손금산입한도액 내에서 해당 사업연도의 소득금액을 계산할 때 손금에 산입하되, 손금산입한도액을 초과하는 금액은 손금에 산입하지 아니한다」 (법 24조 2항).

---

1) 이와 같은 회계처리는 특수관계인 사이에 적용되는 부당행위계산부인의 경우에도 동일하다. 판 2008. 9. 25, 2006두3711 등.
2) 관련 논의는, 신병진, "자산의 저가양도 등과 관련된 간주기부금의 문제", 조세법연구 23-2, 149면.
3) 이와 반면에 '정당한 사유'가 없다고 본 사안으로는, 판 2001. 5. 29, 2000두8127; 89. 12. 22, 88누11704; 97. 12. 12, 97누3408; 2008. 11. 27, 2006두19457; 2011. 10. 13, 2010두1378 등이 있다.

1. 특례기부금: 다음 각 목의 어느 하나에 해당하는 기부금

가. 국가나 지방자치단체에 무상으로 기증하는 금품의 가액. 다만, 「기부금품의 모집 및 사용에 관한 법률」의 적용을 받는 기부금품은 같은 법 제 5 조 제 2 항에 따라 접수하는 것만 해당한다. **나**. 국방헌금과 국군장병 위문금품의 가액 **다**. 천재지변으로 생기는 이재민을 위한 구호금품의 가액 **라목** 내지 **바목**: 생략

2. 손금산입한도액: 다음 계산식에 따라 산출한 금액: 산식 생략

외국 국가기관에 대한 기부는 원칙적으로 여기에 해당하지 않는다(판 2014. 8. 26, 2014두4719). 법인이 국가기관에 전달될 것을 전제로 신문사 등에 교부하는 기부금이 기탁 후 지체 없이 원래 기탁의 취지대로 국가기관에 전달된 경우 여기에 포함되며(판 81. 3. 10, 80누289), 기부금품을 기증받은 국가 또는 지방자치단체의 사후처리방식은 기부금의 성질에 영향을 미치지 않는다(판 86. 9. 9, 85누379).

법정기부금 손금산입한도액 계산의 기초가 되는 구 법인세법(2015. 12. 15. 개정 전의 것) 제24조 제 1 항 및 제 2 항의 '해당 사업연도의 소득금액'은 법정기부금과 지정기부금 손금산입 전의 소득금액을 의미하고, 고유목적사업준비금까지 손금에 산입하기 전의 소득금액으로 해석할 수는 없다.[1]

㈏ 공익단체 등에 대한 기부금 「내국법인이 각 사업연도에 지출한 기부금 및 제 5 항에 따라 이월된 기부금 중 제 1 호에 따른 일반기부금은 제 2 호에 따라 산출한 손금산입한도액 내에서 해당 사업연도의 소득금액을 계산할 때 손금에 산입하되, 손금산입한도액을 초과하는 금액은 손금에 산입하지 아니한다」(법 24조 3항).

1. 일반기부금: 사회복지·문화·예술·교육·종교·자선·학술 등 공익성을 고려하여 대통령령으로 정하는 기부금(제 2 항 제 1 호에 따른 기부금은 제외한다)

2. 손금산입한도액: 다음 계산식에 따라 산출한 금액: 산식 생략

1호의 '대통령령으로 정하는 기부금'은 사회복지사업법에 의해 설립된 사회복지법인, 교육법에 의한 학교법인 등과 같은 비영리법인이나 단체 및 비영리외국법인이 고유목적 사업비로 지출하는 기부금을 가리킨다(영 39조 1항; 규칙 18조의3).[2]

'고유목적 사업비'란 해당 비영리법인 또는 단체에 관한 법령 또는 정관에 규정된 설립목적을 수행하는 사업으로서 시행령 제 3 조 제 1 항의 규정에 해당하는 수익사업(보건업 및 사회복지서비스업 중 보건업 제외) 이외의 사업에 사용하기 위한 금액을 말한다(동 3항).

---

1) 판 2019. 12. 27, 2018두37472. 평석은, 황남석, 조세법연구 26-1, 481면.

2) 기업의 문화예술활동 지원을 위한 비용지출에 관한 법인세법의 적용에 관한 일반적인 논의는, 윤현석, "기업의 메세나활동과 법인세", 조세법연구 18-3, 366면.

「내국법인이 각 사업연도에 지출하는 기부금 중 제 2 항 및 제 3 항에 따라 기부금의 손금산입한도액을 초과하여 손금에 산입하지 아니한 금액은 해당 사업연도의 다음 사업연도 개시일부터 10년 이내에 끝나는 각 사업연도로 이월하여 그 이월된 사업연도의 소득금액을 계산할 때 제 2 항 제 2 호 및 제 3 항 제 2 호에 따른 기부금 각각의 손금산입한도액의 범위에서 손금에 산입한다」(동 5항).

「제 2 항 및 제 3 항에 따라 손금에 산입하는 경우에는 제 5 항에 따라 이월된 금액을 해당 사업연도에 지출한 기부금보다 먼저 손금에 산입한다. 이 경우 이월된 금액은 먼저 발생한 이월금액부터 손금에 산입한다」(동 6항).

㈐ 그 밖의 기부금 「제 2 항 제 1 호 및 제 3 항 제 1 호 외의 기부금은 해당 사업연도의 소득금액을 계산할 때 손금에 산입하지 아니한다」(동 4항).

(3) 기부금의 가액 및 귀속시기

법인이 법 제24조에 따른 기부금을 금전 외의 자산으로 제공한 경우 해당 자산의 가액은, 1. 법 제24조 제 2 항 제 1 호에 따른 법정기부금과 2. 특수관계인이 아닌 자에게 기부한 법 제24조 제 3 항 제 1 호에 따른 지정기부금의 경우는 각 기부했을 때의 장부가액, 3. 그 이외의 경우는 기부했을 때의 장부가액과 시가 중 큰 금액으로 한다(영 36조 1항).[1)]

‘시가’란 일반적이고 정상적 거래에 의하여 형성된 객관적 교환가치를 의미한다(판 2006. 1. 12, 2005두937). 시가가 불분명한 경우 시행령 제89조를 준용할 수 있다(판 2016. 8. 24, 2016두39986).

법인이 기부금을 가지급금 등으로 이연계상한 경우 지출한 사업연도의 기부금으로 보고, 기부금을 미지급금으로 계상한 경우 실제로 이를 지출할 때까지는 당해 사업연도 소득금액계산에 있어서 이를 기부금으로 보지 아니한다(동 2·3항).

이와 같이 법은 기부금의 귀속시기에 관하여 현금주의를 채택하고 있다.

판례는 위와 같은 현금주의에 입각하여 법인이 타인으로부터 원금 및 이자채무를 인수한 경우 기부금에 해당하는지 여부 및 해당 비용의 손금불산입 여부를 판단함에 있어 그 기준시점을 원금 및 이자가 각 지급되는 때로 보았다(판 2004. 1. 29, 2003두247).

1) 이는 명시적 규정이 없던 2019. 2. 12. 개정 전 규정과 관련하여 해석상 논란이 있던 것을 정비한 것이다. 종전 논의에 관하여는 위 92누18320 판결과 그 평석인, 임승순, “저가양도와 기부금에 의한 손금부인”, 판례해설 제19-2호. 참조. 일본에서도 같은 취지의 일본 법인세법 제22조 제 2 항과 관련하여 동일한 쟁점이 문제된 바 있다. 관련 내용은 일최판 평성 7. 12. 19. 및 그에 관한 일본 판례백선 96면 평석 참조.

사. 기업업무추진비의 손금불산입(법 25조)

(1) 의 의

「"기업업무추진비"[1]란 접대, 교제, 사례 또는 그 밖에 어떠한 명목이든 상관없이 이와 유사한 목적으로 지출한 비용으로서 내국법인이 직접 또는 간접적으로 업무와 관련이 있는 자와 업무를 원활하게 진행하기 위하여 지출한 금액을 말한다」(법 25조 1항).

내국법인이 1회의 접대에 지출한 기업업무추진비 중 대통령령으로 정하는 금액을 초과하는 기업업무추진비로서 다음 각 호의 어느 하나에 해당하지 아니하는 것은 각 사업연도의 소득금액을 계산할 때 손금에 산입하지 아니한다. 다만 지출사실이 객관적으로 명백한 경우로서 다음 각 호의 어느 하나에 해당하는 기업업무추진비라는 증거자료를 구비하기 어려운 국외지역에서의 지출 및 농어민에 대한 지출 등 대통령령으로 정하는 지출은 그러하지 아니하다(동 2항. 각호 생략).

내국법인이 각 사업연도에 지출한 기업업무추진비(제2항에 따라 손금에 산입하지 않는 금액은 제외)로서 다음 각 호의 금액의 합계액(부동산임대업을 주된 사업으로 하는 등 대통령령으로 정하는 요건에 해당하는 내국법인의 경우 그 금액의 100분의 50에 해당하는 금액)을 초과하는 금액은 해당 사업연도의 소득금액을 계산할 때 손금에 산입하지 아니한다(동 4항).

1. 기본한도: 다음 계산식에 따라 계산한 금액
   기본한도금액 = A × B × 1/12
   A: 1천 200만원(중소기업의 경우에는 3천 600만원)
   B: 해당 사업연도의 개월 수(개월 수는 역(曆)에 따라 계산하되, 1개월 미만의 일수는 월로 한다)

2. 수입금액별 한도: 해당 사업연도의 대통령령으로 정하는 수입금액에 다음 표에 규정된 적용률을 곱하여 산출한 금액. 다만 특수관계인과의 거래에서 발생한 수입금액에 대하여는 그 수입금액에 다음 표에 규정된 적용률을 곱하여 산출한 금액의 100분의 10에 상당하는 금액으로 한다(도표 생략, 100억 원 이하인 경우 0.3%, 100억 원 초과 500억 원 이하분 0.2%, 500억 원 초과분은 0.03%의 금액임)

'업무와 관련하여 지출한 금액'이란 업무를 원활히 수행하기 위해 거래선 및 그 밖의 법인이 접촉하는 상대방에게 접대, 향응, 위안 등을 위해 지출하는 비용이다. 업무관련 측면에서 기부금과 구별되고, 손금산입한도의 제한이 있다는 점에서

1) 2022. 12. 31. 법 개정 시 종전 접대비의 명칭을 기업업무추진비로 변경하였다.

광고선전비, 장려금 등 판매부대비용, 복리후생비, 급여, 회의비 등과 다르다.

주주 또는 출자자·사원·임원 또는 직원이 부담할 성질의 기업업무추진비를 법인이 지출한 것은 이를 기업업무추진비로 보지 아니하고(영 40조 1항), 법인이 그 직원이 조직한 조합 또는 단체에 지출한 복리시설비는, 당해 조합이나 단체가 법인일 경우에는 기업업무추진비로, 법인이 아닌 경우에는 그 법인의 경리의 일부로 본다(동 2항).

법은 손비의 요건으로서, '업무관련성'과 '통상성' 및 '수익관련성'을 제시하고 있는데(법 19조 2항), 기업업무추진비는 이 중 '통상성'이나 '수익관련성'을 충족한다고 보기 어렵다. 현실적으로 기업의 업무추진비는 임직원 개인이 부담할 성격의 비용에서부터 법인의 원활한 업무수행을 위해 필요한 비용까지 광범위한 용도로 지출되고 있는 실정인데, 법이 일정한 한도까지만 손금성을 인정하는 것은 그 한도까지만 통상성이나 수익관련성이 있는 것으로 보고 한도를 초과한 비용지출은 비용으로서의 '통상성'이나 '수익관련성'을 갖추지 못하였다고 본 것으로 이해된다.

법상 손비 요건이 필요한 것은 다른 비용항목도 마찬가지지만 기업업무추진비의 경우 특별히 그 성격이 복합적이라는 점에서 법은 객관적인 손금한도액을 설정한 것이다. 이와 같이 기업업무추진비의 한도액 초과부분을 일률적으로 손금불산입하기 때문에 과세실무상 금원지급의 성질이 분명하지 않은 경우 수익관련성 등을 고려하지 않은 채 일률적으로 기업업무추진비(종전 접대비)로 처리하여 손금부인하는 경향이 있다. 이와 관련하여 판례는, 법인이 사업을 위하여 지출한 비용 가운데 상대방이 사업에 관련 있는 사람들이고 지출목적이 접대 등 행위에 의하여 사업관계자들과 사이에 친목을 두텁게 하여 거래관계의 원활한 진행을 도모하는 데 있는 것이라면 그 비용은 접대비라고 할 것이지만, 법인이 수익과 직접 관련하여 지출한 비용은 이를 접대비로 단정하여서는 안 된다고 하여 수익관련성과의 관계에서 기업업무추진비에 대한 일정한 한계를 제시하였다(판 2012. 9. 27, 2010두14329).[1]

(2) 다른 비용과의 구별

기업업무추진비는 특정상대방과의 업무와 관련되어 지출되는 비용임에 반해 광고선전비는 불특정다수인을 상대로 구매의욕을 자극하는데 지출되는 비용으로서 지출의 상대방과 목적이 다르다.[2] 판례는 백화점에서 판촉활동 일환으로 거래실적이 우수한 불특정고객에게 지급한 사은품(판 2002. 4. 12, 2000두2990), 예식장 이용객

1) 관련 논의는, 김현동, "세법상 접대비 규제의 본질", 조세법연구 21-3, 259면.
2) 판 93. 9. 14, 92누16249; 87. 4. 14, 86누378. 뒤의 판결에 대한 평석은, 김재광, 판례백선, 289면.

들에게 제공하는 개업기념 사은품(판 93. 9. 14, 92누16429), 콘도미니엄 회원모집시 초청고객들을 위해 지출한 현장안내 여비(판 87. 4. 14, 86누378), 신문사가 내방객들에게 제공한 선물비(판 2010. 6. 24, 2007두18000) 등을 기업업무추진비가 아닌 광고선전비로 보았다. 다만 제약회사가 약국, 병원 등에 환자치료용 약품을 광고선전용으로 무상제공하는 것은 통상 기업업무추진비에 해당할 것이다.

기업업무추진비와 판매부대비용의 구분도 문제되는데, 금원의 지출경위나 성질, 액수 등을 건전한 사회통념이나 상관행에 비추어 판단하여야 할 것이다(판 2007. 10. 25, 2005두8924). 투자자문 수수료 명목 금액이 투자자문 대가와 투자자문회사들이 고객의 투자자금을 운용함으로써 증권회사에 거래수수료 수입을 올려 준 것에 대한 대가인 경우(위 2005두8924 판결), 경쟁지역에 위치한 대리점에 고객 사은행사 등에 사용하도록 지원된 정품의 시가상당액(판 2003. 12. 12, 2003두6559), 상가건물을 매수하여 분양하는 회사가 분양업무 담당 회사 및 계열회사 영업부 직원들에게 약정에 따라 분양실적에 맞추어 일정 금원을 영업판촉비 내지 알선수수료 명목으로 지출한 경우(판 92. 5. 8, 91누9473), 수주업무를 공동수행하는 용역계약 상대방 협력업체 직원들에게 지출한 야근식대나 간식비(판 2008. 7. 10, 2007두26650), 영업이 부진한 대리점에게 신규시장 개척과 판매촉진을 위해 지원한 인건비 및 차량구입비(판 2009. 11. 12, 2007두12422) 등은 판매부대비용에 해당한다. 다만 명목이 장려금이라도 특정 거래상대방에게 주어지면 기업업무추진비로 볼 것이다.

복리후생비가 사내 종업원의 능률향상을 위하여 지출되는 비용인데 반하여(영 45조), 기업업무추진비는 거래관계의 원활한 진행을 위하여 지출되는 비용이다. 사전에 정해진 지급기준에 따라 임직원들에게 지급되는 경조비, 직원 회식용 주류구입비 등은 복리후생비에 해당한다(판 2010. 6. 24, 2007두18000). 종업원에게 상시 지급되는 간식비, 자사 제품을 시가 이하로 종업원에게 판매하는 경우의 시가 차액은 급여적 성질을 가지므로 기업업무추진비에 해당하지 않는다. 회의 장소에서 제공하는 다과 및 음식물 등의 가액 중 사회통념상 인정될 수 있는 범위 내 금액은 회의비로서 각 사업연도 손금에 산입된다. 다만 은행이 경비 및 운전업무 용역계약을 맺은 용역회사 고용인인 경비원 등에게 매월 일정액씩 지급한 근무보조비는 인건비가 아닌 기업업무추진비에 해당한다(판 99. 6. 25, 97누14194).

(3) 기업업무추진비의 1회 지출 범위 및 요건

한 차례 지출한 기업업무추진비 중 경조금은 20만원, 그 밖의 경우 3만 원을 초과하는 경우 신용카드나 현금영수증, 세금계산서 등의 증빙자료를 첨부하지 못하면 기업업무추진비 산정범위에서 제외한다(법 25조 2항, 영 41조).

제 2 항 제 1 호를 적용할 때 재화 또는 용역을 공급하는 신용카드 등의 가맹점이 아닌 다른 가맹점의 명의로 작성된 매출전표 등을 발급받은 경우 해당 지출금액은 같은 항 같은 호에 따른 기업업무추진비로 보지 아니한다(법 25조 3항).

개인명의 신용카드로 지출한 금액도 일률적으로 기업업무추진비에서 제외되어 손금부인 된다.

아. 과다경비 등의 손금불산입(법 26조)

인건비(1호), 복리후생비(2호), 여비 및 교육·훈련비(3호), 법인이 그 법인 외의 자와 동일한 조직 또는 사업 등을 공동으로 운영하거나 영위함에 따라 발생되거나 지출된 손비(4호), 제 1 호부터 제 4 호까지에 규정된 것 외에 법인의 업무와 직접 관련이 적다고 인정되는 경비로서 대통령령으로 정하는 것(5호)[1] 가운데 대통령령으로 정하는 바에 따라 과다하거나 부당하다고 인정되는 금액은 손금불산입한다.

자. 업무와 관련 없는 비용의 손금불산입(법 27조)

법인의 업무와 관련 없는 비용은 법인의 수익을 창출하기 위한 비용이 아니므로 이를 손금으로 산입할 이유가 없다. 다만 업무와의 관련성 여부는 개별적·구체적인 판단을 필요로 하므로 그 기준설정에 어려움이 있다.

법 제27조는 내국법인이 지출한 비용 중, 1. 해당 법인의 업무와 직접 관련이 없다고 인정되는 대통령령으로 정하는 자산의 취득·관리비용 등 대통령령으로 정하는 금액과 2. 제 1 호 외에 해당 법인의 업무와 직접 관련이 없다고 인정되는 대통령령으로 정하는 지출금액은 이를 손금에 산입하지 아니한다고 규정하고, 자산의 범위 및 손금산입 기준은 시행령에서 규정하는 한편(영 49조, 50조), 개별적, 구체적 사항들은 시행규칙에 위임하고 있다(규칙 26조 1항 내지 5항).

판례는 이들 사유들을 제한적·열거적으로 보고 있다(판 2004. 1. 27, 2001두11014). 그러나 이와 같은 판례의 입장에 의하는 한 현실적으로 법인의 주요업무에 제공되는 자산도 법이 규정한 사항에 해당하지 않으면 비업무용 자산으로 취급되어 그 취득 및 유지관리 비용 등을 손비로 인정받지 못하는 불합리한 결과가 발생

1) 법인이 대표이사에 대한 퇴직연금부담금으로 퇴직연금사업자에 납입한 금원 중 근로자퇴직급여보장법 기준에 따라 산정한 퇴직금 중간정산금액 초과금액은 그 납입일이 속하는 사업연도 손금에 산입할 수 있고, 이는 부당행위계산부인에 해당하지 않는다. 판 2019. 10. 18, 2016두48256.

한다. 예컨대 부동산매매업을 주업으로 영위하는 법인이 미분양 상가를 5년 이상 보유하면서 임대하는 경우 예외 없이 업무무관 부동산에 해당하는 것으로 보게 된다(서면-2022-법규법인-3396, 2023.10.18.).[1]

법인이 주주인 임원에게 거주용 주택을 유, 무상으로 제공한 것은 사택의 제공이므로 업무무관비용 규정이 적용될 뿐 이를 비업무용 부동산으로 볼 수 없다(판 2017. 12. 28, 2017두56827).

차. 업무용 승용차 유지비용의 손금불산입(법 27조의2)

내국법인이 업무용승용차의 취득·유지·관리를 위해 각 사업연도에 지출한 감가상각비, 임차료, 유류비 등은, 일정 범위 내의 금액에 한해 업무용에 사용한 것으로 보고, 그 초과 부분은 해당 사업연도의 손금으로 인정하지 않는다.[2] 다만 운수업, 자동차판매업 등에서 사업에 직접 사용하는 승용자동차로서 대통령령으로 정하는 것에 대하여는 손금불산입에 관한 예외규정이 있다(법 27조의2 1항 괄호).

카. 지급이자의 손금불산입(법 28조)

(1) 법의 규정

다음 각 호의 차입금의 이자는 내국법인의 각 사업연도의 소득금액을 계산할 때 손금에 산입하지 아니한다(법 28조 1항).

1. 대통령령으로 정하는 채권자가 불분명한 사채의 이자.

2. 소득세법 제16조 제 1 항 제 1 호, 제 2 호, 제 5 호 및 제 8 호에 따른 채권·증권의 이자·할인액 또는 차익 중 그 지급받은 자가 불분명한 것으로서 대통령령으로 정하는 것. 3. 대통령령으로 정하는 건설자금에 충당한 차입금의 이자.

4. 다음 각 목의 어느 하나에 해당하는 자산을 취득하거나 보유하고 있는 내국법인이 각 사업연도에 지급한 차입금의 이자 중 대통령령으로 정하는 바에 따라 계산한 금액(차입금 중 해당 자산가액에 상당하는 금액의 이자를 한도로 한다).

가. 제27조 제 1 호의 규정에 해당하는 자산 **나.** 특수관계인에게 해당 법인의 업무와 관련 없이 지급한 가지급금 등으로서 대통령령으로 정하는 것.

건설자금에 충당한 차입금의 이자에서 제 1 항 제 3 호에 따른 이자를 뺀 금액으로서 대통령령이 정하는 금액은 각 사업연도의 소득금액을 계산할 때 손금에 산입하지 아니할 수 있다(동 2항).

---

1) 관련 논의는 이 책 682면 참조.

2) 관련 논의는, 최정희·전병욱, “업무용 차량 과세에 관한 연구”, 조세법연구, 21-3, 305면.

(2) 채권자가 불분명한 사채의 이자

여기에는, ① 채권자의 주소 및 성명을 확인할 수 없는 차입금, ② 채권자의 능력 및 자산상태로 보아 금전을 대여한 것으로 인정할 수 없는 차입금, ③ 채권자와의 금전거래사실 및 거래내용이 불분명한 차입금이 포함된다(영 51조 1항).

채권자들의 인적사항을 알 수 없다면 본조 소정의 채권자가 불분명한 경우에 해당한다(판 93. 1. 26, 92누1810).

이자지급 상대방인 채권자가 불분명한 이상 차입금 용도에 관계없이 지급이자는 손금불산입된다(판 93. 2. 9, 92누10869).

법인이 채권자불명의 사채이자를 지급한 경우 이자소득세를 원천징수할 것이 아니라 대표자 상여로 하여 갑종근로소득세를 원천징수하여야 하므로 이 경우 법인에게 갑종근로소득세의 원천징수의무와 별도로 사채이자에 대한 소득세 원천징수납부의무는 없다(판 86. 12. 23, 84도852).[1]

(3) 소득세법의 규정에 따른 채권·증권의 이자·할인액 등

여기서 '대통령령으로 정하는 것'이라 함은 채권, 증권의 이자 또는 할인액을 해당 채권 또는 증권의 발행법인이 직접 지급하는 경우 그 지급사실이 객관적으로 인정되지 아니하는 이자·할인액 또는 차익을 말한다(영 51조 2항).

(4) 건설자금에 충당한 차입금의 이자

㈎ 개 념 법인이 사업용 유형자산 및 무형자산을 취득함에 있어 소요자산의 일부 또는 전부를 차입금으로 충당할 때 해당 자산의 매입·제작 및 건설(기존 유형자산의 증설·개량을 제외한다)에 충당한 차입금 이자를 건설자금이자라고 한다. 그 명목여하를 불구하고 해당 자산의 건설에 소요된 차입금에 대한 지급이자 및 이와 유사한 성질의 지출금을 포함한다(영 52조 1항).

㈏ 건설자금이자의 원가성에 대한 논쟁 차입금으로 유형자산 및 무형자산을 취득할 경우 그 자산의 매입·건설·제조·제작기간 중에 발생한 이자를 해당 자산의 원가에 산입할 것인가에 관하여 양론이 있다.

원가산입에 반대하는 견해는, 지급이자 원천인 차입금은 증자를 대체한 것이므로 그 이자는 회피가능한 비용이고, 이를 유형자산 원가에 산입하면 자산을 과대평가하는 것이라고 주장한다. 이에 대해 원가산입을 찬성하는 견해는, 차입금 재원을 증자하려면 이사회 결의 등 절차적 요건이 필요하므로 반드시 회피가능

1) 관련 논의는, 장인태, "지급이자에 대한 손금규제", 조세법연구 7, 16면. 관련논문으로, 김완일, "법인세과세에 있어서 차입금 지급이자에 대한 손비처리", 조세법연구 10-2, 139면.

한 비용으로 보기 어렵고 건설자금 이자를 건설원가에 산입하지 않고 기간비용에 계상하면 대응수익이 없어 수익비용대응 원칙에 반한다고 주장한다.[1)]

국제회계기준은 적격자산의 취득, 건설 또는 생산과 직접 관련된 차입원가는 해당 자산 원가의 일부로 자본화하도록 강제하고 있고, 위 차입원가에 적격자산의 취득과 관련하여 차입한 자금에 대한 이자 외에 일반목적으로 차입한 자금 중 적격자산의 취득을 위해 사용한 금액에 대한 이자까지 포함시키고 있다(국제기준 1023호, 문단 8), 다만 일반기업회계기준은 차입원가는 기간비용 처리를 원칙으로 하되, 기업의 선택에 따라 위 국제회계기준과 마찬가지로 차입원가를 적격자산의 취득원가에 포함시킬 수 있도록 하고 있다(일반기준 18장, 문단 4).

(다) **특정차입금의 범위**(영 52조 1항) 건설자금에 충당한 차입금 중 특정차입금의 이자란 명목에 불구하고 실질에 있어 해당 사업용 유형자산 및 무형자산의 매입·제작·건설에 소요되는 차입금에 대한 지급이자 또는 그에 유사한 성질의 지출금을 말한다. 유형자산 및 무형자산 건설에 소요되었는지 여부가 불분명한 차입금은 여기에 포함시킬 수 없다(같은 항 괄호). 특정차입금에 대한 지급이자 등은 건설이 준공된 날까지 자본적 지출로 하여 원본에 가산한다(영 52조 2항). '준공된 날'이란 토지 매입의 경우에는 대금을 청산한 날(대금 청산 전에 해당 토지를 사업에 사용하는 경우에는 사업에 사용되기 시작한 날), 건축물의 경우에는 소득세법시행령 제162조에 따른 취득일 또는 해당 건설의 목적물이 그 목적에 실제로 사용되기 시작한 날(사용개시일) 중 빠른 날, 그 밖의 사업용 유형자산 및 무형자산의 경우에는 사용개시일을 말한다(영 52조 6항). 특정차입금 일부를 운영자금에 전용한 경우 그 부분에 상당하는 지급이자는 손금으로 한다(영 52조 3항).

특정차입금의 연체로 인해 생긴 이자를 원본에 가산한 경우 가산금액은 해당 사업연도의 자본적 지출로 하고, 원본에 가산한 금액에 대한 지급이자는 손금으로 한다(영 52조 4항). 이는 수익·비용 대응의 측면에서 해당 자산을 취득하기 이전의 투입비용은 자본적 지출로 원본에 가산하고 감가상각 등을 통해 점진적으로 비용에 산입하기 위한 것이다(판 95. 8. 11, 95누3121). 따라서 건설자금 명목의 차입금도 실제 용도에 따라 손금성을 인정할 수 있다. 특정차입금 중 해당 건설이 준공된 후에 남은 차입금에 대한 이자는 각 사업연도의 손금으로 한다.

(라) **일반차입금의 범위**(영 52조 7항) 국제회계기준은 자산의 취득 외에 일반차입금 중 자산 취득을 위하여 사용한 금액(일반차입금)에 대한 이자의 자본화를

1) 관련 논의는, 이재욱, "법인세법상의 건설자금이자", 조세법연구 2, 232면.

강제하고 있어, 위 규정이 적용될 경우 해당 기준을 도입한 기업의 세무조정 부담이 가중된다. 이에 따라 법은 건설자금에 충당한 차입금으로서 해당 사업연도 중 건설 등에 소요된 기간에 실제 발생한 차입금 중 특정차입금을 제외한 일반차입금에 대한 지급이자는 다음 산식에 따른 금액을 한도로 손금불산입을 허용한다.

(건설비 연평균 지출액−특정차입금 연평균 지출액) × 자본화이자율

(5) 특정자산의 취득·보유와 관련된 차입금의 지급이자

(가) **총 설** 법 제28조 제 1 항 제 4 호는 법 제27조 제 1 호의 규정에 해당하는 자산(가목)과 특수관계인에게 지급한 업무무관가지급금(나목)의 취득·보유와 관련된 차입금의 지급이자의 손금불산입에 관하여 규정하고 있다. 이 중 가목은 업무무관비용의 손금불산입 부분에서 언급하였으므로 이곳에서는 손금산입할 지급이자의 계산방식과 비업무용 부동산 보유에 따른 지급이자 손금불산입 관련 판례를 살펴보고, 업무무관가지급금은 별도의 항에서 살펴보기로 한다.

(나) **손금산입할 지급이자의 계산방식** 법 제28조 제 1 항 제 4 호에서 '대통령령으로 정하는 바에 따라 계산한 금액'은 다음 산식에 의한다(영 53조 2항).

$$\text{지급이자} \times \frac{\text{시행령 제53조 제 1 항 및 제49조 제 1 항의 규정에 의한 자산가액의 합계액(총 차입금을 한도로 한다)}}{\text{총차입금}}$$

금융회사 등이 관계법령에 의하여 한국은행으로부터 차입한 금액 등 일부 정책적 고려 대상인 차입금에 대하여는 적용제외 규정이 있다(영 53조 4항).

(다) **관련 판례**

법인의 비업무용부동산과 관련된 지급이자 손금불산입에 관한 규정취지는 타인자본에 의존한 무리한 기업확장과 대기업의 부동산 투기 및 비생산적 업종에 대한 무분별한 기업확장을 억제하여 기업의 건전한 경제활동을 유도함과 아울러 국토의 효율적인 이용을 도모하기 위한 데에 있다(판 2000. 11. 24, 98두7916).

보험업자가 법령에 따라 소유자산을 부동산으로 보유하는 경우(판 93. 12. 24, 92누5942), 토목, 건축 등을 목적사업으로 하는 법인이 토지를 건축자재 야적장으로 사용하는 경우 등은 고유업무에 직접 사용하는 것으로 본다(판 98. 4. 24, 96누3906).

법인이 부동산을 취득한 후 법상 유예기간이 지난 다음 업무에 직접 사용한 경우 시행규칙 제26조 제 9 항 제 1 호 본문에 따라 유예기간 종료 다음 날부터 직접 사용하기 전까지 기간만이 업무무관 기간에 해당하나, 유예기간이 지난 뒤에도 부동산을 업무에 사용하지 않다가 양도한 경우에는 같은 호 단서에 따라 취득일부터 양도일까지의 기간 전부가 업무무관 기간에 해당한다. 그러나 부동산매매업을 주업으로 하는 법인이 매매용부동산을 취득한 후 유예기간 경과 후 양도한 경우에는 시행규칙 제26조 제 9 항 제 1 호 단서 소정의 '업무에 사용하지 아니하고 양도하는 경우'에 해당하지 않으므로 같은 호 본문 규정에 따라 유예기간이 지난 다음 날부터 양도를 통해 직접 사용하기 전까지의 기간만 업무무관 기간에 해당한다(판 2018. 5. 11, 2014두44342).

분할법인이 물적분할을 통해 승계의 방법으로 분할신설법인에 자산을 이전한 것은 여기의 자산의 양도에 해당한다(위 2014두44342 판결).

비업무용 부동산 유형인 구법인세법 시행규칙(1999. 5. 24. 개정 전의 것) 제18조 제21항 제 8 호 소정의 '임대한 경우로서 법인이 직접 사용하지 아니하는 경우'에는, 법인이 보유하는 건물 등을 업무와 관련하여 타인에게 무상으로 사용하게 한 부분도 포함된다(판 2010. 3. 25, 2007두18017). 비업무용 부동산을 유상승계 취득한 경우 지급이자 손금불산입 규정의 유예기간 산정 기산일이 되는 취득시기는 대금청산일이며(판 2001. 10. 30, 99두4310). 매수한 비업무용 부동산을 소유권이전등기후 실질적으로 사용·수익할 수 있었던 이상, 그 후 계약을 합의해제하고 반환하더라도 취득 관련 지급이자는 손금불산입된다(판 2002. 5. 10, 2000두4989).

법령에 의한 사용수익 제한에 해당하는지 여부는 원칙적으로 법인의 토지를 취득할 당시의 구체적 목적을 주된 사업과 대비하여 결정한다. 법인 정관상의 모든 목적 사업이 판단기준이 되는 것은 아니다. 예컨대 법인이 토지를 취득할 당시 부동산매매업도 법인의 정관에 목적사업으로 등재되어 있었지만 실제로 부동산매매업에 종사한 일이 없고 토지를 취득한 목적도 지상 주택을 건축하기 위한 것이었다면 토지가 아파트지구로 지정된 이상 법령에 의한 사용제한에 해당한다(판 92. 6. 23, 91누11506).

금지·제한사유는 취득 이후에 발생하여야 하나(판 98. 2. 13, 97누1280), 취득 당시 제한조치가 한정적이면 기간만료 후 새로운 사용제한 조치는 취득 후 제한이 된다(판 99. 6. 25, 97누14194). 도시계획수립 등을 이유로 건축허가 등 그 목적에 반하는 토지 이용에 관한 인·허가를 일체 불허하는 경우도 현실적으로 토지의 사용이 금지, 제한되는 경우에 포함된다. 행정처분, 행정지도 등을 불문하며, 행정행위의 적법성 여부를 불문한다(판 96. 6. 11, 95누7918; 95. 6. 13, 95누1026 등).

(라) **업무무관가지급금** 비업무용부동산과 함께 실무상 많이 문제가 되는 사항이 업무무관가지급금이다. 법인세법 시행령에서는 업무무관가지급금을 「**명칭 여하에 불구하고 해당 법인의 업무와 관련이 없는 특수관계인에 대한 자금의 대여액**(금융기관 등의 경우 주된 수익사업으로 볼 수 없는 자금의 대여액을 포함한다)」이라고 정의하고 있으나(법 28조 1항 4호 나목; 영 53조 1항) 구체적인 사안에서 그 범위가 반드시 명확한 것만은 아니다. 가지급금에 해당하는지 여부는 법인의 회계처리와 상관없이 지출의 실질에 따른다.

가지급금에 대하여는 대손이 부인되고 대손충당금 설정이 배제되며(법 19조의2 2항 2호, 34조 2항; 영 19조의2 1항) 대부분의 경우 부당행위계산부인 규정의 적용이 뒤따른다. 예컨대 특수관계인에게 금전을 저율로 대부한 경우 시가(법이 정한 인정이자율)와의 차액은 가지급금에 해당하는 동시에 부당행위계산부인 대상이 된다(법 52조 1항, 영 88조 1항 6호).

법인이 지급한 차입금 이자 중 일정 금액은 손금불산입되는데(법 28조 1항 4호 나목), 가지급금에 해당하는 차입금에 대하여 인정이자 익금산입과 차입금 지급이자 손금불산입을 동시에 하는 것이 재산권 보장이나 조세평등주의에 위반된다고 볼 수 없다(헌 2007. 1. 17, 2005헌바75).

법인이 특수관계가 소멸되는 날까지 회수하지 아니한 가지급금은 익금산입하고, 귀속자에 따라 배당, 상여 등으로 처분한다. 상당한 담보가 제공되는 등의 정당한 사유 없이 가지급금 및 이자를 법정 기한까지 회수하지 않는 경우에도 마찬가지이다(영 11조 9호 가목 및 나목, 규칙 6조의2).

채권의 회수지연과 관련하여 지급이자 손금불산입이나 인정이자 익금산입을 위해서는 법인이 특수관계인에 대하여 채권을 보유하고 있어야 한다(판 2022. 1. 27, 2017두36045). 여기의 대여액에는 대여금에 준하거나 특수관계인으로부터 적정 이자를 받으면서 가지급금을 제공한 경우 등도 포함되며 이때 업무관련성 여부는 해당 법인의 목적사업이나 영업내용 등을 기준으로 객관적으로 판단한다(판 2004. 2. 13, 2002두11479).

실무상 업무무관가지급금인지 여부가 문제되는 사안들로는, ① 미회수된 공사대금이나 양도대금, ② 해외현지법인에 시설 및 운영자금 명목으로 지급된 금원, ③ 특수관계인에게 선급금 명목으로 지급된 금원, ④ 자금대여업이 주업이 아닌 법인의 이자부금전대여, ⑤ 특수관계법인이 발행한 CB나 CP의 인수, ⑥ 자기주식취득이 위법하여 무효인 경우 회사가 주주에게 지급한 주식매매대금 등을 들 수 있다. 이 중 ①②의 경우는 사안에 따라 해결을 달리 하고, ③④⑤⑥의 경우는 업무무관가지급금으로 보는 것이 실무의 경향이다.

구체적으로 판례가 업무무관가지급금으로 본 사안으로는, ① 특수관계인을 위해 수출관련 대금을 대신 부담한 경우(위 2002두11479 판결), ② 특수관계인이 발행한 후순위사채 및 기업어음을 매입한 경우(판 2007. 9. 20, 2005두9415) 등이 있고, 이를 부인한 사안으로는, ① 해외 자회사들에 대한 D/A 연장이자 및 연체수수료 회수 지연에 정당한 사유가 있는 경우(판 2010. 10. 28, 2008두15541), ② 채무이행기 연장에 합리적인 이유가 있는 경우(판 2013. 7. 11, 2011두16971), ③ 법인이 은행에 정기예금을 예치하고 이를 담보로 특수관계법인이 대출을 받은 경우(판 2009. 4. 23, 2006두19037) 등이 있다.

현실적으로 퇴직하지 않은 임원 또는 직원에게 지급한 퇴직급여는 현실적으로 퇴직할 때까지 업무와 관련 없는 가지급금으로 본다(규칙 22조 2항).

특수관계 없는 자와의 거래는 해당 거래가 가장행위에 해당하거나 구체적 법규정을 통해 거래를 부인할 수 있는 경우가 아닌 한 업무무관가지급금 규정을 적용할 수 없다.[1)]

법인이 특수관계인에 대한 구상금채권을 포기한 경우 부당행위계산부인 대상이 됨은 별론으로 포기한 구상금채권 자체를 업무무관가지급금으로 볼 수는 없다.[2)]

가지급금을 지급한 상대방인 특수관계인에 대하여 회사정리절차가 개시되거나 파산선고가 있어도 지급이자상당액은 손금불산입된다(판 2009. 12. 10, 2007두15872). 비영리법인에 대하여는 법인세 납세의무가 있는 수익사업에 관하여만 업무무관가지급금 규정이 적용된다(판 2013. 11. 28, 2013두12645).

법인이 주주로부터 자기주식을 취득하였으나 법규에 위반하여 취득이 무효가 된 경우 주주에게 지급한 자기주식 취득대금은 특수관계인에 대한 업무무관가지급금에 해당하여 부당행위계산부인규정 및 지급이자 손금불산입 규정이 적용된다는 것이 판례의 입장이다(판 2013. 5. 9, 2012두27091).[3)]

---

1) 판 2014. 4. 10, 2013두20127. 평석은, 백제흠, 세법의 논점, 179면.
2) 판 2009. 10. 29, 2007두16561. 평석은, 강석규, 판례해설 2009(하), 271면.
3) 판례에 반대하는 견해로, 신기선, "개정상법과 세무문제", 조세법연구 18-1, 377면. 그 밖에 업무무관가지급금에 관한 판례의 분석에 관하여는, 김승호, 조세법의 쟁점 I, 151면 참조.

제 4 절 부당행위계산부인

1. 의 의

부당행위계산부인이란 납세자가 특수관계인에게 정상적인 거래형식에 의하지 않고 경제적 이익을 분여함으로써 통상의 합리적인 거래형식을 취할 때 생기는 조세의 부담을 경감, 배제시키는 행위계산을 세법상 부인하는 것을 말한다. 특수관계인 사이에 경제적 이익이 숨은 형태로 분여되는 것, 즉 '숨은 이익분여'를 규제하는 것이다. 규정취지는 특수관계인 사이에 거래형태를 빙자·남용한 경우 객관적으로 타당하다고 인정되는 소득이 있었던 경우와 같이 과세함으로써 과세형평을 기하는데 있으며 공평과세의 원칙 내지 실질과세 원칙의 구체적 태양으로 이해된다.

일반적으로 부당행위계산부인은 사법상 유효한 거래를 대상으로 조세회피행위를 부인하는 것으로서 사법상 무효인 가장행위의 부인과는 성격이 다른 것으로 이해된다. 다만 부당행위계산부인 규정의 규제대상은 결국 각종 형태의 경제적 이익의 무상이전이므로 세법상은 물론 사법상 증여와도 적용범위가 상당 부분 겹치고, 일정부분은 가장행위를 대상으로 하는 사실인정부인의 영역과도 중첩된다.[1)]

부당행위계산부인에 관한 다른 세법의 규정으로는 소득세법 제41조, 제101조, 동시행령 제98조, 제167조, 부가가치세법 제29조 제 4 항 등을 들 수 있다.

부당행위계산부인 규정도 특수관계 요건만 달리 할 뿐 경제적 이익의 분여를 규제대상으로 삼는다는 점에서 기부금 규정과 기본 형태가 같다. 법인이 비특수관계인에게 저가양도한 경우 기부금 규정 역시 시가상당 이익이 법인에 실현되었다가 기부되는 것으로 보아 시가상당액을 익금산입 후 손금부인하므로 기업회계처리도 동일하다. 양자가 다른 점은 규제대상을 가리기 위해 기부금 규정은 정상가액과의 차액(30/100)이라는 수치개념을 사용하는데 반해, 부당행위계산부인 규정은 '행위계산의 부당성'이라는 추상적 개념을 사용한다는 점이다. 법은 기부금으로 손금부인하는 경우 30/100 초과부분만을 부인대상으로 삼고 있어 손금부인되는 범위는 개념상 부당행위계산부인의 경우가 더 넓은데 이는 특수관계인 사이에서는 이익분여 요인이 더 크다는 점 외에 규정 취지가 다르다는 데서 비롯된 것이다.

외국의 예를 보면, 독일의 경우 조세회피행위 부인을 위한 일반적인 규정을

1) 부당행위계산부인 제도와 다른 조세회피행위방지 제도와의 관계에 대하여는 이 책 75면 참조.

두고 있는 이외에 숨은 이익처분을 규제하기 위한 별도의 규정을 두고 있으며[1] 일본의 경우 우리와 구조가 유사한 동족회사 행위계산부인 규정을 두고 있다.[2]

부당행위계산부인 규정은 외국법인의 국내원천소득에도 적용되나(법 92조 1항), 비영리법인에 대하여는 법인세 납세의무가 있는 수익사업에 관한 거래에 대하여만 적용된다(판 2013. 11. 28, 2013두12645).

거래당사자 일방 또는 쌍방이 비거주자 또는 외국법인인 국제거래에 대하여는 위 규정을 적용하지 않는다(국조법 4조 2항). 이와 같은 국제거래에 대하여는 국조법 제 6 조의 이전가격과세제도가 따로 마련되어 있기 때문이다. 다만 자산의 증여나 채무면제 등과 같이 이전가격과세제도를 적용하기 어려운 국제거래에 대하여는 법인세법 규정을 적용하여 소득금액을 조정한다(국조법 4조 2항 및 국조령 4조).

2. 적용요건

법인세법상 부당행위계산부인 규정의 적용요건은, 1. 특수관계인과의 거래일 것, 2. 행위계산이 부당할 것, 3. 정상적인 행위형식을 선택하였을 경우와 동일한 경제적 목적을 달성하였을 것, 4. 법인소득에 대한 조세의 부담을 감소시켰을 것 등이다(법 52조 1항). 이하 차례로 설명한다.

가. 특수관계인과의 거래

(1) 특수관계인의 범위

「"특수관계인"이란 법인과 경제적 연관관계 또는 경영지배관계 등 대통령령으로 정하는 관계에 있는 자를 말한다. 이 경우 본인도 그 특수관계인의 특수관계인으로 본다」(법인세법 2조 12호).

특수관계인의 구체적인 범위는 법인세법시행령 제 2조 제 8 항에서 제 1 호부터 제 7 호까지 규정하고 있다.

---

1) 독일 법인세법 제 8 조 제 3 항: 「소득의 계산상 소득이 분배되었는지 여부는 중요하지 않다. 숨은 이익배당 및 자본회사의 이익과 청산이익에 대한 자본참가권과 결합한 수익증권의 일체의 배당도 소득을 경감하지 않는다」. 자세한 내용은 정인진, "부당행위계산의 부인", 재판자료집 61집 188면. 독일의 조세회피행위 부인을 위한 일반적 규정에 대하여는 이 책 75면 각 참조.

2) 일본 법인세법 제132조 제 1 항 제 1 호는, 「동족회사(외국법인인 동족회사를 포함한다)의 행위 또는 계산으로서 이를 용인하는 경우 법인세의 부담을 부당하게 감소시키는 결과가 된다고 인정되는 때에는 세무서장은 그 행위 또는 계산에도 불구하고 그 인정되는 바에 따라 법인세액을 계산할 수 있다」고 규정하고 있다. 일본의 동족회사는 우리의 특수관계인의 경우보다 그 범위가 좁으나 '행위계산의 부당성의 판단기준'등 전체적인 논의상황은 대체로 유사하다.

그 내용은, 임원(40조 1항에 따른 임원)의 임면권의 행사, 사업방침의 결정 등 해당 법인의 경영에 대하여 사실상 영향력을 행사하고 있다고 인정되는 자(상법 401조의2 1항에 따라 이사로 보는 자 포함)와 그 친족(국세기본법시행령 1조의2 1항에 따른 자)(1호), 소액주주 등이 아닌 주주 또는 출자자("비소액주주등")와 그 친족(2호), 법인의 임원, 직원 또는 비소액주주등의 직원(주주 등이 영리법인인 경우 그 임원, 비영리법인의 경우 그 이사 및 설립자) 및 법인 또는 비소액주주등의 금전이나 그 밖의 자산에 의해 생계를 유지하는 자(3호 가목 및 나목), 해당 법인이 직접 또는 그와 제 1 호부터 제 3 호까지의 관계에 있는 자를 통해 어느 법인의 경영에 대해 국세기본법시행령 제 1 조의2 제 4 항에 따른 지배적 영향력을 행사하고 있는 경우 그 법인(4호), 해당 법인이 직접 또는 그와 제 1 호부터 제 4 호까지의 관계에 있는 자를 통해 어느 법인의 경영에 대해 국세기본법시행령 제 1 조의2 제 4 항에 따른 지배적 영향력을 행사하고 있는 경우 그 법인(5호), 해당 법인에 100분의 30 이상 출자하고 있는 법인에 100분의 30 이상 출자하고 있는 법인이나 개인(6호), 해당 법인이 공정거래법에 따른 기업집단소속 법인인 경우 그 집단 소속의 계열회사 및 임원(7호) 등이 포함된다.[1)]

부당행위계산부인 규정의 적용을 받는 거래주체를 제한하는 이유는 특수관계 없는 당사자 사이에서는 이해관계가 상반되어 경제적 상호역학 균형치로 이해가 조정되나, 특수관계인 사이에서는 그런 기능을 기대하기 어렵다는 데 있다.

특수관계인의 범위에 관한 위 규정은 창설적 규정이다(판 85. 4. 23, 84누622). 따라서 위 '출자자'란 해당 법인의 출자자만을 가리키고 출자자가 법인인 경우 출자자인 법인에 다시 출자한 자까지 포함하는 것으로 해석할 수 없고(판 88. 12. 13, 88누3666), 재단법인 출연자는 위 출자자에 해당한다고 볼 수 없다(판 94. 8. 26, 93누19146). 다만 특수관계인의 어느 일방에 대해 회사정리절차 개시결정이나 파산선고 결정이 있었더라도 특수관계는 소멸하지 않는다(판 2009. 12. 10, 2007두15872).

특수관계의 존재는 해당 법인과 거래상대방 양쪽 모두를 기준으로 따진다(쌍방관계설; 기본법 2조 20호 참조).

법인세법시행령은 특수관계인 간 거래를 반드시 직접적 거래관계에 국한하지 않고, 특수관계인 외의 자를 통하여 이루어진 거래를 포함하고 있다(영 88조 2항 본문 괄호). 여기의 '특수관계인 외의 자를 통하여 이루어진 거래'의 의미와 관련하여 판례는, 휴대전화 부품을 판매하는 원고회사가 특수관계인인 건설시공회사가 시공하고 특수관계 없는 시행사가 분양하는 호텔 객실을 시행사로부터 분양받고, 시행사는 원고로부터

1) 관련 내용은 이 책 86면 참조.

받은 분양대금으로 시행사의 시공사에 대한 공사미수금 채무 등을 변제한 사안에서, 원고회사가 시행사로부터 호텔 객실을 매입한 행위가 행위 당시를 기준으로 건전한 사회통념이나 상관행에 비추어 경제적 합리성을 결여한 비정상적인 행위로 볼 수 없다고 하여 부당행위 부인규정의 적용을 부정하였다(판 2014. 4. 10. 2013두20127).

특수관계 성립여부에 관한 판단은 행위 당시를 기준으로 판단한다. 다만 시행령 제 1 항 제 8 호 가목(불공정합병) 규정을 적용함에 있어서 특수관계인인 법인의 판정은 합병등기일이 속하는 사업연도의 직전 사업연도 개시일(개시일이 서로 다른 법인이 합병한 경우에는 먼저 개시한 날)부터 합병등기일까지의 기간에 의한다(영 88조 2항). 행위 당시란 법률행위 시, 예컨대 계약에 있어서는 원칙적으로 계약체결 시를 말하는 것으로 이해된다.

(2) 특수관계인과의 거래(행위 및 계산)

적용대상이 되는 거래는 손익거래 및 자본거래를 포함한다. 시행령 제88조 제 1 항의 유형 중 제 1 호 내지 제 7 의2호는 손익거래를, 제 8 호 및 8호의2는 자본거래를 대상으로 한 것이다. 자본거래에 대한 규제는 소득세법과 달리 법인세법에만 있는 규정으로서, 법인 및 법인의 발행주식을 매개수단으로 한 주주 사이의 부당한 이익분여 및 그에 따른 부의 이전을 규제하기 위한 것이다. 규정의 성격상 이익을 분여한 측이 법인주주인 경우에만 적용된다.

이익을 받는 법인주주에 대하여는 무상수증익으로 익금산입되며, 개인주주인 경우에는 수증익에 대하여 상증세법이 적용된다(상증세법 38조 내지 42조 참조).

주식발행 법인의 입장에서는 주식을 고가나 저가로 발행·교부함에 따른 자본상태 및 주식가치의 변동만이 있을 뿐 이익의 분여나 그에 따른 법인의 소득 감소가 없으므로 부당자본거래에 관한 규정이 적용될 여지가 없다.[1)]

내국법인과 특수관계인 사이 거래에 불법행위나 가장행위가 있는 경우 과세관청은 행위의 효과를 부인한 다음 그에 따른 실질적인 거래가 다시 부당행위계산에 해당하면 그 효력을 부인하고 과세할 수 있다(판 95. 2. 10, 94누1913).

위 규정상 거래에 따른 부인 대상에는 '행위'와 '계산'이 포함된다. '행위'란 대외적으로 법률효과를 발생시키는 법률행위를 가리키고, '계산'이란 거주자의 대내적 관계에 있어서의 회계처리를 의미한다. 행위는 작위와 부작위를 포함한다(판 89. 1. 17, 87누901).

1) 신주의 고가인수에 관하여 같은 취지를 설시한 것으로 판 2020. 12. 10, 2018두56602.

나. 행위·계산의 부당성

(1) 부당성의 판단기준

부당행위계산은 납세의무자가 통상적이라고 생각되는 행위 또는 형식을 선택하지 아니하고 이상한 행위 또는 형식을 선택하는 경우에 성립한다.

판례 역시 어떤 행위가 경제적 합리성에 비추어 적합한 것인지의 여부를 해당 행위의 이상성 판단기준으로 삼고 있다(판 92. 11. 24, 91부13). 납세의무자의 주관적인 조세회피 의도는 별도의 요건으로 요구하지 않는다(판 96. 7. 12, 95누7260).

경제적 합리성의 유무는 거래행위의 여러 사정을 구체적으로 고려하여 그 거래행위가 건전한 사회통념이나 상관행에 비추어 경제적 합리성을 결한 비정상적인 것인지의 여부에 따라 판단하되, 비특수관계자 간의 거래가격이나 거래 당시의 특별한 사정 등도 고려하여야 한다(판 2018. 10. 25, 2016두39573).

법은 제52조 제 1 항의 부인규정을 적용함에 있어서는 건전한 사회통념 및 상관행과 특수관계인이 아닌 자간의 정상적인 거래에서 적용되거나 적용될 것으로 판단되는 가격(요율·이자율·임대료 및 교환비율 그 밖의 이에 준하는 것을 포함하며 '시가'라고 한다)을 기준으로 하도록 규정하고 있다(법 52조 2항). 구체적인 유형 및 시가의 산정방법 등은 시행령에 위임되어 있다(동 4항).

이와 관련하여 저가양도 등의 경우에 대응조정을 인정하지 않은 채 단순히 일방의 거래를 시가와 비교하는 현행 방식에서 탈피하여 특수관계인 사이의 세율 차이를 이용한 조세부담 감소행위를 규제하는 방식으로 법 체계를 수정하여야 한다는 견해가 있다.[1] 이는 현행 법 체계가 양도인 측에 대한 소득과세와 양수인 측에 대한 증여세 과세의 이중적 성격을 가지는 것에 대한 다른 방향으로부터의 지적이라 할 수 있다. 실제로 미국, 독일 및 일본 등의 경우 원칙적으로 대응조정을 모두 인정하고 있다.[2]

부당행위 여부에 대한 판단시점은 원칙적으로 거래 당시이다. 이에 따라 저가양도나 고가매입의 경우 부당행위 해당여부를 매매계약 체결시를 기준으로 하는 반면 토지의 양도차액을 계산함에 있어서 양도가액은 양도시를 기준으로 산정하여 평가 시점이 달라지는데 양자는 규정취지를 달리하므로 이를 불합리하다고 할 수 없다는 것이 판례의 태도이다(판 2010. 5. 13, 2007두14978; 2010. 5. 27, 2010두1484).

1) 오 윤, "부당행위계산 부인규정상 '부당성' 판단에 관한 소고", 조세법연구 22-1, 107면.
2) 그 자세한 내용은 위 논문 118면 이하 참조.

(2) 시가의 범위

'시가'란 정상적인 거래에 의하여 형성된 객관적인 교환가격을 의미하며(판 94. 12. 23, 94누8013), 그 주장·증명책임은 과세관청에 있다(위 2013두10335 판결). 이와 관련하여 시행령 제89조는, 해당 거래와 유사한 상황에서 해당 법인이 특수관계인 외의 불특정다수인과 계속적으로 거래한 가격 또는 특수관계인이 아닌 제 3 자간에 일반적으로 거래된 가격이 있는 경우에는 그 가격에 의하되, 다만, 주권상장법인이 발행한 주식을, 1. 자본시장법 제 8 조의2 제 4 항 제 1 호에 따른 증권시장 외에서 거래하는 방법이나 2. 대량매매 등 기획재정부령으로 정하는 방법으로 거래한 경우에는 해당 주식의 시가는 그 거래일의 자본시장법 제 8 조의2 제 2 항에 따른 거래소 최종시세가액(거래소 휴장 중에 거래한 경우에는 그 거래일의 직전 최종시세가액)으로 하며, 기획재정부령으로 정하는 바에 따라 사실상 경영권의 이전이 수반되는 경우(해당 주식이 상속세 및 증여세법 시행령 제53조 제 8 항 각 호의 어느 하나에 해당하는 주식인 경우는 제외한다)에는 그 가액의 100분의 20을 가산한다고 규정하고 있다(1항), 그리고 시가가 불분명한 경우에는, 1. 감정평가법에 따른 감정평가법인 등이 감정한 가액이 있는 경우 그 가액(감정한 가액이 2 이상인 경우에는 그 감정한 가액의 평균액에 의하고, 주식 및 가상자산은 제외함), 2. 상증세법 제38조 등의 규정을 준용하여 평가한 금액(2항)의 순에 의하도록 하고 있다.

이는 법정 평가방법을 시가의 하나로 파악하는 상증세법 및 시가산정에서 원칙적으로 상증세법 규정을 준용하는 양도소득세 부당행위부인 규정(소령 167조 5항)과 다른 점이다.[1] 종전에는 법인세법 시행령 제89조 제 1 항에서 상장주식 평가를 예외 없이 거래일 거래소 최종거래가액을 기준으로 평가하도록 하여 평가기준일 이전·이후 각 2개월 평균가액에 의하도록 한 상증세법 규정(63조 1항 1호 가목)과 차이가 있었으나, 2021. 2. 17. 법인세법 시행령 개정으로, 증권시장 밖에서 거래하거나 대량매매 등의 방식으로 장내에서 거래하는 경우에 한하여, 거래일의 종가를 시가로 하도록 하고 그 이외의 경우는 상증세법 규정과 통일하였다. 이는 법인세법상 부당행위계산부인 규정의 적용과 상증세법상 상속 및 증여재산의 평가방법이 다른데 따른 납세자의 불편과 시장의 혼란을 덜어주기 위한 조치로 이해된다.

비상장주식의 평가와 관련하여 법인세법은 감정가액을 시가의 범위에서 제외하고 있는데 이는 상증세법상 평가와 관련하여서도 마찬가지이다(상증세법시행령 49조

1) 다만 상장주식에 대해서는 법인세법에 따라 시가를 산정하도록 규정하고 있고(소령 167조 7항), 소득세법의 일반 부당행위계산부인 규정 역시 법인세법 규정을 준용한다(소령 98조 3항, 4항).

1항 2호 본문 괄호). 결국 비상장주식에 대한 평가는 어느 경우에는 특별히 신뢰할 만한 거래가액이 없는 한 상증세법상 보충적 평가방법으로 평가할 수밖에 없다.

회사의 발행주식을 경영권과 함께 양도한 거래가격은 주식만을 양도하는 경우의 객관적 교환가치를 반영하는 일반적인 시가로 볼 수 없고(판 1990. 1. 12, 89누558), 경영권 이전을 수반하는 주식거래는 특별한 사정이 없는 한 내국법인이 국외 특수관계자에게 주식 일부만을 양도하는 거래의 정상가격으로 볼 수 없다(판 2015. 11. 26, 2014두335). 법인이 최대주주로부터 구조특법 제101조 소정의 주식을 상증세법상 할증평가규정에 따른 평가액으로 매수하더라도 그것이 적정한 시가를 반영하는 이상 부당행위계산부인 대상에 해당하지 않는다(판 2017. 1. 12, 2016두52620).

현물출자 대가로 주식을 받은 경우 평가는 주식의 시가를 기준으로 한다. 취득한 주식에 대해 일정기간 처분제한의 약정이 있는 경우 판례는 그와 관계없이 주식 취득 당시를 기준으로 평가하는 것을 허용한다(판 2008. 9. 25, 2006두3711).

시행령 제88조 제 1 항 제 6 호 및 제 7 호에 따른 금전의 대여 및 차용의 경우 기획재정부령이 정하는 가중평균차입이자율을 시가로 하되, 일정한 경우 당좌대출이자율을 시가로 한다(영 89조 3항).[1] 따라서 원칙적으로 해당 이자율을 '시가'로 보아야 하지만(판 2018. 10. 25, 2016두39573), 담보권 유무나 변제의 순서 등 특별한 사정은 별도로 고려한다. 이와 같은 '특별한 사정'을 납세의무자가 입증하면 납세의무자가 실제 적용한 이자율이 '특별한 사정'에 따른 적정이자율을 초과하였다는 점에 대한 입증책임은 다시 과세관청이 부담한다(판 2018. 7. 26, 2016두40375).

위 규정은 특수관계인에 대해 회사정리절차개시결정이 있어도 적용된다(판 2009. 12. 20, 2007두15872). 변제기가 장기인 경우 이자 지급 시를 기준으로 부당성 여부를 판단할 수 있으며(위 2016두39573 판결), 특수관계 있는 자회사에 '당좌대출이자율'로 자금을 대여하였다가 법령이 개정됨에 따라 그보다 낮은 '가중평균차입이자율'로 변경해도 부당행위계산 부인대상에 해당하지 않는다(판 2014. 8. 26, 2014두4719).

시행령 제88조 제 1 항 제 8 호 및 제 8 호의2의 규정이 적용되는 경우 상증세법 제38조 이하의 자본거래에 관한 규정들을 준용하여 익금산입액을 산정한다(영 89조 6항). 이는 주식의 희석화 효과를 고려한 것이다.

---

1) 위 제 3 항 단서 제 2 호는, '해당 법인이 법인세법 제60조에 따른 신고와 함께 기획재정부령으로 정하는 바에 따라 당좌대출이자율을 시가로 선택하는 경우에는 당좌대출이자율을 시가로 하여 선택한 사업연도와 이후 2개 사업연도는 당좌대출이자율을 시가로 한다'고 규정하고 있는데, 판례는, 위 규정은 반복해서 적용될 수 있고 법인이 최초로 당좌대출이자율을 시가로 선택한 경우로 한정되는 것은 아니라고 보았다. 판 2023. 10. 26, 2023두44443.

3. 부당행위계산의 유형

가. 시행령 각호의 내용 및 관련 판례

시행령 제88조 제1항은 제1호부터 제9호까지 부당행위계산의 구체적 유형을 제시하고 있다. 이 중 제1호부터 7호의2까지는 손익거래를 대상으로 하고 제8호와 8호의2는 자본거래를 대상으로 하며, 제9호는 양자를 포함한 보충적 규정이다.1)

구체적으로는 제9호의 적용범위가 어디까지인가, 즉 나머지 각호를 9호의 예시적 규정으로 볼 것인가, 아니면 열거적, 제한적 규정으로 볼 것인가가 문제된다. 아래에서 각 호의 내용 및 관련 판례들에 관하여 검토해 본다.

1호: 자산의 고가매입·현물출자 및 자산의 과대상각

본호와 3호는 내용이 중복되므로 함께 설명한다. 고가매입의 경우 매입한 자에 대하여는 시가에 의하여 취득가액을 계산하고 시가초과 부분은 부인된다. 감가상각비나 매출원가, 재고차손 등도 시가를 기준으로 산정한다.

고가매입으로 인한 부당행위계산 부인의 경우에도 토지 등의 취득이 부당행위계산에 해당하는지 여부의 기준시기는 거래 당시인 반면, 시가와의 차액을 익금에 산입하여 소득처분할 금액 산정의 기준시기는 특별한 사정이 없는 한 그 취득시기이다(판 2010. 5. 13, 2007두14978). 다만 실제로 부인되는 금액을 법인의 익금액에 산입하는 시점은 양도 시 회계연도가 아니라 고가매입한 부동산을 처분하거나 혹은 이를 감가상각하는 회계연도이다. 즉 부인된 시가초과액은 자산을 취득한 날이 속하는 사업연도의 법인의 과세표준에는 영향을 미치지 않고, 해당 자산을 감가상각하거나 처분하는 날이 속하는 사업연도의 감가상각비를 감소시키거나 해당 자산의 양도차익을 증가시키게 된다(판 2008. 9. 25, 2006두3711 등).

고가 양도인에 대하여는 대응조정을 인정하지 않고 양도가액대로 과세한다. 이 경우 양도인의 양도소득세 과세에 관하여는 소득세법 제96조 제3항의 특칙이 있다. 저가양도의 경우 양도인에 대하여 실지 양도가액과 시가와의 차액을 부인하여 시가에 의하여 양도가액을 계산한다. 양수인의 취득가액은 실지 매입가액이다.

---

1) 법인세법상 부당행위계산부인 대상거래는 법인소득의 감소를 초래하는 거래이고 따라서 법인세법 제15조 제1항의 익금의 범위에 들어가야 하므로 자본거래는 적용대상에서 제외하고 이는 이익을 받은 법인의 구성원(주주)에 대해서만 증여세를 과세하자는 견해로, 김재승, “부당행위계산 부인의 적용범위와 관련된 몇 가지 쟁점에 대한 소고”, 조세법연구 26-3, 405면.

자산을 포괄 양수한 경우 원칙적으로 개개 자산별이 아니라 자산 전체 거래가격과 시가를 비교하여 거래 전체로서 고가양수 등에 해당하는지 여부를 판단한다(판 2013. 9. 27, 2013두10335). 대상회사 주식 전부를 인수하여 완전모자회사 관계가 된 직후에 완전자회사 자산 일체를 주식인수가액의 절반에 못 미치는 장부상 순자산가액으로 인수하였으나 재매각옵션에 따라 주식을 고가로 매수할 특별한 사정이 있었다면, 해당 주식인수가액을 시가로 보아 자산의 저가양도를 판단할 수는 없다(판 2014. 10. 27, 2014두9073). 피합병법인의 이월결손금을 승계하지 못하게 하는 관련 규정에 위배하여 피합병법인이 대손충당금을 설정하지 않고 합병 후 합병법인이 대손충당금을 설정하여 합병법인의 손금으로 인식하더라도 위 1호나 4호의 부당행위에 해당하거나 실질과세 원칙에 위배되지 않는다(판 2015. 1. 15, 2012두4111).

제 1 호 내지 3호의 현물출자와 관련된 문제점은 항목을 달리하여 살펴본다.

본호와 제 3·6·7 호 및 제 9 호(1항 1·3·6호 및 7호에 준하는 행위 또는 계산에 한한다)에 관하여는 시가와 거래가액의 차액이 3억 원 이상이거나 시가의 5/100에 상당하는 금액 이상인 경우에 한하여 적용한다(영 88조 3항). 다만 주권상장법인 및 코스닥상장법인이 발행한 주식을 거래한 경우에는 적용하지 아니한다(동 4항).

이는 과세형평을 도모하기 위해 부당행위계산부인 적용범위의 하한선을 정한 것으로서 이에 해당되어 행위계산이 부인되는 경우 그 범위는 시가와의 차액이다.

2호: 무수익자산의 매입·현물출자 및 비용부담

무수익자산이란 법인의 수익파생에 공헌하지 못하거나 법인의 수익과 관련이 없는 자산을 말한다. 반드시 법인의 업무무관자산에 한정되지 않으나 단순히 양도차익을 기대할 수 있다는 것만으로 무수익자산이 아니라고 할 수 없다.

투자자산의 매입은 결과적으로 법인에 수익을 발생시키지 못하였다고 하더라도 매입당시 그와 같은 결과를 합리적으로 예측할 수 있었다는 등의 특별한 사정이 없는 한 무수익자산의 매입에 해당한다고 볼 수 없다. 법인의 자기주식의 취득을 손익거래에 해당한다고 본다면 이는 곧 투자자산의 매입에 해당하므로 원칙적으로 무수익자산의 매입으로 보기 어려울 것이다.[1] 일반분양에 실패한 계열사의 골프회원권을 매입한 경우 여기에 해당한다(판 2000. 11. 10, 98두12055).

법인의 매입자산이 수익과 관련이 있고 매입행위가 건전한 사회통념이나 상관

1) 판례 중 자기주식의 취득을 무수익자산의 매입으로 본 예외적인 사례로, 판 2020. 8. 20, 2017두44084. 해당 판결에 대한 비판적 평석으로, 성수현, “자기주식 취득에 대한 부당행위계산부인 규정의 적용”, 조세법연구 27-3, 307면. 임승순, 조세법 판례백선, 394면.

행에 비추어 경제적 합리성이 있다면, 설령 법인이 특수관계 없는 자로부터 자산을 매입함으로써 법인과 특수관계에 있는 자가 경제적 이익을 얻었더라도 위 2호 또는 9호에 해당한다고 할 수 없다(판 2014. 4. 10. 2013두20127). 무수익자산의 매입을 부인하는 경우 매입대금 상당을 법인이 출자자 등에게 대여한 것으로 의제하여 시행령 제47조(현행 89조)의 인정이자를 익금산입한다(위 98두12055 판결).

무수익자산으로 그 매입이나 현물출자가 부인되는 경우 그 자산에 대한 법인의 비용이나 양도차손익, 평가차손, 감가상각비 등은 법인의 손금에 영향을 주지 않으며, 현물출자한 무수익자산이 처분되면 그 처분대금에 대한 법인의 권리가 확정된 시점에서 그 대금만큼의 출자의 이행이 있는 것으로 된다. 고가의 현물출자는 여러 가지 중요한 논점을 포함하고 있으므로 아래에서 항을 바꾸어 살펴본다.

3호: 자산의 무상양도 및 저가양도·현물출자

다만 시행령 제19조 제19호의2 각 목 외의 부분에 해당하는 주식매수선택권 등의 행사 또는 지급에 따라 주식을 양도하는 경우는 제외한다.

본호는 1호와 달리 자산의 무상양도와 저가양도 양쪽을 대상으로 삼고 있는데, 법인이 개인에게 자산을 무상양도한 경우에는 양도한 법인에 대한 법인세와 양수한 개인에 대한 증여세의 이중과세 문제가 발생한다. 이는 소득세법 시행령 제98조 제 2 항 제 1 호에서 자산의 저가양도만을 부당행위계산부인 대상으로 삼고 있어 개인 사이에 자산이 무상양도된 경우 수증인의 증여세만 문제되는 것과 서로 균형이 맞지 않는다. 또한 법인에게 자산을 저가로 양도한 경우 양수한 법인에 대해 원칙적으로 익금산입 대상이 아니라고 보아야 하는데(법 15조 2항 1호 참조), 이 경우와도 균형이 맞지 않는다. 결론적으로 법인세법은 무상양도의 경우에 한하여, 소득세법상은 저가양도의 경우에 한하여 양도인과 양수인 쌍방에 대하여 과세를 하는 셈인데 이와 같이 구별하는 것에 대한 합리적인 이유를 찾기 어렵다.

스톡옵션 행사로 임직원에게 이전한 자기주식은 시가가 아닌 행사가액에 양도한 것으로 취급되므로 시가와 양도가액의 차액을 손금에 산입할 수 있다.

3의2호: 불공정한 합병·분할에 따른 양도손익 감소

특수관계인인 법인 간 합병(분할합병을 포함한다)·분할에 있어서 불공정한 비율로 합병·분할하여 합병·분할에 따른 양도손익을 감소시킨 경우를 그 대상으로 한다. 다만 자본시장법 제165조의4에 따라 합병(분할합병을 포함한다)·분할하는 경우는 제외한다. 이하, 그 내용이 동일하므로 합병을 기준으로 설명한다.

법인세법은 합병을 피합병법인의 합병법인에 대한 자산 양도거래로 인식하고 있는데(법 44조 1항), 위 규정은 불공정 합병을 일종의 자산의 저가양도로 보아 이를 규제하는 것이다. 위 규정은 불공정 합병에 따른 '저가양도'만을 규정할 뿐 '고가매입'에 대해서는 규정하고 있지 않은데 이는 합병법인의 취득가액에 관하여는 시행령 제72조 제 2 항 제 3 호에서 별도로 규정하고 있기 때문이다. 불균등 증자나 감자 및 불공정 합병 등을 통하여 주주인 법인의 이익이 특수관계인인 다른 주주에게 분여되는 경우 역시 부당행위계산부인의 대상이 되는데(영 88조 1항 8호 및 8호의2), 이 경우는 법인체를 매개로 한 주주 사이의 이익의 분여로서 부당자본거래에 해당한다는 점에서 본 호와는 구조를 달리한다.

4호: 불량자산의 차환 및 불량채권의 양수

5호: 출연금 부담

6호: 금전 그 밖의 자산 또는 용역의 무상 또는 저율대부·제공

다만 시행령 제19조 제19호의2 각 목 외의 부분에 해당하는 주식매수선택권 등의 행사 또는 지급에 따라 금전을 제공하는 경우 및 주주 등이나 출연자가 아닌 임원 및 직원에게 사택(기획재정부령으로 정하는 임차사택을 포함한다)을 제공하는 경우를 제외한다. 무연고지 근무 직원들에 대하여 지급하는 사택보조금도 부인 대상이 되지 않는다.[1)]

금전대여와 그 밖의 자산의 무상제공은 시가 산정의 시기 및 방법을 달리하는데(법령 89조 1항 내지 4항), 그 판단은 거래 내용이나 형식, 당사자의 의사, 계약체결의 경위, 거래대금의 실질적·경제적 대가관계, 거래의 경과 등을 종합적으로 고려하여 거래관념과 사회통념에 따른다(판 2017. 8. 29, 2014두43301).

법인의 자금으로 취득한 법인 명의의 건물을 대주주가 배타적으로 사용했다면 대주주가 신축과정에 주도적으로 관여했다거나(위 2014두43301 판결), 일정기간 동안 독점적으로 사용하여 왔다고 하더라도(위 2017두56827 판결) 부동산의 무상제공에 해당한다. 법인이 특수관계회사가 리스사용 중인 리스물건에 대하여 리스료 총액을 매매대금으로 지급한 후 다시 매수하는 우회적 방법을 통하여 특수관계회사에 금융이익을 제공한 경우 금전 등의 무상대여에 해당한다(판 2009. 7. 9, 2007두4049).

위 규정과 관련하여 상표권 사용료의 미수령 또는 저가수령이 문제된다. 상표

1) 판 2006. 5. 11, 2004두7993. 판결에 대한 평석은, 백제흠, 세법의 논점, 103면.

권은 상표를 등록자에게 귀속시키고 상표권자는 상표 사용에 관한 독점적 권리를 갖지만 상표권 가치는 등록뿐 아니라 신뢰성과 인지도를 높이기 위한 광고 등 여러 영업 활동에 의하여 결정된다. 이에 따라 상표 사용자가 상표를 주로 사용하면서 상표가치를 높였다면 상표권 사용료 지급이 오히려 경제적 합리성에 반하는 측면이 있다. 따라서 상표권 사용료의 적정성은 이러한 점들을 모두 고려하여 판단하여야 한다.[1)]

7호: 금전 그 밖의 자산 또는 용역의 고율차용 등

위 제 6·7 호의 규정에 따른 금전의 대여 또는 차용에 있어서는, 기획재정부령이 정하는 가중평균차입이자율을 시가로 하되 다만 그 각호의 경우에는 기획재정부령으로 정하는 당좌대월이자율을 시가로 한다. 그 밖에 금전 이외의 자산 또는 용역의 제공과 관련하여서도 시가와 관련한 특칙규정이 있다(동 4항).

이와 관련하여서는 특별히 후순위차입금의 적정이자율이 문제가 된다. 후순위차입금은 자본과 부채의 중간적 성격을 가지므로 그와 같은 경제적 성격과 후순위차입금의 조달경위 등 구체적인 상황을 충분히 고려하여 정상이자율을 산정하여야 할 것이다.[2)]

7의2호: 파생상품을 이용한 이익분여

기획재정부령으로 정하는 파생상품에 근거한 권리를 행사하지 아니하거나 그 행사기간을 조정하는 등의 방법으로 이익을 분여하는 경우를 말한다. 시행규칙 제42조의4에서는, 위 파생상품을 기업회계기준에 따른 선도거래, 선물, 스왑, 옵션, 그 밖에 이와 유사한 거래 또는 계약을 말하는 것으로 규정하고 있다.

8호: 자본거래로 인한 이익분여

다음 각 목의 1에 해당하는 자본거래로 인하여 주주(소액주주 등은 제외한다) 등인 법인이 특수관계인인 다른 주주 등에게 이익을 분여한 경우이다.

가. 특수관계인인 법인간의 합병(분할합병 포함)에 있어서 주식 등을 시가보다 높거나 낮게 평가하여 불공정한 비율로 합병한 경우(다만 자본시장법 165조의4의 규정에 따라 합병하는 경우 제외)

---

1) 최근 판결 중 상표권의 가치가 상표사용자에 의해 이루어졌다고 보아 상표권 사용료 미수령에 경제적 합리성이 있다고 본 것으로, 판 2023. 6. 21, 2021두30679('롯데리아 상표권 사건'). 반면에 상표권자의 기여도를 인정하여 상표권 사용료 미수령이 부당하다고 본 것으로 판 2023. 5. 18, 2022두31570; 2023. 5. 18, 2018두33005. 각 판결에 대한 평석은, 김범준, 조세법연구 30-1, 30면.

2) 관련 논의는, "민간투자사업에서 주주로부터의 후순위차입금에 대한 적정 이자율 연구", 조세법연구 28-2, 67면.

나. 법인의 자본(출자액 포함)을 증가시키는 거래에 있어서 신주(전환사채·신주인수권부사채 또는 교환사채 등을 포함)를 배정받을 수 있는 권리의 전부 또는 일부를 포기(그 포기한 신주가 자본시장법 9조 7항의 규정에 따른 모집방법으로 배정되는 경우를 제외함)하거나 신주를 시가보다 높은 가액으로 인수하는 경우

다. 법인의 감자에 있어서 주주 등의 소유 주식 등의 비율에 의하지 아니하고 일부 주주 등의 주식 등을 소각하는 경우

법인간 합병에 있어서 합병비율을 합병당사법인 주식의 시가에 의하지 않고 불공정하게 정하는 경우 주식가치가 과소평가된 합병당사법인 주주로부터 주식가치가 과대평가된 합병당사법인 주주로 주식가치 변동에 따른 부의 이전효과가 발생한다. 이와 같은 부의 이전이 양자 간에 특수관계가 있고 이익분여한 주주가 법인인 경우 이를 법인주주에 대한 부당 자본거래로 규제하는 것이다. 신주인수행위는 주주 간 거래이므로 법인이 특수관계 있는 법인으로부터 발행신주를 고가인수한 경우 제 1 호나 9호는 적용되지 않는다.[1)]

실권주 고가인수의 경우 실권주주가 보유하던 주식 1주당 평가가액이 음수로서 절대치만 감소한 경우 규정의 적용대상이 아니다.[2)] 법인이 법인의 대주주가 주주로 있는 다른 회사에 상법 제418조 제 2 항 소정의 제 3 자 배정방식으로 신주를 저가인수하도록 한 경우 법인의 다른 주주가 위 나목의 신주 배정권을 포기한 경우로 볼 수 없다(판 2012. 3. 29, 2011두29779).

이와 관련하여 판례는, 불공정합병이 이루어진 경우 합병당사법인들의 주식을 함께 보유한 법인에 대해, 주가가 과소평가된 합병당사법인의 주주로서 입은 손실과 주가가 과대평가된 합병당사법인의 주주로서 얻은 이익을 통산하여 실질적으로 분여하거나 분여받은 이익이 있는지 밝힌 다음, 그 결과에 따라 구 법인세법 제52조 제 1 항 및 구 법인세법 시행령 제88조 제 1 항 제 8 호 (가)목에 따른 부당행위계산부인 규정과 구 법인세법 제15조 제 1 항 및 구 법인세법 시행령 제11조 제 9 호에 따른 익금 규정 중 어느 하나를 적용하여야 한다고 보았다(판 2022. 12. 29. 선고 2018두59182). 그러나 합병절차에서 피합병법인의 발행주식과 합병법인의 발행주식은 법적 성질이 다르다. 피합병법인의 발행주식은 피합병법인 보유자산의 가치를 표창하는 것으로서 그 주식의 평가는 피합병법인이 합병법인에 이전하는 보유자산

1) 판 2014. 6. 26, 2012두23488. 판결에 대한 평석은, 백제흠, 세법의 논점, 110면.

2) 판 2010. 11. 11, 2008두8994. 관련 논의는, 양인준, “부당행위계산부인규정상 이익분여의 의미”, 조세판례백선 3(한국세법학회), 285면. 강석규, 판례해설 2011(하), 11면. 증여세에 관하여 동일한 법리를 판시한 것으로 판 2003. 11. 28, 2003두4249.

의 가액을 평가하는 방법의 하나이며 평가대상인 피합병법인의 보유자산의 이전은 합병법인과 피합병법인 사이의 양도거래(손익거래)의 성격을 갖는다. 자산의 이전 과정에서 자산가액이 시가보다 저가로 평가되면 피합병법인에 대하여 법인세법 시행령 제88조 제 1 항 제 3 의2호가 적용되고, 반대로 시가보다 고가로 이전되면 그 차액은 피합병법인의 합병매수차손으로서 법정 요건을 갖추는 것을 전제로 영업권으로 5년간 균등 상각하여 손금에 산입한다(법법 44조의2 3항, 법령 80조의3 2, 3항). 어느 경우에나 그 자산의 이전을 통해 합병법인과 피합병법인의 손익에 영향을 미칠 뿐 각 법인의 주주의 손익에는 기업회계나 세무회계상 아무런 영향을 미치지 않는다. 이에 반하여 합병법인이 피합병법인 주주에게 합병신주를 발행·교부하는 것은 피합병법인 주주가 합병법인 주주가 되는 자본거래의 실질을 가지며 이 경우 합병신주의 저가나 고가발행은 합병법인 손익에는 영향을 미치지 않지만 주가의 변동을 통해 합병법인 구주주와 합병법인 신주주(피합병법인 주주) 사이에 이익분여의 문제를 발생시킨다. 법은 이 경우 신주발행을 통하여 합병법인 구주주와 신주주 사이에 이익분여에 관한 거래 내지 행위가 있었다고 보아 별도로 부당행위계산부인 대상으로 규정하고 있다(법령 88조 1항 8의2호). 따라서 판례가 피합병법인 자산이 고가로 평가된 불공정한 합병에 관하여 이를 부당자본거래를 대상으로 한 부당행위계산 부인규정을 적용하여 판단한 것은 타당하다고 보기 어렵다.

상증세법 시행규칙 제17조의3 제 1 항 각호의 사유가 있는 경우, 원칙적으로 구 상증세법 시행령(2017. 2. 7. 개정 전의 것) 제56조 제 1 항의 가액인 '1주당 최근 3년간의 순손익액의 가중평균액'을 기초로 1주당 순손익가치를 산정할 수 없고, 이는 구 상증세법 시행령 제56조 제 2 항의 가액인 '1주당 추정이익의 평균가액'이 산정되지 않거나 위 규정에서 정한 적용요건을 모두 갖추지 못하여 추정이익의 평균가액을 기초로 1주당 순손익가치를 산정할 수 없는 경우에도 마찬가지이다. 이러한 법리는 구 법인세법 시행령(2017. 2. 3. 개정 전의 것) 제89조 제 6 항에 따라 구 상증세법 시행령 제28조 제 3 항 내지 제 6 항 등을 준용하여 구 법인세법 시행령 제88조 제 1 항 제 8 호 (가)목이 규정한 '불공정한 합병으로 인하여 특수관계인에게 분여한 이익'을 계산하기 위하여 '합병당사법인의 합병 직전 주식가액' 등을 산정하는 경우에도 마찬가지이며 이와 같이 비상장주식의 1주당 가액을 구 상증세법 시행령 제56조 제 1 항 또는 제 2 항을 적용하여 평가할 수 없는 경우, 구 상증세법(2016. 12. 20. 개정 전의 것)이 마련한 보충적 평가방법 중에서 객관적이고 합리적인 방법을 준용하여 평가할 수 있다(판 2023. 5. 18, 2023두32839).

8의2호: 그 밖의 자본거래에 따른 이익분여

이는 8호 외의 경우로서 증자·감자, 합병(분할합병 포함)·분할, 상증세법 제40조 제 1 항에 따른 전환사채 등에 의한 주식의 전환·인수·교환 등 법인의 자본(출자액 포함)을 증가시키거나 감소시키는 거래를 통해 법인의 이익을 분여하였다고 인정되는 경우를 말한다. 다만 시행령 제19조 제19호의2 각 목 외의 부분에 해당하는 주식매수선택권의 행사에 따라 주식을 발행하는 경우는 제외한다.[1]

9호: 그 밖의 이익분여

이는 위 각 호에 규정되지 않은 사항으로서 '제 1 호부터 제 3 호까지, 제 3 호의2, 제 4 호부터 제 7 호까지, 제 7 호의2, 제 8 호 및 제 8 호의2에 준하는 행위 또는 계산 및 그 외에 법인의 이익을 분여하였다고 인정되는 경우'를 말한다. 규정문언상 위 규정의 적용범위는 제한적으로 이해하여야 할 것이다.

판례가 여기에 해당된다고 본 것으로는, 대여금 회수지연에 따른 기한이익의 부여(판 2009. 7. 24, 89누4772), 회사가 높은 대출이자를 부담하면서 차입금을 상환하지 않은 채 상당한 금원을 대출이자보다 낮은 이율의 정기예금에 예치하여 특수관계 법인들의 대출금 담보로 제공한 행위(판 2009. 4. 23, 2006두19037), 특수관계인이 인수를 포기한 실권주를 법인이 인수하여 특수관계인이 기존 보유주식의 가치 증가 이익을 얻은 경우(판 2009. 11. 26, 2007두5363), 법인과 법인의 이사들이 함께 보유하는 주식을 양도하고 이사들이 받은 주식양도대금에 경영권 프리미엄이 포함된 것이 경제적 합리성이 없는 경우(판 2019. 5. 30, 2016두54213)[2] 등이 있다.

나. 부당 현물출자

(1) 현물출자의 의의 및 성격

현물출자란 금전 이외의 재산에 의한 출자를 말한다. 주식회사에서는 현금출자를 원칙으로 하지만, 회사의 설립 또는 신주 발행 시에는 예외적으로 현물출자를 인정하고 있다. 기업의 조직변경이나 매수합병 등의 경우에 행하여지며 물적 회사의 설립에서는 이를 변태설립 사항으로 규제하고 있다. 주식회사 설립 시에는 발기인에 한하여 인정되나(상법 290조 이하), 신주 발행 시에는 자격에 제한이 없다.

1) 이 규정에 관한 입법론적 검토는, 황남석·이준규, "개정된 합병세제의 해석·적용상의 문제점", 조세법연구 16-3, 78면.
2) 평석은, 황남석, "2019년 법인세법 판례회고", 조세법연구 26-1, 497면.

현물출자는 자산을 양도하는 방법으로 법인에 대한 출자의무를 이행하는 것으로서 출자자나 출자를 받는 법인('피출자법인') 쌍방에 대하여 '출자대상 자산의 양도·양수'라는 손익거래와 '출자'라는 자본거래의 성격을 동시에 갖는다. 즉 현물출자 계약은 자산의 양도계약과 회사 사원의 지위를 취득하는 출자계약이 하나의 형태로 혼합된 계약이다. 출자자 입장에서는, (1) 현물출자한 자산을 양도하여, (2) 그 양도대금으로 피출자법인의 증자절차에 참여하는 두 단계 거래가, 이에 대응하여 피출자법인 입장에서는, (1) 현물출자 자산을 양수하는 거래와 (2) 그 양수가액 상당의 출자를 받는 두 단계 거래가 각각 존재하는 것으로 이해할 수 있다.

이 중 (1)의 자산의 양도·양수 단계에서 출자자는 양도한 자산에 대한 소유권이전 채무와 그 반대급부로 대금청구권을, 피출자법인은 양수한 자산에 대한 소유권이전청구권과 그 반대급부인 대금지급채무를 각각 보유하는 한편, (2)의 출자거래 단계에서 출자자는 피출자법인으로부터 주식을 발행·교부받을 권리(주식청구권)와 출자금(주식대금) 납입채무를, 피출자법인은 주식을 발행·교부할 채무와 주식납입대금 채권을 각각 보유하게 된다. 최종적으로 출자자는 피출자법인에 출자자산을 양도하고 피출자법인으로부터 신주를 발행·교부받지만 그 거래 속에는 출자자가 자산의 양도거래를 통해 취득한 피출자법인에 대한 양도대금채권으로 출자거래를 통해 부담한 주식대금(출자금) 납입채무를 대체(상계)하는 거래과정이 숨어 있다.

(2) 현물출자에 관한 세법의 규정

우리 세법상 현물출자를 손익거래로 파악한 세법 규정을 살펴보면, 우선 소득세법 제88조 제 1 항은 법인에 대한 현물출자로 자산이 유상으로 이전되는 경우를 '양도'의 개념에 포함시키고 있다. 우리 법은 교환을 양도로 파악하므로 부동산과 부동산, 부동산과 주식, 주식과 주식의 교환 등은 모두 양도소득세 과세대상이고, 이 중 부동산 또는 주식과 주식의 교환이 현물출자에 해당한다.

법은 주식과 주식의 교환이 합병 등 기업구조조정을 통해 이루어지는 경우 이를 양도로 파악하는 전제에서 일정한 요건 아래 과세를 유예하고 있다. 그 밖에 고가의 현물출자, 무수익자산의 현물출자, 무상 내지 저가의 현물출자 등을 손익거래에 관한 부당행위계산부인 대상으로 규정하고 있다(영 88조 1항 1호 내지 3호).

다만 현물출자를 손익거래로 파악하는지 여부는 입법정책의 문제이다. 예컨대 미국은 일반적으로 현물출자를 세법상 양도 내지 과세의 계기로 파악하고 있지 않다.

반면에 현물출자를 자본거래로 파악한 규정을 살펴보면, 우선 상증세법은 '현물출자에 따른 이익의 증여'를 자본거래를 통한 주주 간 이익 증여의 한 유형으로 규정하고 있다(상증세법 39조의3).

자본거래를 통한 주주 간 이익의 증여는 손익거래와 비교하여 수증이익 평가에 있어서 현물출자 대가인 발행주식의 희석화 효과를 반영한다는 특색을 지닌다(상증세법 39조의3 2항, 상증세령 29조의3 1항 참조). 이는 현물출자 자산을 고가로 평가함에 따라 출자자가 반대급부로 취득하는 발행주식의 가치가 현물출자 전보다 하락하기 때문이다.

(3) 부당 현물출자의 세법상 취급

자산의 유상양도를 통하여 양도가액과 취득가액 차액 상당의 양도차손익이 발생한다. 다만 기업이 보유자산을 등가로 양도한 경우 그와 같은 자산의 양도로부터 이익이 발생하는 것은 상품판매이익이나 자산의 보유기간 동안의 자본이득 등이 실현되기 때문이지 양도거래 자체로부터 어떠한 이익이 발생하기 때문은 아니다. 이처럼 자산의 양도거래에서 해당 거래가 등가교환 거래이면 양도차손익 이외에 별도의 손익이 발생하지 않으나 등가관계가 어긋나 비등가거래[1])가 되면 자산의 양도거래를 통하여 무상으로 부가 이전되고 그와 같은 이익의 분여는 그 자체로 별도의 손익거래를 구성한다. 하나의 양도거래로부터 발생하지만 영업이익 내지 자본이득의 실현을 의미하는 자산의 양도차익과 이익분여는 세법상 취급이 분명하게 구분된다. 기업의 이익분여를 통하여 법인 자산의 증감이 초래되면 법인세법은 그 단계에서 일차적으로 법인의 손익을 인식한다. 이는 법인의 실체성을 인정하는 우리 법제 아래에서 해당 거래가 출자자와 법인 사이의 또 다른 손익거래이고 법률상 급부의 당사자가 법인이기 때문이다.

기업에 대한 현물출자가 자산의 양도로서의 성격을 가지므로 고가의 현물출자는 고가양도로서의 본질을 갖는다. 자산의 고가양도는 사법상으로도 양도와 증여가 결합된 거래이고 이는 세법상으로도 마찬가지이다. 예컨대 시가 4억 원짜리 부동산을 7억 원에 양도한 경우 세법은 시가 차액 3억 원에 관하여 이익을 분여한 쪽에 대하여는 부당행위계산부인 적용대상 또는 기부금으로 보고(법령 88조 1항 1호, 35조), 이익을 분여 받은 쪽에 대하여는 수증익에 대하여 법인세 또는 증여세를 부과하게 된다(법령 11조 5호, 상증세법 35조).

위 설명은 현물출자의 반대측면인 신주발행에 관하여도 기본적으로 동일하다. 신주발행의 경우 발행가액이 시가와 일치하면 발행가액만큼 법인의 자본이 증가하는

1) 여기의 비등가거래는 경제적 의미에서 급부와 반대급부의 균형이 어긋난 모든 경우를 의미하는 것이 아니라 세법이 시가 개념을 통하여 '비등가거래'로 확인하는 경우를 가리킨다.

이외에 법인은 물론 출자자나 기존 주주에게 별도로 손익이 발생하지 않으나 신주의 고가나 저가발행을 통해 주식의 발행가액과 시가와의 차액만큼 신주주에게는 경제적 이익 또는 손실이, 기존주주에게는 그에 상응한 경제적 손실 또는 이익이 발생한다. 이와 같은 비등가 자본거래는 주주 사이의 문제로서 그로 인하여 법인의 손익에 영향을 미치지는 않으나 주주 사이에서는 경제적 이익이 교환되고 그와 같은 이익의 교환은 본질적으로 손익거래적 성격을 갖는다.[1)]

(4) 주식의 포괄적 교환의 경우[2)]

주식의 포괄적 교환에서 대상회사의 주주들은 보유하던 대상회사 주식 전부를 다른 취득회사에 현물출자하여 취득회사 주식을 교부받고 대상회사는 취득회사의 완전자회사가 된다. 출자자산이 부동산이 아닌 완전자회사가 되는 회사의 주식이라는 점만 다를 뿐 그 기본적 구조는 부동산 현물출자와 동일하다.

주식의 포괄적 교환은 주식과 주식의 교환이지만, 대상회사 주식은 '양도거래의 대상'인 반면 취득회사 주식은 '출자거래의 수단 내지 결과'라는 점에서 양자는 그 성격이 다르다. 이 경우 교환비율을 정하기 위하여 양쪽 회사 주식에 대한 평가가 필요한데, 이 중 대상회사 주식이 과대평가되는 경우 고가의 현물출자와 동일한 문제가 발생한다. 다른 한편 대상회사 주주가 취득하는 취득회사 주식의 발행가액이 시가에 미달하는 경우 마찬가지로 대상회사 주주에게 이익이 발생하는데 이 경우 취득회사의 회계처리에는 아무런 영향이 없고 대상회사 주주와 취득회사 주주 사이에서 손익이 교환된다는 점은 일반적인 현물출자의 경우와 같다.

판례는 주식의 포괄적 교환거래에서 취득회사가 대상회사 주주로부터 대상회사 주식을 시가를 초과하여 인수한 경우 그 시가초과액에 해당하는 소득이 취득회사로부터 사외유출된 것으로 보되 이를 기타사외유출로 처리하여야 한다고 보았다(판 2014. 11. 27, 2012두25248). 취득회사 소득이 사외유출되었다는 것은 그에 따른 손실이 발생하였음을 의미하므로 대상판결의 판시는 앞의 현물출자에 관한 설명과 기본적인 취지를 같이 하는 것으로 이해된다.[3)]

---

1) 관련 논의는, 임승순, "비등가거래가 자본거래와 손익거래 및 혼합거래에 미치는 과세상 영향", 조세법연구 28-3, 267면. 한만수, "자본거래 요소와 손익거래 요소가 혼재된 거래의 과세문제", 조세법연구 28-2, 397면.

2) 주식의 포괄적 이전의 경우에도 구조는 동일하다. 관련 논의는 이 책 814면 참조.

3) 판례는 주식의 포괄적 교환에서 대상회사 주식이 과다평가된 경우 구 상증세법(2007. 12. 31. 개정 전의 것) 제35조 제 1 항 제 2 호, 제 2 항이나 '신주의 저가발행에 따른 이익의 증여'에 관한 같은 법 제39조 제 1 항 제 1 호 (다)목을 적용할 수 없고, '법인의 자본을 증가시키는 거래에 따른 이익의 증여'에 관한 같은 법 제42조 제 1 항 제 3 호(현행 제42조의2 제 1 항)를 적용하여야 한다고 보았다. 판 2018. 3. 29, 2012두27787 판결에 의의에 관하여는 이 책 913면 참조.

다. 부당행위계산 부인규정 각 유형 사이의 관계

시행령 제88조 제 1 항 중 제 1 호부터 제 7 의2호까지는 부당손익거래를, 제 8 호와 제 8 의2호는 부당자본거래를 각 대상으로 하며, 제 9 호는 양쪽 모두를 적용대상으로 한다. 특정한 거래가 거래 당사자의 어느 한쪽에는 손익거래에 해당하는데 거래 상대방 쪽에는 자본거래에 해당하는 일은 있을 수 없다. 거래 당사자 어느 일방의 손해는 다른 거래 당사자의 이익으로 나타나고 그 반대도 마찬가지이다.

경제적으로 볼 때 법인은 주주의 총합체이므로 법인의 손익 역시 종국적인 손익은 주주에게 귀속된다. 다만 세법이 법인 단계에서 손익을 인식하고자 하여 법인을 급부의 주체 및 손익의 귀속 주체로 보는 경우 일차적으로 법인에 대한 법인세 과세가 이루어진다는 점만 다르다. 이와 같이 법인에 대한 과세가 이루어진다면 동일한 거래를 대상으로 그 거래단계에서 다시 주주에게 과세하는 일은 발생하지 않는다. 그러나 법인에 손익이 발생한 경우 그 손익은 주주의 지분가치를 증가시키고 그 증가된 지분가치가 주식의 양도나 배당을 통하여 주주단계에서 실현되면 그 소득에 대하여 다시 주주에게 과세되므로 법인과세는 항상 이중과세의 문제를 남기게 되는데 반하여 주주과세는 그러한 문제를 남기지 않으므로 어느 거래가 손익거래인지 자본거래인지 여부는 전체 과세의 크기에 영향을 미치게 된다. 이와 같이 후에 주주에 대한 배당이 이루어지는 단계에서 주주에 대한 소득과세가 이루어지면 이중과세 문제를 야기하나 이는 법인에 대한 부당한 현물출자를 과세원인으로 하는 것과는 다른 차원의 문제이다.[1)]

판례는 법인세법에 부당자본거래에 관한 부당행위계산부인 규정이 마련되기 이전에 법인이 개인주주와 법인주주 사이에 차등배당을 하여 법인주주가 개인주주에게 이익을 분여할 수 있도록 한 사안에서, 이를 구 법인세법시행령(1998. 12. 31. 전문 개정되기 이전의 것) 제46조 제 2 항 제 9 호(현행 제88조 제 1 항 제 9 호) 소정의 '기타 출자자 등에게 법인의 이익을 분여하였다고 인정되는 것이 있을 때'에 해당한다고 보았다(판 93. 5. 27, 92누9012). 이는 차등배당을 의결한 법인의 의사결정을 이익의 제공수단으로 이용함으로써 이익을 준 법인주주와 받은 개인주주 사이에

1) 이와 관련하여 고가 현물출자에 대해 두 가지 재구성이 가능하다는 전제에서 이를 (신주의 시가발행과 결합된) 자산의 고가양도로 본다면 '주주－회사 간' 이익분여로 과세해야 하고, (자산의 시가양도와 결합된) 신주의 저가발행으로 본다면 '주주 간' 이익분여로 과세해야 한다고 하면서, 두 가지 재구성은 논리적으로 동등하나 입법적으로 '주주 간' 이익분여에만 과세하는 후자 방식을 택할 수밖에 없다는 주장으로, 임상엽, 앞의 논문 73면 이하.

이익의 무상제공이라는 손익거래가 이루어진 것으로 본 것이다.[1)]

신주의 발행이나 배당 등의 경우 법인의 단체법상의 행위로서 원칙적으로 그와 관련하여 '거래'를 관념할 여지가 없지만, 그것이 부당하게 이루어지는 경우 '거래'가 존재한다고 보는 것은 행위의 형태에 불구하고 이익분여에 관한 당사자의 의사적 측면을 중시한 것으로서, 우회거래나 다단계거래에 관한 국세기본법 제14조 제 3 항의 실질과세 원칙이 적용된 것으로 볼 수 있다.

법은 주식발행법인의 주주가 이익분여 주체가 되는 경우에도 부당행위계산부인 규정의 적용과 관련하여 취득가액 산정 및 그 가감에 관한 규정을 두고 있는데(영 72조 4항 3호, 규칙 37조 2항 참조), 이는 이 경우에도 이익을 분여하는 주주와 분여 받는 주주 사이의 거래는 그 본질이 손익거래임을 보여 준다.

라. 거래형태에 따른 손익의 발생과 주식의 희석화 효과

대상 거래가 손익거래인 경우는 물론 현물출자와 같이 손익거래와 자본거래가 혼합된 경우에도 법인이 거래 및 급부의 주체가 되는 자산의 출자 단계 거래에서 이익을 분여하는 쪽 법인에 대하여 부당행위계산부인을 판단하는 손익의 기준은 현물출자한 자산의 시가(실제 납입액)와 출자 전 신주 인수가액(납입약정액)의 차액이 된다. 반면에 이 경우 이익을 분여받은 쪽의 수증이익은 주식의 희석화 효과가 반영됨에 따라 양자 사이에 괴리가 발생하게 된다. 예컨대 현물출자 자산이 고가로 평가된 경우 자산의 양도를 통하여 출자자에게 발생한 수증익은 그 반대급부로 교부받은 피출자회사의 주식가치가 전체 주주들에게 희석화(dilution)되는 과정을 통하여 가치가 감소한다.

이에 반하여 주주가 거래 내지 급부의 주체가 되는 자본거래의 경우에는 이익을 분여받는 쪽의 수증익뿐 아니라 분여하는 쪽(법인주주)의 익금산입액 산정에 있어서도 주식의 희석화 효과가 발생하며 법은 이를 반영하는 규정을 두고 있다(영 89조 6항).[2)]

지금까지 설명한 내용을 도표로 살펴보면 다음 면과 같다.

---

1) 일본에서도 자회사에 대한 저가의 신주발행의 경우에 거래당사자들의 합의를 이유로 일본 법인세법 제22조 제 2 항 소정의 '거래'가 있다고 보아 익금산입을 인정한 사례가 있다(일최판 평성 18(2006). 1. 24. 관련 내용은 안좌진, 앞의 책 309면 참조.

2) 1999. 12. 31. 규정이 신설되기 전, 같은 취지에서 실권주 고가인수의 경우 부당행위계산 부인액 산정의 기준이 되는 시가를 증자대금 납입 후 평가액으로 본 사안: 판 2004. 2. 13, 2002두7005.

[출자부동산의 고가평가]

가. 출자자

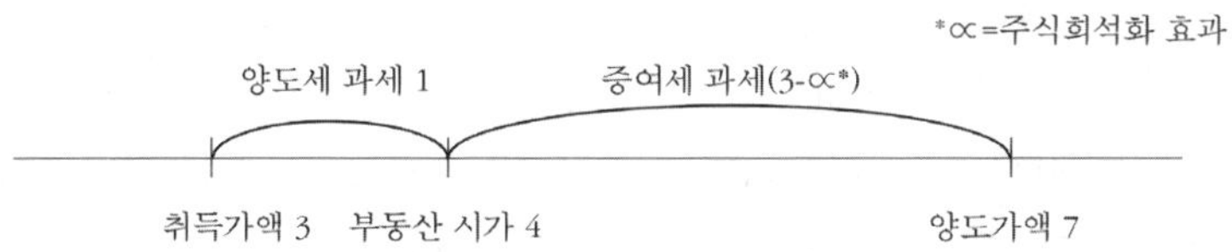

나. 피출자법인

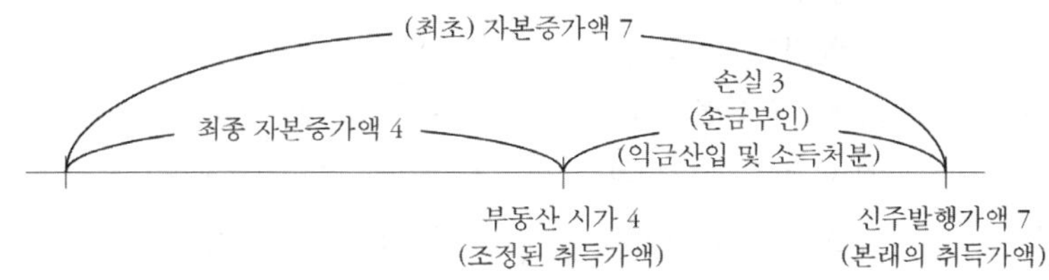

[신주의 저가발행]

피출자법인
(손익 x)
현물출자
출자자
피출자법인주주
이익(3-∝)분여
이익
(법인세 및 증여세 과세)
손실
(손금부인, 익금산입 및 소득처분)
주식의 액면가액 2
주식의 발행가액 4
(자본증가액)
주식의 시가 7

마. 판례에 나타난 구체적 사례

(1) 부당하다고 본 사안

① 담배제조회사인 외국법인의 전액 출자로 설립된 수입·판매회사인 내국법인이 적자 상태에서 외국법인이 120원에 매입한 담배를 435원에 매입하여 국내도매상에게 465원에 판매한 경우(판 98. 7. 24, 97누19229), ② 부동산 임차보증금을 부동산 인도일로부터 1년이 지난 후에 받은 경우(판 85. 12. 24, 85누134), ③ 특수관계인에 대한 대

여금채권의 원금 및 이자의 추심을 방치하거나(판 89. 1. 17, 87누901), 물품대금 채권을 다른 거래처에 대한 평균회수기간을 초과하여 회수한 경우(판 2007. 9. 6, 2006두18522), ④ 법인의 형태를 남용한 우회, 다단계 행위로, 법인의 차등배당결의를 통한 주식의 저가양도행위(판 93. 5. 27, 92누9012) 및 甲회사 대주주이자 대표이사이던 乙이 나머지 주주들의 위임을 받아 丙에게 甲회사 주식 전부를 매도하면서 丙은 甲 소유 부동산을 乙의 아들인 丁에게 시가보다 저가로 매도하고 대표이사로 취임한 후 丁 앞으로 소유권이전등기를 넘겨 준 경우(판 89. 4. 11, 88누8630), ⑤ 상표권자인 甲 회사가 자회사로부터 상표권 사용료를 지급받지 않은 것이 경제적 합리성을 결여한 경우(판 2023. 5. 18, 2018두33005)[1] 등이 있고, 그 밖에 위에서 본 시행령 제88조 제1항 제9호에 해당한다고 본 경우 등을 들 수 있다.

(2) 부당하지 않다고 본 사안

① 특수관계인이 발행한 후순위사채를 당좌대월이자율보다 높은 할인율로 매입한 경우(판 2007. 9. 20, 2005두9415), ② 특수관계 회사의 교환사채를 당좌대출이자율보다 낮은 이자율로 인수하였으나 같은 종류의 교환사채의 공시수익률 및 이율 약정 경위 등에 비추어 부당하다고 보기 어려운 경우(판 2012. 11. 29, 2010두19294), ③ 신주인수권부 사채권자로부터 신주인수권만을 분리 취득한 회사가 발행회사 주주들에게 기존 주식지분비율대로 주식을 저가로 양도한 경우(판 2007. 12. 13, 2005두14257), ④ 분할 신설 회사가 분할 전 회사의 보증채무를 변제하고 구상권을 행사하지 않은 경우(판 2006. 11. 23, 2005두4731), ⑤ 특수관계 회사로부터 변제받은 대여금을 법정충당순서와 다르게 원본에 충당한 경우(판 2008. 8. 21, 2006두14513), ⑥ 카지노업을 영위하는 甲 회사가 기부금을 丙 지방자치단체에 지급하고, 甲의 특수관계인인 乙 공사가 丙으로부터 해당 금원을 건네받아 운영자금으로 사용한 경우(판 2018. 3. 15, 2017두63887), ⑦ 대여금 채권을 출자전환하면서 계열사 실권주를 고가로 인수한 경우(판 2010. 1. 14, 2009두12822), ⑧ 민간투자사업법인이 건설교통부장관 승인을 받은 자금재조달 계획에 따라 높은 후순위차입금 이자율로 금원을 차용한 경우(판 2018. 7. 20, 2015두39842) 등.[2]

계열그룹의 모회사가 경영난에 빠진 자회사를 위해 대출채무 보증을 서는 경우가 종종 있다. 이처럼 다른 회사 대출채무의 보증을 서는 것은 특수관계가 없으

1) 관련 논의는 이 책 696면 참조.
2) 각 판결에 대한 평석은, ①, ⑥, ⑧은 조성권, 조세실무연구 12, 230면, 254면, 273면, ⑦은 황태상, 조세판례백선 3(한국세법학회), 319면, ⑨는 이상우, 김해마중, 조세실무연구 10, 173면 각 참조.

면 생각하기 어려우나, 다른 한편 자회사의 부도가 모회사에 미칠 경제적, 사회적 파장 등 그룹 전체 이익을 고려한 경영적 판단 아래 자회사에 대한 보증이 이루어진 경우 이를 일률적으로 부인하는 것은 무리가 있다.

4. 부인의 효과

(1) 소득금액의 재계산 및 익금산입

해당 법인의 행위·계산에 불구하고 납세지 관할세무서장 또는 관할지방국세청장은 법 제52조 제 1 항에 의해 제 1 항 내지 제 4 항의 규정에 의한 시가와의 차액 등을 익금에 산입하여 해당 법인의 사업연도 소득금액을 계산한다(영 89조 5항).

(2) 대응조정의 불인정

거주자간의 부당행위계산 부인의 경우 대응조정을 허용하지 않는다. 예컨대 법인이 특수관계인에게 시가 1,000원인 제품을 600원에 판매한 경우 법인에 대해 매출액을 1,000원으로 산정하면서 양수인에 대하여는 거래가격인 600원만을 매입가액으로 인정한다. 다만 법 제94조 제 1 항 각 호 자산을 법 제 2 조 제12호에 따른 특수관계인(외국법인 포함)에게 양도한 경우로서 법 제67조에 따라 소득처분된 금액이 있는 경우에는 양도가액을 시가로 조정하도록 하고 있다(소법 96조 3항 1호).

(3) 기본행위의 효력의 무영향

부당행위계산부인 규정은 세법상 과세소득계산상의 범위 내에서만 변동을 초래할 뿐 원칙적으로 당사자 간에 약정한 사법상 법률행위의 효과와는 무관하다.

5. 소득세법상 부당행위계산부인 규정과의 비교

자본거래와 무상양도는 법인세법에서만 부인대상인데(영 88조 1항 3호), 저가양도(고가양수)는 양쪽 모두 부인 대상이다(영 88조 1항 3호; 소령 98조 2항 1호). 이 경우 상대방이 개인이면 증여세가 과세되나(상증세법 35조 1항), 법인인 경우 유가증권 이외에는 익금산입 대상이 아니다(법 15조 2항 1호, 영 11조 5호). 자산의 무상사용과 저율제공도 모두 부인대상이다(영 88조 1항 3호, 6호, 7호; 소령 98조 2항 2호 및 3호).

양자의 가장 중요한 차이점은, 법인세법에서는 거래상대방에 대한 과세가 법인에 대한 소득처분 형식으로 이루어지나 소득세법에는 소득처분 제도가 없다는 점이다. 이상 내용을 도표로 살펴보면 다음 면과 같다.

소득세법과 법인세법의 부당행위계산부인 규정의 차이점

구 분	소득세법	법인세법
적용주체	일부 배당소득, 사업소득 또는 기타 소득이 있는 거주자(국내사업장 또는 부동산소득이 있는 비거주자를 포함)(법 41조 1항, 122조)	내국법인(국내사업장 또는 부동산소득이 있는 외국법인 포함)(법 52조 1항, 92조 1항)
적용요건	특수관계인과의 거래로 인하여 소득에 대한 조세의 부담을 부당하게 감소시킨 경우(법 41조 1항)	소득세법과 같음(법 52조 1항)
특수관계인의 범위	국세기본법 준용(시행령 98조 1항)	자체 규정(시행령 2조 8항)
행위유형	자산의 고가양수 등 손익거래만을 대상으로 함(시행령 98조 2항 1호 내지 5호). 무상양도는 적용대상이 아님	손익거래와 자본거래를 포함함(시행령 88조 1항 1호 내지 9호). 무상양도도 적용대상임(위 3호)
시 가	법인세법 준용(시행령 98조 3항, 4항)	시행령 제89조 제1항 내지 제4항
판단시점	명문의 규정 없음	행위 당시. 단, 불공정합병은 합병등기일이 속하는 사업연도의 직전사업연도 개시일부터 합병등기일까지의 기간(시행령 88조 2항)
상대방에 대한 소득처분	해당 없음 → 증여세 과세 가능	해당됨 → 원칙적으로 증여세 과세불가(상증세법 4조의2 3항. 단, 시행령 106조 1항 3호 자목에 따라 기타사외유출로 처분되는 불공정자본거래는 예외)
저가양도시 상대방에 대한 과세	• 개인의 경우: 자산종류에 관계없이 증여세 과세(상증세법 35조 1항) • 법인의 경우: 특수관계인 개인으로부터 받은 유가증권은 법인세 과세(법인세법 15조 2항 1호). 기타 자산은 처분 시까지 과세이연	• 개인의 경우: 소득세법과 같음 • 법인의 경우: 자산 종류에 관계없이 처분 시까지 과세이연

제 4 장

손익의 귀속시기

제 1 절 총 설

과세표준이 되는 소득금액의 계산은 기간을 단위로 하기 때문에 소득을 구성하는 개개의 수익 또는 손비가 언제 발생하느냐, 즉, 어느 특정한 익금이나 손금을 어느 사업연도에 귀속시키는가에 따라 각 사업연도 소득이 달라지고 그에 따른 세액 및 누진세율의 적용이 달라질 뿐 아니라, 국세부과권 제척기간이나 국세징수권 소멸시효의 기산점, 이월결손금공제의 대상기간계산, 조세범처벌법상 조세포탈범 기수시기 및 공소시효 기산점 등이 모두 달라지게 된다.

일반적으로 손익의 귀속시기에 관하여 법인세법이나 소득세법은 권리의무확정주의를 채택하고 있는 것으로 설명되는데(법 40조 1항; 소법 39조 1항), 세법상의 권리의무확정주의는 기업회계상의 발생주의에 연혁을 두고 있으므로 기업회계상의 수익과 비용의 인식기준에 관하여 먼저 살펴볼 필요가 있다.

제 2 절 기업회계상의 손익의 인식기준

1. 현금주의

현금주의는 현금의 수입과 지출이 있을 때에 수입 또는 비용으로 계상하는 방법이다. 예컨대 상품을 판매하여 인도한 후에도 그 대금을 현실적으로 수령할 때까지는 수익으로 인식하지 않는 것이다. 현금주의는 해당 기간의 현금수입과 현금지출과의 차액이 그 기간손익이 된다. 현금주의는 수익과 비용의 인식기준이 확실하고 간편한 장점이 있으나, 현금의 수수시점을 임의로 정함으로써 과세소득의 크기를 조작할 우려가 있고 오늘날 신용거래사회에서는 기간손익계산에 불합리한 단점이 있다. 우리 법은 금융업에 한하여 현금주의를 인정하고 있다(영 70조 1·3항).

2. 발생주의

발생주의는 수익과 비용의 발생사실만으로 수익과 비용을 인식하는 것이다. 경제학적 관점에서 기업이 창출한 자산가치는 사업연도별로 발생한 수익과 비용의 차액이다. 그러나 이를 측정하기가 매우 어렵고 또 주관적이 되기 쉬워 기업회계상으로나 조세행정면에서 현실적이지 못하다. 따라서 수익에 관한 한 순수한 발생주의는 세계 각국의 입법상 예외적으로만 인정되고, 발생사실을 비교적 객관적으로 인식할 수 있는 비용에 관한 원칙으로 채택되는 경우가 많다.

3. 실현주의

실현주의는 수익과 비용이 객관적이고 검증 가능한 금액으로 실현되었을 때를 손익의 귀속시기로 포착하는 것으로서 발생주의의 수정된 형태라 할 수 있다.

원칙적으로 수익은 일정한 기간에 걸쳐 서서히 형성된다. 예컨대 제품을 판매하는 경우 계약체결 시부터 제품을 인도하고 대금을 수령할 때까지 점진적으로 수익이 실현된다. 수익을 순수한 발생주의에 따라 인식하려면 특정 시점을 찾아 수익발생을 인식하여야 하는데 위와 같은 수익실현의 특성상 그 발생시점을 택하기가 곤란할 뿐 아니라 객관성과 확실성이 없다. 따라서 객관적이고 검증 가능한 금액으로 수익을 인식할 수 있을 때까지 이를 연기하자는 것이 실현주의의 요체이며 이와 같이 함으로써 미실현수익을 배제할 수 있게 된다.

미국회계학회 회사재무재표개념 및 기준위원회의 1973년-1974년 외부보고서에서는 실현의 개념을 다음과 같이 파악하고 있다. 「실현의 문제가 제기되기 전에 언제나 소득이 존재하고 있어야 한다. 실현은 소득개념의 결정요소가 아니다. 실현은 소득의 개념 내에 존재하는 것으로서 이미 발생한 사건들을 회계기록에 객관적으로 계상할 시기, 즉 불확실성이 용납할 수 있는 수준으로 감소된 시기를 결정하는데 지침으로 작용할 뿐이다」.[1)]

---

1) Committe on Concepts and Standards-External Reporting, Accounting Review, Supplement to vol. 40, 1974, p. 203.

이와 같이 기업회계에서 실현이란 자산 혹은 부채의 증감거래에 관하여 상세한 기장(記帳)이 가능할 정도의 확실성과 객관성을 구비하기에 이른 단계를 가리키며 구체적으로는 주요 경제활동이 수행된 시점, 결정적 사실이 발생한 시점, 추가적 경제활동이 완료된 시점 등의 다양한 기준이 제시되고 있다.

기업회계에서는 수익·비용 대응의 원칙을 규정하고 있는데(재무회계개념체계 144, 146; 일반기준 16-실7), 이와 같은 수익·비용 대응의 원칙은 실현주의를 전제로 삼는다. 실현주의, 곧 소득의 인식 시점을 자산의 처분 등 실현시점으로 한다는 말은 실현시기에 이르러 재화나 용역의 가치를 수익으로, 그리고 그와 같은 재화나 용역의 생산에 들어간 원가를 비용으로 각각 잡는다는 것을 의미한다.

제 3 절 세법상 손익의 귀속시기

1. 권리의무확정주의

가. 법령의 규정

법 제14조 제 1 항은 「**내국법인의 각 사업연도의 소득은 그 사업연도에 속하는 익금의 총액에서 그 사업연도에 속하는 손금의 총액을 뺀 금액으로 한다**」고 하고, 법 제40조 제 1 항은 「**내국법인의 각 사업연도의 익금과 손금의 귀속사업연도는 그 익금과 손금이 확정된 날이 속하는 사업연도로 한다**」고 규정하고 있다. 일반적으로 이 규정들은 법이 손익의 귀속시기에 관하여 권리의무확정주의를 채택하고 있는 근거규정으로 설명된다. 권리의무확정주의는 기업회계에서의 실현주의를 법적인 관점에서 보완한 것으로서 손익이 권리·의무 확정시에 실현되는 것으로 파악하는 것이다. 우리 법이 권리의무확정주의를 채택한 것은, 납세자의 과세소득을 획일적으로 파악하여 법적 안정성을 도모하고 과세의 공평을 기함과 동시에 납세자의 자의를 배제하기 위한 것이다(판 2017. 3. 22, 2016두51511).

나. 세무회계와 기업회계의 관계

일반적으로 기업회계상의 실현주의는 이익측정의 기준으로서 어느 것을 실현된 수익으로 볼 것인가 하는 경제적 측면에서 파악하는 것임에 대하여 세법상의 권리의무확정주의는 권리의 확정성이라는 법적인 관점에서 소득을 파악하려는 것이기 때문에 양자가 반드시 일치한다고는 볼 수 없다. 기업회계가 기업의 경영성과를 정확하게 분석하여 이를 대외적으로 공표하고 장래 경영활동의 지침으로 삼고자 하는 데에 기본목적을 두는 반면, 세무회계는 국가나 지방자치단체의 재정수입 확보에 일차적 목적을 두고 그 밖에 다른 경제정책적 목적의 수행도 염두에 두므로, 그와 같은 회계목적의 차이가 손익의 인식시기에 관하여도 영향을 미치게 된다. 일반적으로 세무회계는 기업회계에 비하여 소득은 빠르게, 비용은 천천히 인식하려는 경향이 있는데 이는 이와 같은 회계목적의 차이에서 연유하는 바가 크다. 한편 현행 기업회계기준은 수익·비용의 계상과 자산·부채의 평가 등과 관련하여 화폐의 시간가치를 반영하는 규정들을 많이 두고 있는데, 이들 규정들이 세법의 해석에 있어서도 상당 부분 영향을 미치고 있다.[1]

손익의 귀속시기를 권리의무확정주의에 의하게 되면 획일적 기준에 의한 법적 안정성의 요청에는 부합하나, 다른 한편 구체적 권리의 성질이나 내용, 기업의 개별적 사정 등을 충분히 고려하지 못하게 되어 응능부담 원칙에 반하거나 건전한 회계관행의 발달을 저해하는 요인이 될 수 있다. 이에 따라 법인세법은 법인이 익금과 손금의 귀속사업연도와 자산·부채의 취득 및 평가에 관하여 일반적으로 공정·타당하다고 인정되는 기업회계기준을 적용하거나 관행을 계속적으로 적용하여 온 경우 법에서 달리 규정하는 경우를 제외하고는 그에 따르도록 하고 있다(법 43조). 이러한 점에서 권리의무확정주의는 기업회계에 의해 일정부분 제약을 받게 된다.

판례는, 기업회계기준상의 손익의 귀속에 관한 규정이 세법에 명시되어 있지 않다는 이유만으로 곧바로 권리의무확정주의에 반한다고 단정할 수 없고, 특정 기업회계기준의 도입 경위와 성격, 관련된 과세실무 관행과 합리성, 수익비용대응 등 일반적 회계원칙과의 관계, 과세소득의 자의적 조작 가능성, 연관된 세법 규정의 내용과 체계 등을 종합적으로 고려하여야 한다고 보았다(판 2017. 12. 22, 2014두44847). 또한 뒤에서 보는 바와 같이 위법소득이라든지 소득의 존부나 범위에 관하여 쟁송이 있는 경우 등에 관하여는 권리의무확정주의를 그대로 적용하기 어렵고, 법이 귀속시기를 규정한 구체적인 유형도 권리의무확정주의를 채택하였다고 보기 어려운 경우가 적지 않다. 결국 권리의무확정주의를 기본원칙으로 하되, 구체적인 경우에 따라서 적절한 변용 내지 예외를 인정하는 것이 필요하다.[2]

---

1) 관련 논의는, 민태욱, "화폐의 시간가치와 조세법", 조세법연구 13-2, 527면.

2) 관련 논의는, 송동진, "손익의 확정 및 귀속시기에 관한 몇 가지 문제에 대한 검토", 조세법연구 22-2, 288면. 김재승, "법인세법상 익금의 귀속시기에 관한 규정의 문제점 및 개선방안", 조세법연구 19-3, 227면 각 참조.

다. 외국의 논의

일본은 소득 종류별로 수입금액의 귀속시기만을 규정하고 있으나(일본 법인세법 22조), 소득세법 기본통달에서 권리확정주의를 채택하고 있고(통달 194-204), 판례와 학설도 일반적으로 권리확정주의가 적용되는 것으로 본다.[1] 다만 다수의 학설은 횡령, 절도 등과 같은 불법소득의 경우 관리지배기준에 따라 권리의 확정이나 소득의 지배가능성 중 하나를 충족하면 소득이 발생한다고 보며, 판례 중에도 같은 기준으로 판단한 것이 있다.[2]

미국은 납세자가 일정한 과세기간에 정기적으로 사용하는 회계처리방법을 따르도록 규정하고 있다{I.R.C 441(a), 446(a)}. 납세자가 소득에 관한 장부를 유지하고 채택한 회계처리방법이 소득을 명확하게 반영할 수 있다면 현금주의 외에 다른 회계처리방법을 선택할 수 있다{I.R.C 446(b)(c); 재무부규칙 Treas. Reg. Ⅰ 446-1(a) (2), 1.446-1(c) (2) (ⅱ)}. 아울러 현금주의와 관련하여 납세자가 수령시점에 관하여 아무런 제약 없는 결정권한을 가지는 경우 현실적 수령이 없어도 소득이 실현된 것으로 보는 '간주수령의 원칙(constructive receipt doctrine)'이 판례상 확립되어 있다. 다만 많은 경우 발생주의 내지 실현주의에 따른 회계처리가 의무화되어 있다. 그와 같은 실현주의의 기준으로는, 1) 익금항목을 수취할 권리를 확정하기 위한 조건이 충족되고, 2) 그 익금항목금액을 상당한 정확성으로 측정할 수 있을 때가 제시된다. 이를 보통 '수익실현테스트(all events test)'라고 한다.

다만 매출시점에 위와 같은 조건이 충족되도 매수인의 지불능력에 대한 실질적인 의심이 존재하거나, 분쟁이 있다면 수익은 실현되지 않은 것으로 본다. 분쟁이 있는 경우 권리주장의 원칙(claim of right doctrine)이 적용된다. 이는 납세자가 금전이나 자산을 수령하고, 그에 대한 권리를 주장하며 처분에 제한이 없는 경우, 그 귀속에 관하여 다툼이 있고 종국적으로 납세자에게 권리가 없는 것으로 확정되는 경우에도 수령시점에 소득이 실현된 것으로 보는 것으로서 미국 판례에서 발전한 법리이다.[3]

1) 金子 宏, 앞의 책 291면. 판례로는 수출거래의 수입시기를 대금 회수일이 아니라 물품의 선적일로 본 최고재 평성 5. 11. 25. 판결이 일본법인세법 제22조와 관련하여 원칙적으로 권리확정주의가 타당하다고 판시한 최초의 판결로 거론된다. 판결에 대한 평석은 일본 판례백선 122면.

2) 일최판 소화 53. 2. 24. 가집행선고부 급부로 임료상당의 손해배상금을 취득한 경우 취득연도의 수입금액으로 본 사안. 평석은 위 판례백선 124면. 관련 논의는, 김재승, 앞 논문, 224면.

3) 이를 최초로 판시한 것이 North American Oil Consolidated v. Burnet. 286 U.S. 417 (1932)로서, 사안은 원고회사와 미국 정부 사이에 토지점유권에 관한 다툼이 벌어져 원고회사가 1심에서 승소하여 해당 소득을 가지급받은 경우 해당 소득의 귀속시기를 권리 발생 시나 소송 확정시점이 아닌 위 소득의 수령시점으로 본 것이다. 김재승, 앞 논문 241면 참조.

라. 권리의무확정주의의 구체적 적용

(1) 익금의 귀속시기

권리확정주의에 의할 때, 수입할 권리의 확정시기는 원칙적으로 법률상 권리의 행사가 가능한 때, 즉 권리의 발생시기가 기준이 된다. 이는 장래 수입 여부가 불확실한 소득에 대하여 소득의 현실적인 수입시점 이전에 미리 과세하는 것을 허용하는 것이다(판 84. 3. 13, 83누720). '권리의 확정'이란 반드시 사법상의 권리확정, 즉, 민법이나 상법에 규정된 각 권리의 발생요건이나 유효요건을 충족하고 법적으로 권리가 보장된 상태를 말하는 것은 아니며, 널리 권리의 실현이 가능하다고 인정될 수 있는 상태, 즉, 계약의 성립과 효력의 발생에서 한 걸음 더 나아가 수익의 원인이 되는 권리의 실현가능성이 법이 보장하는 바에 의하여 객관적으로 인식되는 상태를 말한다. 구체적으로는 개개의 권리의 성질과 내용 및 법률상·사실상의 여러 조건을 종합적으로 고려하여 결정하여야 한다(판 81. 2. 10, 79누441).

권리확정주의는 결국 기업회계에서 채용하고 있는 실현주의를 법적인 관점에서 파악한 것으로 볼 수 있다. 법인세법은 제40조에서 권리확정주의를, 제41조에서 자산의 취득가액을, 제42조에서 자산·부채의 평가에 관하여 각 규정하고 있다. 자산의 취득가액은 손익의 기간귀속과 밀접한 관련을 갖는다. 자산의 취득가액은 그 자체가 비용항목에 해당하고 그 크기는 손익의 크기로 연결되며, 자산의 평가를 통한 취득가액의 수정은 익금과 손금을 구성하게 된다. 법은 자산·부채의 평가에 관하여 평가차손익이 발생하지 않는 경우와 평가차손익이 발생하는 경우를 구분하고 있다. 이는 권리·의무의 확정과 관계없이 손익을 인식하도록 한 규정이므로 권리·의무 확정주의의 예외로 볼 수 있다. 그 밖에 건설등의 용역제공 등과 관련하여 작업진행률 기준을 규정한 시행령 제69조 제 1 항이나 장기할부조건부 판매손익과 관련하여 인도기준이 아닌 회수기일 도래기준을 규정한 시행령 제68조 제 2 항 등도 권리의무확정주의의 예외로 볼 수 있다. 또한 감가상각비와 같이 법 자체가 손익의 대응을 위하여 별도의 규정을 둔 경우도 있다.

중간지급 조건부 용역의 공급의 경우 원칙적으로 약정에 따라 대가의 각 부분을 분할지급받기로 한 때가 용역의 공급시기 및 익금의 귀속시기이고, 분할지급시기 이후에 대금지급시기를 변경하는 합의를 하더라도 원칙적으로 이미 발생한 부가가치세와 법인세 납세의무에 영향을 미칠 수 없다. 분할지급시기 도래 전에 지급유예의 합의를 하더라도, 이후 계약이 중도 해지되어 장래를 향하여 효력을 잃게 되는 경우에는 해지 시까지 이미 공급한 부분에 관한 용역의 공급시기와 익금의 귀속시기는 계약 해지 시에 도래한다(판 2015. 8. 19, 2015두1588).

위법소득의 경우 경제적인 관리, 지배력의 획득이 소득인식의 요소인데 적법한 권리에 기초하지 않았다는 점에서 통상 권리확정주의의 예외로 설명되고 있다.

시행령 제68조 내지 71조는 구체적인 자산이나 소득의 귀속시기에 관하여 규정하고 있는데, 여기에도 권리확정주의의 예외로 볼 것들이 있다. 장기할부조건에 의한 자산 판매의 경우 해당 사업연도에 회수하였거나 회수할 금액과 대응비용을 수익과 비용으로 보는 것(영 68조 2항)은 수익의 인식시기를 이연시킨 것이고, 장기도급공사에서 작업진행률에 따라 수익과 비용을 인식하는 것(영 69조 1항)은 미리 손익을 인식하는 경우이며, 사채할인발행차금이나 개발비 상각비용 등을 손금산입하는 것(영 71조 3항 및 5항)은 기간손익 계산을 위한 비용배분의 성격을 갖는다. 수입이자나 수입보험료의 경우 대부분 현금주의를 채택한다(영 70조 1항 및 3항).

소득의 발생 원인에 관한 법률적 다툼으로 쟁송이 진행되어 쟁송절차를 통해 채권의 존재 및 범위가 확정된 경우 소득의 귀속시기는 원칙적으로 쟁송절차가 종결된 시점이나[1], 금전지급청구 소송에서 원고가 1심에서 가집행선고부 승소판결을 받아 가지급물을 지급받은 경우 그 때를 소득의 발생시기로 볼 것이다.[2]

계약이 해제되거나 사업상 정당한 사유 등으로 대금이 감액되어 매매대금이나 용역대금의 전부 또는 일부가 반환된 경우 그 반환금의 귀속시기는 경정청구제도와 밀접히 관련되어 있다. 그 내용은 이 책 228면 참조.[3]

보증보험회사가 보험사고 발생으로 보증보험금을 지급하고 보험계약자 등에 대해 취득한 구상채권의 익금 귀속시기에 관하여는 이 책 667면 참조.

(2) 손금의 귀속시기

손금의 귀속시기도 원칙적으로 채무확정주의가 타당하다. 다만 자산의 원가와 같이 수익에 직접 대응하는 비용은 수익의 실현시기에 손금산입되므로 엄격한 채

---

1) 이 경우 귀속시기를 수익실현사건 발생 시로 보아야 한다는 견해로, 송동진, 위 논문, 300면.

2) 앞에서 본 일최판 소화 53. 2. 24.나 미국판례도 같은 취지이다. 다만 가지급물을 지급받지 않았다면 소득이 발생하였다고 보기 어려울 것이다. 판 1993. 6. 22, 91누8180도 같은 취지이다. 관련 논의는, 김범준, "가집행선고부 승소판결에 따른 가지급물과 소득의 실현", 조세법연구 26-1, 151면. 불법행위로 인한 손해배상청구권에 관하여 통상 손해가 발생한 때가 손익의 확정시점이나, 가해자를 알 수 없는 경우와 같이 객관적으로 권리행사가 불가능한 경우 장애가 해소된 때를 익금산입시기로 보아야 한다고 한 것으로 동경고판 평성 21. 2. 18. 평석은 일본 판례백선 128면.

3) 일본 판례 중 지난 연도에 납부한 전기료 계산에 잘못이 있어 전기회사로부터 반환받은 금원을 지난 연도가 아니라 반환받은 연도의 익금으로 보아야 한다고 한 것으로, 일최판 평성 4. 10. 29. 평석은 일본 판례백선 126면.

무의 확정은 요구되지 않으며,[1] 다른 자산의 원가로 들어가지 않는 간접비용(기간비용)만이 채무확정주의에 따라 귀속연도를 가리게 된다. 또한 채무의 확정은 타인과의 거래, 즉, 대외적 거래에서 문제되고 감가상각비나 자가수선비와 같은 내부적 거래는 채무확정이 아닌 수익비용 대응 원칙에 따른 비용배분 절차만이 남게 된다.

어떤 채무가 확정되었다고 하기 위해서는 사법상 요건을 갖추어야 하고 현실적으로 급부가 가능한 상태에 있어야 한다. 일반적으로는 채무의 이행기가 될 것이나, 조건부나 기한부 채무의 경우에는 현실적으로 급부할 상태에 있지 않으므로 채무가 확정되었다고 할 수 없다. 또한 측정이 가능해야 손익의 인식이 가능하므로 늦어도 이행 시까지는 급부의 내용을 금액으로 평가할 수 있어야 한다.

판례는, 외국증권업자 甲이 유동성 공급계약을 맺은 국내 주식워런트증권 발행사로부터 주식워런트증권을 발행가격에 인수하여 투자자들에게 매도하고 발행사에 증권과 동일한 내용의 장외파생상품을 매도하는 거래를 한 경우, 甲이 주식워런트증권을 투자자들에게 매도함으로써 발행사로부터 인수한 증권의 인수가격에서 매도가격을 뺀 금액은 그 손실이 실현, 확정되었으므로 증권의 매도 시점이 속한 사업연도에 손금산입할 수 있다고 보았다(판 2017. 3. 22, 2016두51511). 기업회계에 따라 비용이 발생하였으나 세무회계상 채무가 확정되지 않아 손금산입이 유보된 경우 나중에 사업양도로 부채가 소멸되었더라도 세무회계상 부채로 볼 수 없는 이상 소멸의 효과를 부인하고 채무가 확정된 사업연도에 일단 손금산입을 한 후 '부(−)의 유보'로 세무조정 등을 하여야 한다(판 2017. 10. 12, 2017두169).

미국의 경우를 보면, 세법상 비용 확정의 요건으로, (1) 관련지출에 대한 의무발생 사실을 확증할 수 있는 모든 조건이 충족되고, (2) 지출금액을 상당히 정확하게 측정할 수 있으며, (3) 경제적 이행이 완료된 때의 세 가지를 든다. 미국 세법상 채용되는 통일자본화 규칙(Uniform Capitalization Rules)에 의하면, 납세자가 판매목적으로 재고자산 등의 취득 혹은 생산을 위해 지출한 모든 직, 간접비용을 자본화하도록 규정하고 있다. 이는 해당비용의 손금산입을 그로 인한 소득이 발생할 때까지 이연시킴으로써 관련 수익과 비용이 대응되도록 하는 기능을 한다.[2]

---

1) 일본 법인세법 제22조 제 3 항 제 1 호의 매출원가와 관련하여, 금액이 확정되지 않은 지출이라도 지출이 상당한 정도로 확실성을 가지고 금액을 적정하게 견적(見積)할 수 있으면 손금에 산입할 수 있다고 한 것. 일최판 평성 16. 10. 29. 일본 법인세법 기본통달 2-2-1도 같은 취지이다. 판결에 대한 평석은 일본 판례백선 104면.

2) 김재승, 앞 논문 81면 이하.

2. 수익·비용대응의 원칙

가. 의 의

회계에서는 기간손익을 정확하게 파악하기 위해 수익과 그 수익 발생에 들어간 비용을 동일 회계연도에 계상하여야 한다는 원칙이 확립되어 있다. 이를 수익·비용대응의 원칙(principle of matching costs with revenues)이라고 한다. 기업회계는 「**동일한 거래나 사건에 관련된 수익과 비용은 동시에 인식한다. 이러한 과정을 보통 수익과 비용의 대응이라고 한다**」라고 표현하고 있다(재무회계개념체계 146; 일반기준 16-실7). 이는 소득세법과 법인세법에서도 그대로 타당하다.

소득세법 제27조 제1항은, 「**사업소득금액을 계산할 때 필요경비에 산입할 금액은 해당 과세기간의 총수입금액에 대응하는 비용으로서 일반적으로 용인되는 통상적인 것의 합계액으로 한다**」고 규정하고 있고, 법인세법은 이와 같은 규정이 없으나 법 제14조에서 채무확정주의와 함께 수익·비용대응의 원칙을 채택한 것으로 이해되며, '자산의 양도 등으로 인한 익금과 손금의 귀속사업연도'(영 68조 1항), '해당 사업연도에 회수하였거나 회수할 금액과 이에 대응하는 비용'(동 2항), '용역의 제공으로 인한 익금과 손금의 귀속사업연도'(영 69조 1항), '임대료 상당액과 이에 대응하는 비용'(영 71조 1항) 등도 같은 취지의 규정으로 이해된다.

나. 내 용

비용은 제품원가나 감가상각비와 같이 특정 수익과 직접적 또는 개별적 관련성이 있는 비용과 판매비나 일반관리비와 같이 그렇지 않은 비용으로 구분할 수 있다. 통상 전자를 직접대응 혹은 제품대응, 후자를 간접대응 혹은 기간대응이라고 부른다. 넓은 의미의 수익·비용대응의 원칙은 간접대응을 포함하지만 일반적으로 수익·비용대응의 원칙을 말할 때는 전자를 의미하는 것으로 이해되고 있다.

수익·비용대응의 원칙을 적용하기 위해서는 여러 부문 또는 기간에 걸친 비용을 회계상 적절히 배분하여야 한다. 이 과정에서 나타나는 주관성 내지 자의성을 규제하기 위하여 법인세법상 유형자산 및 무형자산의 상각범위액, 재고자산의 평가방법 등과 같은 규정들을 일부 두고 있으나 나머지 대부분은 기업회계에 일임되어 있다. 또한 수익과 비용이 서로 관련성이 있더라도 양자의 시차로 인해 대응이 이루어지지 않는 경우도 있다. 예컨대 법인이 직원에게 지급하는 상여금이 일정기간 동안의 임금의 성질을 지니는 경우 전체 해당기간 중 경과일수에 상응하는 상여금 액수가 가분적으로 확정되지 않으면 상여금이 지급되지 않은 회계연도에는 손금산입이 허용되지 않는데(판 89. 11. 14, 88누6412), 이렇게 되면 수익이 선행하고 비용은 확정시점에 이르러 계상이 가능하게 된다.

일반적으로 기업회계기준은 비용을 발생주의에 의하도록 하여 그 인식시기를 앞당기고 있다. 이 경우 금액을 예측할 수 있어야 하는데, 세법은 수익과 비용의 시차에 따른 불합리한 결과와 장래 확정될 비용의 자의적 예측을 조정하는 수단으로 각종 충당금과 준비금 규정을 두고 있다. 또한 어느 회계연도의 지출의 효과가 그 이후에까지 미치는 일정한 경우 비용을 자산화하여 수개 사업연도에 걸쳐 이연상각하는 방법으로 수익·비용의 대응을 도모하기도 한다.

수익·비용대응의 원칙은 비용만 있고 수익이 없는 경우에는 적용될 여지가 없으며, 이 경우에는 원칙적으로 확정된 연도의 비용으로 보는 수밖에 없다.

3. 소득의 유형별 귀속시기

가. 의 의

법인세법시행령은 제68조부터 제71조까지 거래유형별이나 거래목적별로 손익의 귀속사업연도에 관하여 구체적인 규정을 두고 있다. 법인세법 제40조 제 1 항은 손익의 귀속사업연도에 관하여 원칙적으로 권리의무확정주의를 채택하고 있는데, 위 시행령 규정은 이를 구체화한 것이다. 다만 위 시행령 규정은 권리의무확정주의의 예외로 볼 수 있는 일부 사항들까지 규정하고 있다. 건설 등의 용역제공 등과 관련하여 작업진행률 기준을 규정한 시행령 제69조 제 1 항이나 장기할부조건부 판매손익과 관련하여 회수기일 도래기준을 규정한 시행령 제68조 제 2 항 등이 그것인데 과세요건에 해당하는 익금 및 손금의 귀속시기와 관련하여 모법의 위임 없이 모법에서 규정한 사항의 예외를 시행령에서 규정하는 것은 법 체계상 문제가 있다.[1)]

나. 내 용

(1) 자산의 판매손익 등의 귀속사업연도(영 68조 1항, 2항).

1\. 상품(부동산을 제외한다)·제품 그 밖의 생산품(이하 '상품 등'이라 한다)의 판매: 그 상품 등을 인도한 날(영 68조 1항 1호).

1) 같은 취지, 김완석·황남석, 앞의 책 518면.

인도란 기본적으로 민법상의 인도개념과 같으나 시행규칙 제33조 제 1 항은 특수한 경우의 인도한 날의 범위를 다음과 같이 규정하고 있다.

(i) 납품계약, 수탁가공계약에 의하여 물품을 납품하거나 가공하는 경우에는 해당 물품을 계약상 인도하여야 할 장소에 보관한 날(다만 계약에 따라 검사를 거쳐 인수 및 인도가 확정되는 물품의 경우에는 해당 검사가 완료된 날).

(ii) 물품을 수출하는 경우에는 수출물품을 계약상 인도하여야 할 장소에 보관한 날.

판례는, 구체적인 제품의 종류, 수량, 규격 및 단가가 확정되지 아니한 상태에서 선수금을 받거나 거래증거금 명목의 약속어음만을 받은 때에는 아직 인도할 수 있는 상태에 있는 것으로 볼 수 없고(판 83. 3. 8, 81누347), 세금계산서를 전 사업연도 중에 발행하였더라도 대금의 귀속연도는 물품을 실제 인도한 해당 사업연도라고 하고 있다(판 82. 10. 12, 82누114).

2. 상품 등의 시용판매: 상대방이 그 상품 등에 대한 구입의 의사를 표시한 날. 다만 일정기간 내에 반송하거나 거절의 의사를 표시하지 아니하면 특약 등에 의하여 그 판매가 확정되는 경우에는 그 기간의 만료일로 한다(동 2호).

3. 상품 등 이외의 자산의 양도: 그 대금을 청산한 날. 다만 대금을 청산하기 전에 소유권 등의 이전등기(등록을 포함)를 하거나 해당 자산을 인도하거나 상대방이 해당 자산을 사용수익하는 경우에는 그 이전등기일(등록일 포함)·인도일 또는 사용수익일 중 빠른 날로 한다(동 3호).[1)]

4. 자산의 위탁판매: 수탁자가 그 위탁자산을 매매한 날(동 4호).[2)]

5. 증권시장에서의 유가증권 매매: 자본시장법 제 8 조의2 제 4 항 제 1 호에 따른 증권시장에서 같은 법 제393조 제 1 항에 따른 증권시장업무규정에 따라 보통거래방식으로 한 유가증권의 매매의 경우 매매계약을 체결한 날로 한다(동 5호).

6. 장기할부판매: 장기할부조건이란 자산의 판매 또는 양도(국외거래에 있어서 소유권이전조건부 약정에 의한 자산의 임대 포함)로서 판매금액 또는 수입금액을 월부·연부 그 밖의 지불방법에 따라 2회 이상으로 분할하여 수입하는 것 중 해당 목적물 인도일의 다음 날부터 최종 할부금의 지급기일까지의 기간이 1년 이상인 것을 말한다(동 4항).

장기할부판매는 대금회수 기간이 장기이고, 매출금액도 다액이며, 현금화될 때까지 기간에 대한 지급이자, 수금비용 및 대손상각 등의 비용이 많이 발생한다. 따라서 이를 고려하지 않고 통상적 인도기준을 적용하면 소득이 과대하게 될 우려가 있다. 이에 따라 시행령은 법인이 장기할부조건으로 자산을 판매한 경우로서 판매

1) 이 규정은 법률의 규정에 따른 이전의 경우에도 적용된다: 판 91. 11. 22, 91누1691.
2) 이는 기업회계기준을 따른 것이다{국제기준 1115-31~38; 일반기준 16-사례4}.

또는 양도한 자산의 인도일이 속하는 사업연도 결산을 확정함에 있어서 해당 사업연도에 회수하였거나 회수할 금액과 그 대응비용을 각각 수익과 비용으로 계산한 경우 장기할부조건에 따라 각 사업연도에 회수하였거나 회수할 금액과 그 대응비용을 해당 사업연도의 익금과 손금에 산입하도록 하고 있다(영 68조 2항 본문). 다만 위 규정은 법인이 장기할부판매에 대한 손익을 회수기일 도래기준에 따라 인식한 경우에만 적용되는데, 한국채택국제회계기준은 장기할부판매거래에 대한 수익의 인식기준으로 인도기준만을 허용하고 있어서 결산상 한국채택국제회계기준을 따르는 중소기업의 경우 위 규정에 따르면 세 부담이 증가한다. 이에 따라 법은 중소기업인 법인에 한해 장기할부조건으로 자산을 판매·양도한 경우 결산상 손익인식과 관계없이 장기할부조건에 따라 각 사업연도에 회수하였거나 회수할 금액과 대응비용을 해당 사업연도 손익에 산입할 수 있도록 하고 있다(같은 항 단서).

인도일에는 약정에 따라 인도가 가능한 날이 포함된다(판 2000. 2. 8, 98두9639). 장기할부판매는 연불판매라고도 하며 단순한 할부판매와는 구별된다. 할부판매는 상품 등의 판매대금을 비교적 장기(3개월 이상)에 걸쳐 회수할 것을 계약내용으로 하는 판매형태를 말한다. 법인이 장기할부대금채권에 대하여 법에 따라 현재가치로 평가하여 현재가치할인차금을 계상한 경우 해당 채권의 회수기간 동안 기업회계기준에 따라 환입하였거나 환입할 금액을 각 사업연도 익금에 산입한다(동 6항).

(2) 용역제공 등에 의한 손익의 귀속사업연도(영 69조)

「법 제40조 제 1 항 및 제 2 항을 적용함에 있어서 건설·제조 기타 용역의 제공으로 인한 익금과 손금은 그 목적물의 건설 등의 착수일이 속하는 사업연도부터 그 목적물의 인도일(용역제공의 경우에는 그 제공을 완료한 날)이 속하는 사업연도까지 기획재정부령으로 정하는 바에 따라 그 목적물의 건설 등을 완료한 정도('작업진행률')를 기준으로 하여 계산한 수익과 비용을 각각 해당 사업연도의 익금과 손금에 산입한다. 다만 다음 각 호의 어느 하나에 해당하는 경우에는 그 목적물의 인도일이 속하는 사업연도의 익금과 손금에 산입할 수 있다」(1항).

1. 중소기업인 법인이 수행하는 계약기간이 1년 미만인 건설등의 경우 2. 기업회계기준에 따라 그 목적물의 인도일이 속하는 사업연도의 수익과 비용으로 계상한 경우

제 1 항을 적용할 때 작업진행률을 계산할 수 없다고 인정되는 경우로서 기획재정부령으로 정하는 경우에는 그 목적물의 인도일이 속하는 사업연도의 익금과 손금에 각각 산입한다(2항).

이는 건설형 공사계약과 관련하여 원칙적으로 작업진행률 기준으로 수익과 비

용을 인식하되, 중소기업이 수행하는 단기도급공사등 예외적 상황에서는 인도기준을 채택할 수 있도록 함으로써 법인의 세무회계처리를 한국채택국제회계기준에 부합하도록 한 것이다.

제 1 항을 적용할 때 작업진행률에 의한 익금 또는 손금이 공사계약의 해약으로 인하여 확정된 금액과 차액이 발생된 경우에는 그 차액을 해약일이 속하는 사업연도의 익금 또는 손금에 산입한다(3항).[1)]

장기도급계약에 있어서 손익의 귀속사업연도나 그 기초가 되는 건설의 완료정도는 급부 유형별이 아니고 계약별로 일괄하여 인식한다(판 95. 7. 14, 94누3469).

(3) 이자소득 등의 귀속사업연도(영 70조)

법인이 수입하거나 지급하는 이자 및 할인액의 귀속사업연도는 원칙적으로 소득세법 시행령 제45조의 규정에 따른 수입시기에 해당하는 날이 속하는 사업연도이다(영 70조 1항 1호 및 2호). 다만 금융보험업을 영위하는 법인, 자본시장법에 따른 투자매매업자·투자중개업자, 투자회사, 자본시장법에 따른 신탁업자 등이 수입하는 이자 및 할인액, 보험료·부금·보증료, 수수료, 증권투자수익, 신탁수익 등에 관하여는 각각의 특성에 따른 예외규정이 있다(영 70조 3항 내지 5항 참조).

이자채권은 회수불능으로 확정된 때에 대손사유가 될 뿐 이로 인해 그 귀속시기에 영향을 미치지 않는다(판 2005. 5. 26, 2003두797). 이 점은 개인의 이자소득이 소득의 실현가능성이 없으면 소득이 발생하지 않는 것으로 보는 것과 대비된다.

법인이 수입하는 배당소득의 귀속사업연도 역시 소득세법 시행령 제46조의 규정에 따른 수입시기에 해당하는 날이 속하는 사업연도이다(영 70조 2항).

(4) 임대료 등 그 밖의 손익의 귀속사업연도(영 71조)

계약 등에 의하여 임대료의 지급일이 정하여진 경우에는 그 지급일, 그 지급일이 정하여지지 않은 경우에는 그 지급을 받은 날이다(1항. 단서조항 있음).

소득세법 제162조 및 부가가치세법 제36조 제 4 항의 업종을 영위하는 법인이 금전등록기를 설치·사용하여 수입하는 물품대금과 용역대가의 귀속사업연도는 그 금액이 실제로 수입된 사업연도로 할 수 있으며(2항), 법인이 사채를 발행하는 경우 상환할 사채금액의 합계액에서 사채발행가액의 합계액을 공제한 금액은 기업회계기준에 의한 사채할인발행차금의 상각방법에 따라 이를 손금에 산입한다(3항).

「자산유동화에 관한 법률」 제13조에 따른 방법에 의하여 보유자산을 양도하는 경우 및 매출채권 또는 받을 어음을 배서양도하는 경우에는 기업회계기준에 의한

1) 이 규정과 후발적 경정청구의 관계는 이 책 228면 참조.

손익인식방법에 따라 관련 손익의 귀속사업연도를 정한다(4항). 개발비로 계상한 제품이 판매나 사용 가능시점 도래 전에 개발이 취소된 경우와 파생상품 거래로 인한 손익의 귀속 사업연도에 관하여도 별도 규정이 있다(영 71조 5항 및 6항).

(5) 무상으로 받은 자산

시행령 제11조 제 5 호 소정의 무상으로 받은 자산의 익금 확정시기는 법 제14조 제 1 항, 제40조 제 1 항의 각 규정에 비추어 그 수증재산을 받을 권리가 확정된 때이므로 소유권이전등기시가 아닌 사실상 증여받은 때의 사업연도가 된다.

제 4 절 손익의 귀속시기와 관련된 항목

1. 세무충당금 및 준비금

가. 총 설

기업회계에서는 준비금을 잉여금의 한 항목으로 분류하고, 충당금은 이와는 별도로 규정하고 있다(국제기준 1001호, 1037호; 일반기준 2장, 14장). 준비금은 진정준비금과 부진정준비금으로, 진정준비금은 다시 공연한 준비금과 숨은 준비금으로 분류되어, 전자에는 법정준비금(이익준비금, 자본준비금)과 임의준비금이, 후자에는 비밀준비금과 평가준비금 등이 각 포함된다. 부진정준비금에는 소위 평가성충당금과 부채성충당금이 포함된다. 그러나 세법은 충당금을 위와 같은 구분 없이 준비금과 혼용하고 있다. 현행 세법상 준비금은 한편으로는 부채로, 다른 한편으로는 자본으로 파악되고 있는데, 이는 미국과 일본 세법의 영향을 받은 것이다.[1)]

나. 충당금의 의의

기간손익계산을 적정히 하기 위해서는 발생주의에 의한 비용의 배분과 수익비용대응원칙에 따른 기간손익을 계상하여야 한다. 그런데 어떤 회계기간에 확정되지는 않았으나 그 사업연도에 이미 발생하였거나 또는 장래 발생할 것이 확실한 비용에 대해서는 일정한 기준에 따라 그 금액을 추정하여 이를 비용으로 계상할 필요가 있게 된다. 이 경우 그 비용의 상대계정과목으로 설정되는 것을 충당금이라

1) 세법상 준비금을 자본항목에 국한시키고 세무조정을 신고조정방식으로 통일하는 것이 바람직하다는 의견으로, 황남석, "세법상 준비금에 관한 고찰", 조세법연구 18-3, 262면.

고 한다. 따라서 충당금이란 장래 특정의 지출에 대한 준비금으로서 그 부담이 해당 사업연도에 속하며 그 금액을 추산할 수 있는 것이라고 정의할 수 있다.

충당금에는 부채성충당금과 평가성충당금이 있다. 부채성충당금에는 퇴직급여충당금이 있고 평가성충당금에는 대손충당금이 있다.

법인세법은 권리의무확정주의를 취하기 때문에 기업회계상 장래에 발생할 가능성이 있다고 인정하여 비용으로 계상하였더라도 원칙적으로 손금에 산입하지 않으나, 조세정책상 또는 기업회계의 존중이라는 측면에서 예외적으로 일정한 범위 내에서 충당금과 준비금을 손금으로 인정하고 있다. 이에 해당하는 것으로, ① 보험업법상의 책임준비금(법 30조), ② 퇴직급여충당금(법 33조), ③ 대손충당금(법 34조), ④ 구상채권상각충당금(법 35조) 등이 있다.

한편 비영리내국법인에 대한 고유목적사업준비금(법 29조), 국고보조금 등으로 취득한 사업용 자산가액(법 36조), 공사부담금으로 취득한 사업용자산가액(법 37조), 보험차익으로 취득한 유형자산가액(법 38조)에 대한 일시상각충당금 및 압축기장충당금 등과 같이 기업회계상 인정되지 않는 충당금 및 준비금 등은 기업회계상 목적이 아니라 정책적 목적에 따라 특정 법인 또는 특정 소득에 대하여 익금의 귀속시기를 늦추거나 손금의 산입시기를 앞당겨 조세의 연납혜택을 부여하려는데 그 취지가 있다. 이들 준비금은 원칙적으로 재무제표상 비용 계상의 방법으로 손금산입 할 수 없으므로 법은 이들 준비금을 세무조정계산서에 손금으로 계상하고 해당 금액을 잉여금 처분 시 적립하는 방법으로 손금산입을 허용한다(법 61조).[1]

그 외에 비상위험준비금과 같이 법령에 따라 설정이 강제되나 기업회계상 부채로 인정되지 않는 것도 있는데, 이는 법상 준비금으로 손금산입이 허용되며 손금산입 방법은 잉여금 처분에 의한 신고조정방식에 따른다(법 31조 2항).

아래에서 차례대로 살펴보기로 한다.

---

1) 신용협동조합중앙회가 신용협동조합중앙회공제규정을 제정한 후 공제규정에 따라 계약자배당준비금을 적립하다가 이를 개정하여 계약자배당준비금과 계약자이익배당준비금을 구분하면서 부칙에 개정 공제규정 시행일 이전의 계약자배당준비금은 계약자이익배당준비금으로 계상하도록 정한 뒤, 이전 사업연도까지 적립한 계약자배당준비금을 개정 당해 사업연도 결산 시 환입하여 계약자이익배당준비금으로 적립하고('제 1 적립금'), 개정 당해 및 차기 사업연도에 계약자이익배당준비금('제 2 적립금')을 신규로 적립하였는데, 이후 신용협동조합중앙회가 제 1 적립금과 제 2 적립금을 이후 사업연도에 환입하여 계약자배당준비금으로 적립하면서 손금에 산입한 경우 신용협동조합중앙회의 이후 사업연도 계약자배당준비금 적립액을 손금에 산입하기 위해서는 개정 이전 사업연도까지 적립한 계약자배당준비금의 환입에 따른 익금산입이 전제되어야 한다고 본 사례: 판 2023. 4. 27, 2018두62928.

다. 퇴직급여충당금

재직 중인 임원 또는 직원이 퇴직할 때 지급할 퇴직금에 충당하기 위하여 비용에 미리 계상한 금액의 상대계정을 퇴직급여충당금이라 한다. 내국법인은 1년간 계속하여 근로한 임원 또는 직원에 대하여 퇴직급여충당금을 설정할 수 있다. 퇴직급여충당금은 부채성충당금에 해당한다.[1)]

각 사업연도의 결산을 확정할 때 계상한 퇴직급여충당금은 1년간 계속하여 근로한 임원 또는 직원(확정기여형 퇴직연금 등이 설정된 자는 제외)에게 지급한 총급여액의 5/100 이내의 범위에서 손금에 산입할 수 있다(법 33조 1항; 영 60조 1항).

총급여액에는 근로의 제공으로 받는 연·월차수당과 휴가보상금 및 해외지점에 근무하는 현지직원들에게 지급한 급여 등이 포함되고, 판매상여금도 실질이 성과급에 따른 상여금이면 회사의 규정내용에 불구하고 포함된다(판 89. 3. 28, 87누880). 손금산입되는 퇴직급여충당금 누적액은 시행령 제60조 제 2 항 참조.

퇴직급여충당금을 계상한 법인이 임원 또는 직원에게 퇴직금을 지급할 때에는 퇴직급여충당금에서 먼저 지급한다(법 33조 2항). 퇴직급여충당금은 대손충당금과는 달리 잔액이 다음 사업연도로 이월되어 익금산입되지 않는다(영 60조 3항).

라. 대손충당금

(1) 의 의

기업의 외상매출금, 받을어음, 대여금 및 미수금 등의 금융자산은 전부 회수된다고 볼 수 없고, 회수불능 채권을 재무제표에 공시하는 것은 재무상태를 왜곡하는 것이므로, 객관적으로 금융자산의 가치손상이 발생한 경우 손상차손을 인식하기 위하여 대손충당금 계정을 설정하게 된다(국제기준 1109-5.5.15; 일반기준 6-17의2). 대손충당금은 특정자산에 대한 평가계정의 성질을 갖는 평가성충당금에 해당한다.

회수불능채권의 경우 상품매출 등으로 채권이 확정된 사업연도와 대손이 나타나는 연도가 다른 경우 기간손익 계산상 수익·비용대응 원칙에 어긋나고 채권이 과대계상될 위험이 있어 평가계정인 대손충당금계정을 설정하는 방법이 선호된다.

---

1) 이 경우 회계처리는 다음과 같다.

1. 충당금 설정 시

(차) 퇴직급여 100,000,000원 (대) 퇴직급여 충당금 100,000,000원

2. 퇴직급여 지급 시

(차) 퇴직급여 충당금 100,000,000원 (대) 현 금 100,000,000원

(2) 대손충당금의 손금산입

내국법인이 각 사업연도 결산을 확정할 때 외상매출금·대여금 및 그 밖에 이에 준하는 채권의 대손에 충당하기 위해 대손충당금을 손비로 계상한 경우에는 대통령령으로 정하는 바에 따라 계산한 금액 범위 안에서 그 계상한 대손충당금을 해당 사업연도 소득금액을 계산할 때 손금에 산입한다(법 34조 1항). 그러나 대통령령으로 정하는 일부 경우를 제외한 채무보증으로 인하여 발생한 구상채권과 업무무관가지급금채권은 그 설정대상에서 제외된다(동 2항; 법 19조의2 2항).

내국법인 또는 국내사업장이 있는 외국법인이 2014. 12. 31.까지 국제회계기준을 최초로 도입하는 경우 해당 사업연도에 발생한 대손충당금 감소액(환입액)을 익금불산입하고 2015. 1. 1. 이후 최초로 개시되는 사업연도에 익금에 산입한다(조특법 104조의23). 이는 국제회계기준의 도입으로 기존에 설정한 대손충당금이 대거 환입됨으로써 법인세 부담이 증가할 것이 예상됨에 따라 둔 특례규정이다.

기업회계는 유동자산이나 투자자산 중 금전채권의 성질을 갖는 계정들을 대손충당금 설정대상으로 하여, 외상매출금, 받을 어음과 장, 단기대여금 및 미수금, 미수수익 등에 대해 충당금을 설정한다. 이는 대체로 세법상으로도 동일하다.

(3) 설정한도액

법인세법상 대손충당금은 사업연도 종료일 현재 위에서 본 설정대상 채권의 장부가액 합계액의 1%에 상당하는 금액과 채권잔액에 시행령 제61조 제 3 항에서 정한 대손실적률을 곱하여 계산한 금액 중 큰 금액을 말한다(영 61조 2항 본문). 일정한 금융회사의 경우 별도의 한도기준이 선택적으로 설정되어 있다(동항 단서).

(4) 손금산입한 대손충당금의 처리

대손충당금은 결산조정사항이다. 즉, 대손충당금은 법인이 결산상 장부에 손금으로 계상한 경우에 한하여 손금으로 인정된다. 전기 말에 대손충당금을 계상한 법인이 다음 사업연도에 대손금이 발생한 때에는 대손충당금과 먼저 상계하고, 상계하고 남은 대손충당금 계정 잔액은 다음 사업연도에 익금산입한다(법 34조 3항).

마. 구상채권 상각충당금

신용보증기금, 한국무역보험공사, 근로복지공단, 주택도시보증공사, 산업기반신용보증기금, 신용보증재단중앙회, 서민금융진흥원, 엔지니어링공제조합, 소프트웨어공제조합, 「방문판매 등에 관한 법률」에 의한 공제조합, 정보통신공제조합 등 시행령 제63조 제 1 항 소정의 법인 등이 중소기업 등의 은행 등에 대한 대출금을 보증하고 대위변제할 경우 취득하는 구상권의 대손에 대비하여 설정하는 것이 구상채권 상각충당금이다(법 35조 1항). 설정한도는 해당 사업연도 종료일 현재 신용보증 잔액의 1%와 구상채권발생률 중 낮은 비율이고, 이는 손금 산입된다(영 63조 3항).

한국채택국제회계기준을 적용하는 법인 중 대통령령으로 정하는 법인이 구상채권상각충당금을 제60조 제 2 항 제 2 호에 따른 세무조정계산서에 계상하고 이를 해당 사업연도의 이익처분 시 구상채권상각충당금의 적립금으로 적립한 경우에는 대통령령으로 정하는 바에 따라 계산한 금액의 범위에서 그 금액을 결산을 확정할 때 손비로 계상한 것으로 본다(법 35조 2항).

바. 비영리내국법인의 고유목적사업준비금

비영리내국법인(법인으로 보는 단체는 대통령령으로 정하는 단체만 해당함)이 각 사업연도 결산을 확정할 때 법인의 고유목적사업이나 제24조 제 3 항 제 1 호에 따른 일반기부금에 지출하기 위해 고유목적사업준비금을 손비로 계상한 경우 일정한 범위{법 29조 1항 각 호의 구분에 따른 금액(2호에 따른 수익사업에서 결손금이 발생한 경우에는 1호 각목의 소득금액의 합계액에서 그 결손금을 차감한 금액)의 합계액}에서 그 계상한 고유목적사업준비금을 해당 사업연도 소득금액계산을 계산할 때 손금에 산입한다(법 29조 1항).

제 1 항을 적용할 때 「주식회사 등의 외부감사에 관한 법률」 제 2 조 제 7 호 및 제 9 조에 따른 감사인의 회계감사를 받는 비영리내국법인이 고유목적사업준비금을 제60조 제 2 항 제 2 호에 따른 세무조정계산서에 계상하고 그 금액 상당액을 해당 사업연도 이익처분을 할 때 고유목적사업준비금의 적립금으로 적립한 경우에는 그 금액을 결산을 확정할 때 손비로 계상한 것으로 본다(동 2항).

제 1 항에 따라 고유목적사업준비금을 손금에 산입한 비영리내국법인이 고유목적사업등에 지출한 금액이 있는 경우에는 그 금액을 먼저 계상한 사업연도의 고유목적사업준비금부터 차례로 상계하여야 한다. 이 경우 고유목적사업등에 지출한 금액이 직전 사업연도 종료일 현재의 고유목적사업준비금의 잔액을 초과한 경우 초과하는 금액은 그 사업연도에 계상할 고유목적사업준비금에서 지출한 것으로 본다(동 3항). 제 4 항 생략(사업의 포괄적 양도의 경우 준비금 승계에 관한 규정임).

제 1 항에 따라 손금에 산입한 고유목적사업준비금의 잔액이 있는 비영리내국법인이 다음 각 호의 어느 하나에 해당하게 된 경우 그 잔액(제 5 호의 경우에는 고유목적사업등이 아닌 용도에 사용한 금액)은 해당 사유가 발생한 날이 속하는 사업연도

의 소득금액을 계산할 때 익금에 산입한다(동 5항. 각 호 생략).

내국법인이 조특법상 준비금을 손금으로 계상하지 않았더라도 국세기본법상 경정청구를 통해 신고조정 방법으로 당해 준비금을 손금산입할 수 있다. 나아가 위 조항이 손금으로 계상한 준비금 상당액을 '당해' 사업연도 이익처분 시 적립금으로 적립하도록 하고 있더라도, 어느 법인이 당해 사업연도 처분가능이익이 없거나 부족하여 손금으로 계상한 준비금 상당액 전액을 적립금으로 적립할 수 없는 때에는 당해 사업연도 처분가능이익을 한도로 적립할 수 있으며 이 경우 부족액은 다음 사업연도 이후에 추가적립을 조건으로 손금산입을 허용하되, 다음 사업연도 이후에 처분가능이익이 발생하였음에도 이를 적립하지 않는 때에는 그 한도 내에서 손금산입을 부인하여야 한다(판 2009. 7. 9, 2007두1781).

비영리내국법인이 5년 유예기간 중에 고유목적사업준비금을 고유목적사업 아닌 다른 용도에 사용한 경우 사용금액 상당을 사유가 발생한 사업연도 익금에 곧바로 산입할 수 있다(판 2017. 3. 9, 2016두59249). 비영리법인인 한국사학진흥재단이 사학진흥기금을 설치해 사학기관에 자금을 융자하여 이자소득이 발생한 경우 융자사업에 지출하기 위해 적립한 준비금은 손금산입할 수 없다(판 2019. 8. 30, 2019두40529). 고유목적사업준비금 손금산입한도액의 전제가 되는 '수익사업에서 발생한 소득'의 계산에 관한 구법인세법 시행령 제56조 제 3 항 괄호 밖 부분에서 말하는 '법 제24조 제 2 항에 따른 기부금'은 구법인세법 제24조 제 2 항에 따라 손금에 산입되는 기부금인 '법정기부금의 손금산입한도액'이 아니라 '비영리내국법인이 법정기부금으로 지출한 금액'을 의미한다(판 2019. 12. 27, 2018두37472).

비영리법인이 수익사업에서 얻은 소득을 고유목적사업 등에 지출한 경우, 그 지출금을 고유목적사업준비금의 손금산입 한도액 범위 안에서 손금에 산입하는 것과 별도로 비영리법인의 선택에 따라 이를 수익사업의 수익에 대응하는 비용으로 보아 손금에 산입하는 것은 허용되지 않는다(판 2020. 5. 28, 2018두32330).[1)]

사. 책임준비금의 손금산입

보험사업을 하는 내국법인(보험업법에 따른 보험회사는 제외)이 각 사업연도의 결산을 확정할 때 수산업협동조합법 등 보험사업 관련 법률에 따른 책임준비금을 손비로 계상한 경우에는 대통령령으로 정하는 바에 따라 계산한 금액의 범위에서

---

1) 관련 논의는, 정기상, "비영리법인의 고유목적사업준비금 손금산입에 관한 고찰", 세무와 회계연구(제11권 제 4 호), 157면 이하,

그 계상한 책임준비금을 해당 사업연도의 소득금액을 계산할 때 손금에 산입한다(법 30조 1항). 손금에 산입한 책임준비금은 대통령령으로 정하는 바에 따라 다음 사업연도 또는 손금에 산입한 날이 속하는 사업연도 종료일 이후 3년이 되는 날(3년이 되기 전에 해산 등 대통령령으로 정하는 사유가 발생하는 경우에는 해당 사유가 발생한 날)이 속하는 사업연도의 소득금액을 계산할 때 익금에 산입한다(동 2항).

보험회사가 새로운 회계기준을 적용하는 첫 사업연도에 발생하는 이익은 4년간 거치 후 3년간 균등하게 나누어 익금에 산입할 수 있되, 보험회사가 보험계약의 해약 등에 대비하여 적립하는 해약환급금준비금을 손금에 산입하는 경우에는 이를 적용하지 아니한다(법 42조의3).

아. 해약환급금준비금의 손금산입

보험업법에 따른 보험회사가 해당 사업연도의 이익처분을 할 때 해약환급금준비금(보험회사가 보험계약의 해약 등에 대비하여 적립하는 금액으로서 대통령령으로 정하는 바에 따라 계산한 금액을 말한다)을 적립하고, 그 적립한 금액의 범위에서 법 제60조 제 2 항 제 2 호에 따른 세무조정계산서에 계상을 한 경우에는 그 계상한 금액을 결산을 확정할 때 손비로 계상한 것으로 보아 해당 사업연도의 소득금액을 계산할 때 손금에 산입한다(법 32조 1항). 제 1 항을 적용받으려는 보험회사는 대통령령으로 정하는 바에 따라 해약환급금준비금에 관한 명세서를 납세지 관할 세무서장에게 제출하여야 한다(동 2항). 3항: 생략.

자. 비상위험준비금의 손금산입

법 제31조 참조.

2. 자산·부채의 평가

가. 총 설

손익의 귀속시기와 관련하여 과세소득의 크기에 영향을 미치는 요소 중의 하나가 자산과 부채의 평가이다. 자산과 부채의 평가는 취득가액 결정과 함께 원가의 배분과정을 이루며, 소득의 귀속시기와 동전의 양면의 관계에 있다. 자산이나 부채를 역사적 원가로 평가한다는 말은 자산과 부채의 보유기간 중에 발생한 자본이득이나 손실을 소득계산에 반영하지 않는다는 뜻이다. 이에 반해 법인세법은 재고자산과 보험업법 그 밖의 법률에 의한 유형자산과 무형자산, 주식과 채권 등 유가증권, 기업회계기준에 따른 화폐성 외화자산과 부채, 금융회사가 보유하는 통화 관련 파생상품 중 통화선도 및 통화스왑 및 환변동보험, 금융회사 이외의 법인이 환위험을 회피하기 위해 보유하는 통화선도 등에 관하여만 자산의 평가를 허용하고, 그 외는 자산의 평가를 허용하지 않는다(법 42조 1항; 영 73조). 또한 자산의 평가에 있어서도 재고자산은 원가법과 저가법, 유가증권은 원가법 중 일부 방법만을 허용하며, 평가방법에 있어서도 계속성의 원칙을 준수할 것을 요구하고 있다.

나. 재고자산의 평가

(1) 재고자산의 의의와 종류

재고자산이란 기업이 정상적인 영업활동과정에서 판매를 목적으로 보유하고 있는 자산(판매목적으로 구입한 상품·미착상품·적송품 등, 부동산매매업의 경우 판매목적의 토지·건물 등, 판매목적으로 제조한 생산품·부산물 등 제품), 판매를 위하여 생산중인 자산(재공품), 중간제품과 부분품(반제품) 및 판매할 자산을 생산하는 데 사용하거나 소모하는 자산(원재료, 소모품)을 말한다.

일반회사가 보유한 유가증권은 투자자산이나 당좌자산이지만, 증권회사가 판매목적으로 보유한 유가증권은 재고자산이며, 의류제조회사가 보유한 재봉기는 유형자산이지만 재봉기 제조회사가 보유한 재봉기는 재고자산이다.

(2) 재고자산의 취득원가

㈎ 매입(대통령령으로 정하는 금융자산 제외)**·제작에 의한 경우** 이 경우 재고자산의 취득원가는 매입가액 또는 제작원가에 그 부대비용을 합하여 계산한다(법 41조 1항 1·2호; 영 72조 2항 1·2호). 다만 내국법인이 외국자회사를 인수하여 취득한 주식등으로서 대통령령으로 정하는 주식등은 제18조의4에 따라 익금불산입된 수입배당금액, 인수 시점의 외국자회사의 이익잉여금 등을 고려하여 대통령령으로 정하는 금액으로 한다(동항 1의2호)

시행령 제19조 제 2 호는 ‘양도한 자산의 양도당시의 장부가액’을 손비로 규정하는데, 여기의 ‘양도한 자산의 양도당시의 장부가액’이란 기업회계가 아닌 세무회계에 따른 장부가액을 의미하므로 자산을 취득한 후 기업회계상 평가차익이 발생하였더라도 이를 ‘자산의 장부가액’에 반영할 수 없으며, 이는 비영리사업회계에 속하는 자산이 수익사업회계에 전입된 때 비영리사업과 수익사업의 구분경리에 관한 시행규칙 제76조 제 4 항에 의해 기업회계에 따른 장부가액이 당초 매입가액에 평가차익이 추가된 시가로 계상되었더라도 마찬가지이다(판 2017. 7. 11, 2016두64722).

매입자금에 관련된 지급이자는 취득원가가 아닌 금융비용으로서 해당 사업연도의 손금에 산입된다. 유동성 재고자산의 경우 취득에 관련된 지급이자를 일일이 취득원가에 대응하는 것은 번잡하기 때문이다. D/A(Documents against Acceptance) 수입자재에 대한 이자 및 유산스 이자는 당해 수입자재의 매입부대비용으로서 취득가액에 포함된다(법기통 19-19…15).

재고자산을 장기할부 또는 할부지급조건으로 매입하는 경우, 그 연불 또는 할부가액에 포함된 이자상당액은 지급이자로 구분 처리하지 않고 해당 재고자산의 취득가액에 산입한다. 그러나 재고자산을 시행령 제68조 제4항에 따른 장기할부조건 등으로 취득하는 경우 발생한 채무를 기업회계기준이 정하는 바에 따라 현재가치로 평가하여 현재가치할인차금으로 계상한 경우의 해당 현재가치할인차금과 기획재정부령이 정하는 연지급수입에 있어서 취득가액과 구분하여 지급이자로 계상한 금액 및 시행령 제88조 제1항 제1호 및 제8호 나목에 의한 시가초과액은 취득가액에 포함하지 않는다(영 72조 4항).

주주가 합병으로 인하여 주식을 취득한 경우에도 그 취득에 소요된 부대비용은 특별한 사정이 없는 한 취득가액에 포함된다(판 2014. 3. 27, 2011두1719).

(나) 그 밖의 경우 현물출자·합병·분할에 의하여 취득한 재고자산은 적격합병, 적격분할에 따라 취득한 경우 피합병법인 등의 장부가액으로 하고, 그 밖의 경우에는 해당 자산의 시가로 한다(법 41조 1항 3호; 영 72조 2항 3호).

증여 등에 의하여 무상으로 취득한 경우, 교환·채무변제·담보권의 실행 등으로 취득한 경우에는 취득 당시의 시가를 각각 취득원가로 한다.

(3) 재고자산의 평가방법

(가) 원가법·시가법·저가법

원가법이란 자산을 취득하기 위하여 지출된 현금액, 즉, 자산의 취득가액과 취득에 소요된 제비용을 가산한 취득원가로 자산을 평가하는 것으로 역사적 원가(historical costs)라고도 한다(영 74조 1항 1호 참조). 원가법은 거래당사자 사이에 객관적으로 결정된 교환가격으로서 자의적 평가를 배제할 수 있다는 장점이 있지만, 물가변동이 있는 경우 자산 가치를 정확히 나타내 주지 못하는 것이 단점이다.

시가법은 자산을 평가시점에 있어서의 시장가격에 의하여 평가하는 것으로서, 기업 소유의 어느 특정 자산을 현재의 시점에서 재취득한다고 가정하는 경우 지급하게 되는 현금지급액에 의하는 방법이다. 재조달원가라고도 하는데, 실제 거래에 의하지 않으므로 과대평가되면 가공이익을 계상하는 원인이 될 수 있다.

저가법은 원가와 시가를 비교하여 그 중 낮은 가격으로 평가하는 것을 말한다(영 74조 1항 2호 참조). 그 밖에 자산의 사용으로 기대되는 미래의 현금흐름을 적정이자율로 할인한 가액으로 평가하는 방법(미래 현금흐름의 현재가치)이 있다.

㈏ 기업회계의 평가방법

1) 재고자산의 수량결정　재고자산 총액은 재고수량에 단가를 곱하여 계산하므로 정확한 재고수량의 파악이 전제되어야 한다. 재고수량의 파악방법으로는 계속기록법과 실지재고조사법이 있다. 계속기록법은 재고자산을 종류와 규격별로 나누어 입고 또는 출고시마다 기록함으로써 항시 잔액이 산출되도록 하는 방법이며, 실지재고조사법은 정기적으로 재고자산을 조사하여 재고수량을 파악하는 방법이다.

2) 재고자산의 단가결정(원가법에 의한 평가)　개별적인 재고자산의 취득원가는 판매업은 매입가액에 부대비용을 가산한 가액, 제조업은 당기 제품제조원가이다. 그러나 서로 다른 시점에서 구입한 재고자산들이 혼합 보관되는 경우 자산의 실지 취득원가를 확인하는 것은 사실상 불가능하므로, 각기 서로 다른 가격으로 구입한 재고자산 중 일부는 판매되고 일부는 기말재고로 남아 있는 경우에는 언제, 얼마에 구입한 재고자산이 재고로 남아 있다고 볼 것인지를 결정하여야 한다.

국제회계기준은 원가기준에 의한 재고자산을 평가하는 방법으로 개별법·선입선출법·가중평균법을 사용하도록 하고 있다. 개별법의 경우 통상 상호 교환될 수 없는 재고자산항목 원가와 특정 프로젝트별로 생산, 분리되는 재고에 대하여 적용되고, 개별법이 적용되지 않는 재고자산에 대해서는 선입선출법이나 가중평균법을 적용하도록 하고 있다(국제기준 1002-23, 24, 25). 일반기업회계기준은 국제회계기준과 원칙적으로 동일하되 후입선출법의 적용을 허용하고 있다(일반기준 7-12, 13).

3) 재고자산의 저가평가와 평가손의 처리　재고자산의 평가에 대하여 기업회계는 원칙적으로 원가기준(원가법)에 의하되, 그 순실현가능가액이 취득원가보다 하락하면 순실현가능가액에 의한 평가, 즉, 저가기준을 적용하고 시가기준에 의한 평가는 배제된다(국제기준 1002-9; 일반기준 7-4). 따라서 기업회계상으로는 재고자산의 평가이익은 인정되지 않는다. 재고자산평가손은 장부가액에서 직접 차감하고 손익계산서상 매출원가에 가산한다(국제기준 1002-34; 일반기준 7-20).

㈐ 세법상 평가방법

세법상 재고자산 평가방법으로는 원가법과 저가법이 있으며(영 74조 1항), 원가법에는 다시 개별법·선입선출법·후입선출법·총평균법·이동평균법·매출가격환원법이 있다(같은 항 가목 내지 바목).

재고자산은 제품 및 상품(부동산 매매업자의 매매목적 부동산을 포함하며, 유가증권은 제외)·반제품 및 재공품·원재료·저장품으로 분류되는데 각 자산을 서로 다른 방법으로 평가하거나, 영업장별로 구분평가할 수 있다(영 74조 2항).

법은 시가법에 의한 평가를 배제하므로 기업회계와 같이 평가차익은 인정하지 않고 평가차손은 저가법을 선택한 경우에만 허용된다. 법인이 임의로 평가차익을 계상한 경우 세무회계상 익금불산입하고 유보처분한다. 저가법을 선택한 경우 평가차손은 손금계상되어 재고자산 가액에서 직접 차감하고, 재고자산의 파손·부패 등 그 밖의 사유로 정상가액으로 판매할 수 없을 때에는 예외적으로 처분가능한 시가로 평가할 수 있으며, 그 평가손도 손금산입된다(법 42조 3항 1호; 영 78조 3항 1호).

법은 법인이 재고자산의 평가방법을 앞서 본 6가지 중 자기에 맞는 방법을 선택할 수 있도록 하면서 선택한 방법은 시행령이 정한 기간 내에 신고하도록 하고 있다(영 74조 1항). 한번 신고한 방법은 소정 절차에 따른 변경신고가 없는 한 계속하여 적용하여야 한다. 법인이 평가방법을 신고하지 않거나 임의로 변경한 때에는 법정평가방법이 적용된다(영 74조 4항 1호).

회사가 재고자산의 기장을 누락한 경우 그 자산의 실제보유 사실을 입증하지 않는 한 매출누락 또는 제조투입으로 보아 매출액 상당액을 시가로 환산하여 익금에 산입하고 대표자 상여처분한다. 재고자산의 부족 중 정당한 감모손실은 기업회계에 따라 손금으로 용인되나 장부상 가공으로 계상한 경우에는 시가에 의한 매출액 상당액을 익금에 산입하고 대표자 상여처분한다.

다. 유가증권의 평가

(1) 기업회계의 평가

기업회계상 유가증권은 기업이 자금운용 및 투자목적으로 보유하는 주식, 사채, 국·공채 등으로서, 이자·배당 및 매매차익이 발생하거나 투자대상이 되는 것을 말한다. 국제회계기준상 유가증권은 (i) 상각 후 원가 측정자산, (ii) 기타포괄손익-공정가치 측정자산 및 (iii) 당기손익-공정가치 측정자산으로 나뉜다. 이 중 (i)은 현금흐름 수취를 목적으로 보유하고 현금흐름이 원리금 지급만으로 구성된 금융상품이고(국제기준 1109-4.1.2), (ii)는 현금흐름이 원리금 지급만으로 구성되는 점은 (i)과 동일하나 현금흐름 수취 외에 매도 목적으로도 보유하는 금융상품이며(국제기준 1109-4.1.2A), (iii)은 (i), (ii)가 아닌 금융상품을 말한다(국제기준 1109-4.1.4). 일반기준의 내용도 용어만 다를 뿐 대체로 동일하다(일반기준 6-22).

기업회계는 당기손익·공정가치 측정자산(단기매매증권)을 최초로 인식하는 경우 공정가치로 측정하고 취득일 후 계속적으로 공정가치로 평가하되 취득관련 부대비용은 제외하며(국제기준 1109-5.1.1, 5.2.1, 일반기준 6-12, 28, 30), 상각 후 원가측정자산(만기보유증권)은 최초 인식 시에는 공정가치, 그 이후는 상각 후 취득원가로 평가한다(국제기준 1109-5.1.1, 5.2.1; 일반기준 6-12, 28, 29). 기타 포괄손익·공정가치 측정자산(매도가능증권)은 단기매매증권과 같다(국제기준 1109-5.1.1, 5.2.1; 일반기준 6-12, 28, 30).

(2) 세법상 평가

세법상 유가증권의 평가는 단기매매증권과 매도가능증권 및 만기보유증권을 구별하지 않는다. 다만 취득가액 결정에 있어서는 기업회계와 같이 단기매매증권은 매입가액만을, 나머지 증권은 일반 자산과 같이 매입가액에 부대비용을 가산한 금액을 취득가액으로 본다(법 41조 1항 1호 괄호; 영 72조 1·2항 5의2호).

기업회계와 달리 시행령 제75조 제 1 항은 유가증권에 대해 저가법은 물론 시가법을 인정하지 않고, 주식은 원가법 중 총평균법·이동평균법에 의해, 채권은 개별법·총평균법 또는 이동평균법에 의한 평가만을 인정하고 있다.

라. 외화자산·부채의 평가

(1) 의 의

법인세는 우리나라 통화인 '원'으로 납부한다. 외화자산·부채를 원화로 환산하는 경우, ① 평가차손익, ② 상환차손익, ③ 환산차손익 등이 문제된다.

(2) 외화자산·부채의 평가차손익

시행령 제61조 제 2 항 제 1 호부터 제 7 호까지의 금융회사 등이 보유하고 있는 화폐성 외화자산 및 부채는 사업연도 종료일 현재 기획재정부령이 정하는 매매기준율 또는 재정된 매매기준율(이하 "매매기준율 등"이라고 한다)로 평가하고, 위 금융회사가 보유하는 통화선도와 통화스왑은, 가. 계약의 내용 중 외화자산 및 부채를 계약체결일의 매매기준율로 평가하는 방법과 나. 계약의 내용 중 외화자산 및 부채를 사업연도 종료일 현재의 매매기준율로 평가하는 방법 중 관할 세무서장에게 신고한 방법에 따라 평가하되, 최초로 나목의 방법을 신고하여 적용하기 이전 사업연도에는 가목의 방법을 적용하여 평가한다(영 76조 1항).

국제회계기준 및 일반기업회계기준에 맞추어(국제기준 1021-23; 일반기준 23-9), 시행령 역시 금융회사에 대해 평가대상 외화자산, 부채를 화폐성으로 제한하고 있다.

금융회사 외의 법인이 보유하는 화폐성 외화자산·부채와 시행령 제73조 제 5

호에 따른 환위험회피용 통화선도·통화스왑의 평가는 같은 조 제 2 항 참조.

법인이 제 1 항 제 2 호 및 제 2 항에 따라 신고한 평가방법은 그 후 사업연도에도 계속 적용하여야 한다(동 3항. 예외 단서조항 있음).

시행령 제76조 제 1 항 및 제 2 항에 따라 평가한 원화금액과 원화기장액의 차손익은 해당 사업연도의 익금 또는 손금에 산입한다(영 76조 4항).

기업회계에서도 화폐성 외화자산·부채의 평가손익은 외화환산손실 또는 외화환산이익의 과목으로 당기손익으로 인식하고 있다(국제기준 1021-23; 일반기준 23-9).

(3) 외화채권·채무의 상환차손익

내국법인이 상환받거나 상환하는 외화채권·채무의 원화금액과 원화기장액의 차익 또는 차손은 해당 사업연도의 익금 또는 손금에 이를 산입한다(영 76조 5항).

환차익과 환차손은 이미 실현된 손익이므로 전액 해당 사업연도 손금 또는 익금에 산입하며 이는 기업회계도 동일하다.

(4) 기능통화 도입기업 과세표준 계산방법

기업회계는 재무제표 작성 시 기능통화를 정해 이를 단위로 작성한다(국제기준 1021호; 일반기준 23장).

'기능통화'란 영업활동이 이루어지는 주된 경제환경의 통화를 의미하며 내국법인도 원화 이외의 통화가 될 수 있다.

법은 원화 이외 통화를 기능통화로 하여 재무제표를 작성한 기업의 과세표준에 관해 기업회계에 따라 세 가지 방법을 인정하고 이 중 신고한 방법에 따라 계산하도록 하고 있으며, 한번 선택한 방법은 특별한 사유가 없는 한 계속 적용하도록 하고 있다(법 53조의2).

(5) 해외지점 과세표준 계산방법: 법 제53조의3 참조.

마. 통화 관련 파생상품의 평가

법은 파생상품으로부터 발생하는 소득의 성질이나 귀속시기에 관하여 별다른 규정을 두지 않고 있으며, 다만 법인세법에 금융회사 등 은행업을 영위하고 있는 법인이 보유하는 통화 관련 파생상품 중 통화선도와 통화스왑의 평가와 일반법인이 보유하는 환위험회피용 통화선도 및 통화스왑의 평가에 관하여 규정하고 있을 뿐이다. 그 내용은 시행령 제76조 제 1 항 내지 제 4 항 참조.

3. 전기오류수정손익

기업회계에서는 전기오류를 과거기간 동안에 재무제표를 작성할 때 신뢰할 만한 정보를 이용하지 못했거나 잘못 이용하여 발생한 재무제표에의 누락이나 왜곡표시로 정의하고(국제기준 1008-5), 전기오류의 대상이 되는 회계상 오류는 회계산술적 계산오류, 회계정책의 적용오류, 사실의 간과 또는 해석의 오류 및 부정 등이 포함되는 것으로 규정하고 있다(국제기준 1008-5). 이러한 전기오류에 대하여 국제회계기준은 원칙적으로 과거 재무제표를 소급하여 재작성하도록 하여 오류가 발견된 기간의 당기손익으로 인식하지 않도록 규정한 반면(국제기준 1008-42, 44, 45, 46), 일반기업회계기준은 원칙적으로 전기오류를 당기 손익계산서에 영업외손익으로 처리하되, 그 오류가 중대한 경우에 한하여 과거 재무제표를 소급하여 재작성하도록 규정하고 있다(일반기준 5-19). 법은 이에 관하여 아무런 규정을 두고 있지 않으므로 기업회계기준에 따라 해결하여야 할 것이다.

회사정리개시결정을 받을 당시 부외부채가 발견되자 채권은행 요구에 따라 특수관계인들에 대해 그에 상응하는 가지급금 채권이 있는 양 허위 자산을 계상한 다음 상당기간 이에 대한 인정이자를 가산하여 온 경우, 이는 회사정리절차개시 당시 정리손실로 정리하였어야 할 것을 가공의 가지급금 채권으로 기재한 것이므로 이를 바로 잡는다고 하여 법상 손금산입이 허용되는 대손금에 해당한다고 볼 수 없고, 전기오류수정손실로 처리하더라도 이 중 가지급금은 정리개시결정 당시 정리손실항목으로 손금산입하고, 가지급금에 대한 인정이자는 채권으로 계상한 사업연도에 익금불산입하여야 한다(판 2004. 9. 23, 2003두6870).[1)]

---

1) 판결에 대한 평석은, 김재광, "전기오류수정손익의 귀속시기", 판례백선, 300면.

제 5 장
과세표준과 세액의 계산

제 1 절 총 설

법인세의 산출세액은 각 사업연도 소득에 대한 법인세 과세표준에 세율을 적용하여 계산한 금액(법 55조의2에 따른 토지 등 양도소득에 대한 법인세액 및 조세특례제한법 100조의32에 따른 투자·상생협력 촉진을 위한 과세특례를 적용하여 계산한 법인세액이 있으면 이를 합한 금액)으로 한다(법 55조 1항).

과세표준에 세율을 곱한 산출세액에서 감면세액을 차감하고 세액공제한 후 가산세액을 더하여 세액을 결정하며, 이 결정세액에서 기납부세액을 공제한 나머지 세액을 차감납부세액이라고 하여 추가납부 및 징수할 세액으로 고지하게 된다. 기납부세액에는 원천징수세액과 중간예납세액 내지 수시부과세액 등이 포함된다.

우리 법인세법의 각 사업연도 소득과 청산소득 및 토지 등 양도소득에 관한 각 과세표준의 산정방식과 세율 체계의 개요는 이 편 맨 뒤에 첨부된 도표 참조.

제 2 절 과세표준

1. 총 설

「내국법인의 각 사업연도의 소득에 대한 과세표준은 익금에서 손금을 공제하여 산출한 소득에서 이월결손금, 비과세소득, 소득공제액을 순차로 공제한 금액으로 한다」(법 13조). 해운기업의 법인세 과세표준 계산에 관하여는 조세특례제한법상 별도의 특례규정이 마련되어 있다(조특법 104조의10).

2. 공제할 소득

1호: 이월결손금

어느 사업연도에 속하거나 속하게 될 손금의 총액이 그 사업연도에 속하거나 속하게 될 익금의 총액을 초과하면 결손금이 발생하게 된다. 이와 같은 결손금 중 해당 사업연도 이전에 발생한 결손금으로서 전 사업연도에 전보되지 못하고 해당 사업연도로 이월된 결손금을 이월결손금이라고 한다.

각 사업연도 소득계산은 사업연도 독립의 원칙이 적용되므로, 전 사업연도 손익은 해당 사업연도 손익에 반영할 수 없음이 원칙이나 이를 관철하면 결손법인이 자본유지도 하지 못한 채 계속 조세를 부담하므로 법은 각 사업연도 개시일 전 15년 이내에 발생한 이월결손금에 한해 해당 연도의 과세표준에서 공제할 수 있도록 하고 있다(법 13조 1항 1호). 다만 조세특례제한법 제 6 조 제 1 항에 따른 중소기업과 회생계획을 이행 중인 기업 등 대통령령으로 정하는 법인을 제외한 내국법인의 경우 공제범위는 각 사업연도 소득의 100분의 80이다(같은 호 단서).[1)]

기업이 결손금이 있다는 것은 장차 일정기간 안의 소득에 대해 법인세를 덜 낼 수 있는 권리가 있음을 뜻하고 이 점에서 결손금은 기업이 국가에 대하여 가지는 장래 채권으로서의 자산적 성격을 갖는다.

공제의 대상은 제14조 제 3 항의 결손금으로서 제60조에 따라 신고 또는 제66조에 따라 결정·경정되거나, 국세기본법 제45조에 따라 수정신고된 과세표준에 포함된 결손금에 한정된다.[2)] 다만 이월결손금은 반드시 법인의 재무상태표에 계상되어 있는 것만을 의미하지는 않는다.

공제되는 결손금의 범위는 해당 사업연도 개시일 전 15년 이내에 개시한 사업연도에서 발생한 결손금으로서 그 후의 사업연도의 소득금액 또는 과세표준 계산상 공제되지 아니한 금액에 한한다. 2개년 이상의 결손금이 누적된 경우에는 먼저 발생한 사업연도의 결손금부터 차례대로 공제한다(영 10조 2항).

무상으로 받은 자산의 가액과 채무의 면제 또는 소멸로 인한 부채의 감소액 중 대통령령으로 정하는 이월결손금의 보전에 충당한 금액이 있는 경우 이를 각 사업연도의 소득금액계산상 익금에 산입하지 않는다(법 18조 6호).

'대통령령으로 정하는 이월결손금'이란 법 제14조 제 2 항의 규정에 따른 결손

1) 2022. 12. 31. 법 개정 시 종전 100분의 60에서 100분의 80으로 공제범위를 확대하였다.
2) 과세관청의 결손금 증감과 관련된 처분의 쟁송적격에 관하여는 이 책 316면 참조.

금(법 44조의3 2항 및 46조의3 2항에 따라 승계받은 결손금은 제외)으로서 법 제13조 제 1 항 제 1 호에 따라 그 후의 각 사업연도의 과세표준 계산에 있어서 공제되지 않은 금액(1호)과 법 제60조에 따라 신고된 각 사업연도의 과세표준에 포함되지 않았으나 제 2 호 각 목의 어느 하나에 해당하는 결손금 중 법 제14조 제 2 항의 규정에 따른 결손금에 해당하는 것(2호)을 말한다(영 16조 1항).

내국법인("양수법인")이 다른 내국법인("양도법인") 사업을 양수하는 경우로서 대통령령으로 정하는 경우에는 사업양수일 현재 제13조 제 1 항 제 1 호에 해당하는 결손금은 사업을 양수한 내국법인의 각 사업연도의 과세표준을 계산할 때 양수한 사업부문에서 발생한 소득금액(제113조 제 7 항 단서에 해당되어 회계를 구분하여 기록하지 아니한 경우에는 그 소득금액을 대통령령으로 정하는 자산가액 비율로 안분계산한 금액으로 한다)의 범위에서는 공제하지 아니한다(법 50조의2).

과세표준을 법 제66조 제 3 항 단서에 따라 추계로 결정 또는 경정하는 경우에 그 사업연도에는 해당 사업연도 개시일 전 15년 이내에 발생한 이월결손금이 있어도 이를 공제하지 못한다(법 68조). 다만 이와 같이 공제받지 못한 경우에도 그 후 사업연도에 추계과세에 의하지 아니하면 그 사업연도로부터 15년 이내에 발생한 이월결손금을 공제할 수 있다.

법인세 과세표준상 공제된 이월결손금은 재평가세 과세표준을 계산함에 있어서 다시 공제할 수 없는 데 비해 자산재평가세 과세표준계산 시 공제된 이월결손금이라도 법인세 과세표준 계산 시 이를 다시 공제받을 수 있다(자산재평가법 12조, 36조 2항; 법 13조 1항 1호 참조).

이월결손금이 5개 이상 사업연도에 걸쳐 발생한 법인이 이월결손금 공제순서에 관하여 자신에게 유리하게 재평가일에 가까운 사업연도 결손금부터 역순으로 공제하는 방법을 선택한 경우 과세관청이 이를 무시하고 다른 순서에 의해 이월결손금이 공제된 것으로 보아 재평가세를 산출할 수 없다(판 2004. 5. 27, 2002두6781).

2호: 비과세소득

내국법인의 사업연도 소득 중 공익신탁의 신탁재산에서 발생하는 소득에 대하여는 법인세를 부과하지 아니한다(법 51조).

이 밖에 조세특례제한법상 중소기업창업투자회사 또는 신기술사업금융회사 등이 일정한 투자 주식 또는 지분을 양도함에 따른 양도차익(조특법 13조 1항)과 일정한 배당소득(동 4항) 등은 비과세된다.

3호: 소득공제

소득공제란 조세정책적 목적에 따라 특정 소득에 대한 법인세를 부과하지 않기 위하여 법인세 과세표준을 계산할 때에 각 사업연도의 소득금액에서 공제하는 금액을 말한다. 법인세법상으로는, 유동화전문회사 등 투자목적회사들에 대하여 인정되는 소득공제제도가 있다.

자산유동화전문회사와 같은 투자목적회사들은 일반법인과는 달리 영업에 따른 투자수익을 그대로 주주 등에게 배당할 것을 목적으로 하여 설립된 도관회사이므로 설립목적에 따라 배당가능이익의 90/100 이상을 주주 등에게 배당하는 경우 그 배당금을 소득공제함으로써 법인세를 과세하지 않는다(법 51조의2 1항). 이는 도관회사 소득에 대한 법인세와 소득세의 이중과세를 방지하기 위하여 마련된 법적 장치로서 이를 '배당금손금산입방식'이라고 부른다. 이 경우 주주 등의 배당금에 대한 배당소득에 대하여 배당세액 공제의 적용은 배제된다.

법은 배당지급법인이 소규모 법인인 경우 적용예외 규정을 두고 있는데(법 51조의2 2항), 이는 배당세액공제(개인주주의 경우)나 수입배당금의 익금불산입(법인주주의 경우)을 통해 이중과세를 해결하는 것이 보다 쉽기 때문이다.

소득공제규정의 적용을 받고자 하는 법인은 과세표준신고와 함께 기획재정부령이 정하는 소득공제신청서를 납세지 관할세무서장에게 제출하여야 한다(동 3항).

제 1 항을 적용할 때 배당금액이 해당 사업연도의 소득금액에서 법 제13조 제 1 항 제 1 호에 따른 이월결손금을 뺀 금액을 최초로 초과하는 경우에는 그 초과하는 금액을 해당 사업연도의 다음 사업연도 개시일부터 5년 이내에 끝나는 각 사업연도로 이월하여 그 이월된 사업연도의 소득금액에서 공제할 수 있다. 다만, 내국법인이 이월된 사업연도에 배당가능이익의 100분의 90 이상을 배당하지 아니하는 경우에는 그 이월된 금액을 공제하지 아니한다(동 4항).

제 4 항 본문 및 제 5 항 본문에 따라 이월된 금액(이월공제배당금액)을 해당 사업연도의 소득금액에서 공제하는 경우에는 다음 각호의 방법에 따라 공제한다(동 6항).

1. 이월공제배당금액을 해당 사업연도의 배당금액보다 먼저 공제할 것

2. 이월공제배당금액이 둘 이상인 경우에는 먼저 발생한 이월공제배당금액부터 공제할 것

제 3 절 세액의 계산

1. 법인세율과 산출세액의 계산

법인세율은 일반 법인의 경우 비영리법인과 영리법인 구별 없이 4단계 초과누진세율이 적용된다. 과세표준이 2억 원 이하인 경우 9%부터 3천억 원 초과분에 대하여 24%까지(다만 부동산임대업이 주된 사업인 법인 등은 200억 원 이하인 경우 19%부터 3천억 원 초과분에 대하여 24%까지) 각 구간별로 단계적 누진세율이 적용된다. 법인에 제55조의2에 따른 토지 등 양도소득에 대한 법인세액 및 조세특례제한법 제100조의32에 따른 투자·상생협력 촉진을 위한 과세특례를 적용하여 계산한 법인세액이 있으면 이를 합한 금액을 산출세액으로 한다(법 55조 1항).

조세특례제한법상 공공 조합법인에 대하여는 9%{과세표준(재무제표상 당기순이익에 법인세법 19조의2 2항, 24조부터 28조까지, 33조 및 34조 2항에 따른 손금불산입액을 가산한 금액)이 20억 원(2016. 12. 31. 이전에 조합법인간 합병하는 경우로서 합병에 따라 설립되거나 합병 후 존속하는 조합법인의 합병등기일이 속하는 사업연도와 그 다음 사업연도에 대하여는 40억 원)을 초과하는 경우 그 초과분에 대해서는 12%}의 세율이 적용된다(조특법 72조 1항, 조특령 69조 1항).

사업연도가 1년 미만인 경우 산출세액은 경과한 사업연도의 월별 기간에 비례하여 산정한다(법 55조 2항; 규칙 45조).

2. 토지 등의 양도소득에 대한 과세특례

가. 의 의

법인의 부동산 양도차익에 대하여는 투기지역에 소재하거나 부동산 가격이 급등할 우려가 있는 경우 및 특정 용도에 제공되는 토지·건물 등의 양도차익에 대하여 법인세와 별도로 과세할 수 있는 특례규정을 두고 있다.

나. 내 용

「내국법인이 다음 각 호의 어느 하나에 해당하는 토지, 건물(건물에 부속된 시설물과 구축물 포함), 주택을 취득하기 위한 권리로서 소득세법 제88조 제 9 호에 따른 조합원입주권 및 같은 조 제10호에 따른 분양권을 양도한 경우에는 해당 각 호에 의하여 계산한 세액을 토지 등 양도소득에 대한 법인세로 하여 제13조의 규정에 따른 과세표준에 제55조의 규정에 따른 세율을 적용하여 계산한 법인세액에 추가하여 납부하여야 한다. 이 경우 하나의 자산이 다음 각 호의 규정 중 둘 이상에 해당하는 때에는 그 중 가장 높은 세액을 적용한다」(법 55조의2 1항).

1. 다음 각 목의 어느 하나에 해당하는 부동산을 2012년 12월 31일까지 양도한 경우에는 그 양도소득에 100분의 10을 곱하여 산출한 세액; 가 내지 다목: 생략

2. 대통령령으로 정하는 주택(부수토지 포함) 및 주거용 건축물로서 상시 주거용으로 사용하지 아니하고 휴양·피서·위락 등의 용도로 사용하는 건축물을 양도하는 경우에는 토지 등의 양도소득에 100분의 20(미등기 토지 등의 양도소득에 대하여는 100분의 40)을 곱하여 산출한 세액(일정한 읍·면 소재 토지에 대한 단서 제외 규정 있음).

3. 비사업용 토지를 양도한 경우에는 토지 등의 양도소득에 100분의 10(미등기 토지 등의 양도소득에 대하여는 100분의 40)을 곱하여 산출한 세액

4. 주택을 취득하기 위한 권리로서 소득세법 제88조 제 9 호에 따른 조합원입주권 및 같은 조 제10호에 따른 분양권을 양도한 경우에는 토지등의 양도소득에 100분의 20을 곱하여 산출한 세액

제 2 호의 '대통령령으로 정하는 주택'은 시행령 제92조의2 제 2 항, 제 3 호의 '비사업용 토지'의 범위에 관하여는 법 제55조의2 제 2 항 각 참조.

제 3 호를 적용할 때 토지 취득 후 법령에 따라 사용이 금지되거나 그 밖에 대통령령이 정하는 부득이한 사유가 있어 비사업용 토지에 해당하는 경우에는 대통령령이 정하는 바에 따라 비사업용 토지로 보지 않을 수 있다(법 55조의2 3항).

파산선고에 의한 토지 등의 처분으로 인하여 발생하는 소득과 법인이 직접 경작하던 농지의 교환이나 분할·통합으로 인하여 발생하는 소득 및 법령에 따른 환지처분 등으로 발생하는 소득 등 일정한 경우에 관한 적용제외 규정이 있다(법 55조의2 4항. 다만 미등기 토지는 제외).

제 1 항 및 제 4 항에서 '미등기 토지 등'이란 토지 등을 취득한 법인이 그 취득에 관한 등기를 하지 아니하고 양도하는 토지 등을 말한다. 다만 장기할부조건으로 취득한 토지 등으로서 그 계약조건에 의하여 양도 당시 그 토지 등의 취득등기가 불가능한 토지 등, 그 밖에 대통령령으로 정하는 토지 등을 제외한다(동 5항).

제 1 항의 규정에 따른 토지 등 양도소득은 토지 등의 양도금액에서 양도 당시의 장부가액을 차감한 금액으로 한다(동 6항. 단서 있음).

3. 비영리내국법인의 자산양도소득에 대한 과세특례

가. 의 의

비영리내국법인이 토지·건축물 및 일정한 주식을 양도한 경우에 그 토지 등의 양도로 인하여 발생하는 소득은 비영리내국법인의 수익사업에서 생기는 소득에 해당하므로 각 사업연도의 소득에 대한 법인세가 과세된다. 그런데 9%와 24%의 초과누진세율을 취하고 있는 법인세의 부담이 10% 또는 20%의 비례세율 또는 6% 내지 45%의 초과누진세율에 의하여 계산한 양도소득세의 부담보다 높은 경우가 있을 수 있다. 이에 따라 법은 과세의 형평을 위하여 제조업 등과 같은 수익사업을 영위하는 비영리내국법인 외의 비영리내국법인이 자산의 양도소득에 대한 법인세를 계산함에 있어서 해당 비영리내국법인에게 각 사업연도의 소득에 대한 법인세 과세방식과 양도소득세의 과세방식 중 어느 하나를 선택할 수 있도록 하는 특례규정을 마련하고 있다.

나. 내 용

「비영리내국법인(법 4조 3항 1호에 따른 수익사업을 영위하는 비영리내국법인 제외)이 법 제4조 제3항 제4호부터 제6호의 수입으로서, 다음 각 호 자산의 양도소득(자산양도소득)이 있는 경우에는 법 제60조 제1항의 규정에 불구하고 과세표준 신고를 하지 아니할 수 있고, 이 경우 과세표준 신고를 하지 아니한 자산양도소득은 법 제14조의 규정에 따른 각 사업연도의 소득금액계산을 계산할 때 포함하지 아니한다」(법 62조의2 1항).

1. 소득세법 제94조 제1항 제3호에 해당하는 주식등과 대통령령으로 정하는 주식등
2. 토지 또는 건물(건물에 부속된 시설물과 구축물 포함)
3. 소득세법 제94조 제1항 제2호 및 제4호의 자산

양도할 당시 수익사업을 영위하고 있지 않으면 양도 이후 같은 과세기간 내에 수익사업을 영위하더라도 위 조항의 적용이 있다(판 2012. 1. 26, 2010두3763).

위 양도소득에 대하여는 소득세법 제92조의 규정을 준용하여 계산한 과세표준에 같은 법 제104조 제1항 각 호의 세율을 적용하여 계산한 금액을 법인세로 납부하여야 하며, 이 경우 같은 법 제104조 제4항에 따라 가중된 세율을 적용하는 경우에는 제55조의2를 적용하지 아니한다(동 2항).

4. 투자·상생협력 촉진을 위한 과세특례

가. 의 의

종래 미환류소득에 대한 법인세는 일정한 법인이 해당 사업연도의 소득 중 일정액 이상을 투자, 임금, 배당 등으로 사용하지 않는 경우 그 미환류소득에 대하여 10퍼센트의 법인세를 2017. 12. 31.까지 추가로 과세하는 한시적 제도이었다가 일몰기한이 도래하자 조세특례제한법 제100조의32로 투자·상생협력 촉진을 위한 조세특례제도를 2020. 12. 31.까지 도입함으로써 실질적으로 그 일몰기한을 연장한 후 다시 두 차례의 연장을 통하여 그 적용기한을 2025. 12. 31.까지로 연장하였다.[1] 아래에서 조문을 중심으로 그 내용을 살펴본다.

나. 내 용

조세특례제한법 제100조의32(투자·상생협력 촉진을 위한 과세특례)

① 각 사업연도 종료일 현재 「독점규제 및 공정거래에 관한 법률」 제31조 제1항에 따른 상호출자제한기업집단에 속하는 내국법인[2]이 제2항 제1호 가목부터 다목까지의 규정에 따른 투자, 임금 등으로 환류하지 아니한 소득이 있는 경우에는 같은 항에 따른 미환류소득(제5항에 따른 차기환류적립금과 제7항에 따라 이월된 초과환류액을 공제한 금액을 말한다)에 100분의 20을 곱하여 산출한 세액을 미환류소득에 대한 법인세로 하여 법인세법 제13조에 따른 과세표준에 같은 법 제55조에 따른 세율을 적용하여 계산한 법인세액에 추가하여 납부하여야 한다.

② 제1항에 따른 내국법인은 다음 각 호의 방법 중 어느 하나를 선택하여 산정한 금액(산정한 금액이 양수인 경우 "미환류소득", 음수인 경우 음의 부호를 뗀 금액을 "초과환류액"이라 한다)을 각 사업연도의 종료일이 속하는 달의 말일부터 3개월(법인세법 제76조의17에 따라 법인세의 과세표준과 세액을 신고하는 경우에는 각 연결사업연도의 종료일이 속하는 달의 말일부터 4개월) 이내에 대통령령으로 정하는 바에 따라 납세지 관할 세무서장에게 신고하여야 한다.

---

1) 외국의 유사한 취지의 입법례로는 미국의 유보이익세(Accumulated Earnings Tax: AET. IRC § 531)와 인적지주회사세(personal holding company tax,.IRC §531), 일본의 동족회사에 대한 추가과세제도(일본 법인세법 67조) 등이 있다. 자세한 내용은 김완석·황남석, 앞의 책 45면 이하.

2) 2022. 12. 31. 개정 시 그 적용범위를 종전의 상호출자제한기업집단소속법인과 자기자본 500억 초과법인(중소기업 제외)에서 상호출자제한기업집단소속법인으로 축소하였다.

1. 해당 사업연도[2025년 12월 31일이 속하는 사업연도까지(제 6 항을 적용할 때에는 2027년 12월 31일이 속하는 사업연도까지)를 말한다]의 소득 중 대통령령으로 정하는 소득(이하 이 조에서 “기업소득”이라 한다)에 100분의 60부터 100분의 80까지의 범위에서 대통령령으로 정하는 비율을 곱하여 산출한 금액에서 다음 각 목의 금액의 합계액을 공제하는 방법 가목 내지 다목 생략

2. 기업소득에 100분의 10부터 100분의 20까지의 범위에서 대통령령으로 정하는 비율을 곱하여 산출한 금액에서 제 1 호 각 목(가목에 따른 자산에 대한 투자 합계액은 제외한다)의 합계액을 공제하는 방법

③ 제 1 항에 따른 내국법인이 제 2 항 각 호의 방법 중 어느 하나를 선택하여 신고한 경우 해당 사업연도의 개시일부터 대통령령으로 정하는 기간까지는 그 선택한 방법을 계속 적용하여야 한다.

④ 제 1 항에 따른 내국법인이 제 2 항에 따라 신고를 하지 아니한 경우에는 대통령령으로 정하는 바에 따라 제 2 항 각 호의 방법 중 어느 하나를 선택하여 신고한 것으로 보고 제 3 항을 적용한다.

⑤ 제 1 항에 따른 내국법인(제 4 항이 적용되는 법인은 제외한다)은 제 2 항에 따른 해당 사업연도 미환류소득의 전부 또는 일부를 다음 2개 사업연도의 투자, 임금 등으로 환류하기 위한 금액으로 적립하여 해당 사업연도의 미환류소득에서 차기환류적립금을 공제할 수 있다.

⑥ 제 5 항에 따라 차기환류적립금을 적립한 경우 다음 계산식에 따라 계산한 금액(음수인 경우 영으로 본다)을 그 다음다음 사업연도의 법인세액에 추가하여 납부하여야 한다. (차기환류적립금 − 제 2 항에 따라 계산한 해당 사업연도의 초과환류액)× 20/100

⑦ 해당 사업연도에 초과환류액(제 6 항에 따라 초과환류액으로 차기환류적립금을 공제한 경우에는 그 공제 후 남은 초과환류액을 말한다)이 있는 경우에는 그 초과환류액을 그 다음 2개 사업연도까지 이월하여 그 다음 2개 사업연도 동안 미환류소득에서 공제할 수 있다.

⑧ 제 1 항에 따른 내국법인이 제 2 항 제 1 호 가목에 따른 자산을 처분한 경우 등 대통령령으로 정하는 경우에는 제 2 항 제 1 호에 따라 그 자산에 대한 투자금액의 공제로 인하여 납부하지 아니한 세액에 대통령령으로 정하는 바에 따라 계산한 이자상당액을 가산하여 납부하여야 한다.

⑨, ⑩ : 생략

5. 세액공제

가. 의 의

세액공제란 산출세액에서 일정 금액을 직접 공제하는 것을 말하며, 법인세법의 규정에 따른 외국납부세액공제, 재해손실세액공제, 사실과 다른 회계처리에 기인한 경정에 따른 세액공제와 조세특례제한법의 규정에 따른 각종 투자세액공제 등이 있다. 조세감면 또는 세액공제에 관한 규정이 동시에 적용되는 경우 일정한 공제순서가 정해져 있다(법 59조 1항). 세액공제 중 이월공제가 허용되는 것은 외국납부세액과 투자세액 공제이며 재해손실세액공제는 이월공제가 허용되지 않는다.

나. 외국납부세액공제

내국법인이 외국지점이나 영업소를 가지고 있는 경우 그 해외사업장에서 생긴 소득 또는 국외에 원천을 둔 소득에 대하여는 그 나라 법에 따라 법인세 등을 납부함과 동시에 내국법인 소득에 합산되어 우리 세법에 따라 법인세를 납부하게 된다. 이와 같이 외국에서 과세되는 소득을 사업연도 소득에 합산하면 해당 법인으로서는 이중 과세되므로, 이를 조정하기 위해 외국에 납부하였거나 납부할 법인세액을 일정한 한도 내에서 해당 사업연도의 산출세액에서 공제하도록 하고 있다(법 57조; 영 94조; 규칙 47조). 소득세법에도 동일한 내용의 규정이 있다(소법 57조).[1)]

외국법인세액이라 함은 외국의 정부(지방자치단체 포함)에 의하여 과세된 것으로서 실제로 납부하였거나 납부할 것으로 확정된 금액을 말하는데, 초과이윤세 및 기타 법인의 소득 등을 과세표준으로 하여 과세된 세액, 법인의 소득 등을 과세표준으로 하여 과세된 세의 부가세액, 법인의 소득 등을 과세표준으로 하여 과세된 세와 동일한 세목에 해당하는 것으로 소득 이외의 수입금액 기타 이에 준하는 것을 과세표준으로 하여 과세된 세액을 말한다(영 94조 1항. 단서 있음).

조세조약상 소득 원천지국의 과세범위를 초과하여 외국에 납부한 세액은 위 규정에 따른 외국납부세액공제 대상으로 볼 수 없다(판 2024. 2. 8, 2021두32248).

내국법인이 조세조약 상대국에서 해당 국외원천소득에 대하여 감면받은 세액상당액은 해당 조세조약이 정하는 바에 의하여 세액공제 대상이 되는 외국납부세액으로 본다{간주외국납부세액공제(tax sparing credit system), 법 57조 3항}.

1) 국제거래에서 국가 간 이중과세 배제에 관한 일반적인 논의는 이 책 1185면 참조.

이는 상대방국의 감면효과를 보존시키기 위한 것으로서 조약상 규정이 있을 경우에만 적용된다. 공제되는 세액은 외국에 납부하였거나 납부할 세액 전액이 아니라 해당 사업연도 법인세 산출세액 중 국외원천소득이 해당 사업연도의 과세표준에서 차지하는 비율을 곱한 금액을 한도로 한다(법 57조 1항; 영 94조 2항).

$$\text{외국납부세액 공제한도액} = \text{산출세액} \times \frac{\text{국외원천소득} - (\text{감면대상 국외원천소득} \times \text{감면비율})}{\text{해당 사업연도의 소득에 대한 과세표준}}$$

위 '산출세액'에서 법 제55조의2에 따른 토지등 양도소득에 대한 법인세와 조세특례제한법 제100조의32에 따른 투자·상생협력 촉진을 위한 과세특례를 적용하여 계산한 법인세는 제외된다.

'국외원천소득'이란 국외에 원천을 둔 익금총액에서 관련 손금총액을 공제한 금액이며, 이는 내국법인이 국외원천소득이 발생한 원천지국에 고정사업장을 두지 않아 국외원천소득에 대해 일정한 원천징수세율을 곱하여 산출된 법인세를 부담하였더라도 마찬가지이다(판 2015. 3. 26, 2014두5613).

한도초과액은 다음 사업연도 개시일부터 10년 이내에 종료하는 각 사업연도에 이월하여 이월된 사업연도의 공제한도 범위 안에서 공제받을 수 있다(법 57조 2항).

법 제57조 제 1 항에 따른 공제한도금액을 초과하는 외국법인세액 중 국외원천소득 대응 비용과 관련된 외국법인세액(제 1 호의 금액에서 제 2 호의 금액을 뺀 금액을 말한다)에 대해서는 법 제57조 제 2 항을 적용하지 않는다(영 94조 15항).

이는 해당 사업연도의 국내원천소득이 결손인 경우에도 마찬가지이다(서면-2020-법령해석국조- 5204, 2021. 5. 20.).

내국법인의 각 사업연도 소득금액에 외국자회사{내국법인이 의결권 있는 발행주식총수 또는 출자총액의 10/100(조세특례제한법 제22조에 따른 해외자원개발사업을 하는 외국법인의 경우에는 5/100) 이상을 해당 외국자회사의 배당확정일 현재 6개월 이상 계속하여 보유하고 있는 법인}로부터 받는 이익 배당이나 잉여금 분배액이 포함되어 있는 경우 그 외국자회사의 소득에 대하여 부과된 외국법인세액 중 해당 수입배당금액에 대응하는 것으로서 법정산식에 따라 계산한 금액은 세액공제된다(법 57조 4항 및 5항, 영 94조 8항 및 9항).

이를 간접외국납부세액공제(indirect credit system)라고 한다. 이는 외국에 진출하는 국내기업의 기업형태의 선택(지점 또는 자회사 설치)에 따른 과세불공평을 시정하기 위한 제도로 조세조약상 규정의 유무와 관계없이 적용된다. 공제 대상이 되는 외국납부세액은 외국자회사에 부과된 외국법인세액에 배당비율(외국자회사의 세후 소득금액 중 수입배당금이 차지하는 비율)을 곱한 금액이다(영 94조 8항).

내국법인의 각 사업연도 소득금액에 외국법인으로부터 받는 수입배당금액이 포함되어 있는 경우로서 그 외국법인의 소득에 대하여 해당 외국법인이 아니라 출자자인 내국법인이 직접 납세의무를 부담하는 등 대통령령으로 정하는 요건을 갖춘 경우 외국법인 소득에 대하여 출자자인 내국법인에게 부과된 외국법인세액 중 해당 수입배당금액에 대응하는 것으로서 대통령령으로 정하는 바에 따라 계산한 금액은 제 1 항에 따른 세액공제 대상이 되는 외국법인세액으로 본다(법 57조 6항).

전체적으로 우리 법의 이중과세 조정은 불완전한 수준에 그치고 있다. 즉, 공제한도액을 설정하여 외국 조세부담이 우리나라보다 클 경우 공제를 받지 못하는 외국납부세액이 존재하며, 국외원천소득은 거주자 또는 내국법인의 소득의 계산에 관한 규정을 준용하여 산출하므로(소령 117조 10항, 법령 94조 15항), 외국 과세소득과 제대로 일치하지 않을 뿐 아니라 외국 과세소득이 우리 세법상 국내원천소득에 해당하는 경우 아예 외국납부세액 공제를 받을 수 없게 된다. 아울러 국가간 소득의 귀속시기가 다름에 따라 특정 과세연도 소득금액 계산이 달라지는 경우가 발생하며, 동일인 거주지가 2개 이상 국가에 존재하거나 당해 국가의 법에 의해 그와 같이 판정되는 경우 우리나라의 외국납부세액공제 규정만으로는 이중과세 방지가 불가능하게 된다. 이와 같은 사정은 세액공제방법뿐 아니라 면제법의 경우에도 대체로 같다.

법인의 국외사업장이 2개 이상 나라에 소재하고 있는 경우 공제한도액을 정하는 방식은 나라별로 정하는 방식(국별한도방식)과 일괄하여 정하는 방식(일괄한도방식)의 두 가지가 있다. 국별한도방식은 결손국을 쉽게 파악할 수 있으나 나라별 소득을 조작할 우려가 있는 반면에, 일괄한도방식은 고세율국과 저세율국의 조세부담이 평준화되므로 해외진출을 촉진하는 이점이 있으나, 적정과세국 소득에 대한 중(重)과세국 과세를 세액공제상 인정하게 되는 결함이 있다. 우리나라 현행 법은 미국, 영국 등 대부분의 OECD 국가들의 정책에 맞추어 국별한도방식을 채용하고 있다(영 94조 7항).

다. 재해손실 세액공제

법 제58조 제 1 항 및 시행령 제95조 제 1 항 참조.

라. 불실회계처리 경정에 따른 세액공제

내국법인이 다음 각 호의 요건을 모두 충족하는 사실과 다른 회계처리를 하여 과세표준 및 세액을 과다하게 계상함으로써 국세기본법 제45조의2에 따라 경정을 청구하여 경정을 받은 경우에는 과다 납부한 세액을 환급하지 아니하고 그 경정일이 속하는 사업연도부터 각 사업연도의 법인세액에서 과다 납부한 세액을 공제한다. 이 경우 각 사업연도별로 공제하는 금액은 과다 납부한 세액의 100분의 20을 한도로 하고, 공제 후 남아 있는 과다 납부한 세액은 이후 사업연도에 이월하여 공제한다(법 58조의3 1항).

1. 「자본시장과 금융투자업에 관한 법률」 제159조에 따른 사업보고서 및 「주식회사 등의 외부감사에 관한 법률」 제23조에 따른 감사보고서를 제출할 때 수익 또는 자산을 과다 계상하거나 손비 또는 부채를 과소 계상할 것 2. 내국법인, 감사인 또는 그에 소속된 공인회계사가 대통령령으로 정하는 경고·주의 등의 조치를 받을 것

법인이 불실회계처리와 관련하여 경정일이 속하는 사업연도 이전의 사업연도에 수정신고를 하여 납부할 세액이 있는 경우 그 납부할 세액에서 제 1 항에 따른 과다납부 세액을 과다납부 세액의 100분의 20을 한도로 먼저 공제한다(동 2항).

제 1 항 및 제 2 항에 따라 과다 납부한 세액을 공제받은 내국법인으로서 과다 납부한 세액이 남아있는 내국법인이 해산하는 경우에는 다음 각 호에 따른다(동 3항). 각 호: 생략

종래 기업이 분식회계를 한 후 그 이후 사업연도에 세금이 과다하게 납부되었음을 이유로 경정 및 환급을 구할 수 있는가의 문제가 특히 납세자의 신의칙위배 관점에서 논란이 되었고, 이에 관하여 판례는 그 실질을 중시하여 납세자의 경정청구권을 인정한 바 있다(판 2006. 1. 26, 2005두6300). 이후 법은 위와 같은 판례의 입장을 존중하여 원칙적으로 납세자의 경정청구권을 인정하면서도 일정한 범위 내의 분식회계에 대하여 감액경정에 따른 과오납금이 있더라도 즉시 환급하지 않고 그 이후 사업연도의 법인세액에서 순차로 공제하는 방식을 택함으로써 납세자의 경정 및 환급청구권을 제한적인 범위에서 간접적으로 규제하는 방식을 택하였다. 이와 같은 방식은 대체로 일본 법인세법 제70조 제 1 항과 그 내용을 같이하는 것이다. 동일한 사업연도에 다른 경정청구사유가 있는 경우의 공제세액 산정방식에 관하여는 별도 규정이 있다(영 95조의3).

마. 조세특례제한법상의 투자세액공제 등

통합투자세액공제(24조), 고용창출투자세액공제(26조), 전자신고에 대한 세액공제(104조의8) 등.

6. 면제소득 및 최저한세

면제소득은 산출세액(제55조의2에 따른 토지 등 양도소득 및 조특법 100조의32에 따른 투자·상생협력 촉진을 위한 과세특례를 적용하여 계산한 법인세액은 제외한다)에 전체 과세표준에서 면제소득이 차지하는 비율(100분의 100을 초과하는 경우에는 100분의 100)을 곱하여 산출한 금액으로 한다(법 59조 2항).

비과세소득과 달리 면제소득은 원칙적으로 면제신청이 있어야 한다. 현행 법인세법상 면제소득은 없으며, 조세특례제한법에서 규정한 것(같은 법 7조, 12조의2, 21조, 22조, 63조, 63조의2, 64조, 66조, 67조, 68조)과 외국인투자촉진법에서 규정한 것이 있다(같은 법 9조 및 조특법 121조의2). 각종 감면규정의 복합적 적용으로 세 부담이 지나치게 낮아지는 것을 방지하기 위해 최저한세의 규정을 두고 있다. 구체적인 내용은 조세특례제한법 제132조 참조.

제 6 장
신고와 납부

제 1 절 과세표준과 세액의 확정신고

납세의무 있는 내국법인은 각 사업연도 종료일이 속하는 달의 말일부터 3개월(60조의2 1항 본문에 따라 내국법인이 성실신고확인서를 제출하는 경우에는 4개월)이내에 대통령령으로 정하는 바에 따라 해당 사업연도의 소득에 대한 법인세의 과세표준과 세액을 관할세무서장에게 신고하여야 한다(법 60조 1항). 다만 주식회사등의 외부감사에 관한 법률 제 4 조에 따라 감사인에 의한 감사를 받아야 하는 내국법인이 해당 사업연도 감사가 종결되지 않아 결산이 확정되지 않았다는 사유로 대통령령으로 정하는 바에 따라 신고기한의 연장을 신청한 경우에는 신고기한을 1개월의 범위에서 연장할 수 있다(동 7항).

확정신고서에는 기업회계기준을 준용하여 작성한 개별 내국법인의 재무상태표·포괄손익계산서 및 이익잉여금처분(결손금처리)계산서와 세무조정계산서 등을 첨부하여야 한다(법 60조 2항). 위 세무조정계산서는 기획재정부령이 정하는 법인세 과세표준 및 세액조정계산서로 한다(영 97조 4항; 규칙 82조 1항 3호). 대통령령으로 정하는 내국법인의 경우 세무조정계산서는 세무사법에 따른 세무사등록부 등에 등록한 세무사, 공인회계사, 변호사로서 대통령령으로 정하는 조정반에 소속된 자가 작성하여야 한다(법 60조 9항).

한국채택국제회계기준도입 기업은 표준재무제표 제출이 의무화되어 있다(영 97조 11항). 다만 일정한 비영리내국법인에 대하여는 예외가 인정된다(법 60조 5항 단서). 내국법인이 합병 또는 분할로 해산하는 경우에 관하여는 별도의 규정이 있다(동 4항). 법이 정한 소규모법인 등은 법인세 신고 시 세무사 등이 작성한 성실신고확인서를 제출하여야 하며 위반 시 가산세가 부과된다(법 60조의2, 75조 1항).

제2절 세액의 납부

내국법인이 각 사업연도의 소득에 대한 법인세의 과세표준을 신고하는 경우에는 해당 사업연도의 소득에 대한 과세표준에 소정 세율을 적용하여 계산한 법인세액에서 해당 사업연도의 감면세액·세액공제액, 중간예납세액, 수시부과세액, 원천징수된 세액을 공제한 금액을 각 사업연도의 소득에 대한 법인세로서 해당 신고서의 제출기한 내에 관할세무서 등에 자진납부하여야 한다(법 64조 1항).

납부세액이 1천만 원을 초과하는 경우 그 일부에 관하여 분납을 허용하는 규정이 있으며(법 64조 2항; 영 101조 2항), 대도시공장의 지방이전 등에 따른 양도차익에 대하여는 분할납부에 관한 특례가 인정된다(조특법 60조 2항, 61조 3항).

사업연도(합병분할에 의하지 않고 새로 설립된 법인의 경우 최초사업연도는 제외) 기간이 6개월을 초과하는 내국법인(고등교육법 3조에 따른 사립학교를 경영하는 학교법인 등 일부 교육기관 및 직전 사업연도 법인세 산출세액 기준으로 계산한 중간예납세액이 50만원 미만인 중소기업 등에 대한 예외 있음)은 해당 사업연도 개시일부터 6월간을 중간예납기간으로 하여 그 사업연도의 직전 사업연도의 법인세 산출세액 내지 해당 중간예납기간의 법인세액을 기준으로 산출한 중간예납세액을 중간예납기간이 경과한 날로부터 2개월 내에 납부하여야 한다(법 63조 1항; 영 100조). 중간예납세액의 구체적인 산정방식은 법 제63조의2 제1, 2항 참조.

종합소득세의 중간예납은 과세관청이 징수하나(소법 65조 1항 참조), 법인세의 중간예납은 납세의무자가 신고·납부하여야 한다.

중간예납세액의 납부의무가 있는 내국법인으로서 직전 사업연도의 법인세액이 없는 법인(법 51조의2 제1항의 유동화전문회사 등 제외), 해당 중간예납기간 만료일까지 직전 사업연도의 법인세액이 확정되지 아니한 법인, 분할신설법인 및 분할합병의 상대방법인의 분할 후 최초 사업연도의 경우, 합병법인 또는 피합병법인이 합병 당시 제1항 각 호 외의 부분 단서에 따른 내국법인에 해당하는 경우로서 해당 합병법인의 합병 후 최초의 사업연도인 경우에는 해당 중간예납기간을 1사업연도로 보고 계산한다(법 63조의2 2항).

합병법인이 합병 후 최초의 사업연도에 중간예납세액을 납부하는 경우(동 3항), 연결납세방식을 적용받던 연결법인이 연결납세방식을 적용받지 아니하게 된 경우(동 4항) 등의 중간예납세액의 산정에 관하여도 별도의 규정이 있다.

■ 법인세법 시행규칙[별지 제3호서식] <개정 2016.3.7.> (앞쪽)

사업연도	. . . ~ . . .	**법인세 과세표준 및 세액조정계산서**	법인명	
			사업자등록번호	

구분		항목	코드	금액
① 각 사업연도 소득계산		(101) 결산서상 당기순손익	01	
	소득조정 금액	(102) 익금산입	02	
		(103) 손금산입	03	
		(104) 차가감소득금액 ((101)+(102)−(103))	04	
		(105) 기부금한도초과액	05	
		(106) 기부금한도초과이월액 손금산입	54	
		(107) 각 사업연도소득금액 ((104)+(105)−(106))	06	
② 과세표준 계산		(108) 각 사업연도소득금액 ((108)=(107))		
		(109) 이월결손금	07	
		(110) 비과세소득	08	
		(111) 소득공제	09	
		(112) 과세표준 ((108)−(109)−(110)−(111))	10	
		(159) 선박표준이익	55	
③ 산출세액 계산		(113) 과세표준((112)+(159))	56	
		(114) 세율	11	
		(115) 산출세액	12	
		(116) 지점유보소득(「법인세법」 제96조)	13	
		(117) 세율	14	
		(118) 산출세액	15	
		(119) 합계((115)+(118))	16	
④ 납부할 세액 계산		(120) 산출세액((120)=(119))		
		(121) 최저한세 적용대상 공제감면세액	17	
		(122) 차감세액	18	
		(123) 최저한세 적용제외 공제감면세액	19	
		(124) 가산세액	20	
		(125) 가감계((122)−(123)+(124))	21	
	기납부세액 / 기한내납부세액	(126) 중간예납세액	22	
		(127) 수시부과세액	23	
		(128) 원천납부세액	24	
		(129) 간접투자회사등의 외국납부세액	25	
		(130) 소계((126)+(127)+(128)+(129))	26	
	기납부세액	(131) 신고납부전가산세액	27	
		(132) 합계((130)+(131))	28	

구분		항목	코드	금액
		(133) 감면분추가납부세	29	
		(134) 차감납부할세액 ((125)−(132)+(133))	30	
⑤ 토지등양도소득에 대한 법인세 계산	양도차익	(135) 등기자산	31	
		(136) 미등기자산	32	
		(137) 비과세소득	33	
		(138) 과세표준 ((135)+(136)−(137))	34	
		(139) 세율	35	
		(140) 산출세액	36	
		(141) 감면세액	37	
		(142) 차감세액((140)−(141))	38	
		(143) 공제세액	39	
		(144) 동업기업 법인세 배분액 (가산세 제외)	58	
		(145) 가산세액 (동업기업 배분액 포함)	40	
		(146) 가감계((142)−(143)+(144)+(145))	41	
	기납부세액	(147) 수시부과세액	42	
		(148) ( )세액	43	
		(149) 계((147)+(148))	44	
		(150) 차감납부할세액((146)−(149))	45	
⑥ 미환류소득 법인세		(161) 과세대상 미환류소득	59	
		(162) 세율	60	
		(163) 산출세액	61	
		(164) 가산세액	62	
		(165) 이자상당액	63	
		(166) 납부할세액((163)+(164)+(165))	64	
⑦ 세액계		(151) 차감납부할 세액계 ((134)+(150)+(166))	46	
		(152) 사실과 다른 회계처리 경정 세액공제	57	
		(153) 분납세액계산범위액 ((151)−(124)−(133)−(145)−(152)+(131))	47	
	분납할 세액	(154) 현금납부	48	
		(155) 물납	49	
		(156) 계((154)+(155))	50	
	차감납부세액	(157) 현금납부	51	
		(158) 물납	52	
		(160) 계((157)+(158)) ((160)=(151)−(152)−(156))	53	

210㎜×297㎜[백상지 80g/㎡ 또는 중질지 80g/㎡]

제 7 장

세액의 결정·경정·징수

제 1 절 총 설

각 사업연도의 법인세는 과세표준과 세액의 신고에 의하여 확정되고(법 60조; 기본법 22조 2항 2호), 신고가 없으면 해당 법인의 각 사업연도의 소득에 대한 법인세의 과세표준과 세액을 납세지 관할세무서장 또는 관할지방국세청장이 결정한다(법 66조 1항). 과세표준과 세액의 결정은 원칙적으로 신고기한으로부터 1년 내에 하여야 한다(영 103조 3항).

신고는 하였으나, ① 신고내용에 오류 또는 누락이 있거나, ② 지급명세서(법 120조 및 120조의2) 또는 매출·매입처별 계산서합계표(법 121조)의 전부 또는 일부를 제출하지 않은 경우, ③ 신용카드가맹점 가입대상자 또는 현금영수증가맹점 가입대상자로 지정된 법인이 정당한 사유 없이 신용카드가맹점 또는 현금영수증가맹점으로 가입하지 아니한 경우 등 3호 각 목에 해당하는 경우로서 시설규모나 업황을 감안하여 신고내용이 불성실하다고 판단되는 경우에는 과세표준과 세액을 정부가 경정한다(법 66조 2항 1호 내지 3호).

납세지 관할세무서장 또는 관할지방국세청장은 법인세의 과세표준과 세액을 결정 또는 경정한 후 그 결정 또는 경정에 오류 또는 탈루가 있는 것을 발견한 경우에는 즉시 이를 다시 경정 또는 재경정하여야 한다(법 66조 4항). 이는 부과권의 제척기간이 도과되지 않는 한 원칙적으로 횟수에 관계없이 가능하다.

제 2 절 결정·경정의 방법

1. 실지조사에 의한 결정·경정

정부가 각 사업연도의 소득에 대한 법인세의 과세표준과 세액을 결정 또는 경정하는 경우에는 장부 그 밖의 증거서류를 근거로 하여야 하며(법 66조 3항 본문), 과세표준과 세액의 결정·경정은 과세표준신고서 및 그 첨부서류에 의하거나 실지조사에 의하여야 함을 원칙으로 한다(영 103조 2항).

이와 같이 근거서류에 기초한 실지조사가 원칙적인 과세표준과 세액의 결정·경정방법임은 두말 할 나위도 없다.

각 사업연도 소득에서 공제되는 손비의 구체적인 항목에 관한 입증은 입증의 난이라든가 당사자의 형평 등을 고려하여 납세의무자에게 입증의 필요를 돌리는 경우가 많이 있다. 그러나 이는 과세관청이 납세의무자가 신고한 특정 비용의 용도 등이 허위임을 상당한 정도로 입증한 경우에 한하는 것이고 그에 관한 입증이 전혀 없는 경우까지 납세의무자에게 손비에 대한 입증의 필요를 돌릴 수는 없다(판 99. 1. 15, 97누15463). 그러나 실지조사에 의해 누락수입이 발견되었을 경우 누락수입에 대응하는 신고누락된 별도의 비용지출이 있었다는 것을 납세의무자가 입증하지 못하면 누락수입액 전체가 소득액에 가산된다(판 98. 4. 10, 98두328). 이 경우 누락수입에 대응하는 비용만을 추계조사방법으로 결정하는 것도 허용되지 않는다(위 98두328 판결). 이는 법인이 수입신고를 일부 누락시키는 경우에도 비용만큼은 빠짐없이 신고하는 것이 통상적이라는 점과 입증의 난이 및 형평의 측면에서 기장누락 내지 신고누락된 부분은 누락자 스스로 불이익을 입을 수밖에 없다는 점을 고려한 것이다. 다만 납세의무자가 신고한 비용 중 일부가 허위임이 밝혀지거나 스스로 허위임을 시인하면서 다른 비용으로 소요되었다고 주장하는 경우에도 다른 비용의 존재를 납세의무자가 입증하면 손금산입되어야 하고, 이는 그 소득이 위법한 경우나 지급 자체에 위법성이 있는 경우에도 마찬가지이다(판 98. 5. 8, 96누6158; 2012. 1. 26, 2011두23443. 법기통 19-19…1).

과세연도의 제품매출액, 기초제품재고액 및 기말제품재고액에 비추어 제품제조원가가 존재함이 분명한 경우, 실지조사나 추계조사 방법에 의해 산정가능한 범위 내에서 제품제조원가에 대한 입증책임은 과세관청에 있으나, 이보다 많은 제품제조

원가를 주장하는 경우 납세의무자가 이를 입증하여야 한다(판 99. 1. 15, 97누15463).

법인의 매출누락이 적발되면, 매출누락금의 익금산입에 따른 법인세 과세표준과 세액의 경정, 부당무신고 및 납부불성실 가산세(기본법 47조의2 내지 4), 인정상여 등 소득처분에 기한 원천징수의무 및 그 불이행 가산세 등이 뒤따르게 된다.

2. 추계조사에 의한 결정·경정

추계조사결정은, ① 소득금액을 계산할 때 필요한 장부 또는 증명서류가 없거나 그 중요한 부분이 미비 또는 허위인 경우, ② 기장의 내용이 시설규모·종업원수·원재료·상품·제품 또는 각종 요금의 시가 등에 비추어 허위임이 명백한 경우, ③ 기장의 내용이 원자재사용량·전력사용량 그 밖의 조업상황에 비추어 허위임이 명백한 때 할 수 있다(법 66조 3항 단서; 영 104조 1항 1호 내지 3호).

소득금액의 추계방법은, 1. 사업수입금액에서 매입비용, 사업용 유형자산 및 무형자산에 대한 임차료, 임금, 사업수입금액에 기준경비율을 적용하여 계산한 금액 등을 공제하는 방법, 2. 기준경비율이 결정되지 않았거나 천재지변 등으로 장부가 멸실된 때에는 동일 업종의 다른 법인 소득금액을 참작하여 결정하는 방법, 3. 조세특례제한법상의 소기업이 폐업한 때에는 수입금액에서 수입금액에 소득세법 시행령 제145조에 따른 단순경비율을 곱한 금액을 뺀 금액과 수입금액에 직전 사업연도 소득률을 곱하여 계산한 금액 및 위 1에 따라 계산한 금액 중 적은 금액을 과세표준으로 하여 결정·경정하는 방법 등이 인정된다(영 104조 2항).

제 2 호와 관련하여, 법인 사업수입금액에 표준소득률을 곱하여 구한 추계소득금액에 외환차익 및 외화환산이익을 가산하여 과세표준을 구하는 방법은 법에 근거가 없어 위법하다(판 2008. 9. 11, 2006두11576).

수입금액 추계방법으로는, 1. 동업자권형방법, 2. 인적·물적 시설의 영업효율을 적용하는 방법, 3. 투입원재료의 생산수율을 적용하는 방법, 4. 국세청장이 사업의 종류별·지역별로 정한 원단위투입량, 비용관계비율, 상품회전율, 매매총이익률, 부가가치율에 해당하는 기준에 의하여 계산하는 방법, 5. 추계결정·경정법인에 대하여 위 제 2 호 내지 제 4 호를 적용하는 방법, 6. 입회조사기준에 의하여 계산하는 방법 등을 정하여 두고 있다(영 105조 1항).

제3절 익금산입금액의 처분(소득처분)

1. 의 의

「다음 각 호의 법인세 과세표준의 신고·결정 또는 경정이 있는 때 익금에 산입하거나 손금에 산입하지 아니한 금액은 그 귀속자 등에게 상여·배당·기타사외유출·사내유보 등 대통령령으로 정하는 바에 따라 처분한다」(법 67조).

1. 제60조에 따른 신고
2. 제66조 또는 제69조에 따른 결정 또는 경정
3. 국세기본법 제45조에 따른 수정신고

세무조정을 하여 익금과 손금의 항목과 금액을 산출하는 경우 해당 금액이 누구에게 귀속되는지를 밝히는 것이 소득처분이다. 소득처분을 하는 이유는, 첫째로 법인의 세무상 자본을 정확히 계산하기 위한 것이고, 다른 하나는 해당 소득이 법인 밖으로 유출된 경우 해당 귀속자에게 소득세를 과세하기 위한 것이다.

소득처분은 기업회계에 의한 이익금액과 법인세법상 과세소득금액 간의 차액의 귀속에 대한 세무회계상 결정으로서 신고납세방식 아래에서는 원칙적으로 법인 자신이 행한다. 법인이 행하는 소득처분은 원래 해당 연도 소득의 귀속자에 대하여 법인이 원천징수하였어야 할 것을 바로 잡는 것이다. 법인 스스로가 법령상 요구되는 소득처분을 하지 않을 경우 과세권자가 소득처분을 하게 된다. 통상적으로 법인이 매출액을 누락하거나 가공경비를 계상하는 경우 등과 같이 과세소득을 잘못 신고한 경우 과세권자가 이를 경정함과 동시에 신고소득과 경정소득 간의 차액(익금산입액)에 대해 소득처분을 하게 되며, 이는 법인에 대한 소득금액 변동통지의 형태로 이루어진다. 과세관청에 의한 소득처분이 있게 되면 해당 법인은 익금누락액의 익금산입에 따른 법인세 외에 법인의 원천징수의무에 따른 원천징수 소득세와 그에 대한 각종 가산세까지 한꺼번에 부담하게 되어 커다란 조세부담을 안게 된다. 후술하는 대표이사의 횡령행위와 관련하여 사외유출의 범위를 제한적으로 해석하는 판례의 입장도 이러한 상황을 고려한 것으로 볼 수 있다.

소득처분은 각 사업연도 소득에 대하여 법인세 납세의무가 있는 모든 법인에 대해 적용된다(영 106조 1항).

2. 사외유출에 대한 외국의 과세제도

가. 미 국

미국 연방내국세입법(Internal Revenue Code)에 의하면, 회사의 주주에 대한 배분이 자본의 환급에 해당하는 경우 주주의 주식 취득가액을 감소시킬 뿐 과세소득을 구성하지 않는다. 회사의 주주에 대한 재산의 배분 중 법인의 배당가능이익을 넘는 부분은 자본의 환급으로 취급된다[§301(c)(2)]. 회사로부터 주주에게 대가 없이 재산적 가치가 이전되는 경우 의제배당(constructive distribution)으로 취급되며, 주주가 법인재산을 횡령한 경우도 여기에 포함된다. 미국의 판례는 주주가 회사로부터 횡령한 자금을 회사에 반환한 때에는 그 반환시점에 반환금액을 한도로 소득에서 공제할 수 있다고 본다.

나. 독 일

주주 등의 출자나 출자의 환급은 소득에서 제외되며(독일 소득세법 4조 1항). 출자한 주주에 대하여도 소득을 구성하지 않는다(같은 법 20조 1항 1호 3문). 회사의 주주에 대한 급부가 배당가능이익을 초과하면 출자의 환급으로 취급된다(독일 법인세법 27조 1항 3문). 주주에 대한 숨은 이익처분은 법인의 소득을 감소시키지 못하며(같은 법 8조 3항 2문), 숨은 이익처분의 반환은 기왕의 숨은 이익처분으로 인한 세법적 효과를 없었던 것으로 하지 못한다. 연방재정법원은 이 경우 사원의 회사에 대한 금원의 반환을 회사에 대하여는 출자로, 그 사원에 대하여는 지분의 추가적 취득원가(자본적 지출)로 보았다.

다. 일 본

일본은 우리의 소득처분과 유사한 제도로 '사용처불명금' 및 임원상여 제도가 있다. 전자는 법인의 지출금액 중 사용한 용도가 불분명한 금액을 말하고, 후자는 법인이 임원상여로 회계처리하지 않은 거래에 대하여 과세관청이 법인의 소득계산을 부인하고 임원상여로 인정하는 처분을 말한다.

법인이 지출한 금액이 '사용처불명금'에 해당하면 법인 소득금액 계산상 손금산입을 부인함에 그치나, '임원상여'로 인정되면 법인에 대한 손금불산입 외에 지출금액을 임원 소득에 가산하여 해당 소득세를 법인으로부터 원천징수한다.

임원상여의 경우 당해 소득이 임원에게 귀속된 사실의 입증이 필요한데 입증의 어려움으로 인하여 여러 가지 간접사실에 의한 추인을 인정하는 경우가 많다.[1)]

3. 소득처분의 내용

가. 실지조사결정의 경우

(1) 규정의 내용

익금에 산입한 금액(법 27조의2 2항에 따라 손금에 산입하지 않은 금액 포함)이 사외에 유출된 것이 분명한 경우 그 귀속자에 따라, ① 귀속자가 주주 등(임원이나 직원인 주주 등 제외)인 경우에는 배당, ② 귀속자가 임원 또는 직원인 경우에는 상여, ③ 귀속자가 법인이거나 개인사업소득자인 경우에는 기타사외유출(다만 분여이익이 내국법인 또는 외국법인의 국내사업장의 각 사업연도 소득이나 거주자 또는 소득세법 120조에 따른 비거주자의 국내사업장 사업소득을 구성하는 경우에 한함), ④ 귀속자가 그 외의 사람인 경우에는 기타소득으로 처분하며(법 67조, 영 106조 1항 1호 가 내지 라목), ⑤ 귀속이 불분명한 경우 대표자에게 귀속된 것으로 본다(같은 호 1호 단서). 익금산입액이 사외유출되지 않은 경우 사내유보로 한다(영 106조 1항 2호).

(2) 사외유출과 사내유보

익금산입금액의 사외유출이라 함은 세무조정액만큼의 과세소득이 법인 이외의 자에게 유출된 것을 말한다. 세무조정액만큼 잉여금이 증가하는 사내유보에 대응되는 개념이다. 사내유보란 세무조정란에 사외에 유출되지 아니하고 사내에 남아 있는 것으로 처리되는 소득처분 부분이다. 재고자산의 평가감 부인액, 선급비용 부인액, 미사용 소모품비, 감가상각 부인액, 퇴직급여충당금 한도초과액, 시효완성으로 부인된 대손금, 자산의 누락 등이 여기에 해당한다.

사외유출과 사내유보의 구별에 관하여는, 법인이 손해배상청구권 등의 권리를 보유하고 있는가의 여부를 기준으로 하는 견해와 해당 소득이 법인을 위하여 사용되었는가의 여부를 기준으로 하는 견해로 나누어져 있다. 구체적으로는 회사의 대표이사 등 임·직원이 회사 자산을 횡령한 경우 이를 사외유출로 볼 것인가의 여부가 문제된다. 전자에 의하면 법인이 그 횡령행위를 용인하거나 추인한 경우가 아닌 한 해당 임·직원에 대해 손해배상채권을 가지므로 해당 자산이 사외유출된 것이 아니라고 보게 되고, 후자에 의하면 횡령시점에 사외유출된 것으로 보게 된

---

1) 강석훈, "소득처분과 소득금액변동통지에 관하여", 조세법연구 12-2, 113면 이하 참조.

다. 종전 판례는 후자의 견해를 취해 오다가,[1] 그 후 법인의 실질적 경영자가 아닌 대표이사가 회사 자금을 횡령한 사안에서 "법인의 피용자 지위에 있는 자가 법인 업무와는 무관하게 개인적 이익을 위해 법인 자금을 횡령하는 등 불법행위를 함으로써 법인이 손해배상채권 등을 취득하는 경우에는 그 금원 상당액이 곧바로 사외유출된 것으로 볼 수 없고, 해당 법인이나 그 실질적 경영자 등의 사전 또는 사후의 묵인, 채권회수포기 등 법인이 손해배상채권을 회수하지 않겠다는 의사를 객관적으로 나타낸 것으로 볼 수 있는 등의 사정이 있는 경우에만 사외유출로 보아 소득처분할 수 있으며, 대표이사직에 있더라도 실질상 피용자 지위에 있으면 마찬가지로 보아야 한다고 하여 태도를 변경하였다.[2] 이 경우 법인대표자의 자금유용행위가 사외유출에 해당되지 않는다는 사정은 이를 주장하는 법인이 입증하여야 한다. 그 후 판례는 다시 '유용 당시부터 회수를 포기한 것으로 볼 수 없는 특별한 사정'에 관하여 "횡령의 주체인 대표이사 등의 법인 내의 실질적 지위 및 법인에 대한 지배 정도, 횡령행위에 이른 경위 및 횡령 이후의 법인의 조치 등을 통하여 그 대표이사 등의 의사를 법인의 의사와 동일시하거나 대표이사 등과 법인의 경제적 이해관계가 사실상 일치하는 것으로 보기 어려운 경우인지 여부 등 제반 사정을 종합하여 개별적·구체적으로 판단하여야 한다"는 기준을 제시하였다(판 2010. 1. 28, 2007두20959).

기본적으로 권리의 실현가능성이 법이 보장하는 바에 의해 객관적으로 인식될 수 있으면 사내유보, 그렇지 않으면 사외유출로 보는 것이 옳으나, 원천징수의무의 특성을 고려할 때 구체적 타당성에 입각한 유연한 접근이 필요하다. 이 점에서 횡령의 주체인 대표이사 등의 법인 내에서의 실질적 지위를 중요한 기준으로 삼는 판례의 태도는 타당하다. 법인의 지배주주가 아닌 대표이사의 횡령행위에 대하여는 법인이 손해의 회수를 포기할 이유가 없으므로 횡령한 대표이사의 변제자력 등 손해배상채권의 현실적 회수가능성을 떠나 이를 사내유보로 보아야 할 것이다.[3]

---

1) 판 99. 12. 24, 98두7350; 2001. 9. 14, 99두3324 등. 이에 대하여 학설은 반대하는 견해가 많았다. 대표적인 예로, 이철송, "법인대표자에 대한 상여처분제도의 타당성", 조세법연구 9-1, 27면.

2) 판 2004. 4. 9, 2002두9254. 판결에 대한 평석은, 윤지현, "대표이사가 회사 재산을 횡령한 경우 상여로 소득처분할 수 있는 요건에 관한 고찰", 특별법연구 8권, 650면. 이는 그 후 확립된 판례가 되었다. 판 2008. 11. 13, 2007두23323 등.

3) 관련 논의는, 신호영, "임직원 횡령시 상여처분 가부에 대한 판례의 문제점 고찰", 조세법연구 18-1, 277면. 법기통 19의2-19의2…6에서, 「사용인이 법인의 공금을 횡령한 경우로서 동 사용인과 그 보증인에 대하여 횡령액의 회수를 위하여 법에 의해 제반절차를 취하였음에도 무재산 등으로 회수할 수 없는 경우에는 동 횡령액을 대손처리할 수 있다. 이 경우 대손처리한 금액에 대하여는 사용인에 대한 근로소득으로 보지 아니한다」고 규정한 것도 같은 취지이다.

주금 가장납입 후 납입금을 인출하면 납입금 상당액이 사외유출된 것으로 보아야 하며, 인출용도가 법인 차입금 변제를 위한 경우라면 그것이 시행령 제106조 제4항 본문과 단서 중 어디에 해당하는지만 문제된다(판 2016. 9. 23, 2016두40573).

사외유출된 금액에서 이에 대응하는 비용을 공제하여야 하는지에 관하여 특별한 사정이 없는 한 원료매입비 등 원가 상당액을 포함한 그 매출누락액 전액이 사외로 유출된 것으로 보아야 하고 이는 매출누락금액뿐 아니라 그 대응 경비금액까지 밝혀졌다고 하더라도 마찬가지이며 이 경우 매출누락액 전액이 사외로 유출되지 않았다고 볼 특별한 사정은 이를 주장하는 법인 측에서 입증하여야 한다.[1]

과세관청이 법인 경비로 인정하여 소득금액에서 공제하여 주었다고 하여 대표자 개인에 대한 소득처분을 함에 있어 당연히 그 금액을 공제해 주어야 하는 것은 아니며(판 99. 12. 24, 98두16347), 소득 귀속 후 귀속자가 소득금액 상당액을 법인에 환원시켜도 소득처분의 대상과 범위는 달라지지 않는다(판 99. 12. 24, 98두7350). 법인이 매출대금을 임시계정인 가수금 계정에 계상함으로써 상대계정인 현금이 법인에 들어온 것으로 회계처리를 하였더라도, 가수금 계정의 내용이 장차 대표이사에게 반제해야 할 채무인 경우 매출금 상당액이 대표이사에게 귀속된 것으로 보아야 하고(판 2002. 1. 11, 2000두3726), 법인이 차명계좌에 입금된 금액을 자신의 계좌로 입금받으면서 이를 수입금액이 아닌 주주임원차입금으로 계상한 후 대표자에게 지급한 경우 주주임원차입금으로 계상하는 시점에 사외유출되어 대표자에게 귀속되었다고 보아야 한다(조심2022인6238, 2023. 8. 10). 그러나 단순히 법인의 매출금이 가수금으로 입금되어 가수금계정에 계상되어 있고 그 금원이 각 해당 사업연도 손익계산서상 수입금액에 계상되어 있지 않다는 사실만으로 사외유출로 추정할 수는 없으며(판 1987. 6. 9, 86누732), 특수관계인에 대한 가지급금채권에 대해 대손충당금을 설정한 것만으로 특수관계인에게 그 채무면제익이 귀속된 것으로 보아 소득처분할 수 없다(판 2010. 9. 9, 2008두2156). 또한 법인이 법인세 과세표준과 세액을 신고하면서 가공비용을 손금산입하였더라도 그에 대응하는 명목상 채무를 대차대조표상 부채로 계상해 둔 경우 당해 법인의 순자산에는 아무런 변화가 없으므로 사외유출을 인정할 만한 다른 사정이 없는 한 그 비용상당액이 사외유출된 것으로 볼 수 없다(판 2012. 7. 26, 2010두382). 단순히 회수되지 않은 매출채권을 장부에서 누락한 경우 사내유보로 소득처분한다(판 2006. 4. 28, 2005두14554). 판례는 재건축조합이 아파트를 재건축하여 일반분양을 통해 얻은 수입금을 지분비율에 따라 조합원들이 납부할

1) 판 2002. 1. 11, 2000두3726; 99. 5. 25, 97누19151; 94. 11. 18, 93누7211. 법기통 67-106…11.

건축비에 충당한 경우 사외유출시점을 충당 시가 아닌 조합이 조합원들에게 그들의 출자가액을 초과하는 아파트를 분양한 때로 보았다(판 2011. 7. 14, 2008두17479).

(3) 규정의 문제점

소득처분에 관한 우리 법 규정의 문제점으로 가장 많이 지적되는 내용은, 귀속불명의 경우 대표자에 대한 소득처분을 규정한 시행령 제106조 제 1 항 제 1 호 단서이다. 이는 다른 나라 입법에서 유례를 찾아보기 어려운 제도인데 기본적으로 지나치게 징세 편의를 위한 측면이 강하다. 일본과 같이 사실인정의 문제로 접근하는 것이 합리적일 것이다. 규정형태상으로도 법은 귀속자 등에게 소득처분을 하도록 규정할 뿐인데 시행령에서 귀속불명의 경우까지 대표자 상여로 보도록 규정할 수 있는지도 의문이다. 그 밖에 귀속자가 임, 직원인 경우 이를 상여로 보도록 한 규정과 거꾸로 소득 귀속자가 임원 등이 아닌 주주인 경우 보유주식 지분을 전혀 고려하지 않은 채 일률적으로 배당으로 보는 점, 손익거래인지 자본거래인지에 따라 소득세와 증여세의 우선성이 달라지는 점 등이 문제점으로 지적된다.[1)]

나. 추계조사결정의 경우

(1) 의　　의

추계조사에 의하여 과세표준을 결정하는 방법에는 소득표준율에 의하는 방법과 동업자와의 권형에 의한 방법이 있다. 어느 방법에 의하든 산출된 과세표준에 법 제34조의 대손충당금의 환입액, 조특법상 준비금의 환입액(영 104조 3항) 등은 가산하고, 시행령 제11조의 수익 중 사업수입금액에 포함되지 않았기 때문에 과세표준에 가산한 금액에 직접 대응되는 원가상당액이나 그 밖의 사업수입금액을 얻기 위하여 지출된 영업 외 비용 등에 해당되지 않는 특별손실로서 해당 법인에 귀속된 것이 분명한 금액은 차감하여 과세표준을 산정한다. 이와 같은 특별손익을 소득처분할 경우에도 가감할 것인가가 문제되는데 판례는 소득의 귀속자에게 귀속된 금액이 소득처분되는 것이고 법인세 과세표준금액과 소득처분 대상금액이 반드시 일치하는 것은 아니라는 이유로 이를 부정하고 있다(판 94. 11. 18, 93누7211 등).

(2) 소득처분의 내용

과세표준을 추계조사로 결정하는 경우 법인의 과세소득과 당기순이익과의 차액의 발생 원인은 밝혀질 수 없으므로, 시행령 제106조 제 2 항은 추계조사결정·경정 시 결정된 과세표준과 법인의 재무상태표상의 당기순이익과의 차액(법인세 상당

1) 상세는, 송동진·박 훈, “사외유출소득의 과세 및 반환에 관한 연구”, 조세법연구 23-3, 22면 이하.

액을 공제하지 아니한 금액을 말한다)은 대표자에 대한 이익처분에 의한 상여로 하고, 다만 추계사유가 천재지변 등으로 인한 장부의 멸실에 기인한 것인 때(법 68조 단서)에는 기타 사외유출로 처분하도록 하고 있다. 이 경우 법인이 결손신고를 한 때에는 그 결손은 없는 것으로 한다(영 106조 3항).

4. 관련문제

가. 부당행위계산부인에 의한 익금산입액의 소득처분

법인이 특수관계인에게 자산을 저가양도하여 부당행위계산부인 대상이 된 경우 시가와 양도가액 차액이 법인의 익금에 산입되고 해당금액이 특수관계인에게 상여나 배당 등으로 소득처분되는데 이와 같은 세법상 규정이 실질과세에 부합하는지에 관한 논의가 있다. 특수관계인이 법인으로부터 저가양도받은 이익에 대하여는 증여세가 부과되어야 하고, 현재와 같이 특수관계인의 소득으로 본다면 이를 법인의 비용으로 취급하여야 한다는 주장이 그것이다.[1] 현재 우리 법은 저가양도와 같이 유상과 무상이 혼합된 거래의 경우 양도의 주체와 상대방이 개인인지 법인인지에 따라 그 처리방식 및 법률효과에 여러 가지 차이를 보이고 있는데 가능한 통일적인 방향으로 정비되어야 할 것이다.

나. 소득처분의 경우 원천징수의무 및 원천납세의무의 성립시기

과세관청의 익금산입액에 대한 소득처분이 있게 되면 해당 소득에 관하여 법인에 대한 원천징수가 뒤따르는데, 이 경우 원천징수의무의 성립 및 확정시기는 국세기본법의 규정에 따르지만(기본법 21조, 3항 1호, 제22조 4항 2호 참조), 그에 대응하는 원천납세의무가 언제 성립, 확정하는지가 문제된다. 이와 관련하여 소득세법 시행령은 인정배당 및 인정상여 등의 귀속시기를 소득이 유출된 과세연도로 보는 취지의 규정을 두고 있는데(소령 46조 6호, 49조 1항 3호, 50조 1항 2호), 일반적으로 소득의 귀속시기는 납세의무 성립시기와 나란히 한다는 점에서 법은 그때를 원천납세의무의 성립시기로 보는 취지로 이해되고, 판례 및 행정해석도 같은 취지이며,[2] 학설도 대체로 같은 견해를 취하고 있는 것으로 보인다.[3] 그러나 우리 법

1) 한만수, “소득과 수증의 과세상 관계에 관한 고찰”, 조세법연구 17-2, 306면.
2) 판 2006. 7. 27, 2004두9944; 2008. 4. 24, 2006두187. 소득세법기본통칙 39-0…15.
3) 이창희 앞의 책 927면. 강석훈 앞 논문 99면 이하. 이의영, “소득처분에 따른 소득금액변동통지의 법적 성질”, 조세법연구 12-2, 150면 등.

상 소득처분은 소득의 성격 등을 묻지 않고 법상 특정 소득으로 의제하여 소득의 성격을 새로 규정지음으로써 실체적 법률관계를 변동시키는 행위이고, 이를 대외에 공시하는 소득금액변동통지는 위와 같은 실체적 효력을 처분의 형식으로 뒷받침하는 절차적 규정으로서 형성적 효력을 갖는 행정처분에 해당한다.

과세요건으로서 인정상여 등 소득처분을 주장하는 경우 과세관청은 익금산입액의 유출사실과 귀속 상대방만을 특정하면 되고 소득의 성격 및 유출시점을 주장, 입증할 필요가 없다. 구체적으로 소득처분에 의한 의제소득의 경우 과세관청은, ① 매출누락 등 익금에 추가 산입할 금액이 있다는 사실, ② 그 익금가산액이 사외로 유출된 사실, ③ 사외유출된 금액에 대하여 법인세법 제67조 및 동법시행령 제106조가 정하는 절차와 방법에 따라 소득처분을 하였다는 사실만을 주장·입증하면 되지만, 현실귀속소득을 주장하는 경우에는 위 ①, ②의 사실 이외에도, ③ 사외유출된 소득이 대표자 등에게 현실적으로 귀속된 사실과 ④ 그 소득이 어떠한 종류의 소득인지 등을 구체적으로 주장·입증하여야 한다(판 2003. 11. 27, 2002두2673 등).

한편 납세의무 성립시기는 납세의무자에 대하여는 신고적격을, 과세관청에 대하여는 부과적격을 각각 의미하는데, 법은 소득처분과 관련하여 납세의무자의 추가신고납부에 관한 규정을 두고(소령 134조 1항), 부과권 제척기간 기산일도 소득처분 시로 규정함으로써(기본법 26조의2 2항 2호 후문)[1], 소득처분이 있고 나서야 비로소 납세의무자의 신고 및 과세관청의 부과처분이 가능하다는 점을 시인하고 있다.

소득의 성격과 관련하여 보아도, 사외유출된 법인소득이 특정인에게 귀속되는 경우 귀속자의 순자산을 증가시키기는 하나 그와 같은 순자산 증가만으로 소득세법에 규정된 특정 소득을 구성한다고 보기는 어렵다. 특히 귀속불명소득에 대한 대표자 인정상여의 경우 소득의 귀속을 의제하기 때문에(법령 106조 1항 1호 단서) 소득의 현실적 귀속을 관념할 수도 없다. 소득의 귀속시기는 소득의 실현을 전제하는데 법이 소득으로 의제하기 이전의 시점에서 소득이 실현되었다고 볼 수 있는지 의문이다. 법리적인 측면에서 볼 때, 소득처분의 경우 소득의 귀속시기는 소득처분 시로 봄이 간명할 것이다. 판례는 원천납세의무자의 납세의무 성립시기를 실제 소득이 귀속된 사업연도말로 보는 전제에서 법인에 대한 소득금액변동통지 당

1) 이는 판 2014. 4. 10, 2013두22109의 취지와 반대로 입법이 된 것이다. 판례는 납세의무자가 위 규정에 따라 과세표준 및 세액을 추가신고·자진납부한 경우, 국세기본법상 경정청구기간 기산일을 그 추가신고납부기한 다음날로 보고(판 2011. 11. 24, 2009두20274), 법정기한까지 추가신고납부의무를 이행하지 않은 경우 납부불성실가산세도 법에서 정한 추가신고납부기한의 다음 날부터 기산된다고 보았다(판 2006. 7. 27, 2004두9944).

시 원천납세의무자에 대한 부과권 제척기간이 도과되었다면 원천징수의무자에 대한 징수처분도 불가능하다고 보나,[1] 이 역시 타당성에 의문이 있다.

다. 소득의 귀속에 대한 입증책임 등

사외유출된 법인의 수입금액 귀속이나(판 2013. 3. 28, 2010두20805), 귀속이 분명하다는 점(판 2017. 10. 26, 2017두51310)에 관한 주장, 입증책임은 납세의무자에게 있으나, 소득의 귀속자가 분명하게 밝혀지지 않은 상태에서 대표이사로의 실지귀속을 추정할 수는 없다(판 2005. 5. 12, 2003두15300). 판례는 법인에 대한 익금산입액을 대표자에게 소득처분할 경우 소득처분할 금액의 산정시기 역시 특별한 사정이 없는 한 대표자가 토지를 취득한 시기로 보았다.[2]

시행령은 대표자의 의의에 관해 "소액주주 등이 아닌 주주 등인 임원 및 그와 영 제43조 제 8 항에 따른 특수관계에 있는 자가 소유하는 주식 등을 합하여 해당 법인의 발행주식총수 또는 출자총액의 30/100 이상을 소유하고 있는 경우의 그 임원이 법인의 경영을 사실상 지배하고 있는 경우에는 그 자를 대표자로 한다"고 규정하고 있는데(영 106조 1항 1호 본문 괄호), 판례는 법인등기부상에 회사의 대표이사로 등재되어 있어도 회사를 실질적으로 운영한 사실이 없다면 여기의 대표자로 볼 수 없다고 하는 한편[3] 위 규정을 제한적·열거적으로 해석하여 그 요건을 갖추지 못하면 설령 법인의 경영을 사실상 지배하고 있다고 하더라도 위 규정에서 말하는 대표자에 해당되지 않는다고 보았다(판 2010. 10. 28, 2010두11108).

귀속자가 법인이거나 개인으로서 소득이 해당 법인의 각 사업연도 소득이나 개인의 사업소득을 구성하는 경우 이중과세 방지를 위해 기타 사외유출로 처분한다. 기부금이나 기업업무추진비 중 손금부인액, 업무용승용차 관련비용의 손금불산입 등 특례, 일정한 지급이자의 손금부인액, 임대보증금 등의 간주익금, 소득처분에 기한 대표자의 소득세 대납액을 손비로 계상하거나 그 대표자와의 특수관계가 소멸될 때까지 미회수됨에 따라 익금에 산입한 금액, 시행령 제88조 제 1 항 제 8

1) 판 2010. 1. 28, 2007두20959; 2010. 4. 29, 2007두11382. 판례에 찬성하는 견해로, 안경봉, "법인세법상 소득처분에 의한 원천징수소득세의 부과제척기간의 기산일", 인권과 정의 제250호(1997).

2) 판 2010. 5. 13, 2007두14978 판결. 그 평석은, 박성규, 판례해설 2010(상), 199면. 그 밖에 과소자본세제에 관한 구 국조법 14조 1항(현행 국조법 22조 2항)과 관련하여 같은 취지의 것으로, 판 2018. 2. 28, 2015두2710.

3) 이를 명시적으로 판시한 것으로 판 2010. 12. 23, 2008두10461. 판례는 부실등기의 경우(판 89. 11. 4, 88누3802), 정리회사 관리인(판 95. 6. 20, 94누149), 실질적으로 직무대행자의 권한을 행사하지 못한 대표이사직무대행자(판 94. 3. 8, 93누1176) 등은 여기에 해당하지 않는다고 보았다.

호, 제 8 호의2 및 제 9 호(8호 및 8호의2에 준하는 행위계산에 한함)에 따라 익금에 산입한 금액으로서 귀속자에게 증여세가 과세되는 금액, 외국법인 국내사업장의 각 사업연도소득에 대한 법인세 과세표준을 신고하거나 결정·경정함에 있어서 익금에 산입한 금액이 외국법인 본점 등에 귀속되는 소득 역시 기타 사외유출로 한다(영 106조 1항 3호 가목 내지 차목). 법인이나 개인사업자에게 귀속되었으나 해당 사업자의 사업소득금액을 구성하지 않는 경우 기타소득이 된다.

라. 사외유출된 소득의 반환

(1) 법인이 수정신고기한 내에 환입한 경우

법인이 국세기본법 제45조의 수정신고기한 내에 매출누락, 가공경비 등 부당하게 사외유출된 금액을 회수하고 세무조정으로 익금에 산입하여 신고하는 경우의 소득처분은 사내유보로 한다. 다만 1. 세무조사의 통지를 받은 경우, 2. 세무조사가 착수된 것을 알게 된 경우, 3. 세무공무원이 과세자료의 수집 또는 민원 등을 처리하기 위하여 현지출장이나 확인업무에 착수한 경우, 4. 납세지 관할세무서장으로부터 과세자료 해명 통지를 받은 경우, 5. 수사기관의 수사 또는 재판 과정에서 사외유출 사실이 확인된 경우, 6. 위에 준하는 사유로서 경정이 있을 것을 미리 안 것으로 인정되는 경우 등 경정이 있을 것을 미리 알고 사외유출된 금액을 익금산입한 경우는 제외한다(영 106조 4항 1호 내지 6호).

위 규정에 따라 사내유보 처분된 금액은 특수관계인에 대한 업무무관가지급금으로 보게 되고, 유출시점부터 회수시점까지 인정이자는 해당 사업연도 과세소득 산정 시 익금산입하며 귀속자에게 소득처분한다(서이 46012-10947, 2002. 5. 2.).

법인이 임직원에 대한 소득세 원천징수세액을 대납하고 가지급금으로 계상한 경우 업무무관 가지급금에 해당된다. 이 경우 해당 소득세 대납액을 정당한 사유없이 회수하지 않으면 귀속자에게 소득처분한다(법기통 19의2-19의2…4). 다만 법인이 귀속불명에 따라 대표자 상여로 소득처분된 금액에 대한 소득세를 대납한 경우 기타사외유출로 처분하며(영 106조 1항 3호 아목), 이를 가지급금으로 계상한 경우 인정이자 및 지급이자 손금불산입 규정의 적용이 배제된다(규칙 44조 5호).

(2) 수정신고 기한 후 환입한 경우

사외유출된 소득의 반환과 관련하여 종전에 판례는 납세의무 성립 후 소득이 반환되더라도 이미 성립한 소득세 납세의무에 영향을 미치지 않는 것으로 보았다(판 2001. 9. 14, 99두3324). 한편 판례는 납세자가 배임수재로 받은 금품에 대하여 형사사건에서 추징이 확정된 경우 당초에는 원귀속자에 대한 환원조치와 동일시할 수 없다는 이유로 위법소득이 실현된 것으로 보았다가(판 2002. 5. 10, 2002두431), 그 후 입장을 변경하여 납세자가 후발적 경정청구를 할 수 있다고 보았다{판 2015. 7. 16, 2014두5514(전)}. 그런데 소득처분된 금액의 반환과 관련하여서는 수정신고 기한 내에 사외유출된 금액이 회수된 경우에만 사내유보로 보도록 하는 위 시행령 규정에 따라 위법소득의 반환 일반에 관한 판례의 입장을 그대로 수용하기 어렵게 되어 있다. 유독 소득처분의 경우에만 특별하게 취급할 이유가 없으므로 위 시행령 규정은 입법상 문제가 있다. 사외유출하였다가 그 사실이 확인된 후 더 큰 불이익을 피하기 위해 수동적으로 이를 반환한 경우 일부 제재의 필요성이 있다고 하더라도 소득의 반환으로 과세의 기초가 상실된 이상 소득과세 자체를 유지하는 것은 다른 경우와의 형평상 타당하다고 보기 어렵다.[1]

마. 소득금액의 지급의제와 소득처분에 대한 불복

법인이 과세표준과 세액을 신고하는 경우에는 그 신고 또는 수정신고하는 날에, 과세권자가 법인소득금액을 결정 또는 경정하는 경우에는 원칙적으로는 해당 법인이, 예외적으로 해당 법인의 소재가 분명하지 아니하거나 그 통지서를 송달할 수 없는 경우에는 해당 소득처분을 받은 자가, 각 관할세무서장 또는 지방국세청장으로부터 소득금액변동통지서를 받은 날에 각 그 소득금액을 지급한 것으로 본다(소법 131조 2항; 135조 4항, 145조의2; 소령 192조 등).

국내에서 거주자나 비거주자에게 배당소득금액, 근로소득금액, 기타소득금액을 지급하는 자는 소득세를 원천징수하여 징수일이 속하는 달 다음 달 10일까지 납부하여야 하므로(소법 127조 1항, 128조), 위와 같이 소득금액을 지급한 것으로 의제되는 소득처분의 경우 법인은 그에 대한 소득세를 원천징수하여 납부하여야 한다.

법인에 대한 소득금액변동통지는 부과처분적 성격을 갖는 것으로서 쟁송적격을 갖고 그에 따라 소득의 귀속자나 소득의 귀속자별 소득금액을 특정하여 기재하지 않은 소득금액변동통지는 위법하다(판 2013. 9. 26, 2011두12917).

소득세법 시행령 제192조에 따른 납세의무자에 대한 소득금액변동통지는 쟁송적격이 없으나(판 2014. 7. 4, 2011두14227; 2015. 3. 26, 2013두9267), 위 규정은 소득세법 시행령 제134조 제 1 항에 따라 소득 귀속자에게 종합소득 과세표준의 추가신고 및 자진납부의 기회를 주기 위해 마련된 특칙으로서 원천납세의무에 따른 신고·납부기

---

1) 같은 취지, 송동진·박 훈, 앞의 논문 48면.

한과 이를 전제로 한 가산세의 존부나 범위를 결정하는 요건이 되므로, 위 통지가 없거나 적법하지 않은 경우 소득의 귀속자는 과세처분취소소송 등에서 그 흠결을 주장하여 다툴 수 있다.[1)]

위 규정에 따라 납세의무자에 대하여 소득금액변동통지를 하더라도 법인에게 원천징수의무는 발생하지 않는다고 볼 것이다. 판례가 위 소득금액변동통지의 처분성을 부정한 것은 이를 전제한 것으로 이해된다.

소득금액변동통지가 취소되거나 철회된 경우 법인에게 원천징수의무가 없으므로 징수처분에 나아갈 수 없다(판 2006. 8. 25, 2006두3803).

제 4 절 수시부과

1. 의 의

수시부과란 과세기간 종료 전에 시행령 제108조 소정의 사유가 생겨 조세를 포탈할 우려가 있다고 인정되는 경우 그 과세표준신고서를 받기 전에 우선 수시부과결정 당시까지의 과세표준과 세액을 결정·고지하는 것이다. 즉, 내국법인이 그 사업연도 중에 대통령령으로 정하는 사유로 인하여 법인세 포탈의 우려가 있다고 인정될 때에는 정부는 수시로 그 법인에 대한 법인세를 부과할 수 있다. 이 경우에도 각 사업연도의 소득에 대한 확정신고는 하여야 한다(법 69조 1항).

수시부과제도는 국세징수법상 납기 전 징수제도 및 확정 전 보전압류제도와 함께 조세채권의 조기실현을 위하여 마련된 제도이다.

2. 사 유

수시부과사유는, 1. 신고를 하지 아니하고 본점 등을 이전한 경우, 2. 사업부진 기타 사유로 인하여 휴업 또는 폐업상태에 있는 경우, 3. 기타 조세를 포탈할 우려가 있다고 인정되는 상당한 이유가 있는 경우이다(영 108조 1항).

---

1) 판 2015. 1. 29, 2013두4118. 관할이 없는 세무서장 또는 지방국세청장이 한 위 규정에 따른 소득금액변동통지를 위법하다고 판단한 사안.

3. 과세표준 및 세액의 결정고지

수시부과에 의하여 징수하는 국세에 있어서는 수시부과할 사유가 발생하는 때에 납세의무가 성립하고 정부가 과세표준과 세액을 결정하는 때에 납세의무가 확정된다(기본법 21조 3항 4호, 22조 1항 및 3항).

과세표준의 계산 등은 각 사업연도의 소득금액 계산 및 과세표준 계산에 관한 규정에 의한다. 그 과세기간은 그 사업연도 개시일부터 수시부과사유가 발생한 날까지이다(법 69조 2항. 단서 있음). 과세표준의 조사결정방법에 관하여도 시행령 제108조 제 2 항에 의해 사업연도의 과세표준 조사결정에 관한 규정이 준용되나 가산세에 관한 규정은 적용되지 않는다.

수시부과결정에 있어서 세법상 익금가산할 금액이 발생하면 법 제67조에 따라 소득처분한다. 수시부과세액은 사업연도 종료 후 정기분 신고납부시나 결정결의시에 중간예납세액 및 원천징수세액과 함께 기납부세액으로 정기분 총결정세액에서 공제됨으로써 정기분 과세표준신고에 의하여 비로소 확정되는 법인세에 흡수된다.

제 5 절 세액의 통지 · 징수 · 환급

1. 과세표준과 세액의 통지

납세지 관할세무서장 또는 관할지방국세청장은 내국법인의 각 사업연도의 소득에 대한 법인세의 과세표준과 세액을 결정 또는 경정한 때에는 이를 해당 내국법인에게 통지하여야 한다(법 70조).

세무서장은 과세표준과 세액을 통지하는 경우 납세고지서에 과세표준과 세액의 계산명세서를 첨부하여 고지하며, 각 사업연도 과세표준이 되는 금액이 없거나 납부할 세액이 없을 때에도 그 결정된 내용을 통지하여야 한다(영 109조 1항). 시행령 제104조 제 2 항(추계결정)에 의하여 법인의 과세표준이 결정된 때에는 그 기준이 된 수입금액을 위 제 1 항의 계산명세서에 기재하여 통지하여야 한다(영 109조 2항).

2. 세액의 징수

납세지관할세무서장은 내국법인이 법 제64조에 따라 각 사업연도 소득에 대한 법인세로서 납부하여야 할 세액의 전부 또는 일부를 납부하지 아니한 때 또는 제63조 및 제63조의2에 따라 납부하여야 할 중간예납세액의 전부 또는 일부를 납부하지 아니한 때에는 그 미납된 부분의 법인세액 또는 중간예납세액을 국세징수법에 따라 징수하여야 한다(법 71조 1·2항).

원천징수의무자가 징수하여야 할 세액을 기한 내에 납부하지 아니한 때에는 지체 없이 원천징수의무자로부터 원천징수의무자가 원천징수하여 납부하여야 할 세액에 상당하는 금액에 국세기본법 제47조의5 제 1 항에 따른 가산세액을 더한 금액을 법인세로서 징수하여야 한다. 다만 원천징수의무자가 원천징수를 하지 아니한 경우로서 납세의무자가 그 법인세액을 이미 납부한 경우에는 원천징수의무자에게 그 가산세만을 징수한다(법 71조 3항).

3. 결손금 소급공제에 의한 환급

중소기업에 해당하는 내국법인은 각 사업연도에 결손금이 발생한 경우 대통령령으로 정하는 직전 사업연도의 법인세액을 한도로 제 1 호의 금액에서 제 2 호의 금액을 차감한 금액을 환급 신청할 수 있다(법 72조 1항).

1. 직전 사업연도의 법인세 산출세액(제55조의2에 따른 토지등 양도소득에 대한 법인세액은 제외한다) 2. 직전 사업연도의 과세표준에서 소급공제를 받으려는 해당 사업연도의 결손금 상당액을 차감한 금액에 직전 사업연도의 제55조 제 1 항에 따른 세율을 적용하여 계산한 금액

환급은 신청을 전제로 한다. 신청절차 및 환급결정절차에 관하여는 법 제72조 제 2·3 항, 시행령 제110조 제 2 항 참조.

납세지 관할세무서장은, 1. 제 3 항에 따라 법인세를 환급한 후 결손금이 발생한 사업연도에 대한 법인세를 제66조에 따라 경정함으로써 결손금이 감소된 경우와, 2. 제 3 항에 따라 법인세를 환급한 후 결손금이 발생한 사업연도의 직전사업연도에 대한 법인세의 과세표준과 세액을 제66조에 따라 경정함으로써 환급세액이 감소된 경우 및, 3. 중소기업에 해당하지 아니하는 내국법인이 법인세를 환급받은 경우에는 환급세액(1호 및 2호의 경우에는 과다하게 환급한 세액 상당액)에 대통령령

으로 정하는 바에 따라 계산한 이자상당액을 가산한 금액을 해당 결손금이 발생한 사업연도의 법인세로서 징수한다(법 72조 5항 1 내지 3호).

제 6 절 원천징수

소득세법 제16조 제 1 항에 따른 이자소득의 금액(금융보험업을 하는 법인의 수입금액을 포함하되 대통령령으로 정하는 금융회사 등의 일부 소득 및 법인세가 면제되는 소득 등에 대하여는 제외의 특칙 있음)과 소득세법 제17조 제 1 항 제 5 호에 따른 집합투자기구로부터의 이익 중 자본시장법에 따른 투자신탁의 이익의 금액을 내국법인에 지급하는 자는 그 지급하는 금액(외국납부세액이 있는 경우 해당 세액 공제)에 14/100의 세율을 적용하여 계산한 금액에 상당하는 법인세(1천 원 이상인 경우만 해당한다)를 원천징수하여 그 징수일이 속하는 달의 다음 달 말일부터 10일까지 이를 납세지 관할세무서 등에 납부하여야 한다. 다만 소득세법 제16조 제 1 항 제 11호의 비영업대금의 이익에 대해서는 25/100의 세율을 적용하되, 온라인투자연계금융업 및 이용자 보호에 관한 법률에 따라 금융위원회에 등록한 온라인투자연계금융업자를 통하여 지급받는 이자소득에 대해서는 14/100의 세율을 적용한다(법 73조 1항).

법인이 보유하던 채권 등을 그 계산기간 중에 타인에게 매도하는 경우 채권 등의 보유기간에 따른 이자 등에 대하여는 해당 법인이 원천징수의무를 부담하도록 하는 특칙이 있다(법 73조의2). 이 규정은 해당 채권이 매도되는 과정에서 채권의 처분손실이 발생하였더라도 마찬가지로 적용된다(판 2017. 12. 22, 2014두2256).

외국법인이 발행한 채권 또는 증권에서 발생하는 제 1 항 각 호의 소득을 내국법인에게 지급하는 경우 국내에서 그 지급을 대리하거나 지급권한을 위임·위탁받은 자는 그 소득에 대한 법인세를 원천징수할 의무가 있다(법 73조 8항).

그 밖에 법인세의 원천징수대상소득의 범위 및 금액의 합계(영 111조), 원천징수세액의 계산(영 113조) 및 납부(영 115조)와 원천징수의무자의 범위 등은 시행령에 위임되어 있다(법 73조 8항). 원천징수대상에 관한 위 법령의 규정은 열거적 규정이다{판 91. 12. 24, 91누384(전) 참조}. 외국법인에 대한 원천징수 및 징수특례에 관하여는 법 제98조 이하, 시행령 제137조 및 시행규칙 제68조 각 참조.

제 7 절 가 산 세

국세기본법과 별도로 법인세법이 규정한 가산세로 업무용승용차 관련비용 명세서 제출 불성실 가산세(법 74조의2. 2021. 12. 21. 신설), 성실신고확인서 제출 불성실 가산세(법 75조), 주주등의 명세서 등 제출 불성실 가산세(법 75조의2), 장부의 기록·보관 불성실 가산세(법 75조의3), 기부금영수증 발급·작성·보관 불성실 가산세(법 75조의4), 증명서류 수취 불성실 가산세(법 75조의5), 신용카드 및 현금영수증 발급 불성실 가산세(법 75조의6), 지급명세서 제출 불성실 가산세(법 75조의7), 계산서 등 제출 불성실 가산세(법 75조의8), 특정외국법인의 유보소득 계산 명세서 제출 불성실 가산세(법 75조의9) 등이 있다.

재화·용역을 공급받는 법인이 상대방으로부터 법정증빙서류를 수취하지 않은 경우 불성실불명자료 가산세 부과대상에 해당하고, 이는 법인이 제 3 자로부터 법정증빙서류를 수취하였더라도 마찬가지이다(판 2012. 4. 26, 2010두24654). 법인소득금액결정 자체가 위법인 때에는 소득금액변동통지를 받은 법인이 지급조서를 제출하지 않더라도 지급명세서 미제출 가산세를 부과할 수 없다(판 87. 4. 28, 85누338).

제 8 장

법인과세 신탁재산의 각 사업연도 소득에 대한 법인세

제 1 절 총 론

2021년 개정법에서 신탁소득에 대한 과세체계를 정비하는 과정에서 법인세법에 커다란 변화가 있었다. 그 주요한 내용 중의 하나가 신탁법에 따른 목적신탁, 수익증권발행신탁 등에 해당하는 경우 신탁재산에 귀속되는 소득에 대하여 신탁재산을 내국법인으로 보아(법인과세 신탁재산) 그 신탁의 수탁자가 납세의무를 부담할 수 있도록 한 것이다. 법인과세 수탁자는 법인과세 신탁재산에 귀속되는 소득과 그 외의 소득을 구분하여 법인세를 납부하고, 법인과세 신탁재산의 이익을 수익자에게 분배하는 경우 배당으로 간주하는 등 신탁재산에 대하여 법인세 과세방식을 적용하며, 이중과세 조정을 위해 법인과세 신탁재산이 수익자에게 배당한 금액에 대하여 법인과세 신탁재산에 대한 소득공제를 허용하는 반면, 소득공제를 적용받는 신탁재산으로부터 배당을 받는 수입배당금액에 대해서는 익금불산입 규정을 적용하지 않는다. 그 밖에 신탁의 합병은 합병으로, 신탁의 분할은 분할로 각 보며, 수탁자 변경에 따라 법인과세 신탁재산의 자산 및 부채를 이전하는 경우 변경 후 수탁자에게 장부가액으로 이전한 것으로 간주하도록 하였다. 아래에서 변경된 법제도에 관하여 조문을 중심으로 살펴보기로 한다.

제 2 절 신탁재산에 대한 법인세 과세방식의 적용 및 특례

법 제 5 조 제 2 항에 따라 내국법인으로 보는 신탁재산(“법인과세 신탁재산”) 및 이에 귀속되는 소득에 대하여 법인세를 납부하는 신탁의 수탁자(“법인과세 수탁자”)

에 대해서는 이 장(章)의 규정을 제 1 장 및 제 2 장의 규정에 우선하여 적용한다(법 75조의10 1항). 법인과세 수탁자는 법인과세 신탁재산에 귀속되는 소득에 대하여 그 밖의 소득과 구분하여 법인세를 납부하여야 한다(75조의11 1항).

재산의 처분 등에 따라 법인과세 수탁자가 법인과세 신탁재산의 재산으로 그 법인과세 신탁재산에 부과되거나 그 법인과세 신탁재산이 납부할 법인세 및 강제징수비를 충당하여도 부족한 경우에는 그 신탁의 수익자(신탁법 제101조에 따라 신탁이 종료되어 신탁재산이 귀속되는 자를 포함한다)는 분배받은 재산가액 및 이익을 한도로 그 부족한 금액에 대하여 제 2 차 납세의무를 진다(동 2항).

법인과세 신탁재산이 그 이익을 수익자에게 분배하는 경우에는 배당으로 본다(동 3항, 소법 17조 1항 2의2). 신탁계약의 변경 등으로 법인과세 신탁재산이 제 5 조 제 2 항에 따른 신탁에 해당하지 아니하게 되는 경우에는 그 사유가 발생한 날이 속하는 사업연도분부터 제 5 조 제 2 항을 적용하지 아니한다(동 4항).

법인과세 신탁재산은 신탁법 제 3 조에 따라 그 신탁이 설정된 날에 설립된 것으로 본다(75조의12 1항). 법인과세 신탁재산은 신탁법 제98조부터 제100조까지의 규정에 따라 그 신탁이 종료된 날(신탁이 종료된 날이 분명하지 아니한 경우에는 부가가치세법 제 5 조 제 3 항에 따른 폐업일을 말한다)에 해산된 것으로 본다(동 2항).

법인과세 수탁자는 법인과세 신탁재산에 대한 사업연도를 따로 정하여 제109조에 따른 법인 설립신고 또는 제111조에 따른 사업자등록과 함께 납세지 관할 세무서장에게 사업연도를 신고하여야 한다. 이 경우 사업연도의 기간은 1년을 초과하지 못한다(동 3항). 법인과세 신탁재산의 법인세 납세지는 그 법인과세 수탁자의 납세지로 한다(동 4항).

하나의 법인과세 신탁재산에 둘 이상의 수탁자가 있는 경우 수탁자 중 신탁사무를 주로 처리하는 수탁자(“대표수탁자”)로 신고한 자가 법인과세 신탁재산에 귀속되는 소득에 대하여 법인세를 납부하여야 한다(법 75조의13 1항).

제 1 항에 따른 주수탁자 외의 수탁자는 법인과세 신탁재산에 관계되는 법인세에 대하여 연대하여 납부할 의무가 있다(동 2항).

제 3 절 과세표준과 그 계산

1. 수익자에 대한 배당의 소득공제

법인과세 신탁재산이 수익자에게 배당한 경우 그 금액을 해당 배당을 결의한 잉여금 처분의 대상이 되는 사업연도의 소득금액에서 공제한다(법 75조의14 1항). 배당을 받은 수익자에 대하여 이 법 또는 조세특례제한법에 따라 그 배당에 대한 소득세 또는 법인세가 비과세 되는 경우에는 제 1 항을 적용하지 않으나, 배당을 받은 수익자가 조세특례제한법 제100조의15에 따라 동업기업과세특례를 적용받는 동업기업인 경우로서 그 동업자들(그 동업자들의 전부 또는 일부가 같은 조 제 3 항에 따른 상위 동업기업에 해당하는 경우에는 그 상위 동업기업에 출자한 동업자들을 말한다)에 대하여 같은 법 제100조의18 제 1 항에 따라 배분받은 배당에 해당하는 소득에 대한 소득세 또는 법인세가 전부 과세되는 경우는 제외한다(동 2항). 제 1 항을 적용받으려는 법인과세 신탁재산의 수탁자는 대통령령으로 정하는 바에 따라 소득공제 신청을 하여야 한다(동 3항).

2. 신탁의 합병 및 분할

신탁법 제90조에 따른 신탁의 합병은 합병으로 본다. 이 경우 신탁이 합병되기 전의 법인과세 신탁재산은 피합병법인으로 보고, 신탁이 합병된 후의 법인과세 신탁재산은 합병법인으로 본다(법 75조의15 1항).

신탁법 제94조에 따른 신탁의 분할(분할합병 포함)은 분할로 본다. 이 경우 신탁의 분할에 따라 새로운 신탁으로 이전하는 법인과세 신탁재산은 분할법인으로 보고, 신탁의 분할에 따라 그 법인과세 신탁재산을 이전받은 법인과세 신탁재산은 분할신설법인으로 본다(동 2항). 제 1 항 및 제 2 항에 따른 신탁의 합병 및 분할된 경우의 처리 등에 필요한 사항은 대통령령으로 정한다(동 3항).

3. 법인과세 신탁재산의 소득금액 계산의 특례

수탁자 변경에 따라 법인과세 신탁재산의 수탁자가 그 법인과세 신탁재산에 대한 자산과 부채를 변경 후 수탁자에게 이전하는 경우 그 자산과 부채의 이전가액은 수탁자 변경일 현재의 장부가액으로 보아 이전에 따른 손익은 없는 것으로 한다(법 제75조의16 1항). 제 1 항에 따른 수탁자 변경이 있는 경우 변경 후 수탁자의 각 사업연도 소득금액의 계산 등에 필요한 사항은 대통령령으로 정한다(동 2항).

제 4 절 신고 · 납부 및 징수

법인과세 신탁재산에 대해서는 제60조의2 및 제63조의 규정을 적용하지 아니한다(법 75조의17).

제73조 제 1 항을 적용할 때 법인과세 신탁재산이 대통령령으로 정하는 소득을 지급받고, 법인과세 신탁재산의 수탁자가 대통령령으로 정하는 금융회사 등에 해당하는 경우에 대해서는 원천징수하지 아니한다(법 75조의18 1항).

제73조의2 제 1 항을 적용할 때 법인과세 신탁재산에 속한 원천징수대상채권등을 매도하는 경우 법인과세 신탁재산의 수탁자를 원천징수의무자로 본다(동 2항).

제 9 장

연결납세방식에 의한 과세특례

제 1 절 총 론

종래 우리나라의 지주회사 관련세제는 설립 시 세제상 지원과 운영상에 있어 배당소득이중과세 조정제도를 인정하고 있을 뿐이어서 기업들이 조직개편을 통하여 지주회사로 전환하더라도 지주회사와 자회사간의 내부거래이익의 제거와 손익통산이 불가능하였다. 이와 같은 제도 아래에서는 사업부형태와 자회사형태의 차이에서 오는 세제상의 문제, 즉, 전자는 동일법인 내의 각 사업부에서 발생한 흑자와 적자의 통산이 가능한 반면 후자는 별개의 납세주체로서 각 자회사의 손익을 통산할 수 없기 때문에 양자 사이에 세제의 중립성을 해치게 되는 근본적인 문제를 남기게 된다. 이와 같은 기업의 경영활동의 선택, 즉 기업집단과 단독기업형태간의 과세중립성을 해하지 않도록 하기 위해서 도입된 제도가 바로 연결납세제도이다.

국제적 기준에 입각한 연결납세제도의 도입은 기업활동의 국제화가 가속화되고 국제적인 기업간 경쟁의 격화 및 그에 수반하는 사업환경의 급격한 변화에 대처하기 위해서도 필요하다. 외국의 경우 1917년 미국에서 처음 도입된 이래 프랑스(1966년), 영국과 독일(1967년), 일본(2002년) 등 OECD 국가 대부분이 이미 연결납세제도를 시행중에 있다. 우리나라에서는 2009. 1. 1. 연결납세제도가 도입된 이래 2009. 12. 31. 개정 시 금융회사 등에 대하여 연결법인간 사업연도 불일치를 허용하는 등 일부 규정을 보완하였고, 2022. 12. 31. 법 개정을 통하여 연결납세방식을 적용할 수 있는 자회사의 범위를 모회사가 완전 지배하는 자법인에서 모회사가 90퍼센트 이상 지배하는 자법인으로 확대하였다.1)

1) 일본과 호주는 지배비율을 100%, 미국은 80% 이상, 영국은 75% 이상, 독일은 50% 이상으로 각 정하고 있다. 관련 논의는, 이준규, "연결집단의 구성에 관한 연결납세제도의 문제점과 개선방안", 조세법연구 15-1, 92면. 오 윤, "연결납세제와 법인세법", 조세법연구 16-3, 256면 등.

제 2 절 연결납세방식의 적용

1. 적용요건

연결납세방식(Consolidated tax return)이란 둘 이상의 내국법인을 하나의 과세표준과 세액을 계산하는 단위로 하여 법인세를 신고, 납부하는 방식을 말한다(법 2조 6호). 다른 내국법인을 연결지배하는 내국법인(비영리법인 등 대통령령으로 정하는 법인은 제외하며, 이하 "연결가능모법인"이라 한다)과 그 다른 내국법인(청산 중인 법인 등 대통령령으로 정하는 법인은 제외하며 이하 "연결가능자법인"이라 한다)은 대통령령으로 정하는 바에 따라 연결가능모법인의 납세지 관할지방국세청장의 승인을 받아 연결납세방식을 적용할 수 있다. 이 경우 연결가능자법인이 둘 이상일 때에는 해당 법인 모두가 연결납세방식을 적용하여야 한다(법 76조의8 1항).

① 비영리내국법인, ② 해산으로 청산중인 법인, ③ 법 제51조의2 제 1 항 각 호의 어느 하나에 해당하는 법인이거나 조특법 제104조의31 제 1 항에 따른 법인, ④ 다른 내국법인(비영리내국법인은 제외)으로부터 법 제76조의8 제 5 항에 따른 완전지배를 받는 법인, ⑤ 조특법 제100조의15의 동업기업과세특례를 적용하는 동업기업, ⑥ 조특법 제104조의10 제 2 항의 톤세를 적용하는 해운기업법인 등은 연결모법인이 될 수 없고, 위 ②,③,⑤,⑥에 해당하는 법인은 연결자법인이 될 수 없다(법 76조의8 1항; 영 120조의12).

각 연결법인의 사업연도는 연결사업연도와 일치하여야 하며, 연결사업연도의 기간은 1년을 초과하지 못한다(법 76조의8 2항). 연결사업연도란 연결집단의 소득을 계산하는 1회계기간을 말한다(법 2조 11호). 다만 제 2 항을 적용할 때 사업연도가 법령 등에 규정되어 연결사업연도와 일치시킬 수 없는 연결가능자법인으로서 대통령령으로 정하는 요건을 갖춘 내국법인인 경우에는 연결사업연도를 해당 내국법인의 사업연도로 보아 연결납세방식을 적용할 수 있다(법 76조의8 3항). 이 경우 연결납세방식의 취소 및 포기에 관하여도 특칙이 있다(법 76조의9 6항 및 76조의10 3항). 연결법인의 납세지는 연결모법인의 납세지로 한다(법 76조의8 4항).

한편, 연결납세방식을 적용받는 연결모법인간의 적격합병, 연결모법인간의 주식의 포괄적 교환·이전(조특법 38조에 따라 과세이연을 받는 경우만 해당), 연결모법인의 적격분할의 경우에는 그 합병일, 분할일 또는 교환·이전일이 속하는 연결사업연도에 한정하여 다른 규정에도 불구하고 대통령령으로 정하는 바에 따라 연결납세방식을 적용할 수 있다(법 76조의8 6항).

2. 취소 및 포기

연결모법인 납세지 관할지방국세청장은 연결법인의 사업연도가 연결사업연도와 일치하지 아니하는 경우 등 법이 정한 사유가 있으면 대통령령으로 정하는 바에 따라 연결납세방식의 적용 승인을 취소할 수 있다(법 76조의9 1항 1호 내지 6호).

연결납세방식을 적용받은 각 연결법인은 연결납세방식을 적용받은 연결사업연도와 그 다음 연결사업연도의 개시일부터 4년 이내에 끝나는 연결사업연도 중에 제 1 항에 따라 연결납세방식의 적용 승인이 취소된 경우, 1. 연결사업연도 동안 제76조의14 제 1 항에 따라 다른 연결법인의 결손금과 합한 해당 법인의 소득금액과, 2. 연결사업연도 동안 제76조의14 제 1 항에 따라 다른 연결법인의 소득금액과 합한 해당 법인의 결손금을 각각 익금 또는 손금에 산입하여야 한다(동 2항. 부득이한 사유에 관한 예외규정 있음).

취소된 연결법인은 취소된 날이 속하는 사업연도와 그 다음 사업연도 개시일부터 4년 이내에 종료하는 사업연도까지는 연결납세방식 적용 당시와 동일한 법인을 연결모법인으로 하여 연결납세방식을 적용받을 수 없다(동 3항). 연결모법인은 사업연도 개시일 전 3개월이 되는 날까지 연결모법인의 관할지방국세청장에게 신고하여 연결납세방식을 포기할 수 있다. 다만 최초 연결사업연도와 그 다음 연결사업연도 개시일부터 4년 이내에 종료하는 연결사업연도까지는 포기가 불가능하다(법 76조의10 1항). 연결납세방식 선택 후 연결자회사가 추가되면 그 다음 연결사업연도(법인의 설립등기일부터 연결모법인이 연결지배하는 내국법인은 설립등기일이 속하는 사업연도)부터 해당 내국법인 역시 연결납세방식을 적용하여야 한다(법 76조의11 1·2항).

연결모법인의 연결지배를 벗어나게 되거나 해산한 연결자법인은 해당 사유가 발생한 날이 속하는 연결사업연도의 개시일부터 연결납세방식을 적용하지 아니한다. 다만 연결자법인이 다른 연결법인에 흡수합병되어 해산하는 경우에는 해산등기일이 속하는 연결사업연도에 연결납세방식을 적용할 수 있다(법 76조의12 1항).

연결납세방식을 적용받은 연결사업연도와 그 다음 연결사업연도 개시일부터 4년 이내에 끝나는 연결사업연도 중에 제 1 항 본문에 따라 연결납세방식을 적용하지 않는 경우 법 76조의9 제 2 항과 같은 익금 및 손금산입 조정규정이 있다(동 2항).

제 3 절 과세표준과 세액의 계산

1. 과세표준의 계산

가. 총 설

연결법인간 소득금액의 계산방식에 관하여는 미국, 일본 등에서 채택하고 있는 소득통산형과 독일이 채택하고 있는 손익대체형이 있다. 전자는 자회사손익을 모회사손익에 합산하여 연결소득과 연결세액을 계산하는 형태이고, 후자는 기업집단에 속하는 개별회사의 손익을 다른 개별회사에 이전하여 각 개별회사의 소득과 세액을 계산하는 형태이다. 우리나라는 전자의 예에 따르고 있다.[1)]

각 연결사업연도의 소득에 대한 과세표준은 각 연결사업연도의 소득에서 1. 각 연결사업연도의 개시일 전 15년 이내에 개시한 연결사업연도의 결손금(연결법인의 연결납세방식의 적용 전에 발생한 결손금을 포함한다)으로서 그 후의 각 연결사업연도(사업연도를 포함한다)의 과세표준을 계산할 때 공제되지 아니한 금액, 2. 법인세법과 조세특례제한법에 따른 각 연결법인의 비과세소득의 합계액, 3. 위 각 법에 따른 각 연결법인의 소득공제액의 합계액을 차례로 공제한 금액으로 한다. 다만 제 1 호의 금액에 대한 공제는 제 3 항 제 1 호에 따른 연결소득 개별귀속액의 100분의 80(중소기업과 회생계획을 이행 중인 기업 등 대통령령으로 정하는 연결법인의 경우는 100분의 100)을 한도로 한다(법 76조의13 1항).

법은 조세회피를 방지하기 위하여 1)의 결손금 중 연결법인의 연결납세방식의 적용 전에 발생한 결손금 등 각 결손금의 성격에 따라 일정한 공제한도액을 설정하여 두고 있다(동 3항).

나. 연결법인간 손익의 통산

각 연결사업연도의 소득은 각 연결법인별로 다음 각 호의 순서에 따라 계산한 소득 또는 결손금을 합한 금액으로 한다(법 76조의14 1항).

1. 연결법인별 각 사업연도의 소득의 계산
2. 연결법인별 연결조정항목의 제거
3. 연결법인간 거래 손익의 조정 4. 연결조정항목의 연결법인별 배분

---

1) 관련 논의는, 윤현석, 앞 논문, 170면.

이 중 2호의 '연결법인별 연결조정항목의 제거'는 가. 수입배당금액의 익금불산입 조정: 제18조의2에 따라 익금에 산입하지 아니한 각 연결법인의 수입배당금액 상당액을 익금에 산입. 나. 기부금과 기업업무추진비의 손금불산입 조정: 제24조 및 제25조에 따라 손금산입한도를 초과하여 손금에 산입하지 아니한 기부금 및 기업업무추진비 상당액을 손금에 산입하는 것을 내용으로 하며, 3호의 연결법인간 거래손익의 조정은, 가. 수입배당금액의 조정: 다른 연결법인으로부터 받은 수입배당금액 상당액을 익금에 불산입. 나. 기업업무추진비의 조정: 다른 연결법인에 지급한 기업업무추진비 상당액을 손금에 불산입. 다. 대손충당금의 조정: 다른 연결법인에 대한 채권에 대하여 설정한 제34조에 따른 대손충당금 상당액을 손금에 불산입. 라. 자산양도손익의 조정: 유형자산 및 무형자산 등 대통령령으로 정하는 자산을 다른 연결법인에 양도함에 따라 발생하는 손익을 대통령령으로 정하는 바에 따라 익금 또는 손금에 불산입하는 것을 내용으로 한다(같은 항 각호 각목).

연결법인제도를 운용함에 있어서 유의할 점의 하나가 연결법인 사이의 내부거래 등 연결법인제도를 이용한 조세회피 방지이다. 예컨대 일본의 경우에는 연결법인에 관한 행위계산부인규정을 별도로 마련하고 있다(일본 법인세법 132조의3).

법은, 처분손실의 손금산입과 관련하여, 1. 내국법인이 다른 내국법인의 연결자법인이 된(설립등기일부터 연결자법인이 된 경우는 제외한다) 이후 연결납세방식을 적용한 경우 연결납세방식을 적용한 사업연도와 그 다음 사업연도의 개시일부터 4년 이내에 끝나는 연결사업연도에 발생한 자산(연결납세방식을 적용하기 전 취득한 자산으로 한정한다)의 처분손실과 2. 연결모법인이 다른 내국법인(합병등기일 현재 연결법인이 아닌 법인으로 한정한다)을 적격합병(연결모법인을 분할합병의 상대방 법인으로 하여 적격분할합병하는 경우를 포함한다)하는 경우 합병등기일 이후 5년 이내에 끝나는 연결사업연도에 발생한 합병 전 연결모법인 및 연결자법인("기존연결법인")과 피합병법인(분할법인을 포함한다)이 합병 전 각각 보유하던 자산의 처분손실(합병등기일 현재 해당 자산의 시가가 장부가액보다 낮은 경우로서 그 차액을 한도로 한다)로 한정하여, 각각 일정한 한도액 범위 내에서 해당 연결 사업연도의 손금에 산입하도록 규정하고 있다(법 76조의14 2항).

연결법인간 손실의 통산을 각 단계별로 살펴보면, 연결개시 전 이미 실현된 손실은 이월결손금으로서 각 회사 소득과의 상계만 허용되고, 연결개시 후 발생된 손실은 각 법인에의 연결소득 귀속액 구분 없이 상계가 가능하다. 문제는 연결개시 전 발생하였으나 연결개시 후 실현된 손실(내재손실)의 경우인데 이 경우 법은 연결자법인이 된 시점을 기준으로 그 다음 사업연도의 개시일부터 4년 이내에 발생한 자산의 처분손실의 경우 해당 자법인에 귀속하는 연결소득 개별 귀속액을 한도로 상계할 수 있도록 하였다. 이는 연결납세방식을 통하여 이월결손금 통산 제한규정(법 76조의14 1항 본문)을 회피하는 것을 방지하기 위한 것이다.

2. 세액의 계산

각 연결사업연도의 소득에 대한 법인세는 법 제76조의13에 따른 과세표준에 법 제55조 제 1 항의 세율을 적용하여 계산한 금액(연결산출세액)으로 한다(법 76조의15 1항). 연결법인이 제55조의2의 토지등을 양도한 경우(해당 토지등을 다른 연결법인이 양수하여 76조의14 1항 3호가 적용되는 경우 포함) 또는 조세특례제한법 제100조의32 제 2 항에 따른 미환류소득(76조의14에 따른 연결법인 간 거래손익의 조정 등을 하지 아니하고 계산한 소득으로서 대통령령으로 정하는 금액을 말한다)이 있는 경우에는 제55조의2에 따른 토지등 양도소득에 대한 법인세액 및 조세특례제한법 제100조의32에 따른 투자·상생협력 촉진을 위한 과세특례를 적용하여 계산한 법인세액을 제 1 항 에 따라 계산한 금액에 합산한 금액을 연결산출세액으로 한다(동 2항). 세액감면 등에 관하여도 그 방식은 기존의 법인에 대한 경우와 다르지 않다(법 76조의16).

연결법인은 위 산출세액을 연대하여 납부할 의무가 있다(법 3조 3항). 그 밖에, 신고 및 납부, 결정·경정 및 징수 등에 관한 내용 역시 일반 법인세의 경우와 크게 다르지 않다. 자세한 내용은 법 제76조의17 내지 22 참조.

제10장

동업기업에 대한 과세특례

제1절 총 론

1. 개 요

동업기업에 대한 과세제도는 미국 세법상 파트너십(partnership) 과세제도를 모델로 하여 오랫동안의 검토를 거쳐 2007년 말 우리나라 세법에 처음 도입된 것으로 2009. 1. 1.부터 시행되었다. 입법체계로는 법인세법이나 소득세법이 아닌 조세특례제한법상 과세특례의 형태로 규정되어 있다. 동업기업 과세특례의 도입취지는 인적회사 성격의 사업자에 대하여 법인세와 소득세의 이중과세 문제를 해소하고 지식기반서비스업 등을 영위하는 인적회사의 발전 토대를 마련하고자 함에 있다.1)

동업기업 과세특례가 도입됨으로써 기업들이 경제적 실질에 적합한 과세제도를 선택할 수 있는 폭이 넓어지게 되었으며 이 점은 특히 기존의 공동사업장 과세제도가 체계적으로 정비되지 않았던 점에서 더욱 의미가 있다. 구체적으로 주식회사나 유한회사(조특령 100조의15 5호 각목에 열거된 경우 제외)의 경우에는 법인세만이 과세되나, 합명회사나 합자회사, 합자조합 및 일부 유한회사의 경우에는 납세의무자가 법인세와 동업기업 조세특례 중 어느 하나를 선택할 수 있게 되었다. 또한 민법상 조합의 경우에도 소득세법의 공동사업장 과세방식과 동업기업 과세특례 중 하나를 선택할 수 있게 되었다.

아래에서는 먼저 우리 법의 모델이 된 미국 세법상의 파트너십 과세제도에 관하여 간략하게 살펴보고 우리 법의 규정에 관하여 살펴보기로 한다.

1) 이준규·이은미, “조세특례제한법상 동업기업 과세특례제도의 타당성에 관한 연구”, 조세법연구 14-1, 74면.

2. 미국 세법상의 파트너십 과세제도

미국 세법상 파트너십(Partnership)은 그 자체는 납세의무를 지지 않고, 구성원인 파트너들(개인 또는 Corporation)이 소득세 납세의무자가 된다(IRC 701조). 미국의 경우 법인격의 존부에 따라 세법상 Corporation과 파트너십이 구분되는 것이 아니며, Corporation이나 파트너십은 사법과는 별도의 세법 독자적인 개념이다. 세법상 어떤 단체를 Corporation 또는 파트너십으로 볼 것인가는 법원이 제반요소를 참작하여 판단하여 왔는데, 판례는, 1. 사업체의 계속성, 2. 경영권의 집중, 3. 유한책임, 4. 지분양도의 자유라는 4가지 요소 중에서 3가지 이상을 충족하면 Corporation으로 본다는 재무부령(이른바 Kinter 규칙)에 따라 구분하여 왔다.

파트너십 소득은 파트너십을 단위로 삼아 자체의 회계연도와 회계기준에 따라 계산하고 파트너십은 세무정보의 보고의무를 지며 세무조사를 받을 의무도 진다. 각 파트너는 파트너십 단계에서 소득을 계산한 뒤 자기 몫을 다른 원천에서 생긴 소득과 합하여 소득세신고를 할 의무를 진다. 파트너가 취득한 파트너십 지분은 자본적 자산(Capital asset)이 되고(IRC 741조) 파트너십의 출자지분을 양도함으로써 생기는 손익은 자본적 자산의 양도에서 생기는 손익(Capital gain/loss)으로 본다.

미국에서 파트너십 형태가 선호되는 이유는 Corporation에 비해 융통성 있게 사업을 영위할 수 있다는 이점 이외에도, ① 파트너십 지분이 주식과 마찬가지로 자본자산으로 취급되어 처분시에 발생하는 양도차익이 통상세율보다 낮은 세율로 과세되는 점과, ② Corporation과 달리 파트너십으로부터 귀속되는 소득에 관해 이중과세 부담을 지지 않는다는 점 등의 조세상의 이점이 있기 때문으로 설명된다.

동업기업에 관한 현행 법령의 문제점으로는, 동업자들 사이의 손익배분에 있어 단일비율의 손익배분비율만을 인정하여 유연성이 부족하고, 현물출자의 과세이연과 관련된 규정이 미비되어 있으며, 결손금 공제한도의 제한 등 기업형태의 다양화에 따른 투자의 활성화 보다는 조세회피방지에 지나치게 치중되어 있다는 점 등이 지적되고 있다.[1)]

---

1) 이준규·이은미, 앞 논문, 51면 이하. 그 밖에 관련 논의는, 박 훈·이은미, “조세특례제한법상 동업기업 과세특례 제도의 타당성에 관한 연구”, 조세법연구 14-1. 윤지현, “동업기업 세제 도입에 따른 기업형태별 적절한 과세방안에 관한 연구”, 조세법연구 14-2. 황인경, “인적회사의 과세방안”, 조세법연구 11-1, 이정수, “기업설립형태별 과세체계에 관한 연구”, 조세법연구 2-1, “미국 LLC, LLP제도의 도입과 세법상 대응”, 조세법연구 13 -2 등.

제2절 동업기업의 설립 및 출자

1. 납세의무

동업기업에 대하여는 소득세법 및 법인세법에도 불구하고 거주자의 모든 소득 및 비거주자의 국내원천소득에 대한 소득세 또는 각 사업연도의 소득 및 청산소득 및 토지 등 양도소득에 대한 법인세를 부과하지 않고, 동업자가 동업기업으로부터 배분받은 소득에 대하여 소득세 또는 법인세를 납부할 의무를 진다(조특법 100조의16 2항).[1] 즉, 동업기업은 소득과세를 위한 목적상으로는 동업자만 존재한다. 이런 점에서 동업기업 과세특례는 신탁, 민법상 조합, 상법상 익명조합, 미국 LLC 및 S corporation, 독일의 인적회사 등에 적용되는 과세제도와 같이 도관과세(Conduit taxation)에 속한다.

일반적으로 파트너십 규율방식으로 집합론적 접근방식과 실체론적 접근방식이 있다. 전자는 파트너십을 독립된 실체로 보지 아니하기 때문에 파트너십 자산은 각 파트너가 지분비율에 따라 공동으로 소유하고 파트너십의 사업도 각 파트너가 자기 지분에 상당하는 부분을 직접 영위하는 것으로 보게 된다.

이에 반하여, 후자는 파트너십을 파트너와 독립된 별개의 실체로 보며, 각 파트너는 파트너십 자산이 아닌 그 지분을 소유하는 것에 불과한 것으로 보게 된다. 우리 법은 동업기업의 소득에 대한 납세의무를 동업기업이 아닌 동업자에게 지움으로써 기본적으로 집합론적 접근방식에 의하고 있으나, 그 밖에 동업기업을 하나의 내국법인으로 보아 과세연도, 납세지, 사업자등록, 세액공제 등을 적용하는 것이라든가, 동업기업이 부가가치세, 종합부동산세, 종업원 등에 대한 원천징수 납세의무를 부담하는 것, 그리고 동업자의 동업기업 지분 양도를 주식의 양도로 보아 동업자에게 과세하는 것 등은 실체론적 접근방식에 따른 것이다.

법인세와 동업기업 과세특례 중 어느 하나를 선택하는 것이 가능할 경우 현실적으로 어느 경우가 유리할 것인가에 관하여는 법인세의 이중과세 구조에 불구하고 반드시 어느 한쪽이라고 단정하기는 어렵다. 대체로 법인이 이익을 사내에 장기간 유보하게 되면 과세이연의 효과에 따라 법인세 쪽이, 소득의 발생 시에 곧바로 배당하게 되면 동업기업 과세특례 쪽이 유리하다고 설명되고 있다.

---

1) 이하, 이 장에서 조세특례제한법을 '법'으로, 동 시행령을 '영'으로 약칭한다.

2. 동업기업의 출자

동업기업의 출자는 자본출자와 노무출자로 구분되며, 자본출자는 금전출자와 금전 외의 현물출자로 나누어 볼 수 있다. 동업기업에의 출자와 관련하여 논의되는 것은 자본출자 중 현물출자 및 노무를 출자하는 출자자에 대한 과세문제이다.

먼저 현물출자와 관련하여서, 우리 법은 이에 관하여 직접적인 규정을 두고 있지 않다. 그러나 법 제100조의20(지분가액의 조정) 제1항에서, 동업자가 동업기업에 출자한 자산의 지분가액을 산정함에 있어서 출자하는 자산의 시가만큼 증액 조정하도록 규정하고 있는 것은 그 출자자산이 동업자로부터 동업기업에 전부 양도된다는 것을 전제한 것으로 이해된다. 이는 종전 판례가 취하고 있는 전부양도설에 입각한 것으로서(판 85. 4. 23, 84누680) 실체론적 접근방식을 취한 것이다.[1] 이와 같이 동업기업 현물출자에 대하여 과세이연을 허용하지 않는 것은 동업기업의 활성화에 큰 장애요인이 되므로 입법적으로 개선할 필요가 있다는 지적이 많다. 우리 법의 모델이 된 미국은 이와 달리 현물출자에 관하여 동업자에게 양도차손익을 인식하지 않는다는 명문의 규정을 두고 있다(I.R.C 721조).[2]

구체적으로 우리 법상 현물출자의 경우 동업자에 대한 과세문제를 살펴보면, 동업자가 법인인 경우 그 양도차손익이 각각 법인의 익금과 손금이 되며, 개인의 경우 개인이 사업자이고 출자자산이 사업용 재고자산인 경우에는 출자로 인하여 받는 지분의 가액에 해당하는 금액을 사업소득의 총수입금액에 산입하는 동시에 재고자산의 매입원가 또는 제조원가를 그 필요경비에 산입하여 소득을 산정하게 된다. 비사업자의 경우와 사업용 출자자산이 재고자산이 아닌 경우 그 자산이 양도소득세 과세대상이라면 양도소득세를 부담하게 될 것이다. 시가의 산정은 법인세법 시행령 제89조 또는 상증세법 제60조 내지 제66조 등에 따라 하게 된다(소령 51조 5항 5호, 98조 3항, 167조 5항; 법령 89조 참조).

노무출자의 경우 법은 아무런 규정을 두지 않고 있는데, 현물출자에 관한 판례의 기준에 따른다면 용역의 제공으로 받는 지분에 대하여도 이를 용역과 지분의 교환으로 보아 각각의 경우에 따른 소득을 인식하게 될 것이다. 미국의 경우 노무출자의 대가로 단순히 이익을 분배받을 수 있는 지분을 받는 경우에는 출자단계에

1) 이준규·이상도, "동업기업 과세특례", 삼일인포마인, 86면 참조.
2) 외국의 입법 예 등에 관한 자세한 내용은, 김석환, "동업기업 현물출자에 따른 과세문제", 조세법연구 14-3, 88면 이하.

서 비과세, 청산 시 잔여재산분배권을 포함하는 자본지분을 받는 경우에는 출자단계에서 과세의 입장을 취하고 있다.[1] 동업자가 부동산을 동업기업으로 하여금 사용하도록 하는 것이 부동산 사용권의 출자(현물출자)인지, 아니면 부동산임대용역의 출자(노무출자)인지가 문제된다. 어느 쪽이냐에 따라 소득의 귀속시기가 달라지는데 행정해석은 이를 부동산 사용권의 출자로 보고 있다(국심 2002서682, 2002. 7. 30.).

3. 적용신청 및 적용범위

가. 적용신청

동업기업 과세특례의 적용 여부는 해당 동업기업이 임의적으로 선택하도록 되어 있다(법 100조의15 1항). 따라서 조합이나 익명조합은 기존의 공동사업장 과세제도와 동업기업 과세제도 중에서 선택할 수 있으며, 인적회사는 법인세제와 동업기업 과세제도 중에서 그 적용을 선택할 수 있다. 다만 동업기업 과세특례를 적용받는 동업기업의 동업자는 자신이 비록 동업기업 적격자에 해당하더라도 동업기업 과세특례를 적용받을 수 없다(같은 항 단서).

납세자가 동업기업 과세특례의 적용을 선택하면 그 과세연도와 그 다음 과세연도의 개시일부터 4년 이내에 종료하는 과세연도까지는 동업기업 과세특례의 적용을 포기할 수 없다(법 100조의17 2항). 한번 선택하면 최소한 5년간은 계속 적용받아야 하는 것이다. 동업기업 과세특례의 적용을 받는 동업기업과 동업자는 각 세법의 규정에 우선하여 조세특례제한법의 적용을 받게 된다(법 100조의15 4항).

나. 적용범위

동업기업 과세특례의 적용대상은 1. 민법에 따른 조합, 2. 상법에 따른 합자조합 및 익명조합(자본시장법 9조 18항 5호 및 6호의 투자합자조합 및 투자익명조합은 제외), 3. 상법에 따른 합명회사 및 합자회사(자본시장법 9조 18항 4호의 투자합자회사 중 같은 조 19항 1호의 기관전용 사모집합투자기구가 아닌 것은 제외), 4. 제 1 호부터 제 3 호까지의 규정에 따른 단체와 유사하거나 인적 용역을 주로 제공하는 단체로서 대통령령으로 정하는 것, 5. 법인세법 제 2 조 제 3 호의 외국법인 또는 소득세법 제 2 조 제 3 항에 따른 비거주자로 보는 법인 아닌 단체 중 1호부터 4호까지의 규정에 따른 단체와 유사한 단체로서 대통령령으로 정하는 기준에 해당하는 외

---

1) 이준규 외 1인, 앞의 책 87면.

국단체이다(법 100조의15 1항). 다만 동업기업과세특례를 적용받는 동업기업의 동업자는 동업기업의 자격으로 동업기업과세특례를 적용받을 수 없다(같은 항 단서).

제 1 항 단서에도 불구하고 동업기업과세특례를 적용받는 동업기업에 출자한 동업자가 자본시장법 제 9 조 제19항 제 1 호의 기관전용 사모집합투자기구로서 대통령령으로 정하는 요건을 갖춘 투자합자회사인 경우 그 투자합자회사는 자기에게 출자한 동업자와의 관계에서 동업기업의 자격으로 동업기업과세특례를 적용받을 수 있다. 이 경우 해당 투자합자회사의 동업자는 동업기업의 자격으로 동업기업과세특례를 적용받을 수 없다(법 제100조의15 2항).

시행령이 인정하는 것은, 변호사법 등 각 개별법상의 법무법인, 법무법인(유한), 법무조합, 특허법인, 노무법인, 법무사합동법인, 회계법인, 세무법인, 관세법인 등이다(영 100조의15). 대부분 인적용역의 제공을 기반으로 하는 전문직업인의 영업조직이다. 법인격을 가지는 인적회사가 포함된 점에서 종래 법인격을 기준으로 이분법적으로 나뉘어져 있었던 우리 과세체계의 틀이 크게 변화되었다.

조세특례제한법은 합자조합을 적용대상에 포함시키고 있다. ‘합자조합’이란 조합의 업무집행자로서 조합의 채무에 대하여 무한책임을 지는 조합원과 출자가액을 한도로 유한책임을 지는 조합원이 상호출자하여 공동사업을 경영할 것을 약정한 상법상의 조합을 말한다(상법 86조의2).

그러나 투자합자회사, 투자익명조합 및 투자합자조합은 현재 동업기업과세제도의 적용이 배제되어 있다. 이는 종래 투자신탁과 투자회사에 대하여 동업기업과세제도를 적용하지 않아 집합투자기구 형태 간 과세형평을 저해한다는 이유에서 비롯된 것이나 조세중립성의 관점에서 배제할 이유가 없을 것이다.[1] 또한 상법상 유한책임회사의 경우 대내적으로 구성원들의 경영참여가 인정되고, 출자에 따른 손익분배에 대한 정관자치가 허용되며, 대외적으로는 모든 구성원이 회사채권자에 대하여 자신이 출자한 금액을 한도로 유한책임을 부담하는 것을 기본구조로 하고 있는데(상법 3장의2), 이 역시 인적회사로서의 특성을 감안하여 동업기업 과세특례의 적용대상에 포함시켜야 한다는 논의가 많다.[2] 현재 동업기업 과세제도를 선택할 수 있는 대상법인들의 숫자가 전체 법인세 신고납부인원의 약 1% 남짓하고 그나마 제도의 활용도가 극히 낮다는 점에서 적용대상을 확대할 필요성이 크다.

1) 같은 취지, 임동원, “동업기업과세제도의 적용대상에 관한 연구”, 조세법연구 20-2 253면 이하.
2) 최성근, “최근 기업의 형태, 규모 등에 따른 과세특례제도의 개선방안”, 조세법연구 18-3, 336면 이하 참조. 임동원, 위 논문 257면 이하. 황학천, “새로운 기업유형 도입에 즈음한 동업기업 과세특례의 개선전 제안”, 조세법연구 18-1, 45면.

외국에서 설립된 공동기업이 국내에 진출한 경우 동업기업으로서 일정한 요건을 충족하는 경우 동업기업과세제도의 적용을 받게 된다(법 100조의15 1항 5호, 영 100조의15 2항). 그 요건으로는, 1. 우리 사법상 유사성과 2. 국내사업장, 3. 외국법상 과세의 동일성 등 3가지 요건을 모두 갖추어야 하는 것으로 되어 있다.

제 3 절 동업기업 소득금액의 계산 및 배분

1. 총 설

동업기업의 소득은 과세연도 말에 실제 자산을 분배하였는지에 관계없이 각 동업자에게 강제적으로 배분된다. 배분(allocation)은 소득이 실제로 이전하였는지를 묻지 않는다는 점에서 소득이 실제로 이전한다는 뜻인 분배(distribution)와 개념상 구분된다(법 100조의14 3호 및 8호). 이 점에서 소득세법의 공동사업장 과세가 손익분배비율이라는 개념을 사용하는 것과 대비된다.

동업기업 소득금액의 계산 및 배분은, (1) 동업기업 소득금액의 계산 (2) 동업자군별 배분대상 소득금액의 산출 (3) 동업자에 대한 배분 (4) 동업자 소득금액의 합산이라는 4단계를 거치게 된다.

2. 동업기업 소득금액의 계산

동업기업의 소득금액은 소득구분·세율·과세방법 등 과세체계가 동일한 동업자군별, 즉 거주자·비거주자·내국법인 및 외국법인으로 구분하여 각 군별로 하나의 동업기업으로 보아 소득세법이나 법인세법에 따라 해당 과세연도 소득금액 및 결손금(이하 '소득금액')을 계산한다(법 100조의14 4호, 100조의18 1항). 이와 같이 우리 동업기업 과세특례는 동업자를 네 개의 군(群)으로 나누어 각 동업자군별로 소득금액을 계산하도록 한 것이 특징이다. 이는 우리 세법상 개인동업자라도 거주자와 비거주자의 과세체계가 다르고, 법인동업자라도 내국법인과 외국법인 과세체계가 다르며 비거주자와 외국법인간의 국내원천소득 범위도 다르기 때문이다.

동업기업의 소득금액을 계산함에 있어 다음 각 호의 금액은 동업기업 소득에 반영하지 않고 과세연도 종료일에 동업자간 손익배분비율에 따라 동업자에게 직접 배분한다. 다만 제4호의 금액은 내국법인 및 외국법인인 동업자에 한정하여 적용한다(법 100조의18 4항). 이를 통상 '분리항목'이라고 한다.

1. 법인세법 및 조세특례제한법에 따른 세액공제 및 세액감면금액
2. 동업기업에서 발생한 소득에 대해 법인세법에 따라 원천징수된 세액
3. 법인세법 및 조세특례제한법에 따른 가산세
4. 법인세법에 따른 주택·비사업용 토지 등 양도소득에 대한 법인세

동업기업과 동업자간의 거래에 관하여는 손익계산에 관한 별도의 규정이 있다. 즉, 동업자가 동업기업으로부터 얻은 손익이 동업기업의 소득과 관계없이 결정되는 경우는 동업자의 자격 아닌 제3자간의 거래로 인정하고 동업자와 동업기업은 해당 과세연도 소득금액을 계산할 때 그 거래에서 발생하는 수익 또는 손비를 익금 또는 손금에 산입할 수 있다(법 100조의19 1항). 이는 동업기업과 동업자 사이에서 자산의 임대, 현금의 제공, 용역의 제공 등 제3자의 자격으로 할 수 있는 다양한 거래가 존재할 수 있음을 감안한 것이다. 이 경우 조세회피 방지를 위해서 동업기업과 동업자를 특수관계로 보아 법인세법상 부당행위계산 부인규정을 준용한다(동 2항).

동업기업과 동업자간의 독립적인 거래란 동업자가 동업기업으로부터 얻는 거래대가가 동업기업의 소득과 관계없이 해당 거래를 통하여 공급되는 재화 또는 용역의 가치에 따라 결정되는 경우로서 다음 각 호의 경우를 말한다(영 100조의20).

1. 동업자가 동업기업에 재화를 양도·양수하는 거래
2. 동업자가 동업기업에 금전, 그 밖의 자산을 대부하거나 임대하는 거래 또는 동업기업으로부터 금전, 그 밖의 자산을 차입하거나 임차하는 거래
3. 동업자가 동업기업에 용역(해당 동업기업이 영위하는 사업에 해당하는 용역은 제외한다)을 제공하는 거래 또는 동업기업으로부터 용역을 제공받는 거래

3. 동업자군(同業者群)별 배분대상 소득금액의 산출

동업자군별 동업기업 소득금액에 동업자군별 손익배분비율을 곱하여 '동업자군별 배분대상 소득금액'을 산출한다(법 100조의14 6호). 동업자군별 손익배분비율이란 동업자군별로 해당 군에 속하는 동업자들의 손익배분비율을 합한 비율을 말한다(동 5호). 동업기업 과세특례에서 손익배분비율은 동업자간 약정하여 사전에 납세지 관할세무서장에게 신고한 단일의 손익배분비율을 적용한다(영 100조의17 1항 본문). 신고가 없으면 지분비율을 손익배분비율로 한다(같은 항 단서).

조세회피 우려가 있다고 인정되는 사유가 발생한 과세연도에 대하여는 직전 과세연도의 손익배분비율에 따르며(동 2항), 어느 동업자의 출자지분과 그와 특수관계인인 동업자의 출자지분 합계가 가장 큰 경우에는 그 동업자와 특수관계인인 동업자 간에는 출자지분 비율에 따른다(동 3항). 다만 해당 동업기업이 자본시장법에 따른 기관전용 사모집합투자기구인 경우로서 정관, 약관 또는 투자계약서에서 정한 비율, 순서 등에 따라 결정된 이익배당률 또는 손실배분율을 약정손익배분비율로 신고한 때에는 해당비율에 따르며, 이 경우 업무집행사원에 대한 성과보수는 해당 사원에 대한 이익의 우선배당으로 본다(동 4항). 과세연도중 동업자가 가입하거나 탈퇴하여 손익배분비율이 변경되면 변경 이전과 이후 기간별로 산출한 동업자군별 배분대상 소득금액 또는 결손금을 각각의 해당 손익배분비율에 따라 배분한다(동 5항).

이와 같이 이익배분비율과 손실배분비율을 단일손익배분비율로 적용하도록 한 것은 제도의 시행초기에 예상되는 납세자의 조세회피에 적극 대응하기 위한 것으로 여겨지나 다양한 기업형태에 따른 기업의 자유로운 선택권을 제한함으로써 제도의 도입취지를 크게 감소시키는 요인이 되고 있음을 부인하기 어렵다.

4. 동업자에 대한 배분

동업자군별 배분대상 소득금액은 각 과세연도 종료일에 해당 동업자군에 속하는 동업자들에게 동업자들 사이의 '손익배분비율'에 따라 배분한다. 다만 동업기업의 경영에 참여하지 않고 출자만 하는 동업자(수동적 동업자)에 대해서는 결손금을 배분하지 않되, 해당 과세연도 종료일로부터 15년 이내에 끝나는 각 과세연도에 그 수동적 동업자에게 소득금액을 배분할 때 배분되지 않은 결손금을 배분대상 소득금액에서 대통령으로 정하는 바에 따라 공제하고 배분한다(법 100조의18 1항).

제 1 항에 따라 동업자에게 배분되는 결손금은 동업기업의 해당 과세연도 종료일 현재 해당 동업자의 지분가액을 한도로 한다. 이 경우 지분가액을 초과하는 해당 동업자의 결손금은 대통령령으로 정하는 바에 따라 해당 과세연도의 다음 과세연도 개시일 이후 15년 이내에 종료하는 과세연도에 이월하여 배분한다(동 2항).

파트너십 단계에서 발생한 결손금을 파트너 개인이 이용할 수 있다는 점은 이중과세 배제와 함께 파트너십 과세제도의 핵심이다. 동업기업 소득을 동업자에게 배분하는 것과 동일하게 동업기업의 결손금도 동업자에게 전액 배분되어 다른 소득과 공제하도록 하는 것이 이상적이나 이 경우 지위전환 등과 관련된 납세자의 조세회피행위에 대비하여 지분가액 한도와 15년의 기간이라는 제한을 설정한 것이다.

법은 동업자의 동업재산 출자에 대한 과세방법에 관하여 별도의 규정을 두고 있으나, 동업자의 지분가액을 산정함에 있어서 동업기업에 출자하는 경우 출자자산의 시가를 증액조정하도록 규정한 시행령 제100조의21 제2항은 공동사업장에 대한 현물출자와 관련하여 판례가 취하는 전부양도설에 기초하고 있다.

5. 동업자 소득금액의 합산

동업자는 동업기업의 과세연도 종료일이 속하는 과세연도 소득세나 법인세 과세표준을 계산할 때 동업기업으로부터 배분받은 소득금액 또는 결손금을 대통령령으로 정하는 구분에 따른 익금 또는 손금으로 합산한다. 수동적 동업자(자본시장법 9조 19항 1호에 따른 기관전용 사모집합투자기구의 수동적동업자 중 비거주자 또는 외국법인은 제외)의 경우 배분받은 소득금액을 소득세법 제17조 제1항, 제119조 제2호 및 법인세법 제93조 제2호에 따른 소득금액으로 본다(법 100조의18 4항).

제4절 동업기업 출자지분의 조정 및 자산분배

1. 동업기업 지분 및 지분가액

동업기업의 동업자는 동업기업에 대한 지분에 따라 소득금액을 배분받고 자산을 분배받는다. 이와 별도로 동업기업의 동업자는 동업지분을 제3자에게 양도하여 투자자본을 회수할 수도 있다.

우리 세법은 동업기업 과세특례에서 처음으로 지분가액의 개념을 도입하였다. 지분가액이란 동업자가 보유하는 동업기업 지분의 세무상 장부가액으로서 동업기업 지분의 양도 또는 동업기업 자산의 분배 시 과세소득의 계산 등의 기초가 되는 가액을 말한다(법 100조의14 7호).

이는 주식의 가액을 나타내는 주가와 같이 출자지분의 가액을 나타내는 기능을 하게 된다.

2. 동업기업 지분가액의 조정

동업기업의 지분을 실체론의 입장에서 보면, 동업기업의 자산과 부채의 증감이 곧바로 동업기업 지분가액의 변동을 초래하지는 않는다. 예컨대 동업기업에서 수익이 발생하여 자산이 증가하더라도 동업기업 지분가액은 변동되지 않고 이로 인한 지분가치의 상승은 미실현이익에 해당하며 해당 지분을 처분할 때 실현되어 양도소득으로 과세된다. 그러나 집합론의 입장에서 보면, 동업기업의 지분은 동업기업의 자산과 부채 중 해당 동업자의 지분비율에 해당하는 부분을 의미하므로 동업기업이 보유하는 자산과 부채에 변동이 생기면 동업기업의 지분가액도 변동하여 이를 조정할 필요가 있게 된다. 이 중 우리 법은 후자의 입장을 취하고 있다.

지분가액의 조정은 동업기업 지분을 양도하는 경우 동일한 소득이 양도소득과 동업기업으로부터 배분받는 소득으로 이중과세되는 것을 방지하고(지분가액의 증액조정), 또한 동업기업으로부터 분배를 받거나 동업기업의 결손이 발생하는 경우 추가공제나 이중공제를 방지하기 위한 것(지분가액의 감액조정)이다(법 100조의20; 영 100조의21 2항 및 3항 참조). 법은 둘 이상의 지분가액 조정사유가 동시에 발생하는 경우 적용순서에 관한 규정을 두고 있다(영 100조의21 4항).[1)]

3. 동업기업 지분의 양도

동업자가 동업기업의 지분을 타인에게 양도하는 경우 소득세법 제94조 제 1 항 제 3 호 또는 제 4 호 다목에 따른 자산을 양도한 것으로 보아 소득세법 또는 법인세법에 따라 양도소득세 또는 법인세를 과세한다(법 100조의21 1항).

4. 자산의 분배

동업자가 동업기업으로부터 자산을 분배받는 경우 분배 시에는 지분가액을 초과하지 않는 한 과세되지 않는다. 다만 분배받은 자산의 시가가 분배일의 해당 동업자의 지분가액을 초과하면 그 초과부분은 소득세법 제17조 제 1 항에 따른 배당소득으로 과세된다(법 100조의22 1항).

1) 동업기업 지분가액조정에 관한 우리 법의 문제점에 관하여는, 이준규, "동업기업 지분가액의 조정에 관한 연구", 조세법연구 15-2, 357면.

동업기업의 해산 등 동업자 지위가 소멸되어 분배하는 경우 최종적으로 손실을 정산해야 하므로 지분가액과 분배받은 자산가액의 차액에 대하여 손실을 인식하도록 허용하고, 지분의 가치하락분을 지분처분손실로 취급한다(법 100조의22 2항). 법 제100조의22 제1·2항의 경우 동업기업으로부터 분배받은 자산의 시가 중 분배일의 해당 동업자 지분가액 상당액은 해당 과세연도 소득세나 법인세 과세표준을 계산할 때 익금불산입한다(동 3항).

제11장
법인의 기업구조재편에 대한 과세

제 1 절 총　　설

법인의 합병·분할을 중심으로 한 기업구조 재편은 현대 자본주의 경제사회에서 기업의 중요한 당면과제이고 이는 고도 경제사회로 진입하면서 더욱 빈번한 경제현상이 되고 있다. 기업이 대내외적 기업환경의 변화에 따라 사업 구조를 용이하게 변경할 수 있기 위해서는 조세문제가 장애가 되지 않는 것이 필수적이다.

기업구조개편에서 조세문제의 핵심은 기업구조개편을 미실현이익의 과세의 계기로 삼을 것인가 여부이다. 이와 관련하여 미국이나 독일은 오래전부터 기업의 구조재편 내지 기업형태나 사업목적의 변경을 과세의 계기로 삼지 않고 있으며, 일본도 미국과 유사한 과세이연제도를 채택하고 있다.

우리 합병세제는 크게 1998. 12. 28. 개정 이전 법인세법과 그 이후부터 2009. 12. 31. 개정 이전까지의 법인세법 및 그 후의 법인세법(이를 각 1기, 2기, 3기 합병세제로 부르기로 한다) 적용시기로 나누어 볼 수 있다. 이 중 1기 합병세제는 합병차익에 대한 익금불산입 규정(같은 법 15조 1항 3호)과 피합병법인 주주에 대한 의제배당 규정(같은 법 19조 4호) 및 청산소득에 대한 과세규정(같은 법 3장 42조 내지 52조의2)을 두고 나머지 부분은 인격합일설과 현물출자설의 대립에 관한 논의를 통하여 합병세제를 다루었다. 그러다가 1997년 말의 경제위기와 IMF 관리체제를 겪으면서 2기 합병세제로 전환하였는데 그 기본구조는 합병청산소득을 합병차익과 구분하여 합병차익은 원칙적으로 익금불산입하고 합병차익 중 피합병법인의 자산평가증으로부터 발생한 합병차익('합병평가차익')은 익금 산입하되, 일정한 요건을 갖춘 경우 합병평가차익에 대하여 과세이연을 허용하는 체계였다. 그 후 2009. 12. 31. 법 개정 이후 3 기 합병세제에 이르러 본격적으로 미국식 과세이연제도를 본받아 피합병법인의 청산소득과 합병법인의 합병평가차익을 피합병법인 자산의 양도차익 개념으로 통합하고 적격합병시 양도가액을 장부가액으로 보도록 함과 동시에 적격합병 요건을 완화하는 쪽으로 체제를 정비하였다.[1)]

기업구조개편은 크게 기업결합과 기업분할로 나눌 수 있다. 법인세법은 기업결합과 관련하여서는 합병과 자산의 포괄적 양도와 주식의 포괄적 교환·이전에 관하여, 기업분할과 관련하여서는 인적분할과 물적분할, 현물출자에 대한 과세이연에 관하여 각각 규정하고 있다. 법인세법 제 6 관(款)의 제목이 말해주듯 전체적인 구도는 합병과 분할에 관한 규정들을 중심으로 하고 있다.

제 2 절 기업결합세제

1. 총 설

두 회사가 하나의 회사로 통합하는 방법으로는, 1) 한 회사(인수회사)가 다른 회사(대상회사)의 자산 일체를 인수하는 방법, 2) 인수회사가 대상회사의 주식 전부를 인수하는 방법, 3) 두 회사가 합병하는 방법 등 세 가지가 있다. 세법이 이들 기업결합형태에 따라 작동하는 모습은 제각기 다르다. 우선, 1)의 자산인수에 대하여는 대상회사에 대하여만 과세하고, 2)의 주식인수에 대하여는 대상회사 주주에 대하여만 과세한다. 3)의 합병의 경우에는 대상회사 및 그 주주 양쪽에 대하여 과세한다. 공통점은 어느 경우에나 인수회사에 대하여는 과세하지 않는다는 점이다. 인수회사에 대하여는 경제적 변화에 불구하고 그들의 기존주식이나 사업에 어떠한 법적 사건이 생긴 것은 아니라고 보기 때문이다. 대상회사에 대하여도 언제나 과세하는 것은 아니고, 일정한 경우에만 과세하는데 이는 결국 세법이 어느 경우에 이익이 실현되거나 분배되었다고 보는가의 문제이고, 그 바탕에는 '실현주의'와 '법인격 존중'이라는 두 틀이 존재한다.

먼저, 대상회사만 세금을 물리고 인수회사에는 세금을 물리지 않는 것에 관하여 보면, 어느 쪽을 대상회사로 하고 어느 쪽을 인수회사로 할 것인가는 당사자의 선택에 달린 법적 형식 문제일 뿐 경제적 실질의 문제는 아니다. 그 밑바탕에는

1) 관련 논의는, 옥무석, "우리나라 구조조정 세제의 회고와 전망", 조세법연구 9-2, 373면, 이창희, 앞의 책 694면, 한만수, 앞의 책 717면, 金子 宏, 앞의 책 402면 등.

자산을 가지고 있는 자와 처분한 자를 차별하는 실현주의 모순이 자리 잡고 있다.

다음, 기업인수 유형 사이의 비중립성은 법인격 존중이라는 틀 때문에 발생한다. 자산인수의 경우에 대상회사의 주주들에게 세금을 물리지 못하는 이유는 회사가 번 돈을 곧바로 주주가 번 돈으로 인정하지 않기 때문이고, 주식인수의 경우에 대상회사에게 세금을 물리지 못하는 이유는 법이 주주가 바뀌는 것을 회사 재산의 소유자가 바뀌는 것으로 인정하지 않기 때문이다. 자산인수의 경우 자산 전부를 인수한 후 대상회사가 청산절차를 밟아 소멸한다면 그 최종 효과는 합병과 같고, 주식인수의 경우에도 인수회사가 대상회사의 주식을 전부 취득한 후 자회사가 된 대상회사를 청산하여 사업전부를 취득하게 되면 그 효과는 합병과 동일하다. 이는 결국 인수회사가 대상회사의 사업을 직접 취득하는가 아니면 자회사 형태로 취득하는가의 차이에 불과하며, 인수회사가 대상회사의 사업에 대한 사실상 지배권을 취득한다는 결과에 있어서는 근본적으로 차이가 없다.

세법은 이와 같은 각종 기업결합형태 사이의 중립성을 유지하기 위하여 여러 가지 장치를 마련하고 있다. 그럼에도 불구하고 미실현소득에 대한 과세를 유예하는 실현주의와 법인과 개인의 세제상 차별로 인하여 기업구조재편과 관련하여 완전한 중립적 세제를 마련하는 것은 사실상 불가능한 것으로 인식되고 있다.[1)]

세법은 각종 형태의 기업결합과 관련하여 법이 정한 요건을 갖춘 적격거래에 대하여 과세를 이연하고 있다. 그 기본적 요건은 '지분의 연속성(continuity of interest)', 즉, 인수대가의 전부 또는 대부분을 인수회사의 주식으로 받아야 한다는 것이다.

2. 기업합병과 과세체계

가. 합병의 의의

합병이란 둘 이상 법인이 계약에 의해 상법 소정의 절차를 거쳐 하나의 법인으로 되는 것이다. 합병으로 인하여 소멸하는 법인의 자산 및 부채, 권리와 의무는 청산절차를 거치지 않고 포괄적으로 존속법인 또는 신설법인에게 승계되는데 전자를 흡수합병, 후자를 신설합병이라 하며 법은 소멸법인을 피합병법인, 합병에 의해 신설 또는 존속하는 법인을 합병법인으로 부르고 있다(법 2조 13호, 14호).

상법상 회사의 합병은 합병 후 존속하는 회사 또는 합병으로 인해 설립되는

1) 관련 논의는, 임상엽, "중립적 기업인수세제의 불가능성과 그 정책적 함의", 조세법연구 19-2, 283면.

회사가 본점 소재지에서 등기를 함으로써 효력이 발생하고, 합병 후 존속한 회사 또는 합병으로 인해 설립된 회사는 합병으로 인하여 소멸된 회사의 권리의무를 승계한다. 합병 후 존속하는 회사는 합병으로 소멸하는 회사의 주주에 대하여 신주를 배정하거나 그 대가의 전부 또는 일부로서 금전이나 그 밖의 재산을 제공할 수 있다. 합병의 대가가 될 수 있는 그 밖의 재산에는 합병으로 존속하는 회사의 모회사 주식도 포함된다. 이를 '삼각합병'이라고 한다. 합병을 하는 회사의 일방 또는 쌍방이 주식회사, 유한회사 또는 유한책임회사인 경우 합병 후 존속하거나 회사의 합병으로 설립되는 회사도 주식회사, 유한회사 또는 유한책임회사이어야 한다(상법 174조, 230조, 232조 내지 240조, 269조, 287조의41, 522조 내지 530조 참조).

합병의 법적 성격에 대하여는, 두 개 이상의 회사가 단체법상 특수한 계약에 의해 하나의 회사가 되는 것이라는 인격합일설과, 소멸회사의 영업 전부를 현물출자하여 존속회사의 증자 또는 별도 회사를 신설하는 것이라고 설명하는 현물출자설이 대립한다. 우리 법은 피합병법인의 청산소득과 합병법인의 합병평가차익을 피합병법인 자산의 양도차익 개념으로 통합함으로써 형식적으로는 현물출자설에 기초하고 있으나 내용적으로는 인격합일설적 요소를 많이 반영하고 있다. 그 대표적인 것이 합병회사가 피합병회사 자산의 평가를 강제하지 않고 합병일 현재 피합병회사 장부가액대로 이어받는 것을 광범위하게 허용하는 점이다. 즉, 법은 원칙적으로 합병을 과세의 계기로 파악하지 않는다. 다만 인격합일설은 합병을 계기로 한 자산 평가증이라든가 영업권 계산을 명확하게 설명하지 못하는 난점이 있다.

세법은 납세의무 승계에 관한 규정(기본법 23조, 지기법 41조, 법령 116조 2항, 소법 157조 2항) 등과 같이 합병이나 분할에 관한 특례조항을 여러 곳에 두고 있는데 이는 그 법적 실체가 사법상 권리·의무의 포괄승계라는 특성을 고려한 것이다. 그런데 과세의 유예 등 기업구조조정에 대한 과세상 특별한 취급은 법적 실체의 동일성을 넘어서 경제적 실체의 동일성 유지라는 별도의 요건을 요구한다. 어느 정도의 경제적 동일성 유지가 필요한가 하는 것은 또 다른 정책적 고려의 대상이지만 그 핵심 내용을 포기하면 기업 구조조정의 법리를 벗어난 개별 조세특례조항이 되고 만다. 일반적으로, 기업의 구조조정 법체계는 기업의 구조조정을 장려하는 한편 구조조정을 악용한 조세회피를 방지하는데 초점을 두고 설계되며, 적격합병의 적격요건은 이러한 요구를 반영하게 된다.

법인 자산은 당초 취득가액에 감가상각비를 반영한 가액이 장부가액이 되는데 특히 부동산과 같은 고정자산의 경우 보유단계에서 그 가치가 상승하여 자본이득이 발생하는 것이 상례이다. 이를 피합병법인의 자산을 평가증하지 않은 채 장부가액 그대로 양수하는 경우와 평가증하여 양수당시의 시가로 양수하는 경우로 나누어 적격합병의 경우에는 전자를 적용하여 과세를 유예하고, 비적격합병의 경우에는 후자를 적용하여 합병단계에서 과세하도록 한 것이다. 적격합병의 경우 피합병법인 자산의 시가와 장부가액과의 차액은 자산조정계정으로 처리하여 자산의 처분시 등 장래 과세에 반영한다.

기업회계기준은 합병을 취득의 개념으로 보아 합병으로 승계되는 자산 및 부채를 취득일의 공정가치로 평가하도록 하고, 합병의 주체를 법적 주체(즉 합병법인)가 아닌 지배력보유의 주체로 보도록 규정하고 있다(한국채택 국제회계기준 제1103호, 일반기업회계기준 제12장). 따라서 지배종속회사간 합병의 경우로서 종속회사가 합병회사가 되는 경우 또는 실질적 합병의 주체가 피합병회사인 역합병의 경우에는 법적 합병주체와 관계없이 실질적 합병의 주체를 합병회사로 보아 회계처리 한다. 현재 기업회계기준은 지분통합법을 인정하지 않고 매수법(취득법)만을 인정하므로(K-IFRS 제1103호 문단 4. 일반기업회계기준 제12장 문단 12.7), 장부가액이 아닌 공정가치를 기준으로 결합되는 기업의 자산·부채를 인식하여야 한다.

합병의 경우 피합병법인이 보유한 일체의 자산·부채가 합병법인으로 양도됨에 따라 이를 조정하기 위해 합병법인 및 피합병법인에 여러 가지 과세문제가 발생한다. 다른 한편 합병법인 자본이 증가하고 이에 따라 피합병법인 주주가 합병법인으로부터 합병신주를 교부받는 측면에서 피합병법인 주주에게 소득과세 문제가 발생하는데 이는 전형적인 자본거래에 해당한다. 다만 합병법인 주주에 대하여는 합병 자체가 불공정하게 이루어지지 않는 한 과세문제가 발생하지 않는다.

합병과세와 관련하여 주로 논의되는 내용은, 1) 피합병법인에 쌓여 있던 미실현이득에 대한 과세, 2) 합병법인이 피합병법인으로부터 인수하는 순자산가액과 합병대가와의 차이에서 발생하는 합병매수차익에 대한 과세와 합병차익의 처리, 3) 피합병법인의 이월결손금 등의 승계에 관한 사항, 4) 피합병법인의 주주에게 발생하는 의제배당에 대한 과세문제 등이다. 이 중 4)의 문제는 의제배당에 관한 설명으로 미루고, 이 장에서는 나머지 항목들에 관하여 살펴보기로 한다.[1)]

---

1) 관련 논의는, 이의영, "회사합병에 대한 법인세 과세체계의 개선방향", 조세법연구 9-2, 30면, 황남석·이준규, "개정된 합병세제의 해석·적용상의 문제점", 조세법연구 16-3, 55면. "법인합병에 있어서 미실현이익에 대한 주주과세의 강화", 조세법연구 21-3, 345면. 김석환, "분할·합병에 따른 자산 이전의 양도여부", 조세법연구 20-1, 119면 등.

합병에 따른 과세체계

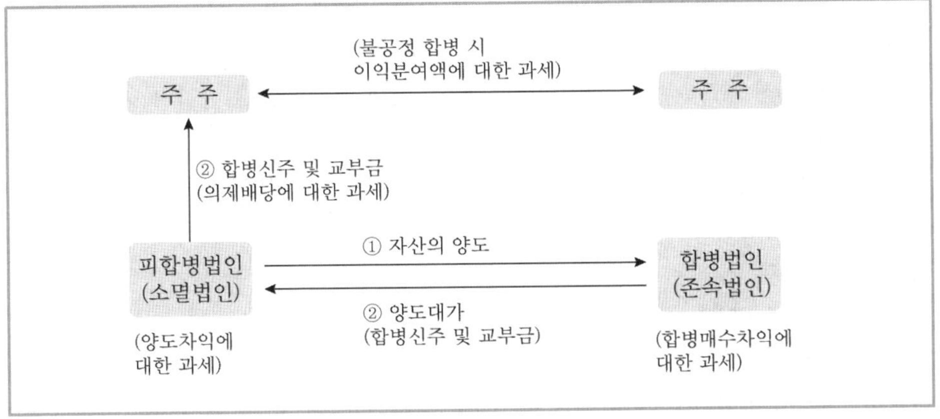

나. 피합병법인의 양도차손익에 대한 과세

(1) 피합병법인에 대한 과세의 일반원칙: 비적격합병의 경우

합병으로 인해 발생하는 양도손익은, 1. 피합병법인이 합병법인으로부터 받은 양도가액에서, 2. 피합병법인의 합병등기일 현재 순자산 장부가액(자산의 장부가액 총액에서 부채의 장부가액 총액을 공제한 금액을 말한다)을 공제하여 산정하고, 이를 피합병법인이 합병등기일이 속하는 사업연도의 소득금액을 계산할 때 익금 또는 손금에 산입한다(법 44조 1항).

'피합병법인이 합병법인으로부터 받은 양도가액'은, 합병으로 인하여 피합병법인의 주주 등이 지급받은 합병법인 또는 합병법인의 모회사의 주식 등의 가액 및 금전이나 그 밖의 재산가액의 합계액과 합병법인이 납부하는 피합병법인의 법인세 및 그 법인세(감면세액 포함)에 부과되는 국세와 지방세법 제88조 제2항에 따른 법인지방소득세의 합계액을 더한 금액이다(영 80조 1항 2호). 이 경우 피합병법인의 주주 등에게 교부한 주식은 시가에 의하여 평가한다(영 14조 1항 1호 라목 및 영 72조 2항 3호 나목).

합병법인이 합병등기일 전에 취득한 피합병법인의 주식을 '포합주식'라고 하는데 포합주식이 있는 경우 합병법인이 포합주식의 전부 또는 일부에 대하여 합병신주를 배정할 수 있고 이 경우 그 주식의 취득가액 역시 합병대가에 포함된다. 이와 달리 포합주식에 대하여 합병신주를 배정하지 않으면 피합병법인의 주주에게 교부하는 합병신주의 가액 및 피합병법인의 합병양도차익이 그만큼 감소한다. 포합주식에 상응하는 합병신주는 사전에 합병을 예정하고 피합병법인 주주에게 지급한 대가로서 실질이 합병교부금과 같으므로, 법은 포합주식에 대하여 합병법인 주식 등을 교부하지 않아도 그 지분비율에 따라 합병법인 주식 등을 교부받은 것으로 보아 합병양도차익을 계산하도록 함으로써 이에 대한 법인세 부담을 회피하지 못하도록 하고 있다(영 80조 1항 2호 가목 단서).

신설합병 또는 3 이상의 법인이 합병하는 경우 피합병법인이 합병 전에 취득한 다른 피합병법인의 주식 등도 포합주식에 포함된다(위 단서 괄호). 이 경우 양도가액에 가산하는 금액은 포합주식의 취득가액이 아니라, 포합주식에 대하여 교부한 것으로 보는 합병신주의 시가이다.

피합병법인이 납부하지 않은 법인세를 합병대가에 더하는 것은 피합병법인이 납부할 것을 합병법인이 대신 납부하기 때문이다.

피합병법인의 순자산장부가액은 피합병법인의 합병등기일 현재 자산의 장부가액 총액에서 부채의 장부가액 총액을 뺀 금액이다(법 44조 1항 2호). 순자산장부가액을 계산할 때 국세기본법에 따라 환급되는 법인세액이 있는 경우 이에 상당하는 금액을 피합병법인의 합병등기일 현재의 순자산장부가액에 더한다(영 80조 2항).

(2) 적격합병의 경우 피합병법인에 대한 과세특례

피합병법인이 적격합병의 요건을 갖추어 합병하는 경우 피합병법인이 합병법인으로부터 받은 자산 양도가액을 피합병법인의 합병등기일 현재의 순자산장부가액으로 보아 양도손익이 없는 것으로 할 수 있다(법 44조 2항).

적격합병으로 인정되기 위해서는, 1) 사업목적 합병, 2) 지분의 연속성, 3) 사업의 계속성, 4) 고용관계의 지속성 등 네 가지 요건이 충족되어야 한다.

첫째, 합병등기일 현재 1년 이상 사업을 계속하던 내국법인 간의 합병이어야 한다. 다만 다른 법인과 합병하는 것을 유일한 목적으로 하는 법인으로서 대통령령으로 정하는 법인의 경우는 본문의 요건을 갖춘 것으로 본다(법 44조 2항 1호).

"대통령령으로 정하는 법인"이란 자본시장법시행령 제 6 조 제 4 항 제14호에 따른 기업인수목적회사로서 일정한 요건을 갖춘 법인을 말한다(영 80조의2 2항).

이 요건은 합병을 통한 조세회피방지를 위해 사업목적을 위한 합병에 한하여 특례를 부여한 것이고, 기업인수목적회사(Special Purpose Acquisition Company; SPAC)의 경우 합병을 통한 기업인수를 유일한 목적으로 하는 명목회사라는 특성을 고려한 것이다. 분할신설법인이 다른 법인과 합병하는 경우 1년 이상 사업영위 여부는 분할신설법인뿐 아니라 분할법인의 분할 전 사업영위기간을 포함하여 계산한다.

둘째, 피합병법인의 주주등이 합병으로 인하여 받은 합병대가의 총합계액 중 합병법인의 주식등의 가액이 80/100 이상이거나 합병법인의 모회사(합병등기일 현재 합병법인의 발행주식총수 또는 출자총액을 소유하고 있는 내국법인을 말한다)의 주식등의 가액이 80/100 이상인 경우로서 그 주식등이 대통령령으로 정하는 바에 따라 배정되고, 대통령령으로 정하는 피합병법인의 주주등이 합병등기일이 속하는 사업연도의 종료일까지 그 주식등을 보유하여야 한다(법 44조 2항 2호).

위 규정 중 "합병법인의 모회사의 주식등의 가액이 80/100 이상인 경우"는 이른 바 '삼각합병'을 말하는 것으로서, 이와 같은 '삼각합병'은 미국의 경우에는 합병의 보편적 모습으로 자리 잡고 있다.[1)]

법은 통상적 형태로 합병법인 자신이 보유하는 모회사 주식을 피합병법인 주주에게 교부하는 경우를 상정하고 있는데, 규정상 분명하지는 않으나 합병당사자가 아닌 합병법인의 모회사가 직접 피합병법인 주주에게 모회사 주식을 교부하는 경우도 여기에 포함된다고 볼 것이다.[2)] 삼각합병의 경우 피합병법인 주주가 받는 모회사 주식은 피합병법인의 합병양도차익과 피합병법인 주주의 의제배당소득에 들어가고 적격합병의 경우 과세이연을 받을 수 있게 된다.

위 규정의 '피합병법인의 주주등이 받은 합병대가의 총합계액'은 시행령 제80조 제1항 제2호 가목에 따른 금액으로 하고, 합병대가의 총합계액 중 주식등의 가액이 법 제44조 제2항 제2호의 비율 이상인지를 판정할 때 합병법인이 합병등기일 전 2년 내에 취득한 합병포합주식등이 있는 경우에는 위 규정 각 호의 금액을 금전으로 교부한 것으로 본다. 이 경우 신설합병 또는 3 이상의 법인이 합병하는 경우로서 피합병법인이 취득한 다른 피합병법인의 주식등이 있는 경우에는 그 다른 피합병법인의 주식등을 취득한 피합병법인을 합병법인으로 보아 위 규정 각 호를 적용하여 계산한 금액을 금전으로 교부한 것으로 한다(영 80조의2 3항. 각 호 생략).

법 제44조 제2항 제2호의 "대통령령으로 정하는 피합병법인의 주주등"의 의의에 관하여는 시행령 제80조의2 제5항 참조.

---

1) 삼각합병은, i) A회사가 자기주식을 현물출자하여 자회사 A1을 설립한 후, ii) A1이 B회사 주주에게 A회사의 주식 등 대가를 지급하여 B회사의 주식을 인수하고, iii) A1이 B회사를 흡수함으로써 인수대상기업(B회사)은 소멸하고 인수주체의 자회사(A1)가 존속하는 형태의 합병을 말하며, 역삼각합병은 위 i), ii) 단계는 삼각합병의 경우와 같으나, iii) 단계에서 삼각합병과 반대로 B회사가 A1을 흡수함으로써 인수주체의 자회사(A1)가 소멸하고 대신 인수대상기업(B회사)이 존속하는 형태이다.

2) 관련 논의는, 김의석, "삼각합병의 구조화 방식과 과세체계", 조세법연구 19-1, 249면.

적격합병의 요건으로서 합병신주 배정비율을 충족하였는지 여부를 판단함에 있어서 합병법인이 합병 전에 취득한 피합병법인의 주식(포합주식)의 취득가액을 더하여 합병대가의 총합계액을 증액시키는 취지 역시 비적격합병의 경우와 마찬가지로 합병 전에 미리 포합주식을 취득함으로써 조세부담을 회피하는 것을 막기 위한 것이다. 다만 적격합병의 경우 모든 포합주식이 아닌 합병등기일 전 2년 이내에 취득한 피합병법인의 주식에 한정되고, 합병법인이 피합병법인의 지배주주 등이 아닌 경우 일정비율을 초과한 부분만을 합병대가의 총합계액에 포함시키는 반면, 비적격합병의 경우에는 취득시점에 관계없이 포합주식 모두가 그 대상이 된다는 점에서 차이가 있다.

피합병법인 주주 등에게 합병신주를 배정할 때에는, 합병법인이 피합병법인 주주 등에 지급한 합병법인 주식 등의 가액의 총합계액에 피합병법인에 대한 지분비율에 따라 산정한 가액 이상의 주식 등을 피합병법인 주주 등에 배정하여야 하고(영 80조의2 4항), 피합병법인의 주요 지배주주 등은 합병법인으로부터 배정받은 주식 등을 합병등기일이 속하는 사업연도 종료일까지 보유하여야 한다.

셋째, 합병법인은 합병등기일이 속하는 사업연도의 종료일까지 피합병법인으로부터 승계받은 사업을 계속하여야 한다. 다만, 피합병법인이 다른 법인과 합병하는 것을 유일한 목적으로 하는 법인으로서 대통령령으로 정하는 법인인 경우에는 본문의 요건을 갖춘 것으로 본다(법 44조 2항 3호).

위 단서 규정에 따라 기업인수목적회사를 피합병법인으로 하는 합병의 경우 피합병법인에 관한 사업목적성 요건과 합병법인에 대한 사업의 계속성 요건이 배제되며, 아울러 시행령 제80조의2 제5항은 지분의 연속성 요건도 배제하고 있다.

합병법인이 합병등기일이 속하는 사업연도의 종료일 이전에 피합병법인으로부터 승계한 자산가액(유형자산, 무형자산 및 투자자산의 가액을 말한다)의 1/2 이상을 처분하거나 사업에 사용하지 않은 경우 승계받은 사업을 계속하지 않는 것으로 본다. 다만 피합병법인이 보유하던 합병법인 주식을 승계받아 자기주식을 소각하는 경우에는 해당 합병법인 주식을 제외하고 피합병법인으로부터 승계받은 자산을 기준으로 사업을 계속하는지 여부를 판정하되, 승계받은 자산이 합병법인 주식만 있는 경우에는 사업을 계속하는 것으로 본다(영 80조의2 7항).

넷째, 합병등기일 1개월 전 당시 피합병법인에 종사하는 대통령령으로 정하는 근로자 중 합병법인이 승계한 근로자의 비율이 100분의 80 이상이고, 합병등기일이 속하는 사업연도의 종료일까지 그 비율을 유지하여야 한다(법 44조 2항 4호)

위와 같은 요건이 모두 충족되면, 피합병법인이 합병법인으로부터 받은 양도가액을 피합병법인의 합병등기일 현재의 순자산 장부가액으로 보아 양도손익이 없는 것으로 할 수 있다. 다만 대통령령으로 정하는 부득이한 사유가 있는 경우에는 이 중 둘째 내지 넷째의 요건을 갖추지 못한 경우에도 적격합병의 요건을 충족한 것으로 보아 대통령령으로 정하는 바에 따라 양도손익이 없는 것으로 할 수 있다(법 44조 2항 단서).[1)]

법 제44조 제 2 항 제 2 호에서 규정한 '부득이한 사유'에 관하여는 시행령 제80조의2 제 1 항 제 1 호를, 같은 항 제 3 호에서 규정한 '부득이한 사유'에 관하여는 시행령 제80조의2 제 1 항 제 2 호 각 참조.

이와 같이 부득이한 사유로 인해 합병신주를 처분하거나 사업을 폐지한 경우 조세회피목적이 없으므로 과세특례가 부여되는 적격합병 요건인 지분의 연속성과 사업의 계속성 요건이 충족된 것으로 본 것이다.

한편, 1. 내국법인이 발행주식총수 또는 출자총액을 소유하고 있는 다른 법인을 합병하거나 그 다른 법인에 합병되는 경우와, 2. 동일한 내국법인이 발행주식총수 또는 출자총액을 소유하고 있는 서로 다른 법인 간에 합병하는 경우에는 위 요건과 관계없이 양도손익이 없는 것으로 할 수 있다(법 44조 3항).

위 규정은 100% 지분을 보유한 완전모·자회사(1호)나 모회사가 100%지분을 보유한 완전자회사로 구성된 회사의 집단(2호)은 경제적 동일체로서 상호간 합병은 이러한 경제적 실질에 변경을 초래하지 않는다는 점을 고려하여 피합병법인의 자산취득 시점에 합병법인이 이를 취득한 것으로 본 것이다.

적격합병의 요건을 모두 갖춘 피합병법인이 과세특례를 적용받고자 할 경우 신청절차에 관하여는 시행령 제80조 제 3 항 참조.

과세특례규정의 적용을 받을지 여부는 합병당사법인의 선택사항이므로 합병으로 인해 자산의 양도차손이 발생한 경우 피합병법인은 그 손실을 합병등기일이 속한 사업연도에 곧바로 인식할 수 있고, 이 경우 합병법인은 합병으로 승계하는 자산을 시가로 평가하게 된다. 이 점은 분할에서도 같다.

피합병법인의 합병양도차익에 대한 과세이연이 있은 후, 그 사유가 사후적으로 소멸하여도 소멸한 피합병법인에 대한 추가적인 과세는 없다.

---

1) 피합병법인이 합병법인으로부터 받은 합병대가의 산정기준과 관련된 논의는, 윤지현, "법인세법상 합병 청산소득의 산정방법에 관한 고찰", 조세법연구 15-1, 205면 이하 참조.

다. 합병법인에 대한 과세

(1) 합병법인에 대한 과세의 일반원칙: 비적격합병의 경우

㈎ 합병법인의 합병매수차익(자산 계상 등)

피합병법인이 그 자산을 합병법인에게 양도함으로 인해 발생한 양도손익을 계산함에 있어 피합병법인은 합병법인으로부터 받은 실제 양도가액을 기준으로 하는 반면 합병법인은 합병등기일 현재 시가로 양수한 것으로 본다(법 44조의2 1항).

합병의 경우 피합병법인 자산은 합병법인에 포괄승계되고, 합병대가를 결정하는 합병비율은 합병 당사법인 주식의 가치비율로 결정되며, 합병은 사업자체의 이전을 수반하므로 매수원가가 개별 자산의 가치로만 구성되지 않는 점 등 때문에 합병대가를 개별자산 별로 구분하는 것은 사실상 불가능하다. 이에 따라 합병대가(즉 매수원가)를 개별 자산의 '시가'로 우선 배분하고 나머지 차이 부분(합병대가와 개별자산 시가와의 차액)을 합병매수차익 또는 합병매수차손으로 처리하는 것이다.

합병매수차익은 5년간 익금에 균등산입하여 개별자산 취득가액의 감가상각비 과대계상액을 일률적으로 상계하고(법 44조의2 2항; 영 80조의3 1항), 반대로 그 차이가 음수(陰數)인 경우(개별자산 시가의 합계액 < 매수원가) 차액인 합병매수차손은 무형의 권리인 영업권 대가를 지급한 데 원인이 있다고 보아 이를 5년간 균등 상각하여 손금에 산입한다. 다만 합병매수차손은 그 실질이 영업권 성격을 가진 것에 한하여 손금으로 인정함으로써 일정한 제한을 두고 있다(법 44조의2 3항; 영 80조의3 2·3항). 이는 기업회계가 합병거래에 있어서 양 당사자의 거래의사는 균등교환이므로 합병대가 중 피합병법인의 순자산가액을 초과하는 부분은 영업권으로 평가하여 합병대가를 지급하였다고 보는 것과 대비된다.

이와 관련하여 2009. 12. 31. 자산의 양도손익 중심으로 합병세제가 개편되기 이전(2기 합병세제) 사안에서, 판례는 영업권 가액을 합병평가차익으로 과세하기 위해서는 합병법인이 피합병법인의 상호 등을 장차 초과수익을 얻을 수 있는 무형의 재산적 가치로 인정하여 대가를 지급하여야 하고, 이때 사업상 가치의 평가 여부는 합병의 경위와 동기, 합병 무렵 합병법인과 피합병법인의 사업 현황, 합병 이후 세무 신고 내용 등 여러 사정을 종합하여 객관적으로 판단하여야 하며, 기업회계기준에 따라 영업권이 산출된다는 것만으로 이를 추단할 수는 없다고 보았다.[1] 즉 회계

1) 판 2018. 5. 11, 2015두41463. 이는 제 2 기 합병세제에서 과세관청이 합병대가와 피합병법인의 순자산가액의 차액에 해당하는 회계상 영업권 가액을 합병평가차익으로 익금산입하여 과세한 것에 대하여 납세자가 그 전제로 영업권이 합병법인의 순자산을 구성해야 한다고 주장한 사안이다.

상 영업권이 세법상 요구되는 자산성을 갖추어야 함을 전제로 초과수익력 요건과 사업상 가치평가요건가 충족될 것을 요구한 것이다. 그러나 피합병법인의 결손금 현황 등 현실적인 재정상태나 재무구조에 관한 사정들은 자본시장의 속성상 이미 주가에 반영되어 있고, 상장법인의 주가는 시장에서 결정된 가격으로서 가장 객관적인 가치를 표창하므로 거래 당사자들 역시 이에 기초하여 사업상 가치평가를 거친 것으로 보아야 하고, 이와 같은 해석이 거래의 사적 자치 및 영업권의 본질에 부합한다는 점에서 판례의 태도에는 의문이 있다.[1)]

이처럼 합병법인이 피합병법인의 자산을 '시가'로 양수한 것으로 보는 결과 후에 합병법인이 양수한 자산을 다시 제 3 자에게 양도하는 경우 그 '시가'를 해당 자산의 취득가액으로 하여 양도차익을 산정하게 된다(영 72조 2항 3호 나목).

㈏ 세무조정사항 등의 승계 합병이 적격합병의 요건을 갖추지 못한 경우 퇴직급여충당금 또는 대손충당금을 합병법인이 승계하면 그와 관련된 세무조정사항을 승계하고 그 밖의 세무조정사항은 어느 것이나 합병법인이 승계할 수 없다(법 44조의2 1항 후단; 영 85조 2호).

이는 피합병법인과 합병법인 상호간에 기업의 계속성이 인정되지 않으므로 실질적으로 기업을 매각하여 차익을 실현한 것으로 보는 것이다.

(2) 적격합병의 경우 합병법인에 대한 과세특례

㈎ 합병법인의 합병매수차익의 과세이연

적격합병을 한 경우 합병법인도 피합병법인 자산을 시가가 아닌 장부가액으로 양도받은 것으로 한다(법 44조의3 1항).

다만 시행령은 합병법인이 피합병법인으로부터 양도받은 자산 및 부채에 대한 피합병법인의 장부가액을 취득가액으로 계상하지 않고 합병등기일 현재의 시가를 취득가액으로 계상하되, 자산별로 시가에서 피합병법인의 장부가액을 뺀 금액을 자산조정계정으로 계상하여 장래 과세상 반영하도록 하고 있다(영 80조의4 1항).

1) 같은 취지, 이중교, "합병 시 영업권과 합병평가차익의 과세문제", 조세법연구 26-1, 181면. 같은 논의는 현행 법령과 관련하여서도 동일하게 문제가 된다. 이와 같이 영업권으로서의 실체를 인정받지 못하게 되면 결국 합병법인은 피합병법인의 자산을 해당 금액만큼 고가로 현물출자 받은 결과가 되므로 그만큼 손실을 입게 되는데(관련 논의는 이 책 701면 참조), 법인세법은 그 손실의 처리에 대하여 별도의 규정을 두지 않고 있다. 일본은 비적합병의 경우 합병대가가 이전자산 등의 시가순자산가액을 초과하는 경우 영업권으로서의 실질을 따지지 않고 원칙적으로 초과부분의 일정액을 자산조정계정에 계상하여 5년간 균등상각하여 손금에 산입하도록 규정하고 있다(일본 법인세법 제62조의8. 다만 피합병법인 결손금 상당액은 예외임). 관련 논의는 M&A法 大全(上)(全訂版), 西村あさひ法律事務所 編 794면. 그 밖에 합병 시 영업권 과세에 관한 논의는, 양인준, "합병과 영업권 과세", 조세법연구 23-1, 103면 이하 참조.

예컨대 시가 100억 원, 장부가액 60억 원인 피합병법인 자산을 합병병인이 80억 원에 양수한 경우 시가와 장부가액과의 차액 40억 원은 합병법인이 시가 100억 원인 자산을 80억 원에 양수한 데 따른 합병매수차익 20억 원과 합병을 계기로 하여 해당 자산의 장부가액을 60억 원에서 80억 원으로 평가증한 합병평가증액 20억 원으로 구성되며 이는 모두 익금산입대상이나, 적격합병의 경우 이를 종전 장부가액으로 취득한 것으로 보아 전체를 익금불산입하고 자산조정계정으로 계상한다. 적격합병의 경우 피합병법인이 자산을 장부가액으로 양도한 것으로 보는 것에 대응하여 합병법인도 이를 장부가액으로 취득한 것으로 보아 합병매수차손익을 인식하지 않도록 한 것이다. 결국 적격합병이든 비적격합병이든 합병법인의 입장에서는 피합병법인으로부터 양수한 자산에 대하여 '시가'를 기준으로 자산의 양도차익을 계산하나, 비적격합병의 경우에는 시가와 양수가액의 차액(합병매수차익 또는 합병매수차손)을 5년간 균분하여 익금 또는 손금에 산입하는 반면, 적격합병의 경우에는 시가와 장부가액과의 차액을 '자산조정계정'으로 계상하여 과세이연하고, 이를 그 이후 자산의 처분 또는 감가상각 시점에 과세상 반영하도록 하는 점에 차이가 있다.[1)]

합병법인이 과세이연 혜택을 받으려면 피합병법인으로부터 양수받은 자산별로 시가와 장부가액의 차익을 자산조정계정으로 계상하고, 당해 사업연도 소득에 대한 법인세 과세표준과 세액을 신고하면서 자산조정계정에 관한 명세서를 납세지 관할 세무서장에게 제출하여야 한다(법 44조의3 1항 후단·5항; 영 80조의4 11항).

㈏ 세무조정사항 등의 승계

적격합병을 한 합병법인은 피합병법인의 합병등기일 현재 법 제13조 제 1 항 제 1 호의 결손금과 피합병법인이 각 사업연도의 소득금액 및 과세표준을 계산할 때 익금 또는 손금에 산입하거나 산입하지 아니한 금액, 그 밖의 자산·부채 및 제59조에 따른 감면·세액공제 등을 대통령령으로 정하는 바에 따라 승계한다(법 44조의3 2항).

적격합병의 요건을 갖추어 양도손익이 없는 것으로 한 경우 합병법인은 피합병법인이 합병 전에 적용받던 법 제59조에 따른 감면 또는 세액공제를 승계하여 감면 또는 세액공제의 적용을 받을 수 있다. 이 경우 법 또는 다른 법률에 해당 감면 또는 세액공제의 요건 등에 관한 규정이 있는 경우에는 합병법인이 그 요건 등을 모두 갖춘 경우에만 이를 적용한다(영 80조의4 2항).

---

1) 합병법인이 적격합병에 따라 피합병법인이 보유하던 합병법인의 주식('협의의 자기주식')을 취득하였다가 이를 양도한 경우에도, 그 양도차익은 양도금액에서 해당 주식의 합병등기일 당시의 시가를 차감한 가액에 합병 당시 자산조정계정으로 계상되었던 금액을 가감하는 방식으로 계산한다(판 2022. 6. 30, 2018두54323).

이와 같이 합병법인이 피합병법인의 세무조정사항을 승계한 경우 합병법인은 합병 후 소득금액을 계산할 때 해당 승계항목 중 (+)유보사항은 손금산입이나 익금불산입으로 하고, (−)유보사항은 손금불산입이나 익금산입으로 하는 2차 세무조정을 하게 된다.

㈐ 사후관리 사유 발생에 따른 이연과세의 실행

적격합병을 한 합병법인은 합병등기일이 속하는 사업연도의 다음 사업연도 개시일부터 2년(같은 항 제3호의 경우에는 3년) 이내에, 1) 합병법인이 피합병법인으로부터 승계받은 사업을 폐지하거나, 2) 피합병법인의 주요 지배주주 등이 합병법인으로부터 받은 주식을 처분한 경우 및 3) 각 사업연도 종료일 현재 합병법인에 종사하는 대통령령으로 정하는 근로자 수가 합병등기일 1개월 전 당시 피합병법인과 합병법인에 각각 종사하는 근로자 수의 합의 100분의 80 미만으로 하락하는 경우에는 해당 사유가 발생한 날이 속하는 사업연도의 소득을 계산할 때 양도받은 자산의 장부가액과 법 제44조의2 제1항에 따른 시가와의 차액(시가가 장부가액보다 큰 경우에만 해당한다), 즉 자산조정계정의 총 합계액(총합계액이 정수인 경우에 한한다)과 승계받은 결손금 중 공제한 금액 등을 익금에 산입한다(법 44조의3 3항; 영 80조의4 3, 4항).

피합병법인으로부터 승계받은 세무조정사항 중 익금불산입액은 더하고 손금불산입액은 빼며, 감면세액과 세액공제액 등은 해당 사업연도 법인세에 더하여 납부한 후 해당 사업연도부터 감면 또는 세액공제를 적용하지 않는다(동 6항).

이와 관련하여 합병법인이 합병등기일이 속하는 사업연도의 다음 사업연도 개시일부터 2년 이내에 피합병법인으로부터 승계한 자산가액의 2분의 1 이상을 처분하거나 사업에 사용하지 않은 경우에는 승계받은 사업을 계속하지 아니하는 것으로 보되, 이 경우 피합병법인이 보유하던 합병법인 주식을 승계받아 자기주식을 소각하는 경우에는 해당 합병법인 주식을 제외하고 피합병법인으로부터 승계받은 자산을 기준으로 사업계속 여부를 판정하고, 승계받은 자산이 합병법인 주식만 있는 경우에는 사업을 계속하는 것으로 본다(영 80조의4 8항).

이는 적격합병의 요건 중 하나인 '사업의 계속성' 요건과 기준이 동일하다(영 80조의2 7항 참조). 합병법인으로부터 받은 주식의 처분과 관련된 피합병법인의 '주요 지배주주 등' 역시 적격합병의 요건 중 하나인 '지분의 연속성'(영 80조의2 5항)의 개념과 동일하다(영 80조의4 9항).

이연된 과세를 실행하면서 익금에 산입하는 자산조정계정은 금액이 정수(+)인 경우로만 한정하고 있어, 합병법인의 자산조정계정이 부수(−)인 경우에는 과세이연

상실사유 발생에 관계없이 장래 감가상각비에 가산하거나 처분 시 처분손실로 과세에 반영하게 된다. 사후적으로 과세이연 상실사유가 발생하여 과세이연 혜택을 철회하는 경우에 관한 내용은, 법 44조의3 제 4 항; 영 80조의4 제 5 항 참조.

사후적으로 과세이연 특례상실 사유가 발생하더라도 법 제44조 제 3 항에 따라 적격합병으로 보는 경우(법 44조의3 3항 본문 괄호)와 대통령령으로 정하는 부득이한 사유가 있는 경우에는 이연된 과세를 실행하지 않는다(법 44조의3 3항 단서; 영 80조의4 7항). 전자의 경우는 완전 자회사와 사이의 합병으로서 규제의 필요성이 없는 경우이고, 후자의 '부득이한 사유'는 적격합병에 관한 시행령 제80조의2 제 1 항 제 1·2 호와 그 내용이 동일하다.

(3) 합병차익의 과세문제

피합병법인에게서 넘겨받은 순자산의 가액이 합병신주의 액면보다 큰 경우 그 차액을 합병차익이라고 부른다. 법인세법은 합병차익을 자본거래로 인한 수익으로 보아 익금산입대상에서 제외하고 있다(법 17조 1항 5호).

이러한 의미의 합병차익은 피합병법인 주주가 합병법인에 출자하는 자산의 실제 가치와 그 가치를 표창하는 주식의 액면가액과의 차액일 뿐 합병법인 영업이익이 아니므로 익금산입대상에서 제외한다. 출자자의 출자가액과 출자로 발행되는 합병신주 액면가액 간의 차액이라는 점에서 주식발행액면초과액과 본질이 같다. 기업회계는 취득법만을 채택하기 때문에 합병을 계기로 합병법인이 인계받은 자산을 시가로 평가증하는 경우 이러한 평가증액(즉, 자산조정계정으로 계상된 금액)도 법인세법상 합병차익에 포함시키나 이는 자산의 미실현이득이 합병절차를 통하여 실현된 것일 뿐 다른 합병차익과는 경제적 실질을 달리한다.

합병평가증액을 제외하면 합병차익은, 1) 합병감자차익, 2) 소멸법인의 자본준비금, 3) 기업회계상의 이익잉여금(이익준비금 + 배당가능이익) 중 하나이다. 비적격합병이라면 피합병법인이 보유한 이익준비금과 배당가능이익은 합병 시 피합병법인 주주에 대한 의제배당으로 이미 과세되었으므로 합병법인에 남은 합병차익은 모두 자본준비금의 성질을 가진다. 이에 반하여 적격합병에서는 피합병주주에 대한 의제배당 과세가 이루어지지 않으므로 피합병법인이 보유하던 이익준비금과 배당가능이익은 성질이 변하지 않은 채 그대로 합병법인에 인계된다. 그 후 합병법인이 합병차익을 자본준비금에 전입하면 합병법인 주주에 대한 의제배당 과세문제가 발생하는데, 합병차익은 자본전입 시 의제배당으로 과세되는 합병평가차익, 자본잉여금 및 이익잉여금과 의제배당으로 과세되지 않는 자본준비금 및 자본잉여금이 함께 섞여 있기 때문에 어느 부분이 먼저 자본에 전입되는가에 따라 의제배당 과세 여부가 달라지는 문제점이 발생한다. 이에 대하여 2019. 2. 12. 개정 전 시행령 제12조 제1항 제3호는 이익잉여금보다 합병감자차익이 먼저 전입되는 등으로 순서를 정하였으나, 위 개정으로 의제배당대상 금액을, 가. 합병등기일 현재 합병법인이 승계한 재산가액이 그 재산의 피합병법인의 장부가액(85조 1호에 따른 세무조정사항이 있는 경우에는 그 세무조정사항 중 익금불산입액은 더하고 손금불산입액은 뺀 가액)을 초과하는 경우 그 초과금액(승계가액-장부가액),[1] 2. 피합병법인의 기획재정부령으로 정하는 자본잉여금 중 법 제16조 제1항 제2호 각 목 외의 부분 본문에 따른 잉여금(의제배당대상 자본잉여금), 다. 피합병법인의 이익잉여금에 상당하는 금액의 합계액(법 17조 1항 5호에 따른 합병차익을 한도로 함)으로 정하도록 한 것이다.

라. 합병시 이월결손금 등 공제제한

(1) 합병법인의 이월결손금[2]

합병법인의 합병등기일 현재 제13조 제1항 제1호에 따른 결손금 중 제44조의3 제2항에 따라 합병법인이 승계한 결손금을 제외한 금액은 합병법인의 각 사업연도의 과세표준을 계산할 때 피합병법인으로부터 승계받은 사업에서 발생한 소득금액(제113조 제3항 단서에 해당되어 회계를 구분하여 기록하지 아니한 경우에는 그 소득금액을 대통령령으로 정하는 자산가액 비율로 안분계산한 금액으로 한다)의 범위에서는 공제하지 아니한다(법 45조 1항).

이 경우 결손금 공제는 제13조 제1항 각 호 외의 부분 단서에도 불구하고 합병법인의 소득금액에서 피합병법인으로부터 승계받은 사업에서 발생한 소득금액을 차감한 금액의 100분의 80(중소기업과 회생계획을 이행 중인 기업 등 대통령령으로 정하는 법인의 경우는 100분의 100)을 한도로 한다(동 5항 1호).

합병과 관련하여 특히 문제가 되는 것은 재무상태가 좋은 회사와 이월결손금이 누적된 회사 사이의 합병이다. 기업의 결손금은 기업이 국가에 대하여 갖는 장래의 미확정 채권으로서 자산적 성격을 갖지만 다른 한편 기업이 결손금의 이월을 받을

---

1) 여기서 장부가액은 세무조정사항을 원상회복한 가액, 즉 회계상 장부가액을 의미한다.

2) 합병법인의 이월결손금 공제제한과 유사한 취지로, 2021. 12. 21. 개정법은 합병과 경제적 실질이 유사한 사업양수에 관하여 사업양수인의 기존 이월결손금을 양수한 사업부분에서 발생한 소득금액의 범위에서는 공제하지 않도록 하는 제한 규정을 신설하고 그 목적을 위하여 기존 사업과 양수한 사업의 회계를 구분경리하도록 하였다. 구체적인 내용은 법 50조의2 및 시행령 86조의2 1항과 법 113조 7항 각 참조.

수 있는 기한 안에 소득을 낼 가능성이 없다면 그 채권의 실제 금액은 영(0)인데 이와 같은 결손금을 재무상태가 좋은 기업과의 합병을 계기로 그 회사의 영업이익과 상계한다면 부당하게 그에 대한 조세를 회피하는 결과를 낳게 된다. 이 항과 다음 항에서 이월결손금을 합병법인과 피합병법인 각각의 사업에서만 일정 범위 내에서 공제하도록 한 것은 합병을 이와 같은 조세회피의 수단으로 이용하지 못하도록 하기 위한 것이다.

합병법인이 합병등기일 현재 법 제13조 제 1 항 제 1 호의 결손금을 보유하고 있거나, 법 제45조 제 2 항에 따라 피합병법인의 이월결손금을 공제받으려는 경우에는 이를 공제받는 기간 동안, 그 밖의 경우에는 합병 후 5년간, 각각 자산·부채 및 손익을 피합병법인으로부터 승계받은 사업에 속하는 것과 그 밖의 사업에 속하는 것으로 구분경리하여야 한다. 이는 적격합병뿐 아니라 비적격합병의 경우에도 같다(법 113조 3항). 다만 중소기업간 또는 동일사업을 영위하는 법인간 합병의 경우에는 구분경리를 하지 않을 수 있다(법 113조 3항 단서).

이와 같이 구분경리를 하지 않는 경우 법 제45조를 적용함에 있어서는 합병등기일 현재 합병법인과 피합병법인의 사업용 자산가액 비율로 안분하여[1] 각각의 소득금액을 산정하되, 합병법인이 승계한 피합병법인의 사업용 자산가액은 승계결손금을 공제하는 각 사업연도의 종료일 현재 계속 보유(처분 후 대체하는 경우 포함)·사용하는 자산에 한하여 그 자산의 합병등기일 현재 가액에 따른다(법 45조 1항 괄호; 영 81조 1항). 이와 같은 구분경리에 관한 사항은 분할합병의 경우나(법 113조 4항), 연결모법인의 합병(분할합병 포함)의 경우에도 같다(동 5항).

(2) 피합병법인의 이월결손금

적격합병 요건을 갖추어 합병법인이 피합병법인 자산을 장부가액으로 양도받은 경우에 한하여 합병법인은 피합병법인의 합병등기일 현재의 이월결손금을 승계할 수 있다(법 44조의3 2항; 영 81조 2항).

합병법인이 승계한 피합병법인 결손금은 합병법인의 각 사업연도 과세표준을 계산할 때 피합병법인으로부터 승계받은 사업에서 발생한 소득금액의 100분의 80(중소기업과 회생계획을 이행 중인 기업 등 대통령령으로 정하는 법인의 경우는 100분의 100)의 범위에서 공제한다(법 45조 2항, 5항 2호).

법 제45조 제 2 항에 따라 합병법인이 각 사업연도의 과세표준을 계산할 때 승

1) 이 경우 사업용 자산가액에 합병에 따라 회계상 계상된 영업권가액은 포함되지 않는다. 사전-2022-법규법인-0352, 2022. 4. 13.

계하여 공제하는 결손금은 합병등기일 현재의 피합병법인의 법 제13조 제1항 제1호에 따른 결손금(합병등기일을 사업연도의 개시일로 보아 계산한 금액을 말한다)으로 하되, 합병등기일이 속하는 사업연도의 다음 사업연도부터는 매년 순차적으로 1년이 지난 것으로 보아 계산한 금액으로 한다(영 81조 2항).

피합병법인의 이월결손금을 승계받아 공제할 수 있는 것은 합병 당사법인 상호간에 사업의 계속성과 지분의 연속성이 유지되는 경우에 한하고, 합병법인이 피합병법인으로부터 승계받은 이월결손금을 공제받은 후, 과세이연특례 상실 사유, 즉 합병등기일이 속하는 사업연도의 다음 사업연도 개시일부터 2년(같은 항 제3호의 경우에는 3년) 이내에, 1) 합병법인이 피합병법인으로부터 승계받은 사업을 폐지하거나, 2) 피합병법인의 주요 지배주주 등이 합병법인으로부터 받은 주식을 처분한 경우 및 3) 각 사업연도 종료일 현재 합병법인에 종사하는 대통령령으로 정하는 근로자 수가 합병등기일 1개월 전 당시 피합병법인과 합병법인에 각각 종사하는 근로자 수의 합의 100분의 80 미만으로 하락하는 경우에는 해당 사유가 발생한 날이 속하는 사업연도의 소득을 계산할 때 승계받은 결손금 중 공제한 금액 등을 익금에 산입하여 과세한다(법 44조의3 3항; 영 80조의4 3·4항).

사업의 폐지나 주식의 처분에 '부득이한 사유'가 있는 경우 사후관리 사유가 발생하지 않는 것으로 보는 것도 적격합병의 경우와 같다(법 44조의3 3항 단서; 영 80조의4 7항, 80조의2 1항 1·2호).

(3) 합병법인의 자산처분손실

적격합병을 한 합병법인은 합병법인과 피합병법인이 합병 전 보유하던 자산의 처분손실(합병등기일 현재 해당 자산의 제52조 제2항에 따른 시가가 장부가액보다 낮은 경우로서 그 차액을 한도로 하며, 합병등기일 이후 5년 이내에 끝나는 사업연도에 발생한 것만 해당한다)을 각각 합병 전 해당 법인의 사업에서 발생한 소득금액(해당 처분손실을 공제하기 전의 소득금액을 말한다)의 범위에서 해당 사업연도 소득금액을 계산할 때 손금에 산입한다. 이 경우 손금에 산입하지 않은 처분손실은 자산 처분 시 각각 합병 전 해당 법인 사업에서 발생한 결손금으로 보아 제1항 및 제2항을 적용한다(법 45조 3항).

이는 합병 당시 피합병법인에 내재되어 있던 미실현손실이 합병 후 일정 기간 내에 실현된 경우 그 손실을 피합병법인으로부터 승계받은 사업에서 발생한 소득에서만 공제하도록 한 것이다. 규정 본문 전단의 괄호부분은 부실자산을 보유한 법인을 합병한 후 단기간 내에 해당 재산을 처분하여 손실을 실현시킴으로써 합병법인의 조세를 회피하는 것을 방지하기 위한 것으로서, 합병 후 발생한 평가손실을 포함시키지 않기 위해 합병등기일 현재 장부가액과 시가와의 차액을 그 한도로 정한 것이다. 미실현손실은 곧바로 과세소득을 줄이지는 못하지만 처분 시 언제든 실현가능성이 있고 결손금과 달리 사용기간의 제약도 없어 오히려 결손금보다 납세자에게 유리한 세무요소이다.

(4) 감면 또는 세액공제의 승계 및 제한

적격합병의 경우 합병법인이 법인세법이나 다른 법률에 해당하는 감면 또는 세액공제의 요건을 모두 충족하면, 피합병법인의 감면 또는 세액공제를 승계하여 적용받을 수 있다. 이 경우 합병법인이 승계한 감면이나 세액공제는 피합병법인으로부터 승계받은 사업에서 발생한 소득금액 또는 이에 해당하는 법인세액의 범위 내에서만 적용받을 수 있다(법 44조의3 2항, 45조 4항; 영 81조 3항).

(5) 기부금의 승계 및 제한

「합병법인의 합병등기일 현재 제24조 제 2 항 제 1 호 및 제 3 항 제 1 호에 따른 기부금 중 같은 조 제 5 항에 따라 이월된 금액으로서 그 후의 각 사업연도의 소득금액을 계산할 때 손금에 산입하지 아니한 금액("기부금한도초과액") 중 제44조의3 제 2 항에 따라 합병법인이 승계한 기부금한도초과액을 제외한 금액은 합병법인의 각 사업연도의 소득금액을 계산할 때 합병 전 합병법인의 사업에서 발생한 소득금액을 기준으로 제24조 제 2 항 제 2 호 및 제 3 항 제 2 호에 따른 기부금 각각의 손금산입한도액의 범위에서 손금에 산입한다」(법 45조 6항).

「피합병법인의 합병등기일 현재 기부금한도초과액으로서 제44조의3 제 2 항에 따라 합병법인이 승계한 금액은 합병법인의 각 사업연도 소득금액을 계산할 때 피합병법인으로부터 승계받은 사업에서 발생한 소득금액을 기준으로 제24조 제 2 항 제 2 호 및 제 3 항 제 2 호에 따른 기부금 각각의 손금산입한도액 범위에서 손금에 산입한다」(동 7항).

지금까지 설명한 합병에 따른 과세문제와 과세내용의 개요를 표로 정리하면 다음 면과 같다.

합병에 따른 과세문제

구 분		비적격합병		적격합병	
부담주체	부과대상 조세	과세 여부	근거 조문	과세 여부	근거 조문
피합병 법인	자산양도차익에 대한 법인세	○	법 44조 1항	×	법 44조 2항, 3항
	저가양도 시 부당행위계산부인에 따른 법인세	○	법 52조 영 88조 1항 3-2호	×	법 44조 2항, 3항
합병 법인	합병매수차익에 대한 법인세	○	법 44조의2 제 2 항, 3항	×	법 44조의3 제 1 항
피합병 법인주주	의제배당관련 법인세·소득세	○	영 14조 1항 1호 라목, 2호	×	영 14조 1항 1호 나목
합병법인 및 피합병법인 주주	불공정합병으로 분여 받은 이익에 대한 법인세·증여세	○	영 11조 9호 상증세법 38조	○	영 11조 9호 상증세법 38조
	이익분여에 따른 부당행위계산부인 (법인주주만 해당)	○	법 52조, 영 88조 1항 8호, 8-2호	○	법 52조, 영 88조 1항 8호, 8-2호

합병에 따른 과세내용

구 분	적격합병	비적격합병
피합병법인: 자산양도손익발생	양도차익: 과세이연 (양도가액 = 순자산 장부가액으로 평가)	양도차익: 과세 (양도가액 = 합병대가로 평가)
합병법인: 합병매수차손익 발생	• 자산취득가액: 피합병법인 장부가액 • (시가-자산취득가액) → 합병매수차손익발생 → 과세이연 및 자산조정계정(처분·상각·과세이연 중단 시 상계·환입)	• 합병등기 당시의 시가-자산취득가액 = 합병매수차손익 : 과세.
	• 합병매수차익: 과세이연 중단사유 발생일부터 합병등기일 이후 5년이 되는 날까지 익금산입 • 합병매수차손 중 영업권: 과세이연 중단사유 발생일부터 합병등기일 이후 5년이 되는 날까지 손금산입	• 합병매수차익: 합병등기일부터 5년간 균등분할 익금산입 • 합병매수차손 중 영업권: 합병등기일부터 5년간 균등분할 손금산입
	• 피합병법인 이월결손금, 세무조정사항: 합병법인에 승계	• 피합병법인 이월결손금, 세무조정사항: 합병법인에 미승계
피합병법인 주주: 의제배당 발생	• 합병의제배당: 과세안함(합병교부주식을 종전장부가로 평가 → 시가가 낮은 경우 시가)	• 합병의제배당: (합병교부주식 시가 + 합병교부금)-취득가액
	• 합병교부주식 취득가 = 종전 장부가 + 의제배당금액 + 불공정자본거래로 받은 이익-합병교부금	
	합병교부주식 처분이익 = 양도대가-합병교부주식 취득가액	

3. 주식의 포괄적 교환·이전에 대한 과세특례

가. 의 의

주식의 포괄적 교환이란 회사(취득회사)가 다른 회사(대상회사)의 주주에 대하여 취득회사의 주식을 교부하고 그 대신 대상회사의 주식 전부를 취득회사에 이전시킴으로써 대상회사의 완전 모회사가 되는 조직법상 행위이고(상법 360조의2), 주식의 포괄적 이전이란 회사(이전회사)의 발행주식 전부가 신설회사(피이전회사)에 이전되는 한편 이전회사의 기존주주는 피이전회사로부터 신주를 교부받아 그 회사의 주주가 되는 조직법상의 행위이다(상법 360조의15). 주식의 포괄적 교환이나 이전이 있게 되면 완전한 형태의 지주회사(holding company)관계가 정립된다.

주식의 포괄적 교환·이전은, 대상 회사의 주주와 개별적인 거래 없이 완전모자회사 관계를 창설할 수 있고, 개별적인 주식매수 방식에 비하여 비용이 훨씬 저렴하고 신속하게 이루어질 수 있다는 점에서 효용성이 크다.

주식교환은 흡수합병과, 주식이전은 신설합병과 유사하나, 주식의 교환·이전의 경우 완전자회사가 되는 회사는 소멸하지 않고, 완전모회사가 되는 회사는 완전자회사가 되는 회사의 권리의무를 포괄적으로 승계하지 않음으로써, 상호 법적 독립성을 유지하여 위험을 분산하고 조직의 비대화를 피할 수 있는 장점이 있다.

주식의 포괄적 교환·이전이 있는 경우 대상회사는 소멸하지 않으므로 흡수합병에 있어서 피흡수회사가 소멸함으로써 발생하는 여러 문제는 발생하지 않으나, 불공정한 주식의 교환비율(합병비율)에 의한 부의 이전을 둘러싸고 주주들에 대한 과세문제는 발생한다. 취득회사가 주식교환으로 주식을 취득하고 신주를 발행하는 것은 자본거래에 해당하고, 피이전회사의 경우에도 주식 이전으로 자본을 납입받고 설립되므로 이와 관련하여 별다른 세법상 문제는 발생하지 않는다. 대상회사에 있어서도 회사 주주가 변경될 뿐이므로 원칙적으로 세법상 문제가 발생하지 않는다.

주식교환·이전과 관련하여 가장 큰 쟁점은 자회사가 되는 회사의 주주들이 기존의 주식을 모회사가 되는 회사의 주식과 교환하는 행위에 대하여 이를 과세대상이 되는 이익의 실현으로 볼 것인가의 여부라 할 수 있다.[1]

---

1) 주식의 교환·이전에 관한 보다 자세한 논의는, 노혁준, "주식교환·주식이전 관련세제에 관한 소고", 조세법연구 8-2, 287면.

주식의 포괄적 교환·이전에 따른 과세체계

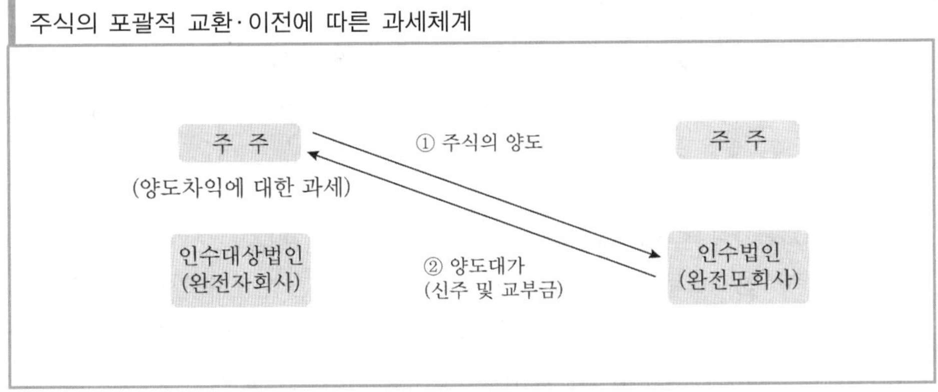

나. 적격 주식의 포괄적 교환·이전에 대한 과세특례

(1) 요 건

내국법인이 일정한 요건을 모두 갖추어 상법 제360조의2에 따른 주식의 포괄적 교환 또는 같은 법 제360조의15에 따른 주식의 포괄적 이전(이하 "주식의 포괄적 교환 등"이라 한다)에 따라 주식의 포괄적 교환 등의 상대방 법인의 완전자회사로 되는 경우에는 완전자회사의 주주가 완전모회사 또는 그 완전모회사의 완전모회사의 주식을 처분할 때까지 그 주식의 포괄적 교환 등으로 발생한 완전자회사 주주의 주식양도차익에 상당하는 금액에 대한 양도소득세 또는 법인세의 과세를 이연받을 수 있다(조특법 38조 1항). 과세이연 요건은 다음과 같다.

첫째, 주식의 포괄적 교환·이전일 현재 1년 이상 계속하여 사업을 하던 내국법인 간의 주식의 포괄적 교환 등이어야 한다. 다만 주식의 포괄적 이전으로 신설되는 완전모회사는 제외한다(조특법 38조 1항 1호).

둘째, 완전자회사의 주주가 완전모회사로부터 교환·이전대가를 받은 경우 그 교환·이전대가의 총합계액 중 완전모회사 주식의 가액 또는 그 완전모회사의 완전모회사 주식의 가액이 100분의 80 이상으로서 그 주식이 교환 및 이전 전 지분비율에 따라 배정되고, 완전모회사 및 완전자회사의 주요 지배주주가 주식의 포괄적 교환 등으로 취득한 주식을 교환·이전일이 속하는 사업연도의 종료일까지 보유하여야 한다(동 2호, 조특령 제35조의2 6·7항).

셋째, 완전자회사가 교환·이전일이 속하는 사업연도의 종료일까지 사업을 계속하여야 한다(동 3호).

다만 부득이한 사유가 있는 경우 등 대통령령으로 정하는 경우에는 제 2 호 또는 제 3 호의 요건을 갖추지 못한 경우에도 주식양도차익에 상당하는 금액에 대한 과세를 이연받을 수 있다(조특법 38조 3항). 해당 요건의 의미, 대가 요건의 충족여부(조특령 35조의2 5항), 주요 지배주주(조특령 35조의2 6항)나 부득이한 사유(조특령 35조의2 13항)의 개념 등은 적격합병의 경우와 같다.

(2) 과세특례의 내용

㈎ **완전자회사의 주주에 대한 과세** '적격 주식의 포괄적 교환·이전'의 요건을 모두 충족하면 그 주식의 포괄적 교환 등으로 발생한 완전자회사 주주의 주식양도차익에 대한 법인세나 양도소득세는 완전자회사 주주가 완전모회사 주식을 처분할 때까지 과세를 이연받을 수 있다(조특법 38조 1항; 조특령 35조의2 1, 2항).

앞에서 본 내국법인 등과 마찬가지로 교환·이전대가를 완전모회사 주식 등의 형태로 받은 범위 내에서만 양도차익 상당액에 대한 과세를 이연한다.

거주자 등의 경우 과세이연 부분은 주식의 포괄적 교환·이전 거래로 취득한 완전모회사 주식의 취득가액을 조정하는 방법으로 해당 주식의 양도 시 과세된다. 그 구체적인 내용은 조특령 제35조의2 제 4 항 참조. 그 계산에서 양도소득 상당액을 더하는 것은 완전자회사 주식의 취득가액을 승계하는데서 발생하는 이중과세를 막기 위한 것이고, 교환·이전대가 중 주식 등 외의 형태로 받은 금액을 빼는 것은 그만큼 출자금액의 회수가 있었다고 보는 것이다.

㈏ **완전모회사에 대한 과세효과** 완전자회사의 주주가 과세이연 혜택을 받는 경우 완전모회사는 주식의 포괄적 교환 등으로 취득한 완전자회사 주식의 취득가액을 교환·이전일 현재의 시가로 계상한다(조특법 38조 2항).

(3) 과세이연의 사후관리

과세이연 혜택 후 주식의 포괄적 교환·이전일이 속하는 사업연도의 다음 사업연도 개시일부터 2년 이내에, (i) 완전자회사가 사업을 폐지하거나 (ii) 완전모회사 또는 완전자회사의 주요 지배주주 등이 취득한 주식을 처분하는 경우 완전모회사는 해당 사유의 발생 사실을 발생일부터 1개월 이내에 완전자회사의 주주에게 알려야 하며, 완전자회사 주주는 제 1 항에 따라 과세를 이연받은 양도소득세 또는 법인세를 납부하여야 한다(조특법 38조 2항; 조특령 35조의2 6·11·12항).

제 3 절 기업분할세제

1. 총 설

회사는 분할에 의하여 1개 또는 수개의 회사를 설립할 수 있고, 1개 또는 수개의 존립중인 회사와 합병할 수 있으며, 1개 또는 수개의 회사를 설립함과 동시에 분할합병 할 수 있다(상법 530조의2 내지 12).

법인의 분할이란 어느 한 법인의 적극·소극재산의 전부 또는 일부가 분리되어 적어도 하나 이상의 신설 또는 기존 법인에 포괄적으로 승계되고, 재산을 분리한 법인 또는 그 주주가 해당 재산을 승계한 법인으로부터 재산 이전의 대가로 그 법인의 주식을 교부받는 조직법상의 행위를 말한다. 법인의 분할은 합병에 반대되는 개념으로, 합병이 주로 규모의 경제와 통합 효과를 거두기 위해 행해지는 반면, 분할은 비대해진 대규모 기업의 비효율을 해소하거나 복합적 사업의 분업화·특성화를 기하기 위해 행하여진다.

법인의 분할형태는 분할회사가 소멸하는지 여부, 분할출자를 받는 회사가 존속중인 회사인지 신설되는 회사인지 여부 등에 따라 여러 종류가 있으나, 상법은 분할회사의 소멸 여부는 고려하지 않고 분할출자를 받는 회사가 신설회사인가 아니면 존속회사인가에 따라, 전자를 분할, 후자를 분할합병으로 구분하는 외에(상법 530조의2 참조), 분할 후 재산 이전의 대가로 교부받는 주식의 귀속주체와 관련하여 분할법인이 그 주식을 모두 취득하는 경우를 물적분할이라는 제 3 의 형태로 인정하고 있다(상법 530조의12).

강학상으로, 분할과 분할합병은 다시 분할회사가 소멸하느냐 여부에 따라 소멸분할(split-up, 완전분할) 또는 소멸분할합병과 존속분할(split-off, 불완전분할) 또는 존속분할합병으로 각 구분되고, 분할합병은 다시 분할합병의 상대방이 되는 회사가 기존법인인지, 아니면 신설법인인지 여부에 따라 흡수분할합병과 신설분할합병으로 나누어진다. 법인세법은 상법과 달리 분할법인이 소멸하는 경우와 존속하는 경우를 구분하여 규정하고 있다.

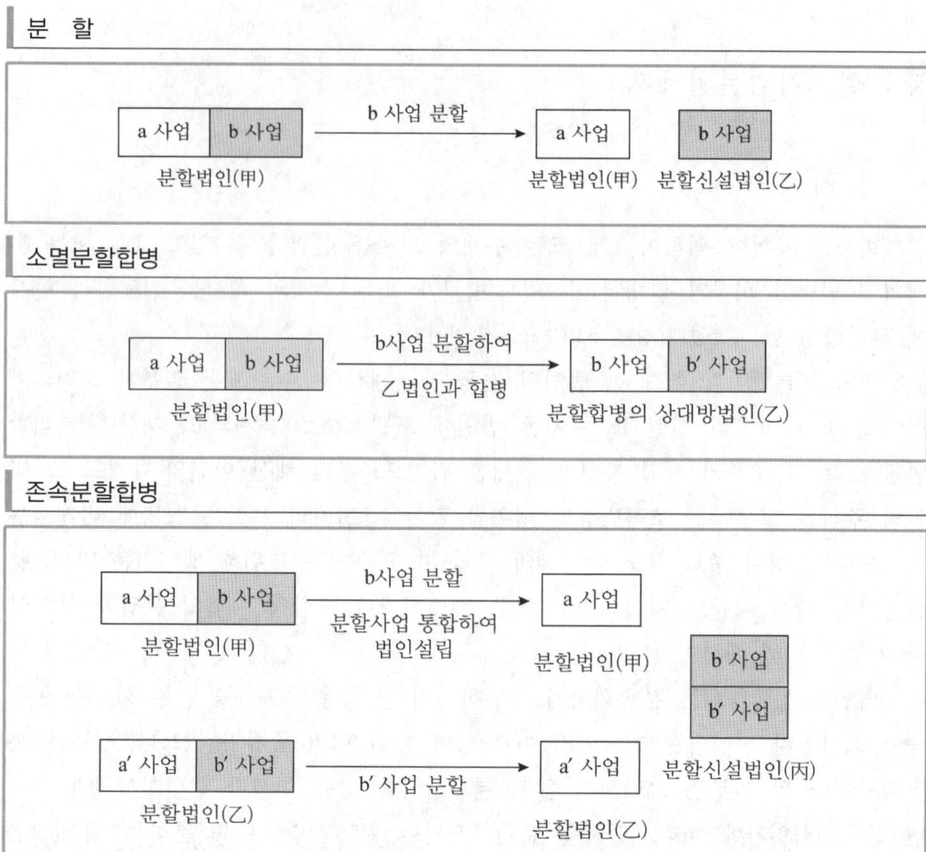

상법상 분할을 하려면 이사들이 분할계획서를 작성하여 주주총회의 특별결의를 얻어야 한다(상법 530조의3). 분할 또는 분할합병으로 인하여 설립되는 분할신설회사 또는 분할합병의 상대방회사는 분할하는 회사의 권리와 의무를 분할계획서 또는 분할합병계약서가 정하는 바에 따라 승계한다.

분할 또는 분할합병으로 인하여 설립되는 회사 또는 존속하는 회사는 분할 또는 분할합병 전의 회사채무에 관하여 분할회사와 연대하여 변제할 책임이 있다. 다만 분할회사가 주주총회 특별결의로 분할에 의해 회사를 설립하는 경우에는 분할신설회사가 분할되는 회사의 채무 중에서 출자한 재산에 관한 채무만을 부담하는 것으로 정할 수 있으며, 이 경우 분할회사가 분할 후 존속하는 때에는 분할신설회사가 부담하지 않는 채무만을 부담한다(상법 530조의9 1, 2항).

우발채무 귀속과 관련하여 분할 당시 사실행위만이 존재할 뿐 '법적 의무'가 존재하지 않았다면 분할에 따른 승계대상에 해당하지 않으며 이를 분할계획서에 승계대상으로 기재하였다고 하더라도 달라지지 않는다(판 2007. 11. 29, 2006두18928).

분할 전 납세의무가 성립한 조세채무에 대하여는 분할 전후 법인의 연대책임에 관한 특칙이 있다(기본법 25조 2항, 3항, 지기법 44조 2항, 3항).

회사분할은 분할법인에 귀속된 자산, 부채가 분할신설법인 등에 이전된다는 측면(즉 손익거래의 측면)에서 분할법인 및 분할신설법인 등에 대하여, 인적 분할의 경우 분할법인의 주주가 분할신설법인 등으로부터 분할대가를 받는다는 측면(즉 자본거래의 측면)에서 분할법인 주주에 대하여 각 과세문제를 발생시킨다.

분할에 있어서도 분할에 따라 이전되는 자산에 내재된 미실현이득의 과세여부가 핵심 쟁점이 되고 그에 대한 적절한 과세이연을 통해 기업구조조정에 장애가 되지 않아야 한다는 정책적인 요청도 합병에 있어서와 같다.

과세가 문제되는 사항도, ① 분할법인에 대한 자산양도차익, ② 분할신설법인(또는 분할합병의 상대방법인)의 분할매수차익, ③ 분할법인(소멸한 분할합병의 상대방법인)의 주주에 대한 의제배당 등 합병에 있어서와 같다. 다만 합병의 경우와 달리 분할(분할합병의 경우는 제외)의 경우는 각 주주들 사이의 부당행위계산부인 문제는 발생할 여지가 없다.[1)]

분할에 따른 과세체계와 과세문제의 개요를 표로 살펴보면 다음 면과 같다.

분할에 따른 과세체계

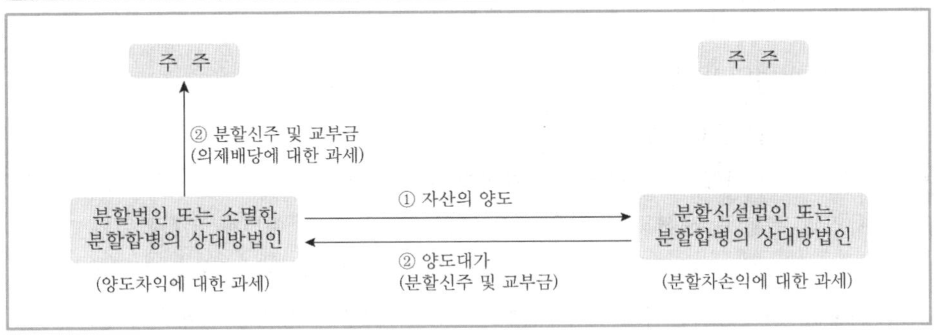

1) 분할에 관한 일반적 논의는, 김의석, "현행 법인세법의 분할규정에 관한 고찰", 조세법연구 17-1, 46면. 황남석, "주식회사간의 인적분할에 관한 독일의 과세제도", 조세법연구 14-3, 162면 등.

분할에 따른 과세문제

<table>
<tr><th colspan="2" rowspan="2">구 분</th><th colspan="2">비적격분할</th><th colspan="2">적격분할</th></tr>
<tr><th>과세 여부</th><th>근거 조문</th><th>과세 여부</th><th>근거 조문</th></tr>
<tr><td rowspan="2">분할법인</td><td>자산양도차익에 대한 법인세</td><td>○</td><td>법 46조 1항,
46조의5 1항
영 72조 2항
3-2호</td><td>×</td><td>법 46조 2항,
46조의5 2항,
47조 1항</td></tr>
<tr><td>저가양도 시 부당행위계산부인에 따른 법인세</td><td>○</td><td>법 52조
영 88조 1항
3-2호</td><td>×</td><td>법 46조 2항,
46조의5 2항,
47조 1항</td></tr>
<tr><td>분할신설법인,
분할합병의
상대방법인</td><td>분할매수차익에 대한 법인세
(인적분할의 경우)</td><td>○</td><td>법 46조의2
2, 3항</td><td>×</td><td>법 46조의3 1항</td></tr>
<tr><td>분할법인 주주</td><td>의제배당관련 법인세, 소득세</td><td>○</td><td>영 14조 1항 1호
라목, 2호</td><td>×</td><td>영 14조 1항 1호
나목</td></tr>
<tr><td rowspan="2">분할법인,
분할합병
상대방법인주주</td><td>분여받은 이익에 대한 법인세 또는 증여세</td><td>○</td><td>영 11조 9호
상증세법 38조</td><td>○</td><td>영 11조 9호
상증세법 38조</td></tr>
<tr><td>이익분여에 따른 부당행위계산부인 법인세(법인주주만 해당)</td><td>○</td><td>법 52조,
영 88조 1항 8호,
8-2호</td><td>○</td><td>법 52조
영 88조 1항 8호,
8-2호</td></tr>
</table>

2. 인적분할

가. 분할법인이 소멸하는 경우

(1) 분할법인 등에 대한 과세

㈎ **분할법인 등에 대한 과세의 일반원칙**(비적격분할의 경우) 내국법인이 물적분할 이외의 분할로 해산하는 경우(이하 "분할법인" 또는 "소멸한 분할합병의 상대방법인"이라고 하고, "분할법인 등"으로 통칭한다)에는 그 법인의 자산을 분할신설법인 또는 분할합병의 상대방법인(이하 "분할신설법인 등"으로 통칭한다)에 양도한 것으로 보아, 그 양도차익이나 양도차손은 분할법인 등이 분할등기일이 속하는 사업연도의 소득금액을 계산할 때 익금 또는 손금에 산입한다. 이 경우 분할양도손익은, 1. 분할법인 등이 분할신설법인 등으로부터 받은 양도가액에서, 2. 분할법인 등의 분할등기일 현재의 순자산 장부가액을 공제하여 계산한다(법 46조 1항).

합병의 경우와 마찬가지로 원칙적으로 분할을 분할법인 등이 보유하는 자산에 내재된 미실현이득이나 미실현손실이 실현되는 계기로 보아 과세를 하는 것이다.

양도손익을 계산함에 있어 분할법인 등이 분할신설법인 등으로부터 받은 양도가액은 원칙적으로는, 가. 분할신설법인 등이 분할 또는 분할합병으로 인하여 분할법인의 주주에게 지급한 분할신설법인 등의 주식의 가액 및 금전이나 그 밖의 재산가액의 합계액과, 나. 분할신설법인 등이 납부하는 분할법인의 법인세 및 그 법인세에 부과되는 국세와 지방세법에 따른 법인세분 지방소득세의 합계액을 더한 금액으로 한다(법 46조 1항 1호; 영 82조 1항).

분할합병에서 분할합병의 상대방법인이 분할등기일 전에 취득한 분할법인의 주식, 이른바 '포합주식'이 존재하는 경우 분할합병의 상대방법인이 포합주식에 대하여 자기주식(분할합병에 따른 신주)을 발행할 수 있느냐에 관하여 이를 긍정하는 것이 일반적이다. 분할합병의 상대방법인이 포합주식에 대하여 합병신주를 배정하는 경우 그 주식의 가액 역시 당연히 분할대가에 포함되어 과세대상이 된다.

이와 달리 포합주식에 대하여 합병신주를 배정하지 않는 경우 분할법인의 주주에게 교부하는 합병신주 가액이 그만큼 감소하고, 그에 따라 법인세 과세대상이 되는 분할법인의 분할양도차익도 감소하는데, 법은 이를 방지하기 위해 합병의 경우와 마찬가지로 포합주식에 대해 분할합병 상대방법인의 주식 등을 전부 또는 일부 교부하지 않더라도 그 지분비율에 따라 합병신주를 교부받은 것으로 보아 분할대가를 구성하는 분할합병 상대방법인의 주식 등의 가액을 증가시킴으로써 분할양도차익에 대한 법인세 회피를 방지하고 있다(영 82조 1항 2호 가목 단서).

신설분할합병 또는 3 이상의 법인이 분할합병하는 경우, 분할등기일 전에 분할법인이 취득한 다른 분할법인의 주식(분할합병으로 분할합병의 상대방법인이 승계하는 것에 한함), 분할합병의 상대방법인이 취득한 소멸한 분할합병의 상대방법인의 주식 또는 소멸한 분할합병의 상대방법인이 취득한 분할법인의 주식과 다른 소멸한 분할합병의 상대방법인의 주식이 포합주식에 포함된다(영 82조 1항 2호 가목 단서 괄호). 이 경우 양도가액에 가산하는 금액은 포합주식의 취득가액이 아니라, 포합주식에 대해 합병신주를 교부한 것으로 간주하는 경우 그 합병신주의 시가이다.[1)]

분할신설법인 등은 분할법인이 납부하지 않은 각 사업연도 소득에 대한 법인세(합병·분할에 따른 양도손익에 대한 법인세 포함)를 납부하여야 한다(영 85조의2). 이는 본래 분할법인이 납부하였어야 할 것이므로 분할대가에 더하는 것이다.

---

1) 관련 논의는, 황남석, "회사분할과 자기주식", 조세법연구 21-1, 117면.

분할법인 등의 순자산장부가액은 분할법인 등의 분할등기일 현재의 자산의 장부가액 총액에서 부채의 장부가액 총액을 뺀 금액을 의미한다(법 46조 1항 2호, 44조 1항 2호). 순자산장부가액을 계산할 때 국세기본법에 따라 환급받은 법인세액이 있는 경우에는 이에 상당하는 금액을 분할법인 등의 분할등기일 현재의 순자산장부가액에 더한다(영 82조 2항).

㈏ **적격분할의 경우의 양도차손익에 대한 과세이연의 특례** 법인의 분할 또는 분할합병의 경우 분할법인 등의 자산양도손익('분할양도손익')에 대하여는 법인세가 과세되는 것이 원칙이나, 적격합병의 경우 피합병법인에게 발생하는 양도손익에 대해 과세이연을 해 주는 것과 같은 취지에서 일정한 요건을 갖춘 분할('적격분할')의 경우에도 분할법인 등에게 발생하는 양도손익에 대해서 과세이연의 특례를 적용한다. 즉, 적격분할의 요건을 충족하는 경우에는 분할법인 등이 분할신설법인 등으로부터 받은 양도가액을 분할법인 등의 분할등기일 현재의 순자산장부가액으로 보아 양도손익이 없는 것으로 할 수 있다(법 46조 2항 본문).

분할의 경우도 합병의 경우와 같이 사업 목적 분할, 지분의 연속성, 사업의 계속성 및 고용의 연속성을 요구함으로써 진정한 기업구조조정 목적 없이 조세를 회피하고자 분할의 형식을 취하는 거래를 방지하기 위한 취지에서 일정한 과세특례 요건을 요구하고 있는데, 그 내용은 합병의 경우와 대동소이하다. 다만 합병과 달리 단순 분할의 경우에는 상대방이 없어 조세회피 가능성이 높다는 점을 고려하여, 사업을 계속한 기간이 5년 이상인 내국법인이 분할하여야 하고, 분할대가도 전액이 주식이어야 하는 등 과세특례가 부여되는 적격분할의 요건을 합병의 경우보다 엄격하게 요구하고 있다. 적격분할로 인정되기 위한 구체적인 요건은 다음과 같다.

첫째, 단순분할의 경우 분할등기일 현재 5년 이상 사업을 계속하던 내국법인이 분할하여야 하고, 분할합병의 경우 소멸한 분할합병의 상대방법인 및 분할합병의 상대방법인이 분할등기일 현재 1년 이상 사업을 계속하던 내국법인이어야 한다(법 46조 2항 1호). 이는 단순분할의 경우는 합병과 달리 상대방법인이 존재하지 않으므로 분할법인의 독자적 판단에 따라 분할을 행할 수 있어 조세회피 가능성이 높다는 점을 고려한 것이다. 즉, 분할법인이 5년이라는 장기간에 걸쳐 계속 사업을 영위한 법인이라면 당해 사업에 중대한 영향을 줄 수 있는 분할을 오로지 조세회피목적으로 하기 어렵다고 본 것이다. 다만 분할합병의 경우 합병의 실질을 포함하고 있으므로 적격합병과 마찬가지로 소멸한 분할합병의 상대방법인 및 분할합병의 상대방법인은 분할등기일 현재 1년 이상 사업을 계속하던 내국법인이면 된다.

사업영위기간 요건과 관련하여, 적격합병의 경우와 달리 기업인수목적회사(Special Purpose Acquisition Company; SPAC)에 대하여 사업영위기간 요건에 대한 예외를 인정하고 있지 않다. 5년의 사업영위 기간은 분할법인단위로 규정할 뿐, 사업부문단위로 규정하고 있지 않다.

둘째, 분할대상은 분리하여 사업이 가능한 독립된 사업부문이어야 한다(법 46조 2항 1호 가목). 이는 적격분할의 대상을 경제적 실질상 기존 사업의 계속성 및 동일성이 유지되는 분할로 제한함으로써 개별자산을 분할대상으로 할 경우 이루어질 수 있는 조세회피행위를 방지하기 위한 것이다.

셋째, 분할하는 사업부문의 자산 및 부채가 포괄적으로 승계되어야 한다. 다만 공동으로 사용하던 자산, 채무자의 변경이 불가능한 부채 등 분할하기 어려운 자산과 부채 등으로서 대통령령으로 정하는 것은 제외한다(법 46조 2항 1호 나목).

이는 적격분할의 대상을 분할대상 사업부문과 관련된 모든 자산 및 부채를 포괄적으로 승계하여 기존 사업의 계속성 및 동일성이 유지되는 분할에 한정함으로써 승계대상 자산 및 부채의 임의조정에 따른 조세회피를 방지하기 위한 것이다. 자산 및 부채를 포괄적으로 승계하여야 하므로 예컨대 분할법인의 레미콘 등 사업부문을 분할하면서 32개 사업장 부지 중 일부 사업장 부지만 승계한 경우는 여기에 해당되지 않는다(판 2012. 5. 24, 2012 두2726).

"대통령령으로 정하는 것"의 내용은 시행령 제82조의2 제 4 항 참조.

넷째, 분할법인등만의 출자에 의하여 분할하는 것이어야 한다(법 46조 2항 1호 다목). 제 3 자의 출자가 개입될 경우 분할 전후 사업의 동일성 및 계속성이 저해된다고 본 것이다. 반면, 법은 물적분할과 유사한 현물출자에 대한 과세특례 규정을 적용함에 있어서는 피출자법인에 대한 출자를 출자법인에 한정하지 않고 제 3 자의 출자도 20%의 한도 내에서 허용하고 있다(법 47조의2 1항 3·4호).

다섯째, 단순 분할의 경우 분할법인의 주주가 분할신설법인으로부터 받은 분할대가의 전액이 주식인 경우(분할합병의 경우에는 분할대가의 100분의 80 이상이 분할신설법인 등의 주식인 경우 또는 분할대가의 100분의 80 이상이 분할합병의 상대방법인의 발행주식총수 또는 출자총액을 소유하고 있는 내국법인의 주식인 경우를 말한다)로서 그 주식이 분할법인등의 주주가 소유하던 주식의 비율 등을 고려하여 대통령령으로 정하는 바에 따라 배정되고, 대통령령으로 정하는 분할법인등의 주주가 분할등기일이 속하는 사업연도의 종료일까지 그 주식을 보유하여야 한다(법 46조 2항 2호; 영 82조의2 7·8항).

이는 과세특례가 부여되는 적격분할의 범위를 법인 지배구조에 실질적인 변동이 없는 분할로 한정함으로써 분할을 통하여 발생할 수 있는 주주들의 조세회피행위를 방지하기 위한 것이다. 이 중 본문 괄호 부분은, 상법의 개정으로 삼각 분할합병이 가능해 짐에 따라 이러한 삼각 분할합병이 원활하게 진행되는 데 장애가 없도록 하기 위해 합병대가로서 분할합병의 상대방 법인의 주식뿐 아니라 그 완전모회사의 주식을 교부하는 경우에도 적격합병의 요건을 충족하도록 한 것이다.

위 요건 중 '분할법인의 주주가 분할신설법인으로부터 받은 분할대가의 전액'이나 '소멸한 분할합병의 상대방법인의 주주가 존속하는 분할합병의 상대방법인으로부터 받은 분할대가의 총합계액', '주요 지배주주'등의 구체적인 내용은 합병에 있어서와 다르지 않다.

여섯째, 분할신설법인 등은 분할등기일이 속하는 사업연도의 종료일까지 분할법인 등으로부터 승계받은 사업을 계속 하여야 한다(법 46조 2항 3호).

이는 적격분할의 대상을 경제적 실질상 기존 사업의 계속성 및 동일성이 유지되는 분할로 제한함으로써 폐지 대상 사업부문을 분할대상으로 삼음으로써 발생할 수 있는 조세회피행위를 방지하기 위한 규정이다.

분할신설법인 등이 분할등기일이 속하는 사업연도의 종료일 이전에 분할법인 등으로부터 승계한 자산 가액(유형자산, 무형자산 및 투자자산의 가액을 말한다)의 2분의 1 이상을 처분하거나 사업에 사용하지 아니하는 경우에는 승계받은 사업을 계속하지 아니하는 것으로 보되, 분할법인 등이 보유하던 분할합병의 상대방법인의 주식을 승계 받아 자기주식을 소각하는 경우에는 해당 분할합병의 상대방법인의 주식을 제외하고 분할법인 등으로부터 승계받은 자산을 기준으로 사업을 계속하는지 여부를 판정하며, 승계받은 자산이 분할합병의 상대방법인의 주식만 있는 경우에는 사업을 계속하는 것으로 본다(영 82조의2 9항, 80조의2 7항).

분할신설법인이 분할등기일이 속하는 사업연도의 종료일 전에 합병법인에 흡수합병되어 해산하였더라도, 분할신설법인이 분할법인으로부터 승계받은 사업을 합병법인이 다시 승계하여 분할등기일이 속하는 사업연도의 종료일까지 계속 영위한 경우에는 위 요건을 충족한 것으로 보아야 한다(판 2018. 10. 25, 2018두42184).

일곱째, 분할등기일 1개월 전 당시 분할 사업부문에 종사하는 대통령령으로 정하는 근로자 중 분할신설법인등이 승계한 근로자 비율이 100분의 80 이상이고, 분할등기일이 속하는 사업연도 종료일까지 그 비율을 유지할 것(법 46조 2항 4호)

위 요건이 충족되면 분할법인 등이 분할신설법인 등으로부터 받은 양도가액을 분할법인 등의 분할등기일 현재 순자산 장부가액으로 보아 양도손익이 없는 것으로 할 수 있다. 다만 대통령령으로 정하는 부득이한 사유가 있는 경우에는 위 다섯째 내지 일곱째 요건을 갖추지 못하여도 적격분할로 보아 대통령령으로 정하는 바에 따라 양도손익이 없는 것으로 할 수 있다(법 46조 2항 각 호 이외 부분 단서).

대통령령으로 정하는 부득이한 사유의 내용은 적격합병의 경우와 같으며(영 82조의2 1항), 신청절차 역시 합병에 있어서와 다르지 않다(영 82조 3항).

제46조 제 2 항에도 불구하고 부동산임대업을 주업으로 하는 사업부문 등 대통령령으로 정하는 사업부문을 분할하는 경우에는 적격분할로 보지 아니한다(동 3항).

(2) 분할신설법인 등에 대한 과세 — 분할매수차익에 대한 과세

(가) 일반원칙 — 비적격분할의 경우 분할법인 등이 그 자산을 분할이나 분할합병에 따라 분할신설법인 등에게 양도함으로써 발생한 양도손익을 계산함에 있어서 분할법인 등은 분할신설법인 등으로부터 받은 실제 양도가액에 양도한 것으로 보는 반면, 분할신설법인 등은 분할법인 등으로부터 그 자산을 분할등기일 현재의 시가로 양수한 것으로 본다(법 46조의2 1항).

분할신설법인 등이 분할로 취득한 자산을 다시 제 3 자에게 양도하는 경우 그 '시가'를 해당 자산의 취득가액으로 하여 양도차손익을 계산하며, 이 경우 '시가'와 실제의 양수가액 간의 차액을 과세상 반영할 필요가 있음은 합병의 경우와 같다(법 46조의2 2·3항; 영 82조의3 1 내지 3항, 80조의3 1·3항).

비적격분할의 경우에는 분할법인 등의 세무조정사항은 원칙적으로 분할신설법인 등에 승계되지 않는다(법 46조의2 1항 후단, 영 85조 1호). 양자 간에 기업으로서의 계속성이 인정되지 않고, 실질적으로 기업을 매각하여 차익을 실현한 것이므로 세무조정사항 승계를 허용하지 않는 것이다. 퇴직급여충당금 또는 대손충당금과 관련된 세무조정사항의 승계가 허용됨은 합병에 있어서와 같다(영 85조 2호).

(나) 적격분할 시 분할신설법인 등에 대한 과세특례

1) 과세특례 내용 적격분할을 한 경우 분할신설법인 등도 분할법인에 대응하여 분할법인 등의 자산을 시가가 아닌 장부가액으로 양수한 것으로 본다(법 46조의3 1항; 영 82조의4 1항).

그 의미 및 내용, 신청절차 등은 합병에 있어서와 같다(법 46조의3 1항 후단, 6항; 영 82조의4 10항).

적격분할의 요건을 충족함으로써 분할신설법인 등이 분할법인 등의 자산을 장부가액으로 양수한 것으로 보는 경우 분할신설법인 등은 분할법인 등의 분할하는 사업부문의 세무조정사항을 모두 승계한다(법 46조의3 2항; 영 85조 1호). 그 내용 역시 분할법인 등이 해산하는 경우에 관한 사항이 준용된다(법 46조의5 3항).

적격분할의 경우 분할신설법인 등은 분할법인 등이 분할 전에 적용받던 법 제59조에 따른 감면 또는 세액공제의 적용을 받을 수 있다. 이 경우 법 또는 다른 법률에 해당 감면 또는 세액공제의 요건 등에 관한 규정이 있으면 분할신설법인 등이 그 요건 등을 모두 갖춘 경우에만 이를 적용하며, 이월된 감면 세액공제가 특정 사업 자산과 관련된 경우에는 특정 사업 자산을 승계한 분할신설법인이 공제하되, 그 외의 이월된 감면 세액공제의 경우 분할법인 등의 사업용 자산가액 중 분할신설법인 등이 각각 승계한 사업용 자산 가액비율로 안분하여 계산된 금액을 분할신설법인 등이 공제한다(법 46조의3 2항, 46조의4 4항; 영 82조의4 2항). 그 구체적 방식은 적격합병의 경우에 대한 규정을 준용한다(영 83조 4항, 81조 3항).

2) 이연된 과세의 실행　분할등기일이 속하는 사업연도의 다음 사업연도 개시일부터 2년(같은 항 제 3 호의 경우에는 3년) 이내에, (ⅰ) 분할신설법인 등이 분할법인 등으로부터 승계받은 사업을 폐지하거나 (ⅱ) 분할법인 등의 주요 지배주주가 분할신설법인 등으로부터 받은 주식을 처분하는 경우 및 (ⅲ) 각 사업연도 종료일 현재 분할신설법인등에 종사하는 대통령령으로 정하는 근로자 수가 분할등기일 1개월 전 당시 분할하는 사업부문에 종사하는 근로자 수의 100분의 80 미만으로 하락하는 경우(분할합병의 경우에는 별도 단서규정 있음)에는 그 사유 발생일이 속하는 사업연도의 분할신설법인 등의 소득금액을 계산함에 있어 양도받은 자산의 장부가액과 법 제46조의2 제 1 항에 따른 시가와의 차액(시가가 장부가액 보다 큰 경우에만 해당), 즉 자산조정계정의 총합계액(정수인 경우에 한정)과 승계받은 결손금 중 공제한 금액 등을 익금 산입하고, 분할법인으로부터 승계받아 공제한 감면·세액공제액 등을 해당 사업연도 법인세에 더하여 납부한 후 해당 사업연도부터 감면 또는 세액공제를 적용하지 아니한다(법 46조의3 3항 본문; 영 82조의4 3·4·5·8항).

분할신설법인이 분할법인으로부터 지배목적으로 보유하는 주식과 그와 관련한 자산·부채로 구성된 사업부문을 적격분할의 요건을 갖추어 승계받은 경우, 사후관리를 위하여 승계받은 사업의 폐지 여부를 판단할 때 지배목적 보유 주식의 가액을 분할법인으로부터 승계한 고정자산가액에 포함시켜야 하고, 사업의 폐지 여부는 승계받은 사업 전체를 기준으로 판단하여야 한다(판 2017. 1. 25, 2016두51535).

사업폐지에 관한 그 밖의 사항(영 82조의4 7항, 80조의4 8항)과 과세이연 관련 '부득이한 사유'도 합병의 경우와 같다(법 46조의3 3항 단서; 영 82조의4 6항).

(3) 분할 시 이월결손금 등 공제제한

분할합병 상대방법인의 각 사업연도 과세표준을 계산함에 있어서, 분할합병 상대방법인의 분할등기일 현재 법인세법 제13조 제1항 제1호의 결손금 중 제46조의3 제2항에 따라 분할신설법인등이 승계한 결손금을 제외한 금액은 분할합병의 상대방법인의 소득금액에서 분할법인으로부터 승계받은 사업에서 발생한 소득금액(법 113조 4항 단서에 해당되어 회계를 구분하여 기록하지 아니한 경우에는 그 소득금액을 대통령령으로 정하는 자산가액 비율로 안분계산한 금액으로 함)을 차감한 금액의 100분의 80(중소기업과 회생계획을 이행 중인 기업 등 대통령령으로 정하는 법인의 경우는 100분의 100)의 범위에서만 공제한다(법 46조의4 1항, 5항 1호).

분할법인 등의 이월결손금에 관하여는 분할법인 등이 분할 또는 분할합병으로 해산하는 경우로서 적격분할의 요건을 충족하는 경우 분할신설법인 등은 분할법인 등의 이월결손금을 승계받을 수 있다(법 46조의3 2항, 영 83조 2항).

분할신설법인 등이 승계한 분할법인등의 이월결손금은 분할법인등으로부터 승계받은 사업에서 발생한 소득금액의 100분의 80(중소기업과 회생계획을 이행 중인 기업 등 대통령령으로 정하는 법인의 경우는 100분의 100)의 범위 내에서 공제할 수 있다(법 46조의4 2항, 5항 2호). 분할법인이 자산의 일부만을 분할신설법인등에게 이전하고 존속하는 경우 분할법인의 결손금 승계가 인정되지 않는다(법 46조의5 3항). 그 밖에 분할신설법인 등에 의한 자산처분손실 실현의 제한(법 46조의4 3항, 46조의5 3항), 감면 또는 세액공제의 승계 및 제한(법 46조의3 2항; 영 82조의4 2항), 기부금의 승계 및 제한(법 46조의4 6, 7항) 등의 내용도 합병의 경우와 같으므로 자세한 설명은 그곳으로 미룬다.

나. 분할 후 분할법인이 존속하는 경우의 과세특례

법인세법은 존속분할에 관하여 소멸분할과 별도의 규정을 두고 있으나 대부분 소멸분할에 관한 규정을 준용하고 있다. 먼저, 분할 후 존속하는 분할법인은 분할법인이 소멸하는 경우와 같이 원칙적으로 분할한 사업부문의 자산을 분할신설법인 등에 양도한 것으로 보아 발생하는 양도차익을 분할등기일이 속하는 사업연도의 소득금액을 계산할 때 익금 또는 손금에 산입한다(법 46조의5 1·2항).

이 경우 양도손익의 계산 방법, 포합주식의 처리 등에 관한 사항 역시 분할법인이 소멸하는 경우와 동일하다(법 46조의5 1항; 영 83조의2 1·2항, 83조의2 1항 2호 가목 단서).

분할법인이 존속하는 경우 분할신설법인 등에 대한 과세는 법 제46조의2, 제46조의3 및 제46조의4를 준용한다. 다만 분할법인의 이월결손금은 소멸분할과 달리 분할신설법인 등에게 승계되지 아니한다(법 46조의5 3항).

3. 물적분할

가. 개 념

물적분할은 분할법인이 분할신설법인이나 분할합병의 상대방법인("분할신설법인등")에게 독립된 사업부문에 속하는 재산을 이전하고 그 대가로 분할신설법인 등의 주식을 직접 취득하는 분할형태를 말한다. 분할법인이 분할신설법인의 100% 모회사가 되며, 분할대가를 분할법인이 직접 취득한다는 점에서 분할의 대가를 분할법인의 주주가 취득하는 일반적인 분할과 다르고, 오히려 현물출자와 유사하다. 후자의 일반적인 분할을 인적분할이라고 부르는 것에 비교하여 전자의 분할형태를 물적분할이라고 부른다. 인적분할의 경우 분할대가가 분할되는 법인의 주주에게 교부되는데 반하여 물적분할의 경우에는 분할대가가 분할법인에게 교부된다.

인적분할의 경우 분할법인의 주주가 분할대가인 분할신설법인 등의 주식 등을 취득함에 따라 분할신설법인을 직접 지배·보유하게 되는데 반하여 물적분할의 경우에는 분할법인이 분할신설법인을 지배·보유하게 되며, 분할법인의 주주는 분할법인을 통해 간접적으로 분할신설법인을 지배·보유한다.

분할은 통상 인적분할을 의미하며 예외적으로 상법은 분할법인이 분할신설법인의 주식총수를 취득하는 형태의 물적분할을 인정하고 있다.

인적분할의 경우 분할법인의 특정 사업부문의 자산과 부채가 포괄적으로 분할신설법인에 양도되므로 분할법인에 대하여 양도손익을 계산하고, 분할신설법인에 대해서는 분할매수차익에 대한 과세문제가 발생한다. 분할법인 주주는 분할대가(분할신설법인의 주식)를 지급받는 대신에 기존에 보유하던 분할법인 주식이 소멸하므로 기존 보유주식에 대하여 의제배당 과세문제가 발생한다.

이에 반하여 적격 물적분할의 경우에는 분할법인의 특정 사업부분 자산이 처분된 것으로 보아 처분손익을 계산한다. 분할신설법인에 대하여도 양수자산의 취득가액과 분할대가가 같아 분할매수차익이나 영업권 과세문제가 발생하지 않고, 분할법인 주주에 대하여도 기존 보유주식이 소멸하지 않아 의제배당 과세문제가 발생하지 않는다.

인적분할

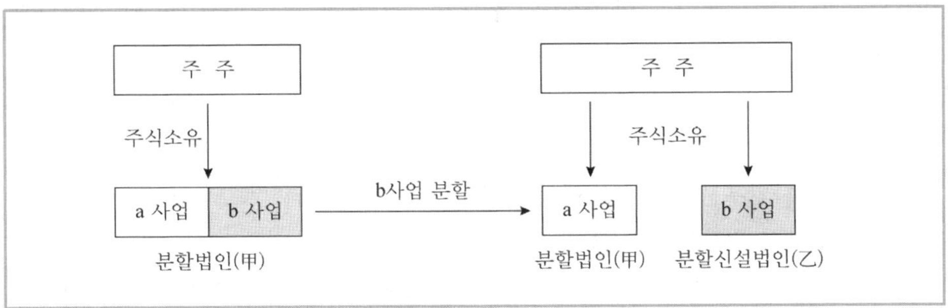

물적분할

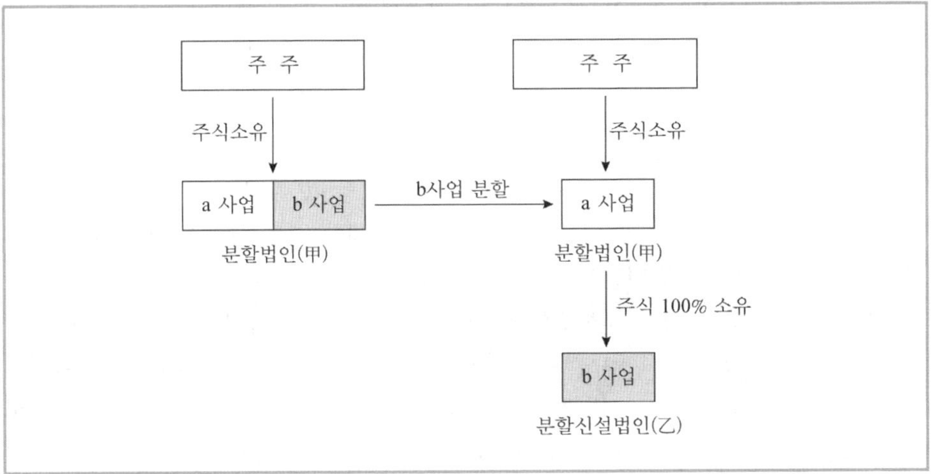

나. 분할법인에 대한 과세(적격물적분할)

분할법인이 물적분할에 의하여 분할신설법인의 주식등을 취득한 경우로서 제46조 제2항 및 제3항에 따른 적격분할의 요건(같은 조 제2항 제2호의 경우에는 분할대가의 전액이 주식등인 경우로 한정함)을 갖춘 경우 그 주식등의 가액 중 물적분할로 인하여 발생한 자산의 양도차익에 상당하는 금액은 대통령령으로 정하는 바에 따라 분할등기일이 속하는 사업연도의 소득금액을 계산할 때 손금에 산입할 수 있다. 다만 대통령령으로 정하는 부득이한 사유가 있는 경우에는 제46조 제2항 제2호·제3호 또는 제4호의 요건을 갖추지 못한 경우에도 자산의 양도차익에 상당하는 금액을 대통령령으로 정하는 바에 따라 손금에 산입할 수 있다(법 47조 1항).

위 규정은 회사가 기존 사업의 일부를 별도의 완전 자회사로 분리하더라도 지분관계를 비롯하여 기업의 실질적 이해관계의 변동이 없으면 과세의 계기로 삼지 않음으로써 회사분할을 통한 기업구조조정을 지원하기 위한 취지에서 마련된 것이다(판 2018. 6. 28, 2016두40986).

위 각호의 요건 중 '분리하여 사업 가능한 독립된 사업부문'이라는 요건(법 46조 2항 1호 가목)은 기능적 관점에서 분할 이후 기존의 사업활동을 독립하여 영위할 수 있는 사업부문이 분할되어야 함을 뜻한다. 독립적으로 사업이 가능하다면 단일 사업부문의 일부를 분할하는 것도 가능하다.

'분할하는 사업부문의 자산 및 부채가 포괄적으로 승계될 것'이라는 요건(같은 호 나목)은 위 독립된 사업부문 요건을 보완하는 것으로서, 해당 사업 활동에 필요한 자산·부채가 분할신설법인에 한꺼번에 이전되어야 함을 뜻한다.

'승계받은 사업을 계속 영위할 것'이라는 요건(같은 항 3호)은 분할 전후 사업의 실질적 동일성이 유지되도록 하기 위한 것으로서, 분할등기일이 속하는 사업연도 종료일 전에 승계한 자산가액의 2분의 1 이상을 처분하거나 승계한 사업에 직접 사용하지 않으면 사업의 폐지와 같이 보는 것이다(영 82조의2 9항, 80조의2 7항). 처분 또는 직접 사용의 여부는 입법 취지와 해당 사업 내용을 고려하여 실제의 사용관계를 기준으로 객관적으로 판단하여야 한다(위 2016두40986 판결).[1]

적격 물적분할의 경우 분할법인은 제 1 항에 따라 양도차익에 상당하는 금액을 손금에 산입한 경우 분할법인이 각 사업연도의 소득금액 및 과세표준을 계산할 때 익금 또는 손금에 산입하거나 산입하지 아니한 금액, 그 밖의 자산·부채 및 제59조에 따른 감면·세액공제 등을 대통령령으로 정하는 바에 따라 분할신설법인에 승계한다(법 47조 4항).

위와 같이 승계한 분할법인의 감면·세액공제는 분할법인으로부터 승계받은 사업에서 발생한 소득금액 또는 이에 해당하는 법인세액의 범위에서 대통령령으로 정하는 바에 따라 이를 적용한다(법 47조 5항).

다. 이연된 과세의 실행

분할법인이 과세이연의 특례를 적용받은 후 (i) 분할신설법인으로부터 받은 주식등을 처분하거나, (ii) 분할신설법인이 분할법인으로부터 승계받은 대통령령으로 정하는 자산을 처분한 때에는 당초 손금에 산입한 양도차익은 위 사유에 따른

1) 관련 논의는, 양인준·박 훈, "세법상 물적분할의 적격요건에 관한 연구", 조세법연구 20-2, 319면. 황남석, "적격물적분할의 포괄승계요건", 조세법연구 19-3, 255면 등.

주식 및 자산의 처분비율을 고려하여 대통령령으로 정하는 금액만큼 익금에 산입하되, (iii) 분할등기일부터 3년의 범위에서 대통령령으로 정하는 기간 이내에 1. 분할신설법인이 분할법인으로부터 승계받은 사업을 폐지하거나, 2. 분할법인이 분할신설법인의 발행주식총수 또는 출자총액의 50/100 미만으로 주식등을 보유하게 되는 경우, 3. 각 사업연도 종료일 현재 분할신설법인에 종사하는 대통령령으로 정하는 근로자 수가 분할등기일 1개월 전 당시 분할하는 사업부문에 종사하는 근로자 수의 100분의 80 미만으로 하락하는 경우에는, 당초 손금에 산입한 양도차익 중 위 (ⅰ) 및 (ⅱ)의 사유에 따라 익금에 산입한 금액을 제외한 나머지 금액을 사유 발생일이 속하는 사업연도에 익금에 산입한다(법 47조 2항·3항; 영 84조 6항). 다만 부득이한 사유가 있는 경우에는 위 각 호의 사유가 발생하더라도 그러하지 아니하다(법 47조 2항·3항 단서).

물적분할의 경우 분할법인 양도차익에 대한 과세이연을 양도가액 조정이 아닌 양도대가인 분할신설법인 주식에 대한 압축기장충당금을 설정하여 손금산입하는 방식으로 하고, 이에 대응하여 분할신설법인이 분할법인으로부터 승계한 자산 또한 시가로 승계한 것으로 하되, 위에서 본 사후 관리요건에 해당하는 사유가 발생하는 경우 분할법인에 대하여 각 사유 유형에 따라 분할신설법인 주식에 대해 설정한 압축기장충당금을 일부 또는 전부 환입하도록 하여 당초 부여된 과세혜택을 박탈하고 있다. 인적분할의 경우에는 사후관리요건 중 분할신설법인의 주식 보유요건과 분할신설법인 승계재산의 사업 사용요건 모두 일정한 기간제한을 두고 있으나, 물적분할의 경우에는 분할신설법인 승계자산의 사업사용 요건에 대해서만 기간제한을 둘 뿐 주식 보유요건에 대해서는 기간제한을 두고 있지 않다.

물적분할의 경우 분할 후 분할법인이 존속하는데, 법은 사후관리규정 위배에 따른 과세를 분할법인에 대해서만 하도록 하고 분할신설법인에 대해서는 아무런 규정을 두지 않고 않다.

(iii)의 2.의 지배주주 등의 주식보유요건과 관련하여 합병 및 인적분할과 달리 지분율을 기준으로 한 것은, 합병 등과 같이 지배주주 등이 합병 등을 통해 취득한 주식만을 규제대상으로 한다면 양도대상 사업부를 물적분할한 후 타인으로 하여금 분할신설법인에 거액의 증자에 참여하도록 하는 우회적 방법을 통해 자산양도차익에 대한 법인세 과세 회피가 가능해지므로 이를 방지하기 위한 것이다.

법 제47조 제2항을 적용함에 있어 '부득이한 사유'는 분할신설법인이 적격합병되거나 적격분할하는 등 대통령령에서 정하는 사유이며(법 47조 2항 단서), 위 제

제 3 항을 적용함에 있어 '부득이한 사유'는 적격합병의 규정을 준용한다(영 84조 12항). 승계한 사업의 계속 여부, 폐지의 판정과 적용에 관하여도 적격합병 요건인 '사업의 계속'에 관한 기준(영 80조의2 7항)이나 과세이연 혜택의 상실사유인 '사업의 폐지'에 관한 기준(영 80조의4 8항)을 그대로 준용한다(영 84조 17항).

법은 삼각분할합병과 삼각주식교환에 관한 규정을 별도로 두고 있다(상법 530조의6 4항, 360조의3 6항).

삼각분할합병은 인수대상기업의 특정 사업부분만을 떼어내 자회사와 분할합병할 때, 합병대가로 분할합병의 당사자인 자회사의 주식 대신 보다 가치 있는 모회사의 주식을 상대방 대상회사의 주주에게 교부하는 제도로서, 모회사가 자회사를 활용하여 인수대상기업의 원하는 사업부분만 인수할 수 있으므로 다양한 전략적 구조에 따른 기업의 인수·합병이 가능해진다는 장점이 있다.

삼각주식교환은 자회사가 인수대상기업을 완전 자회사(모회사의 입장에서 완전손회사)로 삼는 포괄적 주식교환을 하는 경우, 인수대상기업의 주주에게 인수의 당사자인 자회사의 주식 대신 보다 가치 있는 모회사 주식을 교부하는 제도로서, 인수대상기업이 계속 존속하므로 인수대상기업의 특허권, 지식재산권, 상호권, 전속계약권 등을 그대로 활용 가능하다는 장점이 있다.

4. 현물출자에 의한 자회사의 설립

가. 개 요

법인이 물적분할 방식을 따르지 않고 현물출자에 의해 자회사를 설립하는 경우 또는 기존 법인에 현물출자를 함으로써 출자법인이 피출자법인 주식의 대부분을 소유하게 되는 경우에도 사실상 물적분할과 동일한 분산효과를 도모할 수 있다. 다만 이 경우에는 채권자의 동의 등 개별적 재산이전절차가 필요하고 분할회사의 연대책임 등이 적용되지 않는 점이 다르다. 이와 같이 법인이 현금이 아닌 자산을 현물출자하여 다른 법인을 설립하거나 자산을 기존 법인에 현물출자하는 경우(이하 합하여 "현물출자"라고 한다) 그 현물출자는 자산의 양도에 해당하므로 출자법인은 원칙적으로 양도차익에 대하여 법인세를 부담하여야 한다. 그런데, 이와 같은 조세부담은 기업환경의 변화에 따른 구조조정을 어렵게 하여 기업의 경쟁력을 약화시킬 수 있으므로 조세가 기업구조조정의 장애물로 작용하지 않도록 법인에 의한 사업용 자산 및 주식의 현물출자에 대해 과세를 이연하는 제도를 둘 필요성이 있다.

종래 조세특례제한법에 일정한 요건을 갖추어 현물출자에 의한 자회사를 설립하는 경우 현물출자 자산의 양도차익 과세를 이연하는 한시적 규정을 두었는데(같은 법 38조), 2008. 12. 26. 법 개정 시 법인세법에 같은 취지 규정을 신설하면서 그 규정을 폐지하였다. 그 후 2009. 12. 31. 법인세법 개정 시 다양한 방식의 기업 구조조정을 지원하기 위해 과세이연이 허용되는 현물출자 자산의 범위를 종전 주식 및 사업용 유형고정자산에서 모든 자산으로 확대하고, 이미 설립된 법인이 현물출자 방식으로 증자하는 경우에도 출자자가 피출자법인 지분의 100분의 80 이상을 소유하면 과세이연을 허용하는 한편, 적격현물출자 요건을 갖추어 과세이연을 받은 후 일정 기간 내 과세이연 특례상실 사유가 발생하면, 현물출자를 받은 자회사에 대해 자산의 장부가액과 시가 차액을 익금산입하여 이연된 과세를 실행하는 내용으로 규정을 개정하였다. 미국이나 일본도 현물출자자가 현물출자 후 출자대상 회사를 사실상 지배하는 지위에 있으면, 사업의 계속성을 인정하여 현물출자 자산이 무엇이든, 그리고 현물출자로 법인을 신설하든 아니면 기존법인에 현물출자를 하든, 나아가 현물출자자가 개인인지 법인인지 등을 가리지 않고 현물출자로부터 양도차익이 실현되지 않는 것으로 보아 과세를 이연하는 제도를 두고 있다.

현물출자에 의한 자회사의 설립 등

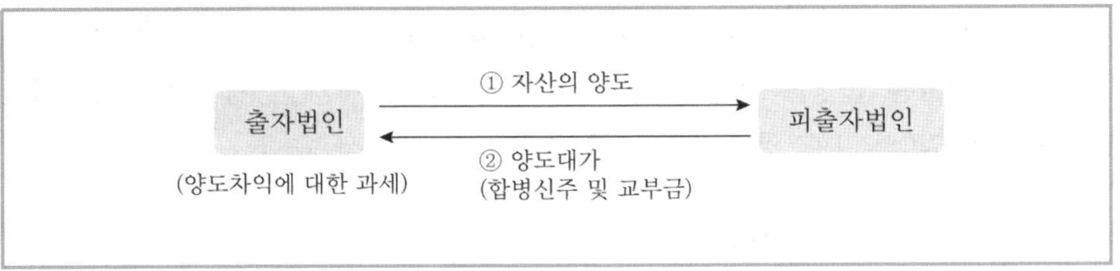

나. 적격 현물출자에 대한 과세특례

다음 요건을 갖춘 경우 양도차익에 대한 과세이연 등 특례가 적용된다.

첫째, 현물출자를 하는 법인("출자법인")은 내국법인이어야 하고, 현물출자일 현재 5년 이상 사업을 계속한 법인이어야 한다(법 47조의2 1항 1호). 사실상 동일한 경제적 기능을 갖는 물적분할의 과세특례 요건과 동일하게 규정한 것이다.

둘째, 현물출자를 받는 내국법인("피출자법인")이 현물출자일이 속하는 사업연도 종료일까지 출자법인이 현물출자한 자산으로 영위하던 사업을 계속하여야 한다

(법 47조의2 1항 2호). 피출자법인이 사업연도 종료일 이전에 출자법인으로부터 승계한 사업용 자산의 1/2 이상을 처분하거나 해당 자산을 승계사업에 직접 사용하지 않으면 요건을 충족하지 못한다(영 84조의2 14항, 80조의2 7항, 80조의4 8항).

셋째, 다른 내국인 또는 외국인과 공동으로 출자하는 경우 공동으로 출자한 자가 출자법인의 특수관계인이 아니어야 한다(법 47조의2 1항 3호).

인적분할이나 물적분할의 경우와 달리 현물출자는 피출자법인에 대한 출자를 출자법인뿐 아니라 특수관계인이 아닌 제 3 자에 대하여도 허용하고 있다.

넷째, 출자법인(3호에 따라 출자법인과 공동으로 출자한 자 포함)이 현물출자일 다음 날 현재 피출자법인의 발행주식총수 또는 출자총액의 80/100 이상의 주식 등을 보유하고, 현물출자일이 속하는 사업연도 종료일까지 그 주식등을 보유하여야 한다(법 47조의2 1항 4호). 다만 피출자법인이 현물출자일이 속하는 사업연도 종료일까지 출자법인이 현물출자한 자산으로 영위하던 사업을 계속하지 못하거나, 출자법인이 현물출자일이 속하는 사업연도 종료일까지 피출자법인 주식 등을 보유하지 못한 데 부득이한 사유가 있는 경우에는 위 둘째와 넷째 요건을 갖추지 못하여도 자산의 양도차익 상당액을 손금에 산입할 수 있다(법 47조의2 1항 단서).

위 각 요건을 충족하는 경우 출자법인은 피출자법인으로부터 취득한 주식의 가액 중 현물출자로 인하여 발생한 자산의 양도차익에 상당하는 금액을 현물출자일이 속하는 사업연도의 소득금액을 계산할 때 손금에 산입할 수 있고, 이 경우 손금에 산입하는 금액은 현물출자로 취득한 주식의 압축기장충당금으로 계상하여야 한다(법 47조의2 1항; 영 84조의2 1·2항).

다. 이연된 과세의 실행

출자법인은 적격 현물출자에 따라 양도차익 상당액을 손금산입한 경우로서, (i) 출자법인이 피출자법인으로부터 받은 주식 등을 처분하거나, (ii) 피출자법인이 출자법인으로부터 승계받은 대통령령으로 정하는 자산을 처분하는 경우에는, 손금 산입한 양도차익 중 해당 주식 등과 자산의 처분비율을 고려하여 대통령령으로 정하는 금액을 익금산입하되(법 47조의2 2항 본문), (iii) 현물출자일부터 3년 이내 범위에서 대통령령으로 정하는 기간 이내에, 1. 피출자법인이 출자법인이 현물출자한 자산으로 영위하던 사업을 폐지하거나, 2. 출자법인이 피출자법인의 발행주식총수 또는 출자총액의 50/100 미만으로 주식 등을 보유하게 되는 경우, 출자법인은 그 사유가 발생일이 속하는 사업연도 소득금액을 계산함에 있어서 당초 손금산입한 양도차익 중 일부 자산 및 주식의 양도로 익금산입한 금액을 차감한 잔액 전체를 익금산입하여야 한다(법 47조의2 3항 본문; 영 84조의2 12항, 영 80조의4 8항).

법이 정한 부득이한 사유가 있는 경우 이연된 과세를 실행하지 않는 것은 적격 물적분할에 있어서와 같다(법 47조의2 2·3항; 영 84조의2 5항).

제 4 절 기업의 구조조정에 관한 기타 특례규정

1. 총 론

법인세법은 기업 구조조정 지원을 위해 사업용 자산의 교환에 관한 과세특례 규정(법 50조)을 두고 있고, 조세특례제한법에 주식의 포괄적 교환·이전에 관한 과세특례규정(조특법 38조) 및 주식의 현물출자 또는 교환·이전에 의한 지주회사 설립 등에 대한 과세특례 규정(조특법 38조의2) 등을 두고 있다. 이 중 조특법에 관한 부분은 앞에서 설명하였으므로 여기에서는 나머지 규정들에 관하여 살펴본다.

2. 교환으로 인한 자산양도차익 상당액의 손금산입

가. 개 요

법인은 급변하는 기업환경에 효과적으로 대응하기 위하여 기업의 조직, 운영 형태 등 기업구조 자체를 재편하는 방법 이외에 법인의 주요 자산을 다른 법인과 교환하여 실질적으로 기업구조를 바꾸는 것이 가능하다. 그런데, 다른 법인과 자산을 교환하는 거래는 법인세법상 양도에 해당하므로 그로 인하여 발생하는 양도차익에 대하여 법인세가 과세된다. 이러한 교환거래는 실질적으로 이익이 실현된 것이 아님에도 기업에 세금이 부과되면 계속기업의 생산기반이 축소되고 기업의 구조조정에 장애요소로 작용하게 된다. 이에 따라 법인세법은 기업의 구조조정을 위한 자산교환의 경우 조세가 장애요소로 작용하지 않도록 일정한 요건 아래 자산양도차익에 대한 과세이연제도를 마련하고 있다.

나. 양도차익 상당액의 과세이연 요건

자산교환에 따른 양도차익에 대한 과세이연을 위해서는 다음 요건이 필요하다.

첫째, 교환당사법인은 조특법 시행령 제29조 제3항 및 제60조 제1항 제1호부터 제3호까지의 규정에 해당하는 사업('소비성서비스업·부동산업')을 제외한 사업을 영위하는 내국법인이어야 한다(법 50조 1항; 영 86조 1항; 조특령 60조의2).

위 요건에서 제외되는 소비성서비스업·부동산업이라 함은 소비성서비스업(호텔업 및 여관업, 주점업 등)과 조특법 제60조 제1항에 따른 사업을 말한다.

교환법인 사이에는 특수관계가 없어야 한다. 이는 양 법인 사이뿐 아니라, 3 이상 법인이 하나의 교환계약에 의해 각 법인의 자산을 교환하는 경우에도 적용되므로 이 경우 모든 교환당사법인들 사이에서 특수관계가 없어야 한다(영 86조 3항).

둘째, 과세이연 적용대상 자산은 소비성서비스업·부동산업을 제외한 사업을 영위하는 내국법인이 2년 이상 사업에 직접 사용하던 사업용 자산으로서 토지, 건축물, 조특법 제24조 제1항 제1호에 따른 공제대상 자산과 그 밖에 기획재정부령으로 정하는 자산이어야 한다(영 86조 2항).

교환대상자산은 교환당사법인 모두 2년 이상 당해 사업에 사용한 것이어야 한다. 사용기간은 교환자산별로 판단하고, 기산점은 사업에 실제로 사용한 날이다.

마지막으로, 교환당사법인은 교환취득자산을 교환일이 속하는 사업연도 종료일까지 당해 법인의 사업에 사용하여야 한다(법 50조 2항).

이 경우 교환 상대방법인이 교환으로 취득한 자산을 사업연도 종료일까지 당해 법인의 사업에 사용하지 않을 경우 다른 상대방법인도 과세이연이 배제되는지 여부에 관하여 명시적 규정이 없으나, 교환당사법인 개별로 그 적용여부를 판단하여야 할 것이다.

다. 과세특례의 내용

과세이연 요건을 충족하는 경우 교환당사법인은 교환으로 인한 자산양도차익에 대하여 과세를 이연받을 수 있다. 그 구체적인 방법은 교환대상자산의 양도차액에 상당하는 금액을 교환일이 속하는 사업연도의 소득금액을 계산할 때 손금에 산입하고, 손금에 산입하는 금액을 교환으로 취득한 개별자산별로 구분하여 토지의 경우는 압축기장충당금으로, 감가상각대상 자산의 경우는 일시상각충당금으로 계상한다(영 86조 5항, 64조 3 내지 5항).

위 규정에 따라 손금에 산입된 압축기장충당금은 당해 자산을 처분하는 사업연도에 익금에 산입하며, 일시상각충당금은 취득가액 중 당해 일시상각충당금에 상당하는 부분에 대한 감가상각비와 상계하는 방법으로 감가상각하다가, 최종적으로 당해 자산을 처분하는 사업연도에 그 잔액을 익금에 산입한다. 이 경우 손금산입 대상이 되는 양도차익은 양도가액에 해당하는 '교환취득자산의 시가'에서 취득가액인 교환으로 양도하는 '사업용 자산'의 장부가액을 차감한 금액을 말한다. 교환대상 자산의 가액 차이를 조정하기 위하여 현금을 지급한 경우에는 교환취득자산의 시가에 그 금액을 가감한다. 다만 이와 같이 계산한 양도차익이 사업용 자산의 시가에서 장부가액을 차감한 금액을 초과하는 경우에는 그 초과 금액은 제외한다(영 86조 4항).

이와 같이 과세이연 대상금액을 산정함에 있어 현금수령액을 차감하는 것은 그 액수만큼은 실제로 양도차익이 실현되었다고 보아 이를 과세이연 대상금액에서 제외하는 것이고, 사업용 자산의 시가에서 장부가액을 차감한 금액을 손금산입 대상 금액의 한도로 정한 것은 정상거래에서 얻을 수 있는 교환대상 자산의 양도차익을 초과하여 과세이연 혜택을 부여할 수 없다는 취지를 밝힌 것이다.

3. 주식의 현물출자 등에 의한 지주회사 설립 등에 대한 과세특례

가. 지주회사의 설립 및 전환에 따른 과세문제

「독점규제 및 공정거래에 관한 법률」(이하 '공정거래법'이라고 한다)상 기업집단의 효율적 운영과 자금조달 등을 위해 주식의 소유를 통하여 국내회사의 사업내용을 지배하는 것을 주된 사업으로 하는 지주회사의 설립을 허용하고 있다.

공정거래법상으로는 지주회사의 요건으로 자산총액의 규모, 자산총액 중 보유한 자회사의 주식가액 합계액의 비율 등 일정한 요건을 구비하도록 하고 있으나(공정거래법 2조 7호; 동 시행령 3조 1·2항), 자회사 주식 전부가 아닌 일정비율 이상만 소유하여도 지주회사로 인정하고 있다(공정거래법 18조 2항 2호).

지주회사를 설립하거나 기존회사를 지주회사로 전환하기 위해서는 여러 가지 형태의 자산 또는 자본거래가 단독 또는 복합적으로 이용될 수 있고 각각의 거래에 따라 다양한 형태의 과세문제가 발생할 수 있다.

조세특례제한법 제38조의2에서는 지주회사를 설립하거나 기존회사를 지주회사로 전환하는 여러 가지 방법 중 2026. 12. 31.까지 내국법인의 내국인 주주가 주식의 현물출자를 통해 공정거래법에 따른 지주회사(금융지주회사법에 따른 금융지주회사를 포함한다)를 새로 설립하거나 기존의 내국법인을 지주회사로 전환하는 경우(조특법 38조의2 1항)와 내국법인의 내국인 주주가 현물출자 또는 분할에 의하여 지주회사로 전환한 내국법인(전환지주회사)에 일정한 요건을 갖추어 주식을 현물출자하거나 그 전환지주회사의 자기주식과 교환하는 경우(같은 조 2항)에 한하여 일정한 요건을 갖출 경우 양도차익에 대한 과세를 이연받을 수 있도록 하고 있다.

위 규정은 기업구조조정 방안으로 현물출자를 통한 지주회사의 설립·전환 등을 함에 있어 조세가 장애요인으로 작용하지 않도록 하기 위한 한시적 과세유예조치이다. 다른 형태의 기업구조조정과 관련한 과세이연특례는 자산의 양도로 인한 양도차익에 대한 과세특례 대상을 제한하고 있지 않은 것에 비하여 지주회사의 설립·전환의 경우에는 내국법인의 '내국인 주주'로 한정하고 있다는 점이 다르다.

나. 지주회사의 설립과 지주회사로의 전환 등에 대한 과세특례

(1) 주식의 현물출자에 의한 지주회사의 신설과 기존 내국법인의 지주회사로의 전환에 대한 과세특례

㈎ 요 건 주식의 현물출자는 소득세법이나 법인세법상 양도에 해당하므로 그로부터 발생하는 양도차익은 원칙적으로 과세대상이다. 그런데 내국법인의 내국인 주주가 2023년 12월 31일까지 보유중인 주식을 현물출자하여 공정거래법상의 지주회사(금융지주회사법상의 금융지주회사 포함)를 새로 설립하거나 기존의 내국법인을 지주회사로 전환하는 경우 그 현물출자로부터 발생하는 양도차익에 대하여 과세이연의 혜택이 주어지고 있다. 그 과세이연의 혜택을 받기 위해서는, (i) 지주회사 및 현물출자를 한 주요 지배주주 등이 현물출자로 취득한 주식을 현물출자일이 속하는 사업연도의 종료일까지 보유하여야 하고, (ii) 현물출자로 인하여 지주회사의 자회사가 된 내국법인이 현물출자일이 속하는 사업연도의 종료일까지 사업을 계속하여야 한다. 자회사의 사업의 계속 여부는 과세이연특례의 적용을 받는 적격합병 요건의 기준과 동일하다(조특령 35조의3 5항).

부득이한 사유로 지주회사나 현물출자를 한 주요 지배주주 등이 현물출자로 취득한 주식을 처분하거나 지주회사의 자회사가 사업을 계속할 수 없는 경우 주식을 계속 보유하거나 사업을 계속하는 것으로 인정된다. 부득이한 사유의 의미 역시 적격합병에 관한 규정이 준용된다(조특법 38조의2 5항, 조특령 35조의3 13항).

㈏ 과세특례의 내용 지주회사의 설립 또는 지주회사로의 전환을 위한 현물출자가 위와 같은 요건을 충족하는 경우 과세특례를 적용받을 수 있는 현물출자자는 내국법인의 주주로서, 소득세법에 따른 거주자 및 법인세법에 따른 내국법인에 한정된다(조특법 2조 1호).

현물출자자가 법인인 경우와 개인인 경우 과세특례를 부여하는 방법에 다소 차이가 있으나, 전체적인 내용은 주식의 포괄적 교환·이전에서 완전자회사의 주주에 대한 과세이연 방법과 동일하다(조특령 35의3, 35조의4).

㈐ **이연된 과세의 실행** 현물출자 등을 한 날이 속하는 사업연도의 다음 사업연도 개시일부터 2년 이내에, (ⅰ) 신설되거나 전환된 지주회사가 지주회사에 해당하지 않게 되거나, (ⅱ) 전환지주회사가 지주회사로 전환한 날의 다음 날부터 2년이 되는 날까지 지분비율미달자회사의 주식을 공정거래법 제18조 제2항 제2호 각 목 외의 부분 본문에서 정한 비율 미만으로 소유하거나, (ⅲ) 자회사가 사업을 폐지하거나,

(ⅳ) 지주회사나 현물출자를 한 주요 지배주주 등이 현물출자로 취득한 주식을 처분하는 경우 등에는, 현물출자를 받은 지주회사는 그 사유가 발생한 사업연도의 소득금액을 계산함에 있어 자산조정계정의 잔액을 익금에 산입하는 방법으로 이연된 과세를 실행한다(조특법 38조의2 3항, 조특령 35조의3 8항). 사업의 폐지에 관한 구체적인 내용은 적격합병에 관한 규정이 준용된다(조특법 38조의2 3항, 조특령 35조의3 5항).

과세특례 상실사유가 발생하더라도, 과세를 이연받은 세액은 거주자 등이 현물출자로 취득한 전환지주회사의 주식을 양도할 때 과세하게 된다.

(2) 전환지주회사의 자회사 주식을 전환지주회사에 현물출자하거나 전환지주회사의 자기주식과 교환하는 경우의 과세특례

내국법인의 내국인 주주가 주식의 현물출자에 의해 또는 일정한 요건을 갖춘 적격분할에 의해 지주회사로 전환한 회사('전환지주회사')에 2026. 12. 31.까지 주식을 현물출자하거나 전환지주회사의 자기주식과 교환함으로써 발생하는 양도차익에 대해서도 주식의 현물출자에 의한 지주회사의 신설 등의 경우와 같게 법인세 또는 양도소득세 과세이연의 혜택이 있다(조특법 38조의2 2항).

이연된 과세의 실행은 조특법 제38조의2 제3항, 시행령 제35조의3 제3·6·7·10항 참조.

제 5 절 법인의 청산에 대한 과세

1. 총 설

법인은, ① 존립기간의 만료 그 밖의 정관으로 정한 사유의 발생, ② 합명, 합자회사에서는 총사원의 동의, 주식회사에서는 주주총회의 특별결의, 그리고 유한회사에서는 사원총회의 특별결의, ③ 사원이 1인으로 된 때(주식회사 및 유한회사의 경우는 예외), ④ 합병, ⑤ 파산, ⑥ 법원의 명령 및 판결, ⑦ 회사의 분할 및 분할합병에 의하여 해산한다(상법 227조, 269조, 517조 및 609조 1항). 해산사유가 발생하면 회사는 청산절차에 들어간다. 다만 합병과 분할 및 분할합병의 경우에는 회사가 절대적으로 소멸하는 것이 아니고 그 실체가 합병회사(존속회사, 신설회사), 분할신설회사, 분할합병회사 등에 승계되기 때문에, 그리고 파산의 경우에는 채무자회생법의 규정에 따라야 하기 때문에 각기 상법상의 청산절차는 밟지 않는다. 그러나 법인세법은 해산사유에 의한 법인격소멸을 계기로 '청산소득'에 대한 과세를 규정하고 있으므로 상법상의 청산절차가 청산소득과세의 요건은 아니다.

회사는 해산과 함께 모든 대내적·대외적 법률관계를 종국적으로 정리하게 된다. 이와 같은 종국적 정리가 청산이다. 그 내용은 현존사무의 종결, 채권의 추심과 채무의 변제, 재산의 환가처분, 그리고 남은 재산(잔여재산)의 분배 순으로 이루어진다. 이와 같은 청산사무가 완료되면 청산이 종결되고 법인은 소멸한다.

청산절차에서는 채권·채무가 종결되고 재산의 환가가 이루어지기 때문에 소득이 발생할 수 있다. 특히 재산의 환가를 통하여 그 동안 미실현 상태로 있던 이익이 실현됨으로써 자본이득이 발생하게 된다. 청산소득을 과세하는 주된 의의는 이 자본이득의 과세에 있다.

합병이나 분할의 경우에는 피합병법인이나 분할법인의 채권·채무는 합병법인이나 분할신설법인에 의하여 승계되나 경제적으로는 환가처분과 유사한 절차가 진행되므로 청산절차는 없지만 청산소득이 과세된다. 법인이 완전히 청산하는 해산에 있어서는 보유자산의 가치증가익을 빠짐없이 청산소득으로 과세하는데 반하여 합병 또는 분할에 있어서는 법인이 실질적으로 존속하므로 일정한 요건 아래 보유자산을 장부가액으로 인수하도록 하여 해당 법인이 실현한 소득만을 청산소득에 대한 법인세 과세대상으로 삼고 있다.

합병 및 분할 등과 관련된 청산소득은 각 해당부분에서 살펴보았으므로 이곳에서는 해산에 따른 청산소득에 대한 과세문제만을 살펴보기로 한다.

회사가 조직변경으로 다른 종류 회사로 바뀌는 경우 법인격 동일성이 유지되기 때문에 청산소득에 대한 과세는 없다. 법은 그에 해당하는 경우로서, 1. 상법에 따라 조직변경하는 경우, 2. 특별법에 의하여 설립된 법인이 해당 특별법의 개정 또는 폐지로 인하여 상법상의 회사로 조직변경하는 경우, 3. 그 밖의 법률에 의하여 내국법인이 조직변경하는 경우로서 대통령령으로 정하는 경우를 들고 있고(법 78조), 시행령은 3 호에 해당하는 경우로, 1. 변호사법에 의하여 법무법인이 법무법인(유한)으로 조직변경하는 경우, 2. 관세사법에 따라 관세법인이 관세법인(유한)으로 조직변경하는 경우, 3. 변리사법에 따라 특허법인이 특허법인(유한)으로 조직변경하는 경우, 4. 협동조합기본법 제60조의2 제 1 항에 따라 법인 등이 협동조합으로 조직변경하는 경우, 5. 지방공기업법에 따라 지방공사가 지방공단으로 조직변경하거나 지방공단이 지방공사로 조직변경하는 경우를 규정하고 있다(영 121조).

2. 해산에 의한 청산소득금액의 계산

내국법인이 해산(합병이나 분할에 의한 해산은 제외한다)한 경우, 그 청산소득금액은 그 법인의 해산에 의한 잔여재산의 가액에서 해산등기일 현재의 자본금 또는 출자금과 잉여금의 합계액(자기자본의 총액)을 공제한 금액이다(법 79조 1항).

이는 내국법인이 사업연도중에 해산한 경우에는 그 사업연도 개시일부터 해산등기일(파산으로 인하여 해산한 경우에는 파산등기일, 법인으로 보는 단체의 경우에는 해산일)까지의 기간과 해산등기일의 다음 날부터 그 사업연도 종료일까지의 기간을 각각 1사업연도로 보므로(법 8조 1항), 사업연도소득과 청산소득을 구분함을 전제로 청산소득을 해산등기일 현재를 기준으로 산정하도록 한 것이다.[1)]

'납입자본금'이란 사실상 납입된 주금과 자본전입된 잉여금을 합친 것이며, 세무조정계산상 납입이 없는 것으로 보는 금액은 포함하지 않는다. 이는 해산등기일 현재의 대차대조표에 계상된 자본금 중 사실상 납입된 금액을 뜻하고, 그에 대하여 다시 물가상승률을 감안하여 조정계산할 것이 아니다(판 92. 11. 10, 91누12714).

'잔여재산의 가액'이란 해산등기일 현재 자산총액에서 부채총액을 공제한 금액이

1) 관련 논의는, 성용운, "청산소득 과세제도에 관한 연구", 조세법연구 18-3, 327면. 미국이나 일본은 양자를 모두 사업연도 소득으로 과세한다.

다(영 122조 1항). 자산총액은 시가에 의하는데 이는 해산의 경우 더 이상 미실현소득에 대한 과세를 유예할 필요가 없기 때문이다. 추심할 채권과 환가처분할 자산은 추심 또는 환가한 날 현재의 금액, 추심 또는 환가처분 전에 분배한 경우에는 분배한 날 현재의 시가에 의하며(영 122조 2항), 장부가액에 의하지 아니한다.

해산법인이 해산 등기일 현재 이월결손금이 있는 경우 그 이월결손금은 그날 현재의 그 법인의 자기자본의 총액에서 그에 상당하는 금액과 상계하여야 한다. 다만 상계하는 이월결손금 금액은 자기자본 총액 중 잉여금 금액을 초과하지 못하며, 초과하는 이월결손금이 있는 경우 이를 없는 것으로 보되(법 79조 4항), 해산등기일 전 2년 이내에 자본금 또는 출자금에 전입한 잉여금이 있는 경우에는 해당 금액을 자본금 또는 출자금에 전입하지 아니한 것으로 본다(동 5항). 여기의 이월결손금은 시행령 제16조 제 1 항의 규정에 따른 이월결손금을 말하되, 자기자본 총액에서 상계되었거나 상계된 것으로 보는 이월결손금을 제외한다(영 122조 3항). 그 취지는 청산시점에서 각 사업연도에 공제되지 않은 미공제 이월결손금만큼 자기자본이 더 계상되어 있으므로 이를 차감함으로써 청산소득에 합산과세되도록 한 것이다. 이렇게 되면 이월결손금은 청산소득에 반영되지 못한 채 소멸하는데, 이에 대하여는 청산소득은 본질적으로 각 사업연도 소득의 연장선에 있고, 합병의 경우 존속법인이 소멸법인의 이월결손금을 인계받는 것과도 균형이 맞지 않는다는 이유로 비판하는 견해가 많다.[1] 여기에서의 '자기자본의 총액'은 기업회계상 결손금이 반영된 것을 의미한다(판 2011. 5. 13, 2008두14074).

청산중의 회사가 잔여재산의 일부를 주주에게 분배한 후에 다시 사업을 계속하기로 한 경우에는 해산등기일로부터 사업계속등기일까지의 사이에 분배한 잔여재산의 분배액의 총합계액에서 해산일 현재의 자기자본총액을 공제한 금액이 그 회사의 청산소득금액이 된다(법 79조 2항). 청산기간중 환급법인세액이 있는 경우에는 이에 상당한 금액을 해산등기일 현재의 자기자본총액에 가산한다(법 79조 3항).

3. 청산중의 각 사업연도의 소득

청산기간 중에도 각 사업연도의 소득이 있는 때에는 이를 해당 사업연도의 소득에 포함시켜야 한다(법 79조 6항). 해산 전 계속기업 상태의 사업수입이나, 임대

1) 성용운, 앞 논문, 315면 이하, 이창희, 앞의 책 682면. 다만 헌법재판소는 위 조항을 합헌으로 보았다. 헌 2009. 12. 29, 2007헌바78.

수입, 공·사채 및 예금의 이자수입 등과 그에 관련된 손비 등이 그 예이다.

청산소득금액과 청산기간 중에 생기는 각 사업연도 소득금액을 계산함에 있어서는 법 제79조 제1항 내지 제6항에 규정하는 것을 제외하고 법 제14조 내지 제54조 및 조세특례제한법 제104조의31의 규정이 준용된다(법 79조 7항).

해산등기일 현재의 부채에 대해 해산등기일 이후 면제받은 금액은 청산소득금액에 포함하며(법인세법집행기준 79-121-3 제2항 및 법인세과-2353. 2008. 9. 5.) 해산등기일 이후 청산기간 중에 타인으로부터 무상으로 받은 자산수증익은 각 사업연도소득금액에 가산한다(법인 46012-2462, 1996. 9. 4.).

4. 신고와 납부

해산의 경우에는 잔여재산가액 확정일이 속하는 달의 말일부터, 청산중 회사의 사업계속의 경우에는 사업계속등기일이 속하는 달의 말일부터 각 3개월 이내에 청산소득에 대한 법인세과세표준과 세액을 신고하고(법 84조 1항), 신고기한 내에 납부하여야 한다(법 86조 1항). 청산소득에 대해서도 각 사업연도의 소득에 적용되는 세율을 적용하여 세액을 산출한다(법 83조).

내국법인(51조의2 1항 각 호 또는 조세특례제한법 104조의31 1항의 법인은 제외)이 잔여재산가액 확정 전에 잔여재산의 일부를 주주 등에게 분배하거나 해산등기일로부터 1년이 지나도록 잔여재산가액이 확정되지 않은 경우에는 분배한 날 또는 1년이 되는 날이 속하는 달의 말일부터 1개월 이내에 중간신고·납부하여야 한다(법 85조 1항, 86조 3·4항).

법인세 과세범위

과세소득	납세의무자		과 세 표 준	세 율
각사업연도소득	내국법인	일반법인	당기순손익 + 익금산입 · 손금불산입 − 손금산입 · 익금불산입 − ① 이월결손금 − ② 비과세소득 − ③ 소득공제액	2억 원 이하: 9% 2억 원 초과 200억 원 이하: 2천만 원 + 2억 원 초과금액의 19% 200억 원 초과 3천억 원 이하: 39억 8천만 원 + 200억 원 초과금액의 21% 3천억 원 초과: 655억 8천만 원 + 3천억 원 초과금액의 24%
		조합법인 등	결산재무제표상의 법인세비용 차감 전 순이익	9%(조정 후 당기순이익 20억 초과분은 12%)
	외국법인	국내사업장 · 부동산소득이 있는 외국법인	국내원천소득의 총합계액 − ① 국내발생이월결손금 − ② 비과세소득 − ③ 상호면세의 외항소득	내국법인의 세율 적용
		그 밖의 외국법인	국내원천소득금액 − 상호면세의 외항소득	2~20%의 원천징수특례 적용
청산소득	영리내국법인 및 조합법인 등		잔여재산가액 − 자기자본총액	내국법인의 세율적용
미환류소득	상호출자제한기업집단에 속하는 내국법인		미환류소득(A, B 중 선택) • A: 기업소득 × 70% − (투자액 + 임금증가액 + 상생협력지출액) • B: 기업소득 × 15% − (임금증가액 + 상생협력지출액)	20%
토지등의양도소득	주택 및 별장, 조합원입주권 및 분양권 또는 비사업용토지의 양도소득이 있는 내국법인 및 외국법인		• 내국법인 및 국내사업장 또는 부동산소득을 가진 외국법인: 양도금액 − 장부가액 • 기타 외국법인: 양도가액 − 취득가액 − 양도비용	10%, 20% (미등기 양도의 경우 40%)

상속세 및 증여세법

제 3 편

제 1 장 상 속 세

제 1 절 총 설

1. 상속세의 의의

상속세는 자연인의 사망을 계기로 무상으로 이전되는 재산을 과세물건으로 하여 그 취득자에게 과세하는 조세이다.

종래 상속세는 증여세와 함께 부의 집중현상을 조정하고 소득재분배 기능을 통해 소득세를 보완하는 사회정책적 의의를 갖는 조세로 이해되어 왔다. 그러나 근래에 이르러 많은 학자들은 상속세를 비롯한 유산세제의 강화가 소비를 조장하고 저축 및 투자의 저해 요소로 작용하며 이를 폐지하는 것이 오히려 자본축적 등을 통해 경제성장을 촉진하고 장기적으로 세수증가에도 기여한다는 주장을 펴고 있다.

다른 한편 상속세는 공평의 이념에 터 잡은 것으로서 소득세보다 강한 당위성을 지니고, 상속세란 먼 미래에 자신이 죽고 나서 생길 세 부담이므로 사람들의 경제활동에 영향을 주지 않으며, 소득세를 세제의 핵심으로 삼는 이상 상속·증여세는 세제의 필수적 구성요소일 수밖에 없다는 반대논거도 상존한다.[1)]

상속세의 기능이나 역할은 부의 편중 정도나 그 축적과정의 투명성에 대한 사회적 인식 등 각국의 사정에 따라 달라질 수 있으므로 획일적으로 어느 한 측면만을 강조하는 것은 바람직하다고 보기 어려울 것이다.

부의 재분배기능과 관련하여 상속세나 증여세에 관한 일반의 인식 및 납세현황의 현실적 모습은 그다지 긍정적이지 않다. 이들 조세에 대한 납세자의 조세회피심리가 만연되어 있고, 우리나라 전체 세수에서 차지하는 비율 및 납세인원 또한 미미한 실정이다.

---

1) 이창희, 앞의 책, 1210면.

상속세도 다른 조세와 마찬가지로 국가 재정재원의 확보에 일차적 목적이 있다. 세수확보의 관점에서 볼 때 상속세는 징수비용이 적게 들고 실질적으로 일부 부유계층을 과세대상으로 삼고 있어 납세자의 조세순응도 비교적 양호한 조세이다. 상속세의 성격에 관하여는 과세물건을 재산의 이전으로 보는 이전과세설이 다수설이다. 이와 같은 이전과세설은 특히 우리 상증세법이 취하고 있는 유산세방식과 잘 조화된다. 그 밖에 상속세는 국세(내국세), 직접세, 인세, 보통세, 자산세, 종가세, 누진세 등에 속하고, 우리 법상 신고의무를 수반하지만 납세의무의 확정은 궁극적으로 부과과세방식에 의한다.

2. 상속세의 과세방식

가. 총 설

상속세 과세방식은 크게 유산세 방식과 유산취득세 방식으로 나누어진다.

유산세 방식은 피상속인의 전체 유산을 대상으로 이를 과세표준으로 삼아 과세하는 방식이고, 유산취득세 방식은 유산을 취득한 자의 취득재산을 과세표준으로 삼아 과세하는 방식이다. 전자는 주로 상속세의 자산세적 성격을, 후자는 수익세적 성격을 포착하고 있다.

나. 유산세 방식

유산세 방식은 부의 세대 간 이전을 계기로 유산의 일부가 사회에 환원될 필요가 있고, 사람의 사망시점은 생전에 세제 혜택을 받거나 미처 과세되지 못한 재산을 파악하기 위한 적절한 시점이므로 이 기회에 소득세 혹은 재산세의 후불로서 유산액을 과세표준으로 삼는 것이 타당하다는 점을 이론적 바탕으로 삼는다.

유산세 방식은 유산취득세 방식보다 유산분할을 가장하거나 허위 신고를 행할 우려가 적으나, 응능부담이나 공평과세의 원칙과 잘 조화되지 않는다는 단점이 있다. 입법 예로서는 미국과 영국이 기본적으로 유산세제에 기초하고 있다.

다. 유산취득세 방식

유산취득에 대한 과세는 부의 증가에 담세력을 인정한다는 점에서 특수한 형태의 소득세로 볼 수 있다. 유산취득세방식은 경제적인 기회균등을 위해 개인이 무상취득한 재산 일부를 국가에 귀속시키는 것이 적절하다는 사고에 바탕을 둔다.

유산취득세 방식은 유산취득자의 담세력에 따라 과세할 수 있어 공평과세 이념에 적합하고, 상속인들 사이의 재산 분할을 촉진시켜 부의 집중억제에 유효하나 세 부담 감경을 위한 허위 분할신고가 행해질 우려가 있고 유산분할 실태에 관한 공시가 불비되어 있는 경우 적정한 세무집행이 곤란한 점 등이 단점으로 지적된다. 독일과 일본이 이 방식을 채택하고 있다.

라. 우리 상속세 및 증여세법의 규정

우리 상증세법 제 3 조는 상속이 개시된 경우 피상속인이 거주자인 경우 모든 상속재산(1호), 비거주자인 경우 국내의 모든 상속재산(2호)에 대해 상속세를 부과한다고 규정하고, 법 제13조 제 1 항은 상속세과세가액을 상속재산 가액에 상속개시 전 10년 이내 증여재산을 가산한 금액에서 법 제14조의 공과금 등을 뺀 금액으로 하도록 하고 있으며 공동상속의 경우에도 유산을 상속분으로 분할하기 전 총유산액에 초과누진세율을 적용하여 세액을 산출하도록 하고 있다. 이는 우리 법이 유산세방식을 채택하고 있음을 말해준다(판 86. 6. 25, 85누692 등). 다만 법은 이렇게 계산된 세액의 납부는 공동상속인 각자의 상속분에 따라 배분된 세액으로 한정하면서, 공동상속인 사이에 각자가 받았거나 받을 재산을 한도로 연대납부책임을 지우고 있다(법 3조의2).

3. 상속과 자본이득과세

가. 총 설

자산을 취득·보유하여 오다가 사망하여 상속이 개시되는 경우 보유기간 동안 상승된 자산가치의 증가분, 즉, 미실현자본이득에 대한 과세 여부가 문제된다. 여기에는 부의 무상이전에 대한 과세와 별도로 피상속인 보유기간 동안의 자본이득에 대하여 과세하여야 한다는 견해와 과세가 불필요하다는 견해, 그리고 상속인이 상속으로 인하여 취득한 재산을 매각할 때 취득가액을 피상속인의 취득시점을 기준으로 하여야 한다는 견해 등이 주장되고 있고 세계 각국의 입법 예도 다양하다.

나. 우리 법의 체계

우리 법에 위와 같은 자본이득과세를 어떻게 해야 한다는 직접적인 규정은 없다. 그러나 소득세법 제88조는 무상이전을 양도소득세 과세대상에서 제외하고 있고, 이에 따라 소득세법 시행령 제162조 제1항 제5호는「상속 또는 증여에 의하여 취득한 자산에 대하여는 그 상속이 개시된 날 또는 증여를 받은 날」의 가액을 취득가액으로 보도록 규정하고 있다. 이는 우리 법이 자산의 무상이전 시 자본이득에 대하여 과세하지 않는 신취득가액방식을 채택하였음을 의미한다.[1)]

신취득가액방식 아래서는 상속이 개시된 직후에 상속재산을 양도하면 상속세만 부담하나 상속이 개시되기에 앞서 자산을 양도하면 양도소득세와 상속세를 함께 부담하면서 피상속인이 부담한 양도소득세를 상속세 과세가액에서 공제하게 되어(상증세법 14조 1항 1호 참조), 양쪽의 세 부담이 달라지고 그에 따라 피상속인 사망 시까지 자산의 처분을 미루는 요인을 제공한다.

우리 법이 자산의 무상이전 시 취득 이전에 발생한 자본이득과세에 대하여 비과세방식을 택한 것은 양도소득세와 상속세를 동시에 과세하는 경우 예상되는 조세마찰과 과세행정상 어려움을 감안한 것으로 짐작된다.

4. 세계 각국의 상속세제[2)]

가. 개 요

2021년 기준 OECD 회원국 38개국 중 상속 관련 세금을 부과하는 국가는 미국, 영국, 프랑스, 독일, 일본, 우리나라 등 24개국이며, 자본이득으로 과세하는 국가는 호주, 캐나다, 뉴질랜드, 스웨덴 등 4개국, 추가소득세(Extra Income Tax)로 과세하는 국가는 라트비아, 콜롬비아, 코스타리카 등 3개국, 비과세 국가는 오스트리아, 멕시코, 노르웨이 등 7개국이다.

배우자 공제와 관련하여 미국, 영국, 프랑스 등은 공제 한도가 없고, 일본은 배우자의 법정 상속분 이하 취득 재산에 대해서 전액 공제해 주어 사실상 배우자 상속에 대하여는 과세하지 않고 있다.

현재 상속세를 부과하고 있는 OECD 24개국 중 한국, 미국 등 4개국을 제외한 독일, 프랑스, 일본 등 20개 국가가 취득과세형 방식을 채택하고 있다.

---

1) 관련 논의는, 김갑순·정지선, “양도소득세에 있어서 양도의 의의에 관한 연구”, 조세법연구 11-1, 69면.

2) 아래의 내용은, 이세진·김준헌, “OECD 회원국들의 상속관련 세제와 시사점”, 국회입법조사처(2021.10. 1. 제8호), 최명근, 상속과세론, 75면, “미국의 유산세 폐지와 정책적 시사점”, 한국조세연구원(2002. 3.), 박 민, “미국의 상속과세제도에 관한 연구”, 조세법연구 9-2, 227면, 황남석, 독일 상속세 및 증여세법(북랩 2019), 金子 宏, 앞의 책 518면 등을 참고하였다.

나. 미 국

미국의 경우 개인의 재산을 타인에게 사후에 무상으로 이전할 때 연방정부 차원에서 유산세(Estate Tax) 또는 세대생략세(Generation Skipping Transfer Tax)가 부과된다. 유산세는 1916년 개인의 사망 시 상속인이 아니라 상속 자산에 대해 부과하는 방식으로 도입되었으며, 납세의무자는 사망시점에 미국 시민 또는 미국 거주자인 피상속인이고, 상속재산관리인(executer) 또는 상속을 받은 자가 피상속인을 대신하여 유산세를 신고·납부한다. 세율은 18%에서 40%까지의 누진세율 방식이다. 지난 2001년 부시 행정부에서 2010년 12월 말에 유산세와 세대생략세를 잠정적으로 폐지하는 것으로 법을 제정하였으나, 오바마 행정부 출범 이래 관련법령의 개정을 통하여 유산세는 일부 내용이 변경된 채로 유지되고 있다.

다. 독 일

독일은 상속세 및 증여세를 순자산의 증가인 소득에 대한 조세로 파악하여 유산취득세로 구성하고 있다. 증여세는 선취(先取)된 상속세로 보아 상속세에 관한 규정을 준용한다. 독일 상속세 및 증여세법(Erschaft-und Schenkungsteuergesetz)의 전체적인 체계는, 제 1 장(납세의무, 제 1 조 내지 제 9 조), 제 2 장(가치평가, 제10조 내지 제13조), 제 3 장(세액의 계산, 제14조 내지 제20조), 제 4 장(세액의 확정 및 징수, 제20조 내지 제35조)으로 구성되어 있다. 취득자와 피상속인 또는 증여자와의 인적 관계에 따라 3등급으로 나누어 서로 다른 세율을 적용하는 점이 특색이다(법 15조). 세율은 배우자나 직계비속, 직계존속과 같은 1등급의 경우 7% 내지 30%, 형제자매과 같은 2등급의 경우 15% 내지 43%, 그 밖의 취득자 및 조건부증여에 적용되는 3등급의 경우 30% 내지 50%의 누진세율을 채택하고 있다(법 19조).

라. 일 본

일본 상속세법상 상속세액의 계산은 먼저 과세유산액을 계산한 후 여기에 각 법정상속인이 각각의 법정상속분에 따라 취득하였다고 가정한 상속인별 취득가액에 상속세 누진세율(10% 내지 50%)을 곱하여 전체 상속세액을 산정하고 다시 이를 각 상속인이 실제로 상속한 상속재산 취득가액 비율로 나누어 상속인별 상속세액을 산출한 후 여기에 배우자 공제, 미성년자 공제 등 각종 세액공제를 적용하여 각 상속인별 납부세액을 산출한다. 기본적으로 유산취득과세 방식을 취하면서 위장

분할을 통한 조세회피를 방지하기 위하여 법정상속분에 따라 상속되었다고 가정하는 변형된 방식을 취하고 있다(일본 상속세법 11조 내지 17조).

공동상속인은 다른 상속인의 3년 이내 사전 증여재산에 관하여 과세관청에 그 내용의 확인을 요청할 수 있는 개시청구를 할 수 있으며(법 49조의2). 우리와 마찬가지로 공동상속인의 연대납부의무 규정을 두고 있다(법 34조). 또한 상속세 회피를 방지하기 위한 동족회사 부당행위 부인규정을 두고 있다(법 64조 1항).

5. 상속세 및 증여세법의 연혁 및 과세현황

우리나라 상속세는 유산세체제를 기본으로 하여 일제시대인 1934년 6월 훈령 제19호로 조선 상속세령이 공시됨으로써 처음 실시되었다. 해방 후 1950년 3월 22일 법률 제114호로 상속세법이 제정·공시됨에 따라 조선 상속세령은 폐지되었다. 그 후 1952년 11월 30일 법률 제261호의 개정으로 증여세법이 폐지되고 상속세법으로 통합되는 등 17차례에 걸친 개정을 통해 사회여건 변화에 따른 입법의 정비작업을 계속하여 왔다. 그 후 소득수준의 향상과 인구의 노령화, 여성의 경제·사회적 지위향상 및 금융·부동산실명제의 실시 등 경제사회적 기초에 많은 변동이 있어 이러한 사회경제적 변화를 반영하고 과세의 실효성을 제고하기 위해 1996년 12월 30일 법률 제5193호로 법령 명칭을 상속세 및 증여세법으로 바꾸고 체제 및 내용의 전면적 개편을 이루게 되었다. 2003. 12. 31. 개정을 통해 증여세 완전포괄주의를 도입하고 매년 규정의 미비점을 보완하기 위한 개정작업을 이어 오고 있으며 다른 한편 과도한 상속세 및 증여세 부담에 따른 여러 가지 경제사회적 문제점을 해결하기 위하여 상속세의 유산취득세로의 전환과 가업상속제도의 개선 등 여러 가지 방향에서 입법개선 작업을 진행 중에 있다.[1)]

2023년 기준으로 상속세와 증여세 총징수액은 19.3조 원(상속세 12.3조 원, 증여세 7조 원) 가량으로서 전체 세수액 335.6조 원의 약 5.75% 정도이고 결정건수도 상속세 19,944건(피상속인 기준), 증여세 208,508건에 그치고 있다. 공평과세 이념을 구현할 수 있는 세원의 포착·발굴과 납세자의 납세의식의 제고를 비롯한 적정과세에 대한 지속적인 노력 및 연구·검토가 요구되는 분야이다.

1) 상속세 입법정책과 관련된 논의는, 김완일, "납세환경의 변화에 따른 상속세 과세유형의 변경에 관한 연구", 조세법연구 15-3, 242면. 이상신, "상속세제의 특징과 그 개편방향에 관한 연구", 조세법연구 29-2, 209면 등.

제 2 절 납세의무자·납세지

1. 납세의무자

가. 총 설

상속세의 납세의무자는 상속인 또는 수유자이다(법 3조의2 1항).

상속인이란 민법 제1000조, 제1001조, 제1003조 및 제1004조에 따른 상속인을 말하며, 민법 제1019조 제 1 항에 따라 상속을 포기한 사람 및 특별연고자를 포함한다(법 2조 4호).

특별연고자란 민법 제1057조의2에 따른 피상속인과 생계를 같이 하고 있던 자, 피상속인의 요양간호를 한 자 및 그 밖에 피상속인과 특별한 연고가 있던 자를 말하며(법 2조 1호 다목), 수유자란, 가. 유증을 받은 자, 나. 사인증여에 의하여 재산을 취득한 자, 다. 유언대용신탁 및 수익자연속신탁에 의하여 신탁의 수익권을 취득한 자를 말한다(법 2조 5호).

상속포기인을 상속인에 포함시킨 것은 사전상속분에 대한 과세를 위한 것이다.

"상속"은 민법 제 5 편의 상속 개념에 따르며 유증과 사인증여, 특별연고자에 대한 분여 및 위 유언대용신탁과 수익자연속신탁을 포함한다(법 2조 1호).

상속세 납세의무자는 원칙적으로 개인이지만 태아와 법인, 그 밖의 단체도 예외적으로 상속세 납세의무자가 될 수 있다. 법인이나 단체도 유증을 받은 경우 그 범위 내에서 상속세 납세의무자가 된다. 다만 영리법인의 경우 무상수증익은 익금에 산입되므로(법법 15조 3항; 법령 11조 5호), 특별연고자 또는 수유자가 영리법인인 경우 납세의무자에서 제외된다(법 3조의2 1항 괄호). 결국 법인이 유증과 관련하여 상속세 납세의무를 부담하는 것은 비영리법인과 상증세법상 비영리법인으로 보는 법인격 없는 사단·재단 또는 그 밖의 단체(법 4조의2 8항 1호 참조)가 된다.

법은 거주자, 비거주자 구분을 기준으로 과세대상과 범위를 정하고 있으므로(법 3조, 4조의2 1항), 소득세 납세의무자가 되는 비법인 단체(소법 2조 3항 참조) 중 위와 같이 비영리법인으로 보는 나머지 단체의 경우도 거주자 또는 비거주자 구분에 따라 상속세나 증여세 납세의무를 부담한다(법 4조의2 8항 2호).

특별연고자에 대한 상속재산의 분여는 일종의 상속재산의 분할이고 별도의 과세의 계기가 되는 재산의 이전이 아니므로 상속의 개념에 포함된다.

나. 무제한적 납세의무와 제한적 납세의무

피상속인이 거주자인 경우에는 상속재산(피상속인이 유증한 재산 및 사인증여재산을 포함한다) 전부에 대하여 상속세를 부과하고(법 3조 1호), 비거주자인 경우에는 국내에 있는 상속재산에 대해서만 상속세를 부과한다(동 2호).

거주자란 국내에 주소를 두거나 183일 이상 거소를 둔 사람을 말하며, 비거주자란 거주자가 아닌 사람을 말한다(법 2조 8호).

거주자와 비거주자의 판정은 소득세법시행령 제 2 조의2 및 제 3 조에 따르며, 비거주자가 국내에 영주를 목적으로 귀국하여 국내에서 사망한 경우에는 거주자로 본다(영 2조 2항)

무제한납세의무자의 경우 외국소재재산에 대하여 이중과세의 부담을 덜어 주고자 외국납부세액공제를 인정하고 있다(법 29조).

2. 납 세 지

납세지란 납세의무자가 세법에 의한 의무를 이행하고 권리를 행사하는 데 기준이 되는 장소를 말하며 관할세무서를 정하는 기준이 된다. 상속세의 납세지는 피상속인이 거주자인 경우 상속이 개시되는 장소(상속개시지)이고, 비거주자인 경우 상속재산의 소재지이다(법 6조 1항).

상속개시지란 피상속인의 주소지를 말하므로 상속은 피상속인 주소지에서 개시된다. 주소와 거소는 소득세법시행령 규정에 의한다(영 2조 1항). 피상속인이 비거주자인 경우 상속재산이 국내에 있는 때에만 납세의무가 발생하기 때문에 상속재산 소재지가 중요한 의의를 갖는다. 이에 따라 법에서는 상속개시 당시의 현황에 따라 상속재산소재지를 재산별로 정하여 두고 있다(법 5조).

증여세는 수증자의 주소지(주소지가 없거나 분명하지 아니한 경우에는 거소지)를 관할하는 세무서장등이 과세한다. 다만 수증자가 비거주자인 경우 등 일정한 경우에는 증여자의 주소지를 관할하는 세무서장등이(법 6조 2항), 수증자와 증여자가 모두 비거주자인 경우 등 일정한 경우에는 증여재산의 소재지를 관할하는 세무서장등이(법 6조 3항) 각 과세한다.

제 3 절 납세의무의 성립·범위·확정

1. 납세의무의 성립

가. 총 설

상속세 납세의무는 상속이 개시되는 때에 성립한다(기본법 21조 2항 2호). '상속이 개시되는 때'란 피상속인의 사망일을 말한다. 다만 피상속인의 실종선고로 인하여 상속이 개시되는 경우에는 실종선고일이다(법 2조 2호).

상속은 사망으로 인하여 개시되며(민법 997조), 상속인은 피상속인의 사망과 동시에 그 권리의무를 포괄적으로 승계한다(민법 1005조). 거주자가 과세기간 중 사망한 경우 피상속인의 소득금액에 대하여는 상속인이 납세의무를 부담한다(소법 2조의2 2항).

나. 유증과 사인증여 등

상증세법상 상속이란, 민법상 상속과 함께 유증에 의한 수유, 사인증여에 의한 수증, 민법상의 특별연고자에 대한 상속재산의 분여 및 신탁법 제59조에 따른 유언대용신탁과 신탁법 제60조에 따른 수익자연속신탁을 포함한다(법 2조 1호).

유증과 사인증여는 모두 유증자의 사망에 의해 효력이 발생하나 유증이 단독행위인 데 반하여 사인증여는 계약이라는 점에서 차이가 있다. 민법은 이들을 상속과 별개 조문으로 규율하나(민법 1074조 내지 1090조에서 유증에 관하여 규정하고, 민법 562조는 사인증여에 관하여 유증에 관한 규정을 준용한다), 상증세법은 이들이 사망을 원인으로 재산이 무상으로 이전한다는 점에서 동일하게 취급하고 있다.

유증에는 포괄유증과 특정유증이 있는데 포괄유증을 받은 자는 상속인과 동일한 권리의무가 있으므로(민법 1078조), 상속과 동일하게 취급하는 것은 당연하다. 특정유증의 경우 민법상 수증자가 상속인에 대하여 유증이행 청구권을 갖는다고 봄이 일반적이나, 위 규정은 이를 구별하지 않고 있다.

한편 법은 제14조 제 1 항 제 3 호에 따른 증여채무의 이행 중 증여자가 사망한 경우의 증여도 여기의 사인증여대상에 포함시키고 있다(법 2조 1호 나목 괄호).

위 규정은, 증여계약의 효력이 발생함으로써 증여채무가 생겼으나 그 이행이 완료되기 전에 증여자가 사망한 경우 증여채무의 목적이 된 재산을 적용대상으로 하며, 그 취지는 위 재산은 상속재산에 해당하지만 결국 증여채무 이행으로 상속인들이 수증자에게 이전할 재산이므로 상속인들 대신 수증자를 곧바로 상속세 납세의무자로 삼고자 함에 있다(판 2014. 10. 15, 2012두22706).

정지조건부 유증은 조건 성취 시에 효력이 생기므로(민법 147조 1항), 피상속인이 생전에 소유 재산에 대하여 순수한 조건부 유증을 한 경우 당해 재산은 상속개시 당시에는 상속재산으로 남고 조건성취 시에 비로소 수증자에게 권리가 이전될 것이다.[1] 이에 반하여 법률행위 효력이 아니라 이행만이 특정 조건의 성취에 의존하는 경우 이는 일종의 불확정기한으로서 증여자 사망으로 효력이 생기는 사인증여에 해당하므로(민법 562조 참조), 상속개시 당시 조건이 성취되지 않았더라도 피상속인들의 수증자에 대한 증여채무 및 그에 상응한 수증자의 권리를 인식할 수 있고, 이는 법 제 2 조 제 1 항 나목 괄호 후단의 '증여채무의 이행 중에 증여자가 사망한 경우'로 볼 수 있으므로 수증자가 해당 재산에 대한 상속세 납부의무를 부담한다(위 2012두22706 판결). 이 경우 기한 미도래에 따른 재산의 평가가 필요할 것이다(법 65조 1항 참조).

부담부 유증에 있어서 수증인은 유증의 목적가액을 초과하지 않은 한도에서 부담을 이행할 책임이 있으므로(민법 1088조 1항), 그 부담이 금전으로 환산 가능한 한 채무의 일종으로 보아 과세가액 공제항목으로 삼는 것이 가능하다.

위탁자와 수익자가 다른 타익신탁에서 수익자가 사망한 경우 수익자가 보유하던 신탁수익권은 수익자의 상속재산으로 보고 상속세를 과세한다(법 9조 2항). 위탁자가 사망한 경우 원칙적으로 신탁재산을 위탁자의 상속재산으로 보므로(법 9조 1항), 위탁자가 동시에 수익자인 자익신탁, 위탁자가 수익권은 없지만 잔여재산분배권을 갖는 경우, 수익자가 없는 특정의 목적신탁(신탁법 3조 1항 단서)에서는 신탁재산 자체가 위탁자의 상속재산에 포함되어 상속세가 과세된다. 이와 달리 위탁자와 수익자가 다른 타익신탁에서는 수익자가 신탁이익을 받기 전에 위탁자가 사망한 경우 해당 신탁재산은 위탁자의 상속재산에서 제외되고(법 9조 1항 단서), 위탁자의 사망일을 증여일로 보아 신탁이익에 대해 수익자에게 증여세를 과세한다(법 33조, 영 25조 1항 1호). 이때 위탁자의 상속인들에 대해서는 신탁이익 증여에 따른 증여재산가액을 상속세 과세가액에 포함시켜 상속세를 계산하고 수익자에 대한 증여세액을 공제한다(법 13조, 28조, 통칙 13-0…4, 재산상속 46014-1955, 1999. 11. 12.).

---

1) 일본 상속세법 기본통칙 1-1의2 공-8은 정지조건부 유증의 경우 조건이 성취된 때를 재산의 취득시기로 본다는 명시적 규정을 두고 있다.

신탁법상 유언대용신탁과 수익자연속신탁도 상속세 과세대상이다. 이 중 유언대용신탁은, 수익자가 될 자로 지정된 자가 위탁자 사망 시 수익권을 취득하거나, 수익자가 위탁자의 사망 이후에 신탁재산에 기한 급부를 받는 신탁을 말하고, 수익자연속신탁은 수익자가 사망한 경우 수익자가 갖는 수익권이 소멸하고 타인이 새로 수익권을 취득하도록 하는 뜻을 미리 정한 신탁(수익자의 사망에 의하여 차례로 타인이 수익권을 취득하는 경우 포함)을 말한다(법 2조 1호 라목, 마목).

신탁법상 수익자연속신탁은 대체로 수익자의 사망 외의 사유로 새로이 수익권을 취득하는 경우도 포함하는 것으로 이해되나, 위 규정이 수익자연속신탁을 상속세 과세대상으로 삼는 이상 이는 사망을 원인으로 수익권이 연속취득되는 경우로 한정된다고 볼 것이다.[1)]

수익자연속신탁의 선행수익자가 사망함으로써 후행수익자가 새로 수익권을 취득하는 경우 그 가액은 사망한 선행수익자의 상속재산에 포함한다(법 9조 3항). 후행수익자가 선행수익자로부터 수익권을 상속하는 것으로 보는 것이다. 다만 수입수익권을 취득하는 자와 원본수익권을 가진 자가 다른 강학상 '수익권 복층화 신탁'의 경우 과세방법에 관해서는 명확한 규정이 없다. 예컨대, 위탁자(A) 사망 시 수입수익권을 취득하는 자(B)와 그 수입수익권자 사망 후의 후행 수익자(C)가 있고, 이와 별도로 원본수익권을 가진 자(D)가 따로 지정되어 있는 경우, 수익자간 연속관계 인정여부에 따라 과세방법에는 여러 가지가 있을 수 있다.[2)]

유언대용신탁 등의 경우에도 위탁자의 생존 중에 수익자에게 수익을 지급하도록 정한 부분이 포함되어 있는 상태에서 위탁자가 사망한 경우에는, 생전 신탁계약으로 수익자가 이미 지정되어 수익권을 보유하고 있는 상황에서 그 이익을 받기 전에 위탁자가 사망한 경우와 마찬가지로 상증세법 제9조 제1항 단서, 제33조에 따라 증여세가 과세된다.

다. 상속재산의 분할

상속개시 후 단순승인의 효과가 생긴 때에는 상속인은 상속이 개시된 때로부

1) 같은 취지에서, 사망 외의 경우로서 수익권이 연속되는 경우에 관한 과세규정을 별도로 둘 필요가 있다는 견해로, 황남석, "현행 상속세 및 증여세법상 상속형 신탁의 과세체계", 조세법연구 30-2, 565면.

2) 이에 관하여 위탁자 사망 시에 신탁재산을 상속재산에 포함시켜 상속세를 과세하되, 선행수익자(B)와 원본수익자(D)에 대하여 각각 수입수익권과 원본수익권의 범위 내에서 연대납세의무를 지도록 하고, 선행수익자(B)가 사망하여 후행수익자(C)가 수입수익권을 취득하는 경우에는 B-C간의 상속으로 처리하는 것이 타당하다는 견해로, 황남석, 위 논문, 574면.

터 피상속인의 재산에 관한 권리의무를 포괄적으로 승계하고(민법 1005조), 상속인이 수인인 때에는 분할을 통하여 각 상속인의 단독소유로 해체될 때까지 상속재산은 잠정적으로 공동상속인의 공유에 속한다(민법 1006조).

이러한 잠정적인 공유관계를 해소하고 공동상속인 각자에게 그 구체적 상속분에 따라 상속재산을 분배하여 단독소유로 만드는 절차가 상속재산의 분할이다.

피상속인은 유언으로 분할방법을 정하거나 이를 정할 것을 제 3 자에게 위탁할 수 있고, 상속 개시일로부터 5년을 초과하지 아니하는 기간 내에서 상속재산의 분할을 금지할 수 있다(민법 1012조). 그 이외에는 공동상속인은 언제든지 협의에 의하여 상속재산을 분할할 수 있고(민법 1013조 1항), 분할의 방법에 관한 협의가 성립하지 아니한 때에는 상속인 각자는 법원에 상속재산의 분할을 청구할 수 있다(민법 269조 1항).

상속재산의 분할은 상속이 개시된 때에 소급하여 그 효력이 있으므로(민법 1015조) 상속개시 시로 소급하여 분할내용에 따른 상속이 있는 것으로 보게 된다. 따라서 상속재산 분할협의가 있는 경우 상속인 각자의 고유 상속분 초과부분에 대하여 다른 공동상속인과의 사이에 증여세 과세문제는 발생하지 않고 상속재산 분할비율에 따른 상속세만을 납부하게 된다(판 96. 2. 9, 95누15087 등).

일부 상속재산만을 협의분할한 경우에는 분할협의가 있는 재산은 분할비율에 따르고, 분할대상에서 제외된 재산은 법정상속분에 따른 각자의 상속재산가액을 산정하여 이를 합산한 후 여기에서 과세가액불산입재산 가액을 제외하고 채무공제 등의 과정을 거쳐 산출되는 상속세과세가액이 각 상속인의 상속재산에 대한 점유비율이 된다(판 95. 3. 28, 94누12197).

상증세법 제 4 조 제 3 항은 적법한 분할협의의 시기를 원칙적으로 상속재산에 대한 등기·등록·명의개서 시로 제한하여 그 이후 협의분할의 결과 특정상속인이 당초 상속분을 초과하여 취득하게 되는 재산가액은 그 분할에 의하여 상속분이 감소한 상속인으로부터 증여받은 재산에 포함되도록 하면서, 다만 제67조의 규정에 따른 상속세과세표준 신고기한까지 재분할에 의하여 당초 상속분을 초과하여 취득한 경우와 상속재산의 재분할에 대하여 무효 또는 취소 등 대통령령으로 정하는 정당한 사유가 있는 경우에 관한 예외를 인정하고 있다.

시행령 제 3 조의2는 그와 같은 '정당한 사유'로, '상속회복청구의 소에 의한 법원의 확정판결에 의하여 상속인 및 상속재산에 변동이 있는 경우' 등 세 가지 사유를 들고 있다(같은 조 1호 내지 3호). 이는 예시적 규정으로 보아야 한다.

분할협의 이후의 외부적 사정, 예컨대 상속재산 중 일부 부동산의 가치가 급격하게 상승하거나 상속세액이 예상외로 많다든가, 상속재산에 대한 과세관청 평가액이 분할협의의 기초가 된 평가액과 다르다는 사유 등은 여기에 해당하지 않는다. 분할협의에 따라 상속세 신고를 한 후 일부 상속인이 유산 일부를 은닉하거나, 상속인 중 1인이 생전증여를 받은 것이 밝혀진 경우와 같이 기초사실에 착오나 오류가 있는 경우 원칙적으로 사법상 일부 무효의 법리에 따라 해결하여야 할 것이다.

2. 납세의무의 범위

가. 총　　설

「상속인(특별연고자 중 영리법인은 제외한다) 또는 수유자(영리법인은 제외한다)는 상속재산(제13조에 따라 상속재산에 가산하는 증여재산 중 상속인이나 수유자가 받은 증여재산을 포함한다) 중 각자가 받았거나 받을 재산을 기준으로 대통령령으로 정하는 비율에 따라 계산한 금액을 상속세로 납부할 의무가 있다」(법 3조의2 1항).

여기의 '대통령령으로 정하는 바에 따라 계산한 비율'이란 시행령 제3조 제1항 제1호에 따라 계산한 상속인 또는 수유자별 상속세 과세표준 상당액을 같은 항 제2호의 금액으로 나누어 계산한 비율을 말한다(영 3조 1항).

공동상속인은 다른 사정이 없는 한 민법의 상속분 비율에 따라 상속세를 납부한다. 공동상속의 경우 상속세경정처분이 증액경정처분인지 감액경정처분인지 여부도 각 상속인에 대한 개별세액을 기준으로 판단한다(판 2006. 2. 9, 2005두1688).

입법 예에 따라서는 근친자를 다른 비근친자보다 우대하는 경우도 있으나, 우리 상속세법은 이를 구별하지 않는다. 예컨대 일본은 피상속인의 배우자와 1친 내의 혈족 이외의 자에게는 20%의 할증세율을 적용하고 있다(일본 상속세법 18조).

민법상 기여분(민법 1008조의2)에 관하여는 별도 규정이 없으므로 기여분이 있어도 그에 따라 상속인들 사이의 상속분만 달라질 뿐(민법 1008조의2 1·2항 참조) 기여분을 포함한 전부가 상속세 과세대상이 된다는 점에 변함이 없다.

상증세법 제3조는 거주자와 비거주자로 나누어 상속세 과세대상에 관하여 규정하고 있는데 이를 납세의무자 측에서 보면 납세의무의 범위와 내용이 일치한다. 이에 따라 피상속인이 비거주자인 경우 법 제3조의2 제1항 및 제3항의 '상속인 각자가 받았거나 받을 재산'에는 상속세 과세대상인 국내 상속재산만 포함되고, 과세대상이 아닌 국외 상속재산은 포함되지 않는다(판 2024. 9. 12, 2022두64143).

상속세나 증여세는 무상이전을 전제로 하므로 세액산정의 전제로서 재산의 평가작업이 필요하고 그 평가시점과 평가방법이 중요하게 된다.

재산의 평가에 대한 기준시점은 '상속개시일'이다(법 60조 1항). 이는 상속재산 판단의 기준시점인 법 제 3 조의 '상속개시일' 및 납세의무 성립시기인 국세기본법 제21조 제 1 항 제 2 호, 제 3 호의 '상속이 개시되는 때'와 일치하는 개념이다.

유산이 미분할된 경우에도 법률상 공유로서 '상속에 의한 재산의 취득'에 해당하며, 신고기한까지 분할되지 않은 경우 법정상속분에 따라 취득한 것으로 계산하여 신고한다(법 67조 1·2항; 영 64조 2항 참조).

영리법인을 통한 상속세 회피를 방지하기 위해 특별연고자나 수유자가 영리법인이고 그 영리법인의 출자자 중 상속인이 있는 경우 그 상속인에게 지분에 따른 일정비율의 상속세 납부의무를 부담시키고 있다(법 3조의2 2항; 영 3조 2항).

나. 공동상속인의 연대납세의무

「법 제 3 조의2 제 1 항에 따른 상속세는 상속인 또는 수유자 각자가 받았거나 받을 재산을 한도로 공동상속인이 연대하여 납부할 의무가 있다」(법 3조의2 3항).

위 조항에서 '각자가 받았거나 받을 재산'이란, 상속으로 인하여 얻은 자산(법 13조 1항에 따라 가산한 증여재산 포함)의 총액에서 부채총액과 그 상속으로 인하여 부과되거나 납부할 상속세 및 법 제13조 제 1 항에 따라 가산한 증여재산에 대한 증여세를 공제한 가액을 말한다(영 3조 3항).

유산세과세방식에서 각 상속인이 납부할 상속세는, 상속재산이 상속인들 공유인 것에 대응하여 공유채무의 성격을 갖는다. 민법은 상속재산이 상속인들 공유에 속한다고 규정하고(민법 1006조), 국세기본법은 공유재산에 관계되는 국세 등은 공유자가 연대하여 납부하도록 규정하고 있다(법 25조 1항).

국세기본법 제25조의2는 민법의 연대채무규정 중 일부 규정을 준용하고 있는데 이는 원칙적으로 공동상속인의 연대납세의무에 관하여도 타당하다.

다만 공동상속인의 연대납세의무는 과세권자와의 관계에서 각 상속인 고유의 납세의무가 별도로 정해지는 것과 동시에 다른 상속인의 체납액에 대하여 각자가 받은 상속재산을 한도로 연대납세의무를 부담한다는 점에서 민법상 연대채무와 다른 특징을 갖는다. 이 점은 특별히 공동상속인의 연대납세의무의 확정과 이를 위한 납부고지의 방식 및 그에 대한 쟁송방식에서 어려운 문제를 제기한다. 이와 관련된 논의는 이 책 242면 참조.

3. 납세의무의 확정

상속세 납세의무는 세무서장 등이 납세의무자의 신고(신고가 없거나 신고세액에 탈루 또는 오류가 있으면 직접조사)에 따라 과세표준과 세액을 결정하는 때에 확정된다(법 76조. 부과과세방식). 세무서장 등은 위와 같이 결정한 과세표준과 세액을 상속인·수유자 또는 수증자에게 납세고지서에 의해 통지하여야 한다(법 77조; 영 79조).

상속세 납세의무가 성립하더라도 신고기한(상속개시일이 속하는 달의 말일부터 6개월, 법 67조 참조)이 지나야 부과가 가능하므로 신고기한이 지난 때로부터 부과권 제척기간이 기산되고(기본령 12조의3 1항 1호), 납부고지된 납부기한의 다음 날부터 징수권 소멸시효기간이 기산된다(기본법 27조 3항 1호 및 2호 참조).

제 4 절 상속재산

1. 총 설

상속세 과세물건 내지 과세대상인 상속재산은 피상속인에게 귀속되는 모든 재산을 말하며, 가. 금전으로 환산할 수 있는 경제적 가치가 있는 모든 물건과 나. 재산적 가치가 있는 법률상 또는 사실상의 모든 권리를 포함한다(법 2조 3호).

상속재산인지 여부는 법적 형식이 아닌 경제적 실질에 따른다. 따라서 명의신탁 재산은 명의수탁자에게 증여세가 부과되었는지 여부와 상관없이 상속재산에 포함되며(판 2000. 11. 28, 98두17937), 반대로 피상속인이 명의수탁받은 재산은 명의신탁자에게 반환채무를 부담하고 있는 이상 상속재산에 포함되지 않는다(판 97. 11. 14, 97누669). 부의금은 상속재산에 포함되지 않는다(판 76. 5. 25, 74누277).

2. 의제상속재산

민법상 상속재산으로 볼 수 없으나 경제적으로 상속재산과 같은 담세력이 있어 과세형평 입장에서 상속재산으로 의제되는 것이 있다. 피상속인이 보험계약자이거나 실질적으로 보험료를 지급한 보험계약에 의하여 상속인 또는 상속인 이외의 자가 받은 생명보험 또는 손해보험의 보험금(법 8조)과 피상속인이 신탁한 재산(법

9조, 다만 제33조 제1항에 따라 수익자의 증여재산가액으로 하는 해당 신탁의 이익을 받을 권리의 가액은 제외), 퇴직금·퇴직수당·공로금·연금 또는 이와 유사한 것으로서 피상속인에게 지급될 것이 피상속인의 사망으로 인하여 그 상속인과 상속인 이외의 자에게 지급되는 것(법 10조) 등이 그것이다. 위 조항은 헌법의 재산권보장원칙에 위배되지 않는다(판 2007. 11. 30, 2005두5529).

3. 처분 도중의 상속재산

피상속인 사망으로 상속이 개시되었을 때 상속재산이 제3자에게 처분되어 급부가 이행 도중에 있는 경우 상속재산이 무엇이고 평가는 어떻게 되는가? 이에 대하여는 피상속인에 대한 자산의 귀속시기가 언제인가가 중요한데 판례는 원칙적으로 소득세법상 자산의 양도 및 취득시기에 관한 규정이 준용된다고 본다(판 2007. 6. 15, 2005두13148).

이에 따라 피상속인이 상속재산인 토지를 매도한 후 중도금을 받고 등기를 넘기지 않은 상태에서 사망한 경우 상속재산은 토지인 반면, 피상속인이 잔대금을 지급받고 등기명의만을 넘겨주지 않은 상태에서 사망하였다면 당해 토지는 상속재산에서 제외된다. 거꾸로 피상속인이 매수하여 대금을 완납한 토지는 등기 전이라도 상속재산에 속하며(판 92. 4. 24, 91도1609), 피상속인이 토지를 매수하고 대금 일부를 지급한 상태에서 사망한 경우 토지가 아닌 이전등기청구권이 상속재산이 된다. 이 경우 상속재산 가액은 목적물 가액에서 반대급부에 해당하는 잔대금을 공제한 기지급 매매대금이 된다(통칙 2-0…3 ②).

피상속인이 생전에 제3자에게 토지 증여약정을 하고 미등기 상태에서 사망하여 상속인이 상속등기를 한 후 제3자에게 증여약정에 따라 등기를 마쳐 준 경우 곧바로 수증자가 상속세 납세의무를 부담한다(법 2조 1호 나목 괄호).

마지막으로 피상속인이 토지를 증여받아 사용하던 중 등기를 마치지 않은 상태에서 사망한 경우 부동산 이전등기청구권이 상속된 것으로 볼 것은 아니고, 후에 상속인이 증여등기를 하면 그 때 수증자로서 증여세 납부의무를 부담한다고 볼 것이다(판 93. 8. 24, 93누6980).

제 5 절 상속세 과세표준과 세액의 계산

1. 총 설

상속세 과세표준과 세액을 계산하기 위해서는 몇 단계 과정이 필요하다. 우선 상속재산의 범위에 관하여 총 상속재산 가액을 산정하고(법 8조 내지 10조), 여기에서 비과세 및 과세가액 불산입 재산을 제외한 후(법 11조, 12조, 16조, 17조), 공과금과 장례비용, 채무 등을 공제하고 여기에 합산대상 사전증여재산을 가산하여(법 13조 1항, 14조) 과세가액을 산정한다. 이 때 법 제14조에 따른 공제금액이 상속재산가액을 초과하면 그 초과액은 없는 것으로 본다(법 13조 1항 후문).

위와 같이 산정한 과세가액에서 각종 인적공제와 물적공제를 차감하고(법 18조 내지 24조), 감정평가수수료를 공제하여(영 20조의3) 상속세 과세표준을 산출하며(법 25조), 여기에 세율을 곱하여 상속세액을 산출한다(법 26조). 여기서 징수유예된 세액과 세액공제액을 차감하여 신고세액을 산정하고(법 28조 내지 30조), 여기에서 연부연납과 물납세액을 공제하면(법 71조 내지 73조) 납부할 세액이 된다.

상속세 계산구조

총상속재산가액
(−) 비과세, 과세가액불산입 재산
(−) 공과금·장례비용·채무 등
(+) 합산대상 사전증여재산
상속세 과세가액
(−) 상속공제(인적공제, 물적공제)
(−) 감정평가수수료공제
상속세 과세표준
(X) 세율(10% ~ 50% 5단계 초과누진세율)
상속세 산출세액
(−) 징수유예세액
(−) 세액공제액
신고납부세액
(−) 연부연납·물납세액
납부할 세액

2. 과세가액

가. 총 설

상속세 과세가액이란 상속세가 과세되어야 할 상속재산, 즉, 상속세 과세물건의 가액을 말하며 상속세 과세표준 산정의 기초가 되는 금액이다.

피상속인이 거주자인 경우 상속세 과세가액은 상속재산가액에서 제14조에 따른 공과금·장례비용·채무 등을 뺀 후 상속개시일 전 10년 이내에 피상속인이 상속인에게 증여한 재산가액과 상속개시일 전 5년 이내에 피상속인이 상속인 아닌 자에게 증여한 재산가액을 가산하여 산정한다. 법 제14조에 따른 금액이 상속재산 가액을 초과하는 경우 초과액은 없는 것으로 본다(법 13조 1항, 14조 1항).

피상속인이 비거주자인 경우 상속재산에 관한 공과금(법 14조 2항 1호)과 그 재산으로 담보된 채무(동 2호), 피상속인 사망 당시 국내에 사업장이 있는 경우로서 비치·기장한 장부상 확인되는 사업상 공과금 및 채무(동 3호) 등을 상속재산가액에서 뺀 후 국내 증여재산을 가산하여 과세가액을 산정한다(법 13조 2항, 14조 2항).

나. 공제금액

(1) 공 과 금

공과금은 상속개시일 현재 피상속인이 납부할 의무가 있는 것으로서 상속인에게 승계된 조세·공공요금 그 밖의 국세기본법 제 2 조 제 8 호의 규정에 해당하는 공과금(공공요금 제외)을 말한다(법 14조 1항; 영 9조 1항; 규칙 2조의2 참조). 이 경우 제14조에 따른 금액이 상속재산의 가액을 초과하는 경우에는 그 초과하는 부분은 빼지 아니한다(법 13조 1항 단서).

상속개시일 이후 상속인의 귀책사유로 인한 가산세·가산금·강제징수비·벌금·과료·과태료 등은 공과금의 범위에서 제외된다(통칙 14-9…1 ①). 피상속인이 비거주자인 경우 공제할 공과금은 법 제14조 제 2 항 제 1 호 및 제 3 호 참조.

(2) 장례비용

장례비용은 상속개시 당시에 존재한 채무는 아니나, 피상속인의 일생을 청산하는 비용이고 상속개시에 수반하는 필연적인 비용으로서 그만큼 상속인의 담세력을 감소시킨다는 점에서 이를 과세가액산출에 있어 상속재산가액에서 빼도록 하였다(법 14조 1항 2호). 장례비용은 그 한도액이 법정되어 있다(영 9조 2항).

(3) 채 무

㈎ 원 칙 피상속인의 채무(상속개시 전 10년 이내에 피상속인이 상속인에게 진 증여채무와 상속개시 전 5년 이내에 피상속인이 상속인 이외의 자에게 진 증여채무 제외)는 상속재산가액에서 뺀다(법 14조 1항 3호).

이와 관련하여 미확정채무와 보증채무의 공제 여부가 문제된다. 통칙 14-0…3 ①은 위 '채무'를 '명칭 여하에 불구하고 상속개시 당시 피상속인이 부담하여야 할 확정된 채무로서 공과금 외의 모든 부채'로 규정하고 있으나, 상속개시 당시만을 기준으로 하게 되면 부당한 경우가 발생한다. 예컨대 피상속인이 생전에 부담한 치료비나 변호사비용으로서 피상속인 사망 후 금액이 확정되는 경우 피상속인이 생존하였더라면 이행하였을 채무이므로 공제함이 타당하다. 이는 상속개시 당시를 기준으로 한 현황평가의 원칙에도 부합한다(법 60조 1항 참조).

다만 위 공제할 채무는 상속개시 당시를 기준으로 피상속인이 종국적으로 부담하여 이행할 채무를 뜻하므로, 상속개시 당시 피상속인이 제 3 자를 위해 연대보증채무를 부담하거나 물상보증인의 책임을 지고 있는 경우에도 주채무자가 변제불능상태에 있어 피상속인이 그 채무를 이행하여야 할 뿐만 아니라 주채무자에게 구상권을 행사하더라도 변제받을 가능성이 없다고 인정되는 때에 비로소 그 채무금액을 상속재산가액에서 공제할 수 있다. 연대채무의 경우 피상속인의 부담부분을 초과하는 금액의 공제 여부도 같은 기준에 따라 판단한다(통칙 14-0…3 ③④).

상속개시 당시 상속인이 환급을 청구할 수 있는 조합의 잔여재산이 있는 경우 피상속인이 사망으로 인하여 조합을 탈퇴하기 이전에 생긴 조합의 채무는 탈퇴로 인한 계산에 따라 상속재산가액에서 제외된다(판 2016. 5. 12, 2015두60167).[1]

주된 채무자의 변제불능 상태 여부는 객관적으로 판단하여야 한다. 통상 주된 채무자의 파산, 사업폐쇄, 행방불명, 형의 집행 등으로 인하여 채무초과 상태가 상당기간 계속되는 경우가 여기에 해당할 것이다. 그와 같은 사유는 상속세과세가액을 결정하는 데 예외적으로 영향을 미치는 사유이므로 납세의무자가 그 사유의 존재에 대한 주장·입증책임을 부담한다(판 98. 2. 10, 97누5367).

피상속인의 연대보증채무에 관해 상속개시 당시에는 주채무자의 변제불능 상태 여부가 확실하지 않아 해당 채무를 상속재산가액에서 공제하지 않았으나, 그 후 주채무자가 변제불능 상태가 되고 채권자가 상속인들에 대해 연대보증채무의 이행을 구하는 소송을 제기하여 그 확정판결을 받았으며 달리 상속인들이 구상권

1) 판결에 대한 평석은, 허 원, "2016년 상속세및증여세법 판례회고", 조세법연구 23-1, 336면.

을 행사할 가능성도 없다면 이는 국세기본법상 후발적 경정청구사유에 해당한다(판 2010. 12. 9, 2008두10133).

법 제14조 제 4 항과 시행령 제10조 제 1 항에서는 위 채무의 입증을 위한 증빙서류에 관하여 규정하고 있으나 반드시 이에 한정된다고는 볼 수 없다.

비거주자의 사망으로 인하여 상속이 개시되는 경우 상속재산에서 공제되는 채무는 해당 상속재산으로 담보(사실상 임대차계약이 체결된 경우 포함)되는 것으로 한정된다(법 14조 2항 2호). 다만 국내 상속재산에 대한 가압류에 의해 보전된 피상속인 채무는 판결에 의해 내용이 확정되더라도 법 제14조 제 2 항 제 2 호에서 정한 '당해 상속재산을 목적으로 하는 담보권으로 담보된 채무'에 포함되지 않는다(판 2011. 7. 14, 2008두4275).

(나) 증여채무의 불인정 법 제14조 제 1 항 제 3 호 괄호부분은 상속개시 전 10년 이내에 피상속인이 상속인에게 진 증여채무와 상속개시일 전 5년 이내에 피상속인이 상속인 이외의 자에게 진 증여채무를 상속세과세가액에서 공제할 채무에서 제외시키고 있다. 이는 상속 전 증여재산 가액을 상속세과세가액에 포함시킨 법 제13조를 보완하는 조항으로서 실제로 채무가 있어도 일률적으로 공제가 부정된다. 이는 사전증여가 상속세 누진세율 회피를 위한 조세포탈 수단으로 악용되는 것을 방지하기 위한 것이다. 이 경우 수증인은 상속세를 부담하는 대신 증여채무 이행에 따른 증여세는 부담하지 않게 된다(법 2조 1항 나목 괄호).

다. 생전 증여재산의 가산

법은 피상속인이 상속개시일 전 10년 이내에 상속인에게 증여한 재산의 가액과 5년 이내에 상속인 이외의 자에게 증여한 재산의 가액을 상속재산에 가산하도록 하고 있다(법 13조 1항 1·2호).

이는 닥쳐오는 사망을 예견하여 피상속인 생전에 재산을 증여함으로써 사후에 누진과세되는 상속세를 경감하려고 할 것에 대비하기 위한 규정이다.[1] 여기에서 상속인이란 상속재산의 일부 또는 전부를 받는 자로서 수유자를 포함한다. 위 규정에 의해 수증재산을 상속세과세가액에 가산하더라도 그 재산이 상속재산으로 전환되는 것은 아니다(판 94. 8. 28, 94누2480).

1) 판 94. 8. 26, 94누2480. 헌 2002. 10. 31, 2002헌바43은 상속인 이외의 자에 대한 3년 이내의 생전 증여재산가액을 상속재산가액에 합산하도록 한 구상속세법(1996. 12. 30. 개정 전의 것) 제 4 조 제 1 항의 관련부분이 헌법상 재산권보장의 원칙 등에 반하는 규정으로 볼 수 없다고 하였다. 헌 2006. 7. 2, 2005헌가4도 같은 취지이다.

법 제46조의 비과세재산이나 법 제48조 제 1 항, 제52조 및 제52조의2 제 1 항에 따른 재산의 가액과 제47조 제 1 항에 따른 합산배제증여재산의 가액은 위 상속세과세가액에 가산하는 증여재산가액에 포함하지 아니한다(법 13조 3항).[1)]

아내가 남편으로부터 증여를 받아 배우자증여공제액을 뺀 나머지에 대하여 증여세를 납부한 후 이혼을 하고 남편이 사망하여 상속이 이루어진 경우 상속재산에 가산할 금액은 배우자증여공제액을 뺀 가액이 아닌 증여가액 전부이다(판 2012. 5. 9, 2012두720). 조세특례제한법상 증여세 면제대상이라고 하더라도 양자는 입법목적과 규율사항을 달리하므로 여전히 상속세 부과대상이 된다(판 95. 4. 14, 94누9276).

상증세법상 상속인에는 대습상속인도 포함되므로 손자가 부친의 사망으로 조부의 대습상속인이 된 경우 조부로부터 사전에 증여받은 재산 역시 상속세 과세가액에 포함된다(서울행판 2019. 3. 28, 2018구합63426).

라. 생전 처분재산·채무부담액의 과세가액 산입

(1) 규정의 내용

피상속인이 재산을 처분하여 받거나 피상속인의 재산에서 인출한 금액이 상속개시일 전 1년 이내에 재산 종류별로 계산하여 2억 원 이상인 경우와 상속개시일 전 2년 이내에 재산종류별로 계산하여 5억 원 이상인 경우로서 대통령령으로 정하는 바에 따라 용도가 객관적으로 명백하지 아니한 경우(법 15조 1항 1호), 피상속인이 부담한 채무를 합친 금액이 상속개시일 전 1년 이내에 2억 원 이상인 경우와 상속개시일 전 2년 이내에 5억 원 이상인 경우로서 대통령령으로 정하는 바에 따라 용도가 객관적으로 명백하지 아니한 경우(동 2호), 피상속인이 국가·지방자치단체 및 대통령령으로 정하는 금융회사 등이 아닌 자에 대하여 부담한 채무로서 대통령령으로 정하는 바에 따라 상속인이 변제할 의무가 없는 것으로 추정되는 경우(동 2항)에는 이를 위 제13조에 따른 상속세과세가액에 산입한다.

시행령 제11조 제 2 항 제 1 호 내지 제 5 호에서는, 위 '용도가 객관적으로 명백하지 아니한 경우'에 관하여 그 거래상대방이 거래증빙의 불비 등으로 확인되지 아니하는 경우 등 5가지를 규정하고 있다.

(2) 입법취지

위 규정은, 피상속인이 재산처분대금이나 차용금을 발견이 쉽지 않은 현금 상

1) 증여의제 재산과 관련하여 명시적 제외규정이 없던 개정 전 규정 아래에서 반대취지로 판단한 것으로 판 97. 7. 25, 96누13361.

태로 상속인에게 증여 또는 상속함으로써 상속세를 회피하는 것을 방지하기 위해 실질적인 입증책임의 전환을 인정한 것이다. 이를 추정규정으로 해석하는 한 위 조항이 조세법률주의나 재산권보장에 관한 헌법규정에 위배된다고 볼 수 없다(판 96. 8. 23, 95누13821). 망인인 피상속인이 자신의 예금채권을 그가 경영하던 회사의 대출금 채무와 상계함으로써 회사를 위하여 재산을 출연한 경우 그 원인관계가 밝혀지기 전에는 용도가 객관적으로 명백한 것이라고 단정할 수 없다(판 96. 11. 29, 95누15285; 99. 9. 3, 98두4993).

(3) 적용범위

시행령 제11조 제4항은 위 제2항 각 호에 의한 미입증금액이 처분 또는 인출대금이나 채무를 부담하고 받은 금액의 100분의 20과 2억 원 중 적은 쪽의 금액에 미달하는 경우에는 용도가 객관적으로 명백하지 아니한 것으로 추정하지 아니하며 그 금액 이상인 경우에는 위 각 금액 중 적은 금액을 차감한 금액을 용도가 객관적으로 명백하지 아니한 것으로 추정한다고 규정하고 있다.

예컨대 인출금액이 5억 원인데 3억 5천만 원만 용도를 입증한 경우 미입증액 1억 5천만 원이 '5억 원의 100분의 20인 1억 원과 2억 원 중 적은 금액'인 1억 원을 초과하므로 전부를 과세가액에서 공제받지 못하고, 1억 원을 차감한 5천만 원은 용도가 객관적으로 명백하지 않은 것으로 추정되어 과세가액에 산입하게 된다.

위 조항 소정의 「재산종류별」이라 함은 현금·예금 및 유가증권, 부동산 및 부동산에 관한 권리, 그 밖의 재산의 3가지로 분류된다(영 11조 5항).

채무는 법정기간 내인 한 발생원인을 불문한다(판 93. 1. 15, 92누7429).

법 제15조 제1항 제1호의 적용에 있어서 재산의 처분금액 및 인출금액의 계산은, 피상속인이 재산을 처분한 경우에는 처분가액 중 상속개시일 전 1년 또는 2년 이내에 실제 수입한 금액, 피상속인이 금전 등의 재산을 인출한 경우에는 상속재산 중 1년 또는 2년 이내에 실제 인출한 금전 등을 기준으로 한다(영 11조 1항). 기준한도를 초과하였는지 여부는, 규정 문언상 처분행위에 관하여는 처분대금의 수령 시, 채무부담에 관하여는 법률행위 시를 각각 기준으로 삼아야 할 것이다.

금전 등이 통장 또는 위탁자계좌 등을 통해 예입된 경우 위 기간 내에 인출한 금전 등의 합계액에서 당해 기간 중 예입된 금전 등의 합계액을 차감한 금전 등으로 하되, 그 예입된 금전 등이 당해 통장 또는 위탁자계좌 등에서 인출한 금전 등이 아닌 것을 제외한다(영 11조 1항 2호).

위 규정은 생전 재산의 처분금액을 상속세과세가액에 산입한다는 취지이지 재산 자체를 상속세과세가액에 산입한다는 취지가 아니다(판 94. 12. 2, 93누11166). 다만 그 처분가액이 확인되지 않는 경우 처분일 현재의 평가액에 의할 수밖에 없다(통칙 15-11…1 ①). 인출금과 관계없이 별도 조성된 금액은 인출금에서 제외하지 않으나 그 입증책임은 과세관청에게 있다(판 2006. 8. 24, 2004두3625).

부동산을 처분하고 대금을 모두 수령한 경우 등기명의가 피상속인 명의로 남아 있어도 처분가액이 과세가액에 산입되고 부동산을 상속재산으로 보지 않는다. 판례는 피상속인이 사망 전에 구입한 다액의 무기명채권이 증권회사를 통해 유통되거나 만기에 상환되지 않은 채 소재가 밝혀지지 않았다면 경험칙상 피상속인이 이를 사망 시까지 보관하고 있다가 상속된 것으로 추정된다고 보았다(판 92. 7. 10, 92누6761). 다만 위 규정에 따라 상속세과세가액에 포함되더라도 국세기본법 제24조 제 1 항의 '상속으로 받은 재산'에 포함되기 위해서는 과세관청이 상속재산 처분대금이 상속되어 위 재산에 포함되었다는 점을 입증하여야 한다(판 98. 12. 8, 98두3075). 그 입증은 간접사실의 입증으로 가능할 것이다(판 97. 9. 9, 97누2764).

3. 과세가액불산입

가. 공익사업에의 출연재산

(1) 법령의 내용

상속재산 중 피상속인이나 상속인이 종교·자선·학술 관련 사업 등 공익성을 고려하여 대통령령으로 정하는 사업을 하는 자("공익법인등")에게 출연한 재산의 가액으로서 제67조에 따른 신고기한(법령상 또는 행정상의 사유로 공익법인등의 설립이 지연되는 등 대통령령으로 정하는 부득이한 사유가 있는 경우에는 그 사유가 없어진 날이 속하는 달의 말일부터 6개월까지를 말한다) 이내에 출연한 재산의 가액은 상속세 과세가액에 산입하지 아니한다(법 16조 1항). 제 1 항에도 불구하고 내국법인의 의결권 있는 주식 또는 출자지분("주식등")을 공익법인등에 출연하는 경우로서 출연하는 주식등과 제 1 호의 주식등을 합한 것이 그 내국법인의 의결권 있는 발행주식총수 또는 출자총액(자기주식과 자기출자지분은 제외한다)의 제 2 호에 따른 비율을 초과하는 경우에는 그 초과하는 가액을 상속세 과세가액에 산입한다(동 2항).

1. 주식등: 다음 각 목의 주식등: 가목 내지 다목 생략

2. 비율: 100분의 10. 다만 다음 각 목에 해당하는 경우에는 각 목의 구분에 따른 비율 가. 다음의 요건을 모두 갖춘 공익법인등(나목 및 다목에 해당하는 공익법인등을

제외한다)에 출연하는 경우: 100분의 20 1), 2) 생략 **나**. 「독점규제 및 공정거래에 관한 법률」 제31조에 따른 상호출자제한기업집단과 특수관계에 있는 공익법인등: 100분의5 **다**. 제48조 제11항 각 호의 요건을 충족하지 못하는 공익법인등: 100분의 5[1)]

법은 특수관계 없는 공익법인 등에 의결권 있는 주식 등을 출연하는 경우로서 주무부장관이 공익목적 수행에 지장이 없다고 인정되는 경우 상속세과세가액에 산입하지 않는다는 취지와(동 3항) 그 재산에서 생긴 이익이 상속인에게 귀속되는 경우 다시 상속세 과세가액에 산입하는 규정(동 4항) 등을 두고 있다.

상속인이 상속재산 존재를 알지 못했다는 사정은 위 법 제16조 제1항 괄호의 '부득이한 사유'에 해당하지 않는다(판 2014. 10. 15, 2012두22706).

(2) 의 의

위 규정의 취지는, 문화의 향상과 사회복지 및 공익의 증진 등을 목적으로 하는 공익사업은 국가나 지방자치단체의 책무로서, 개인이 이들 공익사업에 출연하는 경우 국가가 장려, 촉진할 필요가 있으므로 그 출연재산을 과세가액에 불산입하되, 공익사업을 앞세우고 변칙적 재산출연행위를 하여 탈세수단으로 악용하거나 기업의 대주주가 공익법인에의 주식출연을 통해 기업에 대한 지배력은 그대로 유지하면서 상속세 부담을 줄이려는 것을 막기 위하여, 출연재산에 대하여 출연목적에 계속 사용하여야 한다는 조건을 부가하고, 기업에 대한 지배를 편법적으로 유지할 소지가 있는 경우를 정하여 이를 과세가액불산입 대상에서 일부 또는 전부 제외한 것이다. 특별히 공익법인 등에 출연된 의결권 있는 주식은 해당 영리법인을 간접적으로 지배하는 기회를 출연자에게 부여하는 반면 공익법인 등에게는 공익사업활동을 위한 중요한 재원 중 하나가 되므로 그에 대하여 어느 정도의 조세특례를 부여할 것인가가 1990년 이래 상증세법 개정의 주요 과제가 되어 왔다.[2)]

상증세법에서 공익사업에의 출연재산에 대하여 원칙적으로 그 범위에 제한 없이 과세가액에 산입하지 않는 것은 소득세법이나 법인세법에서 공익사업에의 기부금을 일정한 한도 내에서만 손금불산입하는 것과 대비된다.

---

1) 이 규정과 동일한 내용을 규정한 상증세법 제48조 제1항의 해석과 관련하여 대법원 2017. 4. 20. 선고 2011두21447 전원합의체 판결은, 위 나목의 특수관계에 해당하는 '최대주주 여부의 판단기준 시점'을 주식 출연 전이 아닌 출연 후 시점으로 보았다. 위 판결은 또한 "시행령 제19조 제2항 제4호에서 정한 '재산을 출연하여 비영리법인을 설립한 자'란 비영리법인의 설립에 실질적으로 지배적인 영향력을 행사한 자를 의미한다"고 하여 규정을 합목적적으로 제한해석하였다. 위 각 쟁점에 관하여는 반대의견이 있다. 관련 논의는, 한원교, 조세판례백선 3, 503면.

2) 관련 논의는, 이상신, "공익법인 세제의 문제점과 개선방안", 조세법연구 22-3, 385면. 오 윤, "기업집단 소속 공익법인 과세에 관한 고찰—상증세법상 의결권주식 과세를 중심으로—", 조세법연구 28-1, 351면.

(3) 요 건

위 조항에 따라 과세가액에 불산입되기 위하여는 현실적으로 법 제67조에 따른 상속세 신고기한 내(다만 시행령이 정한 부득이한 사유가 있는 경우에는 그 사유가 끝나는 날이 속하는 달의 말일부터 6개월까지)에 출연이 이행되어 법인이 소유권을 취득하여야 한다(영 13조 1항).

그 밖에 상속인이 공익법인 등에 상속재산을 출연하는 경우에는 다음 각 호의 요건을 충족하여야 한다(동 2항).

1. 상속인의 의사에 따라 상속받은 재산을 법 제16조 제 1 항에 따른 기한까지 출연할 것

2. 상속인이 제 1 호에 따라 출연된 공익법인 등의 이사의 선임 등 공익법인 등의 사업운영에 관한 중요사항을 결정할 권한을 가지지 아니하고, 이사 현원(5명에 미달하는 경우에는 5명으로 본다)의 5분의 1을 초과하여 이사가 되지 아니할 것.

상속인 출연의 경우와 피상속인 출연의 경우의 요건을 달리 한 것은 헌법상 조세법률주의나 평등의 원칙에 위반된다고 할 수 없다(판 97. 1. 24, 96누10461).

공동상속인들이 공익법인을 설립하여 상속재산을 출연하고 그 중 1인이 이사장이 된 경우 상속세과세가액 불산입 대상에서 제외되는 것은 출연재산 전부이지 이사로 취임한 상속인의 상속지분만에 한정되지 않는다(위 96누10461 판결).

나. 공익신탁재산에 대한 과세가액 불산입

상속재산 중 피상속인 또는 상속인이 공익신탁법에 따른 공익신탁으로서 종교·자선·학술 또는 그 밖의 공익을 목적으로 하는 신탁을 통하여 공익법인 등에 출연하는 재산의 가액은 과세가액에 산입하지 아니한다(법 17조 1항; 영 14조).

여기의 공익신탁은 위탁자, 수탁자 및 수익자가 존재하는 신탁법상 법률관계를 전제하고 있으므로, 단지 재산을 증여하면서 그 절차의 이행만을 타인에게 위임하는 법률관계는 이에 해당하지 않는다(판 2014. 10. 15, 2012두22706).

4. 상속세과세가액 공제

가. 기초공제

2억 원을 상속세 과세가액에서 공제한다(법 18조 1항). 기초공제는 피상속인이 비거주자인 경우에도 그 적용이 있다.

나. 배우자 상속공제

(1) 배우자 사이의 재산의 무상이전

법은 배우자에 대한 상속이나 증여 시 조세감경조치를 마련하고 있다. 상속의 경우 기본적으로 상속받은 금액 전부를 유산 전체에 대한 과세가액에서 공제하고, 증여의 경우에는 6억 원까지 배우자에 대한 증여세과세가액에서 공제한다(법 53조 1호). 이는 혼인 중 재산형성에 대한 배우자의 내조의 공을 평가한 것이다.

이에 관한 외국의 입법 예를 개관하면, 유산세제를 취하는 미국이나 영국은 상속이나 증여 모두 배우자 이전분을 전체 과세가액에서 공제하고, 유산취득세제를 취하는 독일과 일본 중 독일은 양쪽 모두 일정액의 공제방식을 취하며, 일본은 상속의 경우 상속세 과세가액 총액 중 배우자 법정상속분 상당액에 대응하는 세액을 배우자의 상속세액에서 공제하고 증여는 일정액 공제방식을 택하고 있다.[1)]

(2) 규정내용

배우자가 실제 상속받은 금액 전부를 기준으로, 다음 각 호의 금액 중 작은 금액을 한도로 상속세 과세가액에서 공제한다(법 19조 1항).

1. 다음 계산식에 따라 계산한 한도금액

   한도금액 = (A−B+C) × D−E

A: 대통령령으로 정하는 상속재산의 가액 B: 상속재산 중 상속인이 아닌 수유자가 유증 등을 받은 재산의 가액 C: 제13조 제1항 제1호에 해당하는 사전증여재산의 가액 D: 민법 제1009조에 따른 배우자의 법정상속분(공동상속인중 상속을 포기한 사람이 있는 경우에는 그 사람이 포기하지 아니한 경우의 배우자 법정상속분을 말한다) E: 배우자가 증여받은 사전증여재산에 대한 제55조 제1항에 따른 증여세 과세표준

2. 30억 원

다만 제1항에 따른 배우자 상속공제는 제67조에 따른 상속세과세표준 신고기한의 다음 날부터 9개월이 되는 날('배우자상속재산 분할기한')까지 배우자의 상속재산을 분할(등기·등록·명의개서 등을 요하는 경우에는 그 등기·등록·명의개서 등이 된 것에 한한다)한 경우에 적용한다. 이 경우 상속인은 상속재산의 분할사실을 배우자상속재산 분할기한까지 납세지 관할세무서장에게 신고하여야 한다(동 2항).

대통령령으로 정하는 부득이한 사유가 있고, 그 사유를 배우자상속재산 분할기한까지 납세지 관할세무서장에게 신고한 경우에는 배우자상속재산 분할기한 또는

---

1) 관련 논의는 김신언, "우리나라 배우자 상속공제제도에 관한 연구", 조세법연구 18-2, 377면.

부득이한 사유에 대한 소가 제기된 경우에는 그 소의 사유가 소멸된 날의 다음날부터 6개월이 되는 날까지 분할기한이 연장된다(동 3항).

배우자가 실제 상속받은 금액이 없거나 상속받은 금액이 5억 원 미만이면 위 규정에 불구하고 5억 원을 공제한다(동 4항). 따라서 공제의 최소한도는 신고유무에 관계없이 5억 원이다.

(3) 규정취지 및 해석

배우자간 상속은 세대 간 이전이 아닌 수평적 이전이므로 이를 감안하여 상속재산 중 민법상 법정상속분까지는 과세를 유보한 후 잔존배우자 사망 시 과세하자는 취지이다. 배우자상속공제는 기본적으로 1세대 1회 과세원칙 내지 부부공동재산의 지분분할론에 이론적 근거를 둔다.[1)]

근본적으로 우리 배우자 상속공제는 공제 혜택이 배우자뿐 아니라 공동상속인 전부에 귀속된다는 문제점을 지니고 있다. 이는 우리 상속세제가 유산세제를 취하면서 다른 한편 각자의 고유상속분이 존재하고 공동상속인은 전체 세액에 대한 연대납세의무를 부담하는 복잡한 구조로 되어 있는데서 기인된 것이다.

공동상속인 1인이 다른 공동상속인의 납세의무 부분에 대하여 연대납세의무 책임을 이행한 경우 다른 공동상속인에 대하여 구상이 가능할 것이지만 배우자가 배우자 상속공제의 혜택이 다른 공동상속인들에게도 귀속되었다는 이유로 다른 공동상속인에게 구상하는 것은 법 규정상 근거가 없는 것으로 이해된다.

단순히 법정 상속분에 따라 상속등기만을 한 경우는 위 규정에 따른 상속재산 분할에 해당하지 않으므로 배우자 상속공제를 적용받을 수 없다.[2)] 다만 분할사실을 과세관청에 신고하는 것은 배우자 상속공제의 요건으로 볼 수 없다.

배우자가 상속을 포기한 경우에도 최소공제액에 관한 배우자 공제혜택은 사라지지 않는다고 본다. 그러나 법적으로 상속권이 없는 사실상 혼인관계에 있는 내연의 처는 위 규정 적용대상에서 제외된다고 봄이 상당하다(통칙 19-0…1 ①).[3)]

판례는 '배우자가 실제 상속받은 금액'에 상속개시일 전 처분재산 등의 상속추정에 관한 규정에 의하여 상속받은 재산으로 추정되는 재산은 포함되지 않는다고

1) 관련 논의는, 김정식, "부부단위 과세제도의 입법론적 연구", 조세법연구 11-2, 395면.
2) 판 2018. 5. 15, 2018다219451(서울고판 2018. 2. 1, 2017나2052963에 대한 심리불속행 판결임). 그 밖에 피상속인이 유언 없이 사망하자 공동상속인인 배우자와 자식들이 배우자 상속공제 등의 과정을 거쳐 상속세를 신고하고, 상속재산 분할과 관련하여 이견이 있던 부동산을 제외한 나머지 부동산에 관하여 법정상속분에 따라 상속등기를 마친 사안에서, 협의분할 약정이 성립되었다고 보기 어렵다고 한 사례로 서울고판 2023. 5. 18, 2022누32308.
3) 관련 논의는, 안창남, "상속의 승인 및 포기와 상속세법", 조세법연구 10-2, 529면.

보았다(판 2005. 11. 10, 2005두3592). 규정상 불가피한 해석으로 여겨지나 입법론으로는 상속재산으로 추정된 처분대금 중 배우자의 법정 상속분에 따른 금원은 배우자 상속공제액에 포함시키는 것이 납세자와 과세관청 사이의 입증의 형평에 비추어 타당하다. 위 규정에 따르면 배우자의 사전 수증 재산은 상속세 과세가액에는 산입되나 배우자상속공제 한도액을 계산할 때에는 실제 상속재산이 아니라는 이유로 공제 계산에서 차감됨으로써 그만큼 배우자공제 한도가 줄어드나 해당 규정내용은 평등의 원칙이나 실질적 조세법률주의 등에 반하는 규정으로 볼 수 없다{헌 2002. 9. 19, 2001헌바101, 2002헌바37(병합)}.

다. 그 밖의 인적공제(법 20조 1항)

1. 자녀(태아를 포함한다): 1명당 5천만 원 2. 상속인(배우자는 제외한다) 및 동거가족 중 미성년자(태아를 포함한다): 1천만 원에 19세가 될 때까지의 연수를 곱하여 계산한 금액 3. 상속인 및 동거가족 중 65세 이상인 사람: 5천만 원 4. 상속인 및 동거가족 중 장애자: 1천만 원에 상속개시일 현재 통계법 제18조에 따라 통계청장이 승인하여 고시하는 통계표에 따른 성별·연령별 기대여명의 연수를 곱하여 계산한 금액

인적공제 중에서 미성년자공제는 자녀공제와, 장애자공제는 다른 공제와 중복하여 적용되나 그 밖의 다른 인적공제는 중복해서 적용될 수 없다. 2022. 12. 31. 개정법에서 명시적으로 태아를 인적공제의 대상에 포함시켰다.

라. 일괄공제(법 21조)

상속인이나 수유자는 법 제18조 제1항(기초공제: 2억 원)과 제20조 제1항(그 밖의 인적공제)에 따른 공제액을 합친 금액과 5억 원 중 큰 금액으로 공제받을 수 있다. 다만 제67조 및 국세기본법 제45조의3에 따른 신고가 없는 경우에는 5억 원을 공제한다(동 1항). 결국 배우자공제를 제외한 상속세의 최저공제한도액은 5억 원이다. 일괄공제는 피상속인 배우자의 단독상속의 경우에는 적용이 없다(동 2항).

마. 가업상속공제

(1) 총 설

가업상속공제제도는 피상속인이 영위하던 사업을 상속인이 승계 받는 경우 일정한 요건 아래 상속세를 공제해주는 제도로서 가업의 원활한 승계 및 중소기업 지원을 위해 독일의 제도를 본받아 1997년에 처음 도입되었다. 중소기업이 가업의

원활한 승계를 통해 기술과 경영 노하우 등이 전수되면서 계속기업으로 성장해 가는 것은 우리 사회가 중산층을 기반으로 안정적으로 발전하기 위한 필수적 요소이며, 피고용자를 일정 수준으로 유지하는 것을 사후관리요건으로 설정하여 부수적으로 고용유지의 효과도 도모하고 있다. 반면에 일부 사업주에 한해 상속세부담을 감경하는 것은 공평과세에 반한다는 견해도 있다. 이와 같은 사회경제적 효율과 세 부담 공평의 요구를 조화시키는 것이 가업상속공제 제도의 중요한 과제이다. 후술하는 가업승계 주식에 대한 증여세 과세특례가 조세를 상속시점까지 이연해 주는 것임에 반해 가업상속공제제도는 해당 조세를 영원히 면제해 주는 제도이다.

판례는 모법의 위임에 따라 '가업상속 범위와 기타 필요한 사항'을 규정한 시행령 제15조 제 3 항은 모법의 수임범위를 벗어나지 않은 유효한 규정이라고 보았다(판 2014. 3. 13. 2013두17206). 다만 형태가 다양한 가업상속에 관하여 몇 개의 추상적 조문만을 둔 현행 규정은 구체적인 경우 해석상 어려움이 많은 것이 사실이다. 내용상으로도, 비사업용 자산 과다보유기업에 대한 조세지원 문제, 가업재산의 보유기간 및 사용기간 통제, 가업상속재산의 범위 및 사업용 부채의 처리와 관련한 기업간 형평성 제고 등 많은 과제가 있는 것으로 지적되고 있다.[1)]

가업승계 지원을 위한 그 밖의 제도로, 창업자금에 대한 증여세 과세특례(조특법 30조의5), 상속세 연부연납제도(상증세법 71조) 등을 들 수 있다.

(2) 요 건

가업상속공제를 위해서는, ① 가업 요건, ② 피상속인 요건, ③ 상속인 요건 등을 모두 충족하여야 하고, ④ 공제를 받은 후 법이 정한 추징사유에 해당하지 않아야 한다(법 18조의2). 아래에서 각 요건에 관하여 살펴본다.

㈎ 가업에 관한 요건

'가업'이란 대통령령으로 정하는 중소기업 또는 대통령령으로 정하는 중견기업(상속이 개시되는 소득세 과세기간 또는 법인세 사업연도의 직전 3개 소득세 과세기간 또는 법인세 사업연도의 매출액의 평균금액이 5천억 원 이상인 기업은 제외)으로서 피

1) 관련 논의는, 류형구, "가업승계에 대한 조세지원제도의 연구", 조세법연구 21-1, 185면. 독일 상증세법의 가업승계세제에 관하여 독일헌법재판소는 2014. 12. 7.자 위헌(헌법불합치) 판결(BVerfG vom 17.12.2014 1 BvL 21/12, BeckRS 2014, 59427)에서, 중소기업의 존속과 고용유지를 위해 상속세 부담을 전부 또는 일부 제거시켜 줄 것인지는 입법자의 입법재량 범위에 속하지만 입법자는 구체적인 조세우대 수단을 결정할 때 충분히 정당한 근거를 갖추어야 하는 점에 비추어 당시 독일 상증세법 제13a조, 제13b조에 따른 우대세제는 필요성에 대한 검증 없이 대기업까지 그 적용대상으로 한다는 점에서 비례의 원칙에 반하고, 관리자산이 50퍼센트 미만의 요건만 충족하면 관리자산을 포함하는 모든 재산에 대하여 우대세제가 적용된다는 점에서 독일기본법(GG) 제 3 조 제 1 항에 규정된 평등원칙에 반한다고 판단하였다.

상속인이 10년 이상 계속하여 경영한 기업을 말한다(동조 1항).

'대통령령으로 정하는 중소기업 또는 중견기업'이란 시행령 제15조 제 1 항, 제 2 항을 모두 충족한 기업을 말한다(영 15조 1항. 예외사유 있음). 다만 가업이 중견기업에 해당하는 경우로서 가업을 상속받거나 받을 상속인의 가업상속재산 외에 받거나 받을 상속재산의 가액이 해당 상속인이 상속세로 납부할 금액에 대통령령으로 정하는 비율을 곱한 금액을 초과하는 경우는 제외된다(동조 2항).

㈏ 피상속인에 관한 요건

피상속인은 다음 요건을 모두 갖추어야 한다(법 18조의2 1항).

1) **거주자 요건** 피상속인은 거주자여야 한다.

2) **대표이사 요건** 가업 영위기간(피상속인이 10년 이상 계속하여 경영한 기간) 중 다음 각목의 어느 하나에 해당하는 기간을 대표이사 또는 대표자로 재직하여야 한다(영 15조 3항 1호 나목).

가. 50/100 이상의 기간 **나**. 10년 이상의 기간(상속인이 피상속인의 대표이사 등의 직을 승계하여 승계한 날부터 상속개시일까지 계속 재직한 경우로 한정한다)

다. 상속개시일부터 소급하여 10년 중 5년 이상의 기간

피상속인이 “상속개시일 현재” 가업에 종사하지 않았더라도 가업상속공제를 적용할 수 있다고 볼 것이다(같은 취지, 기획재정부 조세법령운용과-571, 2022. 5. 30.).

3) **최대출자자 요건** 시행령 제15조 제 1 항에 따른 중소기업 또는 중견기업의 최대주주등인 경우로서 피상속인과 그의 특수관계인의 주식등을 합하여 해당 기업의 발행주식총수등의 100분의 40(자본시장법 제 8 조의2 제 2 항에 따른 거래소 상장법인은 100분의 20) 이상을 10년 이상 계속하여 보유할 것(영 15조 3항 1호 가목).[1)]

㈐ 상속인에 관한 요건

상속인은 아래 각 목에서 정한, 1) 연령 요건, 2) 가업종사 요건, 3) 임원 및 대표자 취임 요건 등을 모두 갖추어야 한다. 상속인의 배우자가 위 각 요건을 모두 갖춘 경우에는 상속인이 그 요건을 갖춘 것으로 본다(법 18조의2 1항, 영 15조 3항 2호).

가목 내지 라목: 생략

1) 비상장회사를 20년 이상 경영한 대표이사 乙과 乙의 모(母) 丙이 회사 발행주식총수의 70%, 30%를 각각 보유하다가 乙이 丙으로부터 주식 일부를 증여받았는데, 그 후 10년이 경과하기 전에 乙이 사망하자 배우자인 丁이 乙 보유주식 전부를 상속받은 경우, 乙이 丙으로부터 증여받은 주식도 가업상속 공제대상에 해당한다고 한 사례; 판 2021. 8. 26, 2021두38741(서울고판 2021. 3. 26, 2020누52889의 심리불속행 판결임).

이 중 나.목의 가업 영위기간은 피상속인의 가업영위 기간을 의미하므로 피상속인이 부친으로부터 가업을 승계하여 상속인에게 넘겨 준 3대 기업의 경우 피상속인 부친의 경영기간은 포함되지 않는다(재산세제과-694, 2014. 10. 15).

가업 영위를 위해서는 피상속인이 해당 기업의 임면권 행사, 사업방침 결정 등 실질적으로 경영에 지배적 영향력을 행사할 것이 요구되고(영 2조의2 1항 3호), 대표이사로 재직하기 위해서는 대표이사로 등재할 것이 요구된다. 피상속인의 경우와 달리 부득이한 사유로 인한 예외가 인정되지 않는다.

법 제18조의2 제1항에 따른 가업상속이 이루어진 후에 가업상속 당시 최대주주 등에 해당하는 자의 사망으로 상속이 개시되는 경우에는 상속인과 피상속인 요건의 적용이 없다(영 15조 3항). 피상속인이 2개 이상 독립된 기업을 가업으로 영위한 경우의 해당 기업에 대한 가업상속 공제한도 및 공제순서 등은 기획재정부령으로 정한다(동 4항).

(3) 효　과

다음 각 목의 구분에 따른 금액을 한도로 하는 가업상속 재산가액에 상당하는 금액을 상속공제로서 공제한다(법 18조의2 1항).

가. 피상속인이 10년 이상 20년 미만 계속하여 경영한 경우: 300억 원

나. 피상속인이 20년 이상 30년 미만 계속하여 경영한 경우: 400억 원

다. 피상속인이 30년 이상 계속하여 경영한 경우: 600억 원

위 규정에서 "가업상속 재산가액"이란 다음 각 호의 구분에 따라 제3항 제2호의 요건을 모두 갖춘 상속인("가업상속인")이 받거나 받을 상속재산의 가액을 말한다(영 15조 5항).

1. 소득세법을 적용받는 가업: 가업에 직접 사용되는 토지, 건축물, 기계장치 등 사업용 자산의 가액에서 해당 자산에 담보된 채무액을 뺀 가액

2. 법인세법을 적용받는 가업: 가업에 해당하는 법인의 주식등의 가액[해당 주식등의 가액에 그 법인의 총자산가액(상속개시일 현재 법 제4장에 따라 평가한 가액) 중 상속개시일 현재 다음 각 목의 어느 하나에 해당하는 자산(상속개시일 현재를 기준으로 법 제4장에 따라 평가한 가액. "사업무관자산")을 제외한 자산가액이 차지하는 비율을 곱하여 계산한 금액에 해당하는 것을 말한다].

가.목 내지 라.목 생략.

마. 법인의 영업활동과 직접 관련이 없이 보유하고 있는 주식등, 채권 및 금융상품(라.목에 해당하는 것은 제외한다).

마.목의 사업무관 보유주식 등의 범위와 관련하여, 제조·판매업을 영위하는 A회사가 베트남 소재 자회사(1인 유한책임회사)로서 A회사 현지 생산공장 역할을 하던 B회사 지분을 보유한 것은 여기의 사업무관 자산에 포함되지 않는다.[1)]

(4) 사후관리

가업상속공제를 받은 상속인이 상속개시일부터 5년 이내에 대통령령으로 정하는 정당한 사유 없이 다음 각 호의 어느 하나에 해당하면 제 1 항에 따라 공제받은 금액에 해당일까지의 기간을 고려하여 대통령령으로 정하는 율을 곱하여 계산한 금액(제 1 호에 해당하는 경우에는 가업용 자산의 처분 비율을 추가로 곱한 금액)을 상속개시 당시의 상속세 과세가액에 산입하여 상속세를 부과한다. 이 경우 대통령령으로 정하는 바에 따른 이자상당액을 상속세에 가산한다(법 18조의2 5항).

1. 가업용 자산의 100분의 40 이상을 처분한 경우

2. 해당 상속인이 가업에 종사하지 아니하게 된 경우

3. 주식등을 상속받은 상속인의 지분이 감소한 경우. 다만 상속인이 상속받은 주식등을 제73조에 따라 물납하여 지분이 감소한 경우는 제외하되, 이 경우에도 상속인은 제22조 제 2 항에 따른 최대주주나 최대출자자에 해당하여야 한다.

4. 다음 각 목에 모두 해당하는 경우

가. 상속개시일부터 5년간 대통령령으로 정하는 정규직 근로자 수의 전체 평균이 상속개시일이 속하는 소득세 과세기간 또는 법인세 사업연도의 직전 2개 소득세 과세기간 또는 법인세 사업연도의 정규직근로자 수의 평균의 100분의 90에 미달하는 경우

나. 상속개시일부터 5년간 대통령령으로 정하는 총급여액의 전체 평균이 상속개시일이 속하는 소득세 과세기간 또는 법인세 사업연도의 직전 2개 소득세 과세기간 또는 법인세 사업연도의 총급여액의 평균의 100분의 90에 미달하는 경우

제 5 항에서 “대통령령으로 정하는 정당한 사유”란 다음 각 호에 해당하는 사유를 말한다(영 15조 8항). 1호 내지 3호: 생략

위와 같은 사후관리와 관련하여 가업승계에 관한 증여세 과세특례 규정과의 차이점 및 문제점에 관하여는 이 책 966면 참조.

피상속인 또는 상속인의 가업의 경영과 관련한 대통령령으로 정하는 탈세 또는 회계부정으로 형사처벌이 확정된 경우 공제가 배제된다(법 18조의2 8항).

추징의 경우 소득세법에 따라 납부하였거나 납부할 양도소득세가 있는 경우 대통령령으로 정하는 바에 따라 상속세 산출세액에서 공제한다(동 10항).

---

1) 판 2018. 7. 13, 2018두39713(서울고판 2018. 3. 13, 2017누71125의 심리불속행 판결). 판결에 대한 평석은, 김해마중, 윤여정, 판례실무연구 10, 389면.

바. 영농상속 공제

영농(양축, 영어 및 영림 포함)상속의 경우 영농상속 재산가액을 공제하되, 그 가액이 30억 원을 초과하는 경우 30억 원을 한도로 한다(법 18조의3). 그 요건에 관하여는 시행령 제16조 제 1 항 내지 제 3 항 참조.

영농상속공제도 가업상속공제와 같이 해당기간 내에 영농상속재산을 처분하거나 영농에 종사하지 아니하게 된 경우 추징규정과 가업의 경영과 관련된 탈세 또는 회계부정으로 인한 형사처벌시 공제배제에 관한 규정이 마련되어 있다(법 18조의3 4항 내지 6항).

가업상속 공제와 영농상속 공제는 동일한 상속재산에 대하여 동시에 적용하지 아니한다(법 18조의4).

사. 금융재산 상속공제

상속재산가액 중 대통령령으로 정하는 금융재산의 가액에서 대통령령으로 정하는 금융채무를 뺀 가액(순금융재산의 가액)이 있는 경우에는, 순금융재산의 가액이 2천만 원을 초과하는 경우에는 당해 금융재산의 가액의 100분의 20 또는 2천만 원 중 큰 금액, 순금융재산의 가액이 2천만 원 이하인 경우에는 당해 순금융재산의 가액을 상속세과세가액에서 공제한다. 다만 2억 원을 한도로 한다(법 22조 1항).

'금융재산'이란 금융기관 등이 취급하는 예금, 적금, 부금, 계금, 출자금, 신탁재산(금전신탁재산에 한함), 보험금, 공제금, 주식, 채권, 수익증권, 출자지분, 어음 등의 금전 및 유가증권과 그 밖에 기획재정부령이 정하는 것을 말한다(영 19조 1항).

이는 금융실명제 실시와 함께 금융재산의 세원노출이 명확하게 되어 실질적 세 부담이 증가한 점과 금융재산의 보유를 장려할 필요성에 따라 마련된 것이다.

금융재산에는 대통령령으로 정하는 최대주주 또는 최대출자자가 보유하고 있는 주식 등은 포함되지 아니한다(법 22조 2항).

상속개시 당시 조합 잔여재산이 있는 경우 피상속인이 사망으로 조합을 탈퇴하기 이전에 생긴 조합채무는 금융재산 상속공제에서 순금융재산의 가액을 산정할 때 차감되어야 할 금융채무로 볼 수 없다(판 2016. 5. 12, 2015두60167).

"대통령령으로 정하는 최대주주 또는 최대출자자"란 주주 등 1인과 그의 특수관계인의 보유주식 등을 합하여 그 보유주식 등의 합계가 가장 많은 경우의 해당 주주 등 1인과 그의 특수관계인 모두를 말한다(영 19조 2항).

일괄공제액(5억 원)과 배우자최소공제액(5억 원)을 합한 10억 원까지 상속세가 면제되므로 2억 원(10억 원의 20%)의 한도를 설정한 것이다. 금융재산의 경우 증여시마다 일정액(10년간 5천만 원)이 공제되므로 위 공제적용이 없다.

아. 재해손실공제

상속세신고기한(사망 후 6월) 이내에 화재·붕괴·폭발·환경오염사고 및 자연재해 등으로 인한 재난으로 상속재산이 멸실·훼손된 경우에는 그 손실가액을 상속세 과세가액에서 공제한다(법 23조 1항; 영 20조 1항, 보험금수령 등의 경우는 제외).

이는 납세의무 성립 후 일정기간 내에 담세력이 소멸한 경우 응능부담의 원칙에 따라 공제를 인정하여 준 것이다. 신고기한 이내에 사유가 발생할 것을 요건으로 한다는 점에서 상속세신고를 하거나 결정을 받은 자에게 인정되는 법 제79조의 상속세 경정청구권 특례규정과 대비된다. 증여세 신고기한(증여 후 3월) 내에 발생한 재해에 대하여도 동일한 공제혜택이 부여되어 있다(법 54조, 영 47조).

자. 동거주택 상속공제

1. 피상속인과 상속인(직계비속 및 민법 제1003조 제2항에 따라 상속인이 된 그 직계비속의 배우자인 경우로 한정한다)이 상속개시일부터 소급하여 10년 이상(상속인이 미성년자인 기간을 제외한다) 계속하여 하나의 주택에서 동거하고, 2. 피상속인과 상속인이 상속개시일부터 소급하여 10년 이상 계속하여 1세대를 구성하면서 대통령령으로 정하는 1세대 1주택에 해당하며, 3. 상속개시일 현재 무주택자이거나 피상속인과 공동으로 제 2 호에 따른 1세대 1주택을 보유한 자로서 피상속인과 동거한 상속인이 상속받은 주택일 것 등의 요건을 모두 갖춘 경우 그 상속주택가액(소득세법 89조 1항 3호에 따른 주택부수토지의 가액을 포함하되, 상속개시일 현재 해당주택 및 주택부수토지에 담보된 피상속인의 채무액을 뺀 가액을 말한다)의 100분의 100(6억 원을 한도로 한다)을 상속세과세가액에서 공제한다(법 23조의2 1항).

이 규정의 취지는 1세대 1주택 실수요자의 상속세 부담을 완화시키고 상속인의 주거안정을 도모하려는 데에 있다.

위 규정에서 '피상속인과 상속인이 상속개시일부터 소급하여 10년 이상 계속 동거한 주택'은 피상속인이 상속개시일부터 소급하여 10년 이상 계속 소유한 주택에 국한되지 않는다(판 2014. 6. 26, 2012두2474).

5. 과세표준과 세율

가. 과세표준

상속세의 과세표준이란 상속세의 세율을 적용하여 세액을 산출하기 위한 기초가 되는 금액이다. 상속세의 과세표준은 무제한납세의무자와 제한납세의무자에 따라 그 계산방법을 달리한다.

무제한납세의무자는 제13조에 따른 상속세과세가액에서 제18조, 제18조의2, 제18조의3, 제19조부터 제23조까지, 제23조의2 및 제24조의 규정에 따른 금액과 대통령령으로 정하는 상속재산의 감정평가 수수료를 차감하여 과세표준을 산정하는 반면(법 25조 1항), 피상속인이 비거주자인 제한납세의무자의 과세표준은 기초공제만을 적용하고 나머지 추가공제 및 인적공제 등은 적용하지 않는다.

상속세 과세가액 산정에 있어서 비거주자를 거주자와 구별하는 것은 평등권 등에 위배되지 않는다(헌 2001. 12. 20, 2001헌바25).

나. 세 율

상속세율은 1억 원 이하인 경우 100분의 10에서부터 30억 원을 초과하는 경우 초과분에 대하여 100분의 50에 이르기까지 각 단계별로 누진과세된다(법 26조).

법은 상속·증여간 세율 및 과세구간을 통일하여 양자 사이에 세 부담이 중립적이도록 하였다. 일반적으로 증여를 상속보다 중과할 경우 세 부담을 우려하여 노년세대에서 젊은 세대로 재산이전이 원활하게 이루어지지 않고 그에 따라 부의 동결효과가 발생하여 경제활동이 활성화되지 않는 부작용이 발생할 우려가 있다.

상속·증여에 대한 지나친 고세율 구조는 상속세나 증여세에 대한 혐오감정을 조장하여 조세포탈이나 회피 등 역효과를 낳게 된다. 따라서 상속과세의 주안점은 세율의 고저보다는 세원을 체계적으로 파악하고 세액을 자진하여 신고하고 납부하는 풍토를 고양하여 과세영역을 넓히는 쪽에 두어야 할 것이다.

다. 세대를 건너뛴 상속에 대한 할증과세

상속인이나 수유자가 피상속인의 자녀를 제외한 직계비속인 경우에는 법 제26조에 따른 상속세산출세액에 상속재산(13조에 따라 상속재산에 가산한 증여재산 중 상속인이나 수유자가 받은 증여재산 포함) 중 그 상속인 또는 수유자가 받았거나 받을 재산이 차지하는 비율을 곱하여 계산한 금액의 100분의 30(피상속인 자녀를 제외한 직계비속이면서 미성년자에 해당하는 상속인 또는 수유자가 받았거나 받을 상속재산의 가액이 20억 원을 초과하는 경우 100분의 40)에 상당하는 금액을 가산한다. 다만 민법 제1001조에 따른 대습상속의 경우에는 그러하지 아니하다(법 27조).

세대를 건너뛴 상속 또는 증여란 예컨대 할아버지가 아들이 생존하고 있음에도 불구하고 손자에게 재산을 유증 또는 증여하는 것을 말한다. '세대생략방법에 의한 재산의 무상이전'이라고도 한다. 과세의 이론적 근거는 '1세대 1회 과세원칙', 즉 상속과세를 1세대간 재산의 무상이전에 대한 과세로 이해하는 데 있다.

세대를 건너 재산을 무상취득하는 자는 대부분 연령이 어려 재산을 적정하게 이용하지 못하기 때문에 국민경제적으로 바람직하지 않고 재산을 직계친족 집단내로 집중시키면서 중간에 생략이전되는 세대가 부담했어야 할 조세부담을 회피하게 되므로 이를 방지하고자 하는 데에 규정취지가 있다. 다만 이에 관한 각국의 과세 실태는 일정하지 않다. 미국의 경우 강력한 제재규정을 두고 있는 데 반하여 영국이나 독일은 아무런 제재장치를 두고 있지 않고, 일본은 1촌 등의 혈족과 배우자 이외의 자가 상속하는 경우에만 상속세액의 20%를 가산하고 있다.

피상속인의 최근친 직계비속(피상속인 자녀)이 사망했거나 상속이 결격되어 직계비속(피상속인 손자녀)이 대습상속하는 경우에는 할증과세가 적용되지 않는다(법 27조). 민법상 피상속인의 직계비속이 상속개시 전 모두 사망하거나 상속이 결격된 경우 손자녀들은 대습상속을 하는 것으로 보므로(판 2001. 3. 9, 99다13157), 대습상속이 아닌데 할증과세되는 것은 피상속인이 자녀가 생존하고 있음에도 손자녀에게 재산을 유증한 후 사망하여 상속이 개시되는 경우 또는 피상속인 자녀들이 모두 상속을 포기하여 손자녀들이 직접 조부모로부터 본위상속을 하는 경우로 한정된다.

6. 세액공제

가. 증여세액공제

상속재산에 가산된 증여재산이 있는 경우에는 증여세액(증여 당시의 당해 증여재산에 대한 증여세산출세액)을 상속세산출세액에서 공제한다(법 28조 1항 본문).

이 경우 공제할 증여세액은 증여재산에 대하여 부과된 또는 부과될 증여세액 혹은 비과세 증여재산의 경우는 과세대상인 것으로 가정하여 산출된 증여세액 상당액이다(판 79. 6. 12, 77누304).

증여세 과세표준에 세율을 적용하여 산출한 금액을 의미하므로, 법 제55조 제1항 제4호에 따라 제53조의 증여재산공제를 적용한 증여세액을 공제하여야 한다.[1] 세대생략 증여에 따른 할증가산액도 포함된다(판 2018. 12. 13, 2016두54275).[2]

그 공제액은 ① 수증자가 상속인이나 수유자가 아닌 경우에는 상속세산출세액에 상속재산(13조에 따라 상속재산에 가산한 증여재산을 포함한다)의 과세표준에 대하여 가산한 증여재산의 과세표준이 차지하는 비율을 곱하여 계산한 금액, ② 수증자가 상속인이거나 수유자이면 그 상속인이나 수유자 각자가 납부할 상속세액에 그 상속인 또는 수유자가 받았거나 받을 상속재산에 대하여 대통령령으로 정하는 바에 따라 계산한 과세표준에 대하여 가산한 증여재산의 과세표준이 차지하는 비율을 곱하여 계산한 금액을 각 한도로 한다(동 2항).

이는 증여세액 공제제도의 취지가 증여세 이중과세를 배제하기 위한 데에 있는데, 공제비율이 사전 증여재산을 가산한데 따른 누진효과를 넘어서는 경우(법 13조 1항 참조) 제도의 취지에 반하므로 한도액을 설정한 것이다. 증여재산에 대하여 부과권 제척기간이 만료되어 증여세가 부과되지 않는 경우와 상속세 과세가액이 5억 원 이하인 경우는 적용에서 제외된다(법 28조 1항 단서).

여기의 증여재산이란 상속개시 전에 증여이행이 끝난 재산을 말하고, 증여약정만 체결된 상태에서 상속이 개시된 경우 그 재산은 여전히 상속재산이고 피상속인의 수증자에 대한 증여채무는 상속세과세가액에서 공제된다(법 14조 1항 3호 참조).

나. 외국납부세액공제

외국의 상속재산은 소재지국에서 상속세가 과세되며, 동시에 피상속인 주소가 국내에 있는 경우 우리나라 법의 적용을 받기 때문에(법 3조 1호 참조) 소재지국과 주소지국(우리나라)에서 이중으로 상속세 부담을 안게 된다. 이를 시정하기 위래

1) 판 2017. 5. 26, 2017두35738(서울고판 2017. 2. 10, 2016누63356의 심리불속행 판결임). 다만 판 2012. 5. 9, 2012두720은 증여 당시 배우자인 수증자가 배우자증여공제를 받았다가 상속개시 당시에는 이혼하여 배우자상속공제를 받을 수 없게 된 경우, 상속재산에 가산할 금액은 배우자증여공제액을 뺀 가액이 아닌 증여가액 전부이고, 나아가 법 제28조 제1항에 따라 상속세 산출세액에서 공제할 증여세액은 실제로 납부된 증여세액이 아니라 증여한 재산가액에 대하여 배우자증여공제를 하지 않았을 때의 증여세 산출세액이라고 보았다.

2) 이는 증여자(조부모)가 자녀가 생존해 있음에도 손자녀에게 증여하여 할증과세가 이루어진 후, 자녀가 먼저 사망한 상태에서 증여자가 사망하여 손자녀가 대습상속을 한 경우, 생전 증여재산의 상속세 합산과세에서 공제할 증여세액에 세대생략 증여에 따른 할증가산액이 포함된다고 본 것이다. 대습상속 이외에 손자녀가 유증을 받은 경우나 직접 조부모로부터 본위상속을 하여 할증과세가 적용되는 때에도 마찬가지로 볼 것이다.

법은 외국납부세액공제(국외상속재산면제)제도를 택하고 있다(법 29조; 영 21조).[1)]

공제할 외국납부세액은 상속세 산출세액에 법 제25조 제1항의 규정에 따른 상속세 과세표준 중 외국 법령에 따라 상속세가 부과된 상속재산의 과세표준(당해 외국의 법령에 의한 상속세의 과세표준을 말한다)에 해당하는 금액이 차지하는 비율을 곱하여 계산한 금액에 의한다. 다만 그 금액이 외국의 법령에 의하여 부과된 상속세액을 초과하는 경우에는 그 상속세액을 한도로 한다(영 21조 1항).

다. 단기재상속에 대한 세액공제

(1) 의 의

「상속개시 후 10년 이내에 상속인이나 수유자의 사망으로 다시 상속이 개시되는 경우에는 전의 상속세가 부과된 상속재산(제13조에 따라 상속재산에 가산하는 증여재산 중 상속인이나 수유자가 받은 증여재산을 포함한다) 중 재상속되는 상속재산에 대한 전의 상속세 상당액을 상속세산출세액에서 공제한다」(법 30조 1항).

이는 상속인의 과중한 부담을 감안하여 1세대 1회 과세원칙을 완화한 것이다.

(2) 공제범위

공제되는 세액은 아래의 산식에 1년 이내는 100/100, 그 다음부터는 매 1년마다 10%씩 감축한 비율(최종 10년 이내는 10/100)에 따른 공제액이다(법 30조 2항).

$$\text{전의 상속세산출세액} \times \frac{\text{재상속분의 재산가액} \times \dfrac{\text{전의 상속세과세가액}}{\text{전의 상속재산가액}}}{\text{전의 상속세과세가액}}$$

공제 범위는 상속세 산출세액에서 제28조에 따라 공제되는 증여세액 및 제29조에 따라 공제되는 외국 납부세액을 차감한 금액을 한도로 한다(법 30조 3항).

'전의 상속재산가액'에는 피상속인의 생전 증여재산이나 법률상 상속재산으로 간주되는 재산가액 등이 모두 포함된다(판 2004. 7. 9, 2002두11196).

(3) 동시사망의 추정과 단기재상속 세액공제

부모 동시사망 추정의 경우 부와 모의 상속재산에 대해 따로 따로 과세하므로 단기재상속 세액공제 문제는 발생하지 않으나(통칙 13-0…2), 같은 날짜에 시차를 두고 사망한 경우에는 후에 사망한 자의 상속세과세가액에 먼저 사망한 자의 상속지분이 합산되어 있으면 단기재상속 세액공제를 하여야 한다(통칙 13-0…1).

1) 관련 논의는, 문종국, "외국세액공제제도", 조세법연구 2, 94면.

제 6 절 신고와 납부, 과세표준과 세액의 결정 및 통지

1. 신고와 납부

가. 신고와 신고세액공제

상속세 납부의무가 있는 상속인 또는 수유자는 상속개시일이 속하는 달의 말일부터 6개월(피상속인이나 상속인이 외국에 주소를 둔 경우에는 9개월) 이내에 상속재산의 종류·수량·평가가액·재산분할 및 각종 공제 등을 증명할 수 있는 서류 등을 첨부하여 납세지 관할세무서장에게 과세가액 및 과세표준을 신고하고 정당한 산출세액을 납세지관할세무서, 한국은행 또는 우체국에 납부하여야 한다(법 67조 1항, 2항, 4항, 법 70조 1항). 다만 위 기간은 유언집행자 또는 상속재산관리인에 대해서는 그들이 위 기간 내에 지정되거나 선임되는 경우에 한정하며, 그 지정되거나 선임되는 날부터 계산한다(법 67조 3항).

신고기한까지 상속인이 확정되지 아니한 경우에는 제 1 항의 신고와는 별도로 상속인이 확정된 날부터 30일 이내에 확정된 상속인의 상속관계를 적어 납세지 관할세무서장에게 제출하여야 한다(같은 조 5항).

신고기한 내에 신고하면 납부 여부를 불문하고 상속세산출세액(법 제27조에 따라 산출세액에 가산하는 금액 포함)에서, 1. 제74조에 따라 징수를 유예받은 금액, 2. 이 법 또는 다른 법률에 따라 산출세액에서 공제되거나 감면되는 금액을 각 공제한 금액의 3/100의 감면 혜택이 있다(법 69조 1항).

상속재산을 과다평가하여 신고한 경우 정당한 평가가액을 기초로 한다(판 2006. 8. 24, 2004두3625). 다만 신고한 과세표준이 동일하다면 산정방법에 오류가 있어도 공제대상에 포함된다(판 2009. 10. 29, 2007두19508). 상속재산에 가산한 증여재산에 대한 증여세액은 상속세 신고세액에서 차감하여 신고세액 공제액을 계산하나(판 2000. 5. 26, 98두15115), 상속재산에 가산할 증여재산 자체를 신고누락한 경우 그 누락분 증여세액은 상속세 신고세액에서 공제할 수 없다(판 2006. 8. 24, 2004두3625).

신고세액 공제제도는 증여세에 있어서도 동일하게 적용된다(법 69조 2항). 납부세액이 1천만 원을 초과하는 경우 분납규정이 있다(법 70조 2항).

법 제67조 제 1 항의 신고기한 후에 상속재산관리인이 선임되더라도 특별한 사정이 없는 한 새로이 신고기한이 기산되지 않는다(판 2014. 8. 26, 2012두2498).

나. 가 산 세

가산세에 관한 현행 법 체계는 개별법에 별도로 규율할 필요성이 있는 일부 내용은 개별법에서 규율하고 그 이외 각 세목의 공통사항으로 마련된 신고·납부불성실가산세 등은 국세기본법에서 통일적으로 규율하고 있다.

국세기본법상 과소신고 가산세 판단기준인 '신고하여야 할 과세표준에 미달한 금액'은 '신고하여야 할 과세표준'에서 '신고한 과세표준'을 공제한 금액인데, 통상 복수의 재산으로 구성되고 재산별로 평가방법이 다른 상속재산의 특성상 여기의 '신고한 과세표준'의 의미가 문제된다. 이에 관하여 판례는, 우리 상증세법이 유산세 방식을 채택함에 따라 상속재산 신고 시 개개의 상속재산 가액보다는 상속재산 전체 가액이 중요한 의미를 가지므로 어느 한 쪽 상속재산의 과다신고금액을 '신고한 과세표준'에 포함시켜 신고불성실가산세를 산정하는 것이 타당하다고 보았다(판 2005. 9. 15, 2003두12271). 법상 과세가액에 포함되는 사전증여재산에 대하여 증여세 신고불성실가산세가 부과되었다면 그 사전증여재산가액은 신고불성실가산세 산출기준이 되는 신고하여야 할 과세표준에서 제외된다(판 97. 7. 25, 96누13361).

연부연납이나 물납 신청을 철회하였더라도 신고납부기한 다음 날부터 그 철회시까지 기간에 대하여 납부불성실가산세를 부과할 수 없다(판 95. 10. 12, 95누1705). 그러나 부적법한 물납신청을 하면서 신청금액을 납부하지 않으면 납부불성실가산세의 부과를 면할 수 없다(판 2005. 9. 30, 2004두2356).

그 밖에 상증세법상 가산세의 구체적인 내용은 법 제78조 참조.

2. 과세표준과 세액의 결정 및 통지

가. 원 칙

상속세는 과세표준과 세액이 정부의 결정에 의해 구체적으로 확정된다. 세무서장 등은 일단 납세의무자의 신고를 기다려 그에 기초하여 상속세 과세표준과 세액을 조사·결정하게 되나 신고가 없거나 신고한 과세표준과 세액에 탈루 또는 오류가 있으면 과세표준과 세액을 조사, 결정하게 되므로(법 76조 1항 참조), 납세자의 신고의무는 협력의무로서 그로써 세액을 확정하거나 신고한 납세의무자를 기속하는 등의 법률효과가 발생하는 것은 아니다(판 91. 9. 10, 91다16952). 다만 과세관청은 법정신고기한이 경과하기를 기다려 부과처분을 하여야 하므로, 상속세나 증여세의 부과권 제척기간(기본법 26조의2 4항)은 신고기한 다음 날부터 진행된다.

세무서장 등은 국세징수법 소정의 납기 전 징수사유가 있는 경우 위 신고기한 이전이라도 수시로 과세표준과 세액을 결정할 수 있고(법 76조 2항), 위 제1·2항에 따라 과세표준을 결정할 수 없거나 결정 후 과세표준과 세액에 탈루 또는 오류가 있는 것을 발견한 경우에는 즉시 이를 조사하여 결정하거나 경정한다(동 4항).

과세가액이 30억 원 이상으로서 상속개시 후 대통령령으로 정하는 주요재산의 가액이 증가한 경우에 관하여는 조사·결정에 관한 특칙이 있다(동 5항).

세무서장 등은 납세의무자의 신고를 받은 날부터 대통령령으로 정하는 기간('법정결정기한') 이내에 과세표준과 세액을 결정하여야 하고, 부득이하게 위 기간 내에 결정할 수 없는 경우에는 그 사유를 상속인 등에게 통지하여야 한다(법 76조 3항). 법정결정기한은 상속세는 상속세과세표준 신고기한부터 9개월, 증여세는 증여세과세표준 신고기한부터 6개월이다(영 78조 1항).

나. 상속세 경정청구권의 특례

제67조에 따라 상속세과세표준 및 세액을 신고한 자 또는 제76조에 따라 상속세과세표준 및 세액의 결정 또는 경정을 받은 자로서, 상속재산에 대한 상속회복청구소송 등 대통령령으로 정하는 사유로 인하여 상속개시일 현재 상속인간 상속재산가액의 변동이 있는 경우(1호)와 상속개시 후 1년이 되는 날까지 상속재산의 수용 등 대통령령으로 정하는 사유로 인하여 상속재산의 가액이 현저히 하락한 경우(2호)에는 그 사유가 발생한 날로부터 6개월 이내에 대통령령으로 정하는 바에 의하여 결정 또는 경정을 청구할 수 있다(법 79조 1항; 영 81조 2, 3항).

부동산 무상사용 및 금전의 무상대부에 따라 증여세과세를 받은 자가 그 사용 및 대부기간 중 상속 또는 증여를 받은 경우와 타인의 재산을 무상으로 담보로 제공하고 금전 등을 차입하여 법 제42조에 따른 증여세를 과세받은 자가 같은 조 제2항의 담보 제공기간 중에 담보 제공자로부터 해당 재산을 상속 또는 증여받거나 대통령령으로 정하는 사유로 해당 금전을 무상 또는 적정이자율보다 낮은 이자율로 차입하지 않게 된 경우에 관하여는 별도의 경정청구 규정이 있다(법 79조 2항 및 3항). 유류분반환청구권 행사로 공동상속인 범위나 상속재산 비율이 달라지는 경우 별도의 규정이 없으나 입법적으로 경정청구 대상에 포함시켜야 할 것이다.[1)]

1) 관련 논의는, 김두형, "유류분청구를 둘러싼 상속세 과세문제에 관한 연구", 조세법연구 16-2, 67면.

다. 과세표준과 세액의 결정통지

세무서장 등은 제76조에 따라 결정한 과세표준과 세액을 상속인·수유자 또는 수증자에게 납세고지서에 과세표준과 세액의 계산명세서를 첨부하여 통지하여야 한다. 상속인이나 수유자가 2명 이상인 경우 모두에게 통지하여야 한다(법 77조).

3. 납세의무의 완화

가. 연부연납

상속세나 증여세는 일시납부가 원칙이나 통상적으로 납부할 세액이 고액이고 재산의 환가도 어려운 경우가 많기 때문에 이를 나누어 낼 수 있는 제도를 두고 있다. 즉, 세액이 2천만 원을 초과하는 경우에는 상당한 담보를 제공하고 관할세무서장에게 청구하여 연부연납을 허가받을 수 있다(법 71조 1항; 영 67조 내지 69조).

연부연납의 최대허용기간은, (i) 상속세의 경우 제18조의 2에 따라 가업상속공제를 받았거나 대통령령으로 정하는 요건에 따라 중소기업 또는 중견기업을 상속받은 경우의 대통령령으로 정하는 상속재산(유아교육법 7조 3호에 따른 사립유치원에 직접 사용하는 재산 등 대통령령으로 정하는 재산을 포함한다)의 경우에는 연부연납 허가일부터 20년 또는 연납허가 후 10년이 되는 날부터 10년, 그 이외에는 연부연납 허가일로부터 10년이며, (ii) 증여세의 경우에는 조특법 제30조의6에 따른 과세특례를 적용받은 증여재산은 연부연납 허가일부터 15년, 그 이외에는 연부연납 허가일로부터 5년이다. 위 각 기간의 범위에서 해당 납세의무자가 신청한 기간을 연부연납 기간으로 하되, 각 회분의 분할납부 세액이 1천만 원을 초과하도록 정해야 한다(법 71조 2항).

연부연납 신청시기는 원칙적으로 과세표준 신고 시이나 과세관청의 고지세액에 대하여는 당해 납세고지서 납부기한(법 4조의2 6항에 따른 연대납세의무자의 경우에는 납부통지서상의 납부기한)까지 신청서를 제출할 수 있다(영 67조 1항).

신청을 받은 세무서장은 법이 정한 일정한 기간 내에 허가여부를 통지하여야 하며 당해 기간까지 허가 여부에 대한 서면을 발송하지 않은 때에는 허가한 것으로 본다(영 67조 2항). 법 소정의 납세담보를 제공하여 연부연납 허가를 신청하는 경우 신청일에 허가받은 것으로 본다(법 71조 1항 후단).

연부연납제도는 납세의무자에게 분할납부 및 기한유예 편의를 제공할 뿐 납세의무자의 납세자력 유무와는 직접 관련이 없다. 따라서 연부연납 허가요건이 갖추어져 있고 납세자가 납세담보를 제공하여 법정기한까지 신청서를 제출한 경우 세무서장은 연부연납을 허가하여야 한다(판 92. 4. 10, 91누9374).

각 회분 분할납부 세액에 대하여 가산금이 부가되며(법 72조; 영 69조), 연부연납세액을 연체하거나 담보를 변경한 경우 등에는 연부연납허가가 취소된다(법 71조 4항). 연부연납제도는 일부규정을 제외하고는 증여세에도 적용된다.

가업상속공제를 적용받은 상속인이 사후관리 규정을 위반하게 되어 상속세 및 증여세법 제18의2 제 9 항에 따라 상속세 상당액(추징세액)을 신고하는 경우, 동 추징세액에 대해서도 연부연납이 적용되고, 이 경우 상증세법 제71조 제 2 항 제 1 호의 연부연납기간 특례기간이 적용된다(기획재정부 재산세제과-1039, 2023. 9. 4.)

나. 물 납

(1) 의 의

세금은 현금납부가 원칙이나(징수법 12조 참조), 상속세는 세액이 다액이고 대상 재산의 처분에 시간이 필요한 경우가 많아 현금납부 원칙을 고수하면 납세자가 큰 경제적 어려움에 봉착한다. 법은 이러한 납세자의 납부의 어려움을 덜어 주고 원활한 세수 확보를 위해 물납제도를 두고 있다. 특히 토지나 비상장주식과 같이 평가가 어려운 재산의 경우 과세관청의 평가액이 과세가액과 물납가액에 동시에 작용하므로 물납은 시가평가 한계를 보완하는 기능을 갖기도 한다. 물납은 상속세에만 적용된다. 물납의 법률적 성격은 공법상의 대물변제적 성격을 갖는 행정처분으로 볼 것이다.

(2) 요 건

일반적인 물납허가는, ① 확정된 조세채무에 대하여 납세자의 적법한 신청이 있음을 전제로, ② 금전으로 이행할 수 없는 정당한 사유가 있는 때에, ③ 당해 상속받은 재산 중 관리·처분에 적당한 부동산과 유가증권에 대하여 한다.

①의 물납신청서는 과세표준신고와 함께 제출하거나 법 제77조에 따른 과세표준과 세액의 결정통지를 받은 후 납부기한까지 제출하여야 한다(법 73조 1항; 영 70조 1항, 67조 1항). 기한을 지난 허가신청은 부적법하다(판 92. 4. 10, 91누9374).

②의 요건과 관련하여, 상속재산 중 부동산과 유가증권 가액이 전체의 1/2을 초과하고, 납부세액이 2천만 원을 초과하며, 상속세 납부세액이 상속재산 가액 중 대통령령으로 정하는 금융재산 가액을 초과하여야 한다(법 73조 1항 1호 내지 3호).

③의 요건과 관련하여, 물납을 신청한 재산의 관리·처분이 적당하지 아니하다고 인정되는 경우는 제외되며(법 73조 1항 단서, 2항), 물납대상 재산은 국내소재 부동산, 국채·공채·주권·내국법인이 발행한 채권, 증권, 그 밖에 기획재정부령이 정하는 유가증권에 한하고(영 74조 1항), 그 순위는 정당한 사유가 없는 한, 1. 국채 및 공채, 2. 상장주식, 3. 국내소재 부동산, 4. 기타 유가증권(1,2,5호 제외) 5. 거래소에 상장되어 있지 아니한 법인의 주식, 6. 상속인이 거주하는 주택 및 부수토지의 순이다(영 74조 2항).

물납을 청구할 수 있는 납부세액은 '당해 상속재산인 부동산 및 유가증권의 가액에 대한 상속세 납부세액'을 한도로 하되, 납부세액을 납부하는데 적합한 가액의 물건이 없을 때에는 예외가 인정된다(영 73조 1항, 2항).

특별한 사정이 없는 한 시행령 제73조 제2항 소정의 요건이 갖추어진 경우에만 규정 한도를 초과하여 물납을 허가할 수 있다(판 2013. 4. 11, 2010두19942). 1주 단위로 물납할 수 있는 비상장주식은 당해 상속재산 납부세액에 상당하는 수량으로 납부세액을 물납할 수 있으므로 시행령 제73조 제2항 요건에 해당하지 않고, 이는 상속재산인 비상장주식 중 일부만 물납을 허가할 경우 나머지 부분의 경제적 가치가 잔존 비율만큼 유지되지 않더라도 마찬가지이다(위 2010두19942판결).

위 요건에 해당하면 세무서장은 원칙적으로 물납을 허가하여야 한다. 즉, 이는 기속행위이다. 다만 세무서장은, 물납대상 부동산에 재산권이 설정되어 있거나 물납신청한 토지와 그 지상건물의 소유자가 다른 경우 등 법이 정한 사유로 관리·처분이 부적당하다고 인정되는 경우 물납을 허가하지 않거나 관리·처분이 가능한 다른 물납대상재산으로의 변경을 명할 수 있다(영 71조 1항). 변경명령을 받은 자가 기한 내에 변경신청을 하지 않으면 물납 신청은 효력을 상실한다(영 72조).

그 밖에 물납에 부적합한 재산으로는, 정기예금증서(판 89. 5. 9, 88누3833), 공원용지 등으로 고시되어 분할이 불가능한 부동산, 공유지분, 소송계류중인 재산 등을 예로 들 수 있다. 법 제73조에 따라 물납에 충당한 부동산 및 유가증권의 수납가액은 일부 예외사유를 제외하고는 원칙적으로 상속재산의 가액이다(영 75조).

(3) 문화유산·미술품에 대한 물납

상속세 납부세액이 (i) 2천만 원을 초과하고, (ii) 상속재산가액 중 대통령령으로 정하는 금융재산의 가액(제13조에 따라 상속재산에 가산하는 증여재산의 가액 제외)을 초과하는 경우, 납세의무자는 상속재산인 일정한 문화유산 및 미술품("문화유산 등")에 대한 물납을 신청할 수 있다. 그 내용 및 절차는 법 제73조의 2 참조.

(4) 효　과

물납이 허가되면 그 대상인 조세채무의 내용은 금전채무에서 물납대상인 물건 급부의무로 변경되며, 물납의 이행이 완결된 때에 당해 조세채무는 소멸한다.

물납허가로 인하여 변경된 조세채무인 물건의 급여를 내용으로 하는 채무도 당초의 금전채무와 동일성이 유지되므로 시효의 대상이 된다고 보아야 할 것이다.

다. 가업상속에 대한 상속세의 납부유예

법 제72조의2 참조.

이 규정은 중소기업에 해당하는 가업을 상속받은 경우 상속인의 선택에 따라 가업상속공제를 받는 대신 상속세의 납부유예 허가를 받을 수 있도록 하여 중소기업의 원활한 가업 승계를 지원하기 위한 취지에서 2022. 12. 31. 상증세법 개정 시 신설된 것이다.

라. 문화재자료 등에 대한 상속세 징수유예: 법 74조 1 항, 영 76조 참조.

제 2 장

증 여 세

제 1 절 총　　설

1. 증여세의 의의

증여세는 재산의 수증을 과세물건으로 하여 부과되는 국세이다. 증여세와 상속세는 모두 부의 무상이전을 과세원인으로 하나 상속세가 피상속인의 사망을 계기로 무상이전되는 피상속인 유산을 과세대상으로 하는 반면 증여세는 수증자가 생전에 취득한 재산을 과세대상으로 하는 점에서 서로 다르다(법 2조 6호; 4조 1항).

증여세는 일반적으로 상속세를 보완하는 역할을 하며, 증여세에 관한 규정중 상당부분이 상속세 회피수단으로 증여가 이루어지는 것을 방지하려는 취지를 담고 있다. 그러나 근래의 일반적 견해와 같이 소득개념을 순자산증가설의 입장에서 파악하면 수증도 소득을 구성하며, 다만 대가적 출연 없이 일시적이고 집중적으로 발생하므로 세목을 달리하여 증여세로 부과하는 것이라고 볼 수 있다.

2. 납세의무자

가. 거주자와 비거주자

(1) 거주자: 무제한적 납세의무자

「수증자가 거주자(본점 또는 주된 사무소의 소재지가 국내에 있는 비영리법인을 포함한다)인 경우에는 제 4 조에 따라 증여세 과세대상이 되는 모든 증여재산에 대하여 납세의무를 진다」(법 4조의2 1항 1호).

거주자란 국내에 주소를 두거나 183일 이상 거소를 둔 사람을 말하며 비거주자란 거주자가 아닌 사람을 말한다(법 2조 8호).

우리 법제상 증여세의 납세의무자는 수증자이다. 증여세의 납세의무자를 수증자로 하는 입법은 피상속인의 유산전체를 대상으로 상속세액을 산정하는 유산세제 아래에서는 이례적인 것이다. 외국의 예를 보더라도 미국이나 영국과 같이 유산세제를 취하는 나라에서는 모두 증여자를 납세의무자로 하고 있고, 독일·일본과 같이 유산취득세제를 채택하고 있는 국가에서는 수증자를 납세의무자로 삼고 있다.

거주자에는 비영리법인이 포함되므로 비영리법인도 증여세 납세의무의 주체가 된다. 영리법인은 납세의무자가 아니나 아래에서 보는 바와 같이 일정한 경우 해당 법인의 주주 등에 대하여 증여세가 부과된다.

(2) 비거주자: 제한적 납세의무자

「수증자가 비거주자(본점 또는 주된 사무소의 소재지가 국내에 없는 비영리법인을 포함한다)인 경우에는 제 4 조에 따라 증여세 과세대상이 되는 국내에 있는 모든 증여재산에 대해서 납세의무를 진다」(법 4조의2 1항 2호).

거주자가 비거주자에게 국외에 있는 재산을 증여(증여자의 사망으로 인하여 효력이 발생하는 증여는 제외한다)하는 경우 그 증여자는 국제조세조정에 관한 법률에 따라 증여세를 납부할 의무가 있다. 다만 수증자가 증여자의 국세기본법 제 2 조 제20호에 따른 특수관계인이 아닌 경우로서 해당 재산에 대하여 외국의 법령에 따라 증여세(실질적으로 이와 같은 성질을 가지는 조세 포함)가 부과되는 경우(세액을 면제받는 경우 포함)에는 증여세 납부의무를 면제한다(국조법 35조 2항). 이 경우 거주자는 본점이나 주된 사무소의 소재지가 국내에 있는 비영리법인을 포함하며, 비거주자는 본점이나 주된 사무소의 소재지가 국내에 없는 비영리법인을 포함한다(국조법 35조 1항). 비거주자의 경우 증여재산공제가 허용되지 아니한다(법 53조 참조).

나. 영리법인과 비영리법인

영리법인의 무상수증익은 법인의 익금에 가산되어 법인세가 부과되므로(법령 11조 5호) 이중과세를 피하기 위해 증여세 과세대상에서 제외한다.

비영리법인이 재산을 증여받는 경우에는 증여세 납세의무가 있다(법 4조의2 1항 1호 괄호). 국내법인인지 외국법인인지 여부는 불문한다. 원칙적으로 비영리법인은 수익사업에 대해서만 법인세를 부담하므로 수익사업과 관련되지 않은 증여재산에 대해서는 증여세 납세의무를 지운 것이다. 따라서 수익사업에 대하여 법인세가 부과되는 때에는 증여세 납부의무는 면제된다. 공익법인 등이 출연받은 재산에 대하여는 증여세 과세가액에서 제외하는 별도의 규정을 두고 있다(법 48조).

다. 명의신탁 증여의제에 따른 증여세의 납세의무자

「제1항에도 불구하고 제45조의2에 따라 재산을 증여한 것으로 보는 경우(명의자가 영리법인인 경우를 포함한다)에는 실제소유자가 해당 재산에 대하여 증여세를 납부할 의무가 있다」(법 4조의2 2항).

종전에는 명의수탁자를 납세의무자로 하던 것을 2018. 12. 31. 법 개정 시 납세의무자를 실제소유자인 명의신탁자로 변경하였다. 아울러 과세의 실효성 및 적정성을 확보하기 위하여 명의수탁자의 물적 납세의무 규정과 증여재산 합산 및 공제배제 규정(법 47조 1항 및 제55조 1항 3호)을 함께 신설하였다.

라. 명의수탁자의 물적 납세의무

「실제소유자가 제45조의2에 따른 증여세·가산금 또는 강제징수비를 체납한 경우에 그 실제소유자의 다른 재산에 대하여 강제징수를 하여도 징수할 금액에 미치지 못하는 경우에는 국세징수법에서 정하는 바에 따라 제45조의2에 따라 명의자에게 증여한 것으로 보는 재산으로써 납세의무자인 실제소유자의 증여세·가산금 또는 강제징수비를 징수할 수 있다」(법 4조의2 9항).

명의신탁 증여의제에 따른 명의수탁자의 물적 납세의무는 명의신탁자의 무자력을 요건으로 하여 성립한다. 관련 논의는 이 책 130면 참조.

마. 증여자의 연대납세의무

「증여자는 다음 각 호의 어느 하나에 해당하는 경우에는 수증자가 납부할 증여세를 연대하여 납부할 의무가 있다. 다만 제4조 제1항 제2호 및 제3호, 제35조부터 제39조까지, 제39조의2, 제39조의3, 제40조, 제41조의2부터 제41조의5까지, 제42조, 제42조의2, 제42조의3, 제45조, 제45조의3부터 제45조의5까지 및 제48조(출연자가 해당 공익법인의 운영에 책임이 없는 경우로서 대통령령으로 정하는 경우만 해당한다)에 해당하는 경우는 제외한다」(법 4조의2 6항).

1. 수증자의 주소나 거소가 분명하지 아니한 경우로서 증여세에 대한 조세채권을 확보하기 곤란한 경우
2. 수증자가 증여세를 납부할 능력이 없다고 인정되는 경우로서 강제징수를 하여도 증여세에 대한 조세채권을 확보하기 곤란한 경우
3. 수증자가 비거주자인 경우

위 단서의 경우에 포함되지 않는 경우는, 무상으로 이전받은 재산 또는 이익(법 4조 1항 1호), 신탁이익의 증여(법 33조), 보험금의 증여(법 34조)등 세 가지이다. 이 경우는 증여 합의의 존재를 쉽게 인정할 수 있고, 증여가액 산정이 용이한 경우이므로 수증자의 사정에 불구하고 증여자의 연대납세의무를 인정한 것이다.

여기의 증여자의 연대납부의무는 주된 납세의무자인 수증자의 납세의무가 부과고지를 통해 확정된 상태에서의 연대납부책임이다(판 92. 2. 25, 91누12813).

수증자가 사망하여 그 상속인이 수증자의 증여세 납세의무를 국세기본법 제24조 제 1 항에 따라 상속재산의 한도에서 승계하였더라도 증여자의 연대납세의무가 그 범위로 제한되지는 않는다.[1)]

연대납부책임을 지지 않는 상태에서 증여자가 증여세를 납부하는 경우 그 납부세액은 수증자에 대한 새로운 증여를 구성하게 된다.[2)] 결국 우리 법제 아래에서 수증자의 실제 수증이익은 증여세 공제 후의 재산가액이다.

수증자에게 납세의무가 부과되지 않거나 부과된 납세의무가 취소되면 증여자의 책임도 소멸한다(판 79. 2. 29, 71누110).

바. 납세의무의 면제

「제 1 항에도 불구하고 제35조부터 제37조까지 또는 제41조의4에 해당하는 경우로서 수증자가 증여세를 납부할 능력이 없다고 인정되는 경우로서 강제징수를 하여도 증여세에 대한 조세채권을 확보하기 곤란한 경우에는 그에 상당하는 증여세의 전부 또는 일부를 면제한다」(법 4조의2 5항).

면제 대상이 되는 경우는, 저가양수나 고가 양도(법 35조), 채무면제(법 36조), 부동산 무상사용(법 37조), 금전 무상대출(법 41조의4) 등에 의한 증여의 경우이다. 이들은 통상의 증여보다 담세력이 약하고, 과세가액을 산정하는 데 어려움이 있는 점 등을 감안하여 조세채권의 집행당시를 기준으로 수증자 본인의 납부능력이 없는 경우 증여세를 감면하도록 한 것이다.

---

1) 종전 명의신탁 증여의제 규정과 관련하여 동일한 법리를 판시한 것으로 판 2017. 7. 18, 2015두50290.

2) 판 94. 9. 13, 94누3698 등. 다만 판례는 종전 법령 아래에서, 타인의 명의를 도용하여 피도용자에게 명의신탁 증여의제에 따른 증여세가 부과되자 명의도용자가 해당 증여세를 납부한 경우 명의도용자가 피도용자에 대한 손해배상책임을 이행하는 방편으로 피도용자에게 부과된 증여세를 납부한 것이므로 그 납부세액에 관하여 피도용자에게 별도로 증여를 구성하지 않는다고 보았다. 판 2004. 7. 8, 2002두11288.

제 2 절 증여의 의의

1. 총 설

사법상 증여란 당사자 일방이 무상으로 재산을 상대방에게 수여하는 의사표시를 하고 상대방이 이를 승낙함으로써 그 효력이 생기는 무상·편무계약을 가리킨다(민법 554조). 그러나 세법상 증여를 민법상 증여계약에만 국한시키면 여러 가지 형태의 조세회피행위가 만연될 위험이 높고 이는 공평과세의 원칙을 해치게 되므로 이에 대한 세법적 조정이나 규제는 불가피하다.

우리 상증세법은 2003. 12. 30. 법 개정으로 증여세에 있어서 포괄주의 과세방식을 전면적으로 도입하고 그 후 현재에 이르기까지 수차례 개정을 통해 입법을 보완하여 왔다. 아래에서 먼저 현행 법의 체계와 내용의 개요를 살펴본다.

2. 우리 법의 체계

우리 상증세법 제 2 조 제 6 호는, 「'증여'란 그 행위 또는 거래의 명칭·형식·목적 등과 관계없이 직접 또는 간접적인 방법으로 타인에게 무상으로 유형·무형의 재산 또는 이익을 이전(현저히 낮은 대가를 받고 이전하는 경우를 포함한다)하거나 타인의 재산가치를 증가시키는 것을 말한다. 다만 유증, 사인증여, 유언대용신탁 및 수익자연속신탁은 제외한다」고 하여 증여의 개념을 포괄적으로 정의하고 있다.

한편, 같은 조 제 7 호는 증여재산에 관하여, 「'증여재산'이란 증여로 인하여 수증자에게 귀속되는 모든 재산 또는 이익을 말하며, 다음 각목의 물건, 권리 및 이익을 포함한다」고 하여, 가. 금전으로 환산할 수 있는 경제적 가치가 있는 모든 물건, 나. 재산적 가치가 있는 법률상 또는 사실상의 모든 권리, 다. 금전으로 환산할 수 있는 모든 경제적 이익을 규정하고 있다.

다음, 법 제 4 조 제 1 항은 제 1 호 내지 6호로 증여세 과세대상에 관하여 규정하고 있다. 이 중 제 1 호 내지 3호는 일반적인 증여, 제 4 호와 5호는 개별적 증여에 관한 것이고, 제 6 호는 보충적 규정이다. 특히 제 3 호의 '재산취득 후 가치증가익'은 소득세와 증여세의 준별을 기본으로 삼는 우리 세법 체계에서 그 경계의 구분에 관한 어려운 문제를 제기하고 있다.

법은 증여재산가액 계산의 일반원칙에 관한 규정을 두어 포괄주의 과세에 있어서 증여재산 평가의 어려움에 대응하고 있다(법 31조). 현행 법상 증여의제 규정으로는, 명의신탁재산의 증여의제(법 45조의2), 특수관계법인간 거래를 통한 이익의 증여의제(법 45조의3), 특정법인과의 거래를 통한 이익의 증여의제(법 45조의5) 가 있고, 증여추정 규정으로는 배우자 등에 대한 양도 시의 증여추정(법 44조)이 있다. 그 밖에 재산취득자금 등에 대한 증여추정규정(법 45조)을 두고 있다.

증여세과세체계

2025. 1. 1. 현재

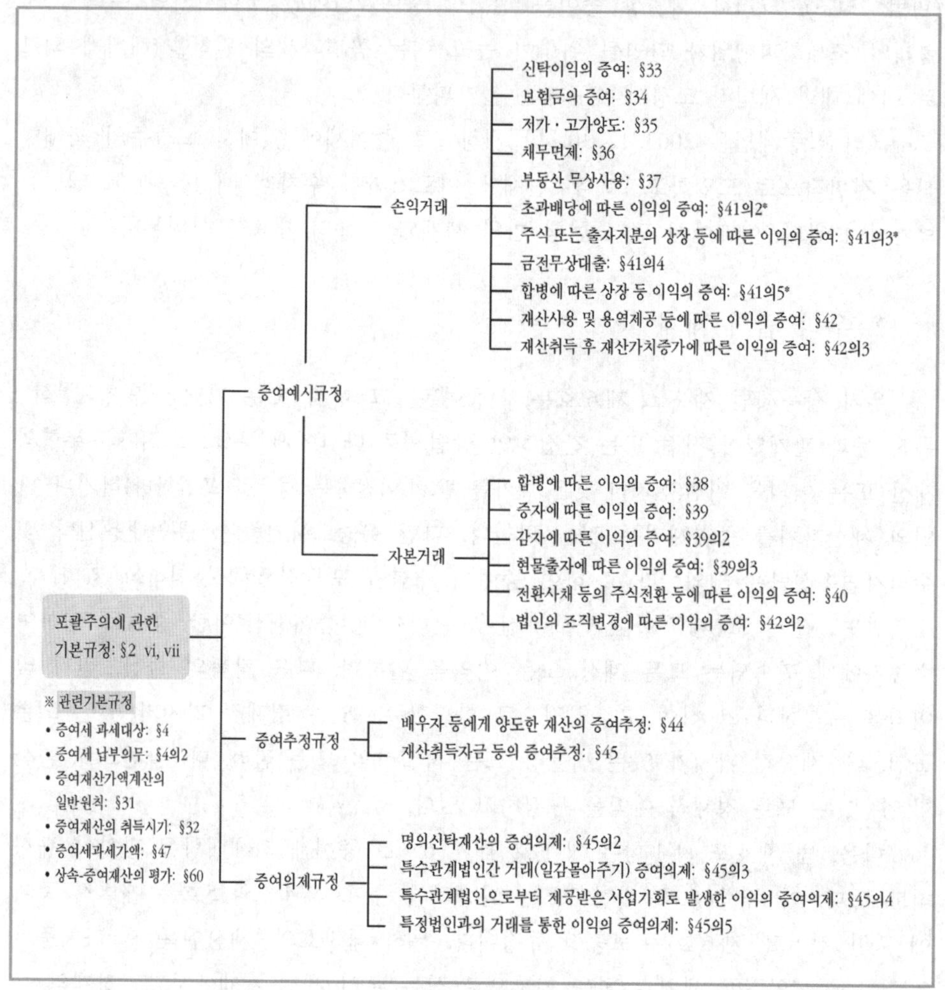

앞의 도표에서 보는 바와 같이 법 제4조 제1항 제4호에 제시된 개별 증여 규정은 과세가액의 산정방식과 관련하여 크게, 증여재산의 이전이 손익거래를 통해 이루어지는 경우와 자본거래를 통해 이루어지는 경우로 나누어 볼 수 있다.

이 중 자본거래를 통해 증여재산이 이전되는 경우는, (1) 이익의 분여가 '법인'이라는 단체를 통해 이루어지고, (2) 이익을 분여 받는 자가 주식 발행법인으로부터 발행주식을 교부받아 스스로 주주가 된다는 공통된 특성을 갖는다. 이익을 분여 받는 측에서 자신이 교부받은 발행주식의 가치에 미달하는 출자를 주식발행법인에 행함으로써 특수관계에 있는 해당 법인의 기존주주와의 사이에 이익의 이전이 이루어지고, 그 과정에서 주식발행회사의 1주당 발행주식의 가치가 저하됨에 따라 회사의 주주가 되는 수증자 스스로도 그와 같은 주식가치 저하에 따른 손실을 분담하게 된다(주식가치의 희석화 효과). 이와 관련하여 법인세법시행령 제88조 제6항은 위와 같은 자본거래를 통해 특수관계인에게 이익을 분여한 경우 익금에 산입할 금액의 계산에 관하여 상증세법의 관련규정을 준용하도록 하여 이익을 분여한 측으로부터 이탈된 재산의 크기를 분여받은 측의 수증이익과 일치시키고 있다. 이에 반하여 특수관계인 사이에 법인의 형태를 이용하여 증여재산의 이전이 이루어지더라도 수증자가 이를 계기로 중간에 매개가 된 법인으로부터 주식을 발행받아 새로운 주주가 되는 경우가 아니라면 이와 같은 주식가치의 희석화 효과는 발생하지 않고, 이 점에서 이는 손익거래를 이용한 증여의 한 형태로 분류된다. 앞의 도표의 손익거래 중 끝에 *로 표시된 세 가지 경우가 여기에 해당된다. 한편 법인의 조직변경에 따른 이익의 증여(42조의2)의 경우 조직변경의 특성상 손익거래와 자본거래 모두가 그 대상에 포함되나 수증이익의 산정에 있어서 자본거래와 동일하게 취급되는 점을 고려하여 자본거래 쪽으로 분류하였다.

3. 세법상 증여개념의 분석

총론의 차용개념에 관한 부분에서도 살펴보았듯이 세법이 사법상 용어를 사용하는 경우 법적 실질을 따져보는 것이 필요하다. 증여의 개념에 관하여 민법 제554조는 별도 규정을 두고 있으나, 민법의 다른 규정이 적용되더라도 증여의 실질이 포함된 경우 증여 법리의 적용대상에서 제외될 수 없으며, 민법상 증여의 법리가 반드시 당사자 사이에 증여계약이 체결된 경우에만 적용되는 것도 아니다. 예컨대 채권의 무상양도는 채무자와의 관계에서 단독행위에 해당하고 민법은 이에 관하여 별도의 규정을 두고 있으나(민법 제449조 내지 452조), 채권양수인과의 관계에서는 채권의 증여에 해당하며 이 경우 당연히 민법 제554조의 적용대상이 된다. 부동산 저가양도의 경우에도 법적 형식은 매매이나 그 실질은 사법상으로도 매매와 증여의 혼합계약에 해당하며, 이 중 증여에 해당하는 부분은 증여에 관한 법리가 적용되어야 한다. 예컨대 당사자가 시가와의 차액을 증여할 의도로 1억 원짜리 물건을 1천만 원에 양도한 경우 그 차액 9천만 원은 사법상으로도 증여된 것이다. 대지의 무상제공이나 금전의 무상대여 역시 마찬가지이다. 민법상 전자는 사용대차에 해당하고 후자는 소비대차에 해당하나, 그 실질은 대지나 금전 사용권의 무상제공이다. 특정한 물건의 사용권을 표창하는 지위(콘도나 헬스 회원권 등)를 무상으로 양도하는 경우 이 역시 사법상 증여에 해당함에 의문이 없다. 이와 같은 권리의 무상제공이 다른 법률관계와 함께 섞여 다른 법적 형태로 규정되었다고 하여 법적 실질이 달라진다고 볼 수 없다. 따라서 사법상 증여의 개념에 따르더라도 이 부분은 증여세 과세대상으로 보아야 한다.[1)]

이와 달리 경제적 실질은 증여와 동일하나 법적 형식은 물론 법적인 실질도 사법상 증여로 보기 어려운 경우에는 조세법률주의의 입장에서 증여에 관한 별도의 개념규정이나 과세요건 규정이 필요하다. 그 예로서 채무면제와 법인을 이용한 주주 사이의 부의 무상이전을 들 수 있다. 채무면제의 경우 세계 각국이 예외 없이 증여세 과세대상으로 규정하고 우리 법도 동일하나, 채무의 면제가 증여를 가장한 경우가 아닌 한 이를 증여세 과세대상으로 삼기 위해서는 세법상 증여에 관한 포괄적 개념규정이나 과세대상으로 규정하는 입법이 필요할 것이다.

마지막으로, 신주인수권 포기와 같이 법인을 통한 자본거래를 이용하여 주주간 부의 무상이전이 이루어지는 경우이다. 이 경우에도 경제적 실질이나 담세력 차원에서 증여세 과세의 필요가 있으나, 문제는 별도 규정 없이도 증여세 과세대상으로 삼을 수 있는가이다. 이 경우에는 중간에 법인격체가 개입된다는 점에서, 그리고 부의 무상이전이 주주간 자본거래를 통해 이루어진다는 점에서 최소한 이와 같은 형태의 거래를 포괄하는 증여개념이 필요하다. 이 경우 증여이익 평가방법이나 소득과세와의 영역 구분 등도 문제가 된다. 이에 관하여는 뒤에서 다시 살펴본다.

---

1) 다만 판례는 구상속세법(1994. 12. 22. 개정 전의 것) 제29조의2 제 1 항(현행 법 4조의2 1항)의 해석과 관련하여, 대지의 무상제공이 민법상 사용대차에 해당하므로 증여세 과세대상이 아니라고 보았다(판 96. 2. 27, 95누13197). 미국 연방대법원 판례는 금전의 무상대여와 관련하여 증여세 과세를 긍정한 바 있다(Esther C. Dickman et al., v. Commissioner of Internal Revenue, Feb. 22, 1984).

4. 증여세 포괄주의에 관한 논의

가. 증여세 포괄주의에 대한 찬반 논거

증여세 포괄주의를 찬성하는 논거로는, 1) 응능과세의 원칙과 실질과세의 원칙에 따라 변칙적인 상속이나 증여의 경우에도 경제적 측면에서 무상의 소득 증가를 발생시킨 경우에는 정상적인 상속·증여와 동일한 세 부담을 지울 필요가 있는 점, 2) 완전포괄주의의 도입은 헌법 제23조 제2항과 제37조 제2항에 따른 정당한 조치로서 탈법적 조세회피행위에 대처하기 위한 유효적절한 수단이라는 점, 3) 우리나라는 심각한 빈부격차가 사회적 갈등요인이 되고 있고, 특히 기업을 통한 변칙적이고 불법적인 부의 세습이 만연하고 있는데 이를 사전에 예방하기 위한 방어벽이 필요하다는 점 등이 거론된다.[1)]

이에 반하여 증여세 포괄주의에 반대하는 견해는, 주로 조세법률주의에 입각하여, 법률에는 일반규정만 둔 채 구체적 과세요건을 하위법령에 위임하는 방식은 포괄위임입법을 금지하는 과세요건법정주의나 과세요건명확주의에 어긋난다는 점과 조세법이 특정인 또는 특정집단에게 불리하게 적용되어 오히려 조세공평주의에 위배된다는 점 등을 문제점으로 들고 있다.[2)]

나. 증여세 포괄주의에 관한 외국의 입법 예

미국 내국세입법(I. R. C) 제2510조는 「증여에 의한 재산의 이전에 대하여 증여세를 부과한다」고 규정하면서 제2511조 a항 d에서 「제2510조에 의하여 부과되는 증여세는 재산의 이전이 신탁이든 그 밖의 것이든, 증여가 직접적이든 간접적이든, 재산이 부동산이든 동산이든, 유형이든 무형이든 묻지 않고 적용된다」고 포괄적으로 정의하고 있고, 판례 역시 세법상 증여개념을 넓게 인정한다.[3)]

독일의 경우 상속세 및 증여세법(Erbschaftsteuer- und Schenkungssteuergesetz) 제1

---

1) 이동식, "변칙상속·증여에 대한 적정과세", 조세법연구 7, 94면 내지 104면; 성낙인 외 2, "상속세 및 증여세의 완전포괄주의 도입방안에 관한 연구", 서울대학교 법학 제44권(2003), 330면. 완전포괄주의 입법을 위한 현행 규정의 개정방향에 관하여 논한 것으로, 안세준, "증여세 완전포괄주의와 본래의미의 증여세 포괄주의", 조세법연구 27-1, 419면.

2) 김두형, "완전포괄주의 증여의제 입법의 문제점", JURIST(2003. 5), 109면. 최명근, "상속과세 유형전환 및 합리화에 관한 연구", 한국경제연구원 연구보고서(2002), 159면.

3) 금전 무상대여에 관한 Esther C. Dickman et al., v. Commissioner of Internal Revenue, Feb. 22, 1984.

조에서 상속세 및 증여세 과세대상을 규정하면서, 제 1 항 제 2 호에서 생존자간 증여를 증여세과세대상으로 규정하고 있다. 같은 법 제 7 조 제 1 항은 별도로 증여로 간주하는 10가지 유형을 규정하고 있는데, 그 중 제 1 호에서 「생존자간에 수증자가 증여자의 비용으로 대가성 없이 하는 모든 재산의 출연행위로 이득을 얻은 혐의가 있는 경우」를 규정하고 있고, 학설은 이 규정을 증여유사 출연행위를 증여로 규율하기 위한 포괄적 의제규정으로 이해하고 있다.

일본은 상속세법 제 4 조부터 8조까지 증여로 보는 개별적 규정들을 열거하는 한편 제 9 조에서 「위 규정 외에 대가를 지급하지 아니하거나 현저히 낮은 가액의 대가로 이익을 받은 경우」를 과세대상으로 파악하는 포괄적 보충규정을 두고 있다. 그 밖에 상속세법 제64조 제 1 항은 동족회사의 행위계산부인의 경우 그에 대응하는 상속세나 증여세의 경감 부인 규정을 두고 있다.

다. 2015. 12. 15. 개정 전 법 제 2 조 제 3 항의 효력

2015. 12. 15. 개정 전 제 2 조 제 3 항은, 「이 법에서 “증여”란 그 행위 또는 거래의 명칭·형식·목적 등과 관계없이 경제적 가치를 계산할 수 있는 유형·무형의 재산을 직접 또는 간접적인 방법으로 타인에게 무상으로 이전(현저히 저렴한 대가를 받고 이전하는 경우 포함)하는 것 또는 기여에 의하여 타인의 재산가치를 증가시키는 것을 말한다」고 규정하였는데, 그와 같은 일반규정만으로 증여세 과세가 가능한지 여부가 문제되었다.

우리 상증세법은 증여세 포괄주의를 채택하면서 개별 증여규정들을 증여의 예시적 규정 내지 과세가액 산정방식에 관한 규정으로 설정하는 한편 기본규정으로 위 조항을 설정하였다. 그와 같은 입법 취지와 법 체계 및 규정 형태 등에 비추어 볼 때, 위 조항을 위헌무효로 보지 않는 한 이를 단순한 선언적 규정만으로 이해하기는 어렵다. 다만 구체적인 경우에 과세가액의 산정방법 등을 어떻게 정할 것인가 하는 것은 법원의 법 보충작업이 수반되어야 하므로 현행 규정상 그와 같은 법 보충작업이 통상적인 방법으로 불가능하다면 과세는 불가능하다고 보아야 한다. 또한 법에 평가방법에 관한 규정이 있더라도 그것이 실질적 담세력을 초과하여 적정하지 않은 경우 합헌적 효력을 인정하기 어려울 것이다. 결국 위 규정의 효력 및 적용범위의 문제는 예측가능하고 적정한 증여재산의 평가방법이 있는가의 문제로 수렴된다. 규정의 효력과 관련하여서는 특별히 ‘타인의 기여에 의한 재산가치의 증가’ 부분이 문제된다. 관련 내용은 이 책 923면 참조.

판례는, 특수관계인이 결손법인에 재산을 무상제공하여 법인의 주주에게 이익을 제공한 경우 증여세를 과세하도록 한 구상증세법 제41조 제1항(2014. 1. 1. 개정 전의 것)이 결손법인이 아닌 경우에도 적용될 수 있는가와 관련하여, 위 법 제2조 제3항을 효력규정으로 보는 한편, 개별 규정이 증여세 과세의 범위와 한계를 설정한 것으로 볼 수 있는 경우에는 개별규정에서 규율하는 거래·행위 중 증여세 과세대상이나 과세범위에서 제외된 거래·행위는 위 조항으로 증여세를 과세할 수 없다고 보았다.[1] 이와 같은 해석방법은 증여세 포괄주의 아래에서 우리 판례가 취하여 온 일관된 입장으로 볼 수 있다.

라. 현행 포괄주의 규정의 적용

2015. 12. 15. 개정 후 법은 증여와 증여재산의 정의를 제2조 제6호와 제7호로 옮겨 규정한 다음, 증여세 과세대상에 관한 총괄규정으로 제4조를 두어 그 제1항 제4호에서 '제33조부터 제42조의3까지의 개별 가액산정규정에 해당하는 경우의 그 재산 또는 이익'을 증여세 과세대상으로 규정하였을 뿐 아니라, 제1항 제6호에서 '위 개별 가액산정규정의 경우와 경제적 실질이 유사한 경우 등 개별 가액산정규정을 준용하여 증여재산가액을 계산할 수 있는 경우의 그 재산 또는 이익'도 증여세 과세대상으로 규정하였다. 그 취지는 종래 가액산정규정이 규율하던 영역 전반에 대하여 증여세 과세대상이 됨을 명확히 하고자 함에 있는 것으로 이해된다.

이에 따라 종래 개별 가액산정규정이 규율하던 영역에서 해당 요건을 충족하지 못하더라도 현행 제4조 제1항 제6호의 요건에 해당하는 경우 위 개정규정을 적용하여 증여세 과세대상으로 삼을 수 있게 되었다. 다만 개정 후 제4조 제1항 제6호의 핵심적 요건이라고 할 수 있는 '경제적 실질이 유사한 경우 등'은 불확정개념이므로, 개별 사안에서 어떠한 경우에 이러한 요건에 포섭할 수 있는지에 관하여는 여전히 추가적인 고민이 필요하다.[2]

---

1) 판 2015. 10. 15, 2013두13266. 흑자법인에 대한 무상의 이익공여는 수증법인 이외에 그 법인의 주주가 간접적으로 받은 이익에 대하여는 증여세 과세대상으로 삼지 않는 것이 우리 세법의 기본체계이다. 그 밖에 관련 평석은, 유철형, 조세법의 쟁점Ⅰ, 239면. 노미리, 조세법연구 22-1, 363면 등. 같은 취지의 것으로 판 2018. 12. 13, 2015두40941. 다만 특별규정과 일반규정 사이에 과세요건의 일부 내용이 다른 경우에는 특별규정에 해당되지 않더라도 일반규정에 따라 과세할 수 있다. 전환사채의 주식의 전환에 관한 관련 판례의 내용은 이 책 933면 참조.

2) 이와 관련하여 판례는 구 상증세법(2015. 12. 15. 개정 전의 것) 제2조(증여세 과세대상) 제3항, 제40조(전환사채 등의 주식전환 등에 따른 이익의 증여) 제1항 제1호, 제2호, 제42조(그 밖의 이익의 증여 등) 제1항 제3호의 규정 내용과 문언, 입법 취지 등을 고려하면, 구 상증세법 제42조 제1항 제3호는 구 상증세법 제40조 제1항과 마찬가지로 구 상증세법 제2조 제3항에

마. 개별적 문제점

위 조항의 효력과 별도로 증여세 포괄주의와 관련하여 다음 점들이 문제된다.

첫째, 사생활침해에 관한 문제이다. 이는 증여세 과세의 한계가 어디까지인가 하는 문제인데 현실적으로는 개별적, 구체적 비과세규정의 신설이나 비과세대상의 일괄공제 방안 등의 입법조치에 의하여 타협책을 모색할 수밖에 없다.

둘째, 증여유형간 증여재산가액 산정에 있어서의 불균형문제이다. 즉, 일부 규정의 경우(저가, 고가양도시의 증여의제 규정 등) 시가와의 차액이 아닌 일정한 산정 기준을 초과하는 부분만을 증여세 과세대상으로 삼고 있어 조문 사이의 불균형 및 납세자 사이의 불평등을 야기하고 있다.

셋째, 당사자가 여러 단계의 거래를 거친 경우의 처리 등 증여세 과세에 관한 실질과세원칙의 적용한계의 문제도 중요한 처리과제이다.1)

넷째, 소득세 및 법인세 체계와의 충돌문제이다. 예컨대 특정법인과의 거래를 통하여 이익을 분여한 것에 대하여 법인주주를 지배하는 개인주주에 대하여 직접 증여세 과세를 허용할 경우 소득세와의 이중과세 문제나 법인과 주주를 준별하는 우리 법인세 체계와의 충돌문제를 일으킬 수 있다.

다섯째, 복합거래에서 손익이 교차하는 경우의 문제가 있다. 증여대상인 2건의 파생상품에서 한군데는 이익이, 다른 한군데는 손실이 발생한 경우 양자를 별도로 취급할 것인가, 아니면 손익을 합산하여 과세할 것인가 하는 문제이다.

서 증여세 과세대상으로 포괄적으로 정의한 증여에 관한 가액산정규정 중 하나이고, 구 상증세법 제40조 제 1 항의 과세요건을 충족하지 않더라도 구 상증세법 제42조 제 1 항 제 3 호의 과세요건을 충족하면 구 상증세법 제42조 제 1 항 제 3 호에 의하여 증여재산가액을 산정하여 증여세를 과세할 수 있다고 보았다(판 2020. 11. 12, 2018두65538). 이에 반하여 판례는, 갑 주식회사가 사모투자전문회사에 신주인수권부사채를 발행하자, 갑 회사 주주이자 대표이사인 을이 위 회사로부터 위 사채에서 분리된 신주인수권을 매수, 행사하여 얻은 이익에 관하여는 구 상증세법(2013. 1. 1. 개정 전의 것) 제40조 제 1 항 제 2 호나 제42조 제 1 항 제 3 호를 적용하여 과세할 수 없다고 보았다(판 2019. 7. 25, 2018두33449). 앞의 판결에 대한 평석은, 방진영, "2020년 상속세및증여세법과 지방세법 판례회고", 조세법연구 27-3, 492면. 뒤의 판결에 대한 평석은 백제흠, 세법의 논점 2, 257면.

1) 관련 판례로, 교차증여가 증여세 감소 목적 이외의 합당한 이유를 찾을 수 없다는 이유로 실질에 맞추어 증여세를 과세할 수 있다고 본 것으로 판 2017. 1. 25, 2015두46963. 반면에 甲 회사 최대주주이자 대표이사인 乙이 甲 회사가 다른 회사에 발행한 전환사채를 사전약정에 따른 조기상환권을 행사하여 양수한 후 전환권을 행사하여 수령한 우선주를 보통주로 전환·취득함으로써 당시 주가와 전환가액 차액 상당의 이익을 취득한 것에 대하여 증여세 과세를 부정한 것으로 판 2017. 1. 25, 2015두3270. 뒤의 판결에 대한 평석은, 김경하, 조세판례백선 3, 511면.

5. 증여세 과세의 적용범위

가. 부부사이의 증여세 과세문제

(1) 부부 사이의 증여와 배우자 공제

상속의 경우 배우자에 대한 상속분 전부, 부부간 증여의 경우 6억 원을 과세가액에서 공제한다(법 19조 1항, 53조 1호).

민법은 원칙적으로 부부별산제를 취하고 있으나(민법 830조 1항), 부부가 서로 약정을 통해 '부부재산 공유제'를 선택하는 것도 가능하다. 이와 관련하여 판례는 부부재산공유제를 선택한 부부 사이에는 형식상 무상의 재산이전이 있어도 증여세 과세가 부당하다는 입장이다(판 2015. 11.17, 2015두49337).

부부 사이에서 일방 배우자 명의의 예금이 인출되어 타방 배우자 명의의 예금계좌로 입금된 경우, 단순한 공동생활의 편의, 일방 배우자 자금의 위탁 관리, 가족을 위한 생활비 지급 등 여러 원인이 있을 수 있으므로 그와 같은 사정만으로 증여사실을 추정할 수 없다.[1] 반면에 사실혼 부부 사이에 금전 등 재산의 공여가 이루어진 경우 반대급부에 관한 증거가 없다면 단순히 사실혼 관계에 있다는 이유만으로 증여세 과세를 피하기는 어려울 것이다.[2]

(2) 이혼에 의한 재산분할과 증여세 과세

이혼 시 재산분할은 혼인생활중 부부가 공동으로 형성한 재산의 청산이라는 본질적 요소에 부양적 요소가 추가된 것이므로 이혼이 가장이혼이라든가 재산분할액이 과다하여 증여세를 포탈하기 위한 경우가 아닌 한 증여세 과세는 이론상 불가능하다. 따라서 재산분할과 관련한 증여세 과세 여부는 그것이 진정한 재산분할 청구권 행사에 기초한 것인가 하는 사실인정의 문제로 귀착된다.[3] 판례는 법률상 부부관계를 해소하는 당사자의 합의가 있었던 이상 이혼이 가장이혼으로 무효가 되려면 누구나 납득할 만한 특별한 사정이 있어야 한다고 판단하여 이를 매우 제한적으로 해석하였다(판 2017. 9. 12, 2016두58901).

---

1) 판 2015. 9. 10, 2015두41937. 판결에 대한 평석은, 김태희, 조세판례백선 3, 475면.

2) 같은 취지; 서울고판 2019. 6. 21, 2018누60375.

3) 일본 상속세법 기본통달 9-8은, 「혼인의 취소 또는 이혼에 의한 재산의 분여에 의하여 취득한 재산은 증여에 의하여 취득한 재산으로 되지 않는다. 다만 그 분여에 관계된 재산의 액이 혼인중 부부의 협력에 의하여 취득한 재산의 액 그 밖에 일체의 사정을 고려할 때 지나치게 많다고 인정되거나 또는 이혼을 수단으로 하여 증여세나 상속세를 회피하고자 하는 것으로 인정되는 경우에는 해당 부분은 증여에 의하여 취득한 재산으로 된다」고 규정하고 있다.

사실혼관계가 일방 당사자의 사망으로 종료된 경우 상대방에게 재산분할청구권이나 위자료 지급청구권이 인정되지 않으므로 망인의 자녀들이 상대방에게 금전 등을 지급한 경우 증여세 과세대상이 될 수 있다(판 2006. 3. 24, 2005두15595). 이혼에 따른 위자료는 소득세 과세대상이다.[1)]

(3) 부부 사이의 명의신탁

부부 일방이 혼인 중 단독명의로 취득한 재산은 명의자의 특유재산으로 추정되므로, 이를 명의신탁 재산으로 보기 위해서는 다른 일방이 당해 재산의 취득대가를 부담하였음을 증명하여야 하고, 단지 혼인생활에 내조의 공이 있었다는 것만으로는 추정이 번복되지 않으며, 이 경우 당사자 사이의 사전 합의에 따라 다른 일방이 재판절차를 통해 명의신탁해지를 원인으로 소유권이전등기를 넘겨받으면 증여로 의율된다(판 98. 12. 22, 98두15177). 다른 한편 부부 일방명의로 부동산을 취득하였으나 매수자금을 다른 일방이 제공한 경우 그것이 명의신탁이라는 반증이 없는 이상 취득자금을 증여환 것으로 보게 된다(판 2008. 9. 25, 2006두8068).

나. 상속재산의 분할협의

공동상속인들 사이의 상속재산의 분할협의는 그 내용이 법정상속분과 다른 경우에도 별도로 증여를 구성하지 않는다.[2)] 상속재산의 분할협의인지 여부는 단순한 명칭이나 형식이 아니라 실질에 맞추어 판단하여야 한다.

다. 부양의무의 이행과 증여세

직계혈족과 배우자, 생계를 같이하는 친족 사이에는 부양의무가 있으므로(민법 974조), 자녀가 부모에게 부양을 위해 통상의 범위 내에서 정기적으로 생활비를 지급해 온 경우 증여세 과세대상에서 제외된다. 이와 관련하여 부모가 자녀에게 부동산 등 재산을 무상으로 이전한 경우 그 이전에 자녀가 부양을 위해 부모에게 지급해 온 생활비를 양도대가에 충당할 수 있을 것인지가 문제된다. 이는 결국 증여의 무상성에 기초하여 부동산 가액 및 지급된 생활비 명목의 규모 등 구체적 상황에 따라 판단할 사실인정의 문제이다.[3)]

---

1) 판 97. 11. 28, 96누47259. 관련 논의는, 박 훈, "이혼과 세법", 조세법연구 10-2, 449면.
2) 판 85. 10. 8, 85누70. 판결에 대한 평석은, 조서연, 조세판례백선 3, 449면.
3) 양자의 대가성을 인정한 사안으로, 판 2014. 10. 15, 2014두9752. 관련 논의는, 백제흠, 세법의 논점, 237면.

라. 증여계약의 합의해제

법 제4조 제4항 전단은, 「수증자가 증여재산(금전은 제외한다)을 당사자 간의 합의에 따라 제68조에 따른 증여세 과세표준 신고기한 이내에 증여자에게 반환하는 경우(반환하기 전에 제76조에 따라 과세표준과 세액의 결정을 받은 경우는 제외한다) 에는 처음부터 증여가 없었던 것으로 보며, …」라고 규정하고 있다.

'당사자 간의 합의에 따라 증여재산을 반환한 경우'란 합의해제를 말하므로, 위 규정은 납세의무가 성립하면 당사자 합의로 효력을 좌우할 수 없음을 전제하면서 신고기한 내에 수증재산을 반환할 수 있는 퇴로를 열어 준 것이다.[1] 따라서 신고기한 도과 후 당사자 합의로 소유권이 원상회복되더라도 증여세 과세대상이다. 증여세 과세대상임을 알지 못했음을 이유로 한 증여의 취소도 증여계약의 합의해제로 취급된다(판 98. 4. 28, 96누15442).

위 규정은 증여의제의 경우에도 적용되며 이는 명의신탁재산을 명의신탁자의 지시에 따라 제3자 명의로 반환한 경우에도 마찬가지이다.[2] 다만 수탁재산을 처분하여 대금을 명의신탁자에게 반환하는 것은 수증재산의 반환으로 볼 수 없다(판 2007. 2. 8, 2005두10200). 금전의 반환은 신고기간과 관계없이 증여세 과세대상인데, 이는 과잉금지 원칙 등에 위배되는 위헌의 규정으로 볼 수 없다.[3]

증여등기를 마친 후 등기명의 환원을 위해 증여무효를 이유로 한 소유권이전등기 말소소송을 제기하고 수증자가 소송절차에서 자백이나 인락을 하여 그에 기해 말소등기를 하는 경우 일단 적법하게 등기가 마쳐졌다면 위 말소소송 절차는 담합소송을 통한 합의해제에 다름 아니므로 그것이 법정 기한 후에 이루어진 이상 효력을 부정하는 것이 당연하다. 판례는 이 경우 담합소송이라는 점에 대한 입증책임이 원칙적으로 과세관청에 있다고 보았으나(판 98. 4. 24, 98두2164), 일단 증여등기가 이루어진 이상 등기의 추정력에 의해 등기원인이 무효라는 점을 납세자가 입증하여야 하고 이는 소송절차에 의해 등기말소가 이루어졌어도 마찬가지로 볼 것

1) 판례는 위 규정을 합헌으로 판단하고 있다. 헌 99. 5. 27, 97헌바66 등. 헌재 결정 이전의 판 99. 11. 26, 98두10738도 동일한 취지이다. 관련 논의는, 임승순, "세법상 증여의 합의해제", 판례월보 제319-320호(1997. 4. 5.). 계약의 해제가 각종 조세에 미치는 영향에 관하여는, 김건일, "계약의 해제가 조세채권에 미치는 영향", 특별법연구 제5권, 295면. 윤현석, "계약의 해제와 조세채권", 조세법연구 10-2, 256면.

2) 판 2011. 9. 29, 2011두8765. 그 해설은, 차문호, 판례해설 2011(하), 282면. 관련 논의는, 허영범, "현행 상속세및증여세법상 증여의제규정의 문제점", 조세법연구 11-1, 291면.

3) 판 2016. 2. 18, 2013두7384. 이는 계좌이체 등을 통한 반환을 당초 증여받은 금전과 반환받은 금전의 동일성을 확인하는 근거로 제시한 납세의무자의 주장을 배척한 사안이다.

이다. 판례의 입장을 취하더라도 과세관청의 입증의 정도는 소송의 형태나 경위, 당사자 사이의 관계 등 객관적 상황을 제시하는 것만으로 충분하고 그와 같은 과세관청의 일응의 입증이 있으면 담합소송이 추정되며 납세자가 반증책임을 부담한다고 볼 것이다. 판례도 부동산소유권이전등기등에관한특별조치법에 의하여 된 소유권이전등기 말소 판결이 어머니와 자녀 사이의 의제자백에 의하여 이루어진 경우 그 판결을 담합에 의하여 이루어진 것으로 보았다(판 98. 4. 24, 98두2164).

마. 재차증여

수증자가 증여재산을 반환하더라도 당초의 증여에 따른 증여세 납부의무가 인정된다면, 그 반환행위를 다시 증여세 과세대상으로 볼 것인지 여부가 문제된다.

이에 관하여 법 제 4 조 제 4 항 후단은, 「수증자가 증여받은 재산(금전을 제외한다)을 … 제68조에 따른 증여세 과세표준 신고기한이 지난 후 3개월 이내에 증여자에게 반환하거나 증여자에게 다시 증여하는 경우에는 그 반환하거나 다시 증여하는 것에 대해서는 증여세를 부과하지 아니한다」고 하여 납세자가 과세를 피할 수 있도록 하는 입법적 절충을 도모하고 있다.

6. 증여세 과세제외 및 납부의무의 면제

가. 증여세 과세제외

「법 제 4 조의2 제 1 항의 증여재산에 대하여 수증자에게 소득세법에 따른 소득세 또는 법인세법에 따른 법인세가 부과되는 경우에는 증여세를 부과하지 아니한다. 소득세 또는 법인세가 소득세법, 법인세법 또는 다른 법률에 따라 비과세되거나 감면되는 경우에도 또한 같다」(법 4조의2 3항).

소득세법과 법인세법은 무상으로 받은 가액을 각각 사업소득과 익금으로 규정하며(소령 51조 3항 4 호, 법법 15조 1항, 법령 11조 5호), 법인세법상 소득처분된 금액도 소득세 과세대상일 뿐 증여세 과세대상이 아니다(판 92. 11. 10, 92누3441). 소득과세에 관하여 비과세나 감면규정을 둔 경우 과세와 등일하게 취급하지 않으면 비과세나 감면의 효과가 상실되므로 법은 이 경우에도 증여세를 부과하지 않도록 한 것이다. 본질적으로 자산의 무상이전에 대해서는 증여세가, 유상이전에 대해서는 소득세가 부과되어야 하므로 위 조항은 결국 당연한 법리를 확인한 규정으로 이해된다.[1)]

1) 관련 논의는, 한만수, "소득과 수증의 과세상 관계에 관한 고찰", 조세법연구 10-2, 306면.

고가나 저가양도의 경우 부당행위계산부인에 의한 양도소득세 부과와 증여세 부과는 이중과세가 아니므로 여기에 해당되지 않는다.[1)]

증여세가 부과되는 신탁이익(법 33조)의 수입이 소득세과세대상을 구성하거나(예컨대, 신탁수익으로 설정된 부동산 임차료 수입이 수익자의 임대소득을 구성하는 경우) 초과배당에 따른 이익의 증여(법 41조의2)와 같이 하나의 지급사실에 기초하여 증여세와 소득세가 함께 부과되는 경우 여기에 해당되지 않는가 하는 의문이 있으나, 증여자와 증여자산의 지급주체 및 지급의 법률적 성격이 변경 내지는 확대됨에 따라 증여자산에 대하여 소득세가 부과되는 것은 세금부담을 안은 자산을 증여한 것으로서 증여자산의 담세력에 관한 문제일 뿐 이 조항의 적용대상은 아니라고 생각된다. 이 경우 수증자가 납부하는 소득세액을 증여세 산출에 어떻게 반영할 것인지는 기본적으로 입법정책의 문제로 여겨진다.

나. 증여세 납부의무의 면제

법 제 4 조의2 제 1 항에도 불구하고 제35조부터 제37조까지 또는 제41조의4에 해당하는 경우로서 수증자가 증여세를 납부할 능력이 없다고 인정되는 경우에는 그에 상당하는 증여세의 전부 또는 일부를 면제한다(법 4조의2 5항).

그 판단기준 시점은 증여세 납세의무 성립 시이다(판 2016. 7. 14, 2014두43516). 수증자에 대한 과세가 면제되면 증여자의 연대납세의무도 면제되는 것으로 해석된다. 거주자가 비거주자에게 국외 재산을 증여하는 경우는 위 규정의 적용대상이 아니다(통칙 4의2-0…1).

제 3 절 증여재산의 취득시기

1. 법의 규정

증여재산의 취득시기는 제33조부터 제39조까지, 제39조의2, 제39조의3, 제40조, 제41조의2부터 제41조의5까지, 제42조, 제42조의2, 제44조, 제45조, 제45조의2부터 제45조의5까지가 적용되는 경우를 제외하고는 재산을 인도한 날 또는 사실상 사용한 날 등 대통령령으로 정하는 날로 한다(법 32조).

1) 관련 논의는, 이 책 481면 참조.

시행령 제24조는 위 취득시기를 다음과 같이 정하고 있다.

1. 권리의 이전이나 그 행사에 등기·등록을 요하는 재산의 경우에는 등기부·등록부에 기재된 등기·등록접수일. 다만 민법 제187조에 따른 등기를 요하지 아니하는 부동산의 취득에 대하여는 실제로 부동산의 소유권을 취득한 날(영 24조 1항 1호).

2. 건물을 신축하여 증여할 목적으로 수증자 명의로 건축허가를 받거나 신고를 하여 완성한 경우 및 건물을 증여할 목적으로 수증자의 명의로 해당 건물을 취득할 수 있는 권리(분양권)를 건설사업자로부터 취득하거나 분양권을 타인으로부터 전득한 경우는 그 건물의 사용승인서 교부일. 이 경우 사용승인 전에 사실상 사용하거나 임시사용승인을 얻은 경우에는 사실상 사용일 또는 임시사용승인일로 하고, 건축허가를 받지 않거나 신고하지 않고 건축하는 건축물에 있어서는 사실상의 사용일로 한다(같은 항 2호).

3. 타인의 기여에 의하여 재산가치가 증가한 경우에는 가목부터 사목까지 각 목의 구분에 따른 날(같은 항 3호). 가목 내지 사목: 생략

4. 제 1 호부터 제 3 호까지 외의 재산에 대하여는 인도한 날 또는 사실상의 사용일(같은 항 4호).

제 1 항을 적용할 때 증여받는 재산이 주식 또는 출자지분인 경우 수증자가 배당금 지급이나 주주권 행사 등에 의해 해당 주식 등을 인도받은 사실이 객관적으로 확인되는 날에 취득한 것으로 보되, 해당 주식 등을 인도받은 날이 불분명하거나 해당 주식 등을 인도받기 전에 상법 제337조 또는 같은 법 제557조에 따른 취득자의 주소와 성명 등을 주주명부 또는 사원명부에 기재한 경우 그 명의개서일 또는 기재일로 하며(영 24조 2항), 증여받은 재산이 무기명채권인 경우 해당 채권에 대한 이자지급사실 등에 의하여 취득사실이 객관적으로 확인되는 날, 그 취득일이 불분명한 경우에는 해당 채권에 대하여 취득자가 이자지급을 청구한 날 또는 해당 채권의 상환을 청구한 날로 한다(동 3항).

2. 규정에 대한 검토

증여재산의 취득시기는 증여세 납세의무의 성립시기 및 증여재산 평가의 기준시기도 된다. 이 점은 유상양도의 경우와 동일하다.

부동산의 경우 인도는 대외적 공시방법으로 불완전하고 무상의 점유사용에 대하여는 별도의 증여세 과세가 가능하다는 점을 감안한 것으로 여겨진다. 이처럼 증여재산의 취득시기를 권리가 이전되는 등기나 등록 시로 보는 것은 소득세법상 양도시기를 원칙적으로 대금청산 시로 보는 것과 대비된다.

제 4 절 유형별 증여규정

1. 총 설

현행 유형별 증여규정은 과세요건의 형태에 따라, 1. 일반적 증여규정과, 2. 증여의제규정, 3. 증여추정규정으로 나눌 수 있고, 이 중 1.은 다시 거래의 형태와 과세가액 산정방식에 따라, (1) 손익거래를 매개로 한 증여규정과 (2) 자본거래를 매개로 한 증여규정으로 나눌 수 있다. 이들 개별 증여규정들과 증여세 포괄주의를 천명한 법 제 2 조 제 6 호와 제 7 호, 제 4 조 제 1 항 등의 관계를 규명하는 것이 향후에도 증여세 과세관련 규정을 해석하는 핵심과제가 될 것이다.

2. 손익거래를 매개로 한 개별 증여규정

가. 신탁이익의 증여

[법 제33조] ① 신탁계약에 의하여 위탁자가 타인을 신탁의 이익의 전부 또는 일부를 받을 수익자로 지정한 경우로서 다음 각 호의 어느 하나에 해당하는 경우에는 원본 또는 수익이 수익자에게 실제 지급되는 날 등 대통령령으로 정하는 날을 증여일로 하여 해당 신탁의 이익을 받을 권리의 가액을 수익자의 증여재산가액으로 한다.

1. 원본을 받을 권리를 소유하게 한 경우에는 수익자가 그 원본을 받은 경우
2. 수익을 받을 권리를 소유하게 한 때에는 수익자가 그 수익을 받은 경우

② 수익자가 특정되지 아니하거나 아직 존재하지 아니하는 경우에는 위탁자 또는 그 상속인을 수익자로 보고, 수익자가 특정되거나 존재하게 된 때에 새로운 신탁이 있는 것으로 보아 제 1 항을 적용한다. ③ 생략

수익자가 위탁자 자신인 경우를 자익신탁, 제 3 자인 경우를 타익신탁이라고 하는데 증여세 과세대상이 되는 것은 타익신탁의 경우이다. 타익신탁의 경우 신탁의 수익을 형성한 자는 위탁자이므로 이를 신탁이라는 수단을 통하여 제 3 자에게 귀속시키는 것은 상증세법 제 2 조 제 6 호에서 말하는 '증여'의 개념에 부합한다.

타익신탁에서 수익자가 신탁이익을 받기 전에 위탁자가 사망한 경우 해당 신탁재산은 위탁자의 상속재산에서 제외되고(법 9조 1항 단서), 위탁자 사망일을 증여일로 보아 신탁이익에 대해 수익자에게 증여세를 과세한다(법 33조, 영 25조 1항 1

호). 이때 위탁자의 상속인들에 대해서는 신탁이익 증여에 따른 증여재산가액을 상속세 과세가액에 포함시켜 상속세를 계산하고 수익자에 대한 증여세액을 공제한다(법 13조, 28조, 통칙 13-0…4, 재산상속 46014-1955, 1999. 11. 12.). 이미 제 3 자인 수익자가 수익권을 보유하고 있던 상태에서 위탁자가 사망한 경우와 달리, 위탁자 또는 직전 수익자의 사망을 원인으로 수익자가 수익권을 취득하는 유언대용신탁 및 수익자연속신탁은 증여세가 아닌 상속세 과세대상으로 규정되어 있다(법 2조 1호).

수익형 신탁에서 운용수익에 한정하여 자녀를 수익자로 설정한 경우 수증이익은 각 연도별로 받을 수익에서 수익자에 대한 소득세 원천징수세액 상당액을 차감하여 산정한다(영 25조 2항, 61조 1항 2호 나목). 명시적 규정은 없으나 건물의 임대수익과 같이 원천징수 대상이 아닌 경우에도 수증이익에서 수익자가 납부한 소득세액의 공제를 허용함이 상당하다.[1)]

나. 보험금의 증여

[법 제34조] ① 생명보험이나 손해보험에서 보험사고(만기보험금 지급의 경우를 포함한다)가 발생한 경우 해당 보험사고가 발생한 날을 증여일로 하여 다음 각 호의 구분에 따른 금액을 보험금 수령인의 증여재산가액으로 한다.

1. 보험금 수령인과 보험료 납부자가 다른 경우(보험금 수령인이 아닌 자가 보험료의 일부를 납부한 경우를 포함한다): 보험금 수령인이 아닌 자가 납부한 보험료 납부액에 대한 보험금 상당액 2. 보험계약 기간에 보험금 수령인이 재산을 증여받아 보험료를 납부한 경우: 증여받은 재산으로 납부한 보험료 납부액에 대한 보험금 상당액에서 증여받은 재산으로 납부한 보험료 납부액을 뺀 가액

② 제 1 항은 제 8 조에 따라 보험금을 상속재산으로 보는 경우에는 적용하지 아니한다.

제 1 항 제 1 호의 경우 신탁이익의 증여와 마찬가지로 보험이라는 간접적인 수단을 이용하여 대가 없이 재산을 타인에게 이전한 것이므로 보험사고 발생일 현재 납부한 보험료에 대한 보험금 상당액을 증여세 과세가액으로 정한 것이다. 제 1 항 제 2 호의 경우 제 1 항 제 1 호와의 형평을 고려하여 증여받은 보험료 합계액이 아닌 그에 대한 보험금에서 보험료를 공제한 금액을 증여세 과세가액으로 삼아 보험을 통하여 증가된 재산상의 이익이 과세가액에 포함되도록 하였다.

---

1) 관련 논의는 이 책 907면 참조.

다. 저가양수 또는 고가양도에 따른 이익의 증여

(1) 규정의 내용

[법 제35조] ① 특수관계인 간에 재산(전환사채 등 대통령령으로 정하는 재산은 제외한다)을 시가보다 낮은 가액으로 양수하거나 시가보다 높은 가액으로 양도한 경우로서 그 대가와 시가의 차액이 대통령령으로 정하는 기준금액("기준금액") 이상인 경우에는 해당 재산의 양수일 또는 양도일을 증여일로 하여 그 대가와 시가의 차액에서 기준금액을 뺀 금액을 그 이익을 얻은 자의 증여재산가액으로 한다.

② 특수관계인이 아닌 자 간에 거래의 관행상 정당한 사유 없이 재산을 시가보다 현저히 낮은 가액으로 양수하거나 시가보다 현저히 높은 가액으로 양도한 경우로서 그 대가와 시가의 차액이 대통령령으로 정하는 기준금액 이상인 경우에는 해당 재산의 양수일 또는 양도일을 증여일로 하여 그 대가와 시가의 차액에서 대통령령으로 정하는 금액을 뺀 금액을 그 이익을 얻은 자의 증여재산가액으로 한다.

③ 재산을 양수하거나 양도하는 경우로서 그 대가가 법인세법 제52조 제2항에 따른 시가에 해당하여 그 거래에 대하여 같은 법 제52조 제1항 및 소득세법 제101조 제1항이 적용되지 아니하는 경우에는 제1항 및 제2항을 적용하지 아니한다. 다만 거짓이나 그 밖의 부정한 방법으로 상속세 또는 증여세를 감소시킨 것으로 인정되는 경우에는 그러하지 아니하다. ④ 생략

(2) 규정의 해석

㈎ **일 반 론** 예컨대 아버지가 아들에게 5억 원을 증여하기 위한 방편으로 시가 10억 원 상당의 토지를 5억 원에 양도하는 경우 그 거래 속에는 매매와 증여가 섞여 있다. 이 경우 법이 5억 원의 증여부분을 가려내어 이에 대하여 증여세를 과세하는 것은 가능하다. 문제는 위와 같은 증여행위가 조세부담을 회피할 목적으로 은밀하게 행하여지므로 이를 식별하기 어렵다는 데 있다. 이는 결국 증여의사 존부의 확정이라는 사실인정의 문제인데 당사자가 노출을 꺼리는 내심의 의사를 대상으로 하므로 규명하기가 극히 곤란하여 법은 일정한 기준을 제시하여 그 기준에 합당하면 증여 의사표시를 인정하는 방법을 택하고 있다. 그 기준은 일본 상속세법과 같이 '현저히 저렴한 대가'라는 중간개념을 사용할 수도 있고 우리 법과 같이 시가와 차액의 일정 비율이라는 산술적 기준을 채용할 수도 있다. 특히 우리 법은 해당 거래가 특수관계 없는 자와의 사이에 이루어진 경우에는 법이 정한 기준에 해당하더라도 증여를 추정하는 두 단계 기준을 설치하고 있다. 다만 특수관

계인 사이의 거래라도 현재와 같이 산술적 기준만이 아니라 미국법에 있어서의 '사업목적의 원칙'(Principle of business purpose)과 같이 증여 의사의 부존재를 추단할 수 있는 특별한 사정을 고려하는 규정을 두는 것이 바람직하다. 또한 현행법의 해석과 관련하여서도 금전으로 평가하기 어려운 부분이 양도대가에 포함되어 있는 경우 등에는 이를 적정하게 평가하는 과정이 필요하다(위 2004두9494 판결 참조).

위 규정상 시가는 상증세법상 보충적 평가방법으로 평가한 가액도 포함된다(판 2012. 6. 14, 2012두3200). 재산양도 대가에 금전으로 환산하기 어려운 부분이 포함된 경우 당해 재산의 양도 경위 등 제반사정을 참작하여 저가양도 여부를 판단한다(판 2005. 10. 28, 2004두9494).

특수관계인인 '사용인'이나 '출자에 의해 지배하고 있는 법인의 임원'은 납세의무자인 양도자(고가양도) 또는 양수자(저가양수)를 기준으로 그 사용인이나 그가 출자에 의해 지배하는 법인의 임원을 의미한다(판 2013. 9. 12, 2011두11990).

특수관계인에 해당하는지 여부는 원칙적으로 거래당시를 기준으로 판단하여야 할 것이다. '특수관계인'의 범위에 관하여는 시행령 제 2 조의2 참조.

법 제35조 제 3 항의 규정취지는 특수관계 있는 자 간의 거래에서 이익의 분여가 있는 경우 상장주식 등의 시가산정방법이 법인세법 등과 다른 데서 오는 불균형을 방지하기 위한 것이다. 종래 개인과 법인 간의 거래에서 법인세법상 시가로 거래한 경우 상증세법상 시가기준과 다르더라도 저가양수 또는 고가양도에 따른 증여세를 과세하지 않은 반면 개인과 개인 간에 거래한 경우에는 증여세를 과세하여 양자 간에 불균형이 있었는데 2022년 개정법에서 상장주식 등에 관하여 법인세법과 소득세법의 시가규정을 정비함과 아울러[1] 개인 간에 소득세법상 시가로 거래한 경우에도 과세대상에서 제외하는 것으로 하여 양자를 통일하였다.

현물출자에서 출자자산이 고가로 평가된 경우 상증세법상 어느 규정을 적용할 것인가가 문제된다. 현물출자는 출자자산의 양도라는 손익거래와 출자라는 자본거래가 혼합된 거래로서 출자자산이 고가로 평가된 경우 자산의 고가양도로서의 본질을 갖는다. 그런데 법은 법인세법상 부당행위계산부인 규정과 관련하여서는 자산의 고가양도와 자산의 고가 현물출자를 별도로 규정하면서도 출자자가 받은 수증이익에 관하여는 고가의 현물출자에 관하여 별도의 규정을 두지 않고 있다. 상증세법은 '현물출자에 따른 이익의 증여'에 관한 규정을 두고 있으나 이는 현물출자의 반대급부로 발행되는 피출자회사 주식이 고가나 저가로 평가된 경우에 관한 것

1) 관련 논의는 이 책 980면 참조.

으로서 손익거래인 현물출자 자산이 고가로 평가된 경우에 관한 규정은 아니다. 결국 이 경우에는 포괄증여 규정인 상증세법 제4조 제1항 제6호를 적용하여 과세할 수밖에 없을 것이다. 이 경우 수증익의 산정은, 현물출자자가 출자한 자산의 반대급부로 피출자회사의 주식을 받아 피출자회사 주주의 지위에 서게 되므로 다른 자본거래에 있어서와 같이 주식의 희석화 효과를 반영하여야 할 것이다.

판례는 주식의 포괄적 교환에서 완전자회사가 되는 회사(대상회사)의 주식이 고가로 평가되어 대상회사 주주가 얻은 이익에 관하여 자본거래에 관한 구상증세법(2007. 12. 31. 개정 전의 것) 제42조 제1항 제3호(현행 제42조의2 제1항 참조)가 적용될 뿐 여기의 저가양도·고가양수에 관한 규정이나 '신주의 저가발행에 따른 이익의 증여'에 관한 같은 법 제39조 제1항 제1호 (다)목의 규정은 적용되지 않는다고 보았다(판 2018. 3. 29, 2012두27787 등). 이와 같은 판시는 주식의 포괄적 교환에서 대상회사 주식은 완전모회사(취득회사)가 발행·교부하는 주식과 달리 출자의 목적이자 양도의 대상인 반면 출자자가 받은 이익의 산정에 관하여 주식의 희석화 효과를 반영하여야 한다는 양면성을 고려한 것으로 이해된다.[1]

㈏ **특수관계가 없는 경우** '거래의 관행상 정당한 사유'가 없으면 특수관계가 없어도 본 규정이 적용된다. 법은 여러 증여유형 중 일부 규정을 제외하고는, 비특수관계인에 대하여도 일정한 범위 내에서 규정을 적용하도록 하고 있는데 이 중 해석상 주로 문제되는 것이 '거래의 관행상 정당한 사유'에 관한 것이다. 판례는, 여기의 '거래의 관행상 정당한 사유'는 거래당사자가 객관적 교환가치를 적절히 반영하여 거래를 한다고 믿을 만한 합리적 사유가 있거나 그러한 거래조건으로 거래하는 것이 합리적인 경제인의 관점에서 정상적이라고 볼 수 있는 사유가 있는 경우로서 주로 거래 동기가 사업목적으로 이루어진 경우를 가리키는 것으로 본다.[2] 그 입증책임은 과세관청에 있으나 입증의 정도는 합리적 거래조건에 관한 정황자료를 제시하면 되고, 구체적 거래경위나 조건 등 그 반증책임은 납세자에게 있다(위 2013두24495 판결). 구체적인 입증과 관련하여서는, 정상적 거래로 볼 수 없는 객관적 사유를 과세관청이 입증하면 그럼에도 그와 같이 믿을 만한 합리적 이유가 있었다는 점을 납세의무자가 반증하여야 할 것이다.

---

1) 현행 법 제42조의2(법인의 조직 변경 등에 따른 이익의 증여) 제1항은, '주식의 포괄적 교환 및 이전'을 명시적으로 규정대상에 포함시키고 있다. 관련 논의는 이 책 702면 참조.

2) 판 2019. 4. 11, 2017두57899; 판 2015. 2. 12, 2013두24495. 후자는 법 제42조(재산사용 및 용역제공 등에 따른 이익의 증여)의 적용에 관한 사안이다.

라. 채무면제 등에 따른 증여

[법 제36조] 채권자로부터 채무를 면제받거나 제 3 자로부터 채무의 인수 또는 변제를 받은 경우에는 그 면제, 인수 또는 변제로 인한 이익에 상당하는 금액(보상액을 지급한 경우에는 그 보상액을 뺀 금액으로 한다)을 그 이익을 얻은 자의 증여재산가액으로 한다.

채무의 면제가 무상의 이익공여로서 증여세 과세대상이라는 점에 대하여는 이론이 없고 세계 각국의 입법 예도 예외 없이 증여세 과세대상으로 규정하거나 해석상 과세대상으로 보고 있다. 이를 과세대상으로 삼지 않으면 금전을 대여한 후 그 반환채무를 면제함으로써 손쉽게 증여세 과세를 회피하게 된다. 다만 이 경우 과세가액 산정과 관련하여 채권의 실질가치를 고려하여야 할 것이다. 예컨대 당사자가 채권의 회수가능성 등을 고려하여 동액의 대가가 아니라도 적정한 반대급부를 제공하고 진정한 거래를 한 경우까지 그 차액을 증여세 과세대상으로 삼을 것은 아니다.[1] 제 3 자 변제의 경우 채무자에 대하여 구상권을 취득하는데 위 규정은 이를 고려하지 않고 있다. 실제로 과세 후 구상권이 행사되어 채무면제이익이 소멸하면 경정청구 대상이 될 것이다. 제 3 자의 채무인수는 원칙적으로 면책적 채무인수만 해당되고 중첩적 채무인수는 대상이 아니라고 본다.[2] 판례도 양도소득세와 관련하여 면책적 채무인수로 보아야 할 특별한 사정이 없는 한 부담(채무인수) 부분은 양도소득세 과세대상으로 보았다(판 2016. 11. 10, 2016두45400). 변제기가 남은 채무면제의 경우 기한의 이익이 문제되나 법은 별도의 규정을 두지 않고 있다.

마. 부동산무상사용에 따른 이익의 증여

(1) 자산의 무상대여일반

자산의 무상대여는 통상의 임료 또는 이자가 발생할 시점에서 보면 지급채무의 면제라는 경제적 이익의 부여이나 설정 당시로 보면, 약정기간 내 또는 부정기간의 무상사용권이라는 법률상 권리를 이전시키는 것이고 이는 법상 증여의 개념에 합치된다. 이에 따라 별도 규정 없이 일반적 규정에 입각하여 부동산이나 금전의 무상대여를 증여세 과세대상으로 삼을 수 있는가가 문제되는데, 법에 규정을 두

1) 위 규정의 적용에 있어서 채권의 실질가치 보다는 채무의 발생원인을 고려하여야 한다는 견해로, 윤지현, “채무면제등에 관한 상속세및증여세법 제36조의 해석론 소고”, 조세법연구 25-1, 71면.
2) 같은 취지, 윤지현, 앞의 논문 104면.

기 이전 판례는 이를 소극적으로 파악하였다.[1] 그 후 법은 부동산과 금전의 무상제공을 증여세 과세대상으로 명시하고 그 가액산정에 관한 규정을 두게 되었다.

(2) 규정의 내용

[법 제37조] ① 타인의 부동산(그 부동산 소유자와 함께 거주하는 주택과 그에 딸린 토지는 제외한다)을 무상으로 사용함에 따라 이익을 얻은 경우에는 그 무상 사용을 개시한 날을 증여일로 하여 그 이익에 상당하는 금액을 부동산 무상 사용자의 증여재산가액으로 한다. 다만 그 이익에 상당하는 금액이 대통령령으로 정하는 기준금액 미만인 경우는 제외한다.

② 타인의 부동산을 무상으로 담보로 이용하여 금전 등을 차입함에 따라 이익을 얻은 경우에는 그 부동산 담보 이용을 개시한 날을 증여일로 하여 그 이익에 상당하는 금액을 부동산을 담보로 이용한 자의 증여재산가액으로 한다. 다만 그 이익에 상당하는 금액이 대통령령으로 정하는 기준금액 미만인 경우는 제외한다.

③ 특수관계인이 아닌 자 간의 거래인 경우에는 거래의 관행상 정당한 사유가 없는 경우에 한정하여 제 1 항 및 제 2 항을 적용한다. ④ 생략

위 규정은 타인의 토지 또는 건물만을 각각 무상사용하는 경우에도 이를 적용하고, 수인이 부동산을 무상사용하는 경우로서 각 부동산사용자의 실제 사용면적이 분명하지 않은 경우에는 해당 부동산사용자들이 각각 동일한 면적을 사용한 것으로 본다. 이 경우 부동산소유자와 제 2 조의2 제 1 항 제 1 호의 관계에 있는 부동산사용자가 2명 이상인 경우 그 부동산사용자들에 대해서는 근친관계 등을 고려하여 기획재정부령으로 정하는 대표사용자를 무상사용자로 보고, 그 외의 경우에는 해당 부동산사용자들을 각각 무상사용자로 본다(영 27조 2항). 부동산 무상사용에 따른 이익의 산정에 관하여는 시행령 제27조 제 3 항 참조.

무상사용기간은 5년을 단위로 하며, 무상사용기간이 5년을 초과하는 경우에는 그 무상사용을 개시한 날부터 5년이 되는 날의 다음날에 새로이 당해 부동산의 무상사용을 개시한 것으로 본다(영 27조 3항 후단). 위 규정에 따라 증여세 과세를 받은 자가 그 사용기간 중 해당 부동산을 상속 또는 증여받거나 대통령령이 정하는 사유로 해당 부동산을 무상으로 사용하지 않게 된 경우 별도의 경정청구권이 인정된다(법 79조 2항; 영 81조 6항).

(3) 규정의 해석

대지무상사용권 제공과 관련하여 부(父) 소유 대지에 자녀 명의로 건축허가를

1) 판 96. 2. 27, 95누13197. 관련 논의는 이 책 898면 참조.

받아 자녀 명의로 보존등기를 하고 신축비용은 건물 임대보증금으로 충당하는 경우가 문제된다. 일반적으로 건물의 임대 및 분양에는 건물부지가 수반되므로 건물만이 자녀 명의로 둔 상태에서 자녀 명의로 건물과 부지가 일괄하여 임대 또는 분양하였다면 이 중 대지분 임대보증금이나 분양금은 대지 무상사용에 따른 이익의 증여에 해당된다(판 93. 6. 11, 93누1435). 토지와 건물의 임료총액은 알 수 있으나 구분되지 않은 경우 원칙적으로 기준시가 비율에 따른다(판 97. 3. 14, 96누3517 등).[1)]

바. 초과배당에 따른 이익의 증여

[법 제41조의2] ① 법인이 이익이나 잉여금을 배당 또는 분배("배당 등")하는 경우로서 그 법인의 대통령령으로 정하는 최대주주 또는 최대출자자("최대주주 등")가 본인이 지급받을 배당 등의 금액의 전부 또는 일부를 포기하거나 본인이 보유한 주식 등에 비례하여 균등하지 아니한 조건으로 배당 등을 받음에 따라 그 최대주주 등의 특수관계인이 본인이 보유한 주식 등에 비하여 높은 금액의 배당등을 받은 경우에는 제4조의2 제3항에도 불구하고 법인이 배당 또는 분배한 금액을 지급한 날을 증여일로 하여 그 최대주주 등의 특수관계인이 본인이 보유한 주식등에 비례하여 균등하지 아니한 조건으로 배당 등을 받은 금액("초과배당금액")에서 해당 초과배당금액에 대한 소득세 상당액을 공제한 금액을 그 최대주주 등의 특수관계인의 증여재산가액으로 한다.

② 제1항에 따라 초과배당금액에 대하여 증여세를 부과받은 자는 해당 초과배당금액에 대한 소득세를 납부할 때(납부할 세액이 없는 경우 포함) 대통령령으로 정하는 바에 따라 제2호의 증여세액에서 제1호의 증여세액을 뺀 금액을 관할 세무서장에게 납부하여야 한다. 다만 제1호의 증여세액이 제2호의 증여세액을 초과하는 경우에는 그 초과되는 금액을 환급받을 수 있다.

1. 제1항에 따른 증여재산가액을 기준으로 계산한 증여세액
2. 초과배당금액에 대한 실제 소득세액을 반영한 증여재산가액("정산증여재산가액")을 기준으로 계산한 증여세액

③ 제2항에 따른 정산증여재산가액의 증여세 과세표준의 신고기한은 초과배당금액이 발생한 연도의 다음 연도 5월 1일부터 5월 31일(소득세법 제70조의2 제2항에 따라 성실신고확인서를 제출한 성실신고확인대상사업자의 경우에는 6월 30일로 한다)까지로 한다. 제4항: 생략

1) 관련 논의는, 이동식, "토지무상사용이익에 대한 증여의제", 조세법연구 9-2, 82면.

위 규정은 법인의 최대주주 등이 배당을 받지 않거나 보유지분에 비해 과소배당을 받음으로써 그 최대주주 등의 특수관계인이 본인의 보유지분을 초과하여 배당을 받는 경우 이를 증여로 보아 그 초과배당금액에 증여세를 부과하도록 한 것이다. 최대주주 등에 대해 부당행위계산부인이 적용되는지 여부와 관계없이 이익을 분여받는 자에 대하여 증여세를 과세하도록 한 것으로서 법인을 통한 조세회피 행위를 규제하기 위한 것이다.[1)]

2020. 12. 22. 법 개정 이전에는 초과배당금액에 대한 소득세와 증여세를 비교하여 이 중 큰 금액을 과세하는 방식이었으나 위 개정을 통해 소득세와 증여세를 함께 부과하되 증여이익에서 소득세를 차감하도록 하여 과세를 강화하는 방식으로 변경하였다. 그 의의에 관하여는 이 책 907면 참조.

사. 주식 또는 출자지분의 상장 등에 따른 이익의 증여

(1) 규정의 내용

[법 제41조의3] ① 기업의 경영 등에 관하여 공개되지 아니한 정보를 이용할 수 있는 지위에 있다고 인정되는 다음 각 호의 어느 하나에 해당하는 자('최대주주등')의 특수관계인이 제 2 항에 따라 해당 법인의 주식등을 증여받거나 취득한 경우 그 주식 등을 증여받거나 취득한 날부터 5년 이내에 그 주식 등이 자본시장법 제 8 조의2 제 4 항 제 1 호에 따른 증권시장으로서 대통령령으로 정하는 증권시장('증권시장')에 상장됨에 따라 그 가액이 증가한 경우로서 그 주식 등을 증여받거나 취득한 자가 당초 증여세 과세가액(제 2 항 제 2 호에 따라 증여받은 재산으로 주식 등을 취득한 경우는 제외) 또는 취득가액을 초과하여 이익을 얻은 경우에는 그 이익에 상당하는 금액을 그 이익을 얻은 자의 증여재산가액으로 한다. 다만 그 이익에 상당하는 금액이 대통령령으로 정하는 기준금액 미만인 경우는 제외한다.

1. 제22조 제 2 항에 따른 최대주주 또는 최대출자자

2. 내국법인의 발행주식총수 또는 출자총액의 100분의 25 이상을 소유한 자로서 대통령령으로 정하는 자

② 제 1 항에 따른 주식 등을 증여받거나 취득한 경우는 다음 각 호의 어느 하나에 해당하는 경우로 한다.

1. 최대주주등으로부터 해당 법인의 주식등을 증여받거나 유상으로 취득한 경우

2. 증여받은 재산(주식 등을 유상으로 취득한 날부터 소급하여 3년 이내에 최대주

---

1) 관련 논의는, 최준영·박종수, "초과배당에 따른 이익의 증여에 관한 연구", 조세법연구 24-2, 175면.

주 등으로부터 증여받은 재산을 말한다)으로 최대주주 등이 아닌 자로부터 해당 법인의 주식 등을 취득한 경우

③ 제 1 항에 따른 이익은 해당 주식 등의 상장일부터 3개월이 되는 날(그 주식등을 보유한 자가 상장일부터 3개월 이내에 사망하거나 그 주식등을 증여 또는 양도한 경우에는 그 사망일, 증여일 또는 양도일)을 기준으로 계산한다.

④ 제 1 항에 따른 이익을 얻은 자에 대해서는 그 이익을 당초의 증여세 과세가액(증여받은 재산으로 주식등을 취득한 경우에는 그 증여받은 재산에 대한 증여세 과세가액을 말한다)에 가산하여 증여세 과세표준과 세액을 정산한다. 다만 정산기준일 현재의 주식등의 가액이 당초의 증여세 과세가액보다 적은 경우로서 그 차액이 대통령령으로 정하는 기준 이상인 경우에는 그 차액에 상당하는 증여세액(증여받은 때에 납부한 당초의 증여세액을 말한다)을 환급받을 수 있다.

⑤ 제 1 항에 따른 상장일은 증권시장에서 최초로 주식등의 매매거래를 시작한 날로 한다.

⑥ 제 2 항 제 2 호를 적용할 때 증여받은 재산과 다른 재산이 섞여 있어 증여받은 재산으로 주식등을 취득한 것이 불분명한 경우에는 그 증여받은 재산으로 주식등을 취득한 것으로 추정한다. 이 경우 증여받은 재산을 담보로 한 차입금으로 주식등을 취득한 경우에는 증여받은 재산으로 취득한 것으로 본다.

⑦ 제 2 항을 적용할 때 주식등을 증여받거나 취득한 후 그 법인이 자본금을 증가시키기 위하여 신주를 발행함에 따라 신주를 인수하거나 배정받은 경우를 포함한다. ⑨ 거짓이나 그 밖의 부정한 방법으로 증여세를 감소시킨 것으로 인정되는 경우에는 특수관계인이 아닌 자 간의 증여에 대해서도 제 1 항 및 제 2 항을 적용한다. 이 경우 제 1 항 중 기간에 관한 규정은 없는 것으로 본다. ⑧, ⑩ 생략

(2) 규정의 해석

위 규정은 최대주주 등과 특수관계에 있는 자가 얻은 비상장주식의 상장이익에 증여세를 부과하여 증여나 취득 당시 실현이 예견되는 부의 무상이전에 과세함으로써 조세평등을 도모하려는 취지에서 상장된 후의 상장이익을 증여 또는 취득 시점에 사실상 무상으로 이전된 재산의 가액으로 보아 과세하는 것이다(판 2023. 11. 9, 2020두51181).

여기의 특수관계인은 반드시 최대주주에 국한되지 않으며, 최대주주 등의 특수관계인이 최대주주 등으로부터 근로제공의 대가로 주식을 취득한 경우도 제 2 항 제 1 호의 '유상으로 취득한 경우'에 해당한다(판 2016. 10. 27, 2016두39726).

제 1 항 본문에서 "대통령령으로 정하는 증권시장"이란 유가증권시장 및 코스닥시장을 말한다(영 31조의3 2항).[1)]

제 1 항에 따른 이익은 해당 주식등의 상장일부터 3개월이 되는 날(그 주식등을 보유한 자가 상장일부터 3개월 이내에 사망하거나 그 주식등을 증여 또는 양도한 경우에는 그 사망일, 증여일 또는 양도일. "정산기준일")을 기준으로 계산한다(3항). 구 상증세법(2010. 1. 1, 개정 전의 것) 제41조의3 제 1 항을 적용할 때 법 제63조 제 3 항 괄호의 할증률 적용 제외대상 여부를 판정하는 평가기준일은 같은 법 제60조 제 2 항의 '해당 주식 등의 상장일부터 3개월이 되는 날'이다(위 2016두39726 판결).

다만, 상장이익을 위 정산기준일을 기준으로 계산할 뿐이므로, 위 규정에 따른 증여세 납세의무 성립시기는 주식 등의 증여 또는 취득 시이다(위 2020두51181).

법 제41조의3 제 7 항에서 정한 '신주'에는 최대주주로부터 증여받거나 유상취득한 주식이나 수증재산과 관계없이 인수, 배정받은 신주는 포함되지 않으므로 이러한 신주로 합병에 따른 상장이익을 얻더라도 위 조항이 준용되는 제41조의5 제 1 항의 증여재산가액에 해당하지 않으며, 이 경우 상증세법 제 2 조 제 3 항도 적용이 없다.[2)] 법인설립 전 발기인이 자금을 증여받아 신설 법인의 주식을 인수한 경우는 위 규정의 적용대상이 아니다(판 2018. 12. 13, 2015두40941).

아. 금전 무상대출 등에 따른 이익의 증여

[법 제41조의4] ① 타인으로부터 금전을 무상으로 또는 적정 이자율보다 낮은 이자율로 대출받은 경우에는 그 금전을 대출받은 날에 다음 각 호의 구분에 따른 금액을 그 금전을 대출받은 자의 증여재산가액으로 한다. 다만 다음 각 호의 구분에 따른 금액이 대통령령으로 정하는 기준금액 미만인 경우는 제외한다.

1. 무상으로 대출받은 경우: 대출금액에 적정 이자율을 곱하여 계산한 금액.

2. 적정 이자율보다 낮은 이자율로 대출받은 경우: 대출금액에 적정 이자율을 곱하여 계산한 금액에서 실제 지급한 이자 상당액을 뺀 금액.

② 제 1 항을 적용할 때 다음 각 호의 구분에 따른 대출기간을 적용하여 증여재산가액을 계산한다.

---

1) 판례는 코넥스시장은 코스닥시장과는 동일성이 인정되지 아니하는 새로운 시장이라는 등의 이유로, 주식이 코넥스시장에 상장된 때 또는 코넥스시장이 코스닥시장으로부터 독립하여 개설된 때에는 상증세법 제41조의3 제 1 항에서 말하는 '증권시장에 상장'된 것에는 해당하지 않는다고 보았다(위 2020두51181).

2) 판 2017. 3. 30, 2016두55926; 2017. 9. 21, 2017두35691. 앞의 판결에 대한 평석은, 이상우, 이혜진, 조세실무연구 9, 357면, 뒤의 판결에 대한 평석은, 정재희, 조세법연구 25-3, 113면.

1. 대출기간이 1년 이하인 경우: 실제 대출기간

2. 대출기간이 1년 초과인 경우: 1년. 이 경우 1년이 되는 날의 다음 날에 매년 새로운 대출을 받은 것으로 본다. 3. 대출기간이 정해지지 아니한 경우: 1년

③ 특수관계인이 아닌 자 간의 거래인 경우에는 거래의 관행상 정당한 사유가 없는 경우에 한정하여 제 1 항을 적용한다. ④ 생략

금전의 무상대여 등의 경우 적정이자율과의 차액은 실질이 증여에 해당한다. 제 2 항 제 2 호는 금융소득에 대한 소득과세와의 균형을 고려한 것이다. 판례는 위 규정이 법 제13조 제 1 항 제 2 호에 의하여 상속세 과세가액에 포함되는 '상속개시일 전 5년 이내에 피상속인이 상속인이 아닌 자에게 증여한 재산가액'에 해당하는지 여부에 관하여도 적용된다고 보았다(위 2011두10959 판결).

위 규정에서 정한 금전의 무상대여에 따른 적정 이자율에 의한 이자 상당액의 이익은 같은 법 제42조 제 1 항 제 2 호에서 정한 '무상으로 용역을 제공받음으로써 얻은 이익'에 해당하지 않고, 특수관계가 없는 자 간의 금전의 무상대여 등의 거래로 인하여 얻은 이익에 대하여는 구상증세법(2011. 12. 31. 개정 전의 것) 제 2 조 제 3 항을 근거로 증여세를 과세할 수 없다(판 2015. 10. 15, 2014두37924).

부동산무상사용에 따른 이익의 증여와 같이 후발적 사유를 원인으로 한 경정청구제도가 마련되어 있다(법 79조 2항 2호).

자. 합병에 따른 상장 등 이익의 증여

[법 제41조의5] ① 최대주주등의 특수관계인이 다음 각 호의 어느 하나에 해당하는 경우로서 그 주식등을 증여받거나 취득한 날부터 5년 이내에 그 주식등을 발행한 법인이 대통령령으로 정하는 특수관계에 있는 주권상장법인과 합병되어 그 주식등의 가액이 증가함으로써 그 주식등을 증여받거나 취득한 자가 당초 증여세 과세가액(증여받은 재산으로 주식등을 취득한 경우는 제외한다) 또는 취득가액을 초과하여 이익을 얻은 경우에는 그 이익에 상당하는 금액을 그 이익을 얻은 자의 증여재산가액으로 한다. 다만 그 이익에 상당하는 금액이 대통령령으로 정하는 기준금액 미만인 경우는 제외한다.

1. 최대주주등으로부터 해당 법인의 주식등을 증여받거나 유상으로 취득한 경우

2. 증여받은 재산으로 최대주주등이 아닌 자로부터 해당 법인의 주식등을 취득한 경우

3. 증여받은 재산으로 최대주주등이 주식등을 보유하고 있는 다른 법인의 주식등을 최대주주등이 아닌 자로부터 취득함으로써 최대주주등과 그의 특수관계인이 보유한 주

식등을 합하여 그 다른 법인의 최대주주등에 해당하게 되는 경우

② 제1항에 따른 합병에 따른 상장 등 이익의 증여에 관하여는 제41조의3 제3항부터 제9항까지의 규정을 준용한다. 이 경우 "상장일"은 "합병등기일"로 본다.

이 규정은 합병 전에 주식을 거래한 후 합병절차를 통해 주식가치를 증가시켜 이를 변칙적 증여수단으로 악용하는 것을 막기 위한 것으로서 이 규정과 구조가 유사한 주식 등 상장 등에 따른 이익의 증여에 관한 규정이 대부분 준용된다(법 41조의5 2항).

비상장법인인 甲 회사가 그 회사의 임직원이자 최대주주와 특수관계에 있는 乙 등에게 유상증자를 통해 제3자 배정 방식으로 신주인수권을 부여하여 乙 등이 주식을 인수하고 5년 이내에 코스닥상장법인 丙 회사가 최대주주이던 甲 회사를 흡수합병하면서 乙 등이 丙 회사 주식을 배정받은 경우 위 조항에 해당하지 않는다(판 2017. 3. 30, 2016두55926).

합병에 따른 의제배당에 관한 구소득세법 제17조 제1항, 제2항 제4호의 예외를 규정한 같은법 시행령(2008. 2. 22. 개정 전의 것) 제27조 제1항 제1호 (나)목, 제2호에 따라 의제배당소득이 없는 것으로 되어 비과세되는 경우는, 구 상증세법(2003. 12. 30. 개정 전의 것) 제41조의5 제1항의 합병상장이익 규정의 적용과 관련하여 구상증세법 제2조 제2항(현행 4조의2 3항)의 '소득세법에 의한 소득세가 수증자에게 부과되거나 비과세 또는 감면되는 때'에 해당하지 않고, 위 제41조의5 제1항에 따른 증여세 납세의무 성립시기는 주식 등의 증여 또는 취득 시이며, 합병상장이익을 합산배제증여재산으로 정한 2003. 12. 30. 개정된 상증세법 제47조 제2항 단서는 위 개정 이후 합병상장이익의 증여세 정산기준일이 도래하는 한 적용된다(판 2017. 9. 26, 2015두3096).

차. 재산사용 및 용역제공 등에 따른 이익의 증여

[법 제42조] ① 재산의 사용 또는 용역의 제공에 의하여 다음 각 호의 어느 하나에 해당하는 이익을 얻은 경우에는 그 이익에 상당하는 금액(시가와 대가의 차액을 말한다)을 그 이익을 얻은 자의 증여재산가액으로 한다. 다만 그 이익에 상당하는 금액이 대통령령으로 정하는 기준금액 미만인 경우는 제외한다.

1. 타인에게 시가보다 낮은 대가를 지급하거나 무상으로 타인의 재산(부동산과 금전은 제외한다)을 사용함으로써 얻은 이익
2. 타인으로부터 시가보다 높은 대가를 받고 재산을 사용하게 함으로써 얻은 이익

3. 타인에게 시가보다 낮은 대가를 지급하거나 무상으로 용역을 제공받음으로써 얻은 이익 4. 타인으로부터 시가보다 높은 대가를 받고 용역을 제공함으로써 얻은 이익

② 제 1 항을 적용할 때 재산의 사용기간 또는 용역의 제공기간이 정해지지 않은 경우에는 기간을 1년으로 하고, 기간이 1년 이상인 경우에는 1년이 되는 날의 다음 날에 매년 새로 재산을 사용 또는 사용하게 하거나 용역을 제공 또는 제공받은 것으로 본다. ③ 특수관계인 아닌 자 간의 거래인 경우에는 거래의 관행상 정당한 사유가 없는 경우에 한정하여 제 1 항을 적용한다. ④ 생략

금전과 부동산 이외 재산의 무상 및 고·저가 사용이나 용역의 무상 및 고·저가 제공을 통한 경제적 이익의 제공 역시 실질이 증여이므로 포괄주의를 취한 우리 증여세제상 당연히 과세대상에 해당하나, 증여이익의 산정방식 등을 명확하게 하기 위해 별도로 규정을 둔 것이다. 제 3 항에 관한 내용은 이 책 913면 참조.

카. 재산취득 후 재산가치 증가에 따른 이익의 증여

(1) 관련규정

[법 제42조의3] ① 직업, 연령, 소득 및 재산상태로 보아 자력으로 해당 행위를 할 수 없다고 인정되는 자가 다음 각 호의 사유로 재산을 취득하고 그 재산을 취득한 날부터 5년 이내에 개발사업의 시행, 형질변경, 공유물 분할, 사업의 인가·허가 등[1] 대통령령으로 정하는 사유로 인하여 이익을 얻은 경우에는 그 이익에 상당하는 금액을 그 이익을 얻은 자의 증여재산가액으로 한다. 다만 그 이익에 상당하는 금액이 대통령령으로 정하는 기준금액 미만인 경우는 제외한다.

1. 특수관계인으로부터 재산을 증여받은 경우 2. 특수관계인으로부터 기업의 경영 등에 관하여 공표되지 아니한 내부 정보를 제공받아 그 정보와 관련된 재산을 유상으로 취득한 경우 3. 특수관계인으로부터 증여받거나 차입한 자금 또는 특수관계인의 재산을 담보로 차입한 자금으로 재산을 취득한 경우

② 제 1 항에 따른 이익은 재산가치증가사유 발생일 현재의 해당 재산가액, 취득가액(증여받은 재산의 경우에는 증여세 과세가액을 말한다), 통상적인 가치상승분, 재산취득자의 가치상승 기여분 등을 고려하여 대통령령으로 정하는 바에 따라 계산한 금액으로 한다. 이 경우 그 재산가치증가사유 발생일 전에 그 재산을 양도한 경우에는 그 양도한 날을 재산가치증가사유 발생일로 본다.

1) 2011. 12. 31. 개정 전 상증세법은「… 사업의 인가·허가, 주식·출자지분의 상장 및 합병 등」으로 되어 있었는데 여기의 '합병'의 의미에 관하여, 판례는 위 법 제41조의5에서 규정한 '합병에 따른 상장'을 의미하는 것으로 제한하여 해석하였다. 판 2021. 9. 30, 2017두37376.

③ 거짓이나 그 밖의 부정한 방법으로 증여세를 감소시킨 것으로 인정되는 경우에는 특수관계인이 아닌 자 간의 증여에 대해서도 제1항을 적용한다. 이 경우 제1항 중 기간에 관한 규정은 없는 것으로 본다.

위 제1항 각 호 외의 부분 본문에서 "대통령령으로 정하는 사유"란 다음 각 호의 어느 하나에 해당하는 사유를 말한다(영 32조의3 1항).

1. 개발사업의 시행, 형질변경, 공유물 분할, 사업의 인가·허가 2. 비상장주식인 경우에는 한국금융투자협회에의 등록 3. 그 밖에 제1호 및 제2호까지의 사유와 유사한 것으로서 재산 가치의 증가를 가져오는 사유[1)]

위 제2항 전단에서 "대통령령으로 정하는 바에 따라 계산한 금액"이란 제1호의 가액에서 제2호부터 제4호까지의 규정에 따른 가액을 뺀 것을 말한다(영 32조의3 3항).

1. 해당 재산가액: 재산가치증가사유가 발생한 날 현재의 가액(법 제4장에 따라 평가한 가액을 말한다. 다만 해당 가액에 재산가치증가사유에 따른 증가분이 반영되지 아니한 것으로 인정되는 경우에는 개별공시지가·개별주택가격 또는 공동주택가격이 없는 경우로 보아 제50조 제1항 또는 제4항에 따라 평가한 가액을 말한다)

2. 해당 재산의 취득가액: 실제 취득하기 위하여 지급한 금액(증여받은 재산의 경우에는 증여세 과세가액) 3. 통상적인 가치 상승분: 생략 4. 가치상승기여분: 생략

(2) 타인의 기여에 의한 재산가치 증가에 대한 증여세 과세체계

법 제42조의3을 분석하면, 1) 수증인이 직업, 연령, 소득 및 재산상태로 보아 자력으로 해당 행위를 할 수 없을 것, 2) 수증인이 특수관계인으로부터, i) 재산을 증여받거나, ii) 기업의 내부정보를 제공받아 그 정보와 관련된 재산을 유상을 취득하거나, iii) 증여받거나[2)] 차입한 자금 또는 담보를 제공받아 차입한 자금으로 재산을 취득할 것, 3) 재산을 취득한 날부터 5년 이내에 개발사업의 시행 등 재산가치 증가사유가 발생할 것, 4) 수증인의 재산증가가 위와 같은 사유로 발생할 것일 것 등 네 가지로 구분할 수 있고, 이 중 2)는 다시 기여 내용에 따라 재산적 기여(i, iii)와 비재산적 기여(ii)로 구분할 수 있다. i)과 iii) 중 증여받은 부분은 기여대상 자산의 평가가 가능하나, 나머지 iii)의 경우는 평가가 어렵고, ii)의 경우는 아예 평가가 불가능하다는 특성을 갖는다.

---

1) 위 시행령 상 재산가치증가사유는 예시적인 것으로서 제품을 생산하기 위한 공장의 건설이 위 제1호의 개발사업에 해당하지 않고 그와 유사한 사유에도 해당하지 않는다고 한 것으로 판 2023. 6. 1, 2019두31921.

2) 2023. 12. 개정 시 법 제42조의3 제1항에 따른 재산취득 사유에 특수관계인으로부터 증여받은 자금으로 재산을 취득하는 경우를 추가하였다.

타인의 기여에 의한 재산가치의 증가는 노무 등 용역의 제공이나 일감과 같은 기회의 제공에 의해서도 이루어질 수 있다. 이 중 전자는 증여세 과세대상에서 제외되어 있고, 후자는 특수관계법인간 거래(일감몰아주기)에 관한 증여의제 규정(법 45조의3)과 같이 별도로 입법되어 있다. 법 제42조의3에서 제시된 사유 중에도 ⅰ)의 경우는 증자를 통한 신주인수권 이전(법 39조)이나 주식의 상장 등에 따른 이익의 증여(법 41조의3)와 같이 구체적 규정이 마련된 경우도 있다.

이러한 형태의 재산가치 증가에 대한 증여세 과세는 주로 자산의 이전 당시 내재된 재산가치의 사후 정산의 성격을 갖는다. '주식상장에 따른 이익의 증여'를 예로 보면, 가까운 시일 내 주식이 상장될 것이라는 정보가 공개된 상황에서 공개입찰을 실시할 경우 형성될 예정가격이 본래 주식가치가 될 것이다. 법은 이 경우 '주식의 상장'이라는 장래의 사건이 자산 이전 당시 미리 예정되어 있다고 보면서 그 범위를 5년으로 정한 셈이다. 만일 주식의 상장이나 토지의 개발 등과 같은 미래의 사건이 자산의 이전 당시 객관적으로 예상할 수 없었다면 이론상 그 가치증가익은 자본이득으로서 과세대상이 될 뿐 증여세 과세대상이 될 수는 없다.

여기의 재산가치 증가익은 당초 내재된 가치로부터 발생한 부분 이외에 그 보유기간 동안의 기업의 실질적 가치증가분이나 외부적 시장상황에 의해 발생한 부분 등이 포함될 수 있다. 이에 관하여 법은 통상적 가치상승분은 과세가액에서 공제하는 반면 나머지 상승요인은 평가가 불가능하므로 전체를 과세대상으로 삼고 있다.[1] 이와 같이 과세대상이 복합적인 반면 과세기술상 구분이 불가능한 경우 어느 한쪽으로 과세하는 것은 입법기술상 불가피한 측면이 있다.[2]

보다 근본적인 문제는, 수증자의 재산가치는 증가하였으나 증여자의 재산은 감소하지 않은 경우 이를 증여세 과세대상으로 삼는 것이 합헌적인지 여부이다. 이에 관하여는 비교법적 검토를 비롯한 심층적인 논의가 필요하겠으나 현재 우리 헌법재판소나 대법원이 극단적 형태의 의제규정인 명의신탁재산 증여의제 규정을 합헌으로 판단한 이상 다른 의제규정들을 위헌으로 보기는 쉽지 않은 상황이다.[3]

---

1) 이 경우 원래 소득세 과세부분이 증여세로 과세된 것이므로, 법은 10년 단위의 증여세 합산과세에서 해당 부분을 제외하거나(법 47조 1항, 2항), 증여세 과세가액에 포함된 금액을 양도소득세 취득가액에 포함시키는 등(소령 163조 10항) 일부 소득과세와의 조정 장치를 마련하고 있다.

2) 유사한 사례는 다른 규정에도 있다. 예컨대 법은 주식매수선택권을 근무기간 중 행사하여 얻는 이익을 근로소득으로 보는데(소령 38조 1항 17호), 이 경우 주식매수선택권 부여시점과 행사시점 사이의 가치상승분은 근로의 대가 이외에 물가상승분과 같은 외부적 요인이 복합되어 있다.

3) 관련 논의는, 정재희, 앞 논문(879면 각주1) 및 강남규, "기여에 의한 재산가치증가에 대한 포괄증여 과세의 법적 한계", 조세법연구, 21-1, 267면 등.

3. 자본거래를 매개로 한 개별 증여규정

가. 합병에 따른 이익의 증여

(1) 규정의 내용

[법 제38조] ① 대통령령으로 정하는 특수관계에 있는 법인 간의 합병(분할합병을 포함한다)으로 소멸하거나 흡수되는 법인 또는 신설되거나 존속하는 법인의 대통령령으로 정하는 대주주등("대주주 등")이 합병으로 인하여 이익을 얻은 경우에는 그 합병등기일을 증여일로 하여 그 이익에 상당하는 금액을 그 대주주등의 증여재산가액으로 한다. 다만 그 이익에 상당하는 금액이 대통령령으로 정하는 기준금액 미만인 경우는 제외한다.

② 제1항의 경우에 합병으로 인한 이익을 증여한 자가 대주주등이 아닌 주주등으로서 2명 이상인 경우에는 주주등 1명으로부터 이익을 얻은 것으로 본다.

③ 생략.

[시행령 제28조] ① 법 제38조 제1항 본문에서 "대통령령으로 정하는 특수관계에 있는 법인 간의 합병"이란 합병등기일이 속하는 사업연도의 직전 사업연도 개시일(그 개시일이 서로 다른 법인이 합병한 경우에는 먼저 개시한 날을 말한다)부터 합병등기일까지의 기간 중 다음 각 호의 어느 하나에 해당하는 법인간의 합병을 말한다. 다만 다음 각 호의 어느 하나에 해당하는 법인 간의 합병 중 「자본시장과 금융투자업에 관한 법률」에 따른 주권상장법인이 다른 법인과 같은 법 제165조의4 및 같은 법 시행령 제176조의5에 따라 하는 합병은 특수관계에 있는 법인 간의 합병으로 보지 아니한다.

1. 법인세법 시행령 제2조 제5항에 따른 특수관계에 있는 법인
2. 제2조의2 제1항 제3호 나목에 따른 법인
3. 동일인이 임원의 임면권의 행사 또는 사업방침의 결정 등을 통하여 합병당사법인(합병으로 인하여 소멸·흡수되는 법인 또는 신설·존속하는 법인을 말한다)의 경영에 대하여 영향력을 행사하고 있다고 인정되는 관계에 있는 법인

② 법 제38조 제1항 본문에서 "대통령령으로 정하는 대주주등"이란 해당 주주등의 지분 및 그의 특수관계인의 지분을 포함하여 해당 법인의 발행주식총수등의 100분의 1 이상을 소유하고 있거나 소유하고 있는 주식등의 액면가액이 3억 원 이상인 주주등("대주주등")을 말한다.

③ 법 제38조 제 1 항에 따른 이익은 다음 각 호의 구분에 따라 계산한 금액으로 한다.

1. 합병대가를 주식등으로 교부받은 경우: 가목의 가액에서 나목의 가액을 차감한 가액에 주가가 과대평가된 합병당사법인의 대주주등이 합병으로 인하여 교부받은 신설 또는 존속하는 법인의 주식등의 수를 곱한 금액

가. 합병 후 신설 또는 존속하는 법인의 1주당 평가가액

나. 주가가 과대평가된 합병당사법인의 1주당 평가가액×(주가가 과대평가된 합병당사법인의 합병전 주식등의 수÷주가가 과대평가된 합병당사법인의 주주등이 합병으로 인하여 교부받은 신설 또는 존속하는 법인의 주식등의 수)

2. 합병대가를 주식등 외의 재산으로 지급받은 경우(합병당사법인의 1주당 평가가액이 액면가액에 미달하는 경우로서 그 평가가액을 초과하여 지급받은 경우에 한정한다): 액면가액(합병대가가 액면가액에 미달하는 경우에는 해당 합병대가를 말한다)에서 그 평가가액을 차감한 가액에 합병당사법인의 대주주등의 주식등의 수를 곱한 금액

④ 법 제38조 제 1 항 단서에서 "대통령령으로 정하는 기준금액"이란 다음 각 호의 구분에 따른 금액을 말한다.

1. 제 3 항 제 1 호의 경우: 합병 후 신설 또는 존속하는 법인의 주식등의 평가가액의 100분의 30에 상당하는 가액과 3억 원 중 적은 금액 2. 제 3 항 제 2 호의 경우: 3억 원

⑤ 제 3 항 제 1 호 가목을 적용할 때 합병 후 신설 또는 존속하는 법인의 1주당 평가가액은 합병 후 신설 또는 존속하는 법인이 「자본시장과 금융투자업에 관한 법률」에 따른 주권상장법인으로서 그 주권이 같은 법에 따른 증권시장에서 거래되는 법인("주권상장법인등")인 경우에는 다음 각 호의 가액 중 적은 가액으로 하며, 그외의 법인인 경우에는 제 2 호의 가액으로 한다.

1. 법 제63조 제 1 항 제 1 호 가목에 따라 평가한 가액

2. 주가가 과대평가된 합병당사법인의 합병직전 주식등의 가액과 주가가 과소평가된 합병당사법인의 합병직전 주식등의 가액을 합한 가액을 합병 후 신설 또는 존속하는 법인의 주식등의 수로 나눈 가액. 이 경우 합병직전 주식등의 가액의 평가기준일은 상법 제522조의2에 따른 대차대조표 공시일 또는 「자본시장과 금융투자업에 관한 법률」 제119조 및 같은 법 시행령 제129조에 따라 합병의 증권신고서를 제출한 날 중 빠른 날(주권상장법인등에 해당하지 아니하는 법인인 경우에는 상법 제522조의2에 따른 대차대조표 공시일)로 한다.

⑥ 제 3 항 제 1 호 나목에 따른 1주당 평가가액과 제 5 항에 따른 합병직전 주식등의 가액은 법 제60조 및 제63조에 따라 평가한 가액에 따른다. 다만, 주권상장

법인등의 경우 법 제60조 및 제63조 제1항 제1호 나목의 평가방법에 의한 평가가액의 차액(제3항 제1호의 계산식에 따라 계산한 차액을 말한다)이 법 제60조 및 제63조 제1항 제1호 가목의 평가방법에 의한 평가가액의 차액보다 적게 되는 때에는 법 제60조 및 제63조 제1항 제1호 나목의 방법에 따라 평가한다. ⑦ 생략

(2) 규정의 해석

위 규정은 대규모기업들이 특수관계에 있는 법인(주로 부실법인)을 불공정한 합병비율에 의해 합병함으로써 합병법인과 피합병법인 주주 사이에 이익이 분여되는 것을 규제하기 위한 것이다. 예를 들어 합병법인 A와 피합병법인 B 사이의 주당 순자산가치비율이 2 : 1이고, 양 법인 발행주식의 액면가가 동일하면 공정한 합병비율은 1 : 2인데 합병비율을 1 : 1로 정하면 피합병법인 B의 주주는 공정한 합병비율보다 2배의 주식을 받아 결과적으로 합병을 통해 합병법인 A의 주주가 피합병법인 B의 주주에게 그에 상당한 이익을 분여한 셈이 되는데 법은 일정한 요건 아래 이를 증여세 과세대상으로 포착하고 있다.

그러나 위 규정은 수증익 산정과 관련하여 입법론상 의문점이 있다. 불공정한 합병비율이 피합병법인 대주주에게 유리하게 이루어지는 경우를 상정한다면, 이 경우 불공정한 합병비율은 피합병법인 주식의 가치가 시가보다 고가로 평가되어도 발생하고 합병신주가 시가보다 저가로 발행되어도 발생하며 양자가 함께 발생할 수도 있다. 그런데 합병절차에서 피합병법인의 주식은 피합병법인 자산의 가치를 평가하기 위한 수단에 불과하며 법인세법은 피합병법인 자산이 합병법인에 이전되는 것을 자산의 양도로 보아 그 양도차익(합병대가 – 피합병자산의 장부가액)을 과세대상으로 삼고 있다(법법 44조 1항, 2항).[1)] 그런데 상증세법의 위 규정은 불공정한 합병을 통해 피합병법인 주주가 받는 수증익을 산정함에 있어서 합병대가를 주식등으로 교부받은 경우 그 이익을 '합병 후 합병신주의 가액 – 피합병법인의 주식가액'으로 보면서 여기의 주식가액을 상증세법상 평가액, 즉 시가에 의하도록 하여 피합병법인 주식으로 표창되는 피합병법인 자산가액이 시가보다 고가로 평가된 부분을 다시 수증익에 포함시키고 있다. 즉 법인세법은 합병절차에서 피합병법인의 자산일체가 합병법인에 이전되는 것을 피합병법인과 합병법인 사이의 자산의 양도거래로 보아 그 양도차익에 대하여 과세하는 반면 상증세법은 이를 주주간 이익분

1) 적격합병의 경우 과세가 유예되나 과세대상으로 삼는다는 점에서는 변함이 없다. 이 경우 자산이 시가보다 고가로 평가된 부분은 미실현자본이득이 실현된 것이 아니라 무상수증익에 해당하지만 법은 양자를 특별히 구별하지 않은 채 전체를 자산의 양도차익으로 과세한다.

여로 다시 치환하여 수증익을 산정함으로써 결국 동일한 이득에 대하여 법인 및 그 주주에게 이중으로 과세하고 있는 것이다. 자산의 수증익에 대하여 법인에 과세하고 그 수증익으로 인하여 법인 발행 주식의 가치가 올랐다고 하여 다시 주주에게 과세하는 셈이다.[1] 합병절차에서 피합병법인 자산의 이전을 합병법인과 피합병법인 사이의 자산의 양도거래로 보는 현행 법인세법 체계에 기초하는 한 상증세법의 증여규정은 합병법인 발행주식이 시가보다 저가나 고가로 평가된 경우만을 대상으로 하는 것이 옳을 것이다.[2]

다자간 합병의 경우에 위 조항에서 정한 '대주주 합병차익이 3억 원 이상일 것'이라는 요건은 양자 간 합병의 경우와 마찬가지로 주가가 과대평가된 합병당사법인별로 대주주가 얻은 이익에 대하여 판단하여야 하므로 주가가 과대평가된 2개 이상의 합병당사법인에 관한 주식을 보유하고 있던 대주주가 그 합병으로 얻은 이익의 합산액이 3억 원 이상이더라도 합병당사법인별로 계산한 대주주 합병차익이 3억 원에 미달하는 경우에는 그 3억 원에 미달하는 합병당사법인의 대주주 합병차익에 대하여 증여세를 과세할 수 없다(판 2013. 10. 31, 2011두18427).

합병 전 법인의 주주가 합병법인의 주식을 취득하면 자신도 주주가 되므로 법은 증여이익 산정 시 불공정한 합병비율에 따라 발생한 주식가치감소의 희석화 효과를 반영하고 있다. 그 내용은 시행령 제28조 제 3 항, 제 5 항 내지 제 7 항 참조.

합병 전 합병법인이 보유하던 피합병법인 주식(포합주식)이나 피합병법인의 자기주식에 대해서도 여기의 불공정합병에 따른 주주간 증여가 성립되는지 여부에 관하여 논란이 있으나 판례는 이를 긍정하고 있다.[3]

나. 증자에 따른 이익의 증여

(1) 규정의 내용

[법 제39조] ① 법인이 자본금(출자액을 포함한다)을 증가시키기 위하여 새로운 주식 또는 지분("신주")을 발행함으로서 다음 각 호의 어느 하나에 해당하는 이

1) 자산의 고가양도의 경우 동일한 납세의무자에 대한 양도소득세와 증여세의 이중과세도 논란이 되는데 현행 소득세법은 양도가액에서 증여재산가액을 뺀 금액을 양도 당시의 실지거래가액으로 보도록 하여 이를 조정하고 있다(소법 96조 3항 2호 참조).

2) 합병과 유사한 주식의 포괄적 교환의 경우 완전자회사가 되는 법인의 주주와 완전모회사가 되는 법인 사이의 거래로 보므로 법인 단계의 과세가 문제되지 않는다는 점에서 합병과 차이가 있다.

3) 판 2021. 9. 30, 2017두66244. 판례에 반대하는 견해로 정기상, "상속세 및 증여세법상 자기증여의 취급에 관한 고찰", 조세법연구 29-2, 239면. 판결에 찬성하는 견해로, 백세봄, "2021년 재산세제 판례회고", 조세법연구 28-1, 207면. 이는 자기주식의 양도를 손익거래로 볼 것인지 아니면 자본거래로 볼 것인지에 관한 논의와 일맥상통하는 것으로 여겨진다.

익을 얻은 경우에는 주식대금 납입일 등 대통령령으로 정하는 날을 증여일로 하여 그 이익에 상당하는 금액을 그 이익을 얻은 자의 증여재산가액으로 한다.

1. 신주를 시가(제60조와 제63조에 따라 평가한 가액을 말한다. 이하 이 조, 제39조의2, 제39조의3 및 제40조에서 같다)보다 낮은 가액으로 발행하는 경우에는 다음 각 목의 어느 하나에 해당하는 이익: 가목 내지 라목 생략

2. 신주를 시가보다 높은 가액으로 발행하는 경우에는 다음 각 목의 어느 하나에 해당하는 이익: 가목 내지 라목 생략.

3. 제 1 호 및 제 2 호를 적용할 때 상법 제346조에 따른 종류주식('전환주식')을 발행한 경우: 발행 이후 다른 종류의 주식으로 전환함에 따라 얻은 다음 각 목의 구분에 따른 이익: 가목 내지 나목 생략.

②, ③ 생략

(2) 규정의 해석

이 규정은 법인의 신주 발행 시 일부 주주가 신주의 실제 가치와 발행가액의 차액이 있는 신주인수권 행사를 포기함으로써 특수관계인 사이에 이익이 이전하는 것을 과세하기 위한 규정이다. 신주를 시가보다 낮은 가액으로 발행하면서 실권주를 다시 배정하는 경우에는 우회증여 소지를 축소하기 위해 특수관계를 요구하지 않고 있다. 당사자의 증여의사는 과세요건이 아니다(판 2000. 1. 21, 99두2499).

이 규정은 통상적인 경우의 법인제도를 남용한 우회증여의 가장 전형적인 형태라고 할 수 있다. 법인의 손익과는 관계없는 주주 사이의 부의 이전을 대상으로 한다는 점에서 자본거래를 통한 증여의 유형에 속한다.

현물출자에 의한 증자의 경우에는 현물출자자 이외의 자에게 신주인수권이 부여되지 않으므로 위 규정은 적용이 없다(판 89. 3. 14, 88누889). 유상증자가 회사정리계획인가에 따라 이루어지는 경우 등과 같이 경영권 이전이나 증여세 조세회피 목적과 무관한 경우 위 규정은 적용이 없다(국세청 회신 438, 2005. 3. 24.).

법 제39조 제 1 항 각 호 외의 부분의 "주식대금 납입일 등 대통령령으로 정하는 날"에 관하여는 시행령 제29조 제 1 항 제 1 호 내지 제 3 호 참조.

기본통칙(39-29…2)은 상장법인 등의 증자 전 1주당 평가가액은 그 증자에 따른 권리락이 있는 날 전 2월이 되는 날부터 권리락이 있는 날 전일까지 공표된 한국거래소 최종시세가액의 평균액으로 하며, 증자 후 1주당 평가가액은 권리락이 있는 날부터 2월이 되는 날까지 공표된 한국거래소의 최종시세가액의 평균액으로 하도록 규정하고 있다. 증자 후 3월 중 이루어진 매매거래가액은 "증자 전의 1주당

평가가액"으로 볼 수 없다(판 2009. 6. 25, 2007두5110). 주식이 명의신탁된 경우 신주인수권을 포기한 주주와 특수관계에 있는 자에 해당하는지의 여부는 명의신탁자를 기준으로 판단하며(판 93. 11. 23, 93누3974), 실권주 재배정과 관련하여 일단 과세요건에 해당하면 그 후 초과배정받은 주식의 명의를 신주인수권을 포기한 주주의 명의로 변경하였더라도 여전히 증여세 과세대상이다(판 95. 12. 8, 94누15905).

신주를 시가보다 낮은 가액으로 발행하는 경우 2인 이상의 소액주주가 신주배정권을 포기하거나 미달되게 배정받는 경우에는 이익계산에 관한 특칙이 있다(법 39조 2항).[1)]

시행령은, 1. 신주를 시가보다 낮은 가액으로 발행하는 경우, 2. 신주를 시가보다 높은 가액으로 발행하는 경우, 3. 위 각 경우를 적용할 때 전환주식을 발행한 경우 등 세 가지 경우로 나누고 이 중, 1. 2.에 관하여 다시, 가. 실권주를 배정하는 경우, 나. 실권주를 배정하지 않는 경우, 다. 신주의 제 3 자 배정 또는 기존주주에 대한 불균등배정 등의 경우로 나누어 각각 증여이익의 산정방식을 규정하고 있다(영 29조 2항).

1 - 가의 경우 실권주를 배정받은 자가 신주의 시가와 발행가액의 차액에 상당하는 이익을 얻고, 2 - 가의 경우 그 반대가 된다(영 29조 2항 1호 및 3호). 1 - 나, 2 - 나의 경우는 신주인수권자가 포기한 실권주를 재배정하지 않았으나 신주인수권을 포기한 주주의 특수관계인이 다른 신주를 인수한 경우로서 그 이익의 산정방식도 기본적으로 앞의 경우와 같다. 다만 신주 1주당 인수가액과 신주발행 후 1주당 시가와의 차액이 신주발행 후 1주당 시가의 30/100 이상이거나 위 차액에 실권주수를 곱하여 계산한 가액이 3억 원 이상인 경우 당해 금액에 대하여만 규정이 적용되는 점이 다르다(영 29조 2항 2호 및 4호). 불균등 배정에 관한 1 - 다, 2 - 다의 경우도 이익이전의 형태는 앞의 경우와 같으므로 산정방식은 기본적으로 동일하다.

위 각 경우에 신주의 시가를 산정함에 있어서는 신주발행 후의 주식가액을 기초로 산정하되, 증자 전 총발행주식가액과 증자로 인한 자본증가액을 합산하여 증자 후의 총주식수로 나누어 평가함으로써 증자로 인한 주식가치 희석효과를 감안하고 있다(영 29조 2항 1호 가목).[2)]

---

1) 위 특칙은, 증여자별로 증여이익을 계산하는 것이 복잡하고 증여가액이 과세 최저한에 미달하여 과세를 못하게 되면 증여세 회피 수단으로 악용될 우려가 있다는 점을 고려한 것으로서 과잉금지의 원칙 또는 조세평등주의 원칙에 반하지 않는다. 판 2017. 5. 17, 2014두14976.

2) 위 (가)목 단서에서, "주권상장법인 등의 경우 '증자 후의 1주당 평가가액'이 (가)목 본문 산식에 의하여 계산한 1주당 가액보다 적은 경우에는 위 평가가액을 기준으로 증여이익을 산정하도록 한 것"의 '증자 후의 1주당 평가가액'이 시가를 의미한다고 한 것. 판 2015. 9. 10, 2013두22437.

위 규정에 따른 과세대상이 실권주 재배정으로 인한 주식가치 증가분인지 아니면 신주인수자가 신주를 인수함으로써 입게 된 손실 전부인지가 문제되는데 판례는 후자의 취지로 규정한 시행령 규정이 모법의 위임범위를 벗어나지 않았다고 보았다(판 2009. 11. 26, 2007두5363).[1] 상법상 자기주식 취득 제한으로 신주를 배정받지 못한 자기주식은 위 '증자 전 1주당 평가가액'이나 '증자 전 발행주식총수' 계산에서 제외된다(위 2007두5363 판결).

법 제39조 제 1 항 제 1 호 가목에서 "대통령령으로 정하는 경우"란 자본시장법 시행령 11조 3항에 따라 모집하는 경우를 말한다(영 29조 3항).

주식이 보호예수된 경우 수증이익 산정시점과 관련하여, 판례는 보호예수기간 동안의 처분제한에 불구하고 보호예수기간 경과일이 아니라 주식대금 납입일로 보았다(판 2017. 5. 17, 2014두14976).

상환전환우선주의 수증익 산정기준일은 시행령 제29조 제 1 항 제 2 호의 취지에 따라 주식대금납입일이 아닌 상환전환우선주의 보통주 전환일로 볼 것이다. 출자전환 주식에 대한 우선매수청구권 행사의 평가방법에도 위 평가방법을 준용할 수 있다(판 2011. 4. 28, 2008두17882).[2]

다. 감자에 따른 이익의 증여

[법 제39조의2] ① 법인이 자본금을 감소시키기 위하여 주식등을 소각하는 경우로서 일부 주주등의 주식등을 소각함으로써 다음 각 호의 구분에 따른 이익을 얻은 경우에는 감자를 위한 주주총회결의일을 증여일로 하여 그 이익에 상당하는 금액을 그 이익을 얻은 자의 증여재산가액으로 한다. 다만 그 이익에 상당하는 금액이 대통령령으로 정하는 기준금액 미만인 경우는 제외한다.

1. 주식 등을 시가보다 낮은 대가로 소각한 경우: 주식등을 소각한 주주등의 특수관계인에 해당하는 대주주등이 얻은 이익 2. 주식 등을 시가보다 높은 대가로 소각한 경우: 대주주등의 특수관계인에 해당하는 주식등을 소각한 주주등이 얻은 이익

이 규정은 앞의 증자에 따른 이익의 증여와 반대형태의 규정이다. 종전에 특정주주의 주식을 소각함으로써 잔존주주 지분비율이 상승하는 경우 증여세 과세대상이 되는지에 관하여 논란이 있었는데 명문으로 이를 과세대상에 포함시키되, 관련 주주들 사이에 특수관계가 존재하고 수증자가 대주주인 경우로 제한하였다.

1) 이 판결에 대한 해설은, 조윤희, 판례해설 2009(하), 354면. 김의석, "2009년도 법인세법 및 소득세법 판례회고", 조세법연구 16-2, 340면.
2) 판결에 대한 평석은, 박 훈, 조세법연구 22-3, 231면.

라. 현물출자에 따른 이익의 증여

[법 제39조의3] ① 현물출자에 의하여 다음 각 호의 어느 하나에 해당하는 이익을 얻은 경우에는 현물출자 납입일을 증여일로 하여 그 이익에 상당하는 금액을 그 이익을 얻은 자의 증여재산가액으로 한다. ②, ③ 생략

1. 주식 등을 시가보다 낮은 가액으로 인수함에 따라 현물출자자가 얻은 이익

2. 주식 등을 시가보다 높은 가액으로 인수함으로서 현물출자자의 특수관계인에 해당하는 주주등이 얻은 이익

상법상 현물출자의 경우 이사회 또는 주주총회의 결의로 현물출자자와 그에 부여할 주식수를 결정함으로써(상법 416조 4호) 신주인수인이 될 자가 미리 특정되기 때문에 현물출자자에 대하여 발행하는 신주에 대하여는 일반주주들의 신주인수권이 미치지 않는다. 위 규정은 이를 이용한 불균등증자를 통해 주주 사이에 부를 이전하는 것을 규제하기 위한 것이다. 1호의 경우 특수관계를 요구하지 않는 것은 증자에 관한 법 제39조와 취지를 같이 한다.

이 조항은 현물출자에서 피출자법인 발행신주가 시가보다 고가나 저가로 발행·인수된 경우를 규율하는 조항인데 그 반대쪽인 현물출자 자산이 고가나 저가로 평가된 경우에 관하여는 법은 따로 규정을 두지 않고 있다. 후자의 경우 고가나 저가 양도로서의 본질을 갖지만 다른 한편 출자자가 피출자법인의 주주가 되므로 수증익 산정에 있어서 희석화 효과가 발생한다.[1] 어쨌든 이 경우도 상증세법상 증여세 과세대상으로 여겨지는데 현행 규정상으로는 포괄증여 규정인 상증세법 제 4 조 제 1 항 제 6 호를 적용하여 과세할 수밖에 없을 것이다. 입법의 보완이 요구된다.

마. 전환사채 등의 주식전환 등에 따른 이익의 증여

(1) 규정의 내용

[법 제40조] ① 전환사채, 신주인수권부사채(신주인수권증권이 분리된 경우에는 신주인수권증권을 말한다) 또는 그 밖의 주식으로 전환·교환하거나, 주식을 인수할 수 있는 권리가 부여된 사채("전환사채 등")를 인수·취득·양도하거나, 전환사채 등에 의하여 주식으로의 전환·교환 또는 주식의 인수를 함으로써 다음 각 호의 어

1) 주식의 희석화(dilution) 효과란 주주 간 또는 법인의 주주에 대한 이익 분여 상황에서 분여 받은 주주의 이익이 분여한 주주 또는 법인의 손실이 반영되어 하락하는 현상을 말한다. 그 밖에 관련 논의는 이 책 699면 참조.

느 하나에 해당하는 이익을 얻은 경우에는 그 이익에 상당하는 금액을 그 이익을 얻은 자의 증여재산가액으로 한다. 다만 그 이익에 상당하는 금액이 대통령령으로 정하는 기준금액 미만인 경우는 제외한다.

1. 전환사채 등을 인수·취득함으로써 인수·취득을 한 날에 얻은 다음 각 목의 어느 하나에 해당하는 이익: 가목 내지 다목: 생략

2. 전환사채 등에 의하여 주식전환등을 함으로써 주식전환등을 한 날에 얻은 다음 각 목의 어느 하나에 해당하는 이익: 가목 내지 다목: 생략.

3. 전환사채등을 특수관계인에게 양도한 경우로서 전환사채등의 양도일에 양도가액이 시가를 초과함으로써 양도인이 얻은 이익 ② 생략

(2) 규정의 해석

위 규정은 전환사채 발행 시 전환조건을 정함에 있어서 일반적으로 전환사채의 액면가액과 전환에 의하여 부여할 주식의 액면가액이 같도록 주식 전환가액을 정하므로 기업의 내부정보를 잘 아는 자가 사모(私募)전환사채를 싼 값에 취득하여 주가가 액면을 상회할 때 주식으로 전환함으로써 변칙적으로 주식평가액과 전환사채 취득가액과의 차액에 상당하는 이익을 얻는 것을 규제하기 위한 것이다. 특히 재벌기업의 변칙상속에 있어서 이 방식이 많이 악용되어 왔고 판례가 다른 경우와 마찬가지로 증여세 포괄주의의 도입 이전 이를 증여세 과세대상으로 보는 것에 소극적이었음에 따라 이를 과세대상으로 명시한 것이다.

법은 전환사채의 취득에서 발생하는 수증익(1호)과 전환권을 행사하거나 양도함으로써 취득하는 이익(2호, 3호)을 구분하고 있다. 전환사채 취득 이후의 주식가치 상승분은 엄밀하게는 소득과세 영역에 속하지만 이를 일일이 구분하기 어려우므로 함께 증여세 과세대상으로 삼은 것이다. 제2, 3 호의 경우 그 특수성을 감안하여 이를 분리하여 과세하고(법 47조 1항), 전환된 주식을 양도할 경우 당해 증여세 과세가액의 증가액을 양도주식의 취득가액으로 인정하고 있다(소령 163조 10항).

위 제2호 다목[1]의 해석과 관련하여, 판례는 해당 규정이 전환사채 등을 인수·취득한 자가 발행 법인 최대주주의 특수관계인으로서 발행 법인의 주주가 아닐 것을 요구하는 등 과세대상과 과세범위를 한정함으로써 증여세 과세의 범위와 한계를 설정한 것으로 보아야 하므로, 위 조항의 과세대상이나 과세범위에서 제외된 거래·행위, 즉 발행 법인 최대주주의 특수관계인이 아닌 자가 전환사채를 인수한

1) '전환사채등을 발행한 법인의 최대주주의 특수관계인(법인의 주주는 제외)이 그 법인으로부터 전환사채등의 인수등을 한 경우로서 전환사채등에 의하여 교부받았거나 교부받을 주식의 가액이 전환가액등을 초과함으로써 얻은 이익'

거래·행위로 인하여 얻은 이익에 대하여는 위 규정은 물론이고 상증세법 제4조 제1항 제6호 등에 따른 과세대상도 아니라고 보았다(판 2024. 4. 12, 2020두53224).

또한 전환사채 등의 발행법인과 인수인 사이에 특수관계가 있더라도 전환사채의 인수 당시 이익을 분여하려는 사정이 없이 일반적인 시장 거래의 일환으로 주식을 인수한 경우 위 규정은 적용되지 않는다.[1)]

시행령 제30조 제5항은 수증이익의 산정에 있어서 저가증자의 경우와 마찬가지로 교부받을 시가보다 낮은 가액으로 사채를 주식으로 전환함에 따른 주식가치의 희석화 효과를 감안한 산식(다만 주권상장법인 등의 경우 전환 후 1주당 평가액이 더 낮은 경우에는 그 가액을 기준으로 함)을 마련하고 있다.

바. 법인의 조직 변경 등에 따른 이익의 증여

(1) 규정의 내용

[법 제42조의2] ① 주식의 포괄적 교환 및 이전, 사업의 양수·양도, 사업 교환 및 법인의 조직 변경 등에 의하여 소유지분이나 그 가액이 변동됨에 따라 이익을 얻은 경우에는 그 이익에 상당하는 금액(소유지분이나 그 가액의 변동 전·후 재산의 평가차액을 말한다)을 그 이익을 얻은 자의 증여재산가액으로 한다. 다만 그 이익에 상당하는 금액이 대통령령으로 정하는 기준금액 미만인 경우는 제외한다.

② 특수관계인이 아닌 자 간의 거래인 경우에는 거래의 관행상 정당한 사유가 없는 경우에 한정하여 제1항을 적용한다. ③ 생략

(2) 규정의 해석

기업의 구조조정 행위는 대부분 자산의 현물출자를 기본구조로 삼고 있고 따라서 전통적 의미에 있어서의 자본거래와 손익거래가 혼합된 형태를 띠게 된다.[2)] 따라서 이 규정 역시 이와 같은 포괄적인 혼합거래 전반을 규율대상으로 삼게 된다. 대표적 유형인 주식의 포괄적 교환·이전의 경우를 보면, 이 경우 수증익은 완전자회사가 되는 회사(대상회사) 주식의 이전과 관련된 양도(손익)거래 쪽에서 발생할 수도 있고, 그 반대급부인 완전모회사가 되는 회사(취득회사)의 신주발행·교부와 관련된 자본거래쪽에서 발생할 수도 있다. 전자의 경우 신주를 발행·교부하는 법인이 증여자가 되는데 반하여 후자의 경우에는 형식상 그 법인의 주주가 증여자가 된다. 다만 어느 경우에나 대상회사의 주주가 취득회사 주주의 지위를 갖게 되

1) 판 2019. 5. 30, 2017두49560. 판결에 대한 평석은, 임수혁, 조세판례백선 3, 517면.

2) 관련 논의는 이 책 699면 참조.

어 수증이익의 산정에 있어서 주식의 희석화 효과가 반영되어야 하는 특성을 갖는다. 구체적인 수증이익의 계산에 관하여는 시행령 제32조의2 참조.[1)]

규정 내용이나 형태상 예시적 규정으로 이해되므로 경제적 실질이 동일하면 구체적으로 열거되지 않더라도 이 규정의 적용대상에 포함된다고 본다.

흑자법인에게 회사 주식 전부를 증여한 경우는 위 규정의 적용대상이 아니라고 볼 것이다.[2)]

4. 증여추정

가. 배우자 등에 대한 양도 시의 증여추정

(1) 규정의 내용

[법 제44조] ① 배우자 또는 직계존비속(“배우자등”)에게 양도한 재산은 양도자가 그 재산을 양도한 때에 그 재산의 가액을 배우자등이 증여받은 것으로 추정하여 이를 배우자등의 증여재산가액으로 한다.

② 특수관계인에게 양도한 재산을 그 특수관계인(“양수자”)이 양수일부터 3년 이내에 당초 양도자의 배우자등에게 다시 양도한 경우에는 양수자가 그 재산을 양도한 당시의 재산가액을 그 배우자등이 증여받은 것으로 추정하여 이를 배우자등의 증여재산가액으로 한다. 다만 당초 양도자 및 양수자가 부담한 소득세법에 따른 결정세액을 합친 금액이 양수자가 그 재산을 양도한 당시의 재산가액을 당초 그 배우자등이 증여받은 것으로 추정할 경우의 증여세액보다 큰 경우에는 그러하지 아니하다.

③ 해당 재산이 다음 각 호의 어느 하나에 해당하는 경우에는 제 1 항과 제 2 항을 적용하지 아니한다.

1. 법원의 결정으로 경매절차에 따라 처분된 경우 2. 파산선고로 인하여 처분된 경우 3. 국세징수법에 따라 공매된 경우 4. 「자본시장과 금융투자업에 관한 법률」 제 8 조의2 제 4 항 제 1 호에 따른 증권시장을 통하여 유가증권이 처분된 경우. 다만 불특정다수인 간의 거래에 의하여 처분된 것으로 볼 수 없는 경우로서 대통령령으로 정하는

1) 2007. 12. 31. ‘주식의 포괄적 교환’이 위 규정의 적용대상에 명시적으로 포함되기 이전에, 대상회사 주식이 과대평가된 사안에서 동일한 취지를 설시한 것으로, 판 2014. 4. 24, 2011두23047; 2022. 12. 29, 2019두19. 주식의 포괄적 교환·이전은 흔히 비상장법인을 우회상장하기 위한 목적으로 이루어진다. 관련 논의는, 김성균, “주식교환방식 등의 우회상장 관련 증여세 과세의 문제점 및 그 대안”, 조세법연구 18-3, 436면.

2) 같은 취지, 판 2016. 6. 23, 2016두285. 평석은, 조성권, 조세실무연구 7, 298면.

경우는 제외한다. 5. 배우자등에게 대가를 받고 양도한 사실이 명백히 인정되는 경우로서 대통령령으로 정하는 경우

④ 법 제44조 제 2 항 본문 규정에 의하여 당해 배우자 등에게 증여세가 부과되는 경우에는 소득세법의 규정에 불구하고 당초 양도자 및 양수자에게 당해 재산 양도에 따른 소득세를 부과하지 아니한다.

(2) 규정의 해석

위 조항은 양도를 가장한 근친 사이의 증여은폐행위를 방지하기 위한 규정이다. 특별히 제 2 항은 직계비속 등과 근친자에 대한 증여 과정에 제 3 자와의 양도행위를 개입시켜 과세를 회피하려는 것을 방지하기 위한 규정으로서, 여기의 '양도'란 외형상 재산의 소유권이 이전되는 일체의 경우를 포함하는 것으로 이해된다. 규정상 '배우자'란 법률상의 배우자를 뜻하며 사실상 배우자는 여기에 포함되지 않는다(판 91. 4. 26, 90누6897). 채무담보의 목적으로 재산의 소유권을 이전하는 경우는 특수관계 있는 자에 대한 재산의 '양도'에 포함되지 않는다(판 87. 5. 26, 86누836).

법 제44조 제 3 항 제 4 호 단서에서 "대통령령으로 정하는 경우"란 자본시장법 제 8 조의2 제 4 항 제 1 호에 따른 증권시장에서 이루어지는 유가증권의 매매 중 기획재정부령으로 정하는 시간외시장에서 매매된 것을 말한다(영 33조 2항).

위 규정에 해당하지 않더라도 양수인이 상당한 대가 지급사실을 입증하면 증여세를 과세할 수 없을 것이다. 행정해석도 같은 취지이다(상증통 44-33…1).

나. 재산취득자금 등의 증여추정

(1) 규정의 내용

[법 제45조] ① 재산취득자의 직업, 연령, 소득 및 재산 상태 등으로 볼 때 재산을 자력으로 취득하였다고 인정하기 어려운 경우로서 대통령령으로 정하는 경우에는 그 재산을 취득한 때에 그 재산의 취득자금을 그 재산의 취득자가 증여받은 것으로 추정하여 이를 그 재산취득자의 증여재산가액으로 한다.

② 채무자의 직업, 연령, 소득, 재산 상태 등으로 볼 때 채무를 자력으로 상환(일부 상환을 포함한다)하였다고 인정하기 어려운 경우로서 대통령령으로 정하는 경우에는 그 채무를 상환한 때에 그 상환자금을 그 채무자가 증여받은 것으로 추정하여 이를 그 채무자의 증여재산가액으로 한다.

③ 취득자금 또는 상환자금이 직업, 연령, 소득, 재산 상태 등을 고려하여 대통령령으로 정하는 금액 이하인 경우와 취득자금 또는 상환자금의 출처에 관한 충

분한 소명이 있는 경우에는 제 1 항과 제 2 항을 적용하지 아니한다.

④ 금융실명거래 및 비밀보장에 관한 법률 제 3 조에 따라 실명이 확인된 계좌 또는 외국의 관계법령에 따라 이와 유사한 방법으로 실명이 확인된 계좌에 보유하고 있는 재산은 명의자가 그 재산을 취득한 것으로 추정하여 제 1 항을 적용한다.

제 1 항 및 제 2 항의 '대통령령으로 정하는 경우'란, ① 신고하였거나 과세(비과세 및 감면 포함)받은 소득금액, ② 신고하였거나 과세받은 상속 또는 수증재산의 가액, ③ 재산을 처분한 대가로 받은 금전이거나 부채를 부담하고 받은 금전으로 당해 재산의 취득 또는 당해 채무의 상환에 직접 사용한 금액의 입증합계액이 취득재산의 가액 또는 채무의 상환금액에 미달하는 경우를 말한다(영 34조 1항).

다만 입증되지 아니하는 금액이 취득재산의 가액의 100분의 20에 상당하는 금액과 2억 원 중 적은 금액에 미달하는 경우를 제외한다(같은 항 단서).

제 3 항의 '대통령령으로 정하는 금액'이란 재산취득일 전 또는 채무상환일 전 10년 이내에 해당 재산 취득자금 또는 해당 채무 상환자금의 합계액이 5천만 원 이상으로서 연령·직업·재산상태·사회경제적 지위 등을 고려하여 국세청장이 정하는 금액을 말한다(영 34조 2항).

(2) 규정의 해석

㈎ 판례의 정리 재산취득자금 증여추정에 관한 판례의 개요는 다음과 같다.

(i) 재산의 증여사실은 원칙적으로 과세관청의 입증사항이므로 재산의 취득 당시 상당한 직업과 소득이 있었던 자라면, 그 취득자금을 일일이 제시하지 못하더라도 특별한 사정이 없는 한 재산의 취득자금 중 출처를 명확히 제시하지 못한 부분을 다른 사람으로부터 증여된 것으로 단정할 수 없다(판 97. 11. 8, 94누9603).

(ii) 그러나 특별한 직업이나 재력이 없는 사람이 재산 취득자금 출처에 관해 납득할 만한 입증을 못한 반면 직계존속이나 배우자가 증여할 만한 재력이 있다면 재산의 취득자금을 직계존속 등으로부터 증여받은 것으로 추정되고 그 추정을 번복하려면 별도 자금의 출처 및 그 자금이 당해 재산의 취득자금으로 사용되었다는 점을 입증하여야 한다(판 92. 3. 27, 91누6115; 98. 6. 12, 97누7707; 96. 5. 10, 96누1900 등).

(iii) 또한 일정한 직업이나 소득이 있더라도 소득의 정도나 재력이 취득재산 가치에 비해 극도로 적어 그 자력만으로 당해 재산을 취득할 수 없음이 명백한 경우 자력 있는 직계존속 등으로부터의 수증사실이 추정된다(판 90. 10. 26, 90누6071).

(iv) 아버지가 미성년자인 아들 명의로 부동산이나 주식을 취득한 경우 그 처분대금을 증여 여부가 다투어지는 다른 자산의 취득자금 출처로 인정할 수 있을

것인가에 관하여 판례는 소극적이다. 즉, 부동산을 다수 보유하는 자가 일부 부동산을 미성년자인 아들 명의로 취득하는 경우 그 처분대금을 다른 증여사건의 자금출처로 내세우기 위해서는 등기사실 이외에 해당 부동산이 아들 앞으로 실질적으로 증여되었다는 점을 인정할 증거가 필요하고(위 91누6115 판결), 아버지가 자력 및 소득이 없는 아들 명의로 증권계좌를 개설, 관리하여 온 경우 해당 주식으로 인한 소득을 아들의 소득으로 보기 위해서는 계좌개설 이외에 증여사실을 인정할 별도의 증거가 필요하다(판 93. 8. 24, 93누2643). 그와 같은 별도 증거로는 새로운 증여가 문제되기에 앞서 아들 이름으로 증여세를 납부한 사실을 예로 들 수 있다. 얼핏 이들 판례가 명의신탁 증여의제 규정과 모순되는 듯하나, 증여의제 규정이 적용되더라도 그 실질이 증여로 바뀌는 것은 아니므로 다른 증여사건의 자금출처나 증여세 부과제척기간 등을 논함에 있어서는 거래의 실정과 입증의 난이 등을 고려하여 별도로 실제로 증여사실이 존재하는지 여부를 판단할 수 있다고 볼 것이다.

판례는 출처자금이 아닌 당해 재산 자체의 증여 여부가 문제된 경우에는 판단의 각도를 달리하고 있다. 즉, 과세관청에 의해 증여자로 인정된 자 명의의 예금이 인출되어 납세의무자 명의의 정기예금으로 전환예치되거나 기명식 수익증권 매입에 사용된 사실이 밝혀진 이상 그 예금은 납세의무자에게 증여된 것으로 추정되므로, 예금 인출과 납세의무자 명의로의 예금 등이 증여 아닌 다른 목적으로 행하여진 것이라는 등의 다른 사정에 대한 입증의 필요는 납세의무자에게 있다고 본다(판 97. 2. 11, 96누3272). 이는 증거와의 거리를 고려한 취지로 이해된다.

(나) 판례와 시행령의 대비

판례와 법을 비교하면, 법은 미성년의 자 등이 재산을 자력으로 취득하기 어려운 때에는 증여사실을 추정하는 데 반하여 종전 판례의 입장은 '직계존속 등이 자력이 있을 것'의 요건이 추가되어 있다. 과세요건은 과세관청의 입증사항이고 과세관청은 증여세 과세에 있어 증여자가 누구인지를 특정해야 하므로 재산을 취득한 자가 단지 자력이 없다는 점만으로 전체 증여사실을 추정할 수는 없을 것이다.

'재산을 자력으로 취득하였다고 인정하기 어려운 경우'에 관한 시행령 규정은 나름 합리적 기준을 제시하고 있으나, 근본적으로 증여행위의 존부는 사실인정의 문제로써 법관의 자유심증을 제약할 수 없으므로 위 규정도 절대적 기준이 될 수는 없다.[1] 판례가 취득자금이 증여로 추정되는 경우 그 번복을 위해 자금 출처와 그 자금이 당해 재산의 취득자금으로 사용되었다는 점까지 입증을 요구하는 것은,

---

1) 같은 취지, 윤지현, "상속세 및 증여세의 간주·추정규정의 한계", 조세법연구 16-1, 204면.

단지 기존의 부동산이 처분되었다는 점에 관한 입증만을 요구하게 되면 납세자가 그 처분대금을 다른 증여의 취득자금으로 중복 제시할 가능성이 있는 반면 과세관청이 관련된 모든 금융자료를 추적하는 것은 용이하지 않으므로 증거와의 거리가 가까운 납세자게에 자금의 이동경로에 관한 입증책임을 전환한 것으로 여겨진다.[1)]

5. 증여의제

가. 명의신탁재산의 증여의제

(1) 총 설

명의신탁재산의 증여의제 규정은 그동안 관련된 헌법재판소 결정도 수차례 있었을 뿐 아니라 이를 둘러싼 법령의 개정 및 판례의 태도 변화로 인하여 매우 혼란스러운 분야이며 이 점은 지금도 말끔히 해소되었다고 보기 어렵다. 다만 그와 같은 논의 중 위 규정의 입법취지가 무엇인가, 즉 위 규정이 증여세 회피를 방지하기 위한 것인가 아니면 모든 조세회피를 방지하기 위한 것인가 하는 문제는 몇 차례 법 개정을 거쳐 후자라는 데에 이론이 없게 되었다. 따라서 현행 규정상 논의의 초점은 조세회피목적의 범위의 문제로 좁혀졌다고 볼 수 있다.

한편 2019년 개정법령에서 몇 가지 중요한 개정이 이루어졌다. 그 중 가장 주목할 내용은, 명의신탁 증여의제에 따른 증여세 납부의무자를 명의수탁자에서 명의신탁자로 변경한 것이다. 이는 명의신탁 증여의제 규정이 조세회피를 방지하기 위한 제재적 규정임을 감안할 때 귀책사유가 있는 실제소유자에게 납부의무를 부담시키는 것이 합리적이라고 본 것이다. 다만 이로 인하여 명의신탁 증여의제 규정이 전통적 조세체계에서 더 멀어졌음은 부인하기 어렵다. 아울러 명의신탁 재산에 대한 물적납세의무 규정을 신설하고(법 4조의2 9항), 증여의제 재산을 그 실질에 맞추어 증여재산 합산대상에서 제외하는 한편(법 47조 1항), 과세관할도 수증자 주소지 관할세무서장에서 증여자 주소지 관할세무서장으로 바꾸었다(법 6조 2항 3호).

명의신탁 증여의제 규정의 변천과정을 표로 보면 다음과 같다.

적용기간	75. 1. 1~96. 12. 31	97. 1. 1~98. 12. 31	99. 1. 1~03. 12. 31	04. 1. 1~현재
법조문	상속세법 제32조의2	상증세법 제43조	상증세법 제41조의2	상증세법 제45조의2
성 격	의제규정	추정규정	의제규정	의제규정

1) 관련 논의는, 이태로·한만수, 앞의 책, 861면. 윤지현, 앞 논문, 205면.

(2) 명의신탁 증여의제 규정의 위헌성 논란

헌법재판소는 증여의제 관련규정이 조세회피를 방지하려는 정당한 입법목적을 지니고, 명의신탁에 관하여 사법적 효력을 부인하고 형사처벌을 하는 방법이나, 실제 소유관계에 따라 과세를 하고 가산세나 과징금을 부과하는 방법이 증여세를 부과하는 것보다 납세의무자의 기본권을 덜 제한하는 수단이라고 단언할 수 없고, 조세정의와 공평이라는 중대한 공익을 실현하며, 법원이 조세회피 목적이 있다는 추정을 번복할 것인지 여부를 구체적 행위태양에 따라 판단하고 있다는 이유 등을 들어 이를 합헌으로 판단하였다.[1)]

그러나 세법의 영역에서 일정한 사실을 특정 세목으로 의제하기 위해서는 일정한 범위 내에서 본래의 세목이 갖추고 있는 형태 및 담세력과의 유사성이 있어야 한다. 조세는 기본적으로 담세력을 기준으로 설정되는데, 재산가치의 증가를 수반하지 않는 명의신탁행위를 증여로 의제하여 목적물 가액을 과세표준으로 삼고 증여세의 누진세율을 적용하는 것은 헌법이 표창하는 실질적 조세법률주의 이념에 부합하지 않는다. 부동산 명의신탁의 경우 부동산실명법에서 과징금 부과대상으로 규정하고 있는데 그 부과비율은 부동산가액의 30%로서 단일하고, 상당한 감경사유가 있으면 감경하는 한편 명의신탁상태를 계속 유지하는 경우와 해소한 경우 각각 과징체계를 달리하는 등 전체적으로 행정벌로서의 모양과 체계를 갖추고 있다. 현행 명의신탁 증여의제 제도가 위와 같은 과징금 제도에 비해 더 합리적이라고 볼 수는 없을 것이다. 아래에서 보는 명의신탁 증여의제 규정의 적용에 따른 여러 가지 문제점은 조세법 영역에서 본질이 다른 것을 동일하게 취급하는 경우 세법 체계의 정합성이 어떻게 파괴되는지를 분명하게 보여주고 있다.[2)] 다만 종전에 규정의 위헌성 논거의 하나로 지적되던 명의수탁자에 대한 과세문제는 2019년 개정법에서 명의신탁자 과세로 바뀌어 논란이 해소되었다.

또한 입법과 판례에 의해 규정의 적용범위나 불이익을 축소시키기 위한 노력도 계속되고 있다. 명의신탁 증여의제 규정에 의한 증여재산을 증여재산 합산과세 대상에서 제외시키고(법 13조 3항, 47조 2항), 명의신탁 증여의제 주식의 경우 최대

---

1) 헌 2012. 5. 31, 2009헌바170 · 172 등(병합); 헌 2004. 11. 25, 2002헌바66등. 위 각 결정에는 해당 조항이 방식에서 적합성원칙에 위배되고, 법체계 정당성에도 부합하지 않아 최소침해성 원칙에 위배되며, 평등원칙에도 반하여 위헌이라는 취지의 소수의견이 있다. 다만 최근의 헌 2017. 12. 28, 2017헌바130은 전원합치의견으로 합헌으로 선고하였다.

2) 관련 논의는, 윤지현, "주식의 명의신탁에 대한 증여세과세에 있어서의 몇 가지 문제점에 관한 소고", 조세법연구 9-2. "상속세 및 증여세 간주·추정 규정의 한계", 조세법연구 16-1, 주해진, "명의신탁의 증여의제 제도의 문제점 및 개선방안", 조세법연구 19-1 등.

주주 할증평가 대상에서 제외시키는 등(영 53조 8항 8호)의 입법적 조치와 뒤에서 보는 바와 같이 명의신탁재산이 승계되거나 다른 재산으로 전환되는 경우 그 적용 범위를 제한하는 방향으로 해석하고, 신고기한 내 증여재산을 반환한 경우 증여로 보지 않는 법 제4조 제4항 전단의 규정이 명의신탁 증여의제의 경우에도 적용된다고 보는 판례(판 2011. 9. 29, 2011두8765)의 태도 등이 바로 그것이다.

(3) 현행 규정의 내용

[법 제45조의2] ① 권리의 이전이나 그 행사에 등기등이 필요한 재산(토지와 건물은 제외한다)의 실제소유자와 명의자가 다른 경우에는 국세기본법 제14조에도 불구하고 그 명의자로 등기등을 한 날(그 재산이 명의개서를 하여야 하는 재산인 경우에는 소유권취득일이 속하는 해의 다음 해 말일의 다음 날을 말한다)에 그 재산의 가액(그 재산이 명의개서를 하여야 하는 재산인 경우에는 소유권취득일을 기준으로 평가한 가액을 말한다)을 실제소유자가 명의자에게 증여한 것으로 본다. 다만 다음 각 호의 어느 하나에 해당하는 경우에는 그러하지 아니하다.

1. 조세 회피의 목적 없이 타인의 명의로 재산의 등기등을 하거나 소유권을 취득한 실제소유자 명의로 명의개서를 하지 아니한 경우 2. 삭제(2015. 12. 15.)

3. 자본시장법에 따른 신탁재산인 사실의 등기등을 한 경우 4. 비거주자가 법정대리인 또는 재산관리인의 명의로 등기등을 한 경우 ② 삭제(2018. 12. 31)

③ 타인의 명의로 재산의 등기등을 한 경우 및 실제소유자 명의로 명의개서를 하지 아니한 경우에는 조세 회피 목적이 있는 것으로 추정한다. 다만 실제소유자 명의로 명의개서를 하지 아니한 경우로서 다음 각 호의 어느 하나에 해당하는 경우에는 조세회피 목적이 있는 것으로 추정하지 아니한다.

1. 매매로 소유권을 취득한 경우로서 종전 소유자가 소득세법 제105조 및 제110조에 따른 양도소득 과세표준신고 또는 증권거래세법 제10조에 따른 신고와 함께 소유권 변경 내용을 신고하는 경우

2. 상속으로 소유권을 취득한 경우로서 상속인이 다음 각 목의 어느 하나에 해당하는 신고와 함께 해당 재산을 상속세 과세가액에 포함하여 신고한 경우. 다만 상속세 과세표준과 세액을 결정 또는 경정할 것을 미리 알고 수정신고하거나 기한 후 신고를 하는 경우는 제외한다.

가. 제67조에 따른 상속세 과세표준신고 나. 국세기본법 제45조에 따른 수정신고 다. 국세기본법 제45조의3에 따른 기한 후 신고

④ 제1항을 적용할 때 주주명부 또는 사원명부가 작성되지 아니한 경우에는

법인세법 제109조 제 1 항 및 제119조에 따라 납세지 관할세무서장에게 제출한 주주등에 관한 서류 및 주식등변동상황명세서에 의하여 명의개서 여부를 판정한다. 이 경우 증여일은 증여세 또는 양도소득세 등의 과세표준신고서에 기재된 소유권 이전일 등 대통령령으로 정하는 날로 한다.

(4) 규정의 해석

㈎ 총 설 현행 규정을 과세요건별로 나누어 보면, ① 권리의 이전이나 그 행사에 등기 등이 필요한 재산일 것, ② 실제소유자와 명의자가 다를 것, ③ 당사자 사이에 명의신탁 설정에 관한 합의가 존재할 것, ④ 조세회피의 목적이 있을 것 등이다. 판례는 ④의 조세회피 목적 이외의 영역에서는 대체로 과세를 제한하는 쪽으로 엄격해석의 기조를 유지하고 있다(판 2017. 1. 12, 2014두43653 등).

현행법 규정의 해석과 관련하여 문제되는 내용을 살펴보기로 한다.

먼저, 현행 규정은 토지와 건물은 규제대상에서 제외되어 있다. 이는 부동산실명법상 부동산에 관한 명의신탁약정은 무효이고 그에 따라 물권변동 자체가 일어나지 않게 되므로(동 4조), 이를 이용한 조세회피도 원칙적으로 생각할 수 없게 되어 이에 대한 증여의제규정의 적용 자체가 무의미하기 때문이다.

권리의 이전에 등기 등이 필요하지 않은 예금(판 84. 12. 26, 84누613), 골프회원권(판 87. 3. 24, 86누 341), 아파트당첨권(판 88. 6. 14, 88누 2755), 영농조합의 출자지분[1]등은 적용대상이 아니다. 결국 현행법상 주된 적용대상은 차명주식이다.

위 규정은 명의신탁 등기이전에 관해 실질소유자와 명의자간 합의가 있어야 적용되며(판 96. 5. 31, 95누13531 등), 명의신탁에 관한 합의가 존재하여 해당 재산의 명의자가 실제소유자와 다르다는 점에 대한 입증책임은 과세관청에게 있다.[2]

명의신탁등기가 이루어진 후 과세처분 이전에 명의신탁계약을 해지하고 등기명의를 환원해도 여전히 증여세 과세대상이며(판 98. 6. 26, 97누1518), 위 규정에 기해 과세가 이루어진 후 명의신탁등기가 사해행위취소 판결에 따라 원상회복되더라도 부과처분은 유효하게 존속하고 이는 후발적 경정청구사유에 해당되지 않는다

1) 판 2009. 11. 26, 2009두13979(서울고판 2009. 7. 9, 2008누26451의 심리불속행 판결임).

2) 판 2017. 5. 30, 2017두31460; 2018. 10. 25, 2013두13655; 2020. 8. 20, 2020두32227. 맨 뒤의 판결은 1인 주주인 원고가 조세피난처에 설립하여 지배관리하는 페이퍼컴퍼니(SPC) 명의로 주식을 인수하고 대금을 지급하였으며, 해외금융기관과 custody 계약(보관, 임치)을 체결하여 해외금융기관(보관자) 명의로 주주명부에 등재한 후, SPC가 주주로서 배당을 받거나 주식을 양도한 사안에서, 원고가 SPC를 지배관리함으로써 해당 주식에 관한 실질적 지배력을 행사하고 있다는 사정만으로 원고와 SPC 내지 해외금융기관 사이에 명의신탁 합의사실을 인정하기 부족하다고 보았다. 판결에 반대하는 견해로, 안경봉, "조세피난처에 설립된 페이퍼컴퍼니를 이용한 차명주식거래에 대한 명의신탁 증여의제 법리 적용의 당부", 조세법연구 26-2, 219면.

(판 2012. 8. 23, 2012두8151). 기명주식의 경우 주주명부에 주식의 실제 소유자가 아닌 다른 사람 앞으로 명의개서가 되어야 요건에 해당하며 해당 주주명부 폐쇄일을 기준으로 주주명부에 실제 소유자가 아닌 다른 사람 앞으로 명의개서된 주식 중 이미 위 조항에 따라 증여의제 대상이 된 명의신탁 주식이 그대로 남아 있는 경우 그 주식을 다시 증여의제 대상으로 삼을 수 없다(판 2020. 6. 25, 2019두36971).

제 1 항 본문 괄호는 주식을 양도한 후 명의개서하지 않는 경우를 규율하기 위한 것이다. 이 경우도 실질적으로 명의신탁한 것으로 볼 수 있기 때문이다. 주식의 증여나 상속 후 명의개서하지 않은 경우나 기존의 명의신탁 상태 그대로 양도나 증여, 상속된 경우 등은 규정의 적용대상이 아니라고 볼 것이다. 명의신탁된 주식이 상속된 경우에 관하여는 같은 취지의 판결이 있다(판 2017. 1. 12, 2014두43653).[1]

제 3 항이 적용됨에 따라 타인 명의로 재산의 등기 등을 한 경우 조세회피목적의 추정을 거쳐 증여로 의제되므로 납세자로서는 조세회피목적이 없다는 점을 적극적으로 주장·입증하여야 한다.

제 4 항과 관련하여 주권의 발행 여부는 요건이 아니다(판 2004. 10. 15, 2003두5723). 다만 주주명부가 있다면 주식등변동상황명세서상 소유자 명의가 실제와 달라도, 명의자 앞으로 명의개서가 이루어지지 않았다면 규정을 적용할 수 없다(판 2014. 5. 16. 2011두11099). 거주자가 외국법인 발행주식을 외국법인에 명의신탁하는 경우 위 규정의 적용대상이 아니라고 볼 것이다.[2]

같은 항 후단의 '대통령령으로 정하는 날'이란, 1. 증여세 또는 양도소득세 등의 과세표준신고서에 기재된 소유권이전일, 2. 법 제45조의2 제 4 항 전단의 주식등변동상황명세서에 기재된 거래일의 순서에 따라 정한 날을 말한다(영 34조의2).[3]

(나) **조세회피목적에 관한 판례의 동향** 판례는 한때 명의신탁이 조세회피목적이 아닌 다른 이유에서 이루어지고 그에 부수하여 사소한 조세경감이 생기는 경우 조세회피목적을 부정한 적도 있었으나,[4] 전체적으로 과세를 넓게 인정하는 방향을 취하고 있다. 원칙적으로 명의신탁에 다른 목적과 조세회피 목적이 함께 있는 경우 과세 제외사유에 해당하지 않는다고 본다(판 2017. 2. 21, 2011두10232).

---

1) 관련 논의는, 조성권·김동욱, 조세실무연구 7, 268면.
2) 같은 취지, 홍영표, 조세법의 쟁점 I, 331면.
3) 위 시행령 규정이 2020. 2. 11. 신설되기 전 증여의제일을 주식등변동상황명세서 등의 제출일로 본 것으로 판 2017. 5. 11, 2017두32395; 2018. 6. 28, 2018두36172. 관련 논의는, 허 원, 조세법연구, 24-1, 406면. 유철형, 조세법연구 24-3, 318면, 성수현, 조세법연구, 25-2, 286면.
4) 판 2006. 5. 12, 2004두7733. 2006. 5. 25, 2004두13936. 2006. 6. 9, 2005두14714 등. 관련 논의는, 강석훈, "명의신탁주식의 증여의제에 관한 판례의 태도 및 그 해석론", 특별법연구 8권, 544면.

구체적으로, 1인당 주식담보 대출한도를 피해 타인명의로 대출을 받기 위해 주식을 명의신탁하였는데 회피된 종합소득세액이 상당한 액수에 달한 경우(판 2009. 4. 9, 2007두19331), 법인이 주가관리를 위해 기관투자자들 명의로 자사주를 취득, 관리하다가 그로 인해 발생하는 법인세 보전을 위해 개인주주들 앞으로 명의를 이전한 경우(판 2011. 9. 8, 2007두17175)[1]등에 관하여 판례는 조세회피목적이 있다고 보았다. 경영상 필요에 의해 유상증자를 하면서 절차상 번거로움을 피하기 위해 종래 주식보유현황에 기초하여 발행주식 일부를 배우자 명의로 취득한 경우 조세회피목적이 없다고 본 반면(판 2017. 12. 13, 2017두39419), 법인의 대표이사가 개인운전기사를 통해 주식을 명의신탁한 경우 국세기본법상 과점주주의 제 2 차 납세의무를 회피할 목적이 있다고 보았다(판 2019. 6. 13, 2018두47974).

판례가 내세우는 예외기준은, i) 조세회피와 상관없는 뚜렷한 다른 목적이 있고, ii) 명의신탁 당시나 장래에 사회통념상 사소하지 않은 회피될 조세가 없었다는 점을 객관적이고 납득할 만한 증거자료에 의하여, iii) 통상인이라면 의심을 갖지 않을 정도로 입증하여야 한다는 것으로 정리할 수 있다(위 2004두11220 판결).

구체적으로 헌법재판소 결정 중 몇 가지 요소가 주로 사용된다. 그 주된 요소는, ① 쟁점 주식이 51% 이상의 과점주주 지분에 해당하는지 여부, ② 합산과세 관련 누진율 규정의 적용과 관련하여 사소한 경감으로 볼 수 있는지 여부, ③ 당해 회사가 이익 배당을 실시하고 그로 인해 배당소득세가 회피되었는지 여부 등이다. 판례는 그 밖에 체납 여부와 의결권 행사 여부 등도 고려하고 있다.[2]

㈐ **명의신탁재산의 승계 및 전환** 상속과 관련하여, 명의수탁자나 명의신탁자가 사망하여 명의가 이전되는 경우 명의수탁자에게 다시 증여세를 부과할 수 있는지가 문제 된다. 이는 결국 새로운 명의신탁의 합의를 인정할 것인지의 문제인데 지위의 포괄적 이전이라는 상속의 특성상 원칙적으로 새로운 증여세 과세는 불가능할 것이다. 같은 취지에서 판례도, 최초로 증여의제로 과세되었거나 과세될 수 있는 명의신탁 주식의 매도대금으로 취득하여 다시 동일인 명의로 명의개서된 주식에 대하여 다시 증여세를 과세할 수 없다고 보았다.[3]

---

1) 같은 취지: 판 2005. 1. 27, 2003두4300; 2004. 12. 23, 2003두13649; 2006. 9. 22, 2004두11220 등.
2) 판례에 대한 분석은, 이준일, "명의신탁 증여의제와 조세회피목적", 조세법연구, 29-1, 221면.
3) 판 2017. 2. 21, 2011두10232; 2020. 4. 29, 2014두2331; 2020. 6. 25, 2019두36971. 판례에 찬성하는 견해로, 이상우, "명의신탁 증여의제에 따른 증여세 과세의 한계", 조세실무연구 8, 427면. 현병희, "비상장주식의 명의신탁 이후 유·무상 증자시의 증여의제 및 증여가액", 조세법연구 9-2, 461면 등. 반대하는 견해로, 유철형, "동일인 명의로 반복된 명의신탁의 증여세 과세에 관한 연구", 조세법연구 25-1, 93면.

판례는 명의신탁 이후 유·무상 증자 등을 통해 추가로 배정되는 주식과 관련하여, 무상증자에 관하여는 새로운 명의신탁의 성립을 부정한 반면(판 2011. 7. 14, 2009두21352), 유상증자나(판 2003. 10. 10, 2002두9667), 기업 구조조정으로 대상주식이 신주로 바뀐 경우(판 2013. 9. 26, 2011두181) 등에는 이를 긍정하여 재차 증여세 과세가 가능하다고 보았었다. 그러다가 그 후 주식의 포괄적 교환을 통해 명의수탁자가 완전모회사가 되는 회사로부터 배정받은 신주에 대해 증여의제 규정의 반복적용을 부정함으로써(판 2018. 3. 29, 2012두27787) 그 태도를 변경하였다.

그 후 판례는, 합병신주(판 2019. 1. 31, 2016두30644)나 기명식 전환사채의 명의수탁자가 전환권 행사로 취득한 주식(판 2019. 9. 10, 2016두1165), 기존 명의신탁 주식을 담보로 받은 대출금으로 새로운 주식을 취득하여 동일인 명의로 주주명부에 기재하였으나 그 이전에 기존 명의신탁 주식의 매도대금으로 대출금을 갚은 경우(판 2022. 9. 15, 2018두37755) 등에 대하여도 증여의제 규정의 반복적용을 부정하였다.

증여의제의 경우를 통상의 증여보다 더 불리하게 취급할 수 없다는 점에서 이러한 판례의 태도는 기본적으로 타당하다.[1] 다만 위와 같은 증여의제 과세의 기초가 동일하다는 사정은 납세의무자에게 유리한 사정이고, 관련되는 사실관계도 대부분 납세의무자의 지배영역 안에 있으므로 그에 관한 구체적인 내용은 납세자가 주장·입증할 필요가 있다(같은 취지 위 2019두36971 판결).

이에 반하여 명의신탁자가 명의수탁자 소유 주식을 취득하면서 명의수탁자와 사이에 명의신탁 합의를 하여 기존에 제 3 자가 명의수탁자 앞으로 설정한 명의개서를 유용하기로 한 경우, 명의신탁자는 명의신탁관계가 성립한 때로부터 명의신탁 증여의제 규정에 따른 증여세 납세의무를 부담하고, 이 경우 해당 주식의 증여의제일은 명의신탁 합의일이 된다.[2]

(5) 증여의제 규정의 적용배제

조세회피목적 없이 타인 명의로 재산의 등기 등을 하거나 소유권을 취득한 실제소유자 명의로 명의개서를 하지 않은 경우(법 제45조의2 1항 1호), 자본시장법에 따른 신탁재산인 사실의 등기 등을 하거나(같은 항 3호), 실질소유자가 비거주자인 경우로서 법정대리인 또는 재산관리인 명의로 등기 등을 한 경우(같은 항 4호) 등.

1) 관련 논의는, 허 원, "2019년 상속세및증여세법 판례회고", 조세법연구 26-1, 531면. 백제흠, "명의수탁자에 대한 무상주의 배정과 명의신탁재산의 증여의제", 세법의 논점 2, 271면.

2) 판 2023. 9. 21, 2020두53378. 다만 판례는 구 상증세법 제41조의2 제 1 항 중 명의개서해태 증여의제 규정은 명의개서를 해야 하는 특별한 의무가 부여되었다고 명확하게 인정되는 경우에만 적용되므로 위 사안에 그 적용이 없다고 보았다.

(6) 명의신탁 증여의제와 본래의 증여의 비교

법의 규정이나 판례상 양자를 동일하게 취급하는 경우를 살펴보면, 우선 과세가액 산정방식은 본래의 증여와 명의신탁 증여의제가 동일하며 신고 및 납세의무 불이행시 가산세를 부과하는 것도 동일하다(판 2013. 3. 28, 2010두24698; 2003. 10. 10, 2002두2826 등). 다만 명의신탁 증여의제에 대하여 신고의무 불이행시 가산세를 부과하는 것은 헌법상 자기부죄금지의 원칙에 어긋난다는 학설의 반론이 있다.[1)]

3개월 이내 수증재산 반환의 경우 증여세 과세대상에서 제외한 법 제 4 조 제 4 항 후단 규정은 명의신탁 증여의제의 경우에도 동일하게 적용된다(판 2011. 9. 29, 2011두8765). 관련 규정이 신설되기 전, 명의신탁 증여의제의 경우도 본래 증여와 마찬가지로 법 제47조 제 2 항에서 규정한 '10년 이내 동일인의 증여가액 합산'의 대상이 되고(판 2019. 6. 13, 2016두50792 등), 과점주주 할증과세 대상도 된다(판 2018. 2. 8, 2017두48451).[2)] 그 밖에 판례가 최초 과세와 별도로 재차 증여의제 과세대상으로 삼을 수 없다고 본 것으로, 명의신탁 이후 이루어진 유, 무상 증자 등으로 인해 주식을 배정받은 경우(판 2011. 7. 14, 2009두21352), 주식의 포괄적 교환을 통하여 명의수탁자가 완전모회사가 되는 회사로부터 신주를 배정받은 경우(판 2018. 3. 29, 2012두27787), 합병신주(판 2019. 1. 31, 2016두30644)나 기명식 전환사채의 명의수탁자가 전환권 행사로 취득한 주식(판 2019. 9. 10, 2016두1165), 명의신탁 주식의 매도대금으로 취득하여 다시 동일인 명의로 명의개서된 주식(판 2017. 2. 21, 2011두10232) 등이 있다. 상속과 관련하여서도 명의수탁자나 명의신탁자가 사망하여 명의가 이전되는 경우 명의수탁자에 대하여 다시 증여세를 부과할 수 없을 것이다.

다음 명의신탁 증여의제를 본래의 증여와 달리 취급하고 있는 법 규정이나 판례에 관하여 살펴본다. 이는 주로 명의신탁 증여의제가 실질적으로 담세력이 없거나 명의신탁자의 소유라는 점에 입각한 것이다.

앞에서 본 바와 같이 상증세법은 기존 판례 입장과 반대로 최대주주 주식보유분을 판단함에 있어서 명의신탁주식을 제외하고 있고(법 63조 3항 전단, 영 53조 8항 8호), 명의신탁 증여의제를 증여가액 합산대상에서 제외하고 있다(법 47조 2항).

증여세 과세표준을 산정함에 있어서 명의신탁 증여의제의 경우 증여재산공제의 적용이 배제된다는 점도 본래의 증여와 다른 점이다(법 55조 1항, 53조).

명의신탁 재산은 명의수탁자에게 명의신탁에 따른 증여세가 부과되었는지 여

1) 곽태훈, "명의신탁과 증여세 과세표준 신고의무", 조세법연구 제22-3, 505면.
2) 이에 대하여는 뒤에서 보는 바와 같이 그 후 반대로 입법이 되었다.

부와 상관없이 상속재산에 포함된다(판 2004. 9. 24, 2002두12137). 반대로 피상속인이 명의수탁받은 재산은 상속인들이 명의신탁자에게 반환채무를 부담한 이상 상속재산에 포함되지 않는다(판 1997. 11. 14, 97누669). 다른 증여사건의 자금출처나 증여세 부과제척기간 등을 논함에 있어서도 명의신탁 증여의제의 경우 증여세가 과세되었는지 여부를 불문하고 그 실질을 따져서 명의신탁자의 재산으로 보아 판단한다.

나. 특수관계법인과의 거래를 통한 이익의 증여의제

(1) 총 설

이 규정은 현재 우리 사회에서 많이 논란이 되고 있는 '일감몰아주기'에 관한 규정이다. '일감몰아주기'란 일반적으로 기업집단 내 계열사들이 특정 계열사에 일감을 몰아주어 이를 통하여 종국적으로 지배주주 일가가 경제적 이익을 얻도록 하는 것을 말한다. 이러한 상황은 기업집단 간 내부거래를 통하여 발생하게 되는데 일감몰아주기의 수혜회사들은 통상 기업집단의 대주주나 그 친척들을 지배주주로 하여 초기에 적은 자본으로 설립되어 큰 투자위험을 부담하지 않은 채 계열사에 의존함으로써 안정적으로 이익을 얻는다. 업종별로는 IT서비스업, 건설업과 제조업, 중개업, 운송업, 광고대행업 등에서 많이 이루어진다.

일감몰아주기는 그 자체로 부당한 경제적 이익의 제공일 뿐 아니라 기업집단 계열회사간 수의계약을 통해 계열회사로 일감이 몰릴 경우 집단 밖 기업은 공정한 시장진입을 통한 성장기회를 박탈당하는 등 각종 사회적 폐단을 낳게 된다.

현행 법상 일감몰아주기에 대한 규제는 조세법 이외에도 공정거래법, 상법, 형사법 등에서 다양하게 이루어지고 있다. 이 중 공정거래법은 부당하게 다른 회사에 대해 상품·용역 등을 제공하거나 현저히 유리한 조건으로 거래하여 다른 회사를 지원하는 행위를 불공정거래행위로 제재하고, 상법은 이사의 특수관계인과 회사간 거래를 자기거래로 규율하여 효력을 규제하고 있다.

(2) 규정의 내용

[법 제45조의3] ① 법인이 제 1 호에 해당하는 경우에는 그 법인("수혜법인")의 지배주주와 그 지배주주의 친족[수혜법인의 발행주식총수 또는 출자총액에 대하여 직접 또는 간접으로 보유하는 주식보유비율("주식보유비율")이 대통령령으로 정하는 보유비율("한계보유비율")을 초과하는 주주에 한정한다]이 제 2 호의 이익("증여의제이익")을 각각 증여받은 것으로 본다. 이 경우 수혜법인이 사업부문별로 회계를 구분하여 기록하는 등 대통령령으로 정하는 요건을 갖춘 경우에는 제 1 호 및 제 2 호를

적용할 때 대통령령으로 정하는 바에 따라 사업부문별로 특수관계법인거래비율 및 세후영업이익 등을 계산할 수 있다.

1. 법인이 다음 각 목의 어느 하나에 해당하는 경우

가. 법인이 대통령령으로 정하는 중소기업("중소기업") 또는 대통령령으로 정하는 중견기업("중견기업")에 해당하는 경우: 법인의 사업연도 매출액(법인세법 제43조의 기업회계기준에 따라 계산한 매출액을 말한다) 중에서 그 법인의 지배주주와 대통령령으로 정하는 특수관계에 있는 법인("특수관계법인")에 대한 매출액(「독점규제 및 공정거래에 관한 법률」 제31조에 따른 공시대상기업집단 간의 교차거래 등으로서 대통령령으로 정하는 거래에서 발생한 매출액 포함)이 차지하는 비율("특수관계법인거래비율")이 그 법인의 규모 등을 고려하여 대통령령으로 정하는 비율("정상거래비율")을 초과하는 경우

나. 법인이 중소기업 및 중견기업에 해당하지 아니하는 경우: 다음의 어느 하나에 해당하는 경우 1) 가목에 따른 사유에 해당하는 경우 2) 특수관계법인거래비율이 정상거래비율의 2/3를 초과하는 경우로서 특수관계법인에 대한 매출액이 법인 규모 등을 고려하여 대통령령으로 정하는 금액을 초과하는 경우

2. 이익: 다음 각 목의 구분에 따른 계산식에 따라 계산한 금액

가. 수혜법인이 중소기업에 해당하는 경우

> 수혜법인의 세후 영업이익 × 정상거래비율을 초과하는 특수관계법인거래비율 × 한계보유비율을 초과하는 주식보유비율

나. 수혜법인이 중견기업에 해당하는 경우

> 수혜법인의 세후 영업이익 × 정상거래비율의 100분의 50을 초과하는 특수관계법인 거래비율 × 한계보유비율의 100분의 50을 초과하는 주식보유비율

다. 수혜법인이 중소기업 및 중견기업에 해당하지 않는 경우

> 수혜법인의 세후 영업이익 × 100분의 5를 초과하는 특수관계법인거래비율 × 주식보유비율

② 증여의제이익의 계산 시 지배주주와 지배주주의 친족이 수혜법인에 직접적으로 출자하는 동시에 대통령령으로 정하는 법인을 통하여 수혜법인에 간접적으로 출자하는 경

우에는 제1항의 계산식에 따라 각각 계산한 금액을 합산하여 계산한다.

③ 증여의제이익의 계산은 수혜법인의 사업연도 단위로 하고, 수혜법인의 해당 사업연도 종료일을 증여시기로 본다.

④ 제1항에 따른 매출액에서 중소기업인 수혜법인과 중소기업인 특수관계법인 간의 거래에서 발생하는 매출액 등 대통령령으로 정하는 매출액은 제외한다.

(3) 과세요건의 분석

㈎ 수혜법인 지배주주의 판정

수혜법인의 지배주주는, 1. 수혜법인의 최대주주 또는 최대출자자 중 수혜법인에 대한 직접보유비율이 가장 높은 자가 개인이면 그 개인, 2. 수혜법인의 최대주주 중 수혜법인에 대한 직접보유비율이 가장 높은 자가 법인이면 수혜법인에 대한 직접보유비율과 간접보유비율(각 단계 직접보유비율을 모두 곱해 산출한 비율)을 합산한 비율이 가장 높은 개인이다(영 34조의3 1, 2항).

㈏ 지배주주와 특수관계에 있는 법인의 판정

법 제45조의3 제1항 제1호 가목의 "대통령령으로 정하는 특수관계에 있는 법인"은 제1항에 따른 지배주주와 제2조의2 제1항 제3호부터 8호까지의 관계에 있는 자를 말한다(영 34조의3 5항).

㈐ 지배주주의 친족

법 제45조의3 제1항 각호 외 부분의 "지배주주의 친족"이란 제1항에 따른 지배주주의 친족으로서 수혜법인의 사업연도 말에 수혜법인에 대한 직접보유비율과 간접보유비율을 합산한 비율이 한계보유비율을 초과하는 자를 말한다.

수혜법인에 대한 간접보유비율이란 개인과 수혜법인 사이에 주식보유를 통하여 한 개 이상의 법인(간접출자법인)이 개재된 경우(간접출자관계)에 각 단계의 직접보유비율을 모두 곱하여 산출한 비율을 말한다. 이 경우 개인과 수혜법인 사이에 둘 이상의 간접출자관계가 있으면 개인의 수혜법인에 대한 간접보유비율은 각각의 간접출자관계에서 산출한 비율을 합산한다(영 34조의3 2항).

㈑ 특수관계법인 정상거래비율 및 한계보유비율

법 제45조의3 제1항 각호 외의 부분에서 "대통령령으로 정하는 보유비율"(한계보유비율)이란 3/100(수혜법인이 중소기업 또는 중견기업에 해당하는 경우에는 10/100)을 각 말한다(영 34조의3 9항).

위 산식에서 '특수관계법인 거래비율'을 계산할 때 특수관계법인이 둘 이상이면 각각의 매출액을 합하여 계산한다(영 34조의3 11항).

수혜법인이 중소기업 또는 중견기업인 경우에 관해, 법 제45조의3 제 1 항 제 1 호 가목에서 "대통령령으로 정하는 비율"(특수관계법인 거래비율 중 정상거래비율)이란 30/100(중소기업에 해당하는 경우에는 50/100, 중견기업에 해당하는 경우에는 40/100)을 말한다(영 34조의3 7항). 반면, 수혜법인이 중소기업 및 중견기업에 해당하지 않는 경우에 관해서는 법 제45조의3 제 1 항 제 1 호 나목에서, 가목의 경우 외에 별도로 특수관계법인 거래비율이 정상거래비율의 2/3를 초과하는 경우로서 특수관계법인에 대한 매출액이 법인의 규모 등을 고려하여 대통령령으로 정하는 금액을 초과하는 경우도 과세대상에 포함시키고 있는데, 여기서 "대통령령으로 정하는 금액"이란 1천억 원(다만 법 제45조의3 제 1 항 각 호 외의 부분 후단에 해당하는 경우에는 1천억 원에 해당 사업연도의 사업부문별 매출액이 전체 매출액에서 차지하는 비율을 곱한 금액)을 말한다(영 34조의3 17항).

법 제45조의3 제 1 항의 매출액을 계산할 때 '과세제외매출액'은 제외한다. 즉, ① 중소기업인 수혜법인이 중소기업인 특수관계법인과 거래한 매출액, 이른바 '하향식 매출'에서 일정 범위의 매출액, 재화의 수출이나 용역의 국외공급을 목적으로 특수관계법인과 거래한 매출액, 수혜법인이 다른 법률에 따라 의무적으로 특수관계법인과 거래한 매출액, 프로스포츠구단 운영을 주된 사업으로 하는 수혜법인이 특수관계법인과 거래한 광고 매출액, 수혜법인이 국가등이 운영하는 사업에 참여함에 따라 국가등이나 공공기금 또는 공공기금의 100% 출자법인이 50% 이상을 출자하고 있는 법인에 출자한 경우 해당 법인과 거래한 매출액은 제외하고(영 34조의3 10항), 그 외의 경우로서 ② '상향식 매출'로서 수혜법인이 제18항에 따른 간접출자법인인 특수관계법인과 거래한 매출액(1호), 지주회사의 (손)자회사인 수혜법인이 그 지주회사의 다른 (손)자회사인 특수관계법인과 거래한 매출액에 그 지주회사의 특수관계법인에 대한 주식보유비율을 곱한 금액(지배주주등이 수혜법인 및 특수관계법인과 지주회사를 통하여 각각 간접출자관계에 있는 경우로 한정)(2호), 수혜법인이 특수관계법인과 거래한 매출액에 지배주주등의 그 특수관계법인에 대한 주식보유비율을 곱한 금액(3호), 제18항에 따른 간접출자법인의 자법인에 해당하는 수혜법인이 그 간접출자법인의 다른 자법인에 해당하는 특수관계법인과 거래한 경우로서 일정한 요건을 충족하는 경우 해당 거래에 따른 매출액에 그 간접출자법인의 특수관계법인에 대한 주식보유비율을 곱한 금액(4호)을 제외한다(영 34조의3 14항)[1].

---

1) 이 조항은 2014. 2. 21. 신설되었는데, 판례는 그 시행 이전 3호의 경우가 문제된 사안에서, 일감몰아주기 증여세 규정은 증여를 '의제'하는 것으로, 수혜법인과 특수관계법인 모두의 지배주주가

㈒ 구체적 증여이익의 산정방식

법 제45조의3 제1항 제2호 각 목의 계산식에서 “수혜법인의 세후영업이익”은 제1호의 가액에서 제2호의 가액을 뺀 금액에 제3호의 과세매출비율을 곱하여 계산한 금액으로 한다(영 34조의3 12항). 각호: 생략

증여의제이익은 사업연도 말 현재 지배주주등의 수혜법인에 대한 출자관계(간접보유비율이 1천분의 1 미만인 경우의 해당 출자관계는 제외한다)별로 구분계산한 금액을 합산한다(영 34조의3 13항. 계산식에 관한 특례사항 있음). 증여의제이익의 계산은 수혜법인의 사업연도 단위로 하고, 수혜법인의 해당 사업연도 종료일을 증여시기로 본다(법 45조의3 3항).

시행령 제34조의3 제14항에서 일정한 매출액을 과세제외대상으로 규정한 것은 해당매출액이 실질적으로 ‘자기증여’에 해당한다고 보기 때문이다.

종전에는 수혜법인의 전체 영업이익을 기준으로 증여의제이익을 계산하였으나, 2023년 개정법에서 수혜법인이 사업부문별로 회계를 구분하여 기록하는 등 일정 요건을 갖춘 경우 사업부문별로 증여의제이익을 계산할 수 있도록 하여(법 45조의3 1항 후단 규정 신설) 수증익이 왜곡되는 문제를 해소하고자 하였다.

(4) 규정의 위헌성 여부에 관한 검토

일감몰아주기 과세가 세법의 증여 개념에 적합한지 여부에 관한 문제가 있다. 우리 법이 증여세에 관하여 포괄주의를 채택하고 있더라도 증여는 경제적 이익을 무상으로 제공하는 것을 기본개념으로 하는데 일감몰아주기는 단순한 거래선의 확보 내지는 영업의 기회를 부여하는데 불과하기 때문이다. 물론 기업이 영업활동을 통해 이익을 창출하기 위해서는 거래선의 확보가 최우선 과제이나 일감이라는 추상적 대상을 구체적인 경제적 단위로 환산하는 것은 사실상 불가능하다.

이러한 점을 감안하여 법은 이를 증여의제 대상으로 규정하였는데, 이와 같이 의제규정 형태를 취한 이상 규정의 타당성과 합리성을 떠나 그 내용이 헌법상 다른 원리에 위배되는지가 문제될 뿐이다.

구체적으로 위 규정은 증여이익의 산정을 세후영업이익을 기준으로 하는데, 이는 법인세와 주주에 대한 배당소득세 이외에 동일한 소득 원천에 대하여 3중으로 과세하는 측면이 있어 이중과세의 금지나 헌법상 비례의 원칙 등에 반한다고

동일하더라도 증여자(특수관계법인)와 수증자(수혜법인)가 동일하다고 볼 수 없다는 이유로 해당 금액을 과세대상에서 제외할 수 없고, 이는 위 조항 신설로 증여의제이익 계산방법을 종전과 달리 정하였더라도 다르지 않다고 보았다. 판 2022. 11. 10, 2020두52214.

볼 소지가 있다. 수혜법인이 특수관계법인으로부터 일감을 부여받아 영업이익이 발생한 경우 수혜법인의 주주는 자신에게 귀속될 이익에 관하여 결국 소득세와 증여세를 이중으로 납부하게 되어 양자의 중복과세 금지를 규정한 상증세법 제4조의2 제3항에 반한다고 볼 소지가 크기 때문이다. 나아가 위 규정에 의한 증여시기는 수혜법인의 해당 사업연도 종료일로 의제되는데, 실제로 수혜법인 주주가 얻은 이익이 수혜법인 사업연도 종료일에 실현되는가 하는 점도 문제가 된다. 주식의 가치상승으로 인한 소득은 주식의 처분 시나 주주에 대한 이익배당 시 비로소 실현되기 때문이다. 법인단계의 이익을 주주에게 과세하지 않는 현행 법인제도에서 법인단계 이익을 곧바로 주주에 대한 증여세 과세로 연결 짓는 것은 사실상 법인제도를 부인하는 결과를 낳을 수 있다.

다음 위 규정이 사법상 계약체결자유의 원칙에 위배되는지 여부도 문제된다. 이는 현행 법령이 특수관계법인과 수혜법인 사이의 정상적인 거래까지 함께 과세대상으로 삼고 있기 때문이다.[1] 예컨대 수혜법인이 생산하는 물품의 주요 원재료 공급업체가 국내에 특수관계법인 밖에 없는 경우 수혜법인은 비용측면에서 특수관계법인과 대규모 독점거래를 할 수밖에 없는 입장에 놓이는데 이에 대해서도 예외 없이 증여세를 과세하게 되면 수혜법인과 특수관계법인 사이의 계약자유의 권리를 침해할 소지가 있게 된다.

위 쟁점들은 결국 과잉금지원칙 위반 여부의 문제로 귀결되고 그 심사기준은, 가. 목적의 정당성, 나. 방법의 적절성, 다. 침해의 최소성, 라. 법익의 균형성 등이 될 것인데 이 중 특별히 문제되는 것은 라.의 법익 균형성 문제이다.

이와 같은 여러 문제점들로 인하여 위 규정의 현실적 필요성에 불구하고 향후 구체적인 적용을 둘러싸고 많은 갈등과 헌법적 차원의 논란이 있을 것으로 예상된다.

다. 특수관계법인으로부터 제공받은 사업기회로 발생한 이익의 증여의제

(1) 규정의 내용

[법 제45조의4] ① 지배주주와 그 친족("지배주주등")이 직접 또는 간접으로 보유하는 주식보유비율이 100분의 30 이상인 법인("수혜법인")이 지배주주와 대통령령으로 정하는 특수관계에 있는 법인(대통령령으로 정하는 중소기업과 그 밖에 대통령령으로 정하는 법인은 제외한다)으로부터 대통령령으로 정하는 방법으로 사업기회를 제공받는 경우에는 그 사업기회를 제공받은 날("사업기회제공일")이 속하는 사

1) 헌법재판소는 계약 자유의 원칙을 헌법상 기본권의 하나로 본다. 헌 2006. 7. 27.자 2005헌바19.

업연도("개시사업연도")의 종료일에 그 수혜법인의 지배주주등이 다음 계산식에 따라 계산한 금액("증여의제이익")을 증여받은 것으로 본다.

[{(제공받은 사업기회로 인하여 발생한 개시사업연도 수혜법인의 이익 × 지배주주등의 주식보유비율) - 개시사업연도분 법인세 납부세액 상당액}÷개시사업연도의 월 수 × 12] × 3

② 제 1 항에 따른 증여세 과세표준의 신고기한은 개시사업연도의 법인세법 제 60조 제 1 항에 따른 과세표준의 신고기한이 속하는 달의 말일부터 3개월이 되는 날로 한다.

③ 제 1 항에 따라 증여의제이익이 발생한 수혜법인의 지배주주등은 개시사업연도부터 사업기회제공일 이후 2년이 경과한 날이 속하는 사업연도("정산사업연도")까지 수혜법인이 제공받은 사업기회로 인하여 발생한 실제 이익을 반영하여 다음 계산식에 따라 계산한 금액("정산증여의제이익")에 대한 증여세액과 제 2 항에 따라 납부한 증여의제이익에 대한 증여세액과의 차액을 관할 세무서장에게 납부하여야 한다. 다만 정산증여의제이익이 당초의 증여의제이익보다 적은 경우에는 그 차액에 상당하는 증여세액(제 2 항에 따라 납부한 세액을 한도로 한다)을 환급받을 수 있다.

{(제공받은 사업기회로 인하여 발생한 개시사업연도부터 정산사업연도까지 발생한 수혜법인의 이익 합계액) × 지배주주등의 주식보유비율)} - 개시사업연도분부터 정산사업연도분까지의 법인세 납부세액 상당액

제 1 항의 "대통령령으로 정하는 특수관계에 있는 법인"("특수관계법인")이란 지배주주와 제, 2 조의2 제 1 항 제 3 호부터 8호까지의 관계에 있는 자를 말하고(영 34조의4 1항), "대통령령으로 정하는 방법으로 사업기회를 제공받는 경우"란 특수관계법인이 직접 수행하거나 특수관계법인과 제 2 조의2 제 1 항 3호부터 8호까지의 관계가 아닌 법인이 수행하고 있던 사업기회를 임대차계약, 입점계약 및 이와 유사한 경우로서 기획재정부령이 정하는 방식으로 제공받는 경우를 말한다(동 2항).

사업기회를 제공하는 특수관계법인이 시행령에서 정하는 중소기업이거나 수혜법인의 주식보유비율이 50% 이상인 법인인 경우(즉, 자회사가 모회사에 사업기회를 제공하는 경우) 과세대상에서 제외된다(법 45조의4 1항 괄호, 영 34조의4 7·8항).

(2) 규정의 해석

사업체가 수익 전망이 양호한 사업기회를 제공받는 것은 개개의 일감을 제공받는 것보다도 훨씬 중요한 영업자산의 획득이다. 이 규정은 일감몰아주기 규정과 함께 이와 같은 무형의 영업이익 제공을 증여세 과세대상으로 포착한 것이다.

관련 규정의 요지는, 1) 수혜법인의 지배주주와 특수관계에 있는 법인과의 거

래에 관하여, 2) 임대차계약, 입점계약 등을 통해 특수관계법인이 직접 수행하거나 다른 법인이 수행하던 사업기회를 제공받는 경우에, 3) 사업기회를 제공받은 해당 사업부문의 영업이익으로서 기업회계기준에 따라 계산한 매출액에서 매출원가, 판매비, 관리비 등을 차감한 영업이익을 수혜법인의 이익으로 보아 증여세 과세가액으로 삼는 것이다.

양호한 사업기회는 영업수익의 필수적 요소이기는 하나 사업기회를 갖는다는 점만으로 영업수익을 창출할 수 있는 것은 아니므로 이 규정 역시 수증익의 산정에 어려움이 있다는 점은 일감몰아주기의 경우와 다르지 않다. 법이 의제규정의 형태를 취한 것도 이와 같은 문제점을 감안한 것으로 이해되며, 이 규정의 실효성 여부도 결국 평가방법의 적정성 여부에 달려 있는 것으로 이해된다.

라. 특정법인과의 거래를 통한 이익의 증여의제(법 제45조의5)

(1) 규정의 내용

[법 제45조의5] ① 지배주주와 그 친족("지배주주등")이 직접 또는 간접으로 보유하는 주식보유비율이 100분의 30 이상인 법인("특정법인")이 지배주주의 특수관계인과 다음 각 호에 따른 거래를 하는 경우에는 거래한 날을 증여일로 하여 그 특정법인의 이익에 특정법인의 지배주주등이 직접 또는 간접으로 보유하는 주식보유비율을 곱하여 계산한 금액을 특정법인의 지배주주등이 증여받은 것으로 본다.

1. 재산이나 용역을 무상으로 제공받는 것. 2. 재산이나 용역을 통상적인 거래관행에 비추어 볼 때 현저히 낮은 대가로 양도·제공받는 것. 3. 재산이나 용역을 통상적인 거래관행에 비추어 볼 때 현저히 높은 대가로 양도·제공하는 것. 4. 그 밖에 제 1 호부터 제 3 호까지의 거래와 유사한 거래로서 대통령령으로 정하는 것.

② 제 1 항에 따른 증여세액이 지배주주등이 직접 증여받은 경우의 증여세 상당액에서 특정법인이 부담한 법인세 상당액을 차감한 금액을 초과하는 경우 그 초과액은 없는 것으로 본다. ③ 생략

위 제 1 항의 "특정법인의 이익"은 시행령 제34조의5 제 4 항 및 제 5 항 참조.

법 제45조의5 제 1 항 제 4 호에서 "유사한 거래"라 함은 다음 각 호의 어느 하나에 해당하는 것을 말한다(영 34조의5 6항).

1. 당해 법인의 채무를 면제·인수 또는 변제하는 것. 다만 해당 법인이 해산(합병 또는 분할에 의한 해산을 제외한다)중인 경우로서 주주등에게 분배할 잔여재산이 없는 경우를 제외한다. 2. 시가보다 낮은 가액으로 당해 법인에 현물출자하는 것

(2) 규정의 개정경과 및 판례의 동향

현행 규정은 수차례 개정과정을 거쳐 왔는데 그 내용을 간략하게 살펴본다.

구상증세법(2003. 12. 30. 개정 전의 것) 제41조 제1항은, 「결손금이 있거나 휴업 또는 폐업 중인 법인의 주주와 특수관계에 있는 자가 당해 특정법인과 거래를 하여 특정법인 주주가 이익을 얻은 경우 그 이익에 상당하는 금액을 당해 특정법인 주주의 증여재산가액으로 한다」고 규정하고, 동 시행령 제31조 제6항은 특수관계자가 당해 법인의 채무를 면제·인수 또는 변제함에 따라 얻는 이익으로 인하여 증가된 주식 1주당 가액에 최대주주 등의 주식수를 곱하여 계산한 금액을 증여재산가액으로 하도록 규정하였는데, 판례는 이 경우 증가된 주식 1주당 가액이 부수(負數)인 경우 계산상 증여이익이 없으므로 증여세를 부과할 수 없다고 보았다(판 2006. 9. 22, 2004두4727). 그 후 2003. 12. 30. 시행령 개정으로 당해 법인이 채무를 면제·인수 또는 변제하는 경우 그로 인해 얻는 이익에 최대주주 등의 주식비율을 곱하여 계산한 금액을 증여재산가액으로 하도록 입법을 보완하였는데, 이에 대하여도 판례는 특정법인이 얻은 이익을 주주의 이익으로 보아 증여재산가액을 계산하도록 규정한 것은 무효라고 판단하였다{판 2009. 3. 19, 2006두19693(전)}. 그 후 2010. 1. 1. 법 개정 시 모법에 이익의 범위, 계산 등을 모두 시행령에 위임하는 규정을 두어 시행령의 모법 위배 문제를 해결하고자 하였으나 대법원은 또 다시 모법의 규정취지는 주주가 실제로 이익을 얻은 경우를 대상으로 한다는 것임을 전제로 위 시행령 규정 역시 모법의 위임범위에 반하여 무효라고 판단하였다.[1)]

그 후 법 개정을 통해 현재는 '법인수증익 기준설'의 골격은 유지하면서 지배주주와 그 친족이 지배하는 영리법인으로 적용대상을 확대하고 일부 적용범위를 제한하는 한편 증여이익 산정에 있어 증여세 과세부분에 대한 법인세를 납부할 증여세액에서 공제하도록 하여 이중과세를 방지하는 등 내용을 보완하는 한편 규정형태를 아예 의제규정으로 바꾸었다.

(3) 규정의 해석

관련규정의 쟁점은 주주의 수증익을 법인이 받은 이익을 기준으로 할 것인지('법인수증익 기준설'), 아니면 그로 인하여 증가된 주식가치를 기준으로 할 것인지('주식가치증가분 기준설') 여부이다. 특수관계자의 법인에 대한 이익의 제공이 우발

1) 판 2017. 4. 20, 2015두45700(전). 해당 조항은 2014. 2. 21. 개정으로 법 제45조의3 제1항에 따른 지배주주와 그 친족이 지배하는 영리법인을 규제대상에 포함시키고, 증여재산가액에서 특정법인이 부담하는 법인세 중 일정액을 공제하는 것으로 바뀌었는데, 판 2021. 9. 9, 2019두35695(전)는 해당 규정 역시 무효로 보았다. 판결에 대한 평석은 김상술, 조세판례백선 3, 527면.

적, 일시적으로 제공되는 무상의 이익이고 그로 인하여 통상적으로 수혜법인에 별도 비용이 발생하지 않는다는 점을 고려하면, 흑자법인의 경우 법인세 공제 후 이익을 주주에 대한 배당가능이익으로 볼 수 있고, 이는 결국 주식보유비율에 따른 주주에 대한 무상의 이익제공으로 연결되며, 실제로 소수주주가 지배하는 비상장법인의 경우 법인에 대한 이익의 제공을 주주에 대한 이익의 제공과 동시할 수 있는 경우가 많다는 점 등에서 '법인수증익 기준설'도 나름대로 근거가 있다. 다만 이론적으로는 판례의 입장과 같이 수혜법인에 대한 이익의 무상제공에 따라 주주가 얻은 이익을 주주가 보유한 주식의 가치상승분으로 평가하는 것이 합리적이고, 이 경우 법은 법인의 자산적 가치와 수익적 가치를 모두 고려하도록 하고 있어(시행령 54조 1항, 2항 참조), 법인이 얻은 이익을 곧바로 주주가 얻은 이익으로 치환하는 것이 부당하다는 판례의 입장도 충분히 일리가 있다. 이와 같은 수증이익의 산정방식에 관한 논란 이외에도 위 규정은 대상기업의 계속 경영을 전제하고 있는데, 계속기업의 결손금은 장래 어느 시기든 법인세액의 감소를 가져오는 재산가치를 지님에도 이를 무시한다는 비판도 있다.[1] 다만 의제규정으로 바뀐 이상 이제는 종전 대법원 판결의 취지를 동일하게 적용하기는 어려워 보인다.

자금의 무상대여가 법 제45조의5 제 2 항 제 1 호 소정의 '무상제공'에 해당하는가에 관하여 시행령 제34조의5 제 7 항 후단 규정은 이를 포함시킨 취지로 이해되고 판례도 같은 태도를 취하고 있는 것으로 이해된다(판 2009. 4. 9, 2008두747). 본조를 적용하기 위해 증여세 회피목적은 필요하지 않다(위 2004두4727 판결).

6. 증여재산가액 계산의 일반원칙

증여세 포괄주의 아래에서 과세관청과 납세의무자 쌍방에게 가장 중요한 과제는 적정한 과세표준을 산정하기 위한 수증이익을 찾아내는 일이다. 과세요건이 적법, 유효하게 정해지더라도 해당 요건에 따라 적정한 수증이익 및 이를 기초한 한 과세가액을 산정할 수 없다면 결국 과세에 이를 수 없다. 상증세법은 증여재산가액 계산의 일반원칙에 관한 규정을 두어 포괄주의 과세체계에 효율적으로 대응하고 납세자의 예측가능성을 제고하고자 하였다.

1) 관련 논의는, 유철형, "흑자법인에 대한 증여 시 주주에 대한 증여세 과세 여부", 조세법연구 18-3, 425면. 백제흠, 세법의 논점, 248면. 최 원, "특정법인과의 거래를 통한 이익의 증여 규정에 대한 헌법적 고찰", 조세법연구 16-2, 165면 등.

[법 제31조] ① 증여재산의 가액은 다음 각 호의 방법으로 계산한다.

1. 재산 또는 이익을 무상으로 이전받은 경우: 증여재산의 시가(제 4 장에 따라 평가한 가액을 말한다) 상당액

2. 재산 또는 이익을 현저히 낮은 대가를 주고 이전받거나 현저히 높은 대가를 받고 이전한 경우: 시가와 대가의 차액. 다만 시가와 대가의 차액이 3억 원 이상이거나 시가의 100분의 30 이상인 경우로 한정한다.

3. 재산 취득 후 해당 재산의 가치가 증가하는 경우: 증가사유가 발생하기 전과 후의 재산의 시가의 차액으로서 대통령령으로 정하는 방법에 따라 계산한 재산가치상승금액. 다만 그 재산가치상승금액이 3억 원 이상이거나 해당 재산의 취득가액 등을 고려하여 대통령령으로 정하는 금액의 100분의 30 이상인 경우로 한정한다.

② 제 1 항에도 불구하고 제 4 조 제 1 항 제 4 호부터 제 6 호까지 및 같은 조 제 2 항에 해당하는 경우에는 해당 규정에 따라 증여재산가액을 계산한다.

제 3 호 본문의 "대통령령으로 정하는 방법에 따라 계산한 재산가치상승금액"은 '해당재산가액'에서 '해당 재산의 취득가액'과 '통상적인 가치 상승분' 및 '가치상승기여분'을 공제하여 산정하고(영 23조 1항), 그 단서의 "대통령령으로 정하는 금액"은 제 1 항 제 2 호부터 제 4 호까지에 따른 금액의 합계액을 말한다(영 23조 2항).

7. 증여세 과세특례

가. 증여규정의 적용순서

하나의 증여에 대하여 법 제33조부터 제39조까지, 제39조의2, 제39조의3, 제40조, 제41조의2부터 제41조의5까지, 제42조, 제42조의2, 제42조의3, 제44조. 제45조 및 제45조의3부터 제45조의5까지의 규정이 둘 이상 동시에 적용되는 경우에는 그 중 이익이 가장 많게 계산되는 것 하나만을 적용한다(법 43조 1항).

법 제31조 제 1 항 제 2 호, 제35조, 제37조부터 제39조까지, 제39조의2, 제39조의3, 제40조, 제41조의2 및 제41조의4, 제42조 및 제45조의5에 따른 이익을 계산할 때 증여일부터 소급하여 1년 이내에 동일한 거래 등이 있는 경우에는 각각의 거래 등에 따른 이익(시가와 대가의 차액)을 해당 이익별로 합산하여 계산한다(동 2항).

위 제 2 항에 따라 법 제31조 내지 제45조의5에서 규정한 각 증여이익을 계산할 때에는 해당 이익별로 합산하여 각각의 금액기준을 계산한다(법 43조 3항; 영 32조의4).

나. 동일한 증여이익의 합산

법 제43조 제2항에 따라 시행령 제32조의4 각호 항목의 하나에 해당하는 이익을 계산할 때 그 증여일부터 소급하여 1년 이내에 동일한 거래 등이 있는 경우에는 각각의 거래 등에 따른 이익(시가와 대가의 차액을 말한다)을 해당 이익별로 합산하여 각각의 항목별 금액기준을 계산한다(법 43조 2항, 영 32조의4).

이는 분산거래에 따른 증여세과세 회피를 방지하기 위한 규정이다.

다. 합산배제 증여재산

증여세 과세가액은 증여일 현재 이 법에 따른 증여재산가액을 합친 금액(법 31조 1항 3호 등. 일부 증여재산의 가액은 제외함)에서 그 증여재산에 담보된 채무(그 증여재산에 관련된 채무 등 대통령령으로 정하는 채무 포함)로서 수증자가 인수한 금액을 뺀 금액으로 한다(법 47조 1항).

해당 증여일 전 10년 이내에 동일인(증여자가 직계존속인 경우 그 직계존속의 배우자 포함)으로부터 받은 증여재산가액을 합친 금액이 1천만 원 이상인 경우에는 그 가액을 증여세 과세가액에 가산한다. 다만 위 합산배제 증여재산의 경우에는 그러하지 아니하다(동 2항).

제 5 절 증여세 과세표준과 세액의 계산

1. 과세가액

가. 총 설

증여세 과세가액이란 증여세 과세물건의 가액을 말한다. 증여세과세가액은 이 법에 따른 증여재산가액을 합친 금액(법 31조 1항 3호, 40조 1항 2, 3호, 41조의3, 41조의5, 42조의3, 제45조, 45조의2부터 45조의4까지의 규정에 따른 증여재산의 가액은 제외)에서 그 증여재산에 담보된 채무(당해 증여재산에 관련된 채무 등 대통령령으로 정하는 채무 포함)로서 수증자가 인수한 금액을 뺀 금액으로 한다(법 47조 1항).

'대통령령으로 정하는 채무'란 증여자가 당해 재산을 타인에게 임대한 경우의 당해 임대보증금을 말한다(영 36조 1항).

나. 재차증여

(1) 증여자가 동일인인 경우

해당 증여일 전 10년 이내에 동일인(증여자가 직계존속인 경우에는 그 직계존속의 배우자를 포함함. 이하 같다)으로부터 받은 증여재산가액을 합친 금액이 1천만원 이상인 경우에는 그 가액을 증여세과세가액에 가산한다. 다만 합산배제증여재산의 경우에는 그러하지 아니하다(법 47조 2항).

이는 두 차례 증여가 있을 때, 양자를 합산한 가액의 세액에서 1차 세액을 공제하는 방식으로서 누진세율 회피를 위해 재산을 나누어 증여하는 행위를 방지하기 위한 제도이다. 증여재산 평가는 각각의 증여시점을 기준으로 한다(통칙 47-0…2). 재차증여에 따른 부과처분은 당초처분과는 별개의 처분이다(판 2004. 12. 10, 2003두9800). 판례는 반대규정이 신설되기 이전 명의신탁 증여의제의 경우도 위 증여합산규정의 적용이 있다고 보았다(판 2019. 6. 13, 2018두47974).

(2) 증여자가 동일인이 아닌 경우

수증자는 동일인이나 증여자가 동일인이 아닌 경우에는 증여가 있을 때마다 증여자별, 수증자별로 과세가액을 계산하여 과세한다.

다. 부담부증여

부담부증여의 경우에는 그 증여재산의 가액에서 그 채무액을 차감한 가액을 증여세과세가액으로 한다(법 47조 1항).

'부담부증여'에서 수증자가 지게 되는 의무는 반드시 재산적 급부이어야 하는 것은 아니다. 그러나 그 부담이 비경제적인 것(예컨대 3년간 동거를 조건으로 주택을 증여하는 경우)이면 채무액으로 공제될 수 없을 것이다.

법은 배우자간 또는 직계존비속간의 부담부증여에 대하여는 수증자가 증여자의 채무를 인수한 경우에도 채무가 인수되지 아니한 것으로 추정하면서 그 채무액이 국가 및 지방자치단체에 대한 채무 등 대통령령으로 정하는 바에 의하여 객관적으로 인정되는 경우에 한하여 그렇지 않은 것으로 규정하고 있다(법 47조 3항).

「대통령령으로 정하는 바에 따라 객관적으로 인정되는 경우」라 함은, 1. 국가·지방자치단체 및 금융기관 등에 대한 채무는 해당 기관에 대한 채무임을 확인할 수 있는 서류와, 2. 그 이외의 자에 대한 채무는 채무부담계약서·채권자확인서·담보설정 및 이자지급에 관한 증빙 등에 의하여 그 사실을 확인할 수 있는 서류에 의하여 입증되는 경우를 말한다(영 36조 2항, 10조 1항 각호).

채무부담부 증여의 경우 수증자가 얻은 재산상의 이득은 수증재산 가액에서 채무인수액을 공제한 차액이므로 그에 대하여만 과세하는 것은 당연하다. 그런데 근친자 사이에 위와 같이 일정한 경우 이외에 입증책임 전환의 특칙을 둔 것은 과세관청으로서는 채무인수가 진정한 것인지 판단하기 어렵기 때문이다. 따라서 당사자가 채무인수가 진정한 것임을 입증하면 그 채무는 수증재산가액에서 공제된다.

제 3 자 앞으로 근저당권이 설정된 부동산을 직계존속으로부터 증여받은 경우 수증자가 근저당권부 채무를 면책적으로 인수하였다거나 수증자 자신의 출재에 의해 변제하였다는 점을 입증하여야 그 피담보채무를 증여재산가액에서 공제받을 수 있다(판 2000. 3. 24, 99두12168). 수증자가 증여자와의 증여약정에 따라 취득하기로 되어 있던 증축건물을 쟁송을 통해 취득하는 과정에서 지출한 화해금 및 변호사보수는 특별한 사정이 없는 한 증여가액에서 공제되어야 한다(판 93. 8. 24, 93누6980).

이에 반해 수증자가 목적부동산 취득을 위해 지출하여야 할 취득세·등록세·주택채권매입비용 등의 부대비용은 이를 공제할 수 없다(상증통 47-0…4).

부담부증여에 있어서 증여자 채무를 수증자가 인수한 경우 채무액 부분은 자산이 유상으로 이전된 것으로 보아 양도소득세를 과세한다(소법 88조 1호 후단).

라. 수증자 명의의 건물의 신축

타인에게 증여할 목적으로 타인명의로 건물을 신축하는 경우 증여의 목적물이 건물인가 아니면 신축자금인가가 문제된다. 어느 쪽인가에 따라 과세가액에 차이가 나고 합의해제의 효력 등에 있어서도 차이가 나기 때문이다.

이는 기본적으로 당사자의 의사와 신축경위 등 구체적인 사안에 따라 결정될 문제라 할 것이다. 시행령에서는 건물을 신축하여 증여할 목적으로 수증자 명의로 건축허가를 받아 건물을 완성한 경우 그 취득시기를 건물의 사용승인서 교부일로 규정하고 있다(영 24조 1항 2호).

다만 신축자금을 수증자에게 주어 수증자가 건물을 신축한 경우와 증여자가 건물을 신축하면서 명의만을 수증자로 한 경우는 구별하여야 하고 시행령에서 규정하는 것은 후자의 경우이다. 주식취득자금이 제 3 자로부터 출연된 경우 판례는 주식 취득자금의 증여로 본다. 예컨대 판례는 타인 명의의 신주인수대금을 대신 납입하였다가 주식명의를 대금납입자로 변경한 경우 합의해제에 따른 원상회복으로 보지 않았다(판 95. 7. 11, 95누1217).

2. 증여세 과세제외 재산

가. 총　　설

증여세 과세제외 재산에는 비과세재산과 과세가액 불산입재산이 있다. 전자는 애당초 증여세 과세대상에서 제외되므로 사후관리 등이 불필요하나 후자는 과세대상에는 해당하지만 특정요건을 갖춘 경우 과세제외의 혜택을 주고 그와 같은 과세제외의 취지를 유지하기 위해 일정한 기간 사후관리를 하게 된다. 수증자 측에서 사후관리 요건을 충족하지 못하게 되면 다시 증여세가 부과된다.

나. 공익목적 출연재산의 과세가액 불산입

(1) 공익법인 등이 출연받은 재산에 대한 과세가액 불산입

법은 공익법인 등이 출연받은 재산에 대하여 원칙적으로 과세가액에 불산입하되(법 48조), 조세회피 방지를 위해 공익법인의 지배구조 및 그 재산의 사용·수익 등에 관해 여러 가지 규제를 하고 있다.

그 요지는, 출연 받은 재산을 직접 공익목적사업 등의 용도 외에 사용하거나 출연 받은 날부터 3년 이내에 직접 공익목적사업 등에 사용하지 않거나 3년 이후 직접 공익목적사업 등에 계속하여 사용하지 않는 경우, 의결권 제한 규정에 위반한 경우 등 법이 정한 사유가 발생하면 즉시 증여세나 가산세를 부과하는 것이다(법 48조 2항 1호 내지 8호, 78조 9항).

공익법인이 특정법인의 발행주식총수의 5퍼센트를 초과하여 출연(출연받은 재산 및 출연받은 재산의 매각대금으로 주식등을 취득하는 경우를 포함한다)받은 후 법 제48조 제2항 제3호에 따른 운용소득에 대통령령으로 정하는 비율을 곱하여 계산한 금액 이상을 직접 공익목적사업에 사용하지 않거나, 공익법인등의 이사의 구성 등 대통령령으로 정하는 요건을 충족하지 않게 된 경우 증여세를 부과하고(법 48조 11항), 특정법인의 주식을 발행주식총수의 5퍼센트를 초과하여 보유하는 공익법인 등은 사후관리 이행 여부를 매년 마다 신고하도록 하고 신고를 이행하지 않을 경우 가산세를 부과한다(법 48조 13항, 78조 14항).

법 제48조 제2항 제4호는, '출연받은 재산을 매각하고 그 매각대금을 매각한 날부터 3년이 지난 날까지 대통령령으로 정하는 바에 따라 사용하지 아니한 경우'를 추징대상으로 규정하고 있는데 판례는 여기의 '출연받은 재산의 매각대금'은

‘출연받은 당해 재산의 매각대금’만을 의미하고, ‘출연받은 재산으로 취득한 재산의 매각대금’ 등은 포함되지 않는다고 보았다(판 2024. 9. 13, 2021두54293).

구 상증세법 시행령(2010. 2. 18. 개정 전의 것) 제37조 제 1 항 제 3 호에서 정한 ‘구 상증세법(2010. 1. 1. 개정 전의 것) 제48조 제 1 항 단서에 의한 주식의 초과부분’에 대한 가액 평가기준일은 ‘감자를 위한 주주총회결의일’이며(판 2016. 7. 27, 2016두36116), 사후 과세요건이 충족되어 증여세를 부과하는 경우 증여재산가액의 평가기준일은 위 사유가 발생함으로써 증여로 의제되는 시점이다(판 2017. 8. 18, 2015두50696). ‘부득이한 사유’로 과세제외 되었으나 그 사유가 소멸된 경우 다시 위 사후과세 규정에 따라 증여세를 과세할 수 있다(판 2013. 6. 27, 2011두12580).

다수의 공익법인 등이 같은 날 시간을 달리하여 동일한 주식을 출연받은 경우, 해당 출연으로 구 상증세법 제48조 제 1 항에 따른 증여세 과세가액 불산입 한도를 초과하는 부분이 있는지는 원칙적으로 각 출연 시점을 기준으로 관련 법령에서 정한 주식을 합하여 개별적으로 판단하여야 한다(판 2023. 2. 23, 2019두56418).

(2) 공익법인의 동일종목 보유주식 한도제한 등

법 제49조, 제78조 제 4 항, 시행령 제42조 참조.

이는 동일종목 주식의 과다보유보다 우량종목 주식의 분산보유가 공익상 더 바람직하다는 것과 공익법인의 보유주식 분산을 유도하여 공익법인이 지주회사화하는 폐해를 방지하기 위한 것이다. 그 요지는 의결권 있는 발행주식총수 또는 출자총액의 100분의 5를 초과하여 보유하는 것을 금지하는 것이다.

그 밖에 법은 공익법인 운영의 공정성과 적정성을 보장하기 위하여 출연자에 대한 이사취임 제한 등을 비롯한 각종 규제 조항을 두고 있다(법 48조 8항 내지 10항, 50조 내지 50조의4, 51조 등 참조).

(3) 공익신탁재산에 대한 과세가액 불산입

증여재산 중 증여자가 공익신탁법에 따른 공익신탁으로서 종교·자선·학술 또는 그 밖의 공익을 목적으로 하는 신탁을 통하여 공익법인 등에 출연하는 재산의 가액은 증여세 과세가액에 산입하지 아니한다(법 52조).

다. 장애인이 증여받은 재산의 과세가액 불산입: 법 제52조의2 참조.

라. 비과세재산: 법 제46조, 조특법 제71조 제 1 항 및 제133조 제 2 항 참조.

3. 증여세 과세표준

증여세 과세표준은 다음 각 호의 어느 하나에 해당하는 금액에서 대통령령으로 정하는 증여재산의 감정평가 수수료를 뺀 금액으로 한다(법 55조 1항).

1. 제45조의2에 따른 명의신탁재산의 증여의제: 그 명의신탁재산의 금액.

2. 제45조의3 또는 제45조의4에 따른 이익의 증여의제: 증여의제이익

3. 제 1, 2 호를 제외한 합산배제증여재산: 증여재산가액에서 3천만 원을 공제한 금액.

4. 제 1 호부터 제 3 호까지 외의 경우: 제47조 제 1 항에 따른 증여세 과세가액에서 제53조(증여재산공제), 제53조의2(혼인·출산 증여재산 공제) 및 제54조(재해손실공제)에 따른 금액을 뺀 금액.

거주자가 다음 각 호의 어느 하나에 해당하는 사람으로부터 증여를 받은 경우에는 다음 각 호의 구분에 따른 금액을 증여세 과세가액에서 공제한다. 이 경우 증여세 과세가액에서 공제받을 금액과 수증자가 증여를 받기 전 10년 이내에 공제받은 금액(제53조의2에 따라 공제받은 금액 제외)을 합한 금액이 다음 각 호의 구분에 따른 금액을 초과하는 경우 그 초과 부분은 공제하지 아니한다(법 53조).

1. 배우자로부터 증여를 받은 경우: 6억 원

2. 직계존속[수증자의 직계존속과 혼인(사실혼은 제외한다) 중인 배우자를 포함한다. 이하 제53조의2에서 같다]으로부터 증여를 받은 경우: 5천만 원. 다만 미성년자가 직계존속으로부터 증여를 받은 경우에는 2천만 원으로 한다.

3. 직계비속(수증자와 혼인 중인 배우자의 직계비속을 포함한다)으로부터 증여를 받은 경우: 5천만 원 4. 제 2 호 및 제 3 호의 경우 외에 6촌 이내의 혈족, 4촌 이내의 인척으로부터 증여를 받은 경우: 1천만 원

둘 이상의 증여가 증여시기를 달리하여 이루어진 경우와 증여가 동시에 있는 경우 각각의 공제방법에 관하여는 시행령 제46조 제 1 항 참조.

2023년 개정법은 혼인일(혼인관계증명서상 신고일) 전후 2년 이내에 직계존속으로부터 증여를 받는 경우와 자녀의 출생일(출생신고서상 출생일) 또는 입양일(입양신고일)부터 2년 이내에 직계존속으로부터 증여를 받는 경우 각각 기초공제와 별도로 총 1억 원을 한도로 공제(법 제33조 내지 제45조의5 규정에 따른 증여의 경우는 제외)하도록 하였다(법 53조의2 1내지 4항). 다만 혼인 관련 증여재산공제를 받은 후 약혼자의 사망 등 대통령령으로 정하는 부득이한 사유가 발생하여 일정기간 내에 증여받은 재산을 증여자에게 반환하는 경우 처음부터 증여가 없던 것으로 보아

증여세를 부과하지 않고, 증여일부터 2년 이내에 혼인하지 않거나 혼인이 무효가 된 경우 일정기간 내에 과세표준 수정신고 또는 기한 후 신고를 하면 가산세의 전부 또는 일부를 부과하지 않되, 대통령령으로 정하는 바에 따라 계산한 이자상당액을 증여세에 가산하여 부과한다(동조 5 내지 7항).

증여재산공제제도는 입법재량에 속한다(헌 2008. 7. 31, 2007헌바13).

4. 증여세액계산

가. 증여세 산출세액

상속세와 동일하게 과세표준이 1억 원 이하인 경우 10%에서 30억 원을 초과분에 대한 50%에 이르기까지 5단계 누진세율이 적용된다(법 56조, 26조).

수증자가 증여자 자녀가 아닌 직계비속인 경우 산출세액의 30/100(수증자가 증여자 자녀가 아닌 직계비속이면서 미성년자인 경우로서 증여재산가액이 20억 원을 초과하는 경우에는 40/100)에 상당하는 금액을 가산한다. 다만 증여자의 최근친 직계비속이 사망하여 그 사망자의 최근친인 직계비속이 증여받은 경우에는 그러하지 아니하다(법 57조).

나. 증여세 결정세액

(1) 총 설

증여세 산출세액에 직계비속에 대한 증여의 할증과세액을 가산한 금액에서 법률의 규정에 따른 공제와 감면세액을 차감하여 결정세액을 계산하게 된다. 이를 계산함에 있어서 공제·감면되는 세액은 상속세와 마찬가지로 납부세액공제, 외국납부세액공제, 신고세액공제 및 박물관자료에 대한 징수유예세액(다만 문화재자료에 대한 징수유예제도는 적용배제) 등이 있다(법 58조, 59조, 69조, 75조 참조).

(2) 납부세액공제

10년 이내 증여가액 합산에 대응하여(법 47조 2항 참조), 가산한 증여가액(2 이상의 증여가 있을 때에는 그 가액의 합계액)에 대해 납부하였거나 납부할 증여세액(증여 당시 해당 증여재산에 대한 증여세산출세액)을 산출세액에서 공제한다(법 58조 1항, 47조 2항). 다만 가산하는 증여재산에 대하여 부과권 제척기간 만료로 인하여 증여세가 부과되지 않은 경우에는 예외이다(법 58조 1항 단서).

공제할 증여세액은 증여세산출세액에 해당 증여재산 가액과 제47조 제 2 항에 따라 가산한 증여재산 가액을 합친 금액에 대해 가산한 증여재산이 차지하는 비율을 곱하여 계산한 금액을 한도로 한다(법 58조 2항). 이는 상속세에 있어서와 같다.

종전 증여 중 일부만이 합산과세대상인 경우 합산 산출세액에서 공제할 기납부세액은, 각 증여 시 합산과세 산출세액에서 그 직전 증여 시 합산과세 산출세액을 공제한 나머지 금액을 합산하는 방식으로 산출한다(판 98. 11. 13, 97누13146).

외국에 있는 증여재산에 대하여 외국의 법령에 따라 증여세를 부과받은 경우 그 부과받은 증여세 상당 금액도 증여세산출세액에서 공제한다(법 59조).

5. 증여세 과세특례

가. 창업자금에 대한 과세특례

이는 우리 사회의 출산율 저하와 고령화 진전에 대응하여 젊은 세대로의 부의 조기이전을 촉진함으로써 경제활력의 증진을 도모하기 위해 마련된 제도이다.

과세특례를 위한 기본요건은, 「18세 이상인 거주자가 조세특례제한법 제6조 제3항 각 호에 따른 업종을 영위하는 중소기업을 창업할 목적으로 60세 이상의 부모(증여 당시 아버지나 어머니가 사망한 경우에는 그 사망한 아버지나 어머니의 부모를 포함한다)로부터 토지·건물 등 대통령령으로 정하는 재산을 제외한 재산(증여세 과세가액 30억 원을 한도로 한다)을 증여받는 것」이고 이 경우 상증세법 제53조, 제53조의2 및 제56조에도 불구하고 해당 증여받은 재산의 가액 중 대통령령으로 정하는 창업자금{증여세과세가액 50억 원(창업을 통하여 10명 이상을 신규 고용한 경우에는 100억 원)을 한도로 한다}에 대해서는 증여세 과세가액에서 5억 원을 공제하고 세율을 100분의 10으로 하여 증여세를 부과한다(조특법 30조의5 1항).

특례대상에서 제외되는 재산은 소득세법 제94조 제1항에 따른 재산을 말한다(조특령 27조의5 1항).

나. 가업승계에 대한 과세특례

(1) 과세특례의 요건 및 내용

생전에 자녀에게 기업을 물려주도록 하여 중소기업의 영속성을 유지하고 경제활력을 도모하기 위해 조세특례제한법에 가업승계에 대한 증여세 과세특례제도를 마련하고 있다. 그 대상은 사업용 자산에 한정된다. 특히 주식가치가 지속적으로 상승하고 있는 중소기업의 경우에 절세효과가 크게 나타난다.

과세특례의 기본 요건은, 「18세 이상인 거주자가 60세 이상의 부모로부터 법이 정한 가업의 승계를 목적으로 해당 가업의 주식 또는 출자지분을 증여받고 대통령령으로 정하는 바에 따라 가업을 승계하는 것」이다.

위 요건을 갖춘 경우 상증세법 제53조, 제53조의2 및 제56조에도 불구하고 그 주식등의 가액 중 대통령령으로 정하는 가업자산상당액에 대한 증여세 과세가액(300억 원 내지 600억 원 한도)에서 10억 원을 공제하고 세율을 10/100(과세표준이 120억 원을 초과하는 경우 그 초과금액에 대해서는 20/100)으로 하여 증여세를 부과한다(조특법 30조의6 1항. 예외 단서조항 있음).

2023년 말 개정법은 가업상속 시 상속세 연부연납 기간(20년)과의 형평을 고려하여 가업승계를 목적으로 가업의 주식 또는 출자지분을 증여받고 조특법에 따라 증여세 과세특례를 적용받은 경우에는 연부연납 기간을 15년으로 연장하였다(법 71조 2항 2호 가목).

(2) 사후관리

제 1 항에 따라 주식등을 증여받은 자가 대통령령으로 정하는 바에 따라 가업을 승계하지 않거나 승계 후 주식등을 증여받은 날부터 5년 이내에 대통령령으로 정하는 정당한 사유 없이, 1. 가업에 종사하지 아니하거나 가업을 휴업하거나 폐업하는 경우, 2. 증여받은 주식 등의 지분이 줄어드는 경우에는 그 주식등의 가액에 대하여 상속세및증여세법에 따라 증여세를 부과한다. 이 경우 대통령령으로 정하는 바에 따라 계산한 이자상당액을 증여세에 가산하여 부과한다(조특법 30조의6 3항).

법 제30조의6 제 3 항 각 호 외의 부분 전단에서 "대통령령으로 정하는 정당한 사유"란 다음 각 호의 어느 하나에 해당하는 경우를 말한다(조특령 27조의6 4항).

1. 수증자가 사망한 경우로서 수증자의 상속인이 상속세및증여세법 제67조에 따른 상속세 과세표준 신고기한까지 당초 수증자의 지위를 승계하여 가업에 종사하는 경우
2. 수증자가 증여받은 주식 등을 국가 또는 지방자치단체에 증여하는 경우
3. 그 밖에 기획재정부령으로 정하는 부득이한 사유에 해당하는 경우

법은 수증자가 증여받은 주식 등을 처분하는 경우와 증여받은 주식 등을 발행한 법인이 유상증자 등을 하는 과정에서 실권 등으로 수증자의 지분율이 낮아지는 경우도 사후관리 대상에 포함시키고 있다(조특령 27조의6 7항).

가업상속공제와 가업승계특례는 가업승계를 지원하여 세대간 가업의 유지를 도모한다는 점에서 취지가 유사하고 적용요건과 사후관리 요건도 상당부분 중복되나 일부 점에서 차이가 있다. 우선 적용요건에서 가업상속공제는 상속개시일 2년

전부터 가업에 종사하고, 피상속인이 대표이사이어야 하는데 반하여 가업승계특례는 수증자나 배우자가 증여세 과세표준 신고기한 전까지 가업에 종사하고 증여일부터 3년 이내에 대표이사에 취임하면 된다. 사후관리와 관련하여, 가업상속공제와 가업승계특례는 지분율 감소에 관해 각 합병, 분할 등 조직변경, 상장, 유상증자, 출자전환 등의 경우에서 사후관리 예외사유가 인정되고(다만 일부 적용요건은 다르다. 상증세령 15조 8항, 12항, 조특령 27조의6 7항), 무상감자에 관하여는 가업상속공제의 경우에만 추징 예외사유로 규정할 뿐 가업승계에 대하여는 별도의 규정을 두지 않고 있다. 또한 가업상속공제와 달리 가업승계의 경우에는 연부연납이 인정되지 않는다.

여기의 사후관리 위반을 이유로 증여세를 부과하는 경우 합산배제 증여재산에 포함되지 않으며, 상증세법 제69조 제2항에 따른 신고세액공제도 적용하지 않는다(서면-2019-법령해석재산-1464, 2021. 10. 28.).

제6절 신고와 납부, 과세표준과 세액의 결정 및 통지

그 내용은 신고기한이 상속세는 6개월인데 반해 3개월인 점만 다르고 나머지는 상속세의 경우와 동일하다. 이는 증여는 자발적으로 이루어지는 것이므로 신고가 지체될 여지가 적은 것을 감안한 것이다. 그 밖의 내용은 법 제68조 참조.

제3장 상속(증여)재산의 평가

제1절 총 설

상속(증여)재산의 평가에 관한 문제는 과세대상 및 그 범위를 정하는 문제 못지않게 납세자와 과세관청의 이해가 첨예하게 대립되는 중요한 부분이다. 이는 '평가시점'에 관한 문제와 '평가방법'에 관한 문제로 대별할 수 있다.

상증세법 제60조 제1항은 「이 법에 따라 상속세나 증여세가 부과되는 재산의 가액은 상속개시일 또는 증여일 현재의 시가에 의한다. 이 경우 다음 각 호의 경우에 대해서는 각각 다음 각 호의 구분에 따른 금액을 시가로 본다」고 규정하여 시가주의 원칙을 천명하는 한편 같은 조 제2항은, 「제1항에 따른 시가는 불특정다수인 사이에 자유롭게 거래가 이루어지는 경우에 통상적으로 성립된다고 인정되는 가액으로 하고 수용가격·공매가격 및 감정가격 등 대통령령으로 정하는 바에 따라 시가로 인정되는 것을 포함한다」고 규정하여 시가의 개념을 정의하고 있다. 한편 같은 조 제3항은 「제1항을 적용할 때 시가를 산정하기 어려운 경우에는 해당 재산의 종류, 규모, 거래 상황 등을 고려하여 제61조부터 제65조까지에 규정된 방법으로 평가한 가액을 시가로 본다」고 하여 법이 정한 보충적 평가방법에 의한 가액을 간주시가로 규정하고 있다.

이와 같이 시가주의를 기본으로 하면서 다른 한편 시가를 산정하기 어려운 경우를 상정하여 법정 평가방법에 의한 간주시가를 보충적 평가방법으로 사용하는 법 체계는 다른 나라에서는 유례를 찾아보기 어렵다. 위와 같은 재산평가에 관한 우리 법 체계의 타당성 내지 합리성을 검증하기 위해서는 재산평가와 관련한 외국의 법 제도를 살펴보는 것이 필요하므로 아래에서 먼저 이에 관하여 살펴본다.

제 2 절 세계 각국의 재산평가제도[1)]

1. 외국의 재산평가제도 현황

가. 미 국

미국의 연방세법(Internal Revenue Code; IRC)은 상속세 및 증여세 과세를 위한 재산평가방법에 관하여 별도의 규정을 두지 않고, 재무부 규칙에서 상속 또는 증여재산 가액을 '공정한 시장가치(fair market value)'로 평가하도록 규정하고 있다{Treasury Regulation §20.2031-1(b)}. 여기의 '공정한 시장가치'란 구매자와 판매자간에 거래가 강요되지 않고 관련되는 사실을 거래 당사자가 모두 잘 알고 있는 상태에서 거래되는 가격을 말하며, 평가기준일 현재 존재하는 관련된 모든 사실과 요소를 고려하여 산정한다{§20.2031-1(b) & §25.2512-1}. 과세당국과 납세자간의 분쟁소지를 줄이기 위해 미국 국세청의 행정해석과 판례는 공정한 시장가치를 정하는 여러 기준을 제공하고 있다. 구체적으로 매매사례가액법(comparative sales method)과 임대수익환원법(Capitalization of Rental Income)이 많이 사용되는데, 전자는 평가대상재산과 특성이 유사한 다른 재산의 실제 거래가액을 기초로 공정한 시장가치를 정하는 방법이고, 후자는 해당 재산으로부터 창출되는 평균 연간 수익을 보유기간에 걸친 적정 자본환원율(capitalization rate)로 나누어 자산가치를 산출하는 방법이다.

미국의 제도는 시가가 불분명한 경우 다른 평가방법을 따로 규정하지 않고 있는 점이 특징이다. 과세당국은 알려진 정보를 사용하여 시가에 해당하는 평가액을 산출하여야 하며 평가액에 대하여 납세의무자와 과세당국 간에 의견이 일치하지 않는 경우에는 법원에서 다툼을 해결하여야 한다. 재산평가의 목표는 진정한 시가에 가장 근접한 자료와 근거를 찾아 이를 기초로 과세가치를 산정하는 것이다.

나. 독 일

독일은 재산평가에 관한 가치평가법(Bewertungsgesetz)을 별도로 제정하여 운용하고 있다. 독일 가치평가법은, 「**평가는 원칙으로 통상가액**(gemeiner wert)**에 의한다. 통상가액이라 함은 그 재산의 성질에 따라 통상의 상거래로서 양도할 경우에 얻을**

1) 아래의 내용은 주로, 이준규 · 박재환, "부동산 등 재산의 평가방법 개선에 관한 연구"(한국세무학회 기획재정부 용역보고서)를 참고하였다.

수 있는 가액을 말한다. 이 경우 가액에 영향을 미치는 모든 사정이 고려되어야 하나 이상한 관계 또는 개인적인 관계는 고려하지 아니한다」고 규정하여 시가주의 원칙을 천명하고 있다(같은 법 9조).

법은 평가대상 재산을 농업 및 임업자산, 부동산자산, 기업자산 등 세 가지로 구분하고 있다(법 18조). 부동산은 건축물이 없는 부동산과 건축 부동산으로 구분하여 전자는 시가로 평가하고, 후자는 임대주택부동산, 영업부동산, 겸용부동산, 단독주택, 두 가구 연립주택 및 기타의 건축 부동산으로 구분하여, 이중 '기타의 건축부동산'을 제외한 나머지 부동산은 수익가치평가방법(Ertragswertverfahren), '기타의 건축 부동산'은 실질가치평가방법(Sachwertverfahren)으로 각 과세가치를 산정한다. 수익가치평가방법은 연간 총임대료에 부동산 유형에 따라 법률에서 정하는 승수(乘數)를 곱하여 과세가치를 평가하며, 실질가치평가방법은 대지의 가치, 건물의 가치 및 외부시설의 가치를 각각 산출하여 시작가치를 계산한 후 이를 기초로 시가와의 조정을 통하여 산정한 가액을 과세가치로 결정한다(법 73조 내지 75조).

다. 일 본

일본에서 재산평가가 요구되는 세목은 지가세(地價稅)와 상속세 및 증여세이다. 이 중 지가세는 토지 자산가치의 하락에 따라 1998년부터 과세가 중단되어 있다.

일본의 지가세법과 상속세법은 재산평가를 시가에 의하도록 하면서 시가를 어떻게 산정할 것인지에 대하여 별도로 규정하고 있지 않다. 이를 보완하기 위하여 국세청장이 재산평가기본통달을 제정하여 이 기본통달에 의하여 재산을 평가한다.

기본통달에서 정하지 않은 재산의 가액은 통달에서 규정하는 평가방법에 준하여 평가하고 통달에 의하여 평가하는 것이 현저히 부적당하다고 인정되는 재산의 가액은 국세청장관의 지시를 받아 별도로 평가한다(통달 5조 및 6조).

기본통달은 '시가'에 관하여, '각각의 재산의 현황에 따라서 불특정다수의 당사자 사이에서 자유로운 거래가 행하여지는 경우에 통상 성립한다고 인정되는 가액'으로 정의하고(통달 1조 2항), 각 재산별로 구체적인 평가방법을 상세하게 규정하고 있다. 이 중 토지는 법에 정해진 지목별로 평가하며, 택지는 시가지 형성지역에 있는 택지는 노선가(路線價) 방식을, 그 이외의 택지에 대하여는 배율방식을 각 적용한다. 노선가 방식은 해당 택지가 면하는 노선가를 기초로 평가하는 방식이며, 배율방식은 고정자산세 평가액에 국세국장이 일정한 지역마다 지역 실정에 맞도록 정한 배율을 곱하여 계산한 금액으로 평가하는 방식이다(통달 11조, 13조, 21조).

라. 대　만

대만은 상속이나 증여에 따른 부동산의 평가에 있어서 상속 또는 증여 당시의 가치를 정부가 평가하여 고시한 가격으로 하도록 하고 있다(대만 상속 및 증여세법 10조). 우리나라로 말하면 거래가격 등 통상적 의미의 시가가 아니라 일률적으로 기준시가에 의하여 과세하는 방식이다. 이는 시가가 무엇인지에 대한 과세당국과 납세자 간의 다툼을 최소화하기 위한 방편으로 설계된 것이다.

2. 우리 법 체계와의 비교

우리나라를 포함한 대부분 국가들은 과세가액을 정하는 기준으로 시가주의를 선언하고 있으며 시가의 정의도 대동소이하다. 그러나 독일이나 일본의 경우 재산별로 시가산정에 관한 구체적인 방법을 법령이나 기본통달에 규정하여 과세대상이나 납세자 사이에 형평을 유지하고 납세자와 과세당국의 다툼을 사전에 방지하고 있다. 위와 같은 방법에 따라 산정된 가액은 '개념상 시가'와 동일하지는 않지만 시가를 대신할 수 있는 가장 합리적인 방법을 사전에 설정하고 그에 따라 산출된 가액으로서 동일한 재산을 보유한 모든 납세자에게 공통으로 적용되기 때문에 담세력이 동일한 납세자 간의 과세형평 문제는 발생하지 않게 된다.

미국은 독일이나 일본과 같은 구체적 평가규정이나 법상 기준은 존재하지 않으나 시가를 찾아가는 절차와 과정은 모든 납세자에게 공평하게 적용된다. 담세력이 동일함에도 다르게 과세되는 경우는 개념상으로는 발생하지 않는다. 다만 시가산정에 많은 노력과 비용이 발생하는 점은 미국식 시가결정제도의 약점으로 지적된다. 대만의 경우 모든 납세자에 대하여 기준시가로 과세하므로 납세자간 과세형평 문제는 발생할 여지가 없으나 시장가치를 제대로 반영하지 못하는 약점이 있다.

우리나라의 경우 시가 평가를 원칙으로 하면서 시가를 산정하기 어려운 경우 재산 유형별로 보충적 평가방법으로 평가하도록 규정하고 있다. 이에 따라 토지는 개별공시지가, 건물은 국세청장이 산정·고시하는 가액 등으로 평가한다. 특별히 임차권이나 담보권이 설정된 부동산의 경우에는 임대차보증금이나 피담보채권액과 법정평가방법에 의한 평가액 중 큰 가액을 기준으로 평가한다(상증세법 61조).

우리 법상 평가방법의 근본적 문제점은 동일한 재산에 관하여도 어느 평가방법을 적용하는가에 따라 평가액에 차이가 발생하고 평가방법 선택이 당해 재산의 담세력과 무관한 요소로 결정된다는 점이다. 우연히 유사매매가액이나 감정가액이 존재하거나 임대차나 담보권이 설정되어 있다는 사정만으로 동일한 부동산을 소유한 다른 납세자에 비해 중한 세 부담을 안게 되는데 이는 외국의 제도에서는 찾아보기 힘든 공평과세와 관련된 심각한 결함이다. 상속세에 있어서도 적정과세가 중요함은 분명하나 그것은 공평과세를 전제로 한다. 납부할 세액의 크기는 과세표준뿐 아니라 세율에 의해서도 좌우되므로 양쪽을 모두 고려하여 전체 세액의 적정성을 도모하되 세율의 적용과 마찬가지로 과세표준의 적용도 납세자에게 공평하여야 한다. 담세력이 동일함에도 특정 납세자군에 대하여만 거래가액이나 감정가액 등 시가를 찾아 과세하고 다른 납세자군에 대하여는 그보다 납세자에게 유리한 다른 평가방법을 적용한다면 이는 공평과세의 원리에 반하는 위헌적 조치라는 비난을 피하기 어렵다.[1] 특히 감정가액의 경우 소급감정가액도 시가로 보므로 과세관청의 자의가 개입될 가능성도 커지게 된다. 근본적으로 적정한 법정평가방법을 마련하고 이를 기준으로 평가방법을 일원화하는 방안이 강구되어야 할 것이다.[2]

제 3 절 상속(증여)재산의 평가

1. 평가의 시점

평가는 상속개시일 또는 증여일('평가기준일') 현재의 시가에 따른다(법 60조 1항). 다만 법 제13조에 따라 상속재산의 가액에 가산하는 증여재산의 가액은 증여일 현재의 시가에 따른다(법 60조 4항).

상속재산인 토지를 개별공시지가에 의하여 산정할 경우 개별공시지가는 평가기준일 현재 고시되어 있는 것을 적용한다(영 50조 6항).

유상증자에 따른 신주인수의 경우 증여의제되는 재산가액의 평가기준일은 신주의 명의개서일이다(판 2020. 4. 29, 2014두2331).

---

1) 상증세법 제60조 제 2 항과 제 3 항은 아래와 같이 본문과 단서를 서로 바꾸어도 내용은 동일한데 이 경우 조문의 문제점을 좀 더 쉽게 이해할 수 있다.
"부동산은 법정평가방법에 의한다. 다만 평가대상 부동산과 유사한 부동산에 관한 일정한 기한 내의 매매사례가 있거나 평가대상 부동산에 관한 일정한 기한 내의 수용가격이나 신뢰할만한 감정가역이 있는 경우에는 그 가액에 의한다."

2) 관련 논의는, 임승순·김용택, "상속세 및 증여세법상 부동산평가방법의 문제점 — 공평과세의 원칙을 중심으로 —", 조세법연구 27-2, 237면.

2. 시가의 의의

가. 법의 규정

법 제60조 제 2 항은, 「제 1 항에 따른 시가는 불특정 다수인 사이에 자유로이 거래가 이루어지는 경우에 통상적으로 성립된다고 인정되는 가액으로 하고 수용가격·공매가격 및 감정가격 등 대통령령으로 정하는 바에 따라 시가로 인정되는 것을 포함한다」고 규정하고 있다.

시가주의를 철저하게 운용하기 위해서는 기본적으로 평가대상 재산의 시장성이 풍부하다는 것과 동종재산의 등가성이 전제되어야 한다. 시장성이 풍부한 동종의 물건의 거래가액은 그 자체를 시가로 포착할 수 있다. 이와 같은 의미의 시가를 '시장가격'이라고 부르기로 한다. 상증세법 제60조 제 2 항 전단이 규정하고 있는 시가는 이를 의미한다.

상증세법 제60조 제 1 항 후문 및 각호는 상장주식에 대한 제63조 제 1 항 제 1 호 가목에 따른 평가액과 가상자산에 대한 제65조 제 2 항에 따른 평가액을 시가로 보고 있는데 이는 위와 같은 '시장가격'의 개념에 부합한다. 다만 현실적으로 모든 재산에 대하여 이와 같은 시장이 형성되어 있는 것은 아니므로 법은 일차적으로 수용가격·공매가격 및 감정가격 등 대통령령으로 정하는 바에 따라 시가로 인정되는 것을 여기에 포함시키고(아래에서는 이를 지방세법의 용예에 따라 '시가인정액'이라고 한다), 그와 같은 가격도 존재하지 않는 경우에는 평가대상별로 규정한 법정평가방법을 시가로 보도록 하고 있다. 아래에서 차례대로 살펴본다.

나. 시가의 범위

(1) 규정의 내용

「법 제60조 제 2 항에서 "수용·공매가격 및 감정가액 등 … 시가로 인정되는 것"이란 상속개시일 또는 증여일(이하 '평가기준일') 전후 6개월(증여재산의 경우에는 평가기준일 전 6개월부터 평가기준일 후 3개월까지. '평가기간') 이내의 기간 중 매매·감정·수용·경매(민사집행법에 의한 경매를 말한다) 또는 공매(이하 '매매등')가 있는 경우에 다음 각 호의 어느 하나에 따라 확인되는 가액을 말한다」(영 49조 1항).

1. 해당 재산에 대한 매매사실이 있는 경우에는 그 거래가액. 다만 그 거래가액이, 가. 특수관계인과의 거래 등으로 그 거래가액이 객관적으로 부당하다고 인정되는 경우이

거나, 나. 거래된 비상장주식의 가액(액면가액의 합계액)이, 1) 액면가액의 합계액으로 계산한 해당 법인의 발행주식총액 또는 출자총액의 1/100에 해당하는 금액 또는, 2) 3억 원 중 적은 금액 미만인 경우(법 49조의2 1항에 따른 평가심의위원회의 심의를 거쳐 그 거래가액이 거래의 관행상 정당한 사유가 있다고 인정되는 경우는 제외)는 제외한다.

2. 해당 재산(법 63조 1항 1호에 따른 재산 제외)에 대하여 둘 이상의 기획재정부령으로 정하는 공신력 있는 감정기관[1]이 평가한 감정가액이 있는 경우에는 그 감정가액의 평균액. 다만 가. 일정한 조건이 충족될 것을 전제로 당해 재산을 평가하는 등 상속세 및 증여세 납부목적에 적합하지 않은 감정가액과, 나. 평가기준일 현재 당해 재산의 원형대로 감정하지 않은 경우의 당해 감정가액을 제외하며, 당해 감정가액이 법정평가가액과 제 4 항에 따른 시가의 90/100에 미달하는 경우(90/100 이상인 경우에도 49조의2 1항에 따른 평가심의의원회 심의를 거쳐 감정평가목적 등을 고려하여 해당 가액이 부적정하다고 인정되는 경우 포함)에는 세무서장이 다른 감정기관에 의뢰하여 감정한 가액에 의한다(그 가액이 상속세나 증여세 납세의무자가 제시한 감정가액보다 낮은 경우 제외).

3. 해당 재산에 대하여 수용·경매 또는 공매사실이 있는 경우에는 그 보상가액·경매가액·공매가액. 다만 가. 법 제73조 및 제73조의2에 따라 물납한 재산을 상속인 또는 그의 특수관계인이 경매 또는 공매로 취득한 경우, 나. 경매 또는 공매로 취득한 비상장주식의 가액이, 1) 액면가액의 합계액으로 계산한 당해 법인의 발행주식총액 또는 출자총액의 100분의 1에 해당하는 금액과 2) 3억 원 중 적은 금액 미만인 경우, 다. 경매 또는 공매절차의 개시 후 관련 법령이 정한 바에 따라 수의계약에 의하여 취득하는 경우, 라. 제15조 제 3 항에 따른 최대주주등의 상속인 또는 최대주주등의 특수관계인이 최대주주등이 보유하고 있던 제54조 제 1 항에 따른 비상장주식등을 경매 또는 공매로 취득한 경우에는 이를 제외한다.

평가기간은 평가기준일 전후 6개월(증여재산의 경우에는 평가기준일 전 6개월부터 평가기준일 후 3개월까지)이고, 그 밖의 기간으로 평가기준일 전 2년 이내의 기간 중에 매매 등이 있거나 평가기간이 경과한 후부터 제78조 제 1 항에 따른 기한[2]까지의 기간 중에 매매등이 있는 경우에도 가격변동의 특별한 사정이 없는 경우 납세자나 관할관청의 신청에 의해 평가심의위원회의 심의를 거쳐 해당 매매 등의 가액을 위 각 호의 1에 따라 확인되는 가액에 포함시킬 수 있다(1항 단서).

제 1 항을 적용함에 있어서 제 1 항 각호의 1에 규정하는 가액이 평가기준일 전후 6개월(증여재산의 경우에는 평가기준일 전 6개월부터 평가기준일 후 3개월까지) 이

1) 기준시가 10억 원 이하의 부동산의 경우에는 하나 이상의 감정기관(법 60조 5항, 영 49조 6항).
2) 상속세는 법 제67조의 규정에 의한 상속세과세표준 신고기한부터 9개월, 증여세는 법 제68조의 규정에 의한 증여세과세표준 신고기한부터 6개월이다.

내에 해당하는지 여부는 매매계약일(1호의 경우), 가격산정기준일과 감정가액평가서 작성일(2호의 경우), 보상가액·경매가액 또는 공매가액이 결정된 날(3호의 경우)을 기준으로 하여 판단하고, 시가로 보는 가액이 둘 이상인 경우에는 평가기준일을 전후하여 가장 가까운 날에 해당하는 가액(그 가액이 둘 이상인 경우에는 그 평균액을 말한다)을 적용하되, 해당 재산의 매매 등의 가액이 있는 경우에는 제 4 항에 따른 가액을 적용하지 아니한다(영 49조 2항). 둘 이상의 재산가액이 구분되지 아니하는 경우 법정가액이나 감정가액에 따라 안분계산한다(동 3항).

제 1 항의 규정을 적용함에 있어서 당해 재산과 면적·위치·용도·종목 및 기준시가가 동일하거나 유사한 다른 재산에 대한 같은 항 각 호의 어느 하나에 해당하는 가액('유사사례가액'){법 제67조 또는 제68조에 따라 상속세 또는 증여세 과세표준을 신고한 경우에는 평가기준일 전 6개월부터 제 1 항에 따른 평가기간 이내의 신고일까지의 가액을 말한다}이 있는 경우에는 해당 가액을 법 제60조 제 2 항에 따른 시가로 본다(동 4항).[1] 유사성의 판단기준에 관해서는 시행규칙 제15조 제 3 항 참조.

제 1 항을 적용할 때 제 2 항 각 호에 따른 날이 평가기준일 전에 해당하는 경우로서 그 날부터 평가기준일까지 해당 재산에 대한 자본적지출액이 확인되는 경우 그 자본적지출액을 제 1 항에 따른 가액에 더할 수 있다(동 5항).

법 제60조 제 5 항 본문에서 "대통령령으로 정하는 사유"란 제49조 제 1 항을 적용함에 있어서 납세의무자가 제시한 감정기관의 감정가액이 세무서장 등이 다른 감정기관에 의뢰하여 평가한 감정가액의 80/100에 미달하는 경우를 말한다(동 7항).

특수관계인과의 거래로 인해 그 거래가액이 객관적으로 부당하다고 인정되면 시가의 범위에서 제외되며(영 49조 1항 1호 가목), 경매나 공매가액의 경우 법 제73조 및 제73조의2에 따라 물납한 재산을 상속인 등이나 그 특수관계인이 경매 또는 공매로 취득한 경우 여기의 시가의 범위에서 제외된다(영 49조 1항 3호 가목).

(2) 규정의 해석

위 규정과 관련하여서는, 시가의 범위를 규정한 위 시행령 규정이 열거적 규정인지 아니면 예시적 규정인지 여부가 문제된다.

일단 판례는 이를 예시적 규정으로 이해하여 왔다. 즉, 상증세법 제60조 제 2 항의 문언상 시가가 수용·공매가격 및 감정가격 등 대통령령이 정하는 바에 의하여 시가로 인정되는 것에 한정되는 것은 아니므로 위 규정의 위임에 의한 구 상증

1) 위 제 4 항이 헌법상의 재산권보장 원칙 등에 위배되거나 위임입법의 한계를 벗어난 무효의 규정으로 볼 수 없다고 한 것: 판 2010. 1. 14, 2007두23200.

세령(98. 12. 31. 개정 전의 것) 제49조 제 1 항 각 호는 상속재산의 시가로 볼 수 있는 대표적인 경우를 예시한 것에 불과하며, 한편 시가란 원칙적으로 정상적인 거래에 의하여 형성된 객관적 교환가치를 의미하지만 이는 객관적이고 합리적인 방법으로 평가된 가액도 포함되는 개념이므로 공신력 있는 감정기관의 감정가액도 시가로 볼 수 있다고 보고(판 2001. 8. 21, 2000두5098), 같은 시행령 적용이 문제된 사안에서, 증여세를 부과함에 있어 과세관청이 증여재산의 증여 당시의 시가를 평가하기 어렵다는 이유로 보충적 평가방법에 의하여 과세처분을 하였더라도 그 과세처분 취소소송의 사실심 변론종결 시까지 증여재산의 시가가 입증된 때에는, 그 증여재산의 시가에 의한 정당한 세액을 산출하여 과세처분의 위법 여부를 판단하여야 하고, 여기의 시가는 객관적이고 합리적인 방법으로 평가한 가액도 포함하는 개념이므로 거래를 통한 교환가격이 없는 경우에는 공신력 있는 감정기관의 감정가격도 시가로 볼 수 있고, 그 가액이 소급감정에 의한 것이라 하여도 달라지지 않는다고 보았다(판 2008. 2. 1, 2004두1834).[1)]

그 후 판례는, 개정된 시행령(2014. 4. 21. 개정 전의 것) 제49조 제 1 항의 적용과 관련하여, 해당 규정의 문언, 체계, 개정 경과 및 입법 취지 등을 종합하여 보면, 위 각호의 예시적 성격을 감안하더라도 어떠한 토지에 관하여 구 상증세법 시행령 제49조 제 1 항 제 2 호 본문에 따른 원감정가액이 존재하고 그 원감정가액에 대하여 같은 호 단서에서 정하고 있는 재감정 사유가 인정되지 않는 경우에는, 과세관청의 의뢰에 따른 재감정가액은 공신력 있는 감정기관이 평가한 가액이라 하더라도 이를 시가로 볼 수 없다고 보는 한편 같은 항 제 2 호 단서 중 두 번째 괄호 부분, 즉 원감정가액이 기준금액 이상인 경우의 재감정 사유가 인정되는지는 평가심의위원회의 자문을 거쳤는지를 기준으로만 판단할 것은 아니고, 원감정가액의 감정평가목적, 납세자와 감정기관과의 관계, 통모 여부, 납세자의 조세회피 의사, 평가심의위원회의 자문내용 및 결과 등을 함께 고려하여 개별적으로 판단하여야 한다고 보았다(판 2024. 4. 12, 2020두54265).

다만, 이들 판결들은 모두 납세자가 쟁송절차에 이르러 소급감정가액을 시가로 주장하면서 다른 평가방법에 의한 과세처분의 위법을 다툰 사안이라는 공통점이 있다.

---

1) 다만 위 판결들은 2010. 1. 1. 상증세법 제60조 제 3 항이 "법정평가방법에 의한 평가액도 시가로 본다"고 규정하기 이전에 단순히 "…법정평가방법에 의하여 평가한 가액에 의한다"고 규정되어 있던 때의 판례이다.

현행 규정의 해석과 관련하여서는 이를 정면으로 판단한 판결은 보이지 않으나 위와 같은 일련의 판결을 통해 볼 때 적어도 납세자 측의 소급감정과 관련하여서는 위 각호의 규정을 예시적 규정으로 볼 가능성을 배제하기 어려워 보인다.

그러나 법에서 시가로 보는 감정가액에 관하여 평가방법과 평가기준일, 평가기간 등을 구체적으로 규정하여 그 내용을 엄격하게 제한하고 있고, 더욱이 2019. 2. 시행령 개정을 통하여 평가심의위원회 심의를 거쳐 시가로 인정받을 수 있는 예외의 범위를 평가기간 경과 후 법정결정기한까지 연장한 점, 법 제60조 제 3 항이 제 1 항을 적용할 때 시가를 산정하기 어려운 경우 법정평가방법에 의하도록 하면서 그 평가액 역시 시가로 보는 점 등을 종합하면, 위 시행령 규정을 단순한 예시적 규정으로 이해하기는 어렵고 과세의 적정성과 효율성을 모두 고려하여 설정한 규범적 효력 규정으로 보아야 할 것이다. 이와 달리 위 규정을 벗어난 시가 산정기준을 별도로 인정한다면 결국 관련 규정 전체가 무의미하게 될 것이다. 따라서 위 규정을 벗어난 소급감정은 납세자나 과세관청 양쪽 모두에 대해 원칙적으로 허용되지 않는다고 본다. 과세관청의 소급감정에 관하여는 아래에서 다시 살펴본다.

다. '시가를 산정하기 어려울 때'의 보충적 평가방법

상증세법 제60조 제 3 항은, 「**제 1 항을 적용할 때 시가를 산정하기 어려운 경우에는 해당 재산의 종류, 규모, 거래 상황 등을 고려하여 제61조부터 제65조까지에 규정된 방법으로 평가한 가액을 시가로 본다**」고 규정하고 있다.

앞에서 살펴 본 바와 같이 우리 상증세법상 평가제도의 근본적인 문제점은 본래의 의미의 '시가'와 '간주시가'인 법정평가방법을 이원화한 데 있다.

판례는 상속개시 당시까지 목적물이 처분된 일이 없고 별도로 감정가격도 존재하지 않으면 시가를 산정하기 어려운 경우로 본다(판 2001. 9. 14, 2000두406; 96. 10. 29, 96누9423). 해당 재산에 대하여 법정평가방법보다 보다 낮은 거래가액이나 감정가격이 존재한다는 점은 납세자가 이를 입증할 필요가 있다. 그 입증의 방법과 기간은 앞에서 본 시행령 제49조 제 1 항의 절차적 제한을 따른다고 볼 것이다.

라. 과세관청의 소급감정에 관한 문제

(1) 일 반 론

문제는 법정기간 내의 과세관청의 상속세나 증여세 과세목적을 위한 소급감정을 허용할지 여부인데 아래에서 보는 법 제60조 제 3 항과의 관계 등에 비추어 이

를 소극적으로 볼 것이다.1)

만일 과세관청에 의한 선별적 소급감정이 허용된다고 본다면, 부동산의 경우 현실적으로 감정 자체가 불가능한 경우란 생각하기 어려우므로 '시가를 산정하기 어려운 경우'란 없게 되어 법 제60조 제 3 항은 존재의의를 잃는다. 판례도 상속개시 당시 시가에 관한 다른 자료가 없는 이상 시가를 산정하기 어려운 경우에 해당한다고 보았다(판 2001. 9. 14, 2000두406 등). 또한 법에 선별기준에 관한 아무런 내용도 마련하지 않은 채 과세관청에 의한 과세목적의 소급감정을 임의로 허용한다면 감정대상의 선별에 있어 과세관청의 자의가 개입될 위험이 높고, 소급감정 대상이 된 경우와 그렇지 않은 경우와의 사이에 담세력이 동일함에도 평가액 및 과세가액이 달라지는 불합리한 차별이 발생하여 수평적 공평에 위배되는 결과가 발생한다.2)

과세관청에 의한 소급감정이 쟁송단계에서 과세관청이 처분의 적법성을 증명하기 위한 목적으로 허용될 것인지도 문제된다. 예컨대 과세관청이 임대차가 설정된 빌딩에 관하여 상증세법 제61조 제 5 항 및 동 시행령 제50조 제 8 항 제 2 호에 의하여 과세가액을 산정하여 과세하였는데, 납세자가 쟁송절차에서 해당 시행령 규정이 모법의 위임범위를 벗어나 무효라고 주장하면서 다투자, 과세관청이 납세자 주장의 당부를 떠나 어차피 과세처분이 시가의 범위 내에서 이루어졌으므로 적법하다고 주장하면서 이를 입증하기 위한 방법으로 당해 부동산에 관한 소급감정을 신청할 수 있을 것인가? 이 경우는 앞서 본 시행령 규정이 허용한 감정평가기간을 도과하였을 것이므로 이 점에서 우선 감정가액을 시가로 보기 어려울 것이다. 나아가 법이 특정한 평가방법을 시가의 하나로 규정한 것은 그 평가액이 (소급)감정

1) 이 점을 정면으로 판단한 대법원 판결은 보이지 않는다. 판례 중에는 위 나. (2)에서 본 판결 이외에, 상속받은 부동산의 양도에 따른 양도소득세 과세와 관련하여, 과세관청이 그 취득가액을 개별공시지가로 평가하여 과세처분을 한 경우 소송에서 과세처분의 적정성을 다투기 위한 납세자의 소급감정을 허용하거나(판 2010. 9. 30, 2010두8751), 양도소득세 부당행위계산부인이 문제된 사안에서 양도가액의 시가산정에 관하여 조세심판원 결정에 따른 과세관청의 소급감정을 허용한 사안(판 2012. 6. 14, 2010두28328) 등이 있으나 어느 경우나 상속세나 증여세 과세목적으로 과세관청에 의한 감정이 이루어진 경우는 아니다. 주식에 대해서는 감정가액을 시가로 인정하지 않으므로(영 49조 1항 2호) 소급감정이 허용되지 않는다. 판 2011. 5. 13, 2008두1849.

2) 앞에서 본 조문체계 재구성(962면 각주 1 참조) 예에 따른 조문을 재구성하면 다음과 같고, 이 경우 조문의 문제점은 더욱 명확해진다.
"부동산은 법정평가방법에 의한다. 다만 평가대상 부동산과 유사한 부동산에 관한 일정한 기한 내의 매매사례가 있거나 평가대상 부동산에 관한 일정한 기한 내의 수용가격이나 신뢰할 만한 감정가격이 있는 경우에는 그 가액에 의한다. 과세목적상 필요한 경우 과세관청은 대상부동산에 관하여 법에 따른 (소급) 감정평가를 의뢰하여 그 감정가액을 평가가액으로 삼을 수 있다."

가액을 하회하는지 여부와 무관하게 이를 과세가액으로 삼겠다는 것이므로, 해당 규정의 적용이 위법하면 과세처분은 위법하게 되고, 과세가액이 (소급)감정가액 범위 내라고 하여 위법성이 치유되는 것은 아니다. 따라서 과세관청의 과세목적의 소급감정이나 쟁송절차에서 처분의 위법성 여부와 관련하여 쟁점이 된 사항을 벗어난 소급감정은 그것이 법령이 허용한 평가방법과 기간 내에 있는지 여부와 무관하게 관련 법령의 체계 및 공평과세의 원칙 등에 비추어 허용될 수 없다고 본다.

(2) 일명 '꼬마빌딩'에 대한 과세문제

시행령 제49조 제 1 항 단서는 1997. 1. 1. 종전 상속세법이 상증세법으로 전면 개정되면서 처음 마련되었는데 2019. 2. 시행령 개정 시 종전 납세자의 신고기한까지 허용되던 소급감정을 예외적으로 신고 이후 과세관청의 결정기한까지 확대하였다. 이를 근거로 최근 과세관청은 조세회피를 방지하고 적정과세를 실현한다는 취지에서, 매매사례가액 등이 없는 비주거용 부동산('꼬마빌딩')에 대해 일부를 선별하여 감정을 의뢰하고 그에 따라 과세하고 있다. 대상 선정기준은 5개 이상의 감정평가법인에 의뢰해 산정한 추정시가(최고값과 최소값을 제외한 가액의 평균값)와 법 제61조 이하의 보충적 평가액의 차이가 10억 원 이상이거나 차이의 비율이 10% 이상인 경우이다(상증세 사무처리규정, 2024. 5. 20. 국세청훈령 제2618호). 그러나 이와 같은 선별과세는 공평과세의 원칙에 반한다. 또한 선별기준을 법령이 아닌 훈령에서 정한 것이 조세법률주의에 위반된다고 볼 소지도 충분하다.[1] 다만 판례는 위 규정에 따른 과세관청의 선별적 소급감정이 허용된다는 입장이다.[2]

마. 세법상 시가규정

우리 세법은 시가에 관한 사항을 개별법 곳곳에서 규정하고 있다.

먼저 법 제60조 제 1 항 내지 제 4 항은 재산의 평가에 관한 기본적인 규정인데 내

1) 시행령 및 훈령만을 근거로 한 소급감정에 따른 과세는 미실현 자본이득에 대한 과세를 입법부가 아닌 행정부가 결정한 것으로 조세법률주의에 위배된다는 견해로, 황인규·최보광, "소급감정사업의 문제점 및 개선방안에 대한 연구", 조세법연구 30-2, 519면.

2) 판 2023. 10. 18, 2023두46487(다만 같은 판결은 과세관청의 소급감정가액이 평가기준일 당시의 시가를 적절하게 반영하지 않았다는 이유로 과세관청의 소급감정에 의한 과세처분을 취소하였다). 이에 반하여 하급심판결 중에는, 과세관청이 위 시행령 단서 규정에 따라 사후적으로 비주거용 부동산에 대해 평가기준일(상속개시일)로부터 6개월이 지난 시점의 감정가액을 기초로 과세한 사안에서, 양 시점 사이에 상당한 정도의 가격변동이 있었으므로 해당 감정가액을 위 단서 규정에 따른 시가로 보기 어렵고, 과세관청이 일부 부동산에 관하여만 감정가액에 따라 과세를 하는 것은 본질적으로 동일한 납세자들을 자의적 기준에 따라 다르게 취급하여 재산권을 부당하게 침해한 것으로서 위법하다고 본 것이 있다. 서울행판 2023. 3. 10, 2021구합80889.

용상 시가를 본래의 의미의 시가와 매매사례가격, 감정가격, 공매 등 가격(시가인정액) 및 보충적 평가방법에 의한 간주시가로 구분하고 있다. 그 적용순서는, ① 본래의 시가, ② 시가인정액, ③ 보충적 평가방법에 의한 간주시가 순이다. 상장주식 및 가상자산에 관한 법정 평가는 본래의 시가 개념에 포함된다(법 60조 1항 후단).

한편 법인세법 제52조 제 2 항은 부당행위계산부인 판단기준으로 '건전한 사회통념 및 상거래 관행과 특수관계인이 아닌 자간의 정상적인 거래에서 적용되거나 적용될 것으로 판단되는 가격'을 '시가'로 규정하면서, 해당 거래와 유사한 상황에서 해당 법인이 특수관계인 외의 불특정다수인과 계속적으로 거래한 가격 또는 특수관계인이 아닌 제 3 자간에 일반적으로 거래된 가격이 있는 경우에는 그 가격(유사사례가액)에 의하고(법령 89조 1항), 시가가 불분명한 경우에는 감정평가법인의 감정가액, 상증세법 제61조 이하의 보충적 평가방법에 의한 평가액(비상장주식 평가시 해당 법인이 보유한 상장주식의 평가금액은 평가기준일의 거래소 최종시세가액)의 순에 의하도록 하고 있다(동 2항). 이는 이들을 시가의 하나로 파악하는 상증세법과 대비된다. 특별히 주권상장법인이 발행한 주식을, 1. 자본시장법 제 8 조의2 제 4 항 제 1 호에 따른 증권시장 외에서 거래하거나 2. 대량매매 등 기획재정부령으로 정하는 방법으로 거래한 경우 해당 주식의 시가를 그 거래일의 거래소 최종시세가액으로 하도록 하여(법령 89조 1항 단서) 평가기준일 이전·이후 각 2개월 평균가액에 의하도록 한 상증세법 규정(법 63조 1항 1호 가목)과 차이를 보이고 있다.[1] 주식등의 평가와 관련하여 법인세법은 감정가액을 시가의 범위에서 제외하고 있는데(법령 89조 2항 1호 단서) 이는 상증세법상 평가와 관련하여서도 마찬가지이다(영 49조 1항 2호 본문 괄호). 결국 주식등에 대한 평가는 상장주식의 경우 장외거래나 대량매매 등이 아닌 경우에는 상증세법상 평가방법, 비상장주식의 경우에는 특별히 신뢰할만한 거래가액이 있으면 그 거래가액, 그렇지 않은 경우에는 상증세법상 평가방법으로 평가하게 될 것이다.

법인세법은 그 밖에 일부 자산의 취득가액을 시가에 의하도록 하고(법법 41조; 법령 72조 2항 7호), 기부금 규정의 적용에 있어서도 그 기준을 시가 내지는 시가를 기초로 한 정상가액에 의하도록 하고 있다(법법 24조; 법령 35조, 36조 1항). 위 법령은 시가 산정기준을 별도로 규정하지 않으나 판례는 법인세법 제52조에서 정

---

1) 종전에는 법인세법 시행령 제89조 제 1 항에서 상장주식의 평가를 예외 없이 거래일의 거래소 최종거래가액을 기준으로 평가하도록 규정하였다가 2021. 2. 17. 법인세법 시행령 개정으로 위와 같이 변경하였다. 관련 논의는 이 책 690면 참조.

한 시가와 동일한 것으로 보았다(판 2013. 6. 14, 2011두29250).

기본적으로 세법상 시가 산정이 필요한 경우는 두 가지이다. 하나는 역사적 거래가액이 존재하지 않거나 이를 확인하기 어려운 경우이고, 다른 하나는 역사적 거래가액은 존재하나 그것이 부당하게 이루어져 세법상 이를 부인하는 경우이다. 상속세나 증여세 과세가액의 산정(상증세법 60조 1항)이나 합병 시 합병대가의 산정(법법 44조의2 1항) 등이 전자에 해당한다면 개별세법상 부당행위계산부인의 경우(법법 52조 2항 등)는 후자에 해당한다. 어느 경우나 시가의 산정은 과세시점에서 미실현자본이득을 실현시키기 위한 과정으로 이해할 수 있다.

소득세법은 일반적인 부당행위계산부인규정 및 자산의 취득가액에 관한 시가의 산정에 관하여 법인세법 시행령 제89조를 준용하고 있으나(소령 98조 3항), 기부금 규정과 관련하여서는 시가 내지는 정상가액을 기준으로 평가하도록 하면서도 법인세법에서와 마찬가지로 구체적인 산정기준은 두고 있지 않다.

양도소득세에서 양도가액은 원칙적으로 실지거래가액에 따르되(소법 96조 1항), 실지거래가액을 인정하거나 확인할 수 없는 경우 추계방식으로 매매사례가액, 감정가액의 순으로 산정하고, 취득가액은 실지거래가액, 실지거래가액을 확인할 수 없는 경우 매매사례가액, 감정가액 또는 환산취득가액 순으로 평가하나(소법 97조 1항 1호), 상속, 증여 받은 자산의 양도에서 취득가액은 상증세법 제60조 이하의 규정에 따른 가액을 실지거래가액으로 본다(소령 163조 9항). 매매사례가액 또는 감정가액도 없는 경우 기준시가에 의하여 산정한다(소법 100조 1항, 114조 7항).

양도소득세에 관하여 부당행위계산부인 규정을 적용할 때는 시가의 산정을 원칙적으로 상증세법 제60조부터 제66조까지를 준용하도록 하여(소법 101조 1항; 소령 167조 5항) 소득세법상 다른 부당행위계산부인 규정과 시가 산정의 근거법령을 달리한다. 다만 소득세법 시행령 제167조 제 7 항은 예외적으로 상장주식의 시가는 법인세법 시행령 제89조 제 1 항에 따른 시가로 하도록 규정하고 있다.

현재 과세실무는 양도소득에 관한 부당행위계산부인규정의 적용이나 상증세법 제35조 소정의 저가양도 증여의제 시 그 대가 및 시가의 산정기준일을 잔금청산일로 보는데, 이에 의하면 부동산을 사업상 양도한 경우와 그렇지 않은 경우, 법인이 양도한 경우와 개인이 양도한 경우 각각 그 판정기준시기가 달라지게 된다.

부가가치세법은 시가를 「사업자가 특수관계에 있는 자 외의 자와 당해 거래와 유사한 상황에서 계속적으로 거래한 가격 또는 제 3 자간에 일반적으로 거래된 가격」으로 정의하면서(부가세령 62조 1호), 가격이 없거나 시가가 불분명한 경우에는 소득세법 시행령이나 법인세법 시행령 규정을 준용하도록 하고 있다(동 3호).

지방세법은 부동산가격공시법에 따른 공시가격이나 기준시가를 시가표준액으로 규정하고 있다(지법 4조). 시가표준액은 취득세·등록면허세·재산세·지역자원시설세 등 대부분 지방세 과세표준액으로도 이용되고 있다.

이 중 취득세 과세표준은, 무상취득의 경우 취득시기 현재 불특정 다수인 사이에 자유롭게 거래가 이루어지는 경우 통상적으로 성립된다고 인정되는 가액("시가인정액")으로 하되, 상속에 따른 취득, 일정한 가액 이하의 부동산등 취득 또는 시가인정액을 산정하기 어려운 경우 시가표준액을 시가로 본다(지법 10조의2 1·2항). 유상승계취득의 경우 사실상 취득가격으로 하고(지법 10조의3 1항), 다만 특수관계인간의 거래에 대해 부당행위계산부인을 할 경우에는 시가인정액으로 한다(동 2항). 그 외 원시취득, 차량 또는 기계장비의 취득, 간주취득 등에서 사실상취득가격이나 시가를 확인하기 어려운 경우 등 각 취득유형별로 일정한 요건을 충족할 경우 시가표준액을 취득세 과세표준액으로 한다(지법 10조의4 내지 10조의6).

이상의 내용을 간략하게 표로 정리하면 다음 면과 같다.

상증세법	법인세법, 소득세법(양도소득세 제외), 부가가치세법	소득세법 (양도소득세)	지방세법 (취득세)
① 통상적 시가(시장가격) ② 매매사례가격, 감정가격(주식제외), 공매 등 가격(시가인정액) ③ 간주시가: 법정평가방법	① 통상적 시가(시장가격) ② 감정가액(주식제외) ③ 상증세법상 법정평가방법	① 실지거래가액 ② 추계가액(매매사례가격, 감정가격, 기준시가(순차로 적용) ③ 부당행위계산부인시: 상증세법상 평가방법 준용(상장주식은 법인세법과 동일)	① 시가인정액 또는 사실상 취득가격 ② 시가표준액(부동산가격공시법에 따른 공시가격 또는 기준시가)

3. 보충적 평가방법의 내용

가. 부 동 산

(1) 토　　지

부동산가격공시법에 따른 개별공시지가. 다만 대통령령으로 정하는 개별공시지가가 없는 토지(구체적인 판단기준은 대통령령으로 정한다)의 가액은 납세지 관할세무서장이 인근 유사 토지의 개별공시지가를 고려하여 대통령령으로 정하는 방법으로 평가한 금액으로 하고, 지가가 급등하는 지역으로서 대통령령으로 정하는 지역의 토지 가액은 배율방법으로 평가한 가액으로 한다(법 61조 1항 1호).

'배율방법'이란 국세청장이 정한 배수를 위 개별공시지가에 곱한 금액을 평가액으로 하는 방법이며(영 50조 5항), 개별공시지가는 평가기준일 현재 고시되어 있는 것을 적용한다(영 50조 6항).

토지를 취득할 수 있는 권리에 관하여는 보충적 평가방법에 관한 규정이 없으므로 토지에 관한 보충적 평가방법을 유추적용할 수 없다(판 99. 12. 10, 98두1369).

국세에서 부동산 공시가격은 상증세법상 보충적 평가방법의 가액, 양도소득세 추계과세의 기준시가로서(법 61조, 영 50조, 소법 99조, 100조 1항, 114조 7항, 소령 제164조), 이는 부당행위계산부인을 포함하여 법인세법, 소득세법, 부가가치세법에서 통상적 시가나 감정가격 등이 없는 경우 평가액으로 적용된다(법령 89조, 소령 98조 3항, 167조 5항, 부가세령 62조). 한편, 지방세에서 부동산 공시가격은 취득세, 재산세 등에서 시가표준액으로 적용되며(지법 4조, 지령 2조, 3조, 4조 1항 1호 및 1의2호, 4조의2), 국세인 종합부동산세는 토지와 주택의 공시가격을 기준으로 하되, 공시가격이 없는 경우 지방세법상 시가표준액을 기준으로 과세한다(종부세법 2조 9호).

부동산가격공시법에 따른 개별공시지가는 표준지공시지가에 표준지와 개별 토지 사이의 가격형성요인에 관한 토지가격비준표 등을 적용하여 산정한다. 조세소송에서 위 각 지가결정에 대한 불복방법에 관하여는 이 책 317면 참조.

(2) 건 물

건물의 신축가격, 구조, 용도, 위치, 신축연도 등을 고려하여 매년 1회 이상 국세청장이 산정·고시하는 가액(법 61조 1항 2호).

(3) 오피스텔 및 상업용 건물

건물에 딸린 토지를 공유로 하고 건물을 구분소유하는 것으로서 건물의 용도, 면적 및 구분소유하는 건물의 수 등을 고려하여 대통령령으로 정하는 오피스텔 및 상업용 건물(이들에 딸린 토지 포함)에 대해서는 재산의 종류, 규모, 거래 상황, 위치 등을 고려하여 매년 1회 이상 국세청장이 토지와 건물에 대하여 일괄하여 산정·고시한 가액(같은 항 3호).

대통령령으로 정하는 오피스텔 및 상업용건물이란, 국세청장이 당해 건물의 용도·면적 및 구분소유하는 건물 수 등을 고려하여 지정하는 지역에 소재하는 공동주택·오피스텔 및 상업용 건물을 말한다(영 50조 3항).

(4) 주 택

부동산가격공시법에 따른 개별주택가격 및 공동주택가격. 다만 해당 주택의 고시주택가격이 없거나 고시 후 해당 주택을 건축법 제 2 조 제 1 항 제 9 호, 10호에 따른 대수선 및 리모델링하여 고시주택가격으로 평가하기 적당치 않다고 판단한 경우의 어느 하나에 해당하는 경우에는 납세지 관할세무서장이 인근 유사주택의 고시주택가격을 고려하여 대통령령으로 정하는 방법에 따라 평가한 금액(같은 항 4호).

(5) 지상권, 부동산을 취득할 수 있는 권리, 특정시설물이용권 등

그 권리 등의 잔존기간, 성질, 내용, 거래상황 등을 고려하여 대통령령으로 정하는 방법으로 평가한 가액(법 61조 3항; 영 51조 1항 내지 3항).

(6) 시설물·구축물

평가기준일에 다시 건축하거나 다시 취득할 때 드는 가액을 고려하여 대통령령으로 정하는 방법으로 평가한 가액(법 61조 4항; 영 51조 4항).

(7) 사실상 임대차계약이 체결되거나 임차권이 등기된 재산

임대료 등을 기준으로 하여 대통령령으로 정하는 방법에 따라 평가한 가액과 제 1 항부터 제 4 항까지 평가한 가액 중 큰 금액(법 61조 5항; 영 50조 7항).

나. 선박 등 그 밖의 유형자산

선박·항공기·차량·기계장비 및 입목에 관한 법률의 적용을 받은 입목에 대하여는 해당 재산의 종류, 규모 및 거래 상황 등을 고려하여 대통령령으로 정하는 방법(법 62조 1항; 영 52조 1항), 상품, 제품, 서화, 골동품, 소유권 대상이 되는 동물 그 밖의 유형재산에 대하여는 해당 재산의 종류, 규모, 거래 상황 등을 고려하여 대통령령으로 정하는 방법으로 평가한 가액으로 한다(법 62조 2항; 영 52조 2항).

사실상 임대차계약이 체결되거나 임차권이 등기된 재산의 경우에는 해당 임대료 등을 기준으로 하여 대통령령으로 정하는 바에 따라 평가한 가액과 제 1 항 및 제 2 항에 따라 평가한 가액 중 큰 금액을 그 재산의 가액으로 한다(법 62조 3항).

다. 유가증권

(1) 상장주식

㈎ **관계법령** 「자본시장법에 따른 증권시장으로서 대통령령으로 정하는 증권시장에서 거래되는 주권상장법인의 주식등 중 대통령령으로 정하는 주식등(“상장주식”)은 평가기준일(평가기준일이 공휴일 등 대통령령으로 정하는 매매가 없는 날인 경우

에는 그 전일을 기준으로 한다) 이전·이후 각 2개월 동안 공표된 매일의 자본시장법에 따라 거래소허가를 받은 거래소(“거래소”) 최종 시세가액(거래실적 유무를 따지지 아니한다)의 평균액(평균액을 계산할 때 평가기준일 이전·이후 각 2개월 동안에 증자·합병 등의 사유가 발생하여 그 평균액으로 하는 것이 부적당한 경우에는 평가기준일 이전·이후 각 2개월의 기간 중 대통령령으로 정하는 바에 따라 계산한 기간의 평균액으로 한다).[1] 다만 제38조에 따라 합병으로 인한 이익을 계산할 때 합병(분할합병 포함)으로 소멸하거나 흡수되는 법인 또는 신설되거나 존속하는 법인이 보유한 상장주식의 시가는 평가기준일 현재의 거래소 최종 시세가액으로 한다」(법 63조 1항 1호 가목).

「다음 각 호의 어느 하나에 해당하는 주식등에 대해서는 제 1 항 제 1 호에도 불구하고 해당 법인의 사업성, 거래 상황 등을 고려하여 대통령령으로 정하는 방법으로 평가한다」(법 63조 2항).

1. 기업 공개를 목적으로 금융위원회에 대통령령으로 정하는 기간에 유가증권 신고를 한 법인의 주식등

2. 제 1 항 제 1 호 나목에 규정된 주식등 중 자본시장과 금융투자업에 관한 법률에 따른 증권시장으로서 대통령령으로 정하는 증권시장에서 주식등을 거래하기 위하여 대통령령으로 정하는 기간에 거래소에 상장신청을 한 법인의 주식등

3. 거래소에 상장되어 있는 법인의 주식 중 그 법인의 증자로 인하여 취득한 새로운 주식으로서 평가기준일 현재 상장되지 아니한 주식

2호의 “대통령령으로 정하는 증권시장”이란 코스닥시장을 말한다(영 53조 3항).

「**대통령령으로 정하는 최대주주 또는 최대출자자 및 그의 특수관계인에 해당하는 주주등의 주식등**(대통령령으로 정하는 중소기업, 대통령령으로 정하는 중견기업 및 평가기준일이 속하는 사업연도 전 3년 이내의 사업연도부터 계속하여 법인세법 제14조 제 2 항에 따른 결손금이 있는 법인의 주식등 대통령령으로 정하는 주식등은 제외)**에 대하여는 법 제63조 제 1 항 제 1 호 및 제 2 항에 따라 평가한 가액 또는 제60조 제 2 항에 따라 인정되는 가액에 그 가액의 100분의 20을 가산한다**」(법 63조 3항).

위 전단에서 “대통령령으로 정하는 최대주주 또는 최대출자자”란 최대주주등 중 보유주식등의 수가 가장 많은 1인을 말하고(영 53조 4항), “대통령령으로 정하는

1) 일본은 상장주식의 구체적인 평가방법을 기본통달에 규정하고 있는데, 판례는 상장주식이 상속개시 후 주가가 하락한 사안에서 상속개시 후 주가를 고려하지 않는 상속세법 기본통달 169조는 불합리하지 않고 이는 비상장주식의 경우에도 마찬가지라고 보았다. 大板地判 소화 59. 4. 25. 평석은 일본 판례백선 159면.

중소기업, 대통령령으로 정하는 중견기업 및 평가기준일이 속하는 사업연도 전 3년 이내의 사업연도부터 계속하여 법인세법 제14조 제 2 항에 따른 결손금이 있는 법인의 주식등 대통령령으로 정하는 주식등"이란 다음 각 호의 어느 하나에 해당하는 경우 그 주식등을 말한다(동 8항).

1. 평가기준일이 속하는 사업연도 전 3년 이내의 사업연도부터 계속하여 「법인세법」 제14조 제 2 항에 따른 결손금이 있는 경우

2. 평가기준일 전후 6개월(증여재산의 경우에는 평가기준일 전 6개월부터 평가기준일 후 3개월로 한다) 이내의 기간중 최대주주등이 보유하는 주식등이 전부 매각된 경우(제49조 제 1 항 제 1 호의 규정에 적합한 경우에 한한다)

3호 내지 9호: 생략

위 규정에 의한 최대주주 등이 보유하는 주식 등의 지분을 계산함에 있어서는 평가기준일부터 소급하여 1년 이내에 양도하거나 증여한 주식 등을 최대주주등이 보유하는 주식 등에 합산하여 이를 계산한다(영 53조 5항).

㈏ **규정의 해석** 법은 유가증권 등의 평가에 관하여 크게, 1. 주식 2. 그 밖의 유가증권으로 나누고, 주식은 다시 1. 상장주식과 2. 비상장주식으로 나누어 규정하고 있다. 주식의 평가와 관련하여서는 특수한 상황 아래 있는 주식과 최대주주 보유분에 대해 특칙을 두고 있다.

이 중 가장 문제가 많이 되는 것이 비상장주식 평가에 관한 것이다. 상장주식을 비롯한 나머지 유가증권은 법정평가방법 = 시가의 등식이 성립하는데 반하여 비상장주식은 법정평가방법과 고유의 의미의 시가(거래가격)가 대립하고 원칙적으로 감정평가가격도 시가로 인정하지 않고 있기 때문이다. 아래에서 상장주식의 평가와 관련된 몇 가지 사안에 관하여 살펴본다.

양도소득의 부당행위계산부인 대상 여부를 판단함에 있어 양도하는 상장주식의 시가는 특별한 사정이 없는 한 상증세법상 평가방법에 따라 산정한 양도일 이전·이후 각 2월간에 공표된 매일의 한국증권거래소 최종시세가액의 평균액이고, 양도주식이 최대주주 또는 최대출자자 및 그와 특수관계에 있는 주주 또는 출자자 등이 보유하는 상장주식인 경우 그 시가는 위 평균액에 최대주주 할증률을 가산한 금액이다(판 2011. 1. 13, 2008두4770). 법 제63조 제 1 항 제 1 호 가.목에서 정한 '증자·합병 등의 사유'에는 주식 분할도 포함된다(판 2015. 12. 10, 2015두41531).

평가기준일 이후 주주배정 방식의 유상증자와 권리락이 있는 경우 권리락일을 시행령 제52조의2 제 2 항 제 2 호에서 정한 '증자사유가 발생한 날'로 보아 평가기

준일 이전 2개월이 되는 날부터 그 전날까지 기간을 상장주식의 평가기간으로 삼아야 하고, 평가기준일 이전에 주주배정 방식의 유상증자와 권리락이 있었으나 주주의 실권으로 실권주에 대하여만 다시 같은 조건으로 제 3 자 배정이 이루어진 경우 주주배정 방식의 유상증자에 따른 권리락일은 같은 항 제 1 호에서 정한 '증자사유가 발생한 날의 다음 날'로 보아 그때부터 평가기준일 이후 2개월이 되는 날까지 기간을 평가기간으로 삼아야 한다.

평가기간에 매매거래정지기간이 포함되어 있다면 원칙적으로 이를 제외하여야 하며, 평가기준일 이전 2개월이 되는 날부터 평가기준일까지 사이에 매매거래정지가 해제되는 경우 권리락 조치일인 매매거래정지 해제일을 평가시점으로 보아 그때부터 평가기준일 이후 2개월이 되는 날까지의 기간을 평가기간으로 삼아야 한다. 또한 평가기준일 이전에 시작된 매매거래정지가 평가기준일 후에 해제되고 그동안 유상증자와 증여가 순차로 이루어진 경우에도 특별한 사정이 없는 한 권리락 조치일인 매매거래정지 해제일을 평가시점으로 보아 그때부터 평가기준일 이후 2개월이 되는 날까지 기간을 평가기간으로 삼아야 하며, 이 경우 매매거래정지 해제일을 평가기준일로 삼을 것은 아니다(판 2016. 6. 9, 2013두23058).[1)]

상장주식의 증자 후 수증가액의 평가에 있어서 주식시장 폐장으로 증자 다음날부터 평가기준일인 증여일까지의 시세가액이 없는 경우, 평가기준일 전 일정 기간의 종가평균액이 아닌 증자 이후 첫 시세가액인 개장일 종가로 평가하여야 한다(판 2005. 1. 13, 2003두5358).

최대주주의 주식보유분을 판단함에 있어서 명의신탁주식은 적용대상에서 제외된다(영 53조 8항 8호).

(2) 비상장주식 및 출자지분

㈎ 비상장주식의 평가방법 일반론 이는 크게 ① 시장가치법, ② 본질가치법, ③ 상대가치법이 있다. 시장가치법은 불특정다수인 사이에서 정상적으로 거래되는 시장가격으로 평가하고, 본질가치법은 당해 기업의 자산가치 또는 수익가치를 기준으로 평가하며, 상대가치법은 유사 상장기업의 주식을 기준으로 평가한다.

이 중 시장가치법은 시장가치를 적정하게 반영할 수 있으나 거래사례가 드물고, 본질가치법은 수익가치를 산정하기 위해 장래의 수익, 할인율 등을 추정할 때 평가자의 주관이 개입되어 가치가 왜곡될 우려가 있으며, 상대가치는 시장가치를 반영할 수 있으나 유사상장기업을 찾기 어려운 경우가 많다.

1) 판결에 대한 평석은, 허 원, "2016년 상속세및증여세법 판례회고", 조세법연구 23-1, 343면.

상증세법의 평가방법 중 본래 의미의 시가에 의한 평가는 시장가치법, 보충적 평가방법에 의한 평가는 본질가치법, 유사업종 비교평가는 상대가치법에 각 대응하므로 상증세법은 형식적으로는 이들 방법을 모두 수용하고 있다. 그러나 비상장주식의 시가를 알 수 없거나 유사상장법인을 찾기 어려운 경우가 많아 대부분 본질가치법에 해당하는 보충적 평가방법이 적용된다.

기업회계기준은 금융상품을 공정가치, 즉 시가로 측정하나(기업회계기준 6.12), 활성시장이 없는 비상장주식의 경우 평가기법을 사용하여 공정가치를 결정한다. 그 평가기법은 독립된 당사자 사이의 최근거래를 사용하는 방법, 실질적으로 동일한 다른 금융상품의 현행 공정가치를 참조하는 방법, 현금흐름할인방법과 옵션가격결정모형 등을 포함한다(기업회계기준 6.15).

본질가치법 중 순손익가치법은 해당 법인의 이익을 이용하여 주식가치를 평가하는 방법으로서 여기에는 미래의 이익을 기준으로 하는 방법과 과거의 이익을 기준으로 하는 방법이 있다.

이 중 순손익가치법은 이익을 통해 주식가치를 측정함으로써 법인의 본질에 부합하나 이익이 발생하지 않으면 적용할 수 없고 이익 조정의 여지가 많으며 특정업종의 경우 이익과 시가가 일관된 관계를 나타내지 못하는 점 등이 단점으로 지적된다. 이에 비해 순자산가치법은 어느 정도 일관되게 시가를 반영하나 무형자산 가치를 제대로 반영하지 못하는 단점이 있다. 우리 법은 과거 이익을 기준으로 하는 순손익가치법과 순자산가치법을 3 : 2로 혼용하면서 가중비율을 조정하거나 다른 보충적 방법을 사용하도록 하는 예외를 규정하고 있다.

다른 국가의 경우를 보면, 미국과 영국은 국세청통칙 등에서 회사의 순가치, 장래의 예상수익력 등 비상장주식의 가치에 영향을 미치는 요소들을 고려하여 개별회사의 특성에 맞는 구체적 평가지침을 마련하고 있고, 일본은 재산평가기본통달에서 비상장주식의 평가 산식을 규정하고 있는데 회사규모에 따라 평가기준을 달리하고 유사업종비준가액과 순자산가치를 병용하면서 납세자에게 일부 선택권을 부여함으로써 평가기준의 획일화에 수반되는 경직성을 완화하고 있다.[1)]

1) 이중교, "세법상 비상장주식의 평가와 민형사상 책임의 관계", 조세법연구 20-3, 295면. 비상장주식의 평가에 관한 일반적인 논의를 다룬 것으로서, 민태욱, "조세법상 법인의 시가평가원칙과 쟁점", 조세법연구 15-2. 이우택, "조세공평주의에서 본 우리나라 주식평가 및 과세체계의 문제점과 해결방안", 조세법연구 12-2. 배원기, "상속세및증여세법 비상장주식 평가방법의 적정성", 박사학위논문(성균관대학교). 최봉길, "상속·증여세 과세목적상 비상장주식 평가의 문제점과 개선방안", 박사학위논문(건국대학교) 등. 보충적 평가방법의 적정성에 관한 실증적 연구문헌으로는, 박준석, "상속세및증여세법상 비상장주식 평가방법의 적정성에 관한 연구", 조세법연구 10-1 등.

⑷ **우리 상증세법의 비상장주식 평가체계:** 거래가격 > 법정 평가방법 ≠ 감정가액

법은 비상장주식 평가에 관해 별도의 평가산식(보충적 평가방법)을 규정하고 있으나, 이 경우에도 객관적 교환가치를 적정하게 반영한 매매실례가 있으면 그 가액을 시가로 본다(판 87. 1. 20, 86누318 등). 그런데 비상장주식은 대부분 거래시장 자체가 형성되어 있지 않은데다가 매매 실례도 적고 기업의 구체적 사정에 따라 개별성이 강하여 평가가 용이하지 않다. 판례도 거래가격을 엄격하게 인정한다. 예컨대 회사의 경영권을 지배하는 주식의 매매대금(판 82. 2. 23, 80누543; 85. 9. 24, 85누208)이나 유상증자 시 주식발행법인에 의하여 발행가액으로 결정된 액면가액(판 2007. 5. 17, 2006두8648) 등은 비상장주식의 시가로 인정하지 않는다.

비상장주식에 대한 보충적 평가방법은, 기업의 순손익가치와 순자산가치를 종합하여 평가하나, 보다 본질적인 순손익가치와 관련하여 미래가치는 고려하지 않는다. 미래가치를 고려할 수 있는 방법인 감정가액을 우리 법은 원칙적으로 간주시가에서 제외하고 있는데(영 49조 1항 2호 본문 괄호), 이는 감정평가방법에 따라 서로 다른 감정가액이 산출되어 공정성을 담보하기 어렵기 때문이다(판 2011. 5. 13, 2008두1849 참조). 다만 비상장주식의 감정가액이 객관적인 공정성을 담보한다면 본래 의미의 시가로 볼 여지는 있다.[1)]

이와 같이 원칙적으로 감정가액을 비상장주식의 평가방법에서 제외함에 따라 평가의 획일성은 유지되는 반면 그 경직성으로 인하여 여러 가지 문제를 낳고 있다. 상증세법상 보충적 평가방법에 의하여 평가하였다는 것만으로 이사의 민형사상 책임이 면제되지 않는다고 보는 것이 그 대표적인 것이다.[2)]

무의결권주 등 종류주식에 관하여도 별도 규정이 없어 법에 규정된 보충적 평가방법이 그대로 적용되는데 이 경우 역시 적정평가의 측면에서 문제가 있다.[3)]

최대주주 등의 주식에 대한 할증평가는 비상장주식에도 적용되며, 이는 보충적 평가방법뿐 아니라 시가(거래가격)에 의한 경우에도 동일하다(법 63조 3항).

법인의 자기주식은 소각목적으로 보유하는 것과 일시 보유 후 처분할 목적으로 보유하는 것을 구분하여, 전자는 자본에서 차감하고 주식 1주당 가치를 산정할 때 총발행주식수에 포함되지 않으나, 후자는 자산으로 보아 시행령 제55조 제 1 항

1) 같은 취지, 강석규, “비상장주식의 감정가액이 상속세및증여세법 제60조 제 2 항의 시가에 해당하는지 여부”, 판례해설 제87호(2011), 872면.

2) 판 2005. 10. 28, 2003다69638. 서울남부지판 2006. 8. 17, 2003가합1176(이상, 민사상 손해배상 책임), 판 2008. 5. 29, 2005도4640, 2008. 5. 15, 2005도7911, 판 2013. 9. 26, 2013도5214(이상, 형사상 업무상배임). 위 각 판결에 대한 분석은 이중교, 앞의 논문, 315면 이하 참조.

3) 관련 논의는, 김범준, “비상장 종류주식의 세법상 평가에 관한 입법 방안”, 조세법연구 29-2, 275면.

을 적용하여 주식 1주당 가치를 산정함에 있어서 총발행주식수에 포함한다(상증, 서일 46014-10200, 2001. 9. 19., 재삼46014-877, 1999. 5. 10.).

㈐ 상증세법상 보충적 평가방법에 대한 검토

1) 과거손익 가중평균방법(순손익가치) + 순자산가치에 의한 평가 법 제63조 제 1 항 가목 외의 비상장주식은, 1주당 최근 3년간의 순손익액의 가중평균액을 3년 만기회사채의 유통수익률을 고려하여 기획재정부령으로 정하여 고시하는 이자율(순손익가치환원율)로 나누어 계산한 1주당 순손익가치와 1주당 순자산가치를 각각 3과 2의 비율[부동산과다보유법인(소득세법 94조 1항 4호 다목에 해당하는 법인)[1]의 경우에는 1주당 순손익가치와 순자산가치의 비율을 각각 2와 3으로 한다]로 가중평균한 가액으로 한다. 다만 그 가중평균한 가액이 1주당 순자산가치에 80/100을 곱한 금액 보다 낮은 경우에는 1주당 순자산가치에 80/100을 곱한 금액을 비상장주식등의 가액으로 한다(법 63조 1항 나목).

이중 순손익가치는 기업이 청산되지 않은 채 영리활동을 계속 수행하는 경우의 수익가치를 말하고, 순자산가치는 평가기준일에 해당 기업을 청산한다고 가정할 경우의 잔여재산의 가치를 뜻한다.

1주당 순손익가치는 1주당 최근 3년간의 손손익액의 가중평균액을 3년 만기 회사채의 유통수익률을 감안하여 기획재정부령으로 정하는 이자율로 나누어 산정하고, 1주당 순자산가치는 당해 법인의 순자산가액을 발행주식총수로 나누어 산정하며, 이들 가치를 3 : 2의 비율로 가중평가한다(영 54조 1항, 2항. 다만 법인세법시행령 74조 1항 1호 마목 소정의 취득가액에 의하는 예외 있음: 영 54조 3항 참조).

위 산식의 '순손익액'의 산정에 관하여는 같은 조 제 4 항 참조.

비용은 상속개시일 전 최근 3년간 각 사업연도 소득금액 계산에서 익금 및 손금계정에 계상된 것이어야 하며(판 86. 8. 9, 86누191), 당해 사업연도 말 퇴직급여추계액 기준 퇴직급여충당금 과소계상액도 차감한다(판 2011. 6. 10, 2009두23570). 구조특법(2005. 12. 31. 개정 전의 것) 제 4 조 및 제 9 조의 준비금 환입액을 각 사업연도 소득에 가산하여 1주당 순손익가치 산정의 기초가 되는 '순손익액'을 산정하는 것은 허용되지 않는다(판 2013. 11. 14, 2011두22280).[2] 상속이 개시된 사업연도에 거액

1) 부동산과다보유법인 해당여부에 관하여, 토지를 임차하여 골프장업을 영위하는 법인이 재무상태표에 계상한 코스조성비 및 구축물가액(급배수시설, 야간조명시설, 옥외전기시설 등) 등은 소득세법 제94조 제 1 항 제 1 호 및 제 2 호의 가액에 해당한다. 서면-2021-자본거래-0970, 2021. 7. 26.

2) 판결에 대한 평석은, 정순찬, "비상장주식의 순손익가치를 평가할 때 각 사업연도 소득에 가감하는 준비금의 범위", 조세법의 쟁점 Ⅲ, 229면.

의 손실이 발생하였더라도 위 규정에 따라 그 이전 3개연도 순손익만을 고려하여 비상장주식을 평가한 것을 위법하다고 할 수 없다(판 2011. 7. 14, 2008두4275).

시행령 제54조 제 2 항의 '순자산가액'은 평가기준일 현재 당해 법인의 자산을 법 제60조 내지 제66조에 따라 평가한 가액에서 부채를 차감한 가액으로 하며, 순자산가액이 0원 이하인 경우에는 0원으로 한다. 이 경우 당해 법인의 자산을 법 제60조 제 3 항 및 법 제66조에 따라 평가한 가액이 장부가액(취득가액에서 감가상각비를 차감한 가액)보다 적은 경우에는 장부가액으로 하되, 장부가액보다 적은 정당한 사유가 있는 경우에는 그러하지 아니하다(영 55조 1항).

규정의 적용에 있어서 기획재정부령이 정하는 무형고정자산·준비금·충당금 등 그 밖의 자산 및 부채의 평가와 관련된 금액은 자산과 부채의 가액에서 각각 차감하거나 가산하고(동 2항), 제59조 제 2 항에 따른 영업권평가액은 당해 법인의 자산가액에 이를 합산한다(다만 54조 4항에 따라 평가하는 경우는 제외한다)(동 3항).

'순자산가액'을 계산함에 있어서 법인자산에의 포함여부는 실질에 의하므로 법인이 대차대조표상 자산으로 계상하더라도 형식적이거나(판 95. 6. 10, 95누5301), 평가기준일 현재 회수불가능한 채권은 법인의 자산에서 제외되나, 회수가능한 채권이면 채권액이 구체적으로 확정되지 않더라도 포함된다(판 2006. 7. 13, 2004두6211). 회수불가능한 사정에 대한 입증책임은 납세의무자에게 있다(판 95. 3. 14, 94누9719).

가장납입의 경우 회사가 당해 주주에게 가장납입금을 무상대여한 것으로 보므로 회수채권도 순자산가액에 포함된다(판 2007. 8. 23, 2005두5574). 회사가 보유중인 제품은 최종투입원가인 장부가액으로 평가하는 것이 허용되며(판 97. 2. 11, 96누2392), 부동산은 소급감정가액으로 순자산가액을 산정할 수 있다(판 2006. 9. 22, 2004두4727). 임대사업자의 임대주택 토지를 분양전환할 경우 법에서 정한 공공건설임대주택 매각가격 산정기준상의 택지비를 초과할 수 없다면 그보다 높은 개별공시지가를 기준으로 토지가액을 산정할 수 없다(판 2009. 1. 30, 2006두14049).

시행령 제54조 제 1 항의 '1주당 최근 3년간 순손익액의 가중평균액'은 다음 산식에 따른다. 이 경우 그 가액이 음수인 경우에는 영으로 한다(영 56조 1항).

> 1주당 최근 3년간의 순손익액의 가중평균액 = {(평가기준일 이전 1년이 되는 사업연도의 1주당 순손익액 × 3) + (평가기준일 이전 2년이 되는 사업연도의 1주당 손손익액 × 2) + (평가기준일 이전 3년이 되는 사업연도의 1주당 순손익액 × 1)} ÷ 6

시행령 제56조 제 1 항을 적용할 때, 각 사업연도 주식 수는 각 사업연도 종료일 현재의 발행주식총수에 의한다. 다만 평가기준일이 속하는 사업연도 전 3년 이내에 증자 또는 감자를 한 사실이 있는 경우에는 증자 또는 감자 전 각 사업연도 종료일 현재의 발행주식총수는 기획재정부령이 정하는 바에 의한다(영 56조 3항).

2) 추정이익방법(순손익가치) + 순자산가치에 의한 평가 비상장주식에 대한 평가는 위 평가방법을 원칙으로 하되, 다만 1. 일시적이고 우발적인 사건으로 해당 법인의 최근 3년간 순손익액이 증가하는 등 기획재정부령으로 정하는 경우에 해당할 것, 2. 법 제67조 및 제68조에 따른 상속세 과세표준 신고기한 및 증여세 과세표준 신고기한까지 1주당 추정이익의 평균가액을 신고할 것, 3. 1주당 추정이익의 산정기준일과 평가서작성일이 해당 과세표준 신고기한 이내일 것, 4. 1주당 추정이익의 산정기준일과 상속개시일 또는 증여일이 같은 연도에 속할 것 등 네 가지 요건을 갖추면, 위 “1주당 최근 3년간의 순손익액의 가중평균액”을 기획재정부령으로 정하는 신용평가전문기관, 공인회계사법에 따른 회계법인 또는 세무사법에 따른 세무법인 중 둘 이상의 신용평가전문기관, 공인회계사법에 따른 회계법인 또는 세무사법에 따른 세무법인이 기획재정부령이 정하는 기준에 따라 산출한 1주당 추정이익의 평균가액으로 할 수 있다(영 56조 2항).

이를 ‘추정이익 방법’이라고 부르며 비상장주식의 평가방법으로 원칙적으로 감정가액을 인정하지 않고 있는 상증세법의 예외규정이라 할 수 있다.

시행규칙 제17조의3 제 1 항은 각호로서 위와 같이 최근 3년간 순손익액을 산정할 수 없거나 최근 3년간 순손익액이 비정상적이어서 이를 기초로 1주당 순손익가치를 산정하는 것이 불합리하다고 보이는 사유들을 규정하고 있다.

판례는 이들 사유가 있다면 구 시행령(2004. 12. 31. 개정 전의 것) 제56조 제 1 항 제 1 호 가액을 기초로 1주당 순손익가치를 산정할 수 없고, 이는 시행령 제56조 제 1 항 제 2 호(현행 56조 2항)의 가액인 ‘1주당 추정이익의 평균가액’이 산정되지 않거나 제 2 호 괄호규정(현행 56조 2항 2호)의 요건을 갖추지 못함으로써 이를 기초로 1주당 순손익가치를 산정할 수 없더라도 마찬가지로 보았다.

나아가 시행령 제54조 제 1 항은 제56조 제 1 항 제 1 호(현행 56조 1항)의 가액을 기초로 1주당 순손익가치를 산정하는 경우 최근 3년간 순손익액을 반영하도록 하고 있으므로, 최근 3년 미만의 순손익액을 바탕으로 1주당 순손익가치를 산정하고 여기에 순자산가치를 혼합하는 방법으로 평가하는 것은 그것이 객관적이고 합리적이라는 특별한 사정이 없는 한 위법하며 이 경우 순자산가치만으로 평가하도록 한 시행령 제54조 제 4 항등 법상 보충적 평가방법 중 객관적이고 합리적인 방법을 준용하여 평가할 수 있다고 보았다(판 2012. 4. 26, 2010두26988; 2008. 12. 11, 2006

두16434 등). 법이 규정한 추정이익 적용사유(영 56조 2항 1호)와 적용요건(같은 항 2호 내지 4호) 중 추정이익 적용요건을 갖추지 못하면 가중평균방법을 적용할 수 없다고 본 것이다. 이 경우에는 구체적 사정에 따라 순자산가치만으로 평가하거나(위 2010두26988 판결), 평가기간에 해당하는 3개연도 중 특정연도에 우발적 특별손익이 발생한 경우 이를 공제한 정상적 경상이익만으로 평가하는 등의 방법을 사용할 수밖에 없다.[1]

입법론으로는 향후 적절한 감정평가방법을 좀 더 확보하고 추정이익 적용사유도 현재의 열거적 형태를 예시적 형태로 바꾸어 보다 유연성 있게 대처하는 것이 바람직하다.[2] 추정이익 적용요건도 평가의 적정성에 영향을 미치는 사유(위 3호, 4호)와 평가의 적정성에 영향을 미치지 않는 사유(위 2호)로 나눌 수 있는데 후자의 경우 요건을 갖추지 못하였더라도 추정이익 적용방법을 긍정함이 옳을 것이다.[3]

시행규칙 제17조의3 제 1 항 제 3 호는, 평가기준일로부터 최근 3년간 이내에 합병이 있는 경우를 추정이익 방법의 적용사유로 규정하고 있는데, 완전모회사인 비상장회사가 자회사를 청산하여 모든 자산·부채를 그대로 승계한 경우 합병에 준하여 위 조항의 적용대상에 해당된다(판 2017. 2. 3, 2014두14228).

3) 순자산가치만에 의한 평가 다음 각 호의 어느 하나에 해당하는 경우에는 제 1 항에도 불구하고 제 2 항에 따른 순자산가치에 따른다(영 54조 4항).

1. 법 제67조 및 법 제68조에 따른 상속세 및 증여세 과세표준신고기한 이내에 평가대상 법인의 청산절차가 진행 중이거나 사업자의 사망 등으로 인하여 사업의 계속이 곤란하다고 인정되는 법인의 주식등 2. 사업개시 전의 법인, 사업개시 후 3년 미만의 법인 또는 휴업·폐업 중인 법인의 주식등. 이 경우 법인세법 제46조의3, 제46조의5 및 제47조의 요건을 갖춘 적격분할 또는 적격물적분할로 신설된 법인의 사업기간은 분할 전 동일 사업부분의 사업개시일부터 기산한다. 3호 내지 6호: 생략

4) 기업공개중인 주식의 평가 평가기준일 현재 유가증권신고 직전 6개월(증여세가 부과되는 주식 등의 경우에는 3개월)부터 한국거래소에 최초로 주식 등을 상장하기 전까지 기간 동안에 금융위원회에 유가증권 신고를 한 법인의 주식 등은 자본시장법에 따라 금융위원회가 정하는 기준에 따라 결정된 공모가격과 법정평가방법에 의한 가액 중 큰 가액으로 한다(영 57조).

1) 판 2013. 5. 24, 2013두2853(서울고판 2012. 12. 27, 2012누12268의 심리불속행 판결임). 심사상속 2006-0001. 2009. 1. 30; 조심2013서0893. 2013. 7. 10.

2) 관련 논의는, 김범준, “추정이익에 의한 비상장주식 평가의 몇 가지 문제점과 해결 방안”, 조세법연구 22-2, 313면 이하 참조.

3) 관련 논의는, 김범준, 위 논문 333면.

5) 유사업종 비교평가 보충적 평가방법의 획일성에 대한 개선책의 일환으로 마련된 것이 유사업종 비교평가제도이다. 납세자는 비상장중소기업 평가에 있어서 자산, 매출규모, 사업의 영위기간 등을 감안하여 동종의 업종을 영위하고 있는 유사상장법인의 주식가액과 비교할 때 보충적 평가방법에 의한 평가액이 불합리한 경우 평가심의위원회에 비상장주식의 평가를 신청할 수 있다(영 49조의2).

평가신청에 관하여는 시행령 제54조 제 6 항 참조.

상장주식과 비상장주식 평가방법의 내용을 도표로 살펴보면 다음과 같다.

주식평가비교표

	상장주식	비상장주식
평가의 원칙	법정평가방법=시가 〈법 63조 1항 1호 가목, 60조 1항 후문〉	거래가격(시가) > 법정평가방법 〈법 63조 1항 1호 나목, 60조 1항 전문〉
법정 평가 방법 (원칙)	평가기준일 이전·이후 각 2개월 동안 공표된 매일의 거래소 최종시세가액의 평균액 〈법 63조 1항 1호 가목〉 * 위 평가기간 내 증자·합병 사유발생시 및 합병으로 인한 이익 계산 시 산정 특례 있음.	발행주식 1주당 순손익가치와 순자산가치를 3 : 2의 비율로 가중평균한 가액(가중평균액이 1주당 순자산가치에 80/100을 곱한 금액보다 낮거나 청산절차 진행 중인 경우 등 일정한 예외의 경우에는 순자산가치액) 〈영 54조 1항, 2항, 4항〉
예외 1	평가기준일 전후 2개월 이내에 매매거래 정지나 관리종목지정 기간이 포함된 주식은 제외 〈법 63조 1항 1호 가목 본문, 영 52조의2 제 3 항〉	일정한 예외사유가 있는 경우: 추정이익방법에 의해 손익가치 산정 〈영 56조 2항〉
예외 2	증자로 취득한 주식으로서 상장 전 주식: 보충적 평가가액에서 법정 배당차액을 뺀 가액 〈법 63조 2항 3호〉	상장 준비기간 중에 발행된 주식: 자본시장법에 따른 공모가격과 보충적 평가가액 중 큰 금액 〈법 63조 2항 1, 2호〉
예외 3	최대주주 보유주식 할증적용 (중소기업, 중견기업 및 결손법인 주식과 명의신탁 증여의제 주식 등 영 제53조 제 8 항 제 1 호 내지 9호의 경우 적용제외) 〈법 63조 3항, 영 53조 4 내지 8항〉	상장주식과 같음.
예외 4		유사업종 비교평가 〈영 54조 6항〉

(3) 국·공채 등 그 밖의 유가증권(법 63조 1항 2호, 영 58조, 58조의2).

국·공채 등 그 밖의 유가증권 중 한국거래소에서 거래되는 국채와 전환사채 등(평가기준일 이전 2개월의 기간 중 거래실적이 없는 것은 별도의 평가방법에 의한다)은 법 제63조 제 1 항 제 1 호 가목 본문을 준용하여 평가한 가액과 평가기준일 이전 최근일의 최종시세가액 중 큰 가액에 의한다(영 58조 1항 1호, 58조의2 1항).

법은 그 이외의 국채(영 58조 1항 2호)와 대부금·외상매출금 및 받을 어음 등(동 2항), 집합투자증권(동 3항), 한국거래소에서 거래되는 전환사채 이외의 전환사채와 신주인수권증서(영 58조의2 2항) 등에 관하여 별도의 평가방법을 규정하고 있다. 근래 파생상품을 이용한 여러 가지 금융상품이 많이 개발되어 활용되고 있는데 이에 관한 구체적인 평가기준이 마련되지 않아 보완이 필요한 상황이다.[1)]

금전채권의 실질가치를 담보하기 어려운 사정이 있는 경우 액면금액으로 평가할 수 없고, 다른 객관적이고 합리적 방법에 의해 평가하여야 한다.[2)]

라. 국외재산 및 외화자산·부채의 평가

외국에 있는 상속 또는 증여재산으로서 법 제60조 내지 법 제65조의 규정을 적용하는 것이 부적당한 경우에는 당해 재산이 소재하는 국가에서 양도소득세·상속세 또는 증여세 등의 부과목적으로 평가한 가액을 평가액으로 하고(영 58조의3 1항), 그 평가액이 없는 경우에는 세무서장 등이 둘 이상의 국내 또는 외국의 감정기관(주식등에 대한 평가의 경우에는 기획재정부령으로 정하는 신용평가전문기관, 공인회계사법에 따른 회계법인 또는 세무사법에 따른 세무법인을 포함한다)에 의뢰하여 감정한 가액을 참작하여 평가한 가액을 평가액으로 한다(동 2항).

위 적용요건은 과세관청이 입증하여야 한다(판 2020. 12. 30, 2017두62716).

외화자산 및 부채는 평가기준일 현재 외국환거래법 제 5 조 제 1 항에 따른 기준환율 또는 재정환율에 따라 환산한 가액을 기준으로 평가한다(영 58조의4).

마. 무체재산권의 평가

재산의 취득 가액에서 취득한 날부터 평가기준일까지의 법인세법상의 감가상각비를 뺀 금액과 장래의 경제적 이익 등을 고려하여 대통령령으로 정하는 방법으

---

1) 관련 논의는, 문성훈·임동원, "상속세 및 증여세법상 신종금융상품 평가규정의 문제점 및 개선방안", 조세법연구 25-3, 485면.
2) 판 2014. 8. 28, 2013두26989. 평석은, 백제흠, 세법의 논점, 223면.

로 평가한 금액 중 큰 금액으로 한다(법 64조, 영 59조, 기본통칙 64-59…1).

행정해석은 기업집단 내 상표 사용료의 평가 방법과 관련하여 계열회사간 내부거래 매출액을 배제하고 평가하여야 한다고 보고 있으나(조심 2018. 5. 16, 2017부1171 등), 이에 대해 학설은 비판적이다.[1)]

영업장이 2 이상인 경우 각 영업권을 개별적으로 평가하며 부수로 산정되는 영업권 가액은 제외한다(판 2002. 4. 12, 2000두7766). 즉시연금보험의 보험계약상 지위는 보험계약상 여러 권리 가액 중 가장 높은 것을 기준으로 평가한다.[2)]

바. 그 밖의 조건부 권리 등의 평가: 법 제65조 제 1 항

(1) 조건부 권리 등(법 65조 1항; 영 60조) 법은 '본래의 가액을 기초로 평가기준일 현재의 조건내용을 구성하는 사실, 조건성취의 확실성, 기타 제반사정을 감안한 적정가액'으로 평가하도록 규정하고 있으나 현실적으로 그와 같은 적정가액을 산정한다는 것은 매우 어렵다. 이러한 점을 감안하여 판례는 조건부권리가 평가기준시점 이후에 확정된 경우 그 가액으로 평가하는 것을 허용하고 있다. 예컨대 소송중인 권리에 관하여 판결 등을 통해 권리의 내용과 범위가 확정되면 이를 기초로 가액을 평가한다(판 2005. 5. 26, 2003두6153). 또한 일정한 경우 조건을 고려하지 않고 산정하기도 한다. 예컨대 어느 주식이 1년 동안 증권예탁원에 예치되어 처분이 제한된 경우 그와 같은 처분제한의 조건을 무시한 채 평가하는 것을 허용한다(판 2017. 5. 17, 2014두14976). 상속세신고 당시 양도소득세 부과처분 취소소송을 제기하였더라도 환급청구권을 상속재산으로 신고하여야 한다.[3)]

(2) 신탁의 이익을 받을 권리(법 65조 1항; 영 61조) 신탁행위로 정한 바에 따라 신탁재산 원본의 수익자와 수익의 수익자가 동일한 경우(영 61조 1항 1호)와 다른 경우(동항 2호)로 나누어, 전자의 경우 평가기준일 현재 법에 따라 평가한 신탁재산의 가액으로 계산하고, 후자의 경우 수익을 받는 부분에 대해서는 장래 각 연도별로 받을 이익(평가기준일 현재 신탁재산의 수익에 대한 수익률이 확정되지 않은

1) 관련 논의는, 배효정, "기업집단 내 상표 사용료의 시가 산정과 관련한 법인세법상 문제", 조세법연구 25-3, 583면.

2) 판 2016. 9. 28, 2015두53046. 원심은 납입한 보험료 상당액을 보험계약상 권리 또는 지위의 시가로 보았다. 관련 평석은 심규찬, 조세판례백선 3, 481면.

3) 판 2006. 8. 24, 2004두3625. 판결은 이 경우 미신고에 정당한 사유가 없으므로 납세의무자는 신고, 납부불성실가산세를 부담한다고 보았으나 타당성은 의문이다. 일본 판례도 동일하게 쟁송 중에 피상속인이 사망한 사안에서 후에 상속인이 승소하여 받은 환급금 내지 환급청구권이 상속재산을 구성한다고 보았으나 이 경우 상속인은 해당 상속세에 관한 신고, 납부 불성실 가산세납부의무는 부담하지 않는다고 보았다. 일최판 평성 22. 10. 15. 평석은 일본 판례백선 196면.

경우 원본 가액의 3%. 규칙 19조의2 2항)에서 소득세 등 원천징수세액 상당액을 공제한 후 이를 각각 평가기준일 당시의 현재가치로 할인(3%. 규칙 19조의2 1항)한 금액의 합계액으로 계산하며, 원본을 받는 부분에 대해서는 평가기준일 현재 법에 따라 평가한 신탁재산의 가액에서 위 수익의 합계액을 뺀 금액으로 계산한다. 다만 평가기준일 현재 신탁계약의 해지 등으로 받을 수 있는 일시금이 위 각 구분에 따라 평가한 가액보다 큰 경우에는 그 일시금의 가액으로 한다(영 61조 각호 외 단서).

근래 들어 많이 문제가 되는 것이 신탁법상 유언대용신탁이다. 이는 계약자가 생전에 금융사와 신탁계약을 통해 예금, 부동산등을 맡겨 그 운용수익을 지급 받고 사후에는 고인의 뜻에 따라 상속을 집행하는 형태의 신탁이다. 위탁자는 수인의 수익자가 순차적으로 연속하는 형태의 신탁을 설정할 수 있으므로(신탁법 60조), 유언대용신탁에 의해 미리 위탁자 사망 후 수익자를 연속해서 지정할 수 있다. 이 경우 평생 처분을 할 수 없거나 사망 시 자신이 상속인을 지정할 수 없는 신탁상의 제약이 존재하나, 수익적 측면에서 평생 사용수익할 수 있는 지위에 있고, 미리 지정권을 행사한 것으로 볼 수 있으므로 이러한 제약을 평가요소에서 배제하고 신탁재산 자체를 시가로 평가하여 상속세를 과세하는 것이 가능하다고 볼 것이다.

(3) 정기금을 받을 권리 유기정기금의 경우에는 각 연도에 받을 정기금액에 대하여 기획재정부령이 정하는 이자율을 적용하여 계산한 현가의 합계액, 무기정기금의 경우에는 1년분 정기금액의 20배에 상당하는 금액, 종신정기금의 경우에는 수령자의 기대여명을 감안하여 각 연도별로 법정 산식에 따라 산정한 현가의 합계액으로 하되, 평가기준일 현재 계약의 철회, 해지, 취소 등을 통해 받을 수 있는 일시금이 위 각 금액보다 큰 경우에는 그 금액으로 한다(법 65조 1항; 영 62조). 기한부 금전채권 등도 원칙적으로 위 평가방법을 준용할 수 있을 것이다.

(4) 가상자산 「특정 금융거래정보의 보고 및 이용 등에 관한 법률」 제 2 조 제 3 호에 따른 가상자산은 해당 자산의 거래규모 및 거래방식 등을 고려하여 대통령령으로 정하는 방법으로 평가한다(법 65조 2항, 영 60조 2항).

사. 담보로 제공된 재산

「다음 각 호의 어느 하나에 해당하는 재산은 제60조에도 불구하고 그 재산이 담보하는 채권액 등을 기준으로 대통령령으로 정하는 바에 따라 평가한 가액과 제60조에 따라 평가한 가액 중 큰 금액을 그 재산의 가액으로 한다」(법 66조).

1. 저당권, 「동산·채권 등의 담보에 관한 법률」에 따른 담보권 또는 질권이 설정된

재산 2. 양도담보재산 3. 전세권이 등기된 재산(임대보증금을 받고 임대한 재산을 포함한다) 4. 위탁자의 채무이행을 담보할 목적으로 대통령령으로 정하는 신탁계약을 체결한 재산

“대통령령으로 정하는 바에 따라 평가한 가액”이란 다음 각 호의 어느 하나에 해당하는 금액을 말한다(영 63조 1항).

1. 저당권(공동저당권 및 근저당권을 제외한다)이 설정된 재산의 가액은 당해 재산이 담보하는 채권액 2. 공동저당권이 설정된 재산의 가액은 당해 재산이 담보하는 채권액을 공동저당된 재산의 평가기준일 현재의 가액으로 안분하여 계산한 가액

3. 근저당권이 설정된 재산의 가액은 평가기준일 현재 당해 재산이 담보하는 채권액

4. 질권이 설정된 재산 및 양도담보재산의 가액은 당해 재산이 담보하는 채권액

5. 전세권이 등기된 재산의 가액은 등기된 전세금(임대보증금을 받고 임대한 경우에는 임대보증금) 6. 법 제66조 제 4 호에 따른 신탁계약을 체결한 재산의 가액은 신탁계약 또는 수익증권에 따른 우선수익자인 채권자의 수익한도금액

당해 재산에 설정된 근저당권 채권최고액이 피담보채권액보다 적은 경우 채권최고액으로 하고, 당해 재산에 설정된 물적 담보 외에 신용보증기관의 보증이 있는 경우 그 보증금액을 차감하며, 동일한 재산이 다수 채권의 담보로 되어 있는 경우 담보채권액의 합계액으로 한다(영 63조 2항).

토지와 건물에 대한 임료의 총액은 알 수 있으나 임료가 구분되지 않는 경우 그 비율이 현저하게 불합리하지 않다면 토지와 건물의 기준시가로 안분 계산한다(판 97. 3. 14, 96누3517). 이는 공동근저당권이 설정된 부동산 평가에 있어서도 동일하다(판 2010. 9. 30, 2010두8751). 납세의무자는 상속재산의 실제가액이 피담보채권최고액보다 적다는 점을 입증하여 위 규정의 적용을 벗어날 수 있고(판 93. 3. 23, 91누2137), 이는 부동산임차권에 있어서도 마찬가지이다(판 97. 12. 26, 97누8366).

위 규정은 공평과세에 위배되는 측면이 있으므로 가능한 엄격하게 해석되어야 한다. 판례 역시 같은 부동산이라도 수증지분이 아닌 제 3 자 지분에 관해 담보권이 설정된 경우 위 규정을 적용할 수 없다고 보았다(판 93. 3. 23, 92누12070. 통칙 60-49…3은 반대취지임). 다만 하나의 부동산에 근저당권이 둘 이상 병존하는 경우 채권최고액을 합산평가할 수 있고(판 90. 5. 8, 90누1021; 통칙 66-63-3), 당해 재산에 관해 증여일 당일에 근저당권이 설정되었다면 다른 사정이 없는 한 위 조항의 ‘평가기준일 현재 당해 재산이 담보하는 채권액’에 해당된다(판 2013.6.13, 2013두1850).

부가가치세법

제 4 편

제 1 장
총 설

제 1 절 부가가치세의 기능과 특성

부가가치세(Value-Added Tax)는 재화나 용역이 생산·제공되거나 유통되는 모든 단계에서 창출된 부가가치를 과세표준으로 하여 과세하는 조세로서 최종소비자가 조세의 부담을 지는 일반소비세에 속한다.

부가가치세는 흐름의 조세이다. 소득세나 법인세가 당해 연도 말의 시점에서 본 소득의 크기 내지는 저량(貯量, stock)에 대하여 부과된다면, 부가가치세는 재화와 용역의 흐름을 따라 유량(流量, flow)에 대하여 유통단계마다 부과된다. 소득세가 일반적으로 재화나 용역을 소비할 수 있는 능력에 초점을 맞추는 반면 부가가치세는 소비되는 재화나 용역 그 자체에 주목한다. 그러나 매출금액이 아닌 각 단계에서 창출된 부가가치에 대하여만 과세되기 때문에 종전의 영업세와 같이 세금에 세금이 가산되는 조세의 누적효과가 없고 최종소매단계에서 단단계로 과세되는 매상세와 같은 효과를 지닌다.

부가가치세는 1919년 독일의 Wihelm von Siemens에 의해 제안되었으나 실제 제도로서 채택된 것은 프랑스가 기존의 여러 조세를 도매단계까지의 부가가치세로 대체 시행한 1955년에 이르러서이다. 그 후 1967년 4월에 구주공동체(EEC) 각료이사회의 결의에 따라 회원국 공통세로 채택된 것을 계기로 유럽과 세계 각국에 널리 전파되었으며, 현재는 미국을 제외한 대부분의 국가가 이를 시행하고 있다.

우리나라의 부가가치세 제도는 서유럽 제도를 본받아 1976. 12. 22. 법률 제2934호로 제정되어 1977. 7. 1.부터 시행되었으며 최근의 전자세금계산서 제도의 실시에 이르기까지 비교적 순조로운 발전을 이루어 온 것으로 평가된다.

부가가치세제는 자본재 매입세액을 부가가치의 파악에 있어 어떻게 처리하느냐에 따라 총생산형, 소득형, 소비형의 세 가지로 나뉘는데 우리 법은 부가가치의 계산을 일정기간 기업의 총매출액에서 다른 기업으로부터 구입한 중간재 및 자본재 매입액을 공제하여 과세하는 소비형 부가가치세제를 채택하고 있다. 기업의 총매출액에서 중간재 및 자본재 매입액을 공제한 부분은 결국 사업자의 이윤과 피용자에게 지급된 인건비 및 타인자본이 이용된 경우 채권자에게 지급된 지급이자의 합계액으로서 이것이 해당 사업자 단계에서 창출된 부가가치를 이룬다.

사업자의 당기순이익 = 매출액 - (매입액 + 인건비 + 지급이자)
창출된 부가가치 = 매출액 - 매입액 = 사업자의 당기순이익 + 인건비 + 지급이자

소비형 부가가치세제의 경우 모든 매입이 즉시 공제되어 부가가치 계산이 단순하고, 자본재 취득가액이 전액 즉시 공제되기 때문에 투자를 자극하는 등의 장점이 있어 부가가치세제를 시행하고 있는 나라들은 예외 없이 소비형 부가가치세제를 채택하고 있다. 소득형 부가가치세제에 있어서는 투자액 전액이 아니라 감가상각 부분만을 매입세액으로 공제하는데 이는 곧 간접소득세의 성격을 띠게 된다.

과세방법으로는 당해 과세기간중의 매출액에 소정의 세율을 적용하여 계산한 세액에서 전단계매입액에 포함된 부가가치세액을 공제한 금액을 납부세액으로 하는 전단계세액공제방식을 채택하고 있다. 재화나 용역을 공급하는 사업자는 거래상대방으로부터 부가가치세(매출세액)를 징수하여 국가에 납부하고 전 단계에서 자신이 부담한 부가가치세(매입세액)는 국가로부터 환급받으므로 자신이 부담하는 세금은 없으며 매출세액은 궁극적으로 최종소비자에게 전가된다. 그러나 재화나 용역을 공급하는 사업자는 부가가치세 납세의무자로서 국가의 징수업무를 대신하는 지위에 있고, 납세의무의 이행과 관련하여 세금계산서 수수와 관련된 매입세액 불공제나 가산세 등 여러 가지 관리 및 준법비용을 부담한다. 현재 간이과세제도 등으로 인해 세금계산서를 교부하지 않는 과세자가 많고 영세율, 면세제도 등을 통해 탈세가 빈번하게 이루어지는 등 제도적으로 개선의 여지가 많은 분야이기도 하다. 간접세로서의 역진성도 자주 지적되는 문제점이며 이를 보완하기 위한 방안으로 개별소비세 제도가 함께 시행되고 있다.

부가가치세는 국민 대부분이 담세자이고, 2022년도 기준 내국세 수입의 약 21.2%(81.6조/384.2조)를 차지하여 재정수입의 기초가 되며, 과세기술상 부가가치세 과세가 소득세나 법인세, 지방세 과세로 연결되기 때문에 그 성실신고납부 여부는 국가의 세수 규모에 큰 영향을 끼친다. 나아가 부가가치세의 적정한 과징체계가 국민의 조세전반에 관한 납세의식에 직·간접으로 영향을 미치는 중요한 조세이다.

제 2 절 납세의무자

1. 사 업 자

부가가치세법 제 3 조 제 1 항은, 「다음 각 호의 어느 하나에 해당하는 자로서 개인, 법인(국가 · 지방자치단체와 지방자치단체 조합을 포함한다), 법인격이 없는 사단 · 재단 또는 그 밖의 단체는 이 법에 따라 부가가치세를 납부할 의무가 있다」고 하여 그 제 1 호로서 '사업자', 제 2 호로서 '재화를 수입하는 자'를 각 규정하고 있다.

"사업자"란 사업목적이 영리이든 비영리이든 관계없이 사업상 독립적으로 재화 또는 용역을 공급하는 자를 말한다(법 2조 3호). 사업의 종류는 제한이 없다(영 4조 참조). 화장품외판원(판 97. 12. 26, 96누19024), 인터넷사이트상에서 온라인 게임머니를 반복적으로 사고 파는 자(판 2012. 4. 13, 2011두30281) 등도 사업자에 해당된다. 시행규칙 제 2 조 제 2 항의 '건설업과 부동산업 중 재화를 공급하는 사업'의 범위에 관한 규정은 예시로 보아야 한다(판 2013. 2. 28, 2010두29192).

사업자는 과세사업자와 면세사업자로 구분된다. 과세사업자에는 일반과세자와 간이과세자가 있는데 각각 과세표준계산과 매입세액공제 방식 등에서 차이가 있다.

외국법인도 국내사업장을 가지고 국내에서 용역을 제공하는 경우 부가가치세 징수 · 납부의무를 부담한다(2016. 2. 18, 2014두13812). 국내사업장이 없는 외국법인의 경우 일정한 요건 아래 공급받는 자가 대리납부의무를 부담한다(법 52조 참조).

납세의무자의 확정은 외관이 아닌 거래 및 소득귀속의 실질에 의한다(판 2014. 5. 16, 2011두9935). 다만 거래를 과세대상으로 하는 소비세의 특성상 소득이 누구에게 귀속되는가보다는 사법상 계약의 효력이 누구에게 귀속되는가가 중요하다.[1] 이 점에서 다단계거래나 우회거래에 관하여 실질과세의 원칙을 규정한 국세기본법 제 14조 제 3 항의 적용태양이나 범위는 소득과세의 경우와 다르게 나타난다. 명의대여자(판 89. 9. 29, 89도1356)나 위장 사업자등록 명의자 등은 납세의무자가 될 수 없으며, 사업자가 역무 제공을 완료한 후 공급가액이 확정되지 않은 상태에서 다른 사업자에게 용역대금 채권을 양도하고 그 후 공급가액이 확정된 경우 납세의무자는 역무제공을 완료한 당초 사업자이다.[2]

---

1) 권형기, 박 훈, "부가가치세법상 실질과세원칙의 해석론에 관한 연구", 조세법연구 25-1, 33면.
2) 위 2014두13812 판결. 판결에 대한 평석은, 강성모, 조세판례백선 3, 385면.

국가나 지방자치단체에 대하여 법인세는 비과세되나 부가가치세는 과세된다. 이는 부가가치세가 종국적으로 다른 사업자나 소비자 부담으로 전가되는 것을 예정하고 있기 때문이다. 법은 이들을 면세사업자로 규정하고 있다(법 26조 1항 19호).

영국을 비롯한 유럽 국가들은 다수 법인으로 구성된 하나의 그룹을 단일 부가가치세 과세단위로 취급하는 연결부가가치세제(Group VAT)를 운영하고 있다. 이와 같은 세제에서는 그룹기업 사이의 거래가 독립거래로 취급되지 않아 그 단계에서 부가가치세 부담을 안지 않으므로 금융용역 등과 같은 면세용역의 경우 사업조직 형태로 인해 세 부담이 달라지지 않아 조세중립성을 확보할 수 있고, 사업자의 자금조달 편의도 제고할 수 있는 장점이 있다. 우리나라에서는 도입에 관한 논의만 있을 뿐 아직까지 시행되지는 않고 있다.

2. 재화의 수입자

소비세의 세수를 국제적으로 배분하는 원칙에는 생산지과세 원칙(origin principle)과 소비지과세 원칙(destination principle)이 있는데 오늘날 세계 각국은 예외 없이 소비지과세 원칙을 채택하고 있다. 재화나 용역이 소비되는 장소를 중심으로 과세여부를 결정한다는 점에서, 소득과세가 거주자를 중심으로 국내외의 모든 소득에 대하여 과세함을 원칙으로 하는 것(소법 3조 1항 참조)과 대비된다.

우리 법의 재화와 용역의 공급장소에 관한 규정(법 19조, 20조)도 소비지과세 원칙을 전제로 한다. 이에 따라 해외에서 생산되어 우리나라로 수입되는 재화도 부가가치세 부과대상이다. 다만 수입재화에 대한 부가가치세를 외국의 수출자에게 징수, 납부하게 하는 것은 현실적으로 어렵기 때문에 법은 재화를 수입하는 자에게 부가가치세 납부의무를 지우고 있다. 부가가치세 납세의무자의 두 번째 유형은 이러한 재화의 수입자이다(법 3조 2호). 재화의 수입자는 사업자에 국한되지 않는다.

3. 신탁관련 납세의무

가. 법의 규정

[제 3 조(납세의무자)] ② 제 1 항에도 불구하고 대통령령으로 정하는 신탁재산과 관련된 재화 또는 용역을 공급하는 때에는 신탁법 제 2 조에 따른 수탁자가 신탁재산별로 각각 별도의 납세의무자로서 부가가치세를 납부할 의무가 있다.

③ 제 1 항 및 제 2 항에도 불구하고 다음 각 호의 어느 하나에 해당하는 경우에는 신탁법 제 2 조에 따른 위탁자가 부가가치세를 납부할 의무가 있다(동 3항).

1. 신탁재산과 관련된 재화 또는 용역을 위탁자 명의로 공급하는 경우

2. 위탁자가 신탁재산을 실질적으로 지배·통제하는 경우로서 대통령령으로 정하는 경우 3. 그 밖에 신탁의 유형, 신탁설정의 내용, 수탁자의 임무 및 신탁사무 범위 등을 고려하여 대통령령으로 정하는 경우

④ 제 2 항에 따라 수탁자가 납세의무자가 되는 신탁재산에 둘 이상의 수탁자("공동수탁자")가 있는 경우 공동수탁자는 부가가치세를 연대하여 납부할 의무가 있다. 이 경우 공동수탁자 중 신탁사무를 주로 처리하는 수탁자("대표수탁자")가 부가가치세를 신고·납부하여야 한다.

[제 3 조의2(신탁 관련 제 2 차 납세의무 및 물적납세의무)] ① 제 3 조 제 2 항에 따라 수탁자가 납부하여야 하는 다음 각 호의 어느 하나에 해당하는 부가가치세 또는 강제징수비("부가가치세등")를 신탁재산으로 충당하여도 부족한 경우에는 그 신탁의 수익자(신탁법 제101조에 따라 신탁이 종료되어 신탁재산이 귀속되는 자를 포함한다)는 지급받은 수익과 귀속된 재산의 가액을 합한 금액을 한도로 하여 그 부족한 금액에 대하여 납부할 의무("제 2 차 납세의무")를 진다.

1. 신탁 설정일 이후에 국세기본법 제35조 제 2 항에 따른 법정기일이 도래하는 부가가치세로서 해당 신탁재산과 관련하여 발생한 것

2. 제 1 호의 금액에 대한 강제징수 과정에서 발생한 강제징수비

② 제 3 조 제 3 항에 따라 부가가치세를 납부하여야 하는 위탁자가 제 1 항 각 호의 어느 하나에 해당하는 부가가치세등을 체납한 경우로서 그 위탁자의 다른 재산에 대하여 강제징수를 하여도 징수할 금액에 미치지 못할 때에는 해당 신탁재산의 수탁자는 그 신탁재산으로써 이 법에 따라 위탁자의 부가가치세등을 납부할 의무("물적납세의무")가 있다.

나. 입법의 변천과정

신탁법상 신탁목적물을 처분한 경우, 판례는 당초 위탁자를 부가가치세 납세의무자로 보았다가,[1] 그 후 수탁자를 납세의무자로 보는 것으로 변경하였다.[2] 그런

---

1) 판 2008. 12. 24, 2006두8372 등. 그러나 타익신탁의 경우에는 수익자를 납세의무자로 보았다(판 2003. 4. 25, 99다59290; 2008. 12. 24, 2006두8372 등).

2) 판 2017. 5. 18, 2012두22485(전); 2023. 5. 18, 2018두33005. 판결에 대한 평석은, 이정란, 조세판례백선 3, 391면.

데 2018년 개정법은 여전히 위탁자를 납세의무자로 보면서 수탁자의 물적 납세의무에 관한 규정을 함께 두고(법 3조의2), 담보신탁에서 담보권실행에 따른 처분의 경우 수탁자가 재화를 공급하는 것으로 보는 예외를 두었다. 그러다가 2021년 개정법에서 원칙적으로 신탁재산별로 수탁자를 납세의무자로 규정하고, 신탁재산에 대한 실질적 지배·통제 권한이 위탁자에게 있는 경우 등 예외적인 경우에만 위탁자를 납세의무자로 보도록 체제를 정비하였다(법 3조 2항, 3항).[1] 아울러 수탁자 과세의 경우 수탁자가 납부하는 부가가치세 등을 신탁재산으로 충당하여도 부족한 경우 신탁의 수익자(신탁이 종료되어 신탁재산이 귀속되는 자 포함)가 지급받은 수익과 귀속된 재산의 가액을 합한 금액을 한도로 하여 부족한 금액에 대하여 제2차 납세의무를 부담하도록 하고, 위탁자 과세의 경우 기존과 마찬가지로 수탁자가 신탁재산을 한도로 물적납세의무를 부담하는 것으로 하였다(법 3조의2 1, 2항).[2]

부가가치세는 성격상 경제적 성과가 아닌 거래의 법률적 효과가 누구에게 귀속되는가에 따라 납세의무자를 정하는 것이 합리적이므로 신탁과 관련된 거래의 법률적 주체인 수탁자를 원칙적인 납세의무자로 하는 현재의 입법방향은 올바른 것으로 여겨진다. 이 경우 수탁자 또는 위탁자가 신탁사업을 수행함에 있어서 많은 경우 매입세액 환급이 매출세액 납부보다 선행함에 따라 징수의 어려움이 발생할 수 있는데 이에 대비하여 법은 수탁자에 대한 물적납세의무나 수익자에 대한 2차 납세의무 등의 제도적 장치를 마련하고 있다.

한편 신탁재산 자체를 처분한 경우와 달리, 신탁재산의 관리·운용을 위한 재화나 용역의 거래는 공급주체가 사업주체인 수탁자이므로 수탁자 과세가 당연한 것으로 여겨지나, 종전 거래 실무는 이 경우에도 특별히 양자를 구분하지 않았다. 수탁자 과세로 바뀐 개정 법 제3조(납세의무자)에서도 '신탁재산과 관련된 재화 또는 용역의 공급'으로 규정함에 따라, 규정의 문언상으로는 신탁재산 자체를 처분하는 경우와 신탁재산의 관리·운용을 위하여 재화나 용역을 거래하는 경우를 특별히 구분하지 않고 있다.

---

1) 다만 법 제3조 제2항에 따라 수탁자가 납세의무를 부담하는 경우 그 체납액에 대해서는 국세징수법 제31조에도 불구하고 해당 신탁재산에 대해서만 강제징수하도록 하는 특례규정이 있다(법 58조의2).

2) 개정규정은 2022. 1. 1. 시행되어 시행 후 공급분부터 적용하되, 그 전에 설정된 신탁에 대해서는, 1. 담보신탁에서 채무이행을 위하여 신탁재산을 처분하는 경우, 2. 재개발사업·재건축사업·가로주택정비사업·소규모재건축사업을 시행하는 과정에서 신탁재산을 처분하는 경우 수탁자를 개정법 제3조 제2항의 납세의무자로 보고, 그 외의 경우에는 위탁자를 개정법 제3조 제3항의 납세의무자로 본다(부칙 1조, 2조, 5조).

다. 제 2 차 납세의무 등에 대한 납부특례

(1) 규정 내용

[제52조의2(신탁 관련 제 2 차 납세의무에 대한 납부 특례)] ① 제 3 조 제 2 항에 따라 부가가치세를 납부하여야 하는 수탁자의 관할 세무서장은 제 3 조의2 제 1 항에 따른 제 2 차 납세의무자로부터 수탁자의 부가가치세등을 징수하려면 다음 각 호의 사항을 적은 납부고지서를 제 2 차 납세의무자에게 발급하여야 한다. 이 경우 수탁자의 관할 세무서장은 제 2 차 납세의무자의 관할 세무서장과 수탁자에게 그 사실을 통지하여야 한다.

1. 징수하려는 부가가치세등의 과세기간, 세액 및 그 산출 근거 2. 납부하여야 할 기한 및 납부장소 3. 제 2 차 납세의무자로부터 징수할 금액 및 그 산출 근거 4. 그 밖에 부가가치세등의 징수를 위하여 필요한 사항

② 제 3 조 제 3 항에 따라 부가가치세를 납부하여야 하는 위탁자의 관할 세무서장은 제 3 조의2 제 2 항에 따라 수탁자로부터 위탁자의 부가가치세등을 징수하려면 다음 각 호의 사항을 적은 납부고지서를 수탁자에게 발급하여야 한다. 이 경우 수탁자의 관할 세무서장과 위탁자에게 그 사실을 통지하여야 한다.

1. 부가가치세등의 과세기간, 세액 및 그 산출 근거 2. 납부하여야 할 기한 및 납부장소 3. 그 밖에 부가가치세등의 징수를 위하여 필요한 사항

③ 제 2 항에 따른 고지가 있은 후 납세의무자인 위탁자가 신탁의 이익을 받을 권리를 포기 또는 이전하거나 신탁재산을 양도하는 등의 경우에도 제 2 항에 따라 고지된 부분에 대한 납세의무에는 영향을 미치지 아니한다.

④ 신탁재산의 수탁자가 변경되는 경우에 새로운 수탁자는 제 2 항에 따라 이전의 수탁자에게 고지된 납세의무를 승계한다.

⑤ 제 2 항에 따른 납세의무자인 위탁자의 관할 세무서장은 최초의 수탁자에 대한 신탁 설정일을 기준으로 제 3 조의2 제 2 항에 따라 그 신탁재산에 대한 현재 수탁자에게 위탁자의 부가가치세등을 징수할 수 있다.

⑥ 신탁재산에 대하여 국세징수법에 따라 강제징수를 하는 경우 국세기본법 제35조 제 1 항에도 불구하고 수탁자는 신탁법 제48조 제 1 항에 따른 신탁재산의 보존 및 개량을 위하여 지출한 필요비 또는 유익비의 우선변제를 받을 권리가 있다.

⑦ 생략.

(2) 규정의 해석

부가가치세법 제 3 조 제 3 항에 따라 위탁자가 납세의무를 부담하는 경우에 관한 제 3 조의2 제 2 항의 수탁자의 물적 납세의무는 신탁설정일 이후에 법정기일이 도래하는 신탁재산과 관련하여 발생한 부가가치세 등에 관하여 본래의 납세의무자인 위탁자의 무자력을 요건으로 하여 성립한다. 이는 본래의 납세자가 납부해야 할 조세에 대해 제 3 자가 '특정한 재산'으로 납부책임을 지는 제도로서, 신탁재산의 범위 내에서 납부책임의 인적범위를 확장한 것이다. 납부통지서 도달일을 기준으로 신탁의 적극재산에서 소극재산(채무)을 공제한 범위 내에서 성립하고, 채무초과상태라면 물적납세의무를 부담할 신탁재산이 존재하지 않으므로 수탁자는 물적 납세의무를 부담하지 않는다(조심 2020중634, 2020. 12. 22.).

법 제52조의2 제 3 항은 조세채권자와의 관계에서 수탁재산에 대한 수탁자의 법적 지위를 물적 납세의무 납부통지시를 기준으로 삼는다는 취지로 이해된다.

수탁자에게 물적 납세의무에 관한 납부통지가 이루어진 후 수탁자가 물적 납세의무를 이행하지 않아 신탁재산에 대한 강제징수절차가 이루어지면 그 절차에서 조세의 우선순위에 따라 만족을 얻게 된다. 배당의 우선순위는 일반 조세채권과 동일하며(기본법 35조 참조), 담보물권과의 우선순위는 법정기일과 담보물권 성립일의 선후에 의한다(기본법 35조 2항 7호). 다만 신탁재산에 지출된 필요비나 유익비는 조세채권에 우선한다(법 52조의2 6항).

수탁자에게 물적 납세의무에 관한 납부통지가 이루어진 경우에도 과세관청의 압류조치가 없는 한 수탁자는 성립시기에 관계없이 신탁재산으로 다른 신탁채무를 변제할 수 있으며, 수탁자가 납부하여야 하는 물적납세의무 세액이 체납된 경우 과세관청은 국세징수법 제31조에도 불구하고 해당 신탁재산에 대해서만 강제징수할 수 있다(법 58조의2).

다른 물적 납세의무와의 비교 등 관련 논의는 이 책 130면 참조.

법 제 3 조의2 제 1 항에 따른 제 2 차 납세의무에 관하여, 수탁자의 관할 세무서장은 신탁재산으로 충당하지 못한 수탁자의 부가가치세 등을 수익자 등 제 2 차 납세의무자로부터 징수하려면 징수할 금액 등 관련 사항을 적은 납부고지서를 제 2 차 납세의무자에게 발급하고 이를 수탁자에게 통지하여야 한다(법 52조의2 1항).

수익자 등의 제 2 차 납세의무는 국세기본법에 규정된 제 2 차 납세의무와 마찬가지로 주된 납세의무의 체납사실 및 무자력에 의하여 성립하고, 수익자 등에 대한 납부고지에 의하여 확정된다.

제 3 절 사업자등록

1. 의 의

우리나라 부가가치세제도는 매출세액에서 전단계 매입세액을 공제하는 방식을 취하므로 매출세액 및 매입세액을 정확하게 계산하여야 하는데, 그 계산은 원칙적으로 세금계산서를 기초로 행하게 된다. 적정과세를 위해서는 세금계산서 발행주체인 사업자를 과세관청이 정확히 파악하여 상시 관리하는 체계가 필요한데 이를 가능하게 하는 것이 바로 사업자등록제도이다. 사업자등록은 세금계산서 수수와 함께 부가가치세 제도를 효과적으로 시행하기 위한 필수적 요소이다.

법은 사업자 등록을 하지 않으면 매입세액을 불공제하고(법 32조 1항, 39조 1항 8호), 가산세를 부과하는 등(법 60조 1항 1호) 여러 가지 불이익을 가하여 그 효율적인 시행을 도모하고 있다.[1)]

2. 절 차

사업자는 사업장마다 대통령령이 정하는 바에 따라 사업개시일부터 20일 이내에 사업장 관할세무서장에게 사업자등록을 신청하여야 한다. 다만 신규로 사업을 시작하는 자는 사업개시일 이전에도 사업자등록을 신청할 수 있다(법 8조 1항).

사업개시일 전 등록제도는 개업준비 중 발생한 사업관련 매입세액, 예컨대 공장 신축을 위한 건설자재 구입이나 사무용 비품 등을 구입하는 경우 발생하는 매입세액을 조기 환급해 줌으로써 신규 사업자의 조세부담을 덜어주기 위한 것이다.

사업자등록 신청은 관할세무서장이 아닌 세무서장에게도 할 수 있으며, 둘 이상 사업장이 있는 사업자는 사업자단위로 해당 사업자의 본점 또는 주사무소 관할 세무서장에게 등록할 수 있다(동 2, 3항). 사업자가 위 규정에 따라 사업자등록을 하지 않는 경우 사업장 관할 세무서장이 조사하여 등록할 수 있다(영 11조 6항).

사업장 추가 시 변경등록 및 휴·폐업 시 말소등록 절차는 법 제 8 조 제 5 항 내지 제 8 항 참조. 전자적 용역을 공급하는 국외사업자의 용역 공급과 관련하여서는 간편 사업자등록에 관한 특례규정이 있다(법 53조의2).

---

1) 관련 논의는, 박 훈, "부가가치세법상 사업자등록의 의미", 조세법연구 7, 248면.

3. 신탁관련 사업자등록

수탁자가 신탁재산과 관련하여 납세의무자가 되는 경우 해당 신탁재산을 사업장으로 보아 수탁자(공동수탁자가 있는 경우 대표수탁자를 말한다)는 대통령령으로 정하는 바에 따라 제 8 조에 따른 사업자등록을 신청하여야 한다(법 8조 6항).

수탁자가 신탁재산과 관련하여 납세의무자가 되는 경우란 신탁재산의 취득 및 보유와 관련된 취득세, 재산세(종합부동산세), 부가가치세법 제 3 조의2에 의하여 부담하는 부가가치세, 법인신탁재산에 대한 법인세 등이다.

제 4 절 과세기간

부가가치세의 과세기간은 간이사업자와 그 이외의 사업자가 서로 다르다. 간이과세자의 경우 1월 1일부터 12월 31일까지를 1과세기간으로 하고 나머지 사업자의 경우 1역년(曆年)을 2개의 과세기간으로 나누어 1. 1.부터 6. 30.까지를 제 1 기, 7. 1.부터 12. 31.까지를 제 2 기로 구분한다(법 5조 1항). 과세기간이 일률적으로 법에 정해져 있다는 점에서 납세의무자가 자율적으로 정할 수 있도록 한 법인세와 다르다.

신규사업 개업 시와 폐업 시 개시일과 폐업일을 과세기간의 최초일과 종료일로 보고(동 2항 및 3항), 신규사업자가 사업개시일 이전 사업자등록을 신청하는 경우 신청일부터 신청일이 속하는 과세기간 종료일까지를 1 과세기간으로 한다(동 2항 단서).

일반과세자가 간이과세자로 변경되거나 간이과세자가 일반과세자로 변경되는 경우 과세기간은, 1. 전자의 경우 그 변경 이후 7월 1일부터 12월 31일까지, 2. 후자의 경우 그 변경 이전 1월 1일부터 6월 30일까지로 한다(동 4항).

간이과세자가 간이과세를 포기함으로써 일반과세자로 되는 경우에는, 1. 법 제70조 제 1 항에 따른 간이과세 적용 포기 신고일이 속하는 과세기간 개시일부터 신고일이 속하는 달 마지막 날까지의 기간과, 2. 제 1 호에 따른 신고일이 속하는 달 다음 달 1일부터 그 날이 속하는 과세기간 종료일까지 기간을 각각 하나의 과세기간으로 하여 간이과세자 과세기간과 일반과세자 과세기간으로 한다(동 5항).

부가가치세 과세단위기간은 아니나, 납세의무자의 자금부담을 덜어주기 위해 각 과세기간에 대한 예정신고기간을 두어, 1. 1.부터 3. 31.까지를 제 1 기 예정신고기간, 7. 1.부터 9. 30.까지를 제 2 기 예정신고기간으로 정하고 있다(법 48조 1항).

실무상 확정신고기한(7. 25. 또는 1. 25.)이 도래하기 전인 6월 또는 12월경에 과세관청이 예정신고기간에 대한 과세표준과 세액을 결정·경정해 고지하고 이를 징수하므로 사실상 과세기간이 4개인 것처럼 운용되고 있다.

신규로 사업을 시작하는 자에 대한 최초 예정신고기간은 사업개시일부터 그 날이 속하는 예정신고기간 종료일까지로 한다(같은 항 단서).

사업의 개시·폐지 등은 법상 등록 여부와 관계없이 해당사실의 실질에 의한다(판 98. 9. 18, 97누20625).

제 5 절 납 세 지

1. 사업장과세의 원칙

납세의무 이행지가 되는 장소를 납세지라고 한다. 부가가치세는 사업장마다 신고·납부하여야 하므로 원칙적으로 사업장 소재지가 납세지이다(법 6조 1항).

사업장이란 사업자가 사업을 하기 위하여 거래의 전부 또는 일부를 행하는 고정된 장소를 말하며 구체적인 범위는 시행령에 위임되어 있다(동 2항). 사업장을 두지 아니하면 사업자의 주소 또는 거소를 사업장으로 한다(동 3항).

시행령은 광업, 제조업, 건설업·운수업·부동산매매업, 부동산임대업, 수자원개발공급사업 등 사업별로 사업장의 범위에 관한 규정을 두고 있다(영 8조 1항).

부동산상의 권리만을 대여하거나 한국자산관리공사, 농업협동조합자산관리회사, 기업구조조정 부동산투자회사 등 각 호 소정의 어느 하나에 해당하는 사업자가 부동산을 임대하는 경우에는 그 사업에 관한 업무를 총괄하는 장소를 사업장으로 한다(동 2항). 사업자가 자기의 사업과 관련하여 생산 또는 취득한 재화를 직접 판매하기 위하여 특별히 판매시설을 갖춘 장소는 사업장으로 본다(동 3항).

반면에, 사업자가 재화의 보관·관리시설만을 갖추고 일정한 사항을 기재한 하치장설치신고서를 관할세무서장에게 제출한 장소는 사업장으로 보지 아니한다(법 6조 5항 1호). 전자를 '직매장', 후자를 '하치장'이라고 한다.

각종 경기대회, 박람회 등의 개최 장소에서 임시로 개설하는 사업장을 임시사업장이라 하는데 이는 사업장으로 보지 않는다(법 6조 5항 2호). 재화를 수입하는 자의 부가가치세 납세지는 관세법에 따라 수입신고한 세관의 소재지이다(법 6조 6항).

2. 사업자단위 신고·납부

법 제8조 제1항에도 불구하고 둘 이상의 사업장이 있는 사업자(사업장이 하나이나 추가로 사업장을 개설하려는 사업자를 포함한다)는 사업자단위로 해당 사업자의 본점 또는 주사무소(총괄사업장) 관할세무서장에게 등록할 수 있고(법 8조 3항), 사업자단위로 등록한 사업자는 그 사업자의 본점 또는 주사무소에서 총괄하여 신고·납부할 수 있다(법 6조 4항).

이를 사업자단위 신고·납부라고 한다. 이미 사업장단위로 등록한 사업자가 사업자단위로 등록하려면 사업자단위과세사업자로 적용받으려는 과세기간 개시 20일 전까지 등록하여야 한다(법 8조 4항).

반대로 사업자단위 과세사업자가 각 사업장별로 신고·납부하거나 주사업장 총괄납부를 하려는 경우에도 동일한 취지의 절차규정이 있다(영 17조).

3. 주사업장 총괄납부

둘 이상 사업장을 가진 사업자(사업장이 하나이나 추가로 사업장을 개설하려는 사업자를 포함한다)가 사업장 단위로 등록한 경우 주된 사업장 관할세무서장에게 신청하여 주사업장에서 다른 사업장 부가가치세 납부세액까지 총괄하여 납부할 수 있다. 이를 '주사업장 총괄납부제도'라고 한다(법 51조; 영 92조).

이는 어느 사업장에서는 납부할 세액이, 다른 사업장에서는 환급세액이 발생하는 경우 사업장간 통산하여 납부·환급받는 제도로서 납세의무자에게 편리하고 세무행정상 능률도 제고된다. 신고나 경정처분 등은 사업장별로 행한다는 점에서 사업자단위 신고·납부제도와 다르다. 영세율 등 조기환급신고, 매입처별·매출처별 세금계산서합계표의 제출, 사업자등록, 기장의무 등도 사업장별로 행한다.

제 2 장
과세거래

제 1 절 총 설

부가가치세의 과세대상은, 1. 사업자가 행하는 재화나 용역의 공급과 2. 재화의 수입이다(법 4조). 부가가치세는 기본적으로 실질적인 소득의 귀속에 불구하고 거래의 외형에 대하여 부과하는 세금이므로 거래의 기본을 이루는 계약관계가 중요하다. 부가가치세법 제 9 조 제 1 항에서 부가가치세의 과세대상인 재화 및 용역의 공급을 "계약상 또는 법률상 원인에 의하여 재화를 인도 또는 양도하는 것"으로, 제11조 제 1 항에서 용역의 공급을 "계약상 또는 법률상의 모든 원인에 의하여 역무를 제공하거나 재화·시설물 또는 권리를 사용하게 하는 것"으로 규정하고 있는데 법률상 원인은 수용이나 공매를 의미하므로 통상의 거래에서 재화나 용역의 공급의 기본이 되는 것은 계약이다.

계약관계가 존재하는지 여부는 거래의 형식이 아니라 실질적으로 재화나 용역이 대가적 관계에서 공급되는지 여부에 의해서 판단하는데 그와 같은 계약관계의 형성은 납세자의 선택에 따라 달라지게 된다. 예컨대 여행사가 고객에게 해외 패키지 여행상품을 판매하면서, 관광 및 숙식 용역에 항공용역까지 포함한 상품을 판매할 수도 있고, 항공용역을 제외한 상품을 판매할 수도 있다. 이 경우 전자는 전체적으로 여행사와 고객을 계약당사자로 하는 하나의 계약관계가 형성되는데 반하여, 후자는 여행사와 고객, 항공사와 고객을 각 계약당사자로 하는 두 개의 계약관계가 형성된다. 전자의 경우 여행사는 항공용역을 제공받기 위해 항공사와 별도의 계약을 체결하게 되는데 여행사가 항공사로부터 항공용역을 제공받으면서 지급한 부가가치세는 여행사가 고객에게 판매한 여행상품의 부가가치세 매출세액에서 매입세액으로 공제받게 된다. 또 다른 예로, A가 B에게 의복을 판매하면서, 그 원재료를 A가 공급하면 의복이라는 재화가 공급대상이 되지만 원재료를 B가 공급하면 A가 B에게 양복의 가공용역을 제공하는 계약관계가 된다.

부가가치세 납세의무자가 되는 계약당사자가 누구인가의 여부는 소득의 귀속주체가 아니라 계약상 재화나 용역의 대외적 공급주체, 즉 누가 계약관계에서 법상 공급자의 지위에 있는가에 따라 결정된다. 이와 관련하여 판례는, 부가가치세법 제16조 제 1 항의 '용역을 공급받는 자'란 계약상 또는 법률상 원인에 의하여 역무 등을 제공받는 자를 의미하고, 계약상 원인에 의하여 '용역을 공급받는 자'는 '당해 용역공급의 원인이 되는 계약 당사자 및 그 내용, 용역의 공급이 누구를 위한 것이며 대가의 지급관계는 어떠한지 등 제반 사정을 고려하여야 할 것'이라고 판단하였다(판 2006. 12. 22, 2005두1497).

계약상 또는 법률상의 원인에 의한 재화나 용역의 공급에 대한 대가에 해당하지 않으면 부가가치세 과세대상이 아니다. 예컨대 물류단지 조성사업으로 인하여 부동산임대업에 사용하던 토지·건물이 도로로 편입됨에 따라 임대를 하지 못하여 발생한 손실에 대해 재화 또는 용역의 공급 없이 지급받은 배상금은 부가가치세법 제4조에 따른 부가가치세 과세대상에 해당하지 않는다(사전-2023-법규부가-0476, 2023. 9. 13.) 법적 성격이 손해배상금이나 부당이득금이라면 그 금액의 산정을 임료상당액으로 하였더라도 마찬가지이다. 다만 임대차계약 해지 후 임차인이 건물을 계속 사용하고 임대인도 월 임료 상당액을 임대보증금에서 공제한다면 용역의 공급에 해당한다는 것이 판례의 입장이다(판 2002. 11. 22, 2002다38828; 2003. 11. 28, 2002두8534 등). 판례의 입장은 이를 일종의 묵시적 계약관계로 본 듯 하나 세금계산서 제도와의 연관성 등 전체적인 법 체계상 의문이 없지 않다.[1)]

법원의 판결을 통해 관습상 법정지상권의 존재가 인정되고 그에 따라 지료를 지급하는 경우 법률상 원인에 의한 부가가치세 과세대상으로 볼 것인지가 문제된다. 계약관계가 존재하는 경우와의 형평의 차원에서 과세의 필요성이 존재하고 민법 제 1 조는 관습법도 법원(法源)으로 인정하고 있으나 사전적 의미에서 '법률'은 입법부에 의해 제정된 형식적 법률을 의미하므로 과세대상으로 단정짓기 어려운 측면이 있다.

사업자라도 재화의 공급이 사업자의 지위에서 이루어지지 않으면 과세대상이 되지 않는다. 이와 관련하여 판례는 금융지주회사가 경영관리업무나 그에 따른 자금지

1) 판례에 반대하는 견해로, 윤지현, "임대차계약 종료 후 임차인의 계속점유와 부가가치세에서의 용역의 공급", 조세법연구 18-1, 238면.

원의 일환으로 은행업자 등의 개입 없이 자신이 지배·경영하는 자회사에 개별적으로 자금을 대여하고 이자 명목으로 돈을 받은 경우 위 자금대여는 금융보험업을 영위하는 사업자의 지위에서 행한 것이 아니므로 과세대상이 되지 않는다고 보았다.[1)]

면세는 본래 과세의 대상인 거래에 대하여 일정한 정책목적으로 과세를 면제해 주는 것으로서 처음부터 과세대상이 아닌 비과세거래와 구분된다. 위 사례에서 금융보험업자가 제공하는 금융보험용역은 과세대상 거래이지만 법은 이를 면세대상으로 규정하고 있다(법 26조 1항 11호).

제 2 절 재화의 공급

1. 재 화

재화란 재산가치가 있는 물건 및 권리를 말하며 그 구체적인 범위는 시행령에 위임되어 있다(법 2조 1호). 물건은 상품, 제품, 원료, 기계, 건물 등 모든 유체물과, 전기, 가스, 열 등 관리할 수 있는 자연력을(영 2조 1항 1호 및 2호), 권리는 광업권, 특허권, 저작권 등 재산적 가치가 있는 모든 것을 말한다(동 2항). 규정체계상 부가가치세 과세대상인 재화 중 물건을 제외한 나머지를 총칭하는 개념으로 이해되며 반드시 민법상 '권리'의 개념과 일치하지는 않는다.[2)] 판례는 여기의 권리의 공급에 해당하기 위해서는 그 권리가 현실적으로 이용될 수 있고 경제적 교환가치를 가지는 등 객관적인 재산적 가치가 있어야 한다고 보았다.[3)] 영업권도 여기에 포함된다(판 2014. 1. 16, 2013두18827). 토지도 재화에 해당하며 단지 그 거래에 대하여 부가가치세가 면제될 뿐이라는 것이 통설이다. 어음, 수표와 같은 유가증권은 유통되더라도 소비의 대상이 아니고 교환수단에 불과하여 부가가치세 과세대상인 재화의 공급으로 보기 어렵다. 건설 중인 자산과 구축물은 독립적인 재산적 가치가 없어 부가가치세 과세대상이 될 수 없다.

1) 판 2019. 1. 17, 2015두60662 판례에 반대하는 견해로, 박현주, 김석환, " 금융지주회사의 자회사에 대한 자금대여는 부가가치세 비과세인가", 조세법연구 29-1, 167면.

2) 관련 논의는, 이정렬·윤지현, "부가가치세법이 정하는 '재화'의 하위범주로서 '권리'의 개념에 관한 연구", 조세법연구 23-3, 57면 이하.

3) 판 2018. 4. 12, 2017두65524(정부 주도 온실가스 감축사업에서 쌓은 온실가스 판매실적을 에너지관리공단에 판매하는 형식으로 일정금을 지급받은 것을 재화의 공급으로 본 사안). 평석은 황헌순, 조세판례백선 3, 399면.

2. 재화의 공급

가. 의 의

재화의 공급은 계약상 또는 법률상의 모든 원인에 따라 재화를 인도하거나 양도하는 것을 말한다(법 9조 1항).

부가가치세법상 재화나 용역의 공급은 일정한 대가관계를 통하여 이루어져야 하며 그 대가는 기본적으로 계약관계에 의하여 정해진다. 재화나 용역의 공급에 과세하기 위해서는 공급이 법에 의해 별도로 유상의 것으로 간주되는 않는 한 대가의 지급이 필요하며, 재화·용역의 공급과 대가 간에는 '직접적인 관련'이 존재하여야 한다. 예컨대 거리에서 공연을 한 연주자가 행인들로부터 기부를 받았다면 그가 지급받은 것은 행인들에게 제공한 용역의 대가가 아니므로 부가가치세 과세대상이 아니다.[1] 계약에 의한 반대급부가 아니라 단순히 공급의 일부 요소를 이루는 경우에는 별도의 '공급'을 구성하지 않는다. 예컨대 판매하는 상품을 별도의 대가 없이 비닐봉지에 담아주는 경우 이는 공급의 요소에 불과하나 상품과 별개로 비닐봉지에 일정한 가액을 부담시키는 때에는 별도의 공급을 구성한다. 아래에서 보는 부수재화·용역의 공급은 별도의 공급이 있음을 상정한 개념이다.[2]

법률상 원인에 기하지 않은 도난이나 강탈, 유실에 의한 경우는 공급에 포함되지 않는다. 출자지분의 환급도 마찬가지이다.[3] 인도는 재화에 대한 사실상 지배, 즉, 점유를 이전하는 것으로서 현실의 인도뿐 아니라 간이인도, 점유개정, 목적물 반환청구권 양도가 모두 포함된다.[4] 양도는 법상 소유권 이전뿐 아니라 사실상 소유자로서 당해 목적물에 대한 배타적 이용 및 처분을 할 수 있도록 점유를 이전하는 경우를 포함한다(판 2006. 10. 13, 2005두2926). 유상성이 요건인지 여부가 문제되나 현실적으로 법은 사업상 증여(법 10조 5항) 등 유상성을 수반하지 않은 경우 과세요건을 따로 규정하고 있으므로 어느 견해에 의하든 별반 차이는 없어 보인다.[5]

---

1) Eleonor Kristoffersson & Pernilla Rendahl, 유럽부가가치세법(윤지현 등 15인 역, 박영사), 90면.

2) 권형기, "부가가치세법상 '공급'의 해석에 관한 연구", 조세법연구 27-2, 122면.

3) 같은 취지. 사전-2020-법령해석부가-0682. 2020. 10. 7.

4) 계열회사 사이에 목적물(담배)을 보관, 관리하던 용역회사에 대한 간접점유를 전산입력을 통해 이전한 것이 목적물반환청구권 양도에 의한 재화의 공급에 해당한다고 본 사안(서울고판 2021. 4. 16. 2017누57093. 대법원 2021두38772판결로 심리불속행 확정됨).

5) 관련 논의는, 강성모, "사업상 증여에 대한 부가가치세 과세", 조세법연구 18-2, 283면. 유상성을 필요로 하지 않는다는 견해에 의하면, 용역의 공급에 관하여 유상성을 필요로 한다는 법 제12조 제 2 항은 창설적 규정의 성격을 갖고, 반대의 경우에는 주의적 규정의 성격을 갖게 된다.

재화공급계약이 해제된 경우 과세표준과 세액의 신고 이전에는 해제의 태양에 관계없이 부가가치세를 부과할 수 없으나, 신고 이후에는 법정해제는 과세에서 제외되지만(판 2002. 9. 27, 2001두5989), 합의해제는 국세기본법 시행령 제25조의2 제 2 호 소정의 '부득이한 사유'가 있는지 여부에 따라 판단하여야 할 것이다.

나. 부수재화·용역의 공급

주된 재화 또는 용역의 공급에 부수되어 공급되는 것으로서 다음 각 호의 어느 하나에 해당하는 재화 또는 용역의 공급은 주된 재화 또는 용역의 공급에 포함되는 것으로 본다(법 14조 1항).

1. 해당 대가가 주된 재화 또는 용역의 공급에 대한 대가에 통상적으로 포함되어 공급되는 재화 또는 용역 2. 거래의 관행으로 보아 통상적으로 주된 재화 또는 용역의 공급에 부수하여 공급되는 것으로 인정되는 재화 또는 용역

주된 사업에 부수되는 다음 각 호의 어느 하나에 해당하는 재화 또는 용역의 공급은 별도의 공급으로 보되, 과세 및 면세 여부 등은 주된 사업의 과세 및 면세 여부 등을 따른다(법 14조 2항).

1. 주된 사업과 관련하여 우연히 또는 일시적으로 공급되는 재화 또는 용역
2. 주된 사업과 관련하여 주된 재화의 생산 과정이나 용역의 제공 과정에서 필연적으로 생기는 재화

예컨대 상품의 공급에 부수되는 포장재 공급과 같이 주된 재화 또는 용역의 공급에 통상적으로 부수되어 공급되는 재화나 용역의 경우 양자를 분리구분 하는 것은 사실상 불가능할 뿐 아니라 과세행정상 비경제적이기 때문에 주된 재화 또는 용역의 공급에 포함되는 것으로 본다. 그 공급 목적이 사업의 유지·확장을 위한 것이든 사업의 청산·정리를 위한 것이든 상관이 없다(판 2001. 2. 23, 98두16644).

섬을 관광유원지로 개발하여 관광시설용역을 제공하고 입장료를 받아 운영하는 회사가 육지 관광객 유치를 위해 부수적으로 여객부정기 항로사업을 경영하여 관광객들에게 제공한 선박운항용역(판 1986. 9. 9, 86누187), 학교법인이 병원 장례식장을 운영하면서 상주 등에게 음식물을 공급한 경우(판 2013. 6. 28, 2013 두932),[1] 골프연습장 사업자가 캐디봉사료를 회비에 가산하여 시설이용료와 함께 일괄수납한 경우의 캐디서비스 용역(판 92. 4. 28, 91누8104) 등이 여기의 부수적 재화 및 용역의 공급에 해당한다. 부동산임대업에 제공하던 건물을 양도하고 폐업한 경우 건물의 양도는 '주

1) 판결에 대한 평석은, 백제흠, 세법의 논점, 212면.

된 사업과 관련한 우발적 또는 일시적 재화의 공급'에 해당된다(판 93. 5. 25, 93누4137 등). 주주골프회원권이 골프장시설이용권과 비상장주식이 하나로 거래되어 왔다면, 주식의 양도는 주된 거래인 골프장시설이용권의 공급에 포함되어 부가가치세 과세대상이 된다(판 2005. 9. 9, 2004두11299).[1)]

초·중·고생들을 대상으로 하는 학습교재 출판·판매사업자가 가맹점사업자와 공부방 거래약정을 체결하고 기본인쇄교재와 온라인교재를 공급하면서 가맹점사업자의 데이터베이스 서버 접속, 채점정보 입력, 온라인교재의 출력 등에 이용되는 시스템을 공급하여 온 경우 기본인쇄교재와 온라인교재의 공급이 프랜차이즈 가맹사업 용역에 부수되는 것으로 볼 수 없다(판 2017. 5. 11, 2015두37549).[2)] 국민주택규모 이하 공동주택을 신축·임대하는 사업자가 전체 세대를 확장형으로 공급받기로 시공사와 일괄도급계약을 체결하여 발코니를 거실 등으로 변경하기 위해 공급받는 용역은 주택건설 용역의 부수용역에 해당하지 않는다(2019. 1. 15. 부가가치세제과-54).

법 제14조는 면세에 관해 규정하고 있으나 영세율의 경우도 구조는 동일하다. 다만 위 조항에 따른 면세 재화나 용역의 공급은 공급하는 사업자 자신의 거래에 국한되고, 그 다음 단계 거래에는 적용되지 않는다. 예컨대 곡물가공업자가 외국산 밀 등의 제분 과정에서 밀기울 등을 부수하여 생산·공급하는 경우, 주된 재화인 밀가루 공급이 면세이므로 부수생산물인 밀기울 공급도 그 사업자 단계에서는 면세가 되나, 밀기울을 면세로 공급받아 제 3 자에게 전매하는 중간수집판매상의 밀기울 공급에 관하여는 면세가 적용되지 않는다{판 2001. 3. 15, 2000두7131(전)}. 처음 거래 단계의 밀기울 공급이 면세가 된 것은 부수재화라는 특성 때문이므로, 그 다음 거래 단계에서는 해당 재화의 본래의 성격에 따라 과세대상여부를 판단하기 때문이다.

다. 재화공급의 형태

시행령 제18조는 법 제 9 조 제 1 항의 위임 아래 부가가치세 과세대상인 재화공급의 여러 가지 형태를 다음 각 호의 것으로 규정하고 있다(영 18조 1항).

1. 현금판매·외상판매·할부판매·장기할부판매·조건부 및 기한부판매·위탁판매와 그 밖의 매매계약에 따라 재화를 인도하거나 양도하는 것

2. 자기가 주요 자재의 전부 또는 일부를 부담하고 상대방으로부터 인도받은 재화를 가공하여 새로운 재화를 만드는 가공계약에 따라 재화를 인도하는 것

---

1) 반대의 견해로는, 이미현, "주주골프회원권 양도와 부가가치세", 조세법연구 21-1, 275면. 일본은 포괄하여 과세한다는 취지의 명문규정을 두고 있다(일본 소비세법 6조 1항, 시행령 9조 2항).

2) 판결에 대한 평석은, 윤여정, 조세법연구, 24-2, 297면.

3. 재화의 인도대가로서 다른 재화를 인도받거나 용역을 제공받는 교환계약에 따라 재화를 인도하거나 양도하는 것 4. 경매·수용·현물출자와 그 밖의 계약상 또는 법률상의 원인에 따라 재화를 인도하거나 양도하는 것

5. 국내로부터 보세구역에 있는 창고에 임치된 임치물을 국내로 다시 반입하는 것

아래에서 각호별로 관련된 내용들을 살펴보기로 한다.

1) 현금판매·외상판매 등에 의한 재화의 인도·양도 철거가 예정된 건물을 양도한 경우 부가가치세 과세대상인가에 관하여 판례는 기본적으로 당사자의 의사해석 문제로 보면서 건물에 관한 소유권이전등기를 넘겨받은 후 자신의 필요에 따라 건물을 철거한 경우 일반적으로 재화의 공급에 해당되는 것으로 본다.[1] 양도담보 부동산의 환가처분도 재화의 공급에 해당한다(판 96. 12. 10, 95누12627).

도시재개발법(현행 도시 및 주거환경정비법)에 의한 사업시행자가 관리처분계획에 의해 종전 토지소유자에게 신축건물을 분양하는 것은 재화의 공급에 해당하지 않지만, 관리처분계획과 별도로 건물소유자나 토지소유자에게 금전을 대가로 신축건물을 분양하거나 시공업자인 건설업자에게 건설용역 대가로 신축건물을 분양하는 것은 재화의 공급에 해당한다.[2] 다만 보세구역 창고 내 물품에 대한 창고증권의 양도로서 임치물의 반환을 수반하지 않거나 위탁가공을 위한 원자재를 국외의 가공업체에 대가없이 반출하는 물품 등 실질적 거래유통을 수반하지 않으면 재화의 공급에서 제외된다(영 18조 2항).

2) 가공계약에 따른 재화의 인도 자기가 주요 자재의 전부 또는 일부를 부담하여야 하며, 주요 자재를 전혀 부담하지 않고 단순히 가공만 하여 주는 것은 용역의 공급에 해당한다(영 25조 2호).

수급인의 노력과 출재로 신축 중인 건물을 도급인이 제 3 자와 공동취득하기로 약정했어도 수급인이 건물을 원시취득하므로 재화의 공급에 해당되지 않고(판 99. 2. 9, 98두16675), 임가공을 위해 원자재를 제공하고 제조업자로부터 완제품을 납품받는 경우 원자재의 제공은 재화의 공급에 해당하지 않는다(판 90. 8. 10, 90누3157).

3) 재화와 재화 또는 용역의 교환 개인이 시설물을 설치하여 국가나 지방자치단체에 기부채납하고 시설물의 무상사용권을 취득한 경우 행위형식을 불문하고 경제적 대가관계가 있다고 보는 것이 판례의 견해이다. 이 경우 재화의 공급인지 용역의 공급인지에 따라 공급시기와 공급가액에 차이가 생기므로 그 구별이 필

1) 재화의 공급에 해당된다고 본 것; 판 2003. 4. 11, 2001두212, 2006. 1. 26, 2005두12978 등. 재화의 공급에 해당되지 않는다고 본 것: 판 2005. 7. 8, 2004두10579, 2007. 10. 26, 2007두14350 등.

2) 같은 취지. 서삼46015-11090, 2002. 6. 28.; 소비22601-1216, 1985. 12. 5.

요하다. 일반적으로는 축조시설의 소유권을 개인이 취득한 후 국가 등에 소유권을 이전하면 재화의 공급에, 시설물이 원시적으로 국가 등에 무상귀속된다는 특별규정이 있거나 처음부터 국가 등의 소유로 하기로 하고 건설하는 경우에는 용역의 공급에 해당한다고 말할 수 있으나, 구체적인 판단은 특별규정이나 당사자 사이의 약정 등 사안내용에 따라 개별적으로 판단할 수밖에 없다.[1)]

소비대차의 경우 사업자가 재화를 차용하는 때와 동종 또는 이종의 재화를 반환하는 때에 각각 재화의 공급이 있게 되며(통칙 9-18-1), 대물변제의 경우 대물변제되는 재화의 이행시기에 재화의 공급이 있게 된다(부가 46015-333, 2000. 2. 7).

4) 경매, 수용, 현물출자 등 시행령 제18조 제 1 항 제 4 호에 불구하고 다음 각 호의 어느 하나에 해당하는 것은 재화의 공급으로 보지 않는다(영 18조 3항).

1. 국세징수법 제66조에 따른 공매(같은 법 제67조에 따른 수의계약에 따라 매각하는 것 포함)에 따라 재화를 인도하거나 양도하는 것

2. 민사집행법에 따른 경매(같은 법에 따른 강제경매, 담보권 실행을 위한 경매와 민법·상법 등 그 밖의 법률에 따른 경매 포함)에 따라 재화를 인도하거나 양도하는 것

3. 도시 및 주거환경정비법, 공익사업을 위한 토지 등의 취득 및 보상에 관한 법률 등에 따른 수용절차에서 수용대상 재화의 소유자가 수용된 재화에 대한 대가를 받는 경우

4. 도시 및 주거환경정비법 제64조 제 4 항에 따른 사업시행자의 매도청구에 따라 재화를 인도하거나 양도하는 것

시행령 제18조 제 1 항 제 4 호 및 제 3 항 제 2 호에서 규정한 공매 및 경매와 관련하여, 종전에는 경매로 재화가 양도되는 경우 부가가치세 과세대상으로 보았으나(판 98. 2. 27, 97누7547), 거래징수의 어려움 및 실효성 등을 감안하여 몇 단계 개정을 거쳐 모든 법상의 공매 및 경매가 부가가치세 과세대상에서 제외되었다.[2)]

시행령 제18조 제 3 항 제 3 호 소정의 '수용'의 경우는 해당 거래의 사업성 여부에 불문하고 정책적으로 이를 과세대상에서 제외시킨 것으로 이해된다.

---

1) 용역의 공급으로 본 것: 판 90. 4. 27, 89누596; 91. 8. 27, 90누9247; 91. 4. 26, 90누7272; 91. 3. 22, 90누7357; 2013. 10. 24, 2011두3623 등. 재화의 공급으로 본 것: 판 96. 4. 26, 94누15752. 위 89누596 판결에 대한 평석은, 이순동, 판례백선, 475면. 민자사업자가 현금을 서울시에 납부하고, 서울시가 제 3 자와 공사도급계약을 체결한 법 형식을 중시하여 과세를 부정한 사례로, 판 92. 12. 8, 92누1155. 그 평석은, 김관기, "민자유치사업과 부가가치세", 조세법연구 1, 301면. 이와 관련하여 최근 사업자가 자금을 조달하여 건축물을 국가 등 소유의 토지에 건설한 후 이를 토지소유자에게 이전하되 해당 사업자는 일정기간 동안 건축물을 토지소유자에 임대하고 임대료를 받기로 하는 임대형 민간투자사업 방식(BTL)이 많이 이용되는데, 이 경우 기부채납 시와 토지의 임대 시에 이중으로 부가가치세가 부과되어 불합리하다는 지적이 있다. 이준규·박재환, "임대형 민간투자사업에 대한 과세상 문제점과 개선방안", 조세법연구, 16-1, 7면.

2) 관련 논의는, 이재경, "경매와 부가가치세", 조세법연구 6, 244면.

공동사업자가 사업에 제공할 건물을 신축하여 각자의 지분에 따른 공유등기를 마친 경우 자기지분을 공동사업에 계속 출자하는 것이므로 재화의 공급에 해당하지 않으나, 공동사업자가 각자의 사업을 영위하기 위하여 공유하던 사업용 건물의 소유권을 분할등기하여 소유권을 이전하는 경우에는 출자지분의 현물반환에 해당하므로 재화의 공급에 해당한다.

5) 보세창고 임치물의 국내반입　　이는 해당 물건의 임치인이 그 소유를 타에 이전하고 점유를 이전하는 경우를 가리키는 것으로 이해된다.

라. 공급의제

(1) 의　　의

본래적 의미의 재화의 공급은 아니나 법상 재화의 공급으로 간주되는 경우가 있다. 사업자가 사업과 관련하여 매입한 재화라고 하여 매입세액 공제를 받으면서 한편으로는 그 재화를 최종소비자의 지위에서 자기 자신이 사용·소비하거나 면세사업에 전용하는 경우 또는 자기의 사용인에게 사업과 직접 관계없이 대가를 받지 않고 소비시키거나 고객 그 밖의 불특정 다수인에게 무상으로 증여하는 경우에는 일반 소비자의 경우와 달리 부가가치세의 부담 없이 과세대상인 재화를 소비하는 결과가 된다. 이렇게 되면 소비행위에 부담시키고자 하는 부가가치세의 취지가 무산되고 과세공평을 저해하게 되므로 이를 공급으로 의제함으로써 재화의 소비가 어느 단계에서 이루어지든 부가가치세의 부담을 지도록 한 것이다.

법이 공급이 있는 것으로 의제하는 경우로는, 자가공급, 개인적 공급, 사업상 증여, 폐업 시의 잔존재화 등이 있다. 어느 경우에나 거래의 상대방이 있는지 또는 대가가 수반되었는지의 여부를 묻지 않는다.

공급의제의 경우 어느 경우나 과세표준 계산은 시가에 의한다(법 29조 1·3항).

(2) 자가공급

사업자가 자기의 과세사업과 관련하여 생산·취득한 재화로서, 1. 제38조에 따른 매입세액, 그 밖에 이 법 및 다른 법률에 따른 매입세액이 공제된 재화, 2. 제 9 항 제 2 호에 따른 사업양도로 취득한 재화로서 사업양도자가 제38조에 따른 매입세액, 그 밖에 이 법 및 다른 법률에 따른 매입세액을 공제받은 재화, 3. 제21조 제 2 항 제 3 호에 따른 수출에 해당하여 영(零) 퍼센트 세율을 적용받는 재화를 자기의 면세사업 및 부가가치세가 과세되지 아니하는 재화 또는 용역을 공급하는 사업("면세사업등")을 위하여 직접 사용·소비하는 것은 재화의 공급으로 본다(법 10조 1항).

사업자가 자기생산·취득재화를 매입세액이 공제되지 않는 개별소비세 과세대상인 비영업용 승용차 및 그 유지를 위하여 사용·소비하는 것과 운수업 등을 경영하는 사업자가 자기생산·취득재화 중 개별소비세 과세대상 비영업용 소형 승용차와 그 자동차 유지를 위한 재화를 해당 업종에 직접 영업으로 사용하지 않고 다른 용도로 사용하는 것에 대하여는 이를 재화의 공급으로 보는 특칙이 있다(동 2항).

과세사업자가 자기사업과 관련하여 생산·취득한 재화를 면세사업등을 위해 사용·소비하면 면세재화 등은 부가가치세가 과세되지 않으므로 사업자는 매입세액 공제는 받으면서 매출세액은 발생하지 않게 된다. 이 경우 부가가치세를 과세하지 않으면 면세 등에 전용된 재화는 매입세액도 부담하지 않고 그 재화의 공급에도 부가가치세가 과세되지 않아 영세율을 적용한 것과 동일하게 된다. 이는 부가가치세를 부담한 재화를 사용·소비한 다른 면세사업자 등과의 불공평을 초래한다. 예컨대 과세사업자인 택시운송사업자가 영업용 승용차를 매입하여 매입세액공제를 받은 후 임원용으로 전용한 경우 공급을 의제하지 않으면 부가가치세 부담이 없어 과세형평이 어긋난다. 자가공급의 공급의제는 이러한 불공평을 시정하기 위한 것이다.

영업용 소형승용자동차를 상당 기간 비영업용으로 사용하여 가치가 상당한 수준으로 하락하였다면 비영업용으로 전용한 것으로 보아야 한다(위 2014두 1956판결).

사업장이 둘 이상 있는 사업자가 자기의 사업과 관련하여 생산·취득한 재화를 판매할 목적으로 자기의 다른 사업장에 반출하는 것은 재화의 공급으로 본다(법 10조 3항). 다만 1. 사업자가 제 8 조 제 3 항 후단에 따른 사업자단위 과세 사업자로 적용을 받는 과세기간에 자기의 다른 사업장에 반출하는 경우 2. 사업자가 제51조에 따라 주사업장 총괄납부의 적용을 받는 과세기간에 자기의 다른 사업장에 반출하는 경우(제32조에 따른 세금계산서를 발급하고 제48조 또는 제49조에 따라 관할세무서장에게 신고한 경우는 제외)에는 재화의 공급으로 보지 아니한다(같은 항 단서).

위 3항 본문에 해당하는 대표적인 것으로 직매장 반출의 공급의제가 있다. 부가가치세 납세지는 사업장이고 직매장은 사업장으로 의제되므로(영 8조 3항), 제조장에서 직매장으로 재화를 반출하는 경우 양쪽에서 부가가치세 납부의무가 발생한다. 가령 제조장에서 생산된 과세재화를 직매장 반출할 경우 이를 공급의제하지 않으면 제조장에는 매입세액, 직매장에는 매출세액만 발생하므로 제조장에서는 매입세액을 환급받고 직매장에서는 매출세액을 납부해야 한다. 그런데 직매장 납부세액은 예정신고나 확정신고와 함께 납부하여야 하고 제조장 환급세액은 확정신고기한 경과 후 30일 내(조기환급신청이 없는 경우)에 환급받게 되어 그 사이에 사업자는 자금압박을 받게 된다. 직매장 반출의 공급의제 규정은 이를 완화하기 위한 것이다. 또한 제조장과 직매장 소재지 관할세무서가 서로 다른 경우 과세관청이 과세거래를 통합적으로 파악·관리하기 어려우므로 이를 해소하기 위한 목적도 있다.

재화의 공급의제규정을 적용하지 않는 주사업장총괄납부의 경우에도 사업자등록, 세금계산서 교부와 수령 및 매입처·매출처별 세금계산서합계표의 제출, 예정신고·확정신고 또는 수정신고는 직매장에서 해야 한다.

공급의제의 요건을 나누어 보면, 첫째 과세사업자가 자기사업과 관련하여 생산·취득한 재화(즉, 매입세액을 공제받은 재화)를 반출하여야 하고, 둘째 직접 판매할 목적으로 재화를 반출하여야 하며, 셋째 다른 사업장으로 반출하여야 한다.

다른 사업장은 자기사업과 관련하여 재화를 생산·취득한 사업장과 재화가 반출되는 다른 사업장이 동일인의 경영에 속하는 것을 전제로 한다.

둘째 요건과 관련하여, 제조장에서 하치장으로의 반출이나 자기의 다른 사업장에서 원료 등으로 사용·소비하기 위한 반출, 불량품교환 또는 광고선전을 위한 상품진열 목적의 반출 등은 여기에 해당하지 않는다.

(3) 개인적 공급

사업자가 생산·취득한 재화를 사업과 직접 관계없이 자기의 개인적 목적 또는 그 밖의 목적을 위하여 사용·소비하거나 그 사용인 또는 그 밖의 자가 사용·소비 사용하는 것으로서 사업자가 그 대가를 받지 아니하거나 시가보다 낮은 대가를 받는 경우 재화의 공급으로 본다. 이 경우 사업자가 실비변상이나 복리후생 목적으로 사용인에게 대가를 받지 않거나 시가보다 낮은 대가를 받고 제공하는 것으로서 대통령령으로 정하는 경우는 재화의 공급으로 보지 아니한다(법 10조 4항).

위에서 본 자가공급 공급의제가 사업자 지위에서 행하는 사용·소비를 대상으로 하는 것이라면, 개인적 공급의 공급의제는 소비자 지위에서의 재화의 사용·소비를 대상으로 한다. 무상양도뿐 아니라 저가양도도 포함된다.

(4) 사업상 증여

사업자가 자기생산·취득재화를 자기의 고객이나 불특정 다수에게 증여하는 경우(증여하는 재화의 대가가 주된 거래인 재화의 공급에 대한 대가에 포함되는 경우는 제외한다)는 재화의 공급으로 본다. 다만 사업자가 사업을 위하여 증여하는 것으로서 대통령령으로 정하는 것은 재화의 공급으로 보지 아니한다(법 10조 5항).

"대통령령으로 정하는 것"이란, 1. 사업을 위하여 대가를 받지 아니하고 다른 사업자에게 인도하거나 양도하는 견본품 2. 재난 및 안전관리 기본법의 적용을 받아 특별재난지역에 공급하는 물품 3. 제61조 제 2 항 제 9 호 나목에 따른 자기적립 마일리지등으로만 전부를 결제받고 공급하는 재화를 말한다(영 20조).

이는 가능한 모든 재화의 사용·소비를 과세대상으로 삼음으로써 일반 소비세로서의 부가가치세 장점을 유지하고 조세의 중립성을 도모하기 위한 것이다. 외국의 입법도 일반적으로 사업상 증여를 과세대상으로 삼고 있다.[1]

판례는 사업상 증여에 해당하는지 여부를 주로 광고선전비 해당여부로 판단한다.[2] 광고선전이라는 사업목적이 있으면 사업상 증여로 보는 것이다. 사업자가 제품구입자에게 주는 증정품은 부수재화의 공급에 해당되나, 공급 재화 일부만 값을 받으면 차액이 사업상 증여에 해당한다(판 84. 12. 26, 84누377). 칫솔과 함께 칫솔진열기를 공급한 것은 사업상 증여에 해당하지 않는다(판 96. 12. 6, 96누5063).

시행령 제20조 제 1 호에서 견본품 증여를 재화의 공급으로 보지 않는 것은 그 자체가 부가가치 창출의 투입요소이기 때문이다{판 93. 1. 19, 92누8293(전)}.

(5) 폐업 시 재고재화

사업자가 폐업할 때 자기 생산·취득재화 중 남아 있는 재화는 자기에게 공급하는 것으로 본다. 제 8 조 제 1 항 단서에 따라 사업개시일 이전에 사업자등록을 신청한 자가 사실상 사업을 시작하지 않게 되는 경우에도 같다(법 10조 6항).

폐업 전에 사업용 자산이 양도된 경우 그로 인하여 사업의 폐지에 이르더라도 사업자가 법률상·계약상 원인에 의해 재화를 공급한 경우이므로 실제 양도대가가 과세표준이 되며 공급의제 규정이 적용될 여지는 없다(판 98. 2. 27, 97누7547 등).

마. 위탁매매 등

「위탁매매 또는 대리인에 의한 매매를 할 때에는 위탁자 또는 본인이 직접 재화를 공급하거나 공급받은 것으로 본다. 다만 위탁자 또는 본인을 알 수 없는 경우로서 대통령령으로 정하는 경우에는 수탁자 또는 대리인에게 재화를 공급하거나 수탁자 또는 대리인으로부터 재화를 공급받은 것으로 본다」(법 10조 7항).

'위탁매매'란 자기 명의로 타인의 계산에 의해 물품을 구입, 판매하고 보수를 받는 것을 말하고, '대리인에 의한 매매'란 사용인 아닌 자가 일정한 상인을 위해 상시 그 사업부류에 속하는 매매의 대리 또는 중개를 하고 보수를 받는 것을 말한다. 이 경우 위탁자와 수탁자, 혹은 본인과 대리인 사이의 내부 법률관계와 수탁자

---

1) 관련 논의는, 강성모, "사업상 증여에 대한 부가가치세 과세", 조세법연구 18-1, 292면.
2) 판 93. 1. 19, 92누8293(전); 94. 3. 22, 93누14134 등. 관련 논의는, 강성모, 위 논문, 324면.

또는 대리인과 거래상대방 사이의 외부 거래관계가 존재하는데 대리인에 의한 매매의 경우 본인의 이름으로 법률행위를 하고 그에 따른 법률효과 및 경제적 효과가 모두 본인에게 귀속되므로 부가가치세법상으로도 본인을 공급자 또는 공급받는 자로 보는 것은 당연하다. 이에 반하여 위탁매매의 경우 거래의 경제적 효과는 위탁자에게 귀속하나 법률효과는 위탁매매인(수탁자)에게 귀속되므로 납세의무자를 어느 측면을 중시하여 정할 것인가가 문제된다. 우리 법은 원칙적으로 위탁자를 공급자 또는 공급받는 자로 보는데 이는 위탁자 공급의 경우 위탁자가 납세의무를 부담하는 것이 경제적 실질에 맞고, 위탁매매인을 납세의무자로 보면 위탁자와 위탁매매인 사이의 거래는 용역의 공급에 해당하여 재화의 공급거래가 단절됨에 따라 매입세액 공제 등에 관하여 문제가 발생하기 때문으로 설명된다.[1] 그러나 부가가치세는 소비세로서 궁극적으로 최종소비자에게 전가되고 소득세와 달리 거래의 법률적 효과가 누구에게 귀속되는가가 중요하므로 입법론상 거래 당사자인 위탁매매인을 납세의무자(공급자) 및 상대방(공급받는 자)으로 정함이 옳다.[2] 다만 이와 같이 위탁매매인을 납세의무자로 보는 경우 위탁자와 위탁매매인 사이의 재화의 인도를 공급으로 의제하는 규정 등을 별도로 마련하여 거래의 단절을 방지할 필요가 있다. 우리 법의 모태가 된 유럽연합의 부가가치세제 준칙도 재화가 위탁자로부터 위탁매매인에게 1차로 공급되었다가 다시 위탁매매인으로부터 거래상대방으로 공급된 것으로 간주하는 규정을 두고 있다(준칙 14조 2항 C호 및 28조).

위 조항 단서는 재화의 공급이나 공급받는 주체가 생략되어 있는데 거래의 대상이 위탁매매 내지 대리인에 의한 매매이므로 거래상대방을 주체로 볼 것이다.[3]

“대통령령이 정하는 경우”란 위탁매매 또는 대리인에 의한 매매를 하는 해당 거래 또는 재화의 특성상 또는 보관·관리상 위탁자 또는 본인을 알 수 없는 경우를 말한다(영 21조).

제조업자가 제품을 조합을 통해 판매하고 이익금 중 일정비율을 분배한 경우 조합은 제조업자를 위해 판매를 대리하고 보수를 받는 자이므로 위 규정에 따라 제조업자가 직접 재화를 공급한 것으로 본다(위 97누20359 판결). 편의점 가맹본부사업자가 가맹점사업자와 위탁가맹점 계약을 체결하면서 유지보수비와 임차료 인상분 등을 공제한 나머지를 위탁판매수수료로 지급한 경우 가맹점사업자에게 별도

1) 판 99. 4. 27, 97누20359. 그 평석은, 김용대, 판례백선, 469면.
2) 같은 취지 김종신, “위탁매매(준위탁매매)와 부가가치세”, 조세법연구 30-2, 408면. 강성모, “타인을 위한 행위를 할 때 부가가치세의 공급하거나 공급받는 자”, 조세법연구 30-2. 477면.
3) 규정체계상 그 주체를 위탁자로 보는 것이 합리적이라는 견해로, 김종신, 위 논문 379면.

의 재화나 용역을 공급한다고 보기 어렵다.[1] 위 규정은 준위탁매매인에 의한 용역 공급에도 유추적용된다.[2]

바. 재화의 공급으로 보지 않는 경우

다음 각 호에 해당하는 것은 재화의 공급으로 보지 아니한다(법 10조 9항).

1. 재화를 담보로 제공하는 것으로서 대통령령으로 정하는 것 2. 사업을 양도하는 것으로서 대통령령으로 정하는 것, 다만 제52조 제 4 항에 따라 그 사업을 양수받는 자가 대가를 지급하는 때에 그 대가를 받은 자로부터 부가가치세를 징수하여 납부한 경우는 제외한다. 3. 법률에 따라 조세를 물납하는 것으로서 대통령령으로 정하는 것 4. 신탁재산 소유권이전으로서 다음 각 목의 어느 하나에 해당하는 것 가. 위탁자로부터 수탁자에게 신탁재산을 이전하는 경우 나. 신탁의 종료로 인하여 수탁자로부터 위탁자에게 신탁재산을 이전하는 경우 다. 수탁자가 변경되어 새로운 수탁자에게 신탁재산을 이전하는 경우

(1) 담보제공

이는 질권·저당권 또는 양도담보의 목적으로 동산·부동산 및 부동산상의 권리를 제공하는 것을 말한다(영 22조). 이들은 그 실질에 있어 재화의 소유권이나 사용소비 권한을 취득하게 하는 것이 아니기 때문에 과세대상으로 삼지 않은 것이다.

(2) 사업의 양도

사업장별로 그 사업에 관한 모든 권리와 의무를 포괄적으로 승계시키는 사업의 양도는 재화의 공급으로 보지 아니한다(법 10조 9항 2호 본문; 영 23조).

'사업장별'에는 상법에 따라 분할하거나 분할합병하는 경우처럼 사업장 안에서 사업부문별로 구분하는 경우가 포함되고, '사업의 양도'에는 법인세법 제46조 제 2 항 또는 제47조 제 1 항의 요건을 갖춘 분할의 경우와 양수자가 승계받은 사업 외에 새로운 사업의 종류를 추가하거나 변경한 경우가 포함된다(영 23조 본문괄호).

사업의 양도란 사업의 동일성을 유지하면서 경영주체만을 교체하는 것이다. 사업은 인적·물적 시설의 유기적 결합체로서 경영주체와 분리되어 사회적으로 독립성을 인정받을 수 있어야 한다(판 2006. 4. 28, 2004두8422). 그에 대한 입증책임은 납세의무자에게 있다(판 98. 7. 10, 97누12778).

---

1) 판 2018. 4. 26, 2016두48362. 평석은, 오광석, 조세실무연구 11, 256면.

2) 판 2006. 9. 22, 2004두12117; 2023. 12. 28, 2020두56780(한국철도공사와 위탁운영협약을 체결한 甲회사가 관광열차를 이용한 여행상품을 판매·운영하고 그 판매대금에서 수수료, 운영비용 등을 공제한 나머지를 매월 정산하여 한국철도공사에 지급한 사안에서, 甲회사를 준위탁매매인으로 보고 해당 여행상품 관련 용역을 위탁자인 한국철도공사가 직접 공급한 것으로 본 사례).

사업의 양도를 재화의 공급에서 제외한 것은, 사업의 양도는 생산조직이나 재고재화가 그대로 유지되고 경영주체만 바뀌므로 부가가치가 창출된다고 보기 어렵고, 사업시설을 이루는 개개 재화에 대하여 과세하더라도 사업양수인이 이를 매입세액으로 공제받는 반면 사업자는 일단 세액을 징수당하고 다시 환급받기 때문에 불필요한 자금압박을 받게 되는 점 등을 고려한 것이다(판 83. 6. 28, 82누86).

사업양도의 요건은, 1) 사업장별 사업의 승계이어야 하고, 2) 그 사업에 관한 모든 권리와 의무의 승계이어야 하며, 3) 승계가 포괄적이어야 한다.

'사업장'은 장소적 개념이 아니라 경영권과 영업권이 독립적으로 분리양도가 가능한지를 기준으로 한다. 따라서 한 사업장 내에서 두 종목 이상의 사업을 하다 그 중 한 종목을 양도한 경우도 이에 해당한다(판 83. 10. 25, 83누104). 또한 사업의 동일성을 유지하면서 경영주체만을 교체하기 위해 사업지분을 양도하거나(판 87. 7. 21, 87누139), 사업에 관한 권리와 의무를 포괄적으로 승계시키면서 양도인이 종전 사업의 폐업신고를 하고 양수인이 신규로 사업허가를 받거나 신규사업의 상호를 변경한 경우(판 85. 10. 8, 84누640) 등도 사업의 양도에 해당한다. 판례는 보증사고로 인한 대한주택보증의 사업장 인수도 사업의 양도로 보았다(판 2014. 11. 13, 2014두39678). 그러나 양도 전후 업종이 다르거나 물적 시설 양도만 있고 사업자 지위양도가 없는 경우(판 93. 1. 19, 92누15420), 한쪽은 일반 과세사업자인데 다른 쪽은 과세특례자인 경우 등은 사업의 양도라고 할 수 없다. 부동산 임대사업의 목적물인 건물의 매매와 관련하여, 판례는 사업에 제공되던 건물만을 특정하여 양도하였다고 보아 대부분 사업의 양도로 보지 않았다.[1] 다만 하나의 사업자등록번호로 부동산임대업을 영위하더라도 사업장이 구분 등기된 이상 그 중 한 사업장을 양도하는 경우 사업의 양도로 볼 것이다.[2] 또한 전체적으로 동일성이 유지되는 한 일부 권리의무를 제외하거나(판 98. 3. 27, 97누3224), 사업의 핵심 구성요소가 아닌 일부 인적설비가 미포함 되어도 사업의 양도로 볼 수 있다(판 2008. 12. 24, 2006두17895).

미수금과 미지급금 및 당해 사업과 직접 관련 없는 토지·건물 등으로서 법인세법시행령 49조 1항에 따른 업무무관자산 또는 그에 준하는 자산을 제외하고 승계시킨 경우에도 사업의 포괄승계로 보나(영 23조 1호 내지 3호, 규칙 16조), 일부 사업용 자산을 제외하면 사업의 양도로 볼 수 없다(판 2014. 1. 16, 2013두18827).

1) 판 90. 7. 24, 89누4574; 판 2006. 4. 28, 2004두8422. 관련 논의는, 김철권, "2006년도 부가가치세법 판례회고", 조세법연구 13-1, 459면.

2) 같은 취지. 서면-2021-법령해석부가-4594, 2021. 8. 9.

적격분할의 경우 사업의 양도에 해당하는데, 일단 요건을 충족하면 사후관리요건을 위반하여 과세특혜가 박탈되어도 법률효과는 달라지지 않는다. 나아가, 적격분할 요건 중 '자산 부채의 포괄승계 요건'이외의 다른 요건을 못 갖추어 비적격분할로 판정되어도 '사업에 관한 모든 권리와 의무가 포괄적으로 승계'되면 포괄적 사업양도에 해당한다. 권리의무의 승계는 '사업장'별로 이루어져야 한다.

사업양도 후 그 이전 양도인이 체결한 분양계약이 해제되어 환급사유가 소멸함에 따라 발생한 부가가치세 납세의무자는 사업양수인이다(판 2020. 9. 3, 2017두49157).

사업양도의 경우(사업의 양도에 해당하는지 여부가 불분명한 경우를 포함한다)에도, 양수인이 법 제52조 제4항에 따라 그 사업을 양수받는 자가 대가를 지급하는 때에 그 대가를 받은 자로부터 부가가치세를 징수하여 대리납부한 경우에는 재화의 공급으로 본다(법 10조 9항 2호 단서).

(3) 조세의 물납

이는 거래징수가 사실상 불가능함에 따른 것으로서, 사업용 자산을 상증세법 제73조, 지방세법 제117조에 따라 물납하는 것을 말한다(법 10조 9항 3호; 영 24조).

(4) 신탁재산의 소유권 이전

신탁재산의 형식적 이전, 즉 신탁계약 체결 시나 종료 시 또는 수탁자 변경 시 위탁자와 수탁자 또는 수탁자 사이의 재화의 이전은 실질적인 재화의 공급으로 볼 수 없으므로 부가가치세 과세대상이 아니다(법 10조 9항 4호).

다만 신탁법 제10조에 따라 위탁자의 지위가 이전되는 경우에는 기존 위탁자가 새로운 위탁자에게 신탁재산을 공급한 것으로 보되, 신탁재산에 대한 실질적인 소유권의 변동이 있다고 보기 어려운 경우로서 대통령령으로 정하는 경우에는 신탁재산의 공급으로 보지 않는다(법 10조 8항).

신탁수익권의 양도는 그 대상이 단순히 채권에 불과한 수익권이라면 원칙적으로 재화의 공급이 아니므로 부가가치세 과세대상이 아니다. 다만 수익권의 양도가 신탁재산에 대한 실질적 통제권 등 사실상 위탁자의 지위 이전을 수반하는 경우에 해당한다면 법 제10조 제8항과 같은 취지로 재화의 공급에 해당한다고 볼 것이다(법규 부가 2012-347, 2013. 3. 13). 토지는 면세대상이므로(법 26조 1항 14호), 토지만을 대상으로 설정된 신탁수익권의 양도거래 역시 과세대상이 아니다.[1)]

1) 관련 논의는, 이재호, "신탁부동산의 양도와 부가가치세법상 납세의무자", 특별법연구 제10권, 299면. 강성모, "신탁 관련 거래와 부가가치세", 조세법연구 22-3, 449면. 방진영, "부동산신탁과 부가가치세 문제", 조세법연구 24-2, 95면 등.

3. 재화의 수입

부가가치세법은 재화의 수입을 과세대상으로 규정하고 있다(법 4조 2호).

「재화의 수입은 다음 각 호의 어느 하나에 해당하는 물품을 국내에 반입하는 것(대통령령으로 정하는 보세구역을 거치는 것은 보세구역에서 반입하는 것을 말한다)을 말한다」(법 13조).

1. 외국으로부터 국내에 도착한 물품(외국 선박에 의하여 공해에서 채집되거나 잡힌 수산물을 포함한다)으로서 수입신고가 수리되기 전의 것

2. 수출신고가 수리된 물품(수출신고가 수리된 물품으로서 선적되지 아니한 물품을 보세구역에서 반입하는 경우는 제외한다)

수출입 거래에 대한 부가가치세에 관하여 생산지국 과세원칙에 의하면, 수출재화에 대해 소비세를 환급하지 않고 수입재화에 대하여도 소비세를 과세하지 않게 된다. 그러나 현재 세계 각국이 취하는 소비지국 과세원칙 아래에서는 수출 시 수출재화가 부담한 소비세를 환급하고 수입 시에 소비세를 과세하게 된다. 우리나라도 소비지국 과세원칙을 채택하고 있어 수출재화에 대하여는 영세율을 적용하여 매입세액을 환급하고 수입재화에 대하여 부가가치세를 과세한다. 수입 재화에 대하여 부가가치세를 과세하지 않으면 내국에서 생산하는 재화와 담세상 불공평이 야기되고 국내산업과 외국산업간 경쟁에 있어서 국내산업이 그만큼 불리해지게 된다.

수입재화에 대한 부가가치세는 세관장이 관세징수의 예에 따라 부과·징수한다(법 7조 2항, 58조 2항).

"대통령령으로 정하는 보세구역"이란, 1. 관세법에 따른 보세구역과 2. 자유무역지역의 지정 및 운영에 관한 법률에 따른 자유무역지역을 말한다(영 27조).

수출신고만 하고 선적되지 않아 영세율 적용을 받지 않은 재화를 보세구역으로부터 과세지역으로 반입하는 경우 부가가치세 과세대상에서 제외한 것은 수출재화는 선적일에 공급이 실현되기 때문이다. 재화가 수입되는 시기는 관세법 제16조에 따른 시기로 한다(법 18조).

제 3 절 용역의 공급

1. 의 의

「용역의 공급은 계약상 또는 법률상의 모든 원인에 따른 것으로서, 1. 역무를 제공하는 것, 2. 시설물, 권리 등 재화를 사용하게 하는 것의 어느 하나에 해당하는 것을 말한다」(법 11조 1항).

부가가치세법상 용역의 공급에는 역무를 제공하는 것 이외에 시설물, 권리 등 재화를 사용하게 하는 것이 포함되어 있다. 이는 부가가치세를 부과해야 할 필요가 있음에도 재화의 존재를 인정하기 어려운 모든 경우를 포함하는 의미로 이해되고 있다.[1] 영리성 유무를 불문하나, 원칙적으로 유상의 공급만을 대상으로 한다(법 12조 2항). 다만 사업자가 대통령령으로 정하는 특수관계인에게 사업용 부동산의 임대용역 등 대통령령으로 정하는 용역을 공급하는 것은 용역의 공급으로 본다(같은 항 단서). 시행령 제 3 조는 건설업, 방송통신 및 정보서비스업, 협회 및 단체, 수리 및 기타 개인서비스업, 가구내 고용활동 및 달리 분류되지 않은 자가소비 생산활동 등을 용역의 범위로 예시하고 있다. 용역의 무상공급에 대해 비과세하는 이유는 과세표준 산정에 어려움이 있기 때문이다.

법 제29조 제 4 항 제 2, 3 호는 특수관계인에게 공급하는 용역에 대한 조세의 부담을 부당하게 감소시킬 것으로 인정되는 경우로서 용역의 공급에 대하여 부당하게 낮은 대가를 받거나 대가를 받지 아니하는 경우에는 자기가 공급한 용역의 시가를 과세표준으로 삼도록 하여 법 제12조 제 2 항에 관한 특칙을 규정하고 있다.

주요 자재의 전부 또는 일부를 부담하는 경우에는 재화의 공급으로 보나, 건설업의 경우에는 건설업자가 건설자재의 전부 또는 일부를 부담한 경우에도 용역의 공급으로 본다(영 25조 1호).

상대방으로부터 인도받은 재화에 주요 자재를 전혀 부담하지 아니하고 단순히 가공만 하여 주는 것은 용역의 공급으로 본다(동 2호). 또한 지식이나 정보를 제공하는 것도 용역의 공급으로 보아 과세한다(동 3호).

---

1) 강성모, “사업상 증여에 대한 부가가치세 과세”, 조세법연구 18-2, 277면. 유럽 부가가치세 준칙은 용역의 공급에는 재화의 공급에 해당되지 않는 모든 거래가 포함된다고 규정하고 있다(준칙 24조). Eleonor Kristoffersson & Pernilla Rendahl, 유럽부가가치세법, 85면 참조.

부동산 담보제공이 용역의 공급에 해당하는지에 관하여 채무자와 채권자 내지 담보권취득자 사이에는 과세거래가 있다고 볼 수 없으나(법 10조 9항 1호), 담보목적물의 소유자인 사업자와 채무자 사이에는 채무자로 하여금 이를 담보제공에 사용하도록 제공해 주는 거래가 있으므로 유상인 한 용역의 공급에 해당한다.

국가나 지방자치단체가 어느 단체에게 시설 관리 등을 위탁하고, 그 단체가 자신의 명의와 계산으로 제 3 자에게 재화 또는 용역을 공급하는 경우 국가나 지방자치단체가 그 단체에게 부동산임대용역을 공급한 것으로 보아야 하며, 이는 임대용역에 제공된 시설이 행정재산이거나 공급되는 용역이 공익적 성격을 갖더라도 마찬가지이다.[1)]

사업자가 공유수면매립면허를 받아 매립지조성공사를 시행하여 조성된 토지 중 일부에 대한 소유권을 취득한 경우의 매립지조성공사(판 2003. 9. 5, 2002두4051), 한국금속캔재활용협회가 폐캔을 회수처리한 후 구성회원들인 금속캔사업자가 환경부에 납부한 폐기물예치금을 반환받은 경우의 폐캔 회수처리 용역(판 2001. 1. 5, 99두9117) 등도 부가가치세 과세대상인 용역의 공급에 해당한다.

고용관계에 따른 근로의 제공은 용역의 제공으로 보지 않는다(법 12조 3항).

재화의 공급과 같이 주된 거래의 용역의 공급에 필수적으로 부수되는 재화나 용역의 공급은 주된 거래인 용역의 공급에 포함되는 것으로 본다(법 14조 1항).

2. 공급의제

본래적 의미의 용역의 공급에 해당하지 않지만 용역의 공급으로 간주되는 것에 용역의 자가공급이 있다. 사업자가 자신의 용역을 자기의 사업을 위하여 무상으로 공급하면 자기에게 용역을 공급하는 것으로 본다(법 12조 1항).

이는 재화의 공급의제와 마찬가지로 거래의 어느 단계를 막론하고 부가가치세 부담을 지지 않는 용역의 소비가 없도록 한 것이다. 다만 시행령 미비로 현재 용역의 자가공급은 과세되지 않고 있다.

---

1) 판 2017. 7. 11, 2015두48754. 이 경우 해당 단체가 부가가치세를 납부한 것은 자신의 조세채무를 이행한 것이므로, 위탁자인 국가 등이 부당이득을 하였다고 볼 수 없다. 판 2019. 1. 17, 2016두60287. 관련 논의는, 곽상민, "국가나 지방자치단체 사무의 민간위탁에 따른 부가가치세 문제에 관한 연구", 조세법연구 25-3, 371면.

제 4 절 거래시기

1. 총 설

부가가치세는 기간과세로서 과세기간 동안의 과세대상 거래를 모두 합하여 과세표준과 납부할 세액을 산정하며, 그 납세의무는 과세기간이 종료하는 때에 성립한다(기본법 21조 2항 4호). 따라서 어느 공급거래가 어느 과세기간에 귀속되는지를 결정하는 것이 중요하며 이를 판단하기 위해서는 거래시기 내지 공급시기의 개념이 필요하다. 이는 소득세법이나 법인세법에서 어느 수익이나 비용을 어느 과세연도 또는 사업연도에 귀속시킬 것인지를 결정하기 위해 그 실현시기를 확정짓는 것과 같다. 또한 부가가치세의 거래징수와 세금계산서의 교부도 모두 공급시기에 하게 되므로, 그 각 의무를 제대로 이행하기 위해서도 재화나 용역의 공급시기를 정확하게 확정하는 것은 필수적이다.

2. 재화의 공급시기

가. 원 칙

법 제 15 조 제 1 항은 재화의 공급시기에 관하여, ① 재화의 이동이 필요한 경우에는 재화가 인도되는 때(1호), ② 재화의 이동이 필요하지 아니한 경우에는 재화가 이용 가능하게 되는 때(2호), ③ 제 1 호와 제 2 호를 적용할 수 없는 경우에는 재화의 공급이 확정되는 때(3호)로 규정하고 있다.

이는 '반출과세의 원칙'을 표명한 것이다. 할부 또는 조건부로 재화를 공급하는 경우의 공급시기는 별도로 대통령령에 위임되어 있다(동 2항).

사업자가 제15조 또는 16조에 따른 시기가 도래하기 전에 재화 또는 용역에 대한 대가의 전부 또는 일부를 받고 그 받은 대가에 대하여 제32조에 따른 세금계산서 또는 제36조에 따른 영수증을 발급하면 그 세금계산서 등을 발급하는 때를 각각 그 재화 또는 용역의 공급시기로 보며(법 17조 1항), 사업자가 재화 또는 용역의 공급시기가 되기 전에 제32조에 따른 세금계산서를 발급하고 그 세금계산서 발급일부터 7일 이내에 대가를 받으면 해당 세금계산서를 발급한 때를 재화 또는 용역의 공급시기로 본다(동 2항).

제 2 항에도 불구하고 다음 각 호의 어느 하나에 해당하는 경우에는 재화 또는 용역을 공급하는 사업자가 그 재화 또는 용역의 공급시기가 되기 전에 제32조에 따른 세금계산서를 발급하고 그 세금계산서 발급일부터 7일이 지난 후 대가를 받더라도 해당 세금계산서를 발급한 때를 재화 또는 용역의 공급시기로 본다(동 3항).

1. 거래 당사자 간의 계약서·약정서 등에 대금 청구시기(세금계산서 발급일을 말한다)와 지급시기를 따로 적고, 대금 청구시기와 지급시기 사이의 기간이 30일 이내인 경우

2. 재화 또는 용역의 공급시기가 세금계산서 발급일이 속하는 과세기간 내(공급받는 자가 제59조 제 2 항에 따라 조기환급을 받은 경우에는 재화 또는 용역의 공급시기가 세금계산서 발급일부터 30일 이내)에 도래하는 경우

사업자가 할부로 재화 또는 용역을 공급하는 경우 등으로서 대통령령으로 정하는 경우의 공급시기가 되기 전에 제32조에 따른 세금계산서 또는 제36조에 따른 영수증을 발급하는 경우에는 그 발급한 때를 각각 그 재화 또는 용역의 공급시기로 본다(동 4항).

폐업 전에 공급한 재화의 공급시기가 폐업일 이후에 도래하는 경우 그 폐업일을 공급시기로 본다(영 28조 9항). 재화의 인도나 양도계약이 폐업 전에 성립한 경우도 여기에서의 '폐업 전 공급'에 포함된다(판 2006. 1. 13, 2005두10453).

재화나 용역의 공급시기는 재화나 용역을 공급받는 자의 매입세액 공제를 결정하는 기준이 된다. 매입세액을 매입한 재화의 사용시기가 아닌 매입시기에 공제받도록 한 것은 우리 부가가치세제가 직접공제법이 아닌 간접공제법을 취한다는 점과 납세자의 세 부담을 덜어주고자 하는 정책적 고려에서 기인한 것이다.

나. 거래유형별 공급시기

i) 현금·외상·할부판매; 재화가 인도되거나 이용가능하게 되는 때(영 28조 1항 1호). 이 경우 대금의 수령 여부는 관계없다. 부동산 현물출자의 공급시기는 소유권 이전등기에 필요한 서류를 교부한 때이다(판 85. 10. 8, 84누102). 재화의 양도에 인·허가를 요하는 경우에도 그 공급시기는 인·허가와 관계없이 해당 재화를 실질적으로 이용가능하게 된 때이다(서울고판 2017. 6. 13, 2017노452).

ii) 상품권 등을 현금 또는 외상으로 판매하고 그 후 상품권 등을 현물과 교환하는 경우; 재화가 실제로 인도되는 때(동 2호)

재화나 용역을 구매, 이용할 수 있는 상품권이나 교환권 등에 관하여 법은 이를 독립된 과세대상으로 보지 않고 재화나 용역의 구매, 이용 시에 과세대상 거래

가 발생한다고 본다. 따라서 상품권 등을 판매한 시점에는 세금계산서를 발급할 수 없고, 그 판매대금은 선수금으로서의 성격을 갖는다.

내국신용장에 의한 재화의 공급시기도 재화를 인도하는 때로 보아야 한다.

iii) 재화의 공급으로 보는 가공의 경우: 가공된 재화를 인도하는 때(동 3호)

iv) 반환조건부판매, 동의조건부 판매, 그 밖의 조건부 판매 및 기한부 판매: 조건이 성취되거나 기한이 지나 판매가 확정되는 때(영 28조 2항)

v) 장기할부판매, 완성도기준지급조건부 재화공급, 중간지급조건부 재화공급, 전력이나 그 밖에 공급단위를 구획할 수 없는 재화를 계속적으로 공급하는 경우; 대가의 각 부분을 받기로 한 때(영 28조 3항 1 내지 4호).

장기할부판매의 개념은 법인세법과 동일하다(규칙 17조). 이들은 대금의 일부나 전부를 장래에 변제하기로 되어 있는 점에서 외상판매와 같으나 대금의 회수기간이 장기이고 지급방법 또한 통상의 외상판매와는 다르므로 따로 규정한 것이다.

완성도기준지급조건부 공급은 대형기계나 선박과 같이 공급에 상당한 기간이 소요되는 경우 계약금을 받은 상태에서 제작·생산에 착수하고 중도금이나 잔금은 제작이나 생산이 완성되는 정도에 따라 대가를 지급받는 것을 말한다. 이에 대해 중간지급조건부 공급은 계약금 외의 대금을 분할지급하는 것으로서 대금의 분할지급이 완성도와 관계없이 정해지는 점에서 완성도기준지급조건부 공급과 다르다(규칙 18조 참조). 여기에는 계약 당시 완성된 재화도 포함된다(판 99. 8. 20, 99두3515).

vi) 재화공급의 특례, 무인판매기를 이용한 재화의 공급, 수출재화의 경우 등; 시행령 제28조 제 4 항 내지 제 8 항 참조.

다. 위탁매매의 경우

위탁매매 또는 대리인에 의한 매매의 경우에는 수탁자 또는 대리인의 공급을 기준으로 하되, 다만 위탁자 또는 본인을 알 수 없는 경우에는 위탁자와 수탁자 또는 본인과 대리인 사이에도 공급이 이루어진 것으로 보아 재화의 공급시기에 관한 규정을 적용한다(영 28조 10항).

라. 재화의 수입시기

재화의 수입시기는 관세법에 따른 수입신고가 수리된 때이다(법 18조).

3. 용역의 공급시기

가. 원 칙

용역이 공급되는 시기는, 1. 역무의 제공이 완료되는 때, 2. 시설물, 권리 등 재화가 사용되는 때이다(법 16조 1항).

폐업 전에 공급한 용역의 공급시기가 폐업일 이후에 도래하는 경우에는 그 폐업일을 용역의 공급시기로 본다(영 29조 3항).

역무의 제공이 완료된 때란 거래사업자 사이의 계약에 따른 역무제공의 범위와 계약조건 등을 고려하여 역무제공 사실을 가장 확실하게 확인할 수 있는 시점, 즉 역무가 현실적으로 제공됨으로써 역무를 제공받는 자가 역무제공의 산출물을 사용할 수 있는 상태에 놓이게 된 시점을 말한다. 구체적으로, 당사자 사이에 당초 약정된 시설물 준공시기에 목적물이 인도, 가동되고, 공사대금 대부분이 지급되었다면 그 이후 당사자가 공사기간을 변경하는 수정계약을 체결하고 그에 따라 일부 공사대금 잔금을 지급한 다음 잔금지급에 따른 공급가액의 매입세금계산서를 수취하였더라도 위 용역의 공급시기는 당초 시설물이 인도된 때이므로 뒤에 발급된 세금계산서는 용역의 공급시기 이후에 교부된 것이 된다(판 2015. 6. 11, 2013두22291). 건물에 대한 보수공사용역의 공급시기는 소방검사필증을 받은 때가 아니라 그 이후 사용검사승인을 받은 날이다(판 2008. 8. 21, 2008두5117).

사업자가 법 제15조 또는 제16조에 따른 각 시기가 도래하기 전에 재화 또는 용역에 대한 대가의 전부 또는 일부를 받고, 동시에 그 받은 대가에 대하여 제32조에 따른 세금계산서 또는 제36조에 따른 영수증을 발급하는 경우에는 그 세금계산서 등을 발급하는 때를 각각 그 재화 또는 용역의 공급시기로 본다(법 17조 1항).

사업자가 재화 또는 용역의 공급시기가 도래하기 전에 세금계산서를 발급하고 세금계산서 발급일부터 7일 이내에 대가를 받으면 세금계산서를 발급한 때를 재화 또는 용역의 공급시기로 보되(동 2항), 대가를 지급하는 사업자가, 1. 거래 당사자 간의 계약서·약정서 등에 대금청구시기(세금계산서 발급일)와 지급시기를 따로 적고, 대금 청구시기와 지급시기 사이 기간이 30일 이내인 경우와, 2. 세금계산서 발급일이 속하는 과세기간(공급받는 자가 제59조 제 2 항에 따라 조기환급을 받은 경우에는 세금계산서 발급일부터 30일 이내)에 재화 또는 용역의 공급시기가 도래하고 세금계산서에 적힌 대금을 지급받은 것이 확인되는 경우 세금계산서 발급일부터 7일이 지난 후 대가를 받더라도 세금계산서를 발급한 때를 재화 또는 용역의 공급시기로 본다(동 3항). 할부로 재화 또는 용역을 공급하는 경우 등으로서 대통령령으로 정하는 경우의 공급시기가 되기 전에 제32조에 따른 세금계산서 또는 제36조에 따른 영수증을 발급하면 발급하는 때를 그 재화 또는 용역의 공급시기로 본다(동 4항).

나. 할부 또는 조건부 용역공급 등의 경우

법 제 16 조 제 1 항에 불구하고 할부 또는 조건부 용역을 공급하는 경우 등의 용역의 공급시기는 원칙적으로 대가의 각 부분을 받기로 한 때이다(법 16조 2항).

중간지급 조건부 용역의 공급의 경우 원칙적으로 대가의 각 부분을 분할지급받기로 한 때가 용역의 공급시기 및 익금의 귀속시기이고, 분할지급시기 도래 이후 지급시기 유예합의를 하더라도 원칙적으로 이미 발생한 부가가치세와 법인세 납세의무에 영향을 미칠 수 없다. 또한 분할지급시기 도래 전에 지급유예 합의를 한 경우에도, 그 이후에 계약이 중도 해지되어 장래를 향해 효력을 잃게 되면 그 시점에서 계약에 의한 용역제공이 완료되고 원칙적으로 이미 공급한 용역에 관한 대가를 지급받을 권리가 확정되므로, 해지 시까지 공급한 부분에 관한 용역의 공급시기와 익금의 귀속시기는 계약 해지 시에 도래한다(판 2015. 8. 19, 2015두1588).

제 5 절 거래장소

1. 의 의

거래장소란 재화 또는 용역의 공급장소를 말한다. 이는 우리나라의 과세고권이 미치는 범위를 정하는 기준이 되는 것으로서 행정관할인 사업장과는 다른 개념이다. 소비지국 과세원칙을 취하는 우리 법상 거래장소에 관한 규정은 부가가치세 납세의무를 부담하는가의 문제와 직결되는 매우 중요한 사항이다.

법상 재화의 공급장소는, 1. 재화의 이동이 필요한 경우에는 재화의 이동이 시작되는 장소, 2. 재화의 이동이 필요하지 아니한 경우에는 재화가 공급되는 시기에 재화가 있는 장소이고(법 19조 1항), 용역의 공급장소는, 1. 역무가 제공되거나 시설물, 권리 등 재화가 사용되는 장소, 2. 국내 및 국외에 걸쳐 용역이 제공되는 국제운송의 경우 사업자가 비거주자 또는 외국법인이면 여객이 탑승하거나 화물이 적재되는 장소, 3. 제53조의2 제 1 항의 전자적 용역의 경우 용역을 공급받는 자의 사업장 소재지, 주소지 또는 거소지이다(법 20조 1항).

용역의 공급장소와 관련하여, 공급자가 역무를 제공하는 장소를 기준으로 하는 방식(생산지 방식)과 공급받는 자가 역무를 제공받는 장소를 기준으로 하는 방식(소비지 방식)이 있는데 최근 세계 각국의 일반적 추세는 후자인 것으로 설명된다. 우리 법은 이에 관하여 '역무가 제공되는 장소'로 규정하여 문언상 분명하지는 않으나, 판례는 공급받는 자의 입장을 기준으로 용역의 중요하고 본질적인 부분이 제공되는 장소를 파악하여야 한다고 하여 후자의 입장을 취한 것으로 이해된다.

역무가 제공되기 위해서 이를 제공받는 자의 협력행위가 필요한 경우 그 협력행위가 어디에서 이루어졌는지도 고려하여야 한다(판 2022. 7. 28, 2018두39621).

구체적으로 행정해석이나 판례가 국내제공용역으로 본 사례로는, ① 외국법인 국내지점이 국내 사업장이 없는 싱가폴 법인에 국외에서 수행한 소프트웨어 개발용역 대가를 지급하고 인터넷을 통해 국내에서 결과물을 제공받은 경우(재소비-702, 2006. 6. 20.), ② 국내사업장이 없는 비거주자로부터 통신수단으로 기술정보 및 시장정보 등의 용역을 제공받고 대가를 지급하는 경우(부가 22601-1417, 1986. 7. 16.), ③ 국내사업장이 없는 외국법인으로서 외국에 서버를 둔 국외 오픈마켓 사업자가 국내 엔지니어와 국내 소비자 사이에 중개용역을 제공하고 소비자로부터 중개수수료를 지급받는 경우(서면 -2020-법령해석부가-5015, 2020. 12. 29). ④ 국내 대교 건설사업의 포괄적 관리용역과 자문 및 컨설팅 용역 대부분이 국내에서 이루어지고, 결과물이 사용되는 곳이 국내인 경우(판 2016. 2. 18, 2014두13829),[1] ⑤ 국내여행사가 제공하는 국외여행상품(서울행판 2019. 7. 11, 2017구합88794), ⑥ 국내 신용카드회사가 국내사업장이 없는 외국법인의 상표를 부착하여 발급한 신용카드의 국외 사용과 관련하여, 외국법인이 국내 신용카드회사 국내사업장에 결제 네트워크 장비와 소프트웨어를 설치하고, 국내 신용카드회사로 하여금 그 장비를 통해 외국법인 국제결제 네트워크 시스템에 접속하여 신용카드 거래를 승인함으로써 정산 및 결제 등에 관한 정보를 전달받거나 전달하도록 한 경우 외국법인의 국내 신용카드회사에 대한 역무(판 2022. 7. 28, 2018두39621),[2] ⑦ SWIFT(Society for Worldwide Interbank Financial Telecommunication, 국제은행간 금융통신조직)가 국내금융기관에 공급하는 용역에 관하여 기계적, 기술적 작업이 해외에서 이루어졌으나 SWIFT가 표준화한 메시지 양

---

1) 평석은, 이은총, "외국법인의 고정사업장 과세관련 쟁점에 대한 소고", 조세실무연구 10, 22면.
2) 평석은, 강성모, "2022년 소비 및 재산 과세 판례회고", 조세법연구 29-1, 65면.

식에 따라 입력한 외환거래에 대한 메시지가 국내금융기관 국내점포에 전송된 경우(판 2006. 6. 16, 2004두7528 · 7535)[1] 등이 있다. 이 중 ⑦ 판결은, SWIFT 통신망을 이용한 메시지 전송 및 저장의 기계적, 기술적 작업은 해외의 컴퓨터 서버에서 이루어지고 그 정보의 수령은 국내 금융회사가 국내에서 SWIFT 통신망에 접속(log in)하여 이루어지는 구조로서 정보의 전송장소는 해외인데 도착장소는 국내인 경우이다. 이 경우 국내 통신망 접속은 이미 제공되어 있는 정보의 수령과정에 불과하므로 용역의 공급장소를 외국으로 볼 여지도 있으나 소비지국 과세원칙에 입각한 부가가치세의 공급장소는 사업장 소재지와는 구분되고, 국내금융회사가 SWIFT로부터 제공받은 용역의 최종 소비자가 같은 회사의 국내 고객이라는 점 등을 고려할 때, 국내금융회사가 정보를 수령하기 위하여 거래메시지를 입력한 장소인 국내를 용역의 공급장소로 본 판례의 태도는 수긍할 수 있다. 이와 같은 구조는 ⑥의 2018두39621 판결도 동일한 것으로 이해된다.

이에 반하여 국외제공용역으로 본 것으로는, ① 싱가포르 법인이 스위스은행 홍콩지점으로부터 우리나라 상장회사가 발행한 해외 전환사채를 매수하여 회수하는 사업을 영위하는 과정에서 내국법인인 원고가 채권의 인수를 중개·알선하고 회수하는 용역을 제공한 것을 부수용역으로 보아 전체를 국외제공용역으로 본 것(판 2016. 1. 14, 2014두8766), ② 국내법인이 해외에서 소송을 진행하며 현지 로펌을 선임하고 법률비용을 지급한 경우 용역의 사용장소가 국외라는 이유로 국외제공용역으로 본 것(서울행판 2018. 12. 14, 2018구합55166) 등이 있다.[2]

2. 전자상거래

가. 총 설

인터넷의 폭발적인 확산에 따라 전자상거래(electronic commerce)가 시간적·공간적 제약을 극복한 21세기의 새로운 경제활동으로 부각되고 있으며 세계 각국은 사이버 공간을 「제 2 의 국토」로 인식하고, 국가생존권 확보를 위한 핵심수단으로 전자상거래를 추진하고 있다. 이러한 배경 아래에서 전자상거래 문제는 과세와 관련하여서도 특별한 관심의 대상이 되고 있으며 조세문제는 OECD를 중심으로 논의되어 온 전자상거래 문제에 있어서 핵심적인 논의사항이 되고 있다. 일찍이 1998년

1) 각 판결에 대한 평석은, 박기범, 조세판례백선 3, 363면.
2) 관련 논의는, 남성우, "국제적 용역거래의 공급장소에 관한 대법원 판례의 경향", 조세법연구 24-2, 151면.

10월 캐나다 오타와에서 개최된 OECD 각료회의는 전자상거래 과세기준을 승인·공표하였는데, 그 내용은, 1) 납세자 서비스개선을 위하여 전자상거래 기술을 활용할 것, 2) OECD 회원국, 기업 및 비기업 납세자단체 등과의 협조를 강화할 것, 3) 전자상거래에 대하여 중립·효율·간소·효과 및 공평성 등 일반적 과세원칙을 유지할 것 등이다. 이 중 3)의 일반적 과세원칙은 전자상거래를 기존의 전통적 방식에 의한 상거래와 과세상 차별하여서는 안 된다는 것과 전자상거래에서의 일반적 과세원칙 실현은 현행 과세기준에 의하여 가능하다는 것, 그리고 과세주권, 과세베이스의 국가간 공평배분보장 및 이중과세와 과세의 공백 방지 등의 내용을 포함하고 있다.

전자상거래란, 재화나 용역을 거래할 때 그 전부 또는 일부가 전자문서 등 전자적 방식으로 처리되는 거래의 방법으로 상행위를 하는 것을 말한다(전자상거래 등에서의 소비자보호에 관한 법률 2조 1호, 전자문서 및 전자거래 기본법 2조 5호).

전자상거래와 관련된 국제적인 거래환경과 관련하여 주로 문제되는 것은 두 가지이다. 하나는 사업장소재지를 어디로 볼 것인가 하는 것이고, 다른 하나는 소비지과세주의를 어떻게 관철할 수 있는가 하는 것이다. 세목별로는 관세와 부가가치세, 소득세 등이 문제되는데 여기에서는 우선 부가가치세에 대하여 살펴본다.[1)]

나. 전자상거래에 대한 부가가치세 과세

(1) 거래형태

재화나 용역의 공급과 관련하여, 인터넷을 통한 전자상거래의 출현은 두 가지 측면에서 커다란 변화를 가져왔다. 첫째는 기존 재화 및 용역의 전달을 간편화한 것으로서, 예를 들면 기존에 도·소매점을 통해 판매하던 물품을 전자쇼핑몰을 통해 판매하거나(재화), blue print 형태로 전달되던 특허도면을 전자우편(e-mail) 형태로 전달하는 경우(용역) 등이다. 이와 같이 전자시스템이 기존 거래 단계를 단축하거나 수단을 대체하는 데 불과하면 재화나 용역이 공급되는 본질적 형태는 변동이 없으므로 기존 세제에 따른 과세에 특별한 문제는 없고, 다만 세원의 포착과 징수의 어려움 및 각 소비지 국가가 과세주권을 어떻게 관철시킬 것인가의 문제만 남게된다. 다른 하나는 전자적 형태의 무체물을 컴퓨터 등 정보처리능력을 가진 장치에 저장하여 상품으로 직접 공급하는 경우로서 전자상거래와 관련된 과세상 어려운 문제들은 주로 이 형태와 관련하여 야기된다.

---

1) 전자상거래에 대한 자세한 설명은, 김도형, “전자상거래과세 관련 논의동향”, 국세법무월보, 2000. 1.; 조양희, “전자상거래의 조세법적 문제점”, 조세법연구 5, 65면.

(2) 과세장소

비거주자나 외국법인의 경우 소득세법 제120조나 법인세법 제94조의 국내사업장을 부가가치세법상 사업장으로 간주하고(영 8조 6항), 전자상거래와 관련된 국내사업장 또는 조세조약상의 고정사업장 소재지는 전자상거래에 이용되는 컴퓨터 서버(server) 소재지로 보는 것이 일반적 견해이다. 전자상거래에서 용역의 공급자는 소비지국에 사업장을 설치하지 않고도 용역을 제공할 수 있으므로 현행 사업장 과세방식을 그대로 적용하기에는 어려움이 있다. 이에 따라 국제간 소비세 과세에 있어서는 소비지과세 원칙에 관한 논의가 활발하게 진행 중이다.[1)]

현행 법상 국내에 컴퓨터 서버를 설치하지 않고 전자상거래를 행함으로써 사업장이 없는 것으로 인정되는 경우 거래 대상이 재화이면 재화의 수입자가, 용역이면 대리납부제도에 따라 용역을 제공받는 자가 납부의무를 부담하게 될 것이다(법 4조 2호 및 52조 1항 참조).

법은 국내소비자가 해외 오픈마켓 등에서 구매하는 게임·음성·동영상 파일 또는 소프트웨어 등 전자적 용역을 국내에서 용역이 공급되는 것으로 보고 해외 오픈마켓 사업자가 국내에서 간편하게 사업자등록을 하여 부가가치세를 납부할 수 있도록 하고 있다. 그 내용은 법 제53조의2 제 1 항 및 이 책 1083면 참조.

(3) 재화와 용역의 구분문제

부가가치세법상 재화로 정의되기 위해서는 물리적 목적물과 운송수단이 존재해야 하는데, 종래 우편수단 등에 의해 공급되던 신문, 소프트웨어, CD 등이 디지털 형식으로 온라인 전송되어 물리적 실체가 없어짐에 따라 재화와 용역의 구분이 모호해지고 그에 따라 양자를 구별하는 기준을 새로 정립할 필요성이 대두되었다.

이에 대한 과세와 관련하여 OECD는, 인터넷으로 전달되는 서비스나 CD, 비디오, 소프트웨어 등의 무체재산은 이를 용역의 공급으로 취급하고 있다.[2)] 다만 우리 부가가치세법 시행령 제38조, 동법 시행규칙 제26조는 면세거래인 서적의 공급과 관련하여 전자정보화된 도서를 도서로 보도록 규정하고 있다.

한편 용역의 종류에 따라 과세장소가 달라지므로 공급된 용역의 유형을 결정짓는 것도 과세권확보 차원에서 중요한데 인터넷과 새로운 통신기술의 발달은 용역 유형의 분류를 더욱 곤란하게 만들고 있다.

---

1) 관련 논의는 김도형, 앞의 책 16면 및 이 책 1247면 참조.
2) OECD, "Taxation and Electronic Commerce: Implementing the Ottawa Taxation Framework Conditions(2001)", 18면.

제 3 장
영세율과 면세

제 1 절 영 세 율

1. 의 의

영세율은 말 그대로 세율을 0(영)으로 하는 것을 말한다. 어느 거래가 영세율 적용대상이면 납부세액 계산 시 재화 또는 용역의 공급에 대한 매출액에 영의 세율을 적용하므로 매출세액은 영이 되고 여기에서 재화 또는 용역을 공급받을 때 자기가 부담한 매입세액을 공제하면 그 매입세액만큼 마이너스(△)가 되어 매입세액을 전액 환급받게 된다. 이에 대하여 면세는 그 적용대상이 되는 단계의 거래에서 창출되는 부가가치에 대한 세액만을 면제하고 그 전 단계 과세거래에서 부담한 부가가치세는 공제하지 않는 제도이다. 이 경우에는 매입세액을 공제할 대응 매출세액 자체가 없게 되며, 면세사업자가 면세 전 단계의 매입거래에서 부담한 부가가치세액은 매입원가의 일부를 구성하게 된다. 그것이 매출가격에 미치는 영향에 관하여는 뒤에서 다시 보기로 한다.

영세율 적용이 되는 재화 또는 용역의 공급은 과세거래이므로 그 재화 또는 용역을 공급하는 사업자는 부가가치세법에 의하여 사업자등록을 하여야 하고, 부가가치세법에서 과세사업자가 이행하여야 할 제반 의무를 이행하여야 하며 불이행시에는 가산세 등 불이익처분을 당하게 된다. 다만 세금계산서 교부의무의 일부면제, 세액의 조기환급 등과 같이 별도의 규정이 있는 경우에는 예외가 인정된다. 이에 반하여 면세사업자는 이러한 의무가 없으며 사업자등록도 부가가치세법이 아닌 법인세법 또는 소득세법에 의하여 행하게 된다.

2. 제도의 목적

영세율은, (ⅰ) 수출입 재화에 대한 국가 간 이중과세의 방지, (ⅱ) 수출재화의 가격조건을 유리하게 하여 국제경쟁력을 제고함에 따른 수출의 촉진 (ⅲ) 특정거래를 보호하기 위한 국가의 정책목적 등을 수행하기 위하여 채택된다.

3. 적용대상자

영세율은 부가가치세 과세사업자인 거주자와 내국법인, 상호면세에 해당하는 과세사업자인 비거주자와 외국법인에게 적용된다. 간이과세자도 적용대상자이나 면세사업자는 재화를 수출하더라도 영세율을 적용받지 못한다. 다만 면세사업자도 면세포기를 하면 영세율을 적용받을 수 있다.

영세율은 재화의 수출거래나 국외에서 제공되는 용역 또는 외국항행용역 등에 적용되는 것이 원칙이나, 그러한 거래를 하는 사업자가 비거주자 또는 외국법인인 경우 그 적용에 제한을 가하여 상호주의를 채택하고 있다. 즉, 사업자가 비거주자 또는 외국법인이면 그 해당 국가에서 대한민국의 거주자 또는 내국법인에 대하여 동일하게 면세하는 경우에만 영세율을 적용한다(법 25조 1항).

제24조 제 1 항 제 2 호(외교공관등의 소속직원에 대한 재화·용역의 공급)를 적용할 때에도 해당 외국에서 대한민국 외교관 등에게 공급하는 재화 또는 용역에 대하여 동일하게 면세하는 경우에만 영세율을 적용한다(동 2항).

'동일한 면세'란 당해 외국의 조세로서 우리나라의 부가가치세 또는 이와 유사한 성질의 조세를 면제하는 때와 그 외국에 우리나라의 부가가치세 또는 이와 유사한 성질의 조세가 없는 때를 의미한다(동 3항).

사업자가 부가가치세 예정신고 또는 확정신고 시에 영세율 적용대상 과세표준을 신고하면서 관련 법령이 정하는 첨부서류를 제출하지 않은 경우에도 당해 과세표준이 영세율 적용대상인 때에는 영세율을 적용한다(판 2005. 2. 18, 2004두8224).

4. 적용대상

가. 수출하는 재화(법 21조 1항)

'수출'은 다음 각 호의 것으로 한다(법 21조 2항).

1. 내국물품(대한민국 선박에 의하여 채집되거나 잡힌 수산물을 포함한다)을 외국으로 반출하는 것 2. 중계무역 방식의 거래 등 대통령령으로 정하는 것으로서 국내 사업장에서 계약과 대가 수령 등 거래가 이루어지는 것 3. 기획재정부령으로 정하는 내국신용장 또는 구매확인서에 의하여 재화[금지금(金地金)은 제외한다]를 공급하는 것 등으로서 대통령령으로 정하는 것

'내국물품'은 우리나라에 있는 물품으로서 외국물품이 아닌 것과 우리나라 선박 등이 공해에서 채포한 수산물 및 입항 전 수입신고가 수리된 물품을, '외국물품'은 외국으로부터 우리나라에 도착한 물품으로서 수입신고가 수리되기 전의 것과 수출신고가 수리된 물품을 말한다(관세법 2조 4·5호).

나. 국외에서 공급하는 용역

국외에서 공급하는 용역과 관련된 사업장이 국내에 있는 사업자가 국외에서 공급하는 용역에 대하여는 영의 세율을 적용한다(법 22조).

이는 속인주의의 원칙에 따르되 성질상 '용역의 수출'과 마찬가지인 국외에서의 용역제공을 영세율 적용대상으로 규정한 것이다. 해외건설용역 등이 이에 해당한다. 용역을 제공받는 자가 내국법인인지 외국법인인지, 혹은 외국법인의 국내사업장이 존재하는지를 가리지 않고(위 2014두8766 판결), 대금지급방법이 원화 또는 외화인가의 여부도 문제되지 않는다. 국외공급 용역인지 여부는 용역이 제공되는 장소를 기준으로 판단한다. 용역의 중요하고 본질적인 부분이 국외에서 이루어졌다면 그 일부가 국내에서 이루어졌더라도 용역의 제공 장소는 국외이며(판 2016. 1. 14, 2014두8766), 반대의 경우도 마찬가지이다(판 2016. 2. 18, 2014두13829).

다. 외국항행용역

외국항행용역은 선박 또는 항공기에 의하여 여객이나 화물을 국내에서 국외로, 국외에서 국내로 또는 국외에서 국외로 수송하는 것을 말하며, 외국항행사업자가 자기의 사업에 부수하여 행하는 재화 또는 용역의 공급으로서 대통령령으로 정하는 것을 포함한다(법 23조 1, 2항).

이는 위 용역이 국내에서 제공된 부분과 국외에서 제공된 부분의 구분이 쉽지 않으므로 국내외에 걸친 수송용역 전체를 영세율 적용대상으로 한 것이다.

외국항행용역에는 '부수외국항행용역'과 국제운송용역 및 상업서류 송달용역 등이 포함된다. 구체적 내용은 시행령 제32조 참조.

라. 외화획득 재화 및 용역

외화를 획득하는 재화 또는 용역으로서 다음 각 호의 어느 하나에 해당하는 공급은 영세율을 적용한다(법 24조 1항).

1. 우리나라에 상주하는 외교공관, 영사기관(명예영사관원을 장으로 하는 영사기관은 제외한다), 국제연합과 이에 준하는 국제기구(우리나라가 당사국인 조약과 그 밖의 국내 법령에 따라 특권과 면제를 부여받을 수 있는 경우만 해당한다) 등에 재화 또는 용역을 공급하는 경우 2. 외교공관 등의 소속 직원으로서 해당 국가로부터 공무원 신분을 부여받은 자 또는 외교부장관으로부터 이에 준하는 신분임을 확인받은 자 중 내국인이 아닌 자에게 대통령령으로 정하는 방법에 따라 재화 또는 용역을 공급하는 경우 3. 그 밖에 외화 획득 재화 또는 용역의 공급으로서 대통령령으로 정하는 경우

시행령 제33조 제 2 항 제 1 호는 국내에서 국내사업장이 없는 비거주자(국내에 거소를 둔 개인, 법 제24조 제 1 항 제 1 호에 따른 외교공관등의 소속 직원, 우리나라에 상주하는 국제연합군 또는 미합중국군대의 군인 또는 군무원은 제외, 이 항에서 같음) 또는 외국법인에 공급되는 재화 또는 용역 중 일정한 경우를, 제 2 호는 국내사업장이 있는 비거주자 또는 외국법인이 국내에서 국외의 비거주자 또는 외국법인과 직접 계약하여 공급하는 재화 또는 용역 중 일정한 경우를 각 영세율 적용대상으로 하면서, 다만 각 그 대금을 해당 국외 비거주자 또는 외국법인으로부터 외국환은행에서 원화로 받거나 기획재정부령으로 정하는 방법으로 받는 경우로 한정하고 있다.

위 조항은 외국환의 관리 및 부가가치세의 징수질서를 해하지 않는 범위 내에서 외화획득의 장려라는 국가정책상의 목적에 부합되는 경우에만 법령이 정하는 바에 따라 예외적·제한적으로 인정되므로 그 적용요건을 엄격하게 해석하여야 한다(판 2024. 4. 12, 2023두58701). 따라서 국내사업장이 없는 외국법인과 체결한 공급계약에 따라 외국법인이 지정한 내국법인에 서비스를 공급한 후 대가를 외국법인에 지급할 금액에서 차감하는 방법으로 지급받은 경우는 영세율 대상이 아니다(판 2007. 6. 14, 2005두12718). 다만 위탁자인 광고매체사가 준위탁매매인인 광고대행사를 통해 외국법인 광고주에게 광고용역을 공급한 경우 용역공급의 주체가 위탁자로서 광고대행사가 광고주로부터 원화로 받은 광고료는 위탁자가 받은 것이므로 영세율 적용대상 거래에 해당한다(판 2008. 7. 10, 2006두9337).

그 밖에 조특법에서도 영세율 적용대상을 규정하고 있는데(조특법 105조; 조특령 105조) 이는 국경세 조정과는 관계없이 재화의 소비세 부담을 덜어주기 위한 것이다.

제2절 면 세

1. 의 의

면세란 사업자의 재화 또는 용역의 공급에 대하여 부가가치세 납부의무를 면제하는 것이다. 면세제도는 소비자의 부가가치세 부담을 덜어 주기 위한 것일 뿐 사업자의 세 부담을 덜어주기 위한 제도가 아니다. 면세는 최종 유통단계에서는 소비자의 조세부담을 경감시켜 주는 효과가 있으나 중간단계에서는 면세사업자가 매입세액을 공제받지 못하기 때문에 오히려 사업자의 조세부담을 증가시키며, 최종 과세단계의 매출가격 및 부가가치세도 중간면세가 없는 경우보다 오히려 증가한다.

일반적으로 부가가치세가 재화나 용역의 최종 소비자에게 얼마만큼 전가되는 가는 궁극적으로 그 재화나 용역에 대한 시장의 수요와 공급 조건에 달려 있다. 예컨대 택시 승차용역을 면세로 하면 통상은 그 세액만큼 택시비가 인하되지 않고 일부는 사업자의 이윤을 높이는 쪽으로 작용한다.

특별히 중간단계 면세의 경우 시장상황에 따라 면세공급자가 그 전 과세거래 단계에서 부담한 매입세액 전부를 원가에 반영시키지 못한 채 일부를 자신이 부담하는 경우가 발생하는데 이를 '내재된 부가가치세(hidden-VAT)'라고 부른다.

면세가 소비자가격에 어떻게 영향을 미치는 지를 예를 들어 살펴본다.

어느 재화가 A−B−C 세 단계를 거쳐 생산, 유통, 소비되고 A의 매입가액은 0 이며, A는 100원, B는 200원의 판매이익(매출가액-매입가액)을 남긴다고 할 경우 부가가치세율이 10%라면, A는 B에게 110원, B는 C에게 330원의 세후가액으로 재화를 판매하게 된다. 여기서 B−C의 거래가 면세이면, A−B 사이의 거래가액은 여전히 세후 110원이지만, B−C 사이의 거래가액은, B가 면세로 인하여 공제받지 못한 A로부터의 매입세액 10원을 매입원가에 산입한다고 볼 경우, 세전 310원(매입원가 110원+판매이익 200원)이 되고 매출에 따른 부가가치세는 면세이므로 그 가격이 소비자가격이 되어 전체로서 20원 만큼 최종 소비자가격을 낮추게 된다.

다음, 같은 예를 기초로 면세물품을 공급받은 C는 소매상이고 이를 다시 최종 소비자 D에게 이윤 300원을 남기고 과세거래로 판매한다고 가정해 본다. 이 경우 C는 B로부터 310원에 제품을 공급받아 자신의 판매이익 300원을 보태어 D에게 최종적으로 세전 610원, 세후 671원의 가격으로 제품을 공급하게 된다. 중간에 면세가 없었으면 D에의 최종공급가액은 세후 660원이 되었을 것이므로 결국 최종적으로 소비자가 부담하는 가격이 11원만큼 올라간다. 한편 국가는 중간 면세에 불구하고 당초 징수할 세액 60원{각 단계의 납부세액(매출세액-매입세액)의 합계 = 10 + 20 + 30}뿐 아니라 최종단계에서 증가된 납부세액 1원과 A가 B로부터 징수하여 국가에 납부하였으나 면세매출로 인하여 B가 환급받지 못한 매입세액 10원을 합한 총 11원의 세액을 더 징수하게 된다. 결국 최종소비자 D가 더 부담한 금액을 국가가 세금으로 거두어 간 셈이다.

이러한 현상은 우리 부가가치세제가 전단계세액공제방식을 취하고 있는데 중간에 면세가 들어와 생기는 결과이다. 중간 면세사업자는 최종소비자와 같은 지위에 있게 되어 국가는 동일한 부가가치에 대하여 두 번의 세금을 거두어들이게 된다. 여기서 뒤의 거래단계가 과세거래로 됨에 따라 국가가 앞의 면세단계에서 잃었던 세수를 되찾는 효과를 환수효과(catching-up effect)라고 부르고(위 예에서 B가 면제받은 세액 30원), 앞의 거래단계에서 과세된 부가가치가 중복 과세되고(위 예에서 B가 납부한 세액 10원), 면세업자의 납부세액이 원가에 반영되어 원래 세액보다 초과과세되는 효과(위 예에서 최종단계에서 증가된 세액 1원)를 누적효과(cascade effect)라고 부른다. 우리 법상 인정되는 면세 포기제도와 의제매입세액 공제제도는 이와 같은 환수효과와 누적효과를 완화하기 위한 제도이다.[1)]

이처럼 면세제도는 환수효과와 누적효과를 야기하여 결국 최종 소비자에게 가격 상승과 세 부담만 가중시키고 다른 한편 조세탈세 및 회피현상을 부추겨 부가가치세 제도의 기본인 세금계산서의 질서마저 깨뜨린다는 문제점이 지적되고 있다. 이러한 문제점에 대하여 면세사업의 범위를 축소시키고 과세체계를 영세율과 같은 체계로 전환하는 것이 대응방안이 될 수 있을 것이다.

2. 적용대상

가. 부가가치세법에서 정하는 것

(1) 국내에서의 재화 또는 용역의 공급(법 26조 1항)[2)]

1. 미가공식료품 등. 가공되지 아니한 식료품(식용으로 제공되는 농산물, 축산물, 수산물 및 임산물을 포함한다) 및 우리나라에서 생산되어 식용으로 제공되지 아니하는 농산물,

1) 관련 논의는, 이준규·채상병, “의제매입세액공제제도의 적정성”, 조세법연구 11-1, 215면.

2) 이하, 별도 설명이 없는 2호 내지 4호, 7호 내지 10호, 13호, 17호 등은 법령기재를 생략하였다.

축산물, 수산물과 임산물로서 대통령령으로 정하는 것[1)]

5. 의료보건용역(수의사용역 포함)으로서 대통령령으로 정하는 것과 혈액(치료·예방·진단 목적으로 조제한 동물의 혈액 포함)[2)]

6. 교육용역으로서 대통령령으로 정하는 것

구시행령 제30조(현 시행령 36조 1항 1호)에서 정한 '그 밖의 비영리단체'는 원칙적으로 초·중등교육법 등과 같이 학교나 학원 등에 대한 구체적 시설 및 설비 기준을 정한 법률에 따른 허가나 인가 등을 받아 설립된 비영리단체를 의미하되, 그 밖의 다른 법령에 따라 설립된 비영리단체가 평생교육을 주된 목적으로 하여 설립한 평생교육기관으로서 주무관청에 의해 지도·감독이 이루어지는 경우도 포함한다.[3)] 이에 반해 사단법인 대한요가협회 분사무소가 일반인인 준회원에게 요가운동법 연구 및 보급 용역을 제공하고 대가로 회비, 교재비, 교육비 등을 지급받은 것(판 2008. 6. 12, 2007두23255), 국내에서 시행하는 국제공인자격시험센터를 운영하기 위해 외국법인과 시험문제 및 관련 소프트웨어 제공에 관한 계약을 체결하고 대가를 지급한 것(판 2010. 1. 28, 2007두14190) 등은 여기에 해당하지 않는다.

11. 금융·보험용역으로서 대통령령으로 정하는 것

그 내용은, 1. 은행법에 따른 은행업무 및 부수업무로서, 예금·적금의 수입 또는 유가증권 및 그 밖의 채무증서 발행 등 같은 호 가목 내지 차목의 용역, 2. 자본시장법에 따른 집합투자업과 신탁업 등 같은 호 다목 내지 거목의 사업 등 시행령 제40조 제 1 항 제 1 호 내지 20호에서 규정하고 있다.

위 각호에 따른 사업 외의 사업을 하는 자가 주된 사업에 부수하여 위 금융·보험용역과 같거나 유사한 용역을 제공하는 경우에도 위 금융·보험용역에 포함되는 것으로 보며(영 40조 2항), 은행법 외의 다른 법률에 따라 설립된 은행, 한국자산관리공사 등의 사업은 은행업에 포함되는 것으로 본다(동 3항).

---

1) 면세재화인 채소류를 재료로 하여 면세재화인 김치를 제조하는 중간과정에서 발생한 독립적인 용역거래가 면세대상이 아니라고 한 것으로 판 95. 2. 14, 94누13381. 그 해설은, 고종주, "김치의 가공용역이 부가가치세법상의 면세대상에 해당하는지 여부", 판례해설(95년 하반기), 505-515면.

2) 의료법에 규정하는 안마사가 아닌 사람이 의료법에 규정하는 안마사를 고용하여 제공하는 안마용역이나 의료법에 규정하는 안마사가 아닌 사람과 의료법에 규정하는 안마사가 공동으로 안마시술소를 개설한 다음 의료법에 규정하는 안마사를 고용하여 제공하는 안마용역은 여기의 면제대상에 해당하지 않는다. 판 2013. 5. 9, 2011두5834.

3) 판 2017. 4. 13, 2016두57472; 구 박물관 및 미술관 진흥법에 따라 제 2 종 박물관으로 등록된 유리공예품·조형물 등을 전시하는 사립박물관에서 유리만들기 체험학습 프로그램을 운영하여 박물관 입장료와 별도로 체험학습 신청자들로부터 체험학습비를 받은 경우 박물관에서 제공하는 유리만들기 체험학습이 부가가치세가 면제되는 교육용역에 해당한다고 한 사례.

자금융통과 관련된 금융용역의 부가가치는 대출이자와 차입(예금)이자의 차이에서 발생한다. 그 차액이 발생하는 원인은, '돈의 시간적 가치' '대출자금회수의 위험에 대한 대가', 그리고 '은행 자체가 제공하는 용역의 대가' 등 세 가지이다. 이 중 앞의 두 가지는 소비와 무관하므로 부가가치세 과세대상이 아니고, 은행 용역의 대가만이 과세대상인데 현실적으로 이 부분은 은행의 업무형태상 예금이자와 대출이자의 차액 속에 숨어 구분이 불가능하므로 이를 면세대상으로 한 것이다. 따라서 금융업자가 제공하는 경우에도 구분과세가 가능한 수수료 용역의 제공은 과세대상이다. 그 구체적인 내용은 시행령 제40조 제 4 항 참조.

우리와 세제가 유사한 EU 국가도 금융기관의 금융용역 중 이자수입은 면세대상이나, 그 밖의 수수료수입 등은 과세대상이다.[1] 이처럼 금융용역에 대해 부가가치세가 면제됨에 따라 금융·보험업자 자신이 수행하던 기능 일부를 제 3 자로부터 구매하면(예컨대 은행이 수행하던 전산용역을 자회사를 통해 공급받는 경우), 최종소비자에 대한 공급가격이 증가한다. 이러한 이유로 금융기관의 전문화·대형화와 함께 연결부가가치세제 도입이 금융기관의 경쟁력 향상 방안으로 제기되고 있다.

신용정보회사가 제공하는 자산유동화사업에 따른 유동화자산(채권)의 추심용역은 유동화 자산관리사업의 주요부분을 이루는 것으로서, 일반적인 채권추심업무에 관한 부가가치세법 시행령 제33조 제 1 항 제12호가 아니라 같은 항 제15호(현행 시행령 40조 10호 및 10호의2)(유동화전문회사 및 자산관리자가 행하는 자산유동화사업 및 자산관리사업)에 해당하여 면세이다.[2]

12. 주택과 이에 부수되는 토지의 임대용역으로서 대통령령으로 정하는 것.

이 규정은 사회정책적 차원에서 임차인의 부가가치세 부담을 경감시켜 주기 위한 것이다. 면세대상인 주택에 해당하는지 여부는 임차인이 실제로 당해 건물을 상시주거용으로 사용하는지 여부에 따라 판단한다(판 92. 7. 24, 91누12707).

14. 토 지

토지·노동·자본은 생산요소로서 그 자체가 부가가치 창출요소이고 소비 대상이 아니기 때문에 토지 그 자체는 당연 면세대상이다. 다만 토지의 형질변경이나

1) 관련 논의는, 안창남, "금융용역과 부가가치세", 조세법연구 8-I, 175면.

2) 판 2018. 9. 13, 2018두44234. 서울고판 2018. 3. 28, 2017누52377에 대한 심리불속행 판결임. 그 밖에 비금융회사가 매출채권 팩토링(기업의 판매대금 채권의 매수·회수 및 이와 관련된 업무) 서비스를 제공하는 경우 면세대상인 금융용액에 해당한다고 본 행정해석으로 사전-2021-법령해석부가-0040, 2021. 1. 22. 이에 반하여 자본시장법상 금융투자회사가 온라인 주식매매 중개시스템(HTS)을 통하여 고객에게 주식 관련 정보를 제공하고 대가를 받는 경우 이는 금융용역에 해당하지 않고 과세대상이다. 서면-2020-법령해석부가-1773, 2020. 6. 10.

구조물 설치 등으로 토지의 가치를 증가시킨 경우 그 가치증가분은 창출된 부가가치로 볼 수 있으나 대부분 국가의 입법 예는 토지의 공급 전반에 대하여 이를 과세대상으로 삼지 않는다. 한편 토지의 임대나 토지상 건물의 양도 또는 대여는 원칙적으로 과세대상이다. 다만 현실적으로 각국의 입법 예는 일정하지 않은데, 우리나라의 경우 주택의 부속토지를 제외한 나머지 토지의 임대용역은 과세대상이다.

주택재개발정비사업 시행자가 재고자산인 토지와 지상 건축물을 취득하여 건축물을 철거한 후 주택 등 건축물을 신축하기 위해 지출한 비용이 토지 관련 지출 면세사업 비용에 대한 매입세액인지 여부는 사업의 내용, 지출의 목적과 경위 등에 비추어 각 비용마다 개별적으로 판단하여야 한다(판 2016. 2. 18, 2012두22447).

16. 예술창작품, 예술, 문화행사와 아마추어 운동경기로서 대통령령으로 정하는 것[1)]

18. 종교·자선·학술·구호·그 밖의 공익을 목적으로 하는 단체가 공급하는 재화 또는 용역으로서 대통령령으로 정하는 것

'공익을 목적으로 하는 단체'란 사회일반의 복리증진을 고유의 직접목적으로 하는 단체를 말하고, 특정 계층이나 지위 또는 일정한 자격을 가진 자나 특정 업종에 종사하는 자들만의 이익증진 내지 권리보호를 그 고유의 목적으로 하는 단체는 이에 해당하지 아니한다(판 97. 8. 26, 96누17799). 이러한 단체가 여러 사업을 수행하는 경우, 면세 여부는 원칙적으로 각 사업별로 '개별적인 재화 또는 용역의 공급'을 기준으로 판정해야 하고, 각 사업별로 묶어서 하나의 공급 단위로 보고 그 사업 분야 전체를 기준으로 판정할 것이 아니다(판 2022. 3. 17, 2017두69908).

20. 국가, 지방자치단체, 지방자치단체조합 또는 대통령령으로 정하는 공익단체에 무상으로 공급하는 재화 또는 용역

국가 등으로부터 시설관리 등을 위탁받은 단체가 그 명의와 계산으로 재화 또는 용역을 공급하는 경우는 여기에 해당하지 않는다(판 2017. 7. 11, 2015두48754).

(2) 재화의 수입(법 27조)

여기에는 수입재화 중 가공되지 않은 식료품, 도서·신문 및 잡지, 과학·교육·문화용 재화, 종교단체 등에 기증되는 재화 등이 포함된다. 부가가치세 과세 여부는 수출입면허 당시 수입물품이 가지는 성상과 가공의 상태를 기준으로 한다.

(3) 부수 재화 및 용역

면세되는 재화 또는 용역의 공급에 통상적으로 부수되는 재화 또는 용역의 공급은 면세되는 재화 또는 용역의 공급에 포함되는 것으로 본다(법 26조 2항).

---

1) 관련 논의는, 강성모, "문화·예술행사와 부가가치세 과세", 조세법연구 18-1, 185면.

나. 조세특례제한법에서 정하는 것

조특법 제106조 내지 106조의2·3 참조.[1]

3. 면세의 포기

유통의 중간단계에서의 면세는 부가가치세의 기본적인 틀을 해치며 면세사업자로부터 공급을 받을 때에는 매입세액불공제와 같은 누적효과의 불이익 때문에 그로부터 매입하기를 꺼리는 경향도 있어 면세사업자의 입장에서도 바람직하지 못할 경우가 있으므로 법은 특정의 면세공급에 대하여는 면세포기를 할 수 있도록 하였다. 즉, 사업자는 법 제26조 또는 조세특례제한법 제106조(부가가치세의 면제 등) 등에 따라 부가가치세가 면제되는 재화 또는 용역의 공급으로서 다음 각 호에 해당하는 것에 대하여는 대통령령으로 정하는 바에 따라 면세의 포기 신고를 하여 부가가치세의 면제를 받지 아니할 수 있다(법 28조 1항).

1. 법 제21조부터 제24조까지의 규정에 따라 영세율 적용의 대상이 되는 것
2. 법 제26조 제 1 항 제12호, 제15호, 제18호에 따른 재화 또는 용역의 공급

제 1 항에 따라 면세포기를 신고한 사업자는 신고한 날부터 3년간 부가가치세를 면제받지 못한다(동 2항). 해당 기간이 지난 뒤 부가가치세를 면제 받으려면 대통령령으로 정하는 바에 따라 면세적용신고서를 제출하여야 하며, 면세적용신고서를 제출하지 아니하면 계속하여 면세를 포기한 것으로 본다(동 3항).

면세포기를 신고한 경우는 지체 없이 사업자등록을 하여야 한다(영 57조).

면세의 포기는 면세제도의 취지에 반하지 않는 범위 내에서 제한적으로 허용된다. 즉, 면세와 동시에 영세율적용 대상이 되는 것과 주택 및 부수토지의 임대용역, 저술가·작곡가 그 밖의 대통령령으로 정하는 자가 직업상 제공하는 인적 용역 및 종교·자선·학술·구호 그 밖의 공익목적의 단체의 재화 또는 용역의 공급에 대하여만 면세의 포기가 허용된다.

면세포기의 일정한 경우 의제매입세액을 공제받을 수 있다(법 42조; 영 84조).

---

1) 공급 당시 공부상 용도가 업무시설인 오피스텔은 그 후 실제로 주거 용도로 사용되더라도 그 규모가 주택법에 따른 국민주택 규모 이하인지 여부와 관계없이 조특법 제106조 제 1 항 제 4 호, 동 시행령 제106조 제 4 항 제 1 호, 제51조의2 제 3 항 소정의 면세대상인 '국민주택'에 해당하지 않는다. 판 2021. 1. 14, 2020두40914. 이는 부가가치세법상 거래대상의 파악에 있어서 실질과세 원칙의 적용원리가 소득세제와는 다르다는 것을 나타내 준다.

제 4 장

과세표준과 세액의 계산

제 1 절 의　　의

부가가치를 계산하는 방법에는 직접가산법과 간접가산법, 직접공제법과 간접공제법이 있다. 가산법은 부가가치의 구성요소를 더하여 계산하는 방법이고 공제법은 매출에서 투입한 중간재 등을 공제하여 계산하는 방법이며, 직접법은 부가가치를 먼저 계산하여 세율을 곱하고 간접법은 산출액에다 세율을 적용하여 계산한 세액에서 투입액에다 세율을 곱한 세액을 공제하는 방법을 가리킨다.

우리나라의 부가가치세는 매출세액에서 매입세액을 공제하여 납부세액을 산정하는 전단계세액공제방법에 의하여 부가가치를 산정하는데 이는 위 방법 중 간접공제법을 택한 것이다. 따라서 과세표준은 부가가치가 아니라 재화 또는 용역의 공급에 대한 가액의 총액(공급가액)이 된다.

과세표준 산정의 기초가 되는 가격에 세액을 포함시키는 입법 예와 포함시키지 않는 입법 예가 있는데 우리 세법상 공급가액은 부가가치세가 포함되지 아니한 가격을 말하므로, 우리 부가가치세제는 후자의 입장을 취하고 있다. 그러나 간이과세의 경우에는 '공급가액'이 아닌 '공급대가'를 과세표준으로 삼는다. '공급대가'는 세액이 제외된 공급가액과 구별하기 위하여 사용하는 개념이다.

제2절 과세표준의 범위

1. 일반적인 경우

가. 원 칙

재화 또는 용역의 공급에 대한 부가가치세의 과세표준은 해당 과세기간에 공급한 재화 또는 용역의 공급가액을 합한 금액으로 한다(법 29조 1항).

위 공급가액은 다음 각 호의 가액을 말한다. 이 경우 대금, 요금, 수수료 및 그 밖에 어떤 명목이든 상관없이 재화 또는 용역을 공급받는 자로부터 받는 금전적 가치 있는 모든 것을 포함하되, 부가가치세는 포함하지 아니한다(동 3항).

1. 금전으로 대가를 받는 경우: 그 대가. 다만 그 대가를 외국통화 기타 외국환으로 받은 경우에는 대통령령으로 정한 바에 따라 환산한 가액
2. 금전 외의 대가를 받는 경우: 자기가 공급한 재화 또는 용역의 시가
3. 폐업하는 경우: 폐업 시 남아있는 재고재화의 시가
4. 법 제10조 제1항, 제2항, 제4항, 제5항 및 제12조 제1항에 따라 재화 또는 용역을 공급한 것으로 보는 경우: 자기가 공급한 재화 또는 용역의 시가
5. 법 제10조 제3항에 따라 재화를 공급하는 것으로 보는 경우: 해당 재화의 취득가액 등을 기준으로 대통령령으로 정하는 취득가액
6. 외상거래, 할부거래, 대통령령으로 정하는 마일리지 등으로 대금의 전부 또는 일부를 결제하는 거래 등 그 밖에 재화 또는 용역을 공급하는 경우: 공급형태 등을 고려하여 대통령령으로 정하는 가액

이 중 제1호와 제2호는 일반적인 가액산정의 원칙을, 제3호부터 제6호까지는 특수한 경우의 공급가액 산정에 관한 방식을 각각 규정하고 있다.

제1호와 관련하여, 대가를 외국통화 그 밖의 외국환으로 받은 경우에는, 법 제15조부터 제17조까지의 규정에 따른 공급시기가 되기 전에 원화로 환가한 경우에는 그 환가한 금액(영 59조 1호), 그 이후 외국통화나 그 밖의 외국환 상태로 보유하거나 지급받는 경우에는 법 제15조부터 제17조까지의 규정에 따른 공급시기의 외국환거래법에 따른 기준환율이나 재정환율에 따라 계산한 금액(동 2호)이 된다. 따라서 공급시기 이후 환율변동으로 증감되는 금액은 과세표준계산에 영향이 없다.

사업자가 용역을 공급하고 용역대가를 일부는 금전으로 나머지는 금전 이외의

것으로 받은 경우, 그 공급에 대한 부가가치세 과세표준은 받은 금전에 용역 중 금전 이외의 것과 대가관계가 있는 부분의 시가를 더한 금액이 된다(판 2022. 1. 27, 2017두51983).

재화나 용역을 공급받는 자에게 지급하는 장려금이나 이와 유사한 금액 및 제45조 제 1 항에 따른 대손금액은 과세표준에서 공제하지 아니한다(법 29조 6항).

주류제품 제조·판매회사와 수입·판매회사가 공동경비를 매출액 기준으로 분담하고 분담비율 초과지출액을 상대방으로부터 지급받으면서 매출세금계산서를 발행하기로 하는 공동경비 정산계약을 체결한 후 적법한 분담기준을 초과하여 세금계산서를 발행한 경우, 매입세액 불공제는 별론으로 두 회사 사이에 별도로 용역이 제공되었다고 보기는 어려우므로 이를 매출세액에 가산할 수는 없다.[1)]

사업자가 재화 또는 용역을 공급하고 대가로 받은 금액에 부가가치세 상당액이 포함되어 있는지가 불분명하면 거래금액에 100/110을 곱한 금액이 공급가액이 된다(법 29조 7항). 상가관리업체가 입주자들로부터 받은 관리비 중 전기·가스 요금 부분이 부가가치세 과세표준에 포함되는지 여부는 그것이 관리용역과 대가관계가 인정되는지 여부에 따라 달라진다.[2)] 골프회원권 양도에 따른 부가가치세 과세표준은 양도대금 총액이고, 그 양도대금 속에 일정기간 경과 후 돌려받는 입회보증금 상당액이 포함되어 있어도 마찬가지이다(판 2005. 9. 9, 2004두11299).

재화나 용역의 공급대가가 아닌 위약금이나 손해배상금 등은 공급가액이 될 수 없으나(판 97. 12. 9, 97누15722), 위약금의 실질이 재화나 용역의 공급과 대가관계에 있는 것이라면, 부가가치세의 과세표준이 되는 공급가액에 포함된다.[3)]

나. 공급가액 산정의 특칙

(1) 부당행위계산 부인

법 제29조 제 3 항에도 불구하고 특수관계인에 대한 재화 또는 용역(수탁자가 위탁자의 특수관계인에게 공급하는 신탁재산과 관련된 재화 또는 용역을 포함한다)**의 공급이 다음 각 호의 어느 하나에 해당하는 경우로서 조세의 부담을 부당하게 감**

---

1) 판 2017. 3. 9, 2016두55605. 그 평석은 윤여정, 조세법연구 24-2, 263면.

2) 단순한 납부대행으로 인정하여 과세표준에 포함되지 않는다고 한 사례: 판 2007. 9. 6, 2007두9778. 대가관계가 인정되어 과세표준에 포함된다고 한 사례: 판 2003. 4. 11, 2001두10707.

3) 판 2019. 9. 10, 2017두61119. 의무사용약정을 체결한 이용자가 중도 해지를 함에 따라 기왕에 할인받은 금액 중 일부를 추가로 납부한 경우. 이는 할인받은 에누리 상당액을 할인 조건의 불성취로 추가로 용역대가를 지급한 것으로 본 것이다. 판결에 대한 평석은, 최성근, 조세판례백선 3, 413면.

소시킬 것으로 인정되는 경우에는 공급한 재화 또는 용역의 시가를 공급가액으로 본다(법 29조 4항).

1. 재화의 공급에 대하여 부당하게 낮은 대가를 받거나 아무 대가를 받지 않은 경우

2. 용역의 공급에 대하여 부당하게 낮은 대가를 받는 경우 3. 용역의 공급에 대하여 대가를 받지 아니한 경우로서 제12조 제 2 항 단서가 적용되는 경우

조세부담의 감소가 있어야 하므로 면세거래나 영세율이 적용되는 거래에서는 부당행위계산부인이 문제될 여지가 없다.

3호의 용역의 무상공급이 부인대상이 되는 경우는 사업자가 특수관계인에게 사업용 부동산의 임대용역 등을 공급하는 경우를 가리킨다.[1)]

법 제29조 제 3 항 및 제 4 항에 따른 시가는 다음 각호의 것으로 한다(영 62조).

1. 사업자가 특수관계인이 아닌 자와 해당 거래와 유사한 상황에서 계속적으로 거래한 가격 또는 제 3 자 간에 일반적으로 거래된 가격

2. 제 1 호의 가격이 없는 경우에는 사업자가 그 대가로 받은 재화 또는 용역의 가격(공급받은 사업자가 특수관계인이 아닌 자와 해당 거래와 유사한 상황에서 계속적으로 거래한 해당 재화 및 용역의 가격 또는 제 3 자 간에 일반적으로 거래된 가격)

3. 제 1 호나 2호에 따른 가격이 없거나 시가가 불분명한 경우 소득세법시행령 제98조 제 3 항 및 4 항 또는 법인세법시행령 제89조 제 2 항 및 4 항에 따른 가격으로 한다.

(2) 외상거래 등 그 밖의 공급가액의 계산

㈎ **규정의 내용**: 법 제29조 제 3 항 제 6 호는 외상거래, 할부거래, 대통령령으로 정하는 마일리지 등으로 대금의 전부 또는 일부를 결제하는 거래 등 그 밖의 방법으로 재화 또는 용역을 공급하는 경우 부가가치세 과세표준이 되는 공급가액을 공급 형태 등을 고려하여 대통령령으로 정하는 가액으로 규정한다. 여기의 “대통령령으로 정하는 가액”이란 다음 각호의 구분에 따른 가액을 말한다(영 61조 2항).

1. 외상판매·할부판매: 공급한 재화의 총 가액 2. 장기할부판매, 완성도기준지급조건부·중간지급조건부, 계속적인 재화 또는 용역 공급의 경우: 계약에 따라 받기로 한 대가의 각 부분 3. 기부채납: 해당 기부채납의 근거가 되는 법률에 따라 기부채납된 가액. 다만 부가가치세가 포함된 경우 그 부가가치세는 제외한다. 4. 공유수면 관리 및 매립에 관한 법률에 따라 매립용역을 제공하는 경우: 동법에 의하여 산정한 당해 매립공사에 든 총 사업비 5호 내지 8호: 생략

9. 마일리지등으로 대금의 전부 또는 일부를 결제받은 경우(제10호에 해당하는 경우는 제외한다): 다음 각 목의 금액을 합한 금액

1) 관련 논의는, 오금석, “부가가치세법상 부당행위계산 부인”, 조세법연구 1, 197면.

가. 마일리지등 외의 수단으로 결제받은 금액

나. 자기적립마일리지등[당초 재화 또는 용역을 공급하고 마일리지등을 적립(다른 사업자를 통하여 적립하여 준 경우 포함)하여 준 사업자에게 사용한 마일리지등(여러 사업자가 적립하여 줄 수 있거나 여러 사업자를 대상으로 사용할 수 있는 마일리지등의 경우 다음의 요건을 모두 충족한 경우로 한정함)을 말한다] 외의 마일리지등으로 결제받은 부분에 대하여 재화 또는 용역을 공급받는 자 외의 자로부터 보전받았거나 보전받을 금액

1) 고객별·사업자별로 마일리지등의 적립 및 사용 실적을 구분하여 관리하는 등의 방법으로 당초 공급자와 이후 공급자가 같다는 사실이 확인될 것

2) 사업자가 마일리지등으로 결제받은 부분에 대하여 재화 또는 용역을 공급받는 자 외의 자로부터 보전받지 아니할 것

10. 자기적립마일리지등 외의 마일리지등으로 대금의 전부 또는 일부를 결제받은 경우로서 다음 각 목의 어느 하나에 해당하는 경우: 공급한 재화 또는 용역의 시가(제62조에 따른 금액을 말한다) 가. 제 9 호 나목에 따른 금액을 보전받지 아니하고 법 제10조 제 1 항에 따른 자기생산·취득재화를 공급한 경우 나. 제 9 호 나목과 관련하여 특수관계인으로부터 부당하게 낮은 금액을 보전받거나 아무런 금액을 받지 아니하여 조세의 부담을 부당하게 감소시킬 것으로 인정되는 경우

제 1 호의 경우 용역은 빠져 있으나 용역의 외상공급도 마찬가지로 볼 것이다.

제 2 호는 재화의 공급시기에 관하여도 동일한 조항이 있다(영 29조 1항).

시행령은 그 밖에 보세구역 내에 보관된 재화의 공급 및 반입(영 61조 2항 5호), 둘 이상 과세기간에 걸쳐 용역을 제공하고 대가를 선불로 받는 경우(동 6호), 위탁가공무역방식 수출(동 8호) 등의 공급가액 산정에 관한 규정을 두고 있다.

㈏ 마일리지에 관한 논의: 사업자가 고객에게 매출액의 일정 비율에 해당하는 마일리지를 적립하여 주고, 향후 고객이 재화를 공급받으면서 대가의 일부나 전부를 적립된 마일리지로 결제하는 경우 공급가액을 어떻게 산정할 것인가가 실무상 자주 문제된다. 이와 관련하여 구 시행령(2017. 2. 7. 개정 전의 것) 제61조 제 4 항이 이를 과세표준에 포함한다는 취지의 규정을 두어 해석상 논란이 많았으나, 규정에 불구하고 자기 적립 마일리지의 경우 원칙적으로 매출에누리에 해당한다는 앞서의 2015두58959 전원합의체 판결과 학설의 비판 등을 감안하여 위 시행령 개정을 통하여 마일리지 사용이 특별히 공급대가의 성격을 가지지 않은 한 공급가액에서 제외되는 것으로 입법상 정리되었다.[1)]

1) 관련 논의는, 강성모, "마일리지 관련 거래와 부가가치세", 조세법연구 20-3, 201면, 공현진, 박 훈, "마일리지 결제 시 부가가치세법상 매출에누리의 인정 여부", 조세법연구 20-2, 197면. 김두형, 조세법연구 22-3, 203면 등.

현행 규정에 의하면, 재화 또는 용역의 공급 및 마일리지 제공자(당초공급자)와 마일리지 사용에 따른 급부제공자(급부제공자)가 동일한 '자기적립 마일리지'의 경우에는 원칙적으로 마일리지 사용에 따른 결제금액을 매출에누리로 평가하여 공급가액에서 제외하고(영 61조 2항 9호 가목), 당초공급자와 급부제공자가 다른 그 밖의 마일리지의 경우에는 급부제공자가 마일리지 사용에 따른 대가를 상대방 이외의 자로부터 보전받는 경우 그 가액을 공급가액에 포함시키도록 되어 있다(9호 나목).

매출에누리에 해당하기 위해서는 기본적으로 당초 거래 공급자와 2차 거래 공급자가 동일하여야 하므로 계열사 등이 제휴하여 마일리지 적립 및 사용을 공동으로 관리하는 경우 제휴사 사이의 상계 등을 통하여 실질적으로 대가를 보전받지 않은 경우에도 양쪽 거래의 공급자를 달리하는 한 매출에누리에 해당하지 않는다.

자기적립마일리지등 외의 마일리지등으로 대금의 전부 또는 일부를 결제받은 경우로서 대가를 보전받지 않고 자기생산, 취득재화를 공급하거나 특수관계인으로부터 부당하게 낮은 대가를 보전받거나 대가를 보전받지 않으면 시가를 공급가액으로 보게 된다(10호).

위탁판매 수탁자인 홈쇼핑업체가 위탁회사와의 약정에 따라 할인쿠폰 등을 발행하여 할인된 가격으로 상품구매자에게 컴퓨터 등을 판매한 경우, 그 할인액은 상품의 공급조건에 따라 통상의 상품가격에서 직접 공제되는 에누리액에 해당하지만,[1] SK텔레콤(주)이 자사의 이동통신 서비스를 이용하는 고객 중 'OK캐시백 서비스' 이용에 동의한 고객에게 제공하는 'OK캐시백 포인트 적립액'은 현금이 아니고, 사용범위와 조건이 제한돼 있는 등 유통성이 없으며, 일정한 요건을 충족한 경우에만 환전이 가능하고, 회원자격을 상실하거나 일정기간 사용하지 않을 경우 소멸하는 등 현금과 동일한 금전적 가치가 있다고 보기 어려워 부가가치세법상 환급받을 수 있는 '에누리액'으로 볼 수 없고,[2] 상품권을 경품으로 제공하는 게임장에서의 부가가치세 과세표준을 산정함에 있어 게임기 이용자들이 게임기에 투입한 총금액에서 게임업자가 게임기 이용자들에게 경품으로 제공한 상품권의 액면가액

1) 판 2016. 6. 23, 2014두144. 평석은 강성모, 2016년 부가가치세법 판례회고, 조세법연구 23-1, 271면. 백제흠, 조세실무연구 8, 349면. 같은 취지 판결로 판 2016. 6. 23, 2014두298, 304, 311 (병합). 판 2016. 8. 26, 2015두58959(전). 2014두298 판결에 대한 평석은, 백제흠, 세법의 논점 2, 191면.

2) 판 2020. 1. 16, 2019두43238. 판결에 대한 평석은, 박영웅, "2020년 부가가치세법 및 관세법 판례회고", 조세법연구 27-1, 59면.

또는 그 취득가액은 이를 공제할 수 없다.[1)]

판례는, 이동통신사업자의 이동통신용역 관련 업무를 대행하며 이동통신사업자로부터 이동통신 단말장치를 구매하여 이동통신용역 가입자에게 판매하는 대리점 사업자인 갑 회사가 이동통신사업자의 영업방침에 따라 요건을 갖춘 고객에게 단말기 구입가격 중 일부를 포인트로 결제하도록 한 후 나머지 대금만을 지급받고, 이동통신사업자에게 매월 말 판매가 이루어진 단말기 대금을 정산, 지급하면서 포인트 상당액을 제외한 나머지 대금만을 지급한 사안에서, 그 포인트 상당액은 갑 회사의 고객에 대한 단말기 공급가액 및 이동통신사업자의 갑 회사에 대한 단말기 공급가액에서 공제되는 에누리액이라고 보았다.[2)]

이에 반하여 이동통신사업자인 원고가 대리점에 보조금을 직접 또는 신용카드사를 통하여 지급함으로써 단말기를 구입하는 이동통신용역 이용자가 대리점에 지급하여야 할 단말기 대금 중 일부를 대신 변제한 경우 그 보조금이 원고의 이동통신용역 이용자에 대한 이동통신용역 가액에서 공제되는 에누리액에 해당하는지 여부에 관하여는, 사업자가 거래상대방에게 일정한 이익을 제공하는 등으로 해당 재화 또는 용역의 공급가액이 그 상당액만큼 감액되었을 때와 동일한 경제적 효과가 발생하더라도, 그 이익이 별개의 재화 또는 용역의 공급거래에 대하여 제공되는 등의 이유로 해당 재화 또는 용역의 공급가액에서 그 상당액이 직접 공제되었다고 평가할 수 없다면, 이를 해당 재화 또는 용역의 공급가액에 대한 에누리액으로 볼 수 없다고 하여 이를 소극적으로 보았다.[3)]

할인포인트 적립과 그 사용에 따른 가격할인이 재화의 공급과 동시에 이루어진 경우에는 재화의 공급자가 해당 할인액을 업무제휴사로부터 상호보전의 약정 아래 보전받더라도 고객이 1차 거래로 적립된 포인트를 다른 재화 또는 용역의 구입에 사용한 것이 아니므로 이를 공급가액에서 제외되는 에누리액으로 볼 것이다.[4)] 선택적 복지제도 시행으로 부여된 '복지포인트' 사용액은 에누리액에 해당하지 않는다.[5)]

---

1) 판 2008. 9. 25, 2008두11211. 그 평석은 김두형, "게임장 사업자의 부가가치세 과세표준에 관한 연구", 조세법연구 14-2, 68면.
2) 판 2022. 11. 17, 2022두33149. 같은 취지의 것으로 판 2015. 12. 23, 2013두19615.
3) 판 2022. 8. 31, 2017두53170. 관련 평석은, 강성모, "2022년 소비 및 재산 과세 판례회고", 조세법연구 29-1, 65면. 권형기, 조세판례백선 3, 427면. 손호철, 조세판례백선 3, 435면 등.
4) 같은 취지, 조심 2023서3411, 2024. 2. 2.
5) 판 2023. 6. 1, 2019두58766. 그 평석은, 정승영, 조세법연구 30-1, 37면.

다. 과세표준 제외금액

다음 각 호의 금액은 공급가액에 포함하지 아니한다(법 29조 5항).

1. 재화나 용역을 공급할 때 그 품질이나 수량, 인도조건 또는 공급대가의 결제방법이나 그 밖의 공급조건에 따라 통상의 대가에서 일정액을 직접 깎아 주는 금액 2. 환입된 재화의 가액 3. 공급받는 자에게 도달하기 전에 파손되거나 훼손되거나 멸실한 재화의 가액 4. 재화 또는 용역의 공급과 직접 관련되지 아니하는 국고보조금과 공공보조금 5. 공급에 대한 대가의 지급이 지체되었음을 이유로 받는 연체이자 6. 공급에 대한 대가를 약정기일 전에 받았다는 이유로 사업자가 당초의 공급가액에서 할인해 준 금액

1호에는 공급계약에서 정한 공급조건에 반하여 재화나 용역의 공급 후에 당초 공급가액에서 차감되는 금액도 포함되며, 이 경우 특별한 사정이 없는 한 사유 발생일이 속하는 과세기간 총공급가액에서 에누리액을 차감하여 해당 과세기간의 과세표준을 산정한다(판 2013. 4. 11, 2011두8178).

부가가치세 납세의무를 지는 사업자가 국고보조금 교부대상이 되는 보조사업 수행자로서 재화나 용역을 공급하고 국고보조금을 지급받은 경우 제 4 호에 해당한다.[1] 제 5 호의 '연체이자'와 관련하여, 판례는 위약금이나 손해배상금(판 84. 3. 13, 81누412), 위약벌 성격을 띠는 연체료(판 97. 12. 9, 97누15772)는 공급과 대가관계에 있지 않으므로 공급가액에 포함되지 않는 것으로 보았다.

그 밖에 통상적으로 용기 또는 포장을 해당 사업자에게 반환할 것을 조건으로 용기대금과 포장비용을 공제한 금액으로 공급하는 경우에는 그 용기대금과 포장비용은 공급가액에 포함하지 않으며(영 61조 3항), 사업자가 음식·숙박 용역이나 개인서비스 용역을 공급하고 대가와 함께 받는 종업원(자유직업소득자 포함)의 봉사료를 세금계산서, 영수증 또는 법 제46조 제 1 항에 따른 신용카드매출전표 등에 그 대가와 구분하여 적은 경우로서 봉사료를 해당 종업원에게 지급한 사실이 확인되는 경우에는 그 봉사료는 공급가액에 포함하지 않는다. 다만 사업자가 봉사료를 자기 수입금액에 계상한 경우에는 그러하지 아니하다(동 4항).

1) 판 2023. 12. 28, 2020두56780. 한국철도공사가 지방자치단체와 관광열차 운행협약을 체결하고 매월 지방자치단체로부터 지급받은 전세운임은 운행용역을 공급받은 상대방(철도이용자)으로부터 지급받은 것이 아니고 용역의 공급 그 자체에 대한 반대급부로서의 대가가 아닌 재정상의 원조를 목적으로 교부된 운영자금으로서, 부가가치세 과세표준에서 제외되는 공공보조금에 해당한다고 본 사례. 한편, 판 2001. 10. 9, 2000두369는 주민 대표들로 구성된 농경지복구추진위원회가 지방자치단체로부터 받은 국고보조금으로 수해로 인해 유실된 농경지 복구공사를 한 공사업자에게 공사대금을 지급한 경우, 공사업자가 지급받은 공사대금이 부가가치세 과세표준에 포함된다고 보았다.

현재 과세실무는 담배세나 유류세와 같은 종량세 방식 대상에 관하여 종량세액을 부가가치세 과세표준에 산입하는데 종량세액은 거래단계에서 창출된 부가가치와 무관하므로 제외함이 상당하다.

2. 특수한 경우

가. 자가공급·개인적 공급·사업상 증여·폐업 시 재고재화의 경우

면세사업에 전용되어 공급이 의제되는 재화·용역(법 10조 1항), 비영업용 소형 승용자동차와 그 유지를 위한 재화(동 2항), 자기생산·취득재화를 사업과 직접적인 관계없이 자기의 개인적인 목적이나 그 밖의 다른 목적을 위하여 사용·소비하거나, 그 사용인 또는 그 밖의 자가 사용·소비하는 것으로서 사업자가 그 대가를 받지 아니하거나 시가보다 낮은 대가를 받는 경우(동 4항), 사업자가 자기의 고객이나 불특정다수인에게 재화를 증여하는 경우(동 5항), 폐업 시 재고재화의 경우(동 6항)에는 각 시가에 의하여 과세표준을 계산한다(법 29조 3항 3호, 4호).

일시적, 잠정적인 사용, 소비는 자가공급에 해당하지 않는다.[1] 공급의제 규정에 적용되는 '재화의 시가'는 원칙적으로 공급의제 당시의 정상적인 거래에 의해 형성된 객관적 교환가격으로 산정한다. 일반적 공급의 경우와 달리 매입세액 공제는 인정되지 않는다. 사업자의 과세사업에 사용되지 않은 재화가 공급의제된 경우 시행령 제66조에 규정된 감가상각자산의 시가산정에 관한 규정에 따라 공급가액을 산정할 수 없다(판 2016. 7. 7, 2014두1956).[2]

폐업 시 잔존재화의 경우 장부가액은 시가로 볼 수 없고, 과세관청이 단가 등을 조사하여 합리적 방법으로 가액을 확정하거나 공신력있는 감정기관으로 하여금 감정하게 하여 이를 시가로 삼아야 한다(판 96. 10. 11, 95누18666).

나. 직매장 등 반출의 경우

사업장이 둘 이상인 사업자가 자기의 사업과 관련하여 생산·취득한 재화를 판매할 목적으로 자기의 다른 사업장에 반출하는 경우에는 해당 재화의 취득가액 등을 기준으로 대통령령으로 정하는 가액으로 한다(법 10조 3항, 29조 3항 5호).

---

1) 주택건설 및 부동산매매를 업으로 하는 회사가 분양을 목적으로 신축한 아파트가 경기침체로 일부분만 분양되자 미분양 아파트를 일시적, 잠정적으로 임대한 경우 여기의 자가공급에 해당하지 않는다고 본 사안. 판 84. 1. 24, 83누30.

2) 판결에 대한 평석은, 강성모, "2016년 부가가치세법 판례회고", 조세법연구 23-1, 259면 이하 참조.

"대통령령으로 정하는 가액"이란 소득세법시행령 제89조 또는 법인세법시행령 제72조 제 2 항 및 제 4 항에 따른 취득가액을 말한다. 다만 취득가액에 일정액을 더하여 공급하여 자기의 다른 사업장에 반출하는 경우에는 그 취득가액에 일정액을 더한 금액을 공급가액으로 보고(영 60조 1항), 개별소비세, 주세 및 교통·에너지·환경세가 부과되는 재화에 대해서는 그 각 조세의 과세표준에 세액 상당액을 합계한 금액을 공급가액으로 한다(동 2항).

다. 과세·면세사업 공용재화

사업자가 과세사업과 면세사업 및 부가가치세가 과세되지 아니하는 재화 또는 용역을 공급하는 사업("면세사업등")에 공통적으로 사용된 재화를 공급하는 경우에는 대통령령으로 정하는 바에 따라 계산한 금액을 공급가액으로 한다(법 29조 8항).

이 구분은 다음의 산식에 의한다. 이 경우 휴업 등으로 인하여 직전 과세기간의 공급가액이 없는 경우에는 당해 재화의 공급일에 가장 가까운 과세기간의 공급가액에 의하여 계산한다(영 63조 1항).

$$\text{과세표준} = \text{해당 재화의 공급가액} \times \frac{\text{공급일이 속하는 과세기간의 직전과세기간의 과세되는 공급가액}}{\text{공급일이 속하는 과세기간의 직전과세기간의 총공급가액}}$$

시행령 제81조 제 4 항 제 3 호, 같은 조 제 5 항 또는 제82조 제 2 호를 적용받은 재화 또는 제83조에 따라 납부세액이나 환급세액을 사용면적비율에 따라 재계산한 재화로서 과세사업과 면세사업에 공통으로 사용되는 재화를 공급하는 경우의 과세표준에 관하여는 별도의 산식이 있으며(동 2항), 직전 과세기간의 총공급가액 중 면세공급가액이 극히 일부거나 가액이 적은 경우 및 신규사업자의 경우 당해 재화의 공급가액 전액을 과세표준으로 하는 특칙이 있다(동 3항).

토지와 그 지상에 정착된 건물 그 밖의 구축물을 함께 공급하는 경우 그 가액 구분에 관하여 법은 안분계산에 관한 별도의 규정을 두고 있다(법 29조 9항, 영 64조). 이와 관련하여서는 특히 집합건물의 경우 구체적으로 부가가치세 과세표준을 어떻게 산정할 것인가의 문제가 있다.[1)]

1) 관련 내용은 민태욱, "집합건물의 부가가치세 과세표준 구분", 조세법연구 17-1, 265면.

라. 부동산임대용역

사업자가, 1. 부동산임대용역을 공급하고 전세금 또는 임대보증금을 받는 경우, 2. 과세되는 부동산 임대용역과 면세되는 주택임대용역을 함께 공급하여 그 임대 구분과 임대료 등의 구분이 불분명한 경우, 3. 둘 이상의 과세기간에 걸쳐 부동산 임대용역을 공급하고 그 대가를 선불 또는 후불로 받는 경우 각 공급계약은 대통령령이 정하는 바에 따라 계산한 금액으로 한다(법 29조 10항).

이 중 1호의 경우 금전 이외의 대가를 받는 것으로 보아 다음 산식에 의하여 계산한 금액을 과세표준으로 한다(영 65조 1항).

> 전세금 또는 보증금 × 과세대상기간의 일수 × 계약기간 1년의 정기예금이자율 ÷ 365(윤년에는 366) = 과세표준

한편 사업자가 부동산을 임차하여 다시 임대용역을 제공하는 경우에는 제1항의 산식 중 '해당 기간의 전세금 또는 임대보증금'을 '해당 기간의 전세금 또는 임대보증금-임차시 지불한 전세금 또는 임차보증금'으로 한다(동 2항).

마. 감가상각자산의 의제공급

법 제10조 제1항·제2항 및 제4항부터 제6항까지의 규정에 따라 재화의 공급으로 보는 재화가 대통령령으로 정하는 감가상각자산인 경우에는 제3항 제3호 및 제4호에도 불구하고 대통령령으로 정하는 바에 따라 계산한 공급가액을 과세표준에 산입한다(법 29조 11항).

"대통령령으로 정하는 감가상각자산"은 소득세법시행령 제62조 또는 법인세법시행령 제24조에 따른 감가상각자산을 말한다(영 66조 1항).

자가공급, 개인적 공급, 사업상 증여, 폐업 시 재고재화의 의제공급에 있어 공급되는 재화가 감가상각자산에 해당하는 경우 다음 산식에 의한다(동 2항).

> 건물 또는 구축물 = 해당 재화의 취득가액 × (1−5/100 × 경과된 과세기간의 수)
> 그 밖의 감가상각자산 = 해당 재화의 취득가액 × (1−25/100 × 경과된 과세기간의 수)

과세사업에 제공한 감가상각자산을 면세사업에 일부 사용하는 경우에 관하여도 별도의 산식이 있다(동 3항). 각 재화의 취득가액은 법 제38조에 따라 매입세액을 공제받은 해당 재화의 가액으로 한다(동 4항).

바. 수입재화의 과세표준

수입재화에 대한 과세표준은 관세의 과세가격 및 관세, 개별소비세, 주세, 교육세, 농어촌특별세 및 교통·에너지·환경세의 합계액으로 한다(법 29조 2항).

위와 같은 세금들을 포함시킨 것은 국내 재화공급과의 균형을 맞춘 것이다.

제 3 절 세 율

부가가치세는 납세의무자의 인적 사항을 고려함이 없이 거래의 형태에 따라 일정한 비율에 의해 과세하는 비례세율제를 취하고 있다. 다만 비례세율의 경우에도 단일세율로 할 것인지 재화와 용역에 따라 차등을 두는 복수세율로 할 것인지는 나라마다 다르다. 단일세율은 과세행정이 용이하고 세제가 단순하여 납세의무자의 납세순응이 쉽다는 장점이 있고, 복수세율은 부가가치율에 상응하는 세율을 적용한다든지 사치성 재화에 중과한다든지 하여 역진부담을 완화시킬 수 있는 장점이 있다. EC제국 중 프랑스와 독일은 복수세율제를, 영국은 단일세율제를 취한다. 우리나라 부가가치세율은 일반과세자 및 간이과세자 모두에 대하여 10퍼센트의 고정세율로 되어 있다(법 30조).

지방소비세 신설에 따라 단계적인 인상을 거쳐 현재 납부세액에서 감면세액 및 공제세액을 빼고 가산세를 더한 세액의 253/1000를 지방소비세로 전환하고 있다(지법 69조 및 70조 참조).

우리나라 부가가치세율은 단순비례세율로서 외국에 비해 비교적 낮은 편이다. EU 회원국간의 일반적 지침(Council Directive 2006/112/EC of 28 November 2006 on the common system of value added tax)은 회원국의 부가가치세율을 15% 이상, 예외적으로 적용되는 경감된 부가가치세율은 5% 이상이어야 한다고 규정하고 있다. 영국은 일반 부가가치세율이 17.5%, 국내산 연료 등 일부 품목에 대한 경감된 세율은 5%이다.

간이과세자의 세율은 일반과세자와 동일하나 과세표준은 '공급가액'이 아닌 '공급대가'에 업종별 평균부가가치율을 적용하여 산출된 금액에 세율을 적용한다.

부가가치세의 기본세율에 일정한 범위 내에서 시행령으로 세율을 조정할 수 있도록 하는 제도를 탄력세율이라고 하는데 우리나라는 현재 이를 채택하지 않고 있다. 외국의 입법 예로는 영국이 탄력세율을 채택하고 있다.

제 4 절 납부세액의 계산

1. 원 칙

사업자가 납부할 부가가치세액은 그가 공급한 재화나 용역에 대한 세액(매출세액)에서 그가 공급받은 재화나 용역에 대한 세액(매입세액)을 공제한 세액이다(법 37조 2항). 매출세액에서 매입세액을 공제한 세액을 납부세액, 매출세액보다 매입세액이 많아 과세관청으로부터 돌려받아야 할 세액을 환급세액이라고 한다.

> 납부하거나 환급받을 세액 = A − B + C
> A: 법 제37조 제 2 항에 따른 납부세액 또는 환급세액
> B: 법 제46조, 제47조 및 그 밖에 이 법 및 다른 법률에서 정하는 공제세액
> C: 법 제60조 및 국세기본법 제47조의2부터 제47조의5까지의 규정에 따른 가산세

매출세액과 달리 매입세액은 매입총액에 세율을 곱하지 않고 거래징수 당한 매입세액을 모두 합하여 산정한다. 어느 쪽이나 모두 한 과세기간을 단위로 하여 산정한다. 과다매출신고분도 매출세액 산정에 포함된다(판 2005. 11. 10, 2004두9197).

2. 매입세액의 공제

가. 총 설

납부세액 계산시 매입세액을 공제받으려면 매입거래시 발급받은 세금계산서를 제출하여야 한다. 세금계산서에 갈음하여 일반과세자가 부가가치세액이 별도로 구분되는 신용카드매출전표 등을 발급받은 것도 증빙서류가 된다(법 46조 제 1 · 3 항). 금전등록영수증은 해당되지 않는다(법 36조 3항).

나. 공제요건

매출세액에서 공제하는 매입세액은, 1. 사업자가 자기의 사업을 위하여 사용하였거나 사용될 재화 또는 용역의 공급에 대한 부가가치세액(제52조 제 4 항에 따라 납부한 부가가치세액을 포함한다)과 2. 사업자가 자기의 사업을 위하여 사용하였거나 사용할 목적으로 수입하는 재화의 수입에 대한 부가가치세액이다(법 38조 1항).

사업자가 매입한 것이라도 사업 외의 개인적 사용·소비를 위한 매입관련 세액은 공제받을 수 없다.

용역의 경우 매입과 동시에 사용되는 것이 보통이나, 실제 매입시기와 법상 공급시기가 일치하지 않는 경우 실제 매입시기와 다른 과세기간에 공제받는 경우도 발생한다. 재화의 경우 매입 후 사용되지 않은 채 재고로 있을 수 있으나 어느 경우나 매입세액 공제는 당해 매입시기가 속한 과세기간에 받게 된다. 다만 용역의 경우처럼 실제 매입시기와 법상 공급시기 불일치로 인한 시차는 있을 수 있다.

법은 부가가치세액 거래징수 시 일정한 요건을 갖춘 세금계산서를 수수하도록 요구하고 있으므로, 그와 같은 세금계산서에 의한 거래가 아니면 매입세액을 공제받을 수 없다. 이는 그와 같은 요건을 갖추지 않은 경우 매입세액 발생이 의심스럽다는 점과 법이 요구하는 형식을 갖추지 않으면 공제받을 수 없게 함으로써 과세행정에 대한 협력의무 이행을 강제하고 의무해태를 제재하기 위한 것이다.

다. 매입세액불공제

(1) 의　　의

매입세액 공제는 전단계매입세액공제 방식을 취하는 우리 부가가치세 제도의 핵심적인 요소로서 법 제39조 제 1 항은 매입세액 불공제대상에 관하여 규정하고 있다. 규정의 내용은 크게, ① 납세자가 의무를 태만히 하였거나 불이행함으로 인하여 공제하지 않는 매입세액과, ② 거래의 성질에 따라 공제하지 않는 매입세액으로 구분할 수 있다. 같은 항 각 호의 규정 중 제 1 호, 제 2 호, 제 5 호의 매입세액은 ①에 해당하고, 제 4 호, 제 6 호, 제 7 호의 매입세액은 ②에 해당하는 것으로 분류할 수 있다. 판례는 위 규정을 제한적, 열거적 규정으로 보고 있다{판 95. 12. 21, 94누1449(전)}.

이 중 실무상 자주 문제가 되는 것은 제 2 호의 사실과 다른 세금계산서에 관한 것이다. 사실과 다른 세금계산서인지 여부는 매입세액 불공제 뿐 아니라 가산세 등 행정상 제재 및 세금계산서 관련 범죄의 성립 여부에 영향을 미치는 매우 중요한 사항이다.[1)]

구체적으로 실제 거래가 있으나 형식적 요건을 갖추지 못한 경우 어디까지 매입세액 공제를 해 주지 않을 것인지가 문제되는데 입법의 전체적인 방향은 세금계

1) 세금계산서 부실기재에 대한 제재로서 매입세액 공제를 허용하지 않는 것은 헌법상 과잉금지 원칙에 반하지 않는다. 헌 2002. 8. 29, 2000헌바50, 2002헌바56(병합).

산서가 가지는 상호검증 등의 기능을 방해하지 않고, 조세탈루의 의도나 목적이 없는 경우에 이를 완화하는 쪽으로 진행되어 왔다.[1)]

판례는 세금계산서 기재사항이 사실과 다른지 여부는 법 형식과 실질을 함께 고려하여 판단할 사항으로 본다(판 2008. 12. 11, 2008두9737). 그 입증책임은 과세관청에 있다. 도관거래 여부를 비롯하여 공급거래의 존부는 기본적으로 계약관계의 존부에 따라야 하며, 주로 소득과세에서 문제가 되는 실질과세의 원칙은 주된 판단의 근거가 되지 못한다고 보아야 한다. 예컨대 A와 B 사이의 거래에 C가 독립적인 사업목적 없이 끼어든 경우 소득과세에 있어서는 실질과세의 원칙에 따라 이를 A와 B 사이의 거래로 재구성하는 것이 가능하나 부가가치세법상으로는 위 거래의 사법상 효력을 부인할 수 없는 한 세법상 이를 부인하여 B와 C 사이에 발행된 세금계산서를 사실과 다른 세금계산서로 취급할 수 없다고 할 것이다.[2)]

현실적으로 많이 문제되는 사항은, 공급시기와 거래당사자에 관한 것이다.

사실과 다른 세금계산서로 매입세액 불공제 대상이 되는 이상 거래상대방이 매출세액에 대하여 부가가치세를 전부 납부하고 이에 대한 경정청구기간의 도과 등으로 매출세액의 환급가능성이 사라졌다고 해도 결과는 달라지지 않는다.[3)]

세금계산서 수수가 강제되지 않는 거래에서는 세금계산서 수수가 없어도 다른 증빙자료(예컨대 부가가치세액을 별도로 기재한 신용카드매출전표)에 의하여 매입세액을 공제받을 수 있다.

(2) 법의 규정

제 1 호; 법 제54조 제 1 항 및 제 3 항에 따라 매입처별 세금계산서합계표를 제출하지 아니한 경우의 매입세액 또는 제출한 매입처별 세금계산서합계표의 기재사항 중 거래처별 등록번호 또는 공급가액의 전부 또는 일부가 적히지 아니하였거나 사실과 다르게 적힌 경우 그 기재사항이 적히지 아니한 부분 또는 사실과 다르게 적힌 부분의 매입세액. 다만 대통령령으로 정하는 경우의 매입세액은 제외한다.

---

1) 세금계산서 기재의 오류와 매입세액 공제의 관계에 관한 외국의 입법 예 등 관련 논의는, 강성모, "세금계산서와 매입세액공제", 조세법연구, 24-3, 191면. 부가가치세제를 채택하고 있는 유럽연합 등 외국의 경우에도 논의의 양상은 대체로 우리와 비슷하다.

2) 같은 취지, 판 2023. 5. 18, 2022도13690. 그 밖에 허위세금계산서 수취, 발급에 해당하지 않는다고 본 것으로, 판 2018. 2. 13, 2017도18890; 2017. 11. 23, 2017도13213. 등. 관련 논의는, 권형기·박 훈, "부가가치세법 사실행위로서의 현실적 인도와 도관거래의 해석", 조세법연구 25-3, 338면. 전정욱·곽태훈, "끼워넣기 거래와 사실과 다른 세금계산서의 판단", 조세법연구 30-2, 485면.

3) 판 2021. 12. 30, 2017두72256. 동일한 사안에서 부가가치세의 장기부과제척기간 및 부정과소신고가산세 관련 '부정행위'와 법인세 포탈 관련 '부정행위'가 인정되는지 여부에 관하여는 이 책 155면 참조.

“대통령령으로 정하는 경우의 매입세액”은 법이 정한 매입처별 세금계산서합계표나 신용카드매출전표 등의 수령명세서를 과세표준 수정신고서와 함께 제출하거나 경정청구서와 함께 제출하여 경정기관이 경정하는 경우 등 시행령 제74조에 규정된 경우를 말한다.

어느 거래가 영세율 적용대상임에도 과세관청이 사업자로부터 교부받은 부가가치세액을 사업자에게 반환하지 않고 있던 중 거래상대방이 적법한 기간 내에 세금계산서를 첨부하여 부가가치세 과세표준신고나 수정신고를 하였다면 그 세액은 거래상대방이 사업자에게 지급할 매입세액에서 공제해 주어야 한다(판 88. 2. 9, 87누964).

제 2 호; 세금계산서 또는 수입세금계산서를 발급받지 아니한 경우 또는 발급받은 세금계산서 또는 수입세금계산서에 필요적 기재사항의 전부 또는 일부가 적히지 아니하였거나 사실과 다르게 적힌 경우의 매입세액(공급가액이 사실과 다르게 적힌 경우에는 실제 공급가액과 사실과 다르게 적힌 금액의 차액에 해당하는 세액을 말한다). 다만 대통령령이 정하는 경우의 매입세액은 제외한다.

‘대통령령이 정하는 경우의 매입세액’은 다음 각 호의 경우를 말한다(영 75조).

1. 시행령 제11조 제 1 항 또는 제 2 항에 따라 사업자등록을 신청한 사업자가 제11조 제 5 항에 따른 사업자등록증 발급일까지의 거래에 대하여 해당 사업자 또는 대표자의 주민등록번호를 적어 발급받은 경우 2. 법 제32조에 따라 발급받은 세금계산서의 필요적 기재사항 중 일부가 착오로 사실과 다르게 적혔으나 그 세금계산서에 적힌 나머지 필요적 기재사항 또는 임의적 기재사항으로 보아 거래사실이 확인되는 경우 3. 재화 또는 용역의 공급시기 이후에 발급받은 세금계산서로서 해당 공급시기가 속하는 과세기간에 대한 확정신고기한까지 발급받은 경우 4. 법 제32조 제 2 항에 따라 발급받은 전자세금계산서로서 국세청장에게 전송되지 아니하였으나 발급한 사실이 확인되는 경우 5. 법 제32조 제 2 항에 따른 전자세금계산서 외의 세금계산서로서 재화 또는 용역의 공급시기가 속하는 과세기간에 대한 확정신고기한까지 발급받았고, 그 거래사실도 확인되는 경우 6. 실제로 재화 또는 용역을 공급하거나 공급받은 사업장이 아닌 사업장을 적은 세금계산서를 발급받았더라도 그 사업장이 법 제51조 제 1 항에 따라 총괄하여 납부하거나 사업자단위 과세사업자에 해당하는 사업장인 경우로서 그 재화 또는 용역을 실제로 공급한 사업자가 법 제48조·제49조 또는 제66조·제67조에 따라 납세지 관할세무서장에게 해당 과세기간에 대한 납부세액을 신고·납부한 경우

7. 재화 또는 용역의 공급시기가 속하는 과세기간에 대한 확정신고기한이 지난 후 세금계산서를 발급받았더라도 그 세금계산서의 발급일이 확정신고기한 다음 날부터 1년 이내이고 다음 각 목의 어느 하나에 해당하는 경우.

가. 국세기본법 시행령 제25조 제 1 항에 따른 과세표준수정신고서와 같은 영 제25조의3에 따른 경정 청구서를 세금계산서와 함께 제출하는 경우

나. 해당 거래사실이 확인되어 법 제57조에 따라 납세지 관할 세무서장, 납세지 관할 지방국세청장 또는 국세청장("납세지 관할 세무서장등")이 결정 또는 경정하는 경우

8. 재화 또는 용역의 공급시기 전에 세금계산서를 발급받았더라도 재화 또는 용역의 공급시기가 그 세금계산서의 발급일부터 6개월 이내에 도래하고 해당 거래사실이 확인되어 법 제57조에 따라 납세지 관할 세무서장등이 결정 또는 경정하는 경우

9. 거래의 실질이 위탁매매 또는 대리인에 의한 매매에 해당함에도 불구하고 거래 당사자 간 계약에 따라 위탁매매 또는 대리인에 의한 매매가 아닌 거래로 하여 세금계산서를 발급받은 경우로서 다음 각 목의 경우로서 그 거래사실이 확인되고 거래 당사자가 법 제48조·제49조 또는 제66조·제67조에 따라 납세지 관할 세무서장에게 해당 납부세액을 신고하고 납부한 경우: 가목 내지 사목: 생략 10. (삭제)

11. 법 제 3 조 제 2 항에 따라 부가가치세를 납부해야 하는 수탁자가 위탁자를 재화 또는 용역을 공급받는 자로 하여 발급된 세금계산서의 부가가치세액을 매출세액에서 공제받으려는 경우로서 그 거래사실이 확인되고 재화 또는 용역을 공급한 자가 법 제48조·제49조 또는 제66조·제67조에 따라 납세지 관할 세무서장에게 해당 납부세액을 신고하고 납부한 경우 12. 법 제 3 조 제 3 항에 따라 부가가치세를 납부해야 하는 위탁자가 수탁자를 재화 또는 용역을 공급받는 자로 하여 발급된 세금계산서의 부가가치세액을 매출세액에서 공제받으려는 경우로서 그 거래사실이 확인되고 재화 또는 용역을 공급한 자가 법 제48조·제49조 또는 제66조·제67조에 따라 납세지 관할 세무서장에게 해당 납부세액을 신고하고 납부한 경우

㈎ 규정의 개요

2호와 관련하여 많이 문제가 되는 것은 위에서 본 다단계거래 이외에 타인명의로 사업자등록을 하고 그 명의로 세금계산서를 발급하거나 받는 경우이다. 이처럼 명칭이 실제와 다른 사정은 '공급하는 자'쪽에서도 발생하고, '공급받는 자'쪽에서도 발생하는데, 판례는 전자에 관하여는 원칙적으로 매입세액 불공제 대상으로 본 반면,[1] 후자에 관하여는 매입세액 공제 대상으로 보고 있다.[2] 이와 같은 차이는, 법이 '공급하는 자'의 성명이나 명칭은 필요적 기재사항으로 규정한 반면, '공급받는 자'의 경우는 등록번호만을 필요적 기재사항으로 규정할 뿐 상호나 성명은

1) 판 2016. 10. 13, 2016두43077. 甲 회사가 인테리어 업체들에서 교부받은 세금계산서 '성명'란에 인테리어 업체들을 실제 운영하는 乙 대신 乙에게 명의를 대여한 丙 등의 성명이 기재된 경우

2) 판 2010. 10. 28, 2009두10635: 2019. 8. 30, 2016두62726 등. 앞의 판결에 대한 평석은, 백제흠, 세법의 논점 2, 214면. 뒤의 판결에 대한 평석은, 윤지현, 조세법연구 26-2, 91면 이하. 심판결정례 및 행정해석도 같다(조심 2016전1026, 2016. 9. 30. 재부가-519, 2017. 10. 12. 부기통 60-108-1).

필요적 기재사항에 포함시키지 않고 있는 데서 기인한 것으로 보인다.[1] 다만 후자의 경우에도 선의, 무과실의 경우 보호를 받으므로 결국 납세자 측에서는 입증의 불이익 문제만이 남게 된다. 전자의 경우 실제 공급하는 사업자와 세금계산서상 공급자가 다른 명의위장이나 명의대여의 경우, 공급받는 자가 명의위장 사실을 알지 못하더라도 알지 못한 데에 과실이 있는 한 매입세액을 공제받을 수 없고, 반대 사정에 대한 입증책임은 공제를 주장하는 납세자에게 있다(판 2014. 12. 11, 2012두20618; 2002. 6. 28, 2002두2277 등).

3호 및 5호와 관련하여 종전에는 재화 또는 용역을 공급받은 시기가 속하는 과세기간에 세금계산서를 발급받은 경우에만 매입세액을 공제하였으나,[2] 2016. 2. 17. 시행령 개정 시 공급시기가 속하는 과세기간에 대한 확정신고기한까지 세금계산서를 발급받으면 매입세액 공제가 가능하도록 규정을 완화하였다.

7호 내지 8호는, 세금계산서 지연 발급이나 사전발급에 대한 매입세액공제를 허용한 것이고, 9호는 위탁매매 또는 대리인에 의한 매매와 관련된 사항을 세금계산서에 잘못 적어 발급받은 경우에도 그 거래사실이 확인되고 거래 당사자가 해당 납부세액을 신고·납부한 경우 매입세액을 공제하도록 한 것이다.

11호는 신탁에 관한 거래에서 위탁자와 수탁자 중 공급받는 자를 세금계산서에 잘못 적어 발급받은 경우에도 그 거래사실이 확인되고 공급자가 해당 납부세액을 신고·납부한 경우에는 매입세액 공제를 허용한 것이다.

공급가액이 사실과 다르게 적힌 경우에 관한 법 제39조 제 1 항 제 2 호 괄호의 '실제 공급가액과 사실과 다르게 적힌 금액의 차액에 해당하는 세액'은 세금계산서에 적힌 금액이 실제공급가액보다 클 때는 실제공급가액 초과부분을 의미하지만 세금계산서에 적힌 공급가액보다 실제 공급가액이 클 때는 세금계산서에 적힌 공급가액 부분은 매입세액 공제를 받을 수 있다고 볼 것이다.[3]

판례는 금지금 매입 후 부가가치세를 납부하지 않고 잠적, 폐업하는 소위 폭탄업체의 거래에 관여된 금지금 매입도 부가가치세 과세대상인 재화의 공급에 해당하

1) 위 2016두62726 판결 및 법 39조 1항 2호, 32조 1항 1호, 2호, 5호. 영 67조 2항 2호 참조. 다만 우리 부가가치세법이 사업장과세의 원칙을 취하고 있고, 거래 단계에 따라 순차적으로 매입세액이 공제되어 최종적으로 소비자에게 세 부담이 전가되는 전단계세액공제방식을 취하고 있음에 비추어, 위 법 규정의 "공급하는 사업자의-성명 또는 명칭"을 사업장별 사업자등록번호에 부합하는 상호 내지는 명칭으로 이해하는 견해도 충분히 가능하다. 이렇게 보면 공급하는 자 쪽에 명의대여가 있는 경우에도 사실과 다른 세금계산서로 보기 어렵다.

2) 판 2004. 11. 18, 2002두5771(전); 2016. 2. 18, 2014두35706; 2016. 10. 13. 2016두39849.

3) 같은 취지, 정인기·강성모, "공급가액이 사실과 다르게 적힌 세금계산서의 범위", 조세법연구 27-2, 153면.

므로, 그 과정에서 교부받은 세금계산서는 사실과 다른 세금계산서에 해당하지 않지만(판 2008. 12. 11, 2008두9737), 영세율 거래에 해당하여 매출세액을 납부하지 않는 수출업자가 그 전 단계에 위와 같은 폭탄업체의 부정거래가 있었음을 알았거나 고의에 가까운 정도로 주의의무를 현저히 위반하여 이를 알지 못한 채 금지금을 매입한 후 그 매입세액의 공제, 환급을 구하는 것은 신의성실의 원칙에 반하여 허용되지 않는다고 보았다{판 2011. 1. 20, 2009두13474(전)}. 그러나 수출업자에게 영세율이 적용되는 것은 거래대상이 국내에서 소비되지 않는다는 사실에 기초한 것뿐이라는 점에서 국내 과세거래와 달리 취급하는 것은 이해하기 어렵다.[1)]

㈏ 판례의 입장

1) 사실과 다른 세금계산서에 해당하지 않는다고 본 것: ① 중기대여업자들이 기중기를 공동구입하고 명의이전은 자신들이 설립한 회사 명의로 마친 상태에서 공급받는 자를 중기대여업자들 개인으로 하여 교부받은 세금계산서(판 2002. 1. 8, 2000두79), ② 국내방송사 甲회사와 乙미술센터가 체결한 미술용역공급계약에 따라 丙프로덕션이 甲회사 의뢰를 받아 제작하는 프로그램에 乙미술센터가 용역을 제공한 후 그 용역비 중 공통미술비에 관해 丙이 아닌 甲회사를 공급받는 자로 하여 교부한 세금계산서(판 2011. 2. 24, 2007두21587), ③ 시가보다 낮은 거래금액을 공급가액으로 한 세금계산서(판 2004. 9. 23, 2002두1588),[2)] ④ 면세사업자가 매입세금계산서에 사업자등록번호 아닌 부가가치세법상 고유번호나 공급받는 자의 주민등록번호를 기재한 세금계산서(판 2006. 9. 8, 2003두9718), ⑤ 월합계세금계산서를 당해 재화의 공급시기가 속한 과세기간 후 발행일자를 공급시기가 속하는 과세기간 내로 소급하여 작성한 세금계산서(판 2010. 8. 19, 2008두5520), ⑥ 수개 사업장을 둔 사업자가 하나의 사업장에 관한 용역을 공급받으면서 총괄사업장 명의로 공급계약을 체결하고 교부받은 세금계산서(판 2009. 5. 14, 2007두4896), ⑦ 주유소 운영업자가 정유회사로부터 교부받은 세금계산서의 '공급받는 자'란에 운영자 아닌 임대인 등록번호와 명칭이 기재되었지만 다른 기재사항에 의해 거래사실이 확인되는 경우(판 2003. 5. 16, 2001두8964), ⑧ 회사사업장 경영관리업무를 총괄하는 서울사무소에서 지방사업장 물류창고에 대한 관리용역을 공급받고 서울사무소가 공급받는 자로 기재된 세금계산서를 교부받은 경우(판 2009. 5. 14, 2007두4896) 등.

---

1) 위 전원합의체 판결의 보충의견도 같은 취지이다. 판례는 신의칙에 관한 동일한 법리는 구매확인서에 의한 국내 영세율 매출거래에도 적용이 있다고 한다(판 2011. 6. 30, 2010두7758).

2) 그 평석은, 고은경, 판례백선, 494면.

2) 사실과 다른 세금계산서로 본 것: ① 부동산임대사업자가 실제 공급받은 신규사업장이 아닌 기존사업장 등록번호를 기재한 경우(판 2006. 1. 26, 2005두14608), ② 토지수탁회사로부터 건물신축 도급공사를 도급받은 시공회사가 수탁회사와 미분양분 분양계약을 체결한 후, 실수요자와 미분양분에 대한 권리·의무 포괄양도계약을 체결하고 미분양분에 관해 수탁회사로부터 실수요자 앞으로 등기를 한 후 공급자를 수탁회사로 기재한 경우(판 2006. 10. 13, 2005두2926), ③ 거래처 폐업 후 받은 매입세금계산서와 관련하여 사업자가 제출한 세금계산서 기재와 재화 매입에 관한 주장이 관련 규정이나 상관습, 경험칙 등에 비추어 이례적인 경우(판 2005. 11. 10, 2004두9197), ④ 보세구역 내 재화를 다른 사업자에게 공급하면서 시행령 제48조 제8항(현행 61조 2항 5호)에 반해 세관장이 발행한 수입세금계산서에 적힌 공급가액을 빼지 않고 공급가액을 기재한 경우(판 2011. 8. 25, 2009두10901), ⑤ 지점 명의로 발급받은 세금계산서,[1)] ⑥ 앞에서 본 2016두43077 판결 등.

제 3 호: 삭제(2014. 1. 1.)

제 4 호; 사업과 직접 관련이 없는 지출에 대한 매입세액

사업과 직접 관련이 없는 지출의 범위는 소득세법 시행령 제78조 또는 법인세법 시행령 제48조, 제49조 제 3 항 및 제50조에서 정하는 바에 따른다(영 77조).

사업 관련성 유무는 지출의 목적과 경위, 사업 내용 등에 비추어 지출이 사업수행에 필요한 것이었는지를 개별적으로 살펴보아야 한다.[2)] 착오로 지출한 금원도 매입세액이 공제되지 않는다(판 97. 11. 28, 96누14333).

구 부가가치세법 시행령 제60조 제 3 항(현행 77조)에 의하여 준용되는 구 법인세법 시행령 제48조의 공동경비는 그 경비 중 부가가치세 과세대상 지출만을 기준으로 각자의 매출액 비율에 따라 산정한 분담금액이 매입세액 공제대상이 된다(판 2017. 3. 22, 2016두57175).

제 7 호; 면세사업 등에 관련된 매입세액(면세사업 등을 위한 투자에 관련된 매입세액 포함)과 대통령령으로 정하는 토지에 관련된 매입세액

면세사업이란 부가가치세가 면제되는 재화 또는 용역을 공급하는 사업(부가가치세가 과세되지 아니하는 재화 또는 용역을 공급하는 사업을 포함한다)으로서(법 2조 7호) 법 제26조 제 1 항에 열거된 사업을 말한다. 투자에 관련된 매입세액을 포함시킨 것은, 면세사업에 관련된 매입세액인 이상 그 매입한 재화가 유동자산이든 투

1) 판 2021. 10. 28, 2021두39447. 판결에 대한 평석은 마옥현, 조세판례백선 3, 421면.
2) 판 2012. 7. 26, 2010두12552. 판결에 대한 평석은, 조윤희, 조세판례백선 3, 377면.

자설비로서의 고정자산이든 묻지 아니한다는 뜻이다. 면세사업자가 공제받지 못하는 부가가치세의 매입세액은 그 세액 상당이 전가되지 않은 채 사업자의 부담으로 귀속되기 때문에 소득과세에 있어서 원가(필요경비)에 산입된다.

"대통령령으로 정하는 토지에 관련된 매입세액"이란 토지의 조성 등을 위한 자본적 지출에 관련된 매입세액으로서 다음 각 호의 어느 하나에 해당하는 경우를 말한다(영 80조).

1. 토지의 취득 및 형질변경, 공장부지 및 택지의 조성 등에 관련된 매입세액 2. 건축물이 있는 토지를 취득하여 그 건축물을 철거하고 토지만 사용하는 경우에는 철거한 건축물의 취득 및 철거 비용과 관련된 매입세액 3. 토지의 가치를 현실적으로 증가시켜 토지의 취득원가를 구성하는 비용에 관련된 매입세액

규정상 사업자가 과세사업을 영위하든 면세사업을 영위하든 상관이 없다.[1)]

판례는 토지 소유자가 아닌 사업자가 지출한 골프장 조성비용 관련 매입세액은 매입세액 불공제대상인 토지관련 매입세액에 해당하지 않는다고 보았다(판 2010. 1. 14, 2007두20744). 그러나 법문상 비용의 지출자를 토지소유자로 국한하지 않았고, 토지 조성 등을 통해 객관적으로 가치를 증가시킨 비용은 재화나 용역의 공급에 투입된 생산요소가 아니며, 임차인은 토지소유자에 대해 토지가치증가에 따른 유익비상환청구권을 갖고 토지소유자의 상환비용은 토지의 취득원가를 구성하여 소유자가 비용을 지출한 경우와 달리 평가하기 어려운 점 등에 비추어 타당한지 의문이다.[2)]

법령은 면세대상 토지 관련 매입세액 중 자본적 지출에 해당하는 부분만 매입세액 불공제 대상으로 보는데, 예컨대 토지가 과세사업에 제공된 상황에서 비용이 지출되었으나 토지의 가치를 객관적으로 증가시킨 경우가 아니라면 이는 토지가 아닌 과세사업 지출비용으로 보아야 할 것이다. 판례는 골프장조성과정에서 잔디수목 식재공사와 그린·티·벙커 조성공사에 소요된 공사비용(판 2006. 7. 28, 2004두13844), 재고자산인 토지를 취득하면서 지출한 취득가액이나 취득부대비용(판 2015. 11. 12, 2012두28056) 등이 여기의 토지 관련 매입세액에 해당한다고 보았으나 이는 토지 자체의 객관적인 가치를 증가시킨 비용이 아니므로 그 타당성은 의문이다.

---

1) 1993. 12. 23. 개정 전 구법 제17조 제 2 항 제 4 호와 관련하여, 판례는 사업자가 토지를 과세사업에 제공한 경우 매출세액 토지관련 매입세액도 공제대상으로 보았다{판 95. 12. 21, 94누1449(전). 이 판결에는 반대취지의 소수의견이 있다}. 판결에 대한 평석은 서기석, 판례백선, 508면.

2) 판례의 태도에 대하여 학설은 엇갈린다. 반대하는 견해로, 조성훈, "토지임차인이 지출한 토지관련 매입세액의 공제가능성", 법률신문 2010. 3. 1.자. 민태욱, "세법상 자본적 지출", 조세법연구 16-2, 230면 이하. 찬성하는 견해로, 박 민, "임차한 토지에 지출된 조성비용에 대한 매입세액공제 여부", 법학논총 제22권 제 1 호(2009), 224면. 조윤희, 대법원판례해설 2010(상), 274면.

제 8 호; 법 제 8 조에 따른 사업자등록을 신청하기 전의 매입세액. 다만 공급시기가 속하는 과세기간이 끝난 후 20일 이내에 등록을 신청한 경우 등록신청일부터 공급시기가 속하는 과세기간 기산일(제 5 조 제 1 항에 따른 과세기간의 기산일을 말한다)까지 역산한 기간 내의 것은 제외한다.

이는 사업관련 매입세액 여부를 일률적으로 파악하는 한편 사업자등록을 강제하기 위한 것이다. 사업자등록은 적법한 사업자등록을 말하며 신청이 적법한 이상 과세관청의 잘못으로 면세사업자등록증을 교부하더라도 등록 전 매입세액에 해당하지 않으나(판 2003. 11. 27, 2002두318), 신청이 적법하지 않다면 불수리 근거를 관계 공무원이 잘못 설시하였더라도 여기에 해당한다(판 99. 10. 22, 97누15814).[1]

과세사업자가 '면세사업자용' 사업자등록증을 교부받은 경우 등록 전 매입세액에 해당하나(판 2004. 3. 12, 2002 두5146), 일단 사업자등록을 마쳤으면 그 후 사업을 영위하던 중 과세관청이 내부지침에 따라 사업자등록을 직권 말소하여도 매입세액 공제가 허용된다(판 93. 12. 10, 93누17355). 부동산임대업자가 임대용 건물을 신축·공급받고 나서 사업자등록 신청을 한 후 준공검사가 이루어진 경우 용역의 공급이 사업자등록 전에 완료된 것이므로 매입세액을 공제받을 수 없다(판 96. 12. 10, 96누13781).

라. 공통매입세액의 계산

(1) 의 의

사업자가 과세사업과 면세사업을 겸영하는 경우에는 과세사업에 관련된 매입세액만 공제되고 면세사업에 관련되는 매입세액은 공제받을 수 없다.

과세사업과 면세사업을 겸영하더라도 어느 매입세액이 과세사업에 관련되고 어느 매입세액이 면세사업에 관련되는지가 구분되면 실지 귀속에 따르면 되므로 특별취급할 필요가 없으나, 실지 귀속이 분명하지 않거나 과세사업과 면세사업에 공통으로 사용되어 이를 구분하기 어려운 경우에는 별도 규정이 필요하다.

공통매입세액에 관한 부가가치세법의 규정은 동일한 사업자가 부가가치세 과세사업과 비과세사업을 겸영하는 경우에도 적용된다(법 40조).

(2) 원 칙

면세사업에 관련된 매입세액의 계산은 원칙적으로 실지귀속에 따라서 한다(법 40조 1항 전단). 이때 어느 재화가 과세사업이나 면세사업 어느 곳에 사용되었는지

1) 관련 논의는, 박 훈, "부가가치세법상 사업자등록의 의미", 조세법연구 7, 248면.

를 가리는 기준으로는 재화의 매입 후 사정뿐 아니라 매입거래시의 여러 사정도 고려되어야 한다. 즉, 재화의 구입·관리·제조·가공과정에서의 투입·제품공정·제품생산관리 등 여러 실태를 살펴서 판단할 일이다.[1)]

실지귀속을 밝힐 수 없거나 또는 과세사업과 면세사업에 공통으로 사용된 것으로 밝혀지면 다음 산식에 의하여 계산한다(법 40조 1항 후단; 영 81조 1항 본문).

$$\text{면세사업에 관련된 매입세액} = \text{공통매입세액} \times \frac{\text{당해 과세기간의 면세공급가액}}{\text{당해 과세기간의 총공급가액}}$$

예정신고를 할 때에는 예정신고기간에 있어서 총공급가액에 대한 면세공급가액의 비율에 의하여 안분계산하고, 확정신고를 하는 때에 당해 과세기간의 총공급가액과 면세공급가액에 의하여 정산한다(영 81조 1항 단서).

매입재화나 용역이 각각의 사업에 투입된 비율이나 정도를 따지지 않는다는 점에서 일종의 추계과세를 허용한 셈이다.

공통매입세액이 하나의 과세사업 또는 면세사업 중 일부분에 관련되는 경우에, 그 부분이 사업 장소와 운영 실태 등에 비추어 나머지 부분과 구분되는 별개의 독립된 사업 부분이라고 볼 수 없다면 사업 전체의 공급가액을 기준으로 하여 면세사업에 관련된 매입세액을 계산하여야 한다(판 2016. 12. 29, 2014두10714).

공급가액 비율에 따른 공통매입세액의 안분은 공통매입세액이 발생한 사업 부분과 공급가액이 발생한 사업 부분 사이에 관련성이 있는 경우에 한하고, 이 경우 사업 관련성 여부는 공통매입세액 발생사유인 재화 등의 공급 경위와 목적, 사업 운영 형태, 공통매입세액과 공급가액이 발생한 사업장의 장소적 연관성, 업종의 특성 등 관련 사정을 종합적으로 고려하여 판단한다.

'공통매입세액'이 발생한 사업 부분과 공급가액이 발생한 사업 부분이 서로 분리·독립되어 있다는 사유로 과세기간 중 과세사업과 면세사업의 공급가액이 없거나 그중 어느 한 사업의 공급가액이 없을 때에는 공통매입세액은 공급가액 비율에 따라 안분할 수 없으므로, 매입가액 비율, 예정공급가액 비율 등을 적용하여 안분하되, 건물을 신축하거나 취득하여 과세사업과 면세사업에 제공한 경우 예정면적을 구분할 수 있을 때에는 총 예정사용면적에 대한 면세사업관련 예정사용면적의 비율에 따라 안분한다(판 2017. 1. 25, 2016두51788). 사업자가 여러 과세사업과 면세사

1) 판 2017. 1. 25, 2016두52606. 그 밖에 판례가 공통매입세액의 실지귀속 여부를 판단한 사안으로 판 2013. 12. 26, 2013두17336; 2009. 7. 9, 2007두10389 등이 있다.

업을 겸영하는 경우 실지귀속을 구분할 수 없는 공통매입세액의 안분계산은 공통매입세액과 관련된 과세사업과 면세사업 부분만의 당해 과세기간의 총공급가액에 대한 면세공급가액 비율에 따라 계산하여야 한다(판 2009. 5. 14, 2007두4896).

공통매입세액 안분 규정은 과세사업과 비과세사업에 공통으로 사용되어 실지귀속을 구분할 수 없는 매입세액의 경우에도 원칙적으로 유추적용되나(판 2011. 9. 8, 2009두16268), 방송수신료나 운임감면, 벽지노선 운행 등에 대한 철도보조금 등은 재화나 용역의 공급대가로 보기 어려워 비과세 공급가액에 포함시킬 수 없으므로 위 규정을 유추적용할 수 없으며, 이 경우 시행령 제81조 제 4 항의 안분계산방법 중에서 적합한 것을 적용한다(판 2016. 3. 24, 2013두19875; 2018. 1. 25, 2017두55329). 이는 재화 또는 용역의 공급과 직접 관련되지 않는 국고보조금과 공공보조금은 과세표준에서 제외되므로(법 29조 5항 4호), 공급대가 중 비과세인 것과 아예 공급대가에 포함되지 않는 것을 구분하여야 하는데 방송수신료나 철도보조금 등은 후자에 속한다는 취지이다.[1] 판례는 또한 금융지주회사가 경영관리업무나 그에 따른 자금지원의 일환으로 자신이 지배·경영하는 자회사에 자금을 대여하고 이자 명목으로 돈을 받은 경우 비과세사업에 해당하나 받은 이자를 자금대여의 대가로 보기 어려우므로 과세사업과의 안분방식에 위 조항을 적용하여야 한다고 보았다.[2]

둘 이상의 사업장이 있는 사업자가 지점인 A사업장에서 생산 또는 취득한 재화를 본점인 B사업장의 원료·자재 등으로 사용·소비하기 위해 반출하는 경우 재화의 공급으로 의제되지 않는다고 하여 A사업장 비과세사업에 사용되었다고 할 수는 없다. 이 경우 A사업장에서 과세사업과 면세사업을 겸영한다면 사업장과세의 원칙상 A사업장의 공통매입세액 중 면세사업 관련 매입세액은 특별한 사정이 없는 한 A사업장만의 총공급가액에 대한 면세공급가액 비율에 의해 안분계산하여야 하고, 지점과 본점의 총공급가액 합계액에 대한 비과세 및 면세공급가액 합계액 비율에 따라 안분계산할 것이 아니다(판 2012. 5. 9, 2010두23170).

---

1) 관련 내용은 강성모, “2016년 부가가치세법 판례회고”, 조세법연구 23-1, 291면. 오광석, “2018년 부가가치세 및 관세 판례회고”, 조세법연구 25-1, 185면 등. 그 밖에 사업자가 과세사업과 비과세사업을 겸영하는 경우, 오로지 비과세사업에 관련되는 매입세액은 매출세액에서 공제할 수 없으므로 국가철도공단이 한국철도공사와 철도시설을 임대 사용계약을 체결하고, 이와 별도로 한국철도공사와 일반철도 건널목 관리업무 위·수탁계약을, 민간업체와 국가중요시설에 대한 방호용역 계약을 각각 체결하여 정부로부터 출연금을 받아 건널목 관리용역 및 방호용역에 대한 대가를 지급한 경우 해당 매입세액은 오로지 비과세사업에 관련되어 이를 매출세액에서 공제할 수 없다고 본 사안으로 판 2023. 8. 31, 2020두56384. 판결에 대한 평석은, 정승영, 조세법연구 30-1, 66면.

2) 판 2019. 1. 17, 2015두60662. 이 판결에 대한 비판적 평석으로, 박현주, 김석환, “금융지주회사의 자회사에 대한 자금대여는 부가가치세 비과세인가”, 조세법연구 29-1, 167면.

(3) 예 외

당해 과세기간중 과세사업과 면세사업 양쪽 모두 공급가액이 없거나 어느 한 쪽의 공급가액이 없는 경우에는, 1. 총매입가액(공통매입가액 제외)에 대한 면세사업에 관련된 매입가액의 비율, 2. 총예정공급가액에 대한 면세사업에 관련된 예정공급가액의 비율, 3. 총예정사용면적에 대한 면세사업에 관련된 예정사용면적의 비율의 순으로 안분계산한다(영 81조 4항 본문). 다만 건물을 신축 또는 취득하여 과세사업과 면세사업에 제공할 예정면적을 구분할 수 있는 경우에는 위 3.의 예정사용면적 비율을 위 1, 2호의 비율에 우선하여 적용한다(같은 항 단서).

구 부가가치세법 17조 2항 4호의 토지관련 매입세액은 예시규정으로 볼 수 없으므로, 과세사업에 관한 토지관련 매입가액은 시행령 61조 4항 1호의 '면세사업에 관련된 매입가액'에 포함되지 않는다(판 2012. 11. 29, 2010두4810).

과세 및 면세 겸영사업자가 건물을 신축·취득하여 부가가치세를 신고할 당시 과거 실적을 토대로 양 사업에 제공할 것으로 구분 추정한 예정면적이 존재한다면 특별한 사정이 없는 한 위 단서가 규정한 '건물을 신축 또는 취득하여 과세사업과 면세사업에 제공할 예정면적을 구분할 수 있는 경우'이고, 이는 당초 예정면적이 과세기간에 따라 일부 변동되더라도 마찬가지이다(판 2015. 11. 12, 2012두28056).

사업자가 시행령 제81조 제4항에 따라 매입세액을 안분계산한 경우에는 당해 재화의 취득으로 과세사업과 면세사업의 공급가액 또는 과세사업과 면세사업의 사용면적이 확정되는 과세기간에 대한 납부세액을 확정신고하는 때에 법정된 산식에 의하여 정산한다(영 82조 본문). 다만 예정신고를 할 때에는 예정신고기간에 있어서 총공급가액에 대한 면세공급가액의 비율, 총사용면적에 대한 면세 또는 비과세사용면적의 비율에 의하여 안분계산하고, 확정신고를 할 때에 정산한다(동 단서).

전기통신사업법에 의한 전기통신사업자 및 한국철도공사법에 의한 한국철도공사의 경우에는 겸영사업장이 전국에 산재한 사업의 특성을 감안하여 전체 사업장의 공급가액을 기준으로 공통매입세액을 안분하는 특칙이 있다(영 81조 3항).

시행령 제81조 제4항 단서에 따라 토지를 제외한 건물 또는 구축물에 대해 같은 항 제3호를 적용하여 공통매입세액 안분 계산을 하였을 때에는 그 후 과세사업과 면세사업 등의 공급가액이 모두 있어 제1항의 산식에 따라 공통매입세액을 계산할 수 있는 경우에도 과세사업과 면세사업 등의 사용면적이 확정되기 전의 과세기간까지는 제4항 제3호를 적용하고, 과세사업과 면세사업등의 사용면적이 확정되는 과세기간에 제82조 제2호에 따라 공통매입세액을 정산한다(영 81조 5항).

마. 의제매입세액의 공제

(1) 면세농산물의 가공 등

㈎ 의의 및 요건 사업자가 제26조 제 1 항 제 1 호 또는 제27조 제 1 호에 따라 부가가치세를 면제받아 공급받거나 수입한 농산물·축산물·수산물 또는 임산물("면세농산물 등")을 원재료로 하여 제조·가공한 재화 또는 창출한 용역의 공급에 대하여 부가가치세가 과세되는 경우(제28조에 따라 면세를 포기하고 영세율을 적용받는 경우 제외)에는 면세농산물 등을 공급받거나 수입할 때 매입세액이 있는 것으로 보아 면세농산물등의 가액에 업종별로 2/102에서 8/108까지 법정 요율(과세유흥장소 외의 음식점을 경영하는 개인사업자 중 과세표준 2억원 이하인 경우에는 2026년까지 109분의 9)을 곱한 금액을 매입세액으로 공제할 수 있다(법 42조 1항).[1)]

이는 면세농산물 등을 원재료로 하여 제조·가공한 재화 또는 창출된 용역의 공급이 그 다음 단계에서 과세되는 경우 당해 농산물 등을 매입할 때 매입세액이 거래징수되지 않았지만 일정금액을 매입세액으로 보아 납부세액을 계산함에 있어서 매출세액에서 공제하여 주는 것으로서 '의제매입세액 공제'라고 한다.

앞서 본 바와 같이 중간단계 면세는 누적효과와 환수효과를 야기하여 사실상 면세의 효과를 소멸시키므로 이를 제거하기 위해 마련한 장치이다. 따라서 면세농산물을 원재료로 하여 제조·가공 등을 한 자가 면세사업자인 경우나 과세사업자라 하더라도 그 제조·가공의 대상이 면세재화나 용역인 경우에는 의제매입세액 공제대상이 되지 않는다. 의제매입세액 공제제도는 간이과세자에 대하여는 적용되지 않는다.

㈏ 절 차 공제를 받기 위해서는 공제를 받고자 하는 사업자가 부가가치세 예정신고서 또는 부가가치세 확정신고서와 함께 소득세법 제163조 또는 법인세법 제121조의 규정에 따른 매입처별 계산서합계표, 기획재정부령으로 정한 여신전문금융업법에 의한 신용카드매출전표 등 수취명세서 또는 직불카드영수증 그리고 소정의 의제매입세액공제신고서와 관계 증빙서류를 제출하여야 한다(법 42조 2항, 영 84조 5항). 다만 위 절차는 효력요건은 아니다(판 90. 10. 12, 90누2598).

세액공제받은 농산물 등을 그대로 양도 또는 인도하거나 부가가치세가 면제되는 재화 또는 용역을 공급하는 사업 그 밖의 목적을 위하여 사용·소비하는 때에는 그 공제받은 금액을 납부세액에 가산하거나 환급세액에서 공제하여야 한다(영 84조 4항).

---

1) 현행 의제매입세액 공제규정의 환수효과 제거 범위에 관하여는 이준규·채상병, 앞 논문, 221면.

매입세액 불공제 예외사유를 규정한 시행령 제74조 및 제75조의 규정은 위 매입세액의 공제에 관하여 이를 준용한다(영 84조 7항).

과세사업과 면세사업을 겸영하는 경우의 의제매입세액의 공제에 관한 계산도 실지 매입세액의 안분계산과 같은 방식으로 하면 될 것이다(영 81조 참조).

(2) 재활용폐자원 등에 대한 매입세액공제

재활용폐자원 및 중고자동차를 수집하는 사업자가 세금계산서를 발급할 수 없는 자 등 대통령령으로 정하는 자로부터 재활용폐자원을 2025. 12. 31.까지, 중고자동차를 2025. 12. 31.까지 각 취득하여 제조 또는 가공하거나 이를 공급하는 경우에는 취득가액에 재활용폐자원은 3/103(2014. 1. 1.부터 2015. 12. 31.까지 취득하는 경우에는 5/105), 중고자동차는 10/110의 값을 곱하여 계산한 금액을 매출세액에서 매입세액으로 공제할 수 있다(조특법 108조; 조특령 110조).

이 규정은 이미 부가가치세를 부담하여 소비된 재화가 다시 유통과정에 진입하여 재차 부가가치세 부담을 지게 되는 경우 폐자원이나 중고품 활용을 위축시킬 염려가 있어 정책적으로 이를 배려하기 위한 것이다.

부가가치세 예정신고서나 확정신고서와 함께 규정에 따른 재활용폐자원 등의 매입세액공제신고서를 제출하여야 하는 등의 절차(조특령 110조 5항 참조)는 면세농산물의 경우와 같다. 법정절차를 해태하면 납세자의 과실유무에 불구하고 매입세액 공제가 허용되지 않는다(판 99. 9. 17, 98두16705).

바. 대손세액공제

(1) 관련규정 및 의의

사업자는 부가가치세가 과세되는 재화 또는 용역을 공급하고 외상매출금이나 그 밖의 매출채권(부가가치세를 포함한 것)의 전부 또는 일부가 공급을 받은 자의 파산·강제집행이나 그 밖에 대통령령으로 정하는 사유로 대손되어 회수할 수 없는 경우 다음의 계산식에 따라 계산한 금액(“대손세액”)을 그 대손이 확정된 날이 속하는 과세기간의 매출세액에서 뺄 수 있다. 다만 그 사업자가 대손되어 회수할 수 없는 금액(“대손금액”)의 전부 또는 일부를 회수한 경우 회수한 대손금액에 관련된 대손세액을 회수한 날이 속하는 과세기간의 매출세액에 더한다(법 45조 1항).

대손세액 = 대손금액 × 110분의 10

위 “파산·강제집행이나 그 밖에 대통령령으로 정하는 사유”란 소득세법 시행령 제55조 제 2 항 및 법인세법 시행령 제19조의2 제 1 항에 따라 대손금으로 인정되는 사유를 말한다(영 87조 1 항). 다만 그 공제범위는 사업자가 부가가치세가 과세되는 재화 또는 용역을 공급한 후 그 공급일부터 10년이 지난 날이 속하는 과세기간에 대한 확정신고 기한까지 제 1 항의 사유로 확정되는 대손세액(법 57조에 따른 결정 또는 경정으로 증가된 과세표준에 대하여 부가가치세액을 납부한 경우 해당 대손세액을 포함한다)으로 한다(동 2항).

대손세액공제는 부가가치세액 납부 후 공급받은 자가 파산 등의 사유로 매출채권이 대손처리되는 경우에 공급가액 자체도 회수하지 못한 공급자에게 원래 공급받은 자가 부담하여야 할 부가가치세액까지 부담시키는 것은 가혹하다는 고려에서 마련된 장치이다. 우리 법상 부가가치세도 법인세나 소득세와 마찬가지로 현금주의가 아닌 권리의무확정주의를 채택하고 있는데서 오는 문제점을 보완하기 위한 것으로 법 제31조에서 규정하고 있는 거래징수 원칙의 예외를 이룬다. 시행령은 대손세액공제의 범위를 소득세법 및 법인세법의 대손사유와 일치시키고 있다.

법은 일률적으로 10년 내에 확정되는 대손세액으로 범위를 제한하고 납세자의 귀책사유 등을 전혀 고려하지 않고 있는데 판례는 기간을 5년으로 규정하고 있던 종전 규정과 관련하여 이를 유효로 보았다(판 2008. 4. 24, 2006두13855).

회생계획 인가결정에 따라 출자전환 후 감자된 채권에 대하여도 대손세액 공제가 인정된다(시행령 87조 1항).[1)]

대손세액 공제가 인정되면 해당 부분은 공급이 없는 것이 되어 공급받은 자의 매입세액 공제는 부인되는 반면 대손세액 공제가 부인되면 반대로 된다.

광고대행사가 광고대금을 광고주로부터 직접 수금하여 광고대행수수료를 공제한 금액을 법인에게 지급하기로 하여, 법인이 광고대행사로부터 광고대금 명목으로 교부받은 어음상의 채권들이 부도발생일부터 6월 이상 경과한 경우 법인세법상 대손금에 해당하여 손금산입 대상이 되지만 준위탁매매인은 구부가가치세법 제17조의2 제 1 항(현행 45조)에서 정한 '공급을 받는 자'에 포함되지 않으므로 부가가치세법상 대손세액 공제대상은 되지 아니한다(판 2009. 7. 9, 2007두10389).

대손세액 공제 후 대손금액의 전부 또는 일부를 회수한 경우 그 관련된 대손세액을 회수한 날이 속하는 기간의 매출세액에 가산한다(법 45조 1 항 단서).

---

1) 규정 신설 전 같은 취지의 판결로, 판 2018. 6. 28, 2017두68295. 그 평석은, 오광석, 2018년 부가가치세 및 관세 판례회고, 조세법연구 25-1, 227면. 그 밖에 관련 논의는, 강남규, "회생계획 인가결정에 따라 회수불능으로 확정된 채권의 의미", 특별법연구 제15권, 236면 이하 참조.

(2) 절 차

대손세액 공제와 가산은 모두 부가가치세의 확정신고와 함께 대손세액공제신고서나 변제신고서 및 그 대손사실 또는 변제사실을 증명하는 서류를 첨부하여 관할세무서장에게 제출하여야 한다(법 45조 2항, 영 87조 4항).

재화나 용역의 공급을 받은 사업자가 대손세액의 전부 또는 일부를 제38조에 따라 매입세액으로 공제받은 경우로서 공급자의 대손이 당해 공급을 받은 사업자의 폐업 전에 확정되는 때에는 관련 대손세액 상당액을 대손이 확정된 날이 속하는 과세기간의 매입세액에서 차감하고, 당해 사업자가 이를 차감하지 않은 경우에는 공급받은 자의 관할세무서장이 결정·경정한다(법 45조 3·4항; 영 87조 3항).

사. 재고매입세액공제

(1) 의의 및 요건

간이과세자가 일반과세자로 변경되면 그 변경 당시의 재고품, 건설 중인 자산 및 감가상각자산에 대하여 대통령령으로 정하는 바에 따라 계산한 금액을 매입세액으로 공제할 수 있다(법 44조 1항).

재고품이란 상품·제품(반제품 및 재공품 포함)·재료(부재료 포함)를 말하며, 감가상각자산은 건물 및 구축물의 경우 취득·건설 또는 신축 후 10년 이내의 것, 그 밖의 감가상각자산의 경우에는 취득 또는 제작 후 2년 이내의 것을 대상으로 한다(영 86조 1항). 재고매입세액의 계산은 같은 조 제3항 및 제4항 참조.[1]

(2) 절 차

간이과세자가 일반과세자로 변경되는 경우에는 그 변경되는 날 현재의 위 재고품 등을 변경되는 날의 직전 과세기간에 대한 확정신고와 함께 일반과세전환 시의 재고품 등의 신고서에 의하여 신고하여야 한다(영 86조 1항).

다만 판례는 위 기한 경과 후에 재고품 등을 신고하는 경우에도 해당 매입세액을 그 신고한 날이 속하는 예정신고기간 또는 과세기간의 매출세액에서 공제할 수 있다고 보았다(판 2012. 7. 26, 2010두2845).

신고를 받은 관할세무서장은 재고매입세액으로 공제할 수 있는 재고금액을 조사·승인하고 그 신고기한 경과 후 1월 이내에 당해 사업자에게 통지하여야 하며, 기한 내에 통지하지 아니하는 때에는 당해 사업자가 신고한 재고금액을 승인한 것

1) 기본산식: 재고매입세액 = (재고품 등 자산의 취득가액－취득 후 경과된 과세기간 수만큼 각기 그 상각률에 따라 감가상각한 가액) × 10/110 ×(1－당해 간이과세자의 매입세액 법정공제율)

으로 보게 된다(동 6항).

결정된 재고매입세액은 그 승인을 얻은 날이 속하는 예정신고기간 또는 과세기간의 매출세액에서 공제하며(동 7항), 그 내용에 오류 또는 탈루가 있으면 다시 조사·경정하게 된다(동 8항).

아. 신용카드 등의 사용에 따른 세액공제

법 제46조, 시행령 제88조 제 4 항 참조.

자. 전자세금계산서 발급·전송에 대한 세액공제 특례

법 제47조 제 1, 2 , 3 항, 시행령 제89조 제 2 항 참조.

차. 공통매입세액의 재계산: 법 제41조, 시행령 제83조 참조.

3. 재고매입세액가산

일반과세자가 간이과세자로 변경되면 변경 당시의 재고품, 건설 중인 자산 및 감가상각자산에 대하여 시행령 산식에 따른 금액(재고납부세액)을 제63조 제 2 항에 따른 납부세액에 더하여야 한다(법 64조).

이는 앞에서 본 재고매입세액공제 제도에 대응하는 것이다. 재고납부세액은 자산의 종류별로 법정되어 있다(영 112조).

제 5 장
거래징수와 세금계산서

제 1 절 총 설

사업자가 재화나 용역을 공급하는 경우 거래상대방으로부터 부가가치세를 징수하여야 하는데(법 31조), 이와 같이 공급을 하는 사업자가 공급을 받는 자로부터 부가가치세를 징수하는 것을 '거래징수'라고 한다. 이와 같은 거래징수를 확보하기 위하여 법 제32조 및 제35조는, 납세의무자로 등록한 사업자가 재화 또는 용역을 공급하는 때에는 그 공급되는 거래시기에 일정 사항을 적은 세금계산서를 공급을 받은 자에게 발급하여야 하고 수입되는 재화의 경우에는 세관장이 이를 수입자에게 발급하도록 규정하고 있다.

제 2 절 거래징수

1. 의 의

거래징수는 전단계세액공제방식에 의한 부가가치세의 부담을 최종적으로 소비자에 이르기까지 순차로 전가시키는 장치이다. 같은 소비세이면서도 개별소비세는 개개의 거래단계가 아니라 제조반출가격 또는 소매판매가격에 포함되어 소비자에게 전가되는데 비하여, 부가가치세는 다단계거래세로서 모든 거래단계마다 과세되는 특성상 그 취지를 살리기 위하여 별도로 거래징수에 관한 규정을 두고 있다. 그러나 거래징수에 관한 법 제31조의 규정은 사업자의 세법상 협력의무로서의 거래징수의무를 사업자와 거래상대방 모두에 대하여 확인한 의미가 있을 뿐 그들 사이의 사법상 계약관계에 관하여 곧바로 어떠한 권리나 의무를 창설하는 규정은 아니다.[1] 국가에 대한 납세의무자는 어디까지나 사업자이고 최종 소비자는 담세자 지위에서 징수를 수인할 뿐이다. 다만 거래당사자 사이에 '부가가치세는 매수인이 부담한다'든지 '대금 ○○○원'(부가가치세 별도)이라고 약정한 경우 그와 같은 약정금의 지급을 구할 수 있음은 물론이다. 부가가치세 부담에 관한 위와 같은 약정은 재화 또는 용역의 공급 당시뿐 아니라 공급 후에 한 경우도 유효하며, 묵시적인 형태로 이루어질 수도 있다(위 2002다38828 판결). 공급받는 자가 부가가치세를 부담하기로 약정했다면 사업자의 세금계산서 발급여부나 부가가치세 납부여부는 공급받는 자의 사업자에 대한 부가가치세 납부의무에 영향을 주지 않는다(판 2015. 10. 29, 2015다214691, 214707). 사업자가 세금계산서를 발급하지 않아 공급받는 자가 매입세액 공제를 받지 못하였다면 공급받는 자가 공제받지 못하게 된 매입세액 상당을 손해배당으로 청구할 수 있다(판 2020. 4. 29, 2017다285284).

당사자 사이에 비과세나 면세거래로 오인하여 부가가치세 비포함가액으로 공급대가를 약정하였는데 후에 과세거래로 판명된 경우 위 징수규정에 근거하여 공급받은 자에게 부가가치세액의 지급을 구할 수는 없으나 이 경우 객관적 사정에 비추어 당사자 쌍방이 거래 당시 대상거래가 과세거래임을 알았더라면 당초 약정된 가액에 부가가치세 포함 가격으로 공급대가를 결정하였으리라고 인정되는 경우 당사자의 의사해석에 기초하여 부가가치세액의 지급을 구할 수 있다. 다만 판례는 그와 같은 사정을 제한적으로 인정하고 있다.[2] 이 경우 '부가세 별도약정'에 따라 사업자가 청구할 수 있는 부가가치세 상당액은 원칙적으로 해당 거래에 적용되는 부가가치세 법령에 따라 계산된 금액이다(판 2024. 3. 13, 2023다290485).

특별히 면세의 경우 공급받는 자가 기지급한 부가가치세액(매출세액)에 상응한 매입세액 공제를 받지 못함에 따른 공급가액 변동요인이 발생하고 간이과세자의 경우 공급대가(부가가치세 포함)에 업종별 부가가치율(5~50%)을 곱한 금액의 10%를 납부세액으로 정하고 있어 세액 산정에 어려운 문제가 발생한다.[3]

---

1) 판 2002. 11. 22, 2002다38828; 99. 11. 12, 99다33984 등. 헌 00. 3. 30, 98헌바7도 같은 취지이다.

2) 판 2006. 11. 23, 2005다13288(국가와 기부채납자가 국유지 위에 건물을 신축하여 기부채납하고 대지 및 건물에 대한 사용수익권을 받기로 약정하면서 기부채납이 부가가치세 부과대상인 것을 모른 채 계약을 체결한 사안에서, 두 계약당사자의 진의가 국가가 부가가치세를 부담하는 것이었다고 추정하여 그러한 내용으로 계약을 수정 해석하여야 한다고 본 원심판결을 파기한 사례)

3) 판례는 갑 지방자치단체가 입찰절차를 거쳐 폐기물 처리업자인 을 회사와 체결한 생활폐기물 위탁처리 용역계약에 따라 을 회사에 용역대금과 부가가치세를 지급하였다가 후에 위 용역의 공급이 부가가치세 면세대상임을 알게 되자, 을 회사를 상대로 기지급한 부가가치세 상당액의 반환을 구한 사안에서, 용역계약 체결 당시 위 용역의 공급이 부가가치세 면세대상이라는 사정을 알았다면 부가가치세를 제외하고 기존 용역대금에 상당한 금액만을 지급하기로 약정하였을 것으로

타인의 불법행위로 인하여 피해자 소유의 물건이 손괴되어 수리를 요하는 경우에 피해자는 부가가치세를 포함한 수리비 상당액의 손해배상을 청구할 수 있음이 원칙이나 피해자가 부가가치세법상 납세의무자인 사업자로서 부가가치세가 부가가치세법 제38조 제 1 항 제 1 호 소정의 매입세액에 해당한다면 피해자는 그 세액 상당을 자기의 매출세액에서 공제하거나 환급받을 수 있으므로 특별한 사정이 없는 그 부가가치세 상당의 손해배상을 청구할 수 없다. 다만 해당 부가가치세가 부가가치세법 제39조 제 1 항 제 7 호에서 규정한 '면세사업과 관련된 매입세액' 등에 해당하여 피해자가 이를 자기의 매출세액에서 공제하거나 환급받을 수 없는 때에는 가해자에게 그 부가가치세 상당의 손해배상을 청구할 수 있다(판 2021. 8. 12, 2021다210195).

2. 거래징수의무자

가. 원 칙

사업자가 재화 또는 용역을 공급하는 경우에는 제29조 제 1 항에 따른 공급가액에 제30조에 따른 세율을 적용하여 계산한 부가가치세를 재화 또는 용역을 공급받는 자로부터 징수하여야 한다(법 31조).

이와 같이 우리 법상 부가가치세의 거래징수의무자는 원칙적으로 재화 또는 용역을 공급하는 일반사업자이다. 면세사업자는 부가가치세의 납부의무가 없으므로 거래징수의무가 없으며, 간이과세자도 공급대가에 부가가치세액이 포함되기 때문에 그 세액 상당을 따로 거래징수할 필요가 없다.

위탁매매나 대리매매는 위탁자 또는 본인이 직접 재화를 공급한 것으로 보므로(법 10조 7항), 부가가치세의 거래징수의무자도 위탁자 또는 본인이다. 다만 위탁자 또는 본인임을 알 수 없는 경우에는 그러하지 아니하다. 수용으로 인하여 재화가 공급되는 경우 당해 사업시행자가 세금계산서를 교부할 수 있다(영 69조 4항).

나. 대리납부제도

국내사업장이 없는 비거주자 또는 외국법인이나, 국내사업장이 있는 비거주자 또는 외국법인이라도 그 국내사업장과 관련 없이 용역을 제공하는 경우로서 대통

보기 어렵다고 하여 이와 반대로 판단한 원심판결을 파기하였다(판 2023. 8. 18, 2019다200126). 위 환송판결의 취지가 기존 2005다13288 판결과 같은 취지인지 아니면 당사자가 면세대상임을 알았을 경우 용역대금을 얼마로 정하였을지를 확인하라는 취지인지 분명하지 않으나 만일 후자라면 어려운 가액산정 문제를 남기게 된다.

령령으로 정하는 경우에는 그들로부터 용역 또는 무체물을 공급(무체물인 재화의 수입으로서 대통령령으로 정하는 경우를 포함한다)받는 자(공급받은 그 용역 등을 과세사업에 제공하는 경우는 제외하되, 법 제39조에 따라 매입세액이 공제되지 아니하는 용역 등을 공급받는 경우는 포함한다)가 그 대가를 지급하는 때에 부가가치세를 징수하고, 법 제48조 제 2 항 및 제49조 제 2 항을 준용하여 대통령령이 정하는 바에 따라 사업장 또는 주소지 관할세무서장에게 이를 납부하여야 한다(법 52조 1항).

이를 대리납부제도라고 하며 징수의 편의를 위하여 둔 규정이다.

국내에서 국제공인자격시험센터를 운영하기 위하여 외국법인과 시험문제 및 관련 소프트웨어의 제공에 관한 계약을 체결하고 대가를 지급한 후 그 시험문제를 소정의 응시료를 받고 응시생들에게 제공한 것은 납세의무자가 시험용역을 다시 대가를 받고 응시생들에게 제공한 것으로서 위 괄호의 대리납부의무 예외사유에 해당된다(판 2010. 1. 28, 2007두14190).

사업의 양도(재화의 공급으로 보지 아니하는 사업의 양도에 해당하는지 여부가 불분명한 경우를 포함한다)에 따라 그 사업을 양수받은 자는 그 대가를 지급하는 때에 법 제10조 제 9 항 제 2 호 본문 및 제31조에도 불구하고 그 대가를 받은 자로부터 부가가치세를 징수하여 그 대가를 지급하는 날이 속하는 달의 다음달 25일까지 제49조 제 2 항을 준용하여 대통령령으로 정하는 바에 따라 사업장 관할 세무서장에게 납부할 수 있다(법 52조 4항).

국외사업자가 제 8 조에 따른 사업자등록의 대상으로서 다음 각 호의 어느 하나에 해당하는 자("위탁매매인등")를 통하여 국내에서 용역등을 공급하는 경우에는 해당 위탁매매인등이 해당 용역등을 공급한 것으로 본다(법 53조 1항). 국외사업자로부터 권리를 공급받는 경우에는 제19조 제 1 항에도 불구하고 공급받는 자의 국내에 있는 사업장의 소재지 또는 주소지를 해당 권리가 공급되는 장소로 본다(동 2항).

이는 국외사업자로부터 용역 등을 공급받는 거래가 증대됨에 따라 국내·외 사업자 간 과세형평을 제고하기 위하여 둔 규정이다.

다. 전자적 용역을 공급하는 국외사업자의 사업자등록 및 납부 등에 관한 특례

국외사업자가 정보통신망(「정보통신망 이용촉진 및 정보보호 등에 관한 법률」 제2조 제 1 항 제 1 호에 따른 정보통신망을 말한다)을 통하여 이동통신단말장치 또는 컴퓨터 등으로 공급하는 용역으로서 다음 각 호의 어느 하나에 해당하는 용역("전자적 용역")을 국내에 제공하는 경우[제 8 조, 소득세법 제168조 제 1 항 또는 법인세법 제111조 제 1 항에 따라 사업자등록을 한 자("등록사업자")의 과세사업 또는 면세사업에 대하여 용역을 공급하는 경우는 제외한다]에는 사업의 개시일부터 20일 이내에 대통령령으로 정하는 간편한 방법으로 사업자등록("간편사업자등록")을 하여야 한다(법 53조의2 1항).

1. 게임·음성·동영상 파일 또는 소프트웨어 등 대통령령으로 정하는 용역 2. 광고를 게재하는 용역 3.「클라우드컴퓨팅 발전 및 이용자 보호에 관한 법률」 제 2 조 제 3 호에 따른 클라우드컴퓨팅서비스 4. 재화 또는 용역을 중개하는 용역으로서 대통령령으로 정하는 용역 5. 그 밖에 제 1 호부터 제 4 호까지와 유사한 용역으로서 대통령령으로 정하는 용역

이는 국내 개발자와 해외 개발자 간 과세형평을 높이기 위해 국내소비자가 해외 오픈마켓 등에서 구매하는 게임·음성·동영상 파일 또는 소프트웨어 등 전자적 용역에 대하여 그 공급장소를 국내로 보도록 한 것이다.

국외사업자가 다음 각 호의 어느 하나에 해당하는 제 3 자(제52조 제 1 항 각 호의 어느 하나에 해당하는 비거주자 또는 외국법인을 포함한다)를 통하여 국내에 전자적 용역을 공급하는 경우(등록사업자의 과세사업 또는 면세사업에 대하여 용역을 공급하는 경우나 국외사업자의 용역등 공급 특례에 관한 제53조가 적용되는 경우는 제외한다)에는 그 제 3 자가 해당 전자적 용역을 공급한 것으로 보며, 그 제 3 자는 사업의 개시일부터 20일 이내에 간편사업자등록을 하여야 한다(동 2항).

1. 정보통신망 등을 이용하여 전자적 용역의 거래가 가능하도록 오픈마켓이나 그와 유사한 것을 운영하고 관련 서비스를 제공하는 자 2. 전자적 용역의 거래에서 중개에 관한 행위 등을 하는 자로서 구매자로부터 거래대금을 수취하여 판매자에게 지급하는 자 3. 그 밖에 제 1 호 및 제 2 호와 유사하게 전자적 용역의 거래에 관여하는 자로서 대통령령으로 정하는 자

그 등록방식과 등록사항, 사업자등록의 부여절차 등에 관하여는 시행령 제96조의2 제 3 항 및 제 4 항, 신고 및 납부에 관한 특례는 법 제53조의2 제 4 항, 시행령 제96조의2 제 5 항, 제 6 항, 거래명세의 보관 및 제출 등에 관하여는 법 제53조의2 제 6 항 내지 제 9 항 각 참조.

간편사업자등록자는 해당 전자적 용역의 공급과 관련하여 제38조 및 제39조에 따라 공제되는 매입세액 외에는 매출세액 또는 납부세액에서 공제하지 아니한다(법 53조의2 5항).

제 3 절 세금계산서

1. 의 의

세금계산서(Tax Invoice)는 재화나 용역을 공급한 사업자가 공급받는 자로부터 부가가치세를 거래징수한 사실을 나타내는 것으로서 공급받는 자에게 발행한다. 세금계산서는 거래당사자에게 송장(送狀), 대금청구서, 거래영수증으로 기능하고, 납세의무자의 매입세액 공제자료가 되며, 과세관청에게는 과세거래의 포착 및 과세표준 파악을 위한 기초자료로 기능한다. 부가가치세제는 세금계산서를 근간으로 유지되고, 세금계산서의 정확한 수수는 나라 세제 전체의 성패를 좌우한다고 할 정도로 중요하다. 법이 세금계산서 기재가 정확하지 않은 경우 실체에 불구하고 매입세액 공제를 허용하지 않는 것은 세금계산서의 관리가 그만큼 중요하기 때문이다. 사업자가 세금계산서를 발급하기 위해서는 과세관청에 사업자등록을 해야 하며 양자는 밀접하게 결합하여 부가가치세제의 원활한 운영에 봉사하고 있다.

2. 세금계산서의 기재사항

세금계산서에는, 1. 공급하는 자의 주소, 2. 공급받는 자의 상호·성명·주소 3. 공급하는 자와 공급받는 자의 업태와 종목 4. 공급품목, 5. 단가와 수량, 6. 공급연월일, 7. 거래의 종류, 8. 사업자단위 과세사업자의 경우 실제로 재화 또는 용역을 공급하거나 공급받는 종된 사업장의 소재지 및 상호 등을 기재하여야 한다(법 32조 1 항; 영 67조 1, 2항).

사업자가 시행령 제73조 제 5 항에 따라 세금계산서를 발급하는 경우 비고란에 영수증 취소분이라고 적어야 한다(영 67조 3항). 사업자는 법 제32조 제 1 항 1호부터 4호까지의 기재사항과 그 밖에 필요하다고 인정되는 사항 및 국세청장에게 신고한 계산서임을 적은 계산서를 국세청장에게 신고한 후 발급할 수 있다(동 4항).

필요적 기재사항이 제대로 기재되는 것은 세금계산서의 효력요건이다. 따라서 세금계산서에 필요적 기재사항의 일부 또는 전부가 기재되지 않거나 그 내용이 사실과 다른 경우에는 매입세액이 불공제되고 가산세가 부과되며 경우에 따라 형사처벌의 대상이 된다(법 39조 1항 2호, 60조 2항 5호 및 조세범처벌법 10조 참조).

2호의 '용역을 공급받는 자'는 계약상 또는 법률상의 원인에 의하여 역무 등을 제공받는 자를 의미하고, 계약상 원인에 의하여 '용역을 공급받는 자'가 누구인가를 결정할 때에는 용역공급의 원인이 되는 계약당사자 및 내용, 용역의 공급이 누구를 위하여 이루어지고 대가의 지급관계는 어떠한지 등 제반 사정을 고려하여야 한다(판 2016. 5. 12, 2016두30187).[1] 이와 같은 판단기준은 동일한 사업자에게 둘 이상의 사업장이 있는 경우 '용역을 공급받는 자'를 정하는 데 있어서도 동일하다(판 2009. 5. 14, 2007두4896). 과세기간을 달리하여 이중으로 세금계산서가 발행된 경우 뒤에 발행된 세금계산서는 원칙적으로 효력이 없다(판 2004. 5. 27, 2002두1717).

3. 교부의무자

일반과세자와 간이과세자 중 직전 연도 공급대가의 합계액이 4,800만 원 이상인 자는 원칙적으로 세금계산서를 발급하여야 하며, 사업자등록을 하여야 세금계산서를 발급할 수 있다. 법은 세금계산서의 필요적 기재사항으로서 '공급하는 사업자의 등록번호'를 기재하도록 요구하고 있다(법 32조 1항). 법인사업자와 대통령령으로 정하는 개인사업자는 법 제32조 제 1 항에 불구하고 대통령령으로 정하는 전자적 방법으로 세금계산서(전자세금계산서)를 발급하여야 한다(법 32조 2 항).

소매업·음식점업·숙박업 등 일정 업종의 경우 예외적으로 영수증을 발급할 수 있고(법 36조 1항; 영 73조 1 항), 택시운송·노점·행상 등의 사업을 하거나 일정 규모 이하의 소매업, 목욕·이발·미용업을 영위하는 경우 세금계산서를 발급하지 아니할 수 있다(법 33조 1항; 영 71조 1항 1호 내지 9호[2]).

대통령령으로 정하는 사업자가 제46조 제 1 항에 따른 신용카드매출전표 등을 발급한 경우에도 세금계산서 또는 전자세금계산서 발급의무가 면제된다(법 33조 2 항). 위탁판매 또는 대리인에 의한 판매의 경우 수탁자 또는 대리인이 재화를 인도하는 때에는 수탁자 또는 대리인이 위탁자 또는 본인 명의로 세금계산서를 발급하며, 위탁자 또는 본인이 직접 재화를 인도하는 때에는 위탁자 또는 본인이 세금계산

1) 판결에 대한 평석은, 이연우, 조세실무연구 8, 333면.
2) 국내사업장이 없는 비거주자 또는 외국법인에 공급하는 재화 또는 용역은 원칙적으로 세금계산서 발급의무가 면제되나, 국내사업장이 없는 비거주자 또는 외국법인이 해당 외국의 개인사업자 또는 법인사업자임을 증명하는 서류를 제시하고 세금계산서 발급을 요구하는 경우, 법인세법 제94조의2에 따른 외국법인연락사무소에 재화 또는 용역을 공급하는 경우에는 세금계산서를 발급해야 한다(영 71조 1항 9호. 이 중 외국법인연락사무소에 공급하는 경우에 관한 부분은 2023. 7. 1. 이후 공급하는 분부터 적용).

서를 발급할 수 있다. 이 경우 수탁자 또는 대리인의 등록번호를 덧붙여 적어야 한다(법 32조 6항; 영 69조 1항).

위탁매입 또는 대리인에 의한 매입의 경우에는 공급자가 위탁자 또는 본인을 공급받는 자로 하여 세금계산서를 발급한다. 이 경우에는 수탁자 또는 대리인의 등록번호를 덧붙여 적어야 한다(영 69조 2항). 다만 법 제10조 제 7 항 단서의 경우(위탁자 또는 본인을 알 수 없는 경우)에는 제 1 항 및 제 2 항의 규정을 적용하지 아니한다(동 3항). 용역의 공급에 대한 주선·중개의 경우에도 제 1 항 및 제 2 항의 규정을 준용한다(동 5항).

그 밖에 법은 조달사업에 관한 법률에 따라 물자가 공급되는 경우(동 6항)를 비롯하여 특별법에 따라 일정한 재화나 용역이 공급되는 경우에 관하여 세금계산서 발급에 관한 특칙을 두고 있다.

수용의 경우에는 해당 사업시행자가 세금계산서를 발급할 수 있다(동 4항).

한편, 법 제32조에도 불구하고 납세의무자로 등록한 사업자로서 대통령령으로 정하는 사업자가 재화 또는 용역을 공급하고 부가가치세법 제34조에 따른 세금계산서 발급 시기에 세금계산서를 발급하지 아니한 경우(사업자의 부도·폐업, 공급 계약의 해제·변경 또는 그 밖에 대통령령으로 정하는 사유가 발생한 경우로서 사업자가 수정세금계산서 또는 수정전자세금계산서를 발급하지 아니한 경우 포함)에는 그 재화 또는 용역을 공급받은 자가 관할 세무서장의 확인을 받아 이른바 매입자발행세금계산서를 발행 할 수 있는 제도가 마련되어 있다(법 34조의2).

일정 범위의 간이과세자는 세금계산서를 교부할 수 없고 영수증만 발급할 수 있으며(법 36조 1항 2호; 영 73조 1항), 면세사업자는 세금계산서를 발급할 수 없다.

공급대가의 합계액이 변경되어 영수증 발급에 관한 규정의 적용이 변경되는 경우 영수증 발급 적용기간에 관하여는 별도의 규정이 있다(법 36조의2).

4. 세금계산서의 발행시기

세금계산서의 발급은 원칙적으로 사업자가 법 제15조, 제16조 및 제18조에서 규정하는 재화 또는 용역의 공급시기에 공급을 받는 자에게 하되(법 34조 1항), 다음 각 호의 어느 하나에 해당하면 재화 또는 용역의 공급일이 속하는 달의 다음 달 10일(다음 달 10일이 공휴일 또는 토요일인 때에는 해당 날짜의 다음 날을 말한다)까지 세금계산서를 발급할 수 있다(동 3항).

1. 거래처별로 달의 1일부터 말일까지의 공급가액을 합계하여 해당 달의 말일을 작성연월일로 하여 세금계산서를 발급하는 경우 2. 거래처별로 달의 1일부터 말일까지의 기간 이내에서 사업자가 임의로 정한 기간의 공급가액을 합계하여 그 기간의 종료일을 작성연월일로 하여 세금계산서를 발급하는 경우

3. 관계 증명서류 등에 따라 실제거래사실이 확인되는 경우로서 해당 거래일을 작성연월일로 하여 세금계산서를 발급하는 경우

이를 '월합계세금계산서'라고 한다. 법은 매입자발행 세금계산서에 따른 매입세액 공제 특례규정을 두고 있다. 그 내용은, 법 제32조에도 불구하고 납세의무자로 등록한 사업자로서 대통령령으로 정하는 사업자가 재화 또는 용역을 공급하고 법 제34조에 따른 세금계산서 발급 시기에 세금계산서를 발급하지 않는 경우(사업자의 부도·폐업, 공급 계약의 해제·변경 또는 그 밖에 대통령령으로 정하는 사유가 발생한 경우로서 사업자가 수정세금계산서 또는 수정전자세금계산서를 발급하지 아니한 경우 포함) 재화 또는 용역을 공급받은 자는 대통령령으로 정하는 바에 따라 관할 세무서장의 확인을 받아 세금계산서를 발행할 수 있도록 하고(법 34조의2 1항), 세금계산서에 기재된 부가가치세액은 대통령령으로 정하는 바에 따라 제37조, 제38조 및 제63조 제 3 항에 따른 공제를 받을 수 있는 매입세액으로 보는 것이다(법 34조의2 2항).

5. 세금계산서의 종류

세금계산서에는, 1) 일반세금계산서와 2) 수정세금계산서, 3) 수입세금계산서, 4) 영수증이 있다.

1) 일반세금계산서 　일반세금계산서는 필요적 기재사항 전부를 기재한 세금계산서로서, 일반 과세사업자만이 교부할 수 있다.

일반세금계산서의 특수한 형태로 전자세금계산서가 있다. 전자세금계산서란 시행령 제68조 제 5 항 각호의 하나에 해당하는 방법으로 법 제32조 제 1 항 각 호의 기재사항을 계산서 작성자의 신원 및 계산서의 변경여부 등을 확인할 수 있는 공인인증시스템을 거쳐 정보통신망으로 발급하는 것을 말한다(영 68조 5항).

특별히 법인사업자와 직전 연도의 사업장별 재화 및 용역의 공급가액(면세공급가액 포함)의 합계액이 일정금액(종전에 3억 원이었다가, 2022. 7. 1.부터는 2억 원, 2023. 7. 1.부터는 1억 원, 2024. 7. 1.부터는 8천만 원) 이상인 개인사업자(그 이후 직전 연도의 사업장별 재화 및 용역의 공급가액이 8천만 원 미만이 된 개인사업자 포함)에

대하여는 전자세금계산서의 발급이 강제되어 있다(법 32조 2항; 영 68조 1항, 2023. 2. 28. 개정 시행령 부칙 3조 2항 참조).

전자세금계산서를 발급하였을 때에는 전자세금계산서 발급일 다음 날까지 법 제32조 제 1 항 각 호의 사항에 관한 발급명세를 국세청장에게 전송하여야 한다(법 32조 3항; 영 68조 7, 8항).

2) 수정세금계산서 세금계산서 교부 후 기재사항에 관하여 착오나 정정사유가 발생하거나 계약의 해지 등 후발적 사유로 공급가액 증감이 발생한 경우 법이 정한 사유 및 절차에 따라 수정세금계산서를 발급할 수 있다(법 32조 7항; 영 70조).

그 취지는 당초 세금계산서상 공급가액이 후발적 사유로 증감한 경우 사유발생일을 작성일자로 하여 수정세금계산서를 교부할 수 있게 함으로써 공급가액 증감사유가 발생한 날이 속하는 과세기간의 과세표준에 반영하도록 하는 데에 있다(판 2013. 4. 11, 2011두8178).[1] 후발적 사유로 공급가액 증감이 발생함에 따라 수정세금계산서를 교부받은 경우 그에 대응하는 매입세액공제액의 감소로 인하여 발생한 부가가치세 증가분에 대하여는 그 수정계산서 교부일이 속하는 과세기간의 과세표준 신고기한 다음 날부터 부과제척기간이 진행된다(판 2011. 7. 28, 2009두19984).

3) 수입세금계산서 수입이 과세대상인 경우 세관장은 수입되는 재화에 대하여 부가가치세를 징수할 때(제50조의2에 따라 부가가치세의 납부가 유예되는 때를 포함한다) 수입된 재화에 대한 세금계산서를 대통령령으로 정하는 바에 따라 수입하는 자에게 발급하여야 한다(법 35조 1항). 이를 수입세금계산서라고 한다. 수입세금계산서는 세관장이 발급자가 되는 점만 다를 뿐 기재내용은 일반 세금계산서와 같다(영 72조 1항).

세관장은 다음 각 호의 어느 하나에 해당하는 경우에는 수입하는 자에게 대통령령이 정하는 바에 따라 수정한 수입세금계산서("수정수입세금계산서")를 발급하여야 한다(법 35조 2항. 2022. 12. 31. 개정).

1. 관세법에 따라 세관장이 과세표준 또는 세액을 결정 또는 경정하기 전에 수입하는 자가 대통령령으로 정하는 바에 따라 수정신고 등을 하는 경우(제3호에 따라 수정신고하는 경우는 제외한다)

---

1) 다만 판 2020. 10. 15, 2020도118은 실물거래 없이 허위의 세금계산서를 수수한 후 이를 취소하는 취지로 음수의 수정세금계산서를 발급·수취하였더라도 이는 이미 조세범처벌법 위반의 범죄행위가 기수에 이른 뒤의 사정에 불과하여 범죄의 성립에 영향을 미치지 않는다고 보았다. 이와 같은 취지로 가공세금계산서를 수수한 후 수정세금계산서를 발급하여 오류를 시정하였더라도, 수정세금계산서 수수 부분에 대해서는 가산세를 부과할 수 없으나 기존의 가공세금계산서 수수에 대해서는 가산세를 부과할 수 있다고 본 것으로 조심2022인6714, 2023. 1. 3.

2. 관세법에 따라 세관장이 과세표준 또는 세액을 결정 또는 경정하는 경우(수입하는 자가 해당 재화의 수입과 관련하여 다음 각 목의 어느 하나에 해당하지 아니하는 경우로 한정한다).[1)]

가. 관세법 제270조(제271조 제 2 항에 따른 미수범의 경우를 포함한다), 제270조의2 또는 제276조를 위반하여 고발되거나 같은 법 제311조에 따라 통고처분을 받은 경우 **나**. 관세법 제42조 제 2 항에 따른 부정한 행위 또는「자유무역협정의 이행을 위한 관세법의 특례에 관한 법률」제36조 제 1 항 제 1 호 단서에 따른 부정한 행위로 관세의 과세표준 또는 세액을 과소신고한 경우 **다**. 수입자가 과세표준 또는 세액을 신고하면서 관세조사 등을 통하여 이미 통지받은 오류를 다음 신고 시에도 반복하는 등 대통령령으로 정하는 중대한 잘못이 있는 경우

3. 수입하는 자가 세관공무원의 관세조사 등 대통령령으로 정하는 행위가 발생하여 과세표준 또는 세액이 결정 또는 경정될 것을 미리 알고 그 결정·경정 전에「관세법」에 따라 수정신고하는 경우(해당 재화의 수입과 관련하여 제 2 호 각 목의 어느 하나에 해당하지 아니하는 경우로 한정한다)

세관장은 제 2 항 제 2 호 또는 제 3 호의 결정·경정 또는 수정신고에 따라 수정수입세금계산서를 발급한 후 수입하는 자가 제 2 항 제 2 호 각 목의 어느 하나에 해당하는 사실을 알게 된 경우에는 이미 발급한 수정수입세금계산서를 그 수정 전으로 되돌리는 내용의 수정수입세금계산서를 발급하여야 한다(동 3항).

제 4 항 내지 제 7 항 생략

1) 甲회사가 통관지 세관장에게 경정청구를 하여 감액경정이 되었다가 그 후 관할 세관장이 다시 관세조사를 하여 동일한 사유로 다시 증액경정을 하자 납세자가 그에 따라 수정수입세금계산서의 발급을 신청한 경우 증액경정 대상인 甲회사의 물품수입신고는 실지조사권을 가진 세관장이 경정청구를 심사한 후 인용한 당초 감액경정에 따른 것이므로, 그 후 이에 관하여 증액경정이 있었더라도 한 甲회사에게 구 부가가치세법(2015. 12. 15. 개정 전의 것) 제35조 제 2 항 제 2 호 (다)목 소정의 귀책사유가 없다고 본 사례: 판 2020. 12. 24, 2019두44378.

제 6 장

신고·납부 및 경정·징수

제 1 절 예정신고와 확정신고

1. 총 설

부가가치세는 장소를 기준으로 사업장마다(법 6조 1항), 그리고 시간을 기준으로 과세기간마다 납부하여야 한다.

부가가치세의 과세기간은 1년을 2기로 나누어 6개월 단위로 되어 있으므로, 원래는 1과세기간마다 1회의 신고납부를 하면 된다(법 5조 1항). 다만 일시 부담에 따른 사업자의 부담을 덜어 주기 위하여 1과세기간 중 납부의무의 일부를 미리 이행하고 나중에 정산하도록 하고 있는데 이를 '예정신고납부'라고 한다. 이는 법인세법과 소득세법의 중간예납제도에 해당한다. 즉, 사업자는 사업기간 중에 예정신고를 하고 사업기간 종료 후에 확정신고를 하여야 한다.

법은 제37조 및 제63조에 불구하고 납부세액에서 부가가치세법 및 다른 법률에서 규정하고 있는 부가가치세의 감면세액 및 공제세액을 빼고 가산세를 더한 세액의 1천분의 747을 부가가치세로, 1천분의 253을 지방소비세로 정하고 있다(법 72조 1항. 2021. 12. 8. 개정).

2. 예정신고

가. 기간과 절차

예정신고기간은 제 1 기는 1. 1.부터 3. 31.까지, 제 2 기는 7. 1.부터 9. 30.까지로 하며, 기간종료 후 25일 이내에 과세표준과 납부세액(또는 환급세액)을 사업장 관할 세무서장에 신고하고 세액을 납부하여야 한다(법 48조).

천재·지변 그 밖의 연장사유가 있으면 기한연장승인을 신청할 수 있는 것과 기간의 종료일이 공휴일에 해당하면 그 다음 날까지로 연장되는 것은 신고기간 일반에 있어서와 같다(기본법 5조, 6조).

나. 요 건

신고할 사업자는 과세사업자이다. 따라서 면세사업자를 제외하고 영세율적용대상 사업자도 예정신고의무가 있다. 위탁판매·대리인판매의 경우에는 위탁자나 그 본인이 신고납부하여야 한다. 비거주자 또는 외국법인의 대리인은 비거주자나 외국법인을 대리하여 예정신고 및 납부를 하여야 한다.

사업자는 제 1 항 및 제 3 항에 따른 예정신고를 할 때 그 예정신고기간의 납부세액(해당 예정신고기간에 대해 제57조의2에 따라 수시부과한 세액은 공제)을 부가가치세 예정신고서와 함께 각 납세지 관할 세무서장(제51조의 경우에는 주사업장 관할 세무서장)에게 납부하거나, 국세징수법에 따른 납부서에 의하여 한국은행(그 대리점을 포함한다) 또는 체신관서에 납부하여야 한다(법 48조 2항).

예외적으로 납세지 관할 세무서장은 개인사업자와 대통령령으로 정하는 법인사업자에 대하여는 각 예정신고기간마다 직전 과세기간에 대한 납부세액(법 46조 1항, 법 47조 1항 또는 조특법 104조의8 2항, 106조의7 1 항에 따라 납부세액에서 공제하거나 경감한 세액 및 57조의2에 따라 수시부과한 세액이 있는 경우에는 그 세액을 뺀 금액으로 하고, 57조에 따른 결정 또는 경정과 국세기본법 45조 및 45조의2에 따른 수정신고 및 경정청구에 따른 결정이 있는 경우에는 그 내용이 반영된 금액으로 한다)의 50퍼센트를 곱한 금액을 결정하여 대통령령으로 정하는 바에 따라 해당 예정신고기간이 끝난 후 25일까지 징수한다. 다만 1. 징수하여야 할 금액이 50만 원 미만인 경우, 2. 간이과세자에서 해당 과세기간 개시일 현재 일반과세자로 변경된 경우, 3. 국세징수법 제13조 제 1 항 각 호의 어느 하나에 해당하는 사유로 납세자가 징수하여야 할 금액을 납부할 수 없다고 인정되는 경우에는 징수하지 아니한다(동 3항).

다만 대통령령으로 정하는 사업자는 제 1·2항에 따라 예정신고 및 납부할 수 있으며, 이 경우 제 3 항 본문에 따른 결정은 없었던 것으로 본다(동 4항).

예정신고 후 세액을 미납하면 국세징수의 예에 의해 징수하며, 예정신고를 하지 않거나 예정신고에 누락, 오류가 있으면 정부가 과세표준과 세액을 결정·경정하여 국세징수의 예에 의해 징수한다(법 58조). 예정신고를 한 과세표준과 세액에 대해서는 확정신고를 하지 않는다(법 49조 1항 단서).

3. 확정신고

가. 요건 및 절차

확정신고기간은 제 1 기가 1. 1.부터 6. 30.까지, 제 2 기가 7. 1. 부터 12. 31.까지이다. 사업자는 위 각 과세기간이 끝난 후 25일(폐업하는 경우 5조 3항에 따라 폐업일이 속한 달의 다음달 25일) 이내에 대통령령이 정하는 바에 따라 사업장 관할 세무서장에게 과세표준과 세액을 신고하여야 한다. 다만 제48조 제 1 항 및 제 4 항에 따라 예정신고를 한 사업자 또는 제59조 제 2 항에 따라 조기에 환급을 받기 위하여 신고한 사업자는 이미 신고한 과세표준과 납부한 납부세액 또는 환급받은 환급세액은 신고하지 아니한다(법 49조 1항).

사업자는 제 1 항에 따른 신고를 할 때 다음 각 호의 금액을 확정신고 시의 납부세액에서 빼고 부가가치세 확정신고서와 함께 각 납세지 관할세무서장(제51조의 경우에는 주된 사업장 소재지의 관할세무서장)에게 납부하거나 국세징수법에 따른 납부서를 작성하여 한국은행 등에 납부하여야 한다(법 49조 2항).

1. 제59조 제 2 항에 따라 조기환급을 받을 환급세액 중 환급되지 아니한 세액
2. 제48조 제 3 항 본문에 따라 징수되는 금액 3. 제57조의2에 따라 수시부과한 세액

재화를 수입하는 자가 관세법에 따라 관세를 신고·납부하는 경우에는 재화의 수입에 대한 부가가치세를 함께 신고·납부하여야 한다(법 50조).

수출을 주로 하는 중소·중견사업자가 물품을 제조·가공하기 위한 원재료 등을 수입하는 경우 해당 재화 수입 시 부가가치세 납부유예를 신청할 수 있다(법 50조의2 1항). 납부유예된 세액은 예정신고나 확정신고 시 정산하여야 한다(동 2항).

확정신고를 할 사업자의 범위는 예정신고와 같다. 내용은 당해 과세기간 중의 과세표준과 세액이다. 예정신고 및 영세율 등 조기환급신고 시에 신고한 내용은 그 대상에서 제외된다.

신고서에는 사업자의 인적 사항 외에 사업장현황과 가산세액 및 그 계산근거를 기재하여야 한다(영 91조 1항).

나. 수정신고 및 경정청구

부가가치세의 신고에 대하여도 국세기본법이 정한 요건과 절차에 따라 수정신고와 경정청구가 인정된다. 그 구체적인 내용은 총론편 해당부분을 참고할 것.

4. 세금계산서 합계표 등의 제출

사업자는 세금계산서를 발급하였거나 발급받은 때에는, 1. 공급하는 사업자 및 공급받는 사업자의 등록번호와 성명 또는 명칭 2. 거래기간 3. 작성일자 4. 거래기간 동안의 공급가액의 합계액 및 세액의 합계액 5. 위 각 호 외에 대통령령으로 정하는 사항을 기재한 매출처별세금계산서합계표와 매입처별세금계산서합계표를 해당 예정신고 또는 확정신고와 함께 제출하여야 한다. 다만 제32조 제 3 항 및 제 4 항에 따른 전자세금계산서 발급명세를 해당 재화 또는 용역의 공급시기가 속하는 과세기간(예정신고의 경우에는 예정신고기간)의 마지막 날의 다음 달 11일까지 국세청장에게 전송한 경우에는 그러하지 아니하다(법 54조 1·2항).

세금계산서를 교부한 세관장이나 교부받은 국가·지방자치단체·지방자치단체조합 등도 위 각 합계표를 제출할 의무가 있다(동 4·5항).

부동산업, 전문, 과학 및 기술서비스업, 보건업, 기타 개인서비스업 중 해당 업종의 특성 및 세원관리를 고려하여 대통령령으로 정하는 사업을 하는 사업자는 현금매출명세서를, 부동산임대업자는 기획재정부령으로 정하는 부동산임대공급가액명세서를 예정신고 또는 확정신고와 함께 제출하여야 한다(법 55조).

제 2 절 결정과 경정

1. 총 설

부가가치세는 신고납세방식의 조세이므로 신고에 의하여 세액이 확정되나, 예정신고 또는 확정신고를 하지 않거나 그 신고한 내용에 오류 또는 탈루가 있는 때, 또는 확정신고를 할 때 매출처별 세금계산서 합계표 등 필요한 서류를 제출하지 않거나 그 서류의 기재사항 누락, 허위내용이 있는 때, 그 밖에 대통령령이 정하는 사유로 부가가치세를 포탈할 우려가 있는 경우에는 납세지 관할세무서장·지방국세청장 또는 국세청장이 과세표준과 세액을 조사하여 결정 또는 경정한다(법 57조 1항).

부가가치세를 포탈할 우려가 있는 경우에 해당하는 사유로는, 1. 사업장의 이동이 빈번한 경우, 2. 사업장의 이동이 빈번하다고 인정되는 지역에 사업장이 있을 경우, 3. 휴업 또는 폐업 상태에 있을 경우, 4. 법 제46조 제 4 항에 따라 신용카드가맹점 또는 현금영수증가맹점 가입 대상자로 지정받은 사업자가 정당한 사유 없이 신용카드가맹점 또는 현금영수증가맹점으로 가입하지 아니한 경우로서 사업 규모나 영업 상황으로 보아 신고 내용이 불성실하다고 판단되는 경우, 5. 법 제59조 제 2 항에 따른 조기환급 신고의 내용에 오류가 있거나 내용이 누락된 경우 등이다(영 103조 1항).

납세지 관할 세무서장등은 제 1 항 및 제 2 항에 따라 결정하거나 경정한 과세표준과 납부세액 또는 환급세액에 오류가 있거나 누락된 내용이 발견되면 즉시 다시 경정한다(법 57조 3항).

2025년 개정법은 사업자가 과세기간 중 법 제60조 제 3 항 각 호의 어느 하나에 해당하는 경우(재화 또는 용역을 공급하지 않고 세금계산서 또는 신용카드매출전표를 발급하는 경우 등), 그 밖에 대통령령으로 정하는 사유로 부가가치세를 포탈할 우려가 있는 경우 해당 과세기간 개시일부터 해당 사유 발생일까지를 수시부과기간으로 하여 부가가치세를 수시부과할 수 있도록 하였다(법 57조의2).

2. 결정·경정의 방법

가. 실지조사

과세관청이 과세표준과 세액을 결정 또는 경정하는 경우에는 세금계산서·장부 그 밖의 증명 자료를 근거로 하여야 한다(법 57조 2항 본문).

이를 '실지조사에 의한 결정 또는 경정'이라고 하며, 국세기본법 제16조에서 천명한 근거과세의 원칙을 구체적으로 확인한 것이다.

나. 추계과세

부가가치세법은 추계과세에 관한 별도의 규정을 두고 있으나 그 내용은 소득세법과 크게 다르지 않다. 이곳에서는 조문 중심으로 살펴보기로 한다.

법 제57조 제 2 항 단서 각호가 규정하는 추계과세의 요건은 다음과 같다.

1. 과세표준을 계산할 때 필요한 세금계산서, 수입세금계산서, 장부 그 밖의 증명 자료가 없거나 그 중요한 부분이 갖추어지지 아니한 경우.

2. 세금계산서, 수입세금계산서, 장부 그 밖의 증명자료의 내용이 시설규모, 종업원수와 원자재, 상품·제품 또는 각종 요금의 시가에 비추어 거짓임이 명백한 경우.

3. 세금계산서, 수입세금계산서, 장부 그 밖의 증명자료의 내용이 원자재 사용량, 동력사용량이나 그 밖의 조업 상황에 비추어 거짓임이 명백한 경우.

한편 추계과세는 다음 각 호에 규정하는 방법에 의한다(영 104조 1항).

1. 장부의 기록이 정당하다고 인정되고 신고가 성실하여 법 제57조 제 1 항에 따른 경정을 받지 않은 같은 업종과 같은 현황의 다른 사업자와 권형(權衡)에 따라 계산하는 방법

2. 국세청장이 업종별로 투입원재료에 대하여 조사한 생산수율(生産收率)이 있을 때에는 생산수율을 적용하여 계산한 생산량에 그 과세기간 중에 공급한 수량의 시가를 적용하여 계산하는 방법 3. 국세청장이 사업의 종류·지역 등을 고려하여 사업과 관련된 종업원, 객실, 사업장, 차량, 수도, 전기 등 인적·물적 시설의 수량 또는 가액과 매출액의 관계를 정한 영업효율이 있을 때에는 영업효율을 적용하여 계산하는 방법

4. 국세청장이 사업의 종류별·지역별로 정한 다음 각 목 중 어느 하나에 해당하는 기준에 따라 계산하는 방법

가. 생산에 투입되는 원재료, 부재료 중에서 일부 또는 전체의 수량과 생산량의 관계를 정한 원단위 투입량 **나**. 인건비, 임차료, 재료비, 수도광열비, 그 밖의 영업비용 중에서 일부 또는 전체의 비용과 매출액의 관계를 정한 비용관계비율 **다**. 일정기간 동안의 평균재고금액과 매출액 또는 매출원가의 관계를 정한 상품회전율 **라**. 일정기간 동안의 매출액과 매출총이익의 비율을 정한 매매총이익률 **마**. 일정기간 동안의 매출액과 부가가치액의 비율을 정한 부가가치율

5. 추계 경정·결정 대상 사업자에 대하여 제 2 호부터 제 4 호까지의 비율을 계산할 수 있는 경우에는 그 비율을 적용하여 계산하는 방법

6. 주로 최종소비자를 대상으로 거래하는 음식 및 숙박업과 서비스업에 대해서는 국세청장이 정하는 입회조사기준에 따라 계산하는 방법

제 1 항에 따라 납부세액을 계산할 때 공제하는 매입세액은 법 제32조에 따라 발급받은 세금계산서를 관할 세무서장에게 제출하고 그 기재내용이 분명한 부분으로 한정한다. 다만 재해 또는 그 밖의 불가항력으로 인하여 발급받은 세금계산서가 소멸되어 세금계산서를 제출하지 못하게 되었을 때에는 해당 사업자에게 공급한 거래상대방이 제출한 세금계산서에 의하여 확인되는 것을 납부세액에서 공제하는 매입세액으로 한다(영 104조 2항).

추계방법의 합리성과 타당성에 대한 증명책임은 과세관청에 있지만, 과세관청이 법이 정한 방법과 절차에 따라 추계하여 과세였다면 구체적 내용이 수입금액의 실액을 반영하지 못한다는 점은 납세자가 반증하여야 한다(판 2010. 10. 14, 2008두7687).[1)]

1) 판결에 대한 평석은, 강석규, 대법원판례해설 2009년(상), 96면.

3. 가 산 세

사업자등록신청 지연에 대한 가산세(법 60조 1항 1호), 타인명의 사업자등록 및 이용에 대한 가산세(동 2호), 세금계산서 미교부·불실기재, 부당매입세액 공제 등에 관한 가산세(동 2항 내지 5항), 매입·매출처별세금계산서 합계표 미제출·불실기재 가산세(동 6항, 7항), 현금매출명세서 및 부동산임대공급가액명세서 미제출·불실기재 가산세(동 8항) 등. 가산세율은 해당 공급가액의 1퍼센트를 원칙으로 하여 일부 사항에 대하여는 가중·감경되어 있다. 간이과세자에 대하여도 위 규정을 준용하되, 그 세율은 일반과세자와 비교하여 1퍼센트는 0.5퍼센트로, 2퍼센트는 1퍼센트로 본다(법 68조의2 1항). 다만 사업자등록을 신청하지 아니한 경우에는 0.5퍼센트와 5만원 중 큰 금액이다(법 69조 2항).

법인의 지점이 별도로 사업자등록을 하고 부동산임대업에 제공해 오던 건물을 양도하면서 본점 명의로 세금계산서를 교부한 경우(판 98. 9. 18, 97누20625), 보세구역 내 재화를 다른 사업자에게 공급하면서 시행령 제48조 제 8 항(현행 61조 2항 5호)에 반해 세관장 발행의 수입세금계산서상 공급가액을 빼지 않은 채 공급가액을 기재한 경우(판 2011. 8. 25, 2009두10901), 각각 세금계산서 및 매출처별세금계산서합계표 불실기재에 해당한다.

제 3 절 징수와 환급

1. 징 수

사업장 관할세무서장은 사업자가 예정신고 또는 확정신고세액에 미달하게 납부한 세액과 실지조사 및 추계조사경정에 따른 추가납부세액, 수시부과세액을 국세징수의 예에 따라 징수하고(법 58조 1항), 재화의 수입에 대한 부가가치세는 세관장이 관세징수의 예에 의하여 징수한다(동 2항).

제 3 조 제 2 항에 따라 수탁자가 납부하여야 하는 부가가치세가 체납된 경우에는 국세징수법 제31조에도 불구하고 해당 신탁재산에 대해서만 강제징수를 할 수 있다(법 58조의2).

2. 환 급

사업장 관할세무서장은 각 과세기간별로 당해 과세기간에 대한 환급세액을 그 확정신고기한 경과 후 30일 내에 사업자에게 환급하여야 하고(법 59조 1항; 영 106조 1항), 법 제57조에 따라 추가로 발생한 환급세액은 이를 지체 없이 사업자에게 환급하여야 한다(영 106조 2항). 전자를 과세기간별 환급, 후자를 경정에 의한 환급이라 부르고 후술하는 조기환급에 대응하여 양자를 합하여 일반환급이라고 부른다.

위와 같이 환급은 각 과세기간 단위로 하는 것이 원칙이나, 1. 수출 등에 의하여 영세율이 적용되거나 2. 사업설비의 신설·취득·확장·증설과 같은 투자의 경우, 3. 사업자가 대통령령으로 정하는 재무구조개선계획을 이행 중인 경우등에 관하여 사업자의 자금부담을 덜어 주기 위해 법상 환급세액이 확정되기 전에 추후 정산을 전제로 조기환급하는 제도가 마련되어 있다(법 59조 2항). 이 경우 사업장 관할세무서장은 환급세액을 각 예정신고기간별 또는 각 과세기간별로 그 예정신고기한이 지난 후 15일 내에 예정신고한 사업자에게 환급하여야 한다(영 107조 1항).

주사업장 총괄납부승인을 받은 사업자의 경우의 환급은 주된 사업장 관할세무서장이 행한다. 부가가치세의 환급신청과 이에 대한 과세관청의 거부처분의 성질에 관하여는 이 책 181면 참조.

제 7 장

간이과세

제 1 절 의　　의

부가가치세법이 취하고 있는 전단계세액공제방식에 의하면, 사업자가 재화나 용역을 공급할 때 거래상대방으로부터 부가가치세를 거래징수하고 세금계산서를 발급하면 거래상대방은 그 발급받은 세금계산서에 의하여 자신의 매출세액에서 매입세액을 공제받기 때문에 거래에 있어서 세금계산서의 수수와 장부의 비치·기장이 필수적이다. 그러나 영세사업자의 경우에는 기장능력의 부족과 세제에 대한 미숙 내지 행정력의 부족으로 법이 요구하는 각종 의무의 이행을 기대하는 것이 어렵고, 또한 주로 소비자에게 공급하는 위치에 있기 때문에 소비형 부가가치세의 본질을 해하지 않는 범위 내에서 특례를 인정하고 있다.

간이과세제도는 1역년(해의 1월 1일부터 12월 31일까지)간의 거래금액이 일정한 금액에 미달하는 중소사업자에 대하여 세 부담의 경감과 납세의 편의를 위하여 신고납부와 경정 및 징수와 환급에 관한 특칙을 둔 것으로서 매출액에 업종별 부가가치율을 곱한 금액의 10%를 과세하는 것을 그 골자로 하고 있다.

"간이과세자"란 법 제61조 제 1 항에 따라 직전 연도의 재화와 용역의 공급에 대한 대가(부가가치세가 포함된 대가를 말한다. 이하 "공급대가"라 한다)의 합계액이 대통령령으로 정하는 금액에 미달하는 사업자로서, 제 7 장에 따라 간편한 절차로 부가가치세를 신고·납부하는 개인사업자를 말한다(법 2조 4호).

2020. 12. 22. 법 개정으로 간이과세 관련 규정이 대폭 변경되었다. 변경된 내용을 간단히 살펴 보면, 1) 영수증 발급대상을 모든 간이과세자에서 직전 연도 공급대가 합계액이 4천 800만 원 미만인 자로 제한하고(36조 1 항, 36조의2 신설), 2) 간이과세 적용 기준금액을 원칙적으로 종전의 직전 연도 공급대가 합계액 4천 800만 원 미만에서 공급대가 합계액 8천만 원 미만으로 상향하며(61조 1 항), 3) 간이과

세자에게는 의제매입세액공제제도를 적용하지 않고(현행 65조 삭제), 4) 간이과세자도 세금계산서 발급대상에 포함됨에 따라 세금계산서 미발급가산세를 적용하는 등 각종 가산세 제도를 조정하였으며(66조 및 67조 3 항, 68조 2 항·3 항 삭제, 68조의2 신설), 6) 부가가치세 납부의무 면제 기준금액을 해당 과세기간의 공급대가 합계액 3천만 원 미만에서 공급대가 합계액 4천 800만 원 미만으로 상향한 것 등이다(69조 1항).

제 2 절 간이과세의 내용

1. 적용대상

직전 연도의 공급대가의 합계액이 8천만 원부터 8천만 원의 130퍼센트에 해당하는 금액까지의 범위에서 대통령령으로 정하는 금액에 미달하는 개인사업자는 이 법에서 달리 정하고 있는 경우를 제외하고는 제 4 장부터 제 6 장까지의 규정에도 불구하고 이 장의 규정을 적용받는다. 다만, 다음 각 호의 어느 하나에 해당하는 사업자는 간이과세자로 보지 아니한다(법 61조 1항).

1. 간이과세가 적용되지 아니하는 다른 사업장을 보유하고 있는 사업자
2. 업종, 규모, 지역 등을 고려하여 대통령령으로 정하는 사업자
3. 부동산임대업 또는 개별소비세법 제 1 조 제 4 항에 따른 과세유흥장소("과세유흥장소")를 경영하는 사업자로서 해당 업종의 직전 연도의 공급대가의 합계액이 4천 800만 원 이상인 사업자 4. 둘 이상의 사업장이 있는 사업자로서 그 둘 이상의 사업장의 직전 연도의 공급대가의 합계액이 제 1 항 각 호 외의 부분 본문에 따른 금액 이상인 사업자(부동산임대업 또는 과세유흥장소에 해당하는 사업장을 둘 이상 경영하고 있는 사업자에 대하여는 단서에 따른 예외사항 있음).

제 2 호의 대통령령으로 정하는 사업자는, 1. 광업, 2. 제조업(다만 주로 최종소비자에게 직접 재화를 공급하는 사업으로서 기획재정부령이 정하는 것은 제외한다), 3. 도매업(소매업을 겸영하는 경우를 포함하되 재생용 재료수집 및 판매업은 제외한다) 및 상품중개업, 4. 부동산매매업 등 일정한 사업과 시행령 제23조에 따라 일반과세자로부터 양수한 사업, 5. 사업장의 소재지역, 사업의 종류·규모 등을 감안하여 국세청장이 정하는 기준에 해당하는 것, 6. 소득세법시행령 제208조 제 5 항에 해당하지

아니하는 개인사업자(전전년도 기준 복식부기의무자)가 경영하는 사업 등이다(영 109조 2항 1호 내지 14호).

개인택시운송업, 용달 및 개별화물차자동차운송업, 그 밖의 도로화물운송업, 이용업, 미용업 그 밖에 이와 유사한 것으로서 대통령령이 정하는 사업에 대하여는 법 61조 1항 단서의 규정을 적용하지 않는다(조특법 106조 5항).

직전 과세기간에 신규로 사업을 시작한 개인사업자(법 61조 2항)와 신규로 사업을 시작하는 개인사업자(동 3항), 사업자등록을 하지 않은 개인사업자(동 5항) 등에 대하여는 간이과세 적용기준에 관한 별도 규정이 있다.

법 제68조 제 1 항에 따라 결정 또는 경정한 공급대가의 합계액이 제 1 항 및 제 2 항에 따른 금액 이상인 개인사업자는 그 결정 또는 경정한 날이 속하는 과세기간까지 간이과세자로 본다(동 6항).

2. 세액의 계산

가. 총 설

간이과세자의 과세표준은 그 공급대가이며, 납부세액은 다음 산식에 의한다(법 63조 1, 2항).

> 납부세액 = 해당 과세기간(예정부과기간)의 공급대가 × 직전 3년간 신고된 업종별 평균부가가치율 등을 고려하여 5퍼센트에서 50퍼센트의 범위에서 대통령령으로 정하는 해당 업종의 부가가치율 × 10퍼센트

그 밖의 사항은 일반과세자에 관한 법 제29조를 준용한다(법 63조 5항).

나. 업종별 부가가치율

업종별 부가가치율이란 매출액 중 부가가치액이 차지하는 비율을 말하는데 법은 그 객관적 기준 마련을 위하여 5퍼센트 내지 50퍼센트 범위 내에서 시행령에 위임하고 있다(법 63조 2항). 그 구체적인 내용은 시행령 제111조 제 2 항 참조.

간이과세자가 2 이상의 업종에 공통으로 사용하던 재화를 공급하여 업종별 실지귀속을 구분할 수 없는 경우에 적용할 부가가치율은 법이 정한 산식에 의한다. 그 구체적인 내용은 시행령 제111조 제 5 항 참조.

다. 매입세액 공제율

간이과세는 부가가치액을 먼저 산정하여 이에 세율을 곱하여 세액을 산출하는 구조로서 원래는 매입세액 공제가 문제되지 않지만, 세금계산서 수수를 정착시키기 위해 일정 범위 내에서 매입세액 공제를 허용한다. 즉, 간이과세자가 다른 사업자로부터 당해 세금계산서 또는 제46조 제3항의 규정에 따른 신용카드매출전표 등을 발급받아 대통령령이 정하는 바에 따라 제54조 제1항의 규정에 따른 매입처별 세금계산서합계표 또는 대통령령으로 정하는 신용카드매출전표 등 수취명세서를 사업장 관할 세무서장에게 제출하는 때에는 법정 공제율에 의해 계산한 금액을 각 과세기간(예정부과기간)에 대한 납부세액에서 공제하여 준다. 다만 법 제39조에 따라 공제되지 않은 매입세액은 그러하지 아니하다(법 63조 3항, 영 111조 3항, 4항).

공제하는 내용은, 1. 해당 과세기간에 세금계산서 등을 발급받은 재화와 용역의 공급대가에 0.5퍼센트를 곱한 금액 3. 간이과세자가 과세사업과 면세사업을 겸영하는 경우에는 대통령령으로 정하는 바에 따라 계산한 금액이다(법 63조 3항 1호 및 3호; 영 111조 5항 내지 7항).

간이과세자가 전자세금계산서를 발급한 경우 부가가치세 공제에 관하여는 특칙이 있다(법 63조 4항).

간이과세자의 경우 공제 금액의 합계액이 각 과세기간의 납부세액을 초과하는 경우 초과부분은 없는 것으로 본다(동 6항).

제68조 제1항에 따라 과세관청이 결정 또는 경정하거나 국세기본법 제45조에 따라 수정신고한 간이과세자의 해당 연도의 공급대가의 합계액이 제61조 제1항(간이과세)에 따른 금액 이상인 경우 대통령령으로 정하는 과세기간의 납부세액은 제2항에도 불구하고 제37조의 일반과세자에 관한 규정을 준용하여 계산한 금액으로 한다. 이 경우 공급가액은 공급대가에 110분의 100을 곱한 금액으로 하고, 매입세액을 계산할 때에는 세금계산서 등을 받은 부분에 대하여 제3항에 따라 공제받은 세액은 매입세액으로 공제하지 아니한다(동 7항).

3. 신고와 납부, 경정과 징수

가. 예정부과와 납부

사업장 관할세무서장은 제67조에도 불구하고 간이과세자에 대하여 직전 과세기간에 대한 납부세액(제46조 제1항, 제63조 제3항·제4항 또는 조특법 제104조의8 제2항에 따라 납부세액에서 공제하거나 경감한 세액 및 제68조 제2항에 따라 수시부과한 세액이 있는 경우에는 그 세액을 뺀 금액으로 하고, 제68조 제1항에 따른 결정 또는 경정과 국세기본법 제45조 및 제45조의2에 따른 수정신고 및 경정청구에 따른 결정이 있는 경우에는 그 내용이 반영된 금액으로 한다)의 50퍼센트(직전 과세기간이 제5조 제4항 제1호의 과세기간에 해당하는 경우에는 직전 과세기간에 대한 납부세액의 전액을 말하며, 1천원 미만의 단수가 있을 때에는 그 단수금액은 버린다)를 1월 1일부터 6월 30일("예정부과기간")까지의 납부세액으로 결정하여 대통령령으로 정하는 바에 따라 예정부과기간이 끝난 후 25일 이내("예정부과기한")까지 징수한다(법 제66조 제1항. 단서에 따른 예외조항 있음).

제1항에도 불구하고 대통령령으로 정하는 간이과세자는 예정부과기간의 과세표준과 납부세액을 예정부과기한까지 사업장 관할 세무서장에게 신고할 수 있고(동 2항), 제32조 또는 제36조 제3항에 따라 예정부과기간에 세금계산서를 발급한 간이과세자는 예정부과기간의 과세표준과 납부세액을 예정부과기한까지 사업장 관할 세무서장에게 신고하여야 한다(동 3항).

제4항 내지 제6항: 생략

나. 간이과세자의 신고와 납부

간이과세자는 과세기간의 과세표준과 납부세액을 그 과세기간이 끝난 후 25일(폐업하는 경우 제5조 제3항에 따른 폐업일이 속한 달의 다음달 25일) 이내에 대통령령으로 정하는 바에 따라 사업장 관할세무서장에게 신고·납부하여야 하고(법 67조 1항), 위 신고 시 대통령령이 정하는 바에 따라 제54조 제1항에 따른 매입처별 세금계산서합계표를 함께 제출하여야 한다(동 3항).

간이과세자에 대한 과세표준과 세액의 경정과 징수, 수시부과결정에 관하여는 일반과세자에 대한 규정이 준용된다(법 68조 1항 내지 4항).

간이과세자에 대한 가산세 부과는 법 제68조의2, 납부의무의 면제에 관하여는 법 제69조 각 참조.

제 3 절 과세유형의 전환

1. 의 의

일반과세와 간이과세는 1역년의 공급대가를 기준으로 구분되기 때문에 연도에 따라 공급대가가 위 기준금액에 미달하거나 그 이상이 되는 등으로 변동하게 되면 과세유형 또한 그에 따라 수시로 전환되어야 하는데, 당해 역년의 공급대가가 기준금액에 미달하는지 초과하는지 여부는 연말에 가서야 비로소 알 수 있으므로 연도 중에는 어느 과세유형에 해당하게 될지 알 수 없는 곤란한 문제가 발생한다. 이와 같은 문제가 생기지 않도록 법은 과세유형의 전환을 장래에 향하여 효력을 갖도록 규정하고 있다. 즉, 간이과세의 규정이 적용되거나 적용되지 아니하게 되는 기간은 해의 1월 1일부터 12월 31일까지의 공급대가의 합계액이 대통령령으로 정하는 금액에 미달하거나 그 이상이 되는 해의 다음 해의 7월 1일부터 그 다음 해의 6월 30일까지로 한다. 다만 신규로 사업을 개시한 경우에는 최초로 사업을 개시한 해의 다음 해의 7월 1일부터 그 다음 해의 6월 30일까지에 대하여 제61조에 따른 간이과세자에 관한 규정의 적용여부를 판단한다(법 62조 1, 2항).

"대통령령으로 정하는 금액"이란 시행령 제109조 제 1 항에 규정된 1억 4백만원을 말한다(영 110조 6항).

2. 전환통지

과세유형전환의 원인이 발생한 경우 해당 사업자의 관할세무서장은 법 제61조에 따라 간이과세 규정이 적용되거나 적용되지 아니하게 되는 과세기간 개시 20일 전까지 그 사실을 통지하여야 하며, 사업자등록증을 정정하여 과세기간 개시 당일까지 발급하여야 한다(영 110조 1항).

일반과세에서 간이과세로 전환되는 경우 전환통지와 관계없이 법 제62조 제 1 항에 따른 시기에 법 제61조에 따라 간이과세에 관한 규정이 적용되나(동 2항. 다만 부동산임대업은 예외이다), 반대로 일반과세자로 전환되는 경우에는 과세전환의 통지를 받은 날이 속하는 과세기간까지는 간이과세에 관한 규정이 계속 적용된다(동 3항).

현실적으로 간이과세자의 경우 매입세액공제를 받을 수 없어 일반과세자의 경우보다 오히려 불이익하게 되는 경우가 발생한다. 그런데 일반과세에서 간이과세로 전환되는 경우 별도의 전환통지 없이 지정된 시기에 바로 간이과세로 전환되므로 납세자의 의사에 반해 간이과세로 전환되고 이에 따라 전환의 효력을 다투는 사례가 적지 않다. 다만 판례는 위 시행령 제110조 제 2 항의 규정을 유효로 보는 한편 위 조항에 따라 과세특례자로 변경된 사업자가 그 변경에 따라 종전에 일반과세자로서 미리 공제받은 매입세액을 납부세액에 가산하여 신고, 납부하여야 할 의무를 이행하지 아니한 경우 이에 대한 가산세 부과도 정당하다고 보았다(판 2001. 11. 13, 2000두5081).

일반과세자가 간이과세자로 변경되는 경우 당해 사업자는 시행령 소정의 재고매입세액을 납부세액에 가산하여 납부하여야 한다(법 64조; 영 112조).

원래 간이과세자는 매입세액공제를 받을 수 없으므로 일반과세자로서 공제받았던 매입세액을 회수하는 것이다.[1] 반면, 간이과세자가 일반과세자로 전환되는 경우에는 당해 전환 당시의 재고품 및 감가상각자산에 대하여 대통령령이 정하는 바에 따라 계산한 금액을 매입세액으로서 공제할 수 있다(법 44조 1항). 이는 간이과세자로 있으면서 공제받지 못한 매입세액을 일반과세자로 되면서 공제받도록 한 것으로서 일반과세자가 간이과세자로 되는 경우 매입세액을 가산하는 것에 상응한 조치이다.

제 4 절 간이과세의 포기

간이과세제도는 영세사업자 보호를 위한 것이므로, 사업자는 이를 포기할 수 있다. 간이과세 적용을 받지 않고자 하는 자는 일반과세를 받고자 하는 달의 전달 마지막 날까지 관할 세무서장에게 간이과세 포기신고서를 제출하면 된다(법 70조 1항; 영 116조). 신규 개인사업자도 간이과세 포기를 할 수 있다(법 70조 2항).

간이과세 포기신고 없이 일반과세자로 부가가치세 신고를 한 것만으로는 특례규정의 적용을 배제할 수 없다(판 90. 9. 11, 90누4068).

간이과세 포기신고를 한 자는 그 적용을 받고자 하는 달의 1일부터 3년이 되는 날이 속하는 과세기간까지는 일반과세자에 관한 규정을 적용받는다(법 70조 3항).

1) 위 규정이 모법의 위임 없이 과세요건을 신설한 것이 아니라고 한 것; 판 90. 9. 11, 90누4068.

다만 2023년 말 개정법은 제 1 항 및 제 2 항에 따라 신고한 개인사업자 중 직전 연도 공급대가의 합계액이 4천 8백만 원 이상 1억 4백만 원(법 61조 1항, 영 109조 1항) 미만인 개인사업자 등 대통령령으로 정하는 개인사업자는 제 3 항에 따른 과세기간 이전이라도 간이과세자에 관한 규정을 적용받을 수 있고, 이 경우 개인사업자는 적용받으려는 과세기간 개시 10일 전까지 대통령령으로 정하는 바에 따라 납세지 관할 세무서장에게 신고하도록 하였다(법 70조 4·5항). 이에 따라 간이과세 포기신고를 한 자가 다시 특례를 적용받는 것은 절차와 기간에서 어느 정도 제한을 받는다.

지방세법

제 5 편

제 1 장
지방세 총설

제 1 절 지방세의 의의

지방세도 과세권자가 지방자치단체라는 점만 다를 뿐 조세라는 점에서 국세와 다를 바가 없으므로 조세로서의 모든 특성을 갖는다.

우리나라 지방자치단체는 2023. 1. 현재 광역자치단체가 17개, 기초자치단체가 226개로서 총 243개이다. 이들 지방자치단체가 각각 제공하는 공공서비스 자금을 스스로 조달하는 것은 불가능하다. 중앙정부와 지방정부 사이의 세원배분방식으로는 동일한 과세물건에 대하여 국가나 지방자치단체 중 어느 한 쪽만이 과세권을 행사하는 분리세 방식과 공동으로 과세권을 행사하는 공동세 방식이 있는데, 우리나라는 분리세 방식을 원칙으로 하면서 부족분은 국가 또는 광역자치단체에서 재정지원 하는 형태를 취하고 있다. 국세와 지방세의 징수비율은 약 8 : 2다.

분리세방식에 의하여 조세를 국세와 지방세로 배분하는 경우 지방자치단체의 특성에 따른 지방세 적격이 문제가 된다. 일반적으로 지방세에 요구되는 원칙으로는 세원의 보편성(전국에 고루 분포되어 있을 것)·귀속성(어느 지방자치단체에 귀속되는지 분명할 것)·정착성(세원 이동이 적고 가급적 정착되어 있을 것)·안정성(경기변동 등과 무관할 것)·분임성(지역주민이 골고루 납세의무를 부담할 것)·응익성(지방행정의 편익을 많이 받는 곳에서 세원을 찾을 것) 등을 든다.

지방세법의 법원(法源)으로는 지방세 총칙 규정을 담고 있는 지방세기본법과 지방세법, 지방세특례제한법 및 지방세징수법 등이 있고, 조세특례제한법 및 「제주특별자치도 설치 및 국제자유도시 조성을 위한 특별법」에도 일부 지방세에 관한 규정이 있다. 이 중 지방세법은 11개의 세목에 관해 각 세목별 과세요건 및 부과·징수에 관하여 규정하고 있다. 지방세기본법을 제외한 나머지 법들을 지방세관계법이라고 부른다(지기법 2조 1항 4호).

지방세에 관하여 지방세관계법에 별도 규정이 있는 것을 제외하고는 지방세기본법에서 정하는 바에 따르고(지기법 3조), 지방세의 부과징수에 관하여 지방세기본법 및 지방세관계법에서 규정한 것을 제외하고는 국세기본법과 국세징수법을 준용한다(지기법 153조, 지방세징수법 107조).

지방세기본법의 체계는 대체로 국세기본법과 같다. 국세 편에서 설명한 조세법의 기본원리 및 해석·적용에 관한 원칙도 지방세에서 거의 그대로 타당하다(지기법 제17조 내지 22조 참조).[1)]

지방자치단체는 지방세 과세요건이나 부과징수에 필요한 사항에 관하여 지방세기본법 또는 지방세관계법에서 정하는 범위에서 조례를 정할 수 있고(지기법 5조 1항), 지방자치단체의 장은 조례의 시행에 따른 절차 기타 그 시행에 관하여 필요한 사항을 규칙으로 정할 수 있으며(동 2항), 지방세기본법이나 지방세관계법에 따른 권한의 일부를 소속 공무원에게 위임하거나 중앙행정기관의 장(소속기관의 장 포함) 또는 다른 지방자치단체의 장 또는 제151조의2에 따라 설립된 지방자치단체 조합의장에게 위탁 또는 위임할 수 있다(지기법 6조 1항).

지방자치단체는 과세 형평을 현저하게 침해하는 등의 예외를 제외하고는 지방세심의위원회의 심의를 거쳐 조례로 세율경감, 세액감면 또는 세액공제를 할 수 있다(지특법 4조). 이는 각 지방자치단체의 자치권에 속하므로 어떤 지방자치단체에서만 조례를 제정하지 않아 다른 지방자치단체에 비해 고율의 지방세를 부담하게 되더라도 원칙적으로 조세평등의 원칙에 위배되지 않고,[2)] 조례로써 등록세 면제대상의 범위를 축소하여도 조세법률주의에 위배되지 않는다(판 89. 9. 29, 88누11957).

우리나라는 인구에 비해 협소한 국토로 인해 그동안 토지·주택 등 부동산과 관련하여 많은 사회문제가 야기되어 왔는데, 전통적인 지방세는 주로 이들 부동산의 보유와 이전을 과세대상 내지 계기로 삼고 있으며, 여러 가지 정책적 고려에서 세율의 차등적용·비과세·감면 등에 관한 특별규정을 많이 두고 있다.

지방세에 관한 사항 중 특히 총론에 해당하는 지방세기본법의 주요 사항들은 상당 부분 제 1 부 총론 부분에서 국세와 함께 설명하였다. 여기서는 지방세에 고유하거나 특별히 중요하다고 여겨지는 내용들을 중심으로 개요를 살펴보기로 한다.

---

1) 다만 실질과세를 규정한 지방세기본법 제17조는 국세기본법 제14조 제 1, 2 항과 같은 내용의 규정을 두고 있을 뿐 우회거래나 다단계거래에 관한 같은 조 제 3 항은 규정하고 있지 않다. 지방세에서도 복합거래가 문제되는 경우가 흔히 있으므로{예컨대 과점주주 취득세에 관한 판 2012. 1. 19, 2008두8499(전)(로담코 판결)}, 관련규정을 두는 것이 바람직하다.

2) 판 96. 1. 26, 95누13050. 판례가 그 예외를 인정한 사안에 관하여는 이 책 48면 각주 1) 참조.

제 2 절 지방세의 체계

지방세기본법 제 7·8 조는 지방세로 11개의 조세를 정하여 과세요건에 관한 사항을 규정하고 있는데, 그 규제형식은 국세처럼 1세목 1세법주의에 의하지 않고 단일한 지방세법으로 규율하는 다세목 1세법주의에 따르고 있다.

지방세는 과세주체에 따라 특별시세와 광역시세, 도세, 구세, 시·군세, 특별자치시세와 특별자치도세, 징수목적에 따라 보통세와 목적세, 세율형태에 따라 비례세와 누진세, 법적 성질에 따라 수득세·재산세·소비세·유통세로 나눌 수 있다. 국세인 농어촌특별세는 취득세, 등록에 대한 등록면허세 및 레저세 등에 목적세로 부가된다(농특법 5조).

이를 도표로 살펴 보면 다음 면과 같다.

지방세 체계 2025. 1. 1. 현재

세 목	과세주체	징수목적	세율의 형태	법적 성질
취 득 세	특별시·광역시세, 도세	보통세	비례세	유통세
레 저 세	특별시·광역시세, 도세	보통세	비례세	소비세
등록면허세	도세·구세, 특별자치도세, 시세	보통세	비례세	유통세
주 민 세	특별시·광역시세, 시·군세, 특별자치도세, 시세	보통세	비례세	재산세, 소득세
지방소득세	특별시·광역시세, 시·군세	보통세	누진세, 비례세(특정 양도소득 및 특별징수되는 소득)	소득세
지방소비세	특별시·광역시세, 도세*	보통세	비례세	소비세
재 산 세	시·군세, 구세	보통세	누진세	재산세
자 동 차 세	특별시·광역시세, 시·군세	보통세	누진세(승용차, 화물차 소유), 비례세	재산세, 소비세
담배소비세	특별시·광역시세, 시·군세	보통세	비례세	소비세
지역자원 시설세	특별시·광역시세, 도세	목적세	누진세(특정부동산) 비례세	재산세, 소비세
지방교육세	특별시·광역시세, 도세	목적세	비례세	소비세

* 지방세법 71조 3항 3호 및 4호에 따라 시·군·구에 납입된 금액은 시·군·구세로 함(지방세기본법 11조의2),

제 3 절 납세자의 권리보호

지방세기본법 제 6 장은 '납세자의 권리'라는 제목 아래 납세자의 권리보호에 관하여 규정하고 있다. 그 내용은 ① 납세자권리헌장을 교부받을 권리(76조 2항), ② 세무조사권의 남용금지와 동일한 세목·동일한 과세연도에 대하여 중복조사를 받지 않을 권리(80조), ③ 세무조사에 있어서 변호사 등의 조력을 받을 권리(81조), ④ 납세자의 성실성 추정과 조사대상자 선정 등 세무조사의 개시요건(78조, 82조), ⑤ 세무조사의 사전통지를 받을 권리와 세무조사 개시의 연기를 신청할 권리(83조), ⑥ 세무조사 기간의 한정(84조), ⑦ 세무조사의 결과를 통지받을 권리(85조), ⑧ 세무공무원의 비밀유지 및 정보제공의무(86조, 87조), ⑨ 과세전적부심사 청구권(88조) 등 대체로 국세기본법과 동일하다. 세무조사 기간의 경우, 국세기본법이 원칙적으로 조사대상 과세기간 중 연간 수입금액 또는 양도가액이 가장 큰 과세기간의 연간 수입금액 또는 양도가액이 100억 원 미만인 경우 20일 이내로 규정한 것(기본법 81조의8 1, 2항)에 비해, 지방세기본법은 아무런 제한 없이 원칙적인 세무조사 기간을 20일 이내로 규정하고 있다(84조 1항).

지방자치단체의 장은 조례로 정하는 바에 따라 납세자보호관을 배치하여 납세자의 권익보호를 위한 업무를 전담하여 수행하게 할 수 있다(지기법 76조 2·3항, 77조 2항). 국세기본법은 국세청에 납세자보호관을, 세무서 및 지방국세청에 각 납세자보호담당관과 납세자보호위원회를 두도록 규정하고 있는데(기본법 81조의16, 81조의18), 지방세기본법은 납세자보호관에 관한 규정만을 두고 있다.

과세전적부심사 청구에 관한 지방세기본법 제88조 역시 몇 차례의 개정을 통하여 대체로 국세기본법과 내용을 통일하였다(지기법 88조 1항 내지 3항).

지방세 불복절차와 관련하여서도 2021년 개정법에서 필요적 전치주의를 도입함으로써 국세와 균형을 맞추었다(법 89조, 98조). 다만 위 개정을 통해 시·군·구세에 대한 심사청구 제도를 폐지함에 따라 전심은 반드시 심판청구를 거쳐야 한다.

재조사결정의 후속처분에 대한 불복절차도 곧바로 행정소송을 제기할 수도 있고, 심판절차를 거칠 수도 있는 등 기본적으로 국세와 동일하다(98조 3항 단서 및 5항).

제 4 절 납세자 및 납세의무

1. 납세자의 범위

지방세의 납세자에는 지방세법이 정하는 각 세목별 납세의무자 외에 연대납세의무자, 제 2 차 납세의무자, 보증인, 특별징수의무자가 있다(지기법 2조 1항 12호).

지방세에 관한 연대납세의무로는 국세와 동일한 것으로, ① 공유자 또는 공동사업자의 연대납세의무(지기법 44조 1항), ② 법인의 분할·합병에 따른 연대납세의무(동 2·3항), ③ 채무자회생법 제215조에 따라 설립된 신회사와 기존 법인의 연대납세의무(동 4항) 등이 있고, 지방세에 특유한 것으로, ④ 수인의 상속인이 피상속인의 지방세 납세의무를 승계하는 경우의 연대납세의무(지기법 42조 3항), ⑤ 취득세 과세대상 물건을 수인이 상속받는 경우 그 취득세에 관한 연대납세의무(지법 7조 7항), ⑥ 과점주주들의 간주취득세에 관한 연대납세의무(지법 7조 5항) 등이 있다.

제 2 차 납세의무에 관한 사항은 기본적으로 국세와 동일한 이외에(지기법 45조 내지 48조 참조), 재산분 주민세의 경우 사업소용 건축물의 소유자와 사업주가 다른 경우 건축물소유자의 제 2 차 납세의무제도가 별도로 마련되어 있다(지법 75조 2항).

납세보증을 포함한 납세담보, 양도담보권자의 물적 납세의무에 관한 사항도 대체로 국세와 유사하다(지기법 65조 내지 70조, 75조 및 기본법 29조 내지 34조, 42조). 국세에서의 원천징수의무에 대응하는 것으로 특별징수의무자에 관한 규정이 있다(지법 31조, 62조의2, 68조, 103조의13, 103조의17, 103조의18, 103조의29, 103조의52, 103조의56, 137조, 147조 등).

2. 납세의무의 성립, 확정, 승계, 소멸

지방세기본법 제34조는 각 세목별 납세의무의 성립시기를 규정하고 있다. 지방세의 확정방식에는 국세와 마찬가지로 신고납세방식(취득세, 등록면허세 등), 부과과세방식(재산세, 균등분 주민세, 자동차세 등), 자동확정방식(특별징수하는 지방소득세 등)이 있다(지기법 35조, 기본통칙 35-1).

신고납세방식의 지방세에 관하여 지방세관계법은 각 세목별로 법정신고기한을 정하고 있다. 기한 내 신고 뿐 아니라 기한 후 신고에 대하여도 수정신고나 경정청구가 허용되고, 기한 후 신고에 대하여는 신고불성실 가산세가 부과되는 등 기한 후 신고에 관한 규정도 국세와 동일하며(지기법 49조 내지 53조), 지방세 수정신고에 관한 내용 역시 국세의 경우와 동일하다(지기법 49조, 기본법 45조).

지방세기본법 제50조는 경정청구에 관하여 통상의 경정청구(지기법 50조 1항)와 후발적 사유에 의한 경정청구(동 2항)를 규정하고 있다. 그 내용은 국세와 같다.

경정청구를 받은 지방자치단체의 장은 원칙적으로 청구받은 날부터 2개월 이내에 청구인에게 과세표준 및 세액을 결정·경정하거나 결정·경정하여야 할 이유가 없다는 것을 통지해야 하고, 청구를 한 자가 2개월 이내에 아무런 통지를 받지 못한 경우 통지를 받기 전이라도 2개월이 되는 날의 다음 날부터 심판청구 등을 할 수 있다(동 4항).

경정청구를 받은 지방자치단체 장이 2개월 내에 과세표준 및 세액의 결정·경정이 곤란한 경우 청구를 한 자에게 관련 진행상황 및 심판청구 등 불복절차에 관한 사항을 통지해야 한다(동 5항).

납세의무 승계도 국세와 마찬가지로 법인의 합병 및 상속의 경우에 인정된다(지기법 41조 내지 43조).

지방세 납세의무는 납부·충당 또는 부과의 취소, 부과권의 제척기간 만료 또는 징수권의 소멸시효 완성의 경우에 소멸한다. 부과권 제척기간에 관한 규정도 국세와 대동소이하다(지기법 38조). 다만 명의신탁으로 주식 등을 취득함으로써 과점주주가 되어 해당 법인의 부동산 등을 취득한 것으로 보는 경우의 지방세 부과제척기간은 10년이다(지기법 38조 1항 2호 단서 다목). 징수권의 소멸시효는 5천만 원(가산세 제외) 이상의 지방세는 10년, 그 외의 지방세는 5년이다(지기법 39조 1항).

제 5 절 가산세 및 환급금

1. 가 산 세

지방세기본법은 국세기본법과 유사하게 무신고가산세, 과소신고가산세, 납부지연가산세에 관한 일반규정을 두고 있다.

신고불성실가산세의 경우 국세와 마찬가지로 단순 무신고·과소신고와 부정행위로 인한 무신고·과소신고를 구별한다. 가산세액을 납부할 세액의 일정비율로 규정하고 있으므로 신고의무를 불이행하더라도 납부할 세액이 없다면 무신고가산세 또는 과소신고가산세를 부과하지 않는다(지기법 53조, 54조).

2020. 12. 29. 법 개정 시 국세와 동일하게 납부불성실가산세와 가산금이 납부지연가산세로 통합되었다. 구체적인 내용은 법 제55조 및 제56조 참조.

납세자가 해당 의무를 이행하지 아니한 정당한 사유가 있을 때 가산세를 부과하지 않는 점(지기법 57조 1항)도 국세와 동일하다.

지방세법에서 별도로 규정하고 있는 가산세에 관하여는 지방세법 제21조 제 2·3 항, 제22조의2 제 2 항, 제61조 제 1 항, 제 2 항, 제99조, 제103조의8, 제103조의30, 제103조의39, 제103조의57, 제103조의61, 제153조 등 참조.

2. 환 급 금

지방세기본법은 과오납된 지방자치단체 징수금 및 지방세관계법에 따라 환급하여야 할 환급세액의 충당·환급, 가산금, 권리의 양도 및 소멸시효(5년)에 관하여 규정하고 있고(지기법 60조 내지 64조), 그 내용은 국세기본법과 대동소이하다.

지방세법은 등록면허세(지법 37조), 담배소비세(지법 63조 1항 1, 2호), 지방소득세(지법 101조, 103조의28) 등에 관한 별도의 환급규정을 두고 있으며, 지방세기본법 제61조는 지방세 물납의 경우 원칙적으로 물납재산으로 환급하도록 규정하고 있다.

환급가산금의 기산일에 관해서는 2021. 12. 28. 말 개정법에서 그 구체적인 시기를 법률이 아닌 대통령령에 위임하여 규정하도록 하였다(지기법 62조 1항). 권리구제 절차를 거치지 아니한 경우 등 대통령령으로 정하는 고충민원의 처리에 따라 지방세환급금을 충당하거나 지급하는 경우에는 지방세환급가산금을 지급하지 않도록 하고 있다(동 3항).

지방세징수법은 제21조에서 지방세에 관해 상계를 금지하는 명문의 규정을 두고 있으므로, 지방세기본법 제60조 제 2 항 등에 따라 환급청구권자에게 다른 체납세액이 있어 환급세액을 체납세액에 먼저 충당하는 경우를 제외하고는 납세자의 환급금에 관한 채권과 지방자치단체의 납세자에 대한 채권을 서로 상계하는 것은 허용되지 않는다. 지방세 납부 후 해당 지방세 과세처분취소소송 등을 제기한 경우 그 환급금 및 가산금에 대하여 민법상 재판상 청구를 한 것으로 보아 환급금 청구권에 대한 소멸시효가 중단된다(지기법 64조 2항).

제 6 절 지방세의 징수

지방세 징수 및 체납처분에 관하여는 지방세징수법에서 별도로 규율하며, 그 내용은 국세징수법과 대동소이하다. 지방세징수법이나 지방세관계법에서 규정하고 있는 사항을 제외하고는 국세 체납처분의 예를 준용한다(지방세징수법 107조).

지방세기본법은 제 5 장 제71조(지방세의 우선 징수), 제73조(압류에 의한 우선), 제74조(담보가 있는 지방세의 우선)에서 지방세의 우선적 효력에 관하여 규정하고 있는데 그 내용은 국세기본법 제 4 장 제 1 절과 같다. 지방세징수법 제 4 조는 지방자치단체의 징수금 상호의 우선순위를, ① 체납처분비, ② 지방세, ③ 가산세 순으로 규정하면서, 다만 지방세 내에서 제17조에 따라 시장·군수에게 징수가 위임된 도세는 시·군세에 우선하여 징수하도록 하고 있다.

국세에서 결손처분제도가 폐지된 것과 달리, 지방세징수법 제106조는 결손처분에 관해 규정하고 있고, 2021년 개정법에서 지방세징수권의 소멸시효 완성 시 결손으로 처리하고 법률적 효과 없이 내부적으로 일정기간 징수권 행사를 보류하는 경우 정리보류를 할 수 있도록 개선하였다. 국세와 마찬가지로 지방세에서도 일정 기간 및 금액 이상의 체납자의 경우 신용정보회사 등에 체납자료 등을 제공할 수 있는데(9조. 지방세에서는 결손처분자료의 제공도 허용된다), 위 자료제공 여부의 기준이 되는 체납액 범위에는 소멸시효가 완성되지 아니한 결손처분액이 포함된다(1항 1호).

지방세징수법 제17조는 도세 등에 대한 징수의 위임에 관하여, 같은 법 제18조는 다른 세무공무원에 대한 징수촉탁에 관하여 규정하고 있으며, 납기 전 징수(제22조)와 체납처분의 중지(104조 3항)에 관한 내용도 국세와 유사하다.

제 2 장
취 득 세

제 1 절 총 설

취득세는 재산의 이전 내지 취득이라는 사실에 담세력을 인정하고 세금을 부과하는 세목이다. 일반적으로 취득세를 유통세로 파악하는 경향이 있으나 등록세와 달리 재산의 이전이나 유통 그 자체만을 과세목적으로 파악하고 있다고 보기는 어려우며, 재산의 취득까지를 취득세의 과세목적 내지는 대상에 포함시켜야 할 것이다. 이와 관련하여 취득세를 소득세나 소비세로 완전히 포착되지 않은 담세력을 취득을 계기로 과세하는 세목으로 파악하여야 한다는 견해가 있다.[1] 이는 후술하는 취득의 의의를 실질적 가치취득설로 보는 견해로 연결되며, 이 견해에 의하면 소득세나 소비세가 완비된 체제 아래에서는 취득세는 그 존재의의를 잃게 된다.

취득세는 지방자치단체의 주요한 세입원으로 자리 잡고 있을 뿐 아니라 각종 중과세 규정에서 보는 바와 같이 정책세제로서 활용되기도 한다.[2]

제 2 절 취득의 의의

1. 기본적 개념: 소유권 취득설

지방세법상 취득의 의의에 관하여는, ① 소유권이전의 형식에 의한 부동산 취득의 모든 경우를 포함한다고 보는 소유권 취득설과, ② 단지 법률적·형식적 관점에서뿐만 아니라 경제적·실질적 관점에 있어서도 소유권의 모든 권능의 이전을 동

---

1) 김해마중, “취득세에서의 취득시기”, 김&장, 조세실무연구 IV, 101면.
2) 이하 제 2 장 내지 제 4 장에서 지방세법을 ‘법’, 지방세법 시행령을 ‘영’으로 약칭한다.

반하는 완전한 소유권의 취득을 말한다고 보는 실질적 가치취득설이 대립하고 있다. 이와 관련하여 지방세법은 신탁법에 의해 신탁등기가 이루어진 경우(다만 주택조합 등과 조합원간의 부동산 취득 및 주택조합 등의 비조합원용 부동산 취득은 제외)에 위탁자와 수탁자 사이에 신탁재산의 이전과 관련하여 이루어지는 취득(법 9조 3항), 환매권 행사 등으로 인한 취득 중 일정한 경우(동 4항) 등 일부 사항만을 비과세대상으로 규정하고, 시행령도 일정기간 내 요건을 갖춘 해제의 경우에만 당초의 취득을 취득세 과세대상에서 제외하고 있어(영 20조 1항 단서 및 2항 2호 단서), 이들 규정을 열거적, 제한적 조항으로 이해하는 한 법이 실질적 가치취득설을 취했다고 보기는 어렵다.[1]

판례 역시 소유권 취득설의 입장이다. 이에 따라, 양도담보에 의한 취득(판 80. 1. 29, 79누305),[2] 양도담보계약의 해제(판 87. 10. 13, 87누581)나 피담보채권 변제에 따른 말소등기(판 99. 10. 8, 98두11496), 토지의 구분소유 공유관계 해소를 위한 지분 이전등기(판 2002. 5. 28, 2002두2079) 등은 모두 취득에 해당한다. 수인이 건물을 신축하여 구분소유하기로 약정하고 공사 완료 후 소유권보존등기와 동시에 구분소유 부분에 관하여 지분이전등기를 한 경우도 마찬가지이다(판 94. 1. 25, 93누21019).

분양보증회사가 주택분양보증을 위해 위탁자와 신탁계약을 체결하고 이를 원인으로 위탁자로부터 신탁재산인 토지를 이전받은 경우 '부동산 취득'에 해당하고, 그 후 주택분양보증 이행으로 수분양자들에게 분양대금을 환급해 주더라도 이미 취득한 토지를 다시 취득한 것으로 볼 수 없으며 이는 당초 신탁재산 토지의 취득에 관해 취득세가 부과되지 않았어도 마찬가지이다.[3] 명의신탁 등기와 관련하여, 판례는 부동산실명법 이전부터 양자 간 명의신탁약정이나 그 해지에 따른 명의신탁자와 수탁자 사이의 등기이전 등을 모두 취득세 과세대상으로 해석해 왔다.[4]

다만 판례도 소유권취득설 입장을 완화하여 형식적으로는 2단계 취득이지만 실질적으로는 하나의 취득인 경우 취득세를 1회만 부과하도록 하고 있다. 구체적으로, 지입회사 폐업으로 지입차주들이 새 회사 설립 때까지 차량운행 공백을 메우기 위해 제3자 명의로 이전등록한 경우(판 76. 10. 26, 75누164), 주택조합명의로

1) 이에 관하여 입법적 비판을 제기하는 견해로, 김해마중, 앞 논문, 108면.

2) 일본 판례도 취득세가 유통세라는 이유로 동일하게 판단하고 있다. 일최판 소화 48. 11. 16. 평석은 일본 판례백선 180면.

3) 판 2017. 6. 8, 2015두49696. 이는 분양대금의 환급을 부가가치세법상 재화의 공급으로 볼 수 없다고 한 판 2017. 6. 15, 2014두13393과 논리적 구조를 같이 한다. 관련 판결로 판 2017. 5. 18, 2012두22485(전) 참조.

4) 판 84. 11. 27, 84누52(명의신탁등기); 90. 3. 9, 89누3489(명의신탁해지에 따른 이전등기), 99. 9. 3, 98다12171(명의신탁해지 말소등기), 2010. 9. 9, 2010두10549(부동산실명법 시행 이후 사례).

신축한 건물에 대해 조합원들의 원시취득을 인정한 경우(판 94. 9. 9, 93누16369), 준공과 동시에 시설물을 관할관청에 기부채납한 경우(판 84. 8. 21, 84누188) 등. 이 중 뒤의 두 판결은 입법에 반영되었다(법 7조 8항 및 9조 2항). 다만 신축건물의 원시취득자가 건축허가 명의자 명의로 취득세를 신고납부한 후 자신 앞으로 소유권보존등기를 한 경우 본인의 취득세 납세의무는 소멸하지 않는다(판 2002. 2. 8, 2001두2638). 계약이 무효, 취소되어 등기가 무효인 경우 취득이 있다고 볼 수 없다.[1] 국토이용관리법상 토지거래허가대상인 토지매매계약이 토지거래허가를 받지 않아 무효인 경우 매매대금이 지급되었어도 매수인이 토지를 취득했다고 할 수 없다(판 97. 11. 11, 97다8427). 사해행위를 이유로 거래가 취소된 경우도 마찬가지로 볼 것이다.

전체적으로 보면, 우리 입법이나 판례는 취득의 개념을 기본적으로 소유권 취득설의 입장에서 이해하면서도 거래의 실질이나 과세권 행사의 적정성 등을 고려하여 일부 정책적 조정을 하고 있는 것으로 이해된다.

2. 취득개념의 확대: 사실상 취득

지방세법은, 민법 등 관계법령에 따른 등기·등록 등을 하지 않은 경우라도 사실상 취득하면 취득한 것으로 보도록 규정하여(법 7조 1·2항), 취득 개념을 확대하고 있다. '사실상 취득'이란 소유권 이전등기를 마치지 못했어도 대금 지급과 같은 소유권 취득의 실질적 요건을 갖춘 경우를 말한다. 매매의 경우 사회통념상 대금이 거의 전부 지급되었다고 볼 만한 정도를 뜻하고, 그 해당 여부는 개별적·구체적 사안에 따라 미지급액과 그것이 전체 대금에서 차지하는 비율, 미지급 잔금이 남게 된 경위 등 제반 사정을 종합적으로 고려하여 판단한다(판 2014. 1. 23, 2013두18018).

명의신탁자가 소유자로부터 부동산을 양수하면서 명의수탁자와 명의신탁약정을 하여 소유자로부터 명의수탁자 명의로 소유권이전등기를 하는 3자간 등기명의신탁(중간생략형 명의신탁)의 경우, 부동산실명법에 따르면 명의신탁약정과 그에 따른 소유권이전등기는 무효이나 매도인과 명의신탁자 사이의 매매계약은 유효하고 이 경우 명의신탁자의 지위는 일반 매매계약의 매수인 지위와 다르지 않아 지방세법 제7조가 적용되므로, 명의신탁자가 부동산에 관한 매매계약을 체결하고 매매대금을 모두 지급하였다면 잔금지급일에 '사실상 취득'에 따른 취득세 납세의무가 성립하고,

---

1) 판 64. 11. 24, 64누84; 2013. 6. 28, 2013두2778. 이는 등록면허세의 경우 계약이 무효이더라도 여전히 납세의무가 있다는 것과 대비된다. 판 2018. 4. 10, 2017두35684.

그 후 수탁자 명의로 등기를 이전하거나 수탁자 명의에서 다시 신탁자 명의로 소유권이전등기를 마치더라도 새로운 취득이 성립하지 않는다.[1] 마찬가지로 부동산실명법 시행 전에 매매대금을 모두 지급하여 부동산을 사실상 취득한 자가 3자간 등기명의신탁 약정에 따라 명의수탁자 명의로 소유권이전등기를 마쳤다가 그 후 위 법 제11조에서 정한 유예기간 경과로 무효가 된 수탁자 명의의 등기를 말소한 다음 당초 매매를 원인으로 하여 자신 앞으로 소유권이전등기를 마친 경우 새로운 취득이 성립하지 않는다(판 2013. 3. 14, 2010두28151). 한편, 3자간 등기명의신탁과 달리 명의신탁자와 수탁자가 명의신탁약정을 맺고 명의수탁자가 매수인으로서 매도인과 매매계약을 체결하는 이른바 '계약명의신탁'의 경우 매도인이 명의신탁약정이 있다는 사실을 알지 못했다면 명의수탁자가 당해 부동산에 관한 소유권을 취득하므로(부동산실명법 4조 2항 단서 참조) 그에 따른 취득세 납세의무를 부담하며, 이는 이후 부동산을 제 3 자에게 전매한 후 최초 매도인이 제 3 자에게 직접 매도한 것처럼 소유권이전등기를 마친 경우에도 동일하다(판 2017. 9. 12, 2015두39026).

원고가 토지매수 후 잔대금 미지급 상태에서 신탁회사와 토지 및 지상 건물에 관한 관리형 토지신탁계약을 체결하고, 토지 매도인인 주택공사 및 신탁회사와 매매계약상 양수인 지위를 신탁회사가 승계하는 계약을 체결한 다음 신탁회사가 주택공사에 토지 잔대금을 지급하고 취득세를 납부한 경우 원고는 토지 잔대금을 미지급한 상태에서 매매계약에서 탈퇴하였으므로 취득세 납부의무를 부담하지 않고(판 2018. 2. 28, 2017두64897), 택지개발사업 공동시행자간 실시협약에 따라 조성용지를 공급한 후 분양대금을 타 공동시행자인 LH 공사에게 지급한 경우 기본협약에 다라 수익을 지분비율대로 정산한 것일 뿐이므로 별도의 취득이라고 볼 수 없다(판 2024. 5. 17, 2024두32089).

3. 계약해제의 경우

계약이 해제된 경우 종전 판례는 그 형테에 불구하고 원칙적으로 이미 성립한

1) 판 2018. 3. 22, 2014두 43110(전). 이 판결에는 3자간 등기명의신탁 약정의 경우 명의수탁자에게 취득세 납세의무가 성립하고, 그 후 명의신탁자가 무효인 명의수탁자 명의의 등기를 말소하고 당초 매매계약에 기하여 자기 앞으로 소유권등기를 이전받거나 명의수탁자로부터 자기 앞으로 등기를 이전받으면 그 때 명의신탁자에게 새로운 취득세 납세의무가 성립한다고 본 반대의견이 있다. 그러나 지방세법이 유상승계취득의 경우 잔대금 지급 시를 취득시기로 명시하고 있는 점(동 시행령 20조 2항)과 명의신탁행위가 무효임에도 이를 취득으로 본다는 점 등 법리상 설명하기 어려운 부분이 많아 다수의견에 찬성한다. 판결에 대한 평석은, 임재혁, 조세실무연구 11, 402면.

취득세 납세의무에 영향이 없다고 보았다.[1] 그런데 현행 지방세법 시행령 제20조는, 무상승계취득의 경우 취득시기를 계약일(상속 또는 유증으로 인한 취득의 경우에는 상속 또는 유증 개시일)로 정하면서 그 단서에서 해당 취득물건을 등기·등록하지 아니하고 화해조서·인낙조서 등에 의하여 취득일부터 취득일이 속하는 달의 말일부터 3개월 이내에 계약이 해제된 사실이 입증되거나 계약해제사실이 취득일부터 취득일이 속하는 달의 말일부터 3개월 이내에 작성된 공정증서(공증인이 인증한 사서증서 포함)나 행정안전부령으로 정하는 계약해제신고서(취득일부터 취득일이 속하는 달의 말일부터 3개월 이내에 제출된 것만 해당한다)에 의하여 입증되는 경우 취득으로 보지 않고(1항), 유상승계취득에 관하여는 취득시기를 사실상의 잔금지급일(신고인이 제출한 자료로 사실상의 잔금지급일을 확인할 수 없는 경우에는 계약상의 잔금지급일, 계약상 잔금 지급일이 명시되지 않은 경우에는 계약일부터 60일이 경과한 날)로 규정하는 한편 무상취득의 경우와 유사한 계약해제 관련 예외조항을 두고 있다(2항). 다만 유상승계취득의 경우, 위 조서 등의 서류로 해제사실이 확인되는 기간을 취득일로부터 60일 이내로 하고 있고, 해제사실 입증서류에 등록관청에 제출한 부동산 거래신고 관련 법령에 따른 부동산거래계약 해제 등 신고서가 포함되어 있는 점이 다르다. 즉 현행 규정에 따르면, 유, 무상을 불문하고, 또한 해제원인에 관계없이 잔금을 모두 지급받아도 등기·등록을 하지 않은 상태에서 법상 취득일로부터 일정기간 이내 해제사실이 법정 서류에 의해 증명되면 취득으로 볼 수 없으나 나머지 경우는 계약해제의 원인이나 종류를 불문하고 취득에 해당한다. 종래 계약의 해제가 취득세에 미치는 영향에 관하여 여러 논의가 있었으나,[2] 법이 계약해제의 경우 납세의무 성립에서 벗어날 수 있는 방법을 특정하고 기간을 제한한 이상 계약해제의 효과가 취득세에 미치는 영향은 위 규정에 따라야 할 것이다.

계약해제의 경우 원상회복의 방법으로 소유권 말소등기가 아닌 이전등기 방식을 취하였더라도 이를 새로운 취득으로 보지 않는다(판 2020. 1. 30, 2018두32927).

1) 합의해제에 관하여, 판 98. 12. 8, 98두14228, 2013. 11. 28, 2011두27551; 해제권 행사에 관하여 판 92. 5. 12, 92누459; 2018. 9. 13, 2018두38345 등. 이는 계약의 전부 또는 일부가 해제조건의 성취에 의해 실효된 경우에도 마찬가지이다. 판 2018. 9. 13, 2015두57345(아파트 시세가 분양 이후 일정시점에서 분양금 아래로 하락하자 당초 분양약정에 따라 그 차액분을 미납부잔금에서 공제해준 사안).

2) 관련 논의는, 김건일, "계약의 해제가 조세채권에 미치는 영향", 특별법연구 제 5 권, 307면. 김해마중, 앞 논문 107면. 김태호, "계약해제 관련 지방세 법제의 개선방안에 관한 연구", 조세법연구 19-2, 467면. 박노수·박 훈, "계약해제시 양도소득세, 증여세, 취득세의 통일적 적용방법에 관한 연구", 조세법연구 20-1, 243면 등.

제 3 절 과세객체 및 대상

취득세 과세객체는 지방세법에 열거한 과세대상 물건의 취득행위이다. 원시취득·승계취득 또는 유상취득·무상취득 여부를 불문한다(법 6조 1호).

합병은 이를 무상취득으로 본다(판 2000. 10. 13, 98두19193; 통칙 11-1, ②). 우리와 비슷한 법체계를 취하고 있는 독일과 일본의 경우를 보면, 독일은 유상거래에 대해서만, 일본은 무상거래 중 증여에 관해서만 취득세를 부과하고 있다.[1]

취득세 과세대상은 부동산(토지와 그 지상 및 지하정착물, 건축물과 구조물 부속시설),[2] 차량, 기계장비, 입목, 항공기, 선박, 광업권, 어업권, 골프회원권, 승마회원권, 콘도미니엄회원권, 종합체육시설이용회원권 및 요트회원권 등이다(법 7조 1항). 소유권 변동과 무관한 건축물 개수, 토지의 지목변경 및 선박·차량·건설기계의 종류변경 등 당해 물건 가액의 증가행위도 취득으로 간주한다(법 6조 1호, 7조 3항·4항).

토지의 경우, 토지소유권 취득(원시취득 포함)과 지목변경(간주취득)을,[3] 건축물의 경우, 건축물 중 조작 설비, 그 밖의 부대시설에 속하는 부분으로서 주체구조부와 하나가 되어 건축물로서의 효용가치를 이루고 있는 것에 대하여는 주체구조부 취득자 외의 자가 가설한 경우에도 주체구조부 취득자가 함께 취득하거나, 원시취득(건축)하는 행위 및 건축물 개수행위를 각각 과세객체로 한다. 지목이 사실상 변경된 후 토지를 취득하여 변경된 지목에 맞게 공부상 지목을 변경하더라도 간주취득에 해당하지 않으므로 다시 취득세를 부과할 수 없다(판 97. 12. 12, 97누15807).

골프장 입회비가 골프장 운영자금으로 사용되고 우선이용자격의 승계·양도 및 입회비 반환이 허용되지 않는 회원제골프장 연회원 권리도 취득세 과세대상에 포함된다{판 96. 12. 19, 95누18864(전)}. 다만 골프회원권을 취득한 자가 골프장 개보수공사에 소요되는 비용 등을 추가로 분담하는 것은 그로 인하여 골프장 이용료 등이 일부 조정되더라도 취득세 과세대상으로 볼 수 없다(판 2010. 2. 25, 2007두20195).

1) 관련 논의는, 이동식, "부동산 무상거래와 관련한 취득세 과세표준제도의 문제점", 조세법연구 20-1, 209면.

2) 건물에 부착된 빌트인(Built-In) 가구는 건물의 부수시설로서 건물 취득세 과세표준에 포함되나, 냉장고, 에어콘과 같이 탈부착이나 이동이 가능한 설비는 과세표준에서 제외된다. 판 2009. 4. 23, 2009두2511(서울고판 2009. 1. 6, 2008누17617에 대한 심리불속행 판결임).

3) 사실상 사용에 의한 골프장 부지로의 지목변경과 관련하여, 골프장 일부 홀에서 시범라운딩이 실시되었더라도 그 당시 실질적인 시범라운딩이 가능할 정도로 공사가 완료되지 않았다는 이유로 취득세 납세의무 성립시기가 도래하지 않았다고 본 것. 판 2016. 10. 27, 2016두44711.

제 4 절 납세의무자

1. 총 설

취득세 납세의무자는 토지·건축물 등 과세대상물건의 소유권을 사실상 취득한 자이다. 등기·등록 여부를 불문하며(법 7조 1·2항), 시행령 제20조가 규정하는 취득시기에 취득세 납세의무가 성립한다.

건축물을 신축하는 자는 건축허가 유무를 불문하고 납세의무가 있다. 특수한 부대설비는 그 주체 구조부의 취득자가 취득한 것으로 보므로 설치자가 아니라 주체 구조부 취득자(부착 설치된 토지·건물의 소유자)가 납세의무자이다(법 7조 3항).

토지의 지목이 사실상 변경된 때에는 그로 인한 가액증가가 있는 경우에 한하여 당해 토지의 소유자(도시개발법에 따른 환지방식의 도시개발사업 시행으로 토지의 지목이 사실상 변경된 때에는 그 환지계획에 따라 공급되는 환지는 조합원이, 체비지 또는 보류지는 사업시행자가 각각 취득한 것으로 본다)에게 납세의무가 있다(법 7조 4항).

명의신탁계약 해지를 원인으로 소유권이전등기 판결을 받은 것만으로는 사실상 취득자에 해당하지 않으며(판 2002. 7. 12, 2000두9311), 이른바 계약명의신탁에 의하여 부동산 등기를 매도인으로부터 명의수탁자 앞으로 이전한 경우 명의신탁자는 계약 당사자가 아니고 명의수탁자와 체결한 명의신탁약정도 무효이어서 매도인이나 명의수탁자에게 등기청구를 할 지위를 갖지 못하므로 명의신탁자가 매매대금을 부담하였더라도 부동산을 사실상 취득한 것으로 볼 수 없어 명의신탁자에게 취득세 납세의무가 성립하지 않는다(판 2017. 7. 11, 2012두28414).

내국법인의 해외 SPC가 외국법인과 국적취득조건부 나용선계약을 체결하고, 내국법인은 SPC로부터 선박을 정기용선하여 해운사업에 사용해 온 경우 내국법인이 계약의 실질적 당사자로서 취득세 납세의무자이다(판 2011. 4. 14, 2008두10591).

2. 납세의무자의 특례

(1) 법인의 과점주주에 대한 취득세

비상장법인의 주식 또는 지분을 취득함으로써 지방세기본법 제46조 제 2 호에 따른 과점주주 중 주주 또는 유한책임사원 1명과 그의 특수관계인이 되었을 때에는 그 과점주주가 해당 법인의 부동산 등(법인이 신탁법에 따라 신탁한 재산으로서 수탁자 명의로 등기·등록이 되어 있는 부동산 등을 포함한다)을 취득(법인설립 시에 발행하는 주식 또는 지분을 취득함으로써 과점주주가 된 경우에는 취득으로 보지 아니한다)한 것으로 본다. 이 경우 과점주주의 연대납세의무에 관하여는 지방세기본법 제44조를 준용한다(법 7조 5항).

증자에 의하여 과점주주가 되는 경우를 포함하며, 최초로 과점주주가 된 날 현재 해당 과점주주가 소유하는 주식 모두에 대하여 취득세 납세의무가 있다(영 11조 1항). 과점주주가 추가로 주식을 취득한 경우에는 그 증가된 분에 대하여 취득세를 부과하며, 과점주주가 주식을 양도한 후 다시 취득하는 경우 당초 보유분보다 증가된 분에 한하여 취득세를 부과한다(영 11조 2·3항).

위 규정 취지는 비상장법인의 발행주식총수의 50%를 초과하여 소유하는 과점주주는 그 법인의 재산을 사실상 임의처분하거나 관리운용할 수 있는 지위에 있어 담세력에 있어서 실질적으로 그 재산을 직접 소유하는 자와 크게 다를 바 없고, 정책적으로도 주식의 분산을 유도하고자 함에 있다.

법인이 취득하는 부동산에 대하여 법인과 별도로 과점주주에게 취득세를 부담시키는 것은 외국에서는 찾아보기 힘든 제도이다. 비슷한 제도로 독일의 예가 있으나 독일의 경우 과점주주에게 95% 이상의 지분집중율을 요구하고 있다.[1] 다만 헌법재판소는 이 규정을 합헌으로 보고 있다(헌결 2006. 6. 29, 2005헌바45).

과점주주나 과점주주 주식 비율의 증가 여부는 주주명부가 아니라 의결권 등 주주권을 실질적으로 행사하여 법인의 운영을 지배하는지를 기준으로 판단한다(판 2019. 3. 28, 2015두359; 2016. 3. 10, 2011두26046 등). 따라서 주주명부의 기재에 불구하고 주식에 관한 권리를 실질적으로 행사하여 법인의 운영을 지배할 수 없었다면 간주취득세를 낼 의무를 지지 않는다(판 2019. 3. 28, 2015두3591). 지배권의 실질적 증가 여부는 해당 주식 취득 전후의 제반 사정을 전체적으로 고려하여 종합적으로 판단하여야 하므로 워크아웃 절차를 진행하기 위해 채권단 요구에 따라 권리 포기를 전제로 추가 취득한 주식은 과점주주 간주취득세 과세대상에 포함되지 않는다.[2]

판례는, 주식이 명의신탁된 경우 명의신탁자를 주식보유자로 보아야 하고, 명의수탁자로부터 명의신탁자 앞으로 명의개서가 이루어졌어도 주식보유비율은 동일

1) 외국의 입법 예에 관한 논의는 임재혁, "과점주주의 간주취득세에 있어서 '주주'개념의 해석", 조세법연구 25-1 178면 이하. 방진영, "독일 부동산취득세법상 간주취득세 소개 및 과점주주의 간주취득세 규정에 대한 시사점", 국제조세연구(Young IFA Network Korea, 2021) 175면.

2) 판 2018. 10. 4, 2018두44753. 판결에 대한 평석은, 정승영, 조세판례백선 3, 583면.

하므로 지방세법시행령 제11조 제 2 항에서 말하는 '과점주주 주식비율이 증가된 경우'에 해당하지 않는다고 보았다(판 2018. 11. 9, 2018두49376).[1)]

판례는, 구 지방세기본법(2016. 12. 27. 개정 전의 것) 제 2조 제 1 항 제34호 (다)목 및 동 시행령(2017. 3. 27. 개정 전의 것) 제 2 조의2 제 3 항 제 1 호(현행 2조 3항 1호)에서 경영지배관계에 따른 특수관계의 하나로 본인이 개인인 경우 '본인이 직접 또는 그와 친족관계 또는 경제적 연관관계(이하 "친족관계 등")에 있는 자를 통하여 법인의 경영에 대하여 지배적인 영향력을 행사하고 있는 경우 그 법인'을 규정하고 있는 것과 관련하여, 위 시행령 조항은 법인의 경영에 대하여 영향력을 행사하는 주체를 '본인'으로 규정하고 있고, '본인이 직접 법인의 경영에 대하여 지배적인 영향력을 행사하는 경우'와 '본인이 친족관계 등에 있는 자를 통하여 법인의 경영에 대하여 지배적인 영향력을 행사하는 경우'를 동등하게 열거하고 있는 점과 위 시행령 규정상 법인에 지배적인 영향력을 행사하는 주체는 '본인'으로 해석되어야 한다는 점 등을 이유로, '본인이 그와 친족관계 등에 있는 자를 통하여 영향력을 행사하는 경우'는 본인이 직접 행사하는 것과 동등하게 평가할 수 있는 정도에 이르러야 본인과 법인이 위 경영지배관계에 있다고 보았다.[2)]

과점주주에 해당하는지 여부는 일단의 과점주주 전체가 소유한 총주식 또는 지분비율 증가를 기준으로 판단하므로 과점주주 사이에 주식 또는 지분이 이전되거나 기존의 과점주주와 특수관계에 있으나 당해 법인의 주주가 아니었던 자가 기존의 과점주주로부터 주식 또는 지분의 일부를 이전받아 새로 과점주주가 된 경우, 나아가 당해 법인의 주주가 아니었던 자가 기존 과점주주와 친족 기타 특수관계를 형성하면서 기존 과점주주로부터 그 주식의 일부 또는 전부를 이전받아 과점주주가 되는 경우에도 일단의 과점주주 전체가 보유한 총주식 또는 지분비율에 변동이 없는 한 간주취득세 과세대상이 될 수 없다.[3)] 甲 회사가 乙과 부동산 매매계약을

---

1) 이 판결에 대하여는 실질주주와 형식주주가 다른 경우 형식주주를 적법한 주주로 보아야 한다는 판 2017. 3. 23, 2015다248342(전)의 취지상 부당하다는 비판이 있다. 임재혁, 앞 논문 163면.

2) 판 2021. 5. 7, 2020두49324. 위 시행령 조항은 본인이 법인인 경우에도 동일한 규정체계를 취하고 있는데 판례에 의할 경우 지배주주가 그룹 의사결정의 정점에 있는 계열회사 사이에 특수관계의 존재를 인정하기 어렵게 되어 현실적으로 조세회피 가능성이 높은 문제점이 있게 된다. 이러한 우려를 반영하여 2023. 3. 14. 지방세기본법시행령 개정 시 '경영지배관계' 중 '본인이 법인인 경우'에 관한 규정에 '본인이 공정거래법에 따른 기업집단에 속하는 경우 그 기업집단에 속하는 다른 계열회사 및 그 임원'을 특수관계에 포함시킴으로써 대체로 국세와 동일한 체계를 갖추게 되었다. 그 밖에 세법상 특수관계인에 관한 일반적인 논의는 이 책 86면 참조.

3) 판 2004. 2. 27, 2002두1144(과점주주 및 그의 특수관계인들이 발행주식 100% 전부를 소유하고 있는 회사의 유상증자에 참여하여 새로 주식을 취득한 경우); 2021. 5. 7, 2020두49324; 2013. 7. 25, 2012두12495 등. 위 2002두1144 판결에 대한 평석은, 정지선, 조세판례백선 3, 547면.

체결하고 소유권이전등기를 이행받았다가 매매계약을 합의해제하였는데 그 후 丙이 甲 회사 발행주식을 모두 취득하여 과점주주가 된 경우 丙이 과점주주가 된 당시 부동산 소유권은 乙에게 복귀되어 甲 소유에 해당하지 않아 丙에게 간주취득세를 부과할 수 없다(판 2015. 1. 15, 2011두28714).

부동산 현물출자에 의해 증자된 주식을 취득하는 경우는 위 조항에 해당되지 않는다고 본다. 하나의 현물출자 행위에 대하여 법인과 과점주주 모두에 대하여 취득세를 부담시키는 것은 중복과세이기 때문이다. 법 제7조 제5항 본문 괄호에서 법인설립 시 과점주주에 대하여 그 적용을 배제한 것도 같은 취지로 이해된다.

존속합병의 경우 피합병법인의 주주가 합병법인의 주식을 취득함에 따라 과점주주가 된 경우 해당 주주는 위 규정에 따른 취득세 납세의무가 성립하나, 적격물적분할의 경우 분할법인이 취득하는 주식은 분할신설법인 설립에 따른 주식이므로 과점주주 취득세 규정의 적용이 없다고 볼 것이다.

공정거래법에 따라 설립, 전환된 지주회사가 계열회사 아닌 국내회사 주식을 일시에 취득함으로써 과점주주가 된 경우, 구 조특법(2010. 12. 27. 개정 전의 것) 제120조 제6항 제8호(현행 지특법 57조의2 5항 3호 참조)에서 정한 '지주회사가 된 경우'에 해당한다(판 2017. 4. 13, 2016두59713). '과점주주'가 되는 시기는 특별한 사정이 없는 한 사법상 주식취득의 효력이 발생한 날이다(판 2013. 3. 14, 2011두24842).

과점주주 취득세의 과세표준은 과점주주에 대한 납세의무 성립시점에서 당해 법인이 소유하는 취득세 과세대상물건의 장부상 총가액에 주식소유비율 또는 소유주식 증가비율을 곱한 금액이다(법 10조의6 4항).

위탁자인 회사 소유 부동산이 신탁된 상황에서 위탁자 회사의 주식을 취득한 과점주주에 대해 신탁 부동산에 대한 간주취득세를 부과할 수 있는지 여부에 관해, 판례는 위탁자의 과점주주에게 간주취득세를 부과할 수 없다고 판단하였는데(판 2014. 9. 4, 2014두36266), 그 후 2015. 12. 29. 개정법 제7조 제5항은 과점주주 간주취득세 부과와 관련해서 신탁재산을 위탁자의 재산에 포함시키는 규정을 신설하였다. 따라서 수탁자의 과점주주에 대한 간주취득세 과세표준은 수탁자의 고유재산만이 포함되고 신탁재산은 포함되지 않는다.

(2) 신탁재산에 대한 취득세

신탁재산에 대한 취득세는 수탁자 과세가 원칙이다. 이는 효율적 과세를 위해 경제적 측면보다 법적 실체가 강조되어야 하기 때문이다. 예컨대 신탁법상 신탁으로 수탁자에게 소유권이 이전된 토지에 대한 지목변경으로 인한 취득세 납세의무자는 누가 지목변경행위를 하였는지에 관계없이 수탁자이다(판 2012. 6. 14, 2010두2395). 지방세 감면과 관련하여, 판례는 사업시행자 지위를 보유한 자가 취득한 부동산에 대해 지방세를 감면하는 규정과 관련하여 위탁자가 해당 사업시행자 지위를 가지고 있더라도, 수탁자가 해당 사업시행자 지위를 가지고 있지 않으면 지방세 감면이 적용되지 않는다고 해석한다(판 2019. 10. 31, 2016두42487 등).

다만 신탁법에 따른 위탁자와 수탁자 사이의 신탁재산 이전, 수탁자 경질에 따른 신탁재산 이전은 형식적인 취득으로 보아 취득세 비과세대상이다(법 9조 3항). 위탁자와 수탁자 사이의 신탁재산 이전에 관한 지방세법 제 9 조 제 3 항의 비과세 규정은 신탁 당시 신탁등기가 병행된 경우에만 적용되므로, 신탁한 금전으로 부동산을 매수한 경우(판 2000. 5. 30, 98두10950), 토지 수탁자가 신탁계약에 따라 토지상에 건물을 신축한 후 자신 명의로 소유권보존등기를 하면서 신탁등기를 병행한 경우(판 2003. 6. 10, 2001두2720) 등은 취득세 과세대상이다. 수탁자로부터 수익자에게 이전하는 경우 역시 마찬가지이다. 다만 신탁재산인 부동산을 수탁자로부터 수익자에게 이전하는 경우 그 실질이 계약해제로 인한 원상회복 방법으로 이루어진 때에는 취득세 과세대상에 해당하지 않는다(판 2020. 1. 30, 2018두32927).

수탁자 과세의 예외로, 신탁법 제10조에 따라 신탁재산의 위탁자 지위의 이전이 있는 경우 새로운 위탁자가 해당 신탁재산을 취득한 것으로 보며(지법 7조 15항. 영 11조의3이 규정하는 신탁재산에 대한 실질적인 소유권 변동이 있다고 보기 어려운 경우로서 자본시장법에 따른 부동산집합투자기구의 집합투자업자가 그 위탁자의 지위를 다른 집합투자업자에게 이전하는 경우는 예외임), 대도시내 취득세 중과(지법 13조 1, 2항), 신탁재산에 대해서는 과점주주 간주취득세에서 과점주주(지법 7조 5항)의 판정도 위탁자를 기준으로 한다.

수익권이 양도된 경우 소득세법은 이를 양도소득세 과세대상으로 규정하고 있고(소법 94조 1항 6호), 취득세 역시 그 수익권 양도가 부동산 등 취득세 과세대상에 대한 것이면 과세될 수 있다. 결국 수익권 양도에 대한 취득세 과세여부는 신탁부동산 등의 물권변동 수반여부 등 그 실질에 따라 판정해야 할 것이다.[1)]

1) 같은 취지, 주석신탁법, 무궁화신탁법연구회·광장신탁법연구회, 박영사(2021), 711면. 신탁수익권의 양도를 취득세 과세대상이 아니라고 본 것: 판 2019. 2. 28, 2018두62515(서울고판 2018. 10. 17, 2018누35041에 대한 심리불속행 판결임), 취득세 과세대상으로 본 것: 판 2012. 4. 13, 2012두27(부산고판 2011. 12. 9, 2011누2798에 대한 심리불속행 판결임), 조세심판원은 취득세 과세대상으로 보지 않았다. 조심 2016지1207, 2017. 10. 17.; 2019부54, 2019. 7. 30.; 2016지1244, 2017. 4. 18.; 2012지267, 2012. 10. 16. 등. 관련 논의는, 권용진, 조세법의 쟁점 III, 463면.

(3) 리스물건에 대한 취득세

외국인 소유 리스물건을 직접 사용하거나 국내의 대여시설 이용자에게 대여하기 위해 소유권을 이전받는 조건으로 임차하여 수입하는 경우 등기·등록명의에 관계없이 수입자가 납세의무자가 되고(법 7조 6항), 내국인 소유 리스물건인 경우에는 원칙적으로 리스회사가 납세의무자가 된다(법 7조 9항). 따라서 리스이용자는 리스기간 종료 후 리스물건을 승계취득하기 전에는 취득세 납세의무를 지지 않는다.

(4) 주택조합의 조합주택용 부동산 취득에 대한 취득세

주택법 제11조에 따른 주택조합과 「도시 및 주거환경정비법」 제35조 제3항 및 「빈집 및 소규모주택 정비에 관한 특례법」 제23조에 따른 재건축조합 및 소규모재건축조합('주택조합등')이 해당 조합원용으로 취득하는 조합주택용 부동산은 조합원이 취득한 것으로 본다(조합원에게 귀속되지 않은 비조합원용 부동산은 제외)(법 7조 8항).

한편, 지방세법 제9조 제3항은 신탁으로 인한 신탁재산 취득의 경우 비과세로 규정하면서, 단서에서 신탁재산의 취득 중 주택조합등과 조합원 간의 부동산 취득 및 주택조합등의 비조합원용 부동산 취득은 비과세대상에서 제외하고 있다. 그런데 주택조합등이 조합원으로부터 신탁으로 취득하는 주택부지 중 조합원용 토지는 위 단서규정에 따라 과세대상인 것처럼 보이나, 제7조 제8항에 따르면 조합원으로부터 조합원이 취득하는 것이 되어 결과적으로 과세대상에 속하지 않는다. 결국, 주택조합등이 조합원으로부터 취득하는 주택부지 중 비조합원용 부분만 과세대상이며, 그 취득시기는 시행령 제20조 제7항에 따른다.

(5) 지입차량 등에 대한 취득세

기계장비나 차량을 기계장비대여업체 또는 운수업체의 명의로 등록하는 경우라도 해당 기계장비나 차량의 구매계약서, 세금계산서, 차주대장 등에 비추어 기계장비나 차량의 취득대금을 지급한 자가 따로 있음이 입증되는 경우 그 기계장비나 차량은 취득대금을 지급한 자가 취득한 것으로 본다(법 7조 10항).

(6) 기 타

법은 상속재산의 취득(법 7조 7항). 배우자나 직계비속의 부동산 등의 취득(11항), 증여자 채무를 인수하는 부담부증여(12항), 상속재산의 재분할(13항), 도시개발법에 따른 환지계획 또는 도시 및 주거환경정비법에 따른 관리처분계획에 따라 해당 사업의 대상이 되는 부동산의 소유자가 공급받거나 토지상환채권으로 상환받는 건축물과 토지의 취득(16항) 등에 관하여 다른 법에 맞추어 해당 재산의 이전에 관한 취득세 납세의무를 규정하고 있다.

제 5 절 납 세 지

취득세의 납세지는 다음 각 호에서 정하는 바에 따른다(지법 8조 1항).

1. 부동산: 부동산 소재지 2. 차량: 자동차관리법에 따른 등록지. 다만 등록지가 사용본거지와 다른 경우에는 사용본거지를 납세지로 하고, 철도차량의 경우에는 해당 철도차량의 청소, 유치, 조성, 검사, 수선 등을 주로 수행하는 철도차량기지의 소재지를 납세지로 한다. 3. 기계장비: 건설기계관리법에 따른 등록지 4. 항공기: 항공기의 정치장(定置場) 소재지 5. 선박: 선적항 소재지(단서조항 있음) 6. 입목: 입목 소재지 7. 광업권: 광구 소재지 8. 어업권: 어장 소재지 9. 골프회원권, 승마회원권, 콘도미니엄 회원권, 종합체육시설 이용회원권 또는 요트회원권: 골프장·승마장·콘도미니엄·종합체육시설 및 요트 보관소의 소재지

제 1 항에 따른 납세지가 분명하지 아니한 경우에는 해당 취득물건의 소재지를 그 납세지로 하며(동 2항), 같은 취득물건이 둘 이상의 지방자치단체에 걸쳐 있는 경우에는 대통령령으로 정하는 바에 따라 소재지별로 안분한다(동 3항).

지방세는 지방자치단체들 사이의 세원 분배가 중요한데 그 기초가 되는 각 지방자치단체 관할권은 납세지에 의해 결정되므로 납세지를 정하는 것이 세원분배의 기초 요소가 된다. 특별히 문제되는 것은 이동성이 강한 특성을 갖는 자동차에 관련된 것인데, 판례는, 법인이 자동차등록을 하면서 등록관청으로부터 주사무소 소재지 이외의 다른 장소를 사용본거지로 인정받아 그 장소가 자동차등록원부에 사용본거지로 기재되었다면, 그 등록이 당연무효이거나 취소되었다는 등의 사정이 없는 한 차량의 취득세 납세지가 되는 구 지방세법(2014. 1. 1. 개정 전의 것) 제 8 조 제 1 항 제 2 호의 '사용본거지'는 법인의 주사무소 소재지가 아니라 '자동차등록원부에 기재된 사용본거지'를 의미한다고 보았다(판 2017. 11. 9, 2016두40139).[1]

1) 자동차시설대여업을 하는 甲 회사가 법인등기부상 본점이 아닌 지방 4개 지역의 각 지점을 사용본거지로 하여 자동차등록을 마치고, 각 지점의 관할 과세관청에 시설대여용 자동차(리스차량)에 관한 취득세를 신고·납부하였는데, 본점의 관할 과세관청인 서울시가 甲 회사에 대하여 리스차량의 사용본거지는 甲 회사의 본점 소재지라는 이유로 취득세를 부과하자 甲 회사가 각 지점의 관할 과세관청에 이미 납부한 취득세의 환급을 구하는 경정청구를 하였으나 해당 관할 과세관청이 거부한 사안임. 이는 과세권자의 중복으로 과세권이 이중으로 행사된 경우인데 그 의미에 관하여는 이 책 226면 참조.

제 6 절 취득의 시기

1. 유상승계취득

유상승계취득의 경우에는 사실상의 잔금지급일 또는 계약상의 잔금지급일(계약상 잔금지급일이 명시되지 아니한 경우에는 계약일부터 60일이 경과한 날)이다(영 20조 2항). 취득일 전에 등기 또는 등록을 한 경우 등기·등록일이 취득시기이다(동 14항).

시행령 제20조 제 2 항의 취득시기는 법 제 7 조 제 2 항에서 규정한 '사실상으로 취득한 때'가 불분명하거나 사실상 취득이 계약상의 잔금지급일과 견련되었을 때 취득시기를 의제한 것일 뿐, 사실상 취득시기를 배제한 것은 아니다. 예컨대 사회통념상 무시해도 좋을 정도의 잔금만이 남은 상태에서 목적물 인도가 이루어졌다면 인도일이 취득시기이다(판 94. 5. 24, 93누23527). 위 조항상 잔금지급일이 도래해도 법에서 규정하는 소유권 취득의 실질적 요건이나 형식을 갖추지 못하면 취득세 납세의무가 성립할 수 없다(판 2006. 2. 9, 2005두4212). 연부취득[1]의 경우 계약보증금을 포함하여 매년 부금을 사실상 지급하는 날마다 독립적으로 취득시기가 완성되고, 연부취득 중에 소유권이전등기·등록을 하는 때에는 그 등기·등록일이 취득일이다(영 20조 5·13항). 당좌수표로 잔금을 납부한 경우 수표 결제일이 취득시기이다(판 96. 11. 15, 96누1375). 교환의 경우 잔금지급에 상응한 이행시기, 현물출자의 경우 주주로서의 권리의무를 취득하는 납입기일 다음 날(상법 423조 1항 참조)을 취득시기로 볼 것이다.[2]

지방자치단체가 공급하는 토지 중 위치 및 경계가 특정된 일정한 토지에 관하여 일정 금액을 매매대금으로 정하되 추후 측량결과에 따라 면적의 증감이 있는 경우 대금을 정산하기로 하는 약정 아래 매수한 후 당초의 매매대금을 모두 지급하였다면, 그 후 면적증가가 밝혀져 청산금을 지급하였더라도 당초의 대금지급일이 사실상 잔금지급일로서 취득시기가 된다(판 98. 1. 23, 97누7097).

아파트 준공검사 전에 일부 세대만 입주·사용한 경우 건축업자가 부담하는 취득세 납세의무는 입주한 건물부분에 한해 성립한다(영 20조 6항; 판 97. 12. 12, 97다

1) 연부라 함은 매매계약서상 연부계약 형식을 갖추고 일시에 완납할 수 있는 대금을 2년 이상에 걸쳐 일정액씩 분할하여 지급하는 것을 말한다(지방세법 기본통칙 7-5).
2) 같은 취지, 김해마중, 앞 논문 127면.

42687). 재개발조합 조합원이 조합에 토지 및 건축물을 제공함으로써 관리처분계획에 따라 취득하는 권리는 "부동산을 취득할 수 있는 권리"로서 분양처분에 의해 새로운 대지 또는 건축시설로 변환되므로 분양처분 전에는 아파트를 사실상 취득한 것으로 볼 수 없다(판 2003. 8. 19, 2001두11090). 국토이용관리법상 토지거래허가를 받지 않아 계약이 무효인 경우 취득 자체가 없는 것으로 보지만(판 97. 11. 11, 97다8427), 허가지역 내 토지에 관하여 허가를 전제로 매매한 후 잔금을 지급하고 허가를 받은 경우 취득시기는 잔금지급일이다(판 2012. 12. 27, 2012두19229).

토지거래 허가구역 내 토지에 관한 매매계약이 토지거래 허가를 받지 않아 유동적 무효 상태인 경우 잔대금 지급일이 도래하더라도 취득세 신고·납부의무가 없고, 그 후 토지거래 허가를 받거나 토지거래 허가구역 지정이 해제되는 등의 사유로 매매계약이 확정적으로 유효하게 되었을 때 비로소 취득세 신고·납부의무를 부담하게 된다(판 2012. 11. 29, 2012두16695). 부동산 점유취득시효가 완성되면 그 시점에 취득세 과세객체가 되는 사실상의 취득행위가 존재한다(판 2004. 11. 25, 2003두13342). 취득세 중과대상인 법인의 비업무용 토지의 취득시기는 계약상 또는 사실상의 잔금지급일이다(판 2000. 6. 27, 98두3174). 사용승인서(또는 임시사용승인서)를 받을 수 없고 사실상 사용도 가능하지 않은 미완성 건축물을 매수하여 소유권이전등기를 마친 경우 소유권이전등기와 무관하게 그 이후의 사용승인일(또는 임시사용승인일)과 사실상의 사용일 중 빠른 날이 건물의 취득일이 된다(판 2018. 7. 11, 2018두33845).[1)]

2. 무상승계취득

계약일(그 전에 등기·등록을 한 때에는 그 등기·등록일). 상속 또는 유증으로 인한 취득의 경우에는 상속 또는 유증개시일이 각 취득시기이다(영 20조 1·14항).

증여의 경우 계약일을 취득시기로 본 것은 취득시기를 객관적으로 정하기 위한 것으로 보이나, 서면에 의하지 않는 증여는 언제든지 취소할 수 있고(민법 555조 참조), 증여세 납세의무 성립시기와도 배치되며(기본법 21조 2항 3호 참조), 거래의 실정에도 부합한다고 보기 어려우므로 입법론상 의문이 있다.[2)]

1) 그 밖에 건물에 대한 관련 소송에서 소유권 취득 여부가 다투어진 경우에도 그 취득시기는 분양대금을 납부한 이후인 임시사용승인일로 보아야 하므로 해당 취득세 부과처분이 부과제척기간 경과 후에 이루어졌다고 보아 그 취득시기를 관련 민사판결 확정시점으로 본 원심판결을 파기한 사례로 판 2021. 5. 27, 2017두56032.

2) 같은 취지; 최 원, "취득세에 있어서의 취득개념에 관한 연구", 경희대학교 국제법무대학원 석사학위논문, 42면.

주택재건축정비사업 시행자가 기존의 도로·상하수도 시설 등을 대체할 새로운 정비기반시설을 건축하여 국가에 귀속시키고, 용도가 폐지되는 기존시설을 국가로부터 이전받은 경우 신설된 정비기반시설은 공공시설의 확보 및 효율적 유지 · 관리를 위래 일률적으로 국가 또는 지방자치단체에 무상귀속되고, 용도가 폐지된 정비기반시설은 그로 인한 재산상 손실을 보전하기 위해 공익적 이유에서 민간 사업시행자에게 양도되는 것이므로 무상취득에 해당한다.[1)]

3. 건축물 건축 또는 개수에 의한 원시취득

건축물을 건축 또는 개수하여 취득하는 경우에는 사용승인서(「도시개발법」 제51조 제 1 항에 따른 준공검사 증명서, 「도시 및 주거환경정비법 시행령」 제74조에 따른 준공인가증 및 그 밖에 건축 관계 법령에 따른 사용승인서에 준하는 서류 포함)를 내주는 날(사용승인서를 내주기 전에 임시사용승인을 받은 경우에는 그 임시사용승인일, 사용승인서 또는 임시사용승인서를 받을 수 없는 건축물의 경우에는 사실상 사용이 가능한 날)과 사실상의 사용일 중 빠른 날을 취득일로 본다(영 20조 6항).

이에 대해서는 취득일 전에 등기를 한 경우 그 등기일에 취득한 것으로 보는 지방세법 시행령 제20조 제14항은 적용되지 않는다.[2)]

허가나 신고와 무관하며 준공이 아닌 '사실상의 사용' 개념으로 파악한다.[3)]

4. 주택조합 등의 비조합원용 토지취득

주택법 제11조에 따른 주택조합이 주택건설사업을 하면서 조합원에게 귀속되지 않은 토지를 취득하는 경우 주택법 제49조에 따른 사용검사 시점에 토지의 대지권이 확정되어 조합과 조합원의 지분을 구분할 수 있으므로 사용검사를 받은 날에 그 토지를 취득한 것으로 보고, 「도시 및 주거환경정비법」 제35조 제 3 항에 따

1) 판 2019. 4. 3, 2017두66824. 판결에 대한 평석은, 허 승, 조세판례백선 3, 599면.

2) 건축물을 신축 취득하는 경우 사용승인일과 사실상의 사용일 중 빠른 날이 취득일이 되고, 이러한 취득시기가 도래하기 전까지는 비록 사회통념상 독립한 건물으로 볼 수 있는 형태와 구조를 갖추고 건물에 대해 사용승인을 신청하였다거나 소유권보존등기를 마쳤다 하더라도 취득세 납세의무가 성립하였다고 볼 수 없다고 본 것: 판 2023. 12. 28, 2020두49997.

3) 송전철탑을 구 지방세법 시행령 제73조 제 4 항(현행 제20조 제 6 항)에서 정한 '건축허가를 받아 건축하는 건축물'에 준하는 것으로 보아 그 취득시기를 사실상의 사용일 또는 임시사용승인일로 본 것: 판 2009. 9. 10, 2009두5343.

른 주택재건축조합이 재건축사업을 하거나 「빈집 및 소규모주택 정비에 관한 특례법」 제23조 제 2 항에 따른 소규모재건축조합이 소규모 재건축사업을 하면서 조합원에게 귀속되지 않은 토지를 취득하는 경우에는 「도시 및 주거환경정비법」 제86조 제 2 항 또는 「빈집 및 소규모주택 정비에 관한 특례법」 제40조 제 2 항에 따른 소유권이전 고시일의 다음 날에 그 토지를 취득한 것으로 본다(영 20조 7항).

이 중 주택조합에 관련된 규정은, 당초부터 조합이 조합원으로부터 토지를 신탁받은 경우에만 적용되고, 조합이 조합원으로부터 신탁받은 금전으로 매수, 취득한 토지에는 적용되지 않는다(판 2013. 1. 10, 2011두532). 후자의 경우에는 조합원용 토지분에 대하여는 조합원이, 일반용 토지분에 대하여는 조합이 각각 납세의무자가 되며, 납세의무 성립시기는 모두 잔금지급일 또는 부동산등기일이다.

5. 지목변경에 의한 간주취득

토지의 지목 변경에 따른 취득은 지목이 사실상 변경된 날과 공부상 변경된 날 중 빠른 날, 다만 토지의 지목 변경일 이전에 사용하는 부분에 대해서는 그 사실상의 사용일을 취득일로 본다(영 20조 10항).

전·답·임야이던 토지가 골프장으로 지목변경됨으로써 간주취득이 되기 위해서는 절토, 성토 등 형질변경공사와 골프장 조성공사만으로는 부족하고 골프코스간의 작업도로 등 골프장개설에 따른 모든 공사가 완공되어 전체적으로 골프장으로서의 기능을 사실상 발휘할 수 있어야 한다(판 98. 6. 26, 96누12634). 신탁법에 의한 신탁으로 수탁자에게 이전된 토지의 지목 변경으로 인한 취득세 납세의무자는 수탁자이고, 이는 위탁자가 지목을 변경한 경우에도 같다(판 2012. 6. 14, 2010두2395).

제 7 절 과세표준

1. 총 설

취득세 과세표준 산정방법에 관한 종래 지방세법 제10조의 내용은 원칙적으로 취득자가 신고한 가액으로 하고, 신고 또는 신고가액의 표시가 없거나 그 신고가액이 제 4 조에서 정하는 시가표준액보다 적을 때에는 시가표준액으로 하되(2항),

부동산거래신고서를 제출하여 검증이 이루어진 취득 등 일부 객관적인 거래가격이 확인되는 경우에는 사실상의 취득가격을 과세표준으로 한다(5항)는 것이었다. 그러나 이러한 과세표준 산정방법은 내용이 구체적이지 못하고 거래유형별 산정방법이 명확히 구분되지 않아 납세자가 이해하기 어렵다는 지적이 많았다. 이에 2021. 12. 28. 개정(부칙 1·2조에 의해 2023. 1. 1. 이후 납세의무 성립분부터 적용)으로 취득 유형별로 구체적인 산정방법을 규정하는 한편 실제거래가격 및 감정가액 등을 과세표준으로 적용하도록 하는 등 전반적으로 조문체계를 정비하였다.

개정 지방세법은 제10조에서 '과세표준의 기준'이라는 표제하에, 취득세의 과세표준은 취득 당시의 가액으로 하고, 다만 연부로 취득하는 경우에는 연부금액(매회 사실상 지급되는 금액을 말하며, 취득금액에 포함되는 계약보증금 포함)으로 한다고 규정하여 종전 규정을 유지하면서, 이와 함께 1) 무상승계취득(10조의2), 2) 유상승계취득(10조의3), 3) 원시취득(10조의4), 4) 차량 또는 기계장비의 무상취득·유상취득·제조사 직접 사용 취득(10조의5 1·2항), 5) 법인의 조직변경, 주택조합 등의 취득에 관한 특례(동 3항), 6) 지목변경 등 취득으로 보는 경우(10조의6)로 나누어 각 과세표준 산정방법을 규정하였다.

아래에서 먼저 개정 전 규정에 관한 판례의 내용을 살펴보고 이어서 현행 규정의 내용에 관하여 살펴본다.

2. 개정 전 규정에 관한 판례의 내용

개정 전 규정에서는 주로 지방세법 제10조 제 5 항이 문제 되었다. 판례는 위 규정 요건이 충족되면 신고에 관계없이 각호에 따라 입증된 사실상의 취득가액으로 과세표준이 정하여진다고 보면서(판 98. 11. 27, 97누5121), 이 중 제 3 호의 '법인장부에 의하여 취득가격이 입증되는 취득'에는 법인이 과세대상 물건을 취득한 경우뿐 아니라 개인이 법인으로부터 취득하는 경우도 포함되고(판 96. 11. 15, 95누17052), 판결문·법인장부 등 대통령령으로 정하는 것에 의하여 입증되는 가격이라도, 그것이 당해 물건에 관한 사실상 취득가격에 해당하지 않으면 취득세 과세대상으로 삼을 수 없다고 보았다(판 92. 5. 8, 91누9701: 2013. 10. 24, 2013두11680). 또한 같은 항 제 5 호와 관련하여 상가 매매에 관하여 거래신고를 하고 신고필증을 교부받았으나 상가에 관한 거래가격 검증체계가 구축되지 않아 검증이 이루어지지 않은 경우(판 2011. 6. 10, 2009두23570), 부동산거래신고를 받은 관할관청이 법적 절차와 무관하게 실지조사 등을 통해 신고가액과 다른 거래가격을 밝혀 낸 경우(판 2011. 6. 10, 2008두17783) 등은 여기에 해당되지 않는다고 보는 한편, 신고가액이 부동산 시가표준액에 미달하지 않고 각 호 요건에 해당되지 않음에도 과세관청이 별도의 취득가액을 과세표준으로 삼을 수는 없다고 보았다(판 2006. 7. 6, 2005두11128).

3. 자산의 취득유형별 과세표준 산정방법

가. 무상승계취득

부동산등을 무상취득하는 경우 제10조에 따른 취득 당시의 가액(이하 "취득당시가액")은 취득시기 현재 불특정 다수인 사이에 자유롭게 거래가 이루어지는 경우 통상적으로 성립된다고 인정되는 가액(매매사례가액, 감정가액, 공매가액 등 대통령령으로 정하는 바에 따라 시가로 인정되는 가액을 말하며, 이하 "시가인정액"이라 한다)으로 한다(법 10조의2 1항).

제 1 항에도 불구하고 다음 각 호의 경우에는 해당 호에서 정하는 가액을 취득당시가액으로 한다(동 2항).

1. 상속으로 무상취득하는 경우: 제 4 조에 따른 시가표준액

2. 대통령령으로 정하는 가액 이하의 부동산 등을 무상취득(제 1 호의 경우 제외)하는 경우: 시가인정액과 제 4 조에 따른 시가표준액 중에서 납세자가 정하는 가액

3. 제 1 호 및 제 2 호에 해당하지 아니하는 경우: 시가인정액으로 하되, 시가인정액을 산정하기 어려운 경우에는 제 4 조에 따른 시가표준액

납세자가 제20조 제 1 항에 따른 신고를 할 때 과세표준으로 제 1 항에 따른 감정가액을 신고하려는 경우에는 대통령령으로 정하는 바에 따라 둘 이상의 감정기관(대통령령으로 정하는 가액 이하의 부동산 등의 경우에는 하나의 감정기관으로 한다)에 감정을 의뢰하고 그 결과를 첨부하여야 한다(동 3항).

제 7 조 제11항 및 제12항에 따라 증여자의 채무를 인수하는 부담부 증여의 경우 유상으로 취득한 것으로 보는 채무액에 상당하는 부분("채무부담액")에 대해서는 제10조의3에서 정하는 유상승계취득에서의 과세표준을 적용하고, 취득물건의 시가인정액에서 채무부담액을 뺀 잔액에 대해서는 이 조에서 정하는 무상취득에서의 과세표준을 적용한다(동 6항).

감정기관이 평가한 감정가액이 다른 감정기관의 감정평가액의 100분의 80에 미달하는 등 대통령령으로 정하는 사유에 해당하는 경우 시가불인정 감정기관의

지정, 감정평가액의 시가 배제 등에 관해서는 법 제10조의2 제4, 5, 7항 참조.

유상승계취득의 경우 양도소득세의 경우와 균형을 맞춘 것에 비하여 무상승계취득의 경우에는 상속과 증여를 구분하고 증여도 증여가액에 따라 구분하는 등 양도소득세의 취득가액 산정방식(소령 163조 9항 참조)과 다른 형태를 취하고 있다.

나. 유상승계취득

부동산 등을 유상거래(매매, 교환 등 취득에 대한 대가를 지급하는 거래를 말한다)로 승계취득하는 경우 취득당시가액은 취득시기 이전에 해당 물건을 취득하기 위하여 다음 각 호의 자가 거래 상대방 또는 제3자에게 지급하였거나 지급하여야 할 일체의 비용으로서 대통령령으로 정하는 사실상의 취득가격("사실상취득가격")으로 한다(법 10조의3 1항).

1. 납세의무자, 2. 신탁법에 따른 신탁의 방식으로 해당 물건을 취득하는 경우에는 같은 법에 따른 위탁자, 3. 그 밖에 해당 물건을 취득하기 위하여 비용을 지급하였거나 지급하여야 할 자로서 대통령령으로 정하는 자

다만 특수관계인간의 거래로 그 취득에 대한 조세부담을 부당하게 감소시키는 행위 또는 계산을 한 것으로 인정되는 경우("부당행위계산")에는 제1항에도 불구하고 시가인정액을 취득당시가액으로 결정할 수 있고, 이 경우 부당행위계산의 유형은 대통령령으로 정한다(같은 조 2·3항).

전체적으로 양도소득세의 양도가액 산정방법과 유사하다(소법 96조 1항, 100조 1항, 114조 7항, 소령 167조 3 내지 5항). 양도소득세의 양도가액과 취득세의 취득가액은 동전의 양면에 해당하므로 과세표준 산정방법을 통일시킨 것으로 이해된다.

다. 원시취득

건축물의 신축 등 원시취득하는 경우 취득당시가액은 사실상취득가격으로 한다. 다만 제1항에도 불구하고 법인이 아닌 자가 건축물을 건축하여 취득하는 경우로서 사실상취득가격을 확인할 수 없는 경우의 취득당시가액은 제4조에 따른 시가표준액으로 한다(법 10조의4 1·2항).

제2항에서 법인이 아닌 자로 한정한 것은 법인의 경우 대부분 장부 등으로 사실상 취득가격을 확인할 수 있기 때문이다. 사실상 취득가격을 확인할 수 없는 경우 제10조의5 제3항 등에 따라 대통령령으로 정하는 바에 따라 산정하게 될 것이다. 건축물 개수의 경우 취득당시가액도 위 제10조의4에 따른다(법 10조의6 3항).

라. 차량 또는 기계장비의 무상취득·유상취득·제조사 직접 사용 취득

제10조의2 및 10조의3에도 불구하고 차량 또는 기계장비를 취득하는 경우 취득당시가액은 다음 각 호의 구분에 따른 가격 또는 가액으로 본다(법 10조의5 1항).

1. 차량 또는 기계장비를 무상취득하는 경우: 제 4 조 제 2 항에 따른 시가표준액,
2. 차량 또는 기계장비를 유상승계취득하는 경우: 사실상취득가격(다만 사실상취득가격에 대한 신고 또는 신고가액의 표시가 없거나 그 신고가액이 제 4 조 제 2 항에 따른 시가표준액보다 적은 경우 취득당시가액은 같은 항에 따른 시가표준액),
3. 차량 제조회사가 생산한 차량을 직접 사용하는 경우: 사실상취득가격.

제 1 항에도 불구하고 천재지변으로 피해를 입은 차량 또는 기계장비를 취득하여 그 사실상취득가격이 제 4 조 제 2 항에 따른 시가표준액보다 낮은 경우 등 대통령령으로 정하는 경우 그 차량 또는 기계장비의 취득당시가액은 대통령령으로 정하는 바에 따라 달리 산정할 수 있다(동 2항).

마. 법인의 조직변경, 주택조합 등의 취득에 관한 특례

제10조의2부터 제10조의4까지의 규정에도 불구하고 다음 각 호의 경우 취득당시가액의 산정 및 적용 등은 대통령령으로 정한다(법 10조의5 3항).

1. 대물변제, 교환, 양도담보 등 유상거래를 원인으로 취득하는 경우 2. 법인의 합병·분할 및 조직변경을 원인으로 취득하는 경우 3. 「도시 및 주거환경정비법」 제 2 조 제 8 호의 사업시행자, 「빈집 및 소규모주택 정비에 관한 특례법」 제 2 조 제 1 항 제 5 호의 사업시행자 및 주택법 제 2 조 제11호의 주택조합이 취득하는 경우 4. 그밖에 제 1 호부터 제 3 호까지의 규정에 준하는 경우로서 대통령령으로 정하는 취득에 해당하는 경우

바. 지목변경 등 취득으로 보는 경우

토지의 지목을 사실상 변경한 경우(1호), 선박, 차량 또는 기계장비의 용도 등 대통령령으로 정하는 사항을 변경한 경우(2호)와 같은 간주취득의 경우, 취득당시가액은 그 변경으로 증가한 가액에 해당하는 사실상 취득가격으로 한다(법 10조의6 1항). 다만 제 1 항에도 불구하고 법인이 아닌 자가 제 1 항 각 호의 어느 하나에 해당하는 경우로서 사실상취득가격을 확인할 수 없는 경우 취득당시가액은 제 4 조에 따른 시가표준액을 대통령령으로 정하는 방법에 따라 계산한 가액으로 한다(동 2항).

4. 사실상 취득가격

유상승계취득이나 원시취득 등에서 취득세 과세표준(취득당시가액)이 되는 '사실상 취득가격'은 과세대상 물건의 취득시기를 기준으로 그 이전에 해당 물건을 취득하기 위하여 거래 상대방 또는 제 3 자에게 지급하였거나 지급하여야 할 일체의 비용으로서 대통령령으로 정하는 것을 말한다(법 10조의3 1항, 10조의4 1항, 10조의5 1항 2·3호, 10조의6 1·3항).

지방세법 시행령 제18조 제 1 항은 사실상 취득가격에 포함되는 간접비용으로 건설자금에 충당한 차입금의 이자 등 금융비용, 할부 또는 연부(年賦) 계약에 따른 이자 상당액 및 연체료, 농지보전부담금 등 관계 법령에 따라 의무적으로 부담하는 비용, 취득에 필요한 용역을 제공받은 대가로 지급하는 용역비·수수료(건축 및 토지조성공사로 수탁자가 취득하는 경우 위탁자가 수탁자에게 지급하는 신탁수수료 포함[1]), 취득대금 외에 당사자의 약정에 따른 취득자 조건 부담액과 채무인수액, 부동산 취득에서 매입한 국민주택채권의 양도에 따른 매각차손, 공인중개사의 중개보수, 건축물에 부착되거나 일체를 이루면서 건축물의 효용을 유지 또는 증대시키기 위한 설비·시설 등의 설치비용, 정원 또는 부속시설물 등을 조성·설치하는 비용, 기타 이에 준하는 비용을 열거하고 있다.

다만 취득대금을 일시급 등으로 지급하여 일정액을 할인받은 경우에는 그 할인된 금액으로 하고, 취득하는 물건의 판매를 위한 광고선전비 등의 판매비용과 그와 관련한 부대비용, 전기사업법 등에 따라 전기·가스·열 등을 이용하는 자가 분담하는 비용, 이주비, 지장물 보상금 등 취득물건과는 별개의 권리에 관한 보상 성격으로 지급되는 비용, 부가가치세 및 이에 준하는 비용은 제외한다(현행 시행령 18조 1항 단서, 2항). 아래에서 '사실상 취득가격'에 관한 판례를 살펴본다.

취득에 소요된 비용인지 여부는 취득시기를 기준으로 객관적으로 보아 취득자 자신의 부담으로 귀속될 것인지 및 그 취득으로 인하여 발생한 것인지 여부에 따라 가려야 한다(판 94. 4. 26, 93누6003). 학교법인과 부동산을 교환하면서 감정평가액의 차액을 무상으로 출연하기로 한 경우 교환으로 취득한 부동산의 취득가액은 당해 부동산의 감정평가액이다(판 2019. 11. 28, 2019두45074).

---

1) 위 괄호부분은 2021. 12. 31. 시행령 개정 시 신설되었다. 개정 전의 사안으로, 수탁자가 사업약정에 따라 위탁자로부터 지급받은 신탁수수료는 취득세 납세의무자인 수탁자가 거래 상대방 또는 제 3 자에게 지급한 비용이 아니므로 취득세 과세표준에 포함될 수 없다고 판단한 것으로 판 2020. 5. 14, 2020두32937(광주고판 2020. 1. 8, 2019누1611에 대한 심리불속행 판결임).

진입도로 공사비, 삭도장·헬기장 공사비, 훼손지 복구비, 대체산림조성비 등은 송전철탑의 취득비용에 포함되나(판 2009. 9. 10, 2009두5343), 호텔 주변의 조경공사비나 조형물제작비는 호텔 건축물의 취득세 과세표준에 포함되지 않고(판 2002. 6. 14, 2000두4095), 민자역사의 공사기간 중 역무시설 등을 대체하기 위하여 설치하였다가 철거한 임시역사를 비롯한 임시시설물 설치비용은 건물 취득가격에 포함되지 않는다(판 2010. 3. 25, 2007두15643). 골프장에 식재된 입목의 구입 및 식재비용은 명인방법을 취한 것으로 볼 수 없다면 골프장 조성에 따른 간주취득대상에 해당한다(판 2001. 7. 27, 99두9919).

건축업자가 주택신축판매 회사로부터 아파트 신축을 도급받아 공사대금 수령 후 공사와 관련하여 하자보수충당금 및 퇴직급여충당금을 계상하더라도 공사대금 전액이 취득가격이다(판 2010. 2. 11, 2007두17373). 공유수면매립면허를 받아 부지매립공사 등을 시행하여 매립토지를 취득한 경우, 법인장부로 파악되는 부지매립공사비만을 취득세과세표준인 사실상 취득가격으로 보아야 하고, 축조된 호안제방 등이 매립토지의 필요불가결한 시설이더라도, 인가조건에 따라 공유수면매립공사 준공과 동시에 소유권이 국가로 귀속되는 이상, 위 각 공사비를 모두 합한 총 공사비를 매립토지의 총 면적 비율로 안분하여 과세대상 매립지 면적에 상응하는 금액을 취득가격으로 볼 수는 없다(판 2002. 5. 17, 2000두7018).

'사실상 취득가격'에는 과세대상 물건의 취득 이전에 거래상대방 또는 제 3 자에게 지급원인이 발생 또는 확정된 것으로서 당해 물건 자체의 가격(직접비용)은 물론 그 이외에 당해 물건의 가격으로 지급되었다고 볼 수 있거나(취득자금이자, 설계비 등) 그에 준하는 취득절차비용(소개수수료, 준공검사비용 등)도 간접비용으로서 포함된다. 다만 그것이 취득의 대상이 아닌 물건이나 권리에 관한 것이어서 당해 물건 자체의 가격이라고 볼 수 없는 것이라면 과세대상물건을 취득하기 위하여 당해 물건의 취득시기 이전에 그 지급원인이 발생 또는 확정된 것이라도 이를 당해 물건의 취득가격에 포함시킬 수 없다.

판례는 법인이 토지수용법 등에 의하여 발전소 부지를 협의 또는 수용에 의하여 취득하면서 토지소유자 등에게 지급한 토지보상금은 직접비용으로서 토지의 취득가격에 포함되나, 그 외 지장물보상금 및 이주비 등 보상금은 토지의 취득가격에 포함되지 않는다고 보고(판 96. 1. 26, 95누4155), 오피스텔 신축과정에서 기부채납을 조건으로 신축한 학교시설의 취득비용은 오피스텔 취득세 과세표준에 포함된다고 보았다(판 2024. 6. 27, 2024두42079).

취득자금 이자는 법인세법상 건설자금이자는 포함되나 그 밖의 목적으로 차입한 자금의 지급이자의 경우 차입금이 과세물건 취득을 위해 소요되었다는 점이 입증되어야 하며 그 입증책임은 과세관청에 있다(판 2018. 3. 29, 2014두46935).

특정차입금을 실제 사용 전에 차입하였더라도 그 이자는 해당 자산의 취득에 소요된 비용에 해당하나(판 2013. 9. 12, 2013두5517), 토지를 연부취득한 경우 연부금 지급일 후 발생한 이자는 취득가액에 포함되지 않는다.[1] 건축물 신축 시 부합되거나 부수되는 시설물 설치비용도 건축물 취득가격에 포함된다(판 2013. 7. 11, 2012두1600).

부동산 매각과 관련된 담합입찰비도 취득가격에 포함되나(판 97. 12. 26, 97누10178), 경매로 집합건물 중 구분건물의 일부를 취득하면서 전 소유자의 체납 관리비 중 집합건물의 소유 및 관리에 관한 법률 제18조에 따라 양수인에게 승계된 공용부분의 체납관리비는 취득가격에 포함되지 않는다(판 2022. 12. 1, 2022두42402). 사업자가 사업과 관련하여 물건을 취득하면서 거래징수당한 부가가치세 매입세액은 취득가액에 포함되지 않는다(판 99. 9. 3, 97누2245). 고정자산의 잔존재화에 대한 부가가치세는 취득시 소요되는 '기타 부대비용'에 포함되나(판 2012. 12. 26, 2012두12723), 주택분양보증수수료는 취득가액에 포함되지 않는다(판 2010. 12. 23, 2009두12150). 환지 방식의 도시개발사업 시행과정에서 토지의 지목변경이나 지상 건축물 신축에 필수적으로 소요되는 비용을 사업시행자인 조합이 지급한 것은 토지의 지목변경 또는 건축물 신축으로 인한 취득세 과세표준에 포함된다(판 2018. 3. 29, 2016두61907).

위와 같은 간접비용은 취득에 따르는 부대비용으로서 사실상 취득가격이 아닌 시가표준액을 과표로 하는 때에는 적용이 없다.

취득 당시 장부가액이 과세표준이 되며 그 후 장부가액의 증감·변동은 영향이 없다(판 93. 4. 27, 92누15895).

5. 시가표준액

가. 의 의

시가표준액은 취득세에 있어서 납세의무자가 무상취득, 원시취득, 차량 또는 기계장비의 취득, 간주취득 등에서 사실상취득가격이나 시가를 확인하기 어려운 경우, 취득가격 신고 또는 신고가액의 표시가 없거나 신고가액이 시가표준액 보다

1) 판 2020. 1. 16, 2019두52607. 서울고판 2019. 8. 23, 2019누32643에 대한 심리불속행 판결임.

적은 경우 등 각 취득유형별로 일정한 요건을 충족할 경우 과세표준액을 결정하기 위한 기준가액으로서(법 10조의2, 10조의4 내지 10조의6), 등록면허세·재산세·지역자원시설세 등 대부분 지방세 과세표준액으로도 이용되고 있다.

나. 토지 및 주택

「부동산 가격공시에 관한 법률」에 의하여 가격이 공시되는 토지 및 주택에 대하여는 동법에 의하여 공시된 가액. 다만 개별공시지가 또는 개별주택가격이 공시되지 아니한 경우에는 특별자치시장·특별자치도지사·시장·군수 또는 구청장이 같은 법에 따라 국토교통부장관이 제공한 토지가격비준표 또는 주택가격비준표를 사용하여 산정한 가액으로 하고, 공동주택가격이 공시되지 아니한 경우에는 대통령령으로 정하는 기준에 따라 특별자치시장·특별자치도지사·시장·군수 또는 구청장이 산정한 가액으로 한다(법 4조 1항).

토지의 지목변경으로 인하여 가액이 증가된 경우의 과세표준은 지목이 사실상 변경된 때를 기준으로 하여 지목변경 전의 시가표준액과 지목변경 후의 시가표준액의 차액으로 한다(영 18조의6 1호).

다. 토지 및 주택 외의 과세대상

제 1 항 외의 건축물(새로 건축하여 건축 당시 개별주택가격 또는 공동주택가격이 공시되지 아니한 주택으로서 토지부분을 제외한 건축물 포함)과 선박·항공기 그 밖의 과세대상에 대하여는 거래가격, 수입가격, 신축·건조·제조가격 등을 참작하여 정한 기준가격에 종류·구조·용도·경과연수 등 과세대상별 특성을 고려하여 대통령령으로 정하는 기준에 따라 지방자치단체의 장이 결정한 가액(법 4조 2항).

이 중 건축물의 시가표준액은, 오피스텔의 경우 행정안전부장관이 고시하는 표준가격기준액, 그 외 건축물의 경우 건설원가 등을 고려하여 행정안전부장관이 산정·고시하는 건물신축가격기준액에 각 일정한 가감산율을 적용하여 결정한다(영 4조 1항 1호, 1호의2).

시가표준액 결정이 잘못되었음을 내세워 과세처분의 위법을 다툴 수 있다(판 94. 12. 27, 94누7478; 2015. 9. 10, 2015두43797).

제8절 세 율

1. 일반세율

취득세의 표준세율은 취득원인별로 다르게 규정되어 있다(법 11조 및 12조). 무상취득의 경우 상속으로 인한 취득은 농지는 1천분의 23, 농지 외의 것은 1천분의 28이고, 그 외의 무상취득은 모두 1천분의 35(대통령령으로 정하는 비영리사업자의 취득은 1천분의 28)이다(법 11조 1항 1, 2호).

유상승계취득의 경우 농지는 1천분의 30, 농지 외의 것은 1천분의 40이고(동 7호), 유상거래를 원인으로 주택을 취득하는 경우에 관하여는 취득가액별로 1천분의 10부터 1천분의 30의 특례세율이 적용된다(동 8호).[1)]

법 제11조 제1항 제1호·제2호·제7호 및 제8호의 부동산이 공유물일 때에는 그 취득지분의 가액을 과세표준으로 하여 세율을 적용하며(법 11조 2항), 제10조의4 및 제10조의6 제3항에 따라 건축(신축과 재축은 제외) 또는 개수로 인하여 건축물 면적이 증가할 때에는 그 증가된 부분에 대하여 원시취득으로 보아 제1항 제3호의 세율을 적용한다(동 3항). 주택을 신축 또는 증축한 이후 해당 주거용 건축물의 소유자(배우자 및 직계존비속을 포함한다)가 해당 주택의 부속 토지를 취득하는 경우에는 제1항 제8호를 적용하지 아니한다(동 4항). 법인이 합병 또는 분할에 따라 부동산을 취득하는 경우에는 제1항 제7호의 세율을 적용한다(동 5항).

지방자치단체의 장은 조례로 정하는 바에 따라 위 표준세율의 50/100 범위 안에서 가감할 수 있다(동 14조).

상속인이 상속을 원인으로 농지 외의 부동산을 취득한 후 등기를 마치지 않은 경우에도 법 제11조 제1항의 취득세율이 적용된다(판 2018. 4. 26, 2017두74672).

공익사업법상 수용재결에 의한 부동산 취득은 이전형식에 불구하고 원시취득에 해당하므로 '1천분의 28'의 표준세율이 적용된다(판 2016. 6. 23, 2016두34783). 매수인이 주택용도로 건축 중인 미완성 건축물 및 부속토지를 매수하고 소유권이전등기를 마쳤더라도 당시 건축물 구조가 주거에 부적합하여 건축물대장에 주택으로 기재된 바 없고 실제 주거용으로 사용될 수 없다면 등기를 마쳤다는 사정만으로 건축물 부속토지에 관한 취득세율이 적용된다고 볼 수 없다(판 2018. 7. 11, 2018두33845).

---

1) 주택에 비하여 주거용 오피스텔에 대한 취득세율을 더 높게 규정한 지방세법 조항이 헌법에 위반되지 않는다고 한 것; 헌결 2020. 3. 26, 2017헌바363, 2019헌바403·447(병합).

2. 중과세율

가. 과밀억제권역 내 본점용 부동산 취득 등에 따른 중과

(1) 규정의 내용

[법 제13조(과밀억제권역 안 취득 등 중과)] ①「수도권정비계획법」 제 6 조에 따른 과밀억제권역에서 대통령령으로 정하는 본점이나 주사무소의 사업용으로 신축하거나 증축하는 건축물(신탁법에 따른 수탁자가 취득한 신탁재산 중 위탁자가 신탁기간 중 또는 신탁종료 후 위탁자의 본점이나 주사무소의 사업용으로 사용하기 위하여 신축하거나 증축하는 건축물 포함)과 그 부속토지를 취득하는 경우와 같은 조에 따른 과밀억제권역(「산업집적활성화 및 공장설립에 관한 법률」을 적용받는 산업단지·유치지역 및「국토의 계획 및 이용에 관한 법률」을 적용받는 공업지역은 제외한다)에서 공장을 신설하거나 증설하기 위하여 사업용 과세물건을 취득하는 경우의 취득세율은 제11조 및 제12조의 세율에 중과기준세율[1]의 100분의 200을 합한 세율을 적용한다.

② 다음 각 호의 어느 하나에 해당하는 부동산(신탁법에 따른 수탁자가 취득한 신탁재산을 포함한다)을 취득하는 경우의 취득세는 제11조 제 1 항의 표준세율의 100분의 300에서 중과기준세율의 100분의 200을 뺀 세율(제11조 제 1 항 제 8 호에 해당하는 주택을 취득하는 경우에는 제13조의2 제 1 항 제 1 호에 해당하는 세율)을 적용한다. 다만「수도권정비계획법」 제 6 조에 따른 과밀억제권역(「산업집적활성화 및 공장설립에 관한 법률」을 적용받는 산업단지는 제외한다. 이하 "대도시"라 한다)에 설치가 불가피하다고 인정되는 업종으로서 대통령령으로 정하는 업종(이하 "대도시 중과 제외 업종"이라 한다)에 직접 사용할 목적으로 부동산을 취득하는 경우의 취득세는 제11조에 따른 해당 세율을 적용한다.

1. 대도시에서 법인을 설립(대통령령으로 정하는 휴면법인을 인수하는 경우를 포함한다)하거나 지점 또는 분사무소를 설치하는 경우 및 법인의 본점·주사무소·지점 또는 분사무소를 대도시 밖에서 대도시로 전입(「수도권정비계획법」 제 2 조에 따른 수도권의 경우에는 서울특별시 외의 지역에서 서울특별시로의 전입도 대도시로의 전입으로 본다)함에 따라 대도시의 부동산을 취득(그 설립·설치·전입 이후의 부동산 취득을 포함한다)

---

1) "중과기준세율"이란 제11조 및 제12조에 따른 세율에 가감하거나 제15조 제 2 항에 따른 세율의 특례 적용기준이 되는 세율로서 1천분의 20을 말한다(지법 6조 19호).

하는 경우 2. 대도시(「산업집적활성화 및 공장설립에 관한 법률」을 적용받는 유치지역 및 「국토의 계획 및 이용에 관한 법률」을 적용받는 공업지역은 제외한다)에서 공장을 신설하거나 증설함에 따라 부동산을 취득하는 경우

③ 제2항 각 호 외의 부분 단서에도 불구하고 다음 각 호의 어느 하나에 해당하는 경우 그 해당 부분에 대하여는 제2항 본문을 적용한다.

1. 제2항 각 호 외의 부분 단서에 따라 취득한 부동산이 다음 각 목의 어느 하나에 해당하는 경우. 다만 대도시 중과 제외 업종 중 대통령령으로 정하는 업종에 대하여는 직접 사용하여야 하는 기한 또는 다른 업종이나 다른 용도에 사용·겸용이 금지되는 기간을 3년 이내의 범위에서 대통령령으로 달리 정할 수 있다.

가. 정당한 사유 없이 부동산 취득일부터 1년이 경과할 때까지 대도시 중과 제외 업종에 직접 사용하지 아니하는 경우 나. 부동산 취득일부터 1년 이내에 다른 업종이나 다른 용도에 사용·겸용하는 경우

2. 제2항 각 호 외의 부분 단서에 따라 취득한 부동산이 다음 각 목의 어느 하나에 해당하는 경우

가. 부동산 취득일부터 2년 이상 해당 업종 또는 용도에 직접 사용하지 아니하고 매각하는 경우 나. 부동산 취득일부터 2년 이상 해당 업종 또는 용도에 직접 사용하지 아니하고 다른 업종이나 다른 용도에 사용·겸용하는 경우

그 외 대통령령으로 정하는 골프장·고급주택·고급오락장·고급선박 등을 취득한 경우에는 제11조(부동산 취득의 세율) 및 제12조(부동산 외 취득의 세율)의 세율과 중과기준세율의 400/100을 합한 세율로 중과한다(동 5항).

법 제16조 제1, 4항, 시행령 제31조는 토지나 건축물을 취득한 후 5년 이내에 해당 토지나 건축물이 위에서 본 제13조 제1, 2, 5항에 따른 중과세대상에 해당하면 해당 세율을 적용하여 취득세를 추징하도록 규정하고 있다. 위 고급주택 등을 증축·개축 또는 개수한 경우와 일반건축물을 증축·개축 또는 개수하여 고급주택 등이 된 경우 그 증가되는 가액에 대하여 중과세율을 적용하며(법 16조 2항), 이 경우 사업용 과세물건의 소유자와 공장을 신설하거나 증설한 자가 다를 때에는 과세물건의 소유자가 공장을 신설·증설한 것으로 보아 규정을 적용한다(법 16조 3항). 같은 취득물건에 대하여 둘 이상의 세율이 해당되는 경우에는 그 중 높은 세율을 적용한다(법 16조 5항. 예외 있음).

취득 부동산이 제16조 제6항 각 호의 어느 하나에 해당하는 경우 제5항에도 불구하고 제6항 각 호의 세율을 적용하여 취득세를 추징한다(동 6항). 각호 생략

(2) 규정의 해석

이 규정은 수도권 내로의 인구유입과 산업집중을 억제하여 국토의 균형발전을 촉진하고, 도시지역의 공해확산을 방지하는데 취지가 있다(판 1994. 3. 22, 93누17690).

법 제13조 제 1 항의 법인 본점이나 주사무소의 사업용 부동산이란, 법인 본점 또는 주사무소의 사무소로 사용하는 부동산과 그 부대시설용 부동산(기숙사·합숙소·사택·연수시설·체육시설 등 복지후생시설과 예비군 병기고 및 탄약고는 제외)을 말한다(영 25조). 따라서 본점 명의로 취득하더라도 지점의 사업용 내지 사무소용으로 사용되든가, 부동산이 아닌 사업용 차량·기계장비 등은 중과세대상이 아니다. 제 1 항에 따른 중과세는 과밀억제권역 내에서 본점이나 주사무소용 건축물을 신축하거나 증축하는 경우, 공장을 신설하거나 증설하는 경우에 대한 것으로, 이러한 원시취득 외에 기존 건축물의 매입 등 승계취득은 적용대상이 아니다. 법문상 본점 등의 소재지에 아무런 제한이 없는 점에 비추어 취득하는 부동산이 과밀억제권역에 있어야 하고 본점 등의 소재지는 불문하나(판 1994. 3. 22, 93누17690), 과밀억제권역 내에서 본점과 동일한 장소에 설치된 시설이라고 하더라도 그것이 영업장일 뿐 본점을 위한 용도가 아니라면 중과세대상이 아니다(판 2001. 10. 23, 2000두222). 과밀억제권역 내에서 본점 또는 주사무소용 건축물을 신축 또는 증축하여 취득하면 동일한 과밀억제권역 안에 있던 기존의 본점 또는 주사무소에서 이전해 오는 경우라고 하더라도 중과세대상이다(판 2012. 7. 12, 2012두6551).

한편, 법 제13조 제 2 항 제 1 호에 따른 대도시(과밀억제권역 중 산업집적활성화 및 공장설립에 관한 법률을 적용받는 산업단지를 제외한 지역)에서의 법인 설립, 지점·분사무소 설치 및 법인의 본점·주사무소·지점·분사무소를 대도시 밖에서 대도시로 전입함(수도권의 경우에는 서울특별시 외의 지역에서 서울특별시로의 전입도 대도시로의 전입으로 본다)에 따른 부동산 취득은 해당 법인 또는 행정안전부령으로 정하는 사무소 또는 사업장이 그 설립·설치·전입 이전에 법인의 본점·주사무소·지점 또는 분사무소의 용도로 직접 사용하기 위한 부동산 취득(채권을 보전하거나 행사할 목적으로 하는 부동산 취득은 제외)으로 하고, 같은 호에 따른 설립·설치·전입 이후의 부동산 취득은 법인 또는 사무소 등이 설립·설치·전입 이후 5년 이내에 하는 업무용·비업무용 또는 사업용·비사업용의 모든 부동산 취득으로 한다. 이 경우 부동산 취득에는 제 1 항의 중과세와 달리 원시취득하는 경우와 기존 부동산을 매입하는 등 승계취득하는 경우가 모두 포함되고, 공장의 신설·증설, 공장의 승계취득, 해당 대도시에서의 공장 이전 및 업종변경에 따른 부동산 취득을 포함한다(영 27조 3항). 부동산을 먼저 취득하고 5년 이내에 지점 등의 용도로 사용한 경우 위 중과세율에 따른 취득세가 추징된다.

시행령 제27조 제3항에 따르면, 대도시 내에서 본·지점 등을 먼저 설치한 후 5년 이내에 부동산을 취득하는 경우에는 용도를 불문하고 중과세대상이나(판 2015. 3. 26, 2012두13511), 그렇지 않은 경우의 부동산 취득에 대해 중과세하기 위해서는 법인의 설립, 본·지점의 설치와 부동산 취득이 관련성이 있어야 한다(판 95. 4. 28, 94누11804). 관련성을 인정하려면 그 부동산에 본점 등을 설치·전입하거나 그 부동산을 본점의 사무소나 사업장으로 사용하는 것이 원칙이지만 부동산을 전부 사용할 필요는 없다(위 94누11804 판결). 채권을 보전하거나 행사할 목적으로 하는 부동산 취득은 중과세 대상에서 제외된다.[1)]

중과세 대상인 지점 등 사무소 또는 사업장은 종래 부가가치세법 등에 따라 등록된 사업장으로서 인적·물적 설비를 갖추고 계속하여 사무 또는 사업이 행하여지는 장소를 말하는 것으로 해석되어 오다가(판 97. 11. 28, 96누10539), 2014년 시행규칙 개정으로 등록대상이기만 하면 실제 등록여부와 관계 없이 중과세 대상에 포함되었다(규칙 6조).

인적설비는 당해 법인의 지휘·감독 아래 인원이 상주하면 되고, 당해 법인에 직속하는 고용형태를 취해야 하는 것은 아니다(판 2011. 6. 10, 2008두18496). 대도시 내에서 부동산 취득에 따른 등기를 마쳤더라도 그 후 지점 설치 시 중과세 납세의무가 성립한다(판 92. 5. 12, 91누10619). 사립학교법에 의한 학교법인 설립과 합병등기는 비과세대상이나, 학교법인의 대도시 외에서 대도시 내로의 주사무소 전입은 중과세대상이다(판 2013. 5. 9, 2012두28940).

분할등기일 현재 5년 이상 계속하여 사업을 한 대도시의 내국법인이 적격분할의 일부요건(법인세법 46조 2항 1호 가목~다목)을 충족하여 분할에 따른 법인을 설립하는 경우에는 중과세 대상이 아니다(영 27조 4항). 대도시 안에서 설립 후 5년이 경과한 법인(기존법인)이 다른 기존법인과 합병하는 경우에는 이를 중과세 대상으로 보지 아니하며, 기존법인이 대도시 안에서 설립 후 5년이 경과하지 아니한 법인과 합병하여 기존법인 외의 법인이 합병 후 존속하는 법인이 되거나 새로운 법인을 신설하는 경우에는 합병 당시 기존법인에 대한 자산비율에 해당하는 부분을 중과세 대상으로 보지 아니한다(영 27조 5항).

다른 법인과 합병하는 과정에서 피합병법인의 종전 본점이나 지점 소재지에

1) 판 2010. 4. 15, 2010두412(서울고판 2009. 12. 15, 2009누3813에 대한 심리불속행 판결임).

존속법인의 지점을 설치한 다음 그 때부터 5년 이내에 그 지점에 관계되는 부동산을 취득하여 등기하는 경우에도 위 규정이 적용된다(판 2013. 7. 11, 2011두12726).

법 제13조 제2항 제1호는 중과세 대상인 법인설립에 휴면법인을 인수하는 경우를 포함시키고 있다. 이는 실질적으로 폐업에 준하여 사업실적이 없는 법인을 통한 등록세 중과 회피의 방지, 즉 법인을 설립하는 대신에 휴면법인의 주식 전부를 매수한 다음 법인의 임원, 자본, 상호, 목적사업 등을 변경하는 방식을 통해 실질적으로는 법인 설립의 효과를 얻으면서도 대도시 내 법인 설립에 따른 부동산 취득 시 등록세 또는 취득세의 중과를 회피하는 행위를 규제하기 위한 것이다.[1] '휴면법인'의 구체적인 내용은 시행령 제27조 참조.

법 제13조 제1항과 제2항의 중과세 모두에서, 신탁법상의 신탁계약에 의하여 수탁자 명의로 등기가 된 경우 중과세 여부는 위탁자를 기준으로 판단한다(법 13조 1, 2항 각 괄호, 영 27조 6항).

나. 법인의 주택 취득 등 중과

「주택(제11조 제1항 제8호에 따른 주택을 말한다. 이 경우 주택의 공유지분이나 부속토지만을 소유하거나 취득하는 경우에도 주택을 소유하거나 취득한 것으로 본다)을 유상거래를 원인으로 취득하는 경우로서 다음 각 호의 어느 하나에 해당하는 경우에는 제11조 제1항 제8호에도 불구하고 다음 각 호에 따른 세율을 적용한다」(법 13조의2 1항).

1. 법인(국세기본법 제13조에 따른 법인으로 보는 단체, 부동산등기법 제49조 제1항 제3호에 따른 법인 아닌 사단·재단 등 개인이 아닌 자를 포함한다)이 주택을 취득하는 경우: 제11조 제1항 제7호 나목의 세율을 표준세율로 하여 해당 세율에 중과기준세율의 100분의 400을 합한 세율

2. 1세대 2주택(대통령령으로 정하는 일시적 2주택은 제외한다)에 해당하는 주택으로서 주택법 제63조의2 제1항 제1호에 따른 조정대상지역("조정대상지역")에 있는 주택을 취득하는 경우 또는 1세대 3주택에 해당하는 주택으로서 조정대상지역 외의 지역에 있는 주택을 취득하는 경우: 제11조 제1항 제7호 나목의 세율을 표준세율로 하여 해당 세율에 중과기준세율의 100분의 200을 합한 세율[2]

---

1) 판 2016. 1. 28, 2015두54582(서울고판 2015. 10. 7, 2015누43508에 대한 심리불속행 판결임).

2) 지방세법시행령 제28조의3 제1항의 규정에 비추어 지방세법령상 1세대를 판정함에 있어 생계 등을 달리하는지 여부는 고려대상이 아니고 세대별 주민등록표의 기재에 따라 판단하여야 한다고 본 것. 조심2021지3161, 2022. 4. 7.

3. 1세대 3주택 이상에 해당하는 주택으로서 조정대상지역에 있는 주택을 취득하는 경우 또는 1세대 4주택 이상에 해당하는 주택으로서 조정대상지역 외의 지역에 있는 주택을 취득하는 경우: 제11조 제1항 제7호 나목의 세율을 표준세율로 하여 해당 세율에 중과기준세율의 100분의 400을 합한 세율

「조정대상지역에 있는 주택으로서 대통령령으로 정하는 일정가액 이상의 주택을 제11조 제1항 제2호에 따른 무상취득("무상취득")을 원인으로 취득하는 경우에는 제11조 제1항 제2호에도 불구하고 같은 항 제7호 나목의 세율을 표준세율로 하여 해당 세율에 중과기준세율의 100분의 400을 합한 세율을 적용한다. 다만 1세대 1주택자가 소유한 주택을 배우자 또는 직계존비속이 무상취득하는 등 대통령령으로 정하는 경우는 제외한다」(동 2항). 제3항 내지 제5항: 생략.

위 규정을 적용할 때 주택 수의 판단 범위에 관하여는 법 제13조의3 참조.

다. 골프장 등에 대한 중과

(1) 법령의 내용

「다음 각 호의 어느 하나에 해당하는 부동산등을 취득하는 경우(고급주택 등을 구분하여 그 일부를 취득하는 경우 포함)의 취득세는 제11조 및 제12조의 세율과 중과기준세율의 100분의 400을 합한 세율을 적용하여 계산한 금액을 그 세액으로 한다. 이 경우 골프장은 그 시설을 갖추어 「체육시설의 설치·이용에 관한 법률」에 따라 체육시설업의 등록(시설을 증설하여 변경등록하는 경우 포함)을 하는 경우뿐 아니라 등록을 하지 아니하더라도 사실상 골프장으로 사용하는 경우에도 적용하며, 고급주택·고급오락장에 부속된 토지의 경계가 명확하지 아니할 때에는 그 건축물 바닥면적의 10배에 해당하는 토지를 그 부속토지로 본다」(법 13조 5항).

(2) 각 호별 검토

1. 삭제[1)]

2. 골프장(2호): 체육시설의 설치·이용에 관한 법률의 규정에 따른 회원제 골프장용 부동산 중 구분등록의 대상이 되는 토지와 건축물 및 그 토지상의 입목. 등록되지 않더라도 위 규정에 의해 등록대상이 되는 토지와 건축물은 중과대상이다. 회원제 골프장과 일반 골프장의 공동시설로 사용되는 경우 실제 용도에 따라 중과세 대상과 일반과세 대상으로 안분하여야 한다(판 97. 4. 22, 96누11129).

---

1) 2023. 3. 14. 개정법에서 별장에 대한 취득세 및 재산세 중과를 폐지하였다. 현행 법 아래에서 별장은 별도의 과세대상으로 구분되지 않는다.

위 규정에는 골프장 공사에 따른 지목변경(간주취득)도 포함되고, 그 취득시기는 위락, 휴양 등 골프장에 적합한 시설물을 종합적으로 갖춘 때이며 그에 들인 일체의 비용은 모두 과세표준에 포함된다(판 98. 6. 26, 96누12634). 다만 입목에 관한 법률 제 2 조에 의해 등기된 수목의 집단은 제외된다(판 99. 9. 3, 97누2245). 위 중과규정은 헌법에 위반되지 않는다(판 98. 6. 26, 96누12634).

3. **고급주택**(주택과 대지)(3호): 주거용 건축물 또는 그 부속토지 면적과 가액이 대통령령으로 정하는 기준을 초과하거나 해당 건축물에 67m² 이상의 수영장 등 대통령령으로 정하는 부대시설을 설치한 주거용 건축물과 그 부속토지. 다만 주거용 건축물을 취득한 날부터 60일{상속으로 인한 경우는 상속개시일이 속하는 달의 말일부터, 실종으로 인한 경우는 실종선고일이 속하는 달의 말일부터 각각 6개월(납세자가 외국에 주소를 둔 경우에는 각각 9개월)} 이내에 주거용 아닌 용도로 사용하거나 고급주택이 아닌 용도로 사용하기 위하여 용도변경공사에 착공하는 경우는 제외한다.

'고급주택이 아닌 용도로 사용하기 위해 용도변경공사에 착공하는 경우'란 건축물 용도변경신고나 사업계획승인신청을 넘어 구체적으로 용도변경공사에 착공한 것으로 볼 수 있는 건축행위가 이루어진 시점을 말한다(판 2005. 12. 23, 2004다58901).

시행령 제28조 제 4 항은 제 1 호 내지 제 4 호로서 1구의 건축물의 연면적·가액 등을 기준으로 하여 고급주택 범위를 정하고 있다. 이 중 제 1 호 내지 제 3 호는 단독주택, 제 4 호는 공동주택에 대한 것인바, 단독주택은 건물단위를 뜻하는 '1구(構)'의 개념으로, 공동주택은 가구단위를 뜻하는 '1구(口)'의 개념으로 파악한다.

1구의 건물은 전체로서 경제적 용법에 따라 하나의 주거생활용으로 제공된 것인지 여부에 따른다. 1구의 건물의 대지라 함은 당해 주택과 경제적 일체를 이루는 토지로서 사회통념상 주거생활공간으로 인정되는 대지를 뜻하며 1필지임을 요하지 않고 수 필지의 경우 소유자가 같을 필요도 없으며(판 93. 5. 25, 92누12667), 그 판단은 토지 취득당시 현황과 이용실태에 의한다(판 2008. 7. 10, 2008두7243). 고급주택 인정기준의 하나인 건물 연면적에 대한 구체적 산정기준은 주택의 정의에 관한 구 시행령(1993. 12. 31. 개정 전의 것) 제76조 제 2 항과 현황부과원칙에 관한 시행령 제13조에 따라 건물의 취득 당시 현황이 경제적 용법에 따라 실제 주거용으로 사용될 구조를 갖추었는지 여부에 의하여 판단하고, 건축관계 법령에 따라 판단할 것은 아니다(판 2006. 12. 8, 2006두13565).

법 제13조 제 5 항 본문 괄호 및 시행령 제28조 제 1 항의 해석상 고급주택에 해당하는 건물의 일부를 구분취득하는 경우뿐 아니라 건물과 대지를 구분 취득하거나 대지의 일부를 구분 취득하는 경우에도 취득세가 중과세된다(판 94. 2. 8, 93누7013). 1구의 건물의 대지면적은 건물 소유자가 건물사용을 위해 사실상 제공한 부속토지의 면적만을 가리킨다(판 88. 2. 9, 87누678).

4. **고급오락장**(4호): 도박장·유흥주점영업장·특수목욕장 그 밖의 이와 유사한 용도에 사용되는 건축물 중 대통령령으로 정하는 건축물과 그 부속토지.

시행령은 위 건축물에 해당하는 것으로서 카지노장, 자동도박기를 설치한 장소, 욕실 등을 부설한 미용실, 식품위생법 제37조에 따른 허가대상인 유흥주점영업 중 무도유흥주점, 룸살롱 및 요정 영업장소 등을 규정하고 있다(영 28조 5항).

고급오락장용 건축물을 취득한 날부터 일정 기간 이내에 고급오락장이 아닌 용도로 사용하거나 고급오락장이 아닌 용도로 사용하기 위하여 용도변경공사에 착공하는 경우에 관한 예외조항이 있다(법 13조 5항 4호 단서).

고급오락장인지 여부는 현황을 객관적으로 판단하여 실체를 갖추고 있는지 여부에 따라 판단한다(판 97. 9. 26, 97누9154 등). 고급오락장용 부동산 취득자가 책임질 수 없는 장애로 취득 후 30일 이내에 용도변경공사를 착공하지 못하였고 장애가 해소되는 즉시 용도변경공사를 착공하려는 의사가 명백한 경우 취득세 중과 입법취지 등에 비추어 중과세율을 적용할 수 없다(판 2017. 11. 29, 2017두56681). 건물 임차인이 고급오락장을 개설한 경우 취득자가 개설한 것으로 보아 중과세율을 적용하나, 건축물의 불법점유자가 취득자 의사에 기하지 않고 임의로 고급오락장을 설치하였다면 취득자에게 취득세를 중과세할 수 없다(판 88. 4. 25, 87누823).

3. 특례세율

환매등기를 병행하는 부동산의 매매로서 환매기간 내에 매도자가 환매한 경우의 그 매도자와 매수자의 취득(법 15조 1항 1호), 상속으로 인한 취득 중 1가구 1주택, 농지 등 일정한 재산에 대한 경우(동 2호), 법인의 합병으로 인한 취득(동 3호), 공유물·합유물의 분할로 인한 취득(동 4호), 건축물의 이전으로 인한 취득(동 5호), 재산분할로 인한 취득(동 6호) 등은 제11조, 12조의 세율에서 중과기준세율인 20/ 1000을 공제한 세율이 적용된다. 6호는 사실혼 해소에 따른 재산분할에도 적용된다(판 2016. 8. 30, 2016두36864). 개수로 인한 취득, 지목변경 등 간주취득, 과점주주의 간주취득에 대해서는 중과기준세율을 적용한다(법 15조 2항).

제 9 절 신고 및 납부징수

취득세는 신고납세방식의 조세로서(법 18조), 취득세 과세물건을 취득한 자는 취득한 날부터 60일{무상취득(상속은 제외한다) 또는 증여자의 채무를 인수하는 부담부 증여로 인한 취득의 경우는 취득일이 속하는 달의 말일부터 3개월, 상속으로 인한 경우는 상속개시일이 속하는 달의 말일부터, 실종으로 인한 경우는 실종선고일이 속하는 달의 말일부터 각각 6개월(외국에 주소를 둔 상속인이 있는 경우에는 각각 9개월)} 이내에 그 과세표준에 법 제11조부터 제13조까지, 제13조의2, 제13조의3, 제14조 및 제15조의 세율을 적용하여 산출한 세액을 대통령령으로 정하는 바에 따라 신고, 납부하여야 한다(법 20조 1항).

법은 취득세 과세물건을 취득한 후 세율이 변경된 경우 및 취득세를 비과세, 과세면제 또는 경감 받은 후 해당 과세물건이 취득세 부과대상 또는 추징대상이 된 경우에 관하여 별도의 규정을 두고 있다(동 2항, 3항).

재산권과 그 밖의 권리의 취득·이전에 관한 사항을 공부에 등기·등록하려는 경우에는 등기 또는 등록신청서를 등기·등록관서에 접수하는 날까지 취득세를 신고납부하여야 한다(동 4항).[1] 취득세 과세물건을 취득한 자의 채권자는 부동산등기법에 따라 납세자를 대위하여 취득세를 신고할 수 있다(동 5항).

취득세를 신고납부하지 않는 등 부족세액이 있으면 지방세기본법 제53조부터 제55조까지의 규정에 따라 산출한 가산세와 함께 보통징수의 방법으로 징수한다(법 21조 1항). 납세의무자가 취득세 과세물건을 사실상 취득한 후 제20조에 따른 신고를 하지 않고 매각하는 경우에는 제 1 항 및 지방세기본법 제53조, 제55조에도 불구하고 산출세액에 100분의 80을 가산한 금액을 세액으로 하여 보통징수의 방법으로 징수한다(등기·등록이 필요하지 아니한 과세물건 등 대통령령으로 정하는 과세물건 제외)(동 2항).

제 1 항에도 불구하고 취득세 납세의무자가 제20조에 따른 신고기한까지 취득세를 시가인정액(법 10조의2 1항)으로 신고한 후 지방자치단체의 장이 세액을 경정

1) 구 지방세법(2015. 12. 29. 개정 전의 것) 제20조 제 4 항이 정한 신고·납부기한인 '등기 또는 등록을 하기 전까지'를 '등기 또는 등록의 신청서를 등기·등록관서에 접수하는 날까지'로 규정한 구 지방세법 시행령(2016. 12. 30. 개정 전의 것) 제35조가 모법의 규율 범위를 벗어나지 않았다고 본 것: 판 2020. 10. 15, 2017두47403. 판결에 대한 평석은, 방진영, "2020년 상속세및증여세법과 지방세법 판례회고", 조세법연구 27-3, 509면.

하기 전에 그 시가인정액을 수정신고한 경우에는 지방세기본법 제53조 및 제54조에 따른 가산세를 부과하지 않는다(동 3항).

제10절 비과세 및 감면

취득세 비과세 및 감면에 관하여는 지방세법 제9조 제1항 내지 제7항 및 지방세특례제한법과 조세특례제한법에서 규정하고 있다.[1)]

취득세 감면을 규정한 지방세특례제한법 규정에 관한 판례 몇 개를 살펴본다.

구 지방세특례제한법(2012. 10. 2. 개정 전의 것) 제40조의2에서 취득세 감면대상으로 정한 '주택'은 주거용 건축물을 가리키므로, 새로 취득한 건축물이 주거용으로서의 기능을 상실하였다면 위 조항에 따른 감면대상에 해당한다고 할 수 없다. 그리고 위 감면조항은 새로운 주택의 취득으로 1주택 보유자가 되거나 일시적으로 2주택 보유자가 되는 경우만을 적용대상으로 하므로 새로운 주택의 취득으로 3주택 이상 보유자가 되는 경우는 감면대상이 아니다(판 2015. 8. 27, 2015두40002).

구 지방세특례제한법(2011. 12. 31. 개정 전의 것) 제50조 제1항은 "종교 및 제사를 목적으로 하는 단체가 해당 사업에 사용하기 위하여 취득하는 부동산에 대하여는 취득세를 면제한다."고 규정하고 있는바, 비영리사업자가 구성원에게 사택이나 숙소를 제공한 경우 구성원이 비영리사업자의 사업 활동에 필요불가결하고 사택이나 숙소에 체류하는 것이 직무수행의 성격을 겸비한다면 해당 사택이나 숙소는 목적사업에 직접 사용되는 것으로 볼 수 있다(판 2015. 9. 15, 2014두557).

구 지방세특례제한법(2016. 12. 27. 개정 전의 것) 제58조의2 제1항 제1호 본문 및 단서 (나)목의 규정 체계와 내용 및 과 입법취지 등을 종합하면, 지식산업센터를 신축하였으나 그 취득일부터 5년 이내에 이를 사업시설용으로 직접 사용하지 않을 자에게 분양·임대한 경우 해당 부분은 위 단서규정에 따라 감경한 취득세를 추징할 수 있다(판 2018. 4. 10, 2017두74085).

구 건축법 시행령 제3조의5 [별표 1] 제1호 (다)목에서 정한 '다가구주택'은 임대주택 등에 대한 취득세 감면조항인 구 지방세특례제한법 제31조 제1항 제1호에 따라 취득세가 면제되는 '공동주택'에 포함되지 않는다.[2)]

---

1) 관련 논의는, 김태호, "지방세 감면요건론 정립에 관한 연구", 조세법연구 18-3, 509면.

2) 판 2020. 6. 11, 2017두36953. 판결에 대한 평석은, 방진영, 앞 판례회고 518면.

제 3 장

등록면허세

제 1 절 과세객체

등록에 대한 등록면허세의 과세객체는 재산권 그 밖의 권리의 취득·이전·변경·소멸에 관한 사항을 공부에 등기·등록하는 행위이다. 다만 지방세법 제 2 장에 따른 취득을 원인으로 이루어지는 등기 또는 등록은 제외된다(지법 23조 1호, 단서 규정에 대한 예외 있음).

면허에 대한 등록면허세의 과세객체는 각종 법령에 규정된 면허·허가·인가·등록·지정·검사·검열·심사 등 특정한 영업설비 또는 행위에 대한 권리의 설정, 금지의 해제 또는 신고의 수리 등 행정청의 행위를 받는 행위이다(동 2호).

등기·등록은 합법적이고 정당한 권원에 기한 등기·등록만을 뜻하는 것이 아니고, 외형상 등기·등록의 형식요건만 갖추고 있으면 된다. 그 명의자가 목적물을 실제로 취득할 의사가 있었는지 여부를 묻지 않는다(판 96. 7. 26, 95누14855). 또한 쟁송이나 그 밖의 사유에 의하여 그 원인행위의 무효·취소를 이유로 등기·등록이 말소된 경우에도 이미 납부한 등록면허세에는 영향이 없다. 이와 같은 법리는 뒤에 나오는 중과세의 경우에도 마찬가지이다.[1] 법 제23조 제 1 호 단서와 관련하여 당초 '취득을 원인으로 이루어진 등기'였던 이상 그 원인이 된 등기가 무효라도 등록면허세 과세대상이 되는 것은 아니다.[2]

등록면허세의 납세의무자는 위와 같은 등록을 하는 자 및 면허를 받는 자, 즉, 외형상의 권리자이다(법 24조).

---

1) 위 95누14855 판결. 과세실무도 동일하다. 이와 같은 해석에 반대하는 견해로는, 이상신, "등기절차상 등록세 과세쟁점에 관한 연구", 조세법연구 13-2, 451면.

2) 판 2018. 4. 10, 2017두35684. 그 평석은 성수현, "2018년 상속세및증여세법과 지방세법 판례회고", 조세법연구 25-2, 311면 이하 참조.

제 2 절 과세표준

등록면허세 규정에서 부동산이란 취득세 규정인 법 제 6 조 제 3 호 및 제 4 호에 따른 토지와 건축물을 말한다(영 41조 1호).

부동산, 선박, 항공기, 자동차 및 건설기계의 등록에 대한 등록면허세의 과세표준은 등록 당시 가액으로 하고(법 27조 1항), 제 1 항에 따른 과세표준은 조례로 정하는 바에 따라 등록자의 신고에 따르되, 다만 신고가 없거나 신고가액이 시가표준액보다 적은 경우에는 시가표준액을 과세표준으로 한다(동 2항).

제 2 항에도 불구하고 제23조 제 1 호 각 목에 따른 취득을 원인으로 하는 등록의 경우 제10조의2부터 제10조의6까지의 규정에서 정하는 취득당시가액(다만 제23조 제 1 호 다목에 따른 취득을 원인으로 하는 등록, 즉 취득세 부과제척기간이 경과한 물건의 등기 또는 등록의 경우에는 제 1 항에 따른 등록 당시의 가액과 제10조의2부터 제10조의6까지의 규정에서 정하는 취득당시가액 중 높은 가액)을 과세표준으로 한다. 다만 등록 당시에 자산재평가 또는 감가상각 등의 사유로 그 가액이 달라진 경우에는 변경된 가액을 과세표준으로 한다(동 3항). 구축물과 특수한 부대설비는 독립된 등록면허세 과세객체이므로 그 가액을 토지·건물의 등기 당시 가액에 합산하여 등록면허세 과세표준을 산출하여야 한다.

제 3 절 세 율

부동산등기에 대한 등록면허세율은 등기원인에 따라 소유권 보존등기(가목), 소유권 이전등기(나목), 소유권 외의 물권과 임차권 설정 및 이전(다목), 경매신청·가압류·가처분 및 가등기(라목), 그 밖의 등기(마목)로 구분된다(법 28조 1항 1호).

가목의 경우 부동산가액의 8/1000, 나목은 유상의 경우는 부동산가액의 20/1000, 무상의 경우는 15/1000(상속의 경우는 8/1000),[1] 다·라목은 원칙적으로 2/1,000, 마

1) 甲 보증공사가 乙 건설회사와 주택분양보증약정을 체결한 후 아파트 신축공사가 중단되자 위 보증약정에 따라 수분양자들에게 환급이행금을 반환하고 아파트에 관한 소유권이전등기를 마친 후 그 매각대금을 환급이행금에 충당한 사안에서, 甲에의 소유권이전등기 원인을 신탁계약으로 볼 수 있는 이상 구 지방세법 제131조 제 1 항 제 2 호(현행 법 28조 1항 1호 나목 2)에서 정한 ‘제 1 호 이외의 무상으로 인한 소유권 취득’에 해당한다고 한 사례: 판 2017. 6. 8, 2014두38149.

목은 건당 6천 원이다. 법 제28조 제 1 항은 그 밖에 제 2 호 내지 제14호로서 선박(2호)을 비롯한 각종 과세대상 물건의 등기·등록에 관한 세율을 규정하고 있다.

상속인 아닌 자가 사인증여로 인하여 부동산의 소유권을 취득하는 것은, '상속 이외의 무상으로 인한 소유권의 취득'에 해당한다(판 2013. 10. 11, 2013두6138).

지방자치단체의 장은 조례로 정하는 바에 따라 등록면허세의 세율을 제 1 항 제 1 호에 따른 표준세율의 100분의 50의 범위에서 가감조정할 수 있다(동 6항).

면허에 대한 등록면허세 세율에 관하여는 지방세법 제34조 참조.

제 4 절 신고와 납부

등록에 대한 등록면허세의 과세객체는 재산권 그 밖의 권리의 설정·변경 또는 소멸에 관한 사항을 공부에 등기하거나 등록하는 것이기는 하나, 절차상의 필요상 당해 등기·등록 전에 세액을 납부하도록 되어 있다. 즉, 등기 또는 등록을 하려는 자는 등기 또는 등록 신청서를 등기·등록관서에 접수하는 날까지 등록면허세를 신고하고 납부하여야 한다(법 30조 1항; 영 48조).

신고를 하지 아니한 경우에도 등록면허세 산출세액을 등록하기 전까지(2항 또는 3항의 경우에는 해당 항에 따른 신고기한까지를 말한다) 납부하였을 때에는 제 1 항부터 제 3 항까지의 규정에 따라 신고를 하고 납부한 것으로 본다. 이 경우 지방세기본법 제53조 및 제54조에 따른 가산세를 부과하지 아니한다(동 4항).

채권자가 납세의무자를 대위하여 등록면허세를 등기할 수 있음은 취득세의 경우와 같다(동 5항).

새로 면허를 받거나 면허를 변경받는 자는 면허증서를 발급받거나 송달받기 전까지 등록면허세를 신고·납부하여야 한다(법 35조 1항).

면허의 유효기간이 정하여져 있지 않거나 그 기간이 1년을 초과하는 면허에 대하여는 매년 1월 1일에 면허가 갱신된 것으로 보아 납세지를 관할하는 해당 지방자치단체의 조례로 정하는 납기에 보통징수의 방법으로 매년 등록면허세를 부과한다(법 35조 2항 전단).

부족세액의 징수와 가산세 규정은 취득세와 동일하다(법 32조, 35조 4항).

제 5 절 대도시 내 법인등록에 대한 등록면허세 중과제도

1. 중과세 개요

대도시에서 법인을 설립{설립 후 또는 휴면법인을 인수한 후 5년 이내에 자본 또는 출자액을 증가하는 경우를 포함한다}하거나 지점 또는 분사무소를 설치하거나 대도시 밖에 있는 법인의 본점이나 주사무소를 대도시로 전입(전입 후 5년 이내에 자본 또는 출자액을 증가하는 경우를 포함한다)한 경우 이에 따른 법인등기는 등록면허세 일반세율의 3배에 해당하는 세율을 적용하여 중과세한다(법 28조 2항 본문).

이는 대도시 내의 인구 증가 억제, 대도시에의 경제력 집중 방지 및 지역경제 활성화를 위하여 도입된 규정이다. 여기서 대도시라 함은 수도권 중 '수도권정비계획법 제 6 조에 따른 과밀억제권역'을 말하고, 「산업집적활성화 및 공장설립에 관한 법률」을 적용받는 산업단지를 제외한다(법 28조 2항 단서, 13조 2항).

대도시 밖에 있는 법인의 본점이나 주사무소를 대도시로 전입한 경우 이를 법인의 설립으로 보아 세율을 적용한다(동항 2호).

수도권정비계획법 제 6 조에 규정된 과밀억제권역 내 도시들은 하나의 대도시에 포함되어 그 중 한 도시에서 다른 도시로 본점을 이전하더라도 하나의 대도시 내에서의 이전에 불과하여 원칙적으로 대도시 내로의 전입에 해당하지 않으나(판 2003. 8. 19, 2001두10974), 수도권의 경우에는 서울특별시 외의 지역에서 서울특별시로의 전입도 대도시로의 전입으로 본다(법 13조 2항 1호 괄호부분, 28조 2항).

영업양수도계약에 따라 영업 및 관련자산 일체를 양수함으로써 해당 영업을 위해 설치된 지점이 사용하던 부동산을 취득함과 동시에 지점 사무실을 분사무소 형태로 유지시킨 경우 등록세 중과세 대상에 해당하지 않는다(판 1993. 5. 25, 92누12742). 대도시 밖에서 대도시로 전입함에 따라 중과하는 경우 법인설립 당시 납부했던 등록면허세액을 공제해야 하는 것은 아니다(판 2019. 1. 10, 2017두31538).

2. 중과세 제외

법 제28조 제 2 항 제 1 호에 따른 법인의 등기로서 관계 법령의 개정으로 인하여 면허나 등록의 최저기준을 충족시키기 위한 자본 또는 출자액을 증가하는 경우 그 최저기준을 충족시키기 위한 증가액은 중과세 대상으로 보지 아니하며(영 45조 1항), 일정한 요건을 갖춘 법인이 적격분할로 인하여 법인을 설립하거나 법이 정한 요건을 갖추어 주식의 포괄적 교환이나 포괄적 이전에 따라 금융지주회사법에 따른 금융지주회사를 설립하는 경우 중과세 예외 규정이 마련되어 있다(동 2항).

법 제28조 제 2 항을 적용할 때 대도시에서 설립 후 5년이 경과한 법인('기존법인')이 다른 기존법인과 합병하는 경우(동 3항 전단), 기존법인이 대도시에서 설립 후 5년이 경과되지 아니한 법인과 합병하여 기존법인 외의 법인이 합병 후 존속하는 법인이 되거나 새로운 법인을 신설하는 경우에는 합병 당시 기존법인에 대한 자산비율에 해당하는 부분(동항 후단)은 중과세 대상으로 보지 아니한다.

주택건설용으로 부동산을 취득하였으나, 법상 유예기간이 경과하지 않거나 다른 업종에 사용하거나 겸용(兼用)하지 않고 있던 상태에서 다른 법인에 합병됨으로써 합병 시까지 등록세 중과 요건이 충족되지 않은 경우에도, 합병 후 존속법인은 기왕에 소멸법인에 발생한 등록세 중과와 관련된 법률상 지위를 그대로 승계한다(판 2013. 12. 26, 2011두5940).

3. 중과세 제외대상 업종

법 제28조 제 2 항 단서 및 제13조 제 2 항 참조. 시행령 제44조, 제26조 제 1 항은 중과세 제외대상 업종으로 사회기반시설사업·은행업·주택건설사업·전기통신사업·첨단기술산업·유통산업·여객자동차운송사업·유선방송사업 등을 열거하고 있다.

제 6 절 비과세·감면

여기에는 국가 등에 대한 비과세(법 26조 1항), 「채무자 회생 및 파산에 관한 법률」의 개별규정에 따른 등기 또는 등록에 대한 비과세(법 26조 2항 1호), 행정구역의 변경, 주민등록번호의 변경, 지적 소관청의 지번 변경 등으로 인한 단순한 표시변경·회복 또는 경정등록에 대한 비과세(법 26조 2항 2호) 등이 있다.

제 4 장

지방소득세 · 지방소비세

제 1 절　지방소득세

1. 총　　설

2009. 12. 31. 지방세법의 전면 개정과 함께 신설된 지방소득세는 소득분과 종업원 분으로 구성되고, 이 중 소득분은 소득세액과 법인세액을, 종업원분은 종업원의 급여총액을 각각 과세표준으로 하여 부과된 바 있다. 그러다가 2014. 1. 1. 지방소득세가 국세인 소득세 및 법인세의 부가세에서 독립세로 전환되고 종업원분 지방소득세는 2009년 개정 전과 같이 다시 주민세의 일부로 전환되었다. 그에 따라 지방소득세의 관할관청 및 부과·징수권자는 지방자치단체의 장이 되었으며(법 97조, 100조, 103조의9, 103조의 25 내지 28), 납세자는 국세와 별도로 관할 지방자치단체의 장에게 세액을 신고·납부하여야 하고(법 95조, 96조, 103조의9, 103조의23, 24), 원천징수분 소득세 및 법인세에 대하여는 원천징수의무자가 해당 지방소득세 상당액을 특별징수하여 납부하는 것으로 되었다(법 103조의13 내지 18, 29).

2. 법의 규정

가. 과세대상소득

지방소득세의 과세대상인 지방소득은 개인지방소득과 법인지방소득으로 구분된다. 개인지방소득은 소득세법 제 3 조 및 제 4 조에 따른 거주자 또는 비거주자의 소득이고, 법인지방소득은 법인세법 제 4 조에 따른 내국법인 또는 외국법인의 소득을 말한다(법 85조 1항).

개인지방소득은 다시 종합소득, 퇴직소득, 양도소득으로 구분되고, 법인지방소득은 각 사업연도의 소득, 청산소득, 법인세법 제55조의2 및 제95조의2에 따른 토지 등 양도소득, 조세특례제한법 제100조의32 제 2 항에 따른 미환류소득으로 구분된다(법 87조).

나. 납세의무자, 납부의무의 범위, 과세기간, 납세지 등

지방소득세의 납세의무자는 소득세법에 따른 소득세 또는 법인세법에 따른 법인세의 납세의무가 있는 자(법인세법 제 5 조 제 2 항에 따라 법인세를 납부하는 신탁의 수탁자를 포함한다)이며(법 86조 1항), 그 납부의무의 범위는 소득세법과 법인세법에서 정하는 바에 따른다(동 2항).

한편 2021년 개정법에서 법인세법에 법인과세 신탁재산에 관한 규정이 신설됨에 따라 해당 법인세를 납부하는 신탁으로부터의 이익에 대한 지방소득의 구분 기준을 정하고, 법인과세 신탁재산의 법인지방소득세 납세지를 법인과세 수탁자의 납세지로 하는 등 법인과세 신탁재산에 대한 관련 규정을 정비하였다(법 87조 1항 및 103조의58, 103조의3 1항 14호 및 103조의6 2항 4호 등).

개인지방소득세의 과세기간은 소득세법 제 5 조에 따른 기간으로 하며(법 88조 1항), 법인지방소득세의 각 사업연도는 법인세법 제 6 조부터 제 8 조까지에 따른 기간으로 한다(동 2항).

납세지는 개인지방소득세는 지방세기본법 제34조에 따른 납세의무 성립일 당시의 소득세법 제 6 조부터 제 7 조까지에 따른 납세지, 법인지방소득세는 사업연도 종료일 현재 법인세법 제 9 조에 따른 납세지이다(법 89조 1항). 다만 법인 또는 연결법인이 둘 이상의 지방자치단체에 사업장이 있는 경우에는 각각의 사업장 소재지를 납세지로 하고(법 89조 1항 2호 단서), 이 경우 각 사업장의 종업원 수 및 건축물 연 면적을 가중평균하여 산출한 안분율에 따라 법인지방소득세를 안분하여 그 소재지 관할 지방자치단체의 장에게 각각 신고·납부하여야 한다(동 2항). 이자소득·배당소득 등에 대한 소득세 및 법인세의 원천징수사무를 본점 또는 주사무소에서 일괄처리하는 경우 등 일정한 소득에 대한 지방소득세에 관해서는 특례규정이 있다(동 3항).

다. 과세표준과 세율

거주자의 종합소득과 퇴직소득 및 양도소득에 대한 개인지방소득세의 과세표준은 소득세법과 동일하고(조세특례제한법 및 다른 법률에 따라 과세표준 산정과 관련한 조세감면 또는 중과세 등의 조세특례가 적용되는 경우에는 이에 따라 계산한 금액), 위 각 소득에 대한 개인지방소득세를 각각 구분하여 계산한다(법 91, 93조, 103조, 103조의2).

표준세율은 종합소득 및 퇴직소득에 대한 개인지방소득세의 경우 위 각 소득세 체계와 동일한 누진세율이 적용되고(법 92조 1, 4항), 양도소득에 대한 지방소득세에서는 각 자산 별로 누진세율 또는 비례세율로 규정하고 있다(법 103조의3 1항 내지 4항). 최고세율은 1천분의 45 또는 1천분의 55이다(92조 1항, 103조의3 1항).

지방자치단체의 장은 조례로 위 표준세율의 100분의 50의 범위 내에서 표준세율을 가감할 수 있고(법 92조 2항, 103조의3 4항), 법 제103조의3 제 1 항 제13호(소득세법 제94조 제 1 항 제 5 호에 따른 파생상품 등의 양도소득에 대한 개인지방소득)에 따른 세율은 자본시장 육성 등을 위하여 필요한 경우 그 세율의 100분의 75의 범위에서 대통령령으로 정하는 바에 따라 인하할 수 있다(법 103조의3 7항).

내국법인의 각 사업연도의 소득에 대한 법인지방소득세 과세표준은 “법인세법 제13조에 따라 계산한 금액(조세특례제한법 및 다른 법률에 따라 과세표준 산정에 관련한 조세감면 또는 중과세 등의 조세특례가 적용되는 경우에는 이에 따라 계산한 금액)”이다(법 103조의19 1항). 제 1 항에도 불구하고 내국법인의 과세표준에 국외원천소득이 포함되어 있는 경우로서 법인세법 제57조에 따라 세액공제를 하는 경우에는 법인세법 제57조 제 1 항에 따른 외국법인세액을 이 조 제 1 항의 금액에서 차감한다. 다만 법인세법 제57조 제 2 항 단서에 따라 손금에 산입한 세액이 있는 경우에는 그 세액을 제 1 항의 금액에 가산한 이후에 외국법인세액을 차감하며(동 2항), 제 2 항의 외국법인세액 중 제 1 항의 금액을 초과하는 금액은 해당 사업연도의 다음 사업연도 개시일부터 15년 이내에 끝나는 각 사업연도로 이월하여 그 이월된 사업연도의 과세표준을 계산할 때 차감할 수 있다(동 3항).[1)]

표준세율은 법인세 체계와 동일한 누진세율이 적용되고(법 103조의20, 103조의42, 103조의48), 개인지방소득세와 마찬가지로 지방자치단체의 장은 조례로 위 표준세율의 100분의 50의 범위 내에서 표준세율을 가감할 수 있다(법 103조의20 2항).

1) 2020. 12. 29. 규정이 신설되기 전 같은 취지의 판결로 판 2018. 10. 25, 2018두50000(서울고판 2018. 6. 12, 2018누33038에 대한 심리불속행 판결임). 판결에 대한 비판적 평석으로, 이 창, “법인지방소득세에 대한 외국납부세액공제 적용 가부”, 조세법연구 25-2, 135면 이하. 한편 판례는 내국법인이 외국자회사를 통해 받은 배당금액에서 이미 위 규정에 따라 외국납부세액이 차감된 이상 다시 그 과세표준에서 외국납부세액을 차감할 것은 아니라고 보았다. 판 2024. 1. 11, 2023두44634.

라. 과세표준과 세액의 확정신고·납부 등

종합소득 및 퇴직소득에 대한 개인지방소득세의 과세표준 및 세액의 확정신고·납부, 수정신고·납부, 경정청구, 결정과 경정, 수시부과, 가산세, 징수와 환급 등 부과·징수에 관한 사항은 기본적으로 소득세법과 동일하다(법 95조 내지 101조).

과세표준 신고서가 제 1 항의 지방자치단체의 장 외의 지방자치단체의 장에게 제출된 경우에도 그 신고의 효력에는 영향이 없다(법 95조 1항 후문).

납세지 관할 지방자치단체의 장이 대통령령으로 정하는 거주자에게 제 3 항에 따른 납부세액을 기재한 납부서를 발송하고 그 거주자가 해당 세액을 신고기한까지 납부한 경우 납세지 관할 지방자치단체의 장에게 신고·납부한 것으로 본다(법 95조 5항, 6항).

법은 납세자의 신고 또는 결정·경정에 오류 또는 누락이 있는 경우 납세지 관할 지방자치단체의 장이 지방소득세의 과세표준과 세액을 실지조사 또는 추계로 결정·경정할 수 있도록 규정하고 있다(법 제97조, 제98조, 103조의9, 103조의25, 103조의38, 103조의44. 영 94조 1항 및 100조의15).

이와 관련하여 소득세 등의 주무관청인 세무서장 등이 세무조사를 거쳐 소득세 등의 과세표준을 결정·경정하였음에도 지방자치단체의 장이 재조사할 수 있는가가 문제된다. 규정체계나 문언만을 놓고 보면 이를 부인하기 어려워 보이나 현실적으로 이와 같은 중복조사는 법률관계를 불안정하게 하고, 납세자의 권리를 과도하게 침해할 우려가 있으므로 납세자의 권리보호 측면에서 양자의 조사·결정권을 조절하는 입법적 장치가 필요하다.

비거주자의 소득에 대한 개인지방소득세의 부과·징수에 관한 사항 역시 소득세법에 준한다(법 제 8 장 제 4 절).

소득세법 및 조특법에 따른 원천징수의무자가 거주자 또는 비거주자로부터 소득세를 원천징수하는 경우에는 원천징수하는 소득세의 10/100에 해당하는 금액을 개인지방소득세로 특별징수하여야 하며, 근로소득·연금소득·사업소득에 대하여 소득세법에 따라 연말정산을 하는 경우에는 개인지방소득세를 함께 정산하여야 한다(법 제 8 장 제 5 절).

특별징수의무자가 특별징수하였거나 특별징수하여야 할 세액을 그 징수일이 속하는 달의 다음 달 10일까지 납부하지 아니하거나 부족하게 납부한 경우에는 그 납부하지 아니한 세액 또는 부족한 세액에 지방세기본법 제56조에 따라 산출한 금액을 가산세로 부과한다(법 103조의14).

관할 세무서장 등은 각 과세태양별로 소정 기한까지 소득세와 법인세의 부과·징수 등에 관한 자료를 행정안전부령으로 정하는 바에 따라 대통령령으로 정하는 지방자치단체의 장에게 통보하여야 하며(법 103조의59 1, 2항), 지방자치단체의 장은 제 1 항 제 5 호 또는 제 2 항 제 5 호에 따른 통보를 받은 경우 해당 소득세 또는 법인세와 동일한 과세표준에 근거하여 산출한 지방소득세를 다시 계산하여 환급세액이 발생하는 경우 이를 환급하여야 한다(동 3항).

제 3 항에 따른 환급의 경우 지방세환급금에 관한 소멸시효는 위 통보를 받은 날부터 기산한다(동 4항).[1)]

내국법인의 각 사업연도 소득에 대한 법인지방소득세 과세표준 및 세액의 확정신고·납부, 수정신고·납부, 경정청구, 결정과 경정, 수시부과, 징수와 환급, 특별징수의무, 가산세 등 내국법인의 각 사업연도 소득에 대한 법인지방소득세 부과·징수에 관한 사항(법 103조의23 내지 103조의30) 및 연결납세방식의 적용, 연결과세표준 및 연결산출세액의 계산 등 내국법인의 각 연결사업연도 소득에 대한 법인지방소득세의 부과·징수에 관한 사항도 법인세법과 내용이 같다(법 제 8 장 제 7 절).

비영리내국법인은 법인세법 제 4 조 제 3 항 제 2 호에 따른 이자·할인액 및 이익(소득세법 16조 1항 11호의 비영업대금의 이익은 제외하고, 투자신탁의 이익을 포함)으로서 법 제103조의29에 따라 특별징수된 이자소득에 대하여는 법 제103조의23에도 불구하고 과세표준 신고를 하지 아니할 수 있다(법 103조의32 1항).

법인세법 제62조의2 제 2 항에 따라 비영리내국법인이 자산양도소득에 대하여 법인세를 납부하는 경우 법 제103조에 따라 계산한 과세표준에 법 제103조의3에 따른 세율을 적용하여 산출한 금액을 법인지방소득세로 납부하여야 한다. 이 경우 제103조의3 제 5 항에 따라 가중된 세율을 적용하는 경우에는 제103조의31 제 1 항을 적용하지 아니한다(동 3 항).

마. 법인과세 신탁재산의 각 사업연도의 소득에 대한 지방소득세

2020. 12. 29. 법인세법 개정으로 법인과세 신탁재산에 대한 법인세 규정이 신설되면서 지방세법에도 동일한 취지의 규정이 신설되었다. 그 내용은 다음과 같다.

법인세법 제 5 조 제 2 항에 따라 내국법인으로 보는 신탁재산("법인과세 신탁재

1) 법 103조의59 규정의 문제점 등 관련 논의는, 차규현, "원천징수제도의 입법적 개선방안 연구", 조세법연구 23-2, 98면 이하.

산")에 귀속되는 소득에 대하여 법인세를 납부하는 신탁의 수탁자("법인과세 수탁자")는 법인지방소득세를 납부할 의무를 진다(법 103조의58 1항). 법인과세 신탁재산에 대한 사업연도는 법인세법 제75조의12 제 3 항에 따라 법인과세 수탁자가 신고하는 기간으로 하며(동 2항), 납세지는 법인과세 수탁자의 납세지로 한다(동 3항).

법인과세 신탁재산에 대한 법인지방소득세 과세방식의 적용, 제 2 차 납세의무 등에 관련하여 이 법에 특별한 규정이 있는 경우를 제외하고는 법인세법 제75조의11부터 제75조의18까지의 규정을 준용하며(동 4항), 법인과세 신탁재산 및 법인과세 수탁자에 대하여는 제 1 절 및 제 6 절의 규정에도 불구하고 이 절에서 정하는 규정을 우선하여 적용한다(동 1항).

3. 지방소득세에 대한 불복

지방소득세는 국세의 과세표준에 표준세율을 적용하여 과세하기 때문에 지방소득세 부과처분에 대하여 쟁송이 제기될 부분은 지방소득세 과세표준 부분과 그 이후 세액산출과정의 각종 감면 등 특례 적용부분으로 구분할 수 있다.

이 가운데 감면적용 등 세액산출부분에 대하여 별도의 불복절차를 밟을 수 있음은 규정체계상 의문이 없다. 문제는 지방소득세 부과처분 중 소득세법과 법인세법에 따라 계산하도록 한 과세표준 부분에 대하여 국세와 별도로 불복할 필요가 있는지 여부인데, 이에 관하여 판례는 납세의무자는 소득세 등 부과처분의 취소판결을 받으면 되고 별도로 지방소득세 부과처분 취소소송을 제기할 필요는 없다고 보았다.[1]

1) 판 2016. 12. 29, 2014두205. 종전에 지방소득세가 주민세로 규정되어 있던 당시에도 판례는 동일하게 판단한 바 있다(소득세할 주민세에 관하여 판 2005. 2. 25, 2004두11459). 판례에 찬성하는 견해로, 윤지현, "지방소득세의 몇 가지 절차법적 쟁점에 관한 고찰", 조세법연구 27-3, 427면.

제 2 절 지방소비세

1. 총 설

2009. 12. 31. 지방세법 전면개정과 함께 지방자치단체의 자주세원의 확보를 위해 지방소득세와 함께 지방소비세가 신설되었으며, 2013. 12. 26. 개정을 통하여 그 세액이 종전의 부가가치세의 100분의 5에서 100분의 11로 인상되고, 2018. 12. 31. 개정을 통해 100분의 15로, 2019. 12. 31. 개정을 통해 100분의 21로, 2021. 12. 7. 개정을 통해 1000분의 253으로 인상되었다. 2021년 개정법에서는 특별시세·광역시세·도세에 해당하는 지방소비세 중 국고보조사업에서 지방자치단체 사업으로 전환되는 국가균형발전특별회계 사업 등의 비용 보전을 위하여 시·군·구로 납입·안분되는 지방소비세를 시·군세 또는 구세로 전환하였다(지기법 11조의2). 현재 지방소비세의 징수는 납세지 관할 세무서장 및 세관장을 특별징수의무자로 하여 부가가치세와 함께 징수되고, 그 징수세액을 납입관리관을 통하여 지방자치단체에 납입·분배하는 형태로 되어 있다. 아래에서 조문을 중심으로 그 내용에 관하여 살펴본다.

2. 법의 규정

가. 과세대상, 납세의무자, 납세지 등

지방소비세 과세대상은 사업자가 행하는 재화 또는 용역의 공급, 재화의 수입거래이고(법 65조), 재화와 용역을 소비하는 자의 주소지 또는 소재지를 관할하는 특별시·광역시·특별자치시·도 또는 특별자치도에서 부가가치세법 제 3 조에 따라 부가가치세를 납부할 의무가 있는 자에게 부과한다(법 66조). 납세지는 부가가치세법 제 6 조에 따른 납세지로 한다(법 67조). 법 제67조에 따른 납세지를 관할하는 세무서장 또는 부가가치세법 제58조 제 2 항에 따라 재화의 수입에 대한 부가가치세를 징수하는 세관장을 지방소비세의 특별징수의무자로 한다(법 68조).

나. 과세표준과 세율

지방소비세의 과세표준은 부가가치세법에 따른 부가가치세의 납부세액에서 부가가치세법 및 다른 법률에 따라 부가가치세의 감면세액 및 공제세액을 빼고 가산세를 더하여 계산한 세액으로 한다(법 69조 1항). 지방소비세의 세액은 위 과세표준에 1천분의 253을 적용하여 계산한 금액으로 한다(동 2항).

다. 과세표준과 세액의 확정신고·납부 등

지방소비세와 부가가치세를 신고·납부·경정 및 환급할 경우에는 법 제69조 제 2 항에도 불구하고 같은 항에 따른 지방소비세와 부가가치세법 제72조에 따른 부가가치세가 합쳐진 금액으로 신고·납부·경정 및 환급하여야 한다(법 70조 1항). 부가가치세법 제48조부터 제50조까지, 제52조, 제66조 및 제67조에 따라 부가가치세를 신고·납부한 경우에는 지방소비세도 신고·납부한 것으로 본다(동 2항).

특별징수의무자는 징수한 지방소비세를 다음 달 20일까지 관할구역의 인구 또는 납입관리의 효율성과 전문성 등을 고려하여 대통령령으로 정하는 특별시장·광역시장·특별자치시장·도지사 또는 특별자치도지사 또는 지방세기본법 제151조의2에 따라 설립된 지방자치단체조합의 장 중에서 행정안전부장관이 지정하는 자("납입관리자")에게 행정안전부령으로 정하는 징수명세서와 함께 납입하여야 한다(법 71조 1항). 다만 특별징수의무자가 징수하였거나 징수할 세액을 같은 항에 따른 기한까지 납입하지 아니하거나 부족하게 납입하더라도 특별징수의무자에게 지방세기본법 제56조에 따른 가산세는 부과하지 아니한다(동 2항). 납입관리자는 제 1 항에 따라 납입된 지방소비세를 다음 각 호에 따라 대통령령으로 정하는 기간 이내에 납입하여야 한다(동 3항. 각호 생략).

특별징수의무자의 지방소비세 환급절차에 관하여는 같은 조 제 4 항 참조.

지방소비세의 부과·징수 및 불복절차 등에 관하여는 국세의 예를 따르되, 법 제68조에 따른 특별징수의무자를 처분청으로 보며(법 72조), 그 밖의 사항은 부가가치세법을 준용한다(법 73조).

제 5 장 재산세 · 주민세

제 1 절 재 산 세

1. 총 설

재산세는 과세대상 물건인 토지·건축물·주택·선박 및 항공기의 소유 사실에 대하여 그 소유자에게 과세하는 조세이다. 과세대상 물건의 소재지를 관할하는 시·군·구에서 부과하는 지방세로서 그 세원이 어느 시·군·구에나 널리 보편적으로 존재하고 또 계속 증가하는 안정적인 조세로서 지방세로서의 성격을 잘 구비하고 있다. 2005년도에 종합토지세가 폐지되고 종합부동산세가 실시됨에 따라 토지 및 주택은 1단계 재산세, 2단계 종합부동산세 과세체계를 갖추게 되었다.

현재 재산세와 종합부동산세는 모두 용도별로 구분하여 초과누진과세체계를 취하고 있으나 종합부동산세가 부동산 과다보유에 따른 문제점을 조정하기 위한 조세인 점과 달리 재산세는 순수한 지방세로서 지역 공공재에 대한 편익을 누리는 것에 대한 반대급부적 성격을 갖는 세목이라는 점에서 누진체계 구조를 가지는 것이 바람직하지 않다는 지적이 있다.[1] 타당한 지적이라고 생각된다.

2. 토지과세대상의 구분과 세율적용

토지에 대한 재산세 과세대상은 종합합산과세대상, 별도합산과세대상 및 분리과세대상으로 구분한다. 동일한 재산에 대하여 2 이상의 세율이 해당하는 경우에는 그 중 높은 세율을 적용한다. 아래에서 그 내용을 살펴본다.

1) 정승영·정지선, "재산세 및 종합부동산세의 주요 쟁점에 관한 비판적 고찰", 조세법연구 24-3, 269면.

가. 종합합산과세대상

과세기준일 현재 납세의무자가 소유하고 있는 토지 중 별도합산 또는 분리과세대상이 되는 토지를 제외한 토지를 말한다(법 106조 1항 1호).

주택 부속토지는 주택으로 별도과세되고(법 106조 1항 2호 다목), 주거용 이외의 건축물 부속토지는 일정 면적 이내의 토지에 대하여만 별도합산으로 하고 일정비율을 초과하는 토지는 종합합산과세대상 토지로 본다(영 101조). 저율분리과세대상 토지 중 일정한 조건을 갖추지 못한 토지는 종합합산과세대상이 된다(영 102조).

건축물 중 허가 등이나 사용승인(임시사용승인 포함)을 받지 아니하고 주거용으로 사용하는 면적이 전체 건축물 면적(허가 등이나 사용승인을 받은 면적 포함)의 100분의 50 이상인 경우에는 그 건축물 전체를 주택으로 보지 아니하고, 그 부속토지는 제 1 항 제 1 호의 종합합산과세대상인 토지로 본다(법 106조 2항 2의2호).

종합합산과세대상 토지에 대한 세율적용은 납세의무자가 소유하고 있는 해당 지방자치단체 관할 구역 안에 소재하는 종합합산과세대상이 되는 토지의 가액을 모두 합한 금액을 과세표준으로 하여 세율을 적용한다(법 113조 1항 1호).

과세대상 부동산이 별도합산과세대상이나 분리과세대상이 아니라는 점에 대한 증명책임은 과세관청에게 있다(판 2023. 4. 27, 2023두30529).

나. 별도합산과세대상

과세기준일 현재 납세의무자가 소유하는 공장용 건축물의 부속토지 등 대통령령으로 정하는 건축물의 부속토지 및 별도합산 과세하여야 할 타당한 이유가 있는 것으로서 대통령령으로 정하는 토지를 말한다. 차고용 부지 등 도시 내에서 넓은 토지가 필요한 사업용 토지와 주거용 이외의 건축물로서 일정한 면적 이내의 토지가 이에 해당한다(법 106조 1항 2호; 영 101조). 전자는 그 면적에 불구하고 무조건 별도합산과세대상 토지로 보며, 후자는 일정비율 내의 토지만 별도합산으로 하고 일정비율 초과 토지는 종합합산과세대상 또는 분리과세대상 토지로 본다(영 101조).

자동차정비사업 목적으로만 사용되는 건축물의 부속토지는 재산세 분리과세대상이 아니라 별도합산과세대상에 해당한다(판 2011. 9. 8, 2009두9390).

별도합산과세대상 토지에 대한 세율은 납세의무자가 소유하고 있는 당해 시·군 관할 구역 안에 소재하는 별도합산과세대상이 되는 토지의 가액을 모두 합한 금액을 과세표준으로 하여 적용한다(법 113조 1항 2호).

별도합산과세대상 토지를 규정한 지방세법 제106조 제 1 항 제 2 호와 같은 법 시행령 제101조는 예시적 규정이 아니라 한정적 규정이다(판 2001. 5. 29, 99두7265; 2011. 1. 27, 2010두6793).

다. 분리과세대상

과세기준일 현재 납세의무자 소유 토지 중 국가의 보호·지원 또는 중과가 필요한 토지로서 각목의 토지에 대하여는 분리과세한다(법 106조 1항 제 3 호).

가. 공장용지·전·답·과수원 및 목장용지로서 대통령령으로 정하는 토지 **나**. 산림의 보호육성을 위하여 필요한 임야 및 종중소유임야로서 대통령령으로 정하는 임야 **다**. 제13조 제 5 항에 따른 골프장용 토지와 고급오락장용 토지로서 대통령령으로 정하는 토지 **라**.「산업집적활성화 및 공장설립에 관한 법률」제 2 조 제 1 호에 따른 공장의 부속토지로서 개발제한구역의 지정이 있기 이전에 그 부지취득이 완료된 곳으로서 대통령령으로 정하는 토지 **마**. 국가 및 지방자치단체 지원을 위한 특정목적 사업용 토지로서 대통령령으로 정하는 토지 **바**. 에너지·자원의 공급 및 방송·통신·교통 등의 기반시설용 토지로서 대통령령으로 정하는 토지 **사**. 국토의 효율적 이용을 위한 개발사업용 토지로서 대통령령으로 정하는 토지 **아**. 그 밖에 지역경제의 발전, 공익성의 정도 등을 고려하여 분리과세 하여야 할 타당한 이유가 있는 토지로서 대통령령으로 정하는 토지

위 각 토지 및 임야에 관한 구체적인 내용은 시행령 제102조 참조.

회원제 골프장 토지에 대하여 재산세율을 4%로 중과하는 규정은 헌법에 위배되지 않는다{헌 2020. 3. 26, 2016헌가17, 2017헌가20, 2018헌바392(병합)}.

위 각호의 규정은 예시적 규정이 아니라 한정적 규정이다(판 2023. 9. 14, 2021두40027). 이에 따라 집단에너지사업법에 따른 열병합발전시설 부지는 시행령 제102조 제 6 항 제 5 호 소정의 재산세 분리과세대상 토지에 해당하지 않는 반면(위 2021두40027 판결), 도시개발사업 시행자에 의해 도시개발사업에 제공된 공공시설용 또는 기반시설용 토지로서 기부채납 예정인 토지는 재산세 분리과세대상인 구 지방세법 시행령 제132조 제 4 항 제24호(현행 영 102조 7항 4호)의 '도시개발사업에 공여하는 주택건설용 토지'에 해당하고(판 2010. 2. 11, 2009두15760), 타인 소유 토지라도 그 사용권 등을 확보하여 주택건설사업계획의 승인을 받으면 구 지방세법 시행령 제132조 제 4 항 제 8 호(현행 영 102조 7항 7호) 소정의 재산세 분리과세대상인 '주택건설사업에 공여되는 토지'에 해당한다(판 2012. 4. 26, 2010두28632).

판례는, 1) 구 지방세법 시행령 제132조 제 4 항 제 8 호(현행 제102조 제 7 항 제 7 호)가 분리과세대상 토지의 한 요건으로 정한 '동법에 의한 사업계획의 승인'은

'주택법에 의한 사업계획의 승인'을 의미하고, 2) 구 주택법상 사업계획승인 대상이 아닌 토지가 주택건설사업에 공여되고 있는 경우 위 규정에서 정한 분리과세대상 토지에 포함되지 않으며, 3) 구 도시 및 주거환경정비법에 의한 사업시행인가를 받았지만 구 주택법상 사업계획승인 대상인 주택건설사업이 아니어서 관계 행정기관장과의 협의를 거치지 않은 경우, 주택건설사업에 공여되는 토지는 위 규정에서 정한 '주택법에 의한 사업계획의 승인을 받은 토지'에 해당하지 않는다고 보았다.[1)]

분리과세대상 토지는 고율분리과세·저율분리과세와 일반분리과세로 나누어진다. 고율분리과세는 골프장과 고급오락장용 건물의 부속토지에 대하여 40/1,000, 저율분리과세는 전·답·과수원·목장용지·임야에 대하여 0.7/1,000로 각 과세하며, 그 밖의 분리과세대상토지에 대하여는 2/1,000로 과세한다(법 111조 1항 1호 다목).

3. 현행 주택보유세제의 개요

우리나라의 주택세제는 부부별산제 하에서 개인단위주의를 취하면서 세대를 기준으로 주택 수를 파악하여 1세대 1주택에 대해서는 주택의 취득, 보유 및 양도 단계에서 과세상 혜택을 주고 1세대 다주택에 대해서는 중과세를 하는 입장이다. 특별히 주택보유세제의 경우 1세대 1주택에 대해서는 추가공제 및 장기보유와 고령자 세액공제를 허용하는 반면 1세대 다주택자에 대해서는 세대가 아닌 개인 단위로 중과세율을 적용하고 세 부담 상한을 인상하는 방식을 취하고 있다. 과세표준 산정과 관련하여 한 쪽에서는 혼인차별금지 원칙에 따라 부부합산제를 배제하면서 실제 세액산출 단계에서는 혼인한 자를 비혼자보다 중과하고 있는 셈이다.[2)]

4. 과세요건

가. 과세대상

재산세는 물건별로 과세하는 세목으로서 과세대상은 시·군·구 내에 소재하는 재산, 즉, 토지·건축물·주택·선박 및 항공기이며 재산세 과세대장에 등재된 것에 과세한다. 그러나 과세대상물건이 공부상 등재되지 않았거나 공부상 현황과 사실상 현황이 다른 경우에도 사실상 현황에 따라 재산세를 부과하되(현황과세주의), 공부상

1) 판 2015. 4. 16, 2011두5551(전). 이 판결에는 3)의 논점에 관하여 해당 토지를 분리과세대상 토지로 보아야 한다는 소수의견이 있다. 판결에 대한 평석은, 마정화, 조세판례백선 3, 559면.
2) 관련 논의는, 백제흠, "헌법상 혼인의 보호와 주택세제", 세법의 논점 2, 85면.

등재 현황과 달리 이용함으로써 재산세 부담이 낮아지는 경우 등 대통령령으로 정하는 경우에는 공부상 등재현황에 따라 부과한다(법 106조 3항, 영 105조의2).

(1) 토 지

공간정보의 구축 및 관리 등에 관한 법률에 따라 지적공부의 등록대상이 되는 토지와 그 밖에 사용되고 있는 사실상의 토지(법 104조 1호).

(2) 건 축 물

건축물이란 건축법 제 2 조 제 1 항 제 2 호에 따른 건축물(유사한 형태의 건축물 포함)과 토지에 정착하거나 지하 또는 다른 구조물에 설치하는 레저시설, 저장시설, 도크시설, 접안시설, 도관시설, 급·배수시설, 에너지 공급시설 및 그 밖에 이와 유사한 시설(이에 딸린 시설 포함)로서 대통령령으로 정하는 것을 말한다(법 104조 2호, 6조 4호). 건축물은 용도에 따라 구분 과세하므로 용도의 구분이 중요하다.

(3) 주 택

주택이란 세대 구성원이 장기간 독립된 주거생활을 할 수 있는 구조로 된 건축물의 전부 또는 일부 및 부속토지를 말하며, 단독주택과 공동주택으로 구분된다(법 104조 3호; 주택법 2조 1호). 1동(棟)의 건물이 주거와 주거 외의 용도에 사용되는 경우 주거용 부분만을 주택으로 보고, 1구(構)의 건물이 주거와 주거 외 용도로 사용되는 경우 주거용으로 사용되는 면적이 전체의 50/100 이상인 경우 주택으로 보며(법 106조 2항), 건축법시행령 별표 1 제 1 호 다목에 따른 다가구주택은 1가구가 독립하여 구분사용할 수 있도록 분리된 부분을 1구의 주택으로 본다(영 112조).

주택은 '1구'를 과세단위로 하며, 전체로서의 경제적 용법에 따라 하나의 주거생활단위로 제공되는 것인지 여부에 의한다(판 91. 5. 10, 90누7425).

재산세는 현황부과가 원칙이므로 과세대상물건이 공부상 등재상황과 사실상 현황이 다를 경우 사실상 현황에 의하여 재산세를 부과하며, 구조가 불법변경된 사정은 고려하지 않는다(판 95. 3. 17, 94누8549). 판례는 또한, 원칙적으로 '건축물'로서 재산세 과세대상인 오피스텔을 「민간임대주택에 관한 특별법」에 따라 민간임대주택으로 등록한 후 주거용으로 임대한 사안에서, 이를 사실상의 현황에 따라 주택으로 취급하여 재산세 등을 부과한 처분이 적법하다고 보았다(판 2023. 11. 16, 2023두47435).

(4) 선박, 항공기

그 의의에 관하여는 법 제104조 4호, 5호, 제 6 조 제 9 호, 10호 참조.

나. 납세의무자

재산세 과세기준일 현재 재산을 사실상 소유하고 있는 자이다(법 107조 1항 본문). 공유재산의 경우에는 지분권자를 납세의무자로 보며, 주택의 건물과 부속토지의 소유자가 다를 경우에는 당해 주택에 대한 산출세액을 제4조 제1항 및 제2항에 따른 건축물과 그 부속토지의 시가표준액 비율로 안분계산한 부분에 대하여 그 소유자를 납세의무자로 본다(법 107조 1항 1, 2호).

여기의 '사실상 소유자'란 공부상 소유자로 등재한 여부를 불문하고 재산에 대한 실질적인 소유권을 가진 자를 말한다{판 2016. 12. 29, 2014두2980,2997(병합)}.

한국농어촌공사가 공유수면을 매립하는 대단위농업개발사업 등을 시행하여 공유수면 관리 및 매립에 관한 법률 제46조 제1항에 따라 매립지의 소유권을 취득한 경우 위 토지는 법률상으로는 물론 실질적으로도 한국농어촌공사가 소유자로서 재산세, 종합부동산세 등의 납세의무자에 해당한다.[1]

사실상 소유자를 알 수 없는 경우에는 공부상 소유자(법 107조 2항 1호), 상속재산에 대한 사실상 소유자의 신고가 없는 경우에는 주된 상속자(동 2호), 개인 등의 명의로 등재되어 있는 사실상의 종중재산은 공부상 소유자(동 3호), 국가 등과 연부매매계약을 체결하고 무상사용권을 얻은 경우에는 매수계약자(동 4호), 도시개발법에 따라 시행하는 환지방식에 의한 도시개발사업 및 도시 및 주거환경정비법에 의한 정비사업 시행에 따른 환지계획에서 일정한 토지를 환지로 정하지 않고 체비지 또는 보류지로 정한 경우에는 사업시행자(동 6호),[2] 외국인 소유의 항공기 또는 선박을 임차하여 수입하는 경우에는 수입하는 자(동 7호), 채무자 회생 및 파산에 관한 법률에 따른 파산선고 이후 파산종결의 결정까지 파산재단에 속하는 재산인 경우 공부상 소유자(동 8호)가 납세의무자이다.

재산세 과세기준일 현재 소유권 귀속이 분명하지 아니하여 사실상 소유자를 확인할 수 없는 경우에는 그 사용자가 재산세를 납부할 의무가 있다(법 107조 3항). 재산을 일시 관리하는 자는 위 '사용자'에 해당하지 않는다(위 2014두2980 판결).

---

1) 판 2023. 8. 18, 2023두37315. 판결에 대한 평석은, 정승영, 조세법연구 30-1, 75면.

2) 구 종합토지세 납세의무자 판단과 관련하여, 법이 체비지에 대해 사업시행자를 납세의무자로 규정하기 이전에 판례{판 96. 4. 18, 93누1022(전)}는 토지구획정리사업 시행자는 체비지예정지에 대해 구 지방세법(1989. 6. 16. 개정된 것) 제234조의9 제1항의 '토지를 사실상으로 소유하고 있는 자'나 같은 조 제3항의 '사용자'에 해당하지 않는다고 보아 재산세 과세의 공백이 있었는데 그 후 입법이 이를 보완하였다. 위 판결에 대한 평석은, 문필주, 조세판례백선 3, 541면.

신탁법 제 2 조에 따른 수탁자 명의로 등기, 등록된 신탁재산은 제 1 항에도 불구하고 같은 조에 따른 위탁자(주택법 제 2 조 제11호 가목에 따른 지역주택조합 및 같은 호 나목에 따른 직장주택조합이 조합원이 납부한 금전으로 매수하여 소유하고 있는 신탁재산의 경우에는 해당 지역주택조합 및 직장주택조합)가 납세의무자이다. 이 경우 위탁자가 신탁재산을 소유한 것으로 본다(법 107조 2항 5호).

종전에는 수탁자 명의로 등기된 신탁재산은 수탁자를 납세의무자로 보았으나 해당 규정이 누진과세 회피수단으로 악용됨에 따라 2020. 12. 29. 법 개정으로 종합부동산세와 함께 납세의무자를 위탁자로 변경하고, 위탁자가 재산세를 체납한 경우로서 위탁자의 다른 재산에 대하여 강제징수를 하여도 징수할 금액에 미치지 못할 때에는 수탁자가 그 신탁재산으로써 위탁자의 체납된 재산세와 체납처분비 등을 납부하도록 하는 수탁자의 물적 납세의무에 관한 규정을 신설하였다(법 119조의2).

등기가 원인무효이거나 매매계약이 해제되는 등으로 소유권 및 점유가 원상회복된 경우 재산세 납세의무자를 종전 점유자와 점유회복자 중 누구로 볼 것인지에 관하여 법은 별도 규정을 두지 않고 있다. 판례는 토지 사정명의인의 상속인이 국가를 상대로 한 원인무효 소유권이전등기 말소소송에서 승소한 경우 상속인이 판결 확정 전 과세기간에 대하여도 사실상 소유자로서 종합부동산세 납부의무가 있다고 보는가 하면(판 2012. 12. 13, 2010두9105), 체비지 계약해제가 문제된 사안에서는 매수인이 체비지대장에 소유자로 등재된 날부터 원상회복판결 확정시까지 사실상 소유자라고 판시한 바 있다(판 2003. 11. 28, 2002두6361).[1] 이 경우 납세의무자 아닌 자가 자신의 납부세액에 관하여 납세의무자를 상대로 부당이득반환청구를 할 수 있을지에 관하여 우리 판례는 이를 소극적으로 보았다.[2]

주택조합은 조합원용 주택에 관한 재산세 납세의무자인 '사실상 소유자'에 해당하지 않는다(위 2014두 2980 판결). 도시개발사업조합이 도시개발사업 실시계획인가 및 환지계획인가를 받아 환지예정지 지정공고를 한 경우 토지소유자가 환지예정지의 사실상 소유자로서 재산세 납세의무자이다(판 2017. 3. 9, 2016두56790). 사실상 소유자가 되는 시점은 취득시기에 관한 시행령 제20조에 따른다(판 2000. 12. 8, 98두11458). 사해행위취소소송의 효과는 채권자와 수익자에 대해서만 발생하고 채

1) 관련 논의는, 김태호, 앞 논문, 505면.

2) 판 2020. 9. 3, 2018다283773. 일본 판례는 반대취지이다. 일최판 소화 47. 1. 25. 평석은 일본 판례백선 181면. 명의수탁자가 명의인으로서 자신에게 부과되는 재산세를 납부하는 경우 반드시 자신의 세금을 납부한다는 의사보다는 일단 세금을 납부하고 만일의 경우 정산한다는 인식을 갖는 것이 통상적이라고 볼 때 민법상 사무관리에 따른 비용상환청구의 법리를 적용할 여지가 있고, 이 편이 법률관계를 보다 간명하게 정리할 수 있을 것이다.

무자가 권리를 취득하는 것이 아니므로 재산세 납세의무자인 사실상 소유자는 수익자이고(위 98두11458 판결), 토지 매수인이 매도인과 건물 철거약정 후 의무이행 담보를 위해 매수인 앞으로 건물의 무상양여계약을 체결하고 소유권이전청구권보전 가등기를 마친 경우 매수인이 '사실상 소유자'이다(판 2006. 3. 23, 2005두15045).

다. 과세표준 및 세율

(1) 과세표준

토지·건축물·주택에 대한 재산세의 과세표준은 법 제 4 조 제 1 항 및 제 2 항에 따른 시가표준액(토지는 공시가격인 개별공시지가, 건축물은 공시가격 또는 기준시가, 주택은 개별주택·공동주택의 공시가격)에 부동산 시장의 동향과 지방재정 여건 등을 고려하여 대통령령으로 정하는 공정시장가액비율을 곱하여 산정한 가액으로 한다(법 110조 1항).[1] 다만 주택의 경우 제 1 항에 따라 산정한 주택의 과세표준이 다음 계산식에 따른 과세표준상한액보다 큰 경우에는 제 1 항에도 불구하고 해당 주택의 과세표준은 과세표준상한액으로 한다(동 3항). 산식생략

선박 및 항공기에 대한 재산세 과세표준은 제 4 조 제 2 항에 따른 시가표준액으로 한다(법 110조 2항).

이와 같이 우리 재산세는 종합부동산세와 함께 개별공시지가의 현실화율에 맞추어 매년 과세표준이 상승하고 여기에 누진세율을 적용하도록 되어 있어 해마다 납세자의 세부담이 가중되는 과세체계를 갖추고 있다.[2]

(2) 세 율

1) 중과세율과 경감세율 수도권정비계획법 제 6 조에 따른 과밀억제권역에서 공장 신설·증설에 해당하는 경우 건축물에 대한 재산세 세율은 최초의 과세기준일로부터 5년간 당해 세율의 5배로 중과한다(법 111조 2항). 지방자치단체의 장은 조례에 따라 재산세 세율을 표준세율의 50% 범위에서 가감할 수 있다(동 3항).

2) 표준세율 과세대상별 표준세율은 다음과 같다(법 111조 1항).

① 토지(1호) 토지분 재산세는 종합합산·별도합산·분리과세대상으로 구분하여 토지소유자가 해당 지방자치단체 관할 구역별로 소유하고 있는 토지 중에서

---

1) 이와 같은 입법의 태도에 반대하는 견해로, 정승영·정지선, 앞의 논문 293면.

2) 미국 캘리포니아 중 일부 주에서는 재산세 상승에 따른 납세자의 경제적 부담을 완화하는 수단으로 재산세의 세율을 일정한 범위로 제한하고, 과세표준도 부동산 취득가액을 기준으로 물가상승율에 연동하여 일정비율로 제한하는 '취득 시 평가제도'를 실시하고 있는데, 미국 연방대법원과 주법원은 이를 합헌으로 판정한 바 있다. 관련 논의는, 임승순·김용택, 앞의 논문 247면.

종합합산대상은 0.2%~0.5%, 별도합산대상은 0.2%~0.4%의 3단계 초과누진세율로 합산과세한다. 분리과세대상 토지는 대상토지를 합산하지 않고 분리하여 3단계 차등비례세율로 과세하며 세율은, 전 · 답 · 과수원 · 목장용지 · 임야는 1,000분의 0.7, 골프장 · 고급오락장은 1,000분의 40, 그 밖의 분리과세대상 토지는 1,000분의 2이다.

② 건축물(2호) 골프장 · 고급오락장용 건축물은 4%(가목), 특별시 · 광역시(군 지역 제외) · 특별자치시 · 특별자치도 · 시(이상 읍 · 면 지역 제외) 지역 안에서 「국토의 계획 및 이용에 관한 법률」과 그 밖의 관계법령에 따라 지정된 주거지역 및 해당 지방자치단체의 조례로 정하는 지역 안의 대통령령으로 정하는 공장용 건축물에 대하여는 0.5%(나목), 그 밖의 건축물의 경우에는 0.25%(다목)이다.

③ 주택(3호) 토지가액과 합하여 세율을 적용하며 일반주택의 경우 1/1,000부터 4/1000까지 4단계 초과누진세율(나목)이 적용된다. 다만 대통령령으로 정하는 1세대 1주택(제 4 조 제 1 항에 따른 시가표준액이 9억원 이하인 주택에 한정)에 대해서는 0.5/1,000부터 3.5/1,000까지의 초과누진세율을 적용한다(법 111조의2).[1)]

④ 선박 및 항공기(4 · 5호) 일반선박 0.3%, 고급선박 5%, 항공기 0.3%.

라. 기 타

재산세 납세지는 재산의 소재지를 관할하는 지방자치단체이며(법 108조), 과세기준일은 매년 6월 1일이다(법 114조). 재산종류별로 별도의 납기가 정하여져 있다(법 115조 1항). 재산세의 비과세항목은 법 제109조 참조.

제 2 절 주 민 세

1. 납세의무자

종전에 주민세는 균등분과 재산분 및 종업원분으로 이루어져 있었으나, 2021년 개정법에서 개인분, 사업소분, 종업원분으로 체계를 단순화하였다. 1. “개인분” 이란 지방자치단체에 주소를 둔 개인에 대하여 부과하는 주민세를, 2. “사업소분” 이란 지방자치단체에 소재한 사업소 및 그 연면적을 과세표준으로 하여 부과하는

1) 위 규정은 2020. 12. 29.부터 시행된 한시법으로, 2020. 12. 29. 개정법 부칙 제 2 조가 2023년 말 개정되어 위 특례규정의 유효기간은 시행일로부터 6년으로 연장되었다.

주민세를, 3. “종업원분”이란 지방자치단체에 소재한 사업소 종업원의 급여총액을 과세표준으로 하여 부과하는 주민세를 각 말한다(법 74조 1 내지 3호).

개인분 납세의무자는, 과세기준일 현재 지방자치단체에 주소(외국인의 경우에는 출입국관리법에 따른 체류지)를 둔 개인으로 한다(법 75조 1항. 단서에 따른 예외 있음).

사업소분 납세의무자는, 1. 지방자치단체에 대통령령으로 정하는 규모 이상의 사업소를 둔 개인과, 2. 지방자치단체에 사업소를 둔 법인(법인세의 과세대상이 되는 법인격 없는 사단·재단 및 단체 포함) 중 어느 하나에 해당하는 자(매년 7월 1일 현재 1년 이상 계속하여 휴업하고 있는 자는 제외)이다. 다만 사업소용 건축물의 소유자와 사업주가 다른 경우에는 대통령령으로 정하는 바에 따라 건축물의 소유자에게 제 2 차 납세의무를 지울 수 있다(동 2항).

종업원분 납세의무자는 종업원에게 급여를 지급하는 사업주이다(동 3항).

2. 납 세 지

개인분 납세지는 과세기준일 현재 주소지(법 76조 1항), 사업소분 납세지는 과세기준일 현재 각 사업소 소재지(동 2항), 종업원분 납세지는 급여를 지급한 날(월 2회 이상 급여를 지급하는 경우에는 마지막으로 급여를 지급한 날) 현재의 사업소 소재지(사업소를 폐업하는 경우에는 폐업하는 날 현재의 사업소 소재지)이다(동 3항).

사업소란 인적 및 물적 설비를 갖추고 계속하여 사업 또는 사무가 이루어지는 장소로서 사업장보다는 규모가 큰 개념이다(법 74조 4호).

판례는, 구 사업소세에서의 ‘사업소’ 판정과 관련하여, 동일 건물 내 또는 인접한 장소에 동일 사업주에 속하는 기능과 조직을 달리하는 2개 이상의 사업장이 있는 경우 각각의 사업장을 별개의 사업소로 볼 것인지 여부는 각 사업장의 인적·물적 설비에 독립성이 인정되어 각기 별개의 사업소로 볼 수 있을 정도로 사업 또는 사무 부문이 독립되어 있는지 여부에 의해 가려져야 하고, 이는 건물 간판이나 사무소 표지 등과 같은 단순히 형식적으로 나타나는 사업장의 외관보다는 사업소세의 목적, 장소적 인접성과 각 설비의 사용관계, 사업 상호간의 관련성과 사업수행 방법, 사업조직의 횡적·종적 구조와 종업원에 대한 감독 구조 등 실질 내용에 관한 제반 사정을 종합하여 판단하여야 한다고 보았다(판 2008. 10. 9, 2008두10188).

3. 세 율

개인분의 세율은 1만원을 초과하지 아니하는 범위에서 지방자치단체의 장이 조례로 정하는 세액으로 한다(법 78조 1항). 다만 제 1 항에도 불구하고 주민의 청구가 있는 경우에는 개인분의 세율을 1만 5천 원을 초과하지 아니하는 범위에서 조례로 읍·면·동별로 달리 정할 수 있고, 주민청구의 요건, 대상, 방법 및 절차 등에 관하여 필요한 사항은 조례로 정한다(동 2·3항). 징수는 보통징수의 방법으로 하며, 과세기준일은 매년 7월 1일, 납기는 매년 8월 16일부터 8월 31일까지이다(법 79조).

사업소분 과세표준은 과세기준일 현재 사업소 및 그 연면적으로 하며(법 80조), 세율은 기본세율과 연면적에 대한 세율로 이원화되어 있다(81조 1항). 지방자치단체의 장은 조례로 정하는 바에 따라 제 1 항 제 1 호 및 같은 항 제 2 호 본문의 세율을 각각 100분의 50 범위에서 가감할 수 있다(동 2항). 징수방법은 신고납부의 방법으로 하며, 과세기준일은 7월 1일이다(법 83조 1·2항).

종업원분 과세표준은 종업원에게 지급한 그 달의 급여 총액으로 하며(법 84조의2), 종업원분의 표준세율은 종업원 급여총액의 1천분의 5이다. 지방자치단체의 장의 탄력세율에 관한 규정은 사업소분과 같다(법 84조의3 1·2항).

종업원분의 징수는 신고납부의 방법으로 하며(법 84조의6 1항), 종업원분의 납세의무자는 매월 납부할 세액을 다음 달 10일까지 납세지를 관할하는 지방자치단체의 장에게 대통령령으로 정하는 바에 따라 신고하고 납부하여야 한다(동 2항).

제 6 장 종합부동산세(국세)

제 1 절 총 설

2005. 1. 15. 지방세법 개정을 통해 기존의 종합토지세를 폐지하고, 종합부동산세법의 제정과 함께 종합부동산세를 신설하였다.

종합부동산세 신설로 주택·토지에 대한 보유세가 이원화되어, 1차로 지방세(시·군·구세)로 낮은 세율의 재산세를 부과하고, 2차로 국세로서 전국 소유부동산을 재산종류별·인별로 합산하여 일정기준액 초과분은 높은 세율의 종합부동산세를 과세하게 되었다. 이후 법은 과세방식을 세대별 합산방식에서 개인별 합산방식으로 변경하고[1], 1주택 장기보유자 및 고령자에 대한 세액공제제도를 설정하였으며 과세기준금액, 과세표준 구간 및 세율과 세 부담 상한액을 조정하고, 공정시장가액개념 및 분납제도를 도입하였다. 2019년 법 개정을 통해서는 소유 주택 수에 따라 종합부동산세율을 차등적용하고, 분납대상을 확대하며, 종합부동산세 공정시장가액비율을 상향 조정하는 등으로 입법을 보완하였고, 2020. 12. 29. 개정법에서는 신탁재산의 종합부동산세 납세의무자를 수탁자에서 위탁자로 변경하고, 수탁자의 신탁재산 물적납세의무와 그 납부고지 및 징수 등에 관한 특례를 신설하였으며, 부부 공동명의 1주택자가 신청할 경우 1세대 1주택 고령자 및 장기보유 공제 등을 적용받을 수 있도록 하고, 조세회피나 투기목적 없이 정상적으로 건설·임대사업을 영위하고 있는 공공주택사업자 등에 대하여 일반 세율을 적용하도록 하였다. 다른 한편 2020. 8. 18. 개정법에서는 주택분에 관해 전체적으로 세율을 상향하여, 1세대 1주택자 및 일반 2주택 이하를 소유한 자의 세율을 0.6%~3%, 3주택 이상 또는 조정대상지역의 2주택 소유자의 세율을 1.2%~6%로 하였고, 세부담의 상한에 관해서도

1) 이는 헌법재판소 2008. 11. 13. 선고 2006헌바 112, 2007헌바71·88·94, 2008헌바3·62, 2008헌가12(병합)의 위헌결정 취지에 따른 것이다.

조정대상지역의 2주택 소유자를 종전과 달리 3주택 이상 소유자와 동일하게 3배로 상향하였다. 이에 관하여는 여러 각도에서 그 타당성에 관한 논의가 있었는데,[1] 2022. 12. 31. 법 개정 시 주택 공시가격 상승 등에 따른 과도한 종합부동산세 부담을 완화하기 위하여 주택에 대한 종합부동산세의 과세표준을 산정할 때 주택 공시가격 합산액에서 공제하는 금액을 1세대 1주택자의 경우에는 '11억 원'에서 '12억 원'으로, 다주택자의 경우에는 '6억 원'에서 '9억 원'으로 각각 상향 조정하는 한편, 조정대상지역 2주택자와 과세표준 12억 원 이하 3주택 이상 보유자에 대한 중과 제도를 폐지하고 세율 수준을 전반적으로 인하하였다.

종합부동산세와 양도소득세가 이중과세인가가 문제된다. 이는 우리 종합부동산세가 순수한 보유세인가 아니면 수득세의 성격을 지니는가의 논의와 관련이 있다. 만일 종합부동산세가 수득세의 성격을 지니고 있다면 이는 일종의 미실현이득에 대한 과세에 해당하므로 양도소득세와의 이중과세 문제가 발생하게 된다. 종합부동산세는 매년 국토교통부 또는 국세청에서 고시한 공시가격을 기준으로 과세표준을 산정하고 초과누진세율을 적용하며 공시가격은 사실상 시가상승분을 반영한다. 이 점에서 종합부동산세는 양도소득세와 이중과세적인 측면이 있다고 볼 수 있다. 다만 헌법재판소는 이를 위헌이 아니라고 보았다(헌 2008. 11. 13, 2006헌바112 등).[2]

제 2 절 주택에 대한 과세

1. 납세의무자

주택에 대한 종합부동산세 납세의무자는 과세기준일 현재 주택분 재산세의 납세의무자이다(법 7조 1항). 종합부동산세의 과세기준일은 재산세의 경우와 같이 매년 6월 1일이다(법 3조; 지법 114조).

신탁법 제 2 조에 따른 수탁자의 명의로 등기, 등록된 신탁재산으로서 주택의 경우에는 제 1 항에도 불구하고 같은 조에 따른 위탁자(주택법 제 2 조 제11호 가목에

1) 김경하, "주택에 대한 과세제도의 합리적 개선방안 연구", 조세법연구 26-3, 353면. 최성근, "조세정책의 입법적 기초와 한계", 조세법연구 27-1, 101면 등.

2) 관련 논의는, 박 훈, "현행 종합부동산세의 내용과 그 문제점", 조세법연구 12-1, 35면; 이동식·이상신·박 훈, "종합부동산세법의 헌법합치성에 관한 소고", 조세법연구 13-2, 414면; 안경봉·박 민, "현행 부동산보유세의 헌법적 재조명", 조세법연구 14-3, 263면 등. 한편 2020년도 종합부동산세 징수액은 약 3.6조 원으로서 전체 내국세 징수액 약 303.4조 원의 약 1.29% 정도를 차지한다.

따른 지역주택조합 및 같은 호 나목에 따른 직장주택조합이 조합원이 납부한 금전으로 매수하여 소유하고 있는 신탁주택의 경우에는 해당 지역주택조합 및 직장주택조합)가 종합부동산세를 납부할 의무가 있다. 이 경우 위탁자가 신탁주택을 소유한 것으로 본다(법 7조 2항).

종전에는 수탁자 명의로 등기된 신탁재산의 경우 수탁자를 납세의무자로 보았으나 2020. 12. 29. 법 개정으로 재산세의 경우와 함께 납세의무자를 위탁자로 변경한 것으로, 이와 함께 수탁자의 물적 납세의무가 도입되었으며, 이는 토지의 경우에도 마찬가지이다(법 7조의2, 12조, 12조의2, 16조의2).

주택의 부속토지만을 여럿 소유한 경우 국내에 있는 주택 각각의 공시가격을 건물과 부속토지의 시가표준액 비율로 안분 계산한 부속토지 가액을 합산한 금액이 과세기준금액을 초과하면 주택분 종합부동산세 납세의무가 성립하고, 주택 각각의 공시가격이 과세기준금액을 초과하는 경우에만 주택분 종합부동산세 납세의무가 성립하는 것은 아니다(판 2013. 2. 28, 2011두27896). 구 건축법 시행령 [별표 1] 제 2 호 (라)목의 기숙사의 부속토지는 주택분 종합부동산세나 토지분 종합부동산세 어느 쪽의 과세대상에도 해당하지 않는다(판 2013. 9. 12, 2010두16387).

2. 과세표준

주택에 대한 종합부동산세의 과세표준은 납세의무자별로 주택의 공시가격을 합산한 금액에서 다음 각 호의 금액을 공제한 금액에 부동산 시장의 동향과 재정 여건 등을 고려하여 100분의 60부터 100분의 100까지의 범위에서 대통령령으로 정하는 공정시장가액비율을 곱한 금액으로 한다. 다만 그 금액이 영보다 작은 경우에는 영으로 본다(법 8조 1항).

1. 대통령령으로 정하는 1세대 1주택자(이하 "1세대 1주택자"라 한다): 12억 원
2. 제 9 조 제 2 항 제 3 호 각목의 세율이 적용되는 법인 또는 법인으로 보는 단체: 0원
3. 제 1 호 및 제 2 호에 해당하지 아니하는 자: 9억 원

임대주택법상 임대주택 등 종합부동산세를 부과하는 목적에 적합하지 아니하다고 인정되어 법이 규정한 일부 주택은 과세표준 합산에서 배제된다(동 2항; 영 3조 및 4조). 위 규정에 따른 주택을 보유한 납세의무자는 당해 연도 9월 16일부터 9월 30일까지 대통령령으로 정하는 바에 따라 납세지 관할세무서장에게 당해 주택의 보유현황을 신고하여야 한다(법 8조 3항).

3. 세율 및 세액

가. 세　율

주택에 대한 세율은 우선 법인이 아닌 경우, 1) 납세의무자가 2주택 이하를 소유한 경우와, 2) 납세의무자가 3주택 이상을 소유한 경우로 나누어 각 구간별로 초과누진세율을 적용한다.[1] 구간별 세율은, 과세표준 3억 원 이하부터 94억 원을 초과하는 경우까지 6단계로 나누어, 1)의 경우 1,000분의 5부터 1,000분의 27(1호), 2)의 경우 1,000분의 5부터 1000분의 50까지이다(2호)(법 9조 1항). 다만 납세의무자가 법인 또는 법인으로 보는 단체인 경우 제 1 항에도 불구하고 1) 상증세법 제16조에 따른 공익법인 등이 직접 공익목적사업에 사용하는 주택만을 보유한 경우와 공공주택 특별법 제 4 조에 따른 공공주택사업자 등 사업의 특성을 고려하여 대통령령으로 정하는 경우 제 1 항 제 1 호에 따른 세율(1호), 2) 공익법인 등으로서 제1호에 해당하지 아니하는 경우 제 1 항 각 호에 따른 세율(2호)을 각 적용하고, 3) 제 1 호 및 제 2 호 외의 경우로, 가. 2주택 이하를 소유한 경우 1,000분의 27, 나. 3주택 이상을 소유한 경우 1,000분의 50의 단일세율이다(3호)(법 9조 2항).

주택분 종합부동산세 납세의무자가 1세대 1주택자로서 과세기준일 현재 만 60세 이상인 경우 각 연령별로 산출세액에서 100분의 20에서 100분의 40까지 공제하며(동 6항), 1세대 1주택자로서 해당 주택을 과세기준일 현재 5년 이상 보유한 자의 경우 보유기간에 따라 100분의 20부터 100분의 50까지 추가공제한다(동 8항). 위 각 공제율은 합하여 100분의 80을 넘지 못한다(동 5항).

나. 세　액

주택분 종합부동산세액은 과세표준에 세율을 곱하여 산정한다(법 9조 1항).

주택분 과세기준금액을 초과하는 금액에 대하여 당해 과세대상 주택의 주택분 재산세로 부과된 세액은 주택분 종합부동산세액에서 이를 공제한다(법 9조 3항. 영 4조의3 1항).[2] 급격한 세 부담의 인상을 막기 위하여 전년 대비 세액(재산세와 종합

1) 종전에는 조정대상지역 내 2주택을 소유한 경우 3주택을 소유한 경우와 동일하게 취급하였으나 2022. 12. 31. 법 개정 시 이에 대한 중과규정은 폐지하였다.

2) 판 2015. 6. 23, 2012두2986 및 2015. 6. 2.4, 2012두7073은, '주택 등 종합부동산세액에서 공제되는 주택 등의 재산세로 부과된 세액'을 [주택 등의 재산세로 부과된 세액의 합계액 × 주택 등의 과세표준에 대하여 주택 등의 재산세 표준세율로 계산한 재산세 상당액 ÷ 주택 등을 합산하여 주택 등의 재산세 표준세율로 계산한 재산세 상당액]의 산식에 따라 각각 계산한 금액으로 하도록

부동산세의 합계)기준으로 150%의 세 부담 상한선을 설정하고 있다(다만 납세의무자가 법인 또는 법인으로 보는 단체로서 제 9 조 제 2 항 제 3 호 각 목의 세율이 적용되는 경우 제외)(법 10조).[1]

제 3 절 토지에 대한 과세

1. 납세의무자

과세기준일 현재 토지분 재산세의 납세의무자로서, 1. 종합합산과세대상인 경우에는 국내에 소재하는 해당 과세대상토지의 공시가격을 합한 금액이 5억 원을 초과하는 자, 2. 별도합산과세대상인 경우에는 국내에 소재하는 해당 과세대상토지의 공시가격을 합한 금액이 80억 원을 초과하는 자이다(법 12조 1항).

주택과 마찬가지로 2021년 개정법에서 수탁자 명의로 등기, 등록된 신탁재산의 납세의무자가 수탁자에서 위탁자로 변경되었고(동 2항), 수탁자의 물적납세의무 제도가 새로 도입되었다(법 12조의2).

2. 과세표준

종합합산과세대상인 토지에 대한 종합부동산세의 과세표준은 납세의무자별로 해당 과세대상토지의 공시가격을 합산한 금액에서 5억 원을 공제한 금액에 부동산 시장의 동향과 재정 여건 등을 고려하여 100분의 60부터 100분의 100까지의 범위에서 대통령령으로 정하는 공정시장가액비율을 곱한 금액이다(법 13조 1항).

정한 구 종부세법 시행령(2011. 3. 31. 개정 전의 것) 제 4 조의2, 제 5 조의3 제 1 항 및 제 2 항과 관련하여, 위 산식에 따라 공제되는 재산세액을 [(공시가격 - 과세기준금액) × (재산세와 종합부동산세의 공정시장가액비율 중 적은 비율) × 재산세율]의 산식에 따라 산정하여야 한다고 판시하였다. 그 후 시행령 개정으로 현행 규정은 종합부동산세액에서 공제할 재산세액 산식의 분자부분('주택 등의 과세표준에 대하여 주택 등의 재산세 표준세율로 계산한 재산세 상당액')을 [(공시가격−과세기준금액) × 종합부동산세의 공정시장가액비율 × 재산세의 공정시장가액비율 × 재산세율]에 의하도록 규정하고 있는데, 판례는 위 규정이 구 종부세법 제 9 조 제 4 항과 제14조 제 7 항의 위임범위와 한계를 벗어나지 않아 유효라고 보았다(판 2023. 8. 31, 2019두39796. 이를 무효라고 본 서울고판 2019. 4. 3, 2018누47310을 파기환송함). 관련 논의는, 정승영, 조세법연구 30-1, 85면.

1) 종전에는 법 9조 1항 2호의 경우(납세의무자가 3주택 이상을 소유하거나 조정지역내 2주택 이상을 소유한 경우)에는 세 부담 상한선이 300%이었다가 2023년 개정법에서 구별을 폐지하였다.

별도합산과세대상 토지에 대한 종합부동산세 과세표준은 납세의무자별로 해당 과세대상토지의 공시가격 합산금액에서 80억 원을 공제한 금액에 부동산 시장의 동향과 재정 여건 등을 고려하여 100분의 60부터 100분의 100까지의 범위에서 대통령령으로 정하는 공정시장가액비율을 곱한 금액이다(동 2항).

3. 세율 및 세액

종합합산과세대상토지인 경우 15억 원 이하는 1,000분의 10, 15억 원 초과 45억 원 이하는 1,000분의 20, 45억 원 초과는 1,000분의 30의 세율을 각 구간별로 적용하여 세액을 합산한다(법 14조 1항). 별도합산과세대상토지의 세율은 200억 원 이하는 1,000분의 5, 200억 원 초과 400억 원 이하는 1,000분의 6, 400억 원 초과는 1,000분의 7이다(법 14조 4항). 주택분과 같이 토지분에 관해서도 재산세와의 이중과세 조정을 두고 있으며(동 3·6항),[1] 세 부담 상한선은 150%이다(법 15조).

제 4 절 종합부동산세의 신고와 납부

관할세무서장은 납부하여야 할 종합부동산세의 세액을 결정하여 당해 연도 12월 1일부터 12월 15일(납부기간)까지 부과·징수한다(법 16조 1항).

신탁재산에 대해 종합부동산세를 징수할 경우 물적납세의무를 부담하는 수탁자에 대해서는 부가가치세법과 유사한 취지로 납부통지서 고지 및 그 밖에 필요한 사항을 별도로 규정하고 있다(법 16조의2).

관할세무서장은 종합부동산세를 징수하고자 하는 때에는 납세고지서에 주택 및 토지로 구분한 과세표준과 세액을 기재하여 납부기간 개시 5일 전까지 발부하여야 한다(동 2항). 종합부동산세를 신고납부방식으로 납부하고자 할 경우 해당 과세표준과 세액을 당해 연도 12. 1.부터 12. 15.까지 대통령령으로 정하는 바에 따라 관할세무서장에게 신고하여야 한다. 이 경우 제 1 항의 규정에 따른 결정은 없었던 것으로 본다(동 3항).

---

1) 토지에 대한 도시지역분 재산세는 종합합산과세대상 및 별도합산과세대상 토지분 재산세와는 세목의 성격 및 과세요건 등이 상이한 조세이므로 동 세액은 종합부동산세에서 공제되는 재산세액에 해당하지 아니한다. 조심2016서706, 2017. 3. 3; 2021서3275, 2021. 8. 30.

이에 따르면, 종합부동산세는 원칙적 부과과세방식, 선택적 신고납세방식의 조세이다. 그 밖에 법은 분납 규정을 두고 있다(법 20조).

판례는 구 종부세법(2014. 1. 1. 개정 전의 것) 제 8 조 제 3 항에서 정한 법정신고기한까지 합산배제신고서를 제출한 납세의무자는 합산배제신고를 하지 않고 종부세가 부과된 이후 합산배제 대상주택을 반영하여 종부세를 신고납부한 납세의무자와 동일하게 구 국세기본법(2015. 12. 15. 개정 전의 것) 제45조의2 제 1 항 본문에 따른 통상의 경정청구를 할 수 있다고 보았는데(판 2018. 6. 15, 2017두73068), 2023년 개정법에서는 한 걸음 더 나아가 아예 국세기본법상 경정청구 조항에, 부과·고지를 받아 세액을 납부하는 납세의무자도 납부기한이 지난 후 5년 이내에 세무서장에게 경정청구를 할 수 있도록 하는 규정을 신설하였다(기본법 45조의2 6항). 관련 논의는 이 책 221면 참조.

제 6 편

국제조세

제1장 국제조세 총론

제1절 총 설

사람이나 재화, 자본 또는 서비스의 국제적 이동을 그 내용으로 하는 국가간 경제활동의 교류는 현재 각국의 경제구조에 있어서 빼놓을 수 없는 요소이다. 국제적 경제활동에는 두 개의 측면이 있는데 하나는 우리나라의 국민이나 기업이 국외에 진출하여 투자나 그 밖에 각종의 경제활동을 수행하는 경우이고(out-bound transaction), 다른 하나는 외국의 국민이나 기업이 우리나라에 진출하여 투자나 그 밖에 각종의 경제활동을 수행하는 경우이다(in-bound transaction).

이와 같은 국제적 경제활동에 대한 과세를 국제과세(international taxation)라고 부르고 국제과세에 관한 법을 국제조세법(international tax law)이라고 부른다.

조세를 부과하는 국가의 입장에서 보면, 국제조세란 내국인과 외국인 간의 거래와 관련하여 내국인의 국외 소득, 재산, 소비 및 외국인의 국내 소득, 재산, 소비에 관한 그 국가의 과세권과 그 절차에 관한 법률이라고 볼 수 있다. 이 중 가장 중요한 분야는, 법인 혹은 개인 소득에 대한 과세(소득과세) 분야이다. 이 분야의 주된 논점은, 국제적 이중과세(international double taxation)를 어떻게 배제하는가와 외국 국민이나 기업에 대한 자국의 과세권을 어떻게 행사하는가에 관한 것인데 이는 곧 각국의 과세권을 어떻게 조정·제한하는가의 문제이다. 나아가 국제조세 영역은 과세의 기초를 이루는 국제적 경제활동이 국경을 넘어서 행해짐에 따라 각국의 과세조사권이 미치기 어렵고 국가 사이의 세제도 달라 이를 이용하여 역외 소득에 관해 탈세 내지는 조세회피가 행해지기 쉽다는 특징을 지닌다. 이와 같은 현상은 기업의 다국적화에 수반하여 심각한 문제로 대두되어 있고 이에 어떻게 대처할 것인가가 오늘날 여러 국가가 고심하는 당면과제이다. 그 밖에 다른 국가의 부당한 과세권 행사에 대하여 어떻게 자국민을 보호할 것인가도 국제조세에 있어서 중요한 과제이다.

국제조세분야에 있어서 각국의 입장은 각국이 처한 경제적·정치적 그 밖의 여러 가지 여건에 따라 동일하지 않다. 예컨대 국제적 경제교류가 매우 중요한 역할을 하는 나라는 이중과세방지에, 고율 과세국가는 고율 과세를 면탈하려는 조세회피방지에 각각 역점을 두게 된다. 국제교류 관련국가간에도 자본 또는 기술의 수출국가와 수입국가 사이에 서로의 이해관계를 달리하는 데에 따른 과세권 충돌을 방지하기 위하여 여러 가지 입법적 조치가 필요하게 된다.

우리나라의 국제조세에 관한 중요 법원(法源)으로는 소득세법과 법인세법, 상증세법, 국제조세조정에 관한 법률[1)]과 조세특례제한법 및 조세조약을 들 수 있다.

이 중 국조법은 규율대상인 국제거래를「**거래당사자의 어느 한 쪽이나 양쪽이 비거주자 또는 외국법인**(비거주자 또는 외국법인의 국내사업장은 제외)인 거래로서 유형자산 또는 무형자산의 매매·임대차, 용역의 제공, 금전의 대출·차용 그 밖에 거래자의 손익 및 자산과 관련된 모든 거래」로 정의하는 한편(법 2조 1항 1호), 이전가격과세제도, 과소자본세제, 피지배외국법인세제를 비롯한 조세피난처제도, 상호합의, 정보교환 등 국가 간 조세협력에 관한 여러 가지 사항을 규정하고 있다.[2)]

소득세법과 법인세법은 비거주자에 대한 과세대상소득 및 과세방식을 규정하고 있고, 국가간 이중과세 조정규정은 조세조약과 법인세법의 외국납부세액 공제규정 및 조특법에서, 조세회피방지규정은 주로 국조법에서 규율하고 있다. 이 가운데 비거주자에 대한 과세, 이전가격과세제도, 과소자본세제 등이 주로 '외국법인의 국내투자'를 적용대상으로 하는데 반하여, 이중과세조정, 피지배외국법인세제, 글로벌 최저한세, 상호합의, 정보교환 등은 '국내자본의 해외투자' 내지 '소득의 역외유보'를 주된 적용대상으로 하고 있다.

국제거래 관련 조세사항을 규율하기 위한 외국의 입법형태를 보면, 크게 특별법을 제정하는 경우(독일, 아일랜드, 덴마크, 핀란드 등)와 기존법률에 관련 조항을 보완하는 경우(일본의 조세특별조치법, 미국의 소득세법, 영국의 소득법인세법, 프랑스

1) 이하, 이 편에서 '국조법' 또는 단순히 '법'이라고 한다.
2) 국조법은 1995. 12. 26. 제정·공포되고 2020. 12. 20. 전면개정되었다. 내용은, 제 1 장 총칙, 제 2 장 국제거래에 관한 조세의 조정, 제 3 장 국가 간 조세 행정 협조, 제 4 장 해외자산의 신고 및 자료 제출, 제 5 장 벌칙으로 구성되고, 제 1 장 총칙은 법의 목적(1조)과 용어의 정의(2조), 국제거래에 관한 실질과세(3조), 다른 법률과의 관계(4조), 세법과 조세조약의 관계(5조)에 관하여, 제 2 장은 제 1 절 국외특수관계인과의 거래에 대한 과세조정, 제 2 절 국외지배주주 등에게 지급하는 이자에 대한 과세조정, 제 3 절 특정외국법인의 유보소득에 대한 합산과세, 제 4 절 국외 증여에 대한 증여세 과세특례에 관하여, 제 3 장은 제 1 절 국가 간 조세협력, 제 2 절 상호합의절차에 관하여, 제 4 장은 제 1 절 해외금융계좌의 신고, 제 2 절 해외현지법인 등의 자료 제출에 관하여 각각 규정하고 있다.

의 조세일반법 등)로 나누어져 있다. 국제조세 규제의 적정성을 판단하는 정책적 기준으로는 일반적으로, 조세부담의 형평성(Equity), 조세정책의 효율성(Efficiency), 조세의 단순성(Simplicity) 및 관리가능성(Administrability), 국제기준(International Norm)과의 부합 여부, 다국적기업의 경쟁력(Competitiveness)을 들고 있다.[1)]

이와 같은 각국의 국내 입법조치를 넘어 국제적 경제활동이 대량으로 이루어지고 복잡화된 현대 사회에서 조세조약을 중심으로 한 국가 간 협력 또한 필수 불가결한 상황이다. 이들 조세조약은 당사국의 과세권의 범위와 제한, 이중과세 배제 등과 같은 실체적 규정들이 중심내용을 이루나 그 밖에 조세회피 방지를 주요 목적으로 하는 관련기업 간 거래에 관한 규정, 국제적 탈세나 조세회피방지를 목적으로 하는 정보교환에 관한 규정, 자국의 납세자를 보호하기 위한 상호협력 규정 등도 아울러 설치되어 있다.

조세조약과 국내법 규정이 일치하지 않는 경우 특별법 우선의 원칙에 따라 조세조약이 우선한다. 다만 조세조약의 해석과 관련하여서는 원칙적으로 국내 세법의 해석에 관한 일반원리가 적용된다.[2)]

국조법은 국세와 지방세에 관한 다른 법률보다 우선 적용되며, 국제거래에 대해서는 소득세법 제41조와 법인세법 제52조는 그 적용이 배제된다(법 4조. 다만 대통령령으로 정하는 자산의 증여, 채무면제 등은 예외임).

다만 거주자가 국외특수관계인과의 국제거래에서 정상가격보다 낮거나 높은 가격으로 거래한 경우에 대해서는 소득세법 등에 따른 부당행위계산부인이 아니라, 제 6 조에 따른 이전가격세제로 규율한다.

1) 최영열, "한국의 피지배외국법인 유보소득 과세제도 연구", 조세법연구 13-2, 265면.

2) 이와 관련하여 판례는 이자소득에 관한 한·미 조세조약 제13조 제 6 항 전단의 '모든 종류의 채권으로부터 발생하는 소득'과 관련하여 금전채무 이행지체로 인하여 발생하는 지연손해금은 여기에 해당하지 않는다고 보고(판 2016. 6. 10, 2014두39784), 한국과 룩셈부르크 간의 협약('한·룩 조세조약')은 소득을 사업소득, 이자소득, 배당소득, 기타소득 등으로 구분한 다음 소득별로 원천지국과 거주지국 사이의 과세권 조정에 관하여 규정할 뿐 소득금액의 구체적 산정방법이나 양도소득 및 수증소득의 범위 등에 관하여는 따로 정하고 있지 않고, 법인세법시행령 제129조 제 3 항 제 2 호 본문은 수증법인이 주식을 양도할 때에 증여자가 보유한 기간 동안의 자본이득이 수증법인에게 실현된 것으로 보아 양도소득금액을 계산하도록 규정하고 있을 뿐 이를 수증소득으로 과세하는 규정으로 볼 수 없으므로, 과세관청이 국내사업장이 없는 룩셈부르크 법인이 증여받은 내국법인 발행 주식을 양도함으로써 발생한 양도소득금액을 계산하면서 위 조항을 적용한 것은 수증소득에 대한 원천지국 과세권을 제한하는 한·룩 조세조약이나 소득구분에서 조세조약의 우선 적용을 규정한 국조법 제28조에 위반하지 않는다고 보았다(판 2016. 9. 8, 2016두39290). 앞의 판결에 대한 평석은, 김정홍, 조세판례백선 3, 645면. 뒤의 판결에 대한 평석은, 백제흠, 세법의 논점 2, 552면 각 참조. 그밖에 조세조약의 해석과 적용에 관한 일반적인 논의는, 송동진, "조세조약의 해석과 적용 — 비엔나협약의 관점에서 —", 조세법연구 30-1, 243면.

제 2 절 조세조약의 남용에 대한 규제

1. 총 설

조세조약에 이중과세방지 등과 같이 거주자를 위해 유리한 내용이 있는 경우에 조약의 혜택을 받을 수 없는 제 3 국 거주자가 전 세계에 체결되어 있는 수많은 조약 가운데에서 자기에게 유리한 조약을 물색하여(shopping) 조약의 혜택을 부당히 취하는 것을 가리켜 조세조약남용 또는 조약편승(treaty shopping)이라고 한다. 국제조세 분야에서 가장 중요한 이슈 중의 하나가 다국적 기업의 조세회피에 대한 규제인데 그 조세회피는 대부분 조세조약을 남용하는 형태를 통하여 이루어진다.[1)]

조세조약 남용의 형태는 크게 2가지이다. 하나는 A국에 위치한 甲회사가 조약이 체결되어 있지 않은 원천지국 C국의 丙회사와 거래를 함에 있어서 C국과의 사이에 유리한 조약의 적용을 받을 수 있는 체약국 B국에 자회사 乙을 설립하여 乙로 하여금 丙회사와 거래하도록 함으로써 B, C국 사이의 조약상 혜택을 누리는 형태이고, 다른 하나는 여기에 추가하여 A국 甲회사(모회사)와 B국 乙회사(자회사) 사이에 조세피난처 D국에 소재하는 자회사 丁을 설립하는 방법이다. 이 형태에서 乙회사는 甲회사에 대하여는 도관(導管), 丁회사에 대하여는 디딤돌 역할을 하게 되며 조세피난처 D국에 위치한 丁회사는 통상 정상과세국 B국에 소재한 乙회사에 자금 대여 등을 통해 乙회사 비용을 증가시키고 이익을 감소시키는 역할을 한다.

다국적 회사인 애플, 구글 등이 아일랜드에 자회사(A)를 세워 여러 국가에서 얻은 수익을 로열티, 컨설팅 비용 등의 명목으로 A에 집중시킨 다음, 이를 네덜란드 소재 자회사(S)를 통하여 아일랜드 소재 다른 자회사(B)에 이전시키고, B는 법인의 관리장소를 조세회피처 국가에 두어 과세를 면하는 이른바 'Double Irish with Dutch Sandwich'의 방식은 유리한 타국의 조세제도와 조세조약을 남용한 최첨단의 조세회피 사례라 할 수 있다. 위 사례에서 A가 S를 통하는 것은 원천징수세를 회

---

1) 그 밖에 국제거래를 통한 조세회피방법으로는, 1) 납세의무자가 저세율국 또는 비과세국가로 거주지를 이전하는 것, 2) 납세의무자가 조세피난처에 설립된 신탁이나 회사와 같은 피지배외국법인체로 국내원천소득을 우회시키는 것, 3) 납세의무자가 조세피난처에 자회사를 설립하여 국외원천소득을 얻거나 배당을 수취하는 것 등이 거론된다. 국조법에서는 이러한 조세회피행위를 방지하기 위하여 일반적인 실질과세의 원칙을 선언하는 것과 아울러 개별 규정들로서, 조세조약남용방지, 이전가격세제, 과소자본세제, 피지배외국법인세제 등에 관한 규정을 두고 있다.

피하기 위한 것이며, B가 법인의 관리장소를 조세피난처에 두는 것은 아일랜드 세법이 관리장소 소재지를 거주자로 판정하는 규정을 두고 있기 때문이다.[1)]

2. 조세조약 남용에 대한 대처

가. OECD 모델조세협약 및 국제협약

OECD(the Organization for Economic Cooperation Development) 모델조세협약의 주석은 헌법 제 6 조 제 1 항에 의해 체결·공포된 조약이 아니고 현재로서 일반적으로 승인된 국제법규라고 보기도 어려우므로 법적인 구속력은 없으나, 우리나라를 비롯한 OECD 회원 국가 간에 체결된 조세조약 해석기준으로서 국제적 권위를 인정받고 있어 해당 조세조약 해석에 있어서 중요한 참고가 되고 있다.

조세조약남용은 1977년 OECD 모델조세협약 주석에서 조약의 남용을 언급하고 수익적 소유자(beneficial owner)의 개념을 도입하면서 처음 그 대처방안이 제기되었다. 그 후 1992년 협약에서 구체적인 대책이 제시된 것을 계기로 세계 각국에서 본격적으로 논의되어 근래에는 조약상 특칙을 마련하는 것이 보편화되었으며 각국이 국내법에 특별규정을 두는 경우도 늘어나고 있다. 여기서 '수익적 소유자'란 원천지국 소득에 대한 과세여부를 소득의 실질귀속자를 기준으로 판단함으로써 조약편승에 대처하기 위한 개념이다. OECD 모델조세협약에서는 수익적 소유자의 개념을 배당, 이자 및 사용료 소득과 관련하여 적용하고 있다.

1992년 OECD 모델조세협약 제 1 조 주석은 조세조약 편승에 관한 대책으로 투시접근방식, 조약적용 배제방식, 거주지국 과세방식, 수로접근방식 등 4가지를 제시하고 있다. 이 중 투시접근방식(the look-through approach)은 소득을 수취하는 회사의 지배 내지는 소유관계를 고려하여 수익적 소유자 여부를 판단하고, 조약적용 배제방식(the exclusion approach)은 거주지국에서 면세 혜택을 받는 법인이 수취하는 이자, 배당, 자본이득 등과 같은 특정유형의 소득에 대해 조세조약 적용을 배제하며, 거주지국 과세방식(the subject-to-tax approach)은 특정유형 소득이 거주지국에서 과세대상인 경우에만 소득원천지국에서 조세조약상 감면혜택을 부여하고, 수로접근방식(the channel approach)은 원천지국 수익이 비용 명목으로 제 3 국을 본거지로 하는 모회사로 들어가는 비율에 따라 조세조약상 감면규정의 적용여부를 판단하는 방식이다.

우리나라는 일찍이 한·미 조세조약 제17조에서 조약편승자(treaty shopper)에 대

1) 관련 논의는, 황남석, "더블아이리시 구조와 실질과세원칙", 조세법연구 24-3, 7면.

하여 조약의 적용을 제한하는 규정을 두었다가 그 후 중국, 캐나다, 태국 등과의 조세조약에 비슷한 내용의 혜택남용제한 규정(LOB: Limitation Of Benefit)을 추가하고, 아랍에미리트, 에콰도르, 콜롬비아, 페루, 파나마, 바레인과의 조세조약 등 최근 체결한 대부분의 조세조약에 LOB 조항을 두고 있다.[1)]

조세조약 남용과 관련하여 주목할 사항으로 현재 OECD에 의해 지속적으로 추진되는 BEPS(Base Erosion and Profit Shifting) Project가 있다. BEPS란 다국적기업이 국가간 세법의 차이나, 조세조약의 미비점 등을 이용하여 경제활동 기여도가 낮은 저세율국으로 소득을 이전함으로써 과세기반을 잠식하는 행위를 말한다. OECD는 BEPS 프로젝트 실행방안 2내지 15의 이행과 post-BEPS인 실행방안 1의 수립을 주요역점사업으로 추진하고 있다. 구체적 방안으로 G20과 합동으로 BEPS 프로젝트 실행방안에 대한 과제별 최종보고서를 발표하고 그 실행을 위한 포괄적 이행체계의 구축을 추진하였으며, 2016. 2. G20 재무장관 회의에서 그 조치사항이 최종 승인되고 프로젝트 이행을 위한 포럼이 별도로 구성되었다. 또한 BEPS 실행방안 중 조세조약 개정이 필요한 사항에 관한 다자적 이행수단의 마련을 위하여 2015. 11. 임시그룹이 구성되고, 거기에서 다자간 협상을 통하여 2016. 11. BEPS 방지 다자협약이 발표되었으며, 2017. 6. 정식으로 서명되었다. BEPS 실행방안 15[2)]이기도 한 다자협약은 전문, 총7부 및 39개 조문으로 구성되어 있는데, 최소기준 이외에는 자유로운 유보가 허용되고 기존 양자 조세조약을 개정하는 효력을 지닌다.[3)] 우리나라는 2015년부터 국조법 개정을 통해 국외특수관계거래에 대한 문서화 내용을 규정한 BEPS Action Plan 13의 내용을 반영하여, 통합기업보고서(Master File), 개별기업보고서(Local File), 국가별보고서(Country-by Country Report) 등 세 가지 보고서에 대한 제출의무 규정을 신설하여 이를 시행하여 오고 있다(법 16조 1항, 영 34조).

나. 국내법에 의한 제한

(1) 규정의 내용

[법 제 3 조] ① 국제거래에서 과세의 대상이 되는 소득, 수익, 재산, 행위 또

1) 관련 논의는, 한국조세재정연구원, "조세조약상 혜택제한조항 도입에 관한 국제비교 연구", 세법연구 15-02. 이창희, 국제조세법, 170면 이하 참조.
2) 그 내용은, 디지털경제(Action1), 혼성불일치해소(Action2), 특정외국법인 유보소득 과세강화(Action3), 이자비용 공제제도(Action4), 유해조세 제도 폐지(Action5), 조약남용 방지(Action6), 고정사업장 회피방지(Action7), 이전가격 세제강화(Action8 · 9 · 10), 통계분석(Action11), 강제적보고(Action12), 이전가격 문서화(Action13), 분쟁해결(Action14), 다자간협약(Action15) 등으로 구성되어 있다.
3) 백제흠, "국제조세법의 체계와 그 개편방안에 관한 연혁적 고찰", 세법의 논점 2, 369면 참조.

는 거래의 귀속이 명의일 뿐이고 사실상 귀속되는 자가 따로 있는 경우에는 사실상 귀속되는 자를 납세의무자로 하여 조세조약을 적용한다.

② 국제거래에서 과세표준의 계산에 관한 규정은 소득, 수익, 재산, 행위 또는 거래의 명칭이나 형식과 관계없이 그 실질 내용에 따라 조세조약을 적용한다.

③ 국제거래에서 이 법 및 조세조약의 혜택을 부당하게 받기 위하여 제 3 자를 통한 간접적인 방법으로 거래하거나 둘 이상의 행위 또는 거래를 거친 것("우회거래")으로 인정되는 경우에는 그 경제적 실질에 따라 당사자가 직접 거래한 것으로 보거나 연속된 하나의 행위 또는 거래를 한 것으로 보아 이 법 및 조세조약을 적용한다. ④ 우회거래를 통하여 우리나라에 납부할 조세부담이 대통령령으로 정하는 비율 이상으로 현저히 감소하는 경우(해당 우회거래의 금액 및 우리나라에 납부할 조세부담의 감소된 금액 등이 대통령령으로 정하는 요건에 해당하는 경우는 제외) 납세의무자가 해당 우회거래에 정당한 사업 목적이 있다는 사실 등 조세를 회피할 의도가 없음을 입증하지 아니하면 이 법 및 조세조약의 혜택을 부당하게 받기 위하여 거래한 것으로 추정하여 제 3 항을 적용한다. ⑤ 제 4 항을 적용할 때 우리나라에 납부할 조세부담의 계산과 그 밖에 필요한 사항은 대통령령으로 정한다.

(2) 규정의 해석

경제적 실질과 법적 형식의 괴리에 따른 조세회피현상은 규제 시스템이 비교적 완비되어 있는 국내거래보다 법적·경제적 규제가 완만한 국제거래에서 보다 빈번하게 발생한다. 이와 같은 조세회피 특히 조세조약 남용에 대응하는 방법으로 국내세법상의 실질과세의 원칙 또는 이른바 '일반적 조세회피 방지규정'이 적용되는가에 관하여 OECD 모델조세협약 주석은 이를 긍정하고 있다.[1] 국조법 규정은 이러한 협약의 해석을 배경으로 마련된 것이다. 따라서 위 조항에서 말하는 경제적 실질의 의미는 국세기본법 제14조 제 3 항과 기본적으로 다를 것이 없다.

우리나라의 경우에도 외국법인의 투자와 관련하여 조세회피행위의 방지는 당면과제가 되고 있는데, 그와 같은 조세회피의 유형으로는, 1) 소득유형의 변경, 2) 소득실현 시점의 변경, 3) 소득귀속지의 변경 등을 들 수 있다.[2]

조세조약 남용의 중심에 있는 것은 '실질적 투자자인 외국법인이 투자대상인 다

1) 동 주석서 제 1 조 제 9.4 항, 주석서 제22항 및 제22.1항. OECD 모델조세협약 주석서의 개정동향의 전반적인 내용에 관하여는 조명연, "OECD 모델조세협약주석서의 개정 동향", 조세법연구 13-3, 266면 이하. 국내법에 의한 조세조약의 배제(Treaty Override)에 관한 전반적인 논의는, 이재호, "국내법에 의한 조세조약의 배제에 관한 연구", 서울대학교 박사논문(07/2) 참조.

2) 이임동·전병욱, "외국계펀드의 조세회피 문제와 대응방안에 대한 연구", 조세법연구 16-2, 12면.

른 국가에 속한 법인의 주식을 직접 취득하지 않고 중간에 다른 회사를 내세워 그 회사 명의로 대상 주식을 취득하는 방법'을 통한 조약 편승이다. 그 중간 단계의 회사로는 자회사로부터 배당을 받아 단순히 모회사에 다시 전달하기만 하는 순수한 도관의 기능을 수행하는 것부터, 자회사 주식을 보유하면서 독자적 사업을 하는 것까지 다양한 유형이 있다. 이와 같은 중간단계의 회사를 통상적으로 중간지주회사라고 부른다. 실무상 자주 문제가 되는 것은, 조세피난처에 SPC를 설립하고 국내에 투자를 하는 외국계 펀드에 관한 것인데, 판례는 기본적으로 조세조약상 사용되는 '수익적 소유자'의 개념을 국내 세법상 '소득의 실질귀속자'의 개념과 구분하지 않는다.

소득의 실질귀속자 여부의 판단기준으로는, 1) 설립경위와 사업활동 내역, 2) 투자에 관한 의사결정 과정과 비용부담 주체 및 취득자금 원천, 3) 주주로서의 권한 행사, 4) 소득의 지급 및 사용내역, 5) 조세경감 정도 등의 사정이 제시된다.[1)]

구체적으로 중간 외국단체의 소득귀속자 지위가 부인된 사안으로는, ① 미국계 회사인 론스타펀드가 벨기에에 형식상 법인을 설립하여 국내빌딩을 매입한 후 주식양도 방법으로 국내법인에 양도한 경우(판 2012. 1. 27, 2010두5950), ② 한국 내 부동산 투자를 위해 설립된 영국 유한파트너십이 벨기에에 도관회사를 설립한 경우(판 2012. 4. 26, 2010두11948), ③ 수익적 소유자에 대한 요건을 별도로 규정하지 않은 한국과 네덜란드의 조세조약 적용에 관한 사안(판 2013. 4. 11, 2011두3159), ④ 한국과 아일랜드 조세조약의 적용과 관련하여, 삼성전자가 미국에 본사를 둔 아일랜드 특허회사와 맺은 특허사용 계약에 따른 소득의 실질 귀속자를 아일랜드 회사가 아닌 미국법인으로 본 것(판 2018. 12. 27, 2016두42883), ⑤ 독일 자산운용회사가 독일 투자법에 따라 전 세계 부동산에 투자하여 얻은 수익을 일반투자자들에게 배당하는 형태의 상장·공모형 투자펀드를 설립한 후 해당 펀드의 투자자금으로 부동산임대업을 영위하는 내국법인의 발행주식 100%를 취득하여 내국법인으로부터 건물의 임대소득을 배당금으로 지급받은 경우(판 2019. 12. 24, 2016두35212) 등이 있고, 반대로 중간단계 단체를 수익적 소유자로 인정한 사례로, ⑥ 각각 한국과 벨기에(판 2012. 10. 25, 2010두25466), 한국과 네덜란드(위 2012두 16466판결), 한국과 영국(위 2015두2451판결), 한국과 룩셈부르크(판 2020. 1. 16, 2016두35854) 사이의 조세조약의 해석, 적용과 관련된

1) 판 2016. 7. 14, 2015두2451; 2014. 7. 10, 2012두16466 등. 위 2451판결의 평석으로, 백제흠, 세법의 논점 2, 531면, 그 밖에 관련 논의는, 안경봉·윤지현, "실질과세원칙의 조세조약에의 적용", 송상우·정광진, "외국계 투자펀드에 대한 조세조약의 적용과 과세문제", 각 조세법연구 13-1. 송동진, "중간지주회사와 관련한 수익적 소유자, 실질귀속자 및 주요목적기준의 판단에 관한 고찰", 조세법연구 28-1, 397면 등.

것), ⑦ 네덜란드 법인이 가진 국내 영화 배포권을 포함한 일부 국가에 대한 영화 배포권을 100% 자회사인 헝가리 법인에 양도한 후 헝가리 법인이 받은 사용료소득 및 배당소득에 대하여 헝가리 법인을 수익적 소유자로 인정한 것(판 2018. 11. 15, 2017두33008; 2018. 11. 29, 2018두38376) 등이 있다.[1]

판례는 국내원천소득에 관한 조세회피를 목적으로 조세조약을 남용하는 법인들과 국내 자산유동화회사는 사정이 다르므로 해당 법인에 대한 과세가 조세조약상 무차별원칙에 반하지 않고(위 2010두11948판결), 또한 독일법에 따라 설립된 甲 법인이 같은 외국법인 乙의 지분 100%를 보유하던 중 乙을 흡수합병함에 따라 乙이 보유하던 내국법인의 상장주식이 甲에 이전되고, 甲은 이와 관련하여 乙 또는 그 주주에게 신주를 발행하거나 합병대가를 지급하지 않았는데 과세관청이 위 주식의 이전이 내국법인이 발행한 유가증권 양도에 해당된다는 이유로 법인세와 증권거래세를 과세한 사안에서, 외국법인이 내국법인과 원칙적으로 동일한 상황에 있지 않고, 이를 설립 준거법이 다른데 따른 차별이라고 볼 수 없으므로 한독 조세조약상 무차별원칙에 위배되지 않는다고 보았다(판 2017. 12. 13, 2015두1984).

법 제 3 조 제 3 항의, '조세조약 및 이 법의 혜택을 부당하게 받기 위한 것으로 인정되는 경우'는 거래의 형식이 부당하다는 데 초점이 있으므로 특정 거래 내용이 경제적 합리성을 결여하였는지를 문제 삼는 법인세법상 부당행위계산 부인 규정의 '부당성'과는 개념이 다르다고 설명하는 것이 일반적이다.[2] 이에 관하여 OECD 모델조세협약 개정 주석서 제 1 조 관련 부분 제 9.5 항은, 일정한 거래를 하는 주된 목적이 세법상 보다 유리한 지위를 확보하는 것이고 관련정황에 비추어 이러한 세법상 취급을 받는 것이 관련 조세조약의 규율대상이나 목적에 어긋나는 경우 조약의 혜택이 주어져서는 안 된다는 것을 지도원리의 하나로 제시하고 있다.

한편 조세조약 남용과 관련하여 BEPS Action2(혼성불일치해소)에 관한 국내법적 대응조치에 관한 논의도 활발하게 진행되고 있다. 그 중 중요한 것이 각국마다 단체에 대한 법적 취급이 달라 발생하는 혼성단체(hybrid entity)와 이자비용과 관련된 혼성금융상품의 처리문제이다. 우리 국조법은 이중 후자에 관하여 '혼성금융상품 거래에 따라 발생하는 이자비용의 손금불산입 규정'을 두고 있다.[3] 그 내용은

1) 각 판결의 평석은, ①은 오 윤, 조세판례백선 3, 677면, ②는 김석환, 같은 책 619면, ⑦의 2017두33008 판결은, 배효정, 같은 책 639면, ⑥의 2016두35854 판결은, 유경란, 조세법연구 27-1, 37면, 나머지 판결들은, 이상우, 김동욱, 조세판례연구 10, 192면 각 참조.

2) 안경봉 · 윤지현, 위 논문, 205면 이하.

3) 관련 논의는, 김범준, "OECD BEPS Action 2와 연계규정(linking rule)", 조세법연구 24-1, 95면. 구성권, "세법상 혼성불일치로 인한 과세문제에 관한 연구", 조세법연구 22-3, 541면.

내국법인이 국외특수관계인과의 금융상품(자본 및 부채의 성격을 동시에 갖고 있는 금융상품으로서 대통령령으로 정하는 금융상품) 거래에 따라 지급한 이자 및 할인료 중 대통령령으로 정하는 기간 내에 거래상대방이 소재한 국가에서 과세되지 않은 금액은 해당 사업연도 소득금액을 계산할 때 내국법인의 손금에 산입하지 않으며 법인세법 제67조에 따른 기타사외유출로 처분된 것으로 보도록 한 것이다(법 25조).

제 3 절 이중과세의 배제

1. 총 설

세계 각국을 무대로 할 때, 어떤 사람이 여러 나라에 걸친 사업에서 번 소득의 과세범위 및 과세방식은 두 가지가 있다. 하나는 그 사람이 어느 나라에 속하는가를 정한 뒤 그 사람이 전 세계에서 번 모든 소득에 대하여 과세하는 속인주의(屬人主義) 방식(전 세계 소득과세주의, worldwide-system)과 다른 하나는 납세자가 어느 나라의 국적에 속하든 관계없이 소득의 원천지국에서 과세하는 속지주의(屬地主義) 방식(영토내 소득과세주의, teritoriality principle)이다. 세계 대부분의 국가는 양자를 병행하여, 자국에 속하는 사람이나 회사(무제한 납세의무자)에 대해서는 속인주의에 따라 전 세계 소득을 과세하고, 자국에 속하지 않는 사람이나 회사(제한적 납세의무자)에 대해서는 속지주의에 따라 국내원천소득만을 과세하는 것이 보통이다. 우리나라도 이와 같은 방식을 채택하고 있다(소법 2조, 법법 3조 참조).

이와 같이 과세권의 행사를 이중적으로 구성하게 되면, 동일한 납세의무자에게 귀속되는 동일한 과세기간의 동일한 과세물건에 대해 둘 이상의 국가에서 유사한 종목의 조세가 중복하여 부과되는 현상을 피할 수 없게 된다. 이것이 국제적 이중과세의 문제이다. 예컨대 우리나라 기업이 미국에 진출해서 그곳에서 소득을 얻었다면 그 소득에 대하여 거주지국인 우리나라 세법에 의해 납세의무를 지는 동시에(무제한적 납세의무), 그 소득의 원천지국인 미국세법에 의한 납세의무(제한적 납세의무)도 지게 된다. 이러한 국제적 이중과세는 국가 간 경제교류를 심각하게 저해하기 때문에 이를 방지할 제도적 장치가 필수적으로 요구된다. 또한 국내에 기반을 둔 기업과 해외에 기반을 둔 기업 사이에 경제활동에 대한 세제의 중립성을 유지하여 해외투자를 촉진하기 위해서도 국제적 이중과세의 배제는 필요하다.

국제적 이중과세를 방지하기 위한 방법으로는 각국의 국내법에 의하는 방법과 당사국 간에 이중과세방지조약을 체결하는 방법이 있다.

이와 같은 이중과세의 문제와 반대로 원천지국과 거주지국 어느 곳에서도 과세가 되지 않는 이중비과세의 문제도 발생한다. 국제조세 분야에서는 이와 같은 이중과세와 이중비과세의 문제를 아울러서 국제거래에서 발생한 소득에 대하여 한 번만 과세가 이루어져야 한다는 단일과세의 원리(Single Tax Principle)가 각국에서 주장되고 있다.

2. 국내법상 이중과세 방지제도

각국의 국내법에서 국제적 이중과세를 배제하기 위한 방법에는 크게 두 가지가 있다. 하나는 자국 국민이나 법인의 소득에 관해 원천이 국내외 어디에 있는가를 불문하고 모두 과세 대상으로 삼은 다음, 외국정부에 납부한 소득세액 혹은 법인세액을 자국의 소득세액이나 법인세액에서 공제해 주거나 손금으로 공제해 주는 방법이다. 전자를 외국세액공제법 혹은 세액공제법(tax credit method)이라 하고, 후자를 외국세액 손금산입방법(tax deduction method)이라고 한다. 또 다른 하나는 과세권을 속지적으로 구성하여, 국외원천소득을 과세대상에서 제외하는 것으로서 이를 외국소득 면제법(tax exemption method)이라고 한다.

세액공제법이 국내원천소득과 국외원천소득 사이의 과세공평을 유지하고 투자 및 경제활동 장소와 관련하여 세제 중립성(capital-export neutrality)을 유지하는데 유리한 데 반하여, 외국소득 면제법은 자국의 국민 및 기업이 소득의 원천지국에서 그 국가 혹은 다른 국가의 국민 및 기업과 같은 조건 아래에서 경쟁할 수 있다는 의미에서의 공평 혹은 중립성(capital-import neutrality)의 유지에 유리한 방식으로 설명된다. OECD 모델조세협약은 두 방식 중 하나를 선택할 것을 제안하고 있으며(23 A, B조), 세계 각국 역시 각국의 여건에 따라 두 방식 중 어느 한쪽 또는 그 절충방식을 채용하여 국제적 이중과세를 배제하고 있다.

우리나라 역시 미국이나 일본 등과 마찬가지로 외국납부세액공제제도를 채택하면서[1)] 일정한 해외자회사로부터 받는 배당소득은 익금불산입하는 제도를 2023년도부터 시행하고 있다(법법 18조의4. '외국자회사 수입배당금액의 익금불산입').

1) 종전에는 세액공제방식과 손금산입방식 중 하나를 선택할 수 있도록 하였다가 2021년 세법개정시 세액공제방식으로 통일하였다.

3. 조세조약에 의한 이중과세의 조정

이상 살펴 본 것처럼 세계 각국은 국내법상 이중과세를 조정하기 위한 조치를 마련하고 있지만, 국내법상 조치만으로는 국가 간 이중과세 조정이 불충분하기 때문에 관계국간의 조약을 통해 과세권 경합을 호혜적으로 배분하는 것이 필요하다. 우리나라는 1970년에 체결한 일본과의 조세조약을 시발로 하여 2021년 3월말 현재 94개 국가와 조세조약을 체결하였다. 국제이중과세 방지조약은 거의 예외 없이 OECD가 제정한 모델조세협약에 바탕을 두고 있다.

협약은 1963년 처음 제정되었으며 전체가 7장 31조로 구성되어 있다. 그 개요를 살펴보면, 협약의 적용대상이 되는 조세는 소득 또는 자본에 대하여 부과되는 국세와 지방세이며(동 2조), 국가 간 조세조약은 상대방국 거주자에 대하여 적용되며, '거주자'란 당사국 내에 주소, 거소, 관리장소를 두거나 또는 유사한 기준에 의해 당해 국에서 납세의무를 지는 자이다(동 4조).

쌍방 당사국 모두에 의해 거주자로 판정되는 경우, ① 항구적 주거(permanent home), ② 중요 이해관계의 본거지(center of vital interests) ③ 일상적 주소(habitual abode), ④ 국적(nationality), ⑤ 상호합의(mutual agreement) 등의 순서로 거주자 여부를 판단한다. 우리나라가 미국이나 중국 등 외국과 체결한 조약도 대부분 위 기준을 따르며, 그 판단기준을 둘러싸고 다툼이 많이 발생하는 분야이기도 하다.

이중거주자의 최종거주지국을 판단하는 조세조약을 통상 tie-breaker rules이라고 한다. 구체적으로 조세조약에 따른 이중거주자 판단이 문제된 조세사건으로 대법원 2017. 12. 13. 선고 2017두57929 판결; 2017. 10. 12. 선고 2017두50928 판결; 2017. 12. 7. 선고 2017두59352 판결; 2019. 3. 14. 선고 2018두60847 판결; 2022. 1. 27. 선고 2021두53054 판결 등이 있고, 조세포탈관련 형사사건으로는 대법원 2018. 11. 9. 선고 2014도9026 판결(속칭 완구왕 사건)이 있다.[1)]

국내거주자가 외국의 거주자에도 해당하여 그 국가와의 조세조약이 적용된다

1) 이 중 2021두53054 판결은 서울고판 2021. 9. 16, 2018누640252의 심리불속행 판결인데 원심은 우리나라와 인도네시아 양국에서 사업 활동을 하는 원고의 거주지에 관하여 한국과 인도네시아 양국 에 항구적 주소와 중대한 이해관계의 중심이 있다고 본 다음 일상적 거소가 인도네시아에 있다고 보았다. 관련 논의는, 김범준, "Tie- Breaker Rules의 판결 동향과 해석상 쟁점 — 항구적 주거, 중대한 이해관계의 중심지, 일상적 거소 —", 조세법연구 28-2, 151면. 그 밖에 2018두60847 판결에 대한 평석은, 이진우, 조세판례백선 3, 625면. 국제간 이중과세 문제를 게임 이론을 통해 분석한 것으로, 윤준석, "국제적 이중과세 문제 해결 과정에 대한 게임 이론적 고찰", 조세법연구 28-3, 191면.

는 점에 대한 주장·입증책임은 납세자에게 있다(판 2008. 12. 11, 2006두3964).

조세조약의 적용과 관련하여 외국 도관체(Transparent entity)에 대한 원천지국의 세법상 취급이 문제된다. 구체적으로 우리나라에서 법인으로 취급되는 단체가 조세조약상 상대방국 거주자에 해당하지 않아 양국 간 조세조약 적용에서 배제되는 데에 따른 이중과세의 문제이다.[1] 우리나라가 각국과 체결한 조세조약은 상대국의 '법인'의 개념을 따로 정의하고 있는데, 대부분의 조세조약은 OECD 모델조세협약에 따라 법인을 '법인격이 있는 단체 또는 조세목적상 법인격이 있는 단체로 취급되는 기타 실체'로 규정하면서(협약 제 3 조 제 1 항(b)) 그 구체적 개념은 해당 체약국의 법 해석에 따르도록 하고 있다(협약 제 3 조 제 2 항). 또한 OECD는 파트너십과 같은 도관체(Transparent entity)를 원천지국의 내국법에서 어떻게 취급하는지에 불구하고 조세조약을 적용할 때는 상대방 체약국에서 당해 파트너십을 어떻게 취급하는지에 우선을 두어 조세조약을 적용하는 원칙을 확립하고 있다.[2]

이에 따라 어느 외국단체가 법인세법상 외국법인에 해당하는데 설립지국 세법상 해당 단체를 과세단위(거주자)로 보지 않는 경우 양국 사이에 이중과세 배제에 관한 조세조약이 있고, 그 조약에서 설립지국 거주자에 한해 이중과세 배제조약을 적용하면, 그 외국단체는 단지 국내법상 법인으로 취급되는 단체의 형태로 투자했다는 이유만으로 조세조약 혜택을 받지 못하는 불합리한 결과가 발생한다.

판례는 한·독 조세조약의 적용에 관하여, 해당 조약은 어떠한 단체의 활동으로 얻은 소득에 관해 구성원이 포괄적 납세의무를 지는 이른바 '투과과세 단체'(Fiscally Transparent Entity)가 '거주자'로서 조세조약 적용대상인지에 관해 규정하지 않고 있으나, 우리나라 법인세법상 '외국법인'에 해당하는 독일의 투과과세 단체가 거주지국 독일에서 포괄적 납세의무를 부담하지 않더라도 구성원이 단체가 얻은 소득에 관해 포괄적 납세의무를 부담하는 범위에서 조세조약상 독일 거주자에 해당하여 한·독 조세조약의 적용을 받는다고 보았고,[3] 한·미 조세조약 제 3 조 제 1 항 (b)호 (ⅱ)목 단서 소정의 '미국의 조세 목적상 미국에 거주하는 기타의 인' 중 '조합원으로서 행동하는 인'이란 미국 세법상 조합원 등의 구성원으로 이루어진 단체의 활동으로 얻은 소득에 대해 구성원이 미국에서 납세의무를 부담하는 단체를 뜻하고,

---

1) 외국 투자단체를 우리 법인세법상 외국법인으로 본 판례의 내용에 관하여는 이 책 597면 참조.
2) 자세한 내용은, 최임정, "외국도관체(Transparent entity)에 대한 원천지국에서의 세법상 취급을 둘러싼 문제", 조세실무연구 6, 158면 참조.
3) 판 2015. 3. 26, 2013두7711. 평석은, 이은총, 조세법연구 22-1, 261면. 같은 취지의 것으로 판 2019. 6. 27, 2016두841.

해당 단체 소득에 대해 구성원이 미국에서 납세의무를 부담하는 범위에서 단체를 한·미 조세조약상 미국 거주자로 취급한다는 뜻으로 보았다[1)]

OECD 모델조세협약상의 과세기준 역시 상대 체약국에서 파트너십이 과세단위인 경우 조약상의 거주자에 해당하여 조세조약의 적용대상이 되지만, 파트너십 자체가 아닌 그 배후의 파트너가 과세단위가 되는 경우에는 파트너십은 조세조약상 거주자가 될 수 없고 이런 경우에는 파트너를 대상으로 파트너에 배분되는 소득에 대해 해당 파트너의 거주지국의 조세조약이 적용되어야 하는 것으로 해석하고 있고(OECD 주석문단 5. OECD 보고서 17면, Ⅱ. 4. 문단 47), 그러한 내용으로 OECD 모델조세협약 제 1 조 제 2 항의 개정작업을 진행 중에 있다.[2)]

법인세법 시행령 제 2 조 제 4 항은 "제 2 항 각 호에 따른 외국법인 기준의 적용은 조세조약 적용대상의 판정에 영향을 미치지 아니한다."고 규정하고 있는데, 그 취지 역시 위 판례나 OECD 모델조세협약 해석기준과 동일한 것으로 이해된다.

위 협약은, 부동산소득(6조), 사업소득(7조), 국제운수사업소득(8조), 배당소득(10조), 이자소득(11조), 사용료소득(12조), 자본이득(13조), 고용소득(15조), 이사의 보수(16조), 연예인과 체육인의 소득(17조) 등에 관한 과세권 배분을 규정하고 있다.

이중 배당소득과 관련하여, 조세조약은 흔히 배당소득에 대한 원천지국 과세권을 일정 비율로 제한하고 특히 배당을 지급받는 주체가 법인이고 일정 비율 이상의 주식을 '소유'하거나 '직접 소유'하는 경우 통상 이중과세의 부담을 덜고 직접투자를 우대하기 위하여 보다 낮은 세율을 적용하는 규정을 둔다.[3)]

우리 법은 비거주자의 국내원천소득 과세를 위해 소득별 원천지를 규정하고 있으나 OECD 모델조세협약은 소득 '원천지'의 개념을 사용하지 않고 비거주자의 특정소득이 상대체약국에서 어떤 경우에 어느 범위에서 과세되는가를 규정할 뿐이다.

국내에 고정사업장(permanent establishment; PE)이 없는 비거주자나 외국법인의 사업소득에 대하여는 과세하지 않는 것이 각국의 입법경향이다.

---

1) 판 2017. 12. 28, 2017두59253; 2017. 7. 11, 2015두55134, 55141; 2014. 6. 26, 2012두11836 등. 이중 11836판결에 대한 평석은, 정광진, 조세실무연구 9, 327면. 관련 논의는, 이 창, "한미조세조약상 '거주자'관련 법적 쟁점", 조세법연구 21-1, 317면).

2) 관련 논의는, 손영철·김선중, "집합투자기구에 대한 조세조약 적용방안에 관한 연구", 조세법연구 15-3, 202면.

3) 이와 관련하여 판례는, 한·일 조세조약상 주식의 '소유'의 의미는 '직접 소유'뿐 아니라 배당의 실질귀속자로서 실질적으로 주식을 소유하는 경우를 포함한다고 보았다(판 2013. 5. 25, 2013두659). 관련 논의는, 박재찬, "한·미 조세조약상 배당소득의 제한세율 요건에 관한 고찰", 조세실무연구 7, 55면. 윤지현, "조세조약의 배당소득 과세에서 낮은 제한세율을 적용받기 위한 요건인 주식 '소유' 또는 '직접 소유'의 개념에 관하여", 조세법연구, 21-3, 421면.

제4절 이전가격세제

1. 의 의

친자회사·형제회사 등과 같은 관련기업 사이에는 상호 독립한 당사자 사이의 거래(arm's length transaction)에서 통상 설정되는 정상대가(arm's length price)와 다른 대가로 거래를 행하는 경향이 있다. 이와 같은 거래를 통해 당사자들 사이에 소득이 이동하는 경우 각 기업의 소득은 적정소득과 다르게 된다. 특히 국경을 넘어 그와 같은 거래가 행하여지면 소득의 국제적 이동이 발생한다. 예컨대 우리나라 법인이 미국 자회사에 제품을 시가보다 싼 가격으로 양도하면 우리나라 세수는 감소하고 미국 세수는 증가하며, 그 반대의 경우에는 세수의 증감이 반대로 된다.

이와 같이 국제적으로 관련기업 사이에 체결되는 가격을 '이전가격(transfer price)'이라고 한다. 이전가격의 책정과 관련하여 국가 간 과세권을 적절히 조정하기 위해서는 실제 거래 대가가 아니고 각 기업의 적정소득에 따라 과세할 필요가 있다. 이를 위해 조세조약은 일반적으로 '서로 다른 국가 사이의 독립한 기업 사이에서 정상적 조건으로 거래가 행하여지는 경우에 산출되는 이익'을 기준으로 과세하도록 규정하고 있다(OECD 모델조세협약 9조 등). 이는 큰 틀에서 내국법인의 부당행위계산부인 제도와 취지를 같이 한다.

앞의 사안에서 미국 자회사는 독립된 당사자 사이의 가격으로 거래한 것으로 보아 소득계산을 하는데 이를 '대응적 조정(corresponding adjustment)'이라 한다. 대응적 조정은 이전가격세제의 핵심이며 내국법인의 부당행위계산부인 규정의 적용에 있어 원칙적으로 대응적 조정이 이루어지지 않는 점과 대비된다. 우리 소득세법 제42조와 법인세법 제53조는 상호합의에 따른 대응조정이 가능함을 명시하고 있다.

이전가격문제와 관련하여 다국적기업을 어떻게 인식할 것인가에 대하여 개체설(the separate entity theory)과 일체설(the unitary entity theory)의 대립이 있다.

개체설은 다국적기업 구성단위를 독립적 존재로 파악하는데 반하여 일체설은 여러 구성단위 전체를 하나의 기업조직으로 파악한다. 개체설 입장에서 관련기업이 관련 없는 기업처럼 기업상호 간 거래에 대한 가액을 결정할 것을 요구하는 원칙을 '독립기업 간 거래의 원칙(the arm's length principle or independent enterprise standard)'이라고 한다.

'독립기업간 거래의 원칙'은 오랫동안 OECD를 비롯하여 전 세계적으로 이전가격 세제의 지배적 규범으로 자리 잡아 왔다.[1] 그러나 근래에는 정상가격 산출의 어려움과 그에 따른 과도한 납세비용 및 고세율 국가의 세수가 저세율 국가로 부당하게 이전된다는 비판 등이 지속적으로 제기됨에 따라 이를 보완하기 위한 여러 가지 논의가 진행되고 있다.[2] 그와 같은 논의의 결과 그 대안의 하나로 제시된 것이 일체설에 입각한 공식분배법(Formulary Apportionment)인데 이는 전 세계 특수관계 기업들의 사업을 통합하여 소득을 계산한 다음 각 국가별로 소득을 배분하는 이전가격 세제를 말한다.[3]

2. 우리 법의 규정

가. 정상가격에 의한 신고 및 결정

(1) 규정의 내용

[제 6 조(정상가격에 의한 신고 및 경정청구)] ① 거주자(내국법인과 국내사업장 포함)는 국외특수관계인과의 국제거래에서 그 거래가격이 정상가격보다 낮거나 높은 경우에는 정상가격을 기준으로 조정한 과세표준 및 세액을 다음 각 호의 어느 하나에 해당하는 기한까지 납세지 관할 세무서장에게 신고하거나 경정청구를 할 수 있다.

1. 소득세법 제70조 · 제70조의2 · 제71조 · 제73조 · 제74조 또는 법인세법 제60조 제 1 항 · 제76조의17 제 1 항에 따른 신고기한 2. 국세기본법 제45조에 따른 수정신고기한 3. 국세기본법 제45조의2 제 1 항에 따른 경정청구기한 4. 국세기본법 제45조의3 제 1 항에 따른 기한 후 신고기한

② 제 1 항에 따른 정상가격에 의한 신고 및 경정청구를 할 때에는 다음 각 호의 구분에 따른 서류를 제출하여야 한다.

1. 정상가격을 기준으로 조정한 과세표준 및 세액을 신고하는 경우: 기획재정부령으로 정하는 거래가격 조정신고서

2. 정상가격을 기준으로 조정한 과세표준 및 세액을 경정청구하는 경우

가. 제 1 호의 거래가격 조정신고서 나. 기획재정부령으로 정하는 정상가격 산출방법 입증 서류.

제 3 항 내지 제 5 항: 생략.

---

1) 이는 국외 본 · 지점 간 내부거래에 대해서도 적용된다(소령 181조의2 1항, 법령 130조 1항).
2) 대표적인 것으로 BEPS 프로젝트의 OECD 이전가격지침 중 제 1 장 D절(독립기업원칙의 적용지침), 제 6 장(무형자산), 제 7 장(그룹내부용역), 제 8 장(원가분담약정) 부분을 들 수 있다. 최윤영, “BEPS 프로젝트 Action 8-10의 실천적 의미와 한계에 관한 검토”, 조세법연구 23-3, 175면 참조.
3) 관련 논의는, 김석환, 조세법연구 14-2, 184면.

[제 7 조(정상가격에 의한 결정 및 경정)] ① 과세당국은 거주자와 국외특수관계인 간의 국제거래에서 그 거래가격이 정상가격보다 낮거나 높은 경우에는 정상가격을 기준으로 거주자의 과세표준 및 세액을 결정하거나 경정할 수 있다.

② 과세당국은 제 1 항을 적용할 때 제 8 조에 따른 정상가격 산출방법 중 같은 정상가격 산출방법을 적용하여 둘 이상의 과세연도에 대하여 정상가격을 산출하고 그 정상가격을 기준으로 일부 과세연도에 대한 과세표준 및 세액을 결정하거나 경정하는 경우에는 나머지 과세연도에 대해서도 그 정상가격을 기준으로 과세표준 및 세액을 결정하거나 경정하여야 한다.

③ 납세자가 제 2 조 제 1 항 제 3 호 다목 및 라목에 따른 특수관계에 해당하지 아니한다는 명백한 사유를 제시한 경우에는 제 1 항 및 제 2 항을 적용하지 아니한다.

(2) 규정의 해석

'정상가격'은 단일 값이 아니라 범위 개념이고(영 15조 4항), 범위를 벗어난 거래가격에 대하여 과세조정을 하는 경우 정상가격 범위 거래에서 산정된 평균값, 중위값, 최빈값, 그 밖의 합리적인 특정 가격을 기준으로 한다(동 6항). 실무적으로는 사분위범위(interquartile range) 내의 중위값이 주로 사용된다.

국제거래에 대하여는 원칙적으로 국내법의 부당행위계산부인 규정은 적용이 배제되나, 1. 자산의 무상이전이나 채무의 면제, 2. 무수익 자산을 매입하거나 현물출자를 받거나 무수익 자산에 대한 비용을 부담한 경우, 3. 출연금을 대신 부담한 경우, 4. 그 밖의 자본거래로서 법인세법 시행령 제88조 제 1 항 제 8 호 각목의 어느 하나 또는 같은 항 제 8 호의2에 해당하는 경우에는 예외이다(법 4조 2항, 영 4조).[1)]

법은 특수관계인의 범위에 공통의 이해관계에 의해 지배되는 경우를 포함시키고 이를 추정하는 규정도 두고 있다(법 2조 1항 3호, 영 2조 2항 2호 및 4호).

사업조직 재편도 이전가격세제의 적용대상이다(OECD 이전가격세제지침 9 장).[2)]

국외특수관계인이란 거주자·내국법인 또는 국내사업장과 특수관계에 있는 비거주자·외국법인(국내사업장 포함) 및 이들의 국외사업장을 말한다(법 2조 1항 4호).

1) 갑 외국법인이 을 회사 발행의 제 3자 배정 신주를 인수하면서 '풋백옵션(Put Back Option)'을 보장받았다가 행사기간 만료 후 별도 약정에 따라 을이 갑으로부터 주식을 옵션행사가액에 매입하여 을의 최대주주인 병 회사에 양도한 경우, 을의 주식 매입은 국제거래의 부당행위계산부인 대상인 '무수익 자산의 매입'에 해당하므로, 법인세법상 부당행위계산부인 규정을 적용하여 주식 취득일부터 매입대금 회수시까지 인정이자를 익금산입하고 소득금액변동통지를 하여야 한다. 판 2020. 8. 20, 2017두44084. 평석은, 유경란, 조세법연구 27-1, 44면. 관련 논의는 이 책 693면.

2) 관련 논의는, 배효정, "사업조직 재편에 대한 이전가격세제에 관한 소고", 조세법연구 26-3, 639면.

특수관계의 유형

특수관계		일반적 요건
지분 소유관계	직접 지분소유 (법 2조 1항 3호 가목)	일방이 타방 지분을 50% 이상 직·간접으로 소유
	제 3 자에 의한 지분소유 (법 2조 1항 3호 나목)	제 3 자 혹은 그 특수관계인이 일방과 타방 지분을 50% 이상 직·간접으로 소유
실질 지배관계	직접 실질지배 (법 2조 1항 3호 다목)	① 일방이 타방의 임원을 50% 이상 선임 ② 일방이 신탁 등을 통해 50% 이상 주식소유 ③ 타방이 사업, 자금, 무체재산권의 50% 이상을 일방에 의존
	제 3 자에 의한 실질지배 (법 2조 1항 3호 라목)	① 제 3 자가 일방과 타방을 지배 ② 같은 기업집단의 계열회사 ③ 제 3 자가 일방과 타방의 사업방침을 실질적으로 결정

나. 정상가격의 판정기준

(1) 규정의 내용

「정상가격은 국외특수관계인이 아닌 자와의 통상적인 거래에서 적용되거나 적용될 것으로 판단되는 재화 또는 용역의 특성·기능 및 경제환경 등 거래조건을 고려하여 다음 각 호의 방법 중 가장 합리적인 방법으로 계산한 가격으로 한다. 다만 제 6 호의 방법은 제 1 호부터 제 5 호까지의 방법으로 정상가격을 산출할 수 없는 경우에만 적용한다」(법 8조 1항).

1. **비교가능 제 3 자 가격방법**: 거주자와 국외특수관계인 간의 국제거래에서 그 거래와 유사한 거래 상황에서 특수관계가 없는 독립된 사업자 간의 거래가격을 정상가격으로 보는 방법 2. **재판매가격방법**: 거주자와 국외특수관계인이 자산을 거래한 후 거래의 어느 한 쪽인 그 자산의 구매자가 특수관계가 없는 자에게 다시 그 자산을 판매하는 경우 그 판매가격에서 그 구매자의 통상의 이윤으로 볼 수 있는 금액을 뺀 가격을 정상가격으로 보는 방법 3. **원가가산방법**: 거주자와 국외특수관계인 간의 국제거래에서 자산의 제조·판매나 용역의 제공 과정에서 발생한 원가에 자산 판매자나 용역 제공자의 통상의 이윤으로 볼 수 있는 금액을 더한 가격을 정상가격으로 보는 방법 4. **거래순이익률방법**: 거주자와 국외특수관계인 간의 국제거래에 있어 거주자와 특수관계가 없는 자 간의 거래 중 해당 거래와 비슷한 거래에서 실현된 통상의 거래순이익률을 기초로 산출한 거래가격을 정상가격으로 보는 방법 5. **이익분할방법**: 거주자와 국외특수

관계인 간의 국제거래에 있어 거래 쌍방이 함께 실현한 거래순이익을 합리적인 배부기준에 의하여 측정된 거래당사자들 간의 상대적 공헌도에 따라 배부하고 이와 같이 배부된 이익을 기초로 산출한 거래가격을 정상가격으로 보는 방법 **6. 대통령령으로 정하는 그 밖에 합리적이라고 인정되는 방법**

「과세당국은 제 1 항을 적용할 때 거주자와 국외특수관계인 사이의 상업적 또는 재무적 관계 및 해당 국제거래에서 중요한 거래조건을 고려하여 해당 국제거래의 실질적인 내용을 명확하게 파악하여야 하며, 해당 국제거래가 그 거래와 유사한 거래 상황에서 특수관계가 없는 독립된 사업자 사이의 거래와 비교하여 상업적으로 합리적인 거래인지 여부를 판단하여야 한다」(동 2항).

「과세당국은 제 2 항에 따른 판단 결과 거주자와 국외특수관계인 사이의 국제거래가 상업적으로 합리적인 거래가 아니고, 해당 국제거래에 기초하여 정상가격을 산출하는 것이 현저히 곤란한 경우 경제적 실질에 따라 해당 국제거래를 없는 것으로 보거나 합리적인 방법에 따라 새로운 거래로 재구성하여 제 1 항을 적용할 수 있다」(동 3항). 제 4 항: 생략

(2) 규정의 분석

법 제 8 조 제 1 항 1호의 비교가능 제 3 자 가격법(the comparable uncontrolled price; CUP)을 적용하기 위해서는, 문제가 된 국외 특수관계인과의 거래와 동일한 종류의 재화 또는 용역에 관한 거래로서 거래에 관한 제반조건이 서로 유사하여 비교가능이 가능한 독립된 사업자간 거래가격("비교대상가격")이 별도로 존재하여야 하고, 그 거래가격("이전가격")이 비교대상가격과 제반 조건의 차이가 있는 경우에는 합리적인 방법으로 그 차이를 조정할 수 있어야 한다.

이전가격이 과세관청이 최대한 확보한 자료에 기해 합리적으로 산정한 정상가격과 차이를 보이는 경우, 비교대상가격이 신뢰할 만한 수치로서 정상가격 범위를 구성한다는 점 및 이전가격이 정상가격 범위 내에 있어 경제적 합리성이 있다는 점을 납세의무자가 입증하여야 한다.[1] 특수관계 없는 독립된 사업자간 거래가 국내거래라도 국제거래와 차이를 제거할 수 있으면 비교대상거래에 포함된다.[2]

2호의 재판매가격법(the resale price method)에서 말하는 '구매자의 통상의 이윤'이란 구매자가 특수관계 없는 자에게 자산을 판매한 금액에 판매기준 통상이익률

1) 판 2001. 10. 23, 99두3423. 평석은, 신동찬, "이전가격과세와 시장상황의 유사성", 조세법연구 8-2, 498면.

2) 판 2011. 10. 13, 2009두15357. 평석은, 김석환, 판례해설 2011(하), 136면. 관련 논의는, 오 윤, "이전가격과세상 비교가능성에 관한 연구", 조세법연구 13-3, 304면.

을 곱한 금액을 말한다. '판매기준 통상이익률'이란 구매자와 특수관계 없는 자와의 거래 중 당해 거래와 수행기능, 사용된 자산 및 부담한 위험의 정도가 유사한 거래에서 실현된 매출총이익률을 말한다(영 6조 1항). 특수관계 없는 자와의 거래로부터 적정하게 통상이익률을 산출할 수 없는 경우에는 특수관계 없는 자간의 제 3의 거래 중 당해 거래와 수행기능, 사용된 자산 및 부담한 위험의 정도가 유사한 거래에서 발생한 통상이익률을 판매기준 통상이윤율로 사용할 수 있다(동 2항).

재판매가격법은 통상이윤율 산정에 어려움이 있다. 비교가능한 이윤율이 없는 경우 여러 관련 요소를 고려하여야 하는데, 그 요소로는 재판매자가 단순한 도·소매업에 종사하는지, 아니면 수량을 구분하거나, 포장·광고·저장·운반·판촉·관련 서비스 등의 활동을 수행하고 있는지, 재판매자의 고유상표를 붙여 재판매하는지, 당초 거래시점과 재판매시점 사이의 기간은 어느 정도인지 등을 들 수 있다.

3호의 원가가산방법(the cost plus method)은 원가에 공급기업의 통상의 이윤을 가산한다는 점에서 재판매가격에서 수급기업의 통상의 이윤을 공제하는 재판매가격법과 상반된 접근방법을 취하고 있다. 원가가산법은 적용이 간편하고 산식화가 가능하며 자기가 가지고 있는 회계정보에 바탕을 두고 과세관청에 대하여 이전가격의 정당성을 용이하게 입증할 수 있는 장점이 있으나, '원가'나 '가산가액'의 인식에 불명확한 점이 많다는 점이 난점으로 지적된다. 원가에는 '실제원가'(actual cost), '표준원가'(standard cost) 및 '한계원가'(marginal cost)의 세 가지가 있다.

실제원가란 기업의 실제 거래가액이고, 표준원가란 기업이 예정하는 당위적 원가이며, 한계원가란 제조비용 중 고정비를 제외하고 변동비만을 계상한 원가개념이다. 다국적기업 실무에서는 실제원가에 의한 원가가산법이 가장 많이 통용된다.

4호의 거래순이익률방법(transactional net margin method)은 거래 결과인 '순이익'을 비교 대상으로 하는 특성상 다른 방법에 비해 품목이나 기능 차이에 대한 조정 필요성이 적으며, 실제 과세처분에서 가장 흔히 사용되는 방법이다. 앞의 방법들이 대상 거래내용을 기초로 정상가격을 발견하는 거래기준방법(transaction-based method)인데 반하여, 이 방법과 다음의 이익분할방법은 거래당사자인 관련기업들이 당해 거래로부터 얻은 이익을 바탕으로 정상가격을 도출하는 거래이윤방법(profit-based method)으로서 이는 '1995년 OECD 이전가격 지침'에서 제시한 내용을 채택한 것이다. 그 구체적인 내용은 시행령 제 8 조 제 1 항 참조.

관련판례로 과세처분이 위법하다고 본 것으로, ① 국내 자회사 甲이 독일 모회사로부터 ERP(전사적 자원관리) 시스템용 소프트웨어 판매권을 부여받아 국내에 판매하고 모회사에 사용료로 매년 매출액의 일정부분을 지급하여 온 것에 대하여, ERP 소프트웨어 연구개발과 제조, 판매활동 등을 직접 수행하면서 국내거래만을 수행한 국내업체의 영업이익률을 기준으로 사용료 정상가격을 산출한 것(판 2011. 8. 25, 2009두23945), ② 미국법인인 계열회사로부터 체중관리 및 영양제품 등을 구입하여 국내 다단계판매원에게 판매하는 내국법인에 대해 과세관청이 4개 업체를 비교대상업체로 선정하여 계산한 영업이익률을 기준으로 정상가격을 산출한 것에 대하여, 비교대상업체들은 원고와 취급제품의 종류 및 거래단계, 환율변동을 비롯한 경제여건 등에서 본질적 차이가 있음에도 합리적 조정이 이루어지지 않았다고 본 것[1] 등이 있다.

반면에, 홍콩법인 국내지점이 계열회사 및 비계열회사들로부터 액체화학제품을 구입, 판매한 것에 대하여, 과세관청이 산업용 기초화합물 등의 수입·판매업을 영위하는 7개 업체를 비교대상업체로 선정하여 계산한 영업이익률을 기준으로 정상가격을 산출하여 과세한 사안에서, 과세관청이 최선의 노력으로 확보한 자료에 기해 합리적으로 정상가격을 산출하였다면, 거래품목이나 비교대상업체와의 거래단계 등의 차이에 따른 조정을 하지 않았다는 이유만으로 잘못으로 볼 수 없다고 한 사례도 있어(판 2014. 9. 4. 2012두1747) 그 구분이 쉽지만은 않은 상황이다. 어쨌든 판례는 거래순이익률방법이 다른 정상가격 산출방법과 달리 상품의 차이나 거래단계 등 사업활동의 기능상 차이 등에 의한 영향이 적다는 점은 대체로 인정하고 있다.

5호의 이익분할방법(profit split method)의 내용은 시행령 제 9 조 제 1 항 참조.

판례는 내국법인인 원고가 조모(祖母)회사인 미국법인이 제조한 담배를 모회사인 홍콩법인으로부터 수입하여 국내도매상에게 판매한 거래와 관련하여, 미국법인의 영업이익을 한국 내 담배제조 및 판매업자 표준소득률을 기초로 제조분 이익과 도매분 이익으로 구분한 후 이 중 도매분 이익을 원고와 홍콩법인이 반분한 것으로 보고 원고의 영업이익을 산정한 처분을 정당하다고 보았다(판 1998. 7. 24. 97누19229).

6호와 관련하여, 나스닥 시장에 상장되지 않은 회사 주식의 일정기간 동안의 주가하락률을 미국 나스닥 시장에 상장된 법인의 주가하락률과 동일한 것으로 보아 정상가격을 산출한 것은 여기에 해당되지 않는다(판 2010. 2. 25, 2007두9839).

한편, 정상가격을 산출함에 있어서는, ① 비교가능성(comparability), ② 자료의 확보 및 이용가능성, ③ 설정가정의 현실적합성, ④ 자료 또는 가정에 대한 결함의

1) 판 2014. 8. 20, 2012두23341. 평석은, 최용환, 조세판례백선 3, 663면.

최소성, ⑤ 특수관계가 있는 자간의 거래와 정상가격 산출방법과의 적합성을 기준으로 가장 합리적인 방법을 선택하여야 한다(영 14조 1항. 'Best Method Rule').

시행령은 정상가격산출시 고려요소를 유형별로 정하고(영 11조 1항, 13조), 다국적기업의 그룹 내 용역제공 대가의 과세상 적정성 여부에 대한 판단기준도 마련하고 있다(영 12조).[1)]

다. 정상가격사전승인

납세자는 이전가격에 대한 분쟁을 예방하기 위해 정상가격산출방법을 사전에 국세청장으로부터 승인을 받을 수 있다(법 14조). 이를 정상가격사전승인(Advance Pricing Agreement; APA)이라고 하며, 정상가격의 산출방법에 대하여 납세자와 과세관청 사이에 미리 합의를 하여 분쟁을 사전에 예방하기 위한 제도이다.[2)]

정상가격사전승인제도는 국세청장이 조세조약 체약상대국과 상호합의절차를 거쳐 정상가격 산출방법의 사전승인 여부를 결정하는 방법(쌍무적 사전승인제도, bilateral APA)과 국세청이 단독으로 결정하는 방법(일방적 사전승인제도, unilateral APA) 두 가지가 있다. 후자는 이중과세 문제가 발생할 수 있으므로 가급적 상호합의에 의한 사전승인절차가 바람직하다. 다만 국세청은 ① 납세자가 정상가격 산출방법의 사전승인 신청시 상호합의절차를 요구하지 않은 경우, ② 상호합의가 불가능하여 정상가격 산출방법의 상호합의절차가 중단된 경우에는 상호합의절차에 의하지 않고도 정상가격 산출방법을 승인할 수 있다(법 14조 2항, 영 29조 1항).

신청은 정상가격산출방법을 적용하고자 하는 기간의 과세연도 중 최초의 과세연도 개시일 전날까지 할 수 있다(법 14조 1항).

거주자가 승인신청대상 기간 이전 과세연도에 대하여 정상가격 산출방법을 소급적용하여 줄 것을 신청하는 경우 국세청장은 국세기본법 제26조의2 제 1 항 단서에 따른 국세부과의 제척기간(일방적 사전승인의 경우에는 같은 법 제45조의2 제 1 항 각 호 외의 부분 본문에 따른 기한을 말한다)이 지나지 아니한 범위에서 이를 소급하여 적용하도록 승인할 수 있다(법 14조 3항).

이를 정상가격산출방법의 소급적용(rollback)이라 한다. 정상가격사전승인 신청은 관세 과세가격 결정방법의 사전심사와 동시신청이 가능하다(법 18조 1항).

---

1) 다국적기업의 구조조정과 관련하여 발생하는 이전가격문제에 관한 입법적 제안은, 남태현·안경봉, "다국적기업의 구조조정에 따른 조세문제", 조세법연구 17-1, 299면.

2) 관련 논의는, 안창남, "이전가격 사전승인제도 활성화 방안", 조세법연구 8-2, 103면.

라. 그 밖의 특칙

외국계법인 등이 국내 특수관계인과 무형자산을 공동개발하기로 하고 원가를 분담하는 경우 그 적정여부를 검증하기 위해 OECD 이전가격 과세지침을 반영하여 마련된 별도의 기준이 적용된다(법 9조 1항). 이를 '원가분담약정'이라고 한다.

여기의 무형자산이란 특허권, 실용신안권, 디자인권, 상표권 또는 서비스표권, 저작권, 그 밖에 설계, 모형 및 노하우 등 무형의 자산으로서 그 자체로 사용되거나 다른 사람에게 이전 또는 사용을 허락할 수 있는 것을 말한다(영 13조 1항).

위 규정에 따른 정상원가분담액은 거주자가 국외특수관계인 아닌 자와의 통상적인 원가·비용 및 위험부담 분담에 대한 약정에서 적용되거나 적용될 것으로 판단되는 분담액으로서, 무형자산 개발을 위한 원가 등을 그 무형자산에 대한 시행령 제17조 제 4 항에 따른 기대편익에 비례하여 배분한 금액으로 한다(법 9조 2항).[1] 천재지변이나 그 밖의 불가항력적인 사유로 원가 등이 당초 약정대로 분담되지 못하였다고 인정되는 경우에는 해당 사유를 고려하여 재산정한 금액을 정상원가분담액으로 할 수 있다(동항 단서).

과세당국은 거주자가 국외특수관계인과 공동개발한 무형자산에 대해 적정하게 원가 등을 배분하여 각 참여자 지분을 결정한 후 공동개발한 무형자산으로부터 기대되는 편익이 처음 약정 체결 시 예상치보다 20% 이상 증가하거나 감소한 경우 원래 결정된 각 참여자 지분을 변동된 기대편익을 기준으로 조정하여 거주자의 과세표준과 세액을 결정·경정할 수 있다(동 3항, 영 18조 1항).

국세의 정상가격 산출방법과 관세의 과세가격 결정방법에 관하여는 사전조정 절차가 마련되어 있다. 그 내용은 법 제18조 제 1 항 내지 제 4 항 참조.

거주자가 국외특수관계인이 아닌 자와 국제거래를 할 때에도, 1. 거주자와 국외특수관계인 간에 해당 거래에 대한 사전계약(거래와 관련된 증거에 의해 사전에 실질적인 합의가 있는 것으로 인정되는 경우 포함)이 있고, 2. 거래조건이 해당 거주자와 국외특수관계인 간에 실질적으로 결정되는 경우 국외특수관계인과 국제거래를 하는 것으로 보아 그 거래에 대해 제 6 조부터 제 9 조까지 적용한다(법 10조).

과세당국은 국제거래가격이 정상가격과 다른 경우에도 같은 국외특수관계인과의 같은 과세연도 내 다른 국제거래를 통해 사전에 차액에 관한 상계합의를 하고

1) 관련 논의는, 하선희, "원가분담약정의 정상원가분담액에서 제외되는 무형자산의 사용대가 규정에 관한 고찰", 조세법연구 19-2, 435면. 이연우, "원가분담약정의 실무상 쟁점", 국제조세연구(Young IFA Network Korea, 2021) 35면.

거주자가 거래내용과 사실을 증명하는 때에는 상계되는 모든 국제거래를 하나의 국제거래로 보아 제 6 조부터 제 8 조까지의 규정을 적용한다(법 11조 1항). 다만 그 상계거래에 있어서 어느 하나의 거래가 법인세법 및 소득세법상 원천징수 대상이 될 때에는 상계거래가 없는 것으로 보아 해당 원천징수 규정을 적용한다(동 2항).

정상가격에 의한 세무조정을 하여 익금에 산입되는 금액이 국외특수관계인으로부터 내국법인에 반환된 것임이 확인되지 않는 금액은 배당으로 처분하거나 출자로 조정한다(법 13조 1항). 과세당국은 반환여부를 확인하기 전까지 임시유보로 처분하고 임시유보처분통지서에 의해 거주자에게 통지하여야 한다(영 24조 1·2항).

국제거래의 상대방인 국외특수관계인이, ① 내국법인의 주주인 경우 배당, ② 내국법인이 출자한 법인인 경우 출자의 증가, ③ 그 밖의 특수관계인의 경우에는 배당으로 각각 소득처분한다(영 24조 1항).

체약상대국이 거주자와 국외특수관계인의 거래가격을 정상가격으로 조정하고, 이에 대한 상호합의절차가 종결된 경우에는 과세당국은 그 합의에 따라 거주자의 각 과세연도 소득금액 및 결정세액을 조정하여 계산할 수 있다(법 12조 1항).

관세법에 따른 세관장의 경정처분으로 인하여 관세의 과세가격과 신고한 과세표준 및 세액의 산정기준이 된 거래가격 간에 차이가 발생한 경우에는 별도의 경정청구 제도가 마련되어 있다. 그 내용에 관하여는 법 제19조 내지 제20조 참조.

국외특수관계인과 국제거래를 행하는 납세의무자의 국제거래정보 통합보고서 및 국제거래명세서 제출의무에 관하여는 법 제16조 및 영 제34조, 제35조 참조.

제 5 절 국외지배주주 등에게 지급하는 이자에 대한 과세조정

1. 의 의

법인소득 계산상 타인자본에 대한 지급이자는 원칙적으로 손금으로 공제되지만 자기자본에 대한 배당은 손금으로 공제되지 않기 때문에 법인은 주주로부터 필요한 자금을 조달함에 있어 법인세 부담을 감소시키기 위하여 출자 혹은 증자 대신에 차입을 하려는 경향이 있다. 이것이 소위 과소자본(thin capitalization)의 문제로서, 특별히 대규모 재벌 기업의 경우에 문제되는 경우가 많다. 이에 대처하기 위하여 세계 각국은 여러 가지 형태로 차입금을 규제한다. 예컨대 미국이나 독일은 국내법상 조치로서 일정한 경우 법인의 주주로부터의 차입을 출자로 간주하여 그에 관한 지급이자를 손금에 산입하지 않도록 하고 있다. 그런데 이와 동일한 문제는 국제거래에서도 발생한다. 즉, 외자계열 법인은 외국 모회사로부터 자금을 조달하는 경우 차입을 선택함으로써 비용을 증가시켜 소득금액을 감소시키고 그 결과 자회사 소재지국의 법인세수를 감소시킨다. 이와 같은 국제적 조세회피에 대처하기 위해 1986년에 OECD 보고서가 발표되고, 이를 바탕으로 일본을 비롯한 여러 선진국들은 일정한 요건과 범위 내에서 자국의 내국법인이 외국의 모회사에 지급하는 차입금 이자의 손금산입을 부인하는 특별 규정을 마련하고 있다.

2. 우리 법의 규정과 해석

가. 법령의 규정[1)]

[제22조(출자금액 대비 과다차입금 지급이자의 손금불산입)] ① 이 절에서 "국외지배주주"란 내국법인이나 외국법인의 국내사업장을 실질적으로 지배하는 다음 각 호의 구분에 따른 자를 말하며 그 세부 기준은 대통령령으로 정한다.

1. 내국법인의 경우: 다음 각 목의 어느 하나에 해당하는 자

가. 외국의 주주·출자자("외국주주") **나**. 가목의 외국주주가 출자한 외국법인

2. 외국법인의 국내사업장의 경우: 다음 각 목의 어느 하나에 해당하는 자

가. 그 외국법인의 본점 또는 지점 **나**. 그 외국법인의 외국주주 **다**. 그 외국법인과 나목의 외국주주가 출자한 다른 외국법인

② 내국법인(외국법인의 국내사업장을 포함한다)의 차입금 중 다음 각 호의 금액을 합한 금액이 해당 국외지배주주가 출자한 출자금액의 2배를 초과하는 경우에는 그 초과분에 대한 지급이자 및 할인료("이자등")는 그 내국법인의 손금에 산입하지 아니하며 대통령령으로 정하는 바에 따라 법인세법 제67조에 따른 배당 또는 기타사외유출로 처분된 것으로 본다. 이 경우 차입금의 범위와 출자금액 및 손금에 산입하지 아니하는 금액의 산정방법은 대통령령으로 정한다.

1. 국외지배주주로부터 차입한 금액 **2.** 국외지배주주의 국세기본법 제 2 조 제20호 가목 또는 나목에 따른 특수관계인으로부터 차입한 금액 **3.** 국외지배주주의 지급보증(담보의 제공 등 실질적으로 지급을 보증하는 경우를 포함한다)에 의하여 제 3 자로부터 차입한 금액

1) 별도로 논의되지 않는 법 제22조 제 3 항 내지 제 6 항, 제23조 제4항 및 제5항, 제25조 제4항, 제26조(지급이자의 손금불산입 적용 순서)] 제1항 내지 제3항은 법령의 기재를 생략한다.

[제23조(제 3 자 개입 차입 거래)] 내국법인이 국외지배주주가 아닌 자로부터 차입한 금액이 다음 각호의 요건을 모두 갖춘 경우에는 국외지배주주로부터 직접 차입한 금액으로 보아 제22조를 적용한다. 다만 내국법인이 국외지배주주가 아닌 국외특수관계인으로부터 차입한 경우에는 제 2 호의 요건만 갖추어도 제22조를 적용한다.

1. 해당 내국법인과 국외지배주주 간에 그 차입에 대한 사전계약(차입과 관련된 증거에 따라 사전에 실질적인 합의가 있는 것으로 인정되는 경우를 포함한다)이 있을 것

2. 해당 내국법인과 국외지배주주 간에 그 차입의 조건이 실질적으로 결정될 것

[제24조(소득 대비 과다 지급이자의 손금불산입)] ① 이 조에서 사용하는 용어의 뜻은 다음과 같다.

1. "순이자비용"이란 국외특수관계인에게 지급한 이자등에서 국외특수관계인으로부터 받은 이자수익을 뺀 금액을 말한다.

2. "조정소득금액"이란 감가상각비와 순이자비용을 빼기 전 소득금액을 말한다.

② 내국법인이 국외특수관계인으로부터 차입한 금액에 대한 순이자비용이 조정소득금액의 30퍼센트를 초과하는 경우에는 그 초과하는 금액은 손금에 산입하지 아니하며 법인세법 제67조에 따른 기타사외유출로 처분된 것으로 본다.

③ 제 2 항은 금융업 및 이와 유사한 업종 등을 하는 내국법인으로서 대통령령으로 정하는 내국법인에는 적용하지 아니한다.

[제25조(혼성금융상품 거래에 따른 지급이자의 손금불산입)] ① 이 조에서 "혼성금융상품"이란 자본 및 부채의 성격을 동시에 갖고 있는 금융상품으로서 대통령령으로 정하는 금융상품을 말한다.

② 내국법인이 국외특수관계인과의 혼성금융상품 거래에 따라 지급한 이자등 중 대통령령으로 정하는 기간("적정기간") 이내에 그 거래 상대방이 소재한 국가에서 거래 상대방의 소득에 포함되지 아니하는 등 과세되지 아니한 금액은 적정기간 종료일이 속하는 사업연도의 소득금액을 계산할 때 대통령령으로 정하는 바에 따라 익금에 산입하며 법인세법 제67조에 따른 기타사외유출로 처분된 것으로 본다. 이 경우 내국법인은 대통령령으로 정하는 바에 따라 계산한 이자 상당액을 적정기간 종료일이 속하는 사업연도의 법인세에 더하여 납부하여야 한다.

③ 제 2 항 전단에 따라 익금에 산입하는 내국법인은 대통령령으로 정하는 바에 따라 혼성금융상품 거래에 관한 자료를 적정기간 종료일이 속하는 사업연도를 기준으로 하여 법인세법 제60조 제 1 항 및 제76조의17 제 1 항에 따른 신고기한까지 납세지 관할 세무서장에게 제출하여야 한다.

나. 법령의 해석

제22조 제 2 항 제 3 호 괄호에서 실질적인 지급보증을 포함한 취지는, 자금차입 시 본사나 모법인의 지급보증서 대신 차입금 상환에 협조하겠다는 서신(Comfort Letter) 등을 이용하여 과소자본세제를 회피하는 것에 대응하여 법적 변제의무를 떠나 사실상 국외지배주주가 자금 차입절차에 개입하는 것을 규제하기 위한 것이다.

국외지배주주와 내국법인 사이의 출자관계 태양에 따른 납입자본금비율의 산정에 관하여는 시행령 제47조 제 3 항 참조. 국외지배주주의 출자지분에 대한 차입금의 배수는 업종별로 구분하여 따로 대통령령으로 정하는데(법 22조 3항), 시행령은 금융업에 관하여 그 배수를 6배로 정하고 있다(영 50조).

국외지배주주의 출자금액에 대한 차입금 배수가 2배를 초과하는 내국법인은 관련 자료를 법인세 신고기한 내에 과세당국에 제출하여야 한다(영 51조 1항).

제25조는 국가 간 조세제도 차이를 통한 조세회피를 방지하기 위한 것이다.

외국법인 국내지점의 외국 본점으로부터의 차입금이 법정 기준을 초과하는 경우 그 초과부분은 우리 국조법상 법인세법 제67조에 따른 배당으로 국내원천소득이 되나, 해당 금원이 우리나라와 해당 국가와의 조세조약상 배당소득이 아닌 이자소득으로 취급되는 경우 조세조약이 우선 적용되므로 그에 따라 원천지국의 과세권 유무나 적용되는 제한세율 등을 결정하여야 한다.[1]

3. 간주자본세제에 관한 논의

과소자본세제와 별도로 법인세법은 외국법인이 국내에 지점을 설치할 때에 국내법인의 자본금 계정상의 금액이 법 소정의 '자본금 추산액'에 미달하는 경우에 국내지점이 해외 본점 또는 지점에게 지급하는 이자 중 그 미달하는 금액에 상당하는 지급이자를 부인하는 '간주자본세제'를 두고 있다(법인세법시행령 129조의3).

간주자본세제와 과소자본세제 규정이 동시에 적용되는 경우 손금불산입액이 큰 쪽으로 과세한다(같은 조 3항).[2]

---

1) 판 2018. 2. 28, 2015두2710. 평석은, 임재혁, 조세실무연구 10, 204면.

2) 간주자본세제는 내용이 시행령에 규정되어 있을 뿐 아니라 본점과 지점의 자본구조가 같다는 것을 전제하고 있어 내용상 불합리하며 과소자본세제와 입법목적도 같으므로 폐지하거나 과소자본세제와 통합함이 옳다는 지적이 있다. 김재승, "간주자본세제의 타당성", 조세법연구 25-1, 7면.

제 6 절 조세피난처(tax haven) 대책세제

1. 의 의

조세피난처(tax haven)란 법인의 소득 혹은 법인의 특정종류의 소득에 대한 세 부담이 전혀 없거나 혹은 극단적으로 낮은 국가 또는 지역을 가리킨다.

근래에 들어 세계 각국의 기업들이 조세피난처에 자회사('기지회사')를 설립하고 이를 통해 국제적 경제활동을 행하는 방법으로 세 부담의 회피 또는 경감을 도모하는 경향이 두드러지고 있다. 국내기업이 해외지점을 설치하여 사업활동을 행하는 경우 지점의 소득은 거주지국의 소득세 또는 법인세 과세대상이 되지만 해외에 자회사를 설립하여 사업활동을 하게 되면 자회사의 소득은 국내 모회사에 배당되지 않는 한 국내 법인세 과세대상이 아니므로 이를 통해 세 부담의 회피 혹은 경감을 도모하는 것이다. 예컨대 우리나라 기업이 외국기업에 특허권 사용을 부여하는 경우 직접적으로 상대방과 계약을 체결한 경우에는 상대방으로부터 받은 사용료에 대하여 상대적으로 세율이 높은 우리나라의 소득세나 법인세가 부과되나 조세피난처에 자회사를 설립하여 특허권을 현물출자하고 그 자회사가 외국기업에 특허권 사용을 허락하는 경우 자회사가 이익을 내부에 유보하고 우리나라 모회사에 배당하지 않는다면 사용료소득은 우리나라 세 부담을 면하게 되어 조세피난처 국가의 낮은 세 부담이나 면세혜택을 입게 된다.

일반적으로 조세피난처에서 법인을 설립하는 일은 극히 용이하고 해당 법인(tax haven corporation)은 독자의 사업소라든가 인적 구성원을 가지지 않고 단지 모기업과 그 거래선과의 도관으로 이용되는 경우가 많다.

조세피난처의 이용형태로는, 기지회사 설립 이외에도 전용보험회사(captive insurance company)의 설립, 해상운송업에 있어서 편의치적(flags of convenience), 국제금융회사나 인적용역회사의 설립 등을 들 수 있다. 현재 국제적인 조세피난처로 공식지정된 국가는 없으나 사실상 조세피난처는 전 세계에 걸쳐 30여 개 지역에 이르며 계속 증가하고 있다. 자본이 중과세지역에서 경과세지역으로 이동하는 것은 당연한 현상이지만 세수의 확보, 과세의 형평, 자본이동의 조세중립성 확보 등의 차원에서 대부분 나라에서 조세피난처에 대한 대응조치를 취하고 있다. 그와 같은 대응조치의 가장 중요한 내용은 아래에서 보는 피지배외국법인세제에 관한 것이다.

2. 우리 법의 규정과 해석

가. 관련 규정 및 의의

[제27조(특정외국법인의 유보소득 배당간주)] ① 다음 각 호의 요건을 모두 충족하는 외국법인("특정외국법인")에 대하여 내국인이 출자한 경우에는 특정외국법인의 각 사업연도 말 현재 배당 가능한 유보소득 중 내국인에게 귀속될 금액은 내국인이 배당받은 것으로 본다.

1. 본점, 주사무소 또는 실질적 관리장소를 둔 국가 또는 지역에서의 실제부담세액이 [외국법인의 실제발생소득 × 법인세법 제55조에 따른 세율 중 최고세율의 70%]에 따라 산출한 금액 이하일 것,

2. 해당 법인에 출자한 내국인과 특수관계(제 2 조 제 1 항 제 3 호 가목의 관계에 해당하는지를 판단할 때에는 내국인의 친족 등 대통령령으로 정하는 자가 직접 또는 간접으로 보유하는 주식을 포함한다)에 있을 것.

② 제 1 항을 적용받는 내국인의 범위는 특정외국법인의 각 사업연도 말 현재 발행주식의 총수 또는 출자총액의 10퍼센트 이상을 직접 또는 간접으로 보유한 자로 한다. 이 경우 발행주식의 총수 또는 출자총액의 10퍼센트를 판단하는 경우에는 국세기본법 제 2 조 제20호 가목 및 나목에 따른 내국인의 특수관계인이 직접 보유하는 발행주식 또는 출자지분을 포함한다. ③ 내국인이 외국신탁(외국의 법령에 따라 설정된 신탁으로서 법인세법 제 5 조 제 2 항 각 호의 어느 하나에 해당하는 신탁과 유사한 것을 말한다)의 수익권을 직접 또는 간접으로 보유하고 있는 경우에는 신탁재산별로 각각을 하나의 외국법인으로 보아 제 1 항 및 제 2 항을 적용한다. ④ 생략

위 규정은 피지배외국법인 규제(controlled foreign corporation)에 관한 미국의 Subpart F(IRC 951조 - 964조)를 기본으로 마련한 것이다. 제도의 핵심 내용은 소득의 역외유보를 통한 조세회피의 규제에 있는데, 자칫 내국법인의 해외시장 경쟁력을 저해할 위험이 있다. 이에 따라 일반적으로 조세피난처의 외국자회사에 유보된 소득을 대주주의 배당소득으로 간주하여 합산과세를 하면서도 외국자회사의 능동적 소득은 과세에서 제외하고 있다. 원래 이 제도는 미국에서 자국기업의 해외진출을 억제할 필요성에 따라 도입된 것이므로 다른 국가가 이를 도입함에 있어서는 자국의 경제사정을 잘 살펴볼 필요가 있다. 우리나라의 경우 OECD 가입과정에서 위 제도가 전격적으로 도입되었으나 제도의 징벌적 성격으로 인하여 국내기업의 해외진출에 걸림돌이

된다는 지적이 많았다. 후술하는 해외지주회사에 대한 적용 제외규정은 이를 완화하기 위한 규정이다.[1]

나. 특정외국법인의 유보소득 배당간주 적용의 배제 및 그 예외

(1) 규정의 내용

[제28조(특정외국법인의 유보소득 배당간주 적용의 배제)] 특정외국법인이 다음 각 호의 어느 하나에 해당하는 경우에는 제27조를 적용하지 아니한다.

1. 특정외국법인의 각 사업연도 말 현재 실제발생소득이 대통령령으로 정하는 금액 이하인 경우 2. 특정외국법인이 소재한 국가 또는 지역에 사업을 위하여 필요한 사무소, 점포, 공장 등의 고정된 시설을 가지고 있고, 그 법인이 스스로 사업을 관리하거나 지배 또는 운영을 하며, 그 국가 또는 지역에서 주로 사업을 하는 경우

3. 특정외국법인이 대통령령으로 정하는 요건에 따라 주식의 보유를 주된 사업으로 하면서 그 특정외국법인("해외지주회사")이 다음 각 목의 요건을 모두 갖추어 자회사(대통령령으로 정하는 요건을 모두 갖춘 외국법인을 말한다)의 주식을 보유하고 있는 경우 **가.** 해외지주회사가 모든 자회사의 주식을 그 자회사의 배당기준일 현재 6개월 이상 계속하여 보유하고 있을 것 **나.** 해외지주회사가 가목의 요건을 갖추어 주식을 보유하고 있는 자회사로부터 받은 이자소득, 배당소득 등을 고려하여 다음 계산식에 따라 계산한 소득금액비율이 각 사업연도 말 현재 대통령령으로 정하는 비율 이상일 것. 산식: 생략.

[제29조(특정외국법인의 유보소득 배당간주의 예외적 적용)] ① 제28조 제 2 호에 따라 제27조를 적용받지 아니하는 특정외국법인의 경우에도 다음 각 호의 어느 하나에 해당하는 경우에는 제27조를 적용한다. 다만 제 1 호 가목에 해당하는 도매업을 하는 특정외국법인이 같은 국가등에 있는 특수관계가 없는 자에게 판매하는 경우로서 대통령령으로 정하는 요건을 갖춘 경우에는 제27조를 적용하지 아니한다.

1. 통계법 제22조에 따라 통계청장이 작성·고시하는 한국표준산업분류에 따른 다음 각목의 업종을 하는 특정외국법인으로서 대통령령으로 정하는 요건에 해당하는 법인

가. 도매업 **나.** 금융 및 보험업 **다.** 부동산업 **라.** 전문, 과학 및 기술 서비스업(건축 기술, 엔지니어링 및 관련 기술 서비스업은 제외한다) **마.** 사업시설관리, 사업지원 및 임대서비스업

2. 다음 각 목의 행위를 주된 사업으로 하는 법인. 이 경우 주된 사업의 판단기준은 대통령령으로 정한다.

---

1) 관련 논의는, 백제흠, "소득의 역외유보를 통한 조세회피의 법적 구조", 조세법연구 11-2, 344면. "특정외국법인세제의 주요 논점과 적용의 실제", 조세실무연구 7, 3면. "해외지주회사의 과세문제", 조세법연구 15-2, 316면. 최영열, 앞 논문, 265면 각 참조.

가. 주식 또는 채권의 보유 **나.** 지식재산권의 제공 **다.** 선박·항공기·장비의 임대 **라.** 투자신탁 또는 기금에 대한 투자

② 제28조 제 2 호 또는 이 조 제 1 항 각 호 외의 부분 단서에 따라 제27조를 적용받지 아니하는 특정외국법인의 경우에도 다음 각 호의 소득("수동소득")이 대통령령으로 정하는 기준을 갖출 때에는 해당 소득에 대하여 제27조를 적용한다.

1. 제 1 항 제 2 호 각 목의 행위에서 발생하는 소득 **2.** 제 1 항 제 2 호 각 목의 행위에서 발생하는 소득과 관련된 자산(괄호생략)의 매각손익

(2) 규정의 해석

일반적으로 특정외국법인세제 적용대상과 관련하여, 소득을 경제적 성질별로 수동적 소득, 능동적 소득, 조건부 능동소득 내지 기지회사소득 등으로 구분한다. 이 중 '능동적 소득'은 특정외국법인이 본래의 산업활동이나 상업활동에 종사하여 얻은 소득을 말한다. 이에 해당하려면 조세피난처에 사업이 실재하여야 하며 사업내용이 현지시장과 관련되어 있어야 한다.

'수동적 소득'은 통상 유가증권 등 수동적 자산의 보유로부터 나오는 투자소득을 의미한다. 이는 국내과세를 회피 내지 연기하기 위하여 조세피난처에 소재하는 특정외국법인에 쉽게 이전될 수 있는 특성을 갖는다. 이자소득, 임대료와 사용료소득, 배당소득, 자본이득 등이 그 예이다.

조건부 능동소득, 중간적 소득 내지 기지회사 소득은 기지회사가 조세피난처 밖에서 수행한 영업이나 투자활동으로 획득한 소득으로서 외형상 능동적 소득에 해당하나 인위적으로 기지회사에 이전된 소득이다. 이 경우 기지회사 소득은 형식적 자본출자로 설립된 기지회사에 관계회사 소득을 이전하는 방식으로 얻어진다.

특정외국법인세제의 과세방식으로는, 1) 거래기준 방식과 2) 조세피난처기준 방식이 있는데, 1)의 경우 수동소득과 일부 조건부 능동소득을 과세대상으로 삼고, 2)의 경우 그 적용범위는 2)의 기준에 따르지만 과세대상소득의 범위는 다시, ⅰ) 소득구분별로 정하는 경우와 ⅱ) 법인별로 정하는 경우로 나뉘고, 전자의 경우에는 마찬가지로 수동소득과 일부 조건부 능동소득을 과세대상으로 삼는다. 법인기준의 경우 조세피난처 특정외국법인의 모든 소득을 국내주주에게 귀속시키지만 전체소득에서 능동적 사업소득이 차지하는 비중이 크면 특정외국법인의 모든 소득을 적용대상에서 제외하게 된다. 반대로 특정외국법인의 일부 능동소득이 있더라도 수동적 소득 내지 기지회사 소득의 비중이 크면 회사의 전체 소득이 적용대상이 된다. 이 가운데 우리 법은 기본적으로 2)의 ⅰ) 방식을 택하고 있다.

(3) 배당 가능한 유보소득 및 배당간주금액의 산출

법 제27조 제 1 항에 따라 내국인이 배당받은 것으로 보는 금액("배당간주금액")은 다음 계산식에 따른 금액으로 한다(법 30조).

> 특정외국법인의 각 사업연도 말 현재 배당 가능한 유보소득×해당 내국인의 특정외국법인 주식 보유비율

제 1 항에도 불구하고 제29조 제 2 항을 적용하는 경우의 배당간주금액은 다음 계산식에 따른 금액으로 한다(동 2항).

> 특정외국법인의 각 사업연도 말 현재 배당 가능한 유보소득×
>
> 해당 내국인의 특정외국법인 주식 보유비율 × $\dfrac{\text{수동소득의 합계금액} - \text{대통령령으로 정하는 금액}}{\text{특정외국법인의 총수입금액}}$

배당가능유보소득은 거주지국 회계원칙에 의해 산출하나, 우리나라 기업회계기준과 현저히 다른 경우 우리나라 기업회계원칙에 의한다(같은 항 단서). 그 요건에 대한 주장책임은 이를 주장하는 납세의무자에게 있다(판 2017. 3. 16, 2015두55295).

배당으로 간주되는 금액의 산정방식은 시행령 제64조 제 1 항 내지 4항 참조.

배당가능 유보소득은 특정외국법인마다 개별적으로 산정하고, 배당가능 유보소득을 산정할 때 최소금액을 각각 공제해야 한다(판 2016. 2. 18, 2015두1243).

국내기업의 해외진출에 따르는 부담을 최소화하기 위해 지주회사형태로 진출하는 정상적 해외투자에 대해서는 조세피난처 세제의 적용을 배제하는 특례규정이 마련되어 있다. 그 내용에 관하여는 법 제28조 제 3 호, 시행령 제64조 제 3 항 참조.

해외지주회사의 경우 시장의 정보 부족 등으로 인하여 투자자 입장에서 국내시장보다 위험관리가 더 중요하고, 이에 따라 자회사 투자위험을 지주회사 출자지분 범위 내로 줄일 수 있는 해외지주회사의 유용성이 보다 강조된다. 피지배외국법인세제 특례규정은 해외지주회사의 위와 같은 특성을 감안하여 마련된 규정이다.

배당간주금액은 특정외국법인의 사업연도 종료일 다음 날부터 60일이 되는 날이 속하는 내국인의 과세연도의 익금 또는 배당소득에 산입한다(법 31조).

이후 특정외국법인이 유보소득을 실제로 배당(법법 16조에 따른 배당금 또는 분배금 포함)한 경우에는 법인세법 제18조 제 2 호에 따라 익금에 산입하지 아니하는

소득으로 보거나 소득세법 제17조 제 1 항에 따른 배당소득에 해당하지 아니하는 것으로 본다(법 32조 1항).

제31조에 따라 배당간주금액이 내국인의 익금등으로 산입된 후 그 내국인이 해당 특정외국법인 주식을 양도한 경우에는 양도차익을 한도로 다음 계산식에 따른 금액(그 금액이 영(零) 이하인 경우에는 영으로 본다)을 법인세법 제18조 제 2 호에 따라 익금에 산입하지 않는 소득으로 보거나 소득세법 제94조 제 1 항 제 3 호 다목에 따른 양도소득에 해당하지 않는 것으로 본다(동 2항).

> (양도한 주식에 대한 배당간주금액의 합계에 상당하는 금액) − (양도한 주식에 대하여 실제로 배당한 금액)

(4) 외국납부세액의 공제 및 경정청구

특정외국법인이 내국인에게 실제로 배당을 지급할 때에 외국에 납부한 세액이 있는 경우 제31조에 따라 익금등에 산입한 과세연도의 배당간주금액은 국외원천소득으로 보고, 실제 배당 시 외국에 납부한 세액은 제31조에 따라 익금등에 산입한 과세연도에 외국에 납부한 세액으로 보아 법인세법 제57조 제 1 항, 제 2 항 또는 소득세법 제57조 제 1 항, 제 2 항을 적용한다(법 33조 1항).

제 1 항을 적용받으려는 자는 실제로 배당을 받은 과세연도의 소득세 또는 법인세 신고기한으로부터 1년 이내에 대통령령으로 정하는 바에 따라 납세지 관할 세무서장에게 경정을 청구할 수 있다(동 2항).

제31조에 따라 익금등에 산입한 배당간주금액은 법인세법 제57조 제 4 항을 적용할 때 이를 익금등에 산입한 과세연도의 수입배당금액으로 본다(동 3항).

다. 국외투과단체에 귀속되는 소득에 대한 과세특례

(1) 규정의 내용

[제34조의2(국외투과단체에 귀속되는 소득에 관한 과세특례)] ① 이 조에서 “국외투과단체”란 다음 각 호의 요건을 모두 충족하는 단체를 말한다.

1. 법인세법 제 2 조 제 3 호의 외국법인, 같은 법 제93조의2의 국외투자기구 또는 국세기본법 제13조 제 1 항에 따른 법인 아닌 단체와 유사한 단체로서 국외에서 설립된 단체(“외국법인등”)일 것

2. 외국법인등이 설립되었거나 외국법인등의 본점 또는 주사무소가 소재하는 국가의 세법에 따라 그 외국법인등의 소득에 대하여 해당 외국법인등이 아닌 외국법인등의 주주, 출자자 또는 수익자(“출자자등”)가 직접 납세의무를 부담할 것

② 국외투과단체의 출자자등에 해당하는 대통령령으로 정하는 거주자 또는 내국법인이 제 3 항에 따라 이 조에서 규정하는 과세특례("국외투과단체과세특례")의 적용 신청을 한 경우 국외투과단체에 귀속되는 소득은 그 출자자등에게 귀속되는 소득으로 보아 소득세법 또는 법인세법을 적용한다. 제 3 항 내지 제10항: 생략

(2) 규정의 해석

이는 국내 투자자가 해외에서 과세 실체로 보지 않는 파트너십(Partnership) 등의 형태로 투자한 경우 국내에서도 해당 파트너십 등의 단체를 국외투과단체로 보아 과세실체로 인정하지 않고 그 출자자에게 귀속되는 소득으로 보아 직접 과세할 수 있도록 함으로써 국가간 과세단체 인정이 달라지는 것을 이용한 조세회피를 방지하기 위한 규정이다. 법인세법은 외국법인이 국외투자기구를 통하여 국내원천소득을 지급받는 경우에는 그 외국법인을 국내원천소득의 실질귀속자로 보는 규정을 두고 있는데(법법 93조의2 1항 참조), 이를 국내투자자에게까지 확대한 것이다.

제 7 절 국제적 재산이전과 상속·증여세

1. 총 론

국제조세를 국제소득세제, 국제소비세제, 국제재산세제로 나눈다면 국제제산세제의 대표적 규정이 주로 국제상속이나 증여에 대한 상증세법 규정이라고 할 수 있다. 이는 국제적 재산의 보유와 이전에 관한 세제로서 소득세제에 비해 현재로서는 그 과세사례가 많지 않아 실무상 본격적으로 문제되고 있지는 않다.

비거주자와 비영리외국법인은 거주자의 사망으로 취득하는 모든 상속재산과 비거주자의 사망으로 취득하는 국내에 있는 모든 상속재산에 대한 상속세 납부의무를 부담하고(상증세법 3조, 3조의2 1항), 증여세 과세대상이 되는 국내에 있는 모든 재산에 대한 증여세 납부의무를 부담한다(상증세법 4조의2 1항 2호).

반면, 영리외국법인이 상속·증여로 재산을 취득하는 경우 상속세나 증여세 대신 기타소득으로 법인세가 부과된다(법인세법 93조 10호 다목). 우리나라가 체결한 조세조약은 대부분 OECD 모델조세협약에 따라 기타소득을 거주지국에서만 과세하도록 하고 있어 국내사업장에 귀속되지 않은 한 상속·증여로 취득한 재산에 관하여 영리외국법인에게 법인세가 과세되는 경우는 많지 않을 것이다.

상속과세는 국제소득과세와의 충돌이 주로 문제 된다. 양쪽 모두 특정국가의 거주자를 누구로 보아야 하는가가 문제되나, 국제소득과세는 소득 원천지가 문제되는데 반하여 국제상속과세는 상속재산 소재지가 문제된다는 점에 차이가 있다.[1)]

2. 국외 증여에 대한 증여세 과세특례

[제35조(국외 증여에 대한 증여세 과세특례)] ① 이 절에서 사용하는 용어의 뜻은 다음과 같다.

1. "거주자"란 상속세 및 증여세법 제 2 조 제 8 호에 따른 거주자를 말하며, 본점이나 주된 사무소의 소재지가 국내에 있는 비영리법인을 포함한다.

2. "비거주자"란 상속세 및 증여세법 제 2 조 제 8 호에 따른 비거주자를 말하며, 본점이나 주된 사무소의 소재지가 국내에 없는 비영리법인을 포함한다.

② 거주자가 비거주자에게 국외에 있는 재산을 증여(증여자의 사망으로 효력이 발생하는 증여는 제외한다)하는 경우 그 증여자는 이 법에 따라 증여세를 납부할 의무가 있다.

③ 제 2 항에도 불구하고 다음 각 호의 요건을 모두 갖춘 경우에는 증여세 납부의무를 면제한다.

1. 수증자가 증여자의 국세기본법 제 2 조 제20호에 따른 특수관계인이 아닐 것

2. 해당 증여재산에 대하여 외국의 법령에 따라 증여세(실질적으로 같은 성질을 가지는 조세를 포함한다)가 부과될 것. 이 경우 세액을 면제받은 경우를 포함한다.

④ 제 2 항을 적용할 때 증여재산의 가액은 해당 재산이 있는 국가의 증여 당시 현황을 반영한 시가에 따르되, 시가의 산정에 관한 사항은 대통령령으로 정한다. 다만 시가를 산정하기 어려운 경우에는 해당 재산의 종류, 규모, 거래 상황 등을 고려하여 대통령령으로 정하는 방법에 따른다. ⑤ 제 2 항을 적용할 때 외국의 법령에 따라 증여세를 납부한 경우에는 대통령령으로 정하는 바에 따라 그 납부한 증여세에 상당하는 금액을 증여세 산출세액에서 공제한다. 제6항: 생략

상증세법에 따라 증여의제되는 명의신탁은 위 규정이 적용되는 국외 증여에 포함되지 않으므로 구 국조법 제21조 제 1 항에 의해 증여세를 부과할 수 없다.[2)]

---

1) 국제상속과세에 관하여는, 백제흠, 조세법연구 13-3, 229면. 김해마중, 조세법연구 26-1, 215면.
2) 판 2018. 6. 28, 2018두35025. 관련 논의는, 김우택, "증여세의 국제적 이중과세의 완화", 조세법연구 3, 223면. 이상우, 이종명, "국제조세조정에 관한 법률 제21조의 해석에 대한 쟁점 연구", 조세실무연구 9, 62면.

제 8 절 조세정보교환

1. 의 의

금융기법의 발달과 전자통신의 활성화 등으로 자국 내 과세자료만으로는 거주자의 전세계소득(worldwide income)에 대한 과세가 불가능해짐에 따라 OECD모델 조세협약 회원국들을 중심으로 국제적인 조세회피 및 해외 자금도피를 방지하기 위해 금융정보교환을 활성화하고 국가 간 금융정보교환에 대한 제도적 장애물을 제거하기 위한 노력이 지속적으로 경주되어 왔다. 그 구체적 방안으로 OECD는 2000. 4. 은행보고서를 확정하고, 조세목적의 은행정보 접근을 위한 단계적 추진방안을 권고하며 그 이행 여부를 주기적으로 평가하기로 하였다. 그 주요 권고내용은, ① 비실명은행계좌 폐지, ② 조세범처벌을 위해 타 회원국이 금융정보 요청 시 자국 내 제도 및 행정관행에 불구하고 정보제공, ③ 국내 과세목적에 의해서만 금융정보 접근이 가능한 조세요건을 재검토하여 외국 과세당국이 요청하는 경우 국내 과세목적 여부와 관계없이 외국 과세당국에도 정보를 제공할 것 등이다. 우리 국조법에도 관련규정이 신설되고 매번 개정을 통해 그 내용이 강화되고 있는 실정이다.

2. 우리 법의 규정

[제36조(조세정보 및 금융정보의 교환)] ① 우리나라의 권한 있는 당국은 조세의 부과와 징수, 조세 불복에 대한 심리 및 형사 소추 등을 위하여 필요한 조세정보[납세의무자를 최종적으로 지배하거나 통제하는 개인("실제소유자")에 대한 정보를 포함한다]와 국제적 관행으로 일반화되어 있는 조세정보를 다른 법률에 어긋나지 아니하는 범위에서 획득하여 체약상대국과 교환할 수 있다.

② 과세당국은 제 1 항에 따른 조세정보의 교환을 위하여 필요한 경우 납세의무자의 실제소유자 정보를 납세의무자에게 요구할 수 있으며, 과세당국이 납세의무자에게 요구할 수 있는 실제소유자 정보의 범위 및 실제소유자 정보의 요구·제출 등에 필요한 사항은 대통령령으로 정한다.

③ 우리나라의 권한 있는 당국은 체약상대국의 권한 있는 당국이 조세조약에 따라 거주자·내국법인 또는 비거주자·외국법인의 금융정보(금융실명법 제 2 조 제 3

호에 따른 금융거래의 내용에 대한 정보 또는 자료를 말한다)를 요청하는 경우 금융실명법 제 4 조에도 불구하고 다음 각 호의 어느 하나에 해당하는 금융정보의 제공을 금융회사등(같은 법 제 2 조 제 1 호에 따른 금융회사등을 말한다)의 특정 점포에 요구할 수 있다. 이 경우 그 금융회사등에 종사하는 사람은 요구받은 금융정보를 제공하여야 한다. 제 1 호 내지 제 5 호: 생략.

④ 우리나라의 권한 있는 당국은 제 3 항에 따라 체약상대국의 권한 있는 당국이 요청하는 정보가 다음 각 호에 해당하는 경우에는 그 금융정보의 제공을 금융회사등의 장에게 요구할 수 있다. 이 경우 그 금융회사등에 종사하는 사람은 요구받은 금융정보를 제공하여야 한다. 제 1 호 및 제 2 호: 생략.

제 5항 내지 제10항: 생략.

[제37조(질문·확인)] ① 세무공무원은 제36조 제 6 항에 따른 금융정보등의 제공과 관련하여 필요하다고 인정할 때에는 금융거래회사등에 종사하는 사람에게 같은 조 제 8 항에 따른 금융거래등 상대방의 인적 사항 등의 확인에 대하여 질문을 할 수 있으며 서류 등을 확인할 수 있다.

② 세무공무원은 제 1 항에 따른 질문 또는 확인을 하는 경우 직무상 필요한 범위 외에 다른 목적 등을 위하여 그 권한을 남용해서는 아니 된다.

[제38조(비밀유지의무 등)] ① 다음 각 호의 어느 하나에 해당하는 자는 제36조 제 1 항에 따른 조세정보, 같은 조 제 3 항·제 4 항에 따른 금융정보 또는 같은 조 제 6 항에 따른 금융정보등의 획득, 교환 또는 제공을 부당하게 방해하거나 지연시켜서는 아니 된다. 제 1 호 및 제 2 호: 생략.

② 금융회사등 또는 금융거래회사등에 종사하는 사람은 제36조 제 3 항, 제 4 항 및 제 6 항을 위반하여 금융정보 또는 금융정보등의 제공을 요구받으면 그 요구를 거부하여야 한다. 제 3, 4 항: 생략.

[제39조(세무조사 협력)] ① 우리나라의 권한 있는 당국은 조세조약이 적용되는 자와의 거래에 대하여 세무조사가 필요하다고 판단되는 경우에는 그 거래에 대하여 다음 각 호의 행위를 할 수 있다.

1. 체약상대국과 동시에 세무조사를 하는 행위 2. 체약상대국에 세무공무원을 파견하여 직접 세무조사를 하게 하거나 체약상대국의 세무조사에 참여하게 하는 행위

② 우리나라의 권한 있는 당국은 체약상대국이 조세조약에 따라 세무조사 협력을 요청하는 경우 수락할 수 있다.

제 9 절 상호합의절차

상호합의절차란 조세조약의 적용·해석이나 부당한 과세처분 또는 과세소득의 조정에 대하여 우리나라의 권한 있는 당국과 체약상대국의 권한 있는 당국 간에 협의를 통하여 해결하는 절차를 말한다(법 2조 1항 10호).

상호합의절차는 OECD 모델조세협약에서 채택되어 있고, 우리나라도 국조법 제정 시 채택된 이래 수차례 개정을 통하여 허용요건과 적용범위를 넓혀 왔으며 과세실무에서도 적지 않게 이용되고 있다.[1]

이 절차는 우리나라의 국민·거주자 또는 내국법인과 국내사업장을 둔 비거주자 또는 외국법인의 신청에 의하여 개시되는데, 1. 조세조약의 해석 및 적용에 관하여 체약상대국과 협의할 필요성이 있는 경우에는 기획재정부장관, 2. 체약상대국의 과세당국으로부터 조세조약의 규정에 부합하지 않는 과세처분을 받았거나 받을 우려가 있는 경우에는 국세청장, 3. 조세조약에 따라 우리나라와 체약상대국간에 조세조정이 필요한 경우에는 국세청장에게 이를 신청할 수 있다(법 42조 1항).

다만 국내 또는 국외에서 이미 법원의 확정판결이 있는 경우 등 법이 정한 일정한 사유가 있는 경우에는 신청을 거부할 수 있다(동 2항).

상호합의절차는 당사자 뿐 아니라 정부가 직권으로 개시를 요청할 수도 있다(법 42조 3항 내지 5항).

상호합의절차 개시 이후 조세조약에서 규정한 기간이 지나도록 양 권한 있는 당국이 합의에 이르지 못한 경우에는 상호합의절차 개시 신청인은 조세조약에서 정하는 바에 따라 양 권한 있는 당국에 의해 선정된 중재인단에 의한 분쟁의 해결("중재") 절차의 개시를 요청할 수 있다(법 43조 1항).

상호합의절차의 개시일과 종료일은 법 제45조, 제46조, 상호합의절차 종결 후 국세청장의 보고 및 통보, 고시 등의 절차에 관하여는 법 제47조 제 1, 2 항 각 참조.

기획재정부장관이나 국세청장은 상호합의절차를 개시하여 문서로 합의에 도달하고, 1. 신청인이 상호합의 내용을 수락하거나, 2. 상호합의절차와 불복쟁송이 동시에 진행되는 경우로서 신청인이 상호합의 결과와 관련된 불복쟁송을 취하하는 경우에는 지체 없이 그 합의를 이행하여야 하고(법 47조 3항). 과세당국이나 지방자치단체의 장은 상호합의 결과에 따라 부과처분, 경정결정 또는 그 밖에 세법에 따

1) 관련 논의는, 박 훈, "상호합의절차에 의한 분쟁해결에 대한 소고", 조세법연구 13-2, 297면.

른 필요한 조치를 하여야 한다(동 4항).

이와 관련하여 판례는 한국과 미국 사이에 한국 소재 부동산을 과다보유한 법인 주식의 양도소득에 대한 한국의 과세권 행사에 관하여 한국 원천소득으로 합의한 경우, 해당 합의는 '대한민국과 미합중국 간의 소득에 관한 조세의 이중과세 회피와 탈세방지 및 국제무역과 투자의 증진을 위한 협약' 제27조 제 2 항 C호에서 정한 상호합의에 해당하여 국내에서 따로 조약 개정에 준하는 절차를 밟지 않았다고 하더라도 한국이 이에 따라 위 양도소득에 대하여 과세할 수 있다고 보았다.[1)]

상호합의 결과는 법정 요건을 갖춘 경우 상호합의 대상국 외에 소재하는 특수관계인과의 거래에도 적용된다(법 48조).

관할세무서장 또는 지방자치단체장은 납세고지 전에 상호합의절차가 시작된 경우 절차 종료일까지 고지를 유예하거나 결정된 세액을 분할고지할 수 있고, 납세자가 이미 고지 또는 독촉을 받은 후 절차가 시작된 경우 그 절차 개시일부터 종료일까지 징수를 유예하거나 체납처분에 의한 압류나 압류재산의 매각을 유예할 수 있다. 고지유예나 징수유예절차에 관하여는 호혜주의 원칙이 적용되며 신청을 필요로 한다(법 49조).

상호합의절차가 개시된 경우 개시일부터 종료일까지의 기간은 조세행정불복 청구기간이나 불복에 대한 결정기간에 산입하지 않는다(법 50조).

상호합의절차가 개시되면 그 절차의 종료일 다음 날부터 1년의 기간과 국세기본법상의 제척기간 중 나중에 도래하는 기간만료일 후에는 국세를 부과할 수 없다(법 51조 1항). 이와 같은 제척기간의 연장은 지방세의 경우에도 같다(동 2항).

상호합의절차는 분쟁 당사자 간 합의를 강제하는 것이 아니어서 실효성에 문제가 있는데, 이를 해결하기 위해 강제중재를 허용하는 방안이 OECD 모델조세협약 제25조에 새로 도입되었다.[2)]

최근에는 미국 론스타 사건이나 네덜란드 법인 하노칼 사건 등의 사례에서 보는 것처럼, 외국법인이 우리나라 과세처분이 양자 간 투자보장협정(Bilateral Investment Treaty: BIT)에 위배된다는 이유로 우리 정부를 국제투자분쟁해결본부(International Center for the Settlement of Investment Disputes: ICSID)에 제소하는 방식을 통해 국제적 조세 분쟁을 해결하려는 시도도 흔하지 않게 발견된다.

---

1) 판 2016. 12. 15, 2015두2611(론스타 펀드의 스타타워 빌딩 매각 사건).

2) 관련 논의는, 김선영, "국제적 조세분쟁의 해결제도로서의 국제조세중재", 조세법연구 16-3, 7면. 양인준 · 최정희, "조세조약상 중재제도의 최근 국제동향과 그 도입방안", 조세법연구 23-3, 227면.

제10절 해외자산의 신고 및 자료 제출

국조법은 역외탈세 방지를 위해 해외금융회사에 개설된 해외금융계좌를 일정 한도 이상 보유한 거주자 및 내국법인의 신고의무에 관한 규정을 두고 있다. 그에 관한 자세한 내용은 법 제52조 내지 제57조 참조.[1)]

'역외탈세'란 국내 법인이나 개인이 조세피난처 국가에 명목회사(paper company)를 만든 뒤 그 회사가 수출입거래 등을 통해 수익을 얻은 것처럼 조작해 세금을 탈루하는 것을 말한다.

신고의무 위반에 대한 제재는 조세범처벌법 제16조 및 해당 시행령 참조.

법은 역외탈세방지를 위해 해외금융계좌 미신고 소명요구대상에 법인을 포함시키고(법 56조), 해외현지법인 등에 대한 해외현지법인명세서등 자료 제출의무 및 불이행시 취득자금 출처에 대한 소명의무(법 58조, 59조)를 규정하고 있으며, 이러한 각종 자료제출의무 및 신고의무 불이행에 대하여 과태료를 부과하도록 하고 있다(법 87조 내지 91조).

특별히 2023년 말 개정법은 거주자 또는 내국법인이 해외신탁을 설정하거나 이전한 경우 각 과세연도의 해외신탁명세 제출의무 및 그 취득자금 출처에 관한 소명의무에 관한 규정을 신설하고(법 58조 3·4·8항, 59조 1항 3호), 위반 시 과태료를 부과하도록 하였다(법 91조 4항).

그 밖에 국세기본법에는 역외탈세에 대한 장기 부과제척기간(기본법 26조의2 1항 단서, 2항 1호 괄호)과 정보교환에 따른 부과제척기간 연장 특례규정(동 6항 6호) 등이 마련되어 있다.[2)]

1) 관련 논의는, 백제흠, "해외금융계좌 신고제도의 주요 쟁점과 개선방안", 세법의 논점 2, 477면.
2) 관련 논의는 정유리, "다국적기업의 조세회피문제에 대한 대응방안—정보교환을 통한 조세투명성 제고 방안을 중심으로—", 조세법연구 24-3, 65면.

제11절 글로벌최저한세의 과세

1. 의 의

근래 소비자 정보 등을 제공하고 소비의 수요가 다른 소비자들의 수요에 영향을 주는 글로벌 디지털 서비스의 출현[1]과 전통적인 재화나 서비스 공급망에서의 디지털화로 소비자와 생산자가 직접 연결되는 현상의 강화 등으로 인해 시장 소재지국에 대한 과세권 배분의 불균형이 심화되어 왔다. 또한, 이전가격 등에 대한 국제적 과세기준의 불완전성과 각국 세법의 부조화 및 국가간 조세경쟁으로 인한 다국적기업들의 BEPS 경향의 심화로 인해 낮은 실효세율 국가로 과세기반이 이전되는 현상이 만연하는 문제도 있었다.

이러한 문제를 해결하기 위해 2018년 유럽연합(EU)을 중심으로 디지털서비스 이용자들이 가치창출에 기여한 장소에서 해당 디지털 기업의 매출액을 과세하는 내용의 디지털서비스세(digital services tax) 논의가 대두되고, 프랑스, 영국, 이탈리아가 이를 도입하는 등 개별 국가의 독자적 대응이 시작되었다. 이에 경제협력개발기구(OECD)와 주요 20개국(G20)의 협의체로서 포괄적 이행체계(IF)[2]는 2019년 '2-필라(Pillar) 접근법'을 발표하여 국제적 세원잠식 방지를 위한 공조 방안을 제시하였다. 그와 같은 일련의 노력을 통해 2021. 10월 필라 1이 발표되었는데 그 주된 내용은, 국가간 과세권 배분의 근거에 관하여 물리적 실체 중심의 고정사업장이 있는 지역뿐만 아니라 소비자나 사용자의 거주지(이른바 Nexus)에도 세수입을 배분해야 한다는 것이다. 곧이어 2021. 12월 필라 2의 모델 규칙으로 발표된 글로벌최저한세 규칙(Global anti-Base Erosion Rules, 'GloBE 규칙')은 조세회피방지를 위해 실효세율이 최저세율 미만인 국외 자회사 소득을 배당 여부와 관계없이 최종모회사 소재지국에서 과세하고(소득산입규칙, IIR), 최종모회사가 저율과세되거나 소득산입규칙을 도입하지 않은 경우 다른 관계회사 소재지국의 종업원 수 및 유형자산 순장부가액 등의 비율에 따라 배분하여(소득산입보완규칙, UTPR), 다국적기업 납세자가 최저한세 미달분 세금을 납부하도록 하였다.

위와 같은 포괄적 이행체계의 2-필라 접근법은 고정사업장, 이전가격세제 등

1) 이를 통상 '네트워크 효과(network effect)'라고 부른다.
2) IF 출범 당시 100여개 국가가 참여하였다가 현재 참여국이 141개국으로 늘어났다.

100여 년 간 지속된 전통적 국제조세 규범체계와 다른 새로운 패러다임으로서, 기존 국가 간 조세조약과의 충돌 가능성을 내포하고 있다. 이 중 필라 1은 아직 포괄적 이행체계 차원에서 최종적 합의에 이르지 못하였으나, 필라 2는 2022. 3월 GloBE 규칙 주석이 발표된 후 여러 논의를 거쳐 상당수 국가들이 2024년부터 소득산입규칙을 시행하는 방향으로 입법에 반영하면서 현실화 되었다.

우리나라도 2022. 12. 31. 개정 국조법에서 글로벌최저한세의 과세에 관한 규정(제 5 장)을 신설하였는데, 이는 위 GloBE 규칙의 내용을 충실히 반영한 것이다(2024. 1. 1. 이후 개시하는 사업연도 과세분부터 적용. 부칙 1조, 6조[1]).

법 내용의 골자는 일정요건을 갖춘 다국적기업그룹의 구성기업이 특정 국가에서 최저한세율(15%. 법 61조 1항 17호) 보다 낮은 실효세율을 부담하는 경우 원칙적으로 그 미달하는 세액 중 모기업에 배분되는 부분은 모기업이 그 소재 국가에서 납부한다는 것이다. 아래에서 우리 법의 규정 내용에 관하여 간략하게 살펴본다.[2]

2. 우리 법의 규정[3]

가. 적용대상 및 납세의무자 등

[제62조(적용대상)] ① 이 장은 각 사업연도(다국적기업그룹의 최종모기업이 연결재무제표를 작성하는 대상이 되는 회계기간을 말한다)의 직전 4개 사업연도 중 2개 이상 사업연도의 다국적기업그룹 최종모기업의 연결재무제표상 매출액에 이와 별도로 표시되는 통상적인 사업활동에서 발생하는 수익의 가산 등 대통령령으로 정하는 조정사항을 반영한 금액("연결매출액")이 각각 7억5천만 유로 이상인 경우 그에 해당하는 사업연도 다국적기업그룹의 구성기업에 대하여 적용한다. 이 경우 사업연도가 12개월이 아닌 경우에는 12개월로 환산하여 연결매출액을 계산한다.

② 합병, 분할 등 대통령령으로 정하는 사유가 발생한 경우 제 1 항을 적용하는 방법과 연결매출액 등 이 장을 적용하는 데 필요한 금액을 유로로 환산하기 위한 환율에 관하여는 대통령령으로 정한다.

---

1) 당초 2022년 개정법은 소득산입규칙(법 72조)과 소득산입보완규칙(법 73조)의 시행시기를 2024. 1. 1.로 예정하였으나, 2023년 말 개정법은 소득산입보완규칙에 대해서는 다른 국가들의 입법시기를 고려하여 그 시행시기를 2025. 1. 1.로 1년 유예하였다(부칙 4조 3항).

2) Pillar 1 및 Pillar 2에 따른 국제조세 환경의 변화 일반에 관하여는 같은 제목의 배효정, 조세법연구 30-1, 309면 이하 참조.

3) 규정에서 사용된 "다국적기업그룹", "모기업", "구성기업", "신고구성기업", "소수지분구성기업", "주주구성기업", "저율과세구성기업", "투자구성기업" 등의 의의는 법 제61조 제 1 항 참조.

③ 다음 각 호의 기관 등("제외기업")에 대해서는 구성기업이 아닌 것으로 보아 이 장을 적용하지 아니한다. 1호 내지 6호: 생략

④ 제 3 항에도 불구하고 제 3 항 제 7 호의 제외기업에 대해서는 신고구성기업의 선택에 따라 구성기업으로 보아 이 장을 적용할 수 있다. 제 5 항 생략

우리나라에 과세권이 인정되는 국내구성기업은 법 제72조에 따라 모기업인 국내구성기업에 대한 추가세액 배분액과 법 제73조에 따라 국내구성기업에 배분되는 추가세액 배분액을 법인세로서 납부할 의무가 있다(법 63조).

기업이 소재하는 국가("소재지국")에 관해서는, 원칙적으로 ① 실질적 관리장소 또는 설립 장소나 이와 유사한 기준에 따라 국가에 납세의무(해당 국가 내의 원천으로부터 발생한 소득에 대해서만 그 국가에 납세할 의무가 있는 경우 제외)가 있는 기업은 해당 국가, ② 그 외의 기업은 해당 기업이 법령에 따라 설립·등록된 국가(설립지국)를 각 소재지국으로 한다(법 64조. 단서 규정 있음).

납세지에 관해서는 법인세법 제 9 조부터 제12조까지의 규정을 준용한다(법 65조).

나. 실효세율 및 추가세액의 계산

(1) 규정의 내용

[제69조(실효세율의 계산)] ① 각 사업연도 다국적기업그룹의 실효세율은 국가별로 계산한다. ② 다국적기업그룹의 국가별 실효세율은 제 1 호의 금액을 제 2 호의 금액으로 나누어 계산한다. 각호 및 산식 생략

제 3 항 내지 제 7 항: 생략

[제70조(구성기업 소재지국의 추가세액 계산)] ① 각 사업연도 해당 다국적기업그룹의 구성기업이 소재한 국가의 추가세액은 다음 계산식에 따라 계산한 금액으로 한다. 산식 및 산식계산에 관한 제 2 항 내지 제 6 항 생략

[제71조(구성기업의 추가세액 계산)] 각 사업연도 구성기업의 추가세액은 다음 계산식에 따라 계산한다. 이 경우 다음 계산식을 적용하는 데 필요한 사항은 대통령령으로 정한다. 산식 생략

(2) 구체적 적용에 관한 사항

글로벌최저한세 적용을 위한 실효세율 및 추가세액의 계산을 위한 요소로서, 구성기업의 각 사업연도 글로벌최저한세 소득·결손(제69조에 따라 실효세율을 계산하기 위한 구성기업의 소득·결손을 말하며, 그 금액이 양수일 때는 "글로벌최저한세 소득", 영 또는 음수(陰數)일 때는 "글로벌최저한세 결손"이라 한다)은 해당 사업연도

의 회계상 순손익에 순조세비용의 가산, 배당소득의 차감, 뇌물 등 정책적 부인비용의 가산 등 대통령령으로 정하는 조정사항을 반영하여 계산한다(법 66조 1항).

최종모기업의 연결재무제표를 작성하는 데 사용되는 회계기준("최종모기업회계기준")에 따라 제 1 항에 따른 구성기업의 회계상 순손익을 산정하기 어려운 경우로서 대통령령으로 정하는 요건을 갖춘 경우에는 최종모기업 회계기준이 아닌 대통령령으로 정하는 회계기준을 사용하여 해당 구성기업의 회계상 순손익을 산정할 수 있다(동 2항).

제 3 항 내지 제 6 항: 생략

각 사업연도 구성기업의 조정대상조세의 산정에 관하여는 법 제67조 참조. 2025년 개정법은 각 사업연도 구성기업의 조정대상조세를 계산할 때 총이연법인세조정금액 대신 대통령령으로 정하는 금액을 이연법인세자산으로 보는 결손취급특례를 구성기업의 소재지국별로 적용할 수 있도록 하였다(법 67조 4항 내지 6항).

법 제68조는 각 사업연도에 구성기업의 이전 사업연도 회계상 계상된 대상조세 금액이 제83조 제 1 항에 따른 글로벌최저한세 정보신고서의 제출 이후에 결정이나 경정 등으로 증가 또는 감소되는 경우의 조정에 관해 규정하고 있다.

위 계산요소들을 토대로 글로벌최저한세 적용을 위한 각 사업연도 다국적기업그룹의 실효세율은 국가별로 계산하되, 해당 국가에 소재한 구성기업들의 법 제67조 제 1 항에 따른 조정대상조세 금액의 합계액을 제69조 제 2 항 제 2 호에 따른 순글로벌최저한세 소득금액(글로벌최저한세 소득금액 합계액에서 글로벌최저한세 결손금액 합계액을 차감한 금액)으로 나누어 계산한다(법 69조 1·2항).

구체적인 산정방식은 같은 조 제 3 항 내지 제7항 참조.

법 제70조 및 제71조는 해당 다국적기업그룹의 구성기업이 소재한 국가의 실효세율이 최저한세율에 미달한 경우, 그 구성기업이 소재한 국가의 전체 추가세액을 먼저 계산하고, 이를 토대로 각 구성기업의 추가세액을 계산하도록 하고 있다.

법 제70조 제 1 항에도 불구하고 대통령령으로 정하는 적용면제 요건을 갖춘 국가에 대해서는 신고구성기업의 선택에 따라 2026. 12. 31. 이전에 개시하고 2028. 6. 30. 이전에 종료하는 각 사업연도("전환기사업연도") 해당 국가의 추가세액을 영으로 볼 수 있도록 하는 특례(법 80조)가, 다국적기업그룹에 대해 글로벌최저한세 제도가 적용되는 첫 번째 사업연도("최초적용연도")와 그 후 사업연도에 대해서는 법 제67조에 따른 조정대상조세 산정과 관련한 총이연법인세조정금액에 관해 특례(법 81조)가 각각 인정된다.

다. 추가세액의 과세

[제72조(소득산입규칙의 적용)] ① 제71조에 따라 계산한 저율과세구성기업의 추가세액에 대해서는 추가세액 배분액(발생한 추가세액을 제 2 항 또는 제73조 제 3 항부터 제 6 항까지의 규정에 따라 모기업 또는 다른 구성기업들에 배분한 후의 그 배분된 추가세액을 말한다. 이하 이 장에서 같다)을 모기업에 과세하는 소득산입규칙(이하 이 장에서 "소득산입규칙"이라 한다)을 우선 적용한다. 이 경우 국내구성기업은 제 2 항부터 제 8 항까지의 규정에 따라 추가세액배분액을 계산하여 납부하여야 한다.

② 각 사업연도 저율과세구성기업의 추가세액 중 모기업에 대한 추가세액배분액은 다음 계산식에 따라 계산한다. 산식 생략

③ 국내구성기업인 최종모기업이 해당 사업연도 중 저율과세구성기업의 소유지분을 직접 또는 간접으로 보유하는 경우 해당 최종모기업은 그 최종모기업에 대한 추가세액배분액을 납부하여야 한다.

제 4 항 내지 제 8 항: 생략

[제73조(소득산입보완규칙의 적용)] ① 저율과세 구성기업의 추가세액 중 적격소득산입규칙이 적용되지 아니하는 금액에 대해서는 추가세액배분액을 다국적기업그룹의 구성기업들에 과세하는 소득산입보완규칙(이하 이 장에서 "소득산입보완규칙"이라 한다)을 적용한다. 이 경우 국내구성기업은 제 2 항부터 제 7 항까지의 규정에 따라 추가세액배분액을 계산하여 납부하여야 한다.

② 각 사업연도 다국적기업그룹의 소득산입 보완규칙 추가세액은 모든 저율과세구성기업의 추가세액 합계액으로 한다.

③ 제 2 항에 따른 저율과세 구성기업의 추가세액은 다음 각 호의 구분에 따른 금액으로 한다. 각호 생략 제 4 항 내지 제 7 항: 생략

법 제72조는 저율과세구성기업의 추가세액 중 모기업에 대한 추가세액배분액을 제 2 항부터 제 8 항까지의 규정에 따라 계산하여 모기업에 과세하는 소득산입규칙('IIR', Income Inclusion Rule)을 우선 적용하도록 규정하고 있다(동 1항). 구체적인 적용에 관하여는 같은 조 제 2 항 내지 제 8 항 참조.

한편, 법 제73조는 저율과세 구성기업의 추가세액 중 적격소득산입규칙이 적용되지 않는 금액에 대해서는 제 2 항부터 제 5 항까지의 규정에 따라 계산한 추가세액배분액을 해당 다국적기업그룹의 각 구성기업들에 과세하는 소득산입보완규칙('UTPR', Undertaxed Payments Rule)을 적용하도록 규정하고 있다(동 1항).

소득산입보완규칙은 소득산입규칙의 시행시기보다 1년 후인 2025. 1. 1. 이후 개시하는 사업연도분에 대하여 과세하는 경우부터 적용한다(2023. 12. 31. 개정법 부칙 4조 3항). 구체적인 계산방식은 같은 조 제2항 내지 제6항 참조.

각 사업연도에 해외진출 초기의 다국적기업그룹으로서 대통령령으로 정하는 다국적기업그룹에 대해서는 법 제73조를 적용하지 않도록 하되, 다만 해당 다국적기업그룹이 최초적용연도에 그 다국적기업그룹이 소유한 국가별 유형자산의 순장부가액의 합계가 가장 큰 국가가 우리나라인 경우 제73조에 따른 계산방식을 달리 적용하는 특례규정이 있다(법 82조 1항).

이 규정은 다국적기업그룹이 처음으로 소득산입보완규칙을 적용받는 사업연도의 개시일 이후 5년이 되는 날의 다음 날 이후에 개시하는 사업연도부터는 적용하지 않는다(동 2항).

라. 그 밖의 특칙

법 제69조부터 제71조까지의 규정에도 불구하고 신고구성기업은 해당 국가에 소재하는 각 구성기업의 해당 사업연도와 그 직전 2개 사업연도의 대통령령으로 정하는 매출액 합계의 평균이 1천만유로 미만이고, 대통령령으로 정하는 글로벌최저한세 소득·결손 금액 합계의 평균이 1백만유로 미만일 것의 요건을 모두 갖춘 국가의 경우에는 대통령령으로 정하는 바에 따라 해당 국가에 소재하는 각 구성기업의 추가세액을 영으로 할 수 있다(법 74조 1항).

다만, 무국적구성기업 또는 투자구성기업인 경우, 신고구성기업이 법 제83조 제1항에 따른 글로벌최저한세정보신고서를 제출할 때에는 위 제1항 각 호의 요건을 갖추었으나 그 후 제68조에 따른 신고 후 조정 등 대통령령으로 정하는 사유로 제1항 각 호의 요건을 갖추지 못하게 된 국가에 소재하는 각 구성기업과 그 반대경우의 구성기업에 대해서는 위 제1항을 적용하지 않는다(동 2항).

소수지분 구성기업으로 이루어진 그룹으로서 대통령령으로 정하는 그룹("소수지분 하위그룹")에 해당하는 경우 그 소수지분 하위그룹을 별개의 다국적기업그룹으로 보아 실효세율과 추가세액을 계산한다(법 75조).

조직재편에 대한 특례로 기업에 대한 직접 또는 간접 소유지분이 이전되어 그 이전되는 기업("이전대상기업")이 다국적기업그룹의 구성기업이 되거나 다국적기업그룹의 구성기업에서 제외되는 경우에는 해당 기업이 다국적기업그룹의 최종모기업의 연결재무제표에 포함되는지 여부와 연결되는 금액 등을 고려하여 대통령령으로 정하는 바에 따라 글로벌최저한세를 적용한다(법 76조 1항).

그 구체적인 적용방식은 같은 조 제 2 내지 4항 참조.

다국적기업그룹의 최종모기업이 그 소유지분의 100분의 50 이상을 직접 또는 간접으로 보유하는 기업으로서 해당 최종모기업이 연결재무제표를 작성할 때 그 소유지분의 100분의 50 이상을 보유하고 있는 기업에 대한 투자를 지분법을 사용하여 회계처리하는 기업 중 대통령령으로 정하는 기업("공동기업") 및 대통령령으로 정하는 공동기업의 자회사("공동기업자회사")에 대해서는 공동기업 및 공동기업자회사를 별개의 다국적기업그룹의 구성기업으로 보고, 해당 공동기업을 해당 다국적기업그룹의 최종모기업으로 보아 각 실효세율과 추가세액을 계산하도록 하는 특례규정이 있다(법 77조).

배당금액을 배당지급자의 과세소득에서 공제하는 제도로서 대통령령으로 정하는 제도("배당공제제도")를 적용받는 다국적기업그룹의 최종모기업과 일정요건을 갖춘 구성기업의 각 사업연도 글로벌최저한세소득은 해당 사업연도의 종료일부터 12개월 이내에 분배되는 배당액으로서 대통령령으로 정하는 배당액을 차감하여 계산하며, 그 차감하고 남은 금액이 음수일 경우 글로벌최저한세소득은 영으로 본다(법 77조의2 1항). 다국적기업그룹의 최종모기업이 투과기업인 경우 그 투과기업의 각 사업연도 글로벌최저한세소득·결손의 계산에 관해서는 별도의 규정이 있다(동 2항).

그 외 적격분배과세제도의 적용을 받는 구성기업에 대한 간주분배세액 가산에 관한 특례(법 78조), 투자구성기업의 실효세율 및 추가세액 계산에 관한 특례(법 79조) 등이 있다. 국내구성기업의 각 사업연도 글로벌최저한세 정보신고서의 제출, 추가세액배분액의 신고 및 납부, 납세지 관할 세무서장 등의 각 사업연도 추가세액배분액 결정 및 경정, 글로벌최저한세에 관한 질문·조사 등에 관해서는 법 제83조 내지 제86조 참조.

제 2 장

비거주자 및 외국법인에 대한 소득세·법인세

제 1 절 비거주자의 국내원천소득에 대한 소득세

1. 국내원천소득의 개념과 범위

납세의무자가 비거주자[1)]인 경우에는 국내원천소득에 한하여 소득세의 납세의무를 진다. 국내원천소득이란 소득발생의 원천 또는 이를 결정할 기준이 국내에 소재하는 소득으로서 자산의 소재지, 사업활동의 수행장소, 용역의 제공장소, 권리의 사용장소 또는 지급자의 소재지 등에 의하여 결정된다. 그러나 국내원천소득의 판정기준은 소득구분마다 상이하며 공통적인 판정기준은 존재하지 않는다.

소득세법은 거주자에 대한 경우와 마찬가지로 국내원천소득의 범위를 제한적으로 열거하고 있다. 따라서 소득세법에서 열거하지 않고 있는 소득은 설사 당해 소득발생의 원천이 국내에 있다고 하더라도 과세소득을 구성하지 않는다.

소득세법 제119조에서는 과세대상인 국내원천소득을, 이자소득(1호), 배당소득 및 국조법 제13, 22조에 따라 배당으로 처분된 금액(2호), 부동산소득(3호), 선박 등 임대소득(4호), 사업소득(5호), 인적용역소득(6호), 근로소득(7호), 퇴직소득(8호), 연금소득(8호의2), 양도소득(9호), 사용료소득(10호), 유가증권의 양도소득(11호), 기타소득(12호) 등으로 분류하고 있다.

근로소득과 퇴직소득은 국내에서 제공하는 근로의 대가로 받는 경우에 한해 국내원천소득을 구성하나, 예외적으로, 1. 거주자 또는 내국법인이 운용하는 외국항행선박·원양어업선박 및 항공기의 승무원이 받는 급여, 2. 내국법인의 임원의 자격으로서 받는 급여 및 3. 법인세법에 따라 상여로 처분된 금액의 경우 국내 제공 여부와 무관하게 국내원천소득을 구성한다(소령 179조 8항).

---

1) 거주자와 비거주자의 구분에 관하여는 이 책 409면 참조.

소득세법 제17조 제 1 항에 따른 배당소득(같은 항 제 6 호에 따른 소득은 제외), 국조법 제13조 또는 제22조에 따라 배당으로 처분된 금액은 비거주자의 국내원천 배당소득으로 한다(소법 119조 2호).

연금소득은 국내에서 지급받는 경우 국내원천소득에 해당한다.

비거주자의 주식 등 국내원천 유가증권양도소득은, 1) 내국법인이 발행한 것과 외국법인이 발행하여 국내 증권시장에 상장되었거나 외국법인 국내사업장이 발행한 것으로서 비거주자 및 그와 특수관계에 있는 자가 양도일이 속하는 과세연도와 그 직전 5년 기간 중 계속하여 주식 등을 발행한 법인의 발행주식 총액이나 상장주식 총액의 25/100을 보유한 경우(소법 119조 11호; 영 179조 11항 1호)와 2) 국내사업장을 가지고 있는 자가 양도한 경우(소령 179조 11항 2호) 및 3) 내국법인, 거주자 또는 비거주자나 외국법인의 국내사업장에 양도한 경우(동 3호)에 과세한다.

2. 비거주자의 소득에 대한 과세방법

가. 종합과세하는 경우

국내사업장이 있거나 국내원천 부동산소득이 있는 비거주자에 대하여는 국내원천소득(퇴직소득, 양도소득 제외)을 종합하여 과세한다. 이 경우 과세표준과 세액의 계산, 신고와 납부, 과세표준과 세액의 결정 및 경정, 세액의 징수 및 환급 등에 관하여는 거주자에 대한 규정을 준용한다(소법 122조, 124조 및 125조). 비거주자에게 종합과세하는 경우의 특례규정에 관하여는 소득세법 시행령 제181조 참조.

비거주자에 대하여는 인적공제 중 비거주자 본인 외의 자에 대한 공제와 특별소득공제, 자녀세액공제 및 특별세액공제의 적용이 배제된다(소법 122조 단서).

나. 분리과세하는 경우

국내사업장이 없는 비거주자에 대하여는 국내원천소득별로 분리과세한다. 즉, 비거주자에게 국내원천소득을 지급하는 자는 당해 소득을 지급하는 때에 완납적으로 소득세를 원천징수하여 납부하도록 하고 있다(소법 121조 3항).

과세표준과 세액은 지급받는 당해 국내원천소득별 수입금액에 소정의 원천징수세율을 적용하여 계산한다(소법 126조).

비거주자의 원천징수 대상소득에 관하여는 과세관청이 원천납세의무자인 비거주자에게 해당 세금을 부과할 수 없다(판 2016. 1. 28. 2015두52050).

다. 분류과세하는 경우

퇴직소득, 양도소득은 종합과세에서 제외하여 거주자와 같은 방법으로 분류하여 과세한다(소법 121조 2항). 양도소득이 있는 비거주자에 대해서는 1세대 1주택에 대한 비과세 규정(해외이주·취학·근무 등에 따라 세대전원이 출국하여 비거주자가 된 경우는 제외) 및 고율의 장기보유특별공제가 적용되지 않는다(소법 121조 2항 단서, 소령 180조의2).

소득세법상 비거주자의 납세의무에 관한 규정은 법인세법의 외국법인의 납세의무에 관한 규정과 거의 동일하다. 따라서 국내원천소득의 개념과 범위, 국내사업장의 개념 등에 관한 사항은 아래 외국법인 편에서 한꺼번에 살펴보기로 한다.

제2절 외국법인의 국내원천소득에 대한 법인세

1. 국내원천소득금액의 개념과 범위

가. 의 의

외국법인이 소득을 얻기 위하여 한 행위 또는 소득발생의 원인사실을 소득의 원천이라고 하고 그러한 소득의 원천이 국내에 있는 경우에 이를 외국법인의 국내원천소득이라 한다. 법인세법 제3조 제1항 제2호는 국내원천소득이 있는 외국법인은 그 소득에 대하여 법인세를 납부할 의무가 있음을 규정하고 있고, 제93조에서는 외국법인의 국내원천소득을 열거하고 있다.

법에서 열거하는 외국법인의 국내원천소득을 보면, 이자소득(1호)·배당소득(국조법 13조, 22조에 따라 배당으로 처분된 금액 포함)(2호)·부동산소득(3호)·선박 등 임대소득(4호)·사업소득(5호)·인적용역소득(6호)·양도소득(7호)·사용료소득(8호)·유가증권양도소득(9호)·기타소득(10호)으로 되어 있고(법법 93조), 위 기타소득에 관하여는 국내에 있는 자산이나 국내에서 영위하는 사업과 관련하여 받는 보험금·보상금 또는 손해배상금, 국외특수관계인이 보유하고 있는 내국법인의 주식 또는 출자지분이 자본거래로 인하여 가치가 증가함으로써 발생하는 소득 등을 열거하고 있다(같은 조 10호 가목 내지 카목).

이와 같이 외국법인의 과세소득은 발생장소나 소득원천이 제한되어 있다.

소득원천을 판단함에 있어서 모든 원천적 행위사실이 국내에 있을 필요는 없고 중요부분이 국내에 있으면 된다. 예컨대 외국기술용역회사가 설계를 위한 기초조사를 국내에서 하고 설계는 외국에서 작성송부한 경우 설계행위 중 기초조사행위가 가장 중요하므로 그 설계용역으로 얻은 소득은 국내원천소득에 해당한다. 원천징수의무자가 외국법인에 대한 국내원천소득을 지급하면서 원천징수액을 자신이 부담하기로 약정하였다면 그 원천징수액 상당액도 지급대가의 일부로서 실제 지급한 금액과 함께 외국법인의 국내원천소득에 포함된다(판 89. 11. 28, 89누5522).

이와 같이 법에서 외국법인의 원천소득을 제한하고 있기 때문에 조세조약에서 국내발생소득으로 규정된 소득이라도 위 규정에 해당하지 않는 이상 당해 소득에 대하여 외국법인의 납세의무는 발생하지 아니한다. 또한 국내법에서 국내원천소득으로 규정된 소득이라도 해당 조세조약에서 국내 원천으로 보지 않은 경우 당해 소득은 우리나라에서 과세되지 아니한다. 따라서 외국법인 소득이 우리나라에서 과세되기 위해서는 법인세법 및 조세조약에서 규정하고 있는 국내원천소득에 동시에 해당하여야 한다. 예컨대 일본 법인이 우리나라에서 얻은 건설관련용역소득이 국내법상 과세대상이라도 한일조세협약상 사업소득에 해당하고 그 법인이 국내에 고정사업장을 가지고 있지 않다면 과세대상으로 삼을 수 없다(판 95. 8. 25, 94누7843).

나. 소득별 검토

외국법인의 국내원천소득은 다음 각호의 구분에 따른 소득으로 한다(법 93조).

1. 이자소득: 외국법인의 국내원천 이자소득은 다음 각 목에 규정하는 소득으로서 소득세법 제16조 제 1 항에 따른 이자소득(같은 항 제 7 호의 소득은 제외)과 그 밖의 대금의 이자 및 신탁의 이익이다. 다만 거주자 또는 내국법인의 국외사업장을 위하여 그 국외사업장이 직접 차용한 차입금의 이자는 제외한다.

가. 국가, 지방자치단체(지방자치단체조합 포함), 거주자, 내국법인, 법인세법 제94조에서 규정하는 외국법인의 국내사업장 또는 소득세법 제120조에서 규정하는 비거주자의 국내사업장으로부터 받는 소득 **나**. 외국법인 또는 비거주자로부터 받는 소득으로서 그 소득을 지급하는 외국법인 또는 비거주자의 국내사업장과 실질적으로 관련하여 그 국내사업장의 소득금액을 계산할 때 손금 또는 필요경비에 산입되는 것

비거주자의 국내원천 이자소득의 범위도 '그 밖의 대금의 이자 및 신탁의 이익'이 포함되지 않는 것을 제외하고는 동일하다(소법 119조 1호).

1호 단서 규정과 관련하여서는, 차입금 사용장소를 원천지 기준으로 판단하는

것은 이자를 받아가는 자에게 우리나라 세금을 물리지 않으면서 이자를 지급하는 자에게 손금산입을 허용하는 것이 되어 논리적으로 옳지 않다는 지적이 있다.[1)]

OECD 모델조세협약 제11조 제 5 항 단서는, 이자의 지급인이 일방체약국의 거주자인가 아닌가에 관계없이 일방체약국 내에 그 이자지급의 원인이 되는 채무의 발생과 관련된 고정사업장을 가지고 있고 그 이자가 그 고정사업장에 의해 부담되는 경우 해당 이자는 그 고정사업장이 소재하는 체약국에서 발생하는 것으로 간주하고 있으며(조약 11조 5항 단서), 이는 한미조세조약에서도 거의 그대로 채택되어 있다(협약 6조 2항). 한편 조특법은 공공차관의 대주가 받는 이자소득(조특법 20조 1항)과 국제금융거래에 따른 이자소득(동 21조)에 대한 면세 특례규정을 두고 있다.

2. 배당소득: 내국법인 또는 법인으로 보는 단체나 그 밖에 국내에 소재하는 자로부터 지급받는 다음 각 목의 소득 **가. 다. 라. 삭제**

나. 소득세법 제17조 제 1 항에 따른 배당소득(같은 항 제 6 호에 따른 소득은 제외)

마. 「국제조세조정에 관한 법률」 제13조 또는 제22조에 따라 배당으로 처분된 금액

배당소득은 지급자의 소재지가 원천지가 된다. 판례는, 관계법령의 해석상 국외 상장주식의 외화대비 원화표시 환율이 상승한 경우에도, 주식가격 변동에 따른 손실과 환율 변동에 따른 이익을 구분 산정하여 환율 변동에 따른 이익만을 배당소득금액에 포함시킬 수는 없다고 보았다(판 2015. 12. 10, 2013두6107).

3. 부동산등 임대소득: 국내에 있는 부동산 또는 부동산상의 권리와 국내에서 취득한 광업권, 조광권, 흙·모래·돌의 채취에 관한 권리 또는 지하수의 개발·이용권의 양도·임대 또는 그 밖의 운영으로 인하여 발생하는 소득. 다만 제 7 호에 따른 양도소득은 제외한다. 부동산등 임대소득은 재산의 소재지가 원천지가 된다.

4. 선박 등 임대소득: 거주자, 내국법인 또는 외국법인의 국내사업장이나 소득세법 제120조에 따른 비거주자의 국내사업장에 선박, 항공기, 등록된 자동차나 건설기계 또는 산업상·상업상·과학상의 기계·설비·장치, 그 밖에 대통령령으로 정하는 용구를 임대함으로써 발생하는 소득선박 등

5. 사업소득: 외국법인이 경영하는 사업에서 발생하는 소득(조세조약에 따라 국내원천사업소득으로 과세할 수 있는 소득을 포함한다)으로서 대통령령으로 정하는 것. 다만 제 6 호에 따른 소득은 제외한다.

---

1) 이창희, "비거주자·외국법인의 이자소득에 대한 과세", 조세법연구 18-3, 182면. 미국은 미국법인이 지급하는 이자소득이라면 세계 어디에서 지급하든 모두 미국의 원천소득으로 보고 있다 (residence of payer rule).

특별히 사업소득은 사용료 소득 등 다른 소득과의 구분이 문제되는데 조세조약에서는 기업의 사업활동에서 발생되는 모든 소득 중 당해 조약상 별도로 취급되는 소득항목을 제외한 나머지를 모두 사업소득으로 취급하는 분류방식을 취하고 있다. 따라서 조세조약에서는 사업소득의 개념을 구체적으로 정의하지 않고 기업의 이윤이라든가 기업의 산업상 또는 상업상 이윤이라고 포괄적으로 정의하는 것이 원칙이고 이는 우리나라가 맺은 모든 조세조약에서도 마찬가지이다.[1)]

6. 인적용역소득: 국내에서 대통령령으로 정하는 인적용역을 제공하거나 이용하게 함으로 인하여 발생하는 소득.

시행령 제132조 제 6 항은, 1. 영화, 연극의 배우, 음악가와 기타 공중연예인이 제공하는 용역, 2. 직업운동가가 제공하는 용역, 3. 변호사, 공인회계사, 건축사, 측량사, 변리사 기타 자유직업가가 제공하는 용역,[2)] 4. 과학기술, 경영관리 기타 분야에 관한 전문적 지식 또는 특별한 기능을 가진 자가 당해 지식 또는 기능을 활용하여 제공하는 용역을 인적용역소득으로 규정하고 있다. 소득세법 제119조 6호 및 그 시행령 제179조 제 6 항의 내용도 거의 동일하다.

조세조약에 있어서는 개괄적인 사업소득 분류방식을 취하고 있기 때문에 조세조약에서 규정한 독립적 인적용역소득에 해당하지 않으면 사업소득이 된다. 그런데 고정사업장이 없는 외국법인의 사업소득은 면세하는 것이 조세조약의 일반원칙이므로 외국법인의 용역소득이 사업소득에 해당하느냐 독립적 인적용역소득에 해당하느냐에 따라 외국법인의 과세문제가 달라지게 된다.

OECD 모델조세협약에서는 독립적 인적용역소득이 사업소득으로 취급되어 고정시설이 없는 한 원천지국에서 과세되지 않으므로, 전문적 인적용역을 주로 해외에 수출하는 선진국에 유리하다. 이에 반해 UN모델조약은 OECD 모델조세협약보다 원천지국 과세를 강화하고 있다. 그 내용은, ① 고정시설 이외에도, ② 당해 회계연도에 개시하거나 종료하는 어느 12월 기간 중 총 183일을 초과하는

1) 여신전문금융업법에 따라 신용카드업을 하는 갑 회사 등이 미국법인으로 법인세법 제94조에 따른 국내사업장을 가지고 있지 않은 을 회사의 상표를 부착한 신용카드의 사용과 관련하여 을 회사에 국내 거래금액 중 신용결제금액 및 현금서비스금액의 일부에 해당하는 돈인 '발급사 분담금'과 국외 거래금액 중 신용결제금액 및 현금서비스금액의 일부에 해당하는 돈인 '발급사 일일분담금'을 지급한 경우 발급사 분담금은 사용료소득으로, 발급사 일일분담금은 사업소득에 해당한다고 본 사안. 판 2022. 7. 28, 2018두39621. 그 평석은, 임승순, 조세법 판례백선 564면.

2) 국내에 고정사업장이 없는 독일법인이 우리나라 회사와 제철소 설비구매 계약을 체결하고 플랜트 공사를 위한 설계 용역을 제공하고 수령한 설계대금이 한·독 조세조약 제12조 제 2 호 (나)목의 사용료 소득이 아니라 인적 용역의 제공에 따른 소득으로서 원천징수대상이 아니라고 한 사례: 판 2015. 6. 24, 2015두950. 그 평석은 양승종·서재훈, 조세실무연구 7, 226면.

기간 동안 타방국에 체재하는 경우 일방체약국 거주자의 용역제공 대가에 대해 용역지수행국인 타방체약국 과세가 가능하도록 한 것 등이다. 우리나라가 1970년대에 체결한 조세조약 중 많은 조약들은 UN모델조약에 가깝다고 할 수 있다.

한편 법인이 그 직원을 통하여 인적용역을 제공한 경우에 관하여는 이를 사업소득으로 규정한 조약(미국, 독일, 호주 등)과 독립적 인적용역으로 규정한 조약(영국, 일본, 프랑스 등)으로 나뉜다. 전자는 외국법인이 국내에 고정사업장이 없는 경우에는 면세되는 데 반하여 후자는 과세가 가능하게 된다는 점에 차이가 있다.

인적용역으로 인한 소득은 용역의 제공장소가 각 그 원천이 된다. 다만 국외에서 제공하는 인적용역 중 대통령령으로 정하는 용역을 제공함으로써 발생하는 소득이 조세조약에 따라 국내에서 발생하는 것으로 간주되는 경우 그 소득을 포함한다(법법 93조 6호. 소법 119조 6호).

7. 부동산 등 양도소득: 국내에 있는 다음 각 목의 어느 하나에 해당하는 자산·권리를 양도함으로써 발생하는 소득

가. 소득세법 제94조 제 1 항 제 1 호·제 2 호 및 제 4 호 가목·나목에 따른 자산·권리

나. 내국법인의 주식등(주식등을 기초로 하여 발행한 예탁증서 및 신주인수권을 포함한다. 이하 이 장에서 같다) 중 양도일이 속하는 사업연도 개시일 현재의 그 법인의 자산총액 중 다음의 가액의 합계액이 100분의 50 이상인 법인의 주식등("부동산주식등")으로서 자본시장법에 따른 증권시장에 상장되지 아니한 주식등

1) 소득세법 제94조 제 1 항 제 1 호 및 제 2 호의 자산가액

2) 내국법인이 보유한 다른 부동산 과다보유 법인의 주식가액에 그 다른 법인의 부동산 보유비율을 곱하여 산출한 가액. 이 경우 부동산 과다보유 법인의 판정 및 부동산 보유비율의 계산방법은 대통령령으로 정한다.

국내원천 부동산양도소득은 재산의 소재지가 원천지가 된다. 부동산 외에 과점주주법인의 주식도 대상에 포함되어 있다. 특히 2020년 개정법에서 한미조세협약 제15조에 따라 "부동산"에 포함되는 것으로 보는 부동산주식등도 위 부동산주식등에 포함되는 것으로 규정하였다.

8. 사용료소득: 다음 각 목의 어느 하나에 해당하는 권리·자산 또는 정보("권리등")를 국내에서 사용하거나 그 대가를 국내에서 지급하는 경우 그 대가 및 그 권리등을 양도함으로써 발생하는 소득을 말한다. 이 경우 제 4 호에 따른 산업상·상업상·과학상의 기계·설비·장치 등을 임대함으로써 발생하는 소득을 조세조약에서 사용료소득으로 구분하는 경우 그 사용대가를 포함한다.

가. 학술 또는 예술상의 저작물(영화필름을 포함한다)의 저작권, 특허권, 상표권, 디자인, 모형, 도면, 비밀스러운 공식 또는 공정, 라디오·텔레비전방송용 필름 및 테이프, 그 밖에 이와 유사한 자산이나 권리 나. 산업상·상업상·과학상의 지식·경험에 관한 정보 또는 노하우 다. 사용지를 기준으로 국내원천소득 해당 여부를 규정하는 조세조약("사용지 기준 조세조약")에서 사용료의 정의에 포함되는 '기타 이와 유사한 재산 또는 권리'. 이 경우 특허권, 실용신안권, 상표권, 디자인권 등 권리의 행사에 등록이 필요한 권리("특허권등")가 국내에서 등록되지 아니하였으나 그에 포함된 제조방법·기술·정보 등이 국내에서 제조·생산 등 사실상의 실시 또는 사용과 관련되는 것을 말한다.

사용료소득에 관하여 기술수출국 입장에서는 거주지국 과세를 선호하고, 기술수입국 입장에서는 원천지국 과세를 선호한다. 이에 따라 사용료 소득에 대한 과세권배분에 관하여서도 OECD는 일반적으로 전자를, UN은 후자의 입장을 대변한다. OECD 모델조세조약 제12조 제 1 항은, 사용료 소득에 관하여 오로지 거주지국에서만 과세한다고 규정하고 있는데 반하여 UN 모델조세조약은 제12조 제 1 항에서 거주지국 과세원칙을, 제 2 항에서 원천지국 과세권의 예외에 관한 규정을 두고 있다.

우리 법은 사용지주의와 지급지주의를 함께 사용하고 있다. 특별히 소프트웨어 대가를 사용료소득으로 볼지, 사업소득으로 볼지에 관하여서는 우리나라가 외국에서 소프트웨어 등 기술도입을 활발히 하던 1990년대 후반 대법원판례가 다수 존재하는데[1)] 그와 같은 판례를 통해 '범용' 소프트웨어에 대한 대가는 단순한 상품수입에 대한 대가로 취급할 뿐 사용료 소득에 해당하지 않는다는 법리가 확립되었다.[2)] 법인세법기본통칙은 법인세법 제93조 제 8 호 나목의 '정보 또는 노하우'에 관하여, 「지적재산권의 목적물이 될 수 있는지 여부와 관계없이 제품 또는 공정의 산업적 재생산을 위하여 필요한 모든 비공개 기술정보로서 동 정보를 제공하기 전에 이미 존재하는 것을 말한다」고 규정하고(동 통칙 93-132…7 제 1 항), 정보 또는 노하우의 판단 기준으로, ① 비밀보호규정이 있거나 제 3 자에게 공개되지 못하게 하는 특별한 장치가 있는지 여부, ② 기술용역제공대가가 당해 용역수행에 투입되는 비용에 통상이윤을 가산한 금액을 상당히 초과하는지 여부, ③ 사용자가 제공된 정보 또는 노하우를 적용함에 있어서 제공자가 특별한 역할을 수행하도록 요구되는지 또는 제공자가 그 적용결과를 보증하는지 여부 등을 제시하고 있다(같은 통

1) 판 95. 4. 11, 94누15653; 97. 12. 12, 97누4005; 2000. 1. 21, 97누11065 등. 이에 반하여 소프트웨어의 도입을 단순한 상품의 수입이 아닌 노하우 또는 그 기술을 도입한 것으로 보아 사용료소득으로 인정한 것으로 판 95. 4. 11, 94누15653.

2) 관련 논의는, 박윤준·이연우, "소프트웨어 프로그램 도입 대가의 노하우 사용료 소득 해당여부에 관한 연구", 조세법연구 27-3, 355면.

칙 제 3 항). 이와 관련하여 사회가 고도로 디지털화되고 그에 따라 소프트웨어를 포함하여 디지털 콘텐츠를 둘러싼 자금의 흐름과 시장의 작동원리에 큰 변화가 일어나고 있는 현재의 상황에 맞추어 소프트웨어 도입대가의 소득구분에 관한 전통적인 기준이 시대에 맞게 변화될 필요가 있다는 점도 지적되고 있다.[1)]

종전에 판례는, 한미조세협약 제 6 조 제 3 항, 제14조 제 4 항의 해석상 특허권이 등록된 국가 외에서는 특허권 침해가 발생할 수 없어 미국법인이 특허권을 국내에 미등록한 경우 미국법인이 그와 관련하여 지급받는 소득은 국내원천소득으로 볼 수 없다고 판단하였다(판 2014. 11. 27, 2012두18356). 이에 대하여 입법이 반대로 반응하여 2019. 12. 31. 법 개정 시 소득세법과 법인세법 공히 국내 미등록 특허 사용대가를 국내원천 사용료소득으로 규정하였는데, 위와 같은 법 개정 이후에도 판례는 여전히 한미조세조약의 내용을 들어 종전의 태도를 그대로 유지하였다.[2)] 다만 국내 미등록 특허권 이외의 무형자산(발명, 기술 등에 관한 비공개 정보)을 국내에서 제조하는 데 사용하고 대가를 지급한 부분은 판례도 국내원천소득으로 인정한다(판 2022. 2. 10, 2018두36592).

9. 유가증권 양도소득: 다음 각목의 어느 하나에 해당하는 주식등(자본시장법에 따른 증권시장에 상장된 부동산주식등 포함) 또는 그 밖의 유가증권(자본시장법 제 4 조에 따른 증권 포함)을 양도함으로써 발생하는 소득으로서 대통령령으로 정하는 소득.

가. 내국법인이 발행한 주식등과 그 밖의 유가증권 **나**. 외국법인이 발행한 주식등(「자본시장과 금융투자업에 관한 법률」에 따른 증권시장에 상장된 것으로 한정한다)
다. 외국법인의 국내사업장이 발행한 그 밖의 유가증권

국내사업장을 갖지 않은 외국법인의 경우, 주식 양도소득은 증권시장을 통해 양도하는 경우로서 양도일이 속하는 연도와 그 직전 5년의 기간 중 계속하여 25% 미만 지분을 소유한 경우를 제외하고는 상대방에 관계없이 과세되나, 채권 등 그 밖의 유가증권 양도소득은 내국법인 또는 거주자나 비거주자·외국법인의 국내사업장에 양도하는 경우에만 과세된다(소령 179조 11항, 법령 132조 8항).

외국법인간 합병에 따라 피합병법인 자산인 내국법인 주식을 합병법인에 이전

---

1) 관련 논의는, 이연우, "고도로 디지털화된 사회에서 국외 지급 소프트웨어 대가의 소득구분기준에 관한 논고", 조세법연구 27-1, 363면.

2) 판 2018. 12. 27, 2016두42883. 위와 같은 판례의 입장에 관하여는 특허법상 속지주의와 계약상 발생하는 특허기술에 대한 사용대가의 지급은 직접 관련이 없다는 이유로 반대하는 견해가 많다. 관련 논의는, 이창희·양인준, "미등록특허권 침해에 따르는 손해배상금의 과세", 조세법연구 25-3, 47면 이하, 정광진, "국내 미등록 특허의 사용대가와 한미 조세조약상 국내원천 사용료소득", 조세실무연구 11, 299면 이하, 임승순, 조세법 판례백선 346면 등 참조.

하는 것도 국내원천소득인 '주식의 양도'에 해당한다(판 2013. 11. 28, 2009다79736).[1]

10. 국내원천 기타소득: 법은 가목 내지 타목으로, 국내에 있는 부동산 및 그 밖의 자산이나 국내에서 경영하는 사업과 관련하여 받은 보험금·보상금 또는 손해배상금(가목), 국내에서 지급하는 위약금이나 배상금으로서 대통령령으로 정하는 소득(나목) 등을 열거하고 있다.

다. 구체적 사례

판례 중 외국법인의 국내원천소득에 해당한다고 본 사안으로는, ① 선박관계부품의 수입, 수출 및 그 중개업 등을 영위하는 외국법인이 한국 내 조선업체에 선박용품을 수입·공급하거나 판매를 중개함으로써 받은 약정수수료(판 84. 4. 24, 83누646), ② 일본법인 본점이 홍콩 현지법인과 한국 법인간의 어획물판매 기본계약에 따라 지급받은 판매수수료(판 90. 12. 26, 90누646), ③ 외국법인이 내국법인의 국내공장에 대한 설비건설판매계약을 하고 계약내용에 따라 일부 기자재를 해외에서 조달·공급하고 조합, 설치와 감독 및 훈련용역을 공급한 경우(판 92. 6. 23, 91누8852), ④ 국내 해운회사가 국내 사업장을 갖지 않은 외국법인으로부터 국내에서 외국화물 또는 보세화물에 사용된 콘테이너를 임차사용하고 대가로 지급한 임차사용료(판 81. 10. 13, 80누244), ⑤ 채권증서 소지인에게 주채무자와 독립하여 원리금 상환보증책임을 부담하는 보증서를 발급하고 지급한 이자(판 2009. 3. 12, 2006두7904), ⑥ 외국법인의 분할에 따라 분할법인이 자산으로 보유하던 내국법인 발행주식을 분할신설법인에 이전한 것(판 2013. 11. 28, 2009다79736)과 외국법인간 합병에 따라 피합병법인이 보유하던 내국법인 발행주식을 합병법인에 이전한 것(판 2013. 11. 28, 2010두7208),[2] ⑦ 甲 회사가 乙 회사 부탁을 받고 국내사업장이 없는 외국법인 丙 은행과 주식매수청구권 부여계약을 체결한 후 그 청구권을 행사한 丙으로부터 주식을 재매수함에 따라 丙에 지급한 주식대금과 丙이 乙에 지급한 주식 매매대금 차액(판 2013. 11. 28, 2011다105621), ⑧ 내국법인인 보증인이 해외 자회사인 주채무자를 위해 비거주자나 외국법인인 채권자에게 지급한 이자소득(판 2016. 1. 14, 2013두10267), ⑨ 매수인이 외국법인인 매도인에게 국내에서 계약금을 지급했다가 매매계약 채무를 불이행함으로써 몰취된 계약금(판 2019. 7. 4, 2017두38645) 등.

---

1) 그 평석은, 박종수, "분할·합병에 따른 자산이전의 '양도' 여부", 조세법연구 20-1 119면.

2) 같은 취지, 판 2017. 12. 13, 2015두1984. 이는 합병법인이 합병 전에 피합병법인 주식 전부를 보유하고 있거나 합병법인 주식이나 합병교부금이 피합병법인 주주에게 교부되지 않아도 같다.

이를 부정한 것으로는, ① 외국은행본점과 국내지점 사이에 설정된 당좌계정을 통해 외국거래를 하면서 본·지점 사이에 수수된 기업내부이자(판 85. 11. 12, 83누40), ② 국내 수입업자가 외국법인으로부터 원면 등을 수입하면서 약정기일까지 수입신용장을 개설하지 못하여 지급한 배상금(판 87. 6. 9, 85누880), ③ 내국법인이 고도의 산업상 및 과학상의 기술적 지식과 정보가 포함된 설계도면을 정보사용을 위해 수입하고 외국법인에게 지급한 대금(판 91. 7. 23, 90누6088), ④ 국내에 사업장이 없는 외국법인이 내국법인으로부터 지급받은 손해배상금(판 97. 12. 9, 97누966),[1] ⑤ 외국으로부터 도입한 범용 소프트웨어의 대가(판 97. 12. 12, 97누4005),[2] ⑥ 신주발행법인의 기존 주주가 아닌 외국법인이 신주의 저가인수로 특수관계에 있는 기존 주주들에게서 분여받은 이익(판 2015. 12. 23, 2015두50085), ⑦ 국내 금융기관이 국내 조선사들의 외국선주사들에 대한 선수금 및 이자 환급 채무를 보증하는 선박선수금환급보증계약(RG)에 따라 보증인으로서 외국선주사에 지급한 선수금이자[3] 등.

라. 국외투자기구에 대한 실질귀속자 특례

외국법인이 국외투자기구(투자권유를 하여 모은 금전 등을 재산적 가치가 있는 투자대상자산의 취득, 처분 또는 그 밖의 방법으로 운용하고 그 결과를 투자자에게 배분하여 귀속시키는 투자행위를 하는 기구로서 국외에서 설립된 기구를 말한다)를 통하여 제93조에 따른 국내원천소득을 지급받는 경우에는 그 외국법인을 국내원천소득의 실질귀속자(그 국내원천소득과 관련하여 법적 또는 경제적 위험을 부담하고 그 소득을 처분할 수 있는 권리를 가지는 등 그 소득에 대한 소유권을 실질적으로 보유하고 있는 자를 말한다)로 본다. 다만 국외투자기구가 다음 각 호의 어느 하나에 해당하는 경우(소득세법 2조 3항에 따른 법인으로 보는 단체 외의 법인 아닌 단체인 국외투자기구는 이 항 제 2 호 및 제 3 호에 해당하는 경우로 한정한다)에는 그 국외투자기구를 국내원천소득의 실질귀속자로 본다(법 93조의2 1항).

1. 다음 각 목의 요건을 모두 갖추고 있는 경우

가. 조세조약에 따라 그 설립된 국가에서 납세의무를 부담하는 자에 해당할 것

나. 국내원천소득에 대하여 조세조약이 정하는 비과세·면제 또는 제한세율(조세조약에 따라 체약상대국의 거주자 또는 법인에 과세할 수 있는 최고세율을 말한다. 이하 같다)을 적용받을 수 있는 요건을 갖추고 있을 것

1) 이에 관한 평석은, 김백영, "외국법인의 손해배상금과 국내원천소득", 판례백선, 368면.
2) 관련 논의는, 장인태, "컴퓨터 소프트웨어 도입에 따른 과세연구", 조세법연구 3, 36면.
3) 판 2019. 4. 23, 2017두48482. 평석은 백제흠, 세법의 논점 2, 472면.

2. 제 1 호에 해당하지 아니하는 국외투자기구가 조세조약에서 국내원천소득의 수익적 소유자로 취급되는 것으로 규정되고 국내원천소득에 대하여 조세조약이 정하는 비과세·면제 또는 제한세율을 적용받을 수 있는 요건을 갖추고 있는 경우

3. 제 1 호 및 제 2 호에 해당하지 아니하는 국외투자기구가 그 국외투자기구에 투자한 투자자를 입증하지 못하는 경우(투자자가 둘 이상인 경우로서 투자자 중 일부만 입증하는 경우에는 입증하지 못하는 부분으로 한정한다)

제 1 항 제 3 호에 해당하여 국외투자기구를 국내원천소득의 실질귀속자로 보는 경우에는 그 국외투자기구에 대하여 조세조약에 따른 비과세·면제 및 제한세율의 규정을 적용하지 아니한다(동 2항).

이는 국가 간 법인에 대한 규정체계 등이 달라 국내 투자 외국계 펀드의 법적 성격이 불명확하고 그에 따라 원천징수의무자 입장에서 원천납세의무자가 누구이고 납세의무자가 조세조약상 제한세율 적용대상인지 여부가 불명확하여 원천징수의무를 이행하는데 어려움을 겪는 것을 감안하여 실체적, 절차적으로 일정한 요건을 갖추면 국외투자기구를 대상으로 적법하게 원천징수를 할 수 있도록 한 것이다.[1)]

비거주자가 국외투자기구를 통하여 국내원천소득을 지급받는 경우 실질귀속자 특례에 관해서도 위 법인세법 규정과 동일한 취지의 규정이 있다(소법 119조의2).

국외투자기구가 구 법인세법 제98조의6 제 1 항에서 정한 '국내원천소득을 실질적으로 귀속받는 외국법인'에 해당하면 같은 조 제 4 항에 따라 조세조약에 따른 제한세율을 적용받기 위한 경정청구를 할 수 있다(판 2022. 10. 27, 2020두47397).

2. 국내사업장(고정사업장)

가. 국내사업장 등의 개념

국내사업장이란 비거주자 또는 외국법인[2)]이 국내에 사업의 전부 또는 일부를 수행하기 위하여 설치한 사업상의 고정된 장소를 말한다(소법 120조 1항, 법법 94조 1항). 조세조약에서는 고정사업장(Permanent Establishment; PE)이라는 용어를 사용하나 소득세법과 법인세법에서는 국내사업장으로 표현하고 있으며 개념상 차이는 없다.

조세조약상 사업소득에 관하여는 「**고정사업장(Permanent Establishment; PE)이 없으면 과세하지 못한다**」는 원칙이 확립되어 있다. 이 원칙은 무역거래나 사업의 준

1) 관련 논의는, 백제흠, "국제거래에 대한 원천징수세제의 개선방안", 세법의 논점 2, 389면.
2) 이하의 내용은 비거주자와 외국법인 간에 특별한 차이가 없으므로 편의상 비거주자와 외국법인을 구분하지 않고 '외국법인'으로 부르기로 한다.

비활동 등을 과세대상에서 제외함으로써 국제적 경제활동에 대한 조세의 방해효과를 가능한 한 배제할 목적으로 인정되었으며 오늘날 일반원칙으로 자리 잡고 있다(OECD 모델조세협약 7조 1항). 우리나라가 체결한 조세조약에서도 예외 없이 이를 수용하고 있다. 따라서 국내사업장이 없는 외국법인의 사업소득에 대하여 사업수입금액의 100분의 20의 세율을 적용하여 산정한 소득세를 원천징수하도록 되어 있는 현행 세법의 규정은 우리나라와 조세조약을 체결하지 않은 나라의 거주자에 한하여 적용이 가능하다. 또한 국내사업장의 유무는 외국법인의 국내원천소득에 대한 과세에 있어서 합산과세 또는 분리과세를 결정하는 기준이 된다(소법 121조, 법법 91조). 즉, 국내사업장이 있거나 부동산소득이 있는 외국법인은 내국법인과 국내원천소득을 합산하여 과세한다. 그러나 국내사업장 등이 없는 외국법인에 대하여는 내국법인과는 달리 국내원천소득별로 분리과세한다. 고정사업장은 소득과세상 개념이고 고정사업장이 부가가치세의 납세의무자인 사업자로 의제될 수는 없다.[1)]

OECD 모델조세협약에서는 PE를 '사업의 전부 또는 일부가 영위되는 일정한 장소'로 정의하고 있다(동 5조 1항). PE가 존재하기 위해서는, 1) 물적 시설이 지속적으로 존재할 것, 2) 사업의 전부 또는 일부가 사업장을 통하여 영위될 것, 3) 핵심적인 사업활동의 수행이 있을 것 등 3가지 요건이 필요하다.

법인세법 제94조 제1항 내지 제3항은 고정사업장에 관하여 규정하고 있고 한·미 조세조약 제9조를 비롯하여 우리나라가 외국과 체결한 조세조약에도 비슷한 규정들이 있다. 판례도 한·미 조세조약 상 미국법인의 고정사업장은, 미국법인이 '처분권한 또는 사용권한'을 가지는 국내의 건물, 시설 또는 장치 등의 '사업상 고정된 장소'를 통해 미국법인의 직원이나 그 지시를 받는 자가 '본질적이고 중요한 사업활동'을 수행하여야 하며, 그 해당 여부는 사업활동의 성격과 규모, 전체 사업활동에서 차지하는 비중과 역할 등을 종합적으로 고려하여야 한다고 보았다.[2)] 판례는, 외국인 전용 카지노를 영위하는 甲 회사가 카지노 고객 모집 전문업체로서 홍콩에 본사를 둔 乙 그룹의 필리핀 관계회사인 丙 회사와 고객의 모집·알선 계약을 체결하면서 丙 회사에 카지노 영업장인 서울 소재 건물 중 일부 사무실을 무상으로 제공하여 이용고객 모집 등의 활동을 하도록 하고 모집수수료를 지급한 경우(판 2016. 7. 7, 2015두44936), 갑 필리핀법인이 국내에서 외국인 전용 카지노를

1) 관련 논의는, 이준봉, "고정사업장과 부가가치세 납세의무", 조세법연구 28-1, 139면.
2) 판 2017. 10. 12, 2014두3044, 3051('론스타 판결'). 평석은 김준희, 조세법연구 24-2, 338면. 김해마중, "외국법인 자회사에 대한 고정사업장 과세", 조세실무연구 9, 34면 이하.

운용하는 을 주식회사와 카지노 이용고객(Junket, 정켓)을 모집·알선하여 주고 모집수수료를 지급받기로 하는 정켓 계약을 체결한 뒤 한국을 제외한 아시아 전 지역을 대상으로 정켓 모집활동 등을 하면서 을 회사의 영업장 내 사무실에 직원들을 두고 정켓들에 대하여 칩 제공 업무, 항공권 및 호텔 예약, 위 영업장 안내 등의 업무를 수행한 경우(판 2020. 6. 25, 2017두72935) 등에 관하여 국내 고정사업장의 존재를 인정하였다.

외국법인이 국내에 자회사나 지점을 설립하고 제조나 판매를 위탁하여 그 대가에 대하여만 세금을 납부하는 조세회피전략이 널리 이용되고 있는데 이러한 경우 자회사나 지점이 모회사 지배를 받더라도 그 자체만으로 이를 외국법인의 국내사업장으로 인정하기는 어렵다.[1] 다만 자회사를 통해 실질적으로 모회사가 자신의 영업을 하는 경우 자회사를 모회사의 종속대리인으로 보아 고정사업장으로 인정할 수는 있다. 판례는 미국에 본사를 둔 외국회사 갑의 한국 내 자회사 을이 갑 회사와 용역계약을 체결한 뒤 국내에 설치된 노드 장비 및 블룸버그 수신기를 통하여 정보전달 용역을 제공하고, 갑 회사 해외지점 영업직원이 을의 사무실 등에서 판촉 및 교육활동을 한 사안에서, 위 사업활동은 갑 회사 사업의 본질적이고 중요한 부분에 해당하지 않으므로 갑 회사의 국내 고정사업장이 아니라고 보았다.[2]

고정사업장에는 지점이나 사무소 또는 영업소, 상점 그 밖의 고정된 판매장소, 작업장, 공장 또는 창고, 6월을 초과하여 존속하는 건축장소, 건설·조립·설치공사의 현장 또는 이와 관련되는 감독활동을 수행하는 장소, 고용인을 통하여 용역을 제공하는 장소로서 용역의 제공이 계속되는 12월 기간중 합계 6월을 초과하는 기간 동안 용역이 수행되거나, 합계 6월을 초과하지 아니하는 경우로서 유사한 종류의 용역이 2년 이상 계속적·반복적으로 수행되는 장소, 광산·채석장 또는 해저천연자원 그 밖의 천연자원의 탐사 및 채취장소 등 세법에서 예시하는 장소가 포함된다(소법 120조 2항·법법 94조 2항 1호 내지 6호).

법은 구체적으로 다음과 같은 기준을 두고 있다.

「다음 각 호의 장소("특정 활동장소")가 외국법인의 사업 수행상 예비적 또는 보조적인 성격을 가진 활동을 하기 위하여 사용되는 경우에는 제 1 항에 따른 국내

1) OECD 모델조세협약 제 5 조 제 7 항 및 UN 모델조약 제 5 조 제 8 항(Anti - Single Entity Program).
2) 판 2011. 4. 28, 2009두19229. 판결에 대한 평석은 백제흠, 조세실무연구 IV, 273면. 행정해석 중 스웨덴법인이 국내 특수관계 없는 법인 A에게 위탁하여 생산한 제품을 국내 특수관계법인 B에게 판매하고 B가 자기 책임과 계산으로 구매하여 국내에 공급하는 경우 스웨덴법인의 국내사업장에 해당하지 않는다고 한 것으로, 서면-2021-국제세원-1952, 2021. 6. 11.

사업장에 포함되지 아니한다」(법법 94조 4항).

1. 외국법인이 자산의 단순한 구입만을 위하여 사용하는 일정한 장소 2. 외국법인이 판매를 목적으로 하지 아니하는 자산의 저장이나 보관만을 위하여 사용하는 일정한 장소 3. 외국법인이 광고, 선전, 정보의 수집 및 제공, 시장조사, 그 밖에 이와 유사한 활동만을 위하여 사용하는 일정한 장소 4. 외국법인이 자기의 자산을 타인으로 하여금 가공하게 할 목적으로만 사용하는 일정한 장소

「제 4 항에도 불구하고 특정 활동장소가 다음 각 호의 어느 하나에 해당하는 경우에는 위 국내사업장에 포함된다」(동 5항).

1. 외국법인 또는 대통령령으로 정하는 특수관계가 있는 외국법인(비거주자를 포함한다. 이하 이 항에서 "특수관계가 있는 자"라 한다)이 특정 활동 장소와 같은 장소 또는 국내의 다른 장소에서 사업을 수행하고 다음 각 목의 요건을 모두 충족하는 경우

가. 특정 활동 장소와 같은 장소 또는 국내의 다른 장소에 해당 외국법인 또는 특수관계가 있는 자의 국내사업장이 존재할 것 나. 특정 활동 장소에서 수행하는 활동과 가목의 국내사업장에서 수행하는 활동이 상호 보완적일 것

2. 외국법인 또는 특수관계가 있는 자가 특정 활동 장소와 같은 장소 또는 국내의 다른 장소에서 상호 보완적인 활동을 수행하고 각각의 활동을 결합한 전체적인 활동이 외국법인 또는 특수관계가 있는 자의 사업 활동에 비추어 예비적 또는 보조적인 성격을 가진 활동에 해당하지 아니하는 경우

나. 종속대리인

외국법인이 국내에 고정사업장을 두지 않은 경우에도 다음 각 호의 어느 하나에 해당하는 자 또는 이에 준하는 자로서 대통령령으로 정하는 자를 두고 사업을 경영하는 경우에는 그 자의 사업장 소재지(사업장이 없는 경우에는 주소지로 하고, 주소지가 없는 경우에는 거소지로 한다)에 국내사업장을 둔 것으로 본다(법법 94조 3항).[1)]

1. 국내에서 외국법인을 위하여 다음 각 목의 어느 하나에 해당하는 계약("외국법인 명의 계약등")을 체결할 권한을 가지고 그 권한을 반복적으로 행사하는 자

가. 외국법인 명의의 계약 나. 외국법인이 소유하는 자산의 소유권 이전 또는 소유권이나 사용권을 갖는 자산의 사용권 허락을 위한 계약 다. 외국법인의 용역제공을 위한 계약

2. 국내에서 그 외국법인을 위하여 외국법인 명의 계약등을 체결할 권한을 가지고 있지 아니하더라도 계약을 체결하는 과정에서 중요한 역할(외국법인이 계약의 중요사항을 변경하지 아니하고 계약을 체결하는 경우로 한정한다)을 반복적으로 수행하는 자

---

1) 이 규정 및 아래 제 4 항 및 5 항은 비거주자에 관한 소법 제120조 3항 내지 제 5 항과 동일하다.

이를 '종속대리인'이라고 한다. 대리인이 피용자처럼 본인에게 종속되는 경우 본인이 대리인을 통해 물적 시설을 사용하거나 지배하는 것으로 보는 것이다.[1] 외국법인과 독립적으로 활동하는 중개인, 일반 위탁판매인 등은 여기에 포함되지 않는다. 그 기준은 법상 포괄적 통제권한을 가지는지 여부, 경제적 위험의 부담여부 등을 종합적으로 고려하여 판단한다.[2]

판례 역시 외국법인이 종속대리인을 통해 국내에 고정사업장을 갖기 위해서는, 대리인이 국내에서 상시로 외국법인 명의의 계약체결권을 행사하고, 그 권한도 예비적, 보조적인 것을 넘어 사업활동에 본질적이고 중요한 것이어야 한다고 보는 등[3] OECD 모델조세협약과 유사하게 보고 있다.

외국법인의 국내 고정사업장의 경우에도 구체적인 거래와 관련하여 해당 사업장이 본질적이고 중요한 업무를 수행한 경우가 아니면 부가가치세법상 납세의무자나 세금계산서 발급주체가 된다고 보기 어렵다.[4]

외국법인이 국내에서 수익을 발생시키는 영업활동을 영위하지 않고 업무연락, 시장조사 등 대통령령으로 정하는 비영업적 기능만을 수행하는 사무소("외국법인연락사무소")를 국내에 두고 있는 경우에는 대통령령으로 정하는 현황 자료를 그 다음 연도 2월 10일까지 대통령령으로 정하는 바에 따라 외국법인연락사무소 소재지 관할 세무서장에게 제출하여야 한다(법법 94조의2).

다. 고정사업장에의 소득의 귀속과 배분

외국법인의 국내사업장에서 발생하는 소득의 과세를 둘러싸고 귀속주의와 총괄주의가 대립되고 있다. 총괄주의란 실제로 국내사업장에 귀속되는지 여부에 관계없이 국내원천소득을 모두 국내사업장에 귀속되는 것으로 보아 과세대상으로 삼아야 한다는 원칙이고, 귀속주의는 국내사업장에 실질적으로 귀속되는 소득에 대하여만 그 소재지국 과세권이 미친다고 보는 견해이다. 우리나라는 인도네시아 및 멕시코와 체결한 조세조약에 있어서만 절충적 입장을 채택하였을 뿐,[5] 그 밖의 국가와 체결한 조세조약은 모두 귀속주의를 따르고 있다. 소득세법과 법인세법도 귀속주의

---

1) OECD 모델조세협약 5조의 주석 10항. 관련 논의는, 박성수, "조세조약상 종속대리인의 요건", 조세법연구 2, 160면. 이창희, "고정사업장의 과세", 조세법연구 13-2, 216면.
2) OECD 모델조세협약 제 5 조 제 5 항 및 제 5 조 주석 38문단 참조.
3) 앞의 2014두3044, 3051 판결. 그 밖에 종속대리인 고정사업장에 관한 자세한 논의는, 김해마중, 조세실무연구 8, 3면 이하 참조.
4) 관련 논의는, 이은총, "외국법인 고정사업장 과세관련 쟁점에 대한 소고", 조세실무연구 10, 17면.
5) 인도네시아와의 조세조약 제 7 조 1항, 멕시코와의 조세조약 의정서 제 2 조.

에 입각하고 있다(소령 179조 2·3항, 법령 132조 2·3항). 여기에서 '귀속'의 의미는 고정사업장 활동과 실질적 관련성을 가지는 것으로 이해하는 것이 보통이다.[1)]

국내 고정사업장에 귀속, 배분되는 과세대상 소득에 관하여는 독립기업의 원칙(arm's length principle)이 적용된다. 이는 국내 고정사업장에 귀속, 배분되는 이익을 외국법인과 그 고정사업장이 독립된 기업이었다면 생겼을 이익으로 보는 것이다.[2)]

라. 국내사업장 귀속 손비의 계산

외국법인 경비의 손금산입에 관하여, 법은 국내사업장에서 발생된 판매비 및 일반관리비 그 밖의 경비 중 국내원천소득의 발생과 합리적으로 관련되지 않은 경비는 손금산입을 배제하고(소령 181조 2항, 법령 129조 2항), 외국법인의 본점 및 그 국내사업장을 관할하는 관련지점 등의 경비 중 공통경비로서 국내원천소득의 발생과 합리적으로 관련된 것은 국내사업장에 배분하여 손금에 산입하며(소령 181조의2, 법령 130조), 그 방법은 배분대상이 되는 경비를, 경비항목별 기준에 따라 배분하는 항목별 배분방법과 국내사업장 수입금액이 본점 및 그 국내 사업장을 관할하는 관련지점 등의 총수입금액에서 차지하는 비율에 따라 배분하는 일괄배분방법의 하나를 선택할 수 있도록 하고 있다(소칙 제86조의4, 법칙 64조 6항).

그 밖에 납부세액계산방법, 과세표준과 세액의 신고, 납부의 방법, 결정, 경정의 방법, 징수방법 등은 원칙적으로 국내법인에 관한 규정이 준용된다(소법 124조, 125조, 법법 97조).

마. 전자상거래와 고정사업장

인터넷 등 정보통신의 발달과 함께 기존에 사업소득이나 인적용역소득으로 취급되던 것이 사용료소득으로 볼 여지가 많아지고 그에 따라 고정사업장 유무와 관련하여 소득구분 여하에 따라 과세 가능 여부가 달라지는 문제가 발생하게 되었다. 예를 들어 한국의 인터넷 사용자가 컴퓨터 소프트웨어를 컴퓨터로 다운로드 받아

1) 김재승, "고정사업장 과세소득 계산에서 귀속의 의미", 조세법연구 21-1, 127면.

2) 위 조세협약 제7조. 그 분석은, 이창희, "종속대리인 고정사업장" 조세법연구 20-1, 293면. 판례는 앞서 본 2015두51415 판결의 사안에서, 갑 법인 직원들이 위 사무실에서 수행하는 활동이 갑 법인의 본질적이고 중요한 사업활동에 해당한다고 하더라도, 갑 법인의 보다 본질적이고 핵심적인 업무는 국외에서 이루어지고 있고, 모집수수료 중 갑 법인의 대한민국 내 고정사업장인 사무실에 귀속되는 수입금액은 사무실에서 수행한 업무에 대한 대가로 국한된다는 등의 이유로, 모집수수료 전액에서 부가가치세를 제외한 금액 전부가 갑 법인의 고정사업장에 귀속되는 수입금액으로 본 법인세 등 부과처분이 위법하다고 보았다(판 2020. 6. 25, 2017두72935). 판결에 대한 평석은, 유경란, "2020년 법인세법 및 국제조세 판례회고", 조세법연구 27-1, 28면.

사용하고 미국 판매업자에게 대가를 지불하는 경우 그 소득이 사업소득이면 미국 업자가 한국 내에 고정사업장을 갖고 있지 않은 경우 한국 내 소득은 한국에서 과세되지 않는 데 반하여 이를 사용료소득으로 보면 한·미 조세조약에 의하여 한국에서 11%(지방소득세 포함) 또는 16.5%(지방소득세 포함)의 세율로 과세되게 된다.

전자상거래에 OECD 모델조세협약상의 고정사업장 개념을 적용하는 것과 관련하여 구체적으로 다음과 같은 문제들이 제기되고 있다.

우선, 컴퓨터 서버상의 웹사이트가 위 협약 제 5 조 제 1 항의 고정사업장에 해당하는가의 문제이다. 구체적으로 웹사이트가 사업장소를 구성하는지, 서버가 고정되었는지, 그리고 광고·주문 또는 결제 등의 자동화된 사업기능을 고정사업장을 통한 사업수행에 해당하는 것으로 볼 수 있는지 등이 문제 된다.

이중 웹사이트의 고정사업장 구성 여부와 관련하여, 서버 위치설정과 접속 수단의 다양성, 서버 위치 변경의 용이성, 웹 내용물과 서버 소유권의 귀속 등이 문제된다. 구체적으로 웹사이트에서 수행되는 활동이 협약 제 5 조 제 4 항에 의해 고정사업장을 구성하지 않는 예비적·보조적 활동을 넘어선 것인지에 관한 구별이 중요하다. 웹사이트 운영기업과 서비스 제공자간의 관계 및 협약 제 5 조 제 5 항과 관련하여 서비스 제공자가 웹사이트 운영자 대리인으로 취급될 수 있는지도 검토대상이다. 최근에는 클라우드 컴퓨팅(Cloud Computing) 사용과 관련된 거래를 세법상 어떻게 인식할 것인가를 둘러싸고 고정사업장 개념과 범주의 확장 등이 관심사이다. 다국적기업의 경우 고정사업장간 소득분배가 어렵고 이전가격의 정상가격 설정이 곤란하다는 점 등이 문제점으로 지적된다.[1] 나아가 이러한 전통적인 논의를 넘어서 디지털 경제 전반에 걸쳐 고정사업장 개념을 벗어나 시장 소재지 국가에 과세권을 부여하는 방안에 대한 국가 간 논의도 활발하게 진행되고 있다.[2]

1) 관련 논의는, 박종수·김신언, "국제적 디지털 거래에서의 고정사업장 과세문제", 조세법연구 21-3, 473면. 정승영, "클라우드 컴퓨팅과 국제조세 문제", 조세법연구 21-1, 357면.

2) OECD는 2019. 10. 기존의 여러 제안을 종합하여 Pillar One의 통합접근법을, 2019. 11. Pillar Two의 글로벌 최저한세를 각 공개하였다. 전자는 새로운 사업모텔을 고려한 과세권 조정으로 시장 소재지 국가에 대한 과세권을 확대하는 것이고, 후자는 조세회피방지 규정으로 최소세율만큼은 시장 소재지국에서 과세하기 위한 것이다. BEPS 다자간협의체는 2020. 1. 위 두 가지 접근법에 동의하는 성명을 발표하고, 같은 해 10월 디지털세 장기대책으로 승인, 공개하였다. 2021. 6. 5. G7 재무장관회의와 6.11. G7 정상회담에서 통합접근법의 금액 산출기준과 글로벌 최저한 세율을 잠정합의함에 따라 빠른 시기에 디지털세가 국제적 기준으로 자리 잡고 각국의 입법에 실혈된 가능성이 커지게 되었다. 이상 백제흠, "국제조세법의 체계와 그 개편방안에 관한 연혁적 고찰", 세법의 논점 2, 372면, 김신언, "디지털세의 최근 입법동향과 우리나라 세제 개편방안", 조세법연구 27-2, 363면 참조.

바. 유동화전문회사(Special Purpose Company; SPC), 외국계펀드 등의 경우

유동화자산이 부동산일 경우 국외 유동화전문회사는 관련 소득에 대해 내국법인과 동일하게 각 사업연도 소득에 대한 법인세를 납부한다. 유동화자산이 채권일 경우 국외 유동화전문회사가 국내 고정사업장을 가지고 있어야 과세대상이 된다. 이와 관련하여 국내법인인 자산보유자나 신용정보업자가 국외 유동화전문회사로부터 수탁받은 채권추심업무를 영위하는 경우 국외 유동화전문회사의 종속대리인으로서 국내 고정사업장으로 간주될 것인가가 문제된다. 과세실무는 이를 긍정하나(국세청 예규 국총 46017-819), 조세조약상 독립대리인이 본래의 사무를 통상의 방법으로 행하는 경우 그 활동으로 인해 본인의 고정사업장으로 간주되지 않는다는 규정을 두는 것이 보통인데, 국외 유동화전문회사로부터 자산관리를 위탁받은 자산관리사가 신용정보업자인 경우 그 업자는 통상 국내의 많은 채권자들로부터 채권추심업무를 수행하므로 국외 유동화전문회사만을 위해 채권추심업무를 수행한다고 보기 어려워 국외 유동화전문회사의 국내 고정사업장이 된다고 보기 어렵다.[1)]

국외 유동화전문회사(SPC)인 외국법인에 대한 원천징수와 관련하여, 자산보유자가 국외 SPC의 한국지점에 유동화자산을 양도하고, 국외 SPC 본점이 유동화증권을 발행하여 해외거주 투자자에게 매각하는 경우 국외 SPC가 외국법인 투자자에게 지급하는 유동화증권 이자는 우리 법상 국내원천소득에 해당된다고 보기 어렵다. 그러나 국외 SPC가 발행하는 유동화증권의 투자자가 우리나라와 조세조약을 체결한 미국, 유럽 등의 거주자이고 해당 조세조약의 이자조항에 의해 국내법 소득원천규정이 수정된 경우 국내원천소득에 해당될 가능성이 있다.[2)]

그밖에 국내 고정사업장이 없는 외국계 투자펀드를 위해 주로 사업을 영위하는 국내 자회사를 종속대리인으로 보아 고정사업장 존재를 인정할 수 있는지가 문제되는데, 과세관청은 종속대리인으로서 고정사업장으로 인정되면 대리인이 적정수수료를 받았는지 여부와 무관하게 고정사업장 소재지국에 원천이 있는 모든 소득 중 고정사업장 귀속소득에 대해 원천지국에 과세권이 있으며 외국인투자펀드 투자와 관련된 주요 사업활동의 많은 부분이 국내에서 이루어지므로 국내원천소득 중 상당부분이 고정사업장에 귀속된다는 입장이다.[3)]

---

1) 같은 취지, 황호동, "자산유동화 관련 조세문제", 조세법연구 5, 62면.
2) 관련 논의는, 김병일, "자산유동화와 국제조세문제", 조세법연구 8-2, 185면.
3) 관련 논의는, 송상우·정광진, 앞 논문, 219면, 이임동·전병욱, 앞 논문, 44면 각 참조.

3. 외국법인의 국내사업장에 대한 과세특례: 지점세(Branch Profits Tax)

외국계 기업이 국내에 진출할 때 자회사 형태의 경우에는 각 사업연도 소득에 대한 법인세와 그 주주에 대한 배당소득세가 과세되는 반면, 지점 형태의 경우에는 법인세만을 부담하므로 지점형태가 세제상 유리하게 된다. 이러한 세 부담의 불공평을 시정하기 위하여 외국법인의 국내지점에 대하여 법인세 과세 후 소득에 대하여 추가로 과세하는 조세를 지점세라 한다.

우리 법인세법상 지점세의 과세대상은 우리나라와 당해 외국법인의 거주지국과 체결한 조세조약에서 지점세를 과세할 수 있도록 규정하고 있는 경우에 한한다(법법 96조 1항). 이는 조약조항의 유무를 가리지 않고 국내법 규정에 따라 획일적으로 지점세를 부과하도록 하는 제도(예: 미국의 branch profits tax)와는 차이가 있다.

지점세 과세표준은 과세대상 소득금액이다. 과세대상 소득금액은 각 사업연도 소득금액에서, ① 법인세, ② 법인지방소득세, ③ 과소자본세제에 의한 손금불산입액, ④ 국내사업장이 사업을 위해 재투자할 것으로 인정되는 금액을 차감하여 계산한다(법법 96조 2항). 이 중 법인세는 외국납부세액공제, 재해손실세액공제와 다른 법률에 의한 공제감면세액을 공제하고 법인세법 및 국세기본법상의 가산세와 법인세법 또는 조특법에 의한 추가납부세액을 가산한 금액을 말한다(같은 항 1호).

우리나라와 당해 외국법인의 거주지국과 체결한 조세조약(예: 필리핀)에서 이윤의 송금액에 대하여 과세할 수 있도록 규정하고 있는 경우에는 송금액으로 한다.

지점세의 세율은 20%이다. 다만 조세조약에서 따로 정하는 경우[1]에는 그에 따른다(법법 96조 3항). 지점세는 외국법인의 국내사업장만을 대상으로 하고, 비거주자의 국내사업장에 대해서는 적용되지 않는다.

4. 신고·납부·결정·경정 및 징수

가. 신고납부의 경우

(1) 국내사업장 또는 부동산소득이 있는 경우

국내사업장을 가진 외국법인과 제93조 제 3 호에 따른 국내원천 부동산소득이 있는 외국법인의 각 사업연도 소득에 대한 법인세 과세표준은 국내원천소득의 총

---

1) 브라질, 호주 소재 법인의 경우 15%, 인도네시아, 태국 및 필리핀 소재 법인의 경우 10%, 모로코, 카자흐스탄, 캐나다 및 프랑스 소재 법인의 경우 5%로 정해져 있다.

합계액(98조 1항, 98조의3, 98조의5 또는 98조의6에 따라 원천징수되는 국내원천소득 금액 제외)에서 다음 각 호에 따른 금액을 차례로 공제한 금액으로 한다. 다만 제 1 호의 금액에 대한 공제는 각 사업연도 소득의 100분의 80을 한도로 한다(법법 91조 1항).

1. 제13조 제 1 항 제 1 호에 해당하는 결손금(국내에서 발생한 결손금만 해당한다)

2. 이 법과 다른 법률에 따른 비과세소득

3. 선박이나 항공기의 외국 항행으로 인하여 발생하는 소득. 다만 그 외국법인의 본점 또는 주사무소가 있는 해당 국가가 우리나라의 법인이 운용하는 선박이나 항공기에 대하여 동일한 면제를 하는 경우만 해당한다.

각 사업연도 국내원천소득의 총합계액 및 과세표준은 제 2 장의 내국법인의 각 사업연도 소득금액계산의 규정을 준용하여 계산하며 세율도 내국법인과 같다(법법 92조 1항, 95조).

위 각 외국법인이 법 제55조의2에 따른 토지 등 양도소득에 대한 법인세 과세대상에 해당되는 자산을 양도하는 경우에는 내국법인의 예를 준용하여 토지 등 양도소득에 대한 법인세를 추가로 납부하여야 한다(법법 95조의2).

외국법인은 위 과세표준과 세액을 법이 정한 기한 내에 신고 및 납부하여야 한다. 그에 관한 사항은 대부분 내국법인에 관한 규정을 준용한다(법법 97조).[1)]

(2) 양도소득이 있는 경우

양도소득이 있는 외국법인 또한 신고납부 방식에 의해 각 사업연도 소득에 대한 법인세 납세의무를 이행한다(법법 97조 1항).

국내원천소득 금액은 양도가액에서 취득가액과 양도비용을 공제한 금액이며(법법 92조 3항), 이 금액이 각 사업연도 소득에 대한 법인세 과세표준이 된다(법법 91조 2항). 다만 국내사업장 등이 있는 외국법인의 토지 등 양도소득은 내국법인을 준용하여 양도금액에서 양도 당시 장부가액을 뺀 금액으로 하는 반면(법법 55조의2 6항), 외국법인의 경우에는 국내원천소득금액 계산방법을 준용하여 양도가액에서 취득가액과 양도비용을 공제한 금액으로 한다는 점이 다르다(법법 95조의2 단서).

(3) 그 밖의 외국법인의 경우

국내사업장이 없는 외국법인에게 신고·납부 의무가 부여되는 사항 중, 주식

---

1) 외국법인의 거주지국에서 발생하여 우리나라에 소재한 외국법인의 고정사업장에 귀속된 소득으로서 거주지국과 체결한 조세조약의 해석상 그 소득에 대하여 우리나라가 먼저 과세권을 행사할 수 있고, 그에 따른 이중과세 조정은 거주지국에서 이루어지게 되는 경우에는, 그 소득에 대하여 거주지국에 납부한 세액이 있더라도 그 세액이 위 규정들에 따른 외국납부세액공제 대상에 해당한다고 볼 수 없다. 판 2024. 1. 25, 2021두46940.

등 유가증권에 관한 내용은 법인세법 제98조의2 제 1 항 내지 제 3 항, 국내에 있는 자산을 국내사업장이 없는 비거주자나 외국법인으로부터 증여받아 제93조 제10호 다목에 따른 기타소득이 발생하는 경우에 관한 내용은 같은 조 제 4 항 각 참조. 전자에 관한 사항은 국내사업장이 없는 비거주자에 대하여도 동일하게 규정되어 있다(소법 제126조의2).

인적용역소득이 제98조 제 1 항 제 4 호의 세율(20%)로 원천징수되는 외국법인은 국내용역 제공기간에 발생한 소득에서 그 소득과 관련되는 것으로 입증된 비용을 뺀 금액을 과세표준으로 하여 용역 제공기간 종료일부터 3개월 이내에 원천징수의무자의 납세지 관할 세무서장에게 신고·납부할 수 있다(법법 99조). 비거주자에 대해서도 비슷한 규정이 있다(소법 121조 5항. 124조, 125조).

나. 원천징수

(1) 원 칙

외국법인에 대하여 제93조 제 1 호·제 2 호 및 제 4 호부터 제10호까지의 규정에 따른 국내원천소득으로서 국내사업장과 실질적으로 관련되지 아니하거나 그 국내사업장에 귀속되지 아니하는 소득의 금액(국내사업장이 없는 외국법인에 지급하는 금액 포함)을 지급하는 자(93조 7호에 따른 국내원천 부동산등양도소득의 금액을 지급하는 거주자 및 비거주자 제외)는 제97조에도 불구하고 그 지급을 할 때에 다음 각 호의 구분에 따른 금액을 해당 법인의 각 사업연도의 소득에 대한 법인세로서 원천징수하여 그 원천징수한 날이 속하는 달의 다음 달 10일까지 대통령령으로 정하는 바에 따라 납세지 관할 세무서등에 납부하여야 한다(법 98조 1항). 각호 생략.

건축·건설, 기계장치 등의 설치·조립, 그 밖의 작업이나 그 작업의 지휘·감독 등에 관한 용역의 제공으로 발생하는 국내원천소득 또는 인적용역을 제공함에 따른 국내원천소득(조세조약에서 사업소득으로 구분하는 경우 포함)을 외국법인에게 지급하는 자는 외국법인이 국내사업장을 가지고 있는 경우에도 원천징수를 하여야 한다(법법 98조 8항).

국외특수관계인이 보유한 내국법인 주식등이 대통령령으로 정하는 자본거래로 인하여 그 가치가 증가함으로써 발생하는 기타소득은 주식등을 발행한 내국법인이 그 주식등을 보유하고 있는 국외특수관계인으로부터 원천징수하여 납부한다(법법 98조 14항). 양도소득에 대한 원천징수의무는 양수자가 법인인 경우에만 부여된다(법법 98조 1항 5호).

위 각 소득은 원천징수로 납세의무가 종결되며, 국내원천소득의 소득별 수입금액이 원천징수되는 소득에 대한 과세표준이 된다(법법 91조 2항, 3항). 소득별수입금액 계산 시 비용 공제는 원칙적으로 허용되지 않으나, 유가증권 양도소득의 경우 취득가액과 양도비용을 공제하여 계산한 금액으로 할 수 있다(법법 92조 2항 1호).

국내사업장이 없는 외국법인과 국외특수관계인 간의 유가증권 양도거래에서 적용된 가격이 정상가격보다 낮은 경우로서 정상가격과 거래가격의 차액이 3억 원 이상이거나 정상가격의 100분의 5에 상당하는 금액 이상인 경우에는 정상가격을 수입금액으로 한다(동 2호). 원천징수 세율은 100분의 2부터 100분의 20까지 각 소득별로 규정되어 있으며 원천징수된 세액은 추후 납부할 세액에서 공제할 수 있다(법법 97조 1항).

그 밖에 미납 시 과세관청의 원천징수절차(법 98조 4항) 및 각 소득별 원천징수절차에 관한 특칙에 관하여는 같은 조 5항 내지 10항 참조. 원천징수업무의 대리 및 위임에 관하여는 같은 조 제11항, 제12항 참조.

한편 국세기본법은 일정한 요건 아래 과다납부한 원천징수세액에 대해 원천징수의무자뿐 아니라 원천납세의무자의 경정청구권을 인정하고 있는데(기본법 45조의2 4항),[1] 이 규정은 비거주자 및 외국법인에게도 적용된다. 특별히 비거주자인 원천납세의무자의 경정청구의 경우 국내 과세관청이 필요한 과세자료 확보에 어려움이 있으므로 상당한 범위 내에서 입증책임의 전환을 인정할 필요가 있다.[2]

국내 원천징수의무자의 부도·폐업 등이나 원천징수의무자의 경정청구 거부 등으로 인해 원천징수의무자를 통한 경정청구가 어려운 경우 원천징수대상자인 비거주자 등이 국내원천소득의 실질귀속자임을 입증할 수 있는 거주자증명서 등을 첨부하여 경정을 청구할 수 있다(기본령 25조의3 2항 내지 5항).

(2) 원천징수절차 특례

㈎ 외국법인의 원천징수대상 채권 등에 대한 원천징수의 특례

법인세법 제98조의3 참조.

㈏ 외국법인에 대한 조세조약상 비과세·면제 및 제한세율 적용 신청

국내원천소득을 지급받는 외국법인이 조세조약에 따른 비과세 또는 면제를 적용받으려는 경우 자신이 해당 소득에 대한 소유권을 실질적으로 보유하는 자임을 증명하는 서류를 원천징수의무자에게 제출하여야 하는 등 외국법인에 대한 조

1) 관련 논의는 이 책 519면 참조.

2) 관련 논의는, 강남규, 김성준, “비거주자인 원천납세의무자의 경정청구와 입증책임”, 조세법연구 20-3, 163면 이하.

세조약상 비과세·면제나 제한세율 적용을 위한 원천징수절차 특례규정이 마련되어 있다(법법 98조의4, 98조의6). 이는 원천징수의무자의 원천징수관련 확인의무 경감차원에서 마련된 규정된다.

위 규정에 따른 비과세·면제나 제한세율를 적용받지 못한 실질귀속자가 비과세·면제나 제한세율을 적용받으려는 경우에는 실질귀속자 또는 소득지급자가 제 3 항에 따라 세액이 원천징수된 날이 속하는 달의 다음 달 11일부터 5년 이내에 대통령령으로 정하는 바에 따라 소득지급자의 납세지 관할 세무서장에게 경정을 청구할 수 있다. 다만 국세기본법 제45조의2 제 2 항 각 호의 어느 하나에 해당하는 사유가 발생하였을 때에는 본문에서 규정하는 기간에도 불구하고 그 사유가 발생한 것을 안 날부터 3개월 이내에 경정을 청구할 수 있다(법법 98조의4 4항, 98조의6 4항). 경정청구를 받은 세무서장은 그 청구를 받은 날부터 6월 이내에 과세표준과 세액을 경정하거나 경정하여야 할 이유가 없다는 뜻을 그 청구를 한 자에게 통지하여야 한다(법법 98조의4 6항, 98조의6 5항).

지급명세서와 원천징수영수증에 기재된 형식적 소득귀속자도 원천징수대상자로서 과세표준 및 세액의 경정청구를 할 수 있다(판 2017. 7. 11, 2015두55134·55141).

㈐ 특정지역 외국법인에 대한 원천징수절차 특례

법인세법 제98조의5 참조.

㈑ 외국인 통합계좌에 대한 원천징수 특례

법인세법 제98조의8 참조(2023. 12월 말 신설). 외국법인 또는 국외투자기구가 외국인 통합계좌(자본시장법 제12조 제 2 항 제 1 호 나목에 따른 외국 금융투자업자가 다른 외국 투자자의 주식 매매거래를 일괄하여 주문·결제하기 위하여 자기 명의로 개설한 계좌를 말한다)를 통하여 법인세법 제93조에 따른 국내원천소득을 지급받는 경우 해당 국내원천소득을 외국인 통합계좌를 통하여 지급하는 자는 외국인 통합계좌의 명의인에게 그 소득금액을 지급할 때 법인세를 원천징수하도록 하되, 외국법인 또는 국외투자기구가 조세조약상 비과세·면제 또는 제한세율을 적용받으려면 직접 납세지 관할 세무서장에게 경정을 청구하도록 하였다.

비거주자·외국법인에 대한 과세체계[1)]

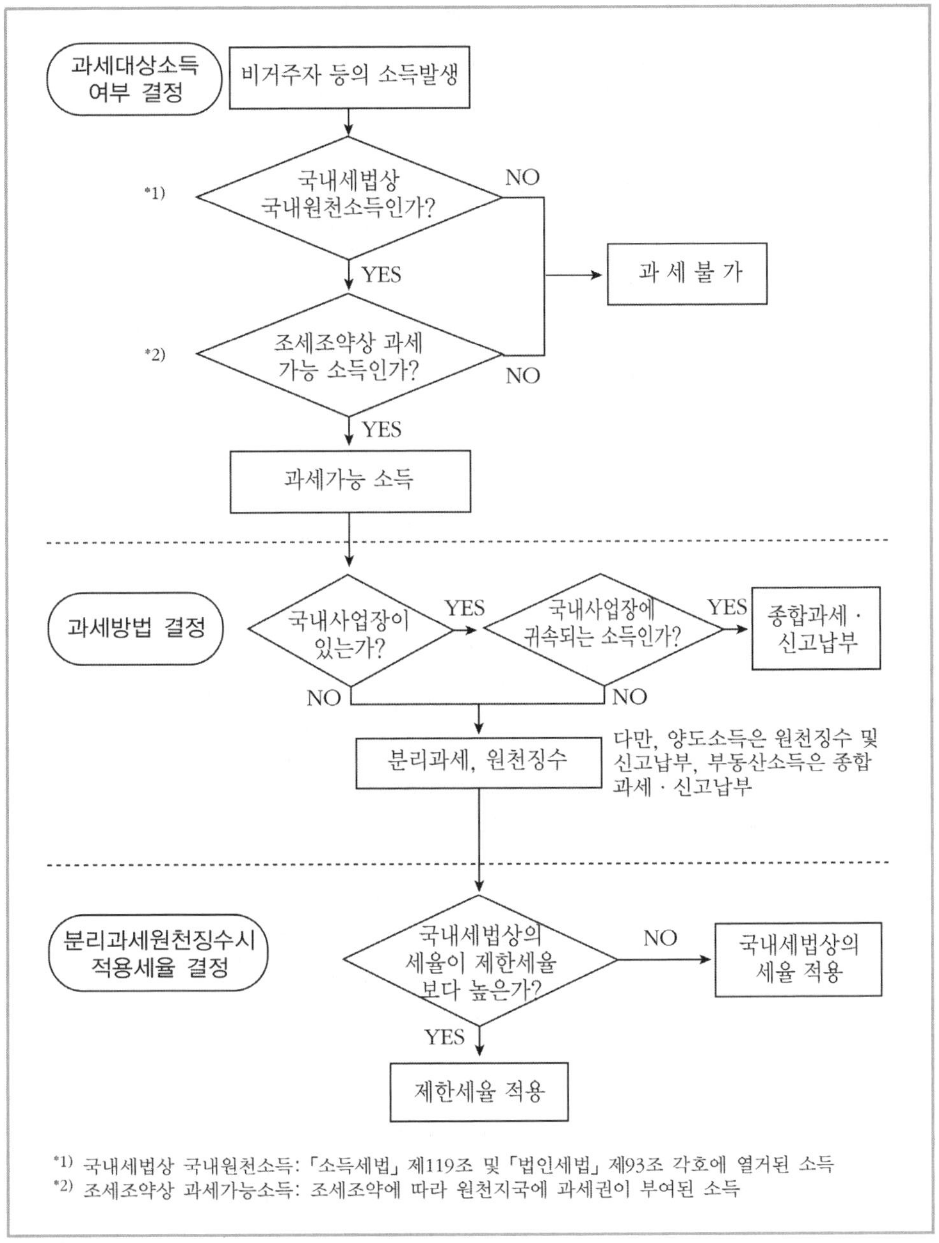

1) 2020. 12. 국세청 발행 '비거주자·외국법인의 국내원천소득 과세제도 해설' 33면에서 발췌.

색 인

[ㅋ]

[ㅌ]

[기타]

저자약력

임 승 순

서울대학교 법과대학 졸업(1977)
경희대학교 법과대학원(법학석사)
제19회 사법시험 합격(1977)
서울지방법원 북부지원 판사(1982)
대법원 재판연구관(조세사건 전담)(1991)
부산지방법원 부장판사(1993)
사법연수원 교수(조세법 강의)(1996)
서울행정법원 부장판사(조세전담부)(1999)
사법연수원 조세법 강의
국세심판원 심판관(비상임)
변호사조세연수원 교수
서울대학교 대학원 조세법 강의
인하대학교 로스쿨 조세법 강의
국세청 과세전적부심사위원회 위원
중부지방국세청 고문변호사
법제처 법령해석심의위원회 위원
기획재정부 예규(조세)심사위원회 위원
서울지방변호사회 조세 커뮤니티 위원장
The Marquis Who's Who 인명사전 등재
평생공로상수상(2018, 2019)
現 법무법인 화우 변호사
화우 조세실무연구원장
한국세법학회 고문
온라인 주석서(로앤비) 조세분야 편집위원

주요 논문

"세법상의 양도와 상속"
"과세처분의 무효사유"
"조세소송의 제기와 환급청구권의 시효중단"
"증여의제에 관한 소고" 등 본문에 인용된 20여 편의 논문들

sslim@hwawoo.com

김 용 택

서울대학교 법과대학 졸업(2007)
미국 Southern Methodist University Dedman school of Law, 법학석사(LLM.)
제45회 사법시험 합격(2003)
서대문세무서 납세자보호위원회 위원(2010)
現 법무법인 화우 변호사(조세쟁송팀장)
한국 세법학회 이사
한국 신탁학회 이사
온라인 주석서(로앤비) 조세분야 집필위원

주요 논문

"상속세 및 증여세법상 부동산 평가방법의 문제점"
"신탁과 상속세"

ytkim@hwawoo.com

2025년도판

조 세 법

초판발행 1999년 8월 30일
2025년도판 발행 2025년 3월 10일

지은이 임승순·김용택
펴낸이 안종만·안상준

편 집 장유나
기획/마케팅 조성호
표지디자인 이수빈
제 작 고철민·김원표

펴낸곳 (주) 박영사
서울특별시 금천구 가산디지털2로 53, 210호(가산동, 한라시그마밸리)
등록 1959. 3. 11. 제300-1959-1호(倫)
전 화 02)733-6771
f a x 02)736-4818
e-mail pys@pybook.co.kr
homepage www.pybook.co.kr
ISBN 979-11-303-4942-8 93360

정 가 59,000원